平阳县志

（1989—2012）

上册

平阳县地方志编纂委员会　编

方志出版社
Publishing House of Local Records

图书在版编目（CIP）数据

平阳县志（1989—2012） / 平阳县地方志编纂委员会编. -- 北京 ：方志出版社，2019.7
ISBN 978-7-5144-3791-1

Ⅰ. ①平… Ⅱ. ①平… Ⅲ. ①平阳县－地方志－1989—2012 Ⅳ. ①K295.54

中国版本图书馆CIP数据核字（2020）第068159号

平阳县志（1989—2012）

编　　者：平阳县地方志编纂委员会
责任编辑：梅中英　董　琳
出 版 者：方志出版社
地址　北京市朝阳区潘家园东里9号（国家方志馆4层）
邮编　100021
网址　http://www.zgfzcb.cn
发　　行：方志出版社图书经销中心
电话（010）67110500
经　　销：各地新华书店
印　　刷：南京凯德印刷有限公司
开　　本：889×1194　　1/16
印　　张：114.25
字　　数：4000千字
版　　次：2019年7月第1版　　2019年7月第1次印刷
印　　数：0001～5000册

ISBN 978-7-5144-3791-1　　定价：800.00元

平阳县地方志编纂委员会

主　　任　王吼狮（1990年1月至1993年2月）

周景标（1993年2月至1997年6月）

戴祝水（1997年7月至2003年7月）

仇杨均（2003年8月至2007年4月）

黄安波（2007年4月至2009年8月）

王中毅（2010年1月至2011年11月）

黄　敏（2011年11月至2015年7月）

陈永光（2015年7月至2018年12月）

黄　慧（2019年1月至　　）

副主任（按任职时间先后顺序排列）

林声足　伍兆澄　周　慎　王华冕　郑立于　王纪树　林昌桐　卢剑平　王　丹　黄宝磊

胡方勇　陈少越　麻胜聪　蔡月琴　许道静　杜伟锦　方　靖　雷文多　林大雪　王义跃

夏守慧　彭　杨　郑进荣　林　宏　林开康　林　华　陈　杰　郑　杰　李先锋　严桥来

成员单位

县委办公室、县人大常委会办公室、县人民政府办公室、县政协办公室、县纪律检查委员会、县委组织部、县委宣传部、县委统一战线工作部、县委政法委员会、县委农业和农村工作委员会办公室（农业局）、县发展和改革局、县财政局、县经济与信息化局、县教育局、县科学技术局、县民族宗教局、县民政局、县司法局、县人力资源和社会保障局、县住房和城乡规划建设局、县国土资源局、县交通运输局、县水利局、县安全监督管理局、县文化广电新闻出版局、县卫生和计划生育局、县审计局、县统计局、县环境保护局、县档案局、县委党史研究室（县志办）、昆阳镇、鳌江镇、水头镇、萧江镇、万全镇、腾蛟镇、麻步镇、海西镇、山门镇、顺溪镇、南雁镇、凤卧镇、怀溪镇、南麂镇、闹村乡、青街畲族乡

办公室主任　郑立于（1986年1月至1996年8月）

林顺道（1996年8月至2011年1月）

陈　敏（2011年1月至2020年1月）

王　祥（2020年1月至　　）

▲平阳县城昆阳镇鸟瞰图（2010 年）

倪宝道　摄

▲全国小城镇改革试点镇——鳌江镇鸟瞰图（2011 年）

余贤威 摄

▲南鹿大沙澳（2007年） 陈永琢 摄

▲南鹿三盘尾（2012年） 陈永琢 摄

▲南雁观音洞（2008 年） 曾新民 摄

▲南雁蒲溪（2009 年） 王 晋 摄

▲平瑞塘河（2011年）　　刘国居　摄

▲西湾景区（2012年）　　陈　香　摄

▲满田森林公园（2012 年）　　陈永琢　摄

▲全县最高山——棋盘山（2012 年）

▲全国重点文物保护单位——顺溪古屋（2005年）　陈永琢　摄

▲全国重点文物保护单位——龙山头石棚墓（2012年）　陈永琢　摄

①	②
③	
④	

①省级文物保护单位——苏步青故居（2003年） 陈 亮 摄
②省级文物保护单位——青街池氏大屋（2012年）
③省级文物保护单位——腾蛟镇龙凤山遗址远景（2009年）
④省级历史文化街区——昆阳镇坡南街（2010年） 陈永琢 摄

▲中共浙江省第一次代表大会会址——凤卧冠尖（2009 年）

▶中共浙江省第一次代表大会会址——凤卧马头岗（2005 年）

▲中国工农红军挺进师纪念碑（2012 年）

姜光树　摄

▲昆阳镇（2012 年） 倪宝道 摄

▲鳌江镇（2012 年） 曾新民 摄

▲水头镇（2010 年） 陈 峰 摄

① 萧江镇（2012 年）
② 万全镇（2011 年） 张昌业 摄
③ 麻步镇（2012 年）
④ 腾蛟镇（2008 年）

①
②
③ ④

① 山门镇（2012 年）姜光树　摄
② 顺溪镇（2012 年）陈正丈　摄
③ 南雁镇（2012 年）
④ 青街畲族乡（2012 年）

昆陽供銷社興華棉百商店

① 昆阳城区（1998 年） 陈永琢 摄
② 昆阳镇白石街（1995 年） 陈永琢 摄
③ 昆阳镇五显殿街（1995 年） 陈永琢 摄
④ 昆阳镇五显殿街（2012 年） 陈永琢 摄
⑤ 昆阳镇北门文昌阁（2008 年） 姜光树 摄
⑥ 昆阳镇北门夜景（2009 年） 余贤威 摄
⑦ 昆阳镇中心城区（2010 年） 余贤威 摄

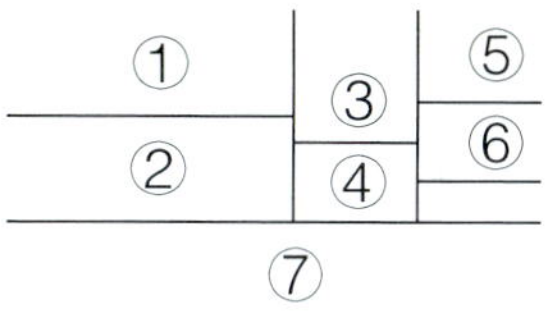

①夜色鳌江（2010年） 林炮 摄

②鳌江镇火车站大道（2012年） 钟锦星 摄

③鳌江公园（2005年）

① 水头镇夜景（2011 年）
② 萧江镇桔坡山公园（2007 年）
③ 郑楼礼品街（2008 年）

谢跃进　摄

④ 腾蛟镇带溪（2008 年）

▲2007 年 4 月 29 日，瓯南大桥通车　　陈永琢　摄

▲鳌江火车站（2009 年）　　邓庆生　摄

▲2011 年 12 月 6 日，温州绕城高速公路西南线暨北线二期工程动工

▲2012 年 4 月 17 日，昆鳌快速联系通道凤凰山隧道双向贯通　　陈　亮　摄

◀2009 年 1 月 9 日，珊溪水利枢纽平阳、苍南县引水一期工程开工典礼现场

▲海涂围垦（2009 年）

陈永琢　摄

▶2010 年 3 月 28 日，平阳县顺溪水利枢纽工程开工典礼现场

◀昆鳌污水处理厂（2012年）郑毅 摄

▲500千伏南雁变电所（2008年）

▲南麂微电网光伏项目（2012年）陈培勇 摄

▲平阳县电信局112台机房（1999年）

▲平阳县邮政大楼（2007年）

▲朝阳早香茶（2008年）　　陈永琢　摄

▲马蹄笋基地（2005年）

▲麻步文旦（2012年）　　余作璋　摄

▲鹤溪杨梅

▲塘川橄榄

▲五板桥葡萄　　陈永琢　摄

① 蛋鸽
② 温州水牛
③ 怀溪番鸭
④ 南麂大黄鱼
⑤ 浙系长毛兔
⑥ 五十丈粉干
⑦ 昆阳水亭油菜基地（2012 年）

陈培勇　摄

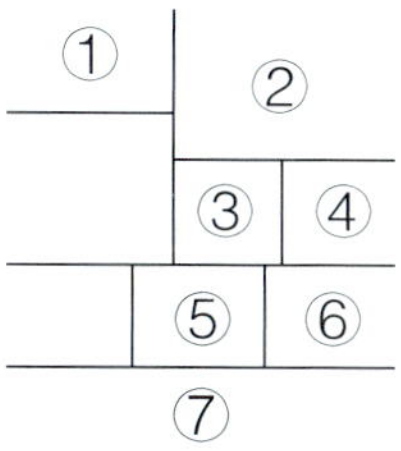

①
② ③
④
⑤

① 万全轻工基地（2008 年）
谢跃进　摄
② 庄吉集团工业园区（2009 年）
③ 平阳县氮肥厂（2008 年）
陈永琢　摄
④ 乔治白服饰展示厅（2009 年）
⑤ 平阳英博双鹿啤酒有限公司（2006 年）
刘国居　摄

① 中国雁峰集团（2009 年）
② 浙江鹏昌皮革有限公司（1997 年）
③ 温州晨光集团塑编生产车间（2007 年）
④ 水头镇皮革成品加工（2007 年）
⑤ 立天集团棉纺车间（2009 年）
⑥ 榆垟镇汽摩配企业生产车间（2009 年）

▲2001 年 1 月 1 日，水头镇召开“中国皮都”命名大会

▲2003 年 7 月 15 日，平阳县举行中国商务礼品生产基地授牌仪式

▲2006 年 2 月 15 日，首届“温州平阳·中国商务礼品文化节”开幕　　陈永琢　摄

▲2008 年 3 月 1 日，华东农贸综合市场开业　　陈永琢　摄

① 平阳中学（2012 年）
② 平阳县机关幼儿园（2008 年）
③ 昆阳镇第一小学开学（2012 年）　陈　亮　摄
④ 平阳中学高考点场外的学生家长们（2012 年）　陈　亮　摄
⑤ 平阳县中心小学（2006 年）
⑥ 昆阳镇第二中学（2006 年）
⑦ 浙鳌高级中学（2012 年）
⑧ 平阳县职业教育中心（2008 年）

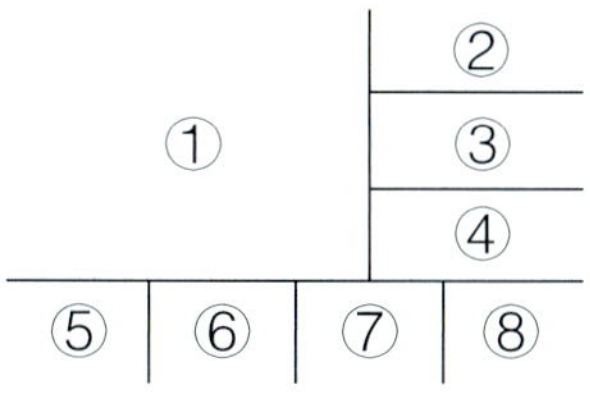
①
②
③
④
⑤
⑥
⑦
⑧

▲平阳县首家国家级高科技企业——浙江三星机电股份有限公司（2007 年）

▲平阳县鸽自动化饲养技术（2012 年） 陈培勇　摄

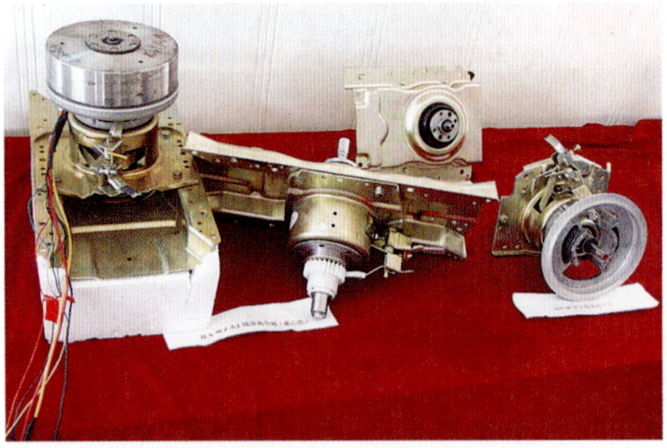

▲浙江三星机电股份有限公司产品——JLX-WZ-5.2 减速离合器（2001 年）

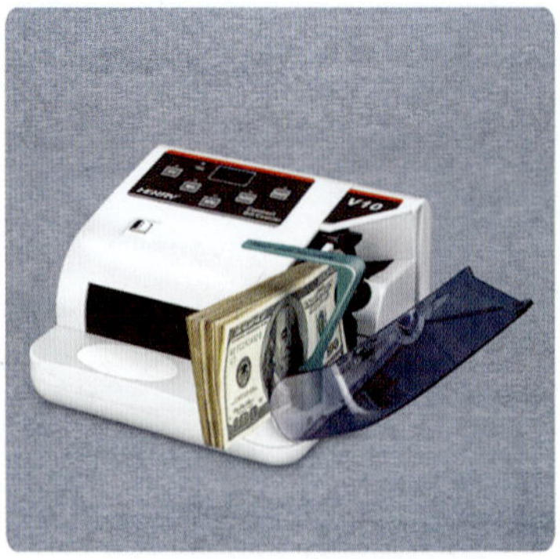

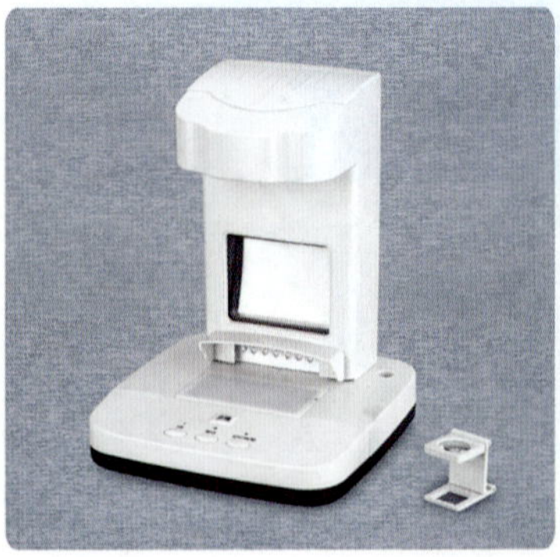

▲浙江享力电子有限公司生产的 V10 微型 11 国货币验钞机和 V80 多国货币验钞机（2007 年）

▲1998年7月24日至8月2日，县木偶剧团演出的木偶剧《时针飞转》在墨西哥第十一届国际木偶节获最高荣誉奖（图为《时针飞转》剧照） 姜光树 摄

国家级非物质文化遗产——平阳木偶戏（2012年）▶

▲2000年12月2日，舞蹈《田间风景线》获全国第十届“群星奖”舞蹈大赛银奖 洪玉畅 摄

▲国家级非物质文化遗产——温州鼓词表演（2008 年）

▲国家级非物质文化遗产——东岳观道教音乐演奏（2012 年）　赵　旸　摄

▲2009 年 4 月，平阳县成立国家级布袋戏传承基地

▲省级非物质文化遗产——平阳卖技（2006 年）

▲省级非物质文化遗产——平阳太平钿剪纸（2012 年）

◀省级非物质文化遗产——鳌江划大龙（2012 年）　刘国居　摄

▲省级非物质文化遗产——平阳头发吊灯制作技艺展示（2006 年） 赵 旸 摄

▲省级非物质文化遗产——和剧演出（2010 年） 洪玉畅 摄

▲2011 年 10 月 11 日晚，舞蹈《萧江大鼓》参加第八届全国残疾人运动会开幕式演出 汤克表 摄

▲昆阳镇通福门（2010 年） 陈永琢 摄

▲国家一级文物——东汉鸟钮盖原始瓷熏炉（2012 年）

▲国家一级文物——北宋瓯窑青釉细线刻卷草纹瓷粉盒（2012 年）

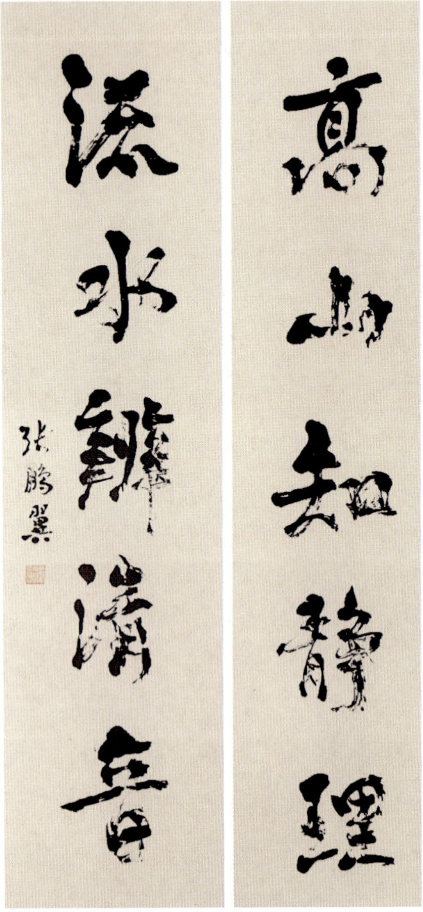

▲张鹏翼书法作品

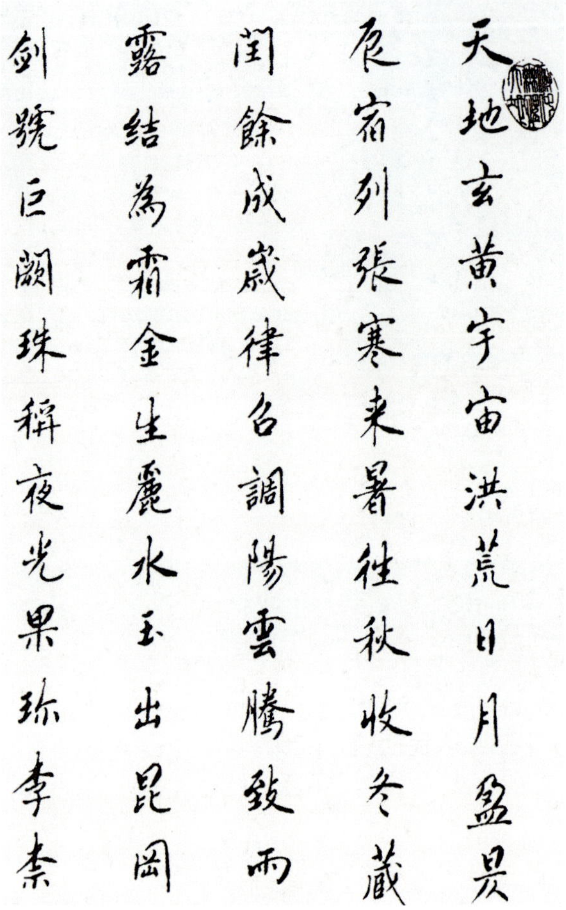

▲蔡心谷书《千字文》

▲唐唯逸《八鹤图》

▲平阳县人民医院（2005 年）

▲2011 年 1 月 23 日，平阳县人民医院异地扩建工程奠基暨开工典礼

①
②
③

① 1998 年 4 月 7 日，国家体育总局为全国象棋之乡——腾蛟镇授牌

② 1990 年 9 月 11 日，在平阳人民大会堂广场举行北京亚运会火炬万人传递大会　　陈永琢　摄

③ 平阳县体育馆（2008 年）　　陈永琢　摄

① 2005—2010 年，平阳县连续6年创成省级平安县，夺得“平安铜鼎”（2011 年）

② 2005 年 5 月 16 日，平阳县召开争创省级文明城市动员大会

李　斌　摄

③ 新农村建设（2012 年）

余作璋　摄

④ 昆阳镇安居工程（2009 年）

余贤威　摄

首届平阳艺术节
SHOUJIE PINGYANG YISHUJIE
音乐专场

①三和酒店（2012 年） 陈永琢 摄

②西湾跳头排档（2005 年） 姜光树 摄

③2012 年 1 月 1 日，平阳县举办大型车展 洪玉畅 摄

④南雁镇堂基村婚纱摄影基地（2012 年） 余作璋 摄

⑤2006 年 8 月 29 日至 11 月 25 日，平阳县举行首届艺术节（图为 8 月 31 日艺术节音乐专场） 陈永琢 摄

⑥水头镇广场夜色（2012 年） 刘国居 摄

⑦2011 年 1 月 1 日，昆阳镇首届元旦文化庙会举行 刘国居 摄

⑧昆阳镇联东菜市场（2012 年） 刘国居 摄

⑨2011 年 3 月 3 日，鳌江镇西洋社区举行“二月二”百家芥菜宴活动 林 炮 摄

▲畲族刺绣（2008 年）　　赵　旸　摄

◀畲族服饰（2004 年）

老行当

（2012 年）　陈永琢　摄

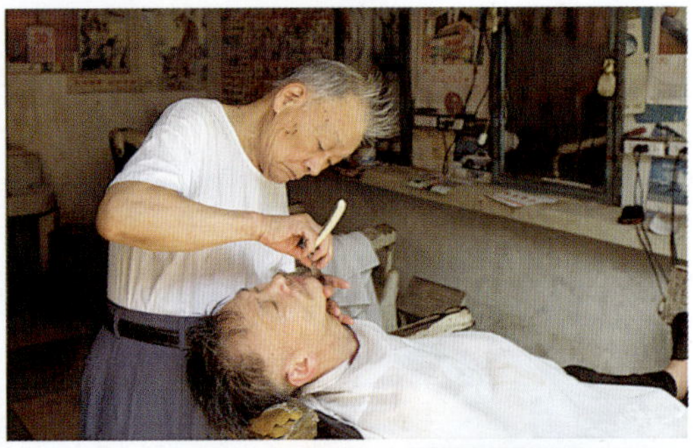

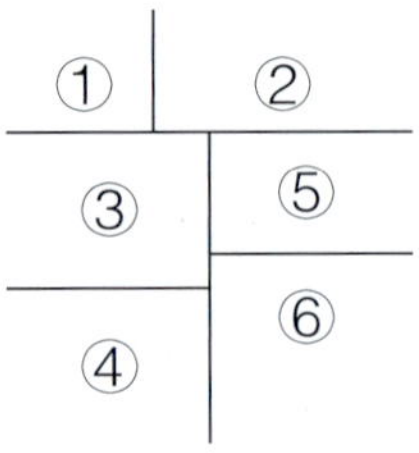

① 磨剪刀
② 理发剃须
③ 铁匠打铁
④ 制作杆秤
⑤ 修表
⑥ 刻章

序

董智武　陈永光

时逢盛世，修志乃兴。《平阳县志（1989—2012）》历经磨砺，终于付梓。宏篇巨制，谱写春秋，资政育人，可喜可贺！

国有史，方有志。平阳方志编纂始于元大德十一年（1307），至民国时期，先后编修了11部县志，今尚存明清和民国时期的5部县志。在历尽沧桑的历史长河中，先贤们编修县志，为后人保存了大量珍贵、可靠的历史资料。这是先贤传下的文化瑰宝。中华人民共和国成立后，平阳地方志事业方兴未艾，历届党委、政府高度重视修志工作。1993年，出版了新中国成立后第一部《平阳县志》。此后，每年都编撰《平阳年鉴》。2012年，又适时启动了《平阳县志（1989—2012）》的编纂工作，历经六载，数易其稿，现终于付梓出版。本志承前续后，记述1989—2012年平阳县自然、政治、经济、文化、社会的发展状况，是一部全面客观地反映平阳地方特色和时代特征的地方志书。这期间，改革开放的春风激荡横阳大地，平阳人民万众一心，艰苦奋斗，各行各业蒸蒸日上，经济实力节节攀升，城乡面貌日新月异，人居环境明显改善，人民生活不断提高，物质文明、政治文明、精神文明、社会文明和生态文明建设取得令人瞩目的成就。盛世修志，志载盛世。改革开放所取得的巨大成就当彪炳史册，永垂后世。

编修志书是一项系统、浩繁的文化工程，时间跨度大，涉及范围广，参与人数多。全县140余个部门和单位1000余人参与撰稿、编辑和审稿，广大修志人员甘于淡泊，乐于奉献，以高度的责任心和强烈的使命感，广征博引，钩沉探微，精研细究，取精去粕，编纂成洋洋400万字的《平阳县志（1989—2012）》，遂使地情史实得以资政，万千气象得以存史，一方文明得以传扬，可具教化兴利之功，兼收开卷有益之效。值此志书纂成之际，我们谨代表中共平阳县委、县政府，向广大编纂人员和关心支持修志工作的领导、专家、学者及各界人士表示衷心的感谢！

治天下者以史为鉴，治郡国者以志为鉴。面对致力打造温州大都市区南部副中心，奋力开创新时代平阳高质量发展新局面，我们需要以史为镜、以志为鉴。我们热忱期盼全县广大党员干部群众能认真阅读、深入研究《平阳县志（1989—2012）》，从中汲取实践经验，从而进一步理清发展思路，抢抓发展机遇，加快发展步伐，在中国共产党第十九次全国代表大会精神指引下，不忘初心，牢记使命，高举旗帜，砥砺奋进，续写绚丽灿烂的新篇章。

新志问世，欣然为序。

2018年6月13日

（董智武时任中共平阳县委书记，陈永光时任平阳县人民政府县长）

凡　例

一、本志以马克思列宁主义、毛泽东思想、邓小平理论、“三个代表”重要思想、科学发展观、习近平新时代中国特色社会主义思想为指导，坚持辩证唯物主义和历史唯物主义的立场、观点和方法，记述了1989—2012年平阳县自然、政治、经济、文化和社会发展状况，力求资料完整、科学，旨在存史、资政、教化。

二、本志系1993年版《平阳县志》的续志，记述上限起自1989年1月，下限至2012年12月。为彰明因果和记述完整性，有些内容适当上溯或下延。大事记始自发端，下延至2017年。记述地域范围为2012年平阳县行政区划范围。

三、本志设综述，为全志之纲；设大事记，为全志之经。分志40卷。志末设索引。

四、本志采用章节体结合条目体，分卷、章、节、目层次，卷下设章，章下设节，节下酌情设目、子目。事以类从，横分纵述。记述时采用述、记、志、传、图、表、录等体裁，以志为主。卷首设无题小序。

五、本志人物卷设人物传略、人物表2章。人物传略坚持“生不立传”原则，记述有重大影响、有突出贡献、有代表性的去世人物，按卒年排序；人物表收录平阳县籍革命烈士、县内获省部级及以上劳动模范和先进人物称号的、省特级教师、获正高级专业技术职务的以及平阳籍国内外知名人士，按获得称号（职务）时间或生年排序。

六、本志纪年，清代和清代以前采用中国历史纪年，并括注公元纪年；民国采用中华民国纪年，并括注公元纪年；中华人民共和国成立后采用公元纪年。

七、本志采用规范化现代汉语书面语言，表述力求准确、朴实、简洁、流畅。数字用法、标点符号、计量单位分别执行国家标准《出版物上数字用法》（GB/T 15835—2011）、《标点符号用法》（GB/T 15834—2011）、《国际单位制及其应用》（GB 3100—1993）和《有关量、单位、符号的一般原则》（GB 3101—1993），固定用语中的计量单位、转换后难以表述的计量单位沿用历史习惯单位。

八、本志行文中组织机构、会议、文件等名称，首次出现时使用全称，其后括注简称。除已注明的行政区划名称外，“省”“市”“县”称谓分别指浙江省、温州市、平阳县。凡未冠属地乡镇，均为境内乡镇。建立村民委员会的村直接称为“村”，在需要与“自然村”相区别时另加注明。

九、本志资料来源于各部门和有关单位报送志稿及重要文献、历史档案、各种报刊、实地调查、各类志书、相关著述等，经核实后载入，除引文和重要资料外，一般不注出处。照片除署名外，由各部门提供或县志编辑部自行摄影、搜集和翻拍。

十、本志统计数据以县统计部门提供的数据为准，引用未列入县统计部门统计范围的县业务主管部门提供的数据，仅在主要表格下和部分文字后说明资料来源。部分数据因四舍五入的原因，存在着与分项合计不等的情况。统计表格中无此项统计的用空格表示，有统计而缺资料的用“—”表示，数值为零的用“0”表示。

总目录

上　册

下　册

上册目录

第四卷　国土资源管理

第五卷　环境保护

第六卷　城乡建设

第七卷　交通运输

第八卷　水　利

第九卷　电　力

第十卷　邮政　电信

第十一卷　经济总情

第十二卷　农　业

第十三卷　工　业

第十四卷　建筑业　房地产业与住房保障

第十五卷　商贸服务业　对外及对港澳台经济贸易

第十六卷　旅游业

第十七卷　金融业

第十八卷　财政　税务

第十九卷　经济管理

综　述

一

平阳县位于浙江省东南部，地处北纬27°21′～27°46′，东经120°03′～121°28′。东濒东海，南邻苍南县，西连文成县，北接瑞安市，距温州市区40千米。2012年，陆域面积1042.21平方千米。县境东西长度约138千米，南北宽度约47千米，地势西高东低。西部为山区，棋盘山海拔1231.1米，是全县最高的山峰。西部山区多矿产，矿种以伊利石、叶蜡石、钠长石、明矾石、高岭土等非金属矿为主。东部和东北部为鳌江和飞云江冲积平原，地势平坦，土层肥沃深厚，为水稻主产区。鳌江水流自西向东贯穿全县，从发源地文成县桂山至入海口狮子口全长78.42千米。2012年，海域面积1300平方千米，海岸线(含岛岸线)长度102.4千米，海岛103个，海岛陆域面积约12.3平方千米，最大的海岛是南麂岛，面积7.64平方千米。平阳县属于中亚热带海洋性季风气候区，年均日照1783.7小时，年均降雨量1819.9毫米，年均气温18.5℃。气候温和，湿润多雨，四季分明，物产丰饶。境内陆地、江河野生植物1483种，陆生野生动物303种，江河淡水鱼100种，海洋生物1826种。森林覆盖率52.32%，森林蓄积量203.73万立方米，人均占有森林面积0.87亩。主要灾害性天气有台风、暴雨、干旱等。

二

平阳县历史悠久。西晋太康四年(283)建县，距今已有1700余年历史。初名始阳，继改横阳，五代后梁乾化四年(914)改称平阳至今。民国38年(1949)5月12日平阳解放。是年年末，全县总人口72.97万人。1980年总人口159.20万人。1981年6月18日，经国务院批准，析出矾山镇和灵溪、矾山、马站、桥墩、宜山、钱库、金乡7个区另置苍南县。析出苍南县后，全县有6个区、2个镇、65个公社，总人口68.05万人。1985—2012年，境内行政区划先后7次进行调整。2012年12月，全县设9个镇1个乡，36个社区(居民区)、600个村；户籍人口87.30万人。县政府驻昆阳镇县前街8号。

三

改革开放带来经济社会全面发展。1988年，国务院确定平阳县为对外开放县。1989—2012年，平阳县继续贯彻“以经济建设为中心，坚持四项基本原则，坚持改革开放”的基本路线，改革生产关系，促进经济社会全面发展。在农村，继深化以家庭联产承包责任制为中心的第一步改革后，又继续推行以取消农产品统派购制度、调整农业结构为主要内容的第二步改革，农民获得土地经营自主权，农村经济向商品化、专业化、市场化发展。在城镇，继以增强企业活力为中心，扩大自主权，推进企业承包经营责任制改革后，又进行国有和集体企业产权制度改革。同时，改革计划经济体制，实现向市场经济体制转变，贯彻以公有制为主体、多种经济成分共同发展的方针，民营经济不断发展，社会主义市场经济体制初步建立并不断完善。1994年6月，省政府批准鳌江港为国家二级口岸；8月，外贸部赋予县外贸公司进出口业务经营权；9月，省政府批准成立浙江省平阳经济开发区。至1997年，县口岸办公室、商检、海关等涉外机构相继建立。同时，在国内开展资金、技术、人才等区域经济合作活动。改革开放为千年古县平阳注入蓬勃生机，带来经济、文化和社会的全面繁荣和发展，平阳县先后获得中国皮都、中国塑编之乡、中国商务礼品生产基地、中国马蹄笋之乡、全国文化工作先进县、全国科技工作先进县、全国体育先进县、全国象棋之乡、全国武术之乡、省教育强县等称号。2012年，全县城市化水平为56.9%，比2000年的35%，提高21.9个百分点。

全县经济综合实力明显增强。1989—2012年，全县经历一次创业、二次创业和全面建设小康社会的历程。1989年，全县生产总值59401万元，其中，第一产业24339万元、第二产业19279万元、第三产业15783万元，三个产业比例为40.97∶32.46∶26.57。2000年，全县生产总值651840万元，其中，第一产业53989万元、第二产业345943万元、第三产业251908万元，三个产业比例为8.28∶53.07∶38.65。2012年，全县生产总值2597560万元，其中，第一产业134083万元、第二产业1285873万元、第三产业1177604万元，三个产业比例为5.16∶49.50∶45.34。按可比价格计算，2000年生产总值比1989年增长10倍，年均增长18.1%；2012年生产总值比2000年增长2.9倍，年均增长10.1%。2012年生产总值比1989年增长42.2倍，年均增长13.8%。2012年，县财政一般预算总收入287009万元，比1989年的5325万元增长52.9倍，比2000年的43576万元增长5.6倍。其中，2012年地方财政一般预算收入171174万元，比1994年的7591万元增长21.5倍，比2000年的26284万元增长5.5倍。1989年末，各项存款余额1.73亿元，2012年末为313.90亿元，是1989年的180倍。1989年末，各项贷款余额2.30亿元，2012年末为265.62亿元，是1989年的115.5倍。

城乡居民生活水平不断提高。1989—2012年，全县人民生活从温饱型向小康型转变。1999年，城镇居民人均可支配收入8052元，2012年，城镇居民人均可支配收入28761元，与1999年相比增长2.57倍，13年间年均增长9.8%，扣除物价因素，实际年均增长7.8%。2000年，全县城镇职工年平均工资10604元，比1989年1799元增长4.9倍，年均增长17.5%，扣除物价因素，年均实际增长8.5%。2012年，城镇职工年平均工资达39468元，比2000年增长2.7倍，年均增长11.6%，扣除物价因素，年均实际增长9.4%。1989年，全县农村居民人均纯收入850元，2012年，全县农村居民人均纯收入11827元，与1989年相比，增长12.9倍，23年年均增长12.1%，扣除物价因素，实际年均增长6.8%。1989年，城乡居民人均储蓄余额189元，2012年，城乡居民人均储蓄余额22610元，比1989年增长118.6倍，年递增23.1%。

2012年，城镇居民家庭恩格尔系数42.7，比1999年的恩格尔系数44.4下降1.7个百分点，农村居民家庭恩格尔系数48.1，比1989年的57.2下降9.1个百分点。1991年，农村居民人均住房建筑面积16.78平方米，2012年，农村居民人均住房建筑面积42.7平方米。2012年，城镇居民人均住房建筑面积53.96平方米，比1991年的20平方米，增加1.7倍，且住房质量大为提高。

社会保障逐渐完善。1989—2012年，社会保障范围不断扩大，待遇不断提高。先后建立职工养老保险、事业单位养老保险、职工工伤保险、职工医疗保险、失业保险、女职工生育保险、农村养老保险、新农村合作医疗保险、城乡居民社会养老保险、被征地农民生活保障等保障制度。各级财政对社会保险的投入也逐年增加，2012年，县各级财政对城乡居民医保、城乡居民社会养老保险两项投入3.9亿元。1989—2012年，全县救灾救济力度不断加大，社会福利不断提高，全县发放救灾款6979.6万元。1998年，开始实行城乡居民最低生活保障；2005年，开始实行医疗救助。2012年，全县有敬老院32所、入住838人，有五保户1050人，其中，集中供养838人，供养资金714万元。1989—2012年，扶贫工作取得较大进展，绝对贫困人口持续减少。1990年，全县农村39%人口的年人均收入在300元以下，2012年，全县低收入农户年人均收入为6528元。

四

工业经济实现量和质的提高。1989年，全县工业总产值7.33亿元，工业企业2892家。20世纪90年代，全县工业进入高速增长期，形成以鳌江机电、水头皮革、萧江塑编、昆阳郑楼礼品等为特征的四大产业块状经济。1997年，全县工业总产值超过百亿元大关。国有、集体工业企业实行体制改革，个体私营经济得到快速发展，企业规模成型壮大。1999

年，中国地区开发促进会命名平阳县为“中国塑编之乡”，萧江镇为“中国塑料编织城”“中国塑料编织第一镇”；2001年，中国地区开发促进会命名水头镇为“中国皮都”；2002年，中国轻工业联合会命名平阳县为“中国商务礼品生产基地”。2012年，全县工业总产值533.82亿元，工业企业总数16236家。其中，年销售收入2000万元规模以上工业企业275家(亿元产值企业46家，超5亿元产值企业7家)，产值229.92亿元。按可比价格计算，2012年比1989年增长71.8倍，年均增长21.5%。工业增加值在全县经济中的份额，由1989年的31.07%，提高到2012年的41.53%。在工业发展的进程中，结合生态县、生态乡(镇)、生态村建设，积极治理水环境、大气、噪音等污染。2008年，县环境保护局获环保部等七部委授予的“全国环保专项行动先进集体”称号。

农业生产向效益农业转变。1989年以来，围绕农业增产、农民增收，加速科教兴农，进行农业产业结构调整。随着粮食购销全面放开，农业向优质、高产、高效的“一优两高”效益农业方向发展。2012年，全县农牧渔业总产值24.39亿元，比1989年的4.16亿元增长4.9倍。在全县农林牧渔业总产值中，种植业产值所占比例逐年下降，且幅度较大；牧业、渔业产值逐年上升；林业产值稳中有升。2012年，种植业与林、牧、渔业的产值比由1989年的73.4∶26.6调整为2012年的38.4∶61.6。种植业内部，粮食与经济作物产值比例得到调整。2012年，粮食播种面积36.30万亩，比1989年减少27.74万亩；蔬菜等其他作物播种面积15.25万亩，比1989年增加1.92万亩。粮食与经济作物比例由1989年的67.74∶32.26调整为2012年的42.12∶57.88。1996年，开始大力发展农业龙头企业，使农业发展向产业化、品牌化经营方向发展。2012年，市级百龙工程农业龙头企业19家，省级骨干农业龙头企业5家，国家级农业产业化龙头企业1家。马蹄笋、早香杀、蛋鸽、大黄鱼等农产品成为著名特色品牌产品。“南麂岛牌”大黄鱼、“鸿雁牌”马蹄笋等先后被国家质量监督检验检疫总局认定为原产地标记产品。2004年，平阳县被国家林业局命名为“中国马蹄笋之乡”。

商品市场繁荣活跃。1989年后，随着民营经济的发展，逐步形成市场多元化格局，卖方市场转变为买方市场。1992年后，商业市场全面开放，个体、私营商业得以大力发展。1996年后，国营、集体商业企业陆续改制，相继退出商品流通与服务领域。民营商业快速发展，新型商业业态相继面市，个私商业遍布城乡，商品琳琅满目，商业繁荣活跃。2012年，全县社会商品零售总额107.84亿元，比1989年32868万元增长32.81倍；全县餐饮业零售额153400万元，比1989年1364万元增长111倍。2012年，全县有各类大型市场48个，成交额27.09亿元；有商业网点1万余个，从业人员2万余人，初步形成以大型超市商场为核心、连锁超市便利店为主体、其他零售形式为辅助的现代商业零售体系；初步形成以专业市场为龙头、商品综合交易市场为骨干、农贸菜市场为辅助的商品交易框架体系。1989年，全县外贸收购调拨额5459万元，其中，外贸公司收购额3523万元，直接调拨额1936万元。2000年，全县外贸出口供货值13.07亿元。2012年底，全县自营进出口业务的实绩企业362家，自营进出口总额73526万美元，其中，出口62606万美元，进口10920万美元。

民营经济发展迅速。1989年，全县私营工商企业166家，个体工商户9005户。1993年底，全县登记核发营业执照的个体工商户19795户。至2012年，登记的各类企业7668家，其中私营企业6691家，核发营业执照的个体工商户38754户。1989年，个体私营工业产值约占全县工业总产值的1/10；1995年，据全国第三次工业普查资料，全县个私股份及外商和港澳台商投资企业产值240034万元，占全县工业企业总产值645137万元的37.21%。至2012年，各类民营企业工业产值占全县工业总产值90%以上；商业流通领域社会消费品零售总额中，个体、私营、股份合作商业占100%。民营经济已成为平阳地方经济的主力军。

旅游观光特色凸现。平阳风景旅游资源十分丰富，景区面积占全县陆域面积的1/3。绿色、蓝色、红色、古色，构成平阳山水的多元色彩。国家级风景名胜区——AAAA级旅游景区南雁荡山，是中国东南沿海名山之一，以秀溪、幽洞、奇峰、景岩、银瀑、石堑等“自然风光六胜”与儒、释、道三教荟萃闻名遐迩，素有“东南胜境、浙江圣地”之美称。国家级海洋自然保护区南麂列岛，山秀、石奇、滩美、草绿、海蓝、空远，生态环境独特，生物种类多样，贝藻资源丰富，有“蓝色牧场”“碧海仙山”“贝藻王国”之美誉，是中国最早加入联合国教科文组织世界生物圈保护网络的海岛，是联合国环境开发署生物多样化示范保护区，2005年，被《中国国家地理》杂志等中国23家媒体评为“中国最美的十大海岛”之一。国家红色旅游经典景区浙南（平阳）抗日根据地旧址，是中国工农红军挺进师、中共闽浙边临时省委与浙江省委的活动中心，是刘英、粟裕等创建的浙南革命根据地之一，素有“浙江延安”之称，2005年，被列入100个“红色旅游经典景区”名录，平阳县被列入国家30条“红色旅游精品线路”。国家文物保护单位顺溪古民居建筑群，是浙南温州古代民居建筑体系的重要类型之一，享有“浙南清中晚期民居博物馆”的美誉。中共浙江省一大会址、粟裕将军部分骨灰敬撒处、数学泰斗苏步青故居、百岁棋王谢侠逊故居、南雁荡山的会文书院和南麂岛上的“国姓岙”等又构成平阳特有的一道人文风景线。2012年，全县有星级饭店5家，旅行社13家，全年接待游客341.61万人，旅游总收入20.61亿元。

五

交通电信发展迅猛。1989年，县境内公路总里程204千米。2003年，甬台温高速公路平阳段建成通车，平阳县进入通往省城的4小时交通圈。2009年，温福铁路开通，鳌江火车站运营，结束平阳县没有火车的历史。2003年，全县实施康庄工程，至2006年，全县所有村全部通上公路。截至2012年，县境内公路总里程1526.37千米。其中，国道线2条，计58.01千米；省道线（S230青岱线）1条，计25.37千米；县道20条，计302.36千米；乡道30条，计130.82千米；村道499条，计1009.82千米。1989年，全县固定电话用户3480户，全县邮电计费总量为337.27万元，市内电话交换机总容量2000部，农村交换机总容量5118部。1992年，开始引进程控电话交换机，1993年，开始引进移动电话，1995年，开始引进数字数据通信设备，1996年，开始发展互联网用户。1996年8月，实现全县乡乡通程控电话，1998年11月，实现全县行政村村村通程控电话。2012年，全县电信业务收入8.34亿元，固定电话用户17.57万户，移动电话用户88.87万户，有线宽带用户15.76万户。

水利电力建设成效显著。1991—2012年，全县水利工程投资42.92亿元，其中国家投资5.76亿元，自筹或融资资金37.16亿元。1989—2012年，新建和修建的中、小型水闸68座；新建和修建蓄水10万立方米以上水库24座，总库容5757.5万立方米；建成标准堤塘35.92千米，其中海堤18.28千米，标准江堤17.64千米；新建和修建溪堤98条，总长62.28千米；新建和修建“三面光”引水渠道总长501.9千米，新建和修建堰坝198座，引水灌溉农田7.77万亩；疏浚了万全、小南、萧江等河网河道，并实施对青街溪、怀溪、闹村溪、凤卧溪、带溪、梅溪和墨城溪等小流域的治理工程；完成400个村的饮用水安全工程建设，累计解决46.5万人的饮用水问题。全县初步形成蓄水、引水、防洪、防潮、排涝的水利体系。2001—2012年，新建水电站17座，扩建水电站16座。2012年，全县共有水电站54座，装机容量36030千瓦，年发电量10830万千瓦时。2002年，实现城乡用电同网同价；1996年，实现村村电灯明，2006年，实现“户户通电”，全面完成农电体制改革；2011年，建成新农村电气化县。2012年，全县社会用电量为23.15亿千瓦时，人均用电量2872.05千瓦时，比1989年增长18.39倍；变电所由1989年的1座增加到21座；路灯总数14990盏，总用电容量2114.04万千瓦时；电力调度实现自动化。

城乡建设和城镇化步伐加快。20世纪90年代开始，昆阳、鳌江、水头、萧江等城镇进行大规模的老城改造、新区开发。昆阳镇、鳌江镇建城区面积由1994年的5.24平方千米（昆阳镇2.14平方千米、鳌江镇3.10平方千米）扩大到2012年的22.23平方千米（昆阳镇8.73平方千米、鳌江镇13.5平方千米）。城市化水平从1995年的20%提高到2012年的56.9%。小城镇改革取得成效，鳌江、昆阳分别成为国家、省级小城镇综合改革试点镇。鳌江镇被联合国计划开发署列为可持续发展的中国小城镇试点镇。2003年，开始实施“乡村康庄工程”，2004年，启动新农村建设的“十百工程”（十村示范、百村整治），至2012年，全县共完成市级整治村448个，省级整治村278个，创建市级全面小康示范试点村35个，省级全面小康示范试点村14个，省、市、县3级财政累计投入工程建设资金8100余万元。整治村普遍达到道路硬化、路灯亮化、卫生洁化、家庭美化、环境优化的目标。

六

教育质量明显提高。1989—1997年，全县基本普及九年义务教育和基本扫除青壮年文盲；1998—2007年，基本普及15年教育（学前3年和12年中、小学教育），继续进行各项教育改革；2008—2012年，进一步改善办学条件，全面提高教育质量。2006—2012年，全县高考重点批次上线率连续7年居温州市各县（市、区）第一名。2012年，全县幼儿园98所，在园幼儿27537人，学前3年幼儿入园率95.8%；中小学128所，其中义务教育阶段中小学108所，普高11所，职高8所，特殊教育学校1所，在校生13.06万人。浙江电大平阳分校1所，在校生1950人。小学、初中适龄儿童入学率分别为100%和99.98%，巩固率分别达到100%和99.99%；初中毕业生升入高中段比例为96.03%，三类残儿入学率100%，15周岁和17周岁人口教育完成率分别为99.95%和99.94%。80%学生就读于省、市重点高中，38%的学生就读于省、市示范初中和小学。2012年，在职公办教师7051人，离退休教师2396人。幼儿园、小学、初中、普高、职高教师学历合格率分别达到100%、98.5%、99.7%、97.5%、95.2%。

2012年，全县有全日制民办学校108所，其中普通中、小学13所、特殊教育学校1所，幼儿园94所；非全日制各类民办培训学校54所。民办幼儿园在园幼儿2.58万人，占全县在园幼儿人数的93.69%；民办中小学在校学生2.45万人，占全县中小学在校学生数的23.81%；民办普高优质教育资源占全县普高优质教育资源的57%。1989年，全县教育总投入1305.8万元。2012年，全县教育总投入124768万元，其中，财政性教育经费投入91482万元，占全县国内生产总值比例3.52%。全县各级各类学校占地面积3217493.79平方米，建筑面积1444711平方米，藏书3179299册，计算机15970台。教育固定资产153640万元。1989年以来，先后创建18个省、市级教育强镇（乡），其人口覆盖率占全县总人口的81.5%；创建47所国家、省、市级重点示范学校和幼儿园。2009年12月，被省政府授予教育强县称号。

科技事业长足进步。1989—2012年，平阳县先后制定《平阳县科技发展纲要（1991—2000年）》和“九五”至“十二五”科技发展规划，实施“科技兴县”战略；全县组织实施“星火计划” 509项、“火炬计划” 14项、“科技兴海” 171项、“新产品计划” 125项；共创建高新技术企业31家，省级科技型中小企业67家；全县专利申请量6655件；专利授权量4789件；全县获政府科技成果奖1071项，其中国际奖19项、国家奖91项、省级奖44项。1996年，获国家科委授予的“全国科技工作先进县”和“国家星火技术密集区”称号，翌年，又被国家科委列入全国十大科技兴海示范基地之一。2000年，省委、省政府授予平阳县“省科技进步先进县”称号。2002年和2004年，先后获科技部授予的“全国科技进步先进县”称号和中国科学技术协会（以下简称“中国科协”）命名的“全国科普示范县”称号。2012年，被省知识产权局认定为“省知识产权工作示范县”。

文化事业蓬勃发展。1989—2012年，平阳县参加国家、省、市各级文化艺术赛事，获得省级以上大奖70余次。2012年，县图书馆文献藏量50余万册（件），是1989年的6倍多；全县图书音像发行网点85个，是1989年的2.3倍；全县有电影放映单位12个，新农村数字电影放映队10支。1994年5月，平阳有线电视台建立。2009年9月，正式开播数字电视。2012年，开通模拟电视37套，数字电视102套，有线电视用户达18.6万户。2012年，城乡广播网络综合覆盖率95%以上。截至2012年，全县共有文物保护单位101处，其中，全国重点文物保护单位2处，省级12处。县博物馆文物藏量达1000余件，其中，国家一级文物3件，二级文物22件，三级文物29件。全县有古遗址10处，战争遗址4处，古墓葬10处，其中浙南石棚墓群——龙山头石棚墓是全国重点文物保护单位。全县古建筑43处，顺溪古建筑群是全国重点文物保护单位。至2012年末，已成功申报非物质文化遗产（以下简称“非遗”）63项，其中国家级非遗4项，省级非遗17项，市级非遗42项。1997年6月，文化部授予平阳县“全国文化工作先进县”称号。

医疗卫生成绩显著。1989—2012年，平阳县相继达到卫生部基本消灭麻风病标准，被市卫生局确认为消灭丝虫病县，实现消除碘缺乏病目标。2005年8月，被国家中医药管理局命名为“全国农村中医工作先进县”。1989年，全县共有3家县级医院，卫生防疫站、妇幼保健站各1家，69家乡镇卫生院。2012年，全县医疗卫生机构573家。其中，县级公立医院3家，民营综合性医院1家，疾病预防控制机构、妇幼保健机构各1家，基层卫生院（含中心卫生院）30家，村卫生室463家，个体诊所56家，门诊部7家，医务室11家。拥有固定资产总值17939.57万元，医疗卫生用房129326.70平方米，病床1791张。配有5万元以上的医疗设备538件，配置院前急救车13辆。1989年，全县卫生专业技术人员1741人，其中医师604人、护士287人。2012年，卫生系统卫技人员3506人，其中，执业医师1069人、执业助理医师551人、注册护士1101人、药剂人员195人、检验人员145人、其他技术人员445人。其中，高级职称187人、中级职称561人、初级职称1132人、技术员职称1626人，分别占卫技人员总数的5.33%、16%、32.29%、46.38%。1989年，平阳县每千人拥有床位数1.07张、医生数0.81人、护士数0.38人；2012年，分别增加到1.92张、1.86人和1.26人。

体育工作卓有成效。1989年后，平阳县开展“创体育强县，打造特色品牌”活动。1998年，被国家体委命名为“全国象棋之乡”；2000年，被国家体育总局命名为“全国体育先进县”；2001年，被国家体育总局命名为“全国武术之乡”；2009年，被省政府命名为“浙江省体育强县”。至2012年，全县10个镇（乡）中，8个镇成功创建省级体育强镇，205个村被命名为“省小康体育村”，15个村被命名为“省村级体育俱乐部”。1995年，在鳌江镇建总面积16668平方米的平阳体育中心。2004年，在昆阳镇投资7500万元建占地50亩，总建筑面积16247平方米、设有3558个观众席的平阳体育馆。2011年，在昆阳镇投资9071万元建占地26亩、总建筑面积10940平方米的平阳游泳馆。至2012年，全县各地建有400米标准田径场6个，非标准田径场98个，篮球、排球、乒乓球、羽毛球、网球、门球、地掷球、五人制足球等场地481个；全县体育设施总面积1043347平方米。全县中小学生体育锻炼达标率由1989年度的88.26%上升到2002年度的97.3%；2012年，全县中小学生体质健康达标率为91.02%。1989—2012年，全县共输送各类体育后备人才588人，其中入选国家队4人，省体工队32人，省体校76人，被体育大专院校录取146人；15人次运动员参加国际体育比赛，获得金牌10枚、银牌3枚、铜牌2枚；120人次参加全国体育比赛，获得金牌52枚、银牌35枚、铜牌33枚。

七

政治文明建设制度化。1989—2012年，平阳县民主政治建设逐步进入制度化建设轨道。县委、县人大、县政府分别对依法治县工作进行部署。1989年，平阳县设立普法领导小组和县依法治理领导小组，开展法制宣传教育工作。1993年3月，中共平阳县第八次代表大会提出依法治县战略，要求切实做到“有法可依、有法必依、执法必严、违法必究”。4月，县第十一届人大第一次会议通过《关于大力推进依法治县的决议》；8月，县人大常委会会议审议通过“一府两院”有关执法工作的实施方案，为把全县各项工作纳入法制轨道奠定基础。1997年，制定《平阳县人民政府行政执法责任制实施方案》。至2012年，全县37家行政执法部门均在县政府门户网站上公开部门行政执法责任制的落实情况；平阳县历经6个“五年普法”，普法教育200余万人次。建成省级“民主法制村（社区）”5家，市级“民主法制村（社区）”36家。在政治协商和民主监督方面，县委、县人大、县政府出台相关规定，拓宽人大代表法律监督和工作渠道，充分发挥政协委员参政议政和民主协商作用，并接受社会各界及媒体监督。在基层民主政治建设方面，逐步推行和完善政务公开、村务公开、厂务公开、校务公开等制度。在民主决策方面，历届县委认真贯彻民主集中制原则，用制度规范程序，通过全委会、常委会、书记办公会议、县委专题会等途径讨论重大问题、制定决策。特别是在干部的选用上，结合民主测评、民主评议等方式，不断完善考察预告制、任前公示制、任职试用期制、领导干部绩擢法等制度，探索能者上，庸者下的任人用人机制，形成公开、公平、公正的政治环境。

精神文明建设常态化。1989—2012年，县委、县政府将精神文明建设放在突出的位置，开展文明村镇、文明社区、文明单位创建和省级文明城市、省级示范文明城市建设工作。至2012年，全县有省级文明单位17个，市级文明单位67个、市级文明服务示范点21个，县级文明单位144个、县级文明服务示范点24个。有全国文明镇(昆阳镇)1个，省级文明镇5个、省级文明村8个，市二星级文明镇2个、市级文明村61个，县级文明镇2个、县级文明村170个。有省级文明社区3个，市级文明社区5个，县级文明社区12个。2007年，昆阳镇获“省文明县城”称号。2004年，开始开展“平安平阳”创建工作，社会治安进一步优化，2005—2012年，连续8年获得省级“平安县”称号。

生态文明建设规范化。平阳县环境保护工作起步于20世纪80年代。1980年，成立平阳县环境保护办公室和平阳县环境监测站，1984年，成立平阳县城乡建设环境保护局，1994年，成立平阳县环境保护局。1999年起，县政府与各乡镇签订环境保护目标责任书，实行环境保护行政领导负责制。2003年，县委、县政府成立生态县建设工作领导小组。2004年11月，县第十三届人大常委会第十二次会议通过关于建设生态县的决定，《平阳县生态建设规划》同时通过温州市发展计划委员会审核。2008年12月，县政府下发《关于同意实施平阳县生态环境功能区规划的批复》。2010年3月，出台《平阳县农村环境保护规划》；8月，县委全体会议通过《中共平阳县委关于推进生态文明建设的实施意见》。2011年2月，县委、县政府印发《关于创建省级生态县的实施方案》。至2012年底，全县已创建5个省级生态镇(乡)，3个市级生态镇，201个市级生态村并累计建成各级(国家、省、市、县)绿色社区10个、绿色家庭150户、绿色示范学校近百所。

八

改革开放30余年的发展，平阳经济综合实力快速提升，发展动力更加强劲，为平阳加快打造温州大都市区南部副中心，提供前所未有的战略机遇。2012年12月，中共平阳县第十二届代表大会第二次会议指出，平阳经济社会协调发展存在的困难和问题主要是实体经济基础比较薄弱；环境建设还不尽人意；改善民生任重道远；维护社会稳定的压力较大；少数党员干部思想不够解放，抓现代经济社会建设的能力不足。会议提出“三个未来目标”，即通过5年左右努力，进入全市经济和社会发展第一梯队，实现从欠发达县到全国经济强县的历史性跨越；通过10年左右努力，基本建成昆鳌新城、北港新城，成为温州大都市区南部副中心；通过20年左右努力，基本形成以古盘山为核心的环状组团式城市发展格局，建设滨海大城市。会议号召全县党员、干部和人民要以“转型发展、跨越崛起”为主题，以城市化为龙头，以固定资产投资为抓手，以改革创新为动力，以大平台大项目大招商大产业为支撑，全力以赴拉框架、建平台、抓产业、优环境，提速提质提效，创新创先创优，在抢抓机遇中推动“三个未来目标”的如期实现。

新时期的平阳，憧憬新的希望，正向着新的目标大步向前，高歌猛进。

大事记

三国·吴

赤乌二年(239)

三国吴在万全仙口建横屿船屯。

晋

太康四年(283)

分安固县南横屿船屯地置始阳县，不久改称横阳县，隶临海郡。

太宁元年(323)

分临海郡南部地置永嘉郡，横阳县改隶永嘉郡。

南朝·宋

永初三年(422)

山水诗鼻祖、永嘉太守谢灵运巡游平阳，留下《横阳还峤上》(又作《游岭门山》)等作品。

隋

开皇九年(589)

废永嘉，置处州。横阳县并入安固县，属处州。

开皇十二年(592)

改处州为括州。安固县并入永嘉，横阳地属括州。

唐

武德五年(622)

恢复横阳、安固两县。

贞观元年(627)

横阳县复并入安固县。

上元二年(675)

析括州的永嘉、安固二县置温州。

大足元年(701)

复从安固县析出横阳县。

大中七年(853)

十月中旬　到中国求法的日本高僧圆珍(日本“入唐八大家”之一)一行人在横阳县江口镇登岸，在郭下村驻停。十月二十六日，县丞、权知县事许郦签发公验，派人送其到郡城温州。

五代·后梁

乾化四年(914)

吴越王钱镠因唐天祐四年(907)灭卢佶，克全浙，横阳亦得平定，是年改“横阳”为“平阳”，始有平阳县名。

后唐

同光二年(924)

孔子四十二世裔孙孔桧定居平阳，比南宋建炎二年(1129)定居金华衢州的孔氏南宗始祖孔端友(孔子四十八世裔孙)还早两百余年。

宋

治平三年(1066)

宋志观在昆阳镇坡南汇头建成，绍兴间

(1131—1162)更名广福宫,即今东岳观。

元祐七年(1092)

陈彦才父亲率族人捐地50亩给学宫,于是知县沈悚把学宫从证真院南(即今东岳观地)迁建到凤凰山下,即原平阳中学所在地。

元祐年间(1086—1094)

陈经正、陈经邦诸兄弟先后与永嘉周行己、瑞安许景衡等从学程颐,传洛学而归,理学开始进入平阳。

绍兴八年(1138)

陈鳌中武科状元。此后平阳历史上先后有陈鹗、蔡必胜、黄褒然、林管等12人相继中武科状元。

绍兴二十六年(1156)

温州知州张九成辑成《南雁山图志》,这是平阳南雁荡山第一部山志。

开禧二年至嘉定四年(1206—1211)

知县汪季良编成《平阳会》四卷,该书为平阳县第一部财政税收专志。

嘉熙二年(1238)

周坦中文科状元。

景炎元年(1276)

十一月　嗣秀王赵与檡溃军夜间在县城纵火,三日三次起火,城内自抗云桥至平政坊、白石桥至凤仪桥、城后桥至社坛巷,均化为灰烬。

是月　元军哈喇部攻占平阳,平阳县入元版图。

元

至元十八年(1281)

县尹周忠重建县公署。

元贞元年(1295)

平阳县因为户数超过五万,升为州,隶温州路。

大德十一年(1307)

州判官皮元聘请永嘉教谕章嘉(平阳人,今属苍南县)、西安教谕陈天佑(平阳人)编成《平阳州志》,系历史上第一部平阳县志。

至正二十三年(1363)

秋　方明善贿赂周嗣德手下林淳。九月十八日、三十日,林淳、林子中先后抓捕周嗣德、周诚德兄弟,诚德被杀。方明善攻入平阳州城,守御童环等招集溃军再战,明善败。十二月,平阳县入明版图。

明

洪武元年(1368)

建仙口城,周140丈(465米),高2.1丈(6.93米)。

洪武二年(1369)

平阳州改县。建温州卫平阳守御千户所,设江口和镇下二关。

洪武七年(1374)

增筑县城,周长632丈(2085.6米),面宽9尺(2.97米),堞580口。

洪武八年(1375)

七月　飓风暴雨,海溢高3丈(9.9米),沿江(指今鳌江)居民溺死2000余人。

景泰三年(1452)

析归仁乡三十八都、三十九都、四十都之地,归新置的泰顺县。

隆庆五年(1571)

知县朱东光聘请侯一元编撰成《平阳县志》八卷。

万历十年(1582)

设南麂岛副总兵。

万历十六年(1588)

知县万民华发隐占之产,改淫祠,办社学33

所，入学儿童985名。

清

顺治三年(1646)

清兵至温州，平阳县文武官员闻风先逃。平阳县入清版图。

顺治十五至十六年(1658—1659)

郑成功抗清，一度攻下平阳。后驻扎南麂，在海面进行实战演习，改西岙为国姓岙。

顺治十八年(1661)

为防止沿海居民接济郑成功，清廷下令“迁界”。平阳沿海居民内迁十里，扦木为界，被迫背井离乡。

康熙九年(1670)

清廷下令“展界”，恢复“迁界”时的界外地，允许沿海原住民回乡耕种打鱼。

康熙三十三年(1694)

知县金以埈聘请邑人吕弘诰主编《平阳县志》十二卷。

康熙四十九年(1710)

镇守平阳总兵移驻处州，平阳镇改为平阳协，设副将一员统辖各汛驻军。隶温州总兵统辖。

康熙五十七年(1718)

十二月十八日　傍晚，江口渡因大风翻船，溺死50余人。

乾隆二十五年(1760)

知县徐恕聘请张南英主编的《平阳县志》二十卷刊行。

乾隆三十一年(1766)

知县何子祥在县城建龙湖书院，重修昆阳义学，并订定章程。又在乡村倡设书院、社学。翌年，拨田园200余亩作为龙湖书院学产。

乾隆三十二年(1767)

知县何子祥倡建新渠自埭头至钱仓，将钱仓河与西塘河连接，以利交通和灌溉。此后，小南(今鳌江镇地)始少干旱之患。翌年，何子祥在钱仓创建东垟陡门，修筑奇石陡门，在鳌江重建江口陡门(五福陡门)，在南湖重筑崇德陡门(南湖陡门)。

乾隆四十一年(1776)

全祖望弟子、鄞县人卢镐任平阳教谕，历九年，传浙东学派。邑人叶嘉棆系其入室弟子之一。

乾隆五十一年(1786)

闰七月　浙江提督学政窦光鼐奏参平阳知县黄梅(四十三年任知县)任内亏空库实，向民间勒借。民谣说：“黄梅时节家家苦，青草池塘处处冤。”大学士阿桂覆奏以为不实，于是窦光鼐亲来平阳访查，生员吴荣烈等24人联名诉状，案情几经反复，最后黄梅被处斩。该案涉及官员10余人受处分。

嘉庆十二年(1807)

知县徐映台擅增田赋，岱下生员庄以莅上书申诉，在灵溪被捕，激起民愤，酿成“大门打官”事件。麻步林钟英因庄以莅案受害，赴京控告。十四年(1809)，刑部侍郎景禄等到温审实定谳，徐映台流放吉林，有关官员14人受处分。

道光十七年(1837)

重修县城，高1.8丈(9.94米)，堞640口，城门4个，水门3个。

咸丰八年(1858)

赵起、朱秀三、谢公达和金华周荣等八人，在钱仓组织“金钱会”，以铸有“金钱义记”四字的金钱为记。入会者数千人，并扩展到永嘉、青田、泰顺和福鼎一带。

同治元年(1862)

元月三日　金钱会败，退出平阳县城。赵起逃到处州向太平军求援。秦如虎带领清军对金钱会众进行搜捕杀害。同治二年(1863)七八月间，赵起在乐清遭杀害。金钱会众赵辛等在麻步组织红布会，准备再起义，消息泄露，被镇压。

同治十一年(1872)

二月十三日　杭州诂经精舍山长、国学大师俞樾到福建省福宁府(今宁德地区)省亲，探望随其兄俞林(福宁知府)住的母亲路过平阳。同年三月十六日，又过平阳县城，回杭州。来回都在萧江过夜。他在县城东门山葛溪里留下“壑云”两个隶书大字的摩崖石刻，沿途还写了七首与平阳有关的诗。

同治年间(1862—1874)

因苏、浙、皖三省之交为太平天国战争主战场，人口死亡及流徙之多，历史罕见。清政府为了恢复生产，大量招募各地移民前往垦荒，平阳移民尤多。今浙北苏南一带多有平阳人后裔村落，讲闽语或温州话，称先代于太平天国战争后移居，繁衍成族。

光绪十年(1884)

知县汤肇熙在城南龙山建文明塔。

陈承绂、周启良倡捐重建会文书院，知县汤肇熙捐俸置田产。

光绪二十一年(1895)

俞樾高足、平阳训导吴承志编纂《平阳县志》成稿，没有刊行，后来成为其弟子刘绍宽编纂民国《平阳县志》最重要的参考资料。

光绪二十八年(1902)

五月　平阳县学堂成立，以育婴局为校舍，龙湖书院田租为基金。

光绪二十九年(1903)

裁撤铺司，在县城设二等邮局，下设鳌江、灵溪、金乡、泥山(宜山)4个代办所。

光绪三十年(1904)

四月　陶成章到温州，与在平阳活动的龚宝铨、陈大齐等人相会，随他们一起住在古鳌头小成学校(即今鳌江小学前身)。他们在学校任教，宣传革命，并将学校改名鳌江公学。其间遭当局非难，月末乘海轮离开平阳，到上海。

八月十六日　刘绍宽、陈振椒东游日本，考察学务。十月二十五日，他们回到上海，共历时70天。

光绪三十一年(1905)

废科举，停县学，推行新学制。

光绪三十二年(1906)

十月　在县城设警察总局，下设小南、万全、北港分局。

宣统二年(1910)

平阳县商务分会成立，隶属宁波商务总会。

南、北麂归属之争，从光绪三十二年始，经王理孚据理力争，从此以后，民政部规定：平阳开垦南麂，瑞安开垦北麂，永远成为“定则”。

宣统三年(1911)

九月二十一日　七乡绅士集中县署开会，启用“平阳县军政支部”印，宣告平阳光复。十月初十，组织县公署，知县改称民事长，下设参事、民政、财政、教育四科。

中华民国

元年(1912)

4月　原知事田泽深去职，新知事王瑞堂莅任。

8月22日　统一共和党平阳县分部成立，王理孚为分部长。

是月　王理孚开始开垦南麂，陆续移民近万人，至民国20年(1931)，成立南麂乡。

是年　县参议会成立。

2年(1913)

1月　秤放局设立，管理盐务，并在镇下关另设秤放局，专管进口闽盐。

是年　经济部拨工赈银6000余元，疏浚南港河道，经三年告成。

4年（1915）

4月25日　修纂县志会议召开，王理孚以24票当选《平阳县志》修志局主任。江西人符璋为总纂，刘绍宽为副纂。刘主持编纂，实际上是总纂。历时十年，民国14年（1925）刊行。

5年（1916）

3月1日　秤放局改为南监场，控制全县公盐收运。

7年（1918）

周喟编成《中国名胜第十种雁荡山四集（南雁）》初版。

8年（1919）

10月　金乡3所小学近400名师生，响应"五四"运动，上街游行，并到鳌江等地进行宣传、演出，搜查烧毁日货。

是年　西医刘云五（刘绍宽子刘缙）、王惠川等5人在县城创办平阳医院。

9年（1920）

全县设昆阳、宜山、水头、灵溪、金乡、鳌江、马站、龙湖（原系县立第一女子高等小学校）8所高等小学。

10年（1921）

3月　全县饥荒。知事郭曾甄筹款3200元，购进镇江米，设局工赈。

6月11日　平阳县最大的金融机构吴万顺钱庄倒闭。

12年（1923）

4月12日　县城学、商两界为抵制日货而游行、演说。5月9日，为纪念国耻，城镇商店罢市，学生游行、演说，抵制日货。

是年　颁行新学制，将高等小学改为完全小学，国民小学改为初级小学。

13年（1924）

8月　闽军阀彭德铨部入平，与浙军阀郝国玺部激战于东江山。浙军败退，闽军1500余人进入县城。

是年　鳌江王广源商号（上年10月成立，系祖上遗留下来的商号），代理上海达兴轮船公司，经营"光济"轮船，开辟鳌江至上海航线。

14年（1925）

8月　温州学生救国会主席苏中常（即苏渊雷）等回平阳，成立"平阳县救国会"。9月，林珍等在钱库成立"江南救国会"。宣传反对列强并查封、禁运日货。

15年（1926）

10月　王国桢、张培农在广州农民运动讲习所第六期学习结业后，以中央农运特派员身份回到平阳开展农民运动。冬，沪杭各地的平阳籍共产党员施味辛、游侠等亦回平阳活动。

11月　国民党中央特派员萧铮到平阳活动。一批外地返平阳的共产党员以个人名义加入国民党，帮助国民党成立平阳县临时党部。范任（字介生）任执行委员会常务委员，中共党员游侠任组织部长，施味辛任宣传部长，章尚友任工人部长。

是年　县城王永泰生产的欧阳牌纸伞获省政府金质奖牌，产品远销日本和东南亚。

16年（1927）

1月17日　县知事傅孟辞职。

1月20日　泰顺人周元善（又名周元）代理知事。

2月11日　北伐军十七军曹万顺部进驻县城，改组县政府，包澈为知事。

2月15日　国民党平阳县党部成立，范介生为常务委员。县议会从此结束，会址成为党部机关。

4月17日　"四一二"反革命政变消息传至平阳，知事包澈逃离，周元善再任平阳知事。

4月20日　丁振华（原系国民革命军十七军连长，叛变后自称闽东独立团团长）率部队夜袭县城，占领县城后，改组国民党县党部，解散县农民协会、工会，在该团任职的吴鸿基（吴醒玉子）被任命为代理知事。直至6月7日，省防军团长甘清池率部至，丁振华部始退入泰顺。

6月17日　张培农、吴信直、林珍、叶廷鹏等带领300多农盐民武装计划夜袭平阳县城，因行动中暴露目标，于是主动撤离。

7月1日　平阳县政府成立，知事改称县长。

17年（1928）

2月　中共平阳县委成立，直属浙江省委领导，游侠任县委书记。

5月　平阳县中山图书馆（县图书馆前身）成立。

6月27日　林平海、叶廷鹏、吴信直、吴传稿等率领农盐民武装1000余人，分三路乘夜攻打平阳县城，不慎目标暴露，激战约1小时后撤退。

18年（1929）

2月　涂厂发生鼠疫，数日间死10余人。

4月　平阳县救济院成立。

是月　中共中央决定暂时撤销浙江省委建制，建立中共永嘉中心县委。中共永嘉中心县委派陈文任平阳县委书记。

8月18日至11月5日　大旱，虫灾暴发，农田无收，饿殍载道。县政府呈报移民东北68户、172人。

9月　平阳县定为一等县。推行改街为里，实行村里制，全县划为城区、万全、小南、江南、金乡、北港、南港、蒲门等8个区。

19年（1930）

2月　农民首领张学宪、朱步升等联合闽北、文成饥民，成立"金莲和合会"，共1500余人，在山门晓坑一带开展反对国民党政府斗争。26日，遭镇压，死58人，被俘15人，张学宪、朱步升同时被害。

5月24日　红十三军军长胡公冕率领红一团900余人和瑞安、平阳赤卫队1000余人攻打平阳城。激战6小时失利，红一团和赤卫队战士共牺牲192人。

10月　中共浙南特委委员朱绍玉兼任中共平阳县委书记。

是年　改村里制为乡镇制。县以下为区、乡（镇）、闾、邻四级。

20年（1931）

6月　中共平阳县委书记朱绍玉调任温州中心县委书记。冬，朱绍玉、王国桢先后被捕，温州中心县委无形解体，平阳县委亦停止活动。

21年（1932）

2月5日　在渔塘乡朝阳山岭门头成立中共浙南委员会，叶廷鹏为书记。

3月　浙南红军游击队在麻步渔塘陈体昌家成立，队长叶廷鹏，副队长黄先河、徐岩夏。

是年　县募款1万余元，援助、慰问十九路军将士。"九一八"周年纪念，县开追悼会。

22年（1933）

3月　开禁烟会议，议决稽查水陆要口，于各乡医院设戒烟所，严拿鳌江、北港烟贩，调查各地烟馆户数。民国初年，开始严禁鸦片，但禁而未绝。

8月　黄溯初捐资献地，在万全郑楼创办省立温州师范学校。学校分普通师范、简易师范两部，并附设小学和民众教育馆。

23年（1934）

1月　省电话局开设平阳电话分局。

24年（1935）

1月24日　中共党员、中央特科成员陈再华被杀害于广州黄花岗。是年12月，友人项经川、林平将其遗著编成《再华文拾》出版。

春　在凤卧金岙底重建中共平阳县委，施泽民为书记。翌年10月，郑海啸为书记。

4月　推行保甲制。

6月　中共闽东特委在福鼎县和平阳县、边区成立中共鼎平县委。

是月　陈铁君接任浙南红军游击队队长，下设4个分队，活动于平瑞边界。

秋　红军挺进师从瑞安经腾蛟、水头、山门、莒溪入闽。后活动于浙闽边区。

25年（1936）

5月　开始架设鳌江至水头、灵溪至矾山、鳌江经宜山、钱库至金乡的乡村电话。

是月　成立中共浙南临时革命委员会，叶廷

鹏为书记。9月，改为中共浙南委员会，叶廷鹏仍为书记。

6月　闽浙边临时省委决定在鼎平县的平阳中心区和藻溪区建立中共平阳县委，书记周建生。平阳县委下辖蒲矾（蒲门、矾山）、江南、南港、北港（朝阳山及凤池、沪山一带）4个区委。平阳境内出现2个中共县委。

7月　中共浙南临时革命委员会与中共中央驻上海办事处接上关系。

8月　沈苑明、林竞等自南京、湖北等地回平阳，参加竞选国民大会代表。

9月　叶廷鹏领导的浙南红军游击队与粟裕率领的红军挺进师部队，在瑞平交界葛藤湖地方会师。

26年（1937）

2月　刘英率中共闽浙边临时省委机关进入北港，原中共浙南委员会所属各组织和活动地区，均归中共闽浙边临时省委浙南特委领导。

3月20日　永瑞平公路建成通车。

3月25日　黄先河、黄耕夫、周饮冰、吴毓在温州以中共闽浙边临时省委和闽浙边临时省军区名义，拟写并发送《停止内战，一致抗日，致国民党闽浙皖赣四省边区主任公署和闽浙两省当局》的"快邮代电"，呼吁国民党当局停止内战，一致抗日。

5月中旬　中共闽浙边临时省委派吴毓等为代表，在山门畴溪小学与闽浙皖赣边区绥靖公署代表邓讱等进行共同抗战的谈判。18日，谈判未成。8月24日，双方在温州进行第二次谈判。9月16日，在山门签订共同抗日协议。

9月　中共闽浙边临时省委与国民党闽浙赣皖四省边区主任公署谈判约定，红军挺进师在平阳县北港地区集中。9至11月，分散在浙南、浙西南的挺进师各部，先后在平阳山门街、大屯、凤林、天井垟、水办等地集中。

11月　红军挺进师在凤林召开全体指战员大会，改番号为国民革命军闽浙边抗日游击总队，粟裕任司令员，刘英任政委，陈铁君任副司令员，张文碧任政治处主任。

是月　平阳青年抗日救亡团在鳌江成立，王栻为总干事。各区设分团。

是月　中共闽浙边临时省委在凤林村满垟六份内大屋召开第十二次扩大会议，参加会议的除省委委员外，还有部队连以上和地方县以上的干部。

27年（1938）

1月15日　中共闽浙边临时省委在山门畴溪小学创办抗日救亡干部学校，粟裕任校长，黄先河为副校长，学员200余人。

是月　中共闽浙边临时省委机关和抗日游击总队从凤林迁至山门大屯。

2月8日　省政府主席黄绍竑到平阳县考察，中共闽浙边临时省委派吴毓至鳌江与黄绍竑会面。

3月5日　中共闽浙边临时省委会议在平阳山门大屯村召开，中共中央东南分局副书记兼组织部长曾山在会上传达中共中央政治局对于南方游击区工作的决议精神。

3月18日　粟裕率领新四军第三支队第七团队主力，从山门街出发，与驻大屯、马头岗、凤林的另外三路部队在凤卧乡吴潭桥村水尾宫会合并誓师北上，编入新四军第二支队第四团第三营。

是月　在北港水头三桥堂设立新四军驻闽浙边后方留守处，主任黄耕夫。

5月7日　撤销中共闽浙边临时省委，在凤卧玉青岩成立中共浙江临时省委，书记刘英。12日，临时省委机关迁往温州。

6月　为防止日军侵入，炸毁永瑞平公路；征用宋上楠10余艘砻壳船，沉船投石，封锁鳌江入海处的狮子口。

28年（1939）

7月21—30日　中共浙江省第一次代表大会在凤卧乡冠尖和马头岗召开。

8月19日　县长徐用他调。10月1日，新县长张韶舞到任。

29年（1940）

4月　国民党地方当局施行"新县制"，对全县共产党根据地进行突击清剿。仅7月16日，县长张韶舞带领7个中队兵力包围山门，逮捕群众300余人、杀死23人，烧毁民房18间。

5月13日　日机在鳌江镇散发传单，并投弹2枚，毁渔船1只，死2人。又在宜山投弹4枚，死1人，伤5人。24日，3架日机在水头镇投弹，毁民船2只，死伤共3人。

8月8日　日机3架在鳌江镇投弹并用机枪扫射，死3人、伤18人。16日午后，日机4架在鳌江镇、方岩下等处投弹，炸毁民房多处，居民死伤100余人。29日，日机在鳌江镇投弹19枚，炸毁民房50余间。

10月13日　日机轰炸鳌江镇、江南下埠，死、伤各约10余人。15日，日机6架在霞关镇(今苍南县镇下关)投弹，死13人，毁民房113间。

是月　中共平阳县委执行隐蔽精干指示，将县委改为特派员，并建立平阳县武装工作队，开展反围剿斗争。

是年　实行国民教育。原省各级公、私立小学被改设为中心小学29所、国民学校121所。

是年　调整区乡镇保甲。全县分6区、87乡镇、1047保、11818甲。

30年(1941)

4月19日　日机轰炸县城和鳌江镇，死14人、伤1人，毁轮船1艘。嗣后日军在飞云江登陆，占据瑞安县城和万全杜山头。20日，县政府机关迁往北港，至5月5日回县城。

6月18日　中共鼎平县委书记陈百弓在钱库被捕牺牲。9月5日，继任中共鼎平县委代理书记欧阳宽在宜山鲸头牺牲。11月11日，原中共浙南委员会书记叶廷鹏在水头牺牲。

9月　平阳县立中学从半山庵迁入孔庙新校舍。

10月　日军在南麂竹屿岛登陆，杀害岛上居民60余人，制造骇人听闻的“竹屿惨案”。①

31年(1942)

1月　在县城司前街创办县立体育场。

2月　组织拆城委员会，开始拆除县城城墙。此举持续至民国33年(1944)。

是月，成立浙江省直税局平阳分局，兼管瑞安、泰顺、玉环3县业务。

32年(1943)

3月　国民党在浙南部署四个团兵力，并在桥墩设立闽浙边绥靖指挥部，清剿鼎、平、泰的共产党，时间长达一年多。

9月10日　自该日始，大旱140天。

10月　县城整治街道。大街、白石河街、南门直街被定为一等街，拓宽至二丈四尺(计八米)。

冬　朱超高、董仁涨、蔡月祥等以抗丁抗捐为号召，组织大刀会。与闽帮大刀会联合后，占据嵛山(福建省霞浦县)、北关、南麂诸岛，并进入马站、江南、桥墩等地活动，队伍发展到1400人。

33年(1944)

3月8日　大刀会首董仁涨率会众300余人在舥艚等处登陆，与陆上会众会合。10—30日，县长张韶舞派县自卫队会合浙保四团进剿，在芦浦、护法寺、项家桥、钱库等地激战七次，大刀会众伤亡800余人，剩下的人下海乘船撤退。县长张韶舞下令火烧钱库街，追杀群众，砍头百余颗，在鳌江小学操场和平阳县城县仓广场举办“人头展览会”。

34年(1945)

5月1日　人口复查，全县有158881户、721343人，其中，畲族2319户、10599人。

5月27日　驻温州日军后藤联队所部为接应由闽北撤日军，进犯县城，窜扰鳌江、钱仓一带。6月6日，从闽北撤日军残部，经桥墩、灵溪、萧江、钱仓到达县城。9日开始向北撤退，10日，退尽。日军扰境半月间，群众被杀117人、伤118人，被强拉挑夫714人，房屋被焚895间，各项财产损失约3.6亿元。

9月　中共撤销特派员制，恢复平阳县委，并建立组织、宣传、武运、民运4个部。下辖平西、平安、

① 据《刘绍宽日记》民国30年11月11日一则所记载的内容，以及《王海髯先生年谱》(藏平阳县图书馆)民国30年秋：“日寇在南麂缴自卫队械，杀岛民六十余人。”陈天孩《日寇洗劫竹屿感赋》“维时辛巳秋九月，消息传来冠冲发”诗句，辛巳即1941年。可见此事件发生在民国30年(1941)，不是民国31年(1942)，《平阳六年》作“民国三十一年十月”，误。

小南、瑞平4个区委。民国36年(1947)9月，恢复江南区委，10月，恢复平南(南港)区委。

35年(1946)

1月29日　成立筑路委员会，重修瑞、平、泰公路，分配各乡镇土方任务。是年，免征兵役，分派壮丁修筑公路。

6月　县长张韶舞调离，王启炜接任。

36年(1947)

4月15日　因粮价暴涨，县城发生闹米风潮，商店职工罢市，群众集会游行，并向镇公所请愿，要求惩办贪官污吏和奸商。

5月16日　平阳中学、南雁中学和温州师范学校为响应全国各大学学生反饥饿、反内战、反迫害的斗争，罢课达两个月。

7月23日　中共平阳县武装工作队改编为浙南第十区队，队长郑子雄，政治教导员苏松。

7月1日至8月27日　干旱58天。8月27—30日连续大雨。9月10日、11日，通宵大雨，全县低田一片汪洋，受淹农田24.3万亩，重灾2.9万亩。

37年(1948)

2月11日　中共浙南特委领导下的浙南第十区队一、二小队袭击山门乡公所，缴获自卫队步枪28支、手榴弹40余枚、子弹7箱。

2月26日　中共浙南特委机关警卫队和第一县队缴获驻湖岭乡的平阳自卫队一个分队的武器。是日，解除仙降警察所武装。

3月27日　中央研究院评选出81位首届院士，平阳姜立夫、苏步青当选为数理组院士。

7月21日　第十区队一、二小队和民兵在浙南第二县队的配合下，在穹岭头伏击浙保二团一个连，俘敌20余人，缴获一批武器。

11月28日　第十区队和民兵在晓坑岭伏击浙保二团一营，毙、伤敌人30余人，俘敌130余人，缴获轻机枪2挺、步枪60余支、短枪8支、子弹1万余发、手榴弹几十箱、电台2部、战马1匹和其他大量军用物资。

冬　浙江保安六团进驻水头等地。

38年(1949)

1月　浙南第十区队改编为中国人民解放军浙南游击纵队独立大队，大队长颜庆富，政治教导员黄嘉斌，战士400余人。8月，编入省第五军分区警备团。

是月　县委警卫班扩编为警卫分队，4月，又扩编为警卫中队，6月，再次扩编为警卫大队，华业都任大队长，曾昇任政治教导员。8月，改编为省第五军分区平阳县大队，战士约500人。

5月8日　驻水头的浙保六团团长洪彪率部起义。县警卫中队和民兵在营前阻击从文成大峃向瑞安逃窜的浙保四团，俘敌267人。

5月10日　县长罗杰逃离平阳。

5月11日　大刀会500余人在舥艚登陆。次日向中共平阳县委缴械。

5月12日　中国人民解放军浙南游击纵队第一支队和第三大队沿平瑞圹河南下，从平阳县城北门进入县城，沿途受到县城革命青年、平中革命师生和各界群众热烈欢迎，平阳解放。

5月13日　中共平阳县委书记郑海啸率县委机关和警卫队途经梅溪，从城西进入县城。县委接管了旧政府机构，并开始办公。

5月20日　平阳县人民政府筹备委员会成立，郑海啸为主任。

7月11—31日　办理国民党军队人员收容、登记工作。

9月1日　平阳县人民政府成立，戴尚义任县长。

中华人民共和国

1949年

10月5日　在县政府礼堂举行集会，庆祝中华人民共和国成立。

10月30日至11月2日　召开县各界人民代表会议。

11月下旬　建立平阳县妇女联合会。

12月　建立中国新民主主义青年团平阳县工作委员会。

是年　将平西区改称南雁区，平安区改称北港区，平南区改称南港区，小南区分为万全区和鳌江区，并由鼎平县划入蒲门区。全县设鳌江、江南、南港、北港、蒲门、南雁、万全7个区和1个直属镇(城关镇),共73乡(镇)、729711人。

1950年

春　北港地区麻疹流行,死亡近百人。

5月　南雁区划分为两个区:睦源区,包括顺溪、青街、腾垟、天井等乡;山门区,包括山门、晓坑、晓垟等乡。

7月5—9日　召开县首届文化教育工作者代表会议。

10月23日　召开县第一次农民代表大会。

10月　县委组织工作队,在平等、榆垟、临区、雁门等乡进行土地改革试点工作。翌年2月16日,县委成立"土地改革指挥部",全面开展土地改革工作,至1952年3月基本结束。

是年　全县划乡建政,设12个区、1个直属镇,共151个乡(镇)。

11月至1952年6月　开展镇压反革命运动。

12月24—26日　召开县首届劳动模范大会。

1951年

3月11日　县政府召开公审民国时期平阳县长张韶舞大会,公审后即当场被执行枪决。①

4月　中国人民解放军平阳县人民武装部成立。

春　麻疹在大部分地区流行,患者达2830人。

7月1日　召开县第一次工会代表大会,成立平阳县总工会。1954年,县总工会改称平阳县工会联合会,1957年恢复平阳县总工会之名。

10月1日　怀溪乡农民林瑞得代表革命老区人民参加省赴京国庆观礼团,受到毛泽东主席接见。

10月　赵思孟任县长。

是年　开展"抗美援朝、保家卫国"运动,全县有3835名青年志愿参军,捐献飞机大炮款54.5亿元(旧版人民币)。

1952年

1月　县级机关开展反贪污、反浪费、反官僚主义的"三反"运动。接着,在工商界开展反行贿、反偷税漏税、反盗骗国家财产、反偷工减料、反盗窃经济情报的"五反"运动。

3月25日　全县土改工作结束。全县166031户,划定阶级成分分别为:雇农6630户,占总户数4%;贫农88319户,占总户数53.19%;中农52595户,占总户数31.68%;富农1745户,占总户数1.05%;地主3808户,占总户数2.29%;其他成分12934户,占总户数7.79%。

夏　全县10个区、1个镇麻疹流行,患者达7100余人。

8月2日　戴尚义调离平阳,邢德代理县委书记,9月12日任县委书记。

8月　成立县清毒委员会,逮捕贩毒犯177名。

是月　县委审查1951年冬至1952年上半年在北港、山门、蒲门等区土改中发生的8个假匪案件,决定对涉及7个区、40多个乡的1783名被错定为"土匪"的干部、群众平反。

冬　县委在城西水塔村试办初级农业生产合作社,将马志忠互助组转为全县第一个初级社。

1953年

2月10日　开始水上民主改革运动,斗争水运霸头,同时成立鳌江水上派出所。

7月1日零时　第一次人口普查,全县计有199932户、803684人。其中,男452214人、女351470人。

7月28日　省政府决定从矾山区划出明矾矿区,成立矾山矿区人民政府,归温州专员公署和平阳县人民政府双重领导。

9月1日　盘踞在南麂岛的国民党残部在南麂岛成立所谓的"平阳县政府"。

10月　朱廉任中共平阳县委第二书记,翌年10月邢德调离平阳,朱廉接任县委书记。

12月　实行粮食计划收购与计划供应。

是年　全县开始户口登记,建立户口册,发放户口簿。

① 据平阳县人民政府1951年3月8日发的关于公审张韶舞的紧急通知(县档案馆藏),以及1951年3月17日《浙南日报》头版所载张韶舞等五匪在平阳被枪决的消息。

1954年

5月9日　蒋介石在蒋经国等人陪同下，前往大陈岛后，登临南麂岛。

7月11—15日　召开县第一届第一次人民代表大会。会议要求开展以农业合作化为中心的农业增产运动。

8月　白希曾任县长。

11月11日　《平阳县私营工业社会主义改造的意见》出台，开始对私营工业进行改造。上年全县私营工厂153家，职工2353人，资本780765元（新币），年工业产值315.07万元（新币）。

是年　开始实行义务兵役制试征工作。

1955年

2月24日　南麂岛全部居民被国民党军队强行迁徙到台湾。26日，南麂岛解放，平阳、瑞安二县共动员268户、872人迁居南麂岛。

是月　南麂乡划归洞头县管辖，鳌江镇升格为县直属镇。

8月　实行粮食定产、定购、定销政策，10月，贯彻到户。

10月16—21日　召开县第一届人民代表大会第四次会议，县人民政府改为县人民委员会。

12月　城镇居民实行“以人定量、票证结合”的粮食供应政策，全面贯彻粮食“定产、定购、定销”政策。

1956年

2月9日　县委成立5人肃反小组，在干部中开展肃清反革命斗争。至1958年10月结束，挖出反革命组织25个，定为反革命分子728名、坏分子88名。

3月9日　省政府决定矾山矿区人民政府直接归属平阳县人民政府领导。

3月16—19日　召开县政协一届一次会议，朱廉当选县政协主席。

3月　全县开始全面调整区乡行政区划，至1957年，共设9个区、117个乡（镇）、3个直属镇。

是月　自上年开始开展的镇压反革命斗争，先后5批进行集中搜捕，逮捕反革命分子632人。

4月10日　《平阳报》创刊，翌年3月停刊，共出106期。

5月16—20日　中国共产党平阳县第一次代表大会在县城召开，朱廉当选县委书记。

6月　全面开展对私营工商业的社会主义改造。至翌年1月，改造工作基本完成。

9月31日　成立县工资改革委员会，下设办公室，对全县党政机关、企事业等61个单位、6495个干部、职工进行工资改革。

1957年

1月14—17日　召开县第二届第一次人民代表大会，白希曾当选县长。

3月　中共中央政治局委员、国防部部长彭德怀到温州，途经平阳视察海防。

5月28日　水头区析出腾蛟、岭门、碧溪、龙尾、凤巢、鹤溪、带溪、蔡垟8个乡镇，建立腾蛟区。

6月　开展整风运动，后转入“反右”斗争，全县有206人被错划为“右派分子”。1962年，对部分被错划为“右派分子”的人给予摘掉“右派分子”帽子。1978年先后全部改正。

8月16日　省政府决定将洞头县属的南麂岛划归平阳县管辖。

是月　在全县农村开展大规模的社会主义宣传教育运动。

9月14日　开始实行棉布计划收购和计划供应，同时实行棉花计划收购。

1958年

2月1日　《平阳报》复刊，至1961年2月停刊，共刊出852期。

4—5月　大办教育。全县创办农业中学101所、农业技术学校221所。8月，创办鳌江工学院、平阳大学、平阳师范学校。由于缺乏办学条件，后来绝大部分停办。

5月31日至6月3日　召开县第三届人民代表大会，贯彻社会主义建设总路线，要求各项工作“大跃进”。卢声亮当选县长。

7月2—6日　中共平阳县委召开三级干部会议。会议以整风开路，开展大鸣大放，号召思想大解放，年内实现亩产1500公斤县，粮食总产16.5亿公斤，超过黄岩县。省委书记处书记、省委第二农业检查团温州分团团长林乎加到会讲话。

7月5日　万全区委向各区发出倡议书，提出“苦战二昼夜，实现托儿化、农忙食堂化”。至7日，全县办公共食堂10130个，办托儿所1088个。

8月22—25日　中国共产党平阳县第二次代表大会召开。朱廉当选为县委书记。

8月上旬　“平阳县南港水利工程指挥部”成立，开始兴建桥墩水库。

9月14日　城关镇和城西、城东、城南、水亭乡合并建立全县第一个政社合一的人民公社——钢城人民公社。11月，全县实现公社化，基本以一区为一社，先后建立16个人民公社，以后调整为13个人民公社。

9月下旬　成立“平阳县木炭生产指挥部”，抽调民工砍树烧炭，大炼钢铁。至12月，全县调动20余万人烧炭炼铁，共计炼出2482.76吨不合格生铁。

10月　全县以生产队为单位办食堂4030个。至1961年春，缺粮严重全部停办。

12月　麻疹、白喉流行。全县麻疹发病9529人。

1959年

1月17—19日　平阳县首届农民体育运动会在县城举行，共有500多名农民运动员参加。

1月　平阳县名列“千斤县”，获国务院颁发的“1958年社会主义建设先进单位”奖状。

2月16日　经地委批准，建立中共平阳县委书记处，县委书记朱廉改任书记处第一书记。至1963年1月，撤销书记处。

3月8日　平阳县首届妇女运动会在麻步中学举行。

3月21日　动工建造平阳县革命烈士纪念馆。

6月19日　第一批支援宁夏建设平阳青年出发到石嘴山惠农县落户，第二批于次年4月25日前往。全县支宁青年1453人。

7月2—6日　召开3000余人的县四级干部会议，开展社会主义教育运动。

12月28—31日　召开县政协二届一次会议，朱廉续任县政协主席。

是年　山门县林场、桥墩县茶场、平阳化工厂创办。

1960年

1月22—23日　在水头镇召开县首届工人、农民体育运动会。

1月28日　春节，万全出现饥荒，一批食堂断粮断炊。春节前后县委召开五级干部大会，到会18310人，纠正“一平二调”做法。至春耕前，全县1318个生产队，落实农业生产包产、包工、包成本“三包”政策。

5月3日　在县城召开首届中学生体育运动会。

11月　贯彻中共中央《关于农村人民公社当前若干政策问题的紧急指示信》，纠正平调物资、劳力和资金的“共产风”错误。

是年　全县开始贯彻精减职工政策，压缩城镇人口。至1963年12月，共精减职工12588人，压缩城镇人口18744人。

1961年

2月17日　为加强农业生产第一线和改造后进队工作，全县整编下放机关干部492人。

3月　卢声亮调离平阳，许汝洲任平阳县县长。

4月　省政府确定中共浙江省第一次代表大会会址——冠尖新楼和马头岗一列九开间暗阁楼的其中2间，及金钱会起义遗址——钱仓龙虎岩为浙江省重点文物保护单位。

是月　学习贯彻《农村人民公社工作条例(草案)》，即“农业六十条”。随后贯彻执行《农村人民公社工作条例(修正草案)》，调整生产关系。

沿海出现大规模敲鲇作业，敲鲇渔民达6750人。至1964年禁止敲鲇。

春　农村出现分田到户现象。至7月调查统计，全县分田到户148个大队、450个生产队、3943户，占农户总数17.8%。

5月6日　县委对公共食堂进行调查得出利少弊多结论，自此公共食堂停办。

9月　改以区建社为以乡建社。撤销13个人民公社，恢复区建制。至翌年1月，全县130个生产大队均改为公社。

是年　全县撤并4所初中，11所高中，停办5

所民办中学，动员4000余名超龄学生回农村参加劳动。286所初级小学转为民办小学。

1962年

1月11日至2月7日　县委书记朱廉和副书记、县长许汝洲赴北京参加中共中央扩大的中央工作会议（亦称“七千人大会”）。

1月　南京军区司令员许世友到平阳县考察。

4月2日　中共中央书记处原书记、中国人民解放军原总参谋长黄克诚到平阳县城西公社考察。

4月　国防部副部长、中国人民解放军大将粟裕在上海养病期间，考察东南沿海战备工作，到平阳考察。

6月3日　按照中共中央和解放军总政治部关于准备粉碎蒋介石“反攻大陆”的指示，县委成立战时支前委员会。是月，中国人民解放军3个师先后进驻平阳县。

7月　召开归侨、侨眷代表大会，成立“平阳县归国华侨联合会”。

9月11—13日　召开县第四届第一次人民代表大会，许汝洲当选县长。

9月11—14日　召开县政协三届一次会议，朱廉续任县政协主席。

11月5—9日　在县城召开全县首次少数民族代表会议。

11月下旬　省委书记江华、地委书记张一樵到平阳检查工作。

1963年

1月17—21日　中国共产党平阳县第三次代表大会召开。朱廉当选为县委书记。

4月　毛泽东“向雷锋同志学习”题词发表后，全县掀起学雷锋热潮。

5月9日　中共中央主席毛泽东就介绍城西公社等7个浙江干部参加生产劳动的材料作重要批示。省、地委为此特发通知，号召学习平阳城西经验。

5月10日　龙卷风袭击麻步、水头、山门、灵溪、鳌江、万全等6个区。全县死11人、伤54人，房屋毁坏2313间，农船毁损19只，农作物受灾4046亩。

12月28日至1964年1月2日　召开县政协四届一次会议，朱廉续任县政协主席。

是年　全县粮食产量2.65亿公斤，比上年增长27.3%。

1964年

1月2—6日　召开县第五届第一次人民代表大会，许汝洲当选县长。

2月下旬　县委书记朱廉率县委工作队员155人，在麻步区萧江公社开展社会主义教育试点，进行清工分、清账目、清财物、清仓库的“小四清”。至年末，全县“小四清”运动全面开展。

7月1日零时　全国第二次人口普查，全县计1009302人。

11月　朱廉调任贵州省遵义县委书记。

12月16日　集雨面积390平方公里的北港饮水工程动工。1966年完成主体工程，渠系配套工程至1983年冬竣工。

冬　省委组织社会主义教育工作团。平阳县抽调411名干部先后至诸暨、义乌两县农村参加社会主义教育运动。

是年　全县动员城镇知识青年上山下乡，到本县山区半山区1475名，到南麂岛和万全、金乡平原地区467名。

1965年

3月　“小四清”运动转入清政治、清经济、清组织、清思想的“四清”运动。县委组织“四清”工作队，抽调工作队员401人，进驻农村、工厂、学校。

8月　李宏任平阳县委书记。

10月11日　石砰渔业生产队两只鹰捕船从南麂岛返航，在石砰港岙附近遇大风沉没，25人丧生。

12月　地委代理书记王芳率地委机关干部进驻鳌江区下厂渔区办公。至年末，全县3000余名干部，其中1880名被定为“四不清”干部，受到批判处理。

1966年

4月18—22日　召开县政协五届一次会议，选举李宏为县政协主席。

4月18—22日　召开县第六届第一次人民代表大会，陈清地当选县长。

9月10—23日　县委召开三级干部大会，贯彻中共八届十一中全会精神，全面开展“文化大革命”。

是月　全县落差最高的腾蛟银坑水电站建成发电。1972年，扩建为二台机组，装机容量500千瓦。

1967年

1月　全县开始关闭粮食、杉木市场，同时取缔一切家庭工厂、运输队、包工队。

春　流行性脑炎在县境蔓延，病区遍及13个区、172个公社。至3月20日，发病600余人，死亡47人。

3月12日　县人民武装部成立生产办公室，行使县委、县人民委员会部分职权。

12月25日　平阳县生产办公室成立，撤销平阳县人民武装部生产办公室。

1968年

5月10日　解放军驻平阳部队支左联络站通知要求全县开展“三忠于”（忠于毛主席、毛泽东思想、毛泽东无产阶级革命路线）活动。

6月　中国人民解放军6414、6416部队和平阳县人民武装部派出代表，联合组成军事管制组，对县公安局、人民法院、人民检察院实行军事管制。

12月28日　省革命委员会批准成立“平阳县革命委员会”，实行一元化领导，取代县委、县人民委员会职权。各区、各公社、各单位相继成立革命委员会或革命领导小组。

1969年

2月6—9日　在县城召开第一次工人代表大会，成立县工代会。

4月20日　县革委会发出《关于掀起支边、支农、上山下乡新高潮》的通知。年内，有838名在册城镇中学生去黑龙江、内蒙古支边，有4000人回农村插队落户。翌年，又动员4700人支边或到农村插队。

7月　召开红卫兵代表大会，成立县“红代会”。

9月5日　县革委会建立中共党的核心小组，后改称中共平阳县核心小组，行使县委职权。

秋　全县中学改为“二二制”，即初中二年、高中二年学制。

1970年

1月23日　成立县夺煤指挥部，开展“夺煤大会战”，号召各行各业都要安排人力、物力、财力、技术等方面参与支援“夺煤大会战”。

是日　县革命委员会决定开展向梅源公社岭根大队学习其“农业学大寨”的经验。

3月　开展“一打三反”运动，即打击反革命破坏活动，反对贪污盗窃、反对投机倒把、反对铺张浪费。

11月　选送“工农兵”上大学，采用“群众推荐，领导审批”办法，首批选送50多名学员。

1971年

2月5日　县机关党委会、各科局党支部、农村各大队党支部相继开始恢复活动。

2月10日　县革委会党的核心小组发出《奋发图强学大寨，誓教平阳变昔阳》号召书，提出三年建成大寨县。是年贯彻“北方地区农业会议”精神，各公社兴办社队企业。

7月15—18日　中国共产党平阳县第四次代表大会召开，冯明才当选为县委书记。

1972年

5月19日　县委制定《平阳县学大寨五年规划》，提出“树雄心、立斗志，奋战三五年，把平阳建成大寨式的县”号召。

10月　冯明才免去县委书记职务，王振元任县委第一副书记，并主持工作。

11月20日　省委通报批评“文化大革命”期间，平阳县在发展党员中“飞过海”“上督落”“限期突击”大搞派性的错误。

1973年

1月中旬　张冰痕任中共平阳县委书记。

3月　县知识青年上山下乡办公室成立。是年，县委研究知青返城就业问题。至1981年，全县7061名知青回原籍安置就业。

10月9—13日　台风暴雨袭击县境，山洪暴发，水位猛涨，埭头水位高达18.85米。房屋坍倒1306间，庄稼受淹37.9万亩，堤塘、道路、桥梁被冲决，死亡23人，伤89人。

12月25日　横阳支江全面疏浚工程动工，加固两岸江堤24.86公里，至1974年6月18日竣工。

1974年

1月19日　解放军南海38471部队平阳籍战士王载雄在西沙群岛自卫反击战中牺牲，被追记一等功。

2月4日　县委对台湾工作领导小组成立，是年，有25名台胞回乡探亲。

3月　省委在县委书记张冰痕在职的情况下，又将原县委书记冯明才调回，直至1975年4月免职。一县同时出现两个县委书记。

9月　温州地区在城东仙坛寺创办温州师范专科学校平阳分校。

1975年

4月　先后撤销民兵指挥部和“批林批孔”小组等组织。县委书记冯明才调离平阳。

5月27日　县委召开“农业学大寨”经验交流会，大队书记以上3817人参加会议。

7月4日　县委组织46个工作组，解决农村分“单干”队问题。经工作，恢复2329个生产队集体生产。

10月　省委任命张克明为县委书记、县革委会主任，张冰痕调离平阳。

12月2—5日　县委召开5200余人参加的“农业学大寨”誓师大会。

1976年

1月8日　国务院总理周恩来逝世。9日，全县干部、群众自发佩戴黑纱，举行悼念活动。

1—10月　全县开展“反击右倾翻案风”运动。

7月6日　全国人大常委会委员长朱德逝世，干部、群众深切悼念。

9月9日　中共中央主席毛泽东逝世，全县停止一切娱乐活动，降半旗致哀。县、区、乡和各单位均设灵堂、献花圈。18日，全县数十万人集中收听中共中央追悼毛泽东主席逝世大会实况广播。

10月23日　在县城召开万人大会热烈庆祝江青反革命集团被粉碎。

11月　全县开始揭批江青反革命集团罪行，清查与江青反革命集团篡党夺权阴谋活动有牵连的人和事。

1977年

1月17日　县委再次召开“农业学大寨”会议，贯彻第二次全国“农业学大寨”会议精神。

4月　县组织500余人的基本路线教育工作队，分赴各公社开展路线教育。

5月　撤销县革委会办事组、政治工作组、生产指挥组，以及各组下属的办公室，恢复委、办、局。同时撤销各个局革命委员会、革命领导小组。

是月　省委任命张维森为中共平阳县委书记、县革委会主任。

7月　设社队企业经营管理局。是年，全县批准社队企业912家，总产值3561万元。

8月　平阳县高等学校招生委员会成立。县组织应考学生参加全国统一命题的高考。全县应届生高考录取4名，其中山门中学占2名。

11月12日　县委、县革委会机关搬到灵溪办公，组成工作队进驻灵溪、凤池、大观、对务、渡龙、渎浦、仓桥、后林等8个公社。

1978年

4月　恢复县京剧团，年内恢复县越剧团。

5月20日　县委成立“右派”改正工作办公室。至1979年5月，全县206名“右派”分子全部摘帽。

5月　县委组织力量平反冤、假、错案，落实干部政策。至翌年，在“文化大革命”中受江青反革命集团迫害的21个集团性案件得到平反，被牵连的1349名干部、群众全部恢复名誉。至1987年5月，全县落实政策工作基本完成。

9月起　对地主、富农、反革命分子、坏分子开展评审摘帽工作。至翌年，有9132人摘掉帽子。

12月　停止动员知识青年上山下乡、支援边疆。据劳动部门统计，从1964年开始，全县共动员6587名知识青年上山下乡、支援边疆。

是年　粮食全面增产，平均亩产1043斤，首次成为粮食亩产超“千斤县”。

1979年

2月3—10日　县委召开县区社三级干部会议，到会干部328人，传达贯彻中共十一届三中全会精神。会议开展“实践是检验真理的唯一标准”、停止使用“以阶级斗争为纲”等问题的讨论，确定把工作重心转移到社会主义现代化建设上来。

3月　中共平阳县纪律检查委员会重新建立。

11月　县委、县政府对新中国成立前参加革命的3117名老党员、老游击队员、老交通员给予定期定量经济补助。

12月15日　县委召开全县只生一个孩子的育龄夫妇代表会议，提倡和表彰一对夫妇只生育一个孩子。

1980年

5月16—19日　省第二次山区工作会议召开。省委把平阳县列为山区县，在资金、粮食、物资上予以扶持。

5月　全县单机容量（320千瓦）最大的顺溪南漈一级水电站建成发电。

10月10日　县委召开三级干部会议，学习贯彻中共中央《关于进一步加强和完善农业生产责任制的几个问题的通知》。会后，平阳农村掀起包干到劳、包干到户的热潮，农业生产开始建立家庭联产承包责任制，1981年普遍实行。

1981年

1月1日　《平阳报》正式出版，系四开四版周报，发行量16000份。至是年12月31日停刊。

1月2日　根据省委指示，政协平阳县第五届委员会恢复活动。

6月18日　经国务院批准，从平阳县析出矾山镇及矾山、灵溪、马站、金乡、钱库、宜山、桥墩7个区，共72个公社，有人口922051人，设立苍南县。

是月　平阳化工厂被化工部评为全国小硫酸、小磷肥红旗单位。

10月　省委任命李长茂为中共平阳县委书记。

11月2日　平阳、苍南分署办公。

11月30日　撤销“平阳县革命委员会”，恢复平阳县人民政府。

12月31日　市政府批复，城关镇恢复原名“昆阳镇”。

1982年

2月22日至3月1日　县政协六届一次会议召开，选举周肇丰为县政协主席。

2月24—28日　县人大七届一次会议召开，选举胡孙节为县人大常委会主任，池欣昌为县长。

4月　县委成立两案审理领导小组，下设办公室，对在“文化大革命”中与江青反革命集团有牵连的人和事进行审查处理，落实干部政策，至翌年结束。

5月12日　县政府确认散居在宋埠、塘川、城东公社和鳌江镇的丁姓居民108户、617人为回族。

7月30日12时30分　台风在县境登陆，风力9～12级，时间长达30余个小时。最大降雨量289毫米。海潮顶托洪峰，水头镇平地水深1.5米，交通断绝。倒塌、损坏房屋4910间，受淹农田86059亩，死亡10人、重伤16人。

10月7日　为妥善解决新老干部适当交替的问题，全县实行干部离休制度。经审批，是年全县老干部办理离休702人。

12月21—23日　县文学艺术工作者第一次代表大会召开，成立平阳县文学艺术界联合会。

1983年

1月　全县城乡开展第一个“计划生育宣传月”活动。

3月5日　县委、县政府召开县劳动模范、先进集体和先进工作（生产）者表彰大会，出席大会1010人。

3月　全县国营工业企业、商业、供销社开始实行企业内部经济承包责任制。

10月22日　县政府公布首批县级重点文物保护单位。“闽浙边抗日救亡干部学校”旧址、红十三军192位烈士摩崖题刻、二打平阳城指挥部旧址、南雁会文书院、平阳文明塔等17处为县级重点文物保护单位。抗日干校于1988年12月升格为省级重点文物保护单位。

1984年

2月　陈桂莲任县委书记，李孟光任代县长。

是月　县委成立县机构改革领导小组及办公

室，对县级党政机构进行改革。经过改革，由原来64个单位减为34个。

4月19日　县委、县政府召开首次全县专业户代表会议，参加会议的各类专业户共318人。到年底，全县各类专业户发展到22400户。

是月　县委在临区公社搞政社分设，建立乡党委试点。后结合机构改革，全县公社统一改为乡。

5月12日　粟裕骨灰（部分）撒于闽浙边抗日救亡干部学校旧址，并立石碑纪念。

是月　设立青街畲族乡。

6月9—12日　中国共产党平阳县第五次代表大会召开。陈桂莲当选为县委书记。

7月29日至8月1日　县委、县政府召开首次“振兴平阳经济恳谈会”。在外地工作的苏步青、周瑞金、吴景荣、曾希圣、黄颂、郑子雄、苏明扬等专家、学者共57人应邀出席会议，会上大家为发展平阳经济提供100多条宝贵的建设性意见和重要的商品技术信息。

8月26日至9月1日　县政协七届一次会议召开，郑朝梓当选为县政协主席。

8月27日至9月1日　县人大八届一次会议举行，选举池欣昌为县人大常委会主任，选举李孟光为县长。

是月　县委、县政府召开全县联产承包责任制大会，先在各区进行试点工作，然后在全县开展联产承包责任制。

是年　水头镇形成全国性的兔毛专业市场，参加经营达20000余人，全年共经销兔毛600吨，成交金额6300万元。

1985年

3月2日　农牧渔业部顾问林乎加在平阳县就北港兔毛专业市场召开座谈会上，提出要认真贯彻《中共中央、国务院关于进一步活跃农村经济的十项政策》。是月17、18日，市委书记袁芳烈赴水头、山门调研北港兔毛市场。

3月19日　省民政厅同意，调整平阳部分行政区划：建立顺溪区，将萧江、麻步、腾蛟、顺溪、宋桥、宋埠、钱仓、鹤溪、山门乡改为建制镇，增设溪源乡、垂杨乡。

3月　县委、县政府举行纪念南麂解放三十周年系列活动。

4月4日　水头、萧江由区建制镇升格为县直属镇。

5月1日　平阳化工厂工会主席范茂存获全国五一劳动奖章。

5月26—27日　县长李孟光率队赴上海召开“振兴平阳经济技术恳谈会”。苏步青、谢侠逊、苏渊雷、周瑞金、阮世炯、许布洛等平阳籍专家、知名人士180余人参加会议。

7月16日　省政府批准平阳县鳌江经济开发区建设，第一批征用土地252亩。

9月10日　第一个教师节庆祝大会召开，给从事教育工作25年以上的教育工作者颁发证书。

10月18日　国家体委授予谢侠逊“体育运动荣誉奖章”。

是年　建成九凰山电视台，县城可接收中央、省及县自办节目。

1986年

1月13日　撤销城南、城东、城西3个乡，设立办事处，归昆阳镇管辖；撤销雁门、下厂2个乡，设立办事处，归鳌江镇管辖。

1月23日　县政府批准双田等165个村为老革命根据地村。至翌年11月，全县共有466个村为老革命根据地村。

2月7日　恢复县工商业联合会。

4月6日　中共中央政治局委员、国务院副总理万里和中共中央书记处书记郝建秀到平阳县考察。

4月15—19日　县人大八届三次会议举行，选举林体森为县人大常委会主任。

5月18日　中共中央政治局候补委员、中国人民银行行长陈慕华到平阳县考察。

10月　县政府成立“县颁发居民身份证领导小组”。翌年10月，对全县约499000名年满16岁的公民全面开展发证工作。

11月27日　中共中央政治局委员、国务院副总理田纪云到平阳县考察。

1987年

4月21—25日　中国共产党平阳县第六次代

表大会召开。狄乃云当选县委书记。

6月7—13日　县政协八届一次会议召开。选举钱克锦为县政协主席。

6月8—13日　县人大九届一次会议召开。选举李扬约为县人大常委会主任，选举张锦槐为县人民政府县长。

7月2日　县政府召开县职称改革工作会议，全县事业单位开始全面开展专业技术职务评审工作。

7月　县政府召开全县第一次修志工作会议，修志工作全面展开。

11月17—19日　县最大私人企业——温州平阳特种铸钢厂厂长章烈成赴京参加国务院举办的私人企业立法座谈会。

12月22日　平阳籍的中国象棋泰斗、棋王谢侠逊因病在上海逝世，享年100岁。

1988年

1月18日　省委书记李泽民在市委书记刘锡荣陪同下，到革命老区晓坑乡考察，并看望烈军属，参观抗日救亡学校，向粟裕骨灰撒放处献花圈。

1月31日　在省七届人大一次会议上，县农民企业家周青疆当选为全国七届人大代表。

2月2—3日　中国民主建国会中央委员会副主席冯梯云到平阳考察私营经济。

3月18日　根据《国务院关于扩大沿海地区经济开发区范围的通知》，平阳县被列入开放县。

5月13日　省政府命名平阳县为“革命老根据地县”。

6月　国家环境保护局和国家自然保护区评审委员会将南麂列岛自然保护区列为国家级自然保护区，上报国务院。国务院于1990年9月30日批准。

1989年

1月6日　平阳县举行“闽浙边抗日救亡干校创办暨红军挺进师北上抗日50周年纪念活动”。省、市领导和部分“抗校”学员、红军挺进师战士参加纪念大会，并参观山门“抗校”旧址。

1月17—18日　省委书记李泽民到鳌江镇、山门区考察。

4月6日　县、乡(镇)、村三级农业发展基金制度建立。

5月10日　国务院原则同意将南雁荡山列为国家级风景名胜区。

5月12日　县委、县政府举行平阳解放四十周年纪念活动。

7月15日　省委决定，张锦槐任中共平阳县委书记。

8月16日　平阳县人民教育基金会成立。

11月4日　全县农村推行村(居)干部养老金保险制度。

12月29日　省政府批准，山门闽浙边抗日救亡干校旧址列为省级重点文物保护单位。

1990年

4月14日　国家科委确定平阳县为全国391个科技重点联系县之一。

4月20—25日　中国共产党平阳县第七次代表大会召开。张锦槐当选为县委书记。

5月16—22日　县人大第十届人民代表大会第一次会议召开，选举白植俊为县人大常委会主任，选举王吼狮为县长。同时举行县政协第九届第一次会议，选举钱克锦为县政协主席。

7月1日　第四次全国人口普查工作结束。全县常住人口为702804人，户籍管理人口数748072人。全县20个少数民族，人口为10912人。

11月15—17日　省卫生厅委托武康疗养院对平阳县基本消灭麻风病进行考察验收。

1991年

1月8日　联合国粮食计划署援建的平阳县山外村灾民新村工程举行奠基仪式。

1月15—16日　国家环保局在杭州召开南麂列岛科学考察和规划成果鉴定会。

1月17日　建设部副部长周干峙、国家环保局副局长金鉴明率队考察平阳“两南”(南雁、南麂)。

2月2日　平阳毛纺织厂和中国星火总公司联合承担的“兔羊毛变性处理技术及产品开发”项目，被国家科委列入“八五”期间国家级星火计划项目。国家提供贷款250万元，作为项目开发经费。

3月22日　平阳县被列入国务院批转的“八五”

期间建设的全国200个农村水电初级电气化县名单。

4月17日　国家体委主任伍绍祖考察民办“麻步柔道馆”，并为该馆题词：“习武术，重武德，修武风，铸武魂。”

4月22日　中共中央政治局常委、中央纪律检查委员会书记乔石赴平阳县革命老区溪源乡走访石牛坑村五保户，看望73岁董桂英和72岁林太瑛两位老人，指示乡、村负责人进一步做好扶贫工作。

5月10—11日　平阳县残疾人联合会第一次代表大会召开。平阳县有残疾人36000余人。

5月18日　据《温州日报》报道，平阳籍荷兰著名华裔、全荷华人社团联合会副会长梅旭华被国务院侨办评为“1990年海外华裔十杰”之一。

5月30日　平阳县桥牌代表队在河北承德获“避暑山庄”杯全国桥牌赛第五名，并被命名为“国家甲级队”。

6月18—19日　新编《平阳县志》审稿会召开，省、市、县有关领导、专家，以及苍南县等兄弟县有关人员90余人参加会议。

6月29日至7月1日　县委、县政府在渔塘乡岭门头村举行“中共浙南委员会成立旧址鳌峰小学革命纪念室”落成揭碑仪式。

8月5—11日　著名数学家、美国宾夕法尼亚大学数学系主任杨忠道教授应邀在鳌江一中举办数学讲习会，并为平阳一中设立“苏步青数学奖学金”。

8月17日　县政府成立县城改造工程指挥部，常务副县长王擎峰任指挥。

8月28日　平阳县召开早稻生产技术总结会。全县是年早稻大丰收，总产达90160吨，比历史上最高的1984年89979吨增收181吨。

9月21日　县政府决定将白石街、健康路作为县城改造一期工程，拆除面积10164平方米。

10月1日　为纪念南宋著名爱国诗人林景熙的霁山碑林在带溪联源村竣工。

11月1日　国家科委在人民大会堂召开“七五”期间星火计划表彰会，平阳毛纺织厂的山羊毛变性处理技术获国家星火计划成果一等奖，平阳特种机械设备厂的再生塑料成套技术装备开发获三等奖。

11月5日　中共中央总书记江泽民、国务院总理李鹏在国家科委主任宋健、副主任邓楠陪同下，特意到平阳毛纺织厂的参展台，详细询问该厂的山羊毛变性处理技术和马海毛系列产品，该产品及工艺技术受到两位领导人的充分肯定和称赞。

11月11日　县委在练川乡举行叶廷鹏烈士就义50周年纪念会。

12月9日　平阳县人民医院通过省一级甲类医院考核审评。翌年2月28日，省卫生局发文确认。

12月11日　国家“八五”重点建设项目——沪闽光缆工程平阳段全线正式开工，平阳段全线长29千米，采用德国进口缆线。

1992年

1月6日　中国著名林学家、教育家陈嵘纪念馆在南雁坎头村落成。

2月22日　县委、县政府在平阳剧院召开平阳县城改造一期拆迁动员大会。

5月16—17日　省政协主席商景才一行考察昆阳羊毛市场、平阳毛纺厂和萧江镇。

5月27日　县委、县政府召开撤区扩镇并乡大会，县行政区域划分和干部调配方案出台。全县原辖64个乡镇(其中14个镇、49个乡、1个民族乡)，调整为34个乡镇(其中16个镇、17个乡、1个民族乡)。

5月28日　顺溪镇眉峰山发生重大山林火灾，烧毁山林2063亩。

5月30日　平阳县城旧城改造第一期工程破土动工。

6月2日　温州市重点水利工程、装机容量1000千瓦，年发电量340万千瓦时的黄坑水力发电站经53天试运行后，并入华东电网，开始供电。

7月8日　陈再华烈士遗骸移葬仪式在平阳烈士墓隆重举行。

8月26日　股份企业平阳安装机械厂厂长陈可银承包国营平阳机械厂。

8月29—31日　16号强热带风暴外围影响平阳县，鳌江潮位高达6.7米，北港8个乡镇96平方千米22万亩农田被淹。全县共有31万亩农作物受灾，2.5千米海堤、1.3千米江堤被毁，倒塌民房1254间，16.5万名群众被洪水围困，5500人无家可归。直接经济损失1.585亿元。救灾活动中，省民政厅救济47万元，县保险公司支付赔款870万元。

9月21—29日　县木偶剧团《水漫金山》参加全国木偶皮影戏会演，获优秀剧目奖，文化部常务副部长高占祥为木偶剧团题词“艺苑奇葩”，以示祝贺。

9月22日　19号强热带风暴袭击平阳县，全县农田受灾面积268万亩，总经济损失2亿元。省长葛洪升、副省长许行贯打电话询问平阳县救灾情况。

9月28日　省委副书记沈祖伦代表省委、省政府，实地察看平阳县水头镇、南湖乡、萧江镇19号台风灾情，指出水头是有名的低洼地区，每次台风暴雨都首当其冲，解决问题的根本办法，是搞好北港流域的综合治理，要争取工程早日上马。

9月30日　全县全社会外贸出口收购总额达10965万元，首次突破亿元大关。

10月13—14日　美籍华人数学家、美国宾夕法尼亚大学教授杨忠道偕夫人访问平阳一中。

10月14日　县政府、中国象棋协会决定在昆阳镇联合筹建谢侠逊棋院。

11月4日　省委任命董希华为中共平阳县委书记，原县委书记张锦槐调离平阳。

11月15日　平阳、苍南、洞头部分岛屿获准对外国人开放。

12月18日　金温铁路开工，平阳第二井巷工程公司负责洞桥山隧道工程施工。

12月19日　省人大常委会主任陈安羽率团考察南麂岛。

12月20日　平阳开通数字程控电话11024门，并实现昆阳、鳌江、水头、麻步、腾蛟电话联网。

12月25日　中国银行平阳县支行在鳌江开业。

是年　郑楼镇铜字标牌生产产值达亿元。

1993年

1月1日　平阳县实施房改方案，成立住房基金管理中心。上年度全县共审批1570名职工参加住房集资联建，建筑面积14.12万平方米。

是日　放开粮食购销和价格，粮食定购任务从指令性改为指导性计划，实行合同订购。至2001年采取订单形式和粮农签订收购合同。

1月16日　周青疆在省八届人大八次会议上当选为第八届全国人大代表。

3月2日　《中华人民共和国海洋环境保护法》颁布10周年，国务委员、国家科委主任、国家环保委员会主任宋健和国家海洋局局长严宏谟分别接受《中国海洋报》记者采访，并在该报上发表题为《保护海洋环境要警钟长鸣》一文，肯定南麂海洋自然保护区的管理效果。

3月5—28日　浙江电视台与平阳县木偶剧团联合拍摄木偶电视连续剧《水漫金山》。

3月30日至4月2日　中国共产党平阳县第八次代表大会召开。董希华当选为县委书记。

3月　鳌江镇成立旧城改建指挥部。至2012年，共实施5期旧城改造。

4月11—16日　举行县政协第十届第一次会议，钱克锦继任县政协主席。

4月12—17日　县人大十一届一次会议召开，大会选举白植俊为县人大常委会主任，选举王擎峰为县长。

4月14日　晓坑4000吨钠长石首销台湾地区。

是月　《中国共产党浙江省平阳县组织史资料（1926—1987）》由中国广播电视出版社出版发行。

5月2—9日　平阳县木偶剧团与中国教育电视台联合拍摄木偶电视剧《水漫金山》《龟兔赛跑》《破缸救人》《景阳冈》《熊猫与松鼠》。

5月15—16日　南京大学陈钦峦等有关专家参加县政府召开的水头、昆阳和鳌江三镇供水工程水源地可行性研究报告评审会，评审通过水头、昆阳和鳌江三镇供水工程水源地的开发方案。

5月20—30日　平阳县木偶剧团与台湾嫆宇企业有限公司联合拍摄木偶电视剧《007俱乐部》《水漫金山》。

6月5日　国家级南麂列岛海洋自然保护区揭碑仪式在南麂大沙澳举行。

7月10日　平阳县率先于全省成立中医药剂型研究会。

7月12日　平阳县邮电局127自动寻呼台开通。

7月14—17日　平阳县首批南麂岛5渔民经厦门向台湾渔轮输送海洋捕捞劳务人员。

7月18日　温州文物处副研究员胡珠生辑注的《宋恕集》，被列入《中国近代人物文集丛书》，由中华书局正式出版。此书汇录宋恕一生主要著述，包括专著、杂著、函牍、日记等。

8月20日　鳌江港千吨级码头(一号码头)竣工投产，评为优良工程。

8月22日　中央电视台《经济半小时》节目披露平阳“伪劣机械产品骗销案”，受骗者遍布全国，且大部分为“老少边穷”地区。此案被列为全国1994年十大假案之一。

9月17日　平阳县设立见义勇为基金会。

9月20—23日　第一届东亚生态国际会议海洋考察团一行12人到平阳县考察南麂岛海洋自然保护区。

9月21日　平阳县人才市场、县人才交流咨询服务中心对外亮牌开业。

10月9—11日　平阳县地名补查和资料更新成果通过省、市地名办公室验收，评为优秀成果资料。

10月14—15日　省生物医学工程学会人工肾专业委员会和透析移植研究会第三届学术会议在平阳县人民医院召开。

11月3日　麻步镇岭门头村举行浙南革命烈士纪念碑竣工落成揭碑仪式，革命老前辈陈阜专程回乡参加落成揭碑仪式。

11月10日　晓坑至晓阳的双轨高空索道发生事故，死5人，伤1人。

11月16日　浙江三星洗衣机配件厂成为国内最大的洗衣机配件专业生产厂。

12月13日　县委召开农村工作会议，提出“第二次创业”，实现平阳经济质的提高和量的飞跃，促进平阳农业和农村经济跃上新台阶。

12月30日　平阳县被省委、省政府、省军区命名为“双拥模范县”。

12月31日　《平阳报》复刊。

1994年

1月1日　晓坑鲤鱼田水力发电站竣工并投入运行，此系平阳县第一座股份制电站。

1月4日　平阳环宇体育用品公司聘请国家羽毛球队副总教练李永波和男单主教练李矛为公司技术顾问。该公司生产的羽毛球为国家队训练用球。

1月9日　平瑞运输站浙江03/C0060大客车行驶至飞云江大桥东侧，翻入江中，酿成特大恶性交通事故，死亡44人，失踪1人，重伤9人。

1月19日　副省长刘锡荣带领省委老区慰问团慰问凤卧镇老红军、老干部和老区群众。

1月21日　县委、县政府制定“1125”工程，促使企业上规模、上档次、上水平(1125工程即：1995年前在全县范围内引导、扶持10个亿元产值企业，10个5000万元产值企业，20个3000万元产值企业，50个1000万元产值企业)。1993年，全县工业产值、销售额2000万元以上企业13个，1000万元以上企业19个。

1月22日　县委八届三次全会扩大会议召开。会议号召全县人民继续解放思想，紧紧把握改革开放发展主旋律，开展“第二次创业”。

1月27日　省委副书记、省长万学远考察平阳化工厂、平阳减速机总厂、浙江三星洗衣机配件厂、平阳安装机械厂和温州安达集团有限公司等5家企业，并听取县长王擎峰的工作汇报。

1月31日　平阳县吴垟乡至文成县桂山乡公路竣工通车。吴桂公路长5.27千米，宽5米，总造价49.7万元，为四级公路。

2月20—21日　县委工作会议召开，县委书记董希华作《全县人民行动起来，竭尽全力投身第二次创业》工作报告。在平阳考察的省委原常委、市委原书记袁芳烈看望与会代表。

3月14—15日　全县财税工作会议召开，上年度县财政收入首次突破亿元，会议提出建立新的财税运行机制，进行财税体制改革。9月，县财政税务局改名为县财政局，同时成立县国家税务局和县地方税务局，三局合署办公。

4月1日　《平阳县志》举行首发式，全书共38卷计152万字，1993年由汉语大词典出版社出版，系中华人民共和国建立后首部平阳新县志。

4月4—6日　平阳县参加在杭州举行的中国星火计划产品展示会，6个项目全部获得金奖。

4月14日　全县交通工作会议召开。是年编制《平阳县交通运输综合规划(1995—2010)》《平阳县县境104国道拓宽改建规划》《平阳县鳌江港整治规划》。当年投资6942万元，新建、改建、扩建交通运输项目30个。

5月11日　省青年成才基金会批准平阳县为

“希望工程”实施县。

5月27日　县委、县政府召开“质量立县动员大会”。会议提出质量立县《385质量管理工程实施意见》，争取用3年时间，使平阳主要产品质量达到全省中上水平。

6月5日　省政府批准鳌江港为国家二级口岸。12月20日通过验收，准予开港。

6月13日　中国交通协会、国家计委有关专家评审通过《平阳县交通运输综合规划(1995—2010年)》。

是月　平阳党史专题集《光辉的历程》公开出版发行。

7月6日　县种粮大户协会成立，系全省第一家。全县经营30亩以上种粮大户246户，经营面积达10110亩。

7月28日　中国贝类学会三届四次理事会在平阳南麂岛召开。全国贝类学会副会长庄敏谦和常务理事张福绥、马锈同、王如才等30余名贝类专家到会，并考察南麂岛海洋保护区贝类资源。

8月5日　外贸部赋予县外贸公司进出口经营权。

8月11日　农业部渔业局、全国菜篮子工程办公室等领导考察平阳县浙南水产品批发交易市场，并和县四套班子领导约80人参加该市场新交易大楼奠基仪式。该工程于1995年12月28日竣工。占地6800平方米，其中，店面房144间、冷库3座、总容量2000吨、码头3座，总停靠能力2000吨，总投资1200万元。

8月20日　南麂岛门屿村基干民兵朱友良在抗台风中，因抢救价值63万元的9艘渔船牺牲，年仅27岁。

8月21日　晚10时许，17号特大台风在平阳登陆，正面袭击平阳全境。民房倒塌8433户33750间，6.4万人无家可归，死亡164人，失踪32人，重伤898人。31.9万亩农作物受灾，粮食损失8000万公斤，畜牧业、水产业、林业损失惨重。全县所有工厂停工停产，厂房倒塌1890家。高压线中断470处、通信线杆倒断5000杆，全县供电供水全线中断；县乡公路冲毁240千米。全县直接经济损失达15.4035亿元。

8月24日　省委书记李泽民和省委常委、省委秘书长吕祖善率省有关部门负责人实地察看平阳县灾情，慰问灾民。

8月25日　国务院副秘书长刘济民、民政部副部长范宝俊、财政部副部长李廷龄、国家防汛办公室副主任李代鑫，以及中国人民银行、国家经贸委、农业部等有关方面负责人，在副省长刘锡荣、省有关部门领导陈加元、邵尧宝、方崇尧和市长陈文宪等陪同下考察，并慰问钱仓等地的灾民。

是月　清理机关单位经商办企业60家，40家进行脱钩处理。

9月1日　18号台风袭击平阳。

是日　平阳调频广播电台建成试播。

9月3日　浙江省平阳县经济开发区经省政府批准成立。开发区总面积9.5平方千米，首期开发2平方千米已初具规模，二期开发3.4平方千米。21日，平阳经济开发区在务垟玉莲村举行奠基仪式。

9月15日　在“省一大”旧址凤卧镇举行重建“红军桥”奠基仪式。1995年5月竣工，投资100万元。

9月22日　平阳县无主管企业协会成立。截至1995年底，全县无主管企业536家，年产值2.5亿元，并先后成立7个分会。

10月9日　县电话号码由6位升为7位，温州全市实现电话联网。平阳县投资6510万元从日本引进程控电话二期工程，8月完工投运，装机容量37108门，26个乡镇通程控电话。

10月25—27日　由省、市党史委员会和平阳县委联合举办的纪念“省一大”召开55周年活动，在平阳隆重举行。

11月1日　平阳县人民检察院举报中心正式挂牌办公。

11月4日　县第一个“夕阳红”工程——榆垟镇老年公寓落成，占地面积6500平方米，总造价146.2万元。

是月底　县委、县政府发出《关于认真执行中央调查协调小组查处“闽浙两地伪劣机械骗销案”的第二次协调会议精神的通知》，要求各地进一步采取措施，加快办案进度，促进查处工作取得实质性进展。

12月8日　平阳建设机械厂八届一次职工代表大会复会审查通过“实行股份制改组实施方

案”。企业由全民所有制企业改组为股份制企业。经资产评估，国有股实有资金254.5万元，占总股数53.3%。年底，反映平阳建设机械厂改制情况的电视纪录片（上、下集）由中央电视台经济部编导，在《经济半小时》节目中播放，片长20分钟。

12月14日　平阳县首次第三产业普查结果公布，1992年县第三产业增加值39065万元，占国内生产总值的32.24%。

12月20日　钱仓至梅源公路竣工，长11.2千米，宽6米，系平原四级公路，是平阳县第一条自行贷款、自行建设、自行收费、自行还贷的“四自”改建公路。

12月22日　省委书记李泽民率省水利厅厅长汪楞、民政厅副厅长李强一行考察南麂岛。

是日　1994浙江质量万里行第二采访团一行14人抵达平阳县，对平阳机械行业质量管理和打假工作进行采访。

12月28日　104国道县城段九凰山隧道贯通。

12月28—29日　县政府委托温州市经济建设规划院编制的《东海油气资源开发平阳规划布局综合研究报告》通过东海石油后方基地20余名专家和温州市各部门领导评审。与会人员并实地考察鳌江下厂办事处杨屿门村地理环境。

是年　水头寺前村创办水头生皮交易市场，占地30余亩，30余家交易所年成交额达2亿元。

1995年

1月21日　腾蛟35千伏输变电工程竣工营运。

1月26日　平阳第二水厂试供水成功。一期工程日供水2万立方米，投资2000万元。

2月27日　县农村改水工程进展顺利。全县累计共建各类中小型水厂（站）436座，农村饮用自来水人口达42.8万余人，提前一年实现县“八五”规划要求。

是日　垂杨220千伏变电所二期增容扩建工程竣工。

3月7日　县教委决定，取消昆阳、郑楼、榆垟、宋桥、水亭、南麂、鳌江、水头、萧江、麻步、腾蛟、山门、南雁、宋埠、万全、凤巢、桃源、西湾、青街、维新、龙尾、朝阳等22个乡镇小学升初中考试，实施普及八年义务教育。

3月8日　温州市重点工程——平阳师范学校迁建工程正式开工。新校址于昆阳皇岙村，占地面积90.3亩。1996年11月27日竣工。

3月11日　中国鳌江进出口商品检验局大楼奠基。

3月16日　国家商检局发文批准平阳县成立中国鳌江进出口商品检验局。翌年5月28日，举行开检仪式，省商检局副局长应启达与会。

3月30日　中共浙江省一大纪念碑在“省一大”会场旧址凤卧镇马头岗村落成。

4月1日　昆阳镇第二水厂主体工程和鳌江水厂扩建工程竣工并通水。

4月8—10日　县委、县政府在南麂岛开展“重圆故土梦”联谊活动，17位从南麂走出的台胞重返故土。

4月13日　麻步车站建成投入使用，鳌江车站一期改建、平阳县城车站破土动工。

5月9日　县人民检察院女检察官宋海获最高人民检察院颁发的一等功证书。

5月18日　中国质量检验协会浙江皮革测试中心在水头镇成立。

5月24日　温州海关驻鳌江办事处大楼举行奠基仪式。翌年10月17日，大楼竣工，占地6600平方米，建筑面积2881平方米，总投资2000万元。

6月10日　南麂渔港防波堤动工兴建。堤长780米，高35米，宽5.2米，由县海洋资源开发公司负责投资1600万元。

6月11—14日　全国海洋自然保护区第一次工作会议在南麂岛召开。

6月15—20日　“阿信杯”第五届中国象棋棋王挑战权赛在平阳举行。其间棋王谢侠逊碑林奠基仪式在腾蛟镇举行。

7月1—2日　省委副书记刘枫、代市长钱兴中等领导到南麂慰问边防工作站官兵，并命名南麂岛三盘尾景区为“南麂万景园”。

7月12日　昆鳌大道一期工程建成通车。全长4.2千米、宽9米，投资1000万元。

是日　鳌江港第一码头正式启用。1600余吨位的洪都拉斯祥远号散货轮停泊第一码头。14日满载1500吨钠长石离港，开往日本垣岛。

7月17日　《平阳报》载："国有企业潜亏严重，如何摆脱成为难题。"据有关调查，截至1994年底，累计潜亏总额高达1913.78万元，占企业实收成本总额83.6%。其中，100万元以上潜亏企业4户，最高达797.09万元；10万元以上潜亏企业5户，最低潜亏22.3万元。

是月　温州市统计局公布全市综合实力30强镇，鳌江、昆阳、水头镇入选。

8月17日　《平阳县"东海明珠工程"规划》通过审定。依据"全国万里边境文化长廊、浙江东海明珠工程规划"，昆阳镇列为东海明珠工程规划的国家级城镇，鳌江、南麂分别列为省级重点集镇，水头、腾蛟、麻步、萧江、南雁列为市级重点集镇。

8月23日　西湾至墨城公路竣工，总投资1000余万元。全长42.7千米的县沿海公路全线开通。

8月30日　县实施教育"纲要"工作会议召开。中小学试行"四制"（即校长负责制、教职员工定编聘任制、岗位目标责任制、校内结构工资制）改革工作。

9月1日　浙江省第一所村办12年(小学、中学)一贯制学校在水头镇金凤村创办。学校占地面积70035平方米，建筑面积4万余平方米。董事长卢立兴。

9月7日　"情系南麂"系列活动"月到中秋一定圆"三胞茶话会在县政府五楼会议厅举行。"麂岛觅知音"开发南麂暨经贸座谈会在鳌江供销大厦举行，与会者有台胞、台属和马来西亚、阿根廷等地的朋友。"海峡兄弟情"两岸画家作品在鳌江供销大厦举行联展，参加展出的有来自台湾的8位画家20件作品和8位平阳画家的18件作品。

9月8日　由新华社、人民日报社、中国新闻社、中央电视台、中央人民广播电台、经济日报社和平阳县政府联合举办的"东方夏威夷"海峡两岸记者中秋联谊会在南麂岛举行，参加联谊活动的还有台湾"《中国时报》"、台湾"《联合报》"、台湾"中国广播公司"、台湾"中华电视公司"和《光明日报》《中国青年报》《北京晚报》《浙江日报》等20家新闻单位的记者，以及参加"最醇是乡情"南麂文学笔会、"碧海仙山"摄影采风活动的有关人士共60余人。

9月28日　县农村初级电气化通过省级验收，进入全国初级电气化县行列。全县已建75千瓦水电站25座，装机6325千瓦时，年发电量1200万千瓦时，另有企业自备电源年发电量1200万千瓦时。1994年，全县总用电量2.414亿千瓦时，人均用电量310千瓦时。

10月1日　104国道县城段改造九凰山隧道工程竣工。隧道长1313米，净宽11米，高5米，行车道9米，人行道两侧各1米。总投资4850万元。

10月26日　县第一座希望小学在革命老区凤卧镇落成。学校占地11亩，建筑面积2100余平方米，有12个班级、24位教师、598名学生，总投资140万元。

10月31日　鳌江镇水深35千伏变电所建成投入使用。

11月9日　县通过"全国科技工作先进县"达标验收，成为温州市第一个全国科技工作先进县。

是月　104国道沿线乡镇采取有力措施治理"青山白化"，制止乱建乱修坟墓。

12月2日　《浙江省鳌江国家星火技术密集区总体实施方案》在杭州通过国家科委委托省科委和温州市政府专家、领导的可行性论证。

12月12日　投资1000余万元，建筑面积7750平方米的县人民医院病房大楼落成。

12月12—13日　西湾海涂围垦工程可行性研究通过会审。首期开发墨城至杨屿山海涂5220亩。

12月14—17日　美国哈佛基金会总裁方伯豪等中外专家，应县委、县政府邀请前往南麂岛进行规划考察。

12月16日　平阳县南麂岛至鳌江镇微波程控电话工程竣工并开通使用，系浙江省最长跨海微波通信工程。

12月19日　"闽浙两地查处伪劣机械骗销案工作会议"在温州举行。两省共受理群案1311件，投诉标的18244万元；受理个案475件，投诉标的6577万元。已调处群案1254件，解决投诉标的16908万元，实际赔付3073万元。平阳县受理群案588件，投诉标的8480万元；受理个案340件，投诉标的5165万元。平阳县已查处群案566件，占总数96.3%；理赔、交纳押金1643万元，解决投诉标的8090万元，占群案投诉总金额95.4%。个案已查处292件，占个案总数85.9%；理赔、交纳押金573万元，解决投诉标的4220万元，占个案投诉总金额的81.7%。在限期登记的106个违法当事人中，投案自首66人。逮捕47人，判刑5人，罚款155万元。

是月　省档案局发出《关于表彰奖励平阳县等22家综合档案馆的通报》，县档案馆为本年全市、全省第一家晋升省二级综合档案馆。

年底　《人民日报》发表经济学家钟朋荣与县委书记董希华关于“温州人、温州模式与温州精神”对话录。

1996年

1月10日　闹村乡工程队300余人，赴缅甸修筑公路。

1月12日　宋埠镇陡北村被省政府命名为“民族团结先进单位”。

1月25—26日　县海洋开发工作会议召开，县委在会议上提出再造一个“海上平阳”。具体目标，第一步到20世纪末，渔业总产量达12万吨，总产值达20亿元；第二步到2010年再翻一番，渔业总产量达24万吨，总产值达40亿元。

1月30日　鳌江、昆阳、水头引进开通GSM数字蜂窝移动通信系统。

3月13日　县委召开海洋开发办公会议，全面启动实施“海上平阳”战略。

3月27日　平阳县65名劳模入选新中国第一部劳模史书《中华劳模大典》。

4月11日　国家计划委员会、农业部批准平阳县列入“九五”全国百个农村能源综合建设县。

是月　县人武部归属军队编制，改称中国人民解放军浙江省平阳县人民武装部。

5月5日　鳌江口岸开办国际货运代理业务。

5月8日　国家科委颁发第二批82个国家星火技术密集区和146个区域性支柱产业建设的通知，批准鳌江星火技术密集区列为国家星火技术密集区组建实施资格单位。

5月30日　南雁荡山空中索道建成。此系浙江省第一条单循环吊挂式空中旅游索道，全长634米。

6月10日　昆阳、鳌江两镇通过省级卫生县城（城镇）考核检查验收。

7月15日　省八届人大常委会发布《浙江省南麂岛国家级自然保护区管理条例》，并于10月1日正式实施。

7月20日　县委、县政府颁发《关于加速科技进步的若干意见》，就深入实施科教兴县提出16条意见，并要求各乡镇都要建立科教兴乡（镇）领导小组。至1996年底，全县34个乡镇全部建立科委。

7月24日　国家科委授予平阳县为“全国科技工作先进县”称号。

8月15日　朝阳乡开通程控电话。至此，全县34个乡镇程控电话全部开通。

8月26日　平阳县最后一个无电村——凤卧镇九两村通电，至此平阳县实现村村电灯照明。

8月28日　县水产公司职工、共产党员李伯选为抢救遇险船只，不幸遇难。省人民政府授予革命烈士称号。

9月2日　县公安机关破获省厅第1号挂牌大案“94·3·10”特大恐吓勒索敲诈案，摧毁“双马帮第七先锋队”。1997年3月14日开庭审结，首犯吴某某被依法判处有期徒刑15年。2000年，县公安局、北京华威特影视文化传播中心以此案案例摄制十八集电视连续剧《终极使命》向全国播出。

9月11日　省委副书记、省长万学远率领省有关方面负责人到平阳南麂列岛考察海洋开发工作。

9月17日　省科委与鳌江国家星火技术密集区签订建设合同。该密集区面积179平方千米，涉及6个乡镇30万人。

10月18日　鳌江、昆阳两镇跻身全省“九五综合实力百强镇”行列。

10月27日　平阳县产业发展与名牌战略研讨会在北京国际会议中心召开。原中顾委常委陈锡联、段君毅，全国政协原副主席汪锋，全国政协副秘书长陈进玉，著名经济学家厉以宁、董辅礽，光明日报社总编辑王晨、工人日报社总编辑张宏遵、经济日报社副总编辑冯并及中央和国家机关有关部门领导、专家100余人应邀出席研讨会。

11月13日　市委、市政府批准平阳县机构改革方案。改革后县级党政机构36个，其中，县委机构6个，县政府机构30个，比改革前的56个机构减少20个。机构改革工作自4月份开始启动。

11月19日　平阳县38名新兵进藏服役。临行前他们从国家发给的优待金中捐资22.8万元，作为县扶贫济困资金。

12月17日　平阳县国税局、地税征管分局挂牌成立。平阳县被列入全省首批税收征管试点县。

12月24日　县邮电局唐绍豪获全国邮电系统劳动模范称号。

1997年

1月13日　位于昆阳镇西坑路的平阳县电视大楼竣工，总投资1300万元。

3月7日　县政府与南麂开发有限公司签订南麂1714亩荒山出让使用50年合同，金额为710万元。

3月12日　温州海关驻鳌江办事处举行开关典礼。

3月27日　鳌江镇实行机构改革，成立四办六局（副科级），行使部分县级管理职能。

4月3日　县首例世界银行贷款公路项目顺溪至新田公路竣工。全长15千米，造价395.61万元。

4月22日　省委原书记铁瑛到平阳考察，会见全国劳动模范廖锡龙。

4月25日　鳌江镇被列为国家体改委小城镇综合改革联系点。

5月27日　联合国粮食及农业组织官员、畜牧专家普利斯顿在省农业厅畜牧局、省科委农业有关负责人陪同下，到平阳县考察“温州水牛”综合开发利用情况。

6月5日　全国文化工作先进县交流会在甘肃省酒泉市召开，平阳县被评为“全国文化工作先进县”。

6月23—25日　县人大第十一届第三十次常委会任命戴祝水为县人民政府副县长、代县长。王擎峰辞去县长职务。

6月27日　万全练川举行叶廷鹏烈士纪念室落成典礼。

7月17—18日　县委召开“结百对、扶千户、带万人”扶贫活动动员大会。县机关100个党支部和1000名党员分别与100个贫困村1000个贫困户结对，进行扶贫。

7月20日　全长3.133千米的南麂环岛公路投入使用。

8月29日　省政府公布顺溪陈氏民居、忠训庙、龙山头石棚墓为省级文物保护单位。

9月4日　日、韩考古专家江坂辉弥等4位教授和中国著名考古学家、省人大常委会副主任毛昭晰到平阳考察钱仓龙山头石棚墓群（今属鳌江镇塘川社区）。

9月16日　腾蛟镇谢侠逊碑林落成。

10月4日　中国海洋湖沼学会、贝类学分会第八次全国学术讨论会暨张玺教授100周年诞辰纪念会在南麂召开。

10月7日　鳌江中学物理教师温简金创造发明“保温节能炊具和消烟除尘去硫节能炉灶”，获首届国际爱因斯坦新发明、新技术（产品）博览会暨国际荣誉评奖会金奖。

10月8日　平阳县被国家科委、国家海洋局、国家计委、农业部、中国轻工总会确定为国家级全国十大科技兴海示范基地之一。

10月21日　鳌江国家级星火技术密集区龙头示范项目——鳌江印务包装城奠基。

11月5日　平阳县被列入省级商品粮基地建设县。

11月12日　全县股份合作企业已有1600家，占乡镇工业企业总数90%以上。股份合作企业成为平阳县工业经济主力军。

11月18—19日　由国家督学张永彪等组成的国家教委“两基”（基本实施九年义务教育、基本扫除青壮年文盲）评估验收组到平阳县，通过平阳县“两基”工作验收。

11月25日　市委任命曹国旗为中共平阳县委书记。董希华调离平阳，任温州市委副秘书长、市委办公室主任。

12月6日　县二期省级粮食自给工程开始实施，该项目总投资1411万元。

是日　县首批60吨“送温暖”扶贫物资装车启运到对口帮扶地区——四川省南部县。

12月8日　北港大道即57省道詹家埠至岱口段拓宽改建工程举行开工仪式。工程全长15.9千米，总投资7800万元。

是日　平阳县引供水工程建设指挥部挂牌成立。

12月16日　县引供水一期工程开工。市人大常委会秘书长张锦槐、县委书记曹国旗等出席开工典礼。一期工程以取地下水为主，取水管长34米，输水管长为34.91千米，日供水7.4万立方米。预计总投资2.2亿元。

12月25日　县档案馆以全省最高分晋升为浙西南地区首家省一级综合档案馆。

12月30日　电视剧《光荣岁月》在县城举行首映式。该剧原型黄李凤（1919—1996）为凤卧镇凤安村人，民国25年（1936）参加浙南红军游击队，1980年离休，积极投身关心下一代的工作，最终累倒在讲台上。

1998年

1月12日　县最大的移民安置点在昆阳镇龙安村建成。安置来自珊溪水库的移民——文成县东龙乡198户680人，提供土地290亩，修建住房252间，计18000平方米。是年，共设立移民村5个，安置东龙乡移民2411人。

3月1日　昆阳镇被确定为省第二批小城镇综合改革试点镇。全镇有企业600余家。

3月3日　鳌江标准堤工程开工。全长21.58千米，一期2050米，位于红砖厂至下埠水闸之间。

3月10—13日　中国共产党平阳县第九次代表大会召开。曹国旗当选为县委书记。

3月18日　举行纪念中国工农红军挺进师（改编为新四军三支队七团队）从山门出发，北上抗日60周年活动，县委、县政府在山门镇中国工农红军挺进师纪念碑广场隆重集会。

是日　国家体委命名腾蛟镇为“全国象棋之乡”。

是月　平阳县五万亩马蹄笋丰产基地被国家科委列入国家星火计划项目。

4月1日　北港片制革治污第一项工程——腾蛟南溪制革治污工程动工，工程总投资314万元。该制革基地拥有转鼓200只，年产值1亿元。

4月6日　昆鳌污水集中处理排污工程动工。

4月7—12日　县政协第十一届第一次会议召开，选举林宣雨为县政协主席。

4月8—13日　县十二届人民代表大会第一次会议召开，选举白植俊为县人大常委会主任，选举戴祝水为县长。

4月28—29日　平阳县消灭无标生产工作通过国家质量技术监督局消灭无标生产试点验收组的达标验收，成为温州市首个消灭无标生产县。

是月　平阳一中被命名为省级重点中学。

5月18日　经民政部批准，南麂正式撤乡建镇。

是月　昆阳、鳌江、水头、萧江、麻步、南麂6个镇243个行政村达到省定小康村标准，占全县村数28%。

6月5日　县最低生活保障救助金领取证首发仪式在榆垟镇举行。

6月18日　中国人与生物圈国家委员会秘书长赵献英一行专程考察南麂列岛自然保护区。

是月　山门“中国工农红军挺进师纪念碑”竣工，碑高18米。中共中央政治局常委、中央军委副主席刘华清，中共中央政治局委员、中央军委副主席张震分别为纪念碑、北上抗日出征门题写碑名、门名。

7月24日至8月2日　县木偶剧团受文化部派遣，由县委宣传部部长黄宝磊带队，一行22人赴墨西哥参加第11届国际木偶节。演出《时针飞转》《兰星星之歌》剧目14场，获该届木偶节最高荣誉奖。

8月3日　长江遭受百年不遇的洪灾，萧江镇委、镇政府组织晨光集团落实生产任务，将10万余条防汛专用编织袋派专车送到长江抗洪第一线。12日，13辆满载30万条编织袋的大卡车，从萧江镇启运火速送往江西九江市。13日，平阳县第三批80万条编织袋运往九江市。

9月8日　中央电视台一频道播放平阳县尤文贵、施小琴编剧的电视剧《范蠡救子》。该电视剧获“飞天奖”二等奖。

9月25日　“鹏昌杯”第五届全国象棋棋王挑战赛、“圣雄杯”首届女子全国象棋棋王赛开幕式及棋王碑林揭碑仪式在腾蛟镇举行。中国棋院院长陈祖德、副院长王祯等出席仪式。

10月7日　全国人大常委、全国人大环境与资源保护委员会主任张皓若、中国小城镇改革发展中心主任李铁一行，考察鳌江镇小城镇改革试点工作。

10月10日　平阳县被林业部评为“全国平原绿化先进单位”，被市评为绿化先进县。

10月27日　县第二轮土地承包试点工作在萧江前林、庄里结束，290余户农民拿到新的土地承包权证。

11月7日　温州师范学院和县政府在郑楼联合举办黄溯初115周年诞辰暨温州师范建校65周年纪念活动。

11月11日　平阳一中举行60周年校庆，吴景荣教授(1915—1994)纪念雕像在平中揭幕。

12月11日　联合国教科文组织批准南麂列岛国家级海洋自然保护区加入世界生物圈保护区网络。

12月18日　甬台温高速公路平苍段建设项目获交通部批准。平阳境内长27.36千米，其中隧道长3400余米。

是年　县土地局组建平阳县造地开发有限公司。1999—2007年，全县土地整理面积16856亩。

1999年

1月初　开展县二轮土地承包工作。北港片293个村一轮土地承包已全部到期，145个村完成二轮《土地承包合同》的签订工作。

是年　全县789个村完成二轮承包续包工作，签订承包合同15.7万份，约占总户数92%。全县推行土地使用权流转制度。全县适度规模经营面积64451亩，户数3448户，其中10亩以上36户，面积4947亩。

1月9日　平阳县举行历年来奖额最高(总额1600万元)、奖项最多、奖面最广、规模最大的一次赈灾福利彩票募集活动。

1月21—22日　县长戴祝水率人事、科委、经委等部门和30余家企业负责人进京参加大型招才引智活动，有135人与县用人单位达成意向协议，其中博士4人、硕士10人、应届本科生70余人、高级职称10余人；与22家企业、14家科研单位和大专院校建立“联姻”关系，签订32项科研成果转让和科技人员聘用的协议或意向。

1月21—23日　温州市首届围棋王座赛在平阳县昆阳举行，县围棋协会成立。棋圣聂卫平和温籍八段棋手杨士海到场指导。

2月8日　县推行公务接待卡制度。

2月10日　东海中南部油气田天然气温州西湾上岸基地选址论证评审会在温州召开。会议评审东海油气田天然气西湾上岸基地可行性，并得出是理想的优选方案结论。

2月13日　鳌江镇被列为全省首批村镇建设现代化示范试点镇。

3月3日　经县政府批准，平阳县从1999年秋季开始，所有小学学制由5年制改为6年制，小学入学年龄从7周岁提前到6周岁。

3月28—30日　省委副书记、省长柴松岳和副省长卢文舸考察鳌江镇镇容镇貌，调研小城镇建设情况。

3月30日　省委书记张德江考察昆阳、鳌江两镇的城镇建设和全县个体私营经济发展状况。

4月8日　昆鳌污水集中处理排江工程九凰山输水专用隧道全线贯通。隧道长1618米，1998年7月动工。

4月26日　全县第一个由村民直选的村民委员会在昆阳镇前宕村产生。634名村民通过无记名投票选举，选出村主任1名、副主任1名、委员3名。

5月12日　县委隆重举行纪念平阳解放50周年大会。反映平阳县50年成就的电视专题片《崛起的平阳》首映式在平阳宾馆举行。

5月13日　全国人大常委会原副委员长、著名社会学家费孝通考察鳌江小城镇建设。

6月2日　民营企业浙南长毛兔研究所通过省、市、县三级专家评审，定为浙江省“一级种兔场”。

7月12日　《平阳之窗》正式上网。作为县委、县政府统一对外宣传的窗口，其主要内容有平阳概况、基础设施、投资环境等30余个栏目。

7月13日　温州市卫生局发文确认平阳消灭丝虫病。新中国成立前与新中国成立后初期，平阳丝虫病流行严重。据1956年普查，感染率为11.25%。在党的“以防为主”方针指引下，经过43年反复查证，终于消灭。

7月26日　南麂自然保护区加入世界生物圈保护区网络颁证仪式在昆阳镇举行，联合国教科文组织驻北京代表野口昇专程到平阳，代表联合国教科文组织总干事向平阳县南麂列岛海洋自然保护区管理局颁发该组织世界生物圈保护区网络证书。这是中国第一个加入联合国教科文组织的海洋类型自然保护区。

7月28日　县委隆重举行纪念中共浙江省第一次代表大会召开60周年活动。

8月15日　县政府召开会议，全面清理整顿农村合作基金会。全县29家农基会（含资金服务社）实行暂停存款、贷款、暂缓支付存款。

8月25日　县政府颁布《关于七十周岁以上老人优待服务实施意见》。

9月2日　鳌江镇获中国小城镇改革发展中心批复同意，列为联合国开发计划署“可持续发展的中国小城镇”项目试点。

9月3日　全国人大常委会副委员长、民进中央主席许嘉璐考察平阳庄吉工业园区。

9月16日　鳌江镇被中央精神文明建设指导委员会评为全国精神文明创建工作先进单位。

10月1日　平阳县隆重举行庆祝中华人民共和国建国50周年大会。反映平阳县改革开放和现代化建设为主题的《平阳画册》和《鳌江潮》报告文学集首发式在县政府小礼堂举行。

11月24日　平阳县域城镇体系规划（1999—2020）通过省规划咨询专家组的评审鉴定。

是日　平阳县“浙江华庆集团”“温州晨光集团”两家企业被中国包装技术协会评为“1998年度中国包装龙头企业”。

12月2日　县政府公布1999年度农业技术人员职称评定结果，全县232名农民获技术职称。

12月18日　中国地区开发促进会正式命名平阳县为“中国塑编之乡”，萧江镇为“中国塑料编织城、中国塑料编织第一镇”。

2000年

1月11—12日　经省、市有关专家实地考察和评审论证，平阳县通过“九五”全国农村能源综合建设县项目单项验收。

1月22日　温州广银集团有限公司党委成立，此为县首家非公有制企业党委。

1月26日　全省规模最大农业开发项目——北港11万亩农地整理开工典礼在麻步显桥举行。该项目涉及桃源、麻步、水头、腾蛟、南湖、凤卧、山门等12个乡镇，预算投资2.15亿元，计划3年完成。

2月14日　省委、省政府授予平阳县“省科技进步先进县”称号。

4月1日　省政府批复昆阳、鳌江两镇区划建制调整方案，即撤销万全乡、水亭乡建制，并入昆阳镇；撤销务垟乡建制，并入鳌江镇，同时将钱仓镇的上源、黄山、西岭、联东、西源、石佛、山平、熙山、高垟、联南、罗垟、东明、垂杨、龙山、金星、贵德、埭头、旺厂等18个行政村划归鳌江镇。经调整后昆阳镇辖72个行政村、12个居民区，调整后的鳌江镇辖97个行政村、16个居民区。

5月9日　国家农网改造建设项目——110千伏平阳横河输变电工程奠基开工，总投资2000万元。

7月3日　县委决定成立甬台温高速公路平阳段工程建设领导小组和调整温州高速平阳段工程建设指挥部成员。县长戴祝水任工程领导小组组长，县长助理伍兆澄任指挥。

7月6日　县二轮土地承包工作完成。全县共有830个行政村、7469个村民小组完成承包合同签订工作，落实承包田面积34.57万亩，占耕地面积的96%；发放承包权证139200份，占总户数96%。

7月31日　县政府召开南麂列岛保护区首次自然保护工作会议，总结建区10年工作。国家星火项目——浙江南麂海珍品基地建设项目顺利通过国家级验收。

8月6日　平阳县西湾海涂围垦工程建设指挥部成立。西湾海涂围垦工程围垦面积12090亩，堤长9050米，中隔堤长885米，排涝闸三座八孔总净宽34米，工程总投资3.89亿元。9月26日，总投资850万元的西湾中隔堤一期工程通过省、市验收。

9月22日　县政府召开事业单位推行聘用制动员大会。出台《平阳县事业单位推行聘用制的实施意见》。

9月29日　平阳县育英体校张加泼勇夺2000年全国散打锦标赛70公斤级冠军，同时入选国家队。

10月1日　平阳县体育馆工程正式动工兴建。工程占地50亩。

10月28日　在中国特产之乡农产品交易会上，麻步文旦获名优柑橘银奖。

11月1日　开展县第五次全国人口普查。次年4月县统计局发布普查数据：全县216294户、

740448人，其中男388020人、女352428人。户籍管理人口为830852人。

11月14日　国家体育总局命名平阳为“全国体育先进县”。

11月30日　平阳县“九五”能源综合建设项目通过国家级验收。

12月13日　中共中央政策研究室副主任萧万钧到平阳县考察鳌江小城镇建设情况。

12月28日　水头镇被中国地区开发促进会命名为“中国皮都”。该基地有制革企业550余家，转鼓近4000个，固定资产8.4亿元，年生产猪皮革能力1.2亿张。是年，工业产值28.03亿元，其中皮革19.4亿元，外贸出口8.4亿元，财政收入8635万元。

是日　市政府在昆阳镇高山村举行高速公路平阳段开工典礼。

2001年

1月1日　省特色工业园区——昆阳服饰工业园区举行奠基仪式。该园区规划用地1200亩，总投资6亿元。

是日　平阳电子通讯市场开业。市场一期工程建筑面积1200平方米，设摊位200余个，总投资2000万元；二期工程建筑面积11000平方米，于7月份竣工。

1月19日　南湖乡被省林业厅命名为“浙江省马蹄笋之乡”。

1月28日　国土资源部副部长寿嘉华到平阳考察北港11万亩土地整理进展情况。

2月18日　平阳师范学校并入温州师范学院，更名为温州师范学院第二初等教育学院。

3月2日　平阳县塑包工业科技示范园区二期在萧江镇淡浦村奠基开工。

3月5日　平阳职教中心列入第二批国家级重点中等职业教育学校行列。

是月　县粮食局把粮食订单任务落实到乡镇和粮食收储企业。是年，国家取消粮食定购任务，放开粮食市场，放开粮食价格，全县粮食国有企业共收购粮食24261吨，加上上年留粮6293吨，储备粮食合计30544吨。截至年底，5家国有粮食企业解体，其中两家改为股份有限公司，277名职工与企业解除劳动关系合同。

5月18日　本地固定电话号码升位为8位。

6月25日　国务院公布第五批全国重点文物保护单位，平阳县龙山头石棚墓名列其中。

7月1日　《平阳之窗》改名为平阳新闻网，取得全国统一刊号。

7月15日　县建立乡镇会计核算中心，实行乡镇集中统一会计核算。

7月22日　中共中央宣传部常务副部长、中央精神文明建设指导委员会办公室主任刘云山到平阳考察城镇精神文明创建工作。

8月1日　平阳县跻身全省地方财政收入超双亿元(县、市)行列。

8月6日　国家体育总局命名平阳县为“全国武术之乡”。

8月7日　温州鳌江海事处成立。管辖范围为平阳、苍南两县行政区域沿海约251.8千米的海岸线的海域以及部分内河通航水域。

9月18日　县殡仪馆开工建设。11月28日0时始，在全县范围内推行遗体火化，在殡仪馆未建成前，暂时就近到瑞安殡仪馆火化。

9月19日　自1999年6月开始的县农村电网改造工程完工并通过省级验收。投资总额8266万元，结转固定资产7848万元。其中，35千伏输变电工程项目4项，10千伏及以下农网低压单项工程45项，新建10千伏线路54.461千米，改造10千伏线路109.72千米，改造低压线路877.32千米。259个行政村在网改中受益。11月起开始在已网改村实行生活用电同网同价。

9月28日　鳌江至龙港大桥——瓯南大桥正式开工建设。桥型为垂直直升式开启型，总长833米，桥宽24.5米，双向四车道，总投资1.6亿元。

是日　南麂列岛被中国钓鱼协会授予国家级垂钓基地。

是月　平阳县通过省科技厅组织的“全国科技进步先进县”考核。

11月1日　总投资5800万元，占地60亩，建成后日处理污水3万吨的水头制革污水处理二期工程正式开工。

11月23日　平阳县早香牌早香茶获“2001年

中国国际农业博览会名牌产品”称号。

12月13日　市委、市政府批准《平阳县机构改革方案》，县委机构调整为8个，县政府工作部门设23个。

12月23日　总投资3200万元的县行政审批中心大楼工程通过验收。翌年2月1日，平阳县行政审批中心（县政府综合办事中心）启动运行，首批入驻审批部门单位21家。

12月25日　连接文成、平阳两县的文平公路摇岭隧道至梅岭脚段改建工程正式开工。工程全长22.4千米，工程概算6500万元。

12月27日　鳌江星火技术密集区建设通过科技部考核验收。

12月30日　平阳县总长28.24千米、总投资达8900余万元的11个标段标准堤工程建设全部竣工，实现全县标准堤建设闭合的目标。经验收，11个单位工程全部评为优良。

12月31日　57省道（青岱线）詹家埠至岱口段二期工程通过验收，评为省优良工程。

2002年

1月17—18日　中央政策研究室副主任郑新立一行到平阳调研农业农村工作。

1月22日　平阳县木偶剧团一行8人应邀赴法国亚眠、隆沟、卡蒙、阿尔贝等8城市，进行为期15天的文化交流活动。

是日　在中共浙南委员会旧址麻步岭头举行陈阜（1910—1997）部分骨灰安葬仪式。

1月30日　县装机容量最大的水电站——鲤鱼田水电站主体工程开工建设。

2月1日　南麂列岛国家级海洋自然保护区生物多样性保护项目列入国家级自然保护区专项补助资金“十五”计划。

2月4日　科技部授予平阳县“科技进步先进县”称号。

4月25日　平阳一中（2006年复名“平阳中学”）迁建工程初步设计通过省、市有关专家和技术人员的会审。平阳一中新校址位于九凰山隧洞东侧，占地217亩，校舍总建设面积7.8万平方米，总投资9996万元。

是日　鳌江一中迁建工程初步设计通过会审，鳌江一中新校址位于鳌江镇蓝田村，占地150亩，校舍总建设面积47100平方米，总投资6800万元。

5月1日　鳌江镇跻身联合国开发计划署“中国可持续发展的小城镇”项目试点镇之列。全国12个镇被列为该项目试点镇。

5月17日　平阳职教中心被评为“全国青少年科普创新示范学校”。

5月19日　平阳早香茶获“2002年中国精品名茶博览会”金奖。

5月27—30日　中国南麂海钓节暨全国首届“南麂杯”海钓比赛在南麂列岛举行，来自全国34个省、直辖市、自治区、特别行政区以及韩国等40支海钓代表队，共160多名海钓爱好者会聚南麂。经角逐，产生组织奖4名、贡献奖18名、鲷类鱼个人奖20名、综合鱼类个人奖6名、团体奖6名。

6月10日　南麂列岛被联合国列为“中国南部沿海生物多样性管理项目示范区”，并获“全球环境基金”资助。

8月1—4日　全县25家企业有1000余种产品参展北京2002年中国礼品展览会。

8月7日　经省统计部门重新核实，鳌江镇跻身全省百强镇前50强行列。

8月16日　县委副书记、县长戴祝水主持召开县地方志编纂委员会会议，审议通过《平阳县续修地方志工作规划》，决定重修《平阳县志》，分上、下两册，上册撰写1981年平阳、苍南未分县前的平阳县，下册撰写分县后的平阳县。后因故未编撰完成，至2012年重启二轮县志编修工作。

9月7日　第16号台风“森拉克”正面袭击平阳县。全县74.5万人口受灾，倒塌房屋5084间，其中，民房4772间，农作物受灾14520公顷，直接经济损失3.813亿元。

9月8日　平阳县连续第5年被省政府、省军区授予“征兵工作先进单位”称号。

9月9日　省委副书记、省长柴松岳，副省长章猛进、市委书记李强率省市有关部门负责人到平阳察看第16号台风灾情，慰问灾民，指导救灾工作，并充分肯定平阳县抗台防洪工作。

9月23日　作为国家二类对外开放口岸，鳌江港恢复出口运输业务。

10月1日 《平阳县城乡村居民最低生活保障实施办法》正式出台，全县新增低保对象651户664人。

11月6日 南麂镇通过温州市生态镇创建验收，成为全市第二个生态示范镇。

11月19日 经过4个多月的野外调查，平阳县地质灾害调查与区划野外项目通过验收。全县共发现地质灾害(隐患)点18处。

11月19—21日 县政府召开海域管理工作会议，举行“海域使用权证书”首发仪式。

11月19—21日 山西省昔阳县大寨村党总支书记、大寨集团董事长郭凤莲率经贸考察团到平阳考察。

12月11日 第二届全国县城“经济基本竞争力”评选活动揭晓，平阳县跻身百强行列。

12月13日 平阳县中心粮食储备库竣工并通过市级验收，该粮食储备库位于宋桥镇章桥村，占地38.4亩，仓容量1.5万吨，总投资2300万元。

12月14日 平阳县下山脱贫“3105”工程建设项目：山门一区、二区、顺溪山头庵、凤巢山边、维新俞思坑等5个扶贫小区(移民点)先后建成，共建新房711间，搬迁入住685户2740人。

12月20日 科技部批准鳌江星火技术密集区为国家级星火技术密集区。

12月25日 平阳引供水工程试通水。该工程一期总投资16500万元，从南雁矾岩引水，途径南雁、南湖、鳌江等7个乡镇，全长32.3千米。

12月26日 中国轻工业联合会授予平阳县“中国商务礼品生产基地”称号，这是平阳继获得“中国塑编城”“中国皮都”后获得的第三张国字号金名片。

2003年

1月7日 平阳县海洋深水网箱养殖项目列入国家863计划。

3月10—13日 中国共产党平阳县第十次代表大会召开。戴祝水当选为县委书记。

3月17日 著名数学家、教育家、社会活动家苏步青因病逝世，享年101岁。

3月22—27日 县政协十二届第一次会议召开，选举王纪树为县政协主席。

3月23—28日 县第十三届人民代表大会第一次会议召开，选举戴祝水为县人大常委会主任，选举仇杨均为县长。

4月4日 水头镇皮件工业园区开工。

4月8日 县雪雁蘑菇专业合作社承担的“万亩规范化蘑菇基地建设”列入国家级“星火计划”项目，这是2003年温州市唯一被科技部列为国家级“星火计划”的项目。

4月20日 全球环境基金理事会批准中国的四个海域为“中国南部沿海生物多样性管理”项目，平阳县的南麂列岛名列其中，并获资助金80万美元。

4月21日 县委常委扩大会专题研究部署“非典”防治工作。年内，平阳县未发现“非典”疫情。

5月25日至8月 县出现严重旱情，为1956年有气象记录以来仅次于1967年的全县性大旱。饮水困难达16万人，约有7万亩水稻、5万亩经济作物受灾。减产粮食4万余吨，全年粮食产量12.65万吨。

5月 林圣雄当选为第十届全国人大代表。

6月20日 可停泊300～500吨级客货轮的南麂岛新码头竣工并投入使用。

6月23日 宋埠—西湾海涂围垦工程通过省围垦局审批立项，该工程总投资1.17亿元，占地9700亩。

7月1日 全县电力严重短缺，特设立尖峰电价，促使用户“移峰填谷”，合理用电。是年，211天拉闸限电，少供电量7000万千瓦时。

7月9日 《人民日报》发表署名记者报道《鳌江何时还清流——生态环境污染警示录》，披露水头制革严重污染鳌江情况。

7月15日 县商务礼品协会成立，并举行中国商务礼品生产基地挂牌仪式。

7月25日 宋埠—西湾滩涂围垦工程举行开工仪式，工程南北平均长度3.4千米，东西平均宽度1.97千米，为四级海塘，设计防洪标准为20年一遇，堤线全长5630米，沿线布设3个出海水闸。工期四年，围垦面积9700亩，总投资1.2亿元，工程完工后平阳县将新增陆域面积6平方千米。

7月29日 温州万全轻工业园区暨家具园动工兴建。家具基地占地220公顷，征用156.67公顷，全年引进企业62家。

8月3日　国内信用建设权威评价机构——中国市场学会信用工作委员会在京宣布，萧江镇成为全国第一个城市（地方）信用体系建设重点调研镇。

8月17—19日　国家六部委对浙江省“清理整顿不法排污企业保障群众健康环保行动”联合检查组到水头检查，认为水头制革污水处理厂一期工程设施运转不正常，二次污染严重，二期工程没有按期完成。水头为“中国皮都”，镇内有5个制革基地和一个园区，1200家企业，年产值40亿元，每天产生制革废水5.5万吨，制革污水处理厂一期工程日处理能力2.5万吨，大量废水直排鳌江，鳌江水系水质成为浙江八大水系水质最差水系。

9月1日　在2003年中国名牌授牌仪式上，庄吉集团摘取温州服装界第一个“中国名牌”称号。

9月24日　国家环保局公布全国最新十大环境违法典型案件，水头镇制革群污染案名列其中。

9月25日　第二届中国国际礼品展览会在广州国际会议展览中心举行。平阳县共有30余家商务礼品生产企业参展，“平阳礼品”受到广泛赞誉。会上，平阳县被列为首批“中国礼品及相关产品特色区”。

9月28日　在“金狮奖”全国第二届木偶皮影戏大赛中，平阳木偶剧团、县小百花越剧团联合演出的人偶剧《神奇的雀翎》获“金狮奖”剧目金奖、导演金奖、编剧金奖3项大奖，这是平阳县文化工作获得的第一个国家级政府最高奖。

10月18日　全县界定生态公益林面积105575亩，涉及14个乡镇，97个村，平阳县生态公益林面积已达679000余亩，占林业用地的83.6%，其中国家级公益林240390亩，省级公益林320673亩，县级公益林118219亩。

10月23日　省重点工程——平阳县引供水输水工程通过验收。工程设计规模为14.8万立方米/日，总投资1.4亿元，于1997年12月底动工建设。

11月11日　县首个康庄工程——顺吴（顺溪—吴垟）公路开工建设。

11月18日　省委副书记周国富、省政协副主席龙安定率省直机关18个厅（局）200余名负责人到平阳县接待群众来访。

11月28日至12月2日　2003年浙江省农业博览会在杭州举行，县18家企业的22个系列名特优新农产品参会。参评的10个农产品中，平阳县全盛兔业有限公司的粗高牌长毛兔等4个农产品获金奖，雪雁牌盐渍蘑菇等6个农产品获优质奖，平阳县展团3天成交额达2.9万元，签订合同100万元，达成意向2300万元。

12月12日　省委书记、省人大常委会主任习近平到平阳调研，考察在建高速公路、庄吉工业园区、鳌江公园、县职教中心等。

12月20日　县农村广播电视入户工程建设项目通过市级质量验收，至此，平阳县2001—2003年广播电视农村入户工程圆满完工，总投资1263.90万元，这标志着平阳县偏远山区自然村已基本覆盖广播电视信号。

12月24日　省环保局以“平阳水头制革基地未执行限产、轮产制度，大量未经处理的污水直排鳌江”为由，公布为全省严重污染环境九大案件之一。

12月26日　钱氏（钱承恩）馄饨获“中华名小吃”称号。

12月29日　平阳县体育馆举行竣工落成典礼。工程占地50亩，总建筑面积16247平方米，设观众席3558座，总投资7500万元。

12月31日　同三线温福高速公路平阳段（全长27.393千米）贯通通车，主线为双向四车道，设计车速120千米/小时。工程造价约16.4亿元，在宋桥、昆阳、鳌江、钱仓、萧江5镇设5个出口。

2004年

1月1日　县执行药品降价政策，1000余种药品实行降价销售。

1月5日　县林业部门在平阳县海拔600余米的西部山区发现国家一级保护珍稀树种——南方红豆杉。

1月8日　由国家海洋局第二海洋研究所负责的“国家海洋自然保护区环境与资源遥感监测系统——南麂列岛示范区研究”，通过专家鉴定，系统开始投入使用。

2月10日　郑楼礼品城落成开业。

2月22日　“中国皮都”——水头制革基地改

造工程正式启动。

2月26日　县政府召开行政村居规模调整工作会议。会议决定开展村(居)规模调整工作。是年，全县有851个村、64个居委会，至2006年调整为583个村、26个社区、10个居委会。

3月15日　县机关效能监察投诉热线“96178”开通，并将“平阳县行政效能监察中心”更名为“平阳县行政效能监察投诉中心”。

3月18日　中央社会治安综合治理委员会在京召开表彰大会，县政府被授予“1999至2002年全国刑释解教人员安置帮教工作先进集体”称号。

3月27日　全面实施“廉洁村居”工程，以预防并制止村干部腐败行为。

4月2—5日　第四届全国武术馆(校)武术比赛在平阳县体育馆举行。平阳县育英体校和中国雨田集团分获套路、散打团体冠军。

4月6日　县图书馆整理的《平阳地方文献丛书》(第一辑)点校工程启动，共有《南雁荡山志》《龙湖书院志 仙坛山志稿》《元到民国时期平阳史料选编》《潜斋集(外三种)》《青华集 还珠亭日课 尚志堂诗文集》《马鞍山人诗草》《新编音画字考》《元代平阳诗文辑集》等8部古籍。

4月15日　县文化新闻出版局开展为期1个月的民间艺术普查工作，14个乡镇有民间艺人86名。

4月29日　平阳县创建“全国科普工作示范县”活动通过验收，成为全国第二批科普工作示范县。全县现有35个专业技术协会，会员达12300余人。省、市、县、乡四级示范基地55个，示范户1267户。

5月9日　县政府从规划建设、土地、环保等单位抽调220名机关工作人员入驻水头镇，开展制革基地全面停产改造工作。水头制革基地改造工作自当年2月启动，共有765家企业参与重组改造，组合成新企业118家。

5月15日　梅源生态乡建设规划通过市级专家论证。该生态乡规划总面积26.3平方千米，分生态旅游区、生态保护与恢复区、生态农业区等3个生态功能区，计划分3个阶段实施。

5月20日　水头制革基地2号污水处理厂第二期工程开工。2号污水处理厂设计污水日处理量3万吨，其中一期工程于2001年7月开工，2003年10月试运行，投资约4500万元。二期开工投资1200万元，工期8个月。

6月7日　浙南地区规模最大的采石场在平阳县宋桥镇瑶山建成投产，日产石料1500吨。

6月15日　全国政协副主席、民革中央常务副主席周铁农率民革中央调研组到平阳县，就农民专业合作组织建设问题到平阳雪雁蘑菇合作社调研考察。

6月26日　昆鳌大道拓宽一期工程全线贯通。该工程东起昆阳镇平塔村，西至经济开发区府前路，全长7.04千米，路基宽44米，为双向四车道城市A级道路，设计车速40～50千米/小时，总投资1.33亿元，分两期建设。一期工程于2003年10月1日开工。

7月19日　国家林业局命名平阳县为“中国马蹄笋之乡”。

7月28日　19时35分，位于水头镇金山路80–2号的温州辉煌皮件有限公司发生特大火灾安全生产事故，共造成18人死亡、12人受伤。

9月1日　设在平阳的温州师范学院第二初等教育学院更名为温州大学初等教育学院。

9月9日　平阳县雪雁蘑菇专业合作社列入首批国家级示范项目建设单位，温州地区仅此一家。

10月6日　平阳籍运动员林萍获2004年全国跆拳道青年锦标赛女子59公斤级冠军。

10月10日　中国科协命名平阳县为第二批“全国科普示范县”。

是日　山门大屯、鳌江蝠山、梅源三个平阳特早茶基地220亩茶园通过中国农业科学院茶叶研究所有机茶研究与发展中心的国家级有机茶认证。

11月10日　县殡仪馆主体工程竣工，正式对外服务。县殡仪馆工程占地46000平方米，建筑面积8500平方米，工程概算2500余万元，整个馆区按国家二级标准设计。

12月2日　昆阳镇前宕村、九居社区开展县第二代居民身份证换发试点工作。

12月9日　以本赛·卡玛尼冯为团长的第三期老挝县委书记考察团到平阳作交流访问，考察全县的财税制度、县委和县政府的职能分工及其工作体制、加强党建与发展经济等工作的做法和经验。

12月21日　《郑海啸纪念文集》在温州举行首发式。

12月27日　“庄吉”和“乔治白”在两年一度的全国西服质量抽检中获“优等品”称号，庄吉集团还被中国服装协会授予“全国西服产品质量管理先进单位”称号。

2005年

1月7日　平阳县招标投标市场管理委员会办公室和招投标中心成立，将土地、工程、产权、政府采购等四大交易行为纳入集中管理。3月，正式挂牌运作。

2月9日　温州华中塑料有限公司生产的“华中”牌塑料编织袋系列产品被中国中轻产品质量保障中心评为“全国塑料编织袋产品质量公证十佳品牌”。

2月11日　中纪委副书记刘锡荣到平阳县凤卧、山门两地，缅怀革命先烈并慰问当地老党员、老交通员。

2月12日　鳌江镇团委和鳌江镇求知青年中心被团中央授予共青团系统最高荣誉“全国五四红旗团委”和“全国优秀青年中心”称号。

2月18日　浙南（平阳）抗日根据地旧址被中宣部、国家发改委、国家旅游局等部门联合命名为全国百个红色旅游经典景区之一，并且与上海、嘉兴南湖一同被列入全国30条红色旅游精品路线。

2月20日　国家发改委公布第一批全国发展改革试点小城镇名单，鳌江镇名列其中。第一批全国发展改革试点小城镇共118个，温州市仅2个。

2月26日　平阳县召开纪念南麂列岛解放50周年大会。

3月14日　平阳县全盛兔业有限公司的粗高长毛兔标准化示范区被国家标准化管理委员会评为“第五批全国农业标准化示范项目”。

3月21日　《中国青年报》推出“落实科学发展观”大型专题报道第一篇：《“中国皮都”水头镇忍痛进行环境保卫战》。

4月9日　以“追随先辈革命足迹、畅游温州大好河山”为主题的浙江省红色旅游首游式分会场暨温州市红色之旅首游式在位于山门镇的工农红军挺进师纪念广场举行，同时拉开平阳县全面启动红色旅游序幕。

5月12日　县首次举行国有土地使用权公开拍卖活动，出让4宗地块，成交额7430万元。

5月19日　省委书记、省人大常委会主任习近平到平阳县考察南麂国家级海洋自然保护区。

6月6日　县政府召开国家级重点工程——温福铁路平阳段征地拆迁政策处理工作动员大会，温福铁路平阳段工程建设正式拉开序幕。

7月5日　平阳全盛兔业有限公司的“粗高长毛兔新品产业化开发”和平阳县文旦研究所的“麻步文旦产业化示范”等2个项目被列入国家级星火计划。

7月7日　平阳县《红色旅游发展规划纲要》和《红色旅游经典景区详细规划》通过国家、省、市旅游局和浙江大学有关专家评审，是全省第一个通过评审的红色旅游发展规划。规划重点为浙南（平阳）抗日根据地红色旅游经典景区建设，景区范围包括山门镇、凤卧镇和满田林场，面积约38.23平方千米。

7月19日　第5号台风“海棠”袭击平阳，过程降雨量424.3毫米，造成严重灾害。全县31个乡镇、590个行政村、70万人受灾，被困人员达53余万人，紧急转移安置人口182569人，因灾转移安置8.2万人，受伤2人，失踪6人；房屋倒塌2632间，损坏15348间；农作物受灾面积16933公顷，全县直接经济损失20.64亿元。

7月21日　省委副书记、省长吕祖善到平阳察看5号台风“海棠”造成的灾情并指导抗台救灾工作。

7月26日　省委书记、省人大常委会主任习近平到平阳实地察看台风灾情，慰问受灾的种粮大户。

8月9日　国家中医药管理局批准平阳县为全国农村中医工作先进县。

10月27日　由《中国国家地理》杂志社主办，全国30余家新闻媒体参与的“中国最美的地方”评选活动揭晓，南麂岛入选“中国最美的十大海岛”。

11月14日　国家海洋局向平阳县颁发“全国海域使用管理示范单位”奖牌。

11月21日　温福铁路平阳段工程正式开工。该工程北起平阳县宋桥镇湖岭村与瑞安段相连，南至萧江镇上宅村与苍南段相连，全长27.035千米，途经宋桥、昆阳、鳌江、钱仓、萧江5个镇，全线共有大中桥5座，隧道4座，并设鳌江客货站1座，项目概算投资约20亿元。

12月9日　县物价局监督检查分局被国家发展改革委命名为“全国2004—2005年度规范化物价检查所(局)”。

12月10日　县110、119、120报警电话“三台合一”，投入运行。

2006年

1月20日　平阳县人民医院通过省医疗机构二级甲等综合性医院评审。

1月25日　国家农业综合开发重点项目——平阳县北港2.5万亩中低产田改造工程正式开工，项目总投资990万元，涉及水头、麻步、鹤溪3个乡镇。

是日　县城区片珊溪引供水工程举行通水仪式。其总规模日供水15万立方米，总投资4333万元。

1月27日　由平阳县挺志温州水牛乳业有限公司与广西大学动物科技学院合作实施的“863”成果产业化对接项目——“动物转基因克隆技术平台研究”列入省重大高新技术产业化计划。这是平阳县第一个省级农业重大高新技术产业化项目。

1月29日　九三学社中央对全国100个先进基层组织进行表彰，九三学社平阳县基层委员会榜上有名，系温州市九三学社组织中唯一受表彰的单位。

2月15—17日　首届“温州平阳·中国商务礼品文化节”举行。同时由中华全国工商业联合会礼品业商会主办，县政府承办的第三届中国礼品业高峰论坛在平阳国际大酒店举行。

3月21日　平阳县食品安全检验检测中心挂牌成立。

4月3日　共青团中央书记处书记尔肯江·吐拉洪一行到平阳县调研。

5月11日　省委政法委、省高级人民法院及温州市委、市政府联合召开大会，表彰平阳县法官许祥珊，并追授他“浙江省模范法官”“温州市优秀共产党员”称号。

5月25日　素有“浙南清中晚期民居博物馆”之称的平阳县顺溪陈氏古民居被列为第六批全国重点文物保护单位。

6月1日　省委书记、省人大常委会主任习近平到平阳实地调研圣雄皮业。

6月18日　平阳县举行首批非物质文化遗产保护名录专家评审会，确定平阳木偶戏、布袋戏、头发吊灯、集锦头通、太平钿剪纸、牛筋琴、卖技、渔鼓等一批项目为首批县级非物质文化遗产保护名录。

8月7日　全国工商联公布2005年度上规模民营企业调研结果。平阳县的浙江远东皮革有限公司再次跻身“全国民营企业500强”行列。

8月10日　超强台风“桑美”给平阳县造成重大损失，全县直接经济损失8.9亿元，全县受灾人员达70.24万人，失踪2人，受伤7人；倒塌房屋2251间；农作物受灾面积1.32万公顷；道路路基冲垮50千米、通信线路损坏80千米。

9月19日　经省“十村示范，百村整治”工程考核组审核，平阳县被评为2005年度省优胜单位。自2003年实施“十百”工程以来，平阳县共有7个示范村获市级“全面小康建设示范村”称号，其中4个示范村同时获省级“全面小康建设示范村”称号；162个村实施全面整治，其中60个整治村获市级“村庄整治合格村”称号；全县共157个村庄完成规划编制。

10月10日　位于山门老区的浙江平阳干部学校正式成立。

10月13日　县农村党员干部现代远程教育工作正式启动。至2007年底，县内建设远程教育点654个，教育网络覆盖全县。

10月14日　“长征精神代代传——浙江省红色基地巡礼”温州站“长征在我心中”主题活动在凤卧镇“省一大”会址举行。

是日　闽浙边临时省军区司令部旧址——山门镇龙井禅寺失火毁坏。2007年，开始在原址上扩建，2010年10月竣工。

10月28日　县昆阳、鳌江、水头、萧江4镇跻身第二届全国小城镇综合发展水平1000强行列。

11月5日　县政府召开水头制革基地全面停产整治动员千人大会。县长仇杨均就停产整治工作作了动员部署。会议要求，从11月15日18时起，水头制革基地内所有转鼓一律停产，进行转鼓削减和新企业组建。

11月18日　在中国中小城市科学发展评价体系研究成果发布暨第三届中国中小城市可持续发展高峰论坛上，平阳县被评为2006年度“全国最具投资潜力中小城市”百强。

11月19日　浙江三星机电股份有限公司“VE型减速离合器(JLX-N-5.25)”项目和温州强大印刷机械有限公司“QDASY-B型电脑控制凹版印刷机”项目被列入国家2006年火炬计划项目。至此，平阳县已有8个项目被列入国家级火炬计划。

11月20日　县电镀业污染整治通过省验收组的验收，摘除省级环境污染重点监管区帽子。

12月18—21日　中国共产党平阳县第十一次代表大会召开。仇杨均当选为县委书记。

12月26日　科技部下达2006年度国家星火科技计划项目，温州益坤电气有限公司的“电气化铁道用永磁机构真空断路器开发”；浙江雁峰塑料机械总厂的“节能型凸轮式塑料扁丝收卷机开发”；平阳县红山水果实验场的“杨梅品种改良技术产业化推广应用”；平阳县职业教育中心(国家星火培训学校)的“农民服务行业技能技术培训”等4个项目名列其中。

12月29日　龙尾乡与县有线广播电视网络联网成功。至此全县31个乡镇(除南麂镇外)全部开通有线广播电视。

2007年

1月12日　平阳县获“全国团建先进县(市)”称号。

1月21—25日　平阳县政协第十三届一次会议召开，孙瑞庆当选县政协主席。

1月23—27日　平阳县第十四届人民代表大会第一次会议召开。会议选举仇杨均为县人大常委会主任，选举黄安波为县长。

2月19日　平阳县在外企业家联合会成立，155位在外企业家参加会议。叶茂西当选为第一届会长。

3月2日　总投资1.5亿美元的宋埠—西湾滩涂围垦项目举行签约仪式。

3月12日　县委召开全县农村工作会议，推进新农村建设，促进农业增效、农民增收、农村和谐。

3月13日　经过5个月停产整顿，水头制革企业重组完毕，转鼓削减全部完成，2家企业投入试生产。至6月27日，1261家制革企业淘汰，兼并为39家，恢复生产。

4月19日　平阳立春茶叶合作社“立春早”牌早香绿茶通过国家食品质量安全论证。

4月26—28日　第二届“温州平阳·中国商务礼品文化节”举行。参展企业达150家，签约项目5个，涉及金额近1亿元。

4月29日　瓯南大桥建成试通车。总长881米，桥宽24.5米，双向四车道，总投资为1.65亿元。桥梁结构为开启式，开启跨径75米，是亚洲最大跨径的钢桁开启桥。

5月1日　平阳县凤卧红军小学获“首届全国中小学校园文化建设百佳创新学校”称号，校长李琴被评为“首届全国小学校园文化建设百佳优秀校长”。

7月10日　《南麂岛自然保护区》特种邮票首发式暨2007年平阳旅游节开幕式在县体育馆举行。

7月22日　浙江省第二批非物质文化遗产名录项目公布，平阳县选送的卖技、集锦头通、木偶戏、布袋戏、渔鼓、太平钿剪纸、头发吊灯制作技艺和牛筋琴制作技艺等8个项目全部入选。其中，传统戏剧木偶戏和布袋戏继续申报国家级非物质文化遗产。

8月3日　县委举行纪念粟裕100周年诞辰活动暨省一大陈列馆开馆仪式。市委书记、市人大常委会主任王建满在座谈会上深切缅怀粟裕的光辉一生和卓越功勋。

是日　同时举行中国工农红军挺进师纪念园开园和“粟裕小学”命名仪式。

8月23日　浙江远东皮革有限公司的FAREAST商标被认定为中国驰名商标。是年，还有“金萨克”被认定为中国驰名商标，并新增省著名商标1个、市著名商标8个、县名牌商标21个。全县商标注册总量3444个。

9月8日　中宣部、中央文明办、全国绿化委员会和国家林业局联合授予麻步镇沿口村“全国绿色小康村”称号，季元华、洪玉美、李开彬、翁仁松4户获“全国绿色小康户”称号。

9月11日　浙江乔治白服饰股份有限公司的“乔治白”衬衫获“中国名牌产品”称号。

9月19日　第13号强台风“韦帕”在苍南县霞关登陆。平阳县经济损失3.04亿元，紧急转移9.55万人。

9月20日　第二届全国塑编联谊会暨中国塑编包装技术信息交流会在县召开。是年，全县规模以上塑编及配套企业达300余家。

9月30日　水头制革基地治污通过市级预验收。转鼓数量从原来3300只减为469只，制革废水排放量从原来每日7.15万吨削减为1.7万吨以下。

10月7日　第16号台风“罗莎”对平阳县造成严重影响。全县因灾转移8.36万人，31.62万人受灾，直接经济损失2.18亿元。晚稻严重减产，全年粮食总产量仅101398吨，为分县后历史最低点。

10月11日　浙江三星机电股份有限公司被科技部认定为2007年国家火炬计划重点高新技术企业，实现平阳县国家级高新技术企业零的突破。

11月22日　县政府与温州大学就购买温大平阳校区有关事宜达成协议。县政府将筹资7300万元购置该校区，作为县职技校与县技工学校合并办学的新校址。

12月4日　平阳县城市防洪工程(水头段二期)在水头镇金塔村举行开工典礼。城市防洪工程总投资1.84亿元，主要建设项目分为防洪堤建设、河道开挖和下游河道疏浚裁弯取直3个部分，分3期建设。一期工程自2005年3月动工以来，至此已基本完成主体工程建设。此次动工建设的二期工程投资6300万元。

12月9日　全国旅游景区质量等级评定委员会公布最新一批国家AAAA级旅游景区名单，平阳县南雁荡山景区榜上有名。

12月11日　第十届成长中国高峰年会暨2007中国成长百强揭晓，平阳县浙江远东皮革有限公司入选“2007第六届中国成长百强”，名列第69位。

12月24日　县开展“十百工程”100个村庄整治，其中36个村获市级“村庄整治合格村”称号，7个村获市级“全面小康建设示范村”称号。

12月24—25日　2007年度“真情人物”颁奖典礼在上海举行，由新华通讯社、中国社会工作协会、中国青年志愿者协会及上海市有关单位主办，平阳县毛陈冰因9月14日只身前往贵州输血救人入选，并先后入选“感动中国”“浙江骄傲”“中国教育年度新闻人物”等一系列年度评选。

年末　平阳县获浙江省文明县城称号。

2008年

1月3日　希望工程实施15周年纪念大会召开。县希望工程自1992年开始实施以来，累计筹集社会捐款2000多万元，资助贫困学生1万多名，援建23所希望小学，捐赠38个希望书库和大量教育配套设施。

1月26日　平阳县通过省级教育强县评估验收。

2月1日　浙江三星机电股份有限公司研制的“双动力减速离合器”获国家重点新产品计划立项。

2月5日　浙江亨力电子有限公司研发的“V80型多国货币验钞机”项目被列入国家重点新产品计划。

2月23日　平阳县被省委、省政府命名为“浙江省文明城市(县城)”。

4月17日　温州华亨皮塑有限公司通过省专利示范企业认定，实现平阳县省专利示范企业零的突破。

6月3日　梅源乡、南麂镇被国家环境保护总局命名为全国环境优美乡镇。

6月20日　第二批国家级非物质文化遗产名录揭晓，平阳县木偶戏和单档布袋戏进入首批国家级非物质文化遗产扩展项目“木偶戏”之列。这是平阳县首次入选国家级非物质文化遗产保护名录的项目。

是月　《中共平阳党史(第一卷)》由中共党史出版社出版。

7月1日　全县企业职工基本养老保险费、基本医疗保险费、失业保险费、工伤保险费和生育保险费开始实行“五费合征”。

是日　县委举行纪念建党87周年暨中共平阳县委成立80周年活动。

9月15日　受13号台风“森拉克”影响，全县农作物受灾面积1.2万公顷，粮食减产1.5万吨。

10月9日　平阳县非物质文化遗产普查工作通过省非物质文化遗产普查专家组的检查验收。被列入温州市第二批非物质文化遗产名录的有平阳和剧、南湖马灯戏、南雁荡山传说、东岳观道教音乐、畲族民歌、畲族刺绣、腾蛟象棋、平阳南拳、平阳参龙、十五巧板、陈十四信俗、鹤溪庙会、鳌江划大龙、平阳绷鼓制作技艺14项。

10月15日　梅溪乡联丰村谢作旺在江苏省镇江市务工，因抢救落水女青年牺牲，年仅36岁，镇江市见义勇为基金会追授其为“见义勇为好青年”称号。

10月17日　平阳县通过新农村电气化县考评验收。2006年以来，共投入建设资金1.5亿元，建成15个电气化乡镇和224个电气化村。年内又有5个乡镇通过县第二批新农村电气化乡镇验收。

11月11日　在中国中小城市科学发展评价体系研究成果发布暨第五届中国中小城市科学发展高峰论坛上，平阳县再次入选综合实力和投资潜力全国百强(综合实力列91位，最具投资潜力列62位)。

11月25日　科技部下达2008年国家级火炬计划项目，平阳县浙江三星机电股份有限公司的“JCGX39串激电机”项目、温州合力建设机械有限公司的“900吨箱梁移动台车”项目和浙江亨力电子有限公司的“V80型多国货币验钞机”名列其中。

12月5日　县首家小额贷款公司——平阳县恒信小额贷款有限公司在萧江镇揭牌。公司注册资本1亿元。主要服务对象是平阳县“三农”和中小企业。

12月26日　浙江亨力电子有限公司、温州松浦电器有限公司、浙江三星机电股份有限公司、温州益坤电气有限公司、浙江平柴泵业有限公司等五家企业被认定为国家高新技术企业。

2009年

1月9日　省重点工程——珊溪水利枢纽平阳、苍南县引水一期工程正式开工建设。管线长23千米，总投资3.5亿元，设计日供水51万立方米。

是月　平阳县在山西投资的500多座煤炭列入被兼并、收购名单。据中国人民银行杭州中心银行调查，温州民间资金损失达150亿元，

2月11日　国家电网公司通报表彰2008年新农村电气化建设先进单位，平阳县供电局名列其中。

3月20日　《平阳县土地利用总体规划大纲(2006—2020)》通过省级评审。大纲确定全县基本农田保护面积不低于43.7万亩，耕地保有量不低于48.6万亩。

是日　省文化厅公布第二批浙江省非物质文化遗产项目代表性传承人名单，平阳县提线木偶戏艺人张增周、卓乃金和崔学荣榜上有名。至此，平阳县计有1人(温州鼓词方克多)获得国家级非物质文化遗产项目代表性传承人称号，14人获得省级非物质文化遗产项目代表性传承人称号。

4月15日　国家级非物质文化遗产——县单档布袋戏传承基地在山门成立。是月，平阳木偶戏传承人卓乃金入选第三批国家级非物质文化遗产项目代表性传承人名单。

5月11日　平阳县隆重举行纪念平阳解放60周年大会。

5月18日　平阳和剧、南湖马灯戏、温州鼓词、参龙、白鹤拳、十五巧板、陈十四信俗、木活字印刷技术、鳌江划大龙、东岳观道教音乐等10个项目列入第三批浙江省非物质文化遗产名录。

是日　“2009年中国商标发展百强县”名单揭晓，平阳县以注册商标总量3900件、省著名商标10件，列全国百强榜第49位。

5月21日　中宣部公布第四批全国爱国主义教育基地，位于山门镇的温州浙南(平阳)革命根据地旧址群入选。

6月26日　省委在平阳县举行浙江省第一次党代会召开70周年纪念活动。省委书记、省人大常委会主任赵洪祝，全国人大常委会法律委员会副主任委员刘锡荣在座谈会上讲话，省委常委、秘书长李强主持座谈会，老同志陈法文、郑嘉顺、郑子雄在座谈会上回顾革命历程，温州市委、平阳县委领导出席座谈会。

8月9日　8号台风“莫拉克”过境，平阳县受灾人员达51.33万人，转移34929人，农作物受灾面积1万余公顷，全县因台风造成直接经济损失2.12亿元。11日，中共中央政治局委员、国务院副总理回良玉率国家有关部门负责人到萧江镇考察“莫拉克”台风灾情。

8月12日　县第十四届人大常委会举行第十九次会议，任命王中毅为县人民政府副县长、代县长，接受黄安波辞去县长职务。

9月28日　温福铁路开通，鳌江火车站正式营运，平阳迎来“高铁时代”。温福铁路平阳段长27.035千米，概算投资22亿元。

11月17—19日　全省党史宣传教育工作会议在平阳召开，会议公布浙江省第一批党史教育基地名单，平阳县的浙南（平阳）革命根据地旧址群入选。

12月10日　2009年中国民营企业500强名单揭晓，浙江远东皮革有限公司榜上有名，排名395位。

12月28日　省政府命名平阳县为“浙江体育强县”。

是日　省重点工程——腾蛟220千伏输变电工程开工，总造价1.3亿元，容量540兆伏安。

2010年

1月11日　国家海洋局授予中国海监南麂保护区支队“2009年度中国海监优秀示范支队”称号，浙江省仅此1家。

1月19日　平阳县第十四届人民代表大会第四次会议召开，出席代表273名。会议选举王中毅为平阳县人民政府县长。

1月29日　省科技厅知识产权局认定平阳县为省级知识产权创建县。

2月22日　“乔治白”获国家工商管理总局行政认定的服装类驰名商标，这是平阳县当时唯一获得的中国驰名商标品牌。

3月26日　在全国第六次武术工作会议上，平阳县再度获“全国武术之乡建设工作先进单位”称号，全省仅平阳县一家。

3月28日　国家大中型水库建设规划项目，“十一五”浙江省重点水资源保障项目——顺溪水利枢纽工程开工建设。

5月7日　经省政府批准，平阳县部分乡镇行政区划实行调整：撤销宋桥镇、郑楼镇建制，合并设立万全镇。调整后，万全镇辖54个行政村，镇政府驻万全路506号。撤销桃源乡建制，其行政区域并入萧江镇。调整后，萧江镇辖56个行政村、4个社区，镇政府驻地不变（萧江村）。

6月24日　昆鳌快速联系通道工程开工建设。昆鳌快速联系通道工程是平阳县新型城市化建设中“两轴四片”（“两轴”指昆阳、鳌江两镇，“四片”指昆阳镇城南片区、城东片区和鳌江镇站前片区、滨江片区）的重要战略性工程，北起昆阳镇良农路与经六路交叉节点处，南止昆阳镇平塔村，与已建昆鳌大道相接，总长4.9千米。道路采用城市主干道一级标准设计，双向四车道，路基宽44米，设计速度每小时60千米。工程概算总投资5.8亿元。

7月2日　由原郑楼、宋桥两镇合并组建的万全镇正式宣告成立。

7月5日　县农村信用合作联社在西湾、南湖、吴垟、南麂等4个乡镇相继设立金融服务网点，标志着平阳县实现乡镇金融服务全覆盖。

是日　在第三届中国商标节上，平阳县成功跻身“2009年度中国商标发展百强县”，位列第44位。全县共有注册商标6533件，其中，中国驰名商标4件、省著名商标12件、市著名商标36件、市级品牌基地1个。

7月16日　县生态发电厂开工建设，项目建设总规模为日处理生活垃圾900吨，采用BOT运营模式，由深圳绿色动力环境工程有限公司建设。项目一期工程总投资预计2.79亿元，计划在2011年12月建成并投入使用。建成后，日生活垃圾处理可达600吨，年处理生活垃圾可达20万吨。

8月29日　中央电视台《焦点访谈》节目播出“豆腐渣工程代价”，披露平阳县耗资2.6亿元修建的昆鳌排污工程设施报废。

9月12日　“浙江文化名城·新赋”颁奖大会在杭举行，平阳被授予浙江省文化名城。

11月20日　昆阳镇九凰社区被全国妇联、民政部等5部委联合评选为“全国创建学习型家庭示范社区”。

是日　县档案馆晋升为国家三级综合档案馆，成为温州11个县（市、区）中首个国家三级综合档案馆。

11月28日　中国老区促进会成立20周年总结表彰大会在北京人民大会堂举行，平阳县老区促进会被授予“全国先进老区建设促进会”称号。

12月7日　平阳县职教中心被教育部授予“全

国学校艺术教育先进单位”称号，该称号是全国学校艺术教育领域的最高荣誉。

12月21日　鳌江镇被列为省小城市培育试点镇。试点镇将拥有与县级政府基本相同的经济社会管理权限，并允许适度调整试点镇的行政区划。

是日　昆鳌污水处理工程整治工作通过环保部验收，成功“摘帽”。昆鳌污水处理厂2009年被环保部列入全国“节能减排”八家挂牌整治单位之一。

是日　省财政厅、科技厅对2009年度全省科技产出绩效优异的部分市、县（市、区）进行嘉奖，平阳县名列全省第三名，受到第一档次嘉奖，并获省财政奖励补助300万元。

12月29日　宋恕故居陈列馆开馆。市、县举行纪念宋恕逝世100周年纪念活动。

12月30日　县委、县政府举行南宋爱国诗人林景熙逝世700周年纪念活动。

2011年

1月8日　县委召开领导干部大会，宣布省、市委关于平阳县委主要领导变动的决定。经省委批准，王祖焕任平阳县委委员、常委、书记。市委提名王祖焕为平阳县人大常委会主任候选人。

是日　平阳县首届“十佳大学生村官”评选活动揭晓，冯环环等10人被授予“十佳大学生村官”称号。

1月23日　平阳县17项重大民生工程集中开工，并分5大会场同时举行开工仪式。副省长、市委书记陈德荣，市长赵一德等出席仪式。17项重大民生工程总投资逾53亿元，涉及住房、教育、卫生、交通、电力等多个方面。

2月14日　省政府核定公布第六批省级文物保护单位名单，平阳县入选省级文保单位的古遗址有腾蛟镇新石器时代至商周的凤山遗址，古建筑有南湖乡（清）赵氏宗祠、青街畲族乡（清）李氏二份大屋（并入省第五批文物保护单位的青街李氏大份大屋、池氏大屋），近现代重要史迹及代表性建筑有腾蛟镇（清、民国）苏步青故居。

2月23日　省文化厅公布全省传统表演艺术精品项目与重点培育项目名单，平阳县提线木偶传统剧《水漫金山》、童话木偶剧《时针飞转》获浙江省传统表演艺术精品项目称号，和剧《梨花斩子》、单档布袋戏《杨家将》入选浙江省传统表演艺术重点培育项目名录。

3月4日　平阳县雨田集团有限公司获由省政府主办的第三届“浙江慈善奖”。

4月12日　平阳县乡镇行政区划调整方案获省政府批复。调整后，全县下辖昆阳、鳌江、水头、萧江、万全、腾蛟、麻步、山门、顺溪、南雁10个镇和青街畲族乡1个乡。

4月17日　昆鳌快速通道——凤凰山隧道贯通。

5月18日　平阳县2010年第六次全国人口普查主要数据公报发布，全县常住人口为76.16万人。其中男性人口为39.39万人，占51.72%；女性人口为36.77万人，占48.28%。

是日　平阳县博物馆正式开馆。博物馆位于昆阳镇西城下南路，总建筑面积600余平方米，其中展区面积500平方米，包括非物质文化遗产专题展示区和物质文化遗产展示区。

6月9日　文化部公布第三批国家级非物质文化遗产名录，平阳县“温州鼓词”“平阳东岳观道教音乐”名列其中。

6月24日　平阳县首家村镇银行——平阳浦发村镇银行开业，注册资本1亿元。

7月1日　中国工农红军挺进师陈列馆开馆暨廉政文化教育基地和干部学校综合楼落成开放仪式在山门镇举行。

7月15日　浙江三星机电股份有限公司自主研发的波轮式全自动洗衣机“活齿传动双动力减速离合器”和洗衣机减速离合器的“双波活齿减速器”获国家专利局颁发的国家发明专利授权证书。

7月21日　4时49分许，G15（甬台温）高速公路往福建方向K1783+200米处（平阳县境内）发生一起特大交通事故，浙J60959重型厢式货车追尾碰撞赣K11977重型半挂牵引车、赣K0221挂重型普通半挂车。事故致9人死亡，4人受伤。

7月22日　平阳县警方破获公安部挂牌督办的“12·21”毒品案，抓获贩毒嫌疑人11名，缴获冰毒、海洛因等各类毒品6000余克及运毒车一辆，案值200余万元，成功截断两条分别由广东、四川向温州运输毒品的犯罪通道。此案是平阳县史上破获的最大一宗贩卖毒品案。

9月22日　第三届全国道德模范评选结果揭晓，平阳县“热血女孩”毛陈冰获“助人为乐道德模范”称号。2007年毛陈冰赴贵州山区，用自己的240毫升“AB-RH阴性”“熊猫血”，将贵州省黎平县山区病危产妇杨昌花从死亡线上救回来，事后她不留姓名悄然离开。毛陈冰先后获得“2007感动温州十大人物”“浙江省三八红旗手”“浙江省道德模范”等称号。

10月11日　舞蹈《萧江大鼓》参加第八届全国残疾人运动会开幕式演出。

10月12日　平阳县在山门镇大屯村举行“浙南烽火”纪念牌坊落成典礼暨“寻根浙南·大屯行”活动启动仪式。原北京军区副司令员、中将粟戎生，北京新四军研究会总会常务副会长邓淮生，少将张光东等参加启动仪式。

11月14日　县委召开领导干部大会，宣布王祖焕任温州市委副秘书长，王中毅任平阳县委书记，黄敏任平阳县委委员、常委、副书记，提名为平阳县县长候选人。

12月6日　温州绕城高速公路西南线暨北线二期工程在平阳县万全镇瑶山村举行动工仪式，工程起点为万全镇宋桥办事处岭下村，终点设万全镇宋埠办事处陡北村，平阳境内主线全长9.98千米。

12月9日　平阳县文化馆通过全国第三次文化馆评估，被文化部命名为“国家一级文化馆”。

12月12日　平阳县海虎坛紫菜精品园被省海洋与渔业局认定为平阳县首个省级现代农业园区（精品园）。海虎坛紫菜精品园成立于2007年，是集坛紫菜良种培育、开发和坛紫菜生产与加工于一体的农业龙头企业。

是日　农业部公布第六批水产健康养殖示范场名单，平阳县温州海虎海藻养殖有限公司名列其中。

12月15日　平阳县首个新能源项目——西湾风电场举行开工典礼。工程一期项目投资1.5亿元，总装机容量1.56万千瓦。

12月20日　中央文明委召开全国精神文明建设工作评选表彰大会，表彰第三批全国文明城市（区）、文明村镇、文明单位。昆阳镇荣膺全国文明镇称号。

12月27—30日　中国共产党平阳县第十二次代表大会召开。王中毅当选为县委书记。

12月27日　中国贝藻博物馆（南麂列岛国家级海洋自然保护区科教馆）奠基仪式在南麂列岛举行。中国贝藻博物馆（南麂列岛国家级海洋自然保护区科教馆）位于原南麂镇中心学校内，项目总用地面积8058平方米，总建筑面积3370平方米。

2012年

1月5—9日　县政协第十四届一次会议召开，孙瑞庆当选为县政协主席。

1月6—10日　平阳县第十五届人民代表大会第一次会议召开，会议选举胡方勇为平阳县第十五届人民代表大会常务委员会主任，选举黄敏为平阳县县长。

2月15日　为推进平阳县中部地区可持续发展，平阳县中部新区管委会成立。

是日　浙江一鸣食品股份有限公司被命名为第五批农业产业化国家重点龙头企业，这是平阳县首家农业产业化国家重点龙头企业。

是日　县政府公布，刚柔拳法、五技拳法、十字绣、青街佛像漆器制作技艺、腾蛟忠训庙庙会等5个非物质文化遗产项目为第五批平阳县非物质文化遗产。

3月8日　经平阳县各界群众、专家联评，由县人大常委会会议认定，陈经邦（陈经正）、林景熙、黄公望、宋恕、刘绍宽、黄群、谢侠逊、苏步青、马星野、张鋆10人为平阳县十大历史文化名人。

3月25日　顺溪镇、南雁镇和青街畲族乡被授予“省级生态乡镇”称号。

4月18日　林垂午获全国五一劳动奖章。林垂午，平阳山门人，新疆拜城县新兴矿业开发有限责任公司工程师。

5月5日　平阳县挺志温州水牛遗传资源保种场通过国家畜禽遗传资源委员会专家评审组评审，成为温州市首个国家级遗传资源保种场。

6月5日　县委、县政府发出《关于开展向吴斌同志学习活动的通知》。吴斌，平阳县萧江镇棋桥村人，杭州长运集团客运二公司班车驾驶员。5月29日，正在驾驶长途车的吴斌被车外飞来的铁块砸中腹部，为确保车上24名乘客生命安全，坚持完成刹车等一系列动作，因伤势过重，献出了自己宝贵的生命。

6月8日　2012年“世界海洋日暨全国海洋宣传日”在南麂列岛国家级海洋自然保护区举行。

6月16日　平阳县木偶剧《金凤凰》获第七届全国儿童剧优秀剧目展演优秀演出奖、编剧奖和演员角色奖。

6月24日　鳌江镇南麂社区与台湾南麂新村缔结友好社区，助推两地交流合作。

6月25日　“平阳童谣”“高机与吴三春传说”“畲族民歌”入选第四批浙江省非物质文化遗产名录。

6月26日　顺溪镇入选浙江省第四批历史文化名镇，昆阳镇坡南街入选浙江省第四批历史文化街区。

7月1日　《平阳县人民政府关于解决未就业大中专院校毕业生户口“非转农”问题的通知》出台，允许符合条件的大中专院校毕业生办理户口“非转农”。

7月13日　浙江乔治白服饰股份有限公司在深圳证券交易所敲钟上市（股票简称：乔治白，股票代码：002687），系平阳县首家上市公司。

8月19日　南麂岛1MWp光伏离网发电项目全部建设完成，成为全国最大的光伏离网海岛电站。

9月19日　平阳县隆重纪念苏步青110周年诞辰。全国人大常委会副委员长路甬祥发来贺信，复旦大学原副校长方林虎、温州市市长陈金彪等专家和领导及苏步青家属、学生代表出席纪念大会。

是日　苏步青励志教育馆举行奠基仪式。教育馆位于腾蛟镇腾带村，毗邻苏步青故居。

10月12日　县政府与温州医学院附二院签约，委托温州医学院附二医院，按照院区模式，全面统一管理平阳县第二人民医院。

11月14日　县委办、县府办联合发出《关于开展平阳县志续修工作的通知》，决定启动《平阳县志（1989—2012）》的编修工作。

11月20日　由县委宣传部、县文明办、县新闻信息中心、县广播电视台联合发起的首届感动平阳十大人物（集体）评选活动揭晓：化胜利、李允聘、陈光静、陈治源、松俊蓉家庭、林垂午、徐国荣、康光忠、县五老护苗队、鳌江爱心施粥亭上榜。

11月30日　平阳县户籍管理制度改革正式实施会议召开。会议为试点单位下鲍垟村、驷马村村民发放全县第一批农卡。

12月4日　全县机关公车改革动员大会召开，全县机关公车改革拉开序幕。

12月12日　国内唯一一家专门从事宠物食品用品检测和研究的专业机构，宠物食品用品公共检测服务平台在平阳县成立。

12月28日　县政府召开《平阳县志（1989—2012）》修编动员大会，县长、县地方志编纂委员会主任黄敏作动员讲话，启动县志续修工作。

12月　撤销麻步镇建制，其行政区域与萧江镇合并。调整昆阳、万全两镇行政区划，将万全镇练川片下鲍垟、光山、后陈、姜垟、练兴、廖垟、林步桥、柳垟、十五殿、吴垟、下薛、迎学垟、周贵垟13个村划归昆阳镇管辖。是年底，全县设昆阳、鳌江、水头、萧江、万全、腾蛟、山门、顺溪、南雁9个镇和青街畲族乡1个乡。

2013年

1月9日　平阳县新兴产业园举行十大项目开工竣工仪式。产业园规划面积9.14平方千米，范围包括宋埠—西湾围垦区（710公顷）和县第一农场海涂分场（204公顷），是平阳县滩涂围垦工程首期项目。

1月16日　鳌江干流治理麻萧段防洪工程开工。工程起点为麻步镇显桥村，终点为萧江镇萧江标准堤，工程总投资9.38亿元，新建堤防全长20.35千米，共分7个标段实施，工期47个月。

1月20日　“最美浙江人——2012年度浙江骄傲人物评选”揭晓，“最美司机”平阳人吴斌当选年度人物。

1月30日　省第十二届人大一次会议第十三次全体会议召开，林垂午当选为第十二届全国人大代表。

是月　平阳县获省级示范文明城市称号。

3月6日　昆阳镇横阳社区获“全国文明交通示范社区”称号。

3月24日　县政府与中国建筑国际集团有限

公司（简称“中建国际”）签订了总额31亿元的平阳安置房及公建项目合作框架协议。

4月23日　平阳县第二批海岛地名碑设置工作结束，共为南麂海域40个海岛设置了海岛地名碑。至此，全县有“身份证”的海岛增加至45个。

4月25日　平阳万达广场举行开工奠基典礼。广场位于鳌江镇滨江商务区，是平阳县引进的重大服务业项目之一。

是日　省重点建设工程——万鳌公路（万全至鳌江）举行开工典礼，公路全长16.437千米。

是日　县政府举行黄群130周年诞辰纪念活动。

5月15日　顺溪水利枢纽工程等7个项目被列入2013年度全省海洋经济发展重大建设项目安排，总投资909257万元。

5月28日　县文化中心暨城东中心区安置房项目奠基开工。县文化中心项目总用地面积23公顷，工程投资10.9亿元。城东中心区安置房项目总用地17.50万平方米，包括白垟安置房C28地块用地6.20万平方米、铁凤安置房C29地块用地2.08万平方米、建丰安置房B30地块用地4.26万平方米、建丰安置房B43地块用地4.96万平方米。

是日　平阳县最后127个建制村通过新农村电气化验收。至此，全县10个镇（乡）和600个建制村的电气化建设改造任务全部完成，惠及33万农村电力用户。

6月24日　2013年省高考第一批控制分数线发布：平阳县高考重点上线798人，上线率12.69%，居温州各县（市、区）第一，蝉联全市高考八连冠。

6月28日　全国中小河流治理重点县综合整治及水系连通试点平阳县项目开工。项目涉及昆阳、万全、水头、萧江和腾蛟5个镇的10个项目区，需整治河道185.4千米。工程投资2.5亿元，工期12个月。

7月16日　受第7号台风“苏力”外围影响，造成经济损失5613万元，受灾群众11.7万人，全县倒塌房屋8间，损坏房屋64间，农作物受灾面积11600公顷，成灾面积800公顷。

8月22日　省重点工程——萧江镇污水处理厂开工。

9月24日　平阳县被列为全国小型农田水利建设重点县。

是月　“东亚海项目”选址平阳的南麂列岛海洋自然保护区，是南麂岛继“中国南部沿海生物多样性管理项目”成功实施后，又一联合国项目。

10月7日　受第23号强热带风暴“菲特”影响，全县直接经济损失19.21亿元。全县倒塌房屋308间，农作物受灾面积1.542万公顷，堤防损坏1100处、26千米，水利直接经济损失1.83亿元，昆阳、鳌江、水头、萧江、万全5镇受淹，全县大面积停电，受灾人口632170人。

10月12日　举行《乐清市—平阳县2013年度山海协作工程和结对帮扶协议》签约仪式，乐清市向平阳县捐赠了山海协作帮扶资金和结对帮扶资金，乐清市柳市镇、虹桥镇、北白象镇、乐成街道办事处与平阳县山门镇、腾蛟镇、青街乡、水头镇结对帮扶。

10月15日　平阳县鸽产业化体系建设与提升工程列入国家科技富民强县专项行动计划。

10月22日　平阳广播电视网络加入浙江华数广电网络股份有限公司签约仪式举行，县广电网络正式加入“一省一网”。

是日　由中央文明办主办、中国文明网承办的“我推荐、我评议身边好人”活动揭晓，平阳县伍美英入选“中国好人榜”。

10月28日　省重点工程——温州鳌江一桥（龙港大桥）改建工程开工建设。全长1.12千米，采用双向六车道一级公路标准设计，设计时速60千米，建设工期30个月。

10月31日　22时许，腾蛟镇南陀村路口发生一起交通事故，腾蛟镇带溪社区书记王青意、青湾村村主任蔡福想见义勇为，车祸现场救人，光荣牺牲。

11月2日　中共温州市委宣传部、县委宣传部分别追授王青意、蔡福想“最美温州人”和“最美平阳人”称号。

11月4日　2013年中国中小城市绿皮书在京发布，平阳县入围2013年度中国最具投资潜力中小城市百强县市，名列第44位。

11月6日　县新兴产业园区域建设用海规划区首批30宗海域（总面积60.4781公顷）使用权挂牌出让方案获得省政府批准。这是《浙江省海域使用管理条例》施行后，省政府批准的第一个海域使用权挂牌出让方案。

11月18日　平阳县举行第二中学委托浙鳌高级中学管理签约仪式。为省内首例民办学校托管公立学校管理模式。

11月28日　平阳县廉政木偶剧《知县·轿夫》获第十二届浙江省戏剧节优秀剧作奖（金奖）。

12月20日　央视《焦点访谈》栏目以“在基层闪光”为题，报道平阳县基层好干部王青意、蔡福想感人事迹。

12月25日　省设立首批两个对台交流基地，南麂岛名列其中。

12月31日　县畜牧兽医局获得2013年度“全国农业先进集体”称号，系全市畜牧系统唯一获此殊荣的集体。

2014年

2月12日 县2014年第一批百亿重大工程举行集中开工仪式，包括平阳银泰城、平阳中塑居家MALL等11个重大工程，总投资238亿元，涉及现代服务业、治水基础设施等。

2月21日　县检察院信访接待室（举报中心）被最高人民检察院授予“全国文明接待室”称号。

2月26日　昆阳、鳌江、萧江等3个镇被命名为第十一批省级生态乡镇。至此平阳县已有8个省级生态乡镇。

4月22日　平阳县创建全国义务教育发展基本均衡县的工作，通过省教育督导评估组认定，基本符合全国义务教育发展基本均衡县标准。

5月5日　在全省科学技术奖励大会上，平阳县被省委、省政府授予“市县党政领导科技进步目标责任制考核优秀县”称号，这是平阳县首次获此荣誉。

是日　平阳县被评为全省推进“五好”服务型乡镇建设先进县。

5月29日　顺溪水利枢纽工程下闸蓄水。

6月13日　顺溪镇和青街畲族乡被环保部命名为2012—2013年国家级生态镇（乡）。

6月15—17日　鳌江镇南麂社区和台湾屏东县高树乡南麂联合新村的“两岸南麂”结对社区，代表浙江省参加在厦门举办的第六届海峡论坛。平阳县制作《同是南麂人，两岸一家亲》宣传片，宣传平阳。

7月21日　住房和城乡建设部等七部委发文公布《住房城乡建设部等部门关于公布全国重点镇名单的通知》，鳌江镇再次跻身全国重点镇行列。

8月11日　平阳县正式取消农业户口、非农业户口的性质划分，全县居民统一为居民户口。

9月1日　民政部公布第一批在抗日战争中顽强奋战、为国捐躯的300名著名抗日英烈和英雄群体名录，平阳籍抗日英烈林心平名列其中。

9月16日　平阳县首家企业合建重工在“新三板”挂牌，实现平阳企业在全国中小企业股份转让系统挂牌零的突破。浙江合建重工科技股份有限公司系国家高新技术企业、中国重型机械工业协会理事单位。

9月23日　国家民委发布《关于命名首批中国少数民族特色村寨的通知》，全国340个村寨被命名首批“中国少数民族特色村寨”，南雁镇堂基村名列其中。

9月25日　平阳县权力清单在浙江政务服务网统一公布。

9月26日　全国首个离网型兆瓦级智能电网——国家863计划课题南麂岛离网型微网示范工程成功投入试运行。

10月15日　2014年中国中小城市科学发展评价体系研究成果在《人民日报》发布，平阳县名列全国中小城市综合实力百强县（市）第74位，全国最具投资潜力中小城市第42位，鳌江镇名列全国建制镇综合实力百强镇第92位。

是日　昆鳌快速联系通道工程通过验收。

10月17日　县政府召开村（社区）“三多”事项清理整改工作会议，全面部署相关工作。至12月15日，全面完成66个城乡级社区管委会、599个建制村以及36个村级居委会的“三多”事项清理整改工作，其中牌子从5623块减少至2251块，涉及村（社区）的考核评比事项从17项减少到9项，创建达标事项从23个减少到13个。

10月18日　省第十五届运动会在绍兴闭幕。比赛中，平阳县取得26.76金、17.5银、16.5铜，金牌数位列全省第十七、温州地区第三，创造平阳县参加省运会的历史最好成绩。

是日　尤文贵获全国戏剧文化奖、戏剧编剧终身成就奖。

11月1日　全县建成220个滨水公园，实现“沿河居民家门口50米、100米的地方就有休闲小场所”的目标。自2013年开始，依托生态河道建设，投入亿元开展滨水小公园建设。

11月10日　县委召开全县领导干部大会，会议宣布省委决定马永良任平阳县委书记。

11月12日　浙江豪中豪健康产品有限公司与名列世界500强企业的LG集团举行合作签约仪式，系平阳县首家与世界500强企业建立ODM关系的企业。

11月25日　首期平阳讲坛开讲，主题为流域经济与战略思维。省政府咨询委员会学术委副主任刘亭、复旦大学历史系教授钱文忠、浙江大学公共管理学院教授郁建兴应邀授课。

11月26日　省委副书记、省长李强等人考察浙江一鸣食品股份有限公司、鳌江镇东塘河生态公园、鳌江滨海新区，了解平阳县经济社会发展情况。

11月28日　鳌江四桥工程举行开工仪式。

12月5日　平阳县被评为2014年省农村饮用水工程长效管理达标县。

12月10—11日　平阳县获“省级森林城市”称号。

12月30日　水利部公布第一批河湖管护体制机制试点县(市)名单，平阳县名列其中(全省仅6个县，温州市仅平阳县入选)。

2015年

3月1日　万全镇栏杆桥村获“全国文明村”称号。

3月4日　中宣部公布第一批50个全国学雷锋活动示范点和50名全国岗位学雷锋标兵。杭州长运“吴斌车队”班组被列入全国学雷锋活动示范点。

3月6日　《2015年度浙江海洋经济发展重大建设项目实施计划》发布，平阳县有11个项目入选。

3月26日　浙江省首个中介服务中心——平阳县中介机构服务中心开业运营，56家中介机构入驻。

4月4日　首届世界平阳人大会开幕，全世界25个国家、地区及国内31个省份的400余名各界别杰出平阳人代表及嘉宾参加。县委书记马永良作主旨报告，县委副书记、县长黄敏主持大会。会议审议通过《世界平阳人联谊总会章程(草案)》，选举产生世界平阳人联谊总会第一届理事会，陈永光当选为联谊总会第一届理事会会长。

4月15日　平阳县文明交通志愿服务梦之队“文明交通劝导项目”被民政部评为“第二届全国优秀志愿服务项目”，并在全国进行推介。这是平阳县志愿服务历史上首次获国家级奖项。

4月17日　2015年平阳县第一批百亿重大项目集中开工，涉及工业经济、产业平台、旅游开发等领域的六大系列工程，共19个项目，总投资137亿元。

5月11日　阿里研究院发布“2014年中国电子商务发展百佳县(全国电商百佳县)”榜单，平阳县电子商务发展指数为11.029，名列全国第21位，其中网商指数为9.068，网购指数为12.989。2014年，平阳县网络销售额30亿元，网络经济从业人员超1万人。

6月18日　昆阳至宋埠公路工程通过交工验收。工程全长11.16千米，总造价6.9亿元。

6月23日　省委书记夏宝龙考察平阳中学的树品育人工作，充分肯定学校办学特色。

是日　省政府将平阳县列为省历史文化名城。

6月26日　《平阳县转型升级产业基金暂行管理办法》出台，规模3亿元的平阳县转型升级产业引导基金正式设立。此举开创温州市政府产业引导基金设立的先河。

6月30日　平阳县被国家体育总局列入全国10个学校武术段位制推广试点单位之一。

7月13日　县政府与阿里巴巴(中国)软件有限公司签订农村电子商务合作意向协议。计划用3～5年时间投资100亿元，建立1000个县级运营中心和10万个村级服务站，深度发展农村电子商务。

8月3日　平阳县创新推出市场准入“五证合一”系统，将工商营业执照、组织机构代码证、国地税税务登记证、统计证和机构刻制公章备案，统一到一个窗口办理，实现五证联办，简化办理程序。

8月9日　受第13号台风“苏迪罗”影响，引发特大山洪，全县受灾人员55.66万人(9人死亡，3人失踪)，造成直接经济损失30.77亿元。

8月10日　中共温州市委宣传部、市文明办授予顺溪镇石柱村村委会主任毛信勃(台风中劝导转移受灾群众37名，妻儿因泥石流遇难)“最美温州人”称号。

8月13日　平阳县大型廉政木偶剧《知县·轿夫》获全国木偶皮影行业最高赛事——第四届全国木偶皮影剧(节)目展演最佳剧目奖(金狮奖)。

8月20日　省民政厅、省委党史研究室联合公布浙江第一批抗日烈士和英雄群体名录，共40名烈士和1个英雄群体。平阳籍抗日英烈林心平名列其中。

8月26日　平阳县在山门镇举行“纪念抗战胜利70周年大型报道活动启动暨‘重走抗战路’活动出征仪式”。

9月18日　省国防教育基地授牌仪式在平阳县学生综合实践山门基地举行。原北京军区副司令员、中将粟戎生，省军区原司令员、少将王海涛，解放军工程兵指挥学院原政委、少将刘华苏等出席授牌仪式。基地占地55亩，建筑面积12065平方米。

是日　阿里巴巴农村淘宝平阳服务中心和首批31个村级服务站点正式开业。

10月22日　平阳县被国家质检总局认定为国家级出口宠物食品质量安全示范区，成为省首个国家级出口宠物食品质量安全示范区。

11月1日　温州市首例交通工程产业基金启动。该基金首期规模12亿元，由平阳县交通投资集团与中国银行平阳县支行按1∶3的比率认缴，期限5年，年综合成本8.5%。产业基金将以股权形式投资于万全至鳌江公路等项目。

11月2日　首届温州资本论坛在平阳县举行，温州市首个投资基金集聚地——南麂基金岛正式启动。基金岛位于南麂岛，规划面积3.05平方千米，计划5年投资32亿元，建设基金创意街区等项目。

11月8日　南雁荡山景区创建国家AAAAA级旅游景区项目开工暨南雁游客服务中心奠基仪式举行。县委副书记、代县长陈永光宣布开工令。该项目计划通过5年时间，投资15亿元，合力打造南雁荡山国家AAAAA级旅游景区。

11月11—14日　“温州平阳·南雁荡山杯·决战名山”全国象棋冠军挑战赛总决赛在平阳县举行。

11月26日　2015年度中国中小城市综合实力百强县(区、镇)名单公布，平阳县名列百强县第74位，鳌江镇名列百强镇第98位。

11月30日　昆阳司法所被司法部授予“全国先进司法所”称号。

12月18日　苏步青励志教育馆开馆。

2016年

1月4日　《浙江日报》公布首批“两美浙江特色体验地”名单，鳌江镇名列其中。

1月11日　穹岭古道入选“浙江最美森林古道”。穹岭古道位于山门镇怀溪社区水口村至文成县巨屿镇岭边村。

1月15日　国家旅游局公布首批乡村旅游“千千万万”品牌名单，南雁镇堂基村获首批中国乡村旅游模范村称号，昆阳镇流水白农耕园获首批中国乡村旅游模范户称号，鳌江镇西湾龙头大排档等3家农家乐获首批中国乡村旅游金牌农家乐称号，程自安等8人获首批中国乡村旅游致富带头人称号。

1月19日　省委宣传部、省农村文化礼堂建设工作领导小组授予平阳县“2015年度浙江省农村文化礼堂建设先进县(市、区)”称号。

1月20日　顺溪镇石柱村村主任毛信勃当选2015年度“最美浙江人——浙江骄傲人物”。

1月23日　省政府批复平阳县乡镇行政区划调整方案，将原有的9镇1乡，调整为14镇2乡。即昆阳镇、鳌江镇、水头镇、萧江镇、万全镇、腾蛟镇、麻步镇、海西镇、山门镇、顺溪镇、南雁镇、凤卧镇、怀溪镇、南麂镇14镇，闹村乡、青街畲族乡2个乡。

1月25日　受强寒潮天气影响，平阳县城最低气温-5.1℃，刷新历史低温纪录(1963年1月8日的-5.0℃)。

1月27日　平阳县浙南(平阳)工农红军挺进师纪念园被评定为国家AAA级旅游景区。

2月3日　“平阳县云计算分中心”挂牌成立，推进“两化”融合。

3月1日　省重点建设工程平阳经济开发区学校PPP项目正式签约，是平阳县首个采用PPP模式建设的项目。

3月3日　平阳县全国首创“互联网+扶贫”金融帮扶新模式，22位低收入农户与平阳农商银行、温州全盛兔业有限公司三方签约达成担保、贷款、购销等事项协议。

是日　全市首家家事调解工作室(“廖哥家事调解工作室”)成立。

3月15日　104国道西过境平阳段水头连接线(昆水公路)开工。工程全长42.8千米，概算投资45.93亿元。

3月18日　县人民法院成立家事审判庭，系全省首个专门审理家事纠纷案件的专业审判庭。

3月21—24日　县政协十四届五次会议召开，选举曾上俊为县政协主席。

3月22—25日　县第十五届人民代表大会第五次会议召开，选举孙瑞庆为县人大常委会主任，选举陈永光为县长。

3月31日　省委、省政府命名平阳县为“平安县”称号，这是平阳县连续第十一年获此荣誉。

是月　《腾蛟镇志》出版，系平阳县第一部新编乡镇志。

4月20日　平阳县沿海及海岛地区基础设施、鳌江四桥工程等9个项目入选《2016年度浙江海洋经济发展重大建设项目实施计划》，总投资630917万元，2016年计划投资103704万元。

4月22日　县政府与中国印刷及设备器材工业协会签订战略合作协议，平阳县成为全国首家“印刷机械标准化试验与推广示范区、示范基地”。

4月29日　2016中国(温州)森林旅游节在南雁荡山开幕。

4月30日　平阳漆器获第11届中国(义乌)文交会工艺美术金奖。

5月1日　平阳县开具全面营改增试点后首张增值税普通发票和增值税专用发票，全县10156户纳税人正式开始缴纳增值税，营业税退出历史舞台。

5月6日　省科技厅、省发改委、省经信委联合发布2016年省级企业研究院认定名单，平阳县的浙江启明BOPP功能性薄膜研究院、浙江益坤铁道防雷产品研究院、浙江亚之星汽车减震器研究院等3家企业研究院名列其中。至此全县省级企业研究院达8家。

5月10日　《平阳县国民经济和社会发展第十三个五年规划纲要》正式印发。

是日　2016年第二批国家专项基金项目计划正式下达，平阳县棚户区(城中村)改造一期项目和鳌江镇2016年度城镇棚户区(城中村)改造项目入列专项建设基金盘子，获基金1.7亿元。

5月12日　作为全国第一批河湖管护体制机制创新试点县，平阳县全面启动河湖管护体制机制创新工作，实行“河长制”，推行“三级”暗访制度和不定期开展“回头看”，形成河长、督查长、警长常态监管的治理格局。

5月20日　国家海洋局与环境保护部等7部委联合授予南麂列岛国家海洋自然保护区管理局蔡厚才“全国自然保护区先进个人”称号。

5月25—26日　在第三届中国县域电子商务峰会上阿里研究院发布《2015年中国县域电子商务报告》和“2015年中国电子商务百佳县”等榜单，平阳县排名第21位，入围2015中国电商百佳县。

6月2日　平阳木偶入驻中国木偶博物馆。

6月25日　由国家海洋局主办的“2015全国十大美丽海岛”评选活动揭晓，南麂列岛成功入选。

6月27日　平阳县获“全国第三届国土资源节约集约模范县(市)”称号，是温州市唯一获此荣誉的县(市、区)。

7月10日　平阳女声合唱团获第九届(索契)世界合唱比赛冠军赛女声合唱和无伴奏民谣两个组别银奖第一。

7月22日　国内知名宠物小镇——南雁镇入选“浙江十大特色小镇”。

7月26日　第五批省文化名镇名村街区公布，鸣山村、睦源村入围“第五批浙江省历史文化名村”榜。

7月29日　水头镇朝阳新联村跻身第六批“全国一村一品示范村镇”行列(系温州市唯一入选村镇)。

8月27日　2016年第13届全国武术之乡大赛落幕，全国100个武术之乡98支队伍的1600余名运动员参赛，平阳县代表队取得8金10银8铜的佳绩。

9月7日　省发改委公布2016年第一批政府

和社会资本合作项目，平阳县文化中心二次装修及场馆运营PPP项目成功入选重点推介类项目名单。

9月27日　国家体育总局棋牌运动管理中心授予平阳县“2016至2020年度全国象棋之乡”称号。

9月27—30日　受第17号台风“鲇鱼”严重影响，普降大暴雨，遭遇全流域洪水过程，全县面雨量352.2毫米，16个乡镇均不同程度出现受淹积水情况。全县受灾人数31.2万人，农作物受灾面积12.7万亩，90余条国、省、县道出现冲毁、塌方现象，损毁水利堤防331处，造成直接经济损失15.9亿元。

10月9日　天韵茶园入选2016年度“全国三十座最美茶园”，是温州市唯一获此荣誉的茶园。

10月11—14日　平阳木偶戏保护传承中心获第六届全国木偶皮影中青年技艺传承展演最佳技艺传承奖及若干优秀奖项。

10月15—16日　以“两岸同根源，两庙共叙缘”为主题的2016年高雄(屏东)·南麂“五显大帝”信俗文化交流活动在南麂镇举行，发挥信俗文化交流力量，加强两岸五显大帝信俗文化交流和信众交往。

10月21日　第十届全国特约督学名单公布，陈伟志受聘为全国10位特约国家督学之一。

11月5日　顺溪镇入选浙江省首批美丽乡村示范乡镇。

11月6日　中小城市经济发展委员会等单位联合发布2016年度中国建制镇综合实力前100强名单，鳌江镇位列“建制镇综合实力前100强”第80位。

11月15日　国家民委公布第二批中国少数民族特色村寨命名挂牌名录名单，青街畲族乡王神洞村名列其中。

11月23日　省级重点工程宋埠—西湾滩涂围垦工程通过竣工验收。工程位于平阳县东海岸，南北长约3300米，东西宽2000余米，围垦面积为9983亩，主堤长3297.49米，工程总投资3.6亿元。

11月26日　第十一届“苏步青数学教育奖”颁奖活动在腾蛟镇举行，全国21个省、自治区、直辖市的25名中学数学教师参加颁奖仪式。

12月6日　国家火炬平阳印刷包装装备特色产业基地被科技部火炬中心核定为“国家火炬特色产业基地”，系平阳县首家国家级火炬特色产业基地。

12月13日　省文化厅公布第三批“浙江省传统戏剧之乡”评审结果，山门镇入选传统戏剧特色镇(乡、街道)。

12月27日　浙江省旅游区(点)质量等级评定委员会发布公告，平阳南麂列岛景区被批准为国家AAAA级旅游景区。

12月28—30日　中国共产党平阳县第十三次代表大会召开。董智武当选为县委书记。

2017年

1月1日　省重点工程——57省道复线通车。工程全长约18.2千米，路基宽12米，设计速度80千米/小时，概算投资额约6.65亿元。

1月3日　万全至瑞安锦湖公路工程、水头至凤卧防洪通道工程、吴山风情旅游小镇等3个项目参与全省扩大有效投资重大项目集中开工仪式。

1月5日　农业部公布第二批22家国家级海洋牧场示范区名单，南麂列岛海域列名其中。

1月13日　平阳县举行新居民IC卡式居住证首发仪式，以IC卡式居住证为载体配置社会公共服务资源。

2月14—17日　政协平阳县第十五届委员会第一次会议召开，选举曾上俊为县政协主席。

2月15—18日　县第十六届人民代表大会第一次会议召开，选举许益伟为县人大常委会主任，选举陈永光为县长。

2月26日　平阳县公布首批实行“一次办结”(群众和企业到政府办事“最多跑一次”)行政审批即办服务事项清单，涉及33家部门326个办事项目。

3月5日　平阳县全面完成第三次全国农业普查正式入户登记及PDA录入上传工作。

3月6日　平阳县被中国茶叶流通协会命名为“中国黄茶(平阳黄汤)之乡”。

3月14日　顺溪旅游集散中心项目主体工程通过竣工验收，中心总投资约2370万元，用地面积5097平方米，总建筑面积2522平方米。

3月16日　平阳县获“省农村生活污水治理工作优胜县”称号。

3月21日　顺溪水库通过省级标准化管理验

收，成为全省首座通过验收的在建中型水库。

3月29日　国家知识产权局公布新一批国家知识产权强县工程试点县(市、区)名单，平阳县名列其中。

3月29—30日　《平阳县志(1989—2012)》稿通过初审，11位省、市志办领导和专家参加评审会。

3月31日　平阳县因平安建设工作连续十二年获平安县标准，成为“十二连冠”，因此夺得全省首批“平安金鼎”。

4月2日　2017世界平阳人大会主旨大会召开。会议期间共签约平阳城市中心区城镇综合开发项目、鳌江镇滨江商务区综合开发项目等11个招商引资项目，总投资218亿元；在外平阳人认捐家乡公益事业，善款超1.17亿元。

4月11日　平阳县首笔中资企业借外债业务落地——宁波银行为浙江三龙通用机械有限公司办理全县首笔“中资外债”业务。

4月19日　鳌江干流治理水头段防洪工程、横阳支江治理工程(平阳段)分别获得2017年中小河流治理工程中央预算内投资计划资金8000万元、1000万元。7月6日，鳌江干流治理水头段防洪工程又获得2017年中小河流治理工程中央预算内投资计划资金1500万元。

4月27日　“子久”牌平阳黄汤获第三届亚太茶茗大奖特别金奖，“玉春雪韵”牌平阳黄汤、“二月香”牌平阳黄汤获金奖。

4月28日　平阳县举行2017年第一批重大项目集中开工仪式，集中开工的重点项目20个，总投资118.7亿元，年度计划投资24.67亿元。

是月　《中国共产党平阳历史(第二卷)》由中共党史出版社出版。

5月19日　万全镇冯宅村的徐良胜家庭入选2016年度浙江“最美家庭”。

是日　平阳育英体校学生黄陈健代表省队参加第十三届全国运动会武术套路预赛暨2017年全国武术套路锦标赛男子三人对练比赛，获得团体第一名。

5月25日　住房和城乡建设部公布全国第一批绿色村庄名单，鳌江镇荷莲村、万全镇柳垟村、水头镇龙凤村等12个村庄入选。

6月1—3日　作为唯一受邀的中国团队——平阳木偶戏保护传承中心代表团参加第26届克罗地亚国际木偶艺术家和木偶剧艺术交流活动。

6月6日　第二届中国·温州南麂基金岛资本论坛在平阳县举行，龙永图等金融界专家学者以“新金融、新机遇、新发展”为主题，共话金融创新、共谋平阳发展。

6月9日　国家旅游局在“2017中国旅游日”主题宣传暨中国旅游投融资促进大会上发布2017年优选旅游项目名单，平阳县的星际科幻谷文化园名列其中。

6月20日　平阳县举行中国工农红军平阳山门粟裕红军小学、凤卧红军小学授旗授牌和感恩捐赠仪式，全国红军小学建设工程理事会向两所红军小学授校旗、校牌和习近平总书记“红色基因·代代相传”重要指示铜牌。

7月1日　平阳县公安局户籍窗口全面实施居民身份证异地办理工作。

7月11日　佩蒂动物营养科技股份有限公司在深圳证券交易所上市(股票简称：佩蒂股份，股票代码300673)，成为中国宠物食品行业“第一股”，是平阳县登陆创业板的首家企业。

7月14日　全国爱卫会发布《关于命名2014—2016周期国家卫生县城(乡镇)的决定》，平阳县城被正式命名为国家卫生县城。

7月21日　浙南产业集聚区平阳滨海分区(滨海新区管委会、经开区管委会)与浙江众合科技股份有限公司签订每年21万吨城市矿产回收利用项目意向协议，实现危废无害化处置和资源化回收。项目计划总投资3.12亿元，投产后产值7亿元以上。

8月18日　阿里研究院发布2016年“电商百佳县”排行榜，平阳县成功入选，排名全国22位。

9月1日　平阳县举行鳌江干流治理重点水利工程开工仪式，包括水头段防洪工程2—4标段、鳌江标准堤钱仓东江段加固工程等6个重点水利项目，合计总投资22.42亿元。

是日　县检察院被最高人民检察院授予第九届“全国文明接待室”称号，系全国检察控申系统的最重要荣誉。

9月5日　中国纺织工业联合会授予萧江镇“中国纺织材料包装名镇”称号，并与之建立纺织产业集群试点共建关系。

9月17日　2017中国(温州)森林旅游节“走红军古道·铸林业铁军”活动暨市森林消防示范队伍授旗仪式在山门镇举行。

是日　山门镇大屯村入选省第一批省级传统村落，是平阳县唯一入选的传统村落。

10月9日　浙江制造品牌建设促进会公布2017年第二批“浙江制造”标准制修订计划，浙江力邦合信智能制动系统股份有限公司的电子驻车(EPB)制动钳总成、浙江炜冈机械有限公司的多功能卷筒料标签印胶机和浙江豪中豪健康产品有限公司的多功能保健按摩椅成功立项3个标准。

10月12日　腾蛟镇腾带村及怀溪镇水口村跻身省首批AAA级旅游景区行列。

10月23日　“平阳黄汤”地理标志证明商标获国家工商总局核准注册。

是日　浙江力邦合信智能制动系统股份有限公司的专利项目“驻行车制动装置及驻行车制动系统”获2017年度省专利优秀奖，系平阳县首次获此奖项。

10月27日　浙江一鸣食品股份有限公司被确定为2018年度省级重点农业企业研究院创建单位，系市首家省重点农业企业研究院创建单位。

11月4日　第122届广交会闭幕，平阳县35家企业参展，共达成意向订单1518万美元，同比增长15.1%。

11月8—9日　《平阳县志(1989—2012)》复审稿评审会召开，省、市7位专家参加评审会，肯定县志复审稿是一部基础扎实、质量较好的志书复审稿。

11月13日　平阳县入围省电子商务创新发展试点示范县。

11月17日　中央文明委公布第五届全国文明村镇、文明单位名单，万全镇冯宅村获“全国文明村”称号。

11月26日　浙南(平阳)抗日根据地旧址入选《全国红色旅游经典景区三期总体建设方案》。

11月28日　平阳县鳌峰鸽业的“双蕾牌鸽蛋”、益蜂堂的“罗福记牌洋槐蜜”、子久文化的“子久牌平阳黄汤茶”、天草中药材的“五明堂牌姜粉”等4件农产品获2017省农博会金奖。

12月1日　平阳县出台《关于进一步明确分布式光伏发电扶持政策的通知》，推进全县分布式光伏发展。

12月20日　谢侠逊棋院及纪念馆正式开馆。棋院位于昆阳镇雅山村，占地2万余平方米，包括纪念馆和赛馆。是日2017首届“平阳农商银行·谢侠逊棋王杯”全国象棋公开赛开幕，全国各地的182名选手参赛。

12月22日　国家知识产权局公布2017年度国家知识产权示范企业和国家知识产权优势企业名单，浙江炜冈机械有限公司榜上有名。

是日　鳌江、水头、腾蛟3个乡镇通过新一轮省级卫生乡镇复评，南雁、青街、怀溪、闹村、凤卧、南麂6个乡镇新增为省级卫生乡镇，至此全县省级卫生乡镇增至11个。

12月26日　2017年度省美丽乡村示范乡镇和特色精品村名单公布，青街畲族乡入选省美丽乡村示范乡镇，昆阳镇前爿村、万全镇周垟村、腾蛟镇腾带村、南雁镇堂基村入选省美丽乡村特色精品村。

12月28日　鳌江流域最大的生态公园——鳌江镇九叠河生态公园开工，公园核心区约62万平方米，项目总投资5.9亿元。

是日　龙港大桥(鳌江一桥)建成通车。大桥全长597米，双向6车道，总投资4.1亿元。

12月29日　温州佳诚教育捐资350万元设立佳诚教育基金会，资助全县家庭困难学生，奖励优秀学生和教学业绩突出的教师。

第一卷

DI YI JUAN

《平阳县志（1989—2012）》

PINGYANG XIAN ZHI

政　区

第一章　建　置

第二章　区　划

平阳县于西晋太康四年(283)建县，初名始阳，继改横阳，五代后梁乾化四年(914)改称平阳。元元贞元年(1295)改称平阳州，至明洪武二年(1369)降为平阳县。1981年6月，原平阳县析为平阳县和苍南县。

分县后，平阳县与比邻的文成县、苍南县、瑞安市划定边界。境内行政区划于1985、1990、1992、2000、2010、2011、2012等年份先后进行调整。1989年，全县设14个镇50个乡，辖853个村，48个居民区；2012年12月，全县设9个镇1个乡，辖600个村，36个居民区(社区)。

县人民政府驻昆阳镇县前街8号。电话区号0577，邮政编码325400。距温州市区40千米。

第一章 建 置

1981年6月，原平阳县析为平阳县和苍南县，至2012年县一级建置未变，仍属浙江省温州市管辖。其间，勘定了与相邻的瑞安市、文成县、苍南县的界线。

第一节 沿 革

西晋太康四年(283)建县，县名始阳，不久改称横阳县，隶属临海郡。

东晋太宁元年(323)，横阳县隶属永嘉郡。隋开皇九年(589)，横阳县归入安固县，隶属处州。隋开皇十二年(592)，安固县归入永嘉县，隶属括州。唐武德五年(622)，复设横阳县，隶属东嘉州。唐贞观元年(627)，横阳县归入安固县。唐大足元年(701)，复设横阳县，隶属温州。

五代后梁乾化四年(914)，横阳县改称平阳县，隶属温州。

元元贞元年(1295)，平阳县以户口超过5万，改称平阳州，隶属温州路。

明洪武二年(1369)降为县，复为平阳县，属温州府。清代隶属温处道温州府。

中华民国元年(1912)，平阳县隶属温州军政分府瓯海道；民国18年(1929)，隶属浙江省第十行政督察专员办事处；民国25年(1936)，隶属浙江省第八专员公署；民国37年(1948)，第八专员公署改为第五区专员公署，平阳县先后隶属浙江省第八专员公署和第五专员公署。

民国38年(1949)5月12日，平阳县解放，隶属浙江省第五专区公署。1954年，隶属温州专员公署。1968年，隶属温州地区革命委员会。1978年，隶属温州地区行政公署。1981年9月后隶属温州市。

1981年6月18日，原平阳县析为平阳县和苍南县。析出矾山镇及灵溪、矾山、马站、宜山、钱库、金乡、桥墩7个区设置苍南县。平阳县辖：城关镇、鳌江镇及万全、鳌江、麻步、腾蛟、水头、山门6个区(共64个公社和南麂岛工委)。隶属温州市。

1989—2012年，平阳县县一级建置未变，隶属温州市。

第二节 境 域

析并

明景泰三年(1452)，原平阳县析出归仁乡三十八都、三十九都、四十都的区域归泰顺县。

1952年，瑞安县凤翔乡瑞平村划入原平阳县龙尾乡。1953年，瑞安县石龙乡的根竹村划入原平阳县腾蛟包垟。1955年6月，南麂乡划归洞头县，1957年8月，南麂乡回归原平阳县。1955年，原平阳县的台山列岛划归福建省霞浦县。1958年，宋桥乡的杜山头自然村划归瑞安县吴桥乡。

1981年6月18日，原平阳县析为平阳县和苍南县。

勘界

1997年8月14日，平阳县与文成县、瑞安市三交点勘定，位于平阳县龙尾乡河山平溪村、文成县平和乡郭山村、瑞安市龙湖镇永安村交界处。

1997年9月18日，平阳县与文成县区域界线全线勘定，界线长度45.72千米，设立界桩6个。9月24日，平阳县与瑞安市区域界线全线勘定，界线长度93.41千米，设立界桩5个。

1997年11月3日，平阳县与苍南县、文成县三交点勘定，位于平阳县吴垟乡岭后行政村牛角坑自然村、苍南县莒溪镇天井村、文成县桂山乡古伏垟村交界处。

1997年11月9日，平阳县与苍南县区域线全线勘定，界线长度100.45千米，设立界桩3个。

1999年8月，平阳县与苍南县、文成县、瑞安市分别签订行政区域界线勘定协议书。省政府于2001年8月8日批准了勘界协议。至此，平阳县与邻县（市）之间有了正式的区域法定线。

县域

平阳县位于北纬27°21′～27°46′，东经120°03′～121°28′。地处浙江省南部偏东，温州市南部，东濒东海，南、西南与苍南县为邻，西、西北与文成县接壤，北与瑞安市毗邻。

平阳县土地面积1042.21平方千米（1981年6月18日分县时为1041.17平方千米，1993年全国土地调查时为1052.85平方千米，2009年第二次全国土地调查时为1042.21平方千米），海域面积约1300平方千米。

第二章　区　划

1984年，恢复乡建制，人民公社改称乡（镇）人民政府。1985、1990、1992、2000、2010、2011、2012等年份乡镇的建置和区划先后进行调整，乡镇一级从1989年的64个调整至2012年的9个镇1个乡。村一级从1989年的853个调整至2012年的600个，居民区（社区）从50个调整至36个。

第一节　区、镇、乡调整

区镇乡建制

1981年6月，平阳县析为平阳县和苍南县后，保留区、镇、乡建制（区为县派出机构，管辖所属的乡镇）。1985—2012年，撤销区建制，乡、镇建制多次改动。1985年3月，析原山门区为山门区和顺溪区。原山门区的睦源、矾岩、维新、新田、吴垟、顺溪镇及青街畲族乡建立顺溪区；撤销山门乡建立山门镇和溪源乡。鳌江区的塘川乡划出一部分，设立垂杨乡。萧江、麻步、腾蛟、顺溪、宋埠、钱仓、鹤溪等乡改为建制镇。水头镇和萧江镇由区属镇升为县直属镇。1988年，南雁乡和凤卧乡改为建制镇。

1989—1990年，平阳县辖7个区、4个直属镇、1个直属乡；10个区属镇、49个乡。

区：顺溪、山门、水头、腾蛟、麻步、鳌江、万全。

直属镇：昆阳、鳌江、水头、萧江。

直属乡：南麂。

区属镇：顺溪、山门、南雁、腾蛟、鹤溪、凤卧、麻步、钱仓、宋桥、宋埠。

区属乡：临区、水亭、石塘、榆垟、湖岭、郑楼、练川、象山、墨城、塘川、垂杨、梅溪、种玉、梅源、西湾、河口、务垟、西塘、渔塘、树贤、塘北、夏桥、桃源、后林、江屿、南湖、朝阳、内塘、小南、溪心、闹村、苍南、联山、带溪、岭门、龙尾、凤巢、蔡垟、晓阳、晓坑、溪源、东屿、怀溪、睦源、矾岩、维新、新田、吴垟、青街畲族乡。

撤区并乡

1992年5月，撤销7个区公所，全县调整为34个乡镇，其中16个镇、17个乡、1个民族乡。

调整情况：新田乡并入顺溪镇；矾岩乡、溪源乡、东屿乡并入山门镇；内塘乡并入凤卧镇；带溪乡、岭门乡并入腾蛟镇；蔡垟乡并入鹤溪镇；渔塘乡、塘北乡、树贤乡并入麻步镇；后林乡、夏桥乡并入萧江镇；塘川乡、垂杨乡并入钱仓镇；墨城乡、河口乡、种玉乡并入鳌江镇；湖岭乡并入宋桥镇；郑楼乡、练川乡合并，改建为郑楼镇；榆垟乡、象山乡合并，改建为榆垟镇；睦源乡并入青街畲族乡；苍南乡、联山乡并入闹村乡；晓阳乡并入晓坑乡；石塘乡并入临区乡，更名为万全乡；西塘乡并入务垟乡。

34个乡镇：昆阳镇、鳌江镇、水头镇、萧江镇、腾蛟镇、鹤溪镇、宋桥镇、宋埠镇、钱仓镇、麻步镇、凤卧镇、顺溪镇、山门镇、南雁镇、榆垟镇、郑楼镇；南麂乡、闹村乡、晓坑乡、桃源乡、南湖乡、龙尾乡、吴垟乡、怀溪乡、梅溪乡、梅源乡、凤巢乡、维新乡、朝阳乡、西湾乡、青街畲族乡、万全乡、水亭乡、务垟乡。

1997年12月，南麂乡改设为南麂镇。

2000年5月，万全乡、水亭乡并入昆阳镇，务垟乡并入鳌江镇。钱仓镇的上源、黄山、西岭、联东、西源、石佛、山平、熙山、高垟、联南、罗垟、东明、垂杨、龙山、金星、贵德、岱头、旺厂等18个村划入鳌江镇。全县共31个乡镇，其中有17个镇、14个乡（包括1个民族乡），即昆阳镇、鳌江镇、水头镇、萧江镇、腾蛟镇、鹤溪镇、宋桥镇、郑楼镇、宋埠镇、钱仓镇、麻步镇、凤卧镇、顺溪镇、山门镇、南雁镇、榆垟镇、南麂镇；闹村乡、晓坑乡、桃源乡、南湖乡、龙尾乡、吴垟乡、怀溪乡、梅溪乡、梅源乡、凤巢乡、维新乡、朝阳乡、西湾乡、青街畲族乡。

2010年5月，宋桥镇和郑楼镇合并为万全镇，桃源乡并入萧江镇。全县共16个镇13个乡（包括1个民族乡），即昆阳镇、鳌江镇、水头镇、萧江镇、腾蛟镇、鹤溪镇、万全镇、宋埠镇、钱仓镇、麻步镇、凤卧镇、顺溪镇、山门镇、南雁镇、榆垟镇、南麂镇；闹村乡、晓坑乡、南湖乡、龙尾乡、吴垟乡、怀溪乡、梅溪乡、梅源乡、凤巢乡、维新乡、朝阳乡、西湾乡、青街畲族乡。

2011年4月，撤销钱仓镇、南麂镇、西湾乡、梅溪乡、梅源乡建制，其行政区域并入鳌江镇。撤销凤卧镇、鹤溪镇、南湖乡、朝阳乡、闹村乡建制，其行政区域并入水头镇。撤销榆垟镇、宋埠镇建制，其行政区域并入万全镇。撤销凤巢乡、龙尾乡建制，其行政区域并入腾蛟镇。撤销晓坑乡、怀溪乡建制，其行政区域并入山门镇。撤销维新乡、吴垟乡建制，其行政区域并入顺溪镇。

调整后，平阳县辖10镇1乡，即昆阳镇、鳌江镇、水头镇、萧江镇、万全镇、腾蛟镇、麻步镇、山门镇、顺溪镇、南雁镇、青街畲族乡。

2012年12月，麻步镇并入萧江镇。撤并后，全县共有9个镇和1个民族乡，即昆阳镇、鳌江镇、水头镇、萧江镇、万全镇、腾蛟镇、山门镇、顺溪镇、南雁镇、青街畲族乡。

2012年12月平阳县行政区划基本情况表

表1-2-1

乡镇名称	驻地	村(居)、社区(个)			户籍人口（人）	面积（平方千米）
		村	居民区	社区		
昆阳镇	人民路188号	63		6	109462	87.56
鳌江镇	吉祥路60号	112		8	211096	190.89
水头镇	剧院路3号	101	1	9	171026	176.38
萧江镇	永乐路53号	95		6	109956	79.68
万全镇	万全路506号	71			79097	64.34
腾蛟镇	凤鹤路84号	48	3		69886	80.23
山门镇	镇前街12号	51	3		58244	98.38
顺溪镇	益民路15号	32			26028	99.54
南雁镇	雁山村	16			27582	46.93
青街畲族乡	青街村	11			10591	21.75
合计		600	7	29	872968	945.68

说明：①面积数不包括县林场、县农场、海涂；②资料来自《2012年平阳统计年鉴》、《温州市行政区划简册》（2013年温州市民政局编）

第二节　村、居（社区）调整

1989—2012年，全县村、居民区（社区）建制有所调整，其归属的乡（镇）也有变动。村数从1989年853个调整到2012年的600个，居民区（社区）从48个调整到36个，部分居民区改为社区。其变化情况参见表1-2-2、表1-2-3、表1-2-4。

1994年5月，鳌江镇增设商城居民区、水深居民区；8月，昆阳镇增设联东居民区、长乐居民区。

1995年5月，水头镇增设静湖、径溪居民区。

1996年12月，萧江镇增设富强居民区，水头镇增设龙垟村，南雁镇增设雁荡村。

1997年7月，昆阳镇增设兴业居民区。

1998年7月，鳌江镇增设王里、曙东2个居民区；11月，鳌江镇增设河口、杨屿门2个村，撤销新渔村。

1999年3月，昆阳镇增设龙安村，鳌江镇增设西洋居民区，郑楼镇增设郑东村、练兴村，榆垟镇增设榆龙村，万全乡增设万龙村、万兴村；4月，萧江增设鹤河村、杨梅庄村、胜光村；9月，宋桥镇增设汇河村；11月，水头镇增设凤林居民区、腾龙居民区。

2000年1月，腾蛟镇增设凤翔居民区、昌荣居民区；8月，山门增设曙光居民区；10月，鳌江镇增设丰华村、龙河村、文翔村，榆垟镇增设榆南村。

2002—2005年，全县进行村居规模调整。

2002年6月，山门镇由原来的45个村调整为26个村，居民区仍为3个。大桥居民区和曙光居民区保持原区划不变，老街居民区和山门镇林场合并为老街居民区；上垟村和大坑内村合并为上垟村，大岭脚村与平岭村合并为大岭脚村，大岙村和内翁村合并为大岙村，永安村和大湖村合并为永安村，坑东村、马路村、叶坑村合并为坑东村，屿边村、丁水溪村、邓家村、大王村、建坑村合并为屿边村，梅丰村、梅岭头村、格头村、东屿林场合并为梅丰村，溪源村、上乌庄村、乌庄村合并为溪源村，石牛坑村、下坑村、白叶林村合并为石牛坑村，旺庄村和小池村合并为旺庄村，水办村、包山村、后垟山村合并为包山村，山门、亭后、西山、下路堡、下东山、水门头、郭岙、悦来、高一、高二、田中央、大楼、碇步头、大屯、下屯等15个村，村原区划保持不变。

2005年，南雁镇岭街村、栗园村、朱寮村3个村合并为三兴村。岭坎村、苔湖村合并为双旺村。

2007年，撤销水头镇凤林、腾龙、泾口、凤尾4个居民区，成立凤林、腾龙、泾口、凤尾4个社区。

2007年，撤销萧江镇沿河居民区，设萧江镇沿河社区。

2008年，宋桥镇四都村等8个村调整情况：

原四都村调整为尤里村、冯宅村、栏杆桥村、黄垟村；原安阳村调整为安阳村、东村村、赖岙村，其中安阳村由江畔自然村、宝兴自然村组成，村委会驻江畔自然村；原湖岭村调整为湖蛟桥村、瑶山村、三都王村、林庄村、横塘村；原和平村调整为岭下村、陈岙村、东湾村、山头外村；原宋桥村调整为宋桥村、章桥村、下桥村、鲍垟村、汇河村；原金阳村调整为金阳村、林岱村；原龙祥村调整为吴岙村、上岙村；原瑞阳村、孙楼村、金宕村保持不变。

2008年，撤销萧江镇富强居民区和庄里村，改设为萧江镇庄里社区。

1989—2012年平阳县乡镇和村（居）社区数变化情况表

表1-2-2　　单位：个、人

年份（年）	乡镇数				社区（居民区）和村数					
	合计	镇数	乡数		社区（居民区）			村民委员会		
			乡数	其中：畲族乡	个数	小组数	委员人数	个数	小组数	委员人数
1989—1991	64	14	50	1	48	—	150	853	—	4265
1992	34	16	18	1	48	—	250	853	—	4265
1993	34	16	18	1	48	—	150	853	—	2559
1994	34	16	18	1	52	—	162	853	—	2559
1995	34	16	18	1	54	—	166	853	—	2559
1996	34	16	18	1	55	—	283	855	—	4361
1997	34	17	17	1	56	469	283	855	6902	4361

续表 1-2-2

年份（年）	乡镇数				社区（居民区）和村数					
	合计	镇数	乡 数		社区（居民区）			村民委员会		
			乡数	其中：畲族乡	个数	小组数	委员人数	个数	小组数	委员人数
1998	34	17	17	1	58	481	303	856	6908	4366
1999	34	17	17	1	61	501	330	866	6908	4406
2000	31	17	14	1	64	506	330	870	6920	4406
2001	31	17	14	1	64	506	334	870	6920	4543
2002	31	17	14	1	64	398	298	851	6679	3705
2003	31	17	14	1	64	330	298	850	7650	3721
2004	31	17	14	1	36	398	298	619	6679	3721
2005	31	17	14	1	36	—	—	586	—	—
2006	31	17	14	1	36	—	—	583	—	—
2007	31	17	14	1	36	—	—	583	—	—
2008	31	17	14	1	36	—	200	600	6395	2535
2009	31	17	14	1	36	—	200	600	6395	2565
2010	29	16	13	1	36	—	200	600	6395	2565
2011	11	10	1	1	36	—	200	600	6395	2583
2012	10	9	1	1	36	—	200	600	6395	2563

说明：①“—”表示缺数据；②资料由县民政局提供

村、居（社区）名录

1992 年平阳县村和居民区一览表

表 1-2-3　　单位：个

所属乡镇	村、居民区	
	个数	名　称
昆阳镇	9	坡南居民区、汇头居民区、南门居民区、县前居民区、东门居民区、桑园街居民区、北门居民区、白石居民区、西门居民区
	27	城东、前宕、白垟、铁岭、鸣一、鸣山、后垟、九街、水塔、雅山、高升、高山、北台、官山、沙岗、垟坑、凤凰、南丰、凤山、皇岙、平塔、牧垟、阳岙、垟岙底、烟台、南岙、蒙垟
鳌江镇	11	横街居民区、塘圬居民区、殿前居民区、栈前居民区、永新居民区、南门居民区、望江居民区、兴隆居民区、曹门居民区、雁南居民区、曹新居民区
	51	古鳌、雁门、西桥、三大厂、徐家站、浦联、山外、店下、兴农、东河、柳王、下埕、种玉、五板桥、下厂、榕桥、塘外、渔农、下垟埠、新桥、后半厂、横河、孙家垟、藕莲、蓝田、和家、丰山、温垟、梧山、建胜、金岙、郑家垟、郑家墩、滨海、海防、新渔、东麓、岩下、观山、山根、双垟、南园、桐桥、郑家坑、大坪、白水、龙潭、吴兰、长岗、西麓、塘外

续表 1-2-3

所属乡镇	村、居民区	
	个数	名 称
水头镇	10	康乐居民区、东川居民区、振德居民区、后街居民区、凤尾居民区、新街居民区、横街居民区、上街居民区、径口居民区、江山居民区
	44	内岙、金山垟、外岙、三桥、水凤尾、中后、金凤、章岙、仕静、蒲潭尾、溪心、凤一、凤二、凤三、雅上、雅中、雅下、下林、詹江、外湖、内湖、下埭头、周山、建安、鹭鸶湾、寺前、高桥、苦竹头、上林、上小南、下小南、凤岩、青岙、溪头桥、清溪、南山脚、河头、东山、金塔、蒲尖、上店、麻园、龙涵、蒲潭
萧江镇	5	上市桥居民区、校前居民区、沿江居民区、双庆居民区、沿河居民区
	46	萧江、岱口、江边萧、西炉、青龙、毛家处、直浃河、立后、庄里、潘汇、潘南、四大屋、浃底、落马、落马头、河头垟、裕丰、山下垟、山桥、夏宅、后林、垟浦、张家山、凤头、前河头、前林、淡浦、上汇、下汇、高黎、上宅、兰花桥、永门、夏桥、浦口、夏后垟、棋盘桥、河峥、上园、前村、岙底坑、垟心金、门前垟、叶段、河浦、河坤
麻步镇	4	永安居民区、大桥居民区、万安居民区、望江居民区
	53	麻步、雷渎、欣雅、新桥、鳌寒、雷峰、黎明、华亭、陶贡、西岙、显桥、燕子、江边周、山下、山顶、郑家内、外河边、下泛、内下泛、渡头、渔塘、下堡、前垟、凤山头、岭头尾、河龙头、盘古湾、范岙底、横山、岭门头、水港、江景、渔池、风吹峡、半岭、龙潭背、沿口、埠头、东坑、东阳、西村、东桥、盖竹、石马、高阳、仙垟、宏寮、河古、岙底、江湾、上周、四十五、高沙
腾蛟镇	4	腾桥居民区、鹏腾居民区、蛟跃居民区、河尾居民区
	44	腾蛟、大里、金家岭、大文、赤塯、梅亭、银坑、湖寞、驷马、碧源、岱山、金田、塘溪、马车、山尾、腾带、平棋、腾溪、联源、杉棋垵、霞山、北溪、南陀、南山塘、青塆、岭门、瑞平、林家、九垟、双坑、王坛、下炮、垟尾、外垟、基岭、莲花心、龙金、梅坑、御垟、双桥、通岭头、东爿山、牛两头、梅村
钱仓镇	30	钱仓、金庄、白水、方家、箭岙、包田、东垟、茶亭、梅浦、东江、上凰桥、山垟、联南、上源、高垟、熙山、西源、石佛、西岭、山平、联东、黄山、垂杨、岱头、贵德、旺厂、金星、龙山、东明、罗垟
鹤溪镇	3	长安桥居民区、下街居民区、鹤秀居民区
	24	中街、石牌、平岩、霞溪、鹤坑、秀溪、鹤垟、鹤巢、岭下亭、缸窑、溪尾、双岭、下村、元底、企坋头、南一、南二、南三、蔡垟、乌秋坑、内村、速成、东联、水上垟
凤卧镇	24	平凤、东岙、照阳、凤林、东南、东山桥、马头岗、九两、吴潭桥、东堡、凤安、西塔、后山、垟头、蒲山、内塘、平坑、马迹、轩头、樟垟、玉青、胡坪、仑头、赤砂
山门镇	2	老街居民区、大桥居民区
	45	上垟、大坑内、大岭脚、水门头、永安、大湖、山门、下东山、下路堡、亭后、郭岙、悦来、大岙、平岭、西山、内翁、田中央、下屯、屿边、大楼、格头、梅丰、梅岭头、碇步头、马路、丁水溪、坑东、大屯、邓家、高二、建坑、叶坑、高一、下坑、包山、白叶林、溪源、上乌庄、后垟山、乌庄、大王、石牛坑、小池、旺庄、水办
南雁镇	30	雁山、矿桥、后仓、东门、上坎头、横溪、蒲岭、外郭山、笠湖、八亩、雁河、溪边南、南雁、春山、上寺、迢岩、朱寮、岭坎、栗园、五十丈、门口、狮山、后门山、岭街、前山、苔湖、堂基、周岙、吴山、埭头
顺溪镇	29	顺溪、下顺溪、上顺溪、朱山、岭麓、外苏山、溪口、溪北、溪南、后山垟、马鞍、处基、牛场、只音、坳头、白云、青石桥、双田、石柱、下东、石门、山头庵、鹿岩、田里、河垟尾、中山、交溪、回库、富溪
宋桥镇	29	宋桥、下桥、章桥、尤里、栏杆桥、黄垟、冯宅、鲍垟、金垟、林岱、章岙周、章岙底、孙楼、三都王、横塘、瑶山、山头外、东湾、陈岙、岭下、上岙、吴岙、赖岙、湖蛟桥、东村、江畔、宝兴、金宕、林庄

续表 1-2-3

所属乡镇	村、居民区	
	个数	名　称
宋埠镇	13	新界、加丰、仙口、上陈、下陈、杨北、林宅、北厂、东横塘、陡南、陡北、官宕、长桥
榆垟镇	18	中镇、南门、浃口、新渎、象湾、下周、榆北、荷花、台头、榆茶、谷垟、上呈、龙头、丰门、横湖、麻车、岙斗、五角斗
郑楼镇	24	陈交大、郑一、郑二、郑三、古农、古渔、张阁、倪垟、岗上、岗下、叶垟、林步桥、姜垟、廖垟、柳垟、周垟、后陈、吴垟、下薛、下鲍垟、迎学垟、周贵垟、光山、十五殿
南麂乡	11	新码头、对岙、马祖岙、国姓岙、门屿尾、百亩坪、后隆、火焜岙、三盘尾、竹屿、大檑
万全乡	31	新村、临区、鲍岱、庙头、童桥、新建、万垟、下里汤、小姜垟、白马桥、殿后、郭庄、西浦、童宅、西戈、水郭、河边、山前、白岩、石塘岭、北山下、厢岙、蕉雅、三社、溪岙、垟教、上降、下灶垟、后林垟、黄山头、西桥头
水亭乡	11	步廊、三杆桥、大馒头、水亭、前爿、后岙、雅村、长山、莲花、走马灯、斗务
西湾乡	12	海滨、跳头、北山、殿后山、青山、一沙、二沙、三沙、四沙、天湖、岭头、银泉
务垟乡	27	务垟、蝠山、塘下、厚垟、岳巢、象山、岗山、荷莲、玉莲、下河、西塘、环溪、大岙底、周光坑、荆山、荆仙、牧场、永和、永平、河东山、黄彭、黄底、永胜、珍珠、枫林、三联、小垟
梅溪乡	15	溪头、清桥、包岙内、章垟、凤岙、梅里、山碧、书阁、凤尾山、藤坪、安基、联丰、万安、老屋前、双岙
梅源乡	19	孙岙、梅源、联平、岩孔、岭根、苏岭、山平田、章公尖、金家坑、风吹隔、重阳、解元、铁坟、三源、七星、南平、顺利、赤溪、前光
桃源乡	12	包岙、桃源、曾山、岩山、后江、塔下、渡心、丰泉、丰林、硐垟、陡门头、桃岭
凤巢乡	14	溪头街、山边、凤口、杨山下、洞桥头、伍岱、大岭、仁家垟、秀垟、灵岩、三脚田、油坑、垳凤、白岩岭
龙尾乡	17	横平、龙横、龙岙、河山、龙尾、林坑、麻田、青岙溪、油树下、楠树垟、吊筧、平溪、包垟、根竹、百尖、外百尖、吴小垟
朝阳乡	12	赵阳、新东、溪边、新发、丰格、中光、矮垄坑、赤岭、李山、长者、三界宫、底垟
南湖乡	22	湖北、清江、普美、华明、湖南、姚朱、鹏山、湖滨、农场、增光井、横山岭、坎头、金池、路下、南塔、塔院、前街、后街、宝山、垳后、溪头内、安基山
闹村乡	46	萧山、黄坑、净凉、西垄、田辽、七亩、岭脚、中兴、桥头、双木林、仓头垳、垟桥、上垄、困坪、东宝、内垟、小施、黄垄、金龙、季山、状元内、垟坑桥、李岙、中村、上浪、上南、南垳、南垟、田中、西垟、仓头、南垟心、东坑岭、寨后、九盘、苏山、秀尖、卢家、东北、大施、龙坑、钱山、底垟内、东湾下、杨美、吴岭
晓坑乡	21	杭坑、晓坑、高堡、永顺、黄施岙、同利、边垟、庵山、法洪、章坑、东山下、中心、西垟亭、晓阳、石城、上双岙、徐垟、内郭山、下岭头、陶翁、岳溪
怀溪乡	17	垟底、金山、金溪、南山垟、曹门、水口、硐桥、岭坑、联山、穹岭头、垟边、畴垟、畲龙、上保、樟坦、小岭、岭丰
青街畲族乡	16	青街、桥坑、十五亩、王神洞、南朱山、大垟、睦源、九岱、太心、东坑底、南网、贡后、白岩下、腾岩、垟心、东上
维新乡	8	俞思坑、岭埄、靛厂、杨光、余山、大垄、进士、朱垟
吴垟乡	11	腾了、坟前、牛角坑、水井塆、戈场、周家、下垟、底屋、顺垟、连头、岭后
合计		853个村、48个居民区

说明：①村、居民区一栏的上栏为居民区，下栏为村，不分上下栏者均为村；②资料由县民政局提供

2012 年平阳县村、社区（居民区）名录一览表

表 1-2-4　　　　单位：个

乡镇别	村、社区(居民区)	
	个数	名　称
昆阳镇	6	坡南社区、仙坛社区、横阳社区、九凰社区、兴业社区、联安社区
	63	水塔、后垟、沙岗、九街、南岙、凤山、南丰、垟岙底、皇岙、阳岙、平塔、牧垟、城东、前宕、白垟、雅山、烟台、龙安、西浦、殿后、童桥、黄山头、垟教、溪岙、万兴、后岙、长山、步廊、三杆桥、雅村、水亭、前爿、庆丰、西戈、莲大新村、临区、万金、垟港、庙头、民丰、蒙垟、建丰、鸣山、郭庄、铁凤、新欣、石塘、溪坑店、上林垟、湖屿、光山、下鲍垟、林步桥、姜垟、廖垟、柳垟、迎学垟、周贵垟、十五殿、下薛、练兴、后陈、吴垟
鳌江镇	8	商城社区、新隆社区、曹门社区、江滨社区、南门社区、水深社区、西洋社区、曙东社区
	112	种玉、藕莲、孙家垟、横河、蓝田、古鳌、下埕、柳王、东河、郑家墩、五板桥、雁门、山外、徐家站、三大厂、后半厂、罗垟、高垟、联南、龙山、贵德、埭头、旺厂、厚垟、塘下、岳巢、西塘、河东山、环溪、玉莲、下河、城北、垂杨、塘北、塘中、塘西、阳屿、和家、下厂、塘外、天源、西桥、横店、福山、友谊、海城、荆溪、新明、三永、枫林、塘东、务垟、新城、东城、平河、联城、珍岙、下垟埠新桥、河滨、凤岙、联丰、书阁、凤尾山、山碧、梅里、包岙内、万安、清桥、溪头、章公尖、赤溪、岭根、顺利、三源、山平田、七星、孙岙、解元、凤岩、重阳、苏岭、梅源、殿后山、海滨、跳头、北山、一沙、二沙、三沙、四沙、银岭、青湖、火焜岙、大檑、新码头、国姓岙、对岙、后隆、竹屿、马祖岙、三盘尾、上百亩、门屿尾、钱仓、方家、包田、东垟、东江、上凰桥、山垟、白水、前进
水头镇	10	望雁社区、城中社区、振德社区、泾川社区、泾口社区、凤尾社区、腾龙社区、凤林社区、乐溪社区、鹤秀居民区
	101	内岙、金山垟、外岙、三桥、水凤尾、中后、金凤、龙垟、仕静、溪心、下林、詹江、埭头、鹭鸶湾、寺前、上林、周山、凤岩、青岙、南山脚、金塔、上店、麻园、龙涵、清河、鸣溪、小南、章岙、蒲潭、建安、雅屿、湖桥、凤湾、凤林、马头岗、吴潭桥、西塔、垟头、蒲山、赤砂、平凤、平马、玉轩、凤卧湾、凤东、内塘、石牌、霞溪、缸窑、溪尾、下村、南一、乌秋坑、内村、速成、水上垟、长安、秀溪、南二、蔡垟、新鹤、中元、湖滨、清江、湖北、增光井、横山岭、埙后、前街、普美、塔院、后街、湖南、龙湖、赵阳、新东、双溪、新溪、新联、双峰、同盟、净凉、吴岭、南垟、上南、上浪、中村、桥头、东北、杨美、光辉、黄山、西垟、苍南、小施、卢家、龙凤、季山、秀尖、大施、玉联
萧江镇	6	胜利社区、双榕社区、沿河社区、庄里社区、万安社区、永安社区
	95	萧江、岱口、江边萧、西炉、青龙、毛家处、直浃河、立后、潘汇、潘南、四大屋、浃底、落马、落马头、河头垟、裕丰、山下垟、山桥、夏宅、后林、垟浦、张家山、凤头、前河头、前林、淡浦、上汇、高黎、上宅、兰花桥、下汇、永门、夏桥、浦口、夏后垟、棋盘桥、河峥、上园、前村、岙底坑、垟心金、门前垟、叶段、河浦、河坤、杨梅庄、鹤湖、胜光、曾山、桃岭、桃源、包岙、岩山、塔下、兴源、硐垵、麻步、雷渎、欣雅、新桥、鳌寒、雷峰、黎明、华亭、陶贡、西岙、显桥、郑家内、下堡、前垟、水港、江景、沿口、西村、高阳、仙垟、宏寮、河古、岙底、江湾、上周、四十五、高沙、燕州、下泛、华龙、新华、渔塘、横山、范龙、凤山头、东坑、盖竹、富民、兴民
万全镇	71	孙楼、金宕、吴岙、上岙、黄垟、冯宅、栏杆桥、尤里、安阳、东村、赖岙、金阳、林岱、岭下、陈岙、东湾、山头外、横塘、湖蛟桥、三都王、瑶山、林庄、宋桥、鲍垟、下桥、章桥、汇河、瑞阳、郑二、陈交大、古农、古渔、郑三、张阁、郑一、倪垟、周垟、叶垟、岗上、岗下、郑东、长桥、官宕、陡北、陡南、北厂、东横塘、新界、加丰、仙口、宋埠、中镇、谷垟、榆北、台头、下周、荷花、上呈、榆茶、浃口、南门、麻车、新渎、岙斗、五角斗、横河、象湾、丰门、龙头、榆龙、榆南
腾蛟镇	3	龙腾居民区、昌荣居民区、凤翔居民区
	48	腾蛟、驷马、岱山、金田、腾带、腾溪、联源、北溪、南陀、青垮、岭门、双坑、塘溪、霞山、王坛、同兴、双垟、赤金、文理、湖窦、碧源、和兴、平棋、林家、金岭桥、梅坑、仁家垟、灵岩、秀垟、大岭、伍岱、洞桥头、三脚田、山边、溪头街、联合、凤巢、龙尾、包垟、吴小垟、林坑、龙横、横平、龙岙、南胜、麻树、河山平溪、百尖

续表 1-2-4

乡镇别	村、社区(居民区)	
	个数	名　称
顺溪镇	32	顺溪、上顺溪、下顺溪、溪北、处基、鹿岩、溪口、溪南、只音、白云、青石桥、双田、石柱、下东、山头庵、田里、狮峰、下垟、顺垟、底屋、戈场、周家、中山、富溪、进士、俞思坑、朱垟、杨光、大垄、岭埄、余山、岭后
山门镇	3	老街居民区、大桥居民区、曙光居民区
	51	山门、郭岙、大岙、下东山、西山、悦来、亭后、上垟、水门头、下路堡、大岭脚、永安、溪源、石牛坑、包山、旺庄、屿边、大屯、下屯、梅丰、田中央、坑东、碇步头、高一、高二、大楼、晓坑、法洪、黄施岙、岳溪、下岭头、石城、中心、西垟亭、东山下、章坑、高堡、杭坑、上双岙、晓阳、徐垟、南山垟、水口、联山、畴垟、畲龙、金溪、曹门、垟边、金山、垟底
南雁镇	16	南雁、五十丈、雁峰、雁山、后仓、东门、蒲岭、笠湖、溪边南、迢岩、前山、堂基、周岙、雁前、双旺、三兴
青街畲族乡	11	九岱、十五亩、南朱山、王神洞、太心、垟心、南网、青街、睦源、东坑、新三
合计		600个村、36个社区(居民区)

说明:①各乡镇“村、社区(居民区)”一栏的上栏为社区(居民区),下栏为村,不分上下栏者均为村;②资料由县民政局提供

第二卷

DI ER JUAN

《平阳县志（1989—2012）》

PINGYANG XIAN ZHI

自然环境

平阳县地处浙江省东南部，属于华夏造山系的东南地块，地质构造属于华南褶皱系浙东南褶皱带。地貌以火山作用形成的中低山丘陵为主，平原地带为沉积地貌。总体地势西高东低，南雁荡山脉和鳌江水系贯穿全境。

2012年，全县陆地面积1042.21平方千米，其中岛陆面积12.30平方千米。海域面积约1300平方千米，海岸线长102.40千米（含岛岸线长80.38千米）。耕地面积31436.24公顷，其中水田面积20528.47公顷。水域面积12702.53公顷，居民工矿交通等建设用地10495.65公顷。未利用土地面积3787.21公顷。林地面积42156.99公顷。

全县土壤划分为丘陵山地、河谷平原、水网平原和沿海滩涂等4个土壤区，共有63个土种。平阳县属雁荡山丘陵低山植被片。植被高层以木本为主，其次为杂木、薪炭林、经济林和竹林，底层以草本为主，杂以丛生的灌木。2012年，森林覆盖率52.32%，人均占有森林面积0.87亩。

县内陆地、江河有野生植物1483种，陆生野生脊索动物303种。海洋生物主要分布于南麂海区。各种门类的海洋生物1826种，其中，鱼类397种，爬行类3种，甲壳类207种，贝类427种，大型底栖藻类178种，微小型底栖藻类459种，其他海洋生物155种。贝、藻类品种分别占全国的15%和25%。1998年12月，南麂列岛海区被联合国教科文组织列为世界生物圈保护区网络。

县境的东北部属飞云江水系，西南部属鳌江水系。鳌江干流长82.47千米，流域面积894.50平方千米，支流9条，流域面积20平方千米。万全、小南、萧麻等河网有大小河道489条，总长555.90千米，水域面积17.18平方千米。全县分15个水功能区（一级4个、二级11个）。2012年，一级水功能区水质达标的2个，基本达标的2个；二级水功能区水质达标的2个，不达标的9个。地表水资源总量约11.97亿立方米，地下水资源约1.05亿立方米，可开发利用水能资源5万千瓦，已利用装机容量3.60万千瓦。

平阳县属中亚热带海洋性季风气候区。四季分明，年均气温约18.5℃，无霜期291天，降雨量约1819.9毫米。气象灾害有台风、洪涝等。

已发现矿产25种，主要有花岗石、钠长石、高岭土、石英、黄铁矿等。矿产地91处，其中大中型矿床4处，小型矿床11处，矿（化）点76处，正在利用的矿床有13个。

第一章　地质　地貌

平阳县地处浙东南，区域上隶属于华夏造山系的东南地块，古元古代形成结晶基底，其后经历晋宁期、加里东期、印支期、燕山期及喜马拉雅期的构造运动，其中以燕山期构造运动最为典型。

早白垩纪早期，区域内火山大规模喷发，至早白垩纪中期火山活动逐渐减弱直至停止。南雁荡山区即为火山喷发区之一，矾岩前山上的仰天湖为古火山口湖；以山门为中心的北港地区系火山断陷盆地，与相邻的矾山、文成等火山盆地具有中生代火山构造的痕迹。火山喷发冷却堆积后形成的火山岩（以流纹质火山碎屑岩为主），覆盖县境大部分面积。火山喷发活动减弱后，岩浆沿火山通道或构造薄弱地带上升，形成分布广泛的各种侵入岩体和潜火山岩体。至早白垩纪晚期，岩浆活动停止。进入新生代（第三纪、第四纪），地面抬升，区域内形成大面积的海积、冲积、冲洪积等沉积物。

第一节　地　质

地层

县域的基岩区出露地层为下白垩统磨石山群、永康群火山碎屑沉积岩组合，东部平原区和沟谷地带为第四系沉积。

下白垩统磨石山群　磨石山群地层主要出露在县域中东部。根据其岩性组合，自下而上分为高坞组、西山头组、茶湾组和九里坪组。以酸性火山碎屑岩为主，夹酸性熔岩及中酸性或中性火山岩与沉积岩的火山沉积岩系，未见底。

高坞组。主要有青灰、灰紫色块状流纹质晶屑熔结凝灰岩、流纹质晶屑玻屑熔结凝灰岩，岩石以晶屑含量高、颗粒粗大为特征。风化后常形成盾形山顶，在柱状节理发育地带形成陡崖峭壁地形地貌。主要分布于象山、水亭、石塘、湖岭、西湾、墨城等地，鹤溪和蔡垟间也有少量出露。出露面积约111平方千米，厚度大于892.80米。

西山头组。岩性为灰白、暗紫色的流纹质晶屑玻屑熔结凝灰岩、玻屑凝灰岩、英安质晶屑玻屑凝灰岩，局部含角砾；中上部夹少量凝灰质粉砂岩、泥岩、沉凝灰岩。具分布广、岩性杂、有一定成层性和横向变化大的特征。主要分布在夏桥、渔塘、朝阳、南湖、塘北至梅溪、梅源等地。出露面积约58.5平方千米，厚度130～800米。

茶湾组。岩性为紫红色、灰黄色的粉砂岩、粉砂质泥岩、凝灰质粉砂岩、含砾沉凝灰岩及砂砾岩组成，局部夹透镜状火山碎屑岩，底部见含火山泥球沉凝灰岩。分布较局限，仅出露在梅垟的梅山顶一带、朝阳西南的赤岭村附近。出露面积约1平方千米，厚度105～160米。

九里坪组。岩性为肉红、紫灰色的流纹岩、流纹斑岩、石泡流纹岩，分布较零星，仅见于梅源西部飞凤山至牛时山一带及蔡垟等地较高的山头上，出露面积约3平方千米，厚度大于500米。

下白垩统永康群　永康群主要出露在县境的西部，为一套内陆河湖相碎屑岩夹火山杂岩。按其岩性组合自下而上分为馆头组、朝川组、小平田组。

馆头组。岩性为青灰色、黄绿色、黑色及紫红色的泥岩、粉砂岩、砂岩，底部见不稳定的紫红色砾岩、砂砾岩，主体为一套处于还原环境下沉积的碎屑岩。分布于水头镇内塘至腾蛟镇龙尾、岭门等地，顺溪镇吴垟和维新也有零星出露。出露面积约54平方千米，厚度0～1270米。

朝川组。下部为紫红、暗紫色砾岩、砂岩、粉砂岩和泥质粉砂岩，上部为英安质晶玻屑熔结凝灰岩夹安山岩，顶部为紫红色中薄层状粉砂岩、凝灰质粉砂岩。分布在山门、溪源、联山、青街、矾岩、维新、晓阳、晓坑、怀溪等地的低山坡。出露面积128平方千米，最大厚度1206米。在水头镇苍南一带出露的粉砂岩和泥岩中含有直线肢介、真骨鱼、瘦形枝脉蕨等化石。

小平田组。岩性为灰紫色流纹质、英安质的晶屑玻屑熔结凝灰岩、凝灰岩夹沉凝灰岩、凝灰质砂岩，发育柱状节理局部构成陡峻的山峰。分布于山门盆地内圈腹部的双尖、虎尖及溪源、南雁、怀溪、吴垟、南田、矾岩等地较高的山头及山坡上。出露面积150平方千米，最大出露厚度750米。

第四系　分布于东部沿海、沿江河一带平原地区。有海积、冲海积、湖泥沉积、冲积、洪积、洪冲积、坡冲积等类型。从中更新统到全新统均有发育。

中更新统。仅见于东屿油湾附近山麓地带，面积约0.19平方千米，形成最高一级洪积阶地。岩性为棕红色的黏土砾石，夹亚黏土透镜层，出露层厚度35米。

上更新统下段。分布于南湖西部、闹村、山门等地，面积约1.53平方千米。南湖和闹村岩性上部为棕黄色的黏土、亚黏土，中下部多为碎砾石、黏土碎砾石，底部夹泥岩层或岩质亚黏土，厚2～13米；山门岩性为棕黄色的亚砂土或亚黏土胶结的砾石层，厚2.3米。

上更新统上段。分布广而零星。面积约13.5平方千米。在山门镇桥头所见岩性为上部砾石层，厚4～5米，属洪积成因；下部为灰黑色炭质亚黏土，局部为泥炭，属湖沼沉积。另外，在鳌江流域断续可见冲积和海相沉积成因的本套地层，其岩性、岩相的变化明显受地貌条件控制，在河谷中上游为冲积黄色含黏性土的砂砾石，厚14～29米；而下游平原地区则为海积青黄色黏土、亚黏土和冲积青灰色砂砾石互层，厚31～55米。

全新统。分布于东部平原及鳌江流域，具有分布广、厚度大、成因类型多的特点。在山地丘陵区的冲沟口，常见洪积扇和冲积堆，主要为砾石、砂砾石，到洪积扇前沿相变为砂或亚砂土，厚2～4米。在沟谷中为洪积、冲积成因的阶地和河漫滩，以砾石、砂砾石为主，局部为沙，厚3～6米。沿鳌江流域，分布有条带状冲积平原，自上游至下游，岩性由砾石、砂砾石逐渐相变为砂和亚砂土，厚度5～9米。在水头、南湖及一些山前盆地，分布有湖沼沉积成因的黑色、黑褐色泥炭土，厚度在3米以下。东部平原地区覆盖着大片海积成因的灰色、蓝灰色的淤泥质黏土、亚黏土或粉砂质黏土，厚度40～59米。

地质构造

区域地质构造　平阳县地质构造属于华南褶皱系浙东南褶皱带，温州—临海坳陷，泰顺—温州断坳南东侧，受北东方向展布的华夏系基底构造、华夏式构造及晚期北东展布的新华夏系构造控制。可细分为东部穹形隆起和西部断陷盆地构造类型。

东部穹形隆起。昆阳镇的城东，鳌江镇的务垟、墨城、西湾，万全镇的象山、宋埠等地，在卫星照片上表现为一个环形构造，其基底地层是早白垩统磨石山群火山碎屑岩夹沉积岩，周围被第四纪沉积层覆盖。

西部断陷盆地。以山门为中心，包括水头、萧江、腾蛟、顺溪等地，因地壳在燕山运动中断裂而发生陷落，形成断陷盆地。围绕断陷盆地，发育环形放射状断裂构造，尤以北东、北西、东西向三组为主。

北东向断裂。为盆地最主要构造骨架。主要有矾岩五十丈压性断裂、凤卧吴潭桥压性断裂、石塘白岩压性断裂、蔡垟做炼坑、西塘岙底压性断裂和石塘白岩压性断裂。

北西向断裂。为华夏式构造体系的一部分。主要有岭门金湾厂、凤巢白毛时—过坑的张性断裂，龙尾百尖、岭门岭头、蔡垟马仟坑山的张扭性断裂，岭门梅坑—张基、南雁—怀溪、梅溪清坑的复合压扭性断裂。

东西向断裂。分布于青街、南雁、朝阳、麻步一线。均为压性断裂。东屿的坑东—溪心寺盛的压性断裂，长4千米，宽20米以上。水头苍南的压性断裂带，岩层挤压成揉皱纹状、饼状和透镜状。

火山构造旋回　县境中生代火山活动大致可划分为两个喷发旋回。

第一喷发旋回。有向北东方向延伸的西北、中部、东南部三个条带，其产物组成了下白垩统磨石山群火山岩系。第一喷发旋回及次火山岩的侵入活动均深受华夏系基底断裂构造的控制，其火山喷发类型为裂隙式串珠状多口喷发。

第二喷发旋回。火山活动，局限于山门盆地，喷发产物构成了下白垩统馆头组、朝川组沉积火山岩系。早期仅在山门盆地西北部有小规模较微弱的基、中性岩浆的喷发，中期有间歇性喷溢活动，形成朝川组a段以中性火山岩为特征的火山沉积岩系，双尖一带厚度大于480米。晚期是又一较强烈火山喷发和喷溢活动时期，形成朝川组b段以酸性熔火山碎屑岩为主的岩系，伴随有酸性、中酸性次火山岩侵入。第二旋回期经历由弱转强，喷发中心由西北向东南转移，因均局限于山门盆地，故其喷发类型为中心式火山喷发。

岩浆岩

燕山早期，浙东南隆起，长期裸露，遭受剥蚀。受燕山运动岩浆喷发作用，火山岩特别发育，分布面积几乎占区域面积的70%以上。平阳境内岩浆岩主要分布有侵入岩、潜火山岩。

侵入岩　县内侵入岩较发育，大小共分布有40余处。规模较大的有19处，约占陆地面积的10%，属燕山晚期产物。

燕山晚期第一次侵入岩，有石英闪长(玢)岩，角闪石辉石闪长岩等，出露于顺溪、青街、睦源、山门、东屿、晓坑、怀溪、腾蛟等13处，呈岩珠、小岩珠形态，北东方向展布，岩体呈浅灰—灰黑色，半白形中细粒结构，致密块状构造，以含钡、锆、钛、铅、镓、钴、锶、钒等微量元素较高为特征。梅岭石英闪长岩是生产青石辊的原料，睦源角闪石闪长岩、怀溪角闪石石英闪长岩、水头东山角闪石闪长岩，结构紧密，矿物均匀，色泽艳丽，是生产磨光板材的重要原料。

燕山晚期第二次侵入岩，有花岗岩、二长花岗岩及少量黑云母花岗岩、斜长花岗岩、花岗闪长岩等，出露于昆阳城西至鳌江荆溪山，水头凤湾、凤卧、溪心、小南，腾蛟带溪及山门、晓坑等10余处。岩体一般呈浅肉红色，致密块状构造，花岗结构，以含钡、镓、铍、钇、锆等微量元素较高为特征。荆溪山一带二长花岗岩储量115亿立方米，花岗石具有耐磨耐腐蚀的良好性能，是生产各种防腐容器的良好石料。

燕山晚期第三次侵入岩，有钾长花岗岩及斑状花岗岩，出露在与苍南县交界处大玉仓山、南田择马岩、东屿、龙尾、凤湾、溪心、南麂岛等7处。岩体为肉红色，普遍具晶洞构造，花岗结构，部分为斑状结构和文象结构，铅、铌含量高，并普含铍、钛、锌、镓、锡、钇、镧、钼等微量元素。本类侵入体硬度大，风化程度低，多裸露突兀，地貌上甚为壮观，是重要风景资源。且多与各种金属矿产有关，龙尾吴小垟钠长石和钾长花岗岩体即是富含钽铌铁矿的母岩。

燕山晚期第四次侵入岩，分布零星，大小不一，在顺溪白云山、白岩下、大岭、半山，怀溪曹门，腾蛟湖窦、马车，带溪下山、岭脚、阳尾，萧江镇、昆阳镇坡南等12处。有钾长花岗斑岩、花岗斑岩、石英正长斑岩、正长斑岩、二长花岗斑岩、石英二长斑岩等，呈浅红色至肉红色，皆具有斑状结构，主要与铜、铅锌等金属和稀有金属矿产有关。

脉岩。多为燕山晚期产物，沿北东、北西及东西向断裂填充。酸性脉岩。县内各地均有所见，包括钾长花岗斑岩、花岗斑岩、流纹斑岩、钾长霏细斑岩、石英脉等，与一些金属矿产有相当密切的关系。如山门怀溪三条含铜石英脉，各长达1～1.5千米，宽0.3～1米。腾蛟、龙尾、吴小垟的钾长花岗岩脉富含稀土锆石、钽铌铁矿、磷钇矿和独居石；岭门岭头石英脉，长3千米，宽2米，其内晶洞发育，常生长石英晶簇。中性脉岩。主要出露于腾蛟至水头一带，有安山玢岩、闪长玢岩等。南雁镇坎头至矾岩朱寮一线的闪长玢岩脉长达5千米以上，宽20～50米，是规模较大的一条脉岩；岭门梅坑一组安山玢岩脉岩，长100～1000米，宽1～3米，间距20～50米；苍南七亩垟及状元内等地也有安山玢岩脉。

基性脉岩。有辉绿岩、辉长岩等，辉绿岩全县各地均有出露；辉长岩仅见于夏桥。辉绿岩多用于刻凿石狮、石桌、石碑等。

潜火山岩　县内潜火山岩体有10余处，总面积约122平方千米，形态为椭圆状，不规则状或条带状，呈北东—南西向展布，以中酸性为主。

流纹岩类。属酸性潜火山岩体，包括流纹岩、流纹斑岩、石英斑岩、斜长花岗斑岩等。分布在顺溪、山门西部较高山区，总体呈北东—南西方向展布。蒲尖山流纹岩体呈椭圆状，属火山通道相堆积物。四周围岩为朝川组的安山质凝灰岩，其上部有流纹质火山角砾岩，边部为流纹斑岩，内部过度为含角砾流纹斑岩；在岩体中心部分的角砾量增多，流纹杂乱，或是旋涡状，常见流纹围绕角砾转圈。其成因在火山熔岩与次火山岩之间，岩体大部还在火山通道内，故划归潜火山岩系列。

安山玢岩类。属中性潜火山岩，包括安山玢岩、粗面安山岩、煌斑岩等，仅在腾蛟、山门、顺溪及水头部分地域少数出露。

第二节　地　貌

全县地貌以火山作用形成的中低山丘陵地貌为主，平原地带为沉积地貌。可分为中山（海拔1000米以上）、低山（海拔500～1000米）、丘陵（海拔500米以下）、河谷盆地、平原、滩涂、岛礁等。总体地势西高东低，南雁荡山脉和鳌江水系贯穿全境。西部以水头为中心，呈四周高中间低的盆地；东部大范围为平原区，宋埠、西湾、鳌江一带山体突兀。沿海由于海岸长期下沉，造成众多岛屿与喇叭形海湾，海岸线蜿蜒曲折，属里亚斯型沉降式海岸。

山脉

南雁荡山脉系浙闽边境洞宫山脉的延伸，进入狮子岩后分三支：北支、中支和南支。

北支自狮子岩向东北，蜿蜒于平阳县、文成县边界至龙尾的大尖山。此后沿着平阳县、瑞安市边界，山势逐渐降低，止于瑞安市境内的杜山头。其分支自水亭的莲花山，迤东南至西湾入海，是鳌江水系与飞云江水系的分水岭。

中支自狮子岩向东，迤逦于县境的中部，止于麻步的鸡岑山，是鳌江南港水系与北港水系的分水岭。

南支（分布于苍南县），自狮子岩迤东南，延平阳文成、平阳泰顺和平阳福鼎边界入海。

境内山脉，海拔1000米以上的有9座，分别是：棋盘山（在顺溪），又名大洋头山，是全县主干山脉，主峰海拔1231.1米，为全县最高山峰；乌岩尖（在维新）海拔1133米；朝天马山（在怀溪）1120.3米；龙井山，又名龙潭山（在龙尾）1098.5米；双尖山（在满田）1077.7米；狮子岩（在吴垟）1071.5米；牛栏湾（在维新）1056米；双桂标山（在顺溪）1043.6米；戈场栋山（在顺溪）1036.6米。

山地丘陵区

县境西部群山，由南雁荡山系的山脉所构成，多数山体海拔在700米以上，平均坡度在40°以上。中部与东部山体，一般海拔200～400米，有的达500～700米，如树贤的企岩山，蔡垟的煤山顶山，万全的万盘尖、加丰山，西湾的半天山、大过寺等。这些山体的坡度在25°左右，最大的在35°以上。山麓比较平缓，一般坡度5°～10°。

属于山地丘陵地带的有顺溪、山门、水头等镇及腾蛟、龙尾、岭门、凤巢、蔡垟、梅溪、梅源、西湾、墨城等地，面积478.30平方千米，约占全县总面积的45.9%。

平原滩涂区

河谷平原　处于低山丘陵之间，鳌江干、支流蜿行其间，河床较宽。由于长期洪积、冲积作用，两岸分布着成片的河谷平原，如县境中部的山门、南雁、水头、腾蛟、萧江等开阔地，面积121平方千米，约占全县总面积的11.61%。

水网平原　水网平原地势平坦，海拔2.80～5米，邻接河谷平原或低山丘陵。县境东部万全和鳌江平原属水网平原，塘河交错，水源丰富，土地肥沃，面积151平方千米，约占全县总面积的14.48%，是境内粮食和淡水鱼的主要产区。

滨海滩涂　据记载，自北宋治平年间（1064—1067）至1979年，平阳县海岸线年均向东海推移2.20～7.70米。1980年后，长江口的泥沙大量南移，大陆架泥沙因潮汐作用，继续做横向运动，被推向海岸边沿，加速平阳县滩涂淤积进程。在宋埠、西湾和墨城的滨海涂地，地势平坦，微向东海倾斜，海岸平缓，海水较浅。20世纪90年代至21世纪初，平阳县大规模人工围海造田，滨海平原面积逐渐扩大，至2012年共85.68平方千米，约占全县总面积的8.22%。

沿海岛屿区

岛陆总面积12.30平方千米。沿海岛屿区滩地面积0.7平方千米。大于500平方米的岛屿有61个，其中有居民岛3个，无居民岛58个。礁石156座。

西湾社区有杨屿山、三屿、上头屿、上二屿、小洋山、木桶南礁等岛屿13个，礁石21座。岛陆总面积0.37平方千米，滩地总面积0.06平方千米，岸线总长5.72千米。

南麂社区有南麂列岛（北纬27°24′30″～27°30′00″，东经120°56′30″～121°08′30″），南邻苍南县的七星岛，北邻瑞安市的北麂列岛，东临东海大陆架海区，西靠平阳与苍南县近陆岸岛屿。岛陆总面积11.13平方千米，滩地面积0.64平方千米，岸线总长74.66千米。有南麂、竹屿、大擂山、门屿、柴屿、上马鞍等大小岛屿52个，礁石135座。主岛南麂岛面积7.64平方千米。

第二章　土壤　植被

1958—1961年，全县进行第一次土壤普查，1982年至1985年1月，以专业队为主，以乡为单位进行第二次土壤普查以及土地利用现状调查。2009年，进行全国第二次土地调查，调查内容还涉及植被的林地、草地等项目。

全县土壤划分为丘陵山地等4个土壤地区；土壤类型划分为6个土类、15个亚类、34个土属、63个土种。可根据土壤、自然环境等状况因地制宜加以综合利用。

平阳县属于雁荡山丘陵低山植被片，主要植被有亚热带针叶林等8类。2012年森林覆盖率52.32%，人均占有森林面积0.87亩。

第一节　土　壤

土壤分区

根据成土因素和成土特点，全县土壤划分为丘陵山地、河谷平原、水网平原和沿海滩涂等4个土壤区。

丘陵山地土壤　鳌江上中游群山绵亘，海拔高程600米以上的山地较多。山体被切割，沟壑纵横，基岩出露。遇暴雨灌注，则山洪暴发，挟泥沙石砾冲下，水土流失严重。母岩经历漫长成土历史，岩石强烈风化，形成厚薄不均的风化壳，原生矿物分解，土体中的二氧化硅、钙、镁、钾、钠等基盐离子受到强烈淋溶，基盐饱和度低，硅铁铝率偏低，而铁铝氧化物相对积聚，土壤为薄层型，含沙砾较多。

随海拔高程上升，从低山丘陵到中山区，依次分布着红壤、黄红壤、黄壤。红壤分布在海拔200米以下的低山丘陵缓坡地带，与黄红壤交错。黄红壤分布在海拔200米以上的低山区，呈宽带状分布。黄壤分布在低山区与中山区之间。还有酸性紫色土零星分布于低山丘陵地带。水稻土零星穿插于红壤、黄壤、紫色土之间。耕作加强了土壤的氧化，增强了土壤的保水保肥能力。山坳水田受地下水和倒渗水作用，形成潴育型水稻土（如黄泥沙田），地处山坡的梯田受灌水影响，形成渗育型水稻土（如黄泥田）。

河谷平原土壤　土壤是由洪积物、冲积物、河海相交沉积物和江潮淤积物发生发育而成。由于河谷宽窄相差较大，溪流众多，河道弯曲多变，加上潮水顶托作用，因而发育的土壤性质也彼此不同，主要表现在土壤颗粒的组成和酸碱度的差别较明显。

鳌江上、中游两岸如山门至南雁一带，地形开阔平坦，上游来的泥沙、砾石在两岸沉积形成以粉沙为主的河海相交沉积物，发育为粉沙泥，经灌水耕种后，演变为江粉沙田。这种洪积泥沙土多分布于山谷，小溪两旁及谷口的洪积扇上。而泥沙田则分布于溪岸较平缓的小平原上。从河床向两侧，依次为清水沙、培泥沙田与黄泥沙田接壤。在河漫滩上，则分布着近沙性的江潮沉积物、江涂沙，其内侧为江粉泥田。

水网平原土壤　成土母质为深厚、黏重的约6000年前的老浅海沉积物，海水退去后，又经过漫长的沼泽化，形成一层较厚的潜育层，其结构面上有青灰色胶膜，靠近山边的低地下部埋藏有腐泥层和泥炭层。麻步、鳌江等地属于此种土壤。经过人工开垦、排水、种植，降低了地下水位，进入潴育化；水旱轮作又增加了土壤的通透性，土色渐变为灰黄，形成青紫塥黏田土。在地形稍高的河边田或村边田为中位青紫塥，在低平的垟心田为青紫塥。泥沙头青紫塥常在河流两岸呈带状分布，黄泥沙青紫塥则以带状分布于山边。

沿海滩涂土壤　成土母质是含盐分的浅海沉积物和江潮淤积物。鳌江每年向东海倾泻18.2亿立方米水量和8万吨泥沙，江口海涂以10～20米的速度向大海推进（飞云江口海涂的推进形式大致相同），形成了沉厚、黏重、匀细的浅海沉积物，人工围垦加速了滩涂成陆过程。沿海滩涂主要是淤泥质亚黏土，含盐量很高，称滨海盐土。围垦后，土壤脱离了海水浸渍，逐渐脱盐、脱钙、耕作熟化，形成潮土化盐土。再经过灌水耕种后，发育成潴育型水稻土——淡涂黏田土。含钙的江涂泥，经水耕熟化，也发育成江涂泥田。

根据成土历史长短和人为垦殖利用的不同影响，从海涂向内陆，顺次分布涂黏土、咸黏土、淡涂黏土、淡涂黏田；再向内，则是水网平原区的青紫塥黏田土。

西湾、墨城两地，海边土壤分布情况较为独特，仅有潮间带的涂泥土，其内侧即为山地土壤。

土壤类型

根据成土过程、土壤性态，全县土壤划分为6个土类、15个亚类、34个土属、63个土种。

红壤土类　包括红壤、黄红壤、侵蚀性红壤3个亚类以及红泥土、黄泥土、黄泥沙土、石沙土、白岩沙土5个土属。

红泥土土属，在梅源、树贤、睦源等处。母质为凝灰岩，土层厚40～100厘米，疏松，通透性好，呈红橙色，具有酸、黏、红特征。

黄泥土土属，母质为凝灰岩、流纹岩等风化物，具有酸、黏、瘦特征，土层厚50～100厘米，土壤养分含量较低。

黄泥沙土土属，在塘川、塘北、西塘、钱仓等处。母质为花岗岩或含石英较多的凝灰岩风化物，呈淡黄或黄橙色。土壤结构差，表土易被冲刷，含沙多，养分缺乏。

石沙土土属，母质以凝灰岩为主的风化残积物。土壤易被侵蚀，土层薄，粗骨性沙砾含量高，呈浅棕色，酸性，养分缺乏。分布在山门和水头镇。

白岩沙土土属，母质为花岗岩风化的残积物，土体中含有大量石英砂。土体松散，土层浅薄，厚度不足30厘米，呈淡黄色，酸性。

黄壤土类　有黄壤、侵蚀型黄壤2个亚类和山地黄泥土、山地黄沙土、山地石沙土3个土属，分布在600～800米以上的山地。

山地黄泥土土属，成土母质是以凝灰岩、流纹岩为主的风化物，土体内有较多砾石，土层较厚，有机质含量高，质地重壤轻黏、酸性，呈黄棕色，分布在山门、吴垟、怀溪、晓阳等处。

山地黄沙土土属，在顺溪等处，母质为石英正长斑岩的风化物，土体中有大量的石英砂，质地重壤，结构较差，易被侵蚀，黄橙色。

山地石沙土土属，母质为各种母岩残积风化体，坡度大，表土受侵蚀严重，土层浅薄，土内多碎屑，表层有机质含量低，分布在内塘、龙尾、山门、晓坑、怀溪、青街等处。

紫色土类　只有1个酸性紫色土亚类和1个酸性紫色土土属。酸性紫色土土属，母质系非石灰性紫色粉砂岩和紫色凝灰岩风化物，常与红壤交错于同一气候带，如梅溪、梅源、桃源、联山、闹村、凤巢、新田、顺溪、吴垟、青街等处。土壤物理风化作用强烈，化学风化较弱，土体粗松，结构差，砂砾含量高，供肥性能好，保肥性能差，土壤酸性，土体呈均一紫色。

潮土土类　为非地带性土壤，有潮土、钙质潮土2个亚类和洪积泥沙土、清水沙、培泥沙土、泥沙土、淡涂黏、江涂黏6个土属。

洪积泥沙土土属，分布在凤巢、渔塘。母质为洪积物或夹有冲积物，土体中沙泥、砾夹杂，表土松散，有砾石层出现。部分被垦为水田，保肥性能差。

清水沙土属，分布在溪心、闹村、凤卧、凤巢、南雁、东屿、怀溪、山门等处。母质为河流新冲积物，常受洪水淹没，质地为沙土或夹卵石。土体松散，结构不良，易漏水漏肥。

培泥沙土土属，分布在溪心、闹村、苍南、南雁，目前还受大洪水影响。母质为河流新冲积物，土层较厚，微酸性，土体松散，易于耕作，但养分低，易漏肥，色淡黄或淡灰。

泥沙土土属，分布在麻步、江屿、水头、小南等处。母质为河流老冲积物，已不受洪水影响。土层深厚，土体含沙多，通气透水，松散易耕。

淡涂黏土属，母质为浅海沉积物，由咸黏土脱盐发育而成，已进入脱钙过程，质地轻黏至中黏，土壤碱性，氮磷含量较低，分布在宋埠、墨城等处。

江涂黏土属，母质为江潮淤积沉积物，分布在麻步、桃源、萧江、钱仓。其中一种为江涂泥土，土体深厚，微碱性，土地紧实不易耕作；另一种为江涂沙，质地较轻，含沙量高，通气透水，但保肥性能差。

盐土土类　有滨海盐土、潮化盐土2个亚类和涂泥土、涂黏土、咸黏土等3个土属。涂泥土土属，母质为浅海沉积物，目前仍受海水浸渍影响，土壤含盐量高。涂黏土土属，母质为新近浅海沉积物，受海水浸渍，土体软糊，质地黏重。宋埠、西湾等处新围垦的海涂，土壤正处于盐渍化与脱盐交替过程中，含盐量1%以上，碱性。咸黏土土属，分布在宋埠、西湾等处。母质为新浅海沉积物，经过围垦，正处在脱盐、脱钙过程（含盐量已降到1%以下，但仍随干湿季节变化而增减）。碱性，质地匀细。

水稻土土类　全县主要耕作土壤，有渗育型、潴育型、脱潜潴育型、潜育型、盐渍型5个亚类，有山地黄泥田、黄泥田、紫泥田、洪积泥沙田、黄泥沙田、泥沙田、培泥沙田、淡涂黏田、江涂泥田、山地黄泥沙田、紫泥沙田、江粉泥田、青紫塥黏田、烂泥田、烂浸田、咸黏田等16个土属。

山地黄泥田土属，由黄壤水耕发育而成。由于地处山坡，地形高，土温低，受降水、灌水影响，表土有机质含量虽高，底土仍为黄壤，供肥性能差，水稻前期发育慢。分布在吴垟、顺溪等处。

黄泥田土属，分布在各山区，多数为梯田，由黄红壤水耕发育而成。土层深厚，土色黄棕，表土匀细，心土常有少量铁锰斑纹。因地处山坡，抗旱能力差。

紫泥田土属，分布在凤巢等处，由酸性紫泥土水耕发育而成，土地呈均一紫色。

洪积泥沙田土属，分布在梅溪、梅源、怀溪等处，母质为近代洪积物与溪流冲积物。土体中沙、砾、泥夹杂，松散易耕，速效磷含量高，但保肥蓄水能力弱。

黄泥沙田土属，母质为红壤的坡积物或夹有洪积物，由红壤水耕后演变。浅黄灰色，土壤疏松爽水，微酸性，分布在各山区。

泥沙田土属，母质以冲积物为主，夹有洪积物，有多少不等的粗沙砾石。

培泥沙田土属，母质为冲积物，由培泥沙土水耕发育而成。分布在溪心、水头、渔塘等地，目前还受大洪水冲淤影响。土体深厚，土色灰黄棕，质地为沙壤、重壤。

淡涂黏田土属，由淡涂黏土水耕发育而成，土壤已脱钙、脱盐淡化，微酸性，地下水位高，有机质含量中等，缺磷少钾，分布于宋埠、墨城、西湾等处。

江涂泥田土属，由江涂泥水耕发育而成，土壤已脱盐，呈中性至微酸性，由上而下酸碱度逐渐增高，缺磷富钾。分布于萧江、夏桥、桃源、钱仓等处。

山地黄泥沙田土属，母质为黄壤的坡积物，处在低平的山垄上，土壤微酸性。

紫泥沙田土属，母质为紫色土的坡积物，土体较厚，呈紫色，质地为重壤土。

江粉泥田土属，分布在麻步、渔塘、江屿、万全等处。土体上层母质为河流近期泛滥物，粉沙含量高，质地较轻松透水；下层为古海相沉积物青泥层，质细，黏粒含量高，透水性差，呈青灰色，水耕时较紧实，有淀浆，供肥保肥性能好。

青紫塥黏田土属，地形平坦，水源充足，地下水位高。母质为老浅海沉积物，土体深厚。上部已脱潜，下部仍处在潜育状态，即青泥层，土质匀细黏韧，通透性差，微酸性，缺磷，土色上层为灰黄棕，下层为青灰，多为河沿田、村边田，排灌条件好，分布在西塘、萧江、钱仓及万全各处，均属产水田类型。

烂泥田土属，母质为冲积物，地下水位高，常年积水，土体长期处于还原状态，亚铁反映显著，呈蓝灰至青灰色。

烂浸田土属，母质为山谷堆积物，因受冷水影响，土体常年积水，土壤糊烂，潮湿时呈蓝灰至青灰色，土壤通透性差，有效养分含量低。

咸黏田土属，母质为新浅海沉积物，由咸黏土水耕或由涂黏土围垦水耕发育而成。土壤含盐和碳酸钙，处于脱盐脱钙过程，旱季仍有返盐现象，呈中性至碱性，质地重壤至轻黏，分布在西湾、墨城、宋埠等处。

土壤利用

根据成土母质、土壤类型、地形地貌、土壤组合，自然环境条件诸因素，可划分为西部山区黄壤封山育林区、丘陵低山红壤造林保土改土区、河谷平原土壤耕作培肥区、鳌江中下游沿江土壤改良利用区、水网平原青紫塥黏田降潜排渍培肥区、滨海盐土改良培肥区，以便于综合利用。

西部山区以林业为主，农、副、牧结合，营造杉、松、毛竹等林木，封山育林，严禁滥伐树木。

丘陵低山要因地制宜、合理布局、全面规划、综合治理，高处陡坡以林为主封山育林，禁止乱砍滥伐；平缓坡地种植经济作物，建立茶叶、油桐等基地；低丘缓坡和山麓，以粮为主，修筑梯田，适当扩大耕地面积。

河谷平原沿溪边的要修筑和加固防洪堤坝，沿山边开好排水沟；清水沙宜植枫杨、水竹、芦苇等；耕层浅薄的应逐年增加客土，加厚耕层，提高保肥水能力；修建水库，搞好排灌系统配套，以提高抗旱能力。鳌江中下游沿江两岸适宜种植糖蔗、蔬菜等经济作物。

水网平原区是全县主要粮食产区，也是商品粮生产基地，要开拓整理河道，控制内河水位，开深沟排水，降低地下水位；实行绿肥与冬作物的间年轮作，改善土壤结构；广辟肥源，增施有机肥，配施磷钾肥，提高土壤肥力。

滨海盐土潮间带发展海产养殖，同时尽可能筑塘围堤，引水洗盐冲淡，全面种植大米草，围垦后种植咸青，养淡数年后可种植糖蔗、麻、柑橘等经济作物；提倡种植绿肥，增施有机肥，加速土壤熟化，改善土壤结构，培肥地力。

第二节　植　被

根据中国植被分区，平阳县属中国东部湿润森林区，亚热带常绿阔叶林带，常年湿润常绿阔叶林带东部组，中亚热带常绿阔叶林南亚带，浙南闽中山丘栲类细柄树林区，雁荡山丘陵低山植被片。2012年，全县森林覆盖率为52.32%，人均占有森林面积0.87亩。全县主要植被有如下8类。

亚热带针叶林

以马尾松为主，全县分布面积广，占山林面积的80%以上。近几年在山区建设一批新的杉木、柳杉用材林基地，林相比较整齐。常见伴生植物有光叶石楠、苦槠、枫香、柃木、老鼠刺、羊舌树、石斑木、冻绿柴、山矾等。草本以芒萁、茅草、狗尾草等为主，茅草生长良好，芒萁就少；芒萁多的，茅草就少。

亚热带荒山灌木草丛

海拔1000米左右的棋盘山、朝天马、双尖山、龙潭山山顶一带，有野枯草、芒萁为主的植物群落分布，伴有蛇莓、龙胆草、铁线莲等。海拔1000米以下的山顶、坳地避风处，形成片状灌丛，如吴垟、维新、顺溪等地。灌丛高不足2米，有白栎、红白杜鹃、鹿角杜鹃、山柳和岩蕨、香薷等，地面上有地刷子、铺地蜈蚣。

常绿阔叶、落叶阔叶混交林

被称为杂林木，海拔500米以上的顺溪、吴垟等山地保存着良好的林相。上层常绿树有桢楠、木荷、冬青、栲类；下层灌木、藤本，有油茶、木姜子、山矾。小竹、猕猴桃、栝蒌等，地被茂盛，有双盖蕨、金毛狗脊、书带草、博洛回、兰花等。原有的常绿阔叶林，由于长期以来人为的破坏，只能在交通闭塞或极险峻的地方，偶尔能找到半原生状态的植被，大部分多为次生针叶林所覆盖，有的已沦为灌木林或灌木丛。

亚热带毛竹林

1989—2012年，吴垟的戈场、腾了、青街、睦源等地有较大面积的成片毛竹纯林。又有人工栽竹造林，或从竹、杉、杂混交林抚育出来的毛竹丛林。稀疏竹林常伴有马尾松、枫香等。地被物有铺地锦、茅草、海金沙、络石、野葡萄、菝葜等。全县竹类品种繁多，以毛竹和绿竹为主。鳌江中游干、支流两岸护坡及堤塘上种植的青皮竹有固堤防沙作用。

低坡平地特产林和鳌江上游溪滩林

低坡平地有人工栽培的茶叶、桑树、杨梅、柑、橘、桃、李、橄榄等特产林，通过人工培育，多成纯林，林下植物种类不多。溪滩林主要留存于山门至南雁东门，山门大溪、闹村溪、溪心溪、畴溪、顺溪溪等地，有木油桐、枫杨、溪柳、水竹、青皮竹及五节芒植物群落等。

沿海防护林

沿海防护林由防风固沙林、水土保持林、水源涵养林、农田防护林和其他防护林5类防护林组成。具有防风固沙、保持水土、涵养水源、抵御海啸和风暴潮危害的作用。以万全镇宋埠为例，沿海滩涂营造红树林，形成抗风消浪第一道防线；沿海堤塘营造第二道木麻黄海岸基干林带；第三道防线以池杉林带为主的农田林网；最后是村庄绿化为主的第四道防线。层层设防，有效减弱台风灾害。

20世纪70年代以来，平阳县开始有组织、有计划在沿海、沿江一带营造防护林，20世纪80年代列入浙江省沿海防护林体系建设县，开始大规模造林，2005年通过高标准平原绿化达标验收。沿海防护林树种以香樟、枫香、木荷为主，先后引进池杉、木麻黄、湿地松、台湾相思、秋茄等外来树种，增加了防护林树种的多样性。随着林带营造，堤塘土壤逐渐脱盐熟化，林下植物随之增加，常见有马兰、羊蹄、卤地菊、盐蒿、剪土股、半夏、金沸草等植物。

水生植被

塘河一带水中，有浮萍、菱茭、水荇、凤眼莲、水浮莲、菖蒲、藻类、菰米等。

“四旁”林

村前屋后、路边栽植的林木（俗称“四旁”林）。随着引种工作开展，“四旁”林树种增多，主要有巨尾桉、绿竹、水竹、桉树、木麻黄、黑荆、苦楝、棕榈、悬铃木、青桐、小叶榕、柏树、樟树、水杉等，有的成单行栽植，有的成片状分布，如巨尾桉在高速公路、国道、省道两侧广为种植。地被物种类繁多，主要有鸡眼草，铁扫帚、酢浆草、车前草、马蹄金、狗牙根、鳢肠、空心莲子草（革命草）、毛飞蓬蒿等。

纵观全县植被，高层的植被以木本的松杉为主，其次是一些杂木、薪炭林、经济林和竹林，底层的植被以草本为主，其次是丛生的灌木。

第三章　生　物

县内有陆地、江河野生植物1483种，陆生野生脊索动物303种，江河淡水鱼100种，海洋生物1826种。海洋生物中，有鱼类397种、爬行类3种、甲壳类207种、贝类427种、大型底栖藻类178种、微小型底栖类459种、其他海洋生物155种。贝、藻类品种分别约占全国的15%和25%。

第一节　陆地、江河野生植物

平阳县是浙江省植物种类最丰富的地区之一，在区系上具有独特性，是生物多样性保护的重要区域，也是浙江历次重大植物资源调查的重点区域。

文中野生植物仅指陆地和江河的野生或归化维管束植物。据不完全统计，全县有1483种，隶属191科716属。其中蕨类植物131种，隶属36科66属；种子植物1352种，隶属155科650属。在种子植物中，被子植物1333种，隶属148科635属；裸子植物19种，隶属7科15属。

蕨类植物门　Pteridophyta

（一）石杉科　Huperziaceae

1. 石杉属 Huperzia

蛇足石杉 *H.serrata*，顺溪、山门、怀溪一带可见

（二）石松科　Lycopodiaceae

1. 藤石松属 Lycopodiastrum

藤石松 *L.casuarinoides*，顺溪、山门、怀溪一带可见

2. 石松属 Lycopodium

石松 *L.japonicum*

3. 垂穗石松属 Palhinhaea

灯笼草（垂穗石松）*P.Clinopodium cernua*

（三）卷柏科　Selaginellaceae

1.卷柏属 Selaginella

深绿卷柏 *S.doederleinii*

异穗卷柏 *S.heterostachys*

江南卷柏 *S.moellendorffii*

伏地卷柏（日本卷柏）*S.nipponica*

疏叶卷柏 *S.remotifolia*，分布怀溪

卷柏 *S.tamariscina*

翠云草 *S.uncinata*

（四）木贼科　Equisetaceae

1. 木贼属 Equisetum

节节草 *E.ramosissimum*

（五）瓶尔小草科　Ophioglossaceae

1. 瓶尔小草属 Ophioglossum

瓶尔小草 *O.vulgatum*

（六）观音座莲科　Angiopteridaceae

1.观音座莲属 Angiopteris

福建观音座莲（福建莲座蕨）*A.fokiensis*，分布怀溪、顺溪

（七）紫萁科　Osmundaceae

1. 紫萁属 Osmunda

粗齿紫萁 *O.banksiifolia*

紫萁 *O.japonica*

（八）瘤足蕨科　Plagiogyriaceae

1.瘤足蕨属 Plagiogyria

瘤足蕨（镰叶瘤足蕨）*P.adnata*，分布怀溪

华中瘤足蕨（武夷瘤足蕨、尾叶瘤足蕨）P. euphlebi，分布怀溪

（九）里白科　Gleicheniaceae

1. 芒萁属 Dicranopteris

芒萁 *D.pedata*

2. 里白属 Diplopterygium

中华里白 *D.chinensis*

里白 *D.glaucum*

（一〇）海金沙科　Lygodiaceae

1. 海金沙属 Lygodium

海金沙 *L.japonicum*

（一一）膜蕨科　Hymenophyllaceae

1. 团扇蕨属 Gonocormus

团扇蕨 *G.minutus*

2. 瓶蕨属 Vandenboschia

瓶蕨 *V.auriculata*，分布怀溪

（一二）蚌壳蕨科　Dicksoniaceae

1. 金毛狗属 Cibotium

金毛狗 *C.barometz*，北港一带可见

（一三）桫椤科　Cyatheaceae

1. 桫椤属 Alsophila

粗齿桫椤 *A.denticulata*

小黑桫椤 *A.metteniana*，分布顺溪、南雁

桫椤 *A.spinulosa*，分布怀溪，为浙江分布新纪录

（一四）碗蕨科　Dennstaedtiaceae

1. 碗蕨属 Dennstaedtia

光叶碗蕨 *D.scabra var. glabrescens*

2. 鳞盖蕨属 Microlepia

华南鳞盖蕨 *M.hancei*

虎克鳞盖蕨 *M.hookeriana*，分布南雁、顺溪

边缘鳞盖蕨 *M.marginata*

皖南鳞盖蕨 *M. modesta*，温州仅平阳有分布

粗毛鳞盖蕨 *M.strigosa*，分布怀溪

（一五）鳞始蕨科　Lindsaeaceae

1. 鳞始蕨属 Lindsaea

团叶鳞始蕨（海岛鳞始蕨、卵叶鳞始蕨）*L.orbiculata*

2.乌蕨属 Stenoloma

阔片乌蕨 *Sphenomeris biflora Tagawa*，分布南麂岛

乌蕨 *S.chinensis*

（一六）姬蕨科　Hypolepidaceae

1.姬蕨属 Hypolepis

姬蕨 *H.punctata*

（一七）蕨科　Pteridiaceae

1.蕨属　Pteridium

蕨　*P.aquilinum var. latiusculum*

（一八）凤尾蕨科　Pteridaceae

1.栗蕨属　Histiopteris

栗蕨　*H.incisa*，分布南雁荡山、山门

2. 凤尾蕨属　Pteris

刺齿凤尾蕨　*P.dispar*

傅氏凤尾蕨　*P.fauriei*，分布南雁荡山

全缘凤尾蕨　*P.insignis*，分布怀溪

井栏边草　*P.multifida*

斜羽凤尾蕨　*P.oshimensis*，分布南麂岛

半边旗　*P.semipinnata*，分布顺溪、怀溪

蜈蚣草　*P.vittata*

（一九）中国蕨科　Sinopteridaceae

1. 碎米蕨属　Cheilosoria

薄叶碎米蕨　*C.tenuifolia*

2. 金粉蕨属　Onychium

野雉尾金粉蕨（日本金粉蕨）*O.japonicum*

（二〇）铁线蕨科　Adiantaceae

1. 铁线蕨属　Adiantum

扇叶铁线蕨　*A.flabellulatum*

（二一）裸子蕨科　Hemionitidaceae

1. 凤丫蕨属　Coniogramme

凤丫蕨　*C.japonica*

（二二）书带蕨科　Vittariaceae

1.书带蕨属　Vittaria

书带蕨（细柄书带蕨、小叶书带蕨）*V.flexuosa*

（二三）蹄盖蕨科　Athyriaceae

1. 短肠蕨属　Allantodia

边生短肠蕨　*A.contermina*

毛柄短肠蕨（膨大短肠蕨、毛柄）*A.dilatata*

江南短肠蕨（江南双盖蕨）*A.metteniana*

2. 安蕨属　Anisocampium

华东安蕨　*A.sheareri*，分布南雁

3. 假蹄盖蕨属　Athyriopsis

毛轴假蹄盖蕨（毛叶蹄盖蕨）*A.petersenii*

4.菜蕨属　Callipteris

菜蕨　*C.esculenta*，分布青街

5. 双盖蕨属　Diplazium

单叶双盖蕨　*D.subsinuatum*

6. 介蕨属　Dryoathyrium

华中介蕨（大久保横蕨）*D.okuboanum*

7. 毛轴线盖蕨属（毛子蕨属）Monomelangium

毛轴线盖蕨（毛子蕨）*M.pullingeri*，分布南雁荡山

（二四）金星蕨科　Thelypteridaceae

1. 毛蕨属　Cyclosorus

渐尖毛蕨　*C.acuminatus*

干旱毛蕨　*C.aridus*

齿牙毛蕨　*C.dentatus*

福建毛蕨　*C.fukienensis*

闽台毛蕨　*C.jaculosus*

宽羽毛蕨　*C.latipinnus*

缩羽毛蕨　*C.abbreviatus*

华南毛蕨　*C.parasiticus*

短尖毛蕨　*C.subacutus*

大毛蕨　*C.grandissimus*

2. 圣蕨属　Dictyocline

闽浙圣蕨　*D.mingchegensis*

羽裂圣蕨　*D.Wilfordii*

3. 针毛蕨属　Macrothelypteris

雅致针毛蕨　*M.oligophlebia var. elegans*

普通针毛蕨　*M.torresiana*

4.凸轴蕨属　Metathelypteris

林下凸轴蕨　*M.hattorii*

疏羽凸轴蕨　*M.laxa*

5. 金星蕨属　Parathelypteris

金星蕨　*P.glanduligera*

光脚金星蕨（日本金星蕨）*P.japonica*

6. 卵果蕨属　Phegopteris

延羽卵果蕨　*P.decursive-pinnata*

7. 假毛蕨属　Pseudocyclosorus

普通假毛蕨　*P.subochthodes*

（二五）铁角蕨科　Aspleniaceae

1. 铁角蕨属　Asplenium

华南铁角蕨　*A.austrochinense*

毛轴铁角蕨　*A.crinicaule*

虎尾铁角蕨　*A.incisum*

胎生铁角蕨　*A.indicum*，分布南雁

倒挂铁角蕨 *A.normale*
北京铁角蕨 *A.pekinense*
长叶铁角蕨（长生铁角蕨）*A.prolongatum*
狭翅铁角蕨 *A.wrightii*
（二六）乌毛蕨科　Blechnaceae
1. 乌毛蕨属 Blechnum
乌毛蕨 *B.orientale*
2. 狗脊属 Woodwardia
狗脊 *W.japonica*
胎生狗脊 *W.prolcifera*
（二七）鳞毛蕨科　Dryopteridaceae
1. 复叶耳蕨属 Arachniodes
斜方复叶耳蕨 *A.rhomboidea*
刺头复叶耳蕨 *A.exilis*
缩羽复叶耳蕨 *A.reducta*，分布南麂岛
异羽复叶耳蕨（长尾复叶耳蕨）*A.simplicior*
2. 鞭叶蕨属 Cyrtomidictyum
鞭叶蕨 *C.lepidocaulon*
3. 贯众属 Cyrtomium
镰羽贯众 *C.balansae*
披针贯众 *C.devexiscapulae*
全缘贯众 *C.falcatum*
贯众 *C.fortunei*
4. 鳞毛蕨属 Dryopteris
阔鳞鳞毛蕨 *D.championii*
中华鳞毛蕨 *D.chinensis*
迷人鳞毛蕨 *D.decipiens*
红盖鳞毛蕨 *D.erythrosora*
黑足鳞毛蕨 *D.fuscipes*
桃花岛鳞毛蕨 *D.hondoensis*，分布南麂岛
京鹤鳞毛蕨 *D.kinkiensis*
太平鳞毛蕨 *D.pacifica*
两色鳞毛蕨 *D.setosa*
稀羽鳞毛蕨 *D.sparsa*
5. 耳蕨属 Polystichum
黑鳞耳蕨 *P.makinoi*
（二八）实蕨科　Bolbitidaceae
1. 实蕨属 Bolbitis
华南实蕨 *B.subcordata*
（二九）肾蕨科　Nephrolepidaceae
1. 肾蕨属 Nephrolepis
肾蕨 *N.cordifolia*
（三〇）骨碎补科　Davalliaceae
1. 阴石蕨属 Humata
圆盖阴石蕨 *H.tyermanni*
阴石蕨 *H.repens*
（三一）燕尾蕨科　Cheiropleuriaceae
1. 燕尾蕨属 Cheiropleuria
燕尾蕨 *C.bicuspis*
（三二）水龙骨科　Polypodiaceae
1. 线蕨属 Colysis
线蕨 *C.elliptica*
宽羽线蕨 *C.pothifolia*
褐叶线蕨 *C.wrightii*
2. 骨牌蕨属 Lepidogrammitis
抱石莲 *L.drymoglossoides*
3. 鳞果星蕨属 Lepidomicrosorium
表面星蕨 *L.superficiale*
江南星蕨 *L.Neolepisorus fortunei*
4. 瓦韦属 Lepisorus
瓦韦 *L.thunbergianus*
5. 假瘤蕨属 Phymatopteris
金鸡脚假瘤蕨 *P.hastata*
6. 石韦属 Pyrrosia
光石韦 *P.calvata*
石韦 *P.lingua*
（三三）槲蕨科　Drynariaceae
1. 槲蕨属 Drynaria
槲蕨 *D.roosii*
（三四）苹科　Marsileaceae
1. 苹属 Marsilea
苹（南国田字草）*M.crenata*
（三五）槐叶苹科　Salviniaceae
1. 槐叶苹属 Salvinia
槐叶苹 *S.natans*
（三六）满江红科　Azollaceae
1. 满江红属 Azolla
满江红 *A.pinnata subsp. Asiatica*

裸子植物门　Gymnospermae

（一）银杏科　Ginkgoaceae

1. 银杏属 Ginkgo
银杏 *G.biloba*，栽培或逸生
（二）松科 Pinaceae
1. 松属 Pinus
马尾松 *P.massoniana*
黑松 *P.thunbergii*
湿地松 *P.elliottii*
火炬松 *P.taeda*
2. 油杉属 Keteleeria
江南油杉 *K.fortunei var. cyclolepis*
（三）杉科 Taxodiaceae
1. 柳杉属 Cryptomeria
柳杉 *C.fortunei*
2. 杉木属 Cunninghamia
杉木 *C.lanceolata*
3. 落羽杉属 Taxodium
落羽杉 *T.distichum*
池杉 *T.ascendens*
4. 水杉属 Metasequoia
水杉 *M.glyptostroboides*
（四）柏科 Cupressaceae
1. 柏木属 Cupressus
柏木 *C.funebris*
2. 刺柏属 Juniperus
刺柏 *J.formosana*
3. 侧柏属 Platycladus
侧柏 *P.orientalis*
4. 圆柏属 Sabina
圆柏 *S.chinensis*
（五）罗汉松科 Podocarpaceae
1. 竹柏属 Nageia
竹柏 *N.nagi*
2. 罗汉松属 Podocarpus
罗汉松 *P.macrophyllus*
（六）三尖杉科 Cephalotaxaceae
1. 三尖杉属 Cephalotaxus
三尖杉 *C.fortunei*
（七）红豆杉科 Taxaceae
1. 红豆杉属 Taxus
南方红豆杉 *T.wallichiana var. mairei*

被子植物门 Angiospermae

（一）木麻黄科 Casuarinaceae
1. 木麻黄属 Casuarina
木麻黄 *C.equisetifolia*
（二）三白草科 Saururaceae
1. 蕺菜属 Houttuynia
蕺菜（鱼腥草）*H.cordata*
2. 三白草属 Saururus
三白草 *S.chinensis*
（三）胡椒科 Piperaceae
1. 胡椒属 Piper
山蒟（海风藤）*P.hancei*
风藤 *P.kadsura*
（四）金粟兰科 Chloranthaceae
1. 草珊瑚属 Sarcandra
草珊瑚 *S.glabra*
（五）杨柳科 Salicaceae
1. 杨属 Populus
加杨 *P.canadensis*
2. 柳属 Salix
垂柳 *S.babylonica*
银叶柳 *S.chienii*
（六）杨梅科 Myricaceae
1. 杨梅属 Morell
杨梅 *M.rubra*
（七）胡桃科 Juglandaceae
1. 黄杞属 Alfaropsis
少叶黄杞 *A.fenzelii*
2. 枫杨属 Pterocarya
枫杨 *P.stenoptera*
3. 化香树属 Platycarya
化香树 *P.strobilacea*
（八）桦木科 Betulaceae
1. 桤木属 Alnus
江南桤木 *A.trabeculosa*
2. 桦木属 Betula
亮叶桦（光皮桦）*B.luminifera*
（九）壳斗科 Fagaceae
1. 栗属 Castanea
锥栗 *C.henryi*

板栗 *C.mollissima*
2. 栲属 Castanopsis
米槠 *C.carlesii*
甜槠 *C.eyrei*
罗浮栲 *C.fabri*
栲树(栲) *C.fargesii*
南岭栲(毛锥) *C.fordii*
苦槠 *C.sclerophylla*
钩锥(钩栗、钩栲) *C.tibetana*
3. 青冈属 Cyclobalanopsis
青冈 *C.glauca*
小叶青冈 *C.myrsinaefolia*
大叶青冈 *C.jenseniana*
毛果青冈(卷斗青冈) *C.pachyloma*
云山青冈 *C.sessilifolia*
4. 柯属(石栎属) Lithocarpus
短尾柯 *L.brevicaudatus*
柯(石栎) *L.glaber*
硬壳柯 *L.hancei*
木姜叶柯(多穗石栎) *L.litseifolius*
5. 栎属 Quercus
麻栎 *Q.acutissima*
槲栎 *Q.aliena*
白栎 *Q.fabri*
乌冈栎 *Q.phillyreoides*
枹栎(短柄枹) *Q.serrata*
(一〇) 榆科 Ulmaceae
1. 糙叶树属 Aphananthe
糙叶树 *A.aspera*
2. 朴属 Celtis
黑弹树 *C.bungeana*
珊瑚朴 *C.julianae*
朴树 *C.sinensis*
3. 山黄麻属 Trema
光叶山黄麻 *T.cannabina*,分布南雁荡山
山油麻 *T.cannabina var. dielsiana*
4. 榆属 Ulmus
兴山榆 *U.bergmanniana*
榔榆 *U.parvifolia*
榆树(白榆) *U.pumila*
(一一) 桑科 Moraceae
1. 桑属 Morus
桑 *M.alba*
2. 构属 Broussonetia
藤葡蟠(藤构) *B.kaempferi var. Australis*
小构树 *B.kazinoki*
构树 *B.papyrifera*
3. 柘属 Maclura
构棘(葨芝) *M.cochinchinensis*
柘 *M.tricuspidata*
4. 榕属 Ficus
雅榕(小叶榕、无柄小叶榕) *F.concinna*
榕树 *F.microcarpa*
笔管榕 *F.subpisocarpa*
天仙果 *F.erecta*
台湾榕 *F.formosana*
琴叶榕 *F.pandurata*
全缘琴叶榕 *F.pandurata var. holophylla*
条叶榕 *F.pandurata var.angustifolia*
竹叶榕 *F.stenophylla*
薜荔 *F.pumila*
爱玉子 *F.pumila var. awkeotsang*
珍珠莲 *F. sarmentosa var. henryi*
爬藤榕 *F. sarmentosa var. impressa*
变叶榕 *F.variolosa*
5. 水蛇麻属(桑草属) Fatoua
水蛇麻(桑草) *F.villosa*
6. 葎草属 Humulus
葎草 *H.scandens*
(一二) 荨麻科 Urticaceae
1. 花点草属 *Nanocnide*
毛花点草 *N.lobata*
2. 冷水花属 Pilea
小叶冷水花 *P.microphylla*
冷水花 *P.notata*
齿叶矮冷水花 *P.peploides var. major*
透茎冷水花 *P.pumila*
三角形冷水花 *P.swinglei*
3. 赤车属 Pellionia
短叶赤车(山椒草) *P.brevifolia*

赤车 *P.radicans*

蔓赤车 *P.scabra*

4. 苎麻属 Boehmeria

白面苎麻 *B.clidemioides*

海岛苎麻 *B.formosana*

大叶苎麻（野线麻）*B.japonica*

苎麻 *B.nivea*

青叶苎麻 *B.nivea var. tenacissima*

5. 糯米团属 Gonostegia

糯米团 *G.hirta*

6. 雾水葛属 Pouzolzia

雾水葛 *P.zeylanica*

（一三）山龙眼科　Proteaceae

1. 山龙眼属 Helicia

小果山龙眼 *H.cochinchinensis*

2. 银桦属 Grevillea

银桦 *G.robusta*

（一四）檀香科　Santalaceae

1. 百蕊草属 Thesium

百蕊草 *T.chinense*

（一五）桑寄生科　Loranthaceae

1. 钝果寄生属 Taxillus

锈毛钝果寄生 *T.levinei*

桑寄生（四川寄生）*T.sutchuenensis*

2. 槲寄生属 Viscum

枫香槲寄生 *V.liquidambaricola*

（一六）马兜铃科　Aristolochiaceae

1. 马兜铃属 Aristolochia

马兜铃 *A.debilis*

2. 细辛属 Asarum

尾花细辛 *A.caudigerum*

小叶马蹄香 *A.ichangense*

（一七）蓼科　Polygonaceae

1. 金线草属 Antenoron

金线草 *A.filiforme*

短毛金线草 *A.filiforme var. neofiliforme*

2. 荞麦属 Fagopyrum

金荞麦（野荞麦）*F.dibotrys*

3. 何首乌属 Fallopia

何首乌 *F.multiflora*

4. 蓼属 Polygonum

萹蓄 *P.aviculare*

火炭母 *P.chinense*

水蓼 *P.hydropiper*

蚕茧草 *P.japonicum*，分布南麂岛

柔茎蓼 *P.kawagoeanum*，分布怀溪，为温州分布新纪录

酸模叶蓼 *P.lapathifolium*

绵毛酸模叶蓼 *P.lapathifolium var. salicifolium*

长鬃蓼（马蓼）*P.longisetum*

小花蓼 *P.muricatum*

尼泊尔蓼 *P.nepalense*

红蓼 *P.orientale*

杠板归 *P.perfoliatum*

春蓼 *P.persicaria*

暗果春蓼 *P.persicaria var. opacum*，分布鳌江镇

丛枝蓼 *P.posumbu*

伏毛蓼 *P.pubescens*

箭叶蓼 *P.sieboldii*

刺蓼 *P.senticosum*

戟叶蓼 *P.thunbergii*

5. 虎杖属 Reynoutria

虎杖 *R.japonica*

6. 酸模属 Rumex

酸模 *R.acetosa*

羊蹄 *R.japonicus*

长刺酸模 *R.trisetifer*，分布怀溪，为温州分布新纪录

（一八）藜科　Chenopodiaceae

1. 藜属 Chenopodium

狭叶尖头叶藜 *C.acuminatum subsp. virgatum*，分布南麂岛

藜 *C.album*

土荆芥 *C.ambrosioides*

2. 地肤属 Kochia

地肤 *K.scoparia*

3. 碱蓬属 Suaeda

碱蓬 *S.glauca*

盐地碱蓬 *S.salsa*

（一九）苋科　Amaranthaceae

1. 牛膝属　Achyranthes
牛膝　*A.bidentata*
柳叶牛膝　*A.longifolia*
红柳叶牛膝　*A.longifolia f. rubra*
2. 莲子草属　Alternanthera
喜旱莲子草　*A.philoxeroides*
莲子草　*A.sessilis*
3. 苋属　Amaranthus
凹头苋　*A.blitum*
繁穗苋　*A.cruentus*
反枝苋　*A.retroflexus*
苋　*A.tricolor*
4. 青葙属　Celosia
青葙　*C.argentea*
（二〇）紫茉莉科　Nyctaginaceae
1. 紫茉莉属　Mirabilis
紫茉莉　*M.jalapa*
2. 叶子花属　Bougainvillea
光叶子花（三角梅）*B.glabra*
（二一）商陆科　Phytolaccaceae
1. 商陆属　Phytolacca
商陆　*P.acinosa*
垂序商陆（美洲商陆）*P.americana*
（二二）番杏科　Aizoaceae
1. 粟米草属　Mollugo
粟米草　*M.stricta*
2. 番杏属　Tetragonia
番杏　*T.tetragonioides*，分布南麂岛
（二三）马齿苋科　Portulacaceae
1. 马齿苋属　Portulaca
马齿苋　*P.oleracea*
2. 土人参属　Talinum
土人参　*T.paniculatum*
（二四）落葵科　Basellaceae
1. 落葵属　Basella
落葵　*B.alba*
2. 落葵薯属　Anredera
落葵薯　*A.cordifolia*
（二五）石竹科　Caryophyllaceae
1. 繁缕属　Stellaria
雀舌草　*S.alsine*
繁缕　*S.media*
2. 鹅肠菜属　Myosoton
鹅肠菜（牛繁缕）*M.aquaticum*
3. 卷耳属　Cerastium
球序卷耳　*C.glomeratum*
4. 漆姑草属　Sagina
漆姑草　*S.japonica*
5. 蚤缀属　Arenaria
蚤缀（无心菜）*A.serpyllifolia*
6. 蝇子草属　Silene
女娄菜　*S.aprica*
蝇子草　*S.gallica*
7. 种阜草属　Moehringia
三脉种阜草　*M.trinervia*
8. 石竹属　Dianthus
瞿麦　*D.superbus*
（二六）睡莲科　Nymphaeaceae
1. 莲属　Nelumbo
莲（荷花）*N.nucifera*
（二七）金鱼藻科　Ceratophyllaceae
1. 金鱼藻属　Ceratophyllum
金鱼藻　*C.demersum*
（二八）毛茛科　Ranunculaceae
1. 乌头属　Aconitum
乌头　*A.carmichaelii*
2. 铁线莲属　Clematis
女萎　*C.apiifolia*
威灵仙　*C.chinensis*
山木通　*C.finetiana*
单叶铁线莲　*C.henryi*
裂叶铁线莲　*C.parviloba*
柱果铁线莲　*C.uncinata*
3. 黄连属　Coptis
短萼黄连　*C.chinensis var. brevisepala*，分布顺溪
4. 翠雀属　Delphinium
还亮草　*D.anthriscifolium*
5. 毛茛属　Ranunculus
禺毛茛　*R.cantoniensis*
毛茛　*R.japonicus*

石龙芮 *R.sceleratus*
扬子毛茛 *R.sieboldii*
6. 天葵属 Semiaquilegia
天葵 *S.adoxoides*
7. 唐松草属 Thalictrum
尖叶唐松草 *T.acutifolium*
大叶唐松草 *T.faberi*
（二九）木通科 Lardizabalaceae
1. 木通属 Akebia
木通 *A.quinata*
三叶木通 *A.trifoliata*
2. 八月瓜属 Holboellia
鹰爪枫 *H.coriacea*，分布顺溪
3. 大血藤属 Sargentodoxa
大血藤 *S.cuneata*
4. 野木瓜属 Stauntonia
野木瓜 *S.chinensis*
尾叶那藤 *S.obovatifoliola subsp urophylla*
（三〇）小檗科 Berberidaceae
1. 小檗属 Berberis
天台小檗（长柱小檗）*B.lempergiana*
2. 八角莲属 Dysosma
六角莲 *D.pleiantha*
八角莲 *D.versipellis*
3. 淫羊藿属 Epimedium
三枝九叶草 *E.sagittatum*
4. 十大功劳属 Mahonia
阔叶十大功劳 *M.bealei*
十大功劳 *M.fortunei*
5. 南天竹属 Nandina
南天竹 *N.domestica*
（三一）防己科 Menispermaceae
1. 木防己属 Cocculus
木防己 *C.orbiculatus*
2. 轮环藤属 Cyclea
轮环藤 *C.racemosa*，分布顺溪
3. 细圆藤属 Pericampylus
细圆藤 *P.glaucus*
4. 汉防己属 Sinomenium
汉防己（风龙）*S.acutum*
5. 千金藤属 Stephania
金线吊乌龟 *S.cepharantha*
千金藤 *S.japonica*
粉防己 *S.tetrandra*
（三二）木兰科 Magnoliaceae
1. 木兰属 Magnolia
玉兰 *M.denudata*
2. 含笑属 Michelia
深山含笑 *M.maudiae*
野含笑 *M.skinneriana*
3. 南五味子属 Kadsura
南五味子 *K.longipedunculata*
4. 五味子属 Schisandra
华中五味子 *S.sphenanthera*
绿叶五味子 *S.viridis*，分布顺溪
5. 八角属 Illicium
红毒茴（披针叶茴香）*I.lanceolatum*
6. 木莲属 Manglietia
乳源木莲 *M.yuyuanensis*
（三三）蜡梅科 Calycanthaceae
1. 蜡梅属 Chimonanthus
浙江蜡梅 *C.zhejiangensis*
（三四）番荔枝科 Annonaceae
1. 瓜馥木属 Fissistigma
瓜馥木 *F.oldhamii*
（三五）樟科 Lauraceae
1. 樟属 Cinnamomum
华南桂（华南樟）*C.austrosinense*
樟（香樟）*C.camphora*
浙江樟 *C.chekiangense*
沉水樟 *C.micranthum*
2. 润楠属 Machilus
黄绒润楠 *M.grijsii*
绒毛润楠 *M.velutina*
长序润楠 *M.longipedunculata*
刨花润楠（刨花楠）*M.pauhoi*
凤凰润楠 *M.phoenicis*
红楠 *M.thunbergii*
3. 楠木属 Phoebe
闽楠 *P.bournei*

浙江楠 *P.chekiangensis*
紫楠 *P.sheareri*
4. 檫木属 Sassafras
檫木 *S.tzumu*
5. 厚壳桂属 Cryptocarya
硬壳桂 *C.chingii*
6. 木姜子属 Litsea
豺皮樟 *L.rotundifolia var. oblongifolia*
毛豹皮樟 *L.coreana var. lanuginosa*
山鸡椒 *L.cubeba*
毛山鸡椒 *L.cubeba var. formosana*
黄丹木姜子 *L.elongata*
石木姜子 *L.elongata var. faberi*
7. 山胡椒属 Lindera
乌药 *L.aggregata*
狭叶山胡椒 *L.angustifolia*
香叶树 *L.communis*
山胡椒 *L.glauca*
山橿 *L.reflexa*
(三六)罂粟科 Papaveraceae
1. 博落回属 Macleaya
博落回 *M.cordata*
2. 紫堇属 Corydalis
夏天无(伏生紫堇)*C.decumbens*
异果黄堇 *C.heterocarpa*
刻叶紫堇 *C.incisa*
黄堇 *C.pallida*
小花黄堇 *C.racemosa*
(三七)山柑科 Capparaceae
1. 黄花草属 Arivela
黄花草(黄醉蝶花)*A.viscosa*
(三八)十字花科 Brassicaceae
1. 荠属 Capsella
荠 *C.bursa-pastoris*
2. 碎米荠属 Cardamine
弯曲碎米荠 *C.flexuosa*
碎米荠 *C.hirsuta*
3. 臭荠属 Coronopus
臭荠 *C.didymus*
4. 独行菜属 Lepidium
北美独行菜 *L.virginicum*
5. 萝卜属 Raphanus
萝卜 *R.sativus*
6. 蔊菜属 Rorippa
蔊菜 *R.indica*
7. 泡果荠属 Hilliella
浙江泡果荠 *H.warburgii*
(三九)茅膏菜科 Droseraceae
1. 茅膏菜属 Drosera
光萼茅膏菜 *D.peltata var. glabrata*
圆叶茅膏菜 *D.rotundifolia*
匙叶茅膏菜 *D.spathulata*
(四〇)景天科 Crassulaceae
1. 瓦松属 Orostachys
晚红瓦松 *O.japonica*
2. 费菜属 Phedimus
费菜 *P.aizoon*
3. 景天属 Sedum
东南景天 *S.alfredii*
珠芽景天 *S.bulbiferum*
凹叶景天 *S.emarginatum*
佛甲草 *S.lineare*
圆叶景天 *S.makinoi*
垂盆草 *S.sarmentosum*
(四一)虎耳草科 Saxifragaceae
1. 金腰属 Chrysosplenium
大叶金腰 *C.macrophyllum*
2. 常山属 Dichroa
常山(黄常山)*D.febrifuga*,分布山门,温州分布新纪录
3. 绣球属 Hydrangea
中国绣球 *H.chinensis*
圆锥绣球 *H.paniculata*
粗枝绣球 *H.robusta*
4. 鼠刺属 Itea
峨嵋鼠刺 *I.omeiensis*
5. 冠盖藤属 Pileostegia
冠盖藤 *P.viburnoides*
6. 虎耳草属 Saxifraga
虎耳草 *S.stolonifera*

浙江虎耳草 *S.zhejiangensis*

7. 钻地风属 Schizophragma

柔毛钻地风 *S.molle*，分布山门，为温州分布新纪录

（四二）海桐花科 Pittosporaceae

1. 海桐花属 Pittosporum

海金子（崖花海桐）*P.illicioides*

海桐 *P.tobira*

（四三）金缕梅科 Hamamelidaceae

1. 蜡瓣花属 Corylopsis

灰白蜡瓣花 *C.glandulifera var. hypoglauca*

秃蜡瓣花 *C.sinensis var. calvescens*

2. 蚊母树属 Distylium

闽粤蚊母树 *D.chungii*

台湾蚊母树 *D.gracile*

杨梅叶蚊母树 *D.myricoides*

3. 枫香树属 Liquidambar

枫香树 *L.formosana*

4. 檵木属 Loropetalum

檵木 *L.chinense*

5. 蕈树属 Altingia

细柄蕈树 *A.gracilipes*

（四四）杜仲科 Eucommiaceae

1. 杜仲属 Eucommia

杜仲 *E.ulmoides*

（四五）蔷薇科 Rosaceae

1. 龙牙草属 Agrimonia

龙牙草 *A.pilosa*

小花龙牙草 *A.nipponica var. occidentalis*

2. 桃属 Amygdalus

桃 *A.persica*

3. 杏属 Armeniaca

梅 *A.mume*

4. 樱属 Cerasus

毛柱郁李 *C.pogonostyla*

浙闽樱桃 *C.schneideriana*

5. 山楂属 Crataegus

野山楂 *C.cuneata*

6. 蛇莓属 Duchesnea

蛇莓 *D.indica*

7. 枇杷属 Eriobotrya

枇杷 *E.japonica*

8. 桂樱属 Laurocerasus

腺叶桂樱 *L.phaeosticta*

刺叶桂樱 *L.spinulosa*

大叶桂樱 *L.zippeliana*

9. 苹果属 Malus

台湾林檎 *M.doumeri*

尖嘴林檎（光萼林檎）*M.melliana*

10. 稠李属 Padus

短梗稠李 *P.brachypoda*

11. 石楠属 Photinia

中华石楠 *P.beauverdiana*

厚叶中华石楠 *P.beauverdiana var. notabilis*

椤木石楠 *P.davidsoniae*

闽粤石楠 *P.benthamiana*

光叶石楠 *P.glabra*

垂丝石楠 *P.komarovii*

小叶石楠 *P.parvifolia*

倒卵叶石楠 *P.lasiogyna*

绒毛石楠 *P.schneideriana*

桃叶石楠 *P.prunifolia*

石楠 *P.serrulate*

12. 委陵菜属 Potentilla

翻白草 *P.discolor*

莓叶委陵菜 *P.fragarioides*

蛇含委陵菜 *P.kleiniana*

13. 梨属 Pyrus

豆梨 *P.calleryana*

沙梨 *P.pyrifolia*

14. 石斑木属 Raphiolepis

石斑木 *R.indica*

厚叶石斑木 *R.umbellata*

15. 蔷薇属 Rosa

硕苞蔷薇 *R.bracteata*

小果蔷薇（山木香）*R.cymosa*

软条七蔷薇 *R.henryi*

金樱子 *R.laevigata*

光叶蔷薇 *R.luciae*

野蔷薇（多花蔷薇）*R.multiflora*

16. 悬钩子属 Rubus
腺毛莓 *R.adenophorus*
周毛悬钩子 *R.amphidasys*
寒莓 *R.buergeri*
掌叶覆盆子 *R.chingii*
山莓 *R.corchorifolius*
弓茎悬钩子 *R.flosculosus*
蓬蘽 *R.hirsutus*
湖南悬钩子 *R.hunanensis*
太平莓 *R.pacificus*
茅莓 *R.parvifolius*
锈毛莓 *R.reflexus*
浅裂锈毛莓 *R.reflexus var. Hui*
空心泡 *R.rosaefolius*
梨叶悬钩子 *R.pirifolius*
红腺悬钩子 *R.sumatranus*
木莓 *R.swinhoei*
无腺灰白毛莓 *R.tephrodes var. ampliflorus*
三花悬钩子 *R.trianthus*
高粱泡 *R.lambertianus*
东南悬钩子 *R.tsangorum*
17. 花楸属 Sorbus
石灰花楸(石灰树) *S.folgneri*
18. 绣线菊属 Spiraea
中华绣线菊 *S.chinensis*
(四六) 豆科 Leguminosae
1. 金合欢属 Acacia
台湾相思 *A.confusa*
黑荆 *A.mearnsii*
羽叶金合欢 *A.pennata*
藤金合欢 *A.sinuata*
2. 合欢属 Albizia
合欢 *A.julibrissin*
山合欢(山槐)*A.kalkora*
3. 土圞儿属 Apios
土圞儿 *A.fortunei*,分布南麂岛
4. 猴耳环属 Archidendron
猴耳环 *A.clypearia*
亮叶猴耳环 *A.lucidum*
5. 黄芪属 Astragalus
紫云英 *A.sinicus*
6. 羊蹄甲属 Bauhinia
龙须藤 *B.championii*
粉叶羊蹄甲 *B.glauca*
7. 云实属 Caesalpinia
云实 *C.decapetala*
春云实 *C.vernalis*
8. 杭子梢属 Campylotropis
杭子梢 *C.macrocarpa*
9. 刀豆属 Canavalia
海刀豆 *C.maritima*
10. 锦鸡儿属 Caragana
锦鸡儿 *C.sinica*
11. 决明属 Cassia
短叶决明(大叶山扁豆) *C.leschenaultiana*
含羞草决明 *C.mimosoides*
豆茶决明 *C.nomame*
12. 紫荆属 Cercis
紫荆 *C.chinensis*
13. 蝙蝠草属 Christia
铺地蝙蝠草 *C.obcordata*
14. 猪屎豆属 Crotalaria
响铃豆 *C.albida*
中国猪屎豆(华野百合) *C.chinensis*
假地蓝 *C.ferruginea*
野百合(农吉利) *C.sessiliflora*
15. 黄檀属 Dalbergia
南岭黄檀 *D.balansae*
藤黄檀 *D.hancei*
黄檀 *D.hupeana*
香港黄檀 *D.millettii*
16. 山蚂蝗属 Desmodium
小槐花 *D.caudatum*
假地豆 *D.heterocarpon*
小叶三点金 *D.microphyllum*
17. 野扁豆属 Dunbaria
野扁豆 *D.villosa*
18. 大豆属 Glycine
野大豆 *G.soja*
19. 长柄山蚂蝗属 Hylodesmum

长柄山蚂蝗 *H.podocarpum*
宽卵叶长柄山蚂蝗 *H.podocarpum ssp.fallax*
尖叶长柄山蚂蟥 *H.podocarpum ssp.oxyphyllum*
20. 木蓝属 Indigofera
庭藤 *I.decora*
华东木蓝 *I.fortunei*
黑叶木蓝 *I.nigrescens*
浙江木蓝 *I.parkesii*
21. 鸡眼草属 Kummerowia
鸡眼草 *K.striata*
22. 山黧豆属 Lathyrus
海滨山黧豆 *L.japonicus*
23. 胡枝子属 Lespedeza
胡枝子 *L.bicolor*
中华胡枝子 *L.chinensis*
截叶铁扫帚 *L.cuneata*
大叶胡枝子 *L.davidii*
春花胡枝子 *L.dunnii*
多花胡枝子 *L.floribunda*
铁马鞭 *L.pilosa*
美丽胡枝子 *L.formosa*
绒毛胡枝子 *L.tomentosa*
24. 苜蓿属 Medicago
天蓝苜蓿（野苜蓿）*M.lupulina*，分布南麂岛
25. 草木犀属 Melilotus
草木犀（黄香草木犀）*M.officinalis*
26. 崖豆藤属 Millettia
香花崖豆藤 *M.dielsiana*
网络崖豆藤（昆明鸡血藤）*M.reticulata*
27. 油麻藤属 Mucuna
白花油麻藤 *M.birdwoodiana*
常春油麻藤 *M.sempervirens*
28. 红豆属 Ormosia hosiei
花榈木 *O.henryi*
29. 葛属 Pueraria
野葛 *P.montana var.lobata*
三裂叶野葛 *P.phaseoloides*，分布南麂岛
30. 鹿藿属 Rhynchosia
渐尖叶鹿藿 *R.acuminatifolia*
鹿藿 *R.volubilis*
31. 田菁属 Sesbania
田菁 *S.cannabina*
32. 槐属 Sophora
槐 *S.japonica*
苦参 *S.flavescens*
33. 葫芦茶属 Tadehagi
蔓茎葫芦茶 *T.pseudotriquetrum*，分布南麂岛
34. 野豌豆属 Vicia
小巢菜 *V.hirsuta*
救荒野豌豆（大巢菜）*V.sativa*
四籽野豌豆 *V.tetrasperma*
35. 紫藤属 Wisteria
紫藤 *W.sinensis*
36. 丁葵草属 Zornia
二叶丁葵草 *Z.gibbosa*
（四七）酢浆草科 Oxalidaceae
1. 酢浆草属 Oxalis
酢浆草 *O.corniculata*
直酢浆草 *O.corniculata var. stricta*
红花酢浆草 *O.corymbosa*
（四八）牻牛儿苗科 Geraniaceae
1. 老鹳草属 Geranium
野老鹳草 *G.carolinianum*
中日老鹳草 *G.thunbergii*
（四九）古柯科 Erythroxylaceae
1. 古柯属 Erythroxylum
东方古柯 *E.sinensis*
（五〇）芸香科 Rutaceae
1. 柑橘属 Citrus
金豆（山橘）*C.japonica*
柑橘 *C.reticulata*
柚 *C.maxima*
2. 吴茱萸属 Evodia
臭辣吴萸（臭辣树）*E.fargesii*
三桠苦 *E.lepta*
吴茱萸 *E.rutaecarpa*
3. 飞龙掌血属 Toddalia
飞龙掌血 *T.asiatica*
4. 花椒属 Zanthoxylum
椿叶花椒 *Z.ailanthoides*

竹叶花椒 *Z.armatum*
花椒 *Z.bungeanum*，逸生
两面针 *Z.nitidum*
花椒簕 *Z.scandens*
青花椒 *Z.schinifolium*
（五一）苦木科　Simaroubaceae
1. 臭椿属 Ailanthus
臭椿 *A.altissima*
（五二）橄榄科　Burseraceae
1. 橄榄属 Canarium
橄榄 *C.album*，逸生
（五三）楝科　Meliaceae
1. 楝属 Melia
楝（苦楝）*M.azedarach*
川楝 *M.toosendan*
2. 香椿属 Toona
红椿 *T.ciliata*
香椿 *T.sinensis*
3. 麻楝属 Chukrasia
毛麻楝 *C.tabularis var. velutina*，栽培或逸生
（五四）远志科　Polygalaceae
1. 远志属 Polygala
狭叶香港远志 *P.hongkongensis var. stenophylla*
瓜子金 *P.japonica*
小花远志 *P.polifolia*
2. 齿果草属 Salomonia
齿果草 *S.cantoniensis*，分布南雁荡山
（五五）大戟科　Euphorbiaceae
1. 铁苋菜属 Acalypha
铁苋菜 *A.australis*
2. 五月茶属（酸味子属）Antidesma
日本五月茶（酸味子）*A.japonicum*
小叶五月茶 *A.montanum var. microphyllum*
3. 秋枫属 Bischofia
重阳木 *B.polycarpa*
4. 黑面神属 Breynia
黑面神 *B.fruticosa*
喙果黑面神 *B.rostrata*
5. 巴豆属 Croton
巴豆 *C.tiglium*
6. 大戟属 Euphorbia
泽漆 *E.helioscopia*
地锦 *E.Parthenocissus tricuspidata*
通奶草 *E.hypericifolia*，为温州分布新纪录
斑地锦 *E.maculata*
大戟 *E.pekinensis*
千根草 *E.thymifolia*
7. 算盘子属 Glochidion
倒卵叶算盘子 *G.obovatum*
算盘子 *G.puberum*
8. 野桐属 Mallotus
白背叶 *M.apelta*
野梧桐 *M.japonicus*
粗糠柴 *M.philippinensis*
石岩枫 *M.repandus*
野桐 *M.tenuifolius*
9. 乌桕属 Sapium
乌桕 *S.sebiferum*
山乌桕 *S.discolor*
白木乌桕 *S.japonicum*
10. 叶下珠属 Phyllanthus
青灰叶下珠 *P.glaucus*
叶下珠 *P.urinaria*
蜜甘草 *P.ussuriensis*
11. 油桐属 Vernicia
油桐 *V.fordii*
木油桐（千年桐）*V.montana*
（五六）虎皮楠科　Daphniphyllaceae
1. 虎皮楠属（交让木属）Daphniphyllum
交让木 *D.macropodum*
虎皮楠 *D.oldhami*
（五七）水马齿科　Callitrichaceae
1. 水马齿属 Callitriche
沼生水马齿 *C.palustris*
（五八）黄杨科　Buxaceae
1. 黄杨属 Buxus
黄杨（瓜子黄杨）*B.Sinica*
匙叶黄杨 *B.harlandii*
尖叶黄杨 *B.Sinica var. aemulans*
（五九）漆树科　Anacardiaceae

1. 黄连木属 Pistacia

黄连木 *P.chinensis*

2. 盐肤木属 Rhus

盐肤木 *R.chinensis*

3. 漆属 Toxicodendron

野漆 *T.succedaneum*

木蜡树 *T.sylvestre*

毛漆树 *T.trichocarpum*

（六〇）冬青科 Aquifoliaceae

1. 冬青属 Ilex

冬青 *I.chinensis*

枸骨 *I.cornuta*

齿叶冬青 *I.crenata*

厚叶冬青 *I.elmerrilliana*

榕叶冬青 *I.ficoidea*

台湾冬青 *I.formosana*

全缘冬青 *I.integra*，分布冬瓜屿，为温州分布新纪录

广东冬青 *I.kwangtungensis*

大叶冬青 *I.latifolia*

木姜冬青 *I.litseifolia*

矮冬青 *I.lohfauensis*

小果冬青 *I.micrococca*

毛冬青 *I.pubescens*

铁冬青 *I. rotunda*

香冬青 *I.suaveolens*

三花冬青 *I.triflora*

毛枝三花冬青 *I.triflora var.kanehirae*

亮叶冬青（绿叶冬青）*I.nitidissima*

尾叶冬青 *I.wilsonii*

（六一）卫矛科 Celastraceae

1. 南蛇藤属 Celastrus

过山枫 *C.aculeatus*

2. 卫矛属 Euonymus

刺果卫矛 *E.acanthocarpus*

棘刺卫矛 *E.echinatus*

扶芳藤 *E.fortunei*

冬青卫矛 *E.japonicus*

大果卫矛 *E.myrianthus*

中华卫矛 *E.nitidus*

卫矛 *E.alatus*

3. 美登木属 Maytenus

变叶美登木（变叶裸实）*M.diversifolius*

4. 雷公藤属 Tripterygium

雷公藤 *T.wilfordii*

（六二）省沽油科 Staphyleaceae

1. 野鸦椿属 Euscaphis

野鸦椿 *E.japonica*

（六三）槭树科 Aceraceae

1. 槭属 Acer

三角槭 *A.buergerianum*

樟叶槭 *A.coriaceifolia*

青榨槭 *A.davidii*

紫果槭 *A.cordatum*

（六四）无患子科 Sapindaceae

1. 无患子属 Sapindus

无患子 *S.saponaria*，逸生

2. 栾树属 Koelreuteria

复羽叶栾树 *K.bipinnata*，逸生

（六五）清风藤科 Sabiaceae

1. 泡花树属 Meliosma

笔罗子 *M.rigida*

毡毛泡花树 *M.rigida var. pannosa*

樟叶泡花树（绿樟）*M.squamulata*

2. 清风藤属 Sabia

灰背清风藤 *S.discolor*

尖叶清风藤 *S.swinhoei*

（六六）凤仙花科 Balsaminaceae

1. 凤仙花属 Impatiens

凤仙花 *I.balsamina*，逸生

浙江凤仙花 *I.chekiangensis*

牯岭凤仙花（野凤仙）*I.davidi*

（六七）鼠李科 Rhamnaceae

1. 勾儿茶属 Berchemia

大叶勾儿茶 *B.huana*

牯岭勾儿茶（小叶勾儿茶）*B.kulingensis*

2. 枳椇属 Hovenia

枳椇（拐枣）*H.acerba*

3. 马甲子属 Paliurus

马甲子 *P.ramosissimus*

4. 鼠李属 Rhamnus
山绿柴 *R.brachypoda*
长叶冻绿 *R.crenata*
圆叶鼠李 *R.globosa*
冻绿 *R.utilis*
山鼠李 *R.wilsonii*
5. 雀梅藤属 Sageretia
钩刺雀梅藤(猴栗) *S.hamosa*
雀梅藤 *S.thea*
(六八) 葡萄科　Vitaceae
1. 蛇葡萄属 Ampelopsis
广东蛇葡萄 *A.cantoniensis*
蛇葡萄 *A.glandulosa*
光叶蛇葡萄 *A.glandulosa var. hancei*
异叶蛇葡萄 *A.glandulosa var. heterophylla*
牯岭蛇葡萄 *A.glandulosa var. kulingensis*
葎叶蛇葡萄 *A.humulifolia*
2. 乌蔹莓属 Cayratia
白毛乌蔹莓 *C.albifolia*
角花乌蔹莓 *C.corniculata*,为浙江分布新纪录
乌蔹莓 *C.japonica*
华中乌蔹莓 *C.oligocarpa*
3. 地锦属(爬山虎属) Parthenocissus
异叶地锦(异叶爬山虎) *P.dalzielii*
地锦(爬山虎) *P.tricuspidata*
4. 崖爬藤属 Tetrastigma
三叶崖爬藤 *T.hemsleyanum*
5. 葡萄属 Vitis
蘡薁 *V.bryoniifolia*
东南葡萄 *V.chunganensis*
刺葡萄 *V.davidii*
葛藟葡萄(小叶葛藟) *V.flexuosa*
菱叶葡萄 *V.hancockii*
华东葡萄 *V.pseudoreticulata*
小叶葡萄 *V.sinocinerea*,分布鳌江镇岭根
6. 俞藤属 Yua
俞藤(粉叶爬山虎) *Y.thomsonii*,分布山门
(六九) 杜英科 Elaeocarpaceae
1. 杜英属 Elaeocarpus
中华杜英(华杜英) *E.chinensis*
杜英 *E.decipiens*
秃瓣杜英 *E.glabripetalus*
日本杜英(薯豆) *E.japonicus*
山杜英 *E.sylvestris*
2. 猴欢喜属 Sloanea
猴欢喜 *S.sinensis*
(七〇) 椴树科　Tiliaceae
1. 田麻属 Corchoropsis
田麻 *C.crenata*
2. 黄麻属 Corchorus
甜麻 *C.aestuans*
3. 扁担杆属 Grewia
扁担杆 *G.biloba*
(七一) 锦葵科　Malvaceae
1. 黄花稔属 Sida
小叶黄花稔 *S.alnifolia var. microphylla*
白背黄花稔 *S.rhombifolia*
2. 梵天花属 Urena
地桃花 *U.lobata*
粗叶地桃花 *U.lobata var. Glauca*
梵天花 *U.procumbens*
小叶梵天花 *U.procumbens var. microphylla*
(七二) 梧桐科　Sterculiaceae
1. 山芝麻属 Helicteres
山芝麻 *H.angustifolia*
2. 马松子属 Melochia
马松子 *M.corchorifolia*
(七三) 猕猴桃科　Actinidiaceae
1. 猕猴桃属 *Actinidia*
异色猕猴桃 *A.callosa var. discolor*
中华猕猴桃 *A.chinensis*
毛花猕猴桃 *A.eriantha*
长叶猕猴桃 *A.hemsleyana*
小叶猕猴桃 *A.lanceolata*
(七四) 山茶科　Theaceae
1. 杨桐属 Adinandra
黄瑞木(杨桐) *A.millettii*
大萼黄瑞木(大萼杨桐) *A.glischroloma var. macrosepala*
2. 山茶属 Camellia

短柱茶 *C.brevistyla*
浙江红山茶 *C.chekiangoleosa*
闪光红山茶 *C.lucidissima*
浙江尖连蕊茶 *C.cuspidata var. chekiangensis*
毛柄连蕊茶 *C.fraterna*
油茶 *C.oleifera*
毛枝连蕊茶 *C.trichoclada*
3. 柃木属 Eurya
翅柃 *E.alata*
滨柃 *E.emarginata*
微毛柃 *E.hebeclados*
柃木 *E.japonica*
细枝柃 *E.loquaiana*
金叶细枝柃 *E.loquaiana var. aureopunctata*
格药柃 *E.muricata*
细齿叶柃(细齿柃) *E.nitida*
窄基红褐柃 *E.rubiginosa var. attenuata*
4. 木荷属 Schima
木荷 *S.superba*
5. 厚皮香属 Ternstroemia
厚皮香 *T.gymnanthera*
亮叶厚皮香 *T.nitida*
（七五）藤黄科　Clusiaceae
1. 金丝桃属 Hypericum
小连翘 *H.erectum*
地耳草 *H.japonicum*
金丝梅 *H.patulum*
赶山鞭 *H.attenuatum*,《南麂列岛自然保护区综合考察文集》记载有,但未见标本
（七六）堇菜科　Violaceae
1. 堇菜属 Viola
堇菜(如意草) *V.arcuata*
戟叶堇菜 *V.betonicifolia*
七星莲(蔓茎堇菜) *V.diffusa*
紫花堇菜 *V.grypoceras*
长萼堇菜 *V.inconspicua*
犁头草(心叶堇菜) *V.japonica*
紫花地丁 *V.philippica*
庐山堇菜 *V.stewardiana*
三角叶堇菜 *V.triangulifolia*
（七七）大风子科　Flacourtiaceae
1. 山桐子属 Idesia
山桐子 *I.polycarpa*
2. 柞木属 Xylosma
柞木 *X.congesta*
（七八）旌节花科　Stachyuraceae
1. 旌节花属 Stachyurus
中国旌节花 *S.chinensis*
（七九）秋海棠科　Begoniaceae
1. 秋海棠属 Begonia
紫背天葵 *B.fimbristipula*
中华秋海棠 *B.grandis subsp. sinensis*
（八〇）仙人掌科　Cactaceae
1. 仙人掌属 Opuntia
仙人掌 *O.stricta var. dillenii*
（八一）瑞香科　thymelaeaceae
1. 瑞香属 Daphne
芫花 *D.genkwa*
毛瑞香 *D.kiusiana var. atrocaulis*
2. 结香属 Edgeworthia
结香 *E.chrysantha*
3. 荛花属 Wikstroemia
了哥王(南岭荛花) *W.indica*
北江荛花 *W.monnula*
（八二）胡颓子科　Elaeagnaceae
1. 胡颓子属 Elaeagnus
巴东胡颓子 *E.difficilis*
蔓胡颓子 *E.glabra*
宜昌胡颓子 *E.henryi*
大叶胡颓子 *E.macrophylla*
胡颓子 *E.pungens*
（八三）千屈菜科　Lythraceae
1. 水苋菜属 Ammannia
水苋菜(浆果水苋、细叶水苋) *A.baccifera*
2. 紫薇属 Lagerstroemia
紫薇 *L.indica*
福建紫薇 *L.limii*
3. 节节菜属 Rotala
节节菜 *R.indica*
圆叶节节菜 *R.rotundifolia*

（八四）石榴科　Punicaceae
1. 石榴属 Punica
石榴 *P.granatum*
（八五）红树科　Rhizophoraceae
1. 秋茄树属 Kandelia
秋茄树 *K.candel*，逸生
（八六）蓝果树科　Nyssaceae
1. 喜树属 Camptotheca
喜树 *C.acuminata*
2. 蓝果树属 Nyssa
蓝果树 *N.sinensis*
（八七）八角枫科　Alangiaceae
1. 八角枫属 Alangium
八角枫 *A.chinense*
毛八角枫 *A.kurzii*
瓜木 *A.platanifolium*
（八八）桃金娘科　Myrtaceae
1. 岗松属 Baeckea
岗松 *B.frutescens*
2. 桃金娘属 Rhodomyrtus
桃金娘 *R.tomentosa*
3. 蒲桃属 Syzygium
华南蒲桃 *S.austrosinense*
赤楠 *S.buxifolium*
（八九）野牡丹科　Melastomataceae
1. 野海棠属 Bredia
秀丽野海棠 *B.amoena*
无腺野海棠 *B.amoena var. Eglandulata*
叶底红 *B.fordii*
鸭脚茶（中华野海棠）*B.sinensis*
2. 野牡丹属 Melastoma
野牡丹 *M.malabathricum*
地菍 *M.dodecandrum*
3. 金锦香属 Osbeckia
金锦香 *O.chinensis*
朝天罐（星毛金锦香）*O.stellata*
4. 锦香草属 Phyllagathis
锦香草 *P.cavaleriei*
5. 肉穗草属 Sarcopyramis
楮头红 *S.nepalensis*
（九〇）柳叶菜科　Onagraceae
1. 柳叶菜属 Epilobium
长籽柳叶菜 *E.pyrricholophum*
2. 丁香蓼属 Ludwigia
丁香蓼 *L.prostrata*
黄花水龙 *L.peploides subsp. stipulacea*
（九一）小二仙草科　Haloragaceae
1. 小二仙草属 Gonocarpus
小二仙草 *G.micrantha*
2. 狐尾藻属 Myriophyllum
穗状狐尾藻 *M.spicatum*
（九二）五加科　Araliaceae
1. 楤木属 Aralia
楤木 *A.chinensis*
棘茎楤木 *A.echinocaulis*
长刺楤木 *A.spinifolia*
2. 树参属 Dendropanax
树参 *D.dentiger*
3. 五加属 Acanthopanax
五加 *A.gracilistylus*
白簕 *A. trifoliatus*
4. 常春藤属 Hedera
常春藤 *H.nepalensis var. sinensis*
5. 鹅掌柴属 Schefflera
鹅掌柴 *S.heptaphylla*
（九三）伞形科　Umbelliferae
1. 当归属 Angelica
紫花前胡 *A.decursiva*
2. 积雪草属 Centella
积雪草 *C.asiatica*
3. 鸭儿芹属 Cryptotaenia
鸭儿芹 *C.japonica*
4. 芹属 Cyclospermum
细叶旱芹 *C.leptophyllum*
5. 珊瑚菜属 Glehnia
珊瑚菜 *G.littoralis*
6. 天胡荽属 Hydrocotyle
红马蹄草 *H.nepalensis*
密伞天胡荽 *H.pseudoconferta*
天胡荽 *H.sibthorpioides*

破铜钱 *H.sibthorpioides var. batrachium*
7. 白苞芹属 Nothosmyrnium
白苞芹 *N.japonicum*
8. 水芹属 Oenanthe
水芹（水芹菜）*O.javanica*
线叶水芹 *O.linearis*
西南水芹（多裂叶水芹）*O.thomsonii*
9. 山芹属 Ostericum
隔山香（柠檬香咸草）*O.citriodorum*
10. 前胡属 Peucedanum
滨海前胡 *P.japonicum*
前胡（白花前胡）*P.praeruptorum*
11. 茴芹属 Pimpinella
异叶茴芹 *P.diversifolia*
12. 变豆菜属 Sanicula
变豆菜（鸭脚菜）*S.chinensis*
薄片变豆菜（山芹菜）*S.lamelligera*
直刺变豆菜（野鹅脚板）*S.orthacantha*
13. 窃衣属 Torilis
小窃衣 *T.japonica*
窃衣 *T.scabra*
（九四）山茱萸科 Cornaceae
1. 梾木属 Cornus
灯台树 *C.controversa*
秀丽香港四照花（秀丽四照花）*C.hongkongensis subsp. elegans*
2. 青荚叶属 Helwingia
台湾青荚叶 *H.japonica var. zhejiangensis*
（九五）桤叶树科 Clethraceae
1. 桤叶树属（山柳属）Clethra
江南山柳（贵定桤叶树）*C.cavaleriei*
（九六）杜鹃花科 Ericaceae
1. 珍珠花属（南烛属）Lyonia
毛果珍珠花（毛果南烛）*L.ovalifolia var. hebecarpa*
2. 马醉木属 Pieris
马醉木 *P.japonica*
3. 杜鹃属 Rhododendron
刺毛杜鹃 *R.championae*
满山红 *R.mariesii*
白花满山红 *R.mariesii f. albescens*
鹿角杜鹃 *R.latoucheae*
马银花 *R.ovatum*
崖壁杜鹃 *R.saxatile*，分布南雁
杜鹃（映山红）*R.simsii*
4. 越橘属 Vaccinium
乌饭树 *V.bracteatum*
短尾越橘 *V.carlesii*
黄背越橘 *V.iteophyllum*
扁枝越橘 *V.japonicum var. sinicum*
江南越橘 *V.mandarinorum*
光序刺毛越橘 *V.trichocladum var. glabriracemosum*
（九七）紫金牛科 Myrsinaceae
1. 紫金牛属 Ardisia
九管血 *A.brevicaulis*
小紫金牛 *A.chinensis*
朱砂根 *A.crenata*
大罗伞树 *A.hanceana*
紫金牛 *A.japonica*
山血丹（沿海紫金牛）*A.lindleyana*
虎舌红 *A.mamillata*，分布顺溪
莲座紫金牛 *A.primulifolia*，顺溪
九节龙 *A.pusilla*
多枝紫金牛 *A.sieboldii*
堇叶紫金牛 *A.violacea*，分布顺溪
2. 酸藤子属 Embelia
当归藤 *E.parviflora*，分布顺溪
长叶酸藤子 *E.longifolia*
网脉酸藤子 *E.rudis*
3. 杜茎山属 Maesa
杜茎山 *M.japonica*
软弱杜茎山 *M.tenera*
4. 铁仔属 Myrsine
密花树 *M.seguinii*
（九八）报春花科 Primulaceae
1. 琉璃繁缕属 Anagallis
琉璃繁缕 *A.arvensis*
2. 珍珠菜属 Lysimachia
星宿菜 *L.fortunei*
过路黄 *L.christinae*
福建过路黄 *L.fukienensis*

点腺过路黄 *L.hemsleyana*
小茄 *L.japonica*
滨海珍珠菜 *L.mauritiana*
巴东过路黄 *L.patungensis*
(九九) 蓝雪科　Plumbaginaceae
1. 补血草属 Limonium
补血草 *L.sinense*，分布南麂岛
(一〇〇) 柿树科　Ebenaceae
1. 柿属 Diospyros
柿 *D.kaki*
野柿 *D.kaki var. silvestris*
罗浮柿 *D.morrisiana*
老鸦柿 *D.rhombifolia*
(一〇一) 山矾科　Symplocaceae
1. 山矾属 Symplocos
薄叶山矾 *S.anomala*
越南山矾(火灰树) *S.cochinchinensis*，分布顺溪
黄牛奶树 *S.laurina*
密花山矾 *S.congesta*
羊舌树 *S.glauca*
海桐山矾 *S.heishanensis*
光叶山矾 *S.lancifolia*
四川山矾 *S.setchuensis*
白檀 *S.paniculata*
南岭山矾 *S.pendula var. hirtistylis*
老鼠矢 *S.stellaris*
山矾 *S.sumuntia*
微毛山矾 *S.wikstroemiifolia*
(一〇二) 安息香科　Styracaceae
1. 赤杨叶属(拟赤杨属) Alniphyllum
赤杨叶(拟赤杨) *A.fortunei*
2. 白辛树属 Pterostyrax
小叶白辛树 *P.corymbosus*
3. 安息香属 Styrax
灰叶安息香(灰叶野茉莉) *S.calvescens*
赛山梅 *S.confusus*
垂珠花 *S.dasyanthus*
白花龙 *S.faberi*
郁香野茉莉 *S.odoratissimus*
栓叶安息香(红皮树) *S.suberifolius*
(一〇三) 木犀科　Oleaceae
1. 连翘属 Forsythia
金钟花 *F.viridissima*
2. 梣属 Fraxinus
苦枥木 *F.insularis*
庐山梣(小蜡树) *F.sieboldiana*
3. 素馨属 Jasminum
清香藤 *J.lanceolarium*
华素馨(华清香藤) *J.sinense*
4. 女贞属 Ligustrum
蜡子树 *L.leucanthum*
女贞 *L.lucidum*
小蜡 *L.sinense*
5. 木犀属 Osmanthus
木犀 *O.fragrans*
厚边木犀(厚叶木犀) *O.marginatus*
(一〇四) 马钱科　Loganiaceae
1. 醉鱼草属 *Buddleja*
驳骨丹(白花醉鱼草) *B.asiatica*
醉鱼草 *B.lindleyana*
2. 蓬莱葛属 Gardneria
蓬莱葛 *G.multiflora*
(一〇五) 龙胆科　Gentianaceae
1. 龙胆属 Gentiana
五岭龙胆 *G.davidii*
华南龙胆 *G.loureirii*
2. 双蝴蝶属 Tripterospermum
双蝴蝶 *T.chinense*
细茎双蝴蝶 *T.filicaule*
香港双蝴蝶 *T.nienkui*
(一〇六) 夹竹桃科　Apocynaceae
1. 链珠藤属 Alyxia
链珠藤 *A.sinensis*
2. 鳝藤属 Anodendron
鳝藤 *A.affine*
3. 帘子藤属 Pottsia
大花帘子藤 *P.grandiflora*
4. 络石属 Trachelospermum
紫花络石 *T.axillare*
锈毛络石 *T.dunnii*

络石 *T.jasminoides*
5. 水壶藤属 Urceola
酸叶胶藤 *U.rosea*
6. 萝芙木属 Rauvolfia
萝芙木 *R.verticillata*，栽培或逸生
（一〇七）萝藦科 Asclepiadaceae
1. 鹅绒藤属 Cynanchum
牛皮消 *C.auriculatum*
毛白前 *C.mooreanum*
徐长卿 *C.paniculatum*
2. 匙羹藤属 Gymnema
匙羹藤 *G.sylvestre*
3. 球兰属 Hoya
球兰 *H.carnosa*
4. 黑鳗藤属 Jasminanthes
黑鳗藤 *J.mucronata*
5. 萝藦属 Metaplexis
萝藦 *M.japonica*
6. 娃儿藤属 Tylophora
七层楼 *T.floribunda*
通天连 *T.koi*
（一〇八）旋花科 Convolvulaceae
1. 打碗花属 Calystegia
打碗花 *C.hederacea*
旋花 *C.sepium*
肾叶打碗花 *C.soldanella*
2. 菟丝子属 Cuscuta
南方菟丝子 *C.australis*
菟丝子 *C.chinensis*
金灯藤 *C.japonica*
3. 马蹄金属 Dichondra
马蹄金 *D.micrantha*
4. 番薯属 Ipomoea
心萼薯（毛牵牛）*I.biflora*
厚藤 *I.pes-caprae*
三裂叶薯 *I.triloba*
（一〇九）紫草科 Boraginaceae
1. 斑种草属 Bothriospermum
柔弱斑种草 *B.zeylanicum*
2. 附地菜属 Trigonotis
附地菜 *T.peduncularis*
（一一〇）马鞭草科 Verbenaceae
1. 紫珠属 Callicarpa
短柄紫珠 *C.brevipes*
华紫珠 *C.cathayana*
杜虹花 *C.formosana*
老鸦糊 *C.giraldii*
枇杷叶紫珠 *C.kochiana*
光叶紫珠 *C.lingii*
红紫珠 *C.rubella*
上狮紫珠 *C.siongsaiensis*，分布南麂岛
2. 大青属 Clerodendrum
臭牡丹 *C.bungei*
灰毛大青 *C.canescens*，分布顺溪
大青 *C.cyrtophyllum*
赪桐 *C.japonicum*，分布南雁荡山，逸生
江西大青 *C.kiangsiense*
尖齿臭茉莉（尖齿臭牡丹）*C.lindleyi*
海州常山 *C.trichotomum*
3. 豆腐柴属 Premna
豆腐柴 *P.microphylla*
4. 马鞭草属 Verbena
马鞭草 *V.officinalis*
5. 牡荆属 Vitex
牡荆 *V.negundo var. cannabifolia*
山牡荆 *V.quinata*
单叶蔓荆 *V.rotundifolia*
（一一一）唇形科 Labiatae
1. 藿香属 Agastache
藿香 *A.rugosa*
2. 筋骨草属 Ajuga
金疮小草 *A.decumbens*
紫背金盘 *A.nipponensis*
3. 风轮菜属 Clinopodium
风轮菜 *C.chinense*
细风轮菜 *C.gracile*
4. 香薷属 Elsholtzia
紫花香薷 *E.argyi*
5. 小野芝麻属 Galeobdolon
小野芝麻 *G.chinense*

6. 活血丹属 Glechoma
活血丹 *G.longituba*
7. 香茶菜属 Isodon
香茶菜 *I.amethystoides*
线纹香茶菜 *I.lophanthoides*
8. 香简草属 Keiskea
香薷状香简草 *K.elsholtzioides*
9. 益母草属 Leonurus
益母草 *L.japonicus*
10. 绣球防风属 Leucas
滨海白绒草 *L.chinensis*
11. 地笋属 Lycopus
硬毛地笋 *L.lucidus var. hirtus*
12. 薄荷属 Mentha
薄荷 *M.canadensis*
13. 凉粉草属 Mesona
凉粉草 *M.chinensis*
14. 荠苎属 Mosla
石香薷 *M.chinensis*
小鱼仙草 *M.dianthera*
石荠苎 *M.scabra*
苏州荠苎 *M.soochowensis*，分布南麂岛
杭州荠苎 *M.hangchowensis var.cheteana*，分布南麂岛
15. 紫苏属 Perilla
紫苏 *P.frutescens*
野生紫苏 *P.frutescens var.purpurascens*
16. 髯药草属 Sinopogonanthera
中间髯药草 *S.intermedia*，山门，温州分布新纪录
17. 夏枯草属 Prunella
夏枯草 *P.vulgaris*
18. 鼠尾草属 Salvia
南丹参 *S.bowleyana*
华鼠尾草 *S.chinensis*
鼠尾草 *S.japonica*
荔枝草 *S.plebeia*
佛光草（蔓茎鼠尾）*S.substolonifera*
19. 黄芩属 Scutellaria
半枝莲 *S.barbata*
韩信草 *S.indica*
京黄芩 *S.pekinensis*
20. 水苏属 Stachys
田野水苏 *S.arvensis*
水苏 *S.japonica*
21. 香科科属 Teucrium
血见愁 *T.viscidum*
（一一二）茄科 Solanaceae
1. 曼陀罗属 Datura
曼陀罗 *D.stramonium*
2. 红丝线属 Lycianthes
红丝线 *L.biflora*
3. 枸杞属 Lycium
枸杞 *L.chinense*
4. 假酸浆属 Nicandra
假酸浆 *N.physalodes*，归化
5. 烟草属 Nicotiana
烟草 *N.tabacum*
6. 酸浆属 Physalis
挂金灯 *P.alkekengi var. francheti*
苦蘵 *P.angulata*
毛苦蘵 *P.angulata var. villosa*
7. 茄属 Solanum
少花龙葵 *S.americanum*
牛茄子 *S.capsicoides*
北美水茄（北美刺龙葵）*S.carolinense*，南麂岛有归化
白英 *S.lyratum*
龙葵 *S.nigrum*
8. 龙珠属 Tubocapsicum
龙珠 *T.anomalum*
（一一三）玄参科 Scrophulariaceae
1. 母草属 Lindernia
长蒴母草 *L.anagallis*
泥花草 *L.antipoda*
母草 *L.crustacea*
陌上菜 *L.procumbens*
刺毛母草 *L.setulosa*
2. 通泉草属 Mazus
早落通泉草 *M.caducifer*

通泉草 *M.pumilus*

弹刀子菜 *M.stachydifolius*

3. 山罗花属 Melampyrum

圆苞山罗花 *M.laxum*

4. 鹿茸草属 Monochasma

沙氏鹿茸草 *M.savatieri*

5. 泡桐属 Paulownia

白花泡桐 *P.fortunei*

台湾泡桐 *P.kawakamii*

毛泡桐 *P.tomentosa*

6. 阴行草属 Siphonostegia

阴行草 *S.chinensis*，分布南麂岛

腺毛阴行草 *S.laeta*

7. 蝴蝶草属 Torenia

长叶蝴蝶草 *T.asiatica*

8. 婆婆纳属 Veronica

直立婆婆纳 *V.arvensis*

多枝婆婆纳 *V.javanica*

蚊母草 *V.peregrina*

阿拉伯婆婆纳 *V.persica*

婆婆纳 *V.polita*

水苦荬 *V.undulata*

（一一四）列当科　Orobanchaceae

1. 野菰属 Aeginetia

野菰 *A.indica*

（一一五）苦苣苔科　Gesneriaceae

1. 粗筒苣苔属 Briggsia

浙皖粗筒苣苔 *B.chienii*

2. 唇柱苣苔属 Chirita

蚂蝗七 *C.fimbrisepala*，分布梅源，为浙江分布新纪录

3. 半蒴苣苔属 Hemiboea

半蒴苣苔 *H.henryi*

4. 吊石苣苔属 Lysionotus

吊石苣苔 *L.pauciflorus*

5. 马铃苣苔属 Oreocharis

大花石上莲 *O.maximowiczii*，为温州分布新纪录

绢毛马铃苣苔 *O.sericea*

（一一六）狸藻科　Lentibulariaceae

1. 狸藻属 Utricularia

南方狸藻 *U.australis*，分布南麂岛

挖耳草 *U.bifida*

钩突挖耳草 *U.warburgii*

（一一七）爵床科　Acanthaceae

1. 水蓑衣属 Hygrophila

水蓑衣 *H.salicifolia*

2. 爵床属 Justicia

早田氏爵床 *J.hagata*，分布南麂，为浙江分布新纪录

爵床 *J.procumbens*

3. 山蓝属（观音草属）Peristrophe

九头狮子草 *P.japonica*

4. 孩儿草属 Rungia

密花孩儿草 *R.densiflora*

5. 马蓝属 Strobilanthes

球花马蓝 *S.dimorphotricha*

肉根马蓝（菜头肾）*S.sarcorrhiza*

（一一八）车前科　Plantaginaceae

1. 车前属（Plantago）

车前 *P.asiatica*

（一一九）茜草科　Rubiaceae

1. 水团花属 Adina

水团花 *A.pilulifera*

2. 茜树属 Aidia

茜树 *A.cochinchinensis*

3. 风箱树属 Cephalanthus

风箱树 *C.tetrandrus*

4. 流苏子属 Coptosapelta

流苏子 *C.diffusa*，分布顺溪

5. 虎刺属 Damnacanthus

短刺虎刺 *D.giganteus*

虎刺 *D.indicus*

6. 狗骨柴属 Diplospora

狗骨柴 *D.dubia*

7. 拉拉藤属 Galium

四叶葎 *G.bungei*

猪殃殃 *G.aparine var. tenerum*

8. 栀子属 Gardenia

栀子 *G.jasminoides*

大花栀子 *G.jasminoides f. grandiflora*

小栀子 *G.jasminoides var. radicans*
9. 耳草属 Hedyotis
金毛耳草 *H.chrysotricha*
白花蛇舌草 *H. diffusa*
厚叶双花耳草 *H.biflora var. parvifolia*
纤花耳草 *H.angustifolia*
10. 巴戟天属 Morinda
羊角藤 *M.umbellata subsp.obovata*
11. 玉叶金花属 Mussaenda
玉叶金花 *M.pubescens*
12. 蛇根草属 Ophiorrhiza
日本蛇根草(蛇根草) *O.japonica*
13. 鸡矢藤属 Paederia
鸡矢藤 *P.scandens*
耳叶鸡矢藤 *P.cavaleriei*
14. 九节属 Psychotria
九节 *P.rubra*
蔓九节 *P.serpens*
15. 墨苜蓿属 Richardia
墨苜蓿 *R.scabra*,南麂列岛有归化
16. 茜草属 Rubia
东南茜草 *R.argyi*
17. 白马骨属 Serissa
六月雪 *S.japonica*
18. 丰花草属 Borreria
阔叶丰花草 *B.latifolia*,归化
山东丰花草 *B.shandongensis*,分布南麂列岛
19. 乌口树属 Tarenna
白花苦灯笼 *T.mollissima*
20. 钩藤属 Uncaria
钩藤 *U.rhynchophylla*
(一二〇) 忍冬科 Caprifoliaceae
1. 六道木属 Abelia
糯米条 *A.chinensis*
2. 忍冬属 Lonicera
菰腺忍冬 *L.hypoglauca*
忍冬(金银花) *L.japonica*
红白忍冬 *L.japonica var. chinensis*
大花忍冬 *L.macrantha*
细毡毛忍冬 *L.similis*
3. 接骨木属 Sambucus
接骨草 *S.chinensis*
接骨木 *S.williamsii*
4. 荚蒾属 Viburnum
荚蒾 *V.dilatatum*
宜昌荚蒾(蚀齿荚蒾) *V.erosum*
南方荚蒾 *V.fordiae*
吕宋荚蒾 *V.luzonicum*
粉团 *V.plicatum*
具毛常绿荚蒾 *V.sempervirens var. trichophorum*
茶荚蒾(饭汤子) *V.setigerum*
5. 锦带花属 Weigela
半边月(水马桑) *W.japonica var. sinica*
(一二一) 败酱科 Valerianaceae
1. 败酱属 Patrinia
攀倒甑(白花败酱) *P.villosa*
(一二二) 葫芦科 Cucurbitaceae
1. 绞股蓝属 Gynostemma
绞股蓝 *G.pentaphyllum*
2. 栝楼属 Trichosanthes
王瓜 *T.cucumeroides*
栝楼 *T. kirilowii*
3. 马㼎属 Zehneria
马㼎儿 *Z.japonica*
(一二三) 桔梗科 Campanulaceae
1. 金钱豹属 Campanumoea
金钱豹(小花金钱豹) *C.javanica subsp. japonica*
2. 党参属 Codonopsis
羊乳 *C.lanceolata*
3. 半边莲属 Lobelia
半边莲 *L.chinensis*
铜锤玉带草 *L.angulata*
4. 桔梗属 Platycodon
桔梗 *P.grandiflorus*,分布南麂列岛
5. 蓝花参属 Wahlenbergia
蓝花参 *W.marginata*
(一二四) 菊科 Compositae
1. 下田菊属 Adenostemma
下田菊 *A.lavenia*
2. 藿香蓟属 Ageratum

藿香蓟 *A.conyzoides*
熊耳草 *A.houstonianum*，归化
3. 兔儿风属 Ainsliaea
杏香兔儿风 *A.fragrans*
铁灯兔儿风 *A.macroclinidioides*
4. 豚草属 Ambrosia
豚草 *A.artemisiifolia*，归化
5. 香青属 Anaphalis
香青 *A.sinica*
6. 蒿属 Artemisia
奇蒿（六月霜）*A.anomala*
密毛奇蒿 *A.anomala var. tomentella*
艾蒿 *A.argyi*
茵陈蒿 *A.capillaris*
五月艾（印度蒿）*A.indica*
牡蒿 *A.japonica*
白苞蒿（四季菜）*A.lactiflora*
矮蒿 *A.lancea*
野艾蒿 *A.lavandulaefolia*
猪毛蒿 *A.scoparia*
南牡蒿 *A.eriopoda*，分布南麂列岛
7. 紫菀属 Aster
琴叶紫菀 *A.panduratus*
三脉紫菀 *A.ageratoides*
陀螺紫菀 *A.turbinatus*
8. 鬼针草属 Bidens
金盏银盘 *B.biternata*
大狼杷草 *B.frondosa*
鬼针草 *B.pilosa*
9. 艾纳香属 Blumea
台北艾纳香 *B.formosana*
毛毡草 *B.hieracifolia*，分布南麂列岛
东风草 *B.megacephala*
长圆叶艾纳香 *B.oblongifolia*
10. 天名精属 Carpesium
烟管头草 *C.cernuum*
金挖耳 *C.divaricatum*
11. 石胡荽属 Centipeda
石胡荽（球子草）*C.minima*
12. 菊属 Chrysanthemum
野菊 *C.indicum*
甘菊 *C.lavandulifolium*
13. 蓟属 Cirsium
蓟（大蓟）*C.japonicum*
14. 山芫荽属 Cotula
芫荽菊 *C.anthemoides*
15. 野茼蒿属 Crassocephalum
野茼蒿（革命菜）*C.crepidioides*
16. 假还阳参属 Crepidiastrum
假还阳参 *C.lanceolatum*
尖裂假还阳参（抱茎苦荬菜）*C.sonchifolium*
17. 芙蓉菊属 Crossostephium
芙蓉菊 *C.chinense*
18. 鱼眼草属 Dichrocephala
鱼眼草（鱼眼菊）*D.integrifolia*
19. 羊耳菊属 Duhaldea
羊耳菊 *D.Inula cappa*
20. 鳢肠属 Eclipta
鳢肠（旱莲）*E.prostrata*
21. 地胆草属 Elephantopus
地胆草 *E.scaber*
22. 一点红属 Emilia
小一点红（细红背叶）*E.prenanthoidea*
一点红 *E.sonchifolia*
23. 飞蓬属 Erigeron
一年蓬 *E.annuus*
香丝草（野塘蒿）*E.bonariensis*
小蓬草（加拿大蓬、小飞蓬）*E.canadensis*
苏门白酒草 *E.sumatrensis*
24. 白酒草属 Eschenbachia
白酒草 *E.japonica*
25. 泽兰属 Eupatorium
多须公 *E.chinense*
白头婆泽兰 *E.japonicum*
裂叶泽兰 *E.japonicum var.tripartitum*
26. 大吴风草属 Farfugium
大吴风草 *F.japonicum*
27. 牛膝菊属 Galinsoga
牛膝菊 *G.parviflora*
28. 鼠麹草属 Gnaphalium

鼠麹草 *G.affine*
秋鼠麹草 *G.hypoleucum*
细叶鼠麹草 *G.japonicum*
匙叶鼠麴草 *G.pensylvanicum*
多茎鼠麹草 *G.polycaulon*
29. 菊三七属 Gynura
红凤菜 *G.bicolor*
菊三七(三七草) *G.japonica*
30. 向日葵属 Helianthus
菊芋 *H.tuberosus*,逸生
31. 泥胡菜属 Hemistepta
泥胡菜 *H.lyrata*
32. 旋覆花属 Inula
旋覆花 *I.japonica*
33. 小苦荬属 Ixeridium
小苦荬 *I.dentatum*
细叶小苦荬(纤细苦荬菜) *I.gracile*
褐冠小苦荬(平滑苦荬菜) *I.laevigatum*
34. 苦荬菜属 Ixeris
苦荬菜 *I.polycephala*
剪刀股 *I.japonica*
35. 莴苣属 Lactuca
野莴苣 *L.seriola*
36. 六棱菊属 Laggera
六棱菊 *L.alata*
37. 稻槎菜属 Lapsana
稻槎菜 *L.apogonoides*
38. 卤地菊属 Melanthera
卤地菊 *M.prostrata*
39. 假福王草属 Paraprenanthes
假福王草 *P.sororia*
40. 蜂斗菜属 Petasites
蜂斗菜 *P.japonicus*
41. 风毛菊属 Saussurea
三角叶风毛菊 *S.deltoidea*
42. 千里光属 Senecio
千里光 *S.scandens*
43. 豨莶属 Siegesbeckia
毛梗豨莶 *S.glabrescens*
豨莶 *S.orientalis*
腺梗豨莶 *S.pubescens*
44. 蒲儿根属 Sinosenecio
蒲儿根 *S.oldhamianus*
45. 一枝黄花属 Solidago
一支黄花 *S.decurrens*
加拿大一枝黄花 *S.canadensis*
46. 裸柱菊属 Soliva
裸柱菊 *S.anthemifolia*
47. 苦苣菜属 Sonchus
苦苣菜 *S.oleraceus*
苣荬菜 *S.arvensis*
48. 蟛蜞菊属 Sphagneticola
蟛蜞菊 *S.calendulacea*,分布沿海及岛屿
49. 联毛紫菀属 Symphyotrichum
钻叶紫菀(钻形紫菀) *S.subulatus*
50. 兔儿伞属 Syneilesis
南方兔儿伞 *S.australis*
51. 狗舌草属 Tephroseris
狗舌草 *T.kirilowii*
52. 碱菀属 Tripolium
碱菀 *T.vulgare*,为温州分布新纪录
53. 斑鸠菊属 Vernonia
夜香牛 *V.cinerea*
54. 苍耳属 Xanthium
苍耳 *X.sibiricum*
55. 黄鹌菜属 Youngia
黄鹌菜 *Y.japonica*
(一二五) 香蒲科　Typhaceae
1. 香蒲属 Typha
水烛 *T.angustifolia*
(一二六) 眼子菜科　Potamogetonaceae
1. 眼子菜属 Potamogeton
菹草 *P.crispus*
鸡冠眼子菜(小叶眼子菜) *P.cristatus*
尖叶眼子菜 *P.oxyphyllus*
(一二七) 茨藻科　Najadaceae
1. 茨藻属 Najas
纤细茨藻 *N.gracillima*
(一二八) 泽泻科　Alismataceae
1. 泽泻属 Alisma

东方泽泻 *A.orientale*

2. 慈姑属 Sagittaria

冠果草 *S.guayanensis subsp.lappula*，分布南雁，为温州分布新纪录

矮慈姑 *S.pygmaea*

（一二九）水鳖科　Hydrocharitaceae

1. 水筛属 Blyxa

无尾水筛 *B.aubertii*

水筛 *B.japonica*

2. 黑藻属 Hydrilla

黑藻 *H.verticillata*

（一三〇）竹亚科　Bambusoideae

1. 簕竹属 Bambusa

扁竹（苦绿竹）*B.basihirsuta*

孝顺竹 *B.multiplex*

绿竹 *B.oldhamii*

长毛米筛竹（温州水竹）*B.pachinensis var. hirsutissima*

青皮竹 *B.textilis*

大木竹（温州箪竹）*B.wenchouensis*

2. 方竹属 Chimonobambusa

方竹 *C.quadrangularis*

3. 箬竹属 Indocalamus

阔叶箬竹 *I.latifolius*

4. 少穗竹属 Oligostachyum

四季竹 *O.lubricum*

5. 刚竹属 Phyllostachys

毛竹 *P.edulis*

红哺鸡竹（红竹）*P.iridescens*

紫竹 *P.nigra*

毛金竹 *P.nigra var. henonis*

桂竹 *P.reticulata*

6. 苦竹属 Pleioblastus

华丝竹 *P.intermedius*

7. 矢竹属（茶秆竹属）Pseudosasa

托竹 *P.cantori*

（一三一）禾亚科　Agrostidoideae

1. 剪股颖属 Agrostis

华北剪股颖 *A.clavata*

2. 看麦娘属 Alopecurus

看麦娘 *A.aequalis*

日本看麦娘 *A.japonicus*

3. 荩草属 Arthraxon

荩草 *A.hispidus*

4. 野古草属 Arundinella

毛节野古草 *A.barbinodis*，为温州分布新纪录

毛秆野古草 *A.hirta*

刺芒野古草 *A.setosa*

5. 芦竹属 Arundo

芦竹 *A.donax*

6. 燕麦属 Avena

野燕麦 *A.fatua*

7. 菵草属 Beckmannia

菵草 *B.syzigachne*

8. 臂形草属 Brachiaria

毛臂形草 *B.villosa*

9. 雀麦属 Bromus

扁穗雀麦 *B.catharticus*，分布墨城，为温州分布新纪录

雀麦 *B.japonicus*

10. 拂子茅属 Calamagrostis

拂子茅 *C.epigeios*

11. 细柄草属 Capillipedium

硬秆子草 *C.assimile*

细柄草 *C.parviflorum*

12. 薏苡属 Coix

薏苡 *C.lacryma-jobi*

13. 香茅属 Cymbopogon

橘草 *C.goeringii*

14. 狗牙根属 Cynodon

狗牙根 *C.dactylon*

15. 龙爪茅属 Dactyloctenium

龙爪茅 *D.aegyptium*，分布南麂岛

16. 野青茅属 Deyeuxia

野青茅（房县野青茅）*D.pyramidalis*

疏穗野青茅（疏花野青茅）*D.effusiflora*

17. 马唐属 Digitaria

升马唐 *D.ciliaris*

毛马唐 *D.ciliaris var. chrysoblephara*

短叶马唐 *D.radicosa*

紫马唐 *D.violascens*

18. 稗属 Echinochloa

光头稗 *E.colona*

稗 *E.crusgalli*

无芒稗 *E.crusgalli var. mitis*

19. 穇属 Eleusine

牛筋草 *E.indica*

20. 画眉草属 Eragrostis

知风草 *E.ferruginea*

乱草 *E.japonica*

21. 假俭草属 Eremochloa

假俭草 *E.ophiuroides*

22. 野黍属 Eriochloa

野黍 *E.villosa*

23. 金茅属 Eulalia

金茅 *E.speciosa*

24. 牛鞭草属 Hemarthria

大牛鞭草(牛鞭草) *H.altissima*

25. 黄茅属 Heteropogon

黄茅 *H.contortus*

26. 距花黍属 Ichnanthus

大距花黍 *I.pallens var. Major*

27. 白茅属 Imperata

大白茅 *I.cylindrica var. Major*

28. 柳叶箬属 Isachne

柳叶箬 *I.globosa*

矮小柳叶箬 *I.pulchella*

29. 鸭嘴草属 Ischaemum

毛鸭嘴草 *I.anthephoroides*，分布西湾、南鹿岛

有芒鸭嘴草 *I.aristatum*

细毛鸭嘴草 *I.ciliare*

30. 假稻属 Leersia

假稻 *L.japonica*

31. 千金子属 Leptochloa

千金子 *L.chinensis*

32. 淡竹叶属 Lophatherum

淡竹叶 *L.gracile*

33. 莠竹属 Microstegium

柔枝莠竹(莠竹) *M.vimineum*

34. 芒属 Miscanthus

五节芒 *M.floridulus*

芒 *M.sinensis*

35. 类芦属 Neyraudia

山类芦 *N.montana*

类芦 *N.reynaudiana*

36. 求米草属 Oplismenus

中间型竹叶草 *O.compositus var. Intermedius*

求米草 *O.undulatifolius*

狭叶求米草 *O.undulatifolius var. Imbecillis*，分布顺溪

日本求米草 *O.undulatifolius var. Japonicus*

37. 黍属 Panicum

糠稷 *P.bisulcatum*

铺地黍 *P.repens*

38. 假牛鞭草属 Parapholis

假牛鞭草 *P.incurva*

39. 雀稗属 Paspalum

双穗雀稗 *P.distichum*

长叶雀稗 *P.longifolium*

圆果雀稗 *P.scrobiculatum var. orbiculare*

雀稗 *P.thunbergii*

40. 狼尾草属 Pennisetum

狼尾草 *P.alopecuroides*

41. 显子草属 Phaenosperma

显子草 *P.globosa*，分布南鹿岛

42. 芦苇属 Phragmites

芦苇 *P.australis*

43. 早熟禾属 Poa

白顶早熟禾 *P.acroleuca*

早熟禾 *P.annua*

44. 金发草属 Pogonatherum

金丝草 *P.crinitum*

45. 棒头草属 Polypogon

棒头草 *P.fugax*

长芒棒头草 *P.monspeliensis*，分布西湾

46. 鹅观草属 Roegneria

细叶鹅观草 *R.japonensis var. Hackeliana*

鹅观草 *R.kamoji*

47. 筒轴茅属 Rottboellia

筒轴茅(罗氏草) *R.cochinchinensis*

48. 甘蔗属 Saccharum
斑茅 *S.arundinaceum*
甜根子草 *S.spontaneum*
49. 囊颖草属 Sacciolepis
囊颖草 *S.indica*
50. 裂稃草属 Schizachyrium
裂稃草 *S.brevifolium*
51. 狗尾草属 Setaria
大狗尾草 *S.faberi*
皱叶狗尾草 *S.plicata*
棕叶狗尾草 *S.palmifolia*
金色狗尾草 *S.pumila*
狗尾草 *S.viridis*
52. 高粱属 Sorghum
假高粱（匿芒假高粱）*S.Pseudosorghum fasciculare*，南麂有归化
光高粱 *S.nitidum*，分布南麂岛
53. 米草属 Spartina
互花米草 *S.alterniflora*
54. 稗荩属 Sphaerocaryum
稗荩 *S.malaccense*
55. 大油芒属 Spodiopogon
油芒 *S.cotulifer*
56. 鼠尾粟属 Sporobolus
鼠尾粟 *S.fertilis*
盐地鼠尾粟 *S.virginicus*
57. 菅属 Themeda
黄背草 *T.japonica*
菅 *T.villosa*
58. 三毛草属 Trisetum
三毛草 *T.bifidum*
59. 鼠茅属 Vulpia
鼠茅 *V.myuros*
60. 菰属 Zizania
菰 *Z.latifolia*
61. 结缕草属 Zoysia
结缕草 *Z.japonica*
（一三二）莎草科　Cyperaceae
1. 球柱草属 Bulbostylis
球柱草 *B.barbata*
2. 薹草属 Carex
浆果薹草 *C.baccans*
十字薹草 *C.cruciata*
狭穗薹草 *C.ischnostachya*
糙叶薹草 *C.scabrifolia*，为温州分布新纪录
花莛薹草 *C.scaposa*
细喙薹草 *C.tenuirostrata*，分布顺溪，为2012年发现的新种
3. 克拉莎属 Cladium
华克拉莎 *C.chinense*
4. 莎草属 Cyperus
阿穆尔莎草 *C.amuricus*
砖子苗 *C.cyperoides*
异型莎草 *C.difformis*
碎米莎草 *C.iria*
短叶茳芏 *C.malaccensis subsp. monophyllus*
具芒碎米莎草 *C.microiria*
三轮草 *C.orthostachyus*
香附子 *C.rotundus*
5. 荸荠属 Eleocharis
透明鳞荸荠 *E.pellucida*
牛毛毡 *E.yokoscensis*
6. 飘拂草属 Fimbristylis
扁鞘飘拂草 *F.complanata*
两歧飘拂草 *F.dichotoma*
日照飘拂草（水虱草）*F.miliacea*
独穗飘拂草 *F.ovata*，分布南麂岛
双穗飘拂草 *F.subbispicata*，分布南麂岛
7. 黑莎草属 Gahnia
黑莎草 *G.tristis*
8. 水蜈蚣属 Kyllinga
水蜈蚣 *K.brevifolia*
9. 扁莎属 Pycreus
球穗扁莎 *P.flavidus*，分布南麂岛
多穗扁莎 *P.polystachyus*
10. 刺子莞属 Rhynchospora
细叶刺子莞 *R.faberi*
刺子莞 *R.rubra*
11. 藨草属 Scirpus
类头状花序藨草 *S.subcapitatus*

三棱水葱 *S.triqueter*
12. 珍珠茅属 Scleria
毛果珍珠茅 *S.levis*
高秆珍珠茅 *S.terrestris*
（一三三）棕榈科 Palmae
1. 棕榈属 Trachycarpus
棕榈 *T.fortunei*
（一三四）天南星科 Araceae
1. 菖蒲属 Acorus
菖蒲 *A.calamus*，逸生
金钱蒲（石菖蒲）*A.gramineus*
2. 海芋属 Alocasia
尖尾芋 *A.cucullata*
海芋 *A.macrorrnizos*，南雁、顺溪有归化
3. 魔芋属 Amorphophallus
东亚魔芋（华东魔芋、疏毛魔芋）*A.kiusianus*
4. 天南星属 Arisaema
一把伞南星 *A.erubescens*
天南星 *A.heterophyllum*
5. 芋属 Colocasia
芋 *C.esculenta*
6. 半夏属 Pinellia
滴水珠 *P.cordata*
半夏 *P.ternata*
盾叶半夏 *P.peltata*
7. 大薸属 Pistia
大薸 *P.stratiotes*
8. 犁头尖属 Typhonium
犁头尖 *T.blumei*
（一三五）浮萍科 Lemnaceae
1. 兰氏萍属 Landoltia
兰氏萍 *L.punctata*
2. 浮萍属 Lemna
稀脉浮萍 *L.perpusilla*
浮萍 *L.minor*
3. 紫萍属 Spirodela
紫萍 *S.polyrrhiza*
4. 萍属 Wolffia
无根萍 *W.globosa*
（一三六）谷精草科 Eriocaulaceae
1. 谷精草属 Eriocaulon buergerianum
谷精草 *E.buergerianum*
长苞谷精草 *E.decemflorum*
四国谷精草 *E.miquelianum*
（一三七）鸭跖草科 Commelinaceae
1. 鸭跖草属 Commelina
饭包草 *C.bengalensis*
鸭跖草 *C.communis*
2. 蓝耳草属 Cyanotis
蛛丝毛蓝耳草（露水草）*C.arachnoidea*
3. 水竹叶属 Murdannia
牛轭草 *M.loriformis*
裸花水竹叶 *M.nudiflora*
水竹叶 *M.triquetra*
4. 竹叶吉祥草属 Spatholirion
竹叶吉祥草 *S.longifolium*
（一三八）雨久花科 Pontederiaceae
1. 凤眼蓝属 Eichhornia
凤眼蓝（凤眼莲、水葫芦）*E.crassipes*
2. 雨久花属 Monochoria
鸭舌草 *M.vaginalis*
（一三九）灯芯草科 Juncaceae
1. 灯芯草属 Juncus
翅茎灯心草 *J.alatus*
星花灯心草 *J.diastrophanthus*
灯心草 *J.effusus*
笄石菖（江南灯心草）*J.prismatocarpus*
（一四〇）百部科 Stemonaceae
1. 百部属 Stemona
百部 *S.japonica*
（一四一）百合科 Liliaceae
1. 粉条儿菜属 Aletris
粉条儿菜 *A.spicata*
2. 葱属 Allium
薤白 *A.macrostemon*
3. 天门冬属 Asparagus
天门冬 *A.cochinchinensis*
4. 绵枣儿属 Barnardia
绵枣儿 *B.japonica*
5. 山菅属 Dianella

山菅 *D.ensifolia*

6. 萱草属 Hemerocallis

萱草 *H.fulva*

7. 玉簪属 Hosta

紫萼 *H.ventricosa*

8. 百合属 Lilium

野百合 *L.brownii*

百合 *L.brownii var. Viridulum*

9. 山麦冬属 Liriope

禾叶山麦冬 *L.graminifolia*

阔叶山麦冬 *L.muscari*

山麦冬 *L.spicata*

10. 沿阶草属 Ophiopogon

麦冬 *O.japonicus*

11. 重楼属 Paris

华重楼 *P.polyphylla var. chinensis*

12. 黄精属 Polygonatum

多花黄精 *P.cyrtonema*

13. 菝葜属 Smilax

尖叶菝葜 *S.arisanensis*

浙南菝葜 *S.austro zhejiangensis*

菝葜 *S.china*

小果菝葜 *S.davidiana*

土茯苓（光叶菝葜）*S.glabra*

黑果菝葜 *S.glaucochina*

肖菝葜 *S.japonica*

暗色菝葜 *S.lanceifolia var. opaca*

白背牛尾菜 *S.nipponica*

牛尾菜 *S.riparia*

14. 藜芦属 Veratrum

牯岭藜芦 *V.schindleri*

15. 丝兰属 Yucca

凤尾丝兰 *Y.gloriosa*

16. 万寿竹属 Disporum

少花万寿竹 *D.uniflorum*

（一四二）石蒜科 Amaryllidaceae

1. 文殊兰属 Crinum

文殊兰 *C.asiaticum var. sinicum*，有逸生

2. 朱顶红属 Hippeastrum

花朱顶红 *H.vittatum*，有逸生

3. 小金梅草属 Hypoxis

小金梅草 *H.aurea*

4. 石蒜属 Lycoris

石蒜 *L.radiata*

换锦花 *L.sprengeri*，分布南麂列岛

5. 水仙属 Narcissus

水仙 *N.tazetta var. chinensis*，分布南麂列岛

（一四三）薯蓣科 Dioscoreaceae

1. 薯蓣属 Dioscorea

黄独 *D.bulbifera*

薯莨 *D.cirrhosa*

福州薯蓣 *D.futschauensis*

日本薯蓣 *D.japonica*

绵萆薢 *D.spongiosa*

细柄薯蓣 *D.tenuipes*

山萆薢 *D.tokoro*

（一四四）鸢尾科 Iridaceae

1. 鸢尾属 Iris

小花鸢尾 *I.speculatrix*

（一四五）芭蕉科 Musaceae

1. 芭蕉属 Musa

芭蕉 *M.basjoo*

（一四六）姜科 Zingiberaceae

1. 山姜属 Alpinia

山姜 *A.japonica*

艳山姜 *A.zerumbet*，分布南麂列岛

2. 姜属 Zingiber

蘘荷 *Z.mioga*

（一四七）水玉簪科 Burmanniaceae

1. 水玉簪属 Burmannia

三品一枝花 *B.coelestis*，分布南雁荡山

（一四八）兰科 Orchidaceae

1. 无柱兰属 Amitostigma

无柱兰（细葶无柱兰）*A.gracile*

大花无柱兰 *A.pinguiculum*

2. 开唇兰属 Anoectochilus

金线兰（花叶开唇兰）*A.roxburghii*

3. 竹叶兰属 Arundina

竹叶兰 *A.graminifolia*

4. 白芨属 Bletilla

白芨 *B.striata*

5. 石豆兰属 Bulbophyllum

广东石豆兰 *B.kwangtungense*

6. 虾脊兰属 Calanthe

钩距虾脊兰 *C.graciliflora*

7. 隔距兰属 Cleisostoma

蜈蚣兰 *C.scolopendrifolium*

8. 蛤兰属 Conchidium

蛤兰(小毛兰) *C.pusillum*

9. 兰属 Cymbidium

多花兰(台兰) *C.floribundum*

春兰 *C.goeringii*

10. 盆距兰属 Gastrochilus

中华盆距兰 *G.sinensis*，分布顺溪，为温州分布新纪录

11. 斑叶兰属 Goodyera

斑叶兰 *G.schlechtendaliana*

绿花斑叶兰 *G.viridiflora*分布顺溪，为浙江分布新纪录

12. 羊耳蒜属 Liparis

镰翅羊耳蒜 *L.bootanensis*

见血青 *L.nervosa*

13. 钗子股属 Luisia

纤叶钗子股 *L.hancockii*

14. 沼兰属 Malaxis

小沼兰 *M.microtatantha*

15. 葱叶兰属 Microtis

葱叶兰 *M.unifolia*

16. 石仙桃属 Pholidota

细叶石仙桃 *P.cantonensis*

17. 舌唇兰属 Platanthera

小舌唇兰 *P.minor*

18. 独蒜兰属 Pleione

台湾独蒜兰 *P.formosana*

19. 朱兰属 Pogonia

朱兰 *P.japonica*

20. 绶草属 Spiranthes

绶草(盘龙参) *S.sinensis*

香港绶草 *S.hongkongensis*，为浙江分布新纪录

21. 带唇兰属 Tainia

带唇兰 *T.dunnii*

22. 蜻蜓兰属 Tulotis

小花蜻蜓兰 *T.ussuriensis*

第二节　陆生野生动物

文中陆生野生动物指陆生野生脊索动物。

据清康熙《平阳县志》、民国14年(1925)刊行《平阳县志》记载，平阳境内曾有虎、豹、熊、鹿、猴、豺等野生哺乳动物分布栖息。清人冯良弼在《驱虎说》文中也称“平阳连岁多虎，今丁未唯甚，居民患之”。近几十年来，随着人为活动的加剧，生态环境受到严重的破坏，野生动物种类和数量逐渐减少。据1994年温州市陆生野生动物资源调查及之后的发现，平阳县内共有陆生野生脊索动物303种，隶属28目91科，其中，鸟类228种，分隶16目61科；兽类32种，分隶7目14科；爬行类28种，分隶3目9科；两栖类15种，分隶2目7科。

县内陆生野生脊索动物中，有国家一、二级重点保护野生动物30种，其中，鸟类24种，兽类3种，爬行类2种，两栖类1种。鸟类中，白肩雕、黑鹳为国家一级重点保护野生动物。

鸟类(鸟纲Aves)

(一) 鹛鹛目　Podicipediformes

1. 鹛鹛科　Podicedidae

小鹛鹛 *Trachybaptus ruficollis*，留鸟

凤头鹛鹛 *Podiceps cristatus*，又名浪里白，冬候鸟

黑颈鹛鹛 *P.nigricollis*，冬候鸟

(二) 鹈形目　Pelecaniformes

1. 鹈鹕科　Pelecanidae

斑嘴鹈鹕 *Pelecanus philippensis*，又名花嘴鹈鹕、塘鹅、犁鹕，国家二级重点保护野生动物

2. 鸬鹚科　Phalacrocoracidae

普通鸬鹚 *Phalacrocorax carbo*，又名鱼鹰，留鸟

3. 鹭科　Ardeidae

苍鹭 *Ardea cinerea*，又名灰鹤，留鸟

池鹭 *Ardeola bacchus*，又名沙鹭，夏候鸟

大白鹭 *Ardea alba*，俗名白鹭鸶、鹭鸶，夏候鸟

牛背鹭 *Bubulcus ibis*，又名黄头鹭、畜鹭、放牛

郎等，夏候鸟

白鹭 *Egretta garzetta*，又名小白鹭、白鹭鸶、白翎鸶，夏候鸟

中白鹭 *Ardea intermedia*，夏候鸟

夜鹭 *Nycticorax nycticorax*，留鸟

黄斑苇鳽 *Ixobrychus sinensis*，又称黄苇鳽，夏候鸟

大麻鳽 *Botaurus stellaris*，俗名大麻鹭、蒲鸡、大水骆驼，冬候鸟

绿鹭 *Butorides striatus*，俗名绿蓑鹭、鹭鸶、打鱼郎，夏候鸟

（三）鹳形目 Ciconiiformes

1. 鹳科 Ciconiidae

黑鹳 *Ciconia nigra*，冬候鸟，国家一级重点保护野生动物

（四）雁形目 Anseriformes

1. 鸭科 Anatidae

鸿雁 *Anser cygnoides*，又名大雁、冠雁、原鹅，冬候鸟

豆雁 *Anser fabalis*，又名大雁、鸿、东方豆雁，冬候鸟

针尾鸭 *Anas acuta*，又名长尾凫

罗纹鸭 *Anas falcata*，又名葭凫

绿头鸭 *Anas platyrhynchos*，大头绿（雄）、蒲鸭（雌）

绿翅鸭 *Anas crecca*，又名小水鸭、小麻鸭，冬候鸟

斑嘴鸭 *Anas zonorhyncha* 别名花嘴鸭、谷鸭、黄嘴尖鸭

赤颈鸭 *Mareca penelope*，又名红鸭

花脸鸭 *Sibirionetta formosa*，俗名王鸭、巴鸭、眼镜鸭，冬候鸟

白眉鸭 *Spatula querquedula*，俗名小石鸭，冬候鸟

红胸秋沙鸭 *Mergus serrator*，冬候鸟

鸳鸯 *Aix galericulata*，又名中国官鸭，冬候鸟，国家二级重点保护野生动物

翘鼻麻鸭 *Tadorna tadorna*，又名白鸭、翘鼻鸭，冬候鸟

鹰形目 Accipitriformes

1. 鹰科 Accipitridae

松雀鹰 *Accipiter virgatus*，留鸟，国家二级重点保护野生动物

普通鵟 *Buteo japonicus*，冬候鸟，国家二级重点保护野生动物

灰脸鵟鹰 *Butastur indicus*，冬候鸟，国家二级重点保护野生动物

白肩雕 *Aquila heliaca*，冬候鸟，国家一级重点保护野生动物

草原雕 *Aquila nipalensis*，俗名大花雕，冬候鸟，国家二级重点保护野生动物

秃鹫 *Aegypius monachus*，俗名座山雕，冬候鸟，国家二级重点保护野生动物

蛇雕 *Spilornis cheela*，留鸟，国家二级重点保护野生动物

白尾鹞 *Circus cyaneus*，冬候鸟，国家二级重点保护野生动物

鹊鹞 *C.melanoleucos*，又叫喜鹊鹞、喜鹊鹰，国家二级重点保护野生动物

（五）隼形目 Falconiformes

1. 隼科 Falconidae

燕隼 *Falco subbuteo*，俗名蚂蚱鹰，国家二级重点保护野生动物

（六）鸡形目 Galliformes

1. 雉科 Phasianidae

中华鹧鸪 *Francolinus pintadeanus*，又名鹧鸪

鹌鹑 *Coturnix japonica*，古称鹑鸟、宛鹑、奔鹑，又名鹑、红腹鹑

灰胸竹鸡 *Bambusicola thoracica*，俗名泥滑滑、山菌子、竹鹧鸪，留鸟

环颈雉 *Phasianus colchicus*，俗名雉鸡、山鸡、野山鸡、七彩山鸡，留鸟

（七）鹤形目 Gruiformes

1. 秧鸡科 Rallidae

黑水鸡 *Gallinula chloropus*，又名红冠水鸡，留鸟

小田鸡 *Zapornia pusilla*，旅鸟

白骨顶 *Fulica atra*，又名骨顶鸡，冬候鸟

蓝胸秧鸡 *Lewinia striatus*，留鸟

白胸苦恶鸟 *Amaurornis phoenicurus*，又名白腹秧鸡，留鸟

董鸡 *Gallicrex cinerea*，夏候鸟

2. 鹤科　Gruidae

灰鹤 *Grus grus*，又名玄鹤，俗名番薯鹤，冬候鸟，国家二级重点保护野生动物

（八）鸻形目　Charadriiformes

1. 水雉科　Jacanidae

水雉 *Hydrophasianus chirurgus*，又名水凤凰，夏候鸟

2. 鸻科　Charadriidae

灰头麦鸡 *Vanellus cinereus*，冬候鸟

凤头麦鸡 *Vanellus vanellus*，冬候鸟

灰鸻 *Pluvialis squatarola*，冬候鸟

金眶鸻 *Charadrius dubius*，冬候鸟

环颈鸻 *Charadrius alexandrinus*，留鸟

蒙古沙鸻 *Charadrius mongolus*，旅鸟

东方鸻 *Charadrius veredus*，旅鸟

剑鸻 *Charadrius hiaticula*，冬候鸟

3. 鹬科　Scoiopacidae

黑尾塍鹬 *Limosa limosa*，旅鸟

小青脚鹬 *Tringa guttifer*，旅鸟，国家二级重点保护野生动物

林鹬 *Tringa glareola* 别名叫林札子，旅鸟

鹤鹬 *Tringa erythropus*，冬候鸟

红脚鹬 *Tringa totanus*，又名东方红腿，冬候鸟

青脚鹬 *Tringa nebularia*，冬候鸟

白腰草鹬 *Tringa ochropus*，冬候鸟

翘嘴鹬 *Xenus cinereus*，旅鸟

针尾沙锥 *Gallinago stenura*，又名针尾鹬，旅鸟

大沙锥 *Gallinago megala*，旅鸟

扇尾沙锥 *Gallinago gallinago*，又名田鹬，冬候鸟

大滨鹬 *Calidris tenuirostris*，又名细嘴滨鹬，旅鸟

红颈滨鹬 *Calidris ruficollis*，又名红胸滨鹬，旅鸟

尖尾滨鹬 *Calidris acuminata*，旅鸟

黑腹滨鹬 *Calidris alpina*，冬候鸟

弯嘴滨鹬 *Calidris ferruginea*，旅鸟

勺嘴鹬 *Calidris pygmeus*，旅鸟

中杓鹬 *Numenius phaeopus*，旅鸟

大杓鹬 *Numenius madagascariensis*，又名红背大勺鹬、红腰勺鹬、彰鸡，旅鸟

小杓鹬 *Numenius minutus*，又名小油老罐，旅鸟，国家二级重点保护野生动物

灰尾漂鹬 *Tringa brevipes*，旅鸟

白腰杓鹬 *Numenius arquata*，冬候鸟

矶鹬 *Actitis hypoleucos*，冬候鸟

丘鹬 *Scolopax rusticola*，冬候鸟

4. 蛎鹬科　Haematopodidae

蛎鹬 *Haematopus ostralegus*，冬候鸟

5. 反嘴鹬科　Recurvirostridae

黑翅长脚鹬 *Himantopus himantopus*，冬候鸟

反嘴鹬 *Recurvirostra avosetta*，冬候鸟

6. 三趾鹑科　Turnicidae

黄脚三趾鹑 *Turnix tanki*，俗名黄地闷子、三爪爬、水鹌鹑，留鸟

7. 鸥科　Laridae

黑尾鸥 *Larus crassirostris*，留鸟

普通海鸥 *Larus canus*，冬候鸟

西伯利亚银鸥 *Larus smithsoniqnus*，冬候鸟

白翅浮鸥 *Chlidonias leucoptera*

灰翅浮鸥 *Chlidonias hybrida*，夏候鸟

黑嘴鸥 *Saundersilarus saundersi*，冬候鸟

红嘴鸥 *Chroicocephai ridibundus*，冬候鸟

普通燕鸥 *Sterna hirundo*，旅鸟

粉红燕鸥 *Sterna dougallii*，又名红燕鸥，夏候鸟

白额燕鸥 *Sternula albifrons*，夏候鸟

大凤头燕鸥 *Thalasseus bergii*，夏候鸟

（九）鸽形目　Columbiformes

1. 鸠鸽科　Columbidae

山斑鸠 *Streptopelia orientalis*，又名山鸠、山鸽子，留鸟

珠颈斑鸠 *Streptopelia chinensis*，又名花斑鸠

火斑鸠 *Streptopelia tranquebarica*，又名红斑鸠

（十）鹃形目　Cuculiformes

1. 杜鹃科　Cuculidae

红翅凤头鹃 *Clamator coromandus*，又名凤头郭公，留鸟

大鹰鹃 *Cuculus sparverioides*，又名子规

大杜鹃 *Cuculus canorus*，又名布谷、郭公，夏候鸟

四声杜鹃 *Cuculus micropterus*，俗名快快割麦、光棍好过、豌豆八哥、豌豆包谷、关公好哭、伯伯插田，夏候鸟

中杜鹃 *Cuculus saturatus*，夏候鸟

（十一）鸮形目　Strigiformes

1. 草鸮科　Tytonidae

草鸮 *Tyto longimembris*，又名猴面鹰，国家二级重点保护野生动物

2. 鸱鸮科　Strigidae

红角鸮 Otus sunia，又名夜猫子，留鸟，国家二级重点保护野生动物

雕鸮 *Bubo bubo*，又名大猫头鹰，留鸟，国家二级重点保护野生动物

领鸺鹠 *Glaucidium brodiei*，留鸟，国家二级重点保护野生动物

鹰鸮 *Ninox scutulata*，又名褐鹰鸮，国家二级重点保护野生动物

领角鸮 *Otus lettia*，留鸟，国家二级重点保护野生动物

长耳鸮 *Asio otus*，俗名长耳木兔，冬候鸟，国家二级重点保护野生动物

短耳鸮 *A.flammeus*，俗名小耳木兔，冬候鸟，国家二级重点保护野生动物

（十二）佛法僧目　Coraciiformes

1. 翠鸟科 *Alcedinidae*

斑鱼狗 *Ceryle rudis*，留鸟

普通翠鸟 *Alcedo atthis*，留鸟

白胸翡翠 *Halcyon smyrnensis*，留鸟

蓝翡翠 *Halcyon pileata*，又名蓝鱼狗，留鸟

2. 佛法僧科　Coraciidae

三宝鸟 *Eurystomus orientalis*，俗名老鸹翠、东方宽嘴转鸟、阔嘴鸟，夏候鸟

（十三）犀鸟目　Bucerotiformes

1. 戴胜科　Upupidae

戴胜 *Upupa epops*，又名山和尚，留鸟

（十四）雀形目　Passeriformes

1. 百灵科　Alaudidae

云雀 *Alauda arvensis*，又名告天鸟，冬候鸟

小云雀 *Alauda gulgula*，又名告天鸟、朝天柱、百灵，留鸟

2. 燕科　Hirundinidae

家燕 *Hirundo rustica*，又名燕子、观音燕，夏候鸟

金腰燕 *Cecropis daurica*，又名赤腰燕，夏候鸟

3. 鹡鸰科　Motacillidae

黄鹡鸰 *Motacilla tschutschensis*，冬候鸟

灰鹡鸰 *Motacilla cinerea*，冬候鸟

白鹡鸰 *Motacilla alba*，又名白面鸟，夏候鸟

树鹨 *Anthus hodgsoni*，又名西雀、地麻雀，冬候鸟

田鹨 *Anthus richardi*，又叫东方田鹨，俗称花鹨，夏候鸟

4. 鹎科　Pycnonotidae

白头鹎 *Pycnonotus sinensis*，又名白头翁，留鸟

黑短脚鹎 *Hypsipetes leucocephalu*，夏候鸟

领雀嘴鹎 *Spizixos semitorques*，俗名羊头公、绿鹦嘴鹎，留鸟

5. 太平鸟科　Bombycillidae

太平鸟 *Bombycilla garrulus*，又名十二黄、黄连雀，冬候鸟

小太平鸟 *Bombycilla japonica*，又名十二红、朱连雀，冬候鸟

6. 伯劳科　Laniidae

楔尾伯劳 *Lanius sphenocercus*，俗名长尾灰伯劳、寒露，冬候鸟

牛头伯劳 *Lanius bucephalus*，俗名红头伯劳，夏候鸟

棕背伯劳 *Lanius schach*，俗名黄伯劳，留鸟

虎纹伯劳 *Lanius tigrinus*，俗名花伯劳，夏候鸟

红尾伯劳 *Lanius cristatus*，俗名褐伯劳，夏候鸟

7. 山椒鸟科　Campephagidae

粉红山椒鸟 *Pericrocotus roseus*，夏候鸟

灰山椒鸟 *Pericrocotus divaricatus*，夏候鸟

8. 椋鸟科　Sturnidae

丝光椋鸟 *Spodiopsar sericeus*，留鸟

灰椋鸟 *Spodiopsar cineraceus*，冬候鸟

八哥 *Acridotheres cristatellus*，俗名凤头八哥，留鸟

9. 鸦科　Corvidae

红嘴蓝鹊 *Urocissa erythrorhyncha*，俗称长尾山鹊，留鸟

喜鹊 *Pica pica*，留鸟

白颈鸦 *Corvus pectoralis*，又名白颈乌鸦，留鸟

大嘴乌鸦 *Corvus.macrorhynchos*，俗名老鸦，留鸟

10. 鹟科　Muscicapidae

红胁蓝尾鸲 *Tarsiger cyanurus*，冬候鸟

蓝歌鸲 *Larvivora cyane*，俗名小琉璃，冬候鸟

红尾歌鸲 *Larvivora sibilans*，旅鸟

北红尾鸲 *Phoenicurus auroreus*，冬候鸟

鹊鸲 *Copsychus saularis*，又名四喜、信鸟，留鸟

黑喉石䳭 *Saxicola maurus*，又名谷尾鸟，旅鸟

灰林䳭 *Saxicola ferreus*，留鸟

蓝矶鸫 *Monticola solitarius*，又名水嘴，留鸟

紫啸鸫 *Myiophoneus caeruleus*，留鸟

白眉姬鹟 *Ficedula zanthopygia*，又名白眉鹟，旅鸟

黄眉姬鹟 *Ficedula narcissina*，又名黄眉鹟，旅鸟

鸲姬鹟 *Ficedula mugimaki*，又名鸲鹟，旅鸟

白腹蓝鹟 *Cyanoptila cyanomelana* 别名白腹蓝姬鹟，俗名琉璃鸟、山竹鸟，旅鸟

灰纹鹟 *Muscicapa griseisticta*，又叫灰斑鹟、斑胸鹟，旅鸟

乌鹟 *Muscicapa sibirica*，旅鸟

北灰鹟 *Muscicapa dauurica*，旅鸟

红尾水鸲 *Rhyacornis fuliginosus*，又名蓝石青儿、铅色水翁、溪红尾鸲，留鸟

铜蓝鹟 *Eumyias thalassina*，冬候鸟

11. 鸫科　Turdidae

虎斑地鸫 *Zoothera aurea*，又名虎鸫，冬候鸟

乌鸫 *Turdus andarinus*，俗名百舌、反舌，留鸟

灰背鸫 *Turdus hortulorum*，冬候鸟

白腹鸫 *Turdus pallidus*，冬候鸟

斑鸫 *Turdus eunomus*，俗名穿草鸡，冬候鸟

乌灰鸫 *Turdus cardis*，旅鸟

白眉地鸫 *Geokichla sibirica*，又名白眉麦鸡，旅鸟

12. 林鹛科　Timaliidae

锈脸钩嘴鹛 *Pomatorhinus erythrogenys*，留鸟

13. 噪鹛科　Leiothrichidae

黑脸噪鹛 *Garrulax perspicillatus*，留鸟

画眉 Garrulax canorus，又名中华画眉，留鸟

14. 莺鹛科　Sylviidae

棕头鸦雀 *Sinosuthora webbianus*，留鸟

15. 蝗莺科　Locustellidae

矛斑蝗莺 *Locustella lanceolata*，旅鸟

16. 苇莺科　Acrocephalidae

东方大苇莺 *Acrocephalus orientalis*，夏候鸟

钝翅苇莺 *Acrocephalus concinens*，旅鸟

黑眉苇莺 *Acrocephalus bistrigiceps*，旅鸟

17. 柳莺科　Phylloscopidae

褐柳莺 *Phylloscopus fuscatus*，俗名达达跳，旅鸟

黄眉柳莺 *Phylloscopus inornatus*，俗名树串儿，冬候鸟

极北柳莺 *Phylloscopus borealis*，俗名柳串儿，冬候鸟

18. 扇尾莺科　Cisticolidae

棕扇尾莺 *Cisticola juncidis*，留鸟

纯色山鹪莺 *Prinia inornata*，又名褐头鹪莺，留鸟

山鹪莺 *Prinia crinigera*，留鸟

黑喉山鹪莺 *Prinia atrogularis*，留鸟

黄腹山鹪莺 *Prinia flaviventris*，又名黄腹鹪莺、灰头鹪莺，留鸟

19. 王鹟科　Monarchidae

寿带 *Terpsiphone incei*，夏候鸟

紫寿带 *Terpsiphone atrocaudata*，旅鸟

20. 山雀科　Paridae

大山雀 *Parus cinereus*，留鸟

黄腹山雀 *Pardaliparus venustulus*，俗名采花鸟、黄点儿，留鸟

21. 长尾山雀科　Aegithalidae

红头长尾山雀 *Aegithalos concinnus*，又名红头山雀，俗名小老虎，留鸟

22. 䴓科　Sittidae

普通䴓 *Sitta europaea*，又叫茶腹䴓，俗名贴树皮，留鸟

23. 绣眼鸟科　Zosteropidae

暗绿绣眼鸟 *Zosterops japonica*，俗名绿豆鸟、相思仔，留鸟

24. 雀科　Passeridae

麻雀 *Passer montanus*，俗名霍雀、瓦雀，留鸟

山麻雀 *Passer cinnamomeus*，又名红雀、黄雀、山只只，留鸟

25. 梅花雀科　Estrildidae

白腰文鸟 *Lonchura striata*，俗名十姊妹、十姐妹、算命鸟，留鸟

斑文鸟 *Lonchura punctulata*，又名小纺织鸟，留鸟

26. 燕雀科 Fringillidae

燕雀 *Fringilla montifringilla*，又名虎皮雀，冬候鸟

金翅雀 *Carduelis sinica*，俗名黄豆雀，留鸟

黄雀 *Spinus spinus*，又名黄鸟、金雀、麻雀儿，冬候鸟

黑头蜡嘴雀 *Eophona personata*，俗名大蜡嘴、铜嘴，冬候鸟

黑尾蜡嘴雀 *E.migratoria*，俗名蜡嘴、小桑嘴，冬候鸟

锡嘴雀 *Coccothraustes coccothraustes*，又名蜡嘴雀、厚嘴鸟，冬候鸟

27. 鹀科 Emberizidae

栗鹀 *Emberiza rutila*，俗名大红袍、红金钟，旅鸟

三道眉草鹀 *Emberiza cioides*，俗名三道眉、犁雀儿，留鸟

田鹀 *Emberiza rustica*，俗名花九儿，冬候鸟

黄眉鹀 *Emberiza chrysophrys*，俗名金眉子，冬候鸟

白眉鹀 *Emberiza tristrami*，俗名五道眉、小白眉，旅鸟

黄胸鹀 *Emberiza aureola*，又名禾花雀、麦黄雀，冬候鸟

黄喉鹀 *Emberiza elegans*，俗名黄蓬头、黄眉子、虎头凤，冬候鸟

灰头鹀 *Emberiza spodocephala*，俗名青头雀，冬候鸟

栗耳鹀 *Emberiza fucata*，又名赤胸鹀，冬候鸟

小鹀 *Emberiza pusilla*，俗名麦寂寂，冬候鸟

凤头鹀 *Melophus lathami*，俗名凤头雀，留鸟

28. 河乌科 Cinclidae

褐河乌 *Cinclus pallasii*，又名水乌鸦，留鸟

29. 幽鹛科 Pellorneidae

褐顶雀鹛 *Schoeniparus brunneus*，留鸟

30. 树莺科 Cettiidae

棕脸鹟莺 *Abroscopus albogularis*，留鸟

31. 戴菊科 Regulidae

戴菊 *Regulus regulus*，冬候鸟

32. 黄鹂科 Oriolidae

黑枕黄鹂 *Oriolus chinensis*，俗名黄鹂、黄莺，夏候鸟

33. 卷尾科 Dicruridae

黑卷尾 *Dicrurus macrocercus*，夏候鸟

灰卷尾 *D.leucophaeus*，夏候鸟

（十五）潜鸟目 Gaviiformes

1. 潜鸟科 Gaviidae

红喉潜鸟 *Gavia stellata*，冬候鸟

黑喉潜鸟 *Gauia arctica*，冬候鸟

（十六）夜鹰目 Caprimulgiformes

1. 夜鹰科 Caprimulgidae

普通夜鹰 *Caprimulgus indicus*，俗名贴树皮、鬼鸟、夜燕，夏候鸟

2. 雨燕科 Apodidae

白腰雨燕 *Apus pacificus*，又名白尾根麻燕，夏候鸟

兽类（哺乳纲Mammalia）

（一）劳亚食虫目 Eulipotyphla

1. 鼩鼱科 Soricidae

小麝鼩 *Crocidura suaveolens*，俗名称小尖嘴鼠

灰麝鼩 *Crocidura attenuata*

臭鼩 *Suncus murinus*

（二）翼手目 Chiroptera

1. 蝙蝠科 Vespertilionidae

褐山蝠 *Nyctalus noctula*，又名夜蝠

东亚伏翼 *Pipistrellus abramus*

（三）鳞甲目 Pholidota

1. 穿山甲科 Manidae

穿山甲 *Manis pentadactyla*，又名中华穿山甲，国家二级重点保护野生动物

（四）兔形目 Lagomorpha

1. 兔科 Leporidae

华南兔 *Lepus sinensis*

（五）啮齿目 Rodentia

1. 松鼠科 Sciuridae

赤腹松鼠 *Callosciurus erythraeus*，又称红腹松鼠

蓝腹松鼠 *Callosciurus pygerythrus*

珀氏长吻松鼠 *Dremomys pernyi*，又名红嘴老鼠

2. 仓鼠科 Cricetidae

黑腹绒鼠 *Eothenomys melanogaster*

3. 鼹型鼠科 Spalacidae

中华竹鼠 *Rhizomys sinensis*，又名竹根鼠、竹

狸、芒狸、茅根鼠、芭茅鼠

4. 鼠科　Muridae

巢鼠 *Micromys minutus*

黑线姬鼠 *Apodemus agrarius*，又名田姬鼠、黑线鼠、长尾黑线鼠

中华姬鼠 *Apodemus draco*，又名森林姬鼠，山耗子，龙姬鼠

小家鼠 *Mus musculus*

褐家鼠 *Rattus norvegicus*，又名褐鼠、大家鼠、白尾吊、粪鼠、沟鼠

黄胸鼠 *Rattus tanezumi*，俗名屋顶鼠、黄腹鼠

黄毛鼠 *Rattus losea*

大足鼠 *Rattus nitidus*

东亚屋顶鼠 *Rattus branneusculus*

社鼠 *Niviventer confucianus*

针毛鼠 *Niviventer fulvescens*

白腹巨鼠 *Leopoldamys edwardsi*

青毛巨鼠 *Berylmys bowersi*，又名大山鼠、青鼠

（六）食肉目　Carnivora

1. 犬科　Canidae

豺 *Cuon alpinus*，国家二级重点保护野生动物

2. 鼬科　Mustelidae

黄鼬 *Mustela sibirica*，俗名黄鼠狼

3. 灵猫科　Viverridae

小灵猫 *Viverricula indica*，俗名七间狸、乌脚狸，国家二级重点保护野生动物

果子狸 *Paguma larvata*，俗名花面狸

4. 猫科　Felidae

豹猫 *Prionailurus bengalensis*

（七）偶蹄目　Artiodactyla

1. 猪科　Suidae

野猪 *Sus scrofa*，又名山猪

2. 鹿科　Cervidae

小麂 *Muntiacus reevesi*

爬行类（爬行纲 Reptilia）

（一）龟鳖目　Testudinata

1. 平胸龟科　Platysternidae

平胸龟 *Platysternon megacephalum*

2. 淡水龟科　Bataguidae

乌龟 *Chinemys reevesii*

黄喉拟水龟 *Mauremys mutica*，又名石龟

3. 鳖科　Trionychidae

中华鳖 *Pelodiscus sinensis*，俗名甲鱼、团鱼

（二）蜥蜴目　Lecertifromes

1. 壁虎科　Gekkonidae

多疣壁虎 *Gekko japonicus*

蹼趾壁虎 *G.subpalmatus*

2. 石龙子科　Scincidae

中国石龙子 *Eumeces chinensis*，又名山弹、石龙子、四脚蛇

蓝尾石龙子 *Eumeces elegans*

蝘蜓 *Lygosoma indicum*，又名铜石龙子

3. 蜥蜴科　Lacertidae

北草蜥 *Takydromus septentrionalis*

（三）蛇目　Serpentiformes

1. 游蛇科　Colubridae

乌华游蛇 *Sinonatrix percarinata*，又名草赤链、乌游蛇

渔游蛇 *Natrix piscator*，俗名水草蛇

草游蛇 *N.stolata*，原草腹链蛇，俗名草花蛇

水赤链游蛇 *N.annularis*，俗名水游蛇

王锦蛇 *Elaphe carinata*，俗名油菜花蛇

黑眉锦蛇 *Elaphe taeniura*，俗名黄长虫

台湾小头蛇 *Oligodon formosanus*

钝尾两头蛇 *Calamaria septentrionalis*，俗名双头蛇、越王蛇、两头蛇

赤链蛇 *Dinodon rufozonatum*

铅色水蛇 *Enhydris plumbea*，俗名水蛇、泥蛇

滑鼠蛇 *Ptyas mucosus*，又名山蛇，国家二级重点保护野生动物

灰鼠蛇 *Ptyas korros*，又名青梢蛇

乌梢蛇 *Zaocys dhumnades*，又名乌蛇、青蛇

2. 眼镜蛇科　Elapidae

银环蛇 *Bungarus multicinctus*，俗名寸寸白

眼镜蛇 *Naja atra*，又名中华眼镜蛇、舟山眼镜蛇，俗称饭桨蛇

3. 蝰科　Viperidae

尖吻蝮 *Deinagkistrodon acutus*，又名五步蛇，国家二级重点保护野生动物

竹叶青 *Trimeresurus stejnegeri*，俗名刁竹青、

焦尾青蛇、焦尾巴

短尾蝮 *Gloydius brevicaudus*

两栖类（两栖纲 Amphibia）

（一）有尾目（蝾螈目） Caudata

1. 蝾螈科 Salamandridae

黑斑肥螈 *Pachytriton brevipes*，俗名四脚鱼、山和尚

（二）无尾目（蛙形目） Anura

1. 锄足蟾科 Pelobatidae

淡肩角蟾 *Megophrys boettgeri*

2. 蟾蜍科 Bufonidae

中华蟾蜍 *Bufo gargarizans*，俗名癞蛤蟆

黑眶蟾蜍 *Bufo melanostictus*，俗名癞刺

3. 雨蛙科 Hylidae

中国雨蛙 *Hyla chinensis*

4. 蛙科 Ranidae

沼水蛙 *Hylarana guentheri*，俗名水狗

日本林蛙 *Rana japonica*

大绿臭蛙 *Odorrana livida*，又名大绿蛙

泽陆蛙 *Fejervarya limnocharis*

黑斑侧褶蛙 *Pelophylax nigromaculatus*，又名黑斑蛙，俗名青蛙、田鸡

棘胸蛙 *Quasipaa spinosa*，俗名山鸡、石鸡、石蛙

虎纹蛙 *Hoplobatrachus rugulosa*，国家二级重点保护野生动物

5. 姬蛙科 Microhylidae

小弧斑姬蛙 *Microhyla heymonsi*，又名三角蛙

饰纹姬蛙 *Microhyla ornata*，又名食蚊蛙、三角蛙

6. 树蛙科 Rhacophoridae

大树蛙 *Rhacophorus dennysi*

第三节　水生生物

江河淡水鱼

2012年，平阳县有江河淡水鱼100种，分属26个科。

2012年平阳县淡水鱼类名录（鳌江河口洄游及纯淡水鱼类）

表2-3-1

中文名	学　名（拉丁名）
1 鲥	*Macrura reevesii* Richardson
2 刀　鲚	*Coilia ectenes* Jordan et Seale
3 香　鱼	*Plecoglossus altivelis*〔Temminck et Schlegel〕
4 大银鱼	*Protosalanx hyalocranius*〔Abbott〕
5 太湖新银鱼	*Neosalanx taihuensis*
6 前颌间银鱼	*Hemisalanx prognathus* Regan
7 有明银鱼	*Salanx ariakensis* Kishinouye
8 尖头银鱼	*S.acuticeps* Regan
9 日本鳗鲡	*Anguilla japonica* Temminck et Schlegel
10 花鳗鲡	*A.marmorata* Quoy et Gaimard
11 青　鱼	*Mylopharyngodon piceus*〔Richardson〕
12 草　鱼	*Ctenopharyngodon idellus*〔Cuvier et Valencinnes〕
13 中华细鲫	*Aphyocypris chinensis* G ü nther
14 鳡　鱼	*Elopichthys bambusa*〔Richardson〕
15 南方马口鱼	*Opsariichthys uncirostris bidens* G ü nther

续表 2-3-1

中文名	学　名(拉丁名)
16 宽鳍鱲	*Zacco platypus*〔Temminck et Schlegel〕
17 似　鳊	*Toxabramis swinhonis* G ü nther
18 鲦	*Hemiculter leucisculus*〔Basilewsky〕
19 贝氏鲦	*Hemiculter bleekeri* Warpachowsky
20 红鳍鲌	*Culter erythropterus* Basilewsky
21 大眼华鳊	*Sinibrama macrops*〔G ü nther〕
22 团头鲂	*Megalobrama amblycephala* Yih
23 三角鲂	*M.terminalis*〔Richardson〕
24 翘嘴红鲌	*Erythroculter ilishaeformis*〔Bleeker〕
25 戴氏红鲌	*E. dabryi*〔Bleeker〕
26 银　鲴	*Xenocypris argentea* Günther
27 圆吻鲴	*Distoechodon tumirostris* Peters
28 逆　鱼	*Acanthobrama simoni* B1eeker
29 中华鳑鲏	*Rhodeus sinensis* Günther
30 高体鳑鲏	*R.ocellatus*〔Kner〕
31 越南刺鳑鲏	*Acanthorhodeus tonkinensis* Vaillant
32 兴凯刺鳑鲏	*A.chankaensis*〔Dybowsky〕
33 鳙　鱼	*Aristichthys nobilis*〔Richardson〕
34 鲢　鱼	*Hypophthalmichthys molitrix*〔Cuvier et Valenciennes〕
35 刺　鲃	*Barbodes*〔*Spinibarbus*〕*caldwelli*〔Nichols〕
36 温州厚唇鱼	*Acrossocheilus*〔*Lissochilichthys*〕*wenchowensis wenchowensis* Wang
37 台湾铲颌鱼	*Varicorhinus*〔*Scaphesthes*〕*barbatulus*〔Pellegrin〕
38 鲤　鱼	*Cyprinus carpio Linnaeus*
39 鲫　鱼	*Carassius auratus*〔Linnaeus〕
40 唇　䱻	*Hemibarbus labeo*〔Pallas〕
41 花　䱻	*H.maculatus Bleeker*
42 长吻䱻	*H.longirostris*〔Regan〕
43 似　䱻	*Belligobio nummifer*〔Boulenger〕
44 麦穗鱼	*Pscudorasbora parva*〔Tcmminck ct Schlcgcl〕
45 华　鳈	*Sarcocheilichthys sinensis sinensis* Bleeker
46 小 鳈	*S.parvus* Nichols
47 黑鳍鳈	*S.nigripinnis nigripinnis*〔Gunther〕

续表 2-3-1

中文名	学　名(拉丁名)
48 细纹颌须鮈	*Gnathopogon taeniellus*〔Nichols〕
49 银色颌须鮈	*G.argentatus*〔Sauvage et Dabry〕
50 点纹颌须鱼	*G.walterstorffi*〔Regan〕
51 似　鮈	*Psudogobio vaillanti vaillanti*〔Sauvage〕
52 棒花鱼	*Abbottina rivularis*〔Basilewsky〕
53 嵊县胡鮈	*Huigobio chenhsiensis* Fang
54 蛇　鮈	*Saurogobio dabryi* Bleeker
55 光唇蛇鮈	*S.gymnocheilus* Loet al
56 中华花鳅	*Cobitis sinensis Sauvage* et Dabry
57 泥　鳅	*Misgurnus anguillicaudatus*〔Cantor〕
58 薄　鳅	*Leptobotia pellegrini* Fang
59 原缨口鳅	*Vanmanenia stenosoma*〔Boulenger〕
60 拟腹吸鳅	*Pseudogastromyzon fasciatus*〔Sauvage〕
61 胡子鲶	*Clarias fuscus*〔Lacepede〕
62 鲶　鱼	*Silurus asotus* Linnaeus
63 黄颡鱼	*Pseudobagrus fulvidraco*〔Richardson〕
64 切尾鮠鱼	*Leiocassis truncates* Regan
65 白边鮠鱼	*L.albomarginatus* Rendahl
66 白缘鉠	*Liobagrus marginatus*〔Günther〕
67 福建纹胸鮡	*Glyptothorax fukiensis*〔Rendahl〕
68 青　鳉	*Apochleilus latipss*〔Temminck et Schlegel〕
69 日本鱵	*Hemiramphus sajori*〔Temminck et Schlegel〕
70 鲻　鱼	*Mugil cephalus* Linnaeus
71 鲹　鱼	*Liza haematocheila*〔Temminck et Schlegel〕
72 棱　鲹	*Liza carinatus*〔Cuvier et Valeciennes〕
73 黄　鳝	*Monopterus albus*〔Zuiew〕
74 斑　鳜	*Siniperca scherzeri* Steindachner
75 鲈　鱼	*Lateolabrax japonicus*〔Cuvier et Valenciennes〕
76 乌塘鳢	*Bostrichthys sinensis*〔Lacepede〕
77 尖头塘鳢	*Eleotris oxycephala* Temminck et Schlegel
78 沙塘鳢	*Odontobutis obscura*〔Temminck et Schlegel〕
79 黄鲋鱼	*Hypseleotris swinhonis*〔Gunther〕

续表 2-3-1

中文名	学 名(拉丁名)
80 项斑舌鰕虎鱼	*Glossogobius fasciatopunctatus*〔Richardson〕
81 舌鰕虎鱼	*G.giuris*〔Hamilton-Buchanan〕
82 子陵栉鰕虎鱼	*Ctenogobius giurtnus*〔Rutter〕
83 褐栉鰕虎鱼	*C.brunneus*〔Temminck et Schlegel〕
84 神农栉鰕虎鱼	*C.shennongensis* Yang et Xie
85 波氏栉鰕虎鱼	*C.cliffordpopei*〔Nichols〕
86 雀斑栉鰕虎鱼	*C.lentiginis* Wu et Zheng
87 矛尾复鰕虎鱼	*Synecogobius hasta*〔Temminck et Schlegel〕
88 红狼牙鰕虎鱼	*Odontamblyopus rubicundus*〔Hamilton Buchanan〕
89 叉尾斗鱼	*Macrokopodus opercularis*〔Linnaeus〕
90 乌　鳢	*Ophiocephalus argus argus*〔Basilewsky〕
91 刺　鳅	*Mastacembelus aculeatus*〔Basilewsky〕
92 松江鲈鱼	*Trachidermus fasciatus* Heckel
93 莱氏舌鳎	*Cynoglossus lighti* Norman
94 紫斑舌鳎	*C.purpureomaculatus* Regan
95 窄体舌鳎	*C.gracilis* Gunther
96 短吻三线舌鳎	*C.abbreviatus*〔Gray〕
97 弓斑东方鲀	*Fugu ocellatus*〔Linnaeus〕
98 虫纹东方鲀	*F.vermicularis*〔Temminck et Schlegel〕
99 暗色东方鲀	*F.obscurus*〔Abe〕
100 双斑东方鲀	*F.bimaculatus*〔Richardson〕

海洋生物

1998年12月，南麂列岛被联合国教科文组织列为世界生物圈保护区网络。至2012年，已发现各种门类的海洋生物1826种，其中，鱼类397种，爬行类3种，甲壳类207种(除虾、蟹类外，还有蔓足类等未列入)，贝类427种，大型底栖藻类178种，微小型底栖藻类459种(未录入)，其他海洋生物155种。贝、藻类品种分别约占全国的15%和25%。南麂列岛海区的海洋生物在平阳县具有代表性，故以下就南麂列岛海区的海洋生物进行表述。

(一) 海洋鱼类

2012年平阳县南麂列岛海区鱼类名录(397种)

表 2-3-2

序号	中文名	学 名(拉丁名)
1	扁头哈那鲨	*Notorhynchus platycephalus*(Tenore)
2	宽纹虎鲨	*Heterodontus japonicus*(Dumeril)

续表 2-3-2

序号	中文名	学　名(拉丁名)
3	狭纹虎鲨	*H. zebra*(Gray)
4	欧氏锥齿鲨	*Carcharias owstoni* Garman
5	姥鲨	*Cetorhinus maximus*(Gunner)
6	狐形长尾鲨	*Alopias vulpinus*(Bonnaterre)
7	日本须鲨	*Orectolobus japonicus* Regan
8	条纹斑竹鲨	*Chiloscyllium plagiosum*(Bennett)
9	鲸鲨	*Rhincodon typus* Smith
10	阴影绒毛鲨	*Cephaloscyllium umbratile* Jordan et Fowler
11	虎纹猫鲨	*Scyliorhinus torazame* (Tanaka)
12	梅花鲨	*Halaelurus burgeri*(Müller et Henle)
13	斑点丽鲨	*Calliscyllium venustum* Tanaka
14	皱唇鲨	*Triakis scylliumMüller et Henle*
15	白斑星鲨	*Mustelus manazo* Bleeker
16	灰星鲨	*M. griseus* Pietschmann
17	尖头斜齿鲨	*Scoliodon sorrakowah* (Cuvier)
18	黑印真鲨	*Carcharhinus menisorrah*(Müller et Henle)
19	阔口真鲨	*C. latistomus* Fang et Wang
20	沙拉真鲨	*C. sorrah* (Müller et Henle)
21	鎚头双髻鲨	*Sphyrna zygaena*(Linnaeus)
22	路氏双髻鲨	*S. lewini*(Gaiffith)
23	白斑角鲨	*Squalus acanthias* Linnaeus
24	长吻角鲨	*S. mitsukurii* Jordan et Fowler
25	短吻角鲨	*S. brevirostris* Tanaka
26	日本锯鲨	*Pristiophorus japonicus* Günther
27	日本扁鲨	*Squataina japonica* Bleeker
28	尖齿锯鳐	*Pristis cuspidatus* Latham
29	圆犁头鳐	*Rhina ancylostoma* Bloch Schneider
30	及达尖犁头鳐	*Rhynchobatus djiddensis*(Forskål)
31	颗粒犁头鳐	*Rhinobatos granulatus* Cuvier
32	许氏犁头鳐	*R. schlegelii* Müller et Henle
33	中国团扇鳐	*Platyrhina sinensis*(Bloth et Schneider)
34	林氏团扇鳐	*P. limboonkengi* Tang

续表 2-3-2

序号	中文名	学　名(拉丁名)
35	何氏鳐	*Raja hollandi* Jordan et Richardson
36	孔鳐	*R. porosa* G ü nther
37	齐氏鳐	*Dasyatis gerrardi*(Gray)
38	黄魟	*D. bennetti*(Müller et Henle)
39	小眼魟	*D. microphthalmus* Chen
40	尖嘴魟	*D. zugei*(Mü ller et Henle)
41	光魟	*D. laevigatus* Chu
42	奈氏魟	*D. navarrae*(Steindachner)
43	赤魟	*D. akajei*(Müller et Henle)
44	中国魟	*D. sinensis*(Steindachner)
45	双斑燕魟	*Gymnura bimaculata*(Norman)
46	花尾燕魟	*G. Poecilura*(Shaw)
47	日本燕魟	*G. japonica*(Temminck et Schlegel)
48	鸢鲼	*Myliobatis tobijei* Bleeker
49	无斑鳐鲼	*Aetobatus flagellum*(Bloch et Schneider)
50	日本蝠鲼	*Mobula japonica*(M ü ller et Henle)
51	日本单鳍电鳐	*Narke japonica*(Temminck et Schlegel)
52	坚皮单鳍电鳐	*Crassinarke dormitor* Takagi
53	黑线银鲛	*Chimaera phantasma* Jordan et Snyder
54	达氏鲟	*Acipenser dabryanus* Duméril
55	中华鲟	*A. sinensis* Gray
56	海鲢	*Elops saurus* Linnaeus
57	大海鲢	*Magalops cyprinodes*(Broussonet)
58	北梭鱼	*Albula vulpes*(Linnaeus)
59	遮目鱼	*Chanos chanos*(Forskål)
60	圆腹鲱	*Dussumieria hasseltii* Bleeker
61	神仙青鳞鱼	*Harengula nymphaea*(Richardson)
62	孔状青鳞鱼	*H. fimbriata*(Cuvier et Valenciennes)
63	寿南青鳞鱼	*H. zunasi* Bleeker
64	金色小沙丁鱼	*Sardinella aurita* Cuvier et Valenciennes
65	青林小沙丁鱼	*S. zunasi*(Bleeker)
66	花点鲥	*Macrura kelee*(Cuvier)

续表 2-3-2

序号	中文名	学　名(拉丁名)
67	鲥鱼	*M. reevesii*(Richardson)
68	斑鰶	*Clupanodon punctatus*(Temminck et Schlegel)
69	鳓鱼	*Ilisha elonagata*(Bennett)
70	后鳍鱼	*Opisthoterus tardoore*(Cuvier et Valenciennes)
71	日本鳀	*Engraulis japonicus* Temminck et Schlegel
72	尖吻小公鱼	*Anchoriella heteroloba*(Rüppell)
73	青带小公鱼	*A. zollingeri*(Bleeker)
74	康氏小公鱼	*A. commersonii* Lacépède
75	中华小公鱼	*A. chinensis*(Günther)
76	赤鼻棱鳀	*Thrissa kammalensis*(Bleeker)
77	汉氏棱鳀	*T. hamiltonii* Gray
78	杜氏棱鳀	*T. dussumieri*(Cuvier et Valenciennes)
79	中颌棱鳀	*T. mysax*(Bloth et Scheider)
80	长颌棱鳀	*T. setirostris*(Broussonet)
81	黄鲫	*Setipinna taty*(Cuvier et Valenciennes)
82	七丝鲚	*Coilia grayii* Richardson
83	凤鲚	*C. mystus*(Linnaeus)
84	刀鲚	C. ectenes Jordan et Seale
85	香鱼	*Plecoglossus altivelis* Temminck et Schlegel
86	宝刀鱼	*Chirocentrus dorab*(Forskål)
87	大银鱼	*Protosalanx hyalocranius*(Abbott)
88	前颌间银鱼	*Hemislanx prognathus* Ragan
89	尖头银鱼	*Salanx acuticeps* Regan
90	长鳍银鱼	*S. longianalis*(Regan)
91	刀光鱼	*Yarrella illustris*(McCulloch)
92	花斑蛇鲻	*Saurida undosquamis*(Richardson)
93	多齿蛇鲻	*S. tumbil*(Bloch et Schneider)
94	长蛇鲻	*S. elongata*(Temminck et Schlegel)
95	龙刀鱼	*Harpodon nehereus*(Buchannan-Hamilton)
96	七星鱼	*Myctophum pterotum*(Alcock)
97	栉鳞灯笼鱼	*Dasyscopelus spinosus*(Steindachner)
98	鳗鲇	*Plotosus anguillaris*(Bloch)

续表 2-3-2

序号	中文名	学　名(拉丁名)
99	中华海鲇	*Arius sinensis* Lacépède
100	海鲶	*A. thalassinus* (Rüppell)
101	日本鳗鲡	*Anguilla japonica* Temminck et Schlegel
102	中华鳗鲡	*A. sinensis* McChelland
103	日本康吉鳗	*Conger japonicus* Bleeeker
104	拟穴奇鳗	*Alloconger anagoides* (Brevoort)
105	星鳗	*Astroconger myriaster* (Brevoort)
106	短尾吻鳗	*Rhynchocymba sivicola* (Matsubara et Ochiai)
107	尖尾鳗	*Uroconger lepturus* (Richardson)
108	海鳗	*Muraenesox cinereus* (Forskål)
109	大眼油鳗	*Myrophis macrophthalmus* (Kamohara)
110	裸鳍虫鳗	Muraenichthys gymnopterus (Bleeker)
111	中华须鳗	*Cirrhimuraena chinensis* Kaup
112	鳄形短体鳗	*Brachysomophis crocodilinus* (Bennett)
113	豆齿鳗	*Pisoodonophis canorivorus* (Richardson)
114	尖吻蛇鳗	*Ophichthys apicalis* (Bennett)
115	前肛鳗	*Dysomma anguillaris* Barnard
116	长体鳝	*Thyrsoidea macrurus* (Bleeker)
117	网纹裸胸鳝	*Gymnothorax reticularis* Bloch
118	褐裸胸鳝	*G. hepaticus* (R ü ppell)
119	扁颚针鱼	*Ablennes anastomella* (Cuvier et Valenciennes)
120	乔氏鱵	*Hemirhamphus georgii* Cuvier et Valenciennes
121	间下鱵	*H. intermedius* (Cantor)
122	中华下鱵	*H. sinensis* (G ü nther)
123	飞鱼	*Exocoetus volitans* Linnaeus
124	尖头燕鳐鱼	*Cypselurus oxycephalus* (Bleeker)
125	少鳞燕鳐鱼	*C. oligolepis* (Bleeker)
126	燕鳐鱼	*C. agoo* (Temminck et Schlegel)
127	黑鳍犁鳕	*Bregmaceros atripinnis* Tickell
128	尖鳍犁鳕	*B. lanceolotus* Shen
129	麦氏犁鳕	*B. macclellanadii* Thompson
130	多棘腔吻鳕	*Coelorhynchus multispinulosus* Katayama

续表 2-3-2

序号	中文名	学　名(拉丁名)
131	鳞烟管鱼	*Fistularia petimba* Lac é p è de
132	粗吻海龙	*Trachyrhamphus serratus* (Temminck et Schlegel)
133	尖海龙	*Syngnathus acus* Linnaeus
134	舒氏海龙	*S. schlegeli* Kaup
135	飘海龙	*S. pelagicus* Linnaeus
136	日本海马	*Hippocampus japonicus* Kaup
137	克氏海马	*H. kelloggi* Jordan et Snyder
138	斑海马	*H. trimaculatus* Leach
139	勒氏皇带鱼	*Regalecus russellii* (Shaw)
140	松球鱼	*Monocentrus japonicus* (Houttuyn)
141	日本海鲂	*Zeus japonicus* Cuvier et Valenciennes
142	油魣	*Sphyraena pinguis* Günther
143	头鲻	*Mugil cephalus* Linnaeus
144	大鳞鲻	*M. macrolepis* A. Smith
145	棱鲅	*Liza carinatus* Cuvier et Valenciennes
146	鲅鱼	*L. haematocheila* (Temminck et Schlegel)
147	赤眼鲅	*L. so-iuy* (Basilewsky)
148	勃氏银汉鱼	*Allanetta bleekeri* (Günther)
149	四指马鲅	*Eleutheronema tetradactylum* (Show)
150	六指马鲅	*Polydactylus sextarius* (Bloth et Bchneider)
151	宝马石斑鱼	*Epinephelus areolatus* (Forskål)
152	赤点石斑鱼	*E. akaara* (Temminck et Schlegel)
153	鲑点石斑鱼	*E. fario* (Thunberg)
154	纵带石斑鱼	*E. latifasciatus* (Temminck et Schlegel)
155	云纹石斑鱼	*E. moara* (Temminck et Schlegel)
156	青石斑鱼	*E. awoara* (Temminck et Schlegel)
157	镶点石斑鱼	*E. amblycephalus* (Bleekr)
158	点带石斑鱼	*E. malabaricus* (Bloth et Bchneider)
159	鲈鱼	*Lateolabrax japonicus* (Cuvier et Valenciennes)
160	双带黄鲈	*Diploprion bifasciatum* Cuvier et Valenciennes
161	长尾大眼鲷	*Priacanthus tayenus* Richardson
162	短尾大眼鲷	*P. macrocanthus* Cuvier et Valenciennes

续表 2-3-2

序号	中文名	学　名(拉丁名)
163	拟大眼鲷	*Pseudopriacathus niphonius* (Cuvier et Valenciennes)
164	发光鲷	*Acropoma japonicum* Günther
165	尖牙鲷	*Synagrops argyrea* (Gilbert et Gramer)
166	细条天竺鲷	*Apogonichthys lineatus* (Cuvier et Valenciennes)
167	斑鳍天竺鲷	*A. carinatus* (Cuvier et Valenciennes)
168	半线天竺鲷	*Apogon semilineatus* Temminck et Schlegel
169	四线天竺鲷	*A. quadrifasciatus* Temminck et Schlegel
170	多鳞鱚	*Sillago sihama* (Forskål)
171	少鳞鱚	*S. japonica* Temminck et Schlegel
172	斑鱚	*S. maculata* Quoy et Schlegel
173	银方头鱼	*Branchiostegus argentatus* Cuvier et Valenciennes
174	日本方头鱼	*B. japonicus* (Houttuyn)
175	谐鱼	*Erythrocles schlegelii* (Richardson)
176	军曹鱼	*Rachycentrom canadum* (Linnaeus)
177	短吻丝鲹	*Alectis ciliaris* (Bloch)
178	长吻丝鲹	*A. indica* (Rüppell)
179	沟鲹	*Atropus atropus* (Bloch et Schneider)
180	长吻裸胸鲹	*Caranx (Citula) chrysophrys* Cuvier et Valenciennes
181	马拉巴裸胸鲹	*C. (C.) malabaricus* (Bloch et Schneider)
182	白舌毛甲鲹	*C. (Uraspis) helvolus* (Forster)
183	高体若鲹	*C. (Carangoides) equula* Temminck et Schlegel
184	六带鲹	*C. (Caranx) sexfasciatus* Quoy et Gaimard
185	丽叶鲹	*C. (Atule) kalla* Cuvier et Valenciennes
186	黑鳍叶鲹	*C. (A.) malam* (Bleeker)
187	金带细鲹	*Selaroides leptolepis* (Cuvier et Valenciennes)
188	蓝圆鲹	*Decapterus maruadsi* (Temminck et Schlegel)
189	颌圆鲹	*D. lajang* Bleeker
190	大甲鲹	*Megalaspis cordyla* (Linnaeus)
191	竹荚鱼	*Trachurus japonicus* (Temminck et Schlegel)
192	高体鰤	*Seriola dumerili* (Risso)
193	黑纹条鰤	*Zonichthy nigrofasciata* (Rüppell)
194	卵形条鰤	*Trachinotus ovatus* (Linnaeus)

续表 2-3-2

序号	中文名	学　名(拉丁名)
195	纺锤鰤	*Elagatis bipinnulatus* (Quoy et Gaimard)
196	眼镜鱼	*Mene maculata* (Bloch et Schneider)
197	乌鲳	*Formio niger* (Bloth)
198	鲯鳅	*Coryphaena hippurus* Linnaeus
199	皮氏叫姑鱼	*Johnius belengerii* (Cuvier et Valenciennes)
200	丁氏鰔	*W.ak tingi* (Tang)
201	花鰔	*W. cuja* (Buchanan-Hamilton)
202	毛鲿鱼	*Megalonibea fusca* Chu, Lo et Wu
203	黄唇鱼	*Bahaba flavolabiata* (Lin)
204	黄姑鱼	*Nibea albiflora* (Richardson)
205	尖尾黄姑鱼	*N. acuta* (Tang)
206	浅色黄姑鱼	*N.coibor* (Hamilton-Buchana)
207	鮸状黄姑鱼	*N.miichthioides* Chu, Lo et Wu
208	大头黄姑鱼	*Argyrosomus macrocephalus* (Tang)
209	白姑鱼	*A. argentatus* (Houttuyn)
210	斑鳍白姑鱼	*A. pawak* Lin
211	黑姑鱼	*Atrobucca nibe* (Jordan et Thompson)
212	鮸鱼	*Miichthys miiny* (Basilewsky)
213	大黄鱼	*Pseudosciaena crocea* (Richardson)
214	小黄鱼	*P. polyactis* Bleeker
215	黑鳃梅童鱼	*Collichthys niveatus* Jordan et Starks
216	棘头梅童鱼	*C. lucidus* (Richardson)
217	鹿斑鲾	*Leiognathus ruconius* (Hamilton-Buchana)
218	短吻鲾	*L. brevirostris* (Cuvier et Valenciennes)
219	杜氏鲾	*L. dussumieri* (Cuvier et Valenciennes)
220	牙鲾	*Gazza minuta* (Bloch)
221	短棘银鲈	*Gerres lucidus* Cuvier
222	日本十棘银鲈	*Gerreomorpha japonica* (Bleeker)
223	红鳍笛鲷	*Lutianus erythropterus* Bloch
224	紫红笛鲷	*L. argentimaculatus* (Forskål)
225	画眉笛鲷	*L. vitta* (Quoy et Gaimard)
226	四带笛鲷	*L. kasmira* (Forskål)

续表 2-3-2

序号	中文名	学 名(拉丁名)
227	黄鲷	*Taius tumifrons* (Temminck et Schlegel)
228	真鲷	*Pagrosomus major* (Temminck et Schlegel)
229	二长棘鲷	*Parargyrops edita* Tanaka
230	四长棘鲷	*Argyrops bleekeri* Oshima
231	平鲷	*Rhabdosargus sarba* (Forskål)
232	黑鲷	*Sparus macuocephalus* (Basilewsky)
233	黄鳍鲷	*S. latus* Houttuyn
234	金线鱼	*Nemipterus virgatus* (Houttuyn)
235	灰裸顶鲷	*Gymnocranius griseus* (Temminck et Schlegel)
236	斜裸髭鲷	*Hapalogenys nitens* Richardson
237	横带髭鲷	*H. mucronatus* (Eydoux et Souleyet)
238	胡椒鲷	*Plectorhinchus pictus* (Thunberg)
239	花尾胡椒鲷	*P. cinctus* (Temminck et Schlegel)
240	大斑石鲈	*Pomadasys* maculatus (Bloch)
241	断斑石鲈	*P. hasta* (Bloch)
242	伏氏眶棘鲈	*Scolopsis vosmeri* (Bloch)
243	叉牙鯻	*Helotes sexlineatus* (Quoy et Gaimard)
244	鯻鱼	*Therapon theraps* Cuvier et Valenciennes
245	细鳞鯻	*T. jarbua* (Forskål)
246	列牙鯻	*Pelates quadrilinatus* (Bloch)
247	条尾绯鲤	*Upeneus bensasi* (Temminck et Schlegel)
248	黑斑鲱鲤	*U. tragula* Richardson
249	四带鲱鲤	*U. quadrilineatus* Cheng et Wang
250	黄带鲱鲤	*U. sulphureus* Cuvier et Valenciennes
251	条纹鸡笼鲳	*Drepane longimana* (Bloch et Schneider)
252	斑点鸡笼鲳	*D. punctata* (Linnaeus)
253	金线鱼	*Scatophagus argus* (Linnaeus)
254	朴蝴蝶鱼	*Chaetodon modestus* Temminck et Schlegel
255	莫桑比克罗非鱼	*Tilapia mossambica* (Peters)
256	海鲫鱼	*Ditrema temmincki* Bleeker
257	鮣	*Echeneis naucrates* Linnaeus
258	短鮣	*Remora remora* (Linnaeus)

续表 2-3-2

序号	中文名	学　名(拉丁名)
259	六带拟鲈	*Parapercis sexfasciatus*（Temminck et Schlegel）
260	云斑海猪鱼	*Halichoeres nigrescens*（Bloch et Schneider）
261	花鳍海猪鱼	*H. poecilopterus*（Temminck et Schlegel）
262	少鳞螣	*Uranoscopus oligolepis* Bleeker
263	日本螣	*U. japonicus* Houttuyn
264	青螣	*Gnathagnus elogatus*（Temminck et Schlegel）
265	鳄齿鱼	*Champsodon capensis* Regan
266	耶氏鳚	*Blennius yatabei* Jordan et Snyder
267	日本美鳚	*Dasson japonicus* Bleeker
268	云鳚	*Enedrias nebulosus*（Temminck et Schlegel）
269	绵鳚	*Enchelyopus elongatus* Kner
270	新鳚	*Neobythites sivicolus*（Jordan et Snyder）
271	绯䲗	*Callionymus beniteguri* Jordan et Snyder
272	香䲗	*C. olidus* Günther
273	黄斑篮子鱼	*Siganus oramin*（Bloch et Schneider）
274	褐篮子鱼	*S. fuscescens*（Houttuyn）
275	带鱼	*Trichiurus haumela*（Forskål）
276	小带鱼	*T. muticus* Gray
277	沙带鱼	*T. savala*（Cuvier et Valenciennes）
278	中华拟窄鲈带鱼	*Pseudoxymetopon sinensis* Chu et Wu
279	蛇鲭	*Gempylus serpens* Cuvier et Valenciennes
280	鲐鱼	*Pneumatophorus japonicus*（Houttuyn）
281	蓝点马鲛	*Scomberomorus niphonius*（Cuvier et Valenciennes）
282	斑点马鲛	*S. guttatus*（Bloch et Schneider）
283	朝鲜马鲛	*S. koreanus*（Kishinouye）
284	康氏马鲛	*S. commersoni* Lacépède
285	东方旗鱼	*Histiophorus orientalis* Temminck et Schlegel
286	青干金枪鱼	*Thunnus tonggol*（Bleeker）
287	圆舵鲣	*Auxis tapeinosoma* Bleeker
288	鲣	*Kaisuwonus pelamis*（Linnaeus）
289	燕尾鲳	*Stromateoides nozawae* Ishikawa
290	银鲳	*S. argenteus*（Euphrasen）

续表 2-3-2

序号	中文名	学 名(拉丁名)
291	中国鲳	*S. sinensis*(Euphrasen)
292	刺鲳	*Psenopsis anomala*(Temminck et Schlegel)
293	印度双鳍鲳	*Psenes indicus*(Day)
294	锯塘鳢鱼	*Prionobutis koilomatodon*(Bleeker)
295	乌塘鳢鱼	*Bostrichthys sinensis*(Lacépède)
296	钟馗鰕虎鱼	*Triaenopogon barbatus*(Günther)
297	纹缟鰕虎鱼	*Tridentiger trigonocephalus*(Gill)
298	舌鰕虎鱼	*Glossogobius giuris*(Hamilton-Buchanan)
299	犬牙细棘鰕虎鱼	*Acentrogobius caninus*(Cuvier et Valenciennes)
300	小眼细棘鰕虎鱼	*A. microps* Chu et Wu
301	凯氏细棘鰕虎鱼	*A. campbelli*(Jordan et Snyder)
302	裸项栉鰕虎鱼	*Ctenogobius gymnauchen*(Bleeker)
303	短吻栉鰕虎鱼	*C. brevirostris*(Günther)
304	丝鰕虎鱼	*Cryptocentrus filifer*(Cuvier et Valenciennes)
305	小鳞沟鰕虎鱼	*Oxyurichthys microlepis*(Bleeker)
306	大鳞沟鰕虎鱼	*O. macrolepis* Chu et Wu
307	巴布亚沟鰕虎鱼	*O. papuensis*(Cuvier et Valenciennes)
308	矛尾鰕虎鱼	*Chaeturichthys stigmatias* Richardson
309	六丝矛尾鰕虎鱼	*C. hexanema* Bleeker
310	拟矛尾鰕虎鱼	*Parachaeturichthys polynema*(Bleeker)
311	蝌蚪鰕虎鱼	*Lophiogobius ocellicauda* Günther
312	阿匍鰕虎鱼	*Aboma lactipes*(Hilgendorf)
313	矛尾复鰕虎鱼	*Synechogobius hasta*(Temminck et Schlegel)
314	斑尾复鰕虎鱼	*S. ommaturus*(Richardson)
315	中华尖牙鰕虎鱼	*Apocryptichthys sericus* Herre
316	弹涂鱼	*Periophthalmus cantonensis*(Osbeck)
317	大弹涂鱼	*Boleophthalmus pectinirostris*(Linnaeus)
318	青弹涂鱼	*Scartelaos viridis*(Hamilton-Buchanan)
319	大青弹涂鱼	*S. gigas* Chu et Wu
320	红狼牙鰕虎鱼	*Odontamblyopus rubicundus*(Hamilton-Buchanan)
321	须鳗鰕虎鱼	*Taenioides cirratus*(Blyth)
322	孔鰕虎鱼	*Trypauchen vagina*(Bloch et Schneider)

续表 2-3-2

序号	中文名	学　名(拉丁名)
323	中华栉孔鰕虎鱼	*Ctenotrypauchen chinensis* Steindachner
324	褐菖鲉	*Sebastiscus marmoratus* (Cuvier et Valenciennes)
325	伊豆鲉	*Scorpena izensis* Jordan et Starks
326	常鲉	*S. neglecta* Temminck et Schlegel
327	蜂鲉	*Erisphex pottii* (Steindachner)
328	单指虎鲉	*Minous monodactylus* (Bloch et Schneider)
329	日本鬼鲉	*Inimicus japonicus* (Bleeker)
330	绿鳍鲉	*Chlidonichthys kumu* (Lesson et Garmot)
331	日本红娘鱼	*Lepidotrigla japonica* (Bleeker)
332	短鳍红娘鱼	*L. microptera* Günther
333	凯氏红娘鱼	*L. kishinouyi* Snyder
334	翼红娘鱼	*L. alata* (Houttuyn)
335	瑞氏红魴鮄	*Satyrichthys rieffeli* (Kaup)
336	斑头鱼	*Agrammus agrammus* (Temminck et Schlegel)
337	短鲬	*Parabembras curtus* (Temminck et Schlegel)
338	大眼鲬	*Suggrundus meerdervoortii* (Bleeker)
339	鳄鲬	*Cociella crocodicus* (Tilesius)
340	鲬	*Platycephalus indicus* (Linnaeus)
341	小杜父鱼	*Cottiusculus gonez* Schmidt
342	东方豹魴鮄	*Dactylopterus orientalis* Cuvier et Valenciennes
343	吉氏豹魴鮄	*D. gilberti* (Snyder)
344	花鲆	*Tephrinectes sinensis* (Lacépède)
345	牙鲆	*Paralichthys olivaceus* (Temminck et Schlegel)
346	少牙斑鲆	*Pseudorhombus oligodon* (Bleeker)
347	斑鲆	*P. arsius* (Hamilton)
348	北原左鲆	*Laeops kitaharae* (Smith et Pope)
349	高眼鲽	*Cleisthenes herzensteini* (Schmidt)
350	木叶鲽	*Pleuronichthys cornutus* (Temminck et Schlegel)
351	冠鲽	*Samaris cristatus* Gray
352	卵鳎	*Solea ovata* Richardson
353	条鳎	*Zebrias zebra* (Bloch)
354	褐斑栉鳞鳎	*Aseraggodes kobensis* (Steindachner)

续表 2-3-2

序号	中文名	学　名(拉丁名)
355	双线舌鳎	*Cynoglossus bilineatus* (Lacépède)
356	断线舌鳎	*C. interruptus* Günther
357	宽体舌鳎	*C. robustus* Günther
358	大鳞舌鳎	*C.melampetalus* (Richardson)
359	线纹舌鳎	*C. lineolatus* Steindachner
360	半滑舌鳎	*C. semilaevis* Günther
361	焦氏舌鳎	*C. jayneri* Günther
362	三线舌鳎	*C. trigrammus* Günther
363	窄体舌鳎	*C. gracilis* Günther
364	短吻舌鳎	*C. abbreviatus* (Gray)
365	中华舌鳎	*Cynoglossus sinicus* Wu
366	罗氏舌鳎	*C. roulei* Wu
367	短吻三刺鲀	*Triacanthus brevirostris* Temminck et Schlegel
368	尖吻假三刺鲀	*Pseudotriacanthus strigilifer* (Gantor)
369	日本前刺单角鲀	*Laputa japonica* (Tilesius)
370	克氏前刺单角鲀	*L. knerii* (Steindachner)
371	绒纹线鳞鲀	*Stephanolepis sulcatus* (Hollard)
372	绿鳍马面鲀	*Navodon modestus* (Günther)
373	单角革鲀	*Alutera monoceros* (Linnaeus)
374	六棱箱鲀	*Aracana rosapinto* (Smith)
375	光兔鲀	*Lagocephalus inermis* (Temminck et Schlegel)
376	棕腹刺鲀	*Gastrophysus spadiceus* (Richardson)
377	月腹刺鲀	*G. lunaris* (Bloch et Schneider)
378	细斑东方鲀	*Fugu punctulatus* Chu et Hsu
379	虫纹东方鲀	*F. vermicularis* (Temminck et Schlegel)
380	横纹东方鲀	*F. oblongus* (Bloch)
381	条纹东方鲀	*F. xanthopterus* (Temminck et Schlegel)
382	铅点东方鲀	*F. alboplumbeus* (Richardson)
383	星点东方鲀	*F. niphobles* (Jordan et Snyder)
384	弓斑东方鲀	*F. ocellatus* (Osbeck)
385	暗色东方鲀	*F.obscurus* (Abe)
386	双斑东方鲀	*F. bimaculatus* (Richardson)

续表 2-3-2

序号	中文名	学　名(拉丁名)
387	阿氏东方鲀	*F. abbotti*（Jordan et Snyder）
388	红鳍东方鲀	*F. rubripes*（Temminck et Schlegel）
389	凹鼻鲀	*Chelonodon patoca*（Hamilton-Buchanan）
390	六斑刺鲀	*Diodon holacanthus* Linnaeus
391	翻车鱼	*Mola mola*（Linnaeus）
392	黄鮟鱇	*Lophius litulon*（Jordan）
393	黑鮟鱇	*Lophiomus setigerus*（Vahl）
394	毛躄鱼	*Antennarius hispidus*（Bloch et Schneider）
395	三齿躄鱼	*A.tridens*（Temminck et Schlegel）
396	辣茄鱼	*Halieutaea stellata*（Vahl）
397	海蛾鱼	*Pegasus laternarius* Cuvier

说明:①南麂列岛海域的鱼类已鉴定出的有397种，其中软骨鱼类53种，硬骨鱼类344种;②资料由南麂列岛国家海洋自然保护区管理局提供

（二）爬行类

2012年平阳县南麂列岛海区爬行类生物名录（3种）

表 2-3-3

中文名	学　名(拉丁名)
1 蠵　龟	*Caretta olivacea*（Eschscholtz）
2 玳　瑁	*Eretmochelys imbricata*（L innacus）
3 棱梭皮龟	*Dermochelys coriacea*（Linnaeus）

说明:资料由南麂列岛国家海洋自然保护区管理局提供

（三）甲壳类　2012年平阳县南麂岛海区有甲　　壳类207种，其中，虾类79种，蟹类128种。

2012年平阳县南麂列岛海区虾类名录（79种）

表 2-3-4

中文名	学　名(拉丁名)
1 凹管鞭虾	*Solenocera koelbeli de* Man
2 中华管鞭虾	*S.crassicornis*（H. Milne-Edwards）
3 高脊管鞭虾	*S.alticarinata* Kubo
4 长眼对虾	*Miyadiella podophthalmus*（Stimpson）
5 斑节对虾	*Penaeus(Penaeus)monodon* Fabricius
6 短沟对虾	*P.(Penaeus)semisulcatus de* Haan

续表 2-3-4

中文名	学　名(拉丁名)
7 日本对虾	*P.(Marsupenaeus)japonicus* Bate
8 宽沟对虾	*P.latisulcatus* Kishinouye
9 中国对虾	*P.(Fenneropenaeus)chinensis* (Osbeck)
10 长毛对虾	*P.(Fenneropenaeus)penicillatus* Alcock
11 假长缝拟对虾	*Parapenaeus fisuroides* Crosnier
12 刀额新对虾	*Metapenaeus ensis(de Haan)* (Metapenaeus) monoceros
13 独角新对虾	*Metapenaeus monoceros*(Fabricius)
14 周氏新对虾	*Metapenaeus joyneri*(Miers)
15 近缘新对虾	*Metapenaeus affinis*(H. Milne-Edwards)
16 扁足异对虾	*Atypopenaeus stenodactylus*(Stimpson)
17 鹰爪虾	*Trachypenaeus curvirostris*(Stimpson)
18 细巧仿对虾	*Parapenaeopsis tenella*(Bate)
19 哈氏仿对虾	*Parapenaeopsis hardwickii*(Miers)
20 刀额仿对虾	*Parapenaeopsis cultrirostris*(Alcock)
21 亨氏仿对虾	*Parapenaeopsis hungerfordi* Alcock
22 须赤虾	*Metapenaeopsis barbata*(de Haan)
23 脊赤虾	*Metapenaeopsis acclivis*(Rathbun)
24 戴氏赤虾	*Metapenaeopsis dalei*(Rathbun)
25 菲赤虾	*Metapenaeopsis philippi*(Bate)
26 高脊赤虾	*Metapenaeopsis lamellata*(de Haan)
27 脊单肢虾	*Sicyonia cristata*(de Haan)
28 日本单肢虾	*Sicyonia japonica* Balss
29 中国毛虾	*Acetes chinensis* Hansen
30 日本毛虾	*A.japonicus* Kishinouye
31 中型莹虾	*Lucifer intermedius* Hansen
32 细螯虾	*Leptochela gracilis* Stimpson
33 海南细螯虾	*L.hainanensis* Yu
34 脊腹褐虾	*Crangon affinis de* Haan
35 圆腹褐虾	*C.cassiope de* Man
36 脊尾白虾	*Exopalaemon carinicauda*(Holthuis)
37 安氏白虾	*E.annandalei*(Kemp)
38 秀丽白虾	*E.modestus*(Heller)

续表 2-3-4

中文名	学　名(拉丁名)
39 葛氏长臂虾	*Palaemon gravieri*(Yu)
40 锯齿长臂虾	*P.serrifer*(Stimpson)
41 巨指长臂虾	*P.macrodactylus* Rathbun
42 敖氏长臂虾	*P.ortmanni* Rathbun
43 日本沼虾	*Macrobrachium nipponensis*(de Haan)
44 太平洋长臂虾	*P.pacificus*(Stimpson)
45 日本贝隐虾	*Conchodytes rectirostris*(de Haan)
46 长足七腕虾	*Heptacarpus Pandaloides*(Stimpson)
47 屈腹七腕虾	*H.geniculatus*(Stimpson)
48 水母虾	*Latreutes anoplonyx* Kemp
49 疣背宽额虾	*L.planirostris*(de Haan)
50 长角船形虾	*Tozeuma lancelatum stimpson*
51 鞭藻虾	*Lysmata sittata*
52 鞭腕虾	*L.vittata Stimpson*
53 脊额鞭腕虾	*H.(E.)ensirostris* Kemp
54 东方长眼虾	*Ogyrides orientalis*(Stimpson)
55 鲜明鼓虾	*Alpheus distinguendus de* Man
56 短脊鼓虾	*A.brevicristatus de* Haan
57 日本鼓虾	*A.japonicus* Miers
58 刺螯鼓虾	*A .hoplocheles* Coutiere
59 鼓　虾	*A.rapox* Fabricus
60 巨指鼓虾	*A.macrodactylus* Ortmann
61 双斑红虾	*Plesionika binoculus*(Bate)
62 南方长额虾	*Pandalus meridonalis* Balss
63 长额异腕虾	*Heterocarpus alphonsi* Bate
64 东方异腕虾	*H .sibogae de* Man
65 驼背异腕虾	*H .gibbosus* Bate
66 滑脊等腕虾	*Heterocarpoides laevicarina*(Bate)
67 红斑后海螯虾	*Nephrops thompsoni* Bate
68 克拉氏螯虾	*Cambarus clarkii*(Girard)
69 大蝼蛄虾	*Upogebia major*(de Haan)
70 五氏蝼蛄虾	*U .wuhsienweni* Yu

续表 2-3-4

中文名	学　名(拉丁名)
71 日本美人虾	*Callianassa japonica* Ortmann
72 毛缘扇虾	*Ibacus ciliatus*(Von Siebold)
73 东方扁虾	*Thenus orientalis*(Lund)
74 南极似扇虾	*Paribacus antarcticus* Lund
75 锦绣龙虾	*Panulirus ornatus*(Fabricius)
76 中国龙虾	*Panulirus stimpsoni* Holthuis
77 脊龙虾	*Linuparus trigonus*(Von Siebold)
78 中华新米虾	*Neocaridina denticulate sinensis*(Kemp)(淡水种)
79 细足米虾	*Caridina nilotica gracillipes*(de Man)(淡水种)

说明:资料由南麂列岛国家海洋自然保护区管理局提供

2012 年平阳县南麂列岛海区蟹类名录(128 种)

表 2-3-5

中文名	学　名(拉丁名)
1 绵　蟹	*Dromia dehaani* Rathbun
2 小区隐绵蟹	*Cryptodromia areolata* Ihle
3 干练平壳蟹	*Conchoecetes artificiosus*(Fabricius)
4 日本鬼蟹	*Tymolus japonicus* Stimpson
5 钩突鬼蟹	*T.uncifer*(Ortmann)
6 长崎蛛形蟹	*Latreillia phalangium de* Haan
7 东方小蛙蟹	*Ranilia orientalis* Sakai
8 葛氏六角蟹	*Cosmonatus grayii Adams et* White
9 端正关公蟹	*Dorippe polita Alcock et* Anderson
10 日本关公蟹	*D.japonica von* Siebold
11 熟练关公蟹	*D .callida*(Fabricius)
12 颗粒关公蟹	*D .granulata de* Haan
13 疣面关公蟹	*D .frascone*(Herbst)
14 四额齿蟹	*Ethusa sp*
15 桑椹蟹	*Drachiella morum*(Alcock)
16 斜方五角蟹	*Nursia rhomboidalis*(Miers)
17 七刺栗壳蟹	*Arcania heptacantha*(de Haan)
18 十一刺栗壳蟹	*A.undecimspinosa de* Haan
19 刺猬栗壳蟹	*A.erinaceus*(Febricius)
20 遁行长臂蟹	*Myra fugax*(Febricius)

续表 2-3-5

中文名	学　名(拉丁名)
21 隆线拳蟹	*Philyra carinata* Bell
22 杂粒拳蟹	*Philyra heterograna* Ortmann
23 疙瘩拳蟹	*P.tuberculosa* Stimpson
24 巨形拳蟹	*P.pisum de* Haan
25 橄榄拳蟹	*P.olivacea* Rathbun
26 球形拳蟹	*P.globulosa* H .Milne-Edwards
27 斜方玉蟹	*Leucosia rhombidalis de* Haan
28 卷折馒头蟹	*Calappa lophos*（Herbst）
29 逍遥馒头蟹	*C.philargius* Linnaeus
30 红点黎明蟹	*Matuta lunaris* Forakal
31 红线黎明蟹	*M .planipes* Fabricius
32 中华虎头蟹	*Orithyia sinica*（Linnaeus）
33 有疣英雄蟹	*Achaeus tuberculatus* Miers
34 日本矶蟹	*Pugettia nipponensis* Rathbun
35 革窄额互爱蟹	*Hyas coarctatus alutaceus* Brandt
36 四齿矶蟹	*Pugettia quadridens*（de Haan）
37 小型矶蟹	*P .minor* Ortmann
38 慈母互敬蟹	*Hyastenus pleione*（Herbst）
39 双角互敬蟹	*H .diacanthus*（de Haan）
40 羊毛绒球蟹	*Doclea ovis*（Herbst）
41 强壮菱蟹	*Parthenope(pl.)validus de* Haan
42 整洁克劳蟹	*Kraussia integra*（de Haan）
43 红点圆趾蟹	*Ovalipes punctatus*（de Haan）
44 锯缘青蟹	*Scylla serrata*（Forskal）
45 远海梭子蟹	*Portunus pelagicus*（Linnaeus）
46 红星梭子蟹	*P.sanguinolentus*（Herbst）
47 三疣梭子蟹	*P.trituberculatus*（Miers）
48 矛形梭子蟹	*P.hastatoides*（Fabricius）
49 银光梭子蟹	*P .argentatus*（White）
50 拥剑梭子蟹	*P.haanii*（Stimpson）
51 纤手梭子蟹	*P.gracilimanus*（Stimpson）
52 锐齿蟳	*Charybdis acuta*（A.Milne-Edwards）
53 日本蟳	*C.japonica*（A.Milne-Edwards）

续表 2-3-5

中文名	学　名(拉丁名)
54 异齿蟳	*C.(Charybdis)anisodon*(de Haan)
55 环纹蟳	*C. annulata*(Fabricius)
56 绣斑蟳	*C.(Charybdis)feriatus*(Linnaeus) (A.Milne-Edwards)
57 钝齿蟳	*C.(Charybdis)hellerii*
58 近亲蟳	*C.affinis* Dana
59 武士蟳	*C.miles*(de Haan)
60 变态蟳	*C.(Charybdis)variegata*(Fabricius)
61 美人蟳	*C.callianassa*(Herbst)
62 双斑蟳	*C.bimaculata*(Miers)
63 钝齿短桨蟹	*Thalamita crenata*(Latreille)
64 少刺短桨蟹	*T.danae Stimpson*
65 红斑瓢蟹	*Carpilius maculates*(Linnaeus)
66 红斑斗蟹	*Liagore rubromaculata*(de Haan)
67 雕刻花瓣蟹	*Liomera caelata*(Odhner)
68 细纹爱洁蟹	*Atergatis reticulatus de* Haan
69 特异大权蟹	*Macromedaeus distinguendus*(de Haan)
70 火红皱蟹	*Leptodius exaratus*(H. Milne-Edwards)
71 贪精武蟹	*Parapanope euagora de* Man
72 菜花银杏蟹	*Actaea savignyi*(H .Milne-Edwards)
73 钙银杏蟹	*A .calculosa*(H.Milne-Edwards)
74 光辉圆扇蟹	*Sphaerozius nitidus* Stimpson
75 伴侣光毛蟹	*Glabropilumnus sodalis*(Alcock)
76 披发异毛蟹	*Heteropilumnus ciliatus*(Stimpson)
77 长手隆背蟹	*Carcinoplax longimana*(de Haan)
78 福建佘氏蟹	*Ser fukiensis* Rathbun
79 隆线强蟹	*Eucrate crenata de* Haan
80 毛盲蟹	*Typhlocarcinus villosus* Stimpson
81 裸盲蟹	*T .nudus* Stimpson
82 中华束腹蟹	*Paratelphusa(P)sinensis* H .M-E
83 隐匿豆蟹	*Pinnotheres pholadis de* Haan
84 中华豆蟹	*P .sinensis* Shen
85 异足倒颚蟹	*Asthenognathus inaequipes* Stimpson
86 兰氏三强蟹	*Tritodynamia rathbunae* Shen

续表 2-3-5

中文名	学　名(拉丁名)
87 豆形短眼蟹	*Xenophthalmus pinnotheroides* White
88 莱氏异额蟹	*Anomalifrons lithtana* Rathbun
89 痕掌沙蟹	*Ocypode stimpsoni* Ortmann
90 弧边招潮	*Uca(Deltuca)arcuata*(de Haan)
91 宽身大眼蟹	*Macrophthalmus*(M.)*dilatatum de* Haan
92 日本大眼蟹	*M.(Mareotis)japonicus* de Haan
93 太平洋大眼蟹	*M.(Mareotis)pacificus* Dana
94 明秀大眼蟹	*M.(Mareotis)definitus Adams et* W
95 悦目大眼蟹	*M.(Mareotis)erato de* Man
96 绒毛大眼蟹	*M.(Mareotis)tomentosus*(Souleyet)
97 六齿猴面蟹	*Camptandrium sexdentatum* Stimpson
98 谭氏泥蟹	*Ilyoplax deschampsi*(Rathbun)
99 秉氏泥蟹	*I .pingi* Shen
100 台湾泥蟹	*I .formosensis* Rathbun
101 锯脚泥蟹	*I .demtimerosa* Shen
102 淡水泥蟹	*I .tansuiensis* Sakai
103 锯眼泥蟹	*I .serrata* Shen
104 韦氏毛带蟹	*Dotilla wichmanni de* Man
105 四齿大额蟹	*Metopograpsus quadridentatus* Stimpson
106 粗腿厚纹蟹	*Pachygrapsus crassipes* Randall
107 字纹弓蟹	*Varuna litterata*(Fabricius)
108 狭颚绒螯蟹	*Eriochier leptognatnus* Rathbun
109 中华绒螯蟹	*E .sinensis* H .Milne-Edwards
110 肉球近方蟹	*Hemigrapsus sanguineus*(de Haan)
111 绒螯近方蟹	*Hemigrapsus peniciillatus*(de Haan)
112 中华近方蟹	*H .sinensis* Rathbun
113 平背蜞	*Gaetice depressus*(de Haan)
114 小相手蟹	*Nanosesarma minutum*(de Haan)
115 红螯相手蟹	*Sesarma haematocheir*(de Haan)
116 无齿相手蟹	*S.dehaani* H .Milne-Edwards
117 褶痕相手蟹	*S.plicata*(Latreille)
118 斑点相手蟹	*S.pictum*(de Haan)
119 双齿相手蟹	*S.bidens*(de Haan)

续表 2-3-5

中文名	学　名(拉丁名)
120 中型相手蟹	*S.intermedia*(de Haan)
121 中华泥毛蟹	*C.sinensis* Shen
122 沈氏厚蟹	*Helice sheni* Sakai
123 天津厚蟹	*H .tientsinensis* Rathbun
124 伍氏厚蟹	*H .wuana* Rathbun
125 长足长方蟹	*Metaplax longipes* Stimpson
126 齿突长方蟹	*M.dentipes* Haller
127 沈氏长方蟹	*M.sheni* Gordon
128 墨吉泥毛蟹	*Clistocoeloma merguiensis de* Man

说明:资料由南麂列岛国家海洋自然保护区管理局提供

(四) 贝类

2012 年平阳县南麂列岛海区贝类名录(427 种)

表 2-3-6

序号	中文名	学　名(拉丁名)
	多板纲	**POLYPLACOPHORA**
1	朝鲜鳞带石鳖	*Lepidozona coreanica*(Reeve)
2	网纹鬃毛石鳖	*Mopalia retifera* Thiele
3	日本宽板石鳖	*Placiphorella japonica*(Dall)
4	日本花棘石鳖	*Liolophira japonica*(Lischke)
5	平濑锦石鳖	*Onithochiton hirasei* Pilsbry
6	美石鳖(黑田皱石鳖)	*Rhyssoplax kurodai*(Is. Taki et Iw. Taki)
7	红条毛肤石鳖	*Acanthochiton rubrolineatus*(Lischke)
8	花斑锉石鳖	*Ischnochiton comptus*(Gould)
9	波宁锉石鳖	*I.boninensis* Bergenhayn
10	阿氏鳞带石鳖	*Lepidozona albrechti*(Schrenck)
11	司氏宽板石鳖	*Placiphorella stimpsoni*(Gould)
	腹足纲	**GASTROPODA**
12	杂色鲍	*Haliotis diversicolor* Reeve
13	皱纹盘鲍	*H.discus hannai* Ino
14	鼠眼孔蝛	*Diodora mus*(Reeve)
15	中华楯蝛	*Scutus scinensis*(Blainville)
16	龟甲蝛	*Cellana testudinaria*(Linnaeus)
17	斗嫁蝛	*C.grata*(Gould)
18	嫁蝛	*C. toreuma*(Reeve)

续表 2-3-6

序号	中文名	学　名(拉丁名)
19	星状帽贝	*Patella stellaeformis* Reeve
20	贝(杜氏)小节贝	*Collisella dorsuasa* (Gould)
21	花边(赫氏)小节贝	*C. heroldi* (Dunker)
22	史氏背尖贝	*Notoacmea schrencki* (Lischke)
23	整齐背尖贝	*N.concinna* (Lischke)
24	矮拟帽贝	*Paelloida pygmaea* (Dunker)
25	马蹄螺	*Trochus maculatus* Linnaeus
26	黑凹螺	*Chlorostoma nigerrima* (Gmelin)
27	锈凹螺	*C.ruslicum* (Gmelin)
28	银口凹螺	*C. argyrostoma* (Gmelin)
29	单齿螺	*Monodonta labio* (Linnaeus)
30	拟蜒单齿螺	*M. neritoides* (Philippi)
31	穿结单齿螺	*Monodonta perplexa* (Philippi)
32	中国小玲螺	*Minolia chinensis* Sowerby
33	美丽茅草螺	*Chlorostoma callichroa* (Philippi)
34	茅草螺	*C.infusscalus* (Gould)
35	娼螺	*Umbonium vestiarium* (Linnaeus)
36	肋娼螺	*U.costatum* (Kiener)
37	古琴拟口螺	*Stomatella lyrata* Pilsbry
38	丽口螺	*Calliostoma unicum* (Dunker)
39	山椒螺	*Herpetopoma foyeolatum* (A.Adams)
40	角蝾螺	*Turbo cornutus* Solander
41	红底星螺	*Astraea haematraga* (Menke)
42	粒花冠小月螺	*Lumella coronata granulate* (Gmelin)
43	钩蝾螺	*Caleoastraea modesta* (Reeve)
44	渔舟蜒螺	*Nerita* (Theliostyla) *albicillaLinnaeus* (N.albicilla)
45	齿纹蜒螺	*N.* (Ritena) *yoldi* Recluz
46	日本蜒螺	*N.japonica* (Dunker)
47	短滨螺	*Littorina brevicula* (Philippi)
48	粗糙滨螺	*L.scabra* (Linnaeus)
49	小结节滨螺	*Nodilittorina* (N.) *exigua* (Dunker)
50	塔结节滨螺	*N.* (N.) *trochoides* (Gray)
51	日本脐角螺	*Paludinalla japonica* Pilsbry
52	布氏麂眼螺	*Rissoina bureri* (Grabau et King)

续表 2-3-6

序号	中文名	学 名(拉丁名)
53	棒锥螺	*Turritella bacillum* Kiener
54	带锥螺	*T.fascialis* Menke
55	鹧鸪轮螺	*Architectonica perdix* (Hinds)
56	覆瓦小蛇螺	*Serpulorbis imbricate* (Dunker)
57	库氏荚螺	*Siliquaria cumingi* (Gmelin)
58	珠带拟蟹守螺	*Cerithidea cingulata* (Gmelin) (*Tympanotomus cingulatus*)
59	柯柏氏蟹守螺	*Cerithium kobelti* (Gmelin)
60	宽带梯螺	*Papyriscala latifasciata* (Sowerby)
61	迷乱环肋螺	*Cirsotrema perplexum* (Pease)
62	长海蜗牛	*Janthina prolongata* Blainville
63	海蜗牛	*Violotta janthina* (Linnaeus)
64	玛丽瓷光螺	*Eulima maria* (Adams)
65	毛螺	*Pilosabia pilosa* (Deshayes)
66	三肋愚螺	*Amathina tricarinata* (Linnaeus)
67	鸟嘴尖帽螺	*Capulus dilatatus* Adams
68	笠帆螺	*Calyptraea morbida* (Reeve)
69	扁平管帽螺	*Siphopatella walshi* (Reeve)
70	刺履螺	*Crepidula gravispinosa* (Kuroda et Habe)
71	光衣笠螺	*Xenophora* (*Onustus*) *exuta* (Reeve)
72	拟太阳衣笠螺	*X.calculifera* (Reeve)
73	日本凤螺	*Strombus japonica* Reeve
74	原明螺	*Protatlanta souleyet* (Smith)
75	玫瑰明螺	*Atlanta rosea* Souleyet
76	明螺	*A.peroni* Lesueur
77	胖明螺	*A.inflata* Souleyet
78	大口明螺	*A.lesueuri* Souleyet
79	蜗牛明螺	*A.helcinoides* Souleyet
80	塔明螺	*A.turriculata* d'Orbigny
81	拟翼管螺	*Firoloida desmaresti* Lesueur
82	微黄镰玉螺	*Lunatica gilva* (Philippi) (*Natica fortunei,Polynice fortuneri*)
83	扁玉螺	*Neverita didyma* (Roding)
84	双带扁玉螺	*N.bicolor* (Philippi)
85	水泡扁玉螺	*N.vesicalis* (Philippi)
86	花扁玉螺	*Neverita reiniana* Dunker

续表 2-3-6

序号	中文名	学　名(拉丁名)
87	乳玉螺	*Polynices mamumata*（Roding）
88	大口乳玉螺	*Polinices macrostoma*（Philippi）
89	乳头真玉螺	*Eunaticina papilla*（Gmelin）
90	爪哇窦螺	*Sinum javanicum*（Griffith et Pidgeon）
91	雕刻窦螺	*S.incisum*（Reeve）
92	扁平窦螺	*S.planulatum*（Recluz）
93	日本窦螺	*S.japonica*（Lischke）
94	褐玉螺	*Natica spadicea*（Gmelin）
95	斑玉螺	*Neverita tigrina*（Roding）(*N.maculosa*）
96	蝶翅玉螺	*Natca alapapilionis*（Roding）
97	硬结原爱神螺	*Proterato callosa*（Adams et Reeve）
98	波部钝梭螺	*Volva habei* Oyama
99	白带骗梭螺	*Phenacovolva*（*Turbovula*）*dancei* Cate
100	窄原梭螺	*Primovalva coarctata*（Adams et Reeve）
101	玫瑰履螺	*Sandalia vhodia*（A. Adams）
102	眼球贝	*Erosaria erosa*（Linnaeus）
103	黍斑眼球贝	*E. miliaris*（Gmelin）
104	日本细焦掌贝	*Palmadusta gracilis japonica* Schilder
105	沟纹鬘螺	*Phalium strigatum strigatum*（Gemlin）
106	双沟鬘螺	*Phalium bisulcatum*（Schubert et Wahner）
107	纯洁嵌线螺	*Cymatium parthenopus*（V.Salis）
108	环沟嵌线螺	*C.cingulatum*（Lamarck）
109	房州法螺	*C.sauliae*（Reeve）
110	粒神螺	*Apollon olivator rubustus*（Fulton）
111	习见蛙螺	*Bursa rana*（Linnaeus）
112	带鹑螺	*Tonna olearium*（Linnaeus）
113	沟鹑螺	*T. sulcosa*（Born）
114	中国鹑螺	*T.chinensis*（Dillwyn）
115	丽鹑螺	*T.magnifica*（Sowerby）
116	白带琵琶螺	*Ficus subintermedius*（d'Orbigny）
117	琵琶螺	*F.ficus*（Linnaeus）
118	红螺	*Rapana bezoar*（Linnaeus）
119	梨红螺	*R.rapiformis*（Born）
120	直吻骨螺	*Murex rectirostris* Sowerby

续表 2-3-6

序号	中文名	学　名(拉丁名)
121	钩棘骨螺	*M.aduncospinosus* Beck
122	浅缝骨螺	*M.trapa* Roding
123	栉棘骨螺	*M.pecten*(Lightfoot)
124	亚洲棘螺	*Chicoreus asianus* Kuroda
125	缩强肋螺	*Ergalatax contrictus*(Reeve)
126	疣荔枝螺	*Thais clavigera* Küster
127	黄口荔枝螺	*T.luteostoma*(Hholten)
128	瘤荔枝螺	*T.bronni* Dunker
129	蛎敌荔枝螺	*T.bronnni* Dunker
130	丽核螺	*Mitrella bella*(Reeve)
131	布尔小笔螺	*M.burchardi*(Dunker)
132	曼氏爱赛螺	*Enzinopsis menkeana*(Dunker)
133	褐管蛾螺	*Siphonalia spadicea*(Reeve)
134	方斑东风螺	*Babylonia areolata*(Link)
135	泥东风螺	*B.lutosa*(Lamarck)
136	亮螺	*Phos senticosus*(Linnaeus)
137	缝合海因螺	*Hindsia suturalis* Adams
138	中华海因螺	*H.sinensis*(Sowerby)
139	甲虫螺	*Cantharus cecillei*(Philippi)
140	管角螺	*Hemifusus tuba*(Gmelin)
141	细角螺	*H.ternatanus*(Gmelin)
142	红带织纹螺	*Nassarius (Zeuxis) succinctus*(A.Adams)
143	纵肋织纹螺	*N. variciferus*(A.Adams)
144	西格织纹螺	*N.(Zeuxis) siquijorensis*(A.Adams)
145	习见织纹螺	*N. dealbatus*(A.Adams)
146	节织纹螺	*N.(Zeuxis) hepaticus*(Pulteney)
147	光织纹螺	*N. (Zeuxi) dorsatus*(Roeding)
148	织纹螺	*N. balleatua*(Lischke)
149	方格织纹螺	*N.conoidalis*(Deshayes)
150	半褶织纹螺	*N.semiplicatus*(A.Adams)
151	秀丽织纹螺	*N.(Reticunassa) festivus*(Powys)(*N.dealbatus*)
152	塔形纺锤螺	*Fusinus forceps*(Perry)
153	长纺锤螺	*F.longicauda*(Larmack)
154	伶鼬榧螺	*Oliva nustelina* Lamarck

续表 2-3-6

序号	中文名	学　名(拉丁名)
155	肩棰螺	*O.emicator*（Meuschen）
156	中国笔螺	*Mitra chinensis* Gray
157	瓜螺	*Cymbium melo*（Solander）
158	电光螺	*Fulgoraria rupestris*（Gmelin）
159	卡耐电光螺	*F.kanebo* Hirase
160	金刚螺	*Sydaphera spengleriana*（Deshayes）
161	白带三角口螺	*Trigonaphera bocageana*（Crosse et Debeaux）
162	衲螺	*Scalptia crenifera*（Sowerby）
163	粗莫丽加螺	*Merica asprella*（Lamarck）
164	中华莫丽加螺	*M.sinensis*（Reeve）
165	南方芋螺	*Conus australis* Holten
166	细肋蕾螺	*Gemmula deshayesii*（Doumet）
167	白龙骨乐飞螺	*Lophiotoma leucotropis*（Adams et Reeve）
168	爪哇拟塔螺	*Turricula javana*（Linnaeus）
169	假奈拟塔螺	*T.nelliae spurius*（Hedley）
170	镰仓拟塔螺	*T.kamakurana* Pilsbry
171	黄短口螺	*Brachytoma flavidulus*（Lamarck）
172	假主棒螺	*Crassispire pseudoprinciplis*（Yokoyama）
173	日本棒螺	*Inquisitor japonica*（Smith）
174	三列笋螺	*Terebra triseriata* Gray
175	白带笋螺	*T.（Noditerebra）dussumieri* Kiener
176	锉笋螺	*T.torguata* Adams et Reeve
177	李氏笋螺	*Brevimyurella lischkeana*（Dunker）
178	展开笋螺	*Diplomerize evoluta*（Deshayes）
179	帽秣螺	*Mormula rissoina*（A.Adams）
180	出众爱克螺	*Actaeopyramia eximia*（Lischke）
181	耳口露齿螺	*Ringicula doliars* Gould
182	厚肋露齿螺	*R. yokoyamai* Takeyama
183	婆罗囊螺	*Retusa（Coelophysis）boenensis*（A.Adams）
184	圆筒原盒螺	*Eocylichna braunsi*（Yokoyama）（*E.cylindrella*）
185	纵肋饰孔螺	*Decorifera mutusimana*（Homnra）
186	银白壳蛞蝓	*Philine argentata*（Gould）
187	黑斑海兔	*Aplysia kurodai*（Baba）
188	眼斑海兔	*A.oculifera* Adams et Reeve

续表 2-3-6

序号	中文名	学　名(拉丁名)
189	网纹海兔	*A.pulmonica* Gould
190	黑边海兔	*A. parvula* Morch
191	蓝斑背肛海兔	*Notarchus leachii cirrosus* Stimpson
192	马蹄虎螺	*Limacina trochiformis* (d'Orbigny)
193	尖笔帽螺	*Creseis acicula* Rany
194	玻杯螺	*Hyalocylix striata* (Rang)
195	厚唇螺	*Diacria trispinosa* (Lesueur)
196	四齿厚唇螺	*D.quadridentata* (Lesueur)
197	长吻龟螺	*Cavolinia longirostris* (Lesueur)
198	钩龟螺	*C. uncinata* (Rang)
199	舴艋螺	*Cymbulia peronii* Blainville
200	多盘拟皮鳃	*Pneumodermopsis polyeotyla* (Boas)
201	无鳃螺	*Abranehaea chinensis* Zhang
202	紫游螺	*Neritina (Dostia) violacea* (Gmelin)
203	双带盾桑椹螺	*Clypemorus bifasciatus* (Sowerby)
204	马氏光螺	*Melamella marlinii* A. Adams
205	拟海若螺	*Paraclione longioaudata* (Souleyet)
206	笼目结螺	*Debeva birileffi* (Lischke)
207	泥螺	*Bullacta exarata* (Philippi)
208	矮短梯螺	*Gradatiscala gradata pygmaea*
209	小杂螺	*Zafra pumila* (Dunker)
210	小凹三口螺	*Triphora alveolatu* A. Adams et Reeve
211	石磺	*Onchidium verruculatum* Cuvier
212	蓝无壳侧鳃	*Pleurobranchaea novaezealandiae* Cheeseman
213	喀林加海牛	*Kalinga ornata* Alder et Hancock
214	草莓叉棘海牛	*Rotanga arbutus* (Angas)
215	浅黄舌尾海牛	*Glossodoris pallescens* (Bergh)
216	黄紫舌尾海牛	*G.aureopurpurea* (Collingwood)
217	白舌尾海牛	*G.alba* (Hasselt)
218	杂色高海牛	*Hypselodoris festive* (A.Adams)
219	日本石磺海牛	*Homoiodoris japonica* Bergh
220	黑枝鳃海牛	*Dendrodoris nigra* (Stimpson)
221	海洋枝鳃海牛	*D.mimiata* (Alder et Hancock)
222	淡红枝鳃海牛	*D.rubra* (Kelaart)

续表 2-3-6

序号	中文名	学　名(拉丁名)
223	溅斑舌尾海牛	*Glossodoris espersa*（Gould）
224	青马勇海牛	*Marionia olouacea* Baba
225	瘤枝鳃海牛	*Dendrodoris tuberculosa*（Quoy et Hancock）
226	白斑马蹄鳃	*Sakuraeolis enosimensis*（Baba）
227	日本菊花螺	*Siphonaria japonica*（Donovan）
228	星状菊花螺	*S.sirius* Pilsbry
229	完美菊花螺	*S. acmaeoides* Pilsbry
	掘足纲	**SCAPHOPODA**
230	大角贝	*Fissidentalium vernedei*（Sowerby）
231	海氏光角贝	*Pulsellum hige* Habe
	瓣鳃纲	**LAMELLIBRANCHIA**
232	灰云母蛤	*Yoldia glauca* Kuroda et Habe
233	粒帽蚶	*Cucullaea labiosa granulosa* Jonas
234	舟蚶	*Arca navicularis* Bruguiere
235	榛蚶	*A.avellana* Lamarck
236	布氏蚶	*A.boucardi* Jousseaume
237	青蚶	*Barbatia virescens*（Reeve）
238	细须蚶	*B.starnsi*（Pilsbry）
239	双纹须蚶	*B.bistrigata*（Dunker）
240	鳞片扭蚶	*Trisidos kivonoi*（Kuroda）
241	古蚶	*Anadara antiguata* Linnaeus
242	魁蚶	*Scapharca broughtonii*（Schrenck）
243	毛蚶	*S.suberenata*（Lischke）
244	泥蚶	*Tegillarca granosa*（Linnaeus）（*Arca granosa Linne*）
245	结蚶	*T.nodifera*（Martens）
246	侧小须蚶	*Barbatiella lateralis*（Reeve）
247	对称拟蚶	*Areopsis symmetrica*（Reeve）
248	间褶拟蚶	*Arcopsis inter plicata*（Craban et King）
249	橄榄蚶	*Estellarca olivacea*（Reeve）（Arca（Berbatia）olivacea）
250	褐蚶	*Didimacar tenebrica*（Reeve）
251	贻贝	*Mytilus edulis* Linnaeus
252	厚壳贻贝	*M.coruscus* Gould
253	翡翠贻贝	*Perna viridis*（Linnaeus）
254	毛贻贝	*Trichomya hirsute*（Lamarck）

续表 2-3-6

序号	中文名	学　名(拉丁名)
255	曲线索贻贝	*Hormomya mutabilis* (Gould)
256	条纹隔贻贝	*Septifer virgatus* (Wiegmann)
257	角隔贻贝	*Septifer keenae* Nomura
258	偏顶蛤	*Modiolus modiolus* (Linnaeus)
259	带偏顶蛤	*M.comptus* Sowerby
260	菲律宾偏顶蛤	*M.philippinarum* Hanley
261	耳偏顶蛤	*M. auriculatua* (Krauss)
262	凸壳肌蛤	*Musculus senhousei* (Benson)
263	云石肌蛤	*M.cupreus* (Gould)
264	心形肌蛤	*M.cumingiana* (Dunker)
265	珊湖绒贻贝	*Gregariella coralliophaga* (Gmelin)
266	黑荞麦蛤	*Xenostrobus atrata* (Lischke)
267	光石蛏	*Lithophaga teres* (Philippi)
268	短石蛏	*L. (Leiosolenus) curta* Lischke
269	丁蛎	*Malleus malleus* (Linnaeus)
270	不规则丁蛎	*Parvimalleus irregularis* (Jousseaune)
271	美丽珍珠贝	*Pteria formosa* (Reeve)
272	短翼珍珠贝	*P.brevialata* (Dunker)
273	马氏珠母贝	*Pinctada martensii* (Dunker)
274	长耳珠母贝	*P.chemnitzi* (Philippi)
275	栉江珧	*Atrina pectinata* (Linnaeus)
276	美丽日本日月贝	*Amusium japonicum formosum* Habe
277	异纹栉孔扇贝	*Chlamys irregularis* (Soneroy)
278	带栉孔扇贝	*C.lemniscata* (Reeve)
279	栉孔扇贝	*C.farreri* (Jones et Preston)
280	丽鳞栉孔扇贝	*C. (Azumapecten) squamata* (Gmelin)
281	花鹊栉孔扇贝	*C.pica* (Reeve)
282	嵌条扇贝	*Pecten albicans* (Schroter)
283	海湾扇贝	*Argopecten irradiens* Lamarck
284	平濑掌扇贝	*Volachlamys hirasei* (Bavay)
285	紫斑海菊蛤	*Spondylus nicobaricus* Chemnitz
286	角耳雪锉蛤	*Limaria basilanica* (Adams et Reeve)
287	中国不等蛤	*Anomia chinensis* Philippi
288	盾形不等蛤	*Anomia cyteum* Gray

续表 2-3-6

序号	中文名	学　名(拉丁名)
289	海月	*Placuna placenta* (Linnaeus)
290	鹅掌牡蛎	*Planostrea pestigris* (Hanley) (Ostrea parlucciae)
291	缘齿牡蛎	*Dendostrea crenuli fera* (Sowerby) (Ostrea crenuli fera)
292	猫爪牡蛎	*Talonostrea talonata* Spnon
293	中华牡蛎	*Parahyotissa sinensis* (Gmelin) (*Ostrea sinensis*)
294	棘刺牡蛎	*Saccostrea echinata* (Quoy et Gaimard) (*Ostrea echinata*)
295	近江牡蛎	*Crassostrea rivularis* (Gould) (*Ostrea rivularis Gould*)
296	黑缘牡蛎	*Ostrea nigromarginata* Sowerby
297	密鳞牡蛎	*O.denselamellosa* Lischke
298	叶片牡蛎	*O.folium* Linnaeus
299	僧帽牡蛎	*Saccostrea cucullata* (Born) (*Ostrea cucullata,O.piicatula*)
300	长牡蛎	*Crassostrea gigas* (Thunberg)
301	日本牡蛎	*Ostrea nippona* Seki
302	咬齿牡蛎	*O.mordax* Gould
303	团聚牡蛎	*O.glomerata* Gould
304	异纹心蛤	*Cardita variegate* Bruguiere
305	斜纹心蛤	*C.leana* Dunker
306	纹斑棱蛤	*Trapezium liratum* (Reeve)
307	迷人栉棱蛤	*Ctena delicatula* (Pilsbry)
308	圆裂齿蛤	*Cycladicama cumingii* (Hanley)
309	满月蛤	*Lucina edentula* Linnaeus
310	菲氏满月蛤	*Lucina philippiana* Reeve
311	扭曲猿头蛤	*Chama reflexa* Reeve
312	反转拟猿头蛤	*Pseudochama retroversa* (Lischke)
313	豆形凯利蛤	*Kellia porculus* Pilsbry
314	日本凯利蛤	*K.japonica* Pilsbry
315	杏桃凯利蛤	*K.subrotumdata* (Dunker)
316	波纹拉沙蛤	*Lasaea undulate* (Gould)
317	小弯曲蛤	*Corvemysella paula* (A.Adams)
318	中华鸟蛤	*Cardium sinensis* Sowerby
319	亚洲鸟蛤	*C.asiaticum* Bruguiere
320	脊鸟蛤	*Fragum fragum* (Linnaeus)
321	粗糙鸟蛤	*Trachycardium impolitum* (Sowerby)
322	沙糙鸟蛤	*Trachycardium arenicolum* (Reeve)

续表 2-3-6

序号	中文名	学　名(拉丁名)
323	日本镜蛤	*Dosinia (Phacosoma) japonica* (Reeve)
324	突角镜蛤	*D.cumingii* Reeve
325	射带镜蛤	*D.troscheli* Lischke
326	刺镜蛤	*D.aspera* (Reeve)
327	胀镜蛤	*D.tumida* Gray
328	凸镜蛤	*D.gibba* A.Adams
329	薄片镜蛤	*D.laminata* (Reeve)
330	中国仙女蛤	*Callista chinensis* (Holten)
331	巧楔形蛤	*Sunetta concinna* Dunker
332	汛潮楔形蛤	*S.(Cyclosunetta) menstrualis* (Menke)
333	线目蛤	*Callithaca staminea* Conrad
334	文蛤	*Meretrix meretrix* Linnaeus
335	丽文蛤	*M.lusoria* Rumphius
336	菲律宾蛤仔	*Ruditapes philippinarum* (Adams et Reeve)
337	杂色蛤仔	*R.variegata* (Sowerby)
338	等边浅蛤	*Gomphina aequilatera* (Sowerby)
339	马尼拉卵蛤	*Pitar manillae* (Sowerby)
340	歧脊加夫蛤	*Gafrarium divaricatum* (Gmelin)
341	面具美女蛤	*Circe stutzeri* (Donovan)
342	曲波皱纹蛤	*Periglypta chemnitzi* (Hanley)
343	江户布目蛤	*Protothaca jadoensis* Lischke
344	青蛤	*Cyclina sinensis* (Gmelin)
345	粗帝纹蛤	*Timoclea scabra* (Hanley)
346	美叶雪蛤	*Chione calophylla* (Philippi)
347	头巾雪蛤	*C.tiara* (Dillwyn)
348	温和翘鳞蛤	*Irus mitis* (Deshayes)
349	波纹皱纹蛤	*Periglypta crispata* Deshayes
350	波纹巴非蛤	*Paphia undulate* (Born)
351	真曲巴非蛤	*P.euglypta* (Philippi)
352	和蔼巴非蛤	*P.amabilis* (Philippi)
353	沟纹巴非蛤	*P.exarata* (Philippi)
354	屈曲巴非蛤	*P.sinuosa* (Lamarck)
355	中国蛤蜊	*Mactra (Mactra) chinensis* Philippi
356	四角蛤蜊	*M.* (Mactra) *veneriformis* Reeve

续表 2-3-6

序号	中文名	学　名(拉丁名)
357	不等蛤蜊	*M.inaequalis* Reeve
358	西施舌	*M.antiquata* Spengler
359	大蛤蜊	*M. grandis* Lamarck
360	黑点奥赛蛤	*Oxyperas bernardi*（Pilsbry）
361	菲律宾獭蛤	*Lutraria philippinarum* Reeve
362	獭蛤	*Lutraria* sp
363	漂亮雷特蛤	*Raetellops pulchella*（Adams et Reeve）
364	紫藤斧蛤	*Danax semigranosus* Dunker
365	楔形斧蛤	*D.cuneatus* Linnaeus
366	史氏紫云蛤	*Gari schepmani* Prashad
367	射带紫云蛤	*G.radiata*（Philippi）
368	斑纹紫云蛤	*G.maculosa*（Lamarck）
369	总角截蛏	*Solenocurtus divaricatus*（Lischke）
370	中国紫蛤	*Sanguinolaria chinensis*（Morch）
371	脆壳理蛤	*Theora fragilis*（A.Adams）
372	索形双带蛤	*Semele cordiformis*（Holten）
373	大团结蛤	*Abrina magna* Scarlato
374	河口缘蛤	*Cadella narutoensis* Habe
375	三角缘蛤	*C.delta*（Yokoyama）
376	半扭缘蛤	*C. semitorta*（Sowerby）
377	沟纹巧樱蛤	*Apolymetis lacunosa*（Chemnitz）
378	美女白樱蛤	*Macoma candida*（Lamarck）
379	截形白樱蛤	*M.truncata* Jonas
380	布氏马加蛤	*Macalia bruguieri*（Hanley）
381	彩虹明樱蛤	*Moerella iridescens*（Benson）
382	刀明樱蛤	*M.culter*（Hanley）
383	江户明樱蛤	*M. jedoensis*（Lischke）
384	红明樱蛤	*M.rutila*（Dunker）
385	小亮樱蛤	*Nitidotellina minuta*（Lischke）
386	透明美丽蛤	*Merisca diaphana*（Deshayes）
387	大竹蛏	*Solen grandis* Dunker
388	长竹蛏	*S.gouldii* Conrad
389	短竹蛏	*S.dunkerianus* Clessin
390	玫瑰竹蛏	*S.rosaceus* Carpenter

续表 2-3-6

序号	中文名	学　名(拉丁名)
391	小刀蛏	*Cultellus attenuatus* Dunker
392	小荚蛏	*Siliqua minima*（Gmelim）
393	长圆荚蛏	*S.grayana*（Dunker）
394	红齿硬蓝蛤	*Solidicorbula eryhrodon*（Lamarck）
395	异毛蚶	*Scapharca anomala*（Reeve）
396	豆荚钳蛤	*Isognomon legumen*（Gemlin）
397	襞蛤	*Pliatus plicata*（Linnaeus）
398	紫藤斧蛤	*Danax semigranosus* Dunker
399	侧理蛤	*Theora lata*（Hinds）
400	东方缝栖蛤	*Hiatella orientalis*（Yokoyama）
401	方形蚶蛤	*Isognomon acutirostris*（Dunker）
402	全海笋	*Barnea candida*（Linnaeus）
403	吉村马特海笋	*Martesia yoshimurai*（Kuroda et Termachi）
404	船蛆	*Teredo* navalis Linnaeus
405	长柄船蛆	*T.parksi* Bartsch
406	船蛆	*T.*sp
407	密节铠船蛆	*Bankia saulii*（Wright）
408	稻穗节铠船蛆	*B.oryzaformis* Sivickis
	头足纲	**GEPAHALOPOPA**
409	多钩钩腕乌贼	*Abralia multihamata* Sasaki
410	太平洋褶柔鱼	*Todarodes pacificus* Steenstrup
411	火枪乌贼	*Loligo beka*（Sasaki）
412	中国枪乌贼	*L.chinensis* Gray
413	剑尖枪乌贼	*L.edulis* Hoyle
414	长枪乌贼	*L.bleekeri* Keferstein
415	神户枪乌贼	*L.kobiensis* Hoyle
416	田乡枪乌贼	*L.tagoi* Sasaki
417	莱氏拟乌贼	*Sepioteuthis lessonian* Februssac
418	金乌贼	*Sepia esculenta* Hoyle
419	拟目乌贼	*S.lycidas* Gray
420	曼氏无针乌贼	*Sepiella maindroni de* Rochebrune
421	双喙耳乌贼	*Sepiola birostrata* Sasaki
422	柏氏四盘耳乌贼	*Euprymna berryi* Sasaki
423	锦葵船蛸	*Argonauta hians* Solander

续表 2-3-6

序号	中文名	学　名(拉丁名)
424	东蛸	*Octopus berenice* Gary
425	短蛸	*O.ocellatus* Gary
426	长蛸	*O.variabilis*（Sasaki）
427	真蛸	*O.vulgaris* Cuvier

说明:资料由南麂列岛国家海洋自然保护区管理局提供

（五）藻类(178种)

南麂列岛海区藻类,已查明大型底栖藻类178种,微小型底栖藻类459种(未予列出)。藻类品种约占全国的25%。

2012 年平阳县南麂列岛海区藻类（大型底栖藻类）名录（178 种）

表 2-3-7

序号	中文名	学　名(拉丁名)
	蓝藻门	**Cyanophyta**
1	半丰满鞘丝藻	*Lyngbya semiplena*（C. Ag）J. Ag
2	苔垢菜	*Calothrix crustacea* Thuret
	红藻门	**Rhodophyta**
3	红毛菜	*Bangia fusco-purpurea*（Dillw.）Lyngb
4	小红毛菜	*B.gloiopeltidicola* Tanaka
5	皱紫菜	*Porphyra crispata* Kjellm
6	长紫菜	*P.dentata* Kjellm
7	刺边紫菜	*P.dentimarginata* chu et wang
8	坛紫菜	*P.haitanensis* T. j.chang et B. F. zheng
9	铁钉紫菜	*P.ishigecola* Miura
10	圆紫菜	*P.suborbiculata* Kjellm
11	甘紫菜	*P.tenera* Kjellm
12	条斑紫菜	*P.yezoensis* Ueda
13	羽状旋体藻	*Audouinella plumosa*（Drew）Garbary
14	渐尖旋体藻	*A. attenuata*（Rosenvinge）Garbary
15	海索面	*Nemalion*（vermiculare suringar）
16	扁鲜奈藻	*Scinaia* latifrons Howe
17	清澜鲜奈藻	*S. tsinglanensis* Tseng
18	乳节藻	*Galaxaura oblongata*（Ell. et Sol.）Lamx
19	石花菜	*Gelidium amansii* Lamx
20	细毛石花菜	*Gelidium crinale*（Turn.）Gaillon

续表 2-3-7

序号	中文名	学　名(拉丁名)
21	小石花菜	*G.divaricatum* Martens
22	大石花菜	*G.pacificum* Okam
23	匍匐石花菜	*G.pusillum*(Stackh.)Le Jol
24	鸡毛藻	*Pterocladia tenuis* Okam
25	亮管藻	*Hyalosiphonia caespitosa* Okam
26	海萝	*Gloiopeltis furcata*(P. et R.)J. Ag
27	鹿角海萝	*G.tenax*(Turn.)J. Ag
28	胭脂藻	*Hildenbrandia rubra*
29	蜈蚣藻	*Grateloupia filicina* C. Ag
30	舌状蜈蚣藻	*G.livida*(Harv.)Yamada
31	岗村蜈蚣藻	*G.okamurae* Yamada
32	长枝蜈蚣藻	*G.prolongata* J. Ag
33	繁枝蜈蚣藻	*G.ramosissima* Okam
34	带形蜈蚣藻	*G.turuturu* Yamada
35	海膜	*Halymenia floresia*
36	盾果藻	*Carpopeltis affinis*(Harv.)Okam
37	拟厚膜藻	*Pachymeniopsis elliptica*(Holmes)Yamada
38	厚膜藻	*Pachymenia carnosa* J.Ag
39	珊瑚藻	*Corallina officinalis* L
40	小珊瑚藻	*C.pilulifera* Post. et Rupr
41	无柄珊瑚藻	*C.sessilis* Yendo
42	宽扁叉节藻	*Amphiroa anceps*
43	叉节藻	*A.ephedraea* Yendo
44	宽角叉珊藻	*Jania adhaerens*
45	粗珊藻	*Calliarthron yessoense* Manza
46	岗村石叶藻	*Lithophyllum okamurai* Fosl
47	附着美叶藻	*Callophyllis adhaerens* Yamada
48	贴出美叶藻	*C.adnata* Okam
49	脆江蓠	*Gracilaria chouae*
50	扁江蓠	*G.textorii*(Sur.)de Toni
51	真江蓠	*G.vermiculophylla*(Ohmi)Papenfuss
52	海头红	*Plocamium telfairiae* Harv
53	茎刺藻	*Caulacanthus okamurai* Yamada
54	红翎菜	*Solieria mollis*(Harv.)Kylin

续表 2-3-7

序号	中文名	学　名(拉丁名)
55	密毛沙菜	*Hypnea boergesenii* Tanaka
56	鹿角沙菜	*H.cervicornis* J. Ag
57	长枝沙菜	*H.charoides* Lamdurou
58	裸干沙菜	*H.chordacea* Kutz
59	扇形拟伊藻	*Ahnfeltiopszs flabelliformis* Harv
60	叉枝伊谷藻	*Ahnfeltia furcellata* Okam
61	角叉菜	*Chondrus ocellatus* Holm
62	中间软刺藻	*Gigartina intermedia* Suring
63	线型软刺藻	*G.tenellus* Harv
64	金膜藻	*Chrysymenia wrightii* (Harv.) Yamada
65	错综红皮藻	*Rhodymenia intricata*(Okam.)Okam
66	链状节荚藻	*Lomentaria catenata* Harv
67	节荚藻	*L.hakodatensis* Yendo
68	扁节荚藻	*L. pinnata* Segawa
69	荧光环节藻	*Champia bififda* Okam
70	日本环节藻	*C.japonica* Okam
71	环节藻	*C. parvula* (C. Ag.) Harv
72	蛙掌藻	*Binghamia californica* J.Agar
73	对丝藻	*Antithamnion cruciatum*(Ag.) Naeg
74	波登仙菜	*Ceramium boydenii* Gepp
75	日本仙菜	*C. japonicum* Okam
76	三叉仙菜	*C.kondoi* Yendo
77	圆锥仙菜	*C. peniculatum* Okam
78	凝菜	*Campylaephora crassa* (Okam.)Okam
79	钩凝菜	*C.hypnaeoides* J. Ag
80	纵胞藻	*C.clavulatum* (Ag.) Mont
81	日本凋毛藻	*Griffithsia japonica* Okam
82	丛孢藻	*Spermothamnion synedrae*
83	具钩顶群藻	*Acrosorium venulosum*
84	顶群藻	*A.yendoi* Yamada
85	匍匐红舌藻	*Erythroglossum repens* Okam
86	舌形藻	*Lingulodinium SP.*
87	羽裂橡叶藻	*Phycodrys fimbriata*(de la Pyl.)Kylin
88	橡叶藻	*P.radicosa*(Okam.)Yamada et Inagaki

续表 2-3-7

序号	中文名	学　名(拉丁名)
89	具柄绒线藻	*Dasya pedicellata* C.Ag
90	日本异管藻	*Heterosiphonia japonica* Yamada
91	美丽异管藻	*H.pulchra* (Okam.)Falk
92	日本多管藻	*Polysiphonia japonica* Harv
93	摩利斯多管藻	*P.mollis* Hook. et Harv
94	丛托多管藻	*P.morrowii* Harv
95	沙氏多管藻	*P.savatlieri* Haroit
96	多管藻	*P.enticulosa*
97	鸭毛藻	*Symphyocladia latiuscula* (Harv.) Yamada
98	苔状鸭毛藻	*S.marchantioides* (Harv.) Fkbg
99	小鸭毛藻	*S.pumila*
100	粗枝软骨藻	*Chondria crassicaulis* Harv
101	细枝软骨藻	*C.tenuissima* (Good. et Wood.) J. Ag
102	柔弱爬管藻	*Herposiphonia tenella* (Ag.) Naeg
103	复生凹顶藻	*Laurencia composita* Yamada
104	瘤枝凹顶藻	*L.glandulifera* Kutz
105	日本凹顶藻	*L.nipponica* Yamada
106	冈村凹顶藻	*L.okamuraie* Yamada
107	羽状凹顶藻	*L.pinnatifida* Lamx
108	异枝软凹藻	*Chondrophcus intermedia*
109	波形凹顶藻	*Laurencia undulata* Yamada
	褐藻门	**Phaeophyta**
110	水云	*Ectocarpus confervoides* (Roth)Le Jolis
111	印度水云	*E.indicus* Sonder
112	长囊水云	*E. siliculosus* (Dillw.) Lyngb
113	浙江褐绒藻	*Giffordia zhejiangensis* S.B.Wang
114	疣状褐壳藻	*Ralfsia verrucosa* (Aresch.) J. Ag
115	粘膜藻	*Leathesia difformes* (L.) Aresch
116	异丝藻	*Papenfussiella kuromo* (Yendo)Inagaki
117	叶状铁钉菜	*Ishige foliacea* Okam
118	铁钉菜	*Ishigc okamurac* Ycndo
119	叉状黑顶藻	*Sphacelaria furcigera* Kutz
120	三叉黑顶藻	*S.fusca* (Hudson) C. Ag
121	宽叶网翼藻	*Dictyopteris latiuscula* (Okam.)

续表 2-3-7

序号	中文名	学　名(拉丁名)
122	育叶网翼藻	*D.prolifera*（Okam.）Okam
123	网地藻	*D.dichotoma*（Huds.）Lamx
124	叉开网地藻	*D.divaricata* Lamx
125	印度网地藻	*D.indica* Sonder
126	厚网藻	*Pachydictyon coriaceum*（holmd.）Okam
127	厚缘藻	*Dilophus okamurai* Dawson
128	大团扇藻	*Padina crassa* Yamada
129	褐舌藻	*Spatoglossum pacificum* Yemdo
130	囊藻	*Colpomenia sinuosa*（Roth）Derb. et Sol
131	鹅肠菜	*Endarachne binghamiae* J.Ag
132	辐叶藻	*Petalonia fascia*（Muller）Kutz
133	无节萱藻	*Scytosiphon dotyo* Wynne
134	萱藻	*S.lomentarius*（Lyngb.）J. Ag
135	海带	*Laminaria japonica* Aresch
136	裙带菜	*Undaria pinnatifida*（Harv.）Suringar
137	羊栖菜	*Sargassum fusiforme*（Harv.）Setch
138	草叶马尾藻	*S.graminifolium* Turn
139	半叶马尾藻	*S.hemiphyllum*（Turn.）Ag
140	头状马尾藻	*S.capitatum* Tseng et Lu
141	铜藻	*S.horneri*（Turn.）Ag
142	海黎子	*S.kjellmanianum* Yendo
143	黑叶马尾藻	*S.nigrifoloides* Tseng et Lu
144	裂叶马尾藻	*S.siliquastrum*（Turn.）Ag
145	鼠尾藻	*S.thunbergii*（Mert.）O. Kuntze
146	瓦氏马尾藻	*S.vachellianum* Grev
147	喇叭藻	*Turbinaria ornata*（Turn.）J. Ag
	绿藻门	**Chlorophyta**
148	软丝藻	*Ulothrix flacca*（Dillw.）Thur
149	条浒苔	*Enteromorpha clathrata*（Roth）Grev
150	扁浒苔	*Entermorpha compressa*（L.）Grev
151	肠浒苔	*E.intestinalis*（L.）Link
152	缘管浒苔	*E.linza*（L.）J. Ag
153	浒苔	*E.prolifera*（Muell.）J. Ag
154	管浒苔	*E.tubulosa* Kutz

续表 2-3-7

序号	中文名	学　名(拉丁名)
155	蛎菜	*Ulva conglobata* Kjellm
156	裂片石莼	*U.fasciata* Delile
157	孔石莼	*U.pertusa* Kjellm
158	石莼	*U.lactuca* L
159	礁膜	*Monostroma nitidum* Wittr
160	气生硬毛藻	*Chaetomorpha aerea* (Dillw.) Kutz
161	中间硬毛藻	*C.media* (Ag.) Kutz
162	螺旋硬毛藻	*C.spiralis* Okam
163	苍白刚毛藻	*Cladophora albida* (Huds.) Kutz
164	束生刚毛藻	*C.fascicularis* (Mert.) Kutz
165	曲褶刚毛藻	*C.flexuosa* (Dillw.) Harv
166	聚枝刚毛藻	*C.fuliginosa* Kutz
167	海绿色刚毛藻	*C. glaucescens* Harv
168	斯氏刚毛藻	*C.stimpsonii* Harv
169	膨胀刚毛藻	*C.utriculosa* Kutz
170	布氏藻	*Boodlea composita* (Harv.) Brand
171	假根羽藻	*Bryopsis corticulans* Setch
172	藓羽藻	*B.hypnoides* Lamx
173	羽藻	*B.plumosa* (Huds.) C. Ag
174	羽状羽藻	*B.pennata* Lamx
175	叉开松藻	*Codium divaricatum* Holm
176	刺松藻	*C.fragile* (Sur.) Hariot
177	平卧松藻	*C.repens* (Cr.) Vick
178	松藻属一种	*C.sp*

说明:①微小型底栖藻类459种名录略;②资料由南麂列岛国家海洋自然保护区管理局提供

第四章　气　候

平阳县地处浙江省东南沿海,濒临西北太平洋,气候受海洋影响较大,属于中亚热带海洋性季风气候区。总的气候特征:冬无严寒,夏少酷暑,春季温暖,秋季干爽;夏冬季长,春秋季短,四季分明。全年光照充足,雨水丰沛,温暖湿润,适宜生物生长和居民生活。主要气候灾害有台风、暴雨、干旱、大风、龙卷风、冰雹等。

第一节　气候特征

四季特征

以稳定通过10℃和22℃作为各季界限。四季中,夏季较长,冬季稍短,春秋均匀。夏季从5月下旬或6月上旬开始,到9月下旬或10月上旬结束,约4个月,约占全年日数的1/3;冬季始于12月上旬,止于次年3月上、中旬,约3个月;风和日暖的春秋季各长80天左右。

1989—2012 年平阳县四季气象要素情况

表 2-4-1

年份（年）	春季		夏季		秋季		冬季	
	气温（℃）	降水（毫米）	气温（℃）	降水（毫米）	气温（℃）	降水（毫米）	气温（℃）	降水（毫米）
1989	15.90	682.30	26.40	656.50	19.80	400.30	8.80	203.40
1990	16.50	529.70	27.00	843.40	19.90	656.50	9.60	291.90
1991	16.10	411.70	27.60	446.00	19.10	399.00	9.60	150.10
1992	15.90	523.10	26.00	862.00	18.90	372.90	9.20	307.00
1993	15.70	438.00	27.00	662.50	20.00	393.80	8.20	175.80
1994	16.90	477.10	27.30	817.80	20.10	259.60	10.00	325.70
1995	15.80	644.20	26.70	514.00	19.50	216.30	7.90	150.00
1996	14.80	431.50	27.50	777.30	20.60	359.20	7.90	97.40
1997	17.30	417.60	26.60	819.30	19.80	254.70	9.40	181.80
1998	18.10	474.40	27.50	537.00	20.80	291.90	10.30	329.10
1999	16.70	733.80	26.80	578.50	20.90	308.20	9.80	56.60
2000	17.00	405.20	26.90	882.10	20.80	400.60	9.70	214.50
2001	17.40	392.20	27.30	805.30	20.10	325.40	10.20	339.70
2002	18.30	409.80	27.10	884.30	19.90	496.70	10.50	246.70
2003	17.00	436.30	28.60	503.80	21.50	489.30	9.20	152.50
2004	17.30	383.00	27.70	546.70	20.50	381.70	10.40	252.80
2005	16.30	581.90	27.50	909.80	21.90	268.40	7.70	282.20
2006	17.10	480.40	27.80	1135.00	21.80	247.90	10.10	198.00
2007	17.50	319.90	28.50	701.30	21.20	678.10	11.20	170.90
2008	17.40	302.70	27.70	703.90	21.50	409.00	8.30	168.10
2009	16.90	428.10	27.70	960.50	21.10	372.50	9.60	113.70
2010	15.70	797.60	27.20	795.50	20.20	346.70	9.80	296.50
2011	15.80	303.00	27.90	656.00	21.20	304.00	7.70	140.80
2012	17.30	606.80	28.10	772.50	20.00	433.60	8.50	385.80
平均值	16.70	457.30	27.40	740.50	20.50	377.80	9.30	218.00

说明：资料由县气象局提供

春季　春分前后进入春季。春季开始，大陆高压衰退，副热带高压北进，暖湿气流势力加强，气温逐渐回升。由于锋面气旋活动频繁，雨水增多。1989—2012年，春季平均气温16.7℃，平均降雨量457.3毫米。

夏季　5月下旬或6月上旬至7月上旬称为初夏，极锋开始稳定，冷暖空气交错，以致雨量充沛，雨日增多，属于梅雨季节。因空气湿度高，衣物易霉，故又称“霉季”。此段时间，大雨、暴雨较多，易发生洪涝。7月中旬至8月份为盛夏，处于副热带高压控制下，以晴热天气为主。1989—2012年，夏季平均气温27.4℃，平均降雨量740.5毫米。

秋季　秋季是夏季风向冬季风转变时期。秋分前后，北方冷空气势力开始加强，气温逐渐下降，雨水减少，气温日差较大，出现秋高气爽天气。9月份气温仍然较高，且由于极锋南返，台风活动也较频繁。谚云："九月九，大雨洗港口。"1989—2012年，秋季平均气温20.5℃，平均降雨量377.8毫米。

冬季　小雪前后，进入冬季，在北方冷气团的控制下，盛行偏北风，气温明显下降，多晴冷天气。冷空气南下时，形成寒潮，又常有雨雪出现。年极端最低气温均出现在本季。1989—2012年，冬季平均气温9.3℃，平均降雨量218.0毫米。

气温

1989—2012年，平阳县年平均气温为18.5℃，年际变动在17.5℃～19.6℃之间。受城市热岛效应和全球气候变暖的影响，20世纪末至21世纪初，气温连续出现偏高年。

全年最热的月份为7月、8月，月平均气温分别为28.6℃～28.4℃。年极端最高气温均出现在这两个月内，1989—2012年的极端最高气温为40.4℃（2003年7月15日）。全年最冷月份为1月、2月，平均气温分别为8.1℃、9.1℃。年极端最低气温出现在1月、2月、12月，1989—2012年的极端最低气温为-4.1℃（1999年12月23日）。

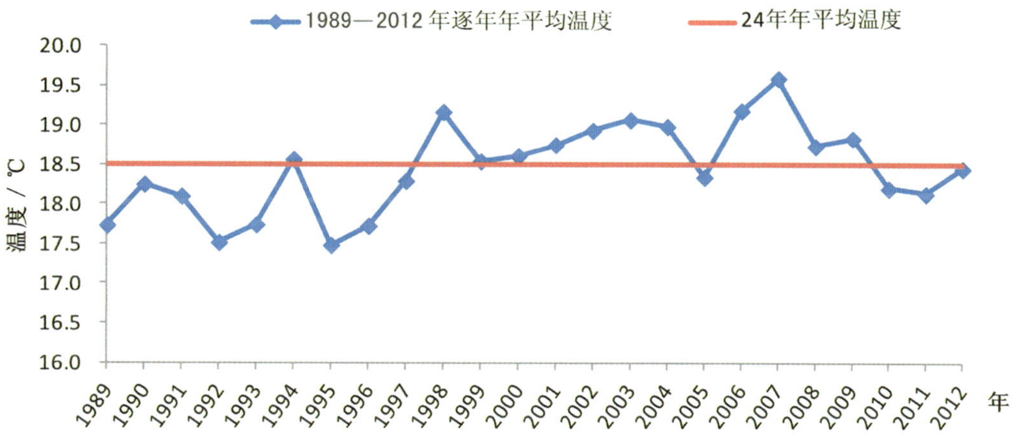

图2-4-1　1989—2012年平阳县逐年年平均温度情况

降水

1989—2012年，年平均降水量为1819.90毫米，降水量最多的是1990年，达2321.5毫米，最少的是2011年，为1403.8毫米。

全年的降水量主要集中在春、夏两季(3—9月)。

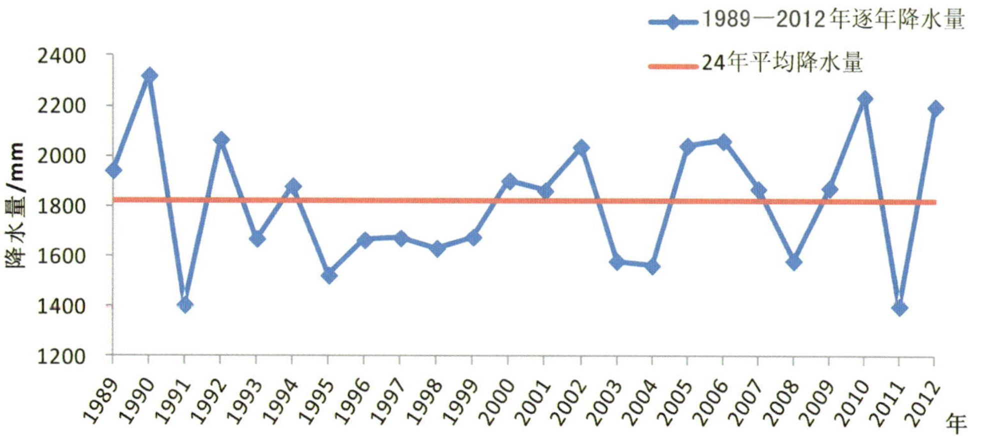

图2-4-2　1989—2012年平阳县逐年降水量情况

3—4月（春雨期），暖湿气团势力加强，冷空气势力减弱，冷暖气团相持于华南上空形成静止锋。受其影响，县境内多阴雨天气，雨量约占全年的16%。

5—6月（梅雨期），南方暖湿气流加强北推，锋面移至长江中下游流域，雨量多，降水强度较大，雨量约占全年的26%。

7—9月（台风干旱期），受台风影响，雨量多，雨势猛，西部山区因地形作用，雷阵雨较多。雨量约占全年的38%，为雨量最多的季节。

常年出梅后有一段高温少雨期，一般有30天左右伏旱天气，极端最高气温就出现在此期间。

10月至翌年2月（秋冬少雨期），因受极地干冷空气团控制，雨量较少，地域分布均匀。

风向和风速

风向、风速受季风影响，随季节变化明显，同时，由于境内地形复杂，也造成地区间的差异。1989—2012年，最多风向为东北偏东，频率均为13，平均风速1.7米/秒。其中冬季盛行东风和东北偏东风，夏季盛行偏南风和东北偏东风。

雷暴

1989—2012年，年平均雷暴日数为32天，最多的是2010年，为55天，最少的是1999年，为20天。3月份，气温逐渐回升，春回大地，万物复苏，春雷萌动。7、8月进入盛夏，雷暴日占全年的39%。持续的高温天气有利于不稳定能量积聚，一旦有弱冷空气渗透，极易促发雷暴积雨云的发生发展。9月凉风渐起，雷暴天气骤减。冬季鲜有雷暴发生。

湿度、蒸发量、日照、无霜期

湿度　1989—2012年，年平均相对湿度为80%，月平均相对湿度最大在6月，为86%，最小在12月，为76%。

蒸发量　1989—2012年，年平均蒸发量1342.8毫米。月蒸发量7月最大，8月次之，月蒸发量最大的出现在2003年7月，为318.9毫米；月蒸发量2月最小，1月次之，其中月蒸发量最小的出现在1990年2月，为23.5毫米。

日照时数　1989—2012年，年平均日照时数1783.7小时。年最多日照出现在2003年，为2237.4小时；最少出现在2012年，为1516.2小时。

无霜期　1989—2012年，年无霜期最短为227天，最长为329天，平均291天。

1989—2012年平阳县无霜期情况统计表

表2-4-2

年份（年）	无霜期（天数）	年份（年）	无霜期（天数）
1989	254	2001	251
1990	269	2002	300
1991	260	2003	296
1992	258	2004	295
1993	261	2005	267
1994	302	2006	278
1995	227	2007	329
1996	252	2008	265
1997	259	2009	314
1998	303	2010	271
1999	290	2011	268
2000	327	2012	304

说明：资料由县气象局提供

第二节　气候灾害

平阳县气候灾害较为频繁，有台风、洪涝、干旱、龙卷风、冰雹等，以台风、洪涝和干旱灾危害为主。1989—2012年，严重影响平阳县的台风共29次。

台风

1989—2012年，共出现有严重影响的台风29次（有7年没有受到台风影响），年均1.2次。最多的年份是1990年和2005年，各有5次。台风季节主要集中在7—9月份，这3个月出现27次台风，占全部台风数的94%。其中8月份占49%，9月份占28%，7月份占17%。台风出现最早一次为1990年6月23日的5号台风，最晚一次为2007年10月7日的16号台风“罗莎”。

台风影响程度的大小，与台风强度、登陆地点、移动路径有关。对平阳县有严重影响的台风登陆地点、路径有三：一是在温州以北登陆的台风3个，占全部有严重影响台风数的11%；二是在温州至厦门之间登陆的台风25个，占全部有严重影响台风数的86%；三是在近海转向的台风1个，占3%。第二路径台风的数量最多，强度较大，降雨量较多，危害性最大。

1989—2012年严重影响平阳县的台风情况一览表

表2-4-3

台风编号	名称	登陆地点	登陆时间	最大风力(级)	雨量(毫米)	
					面雨量	站点及最大
9005	5号台风	福鼎	6月23日	11	180.30	朝阳281.40
9012	12号台风	福清	8月19日	9	302.50	吴垟540.20
9017	17号台风	福鼎	9月4日	11	148.10	上垅167.90
9018	18号台风	同安	9月8日	11	335.50	吴垟615.80
9216	16号台风	长乐	8月29日	12	334.50	吴垟538.50
9219	19号台风	鳌江口	9月22日	12	217.10	南雁275.10
9406	6号台风	晋江	7月10日	12	114.20	吴垟235
9417	17号台风	瑞安	8月21日	>12	227.10	吴垟310.8
9608	8号台风	福清	8月1日	11	277.60	吴垟410.20
9711	11号台风	温岭	8月17日	12	151.30	吴垟274
9714	14号台风	福清	8月28日	10	50.80	南麂168
9909	9号台风	惠来	9月3日	10	185.10	山门359
0010	碧利斯	晋江	8月23日	10	277.30	吴垟422
0216	森拉克	苍南	9月7日	13	159.10	吴垟213
0407	蒲公英	鳌江口	7月3日	10	106.40	朝阳135.50
0414	云　娜	台州	8月12日	14	90.40	南麂133
0418	艾　利	福清	8月25日	13	213.30	朝阳354
0505	海　棠	福州	7月19日	12	530.30	吴垟670.50
0509	麦　莎	玉环	8月6日	13	65.70	南麂196.50
0513	泰　利	莆田	9月1日	12	205.60	朝阳518
0604	碧利斯	霞浦	7月14日	11	227.50	吴垟395
0608	桑　美	苍南	8月10日	17	255.60	吴垟332
0709	圣　帕	惠安	8月19日	12	321.30	吴垟503.50
0713	韦　帕	苍南	9月19日	14	297.40	上垅398
0716	罗　莎	苍南	10月7日	12	326.90	吴垟499
0808	凤　凰	福清	7月28日	12	280.7	吴垟606.50
0813	森拉克	近海北上	9月15日	11	196.10	吴垟286.50
0908	莫拉克	霞浦	8月9日	12	428.40	吴垟739
1209	苏　拉	福鼎	8月3日	10	75	吴垟139

说明:资料由县气象局提供

洪涝

全县平均每年有3~6次暴雨出现,分布规律是自东向西逐渐增加,即山区比平原多,平原比海岛多。

暴雨出现的季节一般在梅雨期和台风季节,即5—10月,其中,8—9月最多,5—6月次之。强度在100毫米以上的大暴雨大都出现在7—10月。如2010年的梅汛期(6月14日至7月17日),共发生5次系统性强降水过程,时段分别为6月20—21日、23—24日、25—26日和7月6—7日、8—9日,其间,全县平均雨量275.90毫米,累计降水量最多的是当时的龙尾乡，雨量为401毫米。

1989—2012年平阳县严重洪涝灾害情况：

1990年从6月23日至9月11日，分别有9005、9012、9015、9017、9018号5次台风袭击本县，风、潮、洪、涝连续成灾，危害严重，造成直接经济损失0.92亿元，死亡14人，重伤36人。其中9005号台风在福建省福鼎登陆，水头一带平地水深1.5米，有9.7万人被洪水围困30～40小时，受涝农田1.2万公顷。潮水冲坏宋埠、墨城、西湾海塘多处，损坏水闸3处、溪堤256处、渠道51处、堰坝41处、供电线路7.5千米。9012号台风在福建福清登陆，鳌江受大潮顶托，北港的水头、江屿两处，平地水深1.5米以上，有12.5万人被洪水围困72小时，受淹农田0.8万公顷，倒房632间，坏屋815间，冲毁海塘、江堤渠道565处。从8月30日至9月8日的10日中，平阳又连遭9015、9017、9018号台风侵袭，暴雨成灾，洪水泛滥，造成严重灾害，农作物受灾2.72万公顷，倒房1804间，坏屋4180间，毁坏校舍59间，坏船280只，冲坏桥梁涵洞92处，损坏水利设施2332处。

1992年8月29日至9月23日，全县连续遭受9216、9219号台风袭击，造成直接经济损失3.61亿元，死亡12人。9216号台风在福建长乐登陆，鳌江最高潮位4.79米，埭头最高洪峰水位17.16米，倒屋3980间，农作物受灾2.07万公顷。9219号台风在鳌江口登陆，水头水深1.8米以上，农作物受灾2.35万公顷。

1994年，受两次台风严重影响，特别是9417号台风在瑞安梅头登陆，鳌江潮位4.74米，水头埭头洪峰水位17.27米。全县34个乡镇的853个村全部受灾，死亡166人，受伤916人，倒塌民房8557间，坏屋6.88万间，1.83万公顷粮食作物受淹36小时以上，直接经济损失15.4亿元。

1996年，9608号台风在福建省福清登陆，全县死亡7人，倒塌民房2348间，农作物受灾1.7万公顷，直接经济损失2.92亿元。

1997年8月19日，遭受9711号台风袭击，9月15日，又遭受9714号台风袭击。直接经济损失达4.33亿元。9711号台风在温岭登陆，引起风暴潮，8月19日上午9时，鳌江潮位4.74米，堤防多处决口，鳌江、钱仓和萧江3镇进水35厘米以上，持续时间3小时。全县农作物受灾0.97万公顷，倒塌房屋2350间。

1999年，9909号台风在广东惠来登陆，水头镇区水深1.5米。全县农作物受灾0.71万公顷，直接经济损失0.73亿元。

2000年，“碧利斯”台风在福建晋江登陆，水头、南湖、鹤溪3乡镇受灾特别严重，洪水淹没时间长达26小时。全县直接经济损失0.28亿元。7月4—5日，受强东风气流影响，平阳县西部山区出现了暴雨天气。其中顺溪镇两天雨量253毫米，埭头洪峰水位16.14米，水头平均积水深1.5米，皮革基地进水最深处3米。农作物受灾面积910公顷，全县直接经济损失0.44亿元。

2002年，0216号台风“森拉克”于9月7日在南麂登陆，穿过鳌江口近海海面，至18时30分在苍南金乡镇又一次登陆。受这次台风影响，全县共有74.5万人受灾，受伤156人，房屋倒塌5084间，农作物受灾面积1.46万公顷，造成直接经济损失3.81亿元。

2004年，连续遭受0414、0418号台风袭击，造成直接经济损失3.68亿元。其中0414台风“云娜”于8月12日20时在温岭石塘登陆，平阳县25万人受灾，水头一带满水深度0.8～1.1米，农作物受灾面积0.41万公顷。0418号台风使平阳县48.4万人受灾，倒塌房屋312间，损坏房屋2045间，农作物受灾0.52万公顷。

2005年，台风影响频繁，从7月19日至10月7日，遭受0505、0509、0513、0515、0519号台风影响，台风影响时间集中，降水强度大。特别是0505号和0513号台风影响严重，造成直接经济损失29.16亿元，死亡1人，失踪6人，受伤6人。其中5号台风“海棠”于19日下午在福建省连江登陆，受灾范围涉及全县31个乡镇的590个行政村，受灾73万人，被困53.2万人。水头镇最大淹没水深4.2米，麻步镇大范围受淹，淹没最深处3米，萧江镇出现历史上从未有过的全镇大满水，农田受淹深度3米。全县倒塌房屋2632间、损坏15348间；农作物受灾面积1.69万公顷。0513号台风“泰利”于9月1日14时30分在福建莆田平海镇登陆，西部山区共有水头、南雁、麻步、维新等15个乡（镇）受淹，受灾

43.24万人，被困21.23万人，房屋倒塌806间、损坏6835间，农作物受灾面积1.08万公顷。

2006年，0604、0608号台风影响平阳，全县直接经济损失9.92亿元。0608号超强台风“桑美”在苍南县马站登陆，是1949年以来登陆中国大陆最强的台风。水头镇最大淹没深度4.5米，淹没时间长达21小时。全县受灾人员70.24万人，因灾死亡2人，失踪1人，受伤14人；倒塌房屋4963间(1120户)，受损23635间；农作物受灾面积1.55万公顷。

2007年，受0709、0713、0716号台风的影响，全县造成直接经济损失5.89亿元。其中0709号台风“圣帕”于8月18日早上在福建泉州市登陆，过程雨量300毫米，水头镇一带满水2.5～3米，淹没时间40个小时，全县受灾70万人。0713号台风于9月19日凌晨在苍南登陆，水头、麻步等乡镇受淹，淹没时间长达20余个小时。全县受灾42.36万人，农作物受灾面积1.64万公顷，水利堤防损坏45处，堤坝决口3处。

2008年，全县灾害性天气频发，先后遭受“海鸥”、“凤凰”、“森拉克”和“蔷薇”台风的影响，全县造成直接经济损失1.57亿元。其中，0808号台风“凤凰”于8月28日22时在福建福清市东瀚镇登陆，水头镇平均满水深度1.6米，最大水深2.85米，水头镇满水时间长达30个小时。全县受灾28.95万人，倒塌房屋的有112户，农作物受灾面积1.12万公顷，水利堤防损坏85处。

2009年，0908号台风“莫拉克”于8月7日23时45分在台湾省花莲市附近登陆，又于9日16时20分在福建省霞浦县登陆，水头镇、麻步镇、萧江镇等10余个乡(镇)受淹，水头镇最大淹没水深4.7米，高于2005年海棠台风满水0.5米。全县受灾51.33万人，共转移82314人；倒塌房屋976间，损坏858间；农作物受灾面积1.84万公顷，水利堤防损坏98处，堤防决口42处。全县造成直接经济损失9.33亿元。

2010年，受1006强热带风暴“狮子山”和1008热带风暴“南川”环流影响，8月30日20时至9月2日20时，全县平均面雨量96.3毫米，10个站降水量超过100毫米，4个站降水量超过150毫米，过程最大雨量在南雁，为160.1毫米。强降水主要集中在1日傍晚到夜间，中西部多个乡镇1小时降水40毫米以上，其中维新乡21时降水51.1毫米。

2012年，1209号台风“苏拉”于8月3日6时50分在福建省福鼎市秦屿镇沿海登陆，全县平均面雨量75毫米，倒塌房屋3间，损坏69间，农作物受灾1630公顷，堤防损坏17处(共长1.08千米)，受灾人口21万人，转移2.75万人，直接经济损失0.23亿元。

干旱

全县除春季外，其他季节均有干旱发生，如伏旱、秋旱、伏秋连旱、冬旱、秋冬连旱等。其中以伏旱和伏秋连旱影响最严重，秋冬连旱次之。由于各地蓄水保水能力不同，在相同干旱天数下，山区比平原受害严重。

根据GB/T 20481—2006气象干旱等级标准，1989—2012年中有两年发生轻旱，出现在1991年和2011年。一年四季均有不同程度的干旱发生，其中秋季出现最多，共5年，其中1999年干旱等级最高，为中旱。

1989年以来平阳县比较严重的旱情有如下几次。

1995年8月1日至9月27日，连续58天高温干旱少雨。全县塘河普遍干涸，河水断流。水稻受灾面积21万亩，鳌江、麻步等地自来水停水，许多工厂因缺水而停产，35万人饮水困难。

1998年，由于受厄尔尼诺和拉尼娜现象影响，7月14—18日，8月10—12日，8月14—16日，分别出现日最高气温在35℃以上，7月中旬至8月中旬，出现35℃以上的高温天气16天，为历年之最，是常年的4倍。其中，7月14—18日，连续5天最高气温大于38℃，其中17日高达39.1℃，是历史最高纪录。全县有20万人和15万头牲畜饮水发生困难，有10万亩水田受灾，山区单季稻多数因灾无收，总经济损失8200万元。

1999年10月11日至年底，出现历史上少见的秋冬连旱天气，气温偏高，总降雨量仅25.2毫米，是1957年以来同期最少的，造成山区溪流断水、农作物干枯死亡，部分群众饮水困难。

2003年5月25日至8月12日，全县持续干旱80天，其间总雨量仅165.1毫米。6月26日至7月25日，整整一个月滴雨未下，全县410余个村旱情严重，28万人饮水困难，5333公顷水稻、4000公顷经济作物受灾，直接经济损失5000万元。

2004年1—7月，全县降水量偏少，农作物受旱面积达2210公顷，其中重旱560公顷，干枯30公顷。

2007年，梅汛期旱情。主要受旱地是麻步、南雁、鹤溪、梅溪、桃源、凤巢、南湖、吴垟。晚稻受旱面积733公顷，旱地作物受旱121公顷。

大风和龙卷风

县内一年四季均可能受到大风侵袭。1989—2012年，平原地区发生瞬时极大风速≥17.0米/秒的大风共116天，平均每年有4.8天。

台风的大风最多，飑线大风次之，还有锋面大风和雷暴大风。常见于5—9月，最多在6—7月。龙卷风一般发生在郑楼、宋桥到湖岭一线，水亭到昆阳镇一线，塘川到雁门一线，渔塘到夏桥一线以及维新到南雁之间。龙卷风风速大，范围小，时间短，来去匆匆，难以防范。如2007年8月，在0709超强台风"圣帕"影响下，18日23点30分左右，萧江镇遭受龙卷风袭击，倒塌房屋30间。

冰雹

冰雹为局部性自然灾害，常见于春末和夏季，降雹时伴随大风和暴雨，危害相当严重。县内所降冰雹颗粒一般不大，如黄豆、田螺大小，大如鸡蛋的很少见。降雹时间通常在30分钟以内，受灾害范围多数为宽1～2.5千米，长10余千米的狭长地带。

1989年5月11日，受暖气团影响，高空在比较一致的西南偏西气流影响下，天气闷热，日最高气温达32.5℃。傍晚前后在冷空气前锋影响下，石塘、宋桥、湖岭出现雷雨大风及冰雹。雹粒有乒乓球大小，致使2人死亡，52人重轻伤。

1994年4月5—7日，受强对流天气影响，狂风夹带冰雹袭击了怀溪、山门、梅源等28个村，有千余间民房受损，200公顷经济作物受到严重破坏，直接经济损失达百余万元。4月20日下午3时许，一场范围更大的冰雹又袭击了北港片的大部分乡镇，全县21个乡镇的392个村受灾。损坏民房17600间，其中倒塌民房千余间，还造成6人重伤，53人轻伤，农作物受灾面积6000公顷，直接经济损失850万元。

2002年3月21日凌晨，由于受强对流天气影响，气象观测站附近出现雷雨冰雹天气，给春花作物和蔬菜造成一定影响。

低温冰冻

县内低温冰冻天气主要出现在冬季和初春，即12月至翌年3月。该期间内冷空气活动最为频繁，是当年中最冷的时段，常有霜冻、冰冻、寒潮、降雪等灾害性天气出现，尤其是初春一些作物开始萌动，受灾害性降温影响，更易形成低温危害。20世纪90年代后，随着全球气候变暖，全县冬季平均气温有所升高，但阶段性的寒冷天气仍然较多。

1月份出现低温概率最大，12月份和2月份低温出现概率基本相当，3月份最小。3月份低温出现日数虽然最少，但是由于此时天气已逐渐回暖，一旦有冷空气南下影响，极易出现大风、降雪、冰冻等寒潮降温天气。如2005年3月11—12日，全县出现明显的降温、大风和雨雪天气，日平均气温过程降温幅度达9.8℃，气象局观测站积雪深度为2厘米，全县农作物受灾面积4889.1公顷，经济损失8840万元。

雪灾

1989—2012年，年均积雪日数0.4天，最多的为1989年和2005年，各2天，其次为1990年、1991年、2000年、2002年、2009年和2010年各1天，其余16年均未出现积雪。发生降雪的时间段在当年12月至翌年3月，最大降雪概率在1月，为37%。

当低温持续时间比较长，空气湿度大，持续降雪，积雪持续时间长，会造成雪灾。2010年12月14—16日，受北方较强冷空气影响，县内出现寒潮天气，16日早上气象局观测站积雪深度达5厘米，为1976年以后同期最大值，西部山区积雪深度在10厘米以上，当时的朝阳乡最大的雪深30厘米。此次降雪对全县造成较严重影响，萧江蔬菜竹架大棚被雪压塌；青岱公路因积雪导致毛竹及树木倾倒，损失10万元；万全镇平阳舒卉园艺有限公司的园艺场有8个大棚被大雪压垮，直接经济损失超过40万元；电力10千伏线路跳闸4条，导致顺溪一带1020户受影响。

第五章　水　文

平阳县境的东北部属飞云江水系，西南部属鳌江水系。鳌江由西向东注入东海，而小南河网及萧麻塘河又注入鳌江，与沿海潮汐构成水文的主要要素。

鳌江干流长82.47千米，境内流域面积894.5平方千米，支流9条，流域面积20平方千米。万全、小南、萧麻等河网有大小河道489条，总长555.9千米，水域面积17.18平方千米，水域容积量3699万立方米。

水资源由降水补给（1989—2012年年均降水量1819.90毫米）。

全县分15个水功能区（一级4个、二级11个）。水环境质量：一级水功能区水质达标的2个，基本达标的2个；二级水功能区水质达标的2个，不达标的9个。

第一节　境内水系

县境内的江河溪流，除万全河网属飞云江水系外，均属鳌江水系。

鳌江干流

鳌江位于浙江省东南部，是省内8条主要河流之一，也是全国三大涌潮江之一。

鳌江干流全长82.47千米，发源于文成县桂山乡（吴地山南麓）桂库村，主峰海拔1124米，源头在桂库地方，流域总面积1521.49平方千米，其中属平阳县辖区的有894.5平方千米，干流总落差836米。

鳌江上游　自源头桂库至顺溪大桥，为鳌江上游，长19.1千米，流域面积112平方千米，平均坡降为39.8‰。平阳县境内的鳌江上游岸坡陡峻，河道弯曲狭窄（宽50～100米），河床基岩裸露或覆盖大砾石与孤石，落差大，水流湍急，下切旁蚀作用大。遇洪水则暴涨暴落，属山溪性河流。

鳌江中游　顺溪大桥至詹家埠，长24.7千米，流域面积332.05平方千米，平均比降为2.9‰。中游两岸仍受制于山岩，河道多曲折，水流仍湍急，河宽100～200米，河谷处宽200～500米，河床多为卵石覆盖。洪枯水变化大，造成多次改道，而形成苔湖、东门、水头等河间台地。特别是吴山至溪头一段，长约5千米的河道动荡不定，河床变迁频繁。1985年后，主河道自玛瑚渡东行约1千米，再窜向北行至水头镇，与凤卧溪水汇合。由于河道狭窄而曲折，加重了水头镇洪涝灾害。

中游河床逐渐淤积，水量不足，航运不利，有利于筑堰建渠引水灌溉。

鳌江下游　詹家埠至狮子口，长38.67千米，流域面积1077.44平方千米，平均比降为0.2‰。下游为感潮河段。其中詹家埠至钱仓段长26.83千米，为河口过渡段，受径流与潮流共同作用，河床演变复杂；钱仓至狮子口长11.84千米，为河口潮流段，该河段受潮流控制，有涌潮，潮头0.3～0.5米，钱仓附近最大涌潮高近1米。

岱口桥至狮子口，河宽100～500米，航道宽约100米，水深3～4米，最浅1米左右。低潮时最浅0.1米，最深2.1米，平均深0.8米。两岸为冲积平原和滨海平原，地面高程3～4米左右；河床覆盖渐由砂卵石质过渡到泥沙质，至清江浦附近，已不见卵石。岱口桥以上两岸，仅有局部护岸工程和零星堤防；岱口桥以下江堤为标准堤。

狮子口至麻步段，据1962年9月9—27日水文测验，涨落潮平均流速为0.5～0.7米/秒，涨潮值大于落潮值。

2012年鳌江下游各测验点潮差一览表

表2-5-1

水文测验点	河　口	鳌江镇	钱　仓	萧江渡	麻　步
潮差（米）	3.94	3.86	3.76	3.39	2.92

说明：资料由县水利局提供

河口　鳌江至狮子口，进入河口段，长度为10千米，在杨屿与琵琶两岛之间注入东海，位于北纬27°34′7″，东经120°37′47″。鳌江河口为不对称的喇叭口，狮子口河宽500米，外移5千米处河宽1千米，外海入海处宽度为10千米。河口段受潮流控制，河床比较稳定。

河口潮位。河口最高潮位4.98米（1956年9月3日），最低潮位-2.32米，平均高潮位2.47米，平均低潮位-1.78米。

河口航道。低潮水深0.7米，高潮水深5.83米

（可持续5小时）。弯道半径600米，1600吨级货轮可候潮进港（通航能力逐年下降）。

河口外岛屿。河口外的海面上，自北而南，有杨屿山、头屿、二屿、三屿、四屿（以上属平阳县）、长腰山、蒜屿和琵琶山（以上属苍南县）等，成半环形排列。从鳌江发展趋势预测，不久将来，河口位置将在这排岛屿之间。

鳌江支流

鳌江水系（平阳境内）流域面积在20平方千米以上的支流有坳下溪、岳溪、青街溪、怀溪、闹村溪、凤卧溪、带溪、梅溪、墨城溪9条（不包括入江内河）。

2012年鳌江水系主要支流情况统计表

表2-5-2

支流名称	发源地	河长（千米）	流域面积（平方千米）	总落差（米）	多年平均降水量（毫米）	多年平均径流深（毫米）	多年平均流量（立方米/秒）	多年平均年径流量（万立方米）	注入处
坳下溪	九峰尖	12.56	25.86	1160					溪口
岳　溪	朝天马	15.50	46.6	987	2207	1545	2.37	7645	岭脚
青街溪	杨家山	10.03	30.39	355	2000	1400	1.46	4557	矾岩
怀　溪	黄罗山	17.61	95.6	875	2048	1331	4.51	14210	横溪
闹村溪	玉苍山	13.72	39.29	892	1674	1088	1.51	4774	埭头
凤卧溪	龙井山	17.14	52.23	994	1900	1235	2.28	7203	金凤
带　溪	龙井山	23.34	99.8	1052	2128	1383	4.89	15414	显桥
梅　溪	圣井山	20.14	77.7	634	1625	1056	2.95	9316	梅浦
墨城溪	大平山	9.17	20.8	551	1674	1088	0.81	539	墨城

说明：资料由县水利局提供

主要河网

境内主要河网有万全河网、小南（鳌江）河网、萧麻河网。大小河道共489条，总长555.9千米，水域面积17.18平方千米，水域容积3699万立方米。主要河流6条。

万全河网　属飞云江水系，位于飞云江右岸，西南靠山，东北傍江临海，流域面积223.7平方千米。流域内有昆阳镇、万全镇和瑞安市仙降镇，其中属于平阳县的有157.3平方千米。在平阳县辖区的平原内，有纵横交错的大小河流322条，构成了河网。正常水位2.92米时，水域面积13.1平方千米，水域容积2900万立方米，河流总长349千米，平均河宽37.6米，平均水深2.2米。万全河网的河首是县城河，干河有两条，即平瑞塘河和平宋塘河。

平瑞塘河（北塘河）　平瑞塘河是县城河北出干河，又称北塘河，始凿于西晋。主干河全长15.5千米，其中属于平阳县（至杜山头）的11.04千米，经南码道水闸注入飞云江。干河河道宽狭深浅不一，最宽处（观音亭以北）94米，最狭处（鸣山桥北）仅9米；最深9.4米，最浅3米。平瑞塘河共联络大小河流207条。其中，平瑞塘河东岸支河计有24条；西岸在县境内的支河有后垟河、鸣山河、鲍岱河、后林河、蕉雅河、岙底河、东村河、湖岭河和横塘河9条河流。平瑞塘河接纳上游山溪41条，接纳的主要山溪有：吴岙溪、上水碓坑溪、流水白坑溪、沙岗溪。平瑞塘河原为平阳县对外交通运输的要道，自公路网发展以后，已显衰落之势，但在泄水排涝、蓄水灌溉和供水方面，仍起着重要作用。

平宋塘河（东塘河）　平宋塘河是县城河东出的干河，又称东塘河，西晋时开凿，历代曾多次疏浚拓展。主干河全长8.4千米，经塘头、宋家埭水闸注入飞云江。河道最宽处（在白垟、三百桨等处）有80米，狭处（泱口村前）仅3.5米；深处7米，浅处2.5米。平宋塘河共联络大小河流115条。左岸支河有19条；右岸支河有水阁河、泉方头河、山下池河、茶亭村前河、茶亭河、新渎河、麻车河、横河河、嘉峰河(3支)、仙口河(2支)等13支;接纳31条山溪来水。平瑞塘河与平宋塘河及其支流相互沟通,组成万全河网,除可供往来宋埠及其附近乡村航运交通外,还为万全平原提供排涝、灌溉之利。

小南河网(鳌江河网) 位于鳌江下游左岸,东、西、北三面环山,南临鳌江,流域总面积181.6平方千米,其中平原面积51平方千米。计有大小河流104条,总长135千米,正常水位2.84米时,水域面积2.86平方千米,水域容积579万立方米,平均河宽21.20米,平均水深2.02米。由于河流容积小,蓄水量不足,流域内常患旱灾。小南河首受新罗山(东门山)和昆山(九凰山)之水。二水自通福门向南经坡南、夹屿桥,至飞龙桥分为二支:于飞龙桥右侧向西南行的为西塘河,河长13.20千米,经雁门水闸和钱仓城村水闸排入鳌江;穿飞龙桥东南行的为东塘河,河长6.50千米,经下埠水闸和下厂水闸排入鳌江;平鳌塘河(轮船河)起于昆阳镇坡南河头,穿峡屿桥后,经象山、鸽巢河、孙家垟、东河,终达鳌江镇下埠轮船埠头,河长8千米。

西塘河、东塘河与平鳌塘河及其之间的支河,相互流通,构成小南河网。

萧麻河网 位于鳌江下游右岸,流域面积30.9平方千米。有大小河流63条,总长71.90千米,正常水位3.12米时,水域面积1.22平方千米,水域容积220万立方米,平均河宽17米,平均水深1.81米。

萧江塘河主源为横阳支江,自苍南县灵溪控制闸始,穿灵溪镇至平阳县萧江水闸注入鳌江,全长10.90千米(平阳县境内约5千米)。排洪流量267立方米/秒,灌溉、排涝受益农田5.50万亩,可通10吨以下船舶。左岸两条支河与沪山内河相通。

沪山内河发源于大玉苍山东南麓,经浦口村夏桥水闸注入鳌江。沪山内河全长21.70千米,从夏桥水闸上溯河长12.21千米为主河道,其中属于平阳县一段长3.63千米,联络大小河流19条。

萧江塘河和沪山内河的大小支河互相沟通,构成萧麻河网。

此外,还有位于鳌江中游的北港内河。以鳌江为界,分南北两河:北河主要纳凤卧溪之水,流行于水头平原;南河主要纳朝阳山北麓诸水,流行于南湖平原。南北两河有大小河流19条,共长43.8千米,水域面积0.61平方千米,水域容积95.7万立方米。因流域面积小,枯水期流量不足,地势低,常患旱涝洪灾。1983年北港引水工程竣工后,解决了南湖平原缺水的问题。

第二节 水文特征

降水量

平阳县属亚热带季风气候区,全年光照充足,雨水充沛。据平阳水文站1956—2012年资料统计,多年平均年降水量为1854.2毫米,最多的是1960年,达2548.1毫米;最少的是1967年,仅1119.7毫米,年际差达1428.4毫米。平均年降水日数为152.8天,最多的是1970年,达190天;最少的是2003年,为108天。

区域内降水量地区分布不均匀:山区大于平原,山区在2000毫米左右,平原在1600毫米左右;由于地形地貌的作用,降水量分布自东向西逐渐增加,垂直分布随地形上升而增加。吴垟、顺溪、青街

1956—2012年平阳县各月平均降水量和降水天数一览表

表2-5-3　　单位:毫米、天

月份	降水量	降水天数	最大降水量(1960年)	最小降水量(1967年)
1	58.9	10.8	42.4	12.5
2	89.4	13.1	1.4	86.5
3	140.1	17.0	235.6	154.2
4	153.0	15.7	185.9	120.1
5	214.3	17.1	211.2	228.8
6	247.7	16.4	290.9	167.6
7	192.9	11.2	169.5	78.0
8	285.4	14.0	942.4	57.8
9	255.2	12.5	394.9	18.2
10	97.3	8.0	11.2	22.7
11	68.7	8.7	39.4	148.6
12	51.3	8.3	23.3	24.7
全年	1854.2	152.8	2548.1	1119.7

说明:①采用平阳县水文站加权法计算的1956—2012年雨量站的月、年降水量;②资料由县水利局提供

1956—2012年平阳县各水文站（位）平均月降水量情况一览表

表2-5-4 单位：毫米

站名	1月	2月	3月	4月	5月	6月	7月	8月	9月	10月	11月	12月	年平均
平阳	58.3	86.0	136.0	147.5	203.8	236.7	172.7	241.8	230.8	88.6	69.6	48.9	1720.6
吴垟	78.3	108.7	176.5	174.4	236.7	310.7	311.9	434.3	300.6	121.0	99.8	63.6	2416.5
顺溪	60.8	96.2	144.4	160.3	233.1	284.8	270.1	383.2	304.5	109.1	73.7	53.2	2173.4
朝阳	67.8	98.6	162.2	163.1	218.8	295.8	312.2	412.9	278.5	102.4	83.9	53.5	2249.5
山门	63.0	94.6	151.0	160.2	218.7	287.2	256.2	351.5	263.0	103.3	74.3	49.6	2072.6
上垅	75.1	104.1	159.5	172.3	240.7	295.6	266.9	368.7	276.5	114.6	88.8	63.5	2226.1
南雁	65.1	92.4	147.0	162.0	217.8	284.5	242.8	329.5	260.6	103.7	80.8	54.7	2041.9
埭头	60.5	90.8	144.0	161.1	221.5	280.4	239.8	337.9	290.2	112.6	72.3	51.4	2062.5
腾蛟	58.0	84.3	139.4	154.4	202.0	261.5	202.8	301.3	217.9	96.1	65.9	45.1	1828.7
鳌江	57.5	86.2	134.7	143.7	198.4	215.5	136.7	207.2	197.7	78.2	66.7	49.5	1572.1
殿后山	58.5	83.4	137.6	142.9	200.7	220.6	135.2	203.1	180.8	74.2	73.2	45.4	1555.7
南麂	58.6	77.8	126.0	122.7	167.7	192.9	85.1	149.7	162.6	66.6	77.0	51.4	1338.2

说明：资料由县水利局提供

一带是暴雨中心，最大雨量达2500～3000毫米，其中，吴垟雨量站1990年总雨量达3611.20毫米；降水量年内分配不均匀，4—10月的梅雨、台汛期降水量占全年的70%以上。

降水量时间分布不均匀，年际变化大，月际差异更大。全年分为四个雨期。一是春雨期：3—4月，因华南静止锋的影响，导致春雨绵绵，平均降水量293.10毫米，占年降水量的15.8%。二是梅雨期：5—6月，因锋面北移，加上地形阻挡，平均降水量462毫米，占年降水量的24.9%。三是台风期：7—9月，因锋面南移和台风影响，雨量较多，平均降水量733.5毫米，占年降水量的39.6%。四是少雨期：10、11、12、1、2月共5个月，平均降水量365.60毫米，占年降水量19.7%。

平均年暴雨日数5.3天，一般发生在5—10月，6—9月为暴雨中期，占全年暴雨总日数的75.5%。暴雨的地理分布与降水量分布相类似。1958—2012年，24小时雨量最大的特大暴雨发生在2005年7月18日朝阳雨量站，降水量达526毫米。

径流

径流来自降水补给，年内分配呈双峰型，双峰在梅雨期与台风期，7月份出现峰谷。埭头水文站（位于鳌江中游）的径流变化最有代表性。

埭头水文站控制集水面积346平方千米，1958—2012年的55年径流资料统计，全年最枯为12月，最大为8月，3—6月份占全年37.4%，8—9月份占全年35.4%，多年平均流量为16.4立方米/秒，变差系数(CV)0.35，径流深1490毫米，径流模数47.1升/秒平方千米，径流系数0.72。最大流量3680立方米/秒，最小流量为0.12立方米/秒；最大1日洪量1.11亿立方米，最大3日洪量1.96亿立方米。最大径流年份是1960年，径流量达9.12亿立方米；最小径流年份是1967年，径流量为2.64亿立方米，多年平均值为5.16亿立方米。

1958—2012年平阳县埭头水文站平均月径流量情况一览表

表2-5-5 单位：亿立方米

月份	平均		P=20% 偏丰年 （1969年）	P=50% 平均年 （1978年）	P=75% 偏枯年 （1957年）	P=95% 枯水年 （1967年）
	径流量	分配率%				
1	0.10	2.00	0.37	0.13	0.08	0.06

续表 2-5-5

月份	平　均		P=20% 偏丰年 （1969年）	P=50% 平均年 （1978年）	P=75% 偏枯年 （1957年）	P=95% 枯水年 （1967年）
	径流量	分配率%				
2	0.17	3.30	0.58	0.17	0.22	0.13
3	0.31	6.10	0.50	0.45	0.34	0.32
4	0.36	7.00	0.31	0.63	0.27	0.42
5	0.53	10.20	0.92	0.70	0.58	0.52
6	0.73	14.10	0.69	1.11	0.41	0.50
7	0.59	11.50	0.47	0.07	0.07	0.13
8	0.94	18.10	0.74	1.40	0.46	0.17
9	0.89	17.30	1.46	0.13	0.82	0.06
10	0.31	6.10	0.37	0.06	0.42	0.02
11	0.14	2.60	0.11	0.14	0.08	0.22
12	0.09	1.70	0.06	0.04	0.11	0.10
全年	5.16	100	6.58	5.03	3.86	2.65

说明：①埭头水文站历史上曾发生两次大洪水：清咸丰三年（1853），最大流量5930立方米/秒，水位18.83米；民国14年（1925），最大流量4240立方米/秒，水位17.75米；②P指概率，用来表示随机事件发生可能性大小的量；③资料由县水利局提供

水位

1963—2012年，平阳水位站平均水位为2.59米，最高水位3.86米（1973年7月6日），最低水位河水干枯（1967年8月24日）。萧江水位站1960至1990年，平均水位2.76米，正常水位3.12米，最高水位4.99米（1960年8月10日），最低水位河干（1978年11月2日）；埭头水文站1956—2011年，平均水位11.80米，最高水位17.94米（2005年9月1日），最低水位11.08米（2011年4月6日）。

2012年平阳县各水位站水位情况统计表

表 2-5-6　　单位：米

序号	站　名	地点	正常水位	警戒水位
1	平阳水位站	昆阳镇北门	2.92	3.12
2	鳌江水位站	鳌江镇平阳中医院边	2.84	3.04
3	萧江水位站	萧江水闸上游	3.12	3.32
4	鳌江潮位站	鳌江大厦边		3.70
5	埭头水文站	南雁埭头村		14.70

说明：资料由县水利局提供

潮汐

鳌江潮汐，属不正规半日潮。据鳌江水文站1958—2012年观测资料统计，最高潮位4.80米（1992年8月30日22点30分），最低潮位-2.63米，平均高潮位2.58米，平均低潮位-1.68米，平均潮位0.31米，平均涨潮潮差5.10米，平均落潮潮差5.09米，最大潮差6.42米，最小潮差1.03米。其潮波传递受浅海地形影响，由前进波转为驻波。涨落潮历时不等，涨潮历时小于落潮历时，其中，河口段平均涨潮历时为4小时18分，平均落潮历时8小时7分。

1958—2012年鳌江潮汐特征一览表

表2-5-7

名称		最大	最小	平均
潮位(米)	高潮	4.80	0.74	2.58
	低潮	1.08	-2.63	-1.68
潮差(米)	涨潮	6.42	1.03	4.25
	落潮	6.33	1.25	4.25
历时(时分)	涨潮	7:37	2:17	4:18
	落潮	10:35	4:40	8:07

说明：资料由县水利局提供

1991年3月17—19日鳌江河口段实测潮流量一览表

表2-5-8

河名	断面位置	至河口距离（千米）	涨潮流		落潮流		备注
			潮量（万立方米）	平均流速（米每秒）	潮量（万立方米）	平均流速（米每秒）	
鳌江	新美洲	0.50	2022	0.51	2107	0.56	测验时上游径流量3.34～5.57立方米/秒
鳌江	龙港镇	5.20	1722	0.84	1817	0.76	
鳌江	鳌江镇	7.60	1689	0.89	1834	0.72	

说明：资料由县水利局提供

鳌江潮候统计表

表2-5-9　　单位：小时、分

农历日期	涨潮时间	平潮时间	农历日期	涨潮时间	平潮时间
初一、十六	5:45	10:36	初九、廿四	12:09	17:00
初二、十七	6:33	11:24	初十、廿五	12:57	17:48
初三、十八	7:21	12:12	十一、廿六	13:45	18:36
初四、十九	8:09	13:00	十二、廿七	14:33	19:24
初五、二十	8:57	13:48	十三、廿八	15:21	20:12
初六、廿一	9:45	14:36	十四、廿九	16:09	21:00
初七、廿二	10:33	15:24	十五、三十	16:57	21:24
初八、廿三	11:21	16:12			

说明：资料由县水利局提供

水质

平阳县水功能区水质现状评价指标分别采用全指标（地表水环境质量标准中的常规监测项目）和双指标（化学耗氧量、氨氮）进行评价。根据《浙江省水功能区水环境功能区划》，平阳县共有15个水功能区，一级水功能区4个，二级水功能区11个。其中，一级水功能区保护区2个，即鳌江（顺溪）平阳源头水保护区和怀溪平阳源头水保护区；保留区2个，即鳌江（顺溪）平阳源头水保留区和带溪平阳保留区。二级水功能区饮用（农业）用水区3个，平鳌塘河平阳饮用、农业用水区，萧江塘河平阳、苍南饮用、农业用水区和平瑞塘河平阳饮用水源区；工业农业用水区2个，即鳌江（北港）平阳工业、农业用水区和鳌江平阳工业、农业用水区；农

2010—2012年平阳县水功能区水环境质量情况统计表

表2-5-10

水功能区		水环境功能区	监测站位	水质目标	水质现状			达标情况
级别	名称				2010年	2011年	2012年	
一级	鳌江(顺溪)平阳源头水保护区	自然保护区	百僧堂	Ⅰ	Ⅰ	Ⅰ		达标
			顺溪大桥	Ⅱ	Ⅰ	Ⅰ	Ⅰ	达标
一级	鳌江(顺溪)平阳源头水保留区	多功能区	堂基	Ⅱ	Ⅰ	Ⅰ		达标
			维新(岳溪)	Ⅱ			Ⅳ	不达标
			垟心村(青街溪)	Ⅱ			Ⅰ－Ⅱ	达标
			五十丈	Ⅱ			Ⅰ	达标
二级	鳌江(北港)平阳农业、工业用水区	多功能区	埭头	Ⅲ	Ⅱ	Ⅲ	Ⅲ	达标
二级	鳌江(北港)平阳工业、农业用水区	工业用水区	江屿	Ⅳ	劣Ⅴ	劣Ⅴ	劣Ⅴ	不达标
一级	怀溪平阳源头水保护区	多功能区	祥和大桥(怀溪)	Ⅱ				达标
二级	鳌江平阳农业用水区	多功能区	岩头	Ⅲ		劣Ⅴ	劣Ⅴ	不达标
二级	鳌江平阳工业、农业用水区	多功能区	方岩渡	Ⅲ	劣Ⅴ	劣Ⅴ	劣Ⅴ	不达标
			江口渡	Ⅲ	劣Ⅴ	Ⅳ	Ⅳ	不达标
二级	闹村溪平阳渔业用水区	渔业用水区	龙凤村(闹村)	Ⅱ			Ⅱ	达标
二级	凤卧溪平阳渔业用水区	渔业用水区	凤卧溪	Ⅲ			劣Ⅴ	不达标
一级	带溪平阳保留区	多功能区	腾蛟镇大文院水潭水源地	Ⅲ				达标
			南坨村	Ⅲ			劣Ⅴ	不达标
二级	梅溪平阳农业用水区	多功能区	梅蒲斗门	Ⅲ			Ⅲ－劣Ⅴ	不达标
二级	平鳌塘河平阳饮用、农业用水区	多功能区	吉祥桥	Ⅲ			Ⅳ－劣Ⅴ	不达标
二级	萧江塘河平阳、苍南饮用农业用水区	饮用水水源二级保护区	萧江塘河陡门	Ⅲ		Ⅴ－劣Ⅴ	劣Ⅴ	不达标
			中平桥	Ⅲ			劣Ⅴ	不达标
二级	平瑞塘河平阳农业、工业用水区	工业用水区	小姜垟	Ⅳ	劣Ⅴ	Ⅳ	Ⅳ	不达标
二级	平瑞塘河平阳饮用水源区	饮用水水源一级保护区	老铜钱水库	Ⅱ				不达标

说明：资料由县水利局提供

业、工业用水区2个，即鳌江(北港)平阳农业、工业用水区和鳌江平阳农业、工业用水区；农业用水区2个，即鳌江平阳农业用水区和梅溪平阳农业用水区；渔业用水区2个，即闹村溪平阳渔业用水区和凤卧溪平阳渔业用水区。

一级水功能区中，鳌江(顺溪)平阳源头水保护区的全年水质能满足水功能区水质目标要求；鳌江(顺溪)平阳源头水保留区、怀溪平阳源头水保护区和带溪平阳保留区水质均满足水功能区水质目标要求(其中南陀村水质为劣Ⅴ)。

二级水功能区中，鳌江(北港)平阳农业、工业用水区，闹村溪平阳渔业用水区，满足水功能区水质目标要求。鳌江(北港)平阳工业、农业用水区(江屿)水质则全部超标，均为劣Ⅴ类。鳌江平阳工业、农业用水区全部不达标。萧江塘河平阳、苍南饮用农业用水区水质不达标，全年水质为劣Ⅴ类。平瑞塘河平阳农业、工业用水区水质不达标。

境内水功能区全年水质达标率不足一半，水质主要呈现中下游劣于上游、平原区劣于山丘区、城镇劣于农村的现象。主要污染源为生活污水、垃圾污染，局部地区还受工业、畜禽养殖业废水污染，主要污染指标为氨氮、总磷、五日生化需氧量等。城镇内河污染严重，呈生活型有机污染特征。

第六章　自然资源

2012年，平阳县土地总面积104221.02公顷。其中，耕地31436.24公顷，园地3018.03公顷，林地42156.99公顷，草地624.37公顷，居民点及工矿用地8541.28公顷，交通用地1954.37公顷，水域12702.53公顷，未利用地3787.21公顷。

2012年，全县地表水资源量约10.92亿立方米，地下水资源量约1.05亿立方米，人均水资源占有量约1371立方米。可开发水能蕴藏量5.08万千瓦，已开发水能装机容量2.91万千瓦。鳌江潮汐水能蕴藏量12.5万千瓦(未开发利用)。

1989年，森林用地面积53808.8公顷，森林覆盖率32.90%。2008年，森林用地面积58400.6公顷，森林覆盖率51.90%。2012年，森林覆盖率52.32%，林木蓄积量203.73万立方米。乡土树种主要有松、杉、油茶、油桐、乌桕等。古树名木396株，其中国家一级古树3株；二级古树30株，名木2株；乡土竹类24种，以毛竹为主。

境内已发现矿产25种，矿产地91处，正在利用的有13处。

第一节　土地资源

土地面积

2009年第二次全国土地调查(简称“二次调查”)，2009年12月31日为标准时点汇总，全县土地总面积是104221.02公顷(1042.21平方千米)。

土地类型

二次调查设8个土地利用一级类，主要地类数据：

耕地面积31492.07公顷，占全县土地面积的30.22%。其中，水田20528.47公顷，占全县土地面积的19.70%，旱地10963.60公顷，占全县土地面积的10.52%。

园地面积3082.38公顷，占全县土地总面积的2.96%。其中果园1652.43公顷，占全县土地面积的1.59%。茶园426.95公顷，占全县土地面积的0.41%，其他园地1003公顷，占全县土地面积的0.96%。

林地面积42435.28公顷，占全县土地总面积的40.72%。其中，有林地35662.32公顷，占全县土地面积的34.22%；灌木林地1761.77公顷，占全县土地面积的1.69%；其他林地5011.19公顷，占全县土地面积的4.81%。

草地面积667.86公顷，占全县土地总面积的0.64%。

城镇村及工矿用地8218.01公顷，占全县土地总面积的7.88%。其中，建制镇2692.92公顷，占全县土地面积的2.58%；村庄5203.34公顷，占全县土地面积的4.99%；采矿用地169.43公顷，占全县土地面积的0.16%；风景名胜及特殊用地152.32公顷，占全县土地面积的0.15%。

交通运输用地1732.23公顷，占全县土地总面积的1.66%。其中铁路用地82.11公顷，占全县土地面积的0.08%；公路用地527.52公顷，占全县土地面积的0.51%；农村道路1000.77公顷，占全县土地面积的0.96%；港口码头用地121.83公顷，占全县土地面积的0.12%。

水域及水利设施用地12853.82公顷，占全县土地总面积的12.33%。其中，河流水面3344.34公顷，占全县土地面积的3.21%；水库水面46.38公顷，占全县土地面积的0.04%；坑塘水面295.13公顷，占全县土地面积的0.28%；沿海滩涂8733.66公顷，占全县土地面积的8.38%；内陆滩涂241.60公顷，占全县土地面积的0.23%；沟渠162.01公顷，占全县土地面积的0.16%；水工建筑用地30.70公顷，占全县土地面积的0.03%。

其他土地3739.37公顷，占全县土地总面积的3.59%。其中，设施农用地25.91公顷，占全县土地面积的0.02%；田坎3485.17公顷，占全县土地面积的3.34%；裸地228.29公顷，占全县土地面积的0.22%。

2012年数据见表2-6-1。

耕地

2009年二次调查，全县耕地31492.07公顷，其中，水田面积20528.47公顷，比重为65%，旱地面积10963.60公顷，比重为35%。按坡度划分，2度以下耕地13884.73公顷，占44%；2～6度耕地1276.15公顷，占4%；6～15度耕地3229.76公顷，占10%；15～25度耕地9299.62公顷，占30%；25度以上耕地3801.81公顷，占12%。

二次调查与1996年变更调查数据相比，13年间全县耕地净减少2493.33公顷，年均净减193.33公顷。按2009年末公安户籍人口86.26万人计，人均耕地0.55亩，比1996年变更调查时的人均耕地0.64亩，净减0.09亩。

2012年，全县耕地面积31436.24公顷。

建设用地

二次调查统计，全县建设用地面积9026.55公顷，其中城镇村及工矿用地8218.01公顷，交通运输用地（扣除农村道路）731.46公顷，水利设施用地77.08公顷。

二次土地调查与1996年一次土地调查（土地详查）数据相比，13年间建设用地净增加3413公顷，年均净增加263公顷。

2012年，全县建设用地10495.65公顷，其中城镇及工矿用地8541.28公顷，交通运输用地1954.37公顷（扣除农村道路）。

土地利用

2012年乡镇行政区划调整后，各乡镇土地利用现状分类面积：

昆阳镇总面积8755.65公顷，已利用土地8009.02公顷，水域529.13公顷，未利用地217.50公顷。

鳌江镇总面积19088.64公顷，已利用土地16844.94公顷，水域1153.14公顷，未利用地1090.56公顷。

萧江镇总面积7967.57公顷，已利用土地7256.22公顷，水域486.69公顷，未利用地224.66公顷。

万全镇总面积6433.66公顷，已利用土地5658.98公顷，水域658.12公顷，未利用地116.56公顷。

水头镇总面积17638.01公顷，已利用土地16473.77公顷，水域442.79公顷，未利用地721.45公顷。

山门镇总面积9838.28公顷，已利用土地9280.23

2012年平阳县土地利用现状分类面积一览表

表2-6-1　　　　单位：公顷

单位＼类型	总面积	耕地	园地	林地	草地	居民点及工矿用地	交通用地	水域	未利用地
全县合计	104221.02	31436.24	3018.03	42156.99	624.37	8541.28	1954.37	12702.53	3787.21
昆阳镇	8755.65	3619.11	402.36	2380.11	37.32	1302.24	267.88	529.13	217.50
鳌江镇	19088.64	6599.10	913.78	6465.75	187.70	2117.73	560.88	1153.14	1090.56
萧江镇	7967.57	3739.26	331.85	1789.95	63.62	1092.09	239.45	486.69	224.66
万全镇	6433.66	3373.55	228.09	949.47	21.46	931.66	154.75	658.12	116.56
水头镇	17638.01	5949.42	694.50	7904.00	188.53	1482.76	254.56	442.79	721.45
山门镇	9838.28	2065.59	141.65	6535.23	9.00	423.42	105.34	256.44	301.61
腾蛟镇	8023.19	3122.92	243.66	3319.70	41.65	524.00	94.09	134.32	542.85
顺溪镇	9953.55	1310.19	36.88	7894.04	5.08	157.85	80.06	205.76	263.69
南雁镇	4692.80	1016.17	18.66	2860.49	65.13	216.34	45.13	275.38	195.50
青街畲族乡	2175.38	457.46	2.44	1522.43	4.32	61.74	14.99	22.82	89.18
县林场	563.46	12.13	4.16	535.82		0.39	7.59	0.86	2.51
县农场	580.14	171.34			0.56	175.98	35.79	192.85	3.62
海　涂	8510.69					55.08	93.86	8344.23	17.52

说明：①昆阳镇和万全镇系2011年调整12个村后的数据；②资料由县国土局提供

公顷，水域256.44公顷，未利用地301.61公顷。

腾蛟镇总面积8023.19公顷，已利用土地7346.02公顷，水域134.32公顷，未利用地542.85公顷。

顺溪镇总面积9953.55公顷，已利用土地9484.10公顷，水域205.76公顷，未利用地263.69公顷。

南雁镇总面积4692.80公顷，已利用土地4221.92公顷，水域275.38公顷，未利用地195.50公顷。

青街畲族乡总面积2175.38公顷，已利用土地2063.38公顷，水域22.82公顷，未利用地89.18公顷。

县林场总面积563.46公顷，已利用土地560.09公顷，水域0.86公顷，未利用地2.51公顷。

县农场总面积580.14公顷，已利用土地383.67公顷，水域192.85公顷，未利用地3.62公顷。

海涂总面积8510.69公顷，已利用土地148.94公顷，水域8344.23公顷，未利用地17.52公顷。

第二节　水资源

1958—2012年，平阳县平均水资源总量为11.97亿立方米，其中地表水资源量为10.92亿立方米，占总量的91%；地下水资源量为1.05亿立方米，占总量的9%；单位面积水资源总量约114.85万立方米/平方千米，2012年人均水资源占有量约1371立方米。

1958—2012年平阳县年平均水资源总量情况一览表

表2-6-2

保证率%	地表水（亿立方米）	地下水（亿立方米）	水资源总量（亿立方米）	平方千米产水量（万立方米）	总径流深（毫　米）
50	10.62	1.04	11.67	110.99	1110
75	8.07	0.87	9.00	85.19	852
90	6.65	0.80	7.42	70.56	706
95	5.06	0.66	5.65	53.76	538
多年平均	10.92	1.05	11.97	113.86	1139

说明：①保证率指多年内灌溉、发电、航运、给水等，能按设计要求正常运行的保证程度。一般以正常运行年数占总年数的百分比表示；②资料由县水利局提供

地表水资源

地表水资源主要来源是降水。1958—2012年，平阳县年平均降水量1854.2毫米，年降水总量约19.49亿立方米，除耗于蒸发外，年形成河川径流约10.92亿立方米，其时空分布与降水量的时空分布一致，径流深从东向西递增。地表水资源在地域分布上山区大于平原，与全县工农业生产对水资源的需求状况正好相反，显示了水资源的供求矛盾。

1958—2012年平阳县各水利分区水资源平均占有量情况一览表

表2-6-3

水利分区	流域面积（平方千米）	人口（万人）	耕地面积（亩）	水资源量（亿立方米）		人均占有量（立方米）		亩均占有量（立方米）	
				多年平均	保证率95%	多年平均	保证率95%	多年平均	保证率95%
万全平原	209.50	17.50	10.80	1.93	0.58	1103	329	1787	533
北港平原	573.50	40.56	25.29	7.54	4.21	1858	1039	2980	1666
萧麻平原	30.20	5.64	2.79	0.35	0.19	616	335	1246	677
小南平原	237.60	20.49	10.56	2.15	0.67	1050	327	2037	635
合计	1050.8	84.19	49.44	11.97	5.65	1421	671	2421	1143

说明：①现状年为2012年；“多年平均”指1958—2012年水资源平均量和人均占有量；②资料由县水利局提供

地下水资源

1958—2012年，全县年平均地下水资源总量为1.05亿立方米，占水资源总量的9%。其中河谷潜水量0.18亿立方米，分布在怀溪、凤卧溪、梅溪等河谷平原；红层裂隙水0.24亿立方米，分布在西部山区大部分地方；基岩裂隙水0.53亿立方米，分布在山区、丘陵地带；平原潜水0.10亿立方米，分布在万全、鳌江、萧江等地海相沉积平原。

平阳县在不同保证率下地下水可利用量情况一览表

表2-6-4 单位：万立方米

水利分区	保证率(P)				多年平均
	P=50%	P=75%	P=90%	P=95%	
万全平原	2112.86	1733.46	1415.18	859.73	2121.21
北港平原	5709.32	4776.27	4408.1	3926.44	5794.44
萧麻平原	300.17	261.27	227.79	208.29	305.13
小南平原	2345.15	2028.17	1618.04	907.95	2312.86
合计	10447.83	8708.68	7595.97	6643.81	10535.65

说明：资料由县水利局提供

平阳县地下水开采主要集中在鳌江上游和主要支流的河谷地区，以及河口滨海平原，其中万全及鳌江河口滨海平原以开采深层孔隙水为主。根据《平阳县水资源综合规划》，平阳县地下水资源可开采量为0.22亿立方米，其中河谷孔隙潜水可开采量0.16亿立方米，深层裂隙水可开采量0.06亿立方米。

水量供需状况

全县人均水量1371立方米，耕地多年亩均水量2421立方米。

1990—2012年平阳县典型年水量供需情况一览表

表2-6-5 单位：万立方米

序号	供水量					国民经济各部门用水量			
年份(年)	总供水量	蓄水	引水	提水	地下水	总用水量	农业用水	工业用水	生活用水
1990	17146	7713	3817	5515		18275	16340	361	1574
2000	20109	8183	5399	6426		20703	13994	1716	4993
2005	18712	3506	8298	5638	1270	18702	10239	2682	5781
2010	19784	6361	7089	4178	2156	19784	12002	2060	5722
2012	18420	6370	7016	4056	978	18420	9486	3431	5503

说明：①农业用水包括林牧渔畜用水量；生活用水包括城乡公共用水、生态环境用水和其他用水；②资料由县水利局提供

供水量　2012年，平阳县水源工程供水量为1.84亿立方米，约占1958—2012年平均水资源总量的15.4%。其中，地表水源供水量1.74亿立方米，占总供水的94.7%；地下水源供水量0.1亿立方米，占总供水的5.3%。在地表水实际供水量中，蓄水工程0.64亿立方米，占36.5%；引水工程0.7亿立方米，占40.2%；提水工程0.41亿立方米，占23.3%。地下水实际供水为浅层水，供水量0.1亿立方米。在整个供水组成中，地下水源供水所占比例相对较小，只有5%～10%，地表水源供水仍占绝大部分。

国民经济各部门用水量　2012年，平阳县总用水量1.84亿立方米，其中，农业用水0.95亿立方米，工业用水0.34亿立方米，生活用水0.55亿立方米，分别占平阳县总用水量的51.5%、18.6%、29%。全县平均水资源开发利用率为15.4%，地表水利用率为16%，地下水利用率为9.3%。

水能蕴藏量

境内山区、半山区面积广阔，溪流峡谷多，天然落差大，雨量丰沛，水能资源的蕴藏量比较丰富。全县水能理论蕴藏量为5.8万千瓦，其中，顺溪蕴藏量最多，为2.9万千瓦，占50%；怀溪次之，为1.4万千瓦，占24.1%；带溪0.45万千瓦，占7.8%；闹村溪0.4万千瓦，占6.9%；梅溪、凤卧溪等0.65万千瓦，占11.2%。

可开发水能资源量

据1984年普查资料，平阳县可开发利用的水能资源有5万千瓦，顺溪及区间可开发2.7万千瓦；怀溪及区间可开发1.02万千瓦；带溪及区间可开发0.4万千瓦；闹村溪可开发0.36万千瓦；梅溪、凤卧溪等可开发0.52万千瓦。2012年装机500千瓦以上电站有25座，装机容量2.91万千瓦，年发电量9113.07万千瓦时；装机500千瓦以下电站29座，装机容量0.69万千瓦，年发电量1716.43千瓦时。

潮汐能蕴藏量

鳌江口属全国强潮区之一。潮汐运动的基本能量来自西北太平洋，受琉球中水道中南股潮波的控制和影响，属全国强潮区之一。据勘查估算，潮汐能理论蕴藏量达12.5万千瓦，大于200千瓦的可能开发电源的有2处，装机容量800千瓦，年发电量200万千瓦时。至2012年尚未开发利用。

第三节　森林资源

平阳县属中亚热带常绿阔叶林地带的南部亚地带，浙南闽中山丘栲类细柄蕈树林区，雁荡山丘陵低山植被片，带有南亚热带风光。1989年以来，经过植树造林和封山育林，形成大面积的马尾松、柳杉、杉木、木荷、枫香等人工林和小面积的常绿阔叶次生林。用材林树种以杉树、松树、桉树为主，经济林树种以油茶、油桐、乌桕为主。竹类以毛竹为主，是浙江省丛生竹类品种较多的县份之一。2002年有古树名木396株，其中，名木2株，国家一级古树3株，国家二级古树30株。

资源情况

1989—2008年，全县进行4次森林调查，调查显示：1989年，林业用地面积807132亩，森林覆盖率32.9%；2008年，林业用地面积876009亩，森林覆盖率51.9%。截至2012年，全县森林覆盖率52.32%，森林蓄积量203.73万立方米。表2-6-6、表2-6-7、表2-6-8为森林资源调查情况。

1989—2008年平阳县森林资源情况一览表

表2-6-6

调查年度（年）	全县土地总面积（亩）	其中：林业用地面积（亩）			乔木树种蓄积量（立方米）	毛竹立竹量（立方米）	森林覆盖率%
		林业用地面积	其中：有林地	其中：无林地			
1989	1433130	807132	437679	303257	542062	4200000	32.9
1994	1434134	815682	589790	176894	741740	5703830	41.4
1998	1442386	813017	702659	68038	909347	8925700	50.3
2008	1442386	876009	734383	111325	1798368	12923000	51.9

说明：资料由县林业局提供

2008年平阳县各类林地蓄积量情况一览表

表2-6-7　　单位：亩

统计单位	合计	在林地蓄积量中的比例%	林地							
			有林地	疏林地	灌木林地	未成林造林地	苗圃地	无立林地	宜林地	辅助生产林地
	876009	100.00	734383	4326	21539	4101	27	39881	71444	308

续表 2-6-7

统计单位	合计	在林地蓄积量中的比例%	林地							
			有林地	疏林地	灌木林地	未成林造林地	苗圃地	无立林地	宜林地	辅助生产林地
顺溪镇	77930	8.90	74089		480	1		2361	996	3
鳌江镇	72282	8.25	48039	945	2737	672		5735	14154	
昆阳镇	58797	6.71	49760	1171	2523	226		1289	3828	
闹村乡	54726	6.25	48383	20	490	859		2772	2202	
南雁镇	47147	5.38	37957	583		701		6791	1115	
晓坑乡	40844	4.67	38773		698	1197		128	48	
凤卧镇	38318	4.37	35637	54	2235			239	153	
山门镇	35218	4.02	32449		521	52		1138	1058	
麻步镇	34435	3.93	21823		554			2508	9550	
腾蛟镇	32790	3.74	28122	47	2208			1311	1102	
平阳林场	31228	3.56	29760		300			625	238	305
梅溪乡	28849	3.29	24529		117		27	1996	2180	
怀溪乡	26721	3.05	25531		696			410	84	
梅源乡	25925	2.96	23500	145	336			916	1028	
龙尾乡	25372	2.90	19085	42	1572			803	3870	
青街乡	24845	2.84	24095		211	100		55	384	
吴垟乡	22413	2.56	21370		163			402	478	
鹤溪镇	21625	2.47	18927	72	471	293		1205	657	
水头镇	21597	2.47	15843		153			1	5600	
维新乡	20403	2.33	18841		924			395	243	
西湾乡	17710	2.02	11455		166			195	5894	
南湖乡	17283	1.97	12168		277			1148	3690	
凤巢乡	17091	1.95	14773	218	183			1297	620	
南麂镇	15999	1.83	10514					1621	3864	
朝阳乡	14173	1.62	10196	25	2346			1606		
榆洋镇	12881	1.47	8825	105	521			183	3247	
钱仓镇	10582	1.21	7561	763	53			281	1924	
宋桥镇	9934	1.13	9118	46	14			575	181	
桃源乡	9006	1.03	6485	82	280			348	1811	
萧江镇	4188	0.48	2824	8	118			37	1201	
宋埠镇	4135	0.48	2626		149			1360		
郑楼镇	1544	0.18	1323		27			150	44	
县农场	18	0.00	2		16					

说明:资料由县林业局提供

2008年平阳县各类林木蓄积量情况一览表

表2-6-8　　单位：立方米

单位	活立木总蓄积量	在林木蓄积量中的比例%	森林蓄积	疏林蓄积	四旁树蓄积	散生木蓄积
合计	1824695	100.00	1798368	1496	22155	2676
顺溪镇	200387	10.98	199345		479	563
平阳林场	147115	8.06	147101			14
闹村乡	132976	7.29	132607	11	239	119
鳌江镇	128622	7.05	125441	108	3032	41
凤卧镇	106168	5.82	105968	73	113	14
南雁镇	85380	4.68	84750	472	131	27
怀溪乡	83569	4.58	82416		600	553
晓坑乡	83562	4.58	82277		1148	137
山门镇	82123	4.50	81597		512	14
昆阳镇	81163	4.45	79494	303	1293	73
维新乡	66625	3.65	65698		522	405
腾蛟镇	64626	3.54	64020	35	566	5
龙尾乡	64408	3.53	64289	15	99	5
青街乡	58011	3.18	57659		250	102
梅源乡	56691	3.11	56268	72	351	
梅溪乡	55270	3.03	54737		439	94
鹤溪镇	44950	2.46	44181	44	725	
凤巢乡	42074	2.31	41512	109	453	
水头镇	38098	2.09	37737		312	49
麻步镇	32683	1.79	31928		708	47
吴垟乡	31495	1.73	31077		228	190
朝阳乡	26323	1.44	26123	7	149	44
榆洋镇	20210	1.11	19637	33	540	
西湾乡	19013	1.04	18851		160	2
宋桥镇	17565	0.96	15050	12	2481	22
桃源乡	13912	0.76	13781	26	98	7
钱仓镇	11053	0.61	10735	176	135	7
南湖乡	7725	0.42	7436		169	120
郑楼镇	7396	0.41	3589		3802	5
宋埠镇	7299	0.40	6378		904	17
南麂镇	3759	0.20	3745		14	
萧江镇	3312	0.18	2934		378	
县农场	1132	0.06	7		1125	

说明：资料由县林业局提供

树种

乡土用材树种 杉木[Cunninghamia Lancelata (Lamb)Hook]俗称针杉、正杉、刺杉。生长快、材质好,用途广。县内有油杉[C.lanceolata cv. Lanceolata]和灰杉[C.lancelata cv.Glauca]两个品种。柳杉[Cryptomeria fortunei]俗称榅树、大杉。盛产顺溪一带。马尾松[Pinus massoniana] 俗称王树、枞柏。在南麂、西湾、鳌江墨城一带的马尾松与黑松混交林内,有一种天然杂交种,群众称黄松[Pinus massoniana Lamb x Pinus]。樟树[Cinnamomum camphora]别称香樟。是优良经济用材树种,多植于寺庙、路亭、村头、桥边,生命力强、树龄长,现多用于通道绿化和城镇绿化。枫香[Liquidambar formosana]俗称枫树,树叶春夏绿色、秋冬叶红,既能点缀风景,又可避暑纳凉,当地群众根据木材颜色不同,分别称之为红枫和白枫。

乡土树种还有黑松、黄山松(短叶松)、柏木、圆柏、南方红豆杉、苦楝、三尖杉(杜松)、槐树、朴树(炮子树),榔榆(榆树)、枳椇(万字梨)、苦槠栲、锥栗、木荷、红楠、垂柳、重阳木、泡桐(浮筒树)等。

乡土经济树种 油茶[Camellia oleifera Abel]俗称坚茶。原栽培有霜降子、中隆子、交冬子等品种,现以长林系列为主。吴垟乡一带高山上有一开红花浙江红花油茶[Camellia chekiangoleosa]。油桐[Aleurites fordii],又称三年桐,俗称桐子,县内有吊桐、野桐等品种;木油桐[Aleurites montana (Lour)Wils],即千年桐,俗称高桐、皱桐、五瓜桐。20世纪80年代曾是平阳县经济林的主要栽培树种。乌桕[Sapium sebiferum Roxb],平阳是全国闻名的优良乌桕产地。《中国树木学》《中国树木志》《中国主要树种造林技术》等都载有"平阳大颗桕"。平阳大颗桕主要有两个品种,一是大颗鸡爪桕[Sapium sebiferum var.laxicarpa],俗称"过冬青"。二是大颗葡萄桕[Sapium sebiferum var. lconfer ticarpa],出油率高达50.77%,是全国出油率最高的一个乌桕品种。除此,尚有铜锤桕等品种。20世纪80年代曾是平阳县经济林的主要栽培树种,现在境内只有零星分布。柿树[Diospyros Kaki]品种有闹村无核柿、绵柿、大面柿、水柿等。

县内乡土经济树种还有棕榈、板栗、桑、桃、李、杨梅、柑、桔、木犀、葡萄等。

引进树种 引进树种基本上是20世纪80年代以前引进的速生绿化树种和经济树种,以后引进树种较少,主要有:柠檬桉[Eucalyptus citriodora]、黑荆树[Acacia mearnsii]、木莲[Manglietia fordiana(Hemsl) oliv]、火炬松[Pinus taeda]、台湾相思[Acacia confusa]、黄山栾树[Koelreuteria integrifoliola]、巨尾桉[Eucalyptus grandis urophylla]、中山杉[Ascendens mucronatum]、银杏[Ginkgo biloba]等。

古树名木 境内千年以上古树无存,百年以上古树名木分布较多。2002年古树名木普查显示,全县共有古树名木396株,其中树龄600~700年的国家一级古树3株,树龄300~490年的国家二级古树30株,树龄300年以下的三级古树361株,名木2株。国家一级古树分别为昆阳镇南岙村的罗汉松,树龄600年、树高15米、胸径460厘米;萧江镇毛家处村的无柄小叶榕,树龄600年、树高12米、胸径820厘米;顺溪镇水井湾村(2002年属吴垟乡)的青冈栎,树龄700年、树高17米、胸径480厘米。名木有腾蛟镇腾岱村苏步青故居的枇杷,树龄30年、树高12米、胸径140厘米;山门镇红军公园(2002年为山门小学)的金桂,树龄65年、树高8米、胸径68厘米。

2002年平阳县古树名木名录

表2-6-9

编号	中文名	地址	树龄(年)	树高(米)	胸(地)围(厘米)	平均冠幅(米)	具体生长位置	保护等级
0326000001	枇杷	腾蛟镇腾岱村苏步青故居	30	12	140	11	单位庭院	名木
0326000002	金桂	山门镇山门小学	65	8	68	5	单位庭院	名木
0326100001	罗汉松	昆阳镇南岙村	600	15	460	15	寺院	国家一级古树

续表 2-6-9

编号	中文名	地址	树龄（年）	树高（米）	胸（地）围（厘米）	平均冠幅（米）	具体生长位置	保护等级
0326100002	无柄小叶榕	萧江镇毛家处村	600	12	820	21	村旁	国家一级古树
0326100003	青冈栎	吴垟乡水井湾村	700	17	480	13	山坡	国家一级古树
0326200001	金桂	昆阳镇建雅村	310	8	180	9	村旁	国家二级古树
0326200002	无柄小叶榕	昆阳镇熙山村	380	17	750	22	寺院	国家二级古树
0326200003	樟树	水头镇上店村上店宫	410	16	790	25	寺院	国家二级古树
0326200004	榔榆	水头镇蒲潭村蒲潭宫	310	19	450	15	路旁	国家二级古树
0326200005	无柄小叶榕	萧江镇4居老陡门	450	12	420	21	单位庭院	国家二级古树
0326200006	柳杉	腾蛟镇王坛村	310	24	260	11	村旁	国家二级古树
0326200007	柳杉	腾蛟镇王坛村	310	23	260	11	村旁	国家二级古树
0326200008	枫杨	腾蛟镇双坑村港庙	310	23	380	24	村旁	国家二级古树
0326200009	枫香	腾蛟镇外洋村	330	25	390	21	村旁	国家二级古树
0326200010	枫香	山门镇山门村老街	300	20	320	18	个人宅院	国家二级古树
0326200011	枫香	山门镇亭后村	300	25	330	17	个人宅院	国家二级古树
0326200012	枫香	凤卧镇东南村柴林	310	22	500	17	路旁	国家二级古树
0326200013	红豆杉	凤卧镇平坑村双凉石	480	14	140	9	路旁	国家二级古树
0326200014	红豆杉	凤卧镇平坑村双凉石	480	8	140	7	路旁	国家二级古树
0326200015	无柄小叶榕	宋桥镇瑶山村	350	14	880	21	水旁	国家二级古树
0326200016	无柄小叶榕	宋桥镇陈岙村	320	9	430	20	路旁	国家二级古树
0326200017	无柄小叶榕	宋桥镇章桥村	350	8	830	19	路旁	国家二级古树
0326200018	无柄小叶榕	宋桥镇瑶山村	350	11	350	20	水旁	国家二级古树
0326200019	无柄小叶榕	榆垟镇象湾村	300	12	590	22	路旁	国家二级古树
0326200020	无柄小叶榕	榆垟镇麻车村	350	14	200	26	水旁	国家二级古树
0326200021	樟树	梅溪乡包岙村	400	14	650	27	寺院	国家二级古树
0326200022	枫杨	龙尾村包洋村	320	22	675	15	路旁	国家二级古树
0326200023	枫香	龙尾乡龙尾村龙尾宫	310	25	405	6	路旁	国家二级古树
0326200024	银杏	闹村乡静凉村下屋	420	21	360	15	路旁	国家二级古树
0326200025	红豆杉	闹村乡静凉村面前山	310	24	380	14	路旁	国家二级古树
0326200026	樟树	晓坑乡同利村	300	20	290	13	路旁	国家二级古树
0326200027	枫香	晓坑乡西洋亭村黄山头	300	20	420	10	路旁	国家二级古树
0326200028	樟树	青街乡青街村睦源桥	490	16	560	15	水旁	国家二级古树
0326200029	柳杉	维新乡靛厂村	340	23	440	6	路旁	国家二级古树
0326200030	柳杉	维新乡靛厂村	340	23	380	9	路旁	国家二级古树

说明：①国家三级古树名录未列入；②资料由县林业局提供

竹类

平阳县是浙江省丛生竹类品种较多的县份之一。

乡土竹种　1. 毛竹[Phyllostachys cdulis]，俗称茅竹，猫儿竹。是分布最广，数量最多，用途较广的竹种。主要产区在青街、顺溪。

2. 绿竹[B.ambusa olhami f.], 平阳县是绿竹中心产区。绿竹是县内主要笋用竹，年产笋量超万吨。竹竿是造纸好材料。

平阳绿竹原分为光箨绿竹[Bambusa atrovirens]和毛绿竹[Bambusa oldhami], 前者笋箨无毛，后者笋箨有毛。

3. 大木竹[Bambusa wenchouensis], 属大宗竹类。古称木檀竹，现称毛单竹、单竹，是优良的篾缆竹，全县各地均有栽培。

4. 米筛竹[Bambusa.pachinensis var. hirsutissima], 俗称温州水竹，是全县广泛栽培的优良篾用竹，劈篾制篰作箕类，用途广泛，知名度高，许多竹类专家著述中都提及"平阳水竹"。平阳籍林学家林维治将它定名为米筛竹。现栽培面积较少。

5. 桂竹[P.bambusoides], 俗称金竹、水桂竹。各地零星栽培，材笋兼用。

6 .刚竹[P.sulphurea var.virdis], 俗称石竹。材笋兼用，零星栽培。

7. 空心苦[Pseudosasa aeria wen], 俗称苦竹。分布县内各山区。

8. 孝顺竹[Bambusa multiplex], 旧称篁竹，俗称黄皮竹、韧皮竹、绕丝竹。常栽培于溪河两岸，竹篾可以代藤。

9. 不孝竹[Pleioblastus intermedius], 其笋尖老韧，笋基嫩，分布吴垟等地。

10. 托竹[P. cantori f.], 俗称红竹子，是全县山地普遍生长的小竹种。

11. 面竿竹[P.orthotropa], 主要分布山门、顺溪、青街、水头、腾蛟等地。

12. 四季竹[Oligostachyum lubricum], 俗称四季青。分布吴垟一带。

13. 紫竹[Phyllostachys nigra var. nigra], 俗称乌紫竹，零星分布。

14. 箬竹[Indocalamus latifolius], 深山杂木林边均有分布。

15. 方竹[Chimonobambusa quadrangularis], 俗称筷子竹。分布顺溪白云山一带。

引进竹种 引进竹种有：六月麻竹、青皮竹、粉单竹、吊丝单、大叶观音竹、小叶观音竹、黄金间碧玉、南洋竹、崖州竹、罗汉竹、小琴丝、大头典、甜竹、小簕竹、台湾长枝竹、簕竹、花身竹、硬散桃、油簕竹、马甲竹、花孝顺、厦门绿、细粉单、甲竹、花竹、佛肚竹、小佛肚、刺竹、车筒竹、硬头黄、撑篙竹、白节簕竹、单耳竹、埋垄竹、毛脚竹、香糯竹、广东水竹等。

第四节 矿产资源

县域内已发现矿产25种，矿产地91处，其中，大中型矿床4处，小型矿床11处，矿(化)点76处，分金属、非金属、建筑砂石、矿泉水等类型。矿种以伊利石、叶蜡石、钠长石、明矾石、高岭土等非金属矿产为主，金属矿产矿点多、规模小但品位高。

主要矿产

县域内主要矿产有花岗石、钠长石、高岭土、石英、黄铁矿等。

花岗石 县域内花岗石资源较丰富，中东部的鳌江、萧江，西部青街、顺溪、山门等地均有较大范围分布，主要品种有钾长花岗岩、石英闪长岩、二长花岗岩和辉绿岩，可用作块石、条石、板石等材料。预测资源量约6.9亿立方米。

钠长石 顺溪镇溪南和山门镇黄施岙等地钠长石资源丰富，仅黄施岙一带钠长石资源储量就有800万吨，由于长石矿体内整体品位偏低且含铁量偏高，目前暂未规模开发利用。

高岭土 2010年，全县高岭土矿床(点)14处，其中西岙资源储量19.6万吨。矿石主要用于陶瓷工业和鞋底填充料。2012年，对萧江西岙高岭土矿重新进行地质勘查和储量核查，查明资源储量19万吨，实际保有高岭土储量6.87万吨，目前已设置采矿权进行开发利用。

脉石英 县内脉石英主要分布在萧江岭门—岭头一带，其中，渔塘脉石英资源储量230万吨，矿石质量较好，二氧化硅含量98%以上。石英砂是平阳县以往传统矿产品，主要用于生产耐酸水泥、水玻璃、铸型砂等材料，由于矿点规模普遍偏小，目前暂停开发利用。

黄铁矿 县内黄铁矿主要分布在山门半岭一带。其中山门硫铁矿区硫铁矿资源储量9.6万吨，由于矿井酸水治理较为困难，1994年停采。

2010年平阳县主要矿产地资源储量情况一览表

表2-6-10

矿种	矿产地	计量单位	保有储量	
			基础储量	资源量
赤铁矿	南雁	矿石万吨	11.60	
铜矿	县怀溪	铜吨		1292
明矾	苔湖	矿石万吨	97.14	545.80
黄铁矿	山门半岭一桥	矿石万吨	2.80	9.60
高岭土	西岙	矿石万吨	13.70	19.60
耐火黏土	水头镇鹤溪	矿石万吨		3.00
钠长石	黄施岙	矿石万吨		800.00
伊利石	渔塘	矿石万吨	200.50	174.40
冶金用脉石英	渔塘	矿石万吨	43.00	230.00

说明：①此表以2010年底省国土资源厅储量处提供的矿产资源储量数为依据；②资料由县国土资源局提供

矿产储量和分布

全县91个矿床中，有3个已经勘探或详查，88个已经初查或踏勘。91个矿床中，大型矿床1个，中型矿床3个，小型规模矿床11个，矿点和矿化点76个。曾利用矿床45个，正在利用的矿床有14个。

2012年平阳县矿产资源情况一览表（一）

表2-6-11

矿产类别	矿　种	矿床规模					地质工作程度					开发利用情况		
		大型	中型	小型	矿点	矿化点	合计	勘探	详查	普查	初查或踏勘	曾利用	正利用	未利用
燃料	泥　炭				6		6				6	6		
	天然气				2		2				2	2		
黑色金属	磁铁矿				1		1				1			1
	赤铁矿			1			1			1				1
	镜铁矿					1	1				1			1
有色金属	铜　矿			2	3	3	8			2	6	1	1	6
	铅锌矿					2	2				2			2
	多金属矿				4	1	5				5	1		4
	钨锡铍				1		1				1			1
	辉铋矿				1		1				1			1
稀有金属	铍　矿				1		1				1			1
	铌铁矿				2		2				2			2
	磷钇矿					1	1				1			1

续表 2-6-11

矿产类别	矿　种	矿床规模					地质工作程度					开发利用情况		
		大型	中型	小型	矿点	矿化点	合计	勘探	详查	普查	初查或踏勘	曾利用	正利用	未利用
非金属矿	明矾石		2	1			3		1	2		1		2
	黄铁矿			1	5	17	23	1			22	8	4	11
	高岭土			3	11		14		1		13	7	2	5
	叶蜡石				4		4				4	1		3
	长　石				2		2				2		2	
	伊利石		1		1		2			1	1	2		
	石　英			1	3		4			1	3	1	2	1
建筑材料及其他非金属	耐火土				1		1				1	1		
	方解石				2		2				2	2		
	铸型砂				1		1				1	1		
	耐酸花岗岩	1									1		1	
其他	矿泉水			2			2			2			2	
合　计		1	3	11	51	25	91	1	2	9	79	45	13	43

说明：资料由县国土资源局提供

2012 年平阳县矿产资源情况一览表（二）

表 2-6-12

产地及矿种	地　质　概　况	规模及勘探程度
昆阳长山泥炭矿	海陆交互相沉积，层状，埋深0.5米、厚0.6米	矿点、初查
昆阳沙岗泥炭矿	海陆交互相沉积，层状，埋深1.2米、厚0.5米	矿点、初查
鳌江高垟泥炭矿	海陆交互相沉积，层状，埋深1米、厚1～6米	矿点、初查
麻步燕子窝泥炭矿	湖沼沉积，层状，埋深1.5～2米、厚0.8米	矿点、初查
鹤溪溪尾泥炭矿	湖沼沉积，层状，埋深1.5米、厚1.5米	矿点、初查
南湖大路边泥炭矿	湖沼沉积，层状，埋深0.4～2米、厚1米	矿点、初查
钱仓浅层天然气	海相沉积，似层状，埋深18～22米、含贝壳黏土层厚4米	矿点、初查

续表 2-6-12

产地及矿种	地质概况	规模及勘探程度
鳌江浅层天然气	海相沉积，似层状，埋深14～25米，含贝壳黏土层厚5～9米	矿点、初查
闹村苍头磁铁矿	高中温热液充填交代型，矿化带长350米、宽1米	矿点、踏勘
南雁雁山赤铁矿	火山热液充填交代型，矿化带长2.5千米、宽3～10米	矿点、普查
怀溪马龙坑镜铁矿	火山热液充填型，矿脉长150米、宽0.7米	矿点、踏勘
怀溪桐桥铜矿	火山热液充填型，矿脉长300米、宽0.7米	矿点、踏勘
怀溪余坑铜金矿	火山热液充填型，矿脉长400米、宽0.1～1米	矿点、初查
怀溪铜矿	火山热液充填型，长522米、宽0.93米	小型、普查
怀溪坎头铜矿	火山热液充填型，矿脉长140米、宽0.1～0.5米	矿化点、初查
龙尾青岙鬼子洞铜矿	火山热液充填型，宽0.1～0.5米	矿化点、踏勘
龙尾王岭头铜铅矿	火山热液充填型，矿脉长60米、宽0.1～0.2米	矿点、踏勘
凤巢灵岩铜锌矿	火山热液充填型，矿脉长100米、宽0.7米	矿点、初查
南雁朱寮含铜磁铁矿	脉状热液充填型，长400米、宽3～5米	矿点、踏勘
晓坑岭头铅锌矿	火山热液充填型，矿脉长30米、宽0.9米	矿点、初查
水头叶坑铅锌矿	火山热液交代型，矿脉长4米、宽0.5米	矿点、踏勘
怀溪小岭脚多金属矿	火山热液充填型，矿脉长150米、宽0.7米	矿点、踏勘
怀溪大湾脚多金属矿	火山热液充填型，矿脉长100米、宽0.8米	矿点、初查
怀溪毛竹坑多金属矿	火山热液充填型，矿脉长50米、宽0.6米	矿点、踏勘
顺溪美人峰多金属矿	火山热液充填型，矿化带宽1米，品位低、无价值	矿点、踏勘
顺溪大垄头多金属矿	火山热液充填型，矿脉长4米、宽0.2～1米	矿点、踏勘

续表 2-6-12

产地及矿种	地　质　概　况	规 模 及 勘探程度
龙尾吴小垟钨锡铍矿	高温热液充填型，含脉带长100米、宽500米	矿点、初查
晓坑黄施岙辉铋矿	火山热液充填型，矿脉长580米、宽1～3米	矿点、初查
龙尾百尖铍矿	高温热液充填型，4条矿化带长50～300米、宽20米	矿点、初查
龙尾吴小垟钽铌铁矿	高温热液交代型，含矿花岗岩脉4条	矿点、初查
鹤溪蔡垟铌铁　矿	高温热液交代型，含矿花岗岩脉4条、长4千米	矿点、初查
龙尾百尖磷钇矿	岩浆期后矿床，含矿花岗斑岩长3千米、宽12～18米	矿化点、踏勘
南雁雁山明矾石矿	火山热液交代型，似层状长20～600米、厚20～60米	小型、普查
南雁溪南明矾石矿	火山热液交代型，似层状长1～1.5千米、厚>100米	中型、普查
南雁苔湖明矾石矿	火山热液交代型，似层状5条、长1600米	中型、普查
怀溪樟树坦黄铁矿	火山热液充填型，矿脉长150米、宽2～2.5米	矿化点、踏勘
晓坑黄施岙黄铁矿	火山热液充填型，2条矿脉长30米、宽0.3～1.5米	矿化点、初查
晓坑垟底黄铁矿	火山热液充填型，矿化带长300米、宽50～60米	矿化点、踏勘
晓坑大沙坑黄铁矿	火山热液充填型，2条矿脉长100米、宽0.8米	矿化点、初查
晓坑石脚盂黄铁矿	火山热液充填型，2条矿脉长50～100米、宽0.2米	矿化点、踏勘
晓坑洪寮黄铁矿	火山热液充填型，2条矿脉长10米、宽0.5米	矿化点、踏勘
晓坑上家山黄铁矿	火山热液充填型，2条矿脉长50～100米、宽0.5米	矿化点、踏勘
山门大林后黄铁矿	火山热液充填型，2条矿脉长10米、宽0.3米	矿化点、踏勘
山门乌庄黄铁矿	火山热液充填型，2条矿脉长30米、宽4～5米，黄铁矿化	矿化点、踏勘

续表 2-6-12

产地及矿种	地质概况	规模及勘探程度
山门郭岙黄铁矿	火山热液充填型，2条矿脉长10米、宽1.5～2米	矿化点、踏勘
山门大墩黄铁矿	火山热液充填型，2条矿脉长100米、矿化带宽5米	矿化点、踏勘
山门生戈寮黄铁矿	火山热液充填型，2条矿脉长1000米、宽0.2米	矿化点、踏勘
山门大寮黄铁矿	火山热液充填型，矿脉长100米、宽0.5米	矿化点、踏勘
山门虎尖黄铁矿	火山热液充填型，矿脉长100米、宽0.2米	矿化点、踏勘
山门半岭一桥黄铁矿	火山热液充填型，矿脉长1320米、宽0.6～1.7米	小型、勘探
顺溪岳溪黄铁矿	火山热液充填型，矿化带长70米、宽4米	矿点、初查
南雁外角山二桥黄铁矿	火山热液充填型，2条矿脉长50米、宽0.7～1.6米	矿点、踏勘
南雁栗园黄铁矿	火山热液充填型，2条矿脉长3米、宽0.5～0.6米	矿点、踏勘
南雁溪南黄铁矿	火山热液充填型，矿脉长250米、宽1.0米	矿点、初查
青街东坑黄铁矿	火山热液充填型，矿脉长15米、宽0.1米	矿化点、踏勘
腾蛟梅坑黄铁矿	火山热液充填型，矿带长2千米、宽1.5～4米	矿点、初查
腾蛟外垟黄铁矿	火山热液充填型，矿脉长110米、宽0.3～0.6米	矿化点、踏勘
梅溪清坑黄铁矿	火山热液充填型，矿化带长5米、细脉状	矿点、初查
山门大岙高岭土矿	风化残积型，矿脉长180米、宽10～20米	矿点、踏勘
山门杭坑高岭土矿	风化残积型，矿脉长80米、宽10～20米	矿点、踏勘
山门上垟高岭土矿	风化残积型，矿脉长150米、宽10～30米	矿点、踏勘
山门西山碳质陶土矿	湖相沉积，埋深1米、厚0.5～1.5米，长500米、宽300米	矿点、踏勘

续表 2-6-12

产地及矿种	地　质　概　况	规模及勘探程度
龙尾百尖高岭土矿	风化残积型，2条石英斑岩脉长3千米、宽13～18米	小型、初查
腾蛟张基高岭土矿	风化残积型，流纹斑岩风化长150米、宽5米	矿点、踏勘
凤巢杨桥头高岭土矿	风化残积型，凝灰岩风化，长100、宽100米	矿点、踏勘
麻步西岙高岭土矿	风化残积型，凝灰岩风化，长200米、宽50米	小型、普查
梅源山源高岭土矿	风化残积型，叶腊石化泥岩风化，长700米、宽40米	小型、踏勘
昆阳水亭高岭土矿	风化残积型，熔凝灰岩风化，长600、宽200米	矿点、初查
青街月山高岭土矿	风化残积型，斑岩脉风化，山边长200米、宽12米，月山长150米、宽8米	矿点、初查
青街大杠地高岭土矿	风化残积型，斑岩脉风化，矿脉长50米、宽5～15米	矿点、初查
闹村东坪垟高岭土矿	风化残积型，熔凝灰岩风化，长15米、宽6米	矿点、踏勘
鳌江外山高岭土矿	风化残积型，熔凝灰岩风化，长70米、宽40米	矿点、踏勘
鹤溪蔡垟叶蜡石矿	火山热液交代型，砂帽岩长50米、宽10～20米，狮子山长20米、宽1米	矿点、初查
南雁朱寮叶蜡石矿	火山热液交代型，栗园朱寮矿体各长60米、宽5～10米	矿点、踏勘
南雁仙姑洞叶蜡石矿	火山热液交代型，矿体长40米、宽10～12米	矿点、踏勘
闹村龙坑叶蜡石矿	火山热液交代型，矿带长1千米、宽50米	矿点、初查
晓坑黄施岙长石矿	风化残积型，2条岩脉状，长300米、宽8～50米	矿点、踏勘
顺溪溪南长石矿	风化残积型，岩脉状长340米、宽20～100米	矿点、踏勘
南雁矾岩伊利石矿	火山热液交代型，矿体长50米、宽10～15米	矿点、初查
麻步渔塘伊利石矿	潜火山热液交代型，似层状、分4个矿段	小型、普查

续表 2-6-12

产地及矿种	地质概况	规模及勘探程度
麻步渔塘石英岩矿	潜火山热液交代型，似层状、分5个矿段	小型、普查
腾蛟岭头石英矿	火山热液充填型，矿脉长250米以上、宽2.2米	矿点、初查
腾蛟岭头石英矿	火山热液充填型，矿脉长300米以上、宽1～1.5米	矿点、初查
南雁格头石英矿	火山热液充填型，2条矿脉长50米、宽0.7～1.6米	矿点、初查
鳌江埭头耐火土矿	风化残积型，长100米、宽40米	矿点、踏勘
怀溪马龙坑方解石矿	火山热液充填型，矿体长150米、宽0.6～5.8米	矿点、踏勘
闹村大施方解石矿	火山热液充填型，矿体长50米、厚1.8米	矿点、踏勘
西湾头沙铸型砂矿	滨海相沉积、细砂沿海湾分布	矿点、踏勘
平阳耐酸花岗岩	岩浆岩矿床，岩体面积31.29平方千米	大型
腾蛟金田矿泉水	上升泉、偏硅酸型	矿点、普查
昆阳白垟矿泉水	深井型、含锶偏硅酸型	矿点、普查

说明：资料由县国土资源局提供

第三卷

DI SAN JUAN

《平阳县志（1989—2012）》

PINGYANG XIAN ZHI

人口

1990—2010年，全县经过三次人口普查，分别是第四次全国人口普查(1990年，简称“四普”)、第五次全国人口普查(2000年，简称“五普”)、第六次全国人口普查(2010年，简称“六普”)。

1989年，平阳县户籍人口74.75万人，2012年87.30万人。

男性与女性人口性别比由1989年的112.81缩小到2012年的108.23。

2012年，人口密度838人/平方千米，城镇化率49.25%。

学龄人口从1990年的32.94万人下降到2010年的20.74万人。

2010年，常住人口中，60岁及以上人口比重为14.5%。是年，常住人口预期寿命为78.5岁(男性76.5岁，女性80.9岁)，比2000年提高3.8岁。

1990—2012年，全县人口自然增长率从12.27‰下降到8.37‰。1996—2012年，人口自然增长处于平稳状态。

1989年后，全县人口流动量较大，2010年“六普”时，到县外居住有180946人；外来新居民94021人(2012年为114316人)。

第一章　数量与分布

1989—2012年，平阳县户籍人口从1989年的747496人，增加到2012年的872968人；人口密度增加121人/平方千米。2010年，昆阳镇、鳌江镇、水头镇等3个镇人口390911人，占全县总人口51.32%。2010年“六普”时全县城镇常住人口37.51万人，占总人口的49.25%。

第一节　人口总量

据公安户籍人口登记统计，平阳县户籍人口1989年年末有747496人，1990年年末752513人，2000年年末830686人，2010年年末867337人，2012年年末872968人。

据人口普查统计，1990年7月1日0时，平阳县常住人口702804人；2000年，常住人口740448人；2010年，常住人口761664人，占温州市常住人口的8.35%。

2000—2010年，人口总量净增2.12万人，增长2.87%，年均增长0.28%，低于省市人口增长的平均水平。

1989—2012年平阳县户籍人口情况一览表

表3-1-1

年份(年)	总户数(户)	总人口(人)	年份(年)	总户数(户)	总人口(人)
1989	188132	747496	2001	222596	840586
1990	188269	752513	2002	225550	841931
1991	191182	758559	2003	228705	846056
1992	190919	767026	2004	232743	847720
1993	195539	773458	2005	236339	848247
1994	197343	779163	2006	240639	850773
1995	197553	785227	2007	243356	854024
1996	202627	789483	2008	248811	856459
1997	205607	789203	2009	244368	862638
1998	212524	804772	2010	244150	867337
1999	215305	809200	2011	244007	874542
2000	216294	830686	2012	240167	872968

说明：据县公安局户籍人口登记统计

第二节　人口分布

1989—2012年，全县人口逐渐由农村向集镇转移。2010年，“六普”时全县城镇常住人口37.51万人，占总人口的49.25%。昆阳和鳌江镇城镇人口比重超过60%。水头镇、钱仓、顺溪等镇比重超过50%。万全镇、麻步镇城镇人口比重仅有29.34%和14.70%。萧江、腾蛟、山门、南雁等镇城镇人口比重均在50%左右。其余乡镇城镇人口比重相对较低。

2010年平阳县各乡镇常住人口分布和城镇化情况一览表

表3-1-2

地　区	常住人口（人）	城镇人口（人）	城镇化率%
全县	761664	375144	49.25
昆阳镇	121472	75814	62.41
鳌江镇	168950	128579	76.10
水头镇	100489	58875	58.59
萧江镇	65237	27542	42.22
麻步镇	33396	4910	14.70
腾蛟镇	36721	17003	46.30
钱仓镇	16180	8885	54.91
山门镇	17308	8277	47.82
顺溪镇	5403	3077	56.95
南雁镇	17096	7082	41.42
凤卧镇	11925	3691	30.95
鹤溪镇	15651	5393	34.46
宋埠镇	12881	4502	34.95
榆洋镇	10059	2536	25.21
南麂镇	1176	88	7.48
万全镇	52937	15533	29.34

说明：资料由县统计局提供

第三节　人口密度

1989年，平阳县每平方千米户籍人口717人，1990年722人，2000年797人，2010年832人，2012年838人。1989—2012年，户籍人口密度增加121人。

1989—2012年平阳县户籍人口密度一览表

表3-1-3

年份（年）	总人口（人）	人口密度（人/平方千米）
1989	747496	717
1990	752513	722
1991	758559	727
1992	767026	736
1993	773458	742
1994	779163	748
1995	785227	753
1996	789483	758
1997	789203	757
1998	804772	772
1999	809200	776
2000	830686	797
2001	840586	807
2002	841931	808
2003	846056	812
2004	847720	813
2005	848247	814
2006	850773	816
2007	854024	819
2008	856459	822
2009	862638	828
2010	867337	832
2011	874542	839
2012	872968	838

说明：资料由县统计局提供

第二章　人口构成

全县男性与女性人口性别比由1989年的112.81缩小到2012年的108.23。2010年，0周岁婴儿男性与女性人口性别比132.04，性别比失衡严重。

据“六普”统计，2010年，60岁及以上人口11.01万人，占总人口的14.46%。

1988年，全县少数民族共10个；2012年，共37个民族，其中少数民族36个，18220人（其中畲族14462人）。

2010年，全县大专及以上、高中、初中、小学文化程度人口分别为4.27万人、9.03万人、23.73万人、27.53万人，文盲率7.69%。劳动适龄人口569150人。"六普"抽样调查就业人口39970人，从事第一、第二、第三产业的人员比重分别为14.2%、49.7%、36.1%。

2012年，有各类残疾人55609人，占全县总人口的6.37%。

2012年，全县有449个姓氏。

第一节　性别构成

全县人口性别比情况

2012年，全县户籍人口87.30万人，其中，男性人口45.37万人，女性人口41.92万人，分别占户籍总人口的51.98%、48.02%。

1989—2012年平阳县户籍人口性别构成情况一览表

表3-2-1　　单位：人

年份（年）	总人口	男	女	性别比（女=100）
1989	747496	396249	351247	112.81
1990	752513	398740	353773	112.71
2000	830686	435054	395632	109.96
2010	867337	452113	415224	108.88
2012	872968	453733	419235	108.23

说明：资料由县统计局提供

各乡镇人口性别比情况

2010年，各乡镇常住人口性别比在120以上的有4个乡镇，性别比在110～120之间有7个乡镇，性别比在110以下有19个乡镇。龙尾乡性别比最高，为144.82，闹村乡性别比最低，为100.26。

2010年平阳县各乡镇常住人口男女人数和性别比情况一览表

表3-2-2　　单位：人

地　区	常住人口数	男	女	性别比（女=100）	
				2010"六普"	2000"五普"
全　县	761664	393942	367722	107.13	110.1
昆阳镇	121472	61381	60091	102.15	103.06
鳌江镇	168950	86829	82121	105.73	110.30
水头镇	100489	51693	48796	105.94	115.12
萧江镇	65237	34112	31125	109.60	108.42
麻步镇	33396	17234	16162	106.63	110.61
腾蛟镇	36721	19234	17487	109.99	111.88
钱仓镇	16180	8387	7793	107.62	109.51
山门镇	17308	8940	8368	106.84	109.98
顺溪镇	5403	2867	2536	113.05	115.52
南雁镇	17096	8844	8252	107.17	113.46
凤卧镇	11925	6247	5678	110.02	114.43
鹤溪镇	15651	8146	7505	108.54	111.41
宋埠镇	12881	6554	6327	103.59	106.67
榆洋镇	10059	5215	4844	107.66	105.56
南麂镇	1176	636	540	117.78	125.85
万全镇	52937	28820	24117	119.50	106.45
西湾乡	4417	2277	2140	106.40	106.38
梅溪乡	9195	4760	4435	107.33	112.43
梅源乡	6498	3341	3157	105.83	114.18
凤巢乡	8639	4456	4183	106.53	110.19

续表 3-2-2

地　区	常住人口数	男	女	性别比(女=100)	
				2010“六普”	2000“五普”
龙尾乡	874	517	357	144.82	118.50
南湖乡	12257	6191	6066	102.06	113.62
朝阳乡	1677	922	755	122.12	120.16
闹村乡	10181	5097	5084	100.26	111.84
晓坑乡	5495	2927	2568	113.98	118.56
怀溪乡	4188	2252	1936	116.32	117.75
青街畲族乡	4658	2396	2262	105.92	113.80
维新乡	1622	909	713	127.49	117.38
吴垟乡	1431	803	628	127.87	119.68
第一农场	3651	1955	1696	115.27	

说明:资料由县统计局提供

按年龄分人口性别比情况

2000年“五普”至2010年“六普”期间,全县按年龄分常住人口性别比从110.1下降到107.13。其中,0周岁婴儿人口性别比2000年、2010年分别为128.6、132.04,分别比温州市平均水平高出1.14、0.19。

2010年“六普”平阳县按年龄分常住人口性别比情况一览表

表 3-2-3　　单位:人

年龄组	人口数	男	女	性别比(女=100)	
				“六普”	“五普”
总计	761664	393942	367722	107.13	110.1
0~4岁	42953	23766	19187	123.87	134.59
5~9岁	39139	20872	18267	114.26	119.95
10~14岁	32633	18108	14525	124.67	116.71
15~19岁	62319	33360	28959	115.20	114.18
20~24岁	52463	26796	25667	104.40	99.91
25~29岁	60539	30387	30152	100.78	96.76
30~34岁	66288	33343	32945	101.21	101.68
35~39岁	71261	35742	35519	100.63	102.52
40~44岁	69464	34703	34761	99.83	112.51
45~49岁	61828	30955	30873	100.27	109.61
50~54岁	47223	24504	22719	107.86	121.35
55~59岁	45436	23446	21990	106.62	136.41
60~64岁	32332	17486	14846	117.78	126.48
65~69岁	22056	12431	9625	129.15	110.66
70~74岁	21529	11621	9908	117.29	111.75
75~79岁	16983	8439	8544	98.77	99.75
80~84岁	10653	5205	5448	95.54	81.84

续表 3-2-3

年龄组	人口数	男	女	性别比（女=100）	
				“六普”	“五普”
85～89岁	4817	2159	2658	81.23	71.27
90～94岁	1427	515	912	56.47	46.26
95～99岁	288	96	192	50.00	28.97
100岁及以上	33	8	25	32.00	20.00

说明：资料由县统计局提供

第二节　年龄构成

年龄构成指数

2010年，在全县常住人口中，0～14岁人口为11.47万人，占15.06%；15～59岁人口为53.68万人，占70.48%；60岁及以上人口为11.01万人，占14.46%，其中65岁及以上人口为7.78万人，占10.21%。

1990—2010年，全县总抚养比呈下降趋势，人口已步入老龄化和高龄化初期，老年抚养比不断增加。

1990—2010年平阳县常住人口年龄组比和抚养比一览表

表 3-2-4

年龄组比及抚养比		1990年	2000年	2010年	年龄组比及抚养比		1990年	2000年	2010年
年龄组比%	0～14岁	29.87	21.51	15.06	年龄组比%	0～14岁	29.87	21.51	15.06
	15～59岁	60.53	64.40	70.48		15～64岁	63.75	69.85	74.72
	60岁以上	9.60	12.09	14.46		65岁以上	6.38	8.64	10.21
抚养比%	总抚养比	65.22	50.59	41.88	抚养比%	总抚养比	56.87	43.15	33.82
	少儿抚养比	49.36	32.39	21.37		少儿抚养比	46.86	30.79	20.16
	老年抚养比	15.86	18.20	20.51		老年抚养比	10.01	12.36	13.67

说明：资料由县统计局提供

2010年平阳县各乡镇常住人口年龄构成分组及占比情况一览表

表 3-2-5

地　区	常住人口（人）	0～5岁（人）	6～14岁（人）	15～59岁（人）	60岁以上（人）	其中65岁及以上（人）	0～14岁人口占比%	15～64岁人口占比%	65及以上人口占比%
全　县	761664	51210	63515	536821	110118	77786	15.1	74.7	10.2
昆阳镇	121472	7702	9543	88854	15373	10452	14.2	77.2	8.6
鳌江镇	168950	10786	12665	124920	20579	14094	13.9	77.8	8.3
水头镇	100489	6907	9433	73809	10340	6784	16.3	76.9	6.8
萧江镇	65237	4722	5856	46633	8026	5622	16.2	75.2	8.6
麻步镇	33396	2414	3051	21939	5992	4315	16.4	70.7	12.9
腾蛟镇	36721	2367	3192	25460	5702	4096	15.1	73.7	11.2

续表 3-2-5

地 区	常住人口（人）	0～5岁（人）	6～14岁（人）	15～59岁（人）	60岁以上（人）	其中65岁及以上（人）	0～14岁人口占比%	15～64岁人口占比%	65及以上人口占比%
钱仓镇	16180	997	1094	11894	2195	1476	12.9	78.0	9.1
山门镇	17308	1143	1573	10890	3702	2706	15.7	68.7	15.6
顺溪镇	5403	325	329	3141	1608	1251	12.1	64.7	23.2
南雁镇	17096	1134	1514	11226	3222	2312	15.5	71.0	13.5
凤卧镇	11925	854	1122	7402	2547	1945	16.6	67.1	16.3
鹤溪镇	15651	1051	1525	9973	3102	2308	16.5	68.8	14.7
宋埠镇	12881	1068	1170	8467	2176	1486	17.4	71.1	11.5
榆洋镇	10059	728	943	6723	1665	1149	16.6	72.0	11.4
南麂镇	1176	59	46	980	91	51	8.9	86.7	4.3
万全镇	52937	3507	4050	39751	5629	3849	14.3	78.5	7.3
西湾乡	4417	279	229	2603	1306	1021	11.5	65.4	23.1
梅溪乡	9195	637	846	6139	1573	1183	16.1	71.0	12.9
梅源乡	6498	502	564	3940	1492	1142	16.4	66.0	17.6
凤巢乡	8639	598	837	5465	1739	1298	16.6	68.4	15.0
龙尾乡	874	57	28	301	488	396	9.7	45.0	45.3
南湖乡	12257	1046	1244	7758	2209	1609	18.7	68.2	13.1
朝阳乡	1677	118	140	866	553	435	15.4	58.7	25.9
闹村乡	10181	784	847	5874	2676	2075	16.0	63.6	20.4
晓坑乡	5495	386	449	2548	2112	1676	15.2	54.3	30.5
怀溪乡	4188	247	419	2143	1379	1044	15.9	59.2	24.9
青街乡	4658	329	354	2758	1217	926	14.7	65.5	19.9
维新乡	1622	132	109	729	652	511	14.9	53.6	31.5
吴洋乡	1431	104	88	808	431	332	13.4	63.4	23.2
第一农场	3651	227	255	2827	342	242	13.2	80.2	6.6

说明：资料由县统计局提供

劳动人口年龄结构

2000—2010年的10年间，15～19岁组和20～29岁组人口比重下降，40～49岁组和50～59岁组比重明显升高。

1990—2010年平阳县劳动人口年龄结构情况一览表

表 3-2-6

年份（年）	人口数（万人）	比前期增加（万人）	比重%	15～59岁人口内部结构%				
				15～19岁	20～29岁	30～39岁	40～49岁	50～59岁
1990	70.28	—	60.52	10.64	19.29	14.15	8.76	7.68
2000	74.04	3.76	66.41	8.78	18.66	17.93	13.07	7.97
2010	76.17	2.12	70.49	8.18	14.84	18.06	17.24	12.17

说明：资料由县统计局提供

1990—2010年平阳县学龄人口情况一览表

表3-2-7

	人口数（人）			占总人口数的比重%		
	1990年	2000年	2010年	1990年	2000年	2010年
合计（0～22岁）	329408	260868	207390	46.87	35.23	27.23
婴儿（0～3岁）	47796	26554	34677	6.8	3.59	4.55
学龄前儿童（4～6岁）	39990	30782	25235	5.69	4.16	3.31
小学适龄人口（7～12岁）	90061	76448	41175	12.81	10.32	5.41
中学适龄人口（13～18岁）	92460	79025	67394	13.16	10.67	8.85
大学适龄人口（19～22岁）	59101	48059	38909	8.41	6.49	5.11

说明：资料由县统计局提供

不同学龄组人口结构

1990—2010年，学龄人口持续减少，从1990年的32.94万人下降到2010年的20.74万人，占总人口数的比重从1990年的46.87%下降到2010年的27.23%。其中，婴儿组人口显著回升，学龄前儿童人口组、小学适龄人口组、中学适龄人口组、大学适龄人口组均持续下降。

老年人口

65岁及以上老年人口，由1990年的4.48万人增加到2010年的7.78万人，年均增长2.8%，比总人口平均增长水平0.4%高出2.4个百分点。其中80岁及以上人口总量由1990年的0.76万人增加到2010年的1.72万人。人口已步入老龄化和高龄化初期，60岁及以上和65岁及以上老年人口比重分别比全国高1.2和1.3个百分点，比全省高0.6和0.9个百分点，比全市高3.4和2.6个百分点。

1990—2010年平阳县老年人口情况一览表

表3-2-8

年份（年）	老年人口（人）	占总人口比重%	其中	
			80岁及以上人口总数（人）	占65岁及以上人口比重%
1990	44841	6.38	7553	16.8
2000	63955	8.64	10842	17.0
2010	77786	10.21	17218	22.14

说明：①上表老年人口指年龄在65周岁及以上人口；②资料由县统计局提供

第三节　民族构成

2012年，全县共有37个民族，其中汉族人口占常住人口的96%以上，其他民族36个，人口占常住人口的3.1%。

20世纪90年代前，平阳县少数民族主要是畲族和回族，其他少数民族和人口少。1989年以来，随着外来人口增多，在平阳县居住的少数民族个数和人口逐年增加。

少数民族个数

1988年，平阳县有少数民族10个，即畲族、回族、壮族、满族、苗族、蒙古族、土家族、侗族、瑶族和布依族。2000年“五普”时33个，2010年“六普”时35个。

2012年8月，有少数民族36个：畲族、回族、蒙古族、藏族、维吾尔族、苗族、彝族、壮族、布依族、朝鲜族、满族、侗族、瑶族、白族、土家族、哈尼族、傣族、黎族、傈僳族、佤族、拉祜族、水族、东乡族、纳西族、景颇族、土族、仫佬族、羌族、布朗族、撒拉族、毛南族、仡佬族、锡伯族、阿昌族、京族、赫哲族。

少数民族人口数

1988年，全县少数民族人口12348人，占全县总人口的1.52%。1990年“四普”时，少数民族常住人口1.09万人，2000年“五普”时，常住人口12928人，2010年“六普”时，常住人口23814人。2012年，少数民族人口18220人。

平阳县少数民族中，人口最多的是畲族。2000年“四普”时9137人，2010年“五普”时8530人，2012年时14462人（公安局登记数据）。

畲族人口居住比较集中的乡镇是青街畲族乡（1984年设立青街畲族乡），2012年，有2099人。是年，畲族人口比较集中的村共12个：九岱村（801人）、王神洞村（526人）、溪南村（349人）、山头庵村（352人）、堂基村（205人）、畲龙村（505人）、东北村（418人）、余山村（293人）、新联村（400人）、书阁村（352人）、前山村（215人）、朱山村（309人）。2005年和2006年，这12个村先后被县人民政府确认为民族村。

2000年和2010年平阳县少数民族常住人口统计表

表3-2-9

民　族	2000年		2010年	
	常住人口（人）	比重%	常住人口（人）	比重%
少数民族总人口	12928	100	23814	100
畲族	9137	70.68	8530	35.82
苗族	1258	9.73	4857	20.40
土家族	687	5.31	4019	16.88
侗族	368	2.85	1370	5.75
布依族	171	1.32	1636	6.87
回族	770	5.96	892	3.75
彝族	70	0.54	537	2.25
壮族	90	0.70	425	1.78
仡佬族	162	1.25	739	3.10
黎族	61	0.47	162	0.68
瑶族	32	0.25	102	0.43
白族	6	0.05	75	0.31
其他少数民族	116	0.90	470	1.97

说明：资料由县统计局提供

2012年平阳县各镇（乡）少数民族人口统计表

表3-2-10　　单位：人

镇（乡）	少数民族人口	其　中			
		畲族	回族	苗族	土家族
青街畲族乡	2131	2099	0	9	4
顺溪镇	3231	3092	1	21	15
水头镇	3860	3484	26	219	131
山门镇	1878	1548	3	66	43
南雁镇	777	680	1	22	8
鳌江镇	2207	1161	600	73	80
万全镇	1883	1342	373	39	24
昆阳镇	1124	784	127	23	33
萧江镇	308	126	16	35	39
腾蛟镇	567	89	3	142	60
麻步镇	254	57	6	45	56
合计	18220	14462	1156	694	493

说明：本表系县公安局登记在册的全县少数民族常住人口，统计时间为2012年8月

少数民族人口年龄结构

2010年少数民族人口中，0～14岁0.46万人，占全部少数民族人口的19.2%，高出全县该年龄段人口比重4个百分点；15～64岁1.81万人，占全部少数民族人口的76.2%，比全县该年龄段人口比重74.7%高出1.5个百分点；65岁以上0.11万人，占全部少数民族人口的4.6%，不到全县该年龄段人口比重的二分之一。

少数民族人口文化状况

2010年"六普"数据显示，少数民族人口中受教育人口为2.01万人，占少数民族6岁及以上人口的92.4%。从结构上看，少数民族人口受小学、初中教育的人口比重分别为41.4%、41.2%，比全县平均分别高出2.6、7.81个百分点，受高中、大专及以上教育的人口比重分别为7.3%、2.5%，比全县平均分别低5.4、3.5个百分点。

第四节　姓氏构成

2012年，全县常住人口中有450个姓氏（"肖"和"萧"同，则为449个姓氏），其中陈、林、黄、王等4个姓氏人口最多，分别为111912人、74904人、46896人、40353人；1万人以上的姓氏有20个，1000人以上1万人以下的姓氏有74个。

2012年平阳县户籍人口姓氏人口情况统计表

表3-2-11　　单位：人

编号	姓氏	人数	编号	姓氏	人数	编号	姓氏	人数
1	陈	111912	24	潘	8710	47	高	3215
2	林	74904	25	胡	8027	48	邱	3113
3	黄	46896	26	刘	7917	49	薛	3000
4	王	40353	27	施	7419	50	何	2988
5	周	33568	28	肖	7164	51	孙	2928
6	郑	32925	29	萧	1291	52	兰	2854
7	吴	29347	30	董	6565	53	魏	2717
8	李	28370	31	章	6507	54	鲍	2682
9	张	26629	32	赵	6034	55	彭	2628
10	杨	26624	33	雷	5662	56	沈	2518
11	温	22663	34	方	5646	57	程	2480
12	徐	21578	35	钱	5414	58	季	2422
13	蔡	17474	36	洪	4692	59	翁	2292
14	谢	17351	37	廖	4276	60	梅	2291
15	金	16584	38	钟	4089	61	罗	2269
16	白	14593	39	池	3935	62	曹	2265
17	叶	14345	40	宋	3919	63	蒋	2259
18	苏	11690	41	应	3852	64	邓	2259
19	曾	11307	42	缪	3809	65	吕	2247
20	朱	11198	43	倪	3803	66	马	2214
21	余	9383	44	姜	3779	67	颜	2124
22	卢	9070	45	庄	3672	68	郭	1992
23	许	8836	46	冯	3339	69	伍	1975

续表 3-2-11

编号	姓氏	人数	编号	姓氏	人数	编号	姓氏	人数
70	杜	1971	106	陆	559	142	褚	138
71	项	1896	107	纪	521	143	谭	129
72	孔	1765	108	申	513	144	简	121
73	卓	1711	109	盛	497	145	诸葛	120
74	傅	1664	110	阙	473	146	祝	113
75	梁	1663	111	焦	470	147	欧阳	112
76	鲁	1600	112	万	439	148	贺	100
77	赖	1596	113	韩	426	149	葛	93
78	易	1565	114	石	418	150	殷	93
79	柳	1547	115	蓝	417	151	覃	91
80	包	1532	116	秦	409	152	熊	90
81	严	1438	117	庞	335	153	向	88
82	尤	1430	118	阮	296	154	康	83
83	姚	1397	119	欧	289	155	屠	82
84	戴	1372	120	华	279	156	莫	81
85	丁	1244	121	尚	258	157	车	77
86	夏	1202	122	贾	237	158	甘	68
87	陶	1196	123	奚	233	159	来	68
88	范	1171	124	聂	231	160	于	66
89	游	1137	125	汪	226	161	仇	66
90	任	1128	126	韦	225	162	段	63
91	童	1112	127	邹	212	163	释	61
92	邵	1093	128	伊	207	164	娄	60
93	汤	1055	129	戈	197	165	单	59
94	唐	1021	130	麻	192	166	谷	59
95	龚	940	131	富	190	167	黎	59
96	袁	934	132	上官	184	168	崔	58
97	柯	918	133	安	176	169	舒	53
98	俞	886	134	诸	166	170	瞿	50
99	侯	863	135	龙	163	171	穆	46
100	练	855	136	田	160	172	湛	46
101	顾	809	137	虞	155	173	涂	44
102	江	769	138	裴	152	174	辛	43
103	詹	742	139	孟	151	175	濮	42
104	管	633	140	厉	144	176	史	40
105	支	611	141	岳	143	177	邢	40

续表 3-2-11

编号	姓氏	人数	编号	姓氏	人数	编号	姓氏	人数
178	柴	40	214	吉	16	250	盖	8
179	占	40	215	谭	16	251	芮	7
180	候	38	216	戚	15	252	符	7
181	武	37	217	祁	15	253	浦	7
182	代	37	218	路	15	254	茹	7
183	蒙	35	219	宗	15	255	冠	7
184	文	34	220	席	14	256	丘	7
185	常	31	221	房	14	257	邝	7
186	闫	31	222	艾	14	258	原	7
187	凌	30	223	郎	13	259	鄢	7
188	南	30	224	岑	13	260	米	6
189	楼	26	225	古	13	261	郁	6
190	乔	24	226	国	13	262	桂	6
191	郝	23	227	喻	12	263	阎	6
192	晏	23	228	闵	12	264	匡	6
193	滕	22	229	普	12	265	师	6
194	翟	22	230	苗	11	266	勾	6
195	成	21	231	乐	11	267	丰	6
196	樊	21	232	齐	11	268	卫	5
197	井	20	233	荣	11	269	邬	5
198	全	20	234	农	11	270	时	5
199	风	20	235	查	11	271	臧	5
200	费	19	236	敖	10	272	谈	5
201	毕	19	237	谌	10	273	霍	5
202	屈	19	238	耿	9	274	羊	5
203	左	19	239	盘	9	275	封	5
204	巫	19	240	和	8	276	司	5
205	柏	18	241	明	8	277	禄	5
206	卜	18	242	刁	8	278	苟	5
207	连	18	243	解	8	279	初	5
208	关	18	244	宁	8	280	晋	5
209	牛	17	245	蔺	8	281	窦	4
210	牟	17	246	桑	8	282	元	4
211	皮	16	247	冷	8	283	禹	4
212	骆	16	248	阿	8	284	靳	4
213	裘	16	249	商	8	285	景	4

续表 3-2-11

编号	姓氏	人数	编号	姓氏	人数	编号	姓氏	人数
286	闻	4	322	望	3	358	德	2
287	姬	4	323	尉	3	359	麦	2
288	燕	4	324	依	3	360	福	2
289	刁	4	325	介	3	361	言	2
290	满	4	326	励	3	362	佟	2
291	荆	4	327	楚	3	363	年	2
292	税	4	328	逯	3	364	况	2
293	将	4	329	花	2	365	亢	2
294	佘	4	330	廉	2	366	海	2
295	帅	4	331	卞	2	367	阴	2
296	操	4	332	贝	2	368	水	1
297	平	3	333	钮	2	369	云	1
298	狄	3	334	巴	2	370	伏	1
299	危	3	335	宫	2	371	茅	1
300	干	3	336	祖	2	372	昝	1
301	嵇	3	337	部	2	373	经	1
302	荀	3	338	郦	2	374	惠	1
303	甄	3	339	慕	2	375	松	1
304	储	3	340	衡	2	376	乌	1
305	班	3	341	隆	2	377	弓	1
306	仲	3	342	鞠	2	378	牧	1
307	幸	3	343	泰	2	379	山	1
308	雍	3	344	绍	2	380	栾	1
309	边	3	345	贵	2	381	钭	1
310	巩	3	346	卯	2	382	戎	1
311	晁	3	347	玄	2	383	却	1
312	阚	3	348	植	2	384	扈	1
313	沙	3	349	营	2	385	瘐	1
314	相	3	350	吾	2	386	都	1
315	红	3	351	扬	2	387	广	1
316	申屠	3	352	春	2	388	东	1
317	朴	3	353	檀	2	389	巢	1
318	仁	3	354	苑	2	390	从	1
319	斯	3	355	杞	2	391	侨	1
320	揭	3	356	迟	2	392	端	1
321	淡	3	357	辜	2	393	良	1

续表 3-2-11

编号	姓氏	人数	编号	姓氏	人数	编号	姓氏	人数
394	芒	1	413	玉	1	432	巨	1
395	京	1	414	刀	1	433	坚	1
396	但	1	415	牵	1	434	令	1
397	真	1	416	仝	1	435	敬	1
398	呼	1	417	睢	1	436	母	1
399	保	1	418	冼	1	437	义	1
400	定	1	419	潜	1	438	犹	1
401	化	1	420	顿	1	439	续	1
402	畅	1	421	户	1	440	萨	1
403	延	1	422	闭	1	441	城	1
404	镇	1	423	才	1	442	区	1
405	邸	1	424	雪	1	443	考	1
406	智	1	425	寒	1	444	过	1
407	刑	1	426	少	1	445	爱	1
408	俎	1	427	字	1	446	归	1
409	乾	1	428	板	1	447	呼延	1
410	帖	1	429	沐	1	448	薄	1
411	淦	1	430	英	1	449	光	1
412	隋	1	431	藤	1	450	眭	1

说明：资料由县公安局提供

第五节 文化构成

2010年“六普”时，小学文化程度的人口27.53万人，占6岁及以上人口的比重38.7%；初中文化程度人口23.73万人，占33.4%；高中（含中专）文化程度人口9.03万人，占12.7%；大专及以上文化程度人口4.27万人，占6.0%。与2000年“五普”相比，初中、高中、大专及以上文化程度比重分别上升3.1、4.9、4.2个百分点，小学文化程度的比重则下降8.9个百分点。

2000年和2010年平阳县人口受教育程度情况一览表

表 3-2-12

年份	6岁及以上人口（万人）	大专及以上		高中		初中		小学	
		人数（万人）	比重%	人数（万人）	比重%	人数（万人）	比重%	人数（万人）	比重%
2000年	69.53	1.27	1.8	5.44	7.8	21.08	30.3	33.12	47.6
2010年	71.05	4.27	6.0	9.03	12.7	23.73	33.4	27.53	38.7

说明：资料由县统计局提供

2010年平阳县每10万人中受教育情况一览表

表3-2-13

地区	具有大专及以上程度人数(人)	具有高中程度人数(人)	具有初中程度人数(人)	具有小学程度人数(人)	文盲率%
全县平均	5609	11854	31160	36150	7.69
昆阳镇	10480	18375	30399	31488	1.72
鳌江镇	8273	14567	32610	33610	4.05
水头镇	5510	13941	31187	25805	6.35
萧江镇	3851	9915	30247	39674	8.36
麻步镇	2635	7231	28719	42679	10.93
腾蛟镇	4352	10179	32924	35326	10.44
钱仓镇	3912	10834	31953	38523	7.83
山门镇	3056	9932	30645	37226	12.04
顺溪镇	1721	4923	25930	39626	20.95
南雁镇	2047	7201	30949	38272	14.33
凤卧镇	1308	6625	32017	37174	15.21
鹤溪镇	2128	7520	26541	41256	15.51
宋埠镇	1855	5054	28507	42030	15.13
榆垟镇	2346	6581	30003	40422	11.43
南麂镇	3146	6888	25765	46003	12.07
万全镇	2805	7558	39160	36009	4.62
西湾乡	1879	5139	21938	42042	22.54
梅溪乡	2838	7885	27569	43110	11.28
梅源乡	2062	5248	22638	46430	15.45
凤巢乡	2153	6540	26820	39333	17.49
龙尾乡	686	2059	7780	38215	44.39
南湖乡	1126	6715	30521	37595	14.63
朝阳乡	1670	3876	17889	32677	35.95
闹村乡	2092	4528	26412	41086	16.93
晓坑乡	1328	3694	18944	42093	26.31
怀溪乡	1146	3868	26695	43004	18.79
青街畲族乡	1997	6741	28768	37076	17.90
维新乡	1911	4007	18496	34649	32.05
吴垟乡	1537	5660	18169	31939	34.24
第一农场	2164	9367	42509	30622	8.70

说明:资料由县统计局提供

第六节　职业构成

2010年，全县劳动适龄人口为569150人，比2000年增加51920人，增长10.03%；劳动适龄人口占总人口比重为74.7%，比2000年提高4.8个百分点。其中，外来人口中的劳动适龄人口达到93050人，占全县劳动适龄人口总数的16.3%。

就业人口的行业分布

2010年“六普”时，在抽样调查就业人口的39970人中，从事制造业的有16860人，占总数的42.2%；其次是从事批发和零售业的有6500人，占总数的16.3%；第三位是农业从业人员5690人，占14.2%；第四位的是建筑业2640人，占6.6%；其他依次为从事交通运输、仓储和邮政业的1750人，占4.4%；从事居民服务和其他服务业的1320人，占3.3%；从事住宿和餐饮业的1190人，占3.0%；从事其他行业的4020人，占10%。

从就业结构看，全县从事一、二、三产业的人员比重分别为14.2%、49.7%和36.1%，与2000年相比，第一产业下降11.8个百分点，二、三产业分别上升10.3和1.4个百分点，二、三产业吸纳劳动力的能力逐渐增强。

就业人口集中的乡镇

2010年，“六普”在10%抽样调查的39970人就业人口中，昆阳镇6337人、鳌江镇9098人、水头镇5205人，居就业人口数量前三位。其后依次是萧江镇3296人、万全镇3233人、麻步镇1918人、腾蛟镇1895人，其余27个乡镇合计8988人。昆阳等7个镇就业人口合计30982人，占总就业人口的77.5%。

就业人口的职业分布

2010年，在抽样调查的39970就业人口中，生产、运输设备操作人员及有关人员为17230人，占43.1%；商业、服务业人员为11230人，占28.1%；农、林、牧、渔、水利业生产人员为5680人，占14.2%；专业技术人员为2390人，占6.0%；办事人员和有关人员为2390人，占6.0%；单位负责人为1000人，占2.5%。不便分类的其他就业人员50人，约占0.1%。

就业人口受教育程度

2010年“六普”抽样调查，在39970就业人口中，未上过学的有2490人，占6.2%；受教育程度为小学的有14420人，占36.1%；受教育程度为初中的为15470人，占38.7%；高中的有4110人，占10.3%；大学专科的有2150人，占5.4%；受教育程度为大学本科及以上的有1330人，占3.3%。初中及以下文化程度的占总就业人数比重高达81.0%，大学专科及以上文化程度的占8.7%。

第七节　残疾人口

根据第二次全国残疾人抽样调查，2006年，全县有各类残疾人约54109人，占全县总人口的6.36%。其中，视力残疾7343人，听力残疾18375人，言语残疾574人，肢体残疾12256人，智力残疾3452人，精神残疾4545人，多重残疾7564人。

2012年，平阳县有各类残疾人55609人，占全县总人口的6.37%。其中，视力残疾7546人，听力残疾18885人，言语残疾589人，肢体残疾12596人，智力残疾3548人，精神残疾4671人，多重残疾7774人。

第三章　人口变动

1989—2012年，平阳县人口出生率在8.47‰～13.29‰之间，自然增长率在3.70‰～13.81‰之间。其间，外出约18万人，外来新居民约11万人。

2010年，外出人口180946人，外来人口（新居民）94021人，2012年外来人口为114316人。

第一节　自然变动

人口出生率与自然增长率

1989—2012年，全县人口再生产维持“较低出生、低死亡、较低自然增长”模式。1989年，出生8676人，出生率11.65‰，死亡3180人，死亡率4.27‰，自然增长5496人，自然增长率7.38‰。2012年，出生11625人，出生率13.30‰，死亡4307人，死亡率4.93‰，自然增长7318人，自然增长率8.38‰。总体来看，人口保持适度的稳定增长。

1989—2012年平阳县人口出生率与自然增长率统计表

表3-3-1

年份	年初人口数(人)	年末人口数(人)	年平均人口(人)	出生		死亡		自然增长	
				人数(人)	比率‰	人数(人)	比率‰	人数(人)	比率‰
1989	741877	747496	744687	8676	11.65	3180	4.27	5496	7.38
1990	747496	752513	750005	12557	16.74	3352	4.47	9205	12.27
1991	752513	758559	755536	11105	14.70	2990	3.96	8115	10.74
1992	758559	767026	762793	11711	15.35	3189	4.18	8522	11.17
1993	767026	773458	770242	12839	16.67	3241	4.21	9598	12.46
1994	773458	779163	776311	13994	18.03	3273	4.22	10721	13.81
1995	779163	785227	782195	13992	17.89	3600	4.60	10392	13.29
1996	785227	789483	787355	8764	11.13	3153	4.00	5611	7.13
1997	789483	789203	789343	6852	8.68	3299	4.18	3553	4.50
1998	789203	804772	796988	6754	8.47	3805	4.77	2949	3.70
1999	804772	809200	806986	8030	9.95	3743	4.64	4287	5.31
2000	809200	830862	820031	7572	9.23	4008	4.89	3564	4.35
2001	830862	840586	835724	7158	8.57	3516	4.21	3642	4.36
2002	840586	841931	841259	8031	9.55	4057	4.82	3974	4.72
2003	841931	846056	843994	11102	13.15	5048	5.98	6054	7.17
2004	846056	847720	846888	10065	11.88	3972	4.69	6093	7.19
2005	847720	848247	847984	9462	11.16	3708	4.37	5754	6.79
2006	848247	850773	849510	9364	11.02	3754	4.42	5610	6.60
2007	850773	854024	852399	9642	11.31	3928	4.61	5714	6.70
2008	854024	856459	855242	9889	11.56	3698	4.32	6191	7.24
2009	856459	862638	859549	9706	11.29	3975	4.62	5731	6.67
2010	862638	867337	864988	9781	11.31	3693	4.27	6088	7.04
2011	867337	874542	870940	10163	11.67	3776	4.34	6387	7.34
2012	874542	872968	873755	11625	13.30	4307	4.93	7318	8.38

说明:以上为县人口和计划生育局提供的数据,年平均人口数与县公安局数据略有不同

人口预期寿命

2010年,全县常住人口平均预期寿命为78.5岁(男性76.5岁,女性80.9岁),比2000年提高3.8岁;男性和女性比2000年分别提高4.4岁和2.9岁。全县常住人口平均预期寿命比温州市低0.5岁,其中男性比温州市低0.4岁,女性比温州市低0.6岁。

第二节　外出人口

2010年“六普”时，全县外出到县外居住半年以上的有180946人(其中省外105124人)，其中外出务工经商的10.83万人(含随迁家属3.19万人)，占外出人口的59.8%；到县外学习、培训的1.21万人，占外出人口的6.7%。人口外出的走向有向发达省份集聚的特点：2000—2010年的10年间，外出到广东省、江苏省和上海市的人口增加1.89万人，占增量的58.5%；外出到贵州、广西、北京等7个省(直辖市)的增加0.63万人。据2010年统计，到省外的10.51万人中，大学(指大专以上)文化程度的1.63万人，占总数15.5%；高中(含中专)文化程度2.17万人，占20.6%。

2010年平阳县各乡镇外出（县外）半年以上人口统计表

表3-3-2　　单位：人

地区	外出平阳县外半年以上人口	其中省外	地区	外出平阳县外半年以上人口	其中省外
昆阳镇	20996	15797	西湾乡	3171	1097
鳌江镇	16573	9320	梅溪乡	2382	1070
水头镇	9499	4281	梅源乡	3639	1525
萧江镇	9535	4576	凤巢乡	6143	2703
麻步镇	9529	5465	龙尾乡	2630	765
腾蛟镇	8383	4071	南湖乡	3478	2119
钱仓镇	1879	1194	朝阳乡	1963	555
山门镇	9161	6927	闹村乡	6710	3732
顺溪镇	4326	2307	晓坑乡	9482	6262
南雁镇	6711	4917	怀溪乡	6328	4033
凤卧镇	4280	3123	青街畲族乡	2748	1547
鹤溪镇	7486	4209	维新乡	2766	858
宋埠镇	5447	3703	吴垟乡	1937	762
榆垟镇	3148	2241	第一农场	544	189
南麂镇	538	21	合计	180946	105124
万全镇	9534	5755			

说明：资料由县统计局提供

2010年平阳县到各省（市）人口及变化情况一览表

表3-3-3

外出地	人数(万人)	比重%	比2000年“五普”增减(万人)
到省外人口总计	10.51	100.00	3.23
前10位小计	7.30	69.4	2.52
广东	1.66	15.8	1.17

续表 3-3-3

外出地	人数(万人)	比重%	比2000年“五普”增减(万人)
江苏	1.34	12.7	0.29
上海	0.86	8.2	0.43
山西	0.56	5.3	-0.21
福建	0.56	5.3	-0.27
贵州	0.53	5.0	0.32
云南	0.51	4.9	0.13
广西	0.44	4.2	0.23
北京	0.43	4.1	0.24
山东	0.41	3.9	0.19

说明:资料由县统计局提供

第三节　新居民人口

人口数

2012年12月,登记在册的新居民114316人(省内2071人,省外112245人),约占全县户籍人口总数的13%。

2010年和2012年平阳县新居民人数情况统计表

表 3-3-4　　单位:人

统计单位		2010年12月31日			2012年12月31日		
		总数	省内	省外	总数	省内	省外
1	昆阳镇	17907	639	17268	26258	499	25759
2	鳌江镇	22604	1285	21319	25049	556	24493
3	水头镇	12878	347	12531	15141	223	14918
4	萧江镇	9772	807	8965	13703	230	13473
5	腾蛟镇	2695	36	2659	2747	39	2708
6	山门镇	366	26	340	295	11	284
7	南雁镇	983	31	952	696	4	692
8	万全镇	26729	921	25808	30233	441	29792
9	顺溪镇	87	48	39	176	60	116
10	青街乡	0	0	0	18	8	10
总计		94021	4140	89881	114316	2071	112245

说明:资料由县新居民服务管理局提供

民族成分

新居民人口以汉族为主，其次为苗族、土家族等少数民族。

2010 年和 2012 年平阳县新居民民族成分情况统计表

表 3-3-5　　单位：人

民族		2010年合计	男	女	2012年合计	男	女
1	汉族	76314	44790	31524	92839	54663	38176
2	苗族	4979	2836	2143	6282	3528	2754
3	土家族	4893	2887	2006	6080	3518	2562
4	布依族	2232	1272	960	2603	1438	1165
5	侗族	1885	1113	772	2139	1258	881
6	仡佬族	954	540	414	1039	586	453
7	其他	2764	1657	1107	3334	1883	1451
总计		94021	55095	38926	114316	66874	47442

说明：资料由县新居民服务管理局提供

迁出地

新居民多数来自贵州、江西、湖北、河南、安徽等省。

2010 年和 2012 年平阳县新居民迁出地情况统计表

表 3-3-6　　单位：人

序号	省份名称	2010年总数	2012年总数
1	贵州省	22195	27291
2	江西省	12374	15885
3	湖北省	12228	14756
4	河南省	9036	10568
5	安徽省	6965	8732
6	湖南省	6704	8277
7	四川省	6526	8216
8	其他	17993	20591
总　计		94021	114316

说明：资料由县新居民服务管理局提供

文化程度

2012年，新居民中初中文化程度的占64.11%，小学文化程度的占27.21%。

2010 年和 2012 年平阳县新居民文化程度情况一览表

表 3-3-7　　单位：人

时间	合计	高中及以上	初中	小学	文盲或半文盲
2010年	94021	6012	58487	27233	2289
2012年	114316	7576	73289	31113	2338

说明：资料由县新居民服务管理局提供

从事职业

新居民多数在劳动强度大而薪酬较低的生产第一线，2012年，从事生产制造加工的占新居民的32.09%。

2010 年和 2012 年新居民从事职业情况一览表

表 3-3-8　　单位：人

时间	合计	生产制造加工	工程施工	餐饮服务	休闲娱乐服务	其他职业	失业
2010年	94021	25219	1158	2158	1349	63777	360
2012年	114316	36688	4717	4104	2757	65023	1027

说明：资料由县新居民服务管理局提供

新居民管理

管理机构　1989年至2009年7月6日，新居民由平阳县公安局负责管理。2009年7月7日，成立平阳县流动人口综合服务管理办公室。2010年6月22日，成立平阳县流动人口服务管理局。2011年10月10日，平阳县流动人口服务管理局改称平阳县新居民服务管理局，对新居民进行管理和提供服务。

发证情况　新居民在平阳县居住3天后都必须办理户口登记手续，并取得居住证。

2010—2012 年平阳县居住证发证情况统计表

表 3-3-9　　单位：人

时间	合计	临时居住证	居住证
2010年	94021	94015	6
2012年	114316	112709	1607

说明：资料由县新居民服务管理局提供

第四章　婚姻与家庭

2010年"六普"资料表明，35岁以后人口未婚比例的变动幅度小(不足3%)。在30～59岁中的壮年年龄段，有配偶者占同龄人口的比例为90%以上。终身未婚人口比例约0.6%。女性比男性普遍更早结婚，25～29岁是女性婚姻状况变化最大的年龄组。离婚状态人口比重低，丧偶现象主要发生在60岁及以上老年人口。

1989—2012年，家庭户规模以二人户比例最高，占27.96%，其次是三人户，占26.63%。

第一节　婚姻状况

初婚平均年龄

法定婚龄为男性22周岁及以上，女性20周岁及以上。1990—2010年全县人口的平均初婚年龄(指当年初次结婚人口)呈逐年延迟态势，2010年初婚平均年龄25.71岁，其中，男性27.14岁，女性24.24岁，分别比法定婚龄推迟5.14岁和4.24岁。

晚婚率

男性年满25周岁、女性年满23周岁的初婚被视为晚婚。2010年，全县已婚人口中晚婚率为32.23%，比2000年提高8.18个百分点。男性晚婚率为39.3%，女性晚婚率为25.7%，分别比2000年提高7.1和11.2个百分点，女性增幅高于男性4.1个百分点。

具有大专以上学历的已婚人口中，晚婚率达73.9%。

大龄未婚率

2010年，全县30～44岁常住人口未婚率

2010 年平阳县人口婚姻状况一览表

表 3-4-1　　单位：%

年龄	未婚			有配偶			离婚			丧偶		
	小计	男	女	小计	男	女	小计	男	女	小计	男	女
总计	20.25	23.77	16.58	72.97	71.57	74.42	1.45	1.78	1.11	5.33	2.87	7.89
15～19	99.23	99.66	98.77	0.77	0.34	1.23						

续表 3-4-1

年龄	未婚			有配偶			离婚			丧偶		
	小计	男	女	小计	男	女	小计	男	女	小计	男	女
20～24	75.77	88.14	63.33	24.13	11.82	36.51	0.10	0.04	0.16			
25～29	28.88	40.76	16.55	70.55	58.75	82.80	0.57	0.50	0.65			
30～34	7.09	10.73	3.44	90.89	87.32	94.48	1.87	1.89	1.86	0.14	0.06	0.22
35～39	2.77	4.96	0.66	94.37	91.82	96.83	2.39	3.01	1.80	0.46	0.21	0.71
40～44	2.02	3.50	0.57	94.22	92.46	95.95	2.70	3.47	1.96	1.06	0.58	1.53
45～49	1.45	2.66	0.20	94.38	94.32	94.44	2.32	2.66	1.96	1.86	0.36	3.39
50～54	1.04	1.85	0.17	92.73	94.16	91.22	1.82	2.34	1.27	4.41	1.65	7.34
55～59	1.78	3.17	0.32	90.89	91.89	89.83	1.40	1.86	0.92	5.93	3.08	8.93
60～64	1.55	2.74	0.14	87.31	90.34	83.72	1.15	1.54	0.68	10.00	5.37	15.47
65及以上	2.78	5.18	0.11	66.19	76.68	54.48	1.10	1.71	0.42	29.93	16.43	44.99

说明：资料由县统计局提供

为3.88%，其中，男性未婚率6.31%，女性未婚率1.5%。30～44岁常住人口中未婚男性0.65万人，未婚女性0.15万人。与2000年相比，30～44岁常住人口未婚率、男性未婚率、女性未婚率分别上升了1.53、2.22、0.98个百分点。

离婚人口比重

2010年，全县离婚未再婚人口占15岁及以上人口的比重1.45%，比2000年的1.06%有所上升，延续了1990年（0.9%）以来的上升势头。

30～34岁、35～39岁、40～44岁和45～49岁4个年龄段分别占离婚总人数的13.02%、17.76%、20.34%和15.18%，是占比最高的4个年龄段，特别是40～44岁和45～49岁两个年龄段占比分别比2000年提高了8.8和2.5个百分点。

丧偶人口比重

2010年，丧偶后未再婚人口占15岁及以上人口的5.33%，比2000年提高0.08个百分点，比1990年下降了0.82个百分点。

女性丧偶比重在各年龄段都高于男性，特别是进入老年阶段以后，女性丧偶比重明显高于男性。65岁及以上的女性中丧偶占比达44.99%，远高于男性的16.43%。

第二节　家庭户状况

随着经济发展和社会变革，以及计划生育工作不断推进，全县的家庭类型、规模和结构都不断发生变化，与10年乃至20年前的家庭状况有很大的不同。

家庭户数量和规模

2010年，全县家庭户数量为24.88万户，人数为71.67万人，户均人数为2.88人。家庭户户数比2000年的21.25万户增加了3.63万户，增长17.08%；家庭户户均人数则比2000年的3.37人减少0.49人。与1990年家庭户规模相比，下降更为明显，户均人数减少1.11人。从家庭户规模的结构看，二人户比例最高，为27.96%，其次是三人户26.63%。与10年前相比，二人户取代了三人户的主体地位，占家庭户规模比例最高。

2000年与2010年平阳县家庭户规模构成情况一览表

表3-4-2

家庭户规模	2000年		2010年		比重升降%
	户数(户)	比重%	户数(户)	比重%	
合计	212480	100	248763	100	
一人户	21955	10.33	40570	16.31	5.98
二人户	37458	17.63	69560	27.96	10.33
三人户	56695	26.68	66245	26.63	-0.05
四人户	53546	25.20	41563	16.71	-8.49
五人户	28383	13.36	19650	7.90	-5.46
六人户	10041	4.73	7250	2.91	-1.81
七人户	2743	1.29	2347	0.94	-0.35
八人户	963	0.45	905	0.36	-0.09
九人户	369	0.17	403	0.16	-0.01
十人及以上户	327	0.15	270	0.11	-0.04

说明：资料由县统计局提供

一代户比重

2010年，人口普查全县家庭户24.88万户中，一代户10.01万户，占比40.23%；二代户11.47万户，占46.10%；三代户3.29万户，占13.23%。与2000年相比，一代户比重提高了14.99个百分点，二代户、三代户比重分别下降了14.55、0.4个百分点（见表3-4-3）。家庭代数减少源于人口流动迁徙加剧，更多的年轻人从大家庭中析出，晚婚晚育，以及众多老年人经历“空巢家庭”模式等原因。

2000年与2010年平阳县家庭户代际类别情况统计表

表3-4-3

家庭户代际	2000年		2010年		比重升降%
	户数(户)	比重%	户数(户)	比重%	
合计	212480	100	248763	100	—
一代户	53639	25.24	100088	40.23	14.99
二代户	128868	60.65	114677	46.10	-14.55
三代户	28969	13.63	32917	13.23	-0.4
四代户	1001	0.47	1081	0.43	-0.04
五代户以及上	3	—	—	—	—

说明：资料由县统计局提供

“空巢”老人户和隔代家庭户

2010年，全县有65岁及以上老年人口的家庭户5.87万户，占全县常住人口家庭户24.88万户的23.62%，比2000年增加1.0万户，增长20.54%。

在有65岁及以上老年人口的家庭户中，“空巢”老人家庭户2.83万户，占全县家庭户的11.37%，占有老年人口家庭户的48.21%，比2000年增加1万户，增长54.81%。

在“空巢”老人家庭户中，单身老人户1.64万户，只有一对老夫妇的1.19万户，分别占“空巢”老人家庭户的58.03%、41.97%。

各乡镇中，“空巢”老人家庭户鳌江镇4968户、昆阳镇3829户、萧江镇2014户、万全镇1704户、水头镇1588户、腾蛟镇1411户、麻步镇1319户、鹤溪镇1010户，其余乡镇均在1000户以下。

“空巢”老人户占家庭户的比重除昆阳镇、鳌江镇、水头镇、萧江镇、钱仓镇、南麂镇、万全镇和第一农场外，其余乡镇比重都超过全县“空巢”老人户平均水平(11.37%)，其中龙尾乡达42.97%。

全县老年人(一个老人或一对老夫妇)与未成年亲属共同居住的隔代家庭户有745户，占家庭户的比重0.3%。

2010年平阳县分乡镇65岁及以上老年人的家庭户情况统计表

表3-4-4　　单位：户、%

地区	65岁及以上常住人口家庭												
	全县家庭户总计	合计	有一个65岁及以上老年人的户				有两个65岁及以上老年人的户				有三个65岁及以上老年人的户	“空巢”老人	“空巢”老人占家庭户比重
			小计	单身老人户	一个老年人与未成年的亲属户	其他	小计	只有一对老夫妇的户	一对老夫妇与未成年的亲属户	其他			
总　计	248763	58749	40936	16406	397	24133	17612	11868	348	5396	201	28274	11.37
昆阳镇	38518	7727	5162	1971	54	3137	2538	1858	38	642	27	3829	9.94
鳌江镇	56553	10430	7067	2656	36	4375	3337	2312	34	991	26	4968	8.78
水头镇	27080	5269	3847	932	21	2894	1399	656	15	728	23	1588	5.86
萧江镇	20103	4266	2997	1124	23	1850	1260	890	17	353	9	2014	10.02
麻步镇	11066	3190	2133	739	23	1371	1042	580	27	435	15	1319	11.92
腾蛟镇	11587	3142	2268	873	14	1381	862	538	11	313	12	1411	12.18
钱仓镇	5094	1140	812	324		488	324	218	5	101	4	542	10.64
山门镇	6062	2077	1464	604	25	835	608	381	20	207	5	985	16.25
顺溪镇	2295	946	661	348	8	305	283	203	6	74	2	551	24.01
南雁镇	5543	1743	1204	414	19	771	533	291	12	230	6	705	12.72
凤卧镇	4114	1476	1055	458	14	583	414	246	14	154	7	704	17.11
鹤溪镇	5872	1800	1296	655	24	617	502	355	14	133	2	1010	17.20
宋埠镇	4706	1140	806	362	11	433	332	240	8	84	2	602	12.79
榆垟镇	3589	878	616	252	5	359	260	181	9	70	2	433	12.06
南麂镇	460	45	39	14		25	6	5		1		19	4.13
万全镇	17082	2900	2006	980	10	1016	880	724	12	144	14	1704	9.98
西湾乡	1680	735	475	229	2	244	251	186	2	63	9	415	24.70
梅溪乡	3153	898	622	271	8	343	269	192	6	71	7	463	14.68

续表 3-4-4

地区	65岁及以上常住人口家庭												
	全县家庭户总计	合计	有一个65岁及以上老年人的户				有两个65岁及以上老年人的户				有三个65岁及以上老年人的户	"空巢"老人	"空巢"老人占家庭户比重
			小计	单身老人户	一个老年人与未成年的亲属户	其他	小计	只有一对老夫妇的户	一对老夫妇与未成年的亲属户	其他			
梅源乡	2558	840	587	300	10	277	250	182	10	58	3	482	18.84
凤巢乡	3386	1013	743	364	15	364	269	212	6	51	1	576	17.01
龙尾乡	526	307	218	149	3	66	89	77	1	11		226	42.97
南湖乡	4205	1267	936	403	13	520	327	219	15	93	4	622	14.79
朝阳乡	691	347	262	140		122	82	47	6	29	3	187	27.06
闹村乡	4123	1561	1085	560	8	517	475	378	10	87	1	938	22.75
晓坑乡	2511	1260	905	445	24	436	349	234	16	99	6	679	27.04
怀溪乡	1882	797	555	293	13	249	238	166	19	53	4	459	24.39
青街畲族乡	1725	716	512	234	6	272	199	126	6	67	5	360	20.87
维新乡	754	397	286	163	5	118	109	78	5	26	2	241	31.96
吴垟乡	607	261	194	85	2	107	67	44	3	20		129	21.25
第一农场	1238	181	123	64	1	58	58	49	1	8		113	9.13

说明：资料由县统计局提供

第五章 老龄人口

人口老龄化是由人口出生率和死亡率下降以及平均寿命延长引起的，是生产力发展、社会文明进步和人口再生产正常运行的结果。1989—2010年，平阳县人口老龄化程度上升到14.5%，高于全国平均水平1.2个百分点。

第一节 老年人口数量与结构

数量

2010年，"六普"汇总资料显示，全县常住人口中60岁及以上人口为11.01万人，其中男性占52.6%，女性占47.4%；65岁及以上人口为7.78万人，其中男性占52%，女性占48%。同2000年"五普"相比，老年人口的总数大幅增长，60岁及以上人口和65岁及以上人口分别增长23%、21.6%，高于总人口增幅20.1、18.7个百分点。

结构

老龄化程度 2010年，常住人口中，60岁及以上人口比重为14.5%，其中65岁及以上人口比重为10.2%，比2000年"五普"分别提高2.4和1.6个百分点，比全国高1.2和1.3个百分点，比全省高0.6和0.9个百分点，比全市高3.4和2.6个百分点。随着大量青壮年外来人口的进入，60岁及以上和65岁及以上老年人口比重，"六普"比"五普"相对"五普"比"四普"的升幅有所减少，人口老年化趋势减缓。但从老少比(65岁及以上/0～14岁)看，2010年已高达67.8%，比"五普"上升27.6个百分点，远高于30%的人口年龄结构老年型标准。纵向比较，"五普"比"四普"老少比上升18.8个百分点，从老少比来看，平阳县的人口老龄化进程逐步加快。

1990年、2000年、2010年平阳县人口年龄结构的变化情况一览表

表3-5-1

	平阳县人口普查结果		
	1990年	2000年	2010年
0～14岁少儿比重	29.9%	21.5%	15.1%
60岁及以上老年比重	9.6%	12.1%	14.5%
65岁及以上老年比重	6.4%	8.6%	10.2%
老少比(65岁及以上/0～14岁)	21.4%	40.2%	67.8%

说明:资料由县统计局提供

老年人口的高龄化趋向 2010年,“六普”显示,全县高龄(80岁及以上)老年人口1.72万人,与2000年比,增幅高达58.8%,高于同期老年人口增长幅度。高龄老年人口占60岁及以上老年人口比重上升到15.64%,相对“五普”“四普”分别增加3.53和4.44个百分点,高龄老年人口比重持续上升。2000年百岁及以上的祥瑞老人为18人,2010年,增至33人,接近翻了一番。2012年,百岁及以上老人为36人,其中,男性12人,女性24人。低龄(60～69岁)老年人口占60岁及以上老年人口比重从“四普”后开始逐渐下降,到2010年已下降到49.39%,分别比“五普”和“四普”下降4.82和9.13个百分点。中龄(70～79岁)老年人口占全部老年人口比重历次普查变化不大,2010年比2000年上升1.3个百分点。随着生育率和死亡率的进一步下降,人口在老龄化的同时,高龄化趋势明显。

1990年、2000年、2010年平阳县分年龄段老年人口占老年总人口比重情况一览表

表3-5-2

年份	60岁及以上人口(人)	60～69岁人口(人)	60～69岁人口占老年人口比重%	70～79岁人口(人)	70～79岁人口占老年人口比重%	80岁以上人口(人)	80岁以上人口占老年人口比重%
1990	67473	39488	58.52	20432	30.28	7553	11.20
2000	89504	48521	54.21	30141	33.68	10842	12.11
2010	110118	54388	49.39	38512	34.97	17218	15.64

说明:资料由县统计局提供

中高龄老年人口性别比 2010年,60～69岁低龄组段,男女性别比为122.25,70～79岁中龄组段,男女性别比降为108.71,80～89岁年龄段,男女性别比90.85,在90岁及以上年龄段,男女性别比只有54.83。

“六普”与“五普”和“四普”比,老年人口到中高龄阶段,男女性别比有所提高。如70～79岁中龄组段,性别比从“四普”的102.6上升到“五普”的106.84,再到“六普”的108.71;80～89岁年龄段,性别比从“四普”的74.97上升到“五普”的78.44,再到“六普”的90.85;90岁及以上年龄段,性别比从“四普”的38.99上升到“五普”的42.64,再到“六普”的54.83。

第二节　老年人事业

1989—2012年,平阳县老龄事业得到很大发展,成立了老人协会、老龄工作委员会、老年学校、老年人体育协会等老年组织;开展了发放老人优待证,慰问、救济困难老人,维护老年人权益,表彰敬老行为等活动。2001年,麻步镇老年活动中心和鳌江镇西桥村老年活动中心被评为省级先进老年活动中心。2003年，县烟草局老年怡乐园活动中心被评为省级先进老年活动中心。2008年，平阳县获得全国“全民健身与奥运同行、全国亿万老年人健步走向北京奥运会”活动先进地区称号；县老年体协秘书长陈希斌获得全国老年人体育协会先进工作者称号；昆阳镇程松来（96岁）获得第七届全国“健康老人”称号。

老龄组织

县老龄工委　1989年7月，平阳县成立县老龄问题委员会，挂靠人事局，行政编制2人。1992年，转挂靠老干部局，编制2人，实际在编3人，借用1人，聘用1人（老年体协）。1994年，县老龄问题委员会更名为县老龄委员会（简称县老龄委），下设办公室。1998年，县老龄委员会更名为县老龄工作委员会（简称县老龄工委）。是年9月，县委、县政府批准县老龄工委为县委、县政府主管老龄工作的综合协调组织，其办公室为日常办事机构（副科级），为全额拨款事业单位，编制5人，领导数为办公室主任1人，副主任1人。县老龄工委和县关工委合署办公。2002年，县老龄工委转挂靠县民政局，至2012年未再变更。

县老人协会　老年学校　1986年5月成立的昆阳镇老人协会是全县最早成立的老人协会。至2012年，全县镇乡级老人协会10个，社区（居委会）老人协会66个，村级老人协会350个，参加协会人数87412人，占全县老年人口66.61%。至2012年，全县有各类老人活动中心（站、室）639个。2012年，全县老年电视大学（教学点、班）等各类老年学校39所，学员人数从1994年的700余人发展至2012年的5520人。

县老年人体育协会　平阳县老年人体育协会于1992年成立，至2012年，镇（乡）及村级老年体协组织有621个，老年人健身队200余支，门球队、气排球队、乒乓球队、太极拳队、团体操队等各类专项体育团队60余支，参加人数51328人。

县老年人体育协会成立以来，每年均举办老人体育赛事，比赛项目主要有门球、象棋、钓鱼、桥牌、气排球、太极拳、健身操、围棋、健身球、乒乓球、地掷球等，全县参加经常性体育锻炼的老人从1994年的18000余人增加至2012年的40000余人。

主要工作

1994年，平阳县老龄委和县司法局联合下发《赡养协议公证细则》。1996年，制订《平阳县老龄事业九五发展规划》。1999年8月25日，县政府颁布《关于七十周岁以上老人优待服务实施意见》。2003年，出台《平阳县老龄工作委员会单位职责》《平阳县老龄工作委员会办公室职责》。1999—2012年，为全县138548名老人办理浙江省老年人优待证。1999—2012年，协调解决1133起侵犯老

1994—2012年间部分年份平阳县老龄人口情况统计一览表

表3-5-3　　单位：人

年份＼年龄	60岁以上	其中			
		65岁以上	70岁以上	80岁以上	100岁以上
1994年	75599	32666			
1996年	81891	49233			
1999年	91670				
2003年	111047	87588		20856	18
2005年	108684	83249		18230	9
2006年	112025		59653	19439	32
2007年	115872		62517	21227	35
2008年	121863		63617	22022	35
2009年	125694		65525	22682	24
2010年	110118		55730	17218	33
2011年	133184		67916	25096	35
2012年	131055		62326	21647	36

说明：资料由县老龄工委提供

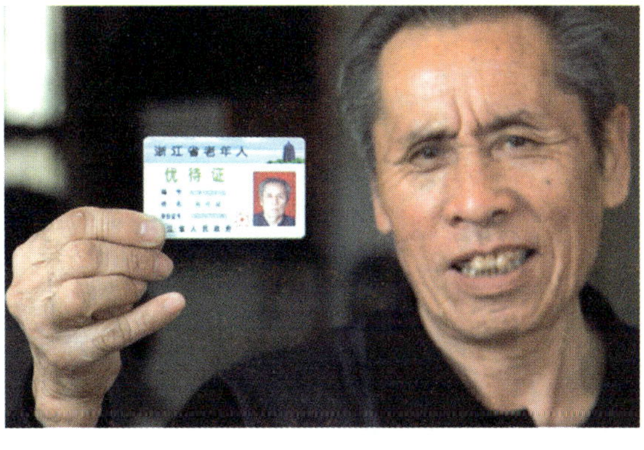

2006年10月，由浙江省老龄办统一监制的省老年优待证在平阳县发放，27个乡镇的71210名老人拿到了优待证。持有该证的老人按规定享受出行、参观、医疗等方面的优惠　陈培勇　摄

人合法权益事件。2004—2012年，慰问特困老人1139人，发放慰问金699700元。2010—2012年，救济经济困难老人16108人，救助金额2884.09万元。每年老人节期间，通过印发《中华人民共和国老年人权益保障法》，表彰“孝敬父母好儿女”“孝敬公婆好媳妇”等先进个人；通过庆金婚和文艺演出等形式，宣传尊老、敬老、助老的传统美德。2012年，县老龄工委联合教育局开展“孝文化”进校园活动，编印“孝文化”图书及感恩贺卡各57000册（张）。是年，平阳县“居家养老一键通服务平台”正式开通试运行，并在昆阳镇仙坛社区、万全镇榆垟社区、萧江镇桃源社区率先开展试运行工作，发放“一键通”手机2600台。县烟草专卖局高树迪、鳌江镇朱友涛、南雁镇吴定酒、山门镇林垂午分别于2005年、2006年、2008年和2012年被评为“全国孝亲敬老之星”。

1989—2012年，全县最长寿老人107岁。至2012年，健在的百岁老人有36人。

第六章　计划生育

1962—1981年，平阳县年均人口出生率28.58‰。自20世纪80年代始，随着计划生育工作的推进，“少生、优生、优育”和“晚婚晚育”已为多数群众所认可和接受，人口出生率从1990年的16.74‰下降到2012年的13.29‰。人口自然增长率从1990年的12.27‰下降到2012年的8.37‰。

第一节　管理机构

县管理机构　1984年，平阳县计划生育办公室升格为平阳县计划生育委员会，2001年12月，更名为平阳县计划生育局。2005年1月，又更名为平阳县人口和计划生育局（简称县人口和计生局）。2012年，县人口和计生局下设办公室、发展规划科、政策法规科（行政审批科）、宣传教育科技科；直属单位有县计划生育宣传技术指导站、县人口计生管理大队、县人口计生信息中心；业务指导单位有县计划生育协会。

基层管理机构　1992年5月，各乡（镇）计划生育办公室调整为乡（镇）人民政府内设机构，实行条块管理。1995年5月，昆阳、鳌江、水头、萧江、山门、麻步、郑楼、顺溪、腾蛟、南麂等10个乡（镇）成立人口计划生育监察中队，2000年2月后，各乡（镇）人口计生监察中队陆续更名为流动人口计划生育管理中队。

第二节　相关措施

县政府根据国家计划生育的法律、法规和省、市相关文件精神，结合实际情况，适时出台相应的政策与措施。

计划生育措施

加强基层基础建设　从1997年起，在全县开展计划生育合格村和新家庭创建活动。2001年10月，在全县开展计划生育村民自治、民主管理工作。2011年2月，实施人口和计划生育“强基创优工程”。按照“分类管理、突出整治、创优示范、梯次推进、整体提高”的原则，采用镇（乡）、社区、村（居）和网格四级管理模式。

实行责任督查　从20世纪90年代后期开始，县政府对乡（镇）计划生育工作进行责任督查，督查项目主要有人口出生的统计等。从2002年开始，县人口计生局通过《督查通报》《反馈意见》《计生简报》等途径，对乡（镇）的计划生育工作情况进行不定期的督查和通报。

增加经费投入　县财政对计生事业费的投入，从20世纪90年代后期起逐年增加。2006年1070万元，2012年增加到3325万元。

流动人口计生管理

建立外出已婚育龄妇女档案　1993年始，乡（镇）建立外出已婚育龄妇女档案。凡外出务工、经商在3个月以上的成年流动人口，必须持有户籍地乡（镇）签发的“婚育证明”。

组织外出已婚育龄妇女孕环检查　1996年10月至2009年，每年两次组织在外省的已婚育龄妇女到温州市计生委驻全国20个大中城市办事处接受孕环检查。2009年，国家《流动人口计划生育工作条例》出台后，外出已婚育龄妇女可在居住地接受孕环检，通过省全员平台发送到户籍地。

外来流动人口计生管理　20世纪90年代，全县外来流动人口不足1万人，2012年12月，外来流动人口有114316人（指登记在册的新居民）。20世纪90年代初至2006年，外来流动人口的计生管理由驻村干部负责；2007年开始由流动人口计生专职协管员负责。

实行“一盘棋”管理　对流动人口的计划生育实行“一盘棋”管理。2005年，平阳县参与浙闽边“两省三地十六县”区域的计生工作协作，2007年以来，与常熟等91个县（市）建立点对点协作。区域之间协作的主要内容是：通过网络化协作，实施一孩生育服务登记、打击“两非”（非医学需要的胎儿性别鉴定和非医学需要的人工终止妊娠行为）等管理和服务。

完善均等化服务　2009—2012年，为5.6万余人次的流动育龄妇女提供免费孕前优生检测。2012年，鳌江、萧江、万全、水头等镇计生服务站以及水亭等27个社区计生服务站，创建新居民计划生育规范化服务中心。服务中心的主要服务内容：为流动育龄妇女免费提供宣传教育、健康咨询、随访服务、“三优”（优生、优育、优教）指导服务；开展流动人口计划生育“关怀关爱”活动，确保各项免费项目和奖励、优待政策落实到位。

第三节　计划生育宣传

平阳县计划生育工作坚持多渠道开展宣传教育活动，提高群众对计划生育工作的认识，提高优生优育意识。

普及人口和计生知识

在新农村建设中，开展新型人口文化宣传。将人口理论教育、人口计生内容纳入党校的乡（镇）领导干部培训班、中青年干部培训班的课程；县人口计生局业务骨干到党校讲授计生政策法规、基层计生工作重点等内容。

在中学生中开展青春期健康教育，扩大人口文化的传播面。各中学均把青春期健康教育和人口知识列入课程。除此之外，县人口计生局还经常邀请温州大学专家为中学高年级学生作青春期健康知识专题讲座。

开展计生文艺宣传活动。与市计生文艺宣传队、县文化馆合作，每年安排计生文艺宣传队到农村巡回演出，普及人口计生知识。

运用多种载体开展宣传。与县内主流媒体（平阳电视台、《新平阳》、平阳广播电台等）合作，定期播出或刊登计生宣传内容，做到电视有形象、报纸有专栏、广播有声音。在公交车车体上喷刷计生公益广告，2012年，全县共有13辆公交车车体广告投入运行。还利用出租车顶灯、座椅套、户外大型视频、电梯视频等载体，宣传人口计生工作内容。

宣传阵地建设

2005年，在昆阳镇隧洞东路建成全县第一个人口文化园，把计生雕塑、宣传长栏融入路旁景观。此后，各乡（镇）结合新农村建设，因地制宜开展人口文化园的创建活动，至2012年底，全县共建成13个人口文化园作为人口文化宣传的阵地。

专项宣传活动

每年“5·29”（全国计生协会“会员活动日”）和“7·11”（世界“60亿人口日”）等纪念日，开展各类专项大型宣传活动。如座谈会、文艺演出、知识竞猜、独生子女家庭趣味运动会，如2009年5月30日，县人口计生局、体育局、妇联、计生协会等单位在县体育馆联合举办以“健康、快乐、和谐”为主题的独生子女趣味运动会。

各乡（镇）围绕不同时期计生工作的中心任务，持续开展“婚育新风进万家”和“关爱女孩”等主题宣传教育活动。

第四节　计划生育服务

全县计划生育的技术服务工作由县计划生育宣传技术指导站和乡镇计划生育服务站实施，另有县计划生育协会辅助计划生育的服务工作。

宣传技术指导站的服务

技术服务机构　县计划生育宣传技术指导站于1983年12月成立。1993年9月后，各乡镇先后成立计生服务站，其中，鳌江镇和水头镇服务站于2002年1月，升格为县计划生育宣传技术指导站鳌江分站和水头分站。

技术服务内容　县计划生育宣传技术指导站

的服务项目：妇科病诊治；生殖保健与避孕节育知识咨询；避孕药具供应与管理；基层计生员与育龄群众培训等。县计划生育宣传技术指导站成立以来，持续开展以优生优育优教、生殖健康为主要内容的宣传和技术服务活动，推行避孕措施知情选择，实施避孕节育全程跟踪服务和生殖保健服务。

协会服务

协会组织　1988年5月6日，成立平阳县计划生育协会。至2012年底，全县已建立各级计生协会组织651个，其中县级1个，乡镇级11个，村居级639个。会员34591人。全县建立会员之家639个，会员小组2135个，会员联系户89551户。县计划生育协会受县人口计生领导小组领导，业务上归县人口计生局指导。

协会服务内容　一是开展“两创一达标”活动（创建计生工作示范村居、创立计生工作好支书和主任、实现村居计生工作基础达标）。2009—2012年，全县的计生合格村（居）达到总村（居）数的90%。至2012年底，全县共评选出20个“计生工作示范村（居）”和25名“计生工作好支书（主任）”。二是开展计划生育村民自治工作。2010—2012年，全县有3个村获得国家级人口计生基层群众自治示范村称号（万全镇章桥村、昆阳镇皇岙村、鳌江镇荷莲村）；10个村获得省级人口计生基层群众自治示范村称号（万全镇北厂村、昆阳镇凤山村、昆阳镇皇岙村、鳌江镇荷莲村、万全镇谷洋村、昆阳镇阳岙村、鳌江镇新城村、萧江镇永门村、万全镇郑一村、腾蛟镇凤翔社区）；4个企业获得省级人口计生基层群众自治示范企业称号（立天集团、扬城皮业有限公司、温州庄吉集团工业园区有限公司、圣雄集团）。

第四卷
DI SI JUAN

《平阳县志（1989—2012）》
PINGYANG XIAN ZHI

国土资源管理

1985年平阳县土地总面积1041.17平方千米。1993年开展全国土地详查，全县土地面积1050.85平方千米。2009年第二次全国土地调查，核定全县土地面积1042.21平方千米。全县海域面积约1300平方千米。

1986年，《中华人民共和国土地管理法》《中华人民共和国矿产资源法》颁布，将土地、矿产资源管理工作纳入法制管理轨道。1987年12月，平阳县土地管理局成立，履行全县城乡地政统一管理职能。局机关内设办公室、地籍管理股、建设用地管理股，下辖土地管理事务所、土地监察队两个事业单位。1989年，各区（镇）土地管理所建立。1993年，县政府撤销原来11个跨乡镇设置的土地管理所，成立20个土地规划所，14个乡各配备1名土地规划员，业务上接受县土地局和县规划局双重领导。1995年后，土地、规划所分开，20个乡镇重新恢复土地管理所名称。1996年，建立土地中心所，归县土地管理局领导。2000年2月，县土地管理局搬入平阳大厦办公。

2001年12月，县政府撤销县土地管理局、县地质矿产局，组建为县国土资源局，承担全县土地、矿产等自然资源的规划、管理、保护和合理开发的职能。县水产局改名为平阳县海洋与渔业局，作为县政府主管全县海洋工作的职能部门，承担行政区域内海洋综合管理职责。

2012年，县国土资源局下设昆阳、鳌江、水头等3个管理分局和萧江、麻步、腾蛟、钱仓、山门、顺溪、万全、宋埠、南雁等9个管理所，内设办公室、政策法规科、地籍管理科、地质矿产管理科、土地利用规划科、建设用地和行政审批科等6个科室，人员编制17人。下属信息中心、县土地储备中心、县土地整理中心、监察大队、县地质矿产所、县地质环境监测站、县征地事务所、县地产交易所等事业单位。

第一章　土地规划

在全面开展划定基本农田保护区工作和土地详查的基础上，1996年开展土地利用总体规划工作。1999年2月，《平阳县土地利用总体规划（1997—2010年）》制定完成。2003年，平阳县被确定为全省13个土地利用总体规划修编试点县后，制定并实施《平阳县土地利用总体规划（2006—2020年）》。

第一节　基本农田保护区规划

1989年年末，全县耕地面积25562.20公顷。1989年12月开始，全县全面开展划定基本农田保护区工作，至1992年12月完成。

1993年，全县土地详查耕地面积为42687.21公顷。1996年7月，开展土地利用总体规划工作，同时调整基本农田保护区规划。是年，全县耕地总面积33983.09公顷，基本农田30401.27公顷，一般农田3581.82公顷，其中建设占用840.67公顷，基本农田保护率89.46%。

昆阳镇水亭村基本农田保护区（2012年）　谢丙凯　摄

昆阳镇基本农田保护牌（2012年）　谢丙凯　摄

1996年平阳县基本农田保护区面积一览表

表 4-1-1　　　　单位：公顷

行政单位	耕地总量	基本农田	一般农田		基本农田保护%
			总量	其中建设占用	
全县合计	33983.09	30401.27	3581.82	840.67	89.46
昆阳镇	3239.79	2648.71	591.08	209.97	81.76
鳌江镇	3785.61	2977.98	807.63	309.64	78.67
水头镇	1342.46	937.12	405.34	79.83	69.81
萧江镇	1792.06	1366.57	425.49	61.66	76.26
腾蛟镇	1906.34	1766.01	140.33	24.33	92.64
麻步镇	2139.51	1976.35	163.16	26.16	92.37
钱仓镇	696.87	644.08	52.79	23.05	92.42
郑楼镇	1070.88	1003.68	67.20	9.20	93.72
宋桥镇	1311.79	1207.16	104.63	20.63	92.02
宋埠镇	792.00	777.17	14.83	4.83	98.13
榆垟镇	699.19	683.66	15.53	4.53	97.78
山门镇	1257.62	1190.89	66.73	6.23	94.69
南雁镇	1021.49	979.66	41.83	3.83	95.91
鹤溪镇	994.47	936.77	57.7	3.70	94.20
凤卧镇	1456.04	1382.72	73.3	4.30	94.97
顺溪镇	686.17	653.34	32.83	4.83	95.22
南麂镇	25.76	0	25.76	0.30	0
西湾乡	732.64	701.31	31.33	1.33	95.72
凤巢乡	1037.2	989.37	47.83	3.83	95.39
闹村乡	1437.37	1353.57	83.8	4.8	94.17
南湖乡	976.74	932.41	44.33	3.33	95.46
梅溪乡	984.57	933.74	50.83	2.83	94.84
梅源乡	1011.34	960.91	50.43	3.93	95.01
桃源乡	427.54	397.20	30.34	4.33	92.90
晓坑乡	611.99	578.02	33.97	7.97	94.45
怀溪乡	370.18	349.61	20.57	1.07	94.44
青街乡	422.30	402.15	20.15	2.15	95.23
朝阳乡	375.88	355.71	20.17	1.17	94.63
龙尾乡	635.30	604.83	30.47	1.47	95.20
吴垟乡	170.65	162.18	8.47	1.47	95.04
维新乡	244.05	232.98	11.07	1.07	95.46
县农场	301.74	293.29	8.45	2.45	97.20
县林场	25.55	22.1	3.45	0.45	86.5
海　涂	0	0	0	0	0

说明：资料由县国土资源局提供

2008—2009年，全县31个乡镇开展基本农田示范区建设，率先在温州地区完成工作，保护地块7809个，初步实现基本农田标准化，基础工作规范化，保护责任社会化，监督管理信息化。

2010年6月完成《平阳县土地利用总体规划（2006—2020年）》修编工作，确定基本农田保护面积29773.33公顷（即44.66万亩）。2012年，全县完成基本农田划区定界，划区定界划定基本农田面积30394.73公顷（45.59万亩）。

第二节　土地利用总体规划

1996年7月，县土地利用总体规划办公室成立，主持编制土地利用规划。1999年2月，《平阳县土地利用总体规划（1997—2010年）》编制完成，经市政府审查报省政府批准实施。规划总体目标：基期全县耕地面积33983.09公顷，到2010年，各项建设占用耕地840.67公顷，退耕和灾毁616公顷；通过开发土地后备资源、土地整理及结构调整，增加耕地1673.30公顷，增减相抵净增耕地216.63公顷，2010年耕地总量34199.72公顷。基本农田保护面积30401.27公顷，保护率89.46%，在严格控制建设用地规模的同时，促进社会经济全面发展，提供建设用地不少于2245公顷，占用耕地控制在840.67公顷以内，占用其他用地1404.33公顷。至2010年，城镇建设用地3432.65公顷，交通用地732.12公顷。新开发耕地、土地整理及结构调整增加耕地不少于1673.30公顷。

2003年，平阳县被确定为全省13个土地利用总体规划修编试点县之一。2011年1月，《平阳县土地利用总体规划（2006—2020年）》报经省政府批准后实施。规划至2020年，基本农田保护面积不低于29773.33公顷（44.66万亩）；标准农田面积保持在13953.33公顷（20.93万亩）以上；耕地保有量不少于31326.67公顷（46.99万亩）以上。

第三节　土地综合整治规划

土地综合整治以土地整理、复垦、开发和城乡建设用地增减挂钩为平台，通过节地挖潜，实现耕地总量动态平衡，提高土地节约集约利用率。2011年，县国土资源局主持编制《平阳县土地整治规划（2011—2020）》。规划至2020年，农用地整治规模达到5000公顷，补建标准农田800公顷，农用地整治补充耕地320公顷；整治农村建设用地1050公顷，补充耕地630公顷；开发宜耕后备土地3821公顷，补充耕地1675公顷；城镇工矿用地减少10%。

第二章　地籍管理

1988年起，县内土地使用权进行初始登记、发证，由此逐步建立起地籍管理制度。1994年后，相继开展农村集体建设用地使用权登记和变更登记。1993年，土地详查核定全县土地总面积105085.28公顷。2009年，第二次土地核查核定全县土地总面积104221.02公顷。2008年开始，开展数字地籍调查，至2012年，全县完成17.30万宗地籍档案扫描、录入、整理工作。

第一节　土地调查

土地详查

1985年，土地利用现状调查（概查），全县土地总面积是1041.17平方千米。1991年开展全县土地详查，1993年完成，1996年上报确认成果。核定全县土地总面积是105085.28公顷。其中，耕地面积42687.21公顷，占土地总面积40.62%；园地面积2514.75公顷，占土地总面积2.41%；林地面积35802.15公顷，占土地总面积34.07%；居民点及工矿用地面积4425.33公顷，占土地总面积4.21%；交通用地596.34公顷，占0.57%；水域13486.71公顷，占12.83%；未利用土地5558.75公顷，占5.29%；牧草地14.04公顷，占0.01%。

2009年，第二次全国土地调查，核定平阳县土地总面积是104221.02公顷。其中，耕地31492.07公顷（472381亩），占30.22%；园地3082.38公顷，占2.96%；林地42435.28公顷，占40.72%；草地667.86公顷，占0.64%；居民点及工矿用地8218.01公顷，占7.88%；交通运输用地1732.23公顷，占1.66%；水域及水利设施用地12853.82公顷，占12.33%；其他用地3739.37公顷，占3.59%。

1993 年平阳县各类土地详查面积统计表

表 4-2-1

地类名称			面积(公顷)	占土地总面积%
总面积			105085.28	100.00
耕地	小计		42687.21	40.62
	灌溉水田		18377.22	17.49
	望天田		7744.52	7.37
	旱地		16383.52	15.59
	菜地		181.95	0.17
园地	小计		2514.75	2.41
	果园		338.19	0.33
	桑园		20.38	0.02
	茶园		642.50	0.62
	其他园地		1513.68	1.43
林地	小计		35802.15	34.07
	有林地	小计	25549.42	24.32
		用材林	20676.33	20.61
		防护林	178.09	0.17
		经济林	358.30	0.34
		竹林	2421.06	2.31
		薪炭林	830.79	0.79
		特殊用途林	84.85	0.10
	灌木林		316.06	0.30
	疏林地		2778.59	2.64
	未成林造林地		7100.46	6.75
	迹地		36.07	0.04
	苗圃		21.55	0.02
居民点及工矿用地	小计		4425.33	4.21
	城镇		500.82	0.47
	农村居民点		3487.30	3.32
	独立工矿用地		239.17	0.23
	特殊用地		177.42	0.17
	盐田		20.62	0.02
交通用地	小计		596.34	0.57
	公路		172.31	0.17
	农村道路		423.63	0.40
	港口码头		0.40	

续表 4-2-1

地类名称		面积(公顷)	占土地总面积%
水域	小计	13486.71	12.83
	河流水面	3115.66	2.96
	水库水面	54.14	0.05
	坑塘水面	239.97	0.23
	苇地	61.95	0.06
	滩地	9493.50	9.03
	沟渠	489.58	0.47
	水工建筑物	31.91	0.03
未利用土地	小计	5558.75	5.29
	荒草地	4946.05	4.70
	沼泽地	11.39	0.01
	沙地	9.11	0.01
	裸土地	5.37	
	裸岩石砾地	525.28	0.50
	田埂	13.36	0.02
	其他未用地	48.19	0.05
牧草地	天然草地	14.04	0.01

说明：资料由县国土资源局提供

2009 年平阳县各类土地详查面积统计表

表 4-2-2

地类名称		面积(公顷)	占土地总面积%
总面积		104221.02	100.00
耕地	小计	31492.07	30.22
	水田	20528.47	19.70
	水浇地	0	0
	旱地	10963.60	10.52
园地	小计	3082.38	2.96
	果园	1652.43	1.58
	茶园	426.95	0.42
	其他园地	1003.00	0.96
林地	小计	42435.28	40.72
	有林地	35662.32	34.22
	灌木林	1761.77	1.69
	其他林地	5011.19	4.81

续表 4-2-2

地类名称		面积(公顷)	占土地总面积%
草地	小计	667.86	0.64
	天然牧草地	0	0
	人工牧草地	0	0
	其他草地	667.86	0.64
居民点及工矿用地	小计	8218.01	7.88
	建制镇	2692.92	2.58
	村庄	5203.34	4.99
	采矿用地	169.43	0.16
	风景名胜及特殊用地	152.32	0.15
交通运输用地	小计	1732.23	1.66
	铁路用地	82.11	0.08
	公路用地	527.52	0.50
	农村道路	1000.77	0.96
	港口码头	121.83	0.12
	机场用地	0	0
水域水利设施用地	小计	12853.82	12.33
	河流水面	3344.34	3.21
	水库水面	46.38	0.04
	坑塘水面	295.13	0.28
	沿海滩涂	8733.66	8.38
	内陆滩涂	241.60	0.23
	沟渠	162.01	0.16
	水工建筑物	30.70	0.03
其他土地	小计	3739.37	3.59
	设施农用地	25.91	0.03
	田坎	3485.17	3.34
	裸地	228.29	0.22
	沙地	0	0
	盐碱地	0	0

说明:资料由县国土资源局提供

土地变更调查

1996年10月,完成全县土地利用现状调查(概查)的变更调查。耕地变更为其他地类8704.12公顷(130562亩),其中水田减少1078.33公顷(16175亩)。由于25度坡度以上旱地退耕还林、农业结构调整用地及建设用地等原因,旱地减少较多。

2000年土地变更调查,全县土地总面积105068.38公顷,其中,耕地33411.42公顷,占31.80%;园地3058.59公顷,占2.91%;林地39801.96公顷,占37.88%;牧草地11.49公顷,占0.01%;其他农用地12928.09公顷，占12.30%；城镇村及工矿用地5874.79公顷，占5.59%；交通运输用地679.95公顷，占0.65%；水域及水利设施用地520.37公顷，占0.50%；未利用地8781.72公顷，占8.36%。

2008年土地变更调查，全县土地总面积105068.38公顷，其中耕地31020.34公顷，占29.52%；园地3833.82公顷，占3.65%；林地40699.82公顷，占38.74%；牧草地3911.67公顷，占3.72%；城镇村及工矿用地7505.10公顷，占7.14%；交通运输用地1438.66公顷，占1.37%；水域及水利设施用地13552.97公顷，占12.90%；未利用地3106公顷，占2.96%。

2008年土地变更调查与2000年变更调查，土地利用分类统计归类有所不同，总体上，各类土地增减趋势为城镇村及工矿用地，尤其城镇用地面积增加较多，农村居民点用地减少；林地、交通用地在土地总面积中所占比例有所提高；滩涂和未利用土地比例有所下降。

2009年之后，土地变更调查以二次土地调查数据为基数逐年进行变更。

2012年土地变更调查，全县土地总面积104221.02公顷，其中耕地31436.24公顷，占30.16%；园地3018.03公顷，占2.89%；林地42156.99公顷，占40.45%；牧草地624.37公顷，占0.60%；城镇村及工矿用地8541.28公顷，占8.20%；交通运输用地1954.37公顷，占1.88%；水域及水利设施用地12702.53公顷，占12.19%；未利用地3787.21公顷，占3.63%。

2000年、2008年、2012年土地变更情况一览表

表4-2-3　　单位：公顷

土地分类	2000年变更调查面积	2008年变更调查面积	2012年变更调查面积
行政区域面积	105068.38	105068.38	104221.02
耕地	33411.42	31020.34	31436.24
园地	3058.59	3833.82	3018.03
林地	39801.96	40699.82	42156.99
牧草地	11.49	3911.67	624.37
其他农用地	12928.09	0	0
城镇村及工矿用地	5874.79	7505.10	8541.28
交通运输用地	679.95	1438.66	1954.37
水域及水利设施用地	520.37	13552.97	12702.53
未利用地	8781.72	3106	3787.21

说明：资料由县国土资源局提供

第二节　土地登记发证

国有土地登记发证

1988年11月至1991年4月，在水头镇开展城镇国有土地使用权申报登记发证，而后分别在鳌江镇、萧江镇、腾蛟镇、宋桥镇、郑楼镇、宋埠镇、榆垟镇、鹤溪镇、凤卧镇、山门镇、昆阳镇、钱仓镇、麻步镇、顺溪镇、南雁镇、梅溪乡、梅源乡17个镇乡开展国有土地使用权申报登记发证。1996年开始，进行日常土地登记和变更登记发证。至2012年底，全县累计颁发国有土地使用证书190187本。

农村集体建设用地登记发证

1994年5月，开展农村集体建设用地使用权申报登记。土地初始登记内容包括非农业建设用地申报登记、农村宅基地登记等。经过地籍调查，达到“权属合法、界址清楚、面积正确、公布后无异议”标准的，由县政府颁发农村集体建设用地使用证，确认使用权。至1996年12月，全县34个乡镇分别开展农村集体建设用地使用权申报登记。1997年起，进行日常规范化申报登记。1991年至2012年年底，全县累计颁发农村集体建设用地使用证书14169本。

第三节　地籍档案与地籍信息化工程

1991—2012年，完成土地登记204356宗，共建立地籍档案180502卷，土地详查图片、航片1038张。

随着地籍信息化工作开展，2009年，地籍档案同步扫描数字化。1991—2012年，全县对房开项目复核验收74个，核发土地分割登记13595宗，完成农用地调查325个村，建立地籍信息档案154636宗。

1991—2012年平阳县地籍管理情况统计表

表4-2-4

年份	土地使用权登记发证(宗)	其中		房开项目复核验收(个)	核发土地分割登记(宗)	房开项目复核验收补交出让金(万元)	完成农用地调查村(个)	建立地籍信息档案(宗)
		国有土地使用证(宗)	集体土地使用证(宗)					
1991	2959	2959	0	0	0	0	0	0
1992	7300	7300	0	0	0	0	0	0
1993	3500	3500	0	0	0	0	0	0
1994	6400	5200	1200	0	0	0	0	0
1995	7520	6670	850	0	0	0	0	0
1996	7104	6880	224	0	0	0	0	0
1997	1720	1720	0	0	0	0	0	0
1998	6150	4800	1350	0	0	0	0	0
1999	8100	7940	160	0	0	0	0	20000
2000	22765	20965	1800	0	0	0	0	0
2001	9309	8909	400	0	0	0	0	0
2002	11985	11508	477	0	0	0	0	0
2003	12796	12125	671	0	0	0	0	0
2004	12456	11256	1200	0	0	0	0	0
2005	8444	7920	524	0	1516	0	0	0
2006	8121	7791	330	7	1093	69.66	0	0
2007	7640	7226	414	12	1687	50.98	0	0
2008	11594	11300	294	19	2554	0	0	0
2009	14069	13138	931	10	1608	0	0	40000
2010	13235	12504	731	8	1447	0	0	0
2011	9809	9158	651	10	2243	0	325	0
2012	11380	9418	1962	8	1447	0	0	94636
合计	204356	190187	14169	74	13595	120.64	325	154636

说明：资料由县国土资源局提供

数字地籍调查

2008年，开始开展数字地籍调查工作。昆阳镇第二次土地调查(城镇部分)暨城镇数字调查于2008年12月29日公开招标，浙江建材测绘院中标，2009年4月，相继开始开展地形、地籍测量，权属调核查，数据入库等工作。2011年11月，相继开展昆阳、鳌江、水头、萧江、万全、腾蛟镇50个村(昆阳镇西浦、童桥、临区、万金、建丰、郭庄、殿后、西戈、白垟村，鳌江镇钱仓、方家、东垟、上凰桥、山垟、白水、前进村，水头镇湖滨、清江、湖北、增光井、横山岭、前街、晋美、塔院、后街、湖南、贡后村，萧江镇曾山、桃源、包岙、岩山、塔下、兴源村，万全镇陡北、陡南、北厂、东横塘、新界、加丰、仙口、宋埠村，腾蛟镇腾溪、联源、北溪、岱山、凤巢、伍岱、联合、大岭、洞桥头村)10平方千米的村庄数字地籍调查；水头、腾蛟、山门、南雁、麻步等5个镇17.5平方千米城镇数字地籍调查。2011年，万全镇(原郑楼、宋桥)开展城镇村庄1：500数字地形图测绘、数字地籍调查及数字房产测绘项目。

地籍信息化技术

1999年4月，县国土资源局首次采用信息化技术，将地籍资料录入地籍管理系统，总录入2万余条数据。2004年8月，县国土资源局开发基于OA办公自动化系统的地籍系统，并对原系统进行升级改造，利用局域网，实现了地籍资料数据共享。2011年11月，启动地籍管理信息系统升级改造，采用MAPGIS平台，对原地籍档案进行扫描、录入、整理。2012年底，完成17.30万宗地籍的扫描、录入、整理。全局启用新的地籍管理信息系统——MAPGIS城镇地籍管理信息系统，实现土地登记网上审批流程操作及属性、影像、图形三者一致。

第三章　土地开发整理

1998年，平阳县造地开发有限公司组建，由县土地管理局管理，专职全县土地开发垦造工作和造地工程技术服务。2009年，县土地整理中心设立，负责土地整理和农村土地综合整治。

第一节　土地开发

1993—1998年，市、县政府投入专项经费356.1万元，开展造田造地、灾田复垦工作，6年共计开垦造田造地1231.19公顷。其中，耕地476.66公顷，园地463.87公顷，灾田复垦200.93公顷，其他89.73公顷。2005—2008年，开垦造地项目27个，经县国土资源局验收和市国土资源局复核，认定新增耕地358.56公顷。2009—2010年，开垦造地项目22个，经验收新增耕地199.81公顷。

2011—2012年，全县完成土地开发垦造项目54个，合计开发总面积409.02公顷，开发后耕地面积372.92公顷，其中新增耕地面积346.76公顷。

鳌江镇三永村土地开发项目（2012年）温兴奎　摄

2000年1月26日，鳌江流域北港农地整理开工典礼在麻步镇显桥村举行，副省长章猛进（前排居中）出席开工典礼

第二节 土地整理

1998年，开展土地整理。宋埠一期、鳌江墨城、山门高墩等3个土地整理项目，立项面积297.20公顷，可增加耕地面积106.67公顷。1999年，宋埠二期、麻步显桥、鳌江流域北港片土地整理项目立项，面积7716.13公顷。北港片土地整理项目列入国家级土地整理重点项目。是年，实际完成土地整理验收面积211.17公顷，增加耕地73.67公顷，获得启动指标和折抵指标57.73公顷，建成标准农田188.53公顷。2007年，全县土地整理暨标准农田建设验收面积7201.20公顷，新增耕地161.88公顷，建成标准农田5557.86公顷。2007年后，未再开展土地整理工作。

1998—2007年，全县共完成土地整理面积16856.03公顷，增加耕地面积1140.71公顷，取得折抵指标614.47公顷，建成标准农田12977.63公顷。

1999—2007年平阳县土地整理竣工验收情况一览表

表4-3-1　　　　单位：公顷

年份（年）	土地整理面积	增加耕地面积	取得启动指标和折抵指标面积	建成标准农田面积
1999	211.17	73.67	57.73	188.53
2000	371.82	15.82	11.33	52.45
2001	422.87	82.54	57.54	314.46
2002	6258.86	683.33	293.20	5038.53
2003	1313.71	90.59	65.22	900.33
2005	1076.40	32.88	11.88	925.47
2007	7201.20	161.88	117.57	5557.86
合计	16856.03	1140.71	614.47	12977.63

说明：①部分年度无项目验收入库；②资料由县国土资源局提供

第三节 农村宅基地整理复垦

2005年，县政府出台《农村居民点整理复耕暂行办法》。2005—2012年，全县共计实施24个建设用地复垦（宅基地整理）项目，合计复垦整理总面积74.71公顷，新增耕地面积66.76公顷。核拨耕地指标47.74公顷，核拨折抵补充耕地指标15.29公顷。

2010年、2011年，国务院和国土资源部相继下发《国务院关于严格规范城乡建设用地增减挂钩试点切实做好农村土地整治工作的通知》《国土资源部关于严格规范城乡建设用地增减挂钩试点工作的通知》，县政府于2012年开始农村土地综合整治工作。

2012年，经省政府批准的农村土地综合整治项目，有水头镇龙湖村等5个项目。项目拆旧区总面积22.15公顷，建新区总面积25.65公顷，申请周转指标21.83公顷。

2012年平阳县农村土地综合整治项目情况一览表

表4-3-2　　　　单位：公顷

所在乡镇	项目名称	批准开工时间	申请挂钩指标	拆旧区		建新地块
				总面积	新增耕地面积	总面积
水头镇	水头镇龙湖村农村土地综合整治项目	2012.9	1.82	2.06	1.82	1.82
昆阳镇	昆阳镇莲大村、庆丰村、蒙垟村三村农村土地综合整治项目	2012.9	8.61	8.61	8.61	11.06

续表 4-3-2

所在乡镇	项目名称	批准开工时间	申请挂钩指标	拆旧区		建新地块
				总面积	新增耕地面积	总面积
鳌江镇	鳌江镇塘下村农村土地综合整治项目	2012.10	5.26	5.26	5.26	6.63
腾蛟镇	腾蛟镇三脚田村农村土地综合整治项目	2012.12	5.28	5.32	5.28	5.28
顺溪镇	顺溪镇白云村农村土地综合整治项目	2012.12	0.86	0.90	0.86	0.86
合计			21.83	22.15	21.83	25.65

说明：资料由县国土资源局提供

第四章　建设用地管理

1987年，《中华人民共和国土地管理法》和《浙江省土地管理实施办法》实施，对非农业建设占用耕地严格实行计划指标控制。1989年，县土地管理局印发《国家、集体建设用地审批程序》和《个人建房用地审批有关规定》，对县域内各类用地进行规范。

1991年起，县内国家建设征用土地实行政府统一征地。县政府每年编制3项建设用地（国家、集体、私人）计划，报省政府批准后实施。农村私人建房用地指标，经县政府调整平衡后，分解到乡（镇），由乡（镇）分配到村，实行县乡（镇）、村分级管理。从1997年起，实行土地用途管制制度和占用耕地补偿制度。结合全县建设用地量逐年递增而下达用地指标少的实际，建设用地需求供给采用“双轨”制度。既严格执行用地指标，又积极鼓励各乡（镇）开展土地整理、造地等增加有效耕地，以获得建设用地折抵指标，达到“占一补一”，解决建设用地供求矛盾，实现耕地总量动态平衡。

第一节　用地类别

国家建设用地

1993—1996年，平阳县共审批国家建设用地233.01公顷，其中，耕地198.49公顷，非耕地34.52公顷。1997—2012年，审批公建项目1550个，用地面积1954.72公顷；清理补办公建项目149个，用地面积92.24公顷。1998年起，城镇化进程加快，基础设施建设增多，用地量激增。1999—2012年，经省政府批准农用地转为建设用地170批次，新增建设用地2288.95公顷，国有划拨供地项目463宗，面积765.17公顷；国有出让供地项目1187宗，面积1171.00公顷。

1989—2012年，平阳县共审批国家具体建设用地项目3170个，用地面积2633.95公顷，其中，耕地2106.90公顷，非耕地527.05公顷。

1989—2012年平阳县国家建设项目用地审批情况一览表

表 4-4-1

年份（年）	项目数（个）	面积（公顷）	其　中	
			耕地面积（公顷）	非耕地面积（公顷）
1989	55	10.95	9.18	1.77
1990	33	11.66	9.08	2.58
1991	41	12.25	8.70	3.55
1992	447	86.09	81.55	4.54
1993	208	78.99	69.75	9.24

续表 4-4-1

年份(年)	项目数(个)	面积(公顷)	其中	
			耕地面积(公顷)	非耕地面积(公顷)
1994	121	42.08	38.84	3.24
1995	167	60.51	45.27	15.24
1996	130	52.90	44.61	8.28
1997	147	69.72	54.87	14.85
1998	211	366.38	285.34	81.04
1999	82	20.04	7.17	12.87
2000	134	79.24	58.57	20.67
2001	72	46.23	30.40	15.83
2002	103	85.22	75.82	9.40
2003	98	126.34	120.46	5.88
2004	143	188.33	0	188.33
2005	179	143.00	132.15	10.85
2006	154	182.95	147.47	35.48
2007	115	145.57	141.48	4.08
2008	56	41.42	23.11	18.30
2009	59	66.40	58.30	8.11
2010	115	171.86	158.64	13.23
2011	157	310.09	300.62	9.48
2012	143	235.72	205.52	30.20
合 计	3170	2633.95	2106.90	527.05

说明:资料由县国土资源局提供

重点项目用地　1998年6月,省政府批准57省道岱口至詹家埠段省道改造工程,面积34.67公顷。12月,省政府批准甬台温高速平阳段用地面积148.74公顷。2009年7月,国务院批准温福铁路平阳段主线、配套工程及拆迁安置建设用地总面积192.11公顷,其中主线工程68.67公顷,配套工程及拆迁安置建设用地123.44公顷。

2000—2012年,全县共完成国家、省级重点单独选址项目用地9个,面积404.10公顷,征收集体土地369.82公顷,征用国有土地34.28公顷。

2000—2012年平阳县国家、省级重点项目供地情况一览表

表 4-4-2　　单位:公顷

序号	项目名称	批准面积				批准年度
		总面积	集体		国有	
			使用	征用		
1	昆鳌排污工程污水处理厂	2.59	—	2.59	—	2000
2	平阳县城区片珊溪引供水工程	3.78	—	3.78	—	2005
3	500千伏温南变电所	7.80	—	7.80	—	2005
4	220千伏腾蛟(水头)输变电工程	2.91	—	2.91	—	2009
5	温福铁路平阳段主线、配套工程及拆迁安置建设用地	192.11	—	186.89	5.22	2009
6	平阳县顺溪水利枢纽工程建设项目用地	76.00	—	51.55	24.45	2011

续表 4-4-2

序号	项目名称	批准面积				批准年度
		总面积	集体		国有	
			使用	征用		
7	平阳县昆阳至宋埠公路改建工程	39.34	—	36.52	2.82	2012
8	104国道平阳郭庄至陈峡垟段改建工程	28.46	—	27.19	1.27	2012
9	57省道平阳县水头至萧江段复线工程主线	51.11	—	50.60	0.52	2012
合计		404.10	—	369.82	34.28	—

说明：资料由县国土资源局提供

经济开发区用地 1994年8月，经省政府批准，平阳经济开发区成为省级开发区，区域规划用地面积968公顷。1995年，启动区面积340公顷。2005年12月，正式被国家发展改革委员会列入第二批通过审核公告的省级经济开发区，并易名浙江平阳经济开发区。2006年，国土资源部公告核定开发区面积为828公顷。

至2012年年底，已累计供应平阳经济开发区土地281.75公顷，属有偿使用土地221.57公顷。其中供应工矿仓储用地102.46公顷，住宅用地124.89公顷。尚可供应土地面积416.38公顷，尚可供应工矿仓储用地面积106.69公顷。以可供应土地总面积751.98公顷计，已建成254.41公顷，已达到供地条件的土地面积为178.97公顷，土地开发率为57.63%。

1994—2012年平阳县经济开发区土地供应情况一览表

表 4-4-3　　单位：公顷

年份（年）	供应土地面积	供应工矿仓储用地面积
1994	5.79	0.84
1995	29.45	5.31
1996	11.96	2.02
1997	3.93	0.68
1998	3.31	1.24
1999	22.09	1.13
2000	32.01	11.00
2001	0	0
2002	12.56	12.56
2003	14.14	8.31
2004	18.22	7.35
2005	7.97	6.37
2006	49.40	29.29
2007	16.54	3.64
2008	9.69	7.52
2009	15.24	1.27
2010	13.16	2.21
2011	5.03	1.61
2012	11.26	0.11
合计	281.75	102.46

说明：资料由县国土资源局提供

2012年，平阳经济开发区已建成城镇建设用地254.41公顷，占开发区土地核定开发土地总面积828.01公顷的30.73%；尚未建成土地497.57公顷，占60.09%；不可建设土地76.03公顷，占9.18%。

1994—2012年平阳县经济开发区土地利用状况统计表（按建设状况划分）

表4-4-4

类　别		面积（公顷）	比例%
开发区土地		828.01	100.00
1.已建成城镇建设用地		254.41	100.00
	住宅用地	60.20	23.66
	工矿仓储用地	94.23	37.04
	交通运输用地	61.79	24.29
	#其中：街巷用地	61.79	24.29
	商服用地	9.04	3.55
	公共管理与公共服务用地	29.15	11.46
2.未建成城镇建设用地		497.57	100.00
	已建成农村建设用地	133.54	26.84
	#其中：已建成农村工矿仓储用地	6.70	1.35
	其他未建成城镇建设用地	364.03	73.16
	#其中：已达到供地条件的其他土地	178.97	35.97
	未达到供地条件的其他土地	185.06	37.19
3.不可建设土地		76.03	100.00
	河湖及其蓄滞洪区土地	76.03	100.00

说明：资料由县国土资源局提供

集体建设和农村个人建房用地

平阳县集体用地仅少数年份有零星审批，1993—1996年，经批准集体建设项目用地4.18公顷，其中耕地2.6公顷，非耕地1.58公顷。2007—2009年，批准集体建设用地4宗，面积4.13公顷。2011年，审批集体建设用地2宗，面积0.71公顷。

2002年前，平阳个人建房审批标准为小户（3人及以下）不超过60平方米，中户（4～5人）不超过110平方米，大户（6人以上）不超过125平方米。使用非耕地的最高不超过140平方米。2002年，《温州市农村村民宅基地管理办法》出台后，平阳县农村个人宅基地面积标准：6人以上为大户，

2005—2012年平阳县农村个人建房审批情况一览表

表4-4-5

年份（年）	户数（户）	建房面积（公顷）	总用地面积（公顷）
2005	2672	12.08	22.53
2006	603	3.54	4.65
2007	429	3.45	5.93
2008	361	3.38	5.43
2009	765	5.60	7.58
2010	1062	7.86	11.15
2011	908	7.75	13.28
2012	783	10.06	15.79
合　计	7583	53.72	86.34

说明：资料由县国土资源局提供

使用耕地的，不得超过125平方米；使用其他土地的，不得超过140平方米；使用荒地荒坡的，不得超过160平方米。4～5人为中户，使用耕地的，不得超过80平方米；使用其他土地的，不得超过100平方米；使用荒地荒坡的，不得超过120平方米。3人及以下为小户，使用耕地的，不得超过60平方米；使用其他土地的，不得超过80平方米；使用荒地荒坡的，不得超过100平方米。房屋建筑面积一般控制在人均60平方米以内，非公寓式的房屋一般不超过5层。

1991—1996年，县土地局批准城乡个人建房10389户，用地面积53.20公顷。1997—2004年个人建房用地批准权限分散在各乡镇、基层所，未对数据进行汇总。2005年开始，县国土资源局对个人建房统一登记台账。2005—2012年审批私人建房7583户，总用地面积86.34公顷，建房面积53.72公顷。1997—2012年共清理补办1039户，面积5.04公顷。

第二节　征地补偿

征地补偿费包括土地补偿费、安置补助费、青苗补偿费、林木补偿费和地上附着物补偿费。

1999年，新修订的《中华人民共和国土地管理法》实施。9月，平阳县实施《平阳县征用农村集体所有土地管理办法》，指导征地工作规范开展。2003年10月，县政府对原征地管理办法进行完善，调整征地补偿标准和安置返回地政策。2007年，县政府下发《关于深化完善被征地农民社会保障的通知》，建立征地农民社会保障制度。

2008年12月26日，县政府印发《平阳县征收农民集体所有土地管理办法的通知》，对返回地安置，被征地农民基本生活保障再次作了具体规定。征地管理办法根据县经济发展水平和农民收入情况，确定征收土地统一年产值标准为0.2万元/亩。

1999—2012年，全县征地面积2083.59公顷，安置农业人口70795人，核定参保人数51859人，支付征地补偿费126689.09万元，支付青苗补偿费2111.04万元，政府出资落实社保资金58364.91万元，安排留地指标124.91公顷。

土地补偿费和安置补助费

1999—2003年，补偿办法根据被征土地区位及土地类别核定，乡镇规划区内水田、蔬菜地的征地补偿标准为1万～1.8万元/亩，安置补助费标准在1.2万～3.4万元/亩；旱地、望天田征地补偿标准为0.5万～1万元/亩，安置补助费标准在0.9万～1.8万元/亩；林地征地补偿标准为0.15万～0.5万元/亩，安置补助费标准在0.5万～1万元/亩。规划区外水田、蔬菜地的征地补偿标准为0.8万～1.4万元/亩，安置补助费标准在0.8万～2万元/亩；旱地、望天田征地补偿标准为0.4万～0.8万元/亩，安置补助费标准在0.5万～1.2万元/亩；林地征地补偿标准为0.12万～0.4万元/亩，安置补助费标准在0.35万～0.1万元/亩。

2003—2008年，补偿办法根据区位实行区片综合价和年产值倍数相结合的补偿方式，规划区内实行区片综合价补偿，等级分5类，其中耕地、农田水利用地、建设用地补偿标准为2.5万～5.2万元/亩；园地、养殖用地补偿标准为1.28万～2.6万元/亩；林地、未利用地为0.89万～1.47万元/亩。规划区外实行年产值乘数土地补偿和安置补助相结合补偿，等级分3类，耕地补偿标准为1.8万～3.2万元/亩；园地补偿标准为0.96万～1.28万元/亩；林地补偿标准为0.84万～1.12万元/亩；未利用地和建设用地只有土地补偿，不作安置补偿，未利用地补偿标准为0.6万～0.68万元/亩；建设用地补偿标准为1.2万～1.35万元/亩。

青苗补偿费

被征收耕地青苗补偿费按有苗进行补偿、无苗不补的原则进行补偿。1999—2003年补偿标准：水稻田、蔬菜地标准为700元/亩，旱地500元/亩，柑橘园，盛柑每棵40～60元，始果柑、衰退柑每棵25～45元，幼柑每棵5～20元；橘树按柑树标准加1倍计算。如按种植面积计算的，柑树每亩最高不超过130株，橘树每亩最高不超过70株，其他果园另定。2003—2008年补偿标准：蔬菜地1000元/亩，水稻田700元/亩，旱地500元/亩。林木的补偿费由有关部门评估后作价补偿。2009—2012年，蔬菜地1200元/亩，水稻田1000元/亩，旱地800元/亩，其他作物按实作价补偿，另有规定的，从其规定。

地上附着物补偿标准

地上附着物补偿包括建筑物和构筑物补偿。1999—2012年，补偿标准是参照旧城改造等有关实施细则补偿标准予以按实作价补偿。其中违章违法建筑物等一律不予补偿。

2008年平阳县规划区内征地区片综合地价一览表

表4-4-6　　单位：万元/亩

地段		补偿标准 耕地 园地 其他农用地 建设用地	补偿标准 林地 未利用地	年产值
一类	昆阳镇　鳌江镇　水头镇	6	3	0.2
二类	萧江镇　钱仓镇　宋桥镇　郑楼镇	5.2	2.6	0.2
三类	麻步镇　腾蛟镇　山门镇　宋埠镇　榆垟镇	4.6	2.3	0.2
四类	顺溪镇　南雁镇　凤卧镇　鹤溪镇　西湾乡　梅溪乡　梅源乡　桃源乡　凤巢乡	4.0	2.0	0.2
五类	南麂镇　龙尾乡　南湖乡　朝阳乡　闹村乡　晓坑乡　怀溪乡　青街乡　维新乡　吴垟乡	3.4	1.7	0.2

说明：资料由县国土资源局提供

1999—2012年平阳县征地安置补偿社保统计表

表4-4-7

年份 \ 项目数据	征地面积（公顷）	收回国有土地（公顷）	安置农业人口（人）	核定参保人数（人）	支付补偿安置费（万元）	青苗补偿费（万元）	政府出资落实社保资金（万元）	安排留地指标（公顷）
1999年	89.69	2.01	6324	4490	6457.77	101.63	2586.24	5.67
2000年	162.00	11.25	6491	4414	10935.11	151.23	2542.46	10.67
2001年	150.70	8.92	6719	5039	10172.44	158.24	2902.46	10.13
2002年	147.02	4.38	4362	3402	9703.63	154.38	1959.55	9.01
2003年	208.07	72.53	5333	3999	1373.29	208.48	2303.42	12.37
2004年	7.80		182	139	374.46	8.06	80.06	0.54
2005年	113.58	39.97	4237	3348	6974.43	115.69	1928.45	7.71
2006年	161.01	11.69	4504	3510	8857.20	160.11	2021.76	10.67
2007年	78.84	30.00	3053	2317	5175.24	79.49	1334.59	5.34
2008年	110.03	7.35	3051	2291	5935.52	94.75	4398.72	6.27
2009年	312.68	17.00	12510	7992	19384.07	286.27	15344.64	19.08
2010年	177.32	40.97	3683	2867	12118.51	179.17	5504.64	8.15
2011年	85.78	9.70	2464	1888	7407.89	88.89	3624.96	4.15
2012年	279.07	8.79	7882	6163	21819.53	324.65	11832.96	15.15
合计	2083.59	264.56	70795	51859	126689.09	2111.04	58364.91	124.91

说明：①表中补偿安置费由土地补偿费和安置补助费组成，其中40%为土地补偿费，60%为安置补助费；②资料由县国土资源局提供

第五章　土地市场管理

1992年始，全县实行国有土地使用权招标出让。2003年后，对划拨土地使用权转让办理及出让金补交情况进行规范。2004年8月31日后，土地市场全面实行公开出让。

据不完全统计，1993—2012年，全县办理土地使用权转让32337宗，面积187.85公顷，合计地价681125万元。

第一节　土地交易方式与程序

出让方式

1991年7月，县政府出台《城镇国有土地使用权出让暂行条例》，9月，成立平阳土地使用制度改革领导小组。1992年3月，县政府制定关于建立土地市场规范国有土地使用权出让交易方式和程序。1992年6月，开始实行国有土地使用权招标出让。

1993年，县政府出台《关于加强城镇国有土地地产交易市场管理的通告》，全县土地出让进入协议出让和公开出让双轨制阶段。对经营性房地产开发、金融、商业、旅游和外商投资及工业建设用地，采用协议方式出让土地使用权。对临街商住用地采用招标、拍卖、挂牌方式出让。

2002年，国土资源部出台《招标拍卖挂牌出让国有土地使用权规定》，7月1日施行。2004年3月，国土资源部、监察部联合下发《关于继续开展经营性土地使用权招标拍卖挂牌出让情况执法监察工作的通知》，进行全国范围内经营性土地使用权招标拍卖挂牌出让情况执法监察，要求各地在2004年8月31日前将历史遗留问题处理完毕，国有土地使用权全面实行招标拍卖挂牌出让，俗称“8·31大限”。土地市场全面实行公开出让。

2005年8月，县政府办公室印发《平阳县国有土地使用权、采矿权招标拍卖挂牌出让管理暂行办法》。商业、旅游、娱乐和商品住宅等类经营性用地，必须以招标、拍卖或者挂牌方式出让。

2007年4月，县政府出台《平阳县工业用地招标拍卖挂牌出让实施办法》。工业、物流仓储用地全部实行招标、拍卖或者挂牌方式出让。

公开出让程序

县招投标市场管理委员会指导、管理协调、规范全县土地招投标工作。县招投标中心是全县国有土地使用权、采矿权出让工作的具体承办机构和交易活动场所。根据招标拍卖、挂牌出让的前期工作及成交后工作程序，应当至少在招标、拍卖、挂牌开始日前20日，按规定发布公告，公布出让标的物的基本情况和招标拍卖挂牌的时间、地点。投标人少于3人的，应当按规定重新招标、拍卖、挂牌。

第二节　土地出让

协议出让

1992年，平阳县开始实行土地有偿出让，至1993年3月，全县共签订土地出让协议67份(其中单位19份，个人48份)，协议出让土地面积7.72公顷(115.73亩)，共收取出让金211.86万元。出让价最高39.75万元/公顷(2.65万元/亩)，最低价22.50万元/公顷(1.5万元/亩)。

1992—1996年平阳县协议出让国有土地使用权情况一览表

表4-5-1

年份(年)	面积(公顷)	地价(万元)
1992	7.72	212
1993	36.22	3149
1994	13.26	1818
1995	21.79	552
1996	7.80	268
合计	86.79	5999

说明：资料由县国土资源局提供

1997年开始，全县停止协议出让国有土地使用权。自土地有偿出让制度实施至1996年末，全县合计协议出让土地86.79公顷，收取出让金5999万元。

公开出让

1992年，县土地局分别在昆阳、鳌江、萧江、水头等地以招标形式，组织6次国有土地使用权出让，面积1.25公顷，收取出让金1294.73万元。平均每公顷地价1035万元，最高地价每公顷3813万元，最低地价每公顷759万元。

2003年，组织国有土地使用权招标、拍卖、挂牌出让7宗，面积5.43公顷，收取出让金8310.7万元，平均每公顷1530.51万元(每亩102.03万元)。

2011年，国有土地使用权招标、拍卖、挂牌出让92宗，面积113.5公顷，收取出让金327700万元，其中工业用地73宗，面积74公顷，收取土地出让金44200万元，平均每公顷597.30万元(每亩39.82万元)；商住用地19宗，面积39.5公顷，收取土地出让金283500万元，平均每公顷7177.22万元(每亩478.48万元)。

据统计，2000—2012年，全县组织国有土地使用权招标、拍卖、挂牌出让476宗，面积540.54公顷，收取出让金1409872.03万元。

2000—2012年平阳县公开出让土地情况一览表

表4-5-2

年份(年)	招拍挂出让		收取出让金(万元)	其中					
				工业用地			商住用地		
	宗数(个)	面积(公顷)		宗数(个)	面积(公顷)	出让成交价(万元)	宗数(个)	面积(公顷)	成交价出让金(万元)
2000—2001	7	1.73	8042.71	0	0	0	7	1.73	8042.71
2002	10	2.04	5179.43	0	0	0	10	2.04	5179.43
2003	7	5.43	8310.70	0	0	0	7	5.43	8310.70
2004	14	16.07	27907.49	0	0	0	14	16.07	27907.49
2005	7	2.75	12580.20	0	0	0	7	2.75	12580.20
2006	16	13.53	27265.50	0	0	0	16	13.53	27265.50
2007	91	117.94	116688.00	70	109.27	54156	21	8.67	62532.00
2008	39	31.87	72179.00	22	15.66	14350	17	16.21	57829.00
2009	43	50.02	134500.00	23	27.59	18850	20	22.43	115650.00
2010	81	99.25	434100.00	47	53.90	32300	34	45.35	401800.00
2011	92	113.50	327700.00	73	74.00	44200	19	39.50	283500.00
2012	69	86.41	235419.00	47	43.21	28702	22	43.20	206717.00
合计	476	540.54	1409872.03	282	323.63	192558	194	216.91	1217314.03

说明：资料由县国土资源局提供

第三节　土地二级市场管理

使用权转让

土地使用权转让指土地使用者将土地使用权再转移的行为，包括出售、交换和赠与。

平阳县土地二级市场保留大量划拨方式土地使用权，其使用权在转让时仍保留划拨方式。县政府于2003年制订《关于规范划拨国有土地使用权补办出让和转让管理的通知》，并于2008年印发《关于调整国有土地使用权划拨转出让、国有工业用地使用权续期和租赁转出让土地出让金补交标准的通知》，对划拨土地使用权转让办理及出让金补交情况进行规范。

使用权抵押

据不完全统计，1993—2012年，全县办理土地使用权抵押32377宗，抵押值3526303万元。

1993—2012 年平阳县土地转让抵押情况一览表

表 4-5-3

年份（年）	转让			融资服务抵押登记			
	宗数（个）	面积（公顷）	地价（万元）	宗数（个）	抵押贷款（万元）	企业（家）	个体工商（户）
1993	66	0.83	47	—	—	—	—
1994	308	2.92	—	4	232	—	—
1995	181	1.21	35	65	921	—	—
1996	525	3.23	96	—	—	—	—
1997	355	3.89	87	275	12750	—	—
1999	507	8.09	—	304	87500	—	—
2000	1220	16.90	—	138	40900	—	—
2001	1837	18.57	—	203	—	—	—
2002	1996	15.31	—	140	121900	—	—
2003	3013	21.15	58400	143	98500	—	—
2004	3871	2.56	55900	—	—	—	—
2005	2600	32.17	45400	300	—	—	—
2006	2432	24.52	56388	12329	—	—	—
2007	2761	—	75120	8621	—	—	—
2008	3000	—	100000	388	640000	—	—
2009	3892	13.31	130500	430	860000	—	—
2010	—	—	—	—	—	—	—
2011	2386	10.82	91632	8980	1010000	400	7800
2012	1387	12.37	67520	8010	653600	450	6200
合计	32337	187.85	681125	40330	3526303	850	14000

说明：①部分年度数据缺失；②资料由县国土资源局提供

市场调控

国有土地使用权出让，坚持县政府直接领导，县国土资源局统一管理实施的原则。每年年初拟定与上报年度非农业建设用地计划，经县政府批准后严格实施。根据上级下达用地计划指标，县国土资源局拟定新增建设用地计划、存量土地计划（分国有土地收储计划和经营性土地出让计划），经县政府批准后，及时向社会公告，并严格按计划执行。

地价评估　1994年4月28日，县地产交易评估所成立。12月，建立了昆阳镇、鳌江镇、萧江镇、水头镇、麻步镇、腾蛟镇、山门镇等7个地产交易评估分所，开展地产交易工作。2005年4月，县土地评估所更名为县地产交易管理所，履行土地二级市场管理职能。凡未进行地价评估的土地一律不予办理出让手续；政府还实施评定基准地价和定期更新公布制度，以促进土地市场良性发展。

基准地价评定与更新　首次基准地价评定，始于1993年9月昆阳镇的土地定级估价。至1995年9月，全县完成昆阳镇、鳌江镇、水头镇、腾蛟镇、麻步镇、萧江镇、郑楼镇等7个镇土地定级估价工作。

2001年7月，完成对昆阳等7个镇土地定级和基准地价更新评估，同时对其余10个镇基准地价进行调整。

2004年10月，县国土资源局对全县范围内土地进行定级与基准地价更新评估，调整11个镇基准地价，另外6个镇基准地价进行适当调整。2004年更新的基准地价与2001年评定同级地价相比商业用地有所下降，同级地价下降50%至38%，住宅用地小幅上涨或持平。工业用地持平或略有下降。

2008年1月29日，县政府调整国有土地使用权划拨转出让、国有工业用地使用权续期和租赁转出让土地出让金补交标准，并调整相应地价。从2008年2月1日起至新基准地价公布之前，商业和住宅用地地价标准按现行基准地价上浮20%、工业用地上浮50%执行。

1993 年平阳县昆阳镇商业用地土地价格一览表

表 4-5-4 单位：元 / 平方米

道路名称	路线价	道路名称	路线价
健康路	2599	北门横街	1343
解放街	2722	解放街	1268
白石街	2550	县前街	1263
天来巷	1805	后洋街	948
联东路	1728	七村路	807
龙河路	1636	桑果园街	798
五显殿街	1608	东门街	689
横阳路	1512	昆鳌路	309
细龙路	1458	靛青行	263
平瑞路	1365		

说明：资料由县国土资源局提供

1993 年平阳县昆阳镇住宅用地土地级别价格一览表

表 4-5-5 单位：元 / 平方米

级别	级别包括范围	等级价
一级	东以平瑞路为界，南以县前街为界，西以龙河为界，北以横阳路城隍路为界	479
二级	东至白垟路供电局，东洋路，南以西马路为界，西至隧洞东路，北至校前路、站前路，以及104国道交警队至平塔段两旁。	369
三级	昆阳镇建成区内未被一、二级所包括的其他土地	274

说明：资料由县国土资源局提供

2001 年平阳县昆阳镇等七镇基准地价情况一览表

表 4-5-6 单位：元 / 平方米

单位＼平均价＼级别＼用途	商业				住宅				工业			
	一级	二级	三级	四级	一级	二级	三级	四级	一级	二级	三级	四级
昆阳	6200	4500	2850	1500	1850	1400	860	480	550	475	415	360
鳌江	6500	4230	2760	1450	1800	1300	850	450	550	475	415	360
水头	6100	4500	2700	1600	1500	1125	760	360	500	420	375	310
萧江	5075	3640	2170	1250	1300	1050	780	380	450	410	350	300
麻步	3516	2088	1400	687	950	750	560	320	380	350	300	260
腾蛟	4465	2511	1392	733	1300	1000	740	340	400	360	320	280
郑楼	2200	1375	1100	450	875	680	500	320	350	320	260	225

说明：资料由县国土资源局提供

2004 年平阳县级别基准地价情况一览表

表 4-5-7 单位：元 / 平方米

镇名	级别	商业用地	住宅用地	工业用地
昆阳镇*	1	3150	1330	550
	2	1570	1100	355
	3	900	870	305
	4	580	530	250
鳌江镇*	1	3100	1270	550
	2	1520	1040	355
	3	870	820	305
	4	550	470	250

续表 4-5-7

镇名	级别	商业用地	住宅用地	工业用地
水头镇*	1	2250	1160	480
	2	1160	930	315
	3	530	360	230
萧江镇*	1	1870	990	420
	2	1060	650	290
	3	450	360	230
腾蛟镇	1	1650	630	330
	2	870	410	190
	3	430	200	170
麻步镇	1	1460	550	285
	2	780	350	185
	3	410	200	165
郑楼镇	1	1120	500	285
	2	580	330	185
	3	390	200	165
钱仓镇	1	1050	480	285
	2	540	310	185
	3	380	200	165
宋桥镇	1	1050	480	285
	2	540	310	185
	3	380	200	165
榆垟镇	1	930	450	260
	2	510	300	150
	3	350	160	135
南雁镇	1	930	450	260
	2	510	300	150
	3	350	160	135

说明：①*为重点镇，其他为一般镇；②资料由县国土资源局提供

第六章　矿产资源管理

1989年11月，设立平阳县矿产开发管理处，归口县工业经济委员会，负责全县矿产资源开发和利用。1997年6月，矿产开发管理处改名县地质矿产局，履行全县矿产资源合理开发、计划管理、综合利用等职能。2001年12月，县政府撤销县地质矿产局和县土地局，组建县国土资源局。

第一节　矿产资源规划

1999年，平阳县被省地质矿产厅确定为矿产资源规划编制试点县。2001年，《平阳县矿产资源规划(2001—2015)》编制完成。2002年4月，该规划获省国土资源厅批准。7月，市政府批复实施。2003年1月，《平阳县矿产资源规划管理实施办法》施行。2003年，《平阳县矿产资源规划(2001—2015年)》

被评为全省优秀矿产资源规划一等奖。2005年7月，被评为全国矿产资源规划优秀成果二等奖。

2006年，《平阳县矿产资源规划（2006—2020年）》启动编制。2008年8月，获省国土资源厅批准实施。规划2006—2010年目标全县矿业总产值预期5418万元，实现税利预期205万元。全县持证矿山保持在16～18家，建筑石料矿山最小开采规模不低于30万吨/年；生产矿山向规划开采区内集聚程度达70%以上。全县开展综合利用的矿山比例达到60%左右，矿产资源综合利用率提高到65%，单位矿业产值能耗率比2006年降低20%。列入第一轮规划治理矿山的治理率达到100%。全县划定5个规划开采区，面积60.83平方千米；划定禁采区6个，禁采面积313.39平方千米。

2010年，《平阳县矿产资源规划（2011—2015年）》编制。2011年12月，获省国土资源厅批准。按照统一规划、因地制宜、规模开发、集约经营的方针，将上轮规划设置的5个普通建筑石料开采区，调整至7个普通建筑石料开采区，成为建筑石料主供应源（其中2个建筑石料开采区作为宋埠—西湾围垦工程石料专供基地），其他开采区矿山作为辅助石料供应网络，形成与全县产业布局、基础设施建设、城镇发展、新农村建设目标相匹配的矿业开发新格局。规划确定普通建筑石料年开采规模不得低于40万吨。

第二节　矿产资源勘查和开发利用管理

矿产资源勘查

2003年7月，省第十一地质大队取得晓坑乡黄施岙钠长石矿探矿权，勘查面积0.54平方千米。2006年6月，提交详查地质报告，探明全矿区矿石资源量1510.37万吨，其中钠长石岩、钾长石岩矿石资源量991.22万吨，属大型钠长石矿。2006年8月，省第十一地质大队取得怀溪铜矿探矿权，并与加拿大安纯黄金有限公司合作勘查怀溪乡铜矿，为全省首个中外合作风险勘查矿产资源项目。至2012年底，全县还有山门镇半岭矿区多金属矿地质普查、凤巢乡灵岩铅锌矿地质普查等探矿权3宗，合计勘查面积56.47平方千米。

怀溪铜矿遗址（2012年）

开采矿产登记

1988年，县内采矿许可证由县矿产公司发放。集体、个人开采矿产资源必须取得采矿许可证，在办理营业执照后，在划定界区内开采。1989年11月，县矿产开发管理处成立后，对全县采矿许可证进行更新发放，发放采矿许可证40多本。2001年，县地质矿产局开展全国统一采矿许可证换发证工作，完成矿山定点划界、地形测绘，颁发采矿许可证142本。2002年，县地质矿产局林代双获全国采矿许可证换发证工作先进个人称号。

2002年开始，采矿许可登记之前必须编制矿产开发利用方案和取得环境影响审批。2004年，县国土资源局为宋桥瑶山采石场办理采矿权转让手续，受让方为益丰采石场，为温州地区首宗采矿权转让。2009年，县国土资源局开展全国采矿权统一配号工作，对全县15个矿山重新进行测绘、储量核算，统一编号后发放采矿许可证。至2012年底，县内有全国采矿权配号系统的有矿山18个，其中矿泉水1个、辉绿岩1个、耐火粘土1个、花岗岩1个，其余为普通建筑石料矿。

矿业权市场建设

2001年，县地质矿产局对榆垟中镇采石场实行协议方式出让。采矿权出让单价0.5元/吨，收取出让金50万元。2003年2月，县政府印发《平阳县普通建筑用砂、石采矿权出让管理暂行规定的通知》，对普通建筑用砂石采矿权出让形式、程序及法律责任进行约定。成立县采矿权有偿出让领导小组，指导采矿权出让工作开展。2003年4月，县国土资源局首次公开拍卖出让宋桥镇瑶山普通建筑石料采矿权，采取“净矿”一次性整体出让方式，拍卖起始价281万元，成交价820万元，溢价192%。自2004年始，全县除海涂围垦、工程性矿山采取协议出让方式外，其他经营性矿山均实行招标、挂牌、拍卖出让。

2009年7月，全县开展探矿权采矿权招拍挂出让制度专项清理工作。2010年，全国建立矿业权有形市场，县采矿权出让、转让进入省、市矿业权交易中心举行。截至2012年底，全县共拍卖、挂牌、招标公开出让采矿权19宗，成交采矿权出让金8531.06万元。

采矿权竞买现场（2012年）　吴思铺　摄

矿产资源补偿费征收

1995年6月，《浙江省矿产资源补偿费征收管理实施办法》实施。1996年，平阳县开始对全县持证矿山定额征收矿产资源补偿费，单个矿山每年征收30～120元。2000年，开始改变矿产资源补偿费征收方式，结合矿产资源开采量按费率实行定量征收，一直延续至今。2005—2012年，全县共征收入库矿产资源补偿费690.53万元。

第三节　矿山生态环境保护

矿山生态保护与治理规划

2004年，《平阳县矿山自然生态环境保护与治理规划（2004—2012年）》启动编制，2005年批准实施。规划确定全县矿山生态环境重点治理区3个，分区面积约87.18平方千米，内含矿山38个；一般治理区3个，分区面积约102.61平方千米，内含矿山24个；零星分布矿山区域内含矿山9个，需治理废弃矿山总坡面面积3.55万平方米，坡底总面积3.30万平方米。按矿山所处的不同区域、现状和可能利用方向，制定矿山治理规划。治理矿山分为新增土地型、生态复绿型、新增土地与生态复绿型、景观再造型等四类。全县54个废弃矿山，预设新增土地型2个、新增土地与生态复绿型26个、生态复绿型23个、景观再造型3个，需安排治理资金2399.5万元。

矿山生态环境治理备用金

2001年，省政府出台矿山自然生态环境治理备用金收取管理办法，全县推行实施，对接续开采的26个矿山收取治理备用金合计48.75万元。2002年，全县矿山生态治理备用金收取实现全覆盖，实收率达到100%。2012年，全县实行最低备用金标准制度，治理备用金收取标准坡面面积不得低于50元/平方米，坡底面积不得低于10元/平方米。2001—2012年，全县共收取矿山生态治理备用金1748.21万元。

废弃矿山生态环境治理

2004年11月，桃源曾山取土场生态环境治理工程上报省“百矿示范”治理项目，治理面积18000平方米。2005年10月，获得省级立项，并获得省财政补助资金60万元。县国土资源局将矿山治理与矿地利用结合，实施出让，被浙江省横阳化工有限公司竞得，成交价1059万元，治理项目可利用土地

“百矿示范”昆阳沙岗废弃矿山治理前全景（2006年）
吴思铺　摄

“百矿示范”昆阳沙岗废弃矿山治理后全景（2012年）

16800平方米。2006—2007年，昆阳沙岗取土场废弃矿山治理项目和鳌江青山—天财治理废弃矿山综合治理项目又相继被列入省“百矿示范”项目，分别获得补助资金50万元、80万元。其中，昆阳沙岗取土场废弃矿山由农业龙头企业浙江一鸣奶业负责治理，共投入治理资金2200万元，综合利用土地100亩，建成现代化工业园。2012年产值7.4亿元。鳌江青山—天财治理废弃矿山综合治理项目，原治理区面积0.04平方千米，2011年，重新编制治理方案，面积变更为0.06平方千米，由浙江山水建设有限公司中标治理。

2012年，平阳县对“公路边、铁路边、航道边、山边”区域开展洁化、绿化、美化工作。县国土资源局随即启动“四边区域”废弃矿山治理工作，净化矿山生态环境。共确定“四边”区域废弃矿山治理项目15个，其中市级6个，县级9个，落实治理经费1500万元。

第七章　海洋管理

平阳县海域面积约1300平方千米，海岸线（含岛岸线）长度102.4千米；海岛103个，海岛陆域面积约12.3平方千米，其中高潮位500平方米以上海岛61个（有居民海岛3个，无居民海岛58个）。

2001年12月，县水产局改名为县海洋与渔业局，作为县政府主管全县海洋工作的职能部门，承担着本行政区域海洋综合管理职责。2002年，启动与瑞安市和苍南县的县际海域勘界工作。2002—2004年，对全县用海项目情况开展调查和登记确权工作。至2012年底，全县共登记用海项目81个，确权用海面积45115亩。

第一节　海域勘界

根据国家海洋局统一部署，平阳县于2002年启动了与瑞安市和苍南县的县际海域勘界工作。2003年11月，平瑞两县（市）就县际海域界线方案达成了一致意见。2004年5月，在市海域勘界办公室主持下，县政府和瑞安市政府签订平瑞海域行政区域界线协议书。平苍海域界线方案经市海域勘界工作领导小组多次协调未果，最终由市政府裁决。2006年9月6日，市政府下发《关于平阳苍南线海域行政区域界线的裁决意见》。

平阳县与瑞安市海域勘界坐标一览表

表4-7-1

界点编号	坐标位置(x, y)	经纬度(N, E)
1号	x=3065660, y=21269806	27°41′03″, 120°40′01″
2号	x=3065478.62, y=21269989.62	27°40′57″, 120°40′08″
3号	x=3064300, y=21271550	27°40′19″, 120°41′05″
4号	x=3064250, y=21273250	27°40′19″, 120°42′07″
5号	x=3061000, y=21275250	27°38′35″, 120°43′23″
6号	x=3057950, y=21277900	27°36′57″, 120°45′01″
7号	x=3054000, y=21282750	27°34′52″, 120°48′00″
8号	x=3052000, y=21286000	27°33′49″, 120°50′00″
9号	x=3049750, y=21291100	27°32′38″, 120°53′07″

续表 4-7-1

界点编号	坐标位置(x, y)	经纬度(N, E)
10号	x=3048500, y=21294950	27°32′00″, 120°55′28″
11号	x=3048000, y=21300000	27°31′47″, 120°58′32″
12号	x=3048000, y=21320750	27°31′57″, 121°11′08″
13号	x=3047675, y=21348725	27°31′57″, 121°28′07″

说明:资料由县海洋渔业局提供

平阳县与苍南县海域勘界坐标一览表

表 4-7-2

界点编号	坐标位置(x, y)	经纬度(N, E)
1号	x=3054165.27, y=21264639.16	27°34′46″, 120°37′01″
2号	x=3050375, y=21270000	27°32′46″, 120°40′18″
3号	x=3050375, y=21271650	27°32′47″, 120°40′19″
4号	x=3028450, y=21300500	27°21′12″, 120°59′02″
5号	x=3028322.50, y=21308549.91	27°21′12″, 121°03′55″
6号	x=3027959.15, y=21333600.02	27°21′12″, 121°19′06″

说明:①资料由县海洋渔业局提供

第二节　海域管理

2002年1月1日《中华人民共和国海域使用管理法》施行后，平阳县利用3年时间对全县法前用海项目情况开展调查和登记确权工作。截至2005年，全县共完成法前项目用海确权登记65个，登记率70%以上，登记确权用海面积达24135亩。2005年5月，国家海洋局将平阳县列为全国海域管理示范县。截至2012年底，全县共登记用海项目81个，确权用海面积45115亩，累计征收海域使用金7907.45万元，用海类型涵盖渔业用海、工业用海、交通运输用海、造地工程用海、特殊用海等5个一级类和渔业基础设施用海、船舶工业用海、港口用海、科研教学用海等10个二级类。2009年5月，《宋埠—西湾高涂养殖用海规划》获得国家海洋局批准。

第三节　海洋环保

2004年4月1日，浙江省施行《浙江省海洋环境保护条例》。2010年，平阳县开始对管辖海域实施海洋环境监测工作(包括近岸海域环境趋势性监测、赤潮监测和沿海重点企业入海排污口监测等)，并根据监测结果对海域环境进行总体评价。2012年8月的监测结果显示：全县近岸一类水质海域面积940.8平方千米，占75.6%，二类水质海域面积99.7平方千米，占8.0%，三类水质海域面积92.8平方千米，占7.5%，四类水质海域面积31.8平方千米，占2.6%，劣四类水质海域面积79平方千米，占6.3%。一类水质主要分布在南麂列岛附近海域，劣四类水质海域主要分布在鳌江口及宋埠附近海域，影响海水质量的指标主要为无机氮和活性磷酸盐。县海洋与渔业局先后在南麂海域组织投放人工鱼礁120934空立方米，投礁海域面积4000余亩，形成50余个单独渔场和鲍礁群渔场，并多次在礁区开展人工增殖放流活动，有效增加投礁海区渔业资源量。2006—2007年，开展水头制革业污染专项整治，关停并转制革企业，对制革基地进行全面的改造，大幅度减少制革污染物排放量，鳌江口海域环境质量得到明显改善。2007年，建立赤潮监视监测志愿者队伍，实现赤潮防灾减灾工作专群力量(专业队伍和群众队伍)的结合。2012年，开始落实涉海工程生态补偿制度，开展一系列增殖放流活动。

专记：

世界生物圈保护区——南麂列岛

南麂列岛位于浙江省东南海域，隶属于平阳县鳌江镇，由52个面积在500平方米以上的岛屿(有居民岛3个、无居民岛49个)、数十个明暗礁及周围海域组成，海岸线总长75千米。保护区总面积201.06平方千米，其中岛屿陆域面积11.13平方千米，海域面积189.93平方千米，地理坐标为北纬27°24′30″～27°30′00″，东经120°56′30″～121°08′30″。南麂列岛西距大陆最近点鳌江镇28海里，北距温州市50海里，南距台湾基隆港140海里，东为宽阔的东海大陆架海域。1996年，在稻挑山岛屿上设领海基点石碑一座，为温州市唯一的领海基点。南麂岛为南麂列岛的主岛，位于列岛中央，面积7.64平方千米，从高空向下俯瞰，外形似麂，头朝西北，尾向东南，故名“南麂岛”。

1999年7月26日，联合国教科文组织为南麂列岛加入世界生物圈保护区网络颁发证书

南麂列岛自然环境优越、海岛风光旖旎、生物种类繁多，享有“碧海仙山”“贝藻王国”和“东方夏威夷”等美誉，是国务院批准建立的首批5个国家级海洋自然保护区之一，被列入联合国教科文组织世界生物圈保护区网络，是联合国开发计划署“中国南部沿海生物多样性管理项目”4个示范区之一，被《中国国家地理》杂志等23家媒体评为中国最美十大海岛之一。2005年5月19日，浙江省委书记习近平视察南麂列岛。

独特的生态环境

地质地貌　南麂列岛处在东海大陆架上，地质地貌属于基岩质海岛，为上侏罗统高坞组地层构成。列岛海岸线基本上是岩岸，由于长期受海浪潮汐的侵蚀冲击，基岸裸露，常见陡崖峭壁。海岸线形态曲折，多岬角、岛屿、海湾，以海蚀地貌为主，形成海蚀崖、海蚀柱、海蚀穴、海蚀平台等，以及不同的海滩，如沙滩、泥滩、砾石滩。海岛地形简单，岛陆周围由于岩石与沙滩交替发育，形成良好的生态环境，有利于物种的生长发育，岛礁构成的天然鱼礁成为海洋生物资源的良好养护场所。

南麂列岛海域处于台湾暖流和江浙沿岸流的交汇处，流系复杂，锋面发达，终年海水清澈，这些独特而多样的生态环境为海洋动植物的栖息、繁衍和生长提供十分理想的条件。由于其特殊的地理位置已成为中国若干暖水种分布的北线和若干冷水种分布的南线，是一种很特殊的生物分布混合区或过渡区，其生物区系组成复杂，呈现出很好的生物多样性、代表性和稀缺性，尤以贝藻类物种繁多而闻名于世，从而使南麂列岛获得“贝藻王国”的美誉，引起国内外海洋生物学界的广泛关注和高度重视。

气候条件　南麂列岛的气候属典型的亚热带海洋性季风气候，冬暖夏凉、温和湿润、风大雾多。据省环境保护局《南麂列岛自然保护区综合考察文集》①统计，年平均气温16.5℃，最冷月为2月，平均气温6.7℃，最热月为8月，平均气温26.2℃。历年极端最高气温34.3℃，历年极端最低气温-4.5℃，气温低于0℃的天数，累年平均为3.7天；平均年温

① 1994年，中国环境科学出版社出版，下同。

南麂主岛

差19.5℃；全年无霜期长达363天；年平均相对湿度为85%，最大湿度出现在夏季，秋、冬季湿度较低；年平均日照总时数为1765小时；年平均降水量为1172毫米，年降水日数平均为155.5天，主要集中在春、夏季。南麂列岛多大风，年平均风速为7.9米/秒，瞬间风速≥17米/秒（阵风8级以上）的大风日数累年平均为179天，为一类风区，夏季热带气旋引起的最大风速则超过40米/秒。

水文条件　由于受台湾暖流与江浙沿岸流的交互影响，据省环境保护局《南麂列岛自然保护区综合考察文集》统计，南麂海域月平均水温全年最高出现在8月，为27.8℃，最低出现在2月，为9.6℃，年平均18.7℃左右。南麂列岛远离大陆，受大陆径流影响不大，海水盐度相对稳定，年平均盐度为30.5‰，月平均最高盐度（8月）为33.1‰，月平均最低盐度（1月）为29.1‰。南麂列岛为浙江近海少有的清水海区，水色以浅蓝为主，海域水体终年清澈，悬浮物含量低，平均透明度大于2米，最大可以达7米以上。正规半日潮，平均潮差3.74米，最大潮差为6.76米，为中国主要强潮区之一。

多样性的生物资源

主要生物资源　南麂列岛独特而多样的生态环境为海洋生物繁衍、生长提供十分理想的条件，孕育丰富的海洋生物多样性。据调查，已发现各种门类的海洋生物1826种，其中，大型底栖藻类178种、微小型藻类459种、贝类427种、甲壳类207种、鱼类397种和其他海洋生物158种。尤其是贝类和藻类资源特别丰富，两者分别约占全国海洋贝类和藻类种数的15%和25%，约占浙江省海洋贝类和藻类种数的80%，大约30%的种类以南麂海域为中国沿海分布的北界和南界，有36种贝类在中国沿岸仅见于南麂海域。黑叶马尾藻、头状马尾藻和浙江褐茸藻是在南麂列岛发现的世界新物种，还有22种藻类被列为稀有物种，体现出很好的生物多样性、代表性和稀缺性。因此，南麂列岛被誉为海洋贝藻基因库和天然博物馆，是名副其实的“贝藻王国”。

大型底栖藻类178种分隶于84属，分别有蓝藻2属2种，红藻52属107种、褐藻21属38种，绿藻9属31种，占中国沿海已记录底栖海藻总数的20%左右。其中，优势种35种，常见种60种，局部种12种，少见种50种，稀有种20种，养殖种1种。其温度性质可分为暖水性、温水性和冷水性3类。暖水性种类有51种，其中属于亚热带性的有50种，属于热带性的仅1种。温水性种类有126种，其中属于冷温带性的有19种，属于暖温带性的有107种。冷水性种类仅1种养殖种，属亚寒带性。可见南麂列岛大型海藻的温度性质具有明显的暖温带性，同时含有相当多的亚热带性成分，其区系为暖温带性向亚热带性过渡的典型，属印度—西太平洋热带区的中—日亚区，在中国海藻区系划分中属东海西区。

铜藻与囊藻群落

微小型藻类459种中，有硅藻门297种、26变种、4变型，蓝藻门63种、1变种，甲藻门53种、5变种，绿藻门6种、1变种，金藻门2种、1变种。其中有30种为中国海洋微小型藻类新记录。

海洋贝类427种，分属于5纲193科，即多板纲11种、腹足纲218种、掘足纲2种、瓣鳃纲177种、头足纲19种。在这427种贝类中，广温性广分布种101种，约占总数的25%，其中多种为重要经济种类。东海和南海的亚热带分布种有212种，约占总数的51%，成为南麂海域贝类的主要组成成分，南海的热带分布种有80种，占总数的20%。甚至过去只发现于海南岛南端和西沙群岛的热带种，也出现在这一海域，而这些种类在福建沿海尚未发现，从而形成明显的生物“断裂分布”现象。如龟甲和古蚶等典型的热带种，竟能在北纬27°以上的南麂海域繁衍生息。而北方渤海、黄海暖温带分布的贝类，在南麂也有16种，占总数的4%。据20世纪80年代末至20世纪90年代初的海洋资源本底调查，南麂列岛潮间带贝类分布有214种，其中岩礁相潮间带136种，砂相潮间带种类36种，泥沙相潮间带种类42种；潮下带及浅海贝类有255种。经济种类百余种。

龙船礁上的厚壳贻贝群落

南麂海域已鉴定的鱼类有397种，分属2纲27目130科144属。其中经济鱼类100余种，约占全国经济鱼类的1/3，年产量达万吨以上的鱼类有带鱼，年产量千吨以上的鱼类有龙头鱼、棘头梅童鱼、鳓鱼等。一些常年分布在岛礁周围区域性名贵鱼类及深水名贵鱼类有石斑鱼、星鳗，在底层和近底层中有大眼鲷、海鳗、黄姑鱼等，中层水域有竹夹鱼、青鳞鱼等。岛礁性名贵鱼类如石斑鱼等也有一定的产量。南麂还是黄唇鱼的故乡。这种鱼，温州人称为“黄甘”，一般体长1～1.5米，重约15～30千克，是一种暖温性稀有底层大型鱼类，仅分布在中国东海和南海海域，是中国特有鱼种，属于国家二级保护水生动物。黄唇鱼的鱼鳔(俗称“鱼胶”)非常珍贵，被视为上等补品，民间素有“贵如黄金”之说。一条体重50千克的黄唇鱼可以取到500克鱼鳔，市场上可以卖到100万元以上，就是同等重量的黄金价格也难以望其项背。据统计，1965—1980年就曾捕获过20余条，20世纪90年代，苍南渔民还曾捕到过，以后已难觅黄唇鱼的踪迹。

南麂海域虾类计有79种，种数居全省第一位，分别隶属18科39属，其中东海首次记录有4种，浙江首次记录有12种。南麂海域虾类组成以热带、亚热带的暖水性种类占绝对优势。南麂海域蟹类计有128种，分别隶属于17科68属，其中浙江首次记录有30种，东海首次记录有12种。南麂海域蟹类组成绝大部分为来自印度洋、中印半岛、热带中太平洋诸岛、菲律宾诸岛的暖水种；还有部分是南海、东海及日本的亚热带种与少数东海(包括日本)的地方种。除上述虾类、蟹类外，蔓足类、口足类、异尾类等甲壳类资源在南麂海域也十分丰富。据初步调查，该海域有蔓足类28种，口足类11种，异尾类11种。南麂海域是一些北温带冷水性甲壳类分布的南缘临界，同时也是一部分较强的暖水性甲壳类分布的北缘临界。

其他生物资源　南麂海域不仅贝藻类、鱼类和甲壳类种类繁多，而且其他海洋生物也不少。经初步调查，有海绵动物2种、腔肠动物48种、栉水母动物2种、扁形动物1种、多毛动物36种、节肢动物1种、外肛动物31种、腕足动物4种、棘皮动物27种、爬行动物3种和哺乳动物3种，共计158种，其中有9种为浙江省新纪录，有6种为国家二级保护动物，有9种被列入国家重点保护的珍贵稀有水生动植物种类名录。科研人员经过近20年的调查，于2007年在南麂保护区发现造礁石珊瑚的存在，将中国大陆沿岸造礁石珊瑚的分布北限记录，由福建东山岛海域，向北推进到南麂列岛，为中国地理区划的研究和全球气候环境变化研究提供科学支持。

陆生脊椎动物有两栖纲1目5科11种，爬行纲3目5科13种，哺乳纲6目7科8种。

南麂列岛生物圈保护区海洋性鸟类数量极多，2003年6月在下马鞍曾一次记录到黑尾鸥2000余只，是中国目前已知最大的黑尾鸥繁殖地之一。目前记录到的鸟类共计9目17科40种，以雀形目和鸥形目鸟类为主。留鸟有18种，夏候鸟有12种，冬候鸟和旅鸟共计9种。

黑尾鸥

种子植物共有89科253属317种，其中裸子植物3科7属7种，被子植物86科246属310种。主要物种为黑松、木麻黄、台湾相思、桉树等。

大檑岛和竹屿还盛产一种石蒜科多年生草本——野生水仙花，面积约30亩，其中大檑岛最多，被当地人称为“水仙花岛”。

大擂岛野生水仙花

命名和荣誉

南麂列岛国家级海洋自然保护区（简称南麂保护区）在中国乃至在国际海洋保护领域均占有重要地位。1990年9月，经国务院批准，南麂列岛成为首批5个国家级海洋自然保护区之一。1993年，被接纳为中国生物圈保护区网络成员单位。1994年，市青少年夏令营基地在南麂岛挂牌成立。1997年，被国家科委列为全省唯一的全国十大科技兴海示范基地之一。1998年12月，在全国海洋类型自然保护区中率先加入联合国教科文组织世界生物圈保护区网络，是中国目前唯一列入该网络组织的岛屿类型保护区。1999年，南麂列岛国家海洋自然保护区管理局（简称南麂保护区管理局）被国家环保总局、国家林业局、农业部和国土资源部等4部委授予“全国自然保护区管理先进集体”称号。2000年，被授予“温州市青少年海洋科普教育基地”。2001年，被中国钓鱼协会授予国家级海钓基地，被省人民政府命名为省级风景名胜区。2002年6月，被列为由全球环境基金（GEF）资助的联合国开发计划署“中国南部沿海生物多样性管理项目”四个示范区之一。2003年，被命名为“浙江省科普教育基地”。2005年10月，被《中国国家地理》杂志等23家媒体评为中国最美十大海岛之一[①]。2006年8月，被列为

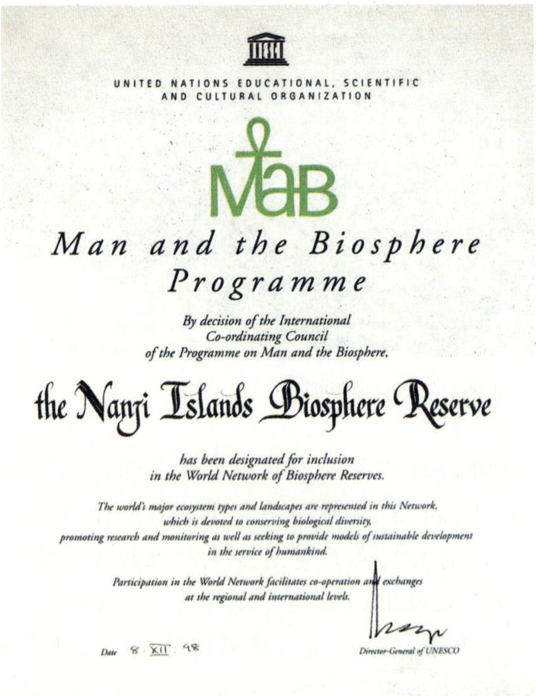

UNITED NATIONS EDUCATIONAL, SCIENTIFIC AND CULTURAL ORGANIZATION

MaB

Man and the Biosphere Programme

By decision of the International Co-ordinating Council of the Programme on Man and the Biosphere,

the Nanji Islands Biosphere Reserve

has been designated for inclusion in the World Network of Biosphere Reserves.

The world's major ecosystem types and landscapes are represented in this Network, which is devoted to conserving biological diversity, promoting research and monitoring as well as seeking to provide models of sustainable development in the service of humankind.

Participation in the World Network facilitates co-operation and exchanges at the regional and international levels.

Date 8 XII 98

Director-General of UNESCO

联合国世界生物圈保护区批文

① 中国最美十大海岛中排名第五。

市首批对外宣传采访基地之一。2008年4月，南麂镇被环保部命名为全国环境优美乡镇。2009年，被授予温州市社会科学普及示范基地称号。2010年，被授予首批浙江省海洋科普教育基地称号。南麂岛涵盖山、海、林、人文景观资源等，具有极高的科普考察、科学研究、夏令营功能，被数学泰斗、平阳籍著名数学家苏步青称为“碧海仙山”。2009—2012年，国家海洋局连续4年授予中国海监南麂保护区支队为东海区优秀海监支队称号。

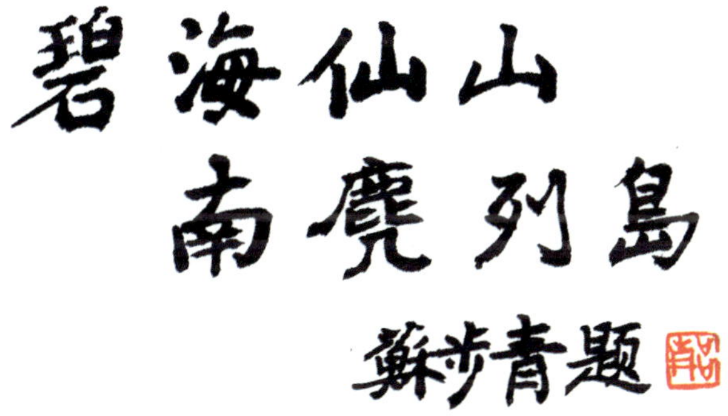

苏步青题字（1993年）

保护区的建设与管理

管理机构　1991年9月18日，建立南麂列岛国家海洋自然保护区管理局，该管理局为副县级机构，行政上隶属于县政府，业务上接受省海洋与渔业局管理，负责保护区的保护、建设、规划和管理。1998年1月7日，保护区管理局与南麂镇合署办公，实行“两块牌子、一套班子”的管理体制。2011年5月16日，鳌江镇南麂办事处委托给南麂保护区管理局管理。2012年2月6日，鳌江镇南麂办事处（南麂社区管委会）行政关系、隶属关系、人事关系等全部归鳌江镇统一管理。南麂保护区管理局负责岛上的生态保护、海洋科学研究、规划、建设、旅游等。至2012年底，南麂保护区管理局下设办公室、海洋监察管理科、规划建设科（风景名胜管理处、行政审批科）、研究所和海监支队，人员编制35人，实有人员41人，其中行政编制8人，事业编制27人。

规划编制　1991年4月，国家海洋局批复由省海洋管理处和县政府组织编制《浙江南麂列岛海洋自然保护区建设方案》。1992年，省海洋管理处委托国家海洋局第二海洋研究所和杭州大学地理系共同编制《南麂列岛国家级海洋自然保护区主导功能区划和总体规划》。1999年，省环保局和省计划委共同编制《浙江省自然保护区发展规划》，将南麂保护区列为省重点自然保护区建设示范工程之一。2004年9月，国家海洋局批复由复旦大学生物多样性与生态工程教育部重点实验室、上海复益生态环境科技有限公司和南麂保护区管理局联合编制的《浙江南麂列岛国家级海洋自然保护区总体规划（2003—2010）》。2004年12月，南麂镇政府委托北京土人景观规划设计研究院和北京大学景观设计研究院联合编制《浙江省平阳县南麂镇总体规划（2005—2025）》；2006年7月，编制《浙江南麂修建性详细规划（2006—2025）》。2010年，县国土资源局编制《南麂镇土地利用总体规划（2006—2020年）》。2011年，国务院正式批复的《浙江海洋经济发展示范区规划》提出将南麂打造成中国海洋生态岛的重大发展目标，在国家战略层面上明确南麂在海洋生态文明建设中的重要地位。2011年，南麂保护区管理局委托国家海洋局第二海洋研究所编制《浙江南麂列岛国家级海洋自然保护区总体规划（2014—2024）》。

功能区划　1990年建区初期，南麂保护区以海洋贝藻类物种资源及其生态环境为保护对象，大山、大山礁、虎屿岛、小柴屿岛、上马鞍岛和大沙澳部分沙滩为核心区。2002年，根据保护区发展变化，为了更好地实现生物圈保护区三大基本功能，南麂保护区管理局委托上海复旦大学生物多样性研究所对保护区功能区划进行调整，并获国家海洋局的批复。经过调整，保护区的保护对象拓展到海洋贝藻类、海洋性鸟类、野生水仙花及其生态环境。核心区拓展到7处，即大山、小柴屿、上马鞍、下马鞍、破屿、大檑山和后麂山，面积为8.04平方千米，占保护区总面积的4.0%，实行封闭式保护，除必要的经批准的监测和科研以外，禁止一切人为活动；缓冲区面积34.04平方千米，占保护区总面积的16.9%，可进行科学研究观测活动；实验区面积158.98平方千米，占保护区总面积的79.1%，可进行保护、监测、执法、科研和宣教等设施建设，并适当开展生态旅游和示范性经营等活动。

资源管护　严格执行国家的相关保护法律、法规、条例和《浙江省南麂列岛国家级海洋自然保护区管理条例》[1]，按照省海洋局《浙江省南麂列岛国家级海洋自然保护区管理条例实施细则》[2]开展南麂保护区自然资源的保护工作，制定出台《南麂列岛国家级海洋自然保护区二、三级保护区潮间带保护管理办法》《关于〈渔业生产许可证〉〈客、货运船舶通行许可证〉〈保护区临时通行许可证〉管理办法》《关于建立生态补偿金奖惩机制的意见（试行）》和《关于加强大沙澳等边浅蛤（沙蛤）管理的通告》等地方保护政策。

海监执法　南麂保护区遵循"保护为主、适度开发、开发服从保护"的原则，从多方面开展资源管护工作。从2005年中国海监南麂列岛国家级海洋自然保护区支队成立至2012年，共开展执法检查910次，发现违法行为205起，实施海上执法检查549次，航程21364海里，派出车辆622车次，派出人员2649人次，承办非法偷盗、滥捕、采石、挖沙等各类案件118件，罚款31.31万元。2010年"5·11"核心区非法潜水偷采贝类案件，是国家首例对在国家级海洋自然保护区内进行非法采捕水产品的行为进行定罪判刑的案件，并被列为国家海洋局典型示范案件。至2012年底，保护区设有瞭望哨所、界碑、区碑、红色浮球界标、拉索界线和警示标语牌等设施，配有数码摄像机、对讲机、红外高倍望远镜、雷达视频监控系统等设备，以及海监管理艇3艘。

生态修复　2004年，南麂保护区管理局发布《关于加强大沙澳等边浅蛤（沙蛤）管理的通告》，实施大沙澳等边浅蛤的保护计划，开展等边浅蛤科学研究课题。2012年监测显示，核心区等边浅蛤栖息密度比缓冲区高10倍，核心区等边浅蛤栖息密度平均达100个/平方米以上，最高可达216个/平方米。2008年9月，南麂保护区管理局联合相关单位承担"铜藻优化自繁模式及投放技术开发"和"铜藻海藻场重建及生态环境生物修复"项目。对铜藻恢复的生态效果调查表明，在马祖澳海区礁石上发现生长良好的铜藻幼苗，最大密度达到100株/平方米，已基本达到重建的目的。同时对铜藻场内外生物多样性进行调查发现，铜藻场内的生物多样性显著高于藻场外，以2009年4月27—29日定量和定性采样调查结果为例，藻场内物种数为18种，而藻场外只有9种。2010年，实施国家农业部项目"南麂列岛火焜澳海洋牧场示范区建设"。同时，在示范区内开展南麂本区物种等边浅蛤、波纹巴非蛤、厚壳贻贝、文蛤、泥蚶、大黄鱼、真鲷、梭子蟹等的增殖放流。2011年，完成国家海洋公益性科研项目"中国南方沿海大型海藻生态系统恢复技术集成与示范"的子项目——"铜藻生态系统恢复技术集成与示范"。2012年，开展"南麂列岛海洋自然保护区岛礁鱼类资源调查""南麂列岛海洋自然保护区野生紫菜资源调查和保护恢复"。2012年，开始实施中央分成海域使用金项目，主要包括保护区大型海藻场建设和生态修复工程、保护区海洋生物资源与栖息环境调查与保护效果评估、南麂岛保护和整治修复项目。

中国海监7003执法艇（2012年）

科研工作

历史调查和监测　自1959年以来，南麂列岛经历10余次较大的科学考察与调查，归纳起来大致可划分为20世纪60—70年代、20世纪80—90年代以及2000—2007年3个时段。其中尤以20世纪80年代末的保护区建区前综合考察、20世纪90年代初的潮间带海洋环境与生物本底调查以及2003年保护区功能区划调整海洋自然环境调查这3次调查最为全面，积累丰富的海洋生物多样性信息，并以此为基线信息，建立南麂列岛管理信息系统。2009年开始，对龙船礁、大柴屿、下马鞍岛等9

① 1996年10月1日起施行，2009年11月27日修订。

② 1998年12月14日起施行。

个固定的潮间带断面进行生物资源和栖息环境春秋两季长期监测。自2010年开始，对下马鞍岛、尖屿岛及周围小岛的夏候鸟（黑尾鸥）和大檑岛的野生水仙花开展长期监测调查。大沙澳海滨浴场被列入全国26个海滨浴场水质监测点。

SCCBD项目　2002年，南麂保护区成为中国南部沿海生物多样性管理项目（SCCBD项目）[①]4个示范区之一。项目主要包括加强管护设施建设、加强人员培训、寻找和解除生态威胁和加强生态修复等内容。通过项目的实施，南麂基础设施建设得到加强，包括管护设施、执法设备和建立垃圾污水处理系统等；通过加强管理以及重建铜藻场，恢复典型物种铜藻，提高生物多样性；通过开展基线信息收集以及制定适合本地的《南麂列岛自然保护区海洋生物多样性调查技术规程》和《南麂保护区中长期生物多样性监测计划》，掌握保护区自然地理、生物多样性和人文资源等背景情况，并实施长期监测计划；开展城镇规划修编，按照海洋生物多样性保护的要求，提出修订城镇建设规划的意见，并实施主流化。2011年，编著出版中国南部沿海生物多样性管理项目成果报告系列丛书——《基于海岛管理的南麂列岛生物多样性保护实践与经验》。

对外科研交流合作　2003年，与北京大学、中科院植物研究所共同合作开展“南麂列岛生物圈保护区可持续管理政策研究”的课题研究，并得到联合国教科文组织专项资金资助。2004年，与浙江海洋学院签订合作协议，建立合作伙伴关系，双方成立科技教育合作联络小组，命名为“浙江海洋学院南麂列岛国家级海洋自然保护区科技教育合作联络小组”，从而加快科技成果转化，提高科技开发水平，实现产业结构调整，积极为地方经济建设和社会发展服务。2005年开始，与北京师范大学合作，先后开展等边浅蛤、赤点石斑鱼等物种的遗传多样性和保护生物学研究。2010年，与北京大学天然药物及仿生药物国家重点实验室、温州药学院天然创新药物研究所签订合作协议，共同开展南麂保护区藻类生物的生物活性和药用前途的基础和应用研究，在南麂保护区成立联合实验室。2011年，与中国科学院海洋研究所达成科研合作意向，双方合作共建海洋生物多样性和生态修复研究中心，开展长期的合作研究。2012年，浙江海洋学院“海洋渔业科学与技术省重中之重学科野外科研工作站”和“水产学科研究生科研与教育实习基地”在南麂保护区挂牌成立。

科学研究成果　建区以来，南麂保护区和北京大学、北京师范大学、中国海洋大学、浙江海洋学院、中国科学院海洋研究所、国家海洋局第二海洋研究所、国家海洋局第三海洋研究所、中国环境科学研究院、浙江省海洋水产养殖研究所等多所国内知名高校和科研单位合作开展研究取得重大进展。已主持或参与完成国家、省、市、县各类科技项目50余项，其中包括联合国开发计划署—全球环境基金—中国政府中国南部沿海生物多样性管理项目、国家财政部国家级自然保护区专项资金项目、国家海洋局海域使用金项目、省生态环境保护专项资金项目、省海洋与渔业局环保资金项目以及人工鱼礁与海洋牧场建设、深水网箱开发等项目。1992年，省海洋管理局编辑出版《南麂列岛国家级海洋自然保护区论文选（一）》。1994年，《东海海洋》刊登“南麂列岛国家级海洋自然保护区本底调查——潮间带底栖生物及环境质量评价”专辑。是年，省环境保护局编辑出版《南麂列岛自然保护区综合考察文集》。1998年，《东海海洋》杂志刊登南麂列岛微小型藻类研究专辑。2000年，《南麂海洋保护区保护和开发协调发展研究》获温州市科学技术进步二等奖。是年，出版《南麂列岛海滨生物实习指导》一书。2001年，《南麂列岛自然保护区海洋生物多样性保护项目可行性研究报告》通过专家评审，并获得国家级自然保护区专项资金和省级生态环境保护专项资金资助。1999—2003年，实施国家高技术应用部门发展项目和省海洋开发管理专用资金项目——《国家级海洋自然保护区环境与资源遥感动态监测：南麂列岛示范区研究》，并在保护区得到应用。2004年，国家海洋局杭州海洋工程勘测设计

① 中国南部沿海生物多样性管理项（SCCBD项目）始于2002年，由全球环境基金（GEF）和中国政府共同资助，联合国开发计划署（UNDP）执行，国家海洋局和浙江省、福建省、广东省、海南省和广西壮族自治区人民政府以及美国国家海洋与大气局共同实施。

研究中心编著《浙江省南麂列岛国家级海洋自然保护区海洋自然环境调查分析研究报告》。2008年，在《北京师范大学学报(自然科学版)》上发表《对赤点石斑鱼多态性微卫星位点的跨种扩增和特征分析》。2010年，在*Molecular Ecology Resources*上发表了《Detection of species-specific long VNTRs in mitochondrial control region and their application to identifying sympatric Hong Kong grouper and yellow grouper》。在《动物学杂志》上发表《中国南方海域4种石斑鱼的遗传多样性及分子系统发生关系的分析》。2011年，联合国家林业局华东林业调查规划设计院编著《南麂列岛国家重要湿地资源环境调查评估报告》。是年，在《北京师范大学学报(自然科学版)》上发表《等边浅蛤(Gomphina aequilatera)核糖体DNA第一内转录间隔区序列的特征分析》，是年出版《基于海岛管理的南麂列岛生物多样性保护实践与经验》。此外，还开展《南麂列岛贝藻类生物补充调查及相关研究成果推广》《实施生物多样性调查，汇编生物多样性数据并用于制作地理信息系统层图》等一系列科研项目。发表论文100余篇，获省(部)级、市级、县级科学技术进步奖20余项。

对外交流　1993年7月，参加"中国生物圈保护区网络成立大会"；参加第一届东亚地区国家公园和保护区会议暨世界自然保护同盟第41届工作会议，会上宣读"南麂列岛海洋自然保护区生物多样性及其保护"的论文；9月，第一届东亚生态国际海洋考察团一行12人考察南麂保护区。1994年7月，中国贝类学会三届四次理事会在南麂岛召开。1995年6月，全国海洋自然保护区第一次工作会议在南麂岛召开。1997年10月，中国海洋湖沼学会贝类学分会第八次全国学术讨论会暨张玺教授100周年诞辰纪念会在南麂岛召开。2001年12月，联合国计划开发署代表及国家海洋局、国家海洋三所、香港科技大学等40余位海洋生物专家就南麂列岛生物多样性管理项目进行技术咨询研讨。2010年10月，2010海洋生态文明国际论坛在温州开幕，此次论坛由国家海洋局国际合作司、市政府、省海洋与渔业局、省科协共同主办，论坛主题为"生物多样性与海洋生态文明"，南麂保护区管理局局长方明晓在论坛上发言；南麂保护区建区20周年庆典活动在平阳举行。2012年10月，方明晓应邀参加"第14届中国生物圈保护区网络大会"，并在大会上作"发展与保护同步，人与自然和谐共处——南麂列岛国家级海洋自然保护区以生态保护推进绿色发展"的主题报告。

第14届中国生物圈保护区网络大会（2012年）

宣传活动　1998年，县电视台摄制《南麂保护区VCD宣传光盘》，10月，由全国人大常委会环资委、中宣部、国家环保局、国家海洋局等14个部

2007年发行《南麂列岛自然保护区》特种邮票

委局联合组织的，以保护海洋、开发海洋为宣传主题的“中华环保世纪行”采访团前往南麂岛采访。1999年，由苏步青题词的《碧海仙山——南麂风光明信片》正式发行，这是平阳县首次发行的明信片，此套明信片共6枚，由中国邮票设计大师周炳成设计绘制。是年创办《南麂列岛生物圈保护区通讯》，至2012年底共发行45期。2002年1月，中央电视台第10套节目《绿色空间》栏目组到南麂拍摄专题环保科普纪录片《南麂列岛的贝藻家族》并播出。2004年，中央电视台《搜寻天下》栏目摄制组拍摄环保探索专题纪实片《浪涧南麂岛》。2005年，中央电视台少儿频道拍摄播出专题片《温州中学学生南麂贝类王国探秘行》。2004年、2005年连续在中央一台、中央新闻台、中央四台等重要媒体和温州城市气象节目中插播南麂自然保护区画面。2006年，“2005—2006年全国剧本征集活动”颁奖大会在上海举行，温籍军旅作家陈惠方和八一电影制片厂王强合作创作的20集电视连续剧《南麂情缘》获二等奖。2007年，发行《南麂列岛自然保护区》特种邮票一套3枚；是年，开通南麂保护区网站(www.njld.org)。2009年，平阳文学艺术联合会编撰《诗意南麂》，中国文学艺术出版社出版。2010年，中央电视台第十频道“百科探秘”栏目组拍摄《南麂列岛国家级海洋自然保护区宣传片》《南麂列岛国家级海洋自然保护区科教片》《我家住在南麂岛》MTV。2011年，中央电视台科教频道科普类电视栏目拍摄《地理·中国》南麂专题片。2012年，中央电视台拍摄《远方的家》百集系列节目《沿海行》南麂部分。

第八章　国土执法监察

1987年，县土地管理局成立，县土地监察队同时设立并开展工作。1991年，聘任各村书记担任土地监察员，确定各区、乡(镇)兼职土地管理员。1989年6月，各区、镇土地管理所建立。2003年12月，建立国土资源局监察大队，11个镇国土资源所设监察中队。2006年后，县海洋与渔业局开展海洋执法工作。

第一节　土地执法监察

1989年，全县查处各类土地违法案件362起，违法占地面积14.63公顷，处理319起，案件查处率88.1%。1990年，开展建设用地审批清理工作，重点抓乡、村两级越级批地案件查处，查清越权审批4件，占地0.25亩。是年，全县共查出各类违法案件603件，占地4.22公顷。结案381件，占地3.09公顷，没收建筑物1083平方米，拆除建筑物及房屋基础设施4891平方米，收回土地0.31公顷。1991年，共查处各类违法案件106件，占地面积0.86公顷。其中，集体单位8件，个人98件；未批先建96件，非法转让9件，其他1件。没收建筑物300平方米，拆除594平方米。1992年，共查出各类案件701件，违法用地面积3.98公顷；处理307件，拆除建筑物或基础设施5639.7平方米，罚没款31.16万元。

1994年，全面清查各类非农建设用地，查清非农业建设用地265.68公顷，其中，批准用地42.83公顷，占16.12%；未批准用地222.85公顷，占83.88%。1994—1996年，进行砖瓦窑专项清理工作，对宋桥镇200余座红砖窑进行全面清理，强制拆除。1995年11月，对务垟、昆阳、万全、郑楼、榆垟等乡镇进行红砖窑清查和处理。1996年，在榆垟镇拆除砖瓦窑14座。2000年6月，县土地管理局配合有关部门，拆除鳌江镇未批先占违法建筑150余间，总面积1万余平方米，并取缔无证房地产中介机构700余家。1999—2012年，每年进行建设用地

萧江整治违法用地违法建设现场（2008年）吴思铺　摄

执法检查，查清农用地转用和具体项目批后管理情况，所有项目用地均符合土地利用总体规划，发现个别问题，及时整改。

1989—2012年统计资料显示，全县制止各类土地违法用地8402宗，发出行政处罚决定书881宗，涉案土地面积1963.18公顷，罚没款5650.85万元，没收建筑物101.98万平方米，拆除违法建筑物490.13万平方米。拆除红砖窑4353座，捣毁制砖机1556台，砖坯还土37082.3万粒。

2008年，平阳县被列为全省土地卫星遥感执法县。2008—2012年，卫星拍摄图片发现违法图斑526个，面积44公顷，为土地监察执法提供科学便捷手段。

第二节　矿产开发秩序整顿

1993年，全县共有持证矿点222个，从业人员4000余人。主要矿产为建筑石料、花岗石、钠长石、铜矿、石英、高岭石、矿泉水、硫铁矿、伊利石等。

2001年，全县共有持证矿点142个，呈“小、散、乱”局面。2002—2003年，县国土资源局开展矿山开发秩序整顿工作，大量关闭小矿山，压缩矿山数量，至2004年6月，持证矿山数量减少到18个。2006年1月，县政府出台《关于全面整顿和规范矿产资源秩序的实施意见》，专项开展整顿和规范矿产资源秩序行动，共制止非法采矿行为188起，关闭取缔无证砂石矿点31处，查处涉矿林地案件3起，罚款2.4万元，查处矿山环保案件2起，罚款10.5万元。2008年3月，开展整顿和规范矿产资源秩序“回头看”活动，共制止非法采矿行为40起，关闭取缔无证砂石矿点20处，查处涉矿林地案件4起，罚款11.6万元，查处矿山安全案件1件。2009年6月，县国土资源局获评全省矿产资源开发秩序整顿和规范工作先进集体。

鳌江集中整治红砖窑现场（2008年）　　吴思铺　摄

第三节　海岛保护和海洋执法

2010年3月1日，《中华人民共和国海岛保护法》施行后，县海洋与渔业局启动无居民海岛使用情况调查、无居民海岛命名和海岛地名普查工作，并在此基础上，于2011年起开展海岛地名立碑（海岛名称标志设置）工作。截至2012年，共立岛碑44个，编制完成《平阳县海岛图集》。

2006年，县编委下发《关于同意加强县海洋与渔业综合执法和渔业安全监督管理队伍建设有关问题的批复》文件后，建立县海洋与渔业执法大队（增挂中国海监平阳县大队牌子）。2006—2012年，中国海监平阳县大队共开展执法检查85次，查处各类案件22起。县海洋与渔业局加强海岛巡航检查，并按照“一岛一档”的要求建立电子化海岛执法工作档案，详细记录海岛地貌特征、植被特点等信息。

2008年，完成《平阳县海洋功能区划》修编，次年8月获省政府批准实施。根据国家海洋局统一部署，县海洋与渔业局开展908专项调查（近岸海域海洋综合调查），包括海域使用现状调查、沿海社会经济基本情况调查、无居民海岛基本情况调查、海岛经济发展基本情况调查、海洋文化调查、海岸带基本情况调查。2009年后，县海洋与渔业局开展一年一度的“世界海洋日暨全国海洋宣传日”系列宣传活动，此外还开展海洋防灾减灾相关工作，组织实施沿海警戒潮位核定、海洋灾害风险调查和隐患排查、海洋灾害风险评估与区划等海洋防灾减灾基础研究工作。

第五卷

DI WU JUAN

《平阳县志（1989—2012）》

PINGYANG XIAN ZHI

环境保护

1989—2012年，县政府把治理水污染作为环境保护工作的重点，着力治理制革和电镀行业对水环境的污染。其间，水环境污染趋势得到遏制，水环境质量有所改善，噪音污染得到缓解。

1989—2012年，全县空气质量处于基本良好状态，只有1993年、1994年及1996年环境空气质量尚未达到《GB 3095—1996环境空气质量标准》二级标准，其他年份均能达二级标准。

地表水质量严重超标，特别是鳌江水系下游、河网平原和入海口，以五类或劣五类水为主，2007至2012年才有所改善，2012年，水质趋好，上游埭头断面为三类水，江口渡断面为四类水，江屿断面仍为劣五类水。

1989—2012年，功能区噪声超标。2012年下半年，一类区昼、夜间噪音都达标，二区夜间噪音超标，四类区夜间噪音超标，交通噪音超标率为35%。

1989—2012年，生态保护工作和创建生态县活动已取得成效，截至2012年底，全县共创建省级生态镇（乡）5个、市级生态镇（乡）3个、市级生态村201个。

第一章　环境质量

1989—2012年，全县大气环境质量保持优及良好状况，但属于重酸区。

地表水污染较为严重，鳌江水系下游、河网平原和入海口以五类或劣五类水为主。

声环境功能区噪音超标，尤其是交通噪音超标率为35%。

第一节　大气环境质量

1989—2012年，平阳县环境空气质量保持优及良好，只有1993年、1994年及1996年环境空气质量尚未达到《GB 3095—1996环境空气质量标准》二级标准，其他年份均能达二级标准。首要污染因子为环境空气中的颗粒物。大气酸雨pH值呈下降趋势，酸雨率呈现逐渐增加趋势，由1992年中度酸雨区上升到2012年重酸雨区。

空气质量

1989—2012年，大气中二氧化硫和二氧化氮两项污染物指标日均值均达国家一级标准。

1992年，总悬浮颗粒物达国家二级标准，属清洁水平。1993—1996年，平阳县城区进行旧城改造，产生大量的粉尘，总悬浮颗粒超标率较为严重，空气环境质量有所下降。1997年和1998年，工业废气增加、燃油交通工具快速增长，导致二氧化硫和氮氧化物有所上升。总悬浮微粒由于旧城改造陆续完工而有所降低，达国家二级标准。1999年至2007年第三季度，环境空气中的二氧化硫、二氧化氮、总悬浮颗粒三项指标一直维持较低水平，均符合国家空气质量一级标准，达到功能区目标要求。2007年第四季度可吸入颗粒物有4天超过国家二级标准。2008—2012年，环境空气质量一直保持良好，空气污染指数小于100，可正常活动的天数在93%以上，首要污染物为可吸入颗粒物。

1992—2012年度平阳县三类大气污染物监测情况一览表

表5-1-1　　　　单位：毫克/立方米

年度	二氧化硫	二氧化氮	总悬浮颗粒	质量状况
1992年	0.027	0.082	0.14	二级
1993年	0.016	0.045	0.51	超标
1994年	0.03	0.023	0.94	超标
1995年	0.014	0.015	0.2	二级
1996年	0.009	0.027	0.408	三级
1997年	0.011	0.039	0.172	二级
1998年	0.013	0.06	0.154	二级
1999年	0.005	0.031	0.08	一级

续表 5-1-1

年度	二氧化硫	二氧化氮	总悬浮颗粒	质量状况
2000年	0.002	0.022	0.079	一级
2001年	0.002	0.020	0.080	一级
2002年	0.002	0.024	0.072	一级
2003年	0.002	0.023	0.082	一级
2004年	0.002	0.029	0.047	一级
2005年	0.002	0.036	0.054	一级
2006年	0.002	0.034	0.057	一级
2007年前三季度	0.002	0.036	0.059	一级
2007年第四季度	0.029	0.028	0.079	二级
2008年	0.025	0.034	0.086	二级
2009年	0.016	0.030	0.078	二级
2010年	0.016	0.035	0.077	二级
2011年	0.015	0.034	0.070	二级
2012年	0.060	0.040	0.100	二级

说明:①资料由县环境保护局提供;②小数点后保留三位

大气降雨酸碱值

1989—1998年，平阳县大气降雨酸雨值年均值在5.00～5.30之间，酸雨率是30%～60%，为中度酸雨区；1999—2005年，降雨酸雨值年均值在4.70～5.00之间，酸雨率是50%～80%，为较重酸雨区；2006—2012年，酸雨值年均值降低，酸雨率显著提高，由较重酸雨区逐渐加重为重酸雨区，pH年均值保持在4.6以下，酸雨率在94%以上。

1992—2012年平阳县各季度大气降雨酸雨值和酸雨率情况统计表

表 5-1-2

年份(年)	第一季度	第二季度	第三季度	第四季度	年均值	酸雨率%	质量状况
1992	4.52	5.96	5.61	4.78	5.42	—	中度酸雨区
1993	4.62	5.36	5.19	4.64	4.95	—	中度酸雨区
1994	4.73	5.32	6.41	4.47	5.03	57.7	中度酸雨区
1995	4.67	5.17	6.40	5.90	5.03	50.6	中度酸雨区
1996	4.72	5.36	5.06	5.32	5.09	43.0	中度酸雨区
1997	4.80	5.68	6.09	4.89	5.24	33.9	中度酸雨区
1998	4.99	6.72	6.53	4.55	5.08	42.3	中度酸雨区
1999	4.18	5.43	6.05	4.28	4.76	40.0	较重酸雨区
2000	4.03	4.74	4.73	4.28	4.43	62.2	重酸雨区
2001	4.17	4.94	4.73	4.22	4.54	60.4	重酸雨区
2002	4.59	5.34	5.72	4.64	5.04	39.4	中度酸雨区
2003	4.56	4.59	5.66	4.89	4.87	57.6	较重酸雨区
2004	4.40	4.75	4.92	4.96	4.76	58.3	较重酸雨区
2005	4.40	4.82	7.13	4.49	4.87	53.8	较重酸雨区
2006	4.23	4.61	4.81	4.31	4.52	94.2	重酸雨区

续表 5-1-2

年份(年)	第一季度	第二季度	第三季度	第四季度	年均值	酸雨率%	质量状况
2007	4.27	4.28	4.75	4.73	4.51	95.2	重酸雨区
2008	4.29	4.50	4.62	4.12	4.46	98.0	重酸雨区
2009	4.24	4.42	4.53	4.17	4.38	100.0	重酸雨区
2010	4.07	4.31	4.66	4.20	4.20	100.0	重酸雨区
2011	4.10	3.90	4.07	4.04	4.02	100.0	重酸雨区
2012	4.03	4.06	4.07	4.41	4.11	97.70	重酸雨区

说明:①“质量状况”是酸雨率结合pH值平均值情况而确定;②降雨pH值≤S·bo的为酸雨;③资料由县环境保护局提供

第二节　水环境质量

平阳县地表水常规监测范围为鳌江水系、平原河网(平瑞河网和平鳌河网)、入海河口和近海水域,其中入海河口江口渡站点按地表水标准评价,近海水域按海水水质标准评价。鳌江水系由于受到水头制革工业废水污染,水质日益恶化,2007年水头制革行业整治后,水质状况明显改善,各项污染物有所下降;历年来平原河网水质较差,水质类别以Ⅴ类和劣Ⅴ类水质为主,平瑞塘河污染严重,平鳌塘河水质不佳,主要污染物为有机物,并且污染程度呈恶化趋势;入海河口水质为四类和五类为主,近海水域为四类海水,水质下降,表现出严重的富营养化,并逐年加重。

鳌江水系

1994—1999年,水质为Ⅴ类水和劣Ⅴ类水,水质明显恶化。埭头站位主要由附近10余家明胶厂直接排放废水引起污染;江屿站位由于水头制革废水污染日益恶化,所有断面均不能满足功能要求。

2000—2001年,水质类别无变化,污染趋势有所减缓。各断面水质状况仅埭头断面水质能满足功能水质类别要求。

2002—2006年,水质以Ⅲ、劣Ⅴ类水质为主,所有断面水质均不能满足功能水质类别要求,与上年相比,污染趋势有所加重。

2007—2009年,水质明显改善,各污染物有所下降,上游埭头、江屿段水质明显好转。上游水质达到国家Ⅰ类标准,符合功能区要求。下游埭头站位为Ⅱ类水。江屿、方岩渡、江口渡仍为劣Ⅴ类。

2010—2011年,水质有所好转,上游达到国家Ⅰ类标准,符合功能区要求。江屿、方岩渡仍为劣Ⅴ类,江口渡转为Ⅳ类。

2012年,水质趋好,上游埭头断面为Ⅲ类水,江口渡断面为Ⅳ类,方岩渡断面为Ⅴ类水,江屿断面为劣Ⅴ类水。

平原河网

1994—1999年,平瑞塘河水质为Ⅲ类至劣Ⅴ类,平鳌塘河水质为Ⅳ类至劣Ⅴ类。水质极差,主要为有机物污染。

2000—2004年,水质类别以Ⅲ类、Ⅳ类、Ⅴ类水质为主。平瑞塘河属轻污染,平鳌塘河属轻污染,平瑞塘河和平鳌塘河各断面水质均劣于Ⅴ类,各断面水质均达不到水功能区划要求。

2005—2011年,平瑞塘河和平鳌塘河各断面水质均劣于Ⅴ类,全年各断面水质均达不到水功能区划要求。

2012年,水质类别以劣Ⅴ类水为主,总体而言,河网污染仍然严重,仅有小姜洋1个断面符合功能区水质要求。

入海河口和近海水域

1989—2004年,入海河口水质为四类水,2005至2012年为五类水。

1994—1995年,近海水域水质为一类海水。

1996—2000年,近海水域水质属三类海水,富营养化程度相当严重。

2001—2012年,近海水域为四类海水,水质下降。

1989—2012 年平阳县地表水监测结果统计表（年均值）

表 5-1-3

年份（年）	监测项目（毫克/升）	平瑞塘河				平鳌塘河					鳌江水系				
		小姜垟	东门	宋埠	平均值	鳌江水厂	平塔	下河	鳌江酒厂	平均值	埭头	江屿	方岩渡	江口渡	平均值
1989	溶解氧	—	4.64	1.65	3.14	—	7.51	4.87	0.57	4.20	—	—	6.06	5.65	5.85
	氨氮	—	1.98	0.97	1.48	—	3.14	1.00	1.74	1.96	—	—	0.20	0.05	0.12
1990	溶解氧	—	1.34	1.32	1.33	—	5.45	6.37	2.00	4.61	—	—	6.21	6.21	6.21
	氨氮	—	1.76	0.93	1.35	—	12.60	0.54	1.04	4.73	—	—	0.24	0.07	0.16
1991	溶解氧	—	1.26	1.37	1.31	—	6.06	5.68	1.18	4.31	—	—	6.14	6.47	6.30
	氨氮	—	1.61	1.48	1.54	—	5.90	0.73	3.27	3.30	—	—	0.87	0.37	0.62
1992	溶解氧	5.23	1.70	2.07	3.00	—	5.36	3.84	2.16	3.79	—	—	5.29	5.85	5.57
	氨氮	0.34	4.67	2.69	2.57	—	3.35	0.72	2.46	2.18	—	—	0.38	0.08	0.23
1993	溶解氧	6.64	0.00	1.97	2.87	—	5.44	4.43	0.00	3.29	—	—	5.77	5.80	5.78
	氨氮	0.59	7.44	2.06	3.36	—	5.74	1.32	5.61	4.22	—	—	0.42	0.27	0.34
1994	溶解氧	4.19	0.30	2.14	2.21	4.27	5.65	3.44	1.59	3.74	7.61	3.42	4.33	4.49	4.96
	高锰酸盐指数	5.22	13.79	11.53	10.18	5.43	7.11	6.79	17.73	9.26	1.64	5.10	5.50	3.01	3.81
	氨氮	0.56	6.97	1.64	3.06	5.19	5.15	1.97	4.49	4.20	0.16	1.08	0.25	0.18	0.42
1995	溶解氧	5.26	0.12	1.88	2.42	3.93	4.18	4.40	0.85	3.34	8.01	5.25	3.77	4.03	5.26
	高锰酸盐指数	5.23	14.64	7.60	9.16	5.06	7.80	2.97	7.22	5.76	3.39	8.03	6.67	2.28	5.09
	氨氮	0.52	6.00	1.60	2.71	3.40	5.35	1.40	4.80	3.74	0.5	2.25	0.20	0.17	0.78
1996	溶解氧	5.73	0.57	1.53	2.61	4.39	5.53	—	1.61	3.84	6.95	1.33	4.04	4.12	4.11
	高锰酸盐指数	6.00	12.04	11.92	9.99	6.16	6.78	—	8.09	7.01	1.42	15.36	0.65	0.91	4.58
1997	溶解氧	4.17	0.26	1.90	2.11	4.61	5.03	—	2.00	3.88	7.32	3.19	4.66	4.66	4.96
	高锰酸盐指数	6.53	10.44	7.62	8.20	4.74	7.81	—	11.50	8.02	1.63	7.03	2.26	1.47	3.10
1998	溶解氧	6.49	0.09	2.53	3.04	5.28	5.48	—	1.60	4.12	6.80	2.62	4.11	4.20	4.43
	高锰酸盐指数	6.47	13.73	8.84	9.68	5.45	4.86	—	7.83	6.05	2.10	3.33	1.23	1.40	2.02

续表 5-1-3

年份（年）	监测项目（毫克/升）	平瑞塘河				平鳌塘河					鳌江水系				
		小姜垟	东门	宋埠	平均值	鳌江水厂	平塔	下河	鳌江酒厂	平均值	埭头	江屿	方岩渡	江口渡	平均值
1999	溶解氧	5.40	0.44	2.76	2.87	6.29	6.51	—	1.84	4.88	4.96	0.34	3.62	4.37	3.32
	高锰酸盐指数	6.88	14.27	12.63	11.26	7.59	10.99	—	9.62	9.40	2.78	77.64	2.51	1.98	21.23
2000	溶解氧	5.73	1.99	2.33	3.35	5.11	4.72	—	1.83	3.89	6.47	1.80	3.16	3.72	3.79
	高锰酸盐指数	6.11	13.22	9.09	9.47	6.56	7.76	—	7.83	7.38	2.14	19.40	2.31	2.20	6.51
2001	溶解氧	4.74	0.91	2.93	2.86	5.07	5.12	4.02	2.51	4.18	6.67	0.55	2.52	3.14	3.22
	高锰酸盐指数	5.58	12.88	11.35	9.94	6.74	8.34	5.47	8.49	7.26	2.36	16.88	1.85	1.94	5.76
2002	溶解氧	4.79	2.97	2.24	3.33	4.87	4.44	2.77	2.57	3.66	7.55	0.98	2.55	3.03	3.53
	高锰酸盐指数	6.15	11.16	9.55	8.95	5.92	6.84	4.80	8.41	6.49	1.86	17.09	2.22	2.26	5.86
	氨氮	1.99	6.68	2.76	3.81	2.63	6.72	2.59	8.47	5.10	0.63	4.14	3.14	2.50	2.60
2003	溶解氧	4.89	1.24	2.37	2.83	4.62	4.52	4.67	3.02	4.21	3.51	1.81	2.19	3.28	2.70
	高锰酸盐指数	5.07	11.01	8.59	8.22	5.04	6.42	4.49	5.20	7.00	1.16	20.04	3.44	3.52	7.04
	氨氮	2.83	8.05	4.56	5.15	1.73	6.20	1.60	8.16	4.42	0.01	11.83	3.13	2.52	4.37
2004	溶解氧	3.82	1.09	2.71	2.54	4.45	3.32	3.52	2.10	3.35	5.21	0.94	2.50	2.66	2.83
	高锰酸盐指数	7.11	11.18	9.10	9.13	6.50	6.54	7.18	6.56	6.70	2.55	24.03	4.03	8.88	9.87
	氨氮	4.10	11.02	4.42	6.51	2.31	5.66	2.97	6.90	4.46	2.27	13.90	6.04	5.99	7.05
2005	溶解氧	3.77	1.27	2.53	2.52	3.17	2.85	3.26	2.18	2.86	4.85	2.04	2.74	2.75	3.09
	高锰酸盐指数	4.94	10.83	7.37	7.71	4.90	4.97	2.96	5.52	4.59	1.16	10.44	2.63	2.98	4.30
	氨氮	7.72	18.80	9.48	12.00	13.37	7.88	3.33	10.68	8.82	3.04	7.14	4.37	6.22	5.19
2006	溶解氧	4.02	0.61	1.86	2.16	3.23	3.49	2.13	1.86	2.68	5.24	1.02	0.10	2.57	2.23
	高锰酸盐指数	5.83	11.23	9.24	8.77	5.80	6.95	5.21	5.41	5.84	1.84	53.40	0.32	2.86	14.60
	氨氮	5.69	20.00	8.26	11.32	5.78	8.35	5.55	8.95	7.16	1.53	49.20	2.61	9.99	15.83

续表 5-1-3

年份（年）	监测项目（毫克/升）	平瑞塘河				平鳌塘河					鳌江水系				
		小姜垟	东门	宋埠	平均值	鳌江水厂	平塔	下河	鳌江酒厂	平均值	埭头	江屿	方岩渡	江口渡	平均值
2007	溶解氧	3.98	0.02	1.36	1.79	3.74	3.96	1.74	1.44	2.72	6.76	2.72	6.76	2.90	4.78
	高锰酸盐指数	5.55	2.48	4.56	4.20	5.73	5.97	5.32	6.27	5.82	1.47	3.95	2.20	2.64	2.56
	氨氮	2.79	6.12	1.75	3.55	4.10	6.93	3.47	7.93	5.61	0.50	8.61	2.93	2.78	3.70
2008	溶解氧	4.94	0.98	3.77	3.23	4.16	3.82	1.89	2.67	3.14	6.51	6.19	2.84	3.05	4.64
	高锰酸盐指数	3.81	9.25	7.23	6.76	6.93	5.22	6.23	6.22	6.15	1.47	4.06	3.85	5.47	3.71
	氨氮	2.88	17.09	5.21	8.39	6.34	6.88	6.71	8.21	6.66	0.47	5.90	2.90	2.96	3.06
2009	溶解氧	5.15	1.52	2.30	2.99	3.93	3.85	1.62	2.91	3.08	7.17	3.71	1.81	2.59	3.82
	高锰酸盐指数	5.18	9.03	8.39	7.53	8.23	7.15	7.37	8.20	7.74	1.15	11.00	3.95	4.85	5.24
	氨氮	2.65	12.65	8.06	7.79	5.24	5.62	8.41	11.98	7.81	0.18	27.60	3.70	3.27	8.69
2010	溶解氧	7.78	3.76	2.98	4.84	4.19	5.24	1.10	1.98	3.13	7.13	4.58	1.96	2.77	4.11
	高锰酸盐指数	4.30	7.28	6.46	6.01	5.48	5.74	5.47	5.94	5.66	1.33	4.34	3.51	3.86	3.26
	氨氮	3.63	5.91	4.28	4.61	3.41	5.40	4.62	6.52	4.99	0.17	9.96	1.65	1.56	3.34
2011	溶解氧	4.27	3.68	3.52	3.82	4.22	3.73	1.97	3.45	3.34	7.16	3.87	2.64	3.83	4.38
	高锰酸盐指数	4.84	6.50	6.44	5.93	5.88	6.26	5.67	6.41	6.06	1.92	5.29	3.10	3.18	3.37
	氨氮	1.45	7.44	2.80	3.90	2.80	7.16	3.93	8.60	5.62	0.42	9.22	0.97	0.77	2.84
2012	溶解氧	4.39	2.84	5.53	4.25	—	—	—	—	3.10	7.49	4.13	2.61	3.65	4.47
	高锰酸盐指数	5.01	6.66	7.18	6.28	—	—	—	—	5.53	14.47	3.58	3.77	3.60	6.36
	氨氮	1.38	6.63	3.51	3.84	—	—	—	—	3.41	0.34	5.75	1.54	1.09	2.18

说明：①只列出溶解氧、高锰酸盐指数、氨氮等三项主要监测项目指标，1989—1993年无高锰酸盐指数指标，1996—2002年无氨氮指标；各年监测站位情况不同，“—”表示该站位无监测数据；②资料由县环境保护局提供

第三节　声环境质量

平阳县城区声环境质量从1995年开始监测，对不同声环境功能区(0、1、2、3、4类)及其不同时段(昼间、夜间)的环境噪声规定环境噪声限值。

1995—2012年平阳县声环境功能区噪声限值情况一览表

表5-1-4　　单位：分贝

功能区	0类功能区		1类功能区		2类功能区		3类功能区		4类功能区	
参数	昼间	夜间	昼间	夜间	昼间	夜间	昼间	夜间	昼间	夜间
噪声限值	50	45	55	50	60	50	65	55	70	55

说明：资料由县环境保护局提供

功能区噪声

1995—2011年，平阳县城区各类功能区噪声，除2004和2006年声环境功能区噪声达标，其他年份各类功能区噪声都有超标，主要为3类区和4类区昼夜噪声超标。

2012年，上半年1类区昼间、夜间噪声达标，2类区昼间夜间噪声超标，4类区夜间噪声超标；下半年1类区昼间、夜间噪声都达标，2类区夜间噪声超标，4类区夜间噪声超标。交通噪声超标率为35%，超标路段占总路长的比例为39.52%。

1995—2012年平阳县城区功能区噪声监测统计表

表5-1-5　　单位：分贝

功能区类型 / 等级声效 / 年份(年)	1类		2类		3类		4类	
	噪音	评价	噪音	评价	噪音	评价	噪音	评价
1995	70.4	超标	69.30	超标	80.40	超标	81.70	超标
1996	—	—	65.60	超标	—	—	83.80	超标
1997	—	—	64.50	超标	64.10	达标	73.20	超标
1998	—	—	63.20	超标	63.00	达标	68.80	达标
1999	—	—	56.40	达标	60.70	达标	68.00	达标
2000	—	—	51.10	达标	55.80	达标	68.90	达标
2001	—	—	61.80*	超标	64.60*	达标	71.60*	超标
2002	—	—	61.80	超标	67.90	超标	72.40	超标
2003	—	—	—	—	—	—	—	—
2004	—	达标	55.60	达标	62.70	达标	61.70	达标
2005	—	—	55.90	达标	65.90	超标	62.80	达标
2006	—	—	57.40	达标	61.60	达标	61.40	达标
2007	47.80	达标	55.30	达标	64.30	达标	65.90	达标
2008	—	—	—	—	—	—	—	—
2009	46.20	达标	57.30		66.50	超标	62.50	达标
2010年上半年	—	—	60.40	超标	59.90	达标	59.80	达标
2010年下半年	—	—	60.00	超标	68.10	超标	70.90	超标
2011年上半年	—	—	57.10	达标	64.90	超标	61.30	达标
2011年下半年	53.60	达标	72.10	超标	—	—	75.70	超标
2012年上半年	50.30	达标	63.50	超标	—	—	66.30	达标
2012年下半年	52.30	达标	60.20	超标	—	—	68.50	达标

说明：①带*表示当年为昼间数据；②资料由县环境保护局提供

城区道路交通噪声

1998年、1999年、2000年、2012年等4个年度平阳县城区道路交通噪声值低于国家控制值，其他年度均高于国家控制值。

1996—2012年平阳县城区道路交通噪声监测情况统计表

表5-1-6

年度（年）	测点（个）	道路总长（千米）	平均路宽（米）	平均车流量（辆/每小时）	等效声级 Leq dB(A)
1996	4	4	10.00	—	77.90
1997	4	4	10.00	576	76.70
1998	8	3.90	23.20	154	68.50
1999	8	3.90	23.20	168	68.00
2000	9	3.90	23.20	173	68.80
2002	27	6.30	24.30	634	72.90
2004	11	13.30	17.90	813	72.70
2006	13	10.94	13.40	832	72.30
2007	13	13.69	14	868	71.70
2009	26	8.65	14	760	71.50
2010	26	9.65	14.30	1211	75.50
2011	26	8.65	15.50	1140	70.70
2012	20	11.30	13.40	785	69.30

说明：资料由县环境保护局提供

1997年前，旧城改造，建筑施工噪声引起县城区道路交通噪声值偏高。1998年开始，加强了对城区噪声的管理力度，城区道路交通噪声总体水平有所好转。2001—2012年，由于城区道路车流量增大，城区道路交通噪声均超标。

第二章　环境管理

1980年7月，成立平阳县环境保护办公室。11月，成立环境保护监测站。1984年3月，撤销县环境保护办公室，成立县城乡建设环境保护局。1994年8月，成立县环境保护局。2012年，县环保局内设办公室、监察室、综合开发与行政审批科、污染管理科、政策法规科，行政编制10名，其中，局长1名，副局长3名，总工程师1名；中层领导职数5名，后勤服务人员编制1名。县环保局下辖塘河管理所、自然生态保护中心、环境宣传教育中心、污染物排放总量控制中心、县环境监察大队、县环境监测站、环保技术服务所、昆阳环保分局、鳌江环保分局、水头环保分局、万全环境监理所、萧江环境监理所、腾蛟环境监理所、南雁环境监理所。全系统在编干部职工171人。

第一节　环境监测

大气监测

全县环境空气监测设2个站位：县监测站站位和县政府站位，站点位于县城区。2007年前，采用24小时恒温、恒湿的监测方法，每次连续24小时大气采样，隔日进行，每周监测三次，监测项目：二氧化硫、二氧化氮、总悬浮颗粒物。2007年第四季度开始，采用长光程气体分析自动监测方法，每天24小时不间断监测，空气监测项目为二氧化硫、二氧化氮、可吸入颗粒物。

降雨监测

1985年，开始降雨监测，监测大气降水酸雨值(pH)，每月监测一次，而且逢雨必测pH值，统计1年酸雨率。降水监测设1个站位，即平阳电大顶楼站位。

地表水监测

地表水常规监测对象　鳌江水系、平原河网、入海河口江口渡站点和近海水域。鳌江水系共7个站位，鳌江上游3个站位为县控，鳌江干流4个站位，3个为省控，1个为国控；平瑞塘河3个站位，1个为省控，2个为市控；平鳌塘河4个站位，1个为市控，3个为县控；萧麻塘河2个站位均为县控；五十丈为县控饮用水源地监测站位。地表水和入海河口江口渡站位水质以《地表水环境质量标准GB 3838—2002》为评价标准，采用单项指标超标法作为评价方法；近海水域水质以《海水水质标准GB 3097—1997》为评价标准，作为对照，采取超标分类评价法。

常规水质监测　1、3、5、7、9、11单月每月采样，每期采样1次(鳌江涨潮、落潮各采样一次)，一般月初采样至当月20日左右结束现场工作。饮用水源：平水期、丰水期各采样1次，每年采集监测的站位根据情况有所更改。

2012年平阳县水质监测站位基本情况一览表

表5-2-1

水域名称	站位数(个)	站位名称	备　注
鳌江	3	百僧堂	县控
		顺溪大桥	县控
		堂　基	县控
	4	埭　头	省控
		江　屿	省控
		方岩渡	省控
		江口渡	国控
平瑞塘河	3	小姜垟	省控
		东　门	市控
		宋　埠	市控
平鳌塘河	4	鳌江水厂	市控
		平　塔	县控
		下　河	县控
		鳌江酒厂	县控
萧麻塘河	2	萧江陡门	县控
		浦口陡门	县控
饮用水源地	2	五十丈	县控
		水头水厂	县控

说明：①2012年江口渡站位由省控点升为国控点；②资料由县环境保护局提供

声环境监测

1995年度，县环境监测站开始一年一度的环境噪声监测，包括各个功能区噪声和交通噪声的监测。

功能区噪声监测　根据功能区布点法，在平阳县城区范围内设置测点，每年测点数量不同。1995—2006年，功能区噪声监测频次为每年1次，2007—2012年，功能区噪声监测频次为1年2次(上半年和下半年各1次)。

交通噪声监测　根据网格布点法，在县城区各个路段设置测点，每年路段数量和测点数量均不同。1995—2012年，交通噪声监测频次每年一次。

第二节　环境管理与监督

环境管理

环境规划　1995年7月，《平阳县中长期环境保护规划》编制完成，并付诸实行。1997年，编制《平阳县环境空气质量功能区划分方案》，并经县政府批复实施。

2008年，委托温州市环境保护设计科学研究院编制《浙江省平阳县生态环境功能区规划(2006—2020)》，经县政府批准实施。2009年，业主委托市环境保护设计科学研究院编制《鳌江镇站前小区规划环评》，经县环保局审核批准实施。2010年，《平阳县水头标准厂房建设工程修建性详细规划环评》经县环保局审核批准实施。2011年，《温州万全轻工基地机械工业区控制性详细规划环境影响报告书》经县环保局审核批准实施。2011年，《平阳县电镀园区建设项目环境影响报告书》经市环保局批准实施。2012年，委托温州市环境保护设计科学研究院编制《平阳县环境保护“十二五”规划》(2011—2015)，经县政府批准实施。

项目审批　1994—2012年，共审批建设项目(环境审批)2644个，行政许可审批事项7项，非行政许可审批事项3项。

1994—2012年平阳县环评审批项目数一览表

表 5-2-2　　单位：个

年份(年)	数量	年份(年)	数量	年份(年)	数量	年份(年)	数量
1994	79	1999	83	2004	174	2009	139
1995	30	2000	100	2005	179	2010	161
1996	75	2001	70	2006	212	2011	320
1997	47	2002	113	2007	166	2012	267
1998	102	2003	2003	2008	179	—	—

说明:资料由县环境保护局提供

2012年平阳县环保局行政许可审批事项一览表

表 5-2-3

序号	事项名称	办理期限	办理流程
1	建设项目环境影响评价文件审批(初审、重新核准)	9个工作日	窗口受理、现场踏勘、初审、环评、审批(转报)
2	建设项目竣工环境保护验收	4个工作日	受理、竣工验收
3	建设项目试生产或试运行	即办	受理、踏勘、许可
4	污染防治设施的拆除和闲置许可	3个工作日	受理、踏勘、许可
5	污染物排放许可证申领	3个工作日	受理、审核、许可
6	向大气排放转炉气等可燃气体的批准	3个工作日	受理、踏勘、审核、许可
7	入海排污口设置许可	3个工作日	受理、踏勘、审核、批复

说明:资料由县环保局提供

2012年平阳县环保局非行政许可审批事项一览表

表 5-2-4

序号	事项名称	办理期限	办理流程
1	夜间建筑施工许可	1个工作日	申请、审核、批复
2	排污申报登记	即办	申报、核定
3	炉、窑、灶增设、更换备案	即办	申请、备案

说明:资料由县环境保护局提供

“三同时”管理　1995年5月,县政府发布《关于严格控制新污染源的通告》,规定全县新建建设项目全部实行环境影响评价,严格执行“三同时”管理制度(建设项目环境保护设施与主体工程同时设计、同时施工、同时投入运行)。2004年3月,县环保局出台《平阳县建设项目环保“三同时”监管工作制度》,根据建设项目的污染性质和所处环境敏感度,实行A、B、C分类环保“三同时”管理。2009年6月至2010年9月,县环保局对历史遗留项目进行清理(针对已环评审批未验收项目),共清理项目898个,验收399个,注销269个。2012年4月,县环保局制定《平阳县环境保护局事权下放实施方案》,将“建设项目试生产(备案)”事项的事权下放至基层分局监理所。

2000—2012年平阳县建设项目“三同时”验收情况汇总表

表5-2-5

年份(年)	数量(个)	年份(年)	数量(个)	年份(年)	数量(个)	年份(年)	数量(个)
2000	7	2004	9	2008	68	2012	94
2001	9	2005	22	2009	105	—	—
2002	9	2006	37	2010	294	—	—
2003	20	2007	76	2011	89	—	—

说明：资料由县环境保护局提供

环境信访工作　2005年5月，出台《平阳县环境保护局信访工作制度》，对信访工作人员主要职责和信访工作程序作出规定。2012年10月，修订《平阳县环境保护局信访工作制度》，对信访件的分类、办理、责任追究作了更详尽的规定。2012年8月，出台《平阳县环境违法行为有奖举报办法》，鼓励公众积极参与环境保护监督管理。

环境应急管理　2006年、2008年、2010年、2012年，县政府先后制定和修改《平阳县环境污染事故应急预案》。2012年11月，在南雁镇五十丈水源地开展2012年集中式水源地突发污染事件应急演习，以提高保护水源地安全的应急处置能力。

环保宣传　县环保局通过抓重点、抓活动、抓教育、抓宣传报道等4个环节，有计划地开展一系列宣传教育活动，增强了全民环境保护意识。利用“六五”世界环境日、浙江省生态日、“地球一小时”等环保纪念日，举办“中国环境法教育电视讲座”培训班，开展多地联动大型广场咨询，“我爱大自然”摄影大奖赛，“环保杯”健美操比赛，“环保进万家”“与环保同行”自行车绿色巡游，“废物再利用·环保低碳生活”手工制作大赛，保护母亲河、环保知识、环保风采图片展，“低碳减排·绿色生活”签名仪式等活动。编印环保知识的宣传资料，编制《环保新跨越》专刊，在《新平阳》、电视台等主流媒体开辟《环保时空》《环保天地》等专栏。

1995年始，县环保部门开展青少年环境教育，共建成国家、省、市、县各级绿色学校近百所。通过培训和学习班等途径，提高重点企事业单位负责人的环保意识。开展“企业家谈环保”“环保工程师下企业”、环境信用行为等级评审、环保知识竞赛、“进村入企”大走访等活动，普及企业环保宣传。同时，发放连心卡和征求意见卡，查村情、听民意，走企业、解难题。

环境监督

排污费征收　1982年开始，对重点企业征收排污费，以经济手段促进污染治理。1982—1988年，共征收排污费1018813元，作为污染治理经费。而后，排污收费在全县全面铺开，收费项目在征收环境超标排放废气、废水、噪声排污费的基础上，增加排放污水费及四项收费内容(提高征收标准、加倍收费、滞纳金、补偿性收费)，收费额度逐年增长。2003年7月起，施行《排污费征收使用管理条例》。

1995—2012年平阳县征收排污费情况一览表

表5-2-6　单位：万元

年份(年)	超标废气	超标废水	超标噪声	超标污水费	四项收费	固体废弃物	合计
1995	3.90	101.60	10.40	—	47.10	—	163.00
1996	1.53	119.55	4.82	21.05	74.60	—	221.55
1997	2.68	192.49	9.79	13.35	255.64	—	473.95
1998	2.47	301.39	16.97	21.25	323.73	—	665.81
1999	10.75	420.98	26.81	13.38	299.60	—	771.52
2000	20.24	316.87	76.48	29.35	372.54	—	815.48

续表 5-2-6

年份(年)	超标废气	超标废水	超标噪声	超标污水费	四项收费	固体废弃物	合计
2001	18.55	331.36	83.79	16.98	436.09	—	886.77
2002	35.45	363.60	59.54	6.33	433.14	—	898.06
2003	51.37	596.91	29.44	40.87	197.44	—	916.03
2004	53.32	611.75	29.66	42.08	177.72	11.27	925.80
2005	228.50	582.71	65.62	—	—	43.08	919.91
2006	388.76	679.29	198.29	—	—	66.22	1332.56
2007	409.12	566.02	134.08	—	—	130.59	1239.81
2008	389.03	486.55	419.71	—	—	169.65	1464.94
2009	294.93	366.69	440.20	—	—	344.79	1446.61
2010	285.46	144.34	199.36	—	—	282.94	912.10
2011	347.53	113.43	423.80	—	—	209.73	1094.49
2012	349.54	61.78	184.06	—	—	205.95	801.33

说明:资料由县环境保护局提供

专项整治　2003年8月，县环保局开展“清理整顿不法排污企业保障群众健康”专项行动。此次行动以群众反映强烈的水头制革污染为清理整顿工作重点；以对制革基地内生产废水不能进入污水处理工程的制革户进行停产整顿为工作中心；以取缔制革基地内的“黑转鼓”“黑开皮机”为主要清理整顿对象。2004年，开展保障群众健康环保专项行动、“百日整治大行动”、停产改造专项行动、联合执法大行动等，对水头制革基地厂家擅自增加转鼓、违规生产和基地外围非法制革，南雁非法制革、土明胶、土炼油，昆阳和腾蛟小烂版等进行打击取缔。共出动4198人次，检查766家企业，取缔非法生产点25个、非法电镀5家、小烂版26家，拆除制革转鼓63个、开皮机7台，立案处罚10家。2005年，县环保局开展环境安全隐患排查“铁网”行动、整顿违法排污企业保障群众健康环保专项行动、2次“绿箭”风暴行动、5次“绿箭”行动、3次“绿鹰”行动，取缔了50余个非法生产点，立案查处300余家企业；取缔93处非法褪色加工点、218个褪色池，收缴约7675千克次氯酸钠。2006年，县环保局开展整治违法排污企业保障群众健康环保专项行动、统一取缔非法褪色加工业大行动、“环保闪电”行动、“绿箭”行动等。共出动7000余人次，取缔黑转鼓80余个、非法洗涤槽322个、非法造粒厂155家、非法褪色加工点142处、褪色池390个，收缴约5400千克次氯酸钠、142吨废布角料，查封非法小造纸厂8家、拆除违章建筑近24330平方米；对64家非法企业实施断电，对9家违法企业实施限电，对350件环境违法案件进行立案查处。

2007年，县环保局开展“环保风暴”“红五月”“绿箭”等环保专项执法行动，共出动4680余人次。取缔非法制革点212个、转鼓632个、非法褪色加工点97处、褪色池130个、非法废塑料洗涤加工点141处，非法电镀11家、非法烂版8家；对318件环境违法案件进行立案查处。2008年，县环保局开展“环保风暴”“环保雷霆”等专项行动，共出动9600余人次，取缔非法电镀13家，查封造粒厂75家，打击褪色加工点58处，取缔褪色加工池126个，受理信访投诉案件629件，立案查处环境违法案件320件。建立污染源在线监控监测系统，截至2012年底，共投入410万元，在16家省控以上污染源企业安装16套在线监控系统。

2008年11—12月，开展打击非法窝点遏制污染转移环保专项行动，防止小电镀、废塑料洗涤、小褪色、小制革等行业污染异地反弹、转移现象。2008年，县环保局获环保部等7部委授予的“全国环保专项行动先进集体”称号。

2009年，县环保局开展整治违法排污企业保障群众健康、打击非法窝点遏制污染转移和环保雷霆Ⅰ、Ⅱ、Ⅲ号等专项行动。全年共出动2000余人次，取缔非法制革点66处，黑转鼓145个，栲皮桶(池、点)58个，废塑料洗涤点28处，褪色布料洗涤池47个，小炼油和洗胶头33处，小冶炼4处，小电镀11家；捣毁废布料褪色点39处，销毁废布角料40吨。

2010年，县环保局以环境执法年活动为契机，开展整治违法排污企业保障群众健康，环保雷霆4号、5号和电镀交叉检查等专项行动，取缔非法制革点90处，转鼓153只，栲皮桶(池、点)53个，废塑料洗涤点18处，褪色布料洗涤池130个，小炼油、小冶炼、洗胶头74处，小电镀3家，小烂版26家、红砖窑15家；共立案查处环境违法案件215件。

2011年，县环保局开展整治违法排污企业保障群众健康行动、环保雷霆6号、7号行动、重金属交叉检查行动、县级飞行监测、夜间突击检查等环保专项行动，共立案查处环境违法案件211件，其中，申请法院强制执行53件。取缔非法制革转鼓14个，废塑料洗涤点23处，褪色布料洗涤池27个，小炼油20处，小烂版30处，小电镀4家，栲皮2处，红砖窑3家。

2012年5月，开展打击非法窝点遏制污染转移专项行动，取缔一批非法“十五小”①生产窝点，遏制非法“小电镀、小褪色、小制革、小化工、废塑料洗涤”等重污染行业向农村、山区转移势头，消除区域性污染隐患。2012年8—10月，开展取缔非法小炼油专项行动，重点检查无证无照、证照不全进行非法炼油生产经营活动场所以及被依法关闭取缔后擅自恢复非法炼油生产经营的活动。县环保局组织开展绿箭、零点等环保专项行动，共立案查处环境违法案件232起。取缔非法制革、小炼油、小烂版、红砖窑等加工点123处。2012年6月，县公安局驻环保局联络室成立，成立县环保公安联合执法行动工作领导小组。12月，成立县人民法院环境保护执行站。运用环保部门的行政优势和法院的司法资源优势提高环境执法效率。

规范行政处罚　2004年3月，制定《环境保护行政处罚工作制度》。2010年3月，制定《平阳县环境保护局规范行政处罚自由裁量权工作方案》，使环境行政执法活动更公正透明。2012年2月以后，采用温州市环境行政处罚电子平台，以“电脑判罚”替代“人脑判罚”。电子平台准确记录行政处罚的全过程，从源头上解决滥用行政职权的问题，提高执法效率。2012年7月，印发《平阳县环境保护局行政执法责任制实施方案》，将法律、法规、规章赋予的行政执法职能落实到具体执法机构和岗位，建立全方位的监督机制和奖惩严明的考核评议制度。

污染减排与总量控制　2006年，全县开始污染减排工作，工作目标：第一，2006—2010年期间，全县化学需氧量排放总量在2005年12800吨的基础上削减15.1%，控制在10868吨以内；二氧化硫排放总量在2005年991吨的基础上削减15%，控制在842吨以内。第二，2011—2015年(“十二五”期间)，主要污染物减排项目在“十一五”的基础上增加了氨氮和氮氧化物两项。2011年，全县化学需氧量排放量为10018吨、氨氮排放量为1867吨、二氧化硫排放量为890吨、氮氧化物排放量1024吨。2012年，全县化学需氧量排放量为9763吨、氨氮排放量为1829吨、二氧化硫排放量为871吨、氮氧化物排放量1012吨。

第三章　环境污染治理

1989—2012年，全县对工业废水、废气、固体废弃物、噪声等环境污染源开展治理，治理重点是工业废水源及其废水排放所造成的污染。

第一节　工业废水治理

废水污染源

2002年，皮革、皮毛、羽绒及其制品业的行

① 1996年《国务院关于加强环境保护若干问题的决定》中明令取缔关停的15种重污染小企业：1. 小造纸；2.小制革；3.小染料；4.土炼焦；5.土炼硫；6.土炼砷；7.土炼汞；8.土炼铅锌；9.土炼油；10.土选金；11.小农药；12.小电镀；13.土法生产石棉制品；14.土法生产放射性制品；15.小漂染。

业废水排放总量为923.15万吨，占行业总排放量的71.93%；排放废水中的主要污染物化学需氧量、氨氮的排放总量也居首位，分别为9562.43吨、1658.89吨，分别占全县化学需氧量和氨氮排放总量的92.01%、95.47%。除此之外，废水排放量大的是化学原料及化学制品制造业、造纸及纸制造业。

在重点工业废水污染物中，金凤制革总厂废水排放量最大，为320万吨，占全县废水排放总量的24.93%。其次分别为平阳金溪制革总厂、平阳溪心制革总厂、平阳中后制革总厂、南雁制革基地，排放总量分别为192万吨、144万吨、96万吨、96万吨，分别占总量的14.96%、11.22%、7.48%、7.48%。这5个企业的化学需氧量、氨氮排放量亦居全县各企业前列，合计达到9487吨和1526吨，分别占全县化学需氧量、氨氮排放量的91.29%、87.81%。

在乡镇中，水头镇工业废水排放量最大，为756.28万吨，占总排放量的58.95%。其次为南雁镇，废水排放量为97.31万吨，占总排放量的7.58%。废水中主要化学污染物、化学需氧量和氨氮的排放量也以水头镇为首，其排放量分别为6611.52吨、1353.60吨，分别占全县化学需氧量和氨氮排放量的63.62%和77.90%。

2002年平阳县重点行业工业废水及污染物排放量情况一览表

表5-3-1

序号	行业类别	废水（万吨）		化学需氧量（吨）		氨氮（吨）	
		排放量	占总量%	排放量	占总量%	排放量	占总量%
1	皮革、皮毛、羽绒及其制品	923.15	71.93	9562.43	92.01	1658.89	95.47
2	化学原料及化学制品制造业	77.72	6.05	45.37	0.44	—	—
3	造纸及纸制品业	40.02	3.12	40	0.38	—	—
4	饮料制造业	53.60	4.18	17.15	0.17	—	—
5	纺织业	0.77	0.05	—	—	—	—
6	金属制品业	1.52	0.14	—	—	—	—
7	合计	1096.78	85.47	9664.95	93	1658.89	95.47

说明：资料由县环境保护局提供

2002年平阳县重点企业废水及污染物排放量情况一览表

表5-3-2

序号	行业类别	废水（万吨）		化学需氧量（吨）		氨氮（吨）	
		排放量	占总量%	排放量	占总量%	排放量	占总量%
1	平阳县金溪制革总厂	192	14.96	3092	29.75	345.6	19.89
2	平阳县溪心制革总厂	144	11.22	853.92	8.22	259.2	14.92
3	平阳县中后制革总厂	96	7.48	764.16	7.35	172.8	9.94
4	腾蛟镇皮革协会	64	4.99	64	0.62	115.2	6.63
5	南雁制革基地（麻园）	96	7.48	2880	27.71	172.8	9.94
6	平阳县金凤制革总厂	320	24.93	1897.6	18.26	576	33.15
7	平阳县海星纸张有限公司	40	3.12	40	0.38	—	—
8	平阳县金狮啤酒有限公司	53.6	4.18	17.15	0.17	—	—
9	平阳县化工有限公司	50	3.9	30	0.29	—	—
10	合计	1055.6	82.26	9638.83	92.75	1641.6	94.47
11	全县总量	1283.18	100	10393.73	100	1737.6	100

说明：资料由县环境保护局提供

2002年平阳县重点镇工业废水及污染物排放量情况一览表

表5-3-3

区域	废水(万吨)		化学需氧量(吨)		氨氮(吨)	
	排放量	占总量%	排放量	占总量%	排放量	占总量%
水头镇	756.28	58.94	6611.52	63.62	1353.60	77.90
腾蛟镇	64.26	5.01	64	0.62	115.20	6.63
鳌江镇	62.32	4.86	38.13	0.36	—	—
昆阳镇	54.24	4.23	17.32	0.17	—	—
钱仓镇	59.24	4.62	51.04	0.49	12.96	0.75
南雁镇	97.31	7.58	2881.31	27.72	172.80	9.94
合计	1093.65	85.24	9663.32	92.98	1654.56	95.22

说明：资料由县环境保护局提供

制革废水治理

1989—2003年，水头制革基地废水产生量日均为8万吨，拥有日处理能力为2.5万吨，设计排放标准为一级的污水处理厂1座，废水中的主要污染物有化学需氧量、生化需氧量、悬浮物、硫离子、挥发酚、氨氮和总铬。2003—2006年，由于制革企业实现了限产轮产，废水产生量已大幅度减少，日均产生量约为4.5万吨，新的污水处理厂陆续建成并使用，总的处理能力达到5.65万吨/日。

2003年10月，成立水头制革基地环境监管指导小组，负责指导整个制革基地的环境监管工作。

2006年9月，成立水头制革基地工作领导小组，确保排放总量控制在1.7万吨/日以内，转鼓数控制在500只以内。11月，县政府召开水头制革基地全面停产整治会议。制革污染整治的目标是：基地内制革废水日排放总量控制在1.7万吨以内，废水中主要污染物化学需氧量控制在250毫克/升以下，氨氮控制在50毫克/升以下；相应转鼓总数控制在500只以下，开皮机总数控制在60台以下；制革企业兼并成30家以内。

2007年10月，省整治办组织省发改委、省经贸委、省财政厅、省建设厅、省水利厅、省环保局等单位对水头制革基地污染整治工作进行现场检查，认为整治工作效果明显，已基本达到整治要求，同意通过现场验收。

2012年，县环保局针对水头的制革污染问题，印发《平阳县制革行业污染整治实施方案》。2012年底，全县制革企业重组和转鼓收购全面完成，全县制革企业从57家重组成12家，制革转鼓从732只减少至377只，削减48.5%。

电镀废水治理

1989年，全县有电镀企业32家。其中平阳熨斗厂电镀废水采用“IT型气浮”水处理设备处理电镀废水；平阳煤炭机械厂采用“HBG-83(1)型”气浮设备处理电镀废水；南雁五金电器厂等电镀单位均采用“药制还原法”处理，废水基本达标排放；平阳县洗衣机配件厂、华兴纺织配件厂、化工机械电器电镀厂、纯阳电镀厂等电镀生产废水均采用化学沉淀法进行处理，排放废水基本上符合行业排放标准要求。1994年，全县开始对电镀业进行整顿，推行凭证生产，依法管理，对没有申领排污许可证的予以关闭。1996年，平阳县加大电镀行业污染整治力度，取缔了一批小电镀企业，对继续生产的企业进行治理。治理的项目仅限于废水，对其他污染物如废气、废渣未提出明确要求。

2003年，鳌江镇发生“11·3”氯爆事故，造成3人死亡，近百人中毒的严重后果。此次氯爆事故暴露出剧毒化学品管理方面存在的薄弱环节。2004年1月，县政府办公室发出《关于在全县开展电镀行业非法使用剧毒化学品专项整治的通知》。2004年6月，县环保局对乐豪五金皮塑厂等120家电镀企业实行限期治理，要求在2005年3月30日前完成废水、废气、废物治理任务并达标排放。2005年12月，县环保局出台关于要求共同推进电镀行业污染整治的通知，具体的整治措施如下：2006年2月底之前未完成废气治理任务的（指首批要求进行废气治理的38家企业）要停产治理；2006年2月底未安装电子监控系统并与局监控中心联网（指首批19家企业）要停产整顿；2006年2月20日之前未完成废水治理任务，未采用自动控制处理系统的一律取缔并吊销排污许可证。是年4月，建立电镀企业环境监管责任追究制度。截至10月，全县电镀企业88家，主要分布在9个乡镇，总镀槽容量为129.4万升，其中镀槽容量4万升以上5家，2万～4万升6家，其余均在1万升以下，拥有自动生产线的企业5家，废水产生量约为2640立方米/吨。除停产企业外，其余合法企业基本通过整治验收，非法企业全部取缔，在线监控企业数量占总量的63.7%，除了6家生产线配套企业外，所有万升以下企业完成整合提升，电镀污泥做到全部安全转移。整合后的88家电镀企业，8家申报长期停产，4家因达不到整治要求而停产整顿，76家对废水处理设施进行更新换代，全部达到了自动控制的要求，降低了处理技术难度。处在相对敏感区域的33家电镀企业对废气进行分类收集和处理，安装了60余台废气喷淋吸收处理装置，所有废气处理后的污水回流到电镀废水中进行处理。

2006年10月平阳县电镀行业整治统计情况一览表

表5-3-4　　单位：家

统计数据	5—10月污泥转移量（吨）	现企业数	停产企业数	取缔非法企业数	联网企业数	镀槽容量4万升以上企业数	镀槽容量2万～4万升以上企业数
合计	124.22	80	8	12	51	5	6

说明：资料由县环境保护局提供

2006年10月平阳县电镀行业整治前后废水量削减量统计表

表5-3-5

整治方式	项目	整治前	整治后	削减量
取缔非法	数量（家）	12	0	12
	规模（万升）	3	0	3
	废水量（吨/日）	60	0	60
规范化整治	合法企业数量（家）	120	88	32
	规模（万升）	129	129	0
	废水总量（吨/日）	3000	2640	360

说明：资料由县环境保护局提供

2012年1月，县政府出台《关于印发平阳县电镀行业污染整治实施方案的通知》和《关于加快电镀园区建设的通知》。根据要求，全县95家电镀企业（车间）中89家重组成30家企业入园（第一期25家、第二期5家），另外6家保留园外整治提升。截至2012年底，电镀园区第一期企业厂房全部完成基础建设，园区废水处理和污泥处置工程已开始主体工程建设，供水管网工程已基本完工。园外6家电镀企业有3家通过整治验收。

其他废水治理

1989年，县人民医院用臭氧处理医疗废水，日处理能力为180吨。经处理后，废水中大肠杆菌从大于2.38万个/升降到小于80个/升，达到排放标准。1992年，因废水排放量增加，改用次氯酸钠发生器设备处理医疗废水。

1995年10月17日，环保局对印染行业排放的废水提出意见。

2012年，县政府出台《关于印发平阳县印染行业污染整治实施方案的通知》《关于印发平阳县烂版行业污染整治实施方案的通知》《关于印发平阳县造纸行业污染整治实施方案的通知》《关于印发平阳县卤制食品行业污染整治实施方案的通知》《关于印发平阳县化工行业污染整治实施方案的通知》《关于印发平阳县合成革行业整治提升方案的通知》。

第二节　废气治理

工业生产排放的废气是大气污染的主要排放源，大量的机动车是流动污染源。

1993年，创建昆阳烟控区。对全县范围内的所有新建、扩建、改建的项目严格实行环境影响评价、控制烟尘污染源，并在锅炉选型上严格把关，把小吨位燃煤锅炉改造成燃油锅炉。位于昆阳镇域内的平阳氮肥厂，采用综合利用的工艺技术治理废气，基本上不使用燃煤锅炉，烟尘达标排放。

1997年，开展全县范围内空气功能区划分工作，将全县空气环境划分为一类功能区和二类功能区。1998年，将昆阳镇烟尘控制区扩大到4.23平方千米，创建二氧化硫和酸雨控制区。

1999年，开展创建104国道及57省道岱口—南雁公路无黑烟区工作。采用改变煤种、更新设备、配置新型除尘器等措施消除黑烟，该公路沿线的29家企业中，18家烟气达标排放，11家停产或转产。5月，县技术监督局、环保局联合组织人员对104国道沿线6家加油站进行检查监督，并明令禁止销售车用含铅汽油。7月，县政府出台《关于禁止焚烧稻秆的通告》。12月，县环保局发出《关于104国道沿线500米范围无黑烟区整治工作的通知》。

2004年8月，开展县城饮食业综合整治活动。对昆阳镇城区范围内所有产生油烟污染的饮食店进行整治，对25家新开业的饭店和点心店发出限期治理通知，关闭了3家达不到要求的饮食店。

2006年12月27日，县空气质量自动检测站站房落成。

2011年3月，对县内4吨以上（含4吨）燃煤锅炉企业（首批）实行限期治理，至是年底，首批11家企业20台4吨以上（含4吨）的燃煤锅炉基本完成治理。6月，成立平阳县移膜革行业污染整治工作领导小组，并印发《平阳县移膜革行业污染整治方案》，7月，对平阳县力隆皮革有限公司等26家企业实行限期治理，至2012年年底，部分企业已完成治理设施建设并通过验收监测。4月，县环保局联合县经贸局、发改局、交通局、质监局、安监局、消防大队等出台《关于印发平阳县加油站储油库油罐车油气回收综合治理计划的通知》，对全县加油站进行油气回收治理。至2012年年底，全县22家加油站中有19家完成了油气改造治理任务。7月，县政府出台《关于印发平阳县清洁空气行动实施方案的通知》，全面开展工业、城市、农村等领域的大气污染治理工作。9月26日，县环保局联合昆阳镇政府印发《昆阳镇饮食业环境污染专项整治实施方案》，开展昆阳镇饮食业专项整治。11月，县政府出台《关于印发平阳县高污染燃料禁燃区管理办法的通知》，划定县城昆阳镇为禁止销售、使用高污染燃料的区域。

第三节　固体废弃物处理

固体废弃物就其来源可分为农业固体废弃物、工业固体废弃物和生活垃圾。

1989—1994年，全县工业生产废弃物一般采用填埋、回收、沉降等方法处理。对综合回收的锅炉煤渣、粉煤炭、熔铁炉炉渣、钢渣、有色金属渣、工业粉尘、工业垃圾等，采用回炉利用、回收产品、废品回收等方式进行处理，主要作为建筑材料、家用燃料、工业填料使用。平均年利用2.0939万吨，利用率为76.98%，年综合利用产品产值12.31万元、利润2万元。

1995年，开展严厉打击废塑料贩运、洗涤的查禁和整治行动。1995—2000年，共出动了553人次，查处贩运废塑料451车，拆除洗涤槽730个、洗涤机460台。

1997年，钱仓垃圾焚烧试验获得初步成功。据监测，采用该项技术，垃圾焚烧后体积能减少80%，焚烧尾气可达标排放。

1999年12月，县政府发布《平阳县推广环保型可降解制品防治“白色污染”监督管理暂行办法的通告》。通告规定从2000年1月1日起，在昆阳、鳌江、南雁、南麂等镇辖区内禁止使用非降解的一次性塑料制品。把医院、餐饮、市场的50家单位列为全县第一批重点监控对象，并签订推广使用可降解塑料制品目标责任书。至1999年年底，全县共有生产可降解薄膜袋的薄膜厂11家，可降解薄膜袋销售点20个。

2002年，昆鳌垃圾处理厂开始筹建，建设目标为日处理垃圾500吨。一期工程总投资9328万元，处理能力为300吨/日。

制革生产过程会产生大量的固体废弃物，其中皮革下脚料的数量最多，全县年产生量为3万～4万吨。至2003年底，全县有6家明胶生产企业和5家宠物饲料厂利用皮革下脚料作为生产原料，主要产品为明胶、水解蛋白及“狗咬巧香糖”(宠物食品)，年利用3.2万～3.8万吨。

2007年，县环保局出台《关于进一步加强铬泥统一收集处置管理的通知》，对平阳县88家电镀企业的污泥实行规范管理。

2010年2月，制革污泥干化制污泥煤工程开工建设。此项目的总处理规模200吨/日。一期工程总投资500万元，规模100吨/日，处理绿地公司和金园污水处理厂所产生的污泥。是年，委托市环科院编制《平阳县重金属污染综合防治规划》并通过专家评审。开展铅酸蓄电池等重金属行业污染整治工作，对排查出的2家铅酸蓄电池组装企业和41个废旧电瓶电池收购点进行依法取缔。

2012年，开展危险废物创建“双达标”(是指危险废物产生企业和持证经营单位在全面达到国家规范化管理要求的基础上，进一步规范危险废物贮存、转移和利用处置行为，提升危险废物管理水平，分别达到浙江省的创建标准要求)工作，20家单位通过创建验收，11家企业通过污泥规范化处置验收。

第四节　噪声治理

1988年，县环保部门对有72千瓦的发电机噪声污染的平阳装饰厂、有空气锤噪声污染的昆阳镇东门新桥头个体户要求限期搬迁。

1995年，为加强对建筑施工产生噪声的管理，县环保局出台《关于加强建筑施工噪声管理的通知》。1996年，县环保局出台《关于建筑施工场地噪声申报的通知》《关于进一步加强环境噪声污染管理的通告》。

1998年3月，县环保局编制噪声区划分方案和《噪声管理办法》，推进达标区管理制度化。对区域内27个超标排放的工业和娱乐场所噪声源进行隔音、消音治理。在交警部门配合下，强化了交通噪声管理，在昆阳镇禁鸣汽车和人力三轮车喇叭。10月，昆阳噪声达标区通过了市政府验收。

1998—2012年，为在高考期间保证学生有一个安静的学习和休息环境，防止和减少环境噪声扰民，县环保局出台《关于在高考期间加强环境噪声监督管理的通告》。在高考前7日内，对各考点周围的噪声源进行检查，发现问题及时处理；高考期间，组织人员对考点附近进行巡视，发现噪声干扰立即予以制止。

至2012年，工业噪声、交通噪声和建筑施工噪声已得到缓解，但娱乐行业的噪声扰民问题仍然突出。

第四章　生态保护与建设

1998年始，县政府开展农村生活污水和垃圾集中处置处理工作，并对饮用水水源地实行保护。

2003年，县委和县政府成立生态县建设工作领导小组，组织和指导全县开展创建省、市级生态镇(乡)、村以及创建生态县建设工作。

第一节　生态县建设

1999年开始，县政府与各乡镇签订环境保护目标责任书，实行环境保护行政领导负责制。2000年4月，成立县环境保护领导小组，组织协调全县的环境保护工作。2003年12月，县委、县政府下发《关于成立平阳县生态县建设工作领导小组的通知》，决定成立平阳生态县建设工作领导小组。2004年11月，县第十三届人民代表大会常务委员会第十二次会议通过关于建设生态县的决定。2004年11月9日，《平阳生态县建设规划》通过温州市发展计划委员会审核。2008年12月29日，县政府下发《关于同意实施平阳县生态环境功能区规划的批复》。2010年3月，出台《平阳县农村环境保护规划》。8月，中共平阳县第十一届委员会第九次全体会议通过《中共平阳县委关于推进生态文明建设的实施意见》。2011年2月，县委、县政府印发《关于创建省级生态县的实施方案》，计划在2015年创成省级生态县。5月3日，县委、县政府召开平阳生态县建设工作大会，县政府与镇（乡）签订生态县建设工作目标考核任务书。

第二节　生态镇（乡）、村创建

2003年12月，县委、县政府下发《关于成立县生态县建设工作领导小组的通知》，成立平阳生态县建设工作领导小组。2006年12月，县环保局印发《平阳县"十一五"环境保护绿色系列创建规划》，加强绿色学校、绿色社区、绿色家庭、绿色企业等绿色系列创建工作。

在生态创建过程中，县生态办加强技术指导，做好部门协调，积极筹集资金，帮助乡镇解决困难问题，确保生态建设顺利开展。截至2012年底，已创建万全镇、山门镇、南雁镇、顺溪镇和青街畲族乡等5个省级生态镇（乡），昆阳镇、鳌江镇和萧江镇等3个市级生态镇，市级生态村201个。累计建成各级（国家、省、市、县）绿色社区10处、绿色家庭150个、绿色学校近百所。

2005—2012年平阳县生态乡镇村创建情况一览表

表5-4-1

年份（年）	全国环境优美乡镇	省级生态乡镇	市级生态乡镇	市级生态村（个）
2005		（原）南麂镇	（原）朝阳乡、梅源乡、西湾乡、山门镇	9
2006		（原）梅源乡、山门镇	（原）吴垟乡、龙尾乡	11
2007	（原）南麂镇、梅源乡	（原）吴垟乡、龙尾乡	（原）宋桥镇、郑楼镇、梅溪乡、闹村乡	15
2008		（原）朝阳乡、闹村乡	（原）顺溪镇、榆垟镇、怀溪乡、青街畲族乡、维新乡	31
2009		（原）郑楼镇	（原）南雁镇、晓坑乡、凤巢乡	6
2010			（原）鹤溪镇	26
2011		南雁镇、山门镇、顺溪镇、青街畲族乡	万全镇	33
2012		万全镇	昆阳镇、鳌江镇、萧江镇	70

说明：资料由县环境保护局提供

第三节　农村生活污水处理

2010年起，全县开展农村生活污水处理工作，市政纳管范围外的村都要建设生活污水处理工程及配套收集管网，计划到2015年实现全县农村生活污水处理全覆盖。2010年5月，县政府下发《关于成立平阳县城乡污水收集处理基本全覆盖工作领导小组的通知》。领导小组下设城镇污水收集处理办公室（设在县规划建设局）和农村污水收集处理办公室（设在县环保局）。7月，县政府出台《平阳县农村生活污水处理工作实施意见》，工作目标是到2015年实现全县农村生活污水处理全覆盖。2010年8月，县农村污水收集处理办公室（县农污办）编制《平阳县农村生活污水处理实施方案》，在全县不能纳入市政排污管网的村开展生活污水处理工作，建设以人工湿地为主的生活污水处理工程及配套污水收集管网，项目分6年实施，总投资约1.1亿元，受益人口将达到41.6万人。2011年1月，县农污办出台《平阳县农村生活污水处理工作实施细则（暂行）》。

2010—2012年平阳县开展农村生活污水处理工程建设村数统计表

表5-4-2

年　份	2010年	2011年	2012年
村（个）	65	90	72

说明：资料由县环境保护局提供

第四节　农村生活垃圾集中收集处置

2008年，县政府决定开展农村生活垃圾集中收集处置工作。5月份，县政府成立平阳县农村环境保洁工作领导小组，出台《平阳县农村生活垃圾集中收集处置工作实施意见》。农村生活垃圾集中收集和无害化处置工作实行属地管理，按照“户三包、村收集、乡镇中转、县级统一处理”的四级管理模式运作。县财政每年安排专项资金约600万元，按一、二、三类财政结算的乡镇分别给予每人每年6元、8元、12元补助。

2012年底，全县600个村均已开展生活垃圾集中收集处置工作，村覆盖率达100%。全县共配置农村卫生保洁员1600余名，垃圾桶(箱)2万余个，受益人口68万余人。

2008—2012年平阳县农村生活垃圾集中收集处置的村数统计表

表5-4-3

年份	2008年	2009年	2010年	2011年	2012年
村(个)	476	552	563	575	600

说明：资料由县环境保护局提供

第五节　饮用水水源地保护

2007年，出台《平阳县饮用水水源地环境保护规划》。2010年11月，在南雁镇五十丈饮用水水源地保护区开展标志更新设置工作，设置一级保护区道路警示牌3个，一级保护区界标3个，二级保护区道路警示牌4个，二级保护区界标4个。对一、二级保护区的交通警示牌和保护区界标进行了GPS卫星定位。2011年5月，在宋桥、宋埠、榆垟、腾蛟、山门、南雁、凤卧等7个饮用水水源地开展水源保护区标志更新设置工作，设置一级保护区界标10个，二级保护区界标11个，一级保护区道路警示牌7个，二级保护区道路警示牌8个。为加强饮用水源保护区监管，每年不定期开展饮用水水源环境安全专项检查，排查饮用水水源地污染隐患，禁止任何单位及个人在饮用水水源保护区内从事破坏生态、影响水源水质等活动，确保水源的生态环境安全。

1998—2008年，先后创建12个市级合格饮用水水源地，2012年保持不变。由于乡镇撤并，供水范围和水源地所属乡镇的名称有所变化。

2008年平阳县合格饮用水水源地情况一览表

表5-4-4

供水范围	水源地所在地	水源地概况	一级保护区范围	二级保护区范围
鳌江镇 水头镇 萧江镇 麻步镇 钱仓镇	南雁镇五十丈	引供水工程水源服务城镇为水头镇、麻步镇、萧江镇、鳌江镇、钱仓镇，取水量30000立方米/天(一期)；78000立方米/天(二期)；148000立方米/天(三期)，服务人口30万人，所属水体为鳌江。验收时间2002年2月	五十丈取水口至上游2000米，下游300米范围内的水域，及相应水域两岸纵深100米范围内的陆域	以顺溪镇和青街畲族乡政府所在地为中心2千米范围内水域至与一级保护区交汇处范围内的水域，以及相应水域两岸纵深100米范围内的陆域
昆阳镇	昆阳镇小姜垟备用水源地	备用水源地，1998年通过合格饮用水源地创建	以取水点为圆心，在500米半径范围内的水域及沿岸纵深200米陆域	以取水点为圆心，在1000米半径范围内的水域及沿岸纵深200米陆域(除一级保护区外)
宋桥镇	宋桥镇山头横河	宋桥镇山头横河水源地饮用水源保护区取水量2800立方米/天，服务城镇为宋桥镇，服务人口2.2万人，验收时间2004年4月	以取水点为圆心，在500米半径范围内的水域及沿岸纵深200米陆域	以取水点为圆心，在1000米半径范围内的水域及沿岸纵深200米陆域(除一级保护区外)

续表 5-4-4

供水范围	水源地所在地	水源地概况	一级保护区范围	二级保护区范围
郑楼镇	郑楼镇郑一村	郑楼镇饮用水源保护区取水2000立方米/天，服务城镇为郑楼镇，服务人口1.5万人。验收时间2007年8月	以取水点为圆心，在500米半径范围内的水域及沿岸纵深200米陆域	以取水点为圆心，在1000米半径范围内的水域及沿岸纵深200米陆域（除一级保护区外）
榆垟镇	榆垟镇上湾村	榆垟镇饮用水源保护区取水1000立方米/天，服务城镇为榆垟镇，服务人口1万人。验收时间2007年8月	取水点上游100米以内的水域及水域周围50米的陆域	集雨区范围内除一级保护区外的所有区域
凤卧镇	凤卧镇马头村	平阳县凤卧镇饮用水源保护区取水量2000立方米/天，服务城镇为凤卧镇，服务人口0.35万人。验收时间2004年12月	取水点上游100米以内的水域及水域周围50米的陆域	集雨区范围内除一级保护区外的所有区域
南雁镇	南雁镇坎头村	南雁镇饮用水源保护区取水量2000立方米/天，服务城镇为南雁镇，服务人口0.5万人。验收时间2004年12月	取水点上游100米以内的水域及水域周围50米的陆域	集雨区范围内除一级保护区外的所有区域
麻步镇	麻步镇龙潭水库	龙潭水库服务城镇为麻步镇，取水量2200立方米/天，服务人口1.5万人，所属水体为鳌江。验收时间2002年11月	龙潭水库水域面积	水库边缘陆域100米范围内，且属于水库集雨面积内的区域
腾蛟镇	腾蛟镇银坑溪	腾蛟镇大文院水潭水源地饮用水源保护区取水量5000立方米/天，服务城镇为腾蛟镇，服务人口2万人。验收时间2004年4月	大文院水潭到胡窦的水域及沿岸纵深200米的陆域	胡窦到银坑的水域及沿岸纵深200米的陆域
山门镇	山门镇山门村一桥上游防护林带	一桥防护林水源服务城镇平阳县山门镇，取水量2000立方米/天，服务人口1万人，所属水体为鳌江。验收时间2002年11月	以现取水点为圆心，在100米半径范围内的水域及陆域	以现取水点为圆心，在700米半径范围内的水域及陆域（除一级保护区外）
水头镇	水头镇龙涵村	水头镇饮用水源地服务区域为水头镇，取水量12000立方米/天，服务人口7万人，验收时间2008年	以现取水点为圆心，在100米半径范围内的水域及陆域	以现取水点为圆心，在700米半径范围内的水域及陆域（除一级保护区外）
宋埠镇	宋埠镇仙口村	宋埠镇合格饮用水源地服务区域为宋埠镇，取水量为700立方米/天，服务人口1.2万人。验收时间2000年	取水点上游100米以内的水域及水域周围50米的陆域	集雨区范围内除一级保护区外的所有区域

说明：①镇的名称按2008年行政区划；②资料由县环境保护局提供

第六卷

DI LIU JUAN

《平阳县志（1989—2012）》

PINGYANG XIAN ZHI

城乡建设

平阳县住房和城乡规划建设局(住建局)组建于2011年12月,担负全县城乡建设管理职责。其前身为1984年4月成立的平阳县城乡建设环境保护局,1994年9月更名为平阳县城乡建设局,1997年更名为平阳县建设局,2001年12月组建平阳县规划建设局。

1989年后,随着城镇化、城市化进程加快,平阳城乡面貌发生显著变化。20世纪90年代初,昆阳、鳌江镇开始旧城改造,随后进行大规模的新区开发,建成区面积迅速扩大。1994年,两镇建成区面积5.24平方千米(昆阳2.14平方千米,鳌江3.10平方千米),2000年为14.3平方千米(昆阳5.50平方千米,鳌江8.80平方千米),2012年为22.23平方千米(昆阳8.73平方千米,鳌江13.5平方千米)。昆阳镇从原来全省有名的脏乱差县城,转变为全国文明城市。水头镇作为全县经济副中心形成雏形,萧江镇从原来一个乡级建制崛起为新型城镇。2012年,全县城市化水平为56.9%,比2000年35%提高21.9个百分点。

2003年,开始实施为期5年的乡村康庄工程,至2006年实现全县村村通公路。2004年,启动“十村示范、百村整治”工程建设。2009年,开展优美乡村行动,并与污水处理全覆盖工程、农村改厕工程、森林村庄建设工程、农房改造工程等工作紧密结合,建设一批精品村、重点村、特色村。为适应山区农民下山脱贫趋势,各地移民村相继建成。2010年,开始进行农房改造集聚建设。2012年,全县共启动或建设完成112个“村房两改”项目。1991年农民人均住房16.78平方米,2002年35平方米,2012年42.7平方米,农村居民基本住上新建住房。1991年,城镇居民人均住房面积20.0平方米,2012年达53.96平方米。

城乡建设规划工作步入法制管理轨道。1990年3月,县城乡建设环境保护局规划管理处升级为规划管理局。2001年,县建设局、规划管理局组建规划建设局,负责基本建设规划。1992年,建立昆阳和鳌江组合城市规划研究课题组,1994年,编制完成《平阳城市总体规划》,2002年,调整平阳县城市总体规划昆阳片控制性详细规划。1994年,全县完成第一轮16个建制镇总体规划编制。2005年,开始编制《平阳县县域总体规划(2006—2020)》,2011年,行政区划调整后修编。2010年,根据行政区划调整,全县编制10个中心镇的总体规划和30个“X”(即新社区)的《新社区建设规划》并付诸实施。

第一章　城乡规划

1984—2012年,平阳县经历3次大的城市规划,分别是1984年的平阳县县城(昆阳镇)总体规划、1994年的平阳城市总体规划(1994—2015)、2005年的平阳县县域总体规划(2006—2020)。2011年,在县域行政区划调整的基础上,对各乡镇总体规划进行新一轮修编。

第一节　县域总体规划

2005年4月,为了加强与温州大都市区在资源、产业、交通、生态方面的对接,县政府委托浙江省城乡规划设计研究院编制《平阳县县域总体规划(2006—2020)》。规划成果于2008年上报省政府。修编工作中,提出《平阳县人口发展规模研究》《平阳县土地利用规模研究》《平阳县城市中心与分区形态结构研究》《平阳县行政中心选址研究》《平阳县域空间利用条件评价研究》《平阳县综合交通规划研究》《平阳县小城镇发展模式研究》等7个专题报告。规划明确昆阳镇和鳌江镇的中心城区规划范围,包括:万全镇光山村、后陈村、姜垟村、廖垟村、林步桥村、十五殿村、周贵垟村、下鲍垟村、下薛村、吴垟村、柳垟村、叶垟村和迎学垟村,以及西湾近期围垦区,总面积约276.47平方千米。确定平阳中心城区的城市性质:辐射浙南、闽北的重要工贸旅游城市、港口城市,温州大都市区内重要的宜居创业城市。规划2020年中心城区人口为39.45万人,规划到2020年中心城区城市用地规模为3855公顷。中心城区总体布局结构:“一城两片二组团”。“一城”即昆鳌一体并包含西湾围垦区的组合城市;“两片”即昆阳片和鳌江片;“二组团”即东部的西湾围垦组团和西部钱仓组团。

2011年行政区划调整。调整后,全县辖9镇1

乡，修编《平阳县县域总体规划（2006—2020）》，规划范围仍为平阳县的全部行政区范围，其中陆地面积1042.21平方千米。规划确定县域发展目标：温州大都市副中心城市、鳌江流域中心城市核心区、浙江海洋经济发展新区、长三角南翼生态休闲旅游区。县域空间开发与保护框架：确定网络发展的城镇发展思路，形成“一主一副三区四轴”空间布局模式。“一主”即昆鳌中心城市；“一副”为水头县域副中心城市；“三区”分别是以昆鳌中心城市为核心的东部城镇群组成的东部片区，以水头副中心城市为核心的西部城镇群组成的西部片区，萧麻城镇组团组成的中部片区；“四轴”分别为甬台温高速公路、104国道发展轴线，依托滨海高速公路形成滨海发展轴线，沿57省道、龙丽高速连接线和鳌江的发展轴线，沿昆水公路、昆宋大道发展轴线。

第二节　县城城市规划

总体规划

1989年秋，县政府聘请浙江省城乡规划设计研究院，编制完成1991年“平阳县城总体规划”。该规划确定昆阳镇的布局、用地、发展方向和104国道九凰隧道的具体区位，为昆阳镇第一期旧城改造定位，并提出昆阳鳌江两镇组合规划设想。1994年，县政府委托中国对外建设总公司城市规划部编制《平阳城市总体规划（1994—2015年）》。规划第一层次是县域行政辖区范围，包括16个镇、18个乡，面积为1042平方千米；第二层次是城区范围，即城市规划区范围，为昆阳镇、鳌江镇、钱仓镇、务垟乡和万全乡的行政区域，总面积为179平方千米。确认平阳城区是全县的政治、经济、文化、科技、信息中心，是浙南沿海对外开放的工贸、旅游、港口城市。规划到2015年，县域总人口95万，县域城镇总人口58万，县域城镇化水平61%；2015年，城区总人口40万，城市人口36万，城区城市化水平90%。总体布局，平阳城区形成以昆阳片（包括万全乡）、鳌江片（包括务垟乡）、钱仓片三片相对独立的组合型城市。城市建设用地规模，2015年昆阳片用地面积为9.8平方千米；鳌江片用地面积为18.0平方千米。

2002年，调整平阳县城市总体规划昆阳片控制性详细规划，确定以城北新区开发建设为龙头，全面推进新区开发，贯通新老城区“六纵三横”主干道，并制定昆阳九凰山、东门山、鸣山公园规划及坡南控制性规划初步方案，昆阳、鳌江两镇的综合管线规划初步完成。2004年2月，县规划建设局编制《平阳县昆鳌组合城市昆阳分区总体规划》。2004年8月，县政府批准《平阳县昆鳌组合城市昆阳分区总体规划（2003—2020）》实施。昆阳分区规划区范围包括昆阳镇行政区域范围及郑楼镇的鲍垟村、姜垟村、柳垟村、迎学垟村等村庄，区域总面积88.6平方千米。人口规模，近期（2008年）11万人，远期（2015年）15万人。用地规模，近期（2008年）9.7平方千米，人均87.79平方米，远期（2015年）17平方千米，人均113.61平方米。分区用地结构规划“二个中心、三个工业园区、五个公园、八个小区”。“二个中心”即以平阳大厦为中心，构成以金融、商业、娱乐等设施为主的老城区中心；远期在经六路与良农路交叉口处形成以行政办公、文化、体育、商业等设施为主的东分区公共服务设施中心。“三个工业园区、八个小区”即以分区骨架道路为基础，形成3个工业小区、8个居住小区。“五个公园”即东门山公园、九凰山公园、中央公园、廖垟湿地和西戈湿地公园。中央公园东侧为经八路，南端为远东路，西侧为经六路，北端为一环路，总用地面积约19.3公顷。

详细规划

2002年，编制昆阳镇城西居住小区详细规划。2003年，编制平阳县农贸中心居住小区详细规划。2004年，编制城东新区城市设计规划。2005年，编制鹭鸶湾居住小区详细规划。2008年，编制平阳县昆阳镇城南片区控制性详细规划及核心区城市设计、示范小区北地块控制性详细规划、综合小区控制性详细规划。2009年，编制平阳县昆阳镇临区工业区控制性详细规划、前宕新区控制性详细规划、雅河西路两侧地块控制性详细规划。2010年，编制昆阳镇城东新区城市控制性详细规划。城东新区规划面积925.3公顷，北临迎宾大道，西至104国道和平瑞路，东接经十三路，南达东门山、古盘山山脚。2011年，编制联东北路东侧地块修建性详细规划、锦屏小区控制性详细规划。2012年，编制平阳县昆阳镇西直街二期旧城改造地块控制性详细规划、雅河西路两侧地块控制性详细规划、横阳路(十八家路口)改造地块控制性详细规划、文化园北侧地块控制性详细规划、三退屋地块控制性详细规划。

专项规划

2002年，编制完成平阳县九凰山——东门山绿地景观专项规划，昆鳌组合城市昆阳城北分区总体规划等。2010年，编制城北中心公园规划设计、平塔龙山公园规划设计等。2012年编制平阳县坡南街省级历史文化街区保护规划、平阳县东门街省级历史文化街区保护规划、昆阳镇城镇公共交通规划等。

县行政中心、文化中心选址与规划　2005年在编制县域总体规划过程中，规划部门对县行政中心选址进行专题研究。2007年，县行政中心规划选址研究作为软科学研究计划项目列入县第一批科学发展计划。2007年12月，完成《平阳县行政中心选址研究课题报告》，并于2008年1月完成专家评审。2010年4月中旬至5月中旬，昆阳城东新区城市设计招标，并对行政中心的具体位置确定选址。2011年3月份，昆阳镇城东片控制性详细规划成果形成。行政中心、文化中心用地分别布置在昆宋大道北侧和南侧。2012年4月，形成城东片控制性详细规划的最后方案，行政中心、文化中心用地在第一轮方案的基础上向北移700米左右，地块形状呈长方形，东西长约500米，南北长800米，规划用地面积401985平方米。

2011年平阳县行政中心、文化中心规划

第三节　鳌江城市规划

总体规划

第一次鳌江镇城市总体规划于1991年编制。1994年6月，省规划勘察设计院完成鳌江镇详细规划。第二次鳌江总体规划在《平阳城市总体规划(1994—2015)》中体现，规划将鳌江镇定位为沿一级发展轴(沿104国道和拟建的温福高速公路、温福铁路)的一级中心城镇，鳌江片的职能分工为全县的经济中心，以发展商贸、加工工业和港口运输业为主。鳌江片规划三个工业区，分别为经济技术开发区、鳌南工业区、鳌北工业区。规划2015年鳌江片人口为22万人，用地面积18平方千米。

2000年，根据鳌江流域中等组合城市的目标要求，完成昆鳌组合城市总体规划的修编及城市中心区一期的城市设计，编制鳌江龙港中心城市整体协调规划、镇域体系规划和村庄布点规划，修订城镇绿化和亮化规划，调整旧城改造控制性规划，编制文苑小区、水深小区、东河小区规划。

详细规划

2000年5月，县规划局委托浙江省城乡规划设计研究院组织编制鳌江胜利路两侧城市中心区共计0.75平方千米的修建性详细规划设计及部分地块的城市设计。同时，在编制过程中，做好鳌江二桥建设的相关规划。是年，完成经济开发区示范性住宅小区规划修订工作。2001年，制订鳌江流域城市中心区规划，编制全省第一个村居布点规划，修订文苑、水深等小区规划。是年，完成鳌江垂杨工业园区、徐家站小区控制性详细规划、平阳经济开发区府前路城市设计。2002年，完善鳌江流域中等城市整体协调规划，委托上海同济大学着手进行鳌江火车站站前区控制性详细规划，修订、编制河道整治规划、五板桥小区规划等修建性详细规划、鳌江城市中心区详细规划及城市设计。2001年，编制浙江省平阳经济开发区府前路鞋城段城市设计。

2005年，编制鳌江镇墨城工业小区控制性详细规划。2006年，鳌江镇东河小区详细规划调整编制，鳌江火车站地区城市设计、温福铁路鳌江段拆迁安置地块详细规划编制。2007年，编制鳌江蓝田花苑修建性详细规划。2008年，编制鳌江火车站站前区控制性详细规划、钱仓西北片区控制性详细规划、温州港平阳港区控制性详细规划。2009年，编制鳌江府前路中段西片控制性详细规划、鳌江镇滨江下厂片、府前路中段东片控制性详细规划、西湾(墨城)围垦区一期控制性详细规划。2010年，编制鳌江蓝田地块控制性详细规划、鳌江旧城五期改建胜利路北侧地块控制性详细规划、鳌江镇塘下地块控制性详细规划、鳌江镇滨江中心片控制性详细规划及城市设计。滨江中心片规划由鸽巢路、鳌江江岸线、吉祥路、府前路及兴鳌路合围而成。

2011年，平阳县行政区划调整，钱仓镇、南麂镇、西湾乡、梅溪乡、梅源乡行政区域并入鳌江镇。是年，编制平阳大型中高端购物消费集散中心控制性详细规划、鳌江镇塘下地块控制性详细规划。2012年，委托温州市城市规划设计研究院编制滨江片区城市规划，规划面积约625.5公顷。是年，编制鳌江镇客运中心站地块控制性详细规划、贵德安置小区控制性详细规划、滨江中心片控制性详细规划、鳌江总部经济园控制性详细规划、鳌江镇钱仓标准厂房安置地块控制性详细规划、鳌江镇农房北集聚点控制性详细规划、鸽巢路地块控制性详细规划、旺厂路西侧埭头地块控制性详细规划、城西管理单元控制性详细规划、徐家站地块控制性详细规划、西湾围涂区块控制性详细规划。

平阳经济开发区规划

浙江省平阳经济开发区规划是鳌江城市规划的组成部分。平阳经济开发区于1994年8月9日批准设立，是年完成一、二期用地详细规划编制。1996年，平阳经济开发区管委会委托浙江省城乡规划设计研究院编制浙江省平阳经济开发区总体规划。规划范围，位于鳌江镇东部，北至原104国道，南临鳌江，西界兴鳌路、曙光路，东抵玉莲下厂线，总用地面积为9.68平方千米。规划定位，将平阳经济开发区建成为一个以现代化加工工业为主体的工贸科交通运输一体化的综合性城市新区。整个开发区建设分三期进行。近期(1996—2000年)启动区，276.7公顷；中期(2001—2005年)发展区，304.7公顷；远期(2006—2015年)386.6公顷。规划用地以河流、主干路自北而南分成四大功能区。北区为一类工业区；中北区为居住、公共设施、高新技术产业综合区；中南区为各类工业综合区；南区为港口、市政、危险品仓储综合区。

第四节　镇乡规划

1992年前，先后完成昆阳、鳌江、萧江、麻步、南雁、鹤溪、宋埠、郑楼、榆垟等9个镇总体规划编制。1993年修编水头、山门、腾蛟、顺溪、宋桥、钱仓6镇总体规划编制及郑楼、榆垟、水头、腾蛟、万全、务垟等11个乡镇工业小区的详细规划。1994年最后完成凤巢镇总体规划编制，全县完成第一轮16个建制镇总体规划编制。2011年，平阳县调整行政区划。2012年，水头镇、萧江镇、万全镇、腾蛟镇、南雁镇、山门镇、顺溪镇总体规划完成(青街畲族乡总体规划于2013年编制)，各乡镇均开展相应地块的控制性详细规划。

水头镇规划

2001年，水头镇政府委托浙江大学城乡规划设计研究院制定《平阳县水头镇城市总体规划》。2002年，完成水头城镇总体规划编制并通过会审。规划提出以创建现代化的中国皮革都市为远期目标，争取到2005年，水头镇要达到建成区10万人口，建成区面积10平方千米。2011年行政区划调整，原凤卧镇、鹤溪镇、南湖乡、朝阳乡、闹村乡行政区域并入水头镇。此外，随着57省道复线和昆水公路的设计实施，以及高速公路建设的影响，水头镇政府委托温州市城市规划设计研究院进行《水头镇城镇总体规划修编(2011—2030)》的编制。规划范围，包括水头镇区、鹤溪办事处、凤卧办事处、南湖办事处、朝阳办事处、闹村办事处(共辖101个村)。规划目标，落实新型城镇化战略，打造以工贸、旅游为主导的县域副中心城市。确定城镇性质为温州大都市南翼的重要组成部分，以工贸、旅游为主导功能的县域副中心城市。2015年，人口规模10.7万人；2030年18.8万人。2030年，水头镇镇区建设用地规模17.57平方千米。规划“双中心、四组团、带状发展”空间布局结构。“双中心”即形成旧城中心和新区中心；“四组团”即旧城组团、北港新城组团、凤卧组团、鹤溪组团；“带状发展”即以水头大道、环城北路和环城南路等共同组成的交通带为主要城镇建设发展带，带动镇区整体发展。

2003年，编制水头皮件工业园区详细规划、水头镇制革工业园区控制性详细规划。2005年，腾龙、下林、寺前、水凤尾小区及水头环城路的详细规划编制完成，并完成寺前小区、腾龙小区及青岙、古竹、上店、麻园工业园区的详细规划。2006年，编制水头标准厂房建设工程修建性详细规划。2010年，编制泾川东路南侧地块控制性详细规划、江山路北侧地块控制性详细规划。2011年，编制水头镇下林农贸市场综合楼地块控制性详细规划、水头南雁移民安置控制性详细规划、北港新城控制性详细规划、环城北路地块控制性详细规划。2012年，编制水头镇制革基地控制性详细规划、水头一中西侧A地块及B地块控制性详细规划、天马大酒店地块控制性详细规划、江山路南侧地块控制性详细规划、水头镇原规划局便民服务中心控制性详细规划。

萧江镇规划

1993年，萧江镇编制花园式绿化总体规划。2000年，完成萧江二期工业园区的规划编制工作。2001年，完成萧江镇的总体规划调整工作。2011年，在原桃源乡划入萧江镇后，制定《萧江镇城镇总体规划（2010—2030）》。本次规划范围面积38.30平方千米。城镇定位为昆阳、鳌江、龙港、灵溪都市带的重要连接组团和特色工业组团，平阳县中西部接轨沿海的南大门，经济发达、交通便利、生态宜居的现代化小城市。规划至2015年，城镇常住人口4.0万人，用地规模440公顷；2020年，城镇常住人口4.8万人，用地规模550公顷；2030年，城镇常住人口6.0万人，用地规模699公顷。规划城镇结构为“一心、一轴、三片”。一心：结合行政中心建设、桔坡山公园景观，加快对山南旧城改造，建设城镇公共中心。一轴：世纪大道发展轴，沿线向东拓展与龙港接轨。三片：北部综合片形成城镇居住片区；南部工业片依托高速公路、国道和世纪大道设置；桃源综合片形成副中心，依托山水景观，设置游乐休闲区。

2002年，编制全镇排污系统规划、二期工业园区规划、行政中心详规、四大屋和萧江村居住用地详规、长宁路和世纪大道设计等。2003年，编制塑包工业园区二期控制性详细规划。2010年，编制沿江路地块控制性详细规划、第二标准厂房地块、淡浦工业区控制性详细规划。2011年，编制萧江镇四大屋地段控制性详细规划、萧江镇千亩工业生产基地及浃底安置小区控制性详细规划、萧江镇桃源工业地块、直浃河村安置地块、第一标准厂房控制性详细规划、萧江镇胜利路老人安置房地块控制性详细规划、麻步镇江北片区控制性详细规划。2012年，编制萧江镇凤头片区控制性详细规划、萧江镇老城区控制性详细规划、萧江镇胜利社区控制性详细规划、麻步镇江南片控制性详细规划。

万全镇规划

2004年，完成郑楼—宋桥组合城镇总体规划。2008年，县规划建设局编制完成《郑—宋组合城镇中心区控制性详细规划》《平阳县榆垟镇总体规划》。2010年，万全镇由原宋桥、郑楼两镇和万全轻工基地合并组建。2011年，镇政府委托深圳市城市规划设计研究院有限公司编制《平阳县万全镇总体规划（2011—2030）》。镇域总面积81.89平方千米，镇区范围规划面积约40.59平方千米。镇域城镇空间结构为“两轴四片，二心六点”。“两轴”即以104国道为发展主轴、以迎宾大道—昆宋大道为镇域发展次轴；“四片”即郑宋（郑楼、宋埠）片区、万湖（万全、湖岭）片区、宋榆（宋埠、榆垟）片区、宋西（宋埠、西湾）片区；“二心”即以依托西部郑楼、宋桥中心地区重点打造万全镇主中心，依托东部的榆垟、宋埠打造万全镇副中心；“六点”即湖岭、象山两个农村型新社区，郑楼、宋桥、榆垟、宋埠四个城镇型新社区。城镇性质定位为沿海产业带重要的先进制造业与现代服务业基地，飞云江南岸中心城镇，万全镇的政治、经济、文化、科技和信息中心。2015年，城镇人口规模8.4万人，规划城镇建设用地1892公顷；2020年，城镇人口规模12.3万人，规划城镇建设用地2738公顷；2030年，城镇人口规模18万人，规划城镇建设用地2763公顷。

2003年，编制万全工业区服饰园控制性详细规划、万全轻工基地家具园控制性详细规划、平阳县商务礼品工业园区控制性详细规划。2004年，编制万全轻工生产基地机械工业区控制性详细规划。2006年，编制万全轻工生产基地机械园西区控制性详细规划。2007年，编制金星小区修建性详细规划、郑楼老城区控制性详细规划、郑楼镇标准厂房建设区控制性详细规划。2008年，编制万全镇中心区控制性详细规划。2009年，编制万全轻工生产基地综合园控制性详细规划、郑楼—宋桥组合城镇宋桥片区控制性详细规划、宋埠围垦区控制性详细规划。2010年，编制县商务礼品工业园区控制性详细规划(修改)、郑楼镇标准厂房建设区控制性详细规划(修改)。2011年，编制万全镇郑楼老城区控制性详细规划(调整)、万全镇榆垟片老城区三地块控制性详细规划。2012年，编制宋埠办事处三地块控制性详细规划、万全轻工基地家具园(一期)控制性详细规划、万全镇榆垟组团控制性详细规划、万全镇宋埠片区昆宋大道南侧地块控制性详细规划、榆宋组合核心区昆宋大道南侧控制性详细规划、万全镇生态住宅区控制性详细规划、金星小区三期(二号地块)修建性详细规划、万全镇中心区经三路两侧A17等地块规划调整论证报告、宋埠围垦区控制性详细规划东海污水处理厂调整论证。

腾蛟镇规划

2011年，腾蛟镇政府委托平阳县规划建筑勘测设计院编制《平阳县腾蛟镇城镇总体规划(2011—2030)》。规划范围，分为镇域及城镇中心区两个层次，镇域规划范围为腾蛟镇行政区域范围，区域面积80.10平方千米。至2030年城镇中心镇包括：腾龙社区、塘溪社区、腾溪社区、北溪社区、南陀社区，规划中心镇区面积4.71平方千米。城镇性质定位为平阳县西部文化、旅游、经济强镇。人口规模，近期2.5万人，中期3.5万人，远期5.2万人。用地规模，近期311.8公顷，人均124.7平方米，中期411.3公顷，人均117.5平方米，远期500公顷，人均96.2平方米。规划结构为“一轴、两片、五社区”。一轴：由57省道和经六路形成的“T”形发展轴；两片：建设用地以带溪为界形成东、西两片；五社区：腾祥社区、塘溪社区、腾溪社区、北溪社区、南陀社区。城镇道路骨架规划“三横四纵”。“三横”为显腾公路接腾龙路、城中路和五七省道；“四纵”为57省道复线、凤翔路、经六路和经八路。

2003年，编制腾蛟镇印刷工业园区修建性详细规划。2012年编制腾蛟镇岱山、腾带地块控制性详细规划、腾蛟镇南陀工业生产基地、青湾文化创意产业园规划、腾蛟镇第一小学西北侧地块控制性详细规划、腾蛟镇北溪管理单元控制性详细规划、腾蛟镇塘溪管理单元控制性详细规划。此外，镇政府委托温州市城市规划设计研究院编制《腾蛟镇省级历史文化名镇保护规划》。

山门镇规划

2008年，山门镇政府委托平阳县规划建筑勘测设计院编制《山门镇城镇总体规划(2011—2030)》。规划范围，分为镇域及城镇中心区两个层次，镇域规划范围为山门镇行政区划调整后的镇域范围，面积104.7平方千米，城镇中心区规划范围为在原山门镇区基础上发展形成的规划区域，面积4.67平方千米。规划目标为红色之都、生态之镇、休闲宜居之地。人口规模，近期1.5万人，中期2.5万人，远期3.0万人。用地规模，近期182.2公顷，人均123.9平方米；中期247.9公顷，人均100.6平方米；远期298.6公顷，人均99.5平方米。城镇规划结构为一轴、一带、三组团。一轴：沿平文路与规划经一路形成的城镇“十字”发展轴；一带：怀溪及滨溪景观带；三组团：溪西组团、老城组团、新城组团。城镇道路骨架规划“三横三纵”，“三横”为平西路、平文路、纬六路(暂名)；“三纵”为山门南路、经一路(暂名)、经六路(暂名)。

2005年，委托宁波市城市规划设计研究院编制南雁荡山明王峰景区分区规划及部分景点详细规划。2010年，编制山门镇城镇4个地块控制性详细规划。2012年编制山门镇城南地块控制性详细规划、山门镇老城片控制性详细规划。

南雁镇规划

2011年，编制《南雁镇城镇总体规划(2011—2030)》。规划范围总面积43.51平方千米；城镇规划用地面积为300.4公顷。城镇性质定位为南雁荡山风景旅游资源保护管理基地和南雁风景旅游服务中心，以旅游服务业为主导的生态田园城镇。2015年，城镇人口规模1.10万人，建设用地规模为115.20公顷；2020年，城镇人口规模1.25万人，建设用地规模124.20公顷；2030年，城镇人口规模1.50万人，建设用地规模140.60公顷。中心区用地结构规划“一心、一轴、两带、三区、三面”。“一心”为南雁景观核心区；“一轴”为南雁大街商业景观轴；“两带”为怀溪景观带、顺溪景观带；“三区”为城镇服务配套区、田园风貌景观区、旅游休闲度假区；“三面”为碧海天城景区渗透面、东西洞景区渗透面、城镇入口景观渗透面。

2003年，县政府委托中国城市规划设计研究院编制《南雁荡山风景名胜区总体规划（修编）》。按该总体规划，南雁荡山风景名胜区分为东西洞景区、顺溪景区、明王峰景区、碧海天城景区、腾蛟—赤岩山景区等5个景区。

顺溪镇规划

2011年，委托上海同济城市规划设计研究院编制《顺溪镇总体规划（2011—2020）》。总体规划以顺溪镇古建筑群为依托，重点发展旅游和生态农业，建设成为文化旅游业发达，居住和生态环境良好的特色旅游性城镇。规划区范围包括原顺溪镇行政辖区、吴垟乡行政辖区、维新乡行政辖区，即并乡后新顺溪镇的行政辖区，总用地面积104.9平方千米。村镇体系结构分为3个层次：中心镇区—城乡一体化新社区—基层村。总体布局规划为“两心、四轴、四片”的结构。“两心”即旅游核心广场和新区生活服务中心。“四轴”（三横一纵）：镇前轴、大桥轴、驿道轴、滨水轴。“四片”即：古居旅游老镇区、生活服务新镇区、溪北生态体验区和溪南生态住宿区。

2010年，委托浙江省古建筑设计研究院编制《顺溪古建筑群保护规划》。顺溪古建筑群位于顺溪镇顺溪村和溪北村，包括始建于清雍正至同治年间的大型民居建筑10处，总建筑面积23000平方米，是以乡土建筑为主要保护对象的文物保护单位，2006年6月被国务院公布为第六批全国重点文物保护单位。2012年，委托上海同济城市规划设计研究院编制《平阳县顺溪历史文化名镇保护规划》。

青街畲族乡规划

2012年，委托上海同济城市规划设计研究院编制《青街历史文化名乡保护规划》。该规划将青街乡的发展定位为浙南水绕山环风景聚落，民风淳朴人文聚落、传统风貌旅游聚落，以居住、旅游功能为主体，结合发展文化休闲、传统商业、民间艺术与配套服务功能。

2013年，委托上海同济城市规划设计研究院编制《青街乡总体规划（2012—2030》。乡域规划总面积21.63平方千米。镇区规划范围总面积51.02公顷。规划发展目标为浙南畲乡生活聚落、水绕山环风景聚落、民风淳朴人文聚落、传统风貌旅游聚落。村镇空间结构，规划形成“一心一轴、一廊五区”的空间布局结构。一心：综合服务中心；一轴：县道空间发展轴；一廊：联系青街、顺溪、南网的景观生态走廊；五区：镇区综合服务区、竹海旅游休闲区、现代农业区、生态农业区、畲族风情旅游区。

第五节　村庄规划

平阳县于1984年启动县城规划编制，同时开始对13个乡驻地及395个村规划进行修编。2004年行政村规模进行调整，由原来的870个村调整为600个。2006年编制完成《平阳县村庄布点规划》，县政府于7月批复实施。规划期限近期2006—2010年，远期2011—2020年。2003—2010年，全县编制村庄规划215个，其中，昆阳镇32个、鳌江镇33个、水头镇34个、万全镇52个、萧江镇27个、腾蛟镇12个、山门镇14个、顺溪镇1个、南雁镇8个、青街畲族乡2个。

2003—2010年平阳县村庄规划编制一览表

表6-1-1

乡镇名称	村庄规划编制数量（个）	村庄名称
昆阳镇	32	童桥、前宕、牧垟、垟港（官山、垟坑）、沙岗、垟教、湖屿（河边、北山下、山前）、溪坑店、步廊、石塘、水亭、前爿、雅村后、后岙、上林垟（上降、后林垟、下灶垟）、雅山、蒙垟、长山、黄山头、西浦、庆丰、郭庄、皇岙、南岙、垟岙底、雅村、鸣山、后岙、建丰、民丰、新欣、平塔

续表 6-1-1

乡镇名称	村庄规划编制数量（个）	村庄名称
鳌江镇	33	下河、雁门、埭头、东河、塘下、五板桥、三大厂、新城、友谊(岗山、象山)、联南、横店、海城、荆溪、下埕、玉莲、东江、钱仓、白水、方家、前进(茶亭、箭岙、梅蒲)、殿后山、海滨、溪头、书阁、梅源、山平田、三元、岭根、重阳、赤溪、山平田(新)、七星、新码头
水头镇	34	麻园、上店、水凤尾、金山垟、蒲尾、外岙、龙涵、内岙、凤岩、雅屿、鸣溪、蒲潭、埭头、上林、金塔、吴潭桥、内塘、风林、蒲山、平凤、后山、石排、缸窑、岭门、南一、南二(南二、南三)、秀溪(秀溪、平岩)、湖南(湖南、姚朱、鹏山)、龙湖(金池、坎头、农场)、普美(普美、华明)、西垟、东北、中村、桥头
万全镇	52	龙祥(吴岙、上岙)、四都(黄垟、冯宅、栏杆桥、尤里)、章底、章周、下桥、章桥、和平(岭下、陈岙、东湾、山头外)、三都王、金宕、山头外、江畔(安阳)、瑶山、陡北、宋埠(林宅、上陈、下陈、扬北)、陡南、北厂、官宕、东横塘、长桥、仙口、新界、加丰、中镇、台头、新渎、榆茶、下周、南门、浃口、荷花、横河、麻车、谷垟、榆南、象湾、岙斗、五角、斗龙头、上呈、丰门、榆龙、榆北、郑三、迎学垟、倪垟、岗上、岗下、古农、古渔、下鲍垟、下薛、张阁
萧江镇	27	新林(前林、后林)、庄里、毛家处、张家山、青龙、杨梅庄、河峥、立后、裕丰、后林、垟浦、鹤湖、山下垟、浦口、下汇、江景、敖寒、雷渎、显桥、门前垟、岙底、鱼塘、江湾、华龙、桃源、包岙、兴源村(后江、陡门头)
腾蛟镇	12	平棋(马山、山尾、平棋)、南陀、驷马、硐桥头、伍岱、大岭、溪头街、溪头、凤巢、山边、河山、平溪
山门镇	14	亭后、西山、屿边、水门头、高一、悦来、高二、大岭脚、郭岙、永安、下东山、法洪、金溪、垟底
顺溪镇	1	溪南
南雁镇	8	堂基、周岙、溪南(新)、蒲岭、笠湖、雁山、吴山、埭头
青街畲族乡	2	王神洞、垟心
合 计	215	

说明：资料由县住建局提供

第六节　规划管理

规划管理机构

1984年，县城乡建设环境保护局下设规划管理处。1987年制定《平阳县规划建设管理实施细则》，昆阳、鳌江、水头、萧江4个直属镇建立城建办公室。1990年3月成立县规划管理局，下设重点镇规划所。2001年12月组建规划建设局。

规划审批

2002年11月，县政府出台《平阳县规划管理技术规定(试行)》文件。2008年7月，县政府下发《关于对平阳县规划管理技术审批规定(试行)进行部分修订的通知》。2012年8月出台《平阳县城乡规划管理技术规定(土地使用和建筑管理)(试行)》文件。

1989—2012年，县规划管理部门共签发规划选址意见书(包括确定地址通知书)1524件；建设用地规划许可证2951件，建设用地面积2894.85万平方米；建设工程规划许可证2920件，建筑面积2964.38万平方米。

规划核实

为加强城乡规划管理，规范建设工程竣工规划核实工作，平阳县从2007年2月1日起实施《浙江省建设工程竣工验收规划认可办法(试行)》。2011年4月1日起实施《浙江省城镇建设工程竣工规划核实管理办法》，原《浙江省建设工程竣工验收规划认可办法(试行)》同时废止。2007—2012年，全县建设工程竣工规划核实489个，合计建筑面积

2007—2012年平阳县建设工程规划完成情况统计表

表6-1-2

年份(年)	工程数量(个)	建筑面积(平方米)
2007	29	262833
2008	74	740490
2009	79	871698
2010	92	925372
2011	87	714266
2012	128	1111351
总计	489	4626010

说明:资料由县住建局提供

4626010平方米。

规划违法查处

县城乡规划行政主管部门查处的违反城乡规划行为，主要是指在规划区范围内，违反《中华人民共和国城乡规划法》，未经城乡规划行政主管部门批准，未取得建设工程规划许可证或者建设工程规划许可证许可内容进行建设的行为。2009—2012年，县城乡规划行政管理部门立案查处违法建筑2440个，罚款金额共3687万元。

第二章　县城建设

西晋太康四年(283)平阳建县。明隆庆、清乾隆《平阳县志》载:“县城池，晋太康间筑，城周一里，高一丈二尺，厚八尺。” 1700多年来，昆阳镇一直为县治所在地(吴承志云:县初治仙口，城有无不可考)。通福门为全镇街道的最高点，地处东西两山之间最狭处。南为坡南街，沿坡南下至汇头烈士墓前趋于平坦;北为解放街(原称岭门街)，下坡至南门东坑路口为平地，县城主要街道设于坡北。

1989年，建成区面积1.8平方千米。1991年开始旧城改造和新区建设，至2001年完成5期旧城改造和3个居住新区的开发，拆除旧房面积近30万平方米，新建商住面积54.4万平方米，建成区面积扩大到5.2平方千米。2001年后开展6、7期旧城改造、“三纵一横”(平瑞路、联东路、汇水河路和人民路)道路网建设和城北新区建设。至2012年，建成区面积8.73平方千米。

第一节　旧城改造

1991年8月17日，平阳县成立县城改造工程指挥部，县长任指挥。9月6日指挥部办公室挂牌办公。1993年2月13日，撤销原机构，成立县城综合开发建设指挥部，县长任指挥，下设旧城改建办公室，东城区改建办公室、南城区改建办公室。

一期工程于1992年开工。拆迁范围:东起东门大巷，西至解放路，南起老干部局施工区，北至健康路。拆迁户数151户，总拆除建筑面积12699平方米。新建商住楼建筑面积26552平方米，总投资2118万元，1993年工程竣工。是年，龙河整治和城西综合市场建设开工。

二期工程于1993年12月开工。拆迁范围:东起解放街，西至汇水河，南起天来巷，北至雅河路和城隍路。拆迁户数204户，总拆除面积23270平方米。开通20米宽骨干道路雅河路，解放街中段拓宽20米，概算总投资7000万元，1994年12月竣工。新建商住楼面积7.8万平方米。

三期工程于1995年8月开工。拆迁范围:南起白石河街南侧(县府大院北侧围墙)，北至雅河路，东起新桥头，西至后垟街与大井街范围内未改建地块。健康路改造范围东起岱庄河，西至东水门河的健康路两侧延伸各50米范围。拆迁户数565户，拆迁面积84348平方米，新建面积149652平方米，工程投资15387万元，1997年3月竣工。

四期工程(汇水河路改造工程)于1998年3月开工。拆迁范围:原汇水河两侧，南起白石河街，北至人民路。拆迁面积18191平方米，新建面积104190平方米。工程投资1.1亿元，2000年12月竣工。

五期工程(西直街一期改造工程)于1999年6月开工。拆迁范围:隧洞河以东，龙河路、汇水河路以西，西马路以北，雅河西路南侧。拆迁645户，拆迁面积71315平方米，新建面积137950平方米，工程投资17633万元，2001年5月竣工。

六期工程(五显殿街路段改建工程)于2000年9月6日开工。拆迁范围:东起县府大院西侧围墙，

西直街一期改造前老街（1999年摄）

西至龙河路，南起县前街，北至白石街商住楼。拆迁316户，拆迁面积28422平方米。新建面积52927平方米，工程投资8738万元，2003年12月竣工。

五显殿街路段改建工程开工典礼（2000年9月6日）

七期工程（解放街北段改造工程）于2002年12月开工。拆迁范围：东起县医院西侧围墙，西至昆阳镇小学围墙和汇水河路已建工程，南起健康路、城隍路已改建工程，北至校前路。拆迁户数1294户，拆迁面积118763平方米，新建面积273839平方米，工程投资51200万元，2006年12月竣工。

第二节　新区开发

1992年，城东工业小区启动，1993年，宕垟工贸小区动工。1996年，联东路新平阳车站建成投入使用，104国道改道。随后新104国道（人民路）平阳车站至九凰山隧洞两侧建成新的商住区。2001年，投资1.2亿元的平瑞路一期工程改造完成，联东路建成商业街区，城东工业小区成为商住区。2002年，开始推进新104国道（人民路）以北新区建设，沿路京都国际大厦、凌志花苑、联东花苑、银都大厦、昆仑花苑、昆阳镇政府等13幢高层建筑施工建设。2004年，编制昆鳌组合城市昆阳城北分区总体规划和城东新区城市规划，昆阳东扩详细控制性规划完成，并修订城南详细控制性规划。是年，联东北路、平瑞路二期工程完成。

“十一五”期间（2006—2010）至2012年，昆阳镇以昆水公路、104国道昆阳过境段改建工程、人民路、昆鳌快速通道为轴线，重点推进城北片、城东片和城南片三大区块建设。

2009年，城北新区、城东综合小区控规编制完成，城北新区市政道路网建设启动，大自然花苑竣工。至2011年1月，同期启动的凤湖公园、东门山及九凰山入口工程基本完成；2012年5月1日，凤湖公园一期景观工程竣工验收。是年，城北片解放北路段竣工验收，完成公园路、雅河北路一期工程，推进联东北路、体育场路建设。开工建设雅河北路两侧农房集聚点，开工及续建19个农房改造项目，开工面积47.8万平方米；完成农房集聚改造1777户。

城东片以文化中心、便民中心建设为重点，以昆鳌快速通道为牵引，进行基础配套设施建设，打造城市中心新地标。至2012年，完成东片新区核心区城市设计，落实一批公建项目。昆阳二中迁建工程教学办公楼结顶，3号、4号教学楼完成一层建筑，完成投资额7228万元；县人民法院审判庭综合大楼启动建设；核心区道路网完成编制。至2012年，城东片累计完成征地139.8公顷，拆迁152户、284间，建筑面积21280平方米，完成控规和水系调整；确定便民服务中心、文化中心选址，完成白垟水阁安置前期工程；横阳东路、万联路的桥梁工程建成。

2009年，《昆阳镇城南片区控制性详细规划及核心区城市建设设计》通过会审，按照生态、科教、文化、休闲、居住“五位一体”的要求，打造文教商住区。片区总面积12.2平方千米，辖8个行政村，需拆迁87家厂房和2000余户民房，总拆迁建筑面积约22万平方米，规划新建建筑面积约300万平方米，其中商住建筑面积220万平方米，其余公共设施建筑面积80万平方米，总投资约50亿元。2012年，城南片基本完成民房厂房拆迁扫尾工作，累计签订房屋拆迁协议595户、743间、9.2万平方米；拆除531户、675间、8.6万平方米；签订厂房拆迁协议69家、11.5万平方米；拆迁58家、8.5万平方米。完成平塔安置房一期工程、二期工程。推进龙山公园一期、二期建设。全年累计投入改造资金3.9亿元。

第三节　旧城保护

坡南街　位于昆阳镇南侧，汇聚古城门、千年道观、牌坊、古桥、古井、古宅等众多历史遗迹和人文景点。2007年6月，《平阳县昆阳镇坡南街历史街区保护规划》出台。2012年1月4日，县发改局《关于平阳县昆阳镇坡南历史文化街区保护项目可行性研究报告的批复》确定项目总投资为20977万元，工程涉及的总用地面积169183平方米，总建筑面积65710平方米，其中居住建筑面积61479平方米，公建建筑面积4231平方米；保护和改造面积48314平方米，其中保护和改造的居住面积46104平方米，保护和改造的公建面积2210平方米。建设内容主要包括：原有古建筑的保护、改造；旧建筑的更新；道路场地工程；绿化工程；市政基础设施工程；河道驳岸；弱电建设；给排水；供电设施。6月，坡南街区入选省第四批历史文化街区，为温州市第一条省级历史文化名街区。

2012年6月6日，完成建筑及景观工程设计招投标。6月，全部完成给、排水、强弱电土建、电力线路迁建、河道整治五大工程招投标工作。7月29日，该项目市政综合管线工程全面开工建设，总投资约1200万元。至年底，已完成军用光缆迁移、强弱电土建、临时给水管、河道清淤、河道绿化等工程。12月，坡南街区保护规划编制通过省级部门联审。12月31日，“师儒侍养”牌坊落架大修启动。

东门街　位于昆阳镇东侧，2012年3月28日召开东门街区保护规划中间成果讨论会，4月底东门街区保护规划修改稿完成，待评审。

第四节　标志性建筑

县政府大院　位于解放街与县前街交叉口。东晋太宁年间(323—325)，县署即设于现址。1989年，共计建筑面积10037平方米。2012年，建筑面积14031平方米。现为县委、县政府、县人大常委会、县政协及有关部门办公地点。

县文化中心　2008年，县政府将6161平方米的影城划拨给县文化馆、县图书馆作为馆舍，并开始装修。2009年，县文化中心投入使用。

平阳体育馆　2000年10月动工，2003年12月29日举行落成典礼。占地50亩，建筑面积16247平方米，观众席3558座，投资7500万元。

县人民医院　位于联东路与雅河路交叉口。1988年，占地面积12101平方米，医疗用房9332平方米。2003年，投资5000万元，建成1.6万平方米门诊及急诊综合大楼。2012年，建筑面积33598平方米，病床603张。

昆阳镇政府办公楼　位于人民路188号，甬台温出入口东侧。1999年底奠基，2003年建成投入使用，6层办公大楼总建筑面积9800平方米。

平阳大厦　1994年11月21日拟定建设方案，工程总建筑面积20378平方米，高19层(后改为21层)。1995年11月8日正式开工，1997年10月竣工。

2012年昆阳镇主要建筑物情况一览表

表6-2-1

标准名称	所在位置	占地面积（平方米）	建筑面积（平方米）	主体楼层（层）	建成（命名）年度
京都大厦	人民路汇水河路交叉口	13030	19500	26	2001年
安海大厦	平瑞路人民路交叉口	6690	25000	18	2001年
银都花苑	平瑞路人民路交叉口	22910	47666	6	2002年
昆仑花苑	人民路汇水河路交叉口	3077	23010	11	2002年
建设大楼	人民路汇水河路交叉口	2075	9733	12	2003年

续表 6-2-1

标准名称	所在位置	占地面积（平方米）	建筑面积（平方米）	主体楼层（层）	建成(命名)年度
九洲大厦	人民路解放街交叉口	7009	39400	21	2004年
永泰大厦	横阳路解放街交叉口	4758	30357	22	2004年
凌志花苑	人民路雅河北路交叉口	11466	42538	12	2004年
夏丽花苑	平瑞路口	4575	13856	6	2004年
联东花苑	104国道联东路交叉口	9380	4000	6	2004年
安居二期小区	联东北路靠凤湖公园	54000	78800	7	2004年
居士大厦	人民路雅河路交叉口	4764	48778	17	2005年
雅河人家	雅河西路	10970	41097	27	2005年
佳乐花苑	联东北路体育馆路交叉口	27023	55076	11	2005年
华厦大厦	解放街横阳路交叉口	4009	26006	31	2005年
振兴大厦	解放街横阳路交叉口	2829	26654	31	2005年
横阳大厦	横阳西路南侧	2929	14569	16	2006年
解元楼	解元坊路	1990	18642	11	2006年
童桥花苑	童桥村靠104国道	37903	55960	7	2008年
华泰雅苑	解放北路	3063	10075	16	2008年
湖滨大楼	解放北路	2875	16477	28	2009年
锦绣富园大厦	解放北路人民路交叉口	4347	30000	26	2009年
银港富园大厦	横阳东路建业路交叉口	6825	28500	18	2009年
新湖银园	104国道大转盘西北侧	32675	73799	16	2009年
世豪绿洲花苑	平瑞路县良种场地块	41073	131400	30	2009年
大自然家园	汇水河北路体育场路交叉口	77190	150000	27	2009年
庄吉大厦	平瑞路县良种场地块	13558	50500	18	2010年
聚源佳园	体育场辆南侧	7958	17260	11	2010年
瑞阳豪庭	雅河北路体育场路交叉口	14343	40159	21	2010年
水岸枫庭	联东北路体育场路交叉口	5748	17244	16	2010年
红墅湾家园	平瑞路县良种场地块	26133	83625	29	2010年
野丰名苑	解放北路九洲大厦北侧	2987	7000	6	2010年
汇金名豪家园	公园路体育场路交叉口	31270	100064	6	2010年
玉锦轩	城北小区	4164	6660	17	2011年
万豪臻品丽苑	城北小区童桥花苑北侧	19534	71456	29	2011年
缇香锦园	城北小区西靠凤湖公园	22136	66408	28	2012年
凤湖湾花苑	体育场路昆阳三中北侧	18107	62218	21	2012年

说明：资料由县住建局提供

第五节　街道里巷

1989年，县城昆阳镇主要街巷有解放街、坡南街、西马路、西门直街、县前街、五显殿街、龙河路、弓桥路、城隍路、健康路、西坑路、后垟街、靛青行路、大巷、东吊桥路、东门街、水溪头路、普音堂路、雅河巷、天来巷、菜场路等。

2012年，昆阳镇主要街道有：白石街、雅河路、横阳路、人民路（以上为“四横”，东西向），平瑞路、联东路、解放街、汇水河路（以上为“四纵”，南北向），及昆鳌路、坡南街、西马路、环城西路等12条道路。除坡南街外，全部系水泥路面。此外，其余街道里巷计117条：城关片有60条；城东片有17条；城北片有16条；城西片有11条；城南片有13条，全部系水泥路面。

白石街　街址原为河，因源出白石山（又名下山），故称白石河。民国31—33年（1942—1944），小河填为街道，名白石河街。原白石河街东起东门桥，西至西门桥（汇水河处），全长370米，20世纪80年代改名白石街。现白石街东起新桥头，西至人民路，长1600米，宽15米。

雅河路　取名于原路段的小河雅河。旧址为河道，后填为街。原称雅河巷。1998年改建。东起平瑞路，西至体育馆路，长1800米，宽15米。

横阳路　路名取自平阳古县名。2004年建，东起平瑞路，西至雅河路，长1000米，宽15米。

人民路　系新104国道过境公路，2004年命名。东起平瑞路大转盘，西至104国道九凰山隧洞口，长2500米，宽40米。

平瑞路　原为104国道平阳至瑞安段，故名。104国道改道后，南起新桥头北至大转盘一段公路改为街道，长1500米，宽15米。

联东路　位于原联东村，故名。建于2001年。南起雅河路，北至人民路，长1500米，宽15米。

解放街　1949年后命名。从南至北原称岭门街、大街、市心街。南起通福门（解放门），北至104国道（人民路），全长3000米，宽15米。

汇水河路　因系填汇水河为路，故名。1998年建。南起县前街，北至高速路口，长1500米，宽15米。

昆鳌路　原为104国道平阳段。北起白石街新桥头，南至坡南平塔，长3200米，宽15米。

坡南街　位于县城之南，沿坡而筑，故名。南起坡南埠头，北至通福门，长1440米，宽3.5米。路由青花岗石板铺砌。

西马路　紧依九凰山（俗称西门山）而筑，故名。1962年为建设城西变电站配套工程，2007年改建。东起解放街，西至雅山村、水雅路。长1200米，宽8米。

环城西路　位于新城西部，建于2009年。东起老104国道，西至解放北路。长1196米，宽36米。

2012年昆阳镇街道里巷情况一览表

表6-2-2

标准名称	起　止	长度（米）	宽度（米）	建成（命名）年度
城关片（60）				
十八家路	南起横阳路　北至校场路	350	10	1997年
细龙路	南起健康路　北至校前路	330	7	1992年
太平坊路	南起城隍路　北至司后街	200	5	老街
解元坊路	南起城隍路　北至新安路	150	3	老街
西城下南路	南起五显殿街南端　北至白石街	280	8	老街
城隍路	东起解放路　西至西城下北路	210	10	老街
西城下北路	南起白石街　北至新安路	400	2	老街
东坑路	东起自昆鳌路　西至解放街	80	2	老街

续表 6-2-2

标准名称	起　止	长度(米)	宽度(米)	建成(命名)年度
弓桥路	南起白石街　北至城隍路	240	10	老街
水溪头路	南起平瑞路　北终葛溪桥	220	10	老街
靛青行路	西起解放街　东至白石街东端新桥头	280	3	1990年
龙河路	东起南吊桥路　西至县前街	200	10	1983年
大岩下路	南接西坑路　西至栏杆桥路	120	5	老街
栏杆桥路	西起西马路下　东至汇水河路	50	5	老街
南吊桥路	南起西坑路　北至县前街	270	4	老街
西坑路	东起解放街　西连大岩下路	250	8	老街
天来路(巷)	东起解放街　西至汇水河路	200	10	2006年
花坦路	西起解放街　东至新桥头	280	3	2006年
大井街	南起西马路下　北至白石街龙河菜场东	210	10	2000年
后垟街	南起白石街　北至人民路	400	4	2000年
永乐路	东起汇水河路　西至城水路	150	8	2000年
东水门路	南起雅河路　北至校前路	350	15	2006年
大厦路	北起解放街　南至天来路	150	10	2000年
乐城路	东起平阳大厦　西至弓桥路	80	10	2000年
新安路	南起花坦路　北至西城下北路	350	8	2006年
古榕路	东起东水门路　西至解放街	150	10	2006年
青宁巷	东起大巷　西至解放街	70	6	旧巷
大巷	东起白石街东端　北至新桥路	230	3.5	旧巷
凉伞巷	南起七村路　西至水溪头路	200	2	旧巷
普音堂巷	东起大巷　西至解放街	70	5	旧巷
坦头巷	西南起大巷南口　东北接东门街	80	2	旧巷
带水巷	北起西门街　南终于水井	80	2	旧巷
东坑口巷	东起昆鳌路　西至东坑路	80	2	旧巷
人寿巷	东起昆鳌路　西至解放街	100	2	旧巷
打锡巷	东起解放街　西至西马路	75	2	旧巷
回前巷	西起解放街　东至基督教堂	80	2	旧巷
山下巷	东起解放街　西至西马路	120	2	旧巷
育秀巷	南起白石街　北至雅河路	80	3	旧巷
益民路	东起大井街　西至隧道东路	110	10	2004年
新市路	东起大井街　西至益民路	80	10	2004年

续表 6-2-2

标准名称	起　止	长度(米)	宽度(米)	建成(命名)年度
邮电路	东起后垟街　西至雅河路	200	10	2000年
车站南路	东起平瑞路　西至解放街	500	10	1995年
车站西路	南起车站南路　北至人民路	200	10	2001年
桑果园街	南起雅河路　北至校前路	450	12	2006年
司后街	东起解元坊路　西至西城下北路	150	6	老街
东门街	南起平瑞路　北至八角桥	250	6	老街
东门横街	东起水溪头路　西至东门街	84	3.5	老街
五显殿街	南起县前街　北至白石街	240	10	1984年
县前街	东起解放街　西至龙河路	160	10	老街
仁美街	东至五显殿街　西至龙河路	100	10	2000年
东吊桥路	东起东门街　西至大巷	87	3.5	老街
七村路	东起平瑞路　西至水溪头路	210	3.5	老街
东城下路	南起大巷南端　北至东吊桥路	120	2	老街
校前路(原校场路)	东起原昆二中　西至十八家路	120	6	1996年
白垟路	东起白垟村　西至平瑞路	600	10	老街
泰丰路	东起东垟河　西至兴工路	150	10	2005年
庆丰路	东起东垟河　西至兴工路	110	10	2005年
文苑路	东起兴工北路　西至建业路	200	8	2008年
葛溪路	东起十八家路　西至解放街	300	5	老街
花坛巷	南起雅河路　北至横阳路	200	8	2006年
城东片(17)				
万通路	东起东垟路　西至平瑞路	350	8	1993年
万通一路	南起万通路　北至万联路	200	8	1996年
万通二路	东起东垟路　西至万通一路	300	6	1996年
兴工一路	南起万联路　北至横阳东路	300	6	1996年
万联路	东起东垟路　西至平瑞路	350	10	1993年
横阳东路	东起东垟路　西至平瑞路	400	10	1993年
顺达路	东起横阳东路　西至平瑞路	300	10	1993年
东垟路	东起横阳东路　西至万联路	200	8	1993年
兴工路	南起雅河路　北至兴良路	500	8	1993年
建业路	南起雅河路　北至兴良路	500	8	1993年
菜场路	东起细龙路　西至联东路	180	8	2001年

续表 6-2-2

标准名称	起　止	长度(米)	宽度(米)	建成(命名)年度
纸蓬行路	东起细龙路　西至联东路	200	8	老街
葛溪路	东起花坦路　西至解放街	150	10	老街
市场路	东起平瑞路　西至河滨路	220	10	1998年
河滨路	东起平瑞路　西至羊毛市场二字年巷	300	10	1998年
兴良路	东起平海大道　西至平瑞路大转盘	410	32	2009年
创业路	东起兴工路　西至平瑞路	200	10	2009年
城北片(16)				
校前西路(原校场西路)	东起十八家路　西至儿童文化园	1500	15	1996年
联安路	东起联东北路　西至塘河路			1996年
利民路	南起车站南路　北至人民路	200	10	1996年
解放北路	南起前宕路　北至新104国道接口	380	32	2009年
前宕路	东起104国道　西至解放北路			老街
鸣山路	东起振兴路　西至解放北路	737	15	2009年
惠工路	东起浃尾路　西至解放北路	993	30	2009年
振兴路	南起前宕路　北至临区街	986	25	2008年
园区中路	南起前宕路　北至惠工路	728	15	2009年
浃尾路	南起环城西路　北至万兴路	302	15	2009年
联东北路	南起前宕路　北至万兴路	1211	32	2008年
万兴路	东起104国道　西至联东北路			2009年
城水路	南起人民路　北至民丰新村(水亭)	800	8	2000年
佳乐路	东起丰登路　西至联东路	300	15	2007年
向阳路	南起佳乐路　北至人才中心	300	15	2007年
丰登路	南起人民路　北至前宕村	500	10	2007年
城西片(11)				
水雅路	南起水塔村白石街　北至雅山村人民路	400	8	1991年
隧洞东路	南起西马路　北至雅河路	300	10	1991年
隧洞西路	南起西马路　北至雅河路	300	5	1991年
长乐街	东起隧洞西路　西至西校场路	220	6	1991年
元宝巷	南起元宝巷　北至水翔路	80	2	旧巷
白莲宝巷	南起昆阳三小　北至白石街	80	2	旧巷
俞宅巷	南起西直街　北至雅河路	80	2	旧巷
郑宅巷	南起西直街　北至育秀巷	80	2	旧巷

续表 6-2-2

标准名称	起　止	长度(米)	宽度(米)	建成(命名)年度
水翔路	东起水塔村雅河路　西至人民路	400	10	2000年
新时代路	南起西直街　北至雅河路	80	5	1991年
昆雅路	东起人民路　西至南岙村	800	10	旧巷
城南片(13)				
师范路	南起昆鳌路　西至104国道	800	10	2000年
平氮路	北起昆鳌路　南至平氮厂	400	10	2000年
官山路	原官山自然村	200	2	旧巷
三排路	三排口至城南小学	100	3	旧巷
凤新路	北起昆鳌路　南至昆一中	200	5	旧巷
后街	东起昆鳌路　西至坡南街	520	3	旧巷
学前路	起三排口　至昆鳌路	300	6	旧巷
花园路	起救助中心　至昆鳌路	100	8	旧巷
实验所路	起昆鳌路　至坡南街	100	8	旧巷
带谷桥路	起昆鳌路　至原内配厂	300	8	旧巷
埠头巷	东起坡南街　西至山边			旧巷
打铁巷	坡南街483号边小巷			2000年
回春园巷	东起昆鳌路　西至坡南街			1991年

说明：资料由昆阳镇政府提供

第六节　市政建设和管理

基础设施

道路桥梁　1989—2012年新建大小道路45条。至2012年，城区道路总长度72千米，人均拥有道路长度0.69米；道路铺装面积0.67平方千米，人均拥有道路面积6.16平方米。

至2012年，城区共有桥梁36座，总长度2.04千米。解放北路道路桥梁工程、体育场西路道路桥梁工程、公园路道路桥梁工程于2012年底完工，雅河北路道路桥梁工程、联东北路道路桥梁工程于2013年完工。

给排水　平阳水厂创建于1974年，至1990形成日产8000立方米的供水规模。1994年，建设第二水厂，供水规模为4万立方米/日，一期工程为2万立方米/日，投资2100万元，工程于1995年元旦试通水。2005年初，启动平阳县城区片珊溪引供水工程(平阳第三水厂)的建设，整个工程于2010年6月正式投产使用。供水规模为5万立方米/日，供水服务人口约30万人，年工业用水320.6万立方米，生活用水489.5万立方米，居民自来水普及率98%，年人均生活用水45立方米。

2003年7月，平阳县昆鳌污水处理厂投入使用。昆阳和鳌江两镇污水集中处理，出水排入鳌江。昆阳段排污排水管道75千米，污水处理能力6万立方米/日。至2012年无污染超标排放事件和安全事故。工业废水处理率79.1%。2012年12月底已完工并通过验收的工程有：体育场西路截污工程、昆阳隧洞河截污工程及昆阳镇东片截污纳管工程。

公交　2012年，城区开通公交汽车线路31条，通往鳌江镇以及万全镇5个社区、镇内4个社区。运营总里程821.8千米，公交运营车辆162辆，万人拥有量114.9辆，年客运量225.76万人次。出租车439辆，万人拥有量40.3辆，年客运量397万人次。

供电供气　2012年年末，城区拥有35千伏及以上变电站(所)5座，主变压器9台，总容量590兆伏安，高压输电线路18条，总长度216.65千米，用电负荷3.5万千瓦。年售电量累计完成3.68亿千瓦时，综合电压合格率99.8%，供电可靠率99.7%。

2003年5月，昆仑花苑在全县率先使用安全、洁净的管道燃气。2012年，城区液化石油气管线7.8千米(月管道液化气平均输出量9500立方米，管道液化气用户4000户)，瓶组站(间)3个，全部为居民用户，管道燃气普及率2%，燃气普及率98%以上。

邮政电信　2012年，有邮政网点2个，报递路线462千米，乡村通邮率100%。电信企业3家，服务网点9个。固定电话用户35284户，移动电话用户43232户，宽带接入用户24115户。

园林广场

2012年，昆阳镇园林绿地面积197公顷，其中公共绿化125公顷，绿化覆盖率30.3%，人均绿地18.1平方米。2012年末，昆阳镇共有公园4个，公园面积65.5公顷，主要广场3个。

凤湖公园　位于昆阳镇城北中心区域，东起三和大酒店，西接新104国道，南至公园路，北临解放北路。公园总规划面积30.99公顷，其中，水域面积12.39公顷，总投资2.56亿元。项目分三期建设。一期建设解放北路滨水景观绿化带、柳洲、花岛等，2012年10月基本建成并开园。二期建设凤岛、芳洲、雪汀、梅屿等。整个公园由水体自然分为7个区块，形成“一带一湖六洲八景”的布局结构。一带：解放北路沿平瑞塘河一侧的滨水景观绿化带。一湖：凤湖。六洲：自东而西分别为柳洲(文化娱乐区)、花岛(精品休闲区)、芳洲(综合活动区)、凤岛(观赏游览区)、野汀(郊游休息区)、梅屿(历史文化区)。八景：柳洲浮翠、花岛倩影、芳洲童趣、竹篁探幽、西湖烟雨、碧苑寻香、田园牧歌、凤台夕照。

九凰公园　1988年秋，昆阳镇政府成立“九凰公园建设委员会”，至1993年建西马路南首公园大门，白石牌坊，苏步青、苏渊雷、张鹏翼题写联额；修建石阶至山顶电视台，南通广慧禅寺(半山庵)；建成筠亭、鹰亭、飞虹桥(中)，啸亭、菊花亭(南)，狮岩亭(西)、栖云亭(山顶)。2001年，重修九凰山岭至山顶电视台、白云观1665级石阶。2007年，筹资百万元，修建完成西马路大井街公园大门、路岭，建马鞍亭、和谐亭、八角亭，横路连接锦屏山马鞍背健身场。是年，坡南皇岙村至九凰山山顶公路修通。2009年，对该公园北锦屏山入口进行设计和建设，总用地面积4892平方米，建筑占地面积250.5平方米，绿化面积2246平方米，停车场面积1368平方米，总投资1500万元，包括四大功能区(即停车区、集散区、休憩区及服务区)。2012年5月1日完成主入口工程对外开放。

仙坛公园　1988年秋，昆阳镇政府成立“仙坛公园建设委员会”，集资筑路修亭，1997年初成规模。至2002年，建成东山、葛溪、仙坛3条大岭石板路和葛仙、马鞍、思源、葛溪、仁寿、怀仙等12个山亭，并在原址重建东门山炮台。2004年，修建炮台至东门山村石板路550米。2007年，建成炮台健身场。2009年，建成太极健身场。是年原平师(后改为技工学校)拆迁，公园入口进行景观环境规划建设，总用地面积10126平方米，建筑面积1570平方米。其中，仙坛茶庄建筑面积253平方米，公厕、廊桥等建筑面积123平方米，停车场面积527平方米，台阶建设面积667平方米。绿化面积4619平方米。总投资3800万元，2012年7月1日建成开放。是时，白垟村至东门山顶公路修通。

龙山公园　规划总用地面积20.49万平方米，其中建筑占地面积0.99万平方米，园路面积0.81万平方米，铺装面积2.15万平方米，绿化面积14.51万平方米，水域面积2.25万平方米。新建建筑面积1.25万平方米，亭子9座，栈桥13座，停车位150个。龙山公园景观工程总投资20057万元(其中建安工程投资7696万元，政策处理和土地购置费用12365万元)。共分5个功能区：西主入口功能区(现调整为非遗文化广场，塑有平阳十大历史文化名人铜像)、休闲活动区、生态保护区、东入口文化展示区及仕途文化区。龙山公园整个工程分三期建设，至2012年底，完成园路路基开挖约500米，山体整形3万多立方米，完成绿化种植面积20000平方米。完成填方4万多立方米，占75%，景观湖已完成河底混凝土浇捣，部分挡墙已开始砌筑。至2012年，完成投资9377万元（其中建安工程投资2935万元，政策处理和土地购置费6442万元）。

广场　建有曦龙广场、湖心广场、镇前广场。

市政管理

1963年，成立昆阳镇环境卫生管理所，职工10余人。2012年有职工300人，日清扫街道面积172.32万平方米，处理垃圾130吨以上。外运粪便35吨。全镇环卫中转站3座（城西、城东、城南）分别于1992年、1998年、1999年投入使用。垃圾填埋场1座（蒙垟垃圾填埋场），化粪池1座（宋埠化粪池）。

1989年，昆阳镇城建监察中队设在白石街镇政府大院内，队员9人。1996年，改址在解放街，队员15人。2001年，16名队员通过考试纳入全民事业编制。2003年1月，平阳县成立县城综合管理大队，原昆阳镇城建监察中队16名人员参加大队工作。2003年8月，平阳县县城综合管理大队撤销，复称昆阳镇城建监察中队，人员25人。2012年，人员增加至33人。负责县城市容市貌管理、监察；取缔无证流动摊点，定点设置、统一管理小百货、水果、建材三大类摊点；审批、管理建筑工地临时占道以及临时开挖道路，管理各类临时建筑。2011年，组织拆违62次，拆除违章建筑98处，占地面积11万平方米，总建筑面积12万平方米，复垦土地百余亩。2012年，累计出动1万余人次，拆除各类违章建筑50万平方米。

2012年12月，"数字城管"项目投入试运行，并和温州市平台实现联网。建成区城市主要街道机械化清扫率42%，城市生活垃圾无害化处理率100%，城镇污水处理率87.5%，城镇供水出厂水质综合合格率99.87%。

第三章　鳌江城镇建设

20世纪90年代，鳌江镇开始鳌江流域中心城市框架建设。2002年，《温州市国民经济和社会发展第十一个五年规划纲要》将鳌江流域作为"温州南部城市圈"加以规划建设，指出："以鳌江、龙港为中心，通过合理规划建设，形成以鳌龙城市为中心、小卫星城市（中心镇）环绕周边的空间组织结构。注重鳌江—龙港的协调发展，发展成为以工业和商贸为主的港口城市，带动整个鳌江流域的协调发展。"按照温州南部城市圈和鳌江流域区域中心城市建设的定位要求，鳌江镇高起点规划，高标准建设，加快城市中心区建设步伐。至2012年，建成区面积13.5平方千米。

第一节　旧城改造

1993年3月，鳌江镇成立旧城改建指挥部办公室，负责旧城改建范围内的房屋拆迁、安置和建设等工作。

1993—2012年，实施5期旧城改造工程。拆除民房2357间，拆除民房面积208945平方米，安置民房面积307061平方米。另外拆除公房2743间，拆除公房面积353400平方米。完成综合整治面积62.82万平方米。

1993—2012年，启动13个企业零增地技改试点工作，完成旧厂区改造6.8万平方米，拆除违建面积91万平方米。

2009—2012年，在建的安置房项目有3个，包括下桥小区、下埕小区和蓝田花苑，总用地面积162332平方米，总建筑面积约638335平方米，总投资约26亿元，其中工程费用17.3亿元，可安置户数4858户。至2012年，完成投资额7.29亿元，其中向农业银行贷款4.8亿元。

下桥小区位于园林东路南侧、车站大道西侧，总用地面积26134平方米，总建筑面积为99312平方米，总户数744户，总投资3.81亿元，其中工程费用2.57亿元。2011年，开工建设，2012年，完成投资额2.29亿元。

下埕小区位于车站大道东侧、鳌中路南侧，总用地面积22032平方米，总建筑面积84853平方米，总户数610户，总投资4.07亿元，其中工程费用2.57亿元。下埕小区于2011年开工建设，预计2016年5月竣工交付使用。2012年，完成投资额0.96亿元。

蓝田花苑位于昆鳌大道南侧、车站大道东侧，总用地面积为114166平方米，总建筑面积为454170平方米，总户数为3504户。总投资18.18亿元，其中工程费用12.21亿元。蓝田花苑项目分三期

鳌江镇旧城改造民房拆除安置情况一览表

表 6-3-1

工期	范围	拆除民房（间）	拆除民房面积（平方米）	安置民房面积（平方米）
一期（1993—1995）	古鳌南路、爱民巷、保健巷、广源巷	247	24931	30155
二期（1995—1997）	惠民巷、吉祥巷、塘古南路、古鳌南路	466	37211	53326
三期（1997—1999）	横街、繁荣巷、古鳌北路、思源巷、富强巷、益民巷、信德巷、水平巷、吉祥巷、北港埠、东兴巷、昌盛巷、友谊巷、水井巷、永平巷、新昌巷	642	72803	95580
四期 新河小区改造（2001—2008）	朝阳街、古鳌北路、庆丰巷、新河路	190	21000	41000
五期（2009—2012）	东至鳌江运河边 西至新河路 南至胜利路 北至恒春街	812	53000	87000
合计		2357	208945	307061

说明：①旧城拆迁房屋和面积数据不包括单位房和企业房；②资料由鳌江镇政府提供

1993—2012 年鳌江镇旧厂区改造情况一览表

表 6-3-2

序号	项目名称	项目地址	改造占地面积（平方米）	改造前建筑面积（平方米）	改造后建筑面积（平方米）
1	温天雁老厂房扩建项目	鳌江大道 288 号	6040	3446	10800
2	浙江群力塑机老厂房改扩建项目	鳌江大道 699 号	1640	1473	5484
3	浙江亨力电子老厂房改扩建项目	经济开发区 B 区 1 幢	9845	2257	8671
4	雁峰集团老厂房扩建项目	荷莲村（种玉路口）	6865	51173	53556
5	信业水产改扩建项目	塘外村	4553	3357	9044
6	平阳县兴昨机械厂危房改建工程项目	望江街 106 号	1750	514	523
7	浙江福瑞达机械有限公司	鳌江大道 509 号	2628	2923	4499
8	平阳路家金融机具有限公司	鞋业园区 A 区	6241	4995	10974
9	温州杰傲鞋业有限公司	鞋业园区 C 区 1 幢	2935	2311	5304
10	平阳县佳丽特鞋业有限公司	鞋业园区 C 区 7 幢	2352	898	2998
11	嘉利春寒料峭（平阳）明胶有限公司		21988	9050	22517
12	罗赛洛（温州）明胶有限公司		24421	19713	20293
13	平阳县海星纸业有限责任公司	鳌江镇埭头村	2032	5674	10274

说明：资料由鳌江镇政府提供

建设，其中，一、二期总投资16.1亿元，工程分4个标段施工，2011年开工建设。

第二节　新区建设

1994年8月，省政府批准平阳经济开发区（在鳌江镇区内）为省级经济开发区。管理机构为平阳县人民政府派出机构，属副县级单位。平阳经济开发区规划开发面积9.5平方千米，其中，一、二期开发5.4平方千米，逐步实施。2000年后，鳌江镇基本实现中心城区和重点开发片区规控全覆盖。2002—2012年，在旧城改造的同时，开拓新区7处，总面积20772亩（至2017年总投入236.4亿元，入住8.2万人）。

滨江新区　位于鳌江镇下厂滨江片区和车站大道中段东片区，用地总面积368.3公顷，城市建设用地面积344.4公顷，常住人口规模约5万人。2007年12月启动，2012年5月完成。

滨江规划区　位于鳌江镇区的东南部，规划面积约6平方千米。该区总投资141.93亿元，2010年启动。截至2011年10月，完成其中鳌江火车站站前小区主干道路工程投资19.19亿元。

火车站站前区　总用地面积约4988亩。2007年12月启动，总投资19.2亿元，2012年完成。

2005—2012年鳌江镇新区建设情况一览表

表6-3-3

新区名称	开工时间	占地面积（亩）	总投资（亿元）	2012年状况
垂阳工业新区	2002年	143	12.3	8家企业入区
务垟包装新区	2002年	200	5.6	120家企业入区
墨城工业新区	2005年	670	28.0	16家企业入区
滨江新区	2007年	5525	20.8	2012年完成
火车站站前区	2007年	4988	19.2	2012年完成
钱仓工业新区	2010年	246	8.6	33家企业入区
滨江规划区	2010年	9000	141.9	（2017年完成）

说明：资料由鳌江镇政府提供

第三节　标志性建筑

1989—2012年，鳌江大厦等100余座大厦先后竣工交付使用；瓯南大桥建成通车，鳌江海关、商检、口岸大楼于1996年竣工使用；平阳国家电网大楼、平阳国税大楼、平阳县疾病预防控制中心大楼均于2012年前建成使用。

鳌江大厦　位于鳌江吉祥路与江滨路的交叉口。总投资6700余万元，共25层，高88.2米，是一座商住一体的综合性建筑。2000年3月，启动建设，2004年12月建成。

瓯南大桥　为跨江大桥。2003年7月，开工建设，2007年4月完成。建设地址位于龙港镇文卫路至鳌江镇胜利路之间。大桥全长833米，主桥长408米，总宽24.5米（其中开启孔75.46米）；南北引桥长312.9米，引道长111.8米，宽17米，是目前亚洲最大跨径的钢桁（开启提升式）开启桥。

鳌江火车站　位于104国道以北，沈海高速公路南侧。站台两侧是雅山隧道和荆溪隧道，不管是南下还是北上，高铁列车在鳌江站一出发就进入隧道。2007年5月启动建设，2009年9月开始使用。

温州巴黎城　位于鳌江镇海关路，2001年中法合资温州巴黎城商贸开发有限公司兴建，占地面积1.39万平方米。是集大厦、商场、住宅、广场等于一体的大型建筑群，外观设计造型优美，2006年12月投入使用。

国际大酒店　位于鳌江镇火车站大道蓝田村，为四星级商务酒店。主楼高16层，总建筑面积22000平方米，总投资近1亿元。1995年5月启动，1999年12月投入使用。

2012年鳌江镇主要建筑物情况一览表

表6-3-4

标准名称	所在位置	占地面积（平方米）	建筑面积（平方米）	主体楼层（层）	建成（命名）年度
文苑公寓	曙西路		19500	7	2002年
永安公寓	园林路种玉村	9153	14470	6	2003年
天元公寓	环镇北路	6123	26000	7	2003年
兴达花苑	府前路曙光东路交叉口	1267	32158	6	2003年
柳南景苑	闻莺街			6	2005年
东方明珠苑	江滨路建设巷			32	2005年
泰宇花苑	新河路			32	2006年
利德公寓	新河路柳滨路交叉口	21820	23400	16	2006年
玫瑰丽苑	徐家站	15863	42908	6	2007年
新港花苑	蓝田村	7622	14091	28	2008年
华森家园	新河路	6750	21274	33	2008年
华庭锦绣苑	府前路曙光东路交叉口	10260	56185	28	2008年
凌云花苑	种玉村	10049	68508	30	2008年
金水湾大厦	府前路东侧	7470	28742	18	2008年
鼎盛公寓	邮电路环城路交叉口	5791	15513	7	2008年
嘉弘花苑	胜利路	12022	58543	27	2008年
国帆公寓	兴鳌中路	14291	43060	6	2009年
滨江大厦	滨江路	4469	40500	27	2009年
嘉铭怡园	府前路	7884	62461	30	2009年
东和锦苑	海关路西侧	10125	41002	18	2009年
中富阳光景苑	府前路	2997	13834	18	2009年
21世纪家园	吉祥路水深路交叉口	25568	58708	11	2009年
益成嘉园	火车站大道	4360	26640	11	2010年
丽晶名苑	东河转盘花园旁	3075	16740	27	2010年
左岸铭苑	府前路曙东路口	13402	66416	16	2010年
博鳌锦苑	府前路	5883	36106	28	2010年
莲都锦苑	府前路	3084	16958	25	2010年
金钻豪庭	府前路	3091	17800	24	2010年
红日檀香园	胜利路	9187	32150	25	2010年
润地九墅公寓	昆鳌大道	30018	132516	30	2010年
海林轩大厦	曙光北路	17300	116700	21	2011年

续表 6-3-4

标准名称	所在位置	占地面积（平方米）	建筑面积（平方米）	主体楼层（层）	建成（命名）年度
瓯南御园	火车站大道	8006	42274	29	2011年
和泰嘉园	火车站大道	3450	18000	27	2011年
广厦铭苑	府前路	2589	14208	29	2011年
下桥小区	海关路园林路交叉口	26134	97971	28	2011年
荆溪小区	鳌江火车站站前	88092	140099	6	2011年
铂金湾家园	火车站大道海关后	58059	156760	32	2011年
壹品嘉园	火车站大道	4652	13015	27	2011年
蓝田花苑	昆鳌大道	114166	455129	26	2011年
锦东嘉苑	兴鳌东路海关路交叉口	5443	13162	6	2011年
瑞锦园	东河小区西首	12350	22230	24	2012年
瓯南皮具城	埭头村	15983	46320	6	2012年

说明：资料由县住建局提供

第四节　街道里巷

1989年，鳌江镇主要街道有：曙光路、兴隆街、古鳌北路、古鳌南路、塘沽北路、塘沽南路、永新北路、永新南路、横街、朝阳街、新河街。

至2012年，鳌江镇完成1～5期旧城改造，打通新河路至104国道的城区主道路，兴鳌路东西双向分别延伸至徐家站路和市府路(后改火车站大道)。这两条主干道呈十字形连接各大街小巷。镇区南北纵向干道有：新河路、火车站大道、昆鳌大道、曙光路、塘沽路、古鳌路；东西横向干道有：鳌江大道、兴鳌路、环城路、园林路、曙西曙东路、柳下路。镇区道路总长度65.13千米，大小街道170余条，人均拥有道路长度0.52米。

火车站大道　通往火车站而得名。2009年建成投入使用。南起园林路，北至鹤河路以南。长4.25千米，宽40米，水泥路面，为主干道。

新河路　包括新河北路、中路、南路。新河北路因位于新河边，原为新河街，故名，1982年扩建加宽，改名新河路(北路)，南起复兴大桥，北至平阳烟草大厦，长1000米，宽35米，水泥路面，为主干道。新河中路建于1995年，南起鳌江公园口，北至环城路新河路交汇处，长975米，宽30米，水泥路面，为主干道。新河南路建于1989年，1992年命名，南起兴隆街，北至红绿灯，长500米，宽15米，水泥路面，为次干道。

昆鳌大道　因连接昆阳、鳌江两镇而名。2008年全线建成，总投资6500万元。北起昆阳城南平塔，南至火车站大道，全长4.07千米(鳌江段3.70千米)，宽44米，水泥路面，城市一级干道，双向四车道。

曙光路　民国时称平泰路，1949年后称车站路，1982年，改称曙光路，包括曙光北路、中路、南路。曙光北路因处曙光路的北段，故名，1989年拓宽重建后，改名，南起西桥村，北至下河亭，长800米、宽15米，水泥路面，为次干道。曙光中路1989年拓宽重建后改名，东起曙东桥，西至育才街，长1200米，宽18米，水泥路面，为次干道。曙光南路1989年拓宽重建后改名，南起搬运公司十字路口，北至平机厂桥头，长600米，宽14米，水泥路面，系支路。沿途有鳌江车站、电业所、泰宇花苑等。

塘沽路　因原为九都海塘的一段，故名。1952年，因街道过长，遂分南北两段，1982年改称塘沽北路、塘沽南路。塘沽北路北起长乐街，南至吉祥街，长345米，宽7米，水泥路面，系支路。塘沽南路北起殿后街，南至吉祥街，长500米，宽15米，水泥路面，为次干道。

古鳌路　分古鳌北路、古鳌南路南北两段，原称北大街、南大街，1982年改称古鳌北路、古鳌南路。古鳌北路北起横街口，南至广元巷口，长257米，宽6.5米。古鳌南路北起广元巷口，南至胜利路，长240米，宽6.5米，水泥路面，系支路。

鳌江大道　因系104国道鳌江集镇段，故名。1996年拓宽后命名鳌江大道，东起新河北路，西至山外路口，长2000米，宽24米，水泥路面，为主干道。

兴鳌路　因系鳌江的交通要道，寓意“振兴鳌江”，故名，包括兴鳌东路、中路、西路。兴鳌东路1996年建成，西起明珠广场，东至昆鳌大道，长1500米，宽50米，水泥路面，为主干道。兴鳌中路1992年建成，位于兴鳌路的中段，西起曙光南路，东止新河路，长2000米，宽30米，水泥路面，为主干道。兴鳌西路建于1996年，东起雁门路，西至玫瑰丽园，长1200米，宽30米，水泥路面，为主干道。

环城路　因系围绕老城区的道路，故名。西起曙光路，东至新河路，长1000米，宽25米，水泥路面，为次干道。

园林路　包括园林东路、中路、西路。园林东路建于1995年，西起新河中路，东至柳下路，长500米，宽30米，水泥路面，为主干道。园林中路建于1995年，西起园林桥，东至新河路口，长1800米，宽20米，水泥路面，为主干道。园林西路建于1998年，东起曙光中路，西至同福路，长1500米，宽22米，水泥路面，为主干道。

曙东路　因处曙光路东面而得名。2002年建成。西起曙光桥，东至火车站大道。长1500米，宽20米，水泥路面，为次干道。

曙西路　因处曙光路西面而得名。1996—1997年建成。东起曙光中路，西到徐家站，长500米，宽20米，水泥路面，为次干道。

柳下路及柳下北路　柳下路因系连接柳王新村与下桥村之道路，故名，建于1995年，北起园林路，南至兴鳌路，长1250米，宽15米，水泥路面，为次干道。柳下北路因处在柳下路北段，故名，1995年建成，南起园林路，北至通莲路，长1250米，宽15米，水泥路面，为次干道。

2012年鳌江镇街道里巷情况一览表

表6-3-5

标准名称	起止点	长度（米）	宽度（米）	建成（命名）年度
吉祥街	西起江滨路　东至兴鳌东路	2200	20	1996年
长乐街	东起河滨西路　西至访贤中巷	300	8	老街
西洋路	西起新河中路　东至柳下路	500	15	老街
新纪元路	西起新河中路　东至新纪元学校	500	12	1998年
文静路	南起曙西路　北至园林西路	800	18	2003年
雁门路	南起鳌江边　北至曙西路	650	30	老街
鹤翔路	东起新河路　西至印务路	800	15	1995年
印务路	南起环城路　北至104国道	1500	15	1999年
工兴路	南起曙东路　北至环城路	1300	15	1995年
浦下路	西起邮电路　东至新河路	1000	15	1995年
环浦路	南起浦下路　北至环城路	800	15	1995年
通城路	东起商城社区　西至大屋河边	920	10	1995年
平化路	南起鳌江大道　北至荆溪山	1000	15	1992年
胜利路	东起内河轮埠头　西至兴鳌东路	1400	20	1999年
浦发路	东起印务路　西至曙光北路	1500	15	1999年

续表 6-3-5

标准名称	起止点	长度(米)	宽度(米)	建成(命名)年度
外浦街	东起邮电路　西至曙光北路	1100	15	1995年
南门街	北起八角亭　南至鳌三小大门口	296	3.5	老街
陡门街	南起造船厂营盘巷　北至南门街	360	5	老街
栈前街	南起水产供销公司　北至胜利街	255	6	老街
沿河路	东起和祥桥　西至外浦桥	600	12	1999年
江滨西路	东起望雁路雁门路交叉　西至三大厂村	1800	8	1999年
浙城路	南起兴东路　北至兴鳌中路	300	15	2001年
浙南路	东起海关路口　西至浙城路	100	12	2003年
黎明路	东起邮电路　西至曙光中路	300	12	1992年
东风路	西起东风桥　东至水深路	300	10	1988年
雁东路	南起雁南路　北至雁北路	100	5	1986年
雁南路	东起曙光南路　西至五中路	320	4	1986年
雁北路	东起曙光南路　西至钢材市场	520	4	1986年
荷莲西路	东起荷莲村　西至车站大道	420		
曾宅北路	南起曾宅　北至园林东路	430		
益成路	东起车站大道　沿河西至横河社区	140		
鹤河路	北起鹤祥路　南至鹤河小区	230		1995年
环镇北路	西起新河南路　东至塘古北路	280		
五中路	北起雁门村米厂边　南至江滨西路	300	2.5	2005年
利群路	东起四中　西至曙光中路	262	12	1996年
利益路	东起邮电路　西至曙光中路	156	9	
柳南路	西起柳南景苑　东至柳下路	300	12	1996年
柳北路	西起工行宿舍　东至柳下路	300	12	1996年
柳浪路	西起新河中路　东至柳下路	500	12	1992年
永利路	西起新河中路　东至永发路	300	12	1999年
徐家站路	南起环城路　北至雁西路	500	18	1996年
利群西路	东起利群路　西至雁门路	200	5	1996年
永新北路	北起新登街　南至平水巷	258	8	1982年
永新南路	北起平水巷口　南至菜场街十字路口	159	6.5	1982年
广源路	东起新河路　西至江滨路	50	12	1980年
江口路	东起宝林寺　西至江口码头	120	4	1980年
商城路	东起新河南路　西至七星桥边	260	15	1992年
王里路	西起新河南路　东至明珠广场	120	15	1995年
金鳌路	南起兴鳌东路　北至柳滨街	350	12	1999年
东河新村路	南起东河亭　北至东河小河	300	4	1990年

续表 6-3-5

标准名称	起止点	长度(米)	宽度(米)	建成(命名)年度
浦兴路	东起印务路　西至邮电路	500	15	1999年
埕乐路	东起育英路　西至水深路	170	8	1999年
埕福路	东起育英路　西至水深路	170	8	1999年
育英路	南起水深路　北至吉祥路	600	12	1998年
一中路	北起校前巷　南至水深路	140	6	1992年
环城北路	东起塘古北路　西至新河南路	200	8	1992年
雁中路	南起雁南路　北至雁北路	100	5	1986年
机电路	东起玉莲村　西至新河北路	130	12	1995年
通莲西路	东起烟草大厦　西至食品城	100	12	2002年
兴荣路	西起新河北路　东至玉莲村	200	12	1998年
通莲路	南起鹤祥路　北至烟草公司	100	12	1993年
健康路	南起兴鳌中路　北至曙东路	300	14	1992年
河滨西路	西起吉祥街　东至柳下路	400	10	1985年
河垟路	东起捷达皮件厂　西至沿河路	238	12	1997年
永发路	南起园林东路　北至河流			1999年
永乐路	南起园林东路转西			1999年
东河路	吉祥路至兴鳌东路			1989年
邮电路	兴鳌中路至园林路			1992年
水深路	南起陡门头东桥头　北至水深桥			
江滨路	东南起胜利街　西北至广元巷			
育才街	工兴路至邮电路			1995年
朝阳街	东起塘沽北路三岔口　南至兴隆街			
殿后街	东起菜场街口　西至广元巷			
恒春街	东起东风桥　西至殿后街			
菜场街	南起八角亭　北至殿后街东			
望雁街	东起曙光路　西至石油燃料公司			
车站前街	东起曙光路　西至鳌江第一码头			
前进街	南起江边　北至望雁街			
兴隆街	南起横街口　北至前进街			
建兴街	南起横街　北至朝阳街			
振兴街	北起曙东路　南至兴鳌中路	180	12	1996年
望江街	南起江口塘　北至造船厂(营盘巷)	314	4	1995年
石件街	东起西浦街　西至创新街	200	18	1995年
件头街	东起西浦街　西至创新街	200	18	1995年
访贤街	西起访贤东巷　东至访贤四巷	120	6	1939年

续表 6-3-5

标准名称	起止点	长度(米)	宽度(米)	建成(命名)年度
新登街	东起下东河栏杆桥　西至塘古北路	231	7	1995年
阳春街	北起自来水厂　南至新登街	150	6	1995年
永记街	东起塘古路　西至江滨路	200	12	1995年
旺浦街	东起邮电路　西至河边	500	15	1995年
慕钱街	东起邮电路　西至洋河路	500	15	1999年
建国街	东起工兴路　西至西浦街	600	15	1995年
果市街	南起兴鳌中路　北至柳滨街	250	12	1995年
柳发街	西起菜市街　东至柳下路	500	12	1996年
柳滨街	西起曙东桥　东至柳下路	550	12	1995年
建安街	东起工兴路　西至西浦街	337	12	1995年
旺市街	东起工兴路　西至邮电大道	125	12	1995年
西浦街	东起实验小学　西至曙光中路	200	14	1995年
闻莺街	西起新河路　东至柳下路	500	12	1995年
灵溪埠街	东起塘古路　西至江滨路	100	12	1996年
陡门新街	东起陡门街　西至浙南水产城	200	10	2009年
振华街	南起兴鳌中路　北至曙东路	100	15	1995年
古新街	南起工贸街　北至柳滨街河边	100	15	1993年
工贸街	东起果市街　西至七星桥河边	200	15	1993年
技校街	西起新河南路　东至河滨路	300	15	2002年
城信街	西起新河桥　东至柳王路	169	8	1993年
城信二街	东起柳王路　西至访贤新村西幢巷子	150	8	1997年
横街	东起塘古北路　西至兴隆街	216	6	1993年
新昌街	西起新河南路　东至塘古路	100		1999年
柳浪街	西起新河中路　东至柳下路	510		1995年
站后街	东起新河街　西至曙光路	270		1993年
创新街	北起建安街　南至育才街	150	18	1995年
柳家垟街	北起柳滨路南　南至工贸路北	210	12	1996年
康乐巷	东起埠头巷连接　西至菜场街	80	2	1996年
庆丰巷	北起金家祠堂学前巷　南至长乐街	140	3	1996年
学前巷	东起曹门新村　西至访贤中巷	100	5	1996年
建兴巷	东起塘古北路　西至新河路			1999年
永强巷	南起埠头巷　北至荆竹巷	48	3	1996年
幸福巷	东起金益河边　西至南门街	60	3	1980年
建设巷	东起望江街　西至堤塘	385	4	1980年
永宁巷	南起安定巷　北至栈后巷	74	2	1980年

续表 6-3-5

标准名称	起止点	长度(米)	宽度(米)	建成(命名)年度
曹柳巷	南起新登街南三官亭　北至长乐街	188	3	1980年
下柳巷	东起河东巷　西至曹柳巷	50	2	1980年
河东巷	北起长乐街　南至新登街	180	3	1993年
工人巷	南起永安巷　北至新登街	135	3	1993年
访贤东巷	北起王里河桥头　南至长乐街	246	3	1939年
访贤中巷	南起长乐街　北至镇一小学桥头	220	3	1939年
访贤一巷	东起访贤二巷　西至访贤东巷	60	3	1939年
集美巷	东连工人巷　西至塘古北路	150	3	1999年
樟井巷	东起柳下路　西至金鳌路	80	8	1999年
繁华巷	西起古鳌南路　北至殿后街	55	3	1980年
震发底巷	东起菜场街　西至古鳌南路	114	5	1975年
永平巷	南起横街　北至朝阳街	60	3	1980年
保华巷	东起金益河边　西至南门街	95	3	1975年
三潭巷	东起金益河边　西至陡门街	142	2	1975年
炉后巷	东起金益河边　西至陡门街	100	2	1975年
闸门巷	东起陡五巷　西至陡门桥	114	2	1975年
陡五巷	东起闸门巷　西至陡门街	105	2	1975年
更新巷	西南至营盘口　东北至新河底桥	87	2	1980年
营盘巷	南起营盘底河边　北至更新巷	228	3	1980年
堂后巷	营盘巷至宝林寺	200	3	1980年
新居巷	东起陡门街　西至堤塘	119	5	1980年
勤俭巷	东起陡门街　西至堤塘	117	3	1980年
浦北巷	东起陡门桥　西至水产公司后门	220	7	1980年
复兴巷	东起金益河边　西至南门街			1970年
纺织巷	老平纺厂大门边至水深河	140	6	1950年
化工巷	北起东风路28号边　东至河流	500	5	1970年
东风南巷	东起水深路　西至东风桥	130	8	1970年
东风北巷	南起水深桥　北至一中围墙	100	8	1970年
金益巷	东起水深路　西至金益河桥头	150	8	1974年
校前巷	北起新桥桥头　南至原平阳纺织厂东首后门	200	6	1980年
雁中西巷	东起雁中街　西至雁门路	100	10	1986年
雁中东巷	东起雁东街　西至雁中街	50	3	1986年
永安巷	东起永新北路　西至塘古北路	185	4	1970年
建兴巷	东起塘古路　西至塘河路			
东风巷	东起水深路　西至新河路			

续表 6-3-5

标准名称	起止点	长度(米)	宽度(米)	建成(命名)年度
康阜底巷	南起担水巷　北至塘古南路			
平水巷	西起永新路　北至新桥桥头			
担水巷	东起永背后路　西至塘古南路			
荆竹巷	东起埠头巷　北至菜场街			
埠头巷	南起内河轮埠头　北至东风桥			
九都巷	东起大河边　西至南门街			
金河巷	东起金益河桥边　西至南门街			
河边巷	南起曙光路　北至矿山机械厂			
勤奋巷	东起新河街　西至车站宿舍			
丰登巷	东起新河街　西至曙光路			
丰乐巷	南起兴隆街　北至新河边			
新市巷	南起兴隆街　北至第二菜市场			
富强巷	东起横街　西至新市巷			
十八家巷	东起广场巷　西至塘古南路			
广场巷	西起塘古南路　北至担水巷			
殿后巷	南起震发底巷　北至繁华巷			
向阳巷	东起菜场街　西至菜场南路			
加会里巷	东起菜场街　西至古鳌南路			
栈后巷	东起南门街　西至栈前街			
宁波巷	南起栈后巷　北至胜利街			
会馆巷	东起南门街　西至公屋巷			
公屋巷	东起南门桥　西至会馆巷			
浦南巷	东起陡门街　西至勤俭巷			
江口巷	东起宝林寺　西至江口码头			
益丰巷	东起加会里巷　西至古鳌南路			
安定巷	东起会馆巷　西至栈前街			

说明：资料由县民政局提供

第五节　市政建设和管理

交通道路

2005年，温福铁路鳌江段开始建设。温福铁路鳌江段工程，北起务垟社区福山村，南至钱仓社区东江村，全长7.3千米。鳌江段全线共有大中桥3座(鳌江特大桥11036米，垂阳特大桥3135米，埭头大桥144.4米)；隧道3条；鳌江火车站站场一个。

鳌江火车站设立在鳌江镇荆溪村，站区长度2150米，站房建筑面积8000平方米。2009年9月通车投入使用。

沈海高速(G15)公路过境，境内长7.1千米，双向4车道，通往平阳县城和苍南县。

104国道境内长7.1千米；57省道境内长2.5千米；县乡(镇)级公路12条，总长189千米。建有鳌

鳌江镇区主要桥梁一览表

表 6-3-6

序号	桥梁名称	坐落地点	长度(米)	宽度(米)
1	新河路供电局桥	新河路	24	13
2	浦东桥	环城路	28	18
3	环城桥	环城路	30	18
4	兴浦桥	环城路	32	16
5	印务桥	印务路	18	12
6	鳌腾桥	邮电路	18	16
7	和祥桥	鹤祥路	36	16
8	鹤祥桥	鹤祥路	25	13
9	环城一桥	环城路	28	21
10	横河桥	环城路	17	24
11	柳北桥	柳下路边	18	24
12	园林东桥	园林路	25	28
13	种玉桥	园林路	31	17
14	玉河桥	园林路	32	12
15	种玉桥	府前路	37	33
16	旭东桥	府前路	35	31
17	柳下桥	柳下路	22	14
18	曾宅桥	柳下路边	16	12
19	腾飞桥	兴鳌路	28	27
20	蓝庄大桥	兴鳌路	28	40
21	长乐桥	河边路边	23	4
22	蓝田大桥	府前路	25	41
23	登龙桥	府前路	32	47
24	曹柳桥	河滨路	16	7
25	如意桥	吉祥路	18	20
26	吉祥桥	吉祥路	18	16
27	新河桥	新河路	10	13
28	柳王桥	柳王路	7	3
29	七星桥	兴鳌路	32	16
30	柳浪桥	柳浪桥	29	14
31	园林桥	园林路	26	14
32	曙东桥	曙东路	26	12
33	雁门桥	雁门路	20	13
34	兴鳌西桥	兴鳌路	32	15
35	荆钱桥	荆钱路	32	11
36	曙西桥	曙西路	25	12
37	望江桥	徐家站路	18	10
38	青江桥	青江路	19	9
39	外浦桥	外浦路	32	19

说明:资料由鳌江镇政府提供

江中心汽车站，对外线路75条，日发汽车60班次。镇区公交汽车线路3条，公交车辆14辆，运营总里程90千米，年客运量210万人次。

园林广场

1995年全面启动绿化鳌江工程。2000年，鳌江镇投入绿化工程建设经费7000万元，用以建设河道驳坎、绿化小品、街心绿岛、街道树、绿化带和鳌江公园，建成绿地16000平方米，全镇城区绿化覆盖率达33%，人均公共绿地达6平方米。2010年，鳌江镇市政园林投入246万元，建成绿地69400平方米。2012年，镇区园林绿地面积1104696平方米，绿化覆盖率19.3%，人均绿地面积8平方米。

鳌江公园位于新河中路，1996年开建，1999年10月完成。面积5万平方米，设有草坪、少年活动中心、老人活动中心、儿童乐园、茶室、游泳池、球馆等。水深公园位于水深社区，原为平阳县工人疗养院，1970年解散，1998年重建。至2012年，镇区建有明珠广场、公园广场、站前广场、江滨广场、胜利广场。

2012年鳌江镇广场建设情况一览表

表6-3-7

序号	广场名称	建设时间(年)	总投资(万元)	所在社区	面积(平方米)
1	明珠广场	1998	3800	古鳌社区	2600
2	公园广场	1998	290	鳌江公园	2500
3	站前广场	2003	26000	西塘社区	280000
4	江滨广场	2005	6500	古鳌社区	3500
5	胜利广场	2012	9000	古鳌社区	18000

说明：资料由鳌江镇提供

市政管理

1989年3月，鳌江镇成立镇综合治理办公室，管理全镇市容市貌，行政归属镇人民政府领导，业务上由县城乡建设环境保护局指导。时有工作人员52人，对讲机10对，管理车6辆。下设办公室、城管中队，实施市容和环境卫生监察、公用事业监察和市政工程监察。1991年，综治办撤销，成立镇市容管理办公室。1992年，鳌江镇撤区扩镇并乡后，镇城建办和市容办合并，成立鳌江镇城市综合治理监察大队。1993年12月，组建鳌江镇城建管理监察中队，在业务上由县城管大队指导。1998年，组建鳌江镇城市管理监察大队，择优录取聘用20名城管人员。2012年9月，正式成立鳌江镇城市管理与行政执法局。

1989—2012年，取缔违章占道摆摊、跨门经营32400余处，教育87000余起；立案查处建筑材料占道1780件，违章设置户外广告1238起、违章张贴广告纸1522起，运输沙、煤、石子等遗撒漏356起、破坏市政公用设施95起、损坏园林绿化12起，拆除违章建筑11880间，计219840平方米；拆除养猪简易棚450间，取缔人工电话亭占用人行道123个，拆除废旧户外广告1652个。2012年，全镇补植被560平方米，栽种乔木520棵、竹类1207棵、灌木25万株。出动高空作业本、工程作业画72次。对街道绿树和绿地进行修剪、除虫、清运，修剪枯枝及垃圾186车次，对镇区主要街道新安置520只果壳箱、更换垃圾投放桶650个，投放150万元购置封闭式垃圾车8辆，小型封闭式垃圾清理车1辆，电瓶收集车10辆，投放120万元改造开发区封闭式垃圾中转站。全年清运垃圾18820车次，计110821吨。清理卫生死角517处，计垃圾3122吨。

1989—2012年，开展以水环境整治为重点的环境综合整治，全镇开展环境整治行动300余次，治理乱搭乱建堆放近1200处、清理垃圾3万余吨。坚持源头治理与专项整治相结合，分批次推进“四边三化”（公路边、铁路边、河边、山边等区域开展洁化、绿化、美化行动）“五水共治”（指治污水、防洪水、排涝水、保供水、抓节水等工作）和河边乱点整治，建立河长责任制长效保洁机制，第一批“五水共治” 15条河道顺利通过市、县有关部门验收。2012年，鳌江镇通过省级生态镇创建验收，荷莲、厚垟、岳巢、梅里、凤岙、岭根、梅源、藕莲、新城、海城、环溪等11个村通过市级生态村验收。

第四章　其他重点镇建设

2012年底，全县辖9镇，1民族乡。除昆阳镇、鳌江镇外，水头镇、萧江镇、腾蛟镇规模较大。万全镇为新建镇，具有地域优势。

第一节　水头镇

位于县境西南部，1985年升级为直属镇，为平阳县经济副中心，被誉为“中国皮都”。

城镇建设

旧城改造　1997年7月至2007年年底，镇政府先后与老城区的中街、上街、新街等3个地段居民住户签订旧城改造协议，各户自行建造，统一规划，统一设计，统一外墙装饰。老城区地段改建面积5100平方米，2000年完成改造。上街地段全长310米，拆建居民住房102间，改建面积5100平方米，2004年冬完成改造。新街地段全长330米，拆建居民住房110间，改建面积5500平方米，2007年底完成改造。

新区开发　1989年，完成兴贸路、东川街、星园街、康乐街、径川街小区住房（一层设店面）建设，占地面积36395平方米，建筑面积152667平方米。2000年以后，相继建成了腾龙安居小区、龙垟公寓、江山花园、世纪花苑、丰润世家家园、曼顿商业中心、煌庭花苑等一批高楼层住宅建设。

2012年水头镇主要建筑物一览表

表6-4-1

标准名称	所在位置	占地面积（平方米）	建筑面积（平方米）	主体楼层（层）	建成（命名）年度
腾龙安居小区	凤林北路		29717	6	2000年
江山花园	江山路	6685	22775	7	2002年
世纪花苑	径川东路	14674	40000	6	2003年
龙洋公寓	腾龙中路	8000	17536	6	2003年
方方大厦	江山东路	687	8500	17	2007年
富尔家园	金桥路	7475	17325	11	2008年
丰润世家家园	环城北路	15375	49200	18	2010年
亿豪名邸	泾川东路	14411	56334	5	2012年
曼顿商业中心	江山东路	11010	45773	26	2012年
煌庭花苑	环城北路	10678	45220	25	2012年

说明：资料由县住建局提供

2012年，全镇房地产开发投资6.24亿元，比上年增长18.5%。其中住宅投资4.89亿元，增长13.2%。全年房屋施工面积56.9万平方米，比上年增长14.2%，其中竣工房屋面积4.19万平方米，比上年增长10.3%。

1997—2012年水头镇住房建设审批情况一览表

表6-4-2

年份		数量（个）	占地面积（平方米）	建筑面积（平方米）
1997年	城镇	574	29728	149834
	乡村	93	5009	15840

续表 6-4-2

年份		数量(个)	占地面积(平方米)	建筑面积(平方米)
1998年	城镇	2031	113340	551079
	乡村	169	9249	28928
1999年	城镇	196	9756	38507
	乡村	227	12341	38446
2000年	城镇	492	25205	104566
	乡村	569	31008	102032
2001年	城镇	298	14831	61809
	乡村	254	13942	46085
2002年	城镇	291	14649	56707
	乡村	153	8734	30683
2003年	城镇	726	38584	168064
2003年	乡村	290	15586	56165
2004年	城镇	453	22761	115269
	乡村	63	2287	9339
2005年	城镇	246	12626	60146
	乡村	4	282	788
2006年	城镇	320	15782	74390
	乡村	2	151	303
2007年	城镇	330	14744	74245
2008年	城镇	291	16845	157860
2009年	城镇	118	5928	30691
2010年	城镇	279	15731	81296
	乡村	1	2431	81296
2011年	城镇	75	8474	38857
	乡村	5	265	1059
2012年	城镇	113	11260	98541

说明：资料由水头镇政府提供

园林建设

1992年开始，对水头大道(泾川大道)沿北渠两岸建设园林绿化带，总长5.6千米，宽度2.5米，绿化总面积14000平方米。至2012年年末，水头镇建有卧牛山、林坑山两个公园和香国寺前的绿环广场、章岙村休闲广场、龙洋小区休闲广场。卧牛山公园占地面积3000平方米，建成6条山道，1座跨涧大桥。2012年，该公园完成主入口工程建设，总投资760万元，包括四大功能区(即停车区、集散区、休憩区及服务区)。林坑山公园已建成8条山道，一条从外岙村口到安境寺的盘山公路，一座水库通联四周山岭景点。

街道里巷

2012年，水头镇区主要街道20条，一般里巷227条。另有鹤溪片区街路39条。

主干道、支路20条。其中，环城路、泾川路、腾龙路、江山路为东西横向干道，凤起大道、凤林路、凤尾路为南北纵向干道。

凤起大道　寓意"凤凰腾起"而得名。2008年建成，南起埭头村57省道边，北至腾蛟接壤，长

1000米，宽30米，水泥路面，为主干道。

环城北路　因围绕水头镇北侧修建，故名。2010年动工，2011年通车。东起凤林北路救恩堂边路口，西至二中北路259号边路口，长500米，宽35米，水泥路面，为主干道。

泾川东路　因位于泾川社区，且处其路东段，故名。建于2002年，东起青岱线，西至大转盘。长1360米，宽36米，水泥路面，为支路。

泾川中路　因处泾川路中段，故名。1986年修建，东接泾川东路，西连泾川西路，长820米，宽36米，水泥路面，为支路。

泾川西路　因处泾川路西段，故名。1998年修建，东接泾川中路，西至云岭公路。长800米，宽25米，水泥路面，为支路。

江山东路　寓意“江山如此多娇”，且因处道路东段，故名。建于1982年，东起大转盘，西至二中北路，长1200米，宽36米，水泥路面，为支路。

江山中路　因处江山路中段，故名。1982年修造，东起二中北路，西连江山西路，长200米，宽23米，水泥路面，为支路。

江山西路　因处江山路西段，故名。始建于1952年，1982年修建，东起江山中路，西至山门路，长1080米，宽10米，水泥路面，为支路。

望雁中路　因东接望雁路，西连望雁西路，故名。建于2000年，东起望雁路十字路口，西至章岙村综合楼，长650米，宽22米，水泥路面，为支路。

腾龙路　因寓意“城镇发展，经济腾飞”，故名。1998年建成，东起江屿下林青岱公路，西至金山路，长2000米，宽20米，水泥路面，为支路。

腾龙东路　因龙坑通向腾蛟，故各取一字组合得名。2001年建成，西起凤林北路69号，东至青岱公路，长625米，宽20米，水泥路面，为支路。

凤林北路　因位于凤林村，且处道路之北段，故名。建于1993年，南起泾川东路交通环，北至上林村山脚，长400米，宽25米，水泥路面，为支路。

凤林南路　因位于凤林村，且处道路之南段，故名。建于1993年，南起凤前路，北至泾川东路交通环，长400米，宽25米，水泥路面，为支路。

凤尾北路　因处凤尾路北段而得名。南起江山东路230号，北至上林村山脚，长370米，宽16米。水泥路面，为次干道。

凤尾路　因地处后街滨江，路口有凤尾亭，故名。北起江山东路，南至新街，全长500米，宽16米，水泥路面，为支路。

油车路　因清末时期，是北港水头街桐油、青油、菜油、茶油等油料生产专卖一条街，故名。地处上街，原名油车巷，1949年更今名。北起江山西路，南至金凤大桥，长400米，宽10米，水泥路面，为支路。

城中路　因处集镇中心，故名。建于1997年，起点邮电路交叉口，终点新鹤大桥，长1300米，宽20米，水泥路面，为次干路。

中街　因水头镇老街道过长而分成3段，此为中段，故名。建于1949年，东起二中南路，西至水头镇政府，长600米，宽7米，水泥路面，系支路。

上街　因位于水头街上段，故名。东起中街，西止环城路，长700米，宽4米，水泥路面，系支路。

后街　因位于河流东侧，故以后街名之。原建于1949年前，1990年进行补修。长700米，宽5米，青砖路面，系支路。

2012年水头镇一般道路街巷一览表

表6-4-3

标准名称	起止点	长度(米)	宽度(米)	建成(命名)年度
前江路	南起马勤路　北至周山路	300	18	2008年
永兴路	东起章旦路204号　西至北渠沟	200	15	2000年
建华路	东起金鸡路　西至泾溪路	60	15	1997年
寺前西路	东起寺前巷口　西至寺前西路	300	6	2000年
寺前中路	西起健兴巷路口　东至寺前八角桥边止	340	6	2000年
金溪东路	西起溪路　东至凤美路	300	5	1994年

续表 6-4-3

标准名称	起止点	长度（米）	宽度（米）	建成（命名）年度
桥东路	西起桥中路　东至张家内	500	4.5	1994年
桥中路	西起溪头桥　东至河头	200	5	1994年
河里路	西起桥西桥　东至河头内	200	5	1995年
桥西路	西起溪头桥　东至河头	500	5	1994年
下山路	起下山山边　至南湖路口	480	5	2001年
东山路	起东山村山边　至南湖路	500	5	1991年
南湖路	起南湖普美村　至水头客运站	15000	7	1985年
南溪路	北起埠头殿　南至溪头桥	600	5.5	1949年
宁波路	北起振德中路　南至宁波站	200	6	2000年
凤城路	南起凤尾路93号　北至原复制厂	130	12	2000年
凤江路	西起凤尾路155号　南至凤江路	100	8	2000年
朝兴路	西起朝阳南路　东至上林南路	60	10	2000年
龙凤路	东起朝阳南路100号　西至泰山电器厂	70	6	2000年
沿溪路	北起江山西路　南至上街	120	7	1983年
明远路	东起麻车路　西至金山路	180	10	老街
银川路	西起径川西路　东至江山西路494号	180	14	2002年
双川路	北起径川中路361号　南至东川中路			2000年
长兴路	南起泾川中路172号　北至腾龙中路	120	10	2000年
乐成路	南起泾川中路198号　北至白马路	100	5	2000年
天益路	北起江山中路　南至豆腐巷	180	12	2000年
华亭路	东起金山路201号　西至泾溪边	80	8	2000年
春兴路	南起仕静中路115号　西至泾川大桥	200	14	2000年
龙祥路	东西走向　龙涵村镜内	200	4.5	2008年
龙腾路	南北走向　龙涵村镜内	200	4.5	2008年
龙泉路	南北走向　龙涵村镜内	200	4.5	2008年
龙兴路	东西走向　龙涵村镜内	1000	8	2008年
龙福路	东西走向　龙涵村镜内	800	6.5	2008年
繁昌路	东起静湖南路44号　西至望雁中路	140	10	1991年
大滩路	西起新街　东至大滩路	460	6	1985年
水南公路	北起村碑　南至南湖	400	10	1980年
江滨路	北起凤城路　南至凤前路58号边	60	12	2001年
龙飞路	西起凤林北路东　东至下林村交界	240	5	1996年
朝兴路	西起朝阳路　东至上林南路	60	12	2006年
马武西路	东起望雁中路170号　西至章旦路	300	8	2000年
马武路	东起望雁中路138号　西至章旦路号	150	8	2000年
雁翔路	东起振兴街　西至鸿雁街	70	15	2000年
望雁西路	东起章岙村　西至开石场	180	19	2000年
腾龙中路	东起凤林北路80号　西至二中北路	500	20	2000年

续表 6-4-3

标准名称	起止点	长度(米)	宽度(米)	建成(命名)年度
静溪路	北起望雁路93号　南至湖滨路	150	8	2000年
新兴路	南起望雁中路88号　北至振兴街	30	18	2000年
兴国路	东起泾溪路58号　西至镇二中	100	11	2000年
学士路	东起泾溪路46号　西至镇二中	90	10	2000年
文华路	东起同兴路　西至溪心小学	300	8	2000年
同兴路	南起永兴路　北至下店	180	10	2000年
中兴东路	西起凤林南路　东至朝阳南路	150	10	2000年
环宇路	东起朝阳北路　西至凤林北路	120	10	2000年
白马路	南起长兴路　北至二中垟	100	8	2000年
梓兴路	东起站东路　西至站西路	250	20	2015年
悦来路	东起站东路　西至站西路	250	20	2015年
文建路	东起双川路　西至健康路	100	20	2015年
平雁路	东起五七省道建安段　西至泾川东路	2000	15	2008年
金腾路	南起詹家埠街　北至平雁路	700	15	2008年
鹏翔路	北起五七省道　南至建安村	500	18	2008年
东川街	东起凤尾北路　西至二中北路	370	12	1986年
东川中路	西起起菜场街　东至二中北路	500	12	1995年
泾口北路	南起泾口街98号边　北至泾溪边	142	10	1997年
兴贸路	西起二中北路　东至丹华北路	400	15	1986年
昌学路	西起二中北路　东至商贸北路	340	12	1986年
商贸路	西起商贸南路　东至朝阳南路	340	16	2000年
商贸南路	南起凤前路　北至江山东路	300	16	2005年
商贸北路	南起江山东路302号　北至泾川中路	95	13	2000年
龙江北路	南起泾川东路446号边路口起　北至龙江北路51号边	900	12	2006年
龙川路	南起径川东路386号边路口　北至腾龙东路385边路口	90	12	2006年
站东路	南起径川东路322号　北至腾龙路东站364号	150	15	2005年
站西路	南起泾川路　北至腾龙路	100	15	2005年
上林北路	南起泾川东路　北至上林村山脚	450	13	2000年
上林南路	北起大道东路139号　南至寺前西路老人院	76	12	2000年
朝阳北路	南起泾川东路　北至上林村山脚下	400	16	1993年
朝阳南路	北起泾川东路　南至龙凤路	400	16	1993年
富城路	东起凤林南路　西至凤尾路	300	25	2009年
中兴路	东起凤林路　西至商贸南路	200	15	1995年
双林路	东起站西路　西至凤林路	600	20	1998年
富阳路	西起商贸南路　东至朝阳路	400	15	1994年
凤前路	北起商贸南路　南至寺前村	600	13	1995年
新凤路	东起凤尾路　西至新街	300	10	1986年
凤园路	东起凤尾路　西至盐仓巷	180	10	1980年

续表 6-4-3

标准名称	起止点	长度（米）	宽度（米）	建成（命名）年度
二中北路	南起江山东路　北至龙垟山脚	855	10	1970年
二中南路	北起江山东路　南至中街	70	7	1986年
丹华南路	北起江山东路　南至振德路	80	10	1985年
金山路	南起江山西路　北至泾川中路	400	9	1980年
金山北路	南起泾川中路西段　北至凤卧镇后山村	1140	10	1995年
静湖北路	南起江山西路342号十字口　北至泾川西路大转盘	565	22	1996年
静湖南路	北起望雁路十字口　南至湖滨路	180	19	1991年
振德路	东起凤尾路　西至灯笼巷	320	10	1946年
振德中路	东起凤林南路　西至凤尾路	350	20	2000年
振德东路	西起凤林南路　东至上林南路	300	20	2000年
健康路	南起江山西路经平二医　北至泾川中路	200	5	1980年
邮电路	东起剧院路　西至油车路	160	7	
创业路	西起静湖北路67号边　东至江山西路	500	14	2000年
育才路	东起章旦路　西至溪心小学	200	12	2000年
环城南路	东起径溪路口　西至溪心桥头	200	12	2000年
环城路	东起泾溪路　西至湖滨路	268	10	1991年
仕静路	东起江山西路194号　西至仕静路	300	14	1985年
仕静西路	东起静湖北路　西至江山西路	35	14	1994年
仕静中路	南起江山西路268号　西至静湖北路	258	14	1994年
利明路	东起仕静路　西至静北路	300	10	2000年
明远路	东起麻车路　西至金山路	200	15	1999年
湖滨路	东起环城路　西至望雁中路	500	10	1991年
龙华路	南起菜场街　北至江山中路			1989年
永春路	东起二中北路西至龙华路			1989年
天益北路	南起江山中路　北至东川中路			1989年
公园路	东起丹华路　西至二中北路			2004年
园林路	东起丹华北路　西至二中北路			2004年
生态路	东起丹华北路　西至二中北路			2004年
腾龙西路	东起二中北路　西至金山路			2004年
康林路	东起站西路　西至上林北路17号			2004年
校前路	南起泾川中路138号　北至腾龙西路			2004年
三桥路	东起校前路　西至双川路			2004年
金桥路	东起二中北路　西至金山路			2004年
健康北路	南起东川中路　北至泾川中路			2004年
望雁路	东起江山西路　西至章岙路			1992年
章岙路	东起江山西路　西至望雁路			1992年
剧院路	东起中街　北至江山中路			
剧院前路	东起剧院路　西至油车路			

续表 6-4-3

标准名称	起止点	长度(米)	宽度(米)	建成(命名)年度
庆丰路	东起油车路　西至金凤停车场			
丹华北路	南起江山东路　北至环城路			
腾龙路	东起青岱公路　西至金山路			1999年
麻车路	南起江山东路　北至东川中路			
金鸡路	南起上街　北至江山西路			
凤南路	南起凤城路　北至振德中路			
溪心路	南起溪心皮厂　北至环城路			1992年
振新路	东起静湖路　西至章旦路			
泾溪路	南起上街　北至江山西路			
大片园路	东起光华巷　西至盐仓巷			
静湖路	西起望雁路　北至泾川路大转盘	580	19～22	2000年
玉凤街	东起振兴街　西至章旦路	50	12	2000年
雁门街	东北起西站停车场　西南至雁前街	80	10	2000年
鸿雁街	南起望雁中路56号　西至振兴街	70	18	2000年
雁翔路	东起振兴街1号	70	15	2000年
永兴路	东起章旦路204号　西至北渠沟	50	8	2000年
雁前街	东起振兴街1号　西至章旦路	35	12	2000年
凤园路	东起凤尾路　西至盐仓街	200	8	2000年
新凤路	东起凤尾路　西至新街	300	15	2000年
凤城路	西起凤尾路边	130	12	2000年
锦秀路	南起57省道　北至腾蛟镇	3500	22	2011年
德嘉路	南起兴雅路　北至泾川路	400	12	2011年
祥和路	东起雅屿　西至凤起路	2000	22	2011年
勤业路	南起泾川路　北至祥和路	300	15	2011年
宠乐路	东起湖桥路　西至57省道	2000	35	2011年
兴雅路	东起雅屿村　西至57省道	2000	22	2011年
益民路	南起江边　北至57省道	700	15	2011年
茂竹路	南起江边　北至57省道	700	15	2011年
建安路	南起江边　北至57省道	700	15	2011年
兴安路	东起青岙路　西至益民路	1200	15	2011年
南溪路	南起溪头桥　北至埠头殿			
茂盛街	东起二中南路　西至天益路			1989年
永春街	东起二中南路　西至龙华路			1989年
康乐街	东起皮革城　西至二中北路			
学前街	东起金鸡路　西至镇二中大门			
镇前街	东起平凤中、西路口　西至凤翔路	300	6	1989年
新街	东起凤尾路　西至中街	480	10	1960年
詹家埠街	东起平雁路　西至寺前桥头宫	300	8	2008年

续表 6-4-3

标准名称	起止点	长度(米)	宽度(米)	建成(命名)年度
泾川一街	南起泾川中路308号　西至二中垟	60	10	2000年
泾口街	东起金山路105号　西至泾口溪边	210	10	1983年
玉凤街	南起望雁中路　北至章旦路	60	12	1991年
站东二街	东起龙江路　西至站东路	100	9	2006年
站东一街	东起龙江路　西至站东路	100	9	2006年
菜场街	东起二中南路　西至龙华路	60	8	1997年
雁门街	东起江山西路　西至雁前街	75	8	1992年
青春街	西起日丰巷　东至后街	70	8	1960年
鸿雁街	南起望雁中路　西至振兴街	70	18	2000年
雁前街	东起振兴街　西至章旦路	35	12	2000年
建设巷	东起永乐街　西至垟尾巷	230	4	1992年
旗杆巷	东起永乐街　西至双溪路	160	3.5	老街
垟尾巷	东起永乐街　西至双溪路	330	3	1992年
潘家巷	南起振德路　北至江山东路	15	5	1984年
清江巷	东起凤尾路120号　西至盐仓巷	200	10	1966年
东河巷	西起凤尾路137号　东至宁波路	90	5	2000年
盐仓巷	西起后街　北至振德路	160	6	1949年
全升巷	南起青春街　北至振德路	90	6	1987年
灯笼巷	南起中街　北至振德路	68	8	1949年
日丰巷	南起中街后　北至振德路	64	4	1960年
张家巷	南起中街　北至张家巷	30	3	1983年
方宅内	西起二中南路　东至振德路	50	4	1949年
天成巷	南起中街　北至菜场街	50	3	1983年
豆腐巷	北起天益路　南至中街	40	3	1958年
丰和巷	南起中街　北至豆腐巷	25	4	1949年
文昌巷	北起庆丰街　南至上街	30	2	1988年
光明巷	东起凤尾路　西至大片园	50	3	1986年
凤鸣巷	西起凤尾路169号　南至八宅内	100	6	2000年
凤江一巷	北起凤江路八号　南至八宅内	50	8	2000年
朝阳巷	北起上街　南至合凤溪边	30	6	1989年
胜利巷	北起健康路　南至江山西路	26	4	1980年
金山一巷	南起水头二小　北至益利巷	66	4	1982年
益利巷	东起金山路　西至泾溪边	196	6	1982年
金龙巷	东起金山路159号　西至新风巷	75	8	2000年
凤山巷	南起江山西路　北至健康路	18	2	1981年
金星巷	西起金山路124号边　东至健康北路	53	6	1983年
新风巷	南起友谊巷边　北至泾溪边	188	15	1985年
新风二巷	南起友谊巷　北至泾溪边	200	6	2000年

续表 6-4-3

标准名称	起止点	长度(米)	宽度(米)	建成(命名)年度
新风三巷	东起新风巷41号　北至新风巷37号	80	6	2000年
雁兴巷	南起江山西路　北至仕静西路	80	8	1996年
雁山巷	南起江山西路236号　北至仕静路	55	8	2000年
金凤巷	北起上街263号　南至金凤巷16号	80	8	2004年
光华巷	西起大片园　东至凤尾路	150	6	1991年
黎明巷	南起大片园　北至振德路	100	8	1965年
益大巷	东起剧前路　西至上街	160	4	1949年
友谊巷	东起金山路　西至泾口街边	80	8	1983年
中华巷	东起金山路46号　西至辉煌皮件厂	90	8	2000年
福乐巷	东起健康路　西至金山路34号边	50	4	1981年
振兴巷	北起八角井　东至凤尾路53号边	100	8	1991年
厚泰巷	北起菜场街　南至中街	100	3.54	1919年
仁和巷	地处后街　原名仁和内	230	3.8	老巷
章兴巷	西起章旦路210号　东至226号	40	8	2000年
上渡巷	北起章旦路155号　南至章岙剧院	60	4	2000年
章益巷	东起章旦路20号　西至温曾脚	50	6	2000年
龙凤东巷	西起朝阳南路99号　东至上林南路	30	7	2000年
仕静西路一巷	北起仕静西路　南至泾川西路	35	10	2000年
明星巷	仕静西路1号后			
长青巷	东起油车路　西至沿溪路后门			
国利巷	南起油车路　北至上街			
益寿巷	东起上街　西至油车路			
蔡家巷	南起青春街　北至振德路			
松鹤巷	东起大片园路　西至后街			
八角井巷	东起振兴巷　西至盐仓巷			
长安巷	东起平二医　西至麻车路			
朝晖巷	东起天益北路　西至三桥巷			
三桥巷	东起天益北路　西至麻车路			
曙光巷	东起麻车路　西至健康路			
金山一巷	南起镇第二小学　北至益利巷			
春苗巷	东起天益路　西至龙华路			

说明:资料由县民政局提供

鹤溪片区街巷情况一览表

表 6-4-4

标准名称	起止点	长度(米)	宽度(米)	建成(命名)年度
兴学路	东起永乐街　西至双溪路	260	5.5	1991年
仕林路	起鹤翔中路　至鹤溪小学	150	3	1991年

续表 6-4-4

标准名称	起止点	长度(米)	宽度(米)	建成(命名)年度
兴中路	起五显殿口　至南三路段	2000	3	1996年
兴南路	起宫口　至四代园路段	1800	3	2000年
岭根路	起鹤翔中路　至鹤蔡路	300	2.5	1991年
康庄公路	起显鹤公路口　至小源岭脚	1500	4	2006年
粮站路	起鹤翔中路　至文昌街	300	3	1991年
鹤蔡路	起城中路　至岭根内	350	12	2006年
蔡中路	起水礁头　至蔡垟头	1800	3.5	2000年
鹤翔中路	北起新鹤村　南至永乐村	270	7	1979年
鹤翔南路	鹤翔中路南段			
建华路	东起金鸡路　西至泾溪路	700	5	1997年
天鹤路	起天鹤桥　至育贤路	630	5	2005年
文昌街	南起翔路　北至鹤翔北路	200	10	1987年
文昌北路	起天鹤桥　至鹤翔北路	870	6.5	1990年
永乐北路	起长安桥　至鹤翔北路	1230	3.5	1984年
永乐南路	鹤溪永乐街南侧			1985年
永乐西路	鹤溪永乐街西侧			1985年
育贤路	起永乐北路　至鹤翔北路	870	5	1975年
青年路	东起城中路　北至鹤翔路	800	5	
双溪路	起南溪　至北溪	150	10	2010年
中元路	西起永乐街　东至元底老岭脚	2300	5	1992年
凤岩南路	西起新桥头　东至桥子头	500	5	2011年
雅屿大路	起雅屿亭　至占江老车路	1000	5.5	1998年
霞凤路	霞溪村至凤巢	600	4.5	2005年
霞溪路	起霞溪村　至溪尾方向	400	4.5	2005年
霞腾路	起霞鹤路　至腾蛟北溪村	700	4.5	2005年
霞鹤路	起霞腾路　至新安桥	200	4.5	2005年
应家宅路	起秀溪路　至应氏宗祠	200	4	
包山路	起石牌老路　至包山	1200	3	2008年
鹤溪老路	起村宫边　至马路头	310	2	1998年
秀水路	起秀溪村　至凤湾村	4000	4	2008年
秀溪路	北起凤巢腾蛟　南至鹤溪显桥	700	1.5、2.5	1991年
界岸路	起水礁头　至长园	500	10	1980年
上屋路	起门台下　至画眉岩头	600	1.1	1990年
茅草坛古路	起凤巢溪头　至蔡垟	2800	2	1989年
校前路	起文昌北路　至育贤路	200	5	1993年
振兴路	起鹤翔中路　至城中路	100	15	1997年

续表 6-4-4

标准名称	起止点	长度(米)	宽度(米)	建成(命名)年度
大林东路	西起二中北路　东至凤林北路	900	8	1975年

说明:资料由县民政局提供

第二节　萧江镇

位于县境中南部。1985年设镇,为县直属镇。誉为“中国塑料编织第一镇”。2012年麻步镇并入。

城镇建设

旧城改造　20世纪80年代初期,萧江老江淤积,老陡门内河(现双庆南路)抛山石填平改建为块石路面,1991年铺设水泥路面。是年,老陡门至萧江镇中学段老江淤积,填江为路而改建成双庆北路,铺设水泥路面,并向北延伸与苍南县龙港镇双龙村连接。是年,萧江镇开始旧城改造。填平污塞河道,开辟双庆南北路及沿河路、浃河路、公园路、校前路、鼓殿路等16条街巷。1999年,萧江镇被正式命名为“中国塑料编织城”“中国塑料编织第一镇”。至2012年,萧江镇对老城区的中街、菜场街、樟井路、建兴巷、教堂巷、陡门街、环山路的旧房进行改建,拆除旧房300间,新建房810间。

新区开发　1986年,萧江镇新区建设启动,连接104国道的大同路进行拓宽和石子路面整改;古院路、沧海路居民住宅开始初步建设。1990年,永乐大桥建成,永乐路镇政府驻地及周边开始居民住宅建设。2005年,萧江镇电影院改建萧江大厦,主楼16层,高51.3米。至2012年,一批高档住宅楼相继落成。

1989年以后,萧江镇塑料编织袋企业开始以萧江车站为中心,向桑田路以西建设发展,平阳县编织袋厂、平阳县塑料八厂、平阳县丙塑厂等一批上规模企业相继投产,相继建设萧江新区厂房和居民住宅。1990年,萧江横河上建成河滨桥、夏宅桥等,夏宅路南北地块规划为企业用地,成为工业园区。

2012年萧江镇主要建筑物一览表

表 6-4-5

标准名称	所在位置	占地面积(平方米)	建筑面积(平方米)	主体楼层(层)	建成(命名)年度
中天家园	大同南路康宁路交叉口	5100	13230	6	2004年
丽江花园	大同南路	14927	39906	16	2004年
萧江大厦	东临沧海路	3060	11070	16	2005年
时代花苑	桑田南路	2878	9125	16	2009年
豪城水岸家园	世纪大道河滨路交叉口	20567	65798	24	2010年
家鑫花苑	桑田南路西侧	7365	22100	16	2011年
繁兴嘉园	繁兴路	9989	21954	6	2012年
长宁大厦	长宁路桑田南路交叉口	2616	9630	16	2012年

说明:资料由县住建局提供

基础设施　2000年,萧江镇永乐路全线贯通并与104国道线连接,成为萧江镇主要交通道路。2012年,萧江片区建设用地约373公顷,其中居住用地约145.6公顷,公共管理与公共服务设施用地约25.5公顷,商业服务业用地约6.8公顷,工业用地约118.7公顷,绿地约19.5公顷。是年,第一标准厂房建成试投产,第二和第三标准厂房、西炉和淡浦工业小区在建。萧江鼓楼坐落于海拔60余米的萧江桔坡山公园山顶，占地面积553平方米，建筑面积1330平方米，楼高5层，高度29.8米。鼓楼采用民间仿古样式建造，鼓楼内陈设直径3.88米的“天下第一大鼓”。

沈海高速（G15）公路过境，境内长8千米，双向4车道，有萧江1个出口，通往平阳县城和苍南县。104国道过境，境内长7.5千米；57省道过境，境内长3千米。

桥梁　2011年6月，桃源大桥（长205米，宽12.5米，造价585万元）建成通车。至2012年底，镇区共有桥梁36座，总长度2.04千米。

2012年萧江镇区主要桥梁一览表

表6-4-6

名称	长度（米）	建设时间（年度）
河滨路6号桥	6	1990年
夏宅桥	10	1990年
永乐桥	10	1990年
浦尾桥	13	1990年
丽江金桥	14	1990年
河滨桥	14	1990年
桑田桥	14	1990年
桔坡大桥	45	1990年
萧江大桥	52	1990年
邵宅桥	10	1995年
新庆桥	12	1995年
黄家桥	13	1995年
庄里桥	13	2001年
直浃河桥	8	2005年
西炉桥	10	2005年
兴隆桥	11	2005年
长宁桥	49	2005年
诚信桥	18	2007年
沧海桥	11	2010年
长兴桥	14	2010年
萧振桥	14	2010年
永强桥	14	2010年
桃源大桥	205	2011年

说明：资料由萧江镇政府提供

公园　2007年，启动桔坡山公园建设，总投资6000万元。公园占地面积200余亩，其中健身广场占地面积60亩。山上有鲍辉墓，以及寺庙、凉亭。

街道里巷

1989—2012年新建大小道路43条，面积3万余平方米。截至2012年年末，镇区道路总长度33千米，人均拥有道路长度0.29米；道路铺装面积0.58平方千米，人均拥有道路面积5.17平方米。2012年镇区公交汽车线路1条，运营总里程12千米，年客运量3万人次。

1989年，萧江镇街道主要集中在桔坡山南的校前街、樟井街、陡门街、中街一带。20世纪90年代，开辟公园路商业街、古院路、沧海路、永乐路、桑田路、大同路、长宁路等。2012年，萧江镇主要街道有：沧海路、河滨东路、河滨西路、庄里北路、庄里中路、双庆北路、环江路、桑田路（以上南北方向）、长兴路、萧振路、永乐路、大同路、长宁路、夏宅路、古院路（以上东西方向）等。是年，西起萧江高速出口，东至横沿支江苍南龙港交界处快速连接通道（后名世纪大道）建设启动，长度3800米，宽60米。

沧海路　因引用“沧海桑田”，比喻当地之变化，故名。1985年建成，位于萧江镇北部。南起大同路，北至西炉村江边，长2000米，宽20米，水泥路面，为主干道。

河滨东路　因沿河之东岸而建，故名。位于萧江镇北部，南起大同路，北至长兴路，长1000米，宽12米，水泥路面，为次干道。

河滨西路　因沿河之西岸而建，故名。位于萧江镇北部，南起大同路，北止西炉村，长1500米，宽15米，水泥路面，系支路。

庄里北路　因该路贯穿原庄里村，且为道路之北段，故名。2000年建成，南起永乐路，北至长兴路，长700米，水泥路面，系支路。

庄里中路　因处庄里路中段，故名。建于2000年。南起长宁路，北至永乐路，长1500米，宽25米。水泥路面，为主干道。

双庆北路　因处双庆桥（老陡门桥名）北段而得名。1985年建成，1989年命名。位于萧江镇东北部，东北起潘江新村，西南至萧江老人亭，长1000米，宽12米，水泥路面，为次干道。

环江路　因沿江修建，故名。南起渡西路，北至西炉村，长1800米，宽18米，水泥路面，系支路。

桑田路　因引用“沧海桑田”，故名。1985年始建，1989年命名，位于萧江镇北部，南起长宁路，北至萧江水厂，长800米，宽20米，水泥路面，为次干道。

长兴路　寓意“萧江经济，长久兴旺”，故名。建于2000年。东连沧海路，西至河滨东路，长1500米，宽35米，水泥路面，为主干道。

萧振路　因沿途有萧振中学，故名。建于2000年。东起沧海路，西至104国道，长1600米，宽22米，水泥路面，为次干道。

永乐路　寓意“百姓安乐”，故名。1985年建成，1989年命名。位于萧江镇最北部，东起双庆北路，西至104国道，长1600米，宽35米，水泥路面，为次干道。

大同路　因沿途曾为大同乡(社)地，故名。1985年建成，1989年命名。位于萧江镇北部，东起塘河，西至104国道，长1600米，宽20米，水泥路面。为次干道。

长宁路　寓意“长久宁静”，故名。建于2000年。东起塘河，西至104国道，长1800米，宽40米，水泥路面，系支路。

夏宅路　据传，唐代夏庆大夫曾居于此，故名夏宅。1985年修建道路后，遂以此为名。位于萧江镇北部，东起新菜场，西至104国道，长1500米，宽15米，水泥路面，为次干道。

古院路　因萧江原名古院里而得名。1985年新建，1989年命名。东起萧江塘河，西至桑田路，长800米，宽20米，水泥路面，系支路。

2012年萧江镇一般道路街巷一览表

表6-4-7

标准名称	起止点	长度(米)	宽度(米)	建成(命名)年度
繁荣路	东起萧江村　西至河滨东路	1000	12	2000年
繁兴路	东起萧江村　西至河滨路	1200	15	2000年
胜利路	西起建兴路　东至萧江办事处	600	18	2000年
上市路	北起建兴路　南至黄家底	300	15	2000年
园区路	东起河滨东　西至沧海路	200	15	2000年
黎明路	东起庄里中路　西至104国道	500	12	2000年
朝阳路	南起大同路　北至直浃河村	600	12	2000年
剧院路	萧江剧院边　由西向东	50	10	2000年
庆港路	东起渡西路　西至沧海路	300	10	2000年
樟井路	东北起中街　西南至菜场街	200	3.5	1985年
一中路	东起三岔路　西至双庆北路	600	12	2004年
建兴路	北至双庆南路　南至菜场街	200	7	1985年
青龙路	东起渡西路　西至萧江剧院	351	10	1985年
新河东路	起玉泉路　至永安街	400	7	1997年
新河西路	起新河中路　至二桥桥下	500	7	1997年
兴贸路	起新河东路　至中街	200	5	1998年
校前路	北起菜场街　南至浃底村	300	6	1989年
四小路	北起萧江四小　南至前林村路口	300	21	2004年
后林东路	西起104国道　东至淡浦汇河	150	13	1998年
福安路(鼓殿巷)	东起菜场街　西至胜利路	110	8	2008年
申发路	东起104国道　西至高速路	300	18.5	2015年
陡门街	东北起萧江新陡门西南至老陡门	100	4	1989年

续表 6-4-7

标准名称	起止点	长度(米)	宽度(米)	建成(命名)年度
菜场街	分为东南西北四条街　呈方形走向	100	3	1989年
后林新村二街	西起104国道　东至萧江长宁大道	700	18	2006年
榕兴巷	东起萧江山下　西至中街	30	4	1989年
徐家巷	北起中街　南至菜场街	200	4.5	1989年
浃河巷	北起菜场街　南至浃底河头	100	3	1989年
鼓殿巷	北起菜场街　南到浃底殿	200	4	1989年
庄里南路	南起长宁路　北至大同南路	200	24	2000年
双庆南路	东北起双庆北路　西南至鹤河村	600	9	1989年
沿江路	南起萧江新陡门头　北至萧江中学	350	5	1985年
沿河路	南接双庆南路　北至沿江路	300	5	1985年
渡西路	南起古院路　北至萧江村	230	8	1985年
健康路	南起长宁路　北至大同南路	290	11	1998年
桑田南路	北起大同南路　南至世纪大道	950	24	1999年
康宁路	北起大同南路　南至长宁路	500	15	2000年
富强路	南起大同路　北至朝阳路	180	12	2000年
昌盛路	南起大同路　北至夏宅路	150	12	2000年
大同南路	东起塘河　西至104国道	1000	15	2000年
文广路	东起周宅后　西至桑田路	250	12	2000年
中街	东北起自榕树下　西南至路亭口	370	5	1971年
环山路	南接榕树下　北至萧江镇中学	400	5	1988年
周宅路	南起世纪大道　北至大同南路			
永强路	东起河流　西至朝阳路			2004年
永兴路	东起河流　西至朝阳路			2004年
兴萧路	东起长宁路　西至104国道			2004年
吉祥路	东起萧江安居　西至河滨路			2004年
兴隆路	东起沧海路　西至河滨路			2004年
横山路	南起岩山村　北至桃源大道	110	8	2010年
教堂巷	东起双庆南路　西至沿河路			1989年

说明：资料由县民政局提供

麻步镇街道里巷一览表

表 6-4-8

标准名称	起止点	长度(米)	宽度(米)	建成(命名)年度
大桥路	南起麻步顶　北至麻步大桥	1200	6	1986年
玉泉路	北起大桥路　南至麻夏公路	1000	7	1998年
树贤路	东起岙底村　西至高沙村	2000	12	1984年
永安街	东起欣雅村　西至万安街	1000	20	1988年

续表 6-4-8

标准名称	起止点	长度(米)	宽度(米)	建成(命名)年度
电信路	起邮电路　至电信局	100	4	2009年
茂盛路	起邮电路　至菜场街	200	5	1988年
万安街	东起万安桥　南至新桥村	400	4	1949年
邮电路	西起大桥路　东至电信局	200	5	1988年
文昌路	北起新河中路　南至麻步山下	350	5	1988年
树东路	东起双江路口　西至树新路	300	7	1988年
树康路	东起树新路　西至康乐路	150	6	2005年
学前南路	北起57省道　南至树东路	400	7	2005年
振贤路	东起河古村　西至岙底村	800	10	2005年
光明路	南起大桥路南端　北至振兴东路	200	12	2005年
兴贤路	东起康乐路　西至双江路口	700	12	2005年
鳌峰路	东起万安街口　西至麻步一中方向	200	7	1998年
河滨路	北起万安街口　南至麻夏公路	250	6	1998年
新河路	南起河滨路　北至麻步二桥	1000	7	2012年
兴贸路	起新河东路　至中街	200	5	1998年
麻渔路	起麻步卫生院　至岭头原水厂			1998年
树新路	起树贤中路　至57省道			1998年
新安路	东起菜场街　西至新桥村	200	5	2005年
下埠街	南起永安街　北至下埠头			
振兴东路	起大桥路　至光明路			1989年
康乐路	南起大桥路口　北至五七省道			2004年
树西路	东起树新路　西至康乐路			2004年
双江路	南起树贤东路　北至五七省道			2004年
学前路	南起树东路　北至麻步二小	400	7	2005年
西岙路	南起山脚　北至茂垟尾			
中街	南起大桥路口　北至万安街	250	6	2002年
菜场街	东南起永安街　西北至邮电路西首	400	7	1988年
建新巷	南起新桥村　北至麻步中街	200	6	1988年
学前巷	南起下堡垟　北至永安街	300	4	1988年

说明:资料由县民政局提供

第三节　腾蛟镇

位于县境西北部,1949年设镇,印刷业发达,为全国象棋之乡。

城镇建设

腾蛟镇原称腾蛟堡街。20世纪80年代,腾蛟共建设民用住房327350平方米,工业交通仓库14432平方米,商业服务用房31843平方米,教育医疗用房1990平方米,办公用房3625平方米,其他用房1339平方米。其中,1986年建居民住房28632平方米;1987年建居民住房29300平方米;1988年建居民住房23700平方米;1989年建居民住房27040平方米。1989—2012年,腾蛟镇区建设用地1695.98亩，其中，居住用地748亩，工业园区用地570亩(包括南溪制革园区265亩)，学校用地165亩，商业用地5.86亩，交通用地8.6亩，办公用地44.4亩，卫生医疗用地2.12亩，绿化用地约152亩。

城镇道路

2012年末，镇区街道总长度17千米，道路铺设总面积331470平方米。镇区桥梁8条，总长度866米。主要街道有腾蛟大道、城中路、昌荣路、腾龙路、龙飞路、凤翔路、邮电路、商贸路、亭子路等。

腾蛟大道　因系腾蛟镇主干道，故名。建于2008年，东南起八宝路，西北至碧源村，长1500米，宽40米。

城中路　因处腾蛟镇中心而得名，2000年命名。东起凤翔路，西至小路，长500米，宽25米，为次干道。

城中东路　因系城中路东面延伸部分，故名，2000年命名。西起凤翔路，东至环西路，长180米，宽16米，系支路。

昌荣路　寓意腾蛟镇“昌盛繁荣”而得名，2000年命名。东南起昌荣南路，西北至腾龙路，长850米，宽15米，系支路。

昌荣南路　因位于昌荣路南侧而得名。建于2000年，西北起昌荣路，东南至腾蛟大道，长100米，宽12米，系支路。

腾龙路　原为腾蛟至文成县石龙公路，1988年命名为腾龙路。西北起腾蛟大桥，东南至商贸东路，长700米，宽9米，系支路。

腾龙东路　腾龙路东段，2000年命名。西北起商贸东路，东南至凤翔路，长400米，宽12米，系支路。

龙飞路　期盼腾蛟经济如龙腾飞而名。1984年修建，南起凤翔路，向北往西折民安路，长400米，宽15米，系支路。

龙飞南路　因处龙飞路南段而得名。1984年修建，北起城中东路，南至凤山东路，长170米，宽10米，系支路。

凤翔路　1988年命名，寓意“龙凤呈祥”。北起腾蛟街，南至凤山村，长1000米，宽12米，为次干道。

邮电路　因途中设有邮局而名。东南起自腾蛟大道，西北至腾龙路。长500米，宽12米。系支路。

商贸路　因道路两侧均为商铺，故名，2000年命名。东起凤翔路，西至小路，长300米，宽15米，系支路。

亭子路　古路，因路边有亭而名。东起石香炉，西至腾带桥，长1500米，宽3米，系支路。

2012年腾蛟镇一般道路街巷一览表

表6-4-9

标准名称	起止点	长度(米)	宽度(米)	建成(命名)年度
华盛路	北起商贸东路　南至城中东路	95	8	2000年
联安路	西起腾龙路　东至连安桥	350	5	2003年
雁庄路	东起凤翔路　西至平棋村	300	12	1988年
金湖路	东起腾龙路　西至胭脂山	300	4	1988年
黎明路	南起城中路　北至商贸路	50	9	2008年
吴山脚路	东起大山　西至顶溪桥头	480	3.5	2008年
驷马内路	西起驷马内桥　北至后甲	280	2.8	2008年
后甲路	起驷马电站　至后甲岭桥	150	2.5	2008年
民安东路	西起民安路　东至岱山老桥头	180	4	1984年
东溪路	起腾带桥头　至村委楼	200	5.5	1988年
民安路	西南起腾蛟街　东北至岱山桥	200	8	1988年
后垟路	起塘溪　至后垟村			1988年
新河路		200	10	1995年
凤山东路	南起凤翔路　北至腾蛟中学	450	15	2000年

续表 6-4-9

标准名称	起止点	长度（米）	宽度（米）	建成（命名）年度
双凤北路	北起城中东路　南至凤翔路	120	6	2008年
汇源路	南起腾蛟大道　北至城中路	100	10	2008年
龙华西路	南起腾蛟大道　北至城中路	100	12	2008年
茂盛路	南起腾蛟大道　北至城中路	80	10	2008年
新力路	西北起龙飞路　东南至民安桥头	200	10	1988年
东溪路B巷	起东溪路11号　至B巷15号	100		2008年
东溪北路	起村委会　至田边	120	4	1999年
湖中路	起白承恩墓　至湖窦内	500	7	1993年
湖中南路	起上门屋　至白氏宗祠	300	5	2009年
银坑路	起五亩　至亭			1993年
联源东路	南起联源东路1号　北至联源东路88号	715	4.5	1995年
联源西路	南起联源西路1号　北至联源西路114号	410	4	1995年
联源中路	南起联源中路1号　北至联源中路31号	130	4	1995年
振兴北路	南起振新路　北至平棋村	200	4.5	2008年
振兴南路	南起振新路　北至平棋村	200	15	2008年
天翔路	南起振新路　北至龙凤山	250	12	2000年
塘安路				1995年
腾溪中路	东起腾溪村　西至鹤溪	500	4	1995年
腾溪西路	南起腾溪新河路　北至腾溪中路			1995年
腾溪东路	南起腾溪中路　北至凉棚脚	100	3	1995年
腾翔路		68	5	1995年
南丰路	起南桥路　至南洋路	230	1.7	2000年
南平路	起南桥路　至南凤桥	80	2.8	2000年
振兴路	东起凤翔路　西至山尾村	120	12	2000年
繁华路	西南起腾龙路　东北至驰马路	150	3	1988年
南安路	起南洋路　至南陀村	110	2.6	2000年
南桥路	起南陀大桥　至南洋路	170	3.5	2000年
幸福路	北起昌荣路　南至龙华街	80	10	2008年
鹏昌路	城中东路后	40	8	2008年
安吉路	南起城中路　北至商贸路	45	8	2008年
新昌路	南起腾蛟大道　北至腾龙社区	60	14	2008年
建新路	南起城中路　北至商贸路	45	8	2008年
青腾路	东起青湾口　西至萧氏宗祠	1900	16	2011年
凤山路	起凤翔路　至腾蛟二中			1988年
双凤路	起城中东路　至学府路	230	11	2000年
腾蛟路	南起凤翔路　北至腾带路	600	3.5	1990年
振兴巷	东起凤翔路　西至山尾自然村	80	8	2000年

续表 6-4-9

标准名称	起止点	长度(米)	宽度(米)	建成(命名)年度
龙安巷	西起凤安街　东至龙飞南路	120	28	2000年
凤仪巷	东起凤安街　西至凤翔路	80	20	2000年
育才巷	东起城中东路　西至学府路	180	4.5	2008年
郑家巷	南起凤鹤路　北至欧南路	50	4	1988年
新苗巷	南起凤鹤路　北至欧南路	100	4	1998年
玉湖一巷	东南起水沟边　西北至溪边	150	6	2008年
玉湖二巷	东南起金湖路　西北至溪边	150	8	2008年
友谊巷	南起昌荣路　北至腾龙路	120	2	2000年
丰谷巷	东起友谊巷　西至昌荣路	100	4	2000年
康乐巷	东起腾龙路　西至田边			2008年
日升巷	东起腾龙路　西至田边	120	10	2008年
兴中巷	东起腾龙路　西至田边	30	8	1988年
东溪路A巷	南起腾带桥头　北至东溪东路	100	3	1997年
如意巷	东起腾龙路　西至田边	150	8	1998年
吉祥巷	北起如意巷　南至镇前巷	100	7	1998年
豆坊巷	东起腾蛟街　西至腾龙路	100	5	1988年
永安巷	东起腾蛟街　西至腾龙路	80	7	1988年
永乐巷	东起凤鹤路　西至腾蛟街	100	3	1988年
新河一巷	腾溪边改为新河一巷	30	2	1995年
新河二巷	义井边改为新河二巷	120	2	1995年
新河三巷	厚成路改为新河三巷	60	2.5	1996年
宝兴巷	东起繁华路　西至益大巷	120	4	2008年
腾联巷	东起宝兴巷　西至益大巷	35	6	2008年
腾龙北路	北起57省道桥头　南至后甲	1000	4.5	1988年
凤鹤路	西起腾蛟街　东至腾带大桥			1988年
凤鹤东路	东起大桥腾带桥头　西至腾带村石板桥	188	6	1990年
凤翔南路				2001年
学府路	东起腾蛟一中　西至凤翔路	350	20	2000年
镇小路	南起腾蛟大道　北至腾龙路	500	11	2011年
菜场街	南起龙飞路　北至繁华路	300	12	2011年
商贸中路	世贸市场中心位置	150	12	1988年
商贸东路	西起凤翔路　东至凤安街	70	9	2000年
瓯南路	南起凤鹤路　北至菜场街			1988年
站前路	东起凤翔路　西至龙华西路	380	12	2008年
站北路	东起凤翔路　西至龙华西路	150	12	2008年
兴华路	东起凤翔路　西至龙华西路	150	12	2008年
龙华街	南起城中路　北至昌荣路	250	12	2000年

续表 6-4-9

标准名称	起止点	长度(米)	宽度(米)	建成(命名)年度
环溪路	南起凤鹤路　北至龙飞路			1986年
环溪东路	南起腾蛟大道　北至凤鹤路	110	6	2000年
驰马路	东起民安桥头　西至驰马桥头	300	2.5	1988年
凤安街	北起城中东路　南至凤山东路			2000年
镇前巷	南起凤翔路　北至腾龙路	200	5	1988年
新兴巷	起凤安街　至龙飞南路	120	13	2000年
玉湖巷	起腾龙路　至金湖路	170	6.5	2000年
宫后巷	起菜场　至龙飞路			1988年
益大巷	起腾蛟街　至驰马街			1994年
打铁巷	起腾蛟街　至驰马路			1988年
广泰巷	起联安路　至华盛路			1988年
保健巷	起驰马路　至繁华路			

说明:资料由县民政局提供

第四节　万全镇

位于县境北部。2010年设镇,由郑楼镇、宋桥镇、县轻工园区、县第一农场组建。2011年,撤销榆垟镇和宋埠镇,并入万全镇。

城镇建设

郑楼社区(原郑楼镇)在20世纪80—90年代逐渐形成商务礼品市场,开始新城镇建设。20世纪80年代,建成长360米的建设路,1991年,建成长1290米的振兴路。1996年、1997年建成商品房147间,面积28030平方米,并开发振兴路为礼品街。1998年,长2118米的郑林路建成。2009年,38米宽礼品园区大道和1号桥、2号桥梁竣工。2010年,经六路、纬四路、经五路等建设立项。2011年,部分道路及配套设施建成。12月,投资近亿元的郑楼商贸城项目奠基,开始兴建。2012年,专门从事经营商务礼品的共有500余家,从业人员11000余人。是年,万全镇政府投入1000万元完善市场规划,编制郑楼老城区控规等8项规划。中心区出让商住地块近6公顷。

城镇道路

2012年年末,万全镇主要街道有郑楼兴隆路、郑林东路、郑林西路、振兴西路、振兴东路、振兴南路、府前路、邮电南路、农大路、郑宋大道、万祥路、万达路、万盛路、万福路、兴平路、兴阳路。

兴隆路　寓意“兴隆发达”,建于2007年。南起迎宾大道,北至万顺路,长4985米,宽30米,为主干道。

郑林东路　因处郑楼林垟路东段,故名。建于1995年,东起兴川路,西至农贸路,长1688米,宽30米,为次干道。

郑林西路　因处郑楼林垟路西段,故名。建于1995年,东起农贸路,西至田边,长478米,宽30米,为次干道。

振兴西路　建于2003年。东起振兴桥,西至平瑞路,长2030米,宽20米,为次干道。

振兴东路　建于2003年。东起校前路,西至振兴桥,长1000米,宽20米,为次干道。

振兴南路　建于2003年。南起河滨北路,北至振兴东路,长122米,宽10米,为支路。

府前路　建于2000年,位于镇政府前而名。南起镇政府,北至郑林东路,长500米,宽10米。

邮电南路　位于郑楼邮政局南侧而名。建于1992年,东起府前路,西至兴达大楼,长150米,宽10米,为支路。

农大路　建于2003年。南起镇前街,北至万瑞路,长1080米,宽6米,为支路。

郑宋大道　因连接郑楼和宋桥，故名。东起兴川路，西至运河路，长4400米，宽38米，为主干道。

万祥路　寓意“万事祥和”。建于2005年，东起兴川路，西至运河路，长4350米，宽30米，为主干道。

万达路　寓意“发达兴旺”。建于2005年，东起兴川路，西至运河路，长4330米，宽50米，为主干道。

万盛路　寓意“繁荣昌盛”。建于2005年，东起兴川路，西至运河路，长4350米，宽30米，为次干道。

万福路　寓意“幸福吉祥”。建于2005年，东起兴平路，西至兴阳路，长550米，宽12米，为支路。

兴平路　寓意“振兴平阳”。建于2005年，南起迎宾大道，北至郑宋大道，长3192米，宽25米，为支路。

兴阳路　寓意“振兴平阳”。建于2005年，南起迎宾大道，北至万瑞路，长4979米，宽40米，为次干道。

第五章　新农村建设

2004年，平阳县实施“十村示范、百村整治”工程，2009年，首批25个村开始“优美乡村”创建，2010年，启动农房改造集聚建设。

第一节　村庄整治

2004年，县委、县政府出台《关于开展“十村示范、百村整治”的实施意见》和《关于加快平阳县市级小康示范试点村建设步伐的若干政策意见》，要求从道路硬化、路灯亮化、卫生洁化、家庭美化、环境优化等方面入手，分类分批推进“十村示范、百村整治”工程建设。成立以县长为组长、各单位负责人为成员的县“十村示范、百村整治”工程领导小组，下设办公室。是年，58个村启动“十村示范，百村整治”工程。

2005年，全县完成村庄规划编制51个，示范村启动12个，完成6个，其中宋桥镇栏杆桥村、郑楼镇郑三村、昆阳镇前爿村被命名为浙江省全面小康建设示范村，昆阳镇垟岙底村、凤巢乡硐桥头村、榆垟镇中镇村被命名为温州市全面小康建设示范村。启动村庄整治139个，完成32个，并通过温州市验收。是年，加大对欠发达乡镇财政支持和政策倾斜。全年新建、续建晓坑高堡、怀溪垟边、凤巢等移民点3个，下山移民665户、2167人，半数以上下山劳动力实现转产转业。

2006年，整治125个村，其中67个村被评为市级“村庄整治合格村”，15个村为市级“全面小康建设示范村”，7个村为省级“全面小康建设示范村”。至2006年年底，累计参加整治的村庄322个，102个村被评为“村庄整治合格村”，22个村被评为温州市“全面小康建设示范村”。11个村被确定为浙江省“全面小康建设示范村”。

2007年，有36个村获得市级“村庄整治合格村”称号，4个村完成省级“全面小康建设示范村”创建工作、7个村完成市级“全面小康建设示范村”创建工作，10个村完成整治规划，宋桥镇、郑楼镇、昆阳镇水亭办事处连片村庄整治工作基本完成。是年，加大农村垃圾集中收集力度，新建垃圾中转站1个，新增垃圾箱4439个，55%以上的建制村配有专职保洁员。完成清水河道52.15千米，拆除露天粪坑305个，新建公厕71所，农村卫生厕所普及率达到75.53%，消除“赤膊房” 6.2万平方米，建设新房7.7万平方米，新增绿化面积16.6万平方米。至年底，全县建成省级特色村1个，市级特色村1个，市级示范点5个，县级特色村3个，县级示范点10个。

2008年，对“十村示范、百村整治”工程建设进行提升，要求以道路硬化、垃圾收集、污水处理、卫生改厕、村庄绿化为目标，推进新一轮村庄整治工作。至2012年年底，全县共完成市级整治村448个，省级整治村278个，创建市级全面小康示范试点村35个，创建省级全面小康示范试点村14个。万全镇榆垟、郑楼、宋埠社区，鳌江镇梅源社区、水头镇朝阳社区、顺溪镇、顺溪镇吴垟社区、昆阳镇水亭社区8个单位完成连片整治工作，完成18个已整治提升村建设，凤卧镇、青街乡、昆阳镇坡南街被评为温州市第一批历史文化名乡镇(街区)。“十村示范、百村整治”工程开展以来，省、市、县三级财政累计投入工程建设资金8100余万元，其中省财政补助资金3500余万元，市财政补助资金1500余万元，县财政配套补助资金3100余万元。

第二节　优美乡村建设

“优美乡村”行动

2009年，县委下发《关于全面开展优美乡村行动的实施意见》，要求在“十村示范、百村整治”工程建设基础上，通过若干年努力，最终使全县的建制村达到“村容村貌洁净，基础设施配套，公共服务完备”。是年，首批25个村开始“优美乡村”创建，8个乡镇建成了社区服务中心。

2010年，各试点镇村投入建设资金1210万元，建成桥梁1座、水泥路4千米，绿化带2000平方米，安装路灯96盏，配健身器材8套。是年，全县累计发展农家乐休闲旅游村（点）112个，投资规模5911.8万元。全年接待游客158.6万人次，营业收入7650万元，分别比2009年增长21.1%和44.3%。评定农家乐星级经营点46个（其中二星级28个、三星级18个）。县级农家乐示范点36个、特色村5个，市级农家乐示范点8个、特色村2个，省级农家乐示范点1个、特色村1个。通过实施农村康庄工程、道路联网和农村道路硬化工程，农村通村路“安保”设施得以完善。

2011年，命名2010年优美乡村行动精品村2个（水头镇龙涵村、鳌江镇岭根村）、重点创建村7个、特色产业村9个。完成农村困难群众危旧房改造780户。成功创建国家级生态乡镇2个、市级以上生态乡镇19个。至年底，等级通村公路100%，客运班车通村率74.16%以上。农村安全饮用水工程实施力度加大，生活污水治理水平提升，历年累计解决42.7万人饮水困难。

2012年，成立县美丽乡村建设领导小组，理顺管理体制。同时把实施优美乡村行动、“十村示范，百村整治”和污水全覆盖工程、农村改厕工程、森林村庄建设工程、农房改造工程等工作紧密结合起来。是年，命名2011年优美乡村行动精品村5个（昆阳镇雅村、鳌江镇岭根村、水头镇龙涵村、萧江镇河峥村、南雁镇堂基村）、重点村8个、特色村17个；启动2012年优美乡村创建村46个（其中精品线路1个）、省级待整治村80个、市级待整治村32个、中心村建设9个。2013年，命名2012年优美乡村行动精品村5个（昆阳镇新欣村、萧江镇永门村、腾蛟镇腾带村、万全镇北厂村、顺溪镇俞思坑村）、重点村6个、特色村32个。

农村垃圾收集和污水处理

2008年，县出台《平阳县农村生活垃圾收集处置实施方案》，县财政每年安排600余万元资金，在全县农村开展生活垃圾收集处置工作。通过3年努力，全县生活垃圾实现“户三包、村收集、乡镇中转、县统一处理”的运作模式。至2012年，全县共投入近4200万元，600个行政村全部开展农村生活垃圾收集处置工作。

2010年，县政府印发《平阳县农村生活污水处理工作实施意见》，县财政每年专门安排1600万元资金，并成立农村生活污水处理工作领导小组办公室负责该项工作。全县农村生活污水通过“厌氧+人工湿地”、微动力和“滴滤塔+人工湿地”等技术的模式，全面推进农村生活污水处理设施建设。2010年，顺利启动实施63个农村生活污水处理全覆盖工程建设，工程总处理能力2458吨/日，共投资1603万元。2011年，在全县90个村开展工程建设，工程总处理能力3737.5吨/日，总投资3190万元。2012年，立项72个项目，日处理能力2600吨/日，总投资2648万元。至年底，农村污水处理项目共计投入近4000万元，其中县财政共计投入2266.97万元。

第三节　农村住房改造

2010年1月，成立平阳县农村住房改造建设办公室。2011年7月，县委制定出台《平阳县加快推进农房改造集聚建设的实施意见（试行）》，提出进行农房改造集聚建设。明确旧村改造、危房改造、移民工程、宅基地置换、农房改造集聚建设、产权流通、规费减免、审批制度等方面的配套政策。是年，编制《县域村镇布局规划》及《“1+X”空间布局规划》并将其纳入《平阳县县域总体规划》，确定全县的10个“1”（即中心镇区），30个“X”（即新社区）。编制《“十二五”城乡建设用地增减挂钩规划》，确定各镇乡“集聚点（建新区）”和“被集聚村（拆旧区）”的位置、数量和各镇（乡）城乡建设用地增减挂钩的任务数。根据行政区划调整，组织编制了10个中心镇的总体规划和30个“X”（即新社区）的《新社区建设规划》。全县所有中心镇都成立新农村建设投资有限公司，总注册资金2.55亿元。其中，昆阳、鳌江、水头、万全分别为5000万元，萧江为3000万元，腾蛟、麻步、山门、顺溪、南雁分别为500万元。

2012年，完成《平阳县农房改造集聚建设中长期规划（2012—2020年）》和县域内《农房改造集聚区布点规划》，确定了36个集聚区（昆阳镇5个、鳌江镇8个、水头镇5个、万全镇4个、萧江镇3个、麻步镇3个、腾蛟镇3个、山门镇3个、顺溪镇1个、南雁镇1个），14个居住小区类（用地规模300亩以上、容纳人口1万～1.5万），22个居住组团类（用地规模300亩以下、容纳人口0.1万～0.3万），总用地规模9385亩，可容纳户数86155户。是年，全县启动112个“村房两改”项目。其中，新开工90个，计18822套；结顶或部分结顶100个（包括82个新开工项目），计17940套；搬迁86个（包括82个新结顶项目），计13321套，完成农房改造集聚建设16357户。

第四节　农村节能

1989年，全县生活用耗能折标准煤15.95万吨，生产用耗能折标准煤5.8万吨。生活用耗能折标准煤15.95万吨中，薪柴折标准煤7.9万吨，秸秆折标准煤7.7万吨，合计占生活用耗能的98.8%。成品油和电力折标煤2032吨，仅占生活用耗能的1.2%。

1990年7月，县农村能源办公室开始在全县推广省柴灶建设，至1992年，全县推广省柴灶建设累计达120153户。1995年，成立县农村能源综合建设领导小组，次年制定并开始实施《平阳县“九五”农村能源综合建设规划》。1996年4月，平阳县列为全国农村能源综合建设县。6月，县农村能源综合建设领导小组成员充实调整，成立17个项目实施小组。1997年10月，建立21个乡镇农村能源技术服务站。2000年11月，平阳县“九五”农村能源综合建设项目通过国家级总验收。“九五”期间，全县投入项目建设资金2.07亿元，完成农村能源综合建设17个项目，新增年节（供）能量18.89万吨标准煤，5年累计节（供）能量35.21万吨标准煤，实现年直接经济效益5512.84万元。

1999年，县政府印发《关于平阳县推广生活污水净化沼气池暂行规定》通知。2001年，完成郑楼镇陈交大村秸秆气化工程试点，成立宋桥民旺和水头奋发两家轻烃燃气民用燃料有限公司。2007年，申报农村沼气国债项目，项目总投资471.1万元，其中，中央投资107.68万元，地方投资94.22万元（省、市财政配套66.1万元，县财政配套28.12万元），农户自筹269.2万元。该项目牵涉8个乡镇25个行政村，项目实施期限为2008年年底。2008年，全县开始全面治理畜禽养殖排泄物。2009年，建成5个联户沼气工程项目，供气户数320户。2010年，建立县级沼气后续服务中心1个，村级沼气服务网点19个。2010—2011年，完成腾蛟镇霞山牧业有限公司沼气综合利用工程建设项目。2012年，建设顺溪镇余思坑村、萧江镇兴源村、鳌江镇岭根村等3个沼气集中供气工程，供气用户225户。1989—2012年，全县建设生活污水净化沼气池1756处（共95754立方米），生态公厕222座，建设畜禽养殖沼气工程105处（共30240立方米）。2012年，年产沼气503万立方米。2004—2012年，全县建设生态能源示范村47个；推广节能太阳能路灯345盏，空气节能热水器1607台，太阳能热水器73980平方米。

第七卷

DI QI JUAN

《平阳县志（1989—2012）》

PINGYANG XIAN ZHI

交通运输

第一章　铁　路
第二章　港　口
第三章　公　路
第四章　公路与水路运输
第五章　交通运输管理
第六章　交通运输企业

1971年，平阳县设立县交通邮政局，1975年分设县交通局。2010年4月，县交通局办公地点从原县府大院搬迁至昆阳镇雅山村昆雅路。2011年12月13日，县交通局更名为县交通运输局。其下属事业单位有县交通工程建设总指挥部、县港航管理局、县道路运输管理局(县公路稽征所)、县公路管理局(县公路路政管理大队)、县交通工程质量监督站、县渡口安全管理办公室、县交通工程勘察设计室、县非机动车辆管理站、县四自工程征费处(县104国道九凰山隧道收费站)、县货物配载管理所。县交通运输局是县境内主管公路和水路交通运输行业的县政府工作部门。

"八五"(1991—1995)期间，全县建成县乡公路13条，通车里程69.45千米，全县34个乡镇全部通车。"九五"(1996—2000)期间，新建、改建公路152.50千米，全县道路主骨架建成。"十五"(2001—2005)期间，全县基本实现经济重镇半小时交通圈目标。2003年全县实施康庄工程，至2006年全县所有行政村全部通上公路，截至2012年年底，全县村道公路1009.82千米。2011—2012年，全县交通工程建设完成投资20亿元。全县交通运输系统以"构建综合交通网络，提升综合交通能力"为目标，构建对外快速融入、对内便捷畅通的综合交通网络。104线国道郭庄至陈家垟、昆阳至宋埠公路、昆阳至鳌江公路、57复线工程相继开工。57省道改建工程二期、鳌江千吨级多用途码头、瓯南大桥、鳌江陆岛交通码头迁建工程、麻步大桥改建工程、桃源大桥相继建成并投入使用。水南公路、钱梅公路改建工程、麻步二桥、麻步三桥，南雁笠湖大桥、南麂环岛公路、凤卧红色旅游公路、吴垟至苍南天井公路等工程建成通车。截至2012年年底，全县境内公路总里程1526.37千米。1989年鳌江港口吞吐量37.5万吨，至2012年达171.61万吨。2007年，鳌江港纳入温州港，更名为温州港平阳港区。

1994年5月，鳌江港经省政府批准为国家二类口岸和台湾渔轮停泊点，并在鳌江镇设立海关、商检、口岸等涉外机构，使鳌江港具备对外开放条件。2003年，甬台温高速公路平阳段建成通车，构筑平阳通往省城的四小时交通圈。2005年，温福铁路平阳段开工，2009年9月28日，鳌江(平阳)火车站正式开通运营。2011年12月，温州绕城高速公路西南线暨北线二期工程开工。

第一章 铁 路

温福铁路系铁道部和浙江省、福建省合资建设的国家重点建设项目。铁路全长312千米，双线、电气化，速度目标200千米/小时(预留250千米/小时)。2009年9月28日，温福铁路建成开通运营。温福铁路平阳段全长27.04千米，工程造价17亿元(不包括地方配套项目和征地拆迁补偿投入)。

第一节 铁路建设

2004年3—5月，铁道部第四勘测设计院120余人测量队伍进驻平阳进行定测工作。8月，铁道部在北京召开温福铁路初步设计审查会议，同意平阳段设计方案。9—12月，铁道部第四勘测设计院150余名技术人员在平阳工作4个月，完成补充测定和地质详勘任务。是年底，温福铁路浙江段在瑞安市举行开工典礼。平阳段于2005年正式开工，北起宋桥湖岭村和瑞安段相接，南至萧江上宅村与苍南段相连。截至2007年8月，平阳县铁路征迁工作全部完成，铁路工程征用土地120.62公顷，其中主线用地78.39公顷，安置用地35.71公顷，"三改"(改建、改造、改线)用地6.52公顷；平阳段总拆迁建筑面积126963平方米，其中拆迁约1000间民房计84428平方米、21家企业厂房31028平方米、两所学校9408平方米、8家庙宇2099平方米，迁葬4094穴坟墓。

温福铁路平阳段途经宋桥、昆阳、鳌江、钱仓、萧江等5个镇47个村，线路以桥梁为主，占总线路79.15%，包括平阳特大桥、昆阳特大桥、垂阳特大桥、鳌江特大桥4座。其中，平阳特大桥长7279米、昆阳特大桥长3309米、垂阳特大桥长3135米、鳌江特大桥长11036米。鳌江特大桥为温福线最长桥梁。途经隧道有鸣山、九凰山、荆山、钱仓等4个，其中鸣山隧道长460米、九凰山隧道长2206米、荆山隧道长200米、钱仓山隧道长559米。隧道总长度占总线路12.67%。过渡地段和填方路基占总线路的10.39%。平阳段工程于2005年8月开工建设，2008年10月，线下工程全部完工，隧道全部贯通，车站基础土石填方完工，共完成钻孔桩6054根，承台741个，墩身726座，隧道3425米，土石填方799611平方米。2008年12月，站房、站台开工建设。2009年1月，境内铺轨完成。2009年5月，电气化的接触网、AT所(牵引网采用AT供电方式时，在铁路路线每隔10千米左右设置一台自耦变压器AF，该设置处称AT所)、分区所、通信的基站、铁塔、柱塔以及轨道检测全部完成。2009年7月1日，货运列车试运行。

第二节　铁路运输

2009年9月28日，温福铁路动车组列车正式开通。初时开通福州—上海每日往返2个班次；福州—杭州2个班次。12月20日，增开杭州—苍南2个班次；福州—温州共4个班次；福州—宁波共4个班次；经过鳌江站合计14个班次。至2012年年底，每日开通30班次。2009年9月至2012年年末，鳌江站旅客发送120万人次，货运未开通。

2009年9月28日鳌江火车站通车典礼

第三节　鳌江站区

温福铁路平阳段设立鳌江车站，站区设在鳌江镇荆溪村一带。2004年8月，铁道部通过扩大鳌江火车站设计规模和进一步完善站区功能的鉴定意见，并且确定鳌江站按副地(市)级站场等级配置。鳌江站在全线9个客货两用站中规模等级仅次于温州市区车站，是温福铁路线二级站，具备始发车条件。站区长度2150米，车站按横列式布局，共设有到发线6条(含正线)、预留线2条，货场货物线2条、预留线1条。铁道部核准鳌江站站房建筑面积5000平方米，运输能力为年发送旅客185万人次，货运近期135万吨、远期208万吨。考虑铁路站房与站前小区规划相协调，经县方与路方协议，将站房建筑面积扩建至8000平方米。

鳌江火车站配套建设站前区。站前区位于鳌江市区北部，东南以104国道为界，西北以温福铁路为界，南至荆溪路，北至鸽巢河，整个区域总用地面积约332.50公顷。其中，城市建设用地面积约308.70公顷，水域面积约23.80公顷。鳌江火车站站前区距鳌江出海口约6千米，距龙港镇4千米，距温州机场50千米，距沈海高速6千米。2010年，鳌江火车站站房建成投入使用，火车站大道、广场路、站前广场一期等工程均同期建成。

第二章　港　口

县境内有鳌江港、南麂港。1989年，鳌江港口吞吐量37.6万吨，受宏观经济调控影响，1991年下降至33.8万吨。1994年以后，随着区域经济对港口依存度的上升，港口吞吐量逐年回升。尤其是2000年以后，吞吐量迅速增长。2003年，鳌江港(北岸)吞吐量95.2万吨。2010年，最高达215.9万吨，2012年，达171.61万吨。

第一节　鳌江港

位于浙江省温州市鳌江下游。港口沿海航线可达上海、大连、宁波、汕头、深圳、泉州、连云港、青岛、天津、秦皇岛、烟台、营口、丹东等沿海港口城市，西进长江可直抵九江、武汉、南京等地区。另外，还有定期高速客轮通往南麂列岛。

新中国成立初期，鳌江港是浙江省五大联运港之一。1989年，港区拥有码头仓库面积3850平方米，露天堆场7000平方米。其他交通外延单位在港区拥有仓库面积40486平方米，露天堆场20370平

鳌江港千吨码头（2012年）　　陈永琢　摄

方米。1994年5月，经省政府批准为国家二类口岸和台湾渔轮停泊点，并在鳌江镇设立海关、商检、口岸等涉外机构，使鳌江港具备对外开放条件。2007年，按照国家"一城一港"的要求，鳌江港纳入温州港，更名为温州港平阳港区，成为温州港"一港七区"的重要组成部分。

2008年5月，《温州港平阳港区控制性详细规划》将平阳港区功能定位为鳌江中下游地区水上客运中心，以平阳及相邻文成、泰顺等县地方物资运输和服务临港工业为主，是鳌江中下游地区经济发展的水上客货出海通道。港区主要由鳌江作业区、下厂陡门作业区和西湾作业区3部分组成。

1989—2012年平阳港区（鳌江港）吞吐量情况一览表

表7-2-1　　单位：万吨

年　份	吞吐量	年　份	吞吐量	年　份	吞吐量
1989年	37.5	1997年	36.88	2005年	118.9
1990年	32.9	1998年	46.31	2006年	115.8
1991年	33.8	1999年	52.28	2007年	139.6
1992年	36.5	2000年	51.88	2008年	181.0
1993年	42.7	2001年	66.38	2009年	177.3
1994年	46.1	2002年	85.91	2010年	215.9
1995年	48.03	2003年	95.2	2011年	203.63
1996年	45.31	2004年	83.8	2012年	171.61

说明：资料由县交通运输局提供

2012年，平阳港区鳌江境内拥有客货运码头27座，按照设计靠泊能力可分为1000吨级、500吨级、300吨级以及小于300吨级的码头；按照使用功能可分为石化码头、危化码头、散货码头、建材码头、客运码头等。

2001年7月，鳌江千吨级多用途码头经县计划委员会立项批复建造，2004年3月19日开工建设，11月18日完工，2005年11月29日交工，经温州市交通工程质检站评定为优良工程。码头平台长94米，宽25米，栈桥两座，东栈桥长52米，宽8米，西栈桥长47米，宽8米，设计年吞吐量20万吨。

平阳（鳌江）至南麂客运码头工程新建为2个300吨级兼靠1个500吨级客运泊位。主要建设内容是购置、制作、安装40米×9米混凝土船2艘及相应钢引桥、钢撑杆、锚泊设施，新建撑墩3座、桥台1座，长113.28米、宽7米栈桥1座，采用浮码头结构型式；陆域用地4340平方米，建设客运站房、停车场等配套设施，客运站房总建筑面积2833平方米。工程概算总投资2480万元。工程于2010年6月29日开工，2012年1月9日竣工验收，交付使用。港口未设置明确锚地。

鳌江河口是一个径流量小而潮波变形剧烈的强潮河口。平阳港区河宽仅300米左右，而河口宽则达10千米以上，是典型的喇叭形河口，口门发育着庞大的拦门沙。

平阳港区航道分为外航道和内航道。自龙港大桥至狮子口为内航道，长约10千米，平均河宽300米，水深1.5～2.5米。最高潮位6.60米，最低潮位-0.44米，最大潮差6.42米，最小潮差1.03米。狮子口至头屿为外航道，长约12千米，航道水深不足1米。河口外航道跨拦门沙浅滩，严重阻碍船舶通航能力，300吨级以上船舶需乘潮进出港口。

第二节　南麂港

位于南麂列岛中南部，西距鳌江30海里，距温州55海里，东面距基隆港140海里。南麂岛是浙江省距离台湾最近的岛屿，距钓鱼岛170海里，也是全国距离钓鱼岛最近的岛屿。1991年，南麂岛国姓岙被省政府批准为台轮停泊、避风和贸易口岸。

南麂港是南麂岛水上唯一交通枢纽，主要承担南麂岛民、驻岛工作人员以及游客的进出岛服务。

鳌江南麂陆岛新客运码头 2011 年 7 月 19 日揭牌启用

有交通码头2座。300吨级客货轮码头于1986年经省交通厅批准建设，码头平台长50.4米，宽8米，引桥长42.2米，宽6～14米。该码头由平阳县第二建筑工程公司第五工程队承建，1987年3月开工，1988年7月建成投入使用。2000年，经省交通厅批准同意在原客货轮码头西侧63.5米处新建500吨级客运码头。码头平台长33.6米，宽8.4米，栈桥长63.1米，宽8米。码头由永嘉县交通工程有限公司承建，合同造价242.9万元，于2001年6月开工建设，2003年1月竣工。1989年，南麂港客流量为2.5万人次，2012年达13.8万人次。

南麂港进港航道长2千米，最宽处8000米，最狭窄处1800米，平均宽5100米，水深处7米，水浅处0.7米，平均水深2.87米。

1989—2012 年南麂港客流量情况统计表

表 7-2-2　　单位：万人次

年　份	客流量	年　份	客流量	年　份	客流量
1989年	2.5	1997年	5.9	2005年	10.2
1990年	2.0	1998年	5.3	2006年	12.9
1991年	4.0	1999年	5.7	2007年	12.6
1992年	3.8	2000年	4.5	2008年	12.8
1993年	6.1	2001年	6.4	2009年	11.5
1994年	6.3	2002年	7.0	2010年	11.0
1995年	6.8	2003年	5.4	2011年	13.4
1996年	7.0	2004年	7.7	2012年	13.8

说明：资料由县交通运输局提供

第三节　港务监督

1989年4月，组建鳌江港务监督，负责鳌江水系交通安全监管。平阳航管所、苍南航管所在各自的行政区域负责原有的职能及内河交通安全监管，温州航运管理处鳌江办事处名称保留，下辖平阳航管所、苍南航管所。

1998年，全国水监体制改革全面启动，将沿海、港口水域以及内河的水上交通安全监督管理职能移交国家海事局，实行垂直管理。2001年6月16日，温州鳌江海事处正式对外履行职责。

2004年11月，港航管理体制改革，将温州航运管理处与温州港务管理局合并，组建温州市港航管理局。平阳航管所于2005年更名为温州市港航管理局平阳分局，承担平阳县行政区域的港口、水路运输、航道等行政管理职能。

2011年1月，平阳港航指挥中心大楼落成，总建筑面积3326平方米，投资概算917万元，坐落于鳌江镇塘外村。

2012年8月，港航管理体制下放，实行属地管理。2013年1月，温州市港航管理局平阳分局改名为平阳县港航管理局，隶属于县交通运输局。

第三章　公　路

1988年，县境内公路总里程176.53千米。其中，104国道31千米，626省道29.9千米，县道9条73.93千米，乡道5条40.2千米，专用公路1.5千米。1989年，县境内公路总里程204千米，48个乡通公路，通乡率71%。2012年，县境内公路总里程为1526.37千米，其中国道线2条，计58.01千米（其中，G15沈海高速平阳境内27.39千米，G104国道京福线平阳境内30.62千米）；省道线（S230青岱线）1条，计25.37千米；县道20条，计302.36千米；乡道30条，计130.82千米；村道499条，计1009.82千米。县公路段专业养护总里程为511.46千米。

全县境内公路通车总里程1526.37千米，按技术等级分：高速公路27.39千米；一级公路25.23千米；二级公路43.72千米；三级公路41.72千米；四级公路497.79千米；准四级公路883.57千米；等外公路6.96千米。等级公路合计为1519.41千米，占全县公路通车总里程的99.54%。二级以上公路96.33千米，占全县公路通车总里程的6.31%。2012年，境内公路养护好路率达到92.66%，其中干线公路好路率为100%，县乡公路好路率为88.76%。

全县境内公路密度为145.23千米/百平方千米、17.45千米/万人。公路通乡率、通村率均为100%，通乡、通村铺装路面所占比重均为100%。

2012年平阳县道路网络结构情况一览表

表7-3-1　　单位：千米

公路等级	高　速	国　道	省　道	县　道	乡　道	村　道	合　计
小计	27.39	30.62	25.37	302.36	130.82	1009.82	1526.37
高速公路	27.39						27.39
一级公路		25.23					25.23
二级公路		5.39	25.37	10.68		2.28	43.72
三级公路				36.92	4.14	0.66	41.72
四级公路				254.77	126.68	116.34	497.79
准四级公路						883.57	883.57
等外公路						6.96	6.96

说明：资料由县交通运输局提供

第一节　高速公路

甬台温高速公路

甬台温高速公路平阳段是交通部规划建设的全国公路主骨架“五纵七横”的主干线之一，是沈海高速公路的重要组成部分。1993年，县政府成立沿海高速公路平阳段工程指挥部。1994年，省测绘局完成高速公路平阳段正线和萧江比较线的测绘。1998年12月18日，交通部批准平苍段工程可行性研究报告，同意路线走向。1999年1月19日，县成立温州市高速公路平阳段工程建设指挥部。2000年10月16日，交通部对同江（黑龙江）至三亚国道主干线瑞安龙头至苍南分水关公路初步设计进行批复。该批复确定，高速公路平苍段全长50.919千米（总概算27.8亿元），平阳段全长27.388千米（总概算16.43亿元）。另建萧江互通立交连线7.9千米。项目总工期4年。2000年12月28日，温州市政府在昆阳镇高山村举行甬台温高速公路平阳段昆阳互通立交区开工典礼仪式。2001年2月，甬台温高速公路平阳段启动建设。

建成的平阳境内高速公路长27.388千米，路基宽28米，双向四车道。征地3000亩，拆迁房屋14万平方米。地形、地质条件复杂，24.7千米路段由软基、隧洞、大桥组成。为了防止路基沉陷，用钢筋水泥筑成桥墩，其桩基最深达61米，最浅达10米。软地基处理按照常规，路基填筑到标准高度后，须经半年至一年的时间沉降，才能保证路基稳定。由于限定完成工程只有两年半时间，工程方研制软地基处理办法：一般路基采用塑料插水板，复杂地段进行粉喷桩处理，中、小桥梁的桥头不惜重金采用国内先进的真空预压联合堆载，克服了世界公认的软基难题。2003年12月31日，甬台温高速公路比原计划提前一年半开通。平阳段工程质量合格率达到100%，综合评定为优良。

温州绕城高速公路西南线平阳段工程

温州绕城高速公路西南线工程于2011年12月6日在万全镇瑶山村举行动工仪式。其中平阳段西起万全镇岭下村，经湖岭、宋桥、郑楼、宋埠4个社区，计20个村，两处农场，东至万全镇陡北村与瑞安市南滨街道阁一村交界。平阳境内主线全长9.98千米，设阁巷互通、万全枢纽、万全东互通加枢纽、

高速公路昆阳出口（2008年）　　谢跃进　摄

高速公路鳌江段（2012年）

湖岭收费站广场、东湾养护工区。工程主线采用双向六车道技术等级，设计速度为100千米/小时。2012年，温州绕城高速公路西南线平阳段工程完成投资2.31亿元。

第二节　国　道

104国道由北京至福建省福州，平阳县境内里程30.62千米。起点自孙桥，桩号为K1945+559，途经宋桥、西浦、郭庄、平阳良种场、九凰山隧道、流水坑、长山、贵德、钱仓、西炉、雅迴，终点为蔡家垟，桩号K1976+174。水泥路面30.62千米，路肩硬化29.30千米。桥梁36座，长1090.4米，九凰山隧道2座(南北通向1331米，北南通向1625米)，波形钢质防撞护栏双向里程共44.79千米，公路绿化中央隔离带25.79千米，路灯照明27.10千米。

九凰山隧道连接线及过境工程

1993年2月，104国道平阳城关过境段列为全省25项交通基础设施第一批“四自”（自行贷款、自行建设、自行收费、自行还贷）工程。县政府成立县重点工程领导小组，同时，成立104国道县城段改造工程指挥部。工程采用隧道改线过境方案，线路起点K1961+920，终于K1967+993.4，全长5.54千米，其中新建九凰山隧道1条，长1331米，比改造前原线路缩短538.8米。路线按新建平原微丘二级公路标准建设。1993年12月28日动工，1995年9月7日完工，核定工程造价6151.60万元。

104国道平阳段拓宽改建一、二期工程

1996年3月8日，举行104国道平阳段拓宽改建一期工程奠基仪式。一期工程投资6622.53万元，全长11.02千米，次年9月5日交付使用。1997年11月8日，104国道平阳段拓宽改建一期工程通车暨二期工程开工典礼大会在钱仓镇东江村举行。二期工程投资10588.3万元，全长14.1千米。1999年9月28日，二期拓宽改建工程通过省级验收，10月1日正式通车。

104国道平阳郭庄至陈峡垟段改建工程

2010年，省发改委批复立项，为省重点项目。线路起点于郭庄村，与104国道相接，设九凰山隧

104国道昆阳段（2012年）

104 国道萧江段（2012 年）

道1条，终点在陈峡垟村，与104国道相接，长约9.3千米。其中新建九凰山（单幅）隧道长约1625米，修复原九凰山隧道1331米；大桥331米1座，中桥409米6座。项目采用交通运输部颁发的《公路工程技术标准（JTG B01—2003）》一级公路技术标准设计，双向四车道。其中，起点至雅山小区段约6.2千米，兼顾城市道路功能，路基宽度33.5米；雅山小区至终点段约3.1千米，路基宽度24.5米。设计速度为80千米/小时，设计汽车荷载等级为公路Ⅰ级，桥涵和路基设计洪水频率1/100。概算总投资60156万元，工程用地654亩。工程于2011年6月开工建设。

第三节　省　道

S230省道（原57省道）平阳境内路段原桩号为K83+483～K113+477。2012年年底，根据省市交通部门规定，对改建完成后的路线走向、里程、桩号进行调整，调整后S230省道起终点桩号为K82+234～K107+602，全长25.368千米，起点为占基岭隧道与瑞安相连，终点为岱口与G104国道交接。技术标准为二级公路，设计行车速度为60千米/小时～80千米/小时，路面结构为双向四车道水泥混凝土路面，其中，K82+234～K84+860路基宽度为11米、路面宽度为9米，K84+860～K107+602路基宽度为18米、路面宽度为15米。全线共有桥梁14座，计536.4米，沿线途经腾蛟、水头、麻步、桃源、钱仓等人口密集城区，是北港片区出行的交通要道。

20世纪90年代末，S230省道经过两期较大规模改造，一期工程16.13千米，二期工程11.32千米。2012年，县境内省道共计25.37千米。

57省道詹家埠至岱口段拓宽改建工程（一期工程）

1997年12月，S230詹家埠至岱口段工程开工，里程16.13千米（其中440米衔接未拓宽改建的原57省道），建设标准为二级加宽。2000年，开始实施改建（原桩号K109+150～K112+000、K121+000～K125+281），工程通过省交通厅交通质量工程监督站组织的交工质量鉴定，被评为优良工程。2001年7月，工程（原桩号K112+000～K121+000）全线完工。工程为平原微丘二级公路，设计行车速度80千米/小时，路基宽度19.0米，共计投资8700万元。

57省道詹家埠至瑞安段张基岭拓宽改建工程（二期工程）

2002年，57省道张基岭至詹家埠二级公路（战备公路）改建工程开工。2005年，詹家埠至腾蛟工程完工，里程为7.02千米，路基宽度为18米，路面宽度为15米。2008年，腾蛟至瑞安界工程完工，里程为4.3千米，路基宽度为11米，路面宽度为9米，总投资1.17亿元。共计里程11.32千米。

57省道水头至萧江段复线工程

该项目为2011年省发改委批复立项的省重点项目。主线起点在平阳县水头镇仕静村，路经麻园、南湖乡、渔塘、麻步镇，终点为萧江镇张家山村，在104国道K1973+690附近与文成至平阳公路相接。项目主线长18.26千米，同步建设水头至詹家埠接线，长4.37千米，合计项目路线全长22.63千米。主线内隧道2条，计1029米，大桥888米/座，中小桥300米/9座；水头连接线内大桥165米/座。项目采用交通运输部颁《公路工程技术标准（JTG B01—2003）》二级公路技术标准建设，双向两车道，设计速度80千米/小时，路基宽12米，设计汽车荷载等级为公路－Ⅱ级，大中桥设计洪水频率1/100，小桥、涵洞级路基设计洪水频率1/50，工程概算总投资66493万元，工程用地766.72亩。工程于2012年4月开工建设，2017年初全线建成通车。其中，水头至詹家埠支线段4.37千米，与水头环城北路市政道路工程合并建设，投资概算2.8亿元。合并后命名为水头环城北路工程，起点位于57省道复线主线起点，终点位于凤三村，与57省道相交处。道路全长4.37千米，路幅宽度37米，横断面采用双幅"人行道+非机动车道+绿化带+机动车道"形式布置，路面采用水泥混凝土路面，大桥165米/座，行车时速50千米/小时。项目于2010年12月开工，2012年底实现半幅通车。

第四节　县道　乡道

至1988年，全县共有县道9条，总长73.93千米；乡道5条，总长40.2千米。"八五"(1991—1995)期间，全县建成县乡公路13条，通车里程69.45千米，全县34个乡镇全部通车。"九五"(1996—2000)期间，全县新建、改建公路152.5千米，通村简易公路1350千米，全县道路主骨架建成。2012年，县道20条，计302.36千米，乡道30条，计130.82千米。

县道

2000年前，县境内县道公路有下鳌线、占山线、104国道昆阳段老线。2000年后，有孙桥至宋埠、宋桥至湖岭、城东至新河、昆阳至江溪、昆阳至鳌江、钱仓至马屿、后林至南湖、显桥至腾蛟、矾岩至桂山、苔湖至顺溪、灵溪至内塘、灵溪至溪口、桥墩至南雁等线，是县境内专业养护县道。

文平公路平阳段　2001年，文成平阳段公路改建工程开工，投资6270万元。一期梅岭隧道至摇岭隧道段改建工程15千米，投资4500万元，2004年竣工。其中，瑶岭隧道至下路堡11.07千米为县道灵溪线路段范围，3.45千米为下路堡至梅岭路段，0.48千米为占山线路段。

昆宋公路　昆阳镇至宋埠镇公路改建工程，起点为昆阳104国道K1953+900处。路线经昆阳镇北区工业园、万全镇，终点为宋埠镇(社区)，与平阳城新公路相接，全长10.156千米。同步建设飞云江三桥连接线长953米，路线全长11.12千米，按一级公路标准施工，总投资为69002.4万元。工程于2012年3月12日进场开工，截至2012年年底，工程总投资额为25210万元。

2012年平阳县县道（20条）一览表

表7-3-2

路线简称	起讫地点		里程（千米）	修建时间（年）
	起点	终点		
下鳌线	下河	鳌江	2.12	1985
后南线	后林	南湖	13.96	1995
平鹤线	大南	占江	16.54	1995
钱马线	钱仓	南坪	15.64	1996
苔顺线	苔湖	顺溪	27.29	1997
桥南线	垟半岭	南雁	13.86	1997
显腾线	显桥	腾蛟	12.81	1998
梅下线	梅岭	下路堡	3.45	1999
飞宋线	阁一	宋埠	2.27	2000
高水线	岭门	水头	12.55	2000
宋湖线	宋桥	湖岭	3.04	2000
占三线	占家埠	山门	12.10	2000
城新线	城东	新河	41.39	2001
昆江线	昆阳	小湖岭	19.32	2001
上岙线	上周	岙底	3.30	2001
灵内线	渔池	内塘	33.79	2001
灵溪线	岭头	摇岭	29.27	2001
仰矾线	下林水库	矾岩	28.80	2001
萧龙线	萧江	山下垟	3.80	2003
凤马线	凤林	马头岗	7.06	2010
合计			302.36	

说明：资料由县交通运输局提供

乡道

1988年，全县有下宋至郑楼、水头至南湖、水头至内塘、显桥至腾蛟、南鹿公路等乡道5条，计40.2千米。2012年，有乡道30条，总长130.82千米。

2012年平阳县乡道一览表

表7-3-3

序　号	起讫地点		里程（千米）	修建时间（年）
	起点	终点		
1	藕莲	种玉	0.83	1972
2	转盘	隶头	3.99	1982
3	西塘	岩洋	8.26	1984
4	万全	水亭	2.69	1986
5	茶亭	榆垟	2.21	1987
6	黄泥山	宋埠	5.31	1987
7	晓坑	怀溪	2.71	1987
8	树贤	鳌寒	0.68	1988
9	闹村	上龚	11.82	1988
10	新码头	三盘尾	9.35	1988
11	三大寮	郑楼	8.38	1989
12	宋埠	练川	1.78	1989
13	山门	石牛坑	4.08	1990
14	万全	石塘	4.92	1995
15	下埕	河口	2.57	1995
16	茶亭	林垟	1.73	1998
17	新码头	司令部	3.27	1998
18	下宋	林垟	3.94	1999
19	大同	萧江	1.42	1999
20	岭门	龙尾	6.86	1999
21	蒲山	梅岭下	3.72	1999
22	凤卧	冠尖	2.05	1999
23	梅岭	赤溪	11.20	1999
24	闹村	仓北	7.47	1999
25	青街	王神洞	1.67	1999
26	梅源	鹤溪	4.37	1999
27	灵溪线	上浪	3.55	1999
28	大屯	满田	5.78	1999
29	垂阳	塘川	3.42	2000
30	凤林	前面山	1.83	2010
合计			130.82	

说明：资料由县交通运输局提供

第五节　乡村康庄工程

2003年，全省组织实施乡村康庄工程，县政府专门成立康庄工程指挥部。2005年，建成通车通乡公路有顺吴、岭龙、山怀、朝南、南麂、麻南、苔维、闹蒲和墨城至西湾等9个项目，共计102.7千米。2005年，全县完成县道砂石路面改造73.11千米。昆江线、桥南线、显腾线、钱马线、灵内线、矾桂线、灵溪线、城新线、苔顺线、宋大线等线路全部竣工并投入使用。通村公路完成路基项目92个，计187千米，路面项目135个，计168千米。截至2006年年底，全县等级公路通村率100%，公路硬化率100%。在原有通乡通村公路普查的基础上，实施准四级以上公路计835千米，通村

盘山而上的乡村公路（2012年）

2012年平阳县镇（乡）村道公路里程表

表7-3-4

镇（乡）	线路（条）	建设里程（千米）
昆阳镇	50	87.34
鳌江镇	86	176.82
万全镇	54	78.06
水头镇	87	164.61
萧江镇	82	133.48
腾蛟镇	42	104.06
山门镇	29	71.44
南雁镇	23	52.52
顺溪镇	34	113.14
青街畲族乡	12	28.36
合计	499	1009.82

说明：资料由县交通运输局提供

公路硬化计835千米，通村公路路基和路面硬化同步进行。通达全县全部583个行政村，完成投资3.75亿元，2006年，完成乡村康庄工程建设总量的60%左右。2007—2009年，累计建设农村联网公路65条，计71.75千米，桥梁721.1延长米。2010年建设农村联网公路27条，计26.38千米，桥梁251延长米。

2012年年底，全县镇（乡）村道499条，公路里程为1009.82千米（包括12.85千米已修建尚未列入检验范围）。

第六节　桥梁　隧道

桥梁

1988年年底，县境内公路桥梁75座，总长度2003.36米。2012年年底，县境内公路桥梁589座，共计24708.02米。

高速公路桥梁　计52座，8561.98米。岱口特大桥全长823.04米，跨径总长755米，桥梁全宽28米，桥面净宽11.75米。

国道桥梁　计36座，1090.4米。岱口大桥为104线国道县境内第一大桥。该桥由于墩台沉陷及桥面严重破损被列为危桥。1993年，列为改建工程项目。大桥长180米，主体工程于1994年6月6日开始施工，1996年9月25日竣工。

省道桥梁　计14座，536.4米。

县道桥梁　计126座，3821米。

乡村道桥梁　乡道线桥梁计52座，1344.02米，村道线桥梁计309座，9354.22米。

按跨径分，县境内公路桥梁大桥计40座，11602.72米；中桥计94座，4987.92米；小桥计455座，8117.38米。

瓯南大桥　位于鳌江镇胜利路至苍南县龙港镇文卫路之间，跨越鳌江。双向四车道，总投资为1.65亿元，于2003年7月开工建设，2007年4月29日建成试通车。主通航孔钢桁梁长75.46米，宽24.5米，总重量达1100吨，通航净空宽度64米。两个桥墩为两个高达56米的主塔。大桥全长832.7米，为垂直开启式市政交通大桥，主桥长408米（其中开启孔75.46米），总宽24.5米；南北引桥长312.9米，引道长111.8米，宽17米。

隧道

全县隧道共15条，11066米（不包括2012年后通车的凤凰山隧道），其中，长隧道计6条，8799米；中长隧道计3条，1850米；短隧道计6条，417米。

高速公路隧道　包括外笼山隧道、仙岩隧道、箭岙隧道，全长3400余米。仙岩隧道全长1630米，是境内最长隧道。

高速公路外笼山隧道（2003年）

2012年平阳县高速公路隧道一览表

表7-3-5 单位：米

道路名称	名　称	长	宽	高	建成年度(年)
沈海高速	外笼山隧道左线	1295	10	5	2003
沈海高速	外笼山隧道右线	1322	10	5	2003
沈海高速	仙岩隧道右线	1587	10	5	2003
沈海高速	仙岩隧道左线	1630	10	5	2003
沈海高速	箭岙隧道左线	555	10	5	2003
沈海高速	箭岙隧道右线	580	10	5	2003

说明：资料由县交通运输局提供

国道隧道　104国道原九凰山隧道，全长1331米，净宽7米，高5米。104国道平阳郭庄至陈峡垟段九凰山隧道工程，单幅长1625米，净宽7.5米。

县道隧道　县道詹山线梅岭隧道，长378米，净高4.5米，行车道宽度2×3.5米，人行道宽度2×0.75米。

2012年平阳县104国道、县、乡道隧道一览表

表7-3-6 单位：米

道路名称	名称	长	宽	高	建成年度(年)
G104国道	原九凰山隧道	1331	7.0	5.0	1996
G104国道	新建九凰山隧道	1625	7.5	5.0	2013
县道詹山线	梅岭隧道	378	8.5	4.5	1994
县道灵溪线	瑶岭隧道	715	8.6	5.0	1997
村道后仓—朱寮	后仓山隧道	39	3.5	4.5	1998

说明：资料由县交通运输局提供

104国道九凰山隧道（2011年）

第七节　公路养护与管理

1989年以前，县内公路养护与管理职责由县公路段承担。1989年，成立县乡公路养护管理所，主要承担县乡公路的养护与管理工作。1990年3月，县公路路政管理队成立。1992年7月，县公路段改称为县公路管理段，公路养护道班改称为公路养护管理站，同时设昆阳、詹家埠、山门公路管理站。1995年，县公路路政管理队改称为县公路路政

管理大队，设下河公路路政管理中队、詹家埠公路路政管理中队、县乡公路路政管理中队。1999年，县公路管理段获温州市文明单位称号。2000年1月，公路系统体制下放，由垂直管理变为属地管理，县乡公路养护管理所合并到县公路管理段，统一由县公路管理段承担全县公路养护和管理业务，同时对外增挂县公路路政管理大队牌子，全段职工106人。2001年5月，县公路养护工程有限责任公司成立。2012年，县公路管理段内设办公室、建设管理科、养护管理科、路政管理科、安全管理科、法制科等6个职能科室，下设昆阳公路站、岱口公路站、詹家埠公路站、山门公路站等4个公路站，设立路政中队4个。

公路养护

1990年，温分线平阳段设昆阳班、岱口班。詹山线设山门班、水头班。青岱线平阳段设带溪班、腾蛟班、麻步班。20世纪90年代初，公路养护机械共有33台。随着县境内温分线由砂石路全部改为柏油路，公路养护机械化程度逐年提高。2000年1月，县乡公路养护所并入县公路管理段，隶属县公路管理段。其中，国道线（温分线）1条，计30.665千米，省道线（青岱线）1条，计30.51千米，县道公路19条，计199.91千米，乡道公路23条，计99.61千米。设专业养护公路站3个，油路站1个，县乡养护农工班5个。

公路养护工人辛勤工作（2011年）

2012年，县境内公路总里程为1526.368千米。其中由县公路段专业养护总里程511.46千米（隶属县公路管理段范围），公路养护机械有98台（套），固定资产总值1146.7万元。

路政管理

1990年3月，县公路路政管理队成立，配置4名路政专职人员，标志着县公路路政专业管理的开始，主要职责为保护公路、公路用地及公路附属设施，保障公路的完好、安全和畅通。1990年10月，交通运输部《公路路政管理规定（试行）》实施。1993年8月，县人大常委会同意县人民法院设立县公路路政管理执行室，并派员在公路管理段内办公。1995年，县公路路政管理队更名为县公路路政管理大队。1996年，县公路路政管理大队设置下河路政管理中队、詹家埠公路路政管理中队，县交通局组建县乡公路路政管理中队。1998年1月1日，《中华人民共和国公路法》开始实施。自1998年7月1日起，全省公路标志标线的设置和管理工作由各级公安交警部门移交交通主管部门负责。2006年4月，县公路路政管理大队组建公路路政管理一、二、三中队。2008年4月1日，《浙江省公路路政管理条例》开始实施。2009年10月，县公路路政管理大队增设公路路政管理四中队。2011年5月，路政一、三中队获省级规范化路政中队称号。2011年7月1日，《公路安全保护条例》开始实施。

第四章　公路与水路运输

历史上，陆路运输和水路运输为平阳交通运输基本方式。随着陆路交通的快速发展，水路客运逐年萎缩。2000年前后，水上客运基本退出运输市场，水（海）路货运则持续发展。1989年，全县水（海）路货运量10.06万吨、货物周转量2652.72万吨千米，分别为当年公路货运量121.07万吨、货物周转量5782.87万吨千米的8.31%、45.87%。2012年，全县水（海）路货运量78.18万吨、货物周转量36448.68万吨千米，分别为当年公路货运量706万吨、货物周转量70362万吨千米的11.07%、51.80%。2009年温福铁路开通，至2012年，仅开通客运，货运未开通。

第一节　公路运输

1989年，平阳县公路客运量累计1430.99万人次，客运周转量45704.97万人千米；公路货运量121.07万吨，货运周转量5782.87万吨千米。全县拥有客车217辆、货车112辆、简易车941辆、中型拖拉机119辆、手扶拖拉机840辆。1989—2012年，平阳县交通从计划经济向市场经济转型，运输市场由封闭向开放转变，所有制形式由单一向多元转变。2012年，公路客运量累计3198万人次，客运周转量191855万人千米；公路货运量706万吨，货运周转量70362万吨千米。2012年年末，平阳县拥有民用汽车6.66万辆，其中私人汽车拥有量达5.94万辆。

长途客运

从1989年开始，平阳县长途客运市场呈现多元化发展趋势。1993年，全县拥有大型客车172辆，7964座。省际客运线路33条，市际客运线路10条，客运总里程37679千米。2005年，长途客运发展迅速，省际客运线路79条，市际客运线路15条，客运总里程111470千米。2009年1月，开通水头至乌鲁木齐超长途客运线路，线路里程4950千米。2010年，鳌江火车站和高速铁路开始投入运营，长途客运线路开始减少。2012年，全县拥有大型客车274辆，10520座，省际客运线路60条，市际客运线路16条，客运总里程102649千米。拥有16辆大型旅游客运班车，共712座。

短途客运

1989年以后，随着运输市场逐步开放，县境内短途客运市场呈现运输形式与参营车辆的多样化。1993年，已有各类运输公司、运输社、运输站和个体运输户参与短途运输市场经营。开通13条县际客运线路，8条县内客运班线，有185辆中型客车，168辆小型客车，共5648座，农用面包车143辆，计1716座。2005年，全县开通县际客运班线42条，县内客运班线59条，短途客运总里程4143千米。拥有中小型客车687辆，共13290座。2007年4月，开通南麂码头至三盘尾海岛旅游客运班线。2012年，全县实际运营的县际客运班线35条，县内客运班线75条，短途客运总里程3470千米，拥有中小型客车470辆，共7685座，其中县内农村客运线路69条，总里程1581千米。

城乡公交

1989年，昆阳、鳌江两镇大型公交车停运，简

2009年昆阳镇101路、102路公交开通

2009年昆阳—鳌江公交开通

三轮、简四轮参与公交运营。1993年，开始对昆阳至鳌江的客运简三轮、简四轮进行淘汰和改造，投放16辆中型客车，开通昆阳至鳌江客运班线。2000年，投入9辆19座中型客车。2002年，平阳联安运输公司投放4辆中型客车，开通新桥头至县行政审批中心公交线路，2003年停开。2009年，温州长安集团有限公司和平阳联安公司合资，组建盛丰公交公司，投放12辆立式公交客车，开通昆阳城区101路、102路公交线路。温州长安集团有限公司和平阳联运公司组建鳌龙公交公司，投放10辆立式公交客车，开通鳌江镇区至鳌江火车站1路、2路公交线路。温州长安集团有限公司投放6辆中巴客车，开通昆阳城区至鳌江火车站的公交线路。2011年，温州长安集团有限公司整体收购盛丰、鳌龙公交公司，实行全资经营。2011年7月1日，县政府投入3000余万元，对昆鳌客运班线46辆客车以收购方式对其进行国有化改造，再投放新公交车26辆。开通6条两镇城乡公交班线，公交线路

总里程51千米。实行镇内公交票价统一为每人1元、昆鳌公交统一为2元的低票价政策，老人、残疾人、军人免费乘车，车内设置无人售票投币箱、非接触式IC卡售票系统、自动语音报站器。2012年，昆阳、鳌江开通7条城乡公交班车，公交总里程64千米。

2012年平阳县城镇公交线路一览表

表7-4-1

单　位	线　路	车辆数（辆）	里程（千米）
温州长安集团有限公司	鳌江车站—火车站（途经：曙光路、兴鳌中路、兴鳌东路、柳下路、园林东路、火车站大道）	4	6
温州长安集团有限公司	瓯南大桥—火车站（途经：城新线、兴鳌中路、兴鳌东路、火车站大道）	4	8
平阳县鳌龙公交有限公司 平阳县盛丰公交有限公司	昆阳（104）—鳌江（途经：人民路、平瑞路、昆鳌路、104国道、新河路）	18	13
平阳县盛丰公交有限公司	昆阳（昆鳌）—鳌江（途经：人民路、平瑞路、昆鳌路、昆鳌大道、火车站大道、兴鳌中路、新河路）	8	13
平阳县盛丰公交有限公司	平阳车站—凌志花苑（途经：人民路、兴良路、兴工路、横阳东路、横阳路、解放街、雅河路、人民路、锦屏小区）	6	6
平阳县盛丰公交有限公司	平阳车站—新桥头（途经：人民路、汇水河路、白石街、平瑞路、人民路、安居小区）	6	5
小计	6条	46	51

说明：资料由县交通运输局提供

2012年平阳县内农村客运线路一览表

表7-4-2

起点←→讫点		起点←→讫点		起点←→讫点	
昆阳客运站	鳌江火车站	昆阳	麻步	水头	联山
昆阳	仙口	昆阳	东门	水头	山门
昆阳（内线）	郑楼	昆阳	龙尾	水头	晓坑
昆阳（外线）	郑楼	鳌江	萧江	水头	顺溪
昆阳	宋埠	鳌江	顺溪	水头	吴垟
昆阳	水亭	鳌江	青街	水头	维新
昆阳	西湾	鳌江	新田	水头	新田
昆阳	榆垟	鳌江	腾蛟	水头	青街
昆阳	龙安	鳌江	山门	水头	怀溪
昆阳	厢岙	鳌江	水头	水头	凤巢
昆阳	黄山头	鳌江	墨城	江屿工业区（胜利村）	内塘
昆阳	斗北	鳌江	荆溪	鹤溪	蔡垟
昆阳	河边	鳌江	西湾	萧江	麻步
昆阳	水头	鳌江	梅源	萧江	桃源

续表 7-4-2

起点←→讫点		起点←→讫点		起点←→讫点	
昆阳	维新	鳌江	大岙底	萧江	昆阳
昆阳	吴垟	鳌江	塘川	腾蛟	凤巢
昆阳	吴岙	鳌江	维新	腾蛟	龙尾
昆阳	章岙底	水头	腾蛟	凤巢	秀垟
昆阳	萧江	水头	东门	山门	怀溪
昆阳	腾蛟	水头	南湖	山门	南雁
昆阳	山门	水头	朝阳	山门	维新
昆阳	青街	水头	闹村	山门	顺溪
昆阳	顺溪	水头	大屯	南麂码头	三盘尾

说明:资料由县交通运输局提供

出租车客运

1993年,县境内出租车拥有量152辆,车型以普通桑塔纳为主,还有夏利、长剑、富奇、昌河等。1995年,出租车拥有量277辆,车型以普通桑塔纳为主,还有夏利、昌河等。这一时期,自备车较少,出租车包租的现象比较普遍,营运效益较好。2001年,1995年6月30日前上牌证营运的110辆出租车报废,更新为奥拓出租车;181辆简三轮更新为31辆富康车型出租车。2005年,县境内出租车拥有量439辆。2011年,南麂环岛客运有限公司新增2辆出租车。2012年,全县出租车拥有量达441辆。

2012年平阳县出租车经营企业汇总表

表 7-4-3

序号	单　位	出租车(辆)	序号	单　位	出租车(辆)
1	温州长安集团有限公司	99	8	平阳县顺昌运输公司	6
2	平阳县联运公司	10	9	平阳县安吉汽车出租公司	58
3	平阳县远方出租公司	55	10	平阳县长发运输公司	14
4	平阳县钱顺运输公司	38	11	平阳县联安运输公司	112
5	平阳县第二运输公司	21	12	平阳县恒通运输公司	9
6	平阳县第四运输公司	15	13	平阳县南麂环岛客运有限公司	2
7	平阳县第七运输公司	2		合　计	441

说明:资料由县交通运输局提供

货物运输

普通货物运输　1989年以后,全县个体货运发展较快,货运车辆逐渐向大型化、重型化、箱式化发展,货运量逐年增加。1992年,全县拥有大型货车264辆,中小型货车118辆。是年,货运量为80.67万吨,货运周转量为4317.91万吨千米。1999年,对长期未参加年检的货车进行注销。2006年,通过排查、摸底和登记备案,全县"外挂"货运车辆实行纳轨管理。2012年,全县拥有大型货运车辆398辆,2977吨位;中小型货车1792辆,2343.38吨位。是年货运量

1992—2012 年平阳县营运汽车数量统计表

表 7-4-4

年度	客车		货车	
	辆	客位(个)	辆	吨位
1992	422	9230	432	1757
1993	677	14372	611	2297
1994	704	13805	681	2434
1995	657	10334	803	2365
1996	768	12751	1003	2301
1997	874	14636	1231	2590
1998	1014	16513	1303	2711
1999	1069	17424	707	1233
2000	1105	18290	855	1448
2001	1069	17644	921	1651
2002	1301	21364	757	1333
2003	1268	20240	956	1617
2004	1260	20381	949	1907
2005	1298	20970	998	1983
2006	1192	18800	2274	2857
2007	1190	18710	3259	4248
2008	1195	19587	3444	4367
2009	1213	19997	2835	3827
2010	1238	21454	2435	4613
2011	1261	22429	2013	4636
2012	1201	20410	2360	5938

说明:①货车车辆数,含危险品运输车辆;②资料由县交通运输局提供

706万吨,货运周转量70362万吨千米。

危险品运输　1992年,全县有危险品货物运输车辆50辆。2002年,县境内从事经营和运输危险品货物的企业共有7家,乡村居民点液化气供应站500余家,从业人员1315人,从事危险品货物运输车辆61辆,111.5吨位。2002年,将从事危险品运输的车辆从经营企业剥离,组建专业危险品货物运输公司。2003年,成立4家危险品运输企业。2012年年底,全县共有危险品运输车辆170辆,617.53吨位。

客运站

2012年,全县有鳌江客运站、水头客运中心、昆阳客运站等3个中心客运站。拥有8个乡村客运站,分别为腾蛟客运中心、平阳县东门客运站、西湾客运站、宋桥客货运中心、宋埠客货运中心、平阳麻步客货运中心、吴垟客运站、晓坑交通运输客运站。港湾式停靠站340个,其中,2006年建成8个、2007年建成20个、2008年建成54个、2009年建成118个、2010年建成50个、2011年建成52个、2012年建成38个。

鳌江客运站　始建于1955年,重建于1996年,位于鳌江镇曙光南路78号,为公路二级客运站。占地面积11840.86平方米,建筑面积8430平方米。2012年,日均客流量8000人次。

2008 年 8 月鳌江客运站配备首台安检仪

水头客运中心　建成于2001年9月,位于水头镇水头大道右侧,2012年通过公路二级客运站验收。占地面积32307.6平方米,建筑面积7989.8平方米。2012年,日均客流量10000人次。

昆阳客运站　建成于1996年8月,坐落于昆阳镇人民路185号,为公路三级客运站。占地面积10216平方米,建筑面积3600平方米。2012年,日均客流量5000人次。

货运站

2012年,全县共有较为成型的货运中心2个,分别是:水头货运中心和鳌江温金集装箱货运中心。

第二节　水路运输

1989年,全县水运企业主要有平阳县航运公

司、平阳县港口运输公司、鳌江运输公司、平阳县南麂运输站、平阳县钱仓运输站、平阳县萧江运输站6家企业，共计客、货船38艘。其中，客船2艘，400客位；货船36艘，运力11500吨。水路运输服务企业仅鳌江港务公司(海运代理)1家。

随着陆路交通的快速发展，水路运输能力逐年萎缩。2001年2月，交通运输部出台《国内水路运输经营资质管理规定》，平阳县7家水运企业由于不符合《国内水路运输经营资质管理规定》的企业自有运力达到2000总吨以上的要求，2002年10月，将平阳县联运公司的水运业务经营部分与平阳县海运公司、平阳县南麂运输站、平阳县萧江运输站这3家单位合并重组为平阳县瓯南海运有限公司。合并重组后全县共计货船21艘，运力8399吨，客船4艘，计450客位。

2012年12月，平阳县水运企业2家(平阳县瓯南海运有限公司、浙江新涵海运有限公司)，水运服务企业2家(鳌江港务公司、平阳县鳌港港口物流有限公司)，共拥有化学品运输船2艘，计3746载重吨；货船18艘，计14019载重吨；客船5艘，计552客位。

沿海旅客运输

1989年，鳌江至南麂客运航线共有客船2艘(普通客船)，计400个客位，主要服务于南麂岛民、部队及驻岛工作人员。1991年7月，鳌江港务公司扩大客运代理业务，在鳌江镇第四码头成立鳌江港客运站，是年，开辟鳌江至墨城、西湾(头沙、二沙、三沙、四沙)客运航线，拥有客船17艘，计507客位，当年客流月高峰达到1万人次。1994年5月，随着城镇至乡村道路的逐步开通，水路客流直线下降，该航线全部停止营运。2003年开始，前往南麂的旅客逐年增多，鳌江至南麂客运航线的2艘普通客船已不能满足市场的需要。2003年6月，以自然人为股东，出资400万元，建造1艘有99个客位，每小时航行速度达25海里以上的高速客船，投入该航线营运。2004年6月，开辟南麂至瑞安和南麂至温州的新客运航线。自然人为股东再出资770万元，建造2艘高速客船，投入鳌江至南麂客运航线运营，南麂至温州客运由温州海运公司进行客船经营。2006年4月，这些股东又出资150万元，购置1艘有156客位的二手高速客船，投入鳌江至南麂航线运营。2008年4月，洞头县自然人投资370万元，建造1艘高速客船并投入鳌江至南麂航线运营，这标志着鳌江至南麂客运航线的普通客船全部退出客运市场。南麂至温州航线由于客源少、客船载客定额多、长时间亏本经营被迫停航。2012年，鳌江至南麂航线有高速客船4艘，计453客位。南麂至瑞安航线有高速客船2艘，计197客位。

沿海货物运输

1989年，鳌江港港口吞吐量为37.55万吨，其中出口5.45万吨，进口32.1万吨。主要进口物资为煤炭、矿石、粮食、水泥、化肥、钢材等，出口物资主要为石料、明矾等。由于县内港船舶吨位少，航行区域主要集中在上海、宁波、南通、福州等地，因此大量从长江中下游、天津、大连各港运来的进口物资如煤炭、矿石、粮食、水泥等，不得不依靠外籍港船舶来完成。2002年，全县共计货船21艘，计运力8399吨，同时开辟广州航线。2012年，全县货运船舶共计20艘、运力17765吨。

内河运输

1989年，平阳县内河客货运船舶主要分布在万全水系、萧江水系和鳌江水系，拥有客船169艘，计3952客位，货船421艘，运力1680吨。其中，万全水系客货运输比较活跃。货船主要载运乡村与县城间往来的矿建材料、村民生产生活物资。客船则主要作为各地村民往来的交通工具，其经营模式主要是个体联户。从1999年开始，水泥质船舶面临淘汰，三大水系客货运船舶逐步退出内河运输市场，仅保留万全水系钢质货运船舶10艘。

1989—2012年度水（海）路货运情况一览表

表7-4-5

年份(年)	货运量(万吨)	货物周转量(万吨千米)	年份(年)	货运量(万吨)	货物周转量(万吨千米)
1989	10.06	2652.72	1991	6.38	2944.02
1990	7.14	3398.55	1992	14.76	11782.27

续表 7-4-5

年份(年)	货运量(万吨)	货物周转量(万吨千米)	年份(年)	货运量(万吨)	货物周转量(万吨千米)
1993	47.44	16035.60	2003	16.60	5843.00
1994	74.18	8634.60	2004	17.21	9254.70
1995	44.85	8317.40	2005	32.81	21872.70
1996	50.70	6097.40	2006	29.50	19190.00
1997	46.20	5554.10	2007	61.20	28440.00
1998	38.90	5866.40	2008	59.23	20068.01
1999	32.35	5671.40	2009	69.17	17248.42
2000	26.25	5160.90	2010	72.98	19538.90
2001	26.55	6169.00	2011	80.39	32362.66
2002	22.11	5102.70	2012	78.18	36448.68

说明:资料由县交通运输局提供

2003年,全国第三次航道普查资料显示,全县具备通航条件内河共有60条,航道里程292.84千米。随着陆路交通的日益完善,内河航道航运日益萎缩,仅有少量砂石船舶从事内河运输。2004年,全县仅有内河货运船舶8艘,运力256吨,后划归瑞安市港航管理部门管理。2012年,全县具备通航条件内河59条,航道里程292千米。

渡口

平阳县渡口管理办公室成立于1997年4月1日,主要负责督促、检查、指导、协调辖区内各渡口的安全管理工作。1989年,全县拥有岱山渡、钱仓中埠渡、钱仓渡、山洋渡、黄渎渡、毛家处渡、黎明渡、雷渎渡、鱼塘渡、郑家内渡、清江浦渡、下岙渡、下角峥渡、大滩渡、龙涵渡、坝头渡、萧家渡等17个渡口。随着经济的繁荣,人民生活的提高,一些渡口撤渡建桥,渡口自然消亡。2012年,全县渡口3个:雁门渡口(交通渡口)、渔塘渡口(乡镇渡口)、南雁渡口(旅游专用渡口)。

雁门渡口　县交通运输局主管。该渡口北岸位于鳌江镇雁门,南岸在龙港新渡村,渡程1000米。始于清同治三年(1864),由人力舢板摆渡,1978年改为机动船渡运并成立雁门渡运站,1995年并入平阳县联运公司。2001年12月,瓯南海运公司成立,雁门渡运站归属瓯南海运公司管理。该渡口有钢质渡船3只,船舶总吨位169吨,渡工16人,每日客流量约2000人次。2007年4月29日,温州瓯南大桥通车,渡口客流量锐减,于2012年停止营业。

渔塘渡口　萧江镇人民政府主管。该渡口由麻步渔塘村江边至华龙村,渡程120米,钢制三防船2艘,总吨位4吨,渡工2人,每日客流量约300人次。渔塘渡口原所在地属麻步镇,2012年,麻步镇并入萧江镇。

南雁渡口　县风景旅游管理局主管。该渡口位于南雁荡景区,由当地居民人工竹排摆渡。为丰富景区的休闲主题,增设渡口夜游、水上观音朝圣、碧溪漂流等主题项目。

第五章　交通运输管理

1989年后,公路、航道等设施管理"管养并举",努力增强水陆通行能力。陆路、水路运输市场通过治理整顿,运营秩序不断规范。交通安全管理专项整治有序开展,有效遏制各种运输违章及事故发生。规费征收逐渐公开、规范。

第一节　陆路运输管理

1984年5月,县公路运输管理所成立。1987年12月,县公路稽征所建立,两所合署办公,对外统称县公管所。1989年,县公管所下设万全站、鳌江站、水头站、腾蛟站、山门站和岱口检查站(又称稽查队)。2002年1月,设县行政审批服务中心运管窗口。2009年内设机构8个,即办公室、客运管理股、货运管理股、维修管理股、驾培管理股、稽查股、法制股、行政审批股。下设6个运管站：昆阳运管站（稽查一中队）、鳌江运管站（稽查二中队）、水头运管站（稽查三中队）、萧江运管站（稽查四中队）、腾蛟运管站（稽查五中队）和山门运管站（稽查六中队）。2012年，行政审批收件1097件，办件1095件，其中，“道路运输证”审批504件，道路货物运输经营审批363件。

2001年前，县公路运输管理所依据交通部道路运输的相关规章，代表交通局行使对县辖区道路运输市场与行业的行政管理职责。2001年4月19日，《浙江省道路运输管理条例》颁布施行。2004年7月1日，《中华人民共和国道路运输条例》颁布施行，依法授权县级以上道路运输管理机构负责具体实施道路运输管理工作。至此，依法行政工作全面实施。2002年1月，设立县行政审批中心运管窗口；2005年，设立行政处罚中心，实行行政处罚“查、罚、缴”三分离制度。是年，培训行政执法人员97人次。2006年5月，设立法制股，依法行使对道路运输的行政许可、行政强制、行政处罚的指导、监督和检查。2009年，深化道路运输行政管理制度改革。审批中心运管窗口改立行政审批股，独立行使行政审批职责。

客运管理

1991年起，实行新增客车省、市、县三级审批制度，对新增客车实行额度控制。1995—1997年，部分客运线路实行社会公开招投标，鼓励民间资本进入道路运输服务行业。其间，温州客运线路经营权向社会公开招投标；16条短途客运班线经营权投标。

1996年，对鳌江、昆阳客运站进行公用型客运站场改造，并向县内所有长途客运企业开放，实行统一售票、统一发车、统一配载。2001年，水头客运中心建成运营，实行运管机构驻站管理。是年，昆阳、水头范围的短途客运线路进入平阳车站和水头客运中心始发、停放。从1999年起，对县际和县内客运线路逐步进行改造。改造的主要内容为淘汰农用小客车、调整运力结构和清理单车挂靠，推行公司化股份制。2000年，鳌江至温州、水头至温州客运班线按照温州快客服务体系标准完成改造，取消单车挂靠的经营模式，成立平阳鳌温快客运输有限公司和平阳县水温快客运输有限公司两家股份制企业，实行公车公营。2002年，320辆农用小客车全部退出客运市场；46条县际和县内客运线路完成改造。

2004年起，开始运输组织、运力布局、运力结构的规划、调整与控制。其间，制定县境内短途客运线路到期配置方案；编制《平阳县城乡客运一体化发展规划》和《农村客运运力发展规划》，为客运集约化、城乡一体化确定发展目标和工作方向。自2009年起，开始实施县内城乡客运一体化改造。是年，开通鳌江、昆阳镇内公交班线。2011年，县政府投入4000万元改造资金，完成平阳县第一条农村客运班线（鳌江至昆阳）公交化改造。2012年，《平阳县城乡公交运营体制改革工作实施方案》出台。

出租车管理

1996年，个体出租车全部纳入出租车客运企业统一管理，并在车门喷印企业名称和监督电话，开展对出租车司机的教育培训。1999年，全面实行出租车驾驶员服务证管理，建立上岗培训、考核发证制度，全年共培训420人，发放服务证380件。2002年，确定县内新一代出租车车型为奥康（三厢）、桑塔纳，主色为上淡黄、下银灰色，辅助色为棕色。并统一设置顶灯、安装计价器和监督电话。2009年，对全县13家拥有出租车的企业进行整合前期准备工作，成立出租车企业整合组建筹备小组。2011年，439辆出租车从12家客运和出租车客运企业剥离，通过兼并重组组建新的平阳县远方客运出租有限公司，并安装具有行驶记录功能的卫星定位终端设备。2012年8月，成立平阳县出租车驾驶员协会。

货运管理

1989年开始，运营货车实行省、市、县三级审批制度。1991年，开始进行单车经营货运车辆的清理和代理制货运企业的筹建。1992年，组建鳌江货车联合运输社等5家代理制货运企业，对353辆大中小型货车实行代理。1993年起，按照开业条件实行县内联托运业的市场准入。1994年，对128家联托运业户进行整顿和审验，此后持续开展货运市场的整顿。2006年，实行全县“外挂”货运车辆的纳轨管理。通过排查、摸底和登记备案，全县纳轨货运车辆达2174辆。2012年，全县有各类重型货车、集装箱货车和其他大型货车398辆，2976.8吨位。

2002年，鳌江货运中心、水头货运中心创立，辖区联托运业经营业户统一搬进货运中心内进行货物交易活动。2008年，成立物流发展工作领导机构，引导骨干企业创办物流基地、发展精品专线。2009年，协调温州长安集团有限公司构建快运小件网络；督促辖区重点企业登录“浙江省道路物流信息平台”，安装物流信息通用软件。从2010年起，对全县联托运业相对集中的片区进行企业联合重组，实现由传统联托运业向现代化物流产业转型。是年，水头片区10家托运部联合组建温州通豪物流服务有限公司。2012年，水头、昆阳、万全片区联托运企业联合组建完成。

道路运输安全管理

2002年，交通部明确交通部门“三关一监督”(严把运输经营者市场准入关，严把营运车辆技术状况关、严把营运驾驶员从业资格关、搞好汽车客运站安全监督)的安全管理职责。是年，在县运管所客运股增加安全管理职能，配备专职安全员。2004年7月1日，《中华人民共和国道路运输条例》颁布实施，依法授权运管机构行使道路运输安全管理职责。2006年，县运管所将安全监管职能从客运股剥离，设立稽查安全股。后专门设立安全办，具体负责客运、出租、货运、维修、驾培企业的安全监管和重大应急事件的监管、指挥协调工作。

2006年，开展交通行业经营单位负责人及安全生产管理人员培训、考核、持证工作，对全县客运、出租、货运、维修、驾培等道路运输企业进行安全大检查。2008年，开展奥运安保工作。全面落实客运、出租、货运、维修、驾培企业的安全主体责任，落实县运管所的股室和运管站的层级安全监管责任，在温州市率先推行客运站安全门检智能系统。2011年，县公路运输管理所被评为全省交通运输系统“安全隐患排查治理”活动先进集体。2012年，开展《道路旅客运输企业安全管理规范》宣传贯彻和道路运输安全隐患大排查大整治工作。是年，出动安全检查人员566人次，检查214家企业，查出隐患89处，整改89处，整改率100%。

2002年起，开展危险品运输的市场整治和行业规范工作。是年，取缔21家无证危险品运输经营户，筹建4家危险品专业运输公司。2003年，平阳县危险品运输车辆全面实现规范管理，全部安装具有行驶记录功能的卫星定位终端设备。2005年，按照“专、实、细、精”的要求，实行危险品运输专业化管理。2009年，对申请从事道路危运经营的企业实施行政许可前的安全评估，建立道路危险运输行业黑名单制度。2011年，开展对危货运输管理人员和从业人员的再教育培训。

运政稽查

1989年设立稽查队，辖区设立运管站，主要职责是对全县机动车辆的养路费进行征收和检查，兼顾运政稽查工作。稽查队驻守在岱口综合检查站，与公安(治安)、交警、农业(森林)部门开展联合执法。1993年以后，稽查队与辖区运管站的职能延伸到公路运输管理的客运、货运、维修、驾培、出租车等子行业的日常监管。2002年，设立“96520”举报投诉受理中心，接受社会各界和旅客对道路运输行业的举报投诉。2005年7月，开始实施道路运输案件处理三分离政策，全县道路运输违章案件集中到县所处罚大厅进行统一处理。2007年，案件数达到3592件，是历年来查处违章案件数、立案数、结案数最多的一年。2010年，投资120万元，建立道路运输指挥中心系统。2012年，全县共投入稽查力量9186人次，出动稽查车954台次，检查车辆2914辆次，查获违法违章车辆332辆，办结案件302件，“96520”受理举报投诉电话336件，其中客运231件(含出租车166件)，货运4件，维修12件，驾培1件，其他类型投诉案件88件。

规费征收

1987年12月，县公路稽征所建立，内设的稽征股负责全县公路规费的征收。1993年，简易四轮车、简易三轮车和中型拖拉机规费放至区站征收。1997年，交通部取消车辆生产单位和海关的车辆购置附加费代征工作，改由车辆落籍地负责征收，增设车辆购置附加费征收股。2007年，车辆购置附加费改税，移交县国税局征收。

1989年，平阳县须缴纳公路规费的机动车有大客车、小客车、大货车、小货车、简易四轮车、简易三轮车、手扶拖拉机等类型。是年，共征收公路规费710.5万元，其中公路养路费324.9万元，公路建设基金153万元，手扶拖拉机养路费24.6万元，养路费附加费58.3万元，车购费6.0万元，运管费60.7万元，代征税金83万元。

1991年，为了解决缴费难的矛盾，实行"一条龙"征费。1992年，开征县交通建设费、市地方交通建设基金，支援县、市交通基础设施建设。1995年，开征车辆基础教育发展基金，并代征通行费和扶贫款。1997年，车购费微机房投入运行。2003年，征费窗口整体搬迁到县农行昆阳分理处二楼，设立稽征收费大厅，为业户提供集中缴费服务。2007年，完成所、站两级联网。2008年，共征收公路规费8302万元，其中公路养路费5924.8万元，客货运附加费1105.5万元，手扶拖拉机养路费66万元，摩托车养路费9.5万元，运管费574.2万元，代征税金622万元。2009年1月1日起，取消公路养路费、公路运输管理费等交通规费。

机动车维修管理

1989年之后，全县机动车维修业发展迅速。到2004年，全县已拥有一类机动车维修企业3家，二类机动车维修企业15家，三类维修业户125家。此后，全县机动车维修业向售后服务、维护保养、汽车快修、汽车美容等服务领域拓展。2008—2012年，别克联通、雪佛兰、北京现代、东风风行、吉利帝豪、东风标致等4S店先后投入经营。2012年，平阳县共有一类汽车维修企业4家，二类26家，汽车快修企业16家，三类216家。

1990年，举办维修技工初级培训班，培训人数118人。1996年，组织全县维修技工参加"全国汽车技术培训"中专培训，107人考取技术等级证书。2000年，维修技工的培训、技能鉴定等工作全面展开。170余人通过交通、劳动部门联合举办的技能鉴定。2002年，对506名维修技工进行各类维修技术培训和考核发证。1996年，平阳县汽车综合性能检测站投入使用，营运车辆技术安全保障逐步配套完备。1996—2009年，持续开展清理整顿和市场监管工作。先后查处取缔114家无证经营维修业户，停业整顿112家维修厂和经营业户。2006年，通过改造提升、考核验收，确定温州长安集团有限公司大修厂、县联运公司大修厂具有对全县大中型营运客车实行定点维修的资质；确定温州长安集团有限公司大修厂具有对全县危险品运输车辆实行定点维修的资质。

机动车驾驶员培训管理

2000年，国家实行培考分离，驾考归公安部门管理，驾培开始由道路运输管理机构管理。2002年2月，设立驾培管理股，具体承担全县机动车驾驶员培训行业的监管和营运驾驶员从业资格的培训、考核、发证职能。2003年，平阳县汽车驾驶技工学校成立，平阳县勤奋职业学校搬迁并扩建。2006年，全面推行驾培计时管理，对营运驾驶员从业资格进行培训和考核发证。2008年，成立温州市机动车驾驶培训中心平阳教学点。2009年，开展出租车驾驶员服务资格再教育培训工作，共举办10期培训班，培训人员990人。2010年，推行驾驶培训记录单监管制度。采取网上审核培训记录等监管措施，遏止教练员弄虚作假行为，确保培训质量。2011年，在水头成立平阳县安翔机动车驾驶有限公司。

第二节　水路运输管理

2001年6月16日，温州鳌江海事处开始对外履行职责。温州鳌江海事处是实行垂直管理的行政执法副处级涉外管理机构，系温州海事局5个派出机构之一，管辖范围为鳌江水域、平鳌内河及支线水域、平阳县和苍南县行政区域内其他通航水域（包括水库）。7月27日，浙江海事局批准鳌江海事处设置4个办事处，即南麂办事处、龙港办事处、宜山办事处、霞关办事处。后根据辖区水上业务分布情况变动和机构简化要求，取消宜山办事处和霞关办事处，调整为龙港办事处和南麂签证点两个下设机构。

2012年1月9日，温州鳌江海事处业务用房经过整体搬迁后正式对外办公，办公地址位于鳌江镇疏港大道下垟埠新桥村。

水上安全监管

在鳌江海事处成立以前，平阳、苍南两县的水上交通安全管理职责由平阳航管所、苍南航管所和鳌江港航监督所按划分区域各自行使。鳌江海事处的成立，解决了港监机构重叠、职能交叉、管理重复的问题，理顺和完善了水上安全监督管理体制，形成了"统一政令、统一布局、统一监督管理"的新格局。

鳌江海事处担负占温州海事局辖区海岸线约一半以上的海上执法任务，负责在辖区行使《中华人民共和国海上交通安全法》《中华人民共和国海洋环境保护法》《中华人民共和国内河交通安全管理条例》等法律、法规赋予的水上交通安全监督管理、重要客运航线监管、防止船舶污染水域、组织协调海上搜救等职能。

2004年12月20—24日，浙江海事系统温州辖区开展海陆空立体巡航集中执法行动，共189人参加。动用1架海监直升机，19艘巡航艇和5辆执法车，海上、空中、陆上巡航人员共171人，是浙江海事局自组建以来首次开展的海陆空三方面联合巡视检查，也是平阳辖区有史以来第一次动用直升机参加的水上交通空中巡航。2006年8月9日，根据8号台风"桑美"动态，温州鳌江海事处联合平阳县港航分局执法人员对鳌江港沿岸码头船舶靠泊状况进行大检查。2007年5月23日，温州鳌江海事处与平阳县渡口办联合开展平阳县农渡安全检查执法活动。2008年7月25日，海事、海洋渔业、港航、边防等部门联合开展南麂航线碍航物清障活动，确保"黄金水道"安全畅通。2009年5月27日，鳌江海事处与福鼎海事处在浙闽交界水域开展了联合执法行动。2010年12月17日，鳌江海事处联合平阳、苍南两县海洋与渔业局执法大队开展联合执法行动，加强对南麂客运航线的现场监管。2011年4月27日，海事、渔业、海警举办共建"平安海区"签字仪式，启动海上联合执法共建模式。2012年3月1日，温州鳌江海事处与浙江省海警一支队三大队签订2012年海上联勤联动协议，深化平安海区共建工作。

南麂客运航线管理

南麂岛旅游旺季，客船航班密集。一旦海上发生大风或台风等恶劣天气，就要引发客船停航、大量旅客滞留岛上的现象。2009年5月，县政府成立南麂客运航线安全管理及游客应急疏散工作领导小组，并制定《南麂客运航线安全管理及游客应急疏散工作方案》，同时鳌江海事处建立《客运船舶安全监管协作机制》。

2009年7月26日12时20分，"南麂16"艇在南麂开往鳌江航行途中，因机舱高压油管密封圈脱落燃油外溢着火导致船舶失去动力在海上漂航，船上共有105人(其中99名旅客)遇险待救。14时30分，"南麂16"艇在温州市海上搜救中心指导协助下顺利靠泊码头，旅客全部上岸，无人员受伤。2011年6月4日下午，鳌江—南麂"安全畅通文明"航线创建活动在海警三大队码头正式启动。

船舶管理

1989年，全县船舶经营模式有国有企业、集体企业、个体联户等3种。沿海客货船舶42艘，内河590艘，主要分布在平阳万全内河。1993年开始，为健全平阳航管所、苍南航管所、鳌江港航监督所的工作职责，鳌江港航监督所负责所管辖水域船舶发证、海上安全管理、进出口船舶签证、船员管理、海上事故调处等。2001年6月，温州海事局鳌江海事处成立，将鳌江港航监督所管辖职责全部划归温州海事局鳌江海事处。

2000年开始，个体联户运输船舶统一由有经营管理资质的水运企业委托管理，采取船舶所有权与经营权分开管理办法。

船员管理

1989年，全县沿海、内河各类船员证书拥有者770人，其中，沿海180人，内河590人。沿海最大等级证书(500～3000总吨)船长2人，750～3000千瓦轮机长2人，其余都为沿海低等级，未满500总吨的船长、未满750千瓦轮机长、驾驶员、轮机员、内河驾驶员等。2008年10月开始，船员证书管理工作划归温州海事局鳌江海事处管理。

2012年12月，各类船员证书拥有者120人，其中沿海500～3000总吨船长及驾驶员5人、未满500总吨船长及驾驶员40人、750～3000千瓦轮机长及轮机员5人、未满220千瓦轮机长及轮机员30人、未满500总吨水手40人。

1989—2012年平阳县沿海内河运输船舶数统计表

表7-5-1

年份	沿海						内河			
	危险品船		客船		货船		客船		货船	
	艘	吨位	艘	客位	艘	吨位	艘	客位	艘	吨位
1989	2	195	2	400	38	6301	169	3952	421	1680
1990	2	195	2	400	37	6220	164	3840	401	1605
1991	3	205	2	400	35	5230	171	3950	350	1401
1992	4	533	2	400	34	5524	151	3746	340	1360
1993	4	533	2	400	31	8500	135	3553	283	1132
1994	3	411	2	400	39	11713	137	3686	250	1021
1995	—	—	5	730	36	10950	124	3425	215	901
1996	—	—	5	730	37	10858	124	3233	210	810
1997	—	—	7	1025	36	10034	90	2481	390	1121
1998	—	—	7	1025	35	16993	75	2158	330	1250
1999	—	—	4	590	22	6223	67	1897	340	1352
2000	—	—	4	590	25	7710	—	—	10	291
2001	—	—	4	450	23	9131	—	—	10	291
2002	—	—	4	450	21	8399	—	—	8	268
2003	—	—	4	429	21	7354	—	—	10	291
2004	—	—	4	458	32	12375	—	—	8	256
2005	—	—	6	627	36	16628	—	—	—	—
2006	—	—	5	577	32	15813	—	—	—	—
2007	—	—	5	556	19	11546	—	—	—	—
2008	—	—	5	552	18	12200	—	—	—	—
2009	—	—	5	552	20	13453	—	—	—	—
2010	—	—	5	552	21	14084	—	—	—	—
2011	1	2845	5	552	19	13631	—	—	—	—
2012	2	3746	5	552	18	14019	—	—	—	—

说明：资料由县交通运输局提供

水路运输市场管理

1989年，水路运输市场完全开放。2001年，随着《国内船舶运输经营资质管理规定》的出台，部分不符合要求的企业逐渐退出水运市场，部分企业开始合并重组。2002年10月，正式对水运企业进行整改，鼓励合并、重组或退出。对经营管理资质条件达不到要求的，取消其经营资质（如国有企业平阳县航运公司）。2004年内河全面停航。

运价管理

1989年以后，沿海、内河的货物运输价格基本由市场决定。平阳县出港货物少，进港货物多，如煤炭、水泥、粮食、黄沙、化肥、钢材、液化气等，政府和行业管理部门对运输价格采取放开政策，即运输价格全部由承运方与托运方双方面议。

客运运价：1989年，内河客运完全开放市场定价。沿海客运运价由政府和行业管理部门实行“政府定价”。县内的鳌江至南麂客运，根据运输成本变化情况进行定价，由客运企业上报县物价部门批准。

2003年开始，南麂高速客船陆续投入营运，由于营运成本增加，票价大幅提高。普通客船为每人次30元，高速客船为每人次50元。每年旅游旺季（5月1日至10月7日），普通客船每人次为35元，高速客船每人次为88元。2004年6月，南麂至瑞安客运航线开辟后，其运价与鳌江至南麂高速客船客运运价相等。2006年5月，客运企业取消旅游旺季与淡季的差别价，将运价统一定为普通客船每人次40元，高速客船每人次90元，另外规定旅游旺季票价可以上浮幅度10%，下浮不限。2010年11月，普通客船退出客运市场，鳌江至南麂航线全部由高速客船经营，经县发展和改革局及交通局批准，高速客船客运运价统一调整为每人次105元，在旅游旺季可以上下浮动10%。

港航规费稽征

县航管所负责全县港航规费的稽征工作。1989年，港航规费收缴39.36万元，1996年最高达389.88万元，2000年为171.58万元。2008年实行燃油税费改革，国家取消航道养护费、水路运输管理费、水运客货运附加费等收费，仅保留征收货物港务费，共收缴125.31万元。2012年，国家对小微企业免征货物港务费等收费，是年收缴6.62万元。

第六章　交通运输企业

1989年，县交通系统有企业21家，其中，全民3家、集体18家，职工2041人，离退休519人，企业固定资产总额1433万元，自有资金1018万元。非交通系统经营运输企业7家，个体运输联户2325户，交通服务企业129家。

2012年，县客运企业有温州长安集团有限公司、平阳县第二运输公司、平阳县联安运输有限公司、平阳县远方客运出租有限公司等16家。客运班线合计186条，里程102649千米。客运班车共有大型车辆274辆，计10520座，中型车辆445辆，7342座，小型车辆25辆，343座，另有旅游车16辆712座，出租车441辆。货运企业共211家，货运车辆2396辆，计5523吨位，其中，危险品运输车辆170辆，集装箱7辆。物流企业大部分分布在万全、昆阳、鳌江一带。

第一节　客运企业

温州长安集团有限公司

温州长安集团有限公司系温州长安集团核心企业，属国有独资的有限责任公司，为交通部核定的道路旅客运输二级企业，总部位于平阳县鳌江镇曙光南路78号。前身为浙江省汽车运输分公司温州运输段鳌江汽车中心站，1955年11月25日成立。

1988年3月，鳌江汽车中心站建制从温州分公司下放到县，1988年8月，改称为平阳县长途汽车运输公司。1988年，公司职工536人，离退休人员110人，占地面积18480平方米，建筑面积13200平方米，管辖平阳、岱口、水头、山门、腾蛟等5个区级站。拥有营运客车55辆(2405座位)，货车22辆(162个吨位)，客运班线北上金华、杭州，与浙赣铁路相接；东去台州、宁波；南下福建，畅通全省各地及闽东地区。1989年完成客运周转量11914.9万人千米，货物周转量196万吨千米。

1993年3月，改称为平阳县长途汽车运输总公司，下属平阳县昆阳长运公司、平阳县水头长运公司、平阳县长途货运公司、平阳县长途客运公司、平阳县旅游服务公司、平阳县长运劳动服务公司、平阳县长运保养厂等7个二级核算企业。1995年，总公司职工800余人(含离、退休)，占地面积68094.5平方米，建筑面积22910平方米，拥有各类客货车辆120余辆。1998年8月，经市政府批准同意组建温州长安集团，由平阳县长途汽车运输总公司整体改组，形成一个以道路运输、汽车修理、燃材料供应、旅游、驾培等为一体的多种经营经济实体。2002年12月，温州长安集团有限公司被交通部核定为二级道路客运企业。

2012年，集团公司员工653人，退休工人279人，占地面积81747.13平方米，建筑面积71939.7平方米(包括在建的梅源客货运中心及未建的鳌江客运中心)。下辖鳌江客运分公司、昆阳客运分公司、水头客运分公司、客运第一分公司、公交分公司、物流货运分公司、大修厂、下河加油站、轿车修理厂、平阳长运旅游社等13家分公司和平阳县鳌龙公交有限公司、平阳县盛丰公交有限公司、平阳县长发汽车运输有限公司等3家全资子公司以及平阳县鳌温快客运输有限公司、平阳县水温快客运输有限公司、平阳县远方客运出租公司、平阳县勤奋职业学校、平阳县南麂环岛客运有限公司、平阳县长安施救清障有限公司、温州龙发运输有限公司等7家参股子公司，管辖鳌江和平阳车站客运公用站场和宋桥客货运中心、宋埠客货运中心、麻步客货运中心、梅源客货运中心、腾蛟客运中心、顺溪车站、山门车站等7个区级站及下河货运停车场、下河维修站场。拥有营运客车563辆，客运班线141条。长途班线直达全国24个省、市（区）的70余个大中城市，短途班线覆盖全县各乡镇及周边区域县市。全资经营昆鳌、昆阳镇内、鳌江镇内公交班线，控股经营水温、鳌温快客专线。2012年完成客运量613万人，客运周转量6.5亿人千米，公交客运量842.43万人，公交客运周转量7191.45万人千米。

其他客运企业

平阳县联运公司　属大集体所有制企业，隶属县交通运输局。2012年拥有营运客车34辆。企业前身为平阳县港口运输公司，1998年2月，县港口运输公司并入县联运公司。9月，平阳县联运公司与平阳县第三运输公司实行联合重组。拥有15条长途客运班线，21辆大型营运客车；2条短途客运班线，13辆营运客车。1964年，建设的曙光南路1～13号办公楼于2001年3月因鳌江镇第五期旧城改造列入拆迁。2007年4月29日，由于受瓯南大桥通航能力设计局限，大吨位船泊无法进港，造成大批码头职工失业，在市政府协调下，平阳、苍南两县分别出资600万元对该公司进行补偿安置。2009年9月，对码头177名职工进行裁减并给予一次性经济补偿安置。裁员后有职工38名，退休职工245名。

平阳县第二运输公司　属大集体所有制企业，隶属县交通运输局。企业前身为水头民船小组，1957年10月成立水头运输公司。1959年8月，水头运输公司并入原地方国营平阳县运输公司，成为该公司的运输站。1962年5月，原地方国营平阳县运输公司撤销，水头运输站从全民所有制下放为县属大集体企业，改称平阳县水头运输站。1989年8月，改称水头运输公司，以发展客运为主。1991年10月，改名为平阳县第二运输公司。

2001年，将54辆营运客车、长途客运班线21条划转为温州长安集团客运第二分公司建制。2012年，在编职工88人，拥有营运车辆127辆，其中客车112辆。另有出租车21辆，客运班线23条。其中，长途客运班线13条，20辆大客车，短途客运班线10条，71辆中巴车。

平阳县第四运输公司　属集体所有制企业，隶属县交通运输局。企业创办于1956年，前身为平阳县腾蛟搬运社，1960年，更名为平阳县腾蛟运输站，1982年，建立平阳县第四运输公司。2012年，在编职工25人，营运车辆16辆。

平阳县第七运输公司　属集体所有制企业，隶属县交通运输局。企业前身为平阳县鹤溪搬运装卸生产合作社，1967年更名为平阳县鹤溪运输社。1982年，建立平阳县第七运输公司。2012年，拥有营运客车10辆，出租车2辆，2条县内短途客运班线。在编职工9人。

平阳县联安运输有限公司　属股份制企业。企业前身为昆阳、万全片10家小规模运输企业，2000年5月，兼并成立平阳县联安运输有限公司。2012年，拥有营运客车110辆，出租车112辆，22条县内短途客运班线，职工7人。

平阳县钱顺运输公司　属股份合作制企业。主营县内班车客运、货运、物流专线、二类机动车维修等业务。2012年，拥有客车90辆，货车50辆，客运线路10条。企业先后兼并公铁、龙华、双梅等3家运输社，职工120人。

平阳县长发汽车运输有限公司　成立于1988年8月。企业前身为平阳县蒲山运输社。1988年8月，创办平阳县长发汽车运输有限公司。2004年10月，公司被温州长安集团有限公司全资收购。2012年，管理人员8人，驾驶员134人，下辖8个客运车队，拥有营运客车88辆，客运班线13条。

平阳县顺昌运输有限公司　成立于1996年2月，属股份制企业。2012年，职工82人，下辖5个车队，拥有营运车辆67辆，其中公车公营2辆，15条县内短途客运线路。

平阳县联发交通有限公司　成立于1999年2月，职工35人，属股份制企业。企业前身为埭头运输队。2012年，拥有9辆营运客车，主要经营水头至闹村客运班线。

平阳县鳌温快客运输有限公司　成立于2000年12月，属股份制企业。2012年，管理人员7人，驾驶员38人，由温州长安集团有限公司与平阳县联运公司共同出资组建。公司拥有23辆大型客车，线路由鳌江开往温州途经昆阳客运站，循环发车。

平阳县水温快客运输有限公司　始建于2001年1月，属股份制企业。2001年1月，由平阳县长发运输公司牵头，共有44辆25座的宇通牌客车以挂靠形式组建。2004年7月，由温州长安集团运输有限公司控股，以股份形式组建。拥有青年牌高级营运客车25辆，金龙牌中级营运客车4辆，线路由水头开往温州，循环发车。2012年，营运车辆29辆。管理人员7人，驾驶员(乘务员)47人。

平阳县南麂环岛客运有限公司　创建于2007年4月，属股份制企业。由温州长安集团有限公司牵头组建，实行公司化经营。公司拥有16辆19座中巴客车，2辆出租车。2012年，营运车辆18辆，管理人员5人，驾驶员18人。

2012年平阳县道路运输企业情况汇总表

表7-6-1

企业名称	创建时间	企业性质	营运车辆(辆)
温州长安集团有限公司	1955.11	国有	563
平阳县联运公司	1998.2	集体	34
平阳县第二运输公司	1957.10	集体	127
平阳县第四运输公司	1956.10	集体	16
平阳县第七运输公司	1982.10	集体	10
平阳县联安运输有限公司	2000.5	股份	110
平阳县钱顺运输公司	1994.6	股份	140
平阳县长发汽车运输有限公司	1988.8	国有全资	88
平阳县顺昌运输有限公司	1996.2	股份	67
平阳县联发交通有限公司	1999.2	股份	9
平阳县鳌温快客运输有限公司	2000.12	股份	23
平阳县水温快客运输有限公司	2001.1	股份	29
平阳县南麂环岛客运有限公司	2007.4	股份	18
平阳县鳌龙公交有限公司	2009.9	国有全资	28
平阳县盛丰公交有限公司	2009.10	国有全资	28
平阳县远方客运出租有限公司	2011.11	国有控股	439

说明：资料由县交通运输局提供

平阳县鳌龙公交有限公司、平阳县盛丰公交有限公司　分别成立于2009年9月和2009年10月，为温州长安集团有限公司全资子公司、实行公车公营的国有企业。2012年，共有管理人员30人，驾驶员92人。经营昆鳌001路、002路，昆阳镇内公交101路、102路，昆阳至火车站、鳌江车站至火车站、瓯南大桥至火车站、鳌江至龙港8条线路，拥有公交车38辆，中巴车18辆。

平阳县远方客运出租有限公司　成立于2011年11月，为温州长安集团有限公司控股的子公司，原挂靠在其他交通运输企业的出租车均过户到该企业。2012年，拥有出租车439辆，管理人员12人，从业人员900人。出租车安装了GPS，基本上实现生产经营网络化和信息化。

第二节　货运(物流)企业

普通货运(物流)企业

通豪物流服务有限公司　创建于2010年，位于水头镇水头客运中心内，属股份制企业，由原来的南方货运服务部等10家联托运企业联合组建。2012年，从业人员220人，拥有大中型货运车辆100余辆，货运停车场1个，已建立直通全国大中城市的物流专线21条，物流业务网点551个。

浙江中鹏物流有限公司　创建于2012年，位于万全镇郑楼城区内，属股份制企业，从业人员386人，由原来的平阳县新大新物流有限公司等39家联托运企业联合组建。拥有大中小型货运车辆389辆，企业注册资本为2562万元。已建立直通全国大中城市的物流专线56条。物流网点326个。

平阳长通物流有限公司　创建于2010年，位于昆阳镇农贸货运中心内，属股份制企业。由原来的石太托运部等19家联托运企业联合组建。2012年，从业人员358人。拥有大中型货运车辆300余辆，货运停车场1个。企业注册资本为500万元，已建立直通全国大中城市的物流专线22条，物流网点585个。

温州双赢物流服务有限公司　创建于2002年，位于萧江镇高速口，属股份制企业。注册资本为3000万元。2012年，公司员工173人，拥有大中货运车辆65辆。已建立直通全国大中城市的物流专线5条。物流网点100个。2009年，开始创办萧江双赢物流中心，2012年，该项目还在建设中。

危险品运输企业

平阳县平顺民用爆破器材有限公司　创建于2009年2月，位于鳌江镇兴鳌东路321号，属股份制企业。企业前身为平阳平安民用爆破器材专营有限公司，国有性质。2009年2月，改制重组为平阳县平顺民用爆破器材有限公司。2012年，有职工51人。主要负责平阳县辖区内民用爆破器材的采购、贮存、运输和销售。拥有专用配送车辆5辆，实行民爆器材封闭配送，并严格执行程序与标准。

平阳县中远货物运输有限公司　创建于2001年12月，位于昆阳镇锦屏小区，属股份制企业。2003年，企业实行兼并重组，将平阳县永安危险品运输公司等4家的危险品运输车辆、普通运输车辆纳入平阳县中远货物运输有限公司管理。2012年，有驾驶员、押运员、装卸员与管理人员221人，拥有100辆危险品运输车辆，6辆普通运输车辆，385吨位。

平阳县神龙化学危险品货物运输有限公司　创建于2003年，位于麻步镇显桥村，属股份制企业。主要负责液化气经营运输业务。2012年，有驾驶员、押运员、装卸员与管理人员53人，拥有26辆危险品运输车。

平阳县联运公司危险品运输车队　创建于2003年5月，位于鳌江镇县联运公司内，为平阳县联运公司下属全资企业。2012年，有驾驶员、押运员、装卸员与管理人员100人，拥有45辆危险品运输车。

第三节　港口经营及水运企业

港口经营企业

1989年，主要港口经营企业有平阳县航运公司、平阳县港口运输公司、鳌江运输公司等。平阳县航运公司为全民所有制企业。是年，职工252人，拥有客轮1艘250座位，钢质货船5艘4240吨位(其中浙平机8号载重1600吨)，油轮1艘载重50吨，完成产值631万元，利润39万元。驻地鳌江镇站前路69号。平阳县港口运输公司系全民下放县属大集体单位，前身为县搬运公司。是年，职工316人，拥有大客车2辆90座，货车6辆27吨位、机动车2辆、翻斗车和手拉车98辆、各种吊车14台，完成产值151万元，亏损6.1万元。驻地鳌江镇兴隆街4号。鳌江运输公司系集体单位，前身为鳌江搬运合作社。是年，职工148人，辖7个搬运装卸工班，1支汽车队和1支机动船队。拥有客车12辆495座，外海钢质货轮1艘180吨位、手拉车100余辆，各种起重机械9台，完成产值153万元，利润持平。驻地鳌江镇灵溪埠。

2012年底，平阳港区共有港口经营企业25家，其中危货企业4家，其他企业21家。

2012年平阳县港口经营企业汇总表

表7-6-2

企业名称	创建时间	企业性质
浙江省鳌江港务公司	1988.06	国有
温州晨旭化工有限公司	2003.08	股份
温州中燃能源有限公司	2003.11	股份
平阳县田源润滑油有限公司	2001.02	股份
温州东海石油化工有限公司	1998.10	国有
平阳县鳌江港口开发有限责任公司	2001	股份
平阳县瓯华港口建材贸易有限公司	2002	股份
平阳安信混凝土有限公司	2007.06	股份
平阳县兴兴建材有限公司	2004.09	股份
平阳县鳌江镇兴鳌码头运输队	2005.12	股份
平阳县鳌江镇瓯南码头装卸队	2005.07	股份
平阳县雁门搬运社	1982.03	集体
平阳县旺利码头装卸队	2000.11	股份
平阳县同发码头装卸队	1994.08	集体
平阳县钱仓商业购销站	1992.11	股份
平阳县陆海装卸服务部	1992.11	股份
平阳县钱仓镇唐卫美装卸队	2003.04	股份
平阳县东江码头装卸队	2000.08	股份
平阳县萧江镇吉品装卸搬运站	1993.01	股份
平阳县萧江鑫发装卸服务站	1997.04	股份
平阳县萧江镇中直装卸搬运站	1997.11	股份
平阳县萧江镇孔为装卸搬运站	1999.05	股份
平阳县萧江镇杨取装卸搬运站	2002.01	股份
平阳县萧江镇宏图装卸队	2007.04	股份
平阳县海环船舶污油回收有限公司	2009.09	股份

说明：资料由县交通运输局提供

浙江省鳌江港务公司 成立于1988年6月，为国有企业。从业人员56人，下设鳌江港货物服务中心、鳌江港客运站、南麂港客运站、船务处。经营平阳县境内水路客货运输代理、船舶代理、温州市境内沿海普通客船运输(鳌江至南麂)。拥有3座码头，分别是1988年建成的300吨级南麂客货码头、2003年1月投入使用的500吨级南麂岛交通码头和2011年11月新建的300吨级鳌江港客运码头。2012年，拥有普通客船一艘，90个客位。

平阳县鳌江港口开发有限责任公司 成立于2001年，为股份制企业，主要从事码头装卸及仓储服务。2012年，有员工18人。拥有1000吨级多用途码头1座(建于2006年)，8吨门座起重机2台，300吨/小时螺旋式卸船机1台。后方堆场面积7000平方米，用于砂石堆存，建有水泥圆筒仓5个，合计15000立方米。

平阳县瓯华港口建材贸易有限公司 成立于2002年，属股份制企业，主要经营范围为：为船舶提供码头设施和在港区内提供货物装卸、仓储服务。2012年，拥有1000吨级散货码头1座，码头平台固定式起重机2台，港口台架起重机3台，码头后方简易堆场面积4000平方米。

温州晨旭化工有限公司 成立于2003年8月，为股份制企业，位于鳌江镇下厂村。设有化工储存库区1座，500吨级化工码头1座，主要接卸液碱、盐酸、硫酸、次氯酸钠、燃料油和润滑油。2012年，有职工15人。拥有储罐23座，900立方米拱顶罐7座，600立方米拱顶罐4座，100立方米拱顶罐12座，合计9300立方米。

平阳县田源润滑油有限公司 位于鳌江镇下厂红砖厂边，主要储存和经营润滑油、燃料油。2012年，有职工15人。拥有300吨级油码头1处，库区有润滑油、燃料油罐30个，总储量15400立方米，属于四级油库。

温州东海石油化工有限公司 平阳东海油库为温州东海石油化工有限公司下属油库，为国有企业。油库总容量8000立方米，500吨级油品码头1处。主要接卸柴油、燃料油和润滑油。2012年，拥有储罐8个，1000立方米拱顶罐3个，1000立方米内浮顶罐5个，合计8000立方米。

温州中燃能源有限公司 成立于2003年11月，为股份制企业。经营范围：液化石油气、燃气具配件批发、零售。2012年，有职工20人。拥有1000吨级液化石油气专用码头1处，1000立方米液化石油气球罐2个，100立方米液化石油气卧罐3个，50立方米残液卧罐1个，合计2350立方米。

水路运输(辅助)企业

平阳县瓯南海运有限公司 成立于2001年，由平阳县联运公司、海运公司、萧江海运站、南麂运输站联合重组而成，为股份制企业，从业人员90人。经营范围：国内沿海、长江中下游及珠江三角洲普通货船运输；温州市境内沿海普通客船、高速客船运输。2012年，拥有高速客船5艘，计552个客位；普通货船18艘，载重量14019吨。

浙江新涵海运有限公司 成立于2009年，为股份制企业，从业人员25人。经营范围：国内沿海、长江中下游及珠江三角洲化学品船运输。2012年，拥有化学品船2艘，载重量3746吨。

平阳县鳌港港口物流有限公司 成立于2008年，为股份制企业，从业人员8人。企业经营范围：平阳县境内水路货物运输代理、船舶代理。

第四节 汽车维修企业及驾驶培训机构

汽车维修企业

温州长安集团有限公司汽车大修厂 创建于1955年，属温州长安集团有限公司分公司，为机动车一类维修企业。拥有标准化的大中型客车、轿车、货车和危险品运输车辆专修车间，是全县大中型客车修理、各类车型整车修理、中国人保“远程定损”修理、危险品运输车辆修理等定点单位。2012年，拥有各类技术和管理人员123人。

平阳县联运公司汽车大修厂 创建于1993年，为平阳县联运公司全资企业，为机动车一类维修企业。拥有标准化的大中型客车、货车修理车间。2012年，各类技术和管理人员35人。为县大中型客车修理定点单位。

温州泉浩汽车销售服务有限公司 创建于1989年，为股份制企业，前身为城东汽车修理厂，为一类机动车维修企业。企业经营范围为整车销售、配件供应、车辆维修。拥有标准化的各类轿车维修车间。2012年，拥有各类技术和管理人员26人。

温州祥瑞汽车销售服务有限公司　创建于1994年，属股份制企业，前身为浙南大众汽车特约维修站，为机动车一类维修企业。企业经营范围：整车销售、配件供应、车辆维修。拥有标准化的各类轿车维修车间。2012年，各类技术和管理人员40人。为上海大众授权的销售服务直营企业。

汽车驾驶培训机构

平阳县汽车驾驶技工学校　创办于1994年，为股份制企业，前身是平阳技工学校与平阳县金盾服务公司联合创办的汽车驾驶培训班。1999年，金盾公司将股份转让给平阳金伟劳动服务公司。2003年，平阳技工学校与平阳金伟劳动服务公司共同出资注册成立平阳县汽车驾驶技工学校。2012年，拥有教练车47辆，教练员及管理人员58人。

平阳县勤奋职业学校　创办于1994年，为温州长安集团控股企业，1999年，温州长安集团收购平阳县勤奋职业学校股份，2005年，增加收购平阳县勤奋职业学校股份，实行控股经营。2012年，拥有教练车52辆，驾教及管理人员68人。

平阳县安翔机动车驾驶培训有限公司　创办于2011年，为股份制企业，拥有教练车50辆，驾教及管理人员64人。

第五节　平阳县交通投资集团

2012年11月13日挂牌成立，系县政府直属国有公司，承担全县政府性投资的交通基础设施项目及相关延伸实业的融资、投资、建设、经营和管理；承担全县水上运输及物流服务、实业投资，平阳港港口开发与建设等任务。县交通投资集团首期注册资金1亿元。公司总部设办公室、财务审计部、融资拓展部、政策法规部、建设管理部、安全生产部等6个内设机构，集团总部工作人员17人。

2012年11月13日，平阳县港航管理局暨平阳县交通投资集团揭牌仪式

集团下设8个子公司，分别为平阳县交通投资集团国鼎高速公路有限公司、平阳县交通投资集团国瑞交通工程有限公司、平阳县交通投资集团国德城乡道路建设有限公司、平阳县交通投资集团港口开发有限公司、平阳县交通投资集团矿业有限公司、平阳县交通投资集团公共自行车服务有限公司、平阳县交通投资集团万里旅行社有限公司、浙江省鳌江港务公司。

第八卷

DI BA JUAN

《平阳县志（1989—2012）》

PINGYANG XIAN ZHI

水　利

平阳县背山临海、中贯鳌江，北依飞云江，境内有万全、小南（鳌江）、萧江三大河网，形成万全、小南、萧江水网平原。历史上，常受台风海潮和旱涝灾害侵袭，历朝历代兴建大量水利工程。1949年后，人民政府重视水利事业。20世纪50年代建闸排涝，60年代修建大量水库，70—80年代实施水利设施综合配套。90年代后为水利建设巩固提高阶段，2001年后进入大投入、大发展阶段。

1991—2012年，全县水利工程建设投资42.92亿元，其中国家投资5.76亿元，占13.42%，自筹或融资资金37.16亿元，占86.58%。“十一五”期间（2006—2010）的水利投资额11.6亿元，是“八五”期间（1991—1995）水利工程投资额1.08亿元的11倍；“十二五”前两年（2011年、2012年）水利投资额为25亿元，是整个“十一五”期间水利投资额的2.2倍。

1989—2012年，建成海涂围垦工程新增土地1005.2公顷；共新建修建中、小型水闸68座；新建修建蓄水10万立方米以上水库24座，总库容5757.5万立方米；建成防御五十年一遇洪潮的标准海堤18.28千米，防御二十年一遇洪潮的标准江堤17.64千米，溪堤98条总长62.28千米；新建水电站17座，扩建水电站16座；新建修建“三面光”引水渠道总长501.9千米，新建修建堰坝198座，引水灌溉农田7.77万亩；疏浚万全、小南、萧江等河网河道，并实施对青街溪、怀溪、闹村溪、凤卧溪、带溪、梅溪和墨城溪等小流域的治理工程；完成400个村的饮用水安全工程建设，累计解决46.5万人的饮用水等。全县初步形成蓄水、引水、防洪、防潮、排涝水利体系。

第一章　江河治理

鳌江流域历来洪涝灾害频繁。1994年，成立“平阳县北港流域治理工程指挥部”，启动对鳌江干流桃源段进行疏浚、拓宽、加固加高堤塘，并筹备建设顺溪水库和岳溪水库。2002年，市政府批准实施《鳌江流域防洪规划》。2011年2月，鳌江干流水头防洪工程、麻萧防洪工程列入国家独流入海河流治理计划。1989—2012年，全县建成一大批治理鳌江干流、小流域和平原河网的工程设施，有效提高洪涝防治能力。

第一节　鳌江干流治理工程

鳌江是平阳县独流入海的省级河道，是浙江省八大水系之一，干流全长82.47千米（不含河口段10千米），流域面积1521.49平方千米，属平阳辖区面积894.5平方千米。2004年3月，省发展和改革委员会同意鳌江干流水头镇区段整治工程纳入“平阳县城市防洪工程”（改称水头城市防洪工程），实施二期后重新进行规划设计。2009年，县委、县政府成立“平阳县鳌江流域综合治理领导小组”，县委书记任第一组长，县长任组长，鳌江沿岸有关镇成立“流域综合治理专项工程建设指挥部”，相关镇长兼任指挥部指挥。2010年12月，成立“鳌江流域综合治理工程建设办公室”。2011年2月，平阳县鳌江干流治理“水头段防洪工程”“麻萧段防洪工程”项目，一并列入国家独流入海河流治理计划。11月，市政府批准同意《浙江省鳌江流域防洪规划修编报告（2010—2030年）》。

鳌江干流综合治理工程包括水头城市防洪工程、水头段防洪工程和麻萧段防洪工程。工程位于鳌江中下游的水头镇、萧江镇，现状河段长28.84千米，其中水头段防洪工程从蒲潭尾（蒲潭堰下游480米处）经小南桥到显桥，现状河长11.34千米。麻萧段防洪工程从显桥经麻步到岱口桥，现状河长17.50千米。

水头城市防洪工程

该工程是省重点工程，全长9.24千米。从蒲潭尾起，沿上店南侧按规划轴线至小南桥与鳌江主河道交汇，长4.25千米，新开河道宽120米；小南桥至显桥河段，局部截弯取直，长4.99千米，全线拓宽至120米。在左岸修建二十年一遇标准防洪堤，右岸修护岸。并对穿过水头镇城区河道和凤卧溪进行清障及拓宽疏浚。左岸防洪堤采用复式堤型，前坡采用直立式挡土墙和浆砌块石斜坡护面型式，其下用石渣和无纺土工布作反滤层，墙后填土防渗。右岸修建斜坡式护岸，前坡底脚采用浆砌块石方脚，斜坡护面采用浆砌块石，顶部采用混凝土压顶，堤顶路面宽5米，采用条石路面。

一期工程 位于蒲潭尾至金塔村，全长2.25千米，于2005年3月开工。左岸修建防洪堤845米，堤坝的防洪标准为二十年一遇，Ⅳ级堤坝工程建设，复式堤型。堤顶高程8.9～9.8米，混凝土路面宽5米。开挖、拓宽和疏浚的河宽80米，附属配套桥梁2座，至2006年5月完工，投资0.12亿元。

二期工程 位于金塔村至小南桥段，全长2千米，于2007年12月开工。左岸修建防洪堤1.75千米，防洪标准为二十年一遇，Ⅳ级堤坝工程建设，复式堤型。堤顶高程8.2～8.9米，混凝土路面宽5米；右岸修建护岸，开挖和拓宽疏浚的河宽80米，配套桥梁3座，2011年11月完工，完成投资0.86亿元。2012年1月，一、二期工程通过完工验收，累计投资0.98亿元，其中民间捐资0.1亿元。

三期工程 位于小南桥至显桥，拉直河道长4.99千米。随着社会经济发展和城镇建设的需要，2002年编撰的“浙江省温州市鳌江流域防洪规划报告”已不能满足现状要求，原设计单位于2011年3月对本工程堤线和断面进行优化调整，投资概算8352万元调整到44945万元，其中建安工程23080万元，政策处理为21865万元。

水头段防洪工程

水头段防洪工程总体布局为“南分北挡”，总体分洪线路：凤卧溪→分洪河道→蒲山控制闸→分洪隧洞→新开排洪主河道。一期工程包括鳌江干流拓宽工程、凤卧溪分洪工程、凤卧溪节制闸工程、小南排涝泵站工程、凤卧溪城区段疏浚工程，概算投资13.17亿元。新开鳌江行洪主河道工程自龙岩至显桥段，全长8.44千米，河道宽度120米，其中小南桥至57省道新建大桥段河道长约600米河道工程在建。二期南湖分洪工程，概算投资8亿元。

麻萧段治理工程

2009年，县水利局委托温州市水利电力勘测设计院编制项目建议书，2012年9月由省发展和改革委员会批复。治理河道长度17.50千米，新建堤坝全长20.35千米，配套建设沿堤的水闸10座。工程占地146公顷，拆迁房屋8.7万平方米，搬迁3116人。工程概算投资9.37亿元，其中工程部分投资4.07亿元，政策处理5.3亿元，分为7个标段实施。

麻步一期防洪工程位于鳌江左岸萧江镇麻步社区，从上周村寿桃山至麻步大桥，全长2.03千米。按防洪标准二十年一遇，Ⅳ级堤坝工程建设，堤顶高程8.7～9.01米，堤顶宽3.5米(包括防浪墙)；4座穿堤水闸采用涵洞式，均为单孔。工程于2010年5月开工，至2012年9月完工。共拆迁62户计房屋79间，厂房一栋，地基7间，征用土地260亩，完成投资4675万元。

第二节 小流域治理

县境内开展治理的小流域有青街溪、怀溪、闹村溪、凤卧溪、带溪、梅溪和墨城溪等7条溪流，流域总面积418平方千米。1995年开始，对墨城小流域实施治理。2000年后，编制了7条小流域治理规划，以“上蓄、中疏、下排”为原则，在其上游山区兴建水库，拦蓄和削弱洪峰；对平原河道，进行疏浚、拓宽、筑堤，引导洪水归槽下排。保护乡镇的防洪标准为二十年一遇，保护村庄的防洪标准为十年一遇，并开发水力资源。

墨城溪小流域治理

流域面积20.8平方千米，河长9.17千米，平原面积2.40平方千米。自1995年始，先后实施自力更生治水工程和小流域治理两个项目。2000年实施二期治理工程。至2012年，完成投资2285.2万元，共疏浚河道3.8千米，拆建墨城水闸，修建防洪堤2.64千米、修建加固堰坝2座，配套渠道5.7千米，并封山育林2.1平方千米。

梅溪小流域治理

流域面积77.7平方千米，河长20.14千米，平原面积9.71平方千米。流域内有岩庵水库，坝高16.2米，总库容61.1万立方米；夹坑水库，坝高13.1米，总库容23万立方米，并进行除险加固；18座山塘(总库容51.3万立方米)；一座中型水闸——梅浦水闸(六孔，总净宽17.5米，过闸流量为120立方米每秒)。2006—2012年，修建防洪堤2.89千米，修建凤车尾等堰坝8座，渠道27.26千米，机埠4座，灌溉农田1610亩。

带溪小流域治理

流域面积99.8平方千米，河长23.34千米，平原面积20.1平方千米。流域内有龙潭背水库，总库容16.5万立方米；山塘8座（总库容26.16万立方米）；水闸5座，其中显桥水闸4孔，总净宽24米，过闸流量270立方米/秒，小型水闸4座（总6孔，总净宽20.3米，总过闸流量63立方米每秒）。1994年建成半爿街溪堤。2006—2012年，先后修建堰坝60座，渠道57条计46千米，灌溉面积500亩以上堰坝5座，总灌溉面积1.06万亩；建成13.13千米防洪堤，其中带溪有7.16千米防洪堤，凤巢溪有3.2千米防洪堤，鹤溪有2.77千米防洪堤。2004年、2012年分别对驷马、腾蛟水电站进行增容扩建。

怀溪小流域治理

流域面积95.6平方千米，河长17.61千米，平原面积11.47平方千米。流域内高城水库集雨面积2.84平方千米，坝高31米，总库容20.5万立方米；山塘4座（集雨面积12.44平方千米，总库容21.12万立方米）。1998年投资57万元修建晓坑溪堤。2001—2012年，新建修建堰坝43座，渠道37条计11千米，灌溉农田8800亩，其中山门引水堰坝长130.4米，灌溉面积6750亩。新建修建防洪堤19.89千米（2012年，建成三段防洪堤长6.07千米）。2012年，完成怀溪晓坑山区小流域（怀溪干流）农业生态工程，修筑堰坝11座，防洪堤2.55千米。

凤卧溪小流域治理

流域面积52.23平方千米，河长17.04千米，平原面积15.88平方千米。流域内建有山塘1座，库容5.5万立方米，内塘水电站装机1200千瓦。2003年建成后山溪堤，2004—2012年，建有防洪堤7.45千米，堰坝26座，灌溉农田2875亩。

闹村溪小流域治理

流域面积39.29平方千米，河长13.72千米，平原面积5.19平方千米。1968年建成苍南水库，集雨面积2.11平方千米，坝高13.4米，总库容17.2万立方米。1990年底，黄坑水库主体工程完工，集雨面积7.4平方千米，坝高39米，库容360.5万立方米。水电站4座（装机2120千瓦）。2006年，闹村溪治理列入平阳县农业综合项目。至2012年，修建溪堤14条（段）10.7千米，堰坝32座，渠道12.2千米，灌溉农田3340亩。

青街溪小流域治理

流域面积30.39平方千米，河长10.03千米。建有山塘2座，库容10.7万立方米，水电站1座装机300千瓦。2012年，主流及岭脚潭支流共建有2.34千米防洪堤。垟心至睦源小流域综合治理，新建修建堰坝8座，渠道35条计2.8千米，灌溉农田1515亩。

第三节　河网治理

县境内主要河网有万全、小南（鳌江）、萧江三大河网，大小河道共489条，总长555.9千米，水域面积17.18平方千米。1998年开始，平原地区开展以河道疏浚、清除水荷花为主要内容的河道整治。至2000年，疏浚河道150千米，疏浚淤泥82.5万立方米，并清除2万余亩水荷花。2001年起，昆阳、万全、鳌江、萧江等镇区内河道整治的重点是砌石护岸，河道疏浚、河岸绿化。至2012年，境内有147个村砌石护岸计149处；59个村疏浚、清淤河道计67处，合计216处，总长229.42千米，累计打捞水荷花13.72万亩，投入资金1.17亿元。

万全河网治理

自1998—2012年，88个村完成河道护岸砌石92处，总长83.45千米，投入资金8648.9万元；有56个村疏浚河道64处，总长98.97千米，投入资金1171万元；打捞水荷花累计投入资金668万元。2010年后，开始建设生态河道。

万全河网（2012年）　　倪宝道　摄

万全镇宋桥社区章桥一河、二河等7条生态河道工程：岸线总长5.98千米，河道护岸采用块石挡墙、异型砌块和松木桩护岸断面型式。万全镇区段河道防洪标准提高至二十年一遇，村庄段河道防洪标准提高至十年一遇。工程总投资2520万元，于2012年1月开工，次年完工。

昆阳镇水亭社区水亭河、前溪及垟底河综合整治工程：新建护岸总长6.31千米，清淤河段总长6.33千米，堤后配套绿化长1.49千米，新建堰坝11座。河道护岸采用重力式干砌块石挡墙和生态斜坡断面。工程清淤量和护岸基础开挖土方约11.73万立方米，总投资1704万元，于2012年7月开工。

治理后的昆阳镇鲍垟河河道（2012年）

小南（鳌江）河网治理

1998—2000年，鳌江平原疏浚河道24千米。2001年起，鳌江平原河道以砌石护岸为重点，结合河道疏浚、清淤，至2012年，河道砌石护岸、清淤32处，计长16.3千米，投入资金776.28万元（不包括村自筹资金）。

治理后的鳌江镇东塘河河道（2012年）

萧江河网治理

萧江塘河全长10.9千米，平阳境内长约5千米。沪山内河全长21.7千米，平阳境内长3.6千米。1998—2000年，疏浚河道（境内萧江河网）11.5千米。2001年以后，开工建设沪山内河生态护岸工程。至2012年，完成河道砌石护岸计28处，总长30.7千米，投入资金1075万元。

治理后的萧江镇直浃河河道（2012年）

2012年平阳县三大河网情况一览表

表8-1-1

名称	河道数量（条）	河长（千米）	平均河宽（米）	平均水深（米）	水面积（平方千米）	容积（万立方米）	正常水位（米）
万全河网	322	349	37.6	2.21	13.1	2900	2.92
小南河网	104	135	21.2	2.02	2.86	579	2.84
萧麻河网	63	71.9	17.0	1.81	1.22	220	3.12
合计	489	555.9			17.18	3699	

说明：资料由县水利局提供

2012年平阳县各河网主要河流情况一览表

表8-1-2

河网名称	河干名称	起讫地点	河长（千米）	支河数（支）	支河总长（千米）
万全河网	平瑞塘河	昆阳镇城北水闸至瑞安交界	11	47	48
	平宋塘河	平阳县人民医院至万全镇林宅	8.4	115	108
小南（鳌江）河网	东塘河	昆阳镇平塔至鳌江下埠水闸	6.5	207	198
	西塘河	昆阳镇坡南至钱仓城村水闸	13.2	55	59
萧麻河网	萧江塘河	萧江镇杨梅庄村至鳌江汇合处	5	53	73
	沪山内河	萧江镇河坤村至夏桥水闸	3.6		

说明：资料由县水利局提供

第二章　御潮防洪

1997年11月，省政府统一部署全省修筑堤塘。1999年3月，成立县标准堤塘工程建设领导小组，并设立8个工程指挥部，分段负责建设宋埠海塘、墨城海塘、鳌江海塘和沿江江堤。2001年12月工程完工，总投资8597万元。1998年5月至2012年5月，又先后建成宋埠—西湾海塘、西湾南海塘，投资4.32亿元。保护人口30余万人、农田8万余亩。

至2012年，全县建成标准堤塘总长35.92千米，其中防御五十年一遇洪潮的海塘标准堤18.28千米，防御二十年一遇洪潮的江堤标准堤17.64千米。其中闭合区堤线长31.12千米，分三个闭合区：一是宋埠闭合区，南起鳌江镇西湾海滨村，北至瑞安市交界，全长6.63千米；二是鳌江左岸闭合区，东起西湾杨屿山西侧，经西湾南海塘、鳌江海塘、钱仓、东江江堤至岱口桥，全长26.75千米，其中五十年一遇海塘长14.01千米；三是萧江闭合区，位于岱口新桥（鳌江右岸）至萧江潘汇水闸，全长2.54千米，按二十年一遇标准建设。2012年，全县建成海塘18.28千米，江堤67.40千米。

2012年平阳县堤塘基本情况一览表

表8-2-1

堤塘类型	堤塘名称	位　置	长度（千米）	堤顶高程（米）	防浪墙顶高程（米）	重现期（年）	备　注
海塘	宋埠海塘	海滨至陡北	3.40	6.42	7.62	50	二线海塘
	宋埠—西湾海塘	跳头至瑞安阁巷	3.23	6.8	7.6	20	
	西湾南海塘	杨屿山西侧至墨城水闸	4.23	7.44	8.24	50	南堤
				8.14	8.94	50	南顺堤
	墨城海塘	东头水闸至墨城水闸	1.40	5.94	6.74	50	二线海塘
	鳌江海塘	墨城水闸至下埠水闸	6.02	5.94	6.74	50	
	小计		18.28				

续表 8-2-1

堤塘类型	堤塘名称	位置	长度（千米）	堤顶高程（米）	防浪墙顶高程(米)	重现期（年）	备注
江堤 岱口桥以下江堤	镇区江堤	下埠水闸至雁门水闸	3.76	5.94	6.74	50	
江堤 岱口桥以下江堤	垂阳江堤	雁门水闸至龙港大桥	2.05	5.59	6.39	20	
江堤 岱口桥以下江堤	钱仓江堤	龙港大桥至梅浦水闸	7.09	5.34～6.42	5.94～7.02	20	
江堤 岱口桥以下江堤	东江江堤	梅浦水闸至岱口大桥	2.20	5.59	6.39	20	
江堤 岱口桥以下江堤	萧江江堤	岱口大桥至萧江水闸	2.54	5.59	6.49	20	
江堤 岱口桥以下江堤	小计		17.64				
江堤 岱口桥以上江堤 鳌江左岸	桃源段		7.0				土堤
江堤 岱口桥以上江堤 鳌江左岸	麻步段		10.6				土堤
江堤 岱口桥以上江堤 鳌江左岸	水头段		7.46				土堤
江堤 岱口桥以上江堤 鳌江左岸	小计		25.06				
江堤 岱口桥以上江堤 鳌江右岸	萧江段		4.9	5.45	6.25	20	
江堤 岱口桥以上江堤 鳌江右岸	麻步段		9.2				土堤
江堤 岱口桥以上江堤 鳌江右岸	南湖段		3.1	9.40	10.20		
江堤 岱口桥以上江堤 鳌江右岸	水头段		7.5				土堤
江堤 岱口桥以上江堤 鳌江右岸	小计		24.7				
江堤 岱口桥以上江堤	合计		49.76				

说明：①宋埠、墨城海塘现为二线海塘，不计入闭合区的堤长；②资料由县水利局提供

第一节 海 塘

至2012年，平阳境内海塘有宋埠海塘、宋埠—西湾海塘、西湾南海塘、墨城海塘、鳌江海塘，共长18.28千米。

宋埠海塘

始建于1955年，南自西湾海滨村山脚(旧称派田)，北至宋埠陡北村，全长3.4千米，经3次续建，于1964年建成土堤。建有排水闸3座4孔，总净宽11.5米，过闸流量52立方米/秒。1994年，受17号台风大潮袭击，堤塘全线冲垮。1995—1996年，按二十年一遇防潮标准进行重建。2000年8月，建设宋埠标准海塘，按Ⅲ级堤塘五十年一遇潮位设计，断面形式为土石混合重力式结构，堤顶高程6.42米，防浪墙顶高程7.62米。工程于2001年11月全部建成，总投资为1033.5万元。保护人口3万余人，农田2.5万亩，以及几十家企业的安全。现已成为二线堤塘(内塘)。

宋埠—西湾海塘

位于宋埠海塘东侧2.3千米，南起西湾跳头村，北与瑞安市交界，全长3.23千米，水闸3座，总净宽31.5米。按二十年一遇防潮标准建设，允许部分越浪，水闸排涝标准为二十年一遇，主堤基础采用塑料排水板，结合土工布加镇压层，堤顶净宽5米，堤

顶高程6.8米，防浪墙顶高程7.6米，北直堤长2241米，为平阳县与瑞安市界堤兼交通道路。工程于2009年2月开工，2010年12月30日堵口合龙。工程总投资3.62亿元。该项目增围陆域面积9858亩，围区规划建设滨海工业园区。

西湾南海塘

位于鳌江口北岸，东始西湾杨屿山西侧，西至墨城水闸。为西湾海涂围垦南片工程，由南顺堤、南堤、杨屿山南水闸等工程组成。堤长4.23千米，围涂5220亩，按五十年一遇防潮标准，Ⅲ级海塘工程建设，允许部分越浪。海堤的基本堤型为土石混合坝，复式断面，用石坝防潮挡浪，土坝防渗闭气，堤顶高程7.44～8.14米，防浪墙顶高程8.24～8.94米，堤顶净宽5米。水闸排涝标准为二十年一遇，最大过闸流量77.56立方米/秒。工程于2000年12月13日开工，2012年5月25日竣工，总投资2.05亿元。

1998年5月，开工建设西湾海涂围垦中隔堤工程，位于西湾三沙咀至杨屿山西侧，堤长0.88千米，堤顶高程5.79米，顶宽5米，1999年12月竣工。2014年6月，对中隔堤工程进行加固，投资86.56万元，总投资850.2万元。

墨城海塘

又名墨城拦海大坝。东始东山塘沽外，西至墨城水闸，全长1.4千米(实测)。1972年，由墨城公社长岗、西山、东山、双垟、山根等5个大队联建，1978年建成。1980年、1992年、1994年3次遭台风袭击，局部堤身受损并进行修复。1994年，将全线堤脚采用抛石理砌加固，堤顶浇筑混凝土，内坡干砌块石。2000年12月，加固墨城海塘，2002年建成，按Ⅲ级标准堤塘五十年一遇潮位设计，投资1400万元。标准海塘断面型式为直立式重力坝，堤顶高程5.94米，防浪墙顶高程6.74米。2010年，墨城围区已成为鳌江海滨园区的一部分。墨城海塘已作为二线塘。

鳌江海塘

原名九都海塘。位于鳌江口左岸，东始墨城水闸，西至鳌江下埠，全长6.02千米。二十世纪六七十年代共4次对海塘进行加高加固，砌石护坡，并建防坍丁坝9条。自1998年1月始，兴建鳌江标准海塘，分两段进行建设。

下厂段海塘　墨城水闸至红砖厂，长3.97千米，原塘为土塘。1995—1996年按二十年一遇防潮标准进行修建加固。2000年春，按Ⅲ级堤塘五十年一遇潮位设计标准修筑。堤顶高程5.94米，顶宽5米，防浪墙顶高程6.74米。至2001年1月完成主体工程。工程投资806.5万元，保护人口1万人，农田6000亩。

下埠段海塘　自红砖厂至下埠水闸，长2.05千米。按Ⅲ级堤塘五十年一遇潮位设计修筑。堤顶高程5.94米，顶宽5米，防浪墙顶高程6.74米。共投资680万元，于1998年1月开工，1999年12月竣工。保护人口2万人，保护农田6000亩。

第二节　江　堤

县内鳌江江堤总长67.40千米，以岱口桥为界，分为岱口桥以下江堤和岱口桥以上江堤。

岱口桥以下江堤

江堤总长17.64千米，其中左岸自鳌江镇下埠水闸起，经雁门、钱仓至岱口桥，全长15.10千米；右岸萧江镇江堤长2.54千米。

鳌江镇区段江堤　东起下埠水闸，西至雁门水闸，长3.76千米，按Ⅲ级堤塘五十年一遇潮位设计标准进行建设。1998年12月动工，至2001年12月竣工，工程总投资2512.5万元。

垂杨段江堤　位于雁门水闸至龙港大桥，全长2.05千米，按Ⅳ级堤塘二十年一遇潮位设计标准建设。2000年8月动工，2001年7月竣工，总投资260万元。

钱仓段江堤　位于龙港大桥至梅浦水闸，全长7.09千米，按Ⅳ级堤塘二十年一遇潮位设计标准建设。2000年8月动工，2001年11月建成，总投资950万元。

东江段江堤　位于梅浦水闸至岱口桥，全长2.20千米，按Ⅳ级堤塘二十年一遇潮位设计标准建设。1999年2月动工，2000年12月竣工，总投资223万元。

萧江段江堤　位于鳌江右岸岱口新桥至潘汇水闸，工程全长2.54千米，按Ⅳ级堤塘二十年一遇潮位设计标准进行拆建。2000年4月动工，2001年4月竣工，总投资727万元。

岱口桥以上江堤

岱口桥至溪心两岸堤长49.76千米(左岸25.06千米,右岸24.7千米)。原堤为土堤,左岸江堤东起岱口桥经包田、桃源、麻步、塘北、水头至溪心,共长25.06千米;右岸江堤东起岱口桥经萧江、夏桥、麻步、渔塘、南湖、小南至溪心,共长24.7千米。至2012年,对5处重要堤段进行退堤、加高和加固,南湖段和萧江段为土石混合坝,桃源段等堤塘型式均为土堤。

桃源段江堤　位于岱口桥至塔下长7千米中的一段,江堤长2千米,1993年底进行退堤并疏浚拓宽河槽,工程投资100万元。

萧江段江堤　位于岱口桥至黎明村,全长4.9千米(原有土堤长3000米,于1995年、1998年修建),按20年一遇防洪标准,Ⅳ级工程建设,堤顶高程5.45米,防浪墙顶高程6.25米,2002年12月开工,2004年12月完工,投资447万元。

麻步段江堤　位于麻步上周村寿桃山至麻步大桥,全长2.03千米。按防洪标准二十年一遇,Ⅳ级堤防工程建设,堤顶高程8.7～9.01米,宽3.5米(包括防浪墙);4座穿堤水闸采用涵洞式,均为单孔。工程于2010年5月开工,至2012年9月完工。完成投资4675万元。

南湖段江堤　位于南湖普美,全长780米。原为土堤,于1990年、1997年、2000年对其中420米堤段进行加高加固,共投入资金31.2万元,完成土石方7820立方米。2008年11月,按二十年一遇、Ⅳ级堤防设计标准开工建设,基础为混凝土灌注桩结构;堤身为土石;堤顶高程9.4米,防浪墙顶高程10.2米,并建箱式排水涵闸一座(一孔)。总投资1026万元,2009年12月竣工。

水头段江堤　位于溪心至小南桥,长4.25千米,分二期实施,一期工程于2005年3月开工,

水头镇小南江堤（2012年）

二期工程于2007年12月开工,至2011年11月两期工程完工,累计投资9800万元,其中民间捐资1000万元。左岸建江堤2.54千米,右岸修建斜坡式河道护岸2.14千米,堤坝的防洪标准为二十年一遇,Ⅳ级堤坝工程建设,复式堤型。堤顶高程8.2～9.8米,混凝土路面宽5米。开挖和拓宽疏浚的河宽80米,建配套桥梁5座。

第三节　溪　堤

溪堤又称防洪堤。县境内主要溪堤有114条(段),主要分布在鳌江一级支流怀溪、青街溪、闹村溪、凤卧溪、带溪、梅溪、墨城溪及水头镇以上的鳌江干流段。2000年前,全县计有103条(段)溪堤经过维修或加固。2001年以后,对全县主要溪堤进行全面的规划设计。对溪堤的防冲地段、小城镇或居民集中居住地段,机关、企事业单位、学校、工厂集中地段、保护农田范围较大地段,按防洪标准二十年一遇设计,一般地段防洪标准按十年一遇设计。2001至2012年,全县新建、修建溪堤98条(段),总长62.28千米,投资1.29亿元,保护人口7.08万人,农田1.63万亩。

全县单项投资200万元以上溪堤工程,计21处。

2001—2012年平阳县溪堤修建情况一览表

表8-2-2

所在乡镇	河流名称	溪堤名称	溪堤(条)	溪堤长度(千米)	投入资金(万元)	保护居民(人)	保护农田(亩)
顺溪	鳌江干流	溪北	1	0.37	43.3	532	15
南雁	鳌江干流	溪南、蒲岭(2条)、矾岩、五十丈	5	4.06	923.9	4111	1020

续表 8-2-2

所在乡镇	河流名称	溪堤名称	溪堤（条）	溪堤长度（千米）	投入资金（万元）	保护居民（人）	保护农田（亩）
山门	怀溪	东山下（2条）、法洪（2条）、杭坑（2条）、镇区（2条）、高墩、晓坑（2条）、水口、上堡、南山（2条）、金山、垟底、边垟、上店、黄施岙（2条）、晓坑山脚、南堡、晓坑中学、晓坑、悦来、永安、东门	28	19.89	4851	16486	3983
青街	青街溪	垟心桥、朱山（2条）	3	1.17	247.5	1079	518
水头	闹村溪	仓头、垟心、田中、西垟、中兴、桥头、中村、卢家湾、东北村、李岙、南垟、上南、	12	10.72	780	3350	1500
	凤卧溪	内塘、凤林（3条）、平凤、吴桥、后堡、凤卧、后山、三官堂、蒲山、西塔（2条）	13	7.45	1061	2630	360
	带溪	鹤溪	2	1.69	305	1720	0
腾蛟	带溪	镇区（4条）、霞山、岱山（2条）、林泗文（3条）、南陀（4条）半爿街、	23	11.44	3818	31278	5780
鳌江	梅溪	岭根（4条）、溪头一期（2条）、溪头二期（2条）三元溪	9	2.89	790.5	4100	1400
	墨城溪	墨城（2条）	2	2.6	170	5500	1700
		合计	98	62.28	12946.9	70786	16276

说明：①表中保护人口、农田等数为不完全统计数字，括弧内数字为修建溪堤条数；②资料由县水利局提供

南雁镇溪南溪堤

位于南雁镇溪南村，鳌江干流右岸，全长1.53千米，防洪标准为二十年一遇，2012年2月开工，投资475万元。

南雁镇蒲岭溪支流溪堤

位于南雁镇蒲岭村，鳌江干流笠湖大桥下游左岸600米处的支流上。建成防御十年一遇洪水的溪堤1.47千米，其中左岸731米，右岸740米，重力式结构。2012年完成，投资263.9万元。

青街乡章山堰坝—垟心桥段溪堤

位于青街溪中游，防洪堤长720米，2012年完工，投资200万元。

山门镇东山下村溪堤

位于山门镇东山下村，建成溪堤845米，左岸675米，右岸170米。2012年10月开工，投资208万元。

山门镇法洪溪堤

位于山门镇法洪村、怀溪支流法洪溪中游，建成溪堤1.75千米，左岸833米，右岸914米，2011年开工，投资540万元。

山门镇杭坑溪堤

位于怀溪干流杭坑段，建成溪堤1.71千米，左岸770米，右岸935米，2009年开工，2012年完工，投资400万元。

山门镇区溪堤

位于山门镇区，全长1.45千米，其中左岸710米，右岸742米，右岸2002年开工，2003年完工，左岸2005年开工，2006年完工，投资325万元。

山门镇二桥—高墩溪堤

位于山门镇二桥下游，全长1.38千米，2012年10月完工，投资450万元。

山门镇晓坑溪堤

山区小流域农业生态工程。位于怀溪小流域干流，工程项目包括堰坝11座，溪堤2.55千米，2012年完工，投资1450万元。

闹村溪堤

县农业综合项目。防洪标准五年一遇，重力式

堤型，新建、修建、加固溪堤12条(段)，总长10.72千米，重建上浪溪桥头堰坝及中村堰坝2座。2006年完工，投资780万元。

水头镇鹤溪溪堤

位于带溪支流鹤溪，从中元村到新鹤村，全长1.69千米，左岸长850米，右岸长840米，堤型为砌石坝，防洪标准为二十年一遇，属Ⅳ级堤坝工程，2010年10月完工，投资305万元，保护居民1720人。

西塔溪堤

位于凤卧镇红军桥至三宫桥，凤卧溪右岸，全长1.39千米，上游段500米，2007年建成；下游段890米，2012年建成。防洪标准十年一遇，Ⅴ级堤防，重力式堤型，投资230余万元。

腾蛟镇区段溪堤

一期工程：位于带溪右岸腾带桥至腾溪堰坝，全长500米，防洪标准为二十年一遇，属Ⅳ级堤防工程。2002年完成，投资275万元(包括景观带建设160万元)。二期工程：位于带溪右岸腾溪堰坝至57省道壹号桥，全长280米，防洪标准二十年一遇，属Ⅳ级堤防工程，2006年完工，投资85万元。三期工程：位于带溪左岸腾溪堰坝至57省道壹号桥，全长265米，防洪标准十年一遇，属Ⅴ级堤防工程。2006年冬完工，投资75万元。四期工程：位于带溪左岸腾带桥至腾溪堰坝，全长500米，防洪标准二十年一遇，属Ⅳ级堤防工程，2010年完工，投资122万元，保护腾带、腾溪两村部分民房及农田、腾蛟印刷园区。

腾蛟镇霞山溪堤

位于带溪右岸腾蛟镇57省道壹号桥至贰号桥，全长890米，防洪标准二十年一遇，属Ⅳ级堤防工程，2012年完工，投资430万元，其中景观带建设263万元。

腾蛟镇岱山溪堤

位于带溪岱山堰坝至腾带桥，全长1.26千米，其中左岸660米，右岸600米。两岸原有干砌石老堤，2010年列入省强塘固防工程，防洪标准二十年一遇，属Ⅳ级堤防工程。2012年完工，投资467万元，其中新村堰坝46万元，景观带建设50万元。

腾蛟镇林泗文溪堤

位于腾蛟镇57省道贰号桥至南陀堰坝，全长3.11千米，分三段建设。其中带溪左岸腾蛟镇57省道贰号桥至南陀堰坝，长1.29千米；圣雄集团厂区溪堤，位于带溪右岸57省道贰号桥至南陀堰坝长1.2千米；腾溪溪堤位于带溪左岸57省道壹号桥至省道贰号桥长0.62千米。防洪标准二十年一遇，属Ⅳ级堤防。2012年完工，投资817万元，其中景观带建设109万元。

腾蛟镇岱山至南陀段溪堤

位于腾蛟镇南陀村，长1.36千米，分4段建设，防洪标准二十年一遇，属Ⅳ级堤防，2012年开工，投资427万元。

腾蛟镇山边村溪堤

位于带溪支流凤巢溪，从山边村到凤巢村，全长1075米，左岸长565米，右岸长510米，堤型为土石混合坝，防洪标准为二十年一遇，属Ⅳ级堤防工程，2011年3月开工，投资473万元，保护居民1210人。

治理后的腾蛟镇带溪河道（2012年）

腾蛟镇山边大桥下溪堤

位于带溪支流凤巢溪，全长2118米，左岸长1105米，从溪头街村至凤巢村；右岸长1013米，从溪头街村至山边村，堤型为土石混合坝，防洪标准为二十年一遇，属Ⅳ级堤防工程，2009年11月完工，投资400万元，保护居民2540人。

鳌江岭根溪堤

位于梅源社区岭根村，长0.99千米，其中左岸堤长0.54千米，右岸堤长0.45千米，堰坝2座，防洪标准为十年一遇，分两期建设。一期工程于2010年3月开工，2012年10月完工；二期工程于2012年1月开工，投资229.6万元。

鳌江溪头溪堤

位于梅溪社区溪头村，全长1.17千米，其中左岸长0.21千米，右岸长0.96千米，防洪标准为十年一遇，于2010年12月开工，投资348.2万元。

治理后的鳌江镇梅溪河道（2012年）

第四节　水　闸

按水闸排水功能分为出江出海排涝闸、内河节制闸。

至2012年，全县共有改建、新建水闸68座。出江出海排涝水闸共40座（含瑞安境内3座），其中中型水闸7座，计27孔，总净宽134.5米，最大过闸总流量1407.6立方米/秒；小型水闸33座，计60孔，总净宽178.05米，最大过闸总流量1119.56立方米/秒。内河节制闸28座，36孔，总净宽99.8米，最大过闸流量388.5立方米/秒。

中型水闸

萧江水闸　位于萧江镇区，创建于南宋嘉定五年（1212）。清乾隆二十七年（1762）重建，两孔。1956年改建为4孔，总净宽12米，水闸排水量为140立方米/秒，1983年6月改由苍南县水利局管理。至20世纪90年代初，水闸门槽变形，底板出现开裂等险情。1997年8月，建立平阳萧江水闸拆扩建工程指挥部，10月开工，至1999年1月竣工。新闸位于老闸下游80米处，计3孔，总净宽18米，设计最大泄水流量为267立方米/秒。工程投资为880.2万元，其中平阳县分摊489万元，苍南县分摊391.2万元。2000年12月8日验收，受益农田11.2万亩。

墨城水闸　位于鳌江镇墨城海城村，东首与墨城海塘和西湾南海塘相连接，西首与鳌江海塘相连接。墨城水闸排涝标准为二十年一遇，挡潮标准为五十年一遇，水闸3孔，每孔4米，总净宽为12米，最大过闸流量为185.6立方米/秒，为Ⅲ等工程，建设资金由省水利厅、鳌江镇政府、利得海涂围垦开发有限公司三方按3.5∶2.5∶4的比例分摊。2004年11月，成立平阳墨城水闸改扩建工程指挥部。工程于2005年7月11日开工，2007年7月主体工程完成，2010年10月竣工验收，投资1265.24万元。

墨城水闸（2012年）

梅浦水闸　位于鳌江镇梅浦村，水闸6孔，东三孔建于1957年，西三孔建于1962年，总净宽17.5米，过闸流量为120立方米/秒。水闸排涝面积为80.4平方千米，保护耕地6000亩。2008年12月，投资24万元进行维修加固。

南湖水闸　位于水头镇南湖陡门头地方，旧称崇德陡门，建于清乾隆三十五年（1770），重建于民国

南湖水闸（2012年）

36年(1947)4月。1952年,修筑2孔老闸,1962年,扩建2孔新闸,总净宽13.5米,最大过闸流量为100立方米/秒。2010年8月,开工重建水闸3孔,单孔宽5米,总净宽15米,最大排泄流量100立方米/秒,2012年1月竣工。投资1230万元,受益农田8000亩。

显桥水闸　位于水头镇带溪下游鹭鸶湾,计4孔,总净宽24米,过闸流量270立方米/秒,兼顾排涝、蓄淡和引水灌溉。于1972年冬开工,至1975年建成。在闸后建有北港引水工程渡槽,引水灌溉江屿、鹤溪、塘北、树贤农田5500余亩。1991年对护坦、闸板进行维修,1998年又对翼墙、机房进行维修。2009年,经安全鉴定属四类闸,拟报废重建新闸。

南码道水闸　位于瑞安市飞云镇码道村,工程于1961年2月开工,至1963年6月建成,为瑞平平原排涝骨干工程,受益农田16万亩。水闸3孔,每孔6米,总净宽18米,过闸水深4.3米,设计流量180立方米/秒。1973—1983年,先后5次增建检修闸门和检修工作桥、喷锌防腐、加固修理、开挖引河。2011年,水闸除险加固工程动工,更换水闸闸门、启闭机、机电设备并加固闸墩、闸墙,2012年10月竣工。工程投资403.8万元。

夏桥水闸　原老闸位于萧江镇夏桥浦口村,1965年10月动工新建,1970年6月竣工。水闸4孔,总净宽24米,最大过闸流量为275立方米/秒。1983年6月,改由苍南县水利局管理。2010年1月开工重建新闸,至2013年1月竣工。工程位于浦口村老夏桥水闸东南侧138米处,为Ⅲ等工程,主要建筑物为3级,设计排涝标准十年一遇,防洪标准20年一遇,挡潮五十年一遇。水闸为5孔,总净宽30米,排水流量285立方米/秒,工程总投资9365.25万元。项目实施后,灌区灌溉保证率由75%提高到80%,可改善农田灌溉面积18万亩。

小型水闸

2012年,全县出江出海小型水闸共有33座,60孔,总净宽178.05米,最大过闸流量1119.56立方米/秒。

2012年平阳县小型水闸情况一览表

表8-2-3

序号	水闸名称	所在乡镇	孔数(孔)	闸孔总净宽(米)	最大过闸流量(立方米/秒)	修建情况
1	塘头	瑞安市飞云镇	3	9	68	1956年4月建成,1976年、1979年、1985年进行维修加固,2007年1月对闸室基础进行加固
2	宋家埭	瑞安市飞云镇	5	12.5	90	1960年4月竣工,1970年、1987年进行了2次修理及改装。2006年2月对上游护坡进行修复,下游海漫抛石,更换闸门,投入资金82.9万元
3	宋埠塘1#	万全镇	1	3	15	建于1982年4月,由于海塘外移,本闸作为节制闸使用
4	宋埠塘2#	万全镇	1	3.5	17	1999年4月建成,由于海堤外移,本闸作为节制闸使用
5	宋埠—西湾塘南闸	万全镇	4	14	140	2012年建成
6	宋埠—西湾塘中闸	万全镇	3	10.5	105	2012年建成
7	宋埠—西湾塘北闸	万全镇	2	7.0	70	2012年建成
8	下埠	鳌江镇	3	8.1	40	又名鳌江水闸,1994年重建,2011年除险加固
9	城村	鳌江镇	2	5.25	33	1962年重建,1998年启闭机改装,2012年管理房重建及水闸修理

续表 8-2-3

序号	水闸名称	所在乡镇	孔数（孔）	闸孔总净宽（米）	最大过闸流量（立方米/秒）	修建情况
10	雁门	鳌江镇	2	7.5	40	1953年11月重建，1998年、2010年前后两次进行维修加固
11	下厂	鳌江镇	2	6	40	1963年竣工，1996年重建启闭机房，2010年重建管理房
12	海滨	鳌江镇	2	5	20	建于1963年5月，由于围垦，海堤外移，作为节制闸使用
13	郑家墩1#	鳌江镇	1	2.8	10	1975年10月建成
14	墨城东头	鳌江镇	3	9	30	1982年建成，由于海堤外移，本闸作为节制闸使用
15	五板桥	鳌江镇	1	2	10	1996年4月建成，2011年进行维修加固
16	杨屿山	鳌江镇	2	10	77.56	2011年11月建成
17	杨屿门	鳌江镇	1	2.5	20	1997年6月建成
18	东江2#	鳌江镇	1	1.2	20	2000年4月建成
19	山垟	鳌江镇	2	5	10	2000年4月建成
20	皇浦	萧江镇	2	6.3	58	1965年12月再次重建，1993年加固，2001年启闭机房修建及更换启闭机，2009年维修
21	岭头尾	萧江镇	2	5	20	1955年10月建成，1982年、1983年、1988年三次进行改装闸门及启闭机，2010年更换启闭机、配电设施等
22	岙底	萧江镇	3	7.8	48	1996年4月重建，2011年更换启闭机
23	斜港	萧江镇	1	3	10	1966年春建成，1993年修理闸门板，1998年更换启闭机
24	岩山	萧江镇	1	2.8	10	1971年10月建成，2000年维修及更换启闭机
25	曾山	萧江镇	1	2.2	10	1971年10月建成，2000年维修更换启闭机
26	包岙	萧江镇	1	3	10	1971年10月建成，1997年、2005年维修及更换启闭机
27	后江	萧江镇	1	3	10	1972年10月建成，1993年、2007年维修及更换启闭机
28	裕丰	萧江镇	1	3	10	1989年2月建成，2009年修建启闭机房
29	潘汇	萧江镇	1	3	10	1989年2月建成，2003年维修水闸、更换启闭机，2012年再次维修水闸
30	落马	萧江镇	2	6	20	1990年扩建，1993年加固，2009年维修启闭机房，更换启闭机
31	毛家处	萧江镇	1	3	10	1994年4月建成，2003年更换启闭机，2011年维修水闸

续表 8-2-3

序号	水闸名称	所在乡镇	孔数（孔）	闸孔总净宽（米）	最大过闸流量（立方米/秒）	修建情况
32	西炉	萧江镇	1	3.5	27	2008年8月建成
33	斗门头	萧江镇	1	2.6	11	2006年1月建成
	合计	33座	60	178.05	1119.56	

说明：资料由县水利局提供

内河节制闸

2012年，全县共有内河节制闸28座，36孔，总净宽99.8米，最大过闸流量388.5立方米/秒。

2012年平阳县内河节制闸情况一览表

表 8-2-4

序　号	水闸名称	所在乡镇	孔数（孔）	闸孔总净宽（米）	最大过闸流量（立方米/秒）	建成时间
1	北门河	昆阳镇	1	5.0	10	1992年3月
2	庙头	昆阳镇	3	7.5	10	1995年9月
3	山前	昆阳镇	1	2.0	10	1976年2月
4	东江1#	鳌江镇	1	1.2	10	2000年6月
5	凤桥	鳌江镇	1	1.4	10	2003年3月
6	海防	鳌江镇	1	1.5	10	1999年3月
7	红砖厂	鳌江镇	1	1.1	10	2000年4月
8	西山	鳌江镇	3	9.0	80	1995年3月
9	郑家墩2#	鳌江镇	1	1.2	10	2000年7月
10	三大厂	鳌江镇	1	3.0	10	2002年6月
11	大丰	鳌江镇	1	3.0	10	1978年4月
12	横河	鳌江镇	2	6.0	10	2011年4月
13	黄底	鳌江镇	1	3.0	10	1978年2月
14	塘中溪	鳌江镇	1	3.0	10	1978年10月
15	中和殿	鳌江镇	1	2.5	10	1968年10月
16	潘南	萧江镇	1	3.2	30	2007年10月
17	下泛1#	萧江镇	1	2.5	10	1998年10月
18	下泛2#	萧江镇	1	3.5	10	2000年10月
19	下泛3#	萧江镇	1	3.0	10	2001年
20	西岙	萧江镇	2	7.0	20	2000年
21	夏宅	萧江镇	1	3.0	10	2000年
22	渡头	萧江镇	1	1.2	3.5	1996年
23	前垟	萧江镇	1	3.0	10	2001年5月

续表 8-2-4

序　号	水闸名称	所在乡镇	孔数(孔)	闸孔总净宽(米)	最大过闸流量(立方米/秒)	建成时间
24	下堡	萧江镇	1	3.0	10	2000年10月
25	三中	水头镇	2	6.0	20	1979年8月
26	四中	水头镇	2	6.0	20	1979年4月
27	二中	水头镇	1	6.0	10	1979年8月
28	内湖	水头镇	1	2.0	5	2009年10月
	合计		36	99.8	388.5	

说明：资料由县水利局提供

第三章　蓄水引水

蓄水引水，按功能划分为水库山塘、引供水工程、农村安全饮用水工程、灌溉工程等四类。1997年启动平阳引供水工程，2004—2009年启动农村安全饮用水工程，2005年启动珊溪水利枢纽平阳城区引供水工程，2009年启动珊溪水利枢纽平阳、苍南县引水一期工程。2012年，全县农田灌溉形成提、蓄、引相配套，有效灌溉面积13.16万亩，其中水库灌溉面积4.08万亩（不含顺溪水库改善灌溉面积4.7万亩），山塘灌溉面积1.31万亩，堰坝引水灌溉面积7.77万亩；改善灌溉面积达10.67万亩，其中渠道引水灌溉面积9.89万亩，喷微灌灌溉面积0.78万亩。

第一节　水库　山塘

2012年，全县现有水库以供水、防洪、灌溉、发电为主综合利用。按库容可分为中型（库容1000万～1亿立方米）、小(1)型（库容100万～1000万立方米）、小(2)型（库容10万～100万立方米）等水库共24座。总库容5757.5万立方米，正常库容3466万立方米，灌溉面积9.28万亩。其中，中型水库有顺溪水库，总库容4265万立方米，正常库容2341万立方米，灌溉农田4.7万亩。小(1)型水库4座，总库容为920.2万立方米，正常库容711.9万立方米，灌溉农田1.25万亩。小(2)型水库19座，总库容为571.35万立方米，正常库容421.28万立方米，灌溉农田2.83万亩。2006—2012年，对16座水库经过保安除险加固处理，建成的混凝土拱坝及灌砌块石拱坝有8座。

中型水库

顺溪水利枢纽工程，位于鳌江干流顺溪，坝址在顺溪镇上游2.2千米处，电站厂房在坝址下游约1千米的河道右岸，坝址距平阳县城约54.5千米。工程以防洪、供水、灌溉为主，结合发电于一体的骨干水利工程。水库坝址以上集雨面积92.3平方千米，混凝土拱坝高101米，总库容4265万立方米，正常库容2341万立方米，防洪库容2500万立方米，调节库容1917万立方米，灌溉、供水库容885万立方米。电站装机10000千瓦，设计多年平均发电量1866万千瓦时。

顺溪水利枢纽工程列入县“九五”社会发展计划。2009年12月31日，工程初步设计得到省发改委批复。2010年3月28日，顺溪水利枢纽主体工程举行开工典礼，2014年5月28日，顺溪水利枢纽工程下闸蓄水。工程建成后，可减轻鳌江中下游的洪涝灾害，保护人口14.5万人、农田8万亩，灌溉农田4.7万亩，并提高顺溪、南雁、水头、萧江、鳌江等地的供水保证率。

小(1)型水库

黄坑水库　在闹村溪上游，位于水头镇黄坑(山)村，于1978年12月动工兴建，至1979年12月，大坝增高至8米，因省水利厅未批准及工程资金等因素而停建。至1987年10月经省水利厅批准，恢复施工，1990年底建成蓄水。水库坝址以上集雨面积7.4平方千米，总库容360.5万立方米，正常库容298.85万立方米，大坝为黏土斜心墙堆石坝，最大坝高39米，坝顶长度106米，坝顶宽度5米，水库功能为防洪、灌溉和发电，灌溉农田5000亩，电站装机1260千瓦。2009年，列入省千库保安建设项目，对大坝加固，在坝顶浇筑混凝土路面。黄坑水库千库保安工程于2010年4月开工，2011年12月完成主体工程建设，2012年4月完成全部工程建设，总投资为465.81万元。

黄坑水库（2012年）

鲤鱼田水库　在岳溪中游，位于山门镇晓阳村境内。坝址以上集雨面积29.66平方千米（其中跨流域引水流域面积3.36平方千米），总库容270.7万立方米，正常库容193.4万立方米，大坝为混凝土灌砌块石双曲拱坝，坝高38.5米，电站装机3200千瓦。2002年3月，平阳县鲤鱼田电站水库工程建设指挥部成立。2002年4月，由温州宏源水电建设有限公司承建，6月2日开工，2004年6月工程建成，12月31日工程通过水库蓄水阶段验收，工程投资428.8万元。该水库主要功能为发电。

鲤鱼田水库（2012年）

白水漈水库　又称山坑水库，位于顺溪镇吴垟与苍南县莒溪镇交界处。坝址以上集雨面积19.5平方千米，水库总库容164万立方米，正常库容136.6万立方米，大坝为混凝土灌砌块石双曲拱坝，坝高39.5米，电站装机1320千瓦，于1996年11月开工，1998年6月建成。2000年9月完成水库坝肩渗漏加固工程。经蓄水试运行，水库工程符合设计要求，并于2001年4月通过加固工程竣工验收。水库工程总造价为820万元。

白水漈水库（2012年）

后岙水库　位于昆阳镇后岙村。始建于1958年1月，竣工于1965年10月。集雨面积3.39平方千米，总库容125万立方米，正常蓄水量83万立

后岙水库（2012年）

方米，坝高11米，为均质土坝，坝顶长320米，宽4米，灌溉农田7500亩。1975年和1980年两次除险加固。1985年11月至1986年1月，又采用套井回填法，在大坝坝轴上再筑一道长100米、深14米的黏土截水墙，处理大坝渗漏。2003年，列为省千库保安工程实施建设项目，加固内容为上下游坝坡、坝顶修整，封堵老涵洞，新建输水隧洞。项目于2004年1月开工建设，2005年4月完工，投资122.5万元。水库功能为防洪、灌溉。

小(2)型水库

2012年，全县已建成10万～100万立方米小(2)型水库19座，其中1989年后建4座，2007年后千库保安修建加固14座。总库容572万立方米，灌溉面积2.8万亩。

2012年平阳县小（2）型水库情况一览表

表8-3-1

水库名称	所在乡镇	集雨面积(平方千米)	坝型	坝高(米)	总库容(万立方米)	正常库容(万立方米)	灌溉面积(亩)	建成年月	千库保安完成年月
石门	顺溪	11.57	C15混凝土灌砌块石双曲拱坝	37.2	92	75	发电为主	2003年9月	新建
泰丰	苍南莒溪	13.98	C15细骨料混凝土灌砌块石双曲拱坝	28.6	71.3	45.2	发电为主	2001年1月	新建
岩庵	鳌江	1.03	均质土坝	16.2	61.1	47.5	3000	1958年7月	2012年4月
仙岩	鳌江	1.3	均质土坝	28	50.29	42.5	3000	1961年5月	2007年2月
鱼池	萧江	0.47	均质土坝	22.3	37.4	31.45	3600	1958年6月	2008年12月
罗垟	鳌江	0.56	均质土坝	12.5	30.4	17.4	800	1962年	2009年11月
老铜钿	昆阳	1.09	均质土坝	24.6	28.94	20.08	400	1959年	2011年1月
龙潭	萧江	0.75	均质土坝	17.2	24.61	22.25	4500	1974年12月	2008年9月
夹坑	鳌江	2.23	均质土坝	13.1	23	15.6	560	1958年1月	2011年10月
高城	山门	2.84	C15混凝土灌砌块石双曲拱坝	31	20.5	18.7	发电为主	2005年10月	新建
苍南	水头	2.11	黏土心墙坝	13.4	17.2	10.1	4500	1968年3月	2011年12月
龙潭背	腾蛟	5.05	混凝土埋石单曲拱坝	18.7	16.5	11.6	发电为主	1986年6月	新建
凉头	顺溪	7.5	浆砌块石	12	23.65	14	发电为主	1998年	2013年
渔塘	萧江	2.7	均质土坝	12.9	15	10.5	1500	1961年11月	2008年12月
草池	鳌江	0.25	均质土坝	11.5	14.05	9.36	3000	1957年5月	2010年1月
吴岙	万全	1.93	均质土坝	8	13	5	900	1961年7月	2006年12月
杨文广坦	鳌江	0.25	均质土坝	15.5	11.5	7.9	1500	1959年	2012年12月
外龙	鳌江	0.5	浆砌块石单曲拱坝	16	10.61	9.69	供水	2003年	新建
大硐垟	萧江	0.25	黏土心墙坝	16.3	10.3	7.45	1000	1959年	2007年12月
合计					571.35	421.28	28260		

说明：资料由县水利局提供

山塘

2012年，全县蓄水量在1万立方米以上、10万立方米以下的山塘有63座。蓄水量198.98万立方米，灌溉农田1.31万亩，养鱼280亩。

2012年平阳县蓄水量1万～10万立方米山塘情况一览表

表 8-3-2

流　域	名　称	集雨面积（平方千米）	坝　高（米）	蓄水量（万立方米）	灌溉面积（亩）	可养鱼面积（亩）
万全河网	蒙　垟	0.45	8.5	7.8	200	25.6
	外　庵	0.06	8.9	1.3	100	4.9
	黄山头1	0.12	10.0	1.0	80	2.6
	黄山头2	0.08	8.05	1.5	50	5
	走马灯	0.76	9.4	2.3	20	0
梅溪	梅　里	0.32	11.0	6.4	560	21.5
	万　安	3.95	11.5	2.3	300	7.1
	山　碧	0.14	13.0	2.1	150	6.2
	大　坪	0.54	11.0	1.6	50	4.3
	和　平	0.16	11.0	1.5	120	4.2
	斗　联	0.95	9.0	3.5	100	4.5
	解　元	1.0	12.0	4.0	300	0
	金　山	0.8	12.0	2.5	100	0
	赤溪口	1.8	6.0	3.0	150	0
	三　元	0.36	12.6	3.1	300	13.1
	岙　底	5.4	11.0	2.7	350	5.07
	岭　根	7.3	13.0	5.0	200	0
	大　坑	1.2	16.0	5.0	300	0
	坑　底	0.67	14.0	2.1	150	5.5
	七　星	0.31	11.0	1.9	265	9
	重　阳	0.25	8.5	1.9	300	11
	顺　利	0.94	7.3	1.6	120	7.6
	四脚亭	0.67	10.0	1.5	300	4.3
小南河网	少　垟	0.39	11.5	1.0	30	3.1
	池　井	0.2	9.0	5.5	1000	15
	水　门	0.18	6.0	1.0	1200	3.7
	岗　山	1.4	19.0	4.0	450	13.8

续表 8-3-2

流域	名称	集雨面积（平方千米）	坝高（米）	蓄水量（万立方米）	灌溉面积（亩）	可养鱼面积（亩）
萧麻河网	桃源	1.46	15.0	7.4	1000	13.1
	白岩	2.7	16.5	3.2	2500	6.3
	丰泉	0.5	10.0	2.7	—	8.9
	丰林	0.14	18.0	2.6	—	5.5
	塔下	1.2	8.5	2.4	400	11.5
	十二坑	1.2	15.0	3.1	—	3.6
	枫林	0.05	8.0	1.5	200	5
	鳌寒	0.02	2.7	2.0	300	0
	东阳	0.08	2.7	1.0	150	0
南湖	新东	0.67	9.5	1.5	300	4.2
	赤岭	2.4	7.2	2.5	30	0
凤卧溪	内塘	4.0	20.8	5.5	0	0
带溪	蔡垟	4.0	7.0	5.0	—	0
	状元内	1.47	10.0	2.4	300	11
	瑞源	2.4	12.5	2.2	—	0
	桐桥	2.3	8.0	3.0	—	0
	大岭	3.5	13.0	2.2	0	0
	垟尾	2.4	7.5	1.5	—	0
	横溪	3.33	12.5	5.5	—	0
	五兴	2.45	18.4	4.36	0	0
顺溪	南漈1	4.5	12.0	4.3	0	10
	戈场桥	33.0	9.0	1.0	0	0
	亩水田	39.0	11.0	8.0	0	0
	南漈2	6.5	13.0	3.5	0	0
	富溪	1.1	10.0	1.0	0	0
怀溪	大坑	2.67	15.0	2.28	0	0
	大龙山	3.27	15.8	5.74	0	0
	石牛坑	4.0	14.9	7.1	0	0
	八亩	2.5	12.0	6.0	500	8

续表 8-3-2

流　域	名　称	集雨面积（平方千米）	坝　高（米）	蓄水量（万立方米）	灌溉面积（亩）	可养鱼面积（亩）
岳溪	山　门	41.0	6.0	1.0	0	0
	徐垟1	3.28	5.0	3.0	0	0
	徐垟2	5.2	6.0	1.8	0	0
	徐　岳	7.0	8.0	2.9	0	0
	岳　粟	45.0	7.0	2.0	0	0
青街溪	九　岱	1.29	12.0	8.0	100	10.5
	贡　后	0.37	10.0	2.7	100	5
				198.98	13125	279.67

说明：资料由县水利局提供

第二节　引供水工程

包括平阳引供水工程、珊溪水利枢纽平阳城区引供水工程、珊溪水利枢纽平阳和苍南县引水一期工程，及农村安全饮水工程。

平阳引供水工程

工程于1997年12月开工，2002年4月竣工，2月试通水，2003年9月正式供水到鳌江水厂。设计规模为日供水14.8万吨，分两期实施。一期日供水7.4万吨，工程总投资1.52亿元。水源工程拦水堰坝位于南雁镇五十丈村，工程由集水廊道、取水头部、防渗墙、水泵井、闸阀井、计量井及堰顶的自动翻板闸门组成。输水工程由隧洞工程和管道工程组成，从矾岩五十丈水源工程至终点鳌江水厂，途径南雁、水头、南湖、麻步、桃源、萧江、钱仓、鳌江等地，总长度为32.39千米，其中，隧洞11条，长19.16千米，管道12段，长13.23千米。供水大户为鳌江、水头、萧江、麻步自来水厂以及桃源、钱仓、夏桥等农村小型自来水厂。年供水量：2008年2240万吨，2012年2740万立方米。2012年，日均供水量6.5万～7.0万立方米，夏季日用水高峰期达7.9万立方米。2012年，鳌江水厂年供水量1202万立方米，日均供水量为3.2万～3.5万立方米。水头水厂年供水量767万立方米（包括部分供水到腾蛟），日均供水量2万～2.2万立方米。萧江水厂年供水量515万立方米，日均供水量1.5万立方米。麻步水厂年供水量103万立方米，日均供水量0.24万立方米。

平阳引供水五十丈水源工程（2012年）

珊溪水利枢纽平阳城区引供水工程

水源地为珊溪水库，由赵山渡引供水工程南干渠北山取水口供水。2005年初，平阳城区片珊溪引供水工程（平阳第三水厂）开工，工程起点于昆阳镇溪坑店村北山取水口。在完成泵房、变配电间和输水管线等工程后，于2006年1月25日正式通水，2010年6月正式投产使用。2012年，4寸管以上管道长167千米，管线东至宋埠，南至务垟，西至水亭，北至郑楼，供水规模为5万立方米/日，供水范围包括昆阳镇、万全镇、滨海新区，供水服务人口约30万。

珊溪水利枢纽平阳·苍南引水一期工程

于2009年1月9日举行开工典礼，3月全面开工建设，2012年11月实现全线通水，并向龙港水厂试供水。工程起点于昆阳镇溪坑店村的赵山渡引水工程南干渠北山取水口，通过提水泵站引水入交剪岩隧洞，并于现状五十丈供水管线连接至鳌江水厂。南山下隧洞出洞后，经鳌江过江管道向苍南县龙港及江南垟片供水，中远期满足苍南县江南垟片与平阳县鳌江镇40万人的生产、生活用水需要。工程等别为Ⅲ等，相应提水泵站、引水隧洞和管道等级为3级建筑物，其中引水隧洞和管道防洪标准为二十年一遇设计，五十年一遇校核，泵站为三十年一遇设计，百年一遇校核。引水线路中隧洞长13.5千米，钢管长6.4千米。一期工程设计引水流量2.2立方米/秒，引水入鳌江水厂5万立方米/天，龙港水厂10万立方米/天。工程概算投资3.41亿元，建设资金由项目法人温州市水利投资开发有限公司投入。

农村安全饮用水工程

2008年，县成立农村安全饮用水办公室。2004—2009年，全县189个村实施安全饮用水工程，共投入资金7621万元，解决27万人的安全饮用水问题。2010—2012年，完成400个村的饮用水安全工程建设，累计解决46.5万人的饮用水问题。3年共投入资金20305万元(其中县政府投资8763万元)。

水头镇鹤溪农村饮用水工程　2009年，鹤溪社区列入“扩大内需中央投资项目——农民饮用水工程”共10个村，其中平原片7个村，山区片3个村。主管道从水头水厂腾蛟南陀接水点接出经凤巢到鹤溪，全长8.9千米，总造价600余万元；各村内管网及供水工程，包括平原7个村的村内支管网及3个山区村的自建水源和管网工程，工程总造价210万元。工程于2011年12月完工，解决1.16万人饮用水困难。

山门镇怀溪农村饮用水工程　怀溪安全饮用水工程计划总投资为263万元，涉及金溪、垟底、南山垟、畴垟、畲龙、垟边6个行政村，2201户，8961人。工程分3个水源地供水：大龙山水源点，主要供应金溪、垟底。上方山水源点，主要供应畲龙、畴垟、垟边。天长坑水源点，主要供应南山垟村。净水设施采用重力式无阀滤池。金溪、垟底村建设1个200吨蓄水池，垟边、畴垟、畲龙村建设1个200吨蓄水池，南山垟村建设2个150吨蓄水池。工程于2011年12月竣工验收。

萧江镇塘北农村饮用水工程　为省重点民生项目，涉及12个村，总投资569.6万元，受益人口12150人。水源地为南雁五十丈，经输水管到麻步水厂，经水厂处理后供应给村民使用。工程于2011年11月竣工验收。

梅源、桃源农村饮用水工程　2009年列入省《千万农民饮用水工程实施计划》，核定总投资430万元，其中中央资金96万元，省补助资金76万元，县配套资金77.4万元，乡村农户自筹180.6万元。梅源部分共涉及梅源、山平田、解元、七星等4个村，受益2155户7469人。后又将梅源村联平和大坟等自然村及解元村金家坑自然村增加列入项目实施。该工程于2011年12月完工。原桃源乡农村饮用水工程(国债资金项目)解决塔下、硐垵、兴源3个村3700余人的饮用水，项目总投资190余万元，2009年开始实施，于2011年12月通过竣工验收并通水使用。

凤巢农村饮用水工程　2008年12月开工，2012年底完工。工程总投资415万元，其中，省补助资金166万元，县配套资金70万元，解决10539人的饮用水困难。工程涉及山边村、溪头街村、凤巢村、洞桥头村、伍岱村、大岭村、联合村等7个村。各村从各自水源地取水，自建供水站。其中山边村、溪头街村由于缺少水源地，改从腾蛟水厂接水。

鳌江镇梅溪农村饮用水工程　2010年列入省《千万农民饮用水工程项目》，包括原梅溪的溪头、包岙内、青桥、万安、梅里、山碧、凤尾山、书阁、联丰等9个行政村。投资540万元，省补资金216万元，解决1.6万人饮用水困难。

山门镇悦来村、西山村农村饮用水工程　工程总投资为137万元，其中，省补助资金27万元，县配套资金10万元，解决1723人饮用水困难。工程于2008年12月开工，2012年底完工。

山门镇晓坑农村饮用水工程　供水范围包括晓坑村、高堡村、杭坑村、黄施岙村和法洪村，工程总投资443万元，其中，省补资金125万元，县配套资金26万元，解决9638人的饮用水困难。工程于2008年12月开工，2012年底完工。

第三节　灌溉工程

灌溉工程有北港引水工程、山门引水工程、引水堰坝、万全河网补水工程(潘山翻水站)、农田水利工程。

北港引水工程

于1962年开始规划、设计，到1983年全部竣工，建设历时20年。主要枢纽工程为拦截地面径潜流的蒲潭垟堰坝，全长293米。由南北两条干渠组成灌溉系统，干渠总长20.4千米。其配套设施有水头倒虹吸，詹家埠和显桥渡槽，汤家岭隧洞和电站，及其控制闸、排洪闸、公路桥、机耕桥、小渡槽和涵洞等建筑物400余处。工程分南、北两大灌区。北灌区干渠长17千米，引水流量2.5立方米/秒。自水头镇蒲潭垟(渠首)开始引水，经水头、江屿、塘北、至树贤止，灌溉农田2.5万亩。南灌区干渠长3.4千米，引水流量2立方米/秒，水流自渠首向南行，主要解决小南、南湖等地的灌溉，灌溉农田1.5万亩。

2000年10月，开始实施北灌区干渠维修加固工程。2001年2月开工，11月30日完工，完成砂砾石开挖和回填2.31万立方米，砌石0.18万立方米，混凝土0.48万立方米，钢筋66.7吨，完成投资222.1万元。2005年，北港2.5万亩低产田改造列入2005年国家农业综合开发项目，北港引水工程维修加固被列入该项目。新建输水支渠400米，改建维修总干渠14千米，输水管道2.3千米，安装管道阀门80个，改建节制闸18座，分水闸30座，新建提水泵站2座，机埠1处，拦水堰坝加固65米，廊道进水口改建1处，输水渠北渠首进水闸改建1座，渠道清淤15千米。工程于2006年6月动工，2007年7月竣工验收，总造价765.9万元。2011年2月，实施蒲潭垟堰坝下游护坦维修工程，造价87.1万元。

蒲潭垟堰坝（2012年）

山门引水工程

山门引水工程建于1965年，拦水堰坝位于山门大桥下，堰坝长130.4米。2005年，遭受第5号台风“海棠”和13号台风“泰利”的影响，山门引水工程拦水堰坝(引水工程的取水口)大部分被冲毁，左岸防洪堤被冲毁16米。10月完成加固初步设计。工程等级防洪堤标准为二十年一遇，属四级堤防工程。拦水堰坝属V等五级水工建筑物，设计防洪标准十年一遇，校核防洪标准二十年一遇。堰坝修护全长130.4米，将透水廊道延长85米，防洪堤修护全长16米。工程于2005年12月开工，2006年4月完工，投资91.45万元。

引水堰坝

1989—2012年，共新建、修建堰坝198座，引水灌溉农田7.77万亩，保护桥梁24座，保护堤防34条，供城镇消防用水2处。

2001—2012年平阳县新建修建堰坝情况一览表

表8-3-3

所在乡镇	所在溪流	堰坝数(座)	受益农田(亩)	备注
顺溪镇	顺　溪	4		保护桥梁一座、保护堤防3处
青街乡	青街溪	8	840	保护桥梁3座，保护堤防1处，消防用水1处
南雁镇	鳌　江	7	2195	
山门镇	怀　溪	43	11300	保护桥梁3座，保护堤防20处

续表 8-3-3

所在乡镇	所在溪流	堰坝数(座)	受益农田(亩)	备注
水头镇	闹村溪	32	3340	保护桥梁2座，保护堤防2处
	凤卧溪	26	2875	保护桥梁9座，保护堤防3处
	鹤　溪	20	5620	保护桥梁4座，保护堤防1处
	南湖溪	5	1050	
	蒲潭垟	1	40000	北港引水工程渠首堰坝
腾蛟镇	带　溪	40	7540	保护桥梁2座，保护堤防4处，消防用水1处
萧江镇	东坑溪，岙底坑溪	2	1000	
鳌江镇	梅　溪	8	1610	
	墨城溪	2	370	
合计		198	77740	

说明：资料由县水利局提供

万全河网补水工程

又名潘山翻水站，位于瑞安市马屿镇潘山村。属中型泵站，设计扬程10.5米，设计提水流量10立方米/秒，装机11台(其中1台备用)，总容量1815千瓦(单机容量为165千瓦)。1962年春动工，1963年竣工，投资193.55万元，灌溉面积17.7万亩。干旱季节翻水补充瑞平平原。

潘山翻水站和南码道水闸、塘头水闸、宋家埭水闸均隶属于温州市温瑞平水系管理局瑞平水系管理处管理。

农田水利工程

1994—2012年，平阳县实施自力更生治水工程、吨粮田工程、粮食自给工程、“三面光”渠道工程和喷微灌工程，建设田间渠系配套工程和实施渠道混凝土防渗处理等措施，节约农田灌溉用水，受益面积达16.8万亩。共投入资金1.05亿元。

自力更生治水工程　1994—1996年，平阳县被省政府列为全省第二期自力更生治水县。1994年4月，成立自力更生治水县工程指挥部，分别在昆阳镇石塘、万全镇湖岭、萧江镇树贤和鳌江镇

1994—2012年平阳县农田水利工程建设情况一览表

表 8-3-4

项目名称	所在乡镇	实施时间(年)	工程内容			受益农田(万亩)	投资(万元)
			渠道(千米)	泵房(座)	涵闸(座)		
自力更生治水工程	昆阳、万全、鳌江、萧江	1994—1996	24.8	8	2	1.81	349
吨粮田工程	昆阳、万全、萧江	1997—1998	9.1	8		0.46	212
粮食自给工程	昆阳、万全、鳌江、萧江、水头、腾蛟、县农场	1997—2000	79.1	69		3.85	1349
三面光渠道工程	昆阳、万全等10个镇乡	2001—2012	388.9	120	13	9.9	7893.4
喷微灌工程	万全、鳌江、萧江、水头	2009—2012		34		0.78	743.6
合计			501.9	239	15	16.8	10547

说明：资料由县水利局提供。

墨城等4片实施自力更生治水工程建设。1994—1996年，投工10.26万工，投资349万元，建设灌溉渠道24.8千米，治理河道3.2千米，改扩建水闸2座（4孔）和泵房8座等，节约农田灌溉用水量，受益面积1.81万亩。1997—1998年，分别在万全、萧江和昆阳镇实施吨粮田工程建设，投入资金212万元，建成“三面光”渠道9.1千米、泵房8座、0.46万亩农田受益。

粮食自给工程和“三面光”渠道工程　1997—2000年，共实施4期粮食自给工程建设，涉及昆阳、万全、鳌江、萧江、水头、腾蛟等6个镇和县农场计18个项目区建设，总投资1349万元，建成“三面光”渠道79.1千米，泵房69座，受益面积3.85万亩。2001—2012年，全县共新建、修建“三面光”引水渠道624条，总长388.9千米，泵站86座，泵房35座，小型涵闸13座，小分水闸557处，投入资金7893.4万元，受益农田9.90万亩。

喷微灌工程　2009年实施节水技术，至2012年全县共建成规模以上喷微灌（节水）工程16处，总投资743.6万元，受益面积0.78万亩。

2001—2012年平阳县“三面光”渠道修建情况一览表

表8-3-5

乡镇	渠系建设内容						受益农田（万亩）	投入资金（万元）
	渠道（条）	渠道长（千米）	泵站（座）	泵房（座）	涵闸（座）	分水闸（座）		
昆阳镇	151	117.0	41	13	12	279	3.24	2804.1
万全镇	85	66.7	28	12	1	181	1.93	2816.0
鳌江镇	37	33.0	16	9		97	0.82	461.6
萧江镇	31	25.0	0	0	0	0	0.71	623.0
水头镇	81	65.0	0	0	0	0	1.67	589.0
腾蛟镇	57	46.0	1	1	0	0	0.82	302.7
山门镇	37	11.0	0	0	0	0	0.32	96.5
南雁镇	45	13.9	0	0	0	0	0.21	105.4
顺溪镇	65	8.5	0	0	0	0	0.10	68.5
青街乡	35	2.8	0	0	0	0	0.08	26.6
合计	624	388.9	86	35	13	557	9.90	7893.4

说明：资料由县水利局提供

2009—2012年平阳县喷微灌（节水）工程一览表

表8-3-6

序号	项目名称	所在镇乡	实施面积（亩）	总投资（万元）
1	平阳县克力芦笋种植专业合作社喷微灌工程	鳌江镇	150	15
2	平阳县高然茶叶种植专业合作社喷微灌工程	鳌江镇	400	47.33
3	平阳县茂龙农产品有限公司联城油茶示范园喷微灌工程	鳌江镇	700	82.62
4	平阳县西湾方高水果专业合作社杨梅及树苗基地喷微灌工程	鳌江镇	400	38.26

续表 8-3-6

序号	项目名称	所在镇乡	实施面积（亩）	总投资（万元）
5	平阳县沃丰农业种植基地滴灌工程	萧江镇	350	34.59
6	平阳县甜梦花木有限公司花木基地喷微灌工程	万全镇	130	13.41
7	平阳县朝阳社区琪山茶场喷微灌工程	水头镇	300	34.84
8	平阳县朝阳社区仰天河茶场喷微灌工程	水头镇	300	49.06
9	平阳县天韵茶场有限公司喷微灌工程	水头镇	600	88
10	平阳县腾蛟镇青湾茶场喷微灌工程	腾蛟镇	450	34.4
11	平阳县山门镇黄栀子基地喷微灌工程	山门镇	980	43.4
12	平阳县凤翔茶场喷微灌工程	水头镇	350	43.7
13	平阳县塘东杨梅基地喷滴灌工程	鳌江镇	670	49.76
14	平阳县墨城万众良种油茶基地喷滴灌工程	鳌江镇	600	59.20
15	鳌江镇塘川橄榄专业经济型喷微灌项目	鳌江镇	500	40
16	鹤溪丰发农场经济型喷微灌项目	水头镇	900	70
	小　计		7780	743.57

说明：资料由县水利局提供

第四章　海涂围垦

平阳县海岸线介于飞云江与鳌江之间，南至鳌江口北岸，北与瑞安阁巷交界，共长22千米。滩涂总面积从海岸线至理论基准面（高程-3.38米）为13.01万亩，其中在低潮时出露的滩涂面积有10.79万亩；从岸线至平均海平面（高程0.22米）为1.56万亩。

1964—2000年，平阳县围垦滩涂面积6520亩。其中，1964年围垦宋埠滩涂3200亩；1971年围垦墨城滩涂2000亩；1980年后围垦西湾滩涂280亩、下厂滩涂860亩和雁门滩涂180亩。其中综合开发利用3040亩，开垦利用3480亩。

1992年起，县政府对滩涂围垦进行大量的前期准备工作。1998年12月开始进行新一轮的滩涂围垦，采用大量的机械设备，用石方抛填堤坝，钢筋混凝土进行加固，主堤基础处理采取塑料排水板固结法、铺垫法，造地采用海涂泥进行真空预压等先进的科学技术。至2012年，建设完工宋埠—西湾滩涂围垦面积9858亩，西湾南片滩涂围垦面积5220亩；开工建设西湾北片滩涂围垦面积6870亩。

第一节　宋埠—西湾围垦

宋埠—西湾滩涂围垦工程位于平阳县城东北方向12千米的东海岸，介于飞云江与鳌江出海口之间，南起鳌江西湾跳头，北至瑞安阁巷围垦交界。宋埠—西湾滩涂围垦主要工程包括主堤、北隔堤、3座水闸。工程等别为Ⅳ等，主要建筑物为4级；海堤防潮标准为二十年一遇，允许部分越浪，水闸防潮标准为五十年一遇，排涝标准为二十年一遇。主堤长3.23千米，堤型为土石混合坝，基础处理采用排水板固结法，复式断面，堤身结构采用镇压平台加直立式挡墙，堤顶高程为6.8米，堤顶宽5米，防浪墙顶高程7.6米；北隔堤基础处理采用铺垫法（镇压层法），堤长2.23千米，堤顶宽8米；3座水闸分别为南闸4孔（宽14米）、中闸3孔（宽10.5米）和北闸2

孔(宽7米)。其中,南闸和北闸为纳排潮闸,中闸为排水闸,纳潮设计流量共计134.24立方米/秒,排涝设计流量共计399.33立方米/秒,水闸均采用有胸墙开敞式水闸型式。宋埠—西湾滩涂围垦工程建设期为4.5年,累计完成投资3.61亿元,工程资金由财政和融资组成,其中省围垦局补助3195万元,建成后主要用于工业开发。

2003年6月,宋埠—西湾滩涂围垦工程获得省围垦局批准立项,围垦面积10650亩(后调整为9858亩)。2003年6月,县政府批准成立平阳县滩涂围垦开发建设有限公司为滩涂围垦开发建设的投资主体,注册资金4000万元;2005年9月,县政府成立宋埠—西湾滩涂围垦工程建设指挥部(2010年更改为县滩涂围垦工程建设指挥部,2013年变更为县滨海新区建设管理委员会)负责平阳县滩涂围垦的开发和建设。2006年10月,宋埠—西湾滩涂围垦主体工程分两个标段完成招投标,分别由浙江省第一水电建设集团股份有限公司和浙江正邦水利水电建设公司中标,监理单位为浙江河口海岸工程监理公司,设计单位为温州水利水电勘测设计院,质监单位为浙江省水利水电工程质量与安全监督中心站。2006年10月至2008年4月,由于面临融资和政策处理两大难题,工程处于停工状态。2009年2月,宋埠—西湾滩涂围垦主体工程正式启动。2009年12月25日,主体工程基础部分全线贯通。2010年12月30日,主堤堵口合龙。

2011年,县发展和改革局批复宋埠—西湾围区造地工程,概算投资15.5亿元,造地面积9858亩。其中,海堤、河道占地1209亩,道路1044亩,造地面积为7605亩(农业用地1140亩,工业用地6465亩)。围区造地主要有土石方回填和外海泥经过真空预压处理组成。2011年初开始开发,至2012年底,完成3座水闸、堤身抛石、部分护面结构及施工道路的建设,围区完成造地5187亩,开挖河道9.3千米,道路路基回填14.7千米。

第二节 西湾南片围垦

西湾南片围垦工程位于县城东方向11千米的东海岸,东始杨屿山西南侧,西至墨城水闸。围涂面积5220亩,概算投资2.01亿元,设计工期4年。主要建筑物由三条海堤和一座排涝闸组成,工程等别为Ⅲ等,主要建筑物为3级,五十年一遇防潮标准,水闸2孔净宽10米;海堤总长5.12千米,其中南顺堤1.53千米、南堤2.71千米,中隔堤0.88千米。南堤、南顺堤堤顶高程7.42米,宽5米,防浪墙顶高程8.22米。基本坝形为土石混合坝,石坝挡潮挡浪,土坝防渗闭气,断面型式采用复式断面,上部为直立墙式,下设消浪平台和斜坡式防浪坡过渡,防浪斜坡外接块石镇压层以保持大坝稳定。堤顶防浪墙迎潮面采用反弧型式,与钢筋混凝土面板平顺联结。杨屿山南水闸左侧与杨屿山西南端相连,右侧与西湾南片围涂工程南顺堤相连,上游铺盖及闸室、消力池等主要建筑物都坐落在基岩上。

西湾南片海涂围垦工程从规划到开工建设历时十余年。1996年,省围垦局先后批复了西湾围垦工程的项目立项、可行性研究和初步设计。1998年5月,开工建设中隔堤,1999年,开展招商引资,12月,中隔堤工程竣工验收,同时成立"西湾围垦工程建设领导小组"。2000年1月,县政府与平阳县利得海涂围垦开发有限公司签订《围垦开发西湾海涂项目协议书》,平阳县利得海涂围垦开发有限公司成为西湾围涂项目建设业主单位。3月,省计划与发展委员会批复同意开展西湾南片围涂工程前期工作。2006年8月28日,县海洋与渔业局颁发西湾南片围涂工程海域使用权证书。

1998年该工程中隔堤开工,到2012年5月完工,围区造地5220亩,道路路基填筑2.5千米,开挖河道1.4千米。工程施工分不同阶段实施,施工单位先后有温州市水利水电工程处第二工程公司、泰顺县水利电力建筑工程公司、温州永成水利水电有限公司和福建省汀江水电工程有限公司等,监理单位有浙江广川工程咨询有限公司、中国水利水电第三工程局监理公司和武汉新明勘测工程技术咨询有限公司等,设计单位有浙江省围垦局勘测设计所和平阳县水利水电勘测设计所,质监单位为温州市水利水电工程质量与安全监督站。累计完成投资2.05亿元,其中国家补助642万元。

第三节　西湾北片围垦

西湾北片围垦工程位于县东海岸、鳌江口北岸，围区东侧临海，西侧以摇动岩、四沙岭等群山为天然屏障，海堤南端与杨屿山北侧相连，北与小洋山至西谷仓山脚连接。围区面积6870亩，概算投资2.74亿元，工程建设期为4年，工程等别为Ⅲ等，主要建筑物级别为3级，挡潮设计标准为五十年一遇。堤线总长5.22千米，堤顶宽5米，其中北直Ⅰ堤长333米、北直Ⅱ堤长629米、北顺堤长4.26千米，排水闸一座。海堤结构为复式断面土石混合坝。施工单位是浙江省第一水电建设集团股份有限公司，设计单位为浙江广川工程咨询有限公司，监理单位为浙江东洲建设监理咨询有限公司，质监单位为温州市水利水电工程质量与安全监督站。2012年10月27日工程正式开工。

2008年12月，县政府明确西湾围垦工程（北片）投资主体为县政府，委托平阳县利得海涂围垦开发有限公司代理。2010年1月，平阳县利得海涂围垦开发有限公司与浙江新湖中宝股份有限公司重组，新湖中宝股份有限公司占股份51%，平阳县利得海涂围垦开发有限公司占股份49%。

第四节　平阳中期围垦

平阳中期围垦工程，位于县域范围内飞鳌滩的高滩区域范围，北起瑞安与平阳两县行政分界线，东至-2.0米等高线，南至鳌江口，西靠古盘山森林公园，距县城13.5千米，海岸线长约22千米。平阳中期围垦工程海堤总长约为18.2千米，围垦面积5.05万亩，有排水闸2座，隔堤3.2千米。有调蓄湖2个，水域面积约2250亩，主干河道长约33千米，料场3座（海滨、二沙、下岙）。工程等别为Ⅲ等，按照五十年一遇防潮标准设计，主要建筑物挡潮海堤及水闸均为3级建筑物，围区河道、隔堤为4级，围堰、施工道路等临时建筑物为5级。工程初定总投资54亿元。至2012年底，该工程已经完成项目建议书批复并进入前期促淤阶段。

第五章　防汛防旱

平阳县属亚热带海洋性气候，温暖湿润，雨量充沛。但受东风带、副热带、西风带天气影响，在每年4—10月的主汛期，梅雨、台风、暴雨引起境内沿海、沿江地区潮灾、涝灾。春夏秋季节，时有干旱之虞。1989—2012年，平阳县遭受多种自然灾害，受灾直接经济损失500万元以上34次，其中台风侵袭28次、梅雨2次、暴雨1次、干旱2次、冰雹1次。全县累计受灾农田面积35万公顷次，受灾人口827.8万人次（其中死亡202人、失踪7人、受伤1187人），直接经济损失97.14亿元。

第一节　组织机构

1951年，设县防汛联防总队，副县长任总队长。1952年后，更名为县防汛防旱指挥部，指挥部指挥由县党政军负责人兼任，指挥部下设办公室，办公室主任一般由水利局正、副局长兼任。2009年1月6日，县编委批复同意县防汛办为常设机构，核定编制6名，为全额拨款事业单位。每年4月15日至10月15日为汛期，实行24小时值班制。

第二节　防汛防台

防汛防台预案

1995年，县防汛防旱指挥部首次制定《平阳县防御洪（潮）水方案》，出台防御台风操作规程和紧急避险措施。2001年，县防汛防旱指挥部修编完成防汛防台抗旱应急预案。2006年，印发《平阳县重大洪涝台旱和水利工程险情处置应急预案》。2008年，县防汛防旱指挥部修编完成《平阳县防汛防旱应急预案》。2012年，县政府印发《平阳县防汛防台抗旱应急预案（修编）》，县防汛指挥部编制完成山洪灾害防御专项预案。全县10个镇（乡）修编各自防汛预案，明确低洼地带（沿海、沿江、沿溪）、危房、地质灾害点等，各类危险地带人员安全转移和安置工作；县防汛成员单位修编完成各自预案。县级预案由县委办、县府办、县防汛指挥部审批发文公布，镇乡和成员单位预案由县防指审批。

物资储备

全县实行防汛抗旱物资储备制度。20世纪90年代，防汛草包由县特产公司代购，县防汛仓库储存。2002年后，县防汛物资采取仓库储备和委托代储两种方式。2012年，按照三星级防汛物资仓库建设标准，为全县10个镇乡、10个社区、20个防汛重点村居配备种类齐全、数量充足的防汛物资，在水头创建县防汛物资仓库分中心。至2012年，县级储存防汛物资有：编织袋5万只，土工布900平方米，移动发电机3台(套)，水泵13台(套)，橡皮艇(冲锋舟)7只，救生衣2470件，卫星电话5部及应急物资柴油、木材、电缆、石料等，均由县防汛指挥部采购、储存、调度。同时，与萧江岱口村挖掘机、铲车等大型机械出租商签订协议，可随时调用。

防汛情报

1961年，省级水情站网进行规划，并实行分级布置，分级管理。平阳县水文站向省、市、县防汛指挥部报汛的站点是平阳、埭头、鳌江内河、鳌江站，其中平阳站拍报瑞平塘河水情、雨情，埭头站拍报北港水情、雨情，鳌江内河站拍报鳌江水情，鳌江站拍报鳌江风暴潮、雨情。至20世纪80年代，分别增设顺溪、山门、腾蛟雨量站，向县防汛指挥部拍报雨情。2005年，又增加吴垟、朝阳雨量站，为台汛期报汛站，向县防汛指挥部拍报台汛期雨情。2008年，遥测系统建成，实现水雨情实时信息自动化测报。至2012年，平阳水文站辖鳌江潮位站，埭头水文站、县内雨量站和平阳、小南、萧江河网水位站。县防汛办辖县级山洪灾害预警平台1套，水位、雨量、潮位遥测站共57个，视频会商系统48套，视频监控站25个，无线预警广播30个，室外预警大小屏幕共38个等各类防汛设施设备，可将各类防汛信息及时传递到县防汛指挥部。县防汛办和水文站对特大暴雨洪水或严重旱情，要组织力量进行调查分析，并及时提出专题调查分析报告送市防汛办。

非工程体系建设

防汛防台体系建设　通过开展组织保障、设施保障、预警保障、预案保障、经费保障、制度保障、专家库建设保障、物资保障、队伍保障、宣传保障等10个保障的基层防汛防台体系建设，实现乡自为战、村自为战的要求，最大限度地减少洪涝台灾害给人民群众造成的生命财产损失。县基层防汛防台体系建设于2010年通过市级验收。

山洪灾害县级非工程措施建设　2010年，平阳县山洪灾害非工程措施建设投资582万元。通过开展监测系统、县级监测预警平台、预警系统、群测群防体系和气象部分建设，增强全民防灾避灾意识，提高山洪灾害防御能力，避免人员伤亡。

指挥调度　根据气象、水文部门提供的风情、雨情、水情、旱情，县防汛指挥部召集有关单位进行会商，预测水旱灾害发生发展趋势及可能带来的危害，提出防御意见和措施，或由县长发布命令，指挥全县人民防洪、防潮、抗旱、抗台，组织抢险救灾。根据水旱灾害的范围和特点，必要时可由上级防汛抗旱指挥部统一指挥调度。

设防标准　对水库、堤塘、水闸等水利设施，确定控制运用标准：小(1)型水库，按50年一遇暴雨

1989—2012年平阳县河网水（潮）位站报讯标准一览表

表8-5-1

站　名	地　点	水(潮)位(米)			
		正　常	警 戒	危 急	历史最高
平阳水位站	昆阳镇北门	2.92	3.12	3.62	3.84
鳌江水位站	鳌江镇平阳中医院边	2.84	3.04	3.62	3.82
萧江水位站	萧江水闸上游	3.12	3.32	3.62	
鳌江潮位站	鳌江大厦边		3.70		4.84
埭头水文站	南雁镇埭头村		14.70	15.70	17.91

说明：资料由县水利局提供

洪水设防；小(2)型水库，按20年一遇要求设防；海塘按50年一遇潮位设防；鳌江江堤雁门水闸以下按50年一遇潮位设防；雁门水闸以上按20年一遇设防；入海入江水闸按河网警戒水位进行调度。

防汛安全大检查　每年1月份，县防汛指挥部部署开展全县防汛安全大检查专项活动。3月初，在各镇乡自查的基础上，县防指、县水利局开展县级防汛大检查活动。针对检查中发现的水库山塘、水闸、堤塘存在防汛隐患，县防指下发整改通报，要求限期予以整改落实，确保安全度汛。

防汛责任制落实　每年汛前，对县防汛指挥部成员、县防指水上分指挥部成员、县地质灾害分指挥部成员进行调整，由县委办、县政府办正式发文公布。水库、堤塘、水闸安全管理责任人和巡查责任人、农村水电站防汛安全责任人和基层防汛防台体系责任人由县防汛防旱指挥部进行调整，发文公布并在媒体上进行公示。

第三节　重大抗灾纪实

1990年6月23日至9月11日，平阳县受到5号、12号、15号、17号、18号5次台风严重影响，全县农田受涝85万亩次，死14人，伤36人，直接经济损失0.91亿元。9月9日，18号强台风在福建省晋江登陆，顺溪两天降雨487毫米，为五十年一遇暴雨。局部地区淹没时间长达72小时，平地水深达3.5～4米，水头等地一片汪洋。台风期间，省长沈祖伦，省水利厅厅长陈绍沂，从杭州乘专机到温州后，立即调派解放军赶赴北港水头投入救灾工作。县政府下拨救灾款142万元，救济19398户灾民，并下拨水利资金用于水毁工程修复。

1994年8月21—22日，17号台风在瑞安梅头登陆，风力12级，过程雨量296毫米，平阳县灾情严重，死166人，伤916人，倒塌和损坏民房7.7万间，粮食作物受淹1.83万公顷，全县直接经济损失15.4亿元。县委、县政府发出《关于认真做好抗灾自救工作的紧急通知》，采取一系列措施，投入救灾重建工作。至1995年，全县水毁工程已修复1260处，占水毁工程量的95%。台风登陆后，国务委员陈俊生，省委书记李泽民，省委常委、副省长刘锡荣到平阳查看台风所造成的灾情，并指导抗台工作。

1999年初冬，出现历史上少见的秋冬连旱天气。从10月11日到年底总降水量仅25.2毫米，只及常年同期的15%，而同期的蒸发量达267.1毫米，是降水量的10余倍，造成山区溪水断流，农作物干枯死亡，部分群众饮水发生困难。县委、县政府部署防汛抗旱工作，专项拨付抗旱资金用于采购水泵等设施，解决人民群众饮水困难。

2003年梅汛期前期，雨量明显偏少，水库蓄水量只有正常库容量的20%～30%。5月25日至8月12日，县内出现严重旱情，旱灾持续时间80天，是1956年有气象记录后仅次于1967年的全县性大旱。其间总雨量仅165.1毫米，只及正常年份的3成，其中6月26日至7月25日滴雨未下。蒸发量高达618.7毫米，比正常年份偏多五成。受旱情影响，县内平瑞塘河、平鳌塘河、萧麻塘河储水量只剩40%～60%；全县47座山塘、19座小(2)型水库、3座小(1)型水库大部分见底；闹村、凤巢、梅溪、梅源等地大片田地晒白开裂。全县饮用水困难者达28万人，0.53万公顷水稻、0.4万公顷经济作物受灾，直接经济损失5000万元。县委、县政府召开专门会议研究部署抗旱工作，县政府下拨专项抗旱资金，停供工业、服务业等用水，采取限量供水、组织人民群众挖井、上山找泉水、派县消防队送水等措施，帮助人民群众解决饮用水困难。

2005年，台风影响频繁，全年对平阳县有影响的台风5次，分别为5号台风“海棠”、9号台风“麦莎”、13号台风“泰利”、15号台风“卡努”和19号台风“龙王”。且台风影响时间相对集中，降水强度大。特别是“海棠”和“泰利”造成了重大损失。5号台风“海棠”于7月19日下午在福建省连江登陆，过程雨量424.3毫米。平阳县受其严重影响，狂风、暴雨、大潮同时来袭，全县31个乡镇590个行政村受灾，受灾人口73万。有53.2万人被洪水围困，受伤5人、失踪5人，死亡1人，倒塌房屋2632间，死亡大牲畜850头，农作物受灾面积1.69万公顷，全县直接经济损失20.73亿元。特别是水头、麻步、鹤溪、萧江、梅溪、梅源、钱仓等地一片汪洋，水头街区积水最深达4米，工农业生产损失惨重。县委、县政府领导多次召开紧急会议，研究部署抗台救灾工作。据不完全统计，在整个救援过程中，共出动公安、武警、消防部队1660人次，出动车辆28辆、冲锋舟22艘，疏散转移群众3900余人，救助被困群众3000余人，因灾转移安置8.2万人。台风过后，成立救灾工作领导小组，开展灾民救助安置工作。县财政落实救灾资金516.5万元，用于解决安顿部分重点灾民的基本生活和倒房抢修。7月20日，省长吕祖善到平阳县考察灾情。7月26日，省委书记、省人大常委会主任习近平到平阳实地查看灾情，并慰问受灾的种粮大户。9月1日19时至21时，13号台风"泰利"来袭，短短3小时内降雨量就达164毫米，水头镇区水深达4.3米，超出5号台风30厘米。全县受灾人员43.24万人，被困人员21.23万人，因灾死亡1人，受伤1人；倒塌房屋806间、损坏6835间；农作物受灾面积1.87万公顷，全县直接经济损失达8.23亿元。全县发动2.3万名党员干部迅速投入防台抗灾中去，转移危险区域人员43015人、船只902艘。灾后迅速成立由县委书记、县长任指挥的抗灾救灾指挥部，并分成8个工作组，分赴灾区指导抗灾救灾工作，并落实救灾应急资金100万元，帮助灾民开展生产自救，重建家园。

2007年，有7号"帕布"、8号"蝴蝶"、9号"圣帕"、13号"韦帕"、16号"罗莎" 5个台风先后来袭。13号台风"韦帕"于9月19日凌晨2时30分在苍南县霞关镇登陆，近中心最大风速45米/秒(14级)，全县普降暴雨到大暴雨，局部特大暴雨，平均面雨量达228毫米，水头、麻步等乡镇一片汪洋。全县受灾人口达42.36万人，倒塌房屋408间，农作物受灾面积1.64万公顷，水利堤防损坏85处，堤坝决口3处，直接经济损失3.04亿元。"韦帕"超强台风期间，全县组织应急救援队伍126支3200人，调集冲锋舟、木船等救生船只21艘、挖掘机24台、车辆73辆。在这次防台抗台中，全县共安全转移危险地段人员9.55万人、渔船归港避风744艘。至12月5日，全县投入资金570万元，修复堤防80处，5.37千米，水闸4座，受损水电站全部恢复正常。

2009年8号台风"莫拉克"于8月9日16时20分在福建省霞浦县登陆，登陆时中心最大风力33米/秒(12级)，平阳县面雨量428.4毫米。全县31个镇(乡)全部受灾，水头镇满水最深处4.7米，受灾人口51.33万，倒塌房屋976间，农作物受灾面积1.84万公顷，直接经济损失9.33亿元。国务院副总理回良玉、省委书记赵洪祝和省长吕祖善到平阳考察灾情。全县组织各级干部1.5万余人，及302支共3481人的应急救援队伍抗灾救险。共转移人员82314人，提前疏散南麂游客1681人，渔船归港避风797艘。

2009年8月11日，省委书记赵洪祝（中）到平阳考察8号台风"莫拉克"灾情

第六章　水利科技

随着水利建设事业的快速发展，平阳县水利队伍逐年壮大、科技水平不断提高。至2012年年底，县水利系统在编人员156人，其中在职科技人员103人，占在编人员总数的66%。在103名科技人员中，具有高级工程师职称的4人；中级职称的26人，其中工程师23人，会计师3人；初级职称的73人，其中助理工程师58人，助理会计师5人，助理经济师1人，助理馆员1人，技术员6人，会计员1人，经济员1人。

第一节　勘测设计

县水利水电勘测设计所前身为县水利勘测设计室，成立于1963年，1998年更为现名，承担县内水利水电工程勘测设计任务。其资质等级：水利水电丙级；水利水电勘测设计丁级；配套工程工民建丁级；2000年取得水土保持方案编制资格，资质为丙级；2003年取得水利工程设计资格，资质为丙级；

2009年取得水利工程施工图审查资格，资质为丙级。2000—2012年，共计完成设计任务1423项。

2006—2012年，为水利勘测设计的快速发展阶段。从2000年完成设计任务38项，到2012年完成设计任务242项。2012年，全所职工30人，其中在编人员7人，外聘人员23人。在现有工作人员中，有高级工程师1人，工程师5人，助理工程师7人，技术员9人。

第二节　水利规划

《浙江省温州市鳌江流域防洪规划报告（2002年版）》

温州市水利水电勘测设计院编制，2002年7月完成。主要规划目标：优化对流域干支流洪水有控制作用的水库防洪调度原则及规划工程规模；以岸线布局规划为重点，提出干流及主要支流的整治方案；确定干流及主要支流堤距；对流域内主要城镇提出防洪规划意见；提出防汛指挥系统、水文测报系统的初步方案及流域近期规划情况下的防洪预案要点；对推荐的防洪方案进行投资估算。工程分二期实施，近期水平年为2010年，远期水平年为2020年。2002年经市政府批复实施。

《浙江省鳌江流域防洪规划修编报告》

温州市水利水电勘测设计院编制，2011年7月完成。规划修编重点解决鳌江干流和横阳支江的洪水及主要平原的排涝问题，北港流域采取"上蓄、中疏、下排"防洪减灾原则，新建水库，蓄洪削峰，疏浚拓宽河道，降低河道水位。规划水平年近期为2020年，远期2030年。

《平阳县平原河道整治规划》

2003年8月由县水利水电勘测设计所编写。规划从水利、环保、航运、绿化等综合治理的角度，提出平原河道整治目标和综合治理规划，主要通过清障、疏浚、截弯、护岸、截污、绿化等整治手段，使平原主河道河面变宽、河床变深、河水变清、河岸变绿，功能完善。规划水平年近期为2010年，远期为2020年。

《平阳县水资源综合规划》

2006年12月由河海大学、县水利局联合编写。规划总体目标：在查清平阳县水环境承载能力的基础上，提出适应水资源合理开发、高效利用、综合治理、优化配置、全面节约、有效保护、科学管理的布局和方案。

《平阳县水域保护规划》

县水利水电勘测设计所于2009年3月底完成编制，6月底完成报批工作。该规划范围为全县辖区范围，规划面积1051平方千米（其中陆地面积959平方千米），明确规划范围内的水域总体布局、分区水域布局、水域恢复、扩大或新增方案，明确水域保护等级、保护范围、保护目标、水域利用方案。

《平阳县水利发展"十二五"规划》

县水利局委托平阳县水利水电勘测设计所编制，2010年3月完成。规划针对预期防洪、供水、围垦三大目标，提出相应总体布局和主要任务。县政府于2012年12月15日发文批复。

《平阳县瑞平水系（平阳片）河道整治规划》

县水利局委托浙江广川工程咨询有限公司编制，2010年4月完成。整治规划范围为除宋埠—西湾围垦外的瑞平水系平阳片，涉及昆阳、万全两镇和县第一农场，以及鳌江镇海滨村，规划总面积142.6平方千米，大小河流510条，河流总长444.77千米。规划主要内容以防洪、排涝、保证应急供水为中心，兼顾改善水环境和传承历史文化，建设浙南"飞鳌运河（瑞平塘河）"。规划水平年近期2015年，中期2020年，远期2030年。2013年5月，县政府发文批复实施。

《平阳县农田水利建设规划》

县水利局委托浙江广川工程咨询有限公司编制，2011年4月完成。规划范围包括县域内容积0.1万～10万立方米山塘整治建设，喷微灌溉工程、大中型灌区末级渠系和小型灌区渠系、小型灌溉泵（闸）站、小型引水堰闸、排水沟渠及其配套建筑物、农田灌排河道整治等。县政府于2012年2月2日发文批复实施。

《平阳县城乡饮用水安全保障规划》

由平阳县水利水电勘测设计所于2008年初编制，2011年10月完成修改。规划总体目标建立"城乡兼济、水量保证、水质达标、管理规范、运行可靠、监控有效、应急有备"的城乡饮用水安全保障体系。规划水平年近期2015年，远期2020年。

《平阳县鳌江干流治理岳溪水库工程项目建议书》

2011年11月，县水利局委托温州市水利电力勘测设计院编制完成，是月委托浙江省水利水电勘测设计院进行《浙江省平阳县岳溪水库工程坝址比较专题报告》的编制工作，于2012年10月编制完成。

《温州市飞鳌滩围涂（促淤）工程规划专题论证报告》

县水利局委托浙江省水利河口研究院开展飞鳌滩围涂（促淤）工程规划专题论证，报告于2011年1月完成。

第三节 新工艺新技术推广

20世纪90年代以来，水利建设快速发展，水利科技获得飞跃发展和进步，不断推陈出新，发展新工艺、新技术。

新工艺

混凝土钻孔灌注桩 在堤塘、水闸软基基础施工中应用。钻孔灌注桩施工程序：制备泥浆—制埋钢护筒—钻孔—清渣—下钢筋笼—导管法灌注水下混凝土—清除桩头。钻孔灌注桩采用300型回旋式钻机成孔、泥浆护臂，钢筋笼安装，导管法浇筑水下混凝土。灌注桩造孔护筒用钢板制作，内径90厘米，护筒顶部应高出设计桩顶高程，并设有溢浆排渣口。

铺垫法（镇压层法） 滩涂围垦的堤基处在高滩位，其基础处理采用铺垫法。在涂面上铺垫土工织物，上铺石渣垫层厚0.30米，以起隔离、排水、反滤、加筋补强作用，达到减少不均匀沉降，减少侧向变型，增大地基稳定性，加快施工速度的目的。土工织物宜在低潮位露滩时铺设，通常是事先将几幅土工织物拼成10～30米宽、适当长的大幅土工织物，待潮水快退尽时铺设，要保证土工织物拼接缝受力后不会张开拉断。

排水板固结法（PVC排水板） 滩涂围垦的堤基处在低滩位，其基础处理采用排水预压固结法。涂面上铺设3吨/平方米有纺土工布一层，上铺排水碎石垫层厚1.0米，PVC排水板正方形打设，间隔1.5米插入涂面下18～22米，排水板出露碎石层面0.5米，上面覆盖6吨/平方米有纺土工布一层，再上面是抛石体。外镇压层抛石体表层用大块石理砌。PVC排水板需要专门的插板机插设，以保证平面位置准确和插设深度。

吹填造地施工工艺 用于宋埠—西湾围垦区造地。首先对区块进行土方围堰，围堰高为1.2米，用绞吸式挖泥船采用气力吹泥管将堤坝外侧600米外的滩涂泥浆吹入区块，水平运距可达4000～6000米，泥浆沉淀后厚约为0.9米，然后进行真空预压法施工。真空预压法：待滩涂泥浆沉淀排水后，铺设土工布、插设PVC排水板、铺设密封膜、安装真空系统，抽真空、卸载。最终形成土地，地面承载力达到5吨/平方米。

新技术

土石坝防渗加固技术 2008年后，在水库、山塘保安加固过程中，根据地质钻探资料，针对部分水库、山塘软基、坝体防渗不满足相关规范要求的，分别对软基采取了钻孔固结、帷幕灌浆，对坝体采取了钻孔劈裂灌技术，防渗效果较好。

坝下涵管改造技术 对水库、山塘原有坝下放水涵洞进行封堵改造，依据水库、山塘所处的地形和地质资料，采取了新开放水隧道或设置放水虹吸装置技术。

海塘基础加固技术 鳌江标准堤在强塘加固实施过程中，针对部分地段标准堤加固后，其基础将产生较大沉降变形的实际情况，为了不破坏原结构，采用钻机钻孔至设计深度，通过三重管旋转喷射水泥浆，使水泥浆与地层淤泥充分混合形成水泥土，最终形成旋喷桩的加固方案进行加固。

河道清淤施工技术 河道清淤从最初的人工清淤、挖掘机清淤，发展到用水力冲挖、泥浆泵抽排和绞吸式挖泥船进行清淤。

河道整治技术 河道整治从传统的砌石护岸、砼护岸发展到松木桩自然护岸、混凝土异形砌块生态护岸等新材料、新工艺。

材料搬运技术 偏远山区工程建设原材料搬运从最原始的人工挑抬运、驴马运送，发展到采用架设缆索进行运输。

节水技术 2009年后，分别在水头和鳌江等地实施了茶场、果园的喷微灌和滴灌实验，试验效果良好，通过试验，实施喷微灌技术可有效降低霜冻对茶叶的危害影响。

水文监测技术　水文资料转入计算机存储并建立数据库，改变以往人工观测、船测及手算整编汇总方法。2012年，全县有57处水位、雨量、雨量水位、潮位站点，实现计算机遥测和固态储存，同时实现各种水文要素自动采集、处理、传输、接收、分析、预警等功能，并在埭头、鳌江断面安装多普勒，实现自动测流。

第七章　水利管理

随着水利事业发展，平阳县水利管理工作逐步加强。管理机构调整充实，管理人员队伍扩大，素质提高。2002年，建成水利局办公大楼，建筑面积3000平方米，改善了水利管理办公条件。

第一节　管理机构

1983年9月，平阳县水利局更名为平阳县水利电力局。1987年12月，县水利电力局内部机构调整为办公室、计财股、水电勘测设计室、水利管理所、水电管理所和排灌站等单位。1990年增设水政水资源管理所。1992年7月增设昆阳、鳌江、萧江、水头四个水利管理所。1997年7月，平阳县水利电力局更名为平阳县水利水电局，先后增设水政监察大队、水利水电规划建设所、山门水利管理所。2001年12月，平阳县水利水电局更名为平阳县水利局，先后设立水利水电工程质量监督站，水土保持监督所，堤塘管理所，河道管理所，农村饮用水办公室，万全水利管理所。至2012年12月底，县水利局共有编内人员156人，其中，行政人员10人，事业单位人员146人。行政科室4个：办公室、水政水资源科、规划建设科（安全监督科）、行政审批科。

事业单位：县水利管理所，县水电管理所，县堤塘管理所，县河道管理所，县水土保持监督所，县水利水电工程质量监督站，县水政监察大队，县北港引水工程管理所，县水利水电勘测设计所，县防汛防旱指挥部办公室，县农村饮用水工程建设领导小组办公室，县城镇节约用水办公室，县水利水电物资总站，水利局昆阳、鳌江、萧江、水头、山门、万全水利管理所，山门水力发电站等20个。

第二节　水资源管理

1990年11月，成立平阳县水政水资源管理所，负责全县水资源管理工作。1993年起，全县先后开征占用水域补偿费、水资源费和水土保持“两费”（水土保持设施补偿费、水土流失防治费）。1995年8月，根据国务院颁布的《取水许可制度实施办法》和省政府颁布的《浙江省取水许可制度实施细则》，全县实行取水许可制度。

2002年5月，成立水利局水政水资源科。水资源项目审批统一划入平阳县行政审批中心水利审批窗口办理，水利规费征收实行收支两条线，统一纳入财政账户。2006年，编制《平阳县水资源综合规划》《平阳县城乡饮用水安全保障规划》，2008年，制定《平阳县河道采砂权公开有偿出让办法（试行）》。

2010年，根据《取水许可制度实施办法》，对县内新的取水用户全面开展实行《建设项目水资源论证管理制度》，至2012年，新办、补办水资源论证共4个单位。是年，根据《浙江省水功能区水质监测规划》，开展了水功能区水质监测建设，境内水功能区水质监测断面共设置13个监测点。2011年，对年取水量在10万立方米以上的取水户，实行安装实时监控，接入省水利厅中心控制平台。2012年，开展地下水监测网建设，境内增设2个地下水监测点。

第三节　工程管理

水闸管理

2012年，全县共有水闸68座（其中出江出海排涝水闸40座，内河控制水闸28座），平阳县境内水闸49座，由县堤塘管理所、水利管理所配备专门人员管理，其人员待遇由县水利局补贴；萧江与夏桥水闸为全民性质管理机构，委托苍南县水利局代管;瑞安市境内的南码道、塘头、宋家埭3座水闸,归瑞平水系管理处管理;境内其他受益范围小的内河控制闸14座,由所在镇乡荐员管理。

海塘江堤管理

由相关的水闸管理员管理;溪堤由各村(镇)自行管理。

水库管理

23座水库(未包括顺溪水库),均有专人管理:电站水库9座,均实行与水电站统一管理,由水电站承担管理费;公益水库14座由县水利局补贴管理费。

北港引水工程管理

于1980年配套后,成立县北港引水工程管理所,实行差额管理。1987年,核定编制22人,2009年12月,单位性质转为全额拨款事业单位,2012年,共有编内在职人员22人。

第四节 河道管理

县境内全部河道1698条,长度1878.3千米,水域面积43.68平方千米,水域容积13713.12万立方米。其中,鳌江干流(南雁埭头以下)为省级河道,长度41.8千米;市级河道3条:平瑞塘河、萧江塘河、沪山内河,总长19.7千米;县级河道20条,总长185.7千米;县级以下河道1674条,总长1631.1千米。

2012年平阳县河道级别情况一览表

表8-7-1

河道级别	条数(条)	长度(千米)	水域面积(平方千米)	水域容积(万立方米)	现状水面率%
省级河道	1	41.8	6.9	4855.22	0.72
市级河道	3	19.7	1	271.49	0.11
县级河道	20	185.7	7.67	2143.63	0.23
县级以下	1674	1631.1	28.11	6442.78	3.49
合计	1698	1878.3	43.68	13713.12	4.55

说明:资料由县水利局提供

1991年7月,县政府印发《平阳县河道管理实施办法》,对河道实行分级管理,以所在乡镇分管水利工作者为责任人。2001年起,对整治后的河道实行保洁长效管理机制,主干河道两岸保护范围的宽度各为10米,一般河道两岸保护范围的宽度均为6米。至2012年年末,全县保洁河道1698条(段),长1878.3千米(包括市管河道),其中主要河道23条(段),总长205.4千米,由域内乡镇负责管理;各乡镇内干河、支流1674条(段),总长1631.1千米,由村或自然村管理。

第五节 水利规费征收

1999年始,按浙江省水利厅印发的《浙江省水利系统行政事业性收费项目暂行管理办法》的规定进行收取,1999年收费项目11项,其后逐年减少,2012年计4项。主要收费项目为水资源费、占用水域补偿费、水土保持设施补偿费。

1991—2012年各项水利规费项目一览表

表8-7-2

征收年份	水费征收项目	项目数(个)	金额(万元)
1991	农业、工业、生活、发电水费	4	60.79
1999	农业、工业、生活、发电水费、水资源费、占用水域补偿费、小水电管理费、小水电发展基金、临时占用费、采砂管理费、滩涂占用费	11	312.10

续表 8-7-2

征收年份	水费征收项目	项目数(个)	金额(万元)
2003	水资源费、占用水域补偿费、水土保持设施补偿费、水土流失防治费、河道采砂管理费、河道维护费、小水电管理费、滩涂围垦资源使用费	8	562.32
2012	水资源费、占用水域补偿费、水土保持设施补偿费、河道采砂管理费	4	646.18

说明：资料由县水利局提供

专记：

平阳县顺溪水利枢纽工程

顺溪水利枢纽工程是鳌江上游干流上的一座中型水库，位于平阳县顺溪镇。坝址在顺溪镇上游约2.2千米处峡谷地段，电站厂房在坝址下游约1千米的河道右岸，坝址距平阳县城约54.5千米。该工程是国家大中型水库建设规划项目，“十一五”期间浙江省重点水资源保障项目，浙江省重大项目建设行动计划（2008—2012）工程项目和浙江省重点项目，温州市“515”（大于5年时间，投资100亿元，建设50项骨干防洪工程）防洪保安生命线“一号工程”，是一项以防洪、供水、灌溉为主，结合发电于一体的骨干水利工程。2010年3月28日，顺溪水利枢纽主体工程举行开工典礼。2014年5月28日，大坝建成下闸蓄水。工程建成后，直接减轻鳌江中下游的洪涝灾害，保护人口14.5万人、农田8万亩，灌溉农田4.7万亩，并提高顺溪、南雁、水头、萧江、鳌江等地的供水保证率。

2008年5月11日，省人大常委会副主任章猛进（右二）、省水利厅厅长陈川（左三）考察顺溪水利枢纽工程

兴建缘由

鳌江水系北港流域面积826.8平方千米。由于上游无控制性拦蓄工程，下游河床弯曲、淤积并受潮水顶托，行洪不畅，每遇暴雨就发生洪涝灾害。自1951—2000年，对县境内有严重影响的台风有47次，年均近1次。如1994年，共遇3次台风暴雨，每次降雨量300毫米左右，使北港流域山洪暴发，水头、南湖、麻步等乡镇水位猛涨，水头镇积水深达4米，全县全年洪灾损失累计近15.4亿元。2001年以来受灾情况尤其严重，2004年的“云娜”和2005年的“海棠”“泰利”及2006年的“碧利斯”“桑美”等台风都带来强降雨，给北港流域造成严重灾害。台风洪水一年几遇，洪涝灾害严重地威胁着北港流域人民生命财产的安全，也影响平阳经济持续发展。

平阳县以往水利建设投入少，蓄水工程数量少、规模小，致使水资源和供水矛盾突出。全县山塘、水库蓄水总库容仅为1492万立方米，农田灌溉难以保证。北港引水灌溉工程是县内最大灌溉工程，依靠堰坝拦取河川径流，灌溉蒲潭堰下游北港两岸4万亩农田，干旱期缺水现象较为严重，灌溉保证率低。农业生产迫切需要有一定规模的蓄水工程提供灌溉水源。

流域内降水时空分布不均及水源调蓄工程缺少，使北港流域水资源利用程度较低，加上下游工业生产的发展带来的水质日趋恶化，致使可供水量难以满足生产、生活的需求。随着平阳县经济发展和城市化率的提高，下游城镇的供水紧缺问题也日益突出。寻找洁净稳定的城市供水水源已成为当务之急。

顺溪水利枢纽工程控制流域面积92.3平方千米，占水头以上流域面积的21%，占北港流域面积的11%。它的建成，可以削减部分洪峰，满足规划提出的该工程通过补偿调节，结合下游规划中的岳溪水库，正在施工中的鳌江干流水头段、萧江（麻步）段防洪堤和江道拓宽、疏浚等工程，使麻步以上近期达到十年一遇，远期达到二十年一遇的防洪标准要求。并结合平原河道整治等工程，对麻步以下防洪标准提高到二十年一遇，远期达到五十年一遇起到积极作用。顺溪水利枢纽工程还可为下游农田用水提供水源，改善农业生产条件，向地方电网提供优质电能，为城镇提供洁净的水源，对促进平阳县的可持续发展，改善人民生活条件、保障社会和谐稳定具有重要作用。

工程概况

顺溪水利枢纽工程水库坝址以上集雨面积92.3平方千米，混凝土拱坝高101米，电站装机2×5000千瓦，设计多年平均年发电量1866万千瓦时。工程初步设计概算总投资5.7亿元（未计入生产用地调剂款约8000万元和库区道路改建增加2000万元）。工程由拦河坝、泄水建筑物、放水建筑物和水电站及输变电工程4部分组成。

拦河坝　为抛物线型双曲变厚拱坝，最大坝高101米，坝顶中心线弧长328.5米，坝顶宽度6米，坝顶筑有高1.2米混凝土防浪墙，最大坝厚26.62米。

泄水建筑物　采用表孔结合中孔泄洪方式，坝顶表孔共3孔，单孔净宽10米，总净宽30米，设三孔弧形闸门控制，最大泄洪量1740立方米/秒，中孔布置在表孔右侧，共2孔，孔径2.8米×3.5米，出口由弧形钢闸门控制，最大泄量为512立方米/秒。消能防冲采用挑流消能，并结合二道坝形成的水垫塘进行消能。

放水建筑物　为了解决下游生态环境用水要求，在左岸近岸坡处坝体内埋设一根直径300毫米的钢管，出口设有检修半球阀和工作闸阀，中心高程121.5米，并设有阀室，阀室建筑面积12平方米。

水电站及输变电工程　水电站位于坝址下游约1千米处的右岸，厂房型式为引水地面式。装机容量2×5000千瓦，多年平均发电量1886万千瓦·时；发电引水隧洞进水口位于大坝右岸上游约55米处，为竖井式；主变压器型号为S11—12500/35，一回35kV出线，输电线路长21千米，至220千伏腾蛟变35千伏侧构架。

顺溪水利枢纽工程为Ⅲ等工程，水库为中型水库，电站为小（1）型电站。主要建筑物拦河坝根据水利水电工程等级划分，因坝高超过100米，其等级可提高一级，确定为2级建筑物，泄水建筑物、放水建筑物及发电引水建筑物进水口为3级建筑物，发电引水建筑物（除进水口外）、发电厂房及升压站为4级建筑物。拦河坝、泄水建筑物、放水建筑物及发电引水建筑物进水口按千年一遇洪水校核，百年一遇洪水设计；发电引水建筑物（除进水口外）、发电厂房及升压站按百年一遇洪水校核，50年一遇洪水设计。

前期工作

根据1993年《平阳县鳌江北港流域水利规划》（温州市水利水电勘测设计院），顺溪水利枢纽工程于1994年列入县“九五”社会发展计划，由县水利电力局委托省水利水电勘测设计院进行勘测设计，1996年9月，省计划经济委员会批准同意兴建该项目。2000年，县政府决定由圣雄投资集团有限公司承建，4月27日签订了《浙江省平阳县顺溪水利枢纽工程合同书》，因发电尾水没有流经顺溪镇区，影响顺溪镇的水环境，导致该工程未能顺利开工，于2005年终止建设合同。

其间，县政府先后于1994年和2001年两次成立“平阳县顺溪水利枢纽工程建设指挥部”，并拨出专款开展前期工作。至2002年上半年，指挥部由于各种因素中断了工作。

鉴于2005年5次台风带来的灾害，北港地区对建设顺溪水利枢纽工程的呼声强烈。是年底，省水利厅厅长陈川、副厅长彭佳学、总工程师许文斌专程到顺溪镇踏勘坝址情况，并明确表态对该工程资金上予以重点支持。省政府把该工程列入“十一五”期间重点水资源保护项目。温州市委、市政府把该工程列入温州市“十一五”期间“515”防洪、保安生命线工程，市委书记王建满、市长邵占维多次实地考察，专题研究，专门成立以市委常委、副市长黄德康为组长的顺溪水利枢纽工程建设协调小组，加快推进项目报批和工程的建设。

2006年10月底，省水利水电勘测设计院按照水利厅厅长陈川到平阳调研时提出的“扩大防洪库容，尽最大可能缓解水头镇洪涝灾害”的意见，在原水库设计方案基础上对工程规模进行调整，坝高从93米提高到101米，总库容从3056万立方米增加到4259万立方米，其中防洪库容从原来的750万立方米增加到2500万立方米。

2007年7月1日，国家出台新的政策，规定省级有关部门无权审批大中型水利枢纽建设项目。为此，省水利水电勘测设计院对项目建议书进行重新编制上报国家发改委、水利部审批。2008年5月，国家发改委及水利部发文明确中型水库委托省发改委批复，由水利部太湖流域管理局对项目规模进行审核把关。省发改委于2008年8月29日批复同意项目建议书，2009年11月23日批复同意了可行性研究报告。12月31日，省发改委批复同意顺溪水利枢纽工程初步设计报告。同时涉及的11项备案审批专题报告：地质灾害评估、矿产压覆、地震安全评价、使用林地审核、选址规划许可、土地预审、水资源论证、水保、移民安置规划大纲、移民安置规划、环评等全部完成审批备案。

移民安置

2006年8月，县政府下发《关于严格控制顺溪水库库区基本建设、人口迁移等有关事项的通知》，对库区基本建设、人口迁移等有关事项实行严格控制。2006年10月至2007年3月，县政府抽调组织各有关部门60余人分6个小组对库区移民人口、淹没实物开展详查工作。2008年2月21日，省移民办下发《关于平阳县顺溪水利枢纽工程建设征地实物指标调查工作大纲的批复》，省政府于2008年3月31日下发《平阳县顺溪水利枢纽工程占地和淹没影响区实物调查有关问题的批复》，并发布《浙江省人民政府关于禁止在平阳县顺溪水利枢纽工程占地和淹没影响区新增建设项目和迁入人口的通告》。根据移民安置规划大纲编制的要求，指挥部按照省政府发布通告的内容，于2008年4月10日，再次组织实施库区详查核实工作，组织有关部门40余人分3组进入库区全面核查签字确认工作，对核查实物数据进行按村到户统计分类，按有关规定进行两次实物指标公示，并征得库区淹没影响村、顺溪镇、县政府及省移民办等相关部门的确认。2009年8月10日，省政府批复同意“移民安置规划大纲”。2009年11月5日，省移民办审核同意“顺溪水库移民安置规划”。

根据开发性移民的方针政策，从规划到实施，从基础设施到搬迁安置，国家投入大量财力、人力和物力。库区移民2070人，搬迁到万全镇古农村。万全镇古农移民安置房，占地面积118.2亩，总建筑面积134078.8平方米。2012年10月安置房主体工程已全部结顶。

第九卷

DI JIU JUAN

《平阳县志（1989—2012）》

PINGYANG XIAN ZHI

电 力

1989年后，平阳县电力事业发展迅速，水电开发由1990年占可开发利用水力资源的8.36%发展到2012年的72%。出现股份制办电模式，实现电力事业建设和发展资金的多元化，完成农村（城镇）电网改造，电力调度自动化，电力管理企业化、现代化，实现村村电灯明，“户户通电”的目标，完成农电体制改革，建成新农村电气化县。其间，平阳县电力建设单位成绩突出，1996年5月，县水利局获“全国第二批农村初级电气化建设先进集体”的称号。2008年，平阳电力有限责任公司被国家电网公司命名为2008年新农村电气化建设先进单位。

2012年，全县有水电站54座，年发电量10830万千瓦时，各种输送电线路262.13千米，配电线路1898.41千米，变电所21座；全社会用电量为23.15亿千瓦时，人均用电量2872.05千瓦时，路灯总数为14990盏。

第一章　发　电

平阳县发电方式主要为水力发电，由县水利局分管。1989年后，平阳县主要通过电站扩建增容等形式扩大电站产能，提高发电量；停办、报废规模较小、设备老旧的电站。1992年，开始推行股份制办电。至2012年，装机容量在1600千瓦以上的电站有7座，均属股份制。

第一节　水电开发

兴建水电站

1956年11月，平阳县第一座水电站——腾蛟驷马水力发电站建成，装机容量18千瓦。20世纪60年代，全县建成小水电站24座（不含苍南），总装机容量1085千瓦；70年代，有小水电站68座，总装机容量2256千瓦。到1990年，全县已建成电站104座，总装机容量4178千瓦。20世纪90年代水电站建设扩建增容，全县12座水电站的装机容量从原有的1425千瓦，增扩到4445千瓦。全县原有装机100千瓦以下水电站94座，到2000年底，报废85座电站。

2001—2012年，新建水电站17座，报废3座，扩建水电站16座，新增装机容量16595千瓦。2012年年底，全县共有水电站54座，装机容量36030千瓦，年发电量10829.5万千瓦时。

1989—2000年平阳县停办小水电站一览表

表9-1-1

所在地	站数（座）	站　名
昆　阳	10	杨岙底、城西、前爿、走马灯、瓦砾坑、大曼头、水碓坑、莲花、白岩、胜利
鳌　江	33	罗垟、西岭、西园、黄山、石佛、西山、高垟、联南、上园、珍珠、大平（西塘）、三良、双垟、龙山、南场、和平、大坑、公平、七星、岭根、前光、垂阳、赤溪、金山、联丰、梅里、大平（梅溪）、书阁、溪头、山碧、三光、白水、西湾
水　头	13	姚珠、溪边、丰格、垟坑、钱山、东宝、林春、七亩、内塘、马迹、胡平、和联、岳巢
萧　江	1	龙潭坑
万　全	1	吴岙（湖岭）
腾　蛟	6	秀垟、山边、五岱、岳垟、龙潭背、吴小垟
山　门	8	亭后、西山、水门头、街尾、岳阳、石城、东岙坑、曹门
顺　溪	5	下村、上村、溪南、溪北、福溪
南　雁	5	栗园、笠湖、溪南、苔湖、迢岩
青　街	3	九岱、青春、贡后
合　计	85	

说明：资料由县水利局提供

2012年平阳县水电站一览表

表9-1-2

电站名称	所在地	集雨面积（平方千米）	设计水头（米）	装机容量（台×千瓦）	年发电量（万千瓦时）	投产年份（年）	备　注
汤家岭	水头	352	5.5	2×75	0	1966	暂停发电
渔塘	萧江	2.7	140	1×320	51.12	1972	原装机为1×55千瓦，1980年扩建为(2×100)千瓦，2004年改建
山门	南雁	41	54	3×630	612	1974	原装机(2×125)千瓦，1999年扩建为(2×630)千瓦，2004年扩建
和平记	顺溪	6	40	1×160	69.81	1975	原装机为1×75千瓦，2002年扩建
南垟	水头	2.11	75	1×200	38.54	1978	原名苍南水电站，装机(1×75+1×40)千瓦，2005年扩建
凤巢	腾蛟	4	117	1×320	84.95	1979	原装机1×100千瓦，2008年扩建
银坑	腾蛟	5.05	220	2×630	91.10	1979	原装机(2×250)千瓦，1997年扩建为(1×630+1×250)千瓦，2012年扩建
南漈1级	顺溪	4.5	205	1×400	180.50	1980	原装机1×320千瓦，2006年
驷马	腾蛟	11	68	1×160	31.26	1982	原装机(2×40)千瓦，2004年扩建
南雁	南雁	2.5	100	1×250	32.04	1984	原装机1×75千瓦，2001年扩建
南漈2级	顺溪	6.5	82	1×320	153	1985	原装机1×200千瓦，2005年扩建
白岩	萧江	2.7	90	1×100	9.81	1989	原装机1×75千瓦，2002年扩建
鲤鱼田	山门	29.66	127	2×1600	1197.04	1992	原装机(1×320+1×250)千瓦，2002年扩建
黄坑	水头	7.4	140	2×630	311.25	1992	原装机(2×500)千瓦，2012年扩建
石门	顺溪	11.57	180	3×800+1×320	881.47	1993	原装机(2×320+1×250)千瓦，2004年扩建
青街	青街	4.2	110	1×100+1×200	101.46	1995	
龙井头	顺溪	17	11	1×125+1×75	44.53	1995	原装机1×75千瓦，2003年扩建
凉头	顺溪	7.5	220	2×400	358.20	1995	
水鹤	腾蛟	4	80	1×200	38.52	1995	原蔡垟水电站
玉苍山	水头	1.2	160	1×160	32.91	1995	原铁场水电站
凤溪	腾蛟		57	1×160	13.83	1996	原双坑水电站
坑下	顺溪	5.3	64	1×320	70.80	1996	
徐垟2级	山门	5.2	100	1×320+1×200	138.32	1996	
铜盘际	顺溪	8	35	1×160	64.92	1997	
亩水田	顺溪	39	105	4×500+2×250	1078.80	1997	
戈场桥	顺溪	33	102	3×630	731.40	1997	
垟尾	顺溪	3.2	245	1×400	162.56	1997	
岭门	腾蛟	3.4	105	1×250	50.54	1997	
白水漈	顺溪	19.5	100	2×500+1×320	474	1998	
交溪	顺溪	17	50	2×400	205.38	1998	原装机(1×400+1×250)千瓦，2003年扩建

续表 9-1-2

电站名称	所在地	集雨面积（平方千米）	设计水头（米）	装机容量(台×千瓦)	年发电量（万千瓦时）	投产年份（年）	备注
矾岩	南雁	161	6.5	2×320	229.74	1999	
徐岳	山门	7	38	1×250	68.04	1999	
岳栗	南雁	45	17.5	2×250	172.10	1999	
富溪	顺溪	1.1	140	1×160	35.79	1999	
龙坑	顺溪	3.4	33	1×100	24.40	1999	
龙洞	鳌江	1.1	138	1×100	12.24	1999	原梅溪水电站
泰丰	顺溪	13.98	125	2×800	595.20	2000	原白云水电站
内塘	水头	4	205	3×400	231	2001	
瑞源	水头	2.4	190	1×500	108.08	2001	
大理	腾蛟	7.24	39	1×200	33.36	2001	
徐垟1级	山门	3.28	68	1×200	77.76	2002	
天长坑	山门	0.8	360	1×500	75.76	2002	
新田	顺溪	3.1	155	1×320	89	2003	
石牛坑	山门	4	94	1×500	105.36	2003	
高城	山门	2.84	454	2×800	437	2003	
眉峰桥	顺溪	11.03	55	1×500	123.12	2004	
华能	鳌江	3.14	110	1×400	50.17	2004	蔡垟二级站
栗园	南雁	2.29	73	1×320	47.60	2004	
五兴	腾蛟	2.45	80	1×320	47.01	2004	
莒湖	南雁	115.67	5.1	2×250	165.50	2005	
三条际	顺溪	1.95	202	1×500	141.60	2006	
溪口	顺溪	21.07	39	2×400	211.35	2006	
大坑	山门	2.67	263	1×630	168.90	2007	
孙阳	顺溪	6.9	210	2×500	269.40	2011	
合计				36030	10829.5		

说明：资料由县水利局提供

2012年平阳县水电站地区分布情况一览表

表 9-1-3

类别 \ 区别		顺溪	山门	水头	腾蛟	南雁	萧江	鳌江	青街	合计
500千瓦以上	站数(个)	11	7	3	1	3	0	0	0	25
	装机(千瓦)	14430	8840	2960	1260	1640	0	0	0	29130
500千瓦以下	站数(个)	10	2	3	7	2	2	2	1	29
	装机(千瓦)	2540	450	510	1610	570	420	500	300	6900
合计	站数(个)	21	9	6	8	5	2	2	1	54
	装机(千瓦)	16970	9290	3470	2870	2210	420	500	300	36030

说明：资料由县水利局提供

股份制办电

1992年，以鲤鱼田水电站股份制办电为契机，推行股份制办电。1996年，温州宏能调峰电厂成立，该项目装机30000千瓦，年发电量13000万千瓦时，总投资1.4亿元，其中温州电力实业总公司占43%，香港港能公司占37%，平阳县宏发电力有限公司占20%。至2012年年底，建成股份制水电站54座。1990—2012年，共有362人拥有水电站的股份，筹集建设资金2.55亿元。

第二节　重点水电站

2012年，全县54座水电站中，装机容量在1600千瓦以上的电站有7座，均属股份制。

鲤鱼田水电站

位于山门镇岳溪村，1992年建成投产，装机容量2×320千瓦。2002年，电站异地重建，装机容量2×1600千瓦，并在上游建调节水库一座，集雨面积29.66平方千米(其中跨流域引水流域面积3.36平方千米)，设计水头127米，总造价3700万元。2012年，发电量1197万千瓦时。

石门水电站

位于顺溪镇中山村，与石柱老电站合并后改称石门电站。坝址上游集雨面积11.57平方千米，调节库容75万立方米，为引水式电站，引水隧洞长2300米，压力钢管直径0.8米，长420米，设计水头180米，设计流量1.34立方米/秒，装机容量(2×320+1×250)千瓦，于1993年建成投产，年发电量200万千瓦时。2004年，扩建增容，装机容量(3×800+1×320)千瓦，主变(1×1000+1×2000+1×400)千伏安，总造价1780万元。2012年，发电量881万千瓦时。

亩水田水电站

位于顺溪镇狮峰村，分一级二级开发，一级电站堰坝上游集雨面积39平方千米，设计水头105米，引水隧洞长1700米，发电流量2.5立方米/秒，一级电站装机容量4×500千瓦，主变4×630千伏安，厂房面积250平方米；二级电站装机容量2×250千瓦，发电流量3.5立方米/秒，两级电站共享一条10千伏输电线路，长3.5千米，并入王宅升压站。总造价1100万元(其中投资白水漈水库62万元)。于1997年建成发电。2012年，发电量为1078万千瓦时。

戈场桥水电站

位于顺溪镇下垟村，电站集雨面积33平方千米，为引水式电站，设计水头102米，发电流量2.5立方米/秒，装机容量3×630千瓦，主变2×1200千伏安。架设10千伏高压线路0.7千米，并入王宅升压站。于1997年建成，总投资800万元。2012年，发电量731万千瓦时。

山门水电站

位于南雁镇三兴村。前身是维新水库工程施工电站，1970年动工兴建，至1974年冬竣工，装机2×125千瓦。1986年10月与南漈水电站并网运行，水电网容量570千瓦。1986年4月成立山(门)顺(溪)水电管理所，建成山门开关站，同时南漈二级、中山、石柱电站并入山顺电网运行，装机容量945千瓦，担负着山门、顺溪两地13个乡的供电任务，年供电量174万千瓦时。1998年1月，山门水电站析为山门水电站、山门农电站，分别负责发电和供电，并于翌年进行扩建，并入顺溪变电所，装机2×630千瓦。2004年再扩建，装机3×630千瓦。电站坝址以上集雨面积41平方千米，引水隧洞长1100米，设计水头54米，发电流量4.67立方米/秒，调节库容194.4万立方米，总造价622万元。2012年，发电量612万千瓦时。

泰丰水电站

原名白云水电站，位于顺溪镇坳下村，坝址以上集雨面积13.98平方千米。为引水式电站，引水隧洞长2800米，设计水头125米，发电流量1.7立方米/秒，装机2×800千瓦，电站总造价1000万元，于2000年3月建成投产。2012年，发电量595万千瓦时。

高城水电站

位于山门镇石城村，坝址以上集雨面积2.84平方千米，设计水头454米，设计发电流量0.33立方米/秒，装机容量2×800千瓦。2003年8月建成投产，总投资1531万元，2012年，发电量437万千瓦时。

第二章　供　电

1989年后，平阳县逐渐实现电力基础设施建设资金来源的多形式、多渠道，对电力基础设施投资力度不断加大。先后兴建、改造变电站21座，于1996年实现村村电灯明，2006年实现户户通电。完成农村（城镇）电网改造任务，推进电力调度自动化，供电能力和安全度大大提升。2012年，有各种输送电线路262.13千米，配电线路1898.41千米，有变电所21座。

第一节　输配电线路

输电线路

1988年，平阳县有110千伏输电线路18.61千米，35千伏送电线路55.26千米。2012年，有110千伏输电线路167.26千米，35千伏送电线路94.87千米。

配电线路

1988年，平阳县配电线路全部为10千伏线路。县城配电线路干线长7.29千米，分支线67条，长8.47千米，配电变压器69台，计7575千伏安；鳌江配电线路干线共77档，长5.08千米，配电变压器56台，计7675千伏安；水头配电线路共23档，长2.2千米，分支线4.98千米，配电变压器29台，计3000千伏安；农村配电线路共4349档，长428.23千米，配电变压器705台，计55225千伏安。至2012年年底，平阳全口径6千伏～20千伏配电线路长度1898.41千米，全部为10千伏线路，配电变压器容量943.96兆伏安，开关8604台。县域内配电开关站11座；配电室158座，其中配电变压器259台、容量212.7兆伏安；箱变65座，其中配电变压器65台、容量43.475兆伏安。县域配网架空及混合线路平均分段数为590（平均每段用户数为69户），配网架空及混合联络线路211条，联络率为88.66%。单辐射线路3条，单辐射占比为1.26%，双辐射电缆线路4条，双辐射占比1.68%，电缆单（双）环网线路9条，占比为3.78%。满足N-1线路146条，N-1线路比率为61.35%。配电架空线路绝缘化率为32.92%，电缆化率为16.90%。县域配电变压器共2825台，以三相变为主供（2819台、占99.79%）；配电开关按安装地点分类，以户外为主，共8604台、占88.06%；按灭弧介质分类，以真空开关、隔离开关为主，分别为1096台和6669台，各占11.21%和68.25%。

2012年平阳配电网设备投运年限情况一览表

表9-2-1

项目／年限	配电线路	配电变压器	配电开关
5年以内	34.30%	42.90%	54.80%
5～10年	29.90%	32%	29.20%
10～20年	25.70%	21.90%	14%
20年以上	10.10%	3.20%	2%

说明：资料由县供电局提供

2012年末平阳县电网35千伏以上线路一览表

表9-2-2　　单位：千伏／千米

名称	两侧厂站		电压等级	导线型号	长度	新（改）建日期
垂平1031	垂杨变	平阳变	110	LGJ-185	8.03	1991.1.10
垂萧3533支线	垂杨变	麻步变	35	LGJ-185	5.61	1994.5
垂江步3538线	垂杨变	萧江变	35	LGJ-240	7.16	1994.5
垂江步3538支线	垂杨变	麻步变	35	LGJ-185	6.05	1994.5
垂鳌3534线	垂杨变	鳌江变	35	LGJ-300	1.67	1994.5
垂萧3533线	垂杨变	萧江变	35	LGJ-240	7.16	1994.5
垂深3530线	垂杨变	水深变	35	LGJ-240	6.69	1995.10
垂水3535线	垂杨变	水深变	35	LGJ-240	6.69	1995.10
垂夏1035	垂杨变	夏桥变	110	LGJ-240/30	13.92	2003.5.21

续表 9-2-2

名称	两侧厂站		电压等级	导线型号	长度	新(改)建日期
凤山顺3734T顺溪	山门变	顺溪变	35	LGJX-185	12.32	2003.5
凤山顺3734线	凤尾变	山门变	35	LGJ-185	12.24	2004.5
昆万3743线	昆阳变	万全变	35	LGJ-185	2.21	2005.9
凤麻3736线	凤尾变	麻步变	35	LGJ-185	11.48	2005.11
昆平1232	昆阳变	平阳变	110	LGJXX-240/30	2.6	2006.6.27
昆全3744线	昆阳变	万全变	35	LGJ-185	2.21	2006.6
昆横龙1231	昆阳变	龙头变	110	LGJXX-240/30	11.3	2006.11.3
昆鸣1233	昆阳变	鸣山变	110	LGJ-240/50	4.27	2006.12.13
垂横龙1032	垂杨变	龙头变	110	LGJXX-240/30	7.94	2007.3.28
垂横龙1032T横河	龙头变	横河变	110	LGJXX-240/30	4.2	2007.3.28
昆郑1237	昆阳变	郑楼变	110	LHBJ-300	1.68	2007.6.27
玉夏1261	玉鹤变	夏桥变	110	LGJ-240/30	10.22	2007.7.12
龙凤萧1280T凤翔	龙港变	萧东变	110	LHBJ-300	3.53	2009.1
龙翔东1281T凤翔	龙港变	萧东变	110	LHBJ-300	3.53	2009.1
昆楼1238	昆阳变	郑楼变	110	LHBJ-300	1.68	2009.5
昆横龙1231T横河	龙头变	横河变	110	LGJXX-240/30	4.2	2010.2.1
昆墨1239	昆阳变	墨城变	110	LGJ-300	16.5	2010.3.31
昆城1240	昆阳变	墨城变	110	LGJ-300	16.5	2010.3.31
垂凤江1008	垂杨变	凤尾变	110	LGJ-240	19.58	2010.7.16
垂凤江1008T江屿	凤尾变	江屿变	110	LGJ-300	2.93	2010.7.16
垂尾屿1017	垂杨变	凤尾变	110	LGJ-240/30	19.8	2010.7.16
垂尾屿1017T江屿	凤尾变	江屿变	110	LGJ-300	3.41	2010.7.16
带凤1345	带溪变	凤尾变	110	LGJ-300/25 LGJ-185	11.44	2012.6.4
溪凤山3567线	带溪变	T接点	35	LGXX-240/30	0.25	2012.8.4
溪凤山3567线	凤尾变	T接点	35	LGJ-185/30	0.9	2012.8.4
溪凤山3567线	山门变	T接点	35	LGJ-185/30	9.4	2012.8.4
溪蛟3566线	带溪变	腾蛟变	35	LGJXX-185/30	1.4	2012.8.4
溪腾3565线	带溪变	腾蛟变	35	LGJXX-185/30	1.43	2012.8.4

说明:①上表按新(改)建日期排序;②资料由县供电局提供

第二节　变电站

1989年,全县有110千伏变电站一座,主变容量35000千伏安;35千伏变电所4座,主变总容量为19300千伏安。1990年,在鳌江镇垂杨村建立全县第一座220千伏变电站——垂杨变电站,主变容量120000千伏安,是当时温州电网仅有的两座220千伏变电站之一。2005年,平阳县建成第一座500千伏变电站——南雁变电所(即温南输变电),首期变电容量为750000千伏安。至此,平阳县形成500千伏为主干,220千伏、110千伏、35千伏、10千伏

2012年平阳县35千伏及以上变电所一览表

表9-2-3

变电所	电压等级(千伏)	容量(兆伏安)	投运时间（部分为改造时间）	主变压器(台)
垂杨变电所	220	330	1990.12	2
万全变电所	35	20	1993.12	2
腾蛟变电所	35	20	1995.3	2
水深变电所	35	32	1995.10	2
凤尾变电所	110	63	1997.3	2
顺溪变电所	35	16	1999.4	2
龙头变电所	110	90	2001.9	2
平阳变电所	110	80	2003.1	2
夏桥变电所	110	80	2003.5	2
南雁变电所(温南输变电)	500	2250	2005.12	3
昆阳变电所	220	360	2006.6	2
鳌江变电所	35	32	2006.10	2
鸣山变电所	110	40	2006.12	2
横河变电所	110	90	2007.3	2
郑楼变电所	110	100	2007.6	2
山门变电所	35	16.3	2007.7	2
麻步变电所	35	32	2007.9	2
萧东变电所	110	100	2009.1	2
江屿变电所	110	50	2010.7	2
墨城变电所	110	50	2010.7	1
带溪变电所	220	180	2012.6	2

说明:资料由县供电局提供

及以下等各个电压等级并存的电网格局。

至2012年年底，平阳县有500千伏变电所1座，220千伏变电所3座，110千伏变电所10座，35千伏变电所7座。电网供电量为23.15亿千瓦时。

2006年6月25日，220千伏昆阳变电所投运，图为施工人员在安装输出线路钢管架　　陈培勇　摄

第三节　电力调度

1989年，平阳县供电局使用电力载波技术实现各35千伏变电所之间的调度电话通信功能。1999年，使用调度行政电话实现电力调度与各35千伏变电所间的电话通信功能。2001年，使用SDH光传输设备及光缆线路实现电力调度与各35千伏变电所间数据通信。2003年，北京南瑞NT2000自动化系统投运，首次实现电力自动化“四遥”(遥控、遥信、遥测、遥调)功能。2005年，使用RPR光传输设备实现平阳县域内各供电所、营业所网络联网，并开始使用OA、营销等

信息系统；使用西门子EWSD设备实现电力调度与35千伏变电所及部分供电所的话路联网。2008年，国电南瑞ON2000自动化系统上线。2009年，正式上线使用国网电力营销系统。2010年，正式上线使用输变配一体化生产管理系统及国网协同办公系统。2012年，国电南瑞OPEN3000自动化系统正式上线使用。

第四节　电网建设与改造

1989年，平阳县只有96%的乡镇和87%的行政村通电；此后，通过多形式、多渠道筹集资金在全县范围内全面实施农村“户户通电”工程。1996年，实现村村电灯明，并开始分阶段实施城镇、农村电网改造。1999年6月，浙江省电力公司给平阳县下达农村电网改造工程任务。2001年9月，平阳县农村电网改造工程完成，投资总额8266.23万元。其中，35千伏输变电工程项目4项，投资650万元，由温州市局统一组织实施；10千伏及以下农村电网低压单项工程总计45项，新建10千伏线路54.46千米，改造10千伏线路109.72千米，改造低压线路877.32千米，新增配变压器294台，容量为35050千伏安，改造配变压器102台，容量为7160千伏安，柱上真空开关28台，改造259个村，表计81678只。2006年10月，全县实现“户户通电”。

1991—2012平阳县电网建设与改造情况一览表

表9-2-4　　单位：千米

年份	110千伏	35千伏	10千伏
1991年	8(垂平1031线)		11.5
1992年	0	2.2(昆万3743线) 2.2(昆全3744线)	10.1
1993年	0	0	57.8
1994年	0	12.8(垂萧3533线) 13.2(垂江步3538线) 1.7(垂鳌3534线)	20.5
1995年	0	6.7(垂深3530线) 6.7(垂水3535线)	14.8
1996年	0	0	102.3
1997年	0	0	62.6
1998年	0	0	163.5
1999年	0	0	69.6
2000年	0	0	61.5
2001年	0	0	132.8
2002年	0	0	164.18
2003年	0	0	133.2
2004年	0	2.2(昆万3743线)	94.8
2005年	0	2.2(昆万3744线)	155.6
2006年	2.6(昆平1232线) 11.3(昆横龙1231线)	0	197.1
2007年	12.1(垂横龙1232线) 1.7(昆郑1237线) 10.2(玉夏1261线)	0	196.2
2008年	0	0	94.4
2009年	0	0	132.1
2010年	16.5(昆墨1239线) 16.5(昆城1240线) 22.5(垂凤江1008线) 3.4(垂尾屿1017线)	0	195.5

续表 9-2-4

年份	110千伏	35千伏	10千伏
2011年	0	0	55.3
2012年	11.4(带凤1345线)	10.5(溪凤山3567线) 1.4(溪蛟3566线) 1.4(溪腾3565线)	72.4

说明：资料由县供电局提供

第五节　农村电气化

1991年1月，《国务院批转水利部关于建设第二批农村水电初级电气化县请示的通知》批准平阳县为全国第二批建设农村水电初级电气化试点县。1995年通过省、市验收组验收，成为全国第二批农村初级电气化达标县。翌年5月，县水利局获“全国第二批农村初级电气化建设先进集体”称号。

1994年，全县总用电量2.53亿千瓦时，其中自供电量1.55亿千瓦时，自供电量占61.26%；农村通电户数为18.66万户，占总户数94.58%；人均年用电量为324.48千瓦时。在电源建设方面，新建水电站7座、余热电站1座，装机容量4375千瓦；扩建水电站4座，增加装机容量265千瓦；在建水电站8座，装机容量5625千瓦。在电网建设方面，新建35千伏变电所3座，主变容量20600千伏安；扩建35千伏变电所4座，增加主变容量44050千伏安；在建35千伏变电所1座，主变容量10000千伏安。新架110千伏输电线路30.4千米，35千伏输电线路46.77千米，10千伏输电干线及支线162千米，0.4千伏线路300千米；改造高低压农电线路462千米。新增10千伏配电变压器759台，增加容量44.95万千伏安；兴建2×4000千伏安升压站1座，配套35千伏线路20千米。此外，全县还建成用电标准村50个10900户，对老区、山区、边远地区实施扶贫办电，达到村村通电的要求。

2006年12月11日，昆阳镇前爿村顺利通过新农村电气化考评组的考核验收，被命名为“新农村电气化村”，成为平阳县第一个新农村电气化村。2007年10月15日，步廊村、荷莲村等190个建制村顺利通过新农村电气化村验收组的验收。2007年12月3—5日，由温州市经贸委、市农办、市电业局联合组成的新农村电气化乡镇考评验收组，对平阳进行实地考评验收，昆阳镇、鳌江镇等15个乡镇顺利通过新农村电气化乡镇验收。2008年，全县新建成5个新农村电气化乡镇（累计20个）、50个新农村电气化村（累计243个）。是年，平阳县通过新农村电气化县考评验收，成为全国2008年度第一批新农村电气化县。平阳电力有限责任公司被国家电网公司评为2008年新农村电气化建设先进单位。

2011年，平阳县建成新农村电气化县，全县共有6个新农村电气化乡镇，259个新农村电气化村。至2012年，全县由于乡镇撤并重新计算，有11个新农村电气化乡镇，371个新农村电气化村。

2008年10月17日，平阳县通过新农村电气化县验收

第三章　用　电

1989年后，平阳县用电量、用电普及率均有很大增长。2000年，县供电局改制为平阳电力有限责任公司，由行政管理转变为企业化管理，逐渐推进电力管理现代化。2001年，实现农村用电同网同价。2006年，完成农电体制改革，其间，平阳县多次调整用电价格，使电价管理更加科学、合理。2012年，全县路灯总数为14990盏，全社会用电量为23.15亿千瓦时。

第一节　用电量

1989—2012年，平阳县全社会用电量增长25.60倍，平均每年递增15%以上，特别是在“十一五”发展时期（2006—2010），新建和增容改造变电所18座，变电总容量翻了2.74倍，全社会用电量由2005年的12.85亿千瓦时增长到2010年的21.17亿千瓦时。2012年，平阳县全社会用电量为23.15亿千瓦时。

1989—2012年平阳供电区用电量统计表

表9-3-1

年份（年）	全社会用电量（万千瓦时）	年份（年）	全社会用电量（万千瓦时）	年份（年）	全社会用电量（万千瓦时）
1989	9042	1997	37633	2005	128516
1990	10036	1998	35774	2006	142846
1991	14778	1999	43644	2007	162946
1992	20482	2000	58240	2008	176398
1993	23536	2001	70595	2009	192526
1994	25283	2002	84858	2010	211741
1995	32794	2003	95934	2011	232757
1996	34960	2004	106522	2012	231488

说明：资料由县供电局提供

第二节　用电结构

1989年，全县社会用电量9042万千瓦时，农林牧渔水利用电1259万千瓦时，工业用电5628万千瓦时，建筑业用电18万千瓦时，交通邮电用电61万千瓦时，商业、饮食、物资仓储用电231万千瓦时，其他事业用电371万千瓦时，城乡居民生活用电1474万千瓦时。

2012年，平阳县一、二、三产及居民生活用电量分别为484.29万千瓦时、152739.92万千瓦时、22716.32万千瓦时、55548.12万千瓦时，一、二、三产及居民生活用电比重为0.21∶65.98∶9.81∶24。

1989—2001年平阳县用电分类统计表

表9-3-2　　单位：万千瓦时

年份（年）	用电量	用电分类						
		农林牧渔水利用电	工业用电	建筑业用电	运输邮电用电	商业、饮食、物资仓储业用电	其他事业性用电	城乡居民用电
1989	9042	1259	5628	18	61	231	371	1474
1990	10036	1407	5938	20	69	298	450	1854
1991	14778	1857	9043	30	81	313	509	2945
1992	20482	2073	13273	133	139	345	617	3902

续表 9-3-2

年份（年）	用电量	用电分类						
		农林牧渔水利用电	工业用电	建筑业用电	运输邮电用电	商业、饮食、物资仓储业用电	其他事业性用电	城乡居民用电
1993	23536	1494	15892	200	184	478	728	4560
1994	25283	1632	17285	285	190	439	856	4596
1995	32794	1915	23804	327	192	677	946	4933
1996	34960	2050	24264	597	264	767	1554	5464
1997	37633	2784	23251	791	287	986	1427	8107
1998	35774	2924	19486	1065	465	1036	1505	9293
1999	43644	2899	23388	1506	788	1178	1907	11978
2000	58240	3208	34347	1765	635	1666	2396	14223
2001	70595	5648	43293	1739	881	1775	2809	14450

说明：资料来源《统计年鉴2001年》

2012年平阳县全社会用电量分类情况统计表

表 9-3-3

行业名称	本年累计实绩（万千瓦时）	同比增长率%	比重%
全社会用电合计	231488.65	-0.55	100.00
三大产业用电合计	175940.53	-3.62	76.00
第一产业	484.29	23.68	0.21
第二产业	152739.92	-5.37	65.98
第三产业	22716.32	9.46	9.81
城乡居民生活用电合计	55548.12	10.64	24.00
城镇居民	23218.22	9.30	10.03
乡村居民	32329.90	11.63	13.97
全行业用电分类	175940.53	-3.62	76.00
一、农、林、牧、渔业	484.29	23.68	0.21
二、工业	148510.98	-5.88	64.15
三、建筑业	4228.94	16.91	1.83
四、交通运输、仓储、邮政业	1454.96	-9.46	0.63
五、信息传输、计算机服务和软件业	2516.97	6.72	1.09
六、商业、住宿和餐饮业	8520.32	15.92	3.68
七、金融、房地产、商务及居民服务业	3182.22	6.58	1.37
八、公共事业及管理组织	7041.85	9.14	3.04

说明：资料由县供电局提供

第三节　用电管理

管理机构

1989年，县供电局设有办公室、财务科、生产技术科、用电科、物资供应科、调度室以及昆阳（万全）、鳌江、水头、麻步等4个供电所。2000年12月，县供电局改制为浙江省电力公司全资子公司——平阳电力有限责任公司。

至2006年年底，平阳电力有限责任公司本部

2000年12月，平阳电力有限责任公司成立揭牌仪式

设有办公室、财务科、营销科、人力资源科、生技科、基建科、安全监察科、政工科8个职能科室，下设调度管理所、运行管理所、电能计量所、车队、客户服务中心、电费账务中心、路灯管理所、招投标办公室，还有11个供电所以及16个供电营业所，供电营业所隶属供电所。

2011年，根据“三集五大”体系①建设要求，平阳电力有限责任公司对机构进行调整，成立发展建设部、安全运检部、客户服务中心、电力调度控制中心等机构。是年年底，公司成立安全质量监察部(保卫部)、党群工作部。2012年年底，平阳电力有限责任公司本部设有办公室、党群工作部、财务资产部、人力资源部、安全质量监察部(保卫部)、发展建设部、调度控制中心7个职能部室，辖运检部[检修(建设)工区]、客户服务中心2个业务支撑机构，员工154人(7个部室含领导52人，2个业务支撑机构102人)；另有鳌江供电所、萧江供电所、水头供电所、钱仓供电所、麻步供电所、腾蛟供电所、山门供电所、顺溪供电所、万全供电所、南麂供电所等10个基层单位，工作人员723人。

平阳电力大楼夜景(1999年)

安全用电

安全事故 1989—2012年，发生有影响的安全事故(事件)2起。2000年4月19日，在35千伏万全变电所，发生人员恶性误操作事故，造成35千伏万全变电所全所失电。2004年5月26日，在平鳌3532线13＃～19＃杆进行撤线抢修工作中，发生一位人员随杆坠落受伤事故。除此之外没有发生人身、电网、设备的安全事件。2004年5月27日至2012年12月31日，安全生产日累计3131天。

电源性缺电 2003年夏，因电源性缺电，平阳电网电力电量首次出现严重短缺，最大电力缺口超过6万千瓦，全年211天拉闸限电。2004年，最大电力缺口10万千瓦，全年217天拉闸限电，少供电量7988.4万千瓦时。直到“十一五”电网攻坚之后，电力供应严峻形势才有所缓解。自2011年起又出现不同程度的电力缺口，县政府每年组织有序用电工作，确保居民生活用电。

灾害性停电 1994年，受17号超强台风“FRED弗雷德”影响，县境内的电力设施大规模被损坏，全县大面积停电。2006年，受8号超强台风“桑美”影响，县境内电力设施遭受严重损毁，3座110千伏变电所和2座35千伏变电所失电，4条35千伏和121条10千伏线路停运，用电负荷减到13000千瓦，只有平时用电水平的8%。

电价管理

1987年和1988年对电价进行3次调整，并实行峰谷电价。高峰时段超用电量按加工电加价收费。低谷时段超用电量按统配电价计算。

1997年以前，农村居民生活用电电价要高出城镇直供居民一倍以上。1997年，贯彻《中华人民共和国电力法》，在全省全市率先实行农电总站供区用电一道价。取消电力报装集资费的收取和灯峰

① “三集五大”体系：人力资源、财务、物资集约化管理；大规划、大建设、大运行、大检修、大营销体系。

加价收费代之以全面实行峰谷电价，使当年全县用电用户少交电费近300万元。2000年1月，实行全省统一销售电价，平均降幅0.25元/千瓦时，3月，农村分类到户电价政策出台。2001年，西部山区10个乡镇的小水电供区实现同网同价。11月，第一批具备条件的乡村居民生活照明用电实行同网同价，居民生活用电到户电价按0.53元/千瓦时执行。

2004年8月1日起，根据国家发改委下发的《国家发展改革委关于调整浙江省居民生活电价的通知》调整居民生活用电价格，实行阶梯式累进加价。2011年12月1日起，根据《浙江省物价局关于调整省电网销售电价有关事项的通知》进一步完善销售电价结构，将非工业和一般工商业用电合并为一般工商业及其他用电类别，是否选择分时电价可由用户自由选择；符合大工业用电容量规定的商业用户，可选择执行大工业用电分时电价。2012年7月，居民阶梯电价调整为按年用电量实施。第一档按0.54元/千瓦时执行，第二档提高0.05元，第三档提高0.30元。

农电管理

1990年，农村电价开始实行一乡一价政策，减轻农民负担400余万元。1992年，全县37个直供乡均成立农电站，电价实行一年一乡一价政策，制止乱提价、乱收费现象。1995年，开始对城镇公表制用电户实施“一户一表”制。2000年1月，实行全省统一销售电价；3月，农村分类到户电价政策出台；10月，农电总站职能移交，建立供电所管理电管站的管理模式。2001年，西部山区10个乡镇的小水电供区电网开始全面改造，小水电供区实现同网同价。11月，第一批具备条件的乡村居民生活照明用电实行同网同价，居民生活用电到户电价按0.53元/千瓦时执行。2002年8月，顺溪镇作为全县最后一个由自供自管移交给供电部门管理的乡镇，乡镇

2006年10月18日，平阳县农村“户户通电”工程验收通电仪式在凤巢乡油坑村举行

供电区域移交完毕。是年全面实现城乡用电同网同价。2004年8月，国家发改委下发《国家发展改革委关于调整浙江省居民生活电价的通知》调整浙江省居民生活用电价格。2006年8月，全县农电体制改革工作全面完成，10月18日农村“户户通电”工程通过验收。

路灯建设管理

1989年，全县路灯用电量54.39万千瓦时。2001年，县成立专门的路灯管理维护队伍。至2012年，全县路灯总数为14990盏，总用电容量为2114.04万千瓦时，路灯电缆长度约198.76千米，架空线路约119.15千米。

2012年，根据《平阳县交通道路路灯建设相关问题进行协调的专题会议纪要》，路灯建设由县、镇（乡）两级财政各承担50%，统一规划，统一建设，路灯电费由城市公用事业附加列支。路灯管理所主要负责国道、省道路灯的运行维护。电杆支臂路灯由当地供电所负责运行维护，维护费用和路灯电费由城市公用事业附加列支，独立核算。村庄路灯由村集体出资建设，并由村集体自行管理和维护。

第十卷

DI SHI JUAN

《平阳县志（1989—2012）》

PINGYANG XIAN ZHI

邮政　电信

1989年，县邮电局主营县内邮政、电信传统业务。县邮电局所辖支局、所43个，其中代办处32个。县局设有8个行政科室，12个生产班组(邮政6个，电信6个)，下辖鳌江、萧江、麻步、腾蛟、水头、山门、顺溪、南麂8个邮电支局和坡南、北门2个自办邮电所。当年邮电业务计费总量337.27万元。1992年，县邮电业务收入1258.2万元(其中邮政业务收入472万元)，突破1000万元大关，跻身于全国邮电百强县(市)局第95位。1993年被评为市话发展全国百强县之一。2012年，全县完成邮政业务收入4215万元。

20世纪90年代，平阳县进入信息化迅猛发展时期。1992年开始引进程控电话交换机，1993年开始引进移动电话，1995年开始引进数字数据通信设备，1996年开始发展互联网用户。2000年，县政府成立信息化领导小组，大力促进政府、企业上网。是年，信息传输、计算机服务和软件业增加值29990万元(当年价)，占当年第三产业增加值251908万元的11.91%。2012年，全县电信业务收入8.54亿元，年末全县固定电话用户17.57万户，移动电话用户88.87万户，有线宽带用户15.76万户。

第一章　邮　政

1998年9月，县邮电局邮、电分营，成立县邮政局、县电信局，实行二级管理。县邮政局下设综合办公室、人力资源部、财务部、运营部，成立昆阳、鳌江、水头、萧江、腾蛟、山门、麻步、郑楼、榆垟、钱仓等10个邮政支局和南麂、顺溪2个邮电支局。年末，县邮政局拥有资产9603万元，职工203人。

1998年县邮政业务收入578.9万元，2001年1914.5万元，2012年4215万元。2012年，县邮政局设市场部、人力财务部、综合办公室及安保视察室，辖昆阳、鳌江、万全、水头、山门、腾蛟、麻步、萧江等8个邮政支局，南麂邮政支局(内部称南麂邮政所)、钱仓、顺溪、榆垟等4个邮政所，设昆阳、汇水河、万全、江滨、钱仓、腾蛟、麻步、萧江、水头、山门等10个邮政储蓄网点。县邮政局拥有资产5306万元，职工123人。

1989—2012年平阳县邮政业基本情况一览表

表10-1-1

年份（年）	邮政局所（处）	邮路总长度（千米）	邮政业务计费总量（万元）	国内计费函件（万件）	邮政快件（万件）
1989	43	511	-(337.27)	484.65	
1990	42	554	346(783.85)	608.70	22.70
1991	42	555	319(881.13)	623.00	28.00
1992	41	555	472(1258.2)	1282.00	34.70
1993	41	555	494(2501)	1335.00	32.00
1994	41	555	279(4191)	250.00	32.00
1995	41	514	382(6750)	326.00	27.00
1996	41	494	543(9974)	620.00	22.70
1997	41	526	603(16437)	408.00	17.20
1998	76	532	579(24994)	383.70	7.20
1999	59	560	836(30200)	283.50	
2000	59	528	870	222.50	
2001	66	502	1915	322.00	
2002	43	502	2262	569.00	9.00
2003	43	502	2308	699.00	9.00
2004	17	502	2052	570.00	9.00
2005	17	340	2316	517.90	9.20
2006	15	340	2603	373.40	13.50

续表 10-1-1

年份（年）	邮政局所（处）	邮路总长度（千米）	邮政业务计费总量（万元）	国内计费函件（万件）	邮政快件（万件）
2007	15	340	2696	94.60	14.50
2008	14	340	3195	76.50	14.70
2009	14	340	3642	75.50	16.40
2010	13	340	2850	106.80	5.40
2011	13	340	3922	3234.00	5.00
2012	13	340	4215	1604.40	4.50

说明：①资料来源《2012年平阳统计年鉴》第160、161页；②邮政业务计费总量一项，邮政业务按县邮政局统计修正，括弧内1989—1999年数据含电信计费总量

1998—2012年平阳县邮政主要业务量情况统计表

表 10-1-2

年份（年）	函件量（万件）	包裹量（件）	订销报纸（份）	特快专递（万件）
1998	384.24	91840	10378229	4.58
1999	299.41	66220	10332673	1.66
2000	228.75	47296	9692626	4.46
2001	348.65	59285	13089866	6.32
2002	572.00	67315	13239291	8.60
2003	700.49	68589	15638933	9.10
2004	987.20	63160	11696947	7.97
2005	913.21	58761	12526430	9.24
2006	544.52	58652	14010824	13.50
2007	97.21	39237	13608000	14.50
2008	1166.60	30778	14635000	14.70
2009	806.00	24041	15018000	16.40
2010	1056.70	22385	15700000	5.38
2011	3264.43	24085	17184000	5.38
2012	1604.50	27685	18473876	4.47

说明：资料由县邮政局提供

第一节　邮　运

邮路

1989年，全县有城区投递道段7条（东、南、西、北、大户、杂志和县委机关），农村投递道段72条，邮路总长度511千米。1992年，全县邮路4条，34个乡镇，862个行政村全部通邮，邮路总长度555千米。

2012年年底，县内邮路总条数4条（北港、万全、南麂和解放街）。市内转趟1条，农村邮路3条，自办汽车邮路3条（北港、万全和鳌江），水路邮代办路1条，邮路总长度340千米，其中市内转趟34千米，农村邮路306千米。水路陆代办邮路105千米。城市投递道段16条（含摩托车1条），长30千米；农村投递路线56条，长1400千米（含步班5条，长205千米；电动车邮路56条，长257千米）。

1990—2012年增开的邮路

平阳—温州　1990年2月13日，恢复温州至鳌江自办汽车邮路，由温州邮运站派押，当日往返，单程67千米。

平阳—郑楼　1994年7月1日，开通平阳县城昆阳至郑楼市内转趟自办汽车邮路，沿途停靠郑楼、榆垟、解放街营业所交换邮件，单程35千米。

（榆垟2000年5月增开）。

平阳—山门—顺溪　2000年5月，平阳县城昆阳至山门汽车邮路延伸至顺溪。开通平阳至顺溪自办汽车邮路，沿途停靠钱仓、萧江、麻步、腾蛟、水头、山门、顺溪交接邮件，当日往返，单程85千米，返程带鳌江县内邮件。

投递网络

1989年，全县城镇投递段6条，农村投递路线72条。2001年8月1日，《温州晚报》在昆阳镇实行晚报晚投，增加邮路4条，邮路总长度135千米。2002年7月，《平阳报》划归县邮政局投送，增加水头镇邮路2条，腾蛟镇邮路1条。2004年，因《平阳

2012年平阳县邮政编码一览表

表10-1-3

邮政编码	投递区域
325400（昆阳支局）	后垟、沙岗、九街、凤山、南丰、垟岙底、皇岙、阳岙、平塔、牧垟、城东、前宕、白垟、雅山、烟台、龙安、殿后、童桥、垟教、后岙、长山、步廊、三杆桥、雅村、水亭、前爿、庆丰、莲大新村、临区、万金、庙头、民丰、建丰、鸣山、郭庄、铁凤、新欣、石塘、上林垟、湖屿、水塔、南岙、蒙垟、垟港 、溪坑店、溪岙、黄山头、西戈、西浦、万兴
325401（鳌江支局）	种玉、藕莲、孙家垟、横河、蓝田、古鳌、下埕、柳王、东河、郑家墩、五板桥、雁门、山外、徐家站、三大厂、后半厂、罗洋、高垟、联南、龙山、贵德、岱头、旺厂、厚垟、塘下、岳巢、西塘、河东山、环溪、玉莲、下河、城北、垂杨、塘北、塘中、塘西、阳屿、和家、下厂、塘外、天源、西桥横店、河滨、福山、友谊、海城、荆溪、新明、三永、枫林、塘东、务垟、新城、东城、平河、联城、珍岙、下垟埠新桥
325402（萧江支局）	萧江、西炉、四大屋、江边萧、毛家处、立后、青龙、直浃河、淡浦、张家山、上宅、兰花桥、杨梅庄、河头垟、潘汇、浃底、潘南、落马、裕丰、岙底坑、河峥、前林、门前垟、叶段、河蒲、夏桥、垟心金、山下垟、夏后垟、夏宅、后林、凤头、浦口、上园、河坤、下汇、永门、岱口、落马头、山桥、垟埔、前河头、上汇、高黎、棋盘桥、鹤湖、胜光、前村、曾山、桃源、岩山、塔下、兴源、桃岭、包岙、硐垵
325403（麻步支局）	麻步、雷渎、欣雅、新桥、敖寒、雷峰、黎明、华亭、陶贡、西岙、显桥、郑家内、下堡、江景、前垟、沿口、高阳、仙垟、宏寮、河古、岙底坑、江湾、四十五、高沙、新华、渔塘、横山、东坑、下泛、华龙、范龙、凤山头、兴民、盖竹、上周、燕州、水港、西村、富民
325404（腾蛟支局）	岱山、腾蛟、驷马、碧源、金田、湖窦、腾带、腾溪、联源、北溪、南陀、青垮、霞山、塘溪、平棋、林家、岭门、同兴、双垟、王坛、赤金、文理、金岭桥、双坑、和兴、梅坑
325405（水头支局）	内岙、金山垟、龙垟、鹭鸶、外岙、水凤尾、中后、金凤、仕静、溪心、詹江、下埭头、寺前、上林、周山、凤岩、青岙、南山脚、金塔、上店、小南、章岙、三桥、麻园、龙涵、清河、鸣溪、建安、章岙、蒲潭、雅社、湖桥、凤湾
325406（山门支局）	山门、西山、郭岙、水门头、亭后、下东山、下路堡、悦来、上垟、屿边、永安、高一、高二、大楼、碇步头、坑东、牛石坑、包山、旺庄、田中央
325407（顺溪所）	上顺溪、下顺溪、浉溪、中山、山头庵、田里、富溪、溪口、溪南、白云、青石桥、双田、下东、溪北、石柱、处基、鹿岩、只音
325408（南麂所）	火焜岙、大檑、新码头、国姓岙、对岙、后隆、竹屿、马祖岙、三盘尾、百亩坪、门屿尾
325409（万全支局）	郑二、陈交大、古农、古渔、郑三、张阁、郑一、倪垟、周垟、下鲍垟、下薛、叶垟、吴垟、后陈、岗上、岗下、林步桥、姜垟、廖垟、柳垟、迎学垟、十五殿、郑东、周贵垟、光山、练兴、尤里、栏杆桥、冯宅、金宕、东村、章桥、下桥、鲍垟、汇河、林岱、瑞阳、横塘、三都王、湖蛟桥、上岙、岭下、东湾、山头外、黄垟、安阳、金阳、孙楼、瑶山、吴岙、陈岙、赖岙、宋桥、林庄
325410（榆垟所）	中镇、谷垟、榆北、台头、下周、荷花、上呈、榆茶、浃口、南门、麻车、新渎、岙斗、五角斗、横湖、象湾、榆龙、榆南、龙头、丰门、林宅村、杨北村、上陈村、下陈村、下周村、荷花村、榆北村、榆龙村、下街村、浃口村、海涂农场、电镀园区
325411（钱仓所）	钱仓、方家、包田、东垟、东江、上凰桥、山垟、白水、前进、梅源村、孙岙村、山平田村、解元村、苏岭村、章公尖村、赤溪村、重阳村、岭根村、风岩村、顺利村、七星村、三元村、溪头村、万安村、清桥村、包岙内村、凤岙村、联丰村、凤尾山村、梅里村、书阁村、山碧村、滕坪村、章垟村
325412（鹤溪所）	石牌、缸窑、溪尾、下村、南一、内村、秀溪、南二、长安、新鹤、中元、霞溪、速成、乌秋坑、水上垟、蔡垟

说明：资料由县邮政局提供

报》停办，该3条邮路撤销。自2004年6月1日起，《浙江日报》在昆阳镇实行早报早投，邮路总长度70千米。2005年6月20日，昆阳支局正式实施信报分投，划分邮路14条，邮路总长度337千米。2006年4月16日起，昆阳支局开始实行城区邮路早报早投，晚报晚投(划分为10条城区邮路)。2000年，安装信报箱168只，邮政用户信箱23只，2012年，安装信报箱15196只。2012年年末，有城区投递段12个，农村投递邮路9条。

第二节　邮政业务

函件

1989年，县邮电局出口计费函件484.65万件。1991年7月，县邮电局作为全省6个函件资费优惠试点局，对大宗信函用户实行资费优惠政策。1992年1月，县邮电局开办贺年(有奖)明信片业务。1993年7月1日起，县邮电局开通台湾收寄各种平挂信件。2000年7月1日起，全县信函的传递时限缩短1～2天。

2012年，县邮政局国内函件1604.40万件，比1998年的384.24万件增长317.6%，国际及中国港澳台函件0.07万件。

国家平信资费标准调整情况明细表

表10-1-4　　　　首重20克

调整日期	本埠	外埠
1990年7月31日前(原资费标准)	0.04元	0.08元
1990年7月31日	0.10元	0.20元
1996年12月1日	0.50元	0.50元
1999年3月1日	0.60元	0.80元
2006年11月15日至2012年	0.8元	1.2元

说明:资料由县邮政局提供

包裹

1989年，县邮电局出口包件19.35万件，其中计费19.15万件。1992年5月，开办大陆至台湾包裹快件业务。1996年10月1日，县邮电局对国际及中国港澳包裹资费进行调整，资费平均上调24%。1999年8月，县邮政局恢复国内包裹存局候领业务，手续费标准每件3元，保管期限及逾期保管费标准同普通包裹。2001年8月，县邮政局开办国内快递包裹业务。自2000年7月1日起，全县包裹的传递时限城镇为1～2天，偏远山区为2～3天，由原来的3～5天缩短2～3天，2012年年底，实行快递包裹妥投到户。2001年3月，县邮政局制定《关于规范业务揽收活动的通知》，准许批量包裹(包括直递包裹)跨辖区揽收，业务收入(包括业务量)分成，一般包裹不准跨辖区揽收。2003年6月，受中国人民保险公司平阳县财产保险支公司委托，开办邮政包裹邮件保险业务，国内包件费率为2%，实行分档收取，国际包件费率为10%，实行分档收取。2009年9月，在全县范围内试办包裹便利箱(袋)业务，包裹便利箱(袋)以固定体积与容量的专用包装箱(袋)为载体，用户可往箱内随意装填非禁寄类物品，装满为止，即可按固定资费进行寄递。2012年，国内包裹业务量为27685件，同1998年91840件相比降低70.0%，代理国际及中国港澳台包裹175件。同时期，社会快递发展迅速。

邮政储蓄

1986年12月20日，县首家邮政储蓄所——昆阳邮政储蓄开办。1989年，全县邮政储蓄额21万元。自1994年10月开始，全县各邮政储蓄网点逐步实现手工操作向微机操作转换。是年，全县邮政储蓄额2455万元。1997年，昆阳、鳌江、水头支局开通邮政储蓄"绿卡工程"，实现全国联网联兑。2003年，县邮政局增加代收保险续期保费和代付代扣各项电信业务使用费业务。2005年5月，县邮政储汇中心改为县邮政储汇分局，隶属县邮政局，负责本局邮政储汇业务的管理和经营。9月，县邮政局开通邮政储蓄整存整取省内通兑业务。2008年4月，开办小额贷款业务。5月27日，中国邮政储蓄银行浙江省平阳县支行成立，分业经营，实现独立核算。8月，县支行开办公司业务，全县有邮政储蓄点12处，年末储蓄余额为65342万元。2009年12月24日，县首批"城镇居民基本医疗保险"存折发放仪式在宋桥镇冯宅村举行。城乡居民社会保险于2010年施行，其保险业务由县邮政局邮政储蓄银行承办。2010年5月，县邮政局开始实施代收缴全县年满16周岁城乡居民养老金的业务。2012年年底，全县有邮政储蓄点10个，储蓄余额151809万元。

邮政汇兑

1996年6月1日起，对邮政汇款的限额进行调整，邮政汇款每笔最高由5000元调整为10000元，邮政“高额汇票”最低限额由500元调整为1000元。1999年2月14日，开办国内邮政入账汇款业务。自1999年3月1日起，县邮政局降低5000元以上高额国内汇款的汇费，规定汇费的最高标准为50元，原每笔汇款汇费超过50元的一律按50元计收。1999年8月，开办电报入账汇款业务。1999年10月15日起，开办超限额汇款业务。2001年，县邮政局在全县邮政储蓄网点推出全国联网的电子汇兑业务。2001年12月，开通国际特快汇款业务。2003年1月8日，县邮政局开办邮政礼仪汇款业务。2003年5月，试办邮政实时汇款业务，除照收汇费外，加收10元的特急业务处理费。7月，县邮政局开办邮政汇款投单回执业务。自2003年8月30日起，收取邮政汇兑超字段附言费。2005年6月5日，邮政储蓄系统和邮政电子汇兑系统的“两网互通”工程建设完成，开办账户类汇款业务，实现储汇资金的集中使用。2005年12月，在昆阳支局大厦储蓄所和鳌江支局兴鳌储蓄所开通邮政网汇通业务。2006年3月1日，所有邮政汇兑联网网点开放邮政网汇通业务的取款交易和“全国通兑”业务的兑付功能。自2006年12月28日起，全县联网网点对外开办网汇e业务。自2008年1月1日起，所有邮政汇款在全国实时通兑。2010年5月，开办个人跨行汇款业务。2012年，县邮政局汇票业务量为9.95万张，2009年汇票业务量最多有20.95万张。

特快专递

自1992年5月15日起，开始办理邮政特快专递业务。1994年5月13日，县速递公司成立。2009年3月，县邮政速递物流分公司成立。2009年9月，县邮政速递物流分公司客户中心设立。2012年邮政代理特快专递完成量为4.47万件，完成量最多是2009年的16.40万件。

自1995年9月1日起，开办邮政国际特快专递业务。1998年10月10日，试办国内特快专递收件人付费业务。1999年，开办鲜花蛋糕礼仪特快专递业务。2000年6月，在昆阳、鳌江、水头、萧江等4个支局开通TNT国际特快专递业务。自2000年7月24日起，昆阳、鳌江、水头、腾蛟、萧江等5个支局率先开办直递邮件业务。2000年9月，开办国内特快专递代收贷款业务。自2002年7月1日起，开办与上海之间邮政特快专递“次晨达”业务。2004年4月，开办县劳动和保障局及县劳动争议仲裁委员会文书特快专递邮件送达业务。2004年8月和10月，分别开办县行政审批中心和盐业公司的同城速递业务。自2008年12月1日起，县邮政局推出温州大同城速递业务。自2009年1月1日起，运作“省内次日递”服务产品，自2月9日起，开办省内互寄次日达业务，做到当天收寄，次日投递。

自2000年4月1日起，调整香港、澳门特快专递邮件业务的资费标准（文件类起重500克资费90元，续重每500克资费30元，物品类起重500克资费150元，续重每500克资费30元）。

1996年10月，开通鳌江、水头特快专递汽车邮路投递，邮路总长度121千米。2005年8月，县邮政局增开水头至平阳特快专线邮路，该特快专线邮路只捎带特快邮件。

报刊发行

1988年，订销报纸期发份数3.33万份，累计份数831.78万件；订销杂志期发份数2.93万份，累计份数40.24万件，报刊流转额66.4万元。

1994年5月13日，平阳报刊零售公司成立。1997年，完成报刊发行省内微机联网工程，实现省内报刊电子信箱传递微机联网。1998年，昆阳、鳌江、水头、萧江、山门、腾蛟等支局的报刊发行收订实现全县联网。2000年1月，开办专业性邮送广告信息类报纸——《中邮专送广告》业务，该业务由平阳县邮政局承办，平阳县金雁广告有限公司代理。自2000年7月1日起，报刊的传递时限缩短1～2天。9月15日起，实行晚报晚投。自2004年6月1日起，在昆阳城区对《浙江日报》实行早报早投。自2004年7月1日起，为提高服务质量和报纸的发行时效，在昆阳城区实行早报早投，晚报晚投。

2012年年底，全县邮政报刊图书销售点8处，完成报纸流转额1307.6万元，杂志流转额236.5万元。1998年，报纸期发数43245份，累计数10378229万份，杂志期发数18542份，累计数640817份。2012年，报纸期发数65718份，累计数18473876万份，杂志期发数23192份，累计数483237万份。

邮票和集邮

1987年5月，县集邮协会成立。1988年初，鳌江和水头支局开设集邮点。2005年3月，县邮政局集邮公司联东路门市部开业，批发零售集邮礼品，重点经营各种金银纪念章、铜章和钱币等礼品、工艺品，全年集邮业务290.6万元。2011年8月，县邮政局与县摄影家协会合作，以摄影比赛活动为契机，首开明信片册业务。2012年，集邮业务量385536枚，相比1998年减少35.6%。

2004年6月，国家邮政局、邮票印制局图稿创作部派员到南麂岛，以“碧海仙山”和“贝藻王国”为题材，为“南麂风光”特种邮票进行实地创作。2007年6月25日，《南麂列岛自然保护区》特种邮票首发式暨2007年平阳旅游节活动新闻发布会在温州举办。7月10日，《南麂列岛自然保护区》特种邮票发行。

《南麂列岛自然保护区》特种邮票首发式（2007年）

2003年，县集邮爱好者倪郁烈的邮集《酒》参加泰国曼谷2003年世界邮展，获银奖。2004年9月，平阳国际大酒店个性化邮票发行800册。2005年9月30日，萧江镇发行“建镇20周年”个性化邮票。2010年，借万全镇建镇之机而研制的纪念邮册《宝地万全》获省邮票局该年度集邮产品开发规模奖二等奖。

其他业务

1989年，县邮政局机要邮件出口业务量为0.15万件。2011年6月，县邮政局机要组更名为县邮政局机要室。2012年，县邮政局机要邮件量为668件，最多年份是2002年，计1168件。

自1998年10月县邮政局与移动公司签订电话话费代收代缴合同开始，先后与电信、联通等公司合作，开展IC卡代收、IP电话卡代付代扣各项使用费、放号等业务。2000年开始，代理保险业务进入展业阶段，先后与中保财险、中保寿险、太平洋保险等公司签订全面代理保险业务的兼业代理保险合同。自2000年6月起，为农业银行等代理投送收据、对账单等。2004年起，为县电力公司计费中心代扣电费。2005年，与县自来水公司签订邮政储蓄代扣水费的框架协议。

第三节　邮政设施

邮政营业用房和网点

1994年前，县邮电局在昆阳镇解放街183号办公。1994年12月2日，县邮政大楼竣工，坐落于昆阳镇城东新区。该工程为1992年县十大重点工程项目，由省邮电勘察设计院设计，总投资1500万元，总建筑面积960平方米。此前，1993年新建鳌江、萧江、山门、麻步、腾蛟、郑楼等支局和榆垟、钱仓、鹤溪等邮政所办公用房。

2000年，县邮政局成立平阳大厦储汇中心，发展昆阳汇水河、昆阳解放街、水头江山路、顺溪等4处自办储蓄网点和鳌江曙光路、长乐街2处代办网点。3月，县邮政局在昆阳、鳌江、水头三大重镇设置18个邮政报刊亭。2012年全县有报刊亭8个。2001年9月，县邮政局鳌江曙光路储蓄所和榆垟储蓄所分别迁移到鳌江长乐街和昆阳临区街。2002年3月，榆垟邮政支局改为榆垟邮政所，隶属郑楼邮政支局。2002年6月1日，榆垟邮政所更名为昆阳汇水河邮政所，迁移至昆阳镇汇水河路邮政楼，归属昆阳邮政支局管理。2003年1月，榆垟邮政储蓄所更名为昆阳汇水河邮政储蓄所，迁移至昆阳镇汇水河路邮政楼。

2012年5月3日，县首家村邮站宋埠社区村邮站开始运营。2012年7月4日，南雁村邮站开始运营。

邮运车辆

1998年，邮电分营后，县邮政局拥有邮政汽车

7辆，邮政摩托车1辆。2011年5月，县邮政局购置摩托车16辆、电动车54辆用于昆阳等11个乡镇的农村自行车邮路改造，实现全县农村投递邮路全网摩托车化。2012年年底，县邮政局有邮政汽车22辆，邮政摩托车1辆，电动车81辆。

其他设备

营业设备　1999年11月23日，县邮政局从浙江省邮政器材有限公司订购一套商函制作系统，2000年1月开始使用，主要制作移动话费函件。2001年12月，县邮政局开始配备两台美国产比保U501型邮资机。2003年12月，再配备一台Pitney Bowes中型机E586邮资机，三台机都在昆阳支局封发组使用。2012年年底，县邮政局有商业信函制作系统1套，邮资机5台，给据邮件登单机1台，过戳机4台。

金融设备　1991年，3台美国产NCR5674型ATM柜员机在昆阳、鳌江、水头投入使用。1994年，平阳大厦邮政储蓄所再添一台NCR5684柜员机。2001年，昆阳汇水河营业所和鳌江江滨营业所各增一台NCR5678型柜员机。2006年7月，县邮政局在萧江储蓄所、郑楼储蓄所分别设立自动取款机一台，均为广电运通E22型号。2012年年底，全县共有邮政储蓄ATM取款机19台。

安保设备　2001年，县邮政局先后在萧江、麻步、腾蛟、山门、顺溪、郑楼、榆垟、钱仓8个网点安装110智能报警系统。2003年年底，全县有10个储蓄营业厅安装防弹玻璃，7个重要城镇的储蓄营业厅实现电视监控。2012年，全县10个储蓄网点、3个离行式自助网点和1个业务库的监控联入县邮政局监控室，共有370个监控摄像头，已全部联网运行。

信息化设备　2000年，县邮政局安装和调试钱仓、山门、麻步、榆垟、邮政大楼、鳌江曙光等5个网点的“绿卡工程”全国联网系统，以及增加昆阳汇水河、鳌江新河、顺溪等网点的远程终端。2003年1月，县邮政局办公自动化系统建成，与省、市局形成网络连接。2012年年底，县邮政局有计算机177台，其中，邮政内部生产用微机95台，邮政营业窗口用微机21台，综合管理用微机61台，另有终端机50台。

1998—2012年平阳县邮政车辆和邮政设备情况统计表

表10-1-5

年份（年）	邮政汽车（辆）							邮政摩托车（辆）	商业信函制作系统（套）	ATM自动柜员机（台）	邮资机（台）	给据邮件登单机（台）	过戳机（台）
	合计	邮运汽车	邮政储蓄专用汽车	速递业务专用汽车	投递专用汽车	其他生产用车	非生产用汽车						
1998	7	7	0	0	0	0	0	1	0	3	0	1	7
1999	8	2	2	4	0	0	0	1	0	3	0	1	7
2000	12	2	2	4	2	0	2	1	1	4	0	1	7
2001	17	3	1	3	1	6	3	1	1	6	0	1	8
2002	17	3	1	3	1	6	3	1	1	6	2	1	8
2003	17	3	1	3	1	5	3	1	1	6	2	1	8
2004	26	3	1	3	1	13	3	0	1	6	2	1	8
2005	27	3	1	3	4	10	5	0	1	6	5	1	4
2006	27	3	1	3	4	10	5	0	1	7	5	1	4
2007	29	3	1	3	4	13	5	0	1	7	5	1	4
2008	29	3	1	3	4	13	5	0	1	7	5	1	4
2009	33	3	3	7	4	12	4	0	1	9	5	1	4
2010	23	3	3	0	3	10	4	0	1	13	5	1	4
2011	25	3	3	0	3	12	4	0	1	19	5	1	4
2012	22	3	3	0	2	10	4	1	1	30	5	1	4

说明：资料由县邮政局提供

1998—2012 年平阳县邮政主要业务量情况统计表

表 10-1-6

年份（年）	函件量（万件）	机要邮件（件）	集邮业务量（枚）	包裹量（件）	订销报纸（份）	订销杂志（份）	储蓄余额（万元）	汇票（万张）	特快专递（万件）
1998	384.24	868	598831	91840	10378229	640817	7168.4	9.62	4.58
1999	299.41	789	881469	66220	10332673	374652	9569.85	10.57	1.66
2000	228.75	938	1107591	47296	9692626	240603	12927.00	10.66	4.46
2001	348.65	1156	1041979	59285	13089866	261289	18604.00	10.10	6.32
2002	572.00	1168	132335	67315	13239291	277668	14000.00	18.40	8.60
2003	700.49	1113	104002	68589	15638933	229382	16000.00	16.30	9.10
2004	987.20	880	98646	63160	11696947	213254	23000.00	12.44	7.97
2005	913.21	600	71323	58761	12526430	222984	25430.00	10.77	9.24
2006	544.52	455	36976	58652	14010824	281357	34938.00	8.91	13.5
2007	97.21	413	93000	39237	13608000	299000	44202.00	6.63	14.5
2008	1166.60	390	413000	30778	14635000	338000	65345.30	19.75	14.7
2009	806.00	569	116000	24041	15018000	333000	81000.00	20.95	16.4
2010	1056.70	556	276000	22385	15700000	368000	60526.00	15.11	5.38
2011	3264.43	581	353000	24085	17184000	468000	72000.00	13.20	5.38
2012	1604.50	668	385536	27685	18473876	483237	91205.18	9.95	4.47

说明:资料由县邮政局提供

第二章　电　信

1997年7月，移动通信业务从县邮电局剥离，成立中国移动通信浙江有限公司平阳分公司。1998年11月，寻呼业务从县电信局剥离，设立县寻呼分公司。2000年8月，中国联通平阳分公司挂牌成立。

第一节　电信企业

中国电信股份有限公司平阳分公司（简称电信分公司）

2001年4月，平阳县电信局更名为浙江省电信有限公司平阳分公司，实行公司化运作。2008年2月，改名为中国电信股份有限公司平阳分公司。2008年10月，接管原属联通公司的CDMA（码分多址移动通信制式）移动通信业务，从此主要经营固定电话、移动通信、互联网接入及应用等综合信息服务业务。2012年年底，电信分公司共有合同制员工244人，派遣代办员工197人，设综合部、销售部、政企客户部、网络部和昆阳、鳌江、水头、万全、萧江、腾蛟、麻步、山门8个支局。2012年主营业务总收入22101万元。有线宽带用户10.34万户，移动电话14.91万户，固定电话13.86万户，全县视频监控点（含全球眼、E监控）4909个（其中E监控2291个）。移动C网基站宏站171个、室外RRU站点74个，开通室分RRU78套，WLAN AP1650个点。光纤到户接入线能力150971线。

中国移动通信集团浙江有限公司平阳分公司（简称移动分公司）

1997年7月从原平阳县邮电局剥离后成立，时员工17人，移动通信用户数5000余户。1999年7月22日0时，“全球通”移动电话号码升至11位。2000年5月16日，中国移动通信集团公司揭牌，浙江移动通信有限责任公司平阳分公司挂牌成立。2001年7月9日，中国移动通信GPRS（2.5G）系统投入试商用。2002年，公司拥有员工140余人，内设市场部、运行建设部、综合办公室及昆阳、鳌江、水头、萧江4个区域经营部和15个营业厅，社会代理点60余家，农村服务站110余个，用户总数达

30万。4月，总投资1500万元、建筑面积3100平方米办公大楼竣工。公司主要经营国内、国际长途通信业务；本地电话业务；移动通信、无线寻呼、卫星通信业务(不含卫星空间段)；数据通信业务、互联网业务和IP电话业务；电信增值业务等。2006年年末，移动通信用户总数达33万户。2008年5月，中国铁通集团有限公司正式并入中国移动通信集团公司，嗣后实现县域高铁沿线移动信号全覆盖。2009年，根据中国移动推出的TD-SCDMA“三新”(新机制、新标准、新测量)解决方案，平阳移动实现2G与3G的完全融合组网。

中国移动平阳分公司（1999年）

2012年，公司设市场部、网络部、政企数据中心、综合办公室等四个职能部门，昆阳、鳌江、水头、萧江、腾蛟5个区域营业部，19所自办营业厅，公司员工217人，签约社会代销点近500家，通信基站465座，网络容量突破80万门，用户通话数61.47万户。宽带用户从2010年的4476户发展至2012年的34642户。企业综合接入从2008年的4户发展到435户，公安和校园视频250家。2012年全年业务收入5.526亿元。

中国联合网络通信有限公司平阳县分公司(简称联通分公司)

平阳联通分公司由平阳电信寻呼、原联通、联通寻呼、网通等融合而成。1993年，县邮电局成立寻呼台。1998年成立电信寻呼平阳分公司，后改名为国信寻呼平阳分公司。2000年国信寻呼与原联通合并成立中国联通有限公司平阳分公司，2008年12月原联通与网通融合成立新联通，即中国联合网络通信有限公司平阳县分公司。

中国联通平阳分公司（2004年）

公司主要经营：国内、国际长途通信业务；本地电话业务；移动通信、无线寻呼、卫星通信业务(不含卫星空间段)；数据通信业务、互联网业务和IP电话业务；电信增值业务等。2012年有员工86人(2000年成立时29人)。下设综合支撑部、建设维护中心、行业大客户营销中心、商企营销中心、公众固网营销中心、昆阳营销中心、鳌江营销中心、水头营销中心。2012年，各项营业总收入7800余万元，固话用户13445户、宽带用户19579户、移动用户124917户。交换容量20余万门，管道420千米、杆路672千米，光缆2179皮长千米、室外交接箱100个，基站310余个。

第二节　有线通信

固定电话

1990年6月24日0时，县市话号码由5位升至6位。自1992年开始，从日本、美国引进程控交换设备。1993年，平阳县被邮电部电信总局列为全国市话放号百强县第86位，全县电话普及率为2.25部/百人。1994年，县电话号码由6位升为7位，并入温州市电话网运行。1996年8月15日，实现全县所有乡镇“乡乡通程控电话”，1998年11月，实现全县行政村“村村通程控电话”。1999年5月24日，开通180用户投诉服务中心，全天候受理用户投诉。2001年5月18日0时，平阳电话网电话号码随温州市电话网由7位升至8位。2002年11月6日，温州市电信分公司开通10000号即中国电信温州客户服务中心，县电信局112、114、180并入温州10000号。

长途电话　至1989年，长话线路开通平阳至温州、杭州、福鼎、福安等地65条载波电路。是年，去话44.6万张，收入72.9万元。1989年初，经过平阳的杭福小同轴电缆载波由300路扩容为960路。5月1日，具有全国直拨性能的DD16长途全自动电话交换设备在县城昆阳开通使用。1990年9月8日，开通鳌江支局3000门自动电话，与县城市话联网，并进入全国长途自动网，增加DD14、DD16长途自动设备各一套，长途对端设备容量增加48路。是年，发展全国直拨有权用户96户。1991年，昆阳、鳌江两地营业厅安装长、农话呼叫器和长途电话自动直拨设备。全县新增长途线路32条。12月11日，国家"八五"重点建设项目——沪闽光缆工程平阳段全线开工，全线长29千米，采用德国进口缆线。1992年，新增长途话路116条，全县长途线路数达到231条。是年，引进程控电话，实现全国直拨、国际直拨。1993年，长途电话新增话路130条，总数达到361条，人工长途电话取消。

市内电话和农村电话　1989年，新增市话单机187部，农话单机388部。鳌江至南麂岛的特高频电话于2月20日开通。10月3日，开通水头邮电支局史端桥式集装箱自动电话，12月31日，萧江邮电支局开通从美国引进的NC-23型1600门集装箱自动电话。

1990年9月8日，开通鳌江支局3000门自动电话，并与县城市话联网，并进入全国长途自动网。1991年，安装300门共电复式交换机，作为程控电话引进的过渡。新增农话电路21条，发展市话用户236户，农话用户1084户。

1991年12月14日，县邮电局与日本NEC电气公司签订引进程控电话设备和传输设备合同。1992年5月15日，开通县第一个乡镇自动电话——郑楼乡400门纵横制自动电话。至1992年12月20日，开通程控数字电话11024门，TS长途360线，投资1700万元，其中昆阳5720门、水头2664门、腾蛟1768门、麻步872门，并实现昆阳、鳌江、水头、麻步、腾蛟等5城镇的电话联网，实现国际直拨。是年全县电话总机容量达到16372门，其中程控11024门，纵横制4600门，磁石748门，实装电话用户8732门，其中市话2255门，农话6477门，比上年增加1840部。

1993年2月中旬，县电信局2000门HJ921型交换机搬迁至鳌江支局。是年年底，市内电话程控交换机5700门，市话电缆芯线长度为259200线对千米，管孔总长度为63.6孔千米。农村电话新增交换机容量2652门，总数达到15237门，杆路总长度为426杆千米，明线总长度1083对千米，电缆总长度327.7对千米，电话机总数13144部。全县34个乡镇(全部)和749个行政村(占总村数88%)开通电话。市话用户新增2390户，总数为4645户；农话用户新增3630户，总数达到9063户；全县电话普及率为2.25部/百人。用户传真新增25户，总数达到28户。1993年，二期程控电话交换机从日本NEC公司引进，装机容量37108门，长途360线，投资6510万元，1994年2月6日至7月8日，陆续在鳌江、昆阳、萧江、水头、腾蛟、顺溪、山门、钱仓、榆垟、鹤溪、郑楼共11个镇安装开通。

1995年，全县投资2000万元，加强通信管线建设，全年新增加通信电缆285.6皮长千米，通信光缆33.27皮长千米，通信管道12.73沟千米。是年，投资2000万元，引进开通第二制式美国产5ESS型程控电话交换机1.2万门。全县程控电话交换机容量达到6万门，先后在青街、吴垟、维新、怀溪、晓坑、南湖6个乡镇开通程控电话。1995年12月16日，鳌江至南麂三次群数字微波传输工程完工，并在南麂岛开通程控电话，最终解决南麂岛通信难题。1996年，3次引进日本NEC程控电话设备2000门。全县拥有4个程控母局，15个模块局。1996年8月15日，开通朝阳乡程控电话，全县34个乡镇"乡乡通程控"，并开始程控通村工程，当年万全乡31个行政村率先通上程控电话。

1997年，再次从天津NEC公司及美国ATT公司引进3万余门程控电话设备。1998年，县电信局完成3.6万门程控硬件和配套电源安装，完成C3、C4网SDH硬件的安装；11月份实现村村通程控电话，其中通信电缆铺设到的行政村有692个，用无线接入网覆盖的行政村有120个。1998年，新增装机11300部。1999年，新增程控交换机5万门设备；全县25个收费营业点用上电脑联网收费系统。1999年，新建可视电话会议室。

2000年，县电信局程控交换机容量累计

180340门。推广程控电话新功能和来电显示业务，至年底新功能登记用户11725户，来电显示用户9978户。2005年7月，割接开通南麂岛6G SDH数字微波。2006年，中国电信股份有限公司程控电话总容量262626门，用户实装190247门，加上联通公司、移动公司的程控电话，全县累计安装308307门。后受移动电话冲击，程控电话户数逐年减少。2012年全县固定电话用户17.57万户。

公用电话　1993年，先后在昆阳、鳌江、水头、腾蛟开办51处公用电话代办点。1995年年底，公用电话达725个。1996年，公用电话累计854户。1997年，引进公用电话管理系统。1998年12月，率先在鳌江镇公共场所、学校安装IC卡公用电话105部，随后加快IC卡公用电话建设。1999年，发展IC卡电话224部，全县累计达383部。2000年，发展IC卡公用电话245部和201校园电话849部。2002年，平阳201平台割接到温州，开放有人值守公话和无人值守IC卡话机的17909业务，开设多个IP超市，国内长途计费0.40元/分钟。2004年，在学校学生宿舍、企业和医院病房等安装智能201电话，全年智能公话发展至3427部。2012年年底，全县公用电话18221部，其中IC卡公话1240部。

1989—2012年平阳县固定电话用户统计表

表10-2-1　　　　单位：门

年份（年）	用户数	年份	用户数
1989	3480	2001	172989
1990	4521	2002	181076
1991	5841	2003	220329
1992	8732	2004	255739
1993	13708	2005	262383
1994	47916	2006	308307
1995	48112	2007	268051
1996	62972	2008	263271
1997	90572	2009	262700
1998	104784	2010	195795
1999	161796	2011	184436
2000	180340	2012	175716

说明：①1989—1993年资料由电信部门提供；②1994—2012年资料据《2012年平阳统计年鉴》第160、161页

互联网和数据通信

1995年，在昆阳、鳌江、水头率先开通数字数据设备（DDN）。1996年，相继开通腾蛟、山门、麻步、萧江等4个DDN设备132个端口。全县共拥有昆阳、鳌江、水头、腾蛟、山门、麻步、萧江等7个DDN节点，端口容量达到270个，分组交换达到32端，实现县内modem网管，增开至温州的第二路由。

1997年，开展数据通信新业务工作，全县已发展DDN用户17户，分组交换用户8户，帧中继用户2户，互联网用户55户，多媒体通信网21户，电子信箱2户，传真存贮转发1户，数据通信用户总数达到176户。1998年，数据通信完成分组省网扩容中平阳节点的安装开通。

1999年，完成DDN同城网三期扩容工程，新增7个节点，扩容2个节点，扩容后全县DDN设备总槽位257槽，总端口数778个，并设数据机房DDN集中网管服务器，在昆阳、鳌江分设2个帧中继宽带交换机。是年，县电信局增加互联网“163/169”业务受理点，全县所有支局和3个电信所均开办该项业务。是年，以政府上网年为契机，全面启动互联网业务。全县“163”用户有1183户，“169”用户有1304户，基础数据业务124端。10月，平阳最早两家网吧“航海家”和“鸿雁”开办。

2000年，县电信局完成数据通信31个接入网点建设，安装开通22556线。县政府成立信息化领导小组和网吧领导小组，发展政府上网30家，企业上网6家，163/169注册用户新增4243家，审批营业网吧37家。2001年，163/169接入平台开通，使平阳163用户上网直接从平阳出口，缩短上网时延。163/169注册用户新增7011户，累计11254户。2001年7月，宽带LAN业务开通，当年发展宽带用户1078户，企业上网40户。2002年4月，首批宽带LAN小区在昆阳康乐小区和镇机关干部宿舍开通，全县宽带用户新增5349户，累计6427户。

2003年，安装开通北电SHASTA5000宽带服务器，扩容宽带服务器“7411”端口，使本地宽带用户全部由本地接入认证。安装开通鳌江蓝田及江滨、萧江、腾蛟、溪心、麻步、昆阳3550交换机6台。安装开通昆阳、鳌江、水头、萧江宽带LAN小区22个；安装开通鳌江、水头等地19个点5328线ADSL；开

2000—2012年平阳县有线宽带用户统计表

表10-2-2　　单位：户

年份(年)	电信	移动	联通	合计
2000	214	0	5	219
2001	1292	0	231	1523
2002	6427	0	501	6928
2003	15386	0	850	16236
2004	21265	0	2052	23317
2005	30127	0	4654	34781
2006	39276	0	7965	47241
2007	48506	0	10410	58916
2008	60000	0	12354	72354
2009	74506	3000	15012	89518
2010	89160	4476	16350	109986
2011	97891	21097	17210	136198
2012	103400	34642	19579	157621

说明：据电信、移动、联通分公司统计

通陈家殿、昆阳工业区、昆阳安居小区VDSL共72线。是年，全县宽带用户新增8959户，达15386户。2007年6月，电信城域网改造工程完工，承载能力提高，出口宽带从原来的5G提升到10G。是年，全县实现“村村通宽带”。

2012年，全县有线宽带用户157621户，其中，电信分公司103400户，移动分公司34642户，联通分公司19579户。2012年，平阳电信分公司开通网吧112家。

电信宽带城域网

电子政务网　2004年，电信局投资200万元购买硬件和软件设备，2005年，工程启动政务网建设，2006年，首期开通昆阳镇60个单位，以后逐步开通31个乡镇和所有机关单位并延伸到社区。2004年，电子政务网的出口速率为100M。随着使用面的扩大和使用量的增加，2010年，端口速率提升到1G。与所有单位联网的速率全部是100M，全部采用裸光纤联网，保证了网络的安全性、稳定性特别是可控性。通过每台电脑的固定IP地址和MAC地址捆绑，有效防范病毒的扩散，保证OA系统和网站运行正常。

教育系统网络　2002年11月28日，平阳教育网(www.pyedy.org)开通。2008年，电信分公司承建教育局网络升级，对核心机房进行托管，通过裸光纤连接全县120余所学校和教育局的下属机构。出口速率为1G，100M与学校联网，实现温州地区第一个1G高速出口。2012年，又将互联网出口速率提速到2G，对有需求的学校投资建设了校园一卡通、校园监控。对30余所学校实现翼校通，开通14家学校的“教育宝”，实现学校、教师、家长和学生网上沟通。

公安系统网络　2002年，公安系统实现与各派出所联网，交警系统实现与各分支机构特别是与各卡口数据联网。2012年，民安视频监控遍布全县各乡镇。公安系统利用平阳电信对全县600余个村治安实行网络化管理。

组织部远程教育网　2008年，开通全县600余个行政村、社区及企业的农村党员干部现代远程教育网络。2012年，开通手机版的天翼通，利用手机实现远程教育。

劳动和社会保障系统的网络　1999年，昆阳和鳌江社保所实现联网。2002年，实现水头、萧江社保所联网。2004年，实现与4大银行和地税联网。2006年，采用裸光纤对大医院与社保进行联网，采用ADSL-VPN对全县的小医院进行联网，实现农村合作医疗的网络报销手续。

卫生、人口与计划生育医疗系统网络　县人口与计划生育系统网络建设从20世纪90年代电话拨号网络中继电路开始逐步发展到采用ADSL-VPN电路。2010年开始，全部采用光纤，网络延伸到全县70个计生办。2010年8月，县卫生局与下属医院进行联网，实现社保医疗保障系统的互联。

工商、财税、金融系统网络　2006年，县工商管理系统实现与各工商所的联网。1999年，财税系统实现各分支机构联网。20世纪90年代，金融系统采用传输电路如DDN、帧中继实现联网。2002年，开始逐步采用光纤进行数据业务联网。

2012年7月，由移动分公司主导的平阳县社保、水利、国土系统数据技术及局域网相继投入运行。

视频监控

2006年5月，IP技术和宽带网络的远程视频监控即“全球眼”在水头镇开始建设，首批40个视频监控点主要应用于道路监控。建设治安监控即全县娱乐场所内部监控、企业内部监控、水利水库监控等，全年签约建设“全球眼”近300个监控点。2007年建设“全球眼”700余个监控点，开通宋桥镇、昆阳镇皇岙村道路监控各6个监控点。2007年6月22日，南麂景区的“全球眼”10个监控点建设完毕，监控点分布在三盘尾、大沙岙、客运码头等地。南麂岛和水头镇道路监控在当年的防汛抗台中发挥重大作用。昆阳等镇对原有的道路监控系统进行改造，将其纳入全球眼监控系统。建成15家企业环保在线监测项目和人保远程定损项目。是年在温州地区第一个建设对开通网吧行业的监控，完成多个单位内部监控和瓯南大桥监控项目等。

2008年，全县有100余家网吧安装“全球眼”。民生安全工程道路监控全面推进，与公安、乡镇、安监等9大行业的106家单位签约，共计405个视频点，全年累计完成566个监控点的建设。2009年，民安工程道路监控新增64个监控点。网吧监控新增用户33家，全县106家网吧全部装上监控。完成多家单位监控建设，计37个点。与县规划建设局合作在建工地监控项目，共有16家建筑工地单位签约，共计45个监控点。2009年7月，推出“E监控”业务，与全球眼高端视频监控业务形成高低端完整的业务架构。2010年年底，全县视频监控点3703个，2011年4587个（含“全球眼”、“E监控”）。2012年年底，全县“全球眼”4909个，其中“E监控”2291个。

第三节　无线通信

无线寻呼和小灵通

无线寻呼　1992年4月20日，县邮电局开通无线寻呼系统，5月26日开通“126”人工无线寻呼台。6月1日，昆阳、鳌江、水头开办无线寻呼业务，当年无线寻呼机（BP机）用户912户。1993年7月12日，开通人工、自动兼备，数字、中文两用的“127”无线寻呼台。无线寻呼用户新增2558户，总数达到3470户。建有昆阳、鳌江、水头等3个发射台。

1995年，建设无线寻呼网，分别在昆阳、鳌江、水头、腾蛟各增加1个频点发射机（995台）；在温州市网建设上，在昆阳、鳌江各设置两个频点发射机（986、987台）；在省网建设上，在昆阳增加1个频点发射机（129台），实现无线寻呼网和全省、全市联网。1996年，又增加2个频点发射台，全县建成7个无线寻呼基站，设置14台发射机，呼入中继总线达90路，无线寻呼信号基本覆盖全县乡镇。1996年11月，完成PLEX高速寻呼网980～982台昆阳、鳌江、水头、山门、腾蛟、麻步等基站的建设。在C2网建设方面，1996年12月又增设鳌江、水头基站和新频点基站，先后在昆阳、鳌江、水头、山门、腾蛟、麻步、顺溪开通网站服务。

1997年，全市联网升级为自动台995，人工台1885，全市联网的980～982台开通，同时省台126/127台开通，随后全国联网的198/199台开通。至1998年，平阳邮电寻呼拥有用户约7万户，到1999年用户8万余户。由于移动电话的替代作用，寻呼数量开始下降，到2003年时已基本全部离网。

小灵通　2001年9月，县电信局首期建设小灵通，容量3万门，在昆阳、鳌江、水头建设大功率基站190个。11月28日，三地推出小灵通业务，至年底放号5960部。2002年，钱仓、萧江、腾蛟、麻步等4镇相继开通小灵通。全年放号30022户，用户累计达35982户。2003年，小灵通PAS升级为PS结构，小灵通用户4.4万户。2006年8月5日，南麂岛开通电信小灵通。南麂列岛首期安装大功率基站1个，小功率基站10余个。2007年新装143个小灵通基站，调整一批低话务基站。2010年，小灵通逐步转为移动电话，2012年，小灵通在网用户19765户。

移动电话

1993年12月20日，县邮电局在水头镇安装开通900兆模拟移动电话基站1个，信道10个，总容量151门，当年移动电话用户61户，1994年478户。1995年，投资828.1万元，先后开通昆阳A、B网并用、鳌江B网移动电话基站，并对水头基站进行扩容，移动电话基站达到4个，拥有信道88个，初步形成A、B网并用、全国自动漫游的移动信网。并投资900万元，从芬兰诺基亚公司引进具有世界先进水平的GSM数字蜂窝移动通信系统，在腾蛟、鹤溪等地增设移动电话直放站。1996年，先后开通鳌江A网、水头B网基站，并对水头、昆阳A网基站进行扩容，全县模拟移动电话基站达到6个，拥有信道145个。1月30日，在鳌江、昆阳、水头三地开通从芬兰诺基亚公司引进的GSM数字蜂窝移动通信系统，建成3个基站15个频点，完成诺基亚大通路传输设备扩容。1997年，建成10个GSM网移动电话基站和麻步、腾蛟2个A网移动电话基站，全县移动电话基站数达到31个，其中GSM基站23个、频点118个，A、B网基站8个、信道224个，全县移动电话用户5月份突破万户，年末达17388户。

1997年7月，移动通信业务从平阳县邮电局剥离，成立中国移动通信浙江有限公司平阳分公司。1999年7月22日0时，“全球通”移动电话号码升到11位。2000年4月20日，中国移动通信集团公司正式成立。5月16日，中国移动通信集团公司揭牌，浙江移动通信有限责任公司平阳分公司挂牌成立(简称中国移动平阳分公司)。2001年7月9日，中国移动通信GPRS(2.5G)系统投入试商用，12月31日中国移动通信关闭TACS模拟移动电话网，停止经营模拟移动电话业务。是年，实现县域高铁沿线信号覆盖。2002年，移动分公司相继建成塘川、西塘、腾蛟岭门、江屿、梅溪万安村、梅源解元村、晓坑、苔湖、凤卧、南湖等10多个通信基站。2002年6月，在西湾乡建立全县第一个“移动通信电话村”。2005年，县移动分公司网络容量建设突破40万门，基站数达到160多座，网络信号覆盖全县所有乡镇与绝大多数村、交通干线、公路隧道、旅游景点、高楼住宅、地下室，覆盖率达99%以上。2009年，移动分公司实现2G与3G的完全融合组网。

1998年，原联通公司开始建设移动电话基站，昆阳后垟、鳌江江滨路、萧江橘坡山、水头仕静山、第一农场等地率先开始建设，是年开始放号销售。2000年，中国联通平阳分公司挂牌。2002年，引进开通CDMA133。2008年年底，新联通成立后获得全球80%以上用户使用的WCDMA制式3G牌照。2009年5月17日，联通3G试放号，8月，联通率先与美国苹果公司合作，引入iPhone3，iPhone与联通WCDMA结合。2010年10月，iPhone4上市。2011年10月，iPhone4S上市。2012年12月，iPhone5上市。通过升级，目前联通3G的下行速率已达21Mbps，是其他3G制式的7倍左右。

2012年全县移动电话用户888692户，其中，电信公司149100户，移动公司614675户，联通124917户。

1995—2012年平阳县移动电话用户统计表

表10-2-3 单位：部

年份(年)	用户数	年份(年)	用户数
1995	2096	2004	289273
1996	6002	2005	381242
1997	17388	2006	528963
1998	31915	2007	539245
1999	70495	2008	548424
2000	104932	2009	624516
2001	174013	2010	710869
2002	225359	2011	686652
2003	325763	2012	888692

说明：据2012年《平阳统计年鉴》第160页，其中2012年888692户为电信、移动、联通公司合计数字，当年统计年报为813193户

1997—2012年平阳移动公司业务规模发展一览表

表10-2-4

年份(年)	通话用户	光宽带用户	公安和校园视频用户	企业综合接入用户
1997	12856	0	0	0
1998	35670	0	0	0
1999	69200	0	0	0
2000	115890	0	0	0
2001	162980	0	0	0
2002	184650	0	0	0
2003	191910	0	0	0
2004	216671	0	0	0
2005	265712	0	0	0
2006	332938	0	0	0
2007	409294	0	0	0
2008	459263	0	0	4
2009	494831	0	278	15
2010	548588	4476	479	79
2011	596335	21097	745	235
2012	614675	34642	250	435

说明：资料由中国移动平阳分公司提供

电报

电报分有线电报和无线电报。1988年12月至1993年12月，为确保自然灾害造成有线通信中断时各级党政军领导机关通信指挥畅通，县邮电局报房设有无线电台81型15瓦3台，开设平阳至温州无线人工报路1条，每天两次定时与温州联络。随程控电话开通和移动通信使用，1994年1月，无线电台撤销，无线人工报路停开。

1989年，县邮电局报房、山门、腾蛟、萧江等支局配备5台汉字电子电传机，开通南麂至鳌江特高频无线电路4条，重启电报话传。1990年，更新11部汉字电子电传机。1991年，县局营业处安装传真机并对外开办电报图像传真业务；全县电报基本上淘汰老式的55型机械电传机，普遍采用电子电传打字机和自动译码机。1992年6月8日，开通平阳至顺溪电传报路，从此县局到支局全部实行电报机械化。1994年1月16日，开通48路电报自动转报设备，实现电报转报自动化。1998年，对全县电报电路进行压缩调整。1999年，引进电报传真分集器，取代原先的48路自动转报系统。

1989年，全县有27处邮电局、所开办电报业务，即县邮电局和鳌江、萧江、腾蛟、麻步、水头、山门、顺溪支局及务垟、垂阳、梅溪、梅源、钱仓、江屿、凤卧、苍南、南雁、晓坑、青街、鹤溪、带溪、凤巢、龙尾、后林、夏桥、渔塘、郑楼邮电所。1989年全县去报37.12万份，1992年去报43.4万份。随着1992年程控电话的开通普及和互联网、移动电话的兴起，电报业务量急剧下滑，2000年去报4万份，2003年去报只有300份，2004年8月30日，全县停止受理电报业务，电报业务划并温州市受理。

1989年，国内电报有天气、水情、公益、政务、新闻、普通、汇款、公电电报业务，并开放特急、加急、邮送电报特别业务。1991年，县邮电局营业处安装传真机并对外开办电报图像传真业务。1992年1月，开办礼仪电报业务。1996年10月1日起，开办鲜花礼仪电报。随着电信新技术、新业务的发展，公众电报业务大幅度下降。自2001年8月1日起，简化国内公众电报业务种类，调整业务传递等级。将原8种电报业务简化为天气、水情、公益、普通和公电5种。自2002年1月1日起，取消K报类汇款电报的业务种类，按普通电报类处理。

1989年，国际电报设有关人命安全电报、气象电报、国际政务电报、国际书信电报、国际普通电报，中国港澳电报开放普通电报和加急电报业务，是年，国际和中国港澳电报为116份。自1990年起，国际电报种类调整为14种，1990年国际和中国港澳电报为116份。1991年，开办传真业务，国际和港澳传真0份，国际和港澳电报为138份。1995年，国际和港澳电报52份，2000年，国际和港澳电报4份。

电报投递　1989年，昆阳、鳌江镇电报由专职电报投递员投送，农村电报由邮递员投送。自1998年8月起，重要电报用电话通知收报人知悉，并在规定投送时间内投送。自2001年8月1日起，电报业务传递分为1、2、3等级。天气电报为1级，水情、公益电报及重要业务(纳费业务)公电为2级，昼夜24小时传(投)递处理。普通电报、公务公电及一般业务(纳费)公电为3级。取消特、加急业务和一般电报夜间投递，高等级(二级及以上)来报及时投递，或先用电话通知收报用户。昆阳镇的来报，由电报投递员专职投送。农村来报，采用委托邮政部门按“挂号信件”处理，由最近一次邮班“邮送”或电信部门将电报按规定缮封后，用标准信封重新套封，按照交寄“挂号邮件”的手续直接送邮政部门邮寄。

1989—2004年平阳县电报发报数统计表

表10-2-5　　单位：万份

年份(年)	发报数	年份(年)	发报数
1989	37.12	1997	7.00
1990	33.30	1998	6.30
1991	39.00	1999	5.30
1992	43.40	2000	4.00
1993	31.00	2001	3.31
1994	16.00	2002	0.18
1995	11.00	2003	0.03
1996	8.40	2004	0

说明：资料由县电信分公司提供

第十一卷

DI SHI YI JUAN

《平阳县志（1989—2012）》

PINGYANG XIAN ZHI

经济总情

1980—1992年，平阳县实现经济综合实力翻两番，为第一次创业时期。自1993年开始，逐步确立社会主义市场经济体制，至2000年初步实现小康目标，为第二次创业时期。1993—2000年，全县国民经济实现高速增长，经济综合实力明显增强。国内生产总值从15.46亿元增加到65.18亿元，按可比价格计算，8年增长2.55倍，年平均递增17.15%。2000年，全县生产总值65.18亿元，人均生产总值7950元，接近1000美元，初步提前实现小康目标。全县工业总产值从1992年的16.04亿元增加到2000年的141.21亿元，按可比价格计算，8年年均递增29.82%。县财政总收入由1993年的1.41亿元增加到2000年的4.36亿元，增加2倍多，年均递增19.58%。全县外贸出口额从1992年的1.4亿元增加到2000年的13.07亿元，增长8.3倍，年均增长32.2%。1993年1月，定购任务外的粮食价格放开，随即大部分工业品价格放开。价格改革通过艰难攻关，物价指数从1993年的122.8、1994年的125.6、1995年的116.6回落到1996年的108.7，直至2000年的96.2。

进入21世纪，平阳县步入全面建设小康社会时期。“十五”期间，抓住中国加入WTO（世界贸易组织）且尚处于过渡期的历史机遇，围绕“一都三县”（即打造“中国皮塑礼品之都”，建设特色鲜明的经济强县、风格独特的旅游大县、内涵丰富的文化名县）发展目标，加快经济结构调整，推进社会事业发展，国民经济总体保持平稳健康发展。2003年1月，取消农业特产税，2004年1月开始免征农业税。“十一五”期间，随着甬台温铁路、温福铁路、金丽温高速公路等重大工程陆续建成，平阳县原本偏处一隅的区位条件实现根本改变。2010年，全县实现生产总值202.6亿元，首次突破200亿元。1989—2012年，顺应市场化、城市化、工业化、信息化的时代潮流，平阳县经济保持快速增长，经济结构、城乡面貌和人民生活发生巨大变化。

第一章　经济发展

1989年，平阳县生产总值59401万元（可比价，下同）。1992年，平阳县生产总值121164万元（按90价计算为111479万元，当年价为104743万元），与1981年18505万元（90价为29715万元）相比，年均增长12.77%。与全国提出的2000年国内生产总值比1980年翻两番要求相比，平阳县提前8年翻了两番（1992年，全县生产总值90不变价为111479万元，是1981年29715万元的3.75倍。1981年当年价净产值15146.08万元，较1980年13471.17万元增长12.43%。合计1992年国内生产总值是1980年的4.22倍）。1993—2000年，全县生产总值从154602万元增加到651840万元，按可比价格计算，8年增长2.55倍，年均递增17.15%。2012年，全县生产总值2597560万元，和2000年651840万元相比，年均增长10.3%。按可比价格计算，2012年生产总值比1989年增长42.2倍，年均增长13.8%。

第一节　经济总量

“七五”时期（1986—1990）

1990年，全县地区生产总值76697万元，人均生产总值1019元（当年价）。工农业总产值119151万元，其中农业总产值44868万元，工业总产值74283万元。按不变价计算，1990年与1985年相比，地区生产总值年均递增11.2%；工业总产值年均递增20.73%。1990年，全县全社会固定资产投资10084万元，与1985年相比年均递增9.6%。全县社会消费品零售总额35102万元，5年年均递增14.6%。1990年，全县财政收入6102万元，年均递增15.2%。1990年，全县外贸收购额5814.32万元，年递增33.38%。1990年，全县金融机构存款余额32245万元，年递增36.90%。1990年，全县城乡居民储蓄存款余额19955

“七五”时期平阳县国民经济主要指标一览表

表11-1-1

年份 指标	1986年	1987年	1988年	1989年	1990年
地区生产总值（万元）	38971	49533	56964	59401	76697

续表 11-1-1

指标＼年份	1986年	1987年	1988年	1989年	1990年
工农业总产值(万元)	62962	84465	100939	114978	119151
工业总产值(万元)	36501	53532	64325	73344	74283
农业总产值(万元)	26461	30933	36614	41634	44868
粮食总产量(吨)	199841	192400	197410	209685	167346
社会零售总额(万元)	22684	26680	33315	32868	35102
固定资产投资(万元)	8034	11835	14558	9314	10084
财政收入(万元)	3061	3821	4837	5325	6102
金融机构存款余额(万元)	8723	10857	13310	17291	32245
居民储蓄存款余额(万元)	4163	6591	7442	14033	19955
耕地面积(万亩)	38.79	38.57	38.40	38.34	37.18
年末总人口(人)	726338	734542	741089	747496	752513

说明：资料来源《2012年平阳统计年鉴》《国民经济主要指标(1981—2012)》

万元，年递增63.73%。

“八五”时期(1991—1995)

1995年，全县生产总值315822万元，人均生产总值4038元。工农业总产值781204万元，其中农业产值79071万元，工业产值702133万元。按不变价计算，1995年与1990年相比，地区生产总值年均递增18%；工业总产值年均递增56.71%。1995年，全县全社会固定资产投资65095万元，与1990年相比，年均递增45.2%。1995年，全县社会消费品零售总额134284万元，5年年均递增30.8%。1995年，全县财政收入21566万元，年均递增28.7%。其中，地方财政收入10010万元。1995年，全县外贸出口交货值55700万元，年递增57.13%。1995年，全县金融机构存款余额134954万元，年递增33.15%。1995年，全县城乡居民储蓄存款余额80946万元，年递增32.32%。

“八五”时期平阳县国民经济主要指标一览表

表 11-1-2

指标＼年份	1991年	1992年	1993年	1994年	1995年
地区生产总值(万元)	89924	121164	154602	223101	315822
工农业总产值(万元)	142124	215978	291542	525087	781204
工业总产值(万元)	90347	160372	244080	466689	702133
农业总产值(万元)	51777	55606	47462	58398	79071
粮食总产量(吨)	217793	180288	187733	170859	194284
社会零售总额(万元)	40609	47939	57400	100456	134284
固定资产投资(万元)	17003	21066	35202	52948	65095
财政收入(万元)	6993	9019	14128	17101	21566
金融机构存款余额(万元)	40445	61198	81244	95706	134954
居民储蓄存款余额(万元)	23885	33257	47854	54882	80946
耕地面积(万亩)	37.18	37.72	37.11	36.66	36.40
年末总人口(人)	758559	767026	773458	779163	785227

说明：资料来源《2012年平阳统计年鉴》《国民经济主要指标(1981—2012)》

“九五”时期（1996—2000）

2000年，全县地区生产总值651840万元，人均生产总值7950元。工农业总产值1509574万元，其中农业总产值97429万元，工业总产值1412145万元。按不变价计算，2000年与1995年相比，全县地区生产总值年均递增16.9%；工业总产值年均递增15.0%。2000年，全县全社会固定资产投资161110万元，与1995年相比，年均递增19.9%。2000年，全县社会消费品零售总额273451万元，年均递增15.3%。2000年，全县财政收入43576万元，年均递增15.1%。是年，地方财政收入26274万元，年均递增21.3%。2000年，外贸进出口总额5349万美元，其中出口总额4027万美元。全社会出口商品交货值130700万元。2000年，全县金融机构存款余额378546万元，年递增22.90%。2000年，全县城乡居民储蓄存款余额224870万元，年递增22.67%。

“九五”时期平阳县国民经济主要指标一览表

表 11-1-3

指标＼年份	1996年	1997年	1998年	1999年	2000年
地区生产总值(万元)	415985	484137	535105	579140	651840
工农业总产值(万元)	957161	1144847	1321289	1360244	1509574
工业总产值(万元)	860256	1041294	1216682	1261408	1412145
农业总产值(万元)	96905	103553	104607	98836	97429
粮食总产量(吨)	210658	205640	195785	196419	161036
社会零售总额(万元)	172199	196108	219823	246775	273451
固定资产投资(万元)	75949	90224	108200	135277	161110
财政收入(万元)	23675	27864	33500	33901	43576
金融机构存款余额(万元)	187266	240844	261513	318534	378546
居民储蓄存款余额(万元)	120665	157616	161616	185215	224870
耕地面积(万亩)	36.31	36.21	36.21	36.33	35.09
年末总人口(人)	789483	789203	804772	809200	830686

说明：资料来源《2012年平阳统计年鉴》《国民经济主要指标（1981—2012）》

“十五”时期（2001—2005）

2005年，全县地区生产总值1058235万元，人均生产总值12479元。工农业总产值2564844万元，其中农业总产值145842万元，工业总产值2419002万元。按不变价计算，2005年与2000年相比，地区生产总值年均递增9.4%；工业总产值年均递增11.37%。2005年，全县全社会固定资产投资289333万元，与2000年相比，年均递增12.4%。2005年，全县社会消费品零售总额468237万元，年均递增11.3%。2005年，全县财政收入90460万元，年均递增15.7%。是年，地方财政收入45529万元，年均递增11.6%。2005年，全县外贸进出口总额25470万美元，年均递增36.6%。其中出口总额19378万美元，年均递增36.92%。2005年，全县金融机构存款余额876831万元，年递增18.29%。2005年，全县城乡居民储蓄存款余额618178万元，年递增22.44%。

“十五”时期平阳县国民经济主要指标一览表

表 11-1-4

指标＼年份	2001年	2002年	2003年	2004年	2005年
地区生产总值(万元)	726076	803313	889512	933040	1058235

续表 11-1-4

指标＼年份	2001年	2002年	2003年	2004年	2005年
工农业总产值(万元)	1751374	1935315	2111810	2251595	2564844
工业总产值(万元)	1634981	1828815	1982526	2105491	2419002
农业总产值(万元)	116393	106500	129284	146104	145842
粮食总产量(吨)	166250	138343	126541	138941	122574
社会零售总额(万元)	303982	334603	348164	421047	468237
固定资产投资(万元)	201121	227173	231481	267249	289333
财政收入(万元)	55650	68324	75283	80719	90460
金融机构存款余额(万元)	464802	583012	705564	732788	876831
居民储蓄存款余额(万元)	292027	390350	469562	510846	618178
耕地面积(万亩)	33.78	33.92	33.22	33.18	33.15
年末总人口(人)	840586	841931	846056	847720	848247

说明:资料来源《2012年平阳统计年鉴》《国民经济主要指标(1981—2012)》

“十一五”时期(2006—2010)

2010年,全县地区生产总值2025917万元,人均生产总值23421元。工农业总产值4898419万元,其中农业总产值197320万元,工业总产值4701099万元。按不变价计算,2010年与2005年相比,地区生产总值年均递增11.8%,工业产值年均递增14.17%。2010年,全县全社会固定资产投资724470万元,与2005年相比年均递增20.15%。2010年,全县社会消费品零售总额958529万元,年均递增15.40%。2010年,全县财政收入220145万元,年均递增19.47%。是年,地方财政收入133471万元。2010年,全县外贸进出口总额56365万美元,年均递增17.22%。其中,出口总额45255万美元,年均递增18.49%。2010年,全县金融机构存款余额2493723万元,年均递增23.25%。2010年,全县城乡居民储蓄存款余额1590137万元,年均递增20.80%。

“十一五”时期平阳县国民经济主要指标一览表

表 11-1-5

指标＼年份	2006年	2007年	2008年	2009年	2010年
地区生产总值(万元)	1206616	1404952	1638436	1738694	2025917
工农业总产值(万元)	3018877	3504300	3894285	3993318	4898419
工业总产值(万元)	2869424	3352079	3740187	3827804	4701099
农业总产值(万元)	149453	152221	154098	165514	197320
粮食总产量(吨)	134149	101398	131939	143088	133655
社会零售总额(万元)	528409	613460	725954	835665	958529
固定资产投资(万元)	328123	394776	437209	480584	724470
财政收入(万元)	109120	132838	160022	177303	220145
金融机构存款余额(万元)	1084734	1241212	1548864	1987882	2493723
居民储蓄存款余额(万元)	753672	826089	1081218	1351361	1590137
耕地面积(万亩)	33.16	33.16	33.16	—	—
年末总人口(人)	850773	854024	856459	862638	867337

说明:资料来源《2012年平阳统计年鉴》《国民经济主要指标(1981—2012)》

“十二五”时期前二年(2011—2012)

2012年，全县地区生产总值2597560万元，人均生产总值29729元。工农业总产值5582086万元，其中农业总产值243887万元，工业总产值5338199万元。按不变价计算，2011年、2012年地区生产总值分别比上年增9.6%、8.8%；工业总产值年增11.6%、3.9%。2012年，全县全社会固定资产投资2094181万元，2011年、2012年分别比上年年增104%、41.57%。2012年，全县社会消费品零售总额1078400万元，2011年、2012年分别增长15.8%、12.3%。2012年，全县财政收入287009万元，地方财政收入171174万元。2012年，全县外贸进出口总额72301万美元，其中出口总额61399万美元。2012年，全县金融机构存款余额3138969万元，全县城乡居民储蓄存款余额1975529万元。

2011—2012年平阳县国民经济主要指标一览表

表11-1-6

指标＼年份	2011年	2012年
地区生产总值(万元)	2324608	2597560
工农业总产值(万元)	5372982	5582086
工业总产值(万元)	5141248	5338199
农业总产值(万元)	231734	243887
粮食总产量(吨)	144184	143721
社会零售总额(万元)	1108973	1078400
固定资产投资(万元)	1479186	2094181
财政收入(万元)	285233	287009
金融机构存款余额(万元)	2939389	3138969
居民储蓄存款余额(万元)	1754776	1975529
耕地面积(万亩)	—	—
年末总人口(人)	874542	872968

说明：资料来源《2012年平阳统计年鉴》《国民经济主要指标(1981—2012)》

第二节　经济结构

1989年后，所有制结构从以国有、集体经济为主，逐步形成以公有制为主体、多种所有制经济共同发展的格局。产业结构从“二一三”逐步向“二三一”演变。投资结构中，国有单位的投资基本稳定；非国有投资比重逐步增加，从1990年的20.8%提高到2012年的59.36%；私人投资从1990年的53.44%下降到2012年的13.38%。

所有制结构

改革开放后，计划经济体制首先从农业、农村突破。1981年，全县普遍建立各种形式联产承包责任制。1982年，按照国家、集体、个人一起上的方针，城乡个体户迅速增长。1984年延长土地承包期，农民在家庭经营的基础上扩大生产规模，发展商品生产。1985年，中共中央《关于经济体制改革的决定》贯彻后，发展商品经济形成热潮，非公有制经济从小到大，不断发展。农业、工业、商业、交通运输、房地产业及社会服务等领域，公有制经济逐步退出，非公有制经济得到长足发展。据第一次经济普查资料分析，至2004年，平阳县工业、建筑业、交通运输业、批发零售业、住宿餐饮业的国有、集体资本占比呈下降趋势，而私营资本、个人资本迅速提升。

农业所有制结构　1983年，农村全面推广家庭联产承包责任制，第一轮土地承包规定承包期15年。1984年春，正式取消人民公社政社合一体制。1998年，开展家庭承包经营，实施第二轮土地承包，将土地承包期再延长30年。全县家庭承包经营的耕地总面积305191亩，共签订合同173269份。从2011年开始，开展以突出“三分三改”(“三分”是指政经分开、资地分开、户产分开；“三改”是指股改、地改、户改)为核心内容的城乡体制综合配套改革。2012年，全县593个村完成股改，完成率98.83%，共成立679个村股份经济合作社；541个村完成地改，完成率90.17%，共成立土地合作社621个，社员688796人；大力推广家庭承包土地流转“三权分离、三不变”。所有权属于集体，承包权属于农户，经营权可以流转。集体所有权与农户承包权的权属关系不变；承包土地农业用途不变；流转后农用地数量、质量不变。全县流转家庭经营的耕地面积97269亩。

工业所有制结构　1989—1996年，国有和集体工业占据全县工业主导地位。1989年，全县工业企业2892家，乡以上工业企业449家，其中全民所有制24家，集体所有制425家；另有村办集体工业企业194家，城乡个体2249家。全县工业总产值73344万元，其中国有工业产值12869万元，占

2004年平阳县主要行业企业实收资本来源构成情况一览表

表 11-1-7

	主要行业资本（万元）	比重%	工业		建筑业		交通运输仓邮		批发零售业		住宿餐饮业	
			企业资本（万元）	比重%	企业资本（万元）	比重%	企业资本（万元）	比重%	企业资本（万元）	比重%	企业资本（万元）	比重%
实收资本	652478	100	373948	57.30	224436	34.40	12447	1.91	32803	5.03	8884	1.36
1.国家资本	27764	4.26	11082	39.91	7228	26.03	3895	14.03	4830	17.40	729	2.63
2.集体资本	77922	11.94	8004	10.27	64079	82.23	2992	3.84	1591	2.04	1256	1.62
3.法人资本	126179	19.34	17599	13.95	84587	67.04	4521	3.58	13238	10.49	6234	4.94
4.个人资本	405610	62.16	322230	79.44	68542	16.90	1039	0.26	13144	3.24	655	0.16
5.港澳台资本	6924	1.06	6924	100	0	0	0	0	0	0	0	0
6.外商资本	8110	1.24	8110	100	0	0	0	0	0	0	0	0

说明：根据《平阳县第一次经济普查年鉴》资料162、508、607、665、703页整理

17.55%；集体工业产值32332万元，占44.07%；国有、集体工业产值占比61.62%。

据1995年第三次工业普查资料，全县工业企业10436家，其中国有工业企业26家、集体工业企业2192家、私营工业企业23家、个体工业8174家、联营工业1家、股份制工业3家、外商及中国港澳台投资工业17家。普查全县工业总产值645137万元，其中国有工业产值22693万元，占3.52%；集体工业产值382410万元，占59.28%。国有、集体工业产值占比62.80%。

1998年，全县工业企业16454家，总产值1216682万元，其中国有工业企业16家，产值12925万元，占比降为1.06%；集体工业企业48家，产值97310万元，占比降为8.0%。国有、集体工业产值占比仅9.06%。股份合作、"三资"企业、城乡个体、私营及其他工业产值1106447万元，占比90.94%。

2012年，全县工业企业16236家，规模以上工业企业275家，其中国有工业企业2家、集体工业企业1家、股份合作企业10家、有限责任公司101家、股份有限公司4家、私营企业124家、港澳台商投资公司18家、外商投资公司15家。规模以上工业产值2299199万元，其中国有工业产值143859万元、集体工业产值2266万元，合计占比仅为6.36%；总实收资本439340万元，其中国有工业6580万元、集体工业1231万元，合计占比仅为1.78%。

1989—2004年平阳县各种经济类型工业总产值及企业统计表

表 11-1-8

年份（年）	工业总产值（万元）	企业数（个）	国有企业产值（万元）	国有企业数（个）	国有企业产值占比%	集体企业产值（万元）	集体企业产值占比%	股份合作企业产值（万元）	"三资"企业产值（万元）	其他企业产值（万元）	城乡个体产值（万元）
1989	73344	2892	12869	24	17.55	32332	44.07			19397	8746
1990	74283	2987	10873	26	14.64	32427	43.65			23298	7685
1991	90347	2945	12032		13.32	55532	61.47			13820	8963
1992	160372	2893	14380	24	8.97	68482	42.70			71789	5721
1993	244080	4045	17746		7.27	105399	43.18			95293	25642
1994	466689	8126	20107	23	4.31	220875	47.33			118886	106821
1995	702133	10436	22539	26	3.21	354815	50.53		14328	91481	218970

续表 11-1-8

年份（年）	工业总产值（万元）	企业数（个）	国有企业产值（万元）	国有企业数（个）	国有企业产值占比%	集体企业产值（万元）	集体企业产值占比%	股份合作企业产值（万元）	“三资”企业产值（万元）	其他企业产值（万元）	城乡个体产值（万元）
1996	860256	12497	15623	23	1.82	422028	49.06		12965	138761	270879
1997	1041294	12789	14571	19	1.40	457683	43.95		202226	18020	358794
1998	1216682	16454	12925	16	1.06	97310	8.00	302869	23200	305457	474921
1999	1261408	14292	10501	12	0.83	170109	13.49	324525	21654	199115	535504
2000	1412145	15380	8826	7	0.63	71255	5.05	510447	63467	151511	606639
2001	1634981	14325	4769	5	0.29	12160	0.74	571436	131997	237069	677550
2002	1828815	15143	2775	4	0.15	47914	2.62	493362	152138	385551	747075
2003	1982526	15376	1405	2	0.07	12462	0.63	447252	132858	481483	907066
2004	2105491	14955	49695	6	2.36	3726	0.18	201905	217638	610369	1022158

说明：据《2004年平阳统计年鉴》131页《1981—2004年各种经济类型工业总产值》

2004—2012年平阳县规模以上各种经济类型工业总产值及企业统计表

表 11-1-9

项目	年份	2004年	2005年	2006年	2007年	2008年	2009年	2010年	2011年	2012年
合　计	总产值(万元)	716759	907049	1213341	1463279	1736702	1834811	2363099	2204248	2299199
	企业数(个)	280	285	322	399	480	534	618	264	275
国有企业	总产值(万元)	49695	70682	82041	89277	95128	106824	122532	140650	143859
	企业数(个)	6	7	6	3	3	3	3	2	2
集体企业	总产值(万元)	1397	1598	1586	6125	9530	9767	2646	2120	2226
	企业数(个)	2	2	2	4	3	3	2	1	1
股份合作企业	总产值(万元)	83391	94862	98251	87240	0	23560	3116	52966	43263
	企业数(个)	54	55	57	55	0	19	2	11	10
有限责任公司	总产值(万元)	196479	253492	371948	497581	142594	272128	335869	556003	727704
	企业数(个)	81	71	74	95	37	61	67	68	101
股份有限公司	总产值(万元)	2664	0	0	48299	53696	86119	114466	135517	162183
	企业数(个)	1	0	0	3	2	6	5	5	4
私营企业	总产值(万元)	166879	264440	362621	413063	1099053	1008688	1380062	892297	786870
	企业数(个)	94	116	145	196	394	403	496	142	124
港澳台商投资公司	总产值(万元)	133150	119990	119717	89277	83483	57861	95317	103022	130932
	企业数(个)	24	17	17	17	19	14	15	13	18
外商投资公司	总产值(万元)	83104	101985	177177	232417	253218	269865	309091	321673	302164
	企业数(个)	18	17	21	26	22	25	28	22	15

说明：资料来源《2004—2012年平阳统计年鉴》，2011年后规模以上企业产值由上年的500万元调整为2000万元

2004—2012 年平阳县规模以上各种经济类型工业总产值占比情况统计表

表 11-1-10　　单位：%

项目＼年份	2004年	2005年	2006年	2007年	2008年	2009年	2010年	2011年	2012年
总计	100	100	100	100	100	100	100	100	100
国有企业	6.93	7.79	6.76	6.10	5.48	5.82	5.19	6.38	6.26
集体企业	0.19	0.18	0.13	0.43	0.55	0.54	0.12	0.10	0.10
股份合作	11.63	10.46	8.10	5.96	0	1.28	0.13	2.40	1.88
有限责任公司	27.41	27.95	30.65	34.00	8.21	14.83	14.21	25.22	31.65
股份有限公司	0.38	0	0	3.30	3.09	4.69	4.84	6.15	7.05
私营企业	23.28	29.15	29.89	28.23	63.28	54.98	58.44	40.48	34.22
港澳台商投资公司	18.58	13.23	9.87	6.10	4.81	3.15	4.03	4.67	5.69
外商投资公司	11.60	11.24	14.60	15.88	14.58	14.71	13.08	14.60	13.15

说明：资料来自《2012年平阳统计年鉴》

2012 年平阳县规模以上各种经济类型工业企业主要指标一览表

表 11-1-11

	企业单位数（家）	工业总产值（万元）	实收资本（万元）	从业人数（人）
总计	275	2299201	439340	49972
国有企业	2	143859	6580	862
集体企业	1	2226	1231	123
股份合作	10	43263	6970	802
有限责任公司	101	727704	162122	17027
股份有限公司	4	162183	11010	2894
私营企业	124	786870	153955	19884
港澳台商投资公司	18	130932	48789	2947
外商投资公司	15	302164	48683	5433

说明：资料来源《2012年平阳统计年鉴》

商业所有制结构 1981年，基本由全民、集体企业垄断商业流通。1982年，全县商品零售总额11062万元，其中国有经济3003万元，集体经济6598万元，个体经济仅756万元，其他经济705万元。国有、集体经济占86.8%份额。1989年，国有、集体经济占商品零售总额份额降为56.2%。1993年，国有、集体经济占商品零售总额份额降为38.8%；个体私营经济占61.2%。社会商品流通领域开始由个体、私营经济占主角地位。1998年，国有、集体商业企业占总零售额降至14.9%，个体私营经济占比升至85.1%。

1999年，大中型批发零售贸易业商品销售总额49213万元，其中国有商业销售额40872万元，占总销售额的83.05%；集体商业销售额5687万元，占总销售额的11.56%。2004年，集体商业退出市场。2006年，国有商业销售额56537万元，占限额以上批发零售贸易业总销售额的46.23%；股份合作、有限责任公司、私营商业企业占限额以上批发零售贸易业总销售额的53.77%。2010年后，国有商业基本退出市场。

1982—1999年平阳县社会商品零售总额分类统计表（按经济类型）

表 11-1-12 单位：万元

年份（年）	社会商品零售总额	其中		国有和集体经济零售额		个体经济	其他经济
		国有经济	集体经济	合计	合计占比%		
1982	11062	3003	6598	9601	86.80	756	705
1983	12867	3237	6798	10035	78.00	1998	834
1984	14650	4021	7505	11526	78.70	2174	950
1985	17720	3490	8733	12223	69.00	4057	1440
1986	22684	5170	9560	14730	64.90	6032	1922
1987	26680	5861	9979	15850	59.40	6838	4002
1988	33315	7997	11450	19447	58.40	7992	5976
1989	32868	6600	11867	18467	56.20	7394	7007
1990	35102	7626	11114	18740	53.40	8055	8307
1991	40609	9063	12423	21486	52.90	8582	10541
1992	47939*	10444	14216	24660	51.40	10017	13262
1993	57440	14007	8295	22302	38.80	19317	15821
1994	100456	12115	18053	30168	30.00	48092	22196
1995	134284	10421	13329	23750	17.70	75181	35352
1996	172199	12306	16073	28379	16.50	96112	47708
1997	196108	12600	17624	30224	15.40	110235	55649
1998	219823	13132	19535	32667	14.90	124803	62353
1999	246775	14862	38699	53561	21.70	129187	64027

说明：据县统计局《沧桑巨变 世纪腾飞(1949—1999)》102页整理

1999—2012年平阳县限额以上（大中型）批发零售贸易业商品销售额统计表

表 11-1-13 单位：万元

年份（年）	销售总额	国有	集体	股份合作	有限责任公司	私营企业	国有占比%
1999	49213	40872	5687	2654	0	0	83.05
2000	67503	56623	5998	4883	0	0	83.88
2001	75565	47715	6332	4496	0	0	63.14
2002	81396	58565	4619	3377	14834	0	71.95
2003	92511	68615	4681	3477	15737	0	74.17
2004	78983	51394	0	9908	14634	3047	65.07
2005	73700	49555	0	14020	6263	0	67.24
2006	122284	56537	0	41341	14173	10231	46.23
2007	218239	63527	0	41897	30960	81853	29.11
2008	228938	69933	0	8025	50886	100095	30.55
2009	179047	3051	0	17111	97369	61527	17.04
2010	242178	1913	0	6961	48392	181990	0.79
2011	332022	4509	0	2496	120001	198563	1.36
2012	391611	5886	0	6517	209830	169378	1.50

说明：据历年《平阳统计年鉴》整理

产业结构

历史上，平阳产业结构以农业为主。1985年，全县工业总产值（28963万元）首次超过农业产值（23818万元），占工农业产值比重达到54.87%。1990年，工农业产值比为62.34∶37.66，一、二、三产业增加值比31.58∶31.13∶37.29。1991年，国民生产总值中二产增加值（28808万元），首次超过一产增加值（28663万元）。"八五"（1991—1995）以后，工业和二、三产业的比重迅速加大，并占据国民经济主导地位。2000年，工农业产值比为93.55∶6.45，一、二、三产业增加值比8.28∶53.07∶38.65。2010年，工农业产值比为95.97∶4.03，一、二、三产业增加值比5.41∶50.25∶44.34。2012年，工农业产值比为95.63∶4.37，一、二、三产业增加值比5.16∶49.50∶45.34。是年，全县社会就业43.69万人，其中从事第一产业12.46万人，第二产业17.80万人，第三产业13.43万人。

第一产业　全县第一产业以农业（种植业）为主，其次是渔业和牧业。1993年，全县农业（种植业）、林业、牧业、渔业增加值分别占第一产业比重为

1989—2012年平阳县三次产业结构情况一览表

表11-1-14

年份（年）	生产总值（万元）	第一产业		第二产业		第三产业	
		绝对值（万元）	比重%	绝对值（万元）	比重%	绝对值（万元）	比重%
1989	59401	24339	40.97	19279	32.46	15783	26.57
1990	76697	24224	31.58	23878	31.13	28595	37.29
1991	89924	28663	31.87	28808	32.04	32453	36.09
1992	121164	31569	26.05	50530	41.70	39065	32.25
1993	154602	27511	17.79	76074	49.21	51017	33.00
1994	223101	34292	15.37	123906	55.54	64903	29.09
1995	315822	45674	14.46	178346	56.47	91802	29.07
1996	415985	55739	13.40	234689	56.62	125557	30.18
1997	484137	57934	11.97	273363	56.46	152840	31.57
1998	535105	58429	10.92	303682	56.75	172994	32.33
1999	579140	56388	9.74	317687	54.85	205065	35.41
2000	651840	53989	8.28	345943	53.07	251908	38.65
2001	726076	56607	7.80	388526	53.51	280943	38.69
2002	803313	59317	7.26	427126	53.17	317870	39.57
2003	889512	66561	7.49	458042	51.49	364909	41.02
2004	933040	78740	8.44	459158	49.21	395142	42.35
2005	1058235	82367	7.78	521656	49.30	454212	42.92
2006	1206616	81580	6.76	605067	50.15	519969	43.09
2007	1404952	80535	5.73	700537	49.86	623880	44.41
2008	1638436	86684	5.29	813152	49.63	738600	45.08
2009	1738694	93056	5.35	840772	48.36	804866	46.29
2010	2025917	109482	5.41	1018089	50.25	898346	44.34
2011	2324608	127304	5.48	1158903	49.85	1038401	44.67
2012	2597560	134083	5.16	1285873	49.50	1177604	45.34

说明：根据《2012年平阳统计年鉴》整理

65.74：4.82：16.91：12.53。农业(种植业)1998年后占比降至60%以下;2011年后降至50%以下。林业增加值2001年增至7.79%,逐年回落至2012年的2.62%。牧业增加值1995年后占比降至20%以下,2002年突升至26.25%,2004年又降至9.81%,之后逐年回升至2012年的16.71%。渔业增加值1989年后占比逐年回升至1999年的21.12%,至2003年下降至11.02%,2005年回升至25.60%,2011年后占比升至30%以上。2012年,农业(种植业)、林业、牧业、渔业增加值分别占第一产业比重为47.29：2.62：16.05：33.31,农林牧渔服务业比重为0.73。总体上,种植业产值所占比例逐年下降且幅度较大,渔业逐年上升,牧业有升有降,林业稳中有升。

第二产业　全县第二产业以工业为主,工业所占比例基本在80%以上,建筑业所占比重低于20%。1990年,工业增加值占第二产业比重为82.34%,建筑业增加值占比重为17.66%。2012年,工业增加值占第二产业比重为83.90%,建筑业增加值占比为16.10%。

全部工业中,轻工业所占比例较大。1989年轻工业总产值占工业总产值74.35%,1998年升至93.99%,至2004年降至76.40%。在规模以上工业企业中,2004年,轻工业产值占总产值57.70%,重工业占总产值42.30%;2012年轻工业产值占总产值55.98%,重工业占总产值44.02%。

1993—2012年平阳县第一产业增加值结构情况一览表

表11-1-15

年份（年）	第一产业增加值（万元）	农业（种植业）		林业		牧业		渔业		农林牧渔服务业	
		增加值（万元）	比重%	增加值（万元）	比重%	增加值（万元）	比重%	增加值（万元）	比重%	增加值（万元）	比重%
1993	27569	18123	65.74	1329	4.82	4663	16.91	3454	12.53	—	—
1994	34438	20318	59.00	1486	4.32	8081	23.46	4553	13.22	—	—
1995	45966	29098	63.30	1335	2.90	7606	16.55	7927	17.25	—	—
1996	56214	35247	62.70	1790	3.18	10869	19.34	8308	14.78	—	—
1997	58552	36159	61.76	1710	2.92	10970	18.74	9713	16.58	—	—
1998	59177	34626	58.51	1724	2.91	10865	18.36	11962	20.22	—	—
1999	56388	33561	59.52	2004	3.56	8909	15.80	11914	21.12	—	—
2000	53989	31022	57.46	2401	4.45	10324	19.12	10242	18.97	—	—
2001	56607	32094	56.70	4408	7.79	11306	19.97	8799	15.54	—	—
2002	59317	33167	56.87	3241	5.56	15309	26.25	6600	11.32	—	—
2003	66561	47195	70.90	3551	5.33	8023	12.05	7334	11.02	458	0.70
2004	78740	51524	65.04	3626	4.60	7721	9.81	14431	18.33	1748	2.22
2005	82367	48067	58.36	2600	3.16	9329	11.33	21091	25.60	1279	1.55
2006	81580	46304	56.76	2875	3.53	10040	12.30	20922	25.65	1439	1.76
2007	80535	40372	50.13	3527	4.38	12135	15.07	22698	28.18	1803	2.24
2008	86684	44168	50.95	3063	3.53	13737	15.85	25325	29.22	395	0.45
2009	93056	46580	50.06	3567	3.83	14710	15.81	27791	29.86	408	0.44
2010	109482	56427	51.44	3265	2.98	17139	15.65	31991	29.22	660	0.61
2011	127304	62523	49.11	3249	2.55	21275	16.71	39391	30.94	866	0.69
2012	134083	63408	47.29	3508	2.62	21526	16.05	44661	33.31	980	0.73

说明:据县统计局《沧桑巨变 世纪腾飞(1949—1999)》整理;1999年后按当年统计年鉴整理

1989—2012年平阳县第二产业增加值结构情况一览表

表11-1-16

年份（年）	第二产业增加值（万元）	工　业		建筑业	
		增加值(万元)	比重%	增加值(万元)	比重%
1989	19279	18543	96.18	736	3.82
1990	23878	19660	82.34	4218	17.66
1991	28808	22688	78.76	6120	21.24
1992	50530	42525	84.16	8005	15.84
1993	76074	65098	85.57	10976	14.43
1994	123906	105030	84.77	18776	15.23
1995	178346	152552	85.54	26054	14.46
1996	234689	203041	86.51	31648	13.49
1997	273363	247528	90.55	25835	9.45
1998	303682	272549	89.75	31133	10.25
1999	317687	276729	87.11	40958	12.89
2000	345943	298611	86.32	47332	13.68
2001	388526	334700	86.15	53826	13.85
2002	427126	369137	86.42	57989	13.58
2003	458042	395023	86.24	63019	13.76
2004	459158	401586	87.46	57572	12.54
2005	521656	463021	88.76	58635	11.24
2006	605067	541391	89.48	63676	10.52
2007	700537	627355	89.55	73182	10.45
2008	813152	722011	88.79	91141	11.21
2009	840772	744228	88.52	96544	11.48
2010	1018089	940187	92.35	77902	7.65
2011	1158903	1027615	88.67	131288	11.33
2012	1285873	1078850	83.90	207023	16.10

说明：资料来源《2012年平阳统计年鉴》第30页

1989—2004年平阳县全部工业中轻重工业比例结构情况一览表

表11-1-17

年份（年）	工业总产值（万元）	其中			
		轻工业产值(万元)	占比%	重工业产值(万元)	占比%
1989	73344	54533	74.35	18811	25.65
1990	74283	58711	79.04	15572	20.96
1991	90347	68591	75.92	21756	24.08
1992	160372	127816	79.70	32556	20.30
1993	244080	184858	75.74	59222	24.26
1994	466689	407391	87.29	59298	12.71

续表 11-1-17

年份（年）	工业总产值（万元）	其中			
		轻工业产值（万元）	占比%	重工业产值（万元）	占比%
1995	702133	591782	84.28	110351	15.72
1996	860255	702188	81.63	158068	18.37
1997	1041294	877463	84.27	163831	15.73
1998	1216682	1143577	93.99	73105	6.01
1999	1261408	1114319	88.34	147089	11.66
2000	1412145	1289699	91.33	122446	8.67
2001	1634981	1480881	90.57	154100	9.43
2002	1828815	1649722	90.21	179093	9.79
2003	1982526	1655813	83.52	326713	16.48
2004	2105491	1608646	76.40	496845	23.60

说明：根据《平阳统计年鉴》整理

2004—2012年平阳县规模以上工业轻重工业比例情况一览表

表 11-1-18

年份（年）	工业总产值（亿元）	其中			
		轻工业产值（亿元）	占比%	重工业产值（亿元）	占比%
2004	71.68	41.36	57.70	30.32	42.30
2005	90.70	49.30	54.50	41.40	45.50
2006	121.33	68.90	56.79	52.43	43.21
2007	146.33	81.76	55.87	64.57	44.13
2008	173.67	98.81	56.90	74.86	43.10
2009	183.48	99.99	54.50	83.49	45.50
2010	236.31	127.28	53.86	109.03	46.14
2011	220.42	118.37	53.70	102.06	46.30
2012	229.92	128.71	55.98	101.21	44.02

说明：根据《平阳统计年鉴》整理

第三产业　1992年，全县第三产业中传统的交通运输邮电业、贸易餐饮业、金融业、房地产业增加值比重占第三产业增加值的67.61%。交通运输邮电业增加值从1992年占比7.4%升至1999年20.36%；贸易餐饮业从37.36%升至1999年41.07%；金融业从1992年11.14%降至1999年6.15%；房地产业从1992年11.71%降至1999年6.78%。

2012年，交通运输邮电业、贸易餐饮业、金融业、房地产业、信息计算机服务软件业增加值比重占第三产业增加值分别为6.14%、25.78%、14.61%、14.91%、4.63%。贸易餐饮业占25.78%，比1992年的37.36%下降11.58个百分点，金融业、房地产业各上升3.47、3.2个百分点。

投资结构

1989年，全县全社会固定资产投资9314万元，其中，国有单位投资1875万元(基本建设投资1256万元，更新改造投资619万元)，占全社会投资的20.13%。非国有单位投资1262万元，占全社会投资13.55%。私人投资6177万元，占全社会投资66.32%。

“七五”时期(1986—1990)，全社会固定资产总投资5.38亿元，其中国有单位投资1.05亿元，占全社会固定资产总投资19.47%；非国有单位投

1992—1999 年平阳县第三产业增加值结构情况一览表

表 11-1-19

年份	1992 年	1995 年	1996 年	1997 年	1998 年	1999 年
第三产业增加值(万元)	22334	91578	124538	151357	171285	202228
交通运输邮电业(万元)	1651	12183	17465	28315	34796	41168
占比%	7.4	13.30	14.02	18.71	20.31	20.36
贸易餐饮业(万元)	8345	44410	61383	66129	72418	83050
占比%	37.36	48.49	49.29	43.69	42.28	41.07
金融业(万元)	2489	8767	8546	7605	9954	12443
占比%	11.14	9.57	6.86	5.02	5.81	6.15
房地产业(万元)	2606	4615	7773	10192	11208	13721
占比%	11.71	5.04	6.24	6.73	6.54	6.78
其他(万元)	7234	21615	29379	39126	42924	51851
占比%	32.39	23.60	23.59	25.85	25.06	25.64

说明：资料来源《平阳统计年鉴》

2000—2012 年平阳县第三产业增加值结构情况一览表

表 11-1-20

年份	2000 年	2005 年	2008 年	2009 年	2010 年	2011 年	2012 年
第三产业增加值(万元)	251908	454212	738600	804866	898346	1038411	1177604
交运仓储邮通业(万元)	27212	35706	61991	60889	64103	68637	72366
占比%	10.80	7.86	8.39	7.57	7.14	6.61	6.14
贸易餐饮业(万元)	88867	127378	188547	214150	238494	266079	303552
占比%	35.28	28.04	25.52	26.30	26.55	25.62	25.78
金融业(万元)	17943	35579	85279	93808	115191	140240	172013
占比%	7.12	7.83	11.55	11.66	12.82	13.50	14.61
房地产业(万元)	26332	63940	123549	131359	130354	155537	175549
占比%	10.45	14.08	16.73	14.62	14.51	14.98	14.91
信息计算机服务软件业(万元)	29990	36638	46055	40834	45787	50054	54541
占比%	11.91	8.07	6.24	4.55	5.10	4.82	4.63
其他服务业(万元)	61564	154971	233176	284118	304360	357940	399561
占比%	24.44	34.12	31.57	35.30	33.88	34.47	33.93

说明：资料来源《平阳统计年鉴》

资0.73亿元，占13.65%；私人投资3.60亿元，占66.88%。此期投资规模小，且以城乡住宅建设为主。

“八五”时期(1991—1995)，全社会固定资产总投资19.13亿元，其中国有单位投资6.01亿元，占全社会固定资产总投资31.40%；非国有单位投资6.98亿元，占36.48%；私人投资6.15亿元，占32.12%。

“九五”时期(1996—2000)，全社会固定资产总投资57.08亿元，其中国有单位投资20.85亿元，占全社会固定资产总投资36.52%；非国有单位投资21.66亿元，占37.96%；私人投资14.57亿元，占25.52%。此期基本建设规模扩大，城乡私人投资比率下降。

“十五”时期(2001—2005)，全社会固定资产总投资121.64亿元，其中国有单位投资28.03亿元，占全社会固定资产总投资23.05%；非国有单位投资71.01亿元，占58.38%；私人投资22.59亿元，占18.58%。

"十一五"时期(2006—2010)，全社会固定资产总投资236.52亿元，其中国有单位投资45.92亿元，占全社会固定资产总投资19.41%；非国有单位投资157.81亿元，占66.72%；私人投资37.40亿元，占13.87%。

2011—2012年，全社会固定资产总投资357.34亿元，其中国有单位投资92.53亿元，占全社会固定资产总投资25.90%；非国有单位投资226.87亿元，占63.49%；私人投资37.91亿元，占10.61%。

1990—2012年平阳县全社会固定资产投资统计表

表11-1-21

年份（年）	总投资（万元）	国有单位投资（万元）	占总投资%	非国有单位投资（万元）	占总投资%	私人投资（万元）	占总投资%
1990	10084	2588	25.66	2107	20.89	5389	53.44
1995	65095	27321	41.97	23311	35.81	14463	22.22
2000	161100	77767	48.27	49924	30.99	33419	20.74
2005	289333	53130	18.36	179040	61.88	57163	19.76
2010	724470	184557	25.47	463438	63.97	76475	10.56
2012	2094181	570955	27.26	1243127	59.36	280099	13.38

说明：资料来源《2012年平阳统计年鉴》165页

各个五年计划时期平阳县全社会固定资产投资结构情况一览表

表11-1-22

时　期	总投资（万元）	国有单位投资（万元）	占总投资%	非国有单位投资（万元）	占总投资%	私人投资（万元）	占总投资%
"六五"	21320	3448	16.17	2629	12.33	15243	71.50
"七五"	53825	10481	19.47	7347	13.65	35997	66.88
"八五"	191314	60068	31.40	69788	36.48	61457	32.12
"九五"	570760	208465	36.52	216638	37.96	145657	25.52
"十五"	1216357	280330	23.05	710083	58.38	225944	18.58
"十一五"	2365162	459166	19.41	1578124	66.72	373967	13.87
2011—2012年	3573367	925282	25.9	2268726	63.49	379059	10.61

说明：据历年《平阳统计年鉴》全社会固定资产投资内容整理

第二章　区域经济

按地域分，平阳县形成各具特色的四大经济区块，即东北部的昆阳和万全经济区、东南部的鳌江经济区、中部的萧江经济区和西部以水头为中心的北港经济区。

第一节　昆阳和万全经济区

昆阳和万全经济区位于飞云江流域万全平原，属昆阳镇和万全镇范围。1992年，该区域工业总产值3.72亿元，占全县16.04亿元的23.2%。2001年，昆阳镇机械、塑编、三证礼品、服饰、电子通信配件五大产业工业产值21.63亿元。2001年，昆阳和万全片总人口17.41万人，占全县人口比重的20.7%。全区生产总值19.34亿元，占全县比重的24.86%；人均生产总值11287元，高于全县平均值21.2%。工农业总产值38.06亿元，占全县比重21.7%，其中，工业总产值35.43亿元，占全县比重21.7%。2003年，平阳县被列为中国商务礼品生产基地，昆阳镇、郑楼镇为基地主要所在地。该区域已形成商务礼品、服饰、机械、电子通信配件等工业支柱行业。

2001年昆阳和万全经济区主要经济指标统计表

表11-2-1

项　目	单　位	全　县	昆阳镇	郑楼镇	宋桥镇	榆垟镇	宋埠镇	合　计
土地面积	平方千米	1051	80.40	16.40	25.20	15.90	13.60	151.50
总人口	人	840586	100994	20864	22886	13031	16368	174143
地区生产总值	万元	777925	154080	14327	9624	8203	7144	193378
第一产业	万元	62332	5781	1560	2455	1566	2846	14208
第二产业	万元	441459	76337	9340	3964	4963	1062	95666
第三产业	万元	274134	71962	3427	3205	1674	3236	83504
人均生产总值	元	9309	15256	6867	4205	6295	4365	11287
工农业总产值	万元	1751374	293417	37478	19223	21279	9196	380593
工业总产值	万元	1634981	282723	34593	14682	18382	3932	354312
农业总产值	万元	116393	10694	2885	4541	2897	5264	26281
粮食播种面积	亩	433857	64688	25130	32789	14930	17520	155057
粮食总产量	吨	166249	25271	10602	14280	6105	7696	63954
农民人均收入	元	3689	5520	3904	3590	3409	3753	—

说明：①据《2001年平阳统计年鉴》整理，并经县统计局审核确定。其中地区生产总值和人均生产总值(9309元)为当年价；②其中区域面积资料由县国土资源局提供，据1991年全县土地详查，1996年核定全县土地面积1051平方千米

2012年，该区域土地面积151.90平方千米，人口18.86万人，分别占全县比重14.57%、21.60%。2012年，全区生产总值82.68亿元，占全县比重32.2%；人均生产总值44030元，高出全县平均水平50%。工业总产值159.12亿元，占全县比重29.8%；农林牧渔业总产值3.31亿元，占全县比重13.6%，其中农业21957万元、林业418万元、牧业9071万元、渔业1498万元，农林牧渔服务业158万元。该区为平阳县主要粮食产区。2012年全区粮食播种面积12.84万亩，占全县35.4%，粮食产量51399吨，占全县35.8%。

2012年昆阳和万全片经济区主要经济指标统计表

表11-2-2

项　目	单　位	全　县	昆阳镇	万全镇	合　计	占比%
面积	平方千米	1042.21	87.56	64.34	151.90	14.57
人口	人	872968	109462	79097	188559	21.60
地区生产总值	万元	2564721	601281	225499	826780	32.20
第一产业	万元	133868	7945	10975	18920	14.10
第二产业	万元	1194115	231032	148614	379645	31.80
其中：工业	万元	1020105	190160	136172	326332	32.00
第三产业	万元	1236739	362304	65910	428214	34.60

续表 11-2-2

项　目	单　位	全　县	昆阳镇	万全镇	合　计	占比%
人均生产总值	元	29353	55052	28705	44030	150.00
工业总产值	万元	5338199	1023324	567899	1591223	29.80
农业总产值	万元	243887	13858	19244	33102	13.60
粮食播种面积	亩	363024	52771	75652	128423	35.40
粮食总产量	吨	143721	20739	30660	51399	35.80

说明：①据《2012年平阳统计年鉴》整理，并经县统计局审核确定。其中地区生产总值为第三次经济普查修订后数据；②其中区域面积由县国土资源局提供：2012年国土面积1042.21平方千米，其中昆阳万全片151.9平方千米，占14.57%；鳌江片190.9平方千米，占18.32%；萧江（麻步）片79.7平方千米，占7.65%；北港片523.21平方千米，占50.20%。合计945.71平方千米，占全县90.72%。其余县林场5.63平方千米，县农场5.80平方千米，海涂85.11平方千米，合计96.54平方千米，占全县9.28%

第二节　鳌江经济区

鳌江经济区位于县东南沿海鳌江流域，属鳌江镇、原鳌江区范围，包括原钱仓镇、南麂镇、西湾乡、梅溪乡、梅源乡（2012年归属鳌江镇）。

1992年，鳌江镇工业总产值6.35亿元，占全县16.04亿元的39.59%。多年来，鳌江镇综合实力居浙江省百强镇和温州市30强镇行列。1999年后，鳌江镇先后获得“联合国开发计划署中国可持续发展小城镇示范点”“全国小城镇建设示范镇”称号。电子机械为鳌江工业支柱产业。2001年，鳌江片总人口20.53万人，占全县人口的24.4%。国内生产总值22.91亿元，占全县生产总值的29.44%；人均生产总值11352元，高于全县平均21.9个百分点。工农业总产值48.57亿元，占全县的27.7%；工业总产值44.61亿元，占全县的27.3%。

2012年，该区域土地面积190.89平方千米，人

2001年鳌江经济区主要经济指标统计表

表 11-2-3

项　目	单　位	全　县	鳌江镇	钱仓镇	南麂镇	西湾乡	梅溪乡	梅源乡	合　计
土地面积	平方千米	1051	97.60	15.00	11.10	17.00	26.30	25.40	192.40
总人口	人	840586	140821	17776	2270	15097	15207	14087	205258
地区生产总值	万元	777925	197934	12944	4387	5125	5542	3124	229056
第一产业	万元	62332	9898	628	2283	3482	3423	1688	21402
第二产业	万元	441459	112002	7664	0	162	578	40	120446
第三产业	万元	274134	76034	4652	2104	1481	1541	1396	87208
人均生产总值	元	9309	14056	7282	19326	3395	3644	2218	11352
工农业总产值	万元	1751374	433117	29545	4223	7042	8472	3269	485668
工业总产值	万元	1634981	414807	28384	0	601	2140	147	446079
农业总产值	万元	116393	18310	1161	4223	6441	6332	3122	39589
粮食播种面积	亩	433857	52290	10684	0	4618	8309	8894	84795
粮食总产量	吨	166249	20810	4137	0	1576	2951	3155	32629
农民人均收入	元	3689	4812	3945	5473	2384	2976	2492	—

说明：①据《2001年平阳统计年鉴》整理，并经县统计局审核确定。其中地区生产总值和人均生产总值（9309元）为当年价；②其中区域面积资料由县国土资源局提供

2012 年鳌江经济区主要经济指标统计表

表 11-2-4

项　目	单位	全　县	鳌江经济区	占比%
面积	平方千米	1042.21	190.89	18.32
人口	人	872968	211096	24.18
地区生产总值	万元	2564721	853247	33.27
第一产业	万元	133868	63169	47.19
第二产业	万元	1194115	350730	29.37
其中:工业	万元	1020105	285814	28.02
第三产业	万元	1236739	439349	35.52
人均生产总值	元	29353	40419	137.70
工业总产值	万元	5338199	1539861	28.85
农业总产值	万元	243887	113259	46.44
粮食播种面积	亩	363024	56228	15.48
粮食总产量	吨	143721	23288	16.20

说明:①据2012年《平阳统计年鉴》整理，其中地区生产总值为第三次经济普查修订后数据。并经县统计局审核确定;②其中区域面积资料由县国土资源局提供

口21.11万人，分别占全县18.32%、24.18%。2012年，全区生产总值85.32亿元，占全县比重33.27%;人均生产总值40419元，高出全县平均水平37.7个百分点。工业总产值153.99亿元，占全县比重28.85%。农林牧渔业总产值11.33亿元，占全县比重46.44%，其中农业16557万元，林业919万元，牧业23862万元，渔业70241万元，农林牧渔服务业1680万元。农业产值占全县的23.39%;渔业产值占全县的96.63%。农作物播种面积8.30万亩，占全县比重16.09%。境内南麂岛为著名渔区和风景名胜区。

第三节　萧江经济区

萧江经济区位于县中南部鳌江流域平原地区，属原麻步区范围，包括原萧江镇、麻步镇、桃源乡(2012年统一归属萧江镇)。1992年，该区域工业总产值2.24亿元，占全县的14.0%。萧江镇是省塑编星火支柱产业基地和全国最大的塑编生产基地。1999年，被中国地区开发促进会正式命名为“中国塑料编织城”“中国塑料编织第一镇”。2001年，萧江片总人口10.81万人，占全县人口的12.9%。生产总值11.79亿元，占全县生产总值的15.16%;人均生产总值11051元，高于全县平均18.71个百分点。工农业总产值32.22亿元，占全县18.4%，其中工业总产值30.92亿元，占全县的18.80%。

2001 年萧江经济区主要经济指标统计表

表 11-2-5

项　目	单　位	全　县	萧江镇	麻步镇	桃源乡	合　计
土地面积	平方千米	1051	25.80	42.80	11.00	79.60
总人口	人	840586	51527	46360	10238	108125
地区生产总值	万元	777925	76759	38165	2986	117910
第一产业	万元	62332	3182	3309	658	7149
第二产业	万元	441459	58924	23513	1049	83486
第三产业	万元	274134	14653	11343	1279	27275
人均生产总值	元	9309	14897	8232	2917	11051
工农业总产值	万元	1751374	223931	93203	5102	322236
工业总产值	万元	1634981	218230	87082	3885	309197
农业总产值	万元	116393	5701	6121	1217	13039
粮食播种面积	亩	433857	32630	23509	6350	62489
粮食总产量	吨	166249	14132	8096	2094	24322
农民人均收入	元	3689	5174	4096	3037	

说明:①据《平阳统计年鉴》整理，并经县统计局审核确定。其中地区生产总值和人均生产总值(9309元)为当年价;②其中区域面积资料由县国土资源局提供

2012年萧江经济区主要经济指标统计表

表11-2-6

项　目	单位	全　县	萧江经济区	占比%
面积	平方千米	1042.21	79.68	7.65
人口	人	872968	109956	12.60
地区生产总值	万元	2564721	335843	13.09
第一产业	万元	133868	12362	9.23
第二产业	万元	1194115	212696	17.81
其中:工业	万元	1020105	200072	19.61
第三产业	万元	1236739	110785	8.96
人均生产总值	元	29353	30471	103.81
工业总产值	万元	5338199	1089672	20.41
农业总产值	万元	243887	22864	9.37
粮食播种面积	亩	363024	46503	12.81
粮食总产量	吨	143721	19186	13.35

说明:①据《平阳统计年鉴》整理，并经县统计局审核确定。其中地区生产总值为第三次经济普查修订后数据;②其中区域面积资料由县国土资源局提供

2012年，该区域土地面积79.68平方千米，人口11.0万人，分别占全县7.65%、12.60%。2012年生产总值33.58亿元，占全县的13.09%;人均生产总值30471元，高出全县平均水平3.81个百分点。工业总产值108.97亿元，占全县的20.41%。农林牧渔业总产值2.29亿元，占全县9.37%，其中农业14622万元、林业285万元、牧业6940万元、渔业377万元。农作物播种面积80850万亩，占全县的15.7%;种植业产值占全县的15.60%，其中粮食产值占全县的13.35%。

第四节　北港经济区

北港经济区位于县域西部，包括现水头镇(含原凤卧镇、鹤溪镇、南湖乡、朝阳乡、闹村乡)、腾蛟镇(含原凤巢乡、龙尾乡)、山门镇(含原晓坑乡、怀溪乡)、南雁镇、顺溪镇(含原维新乡、吴垟乡)和青街畲族乡。2012年土地面积523.21平方千米，占全县的50.20%;人口36.34万人，占全县的41.62%。

1992年，该区域工业总产值3.93亿元，占全县的24.50%。水头镇为平阳县经济副中心。从1992年开始，外贸出口连续十几年居温州139个建制镇之首。2001年，该区域工业总产值52.54亿元，占全县的32.13%。是年，水头镇被中国地区开发促进会命名为“中国皮都”。2002年，全镇规模企业50家，产值31.73亿元，其中产值超千万元企业37家，5000万以上企业12家，超亿元企业4家。猪皮革、皮件、宠物用品产值32.97亿元，占水头全镇工业总产值37.24亿元的88.5%。是年，外贸出口交货值10.68亿元，财政收入16974亿元。

2001年北港经济区主要经济指标统计表（一）

表11-2-7

项　目	单　位	全　县	水头镇	凤卧镇	鹤溪镇	南湖乡	朝阳乡	闹村乡
土地面积	平方千米	1051	36.30	36.40	28.20	19.10	12.90	46.90
总人口	人	840586	62491	24073	25148	17540	5761	23508
地区生产总值	万元	777925	133101	6114	4677	3063	1272	2576
第一产业	万元	62332	1583	2313	1988	2186	670	1342
第二产业	万元	441459	94599	977	307	0	0	0
第三产业	万元	274134	36919	2824	2382	877	602	1234
人均生产总值	元	9309	21299	2540	1860	1746	2208	1096
工农业总产值	万元	1751374	353285	7898	4813	4043	1240	2482
工业总产值	万元	1634981	350356	3619	1136	0	0	0
农业总产值	万元	116393	2929	4279	3677	4043	1240	2482
粮食播种面积	亩	433857	14045	12972	11859	12589	3714	7797
粮食总产量	吨	166249	5265	4293	4027	4254	1112	2699
农民人均收入	元	3689	5019	2317	1900	2449	1880	1701

2001 年北港经济区主要经济指标统计表（二）

表 11-2-8

项　目	单　位	腾蛟镇	凤巢乡	龙尾乡	山门镇	晓坑乡	怀溪乡
土地面积	平方千米	40.00	19.90	20.20	35.80	35.60	27.20
总人口	人	44356	16681	11169	28082	18477	11422
地区生产总值	万元	46286	3914	1591	6445	1766	946
第一产业	万元	1980	981	466	1213	608	560
第二产业	万元	27810	1729	0	161	65	0
第三产业	万元	16496	1204	1125	5071	1093	386
人均生产总值	元	10435	2346	1424	2295	956	828
工农业总产值	万元	106657	8219	862	2841	1365	1036
工业总产值	万元	102995	6404	0	597	239	0
农业总产值	万元	3662	1815	862	2244	1126	1036
粮食播种面积	亩	13733	7085	5617	10452	4284	3215
粮食总产量	吨	4304	2226	1773	3942	1466	1081
农民人均收入	元	4059	2242	1637	2442	1704	1570

2001 年北港经济区主要经济指标统计表（三）

表 11-2-9

项　目	单　位	顺溪镇	维新乡	吴垟乡	南雁镇	青街乡	合　计
土地面积	平方千米	57.30	24.30	18.70	43.50	21.80	524.10
总人口	人	15096	6798	3942	27276	11240	353060
地区生产总值	万元	3115	724	624	19911	1456	237581
第一产业	万元	895	301	294	1610	582	19572
第二产业	万元	0	0	0	16213	0	141861
第三产业	万元	2220	423	330	2088	874	76148
人均生产总值	元	2063	1065	1583	7300	1295	6677
工农业总产值	万元	1655	556	544	63026	1076	561598
工业总产值	万元	0	0	0	60047	0	525393
农业总产值	万元	1655	556	544	2979	1076	36205
粮食播种面积	亩	6174	2582	1681	10822	2895	131516
粮食总产量	吨	2104	1285	758	3640	1115	45344
农民人均收入	元	2064	1810	1735	3258	2379	

说明：据《平阳统计年鉴》整理，并经县统计局审核确定，其中地区生产总值和人均生产总值（9309元）为当年价

2012年，该区域土地面积523.21平方千米，人口36.34万人，分别占全县比重50.20%、41.62%。2012年，全区生产总值54.71亿元，占全县生产总值的21.33%；人均生产总值15002元，低于全县平均水平48.89个百分点。工业总产值111.74亿元，占全县的20.93%。农林牧渔业总产值7.43亿元，占全县30.48%。其中，农业40609万元、林业3949万元、牧业27834万元、渔业299万元，农林牧渔服务业1634万元，其中林业产值占全县的70.60%；牧业产值占全县的41.10%。全区农作物播种面积19.97万亩，占全县播种面积的38.70%，其中粮食产量4.97万吨，占全县34.60%。

2012年北港经济区主要经济指标统计表

表 11-2-10

项 目	单位	全 县	水头镇	腾蛟镇	山门镇	顺溪镇	南雁镇	青街乡	合 计	占比%
面积	平方千米	1042.21	176.38	80.23	98.38	99.54	46.93	21.75	523.21	50.20
人口	人	872968	171026	69886	58244	26028	27582	10591	363357	41.62
地区生产总值	万元	2564721	345070	114428	40052	18677	21750	7080	547057	21.33
第一产业	万元	133868	21199	8318	4619	1414	2450	699	38699	28.91
第二产业	万元	1194115	160664	64373	8048	4244	9572	3154	250056	20.94
其中:工业	万元	1020105	136009	55773	5340	2791	7771	210	207894	20.38
第三产业	万元	1236739	163207	41736	27385	13019	9728	3227	258302	20.89
人均生产总值	元	29353	20177	16240	6833	7119	7872	6617	15002	51.11
工业总产值	万元	5338199	771350	323994	15009	2220	4660	210	1117443	20.93
农业总产值	万元	243887	40384	15591	9903	2959	4272	1216	74325	30.48
粮食播种面积	亩	363024	60739	30201	19972	8631	9074	2942	131559	36.24
粮食总产量	吨	143721	22239	11616	8763	2894	3135	1080	49726	34.60

说明:①据《平阳统计年鉴》整理,并经县统计局审核确定。其中地区生产总值为第三次经济普查修订后数据;②其中区域面积资料由县国土资源局提供

1992—2012年平阳县分乡镇工业总产值统计表

表 11-2-11　　单位:亿元

年份(年)	全县	昆阳镇	鳌江镇	水头镇	萧江镇	腾蛟镇	山门镇	顺溪镇	南雁镇	万全镇	青街乡
1992	16.04	3.02	6.15	2.83	2.24	0.78	0.15	0.03	0.10	0.70	0.04
1993	24.41	5.54	8.61	4.08	3.00	1.08	0.33	0.05	0.15	1.54	0.03
1994	46.67	8.36	15.15	9.65	7.66	2.40	0.11	0.03	1.31	1.99	0.01
1995	70.21	13.42	21.27	10.89	14.79	3.68	0.57	0.08	3.17	2.34	0
1996	86.03	15.17	26.70	16.01	14.81	5.11	0.62	0.06	3.78	3.75	0.02
1997	104.13	17.37	31.28	21.91	20.82	5.91	0.54	0.08	2.62	3.59	0.01
1998	121.67	20.61	33.38	26.11	23.06	7.03	0.58	0.20	4.13	6.38	0.19
1999	126.14	22.42	37.69	22.36	25.12	7.80	0.19	0.01	5.01	5.54	0
2000	141.21	24.97	38.88	28.20	28.20	8.94	0.14	0.05	5.51	6.32	0
2001	163.50	28.28	44.61	35.51	30.92	10.94	0.08	0	6.00	7.16	0
2002	182.88	31.22	50.54	37.62	35.85	13.96	0.08	0	5.41	8.20	0
2003	198.25	34.25	54.46	40.67	39.02	14.62	0.06	0	5.92	9.25	0
2004	210.55	37.78	59.10	37.70	42.35	15.26	0.19	0.25	6.89	11.02	0.01
2005	241.90	44.79	75.48	38.03	46.47	17.27	0.26	0.01	6.89	12.68	0.02
2006	286.94	54.94	80.61	49.50	54.59	22.53	0.23	0.31	7.65	16.23	0.02
2007	335.21	67.53	97.59	41.62	69.70	25.74	0.71	0.32	5.95	26.03	0.02
2008	374.02	75.84	107.43	50.78	76.04	25.91	1.18	0.23	4.10	32.50	0.01
2009	382.78	74.49	113.60	51.48	77.49	24.04	0.84	0.21	4.41	35.73	0.02
2010	470.11	87.92	137.77	70.89	94.91	28.38	1.53	0.20	0.33	48.18	0.02
2011	514.12	101.20	147.90	73.90	104.92	31.45	1.60	0.21	0.46	52.47	0.02
2012	533.82	102.33	153.99	77.14	108.97	32.40	1.50	0.22	0.47	56.79	0.02

说明:资料来源2012年《平阳统计年鉴》152页

第三章　经济体制改革

1989年，中共十三届四中全会提出“坚持计划经济与市场调节相结合”的方针。1992年邓小平南方谈话后，平阳加大改革力度，朝着建立社会主义市场经济体制目标前进。农村通过二轮承包、推行土地使用权流转机制和产权制度改革，进一步放开搞活。通过工商企业产权制度改革、投资财政金融体制改革，全县以公有制为主体、多种所有制经济共同发展的基本经济制度已经确立，全方位、宽领域、多层次的对外开放格局基本形成。

第一节　农村经济体制改革

土地承包经营

耕地承包　1981年分县后，平阳县辖6区、2直属镇、1工作委员会(岛)、64个公社、802个大队、6244个生产队。全县总人口680457人，其中农业人口621103人。是年，全县96.56%生产队建立各种形式联产承包责任制。1984年春，变革人民公社体制，全县完成政社分设工作，是年完成全县农村土地承包期延期15年工作。1998年，全县开展二轮土地承包工作。至2000年，完成第二轮土地承包工作的村有836个，村民小组7555个，均超总数的97%；落实承包田面积34.74万亩，占耕地面积96.5%。签订承包合同139200份，发放承包权证139200份。第二轮农村土地承包期再延期30年，土地不准买卖，不准建房。村民和村经济合作社签订土地承包合同，分户填写“浙江省农村集体土地承包权证审批表”。至2002年，全县851个村、14.5万农户、36万亩耕地，已完成二轮土地承包工作的村有836个，占村总数的98.2%；落实承包田面积35.46万亩，占耕地面积的98.5%，共签订承包合同和发放承包权证14.326万份，占总农户数的98.8%。二轮土地承包实施“大稳定、小调整”“按人计算，按户承包”，不实行“两田制”（即按基分折算口粮田、按劳动力折算责任田）。不得重新打破队的界限。鼓励在第一轮土地承包的基础上直接延包。

山林承包　1984年，全县60个乡619个村完成山林定权发证，核定林权559064亩。2006年7月，延长山林承包期，全面铺开山林延包工作。至2007年，换(发)山林权证33189本，签订责任山合同10256份。共完成林地登记面积4.16万公顷，其中集体统管山2.81万公顷、责任山0.8万公顷、自留山0.32万公顷，国有山0.24万公顷。2008年，县林权登记管理办公室成立，并组建政策性农业保险林业专家组，负责林业保险业务指导和理赔评估等工作，对全县11个乡镇共46771亩森林进行保险。2010年，平阳县制定《平阳县森林资源流转和抵押暂行办法》和《平阳县农村信用合作联社森林资源资产抵押贷款管理办法》。开展林业承包大户现状调查，全县有承包林地经营大户288户，经营总面积2467公顷。其中，承包经营20公顷(300亩)以上16户，33.33公顷(500亩)以上6户。平阳县林业政策性保险、林权抵押贷款的各项流程制定，7家企业提交贷款申请，5家企业林权抵押贷款、贷款金额142万元。

土地承包仲裁　2005年7月，成立县农村土地承包仲裁委员会，仲裁委下设办公室(设在农业局挂在农经站)负责处理仲裁委的日常工作，并选聘仲裁员。2007年5月，平阳县被农业部、省农业厅列为国家和省农村土地承包纠纷仲裁试点单位，2010年获农业部农村土地承包纠纷仲裁试点先进集体称号。2010年7月，根据《中华人民共和国农村土地承包经营纠纷调解仲裁法》对仲裁委员会成员进行了调整，选举产生第三届平阳县农村土地承包仲裁委员会委员，通过《平阳县农村土地承包仲裁委员会章程》。至2012年底，共受理案件103件。

土地规模经营

1985年，全县商品经济活跃，涌现一批商品经营专业乡村，近18.5万人进入购销、加工、运输、建筑、服务等行业，土地开始向种田能手集中。至1986年，全县有经营30亩以上的家庭小农场41个，开发性农业联合体642个。1992年10月，县委、县政府召开全县农村工作会议，部署放开粮食购销、调整农业结构，发展“一优两高”（优质、高产、高效）农业，进一步把农业推向市场。1993年，全县经营30亩以上的家庭农场148户，耕地总面积5882亩，其中水田5549亩、旱地333亩。1994年，成立县种粮大户协会，当年发展会员62人，全部为经营面积在30亩及以上的大户，粮食种植面积3462亩。1999年，结合二轮土地承包，推行土地使用权流转机制，全县适度规模经营面积64451亩，户数3448户。其中，30～50亩的164户，面积5886亩；50～100亩的55户，面积3392亩；100亩以上的36户，面积4947亩。2002年全县20576户，共流转承包地119520亩。全县建立各类种植业基地177000亩，其中粮田适度规模经营面积61005亩，常年蔬菜基地25995亩，马蹄笋基地49995亩，特早茶、名优水果等基地约51000亩，经营百亩以上的大户161户；畜禽养殖专业户890户，千头以上规模猪场5个，较大型牛场4个，百头以上山羊养殖场22个，万羽养禽基地13个。2009年，建立县土地流转服务中心。土地流转从自发、小规模、无序的流转，转向有目的、有组织进行，全年1.29万户农户流转土地1.85万亩。

2010年，县政府出台《关于积极引导农村土地承包经营权流转的意见》，明确土地流转总体要求和基本原则、流转方式以及土地流转的服务和管理、土地流转和规模经营扶持政策。2012年年底，全县种粮大户2218户，种植总面积113894亩，大户经营最大面积1365亩。2001年，万全农民陈焕章带领温州20余名种粮大户在黑龙江建三江地区建立5万余亩的温州粮食生产基地，后建立平阳县民天专业合作社，并注册“瓯南纯香”商标，平均每年向温州市场供应优质大米2000余吨。

农村新经济组织

1993年，全县建立村经济合作社489个，占全县总村数的57.3%。2001年，按照“民办、民管、民受益”的原则，全县发展各类农村专业合作经济组织30个，其中经工商部门正式登记注册的农村专业合作经济组织有9个（包括7个农业专业协会，两个农业专业合作社），会员（社员）总数近3000人（户），带动农户近1.2万户。2002年4月，创办平阳县雪雁蘑菇专业合作社，为浙江省23家示范性农民专业合作社之一。是年，还成立葡萄行业协会、土鸡养殖专业合作社、南麂岛海水养殖协会、粗高长毛兔专业合作社等农业专业合作组织。2005年1月，浙江省颁布《浙江省农民专业合作社条例》，制定《农民专业合作社示范章程》。2007年7月《中华人民共和国农民专业合作社法》实施，国务院颁布《农民专业合作社登记管理条例》，确定农民专业合作社特殊的法人主体。2007年12月，县农民专业合作社联合会成立，成员单位66个。

2009年，县内有各类农村合作经济组织161家，其中农业行业协会17家，农民专业合作社144家。全县有4家为省级示范性专业合作组织，有9家为市级示范性专业合作组织。2011年，全县新增农民专业合作社16家，累计155家，其中创市级农村专业合作社6家（累计36家），新增县级示范性农民专业合作社10家，培育种子种苗基地3家。合作社带动农户2万余户。至2012年底，全县农民专业合作社发展到819家，其中县级示范性农民专业合作社72家、市级示范性农民专业合作社16家、省级示范性农民专业合作社8家。

农村集体资产管理

2001年开始，全县逐步开展村级会计委托代理制。2001年10月，萧江镇所辖的49个村、6个居民区全部实行村级会计委托代理。2002年10月，县委、县政府《关于全面推行村级会计委托代理制，切实加强村级财务管理的实施意见》出台，全县开始全面推行村级会计委托代理制。县委、县政府办公室印发《平阳县村级财务管理暂行规定》，明确规定村级财务收支预决算、货币资金管理、财务审批、报账记账、票证管理、财务物资管理等方面制度。截至2003年9月，全县31个乡镇全面规范建立村级会计委托代理服务中心，并进行电算化管理，全县建立878个账户，其中有账可查的有875个村（居）。

2004年，平阳县加强和完善乡（镇）政务公开和村务公开工作，全面推行村账委托代理制。全县31个乡（镇）都做到政务公开，878个村（居）的财务全部委托乡（镇）村账代理服务中心代理实行电算化管理，并建立完善的监督组织。同时根据省“农村集体经济审计办法”和“村财务三年轮审一次”的要求，对重点村开展财务审计。2005年，全县11个乡镇建立村账委托代理中心，县监管中心服务器实现与各镇（乡）实时互联。2009年，全县实现村级财务互联网公开，各村的财务收支情况直接通过登录互联网进行查询。2010年，《平阳县农村集体资金资产资源管理办法（试行）》出台，按照“统一初始化调整、统一会计标准科目、统一账务处理标准、统一信息采集、统一模块管理”的要求，全面开展“三资”管理规范年活动，70%的建制村完成历史数据装载校对。

农村经营管理

财务审计清理　1992年，县农村合作经济审计服务站成立。2002年，开展农村重点审计和财务清查，是年，审计6个单位，审计金额1193万元。2006年，开始开展每年200个村的“三年一轮审”计划，当年审计7个单位，审计金额14318.03万元。2012年，审计13个单位，审计金额2125万元。

财务管理改革　自2001年始，全县逐步开展村级会计委托代理制。2004年，平阳县在全省率先实现村级财务公开数据自动读取，规范公开内容。2005年3月，县监管中心服务器实现与各镇（乡）实时互联。2009年，全县实现村级财务互联网公开，各村的财务收支情况直接通过登录互联网进行查询。

2010年7月，县委、县政府办公室印发《平阳县村集体清产核资工作实施方案》，9月，全面启动村集体清产核资工作。2012年底，所有村社完成“三资”清查。通过清产核资，基本摸清全县村级集体资金、资产、资源的存在状况，对历史遗留问题按照程序进行解决。清产核资后，将全县农村集体的资产、资源全部纳入委托代管范围，各镇（乡）村账委托代理中心更名为“三资”管理服务中心，全县启用新一代的农村“三资”管理系统，实施信息化管理。

“三分三改”和产权制度改革

根据中共温州市委、市政府《关于加快城乡统筹综合改革的若干意见》，2011年开始，平阳开展以突出“三分三改”（“三分”是指政经分开、资地分开、户产分开；“三改”是指股改、地改、户改）为核心内容的城乡体制综合配套改革。2011年7月，在万全镇下鲍垟村实施农村集体经济产权制度改革试点。截至2012年12月，全县600个村，完成“三分三改”593个，完成率98.83%，成立679个股份经济合作社。

2011年，县农业局成立县农村土地流转服务中心。通过“三分三改”，大力推广家庭承包土地流转“三权分离、三不变”。至2012年年底，全县流转家庭经营的耕地面积97269亩。

2002—2012年平阳县农村重点审计开展情况一览表

表11-3-1

年份（年）	审计单位（个）	审计金额（万元）	违纪单位（个）	违纪金额（万元）
2002	6	1193.00	0	0
2003	5	149.00	1	5.00
2004	6	1200.27	1	0.29
2005	12	8213.00	3	32.00
2006	7	14318.03	6	34.00
2007	10	7864.00	7	17.26
2008	10	5826.47	1	10.00
2009	7	6597.02	1	272.84
2010	8	3968.09	0	0
2011	7	1281.69	3	60.33
2012	13	2125.27	1	16.92

说明：资料由县农业局提供

第二节　工业经济体制改革

企业经营机制改革

工业体制改革自1983年实行第一步利改税开始，把原来企业盈亏由县财政统收统支改为税利并存。1984年开始扩大企业自主权，允许企业在确保计划的前提下，可以自行安排产品生产，给予一定比例产品自销权和定价权。是年，全县合计工业企业622家，其中全民工业企业29家、集体工业企业592家、其他类型工业企业1家；年末职工人数30629人，其中全民工业企业4066人、集体工业企业26380人、其他类型工业企业183人；全年工业总产值12827万元，其中全民工业企业3633万元、集体工业企业9085万元、其他类型工业企业109万元。1985年实行第二步利改税，即改税利并存为以税代利。1985年下半年，根据国务院规定，适当缩小指令性计划，允许企业发展多种产品、多种经营。1987年，推行经济责任制，至1990年，全县工业系统普遍实行承包责任制，承包形式有全员承包、集体承包和个人承包3种。平阳化工厂率先实行厂长负责制和承包经营责任制，并把承包指标层层落实到车间、班组、个人，成为全省化工企业改革的一面旗帜，1987—1990年，被省政府命名为省级先进企业，1990年，获化工部红旗竞赛优胜单位和企业管理优胜单位称号。1987—1990年，承包责任制在二轻工业企业中普遍实行。平阳皮革厂于1992年划分为3个车间，实行小组承包，1993年，在确定承包基数上实行超收分成，成为全县第一个产值5000万元的工业企业。是年，平阳县版纸厂、平阳县冷作机械厂、三星洗衣机配件厂、平阳县皮塑公司均签订抵押和风险承包合同，改变以往包盈不包亏的状况。温州电热厂由厂长个人风险抵押20万元承包。

二轻、乡镇企业股份制改造

1988年12月，成立县体制改革委员会，协调、指导全县体制改革工作。鉴于当时新型股份合作企业大量涌现，根据温州市委文件精神，由体改委牵头，企业主管部门负责，工商、财税部门配合，对全县二轻、乡镇企业进行股份合作规范化工作。从1990年8月20日对平阳冷冻综合厂首家股份企业进行规范验收，至1993年4月24日，历时两年半，共验收144家股份制合作企业。

1992年下半年，二轻系统在平阳农机工具厂试行"一厂两制"，以自愿原则，组织17名职工出资入股，单独组建一个独立核算、自主经营、自负盈亏的股份制车间。试行结果，股份制车间的产值、销售、上缴税金、利润各项指标，分别占全厂的74.3%、81.4%、89.7%、90%。1993年，全县二轻工业股份制企业发展到95家，产值和税利分别占二轻工业企业总额的52.5%、37.2%。其中，有24家股份制合作企业，由县体制改革委员会牵头，企业主管部门负责，工商、财税部门配合，通过规范化验收。

企业产权制度改革

1996年，以建立现代企业制度为目标，实现企业制度创新和经营机制转换要求，加快企业改革改制工作。1997年，二轻企业实施"股份合作培育一批，整体转让救活一批，兼并联合壮大一批，引进外资嫁接一批，退二进三调整一批，解散终止淘汰一批"改制方案。是年完成改制的集体企业有平阳工具厂、平阳压缩机厂、平阳金属模具厂、平阳东欧箱包厂、平阳冶金电器厂、平阳砂轮厂等多家企业。其中平阳工具厂实行整体转让。温州广银集团控股兼并平阳实业编织厂等5家企业，当年实现产值超亿元。至1997年，全县组建企业集团9家，联合、兼并、改制企业110余家。

1998年，新组建虎豪、华庆、长安等3家企业集团，全县企业集团累计达12家。按照中央提出的国有企业改革"三年两目标"的要求，制定《平阳县国有、集体企业改革两年规划》，县下派5个国有企业改革指导组，鼓励民营企业购买、兼并国有、集体企业。平阳水泥厂及二轻企业平阳压力容器制造厂、平阳塑料二厂、平阳汽配一厂等6家企业相继完成改制。按照"一企一策"改革方法，县委、县政府出台相应改革配套政策，试行股份制改造、联合、改组、兼并、转让、出售、拍卖、破产等相关措施。1999年，新组建雨田集团，完成平阳水泥厂、平阳印刷厂和平阳造纸厂的改制工作。温州活塞厂由法院受理实施破产。平阳纺织厂、平阳酒厂、平阳县建筑机械总厂和平阳化工厂改制接近尾声。在14家二轻企业中，4家实行股份合作制，5家实行租赁承包，2家企业出售，2家企业实行经营责任制。在二轻企业中，浙江申力塑料机械厂改为股份合作制；平阳家具厂、平阳机械阀门厂和平阳五金机械厂通过内部转让，将企业资产处理安置职工。

2000年，县委、县政府提出，在继续抓好国有工业企业改制扫尾工作的同时，抓好商业、二轻、供销、粮食以及农口系统的国有、集体企业改革转制工作。改制方案：对具有市场潜力的企业，可以实行股份制或股份合作制改造；对存量调整有优势的亏损企业，鼓励有实力的民营企业兼并；对长期亏损、资产难以重组的企业，采取破产或整体出售等措施，努力实现国有集体企业脱困目标。县政府《批转县劳动局等9部门关于县国有企业下（离）岗职工劳动关系处理意见（试行）的通知》下发实施，进行劳动关系改革，建立新的用工制度，形成职工与原国有身份、集体身份脱钩的新机制。

2000年，平阳化工厂进行股份制改造，广银集团兼并平阳机械总厂，8家二轻集体企业完成改制，三星洗衣机配件厂改制成股份合作制。平阳制革总厂因资不抵债，进入破产程序。2001年，全县国有工业企业改制工作基本完成。平阳县平化化工有限公司、浙江三星洗衣机配件厂(浙江三星机电股份有限公司前身)、浙江华阳起重机厂等14家试点单位开展非公企业制度创新试点工作。二轻工业9家企业完成改制，其中平阳化工机械总厂、平阳工具二厂和平阳人民印刷厂改为股份制企业，平阳机械设备厂通过资产整体转让改制。平阳玛钢厂和平阳铸钢厂因昆阳镇老城改造，采取资产一次性处理进行改制。2002年，县经济贸易局组织对8家完成改制的国有企业进行全面财务审计，初步完成平阳酿造总厂改制，完成6家集体企业改制，完成8家非公企业公司制改造。温州远东皮革有限公司被列入省级现代企业制度示范单位。16家二轻集体企业完成改制，平阳造船厂由雨田集团兼并，5家企业实行资产整体转让。2003年，12家集体工业企业实施改制，9家没有资产的集体企业职工与企业脱离关系。10家企业完成有限责任公司重组。自2003年开始，县二轻联社实施“一厂一策”对下属企业改制：一是让有实力的企业兼并；二是盘活资产筹资安置职工；三是变现现有资产偿还债务后安置职工；四是企业重组，职工自愿入股。至2006年年底，平阳丝织厂、平阳铸钢机械厂、平阳制革总厂、平阳犁锅机械厂、平阳测电笔厂、平阳毛毯厂、平阳电机厂、平阳建工机械厂等10余家企业进行资产量化改革运作，分别采取股份制改造、资产整体转让等改制方式，并一次性解决退休人员养老保险问题。

2007年温州活塞厂进行破产清算，职工安置基本完成。至2007年12月底，全县国有企业76家，完成改制和正在改制51家，改制面为67%。其中，国有工业全部完成改制任务。流通领域完成57%。全县集体企业135家，已改制、正在改制或一次性处置的企业105家，改制面为75.5%。其中，二轻集体完成78%。企业改制核心是产权制度的改革。通过盘活现有资产，实现资产变现，使企业资产重组，转换机制。全县通过联合、兼并、改组、改造、出售、转让、拍卖等方式，盘活国有资产近4.8亿元，集体资产4亿元。近3亿元企业债务进行了妥善处置。2008年，国有企业12家，其中政策性停产4家。2009年，县二轻供销公司、县文具厂改制。2010年，县建筑机械设备厂、县工艺美术厂等集体企业改制。2011年，县政府出台《关于推进企业上市的实施意见》，省金融办和省发改委完成对逝江乔治白服饰有限公司上市申请及募集资金投向的初审，上市材料报中国证监会审批。2011年，县政府出台《关于平阳县国有已改制企业职工参加基本医疗保险有关事项的通知》。2012年7月3日，浙江乔治白服饰股份有限公司正式上市。是年，集体企业平阳县建筑市政工程公司、温州第二井巷工程公司改制。

第三节　商业经济体制改革

经营机制转换

1983年3月，县商业局与县五交化、石油、百货、烟糖、昆阳零售公司和南麂商店签订经营承包责任制合同，并在全县推开。1985年，全县23家小型零售、饮食企业，实行“国家所有，集体经营，照章纳税，自负盈亏”改革。1987年，8家小型零售企业实行租赁经营；至1988年，商业系统17家小型零售企业实行租赁经营，占小型企业总户数的74%。1987年12月，县五交化、石油、百货、烟糖公司和鳌江工业品贸易中心同县财政局、商业局签订自1987年至1990年的承包经营合同。至1990年，县商业局对系统内8个公司实行公司经理责任目标考核。

1992年后，供销社系统开始实行各种形式经营责任制，包括联销联利计酬、确定基数超利分成、抵押承包、抽资承包，并试行“社有个营”。1993年，实行联销联利部门3个，定基金超利分成26个，大包干150个，抽资承包60个。1994年，对企业领导实行风险抵押承包责任制。县烟糖公司执行全员风险抵押承包，食品公司贸易部实行职工投资入股。1995年，物资局系统对两个业务部、两个煤场进行公开投标，实行风险抵押承包。

产权制度改革

随着改革步伐加快，改变了对商业经营的诸多限制，逐步形成国营、集体、联营、私营、个体多种经济成分并存的局面。1993年以后，社会商品流通领域开始由个体私营经济占据主角。1993年，国有、集体商业企业占总零售额38.8%；个私经济占61.2%。1994年，国有、集体商业企业占总零售额30.0%；个私经济占70.0%。1995年，国有、集体商业企业占总零售额17.7%；个私经济占82.3%。1998年国有、集体商业企业占总零售额降至14.9%，个私经济占比上升至85.1%。

1996年后，根据中央关于经济体制改革、建立现代企业制度的要求，加快企业改制工作，国有资产逐步退出一般性竞争领域。1998年，完成烟糖、百货2家商业企业改制工作，组建粮食收储有限公司、商业投资经营公司。1999年，国有商业系统下属6家公司，上年亏损235.9万元，当年仍亏损114.1万元，资产负债率58.17%。是年，县五交化公司、县工贸中心实行歇业改制。2000年，国有商业完成“以物抵债”工作，清偿历史上形成的巨额债务，对中百公司、五金交电化工公司、工贸中心、糖业烟酒公司等18处固定资产实行拍卖。2001年，县级机构改革，撤销县商业局。国有商业账面总资产2860万元，总负债1793万元，所有者权益1067万元。2001年年底撤销县物资局。年内其下属县燃料公司、木材公司、昆阳物资供应站3家国有物资企业完成改制，183名职工解除劳动关系；县化建公司、金属公司、机电公司办理破产手续。物资系统国有企业完成改制2家，3家资不抵债申请破产。2004年，县糖业烟酒公司、综合房地产开发公司、旧机动车交易所改制方案经县政府批准实施，9家企业完成公司制改造。2006年，县食品公司、县饮食服务公司实行改制，县医药公司进行破产处理。2008年，县百货公司改制。2009年，县水产供销公司改制取得实质性进展，县政府拨款1400万元用于职工安置。1998年底成立的国有县商业投资有限公司也于2012年歇业改制。

1997年，县供销社转为经济实体。1998年底开展改制工作。2001年，《平阳县供销社与基层供销社改革实施意见》出台。2002年4月，县政府召开协调会议，一次性解决与农行贷款的偿还问题。2003年，县政府出台《关于解决当前供销社改革与发展几个突出问题的意见》。县供销社实施“分层深入、稳妥有效、全面推进”改制方针，2003—2004年，供销社系统投入4583万元改制资金，安置1575名职工；11个单位基本完成改制工作，占改制面80%。至2007年底，5个基层社完成改制工作。是年，平阳县盐业公司改制，由省盐业公司控股，县供销社参股，人员实行聘用制。

2000年，国有粮食企业改制工作启动，是年，粮食系统亏损539万元。2001年，5家国有粮食企业解体，其中2家改为股份有限公司，228名职工与企业终止劳动合同关系。是年，粮食经营放开，全县粮食系统亏损739.65万元，粮食企业国有总资产12170万元，负债总额9163万元，所有者权益3007万元，固定资产原值5252万元。2001年5月至2008年8月，粮食系统15家单位改制完毕，退出国有序列，共置换职工1080人，支付改制费用总额6705万元。通过重新盘活资产，成立平阳县兴粮资产经营有限公司。2009年，县粮食局按每一工龄年480元对改制企业下岗人员进行一次性医疗保险补助。

第四节　投资体制改革

20世纪80年代，凡属地方自筹建设项目，在上级下达控制额度内，由县计划委员会审查上报地区（市）计委审批。凡列入年度计划建设项目，应待设计任务书批准以后，才能作为正式项目。全县所有基建项目纳入计划统一管理。全民所有制单位2万元以上，集体所有制单位5万元以上的建设项目，由县计委审批；工业5万元以上的技术改造项目由工经委审批，非工业5万元以上的技改项目由计委审批。上述限额以下的项目由主管局审批。凡需征用土地的建设项目和需征用一亩以上的技改项目，均报县计委审批。个人建房由各区、镇在控制指标内，报县土地局、城建局审批。全民单位购置250平方米以上的商品房，报县计委审批。限额以上项目，由县计委、工经委转报上级计委审批。

1989年，规定生产性投资500万元以下、非生产性投资100万元以下，由县计委审批，此限额以上转报上级计委审批。1990年，放宽为生产性基建项目1000万元以下，非生产性500万元以下由县计委审批，此限额以上转报上级计委审批。2002

年，实行审批制度改革，县成立行政审批中心，固定资产投资审批设立"窗口"。2003年，开始实行《平阳县行政审批"绿色通道"暂行办法》，规定凡符合条件的重点技改项目均可进入"绿色通道"，按《平阳县基本建设联合审批规程》或《平阳县重点技术改造项目联合审批规程》办理。2004年，成立县招投标中心。2007年，根据《浙江省企业投资项目核准和备案暂行办法》，对企业投资一律不再实行审批制，区别不同情况实行核准和备案制，即对国家限制项目实行核准制，对符合国家产业政策的允许类、鼓励类项目实行备案制。2009年，成立平阳县工业投资项目准入管理工作领导小组，出台《平阳县工业投资项目准入管理实施细则》，建立准入评估评分机制，严格控制"三高一低"（高投入、高能耗、高污染、低效益）的工业企业进入门槛。2010年，县发展和改革局出台《审批流程优化方案》，实行再造流程，实现审批提速。对政府投资项目，根据建设面积或投资额度的大小，项目建设书、可研性报告、初步设计3个程序简化为立项一个程序或立项和初设2个程序；对企业投资项目，鼓励类、允许类实行备案制，即时办理；控制类项目实行核准制。6项审批内容累计压缩时限30天，压缩率达到30%以上。2011年，县政府出台《平阳县优化民间投资项目审批流程实施办法》和《平阳县优化政府投资项目审批流程实施办法》，合并审批环节，开展联合审批，采取联审会议形式出具各部门审查意见。除法律、法规明确规定由建设单位编制文本进行评估或专家论证外，其他评估或专家论证一律作为审批程序的内容。2012年，县政府出台《平阳县招商引资项目管理办法（试行）》《平阳县重大工业投资项目"一事一议"暂行办法》《关于平阳县优化政府投资项目审批流程实施办法的补充通知》等制度，开展事权下放，县级各部门将审批权限下放到鳌江、昆阳、水头、萧江、万全等功能区和中心镇。

第五节　财政金融体制改革

财政体制改革

1981年后，县财政执行"划分收支、分级包干"体制。1985—1988年，执行"划分税种、核定开支、分级包干、一定五年"体制。1989年，实行"划分税种、核定收支、分级包干"和改进的"收入递增包干"财政体制，一定三年。1991—1993年，财政管理体制延续。1994—2003年，实行分税制财政管理体制，按照税种划分中央政府固定收入、地方政府固定收入和中央政府与地方政府共享收入，确定消费税、增值税为中央、地方共享税，企业所得税和个人所得税从2002年起实行所得税分享体制改革，确定2002年中央与地方各分享50%，2003年中央分享60%，地方分享40%。从2004年1月1日开始，实行出口退税机制改革，以2003年出口退税实退指标为基数，对超基数部分的应退税额，由中央和地方按75：25的比例分别负担，并将银行储蓄利息个人所得税上划为省级收入。

2008年，省政府明确财政收支范围划分，财政收入、财政支出、财力基数以2007年市县财政收支决算为基础确定，实行"固定上交、增量分成、总额分享"的收入分成办法，将"两保两挂"（在确保实现当年财政收支平衡、确保完成各项职责任务的前提下，实现省补助与地方财政收入增长挂钩、奖励与地方财政收入增收额挂钩）、"两保一挂"（在确保实现当年财政收支平衡、确保完成政府职责任务的前提下，实行省奖励与其地方财政收入增收额挂钩）财政政策统一调整为"分类分档激励奖补机制"，将全省各市县分为两大类，一类是欠发达地区，实施三档激励补助政策、两档激励奖励政策，另一类是发达地区和较发达地区，实施两档激励奖励政策。平阳县属一类，补助政策按三档，地方财政收入每增长1%，补助挂钩系数为0.2；奖励政策按第二档，地方财政收入增收额的8%用于发展资金，2%用于考核奖励，实行财政奖励政策和转移支付制度。

金融体制改革

1984年，工商银行、农业银行、建设银行及保险公司陆续从人民银行或财政部门分离出来并各自承担不同的专业职能，平阳县专业银行体系形成。1986年人行、工行支行分设，人民银行平阳县支行开始专门行使金融管理职能。1988年，平阳县第一家城市信用社成立，小法人金融机构进入快速发展时期。1992年，作为国家指定的外汇专业银行——中国银行平阳县支行成立。1993年后，根据国务院有关“建立以国有商业银行为主体、多种金融机构并存的金融组织体系；实行政策性银行与商业银行分离的金融组织体系”精神，国有银行改革进入国有独资商业银行阶段。1996年，平阳县农村信用社从农行分离，成为一家法人金融机构；为实现政策性金融和商业性金融分离，同时设立农业发展银行温州市分行平阳办事处。伴随着保险公司财险、寿险平阳县支公司的分设，其他各类保险机构的经营网点陆续进驻，相继在平阳设立支公司和营销服务部。1996年，建行平阳县支行不再代理县财政基建拨款职能，农行平阳县支行与农村信用社脱离行政隶属关系，4家专业银行向商业银行转轨，实行企业化管理和集约化经营。各家银行对本系统机构进行调整和重组，对效益不佳的营业网点进行撤并，并推行信贷风险管理，把资产负债比例管理和信贷限额管理结合起来，实行核定信贷限额分配与存款、效益挂钩，与信贷资产质量挂钩。

进入21世纪，中行、建行、工行、农行相继上市，完成商业银行股份制改革，中行、建行、工行平阳县支行分别于2004年、2005年改制成为全国性股份制商业银行，农行平阳县支行于2009年改制成为全国性股份制商业银行。2001年，银河证券公司在平阳设立证券服务部。2003年，设立中国银行业监督管理委员会温州银监分局平阳监管组。2004年，温州银行平阳支行成立；国有银行改革进入国家控股的股份制商业银行改革阶段。2008年，中国邮政储蓄银行平阳县支行成立。至2009年年底，全县拥有支行（支公司）级银行、联社、保险、证券等金融机构31家，机构网点140家，形成中央银行为主导，各监管机构各司其职，政策性银行、国有商业银行、地方性银行、保险证券机构并存、有序展开竞争的金融体系。

2008年，县政府出台《平阳县政策性农业保险承保实务》《平阳县政策性农业保险实施意见》。12月5日，县首家小额贷款公司平阳县恒信小额贷款有限公司成立。2009年，县政府出台《平阳县2009年度政策性农业保险实施补充意见》。2010年，县政府出台《平阳县促进小额贷款公司发展实施意见》《关于进一步促进平阳县银行业发展的实施意见》《平阳县政策性农业保险工作改革意见》《平阳县促进股权投资基金企业发展的实施意见的通知》。2012年，温州市金融改革示范区工作启动，县政府成立金融管理办公室，建立“政府性引导基金”。

第四章　重点工程建设

1990年，平阳县制定《重点工程建设管理细则》，明确县重点项目是指“初步设计已经批准，并列入县计委年度计划，由县重点工程建设领导小组批准公布的建设项目”。随着重点工程建设进程加快，项目逐年增多，投资额度大幅增加，1993年，建立县重点工程办公室，负责全县重点工程项目管理，协助县计划委员会编制重点建设项目计划并组织实施。1998年6月1日，县政府办公室依据省政府办公厅1997年5月30日印发的《浙江省重点项目管理办法》，印发《平阳县重点项目管理办法》，规定“县重点建设领导小组和县计划委员会，负责全县重点前期工作项目和县重点建设项目的决策、组织、协调和综合管理工作”。2005年，县重点工程办公室职能纳入县发展和改革局。2006年，按照省、市重点建设项目管理办法，编制《平阳县重点建设项目管理办法》和《平阳县重点建设项目目标考核实施细则》。

1989年，全县重点工程16项，在建7个项目完成投资额1713万元。1988—1990年，29个项目按计划完成。“八五”时期，安排重点项目35个，其中电力4项，交通11项，邮电通信4项，农业和水利8项，文教卫生和城市建设8项，县城和鳌江启动旧城改造。“九五”时期，重点基础设施建设项目投入资金13.6亿元，是“八五”时期的3.6倍。“十五”时期，甬台温高速公路平阳段、文平公路、鳌江1000吨级多用途码头、昆鳌污水集中处理排污工程、平阳引供水工程、县城区片珊溪引供水工程一阶段、体育馆、殡仪馆相继建成。“十一五”时期，220千伏昆阳输变电工程、瓯南大桥、57省道平阳段战备公路、温福铁路平阳段相继建成。“十二五”时期前两年，交通水利等基础建设项目建设力度进一步加大，顺溪水利枢纽建设进展顺利，海涂围垦工程完成围垦1.5万亩。

第一节　交通　电力　电信

1989—1990年，全县交通、电力、电信竣工项目：南麂岛码头、麻步大桥、鳌江粮食仓库及500吨级码头、岱口至麻步柏油路改造、南麂岛电话通信、县城自动电话、县城与全国直拨电话、鳌江综合电信大楼、钱仓220千伏变电所。

“八五”（1991—1995）时期，建成垂阳220千伏变电所和万全、萧江、腾蛟、鳌江4个35千伏变电所，建成黄坑水库电站，完成麻步至水头110千伏输变电线路改造工程，农村电气化通过国家验收。省道岱山线公路改建柏油路工程，下河至鳌江改建水泥路面，全县建成县乡公路13条通车里程69.45千米，建成双曹公路、凤卧水泥路、麻夏公路、蔡鹤公路、练川至郑楼、苔维公路，全县34个乡镇全部通车。1991年，国家“八五”重点建设项目——沪闽光缆工程平阳段开工，全长29千米。顺溪车站建成交付使用。宋埠至西湾公路建成通车。1992年鳌江港1号码头改建1000吨级泊位，次年竣工。是年，从日本引进NEC程控一期设备，投资6510万元，装机容量11000门。完成垂阳麻步线110千伏输变电线路建设，35千伏万全输变电工程竣工。昆阳、鳌江、水头、麻步、腾蛟五镇开通市内自动电话。建成县汽车客运站。南雁大桥建成通车。1994年，35千伏萧江、腾蛟输变电工程竣工。是年，从日本引进程控二期设备，投资6510万元，装机容量37108门，26个乡镇通程控电话。1995年，昆鳌大道（投资1000万元）、104国道县城段改道工程、鳌江水深35千伏输变电工程、县邮电程控电话二期工程项目竣工交付使用。垂杨220千伏变电所二期增容扩建工程竣工，变电容量25万千伏安，省市电力部门投资1000余万元。麻步车站建成启用。西湾至墨城公路竣工（投资1000万元），全长42.7千米的沿海公路全线贯通。建成县邮政大楼，开通4.7万门程控电话。昆鳌大道半幅通车。

“九五”（1996—2000）时期，104国道平阳段拓宽改建工程、57省道詹家埠至岱口段拓宽改建工程相继完工。1996年总投资1.4亿元合资创办装机30000千瓦的温州宏能电力调峰电厂主厂房结顶。1997年县电力生产调度大楼竣工。文平公路隧道竣工并交付使用。电信部门再次从天津NEC公司及美国ATT公司引进3万门程控电话设备，使全县程控交换机总容量突破10万门。1998年，全长3.8千米的水头过境公路竣工。1999年，104国道平阳段拓宽改建二期15千米完工交付使用。57省道詹家埠至岱口段拓宽改建工程一期7.1千米竣工，二期9.0千米开工。2000年，57省道詹家埠至岱口段拓宽改建二期主体工程基本竣工，当年投资3900万元。

“十五”（2001—2005）时期，累计新建、改造公路654千米，500千伏南雁（温南）输变电、110千伏龙头、夏桥输变电工程建成，城乡电网改造基本完成。2001年，投资2000万元的110千伏横河输变电工程竣工。省电力公司1999年6月下达的县农村电网建设改造工程完工并通过省级验收，投资金额8266万元。2003年，甬台温高速公路平阳段竣工通车，累计完成16.4亿元。110千伏后林输变电工程竣工投资2750万元。农网改造二期竣工，投资8000万元。7月，瓯南大桥开工。2004年，220千伏昆阳输变电工程开工。文平公路16千米完工，投资4500万元。2005年，总投资38222万元的500千伏昆阳温南输变电工程主体变电所工程竣工。水头至南雁7千米路面改造工程完成建设，总投资3500万元。57省道平阳段战备公路完成投资2108万元，詹家埠至腾蛟段7.02千米实现通车。

“十一五”（2006—2010）时期，温福铁路平阳段铁路27.04千米建成通车，完成投资22.06亿元。2006年，总投资11264万元的220千伏昆阳输变电、总投资2600万元的鸣山输变电工程竣工。乡村康庄工程累计完成通村公路836千米，全县等级公路通村率和通村公路硬化率均达100%。2007年，110千伏郑楼输变电、35千伏鳌江变、麻步变、山门变改造及高低压电网改造工程完工。瓯南大桥投资16395万元竣工。是年，投资4350万元的昆鳌大道拓宽工程一期完工，投资1844万元的麻步二桥、三桥基本建成。2008年，投资2600万元110千伏萧东变、投资4000万元新农村电网建设与改造工程完成。投资6600万元的移动基站和无线宽带升级项目完成。钱梅公路改建工程完成主体建设。2009

年，110千伏、35千伏变电所增容改造工程和110千伏墨城变建成投运。投资7200万元的移动TD建设暨移动无线宽带化升级二期工程完成建设。凤林至马头岗红色旅游道路基本完成。2010年，220千伏腾蛟变、110千伏江屿变及宋桥变，当年投资1.22亿元(投资4600万元江屿输变电工程投产)。交通项目10个，新建鳌江火车站至千吨级码头公路、昆鳌快速通道、57省道水头至萧江复线，改建104国道至陈峡垟路段，年内投资2.58亿元。投资8850万元的移动TD网络助力城市信息化建设项目完成。

“十二五”时期:2011年，投资10950万元的移动TD网络助力城市信息化建设二期完成。投资2540万元的鳌江港陆岛交通码头竣工。总投资6.9亿元的昆宋公路开工建设，至2012年完成投资2.8亿元。2012年，投资31855万元的水头镇环城北路、投资1997万元的山门至南雁红色旅游专用公路、投资15000万元的220千伏腾蛟输变电工程、投资5030万元的110千伏宋桥输变电工程、投资24690万元的县垃圾焚烧发电厂工程建成。是年，104国道平阳段郭庄至陈峡垟改建工程累计完成投资4.10亿元，昆鳌快速通道累计完成投资4.9亿元。57省道复线累计完成投资1.5亿元。平阳县西部红色旅游道路工程南雁至青街(顺溪)公路、水头至凤卧公路等相继开工建设，完成投资2986万元。

第二节　工业　农业　水利

1989—1990年，宋埠850亩海涂围垦、平阳啤酒厂扩建、平氮厂技术改造竣工。“八五”(1991—1995)时期，北港流域综合治理列为农业和水利重点工程。其间完成平阳内配厂活塞生产线、三星洗衣机配件厂离合器生产线、平阳化工厂硫酸余热发电等多项技改工程。

“九五”时期，水头制革基地污水处理一期工程完工。1996年，浙江星河机器厂技改扩建工程、温州柳城集团技改工程竣工。1992—1997年，工业企业完成技改项目168项。1999年，温州晨光集团扩建10条生产流水线完工投产。萧江塑包工业园区一期投资5000万元。2000年，平阳经济开发区鞋业园区累计完成4.5亿元投资额，当年投资2.5亿元，92家企业土建结顶。萧江塑包工业园区一期投资累计1.1亿元，其中当年投资6000万元，入园企业17家。是年，沿海沿江标准堤塘修建当年完成投资额3940万元。

“十五”时期，2001年，投资5780万元的沿海沿江标准堤塘工程竣工(宋埠段1330万元、鳌江段2700万元、钱仓段950万元、萧江段800万元)。平阳经济开发区鞋业园区累计完成5亿元投资额。2003年，水头制革基地污水处理二期工程1.5万吨/日处理厂竣工，投资8500万元。2004年，昆阳服饰园区累计完成投资19850万元，20家入园企业投产，一期基本完成。萧江塑包工业园区累计完成投资54900万元，建成投产30家企业。温州万全家具生产基地累计投资25000万元。2005年，水头制革基地改造工程累计完成投资20680万元，厂房累计改造50万平方米。

“十一五”时期，2006年，温州万全家具生产基地累计投资85263万元，59家企业开工建设，其中12家竣工投产。2007年，省重点工程浙江显峰汽车配件有限公司建成。海涂围垦工程累计完成投资15557万元，水头城市防洪工程累计完成投资3054万元。2008年，重点工业项目完成投资11.2亿元，温州万全家具生产基地共有50家企业竣工或主体工程完工。鳌江墨城临港工业基地和郑楼标准房分别有6家企业和25家企业进场施工，平阳合信、温州雪之梦等项目开工建设。农业水利项目4个，完成投资12936万元。完成51个村5.1万人安全饮用水工程。水头城市防洪工程新开挖河道800米。2009年，萧江夏桥水闸、220千伏腾蛟变等项目开工建设。是年，水头皮件基地标准厂房和萧江标准厂房分别有7家企业进场施工。顺溪水利枢纽工程、珊溪水利枢纽平苍引水工程(平阳段)开工建设。2010年，鳌江干流防洪堤工程启动建设。是年，农业水利重点工程项目完成投资4.21亿元。工业重点项目完成投资7.56亿元，其中，鳌江墨城临港工业基地完成投资1.93亿元，平阳合信汽车零部件有限公司一期工程建成投产。

“十二五”时期前两年:2011年，农业水利重点工程项目14个，完成投资10.48亿元，实施宋埠—西湾滩涂围垦和西湾南片、北片围垦工程，实施顺溪水利枢纽工程、珊溪水利枢纽平苍引水工程、南湖水闸及标准堤。工业项目5个完成5.06亿元，其中新开工项目麻步标准厂房、萧江第二标准厂房和万全镇宋桥标准厂房累计完成投资2.4亿元。2012年，农业水利项目7个完成投资17.06亿元，宋埠—西湾滩涂围垦工程围垦面积9858亩，完成造地5187亩，开挖河道9.3千米，道路路基回填14.7千米，完成投资36206万元。西湾南片海涂围垦工程围垦面积5220亩，完成投资96754万元。西湾北片海涂围垦工程围垦面积6870亩开工。顺溪水利枢纽工程至2012年底累计完成投资41816万元，坝体浇筑至165米高程（坝高71米）。投资2.3亿元的珊溪水利枢纽平苍引水工程（平阳段）建成投入使用。产业提升项目5个，当年完成投资3.48亿元，其中总投资5.6亿元的温州雪之梦集团有限公司休闲服生产线项目建成。

第三节 文化 教育 卫生

1989—1990年，建成县工人文化宫、顺溪区卫生院、水头电视台增设频道、平二中教学楼、县中医院。“八五”时期，新建地面卫星接收站、电视差转台10座、有线电视站8个，电视人口覆盖率90%以上。1991年，总投资1045万元的县人民医院综合病房大楼动工，1995年投入使用。1995年，市重点工程平阳师范学校迁建工程开工。平阳县第一中学科学馆、体育馆落成。1998年，山门红军挺进师历史公园一期竣工。1999年，县职业教育中心一期工程竣工。县第二人民医院综合门诊楼竣工。2000年，昆阳镇第三中学迁建一期工程基本完工。2002年，平阳体育馆、县人民医院门诊综合楼主体工程完工。2005年，平阳一中迁建工程累计完成9142万元，次年投入使用。总投资4500万元的水头镇第一中学迁建工程完成一期工程建设。2006年，昆阳镇第六小学、山门镇小学、县疾控中心迁建工程开工建设。2007年，省重点工程平阳县疾控中心建成。2008年，鳌江中学迁建工程开工建设。2010年，中小学校舍安全改造工程累计完成投资1.19亿元，水头镇文体中心开工建设。

“十二五”时期：2011年，县游泳馆、县人民医院异地扩建工程、县少年体育运动学校迁建工程等项目开工建设。2012年，平阳少体校迁建工程建成投入使用。昆阳镇第二中学续建工程、鳌江镇第五中学迁扩建工程、苏步青励志教育馆工程、腾蛟镇卧牛山文化园（一期）等在建。

第四节 城市建设

1989—1990年，鳌江水厂扩建、昆阳蒙垟山垃圾场、平阳水厂取水点搬迁。“八五”时期，老城改造起步。1991年，启动白石街、健康路县城改造一期工程。1992年，县城旧城改造一期工程破土动工，拆除面积12699平方米，建成工程建筑面积26552平方米，1993年6月竣工。城东新区建设完成。1994年，鳌江镇江滨路改造工程一期拆房面积2.5万平方米，新建5万平方米。县城旧城改造二期工程拆除旧房23270平方米，新建商住楼面积7.8万平方米（不包括平阳大厦、平阳影城）。是年，平阳县经济开发区开发面积1349.4亩，基础设施投入3600余万元，昆鳌大道启动建设。1995年，昆阳镇第二水厂和鳌江水厂扩建工程竣工并通水，新增供水能力7700吨。平阳大厦工程于年底动工。

“九五”时期，昆阳镇、鳌江镇拆除原房36.2万平方米，新建65.6万平方米，全县建制镇城区面积由13.2平方千米扩大到34.7平方千米。1996年，县城旧城改造二期、鳌江镇江滨路旧城改造工程一期、平阳影城竣工交付使用。1997年，全长3.5千米、投资3500万元的平阳经济开发区主干道工程完工。县城老城改造继白石街、健康路、解放街、天来巷、弓桥路等地段的三期工程完工后，1998年初开始第四期县城旧城改造，对汇水河北段、雅河路西段进行改造，拆除原房建筑面积18191平方米，新建建筑面积34730平方米，工程总投资1.1亿元。1999年6月，县城五期旧城改造拆除西直街原房面积71315平方米，新建建筑面积137950平方米，共建商住楼27幢，新建10000平方米农贸市场一座。鳌江镇三期老城改造启动，拆建吉祥巷、古鳌路等72803平方米建筑。1996—1998年，鳌江新区投入建设资金5亿元，开发新区3.5平方千米，新建曙东、柳王、水深、柳下住宅小区，外浦工业区、印务包装城、下厂工业区。1999年，鳌江旧城三期改造工程竣工，总投资9000万元。2000年，平阳引供水工程一期总投资11500万元，累计完成投资1.1亿元。

“十五”时期，2001年，投资3150万元的县行政审批中心竣工。2003年，昆鳌污水集中处理工程基本完工，累计完成2.6亿元。县城六期旧城改造完工，完成投资8737万元。昆阳安居工程二期主体工程完工，累计完成投资1亿元。鳌江第二水厂竣工，投资5500万元。2004年，平阳殡仪馆一期主体工程竣工，投资2250万元。2005年，县城片珊溪引供水一阶段工程完工，实现对昆阳供水。

“十一五”时期，2006年，县城七期旧城改造（解放街北段改造工程）完工，新建居住楼面积27.4万平方米，工程投资5.12亿元。2007年，水头第二水厂主体工程基本完成，萧江第二水厂、腾蛟供水工程完成前期工作。2008年，平阳第三水厂主体工程完工。昆鳌污水集中处理工程累计完成投资27955万元。平阳经济开发区市政基础设施建设累计完成投资3500万元。2009年，县城城北新区市政道路网建设启动；昆鳌城市管道燃气工程、昆鳌污水处理管网工程开工建设，万全片供水管网工程完成建设。2010年，实施城市基础设施项目15个，投入资金4.45亿元：昆鳌污水处理管网主体工程完成，新建鳌江火车站站前小区主干道、郑宋组合市政道路，实施坡南旧城改造工程。

“十二五”时期，2011年，城市基础设施项目19个，完成投资13.03亿元，其中投资5300万元的东门山及九凰山主入口工程及2495万元的良种场东洋地块配套工程建成。投资3902万元的萧江第二水厂建成投用。总投资8.08亿元的昆阳、鳌江、水头保障性住房项目开工建设。2012年，15个市政配套项目完成投资7.14亿元。投资8000万元的萧江市政道路、投资1418万元的万全轻工基地综合配套工程建成，昆阳凤湖（城北）公园一期建成、昆阳龙山公园、水头仕静公园在建。垃圾处理基本全覆盖建设工程、污水处理全覆盖工程、引供水工程等项目在建。是年，城南旧城改造工程投入改造资金3.9亿元。

第五章 居民生活

1989—2012年，平阳县人民生活从温饱型向小康型转变。随着国民经济持续发展，城镇居民可支配收入、农村居民纯收入呈现总量不断扩大、结构明显优化、层次稳步提高的格局。城乡居民消费观念不断改变，消费层次逐步提高，衣食住行层次水平发生明显改变，居民文化素质明显提高。

第一节 经济收入

1989年，全县人均GDP为798元，与1981年人均274元相比增长1.91倍，年均增长14.2%。2012年，全县人均GDP为29729元，与1989年人均798元相比增长36倍，按可比价格计算年均增长13.8%。2012年，全县城镇居民人均可支配收入28761元，与1999年人均8052元相比增长2.57倍，年均增长9.8%，扣除物价因素，实际年均增长7.8%。2012年，全县农村居民人均纯收入11827元，与1989年人均850元相比增长12.9倍，23年年均增长12.1%，扣除物价因素，实际年均增长6.8%。

1986年起，随着机关事业单位工资改革、企业单位增资和就业范围扩大，城镇职工工资收入逐年稳步上升。1989年，全县城镇职工平均工资1799元，比1985年平均工资872元增长1.06倍。2000年，全县城镇职工平均工资10604元，比1989年增长4.89倍。2012年，全县城镇职工平均工资39468元，比1989年增长20.9倍，23年年均增长14.4%，扣除物价因素，实际年均增长9.0%。2012年，城镇在岗职工平均工资按企业、事业、机关分，企业32875元，事业58705元，机关53712元。

1981年，全县金融机构存款余额3057万元，其中城乡居民储蓄余额656万元，人均储蓄余额10元。1989年，全县城乡居民人均储蓄余额189元。2000年，全县城乡居民人均储蓄余额2742元。2012年，城乡居民人均储蓄余额22610元，比1989年189元增长118.6倍，年递增23.1%。

1981—2012年平阳县主要人均收入指标一览表

表 11-5-1　　单位：元

年份（年）	人均生产总值	全部职工平均工资	城镇居民人均可支配收入	农村居民人均纯收入	城乡居民人均储蓄余额	年份（年）	人均生产总值	全部职工平均工资	城镇居民人均可支配收入	农村居民人均纯收入	城乡居民人均储蓄余额
1981	274	562	—	315	10	1997	6133	7539	—	3281	1997
1982	307	617	—	336	21	1998	6714	7916	—	3318	2008
1983	330	651	—	325	23	1999	7177	9168	8052	3438	2289
1984	378	680	—	385	23	2000	7950	10604	10317	3676	2742
1985	469	872	—	424	24	2001	8689	12782	12647	4016	3495
1986	540	1037	—	468	58	2002	9549	14103	14330	4466	4640
1987	678	1221	—	510	90	2003	10539	15292	14424	4702	5564
1988	772	1559	—	817	101	2004	11017	17443	14972	5196	6026
1989	798	1799	—	850	189	2005	12479	18049	15642	5754	7288
1990	1023	1861	—	839	266	2006	14204	18889	16369	6259	8859
1991	1190	2046	—	813	316	2007	16482	22079	17708	6934	9673
1992	1588	2322	—	984	436	2008	19158	25150	19442	7655	12624
1993	2007	3384	—	1308	621	2009	20228	28508	20900	8254	15722
1994	2874	4662	—	1818	707	2010	23421	32331	23073	9274	18383
1995	4038	5527	—	2309	1035	2011	26691	35315	26084	10615	20148
1996	5283	6766	—	2700	1528	2012	29729	39468	28761	11827	22610

说明：资料由县统计局提供；人均生产总值数据《2012年平阳统计年鉴30页》

1989年、2000年、2012年平阳县城镇单位职工年平均工资一览表

表 11-5-2　　单位：元

年份（年）	企　业	事　业	机　关
1989	1758	1577	1577
2000	8418	15072	13504
2012	32875	58705	53712

说明：资料由县统计局提供

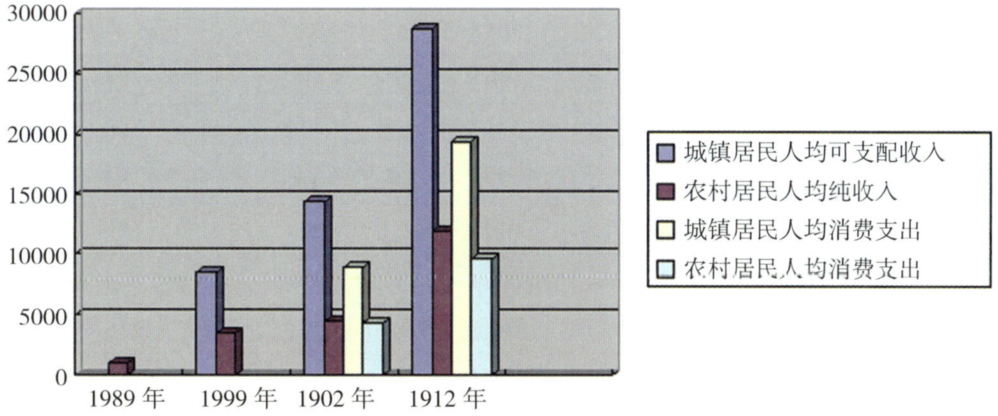

图 11-5-1　1989—2012年平阳县城乡居民人均收入与支出情况示意图

第二节　农村居民生活

农村居民收入

1989年，据农村住户抽样调查资料，农村居民人均总收入970元，比1982年农村居民人均总收入364元增长166.5%。人均年总收入970元中，从集体统一经营得到9元，从经济联合体得到84元，两项占总收入的9.6%；从家庭经营收入得到653元，占67.3%，其中农业收入282元，占总收入29.1%，畜牧业收入113元，占11.6%；手工业收入258元，占26.6%；其他非生产性收入224元，占23.1%。1990年和1991年，出现农村居民收入下降的情况。1992年后，随着改革深入，农村产业结构调整和非农产业的发展，农村居民收入增长速度加快。

2000年，全县60户农村居民家庭住户调查，收入来源呈多元化，年人均总收入3957.5元。其中，从经济联合体得到231元，占总收入的5.8%；家庭经营收入得到2949元，占74.5%(包括农业收入676元，畜牧业收入77元，工业、手工业收入340.7元，建筑业收入165.4元，劳务收入702.9元，商业、服务业收入299.4元，林业、采集捕猎、运输业收入51.6元，其他经营收入635.8元)；其他非生产性收入777.5元，占19.6%。

2012年，对全县180户农村居民家庭进行调查，年人均总收入12755元中，工资性收入6000元，占47.0%；家庭经营收入5584元，占43.8%；财产性收入397元，占3.1%；转移性收入774元，占6.1%。2012年，人均纯收入11827元，与1989年相比增加12.9倍，年均递增12.1%，扣除物价因素，实际年递增6.8%。

1982—2012年平阳县农村居民人均总收入和总支出情况一览表

表11-5-3　　　　单位：元

年份(年)	总收入	总支出	其中：生活消费	生活消费包括		
				食品	衣着	居住
1982	364	352	278	158	35	40
1983	395	386	281	177	27	33
1984	458	416	308	186	32	29
1985	520	496	381	239	47	26
1986	544	496	415	265	46	26
1987	596	537	444	286	38	23
1988	923	869	741	390	65	129
1989	970	822	683	391	52	79
1990	839	771	618	340	44	89
1991	979	874	697	402	54	100
1992	1148	906	711	412	68	89
1993	1481	1281	978	401	83	307
1994	2083	1674	1403	751	129	222
1995	2675	2182	1768	956	164	302
1996	3149	2503	1975	1235	236	67
1997	3679	2851	2344	1324	259	83
1998	3694	2689	2268	1436	247	29

续表 11-5-3

年份(年)	总收入	总支出	其中:生活消费	生活消费包括		
				食品	衣着	居住
1999	3779	2740	2382	1330	249	79
2000	3957	3483	3069	1377	238	717
2001	4287	3187	2765	1452	249	247
2002	5493	6588	4309	1811	287	460
2003	5931	6140	4105	1871	334	604
2004	6325	6255	4559	1981	295	308
2005	7089	6177	4316	2121	333	561
2006	7314	5837	4154	2110	334	394
2007	7554	6430	4988	2455	407	479
2008	9088	7793	5659	2690	457	670
2009	9493	7927	6077	3034	602	744
2010	10263	8594	6706	3409	633	595
2011	11261	9999	8206	4331	683	773
2012	12755	12035	9605	4620	929	766

说明:资料由县统计局提供

农村居民消费支出

据农村住户抽样调查资料,1989年,农村居民人均总支出822元,比1982年人均总支出352元增长133.5%。人均总支出822元中,生活消费683元,其中,食品消费391元,衣着消费52元,居住消费79元。

2000年,农村居民人均总支出3483元,比1989年增长3.24倍,年均增长14.0%,扣除物价因素,实际增长5.3%。人均总支出3483元中,生活消费3069元,其中,食品消费1377元、衣着消费238元、居住消费717元。

2012年,农村居民人均总支出12035元,比2000年增长2.46倍,年均增长10.9%,扣除物价因素,实际增长8.7%。人均总支出12035元中,生活消费9605元,其中,食品消费4620元、衣着消费929元、居住消费766元。

1989年,全县农村居民生活基本解决温饱。2000年以后,由主食型向副食型转变,食品消费中粮食消耗明显降低。据农村住户调查资料,农村

1989—2010年平阳县农村居民人均主要食品消费量统计表

表 11-5-4 单位:千克

项目 \ 年份	1989年	2000年	2010年
谷物	264	262.7	162.9
蔬菜	54	65.97	67.7
植物油	0.6	2.2	2.3
动物油	0.6	1.77	1.0
猪肉	6.8	12.1	12.8
牛羊肉	1.2	2.20	1.9
家禽	1.1	2.43	4.7
蛋类	2.5	4.71	7.4
鱼虾	11.7	12.21	26.4
食糖	1.5	3.54	1.0
卷烟(盒)	28.5	42.2	
酒	14.2	24.5	19.2
茶叶	0.09	0.06	
糖果糕点	1.1	1.80	
水果	9.3	14.47	18.0

说明:资料由县统计局提供

居民人均每天粮食消费量从1989年的0.72千克、1996年的0.86千克降至2010年的0.45千克；猪牛羊肉、禽蛋、鱼虾类食品则成倍增加。2012年，农村居民人均生活消费9605元，其中食品消费4620元，农村居民恩格尔系数48.1，比1989的57.2下降了9.1个百分点。

1989年，据农村住户调查资料，农村居民家庭每百户主要耐用物品计有自行车47辆、缝纫机50架、钟表210只、电风扇70台、洗衣机4.5台、电冰箱3台、大型家具340件、电视机30台、收音机13台、收录机17台。

1992年，农村居民家庭每百户主要耐用物品计有自行车70辆、缝纫机55架、钟表203只、电风扇95台、洗衣机8台、电冰箱3台、大型家具293件、电视机48台、收音机7台、收录机13台。1996年8月26日，凤卧镇九两村通电，至此全县实现村村通电。是月，朝阳乡开通程控电话，至此全县34个乡镇全部开通程控电话。

1998年，农村居民家庭每百户主要耐用物品计有自行车107辆、缝纫机60架、钟表255只、电风扇133台、洗衣机20台、电冰箱8台、大型家具280件、电视机91.7台、收音机8台、收录机12台。

进入21世纪，空调、电话、电脑、汽车相继走入农家。2002年，农村居民家庭每百户平均主要耐用物品计有洗衣机101.5台、电冰箱64.6台、摩托车20辆、彩色电视机126.2台（有线电视入户率50.5%）、照相机17.7架、热水器64.6只、空调机25.4台、电话座机83.8部、移动电话机124.6部、计算机16.2台。

2012年，农村居民每百户计有洗衣机102.8台、电冰箱100.6台、摩托车16.7辆、汽车9.4辆、彩色电视机153.3台（有线电视入户率100%）、照相机25架、热水器95.6只、空调机115台、电话座机40.6部、移动电话机224.4部、计算机57.8台。

进入21世纪，全县农村普遍用上自来水，电力、电信、交通、住房条件有了根本改善。2003年，全县开始实施为期5年的康庄工程，施工总里程740千米，造价2.7亿元。至2007年，基本实现全县村村通公路。2003年同时实施"十村示范，百村整治"工程，至2006年，162个村实施全面整治，157个村完成规划编制。2006年12月，龙尾乡有线广播电视网联网，全县31个乡镇（除南麂岛外）全部接通有线广播电视。

第三节　城镇居民生活

1989年，全县城镇单位职工年平均工资1799元，2000年，城镇职工年平均工资超万元，达10604元，比1989年增长4.9倍，年均增长17.5%，扣除物价因素，年均实际增长8.5%。2010年，城镇职工年平均工资超3万元，达32331元，2012年39468元，2012年比2000年增长2.7倍，年均增长11.6%，扣除物价因素，年均实际增长9.4%。

1999年，县统计局开始开展城镇居民住户调查。据调查资料，由于计划生育，城镇家庭平均人口数自1999年的3.36人降至2011年的2.5人。此期，每一就业者年负担人数在1.5～1.9人之间。城镇居民人均年可支配收入，1999年为8502元，2005年15642元，2012年28761元。1999—2012年，城镇居民年人均可支配收入年均增长9.8%，扣除物价因素，实际年均增长7.8%。2006—2012年，城镇居民年人均可支配收入扣除物价因素，每年实际分别增长3.6%、4.5%、4.9%、8.6%、5.8%、6.6%、7.8%。月人均收入从1999年的707元，增加至2005年的1304元，2011年的2174元，2012年的2396元。月人均实际支出从1999年的652元，增加至2005年的1234元，2011年的1969元，2012年的2018元。

1999年，城镇居民人均消费性支出6172元，其中食品消费2738元，恩格尔系数44.4。2005年，城镇居民人均消费性支出11630元，其中食品消费5168元，恩格尔系数44.4。2012年，城镇居民人均消费性支出19403元，其中食品消费8286元，恩格尔系数42.7%。食品消费呈多样化。食品类中，1999年，粮食消费仅177.8元（69.6千克，月平均5.8千克），仅占食品消费6.5%；肉禽及制品426.5元，占15.6%；蛋类58元，占2.1%；水产品856元，占31.3%；烟草类127元，占4.6%；酒和饮料类168元，占6.1%；干鲜瓜果类202元，占7.4%。进入21世纪，提倡戒烟限酒、合理膳食，人们开始青睐绿色、有机食品。衣着在追求舒适感的同时，装饰性功能

1999—2012年平阳县城镇居民人均收入和支出情况一览表

表 11-5-5

年份(年)	年人均可支配收入(元)	月人均实际收入(元)	其中:职工工资收入(元)	月人均实际支出(元)	每一就业者负担人数(人)
1999	8502	707	446	652	1.53
2000	10317	860	562	777	1.53
2001	12657	1055	659	925	1.7
2002	14330	1195	508	914	1.7
2003	14424	1249	747	1171	1.7
2004	14972	1248	746	1197	1.9
2005	15642	1304	739	1234	1.9
2006	16369	1364	779	1312	1.9
2007	17693	1476	981	1289	1.9
2008	19442	1620	989	1388	1.9
2009	20900	1741	1170	1555	1.7
2010	23073	1923	1267	1643	1.6
2011	26084	2174	1372	1969	1.5
2012	28761	2396	1451	2018	1.5

说明:资料由县统计局提供

1999—2012年平阳县城镇居民人均消费支出情况一览表

表 11-5-6　　单位：元

指标名称	1999年	2002年	2005年	2010年	2011年	2012年
消费性支出	6172	8878	11630	15095	17913	19403
一、食品	2738	4043	5168	7015	8699	8286
二、衣着	498	1098	1580	1992	2480	2959
三、设备用品及服务	306	684	581	861	774	879
四、医疗保健	186	260	517	591	695	967
五、交通通信	854	767	1143	1383	1738	2176
六、娱乐文教服务	660	689	1360	1664	1613	1859
七、居住(水电)	435	470	933	1078	1328	1419
八、杂项	495	867	348	508	586	858

说明:资料由县统计局提供

强化,逐渐突出显现个性特点,青年崇尚时髦品牌,儿童服饰呈多样化。

耐用消费品　2000年,每百户城镇居民拥有耐用消费品计:地毯220平方米,沙发118个,大衣柜78个,洗衣机102台,电风扇364台,电冰箱(柜)82台,彩色电视机148台,固定电话48门,移动电话35台,自行车182辆,摩托车12辆。2005年,每百户城镇居民拥有耐用消费品计:电脑77台,组合音响50套,摄像机3架,洗衣机102台,健身器材10套,电冰箱109台,彩色电视机202台,影碟机92台,固定电话110门,移动电话183台,汽车4辆,摩托车20辆。2012年,每百户城镇居民拥有耐用消费品计：电脑102台，组合音响22套，钢琴2架，洗衣机100台，健身器材4套，电冰箱103台，彩色电视机198台，固定电话68门，移动电话220部，汽车12辆，摩托车9辆。城乡居民家庭实现电气化。1985年，城乡居民生活用电量956万千瓦时，1990年1854万千瓦时，2012年55548万千瓦时。2012年，城乡居民生活用电为1985年的58.1倍，人均用电量636千瓦时。

居民生活用能　据第六次人口普查（简称“六普”）10%抽样调查资料，居民生活用能结构进一步优化。2010年，全县90.3%的住户使用燃气作为炊事燃料，比2000年提高11个百分点；1.8%的住户使用电能为主要炊事燃料，比2000年提高1.7个百分点；6.3%的住户使用柴草，比2000年降低13.2个百分点。全县仅0.47%的住户以煤炭为主要炊事燃料，比2000年降低0.5个百分点。

2010年平阳县家庭户主要炊事燃料构成一览表

表11-5-7　　　　单位：%

地　区	燃　气	电	煤　炭	柴　火	其　他	地　区	燃　气	电	煤　炭	柴　火	其　他
全　县	90.31	1.77	0.47	6.31	1.14	万全镇	89.95	4.91	0.00	0.23	4.91
昆阳镇	96.62	1.82	0.23	0.42	0.91	西湾乡	78.80	0.54	1.63	19.02	0.00
鳌江镇	94.06	2.73	0.72	1.73	1.14	梅溪乡	84.42	0.31	0.00	15.26	0.00
水头镇	97.85	0.45	0.04	1.06	0.60	梅源乡	69.03	2.24	0.37	28.36	0.00
萧江镇	94.74	2.51	0.44	1.67	0.64	凤巢乡	84.07	0.55	0.27	14.56	0.55
麻步镇	95.06	0.26	0.18	4.06	0.44	龙尾乡	8.22	0.00	0.00	91.78	0.00
腾蛟镇	87.24	0.84	0.08	11.50	0.34	南湖乡	93.11	0.71	0.24	5.70	0.24
钱仓镇	97.10	0.19	0.58	1.16	0.97	朝阳乡	11.43	0.00	4.29	84.29	0.00
山门镇	85.83	0.65	0.16	12.87	0.49	闹村乡	60.93	0.25	0.49	35.63	2.70
顺溪镇	50.80	0.40	0.00	48.80	0.00	晓坑乡	56.12	1.27	2.11	39.66	0.84
南雁镇	87.72	0.00	0.17	11.76	0.35	怀溪乡	63.95	0.00	2.91	33.14	0.00
凤卧镇	79.85	1.74	1.24	15.42	1.74	青街畲族乡	60.34	0.56	1.12	37.99	0.00
鹤溪镇	82.06	0.17	3.48	13.07	1.22	维新乡	37.65	0.00	3.53	57.65	1.18
宋埠镇	93.60	4.48	0.00	0.85	1.07	吴垟乡	55.17	1.72	0.00	43.10	0.00
榆垟镇	96.32	2.55	0.00	0.57	0.57	县第一农场	82.96	2.96	1.48	0.00	12.59
南麂镇	98.00	0.00	0.00	2.00	0.00						

说明：资料由县统计局提供

第四节　居住状况

改革开放后，全县农村居民住房条件得到持续改善。1982年，农村居民人均住房11.5平方米。1989年，全县新建住宅面积36.1万平方米，其中农村新建19.98万平方米。1991年，农村居民人均住房达到16.78平方米，2002年35平方米，2012年42.7平方米。农村居民基本住上新建住房。山区农民下山脱贫，政府统一规划安置房。农村居民大量进城，在城镇、城市购置住宅。20世纪90年代通过大规模的老城改造、新区建设，城镇居民居住条件得到很大改善。高楼大厦大量涌现，楼盘价格不断攀高。1991年，城镇居民人均住房建筑面积20.0平方米。2012年，城镇居民人均住房建筑面积53.96平方米。

1991年后若干年份平阳县农村居民人均住房面积统计表

表 11-5-8　　　　单位：平方米

年　份	人均住房面积	年　份	人均住房面积
1991年	16.78	2008年	35.2
1998年	22.67	2009年	36.0
2002年	35.00	2010年	37.8
2005年	37.5	2011年	42.0
2006年	36.9	2012年	42.7
2007年	39.2		

说明：资料由县统计局提供

住房建筑面积

户均住房面积　据“六普”10%抽样调查资料，2010年家庭户平均每户居住的住房3.28间，平均每户住房建筑面积113.35平方米，比2000年第五次人口普查增加15.13平方米。

不同职业家庭人均住房面积　据“六普”10%抽样调查资料，从家庭户主所从事的职业来看，户主为国家机关、党群组织、企业、事业单位的家庭户人均住房面积最高，为50.28平方米，比2000年提高9.89平方米。户主为农、林、牧、渔、水利业生产人员的家庭户人均住房面积由2000年的24.8平方米提高到39.99平方米，提高最快。最低的是户主为生产、运输设备操作人员及有关人员的家庭，户人均住房面积只有36.81平方米，比2000年提高8.63平方米。

住房建筑类型

据“六普”10%抽样调查资料，全县57.52%的家庭户住宅为1990年以后建造，其中2000年以后建造的有25.17%。

据“六普”10%抽样调查资料，住房结构以混合结构为主。混合结构的住宅占全部的60%。

据“六普”10%抽样调查资料，居民对自身居住条件的改善需求更高，家庭户住房卫浴设施得到改善。2010年，79.6%的住户独立使用抽水式厕所，比2000年提高42.2个百分点。在洗浴设施方面，75.5%的住户选择家庭自装热水器，比2000年提高43个百分点，而无洗浴设施住户由2000年的62.2%下降到17.7%。

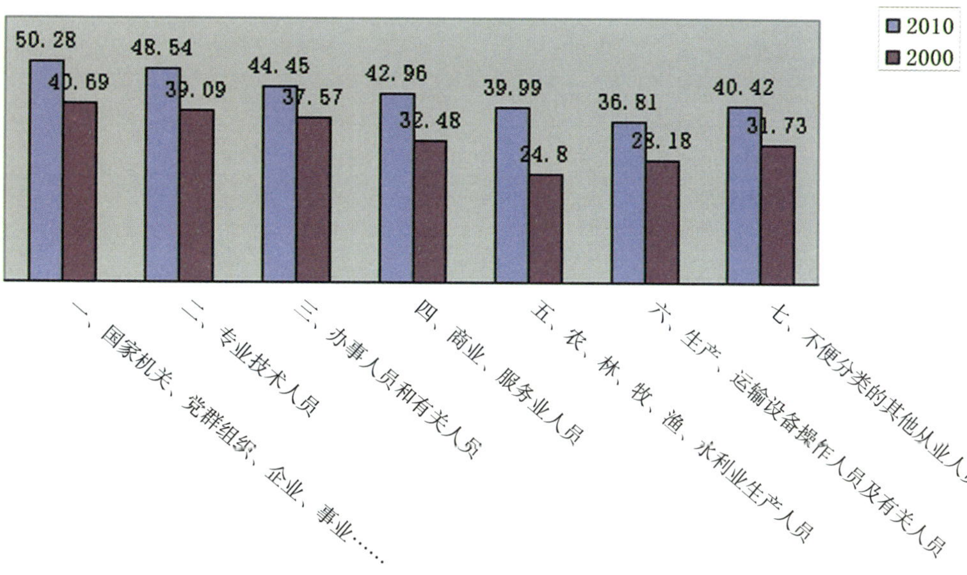

图 11-5-2　2000年、2010年平阳县按户主职业分类人均住房面积示意图

2010年平阳县家庭户住房建成时间占比情况调查表

表11-5-9　　单位：%

时间 地区	1949年以前	1949—1959年	1960—1969年	1970—1979年	1980—1989年	1990—1999年	2000年后
全　县	1.78	1.02	3.14	11.67	24.88	32.35	25.16
昆阳镇	1.19	0.29	1.06	7.14	22.83	37.16	30.33
鳌江镇	0.91	0.89	3.73	13.30	21.01	33.16	27.00
水头镇	1.32	0.87	3.47	5.93	23.26	37.65	27.49
萧江镇	0.44	0.44	2.75	21.23	27.22	27.96	19.95
麻步镇	0.53	0.62	1.50	20.46	31.04	26.54	19.31
腾蛟镇	4.20	0.92	2.60	9.40	25.78	31.49	25.61
钱仓镇	4.44	0.19	2.51	16.99	33.20	20.08	22.59
山门镇	2.12	0.81	4.40	7.00	24.59	33.55	27.52
顺溪镇	5.20	7.20	8.00	12.00	16.80	34.80	16.00
南雁镇	1.90	3.29	3.29	8.48	29.24	36.33	17.47
凤卧镇	6.97	3.73	7.21	8.96	21.89	17.91	33.33
鹤溪镇	2.79	0.52	1.57	9.41	23.87	39.20	22.65
宋埠镇	0.85	0.85	6.40	14.93	31.56	26.65	18.76
榆垟镇	0.57	0.57	2.55	23.51	32.86	19.55	20.40
南麂镇	0.00	6.00	36.00	34.00	18.00	4.00	2.00
万全镇	0.51	0.57	2.00	10.05	36.04	26.21	24.61
西湾乡	1.09	2.72	3.26	20.11	23.37	40.76	8.70
梅溪乡	0.93	0.31	1.25	14.33	33.64	35.83	13.71
梅源乡	0.00	1.87	3.36	7.46	38.06	30.97	18.28
凤巢乡	5.49	3.57	3.57	9.34	27.20	27.20	23.63
龙尾乡	27.40	1.37	9.59	23.29	24.66	6.85	6.85
南湖乡	1.19	0.24	1.19	5.46	24.23	40.14	27.55
朝阳乡	2.86	0.00	1.43	7.14	25.71	42.86	20.00
闹村乡	6.39	2.46	3.44	9.83	19.66	36.12	22.11
晓坑乡	9.70	3.80	7.17	12.66	9.28	26.58	30.80
怀溪乡	3.49	4.07	9.30	9.30	11.63	14.53	47.67
青街畲族乡	9.50	0.56	11.73	7.82	14.53	31.28	24.58
维新乡	1.18	5.88	7.06	15.29	17.65	27.06	25.88
吴垟乡	5.17	6.90	6.90	5.17	8.62	51.72	15.52
第一农场	0.00	0.74	5.19	14.07	10.37	56.30	13.33

说明：资料由县统计局提供

2010年平阳县各地区住房承重类型比重一览表

表 11-5-10　　单位：%

地　区	住宅建筑的承重类型			
	钢及钢筋混凝土结构	混合结构	砖木结构	其他结构
全　县	5.66	60.32	31.56	2.46
昆阳镇	11.60	53.04	35.07	0.26
鳌江镇	9.67	62.89	26.60	0.80
水头镇	4.00	78.10	16.24	1.66
萧江镇	5.01	53.07	41.28	0.64
麻步镇	2.91	55.29	37.39	4.41
腾蛟镇	3.36	60.57	32.80	3.19
钱仓镇	0.58	59.46	39.19	0.77
山门镇	0.16	67.26	28.20	3.89
顺溪镇	0.00	56.00	29.20	14.80
南雁镇	0.00	67.24	23.97	8.45
凤卧镇	0.25	67.91	24.88	6.97
鹤溪镇	0.00	72.47	25.96	1.57
宋埠镇	0.42	49.04	48.83	1.27
榆垟镇	3.97	76.49	18.98	0.57
南麂镇	0.00	16.00	36.00	48.00
万全镇	6.45	56.14	37.24	0.17
西湾乡	0.00	27.17	72.28	0.54
梅溪乡	0.00	34.27	65.11	0.62
梅源乡	0.00	44.03	51.12	4.85
凤巢乡	0.55	60.44	33.79	5.22
龙尾乡	0.00	8.22	49.32	42.47
南湖乡	0.00	71.97	25.18	2.85
朝阳乡	0.00	14.29	81.43	4.29
闹村乡	0.00	58.97	28.26	12.78
晓坑乡	4.22	48.95	27.43	19.41
怀溪乡	0.00	64.53	22.67	12.79
青街畲族乡	0.00	56.98	34.08	8.94
维新乡	0.00	30.59	69.41	0.00
吴垟乡	0.00	74.14	24.14	1.72
第一农场	0.00	96.30	3.70	0.00

说明：资料由县统计局提供

由于外来人口的流入和人户分离情况加剧，住房租赁较为活跃。“六普”10%抽样调查资料显示，2010年，12.5%的住户租房居住，比2000年提高5.25个百分点。而自建住房的比例由2000年的82.77%下降到71.26%，购买住房的比例由6.72%提高到13.81%。住房租赁月租金，200元以下占66.02%，200～500元占24.96%，二者合计占90.98%。租金低廉的主要原因是大量的外来人员住房以租赁农户旧房屋、宿舍工棚和待拆迁房等为主。月租金500～1000元占6.59%，1000～1500元占1.47%，1500元以上仅占0.96%。

2010年平阳县家庭户住房来源构成一览表

表11-5-11　　　　单位：%

地　区	租赁住房	自建住房	购买住房	其他	地　区	租赁住房	自建住房	购买住房	其他
全　县	12.50	71.26	13.81	2.43	万全镇	19.76	66.53	3.08	10.63
昆阳镇	16.59	48.07	33.78	1.56	西湾乡	0.00	98.91	1.09	0.00
鳌江镇	20.01	52.78	24.86	2.36	梅溪乡	1.25	97.20	1.25	0.30
水头镇	10.27	79.68	9.06	0.98	梅源乡	2.99	94.78	1.12	1.11
萧江镇	15.58	76.27	6.78	1.38	凤巢乡	4.67	86.81	3.30	5.22
麻步镇	1.59	93.83	3.97	0.62	龙尾乡	0.00	97.26	1.37	1.37
腾蛟镇	7.39	81.36	9.57	1.68	南湖乡	1.19	97.62	0.00	1.19
钱仓镇	7.92	89.19	1.74	1.16	朝阳乡	0.00	98.57	1.43	0.00
山门镇	2.93	93.00	2.28	1.79	闹村乡	2.70	91.65	1.97	3.68
顺溪镇	3.60	90.00	4.40	2.00	晓坑乡	3.38	95.78	0.00	0.84
南雁镇	5.54	91.70	1.21	1.56	怀溪乡	0.58	98.26	0.58	0.58
凤卧镇	3.48	89.30	3.48	3.73	青街畲族乡	0.56	96.09	0.56	2.79
鹤溪镇	3.66	92.68	1.57	2.09	维新乡	1.18	98.82	0.00	0.00
宋埠镇	9.38	82.73	5.54	2.35	吴垟乡	0.00	100.00	0.00	0.00
榆垟镇	8.50	82.72	7.37	1.42	第一农场	37.78	35.56	14.07	12.59
南麂镇	16.00	76.00	0.00	8.00					

说明：资料由县统计局提供

第十二卷

DI SHI ER JUAN

《平阳县志（1989—2012）》

PINGYANG XIAN ZHI

农　业

1989年，平阳县实施以高产模式栽培为中心的农业“丰收计划”。1992年，平阳县确定“科教兴县”战略，提出“坚持农科教结合，加速实施科教兴农”方针，组织实施“星火计划”“燎原计划”。1993年后，随着粮食购销全面放开，农业逐步转向优质、高产、高效的“一优两高”发展，农业产业结构和种植业结构调整加快，农业示范基地和高新农业技术开发项目加速实施。通过完善双层经济体制，全县稳定家庭联产承包责任制，建立和健全产前、产中、产后全程服务体系。“八五”(1991—1995)期间全县21个贫困乡中，14个乡脱贫。“九五”(1996—2000)期间推进农业规模化、集约化、专业化、外向化、生态化。“十五”(2001—2005)期间加快农业基础设施建设，完成土地整理面积8万亩，建设38万亩生态公益林，水土流失治理面积达到90%，农机总功率达到30万千瓦以上。“十一五”(2006—2010)期间，发展高效生态农业，形成中西部山区、东部海洋海岛和北部万全粮食基地三大农业发展区，构建特色农产品基地。

随着全县农业产业化水平不断提高，农林牧副渔生产保持平稳发展，形成产业发展全面协调、产品质量高、品牌多的良好局面。2012年，全县农牧渔业总产值24.39亿元，比1989年的4.16亿元增长4.9倍。农村居民人均纯收入11827元，比1989年的850元增长12.9倍。马蹄笋、早香茶、蛋鸽、大黄鱼等农产品成为著名特色品牌。“南麂岛牌”大黄鱼、“鸿雁牌”马蹄笋先后被国家质监总局认定原产地标记产品。2004年，平阳县被国家林业局命名为“中国马蹄笋之乡”。

1958年5月，县农业局、林业局、水利局合并为农林水利局。1959年，设水产局。1974年11月，分设农业局、林业局。2002年6月，成立县农业局(林业局、海洋与渔业局)，内设7个职能科室：办公室、政工人事科、农业产业科、资源林政科、林业公安科、海洋管理科、渔业经济科。2012年2月，县农业局(林业局、海洋与渔业局)与县委农办合署办公，定编内设机构11个，定编人员26人。

第一章　农业区划和管理

1989—2012年，平阳县通过产业结构调整，显现区位优势。2003年，制定全县农业综合开发规划，划定3个一级功能区。农业产业结构调整，总体上围绕“农业增效、农民增收、促进农业发展”思路进行。1998年，开展第二轮土地承包后，加强农业执法，强化农村经营管理，农业产业化进程加快。

第一节　农业区划

2003年8月，县政府制定《平阳县农业综合开发规划》，全县共划为3个一级功能区、8个二级功能区，形成西部以林业特色产品(简称林特)与草食畜牧业为主，中部以特色农业为主，东部以水产、粮食为主的区域化专业格局。

西部山区林特产业和生态保护区

该区包括原山门、凤卧、南雁与顺溪4个镇和龙尾、怀溪、晓坑、维新、吴垟、青街、闹村与朝阳8个乡。2001年末，全区土地总面积484平方千米，其中，耕地面积4808.87公顷，林业用地面积29531.93公顷，分别占全县的46.05%、21.36%和55.03%。全区总人口18.69万，占全县(总人口84.06万)22.23%。该区属农村经济欠发达地区，2001年，全区生产总值为46540万元，占全县的5.98%；全区农业总产值2.01亿元，占全县的17.44%。2001年，全区农村人口179499人，占全县(农村人口755661人)的23.75%；农民人均收入2187元，低于全县平均水平。

根据自然和农业生产的区域差异，该区分3个二级功能小区：

源头生态保护小区　本小区为鳌江及鳌江各支流的源头区，包括龙尾、怀溪、维新、吴垟、青街、闹村、朝阳7个乡和顺溪镇。

林特产业小区　包括山门、凤卧2个镇和晓坑乡，发展以茶果为主的林特产业。

旅游农业小区　南雁镇，发展生态旅游。

中部特色农业产业区

该区包括原水头、腾蛟、鹤溪、麻步4个镇，凤巢、梅溪、梅源、南湖、桃源5个乡。2001年年末，全区土地总面积249平方千米，其中，耕地面积6904.33公顷，林业用地面积11505.93公顷，分别占全县23.69%、30.65%和21.44%。全区总人口25.21万，占全县29.99%。该区农村经济属中等水平，2001年，全区生产总值240858万元，占全县30.96%；全区农业总产值32918万元，占全县28.6%。全区农村人口232473人，占全县30.76%；全区农民人均收入3671.24元，接近全县平均水平。

该区分成两个二级功能小区：

马蹄笋、农产品加工小区 包括腾蛟、水头、麻步3个镇和南湖、桃源2个乡。

特色水果、生态保护小区 包括凤巢、梅源和梅溪3个乡和鹤溪镇。

东部城郊型综合农业区

该区包括原昆阳、鳌江、萧江、钱仓、宋桥、宋埠、榆垟、郑楼、南麂9个镇和西湾乡，2001年年末，全区土地总面积318平方千米，其中，耕地10809.8公顷，林业用地面积12625.73公顷，分别占全县的30.26%、47.99%和23.53%。全区总人口40.16万，占全县47.78%。该区农村经济属发达水平，2001年，全区生产总值490527万元，占全县63.06%；全区农业总产值62117万元，占全县53.96%。是年，全区农村人口343689人，占全县45.48%；全区农民人均收入4619.15元，比全县农民人均收入多930元。

该区分成3个二级功能小区：

城郊型农业小区 包括昆阳、鳌江、钱仓和萧江4个镇，发展城郊型农业。

农业综合发展小区 包括宋桥、宋埠、榆垟、郑楼4个镇和西湾乡，发展蘑菇、水果、水产、畜牧等。

海洋自然保护小区 南麂镇，实施海洋自然资源保护和发展旅游。

第二节 农业结构

农业产业结构

1989年后，在全县生产总值中，第一产业产值所占比例下降，第二、第三产业产值所占比例上升。1989年，第一产业产值24339万元，占40.97%；第二产业产值19279万元，占32.46%；第三产业产值15783万元，占26.57%。2012年，第一产业产值134083万元，占5.16%；第二产业产值1285873万元，占49.50%；第三产业产值1177604万元，占45.34%。2012年和1989年相比，第一产业产值占比下降35.81个百分点，第二产业产值占比增加17.04个百分点，第三产业产值占比增加18.77个百分点。

在全县农林牧渔业总产值中，种植业产值所占比例逐年下降且幅度较大，牧业、渔业产值逐年上升，林业产值稳中有升。1989年，全县农林牧渔业总产值41634万元，其中，种植业产值30568万元，占73.4%，林业产值429万元，占1.1%，牧业产值7672万元，占18.4%，渔业产值2965万元，占7.1%。2012年，全县农林牧渔业总产值243887万元，其中，种植业产值93745万元，占38.4%，林业产值5592万元，占2.3%，牧业产值67717万元，占27.8%，渔业产值72689万元，占29.8%，农林牧渔服务业产值4144万元，占1.7%。1989年，农林牧渔业比例为73.4∶1.1∶18.4∶7.1，至2012年，农林牧渔业及农林牧渔服务业比例为38.4∶2.3∶27.7∶29.8∶1.8。2012年，种植业与林、牧、渔业的产值比由1989年的73.4∶26.6调整为2012年38.4∶61.6；种植业内部粮食与经济作物产值比由1989年的67.74∶32.26调整为2012年的42.12∶57.88。2012年和1989年相比，种植业产值占比下降35个百分点，林业产值占比增加1.2个百分点，牧业产值占比增加9.3个百分点，渔业产值占比增加22.7个百分点。

种植业结构

粮地种植模式多样化，20世纪90年代始，大田种植结构突破了“肥稻稻”和“麦(油)稻稻”传统“老三熟”种植模式。以市场为导向，多熟制为基础，建立与发展多种形式种养结合新技术和粮经(饲)结合新技术，形成耕地的复合生态生产系统。粮经结合、水旱轮作、间作套种、立体种植等种植模式有较快的发展势头，主要模式有：马铃薯—早稻—晚稻模式；鲜食蚕(豌)豆—早稻—晚稻模式；西瓜—晚稻—蔬菜模式；大棚鲜食玉米—单季稻模式；大棚瓜菜—单季稻模式；大棚草莓—蔬菜—单季稻模式；早稻—晚稻—榨菜模式；芋艿—晚稻模式；马铃薯—果蔗模式等。

2012年，全县粮食播种面积36.30万亩，比

1989年的64.04万亩粮播面积减少了27.74万亩，下调43.32%。蔬菜等其他作物播种面积15.25万亩，比1989年增加1.92万亩，增幅达12.59%。粮食作物种植结构有较大调整，早稻和春粮种植面积调减幅度较大。2012年与1989年相比较，早稻、春粮面积分别减少16.05万亩和1.80万亩。通过品种结构不断优化，稻米品质根本性改善，1997—1999年引进推广中丝2号等优质早籼品种面积达34.05万亩，占早稻总面积54.45%。晚稻基本实现了杂交化。同时，鲜食玉米、马铃薯等效益较好的杂粮作物面积逐年扩大，2012年，鲜食玉米面积11761亩，马铃薯15097亩。

第三节　农业行政管理

农业执法

县农业行政执法大队成立于1998年9月。2003年始，每年开展“绿剑”执法行动，包括“绿剑”农资打假、“绿剑”护梅（杨梅）、“绿剑”护两区（粮食功能区、农业现代园区）等“绿剑”系列专项整治。2004—2012年，累计办理案件107个，罚没款155807元。2007—2012年，每年开展农业投入品抽检及农产品质量监督抽检，抽检农业投入品300批次，平均合格率96.7%；农产品450批次，平均合格率98.5%。2007年9月至2008年7月，开展农产品质量安全专项整治。2008—2010年，开展以规范农资市场秩序为重点的“十小行业”的小农资整治。

植物检疫

1984年，县植物检疫站成立。1989年后，全面实施检疫，开展产地检疫、调运检疫、封锁控制和防治扑灭工作。

柑橘黄龙病：20世纪80年代初，麻步、水头两地发生病害。1997年，全县进行16次普查和挖除病树工作，查清病区分布范围在原麻步和水头两区的11个乡镇36个行政村，查定并挖除病树32510株，传毒昆虫柑橘木虱防治面积9.42万亩次。2000年3月，经省专家组验收，确认扑灭柑橘黄龙病。

豚草属：2001年9月，南麂岛普遍发生豚草，发生面积约3000亩左右。2002年初，县政府制定《防治扑灭南麂岛豚草实施方案》，至2012年，经过控制，全县发生面积不到1000亩。

柑橘溃疡病：1989年前已经发生危害。2012年，全县柑橘溃疡病发生面积1230亩，占全县柑橘种植面积的20%左右。

稻水象甲：1994年9月，在昆阳、榆垟、西湾和鳌江等地的早稻田里发现其成虫，发生面积有1150亩左右，之后逐年向外扩散至昆阳、榆垟、宋埠、郑楼、西湾、鳌江、钱仓、桃源等地，危害面积最多达13000余亩。2000年后，稻水象甲得到有效控制，2012年，全县稻水象甲发生面积850亩。

水稻细菌性条斑病：1987年，鳌江区河口、垂杨、务垟、下厂和西湾等地晚稻发生，危害面积763亩。在之后的几年内，扩散到全县所有晚稻种植的区域。全县开展防控工作，焚烧稻草，并对稻谷全部进行加工处理，消除病菌，基本控制其危害。

甘薯瘟：1963年开始记载，到1970年扩散到57个公社，发生面积4万余亩。1971年始，全县推行改种、换种等多种手段，其发生面积大幅缩小，危害程度有所减轻。2012年，全县发生面积560亩。

甘薯小象甲：为平阳县发生最早的检疫性有害生物。1990年普查，确认发生面积为35498亩，占当时甘薯种植面积的53.69%。全县54个乡、587个村发生甘薯小象甲。2012年，全县发生面积800余亩。

美洲斑潜蝇：1995年8月普查，在宋埠、海涂农场、昆阳、鳌江、麻步、水头等地发现。1997年，全县常年蔬菜种植面积2.85万亩左右，发生面积0.71万亩左右，占25%。

加拿大一枝黄花：为外来危险性杂草。2004年11月在桃源乡首次发现。是年开展全面调查，全县9个乡镇25个村发现，发生面积30.5亩。2012年，发生面积197.5亩，并呈现向农田扩展的态势。

农产品质量安全监管

2008年，平阳县开始“三品”（无公害农产品及产地、绿色食品、有机食品）认证工作，至2012年年底，无公害农产品产地67个，共44758.95亩，获得无公害农产品认证46个，绿色食品2个。

2011年8月，县农业局产业科增挂农产品质量安全监管科，负责全县农产品质量安全监管、三品一标认证、农业标准制修订和推广工作。2012年，例行监测112批次，合格110批次，合格率98.21%；农药残留快速检测957批次，合格914批次，合格率95.51%。

2012年2月，县食品质量安全检验检测中心建成，增挂县农产品检测中心"，开展农产品质量监测。

至2012年，全县有各级农业标准化项目25个。其中国家级项目2个：粗高长毛兔标准化示范区（2004—2007）为Ⅱ类项目；大黄鱼养殖标准化示范区（2008—2010）为Ⅰ类项目。省级农业标准化项目共12个，第一个省级农业标准化项目是平阳县马蹄笋标准化示范区（2002—2003）。市级农业标准化项目11个，第一个市级农业标准化项目是无公害鲜蘑菇标准化种植推广实施（2004—2005）。

第二章　农业产业化

第一节　龙头企业和专业合作社

龙头企业

1996年，成立由县长担任组长的县农业产业化工作领导小组，发展农业龙头企业。1998年，首次出台扶持农业产业化优惠政策《平阳县农业产业化发展的若干意见》。2010年，修改出台《关于扶持农业产业化经营的若干意见》。在用地、用电、税收等方面给予优惠。每年安排专项资金对农业龙头企业和农产品建设基地的固定资产投资、贷款贴息、品牌建设等方面给予奖励扶持。

1997年，全县农业龙头企业35家，资产规模2800万元，年销售额5300万元。2012年，全县农业龙头企业99家，资产总规模达9.93亿元，年销售总额13.3亿元。全县农业龙头企业联结种养基地10.3万亩，带动农户7.8万户。培育一批农业知名品牌，其中有泰平王鸽鸽蛋、马蹄笋、粗高长毛兔、鳌头牌单冻海水鱼片系列、大黄鱼、梅花鹿茸、冷冻对虾等7个浙江名牌产品，美国白羽王鸽鸽蛋、王鸽鸽蛋、冷冻对虾、紫菜、梅花鹿鹿茸等5个温州名牌产品，饲料、白羽王鸽鸽蛋、橄榄、洋槐蜂蜜、双孢蘑菇等5个平阳名牌产品。是年，全县市级及以上百龙工程农业龙头企业25家。其中，省级骨干农业龙头企业5家，国家级农业产业化龙头企业1家。

专业合作社

2002年，平阳县第一家农民专业合作社——平阳县雪雁蘑菇专业合作社成立。2003年始，开展农民专业合作社规范化认定。2005年1月1日，省颁布《浙江省农民专业合作社条例》，制定《农民专业合作社示范章程》。2007年7月1日，《中华人民共和国农民专业合作社法》实施，国务院颁布《农民专业合作社登记管理条例》，确定农民专业合作社特殊的法人主体。2007年12月17日，县农民专业合作社联合会成立，有成员单位66个。至2012年，全县农民专业合作社发展到819家，其中县级示范性农民专业合作社72家，市级示范性农民专业合作社16家，省级示范性农民专业合作社8家。

第二节　土地规模经营

农业种植大户

1983年，全县发展7家家庭小农场。1987年，省委正式提出积极推行土地规模经营。1994年，成立县种粮大户协会，是年，发展会员62名，全部为经营面积在30亩及以上的大户，粮食种植面积3462亩；2000年，粮田适度规模经营面积66768亩，种植大户3142户，其中100亩以上42户，面积5402亩。2004年，开始加大惠农政策扶持力度，全年粮食种植面积20亩及以上的农户得到了直接补贴。是年，种植大户1714户，规模经营面积为75104亩，大户最大面积410亩。至2012年，全县种粮大户2218户，总面积113894亩，大户经营最大面积1365亩。2001年，陈焕章带领温州20余位种粮大户在黑龙江建三江地区建立5万亩的温州粮食生产基地，并建立平阳县民天粮食专业合作社，注册"瓯南纯香"商标，平均每年向温州市场供应优质大米2000余吨。

平阳县第一农场

1952年春正式建场，时称浙江省地方国营平阳县农场，场址设在临区乡童桥村。1962年，更名为地方国营平阳县第一农场。1989年，农场面积6455亩、人口4022人、职工总数1486人。其中，退休职工215人，在职901人。是年，向国家投售粮食2472吨，工农业总产值1171万元，创外汇162万美元。2003年，农场实行整体改制。2009年，县政府常务会议决定保留县第一农场牌子，实行双重管

2012年平阳县市级以上龙头企业情况一览表

表12-2-1

序号	企业名称	地　址	固定资产（万元）	资产总额（万元）	年产值（万元）	年销售额（万元）	利润（万元）	企业所得税（万元）	主要产品	级别
1	浙江一鸣食品股份有限公司	昆阳镇沙岗村	12319	42338	57109	54964	766	2100	牛奶	国家
2	平阳县南麂岛开发有限公司	鳌江镇兴鳌东路8号	2294	6270	7000	7143	7	10	海产品	省
3	平阳县星亮鸽业有限公司	梅溪乡书阁村	1231	1895	2100	2300	152	0	鸽蛋	省
4	温州市复新面粉厂	萧江镇双庆北路388号	1190	12204	13668	13275	337	37	面粉	省
5	温州佩蒂动物营养科技有限公司	南雁镇镇中路	11033	32032	31587	32437	2561	2059	宠物玩具	省
6	平阳县全盛兔业有限公司	晓坑乡杭坑村	4282	7680	11298	11298	1396	0	肉兔	省
7	温州士福梅花鹿养殖有限公司	昆阳镇溪岙村	2601	9108	11097	11097	1711	0	鹿产品	市
8	浙江星光农业开发限公司	昆阳东方银座1栋3-802	5837	2241	1653	3258	311	11	中药材	市
9	浙江金桂园林工程有限公司	昆阳镇104国道收费站南	1356	6533	9153	8665	725	122	花卉、苗木	市
10	温州荷道农业开发有限公司	昆阳镇蒙洋村新村A幢	1180	3260	1755	1560	317	10	玉米蔬菜	市
11	平阳县海跃食品有限公司	平阳经济开发区工业园区D区23幢	1825	4106	5200	5121	214.1	312	海产品	市
12	平阳县信业水产有限公司	鳌江镇塘外村	4339	7903	6734	6830	114	110	海产品	市
13	温州海虎海藻养殖有限公司	西湾乡头沙村	482	1012	782	782	-213	1	紫菜	市
14	平阳县科龙农牧经贸有限公司	鳌江镇长乐街98号	584	712	582	525	81.9	0	生猪	市
15	平阳县挺志温州水牛乳业有限公司	鹤溪镇南二村							牛奶	市
16	平阳县开彬农产品有限公司	闹村乡闹村中学东首	933	130	1123.56	940	100.97	0	牛奶	市
17	温州源飞宠物玩具制品有限公司	水头镇占江村	501	1689	1200	1183	200	62	宠物玩具	市
18	平阳县绿洲生态生物工程有限公司	桃源乡塔下村	950	1350	1300	1250	96	4.5	有机肥	市
19	平阳县敖峰鸽业有限公司	麻步镇雷峰村	584	1191	1329	1329	112	0	鸽蛋	市
20	温州正虹饲料有限公司	麻步镇正虹工业园区	1054	4152	15561	15124	918	35	配合饲料	市
21	温州锦恒宠物用品有限公司	工业区贷口段	5000	25000	11000	10800	375	650	宠物玩具	市
22	平阳县鸿达蔬菜制品厂	宋埠镇东横塘村	450	600	550	600	40	2	榨菜	市
23	平阳县霞山牧业有限公司	腾蛟镇霞山村	496	1040	1601	1601	133	0	生猪	市
24	温州市赏美食品有限公司	山门镇新龙路18-28号	1285	1480	930	890	190	17	食品	市
25	平阳县兴顺畜禽养殖场	顺溪镇兴顺路14-1号	589	698	373	369	57.6	0	鸽蛋	市

说明：资料由县农业局提供

2012 年平阳县市级以上示范性合作社情况一览表

表 12-2-2

序号	合作社名称	地　址	法人代表	经营范围	注册资金（万元）	产业分类	级别
1	平阳县立春茶叶专业合作社	水头镇朝阳办事处新联村	黄明政	茶叶种植、销售	26	种茶	省
2	浙江益蜂堂蜂业专业合作社	鳌江镇工贸东路31-35号	叶德国	蜜蜂养殖、蜂具销售、蜂产品批发、零售	200	养蜂	省
3	平阳县瑞祥禽业专业合作社	万全镇宋桥办事处瑞阳村章底自然村金家湾	薛茂琪	蛋鸭养殖、销售；蛋鸭养殖技术服务	200	养禽	省
4	平阳县佳茂禽业专业合作社	鳌江镇梅溪办事处溪头村	尤良涨	家禽养殖、销售	63	养禽	省
5	平阳县民天粮食专业合作社	昆阳镇平瑞路448号	姜启平	粮食的种植	50	种粮	省
6	平阳县西湾海宝紫菜养殖专业合作社	鳌江镇西湾办事处头沙村	林峰	紫菜种植	200	种海	省
7	平阳县圣利鸽业专业合作社	萧江镇西炉村	鲍承力	蛋鸽养殖	50	养鸽	省
8	浙江腾飞鸽业专业合作社	鳌江镇天源村	章纪地	蛋鸽养殖	200	养鸽	省
9	温州市创力水稻种植专业合作社	万全镇瑞阳村	金玉燕	水稻、花卉、树木、茶叶、蔬菜、水果、中药材种植；淡水养殖；农作物、花木病虫害防治服务；农业科技开发、研究及信息咨询服务	200	种粮	市
10	平阳县腾蛟镇鸣森鸽业专业合作社	腾蛟镇青湾村	白植松	蛋鸽养殖	55	养鸽	市
11	平阳县塘川橄榄专业合作社	鳌江镇塘川塘中路40号	徐海丰	橄榄、杨梅种植、销售	50	种果	市
12	温州市正港生猪养殖专业合作社	萧江镇兴源村	温正港	生猪养殖	100	养猪	市
13	平阳县新鑫农产品产销专业合作社	顺溪镇下东村	何新新	茶叶、水果、蔬菜、桑树、中药材种植；淡水鱼、猪、鸡、羊、蚕养殖	10	渔淡	市
14	平阳县喜特甲鱼养殖专业合作社	昆阳镇石塘村占下小区65号	黄爱华	甲鱼养殖	80	渔淡	市
15	平阳县梅溪乡友兴杨梅专业合作社	鳌江镇梅溪办事处联丰村内湾	林红友	杨梅种植	150	种果	市
16	温州启绿农产品专业合作社	万全镇安阳村	杨学生	蔬菜、水果、谷物及其他农作物的种植；农业技术及信息咨询服务	100	种蔬	市
17	平阳县杨氏养蜂专业合作社	鳌江镇邮电路293号	杨建金	蜜蜂养殖	150	养蜂	市
18	平阳县青松畜禽养殖专业合作社	鳌江镇山碧村	朱义德	黄牛养殖	300	养牛	市
19	浙江振友粮食种植专业合作社	昆阳镇白垟路100-1号	周振旺	水稻种植	260	种粮	市
20	平阳县良崇蔬菜专业合作社	萧江镇山桥村80号	方朱良	蔬菜、水果种植	200	种蔬	市
21	平阳县砻泉杨梅专业合作社	腾蛟镇凤翔南路51号	董大松	杨梅、橙、竹笋	150	种果	市
22	平阳县科翔养鸽专业合作社	鳌江镇万安村	汤建英	蛋、肉鸽养殖	200	养鸽	市
23	浙江裕峰油茶专业合作社	昆阳镇凤阳路第二幢东首第一间	黄孝扬	油茶种植	380	种油茶	市
24	平阳县水头镇青凤水果种植专业合作社	水头镇青岙村	周允近	水果种植	35	种果	市

说明：资料由县农业局提供

理，业务上归口县农业局管理，日常工作实行属地管理。2010年，县委决定县第一农场党委隶属万全镇党委管理。场党委下设9个党支部，共有党员211名。2012年，农场分设7个管理区，面积3779亩，人口5012人，职工1178人，其中离退休职工655人，改制职工506人，改制留用人员17人。

平阳县良种繁育场

1959年建立，位于县城东北紧靠104国道。系事业性质企业化管理（差额自收自支）单位。1988年，土地面积698亩，其中水田580亩，职工213人。2012年12月底，在册正式职工59人，离退休人员160人，精减下放人员14人，家属工转固定工历史遗留对象36人，计划外长期临时工困难补助对象4人；土地面积337亩，其中耕地210亩，林地87亩，其他杂地40亩。

第三节　基地与园区建设

粮食自给工程

1997—2000年，平阳县列入省级第二期、第三期粮食自给工程建设项目，总投资合计2821万元，其中，中央、省财政补助821万元，县财政配套426万元，乡镇集体和农民自筹1574万元。第二期（1997—1998年）总投资1411万元，其中中央、省财政投入432万元，县财政投入224万元，乡镇集体和农民自筹资金755万元；第三期（1999—2000年）总投资1410万元，其中中央、省财政投入389万元，县财政配套202万元，乡镇集体和农民自筹819万元。项目建设范围为万全平原项目区的郑楼、万全、宋桥、榆垟、宋埠等地；鳌江平原项目区的鳌江、钱仓、务垟、昆阳（城南）、萧江等地；北港灌区项目区的桃源、麻步、腾蛟、山门、凤巢、鹤溪等地。基地建设总面积12.7万亩，项目区推广水稻良种18.24万亩，其中优质早籼6.8万亩；水稻轻型栽培面积4.0万亩；水稻专用肥面积2.06万亩；水稻病虫鼠草综合防治面积19.3万亩次；稻草还田、培肥改土和增施有机肥面积1.7万亩；建成三面光渠道36.19千米；U型管渠道11.04千米；推广新型农机具共有收割机28台、抛秧机14台、烘干机3台；建成“五有”（有工资保障、有推广经费、有办公地点、有经营场所、有基础设施）农技站3个；培训农技人员12300人次。良种覆盖率达到100%，优质早籼面积比例占90%以上，先进适用技术应用率达85%以上，年新增粮食生产能力500万千克。

商品粮基地

1998—1999年，平阳县列入省级商品粮基地建设，项目投资总金额888万元，其中，省财政投资200万元，县财政配套资金426万元，自筹资金262万元。基地建设分吨粮工程、农机化工程和种子工程3个项目实施，建设单位为县农业局、县农机总站和县种子公司；实施范围为原郑楼镇、宋桥镇、万全乡、昆阳镇、榆垟镇、宋埠镇、水亭乡、务垟乡、鳌江镇、萧江镇、县第一农场、良种场。

吨粮工程　项目区实施地点在昆阳镇、萧江镇和原榆垟镇，总面积6000亩，实际投资369万元，其中财政投入174万元。建有三面光渠道9.28千米，机耕路6.12千米，电管站6座，建设“五有”乡镇农技站4个。同时，加强服务设施建设，建造县病虫测报站和配肥站用房（现昆阳镇人民路农业大楼）1200平方米。

农机化工程　项目区推广联合收割机、烘干机、抛秧机、开沟机等新型农机具101台（套），财政补助82.9万元；建造农机检测维修中心用房600平方米，财政投入37.1万元。农机化工程实际总投入资金444.1万元，其中，财政120万元，自筹324.1万元。

种子工程　项目内容有宋埠镇新界村、鳌江镇蓝田村和县第一农场的水稻良种繁育基地、县良种场的杂交水稻制种基地和宋桥镇冯宅村水稻新品种试验基地，总面积1680亩，年生产优质良种50万千克。共建设三面光渠道4.54千米，机耕路800米，水泥田埂1000米，财政投入43.38万元。购置种子加工设备，有种子包装机1台、精选机1台和种子检测设备6台（套），财政投入15.89万元；建成供种用房（现昆阳镇人民路种子大楼）1200平方米，财政投入58万元。

“两区”建设

“十二五”期间，平阳县开展粮食生产功能区和现代农业园区（简称“两区”）建设。2010年12月，编制《平阳县粮食生产功能区建设规划》（2010—

2018)。2011年7月,县委出台《关于加快推进粮食功能区和现代农业园区建设的实施意见》,决定从2011年开始连续5年每年安排农业“两区”建设专项资金2500万元,其中,粮食生产功能区建设资金2200万元。粮食生产功能区建设资金采取分级承担,鳌江、万全两个镇由镇财政承担,昆阳、水头、萧江镇3个镇由镇财政承担30%,其他镇(乡)和办事处由县财政承担。

粮食功能区 全县2010—2018年规划建设粮食生产功能区12万亩,2010—2012年省下达县粮食生产功能区建设任务共5.02万亩,其中,2010年建设任务为1.70万亩,2011年建设任务为2万亩,2012年建设任务为1.32万亩。实际落实建设面积共5.64万亩,其中,2010年落实建设面积1.02万亩,2011年落实建设面积2.62万亩,2012年落实建设面积2万亩。通过验收认定2.35万亩,其中省级认定的粮食生产功能区为2个,面积2410亩,分别为萧江镇叶段省级粮食生产功能区1160亩,昆阳镇雅村省级粮食生产功能区1250亩;市级认定的粮食生产功能区3个,面积7882亩,分别为昆阳镇水亭片市级粮食生产功能区3301亩、昆阳镇湖屿片市级粮食生产功能区3311亩、萧江镇棋桥片市级粮食生产功能区1270亩。

现代农业园区 县现代农业园区建设从2011年开始,计划用5年时间,全县建成省级现代农业综合区1个,省(市)级主导产业示范区5个,省(市)级特色农业精品园30个,休闲观光农业示范园区5个,森林旅游区3个。2011—2012年,全县已经建成并通过市级以上验收的现代农业园区17个,其中省级5个(示范区1个、精品园4个),市级12个(示范区1个、精品园9个、休闲观光园1个、森林公园1个)。17个园区计划投资4100.18万元,实际完成投资5230.14万元,完成计划任务的127.6%。

第三章 种植业

平阳县种植业历史悠久,在长期的生产实践中,形成了以粮食(水稻)生产为主的种植传统。1993年后,随着粮食购销价格全面放开,农业逐步转向“一优两高”(优质、高产、高效)发展,水田种植调整步伐加大,经济作物在农业生产中的比重增加。通过加强商品粮基地建设和开展粮食生产功能区和现代农业园区建设,农业机械化、专业化、商品化程度不断提高。

第一节 生产条件和种植制度

耕地和播种面积

改革开放以后,平阳经济迅速发展,基础设施和经济建设用地占用耕地,导致耕地面积特别是水田面积逐年大幅度减少。

据县统计局统计,1989年全县耕地总面积38.35万亩,其中,水田28.91万亩,旱地9.44万亩。2007年,全县总耕地33.16万亩,其中:水田25.20万亩,旱地7.96万亩。与1989年相比耕地面积减少5.18万亩,减幅为13.5%,水田减少3.71万亩,减幅14.7%,旱地减少1.47万亩,减幅为15.6%。人均占有耕地从1989年的0.51亩减少到2007年的0.39亩。

据县国土局统计,1996年土地详查调整为耕地面积33983.09公顷(509746亩),人均占有耕地0.64

1989—2007年平阳县耕地面积和农作物播种面积情况一览表

表12-3-1

年份(年)	年末耕地面积(万亩)	其中水田(万亩)	其中旱地(万亩)	农作物播种面积(万亩)	其中		人均占有耕地(亩)
					粮食作物(万亩)	其他作物(万亩)	
1989	38.35	28.91	9.44	77.37	64.04	13.33	0.51
1990	38.27	28.85	9.42	83.81	64.52	19.29	0.51
1991	38.17	28.79	9.38	83.16	63.75	19.41	0.50
1992	37.72	28.51	9.21	79.79	64.57	15.22	0.49
1993	37.11	28.25	8.86	77.07	58.85	18.22	0.48

续表 12-3-1

年份（年）	年末耕地面积（万亩）	其中水田（万亩）	其中旱地（万亩）	农作物播种面积（万亩）	其中		人均占有耕地（亩）
					粮食作物（万亩）	其他作物（万亩）	
1994	36.06	27.88	8.78	69.37	56.92	12.45	0.46
1995	36.40	27.56	8.84	70.65	58.41	12.24	0.46
1996	36.31	27.47	8.84	73.16	59.36	13.80	0.46
1997	36.21	27.42	8.79	74.58	59.33	15.25	0.46
1998	36.21	27.25	8.96	72.43	58.42	14.01	0.45
1999	36.33	27.53	8.80	71.83	58.00	13.83	0.45
2000	35.09	26.92	8.17	69.64	52.36	17.28	0.42
2001	33.78	25.81	7.87	63.65	43.39	20.26	0.40
2002	33.92	26.08	7.84	61.57	40.63	20.94	0.40
2003	33.22	25.66	7.57	58.77	35.14	23.63	0.39
2004	33.18	25.36	7.62	57.41	37.11	20.30	0.39
2005	33.15	25.50	7.65	56.59	37.56	19.03	0.39
2006	33.16	25.33	7.83	55.77	37.35	18.42	0.39
2007	33.16	25.20	7.96	50.38	34.51	15.87	0.39

说明：资料来自《2007年平阳统计年鉴》第122—123页

亩；2000年为34057.29公顷（510859亩），人均占有耕地0.61亩；2010年为34199.72公顷（512995.8亩），人均占有耕地0.59亩；2012年31436.24公顷（471543.6亩）人均占有耕地0.54亩。

1989年，全县农作物播种面积77.37万亩。2012年农作物播种面积51.55万亩，与1989年相比减少25.82万亩，减幅为33.4%。

劳动力

1989年，全县农业人口65.44万，实有农村劳动力人口30.48万人。2000年，全县农业人口70.0万人，劳动力人口41.20万人。2005年，全县农业人口69.56万人，劳动力人口43.73万人。2012年，全县农业人口70.78万人，劳动力人口41.82万人。

20世纪80年代后，突破单一模式，大量农村劳动力从第一产业向第二、三产业转移。从事农业特别是种植业的劳动力逐年减少。1989年，全县实有劳动力人口30.48万人，其中从事第一产业的20.69万人，占67.88%（包括种植业17.98万人，占58.99%）；从事第二产业的5.11万人，占16.77%；从事第三产业的4.68万人，占15.35%。2000年，全县劳动力人口41.20万。其中从事第一产业的17.21万人，占41.77%（包括种植业14.06万人，占34.13%）；从事第二产业的9.01万人，占21.87%；从事第三产业的14.98万人，占36.36%。2005年，全县劳动力人口43.73万人。其中从事第一产业的14.65万人，占33.50%（包括种植业12.63万人，占

1989—2012年平阳县农村劳动力结构情况一览表

表 12-3-2

年份（年）	实有劳动力总数（万人）	第一产业				第二产业		第三产业	
		人数（万人）	占总劳动力%	其中：种植业		人数（万人）	占总劳动力%	人数（万人）	占总劳动力%
				人数	占总劳动力%				
1989	30.48	20.69	67.88	17.98	58.99	5.11	16.77	4.68	15.35
1990	31.14	21.61	69.40	18.95	60.85	4.95	15.89	4.58	14.71

续表 12-3-2

年份（年）	实有劳动力总数（万人）	第一产业				第二产业		第三产业	
		人数（万人）	占总劳动力%	其中：种植业		人数（万人）	占总劳动力%	人数（万人）	占总劳动力%
				人数	占总劳动力%				
1991	31.75	22.22	69.98	19.38	61.04	4.78	15.06	4.75	14.96
1992	33.27	22.01	66.14	19.30	57.99	5.13	15.41	6.13	18.42
1993	34.12	21.61	63.34	—	—	—	—	—	—
1994	34.07	20.26	59.47	17.76	52.13	6.01	17.64	7.80	22.89
1995	34.44	20.33	59.03	17.93	52.06	6.24	18.12	7.87	22.85
1996	34.84	19.97	57.32	17.60	50.52	6.13	17.59	8.74	25.09
1997	35.65	19.45	54.56	17.22	48.30	7.06	19.80	9.14	25.64
1998	36.12	19.09	52.85	16.93	46.87	7.30	20.21	9.73	26.94
1999	38.21	17.92	46.90	16.03	41.95	7.73	20.23	12.56	32.87
2000	41.20	17.21	41.77	14.06	34.13	9.01	21.87	14.98	36.36
2001	41.16	16.60	40.33	14.47	35.16	9.76	23.71	14.80	35.96
2002	41.76	14.49	34.70	12.42	29.74	11.23	26.89	16.04	38.41
2003	42.12	15.14	35.95	12.92	30.67	11.31	26.85	15.67	37.20
2004	42.00	15.01	35.74	12.70	30.24	11.46	27.29	15.53	36.97
2005	43.73	14.65	33.50	12.63	28.88	13.23	30.25	15.85	36.25
2006	44.30	13.95	31.49	11.90	26.86	13.16	29.71	17.19	38.80
2007	42.08	12.90	30.66	11.21	26.64	12.95	30.77	16.23	38.57
2008	41.06	12.97	31.59	11.19	27.25	14.00	30.09	14.09	34.32
2009	38.81	12.68	32.67	10.77	27.75	13.27	34.19	12.86	33.14
2010	38.14	11.58	30.36	9.82	25.75	13.70	35.92	12.86	33.72
2011	40.63	12.34	30.37	10.59	26.06	14.76	36.33	13.53	33.30
2012	41.82	12.29	29.39	10.26	24.53	15.54	37.16	13.99	33.45

说明：资料来自《1994—2012年平阳统计年鉴》

28.88%）；从事第二产业的13.23万人，占30.25%；从事第三产业的15.85万人，占36.25%。

2012年，实有劳动力41.82万人，其中从事第一产业12.29万人，占29.39%（包括种植业10.26万人，占24.53%）；从事第二产业15.54万人，占37.16%；从事第三产业13.99万人，占33.45%。2012年从事种植业的劳动力比1989年减少7.72万人，减少42.94%。

种子

20世纪80年代开始推广杂交水稻。1989年，全县早稻杂交稻播种面积10755亩，晚稻杂交稻241560亩。1996—2000年，国家组织实施“种子工程”，建立现代种子产业体系，实现种子生产专业化、经营集团化、管理规范化、繁育推广一体化、大田用种商品化。平阳大力选育引进推广优良品种，建立制、繁种基地和新品种试验基地。2003年10月，县农业局制定《平阳县粮食作物救灾种子储备方案》，每年储备早稻种子8万千克。2004—2012年，储备早稻种子64万千克，种子储备的费用补贴自2007年起每年7万元，列入县财政预算。2008年，在万全镇孙楼村建立县早稻良种繁育基地，面积800亩，年生产种子能力达35万千克。2009—

宋桥温州新丰种子有限公司新品种试验区（2012年）

2012年，收购早稻良种99.3万千克。通过新品种的引进、试验、示范和推广，至2012年，全县良种覆盖率达98%以上。

早稻 20世纪80年代后期，主要推广竹科2号、青秆黄、竹金穗、二九丰、温选青、泸红早和杂交早稻威优305；20世纪90年代前期，主要推广泸红早、温189和杂交早稻汕优48-2、珍优48-2；20世纪90年代后期，推广浙农8010、浙733、浙852、中丝2号和杂交早稻汕优48-2；2000年后，推广温12、金早47；2010年前后，推广浙105、中嘉早32、加育253、中嘉早17、中早39。

优质早籼示范推广：1997—1999年，引进推广中丝2号等优质早籼品种34.05万亩，共生产食用优质早籼稻谷13412万千克。早籼米品质改善，农民增加效益1380.5万元。

早籼稻温12的引进推广：温12系温州市农科院浙南水稻育种中心选育的优质、高产、迟孰早稻品种，1998—2003年累计种植12.07万亩，该品种亩产稳定在370千克，比其他品种平均亩增产25.3千克。

晚稻 20世纪80年代后期，主要推广汕优6号、汕优36辐、汕优64、汕优85、汕优63。90年代推广汕优10、协优46、汕优85。2000年后主推协优914、两优培九、协优9308、协优9516、协优963。2010年前后主推甬优系列、中浙优系列、丰两优香1号、Y两优1号、钱优0508等。

协优46与"万全垟"牌优质大米：优质杂交稻品种协优46自1992年引入，一直种植到2008年，历经17年共推广86万亩，为1996—2000年的晚稻当家品种。协优46米质优，口味香甜，是当年生产"万全垟"牌大米的主要品种。"万全垟"牌大米商标是温州市第一个经国家工商局核准注册的大米品牌。

两系杂交稻和两优培九的引进推广：两系杂交稻是用光温敏不育系配制的杂交稻。两系法在种子生产程序上减少一个环节，从而降低种子生产成本。平阳县2000—2002年引进推广两系杂交稻两优培九8.4万亩，共增产稻谷469.5万千克。2001年11月，萧江镇淡浦村一丘1.2亩两优培九高产田进行验收，实产达680.5千克。

籼粳亚种间杂交稻和甬优系列的引进推广：2005年，引进甬优系列，种植组合有甬优6号、甬优9号、甬优10号、甬优12号、甬优15号等。2005—2012年，推广59万亩。其中甬优12产量最高，2012年水头镇雅仕村陈应贩种植1.3亩，平均亩产830.9千克，为平阳县水稻生产有史以来亩产量最高的水稻品种。

大小麦 20世纪80年代至90年代末，大麦推广沪麦4号、舟麦1号、浙农大3号、浙麦3号、秀麦1号、秀麦3号；小麦推广浙麦1号、浙麦2号、满江红和温麦8号。2000年后，县境内基本不种大小麦。

甘薯 20世纪80年代后期至2005年，主推瑞薯1号、荆选4号、梅尖红、华北48、逢尾、南薯88；2010年前后，主推莫冬、苏薯4号、渝紫263、龙岩7-3、浙薯132。

油菜 20世纪80年代后期至90年代前期主推九二-13系、九二-58系、矮架早、本地籽。1992年开始，种植双低油菜品种：浙优油2号、浙农大601。2000年后推广浙双72、浙双6号，2010—2012年推广浙油18和浙油50。

肥料

主要肥料有农家肥料、绿肥、化学肥料，另外还有生物肥料。

农家肥料 农家肥料归纳为粪尿、饼肥、灰肥、泥肥、杂肥、秸秆等6大类。

粪尿类包括人及家畜、家禽所排泄的粪尿。全县人粪尿还田率为35.0%。畜禽粪尿使用率为51.1%。

饼肥是油粕的习称，作肥料用的有豆饼、茶籽饼、棉仁饼、菜籽饼、柏籽饼等。多用于旱地作物。

灰肥常作育秧、育苗的盖籽肥。一种是柴灶留下的草木灰，现今已少；另一种是由泥团和秸秆烧制的焦泥灰，现今农村尚有。

秸秆类在农村用途很广。主要方式是畜禽垫栏后作有机质肥料还田，或秸秆直接还田。主要有水稻、玉米、油菜、豆类、薯类、花生、甘蔗、茭白、蔬菜及瓜果等农作物的秸秆，其秸秆产生总量大，农业利用量占总量的48.8%。

绿肥 绿肥有紫云英、细绿萍、黄花苜蓿、水葫芦等。1989年，全县绿肥播种面积46477亩，2012年，播种面积4080亩，播种面积逐年减少。本县绿肥以紫云英（俗称红花草子）为主，品种主要是宁波奉化大桥种和安徽种。细绿萍又叫红萍，20世纪80年代大面积推广，90年代面积骤减。

化学肥料 氮肥主要有尿素、碳酸氢铵和氯化铵等。磷肥主要有过磷酸钙、钙镁磷肥等。钾肥主要有硫酸钾、氯化钾等。复合肥和混配肥，品种杂多，主要有氮、磷、钾含量之比为16∶16∶16、15∶15∶15的三元复合肥和25%低含量的水稻专用肥料。微量元素肥料有硼砂、多福等。作物生长调节剂有多效唑、九二〇等。

萧江1200亩绿肥示范方（2012年）

植物保护

1981年6月，县植保植检站建立。1984年5月，分设县植保站和县植物检疫站。2009年12月，合并设立县植保植检站。

水稻主要病虫种类及防治 自20世纪60年代始，境内水稻常发性虫害为螟虫类、蚰类。自20世纪70年代开始，稻纵卷叶螟为害加重，同时病害有纹枯病为常年普发。20世纪90年代前以稻瘟病为主要流行性病害，90年代后白叶枯病和细条病及病毒病为主要流行性病害。稻曲病、菌核病、叶鞘腐败病等时有出现。

螟虫类：含二化螟、三化螟及大螟，年发生4代。据县植保站1984—2010年病虫调查资料，螟虫年平均发生面积为55.51万亩次，其中二化螟占93.95%。

蚰类：主要是稻褐飞虱、白背飞虱及灰飞虱和稻黑尾叶蝉，年发生5～6代。稻黑尾叶蝉为本地常发害虫。1984—2012年，蚰类年平均发生面积为110.26万亩次。其中，褐飞虱和白背飞虱分别占27.11%和38.65%。

稻纵卷叶螟：稻纵卷叶螟与稻飞虱同样系迁飞性害虫，迁飞及发生规律亦相同，有同步发生现象。由于此虫发生及取食特点，常有发生量与水稻损失不呈相关的现象。1984—2012年，年平均发生面积为28.23万亩次。

稻瘟病：其发生、流行程度表现为与稻品种布局、气象有极密切相关的特点。在水稻品种关系上，当1985年前后普遍推广"汕优"系列杂交稻后，尤其在北港片山区单季稻上，流行多年的穗颈瘟顿时转变为轻发、偶发性病害；在气象因子方面，"空梅"（梅雨时节没降雨）和高温低湿对叶瘟的发生、流行也有极大的抑制作用。据1984—2012年调查统计，年平均发生面积为4.03万亩次。

稻纹枯病：为数十年来的主要水稻病害，系主要影响水稻产量的病害。一般年份表现为早稻重于晚稻。2001年后，多出现秋季高温年份，晚稻后期的纹枯病常常大面积地出现"爬到顶"的毁秆倒伏现象，造成严重损失。1984—2012年，年平均发生面积为34.0万亩次。

稻白叶枯病和细条病：均为细菌性病害，流行因素为台风暴雨、洪涝，为常发性水稻病害。白叶枯病历史较长，细条病于1987年后开始出现并取代白叶枯病，成为近年来的主要病害。1984—2012年，稻白叶枯病、细条病的年平均发生面积分别为1.19万亩次和1.33万亩次。

20世纪80年代后，每年逐步扩大实施"综合防治”工程面积。至2012年，已累计242万亩次。其中，1997—2001年，实施市植保站下达的“无草害”和“无螟害”工程。2006年始，实施农药减量控害增效工程，至2012年，累计完成农药减量控害增效工程46.9万亩次。2007年开始，成立植保专业合作社，开展水稻病虫害专业化统防统治服务。2007—2012年，县水稻病虫害专业化统防统治服务面积合计22.33万亩次。

其他主要作物病虫种类　甘薯病虫害：主要虫害是小象甲、龟甲虫、华叶虫、斜纹夜蛾等，甘薯小跳虫系县内首次发现，由南开大学予以定名。甘薯病害有黑斑病、软腐病、根结线虫病、紫纹羽病、萎蔫病等。1962年出现甘薯瘟、1971年出现甘薯疮痂病成为新中国成立后最大的病害。1975年此两病并发，发病面积达94638亩，占当年甘薯总面积的42.08%；损失产量10243吨，占当年总产量的18.78%。1976年后，全面推广以抗性品种为中心的综合防治措施，使此两病基本得以控制。

油料作物病虫害：主要虫害是蚜虫、潜叶蝇、豆荚螟、造桥虫及大豆芫菁。病害常年发生的有油菜菌核病、霜霉病、白锈病等。据记载，大豆菟丝子也有危害发生。

农田其他有害生物及控制　草害及杂草控制：据1986—1990年进行的浙南沿海平原粮区和浙南山地杂粮区的杂草普查，全县水田杂草计有42科155种。其中，主要优势种有稗草、牛毛毡、节节菜、矮慈姑、陌上菜、鸭舌草、异型莎草、空心莲子草、四叶萍；北港沙性田块地区千金子常有发生。狗牙根、双穗雀稗等也常延伸到水田中。秋冬作田（包括麦、油、蔬菜）杂草计有34科133种。常见品种有看麦娘、牛繁缕、波斯婆婆纳、早熟禾、雀舌草等。山园地（包括茶、果）杂草计有53科205种。常见品种有马唐、狗牙根、狗尾草、牛筋草、雀舌草、小飞蓬等。20世纪80年代中期开始，随着“农得时（苄黄隆）”“禾大壮”“快杀稗”“扫茀特”等为代表的新型选择性除草剂的引入，至20世纪90年代前期，农田化学除草就达到水田面积的100%，手工除草基本被取代。同时，“盖草能”“克芜踪”等新型除草剂也在旱田推广使用，全县农业基本实现全领域的化学除草作业。

鼠害及控制：农村鼠类生物主要是褐家鼠、小家鼠、黄胸鼠、黄毛鼠、黑线姬鼠、社鼠、大足鼠及鼩鼱。其中，褐家鼠、小家鼠、黄胸鼠为农舍内常见种，褐家鼠、小家鼠以地面活动为主，黄胸鼠、俗称“屋顶鼠”，在楼阁上活动为主；黄毛鼠、黑线姬鼠、社鼠、大足鼠为田野常见种，但褐家鼠在作物成熟期也常会短期在村边屋旁的农田田埂内筑洞取食作物。在平原地带田野中，黄毛鼠为优势种；北港丘陵地带田野中则以黑线姬鼠为优势种；社鼠在山区林地中有见；大足鼠则在西湾海边地带有见；鼩鼱为食虫目动物，在农舍、农田普遍分布，但非农业有害生物。20世纪80年代中期，由于农药大量使用造成农业生态环境的破坏，鼠类天敌减少，一度使得农村鼠类密度爆发性上升。农田鼠类密度一般在15%（百夹率）、40%（粉迹率）左右；秋熟季节村边屋旁的田块则高达40%（百夹率）左右，使得成片的作物被咬断、剥苞取食，更严重的是鼠传病害威胁着人们的健康。

1985年始，县政府每年都有专门的灭鼠经费安排，分春、秋两季进行农村灭鼠活动。县植保部门负责各乡镇的鼠药供应和投放技术指导及防效检查工作。使用的鼠药主要是慢性的抗凝血剂类的敌鼠钠盐和以后的溴敌隆等环境友好型药剂。实施区的毒饵到位率都达到95%以上的标准，农村鼠类密度均保持在3%（百夹率）以下的水平。

农业技术服务

1989年以后，县一级农技推广机构设置有农业技术指导站、土肥站、植保站、特产站、科教培训站、农村经营管理站、农机管理总站、种子公司、农机公司、良种场等，还有县菜篮子工程办公室（2002年由县府办下属的县福利办改为县菜篮子工程办公室，划入县农业局）。1989年至1992年7月，县农业局派出的农业技术推广站有9个，即万全区农技站、昆阳镇农技站、鳌江镇农技站、水头区农技站、麻步区农技站、腾蛟区农技站、山门区农技站、顺溪区农技站、鳌江镇农技站，每站配备农技、农机、农经、畜牧兽医专业技术人员，实行综合建站；乡、镇农科站每站配备1～2名农技员。1992年7月，实行撤区、扩镇、并乡，撤销原9个区（镇）农业技术推广站，建立万全、鳌江、麻步、水头、腾蛟、山门等6个农业技术推广站，业务指导范围为昆阳镇、鳌江镇、水头镇、腾蛟镇、水亭乡、青街乡、吴垟乡等33个乡镇。1993年9月撤销，上述6个农业技术推广站将其人员分解到各乡镇农业综合服务站。

至2012年年末，县一级农业专业技术人员共有60人，其中，初级职称13人，中级职称37人，高级职称10人。

据不完全统计，1989—2012年，县农业局集体和个人获得科技进步奖76项，其中，市级一等奖1项、二等奖1项、三等奖2项；县级一等奖18项、二等奖24项、三等奖30项。获得农业丰收奖20项，其中，部级一等奖1项；省级一等奖1项、二等奖1项、三等奖1项；市级一等奖6项、二等奖6项、三等奖4项。

种植制度

平阳气候温和、雨量充沛、土壤肥沃、劳力充裕，水田、旱地均适宜发展一年多熟制生产。随着农田基础设施的改善，科学技术的进步，以及人们对农副产品需求的变化，粮地种植的作物种类逐渐增多，复种指数逐渐提高，粮食生产沿着高产、优质、高效的路子不断发展。

水田种植制度　自1985年始，按照市场需求调整种植业结构，调减经济效益较差的春粮和绿肥种植面积，发展蔬菜、瓜果、席草等经济作物，发展多样化的多熟制，取得较好的经济效益。1993年后，随着粮食购销价格全面放开，农业逐步转向“一优两高”发展。水田种植调整步伐加大，按照“调冬、优夏、稳秋”调整思路：调减效益较差的春粮和绿肥种植面积，增加适销对路的蔬菜及名特优新农产品的种植面积；调减部分早稻面积，改种有效益、有市场需求的单季稻、玉米、大豆、蔬菜等作物；稳定晚稻种植面积。把种植面积的重点放在冬作，把质量问题的重点放在夏作(早稻)、秋作(晚稻)。至2012年，水田种植结构突破肥—稻—稻、麦—稻—稻和油—稻—稻模式，以市场为导向，多熟制为基础，建立和发展多种形式的粮、菜、饲、经、特相结合的有弹性、有应变能力、有竞争效益的新型种植结构模式。主要模式有：马铃薯—早稻—晚稻模式；鲜食蚕(豌)豆—早稻—晚稻模式；西瓜—晚稻—蔬菜模式；大棚鲜食玉米—单季稻模式；大棚瓜菜—单季稻模式；大棚草莓—蔬菜—单季稻模式；早稻—晚稻—榨菜模式；芋艿—晚稻模式；马铃薯—鲜食甘蔗模式等。

旱地种植制度　旱地主要种植甘薯、马铃薯、大小麦、玉米、芋艿、大豆等作物，是水田生产以外粮食生产的重要补充部分。20世纪80年代后，由于种植业结构的调整，一部分旱地被改种为多年生经济作物，面积逐年减少。旱地种植制度因山地、涂园而有所不同。涂园原来一年种一季甘薯，少部分是蔬菜或蚕豆—甘薯，一年二熟制。20世纪80年代后，一般采用间、套种办法，如蚕豆套种番茄或西瓜、甜瓜—甘薯—间作冬菜等。山地种植制度又分高山园、半山园、山脚园。高山园因山高，送肥困难，也由于居住人员的搬迁，一般都没种植；半山园一般以蚕豆—甘薯、大豆—甘薯、油菜—甘薯、草子留种—甘薯等一年二熟为主；山脚园土层深厚、肥水与交通条件均较好，种植制度以麦—豆—甘薯、油菜—豆—甘薯三熟或豆—肥—甘薯老三熟制。1986年后，增种一熟春玉米发展为小麦—春玉米—甘薯，蚕豆—春玉米—甘薯，绿肥—春玉米—甘薯等新三熟制和二熟制，个别地方复种形式为萝卜—马铃薯—春玉米—甘薯四熟等。20世纪90年代后期至21世纪初期，大部分地方又恢复到只种一季甘薯，少数地方仍保持二熟制和三熟制，但种植品种向质量型、加工型、鲜食型、专用型、效益型方向发展。

第二节　粮食作物

平阳县自然条件优越，作物种类多，是一个多熟制综合农区。农业生产以种植粮食作物为最多。粮食作物主要有：禾谷类的稻、小麦、大麦、玉米等；薯芋类的甘薯、马铃薯、芋、蕉藕等；豆菽类的大豆、蚕豆、豌豆、绿豆、扁豆等。

1989年，全县粮食作物播种面积64.04万亩，总产209685吨，亩产327.43千克。2012年，全县粮食播种面积36.30万亩，总产143721吨，亩产395.93千克。比1989年分别减少43.32%、31.46%和增加18.39%。

水稻

平阳县种植的水稻，从品种分类分有籼稻、粳稻和糯稻；从温光反应分类，有早稻、中稻和晚稻。

万全粮田基地（2009年）

面积和产量　水稻是平阳县最主要的粮食作物。随着粮食购销价格全面放开，水田种植调整步伐的加大，水稻种植面积明显下降。1989年，全县水稻种植面积512227亩，占粮食播种面积80.80%；总产量183280吨，占87.58%。2003年，种植面积282015亩，占粮食播种面积80.18%；总产量108754吨，占85.94%。2012年，分别是273110亩和120158吨，占75.23%和83.60%。

常年种植水稻面积为28万亩左右，遍及全县各乡镇，但产区分布不平衡。主要分布在万全、昆阳、鳌江等平原水网地区，其次是有水源的山区、半山区。据1989年统计，水稻种植面积居首位的是原万全区，种植面积152393亩，其次是原鳌江区种植面积93215亩。2012年，万全、昆阳、鳌江镇水稻种植面积分别是74688亩、51809亩、39271亩。

品种与布局　20世纪80年代后期，早中熟品种种植面积有所减少，以中熟品种为主或中、迟熟品种并举，早熟品种在10%以下。20世纪90年代初期，由于杂交早稻的推广，迟熟品种有所上升，占70%～75%，中熟品种占18%～23%。自20世纪90年代中、后期以来，为了缓解“双夏”期间的劳力紧张状况，中熟品种所占比例逐年上升，且超过迟熟品种，中熟所占比例增加，迟熟又进一步减少，比例分别为80%～85%、15%～20%，早熟品种因产量低逐渐被淘汰。

20世纪80年代初中期，杂交稻面积达到50%～80%，常规稻退居次要地位，粳糯稻所占比例大约10%～15%；80年代末期，常规籼稻绝迹，杂交稻与常规粳糯稻种植比例为87：13。20世纪90年代至2004年，杂交稻与常规粳糯稻种植比例大致为92：8，近年来杂交稻与常规粳糯稻种植比例为98：2。

1989—2012年平阳县水稻播种面积与产量统计

表12-3-3

年份（年）	播种面积（万亩）	亩产（公斤）	总产量（吨）
1989	51.22	358	183280
1990	50.86	285	144699
1991	50.73	379	192100
1992	49.31	318	156932
1993	48.13	348	167360
1994	47.34	320	151275
1995	47.73	360	171874
1996	48.13	386	185922
1997	47.76	373	178322
1998	47.05	361	169643
1999	47.02	363	170609
2000	42.01	328	137883
2001	36.50	408	148774
2002	33.89	359	121649
2003	28.20	386	108754
2004	30.54	401	122393
2005	31.07	344	106961
2006	30.42	380	115721
2007	27.93	302	84213
2008	27.50	417	114707
2009	29.27	416	121710
2010	29.53	381	112375
2011	28.15	431	121233
2012	27.31	440	120158

说明：资料来自《2003年平阳统计年鉴》第110页及历年统计年鉴

栽培技术　水稻栽培技术包括育秧、播插、耘田、施肥、灌溉、防治病虫害等环节。随着农业科学知识普及，传统方法逐渐被现代新的技术所替换。水稻主推技术有：水稻高产模式栽培技术、水稻垄畦栽培技术、水稻轻型栽培技术、超级稻高产高效集成栽培技术、单季晚稻等“五改”技术、水稻强化栽培技术、早稻早熟高产高效技术、水稻精确定量栽培技术、水稻测土配方施肥技术、农药安全合理使用技术、土壤改良技术等。

水稻直播栽培 水稻轻型栽培技术之一，可省去育秧和移栽作业，是一种在本田里直接播上谷种的水稻栽培技术。与移栽稻相比，直播稻具有明显的省工、省力、省秧田、高产、高效等优点。20世纪80年代开始，在部分种粮大户推行。20世纪90年代种植面积有所发展，2012年推广至2.16万亩。

水稻机插栽培 2001年，开始引进插秧机，2010年前后发展加快，主要有久保田高速插秧机等。其配套技术有：水稻品种选用适合本地区种植的优质、高产、抗倒、抗病性强的优良品种，单季晚稻可选的余地较大，早稻和连作晚稻要考虑机插稻秧龄短的问题。早稻一般选择中嘉早32、嘉育253、中早39等品种；连作晚稻一般选择天优华占、甬优9号、甬优6号等品种。秧盆播种，每盘播种量：早稻常规品种150～180克；晚稻80～100克。亩用秧盘数量：早稻23～25只，单季晚稻16～18只，连作晚稻20～22只。秧龄，早稻25天左右，晚稻20天左右。插秧密度(行距30厘米)，早稻：每亩大田1.5万～1.8万丛；连作晚稻：每亩大田1.2万～1.5万丛；单季杂交稻：每亩大田0.9万～1.1万丛。田间管理，水分：立苗期保温保湿。三叶期先湿后干。移栽前1～2天控水。薄水层机插，活棵期湿润灌溉，待移栽后长出第二片新叶以后，建立浅水层，并维持到整个有效分蘖期。肥料：总施纯氮量每亩12千克左右。基蘖肥：穗肥为6∶4。病虫害防治：提倡带药移栽。要根据农技部门病虫情报及时做好病虫害的防治工作。

单季晚稻高产栽培 高产途径由穗粒兼顾改为壮个体攻大穗，依靠促进个体生长、发挥大穗优势获得高产。播栽季节由迟播迟栽改为适期早播早栽。种植密度由适当密植改为少本稀植，降低落田苗数，扩大个体生长空间，促进分蘖和形成大穗。施肥方法由化肥为主重前期施用改为增施有机肥重视穗肥。由水层深灌改为浅湿灌溉。

水稻强化栽培 短龄早栽，适宜秧龄10～20天，叶龄2.1～5.5叶，最佳秧龄13～18天，叶龄3.0～5.0叶。单本稀植，适宜丛数0.8万～1.0万丛/亩，株距7寸以上。湿润灌溉，薄水护苗；分蘖期保持湿润，够苗及时搁田；幼穗分化至抽穗沟水浅水为主，齐穗期后干干湿湿。增施有机肥，每亩施腐熟有机肥折纯氮3～5千克。做好防治杂草。

甘薯(番薯)

1989年后，由于山区劳动力减少，同时经济效益较差，甘薯种植面积基本上呈递减趋势。境内平原、山区和半山区各乡镇均有种植，但主要产地是鳌江、麻步、水头、腾蛟、顺溪、青街等地，以北港山区和半山区乡镇种植居多。1989年，全县种植面积7.89万亩、总产21920吨；2012年下降为3.66万亩、总产11834吨。2010—2012年稳定在3.3万亩左右。单产基本稳定，从1989年的每亩278千克增加到2012年323千克。

主要品种 20世纪80年代，以荆选4号、瑞薯1号、南灰3号、梅尖红、华北48等品种为主。20世纪90年代后鲜食型甘薯面积逐步扩大，2000年后，先后推广迷你小甘薯、紫色甘薯等新品种，形成以岩薯5号、苏薯4号、龙岩7-3、浙薯12等大型品种为主，渝紫263、金玉等名新花色品种为辅的品种布局。

栽培技术 育苗：通常采用薯块育苗，剪蔓扦插繁殖。整地与基肥：甘薯要求垄作。作垄时要施好基肥。扦插：夏甘薯一般掌握“立夏开插，小满旺插，芒种结束”的原则。秋甘薯扦插争取不过大暑关，最迟不过立秋。常用的扦插方法有浅平插、直插和斜插3种。浅平插适于肥水条件好或早插、技术水平

番薯

较高地区采用。直插是将薯苗垂直插入土中，适于干旱地区和旱季插苗时应用。斜插法，将薯苗斜插入土中，是采用较多的方法。

田间管理　薯苗成活后进行第一次中耕，以后每隔10～15天中耕一次，前后3～4次，直到封行前结束。在插后一个月左右，选择晴天将垄两侧接近沟底部分的泥土用锄削翻到沟内，使薯垄变窄，经一周左右，复培土于垄的两侧成原垄，此为破垄晒白，以抑制细根和牛蒡根生发，防止茎叶徒长，增加结薯数，提高产量。甘薯需钾素最多，氮素次之，磷素最少，氮、磷、钾之比约2∶1∶3。追肥一般分3次，一是提苗肥；二是夹边肥；三是裂缝肥。为害甘薯的主要病害有甘薯黑斑病、甘薯瘟病、蔓割病、紫纹羽病恶和疮痂病等；害虫有小象甲、甘薯叶甲、甘薯卷叶虫、斜纹夜蛾及地下害虫等。防治方法，除实行轮作外，采取选用抗病品种、选留无病种薯、进行种薯消毒等措施，并辅以药剂防治。

玉米

玉米为调整旱地种植业结构的主要作物之一。全县从1989年种植面积300余亩发展到2012年11761亩。境内玉米种植主要集中在北港山区和半山区各乡镇，主要产地是麻步、水头、腾蛟、山门、南雁、闹村等地，2000—2006年，曾形成腾蛟镇、麻步镇两个千亩鲜食玉米示范基地。

主要品种　20世纪90年代，农业部门引进营养高、适口性好的鲜食型优良品种，通过示范与推广，代替“丹玉13号”为主的饲料型品种，先后推广鲜食型良种苏玉糯1号、浙凤糯2号、浙糯玉1号、鲁玉糯1号、超甜3号。2000年后，主要推广金银糯、引选5号、江南花糯、西星花糯、西星黑糯等品种。

栽培技术　适期早播，一般春玉米可在农历正月前后播种，有条件的可提早到12月底播种。适度密植，一般为每亩3000株左右，采取单畦双行种植方式。育苗移栽，苗龄在3叶1心时移栽为宜。育苗可分为普通育苗方法、塘泥方格育苗和营养钵育苗方法。玉米田间管理总的要求是：“促苗、控秆、攻穗”。施肥应掌握“施足基肥，紧施苗肥，重施穗肥，巧施粒肥”的原则。春玉米虫害主要有小地老虎、蝼蛄和玉米螟。病害主要有大小斑病、青枯病、茎腐病等。适时收获，一般在吐丝授粉后23～25天收获。

马铃薯

马铃薯种植面积基本稳定，以生产春马铃薯为主。2012年，种植面积为15097亩。主要产地是鳌江、萧江、水头、腾蛟、山门等地，其中以鳌江、萧江、水头镇种植居多，占全县种植面积的60%左右。

主要品种　20世纪90年代，以本地种乌油、克新4号为主，2000年后，推广产量高、特早熟、商品性佳的新品种东农303、中薯4号、早熟品种克新4号、紫色马铃薯黑美人等优良品种。

栽培技术　适时早播，春马铃薯地膜覆盖栽培，以1月中下旬播种为宜。合理密植，采用减少畦阔度和株行距离，每亩播种3000株左右。重施基肥，基肥要占总施肥量的90%以上；田间管理，及时放苗，清沟覆土，防止病虫害。适时收获，本地马铃薯一般在4月上旬即可收获上市。

第三节　经济作物

平阳县经济作物的栽培历史悠久，商品化和专业化生产程度较高，分布区域集中，形成众多的名特优产品，在全县农业生产中占有重要地位。主要有茶叶、水果、蔬菜、油菜、花生、香菇、蘑菇、药材、甘蔗、席草、蚕桑、红（黄）麻等。

茶叶

平阳县产茶历史悠久，是浙江省传统老茶区，温州地区重点产茶县，被《浙江省茶叶区划》列为本省茶叶生产最适宜区。平阳产茶有据可考的历史已有1300余年。《唐书·食货志》载：“浙产茶十州，五十五县，有永嘉、安固、横阳、乐城四县名。”宋代温州郡建茶场于平阳，并设置专管茶叶机构，实施“禁榷法”，缴纳茶税。明朝的“平阳蔡家山茶”选列为全省主要名茶，清朝的“平阳黄汤”声名远播。民国时期平阳茶叶品类众多，远销国内外。

1989年，全县茶园面积31175亩，总产量593吨。2012年，全县茶园面积18819亩，采摘面积12657亩，总产量534.8吨。有茶叶生产企业近40家，种茶农户3200余户，茶叶从业人员1.5万人，2012年，总产值8500余万元。茶树品种主要有平阳特早茶、嘉茗1号（乌牛早）、龙井43、中茶108、黄金芽、福云6号和本地群体种等。茶类产品有绿

朝阳茶园采摘（2012 年）

1989—2012 年平阳县茶叶面积产量情况一览表

表 12-3-4

年份（年）	面积（亩）	总产量（吨）	产量（千克/亩）	春茶占比%
1989	31175	593	19.02	—
1990	29066	491	16.89	—
1991	28492	462	16.22	—
1992	27960	566	20.24	—
1993	27705	563	20.32	—
1994	26454	457	17.28	71.55
1995	25692	374	14.56	86.10
1996	25442	311	12.22	85.53
1997	25732	228	8.86	85.09
1998	23796	256	10.76	70.31
1999	24694	243.2	9.85	74.84
2000	24384	251.3	10.31	89.81
2001	26260	286.3	10.90	89.42
2002	28310	341.6	12.07	88.29
2003	27090	346	12.77	—
2004	27743	363.3	13.10	—
2005	27252	383	14.05	94.52
2006	25840	601.4	23.27	66.26
2007	25225	632.9	25.10	68.34
2008	24993	700.3	28.02	66.87
2009	25324	737	29.10	36.23
2010	24337	713.5	29.32	66.43
2011	21101	581	27.53	52.32
2012	18819	534.8	28.42	33.53

说明：资料来自《1989年平阳县国民经济统计资料》及历年《平阳统计年鉴》

茶、黄茶和红茶3种。绿茶主要是名优早茶“平阳早香茶”和“平阳高香绿茶”；黄茶主要是“平阳黄汤”；红茶主要是“平阳工夫红茶”。

2012年，著名茶场有平阳县天韵茶叶有限公司、平阳县益众绿色食品有限公司、平阳县凤翔茶场、平阳县青湾茶场，茶园面积均在500亩以上，年产值在300万～500万元。

水果

平阳县水果栽培历史悠久，品种繁多，有柑橘（柑、橘、柚、橙、金柑、杂柑等），杨梅，葡萄，桃，梨，李，柿，橄榄，枇杷，草莓，枣，猕猴桃，樱桃，无花果，石榴，梅，枳椇，蓝莓等品种。1989年，全县水果栽培面积18716亩，年产量2433吨，产值550万元。2012年，全县水果栽培面积30300亩，年产量9900吨，产值5500万元。

橄榄　为传统名优特产，主要产区为鳌江镇塘川社区，栽培历史悠久，品种繁多。1988年，塘川社区有橄榄树3200株，全县有橄榄2200亩。2012年，全县橄榄栽培面积600亩，年产量20吨，产值20万元。1999年12月20日前后，出现较大冻害，1999—2003年，橄榄树大量死亡。1997年，开始引进橄榄嫁接技术，2006年后，推广使用橄榄嫁接后树冠矮化便于覆盖防冻，提早结果，提高品质。1989年，有橄榄加工厂1个，主要产品有蜜饯橄榄、盐渍橄榄、橄榄罐头、冰橄榄等，产品销往山东、安徽、江苏和本省各地，2002年后，加工厂停产。全县除塘川社区外，其他地区也有少量栽培。

柑橘　平阳县栽培历史悠久，品类也较多，品种有柚类、温州蜜柑、椪柑、瓯柑、雪柑、哈姆林橙、血橙、柳橙、改良橙、脐橙、红江橙、伊予柑、天草杂柑、茂谷柑、本地早橘、南丰蜜橘、金柑、柠檬等。1989年，全县柑橘栽培面积6250亩，年产量387吨。2003年，栽培面积3650亩，产量1000吨；2012年，栽培面积6500亩，产量1800吨。

柚　麻步文旦是传统特优名果，属芸香科，常绿乔木，是全国柚类优良品种之一，有90余年历史。1987年，麻步文旦栽培面积100亩，年产量90吨。2012年，栽培面积1200亩，产量600吨，产值600万元。麻步文旦主要分布在麻步镇的渔塘社区、塘北社区、树贤社区和鳌江镇梅源社区、水头镇南湖社区等地。各地栽培的其他柚类品种有：北港红心柚、四季柚、木兰柚、玉环柚、琯溪蜜柚、葡萄柚、红肉蜜柚等。

杨梅　主要品种有丁岙、东魁、荸荠种、刺梅、水梅、宁海早大梅等。平阳县杨梅种植面积多，品质好，水头镇鹤溪社区下村（永乐）村林场和腾蛟镇塘溪村的丁岙杨梅品质曾在温州市杨梅评品会上获得银奖。2010年6月，在温州市第二届杨梅擂台赛上，在可溶性固形物含量项目比赛中，平阳县碧泉杨梅合作社出产的荸荠种杨梅以甜度11.9度的成绩成为荸荠种杨梅组的冠军；平阳丰收杨梅专业合作社选送的丁岙杨梅以甜度11.4度的成绩并列为丁岙杨梅组的冠军。鹤溪社区下村（永乐）村林场，平均亩产值达4000元以上。1988年，全县杨梅面积8525亩，产量880吨。2003年，全县杨梅面积16800亩，产量2880吨。2012年，全县杨梅面积19800亩，产量4880吨。

葡萄　1982年，平阳县开始引进优良葡萄栽培，1989年始大面积种植。2003年，全县葡萄栽培面积6500亩，产量5500吨，产值1100万元，成为浙南最大的葡萄生产基地。2002年，鳌江镇五板桥村种植葡萄2600余亩，人均种植葡萄1.9亩，人均葡萄纯收入4830元，葡萄收入占总收入的75%以上。其所产葡萄个大味甜，外形美观、风味独特，在2001年省精品水果展销会上，“五板桥”牌优质藤稔葡萄被评为金奖，巨峰葡萄被评为优质奖。2003年和2004年葡萄成熟期受台风影响，葡萄园损毁，损失严重。2012年葡萄栽培面积1200余亩，其中投产面积900亩，葡萄产量500吨，产值100万元。栽培的葡萄品种有藤稔、巨峰、京亚、希姆劳特、红地球、黑玫瑰、金皇后、京玉、沪太、无核白鸡心等20余个品种，其中主栽品种有巨峰、藤稔、京亚、希姆劳特等。

蔬菜

平阳县适宜多类蔬菜生长，蔬菜品种资源丰富，常年种植的蔬菜种类有50余种。栽培面积较大的蔬菜种类有：芥菜、大（小）白菜、花菜、甘蓝、榨菜、番茄、西瓜、冬瓜、苦瓜、南瓜、丝瓜、蒲瓜、黄瓜、豇豆、菜豆、萝卜、毛芋、马铃薯等20余种。

1989年，全县蔬菜播种面积46636亩，水果用瓜面积4215亩，其中西瓜面积2258亩。2012年，全县蔬菜播种面积81126亩，总产量110160吨。水果用瓜面积27602亩，总产量41346吨，其中西瓜19653亩，总产量31289吨，甜瓜4182亩，总产量5991吨。随着商品生产规模的扩大，蔬菜生产向基地化、专业化、特色化方向发展，形成麻步春大白菜、海涂农场大棚番茄、鹤溪菜豆、榆垟咸菜、宋埠榨菜、丰山苦瓜、北港毛芋、渔塘马铃薯等特色蔬菜生产基地。2007年，蔬菜种植面积100140亩，总产量139785吨，产值1.94亿元，占种植业产值的32.4%，成为种植业中的第一大产业。

平原蔬菜　主要分布在宋埠（包括海涂农场）、麻步、鳌江、昆阳等地。

山地蔬菜　主要分布在山门、凤卧、鹤溪、闹村等地。

设施蔬菜（大棚蔬菜）　平阳县于1988年冬开始种植大棚蔬菜。2004年后，大棚蔬菜尤其是钢管大棚蔬菜生产发展迅速。2009年，全县大棚蔬菜栽

万全大棚蔬菜基地（2012年）

培面积5850亩，产量2.3万吨，产值4800余万元。其中毛竹大棚面积5030亩，占86%；钢管大棚820亩（其中8米大棚600亩，6米大棚220亩）占14%。主栽品种番茄面积2900亩。8米钢管大棚分布萧江镇后垟村面积280亩、海涂农场面积150亩、麻步镇华亭村面积140亩。2012年，大棚蔬菜面积6800亩（含番茄3900亩），其中钢管大棚占32%左右。钢管大棚主要分布在萧江镇，占全县50%左右。其余分布在昆阳、万全、鳌江等镇。

油菜

主要产地鳌江、麻步、南雁、山门等地。1989年，全县种植面积24661亩，亩产55千克。2000年种植面积仅0.5万亩。2008年后，种植面积略有上升，2010年，种植面积达2.1万亩，2012年18674亩。单产逐年上升，从1989年亩产55千克增加到2012年的114.5千克。

种植品种　1970年后，引进长杆白、丰收四号、480、西南302、江南1224、矮架早、秀油、浙油1号等品种。其后多以甘蓝型油菜代替白菜型油菜，单产连年增长。1984年后，农户多种白菜型。1990年后，油菜面积逐年减少，主要推广甘蓝型为主，品种主要是浙农大601、浙优油2号等品种。2000年后，主要推广浙油50、浙双72、沪油15等品种。2010年后推广浙优18、浙油50。

栽培技术　甘蓝型油菜有早、中、迟熟3种类型。播种时间，直播栽培的在11月10日前完成，育苗移栽的迟熟品种播种期在10月15日左右，中熟品种在10月底，苗龄均在30天左右，在小雪前移栽。1984年以后，水田油菜由直播改为育苗移栽，由翻耕作垄改为稻板免耕。20世纪70年代后，重视施用硼肥，在苗期和抽薹期喷施硼砂，防止花而不实。施肥原则是“施足基肥，早施苗肥，重施腊肥，增施硼肥，稳施苔肥，巧施花肥”。油菜主要病虫害有菌核病、霜霉病、病毒病、蚜虫和潜叶蝇等，采取综合防治，辅以药剂防治。适时收获，一般有2/3荚果呈枇杷黄色时收获为宜，收后先堆蓬后熟3～5天再选晴天脱粒。

花生

在北港地区均有种植，万全少数地区种植，主要产地在麻步、腾蛟等地。花生品种类型很多，以熟性区分，有早、中、晚熟3种；以分枝与主茎形成角度分，有直立型、蔓生型、半蔓生型3种；以花生仁大小分，有大粒、中粒、小粒3种。品种主要有粤油551、粤油116和本地小粒种等。花生种植规模较小，境内常年种植面积一般为4000亩。

食用菌

境内食用菌主要有蘑菇、香菇、黑木耳等。

蘑菇　平阳县蘑菇栽培始于20世纪60年代中期。种植方式有蘑菇大棚栽培和蘑菇冬闲田栽培。20世纪90年代初期，全县仅有原万全区栽培面积在30万平方尺左右。1994年3月，成立平阳县食用菌实业公司后，蘑菇生产面积由1993年的27万平方尺增加到1996年的390万平方尺，创汇280万美元。2002年4月在宋桥镇成立平阳县雪雁蘑菇专业合作社。2003年县农业局组织制订无公害白色双孢蘑菇平阳县农业地方标准规范，于是年11月1日通过组织验收并实施。2004—2006年，承担省级无公害鲜蘑菇标准化种植推广实施项目，2004年，全县蘑菇生产面积近1000万平方尺，总产鲜菇6195吨，总产值1858万元，分布地点也由原万全平原一带扩展到北港半山区一带。后由于物价、劳动力等成本大幅度上涨，蘑菇生产规模逐年下降。2012年全县蘑菇栽培面积仅150万平方尺，产量1000吨。

香菇　香菇生产始于20世纪80年代末，怀溪、晓坑、山门、凤巢等乡镇初具规模。1992年，怀溪乡等几个乡镇发展到100余万筒，并在山门镇成立“平阳县香菇产业协会”。1994年，成立平阳县食用菌实业公司，总部设在山门镇。1994—1996年，维持在200万筒。后因销路不畅，加之主要原料的硬杂木屑短缺等诸多因素影响，规模逐步下降。至2012年只有怀溪与凤巢乡几户老种户在维持生产，产量约10万～20万筒。

甘蔗

1989年，全县甘蔗种植面积2817亩，总产11651吨，2012年，面积3738亩，总产7706吨。甘蔗分为果蔗和糖蔗两种。果蔗作为水果食用，糖蔗主要用于制糖。20世纪80年代中期后，随着产业结构调整及受效益比较低的影响，平阳县糖蔗种植面积逐年缩小，以种植经济效益较好的果蔗为主，有紫皮、青皮等品种，主要分布在山门、水头、麻步、万全等镇和海涂农场。

药材

平阳县土壤、气候适宜多种中草药生长。据1986年平阳县中药资源调查，其中植物类有126科，481种。平阳县中药材主要种植品种有黄栀子、太子参、金银花、吴茱萸、杜仲、厚朴、红豆杉、铁皮石斛、浙贝母、元胡、银杏、温郁金，野生驯化成功的品种有南鹿砂仁和顺溪金线莲。种植基地分布在各乡镇的山区，其中以腾蛟岭门、晓坑徐垟、鹤溪蔡垟、昆阳莲花山和麻步兴民、显桥等基地为主。20世纪70—80年代，中药材由供销系统落实计划收购，20世纪90年代后，由农业部门负责中药材的生产信息、技术服务和政策支持等工作。1999年开始，中药材进行产业化生产，初步形成以浙江星光农业开发有限公司为龙头的黄栀子为主要品种的中药材生产基地。为规范中药材生产，加强标准化技术推广，浙江星光农业开发有限公司牵头编写《无公害中药材——栀子》农业标准规范和浙江省《无公害中药材——吴茱萸》，并得到推广实施。2012年，栀子采摘面积4800亩，总产量2300吨。2009年，浙江天草中药材专业合作社创办中药材加工厂，生产历史传承产品“五明堂”九蒸九晒姜茶系列产品，批量加工小黄姜姜粉。

至2012年，平阳县从事中药材产业的企业和个人经营51家，种植总面积4298余亩，总产量1084吨，产值4000余万元。在市场方面，鳌江下河农贸市场和萧江华东农贸市场形成以参茸产品为主，其他中药材产品为辅的市场特色，两个市场有摊位约60个，年销售额约1亿元。

附：地方特色农产品（经济作物类）

平阳黄汤

平阳黄汤，亦称温州黄汤，属六大茶类黄茶类中的黄小茶，与君山银针、蒙顶黄芽、霍山黄芽等知名黄茶齐名。原产于平阳、泰顺、瑞安等地，品质以平阳北港（南雁荡山区）所产最佳。

平阳黄汤是浙江传统名茶。素以“黄汤黄叶”，“浓而不涩、厚而甘醇”而著称。该茶始创于清乾隆年间，距今已有200余年。20世纪30年代初期，每年有千余担运销天津、营口、北京、上海一带，以后一度停产。1982年恢复生产。1984年被评为省一类名茶。

以平阳特早茶等无性系良种春季幼嫩芽叶为原料，在传统加工工艺基础上，结合现代制茶科技，经摊青、杀青、揉捻、“三闷三烘”等工序，历时48～72小时不等精制而成优级平阳黄汤。产品以“干茶显黄，汤色杏黄、叶底嫩黄”三黄而著称。其品质特征：干茶色泽嫩黄，汤色杏黄明亮，香气香高持久，滋味甘醇爽口，叶底嫩匀成朵。

2006年平阳黄汤加工工艺技术获国家发明专利。2011年，该茶被中国茶叶博览馆收藏；获第九届（2011年）、第十届（2012年）温州早茶节金奖；2012年，获第二届中国国际茶业及茶艺博览会金奖。

2012年全县平阳黄汤生产企业5家，茶叶年产量20吨，产值1500余万元，产品远销北京、上海、杭州等地。

平阳早香茶

温州五大特早名优茶之一，由县农业局创制于1994年。因上市早、香气高而得名，是平阳名优茶主导产品。以特早茶春季幼嫩芽叶为原料，采用传统手工和现代科技相结合工艺精制而成。产品特征：外形扁平光滑、挺直细嫩，色泽翠绿，香气嫩香持久，汤色嫩绿明亮，滋味鲜爽、回味甘，叶底芽秀嫩绿明亮、成朵。产品被茶叶界评价为“特早特香，浙江一泡”。

1989年9月，县农业局茶叶技术人员林平、杨莹琳在进行品种资源调查时，从鳌江镇大坪村村民那里了解到该村有特早生茶树。1994年3月22日，浙江大学和省农业厅茶叶专家对大坪特早茶及其名优绿茶产品进行命名，将“大坪特早茶”命名为“平阳特早茶”，名优绿茶产品命名为“平阳早香茶”。该品种具有发芽特早、无生殖生长、成品茶香气高等特点，现已成为平阳县茶树当家品种，已有

8000余亩茶园通过无公害认证。

1998年5月4日，平阳特早茶品种通过浙江农作物品种审定委员会认定，准予在适宜地区推广种植(证书号:浙农品种认字第236号)。1999年4月2日，《平阳早香茶系列标准》(DB 33/T236—1999)在杭州通过浙江省技术监督局组织的省内外专家审定。2001年2月18日，县茶叶产业协会成立。2003年12月，平阳县益众绿色食品有限公司的220亩有机茶基地通过认证，成为全县首家有机茶生产企业。2005年3月5日，县政府和省茶叶学会在杭州钱王祠联合主办“2005浙江省敬老茶会暨平阳早香茶推介会活动”。2011年3月，“平阳早香茶”冠名第九届温州早茶节。

1997年，该茶在省第12届名茶评比中被评为省二类茶;1998年，在省农博会上被评为省优质农产品;1999年4月，《平阳早香茶系列标准》(DB 33/T 236—1999)通过省地方标准审定;1999年6月，在省第13届名茶评比中被评为省一类名茶;2000年，在“茶山杯”温州市名优茶评比中获一等奖;2001年4月，获“会稽杯”省精品名茶展示会金奖;2001年5月，被评为2001中国国际名优茶、浙江省第14届名茶评比一类名茶，并被中国茶叶博物馆收藏;2001年11月，被认定为2001年中国国际农业博览会名牌产品;2002年，被认定为温州市名牌产品;2005年，在第三届济南国际茶叶博览会上获金奖;2006年，在北京马连道第六届茶业节暨浙江绿茶博览会上获金奖;2007年，在中国(杭州)国际名茶暨第二届浙江绿茶博览会上获金奖;2008年，在第四届中国宁波国际茶文化节暨第三届浙江绿茶博览会上获金奖;2010年，被评为浙江世博十大旅游名茶;2011年，在哈尔滨第六届浙江绿茶博览会上获金奖;2012年，在浙江绿茶博览上获金奖;是年，在中国茶叶区域公用品牌价值评估中，品牌价值达2.91亿元。

2012年，产量160吨，产值4800万元。产品远销北京、山东、上海等地。

塘川橄榄

橄榄是平阳县传统的名优特产。栽培历史悠久，品种繁多，共有大榄、小榄、丁香榄、长榄、圆榄、苦榄、油榄、尖榄8个类型16个品种(苦榄、油榄、黄皮丁香、葡萄丁香、老黄香、老黄甜、青皮橄榄、大榄、鸡蛋榄、松榄、小榄、尖榄、棕榄、黄皮圆榄、青皮圆榄、黄皮长榄)，其中尤以老黄香、老黄甜为最佳品种。主要产区在鳌江镇塘川社区。

老黄香农历五月开花，十月成熟，色泽好，不黄不绿，黄中带绿，核小带黑。味香、质清脆、少渣、无涩味，后味清甜且耐贮藏，可藏至次年四五月。该品种果枝短而粗壮，能抗风不易落果。塘川社区高 村一株青皮老黄香，系清道光十三年(1833)所栽，树龄160余年，树冠大，枝叶繁茂，冠幅17米，树高20米，主干高5.92米，干周2.73米，最高年产量为民国36年(1947)，株产550千克，一般年产250千克左右，1995年死亡。

1988年，全县有橄榄2200亩，塘川社区有橄榄树3200株，1999年冬，因冻害大量死亡。1997年开始引进橄榄嫁接技术，2006年后推广使用，橄榄嫁接后树冠矮化便于覆盖防冻，提早结果，提高品质。2012年，全县橄榄栽培面积600亩，主要分布在塘川社区，是年产量20吨，产值20万元。

麻步文旦

麻步文旦属芸香科，常绿乔木，是全国柚类优良品种之一，亦是平阳县传统的特优名果。五月初开花，十月中下旬成熟。果实削肩扁圆形，果皮橙黄色，表面光滑，清香多汁，甜酸适中，爽口化渣。单果重1000～1500克。较耐贮藏，可贮至次年四五月，风味不变。

麻步文旦定植3～4年后开始结果，10年后进入盛果期，盛果期可达60年以上。麻步镇渔

麻步文旦（2012年）

塘社区水港村一株30年生树，1984年产量412千克。

麻步文旦有90余年栽培历史。1982年有文旦2000株，其中成林885株。2012年，麻步文旦栽培面积1200亩，产量600吨。麻步文旦主要分布在麻步镇的渔塘社区、塘北社区、树贤社区和鳌江镇梅源社区、水头镇南湖社区等地。

钱仓早蚕豆

县内蚕豆种植历史悠久，尤以钱仓早蚕豆名闻遐迩。钱仓早蚕豆在20世纪40年代前就销往上海、温州等地。

钱仓早蚕豆，又名平阳早豆子。为越年生草本植物，茎方形中空有棱，羽状复叶，短总状花序、腋生。每一花梗上着生1至数果花，花呈蝶形，花冠淡紫色，荚果大而肥厚，荚果结1至数粒种子，种子椭圆扁平，花期1～3日，果期1～4个月。钱仓早蚕豆，在霜降前后播种，蚕豆鲜荚在春节前后采摘上市，在豆菜类中以上市特早而具独特的商品价值。钱仓早蚕豆，豆粒含蛋白质23%～26.5%，脂肪1.2%～2%，碳水化合物48%，纤维和无机质11%。鲜蚕豆还含有丰富的维生素，食味鲜美。蚕豆还被广泛用作副食品加工原料，可制粉丝、糕点、酱油、兰花豆、五香豆等。

钱仓早蚕豆主要产区在鳌江镇钱仓社区，其他乡镇亦有零星种植。种植面积逐年减少，亩产鲜荚在700千克左右。

第四章　林　业

1989年，县委、县政府提出“一年准备、四年消灭荒山、八年绿化平阳”的林业发展目标。全县森林面积、蓄积量连年增长。2009年土地详查，全县林地面积42435公顷，占全县土地总面积的40.72%。2010年，县委、县政府提出创建省级森林城市的目标。2012年，全县森林覆盖率52.32%、森林蓄积量203.73万立方米，分别比1989年提升19.42个百分点，增加蓄积量149.52万立方米。

第一节　林业生产

植树造林

1998年，平原地区绿化达标，被林业部评为全国平原绿化先进单位。2000年，获浙江省绿化合格县称号。2005年，获浙江省高标准平原绿化县称号。1989—2012年，全县植树造林37.89万亩。

1989—2012年平阳县造林情况一览表

表12-4-1

项目 / 年度（年）	造林（万亩）							“四旁”植树（万株）
	合计	其中：退耕还林	按用途分					
			1.用材林	2.经济林	3.防护林	4.薪炭林	5.特种用途林	
1989	2.99		0.46	0.13	0	2.4		64.70
1990	2.96		0.57	0.10	0	2.29		82.60
1991	5.66		0.77	0.07	0.05	4.77		105.00
1992	2.01		0.72	0.07	0.02	1.20		122.70
1993	2.84		1.16	0.43	0.03	1.22		120.00
1994	2.05		0.69	0.52	0.29	0.55		124.50
1995	1.49		0.23	0.92	0.09	0.25		90.50
1996	1.43		0.15	0.95	0.10	0.23		85.60
1997	1.48		0.28	0.94	0.08	0.18		86.00

续表 12-4-1

年度（年）\项目	造林（万亩）							"四旁"植树（万株）
	合计	其中：退耕还林	按用途分					
			1.用材林	2.经济林	3.防护林	4.薪炭林	5.特种用途林	
1998	1.23		0.36	0.46	0.17	0.23	0.01	82.70
1999	1.08	0.58	0.22	0.55	0.12	0.16	0.03	77.86
2000	0.90	0.33	0.27	0.39	0.11	0.12	0.01	85.00
2001	2.74	0.34	0.39	0.33	2.02	0	0	101.12
2002	0.66	0.35	0.02	0.25	0.37	0	0.02	21.00
2003	0.61	0.40	0	0.20	0.41	0	0	22.00
2004	0.48	0.17	0	0.15	0.33	0	0	20.00
2005	0.49	0.18	0	0	0.49	0	0	21.00
2006	0.51	0	0	0	0.51	0	0	23.00
2007	0.32	0	0	0	0.32	0	0	20.50
2008	0.12	0	0	0	0.12	0	0	25.30
2009	1.35	0	0	0	1.35	0	0	25.30
2010	0.63	0	0	0	0.63	0	0	52.00
2011	1.88	0	0	0.44	1.44	0	0	51.00
2012	1.98	0	0	0	1.98	0	0	40.00
合计	37.89	2.52	6.29	6.90	11.03	13.6	0.07	1549.38

说明：资料由林业局提供

飞播造林　1989—1992年和2001年由省林业厅统一组织，全县飞播作业面积16.36万亩，经封山育林，成效面积达16万亩。

沿海防护林（2010年）

全民义务植树　全县开展全民义务植树活动，各地各单位的"共青林""三八林""绿色通道""绿色学校""绿色厂区""绿色庭院""绿色村庄""绿色城镇""森林村庄""森林城镇"等创建活动持续开展。1989—2012年，全县共有300余万人次参加义务植树，栽下各种树苗、花木1500余万株。萧江镇获得省级绿色小城镇称号，万全镇获得省级"森林城镇"称号，昆阳镇后斋村获"温州市十佳绿色生态村"称号，昆阳水厂和平阳县第一中学获省、市绿化先进单位称号，鳌江实验小学、新纪元学校、萧江二中成为"浙江省绿色学校"。

退耕还林　1999年始，全面实施退耕还林工程，坡度25度以上的坡耕地全部退耕还林。对适宜发展经济林的坡耕地，全部规划种植经济林，并向农户无偿发放树苗。1999—2005年，全县完成退耕还林共2.52万亩。

生态公益林建设 2001年，进行林业分类经营区划界定，2003年，进行区划完善工作，2010年，进行省级生态公益林扩面工作。通过区划界定，全县现有生态公益林36.53万亩，其中国家级生态公益林5.24万亩，省级生态公益林26.29万亩，市级生态公益林5万亩。

2012年平阳县生态公益林面积统计表

表12-4-2 单位：亩

乡镇	国家级	省级	市级	合计
昆阳镇	0	17673	0	17673
鳌江镇	23120	14512	0	37632
水头镇	0	18379	29667	48046
万全镇	2248	2509	0	4757
腾蛟镇	0	10308	2321	12629
山门镇	0	60606	14569	75175
南雁镇	0	7764	0	7764
顺溪镇	26992	80024	0	107016
青街乡	0	20900	3443	24343
县林场	0	30274	0	30274
合计	52360	262949	50000	365309

说明：资料由林业局提供

“森林平阳”创建

2011年始，全县开展“森林平阳”创建工作。是年，建成省级“森林城镇”1个（万全镇）、省级“森林村庄”5个（昆阳镇后岙村、鳌江镇河东山村、万全镇安阳村、万全镇柳垟村、万全镇冯宅村）、市级“森林村庄”20个，县级森林村庄32个，市级“绿化示范村”14个。至2012年，建成市级以上“森林村庄”58个，其中省级“森林村庄”15个。是年，平阳县古盘山城市森林公园建设全面启动。古盘山城市森林公园西起昆阳九凰山、东至西湾半天山，南连鳌江圣莱池、北接榆垟溪金山，总面积6224.33公顷，为昆阳、鳌江、万全三镇所环绕。整个公园规划有7个主入口，15个次入口，设置7个功能区，规划建设年限为5年。至2012年，完成林相改造4500亩，投资1200万元完成东门山和九凰山两个主入口工程，4.2千米道路建设第一期工程已开工。2011年，县长王中毅被全国绿化委员会授予“国土绿化突出贡献人物”称号。2012年，对外开放山门红军公园、满田森林公园，全县在建森林和山地公园5个。

第二节　林业产业

林特产

木材 1989—2012年，年平均木材产量1727立方米，产量呈逐年下降趋势。2002年，林业分类经营后，林木不允许大规模采伐，木材产品急剧下降，至2012年，年需外县调入10000立方米左右木材。

毛竹 主产区青街、顺溪等西部乡镇，1989—2012年，年平均产量9.5万支。

毛竹笋 主要食用笋，每年平均鲜笋产品在2000吨左右。

马蹄笋 马蹄笋又称“绿竹笋”，1992年始，马蹄笋逐渐成为本县农业产业化的主导产品。1998年后，马蹄笋被评为省优质农产品、温州市名牌农产品、温州名牌产品、浙江省绿色农产品。2003年，县马蹄笋基地被省林业局命名为浙江省首批森林食品基地，“鸿雁”牌马蹄笋被评为温州市十佳农产

1989—2012年平阳县林产品产量统计表

表12-4-3

年度（年）	木材（立方米）	毛竹（万株）	竹笋干（吨）	油桐籽（吨）	油茶籽（吨）	乌桕籽（吨）
1989	1928	20.00	176	24.1	24.8	3.0
1990	3388	9.70	186	17.1	21.2	1.6
1991	2032	6.90	171	14.0	22.0	2.0
1992	2246	10.00	184	13.0	25.0	0
1993	2518	8.40	268	16.0	18.0	0
1994	3358	8.30	227	10.0	3.0	1.0
1995	2841	7.20	248	8.0	1.0	0

续表 12-4-3

年度(年)	木材(立方米)	毛竹(万株)	竹笋干(吨)	油桐籽(吨)	油茶籽(吨)	乌桕籽(吨)
1996	3324	6.50	355	5.0	0	0
1997	2662	12.00	350	8.0	5.0	0
1998	3000	16.40	433	10.0	2.0	0
1999	2703	18.00	520	19.0	0	0
2000	2537	43.00	472	22.0	0	0
2001	2675	22.00	503	17.0	0	0
2002	2518	7.20	2174	17.0	0	0
2003	600	6.30	1592	0	0	0
2004	600	2.54	1758	0	0	0
2005	363	2.09	856	0	0	0
2006	354	4.36	869	0	0	0
2007	333	5.50	1178	0	0	0
2008	723	6.13	1293	0	0	0
2009	93	3.00	1303	0	0	0
2010	433	1.38	1489	0	0	0
2011	87	0.44	1508	0	0	0
2012	129	0.36	1400	0	0	0
合计	41445	227.70	19513	200.2	122.0	7.6

说明:资料由林业局提供

品品牌,被省森林食品委员会评为浙江省首批森林食品认定产品,并相继获得省农博会金奖和浙江名牌产品称号。2002年,平阳县被浙江省林业局命名为“浙江马蹄笋之乡”;2004年,被国家林业局命名为“中国马蹄笋之乡”。2012年,全县马蹄笋种植面积6.3万亩,年产鲜笋2.3万吨,实现产值1.2亿元。

竹类制品　二十世纪八九十年代,平阳县生产的棒冰梗、竹席等产品逐步退出市场。2010年后,竹席加工业又在顺溪等西部乡镇兴起,年产值达150余万元。

中药材　2001年始,中药材种植业兴起,主要产品有木本的山茱萸、黄栀、杜仲和草本的山药、葛根、太子参等。

“三籽”　“三籽”即油菜籽、油桐茶和乌桕籽。在20世纪80年代生产较多,后逐渐淡出林产品市场,至2003年,全县“三籽”产品停收。

木竹经营和加工

1988年,全县核准从事木竹购销单位78个,个体户20户,流动个体户30户,加工单位2个,加工个体户8户,这些单位主要从事木竹中介交易,或课桌椅、竹凉席等生产。1991年,平阳县木材检查站成立,木材市场逐步规范。2001年,全县木材经营、加工企业达到175家。随着农村建筑用材的转变和外地木制品的涌入,县内木竹经营、加工企业受到较大冲击,纷纷停业。2012年,全县除鳌江、水头、山门尚有零星木材市场(主要是个体户)外,其余地方均无木材交易场所。

花卉

县内普遍栽培的观赏植物有87科200余种,1200余个品系。花卉业作为一个产业,起始于20世纪80年代中后期。1998年,农业种植结构调整后,花卉产业发展快,形成沿104国道带状花卉市场。1989—2012年,全县参加全国性花展与学术交流16次,举办全县性花卉展12次,县花协主持和参与省、市、县花卉研究课题和相关课题10项,在全国性的刊物和全国、省、市花展中取得了各种奖项

164个。2012年，全县花卉企业31家，鲜花销售店73家，基地种植面积达1600余亩。涌现浙江金桂园林有限公司、平阳舒卉园艺有限公司等省、市级林业龙头企业。2012年，全县年产盆花盆景26万盆，生产绿化大苗170余万株，花卉产业总产值8971万元。

第三节 森林保护

森林防火

县护林防火委员会于1987年7月18日成立，1988年，更名为县森林防火指挥部；2008年5月，更名为县人民政府森林消防指挥部；1999年8月，将森林防火指挥部办公室列入常设机构，具体负责全县森林防火日常工作。

1992年后，全县森林火灾频频发生，严重制约经济发展、生态建设和环境保护工作。1999年，平阳县被列为省森林火灾综合治理工程建设县。2000年，被列为省首批森林重点火险区综合整治工程建设县。森林防火工作实行行政首长负责制，森林防火由部门行为转变为政府行为，提高森林防火工作的效率。通过整治，森林火灾多发局势得到了有效遏制。

2000年开始，建立正式的森林火灾统计档案。1989—2012年，火灾事故列入统计年报和专门报表的有341起，受害森林面积8629亩，烧毁幼林169.13万株，成林10938立方米。

林业有害生物与防治

林业有害生物 2003—2004年，开展林业有害生物普查，详查样地19个，踏查面积36840亩。初步查明县内昆虫种类为353种，隶属12目62科；有轻微危害的病害种类33种；有一定危害程度以上的有害植物种类达7种；对林木树干造成零星危害的动物1种。1989—2012年，全县发生森林病虫害506091亩次，其中病害发生面积1618亩次，虫害发生面积504473亩次。病害主要发生在1989年和1990年。虫害主要是松毛虫，1989—2012年发生松毛虫害392738亩次，其中1989年、1990年分别发生103053、69171亩次。县内主要的林业有害生物如下：

马尾松毛虫 俗称“松树虎”。松毛虫对松树的危害重者，松针被吃光，同时对人、畜健康威胁很大。2000年来没有大面积爆发。

柳杉毛虫 虫体大，毛粗长，受柳杉毛虫危害的柳杉林就像被大火烧过一样，故称为“无烟的森林火灾”。虫尸会污染水源，对居民生产、生活造成较大影响。2003年柳杉毛虫大爆发，县林场、顺溪等地柳杉林受害面积达9780亩，大批柳杉枯死。

林业有害生物防治 1990年，设立县森林病虫害防治站，后又下设虫情测报网，有测报点13个，专门负责森林病虫害的预防和治理工作。2003年，平阳县被列为国家级松毛虫中心测报点。自1998年始，开展马尾松毛虫工程治理工作。2012年，全县松毛虫害面积1896亩。防治方法主要有人工捕捉、灯光诱杀、化学农药防治、生物防治。

森林植物检疫 平阳县属非重点产苗县，没有其他森林植物产品外调，20世纪90年代以前森林检疫工作很少开展。1991年，森林植物检疫从森林病虫害防治工作中分离出来，森林植物检疫工作才逐步正规化。除每年开展2次松材线虫检疫外，主要进行产地检疫。2006年，温州家具园区落户本县，此后调运检疫签证剧增，每年签发调运检疫证书都在5000份以上。

第四节 林政管理

平阳县贯彻落实《中华人民共和国森林法》，全面开展依法治林工作，林政管理逐步走上规范化、法治化轨道。

管理机构

1989年1月16日，成立县公安局林业治安科，1992年更名为县公安局林业公安科，2006年，更名为县公安局森林警察大队。业务上受公安局领导，机构设在林业局。森林公安成立后，按照“打防并举、标本兼治、重在治本”的方针和“加强森林保护、强化林业管理”的工作要求，开展一系列专项斗争，打击破坏森林资源违法犯罪活动，1989—2012年，全县立案433件起，结案430件。

集体林权制度改革

山林权属 1981年12月，县委、县政府组织区、公社干部在青街、睦源两地进行稳定山权和林

权，划定社员自留山，确定林业生产责任制的林业“三定”试点工作。后在全县铺开，至1984年12月结束。在林业“三定”工作中，全县共发放山林所有权证书5073份，社员自留山使用证17898份，社员植树地段使用证634份。核定林权面积55.91万亩，占核定“三定”定权面积的98%；落实联产承包到户的山地、林地面积41.93万亩，承包到组的3.67万亩；落实管护责任制41.12万亩；解决无证山、多主山、四至不清山，以及山权、林权不一致的，划归国有山林手续不完善的，跨县、乡镇的“插花山”等权属混乱问题。林业“三定”后，全县先后调处山林纠纷107起。

延长山林承包期工作 2006年3月始，着手山林延包工作。至2007年9月底，31个乡(镇)、450个村，全部完成山林延包工作。完成林地登记面积62.46万亩，其中集体统管山42.11万亩、责任山12万亩、自留山4.77万亩，国有山3.59万亩；换(发)山林权证33189本，签订责任山合同10256份；整理归档卷宗856卷。

集体林权制度改革 根据中共中央、国务院2008年《关于全面推进集体林权制度改革的意见》精神，平阳县从2008年开始着手集体林权制度改革工作。2012年，全县集体林权确权面积近60万亩，发证户数24030户，实际承包到户55.5万亩，家庭承包率93%。2010年4月，《平阳县森林资源流转和抵押暂行办法》正式发布实施，2011年县农村信用合作联社、建设银行、平阳浦发村镇银行等3家银行相继开展林权抵押贷款业务，是年，发放林权抵押贷款7笔、共计468万元，2012年达950万元。

森林采伐

实行林木采伐管理是控制森林资源总量，巩固造林成果的有效手段。1995年、2000年、2005年和2010年，平阳县分别编制“九五”“十五”“十一五”“十二五”期间森林采伐规划，森林采伐实行经营期限额制度。1989—2012年，森林采伐量为41445立方米，毛竹227.7万根，均未突破省下达限额指标。2003年，全县林木采伐量为1200立方米，是省定限额21140立方米的5.6%，毛竹采伐量为6.3万株，是省定限额9.79万株的64.3%。全县森林资源进入低消耗高增长期。

林地管理

1995年前，林地管理处于无序状态。1995年1月，林业部发出《关于实行使用林地许可证制度的通知》，从1995年1月1日起实行使用林地许可证制度。1998年新修订的《中华人民共和国森林法》实施，加强了林地管理工作。2001年1月4日，国家林业局发布《占用征用林地审核审批管理办法》，对征占用林地审核审批进行全面规范。1995年至2004年4月，全县共审核审批300项，面积5768.2亩，其中，县林业局审批临时占用林地144项、面积737.5亩，市林业局审批41项、面积708.5亩，省林业厅审批111项、面积2976.7亩，国家林业局审批4项、面积1345.5亩。

野生动植物保护

1992年《中华人民共和国陆生野生动物保护实施条例》颁布后，加大对野生动物保护力度，每年开展野生动物保护执法大检查活动，对非法猎捕野生动物行为进行严厉打击。1994年，进行野生动物普查。1998年《浙江省陆生野生动物保护条例》发布实施后，规范对野生动物猎捕、驯养繁殖和经营利用的管理，对驯养繁殖陆生野生动物实行核准制度。2002年，在昆阳镇步廊村建立了鹭鸟保护小区。1992—2012年，全县共查处非法猎捕、经营野生动物案件111起，查获国家和省级保护动物4566只(条)，蛇类、蛙类90余千克。1998—2012年，全县累计发放驯养繁殖许可证、经营利用许可证121份。

第五节 林 场

国有林场

1981年，平阳县第二林场更名为国营浙江省平阳林场，这是境内唯一的国有林场。林场经营面积3.18万亩，设吴垟、进士、怀溪、大岭脚4个林区(苗圃)和1个满田分场，是以生态保护为主的公益型林场。

林场先后创办编制工艺厂、技术开发服务公司、木塑品经营部、平阳林场建材经理部和平阳林场建设工程处等集体企业，由于经营管理不善先后停办。

1992年，经林业部批准，建立南雁森林公园后，将林场全部引入森林公园经营范围。2001年，森林分类区划界定后，林场全部被划为生态公益林经营。2010年6月，经省林业厅批准，浙江省南雁森林公园更名为浙江省平阳满田省级森林公园。

1981—2012年，政府拨款投资3583万元。2012年，林场林地面积2018公顷，森林覆盖率为97.5%，林木蓄积147000立方米，林木总产值8000万元。

集体　个体私营林场

1984年林业“三定”结束后，绝大部分乡镇和村林场的山林分户经营。至1992年，全县尚有乡、镇林场5个，村办林场10个，经营面积共4.236万亩，固定劳动力77人。

随着农村经济的发展，特别是私营经济和第三产业的发展，农村劳动力外流。加之林业生长周期长、见效慢，集体林场多数因经营不善而停办。至2012年年底，全县乡镇林场和集体林场实际上均处于停办状态。

1984年始，境内出现周青疆、董大锦、兰圣闹、蔡延富、吴作新等林业专业大户。其创办的用材林、果木、黑荆树等基地，由于未能很好地适应市场经济的发展或由于经营管理不善而先后停办。

随着马蹄笋产业和油茶产业的开发，个私林场开始兴起，出现李开彬、杨守峰、曾善营、白洪跑、黄孝扬等10余户马蹄笋、油茶种植大户。

专记：

中国马蹄笋之乡

平阳县濒临东海，气候宜人，无严寒酷暑，属中亚热带海洋性季风气候区，处中国绿竹分布中心的北缘。早在东晋时期，平阳人就开始栽种马蹄笋。20世纪90年代，平阳成为中国马蹄笋主产区之一，其种植规模、经营水平、鲜笋产量和产值均居全国前列，2004年被国家林业局命名为“中国马蹄笋之乡”。2012年平阳马蹄笋种植面积6.3万亩，年鲜笋产量2.3万吨，产值1.2亿元。

生长环境与食用价值

马蹄笋学名为绿竹，属禾本科竹亚科莿竹属丛生竹种，因其适生条件要求严格，不耐低温，要求年平均温度18℃～21℃、年降雨量在1400～2000毫米之间，只适宜生长在热带、亚热带地区，因此分布范围较为狭窄，只在中国长江以南的浙江、台湾、福建、两广地区有分布，在浙江也仅温州瓯江以南地带有分布。绿竹笋形酷似马蹄，俗称为马蹄笋。马蹄笋一年栽竹，当年出笋，三年成林。盛产于夏季，产笋期长，笋期在6—10月，与一般竹笋如毛竹笋、雷竹笋出产于春季迥然不同，供应了夏秋季鲜笋市场。笋肉厚实、笋质脆嫩、笋味鲜甜爽口，高纤维、低脂肪，含多种氨基酸和铁、钙、磷等微量元素，有助于消化，且无论鲜食或被制成笋干，都很美味。元朝李衎在《竹谱详录》中有生动记载：“绿竹丛生，浙东及七闽多有之，极高大，其色深绿，笋味极甘美，晒干馂远人亦贵重之。”马蹄笋烹饪方法多种多样，可以跟各种食材搭配，菜色有蟹粉笋羹、雪菜夏笋、海脆炒笋、咸肉玉笋、油焖笋块等。其中新鲜马蹄笋以清水煮为最佳，保持竹笋的原汁原味。近几年平阳县相继开发出了清水马蹄笋、真空包装马蹄笋、笋干等系列产品，产品打入上海、杭州等市场。

栽培技术

1994年后，平阳县和中国林科院亚林所、原浙江林学院等科研院校合作，先后实施国家星火科技项目“万亩马蹄笋丰产栽培和加工技术开发”，省级林业科技推广和标准化示范项目“平阳马蹄笋基地开发和丰产示范推广”“五万亩马蹄笋丰产基地建设”等马蹄笋科研项目11个，总结“扒土施肥，加土培笋，合理挖笋，适时留养母竹，散生状栽培”等一整套丰产栽培技术，以及提早出笋促成栽培、冻害预防和恢复等先进栽培管理模式。2001年，平阳县率先制定国内第一个马蹄笋系列省级地方标准(DB 33-343)，2007年修订为《无公害马蹄笋》，并在省内马蹄笋生产区推广实施。

2005年，麻步镇沿口村推广应用了笋期调节技术，出笋时间提早了1个月，使100余户村民受益，增加收入20余万元。通过办培训班、开现场会、发放资料、现场示范等形式，林业技术人员把无公害、标准化生产、生态经营这些现代竹林经营模式传授给笋农。据统计，2008—2012年全县举办培训班15期，受训农民2000余人次，开展科技下乡近20次，发放宣传资料4000余份，组织外出考察3次，编写技术小手册1本，制作《马蹄笋丰产栽培技术》电教片1个。至2012年，全县70%竹园实施标准化生产，鲜笋质量全部达到或超过无公害标准，平均亩产量由300千克提高到500千克左右。

营销与效益

马蹄笋具有食用风味佳、经济效益高、生态景观美、防火性能好等优点。1998年，来自9个国家的30余名竹类专家到平阳县考察马蹄笋。2002年，国家林业局竹子研究开发中心又组织16个国家35名专家到平阳考察。2005年7月，国家林业局局长周生贤视察平阳马蹄笋基地。

2003年，平阳马蹄笋获得“浙江绿色农产品”和“浙江森林食品”资格证书。2004年，被评定为“无公害农产品”，并相继被认定为温州名牌产品、浙江名牌产品，并通过农产品国家地理标志认证，成为浙江省知名的特色农产品，产品远销北京、上海、山西等省市。2005年，县政府在杭州召开马蹄笋品尝会，邀请中央电视台《星火科技》栏目及浙江省和温州市电视台《社会纵横》《绿色田野》等栏目摄制组到平阳县拍摄马蹄笋专题片，并组团参加在杭州、上海、西安、义乌、哈尔滨等地召开的各类博览会、展销会、展示会和浙江省林业厅组织的竹笋东北行、西北行等展销活动。平阳马蹄笋采取统一品牌的营销策略，注册“鸿雁”牌商标，申请产品条形码。全县先后成立了1个产业协会，4个马蹄笋专业合作社，制定品牌管理实施办法，出台销售奖励措施。

通过市场营销，平阳马蹄笋产业取得显著效益。在马蹄笋主产区内，马蹄笋收入可占当地农民年总收入的50%以上。在水头镇南湖社区的增光井村及萧江镇麻步社区沿口村，家家户户栽培马蹄笋，马蹄笋已成为村民最重要的收入途径，占年农业总收入的比例高达80%以上。最高者如沿口村有一村民15亩竹林年鲜笋销售收入达6万元，净收入为4万元。

扶持与发展

县委、县政府立足于构筑区域特色农业新格局，扶持马蹄笋特色产业发展。马蹄笋特色基地建设列入县“一优两高”十大农业基地、扶贫开发、山区综合开发、“菜篮子”工程建设、农业产业化经营计划等一系列重点项目，并予以重点扶持。出台“关于加快农业产业化经营步伐的若干政策”，规定开发马蹄笋在税收、用地、信贷、科研方面优惠扶持政策；成立专门班子具体抓好马蹄笋开发工作；科技部门重点支持科技人员开发新产品，规定所需研究经费，按50%比例予以无偿补助；采取多渠道筹资保证资金投入，至2012年，近十年来集中捆绑农业发展基金、农业综合开发资金、扶贫开发基金、“一优两高”农业基地资金、林业专项资金等1000余万元投入马蹄笋产业开发。通过“兴科技、扩基地、拓市场、树品牌、建龙头、强扶持”等措施，促进马蹄笋产业快速发展。2012年，全县马蹄笋种植面积达到6.3万亩，遍布全县10个镇(乡)，其中水头镇种植面积达到22909亩，为全省种植面积最大的镇(乡)。已建成南湖、山门、水亭3个省级森林食品基地和水头镇增光井低产改造示范园区、萧江镇沿口丰产示范园区、水头镇贡后丰产示范园区等3个示范园区，形成以水头镇南湖社区为中心的4万亩北港片区和以昆阳镇水亭社区为中心的2万亩小南片区。涌现萧江沿口、水头横山、山门下屯等马蹄笋专业村和水头李开彬、陈国钧、陈先慧、腾蛟洪玉米等专业户，其中萧江沿口村有200余户从事马蹄笋种植。

2012年平阳县各镇（乡、场）马蹄笋种植面积统计表

表 12-4-4　　单位：亩

序号	镇(乡)	面积
1	水头镇	22909
2	鳌江镇	9952
3	昆阳镇	7090
4	腾蛟镇	6958
5	山门镇	6295
6	萧江镇	6177
7	南雁镇	1623
8	万全镇	809
9	县林场	602
10	青街乡	305
11	顺溪镇	280
合计		63000

说明：资料由县林业局提供

2003—2012年平阳县马蹄笋种植面积和产量统计表

表 12-4-5

年度(年)	种植面积(亩)	鲜笋产量(吨)
2003	59500	12150
2004	63000	13790
2005	63000	18180
2006	63000	16050
2007	63000	21231
2008	63000	23301
2009	63000	23409
2010	63000	25560
2011	63000	25950
2012	63000	22860

说明：资料由县林业局提供

第五章　畜牧业

20世纪90年代，随着农业产业结构调整，畜禽养殖业逐步从家庭副业转向规模化饲养，畜禽养殖专业户大批涌现。进入21世纪后，境内畜牧业集约化程度趋高、品种更优、饲养技术更科学、防疫措施更严格。尤其是温州水牛保种、浙系长毛兔新品种育成、鸽产业集成技术提升工程、麻步番鸭地方品种产业化开发等都达到国内先进水平。

第一节　家　畜

猪

1989年，全县存栏生猪10.93万头，饲养量20.47万头，其中母猪存栏1万头。生猪饲养量一般呈现3年左右一个周期增减，在19万～23万头上下徘徊，低潮阶段分别出现在1993年、1998年和2007年。其中，2007年下降幅度较大，生猪存栏降至4.76万头、饲养量12.31万头，存栏母猪0.19万头。2012年，存栏生猪、饲养量、母猪存栏分别为10.69万头、23.00万头、0.712万头。

规模饲养　1996年，组建县养猪行业协会，饲料、兽药及运销等服务体系相继形成，加快养猪产业化进程。规模养猪场户不断增加，存栏猪50头以上1990年147户、存栏猪5557头；1995年198户、存栏猪1.8万头；2001年237户、存栏猪3.02万头；2006年增至324户、存栏猪4.38万头；2012年养猪场户485户，饲养量约占全县养猪总量的78%，其中，1000头以上31户、500～1000头15户、100～500头151户，年出栏万头商品猪养殖场1个、年出栏万头商品苗猪场1个。全县饲养规模比较大的有温州市正港生猪养殖专业合作社、平阳县益祥生猪养殖专业合作社、平阳县科达养猪专业合作社等。2006—2012年，全县先后列入生态规模猪场建设的有国家级11个、省级17个、市级9个。生态养猪生产发展加快，截至2012年，全县先后兴建畜禽粪生物转化企业1家，建立生猪规模化养殖小区13个、开展规模猪场排泄物治理61家、场户自行改造治理185家，开始全面推广生猪标准化生产。

品种繁育与改良　20世纪80年代，全县饲养的生猪品种绝大部分为二元杂交商品猪。嗣后，平阳县科龙农牧经贸有限公司养猪场开展二元和三元杂交猪对比试验，并在饲养实践中总结出最佳养猪模式，即平原集镇经济较为发达地区母猪以长大、大长等二元杂交猪为主，与配外来良种公猪杜洛克，其商品猪全部为外三元杂交瘦肉型商品

1989—2012年平阳县畜牧业生产情况一览表

表12-5-1

年份（年）	生猪饲养量（万头）	年末存栏数				肉产量（吨）	禽蛋产量（吨）	牛奶产量（吨）	蜂蜜产量（吨）
		猪（万头）	牛（头）	羊（万只）	禽（万只）				
1989	20.47	10.93	11104	1.01	106.00	10265	—	1855	3943
1995	19.60	8.58	6245	1.04	138.60	12903	6909	1463	1628
2000	19.22	7.17	4602	1.77	135.78	14130	4376	1952	3467
2004	21.19	8.69	4502	1.86	106.08	14865	4205	4101	3245
2006	21.72	9.07	4648	1.43	108.42	15522	4146	3232	3173
2007	12.31	4.76	2663	1.19	185.25	16028	7279	4890	2427
2008	19.31	8.37	3978	1.70	130.01	13392	5685	3116	3075
2010	20.14	9.07	5091	1.64	131.11	12734	4255	3316	3094
2011	20.73	9.77	5121	1.61	134.96	11708	3842	2474	2793
2012	23.00	10.69	5063	1.54	151.27	13144	3717	2978	1973

说明：资料来自《2012年平阳统计年鉴1981—2012年畜牧业生产情况》

猪，瘦肉率59%～61%；山区经济欠发达地区具有养大猪习惯，以饲养二元杂交猪为好，即母猪为金华二头乌或太湖黑猪，与配外来良种公猪杜洛克或大约克，瘦肉率在42%～48%。通过大力推广三元杂交猪，良种猪从原来63.5%上升到93.7%，名列全省猪种改良工作的前列，并取得良好的经济和社会效益。商品猪饲养周期由原6个月缩短至现在的4～4.5个月（不包括哺乳期），生猪瘦肉率由原42%提高到48%～61%。

牛

奶牛　1989年，全县存栏奶牛926头，年产奶量1855吨；1998年，降至286头，年产奶量1076吨；2006年回升至709头，年产奶量3232吨；2010年增至1306头，年产奶量3316吨；至2012年，奶牛发展到1395头，年产奶量2978吨。2003年，万全、昆阳片区存栏奶牛99头；榆垟宋埠片区存栏奶牛275头；鳌江片区，包括下厂、树贤、务垟等地养奶牛户，存栏奶牛117头；北港片区，包括腾蛟、水头等地养奶牛户，存栏奶牛173头。2008年全县存栏奶牛925头，萧江镇万兴奶牛场规模达112头，其中成年产奶牛86头。是年，温州一鸣乳业有限公司在昆阳镇沙岗村建立乳品加工基地。

2003年，奶业协会建立人工“冷配”改良站，开始在全县推广人工“冷配”改良，使奶牛的质量有了

奶牛

明显提高。2005年，开展奶牛“二病”普查，查出阳性牛78头，2006年47头、2007年39头，对阳性牛全部进行无害化处理。

水牛　长期以来，境内主要饲养役乳两用的温州水牛，后引进黑白花奶牛，温州水牛存栏数大幅减少。1995年，“温州水牛综合开发利用”被列入省级课题研究。1996年，联合国粮农组织专家帕莱斯顿到桃源、鹤溪和闹村等乡镇考察，对温州水牛的高产奶量给予极高的评价，并提出以保种为主的建议。1997年，联合国粮农组织所编《水牛》一书中就有“浙江有一种水牛，叫温州水牛，在305天中，平均产奶量达774千克，个别牛最高产奶量1059千

克，含脂率9.5%～10.5%”的记载。温州水牛日产奶量9～10千克，其收入是黑白花奶牛的近3倍。其泌乳量高于其他水牛，作为奶水牛饲养有着很好的发展前景。经多年努力，温州水牛保种基地初具规模，2012年5月，平阳县挺志温州水牛乳业公司温州水牛遗传资源保种场通过农业部审定，列入国家级遗传资源保种场建设。

温州水牛分布在温州市各县，平阳县主要分布在北港欠发达山区乡镇。1989年，全县存栏温州水牛3069头，存栏牛逐年减少。通过保种项目实施，2012年，全县温州水牛存栏1735头，年饲养量2451头。成年种公牛15头，约占牛群0.86%；繁殖母牛785头，占全牛群的45.24%。

为了开发温州水牛的乳、肉用性能，由平阳县政府承担、瑞安市农业局及省级科研单位协作，于1996年将“温州水牛综合开发利用”项目列入省级“九五”重点课题实施，2001年通过省级鉴定，有关指标达到国内领先水平。嗣后转入该项技术生产性推广，由平阳县挺志温州水牛乳业有限公司为主实施。2006年，温州水牛被列入全国138个地方畜禽品种“遗传资源保护品种”。2007年，农业部以农财发43号文件下达“温州水牛种质资源保护”项目实施计划，并列入国家2007年度畜禽种质资源保护项目。2008年，公司种牛场被列入国家级温州水牛保种场建设。2009年，“温州水牛保种”项目被列入国家级种质资源保护储备项目。2010年，下达国家级“温州水牛种质资源保护”项目，由平阳县挺志温州水牛乳业有限公司实施。2009年，浙江省农业厅公布，温州水牛被列为省级畜禽遗传资源保护品种。

温州水牛

平阳县温州水牛保种基地设总场（水头镇鹤溪南二村），以及闹村保种点（水头镇闹村大施村）、龙尾保种点（腾蛟镇龙尾村）、南湖保种点（水头镇南湖塔雁村）、麻步保种点（萧江镇麻步兴民村）。三代之内没有血缘关系的温州水牛有6个家系。总场种公牛10头（成年种公牛4头、后备种公牛6头），种母牛50头，其中生产母牛30头；闹村保种点种公牛1头，种母牛32头；龙尾保种点种公牛1头，种母牛42头；南湖保种点种母牛31头；麻步新民村保种点种母牛15头。

黄牛　本地黄牛分布在山区乡镇。1989年，全县存栏黄牛7109头。2012年，黄牛母牛1933头，年繁育1500头左右。本地黄牛品种特征明显，具有一般肉牛的共同特征，体型外貌良好，适应性强；在全放牧情况下，日增重0.51千克，比一般水平0.4千克高27.5%。

平阳县青松畜禽养殖专业合作社地处鳌江镇山碧村，是全县最大的黄牛养殖基地。2012年，养殖符合种用标准的本地黄牛母牛291头、种公牛12头。

羊

1989年全县存栏山羊10106只，呈逐年增长态势，2004年达到最高峰，年末存栏山羊1.86万只。2011年1.61万只，2012年1.54万只。

规模饲养　山羊历来以农户散养为主。1994年，存栏山羊30只以上39户、1900余头，1995年55户、2532只，其中百头以上羊场6个。2000年，全县发展专业户18户，其中500只以上羊场1个、300只以上羊场5个、100只以上18个。规模较大的有平阳县正利黄羊原种场（鳌江镇）和平阳县钱江波尔山羊养殖场（宋埠）。2001年，南雁镇矿桥村为全县重点养羊专业村，80户村民中养羊计51户，存栏山羊491只。2003年，闹村乡列入省发展草食动物山羊养殖试点乡，计引进种羊168只，至2005年，全乡存栏山羊1217只、出栏山羊1425只。2006年，发生羊痘疫情，存栏羊下降幅度较大，养羊大户减少。2008年后，市场羊价持续上涨，至2012年每千克76元。

杂交利用　平阳县历来饲养本地山羊，生长速度缓慢，饲养期长。山羊杂交改良工作始于1989

年，县畜牧兽医技术服务中心先后从玉环、江山等县市引进四川南江黄羊、湖南马头山羊等品种，与本地山羊杂交。杂交山羊以其体型大、生长速度快、屠宰率高、耐粗饲等优点而受广大养羊户的欢迎，分布面由1989年引进时的9个乡10个村，发展到1991年的11个乡27个村。杂交一代羔羊初生重达1.75～2.25千克，6月龄体重20～22.5千克，比本地山羊1.6～1.75千克和15～17.5千克分别增加0.5千克和5千克。2000年，在规模羊场带动下，继续引进国内育成的四川南江黄羊和国外大型的肉用型波尔山羊。南江黄羊与本地山羊杂交优势明显，杂交一代羊体躯高大，四肢粗壮，背腰平直，肌肉丰满，结构紧凑，生长发育良好。初生羔、3月龄、6月龄平均体重为2.15千克、13.8千克、18.93千克，分别比本地山羊增重50.35%、44.27%和42.55%。据测算，从出生到3月龄断奶，杂交一代羊日增重为130克，比本地山羊增重90.78克增长43.2%。周岁、成年母羊体重分别为25.3千克和31.7千克，比本地羊分别提高52.1%和33.1%。

兔

平阳县饲养的主要有长毛兔和肉兔，还有少量的獭兔。1989年，全县存栏兔82332只，其中长毛兔65108只、肉兔17224只。20世纪90年代，在兔业龙头企业平阳县全盛兔业公司带动下，通过省种苗工程项目实施和粗高长毛兔选育推广，全县长毛兔存栏及专业大户有了较大幅度增长。1997年，全县存栏兔14.23万只，其中长毛兔7.32万只。后受兔毛市场不景气影响，饲养量减少，2003年，全县存栏兔6.66万只，其中长毛兔4.22万只、肉兔2.44万只。2003年，晓坑乡列入省发展草食动物长毛兔养殖项目推广乡镇。2004年，吴垟乡列入省发展草食动物肉兔养殖示范乡建设项目。2005年，引进獭兔。2012年，全县獭兔场发展至3家，存笼獭兔14400只，年上市獭兔31000只。至2011年，存笼长毛兔和肉兔分别达到2.91万只、4.91万只。

平阳县全盛兔业有限公司系省种子种苗繁育基地，省农业厅批准的省一级种兔场。2003年，该公司育成中国首个粗毛型长毛兔新品种，通过省畜禽品种评审委员会审定，定名为“粗高长毛兔”，是年被评为浙江名牌产品，“粗高”牌商标被评为省著名商标。公司占地面积50亩，建筑面积17500平方米，拥有50000个栏位的现代化种兔场和兔颗粒饲料加工厂。在正常饲养管理条件下，成年长毛兔平均体重5.10千克以上，年产毛1.55～1.75千克，最高可达2.10千克，兔毛密度大，不缠结，粗毛含量高，种兔繁殖性能好。肉兔80天左右体重可达2.50公斤以上。至2012年，种兔已推广到黑龙江、辽宁、山东、吉林、重庆、湖北、安徽、内蒙古、海南等20余个省、市（自治区、直辖市）。

第二节　家　禽

1989年，全县家禽存栏106万只。2002年，上升至118.07万只，其中，肉禽72.75万只、蛋禽45.32万只。2012年，全县家禽存栏增至151.27万只，出栏209.19万只（鸡162.51万只、鸭46.54万只、鹅0.14万只）。

鸡

主要饲养本地鸡、笼养蛋鸡、童子鸡等三大类。1990—1995年，通过引进笼养蛋鸡，在全县形成梅源、梅溪、鳌江、昆阳、万全等乡镇的百万羽禽蛋基地。1996年，将禽蛋商品生产列入县“一优两高”十大农业基地项目，全县发展笼养蛋鸡60.2万羽，其中梅源、梅溪乡分别为25万羽和19万羽；肉鸡饲养44万羽，其中丝毛乌骨鸡15万羽，年上市活鸡178万公斤、鸡蛋5700吨。

2001年始，因北方鸡蛋批量进入境内，笼养蛋鸡大幅减少，转向肉鸡、童子鸡及本土鸡养殖。平阳县佳茂禽业专业合作社为童子鸡产业的示范企业，拥有童子鸡养殖场126个，加工厂厂房2000平方米，2011年，上市商品童子鸡327万羽，年加工童子鸡2452吨，创年度产值3800.25万元。2005年后，本土鸡养殖主要品种有本土肉鸡、本土蛋鸡，还有外地引进的贵妃鸡、仙居鸡。至2012年，贵妃鸡年饲养量6万余只，主要饲养地在腾蛟镇凤巢大岭村；仙居鸡存栏蛋鸡1万余只，年上市商品蛋7万余公斤，主要饲养地在万全镇林步桥村。2008—2012年，全县形成一批初具规模的蛋鸡、肉鸡养殖场，主要分布在鳌江镇梅溪、梅源，万全镇，腾蛟镇凤巢，山门镇晓坑，南雁镇等地。规模最大的为平阳县佳茂禽业专业合作社，位于鳌江镇梅溪溪头村，是一家集养殖、加工、销售为一体的童子鸡养殖龙头企业。

鸭

主要饲养蛋鸭、番鸭两大类。蛋鸭大多分布在鳌江、宋埠等靠河村庄，番鸭集中饲养在桃源、梅溪、腾蛟、怀溪一带。

1984年始，鳌江等地每年从福建引进蛋鸭品种白蓬麻鸭。1991年，鳌江镇有白蓬麻鸭6万余羽，宋埠镇有3万余羽，其他各乡镇有2万余羽。至2012年，蛋鸭仍是沿海、沿河农户的一项主要产业，饲养量稳定在10万余羽。

蛋鸭

麻步番鸭是县名特优产品，原产麻步、怀溪一带，是温州市各县番鸭生产的发源地。1988年，列入县良种番鸭选育项目，至1996年仅桃源番鸭孵坊年孵化苗番鸭89万羽，除县内饲养番鸭36万羽外，大部分销往温州、洞头、玉环、缙云及江西上饶等地，年产值1000余万元。至2012年，全县饲养番鸭万羽以上由原麻步镇发展到怀溪、晓坑、萧江、钱仓、梅溪、梅源、腾蛟、鹤溪、万全等地，千羽以上专业户增加到151户。近年来，怀溪乡以建设“番鸭之乡、生态怀溪”为国标，制定了“怀溪番鸭”的养殖和炖品标准。番鸭作为珍贵炖品，在怀溪等地已形成特色产业。

鹅

境内鹅饲养量较少。2007年，萧江镇杨梅庄村建立大棚家禽养殖场肉鹅养殖基地，2008年存栏肉鹅0.8万只，其中种鹅0.5万只，年上市商品鹅4万只，成为县重点肉鹅生产基地。2009年，梅源乡重阳村温州山禾牧歌农业开发有限公司创建种鹅繁育推广基地，引进四川白鹅种鹅5000只，年产鹅蛋50万枚，年孵化苗鹅40万只，带动5个行政村4000余农户发展肉鹅生产。饲养的肉鹅品种主要有浙东白鹅和四川白鹅，还有极少量的本地杂交肉鹅。

第三节　特种经济动物

蛋鸽、肉鸽

养鸽业于1994年开始发展，是年，全县存笼蛋肉鸽3万对，年产值180万元。2012年，全县养鸽农户发展到2800余户，存笼蛋肉鸽46.8万对，年繁育种鸽18.5万对，年产鸽蛋2459万枚，生产肉鸽198.9万羽，年产值1.07亿元，占全县畜牧业产值3.8亿元的28.16%。平阳县蛋鸽主要品种有引进的美国白羽王鸽和本地新选育的泰平王鸽。美国白羽王鸽，全县绝大部分养鸽场户都有饲养。泰平王鸽由平阳县星亮鸽业公司省一级种蛋鸽场承担选育和推广，种鸽分布面不断扩大，除所在地鳌江镇梅溪社区为主饲养地外，逐步向其他镇乡及周边县市推广，部分已推广到长三角大中城市及福建、安徽等省。

1994年，鳌江镇五板桥村黄步青创办种鸽场，饲养种鸽3000余对，带动周边养鸽农户。1997年，钟声亮创办星亮特种动物研究所，先后开展“良种肉用种鸽引进、选育和提高”“蛋鸽高产技术”等7项课题的研究。2001年，成立平阳县星亮鸽业有限公司，下辖种鸽场、蛋鸽场和研究所，集科研、育种、生产为一体，成为温州市重点蛋鸽繁育推广中心。2006年，被认定为省一级种禽场。平阳县敖峰鸽业有限公司成立于2006年6月，2006年被认定为省二级种禽场。敖峰鸽业公司下分设种蛋鸽繁育场、鸽制品加工厂、蛋鸽人工孵化基地，公司注册“双蕾”“健哥”商标，开发出健哥系列休闲食品香鸽、卤鸽和健哥保健食品等，产品畅销浙闽市场。

2000年8月，成立县养鸽行业协会，钟声亮为县养鸽行业协会第一届理事长。2008年更名为县养鸽专业技术协会。至2012年，县养鸽专业技术协

省级农业龙头企业——平阳县星亮鸽业有限公司（2012年）

会与大专院所合作，引进人才和技术，开展省、市、县科技项目研究达34项，其中，国家级1项、省级20项、市级5项、县级8项，取得多项科技成果。在协会重点会员单位平阳县星亮鸽业有限公司、平阳县敖峰鸽业有限公司、平阳县兴顺畜禽养殖场种蛋鸽场的带领下，在全县建立起重点蛋鸽繁育推广生产基地，发展养鸽专业村11个、1000对以上专业场户113户，协会会员发展到353户，养殖户遍布全县各乡镇。

2001年，起草制订国家首部蛋鸽系列地方标准，并在全县开展推广实施。通过多年研究，“双母拼对”技术已成熟推广，并研究和培育出具有雌雄自别系泰平王鸽蛋鸽种鸽。乳鸽人工孵化技术已基本掌握。2002年后，协会制定“泰平王鸽蛋鸽标准”、“美国白羽王鸽蛋鸽标准”和“王鸽蛋鸽标准”，制订出“种鸽”“配合饲料”“饲养技术”“兽医防疫准则”“蛋鸽人工孵化与喂养”“鸽蛋”等6部分系列标准。2004年，平阳县星亮鸽业有限公司与浙江大学动物科学学院合作，将“蛋鸽规模养殖高产蛋率技术研究”列入省重点科技项目研究。通过试验，在全国首家进行幼鸽性别鉴定，提高经济效益。2006年，在协会运作下，会员单位平阳县敖峰鸽业公司与平阳县银翔鸽业公司合作，在鳌江镇星火密集区内创办初具规模鸽制品加工厂，引进浙江大学先进工艺技术，开展“低温杀菌乳鸽肉制品加工关键技术研究”项目实施，促进了鸽业产加销一体化经营发展。2007年，平阳县康辉鸽制品有限公司开发出香鸽、卤鸽休闲食品和五圆鸽汤、火腿鸽汤等鸽制品。2009年1月至2011年12月，实施省级及国家级科技富民强县专项计划项目“平阳县鸽产业化关键技术集成提升工程”，全县鸽存笼数和鸽业总产值都有较大幅度的增长。蛋肉鸽养殖新技术得到深度开发，2012年《平阳养鸽新法》（吴志远主编）一书由中国农业出版社出版，在全国发行。

鹌鹑

从20世纪80年代初始引进饲养。1989年，全县养鹌鹑500只以上8户，存栏鹌鹑2.38万只。1995年饲养量9万余只，主要分布在鳌江镇一带。1992年，由县科委推广“鹌鹑系列产品开发试验”项目，加快了鹌鹑生产发展。20世纪90年代中后期，饲养量10万余只。1996年后，随着蛋鸽生产发展，鹌鹑饲养量减少。2012年饲养场户减至10户，存笼鹌鹑2万余只。

孔雀

2009年，位于昆阳镇石塘社区溪坑店村平阳县鼎正孔雀养殖场与上海华阳孔雀养殖有限公司合作，成功地引进种孔雀，建成初具规模的孔雀养殖场。通过“养殖场+基地+农户”模式，在欠发达山区建立良种孔雀繁育推广基地，边建基地、边选育，发展孔雀养殖。2010年，繁育商品雀1.9万只，上市商品雀1.5万只。2012年，存栏孔雀5540只，其中种孔雀380只。

鹿

2001年，温州士福梅花鹿养殖有限公司引进梅花鹿，逐步成为省重点梅花鹿养殖企业。公司总投资4000万元，占地面积100亩，良种梅花鹿900余头。开发的产品主要有种鹿、鹿茸、鹿血酒、鹿鞭、鹿蹄筋、鹿胎膏、鹿肉干、鹿心、鹿肾、鹿胎、鹿头、鹿肉、鹿肝、梅花鹿肚、鹿角盘等。该基地被省农业厅认定为浙江省现代畜牧生态养殖示范区。在该基地带动下，境内昆阳镇沙岗村与岙底村、怀溪金山村、桃源丰林村、南湖宫后村开展梅花鹿饲养。

蜜蜂

1982年蜂群数达8万群。后受自然灾害和蜂产品滞销影响，全县养蜂业走下坡路，1989年全县蜂蜜产量3943吨。2008年年末蜂的饲养量为2.8万群（箱），蜂蜜产量3075吨。2012年，蜂群数继续减少，蜂蜜年产量为1973吨。

第四节　动物防疫

管理机构

1988年，县畜牧兽医站分设畜牧技术指导站和畜禽防检站，畜牧技术指导站分管畜牧生产，畜禽防检站专抓畜禽防疫检疫。至1992年3月，全县集体兽医站站员发展到87人。1992年，成立县畜牧兽医技术服务中心，分管全县畜牧生产和畜禽防疫工作。1993年，加强畜牧兽医员“三定”工作，全县招聘畜牧兽医员75名，其中，集体站员42名、乡镇畜牧兽医员33名。1998年，成立县农业行政执法大队，下设动物检疫中队。2007年，撤销县畜牧兽医技术服务中心，成立县畜牧兽医局及县动物卫生监督所，下分设综合科、畜牧科、防治科、监督管理科，加强对全县动物防疫检疫工作的领导和指导。2001年，成立县及各乡镇防治动物疫病指挥部，切实加强对动物疫病的防控工作。2012年，增设县动物防控中心。

防疫制度

1985年，国务院颁布《家畜家禽防疫条例》。1989年后，在全县推行兽医员防疫承包片制度，并制定兽医员职责规范及兽医员违反规章制度的处理决定；加强兽医卫生监督和肉品市场检疫制度，确定专职兽医检疫，加强对屠工肉商的管理。全面推广仔猪免疫卡耳上市，凭耳号出售。

1998年1月1日，《中华人民共和国动物防疫法》正式实施。2002年，按照市级生猪基地全面推行《生猪免疫标识制度》的行动计划要求，推广母猪边仔猪补针制度，在21个仔猪产区建立母猪边仔猪补针承包片。2003年，因牲畜口蹄疫、禽流感等重大动物疫情的大幅上升，县政府出台动物疫情测报制度，在各乡镇设立动物疫情测报员，加强对动物疫情的监测。同时，严格按照《国家动物防疫法浙江省实施办法》的规定，落实准运证管理制度，加强对牲畜营销组织的管理，严格实施“动物防疫合格证”“动物免疫标识管理办法”“准运证”等管理制度，落实报检制度，进一步强化屠宰检疫管理，减少疫病传播的概率。动物防疫监督机构委派检疫员到场到户检疫。县防治动物疫病指挥部出台《平阳县扑灭重大动物疫病应急预案》，加强对突发性疫情发生的处置。

2004年，县政府对招聘的兽医员落实政策，一部分安排各乡镇作为疫情测报员予以定聘，另一部分作为动物防疫员采取购买服务方式开展动物防疫工作。2008年，县政府与各乡（镇）政府签订动物防疫工作目标管理责任书，继续把重大动物疫病防控工作列入乡镇年度目标管理责任考核。2009年，县人事局下达《事业单位实行职务等级设置转岗问题的通知》，全县定聘兽医员全部转岗。同时，全县动物防疫工作全部实行购买服务，即动物防疫员开展免费免疫接种，其免疫报酬及疫苗费用全部由政府支付。2012年，先后注册成立平阳县吉康动物养殖技术服务有限公司、平阳县三鑫动物养殖技术服务有限公司，并分别与鳌江、水头、山门及腾蛟等镇签订防疫承包合同，开展动物防疫工作。同时，完善购买服务制度，规范资金管理，使重大动物疫病防控经费得到有效保障。

主要疫病

县内流行的疫病主要有猪口蹄疫、新城疫、禽流感、猪瘟、猪蓝耳病、奶牛布氏杆菌病、羊痘、兔瘟、狂犬病等。

猪口蹄疫　1989—2012年每年都有疫情发生。比较严重的年份为1991年南雁镇，1993—1994年宋埠等乡镇，1996年山门等乡镇，2001年及2003年全县部分乡镇，以后呈分散流行，所有疫点都得到及时拔除。

禽流感　2003年，山门镇小池边村发生疫情，得到及时扑杀和有效控制。

猪瘟　1989—2006年，呈散发性流行，随着免疫力度的加强，免疫率的提高，2007年后，全县没有发生疫情。

猪蓝耳病　2006年发现疫情，以高热症为主要症状，每年都有不同程度发生，2010—2012年疫情得到明显控制。

奶牛布氏杆菌病　呈隐性流行。2005年发现阳性牛，及时进行扑杀及无害化处理。直至2012年，每年对县内奶牛群进行“二病”净化。

羊痘　2006年开始发生疫情，2007年疫情发生较普遍。2008年后，通过强化免疫，疫情得到控制，2010年以后没有疫情发生。

兔瘟 最早发生于20世纪80年代。每年通过春秋2次免疫措施，没有发生兔瘟疫情。

狂犬病 2004年，麻步镇先后有2人死于狂犬病，成为严重疫区。县动物防疫指挥部下达强制免疫和扑疫任务，对全县所有在养狗进行强制免疫和在疫区的狗全部扑杀。2005年后，没有发生疫情。

附：地方特色农产品（畜牧类）

温州水牛

温州水牛是中国著名地方水牛良种，主要分布在平阳、瑞安、苍南、永嘉、泰顺等县（市），以平阳县饲养量最多，分布在水头、凤卧、闹村、南湖、腾蛟、鹤溪、麻步等北港地区。因其产奶量高、鲜奶乳脂率高而著称。

温州水牛乳用性能利用，至今已有130余年历史，当时有名的瑞安百亨奶厂就是利用水牛奶办起来的，生产出“擒雕牌”甜炼乳与英国英瑞公司的“鹰牌”炼乳竞争，提高了温州水牛在国际上的知名度。通过杂交改良后，体型增大1/3，泌乳性能提高2/3，最高日泌乳量19千克。水牛奶质优、味香，市场售价高。

温州水牛品种特征：体型矮壮，结构紧凑，肌肉丰满，胸部开阔，四肢适中，皮肤粗厚富有弹性。犊牛和青年牛皮毛较长，棕色或淡黄色，随着年龄增长，呈青灰色皮毛居多。颈部腹侧面靠近头部和近前胸部，各有一道白色半月状毛环。导入外血后，体型明显增大，皮毛青灰色，头部额顶常有白星，尾部尾帚约有10厘米左右的白毛。头颈部腹侧面白色半月状毛环不明显。温州水牛成年牛体重公牛约518千克，母牛为496千克，相应的体高为126.5厘米和123.8厘米。犊牛初生重公犊约为23.6千克，母犊约为21.9千克。

平阳蛋鸽

平阳鸽蛋，是平阳蛋鸽的主要产品，2012年市场上每枚仅24克的鸽蛋售价3元，节日期间高达4.8元。平阳蛋鸽主要品种有引进的美国白羽王鸽、平阳县星亮鸽业公司选育的泰平王鸽。美国白羽王鸽原为肉鸽品种，通过高产蛋技术转化为蛋鸽品种。其品种特性：羽毛坚实，无脚毛，尾羽略向上翘；喙短而粗壮，鼻瘤粉白色，头大小适中、无冠毛，眼鼓小而圆、呈圆而明亮，眼环浑圆而细窄、色红，颈长短粗细适中，胸宽广而充实，体躯宽阔而不显得粗短，两腿站立直而开阔，羽色公母鸽均为白羽。泰平王鸽通过继代选育，已育成具有早期雌雄鉴别特征的蛋鸽品种，其特征：胸宽背圆、头平颈壮、尾短而翘，嘴短而鼻瘤小，目光锐利，眼皮粉红色，体态矫健美观，性情温顺。成鸽体重600～750克，青年鸽体重25日龄约500克。羽色公鸽白羽、颈部有金黄色花羽，母鸽为银灰羽、颈部褐绿色。

美国白羽王鸽

泰平王鸽

蛋鸽种鸽每对月产蛋4枚，年产蛋65枚，采用“双母拼对”高产蛋技术，每对月产蛋8枚，年产蛋80枚以上，产蛋量提高23%，饲料成本节省35%。鸽蛋系天然高品位食品，含有18种氨基酸和人体必需的8种维生素，是高蛋白低脂肪珍品，具有调精益气、滋阴补阳、增强人体的免疫和造血功能，是产妇产后恢复和调理、儿童发育成长的保健食品，是中老年皆宜的药膳食材。

浙系长毛兔

浙系长毛兔

浙系长毛兔以平阳粗高长毛兔、宁波镇海巨高长毛兔、嵊州市白中王长毛兔为3个品系，经后续继代选育，于2010年育成，通过国家遗传资源委员会新品种审定。平阳县全盛兔业有限公司为参与研究的重点单位，该项目2011年获县科技特等奖、2012年获市科技一等奖。

外貌特征：体型大，体质健壮。头型偏尖削，额、颊部具短毛，只有耳尖一撮毛飘出耳外，又称“一撮毛兔”。眼红色，双耳直立，四肢下部为短毛，脚毛较少，特别是全身披毛洁白、粗毛似瀑波状，且富有光泽。

技术指标：产毛量高，年平均产毛量公兔2211克、母兔2268克，只均产毛量2239克；粗毛率高，公兔23.5%，母兔25.8%，平均粗毛含量24.65%。繁殖性能优。胎均产仔6.68只，4周龄体重597克，断奶成活率24.65%。适应性强，抗病力强，适应全国各地推广饲养。

平阳县全盛兔业有限公司在晓坑、怀溪、朝阳等地建立长毛兔扶贫基地，帮助文成县发展养兔扶贫，先后向黑龙江、四川、重庆、甘肃、陕西、吉林等省市推广浙系长毛兔新品种10余万只，创造社会经济效益3000余万元。

北港猪

北港猪系地方品种，原产平阳县麻步、水头、山门、腾蛟及梅源一带，周边县苍南、文成、泰顺等地也有饲养。1949年，存栏猪6.55万头。1954年引进外来良种猪后，开展杂交繁育，因北港猪生长缓慢，饲养量逐年减少。1974年，开展提纯复壮，至1982年，北港猪母猪恢复到2100头，1989年，存栏北港母猪已为数不多，种公猪处于绝迹。

北港猪外貌特征：全身为短黑毛，皮细，头中等大，额宽而稍短，皱纹少而浅细，面平直，咀较长，颈宽厚，鬐甲平整，肩胛倾斜适中，肋骨开张，背微凹，臀平而丰满，颈部稍高，大腿较瘦削，四肢较短而健壮，紧凑结实，体躯长而深。成年猪体尺：公猪体高56厘米、体长109厘米、胸围89厘米、胸深31.5厘米、腰角宽19.5厘米、胸宽25厘米、腿围60厘米；母猪体高50.1厘米、体长97厘米、胸围92厘米、胸深31.5厘米、腰角宽21厘米、胸宽23厘米、腿围58厘米。北港猪生产性成熟较早，小母猪3个月左右开始发情，初配年龄为生后5个月左右；产仔率较高，一般可达10～12头；日增重约0.46千克，屠宰率87.7%。

麻步番鸭

麻步番鸭是平阳县名特优产品，原产平阳县麻步、怀溪、腾蛟一带。1988年，开始形成规模，仅桃源番鸭孵坊年孵化苗番鸭89万羽（最多年达100万羽），大部分销往外地。2012年，全县番鸭年产值1267万元，农户获利432.5万元。其中怀溪、腾蛟、

麻步番鸭

梅溪、梅源等地年上市肉番鸭11.3万羽，创产值600余万元。

麻步番鸭全身羽毛洁白，嘴的基部和眼圈周围有红色或黑色的肉瘤，公鸭肉瘤展现较宽，喙短而狭。头大，颈短。体形前尖后窄，体躯长椭圆形，胸部平坦宽阔，尾部扁平而向上微翘。怀溪番鸭属肉用型品种。公、母鸭体重、生长速度相差很大，成年公鸭体重达3.5～4.5千克，而同日龄母鸭仅为2～3公斤。种母鸭160～180日龄开始产蛋，年产蛋60～140枚，蛋重60～80克。母鸭一般产2个蛋配种一次，产20～30枚蛋即抱窝，孵化期34～38天，孵化率80%～85%。

第六章　渔　业

平阳渔业以海洋捕捞为主。1989—2012年，平阳县渔业在实现稳产高产的同时开始走向“生态型”“精品型”“加工型”“休闲型”渔业发展新阶段，现代渔业园区和休闲渔业基地初步形成。1989年全县渔业总产量11551吨，总产值841万元；2012年渔业总产量达57189吨，总产值62457万元。随着市场经济的培育发展，形成了产供销一条龙的生产销售体系，一大批绿色、优质品牌水产品开始崛起。

2001年12月，县水产局更名为海洋与渔业局，次年6月与农业局（林业局）合署办公，主管全县海洋和渔业工作。

第一节　捕　捞

渔乡　渔港

渔乡　南麂、西湾、下厂为平阳县传统渔乡。1989年，南麂、西湾、下厂均为乡建制，共计36个渔业村，渔业户数4909户，渔业人口21529人，渔民5429人，兼业劳力257人。2000年，全县境内渔业村32个，渔业户数5744户，渔业人口21790人，渔业劳力6595人，其中专业劳力3986人，兼业劳力2609人（不包括淡水渔业劳力），拥有机动渔船697艘，12214吨位、3.17万千瓦。2012年，全县有渔村24个，渔业户数4345户，渔业人口15001人，渔业劳动力5334人，其中专业劳动力3837人，拥有机动渔船755艘，19910吨位，4.90万千瓦。

1992年，南麂设镇，除南麂本岛外，另有竹屿、大擂2个有居民岛屿，共分布后隆、对岙、火焜岙、国姓岙、新码头、马祖岙、竹屿、大擂、门屿尾、三盘尾、上百亩等11个渔业村。1995年全镇有553个渔业户、1880人。有钓石斑鱼船8只，大网船64艘、480个网门，年捕获量3669吨。海水养殖面积799.8亩（县海带场600亩）。2011年，南麂镇并入鳌江镇设社区。2012年有11个渔村、632户、1642人；渔船74艘，年捕获量22019吨。

西湾位于鳌江东北部，原属乡建制。1995年，西湾乡有10个渔业村，3126户、13991人。有流网船38艘，双拖渔轮2对，单拖渔轮1艘，梅鱼拖22对，抛锭流刺53艘，二指抛锭50艘，虾舻82艘（1457个网门），其他作业船42只，滩涂养殖113亩，年捕获量6846吨。2011年，西湾乡并入鳌江镇，设为社区。2012年，西湾社区有10个渔村、2980户、10452人；渔船373艘，年捕获量18720吨。

下厂位于鳌江口北岸，原属乡建制。1986年，并入鳌江镇，现设为社区。1995年，下厂有5个渔村，1285个渔业户、5746人。有双拖渔轮1对、单拖渔轮16艘、对网机帆船43对、梅鱼拖5对，其他渔船130艘，年捕获量8715吨。2012年，有3个渔村、488户渔业户、2086人。渔船数190艘，年捕获量9747吨。

除上述3个社区外，另有墨城、雁门社区，以及宋埠、萧江桃源等地拥有少量海洋捕捞渔船。2012年，全县境内有海洋渔业村24个，渔业劳动力5354人，机动渔船727艘，18210吨位、4.20万千瓦。

渔港及标准渔港建设　1987年，农牧渔业部公布全国沿海491处重点渔港名称，县内下厂渔港、南麂渔港、西湾渔港和鳌江渔业港区被列入省群众重点渔港。1990年，农业部公布沿海渔港的等级，下厂渔港和南麂渔港被列为二级渔港，西湾渔港被列为三级渔港。2008年，下厂渔港、南麂渔港和西湾渔港被列入浙江省沿海标准渔港布局与建设“十一五”规划。2009年，县政府公布县标准渔港建设规划，除下厂渔港、南麂渔港和西湾渔港3个等级渔港外，另外还规划南麂的大沙岙、火焜岙、马祖岙和后隆岙，以及西湾的二沙岙、三沙岙、四沙岙和跳头岙等8个等级以下的避风港，作为等级渔港的补充。

下厂渔区　距鳌江口3千米处的鳌江凹部北岸，西至鳌江镇3千米，与苍南县龙港镇隔江相望，疏港大道贯穿其后。1989年温州航运管理处批复，下厂渔港岸线自塘外村塘沽外至下厂造船厂约600米，其间分布渔用码头6座，从西至东分别为榕桥村码头、渔农村沙码头、渔农村码头、后半厂码头、新桥丁字形码头及一字型码头，其中渔农村沙码头被拆建为陆岛码头。2012年，除榕桥村码头外，其余4座码头已被拆除，新建下厂渔港。

新下厂渔港于2012年5月30日开工建设，2014年8月完工。建设300吨级高桩梁板式码头1座6个泊位，码头平面长230米，宽12米；浮动码头3座3个泊位。码头前沿港池长约429米，宽66米，底高程-4.3～-3.8米。后方配套12000平方米补网场地、650平方米管理房以及水、电、监控等设施。港区附近有14家水产品冷冻厂，2座供冰码头和1家造船厂。

2012年下厂渔港渔用码头一览表

表12-6-1　　　　单位：米

码头名称	长度	宽度	建修时间	码头名称	长度	宽度	建修时间
新桥丁字形码头	13.5	6.8	1998年	新桥一字型码头	21	7	1989年
榕桥村码头	21	7	1990年	渔农村码头	21	7	1992年
后半厂码头	21	7	1993年	渔农村沙码头	5	1	1993年
下厂水闸码头	12	4.5	1989年	县渔业冷冻厂码头	12	5	1989年
乘风冷冻制冰码头	12	6	1986年	乘风冷冻制冰码头	4	4	1986年
乘风冷冻制冰码头	4	4	1986年	华添水产公司码头	16	6	1990年
东海冷冻制冰码头	12	5	1990年	鳌江冷冻制冰码头	12	5	1988年
安达水产公司码头	12	5	1990年	信业水产公司码头	20	8	1998年

说明：资料由县海洋与渔业局提供

南麂渔区　南麂渔港，位于南麂国姓岙，岙口西北朝向，长约2千米，最宽处约0.8千米，最窄处仅180米，面积110公顷，岙底沿岙口渐深，底高程从-0.4～-6.5米（85高程），泥或泥沙质底。港区范围内有渔业码头6座，即新码头（北）Ⅰ号、Ⅱ号、Ⅲ号码头，对岙码头（南），国姓岙码头、对岙码头。护岸140米，沿港道路约1500米，岙口南端白岩嘴有透空式防波堤240米，北端龙头屿上有灯塔1座。受朝向影响，该港能避东南风和东北风，忌西北向风，是南麂及其附近过往船舶避风的主要场所，也是陆岛交通往来的主要通道。该渔港被列入“十一五”省标准渔港布局与建设规划，但该渔港位于南麂国家级海洋自然保护区试验区范围内，国家海洋局未同意新建。南麂渔区除南麂渔港外，另有等级以下渔港4座：

大沙岙渔港，位于南麂岛南部。港口朝东南，长2.6千米，平均宽1.18千米，平均水深8.5米，面积约2.62平方千米。港内底质从内至外为沙质、泥沙质、泥质。平均风速6.7米/秒，最大风速40.4米/秒，忌东南风向的台风。

马祖岙渔港，位于南麂岛西部，长0.95千米，平均宽660米，平均水深2.66米，面积约0.62平方千米。岙底250米内为沙底，外为泥底。可停泊中小型渔船40艘，忌西北风向的大风，是海带场主要养殖区。

南麂渔港（2012年摄）

2012年南麂渔港渔用码头情况一览表

表 12-6-2　　单位：米

码头名称	长度	宽度	建修时间	码头名称	长度	宽度	建修时间
新码头(北)Ⅰ号码头	35	6	1987年	柴屿中山	19	4.5	
新码头Ⅱ号码头	38.7	5.85	1978年	国姓岙码头	85	5	1983年
新码头Ⅲ号码头	38.82	24.15	2002年	对岙码头	10	3	1993年
对岙码头(南)	25	6	1987年	后隆北山	60	5	1985年
后隆南山	42	6	1978年	火焜岙码头	26	3.7	1978年
火焜岙(水产)	33	5	1970年	三盘尾码头	32	4	1958年
火焜岙(外)	27	3.8	1991年	马祖岙(海带场)	105	3	1978年(大修)
大沙岙(海带场)	27	10.5	1966年	南山(竹屿)	70	5	1974年(大修)
门屿尾码头	10	3	1973年(大修)	丁山(竹屿)	20	5	1973年(大修)
南山(外)	50	5	1975年(大修)	西嘴头(竹屿)	20	4	1978年(大修)
大岩头(竹屿)	20	5	1985年(大修)	门屿码头	25	3.5	1965年
大擂码头	50	4	1992年(重建)	柴屿南山	6.5	5	
平屿码头	20	5	1970年	柴屿北山	12	2.5	

说明：资料由县海洋与渔业局提供

火焜岙渔港，位于南麂港东侧，岙口朝东南。岙长1.75千米，平均宽263米，平均水深7.1米，面积0.38平方千米。岙底520米以内为沙底，以外为泥底。可停泊40吨渔船200余艘，忌东南方向的大风。

后隆岙渔港，位于南麂岛的东北部，岙口朝东北，长410米，口宽150米，底宽58米，底部有礁石，可停泊15吨左右的渔船30余艘。后隆岙是通往大擂、竹屿最近的岙口，忌东北方向的大风。

西湾渔区　位于西湾社区前，三面背山东面临海，东西长1.1千米，南北宽0.8千米，东南部有小洋山。港内有码头4座，分别为一沙码头、青山码头、后山码头和北山码头；有船舶修造厂1座位于西南角；防浪堤3座，分别位于西首堤444米，一沙堤32米，北山堤69米。由于该港水深较浅，仅一些当地的木质小渔船锚泊于港区滩面，大功率渔船均进入鳌江渔业港区停泊、作业。随着海涂围垦开展，四沙村三座渔用码头已消失，二沙、三沙村的渔用码头也将消失。

鳌江渔业港区　位于鳌江镇沿江，西距瓯南大桥约400米，东距下厂渔港2.5千米，是浙南水产品交易市场所在地。水陆交通方便，公路连接104国道线，距鳌江口3海里。1995年，平阳县有800余艘、15000余吨位、总功率3675千瓦的渔船进出港口，投售水产品和补给物资。

2012年西湾渔港渔用码头情况一览表

表 12-6-3　　单位：米

码头名称	长度	宽度	建修时间	码头名称	长度	宽度	建修时间
跳头码头	53.8	3.8	1987年	北山码头	70	4.2	1968年
后山码头	41	4.6	1987年台毁	一沙码头	34.5	4.2	1983年
二沙码头	38.7	7	1990年	二沙(浪坝)	13	2.9	1990年
三沙码头	19	6.2	1990年	三沙码头	47	8.1	1990年
四沙码头	43	3.9	1982年	四沙(浪坝)	10	3.5	1982年
四沙码头	82	11	1990年	青山码头	23	8	1991年

说明：资料由县海洋与渔业局提供

鳌江港属浅海正规半日潮，据鳌江水文站实测资料统计(吴淞基准面)，最高潮位为6.34米，最低潮位-0.44米，平均高潮4.30米，平均低潮0.16米。自五板桥附近至詹家埠江段有涌潮。鳌江镇至钱仓镇江段，最高潮头可达1米，詹家埠一带可达20～50厘米。潮流呈往复流。涨潮流速向上游递减，落潮流速向上游增大。洪水时节整日不见涨潮流。

港湾水域　岸线长约7千米，低潮时江面宽约200米，一般水深2米，面积近140万平方米。河槽以细粉沙为主，河床有全线抬高的趋势。

1995年，全港区有水产冷冻企业11家，速冻能力190吨/日，制冰162吨/日，冷藏能力5920吨/次。有渔用码头5座，县属平阳造船厂1家，船台7座、船坞1座，还有千吨以上的县石油公司油库1座。2012年，港区附近有水产冷冻企业15家，速冻能力150吨/日，制冰163吨/日，冷藏能力15058吨/次。

南麂渔场

南麂渔场总面积1080平方海里，是县内海洋渔业生产的主要区域。由于受亚热带海洋性季风影响，气候温暖湿润，水域热量充分，生物饵料丰富，适应多种鱼、虾、蟹、贝、藻类的生长和繁衍。

近岸海域北部有鳌江、飞云江、瓯江入海，年径流量228.9亿立方米。南有沙埕港(属苍南县)，年径流量5.7亿立方米。水质肥沃，已知有浮游植物96种，其生物量夏季为575～604克/立方米，浮游动物106种，其生物量为177.5克/立方米，底栖生物135种，其生物量为154.96克/立方米，海底平坦，是鱼虾蟹越冬、产卵和育肥的良好场所。

南麂渔场南起北纬27°与闽东渔场衔接，北迄27° 36′左右与北麂渔场相接，西靠县境海岸，东至东径125度与“温外渔场”为界。南麂列岛周围海水深14～29米，最深处47米。东经123° 以外海区，水深超过100米。海区底质均为泥质或沙泥质，是浙江省主要渔场之一。海区水质肥沃，饵料丰富。鳌江、飞云江、瓯江年平均有228.9亿立方米的淡水注入渔场，并携带大量的有机质和无机质。海区中营养盐丰富。南麂渔场受多种海流影响，形成独特的天然海区。台湾暖流常年控制着外侧海区，海域水温四季在15℃以上。3月份台湾暖流可达水深15米以内沿岸渔场，沿岸河川径流在冬季可达水深60米以内海域。由于冷暖水的交汇，海潮受特殊潮汐涡动，形成较大面积的混合水区，成为鱼、虾、蟹越冬及产卵、繁育的场所，从而形成该渔场冬季中国毛虾汛和带鱼汛。随着台湾暖流的增强，又形成春季中国毛虾汛和鲳鱼、鳓鱼、马鲛鱼汛。渔场已发现鱼类397种，蟹类128种，虾类79种，贝类427种，大型底栖藻类178种，微小型藻类459种，以及爬行类3种、水母类2种、哺乳类3种。其中主要经济鱼类，有大黄鱼、小黄鱼、黄姑鱼、带鱼、鳓鱼、鲳鱼、鲻鱼、马鲛鱼、海鳗、鲨鱼、海鲢、鳐类、鲷类、鲹类、鲆鲽类等。大黄鱼、小黄鱼、乌贼(贝类)、带鱼，曾被称为“四大传统经济鱼类”。1990年9月30日，经国务院批准，建立国家级南麂列岛海洋自然保护区。

捕捞生产

平阳县海洋捕捞历史悠久。张网捕鱼始于南北朝。近代渔具更新，渔法改进，捕捞技术有了长足进步。1989年，全县海洋捕捞产量10147吨，1994年，捕捞产量为17686吨，2012年，捕捞产量已达到50685吨，渔业总产值62457万元。为保护海洋资源，维护海湾生态平衡，1999年后，根据海洋捕捞“零增长”计划要求，海洋捕捞产量受到控制。捕捞品种以带鱼、海鳗、鲐鱼、鲳鱼、马鲛鱼、鮸鱼、毛虾、鹰爪虾、梭子蟹、贝类、头足类为主。海洋捕捞渔业产量历来占全县渔业总产量90%左右。据统计，2001年、2002年海洋捕捞渔业产量占全县渔业总产量最低位达到84.10%、83.82%;2003年、2009年、2011年达到90.16%、90.04%、91.58%。

1981年析出苍南县后，全县有机动渔船3397艘，3183总吨位、动力0.53万千瓦。海洋捕捞主要采取拖、围、流、张4种作业方法。1985年，下厂渔民郑元芝购进一对钢质旧渔轮，开始平阳县的渔轮拖网时代。到20世纪80年代后期，直接用于海洋渔业捕捞生产的木帆船都已消失，而作为辅助渔船和海水养殖用的无帆小木船到1991年底还有50只共计吨位55吨。

1993年，在海洋捕捞在近海资源继续衰退的情况下，以合理利用资源为前提，调整作业结构，巩固和提高对网，取缔和改造梅鱼拖，稳定拖虾和流刺，限制张网，大力发展渔轮和蟹笼。是年，全县海洋捕捞机动船705艘，总吨位13502吨，主机总功率32142千瓦，其中渔轮9对，对网机帆船33对，拖虾船2只，流网船69艘，二指抛碇83艘，梅鱼拖47对，虾户118艘，大网104艘，摇网20只，其他船只131只。是年，全县海洋捕捞产量14233吨，其中底拖网产量1940吨，对围网产量4425吨，定置作业4166吨，流网产量3008吨。1995年冬，全县有双轮网渔船3对，单拖渔轮19艘。2000年，单拖渔轮增至42艘。至2011年，拖网渔轮数量达92艘。

1999年，全县海洋捕捞产量30758吨，其中内海21574吨，外海9184吨，海洋捕捞产量占水产品总产量35128吨的87.6%。全县有大小机动捕捞渔船756艘，总吨位13836吨，主机总功率35240千瓦，其中双拖渔轮2对，单拖渔轮41艘，对网机帆船4对，流网船60艘，彩色流刺43艘，二指抛碇45艘，虾户142艘，大网68艘，钓船24艘。此外，还有其他各类小型渔船363艘(包括非机动渔船)。是年，为保护海洋渔业资源，海洋捕捞产量增幅大为降低。至2005年，全县海洋捕捞产量36997吨，历年来保持较小增幅。

2006年，全县海洋捕捞产量41795吨，产值34038万元。全县机动渔船总数628艘，总吨位22723吨，总功率61702千瓦。海洋渔船399艘，其

1989—2012年平阳县渔业产量及产值情况一览表

表12-6-4

年度(年)	总产量(吨)	总产值(万元)	海洋捕捞产量(吨)	海洋捕捞产量占渔业总产量比重%
1989	11551	841	10147	87.85
1990	12051	—	10726	89.00
1991	13151	—	11479	87.28
1992	14242	—	12794	89.83
1993	16214	—	14233	87.78
1994	20103	7857	17686	87.98
1995	23303	9394	20591	88.36
1996	28083	11116	24411	86.92
1997	32827	12065	28691	87.40
1998	34486	11564	30434	88.25
1999	35128	13091	30758	87.56
2000	36589	22163	31637	86.47
2001	43344	22035	36454	84.10
2002	39323	20515	32961	83.82
2003	37905	21204	34175	90.16
2004	42912	28532	35859	83.56
2005	42276	37902	36997	87.51
2006	47439	38513	41795	88.10
2007	50694	41775	43711	86.23
2008	54148	40964	46736	86.31
2009	55490	45038	49965	90.04
2010	57596	52300	49868	86.58
2011	55324	64282	50665	91.58
2012	57189	62457	50685	88.63

说明：资料由县海洋与渔业局提供

中184～440千瓦97艘，44～183千瓦212艘，43千瓦以下65艘，其他25艘。淡水捕捞1503吨。内河渔船229艘，均是43千瓦以下。

开渔出海（2009年）

1995—2012年平阳县
捕捞渔船数量情况一览表

表12-6-5

年度（年）	捕捞渔船总数（艘）	总吨位（吨）	总功率（千瓦）
1995	814	15902	37816
1996	805	17715	39496
1997	778	15165	37262
1998	746	13795	35078
1999	756	13836	35259
2000	694	12089	30792
2001	577	18613	36227
2002	450	16593	31926
2003	711	17573	54970
2004	422	16359	39608
2005	607	19274	54019
2006	628	22723	61702
2007	837	25860	74163
2008	707	21383	49874
2009	696	20030	47202
2010	668	19621	44032
2011	884	22516	65953
2012	727	18210	41956

说明：资料由县海洋与渔业局提供

2012年，全县海洋捕捞产量50685吨，产值46579万元。海洋捕捞产量占渔业总产量88.63%。全县机动渔船总数727艘（比上年减少157艘），总吨位18210吨（比上年减少4306吨），总功率41956千瓦（比上年减少23997千瓦）。海洋渔船250艘，其中，184～440千瓦94艘，44～183千瓦113艘，43千瓦以下43艘。淡水捕捞865吨。内河渔船361艘，均是43千瓦以下。

水产品加工

平阳县渔民传统加工水产品的方法是腌、糟、晒。20世纪80年代，境内开始发展冷冻业。1988年，全县有水产品加工企业8家，从业人员504人，产值2268万元，出口水产品501吨。1993年，全县有水产冷冻厂17家。是年，安达集团公司加工水产品产值5800万元，温州华添水产有限公司产值1000万元，鳌江乘风冷冻厂产值867万元。1998年，由蔡成权等人投资800余万元创办股份制企业平阳县信业水产有限公司，全县水产品加工达3204吨，加工能力提高到9000吨。1999年，全县水产品加工总量增至5110吨，加工产值5304万元。2003年，尽管受“非典”影响，全年水产品加工总量和出口量仍表现出强劲的增势，全年水产品加工量首次突破万吨大关。2005年，各水产品加工企业积极推行品牌战略，在品牌和营销上有较大突破。南麂岛开发有限公司的大黄鱼、牡蛎产品获得“国家级无公害农产品称号”“食品安全管理体系认证证书”“有机加工者证书”和“有机贸易者证书”。是年，全县水产品加工总量12200吨，加工产值19823万元，水产品出口3667吨，出口创汇1078万美元。2006年，“南麂岛”牌大黄鱼和信业水产有限公司的面包虾、面包鱿鱼圈被评为省农博会金奖，“南麂岛”牌大黄鱼获温州特色农产品博览会金奖，是第四届中国国际农产品交易会畅销产品。2010年，全县有水产冷库19座，年冷藏能力16830吨，水产品加工总产量9524吨，加工总产值13824万元，出口产值656万美元。2012年，全县水产品加工总量10882吨，加工产值21224万元，水产品出口1336吨，出口创汇708万美元。

1997—2012年平阳县水产品加工及出口创汇统计

表12-6-6

年度（年）	水产品加工总量（吨）	加工产值（万元）	水产品出口总量（吨）	出口创汇（万美元）
1997	5336	8885	1777	659
1998	3204	4367	1507	425
1999	5110	5304	1991	441
2000	5260	5618	1685	372
2001	7260	8303	3435	804
2002	7048	9809	3448	960
2003	10000	15000	5000	1500
2004	13375	30000	4660	828
2005	12200	19823	3667	1078
2006	11903	19455	3122	949
2007	11076	18296	3635	991
2008	10084	13618	2244	981
2009	12204	13492	2003	544
2010	9524	13824	2182	656
2011	9434	15703	1545	782
2012	10882	21224	1336	708

说明：资料由县海洋与渔业局提供

第二节 养 殖

海水养殖

境内大陆海岸线北起飞云江口的瑞安市阁巷与宋埠社区的交界处，向南延伸，经鳌江等乡镇，南至鳌江江口与苍南县龙港镇交界处，全长22千米。全县有浅海资源面积61.68万亩，滩涂总面积以岸线至理论基准面计算，约13万亩。1957年后，通过开发、引进、育苗、试养到大面积放养，从单一的海涂养殖到浅海养殖，从单一的贝类养殖发展到多品种养殖。1989年，全县海水养殖产量362吨，其中海带45.5吨、贻贝282吨、对虾34.5吨。

1993年，海水养殖、浅海养殖的重点转向鲈鱼、鮸状黄姑鱼、石斑鱼、真鲷等海珍品的网箱养殖以及羊栖菜、贻贝养殖。是年，海水养殖面积1700亩，比上年增长37.5%；产量733吨，增长61.4%。1999年，全县海水养殖总面积6062亩，比上年增长52.52%，主要养殖品种有青蟹、蛏子、对虾、贻贝、扇贝、牡蛎、海带等，并有网箱养鱼600只(计120亩)。2000年，全县网箱养鱼900余只(计180亩)，滩涂养殖2000亩。基本建成或在建的园区有南麂浅海养殖园区、墨城千亩围塘养殖园区、宋埠海淡水养殖综合开发园区。2001年，全县海水养殖产量3374吨，占渔业总产量的7.8%，产值2329万元。全县海水养殖总面积10560亩，其中传统网箱养殖1500亩，滩涂养殖3600亩，围塘养殖3270亩。西湾万亩滩涂养殖基地被列入省级优质水产示范园区建设计划。2002年，南麂岛开发公司引进的周长48米的HDPE潜浮式抗风浪深水网箱和浮式深水网箱在南麂浅海进行抗风浪破坏性试验取得成功，南麂列岛被省海洋与渔业局确定为全省四大深水网箱养殖基地。2003年，南麂浅海深水网箱累计投放规模有59只，其中，43只网箱放养大黄鱼、真鲷、石斑鱼、黑鲷、黑鮸、双斑东方鲀等鱼苗85万尾。

2004年，全县海水养殖面积为19360亩，比上年的8352亩增长1.32倍。其中浅海养殖766公顷，滩涂养殖321公顷，陆基养殖(围塘)203.67公顷。南麂列岛海域有深水网箱112只，其中HDPE浮式抗风浪深水网箱104只，浮绳式抗风浪深水网箱8只。南麂列岛成为省八大海水养殖基地之一。育海水鱼苗数279万尾，其中，育大黄鱼苗85万尾，育贝类鱼苗数为9000万尾。2005年，南麂海域贻贝养殖800亩，厚壳贻贝850亩，藻类养殖面积100余亩，深水网箱116只，传统木排网箱1300只，共计投放鱼苗135.27万尾，其中深水网箱91.94万尾。优化围塘养殖，宋埠、西湾、鳌江(墨城)等地围塘养殖规模4000余亩。

2006年，南麂岛开发有限公司的无公害大黄鱼标准化养殖的企业标准升级为县地方标准。“南麂岛”牌大黄鱼获得温州市首批知名商标称号，并通过国家原产地认证。2007年，网箱数量与上年相比增加近千只。是年，全县海水养殖产量2903吨，比上年增长111%；海水养殖产值2577万元，比上年增长97.2%。2011年，海水养殖面积22275亩，海水养殖产值9262万元，海水养殖产量达4659吨。南麂岛厚壳贻贝人工育苗首次获得成功。

2012年，全县海水养殖面积21045亩，海水养

墨城千亩海水养殖场（2012年）

殖产量3668吨，产值9501万元。海水养殖品种已经涵盖鱼类（鲈鱼、大黄鱼、鲷鱼、美国红鱼、石斑鱼）、甲壳类（虾、蟹）、贝类（牡蛎、螺、贻贝、扇贝、蛤、蛏）、藻类（海带、紫菜、羊栖菜），养殖方式从单一的海水池塘养殖发展到池塘、网箱、吊笼、筏式等多方式养殖，海水养殖产量达3668吨，较上年减少21.3%，较1989年则增长近10倍。主要养殖品种如下。

大黄鱼　平阳县从1996年开始在南麂海区进行大黄鱼人工养殖。2000年，在南麂开展大黄鱼深水生态化养殖新试验并获得成功。2011年，南麂大黄鱼围网养殖技术研究获得成功。2012年，全县浅海围网、深水网箱养殖产业得到进一步提升，全县已建成11口围网、28口深水网箱，养殖面积400余亩，年产大黄鱼501吨。

紫菜　2006年前，平阳县没有紫菜养殖。2007年，温州海虎海藻养殖有限公司成立，经过近5年的技术研发，突破了适养种系、抗风浪养殖筏架、冷藏网、机械化采收、规避台风灾害影响等一系列技术瓶颈，完成处于国内领先技术水平的“开敞性滩涂海区坛紫菜养殖技术研究”等项目，建成紫菜育苗场，并通过农产品无公害产地和产品“双认证”。2010年8月，建立市级坛紫菜标准化千亩养殖示范基地，亩产坛紫菜（干品）超过120千克，农户人均年收入5.2万元，技术成果达到国内领先水平。2011年，“平阳县省级坛紫菜特色精品园建设”项目通过省海洋与渔业局验收。温州海虎海藻养殖有限公司开展坛紫菜新品系引进和生产性试验，初步筛选出1个坛紫菜优良品系HMY。2012年，产量512吨（干品）。

贻贝　俗称淡菜，生长于低潮线至水深3米以上的岩礁。1973年后，在南麂岛进行大面积养殖。

1993—2012年平阳县海水养殖情况统计表

表12-6-7

年度（年）	海水养殖产量（吨）	海水养殖产值（万元）	海水养殖面积（亩）
1993	733	—	1700
1994	914	425	1488
1995	1084	818	1738
1996	1647	1204	2065
1997	1821	1334	2765
1998	1528	893	4027
1999	1619	1220	6062
2000	1904	1302	6100
2001	3374	2329	10560
2002	2516	1684	8715
2003	3178	1709	8352
2004	2690	2319	19360
2005	1224	6667	15147
2006	1376	1307	14000
2007	2903	2577	17375
2008	3758	4314	19545
2009	5525	4756	22046
2010	5011	4211	22950
2011	4659	4651	22275
2012	3668	9501	21045

说明：资料由县海洋与渔业局提供

2009—2012年平阳县海水养殖情况一览表

表12-6-8

项目＼年度	2009年		2010年		2011年		2012年	
	产量(吨)	面积(公顷)	产量(吨)	面积(公顷)	产量(吨)	面积(公顷)	产量(吨)	面积(公顷)
池塘	1330	362	846	352	704	288	268	225
普通网箱	348	1.82	130	2	169	2	558	2
深水网箱	453	7.49	1065	7.65	1100	7.65	625	23
筏式	3352	216	2920	257	2603	253	2127	248
吊笼	42	3	50	11	83	6	90	7

说明：资料由县海洋与渔业局提供

2003年，开始在南麂海域开展厚壳贻贝养殖，因为苗种匮乏，规模较小，产量不高。2010年，平阳县新科海水养殖专业合作社与宁波大学合作，开展“南麂岛本地厚壳贻贝人工育苗技术研究”，2011年获得成功。平阳县新科海水养殖专业技术合作社成为该年度全省唯一繁育厚壳贻贝成功的企业。是年12月，平阳县通过省海洋与渔业局“省级贝类规模化繁育基地”认定。2012年，建成“厚壳贻贝特色精品园”，南麂厚壳贻贝养殖面积1200亩，产量1305吨。

2009—2012年平阳县海水养殖品种产量情况一览表

表12-6-9　　单位：吨

项目＼年度	2009年	2010年	2011年	2012年
鲈鱼	34	64	80	3
大黄鱼	447	453	420	501
鲷鱼	13	32	33	78
美国红鱼	294	615	672	219
石斑鱼	5	14	14	24
虾	15	15	16	16
梭子蟹	15	25	0	0
青蟹	48	45	73	54
牡蛎	140	128	272	256
鲍	0.5	0	0	0
螺	20	40	42	25
蚶	545	291	102	0
贻贝	1400	1170	1375	1305
扇贝	41	50	83	90
蛤	113	30	160	12
蛏	574	400	311	161
海带	1712	1312	540	54
紫菜	98	310	416	512
其他(海参、海水珍珠、海蜇)			15千克	103千克

说明：资料由县海洋与渔业局提供

缢蛏　俗名蛏子，多栖息于江河口和有淡水注入的浅海内湾滩涂，县内养殖有280余年历史。1981年，西湾海涂养殖100亩，产量2.5吨。1984年，西湾养蛏440亩，产量25吨。1999年，墨城长岗村缢蛏苗种中间培育100余亩获成功。2001年，发展到1400亩。2006年，养殖面积发展到967.5亩，产量190吨。2009年，产量574吨，之后由于海涂围垦滩涂养殖面积减少，2012年，养殖面积下降到110亩，养殖产量下降到161吨。

对虾、青蟹　1984年，墨城东山村试养对虾25亩，1987年，在墨城、宋埠、西湾、下厂等地共养1112亩，年产量33吨。1988年，在养虾池试养锯缘青蟹，采取虾蟹混养。1992年，对虾养殖849亩，混养青蟹52亩。因虾病逐年严重，转养青蟹。1995年，青蟹养殖面积938亩，2000年2930亩。后受围垦工程影响，养殖空间压缩。2010年，全县仅养殖120亩。

生态渔业

1986年4—5月，南麂马鞍岛试投放4座多层翼船人工渔礁712.8空立方米。2000年开始，平阳南麂岛开发有限公司在南麂海域通过深水网箱养殖大黄鱼、真鲷、石斑鱼、黑鲷、双斑东方鲀等鱼类获成功。特别是南麂生态大黄鱼采取深海网箱养殖新技术，严格按照有机鱼类养殖标准，并制定从起捕、暂养到加工、销售这一全过程操作规程，保证产品的生态品质，其内质结构鲜美，口感极佳，远胜于传统近岸浅水养殖的大黄鱼。经国家环保总局认证中心监测检验，获“有机鱼”标志，成为全国首例经认证的海水养殖鱼类有机食品。

2001年，省海洋与渔业局将南麂列岛作为省人工鱼礁工程重点实施海区，7月12日，省生态渔业研讨会在平阳县召开之际，成功投放第一批人工鱼礁礁体，标志人工鱼礁工程正式启动。第一批人工鱼礁礁体包括废旧钢质渔轮和客轮各1艘、钢质框架礁2个、轮胎组合礁2个，共计2400立方米。11月份，南麂列岛被中国钓鱼协会命名为国家海洋游钓基地。是年，中国雨田集团获人事部批准建立国内第一个海洋科研类型的博士后科研工作站。

2003年，陆续投放人工鱼礁61008空立方米，其中包括木质渔船改造的礁体29座（每座1992空立方米）计57768空立方米，水泥运输船改造的礁体1座3240空立方米（水泥运输船300吨位，礁体为40×9×9立方米），形成人工鱼礁渔场30个，渔场面积0.6平方千米。是年，南麂列岛人工鱼礁总投放120934.3空立方米，渔场面积2.2平方千米。5月13日，配套放流1.5～2.5厘米体长的鱼苗204.5万尾，其中大黄鱼20万尾、真鲷147.9万尾、双斑东方鲀36.6万尾。2004年，人工鱼礁一期工程投放后，水下监测结果表明投放的钢质船礁平稳无倾斜，沉陷不足5厘米，稳定性良好，礁体表面已被附着生物附着生长，生长覆盖率100%，附着生物主要有藤壶、牡蛎和红海葵及其他藻类；礁体周围鱼类种类增多，集鱼效果明显。12月底，南麂列岛人工鱼礁二期工程成功投放，人工鱼礁总规模已有10万空立方米，并分别在南麂马祖岙礁区配套放流鱼苗202万尾。截至2012年底，南麂海域累计投放各类人工渔礁169164空立方米。

淡水养殖

1989年，全县淡水鱼养殖面积为18743亩（其中淡水鱼基地下属12个养鱼场，养殖面积13000亩），总产量1043吨。1991年，淡水养殖面积发展到18761亩，年产量达1044吨。1993年，淡水养殖面积发展到19156亩，占可养殖面积88%，年产量达1248吨。是年，平阳县建立名特优水产品养殖基地479亩，主要养殖埃及草子鲶、牛蛙（美国青蛙）、田鲤鱼、甲鱼、河蟹等，总产量489.7吨，产值277万元。1995年，全县淡水养殖19630亩，产量1628吨。2000年，淡水养殖22015亩，产量2021吨。

1993—2012年平阳县淡水养殖面积情况一览表

表12-6-10

年度（年）	淡水养殖面积（亩）	其中				
		外荡养殖面积（亩）	内塘养殖面积（亩）	山塘养殖面积（亩）	水库养殖面积（亩）	其他（亩）
1993	19156	16830	1147	601	578	0
1995	19630	16845	1392	710	578	105
1996	20010	16845	1620	720	720	105
1997	20090	16845	1700	720	720	105
1998	20490	16845	2125	720	800	0
1999	20615	16520	2575	720	800	0
2000	22015	16520	3375	1220	800	100
2001	28230	21510	4450	1320	800	150
2002	29040	22290	4600	1350	795	0
2003	28250	21000	5000	1301	800	150

续表 12-6-10

年度（年）	淡水养殖面积（亩）	其　中				
		外荡养殖面积（亩）	内塘养殖面积（亩）	山塘养殖面积（亩）	水库养殖面积（亩）	其他（亩）
2004	29471	21000	6000	1301	870	300
2005	27214	19500	5445	1204	765	300
2006	28484	20495	5550	1125	735	579
2007	28253	26430	1200	60	113	450
2008	26760	24960	1245	0	105	450
2009	24018	22338	1035	0	330	315
2010	24615	22500	1395	0	405	315
2011	23775	21405	1620	0	435	315
2012	23685	20820	2505	0	150	210

说明：资料由县海洋与渔业局提供

2001年，全县淡水养殖面积28230亩，比上年增长45.8%，为历史新高。其中，外荡21510亩（含溪流淡水鱼增养殖5000亩），内塘4450亩，山塘1320亩，水库800亩，其他150亩，稻田养鱼150亩。淡水渔业产量3516吨，比上年增长74.0%，占渔业总产量的8.1%，产值1757万元。2004年，全县淡水渔业产量达4362吨，其中淡水养殖产量3290吨。2006年，全县淡水渔业产量4268吨，其中淡水养殖产量降至2765吨。2010年，淡水鱼养殖面积24615亩，淡水养殖产量2717吨，包括鱼类2141吨，河蟹等甲壳类118吨，贝类440吨，甲鱼13吨。另有淡水珍珠2000千克。2012年，全县淡水鱼养殖面积减少至23685亩，淡水养殖产量1971吨。

平阳县淡水鱼大面积养殖的主要品种是：白鲢、花鲢。其次是本地品种的鲤鱼、鲫鱼和引进的草鱼、青鱼、罗非鱼、武昌鱼、白鲫、田鲤、褶纹冠蚌和甲鱼。1959年5月，从湖北广济县引进鲢、鳙、草、青四大家鱼天然鱼苗300万尾，在县良种场和金乡养鱼场进行培育鱼种。1960年，从温州养鱼场引进罗非鱼（原产非洲，又称非洲鲫鱼）在县良种场培育养殖。1966年，引进武昌鱼（团头鲂）。1983年，引进白鲫。1985年，引进田鲤鱼。1982年、1985年开始养殖褶纹冠蚌1100只和5600只，1986年收获珍

1995—2012年平阳县淡水渔业产量、产值统计表

表 12-6-11

年度（年）	淡水渔业产量（吨）	淡水渔业产值（万元）	其中：淡水养殖产量（吨）
1995	1628	1077	1628
1996	2025	1389	2025
1997	2315	1588	2315
1998	2524	1618	2524
1999	2751	1712	1815
2000	3048	2645	2021
2001	3516	1757	3516
2002	3850	2964	3325
2003	3730	3468	3200
2004	4362	3286	3290
2005	4055	3005	2607
2006	4268	3168	2765
2007	4080	2631	2758
2008	3655	2430	2558
2009	2669	2930	1685
2010	2717	2396	1784
2011	2746	2590	1815
2012	2836	5263	1971

说明：资料由县海洋与渔业局提供

2009—2012年平阳县淡水养殖品种产量统计表

表12-6-12　　　　单位：吨

品　种	2009年	2010年	2011年	2012年
青鱼	201	175	183	207
草鱼	163	126	122	165
鲢鱼	610	707	659	657
鳙鱼	214	145	137	160
鲤鱼	134	153	156	213
鲫鱼	111	101	104	113
鳊鲂	7	9	13	12
泥鳅	3	3	3	6
鲶鱼	147	140	146	168
黄颡鱼	1	0	0	0
黄鳝	1	2	2	3
乌鳢	57	82	143	137
罗非鱼	5	1	1	2
青虾	12	5	16	21
克氏原螯虾	4	82	83	65
河蟹	10	11	18	13
龟	0.2	0	0	0
鳖	3.8	13	17	19
蛙	1	0	0	0
珍珠	0	2	1	0
观赏鱼(条)	153000	153500	132000	114390

说明：资料由县海洋与渔业局提供

珠31千克。1983年开始进行河蟹(中华绒螯蟹)人工自然增殖，至1989年，共投放蟹苗1307千克(每公斤约蟹苗4万～6万只)，7年共获产量702.9吨。1988年，河蟹增殖科技成果获农业部二等奖。1997年，全县淡水名特优养殖总面积390亩，总产值425万元。1999年，淡水名特优养殖面积620亩，主要养殖品种有澳洲龙虾、彩虹鲷、甲鱼、河蟹、美蛙、刀额新对虾等。2003年，河蟹、青虾、加州鲈鱼、乌鱼、翘嘴红鲌、花鲷等名特优养殖面积264.67公顷，比上年增长96%。名特优养殖占淡水养殖面积比重由上年同期的8.89%提升到13.4%，其中，青虾100公顷，加州铲鱼100公顷，鲸鱼33.33公顷，乌鱼20公顷，翘嘴红鲌6.67公顷，花 4.67公顷。2005年，全县养殖草鱼200万尾、鲢鳙800万尾、鲤鱼180万尾、青鱼15万尾。是年，养殖花鲷20万尾、翘嘴红鲌35万尾。

稻田养鱼　1990年，中国稻田养鱼面积达67余万公顷，平均亩产鱼50千克左右。1999年，平阳县启动“稻田致富”工程，开展稻田养鱼。是年，在全县7个乡镇发展了山区稻田养鱼410亩，获田鱼产量7500公斤。2000年，全县稻田养鱼扩展到1150亩。2001年，养殖面积4100亩，南雁周岙稻田养鱼示范园区获得市级园区建设特等奖。

休闲渔业　2000年，南雁镇利用溪流水域资源，发展淡水鱼塘养殖，开发游钓业，全年管理费收入5万元。宋桥农民发展热带观赏鱼养殖取得效益，各淡水鱼养殖场相继划定水域开发休闲渔业项目。2003年，昆阳镇和水头镇城郊地带开发集垂钓、观赏、餐饮项目等一体的休闲渔业，全年全县投入民营资金700万元，休闲渔业近20处，总面积46.67公顷，其中面积在百亩以上的有3处。至2010年，休闲渔业总产值465万元。

集产供销和技术推广为一体的水产养殖专业合作组织逐步发展。至2012年，全县已成立各类水产养殖专业合作社27个(淡水渔业养殖合作社19个，海水渔业养殖合作社8个)，社员366人。

第三节　渔政管理

1981年，建立县渔政渔港监督管理站，1984年，分设县渔政站和渔船渔港管理站，均为县水产局下属机构。1993年，县渔船渔港管理站改称“平阳渔港监督”。2001年12月，县水产局改名为县海洋与渔业局。2006年，撤销县渔政站、平阳渔港监督和县渔船检验站，建立县渔政渔港监督管理站(增挂县渔港监督、县渔船检验站牌子)和县海洋与渔业执法大队(增挂中国海监平阳县大队牌子)，隶属于县海洋与渔业局。

县渔政渔港监督管理站和县海洋与渔业执法大队依据《中华人民共和国渔业法》对县境内的渔业水域行使监督管理。配备有3艘渔政船和2艘海监执法船，分别为中国渔政33404、中国渔政33418、中国渔政33418-1和中国海监7053、中国海监7057。渔政渔港监督管理站对从事海洋捕捞的渔民核发长期、临时捕捞许可证。1993—2011年，共出海检查731次，港口检查1616次，查处违规案件2265件，收缴资源赔偿费和罚没款1044.19万元。

第七章　农业机械

平阳县农业机械公司创建于1976年。1977年7月，成立县农业机械局，1984年3月，撤销并入农业局。6月，县政府批准，在保留县农机培训站的同时，增设县农机管理站、县农机监理站。1990年9月，建立县农机管理总站，下辖农机管理站、农机培训站、农机监理站。1992年7月，撤销县农机培训站，成立县农业机械化技术培训学校。2009年12月，撤销县农机管理站、县农机监理站和县农业机械化技术培训学校，建立县农机管理总站（县农机监理站），承担农业机械化公共事务管理和行政执法职能。2012年在职职工37人。

1989年末，全县农业机械动力拥有量74734千瓦，其中，柴油发动机动力56225千瓦，汽油发动机动力3838千瓦，电动机动力14671千瓦。2012年末，全县农业机械动力拥有量307133千瓦，其中，柴油发动机动力258765千瓦，汽油发动机动力5227千瓦，电动机动力43141千瓦。比1989年分别增长3.11倍、3.60倍、0.36倍和1.94倍。

第一节　农机品种

20世纪90年代，国家大力促进农业机械化。2004年开始，国家实施农业机械购置补贴政策。2004—2012年，全县农业机械购置金额6426.73万元，落实补贴资金2659.56万元，占购机总额41.38%。其中国家补贴资金1651.90万元，省补贴资金504.09万元，县补贴资金503.57万元；购置机具总量2823台（套），其中耕整机械817台，收获机

1989—2012年间部分年份平阳县农机具拥有量统计表

表12-7-1　　功率单位：万千瓦

年度（年）	动力合计	耕作机械		收获机械		植保机械		排灌机械		加工机械		运输机械		其他机械	
		台	动力	台	动力	台	动力	台	动力	台	动力	台	动力	台	动力
1989	7.47	2136	2.16	4327	0.73	140	0.03	3566	1.15	2182	1.65	1307	1.50		0.25
1990	7.67	2221	2.30	4562	0.79	139	0.03	3663	1.16	2309	1.71	1352	1.32		0.36
1992	8.94	2526	2.76	5329	0.89	131	0.03	4533	1.29	1944	1.68	1231	1.91	493	0.38
1994	10.81	3257	3.59	5854	0.97	131	0.03	4464	1.28	1938	1.67	1908	2.71	716	0.56
1996	10.76	3347	3.65	5800	1.02	112	0.02	4518	1.26	1919	1.50	1811	2.66	830	0.65
1998	10.91	3310	3.71	7059	1.18	103	0.02	4465	1.14	1516	1.30	2042	2.86	791	0.70
2000	12.50	3210	3.12	6240	1.59	307	0.04	6107	1.31	1490	1.74	1976	3.53	590	1.11
2002	17.18	3675	2.72	6692	1.49	268	0.04	3452	1.51	2239	1.97	4122	7.82	3621	1.64
2004	16.38	2231	1.99	5118	1.53	605	0.04	4717	2.67	1247	10.8	3012	4.10	1232	1.56
2006	20.31	2002	3.71	7006	2.61	181	0.02	6041	2.19	1816	1.18	4454	8.10	4579	3.62
2007	20.71	1854	2.68	7031	2.83	237	0.03	6041	2.19	1816	1.18	4452	8.19	4579	3.61
2008	27.98	2076	2.72	6679	2.47	270	0.04	6113	2.25	1791	1.16	2161	3.76	2441	4.32
2009	29.10	2258	2.91	6803	2.72	284	0.05	6103	2.24	1874	1.18	2535	4.43	2435	4.27
2010	29.60	2361	3.17	6869	3.01	327	0.06	5989	2.18	1874	1.18	2458	4.29	2435	4.27
2011	30.32	2435	3.17	6875	3.18	386	0.08	6633	2.20	1874	1.18	2443	4.26	2435	4.30
2012	30.71	2338	3.74	8161	3.79	398	0.10	6175	1.97	1940	0.96	2495	4.36	2411	4.21

说明：资料来自《2008年平阳县统计年鉴》第79页“农业机械年末拥有量”、《2009—2012年平阳县统计年鉴》

械439台，种植机械151台，植保机械146台，农副产品加工机械523台，粮食烘干机械32台，排灌机械76台，畜牧养殖机械596台，其他机械43台。2010年，农业机械购置金额、落实补贴资金为历年最高，分别达1282.13万元和596.17万元，其中国家补贴资金408.29万元，省补贴资金95.2万元，县补贴资金92.68万元。2012年，农业机械购置金额1245.35万元，落实补贴资金433.50万元，其中国家补贴资金317.09万元，省补贴资金47.95万元，县补贴资金68.46万元。购置机具共331台(套)。

耕作机械

县内耕作机械有各种拖拉机及其配套的犁、耙、旋耕机等。平原地区农田翻耕大多使用拖拉机，山区使用受到限制。1989年后，小型拖拉机以工农-12型为主，配备旋耕机作业；大中型拖拉机主要有上海-50型、上海-504型、纽荷兰-654型、清江-704型等。2000年，引进凯马牌田园管理机(又称微耕机)，具有重量轻、体积小、油耗低等特点，适合果园、菜地、温室大棚、丘陵坡地和小块田地耕整作业。2012年，引进柳林IGZ60型水田保护性耕整机，采用履带式行走系统，水田作业不易沉陷，起到保护耕作层作用。是年底，全县拥有耕作机械2338台，机耕面积26.2万亩，占耕地总面积的95.93%。

小型拖拉机

种植机械

1993年引进条播机，1998年引进抛秧机。2001年，县农机管理总站引进东洋牌P600型高速乘坐式插秧机和工厂化育秧流水线，在县第一农场首次开展机械化育插秧。2008年，引进久保田SPU-68C型高速插秧机。2009年引进免耕播种机。2012年底，全县拥有种植机械137台，其中插秧机124台，水稻机插面积2.75万亩，占全县水稻播种面积的10.06%。

育秧播种流水线

插秧机

收获机械

水稻收获机械主要是谷物联合收割机。1989年，引进湖州100-12B型半喂入联合收割机。1996年，引进背负式桂林-3型、桂林-4型、桂林-6型背负式半喂入联合收割机，与奔野-304型、上海-50型或上海-504型拖拉机配套使用。1997年，引进湖州碧浪130型自走式全喂入联合收割机。1998年，引进三联全喂入联合收割机。2003年，引进洋马半喂入联合收割机。2004年，引进久保田PRO488型半喂入联合收割机。2009年，引进油菜籽收获机。

谷物联合收割机

2012年年底，全县拥有收获机械8161台，水稻机收面积24.6万亩，占全县水稻播种面积的90.07%。

收获后处理机械

收获后处理机械主要有粮食烘干机和机动脱粒机。谷物烘干机都属于循环式低温烘干机。1999年，引进三久牌6吨谷物干燥机1台和一心金子牌1.6吨谷物干燥机1台。2002年，与浙大合作开发马蹄笋烘干机械——热泵烘干机。2012年年底，全县拥有收获后处理机械5709台，其中粮食烘干机38台。

植保机械

植保机械有手动喷雾器和机动喷雾(粉)机。手动喷雾器结构简单、重量轻、使用方便。机动喷雾(粉)机有担架式、背负式两种类型，配套动力采用汽油机或柴油机，作业时射程较远、排液量大、功效较高。2012年年底，全县拥有植保机械398台。

农副产品加工机械

农副产品加工机械主要有碾米机、磨粉机、饲料加工机、茶叶加工机。2009年引进简易保鲜储藏设备。2012年年底，全县拥有农副产品加工机械1940台。

畜禽养殖机械

2008年，引进机械化喂饲系统，具有喂料及时、饲料损失小的特点。2010年，引进固液分离机、水帘降温设备。2011年，引进螺旋喂料机、网围栏、冷藏罐。2012年年底，全县拥有畜禽养殖机械186台。

渔业养殖机械

渔业养殖机械主要有增氧机、投饵机和水质净化设备。增氧机用来增加水域溶氧量，改善水质，常见有叶轮式、水车式和射流式等类型。投饲机减轻劳动强度，提高饲料利用率。2012年年底，全县拥有渔业养殖机械885台。

运输机械

手扶拖拉机农忙时既可以装上农具下田作业，农闲时又可以挂上拖车跑运输。由于安全性差、速度慢、装载量少，上路运输逐渐减少，基本转到纯农田作业上。1997年，县内引进变形运输机，其驾驶室与货箱相连，因其速度快、装载量多、机械性能好，逐渐成为农业运输机械的主流，有正宇、彪马、宝石、福田等机型。其他运输机械有三轮农用运输车。2012年年底，全县拥有农业运输机械2495台。

第二节　农机服务和监理

农机服务

随着农业机械化加速发展，特别是水稻机械化育秧和烘干技术的应用，农机专业合作社、工厂化育秧中心和粮食烘干中心等新型农机服务组织应运而生。

2012年年底，全县拥有工厂化育秧中心3家，季育秧规模为9000亩。水稻工厂化育秧节本、节工、节水、节肥、省种、省秧田，既解决农户育秧难的问题，同时有利于水稻新品种、新技术的推广。全县拥有粮食烘干中心11家，烘干能力为13500吨。全县拥有农机专业合作社26家，社员344人，机具268台，作业服务面积13.8万亩。

20世纪70年代中期，县农业机械公司成立，成为农业机械供应的主渠道。2000年，因启动改制而停止经营。20世纪80年代后，农业机械修理由集体转向个体，主要从事拖拉机、联合收割机等机具修理。2004年后，县农业机械购置补贴机具指定经销商有两家(平阳县五洲机械销售有限公司和平阳县华锋农业机械服务有限公司)。2012年年底，全县有农机维修网点7个，修理人员27人。

农机安全监理

2005年后，建立县、镇(乡)、村3级农机安全生产管理体系，实施平安农机建设。2005—2012年，共创建平安农机示范乡镇1个、平安农机示范村19个、平安农机示范合作社2个。2012年，办理上道路拖拉机注册登记151辆，联合收割机注册登记50辆，纯农田拖拉机注册登记61辆；新核发拖拉机驾驶证95本；检验拖拉机1482辆，检验联合收割机230辆。

为加强对上道路运输拖拉机的管理，2008年1月，县农机管理总站与县交警大队联合成立农机道路交通警务站，开展上路巡查，加强对边远山区、事故多发地段的监管，严厉打击“黑车非驾”、非法拼装和非法载客等违法违章行为，有效遏制拖拉机交通事故的发生。农机道路交通警务站成立后，上道路运输拖拉机事故次数、伤亡人数、经济损失明显下降。2007年，发生拖拉机事故19次，死亡8人，受伤16人，经济损失3.82万元；2008—2012年，平均每年发生拖拉机事故10次，死亡2.4人，受伤9.8人，经济损失1.1万元。

农机技术培训

20世纪70—80年代，农业机械化技术培训由县农机培训站实施。1992年后，由县农业机械化技术培训学校实施。1993—1997年，温州市农业机械管理处将大中型拖拉机驾驶员培训交由各县农业机械化技术培训学校承办，县内共培训2662名大中型拖拉机驾驶员。2005年，拖拉机驾驶员培训实行社会化，经省农业厅审核批准，县华锋农业机械服务有限公司取得拖拉机驾驶培训许可证，成为全县唯一拖拉机驾驶员培训机构。

1989—2012年，全县共举办各类农业机械培训班163期，培训拖拉机驾驶员5376名，收割机驾驶员624名，农业机械操作人员862名，农业机械修理工186名，农业机械管理人员134名。

第十三卷

DI SHI SAN JUAN

《平阳县志（1989—2012）》

PINGYANG XIAN ZHI

工　业

1989年，县政府撤销县计划与经济委员会、工业总公司(工业局)，分别组建县计划委员会、工业经济委员会。工业经济委员会负责管理全县国有工业企业及工业技术开发中心、食品工业协会等事业单位；归口管理交通局、邮电局、供电局、二轻工业总公司(增挂二轻局牌)、乡镇工业管理局、三电办、技术计量所。1993年，县工业经济委员会改称为县经济委员会，其职能不变。1997年，县乡镇工业管理局改称为县乡镇企业局。1998年，撤销县乡镇企业局，其职能划归县经济委员会(增挂乡镇企业局牌)；撤销县二轻工业总公司，设置二轻工业联社，负责二轻集体企业组织、协调、指导、服务和资产保值增值，其他工业规划和行业管理职能归县经济委员会。2001年，撤销县经济委员会、商业局、物资局，组建县经济贸易局。2012年，撤销县经济贸易局、外经贸局，分别组建县经济和信息化局、商务局。县经济和信息化局主要负责指导、服务工业经济和信息化建设工作，内设机构5个，定编人员20人。

1989年，全县工业总产值7.33亿元，工业企业2892家。20世纪90年代，平阳工业进入高速增长期，形成以鳌江机电、水头皮革、萧江塑编、郑楼礼品等为特征的四大产业的块状经济。1997年，全县工业产值超过百亿元大关，工业增加值占全县经济比重由1991年的25.23%上升到51.13%。国有、集体工业企业实行体制改革，个体、私营经济得到快速发展，企业规模成型壮大。1999年，中国地区开发促进会命名平阳县为“中国塑编之乡”，萧江镇为“中国塑料编织城”“中国塑料编织第一镇”；2001年，中国地区开发促进会命名水头镇为“中国皮都”；2002年，中国轻工业联合会命名平阳县为“中国商务礼品生产基地”。

2006年，鳌江镇、昆阳镇、水头镇、萧江镇、腾蛟镇被评为县工业强镇，宋桥镇、郑楼镇、南雁镇、榆垟镇、钱仓镇、麻步镇被评为县工业优秀镇。2007年，全县工业销售产值首次超5亿元企业2家，首次超2亿元企业1家。2008年，全县规模以上工业企业480家(年销售收入500万元以上)，其中工业销售产值首次超5亿元企业3家，首次超2亿元企业4家。2012年，全县工业总产值533.82亿元，工业企业总数16236家，从业人员180002人。全县评定重点工业企业30家(工业企业30强)，其中功勋企业10家，明星企业20家。主要出口企业约300家，出口金额61399万美元。产值超5亿元的企业有7家，其中，温州晨光集团首超10亿元。

第一章　工业总情

1989年，全县工业总产值73344万元，农业总产值41634万元，工业总产值占工农业总产值64%。20世纪80年代，乡镇集体工业企业迅猛发展。至90年代中期开始，乡镇企业分别转为股份合作企业、有限责任公司和私营企业。国有工业和二轻企业先后采取联合兼并、股份制、承包经营以及破产、出售等形式进行转换经营机制和产权制度改革，民营工业成为全县工业的主要力量。20世纪90年代中期为平阳县工业发展的高速增长期。1991—1997年，7年间工业产值从9亿元增加到104亿元，增长10.5倍，年均增长50.3%(其中1992年增长75.6%，1994年增长80.5%)。1998—2012年为平稳增长时期，除4个年份(2003年、2004年、2009年、2012年)低于10%增长速度，其余11个年份均高于10%增长速度。

第一节　工业规模

工业企业

1989年，平阳县工业企业2892家，其中乡以上工业企业449家(轻工业291家，重工业158家)，包括国有工业企业24家，集体所有制工业企业425家，村及村以下工业企业2443家。

1993年，全县工业企业4045家，其中，乡以上工业企业346家(轻工业227家，重工业119家)，包括国有工业企业24家、集体所有制工业企业312家、其他经济类型工业企业10家；村及村以下工业企业3699家。乡以上工业企业346家，按系统分：工经委系统31家，二轻系统124家，乡镇系统136家，其他系统55家。是年，全县工业产值超千万元以上企业32家，其中超2000万元以上企业13家，最高企业产值5466万元(平阳制革厂)。1994年，水头镇制革企业重组，金凤、溪心、江屿等3个制革总厂产值超亿元。

1995年第三次工业普查结果：是年年末，全县工业企业和生产单位10436个（其年产值在1000万元以上的企业100个），从业人员97609人。资产总额27.26亿元，比1985年（第二次工业普查）增长1.5倍。其中国有工业资产总额2.91亿元，占全县工业企业资产10.69%；二轻系统工业资产总额4.57亿元，占全县工业企业资产16.78%。全部工业企业固定资产原值9.37亿元，比1985年增长14.09倍。工业企业动力机械总功率90301千瓦，比1985年增长1.68倍。是年，全部工业总产出70.09亿元，公有制经济所占总额为65.31%，非公有制经济占总额为34.69%。经委、二轻局、乡镇局、无主管部门合计产出59.61亿元，占总产值59.61%，其中，经委系统2.78亿元占3.97%、二轻局系统6.53亿元占9.32%、乡镇局系统29.58亿元占42.20%、无主管部门2.89亿元占4.12%。

2000年，全县工业企业15380家。其中，年销售收入500万元以上和国有工业企业150家（轻工业121家，重工业29家；中型企业2家，小型企业148家），包括国有工业企业7家、集体所有制15家、股份合作企业86家、私营企业4家、联营企业2家、外商投资经营企业7家、港澳台商投资企业7家、有限责任公司20家、股份有限公司2家。工业产值超亿元企业10家，金凤、金溪、溪心3个制革总厂高居榜首，销售产值分别为45728万元、44163万元、33858万元。年销售收入500万元以下工业企业15230家，其中集体企业16家、股份合作企业1013家、联营企业1家、私营企业175家、个体经营13926家、外商及港澳台商投资企业3家、其他企业96家。

2005年，全县工业企业13867家。其中，年销售收入500万元以上和国有工业企业285家（轻工业144家，重工业141家），包括国有工业企业7家、集体所有制2家、股份合作企业55家、有限责任公司71家、私营企业116家、外商投资企业17家、港澳台商投资企业17家。是年工业产值超亿元企业达18家。年销售收入500万元以下企业单位1629家，城乡个体工业12962家。

从2011年始，规模以上企业标准从500万元销售产值提高到2000万元。2012年，全县工业企业16236家，年末从业人数180002人。其中，年销售收入2000万元以上工业企业275家（轻工业152家，重工业123家），包括国有工业企业2家、集体所有制1家、股份合作企业10家、有限责任公司101家、股份有限公司4家、私营企业124家、港澳台商投资企业18家、外商投资企业公司15家。是年，工业产值超亿元企业46家，产值超5亿元的企业7家。

工业产值

1989年，全县工业总产值73344万元（按90不变价计算。当年价64323万元）。1992年，工业总产值160372万元，比上年增长75.6%。1994年，工业总产值466689万元，比上年增长80.5%。

1997年，全县工业产值达104.13亿元，与1991年9.03亿元相比，6年增长10.5倍，年均增长50.3%，其中国有工业年均增长3.24%。年产值1000万元的企业由1992年的13家增加到1997年的139家。1992—1997年，轻工业保持快速发展，轻工业产值占比由1992年的64.8%上升为84.5%。分行业看，皮革、塑编、机电、食品、印刷、服装行业产值分别增长17倍、7.5倍、1.5倍、3.4倍、5.5倍和9.9倍。上述皮革、塑编等六大行业产值占工业产值比重，从1992年的79.7%上升为92.2%。全县工业企业平均产值从32万元增长到79万元，乡级以上企业平均产值从300万元增长到868万元。昆阳、鳌江、水头、萧江、腾蛟、麻步六大镇工业产值占比从79.5%上升到90.9%。昆阳的服装、鳌江的机械、萧江的塑编、水头的皮革等明显呈现块状经济特征，初步形成区域性产业集群。

2000年，全县工业产值增至141.21亿元，与1995年的70.21亿元相比，增长1.01倍，年均增长14.99%。其中，年销售收入500万元以上企业和国有企业产值45.70亿元，年销售收入500万元以下工业企业产值34.85亿元，个体工业企业产值60.66亿元。年销售收入500万元以上企业和国有企业产值中，国有工业产值0.88亿元，集体企业产值6.40亿元，股份合作企业产值23.48亿元，私营企业产值1.05亿元，联营企业产值1.60亿元，外商投资经营企业产值1.72亿元，港澳台商投资企业产值4.53亿元，有限责任公司产值5.48亿元，股份有限公司产值0.56亿元。

2005年，全县工业产值增至241.90亿元，与2000年的141.21亿元相比，增长71.30%，年均增长11.37%。年销售收入500万元以上企业和国有企业产值90.71亿元，其中，国有工业产值7.07亿元，集体企业产值0.16亿元，股份合作企业产值9.49亿元，有限责任公司产值25.35亿元，私营企业产值26.44亿元，港澳台商投资企业产值12.00亿元，外商投资经营企业产值10.19亿元。

2010年，全县工业产值增至470.11亿元，与2005年的241.90亿元相比，增长94.34%，年均增长14.21%。年销售收入500万元以上企业和国有企业产值236.31亿元。其中，国有工业产值12.37亿元，集体企业产值0.26亿元，股份合作企业产值0.31亿元，有限责任公司产值33.59亿元，股份有限公司产值11.45亿元，私营企业产值138.01亿元，港澳台商投资企业产值9.53亿元，外商投资经营企业产值30.91亿元。

2012年工业总产值533.82亿元。规模以上工业企业产值229.92亿元。其中，国有工业产值14.39亿元，集体企业产值0.22亿元，股份合作企业产值4.33亿元，有限责任公司产值72.77亿元，股份有限公司产值16.22亿元，私营企业产值78.69亿元，港澳台商投资企业产值13.09亿元，外商投资企业公司产值30.21亿元。

1989—2012年平阳县工业企业情况一览表

表13-1-1

年份（年）	企业数（家）	从业人员（人）	规模以上企业（家）	产值超亿元企业（家）	全部工业总产值（万元）	其中	
						规模以上企业	国有企业
1989	2892	43326	449	0	73344	45201	12869
1990	2987	—	446	0	74283	43300	10873
1991	2945	—	517	0	90347	67564	12032
1992	2893	—	312	0	160372	87810	14380
1993	4045	—	346	0	244080	136218	17746
1994	8126	—	574	3	466689	263480	20107
1995	10436	—	746	3	702133	401741	22539
1996	12497	—	776	4	860256	482828	15623
1997	12789	—	629	5	1041294	556860	14571
1998	16454	—	153	5	1216682	406911	12925
1999	14292	—	140	6	1261408	374136	10501
2000	15380	—	150	10	1412145	456986	8826
2001	14325	108894	196	11	1634981	614259	4769
2002	15143	127905	258	10	1828815	701869	2775
2003	15376	128795	260	9	1982526	639986	1405
2004	14955	118006	280	13	2105491	716459	49695
2005	13867	128981	285	18	2419002	907049	70682
2006	13637	143891	322	21	2869424	1213341	93504
2007	15004	154590	399	24	3352079	1463279	89277
2008	15474	157794	480	28	3740187	1736702	95128
2009	13140	147371	534	32	3827804	1834811	106824
2010	14817	165793	618	40	4701099	2363099	123652
2011	15452	171860	264	45	5141248	2204248	140650
2012	16236	180002	275	46	5338199	2299199	143859

说明：根据《2012年平阳统计年鉴·工业企业单位数和总产值》第107页及历年《平阳统计年鉴》（1981—2012）资料整理。规模以上工业企业各时期含义：1989—1997年为乡及乡以上企业，1998—2010年为国有及销售收入500万元及以上企业，2011年后为国有及销售收入2000万元及以上企业

第二节　工业体制

1989年，全县工业总产值73344万元(90价)。按当年价为64323万元。其中，国有工业企业产值5630万元，集体工业企业产值30550万元，村办工业企业产值5337万元，村及村以下工业企业产值22758万元，城镇个体工业产值48万元。

1995年，据全国第三次工业普查资料，全县工业总产值645137万元。其中，国有工业企业产值22693万元，集体工业企业产值382410万元，个私股份、外商投资及中国港澳台投资工业产值240034万元。据第三次工业普查资料，全县工业企业实收资本126453万元。其中，国有工业实收资本5122万元，占4.05%；集体工业实收资本80714万元，占63.83%；个私股份、外商投资及中国港澳台投资工业实收资本40617万元，占32.12%。《平阳县第三次工业普查公报》称："是年，在全部工业总产出额中，公有制经济所占总额为65.31%，非公有制经济占34.69%。"据第一次全国经济普查资料，2004年平阳县工业实收资本373948万元。其中，国有工业实收资本11082万元，占2.96%；集体工业实收资本8004万元，占2.14%；法人资本、个人资本、港澳台资本、外商资本合计工业实收资本354862万元，占94.9%。

1995年平阳县工业普查、2004年经济普查主要经济指标情况一览表

表13-1-2

	1995年				2004年
	工业企业数	工业总产值（万元）	年末从业人数	实收资本（万元）	工业实收资本（万元）
总计	10436	645137	97660	126453	373949
其中国有工业	26	22693	4988	5122	11082
集体工业(县属)	2192	382410	60749	80714	8004
私营工业	23	6151	821	1211	17599
个体工业	8174	217016	29287	34767	322230
联营工业	1	180	30	60	0
股份制工业	3	2360	161	636	0
外商及港澳台投资工业	17	14328	1624	3944	15034

说明：①根据《平阳县1995年度工业普查》第2页、《平阳县2004年经济普查》第162页内容整理；②2004年外商及港澳台工业实收资本15034万元，其中外商8110万元，港澳台商6924万元。表内工业产值数为当年价

国有工业

1989年，县国有工业企业24家，职工4000余人，固定资产原值6077万元，产值12869万元(90价6362万元)。拥有机械、化工、食品、纺织、印刷、造纸等行业，主要厂家有：平阳化工厂、平阳造纸厂、平阳农业机械修理制造厂(又名煤炭机械厂)、温州活塞厂、平阳氮肥厂、平阳纺织厂、平阳水泥厂、平阳印刷厂、平阳啤酒厂、平阳酒厂、平阳南雁酒厂、平阳硫铁矿等。据第三次工业普查资料，1995年，经委系统工业产值2.78亿元，占全县3.97%。其中，乡及乡以上工业产值2.75亿元，占6.85%。全县国有工业资产总额29102万元，占全部

1989年平阳县工经委所属国营工业企业情况一览表

表13-1-3　　单位：万元

企业名称	年末职工人数	工业产值	产品销售收入	利润	税金	固定资产原值	厂长
平阳化工厂	703	1047	2183	90	37	1013	王纪树
平阳氮肥厂	540	381	786	39	0	893	焦常进

续表 13-1-3

企业名称	年末职工人数	工业产值	产品销售收入	利润	税金	固定资产原值	厂长
平阳煤炭机械厂	372	314	381	-90	13	181	任仕畅
平阳内配厂	352	864	2180	403	65	325	游学金
平阳水泥厂	247	96	488	-10	10	235	徐大来
平阳纺织厂	256	77	129	-50	2.2	169	洪玉声
平阳造纸厂	160	258	495	-17	33	175	李发圣
平阳印刷厂	112	38	70	-1.8	3.7	59	林平和
平阳啤酒厂	390	444	932	-73	225	724	黄少华
平阳酒厂	81	211	418	-8.3	92	133	周宗密
平阳南雁酒厂	67	182	301	15	62	69	朱珍锵
平阳硫铁矿	87	15	30	-8.7	0	76	林代双
平阳罐头食品厂	156	584	970	10	1.7	236	陈丽丽
平阳自动化仪表厂	26	20	10	0.2	1.4	2.5	陈宗贵
合计	3549	4534	9372	299.7	549.2	3290.5	

说明：据1990年县体制改革委员会、县计划委员会、县经济师协会编《发展中的平阳经济》

工业企业资产总额的10.69%。

20世纪80年代，国有工业企业开始进行一系列的改革。1989年，全县国有工业企业亏损8家，亏损额278万元。1990年，全县工业系统普遍实行承包责任制，承包形式有全员承包、集体承包和个人承包。职工与企业签订合同，明确责、权、利。是年，国有工业企业26家，产值10873万元。

1991年，全县国有工业亏损企业10家，亏损额436万元。1990—1993年，县政府着力调整优化国有经济布局和结构，推进国有工业企业产权制度改革。1993年，亏损企业减少至5家，亏损额减至153万元。1992年8月，股份企业平阳安装机械厂厂长承包平阳农业机械厂；9月，平阳啤酒厂实行国有民营承包试点。1994年，平阳煤炭机械厂出台股份制改革方案，平阳啤酒厂实行“国有民营”，平阳化工厂实施“还本租赁经营”，平阳氮肥厂进行“风险抵押承包”。1997年，亏损企业9家，亏损额增至856万元(据平阳统计局《沧桑巨变世纪腾飞(1949—1999)》第84页、85页)。1998年，县政府按照中央提出的国有企业改革“三年两目标”的要求，制定《平阳县国有、集体企业改革两年计划》，并下派5个国有企业改革指导组，鼓励民营企业购买、兼并国有和集体企业。同时，按照“一企一策”改革方法，县委、县政府出台改革配套政策，试行股份改造、联合、改组、兼并、转让、出售、拍卖、破产等相关措施。1999年，完成平阳水泥厂、平阳印刷厂改制，温州活塞厂由法院受理实施破产，平阳县海星纸业责任公司兼并平阳造纸厂。

2000年，县政府《批转县劳动局等9部门关于国有企业下(离)岗职工劳动关系处理意见(试行)的通知》下发，进行劳动关系改革，实施职工与原国有、集体身份脱钩的新机制。平阳化工厂进行股份制改造，组建股份制企业，职工领取“自谋出路安置费”。雨田集团兼并平阳煤炭机械厂，被兼并企业的资产、人员、债权、债务全部划归兼并的企业。至2001年，全县国有工业企业改制工作基本完成，传统国有工业企业解体。2002年，国有工业企业只剩下4家(平阳电力有限责任公司、平阳自来水公司、水头自来水厂、宏发公司)，职工266人，固定资产原值4209万元，产值2775万元，利润28万元。2000年12月，平阳供电局改制为浙江省电力公司的全资子公司，命名为“平阳电力有限责任公司”，2004年，固定资产3.77亿元。2012年，全县国有工业企业有平阳电力有限责任公司、平阳自来水公司2家。

1989—2012年平阳县国有工业情况一览表

表 13-1-4

年份(年)	企业数(家)	职工(人)	固定资产原值(万元)	产值(万元)	税利(万元)
1989	24	—	6077	12869	1649
1990	26	—	6490	10873	494
1991	26	—	7234	12032	342
1992	24	—	—	14380	474
1993	24	—	—	17746	1110
1994	23	—	—	20107	100
1995	26	4806	16017	22539	97
1996	23	4083	16783	15623	-444
1997	19	3513	16191	14571	-696
1998	16	2389	16207	12925	991
1999	12	1766	14831	10501	-254
2000	7	1268	12387	8826	36
2001	5	698	8832	4769	131
2002	4	266	4209	2775	216
2003	2	208	3085	1405	158
2004	6	407	42414	49695	3417
2005	7	732	51046	70682	5061
2006	7	895	69944	93504	11135
2007	3	394	64878	89277	7370
2008	3	897	71554	95128	6199
2009	3	507	84600	106824	8328
2010	3	610	103014	123652	10415
2011	2	859	118330	140650	18804
2012	2	862	130429	143859	7984

说明:据县统计局《沧桑巨变世纪腾飞(1949—1999)》第84页、85页,《2012年平阳县统计年鉴》第107页、149页整理

二轻工业

1988年,二轻集体工业企业126家,职工8655人,产值10864万元,利润352万元。1989年,二轻集体工业企业132家,企业职工8323人,固定资产原值3012万元,产值12652万元(当年价),销售收入11509万元,利润311万元。其中,万全区企业12家,职工959人,工业产值2125万元;昆阳镇企业19家,职工1330人,工业产值1415万元;鳌江区企业24家,职工1060人,工业产值2630万元;鳌江镇企业32家,职工2103人,工业产值2569万元;麻步区企业7家,职工338人,工业产值489万元;水头区及镇企业18家,职工1436人,工业产值2479万元;腾蛟区企业12家,职工427人,工业产值372万元;山门、顺溪区企业8家,职工670人,工业产值482万元。

1992年,二轻集体工业企业108家,产值29313万元(当年价,90不变价为33427万元),占全县工业产值的18.28%。其下属平阳制革厂、浙江三星洗衣机配件厂、平阳安装机械厂、平阳化工机械厂、平阳家用电器厂、浙江星河机器厂等都为全县著名的骨干企业。

1993年,县二轻系统工业总产值50379万元,比上年增长56%;销售收入43284万元,比上年增长61.4%;税利3278.43万元,比上年增长81.51%。

1989年平阳县二轻集体工业27家重点企业情况

表13-1-5　　单位：万元

企业名称	年末职工人数	工业产值	产品销售收入	利润	税金	固定资产原值	建厂时间
平阳制革厂	206	269	467	4.6	1.4	163	1956
平阳熨斗厂	372	375	608	19.3	37.2	85	1973
平阳工具厂	224	329	335	10	16.7	101	1954
平阳瓷器厂	248	230	477	0.4	37.5	115	1954
平阳家用电器厂	104	403	204	2.1	9.4	50	1985
平阳化工机械厂	149	357	328	41	16.4	70	1981
平阳毛毯厂	83	83	206	7.7	9.1	44	1984
平阳装饰布厂	157	273	250	2	10	42	1984
平阳三八棉纺织厂	237	170	101	-2	5.4	95	1958
平阳玛钢厂	126	226	206	6	11.5	47	1954
平阳服装厂	126	177	166	5	7.4	32	1954
平阳工艺制鞋一厂	153	121	137	4	7.9	38	1963
平阳洗衣机配件厂	266	859	732	61	44.8	259	1979
平阳冷作机械厂	137	654	424	20	24	76	1974
平阳工具二厂	103	302	272	19.6	16.5	77	1981
平阳造纸包装厂	57	76	66		3.4	32	
平阳安装机械厂	20	281	240	4.8	14.3	67	1985
平阳变速机械厂	73	166	140	2.6	12.3	88	1985
平阳行星传动机械厂	48	135	111	4.5	6.7	41	1985
平阳测电笔厂	128	230	180	13	12	31	1957
平阳版纸厂	150	300	276		17	166	1958
平阳箱包厂	92	320	268	0.03	9.3	47	1988
平阳交通机电厂	98	324	301	4.2	19.5	61	1985
平阳纸箱机械厂	86	150	153	4.2	7.9	28	1954
平阳电热机械厂	135	233	112	3.9	17.2	28	1961
平阳工艺伞厂	130	100	17	0.05	3.3	34	1955
平阳丝织二厂	118	90	17	2	2	46	1985
合计	3826	7582	6983	241	308	1973	

说明：据1990年县体制改革委员会、县计划委员会、县经济师协会编《发展中的平阳经济》52—53页

各项指标绝对额从上年位于全市二轻工业第三位上升为第一位，并获得全省二轻工业系统的生产经营金奖。是年，全县二轻工业产值超千万元的企业有12家，其中，平阳制革厂产值5030万元、税利420万元。

1995年，二轻系统工业产值65304万元，占全县工业产值9.32%。据第三次工业普查资料，全县二轻系统资产总额45470万元，占全部工业企业资产总额的16.78%。是年，二轻企业189家，工业产值增长23.8%，销售收入增长30.6%，税利增长22.8%，高于省、市二轻平均增长水平。出口交货值7315万元，比上年4184万元增长74.8%，增幅为历年最高。浙江申力塑机厂、温州电热机械厂、县塑机总厂、县通用机电设备厂产值首次超过3000万元，二轻系统年产值超过3000万元的企业由上年的3家增加到7家。

1997年，二轻局系统工业产值69024万元，销售收入65175万元，税利总额4709万元(其中利润

1992年平阳县二轻集体工业骨干企业情况一览表

表13-1-6

企业名称	职工人数（人）	固定资产原值（万元）	工业产值（万元）	税利（万元）
平阳制革厂	450	371	2718	203
浙江三星洗衣机配件厂	297	359	1463	168
平阳安装机械厂	134	143	2573	151
平阳变速机械厂	165	114	1227	59
平阳化工机械厂	133	111	637	100
平阳家用电器厂	117	77	1672	108
浙江星河机器厂	131	314	1361	101

说明：资料来源县二轻总公司

1989—1998年平阳县二轻工业主要经济指标情况一览表

表13-1-7

年份（年）	企业数（家）	产值（90价，万元）	销售收入（万元）	税利（万元）	其中利润（万元）
1989	132	12652	11509	978	311
1990	131	12260	14448	992	287
1991	122	21430	17111	1188	344
1992	108	33427	26122	2067	—
1993	124	50379	43284	3278	—
1994	114	53560	40403	3329	532
1995	189	65304	52781	4090	635
1996	123	66786	55426	4302	619
1997	98	69024	65175	4709	989
1998	—	64035	48294	3500	—

说明：数据来自平阳历年统计年鉴和二轻局、二轻联社工作总结

989万元）。是年二轻企业98家，实施“股份合作培育一批，整体转让救活一批，兼并联合壮大一批，引进外资嫁接一批，退二进三调整一批，解散终止淘汰一批”的改制方案。平阳工具厂实行整体转让；温州广银集团控股兼并平阳实业编织厂等5家企业，当年实现产值超亿元。

1998年，二轻系统工业总产值64035万元，销售收入48294万元，税利总额3500万元，出口交货值11989万元。是年，县二轻总公司和县乡镇企业局合并到县经委，各乡镇工业企业实行属地管理。县政府制定《平阳县国有、集体企业改革两年规划》，2000年正式实施，进行劳动关系改革，建立新的用工制度。浙江三星洗衣机配件厂以“实施净资产剥离、安置和量化在岗正式职工，重组企业”的改制方案，重组股份制企业。

2002年，平阳造船厂由雨田集团兼并，平阳电瓷电器总厂、平阳二轻工贸公司、平阳二轻水头供销公司等5家企业实行资产整体转让，解决退休人员一次性养老保险和安置遣散职工；鳌江丝棉织厂、鳌江服装人造革制品厂等10家资产已变现且存量资产不多或资产为0的企业，通过资金自筹或部分自筹的方法解决退休人员一次性养老保险，在册职工的养老保险转由个人自行交纳。

2003年开始，实行“一厂一策”，进行企业改制。至2012年年末，改制企业120家，职工5517人。未改制企业中，仍在生产的有：平阳县瓷器三厂，职工130余人；平阳包装厂，职工100余人。

乡镇工业

1988年，全县乡镇工业企业2759家，从业30257人，总产值43291万元。其中村以上工业

1989年平阳县乡镇工业局重点企业情况一览表

表 13-1-8　　单位：万元

企业名称	年末职工人数	工业产值	产品销售收入	利润	税金	固定资产原值
平阳轧钢厂	122	1251	1069	150	56	192
平阳冷冻厂	135	586	544	4	24	123
平阳毛纺厂	196	755	781	1	63	192
平阳光学仪器厂	76	610	619	23	52	104
平阳家电皮塑厂	129	371	356	30	18	60
平阳发动机配件厂	205	325	331	21	22	62
平阳鳌江冷冻综合厂	26	362	378	0.4	16	55
平阳羽毛球厂	315	204	439	3	32	33
平阳起重机械厂	87	180	173	3	12	127
平阳摆线减速机厂	86	224	171	2	11	39
平阳麻纺织厂	247	247	256	6	9	266
郑楼盐水蘑菇厂	80	80	183	2	1	5
平阳鳌江工艺鞋厂	154	154	166	3	10	16
平阳烟花厂	150	75	83	1	8	14.6
平阳乳品厂	65	111	103	2.5	3	36
平阳雁荡山酒厂	45	103	87	4	16	16
平阳医疗器材厂		52	52		1	24
平阳激光仪器厂	20	6	6			5
平阳沪联电器厂	58	58	58			33

说明：据1990年县体制改革委员会、县计划委员会、县经济师协会编《发展中的平阳经济》72—73页

企业843家，固定资产原值3840万元，从业人员19948人，产值26519万元，税金1284万元，利润843万元。100万元以上产值的企业有40家。1989年，全县乡镇工业企业2444家，从业27709人，总产值44822万元，固定资产原值5295万元。其中村以上工业企业884家，固定资产原值4867万元，从业人员17556人，产值30776万元。主要行业有塑料制品、机械制造、纺织、皮革、五金电器、食品加工等。20世纪80年代中期，鳌江成为全国卷扬机生产基地，100余家企业和作坊专门生产卷扬机，1000余人从事建筑机械行业的生产销售和原材料采购。鳌江上埠兴隆街形成电机机械专业一条街。20世纪80年代后期，又转型生产塑料编织圆筒机，仅鳌江建筑机械厂生产圆筒机5年，净积累资金达到2000余万元。

1993年，全县乡镇工业产值16.28亿元，比上年增长43.4%，销售16.12亿元，比上年增长55.3%。乡镇工业产值占全县工业总产值66.2%，上缴税金6708万元，比上年增长15.1%，利润3285万元，比上年增长26.6%。全年出口交货值13203万元，首次突破亿元大关，比上年增长116.6%，占全县出口交货总额76.9%。是年，全县乡及乡以上乡镇工业企业136家，产值56814万元（当年价）。全县产值100万元以上的乡镇企业195家，比上年增加53家；300万元以上企业112家，比上年增加40家；500万元以上企业64家，比上年增加43家；1000万元以上的企业14家，比上年翻了一番。是年，平阳振兴化塑机械厂和平阳鳌江轧钢厂成为省级重点骨干乡镇企业。是年，平阳县和福鼎县一些不法分子，以联营为幌子，销售劣质机械设备。县乡镇企业管理局成立"打假治劣"领导小组，各区镇有关企业管理站也成立打假办公室。县乡镇企业管理局解决投诉案件84个，追回资金239万元。

1994年，乡镇企业工业产值23.3亿元，销售收入21.77亿元，同比分别增长51.6%和48.8%。上缴国家税金1.23亿元，同比增长98.2%。出口交货值

32670万元，是上年的2.4倍，占全县外贸出口交货值88%，升为全市第4位。乡镇工业实现产值、销售、税收、利润四同步增长。是年，全县乡及乡以上乡镇工业企业185家，产值143873万元(当年价)。当年乡镇企业发展较快的镇(乡)有：水头镇增长110.5%，腾蛟镇增长69.5%，务垟乡增长65.1%，昆阳镇增长60.1%，万全乡增长52.2%，鳌江镇增长43.5%，郑楼镇增长42.3%，南雁镇增长29.9%，麻步镇增长27.1%。发展较为突出的行业是皮革制造加工、塑料编织、食品及水产加工，其产值与上年同比分别增长839.2%、27.6%、36.3%。1991年，萧江镇集资1000余万元，兴办8个新型编织厂，拥有11条自动生产流水线；1994年增加到60条，产值突破5亿元。

1995年，乡镇企业工业产值24亿元。乡镇企业安排技改项目27项，总投资9060万元，其中，自筹资金3779万元，申请贷款5281万元，平均每个项目投资335万元。是年，列入星火计划项目3项，其中国家级1项，省级2项；新产品开发列入国家、省级6个，参加各类博览会、成果展交会获奖项目达10个。据第三次工业普查资料，1995年乡镇局系统工业产值29.58亿元(当年价)，占全县42.20%。其中，乡及乡以上企业295家，产值23.99亿元。1996年，乡镇企业六大支柱产业均取得较好的成绩。机械和制革产值达2.86亿和10.28亿元，分别比上年增长84.2%、49.4%，塑料编织、食品加工、汽车配件、印刷，分别增长24.8%、56.8%、66.6%、18.2%。六大产业总产值占全县乡镇企业工业总产值的69%。

1997年，全县乡镇企业629家，产值487822万元，销售收入442442万元。其中，乡及乡以上企业258家，产值35.14亿元。22家企业成为县重点工业企业。是年，乡镇企业年产值超100万元的企业252家，超500万元的企业84家，超1000万元的企业29家。平阳金凤制革总厂、平阳江屿制革总厂和平阳溪心制革总厂的年产值分别达到2亿元、1.178亿元、1.57亿元。有14家企业进行兼并重组，成立温州柳成集团、三联集团、温州铜字集团。列入省、市重点骨干企业38家。温州三联集团公司、平阳金凤制革厂等5家企业被评为1994年度省级先进企业；温州安达集团公司、浙江虎豪实业有限公司被评为省级百家明星企业。水头镇在皮革业的带动下，生产增长较快，乡镇企业产值147548万元。其他增幅较大的乡镇有：郑楼、务垟、宋埠、宋桥、凤巢、顺溪、南湖等。出口产品以皮革和皮革制品、水产品加工为主，出口交货值为603310万元，占全县出口值的81.2%，产品远销欧美、东南亚等国家和地区。

1998年，撤销县乡镇企业管理局，其职能划归县经济委员会，并在十大乡镇成立工业经济办公室，实行全社会工业属地统一管理。

1993—1997年平阳县乡镇工业情况一览表

表13-1-9

年份(年)	企业数(家)	总产值(万元)	其中乡及乡以上企业产值(万元)	销售收入(万元)	税金(万元)	利润(万元)
1993	(136)	162777	56814	161233	6708	3285
1994	(185)	233000	143873	217700	12275	—
1995	(295)	240000	239873	274000	18861	5402
1996	(326)	396924	297381	355200	20400	6240
1997	629(258)	487822	351363	442442	25936	7979

说明：乡镇工业数据来自《1993—1998年平阳统计年鉴》，企业数栏括弧内为乡及乡以上企业个数

民营工业

个体工业　1988年，全县个体工业2245家，从业人员12875人，总产值17660万元；联户企业504家，从业人员7617人，总产值7120万元。1989年，全县城乡个体工业2470户，总产值28143万元。1994年，全县城乡个体工业发展至10783户，总产值203209万元。2000年发展至13926户，从业人员47704人，总产值606639万元。2005年有城乡个体工业12962户，从业人员56055人，总产值1093713万元。

私营工业　1993年10月，县私营企业协会成立。是年，全县在册356家私营企业，工业产值7900万元。据第三次工业普查资料，1995年，无主管系统工业产值2.89亿元，占全县4.12%。其中，乡及乡以上2.06亿元，占5.13%。1998年，全县年销售500万元规模以上股份合作工业企业16家，产值62864万元；2012年，全县规模以上股份合作工业企业10家，产值43263万元。

1999年，工业有限责任公司28家，产值73115万元；2012年，工业有限责任公司101家，产值727704万元。2000年，工业股份有限公司2家，产值5600万元；2012年，工业股份有限公司4家，产值162483万元。1998年，规模以上私营企业2家，产值2981万元。至2012年，规模以上私营企业124家，从业人员19884人，产值786870万元。

1989—2005年平阳县村及村以下和城乡个体工业情况一览表

表13-1-10

年份（年）	户数	从业人员（人）	产值（万元）	年份（年）	户数	从业人员（人）	产值（万元）
1989	2470	—	28143	1998	14468	51035	474921
1990	2541	—	30983	1999	12658	40980	535504
1991	2428	—	22783	2000	13926	47704	606639
1992	2578	—	72562	2001	12929	47942	677550
1993	3699	—	107861	2002	13412	51465	747075
1994	10783	—	203209	2003	13762	40977	907066
1995	9690	—	300392	2004	12974	51595	1022158
1996	11721	57432	377428	2005	12962	56055	1093713
1997	12160	62456	484434				

说明：①1997年前数据来自《1997年平阳统计年鉴》第182页、183页、184页“村及村以下”部分；②1998—2005年数据来自《平阳统计年鉴》“年销售收入500万元以下非国有工业主要经济指标”部分

1998—2012年平阳县规模以上股份合作工业企业情况一览表

表13-1-11

年份（年）	户数	从业人员（人）	产值（万元）	年份（年）	户数	从业人员（人）	产值（万元）
1998	16	—	62864	2006	57	5927	98251
1999	50	—	117344	2007	55	5119	87240
2000	86	—	234800	2008	—	—	—
2001	95	—	316400	2009	19	—	23560
2002	94	12216	208263	2010	2	6	3116
2003	71	—	114486	2011	11	1118	52966
2004	54	5726	83391	2012	10	802	43263
2005	55	6248	94862				

说明：①资料来源《1998—2010年平阳统计年鉴·年销售收入500万元以上工业主要经济指标》，《2011—2012年平阳统计年鉴·规模以上工业企业主要指标》。其中2008年缺股份合作工业企业栏；②规模以下企业，1998年另有集体合作股份企业59家，产值218076万元；1999年另有合作合伙企业56家，产值119445万元；2000年联营企业2家，产值16000万元。2004年全县年销售500万元规模以下股份合作工业企业589家，年末从业人数8130人，产值118514万元

1999—2012年平阳县规模以上工业有限责任公司情况一览表

表13-1-12

年份（年）	户数	从业人员（人）	产值（万元）	年份（年）	户数	从业人员（人）	产值（万元）
1999	28	—	73115	2000	20	—	54800

续表 13-1-12

年份(年)	户数	从业人员(人)	产值(万元)	年份(年)	户数	从业人员(人)	产值(万元)
2001	32	—	101900	2007	95	17821	497581
2002	76	12192	184861	2008	37	4889	142590
2003	76	—	252090	2009	61	—	272128
2004	81	13573	196479	2010	67	928	335869
2005	71	14442	253492	2011	68	13607	556003
2006	74	16140	371948	2012	101	17027	727704

说明:①资料来源《1998—2010年平阳统计年鉴·年销售收入500万元以上工业主要经济指标》《2011—2012年平阳统计年鉴·规模以上工业企业主要指标》;②2004年全县年销售500万元规模以下工业有限公司161家,年末从业人数3419人,产值40977万元

2000—2012年平阳县工业股份有限公司情况一览表

表 13-1-13

年份(年)	户数	从业人员(人)	产值(万元)	年份(年)	户数	从业人员(人)	产值(万元)
2000	2	—	5600	2007	3	1709	48299
2001	7	—	677550	2008	2	1658	53696
2002	1	195	10200	2009	6		86119
2003	2	—	11046	2010	5	295	114466
2004	1	309	2664	2011	5	3253	135517
2005	—	—	—	2012	4	2894	162183
2006	—	—	—				

说明:资料来源《2000—2010年平阳统计年鉴·年销售收入500万元以上工业主要经济指标》《2011—2012年平阳统计年鉴·规模以上工业企业主要指标》

1998—2012年平阳县规模以上私营工业情况一览表

表 13-1-14

年份(年)	户数	从业人员(人)	产值(万元)	年份(年)	户数	从业人员(人)	产值(万元)
1998	2	—	2981	2006	145	16670	362621
1999	2	—	4480	2007	196	21042	413063
2000	4	—	10500	2008	394	41569	1099026
2001	33	—	46300	2009	403	38292	1008688
2002	54	7336	114380	2010	496	4435	1380062
2003	77	8242	125491	2011	142	22702	892297
2004	94	10950	166879	2012	124	19884	786870
2005	116	14172	264440				

说明:①资料来源《平阳统计年鉴》;②2005年全县年销售500万元规模以下私营企业919家,年末从业人数14010人,产值203248万元

外资与港、澳、台商投资工业

平阳县引进中国香港、澳门、台湾投资及外资合作业务始于1983年。是年,乡镇企业平阳羽毛球厂接受外商来料委托加工羽毛球8000打,得加工费2.6万元。此后,一些工厂陆续接受外商和港、澳、台来料加工产品。主要有男女西装、衬衫、化纤运动衫和女式工作裙及各式童装。

1988年3月18日,国务院印发《关于扩大沿海

经济开放区范围的通知》，平阳县被列入开放县之一。1990年9月，县委、县政府提出以港、澳、台为主要市场，以“三胞”为桥梁，以项目为重点，逐步面向五大洲的开放战略。是年，平阳羽毛球总厂与香港利羽达发展有限公司合资，在水头镇设立平阳环宇体育用品有限公司，生产经营羽毛球业务，注册资本75万美元，港商占30%。是年，县供销合作总社与新加坡裕禾投资私人有限公司合资，在水头镇设立温州裕禾精细化工有限公司，生产经营杀虫剂、护发剂等化工产品，注册资金13万美元，外商占65%。平阳侨眷成衣拉链厂也在该年与台湾桃源县高格拉链厂合资，于鳌江镇下河成立奔马拉链服装有限公司，主产经营尼龙拉链与男女服装，注册资本106万美元，台商占90%。

1996年，马来西亚金狮集团和中国金可达集团兼并平阳啤酒厂，组建平阳金狮啤酒有限公司，年产啤酒5万吨。2004年，比利时英博啤酒集团收购马来西亚金狮集团在华啤酒事业全部股份。2006年2月，平阳金狮啤酒有限公司更名为平阳英博啤酒有限公司，生产“双鹿”啤酒，为中国名牌产品。2006年产量7.45万吨，税利3720万元，税金在全县首超3000万元。英博双鹿啤酒集团公司入选2008年温州市百强企业。

2003年，浙江三帆明胶厂与卢森堡罗塞洛明胶集团公司合资经营，成立罗塞洛（温州）明胶有限公司，投资总额13750万元。2005年，柳成集团和瑞士巴精有限公司合资，引进外资570万美元，年产值超亿元。2006年，浙江飞鹏胶业有限公司与比利时PB明胶公司签约合作，合同利用外资6530万美元。

2012年，外资与港、澳、台商在平阳投资工业共33家（外资企业15家，港、澳、台商企业18家），产值433096万元（外资企业302164万元，港、澳、台商

1998—2012年港澳台商在平阳县投资工业情况一览表

表13-1-15

年份（年）	企业数（家）	从业人员（人）	产值（现行价万元）	年份（年）	企业数（家）	从业人员（人）	产值（现行价万元）
1998	5	—	7195	2006	17	3566	119717
1999	7	—	14300	2007	17	2836	89277
2000	7	—	45300	2008	19	2414	83483
2001	10	—	82300	2009	14	1735	57861
2002	12	1960	87635	2010	15	—	95317
2003	16	2432	70991	2011	13	2445	103022
2004	24	—	133120	2012	18	2947	130932
2005	17	3686	119990				

说明：资料来源历年《平阳统计年鉴》

1998—2012年外商在平阳县投资工业情况一览表

表13-1-16

年份（年）	企业数（家）	从业人员（人）	产值（现行价万元）	年份（年）	企业数（家）	从业人员（人）	产值（现行价万元）
1998	7	—	15597	2006	21	6353	177177
1999	5	—	7200	2007	26	8138	232417
2000	7	—	17200	2008	22	6576	253250
2001	9	—	49700	2009	25	6830	269805
2002	12	2000	64502	2010	28	—	309091
2003	12	3123	61867	2011	22	6717	321673
2004	18	—	83104	2012	15	5433	302164
2005	17	5757	101985				

说明：资料来源历年《平阳统计年鉴》

企业130932万元），职工8380人（外资企业5433人，港、澳、台商企业2947人），固定资产原值119575万元，销售收入421838万元，税利48956万元。

第二章　工业布局

1994年，经省政府批准，在鳌江设立平阳县经济开发区。2000年，经省计经委批准，在昆阳设立服饰工业园区。此后随着块状经济发展，各主要工业镇分别设立工业基地。

第一节　平阳经济开发区

1994年8月9日，设立省级平阳经济开发区，位于鳌江镇区西北部。开发区管委会作为县政府的派出机构，享有县级经济管理权限，代表县政府对开发区范围实行统一领导和管理。

开发区于1994年9月1日奠基，集工业、科技、贸易、金融、房产、服务等多功能为一体，享受沿海经济开发区的一系列优惠政策。开发区规划总面积9.5平方千米，主要分两大功能区：一是工业区，一是商贸区。工业区又分为3个小区：鹤河工业小区、鞋业园区和种玉工业小区。首期开发2平方千米，二期开发3.4平方千米。至1997年年末，累计引进项目118个，其中工业项目82个，引进资金15亿元，利用外资300万美元，出口创汇200万美元，实现工业产值5.86亿元。主要企业有温州广银集团、温州柳成集团、温州安达集团、浙江星河机器厂、东海石化平阳油库、平阳塑料机械总公司等。

平阳经济开发区主干道一期工程竣工并举行通车典礼（1999年）

1998年，开始建设鞋业园区，一期工程占地870亩。1999年，有92家企业进场施工，2000年年底完成厂房建设。2001年，进行设备安装，累计总投资5亿元（年内31家企业正常生产，当年产值1.7亿元）。二期工程占地284亩，总投资约2亿元，2002年完工。2003—2004年，投资2520万元进行基础设施建设。

2001年，平阳经济开发区共有140家企业投产，工业总产值11.97亿元。2003年，引进温州兴鳌服饰园区、1000吨级码头、浙江三星机电股份有限公司等大项目，并扩建浙江雁峰塑料机械总厂、浙江广源印刷包装有限公司厂房。是年，开发区新增服装企业18家，机械企业9家，电子电器企业6家。全年工业产值19.45亿元。通过二次招商，引进红鞋业、精华电器、伊莱泰克等企业成为园区的骨干企业。至年底，闲置厂房只剩下4家，企业开工率90%。2004年，开发区出让土地175亩，引进温州海平机械有限公司、温州申瓯石油公司、平阳振中机械有限公司、浙江瑞成效果颜料有限公司等一批项目。工业总产值21.08亿元，出口总额0.95亿元。2005年，工业总产值22.30亿元，其中高新技术产值1.70亿元，出口总额1.18亿元。

2006年，引进项目8个，其中重点项目浙江曲垟汽车零部件有限公司拟用地150亩，专业生产汽车零部件；温州兴鳌服饰有限公司二期工程、平阳疾控中心大楼、温州银泰化工有限公司、平阳信业水产有限公司扩建、育英房开、莱茵水岸、凌云花苑、华奥大厦等重点项目相继开工。是年，工业总产值24.72亿元，其中，高新技术产值2.17亿元，出口总额1.43亿元。新批进区企业8家，新开工建设企业25家。特别是浙江三星机电股份有限公司、温州三联集团、浙江瑞成珠光颜料有限公司、中国雁峰塑料机械总厂等龙头企业和浙江亨力电子有限公司等一批新兴企业的支撑力进一步确立，园区规模生产能力初步形成。

2007年，新批进区企业3家，新开工建设企业8家。2008年，开发区工业生产总值30.98亿元，其中，高新技术产值3.45亿元，出口总额3.04亿元，完成基础设施投入1838万元，新批进区企业14家。温州三联集团有限公司、浙江亨力电子有限公司新增省名牌产品两个。

截至2012年年底，引进并已投产企业1220家，工业企业926家，其中规上企业66家(开发区本部60家)，产值超亿元企业13家。知名企业有中国雨田集团、中国雁峰集团、中国道上集团、浙江三星机电股份有限公司、温州三联集团、温州柳成集团等。是年，工业总产值70.18亿元，其中，高新技术产值15.50亿元，出口总额8.80亿元。

1994—2012年平阳县经济开发区主要经济指标情况

表13-2-1

年份（年）	工业总产值（亿元）	高新技术产值（亿元）	外贸出口总额（亿元）	税收收入（亿元）	规上企业（家）	规上工业产值（亿元）
1994	5.22	0.074	0.09	0.16	3	1.11
1995	5.86	0.096	0.11	0.19	3	1.50
1996	6.66	0.12	0.13	0.22	5	2.07
1997	7.48	0.16	0.16	0.26	7	2.80
1998	8.42	0.22	0.21	0.30	9	3.80
1999	9.48	0.29	0.26	0.35	11	5.13
2000	10.65	0.38	0.33	0.41	15	6.90
2001	11.97	0.51	0.42	0.47	18	9.38
2002	17.11	0.76	0.60	0.54	25	12.67
2003	19.45	1.01	0.76	0.63	29	14.41
2004	21.08	1.30	0.95	0.73	33	15.59
2005	22.30	1.70	1.18	0.86	36	16.50
2006	24.72	2.17	1.43	1.00	40	18.29
2007	27.75	3.28	2.56	1.43	43	19.98
2008	30.98	3.45	3.04	1.66	49	22.21
2009	35.93	8.09	4.51	1.91	54	26.35
2010	49.20	12.70	4.60	3.20	83	44.40
2011	66.85	14.93	7.31	4.06	49	56.72
2012	70.18	15.50	8.80	5.75	60	60.06

说明：资料由县经济开发区提供

第二节　工业基地

昆阳服饰工业园区

位于昆阳镇城北鸣山塘河东侧。2001年1月，园区开工建设，至2012年供地面积50.94万平方米，建筑面积约76万平方米。

2002年，园区基本建成，有9家企业投产。温州远东工业园区建成投产后，当年实现产值超亿元。温州庄吉集团工业园区和浙江乔治白服饰股份有限公司二期扩建完工投入使用。是年，平阳获“中国商务礼品生产基地”称号，有许多工艺礼品企业进入园区。2004年，昆阳服饰园区累计完成投资1.99亿元，20家入园企业投产。2005年，昆阳服饰工业园区累计完成投资3.37亿元，当年投资1.38亿元，完成15万平方米标准厂房建设，入园企业20家。园区入驻企业总数50余家，规模以上企业15家，其中，产值亿元以上企业3家。主导产业为服装服饰、汽车配件、工艺礼品等。2012年，园区企业固定资产约3.80亿元，完成工业产值25亿元。

水头制革基地

建设范围涉及新联、溪心、小南等3个社区6个建制村。1999年开工建设，占地面积约230万平方米(3450亩)。2000年，有制革企业550家，转鼓4000个，固定资产8.40亿元。2002年年底，制革企业发展到1054家，转鼓3300余只，开皮机185台，年加工猪皮革1.2亿标准张，猪皮市场交易量9000万张，制革总产值37.29亿元，出口供货值10.68亿元，税收1.69亿元，成为国内最大的猪皮革生产基地。

2003年，国家环保局曝光全国十大严重污染环境事件，水头制革基地大量污水直排鳌江，使鳌江水系严重污染成为其中一案。8月，国家六部委检查组到水头检查，要求水头加快集中污水处理厂建设，制定污染治理时间表。2004年，水头对制革基地进行第一轮改造，拆除毛竹结构、油毡盖顶简易厂房46万平方米，全部新建为砖混结构；1054家制革企业兼并重组为162家，并拆除房屋1530间作为道路等基础设施建设。2003—2005年，县财政连续3年每年投入1000万元，专项治理水头制革污染，陆续建成6个污水处理厂和一、二期污泥处置场。2005年，水头制革基地改造工程完成投资2800万元，厂房改造50万平方米，新建道路7万平方米，改造道路15万平方米，排污系统58千米。2007年，水头对制革基地进行第二轮改造，转鼓由3308只削减为524只，日污水排放量由87吨减少为1.75吨。2012年，水头皮革基地对转鼓进行收购和重组，改造与提升制革产业，最终将39家制革企业重组为8家，转鼓从543只减少到223只。2012年，水头工业产值77.14亿元，其中，制革14.84亿元，皮件产品44.51亿元，宠物行业8.69亿元，合计68.04亿元。

万全轻工基地

2003年7月开工建设，基地范围在平瑞塘河、高速公路以东郑楼——宋桥段。主要接纳温州中心城市“退二进三”转移的工业企业，和发展服饰、家具、礼品、机械、汽摩配等行业。基地规划用地面积65平方千米，其中一期为40平方千米。

2004年，万全轻工基地基础设施累计完成投资额1.8亿余元。全年新引进项目24个，总投资4.5亿元，3家企业建成投产。家具生产基地累计投资25000万元，当年完成16000万元。2009年，基地一期工程全面开工。72家企业有49家已投产，累计固定资产投资额35800万元。全年工业总产值9.58亿元。新增规模以上企业8家。2011年5月，成立由原郑楼镇、宋桥镇、榆垟镇、宋埠镇、万全轻工管委会和县第一农场合并的万全现代产业新区。2011年，工业总产值524704万元。2012年，万全现代产业新区累计引进162家企业，投产125家企业，在建37家企业，其中产值超亿元企业共有7家，规模以上企业50家。2012年，实现工业总产值567899万元，其中规模以上工业产值272919万元；财政总收入2.54亿元，其中国税收入1.9亿元，地税6641万元。同时，家具园、郑三标准厂房、礼品园区已经全面开发建设：综合园已开发30.15万平方米(452亩)，机械园已开发58.70万平方米(880亩)，宋桥标准厂房开发18.67万平方米(280亩)，合计共开发面积达386.86万平方米(5800亩)。

萧江塑包工业基地

位于萧江镇104国道和世纪大道两侧。1999年，萧江塑包工业园区一期投资5000万元，浙江智信包装有限公司12条生产线安装完毕投产。温州晨光集团扩建10条生产流水线完工投产。2000年，萧江塑包工业园区投资6000万元，入园企业17家。2001年，萧江塑包工业园区二期开工，当年投资3000万元。2002年投资7000万元。2004年建成投产30家企业。2005年，萧江塑包工业园区累计完成投资17830万元，当年投资4130万元。2008年，萧江塑包工业园区集聚了塑编及相关行业生产企业近300家，拥有200余条流水生产线和各种织机6500余台(套)，其中，园织机6200余台、复合机109台、拉丝机190余套，年产值约70亿元。

鳌江墨城临港工业基地

位于鳌江下游墨城办事处的东山脚下，襟江面海，原为养殖滩涂，水平标高为-1.8米。2005年9月，工业基地控制性详细规划方案通过专家评审。10月，县政府将该小区列入平阳县城市总体规划范围，用地功能为二类工业用地，一期B地块用地44.69万平方米(670亩)。

2006年9月至2008年10月，填方土石共134.23万立方米，投资金额为3300万元。2007年7月，鳌江镇墨城临港工业小区工程建设指挥部揭牌成立。2008年5月，5家企业陆续进场开工建设，当年完成工业性固定资产投资19000万元。2009年，开工企业达到9家，完成工业性固定资产投资16000万元，累计完成投资35000万元。2010年，又有4家企业进入开工建设，完成工业性投资12000万元，累计完成投资47000万元。此外，有2家企业竣工投产。2011年，小区完成工业性固定资产投资11000万元，累计完成投资58000万元。

根据国家政策，墨城临港工业小区淘汰高能源、重污染产业，扶持新材料、新能源高新技术产业。2012年，有2家企业开工建设，全年完成工业性固定资产投资9000万元，累计完成投资67000万元。小区内有不锈钢企业4家，机械企业7家，特种纸、玻璃、混凝土、塑料制品企业各1家，已投入生产企业10家，试产企业2家，续建企业3家。

腾蛟工业基地

2002年，腾蛟南陀印刷工业基地重新选址并完成前期规划设计。全年投入技改资金2482万元。2005年，在南陀印刷工业基地投资发展企业17家，引进浙江圣雄皮业有限公司开发国家“863”计划无铬鞣高效益清洁化生产项目，是年，实现产值2.2亿元。2003年后，相继引进温州大草原、温州海川、温州达标等10余家印刷企业。2009年，工业性投资8069万元，引进内资1500万元。海博印务、七彩虹印业企业分别引进四色胶印机等先进印刷设备，生产技术和产品档次提升。2010年，青湾13.33万平方米标准厂房开始前期工作。2011年，投入4000万元改造电力线路，新建大草原印业公司厂房，扩建富城皮件公司厂房。全年工业性投资1.2亿元。2012年，腾蛟镇启动南溪制革基地整合提升项目，完成企业重组，削减转鼓31个。

第三章　工业门类

1989年前，平阳县工业以机械、五金、化工、食品、纺织、采掘冶炼、日用工业、建材、造纸、印刷、陶瓷、制伞、草席等为主。1990年后相继出现商务礼品、服装服饰、机电配件、电子通信、金融机具、精细化工等一批产业。进入21世纪以后，初步形成多种产业共同发展的格局。其中，皮革皮件、塑料包箱、商务礼品是平阳的三大产业；机电、印刷、食品、水产品加工是平阳的优势产业；金融机具、汽摩配件、服装服饰、精细化工等是平阳县的新兴产业。

第一节　机　电

机械电器行业包括传动机械、塑料机械、建筑路桥机械、电子机械、印刷机械、洗衣机配件、工业电器等。

机械制造加工业为平阳县传统支柱产业。1988年，全县国营机械企业2家，二轻集体机械企业48家，共有固定资产原值1118万元，职工3395人，产值5353万元，另有金属制品企业23家，职工2081人，产值3136万元。乡镇企业机械制造企业99家，固定资产原值652万元，从业人员3589人，产值3566万元。机电企业主要分布在鳌江镇，其次为昆阳镇和万全、水头等地。

1993年，全县机械工业企业162家，其中，乡以上机械企业95家，产值5.37亿元，占全县工业总产值23.6%。主要产品有农业机械、建筑机械、机床配件、化工机械、塑料加工机械、五金工具等6大类。全县卷扬机产值达亿元以上，鳌江是全国卷扬机生产重要基地。

1988年，国营企业平阳县农业机械修理制造厂（1975年增挂平阳汽车制造修理厂牌子，1979年又增挂平阳县煤炭机械厂牌子）研制新式联合碾米机，通过省级鉴定，为省机械工业的定点产品。1992年，平阳县农业机械修理制造厂职工数326人，固定资产原值256万元，产值931万元。

二轻系统，平阳洗衣机配件厂生产的全自动洗衣机减速器，平阳工具二厂生产的“鳌雁牌”ZQD双转式多用台虎钳，平阳工具厂生产的“熊猫牌”管子钳，平阳安装机械厂生产的“矿银牌”JM5卷扬机，平阳县提升设备机械厂生产的“兴隆牌”JK-IT卷扬机，分别于1989年、1990年、1991年获省优产品称号。平阳熨斗厂在20世纪90年代初，曾是平阳县第一个出口交货值达1000万元的企业。

乡镇企业系统，在20世纪80年代初期就开始电烫斗等电器生产，80年代中期有100余家企业生产卷扬机，80年代后期又转型生产塑料编织机。1993年，平阳县振兴化塑机械厂、鳌江轧钢厂获“省重点骨干乡镇企业”称号。

1994年，县政府针对伪劣机械产品骗销案下发文件，按照《平阳县机械产品准产证实施办法》，对列入名录的机械生产企业进行考核。1995年，浙江三星洗衣机配件厂晋升为国家二类中型企业。1998年，温州广银集团公司和浙江三星洗衣机配件厂列为温州市重点骨干企业。

21世纪初，平阳机械和电器产品结合，形成机电产业。2004年，全县机电工业企业120余家，规模企业30家，从业人员1万余人，销售产值11亿元。浙江三星机电股份有限公司、浙江通用塑料机械厂、温州益坤电气有限公司、温州华阳起重机有限公司等，通过技术改造，提升光机电一体化。三星机电、益坤电气成为省级高新技术企业，“三星牌”成为浙江省著名商标。2005年，前身为平阳汽配一厂的温州华康汽配公司引进台湾显峰公司资本，在城南新建浙江显峰汽配有限公司。2006年，浙江力邦合信智能制动系统股份有限公司创建。2007年和2008年，浙江雁峰塑机总厂生产的“雁峰”塑料圆织机和温州三联集团有限公司生产的“天狗”摆线针轮减速机，相继被评为浙江名牌产品。2008年，浙江三星机电股份有限公司产值超5亿元，入选温州市百强企业。是年，机电行业规模以上企业产值27.17亿元，同比增长16.11%，占全县规上产值15.6%。

2012年，全县机电行业规模以上企业11家，从业人数3962人，工业产值17.70亿元，销售产值17.55亿元，固定资产原值3.89亿元，税利总额1.36亿元。是年，在全县工业30强中，机电行业占8家；在主要出口企业225家中，机电行业占81家。2000年出口金额321万美元，2008年出口金额为6454万美元，2012年出口金额增加到9106万美元。

第二节　塑　编

平阳县塑编行业于1978年从萧江兴起。1983年，全县13920农户用手拉木机投入塑料编织袋加工。1985年，塑料编织袋生产改为电动铁轮机。1989年，全县塑编企业76家，产值4338万元。是年，城南合成包装厂率先购置拉丝机、经纬机、自动圆织机；萧江建成塑料圆筒编织厂。1993年，萧江、麻步、城南3地塑料编织袋年销售量均在亿条以上。此后，全县塑料编织袋生产开始向自动化发展，成为全国最大的塑料编织袋产地与市场。1999年12月18日，中国地区开发促进会正式命名平阳县为“中国塑编之乡”，萧江镇为“中国塑编纺织城”“中国塑料纺织第一镇”。2000年，浙江华庆集团公司、温州晨光集团有限公司年产值超亿元。21世纪初，比较单一的塑料编织袋加工逐渐发展成为集编织、吹塑、复合、彩印、制版、软包装等相关配套的塑编包装业。通过生产工艺的改造以及微波等新技术的应用，企业生产编织袋的整个流程大约可以节约用电20%以上。2004年，全县塑料编织包装生产企业200余家，其中，规模企业73家，产量20.9万吨，产值43亿元，占当年全县工业产值的20%；从业人员4万人。温州华享皮塑有限公司生产的棉塑袋属国家级新产品；平阳金瓯镜片有限公司率先在国内研发生产聚碳酸脂光学眼镜片，开发工程塑料新领域。2007年，温州晨光集团有限公司生产的“晨光”牌塑料编织袋晋级为浙江名牌产品。2008年，全县有塑纺生产企业500余家，生产线1000余条，塑料园织机1万余台，塑编及塑料机械、彩印、复合、电雕制版等相关产业产值100余亿元。温州晨光集团有限公司、浙江华庆集团有限公司产值超5亿元，入选温州百强企业。塑编袋配套产业——塑料机械产业发展迅速，形成圆织机、拉丝机、造粒机等配套系列产品。

塑编是平阳县支柱产业之一。2008年、2009年、2010年塑编制品产量分别为323484吨、370150吨、403236吨，2011年回落至313070吨。2010年，塑料制品规模以上企业产值44.94亿元，同比增长23.5%。2012年，全县塑料和橡胶制品规模以上工业企业49家，塑料制品产量308179吨，从业人员10281人，产值34.47亿元，销售产值34.20亿元，税利总额2.82亿元。全县塑料行业规模以上实现产值40亿元。温州晨光集团有限公司产值首次超10亿元。

第三节　皮　革

皮革行业是平阳县传统产业。民国时期，南雁镇的东门、笠湖、蒲岭等地就建有家庭制革坊。

1988年，南雁家庭制革达820户，年产皮革40万张，产值2000万元。由于污染南雁风景区，县政府动员南雁镇制革户搬迁至水头。1989年，全县皮革制品企业41家，产值2310万元。1990年，水头镇的金凤、溪心、江屿形成3个制革场，有制革企业46家，人员1200人，年产皮革120万张，产值6000万元。1991年，进场制革企业198家，员工约2900人，占地235亩，固定资产投资720万元，年产值1.25亿元。1992年，成立金凤、溪心、中后、金溪、寺前制革总厂和方方制革园区。是年，全县制革行业产值14341万元。1993年，全县制革企业近700家，制革72.8万吨，年产值4亿元；皮革深加工企业30余家，制作皮衣、皮鞋、皮手套等，产值1亿余元。平阳皮革厂产值5466万元，成为全县第一家产值、销售额超5000万元的企业。是年，皮革产值占全县工业产值21%左右，其中，出口额达6000万元，占全县出口总额33%。此外，全县乡及乡以上制革皮革工业企业27家，产值12312万元，占全县工业产值5.4%。1994年，平阳金凤制革总厂、平阳江屿制革总厂、平阳溪心制革总厂年产值分别达到2亿元、1.78亿元、1.57亿元，金凤制革总厂被评为省级先进企业。是年，全县外贸出口额41408万元，猪皮革出口2亿余元，占50%以上。1995年，平阳虎豪皮件制衣有限公司的“虎豪”皮衣获得浙江著名商标后，被中国服装研究设计中心评为中国名牌产品。接着，又获得“中国十大真皮衣”称号。1998年，浙江虎豪皮件制衣有限公司、浙江鹏昌皮革有限公司被评为温州市重点骨干企业。温州扬城皮具服饰有限责任公司生产的“扬城”牌、“金朋”牌皮腰带，获“温州名牌产品”和“温州著名商标”称号。

2000年，水头镇有制革企业550家，固定资产8.4亿元。2001年，全县前10名工业企业中，皮革企业占5名，分别为浙江远东皮革有限公司、温州港荣皮革有限公司、温州侨信皮革有限公司、浙江练达皮革有限公司、浙江鹏昌皮革有限公司。2002年，水头制革基地总产值37.29亿元，出口交货值10.68亿元，税收1.69亿元。是年，远东皮革有限公司被评为浙江省“五个一批”企业。2003年，全县皮件业产值12亿元，出口交货值6000万美元，其中，皮带产品占国内市场70%以上。2004年，全县制革皮件企业300余家（其中规模企业62家），从业人员3万人，年产值45亿元，占全县工业产值21.4%。是年，全县生产成品革（折牛皮）392.56万张，轻革3730万平方米，皮鞋326万双。

皮革业的发展，给当地和鳌江中下游造成严重水体污染，2003年被列为全国十大环境违法典型案件之一。2004年水头制革基地进行第一轮改造。2007年，进行第二轮改造。2010年，皮革规模以上企业100余家，产值48.47亿元，同比增长32.8%。2011年，《平阳县皮革生产转型升级实施方案》和《促进皮革产业转型升级的政策》出台，对转鼓进行收购并进行企业重组。至2012年，水头制革企业从39家重组为8家，转鼓减少到223个，皮革规模以上企业产值45亿元，比上年下降2.2%。

2012年，全县皮革、毛皮、羽毛及其制品和制鞋业规模以上企业65家，从业人员10154人，轻革产量3467.70万平方米，比上年下降7.6%。皮革类总产值46.86亿元，销售产值46.29亿元，固定资产5.61亿元，税利总额2.91亿元。

第四节　纺织服装

纺织业曾是平阳县一大支柱产业。新中国成立后，经过工商业改造和公私合营，合并重组为国营平阳纺织厂和集体企业瓯南布厂。1983年，二轻集体服装企业及乡镇工业有几家规模不大的服装厂，为港澳地区商家来料加工妇女内衫和童装等产品。1984年，昆阳的二轻集体企业平阳服装厂设计拳击衫和骑士服，曾获省服装公司新产品奖。20世纪90年代，以生产皮衣为代表的虎豪、通众等企业名扬国内。21世纪初，乔治白、庄吉两大集团兴起，为平阳服装生产鼎盛时期。

20世纪90年代，昆阳、鳌江、水头、钱仓等地出现大批生产西服、衬衫、皮衣、职业装、休闲装、领带的生产企业。1990年，生产服装47.5万件，2002年，增加到143.07万件。2004年，全县有服装服饰企业300余家，主要分布在昆阳、鳌江、钱仓、水头、宋埠。其中规模企业8家，从业人员8000余人，服装产量644万件，销售产值8亿余元。2005年，服装行业年产值10亿元，实现税利约1亿元。

乔治白集团员工培训（2005年）

其中，外贸出口加工企业20余家，规模以上企业10余家。温州庄吉集团工业园区有限公司和浙江乔治白服饰股份有限公司，被列入2005年中国服装行业百强企业行列。2006年，浙江金萨克服饰皮具有限公司获全国AAAA级重合同守信用单位。“庄吉”“乔治白”“金萨克”为中国驰名商标，乔治白西服和金萨克产品被评为浙江省名牌产品。庄吉品牌在国内有专卖店、商场专厅共300余家，庄吉洋服旗舰店14家，庄吉婚坊品牌店130余家，网络遍布全国25个省、100余个城市。2006年，全县服装服饰规模以上企业产值17.58亿元，同比增长25.75%，占全县规模以上企业产值的10.1%。2010年，服装产量919.96万件、2011年和2012年分别下降到676万件、630.89万件。

2012年，全县纺织服装、服饰业规模以上企业7家，从业人员5042人，产值20.54亿元，销售产值20.38亿元，固定资产原值4.65亿元，税利总额2.78亿元。

第五节　商务礼品

平阳县的商务礼品，开始时以铝塑、纸品为原料精制徽章、商标、纪念品、装饰品、证件、卡片等产品。万全临区、城东和腾蛟、带溪等地礼品生产在20世纪70—80年代发展起来。至1988年，城东共有12家铝塑制品企业，从业人员283人，产值454万元。此外，还有60个家庭铝塑作坊，年产值约50万元。腾蛟、带溪的铝制品和印刷纸品企业有130余家，固定资产原值1633万元，从业人员4800余人，供销员2800余人，产品销往全国各地。

20世纪90年代，商务礼品开始从郑楼兴起。1991年，随着铜字招牌广告加工迅猛发展，郑楼乡工业产值1238万元。郑楼100余间店面经营工艺品零售和批发，品种多达2000余种，年销售额达5000万元，初步形成工艺品市场。1992年，郑楼建镇，决定“以礼兴镇”，突出礼品业发展。1994年，郑楼工业产值1.20亿元，1998年进而达到4.48亿元，其生产经销的商务礼品饮誉全国。华江实业有限公司承接第三届亚洲冬运会、重庆直辖市成立和昆明世博会活动纪念品业务。同时，制作发行在中国举行的“第十届国际科学与和平大会”纪念金卡，被大会组委会授予“突出贡献奖”。

20世纪末21世纪初，平阳商务礼品生产销售除郑楼外，昆阳、水头、腾蛟相继形成商务礼品一条街。县城北门新建汽车站营运后，便利的交通条件，使得商务礼品营销迅速向车站附近的联东路集聚，新开发的城东工业园区和服饰工业园区，逐步形成商务礼品生产基地，建成相对集中的礼品销售、加工集聚区，加快商务礼品的发展。2001年，全县皮带等皮制礼品产值占全国同类产值一半，台(挂)历等装饰品占国内同类产品市场1/3强，金箔画更是遍销全国。产品科技含量明显提升。许多企业掌握并独创先进的生产工艺流程，如金箔画产品，从最初的纯手工生产，发展到以镀塑、镀金、镀银、镀白、金箔镶嵌等技术为依托的机械化生产。

平阳县商务礼品行业在全国构建营销网络、体系。在北京、上海、广州、拉萨、乌鲁木齐、西安、呼和浩特等60余个大中城市，开设各类专营店、经销店、分销店600余家，产品远销全球40余个国家和地区。2001年，全县32家商务礼品企业实现外贸出口总额5326.80万美元。2002年，商务礼品行业创“安海”“金萨克”“奋起”“金达”“帅帅”“璐瑶”“中亿”“吴大”等43个商标和品牌，23家企业通过ISO 9000质量体系认证。全县形成产品设计、原材料加工、铸造、压模、注塑、电镀、抛光及包装等配套体系，并形成以昆阳镇、郑楼镇、水头镇、腾蛟镇为中心向周边辐射的区域经济格局。2003年9月，平阳县有30余家商务礼品生产企业参加在广州举行的第二届中国国际礼品展销会，被列为“中国礼品及相关产品特色区”。

2005年，平阳县生产的商务礼品有工艺品、纪念品、标志品、皮制品等12个大类共5000余种。浙江张臣木艺有限公司是一家专门从事木制包装盒的企业，员工244人。传说张臣原是三国时期东吴宫廷木艺名师，曾有“鲁班木，张臣琢”民谣。在战乱中，张臣迁居平阳，从宫廷木艺转为民间作坊，著有《木艺述真》。20世纪90年代，张臣后人继承张臣木艺传统，开创了新的张臣木艺企业，曾为茅台、五粮液、古越龙山、女儿红、塔牌、长城葡萄酒、卡斯特葡萄酒、同仁堂、龙井茶等高端产品做木艺包装和配套服务。2008年，为北京奥运会精制金牌、银牌、铜牌木盒。

2006年2月和2007年4月，在昆阳镇相继举办2届“中国商务礼品文化节”。第一届商务礼品文化节举办时，《人民日报》以“平阳商务礼品文化节火爆”为题进行报道。第二届商务礼品文化节，签约金额1亿余元。2008年，全县生产商务礼品及相关服务企业发展至1400余家，其中，商务礼品会员企业550余家，从业人员从2002年的3万人发展到5万余人。

2006年首届温州平阳·中国商务礼品文化节开幕式

北京申办2008年奥运会成功后，平阳礼品商创办的北京金诚博大发展有限公司，参与全国3万家企业参加的奥运商品特许生产资格角逐，最终夺得文具类商品生产权。还有平阳人创办经营的北京江华发展公司、新疆玫德玉石公司，分别夺得徽章和玉石特许生产权。此外，平阳县礼品企业还是北京奥运会吉祥物“福娃”的生产者。2011年10月，平阳县举办第三届中国商务礼品文化节，共设269个展位，全国28个省（自治区、直辖市）和中国台湾、澳门地区及泰国的宾客前来参加。2012年，全县有礼品生产企业1300余家。

第六节 造纸 印刷

造纸

国营平阳造纸厂位于鳌江垂杨，主要产品有普通包装纸、条纹包装纸、糖果包装纸、代牛皮纸、有光纸、书写纸等10余种。1991年试产成功并成为主导产品的单面挂面白板纸，质量符合国际标准，产品畅销温州、宁波、丽水等地。1993年，全厂占地面积20437.60平方米，建筑面积11530平方米，固定资产原值201.40万元，职工224人，工业产值998.30万元，产品销售收入821.20万元，税利总额52.20万元。1999年平阳县海星纸业责任公司兼并平阳造纸厂。

鳌江务垟、水头等地于20世纪八九十年代出现手工或半手工生产的纸箱、纸盒等纸制品企业。2007年，浙江广源印刷包装有限公司购进先进设备进行机械化纸箱生产，日产瓦楞彩箱约50万只。2008年，全县纸制品26074吨，2009年增加到46589吨。2012年，全县造纸和纸制品规模以上企业6家，从业人员830人，工业总产值3.21亿元，销售产值3.03亿元，固定资产1.25亿元，税利总额2470万元。

与造纸行业相配套的钱仓埭头村平阳石辊厂，生产“石花牌” WZT系列花岗岩石辊，1987年被评为省优质产品，1991年获轻工部优质产品证书，产品销往全国700余家造纸厂。1992年产值300万元，为全国生产造纸压榨石辊三大厂家之一。

印刷

国营平阳印刷厂位于昆阳后垟街，1992年有职工103人，固定资产原值64万元，产值132万元，1999年完成改制解散。随着个体民营印刷业发展，20世纪八九十年代，腾蛟家庭式作坊印刷企业异军突起，发展成为“温州模式”的典型。2000年，为解决大部分印刷企业存在规模小、档次低、管理失控等问题，腾蛟镇对150余家印刷小企业进行整顿、兼并、搬迁、取缔，保存60余家较成型的企业。

2003年3月，该镇根据“建基地、引企业、增后劲”的总体思路，开始规划建设印刷工业基地。在腾溪村新57省道两旁征地165亩，规划18个厂区，38家印刷企业进入基地生产，并引进德国“海德堡”、日本“小森”等先进印刷设备和管理人才。是年，温州鹏昌皮革有限公司投资5000万元，进入腾蛟印刷基地。此外，还引进温州大草原有限公司和温州海川、达标有限公司。2005年，腾蛟印刷基地产值4亿元，2007年产值为5.51亿元。基地内规模以上企业5家，年产值在3000万元以上的企业1家。

2002年，全县印刷企业经过整治，114家企业获印刷经营许可证。2004年，全县印刷业和记录媒介复制企业251家，从业人员4283人，生产多色印刷306558对开色令及本册3937万册。2007年，平阳县印刷企业381家，行业协会会员企业317家，印刷行业总产值14亿余元。2家会员企业获市知名商标，6家企业获县名牌商标，温州海川印业有限公司获“金光”全国印艺大赛宣传品入围奖。2008年，全县有印刷企业343家，其中，出版物印刷企业3家，包装装潢印刷企业163家，年画挂历专项印刷企业25家，台挂历装订制版企业39家，其他印刷企业106家，专项设备共653台(套)，从业人员9400人。是年，印刷行业产值16亿元，其中规模以上企业产值3.20亿元。2009年，全县印刷企业372家，年产值超5000万元的2家，产值17亿元。浙江广源印刷包装有限公司、温州天虹印刷有限公司、浙江杰牌有限公司等企业，引进海德堡、罗兰、小森等国际先进印刷设备，生产高档次的工艺印刷包装品，形成原材料、辅助材料及印前、印中、印后的社会分工、规模化配套、各环节协作的产业体系。浙江奥光印刷有限公司开发的PS版感光胶，获省高新技术资金，该企业被温州市政府授予温州市高新技术企业称号。

2012年，全县印刷和记录媒介复制业规模以上企业4家，从业人员380人，销售产值1.33亿元，固定资产原值10230万元，税利1412万元。

第七节 食品加工

食品加工主要是酿造、水产品加工和乳制品。

酿造

1989年，有国营酿造厂3家：平阳啤酒厂、平阳酒厂、南雁酿造厂；私营酒厂2家：雁荡山酒厂、古井酒厂。1992年，生产啤酒4392吨，黄酒1948吨，白酒1856吨。

平阳啤酒厂原址在昆阳镇东门，1976年开始生产啤酒，由平阳酿造厂改名。是省轻工业厅13家定点生产啤酒厂家之一，首届全国啤酒行业协会理事厂。1985年，省计委、轻工业厅批准投资823万元，在白垟泉方头兼并了平阳糖化厂，并进行扩建。下设东门啤酒分厂、平阳仙坛矿泉饮料公司和平阳特种光源器材厂。1989年职工390人，产值444万元，销售收入932万元，上缴税金225万元。该厂生产的“霞飞”牌啤酒，获香港1993年国际食品博览会金奖。1993年，平阳啤酒总厂全厂占地面积5300平方米，建筑面积10000平方米，固定资产原值1202.30万元，职工418人，总产值971.20万元，产品销售收入1092.80万元，税利108.10万元。1995年，马来西亚金狮集团和中国金可达集团兼并平阳啤酒厂，组建平阳金狮啤酒有限公司，年产啤酒5万吨。2004年，实现产销啤酒58763吨，销售收入9000万元，上缴税金2000万元。是年，比利时英博啤酒集团收购马来西亚金狮集团在华啤酒事业全部股份。2006年5月，平阳金狮啤酒有限公司更名为平阳英博啤酒有限公司，生产“双鹿”啤酒，为中国名牌产品。2006年产量7.45万吨，税利3720万元，税金在全县首超3000万元。英博双鹿啤酒集团公司入选2008年温州市百强企业。2011年啤酒产量33418吨，2012年停产。

中外合资平阳金狮啤酒有限公司灌装车间（1996年）

平阳酒厂位于鳌江镇，建于1956年，由15家私营小酱园合并而成，称公私合营鳌江酿造厂。4月与原在昆阳镇的平阳酿造厂合并，称地方国营平阳酿造厂。1973年7月，平阳酿造厂分出迁回昆阳镇，鳌江酿造厂又恢复原名。1984年5月，经县政府批准，改名为平阳酒厂。该厂对黄、白酒生产工艺改革起步较早，是第1届至第16届全国黄酒代表大会代表厂家，中国食品科学技术学会黄酒专业协会会员单位，浙江省酒精协会会员，温州市黄白酒分会副秘书长单位。1992年，在省首届食品博览会上，该厂生产的“南雁”牌双缸糯米酒获银奖；“南雁”牌白酒和“南雁”牌46度米烧分别获铜奖。1993年，全厂占地面积7300平方米，建筑面积7585平方米，固定资产原值229.60万元，产值457万元，职工数126人，产品销售收入349.10万元。1999年改制。

南雁酒厂位于水头镇溪心。其酿造的“宋井”牌白酒，1993年获香港国际博览会金奖。2000年改制。

水产品加工

1988年，全县乡镇水产品加工企业8家，从业人员504人，产量2849吨，产值2268万元，出口水产品501吨，出口销售额1296万元。1993年，水产品冷冻企业17家。是年，安达集团公司产值5800万元，温州华添水产加工有限公司产值1000万元，鳌江乘风冷冻厂产值867万元。2004年，全县水产品产量8922吨，水产加工企业200余家，主要集中在鳌江，加工销售产值3.20亿元。2012年，水产品加工规模以上企业3家，产值1.42亿元，销售收入1.34亿元，从业人员315人。

平阳信业水产有限公司，成立于1998年，坐落鳌江镇下厂塘外村，占地面积39.50亩，建筑面积16800平方米，固定资产3030万元，职工210人。拥有8000吨和1000吨冷库各一座，水产加工车间4个，建有化验室、制冰车间和专用码头。公司加工的水产品主要有鱿鱼、鮟鱼片、海鳗片、刺鲳鱼片、南美白虾等冷冻系列，多次被浙江省农业博览会、上海渔业博览会、温州特色农业博览会评为优质产品金奖。“鳌头”商标获温州市知名商标，“鳌头牌”单冻海水鱼片获浙江省名牌产品称号。产品销往日本、美国、加拿大、意大利及西欧各国。公司获浙江省农产品加工示范企业、温州市“百龙工程”农业龙头企业、海关A类管理企业、温州市食品卫生A级单位、温州市食品安全信用先进单位、温州食品工业50强企业称号。2012年总产值6606万元，创汇708万美元。

平阳县海跃食品有限公司，成立于1998年，坐落鳌江镇孙家垟村，占地面积3300平方米，建筑面积5000平方米，固定资产1800万元，注册商标“海阔鱼跃”和“缪记”，职工100人。公司拥有1000亩南美对虾养殖基地、5000吨新低温冷库、3座速冻库和一个水产品加工区及一整套先进的检测仪器设备。主要产品有：冷冻、干制、盐渍、鲜活水产品系列，其中干制水产品、盐渍水产品等2类水产品通过QS认证，主导产品南美白对虾在上海、宁波、温州等区域市场拥有较大的份额，冷冻对虾系列产品获浙江省名牌产品。公司在上海、杭州、宁波、温州等地设有分公司（销售部）。公司获浙江省农产品加工示范企业、浙江省农业科技企业、浙江省级农业企业科技研发中心、温州知名商标等称号。

乳制品

20世纪80年代初，麻步、山门有几家私人办的乳制品企业，由于质量不过关，不久停办。水头江屿的平阳乳品厂，1983年集资25万元购置乳品生产成套设备，生产“丰美”牌全脂奶粉。1987年与瑞安百好乳品厂联营，生产“擒雕”牌全脂奶粉。是年，又与杭州商学院联合开发生产速溶蛋白无腥豆粉系列产品，获得成功，1989年，获全国第二届星火计划成果适用技术展交会金奖。1991年停产。成立于2005年的浙江一鸣食品股份有限公司，是一家集奶牛养殖、乳制品及烘焙食品的研发、生产、销售于一体的农业产业化企业。2012年全县乳制品产量4.7万吨，比上年增长22.4%。

第八节　宠物用品

平阳县宠物用品产业起步于20世纪90年代，其生产企业主要分布在水头、南雁、萧江、腾蛟等地。宠物用品有狗咬胶、宠物饲料、宠物玩具、宠物服装、时尚宠物配件、宠物项圈、狗带、牵狗绳、狗窝等几大系列上千个品种。为了提高宠物产品质量，建立宠物食品辐照杀菌技术中心、宠物食品公共检测中心、宠物咬胶原料处理技术研发中心。产品销往美国、欧盟、澳大利亚、韩国和日本等30余个国家和地区。2012年，规模以上企业9家，产值8.75亿元，销售收入8.63亿元，从业人员2006人。温州佩蒂动物营养科技有限公司、温州源飞宠物玩具制造有限公司、温州锦恒宠物用品有限公司、温州华辉皮件有限公司为规模龙头企业。

第九节 化 工

平阳化工厂和平阳氮肥厂是平阳县两家国营骨干企业。

平阳化工厂建于1958年，前身为平阳炼磺厂，原址在山门上垟。1963年4月，平阳炼磺厂从山门迁到鳌江荆溪，改名平阳化工厂。1979年后，共投入1100万元，进行全面技术改造，发展成为生产硫酸、磷肥、复合肥、氟硅酸钠等4大系列、15个品种的综合型化工企业。1989年职工703人，产值1047万元，销售收入2183万元，税利127万元。1987—1990年被省政府命名为省级先进企业，1990年获化工部红旗竞赛优胜单位和企业管理优胜单位称号。该厂生产的普通过磷酸钙和工业氟硅酸钠，1989年分别获省优产品称号。工业氟硅酸钠于1991年获化工部部优产品称号；复合肥料获省优产品称号。1992年，年产100吨3.3二氯联苯胺项目通过化工部验收。1993年，全厂占地面积88800平方米，建筑面积34854平方米，固定资产原值1201.50万元，职工860人，工业总产值1934.10万元，销售收入2863.60万元，税利总额115.90万元。1995年晋升为国家二类中型企业，1998年被评为温州市重点骨干企业。2000年，平阳化工厂进行改制，改名为平阳县平化化工有限公司，年产4万吨工业硫酸、10万吨过磷酸钙、2万吨复合肥料。2004年工业产值2690万元，上缴税金288万元。2008年改制停产。

1993年12月，省石油化学工业厅领导在平阳化工厂硫酸车间生产现场考察并指导工作（王纪树提供）

平阳氮肥厂位于昆阳镇城南。1966年筹建，1972年建成投产。1989年职工540人，产值381万元，销售收入786万元，利润39万元。1991年，该厂生产合成氨6923吨，两煤标耗1537千克，进入全国小氮肥能耗平均先进行列，被市命名为“节能先进示范企业”。从1991年开始，企业着手开发有机化工新产品。1993年，全厂占地面积63414平方米，建筑面积13786平方米，固定资产原值1785.10万元，职工636人。主要产品有合成氨、氮肥、工业氨水，工业总产值955.70万元，销售收入1195.70万元，税利279.90万元。2000年12月通过“一控双达标”验收，成为污染治理先进单位。2002年改制组建平氮化工有限责任公司，合成氨生产能力2.50万吨。同时生产农用碳酸氢氨、精甲醇、液氨、工业氨水等。2004年，公司“雁荡”商标被评为平阳县首届名牌商标。2006年产值5000万元，上缴税金210万元。2010年改制停业。

20世纪90年代，平阳兴起精细化工业，主要分布在鳌江、钱仓、昆阳等地，2004年有企业25家，其中规模企业12家，从业人员约2000人。主要产品有效果珠光颜料、丙酮二酸酯、丙酮醛缩二甲醇、钴酸锂、云母粉、塑料助剂、皮制助剂、印刷油墨、油漆涂料和医药食用明胶等。2004年总销售产值4亿元，其中，珠光颜料1.20亿元，医药食用明胶2亿元，其他精细化工产品0.80亿元。珠光颜料产品主要是温州坤威珠光颜料有限公司和温州坤彩珠光颜料有限公司生产；珠光材料云母粉和丙酮二酸酯由柳成集团公司生产；丙酮醛缩二甲醇由平氮化工有限公司与温州澳珀有限公司生产。2001年，坤威公司珠光颜料列入国家星火计划，2004年投资4700万元建成新厂房，年产值7000万元，产品远销30多个国家。柳成集团公司采用上海复旦大学的专利技术，以乳酸为起始原料，催化成丙酮酸乙酯、丙酮酸及丙酮酸盐系列产品，于2002年获日内瓦国际专利技术博览会金奖。工业、医药、食用明胶的主要生产企业有温州三明食品添加剂厂、罗赛洛明胶有限公司、浙江飞鹏明胶等企业，2004年产值2亿元，产品销往全国各地，国内市场占有率55%以上。2008年，化工行业产值8.93亿元，同比增长24.8%，占全县规模以上工业产值5.13%。

2012年，化学原料和化学制品制造业规模以上企业7家，从业人员914人，工业总产值118646万元，销售产值111585万元，固定资产原值44202万元，税利总额10093万元。

第十节　其他行业

汽车配件

平阳县汽车配件行业起步于20世纪70年代，主要分布在万全、昆阳、鳌江等地。国营温州活塞厂（原名平阳县内燃机配件厂），创办于1969年，位于昆阳镇坡南。1970年生产铝活塞9447只，汽缸套455只，年产值19万元。1985年以后，产量直线上升。1988年被评为浙江省先进企业。1989年职工352人，产值864万元，销售收入2180万元，利润403万元，税金65万元。1993年，全厂占地面积25127平方米，建筑面积7717平方米，固定资产原值521.4万元，职工707人，产值3517.8万元，销售收入3024.8万元，税利218.6万元。为省、市机械系统重点企业、机电部活塞行业组员厂。该厂年生产活塞能力为180万只，有80个品种，产量居全国同行业第七位。其中，135G系列铝活塞、80～95系列铝活塞、75系列铝活塞，分别于1988年、1990年、1991年获省优质产品称号。产品销往全国各省（自治区、直辖市）的800余家公司和部门。因投资失误亏损严重，1999年由法院受理实施破产。

1976年，万全榆垟创办平阳汽车配件一厂（曾挂名杭州汽车轴瓦厂平阳分厂）、平阳县轴瓦厂。1992年，产值分别为386万元和350万元。1993年，全县汽车配件企业120家左右，产值亿元以上。主要产品有：活塞、喷油嘴、轴瓦、气门挺杆、雨刮器、曲轴止推器等。21世纪初，平阳生产的汽车配件产品有：汽车发动机瓦轴、汽缸机、活塞、活塞环、泵类、内燃机和柴油机配件等。2004年，销售产值4.5亿元，出口交货值3500美元。2005年，温州华康汽配公司引进台湾显峰公司资金，投资9000万元，在城南组建浙江显峰汽配有限公司。2007年平阳县汽摩配的工业产值达到了5.5亿元，比2004年增长80%左右。2012年，全县汽摩配生产企业近100家，其中，规模以上企业14家，从业人员2441人，产值10亿元，销售产值9.62亿元，出口交货值3.67亿元，固定资产原值5.94亿元，税利7412万元。

家具制造

平阳家具制造，农村大多是工匠上门服务；城镇企业少，而且多是前店后工场，规模不大。进入21世纪，家具生产有了较大的发展。2003年万全轻工基地暨家具基地动工兴建，家具基地占地220公顷。2005年万全家具基地引入家具及配套材料企业62家。浙江日升卫浴洁具有限公司，是中国制镜工业协会副会长单位和中国卫浴百强企业，职工400人。主要产品有卫浴镜、卫浴五金、浴室柜、淋浴房等综合产品。2007年，应中国轻工联合会邀请，参与GB/T 23148—2008民用装饰镜国家标准制定。产品注册商标“银晶”，于2008年和2009年分别被县、市认定为“名牌产品”和“知名商标”。公司在卫浴五金和浴室柜的开发过程中，不断有新的突破，已获得外观专利20余个，实用新型专利10个和2项发明。2000年，产品通过“百安居”建材审核，作为优质产品在“百安居”平台上销售。2012年年底，卫浴五金产品入围恒大地产供应商名录。浙江顶丰家具有限公司致力于欧美古典家居文化的研究，将来自欧罗巴的“米尼斯”品牌引进国内，以其纯正的欧陆审美趣味和精巧的制作工艺，逐渐为国内越来越多的人士所喜爱。公司在北京、上海、长沙、大连、青岛等城市设有品牌专卖店，成为一些别墅区内畅销的家具。浙江万坤实业有限公司，主要产品为金属、实木、玻璃、软体结合的多功能家具。2009年，公司组建以硕士生为学科带头人的研发中心，保持与欧美专业设计师合作。

2012年，全县规模以上家具制造业10家，从业人员1670人，固定资产原值3.32亿元，工业总产值3.46亿元，销售产值3.13亿元，税利总额1378万元。

金融机具

金融机具生产始于务垟乡，20世纪90年代发展迅速，企业逐步成型。经过20余年发展，产品由最初单一的人民币伪钞鉴别仪发展到美元、欧元、韩元、越南币等多种点钞机。鉴别功能也从最初油墨磁性增加到紫光、红外、荧光、图像、多磁头等功能鉴别技术。产品种类目前有人民币伪钞鉴别仪、验钞机、收款机、扎把机、捆钞机、防护舱、提款箱（袋）、票打机、排队机、装订机等十几类上千种产品。其中主要产品是人民币伪钞鉴别仪年产约200万台，约占国内市场份额的60%，并已形成电机、线路板、铁轴、铁冲件、橡胶件、注塑泡沫、纸箱、喷漆等比较完整的上、下游产业链，原材料供应基本达到本地化。金融机具行业主要分布在鳌江，其次是万全、昆阳、萧江、水头等地。2004年，生产金融机具企业有30家，25家企业全部通过有关认证，从业人员5000人，销售员2000余人，销售产值3亿余元，出口交货值1000余万美元。许多生产金融机具企业成为工行、农行、中行、建行等行政采购指定供货单位。2008年，浙江亨力电子有限公司生产的“金洋”伪钞鉴别仪被评为浙江名牌产品。金融机具的系列产品，采用微机控制、数码处理、智能识别等技术，向机、电、磁、光、声一体化发展。产品涵盖A类、B类、C类智能点验钞机、点验扎钞一体机和自动扎把机、自动盖章扎把机、纸币分清机、自助填单机、捆钞机、装订机、复点机等。产品广泛用于银行、保险、电信、邮政等行业。2012年，金融机具及相关配套生产企业60余家，年产值约10亿元。

花边带子

1984年，麻步渔塘乡农民黄圣练等8人合股，从江苏购进9台爱丽纱机，创办渔塘花边厂，生产花边和带子。是年冬，花边厂发展到35家，生产的花边、带子增加到30余个品种，产品销往义乌、常熟、石家庄等小商品市场，年产值约100万元。1988年，该乡渔塘村和前垟村90余户农民，购置200余台爱丽纱机进行花边、带子生产。20世纪末，随着国际市场对花边需求量上升，带动麻步花边业的发展，渔塘、前垟、下堡等村，村村户户从事花边生产。2002年，麻步镇从事花边经营企业、个体户1263户，拥有各式花边机3982台，从业人员2万余人，产值6.5亿元。2004年，有各式花边、带子生产企业和加工点1200家，其中成型企业18家，规模以上企业2家，个体经营户31家，从业人员约5000人，年销售产值7.1亿元。锦绣、金乔、华阳是当地花边产业的主要企业。2012年规模以上企业1家，产值3663万元，从业人员50人。

第四章　重点企业

1993年，平阳县工业企业年产值超千万元的企业有29家，其中产值最高为平阳县制革厂5466万元。是年，预算内全民工业、二轻集体工业、乡镇工业企业销售收入分别比上年增长33.8%、62.5%和27.3%。1994年，县政府制定“1125”工程，力促工业企业上规模、上档次、上水平（“1125”工程：在1995年前，引导扶植10个年产值达亿元企业、10个年产值达5000万元企业、20个年产值达3000万元企业、50个年产值达1000万元企业）。1995年，全县工业产值超1000万元的企业100家，比上年增加52家。

1997年，全县国有及年销售产值500万元以上的上规模工业企业有248家，工业总产值47.78亿元，固定资产原值9.84亿元，税利3.18亿元，从业人员35196人。其中，工业产值1000万元以上的企业139家，产品销售收入超亿元的企业有：平阳县金凤制革厂、平阳县溪心制革厂、平阳县金溪制革厂、中国方方集团公司、平阳县江屿制革总厂，他们的销售产值分别是3.17亿元、2.68亿元、2.65亿元、2.08亿元、1.09亿元。

2000年，规模以上工业企业150家，其中，工业产值超1000万元的企业94家。全年完成工业增加值8.9亿元，增长24.95%。工业总产值45.70亿元，比上年增长15.99%。销售产值超亿元的企业有：平阳县金溪制革厂4.46亿元，平阳县金凤制革厂4.27亿元，平阳县溪心皮革总厂2.73亿元，温州远东皮革有限公司2.62亿元，浙江华庆集团有限公司1.33亿元，温州晨光集团有限公司1.27亿元，平阳县中后制革总厂1.22亿元，温州庄吉集团工业园区有限公司1.11亿元，浙江鹏昌皮革有限公司1.06亿元。

2005年，规模以上工业企业285家，产值90.70亿元，比上年增长26.55%，固定资产原值27.36亿元，税利6.47亿元，从业人员45154人，各项指标均有较大增长。2009年，规模以上工业企业534家，总产值183.48亿元，税利13.71亿元，从业人员60194人。

2011年1月起，纳入规模以上工业统计范围的工业企业起点标准，从年主管业务收入500万元提高到2000万元。是年，规模以上工业企业264家，工业总产值219.05亿元。其中，轻工业产值117.28亿元，重工业产值101.77亿元。2012年，全县规模以上工业企业275家，工业总产值229.92亿元。其中，轻工业产值128.71亿元，重工业产值101.21亿元。销售产值216.12亿元，比上年增长1.8%，其中，出口交货值38.28亿元，比上年增长17.1%。规模以上工业新产品产值18.58亿元，比上年增长8.7%。规模以上工业企业固定资产原值71.19亿元，税利17.63亿元，从业人员49972人。全年规模以上工业企业主营业务收入215.88亿元，税利总额15.41亿元，其中，利润总额7.84亿元，亏损企业32家，比上年增加13家。产值超5亿元的企业有：浙江乔治白服饰股份有限公司、浙江三星机电股份有限公司、温州晨光集团有限公司，奋起皮业有限公司、浙江圣雄皮业有限公司、浙江一鸣食品股份有限公司等。是年，浙江乔治白服饰股份有限公司成功上市，实现平阳县企业上市零的突破。

2012年平阳县规模以上工业主要指标一览表

表13-4-1

指标名称	企业数（个）	产值（万元）	年末从业人数（人）
总计	275	2299199	49972
按轻重工业分：			
轻工业	152	1287132	28824
重工业	123	1012067	21148
按经济类型分：			
国有企业	2	143859	862
集体企业	1	2226	123
股份合作企业	10	43263	802
有限责任公司	101	727704	17027
股份有限公司	4	162183	2894
私营企业	124	786870	19884
港、澳、台商投资公司	18	130932	2947
外商投资企业公司	15	302164	5433

说明：资料来源《2012年平阳统计年鉴》第110页，产值为当年价

20世纪90年代，全县涌现出一批产销两旺、产品质量好、经济效益高的重点工业企业。21世纪初，重点工业企业在改制转型重组中发生变化。2012年，全县评定重点企业30家，企业当年销售收入达6000万元以上，上缴税金400万元以上，固定资产年末净值500万元以上，亩均产值300万元、税收20万元以上。工业30强中，功勋企业10家：浙江乔治白服饰股份有限公司、浙江三星机电股份有限公司、温州佩蒂动物营养科技有限公司、罗赛洛（温州）明胶有限公司、温州晨光集团有限公司、浙江一鸣食品股份有限公司、浙江圣雄皮业有限公司、温州奋起皮业有限公司、浙江炜冈机械有限公司、罗赛洛（浙江）明胶有限公司。明星企业20家：浙江豪中豪健康产品有限公司、温州益坤电气有限公司、温州广鑫包装有限公司、浙江华庆集团有限公司、温州圣诺塑料包装有限公司、温州源飞宠物玩具制品有限公司、广天集团有限公司、温州三联集团有限公司、温州祥顺皮件有限公司、立天集团有限公司、温州欧利特机械设备有限公司、温州华辉皮件有限公司、温州国宏包装有限公司、浙江中宇节能科技有限公司、温州银泰化工有限公司、浙江金萨克服饰皮具有限公司、雁峰集团有限公司、浙江瑞德森机械有限公司、温州锦恒宠物用品有限公司、浙江瑞成珠光颜料有限公司。

2012年平阳县重点工业企业各项经济指标概况一览表

表13-4-2

企业名称	工业产值（万元）	销售收入（万元）	税收（万元）	固定资产（万元）	占地面积（亩）	亩均产值（万元）	员工数（人）
浙江三星机电股份有限公司	73041	73002	5515	8825	89	825	1583
温州晨光集团有限公司	71134	53199	1826	10138	67	1062	1416
浙江圣雄皮业有限公司	64768	65576	3633	6135	158	411	428
浙江乔治白服饰股份有限公司	62387	60428	8691	6421	55	1134	2286
奋起皮业有限公司	57611	35591	1647	3020	36	1609	510
浙江一鸣食品股份有限公司	40271	40271	2101	9160	84	478	780
罗赛洛(温州)明胶有限公司	27498	32119	2803	7450	37	751	233
温州佩蒂动物营养科技有限公司	27266	27565	1614	11767	38	713	450
罗赛洛(浙江)明胶有限公司	20763	16139	2080	4916	38	551	167
浙江炜冈机械有限公司	18006	16110	1753	1996	27	658	226
立天集团有限公司	36482	9506	599	10227	42	860	400
浙江华庆集团有限公司	34224	21480	1134	4836	60	570	1725
温州银泰化工有限公司	34112	33449	472	2409	39	878	120
温州广鑫包装有限公司	30993	14404	762	1703	24	1302	380
浙江豪中豪健康产品有限公司	27273	27607	1436	3509	51	530	805
浙江中宇节能科技有限公司	22856	11345	510	3538	24	958	350
温州祥顺皮件有限公司	21093	17359	710	559	47	452	208
温州三联集团有限公司	18065	8627	728	4074	36	498	370
温州源飞宠物玩具制品有限公司	16338	16217	754	2488	34	476	499
广天集团有限公司	15663	15969	897	2869	41	381	450
温州益坤电气有限公司	13596	12157	1106	2416	19	721	292
温州圣诺塑料包装有限公司	13050	11103	732	669	15	864	377
温州华辉皮件有限公司	12061	11723	580	284	10	1200	235
温州国宏包装有限公司	11200	9554	476	916	9	1231	165
温州锦恒宠物用品有限公司	10917	10817	613	1430	36	307	248
温州欧利特机械设备有限公司	10694	6632	425	4892	33	326	240
浙江瑞成珠光颜料有限公司	8198	7913	551	3064	54	152	180
雁峰集团有限公司	8118	7935	697	2777	60	136	268
浙江瑞德森机械有限公司	8076	7259	556	1677	14	577	226
浙江金萨克服饰皮具有限公司	8000	6298	407	1061	9	924	167

说明:资料由县经信局提供,前10家为功勋企业,后20家为明星企业

第一节　机电企业

浙江三星机电股份有限公司

前身为浙江三星洗衣机配件厂,2001年改组成立股份有限公司。位于平阳经济开发区昆鳌大道。2012年,占地面积63000平方米,建筑面积42000平方米,总投资6亿元,职工1583人。公司有三大主导产品:半自动波轮洗衣机减速器、全自动波轮洗衣机减速离合器和滚筒洗衣机用无刷直流电机。企业拥有独立自主的知识产权专利21项,其中,发明专利4项,实用新型专利17项。公司与海尔集团、韩国三星、日本夏普和松下等企业配套,产品出口日本、韩国、泰国、印度、墨西哥、越南等国

浙江三星洗衣机配件厂离合器组装车间（1996年）

家和中国香港地区。企业连年被苏州三星、上海夏普、海尔集团等客户评为最佳配套业体。产品被列入国家火炬计划、国家级重点新产品、浙江名牌产品、高新技术产品，并获得浙江省著名商标。2012年，产值73041万元，销售收入73002万元，上缴税金5514.67万元，固定资产8825.3万元，员工1583人。

温州益坤电气有限公司

创办于1994年，位于鳌江镇鹤翔路，占地面积18.86亩。原为国有资产参股企业，2005年引入外资，专业研发、制造、销售高压输配电设备及电气化铁道产品。公司生产的氧化锌电阻片及0.28—220千伏电压等级的金属氧化物避雷器、复合绝缘子、真空熔断器、跌落式熔断器和高压隔离开关等高压电器产品，广泛用于国内外电力和电气化铁道系统。产品先后应用于埃及尼罗河电网、巴西城乡电网改造、国内西电东送及和谐型机车等重大电力与电气化铁道枢纽工程项目。公司建有省级技术开发中心，已经有百余项产品通过国家省部级新产品鉴定，10余项产品取得国家发明或实用新型专利，20余项产品获得国际权威荷兰KEMA实验室产品检测认证。其中，氧化锌避雷器是国家火炬项目和浙江省名牌产品；绝缘子、熔断器等产品被列入国家经贸城乡电网改造优先推荐产品使用目录。公司参加避雷器绝缘子国家标准起草工作。此外，公司研发成功的电力机车顶避雷器等产品，通过国家铁道部CRCC体系认证，配套和谐型机车在京九线等铁路上使用，并出口阿根廷等国家。2012年，产值13596万元，销售收入12157万元，出口交货值997万美元，纳税1106万元，固定资产2416万元。

温州益坤电气有限公司厂貌（1999年）

中国雁峰集团有限公司

创办于1987年，位于平阳经济开发区。2012年，占地面积59.69亩，建筑面积52000平方米，注册资金5180万元，员工268人。公司拥有自主独立知识产权的专利技术51项，有效专利32项，专利技术创造的产值占总产值的70%左右。主要产品：塑料圆织机、拉丝机、收卷机、复合机等塑料编织机械系列产品。公司建有省市级技术研究开发中心，专利产品“节能型凸轮式塑料扁丝收卷机”和“节能型综杆式无油小六梭塑料圆织机”，于2006年和2008年分别获得国家星火计划项目、国家重点新产品证书。“雁峰牌”塑料编织机，先后获得“国家优质轻工产品、质量满意品牌”“浙江省地方名品”“浙江名牌产品”“浙江省著名商标”等称号。2012年产值8118万元，销售收入7935万元，出口交货值403万美元，上缴税金697万元，固定资产2777万元。

温州三联集团有限公司

创办于1985年，位于鳌江镇昆鳌大道。2012年，占地面积36.3亩，建筑面积20000平方米，员工400人，其中专业人员占20%。公司引进德国HOFLER成型磨齿机和精密数控车床、蜗轮磨床、数控蜗杆砂轮磨齿机等设备。主导产品有：SLR系列斜齿轮减速机、SLS系列斜齿—蜗轮蜗杆减速机、SLK系列锥齿轮减速机等16大系列。先后获得“浙江省新产品”“浙江省地方名牌产品”等称号。三环减速器获国家发明二等奖，硬齿面轴装式减速机获发明专利产品。公司在北京、上海、郑州、成都、昆明等许多城市设办事处，产品销往全国各地和30

温州三联集团有限公司厂貌（1999年）

余个国家和地区。2012年产值18065万元，销售收入8627万元，出口交货值91.5万美元。

浙江炜冈机械有限公司

创建于2000年，位于万全镇。2012年，占地面积27.35亩，建筑面积30500平方米，员工229人。专业生产商标印刷设备及配套加工设备，系中国印刷及设备器材工业协会常务理事单位。公司成立“炜冈印刷机械省级高新技术企业研究开发中心”，生产ZX系列间歇式PS版商标印刷机、ZBS系列柔性版印刷机、WQM系列自动商标模切机等六大系列产品，其中，2007年研发的PS版商标印刷机，获3项发明专利和16项实用新型专利。公司获中国印刷行业协会质量信得过产品金奖，五大主导产品全部通过欧盟的CE认证。产品销往国内30余个省市，并远销世界80余个国家和地区。2012年产值18006万元，销售收入16110万元，出口交货值616万美元，上缴税金1753万元。

浙江瑞德森机械有限公司

成立于2001年，位于鳌江镇环城路。2012年，占地面积14亩，建筑面积1万余平方米，员工226人。2010年在麻步购进土地45亩，用于建设新厂房。公司主导产品有：R系列斜齿轮减速机、S系列斜齿轮—蜗轮减速机、F系列平行轴斜齿轮减速机等10余个系列。产品用于冶金、矿山、石化、陶瓷、交通和国内新兴的物流设备、立体车库、环保及部分军工企业，销往全国各地，并出口日本、美国、德国、东南亚等国家和地区。2011年获国家级高新技术企业等称号。2012年产值8076万元，销售收入7259万元，上缴税金556万元。

温州欧利特机械设备有限公司

为国望机械集团有限公司和香港优特机械设备股份有限公司在平阳创办的合资企业，位于万全镇宋桥工业区。公司始创于2006年，是一家集研发、生产、销售为一体的有限责任公司，主要生产销售印刷机械。2012年，公司占地面积32.84亩，建筑面积28000平方米，员工240人。公司配置进口的加工中心（CNC）、检验设备100余台（套）。其中，集光、机电、液、气为一体的程控切纸机系列产品在本行业内连续5年销售量居全国首位。同时产品行销全球47个国家。集团母公司国望机械集团有限公司在全国设有97个销售网点，5个办事处，在全球设有100余个代理商。2012年产值10694万元，销售收入6632万元。

第二节 塑编企业

温州晨光集团有限公司

创建于1998年，位于萧江镇工业区，是一家集塑料包装、纺织、印刷、汽配、化工、房地产、贸易、餐饮为一体的多元化、跨行业的综合性企业。2012年，公司总资产7.41亿元，占地面积67亩，员工1416人。“晨光”牌塑料编织袋2006年被认定为温州市名牌产品，2007年被认定为浙江省名牌产品。2008年，“晨光”商标被评为温州市知名商标，并获得工业生产许可证、食品包装QS证书和危险化学包装证书。2009年，通过国际品质验证。2012年，工业产值102186万元，销售产值104078万元，上缴税金1826万元。

温州晨光集团有限公司厂貌（2012年）

浙江华庆集团有限公司

创立于1998年，位于萧江镇新世纪大道。2012年，占地面积60亩，建筑面积6万平方米，员工1725人。公司有85条圆织机生产线近2500台圆织机，日产编织袋120吨(折合150万米)，曾获得“中国包装龙头企业”称号。2000年被建材部评为“水泥包装生产定点企业”；2005年被农业部评为“全国乡镇企业创名牌重点企业”，是年被推选为“中国塑料加工工业协会编织制品专业委员会”会长单位。2010年，公司在萧江前林工业区新建年产1万吨棉纱的生产基地，并投产。2012年工业产值34224万元，销售收入21480万元，上缴税金1134万元。

温州广鑫包装有限公司

创建于2000年，位于萧江镇。2012年，占地面积23.80亩，建筑面积32300平方米，职工400余人，技术人员82人。是一家以生产无纺布、编织袋、彩印、复合包装一体化为主，和房地产、金融、市场开发、贸易投资等领域的企业。公司有8条丙纶纺粘无纺布大型生产线、260台新型节能圆织机。主要生产各种规格无纺布、手提袋、编织袋、复合袋、彩印袋等。公司销售网络覆盖全国各地及东南亚各国和俄罗斯、澳大利亚、中东、欧美等国际市场。2012年工业产值30993万元，销售收入14404万元。

温州圣诺塑料包装有限公司

始为平阳更新编织厂，1998年后系雁峰塑料机械总厂编织一厂，2008年9月成立为温州圣诺塑料包装有限公司。位于平阳县经济开发区兴鳌服饰园区，占地面积15.1亩。公司有9个生产车间，7套拉丝机，260台圆织机，4台彩印机，3台覆膜机，40台缝包机等一条龙生产流水线。公司生产各种塑料袋、塑料包装袋、彩印复合袋、网眼袋、聚乙烯编织袋等。产品销售全国各地外，还销往东南亚、中东、非洲等10余个地区和国家。2012年工业产值13050万元，销售产值11103万元，外贸出口800万美元。

广天集团有限公司

创办于1996年，位于昆阳镇城南村。2012年，占地面积41.13亩，员工450人。主营产品编织袋、水泥袋、面粉袋、纸塑复合袋、塑料薄膜、彩印复合袋等，2012年工业产值15663万元，销售收入15969万元，税收897万元。

立天集团有限公司

创办于2001年，位于萧江镇。2012年，占地面积42.44亩，建筑面积30000平方米，员工500人。集团涉足家纺、塑编、印刷、金融、贸易等领域产业，并在广东清远、江苏南通、新疆阿克苏等地进行产业链拓展。公司拥有先进的家纺、织造生产流水线和塑编、印刷成套设备。公司生产的床上用品被认定为浙江名牌产品，“立天”被认定为浙江省著名商号和著名商标。2012年，“天然彩色棉麻特种生态环保纤维纱”列入国家火炬计划产业化项目和申报国家高新技术企业。是年产值36482万元，销售收入9506万元。

温州国宏包装有限公司

创办于2000年，位于萧江镇庄里路390号，是一家集塑料包装、无纺布、印刷、房地产、贸易为一体的多元化的、跨行业的综合性民营企业。2012年，占地面积9.1亩，员工165人。拥有特大节能环保型国内外先进生产线3条圆织和4条无纺布设备。其产品有：无纺布、PP编织袋、BOPP彩印包装袋、胶印复合袋。2012年，工业总值11200万元，销售收入9554万元。

浙江中宇节能科技有限公司

位于萧江镇岱口工业园区1号。2012年，占地面积23.86亩，建筑面积20300平方米，员工350人，为专业生产塑料编织袋、无纺布的企业。2012年，工业产值22856万元，销售收入11345万元。

第三节　皮革企业

浙江圣雄皮业有限公司

成立于2003年，位于腾蛟镇腾溪皮革基地。

浙江圣雄皮业有限公司厂貌（2008年）

2012年，占地面积157.58亩，员工600余人。主要生产鞋面革、箱包革、家具革等系列制品。2012年，工业产值64767万元，销售收入65576万元，税金3633万元。

温州奋起皮业有限公司

创办于1992年，位于水头镇皮件工业基地，是一家专业生产皮腰带的中外合资企业。2012年，占地面积35.8亩，建筑面积34000平方米。“奋起”品牌先后获国家免检产品、浙江名牌产品、浙江省著名商标、浙江省知名商号等称号。产品主导国内市场，畅销欧洲、美国、日本、巴西等30余个国家。公司从2011年初开始，着力研究自动生产流水线作业，并开发使用生产管理信息系统FRP(流程资源控制系统)。2012年产值57611万元，销售收入35591万元。

温州祥顺皮件有限公司

成立于2008年，位于昆阳镇临区远东工业园区，是一家皮革加工和房地产开发的综合型跨国经营企业，在越南、泰国等地有多家工厂。2012年，总占地面积约250余亩，其中平阳46.64亩，员工共1000余人。产品销往东南亚、欧美等60余个国家和地区，是阿迪达斯等世界知名品牌和百丽等企业的皮革原料定点供应商。公司先后获全国民营企业500强、全国真皮标志生态皮革企业、中国皮革和制鞋行业首批科技示范企业称号。猪皮革产品被评为浙江省名牌产品；“FAREAST”图形商标获中国驰名商标、浙江省著名商标。是年工业总产值21093万元，销售收入17359万元。

罗赛洛(温州)明胶有限公司

由原浙江三帆明胶厂和卢森堡罗赛洛明胶集团于2003年10月合资组建而成。公司地址在钱仓梅浦路，主要研发、生产和销售高档药用、食用明胶。合资后已投入近1.5亿元用于技术改造，淘汰了高耗能，减少污染。2012年，员工235人，占地面积36.6亩。公司连续9年被评为县工业三十强、纳税五十强和功勋企业，并被温州市人民政府授予优秀企业称号。2009年被评为温州市百龙企业。2010年通过浙江省高新技术企业认定。2012年产值27498万元，销售收入32119万元，上缴税收2803万元。

罗赛洛（温州）明胶有限公司车间（2011年）

罗赛洛(浙江)明胶有限公司

罗赛洛(浙江)明胶有限公司位于鳌江镇江口路188号。2006年8月10日取得省政府颁发的外商投资企业批准证书，投资总额20750万元，公司注册资本8300万元，温州三和盛明胶有限公司出资2490万元，占注册资本的30%，荷兰SOBEL N.V.出资5810万元，占注册资本的70%，至2006年9月5日止，资本全部缴足，公司经营年限50年。公司经营生产销售明胶。公司占地面积37.7亩，2012年产值20763万元，销售收入16139万元，上缴税收2080万元。

第四节　纺织服饰企业

浙江乔治白服饰股份有限公司

创建于1995年，位于昆阳镇鸣山。2012年，占地面积153亩，员工2286人，其中，高中级服饰专业职称的人才占15%以上。2007年，乔治白衬衫获中国名牌产品称号，公司获全国重合同守信用单位称号。2008年，应全国标准化技术委员会邀请，公司分别参加职业服装检验规则、衬衫、男西服、大衣、非黏合衬西服国家标准的制定工作。公司全面实行ERP信息化管理，从原材料采购、生产管理、财务管理、成本控制、仓储到销售整个流程，实现在信息平台上的资源共享。产品系列服饰专卖店分布在全国各省市，共有370余家销售网点。2009年，“乔治白”商标被认定为中国驰名商标。2012年，工业产值62387万元，销售收入60658万元，上缴税金8554万元。7月，公司在深圳上市。

浙江金萨克服饰皮具有限公司

原为平阳友谊制鞋厂，创建于1986年，位于平阳工业园区万联路。2012年，固定资产1061万元，占地面积8.66亩，建筑面积8300余平方米，员工500余人。公司生产实行数字化控制，年产中高档皮鞋100余万双、皮腰带150余万条、领带200余万条。公司获中国驰名商标、国家免检产品、2006年全国AAAA级重合同守信用单位、2007年军品生产基地、浙江著名商标、浙江名牌产品等称号。1992年后，被国家10个部委列为服饰定点生产企业。金萨克系列产品被人民大会堂、中国人民解放军总后勤部、银行、民航、电力、保险等单位选用。2012年，工业产值8000万元，销售收入6298万元。

第五节　食品加工企业

浙江一鸣食品股份有限公司

成立于2005年，位于昆阳镇沙岗村。2012年，占地面积84.33亩，固定资产9160万元，公司员工780人。建有浙南闽北地区最大的生态奶牛养殖观光基地。公司拥有先进的生产工艺流水线、生产设备和现代食品生产加工的管理能力，是一家集奶牛养殖、乳制品及烘焙食品的研发、生产、销售于一体的农业产业化企业。2011年3月，获"全国工业产品生产许可证"。公司相继获得国家星火计划龙头企业技术中心、省农业企业科技发展中心、省农业科技企业、省绿色企业、省著名商标、省名牌农产品等称号。2012年，工业产值74061.8万元，销售收入40271万元，上缴税收2535.72万元。

第六节　宠物用品企业

温州佩蒂动物营养科技有限公司

创办于1992年，新址在水头镇工业基地。2012年，占地面积38.26亩，员工800余人。公司经美国FDA注册，通过欧盟欧委会FVO和加拿大官方现场考核注册，拥有国外品牌CPET、PEIDI及国内品牌佩蒂、禾仕嘉、贝家。产品销往欧洲、北美、澳洲、日本等数十个国家和地区。CPET牌宠物食品获浙江省出口名牌产品称号，CPET牌商标获中国驰名商标称号。公司是中国检验检疫协会宠物分会副会长单位，国家标准宠物食品狗咬胶的主持制定单位。2006年，公司成立技术研发中心相继研发产品300余种，其中获得3项发明专利、17项实用型专利及15项外观专利。公司先后被评为国家重点高新技术企业、浙江省重点扶持100家优秀企业。2012年，工业产值27266万元，销售收入27565万元，上缴税金1614.4万元，自营出口额4159.61万美元。

温州源飞宠物玩具制品有限公司

创办于1990年，位于水头镇标准基地。2012年，占地面积34.3亩，建筑面积31000平方米，员工500余人。主要产品有狗咬胶、鸡肉产品、宠物项圈、胸背带、遛狗绳、时尚宠物配件及其他相关宠物产品。提供从产品设计、研发、生产、销售一条龙服务。注册国内商标：艾淘儿、源飞。公司拥有国家设计专利，其中发明专利1项，实验新型4项，外观设计36项。企业通过本行业HACCP食品安全国际认证，ISO 9001质量管理体系认证、英国BRC零售认证。公司有自营出口权，产品出口美国、英国、德国、日本、丹麦等20余个国家和地区。被评为温州市"百龙工程"农业龙头企业、科技创新型企业。2012年，工业产值16338万元，销售收入16217万元，税收754万元。

温州锦恒宠物用品有限公司

创办于1995年，位于萧江镇工业基地岱口段。2012年，占地面积35.6亩，厂房建筑面积9490平方米，员工278人。2012年，公司生产的"哈派依"品牌宠物食品狗咬胶系列产品及85种粒制产品系列、12种营养皮制品及61种发泡皮制品系列等，分别获得浙江省、江苏省名牌产品。产品销往美国、欧盟、日本、韩国等国家和地区。2012年，工业产值10917万元，销售收入10817万元，出口创汇1713万美元，上缴税金613万元。

温州华辉皮件有限公司

创办于1996年，位于南雁镇溪南。2012年，占地面积1005亩，员工300余人，是一家集研发、生产、销售与服务为一体的专业生产现代宠物用品的企业。主要产品有皮结骨、皮卷、皮压骨、粒棒、粒压制品等系列，产品销往欧美和东南亚等十几个国家和地区。2012年，工业产值12060万元，销售收入11723万元。

第七节　化工企业

浙江瑞成珠光颜料有限公司

成立于1999年，位于平阳经济开发区昆鳌大道丰山段。2005年与瑞士汽巴精化合作，成立浙江瑞成珠光颜料有限公司。2010年转为内资独资企业。公司生产的KW系列珠光颜料产品被认定为浙江省级高新技术产品、温州名牌产品、温州名牌商标，企业研发机构被认定为省级研发中心。2006年建设污水处理站，污水综合处理达到国家一级排放标准。2009年被认定为国家高新技术企业。2011年获浙江科学技术三等奖和温州科学技术二等奖。2012年，公司有员工178人，占地面积54亩，工业产值8198万元，销售收入7913万元。

温州银泰化工有限公司

创办于2008年，位于平阳经济开发区郑家墩村。2012年，占地面积38.86亩，员工120余人。公司从事聚丙烯树脂粉及开发改性聚丙烯树脂无纺布专用料生产和销售。2012年，工业产值34112万元，销售收入33449万元。

第八节　健康器材企业

浙江豪中豪健康产品有限公司

创建于2003年，位于万全生态工业基地。2012年，占地近51.47亩，建筑面积6.20万平方米，员工800余人，专业生产按摩保健器具。主导产品为豪中豪、艾力斯特等品牌按摩椅、按摩床、按摩垫、按摩器具等家用和类似用途的高科技健康系列。公司在全国建有数百家连锁店和专营店，产品在国内销售所有省市和港澳台地区，在国外销往100余个国家和地区。2012年，工业产值27273万元，销售收入27607万元，出口交货值3434万美元。

附：平阳县名优产品

1987—1991年，全县有8家企业11种产品共14次分别被评定为省优质产品和部优质产品。其中，平阳化工厂1种产品先后被评为省优质产品和部优质产品；平阳石辊厂1种产品先后被评为省优

1987—1991年平阳县工业优质产品名录

表13-4-3

产品名称	生产企业	品牌称号	评定时间
“江阳牌”工业氟硅酸钠	平阳化工厂	省优质产品	1989
	平阳化工厂	部优质产品	1991
“石花牌”WZT系列	平阳石辊厂	省优质产品	1987
天然花岗岩石辊	平阳石辊厂	部优质产品	1991
“百虎牌”铝活塞	温州活塞厂	省优质产品	1988、1990、1991
“三星牌”NGW 30	浙江三星洗衣机配件厂	省优质产品	1989
5.2行星齿轮减速器	浙江三星洗衣机配件厂	省优质产品	1989
“熊猫牌”管子钳	平阳工具厂	省优质产品	1990
“鳌雁牌”ZQD双旋	平阳工具二厂	省优质产品	1990
转式多用台虎钳	平阳工具二厂	省优质产品	1990
“矿银牌”JM5卷扬机	平阳安装机械厂	省优质产品	1991
“兴隆牌”JK—IT 卷扬机	平阳县提升机械厂	省优质产品	1991

说明：资料由县经信局提供

质产品和部优质产品；温州活塞厂1种产品先后三次被评为省优质产品。

此外，还有许多企业产品获得各种奖项（已获得省优质产品的奖项不计在内）：

平阳化工厂生产的江阳牌3.3—二氯联苯胺盐酸盐，1992年通过化工部验收。

平阳县华丰机械厂生产的文善牌系列多功能装订机，1989年获国家专利，1990年获第二届国际专利和新技术产品展览会优秀项目奖，1993年获国家星火计划成果展览会银奖。

平阳提升设备机械厂生产的兴隆牌SDB—瞬时式断绳安全保护器，1990年获第三届国际专利和新产品展览会优秀项目奖。

平阳县氟塑机械阀门厂生产的含芳牌HS型系列氟塑化工泵，1992年获省二轻"四一、五小"活动优秀科技项目三等奖。

平阳县安装机械厂生产的矿银牌JG2型高速卷扬机，1992年获省二轻优秀科技项目三等奖。

平阳变速机械总厂生产的HZ环锥差动行星无极变速器，1990年获温州市首届发明专利展览会优秀奖和温州科技进步奖；1991年获全国星火计划成果暨专利技术乌鲁木齐展览洽谈会优秀奖；1993年获全国首届科技人才技术洽谈会银质奖。

浙江三星洗衣机配件厂生产的三星牌JLX型全自动洗衣机减速离合器于1988年获省科技进步四等奖；1992年获全国科技适用技术展交会金奖和香港中国名品博览会金奖。

平阳县辉华电子仪器厂生产的辉华牌系列电子治疗器，1989年获三十八届布鲁塞尔"尤里卡"国际发明博览会金奖；1992年获全国第二届保健品、医药品百寿奖博览会金奖。

平阳毛纺厂生产的深瓯牌马海毛，多次参加国家级和国际展览会，1989—1992年先后获国家金奖8次，国际金奖2次，国际银奖1次。

浙江省星河机械厂与浙大联办研究所开发的轴承式无级变速机与蛇腹无级变速产品，1993年获首届香港国际博览会金奖和国家科委新产品、新技术金奖。

温州电热机械厂开发的系列塑料机械产品和粉状再生塑料系列加工设备，1993年、1994年分别获全国星火科技成果展览会金奖。

1992年停止产品评优，开展争创名牌产品。1994年，县委、县政府召开质量立县千人大会，提出"358"质量工程[①]。县经委制定"358"质量工程实施意见，举办有180余人参加的厂长（经理）、质量管理人员参加的培训班，配合技术监督局实行"准产证"制度，开展温州市名牌产品和优秀产品评选推荐工作。二轻企业参加全面质量管理知识学习和TQC统考，实施名牌战略。浙江兴隆建机厂中心QC小组，被建设部评为"优秀QC小组"，并获得中国质量管理协会建机分会"建机杯"奖。乡镇企业局开展"产品质量法"宣传，举办"产品质量法"知识竞赛，并进行全面质量管理统一考试，参加考试255人，全部获得省颁发的合格证书。还有114家企业获得农业部颁发的TQC达标证书。通过培训和QC小组攻关，提高产品质量。1998年，浙江三星洗衣机配件厂在全县率先通过了ISO 9001质量管理体系认证。

1999—2012年，全县有63家企业的产品获得温州名牌产品称号；有22家企业23种产品获得浙江名牌产品称号；有10家企业商标获得浙江著名商标称号。浙江乔治白服饰股份有限公司、温州庄吉集团工业园区有限公司、浙江远东皮革有限公司、浙江金萨克服饰皮业有限公司、温州佩蒂动物营养科技有限公司、温州祥顺皮件有限公司的商标获得中国驰名商标。

① "358"质量工程：1993年，温州市委、市政府在全国率先提出质量立市战略，积极实施"358质量系统工程"，以提高产品质量为中心，计划从1993—2000年，通过3年、5年、8年的时间，使温州产品质量逐步赶上或超过全国平均水平，"叫响温州货，打响温州牌"。

第十四卷

DI SHI SI JUAN

《平阳县志（1989—2012）》

PINGYANG XIAN ZHI

建筑业
房地产业与住房保障

建筑业是县内传统行业。1989年，平阳县建筑业总产值8608万元，房屋施工面积44.6万平方米，竣工面积42.6万平方米。1990年，全县建筑业增加值4218万元，占全县生产总值5.50%(是年开始增加值核算)。随着旧城改造逐步展开，全县房地产市场开始出现供销两旺局面。2000年，平阳县建筑业总产值11.69亿元，其中建筑业增加值4.73亿元，占全县生产总值的7.26%。2012年，全县建筑业总产值49.84亿元，其中建筑业增加值20.70亿元，占全县生产总值7.97%；全县房地产开发投资43.71亿元，其中住宅投资34.21亿元；全年房屋施工面积398.45万平方米，其中新开工面积56.37万平方米，竣工房屋面积22.36万平方米。

1984年，成立县建筑工程质量监督站，由县政府授权负责全县建筑工程的质量管理，实行竣工验收制度。1993年，全面启动城镇住房制度改革，组建县建筑工程招投标监理站。1997年起，实行工程质量监理。1998年，推行公开招标和邀请招标制度。2001年起，县规划建设局依法实施施工许可，全县所有房屋建筑工程和市政基础设施工程实行竣工验收备案。

2001年，县建设局、规划管理局组建规划建设局。2002年，县房地产管理局改名为县房产管理局。2009年，县住房制度改革办公室增挂县住房保障办公室牌子。2012年2月，县规划建设局与县房产管理局(县住房制度改革办公室)合并为县住房和城乡规划建设局，内设机构8个，定编人员22人。

第一章　建筑业

20世纪90年代，城乡房屋及市政基础设施建设带动建筑业发展，建筑业队伍发展壮大，企业资质等级逐步提高，施工设备和工艺不断更新，各项管理逐步规范。进入21世纪，建筑施工企业从单一房屋建筑向各类施工总承包、专业承包和劳务分包转变，勘察、设计、施工能力和水平提高，新材料、新技术、新设备、新工艺得到普遍推广和应用，工程招投标、质量监督、安全监察和监理、施工许可及工程竣工备案等建筑业监管制度逐步建立和完善。

在开拓县外建筑市场方面，以矿山井巷、公路交通、隧道工程、水利等工程业务为主，市场遍及全国各地区，形成以中西部、西北部地区为主的区域市场。1984年10月，县政府批准建立平阳县井巷开拓工程公司(后改称温州第二井巷工程公司)和平阳县井巷工程承包公司(后改称平阳县第一井巷工程公司，2002年并入浙江八达隧道工程有限公司)。20世纪90年代，又分别成立浙江安峡建设有限公司、浙江中隧建设投资有限公司、浙江八达隧道工程有限公司。这些企业主要对外承包矿山、隧道、水利等工程业务。2000年县(省)外建筑井巷施工企业产值3.47亿元，2012年达18.74亿元。

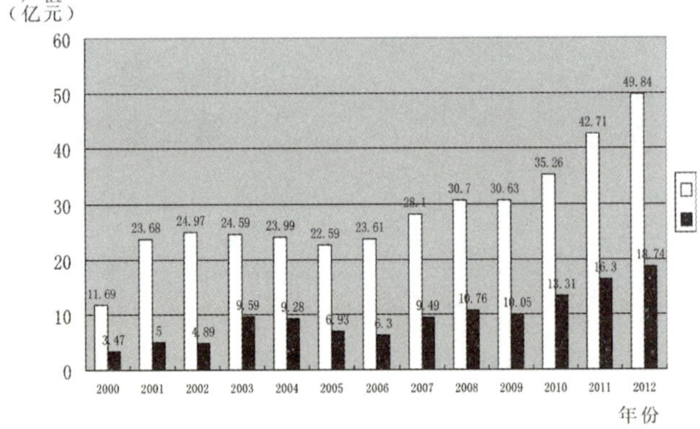

①白色为当年建筑业总产值，黑色为县、省外建筑井巷施工企业产值；②资料由县住建局提供

图14-1-1　2000—2012年平阳县建筑业总产值增长图

第一节　建筑企业

1989年，全县共有平阳县建筑工程公司、第二建筑安装工程公司、第三建筑安装工程公司、第四建筑安装工程公司等4家建筑业企业，以及县建筑工程处(队)、县乡(镇)建筑工程队、平阳县井巷开拓工程公司、平阳县井巷工程承包公司，归口县城乡建设环境保护局和乡镇工业局管辖，企业性质均属集体。共有职工5187人，其中，固定工2791人、工程师2人、助理工程师29人、技术员111人。其中，县建筑工程公司为三级资质建筑企业，县第二建安公司、县第三建安公司、县第四建安公司、县建筑工程处(队)、县第二建筑工程公司、县乡镇建筑工程队等6家为四级资质建筑企业。

具有资质建筑企业

2012年，全县具有资质建筑业企业共79家(主项资质包括房屋建筑、市政公用工程、矿山井巷、公路交通、园林绿化、水利水电、钢结构、机电设备、防腐保温、建筑装饰、电力、预拌混凝土、预制混凝土构件、环保、电信、劳务分包、工程监理)。其中，一级资质企业3家(公路工程1家、市政公用工程2家)，二级资质企业21家(房屋建筑7家、钢结构工程2家、矿山工程3家、防腐保温工程1家、建筑装修装饰1家、市政公用工程5家、城市园林绿化2家)，三级资质及劳务企业53家，甲级工程监理企业1家，丙级工程监理企业1家。

2012年平阳县资质建筑企业名录

表14-1-1

资质级别	企业名称	专业门类
一级资质企业(3家)	浙江八达隧道工程有限公司	公路工程
	宝腾建设集团有限公司	市政公用工程
	浙江华光市政建设有限公司	市政公用工程
二级资质企业(21家)	温州中南建筑路桥工程有限公司	房屋建筑
	浙江万联建设工程有限公司	房屋建筑
	平阳县第三建筑安装工程公司	房屋建筑
	温州华厦建筑安装工程公司	房屋建筑
	温州神光建设工程有限公司	房屋建筑
	温州中吉建设工程公司	房屋建筑
	温州绿洲建筑工程有限公司	房屋建筑
	温州第二井巷工程公司	矿山工程
	安峡建设集团有限公司	矿山工程
	浙江中隧建设有限公司	矿山工程
	平阳县天正钢结构工程有限公司	钢结构工程
	温州建泰钢结构工程有限公司	钢结构工程
	浙江华信防腐保温安装工程有限公司	防腐保温工程
	温州市昌顺建筑装饰工程有限公司	建筑装饰工程
	浙江鳌龙建设有限公司	市政公用工程
	温州永昌建设有限公司	市政公用工程
	温州腾越建设有限公司	市政公用工程
	鲲鳌建设有限公司	市政公用工程
	浙江通力市政园林工程有限公司	市政公用工程
	浙江金桂园林工程有限公司	城市园林绿化
	温州景秀园林工程有限公司	城市园林绿化
	平阳县建筑市政工程公司	房屋建筑
	平阳县建筑桥梁工程公司	房屋建筑
	平阳顺达建筑安装工程有限公司	房屋建筑
	平阳县明阳建筑安装工程有限公司	房屋建筑
	温州华泰建设工程有限公司	房屋建筑
	温州永立建筑工程有限公司	房屋建筑
	平阳县矿建公司	房屋建筑

续表 14-1-1

资质级别	企业名称	专业门类
三级资质及劳务企业(53家)	温州市中江建筑工程有限公司	房屋建筑
	温州天顺建筑安装工程有限公司	房屋建筑
	温州汇中建设有限公司	房屋建筑
	平阳县联城交通工程有限公司	公路工程
	温州市凯达交通工程有限公司	公路工程
	温州博建交通建设工程有限公司	公路工程
	温州华路交通建设工程有限公司	公路工程
	平阳县基础机井工程公司	水利水电工程
	温州永成水利水电有限公司	水利水电工程
	温州市正达钢结构工程有限公司	钢结构工程
	温州市富达钢结构工程有限公司	钢结构工程
	平阳县天海装饰工程有限公司	建筑装饰工程
	温州新美建筑装潢有限公司	建筑装饰工程
	平阳县龙泰装潢工程有限公司	建筑装饰工程
	温州市一格装饰工程有限公司	建筑装饰工程
	平阳县天纬装饰设计工程有限公司	建筑装饰工程
	平阳县雁荡园林建筑工程有限公司	园林建筑工程
	平阳县博业建设工程有限公司	市政公用工程
	平阳县方达市政工程有限公司	市政公用工程
	平阳县怡华市政园林工程有限公司	市政公用工程
	温州领航建设有限公司	市政公用工程
	温州景顺市政工程有限公司	市政公用工程
	平阳县通泉市政安装工程有限公司	市政公用工程
	温州嘉豪市政工程有限公司	市政公用工程
	平阳县成烽市政园林工程有限公司	园林绿化工程
	浙江绿庭园林工程有限公司	园林绿化工程
	温州芳景园林有限公司	园林绿化工程
	温州顺达消防工程有限公司	消防设施工程
	平阳县天鸿设备安装工程有限公司	机电设备安装工程
	平阳县通明电气安装有限公司	机电设备安装工程
	浙江华开机械制造有限公司	起重设备安装工程
	平阳昌泰电力实业有限公司	电力工程
	温州博铭通信线路建设有限公司	电信工程
	温州晨飞智能科技有限公司	建筑智能化专业
	平阳县污水净化工程公司	环保工程
	温州陈林环保工程有限公司	环保工程
	温州力引管桩有限公司	混凝土预制
	平阳县安建混凝土有限公司	混凝土预制

续表 14-1-1

资质级别	企业名称	专业门类
	平阳安信混凝土有限公司	混凝土预制
	平阳县兴鳌商品混凝土有限公司	混凝土预制
	平阳县北港混凝土有限公司	混凝土预制
	平阳县铭湖混凝土有限公司	混凝土预制
	平阳县信达工程劳务有限公司	混凝土作业
	温州欧南建筑劳务有限公司	钢筋作业暂定一级
	平阳县水头给排水安装工程处	水暖电安装
	温州市建远水电工程安装有限公司	水暖电安装
甲级工程监理企业1家	温州天工建设监理有限公司	
丙级工程监理企业1家	平阳县瓯南建设工程监理有限公司	

说明:资料由县住建局提供

重点建筑企业选介

浙江八达隧道工程有限公司　前身为温州八达隧道工程有限公司,成立于1998年,为集公路工程、矿山井巷、大型土石方爆破施工为一体的专业综合施工企业。2001年11月,该公司并购平阳县第一井巷工程公司,于2002年4月取得隧道工程专业承包二级资质,2005年9月取得公路工程施工总承包二级资质,2010年和2011年分别取得公路工程施工总承包一级和隧道工程专业承包一级资质。2012年,公司建筑业总产值4.52亿元。先后承建杭州市绕城高速黄鹤山隧道、太古高速西山特长隧道等工程建设。获交通运输部平安工地样板工程、山东省金杯示范工程等称号。

浙江华光市政建设有限公司　前身是平阳县第二市政工程处,创建于1986年,2006年3月改名为浙江华光市政建设有限公司。2007年2月经建设部批准为市政公用工程施工总承包一级资质企业。公司具备市政公用一级资质,房屋建筑三级、土石方三级,装修装饰三级、机电三级以及体育场设施三级等资质。2012年,公司建筑业总产值2.56亿元。获浙江省优秀市政工程施工企业称号。承建的昆阳体育场西路道路工程获“括苍杯”奖。

宝腾建设集团有限公司　成立于1994年,是一家从事市政工程施工、建筑工程施工、公路工程施工、公路养护施工、进出口商品贸易、机械设备制造、租赁服务于一体的综合性企业。公司具有专业资质:市政公用工程施工总承包一级;钢结构工程专业承包一级;建筑工程施工总承包一级;装饰装修设计与施工一体化二级;体育场地设施工程专业承包、建筑智能化工程专业承包、土石方工程专业承包、地基与基础工程专业承包三级。2012年,公司建筑业总产值2.53亿元。

温州第二井巷工程公司　成立于1980年,隶属县经济和信息化局,具有国家矿山工程施工总承包二级及隧道工程施工专业承包的二级企业资质。2012年,公司建筑业总产值2.8亿元。先后参与承建设计年产120万吨的河北省矾山磷矿、太古高等级公路碾底隧道等工程建设。2011年度被温州市政府授予突出贡献奖,连续10年被温州市建筑业企业联合会评为信誉企业、优秀企业以及县政府授予的纳税大户、纳税二十强等称号。

浙江中隧建设有限公司　原温州浙南井巷工程公司,2003年4月,分立组建的综合性矿山建设施工企业。公司具有矿山工程施工总承包二级资质,隧道工程专业承包二级资质,以及土石方、机电设备安装工程施工等资质。下辖5个二级专业公司和7个区域分公司,有2家控股子公司、2家参股子公司。2012年,公司建筑业总产值5.35亿元。先后参加北京大安山煤矿、武钢大冶铁矿等省级以上的重点矿山项目的主要开拓延深工程及矿区配套工程。建成新疆木垒县老君庙煤矿等20余对矿井。参加甬台温高速公路隧道、龙丽高速遂昌段第三合同段隧道等工程施工。2011年被温州市政府评为2011年度建筑业做大做强突出贡献单位。

温州中南建筑路桥工程有限公司　前身是平阳县建筑工程公司，创建于1949年，2000年改制为股份制有限责任公司，2001年与平阳县建筑路桥安装工程公司合并。2011年获得房建施工总承包二级资质，增项市政公用工程施工总承包三级资质、机电设备安装工程专业承包三级资质。2012年，公司的建筑业总产值2.22亿元。先后承建鳌江旧城五期B地块B1、B2幢商住楼工程、重庆市云阳外国语学校工程、平阳县红十字会医院、剑桥华府高层商住楼等工程。公司所承建的工程先后被评为温州市、浙江省标准化工程。

温州神光建设工程有限公司　前身是平阳县第六建筑安装工程公司，成立于1985年，2010年3月晋升为国家建筑二级企业，先后增项市政施工总承包、建筑装饰、钢结构、金属门窗、体育场地、环保工程专项资质。2012年，公司建筑业总产值3.36亿元。先后完成万宏集团公司厂房、上海机电数码园区工程等一批省、市、县重点工程。曾获得温州市政府授予突出贡献奖和浙江省优秀企业成就奖等称号。

第二节　建筑设计

平阳县规划建筑勘测设计院

1991年成立平阳县规划勘测设计室，1999年4月更名为县规划建筑勘测设计院。至2012年年底，已经成为拥有城市规划和工程设计双乙级资质、市政丙级资质的综合性设计院。设计业务范围覆盖区域规划、城市总体规划、分区规划、详细规划、专项规划、城市设计、园林景观规划设计、村镇规划、旅游规划、建筑工程设计、市政设计、城市道路交通规划设计和交通影响评估以及相关工程的可行性研究、室内装潢设计、模型制作等。2012年，有员工60余人，其中规划高级工程师3人、规划工程师3人、建筑高级工程师4人、建筑工程师18人、市政景观高级工程师1人，景观工程师2人。承担项目获省2002年度农村住宅设计竞赛三等奖一项，市建设工程勘察设计瓯江杯二等奖2项、三等奖3项、佳作奖7项，温州市优秀规划设计二等奖2项、三等奖4项、优秀奖1项。

1991—2012年期间，完成总体规划及修编34项、专项规划及规划咨询160项、控制性详细规划及修编121项、村庄规划及修编228项、修建性详细规划70项。完成总平面设计约1213万平方米，完成建筑方案设计约290万平方米，完成建筑施工图约264万平方米。

平阳县建筑设计院

1981年8月，成立平阳县建筑设计室，1985年经省城乡建设厅审核批准为丙级设计单位。1993年2月更名为平阳县建筑设计所，1996年11月更名为平阳县建筑设计院，为从事工业与民用建筑设计的丙级资质单位。2012年，共有员工30余人，其中，一级注册结构工程师1名、一级注册建筑师1名、二级注册结构工程师2名、二级注册建筑师1名，高、中级技术人员15名、初级技术人员9名。1991—1998年，旧城改建和新区建设启动，业务量发展迅速，年产值从13.5万元提高至155万元。1998—2001年启动改制，为发展低谷期。2009年以来，开展室内、景观设计业务，展开院间合作，业务量恢复，技术力量得到加强。

平阳县建筑设计院主要工程业绩有：县城健康路改建工程、雅河西路改建工程、平阳二中教学综合大楼、平阳职教中心综合大楼、浙江乔治白制衣股份有限公司厂区、鳌江服装城、鳌江柳下菜市场、开发区鞋业园区、平阳殡仪馆等工程设计。

平阳县测绘大队

1992年10月，成立平阳县规划勘测设计室测量队。1997年1月从设计室分离并更名为平阳县规划测量队，1998年10月更名为平阳县测绘大队。2012年10月，平阳县诚信房地产测绘公司合并到平阳县测绘大队。2005—2012年承担全县1∶500基础测绘103.5平方千米、房产测绘1592.98万平方米以及全县范围内所有的规划建设放线与竣工测绘任务。

平阳县测绘与地理信息中心

1998年8月，县规划局增挂测绘事业管理处牌子，与规划测绘技术科合署办公。1999年6月，县规划局设测绘事业管理处，2011年8月升级为县测

2005—2011年平阳县基础测绘面积统计表

表14-1-2

时间（年）	区域	测区面积（平方千米）
2005	山门	10.00
2006	怀溪、晓坑、腾蛟	14.00
2007	南雁、闹村、麻步	15.60
2008	昆阳城南片	4.40
2009	昆阳城北片、水头城区	17.30
2010	榆垟、宋埠、萧江	29.30
2011	萧麻组合	12.95

说明：①资料由县住建局提供；②比例为1∶500；③2012年没有测绘任务

绘与地理信息局，与县住房和城乡规划建设局实行一个机构、两块牌子。2012年6月，设立县测绘与地理信息中心，核定事业编制6名，其中领导职数2名，为公益一类事业单位。

县测绘与地理信息中心为平阳县住房和城乡规划建设局（平阳县测绘与地理信息局）下属事业单位，负责全县测绘地理信息工作和全县行政区域内测绘地理信息工作的统一监督管理，组织提供测绘与地理信息公共服务。

平阳县城乡建设档案室（馆）

县城建档案室成立于20世纪80年代，办公地点和档案库房设在昆阳镇解放街150号原县城乡建设环境保护局办公楼5楼，面积仅50平方米。1998年搬至昆阳镇天来巷43号，办公面积150平方米。2004年搬至县规划建设大楼12楼，面积264平方米。2009年升格为二级城建档案（馆）室，办公地点和档案库房移至局三楼，库房面积800平方米。2012年机构重新合并为县城乡建设档案室后，办公场所搬迁到桑果园街111号，总面积1482.8平方米，其中一楼库房面积为791.8平方米，二楼691平方米为办公室，为省二级城建档案（馆）室。

馆藏内容涵盖县域内城市规划、城市勘察、城市建设管理档案以及市政公用设施、交通运输、工业与民用建筑、人防、园林绿化、地下管线等建设工程项目竣工档案以及县所有产权产籍档案。2012年年底，共有在职人员14人，其中馆员2人、助理馆员3人。库藏档案27.7万卷，馆藏18个大类齐全，其中建设工程档案4万余卷和产权产籍档案23万余卷。主要包括城市勘测、规划、建设工程设计、规划管理、房地产、环境保护、城市园林、绿化与名胜古迹等档案内容，产权产籍档案的数字化工作已完成。

第三节 建筑施工

建筑结构

20世纪80年代，低层住宅基础工程以砖基础和块石基础为主，四五层以上房屋始用钢筋混凝土框架结构。进入20世纪90年代，高层建筑采用钢筋混凝土剪力墙结构，单层厂房较多采用轻钢结构。

2000年后，楼面和屋面基本采用钢筋混凝土现浇结构，单层厂房屋面有轻钢结构、钢木屋架檩条。多层建筑以钢筋混凝土条型基础和独立基础为主，部分多层和高层建筑采用桩基础和钢筋混凝土筏板基础，桩基础以预应力管桩和灌注桩为主。软土地基浅层处理常采用沙石换填或水泥搅拌桩。轻钢结构大量采用后，预应力大梁和屋架已较少采用。承重墙体材料采用水泥多孔砖和烧结黏土多孔砖，框架结构内隔墙以轻型墙体材料为主。外墙装修材料以面砖和涂料为主，少量采用石材饰面板和金属饰面板。窗从木质结构逐步发展到钢窗、铝合金窗、塑钢门窗。施工中普遍采用预拌混凝土、抗渗混凝土、减水剂、缓凝剂、早强剂、界面剂、膨胀剂、建筑后浇带等材料和工艺。大型工业设施和高层民用建筑的成套技术得到普遍应用。

基础工程

从20世纪90年代开始，在地基处理和基础工程方面推广如大直径钻孔灌注桩、超长的打设桩、深基础支护技术、旋喷桩、冲振法、深层搅拌法、强夯法、地下连续墙和逆作法等新技术。在现浇混凝土工程中应用滑升模板、爬升模板、大模板、台模、隧道模、组合钢模板、模板早拆技术、泵送混凝土、喷射混凝土、无砂混凝土、大体积混凝土浇筑技术以及混凝土制备和运输的机械化、自动化设备。另外在预制构件制作、预应力混凝土技术、墙体材料、装饰材料和施工技术以及大跨度结构、高耸结构等方面都应用新的施工技术。

第四节　建筑材料

新型墙体材料

1994年设立县墙体材料改革办公室，为临时机构，1999年转为常设机构，隶属县城建局，主要职责是发展、推广应用新型材料。1994年推广新墙体材料1100万块标准砖，占建筑工程应用比例的4.3%。2002年推广新墙体材料8600万块标准砖，占建筑工程应用比例的60%。2012年推广新墙体材料14300万块标准砖，占建筑工程应用比例81.7%。

1994—2012年平阳县建筑工程新型墙体材料应用情况

表14-1-3

年度（年）	新墙材产量（万块标准砖）	建筑工程应用比例	节能（吨标准煤）	节土（亩：以挖深2米计）
1994	1100	4.3%	682	18
1995	2100	10.5%	1302	35
1996	3200	19.0%	1984	53
1997	4300	30.0%	2666	71
1998	6700	54.0%	4154	111
1999	6800	56.0%	4216	112
2000	7400	55.0%	4588	122
2001	8200	58.0%	5084	135
2002	8600	60.0%	5332	142
2003	9700	67.0%	6014	160
2004	10300	69.0%	6386	170
2005	10800	68.0%	6696	178
2006	11200	70.0%	6944	185
2007	11400	70.1%	7068	188
2008	10800	76.0%	6696	178
2009	11500	78.9%	7130	190
2010	11700	80.1%	7254	193
2011	12100	80.7%	7502	200
2012	14300	81.7%	8866	236

说明：资料由县住建局提供

散装水泥

1989年，县散装水泥办公室成立，负责全县散装水泥、预拌混凝土、预拌砂浆发展和应用的管理工作，隶属县计划委员会。2003年，县散装水泥办公室定为自收自支事业单位，核定人员编制5人。2004年，平阳县兴兴建材有限公司在鳌江镇成立，系首家散装水泥中转企业。是年，全县推广使用散装水泥2.99万吨。2005—2007年，平阳县安建混凝土有限公司、平阳县兴鳌商品混凝土有限公司、平阳安信混凝土有限公司相继成立。2007年，推广使用散装水泥27万吨，预拌混凝土30.59万立方米。2008年，平阳县鳌江港口开发有限责任公司重组成功，注册资金2000万元，系第二家散装水泥中转企业。2009年，《浙江省促进散装水泥发展和应用条例》颁布实施。是年，推广使用散装水泥28.69万吨，预拌混凝土34.19万立方米。2010年，平阳县铭湖混凝土有限公司、平阳县北港混凝土有限公司成立。北港混凝土有限公司坐落在水头镇，为农村建设项目使用预拌混凝土供应示范点。至2010年，全县投入运行的预拌混凝土企业5家，设计产能为300万立方米，城区内基本实现普遍使用预拌混凝土。2011年，推广使用散装水泥53.84万吨；预拌混凝土104.33万立方米。2012年全县推广使用散装水泥50.34万吨，水泥散装率达到72%；预拌混凝土101.91万立方米。

2003—2012年平阳县推广使用散装水泥和预拌混凝土情况一览表

表14-1-4

年度（年）	散装水泥（万吨）	预拌混凝土（万立方米）
2003	2.37	—
2004	2.99	—
2005	3.97	—
2006	17.37	—
2007	27.00	30.59
2008	29.22	35.61
2009	28.69	34.19
2010	24.40	41.60
2011	53.84	104.33
2012	50.34	101.91

说明：资料由县发改局提供

建筑节能

从2011年起，平阳县开展民用建筑项目节能评估和审查工作。是年，共审查并发放《民用建筑节能审查意见书》28个项目，审查建筑面积583302平方米。同时做好开展建筑节能示范工作，列入建筑节能示范工程的有：平阳三和大酒店采用建筑节能新技术（水源热泵）应用示范工程、平阳规划建设大楼的能耗监测系统列入建筑用能监管节能示范工程、建筑节能改造示范工程麻步客货运中心对围护结构进行节能改造。2012年共审查并发放《民用建筑节能审查意见书》139个项目，审查建筑面积1134576平方米，列入建筑节能示范工程的有：平阳皇家大酒店建筑节能新技术（绿色建筑）应用示范工程、平阳凌志大酒店建筑节能改造示范工程、鳌江客运中心建筑用能监管节能示范工程。

2004年获钱江杯工程项目：平阳县人民医院内科病房综合楼

第五节　获奖工程

1997年，温州华厦建筑安装工程公司首获温州市工程质量的最高奖——瓯江杯，之后县境内的建筑业企业全面实行创优工程质量申报制度。1997—2012年，在平阳境内的建筑业企业共获得浙江省、温州市优质工程奖22项，其中省级优质工程钱江杯奖4项，市级优质工程瓯江杯奖18项。

2011年获钱江杯工程项目：平阳凌云花苑

平阳县获得省级优质工程——钱江杯奖名单

表14-1-5

年度（年）	工程名称	建筑面积（平方米）	施工单位
2000	温州实验中学分校综合教育楼		温州华厦建筑安装工程公司
2003	温州富园、平阳二建公司办公楼	6463	浙江万联建设工程有限公司
2004	平阳县人民医院内科病房综合楼	6913	温州华泰建设工程有限公司
2011	平阳凌云花苑	68508	温州建设集团有限公司

说明：资料由县住建局提供

平阳县获得市级优质工程——瓯江杯奖名单

表14-1-6

年度（年）	工程名称	建筑面积（平方米）	施工单位
1997	温州黄龙六组团5号楼	5875	温州华厦建筑安装工程公司
1998	温州实验中学分校综合教育楼	5961	温州华厦建筑安装工程公司
1999	温州黄龙7号地块小学	6293	温州华厦建筑安装工程公司
2000	平阳县职教中心二期教学楼	5750	温州华厦建筑安装工程公司

续表 14-1-6

年度(年)	工程名称	建筑面积(平方米)	施工单位
2000	温州市安居工程南浦6-17号楼	7136	温州华厦建筑安装工程公司
2000	平阳县昆阳镇第三中学教学综合楼	6827	平阳县建筑桥梁工程公司
2001	平阳县府综合办事中心大楼	7000	温州华厦建筑安装工程公司
2001	平阳县昆阳镇第三中学实验科技楼	4007	温州华泰建设工程有限公司
2002	温州富园、平阳二建公司办公楼	6463	浙江万联建设工程有限公司
2002	平阳昆阳电信局大楼	3000	温州华厦建筑安装工程公司
2003	平阳县人民医院内科病房综合楼	6913	温州华泰建设工程有限公司
2003	平阳凌志花园3号楼	8734	温州华厦建筑安装工程公司
2003	平阳县昆阳镇政府办公楼	10214	平阳县建筑桥梁工程公司
2004	平阳县规划建设大厦	9733	温州华厦建筑安装工程公司
2007	平阳佳乐花园	55000	温州建设集团有限公司
2011	平阳凌云花苑	68508	温州建设集团有限公司
2011	庄吉大厦	50540	三箭建设工程集团有限公司
2011	平阳县0601工程	2032	温州市中江建筑工程有限公司

说明：资料由县住建局提供

第六节　建筑行业管理

建筑工程施工许可证管理

1984年8月，成立“平阳县工程质量监督站”。根据建设部2001年7月4日颁布的《建设工程施工许可管理办法》，县规划建设局依法实施施工许可，严格执行基本建设程序，确保工程质量安全。

具体措施：一是严格许可条件，对符合条件的申请及时发放施工许可证；对于申请材料不齐全或不符合法定形式的，一次告知建设单位需要补正的全部内容。二是加大施工许可信息公开力度，将许可依据、条件、程序、期限、申请材料和示范文本等，在办公场所和局网站予以公示。三是加大颁发施工许可证后的监督检查力度，对取得施工许可证后不再符合许可条件、延期开工、中止施工等行为进行监督检查。

建造师管理

2002年12月，建设部发布《建造师执业资格制度暂行规定》，开始实施建设领域建造师执业资格制度。至2008年2月，建设部正式取消建筑业企业项目经理资质管理制度，实行注册建造师执业资格制度。2007年6月，全县对通过考试、考核取得建造师资格的人员首次实施建造师注册。至2012年年底，全县建筑业企业共拥有805名注册建造师，其中，一级110名、二级695名，专业涉及建筑工

2005—2012年平阳县施工许可证发放情况一览表

表 14-1-7

年份(年)	办理许可证(份)	施工面积(万平方米)	年份(年)	办理许可证(份)	施工面积(万平方米)
2005	117	127.82	2009	109	109.14
2006	106	136.71	2010	106	124.21
2007	105	67.85	2011	194	332.83
2008	101	106.40	2012	85	137.93

说明：资料由县住建局提供

程、市政公用工程、机电工程、水利水电工程、公路工程、矿业工程、电信工程等7个专业。

质量监督管理

1983年，实施国家《建设工程质量监督条例（试行）》。1984年，成立县建筑工程质量监督站，由县政府授权负责全县建筑工程的质量管理，实行竣工验收制度。1994年起实行工程质量监理。2000年国务院发布《建设工程质量管理条例》，实行竣工验收备案制度。2001年起，全县所有房屋建筑工程和市政基础设施工程实行竣工验收备案。

2007—2012年平阳县房屋竣工验收备案情况一览表

表14-1-8

年份（年）	项目（个）	建筑面积（万平方米）	年份（年）	项目（个）	建筑面积（万平方米）
2007	79	63.45	2010	47	45.15
2008	82	73.44	2011	72	86.59
2009	87	86.57	2012	69	68.58

说明：资料由县住建局提供

建筑材料检测

平阳县建筑材料检测所成立于1986年，隶属平阳县住房和城乡规划建设局，单位性质为集体企业。该所于2003年5月通过省质量技术监督局的计量认证，2008年10月取得省建设厅颁发的建筑工程检测机构新的资质证书。2012年有职工22名，其中，工程师6名、助理工程师5名、技术员8名、经济师1名，检测人员均持证上岗。成立之初，试验室只有一台WE-100型液压式万能试验机（上海产），只能做砂浆、混凝土试块、钢筋拉伸试验。2011年4月，开始承担县内在建工程的实体检测工作。2012年，开展的检测项目有钢筋、水泥、墙体材料、砂石分析、砼配合比、回弹、取芯、建筑门窗、钢管扣件、电气开关插座以及建筑节能等项目。2012年投资购置设备建立网上委托系统，及时掌握建设工程原材料质量状况，并缩短检测结果反馈时间。

2006—2012年平阳县建筑材料检测所建筑工程材料检测情况一览表

表14-1-9

类别	检测项目	2006年	2007年	2008年	2009年	2010年	2011年	2012年
钢材类	钢筋力学（组）	5207	4819	2934	3158	4258	7135	7937
	钢筋焊接（组）	5401	4650	6775	7930	10523	19626	24044
	机械连接（组）	—	—	—	—	—	138	365
水泥类	包括：水泥强度、安定性、凝结时间、稠度、流动度（组）	1739	1297	1100	578	707	1336	976
墙材类	砌墙砖（组）	1199	644	465	435	642	786	921
	加气混凝土砌块（组）	—	—	94	80	106	111	195
砂浆类	砂浆试块（组）	1250	1653	1344	831	993	2396	3052
	砂浆配合比（组）	502	337	268	233	310	463	442
混凝土类	同条件试块（组）	17808	19719	12236	9361	6279	30749	15412
	标养试块（组）	—	—	—	127	728	17142	24199
	抗渗试块（组）	186	150	175	70	106	326	687
	抗折试块（组）	—	—	3	4	6	110	11

续表 14-1-9

类别	检测项目	2006年	2007年	2008年	2009年	2010年	2011年	2012年
混凝土类	砂(组)	1267	650	373	330	422	599	499
	石子(组)	1037	588	276	210	235	359	243
	混凝土配合比(组)	1050	128	268	248	272	427	281
门窗	铝合金及塑钢门窗(组)	—	—	—	—	—	17	28
结构实体	包括构件:回弹、钢筋保护层厚度、楼板厚度及取芯(个单位工程)	1110	476	256	450	814	5112 (161)	11582 (358)
预制构件	结构性能检验包括:承载力检验、挠度、抗裂检验系数、最大裂缝宽度(粒板)	34	31	16	35	31	17	30

说明:资料由县住建局提供

安全生产管理

2004年,成立县建设工程安全监督站,履行建设工程安全监督管理职责。全县在建工程安全生产责任签订率100%,所有新开工项目投保率100%。

2004—2012年,先后开展54次全县规模的安全生产专项检查。检查工程1900次、建筑面积20700万平方米,填发限期整改通知书1600份、停工通知书140份。2009—2012年,共审查289项新开工工程的安全生产条件,总建筑面积500万平方米。对188个工程224台物料提升机、40个工程72台施工电梯以及64个工程84台塔吊办理使用登记手续。

招投标管理

1993年,组建招投标监理站,监理人员3人,制定《平阳县招标工程标底(函)编审有关规定》和《平阳县招标工程记分评标办法》等。

2004年11月,成立县招标投标市场管理委员会。2005年3月,县招标投标市场管理委员会办公室和县招标投标中心正式挂牌运作。2008年4月,原县规划建设局下属的县建设工程招标投标监理站撤销,其承担的有关职能划归到县公共资源交易管理委员会办公室。

建筑市场执法监察

1989年后,建筑市场执法监察由城乡建设局负责管理。1998年3月,实施《中华人民共和国建筑法》,开展建筑业法律、法规的宣传和建筑市场大检查。是年,县建设局成立建筑市场稽查大队,检查1997年以来的在建工程和竣工工程,重点抽查工程投资500万元以上或群众反映强烈的建设工程项目。1999年,组织工程技术人员对5年来竣工的400余个工程进行全面的拉网式复查,对存在不同程度质量隐患的18个工程进行整改。2001年,重点检查工程的建设程序和质保资料,并深入施工现场第一线进行实地检查,共检查工程项目203个、建筑面积104.98万平方米,查得各类违法违规工程34个、建筑面积13.72万平方米。2002年,开展建筑市场的整顿和规范工作。对无报建、无招投标、无质量监督、无施工许可、无证设计和无证施工等违法违规行为实行严管重罚。全年立案26件,结案26件,罚没款18.8万元。40家外地施工企业办理备案登记,14家外地监理机构进驻平阳。健全工程报建制、招投标制、合同管理制和施工许可制。2011年,共对全县在建工程项目负责人和监理人员在岗情况检查203人次,发布巡查通报4次,暂停5名项目负责人、2名专监上岗资格,并记入不良行为记录,网上公示。2012年,在建工程共332个,总面积约600万平方米,工程造价约140亿元。办理监督手续119个,竣工114个,发放整改通知单92份、停工通知书2份。

第二章　房地产业与住房保障

计划经济体制下，住房实施福利分配制，由政府和单位出资建房，以低租金租赁给干部职工和城镇居民。20世纪90年代初，国家推行住房制度改革，1992年8月，县编委批准成立县住房基金管理中心，与县住房制度改革领导小组办公室合署办公。1993年11月出台《平阳县城镇住房制度改革实施方案》，通过建立住房公积金制度、提租补贴、出售公房、集资建房（安居工程）、住房补贴、住房信贷等途径，逐步由计划经济下的住房制度转向住房商品化。

1978年设立县房地产管理所，1985年改称县房地产管理处，归属县基建局。1997年县房地产管理处改名为县房地产管理局，作为县政府直属自收自支事业单位，与县住房制度改革办公室合署办公。2002年，县房地产管理局改名为县房产管理局。2009年，县住房制度改革办公室增挂县住房保障办公室，与之合署办公。撤销县经济适用房开发中心。2012年2月29日，县规划建设局与县房产管理局（县住房制度改革办公室）合并为县住房和城乡规划建设局。

第一节　产权管理

房屋产权登记

1986年8月，县政府发布《关于进行城镇房屋产权总登记的通告》，开始对全县城镇房屋进行总登记。至1989年年底，发放产权证4512份，占应发户数的18.89%。1990年发放产权证10169份。1991年9月，全县单位房产开始登记发证工作，全年复审单位房产231件、建筑面积64583平方米。1992年，开展正常的房产权转移、注销、补登、变更登记手续，共发放产权证7838份，计建筑面积72.3万平方米。1993年县房管处开始面向钱仓、郑楼、宋桥、宋埠等新建制镇开展房屋总登记发证工作，对房地产产籍等有关资料进行归档建卡工作。1994年，在做好产权产籍登记的同时，清理产权登记历史积压件3000余件。1995年，对旧城改造后新建房屋以及建制镇房屋的产权陆续进行登记工作。1996年在全县各镇开展房屋普查工作。1998年4月，全县开始启用全国统一房屋权属证书。1999年7月29日，县政府出台《关于开展房屋产权验证换证工作的通告》，9月25日，县房地产管理局出台《平阳县房屋产权验换证实施规则》，着手做好验换证试点和前期准备工作。

2001年，县房地产管理局加强对产权登记发

1989—2012年平阳县房屋产权登记发证情况一览表

表14-2-1

年度（年）	发证件数（本）	建筑面积（万平方米）
1989	4512	—
1990	10169	—
1991	7838	—
1992	7838	72.98
1993	4185	—
1994	6089	114.04
1995	2801	—
1996	4794	—
1997	4890	—
1998	4838	—
1999	6236	52.60
2000	—	—
2001	27181	404.95
2002	11046	242.49
2003	13707	276.53
2004	12906	360.74
2005	8858	197.32
2006	8648	226.71
2007	8600	240.90
2008	12854	351.70
2009	11643	292.82
2010	13641	326.47
2011	10529	272.65
2012	12827	290.32
2012年12月底有效产权	124308（其中住宅109246，非住宅15062）	2447.31（其中住宅1760.62，非住宅686.69）

说明：资料由县住建局提供

证工作的规范化管理，在全县范围内开展1987年版已发房屋产权证验换新证工作。4月，昆阳、鳌江、水头镇房管所验换证复审权限下放。是年发放产权证27181份，计建筑面积404.9万平方米。

2003年10月，涉及产权登记的所有审批权限下放到各基层所站。2005年12月，县房产管理局对原有的房产档案管理系统进行升级改造，完成昆阳、鳌江、水头三镇房管所和局机关的房产信息网络化管理，实现产籍档案微机化管理。2008年，按照建设部颁发的《房屋登记办法》，于10月15日正式实施新的房屋登记信息系统。12月1日开始在全县范围内启用2008年版房屋所有权证，同时停止使用1998年版的房屋权属证书。2009年3月，县房产管理局成立农村集体土地房屋产权登记临时办公室，确定昆阳镇后岙村、山前村，鳌江镇塘下村、东河村，萧江镇后林村等5个村作为首批试点村，启动农村集体土地房屋登记工作。5个试点村核发农村房屋产权证132本。

2012年，全县房屋产权登记发证12827件，计建筑面积2903229平方米。全年办理转移登记6309件、变更登记3464件、初始登记2796件、更正登记156件、注销登记103件、抵押权设立登记17389件、预告登记2798件。至2012年年底，全县登记有效产权发证件数124308件，其中住宅109246件、非住宅15062件；总建筑面积为2447.31万平方米，其中住宅1760.62万平方米，非住宅686.69万平方米。

房产测绘

1986年，县房管处组织专业人员测绘昆阳、鳌江、水头、麻步、萧江、山门等镇21平方千米的房屋平面图378幅。1990年收集民国期间老图，复制163幅，整理土改册、地号册47本。并测绘8个镇房屋平面图22.15平方千米，443幅（1∶500比例），编设新号55317个。

1999年4月，成立县房地产管理局测绘队，新测房屋平面丘形图28幅，计2.5平方千米，修补房屋平面丘形图147幅。全年完成鳌江三期旧城改造工程项目93527平方米和昆阳两家房地产开发公司的商品房预、实测18774平方米。

2001年度完成经济开发区、昆阳、钱仓、萧江、水头、麻步等地的房产丘形图测绘工作，共计完成房产丘形图83幅，计4.15平方千米，修（补）测125幅，房屋约9366间。共完成商品房面积测算77.15万平方米，其中预测53.28万平方米、实测23.87万平方米，收取测绘费17.86万元。

2002年，根据省建设厅、建设部住房相关文件，县房产管理局先后制定《关于规范房产丘形图测绘及丘号编制与发放的通知》《平阳县建筑面积计算规则》及其补充说明《关于规范绘制房屋权属证书附图说明》等规范性文件。全年完成昆阳城北地块、经济开发区、鹤溪镇、宋桥镇栏杆桥村等地房产丘形图测绘工作。新测房产丘形图35幅，约800间，商品房预测建筑面积18.54万平方米，实测建筑面积33.13万平方米。同时测绘公司的筹建与资质申报工作按既定的步骤进行。

2003年12月，成立平阳县诚信房产测绘有限责任公司，并取得房产测绘丁级资质。2004年启动房产测绘数据化工程，至年底先后完成数据化房产图21幅，编制丘号649个。2005年预测商品房面积29.1万平方米，实测23.20万平方米，房产丘形图测绘50幅。2008年，县诚信房产测绘公司共完成房屋预测155.96万平方米，完成262个项目的面积

2001—2012年平阳县房产测绘面积统计表

表14-2-2　　单位：万平方米

时间（年）	房产实测面积	房产预测面积	合计
2001	23.87	53.28	77.15
2002	33.13	18.54	51.67
2003	46.68	32.69	79.37
2004	45.94	13.14	59.08
2005	23.20	29.07	52.27
2006	54.72	24.72	79.44
2007	130.15	72.07	202.22
2008	123.57	155.96	279.53
2009	111.61	51.76	163.37
2010	134.70	38.75	173.45
2011	132.82	31.01	163.83
2012	125.34	50.42	175.76
合计	985.73	571.41	1557.14

说明：资料由县住建局提供

测算工作，房产图数字化改造，全年共完成昆阳、鳌江、水头等25幅数字房产图的测绘工作。2010年县诚信房产测绘公司调整测绘成果审核程序，并对公建项目的房产分户图进行统一规范制作，建立图形库。2012年，全县完成预测50.42万平方米，实测125.34万平方米，合计175.76万平方米。完成全县32个楼盘共79幢房屋分户图的制作与上传。

第二节　房地产市场

房地产转让

1986年7月，经县政府批准，成立县房产交易所，主要负责全县房屋买卖、赠与、继承等产权转移登记过户工作。1989年，全县城镇房产交易234件、269间，建筑面积22796平方米，成交额达524万元。1990年，全县城镇房产交易334件、392间，建筑面积41885平方米，成交额达921万元。1998年，全县房产交易850件、1160.5间，建筑面积114527平方米，成交额达8740万元。2000年，县房管局制定《平阳县房地产地段基价》。2003年初，县房产管理局实施房产交易登记与产权登记并在一起，统一办理，实行“两表合一”，交易件的办理时间从60个工作日降到10个工作日。2006年，全年共办理房屋交易件(二手房交易)2935件，成交面积52.46万平方米。其中，住宅成交2516套，建筑面积42.08万平方米；办公楼成交10套，建筑面积1.04万平方米；商业营业用房成交343套，建筑面积6.73万平方米；其他用房成交66套，建筑面积2.61万平方米。2007年，县房产管理局办理房屋交易2822件，成交面积45.47万平方米。其中，住宅成交2487套，建筑面积3925252平方米；办公楼成交32间(套)，建筑面积14751平方米；商业营业用房成交255间(套)，建筑面积35914平方米；其他用房成交48间(套)，建筑面积45295平方米。2008年办理房屋交易件(二手房交易)3174件，面积55.28万平方米。其中住宅2886套(间)，成交面积43.70万平方米。2009年，共办理二手房交易3333件，建筑面积45.14万平方米，其中，住宅2851套(间)，建筑面积40.83万平方米。2010年，县房产管理局联合财税部门进驻昆阳、鳌江、水头、萧江4大中心合署办公，方便房屋交易双方直接报税。个人二手房交易评估程序取消，全年二手房交易3276件，房屋建筑面积47.83万平方米。2011年，全县二手房交易量有所下降，全年二手房成交量为40.89万平方米、2585套。2012年全年二手房交易3139件，房屋建筑面积42.3万平方米。

1989—2012年平阳县房地产转让情况一览表

表14-2-3

年份(年)	交易户数(户)	交易间数(间)	交易建筑面积(万平方米)	交易金额(亿元)
1989	234	269	2.28	0.05
1990	334	392	4.19	0.09
1991	788	844	8.94	0.21
1992	800	837	9.66	0.26
1993	844	994	10.15	0.41
1994	883	1155	10.55	0.52
1995	408	549.5	6.48	0.39
1996	598	663	6.68	0.50
1997	937	1093.5	10.21	0.89
1998	850	1160.5	11.45	0.87
1999	854	1238.5	15.08	—
2000	1948	2319	37.63	—
2001	—	—	—	—
2002	2148	—	30.92	1.02
2003	—	—	—	—
2004	—	—	—	—
2005	2935	—	50.43	7.03
2006	2935	2931	52.46	—
2007	2822	2822	45.47	—
2008	3174	—	55.28	19.89
2009	3333	—	45.14	13.49
2010	3276	—	47.83	—
2011	—	2585	40.89	—
2012	3139	—	42.30	—

说明：资料由县住建局提供

房地产抵押

1994年开始，全县房屋抵押管理逐步进入正常轨道，经过多次与金融机构协商，取得各金融机构的支持。根据省政府《浙江省抵押货物管理暂行办法》、市政府《温州市房屋抵押管理办法》的规定，依法开展抵押鉴证。1997年，县房管处与县人民银行联合出台《平阳县房地产抵押登记管理办法》。1999年，开展预购房屋、在建工程的抵押贷款业务。2002年5月，平阳县平正房地产估价有限公司组建成立。2004年12月份，实行房屋抵押注销制度和房地产价格评估资格认证制度，房产信息系统启用，实行房产信息化管理。2010年，县房产管理局对评估的办事程序进行整合、简化，10个基层所对各自辖区的地段价进行调查，并对评估的上限与下限作了规定，鼓励和扶持工业企业，给予抵押评估费减免50%优惠。

2005—2012年平阳县房产抵押情况登记表

表14-2-4

年度(年)	件数(件)	建筑面积(平方米)	抵押金额(万元)
2005	14578	2586019	353039.50
2006	13833	2550242	316916.91
2007	12552	2390920	323849.55
2008	19402	4401915	749165.01
2009	20632	5072122	1312148.55
2010	17855	4465439	1422240.78
2011	17369	4809751	1847433.93
2012	19736	5204862	2230661.54
合计	135957	31481270	8555455.77

说明:资料由县住建局提供

商品房预售

1999年11月，平阳县正式开始商品房购销（制定第一套统一的商品房购销合同），全年审批预售商品房面积14.98万平方米。2001年，全年经县房地产管理局批准预售商品房面积42.52万平方米。2005年，全年发放商品房预售许可证21份，预售面积28.55万平方米。2006年发放商品房预售许可证18份，预售面积22.5万平方米。2007年发放商品房预售许可证11份，预售面积14.16万平方米。

自2008年3月1日起，预售商品房统一实行网上公开销售。全年有17个房地产开发企业22个开发项目公开上网销售。2010年，商品房销售实行明码标价、一房一价制度及商品房买卖实名制，全部房源要在规定时间内一次性上网公开销售，开盘当天采用电脑摇号方式进行公开销售。全年发放商品房预售许可9份，预销售商品房总面积20.84万平方米。2011年全县商品房批准预售量上升，共批准预售商品房33.35万平方米。是年，《平阳县商品房预售资金监管实施细则》出台，将2010年11月1日后所有的预售项目纳入预售资金监管范围。同时加强商品房销售动态监管，所有销售项目均做好现场监管，一次性公开销售率100%，实名销售率100%，房地产价格备案率100%。

房产中介

1990年，县第一家地产中介服务站在萧江镇成立。1991年，昆阳、鳌江等镇先后建立房地产交易经纪服务站，全县房地产中介从业经纪人员22人。1999年，全县经审核批准的房地产中介服务机

2007—2012年平阳县商品房预售销售统计表

表14-2-5

年度(年)	预售许可数量(份)	预售套数(件)	预售面积(万平方米)	其中住宅套数(件)	其中住宅面积(万平方米)	合同备案套数(件)	合同备案面积(万平方米)	销售套数(套)	销售面积(万平方米)
2007	11	—	14.16	—	—	—	—	175	2.39
2008	22	3708	49.18	3146	45.46	1952	26.06	1643	23.29
2009	15	1938	26.86	1592	22.93	2859	39.46	2702	39.05
2010	9	1469	20.84	1379	19.29	1624	21.92	993	14.27
2011	11	2469	33.35	2391	32.40	1737	21.17	1466	19.14
2012	19	3658	51.87	3317	47.63	1731	23.90	2023	27.59

说明:资料由县住建局提供

构有18家。2000年12月15日，县房地产经纪人协会在鳌江镇成立。2001年，全县房地产经纪机构多达495家，从业人员近千人。2002年，县房产交易所根据国家七部委关于整顿和规范房地产市场的文件精神，对全县房地产中介机构进行整顿，取缔了一些无证经营户，全县房地产中介机构69家。2012年，县工商部门登记在册的全县房地产中介机构有220家，从业经纪人员约450人。

房地产开发企业

1989年，全县有县城建局下属2家房地产企业（平阳县综合房地产开发经营公司、平阳县建设房地产开发有限公司）。1993年成立温州居士达房地产开发公司、温州嘉乐房地产开发有限公司、温州同兴房地产开发有限公司、温州锦绣房地产开发有限公司、平阳县明达建设综合开发公司等5家公司。

2000年，全县房地产开发企业23家，投资2.17亿元，施工房屋面积37.43万平方米，竣工房屋面积9.33万平方米，商品房销售面积12.21万平方米。

2002年，全县房地产开发共完成投资额5.70亿元，施工房屋面积83.10万平方米，竣工房屋面积23.30万平方米，商品房销售面积16.40万平方米。

2006年，房地产开发完成投资5.21亿元，其中住宅完成投资3.96亿元；商品房施工面积73.43万平方米，其中住宅面积59.99万平方米；销售面积11.64万平方米，其中住宅10.83万平方米。

2008年，全县房屋施工面积118.78万平方米，其中住宅面积93.36万平方米。全年新开工面积32.30万平方米，其中住宅27.70万平方米。房屋竣工面积15.48万平方米，其中住宅面积13.05万平方米；商品房销售面积18.17万平方米，其中住宅销售16.03万平方米。商品房销售额86839万元，其中住宅销售1125套，销售额76988万元。是年商品房市场趋向低迷。

2009年，全县房地产开发企业共开发投资8.28亿元。施工面积130.40万平方米，其中住宅面积108万平方米，新开工面积29.35万平方米，其中住宅面积27万平方米，竣工面积21.09万平方米。2009年95%成交，价格上涨。县出让商品房建设用地项目20宗，出让土地总面积22.4万平方米（约336亩），其中，昆阳镇城北示范小区A03、A04地块，坐落于昆阳镇体育场西路南侧，东靠规划中的城北公园，于10月13日被置信房地产开发有限公司以3.95亿元竞得，该地块投标高于起始价10897万元，每亩土地均价867.39万元，楼面地价平均每平方米3950元，成为平阳县有史以来成交金额最高的一宗土地。

2010年，平阳县房地产开发企业投资22.60亿元。其中住宅建设投资18.76亿元，房屋施工面积189.66万平方米，竣工面积34.16万平方米，商品房销售20.88万平方米，其中住宅销售面积17.34万平方米，商品房销售额16.57亿元，其中住宅销售额14.55亿元。

2011年，全县房地产开发投资59.33亿元，其中住宅投资47.66亿元，全年房屋施工面积364.83万平方米，其中新开工面积203.05万平方米，竣工房屋面积37.43万平方米。

2012年，全年房开企业89家（其中二级资质企业15家、三级21家），项目固定资产投资额43.7亿元，全年新建商品房成交1885套，房屋竣工面积22.36万平方米。

是年全县房地产开发投资43.71亿元，其中住宅投资34.21亿元；全年房屋施工面积398.45万平方米，其中新开工面积56.37万平方米、竣工房屋面积22.36万平方米。

2012年平阳县三级以上房地产开发企业情况一览表

表14-2-6

公司名称	成立时间（年）	注册资金（万元）	资质等级	已开发项目	已开发面积（万平方米）	总投资（亿元）
温州居士达房地产开发有限公司		2000	二级	—	—	—
温州永安房地产开发有限公司	1993	8000	二级	永安花苑　世豪绿洲花苑 嘉铭怡园　华阳缇香	4.75	1.21

续表 14-2-6

公司名称	成立时间（年）	注册资金（万元）	资质等级	已开发项目	已开发面积（万平方米）	总投资（亿元）
温州振兴房地产开发有限公司	1993	5000	二级	莲都锦园　博鳌锦苑　华厦大楼　振兴大厦　鑫鳌大厦	13.2	4
温州嘉乐房地产开发有限公司	1993	9022	二级	嘉华锦苑　金典世嘉	3.46	3.4
浙江富园房地产开发有限公司	1998	9000	二级	银港富园　锦绣富园　锦鸿富园	6.10	3.19
温州天元房地产开发有限公司		2000	二级	—	—	—
平阳县家家乐房地产开发有限公司	2000	2000	二级	城市一线	0.83	1.87
平阳县泰宇房地产开发有限公司		1000	二级	—	—	—
温州同盛房地产开发有限公司	1999	2000	二级	丰润世家园　皇庭国际花园	5.65	0.62
浙江润地置业有限公司		2388	二级	—	—	—
温州育英房地产开发有限公司		2000	二级	—	—	—
温州远东房地产开发有限公司		2200	二级	—	—	—
温州益成置业有限公司	2007	3880	二级	益成嘉园　瓯南御园　和泰嘉园	9.45	3.75
温州市金川置业有限公司		1000	二级	—	—	—
平阳县利德房地产开发有限公司	2001	1000	二级	鳌江利德佳园	—	—
平阳县广厦房地产开发有限公司	1984	1000	三级	—	—	—
温州同兴房地产开发有限公司		1000.6	三级	—	—	—
平阳县金桥房地产开发有限公司		1000.5	三级	—	—	—
温州锦绣房地产开发有限公司	1993	4500	三级	—	—	—
平阳县明达建设综合开发公司	1993	1000	三级	—	—	—
平阳县金鹰房地产开发有限公司		1000	三级	—	—	—
平阳虎豪房地产开发有限公司		1000	三级	—	—	—
温州巴黎城房地产开发有限公司		2000	三级	—	—	—
温州金鼎房地产开发有限公司		1528	三级	—	—	—
温州三禾房地产开发有限公司		1080	三级	—	—	—
温州众泰房地产有限公司		1000	三级	—	—	—
温州港城房地产开发有限公司		1000	三级	—	—	—
温州庄吉置业有限公司		2000	三级	—	—	—
温州晨光房地产开发有限公司		2000	三级	—	—	—
平阳县天业房地产开发有限公司		1000	三级	—	—	—
温州市安建房地产市场开发有限公司		1000	三级	—	—	—
温州博鳌房地产置业有限公司		2000	三级	—	—	—
平阳县京业房地产开发有限公司	2007	1000	三级	—	—	—
温州野丰房地产开发有限公司	2008	1008	三级	—	—	—
温州中慈置业有限公司		1000	三级	—	—	—
温州富鳌房地产开发有限公司		1056	三级	—	—	—

说明：资料由县住建局提供

2003—2012年平阳县房地产开发投资完成情况

表14-2-7

年度（年）	企业数（个）	本年完成投资（万元）	本年新增固定资产（万元）	房屋施工面积（万平方米）	其中：住宅面积（万平方米）	房屋竣工面积（万平方米）	其中：住宅面积（万平方米）	竣工房屋价值（万元）	其中：住宅价值（万元）
2003	26	55552	29354	85.41	68.95	24.56	20.41	27574	20004
2004	36	47701	42922	83.93	70.06	34.18	28.08	37277	26628
2005	36	48389	11013	62.09	53.33	12.17	10.15	11009	9574
2006	37	52097	16581	73.43	59.99	9.61	8.43	10922	9614
2007	43	79048	49990	121.15	90.09	30.50	24.37	46235	35501
2008	52	101556	19104	118.78	93.36	15.48	13.05	17503	14702
2009	51	117276	25372	158.50	131.73	16.84	14.30	23107	18975
2010	61	225980	79109	189.66	153.57	34.16	26.39	72713	55709
2011	88	593282	124378	364.84	283.58	37.43	29.24	92909	73906
2012	89	437139	68964	398.45	305.88	22.36	18.93	55217	45805

说明：资料由县住建局提供

第三节　住房制度改革与住房保障

住房公积金制度

1992年8月，县住房基金管理中心成立。1993年11月，建立住房公积金制度，全县共有行政事业单位141家，缴纳住房公积金职工1052人。住房公积金由单位、个人各负担一半，属职工个人所有的住房储金。按照职工工资平均额的5%缴纳，全县最低缴存标准每人每月5元，5元以上的按照实际计算金额予以缴交，单位同额提缴。1994年5月，全县住房公积金缴存实行专项委托收款，首批委托收款单位为114个。1995年7月，最低缴存标准调整为每人每月20元，单位同额提缴。全县153个单位7764人建立了住房公积金，分别占应建335个单位、21115名职工人数的45.67%、36.77%。其中，行政事业单位占行政事业单位总人数的64.53%，企业单位占企业单位总人数的8.9%，归集总额达269.21万元，归集到位率达95%以上。1999年9月1日，住房公积金缴存比例调整为6%，调整后职工住房公积金月存缴额统一定为80元。2001年7月，住房公积金月缴存额调整为2000年度职工月平均工资的9%计提。

1998年2月25日，县政府印发《平阳县安居工程个人住房担保贷款管理暂行办法》，开始个人住房公积金担保贷款，最高贷款额度为2万元。2000年9月23日，开始取消个人住房公积金担保贷款形式，实行房产抵押贷款，最高贷款额度调整为5万元。2001年8月17日，《平阳县个人住房公积金抵押贷款实施方法》经县政府批准出台，并从2001年9月1日起执行。

2006年1月4日，温州市住房公积金管理中心平阳分中心正式挂牌成立，隶属市住房公积金管理中心派出机构。2007年1月1日，市住房公积金管委会出台实施《温州市住房公积金缴存管理暂行办法》《温州市住房公积金提取管理暂行办法》《温州市个人住房公积金贷款暂行办法》。2006年，非公有制企业开始建立住房公积金制度。2009年，住房公积金缴存比例由原来的9%调整为10%。2010年缴存比例由10%调整为12%。自2006年7月1日始，个人住房公积金贷款最高额度调到20万元。2007年7月1日，个人住房公积金贷款最高额度调为40万元。2009年5月11日，个人住房公积金贷款额度调到50万元、最低额度为35万元。2012年7月11日，个人住房公积金贷款额度调到60万元，最低额度为35万元。从1993—2012年，住房公积金缴存总额从2.21万元增加到166308.05万

平阳住房公积金基本情况一览表

表14-2-8

项　目	1993年（开始建制）	2006年（机构分设）	2012年年底
缴存人数(人)	1052	23900	32229
缴存单位(个)	141	1171	1584
缴存总额(万元)	2.21	30450	166308
缴存余额(万元)	0	23107	102788
累计贷款发放数(笔)	0	5431	10180
贷款发放总额(万元)	0	36900	191424
贷款发放余额(万元)	0	20378	105535

说明:资料由县住房公积金分中心提供

元,缴存比例从最初的5%提高到12%;缴存单位从141个增加到1584个。2012年归集住房公积金32229.48万元,归集余额达到102788.25万元;发放个人住房公积金贷款20511.6万元,贷款余额105535.04万元。至2012年年底,全县缴存住房公积金职工达32229人,累计有10180人使用住房公积金贷款191423.9万元,超过2万人次提取住房公积金63519.8万元用于住房消费。

公房出售

1993年,县房改办在县委党校、县广电局、县供销社、平化厂等10余个单位开展出售公房工作试点后,实施对机关、团体、企事业单位自管公有住房和房管部门管理住房出售,其主要对象为县内常住户口的公房承租人,并按规定标准面积购买,同时将产权有争议的、临街宜改为营业房的、旧城改造规划范围内等情形,列入不宜出售范围。出售价格初期以综合价为主,随后过渡至成本价,并实施折扣和特殊优惠政策。

2003年,全县累计审批出售公房1402户,总建筑面积7.53万平方米(其中自管房1277户,建筑面积6.63万平方米;直管公房125户,建筑面积0.9万平方米)。回收房款1708.74万元,产权发放率100%。

集资联建(安居工程)

1993年自《平阳县城镇住房制度改革实施方案》出台后,启动干部、职工集资联建房工作。1995年后又出台《平阳县深化城镇住房制度改革实施方案》《平阳县进一步深化城镇住房制度改革实施方案》。1997年,平阳县被列为国家安居工程试点县。1997年安居住房建设规模为5万平方米,国家安排2000万元信贷规模,分别在昆阳、鳌江、水头三镇建设。1998年,出台《平阳县安居工程个人住房担保贷款管理暂行办法》《平阳县安居工程对象资格审核办法》,随后续建安居工程20万平方米。1999年国家下达第二、三批经济适用房建设规模20万平方米,安排在昆阳镇和萧江镇。2011年,全县累计集资建房(安居工程)总建筑面积63.85万平方米,安置5423户干部职工居民住房。

2000年,共有12个单位申请集资联建房,申请人数337人,经审核批准325人,建筑面积3.3万平方米。2004年12月,依据温州市监察局《关于停止分散建设集资联建房的建议》要求,撤销平阳县经济开发区等31个单位,共1283套,建筑面积128240平方米的集资合作建房批文,且一律停止审批党政机关集资合作建房项目。2005年后停止分散建设集资联建住房。

住房补贴

2003年住房货币化分配启动。对于1998年12月31日前参加工作的离退休人员实行一次性住房

1992—2005年平阳县经济适用房(集资房安居房)建设项目情况一览表

表14-2-9

项目名称	建设时间	项目地址	套数（套）	面积（万平方米）
安居房(经济适用房)	1998—2001年	昆阳镇、鳌江镇、水头镇、萧江镇	1174	16.27
集资联建(机关)	1992—2005年	昆阳镇、鳌江镇、水头镇	3122	35.26
集资联建(企业)	1992—2005年	昆阳镇、鳌江镇、水头镇	1127	12.32
合　计			5423	63.85

说明:资料由县住建局提供

补贴，对于1999年之后参加工作的实行住房公积金补贴，对于低收入家庭实行廉租住房租赁补贴。在对全县419个单位17726名干部住房全面情况调查入档的基础上，首次审批市管单位325人的住房货币化分配申请，补贴资金951.24万元。至2007年，累计对县农业银行、县工商银行、县中国银行、县供电局、县烟草公司、县国税局、县港航局、县邮政局、县电信局、县邮政储蓄银行等单位审核住房补贴1422人，金额为5233万元。2005年，首批离休干部共有108人补贴资金203万元。至2008年，全县493名离休干部共计发放住房补贴1047万元。2010年10月，出台《平阳县退休人员住房货币化分配实施办法》。分别于2010年对第一批退休人员861人住房补贴为1592万元；2011年，第二批退休人员613人住房补贴为1156万元；2012年，第三批退休人员1349人住房补贴为2403万元；2014年，第四批退休人员1491人住房补贴为2430万元。

2005年4月，《平阳县城镇廉租住房补贴实施办法》出台。2006年，完成城镇居民中低收入家庭住房状况调查任务，确定200户为住房特困户。全县廉租住房租赁补贴制度于2007年在全县全面铺开。2009年，全县将低收入住房困难家庭廉租住房租赁补贴标准扩大到低保标准两倍以内，且廉租住房保障工作被列入县委、县府"治三水，破七难"民生建设项目。2011年9月，全县将低收入住房困难家庭廉租住房租赁补贴扩大到低保标准2.5倍以内。至2012年，廉租住房租赁补贴累计保障户数为1130户，共发放廉租住房租赁补贴993.95万元。

保障性住房

2007年12月，建立县住房保障联席会议制度。2008年4月，出台《平阳县2008—2010年城市低收入家庭住房保障规划和2008年度计划》。2009年年初，县政府与市政府签订《2009年度平阳县住房保障目标责任书》，并列入政府年度目标责任考核范围。2010年3月，出台《平阳县经济适用住房管理办法》《平阳县城镇廉租住房保障办法》，并对《平阳县2008—2010年城市低收入家庭住房保障规划和2008年度计划》进行调整，其规划适用期限为2010—2012年。2011年5月，成立平阳县保障性住房建设投资有限公司，注册资本5000万元。2011年开工建设3个保障住房建设项目，用地面积88亩，总建筑面积19.06万平方米，2043套，总投资7.59亿元。其中昆阳镇白垟路廉租住房建设地块，用地面积2.04亩，建筑面积3242.70平方米，廉租住房为53套；昆阳镇平师路保障性住房建设地块，用地面积25.52亩，建筑面积29838平方米，公共租赁住房512套；鳌江镇园林西路保障性住房地块，用地面积60.84亩，建筑面积157493平方米，保障性住房共1478套。

第四节　公房管理和落实私房政策

国家公房管理

房管部门直管的国家公房大都来自政府接管的代管房、土改没收房、新中国成立后建造的砖木、砖混结构住房。主要分布在昆阳、鳌江、水头、萧江、麻步、腾蛟、山门等镇。长期以来以低租金租给城镇居民、机关干部职工住房困难户居住。1989年，全县公房租金收入29.80万元；投入维修资金11.18万元。

1991年，全县直管公房租户实行签订保证金制租赁合约，实行公房租用证制度。全县承租户682户，面积50024平方米，共签订租赁合同627户（不含拟落实私房、代管房27户），发放租用证632本；全县投入公房维修经费17.78万元，其中，大修12.78万元、中修1.12万元、小修3.51万元，修缮面积8128平方米。

1993年，全县直管公房建筑面积为4.5万平方米，房屋1127间，租住户数658户。1997年租金收入98.14万元，比上年多收15.04万元。是年，投入600余万元资金购买旧城改造工程非住宅营业房。全年完成公房修缮80间，面积3833平方米，修缮经费7万元。

2000年，县房地产管理局组织力量对全县公房进行大清查，查清全县共有公房建筑面积31246平方米，其中住宅14889平方米，非住宅16357平方米。出台《平阳县直管公房管理制度》，严格公房管理机制。

2005年，县房产管理局对全县直管公房开展3次安全大检查，发现安全隐患及时给予修缮。全年投入维修资金12.2万元，维修面积10572平方米计142户。其中，中修面积4841平方米，计49户，维修资金80700元；小修面积5732平方米，计93户，维修资金41300元。2006年，共出售县直管旧公房33间，建筑面积2195.42平方米，回笼资金155万元。2007年，县房产管理局组织有关人员整理和收集相关的公房历史资料，予以办理国家公房产权登记，共计办理国家公房产权证书226本，其中，直管公房204本、单位自管房22本。2008年9月，全面启动平阳县国家直管公房经营权公开招租工作。鳌江镇江滨路30间和昆阳镇18间非住宅国有公房作为第一批招租试点，顺利完成公开招投标。2010年，县房产管理局以协议租赁方式同非住宅承租方签订

2007年平阳县国家公房汇总表（一）

表14-2-10

类别＼项目		房屋完全价值（元）	建筑面积（平方米）	备注
钢筋混凝土结构		1450674	753	1.非住宅11371平方米 住宅10962平方米 2.简易房(非住宅)70平方米
砖混结构	一等	6501753	4627	
	二等	1117642	6006	
砖木结构	一等	—	—	
	二等	658658	5003	
	三等	607145	5873	
简易结构		—	70	
合　计		10335872	22333	

2007年平阳县国家公房汇总表（二）

表14-2-11

单位＼项目	非住宅（平方米）	住宅（平方米）	合计（平方米）	户数（户）
昆阳镇	3934.68	2113.06	6047.74	79
鳌江镇	2115.08	6058.71	8173.79	81
水头镇	1091.68	1141.13	2232.81	17
萧江镇	649.02	—	649.02	8
麻步镇	481.45	—	481.45	2
腾蛟镇	3099.31	80.66	3179.97	8
山门镇	—	1568.50	1568.50	5
合　计	11371.22	10962.06	22333.28	200

说明：资料由县住建局提供

2012年平阳县国家公房建筑面积情况一览表

表14-2-12

单位＼项目	非住宅（平方米）	住宅（平方米）	合计（平方米）	户数（户）
昆阳镇	4233	1737	5970	80
鳌江镇	2555	3434	5989	56
水头镇	953	1044	1997	15
萧江镇	649	—	649	8
麻步镇	481	—	481	2
腾蛟镇	3099	81	3180	8
山门镇	—	1568	1569	5
合　计	11970	7864	19834	174

说明：资料由县机关事务管理局提供

租赁合同。全年维修公房65处，投入维修资金7.13万元。

2011年，县政府决定将国家公房移交县机关事务管理局负责管理。2012年9月，成立县公房管理中心。至2012年年底，全县国家公房计174户，建筑面积19834平方米，其中非住宅11970平方米、住宅7864平方米。

落实私房政策

20世纪80年代初，县政府成立县落实私房政策办公室，负责组织指导与协调落实私房工作，对全县土改保留房、代管房、“文化大革命”期间被挤占、被没收的私人房产等进行调查落实。1989年，要求落实9户，共计26间，面积956平方米；实际落实私房6户，计15.5间，面积348平方米，支出落实资金25645元。

1989—1998年，要求落实私房政策对象90户，共计196.5间，面积4369.25平方米，实际落实私房67户，计134间，面积2705.13平方米，支出落实资金277622元。

1999年8月两次召开落实私房工作会，对遗留私房案件给予解决和落实。2000年10月，县政府撤销县落实私房政策领导小组及办公室，将其有关职能转由县房产管理局承担。1999—2012年，仍有少数群众以信访名义到房管部门要求落实私房政策，经过调查核实符合私房落实政策的对象得到落实。

1989—1998年平阳县落实私房情况统计表

表14-2-13

年份（年）	要求落实			已经落实			
	户数（户）	间数（间）	面积（平方米）	户数（户）	间数（间）	面积（平方米）	补偿款（元）
1989	9	26	956.38	6	15.5	348.38	25645
1990	18	24.5	644.29	14	19	494.29	41140
1991	17	52.5	278.69	15	28.5	278.69	84860
1992	18	39	932.21	15	33.5	784	49988
1993	5	13.5	146.18	2	5	—	—
1994	6	17.5	418.18	5	15.5	402.92	500
1995	7	13	258.1	5	12	258.1	35486
1996	7	7.5	612.22	3	3	122.75	40003
1997	2	2	123	1	1	16	—
1998	1	1		1	1	—	—
合计	90	196.5		67	134	2705.13	277622

说明：资料由县住建局提供

第五节　物业管理和白蚁防治

物业管理

1995年，县政府出台《平阳县新建住宅小区管理实施细则》，并批准成立“新兴”和“新鳌”两家物业管理有限公司。是年，鳌江镇江滨路实行物业管理的住宅小区4个、房屋49幢。

1999年，县内第一个住宅小区管理委员会——昆阳镇新区住宅管理委员会成立。2000年，昆阳成立健康路、雅河路管理片区等4个业主委员会，鳌江成立江滨一期住宅区业主委员会。是年，平阳新兴物业公司安居工程昆阳小区获省物业管理示范住宅小区称号，机关宿舍一区获温州市物业管理优良住宅小区称号。

2001年，平阳县房地产管理局加强对住宅小区房屋装修管理，在鳌江物业公司成立房屋装修管理站，对物业公司管辖范围内的房屋装修进行审批、检查、验收，全年共审批房屋装修2598户，处理违章装修57户。

2003年9月1日，国务院《物业管理条例》实施。2004年，平阳实行装修管理登记备案制。2005年，县房产管理局对所属两家物业公司进行改制。“佳乐花园”等住宅均实行物业招标投标工作。是年，全县装修登记率90%，违章查处率100%。2006年，全年登记备案新成立的业主委员会共7个。2007年，5个小区成立了业主委员会。

2009年，全县物业服务行业内开展创建“平安物业”活动，15家物业服务企业、18个物业小区作为“平安小区”创建试点。相关部门对全县所有高层建筑进行大排查，48幢高层建筑和单位自管建筑完成整改，整改率达到94.5%，被列为市县重点高层建筑消防安全整改单位的九州大厦和萧江丽景大厦整改完毕。启用“房易维”物业维修资金电子管理系统，对各物业小区物业维修资金分幢核算，建账到户。物业维修资金使用实行公示制，建立业主查询制度。全年全县物业维修资金缴存金额1770.22万元，物业保修金缴存金额619.37万元，共支出物业维修金78.85万元。

2010年，9个物业小区成立业主委员会。昆阳凌志花苑小区获“2010年度温州市优秀示范物业小区”称号。物业维修资金管理中心规范物业维修资金的使用管理，采取物业维修资金使用公示制，对物业的维修设备更新实行核价核报制，项目完毕实行验收制。全年物业维修资金支出78.85万元，缴存维修资金1770.22万元，保修金619.37万元。

2011年，县房产管理局规范前期物业招投标工作，全年共完成14个前期物业招投标，指导16个小区成立了业主委员会。共缴存维修资金1636.17万元，保修金527.21万元，支出项目39个，支出金额143.40万元。

2012年平阳县物业公司登记表

表 14-2-14

物业公司	隶属关系	管理物业小区名称
新兴物业(三级)	本县	龙河佳园
新鳌物业(三级)	本县	鳌江利德公寓 文苑公寓 国帆公寓 时代花苑
旭阳物业(暂三级)	本县	锦绣富园
诚信物业(三级)	本县	永泰大厦 振兴大厦 华夏大厦 联东花苑 湖滨大厦
万国物业(三级)	本县	凌志花苑 昆仑花苑
信鸿物业(三级)	本县	
雅邦物业(三级)	本县	嘉弘锦苑 华庭锦绣 锦河公寓 嘉铭怡园
温州旨信物业(三级)	本县	海林轩 永安花苑 水头富尔家园
平阳县高山物业(三级)	本县	博鳌锦苑 和泰嘉园 壹品嘉园 瓯南御园 广厦铭苑 剑桥华府
平阳龙城物业(三级)	本县	二十一世纪
平阳家家乐物业管理有限公司(三级)	本县	汉森世家 水岸风庭 万和嘉园 怡景名居
平阳县银吉物业管理有限公司(三级)	本县	丽江花园
温州中正物业管理有限公司	本县	凌云花苑
大自然物业(一级)	外地	大自然家园
绿邦物业(二级)	外地	银泰花园
美地物业(三级)	外地	鳌江大厦 鑫敖大厦
房产物业(三级)	外地	京都花苑 华森家园 东河锦苑
温州联华物业平阳分公司(三级)	外地	解北旧城改造
温州鸿翔物业(一级)	外地	育英左岸铭都 丽晶铭都
温州大管家物业(一级)	外地	益成嘉园 世豪绿洲 京都红塑湾
苍南县鹿苍物业管理有限公司(三级)	外地	安海大厦
苍南百家乐物业(三级)	外地	九洲大厦 东方银座 新湖广场
温州非凡物业(三级)	外地	新港花苑小区
巢湖远洲物业(二级)	外地	泊金湾
瑞安市信达物业(三级)	外地	瑞阳豪庭
浙江华夏物业(一级)	外地	蓝田花苑
温州我爱我家物业(三级)	外地	红日檀香园
温州宏腾物业(三级)	外地	凤湖湾公花苑
温州金捷物业(三级)	外地	中嘉尚品
深圳开元国际(一级)	外地	万达商业广场
温州联华物业(三级)	外地	豪城水岸 基石花苑
温州荣德物业(三级)	外地	中富阳光景苑
温州大家族物业	外地	银港富园
温州万达广场商业管理有限公司	外地	万达广场
温州民和物业管理有限公司	外地	东方明珠苑

说明：资料由县住建局提供

2012年，全县共有35家物业公司，其中，外地进驻22家，管理小区66个。

小区选介

凌志花苑　位于昆阳镇人民路与雅河北路交汇处。采用欧陆建筑风格，造型端庄典雅，于2004年建成1幢高层、6幢小高层，建筑面积42538平方米。其中，住宅31851平方米，商业用房9068平方米，园林绿化广场4000余平方米。住户182户，封闭式物业管理，主要设备：全天候监控系统，电子对讲防盗门，消防自动系统，运程抄表系统，自动发电机组、电梯、二次供水、管道燃气。

凌志花苑（2012年）

安居二期小区　于2004年开工建设，位于昆阳镇联东北路，西邻凤湖公园，多层建筑楼群布局，38幢46个单元，建筑面积78800平方米，共计522住户。小区实行封闭式管理，出入口及周界设有报警、闭路电视监控。

安居二期小区（2012年）

大自然家园小区　位于昆阳镇汇水河路456号，南靠汇水河北路，北邻公园路和凤湖公园，西临体育场路，东隔清明河。小区总占地面积77190平方米，总建筑面积15万余平方米，小区容积率1.85，绿地率35%，8幢多层，18幢高层，共有867户住户、商铺84个、停车位432个。小区分二期建成，一期2009年2月交付使用，二期2012年3月交付使用。实现封闭式物业管理，出入口及周界设有防越报警、闭路电视监控、可视对讲与防盗门控制。

大自然家园小区（2012年）

昆仑花苑　位于昆阳镇人民路371号，建于2003年。小区占地面积3077平方米，1幢小高层，2幢多层住宅，合计住宅98套，其中，多层住宅44套、小高层住宅54套，总建筑面积23010平方米。小区实行封闭式管理，配有电子监控设施，大门口配置自动车禁系统。

昆仑花苑（2012年）

国帆公寓　位于鳌江镇兴鳌中路，于2009年5月建成交付使用。占地面积14291平方米，12幢多层楼房，建筑面积43060平方米，计408间(套)。

其中，住宅302套、营业房106间。小区车位77个，绿化面积12918平方米。小区门口配置自动车禁系统，围墙四周配备红外线报警系统。

国帆公寓（2012年）

温州巴黎城小区　位于鳌江镇火车大道。建于2005年，占地面积1.39万平方米，15幢56个单元（其中高层1幢，多层14幢）合计862间（套），其中，多层住宅630套、高层住宅232套、营业房16562平方米。小区实行封闭式管理，配有消控室24小时监控，外围设置红外线报警系统，大门口配备自动车禁系统。

温州巴黎城小区（2012年）

利德公寓　位于鳌江镇柳滨路，建于2006年12月。占地面积21820平方米，建筑面积23400平方米，住宅217套（1幢高层194套，2幢多层23套），营业房331平方米，绿化面积380平方米，车位50个。小区实行封闭式管理，配置消防设施，消控室24小时监控，外围设置红外线报警系统，大门口配备自动车禁系统。

利德公寓（2012年）

白蚁防治

平阳气候温暖湿润，适宜白蚁生存和繁殖。分布全县的白蚁有台湾乳白蚁、黄胸散白蚁、平阳堆砂白蚁、黑翅土白蚁、黄翅大白蚁，对房屋建筑、山林树木、水库堤坝造成危害。

1989年，县白蚁防治部门采取“以防为主”，对新建钢筋混凝土建筑物加强白蚁预防，全年新建房屋预防蚁害面积1.22万平方米，灭治蚁害0.11万平方米。1990年，全年公建项目预防37个，预防面积4.88万平方米，蚁害防治1.8万平方米。1991年，开展私建项目的白蚁防治工作。全年预防面积12.13万平方米，白蚁防治费12.31万元。

1997年，贯彻《浙江省房屋建筑白蚁防治管理办法》。全年预防54.18万平方米，防治费收入66.29万元。回访复查全县12个乡镇、95个单位、109幢房屋，共计10.27万平方米，未发现受白蚁危害。1998年，共签订白蚁预防合同46份，预防面积46.06万平方米，全年白蚁防治费收入127.03万元。复查12个镇的222个单位、241幢房屋，共计26.43万平方米。1999年，签订白蚁防治合同97份，预防面积96.2万平方米，收取白蚁防治费176.62万元。复查12个镇、89个单位、116幢房屋，计建筑面积10.96万平方米。结合过去20年的白蚁防治经验，绘成第一张《平阳县白蚁种类分布图》。

2000年，签订单位建房白蚁预防合同49份（83幢），私人建房预防合同4550户，共计建筑面积112.17万平方米，白蚁防治费收入223.52万元。是年，山林灭治白蚁面积266.7万亩。2001年，共签

1989—2012年平阳县房屋、山林白蚁预防、灭治、回访复查面积统计表

表14-2-15　　单位：万平方米

年份（年）	新建房屋签订预防合同面积		签订预防合同总面积	房屋灭治面积	回访复查、普查面积	山林灭治面积
	公 建	私 建				
1989	1.22	—	1.22	0.11	—	0.06
1990	4.88	0.02	4.90	1.80	—	—
1991	6.72	5.42	12.13	0.40	—	—
1992	11.30	8.35	19.65	0.80	—	—
1993	21.59	4.84	26.43	0.48	—	—
1994	6.07	5.65	11.72	0.38	—	—
1995	23.70	8.04	31.73	—	—	—
1996	17.95	4.90	22.85	—	16.50（134个单位、169幢房屋）	—
1997	39.30	14.88	54.18	—	10.27（95个单位、109幢房屋）	—
1998	29.25	16.81	46.06	—	30（222个单位、241幢房屋）	—
1999	42.51	53.69	96.20	—	10.96（89个单位、116幢房屋）	—
2000	40.40	71.77	112.17	2.80	25（83个单位、119幢房屋）	17.78
2001	74.65	51.12	125.77	1.80	17.98（54个单位、71幢房屋）	13.33
2002	56.27	42.19	98.46	4.12	—	13.33
2003	82.94	75.13	158.07	1.70	70.43	—
2004	50.06	37.77	87.83	2.12	56.27	—
2005	161.23	28.76	189.98	1.68	52.69	—
2006	102.28	57.25	159.52	2.58	147.83	—
2007	89.85	55.17	145.03	1.71	63.25	—
2008	125.21	58.32	183.53	2.8	86.4	—
2009	147.78	63.10	210.88	2.21	50	—
2010	181.21	55.63	236.84	4.13	122.00	—
2011	221.82	83.54	305.36	4.13	123.00	4.60
2012	155.12	39.17	194.29	3.20	万全镇（82村）、昆阳镇（36村）	—
合 计	1693.31	841.50	2534.81	33.94		

说明：①1996—2001年回访复查区域：为6个区12个镇；②资料由县住建局提供

订单位建房白蚁预防合同48份，118幢，私人建房预防合同2602份，建筑面积125.77万平方米，白蚁防治费收入213.39万元。共复查54个单位71幢房屋，共计179890平方米。另外，对143所中小学校舍进行义务蚁害检查。2002年，签订单位建房白蚁预防合同56份，私建房白蚁预防合同2788份，总计建筑面积98.46万平方米；灭治山林蚁害13.3公顷，房屋蚁害4.12万平方米，白蚁防治费收入130.35万元。萧江镇橘坡山公园在前两年灭治的基础上，采取蚁路施药等一系列措施，灭治效果显著，蚁害率控制在2%以内。

2003年，对新建房屋进行白蚁预防158.07万平方米，灭治房屋蚁害1.70万平方米，回访复查计70.43万平方米。2004年，对新建房屋进行白蚁预防87.83万平方米，旧房灭治2.12万平方米，回访复查计56.27万平方米。是年，要求使用环保药物进行蚁害防治，陆续停用氯丹、灭蚁灵等高毒杀虫剂。2005年4月，白蚁防治所会同温州市白蚁防治协会对中共浙江省一大会址、闽浙边抗日救亡干部学校——东楼遗址采用熏蒸法防治“平阳堆砂白蚁”。是年，对渔池水库、大硐洋水库、渔塘水库、龙潭水库等4个水库的堤坝进行蚁害灭治。

2006年，全年签订新建房屋白蚁预防合同总面积159.52万平方米，灭治房屋蚁害2.58万平方米，预防工程回访复查147.83万平方米。2009年，全面禁止使用氯丹、灭蚁灵等高毒污染的杀虫剂。2011年，县白蚁防治所采用新技术——白蚁防治监控系统，在达到防治白蚁的最佳效果的同时，不会对生态环境构成不良影响。2012年，在县规划区域内展开白蚁预防普查工作，至12月底已完成第一阶段万全镇（82个村）、昆阳镇（36个村）的白蚁预防普查。是年，该所在白蚁防治单位标准化建设考核中被全国白蚁防治标准化技术委员会评为“会员单位”。全年签订新建房屋白蚁预防合同总面积194.29万平方米，灭治房屋蚁害3.20万平方米。

专记：

平阳矿山井巷业

平阳的井巷发展，起源于县内矿产资源开采，服务和提升于全国各地的矿产资源开采。平阳井巷行业在管理上归属于建筑业，以外向型经济为主导，以技术和劳务输出为特点，为典型的平阳人经济模式。

发展概况

平阳县采矿业历史悠久。明洪武二十一年（1388），平阳置银场局，开采平阳天井 山（今顺溪白云村）、赤岩山（今腾蛟湖窦银坑村）的银矿。清光绪年间，平阳矾山明矾已从福建沙埕出口日本。民国15年（1926），王广源商号经营明矾，加工精制“虎标牌大明珠”，外销东南亚，参加巴拿马国际博览会获奖，推动了矾山明矾的生产。当时约20家矾窑年产1.2万吨，60%是王广源商号组织外运。民国17年（1928），全国明矾出口11.2万担，其中，矾山明矾8.7万担，占76.8%。县内还蕴藏丰富硫铁矿，面积50余平方千米，主要分布在山门、腾蛟龙尾、鳌江梅源等地，民国期间进行过开采。

新中国成立后，矾山133家矿主占据的矿山收归国有，1958年成立平阳矾矿联合公司，共有职工4800余人。是年，北港矾岩创办地方国营山门炼矾厂，建矾窑5座。1956年，省公安厅在山门兴建硫铁矿企业。1958年建立地方国营山门炼磺厂。1956—1988年，本县共开采硫铁矿矿砂26万吨。1960年，国家投资在山门怀溪建立平阳铜矿，有职工200余人，1962年停办，1968年恢复，1979年年产精铜沙100余吨。此外，县内还进行过伊利石的开采。

20世纪60年代初，国民经济调整，县内农民和采矿、建筑业职工到福建、江西、湖北等地参加公路建设、承包小型水利工程和井巷工程，逐渐形成外出工程队。1966年以后，一些公社组建建筑队（社），至1977年全县共有社队建筑队34个，从业人员2600余人。在此基础上，1980年10月成立平阳县第二建筑工程公司，除进行县内建筑业务外，大力组织劳务输出。1981年，平阳县第二建筑工程公司承担国家重点工程建设项目之一的葛洲坝部分工程施工任务，赢得声誉。

1984年10月，正式建立平阳县第二井巷工程公司，与县第二建筑工程公司合署办公。是年组建浙江省平阳县第一井巷工程公司，由山门、水头、腾蛟、麻步4个区专门从事矿山井巷技术工人组合而成。此后，外出工程队基本上是井巷工程队，从事矿山井巷、交通隧道、地下库房、军事设施、大型土石方开挖等工程施工。1987年，平阳县第二井巷工程公司承建河南省洛宁上宫金矿，获得通令嘉奖。是年承担国家"七五"计划重点工程项目之一的山西省阳涉铁路麻悬段的隧道、涵管和路基施工任务，提前3个月完工，合格率100%，优良率85%。县内施工的工程队共计28个，产值260万元；外出工程队169个，产值2707万元。

1997年，平阳县矿山井巷业产值14000万元，从业人员4000人。1998年，成立浙江安峡建设有限公司，原为浙江圣雄集团有限公司(武警水电安峡总公司前身)。2003年4月，在原国家矿山建筑安装工程施工一级资质企业——温州浙南井巷工程公司的核心主业和人力资源的基础上，分立组建综合性矿山建设施工企业——浙江中隧建设有限公司。2011年，浙江八达隧道工程有限公司取得隧道工程专业承包一级资质。2012年，温州第二井巷工程公司入选平阳县地方财政贡献20强。

20世纪90年代，随着国家能源行业的改革开放，一部分长期从事井巷工程的人员，在完成原始资本积累后，率先投资煤炭和有色金属整体矿山资源，从矿山井巷施工进入矿山资源行业的投资，主要投资山西、贵州、陕西、内蒙古、新疆等地。2012年平阳县籍人士在外投资煤、金属矿产等有99家企业。

2006—2012年平阳县井巷企业情况统计表

表14-2-16

年份(年)	产值(万元)	税收(万元)	员工人数(人)	其中技术人员(人)
2006	243197	2222.8	7433	854
2007	303513	2519.2	8139	783
2008	327375	2568.7	7894	796
2009	288213	3249	7105	875
2010	288292	3367.8	8509	892
2011	322981	3622.5	9725	826
2012	400148	4302.1	11381	1132

说明：资料由县住建局提供

井巷企业

2012年，平阳县矿山井巷企业12家。其中一级资质2家、二级资质2家，共拥有企业资本金25098万元，企业职员人数11381人。是年，平阳矿山井巷业总产值达到400148万元，缴税总额4302.1万元(不含平阳籍人士投资的县外矿山企业)。平阳籍人士在外投资的煤、金属等矿山企业有99家。从过去单纯从事井巷掘进和矿石承包开采作业，走向矿山资源买断，自行开矿、选矿的经营活动。矿山井巷行业从业人员的地域主要覆盖平阳县水头镇、萧江镇、腾蛟镇、山门镇、顺溪镇、南雁镇、青街乡等平阳西部镇乡。

温州第二井巷工程公司。成立于1980年，注册资金2118万元，隶属平阳县乡镇企业局。1988年为四级资质企业，1990年升为三级。后隶属平阳县经济和信息化局，系国家矿山工程施工总承包二级及隧道工程施工专业承包的二级企业。2012年有职工2286人，具有各类专业技术职称人员228人，其中高、中级专业技术职称129人，一级注册建造师20人，二级注册建造师18人，施工装备3168台(套)，所属项目部遍布全国各地，从事矿山、建筑安装、公路、铁路、隧道工程及大型土石方爆破等系列工程施工。

该公司先后承建设计年产120万吨的河北省矾山磷矿、年产60万吨的白银公司小铁山矿、湖北程湖铁矿及霍州、大同、邯郸、沈阳煤电集团(矿务局)总承包工程施工，同时，还分别承建国家和山西省重点工程项目之一的山西省阳涉铁路麻悬段隧道、京九铁路龙回一号隧道和青山下隧道，温州洞桥山隧道的开工为金温铁路打响了第一炮；南昆线焦家寨2号隧道、株六铁路复线梅底沟隧道、西康铁路凤镇隧道、焦南公路拐弯寨隧道、嵩洛公路南峪隧道及太古高等级公路碾底隧道等约计26千米。

该公司连续十年被温州市建筑业企业联合会评为信誉企业、优秀企业以及平阳县政府授予的纳税大户、纳税二十强等称号。2012年，建筑业总产值2.53亿元。

浙江八达隧道工程有限公司。前身为温州八达隧道工程有限公司，成立于1998年4月，是集公路工程、矿山井巷、大型土石方爆破施工为一体的专业综合施工企业。2001年11月，该公司并购平阳县第一井巷工程公司，并于2002年4月取得隧道工程专业承包二级资质，2005年9月取得公路工程施工总承包二级资质，2010年和2011年分别取得公路工程施工总承包一级和隧道工程专业承包一级资质，是县内唯一的一家交通工程一级企业。公司注册资金15080万元，2012年员工1820人，其中，中、高级工程师、经济师等各类专业技术人员172人。

该公司承建的代表性工程有：杭州市绕城高速黄鹤山隧道，全长1400米；山东烟台城市快速路魁星楼隧道全长1023米；以色列海法市卡麦尔公路隧道，全长9495米；太古高速西山特长隧道，全长13654米，获交通运输部“平安工地样板工程”称号。公司先后获交通运输部“平安工地，样板工程”，山东省“金杯示范工程”等称号。2012年，建筑业总产值4.52亿元。

浙江中隧建设有限公司。在原国家矿山建筑安装工程施工一级资质企业——温州浙南井巷工程公司的核心主业和人力资源的基础上，于2003年4月进行分立组建的综合性矿山建设施工企业。该公司具有矿山工程施工总承包二级资质，隧道工程专业承包二级资质，以及土石方、机电设备安装工程施工等资质，下辖5个二级专业公司和7个区域分公司，有2家控股子公司、2家参股子公司。公司注册资本金2580万元，总资产近亿元，2012年在册员工4013人，管理和专业技术人员618人，其中，教授级高级工程师5人、高级专业技术职称19人、中级专业技术职称64人。作业人员中，高级技师20人、技师87人。

该公司先后参加北京大安山煤矿、武钢大冶铁矿、山西潞安煤矿、八钢新疆和静郭德铁矿、神华集团新疆碱沟煤矿、中国黄金公司内蒙古包头金矿、淮南顾桥煤矿、贵州盘南响水矿井工程等省级以上重点矿山项目的主要开拓延深工程及矿区配套工程，其中包括洗煤厂、水泥厂、煤炭装车站、主井井塔、生产车间、生活设施等。建成新疆木垒县老君庙煤矿、仁怀市茶园煤矿、毕节瑞兴煤矿、三狮桐庐石灰石矿、甘肃大有煤矿主副井巷道工程、窑街煤电金河一号井系统工程等20余对矿井。随着改革开放的深入，公司转换经营机制，积极参与市场竞争，广泛参与铁路、公路、市政、水利水电、地铁与人防工程等项目的隧道与地下工程的施工。参加建设甬台温高速公路隧道、龙丽高速遂昌段第三合同段隧道、杭州灵溪隧道及接线工程、宜万铁路湖北段16标隧道、诸永高速台州段括苍山隧道、武广铁路客运专线湖南三标段工程、深圳东部沿海高速公路第四标段隧道、南厦高速泉州段石鼓山隧道、渝利铁路大梁山隧道、合福铁路安徽段绩溪隧道、西安秦岭终南山输水隧洞、深圳东部引水元山隧洞、拉西瓦水电站排水竖井工程、青岛黄岛国家石油储备库工程及北京、南京、广州、深圳地铁等工程施工。

该公司近年来共有几十项工程被评定为部、省、市级优质工程和优良样板工程，多次被入选“中国优秀矿山工程”，先后获建设部“中国建设系统优秀企业”，省、市级先进建筑施工企业和企业管理先进单位，省区域经济合作企业发展促进会2011年度社会责任奖企业和优秀理事单位。温州市政府2011年度建筑业做大做强突出贡献单位。系省建筑业行业协会直属理事会员单位。2012年，建筑业总产值5.35亿元。

浙江安峡建设有限公司。创建于1998年，原为浙江圣雄集团有限公司（武警水电安峡总公司前身），是一家从事矿山工程施工总承包的二级企业，同时，还专业承包了隧道、水工建筑、公路路基、路面等工程项目施工。该公司现有注册资金2080万元，拥有各类专业技术、经济职称人员131人（其中高、中级工程技术人员98人），有本专业的项目经理31人，拥有与矿山工程总承包及其工程专业承包范围相适应的大中型施工机械设备及质量检测设备663台（套）。

该公司先后承建年生产规模120万吨的沈阳矿务局东坡崖煤矿的井建工程和单项合同额2962.2万元的贵州黔南布依苗族自治州铅锌矿的改扩建主体工程等矿山工程总承包施工；参与举世闻名的长江三峡永久船闸的部分工程施工。同时，还专业承包株六铁路复线牵牛洼隧道、马遵公路马场坪隧道、107国道都岭隧道以及深圳东深供水工程凤岗隧道等30座隧道工程施工，其中，2002年提前完成西气东输18座隧道施工任务，累计隧道全长约35千米。此外承包库容为1亿立方米以上的河北桃林口水库大坝和新疆希尼尔水库大坝工程2座，完成三峡大道、孙许公路、苏坛公路、宜昌文源大道、太祁高速公路、太古公路第一合同段及西藏金河电站场内公路等建设工程，累计路基长130余千米，路面120万平方米以上。以及三峡工程孙许山爆破工程、太古山爆破工程等，共计6825万立方米。由平阳分公司负责的矿业开采项目有石家庄北营银矿、喀旗金宝利矿业、甘洛豫光矿业、新疆千鑫矿业、天顺鸿达矿业等。

经济社会效益

平阳县井巷企业从20世纪80年代开始走出平阳，最终走向全国各地，提供工程施工及服务。由于矿山整顿，井巷企业从1996年的242个减少到2012年的12个。部分早期从事煤炭及金属矿产开采的平阳人，投资全国各地的煤炭及金属矿产，成为能源矿产企业主。这部分的企业主纷纷把家乡的亲朋好友带去从事管理及其他工作，或通过融资、发行股份形式，使家乡群众从煤炭及金属矿产行业大发展中受益。据平阳组织调查组2009年在山西煤矿调查情况，是年平阳县商人在晋投资煤矿共400余处，总资产超过300亿元，在晋从事煤矿业人员约1.5万人，遍及山西各地。平阳县投资煤矿及金属矿产的大小股东近30万人。是年，从山西煤炭行业带回本县的资金约4亿元。

据县招商局统计，2010—2012年在外井巷企业及个人回乡投资项目9个，总计投资157859万元。2007年，山门林垂午成立平阳县善旺农业开发有限公司，承包3200亩山坡荒地，种植中草药，发展畜牧业和淡水养殖业；投资3.8亿元修建旅游度假村，发展革命老区红色旅游业。南雁卢孔欧、曾定主创办南雁开心农场，2011年9月变更为欧平农业综合开发有限公司。南雁周时昌在三兴村投资7700余万元兴建龙兴农庄，带领全村脱贫。2012年，在外平阳井巷企业及个人回乡投资房地产开发项目，投资北港新城锦园、亿豪名邸项目，投资额达9亿元。

多年来，在外经营井巷矿山的平阳籍企业及人士通过慈善机构或民间组织，多次出资捐助，支援家乡的经济社会建设。水头镇在外矿山企业家陈德伟计划1000万元，已到位300万元，建设水头镇林坑山公园。在平阳县的康庄道路、农村道路工程共计429.7千米建设中，在外经营井巷矿山的平阳籍企业及人士捐助了大量的资金。根据平阳县慈善总会的资料，2004—2012年，在外经营井巷矿山的平阳籍企业及人士共捐资7764万元。2004年，在外经营井巷矿山的平阳人士为水头“7·28”事故捐款76.3万元。2008年，在外经营井巷矿山的平阳籍企业及人士共捐资223万元。2009年，在外经营井巷矿山的平阳籍企业及人士共捐资182万元。2010年，在外经营井巷矿山的平阳籍企业及人士共捐资1215万元。2011年，在外经营井巷矿山的平阳籍企业及人士共捐资2644.5万元。2012年，在外经营井巷矿山的平阳籍企业及人士共捐资3423.52万元。

山西矿权改革的影响

煤矿资源为国家所有。2003年以前，山西省煤矿由国营、地方、乡镇集体三级经营。2004年后，实行矿权改革，开创了资源性产品采矿权个体化付费、所有权国有的形式。是时，由于受制革基地改造停产、限产和宏观调控影响，平阳县水头镇和北港地区大量资金寻找出路。当时电力紧张，煤成为紧俏物资，以平阳为主的温州人的目光自然转向投资山西、内蒙古等地的煤矿业。2005年《国务院关于促进煤炭工业健康发展的若干意见》出台后，山西加快兼并重组的步伐。2003年原规定淘汰关闭核定生产能力3万吨/年以下的煤矿，2005年将标准调整为9万吨/年，2007年调整到30万吨/年。2004年年底，煤价平均为420元/吨。至2008年10月，上升至1020元/吨。价格的暴涨，吸引平阳大量资金投向。

2008年，山西省委、省政府做出推进煤炭资源整合和煤矿兼并重组决策。9月，下发《山西省人民政府关于加快推进煤矿企业兼并重组的实施意见》，其基本目标是到2010年年底，山西全省只保留1000座煤矿，在现有基础上压减60%多。

是年，据浙江省国土资源厅与浙江省经济技术协作办公室“浙商矿业发展研究”项目调研报告称：山西119个县市区中，有90余个县市区产煤，产煤的地方均有浙商投资的煤矿，初步估计浙商在山西投资煤矿企业约450余家、煤矿500余座，投资总额在500亿元到1000亿元，占民间投资山西煤矿资金总量近1/6。在2008年浙江消耗的1.8亿吨煤炭中，山西浙商直接、间接返销煤炭占30%。山西浙商中的煤老板绝大多数是温州人，其中又以温州平阳县居多。由于温州民间资本相互拆借活跃，平阳县85万人口中估计有40万人与浙商在山西的煤炭生意有关。

2009年4月，山西省发布《关于进一步加快推进煤矿企业兼并重组整合有关问题的通知》，并出台《关于煤矿企业兼并重组整合所涉及资源采矿权价款处置办法的通知》等一系列相关配套规定，并宣告成立“山西煤矿企业兼并重组整合工作领导小组”。通知称，山西全省近2600座煤矿将由大同煤矿集团、山西焦煤集团等省属国有重点煤炭企业牵头重组，到2010年年底仅保留1000座；兼并重组后的煤企规模原则上不低于年产能300万吨，单井年产能不低于90万吨。2009年7月，山西省11个市的兼并重组整合方案将全部通过审查；10月底基本完成主体企业到位和证照过户换发工作，11月份全部通过验收。

山西煤矿重组兼并备受关注。2009年11月11—17日，由县府办、县委政法委、县协作办、县银监会等单位和水头、腾蛟、山门、顺溪、南雁、凤卧等乡镇人员组成调查组赴山西，调查了解此次山西煤矿兼并重组中本县在晋煤商情况。调查组先后走访了在晋煤商相对集中的太原、大同、朔州、晋城等地，与本县在晋煤商以及山西当地个别政府官员进行了深入交流。

据不完全统计，平阳县商人在晋投资煤矿共400余处，总资产超过300亿元。全县在晋从事煤矿业人员约1.5万人，遍及山西各地。平阳县商人在晋投资的煤矿，仅剩3家大煤矿未被兼并；从资金投入地来看，大同、临汾等地的煤商损失最为严重；从融资来源地来看，水头、腾蛟、凤卧、山门等乡镇的煤商损失最为严重。主要损失来自以下3个方面：

一是关停煤矿带来的初次投资损失。兼并重组前，一些煤矿被强令关停，投资煤矿的资金全部损失。如平阳县商人在大同市投资了约50余个煤矿（系当地政府招商引资项目，其“六证”主体为乡村集体等，由各乡镇、村收取管理费）都被关停。据不完全统计，平阳县煤商仅在大同一处损失就高达80余亿元。

二是标准提高带来的二次投入损失。自2005年以来，原年产规模不足的煤矿按照逐年提高的整顿要求，投入资金少则上千万元，多则上亿元。据了解，部分煤矿企业频频二次投入，收不抵支；部分起步较迟的煤商刚花巨资购买了具有较高生产能力的煤矿，但没过多久即被停产至今，损失很大。如一位煤商2007年以2亿余元购买一座煤矿开始改造，2008年奥运会前停工，2009年刚刚准备生产就碰上了资源整合，据称3年来未出过一吨煤，仅利息就达9000万元。

三是行政补偿机制带来的差额损失。根据2008年《山西省人民政府关于加快推进煤矿企业兼并重组的实施意见》等文件精神，对于被兼并重组的煤矿予以适当的经济补偿，即按照实物资产的评估价格加上资源价款补偿。但资产评估由兼并主体公司委托中介评估，明显不利于被兼并方；资源价款分不同情况补偿，如2006年之前缴纳的资源费按200%比率、2006年之后按150%比率进行补偿，其余政策未涉及部分一律不予考虑。在晋煤商认为，由于该赔偿机制与市场定价相去甚远，一般差距都在2倍以上；补偿资金分期支付，当年支付40%，次年支付40%，其余20%部分3年内到位，也给被兼并煤商带来严重的资金压力。

第十五卷

DI SHI WU JUAN

《平阳县志（1989—2012）》

PINGYANG XIAN ZHI

商贸服务业
对外及对港澳台经济贸易

第一章　商业所有制结构

第二章　市场网点和商务经营

第三章　粮油购销

第四章　社会服务业

第五章　对外及对港澳台经济贸易

1989年后，平阳县商贸流通业与对外贸易经历从计划经济向市场经济转变。产业结构从以国营和合作商业为主，转变为以民营、个体私营经济占重要地位。经过20余年的发展，商贸流通业业态日趋合理，发展体系日臻完善，产业投资步伐加快，产业总量与规模迅速提升。

1989年，全县社会商品零售总额32868万元。至2000年273451万元，比1989年增长7.32倍。2012年全县社会商品零售总额107.84亿元（其中批零贸易业零售额为92.50亿元，住宿餐饮业营业额15.34亿元），比2000年增长2.94倍。是年，全县共有各类市场48个，成交额27.09亿元。年末，共有商业网点1万余个，从业人员2万余人。初步形成以大型超市商场为核心、连锁超市便利店为主体、其他零售形式为辅助的现代商业零售体系，和以专业市场为龙头、商品综合交易市场为骨干、农贸菜市场为辅助的商品交易框架体系。

1989年，全县外贸收购调拨额5459万元，其中，县外贸公司收购额3533万元。1992年，县外贸出口收购总额突破亿元大关。2000年，全县外贸出口供货值达13.07亿元，累计24家企业获得进出口自营权。2001年中国加入世贸组织以后，放宽外贸进出口经营权的入门条件，实行备案登记制。2012年底，全县按海关统计有开展自营进出口业务实绩的企业达362家，自营进出口总额73526万美元，其中出口62606万美元、进口10920万美元。2012年组建县商务局，内设机构4个，定编人员12人。

2000—2012年平阳县社会商品零售总额统计表

表15-0-1

年度（年）	零售总额（元）	年度	零售总额（万元）
2000	273451	2007	613460
2001	303982	2008	725954
2002	334603	2009	835665
2003	348164	2010	958529
2004	421047	2011	1108973
2005	468237	2012	1078400
2006	528409		

说明：据《2012年平阳统计年鉴》208页

第一章 商业所有制结构

20世纪80年代，商品流通行业以国有、集体企业为主。商业、粮食、物资、供销等系统的国有、集体企业是城乡商贸业的经营主体，总体上包揽全县生产、生活资料的收购和供应。1992年后，商业市场全面放开，个体、私营商业得以大力发展。1996年后，国营、集体商业企业陆续改制，相继退出商品流通领域和服务领域，其主体地位逐渐由个体、私营企业所取代，商业由过去的卖方市场转变为买方市场。2001年撤销县商业局、物资局，国营和供销合作商业下属企业基本完成改制，国有粮食企业解体，国有企业逐步退出流通领域。产权制度改革后，有限责任公司、股份合作制公司等涌现，商业网点扩充，商品市场繁荣。

第一节 国有商业

1982年，全县商品零售总额11062万元，其中，国有经济3003万元，集体经济6598万元，合计9601万元；个体经济仅756万元，其他经济705万元。国有、集体经济占86.8%份额。1989年，国有、集体经济商业零售额18467万元，占当年商品零售总额32868万元份额56.2%。1993年，国有、集体经济占商品零售总额份额降为38.8%，个体私营经济占61.2%，社会商品流通领域开始由个体、私营经济占主角地位。1999年，全社会商品零售总额246775万元，其中，国有、集体商业企业53561万元，占总零售额降至21.7%；个体私营经济零售总额193214万元，占比升至78.3%。

2001年，国营商业与供销合作商业企业开始全面改制。2002年，在全社会消费品零售额中，私营、个体经济零售额18.3亿元，占全社会消费品零售额33.46亿元的55.8%。2003年，私营、个体经济零售额24.8亿元，比上年增长35.5%，占全社会消费品零售额34.82亿元的71.4%。

据《平阳县第一次经济普查主要数据公报》：2004年年末，全县共有批发和零售法人单位409个，从业人员3408人。批发和零售业销售额

1982—1999年平阳县社会商品零售总额分类统计表(按经济类型)

表15-1-1　单位:万元

年份(年)	社会商品零售总额	国有经济	集体经济	合　计	合计占比%	个体经济	其他经济
1982	11062	3003	6598	9601	86.8	756	705
1983	12867	3237	6798	10035	78.0	1998	834
1984	14650	4021	7505	11526	78.7	2174	950
1985	17720	3490	8733	12223	69.0	4057	1440
1986	22684	5170	9560	14730	64.9	6032	1922
1987	26680	5861	9979	15850	59.4	6838	4002
1988	33315	7997	11450	19447	58.4	7992	5976
1989	32868	6600	11867	18467	56.2	7394	7007
1990	35102	7626	11114	18740	53.4	8055	8307
1991	40609	9063	12423	21486	52.9	8582	10541
1992	47939	10444	14216	24660	51.4	10017	13262
1993	57440	14007	8295	22302	38.8	19317	15821
1994	100456	12115	18053	30168	30.0	48092	22196
1995	134284	10421	13329	23750	17.7	75181	35352
1996	172199	12306	16073	28379	16.5	96112	47708
1997	196108	12600	17624	30224	15.4	110235	55649
1998	219823	13132	19535	32667	14.9	124803	62353
1999	246775	14862	38699	53561	21.7	129187	64027

说明:据县统计局《沧桑巨变　世纪腾飞(1949—1999)》102页整理

195538万元。批发业个体经营户1904户,就业人员3592人;零售业个体经营户17065户,就业人员24766人。在批发和零售业法人单位中,国有、国有联营和国有独资公司占5.4%,集体、集体联营和股份制合作企业占35.5%,私营企业占47.6%,其余类型占11.5%。

据平阳县第二次经济普查主要数据:2008年年末,全县共有批发和零售法人单位497个(其中批发业324个,包括国有6个、集体16个、联营企业2个、有限责任公司41个、股份有限公司3个、私营企业256个;零售业173个,包括国有2个、集体4个、有限责任公司10个、私营企业157个),从业人员4125人(批发业2837人,零售业1288人)。批发零售销售额388082万元,其中国有集体80857万元,占全部批发零售销售额的20.83%,其余联营企业、有限责任公司、股份有限公司、私营企业307225万元,占79.17%。①

1989年,县商业局下辖的国有中型商业企业有:县百货公司、县糖业烟酒公司(简称县烟糖公司)、县烟草公司、县五金交电化工公司(简称县五交化公司)、县石油公司、县食品公司、鳌江工业品贸易中心(简称工贸中心);国有小型商业企业有县饮食服务公司、南麂商店。年末在职职工1105人,离休、退休、精减退职等445人。商业局系统零售额占全县12.19%,批发额占全县48.7%。县物资局下属国有企业有:昆阳物资供应站、县木材公司、县燃

① 据《平阳县第三次经济普查主要数据公报》:2013年年末,全县共有批发和零售法人单位1648个,从业人员10706人,分别比2008年年末增长231.6%和159.5%。在批发和零售法人单位中,内资占100%,其中国有占0.3%,股份有限公司占0.2%,有限责任公司占10.3%,私营占83.2%。是年年末,全县批发和零售法人单位资产总计50.33亿元,比2008年年末增长129.1%。

料公司、县金属材料公司、县化轻建材公司、县机电设备公司、县生产物资服务公司、县废旧金属回收利用公司。县粮食局统揽全县粮食计划收购和计划供应，全县设有8个粮管所。2000年，国有商业完成“以物抵贷”工作，清偿历史债务，对县百货公司、县五交化公司、工贸中心、县烟糖公司等18处固定资产实行拍卖。2001年，平阳县国有商业账面总资产2860万元，总负债1793万元，所有者权益1067万元，年亏损金额71万元。县物资局、粮食局系统企业于2000年后相继完成改制。

县商业局办公楼（1990年）

县商业局系统

县百货公司 始建于1950年4月，1981年分县后，有干部、职工181人，流动资金107.11万元，固定资产70.59万元，当年销售额2208.83万元。1989年，县百货公司下设7个批发部和4个独立核算零售商店。主要经营纺织品、百货、针织品、文化用品、洗涤化妆等批发和零售，公司注册资金为176.38万元，年末职工278人，退离休及退职职工90人。是年，商品总购进1710.1万元，商品总销售1772.4万元。1992年，县百货公司将“昆阳第一百货商店”更名为“平阳县百货公司昆阳商场”（昆阳百货公司），并实行独立核算、自负盈亏的改革，企业具有法人资格。1993年，由于亏损和企业资金周转问题停止经营，退出市场。2008年，进行改制，在册职工165人，离休人员1人，退休职工95人，遗属人员生活困难补助者11人。

县昆阳百货公司 1995年8月，县百货公司昆阳片零售部门从县百货公司分出，成立县昆阳百货公司，直属县商业局。县昆阳百货公司下属单位有昆阳商场、昆阳镇第二百货商店、昆阳镇第三百货商店，在册职工77人，离退休人员31人，固定资产评估321万元，注册资金200万元。2001年9月，公司停止经营退出市场。截至2012年12月底，在册职工52人，离休干部2人，退休职工56人。

县食品公司 1954年，成立中国食品公司温州支公司平阳经营处。1955年改称中国食品公司浙江省平阳县公司，各区设经营组或收购点，经营猪、羊、牛、禽、蛋等。1958年，与原供销社生活资料批发站及专卖公司、盐业公司合并成立县商业局副食品采购批发站，各区食品组并入供销部。1961年，恢复公司建制。1967年，公司成立肉类加工厂和生猪转运站。1977年，增设畜禽良种场。1981年分县后，公司职工198人，流动资金20.18万元，固定资产78万元。

1989年，县食品公司下设万全、麻步、水头、腾蛟、山门食品站及贸易部、兴隆商行和肉禽蛋经营部。注册资金78.98万元，年商品总购进1413.8万元，商品总销售1499.0万元，年末职工233人，退离休及退职职工104人。1992年，取消农副产品经营指导性计划，农副产品实行自由上市、多渠道流通的经营方式，生猪购销基本上被屠工占有。1994年，食品公司贸易部实行职工投资入股，投资54万元，在昆阳、鳌江两镇创办屠宰场。2006年，县食品公司改制退出市场。企业改制时，在册职工238人，离休干部5人，退休人员104人，遗属人员生活困难补助者9人。

县烟糖公司 1963年6月，由县食品公司分出烟、糖、酒、盐业务，成立中国糖业烟酒公司浙江省平阳县公司。1970年，并入县食品公司。1973年，从食品公司又分出县副食品公司。1977年，仍成立县烟糖公司。1978年11月，另外成立县酒类专卖管理局，与县烟糖公司合署办公。1981年，分县后的平阳公司有干部职工114人，流动资金39.55万元，固定资产50.6万元。

1989年，县烟糖公司下设3个批发部和7个独立核算零售门市部，年末职工152人，退离休及退职职工44人。经营食糖、酒类、乳制品、水果罐头等批发和零售，公司注册资金95.61万元。年商品总购进2330.7万元，商品总销售2583.9万元。1993年7月，撤销县烟糖公司昆阳烟糖商店，组建县烟糖公司昆阳第一商店和县烟糖公司昆阳第二商店。11月，公司在钱仓设立糖烟酒经营站，作为公司批发下伸点，实行非独立核算，人员由各批发部调配。1994年，国有商业县烟糖公司执行全员风险抵押，优化组合。1997年公司改制，于2004年退出市场。企业改制时，在册职工140人，离休人员2人，退休职工43人，遗属人员生活困难补助者10人。

县烟糖公司昆阳烟糖商店一角（1990年）

县烟草公司　1988年2月，县烟草公司由县烟糖公司分出，成立浙江省烟草公司平阳县公司，并在昆阳镇设立经营组，年末职工38人，退离休及退职职工30人。是月，成立平阳县烟草专卖局，与烟草公司一个机构、两块牌子。是时，卷烟价格放开。2008年，县级烟草公司法人资格取消，资产关系上划上级公司，更名为温州市烟草公司平阳分公司。

县副食品批发交易市场　1992年1月，县食品、烟糖两公司联合创办县副食品批发交易市场，位于鳌江镇新鳌路与曙光路路口。该市场占地面积3800平方米，营业门面82间，以批发经营为主，辅以交易业务、代购代销、联购联销的灵活形式，实行开放式市场，直属县商业局。2000年2月，对该市场进行拆建，于2002年10月竣工验收并投入使用。新建的市场建筑面积为12710.44平方米，总造价1006.83万元。其中，底层商场面积1541.36平方米，营业门面66间，实行租赁经营。2007年，开始将店铺拍卖，归个体私营经营者所有。

县石油公司　1958年，县商业局成立生产资料采购批发站，经营石油、煤炭业务。1961年生产资料采购批发站改为县工业器材公司，1963年与五金机械公司合署经营。1969年两公司合并为县五金石油公司。1973年，从五金石油公司分出，另立中国石油煤炭公司浙江省平阳县公司。1977—1981年，改称县石油燃料公司。1981年分县后，公司职工297人，流动资金10.5万元，固定资产80.2万元。

1985年7月，平阳石油燃料公司分家后成立平阳县石油公司。1989年年末有职工82人，离退休及退职人员16人。1994年，石油公司液化站实行股份制改革。1998年6月，县石油公司从县商业局划出，变更为中国石油化工股份有限公司浙江温州平阳石油分公司。

县五金交电化工公司　1956年，在全行业公私合营企业的基础上，先后成立平阳县交通电工器材公司和化工原料公司(1957年改称化工燃料公司)。1958年改组并入县工业品采购批发站。11月，将五金、交电、化工原料业务划归县商业局生产资料采购批发站。1961年，县生产资料采购批发站改为县工业器材公司。1963年，县工业器材公司撤销，成立县五金机械公司和石油公司，两公司一套人马、三套核算(五金、石油、煤炭)。1969年，两公司合并为县五金石油公司。1973年，石油煤炭业务划出，改名县五金交电公司。1974年改称县五金交电化工原料公司。1982年分县后，公司有干部职工283人，流动资金43.49万元，固定资产31.17万元。

1989年，县五交化公司下设4个批发部、6个独立核算零售商店和电器修理部。经营五金、家电、交电、化工商品等批发和零售业务，注册资金70.97万元，年末职工139人，退离休职工16人。是年，商品总购进1394.4万元，商品总销售1369.7万元。1992年12月，公司创办平阳县五交化公司家电经营部。1993年2月，对平阳县五交化公司交电批发部、平阳县五交化公司五金批发部实行租赁经营。1993年3月，增设非独立核算的平阳县五交化公司电器发展部和平阳县五交化公司综合批发部。1999年12月因多年亏损进行改制退出市场。企业改制时，在册职工153人，离休人员2人，退休人员32人，遗属人员生活困难补助者5人。

县饮食服务公司　1963年，城关、鳌江分别成立县饮食服务总店，至1969年冬改称县饮食服务公司。1979年2月两镇公司合并为平阳县饮食服务公司，下属5个独立核算单位。1981年，共有职工199人，流动资金15.74万元，固定资产46.58万元。

1989年，县饮食服务公司下设平阳酒家、横阳旅馆、横阳饭店、平阳照相馆、昆阳第四百货商店。1989年2月，原属县百货公司管理的昆阳第四百货商店（原益友调剂商店）划归县饮服公司管理。主要经营：旅馆、饮食、照相等业务，注册资金28.59万元。1989年营业收入62.78万元。1992年9月，昆阳第四百货商店更名为国营横阳综合商店。2006年8月，县饮服公司改制退出市场。公司改制时在册职工91人，离休干部1人，退休职工38人，遗属人员生活困难补助者2人。

县饮食服务公司横阳旅馆（1990年）

县工贸中心　1984年，成立“浙江省鳌江工业品贸易中心”。1989年，工贸中心下设3个批发部（五交化批发部、针织百货批发部、副食品批发部）、2个零售部门（零售门市部、中心商场）、6个服务部门（中心大楼旅馆部、中心大楼酒楼、鳌江车站饭店、人民旅馆、第二旅馆、车站旅馆）。主要经营针织、百货、家电、交电、副食品批发及旅馆、饮食等业务，注册资金124.5万元。1989年，商品总购进667.2万元，商品总销售698.7万元，年末，有职工101人，退离休及退职职工69人。1999年6月，县工贸中心改制退出市场。企业改制时，在册职工98人，退休职工70人，遗属人员生活困难补助者7人。

县商业投资经营有限公司　1998年11月，县商业投资经营有限公司成立，为经营国有资产的特殊企业，系国有独资有限责任公司，隶属县政府委托县商业局管理。公司设立董事会和监事会，实行董事会领导下总经理负责制。经营范围：商业国有资产开发经营。注册资本1592万元，由7家国有商业企业（县昆阳百货公司、县百货公司、县饮服公司、县食品公司、县烟糖公司、县五交化公司、县工贸中心）所有者权益组成。1999年9月投资50万元，创办平阳县商业超市连锁有限公司，为国有独资的有限责任公司，公司实行自主经营、独立核算、自负盈亏。经营方式为批零兼营。经营范围：日用百货、副食品、针织品、服装、皮革制品、药品、书籍、鲜花、烟草、五金、家电等。公司主要管理人员实行年薪制。2004年1月公司停业，2012年12月公司改制，退出市场，改制时企业在册职工10人。

县工业品综合市场　1992年6月，县百货和五交化两公司联合创办平阳县工业品综合市场，占地面积2275平方米，营业门面和摊位136个。1993年10月，由于鳌江镇老城改建，开业一年的平阳县工业品综合市场予以拆迁并注销。

县物资局系统

1959年10月建立县物资调拨局，1963年改称物资局。机构多次变动，1984年7月，县物资局恢复建制。1989年年末，下属企业有县金属材料公司、机电设备公司、化工建材公司、木材公司、燃料公司和昆阳物资供应站。年末在册正式职工243人，另有集体工106人。1997年，县化工建材公司、县金属材料公司、县生产资料公司、县机电设备公司向县人民法院申请破产。2001年撤销县物资局。

1989年平阳县物资企业基本情况一览表

表15-1-2　　单位：人、万元

企业名称	创建时间	职工人数	自有资金	固定资产原值	销售额	利润	税金
金属材料公司	1959.10	37	26.5	17.4	540	-0.53	4.7
机电设备公司	1959.10	31	4.0	19.0	620	-11.24	5.5
化工建材公司	1959.10	36	4.6	15.9	413	-23.18	1.6
木材公司	1957.06	43	39.6	30.0	277	4.41	5.7
燃料公司	1959.10	91	17.0	77.4	893	41.69	38.2
昆阳物资供应站	1959.10	5	0.4	—	55	0.80	0.58
合计		243	92.1	159.7	2798	11.95	56.28

说明：据1990年县体制改革委员会、县计划委员会、县经济师协会编《发展中的平阳经济》第144页

年内其下属县燃料公司、木材公司、昆阳物资供应站3家国有物资企业完成改制，183名职工解除劳动关系。

县化工建材公司　1959年创办。主营化工、轻工、橡胶、塑料批发和零售，兼营建筑材料批发。1987年起推行承包经营，因经营不善资不抵债，于1999年县政府批复同意破产，未能执行，后改名县民爆公司。2012年完成改制，在册员工23人。

县金属材料公司　1959年创办。1983年由原平阳县物资公司分设为县属小型国有企业。2001年4月在册员工36人。2007年实行改制，在册员工27人。

县机电设备公司　1959年创办。主要经营范围：机电设备、租赁业务、汽车及汽车配件。经营方式：批发、零售和组织交易。1997年申请破产未得到落实。1998年1月停业，2001年4月在册员工63人。先后隶属县物资局、县经贸局。后隶属县商务局，2012年改制。

县燃料公司　1959年创办。1985年，县石油燃料公司分设县石油公司和县燃料公司。1995年，物资局系统对其两个业务部、两个煤场进行公开投标，实行风险抵押承包。1999年改制时，在职职工100余人。2000年完成改制。

县木材公司　1957年创办。2000年6月按“职工与企业保留关系，借领生产自救金”的形式改制。2001年5月，县政府批复同意木材公司按“职工领取出路安置费”后，与企业解除劳动关系，在册员工63人。

昆阳物资供应站　1959年创办。2001年4月实行“资产整体转让，职工一次性安置”，在册员工7人。

县生产物资服务公司　成立于1992年。注册资金50万元。主营生产资料、金属材料。1999年停业，在册职工24人，2012年完成改制。

县工业局系统

县医药公司　成立于1960年。初名县中西药公司，为县直属国有企业。1979年，公司经营药品1127种，担负全县254个医疗单位和1706名赤脚医生的西药供应。1980—1989年，累计西药购进4469万元，销售4644万元。2005年，公司注册资金193万元，7月停止营业。2006年12月进行破产处理，在册职工183人，离退休39人。

县粮食局系统

1989年，全县有万全、昆阳、鳌江、麻步、水头、腾蛟、山门、南麂、顺溪、萧江等10家粮管所。县粮食局内设办公室、人事、保卫、购销、储运、基建物资和财会等7个股室；下辖县饲料公司、粮油食品工业公司、粮油贸易公司、粮油转运站、粮食车队、昆阳粮油食品厂、万全粮油食品厂、鳌江粮油食品厂、鳌江油脂食品厂和粮食职工学校。年末全系统在职职工1274人，退离休及退职人员353人，固定资产原值1221.5万元。

1993年1月1日，平阳县放开粮食购销与价格。11月，粮食局机构调整为四科一室：办公室、政工科、业务科、经营科和财务科。1996年2月，设县

1989年平阳县粮食局所属企业基本情况一览表

表15-1-3

企业名称	在职职工人数（人）	退离休及退职人数（人）	固定资产原值（万元）	仓库面积（平方米）	库容量(吨)
万全粮管所	167	45	176	13540	20270
昆阳粮管所	88	21	49.0	2231	3340
鳌江粮管所	144	49	98.1	6580	9850
麻步粮管所	86	21	62.2	1924	2880
水头粮管所	159	57	81.7	4442	6650
腾蛟粮管所	109	32	52.0	2669	3995
山门粮管所	57	27	31.0	1760	2635
顺溪粮管所	29	9	5.7	631	945
萧江粮管所	33	7	40.5	1844	2760
南麂粮管所	25	5	115	868	1800
饲料公司	85	—	69.4	1937	2900
粮油食品工业公司	7	1	—	—	—
粮油贸易公司	46	3	7.7	668	1000
粮油转运站	48	14	205	1336	2000
粮食车队	21	—	40.5	—	—
昆阳粮油食品厂	43	19	82.6	267	400
万全粮油食品厂	34	16	32.4	100	150
鳌江粮油食品厂	53	17	26.5	146	200
鳌江油脂食品厂	40	10	46.2	267	400
合计	1274	353	1221.5	41210	62175

说明：据1990年县体制改革委员会、县计划委员会、县经济师协会编《发展中的平阳经济》第126—127页

粮食结算中心。1998年10月，组建县国有粮食收储有限公司，下辖万全、鳌江两家分公司。2000年，国有粮食企业改制工作启动。2001年，5家国有粮食企业解体，其中2家改为股份有限公司，228名职工与企业终止劳动合同关系。2003年，粮食部门15家企业先后完成企业改制，退出国有序列。体制改革置换国有粮食企业资产7897万元，共置换职工1081人，安置离休78人、退休320人、精减人员13人、遗属94人，支付改制费用总额6709.03万元。2006年5月，粮食系统15家单位改制完毕。通过重新盘活资产，成立平阳县兴粮资产经营有限公司。

2001年机构改革，设置县发展计划局（粮食局）。粮食局单独办公，财务独立，行使粮食主管部门职能。内设办公室、粮食综合科、粮食国有资产管理办公室。2006年7月更名为县发展和改革局（粮食局）。粮食局内设办公室、粮食综合科（粮食国有资产管理办公室）；下属事业单位有县粮食稽查队和县粮油质量检测站。至2012年未有变化。

第二节　供销合作商业和集体商业

供销合作商业

1989年，县供销合作社系统下辖1个贸易中心和8个直属公司：县农业生产资料公司、土产公司、日杂废旧物资回收公司、副食品公司、工业品公司、贸易中心、平阳茶厂、畜产品加工厂和储运公司（全部驻地鳌江），及下属基层社10个（万全、鳌江、麻步、水头、腾蛟、山门、顺溪、萧江、鹤溪、昆阳）。全系统共有职工1996人，其中下属基层社职工1591人。

1989年平阳县基层供销社基本情况一览表

表15-1-4 单位：人、万元

单位名称	在职职工人数	退离休及退职人数	固定资产原值	流动资金
万全供销社	163	102	40.6	31.1
昆阳供销社	127	54	73.1	41.3
鳌江供销社	282	145	64.9	73.1
麻步供销社	77	28	28.0	20.7
水头供销社	168	68	32.9	42.4
腾蛟供销社	318	160	109.7	68.3
山门供销社	163	87	36.4	37.7
顺溪供销社	48	20	20.6	13.0
萧江供销社	164	79	53.9	20.0
鹤溪供销社	81	34	30.1	24.3
合计	1591	777	490.2	371.9

说明：据1990年县体制改革委员会、县计划委员会、县经济师协会编《发展中的平阳经济》第114页

1991年，成立县生活资料公司，创办平阳文具用品厂（生产羽毛球）及中外合资温州裕禾精细化工有限公司（生产洗涤剂、杀虫剂及系列化工产品）。1992年12月，成立县供销社总公司，由所属的县土产公司、农资公司、日杂废旧物资回收公司、副食品公司、储运公司、生活资料公司及平阳茶厂、畜产品加工厂、裕禾精细化工有限公司等9个公司组成。下属公司为供销合作社集体所有制企业，经济上实行独立核算、自主经营、自负盈亏。1992年，供销社系统开始实行各种形式经营责任制，包括联销联利计酬、确定基数超利分成、抵押承包、抽资承包，并试行“社有个营”。1993年，组建县供销社总公司上海、厦门分公司和上海申龙实业公司，拓展省外市场。1994年在鳌江镇投资1800万元兴建平阳县供销大厦，1995年5月开业。1997年，县供销社建制转为经济实体。1998年开始，建设筹建鳌江兴合市场、县副食品市场大楼、萧江供销社综合大楼、万全市场综合楼、鹤溪供销综合市场、麻步供销社大楼等，建筑面积22630平方米。2003年，重组平阳县兴农农业生产资料有限公司。2011年3月，成立县农信农资担保有限公司。2012年2月，平阳县供合农房开发有限公司正式挂牌成立，是年还成立供合农资公司、县农村合作经济组织联合会（简称县农合联）。至2012年年底，全县供销合作社共有3家直属企业：县供销社总公司、县供销大厦、县盐业公司，3家占股企业：县农信担保有限公司、县供合农资有限公司、供合农房开发有限公司。

平阳供销大厦（2000年）

1999年，平阳茶厂解体；县储运公司实行全员下岗；县农资公司、县日杂公司进行改制。2001年年底，完成县副食品公司和县供销储运公司改制。县土产公司兼营土产和盐业。2003—2004年，供销社系统投入4583万元改制资金，安置1575名职工，11个单位基本完成改制工作，占改制面的80%。至2007年年底，5个基层社完成改制工作。2007年，县盐业公司改制，由省盐业公司控股，县供销社参股，人员实行聘用制。截至2012年，全县共有昆阳、鳌江、万全、萧江、麻步、水头、腾蛟、鹤溪、山门、顺溪等10个基层供销社。

县农业生产资料公司 1955年始建，时称生产资料批发站。1988年年底，有干部职工45人，固定资产38.8万元。1999年改制，2003年全员下岗，成立县兴农农业生产资料有限公司，属于自然人出资组建有限责任公司，归口县供销社管理。时在册员工50人。

土产公司　1955年始建，时称中国土产公司平阳县支公司。1970年5月改称土产公司。1988年年底，有干部职工48人，固定资产32万元。1990年改名为盐业公司。

日杂废旧物资回收公司　前身是1955年成立的日用杂品采购批发站，1978年改称日用杂品公司。1988年年底，有干部职工53人，固定资产32.2万元。1999年，公司资产置换变现资金分流职工30余人，改制为股份有限公司。

副食品公司　1955年称副食品采购批发站，1970年并入食品公司，1979年改为副食品公司。1988年年底，有干部职工102人，固定资产28.5万元。2001年年底完成改制，时在册员工88人。

工业品公司　建于1987年。1988年年底有干部职工84人。

贸易中心　建于1985年。1988年年底有干部职工24人。

平阳茶厂　1982年4月建厂，地址水头镇，固定资产58万元，职工58人。至1988年止，产茶总产量1136吨，其中1988年产茶263吨，7年总产值

1989—2012年平阳县供销合作系统商业经营情况一览表

表15-1-5

年份（年）	供销合作系统总购入（万元）	供销合作系统总销售（万元）	全县全社会零售总额（万元）	供销合作系统/全社会总销售占比%	利润（万元）	税额（万元）
1989	2227	3675	32868	11.18	-100	170
1990	6118	7507	35102	21.39	-182	250
1991	7543	8656	40609	21.32	-70	135
1992	7662	8766	54669	16.03	-81	111
1993	8590	9818	57440	17.09	-153	62
1994	8234	8870	100456	8.83	-80	105
1995	11396	12125	134284	9.03	9	93
1996	11009	11439	172199	6.64	-50	161
1997	9582	10267	196108	5.24	-105	121
1998	8790	9628	219823	4.38	-147	96
1999	10138	10895	246775	4.41	-144	215
2000	100195	11100	273451	4.06	-75	219
2001	100213	11418	303982	3.76	-41	342
2002	11000	11910	334603	3.56	3	303
2003	11460	11289	348164	3.24	4	386
2004	17526	20713	421047	4.92	34	212
2005	10260	12618	468237	2.69	-28	245
2006	11292	14192	528409	2.69	-130	201
2007	12385	19445	613460	3.17	-162	130
2008	17419	22092	725954	3.04	-132	83
2009	21436	26862	835665	3.21	-119	85
2010	24554	27413	958529	2.86	37	138
2011	31064	34622	1108973	3.12	63	83
2012	34124	38060	1078400	3.53	73	322

说明：资料由县供销社提供

990万元，创外汇240万美元。2000年，平阳茶厂解体，时在册员工50人。

储运公司　建于1987年。1988年年底有干部职工15人。1999年，储运公司实行全员下岗。2001年年底完成改制，时在册员工9人。

畜产品加工厂　1987年建厂，地址水头镇，固定资产21万元，职工95人。至1988年止，畜产品加工产值1697万元。1997年停止经营。

1989年，供销系统销售总额3675万元，占全县全社会商品零售总额32868万元的11.18%。1992年，供销系统销售总额8766万元，占全县全社会商品零售总额54669万元的16.03%。2000年，供销系统销售总额11100万元，占全县全社会商品零售总额273451万元的4.06%。2012年，供销系统销售总额38060万元，占全县全社会商品零售总额3.53%。是年，全系统利润73万元，上缴税收322万元。

农民专业合作社　2002年4月，县供销社与农业局在宋桥联合创办雪雁蘑菇专业合作社，并申请"雪雁"牌商标，为全市第一家农民专业合作社。2002年6月，温州市专业合作社建设现场会在平阳召开。是年创办平阳县雪雁蘑菇专业合作社、平阳县青街山泉水专业合作社、平阳县北港土鸡专业合作社、平阳县长毛兔专业合作社4家专业合作社。2005年，雪雁蘑菇专业合作社获国家级示范合作社并承担科技部下达的"万亩规范化出口蘑菇基地建设"的国家级星火计划。2009年，万众藕业专业合作社获省级专业合作社称号。2011年，西湾海宝专业合作社获省级专业合作社称号，平阳县碧泉杨梅专业合作社获市级专业合作社称号。2012年，平阳县青原蔬菜专业社获省级专业合作社称号、平阳县水头青凤专业合作社获市级专业合作社称号。至2012年年底，全系统有农民专业合作社27家，共有农民成员955人，带动农户4390户。其中，国家级示范社2家、省级示范社2家，市级示范社2家。

2002—2012年平阳供销社农民专业合作社建设情况一览表

表15-1-6

年份（年）	专业合作社（个）	社员（人）	带动农户（户）
2002	5	1011	2808
2003	5	923	2989
2004	5	1017	3399
2005	6	1337	3599
2006	6	793	3232
2007	11	828	3385
2008	13	1071	4254
2009	12	576	2704
2010	19	644	3175
2011	21	727	3855
2012	27	955	4390

说明：资料由县供销社提供

2012年平阳县供销社农民专业合作社情况一览表

表15-1-7

专业合作社名称	成立时间	社员（人）	带动农户（户）
平阳县雪雁蘑菇专业合作社	2002年	28	50
青街山泉水专业合作社	2002年	—	—
万全农资专业社	2003年	7	0
平阳县嘉义农资专业合作社	2004年	5	160
山门蔬菜专业社	2004年	90	—
金鑫果蔬专业社	2005年	40	80
万众藕业专业合作社	2006年	187	623
平阳县青原蔬菜专业社	2007年	36	672
平阳县水港文旦专业合作社	2008年	153	428
平阳县水头青凤专业合作社	2008年	8	7
西湾海宝专业合作社	2008年	55	32

续表 15-1-7

专业合作社名称	成立时间	社员（人）	带动农户（户）
平阳县友兴杨梅专业合作社	2008年	6	38
鹤立杨梅专业合作社	2009年	32	335
浙江省正和坊豆品专业合作社	2009年	8	150
平阳县碧泉杨梅专业合作社	2010年	27	232
平阳县民峰专业合作社	2010年	36	161
平阳县初阳早茶专业合作社	2010年	6	50
平阳县富群专业合作社	2010年	36	155
平阳县天泰农业专业合作社	2010年	40	35
平阳县九龙贡牛业专业合作社	2010年	7	45
平阳县横山文旦专业合作社	2011年	38	164
温州勤泰蔬菜种植专业合作社	2011年	50	180
平阳县茗香茶叶专业合作社	2011年	39	370
平阳县钱氏水果养殖专业合作社	2010年	5	300
平阳县桂山茶叶专业合作社	2012年	5	88
平阳县海恩海水养殖专业合作社	2012年	6	22
平阳县捷德果蔬专业合作社	2012年	5	13
合　计		955	4390

说明：资料由县供销社提供

农村综合服务社　2006年，成立腾蛟龙尾村、麻步夏桥村、万全水亭村综合服务中心。2007年，创办麻步树东、丰丰村级综合服务社。2008年，鳌江镇荷莲村创办温州市首家规范化村级综合服务社。2010年，成立南雁镇东门村、怀溪乡金溪村、鳌江天源村综合服务社。2011年，成立鳌江镇西塘村、山门悦来村、腾蛟山边村、麻步镇万安社区综合服务社。2012年，成立麻步、鳌江2家村级综合服务社。2012年年底，全县供销社系统共有12家村级综合服务社。

新网工程　2007年，县供销社开展新网工程建设，用现代物流改造传统经营模式，推进连锁、网络等现代经营方式。加强发展农业生产资料、日用品消费、农副产品购销等网络，逐步形成服务农民生产生活的农村现代流通网络体系。到2012年年底，全系统发展各类连锁经营网点126家，其中，农资连锁网点99个、日用品连锁网点21个、农产品连锁网点6个，供销社标识覆盖率达100%。

2007—2012年平阳供销社新网工程建设情况一览表

表 15-1-8

年份（年）	农资经营网点（个）	日用品连锁网点（个）	农产品连锁网点（个）
2007	65	—	—
2008	89	—	—
2009	93	2	—
2010	67	11	6
2011	76	27	7
2012	99	21	6

说明：资料由县供销社提供

集体商业

1981—1989年，全县商业局管辖集体商业企业23家，分别为昆阳百货商店、昆阳副食品商店、昆阳东风副食品商店、昆阳合成纤维针织厂、昆阳糖果糕点厂、鳌江饼干厂、鳌江副食品商店、鳌江万象百货商店、鳌江百货商店、鳌江联合商店、鳌江友谊商店、鳌江万春商店、日用针织厂、鳌江煤球合作商店、鳌江益民商店、平阳县五金制品交电制品厂(五金制品厂)、平阳县五金交电化工公司(五金橡胶厂)、平阳饮食服务公司(昆阳饮食)、昆阳理发商店、鳌江饮食商店、鳌江理发商店、鳌江合作旅馆、南麂合作商店。职工1290人。

1982年年底,全县有集体商业单位878家,5131人,资金332万元(其中由商业局、供销社归口管理的合作商店535家,3844人,资金220万元)。1988年年末,全县集体商业(含饮食、服务业)有1289家,6075人,注册资金3519万元。商品零售额6351万元,占商业部门零售总额26.18%。20世纪90年代,集体商业处于解体状况。

第三节 个体私营商业

1988年,全县个体有证商业10848户,从业人员14395人,自有资金1039万元。商品零售额6534万元,占全县商业零售总额26.93%;个体饮食业零售额1239万元,占总饮食零售额的86%。1989年,个体有证商业零售额6048万元,个体饮食业零售额1364万元。2001年,全社会零售额30.4亿元,私营个体零售额16.9亿元,占55.9%。2003年,全社会零售额34.8亿元,私营个体零售额24.8亿元,占71.4%。

2001年,全县限额以上批发零售贸易业企业9家,其中批发业7家,包括国有企业2家、集体企业1家、股份合作企业1家、有限责任公司3家;零售业企业2家包括国有企业1家、有限责任公司1家。

2012年,全县限额以上批发零售贸易业企业89家,其中批发业58家,全部为私人控股,包括有限责任公司33家、股份有限公司1家、私人企业24家;零售业企业31家,包括国有企业1家、股份有限企业14家、有限责任公司1家、私营企业15家。58家私人控股批发企业年末从业人员853人,商品购进额30.6亿元。31家零售业年末从业人员547人,商品购进额7.2亿元,其中国有企业年末从业人员10人,商品购进额0.6亿元。

2012年,商贸流通业重点私营企业有:温州碧龙金属材料有限公司、平阳县瓯南医药有限公司、温州亦柏化工有限公司、平阳县鹏翔市场管理有限公司(鹏翔交易市场)、平阳县瓯南装饰材料市场管理服务有限公司、鳌江商业城、华东农贸市场、温州

2012年平阳县限额以上批发业情况一览表

表15-1-9

指标名称	法人企业数(个)	年末从业人员(人)	商品购进额(万元)	商品进口额(万元)	商品销售额(万元)
有限责任公司	33	486	170866	7334	175010
股份有限公司	1	12	6249		5983
私营企业	24	355	128880	4109	133679
合计(全部私人控股)	58	853	305995	11443	314672

说明:资料来自《2012年平阳统计年鉴》210页

2012年平阳县限额以上零售业情况一览表

表15-1-10

指标名称	法人企业数(个)	年末从业人员(人)	商品购进额(万元)	商品销售额(万元)
国有企业	1	10	5566	5886
有限责任公司	1	14	477	534
股份有限公司	14	240	32811	34820
私营企业	15	283	33019	35699
合 计	31	547	71873	76939

说明:资料来自《2012年平阳统计年鉴》212页

名都皇家餐饮有限公司、平阳县阳光假日酒店、平阳县单一超市有限公司、温州天润帅特电子科技有限公司、平阳冠峰汽车销售服务有限公司、平阳县平安医药连锁有限公司等。

第二章　市场网点和商务经营

平阳县城镇商业网点体系规划划分为4个层次：第一层次为3个市级商业中心，即昆阳工业消费的集散中心、鳌江综合商贸物流中心、水头皮革商贸集散中心；第二层次为4个县级商业中心，即昆阳县级商业中心、鳌江县级商业中心、水头县级商业中心、萧江县级商业中心；第三层次为5个镇级商业中心，即昆阳新城区商业中心、麻步镇区商业中心、腾蛟镇区商业中心、钱仓镇区商业中心、万全镇区商业中心；第四层次为若干个居住区级商业中心，即配合城镇居住区规划，在人流集中、交通便利的地段设置若干个居住区级商业中心，服务对象主要为小区居民，服务半径200～300米，服务人口5000～10000人左右。

第一节　市场网点

城镇商业网点

1988年，全县社会商业和服务业网点8225个（其中个体商业网点7307个），从业人员1.42万人（其中个体户1.03万人）。1998年，全县各种批发零售贸易网点10533个，从业人员2.17万人。2010年，全县人均占有商业营业面积为1.0平方米，营业总面积控制在90万平方米以内。2012年，全县共有城镇商业网点1万余个。

商业街区

昆阳镇　1989年，主要商业街区为白石河街和解放街中段，以及五显殿街、东门街、北门街和坡南河头。20世纪90年代旧城改造期间，雅河路东段（原健康路）、联东路、汇水河路、东水门路、平瑞路、人民路日趋繁荣，成为主要商业街区。联东路紧靠平阳车站，为商务礼品街，专营上万种商务礼品，北端有通信市场，南端为羊毛市场。2012年，雅河路东段（原健康路）、横阳路东段、联东路、汇水河路、平瑞路、人民路、白石街、解放街中段，成为主要商业街区。

鳌江镇　1989年，主要商业街区为古鳌北路、古鳌南路、塘沽南路、塘沽北路、永新北路、永新南路、胜利路、殿后巷、广元巷、横街、曙光路、朝阳街。1995年，由鳌江镇政府牵头投资，和雁门村、物资公司、协作公司等4家单位，依雁门路、雁南路等联建创办鳌江钢材市场。鳌江商业城位于鳌江镇新河南路，东沿新河路至104国道线到火车站1千米，南至瓯南大桥1千米，西邻鳌江港货运码头，北接兴鳌大道，周边布满商品专业街，是鳌江镇人流量最多的繁华地段。2012年，主要商业街为环城路、新河路、兴鳌路、园林路、吉祥路、女人街、西洋路、邮电路等。

鳌江江滨商业街（2001年）

水头镇　1989年，主要商业街区为中街、江山东路、江山中路、江山西路、兴贸路、二中南路、油车路。1989年后开辟新区，泾川路、东川路、星园路，成为商业街。浙江南方皮革城、水头皮带商贸城，专营皮带、皮鞋等皮革制品。2012年后，商业街集中在东川街、康乐路、昌学路、天益路、江山路、泾川路、二中北路、二中南路、腾南路等。

萧江镇　1989年，主要商业街区为桔坡山南的校前街、樟井街陡门街、中街一带。20世纪90年代后，开辟公园路商业街、古院路、夏宅路、沧海路、永乐路、桑田路、大同路、长宁路等。2012年后，商业街主要集中在古院路、夏宅路、沧海路、永乐路、长宁路等。

农村集镇主要商业街有：万全镇的郑楼礼品

街，麻步新街、钱仓街、山门街、顺溪老街等。

市场

至1992年，全县发展各类市场67个，其中年成交额超亿元、在省内外有影响的专业市场有鳌江水产品市场、机械市场、萧江塑编市场、水头皮革市场和昆阳镇城东毛线市场等5个，以及鳌江钢材市场、麻步花边锦带市场和塑编市场、郑楼铜字与家庭实用小商品市场、榆垟汽车配件市场、城南塑编市场、腾蛟三证卡片印刷市场等。昆阳镇东门毛线市场形成于1983年，1994年市场扩建后，成交额2.5亿元，成为全国最大的毛线专业市场。兴起于1980年的萧江塑料编织袋市场，1988年有专业经营户258家，成交额达6180万元。麻步树贤和钱仓埭头塑编及原料市场，历年成交额均以千万元计。1997年，全县有市场44个，其中综合市场1个、农副产品市场33个、工业品市场6个、生产资料市场4个，市场摊位总数6751个，全年市场总成交额16.61亿元。

省星级市场——鳌江商业城（1999年）

2002年年末，全县登记的各类市场共44个，其中消费市场39个、工业生产资料市场4个、生产要素市场1个。全年商品市场成交额29.6亿元，其中成交额超亿元的有5个。2005年年末，全县登记注册的各类商品交易市场46个，其中农贸市场(菜市场)33个、工业消费品市场8个、生产资料市场4个、生产要素市场1个。全年成交额29.32亿元，其中成交额超亿元的市场2个。2012年，全县共有各类市场48个，成交额27.09亿元。其中消费品市场42个、生产资料市场5个、生产要素市场1个。是年，全县星级市场13家：水头兴贸菜市场为四星级，萧江华东农贸综合市场、昆阳龙河农贸综合市场为三星级，郑楼礼品市场、昆阳毛线综合市场、昆阳联东菜市场、鳌江水果批发市场、鳌江曙东菜市场、萧江菜市场、鳌江建筑装饰材料市场、鹏翔汽车交易市场、鳌江中心菜市场、鳌江雁南市场为二星级市场。

超市

1999年，平阳县商业投资经营有限公司在平阳大厦底层投资200万元创办平阳县商业超市连锁有限公司。经营日用百货、副食品、针织品、服装、皮革制品、药品、保健用品、鲜花、烟草、五金、家电等。营业面积1200平方米，员工50名，大部分是商业企业下岗职工。是年，平阳商业超市水头连锁店开业。2006年6月，平阳县商业超市关停。至2012年，主要乡镇成立限额以上的大型超市3个，专业店9个，专卖店18个，中小型超市达数百个之多。

鳌江佰联超市（2012年）

1999年，平阳县第一家人本超市在鳌江中心菜场商场开业，2005年搬迁至鳌江大厦。2001年，水头人本超市开业；2005年，山门人本超市开业；2011年腾蛟人本超市开业。2012年，全县规模较大超市有佰联超市、新一佳超市、人本超市。3家超市营业面积共23100平方米，从业人员1200余人，当年上缴税收600余万元。佰联超市前身为1992年创办的鳌江津津超市，2010年1月，佰联环城店开业，3月兼并平阳县单一超市有限公司，是年成为全县万村千乡市场工程唯一配送单位。其总资产3.2亿元，在平阳已开设门店3家，分别为佰联长乐店、佰联环城店、佰联昆阳店，营业面积达1万平方米。2012年，总销售额1.46亿元，上缴税收80万元。2010年、2011年连续被浙江省商务厅授予浙江省城乡连锁超市重点龙头企业称号。2010—2012年，连续被县政府授予县商贸流通业重点企业称号。

2012年平阳县主要商品交易市场基本情况一览表

表15-2-1

市场名称	创办时间（年）	占地面积（平方米）	建筑面积（平方米）	店位个数（间）	经营户数（户）	2012年成交额（万元）
平阳毛线综合市场	1988	14150	12880	430	387	18636
鳌江商业城	1991	6000	15500	400	300	23125
平阳县萧江综合市场	1992	1409	1337	150	120	1280
鳌江钢材市场①	1994	—	—	100	68	92300
浙南水产城	1995	6287	6855	80	43	31000
鳌江装饰材料市场	1999	17600	23098	160	80	15980
平阳县劳务中心市场	1999	1050	1150	25	15	—
平阳县电子通讯市场	2001	2200	4605	216	305	65000
鳌江家电城	2001	10280	23621	165	23	7543
鳌江水果批发	2002	2750	1650	200	180	1160
温州鲜又多水产批发市场	2002	6630	3290	200	79	689
郑楼镇礼品市场	2002	23310	890	170	80	7800
平阳县凤尾水果批发市场	2002	3093	3050	50	50	103
平阳县鹏翔汽车交易市场	2009	15000	3000	32	6	15086
平阳县二手车交易市场	2009	100	680	1	1	8560

说明:①鳌江钢材市场为2011年数据;②资料由县工商局提供

连锁店

20世纪90年代后，全县各乡镇先后出现连锁店、便利店。2006年，推进千镇连锁超市工程建设，全县24个乡镇发展连锁超市，乡镇连锁超市覆盖率77.4%。2007年全县31个乡镇实现连锁超市全覆盖，建立2000平方米商品配送中心，对全县31个乡镇的连锁超市和村连锁便利店配送商品5000余种。2008年，全县59个较大建制村成立连锁便利店。同时，以单一超市(佰联超市)为龙头企业，购置5辆配送车，为全县连锁超市、便利店以及放心店配送商品品种7000余种，综合配送面达85%以上。2012年，建立20000平方米商品配送中心，全县600个行政村都开设连锁便利店，覆盖率达100%。配送商品7000余种，综合配送面100%。限额以上批零贸易业企业数89个，年末从业人员1400人，商品购进额377868万元，销售额391610万元(其中批发额317225万元，零售额74385万元，零售营业面积57548平方米)。

物资交流会

1989年后，农村物资交流会暨集镇“会市”（即旧庙会）日趋活跃。

2012年平阳县物资交流会（庙会）情况一览表

表15-2-2

序号	地点(名称)	时间	序号	地点(名称)	时间
1	昆阳鸣山民俗文化节	元旦至一月六日止	3	怀溪	农历正月十五
2	宋桥	农历正月十五	4	郑楼	农历正月廿一、廿二

续表 15-2-2

序号	地点(名称)	时间	序号	地点(名称)	时间
5	榆垟大龙宫	农历正月廿八	17	凤巢(交流会)	农历八月初五
6	麻步渔塘	农历二月初二	18	腾蛟大夫庙	农历八月初七
7	鹤溪	农历二月初五	19	鹤溪缸窑	农历八月初九
8	湖岭庙桥殿	农历二月初八	20	闹村	农历八月十五
9	水头江屿	农历 二月十五	21	凤卧湾	农历九月初四
10	昆阳鸣山庙头殿	农历二月十六日	22	溪心	农历九月初九
11	青街双合殿	农历二月廿二日	23	顺溪	农历九月十五(隔年)
12	麻步	农历三月三	24	水头南湖	农历九月二十九
13	钱仓	清明日及前后两天	25	山门(交流会)	10月1日
14	桃源(交流会)	农历四月二十二	26	鳌江(交流会)	10月1日
15	萧江	农历四月二十九	27	南雁	农历十一月初一
16	水亭杨爷殿	农历七月十八	28	水头林泗殿	农历十一月初六

说明:根据各乡镇上报整理

电子商务

从1997年12月中国化工网杭州上线，到2003年淘宝网和支付宝的正式推出，及2010年淘宝商场的正式上线，为平阳县的电子商务引来发展契机。1997年县内出现网店，2005年网购市场开始活跃，至2012年，全县共有2000余个网店。据淘宝发布的《县域网购发展报告》显示，2012年，平阳县市民网购7.5亿元。平阳县鼎瞻电子商务有限公司、千荣电子商务有限公司、乐朋电子商务有限公司、美轩电子商务有限公司应运而出，从事网上商务。

平阳电子商务主要模式:在淘宝网开设网店的C2C(个人到个人)、借助天猫商城和京东商城开设网店的B2C(企业到个人)、在阿里巴巴等平台搭建购销渠道的B2B(企业到企业)模式。截至2012年年底，据工商部门统计，全县有电商3031家，其中企业1525家、个体1506家。是年，温州天润帅特电子科技有限公司网络销售额612万元，浙江豪中豪健康产品有限公司网络销售额69.4万元，温州佳博工艺品有限公司网络销售额145万元。

第二节 商务经营

工业建筑业生产资料经销

改革开放前，县物资局按计划统一分配金属材料、基建材料、化工产品、煤炭、木材和机电产品。1986年后，工业生产资料基本转为市场调节。1997年后，原经营工业生产资料的全民、集体企业大多出现经营性亏损，逐步退出生产流通领域。

1989年，县计划委员会调拨和县物资局供应全民、集体单位煤炭32264吨、焦炭1091吨、汽油1283吨、煤油35吨、柴油2893吨、润滑油116吨、生铁4514吨、钢材9087吨、次品钢材3502吨、各类金属及制品1415吨、水泥17125吨、原木及锯材3661立方米。

1992年，县计划委员会调拨和县物资局供应全民、集体单位煤炭29422吨、焦炭664吨、汽油2689吨、煤油184吨、柴油3252吨、润滑油84吨、生铁5713吨、钢材6067吨、次品钢材73吨、各类金属及制品1180吨、水泥6792吨、原木及锯材2348立方米。

1997年，县计划委员会调拨和县物资局供应全民、集体单位煤炭28742吨、焦炭580吨、汽油1067吨、柴油9509吨、润滑油360吨、生铁8986吨、钢材30010吨、各类金属及制品1755吨、水泥72957吨、原木及锯材6295立方米。

1981—1997年平阳县主要原材料消费量统计表（一）

表15-2-3

年份(年)	生铁(吨)	钢材(吨)	铜材(吨)	铝材(吨)	铜(吨)	铝(吨)	水泥(吨)
1981	1584	2792	36	46	45	131	11618
1982	1300	2900	35	5	34	98	7570
1983	1528	3020	21	22	27	99	6146
1984	1735	2751	27	5	21	128	7165
1985	3412	4288	51	49	9	273	12270
1986	2130	4298	61	55	24	376	11986
1987	3532	4982	79	68	67	540	11523
1988	3654	6916	29	76	31	679	15084
1989	4514	9087	16	78	71	1067	17125
1990	4431	5176	13	22	25	620	3649
1991	3782	5456	15	25	27	613	13203
1992	5713	6067	25	30	50	974	6792
1993	10317	16797	78	105	65	49	26312
1994	10319	19126	34	133	95	1034	34675
1995	10950	40135	186	106	25	1296	64186
1996	12679	36113	389	95	187	794	91131
1997	8986	30010	25	1315吨	35	380	72957

1981—1997年平阳县主要原材料消费量统计表（二）

表15-2-4

年份(年)	原木(立方米)	锯材(立方米)	原煤(吨)	焦炭(吨)	汽油(吨)	煤油(吨)	柴油(吨)
1981	5187	736	25168	450	1369		1288
1982	3936	731	26559	502	1614	7	1452
1983	3646	434	27295	468	556	5	1510
1984	3803	436	28611	497	499	31	1366
1985	3441	542	28671	697	1021	6	1755
1986	3213	853	31358	816	1193	9	1860
1987	3638	374	33464	987	1257	40	2120

续表 15-2-4

年份(年)	原木(立方米)	锯材(立方米)	原煤(吨)	焦炭(吨)	汽油(吨)	煤油(吨)	柴油(吨)
1988	3613	644	29462	1051	1271	35	2450
1989	1841	1820	32264	1091	1283	35	2893
1990	1279	657	30415	1015	2535	21	1946
1991	2436	749	31285	388	2233		2115
1992	1780	568	29422	664	2689	184	3252
1993	4959	1664	41393	589	3824	320	2290
1994	6034	16175	38899	551	1921	310	4187
1995	6314	2559	43917	621	664	28	9312
1996	6559	1451	30392	712	1136	165	13580
1997	5608	687	28742	580	1067		9509

说明:资料来自《1997年平阳统计年鉴》217—218页

1998年,全县生产资料市场钢材交易额6874万元、木材3971万元。1999年,全县生产资料市场交易额19254万元,其中,钢材8900万元、木材3354万元、其余7000万元。2000年,全县生产资料市场交易额32290万元,其中,钢材10970万元、木材1200万元、其余20120万元。[①]

2012年,全县从事矿产品、建材及化工产品限额以上批发零售企业32家,商品购进额179483万元,销售额183943万元;机械设备、五金交电及电子产品限额以上批发零售企业2家,商品购进额5177万元,销售额5379万元。

1985年,成立平阳县石油公司。1998年,更名为中国石油化工股份有限公司浙江温州平阳石油分公司。2012年,全县有23座加油站,其中隶属中石油、中石化17座,民营6座。全年汽油销售46988吨,柴油销售52933吨,润滑油销售1428吨,合计销售额80361万元。

1989—2012年平阳县燃料油销售情况一览表

表 15-2-5

年份(年)	汽油		柴油		润滑油	
	数量(吨)	金额(万元)	数量(吨)	金额(万元)	数量(吨)	金额(万元)
1989	567	—	6035	—	389	—
1990	787	—	6980	—	403	—
1991	916	—	7689	—	459	—
1992	1098	—	8312	—	556	—
1993	1324	—	9088	—	609	—
1994	1578	—	10670	—	783	—
1995	1890	—	11907	—	875	—

① 据《2000年平阳统计年鉴》。

续表 15-2-5

年份（年）	汽油		柴油		润滑油	
	数量（吨）	金额（万元）	数量（吨）	金额（万元）	数量（吨）	金额（万元）
1996	2356	—	12009	—	988	—
1997	2564	—	12231	—	1035	—
1998	2879	—	12531	—	1186	—
1999	2997	—	15768	—	1203	—
2000	3103	—	16641	—	1120	—
2001	3290	—	23080	—	1067	—
2002	9677	—	50453	—	2527	—
2003	12933	—	45809	—	2345	—
2004	15030	—	48903	—	2109	—
2005	20790	—	46312	—	2576	—
2006	23889	—	43880	—	2990	—
2007	25132	—	46134	—	2803	—
2008	27596	18075	49152	27962	2295	1665
2009	32102	20866	42939	22272	2294	1635
2010	38494	28265	45302	27699	2833	1792
2011	43298	36232	50108	35795	1796	1527
2012	46988	40693	52933	38467	1428	1201

说明：资料由县石油公司提供

农业生产资料和农副产品经销

农业生产资料经营　农业生产资料主要由供销合作社经营。1989年，县供销社全年组织计划外货源9000吨，农资商品供应总值2000万元。1991年，全县农资商品销售总额2075万元，销售化肥29095吨、农药490吨。1993年，农资经营基本放开，供销社农资销售额3023.58万元，其中组织供应化肥26910吨，农药272.8吨。1995年，全年供应化肥48578吨、农药376.4吨、农膜114.2吨。1997年，销售农资4898万元，其中化肥37199吨、农药144.1吨、农膜182.1吨。2012年，供销社系统向农民直接供应化肥55750吨、农药2040.9吨、农膜134.8吨。

1989—2012年平阳县供销社农业生产资料销售情况一览表

表 15-2-6

年份（年）	化肥（吨）	其中		农药（吨）	农膜（吨）
		尿素（吨）	磷肥（吨）		
1989	28393	9733	8013	28.4	64.3
1990	27092	10949	6584	—	65.9
1991	29095	9352	7251	490	545.6
1992	27638	10092	525	76.9	29.1
1993	26910	7998	6393	272.8	138
1994	15681	8967	2044	274	26.8
1995	48578	17323	12198	376.4	114.2
1996	39271	16388	6419	348.1	124.2

续表 15-2-6

年份（年）	化肥（吨）	其中		农药（吨）	农膜（吨）
		尿素（吨）	磷肥（吨）		
1997	37199	15578	9041	144.1	182.1
1998	30757	5832	6092	156.3	88.6
1999	34086	13162	5172	412.7	87.8
2000	30693	11217	5502	435.5	18.4
2001	23194	11040	—	350	82.2
2002	24557	11054	4306	333.9	32.6
2003	31720	10892	5514	467	27.8
2004	39481	14476	6917	539.5	6.5
2005	25709	9043	4590	1004.7	12.1
2006	24825	8361	4499	625.5	32.7
2007	17716	8682	3119	1038.9	50.5
2008	17352	7110	3736	680.3	51.5
2009	26997	7154	5231	785	56.8
2010	24441	22046	3659	1158.3	58.4
2011	48529	12848	7590	1710.3	120.6
2012	55750	16111	8263	2040.9	134.8

说明：资料由县供销社提供

农副产品经营　1989年，全县农副产品收购总额31794万元。其中，粮食（原粮）74325吨、食用油1212吨、猪47800头、牛7800头、鲜蛋2086吨、水产品（干鲜混合）10335吨、茶叶540吨、干鲜菜2219万元、干鲜果1784万元、棉花18吨、黄麻119吨、甘蔗1842吨、中药材44万元、木材8586立方米、毛竹22800根、草席33600条。[①]

1992年，全县农副产品收购总额28690万元，包括：国营商业收购6996万元，供销社收购1112万元，其他部门收购20582万元。其中粮食（原粮）195612吨、贸易粮163447吨、食用油1404吨、猪188000头、牛12600头、羊13500头、家禽758600只、鲜蛋4597吨、水产品（干鲜混合）21947吨、茶叶332吨、干鲜菜1366万元、干鲜果1369万元、甘蔗281吨、中药材8万元、木材3518立方米、毛竹13000根、草席11300条。[②]

1989年后，由于经营亏损，县供销社退出经营烟叶、长兔毛和兔毛、络麻、蕉藕粉、粉丝、席草、草席、除虫菊等农副产品市场。1989年，全系统农副产品收购1233.1万元。是年，县供销社共收购茶叶531600千克。1991年，全县收购毛茶8585担，投放资金174.16万元。平阳茶厂调进毛茶6100担，加工成品茶230吨。1993年，全系统农副产品收购1030万元，比上年减少7.5%。是年，县政府取消茶叶退税，全系统收购茶叶8106担，为上年同期的26%。1993年后茶叶收购量逐年减少，随着市场放开放弃茶叶经营。

生猪屠宰　1989—1999年，县食品公司承担全县的生猪屠宰监管。1999年8月，成立县商业执法监察大队，对全县定点生猪屠宰活动进行监督管理。定点平阳县利民屠宰有限公司（前身是县食品公司万全分公司，于2009年12月搬迁至宋桥镇

① 据《1989年平阳统计资料》241页。

② 据《1992年平阳统计资料》206～208页。

章桥村）、平阳县鑫达屠宰有限公司（前身系平阳县食品有限公司鳌江分公司，于2008年1月搬迁至鳌江镇郑家墩村）、平阳县益民食品有限公司（成立于2005年，系县食品公司下属国有分公司）统一进行生猪屠宰。2009年，全县完成生猪定点屠宰量78761头。2010年，完成生猪定点屠宰量96156头。2011年，完成生猪定点屠宰量136000头。

2012年，全县完成生猪定点屠宰量162643头，实现社会总生猪消耗量的94.6%。其中无害化处理病死猪肉87头（其中处理生猪产品180千克），违禁药物（瘦肉精）抽检8043批次，样品检验10054个，合格率为100%。是年开展执法90次，检查355人次，检查经营户（含屠宰场）137户，取缔私屠滥宰窝点2个。完成县城生猪定点屠宰率达95%以上、乡镇定点屠宰率达90%以上，县城所有市场、超市、集体食堂、餐饮单位销售和使用的猪肉已100%来自定点屠宰企业。

生活资料

1989年，全县消费品零售额28168万元，包括食品类20962万元、衣着类2468万元、日用品类1315万元、文化娱乐用品1428万元、书报杂志类169万元、药和医疗用品类826万元、房屋和建筑材料类488万元、燃料类512万元。食品类中含贸易粮47666吨、食用植物油974吨、猪和猪肉41300头、牛和牛肉4700头、羊和羊肉3800头、蛋1479吨、水产品8082吨、食盐2249吨、食糖4884吨、卷烟7368箱、酒8395吨、茶叶49吨；衣着类含棉布1196900米、棉花化纤混纺布350900米、纯化纤布143300米等；日用品类含缝纫机6126架、手表6900只、自行车2551辆、洗衣机456台、电冰箱416台、电风扇8360台。文化娱乐用品类含晶体管收音机456架、电视机3670架（其中彩电807架）、录音机199架。燃料类煤油765吨、煤炭24070吨。①

1992年，全县消费品零售量食品类含贸易粮170247吨、食用植物油2102吨、猪和猪肉194300头（16813吨），牛和牛肉12600头（1255吨）、羊和羊肉13500头（202吨）、蛋4468吨、水产品17453吨、食盐3396吨、食糖7145吨、卷烟11581箱、酒5337吨、茶叶5吨；衣着类含棉布742200米、棉花化纤混纺布536200米、纯化纤布18500米等；日用品类含缝纫机7104架、手表2000只、自行车2568辆、洗衣机637台、电冰箱772台、电风扇4126台。文化娱乐用品类含晶体管收音机5台、电视机2599台（其中彩电1340台）、录音机86台。燃料类煤油2461吨、煤炭16422吨。②

1994—1997年平阳县大中型批发零售业商品销售情况一览表

表15-2-7

项　目	计量单位	1994年		1995年		1996年		1997年	
		批发	零售	批发	零售	批发	零售	批发	零售
粮食	吨	16714	28269	31634	440	22508	15876	13518	10362
食用植物油	吨	25	1869	1195	—	168	5	71	—
猪和猪肉	吨	196	2440	—	—	—	2829	—	3453
鲜蛋	吨	20	473	—	—	—	—	—	—
水产品	吨	4026	697	—	—	—	—	—	—
盐	吨	12458	172	2668	149	—	—	—	—
食糖	吨	7460	546	8287	5	13000	759	8080	—
卷烟	箱	18770	544	15441	69	16360	8	15589	2100
酒	吨	1945	244	4194	51	779	2800	1016	—
棉花	吨	20	4	—	—	—	—	—	—

① 据《1989年平阳统计资料》241页。

② 据《1992年平阳统计资料》206～208页。

续表 15-2-7

项　目	计量单位	1994年		1995年		1996年		1997年	
		批发	零售	批发	零售	批发	零售	批发	零售
布	百米	5890	1383	—	219	42	89	—	—
服装	百件	1583	146	—	17	24	—	706	—
鞋	百双	256	2293	—	479	210	625	1435	—
自行车	辆	—	262	—	104	—	82	—	—
摩托车	辆	986	21	—	2	—	—	—	—
电视机	台	3337	506	2216	233	—	32	—	—
其中:彩色	台	808	309	746	—	—	32	—	—
录音机	台	642	56	—	—	—	68	—	—
录像机	台	50	34	—	—	—	—	——	
电风扇	台	170	640	4152	12	—	280	—	—
洗衣机	台	7254	264	695	490	—	510	—	—
电冰箱	台	244	108	883	152	—	521	—	—
空调	台	441	639	17	97	—	31	—	—
抽油烟机	台	26	177	16	—	—	52	—	—
轿车	辆	14	—	—	19	—	—	—	—

说明:资料根据《1994—1997年平阳统计年鉴》整理

家用电器销售　2010年,实施家电下乡补助政策,全县备案家电下乡直补网点90家,累计销售金额5724万元,补贴金额870万元。家电以旧换新销售网点15家,以旧换新1677台,补贴48万元。旧家电回收公司1家,回收旧家电20000台。同时开展汽车以旧换新工作,审核旧汽车170台,补贴209.52万元。是年,全县家用电器及电子产品限额以上零售企业2家,商品购进额16601万元,销售额17015万元,主要为电视机、空调、冰箱、洗衣机、煤气灶、油烟机等。2011年,全县备案家电下乡直补网点89家,累计销售金额6388万元,补贴金额752万元。家电以旧换新销售网点7家,以旧换新9367台。旧家电回收公司1家,回收旧家电89929台。2012年,全县备案家电下乡直补网点99家,累计销售金额8625万元,补贴金额990万元,销售家电32204台,其中享受家电下乡政策的30291台。是年,全县家用电器及电子产品限额以上零售企业3家,商品购进额3931万元,销售额4323万元。

汽车销售　2007年,全县有汽车销售公司1家,2012年发展到17家。2011年,成立平阳县汽车流通行业协会,共有会员35家,全县汽车销售量11736辆,销售额17亿元,2012年,汽车销售量16944辆,销售额18亿元。是年年底,全县汽车保有量6.8万辆,其中2012年度新增1.2万辆,价值20亿元。全县家庭汽车保有量达4.78万户。是年,

2012年平阳县限额以上汽车销售企业情况一览表

表 15-2-8

序号	公司名称	2012年销售额(万元)
1	平阳汇佳日产汽车销售有限公司	513.2
2	温州泉浩汽车销售服务有限公司	160.9
3	平阳县浙欧帝豪汽车有限公司	1970.9
4	平阳瑞锦汽车销售服务有限公司	772.3
5	平阳航通汽车销售服务有限公司	1224.6
6	平阳县华翔汽车有限公司	1259.7
7	温州银轩汽车销售有限公司	638.9
8	平阳联通汽车销售服务有限公司	15372.9
9	平阳冠峰汽车销售服务有限公司	6514.4
10	温州千缘汽车销售服务有限公司	834.7
11	温州兴泰汽车销售服务有限公司	1678.2
12	温州晨光集团平阳骏达汽车有限公司	8558.8

说明:资料由县商务局提供

全县限额以上汽车、摩托车销售企业从业人员280人，商品购进额52258万元，销售额55414万元。全县限额以上汽车销售企业12家，销售额39499.5万元。

平阳冠峰汽车销售服务有限公司成立于2011年7月。2012年，该公司汽车销售量为553辆，维修2871辆。是年底，全县一、二类汽车维修企业31家，各类汽车美容、修理、服务业153家。

烟草专卖　1988年后，国家放开13种名优卷烟价格，同时取消统价销售办法。1990年，全县卷烟销售量为11432箱，2000年销售量20677箱，2010年销售量29368箱，2012年销售量31219箱。2000年销售一、二、三类烟比例62.80%；2012年一、二、三类烟比例达到77.19%。2012年，推销低焦油卷烟，销量383.65箱。市场畅销卷烟品牌从1990年的“上游”“五一”“新安江”“牡丹”变成2000年的“大红鹰”直至“雄狮”“利群”“芙蓉王”“中华”。同时“御猫”“555”“万宝路”等进口烟也在市场上有一定销量。

1994年，平阳烟草公司联合宁波卷烟厂成功自创品牌“大红鹰”。是年，县烟草公司营业利润744万元，比上年增长3.9倍；上缴税收165万元，比上年增长2.7倍。2000年，营业利润2177万元，上缴税收1335万元。2001年，卷烟总销量20830箱，其中省内烟销量11136箱，占总销量的53.46%，实现利润2640万元；大品牌烟销量8131箱，占省内烟销量比重73.90%。2012年，营业利润20165万元，上缴税收3766万元。

2001年，烟草公司下伸网点卷烟批发销售量20658箱，入网销售率99.15%以上，市场占有率84.45%。至2002年年底，平阳县有个体卷烟零售户3567户，已经领取烟草专卖许可证的有3440户，其中有证有照的1347户，有证无工商营业执照的2093户，由工商部门予以发证，无证无照的127户全部予以取缔。2012年年底，全县有个体持证零售户4901户。

1999年，鳌江镇曙东路仓库正式建成，为温州卷烟配送中心平阳分中心。2007年11月，温州卷烟配送实行一库制，取消各县分中心，改成温州卷烟配送中心鳌江中转站。2012年，鳌江中转站整体面积5784.4平方米，其中建筑面积5111平方米（仓库面积2691平方米），按标准可容纳5220箱卷烟，承载着温州卷烟配送中心分仓库、平苍中转站、平烟送货部三位一体的功能。

1989—2012年平阳县卷烟销售情况一览表

表15-2-9

年份（年）	卷烟销量（箱）	利润（万元）	税收（万元）	销售额（万元）
1989	56845	61	50	2808
1990	11432	48	46	2999
1991	10869	127	27	2944
1992	9770	211	44	2746
1993	12628	152	45	5578
1994	13427	744	165	5896
1995	15513	1366	693	9697
1996	16368	1962	627	17021
1997	17690	1205	301	15378
1998	16455	759	371	14100
1999	19188	1501	483	19303
2000	20677	2177	1335	20334
2001	20830	2640	1786	20625
2002	22285	4585	2914	24605
2003	23268	5637	3590	28171
2004	25593	6837	4354	34720
2005	27540	7566	4372	44879
2006	28092	9309	5593	51700
2007	28445	12044	3143	50619
2008	28816	13569	3176	56994
2009	29925	13432	3302	62724
2010	29368	14873	3558	68472
2011	30721	20387	4495	82809
2012	31219	20165	3766	90608
合计	546964	141385	48236	735730
注：1箱=250条				

说明：资料由县烟草局提供

食盐专卖　1990年4月，县盐业公司成立。1992年2月，县盐务管理局成立，县供销社行使盐务管理局职能。1994年成立水头、麻步、昆阳三个盐务所。1995年8月单独设立盐务管理局，归口县供销社管理，并成立山门、腾蛟盐务所。1996年，成立盐业市场稽查队。全年销售18091吨，实现税利124.19万元。

2003年，全县各类盐购进27258吨，其中食盐8055吨。销售各类盐29583吨，其中碘盐3279吨、小包装碘盐2446吨，实现商品销售额1762万元，上缴国家税收189万元，创利润53万元。面对当年"非典"疫情，县内发生两次食盐抢购风潮。县盐务管理局成立保障全县市场碘盐供应应急领导小组，规范和整顿盐业市场秩序，做好食用盐和工业用盐的储备工作，储备量超出同期12000吨，快速平息食盐抢购风波。2004年，全县各类盐购进29752吨，其中食盐5730吨。销售各类盐27712吨，其中碘盐2940吨、小包装碘盐2328吨。实现商品销售额1608.52万元，上缴国家税收118.85万元，创利润6.7万元。

1995—2012年平阳县原盐销售情况统计表

表15-2-10

年份（年）	销售合计（吨）	其中		
		食品加工盐（吨）	其中小包加碘食盐（吨）	工业用盐（吨）
1995	10174	—	—	—
1996	18091	—	446	17645
1997	19068	—	706	18362
1998	25384	—	1007	24377
1999	31190	—	1525	29665
2000	30609	—	2320	28289
2001	37479	—	2781	34699
2002	37844	1137	2348	34360
2003	29583	833	2446	26304
2004	27712	624	2328	24760
2005	31607	4808	2276	24523
2006	27034	5730	2311	18994
2007	16143	4002	2093	10048
2008	17799	3812	1960	12027
2009	15285	4492	1904	8889
2010	12925	3722	2067	7136
2011	12367	3486	2065	6816
2012	9251	2799	2106	4346

说明：资料由县盐业局提供

2007年，由于受水头制革污染环境整治的影响，工业盐用量锐减，盐业市场萎缩，各类盐销量逐年下降，造成企业连年亏损。2007年销售各类盐16143吨，上缴国家税收121万元，企业亏损86万元。2008年，销售各类盐17799吨，实现商品销售额1446万元，上缴国家税收56万元，企业亏损66万元。2010年，销售各类盐12925吨，实现商品销售额1161万元，上缴国家税收55万元，企业亏损47万元。2011年1月，撤销水头、麻步、昆阳、山门、腾蛟等5个盐务所，成立销售部，由销售部行使基层盐务所职能。2012年，销售各类盐9251吨，实现商品销售额1077万元，上缴国家税收39万元，企业亏损44万元。

物流与废旧物资收购

物流　1989年后，随着交通快速发展，货物运输急剧上升。1989年，全县货运量305.52万吨、货物周转量13312万千米；2003年货运量1128万吨、货物周转量42034万千米；2012年货运量1888万吨、货物周转量83597万千米。

温州双赢物流服务有限公司创建于2002年。地处萧江高速路口。2012年，公司年吞吐量15万吨，拥有各型号车辆65辆、员工173人。

通豪物流服务有限公司创建于2010年，位于水头镇水头客运中心内，属股份制企业。公司从业人员220人，由原来的南方货运服务部等10家联托运企业联合组建，建立直通全国大中城市的物流专线21条、物流业务网点551个。

浙江中鹏物流有限公司创建于2012年，位于万全镇郑楼镇区内，属股份制企业，从业人员386人，由原来的平阳县新大新物流有限公司等39家联托运企业联合组建。建立直通全国大中城市的物流专线56条、物流网点326个。

平阳长通物流有限公司创建于2010年，位于昆阳镇农贸货运中心内，属股份制企业。由原来的石太托运部等19家联托运企业联合组建，从业人员358人。拥有大中型货运车辆300余辆、货运停车场1个。建立直通全国大中城市的物流专线22条、物流网点585个。

废旧物资　1989年，县供销系统废旧物资收购量为1582.4吨。1993年废旧物资回收337.6万

元。2011年，根据商务部及省政府文件精神，为规范再生资源(废旧物资)回收市场，改善城镇环境，印发《平阳县再生资源回收行业整治工作方案的通知》，并于2012年3月成立再生资源回收行业整治工作领导小组。

第三章　粮油购销

1949年，县政府设粮食局。1953年，国家实行粮食计划收购、计划供应的统购统销政策。1985年国家取消粮食统购，改为合同定购。1992年取消粮食定销，改由市场调节。2001年，取消粮食合同收购，以订单形式与粮农签订合同，称“订单粮食”。2001年行政机构改革，县粮食局和发展计划局合署办公。

第一节　粮食收购

合同定购、国家定购和合同收购

1989年，平阳县执行省、市核定的合同定购任务23500吨和“三挂钩”(化肥、柴油和预购定金)奖售政策，一定两年。两年粮食入库实绩47065吨，超额完成任务1.38%。1991年，国务院决定将粮食合同定购改为国家定购，分早稻(包括春粮)比例80%、晚稻20%，两季完成。1992年，按照“大稳定、小调整”的原则，取消自然条件较差、易灾的水头区、腾蛟区、麻步镇、塘北乡、树贤乡、梅溪乡、梅源乡的国家定购任务。1993年1月1日，放开粮食购销与价格，国家订购任务从指令性计划改为指导性计划，实行合同收购。确定早籼谷保护价每50千克27元，“三挂钩”奖励实物改为价外补贴3.74元。1994年，预购定金改为低息贷款。1995年，收购任务落实地方行政首长负责制。1996年，粮食工作实施政策性和经营性两线运行。是年，

万全粮农踊跃投售订单粮食（2001年）

粮食部门采用保护价每50千克65元，收购晚籼谷1500吨。购销倒挂、政策性亏损438.39万元。1998年，贯彻“敞开收购、顺价销售、封闭运行(资金封闭)”三大政策，从行政收粮走上依法收粮的轨道。

订单粮食收购

2001年，取消粮食合同收购，以订单形式与粮农签订合同，称“订单粮食”。2008年年底取消价外补贴。2009年，实行订单内粮食早籼谷每50千克奖励20元，2011年提高到25元，2012年增加到30元。2001年和2002年对昆阳、宋桥、郑楼、榆垟、宋埠、鳌江、钱仓、萧江等乡镇订单粮食的签订、收购和储存委托昆阳、万全、鳌江和萧江粮管所办理，实行代理制。2001年，与2941户粮农签订18855吨订单粮食，入库实绩20672吨，超额完成订单粮食9.63%。

粮食调剂

2012年，全县常住人口76.47万，短期净流入人口1.47万，粮食总需求32.96万吨。其中，口粮13.1万吨，工业用粮1.21万吨，饲料用粮4.27万吨，种子0.1万吨，外销14.28万吨。全县年总产量14.37万吨，缺口18.59万吨。粮食缺口部分由种粮大户在

1989—2012年平阳县合同定购、收购、订单粮食入库实绩一览表

表15-3-1

年度(年)	上级任务(吨)	县下达任务(吨)			乡村户落实情况				入库实绩(吨)
		计划	调减	任务	乡镇场数(个)	村数(个)	户数(户)	合同数(个)	
1989	23500	23500	0	23500	—	—	—	24320	23530

续表 15-3-1

年度(年)	上级任务(吨)	县下达任务(吨)			乡村户落实情况				入库实绩(吨)
		计划	调减	任务	乡镇场数(个)	村数(个)	户数(户)	合同数(个)	
1990	23500	23500	0	23500	—	—	—	24351	23535
1991	23500	23500	49	23451	16	343	73371	24604	24833
1992	23500	23500	113	23338	9	271	60569	23663	23263
1993	22500	22500	730	22608	9	278	62991	22150	20846
1994	22500	22500	194	22414	9	278	63110	22307	22704
1995	22500	22500	284	22130	9	270	63718	22157	22055
1996	21800	22070	101	22029	9	268	61273	22070	22524
1997	21200	22030	111	21918	9	268	62108	22030	22895
1998	21200	22010	459	21459	9	268	62527	21596	21307
1999	21200	21940	603	20856	9	274	62453	21366	21499
2000	21200	21340		20856	9	274	60336	21340	21050
2001				12500	9	274	2941	18855	20672
2002				12500	12	284	6576	14860	11456
2003				12500	9	274	4039	14156	11770
2004					9	209	3524	15056	16070
2005					9	221	3954	17141	15820
2006					9	214	5472	17819	13005
2007					8		6350	14250	12600
2008					7		5365	15560	16043
2009					13	243	7364	20640	20640
2010					9		5824	24100	16813
2011					10		4631	22325	19035
2012					10		4141	19291	17444

说明:资料由县粮食局提供

黑龙江承包开辟粮源生产基地年返销粮食2.11万吨,粮食经营大户在江苏、江西、安徽、河南等省采购流入10.71万吨,省内县外流入5.77万吨,以平衡全县粮食需求总量。

第二节　粮食销售

居民、定销人员粮食供应

1989—1991年,城乡居民、农村定销人员、国营林场工人和渔业定销人员粮油供应仍实行统销计划管理,每年包干指标24840吨,执行以人定量四类九等标准。

1989年7月,水产品取消派购,渔区定销粮按议价供应。1992年和1993年,城乡粮食市场活跃,货源充足,市场粮价低于国家牌价,城乡居民和农村定销人员的口粮均由市场调节。自1992年第三季度起,浙江省定额粮票,浙江省农村粮票实行按季使用,过季作废。1993年1月1日,取消粮食统销制度。除军用粮票外,不再使用各种粮油票。城乡居民和农村定销户发给“平阳县市镇居民粮食证”、保留城镇户粮关系。1994—1997年,因自然灾害,春粮和早稻连年歉收,粮价上涨,居民和定销户凭市镇居民粮食证,由国营粮店定时定量供应粮食。自2001年5月1日起,停止办理城镇居民粮食关系转移证明、农村粮食关系证明和准许转移粮食关系通知书。

1989—1991 年平阳县粮食定量标准明细表

表 15-3-2　　单位：千克（成品粮）

类　别	工　种	月定量
工　人	特重体力劳动者	22.5～25.0
	重体力劳动者	17.5～21.5
	轻体力劳动者	15.0～16.5
脑力劳动者		13.5～14.5
大中学生		16.0
居　民	10周岁以上	12.5
	6～10周岁	10.0
	3～6周岁	6.5
	3周岁以下	3.5

说明：资料由县粮食局提供

城镇居民购粮证（1992 年）

1989—2012 年平阳县粮食销售情况一览表

表 15-3-3　　单位：吨

年度（年）	合计	城镇居民	农村定销	工业及行业	饲料	专项用粮	财政供应	储备粮轮换	事业及其他
1989	24737	15302	6549	403	1020	1326	0	0	137
1990	26735	14931	7289	178	989	2964	0	0	384
1991	28576	18814	8629	11	747	0	0	0	375
1992	2091	150	683	624	619	0	0	0	15
1993	794	0	0	0	0	0	18	0	776
1994	21651	21583					34		
1995	24236	8805	4290				40	10800	301
1996	30351	12290	817				304	16940	
1997	33203	16057	962				54	16130	
1998	8551	13	34				59	8445	
1999	18500							18500	
2000	26930							26930	
2001	11337							11337	
2002	18239							18239	
2003	8348							8348	
2004	8942							8942	
2005	8500							8500	
2006	8500							8500	
2007	8500							8500	
2008	8500							8500	
2009	5275							5275	
2010	9250							9250	

续表 15-3-3

年度（年）	合计	城镇居民	农村定销	工业及行业	饲料	专项用粮	财政供应	储备粮轮换	事业及其他
2011	9600							9600	
2012	9600							9600	

说明：资料由县粮食局提供

粮食市场管理

1994年11月11日，县粮食市场管理委员会成立，副县长任主任，下设粮食市场管理稽查队。稽查队有权对本县辖区内实行定点或不定点依法检查。1997年2月，在合同收购任务完成后，允许农业、供销部门、农垦企业及农村合作经济等参与粮食收购、加工、销售，实行一体化经营。1995年12月，县粮油质量检测所成立，依法对粮油质量检验检测。

交易所和粮食批发市场

1989年，全县有万全、鳌江、麻步、水头、腾蛟、山门等6个粮油交易所，从业人员154人，按照“随行就市、买卖自由、依质论价、双方自愿”的原则进行粮油交易。1993年，随着粮食购销的放开，交易所成交量逐年减少。1998年后，粮油交易所都改型转轨。1992年，萧江建立国家粮食批发交易市场；1999年，万全粮食批发交易市场建立。万全粮食批发交易市场统计：1999年交易量9193吨，2000年9159吨。

议购议销

1989—2003年，全县共议购粮食430594吨，年均28706吨，其中县内46597吨，年均3106吨。粮油议销业务，是粮食部门的主要附营业务。县内供应对象以工业、食品业和饲料业为主，县外销售主要用于品种调剂。1989—2003年，议价销售粮食

1989—2003年平阳县议购粮食统计表（一）

表 15-3-4　　单位：吨（原粮）

年度（年）	议价收购						其中：县内购入					
	合计	稻谷	小麦	大豆	杂粮	薯类	合计	稻谷	小麦	大豆	杂粮	薯类
1989	23387	6547	4884	3585	7273	1098	3430	2322	10			1098
1990	25235	11358	7545	2519	3366	447	2105	1367		258	33	447
1991	16753	6167	1977	2200	6350	59	2500	2500				
1992	40874	13793	10838	3381	12835	27	1081	509	157	279	109	27
1993	37223	9435	11303	3451	13034		800	800				
1994	40055	13546	14384	1600	10525		14	14				
1995	54653	18582	21268	2201	12602		1260	1260				
1996	33481	4991	11832	2845	13813		1320	1320				
1997	38229	6957	9388	5427	16457		4243	4243				
1998	32690	9741	3789	8238	10922		264	264				
1999	44406	10385	13145		20876		12352	8212	218		3922	
2000	26040	10933	8831		6276		9627	9468	10		149	
2001	6306	5147	1159				2830	2827	3			
2002	8883	5924	2959				4624	4624				
2003	2379	2379					147	147				
合计	430594	135885	123302	35447	134329	1631	46597	39877	398	537	4213	1572

说明：资料由县粮食局提供

1989—2003年平阳县议销粮食统计表（二）

表15-3-5　　单位：吨（原粮）

年度（年）	议价销售						其中:县内销售					
	合计	稻谷	小麦	大豆	杂粮	薯类	合计	稻谷	小麦	大豆	杂粮	薯类
1989	18242	5254	4077	1704	6658	549	16221	4883	3526	1516	6066	230
1990	27084	12737	6622	1778	5194	753	27082	12737	6620	1778	5194	753
1991	35591	16323	4607	1317	12899	445	34691	15423	4607	1317	12899	445
1992	54361	29271	8434	376	16221	59	43512	20033	7068	376	15976	59
1993	59459	33292	6971	522	18647	27	35489	17708	2970	219	14565	27
1994	28596	6398	6781	295	15122		28418	6398	6781	295	14944	
1995	59098	24784	19707	208	14399		51297	23265	15099	208	12725	
1996	45636	15953	12072	3573	14038		41328	13876	9862	3552	14038	
1997	45010	12333	10515	5252	16910		25134	7625	6268	4163	7078	
1998	49949	27151	3949	8157	10692		32716	10256	3949	7819	10692	
1999	34562	30318	4244				29771	29767	4			
2000	47500	31776	9375		6349		40091	26935	7174		5982	
2001	16547	14503	2044				14630	13479	1151			
2002	20987	17843	3144				15045	13987	1058			
2003	11350	11350					11350	11350				
合计	553972	289286	102542	23182	137129	1833	446775	227722	76137	21243	120159	1514

说明:资料由县粮食局提供

553972吨，年均36931吨，其中县内446775吨，年均29785吨。2003年后，粮食管理所改制，国有粮食收储有限公司不再进行议价购销工作，粮食议购议销终止。

粮食价格

1989年，粮食合同定购价按省定比例计算（比例价）。早籼谷按“倒三五、六五”（35%按统购价，65%按超购价）计算，每50千克（中等质量，下同）为22.20元；晚籼谷、晚粳谷、晚糯谷按“倒三、七”计算，每50千克分别为24.00元、26.60元、31.70元。此价执行至1991年。1992年4月1日起调整国家定购价，早籼谷每50千克为24.60元，提幅10.81%；晚籼（杂交）谷为28.00元，提幅16.67%，地方价外加价（县财政补助）0.50元；晚粳谷31.80元，提幅19.55%；晚糯谷36.90元，提幅16.4%。1993年执行合同收购价（指导价），每50千克早籼谷28.00元，晚籼（杂交）谷为41元。1994年7月21日，省政府决定调整早籼谷每50千克44.00元，晚籼（杂交）谷53.00元。合同收购以外的粮食价格随行就市。2001年后，订单粮食价格根据当年市场行情，报县政府确定，按“购得进，销得出”的原则定价收购订单粮食。1993年2月20日，执行粮食保护价制度。实施范围限于合同收购的粮食。如市场粮价低于省定保护价时，按保护价敞开收购。保护价制度执行至2000年止。

品种差价

粮食品种差率，执行省定标准：籼谷以早籼谷为标准，早粳、早杂交高3%，晚杂交、晚籼比早籼高8%，早糯为晚糯的85%。优质稻谷的收购价格，按当年品种和质量来确定。1994年，浙9248、湖南软米、舟优903、中优933等4个品种，每50千克（下同）比常规品种增加2.40元补贴。1995年，浙9248、湖南软米、舟优903、嘉兴香米等4个品种，补贴提高到4元。1996年，浙9248、中丝2号2个品种，补贴提高到5元。1997年，中丝2号补贴6元，1998年调减为4元，1999年停止品种补贴。2002

年开始，县政府确定对“订单粮食”圆粒型早籼谷的收购价格，比常规品种每50千克提高1元，2006年起，圆粒型早籼谷每50千克比常规品种价格提高2元，至2012年仍执行此差价标准。

第三节　油料收购销售

油料收购

1989年后，农村产业结构调整和粮油实行多渠道经营，全县油菜籽种植面积锐减，收购量极少。1989年县内购入油菜籽865吨、茶籽31吨、花生果10吨，折油脂375吨。至1992年，全县油料(脂)尚能自给。1993年粮油购销价放开后，多渠道收购竞争激烈，收购价格越抬越高，粮食部门收购到油菜籽越来越少，至1997年取消油菜籽收购任务。为解决城乡居民用油和县级储备轮换，采取外购。1989年，县油茶籽采取比例价(30%为统购价，70%为加价，加价额度是统购价的50%)收购；花生果主要是安排市场和居民节日用品，皆无榨油。1991年取消收购。

油料销售

1989年，全县吃商品粮人口的口油每人每季0.6千克，国家规定国庆和春节的节日补助油每人0.2千克，及省定的全年补助油每人1.5千克。此标准执行至1996年年底。农村定销、国营林场和专业渔民作适当补助，按统销价限期供应。自1990年起，改按每千克4元的优惠供应。1989年，工业、行业用油除医药、军特需及顶票供应的大众化副食品、食品用油外均为议价供应。自1997年开始，食用油料由市场调节。

1989—1997年平阳县食油销售情况一览表

表15-3-6　　　　单位：吨

年度(年)	合计	非农业销售					农业销售			县外销售	财政用油
		小计	居民口油	行业	事业	其他	小计	口油	其他		
1989	376	352	267	80	2	3	24	22	2		
1990	310	284	231	50	1	2	26	16	10		
1991	257	257	250	5		2					
1992	1113	843	252	589		2				269	1
1993	407	297	258	38		1				110	
1994	149	126	14	112						23	
1995	1458	1456	117	1339							2
1996	148	135	134			1				11	2
1997	8	8	8								

说明：资料由县粮食局提供

第四节　粮油储藏

仓库

1990年，全县有53个库点、粮仓129幢220间，总仓容量62810吨(可以使用仓39900吨)。1995年3月新建城东前宕粮库，占地面积3330平方米，仓容量1200吨，总投资235万元，于1998年3月竣工。1997年，县粮油总公司拆除库区内危房仓，扩建2000吨仓容量仓库。2000年10月，万全宋桥新建平阳县粮食中心库，占地面积23612平方米，建筑面积8751平方米，仓容量14000吨，总投资2283.6万元，2002年12月竣工投入使用，2003年被省粮食局评为二星级粮库，2009年被评为三星级粮库。2010年1月，上降粮库拆扩建，面积1530平方米，仓容量4700吨，总投资380万元。2012年2月，夏桥粮库拆建，新粮库占地面积1649平方米，仓容量1800吨，总投资280万元。1995—

平阳县粮食中心库（2009年）

2012年，拆建后新建粮食仓库仓容量23700吨（占在用仓的59.4%）。是年年底，全县储备库点21个，62幢粮食总仓容量51950吨，其中县粮食收储公司18个库点，57幢，仓容量48650吨，油库2个库点，6个油罐，容量600吨。

粮食储存

分类有周转（商品）库存，国家（中央）专项储备，省、市级地方储备，县级储备。1991年，中央专项储备粮1400吨，省级储备粮250吨。1992年，县级储备粮10000吨，至2012年逐年增加27500吨；省级储备粮8500吨。

1990—2012年平阳县粮食库存情况一览表

表15-3-7　　　　单位：吨（原粮）

年份（年）	合计	其中：				
		周转粮	议价粮	专项省级储备	市级储备	县级储备
1990	17839					
1991	14658	6147	6861	1650		
1992	20708	3524	7184			10000
1993	19850	638	7812	1400		10000
1994	20348	4882	5926			9540
1995	24301	4762	7639	1400		10500
1996	21193	6093	3700	1400		10000
1997	23489	7315	1196	4978		10000
1998	29219	11613	1228	6378		10000
1999	27743	6343		1400		15000
2000	18470	2070		1400		15000
2001	22850	350		2500		20000
2002	21807	15		5000		16792
2003	27667	168		7500		19999
2004	26179	499		1000		24680
2005	35183			10000		25183
2006	35298	48		10250		25000
2007	32765	15		7750		25000
2008	37846	94		7750	1250	27500
2009	38601	443		9408	1250	27500
2010	37021			8271	1250	27500
2011	37078.4	21.4		8500	1250	27307
2012	36095	95		8500		27500

说明：资料由县粮食局提供

第四章　社会服务业

1989年后，随着市场开放和经济发展，人民消费水平逐步提高，住宿餐饮业、娱乐业等生活服务业逐步兴起。2000年前后，国营和供销社完成改制，退出服务业市场，服务业经营模式以国有、集体为主转向民营为主。

平阳供销大厦饭店餐厅（2000年）

第一节　住宿餐饮业

1989年，全县餐饮业零售额1364万元，占当年社会商品零售总额32868万元的4.15%。2000年，全县餐饮业零售额28555万元，占当年社会商品零售总额273451万元的10.44%。2012年，全县餐饮业零售额153400万元，占当年社会商品零售总额1078400万元的14.22%。

1989年，全县餐饮业有198家、旅店54家。2001年，工商局登记全县餐饮业5694家。至2012年，全县有饮食店3015家、宾(旅)馆有213家。1989—2012年，平阳县笑满楼酒店、鳌江供销大厦、平阳阳光大酒店、平阳银都大酒店、鳌江世茂大酒店、水头虎豪大酒店、平阳凌志大酒店、平阳国际大酒店(鳌江)、云海大酒店、温州三和大酒店、喜喜喜大酒店、萧江晨光大酒店等一批酒店、快餐店相继开业。

2012年，全县限额以上住宿餐饮业企业数22个(其中住宿业7个，四星、三星、二星级各1个；餐饮业15个)，年末从业人员1338人，营业额23638万元，其中客房收入3441万元，餐费收入19737万元，客房间801间，床位1337个，餐位10266位，餐饮面积57357平方米。虎豪大酒店、平阳县锐思特汽车连锁店鳌江汽车站店、银都大酒店、晨光大酒店、平阳国际大酒店(鳌江)、平阳宾馆(前身县政府招待所)、名都皇家大酒店、世贸富豪大酒店等53家宾馆较有档次。

2012年限额以上住宿业情况一览表

表15-4-1

时间 企业名称	开业时间	开业当年情况			2012年		
		从业人员（个）	营业额（万元）	纳税（万元）	从业人员（个）	营业额（万元）	纳税（万元）
银都大酒店	2002年	25	350	27.78	16	260	26.6
晨光大酒店	2003年	50	300	12.3	48	350	35.8
国际大酒店	2004年	69	63	5	73	5011	81
平阳宾馆	1996年	26	480	38	21	380	38.86
三和大酒店	2011年	50		免税	50	1000	免税
虎豪大酒店	1997年	48	116	9.2	52	389	39.78

说明：资料由县商务局提供

平阳国际大酒店(平阳县国际大酒店有限公司) 位于鳌江镇市府路(火车站大道)与兴鳌中路交界处，2004年10月1日试营业，12月27日正式开业，占地20000平方米，建筑面积22000平方米，总投资1亿余元。于2006年、2008年、2010年、2012年进行4次升级改造，2006年晋升为三星级饭店，2008年12月荣膺四星级旅游饭店（平阳县第一家四星级旅游饭店）；2005年获得浙江省绿色饭店称号；2012年12月被全国旅游星评委评定为银叶级绿色饭店。酒店共有客房138间，房间分为单人房、标准房、套房和豪华套房等类型；有不同规格会议室7间；有大型多功能厅以及宴会厅5个、餐饮包厢19间，可同时容纳1100人就餐。2012年营业额5011万元。

平阳国际大酒店（2012年）

温州三和大酒店　位于昆阳镇人民路与公园路交界处，北靠凤湖公园。2011年12月1日试营业，2012年5月1日正式开业，占地17900平方米，建筑面积38790平方米，总投资4.2亿元。酒店共有客房179间，房间分为单人房、标准房、套房和豪华套房等类型；有不同规格会议室8间；有大型多功能厅以及宴会厅2个、餐饮包厢24间，最大宴会厅可同时容纳700人就餐。

第二节　娱乐业

歌舞厅是20世纪80年代后期出现的娱乐场所。自20世纪90年代起，一般新建宾馆内都设有歌舞厅，也有单独开办的夜总会、舞厅等，以卡拉OK厅为主。至2012年，各类歌舞、卡拉OK厅全县有30家。

电子游戏机和录像室兴起于20世纪80年代中期，至90年代初期为最盛。到20世纪90年代末，由于加强管理和整顿，以及网吧兴起，使游戏机室减少，录像厅关闭。至2012年，仅昆阳镇还有游戏室20家，录像室已销声匿迹。

网吧兴起于1998年之后，尔后进行整顿，关闭离学校200米内和规模小于20台电脑的网吧。2012年，全县保留网吧119家。

第三节　其他服务业

传统的服务业有理发、照相、打印、修理、家政服务等。1996年，工商局登记全县服务业2869户、修理业689户，2001年分别为2368户、451户。

从20世纪90年代初开始，纯理发店逐渐减少，美容美发店逐渐增多。美容美发化妆一体的美容店兴起于20世纪90年代末。至2012年，全县有理发店1018家。1989年，全县有国营照相馆1家，个体2家。首家引入彩照冲扩印业务的平阳阳光彩扩印社于2000年开业。20世纪90年代后期，个体私营婚纱摄影店陆续开业。2012年，全县有照相馆95家。新兴服务行业有中介信息服务、家政服务、美容美体、旅游服务、鲜花礼仪、影视制作、消费品修理、洗染服务、性保健品、电脑综合服务等，其中中介信息服务318家、家政服务12家、健身8家、鲜花礼仪14家、影视制作2家、消费品修理66家、干洗服务15家、保健服务73家、会计事务所15家、洗浴服务11家、棋牌馆39家。

第五章　对外及对港澳台经济贸易

1988年3月，平阳县被国务院列为全国第二批沿海经济开放县，12月成立县对外经济贸易委员会。县对外经济贸易委员会下属县对外贸易公司，负责全县外贸产品出口调拨。1990年后，县内开始发展外商投资企业。至1993年，全县有40家外贸生产企业和31家外资与港澳台投资企业。1994年7月，县委、县政府决定，大力发展开放型经济。1997年9月，县对外经济贸易委员会更名为县对外贸易经济合作局。2001年年末，中国正式加入世贸组织，促使大批生产企业、流通贸易公司获得进出口经营权。2011年12月，组建县商务局，将县对外贸易经济合作局的职责和县经济贸易局的内贸管理及对外经济协调职责，整合划入商务局。截至2012年年底，全县拥有进出口经营权企业389家，成立外资与港澳台投资企业175家，创办境外企业24家，累计进出口总额(2001—2012年)436292万美元，合同利用外资(1990—2012年)35000余万美元，对境外总投资(2003—2012年)1738万美元。2012年，全县自营进出口总额73526万美元，其中，出口62606万美元，进口10920万美元。

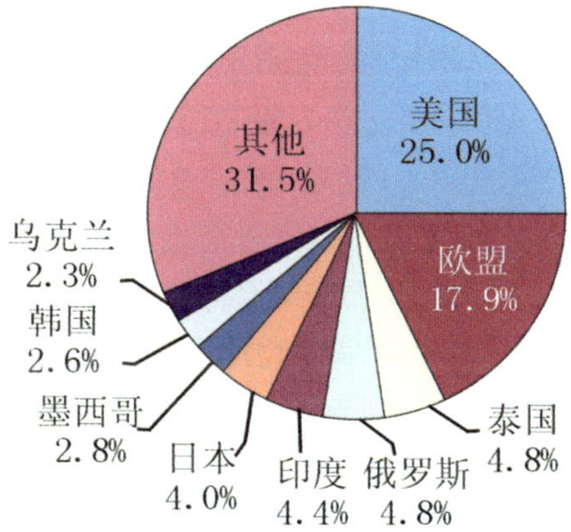

图 15-5-1　2012年平阳县外贸出口国家和地区分布图

第一节　出口及对港澳台贸易

1989年，全县外贸收购调拨额5459万元(折汇额547.06万美元)，包括外贸公司收购额3523万元，直接调拨额1936万元。1992年，县外贸首次突破亿元大关，全县外贸出口供货值1.40亿元。1995年，全县外贸出口供货值达5.57亿元。2000年，全县外贸出口供货值达13.07亿元，累计12家企业获得进出口经营权，全年自营出口总额4298万美元，出口国家和地区54个。

自2001年起，特别是2004年7月1日以后，国家进一步放宽了外贸进出口经营权的入门条件，实行备案登记制。据2001年度海关统计，全县开展自营进出口业务实绩的企业50家，自营进出口总额10388万美元，其中出口8712万美元，进口1676万美元。2012年，全县开展自营进出口业务实绩的企业362家，自营进出口总额73526万美元，其中出口62606万美元，进口10920万美元。2012年，全县自营出口1000万美元以上的企业有15家，其中2000万美元以上的企业有5家：温州佩蒂动物营养科技有限公司、浙江豪中豪健康产品有限公司、浙江三星机电股份有限公司、温州源飞宠物玩具制品有限公司、平阳县对外贸易有限公司。2001—2012年，全县自营进出口额、出口额和进口额年递增率分别为17.71%、17.86%和16.9%。

1981—1990年平阳县外贸公司收购调拨情况统计表

表 15-5-1　　单位：万元

年份(年)	收购额	年份(年)	收购额
1981	577.40	1986	1670.44
1982	730.30	1987	1730.38
1983	424.13	1988	2011.84
1984	467.05	1989	3522.75①
1985	1377.42	1990	3590.72①

说明：①1989年直接调拨额1936万元，1990年直接调拨额2223.60万元；②资料来自《平阳县外经贸志》31、32页

1991—2000年平阳县全社会出口交货值统计表

表 15-5-2　　单位：万元

年份(年)	合计	其中		
		生产企业供货	“三资”企业供货	外贸公司
1991	6754	5684	635	435
1992	14024	10210	3405	409
1993	11450	4566	6749	135
1994	42407	33511	8200	696
1995	55731	44532	8838	2361
1996	73432	55391	12800	5241
1997	113828	92432	14924	6472
1998	115549	92045	14330	9174
1999	95861	73708	14258	7854
2000	130688	91603	32259	6826

说明：资料来自《平阳县外经贸志》32页

2001—2012年平阳县自营进出口情况一览表

表15-5-3　　单位：万美元

年度(年)	经营单位(个)	进出口总额	出口总额
2001	50	10388	8712
2002	59	11802	10130
2003	65	14863	11556
2004	90	17757	14405
2005	120	25470	19373
2006	149	31913	23991
2007	188	39654	28436
2008	217	46797	35247
2009	258	40798	33229
2010	291	56365	45255
2011	329	66959	54302
2012	362	73526	62606
合计	—	436292	347243

说明：①表中2011年、2012年数据与《平阳统计年鉴》有出入。按实际情况修正。如：2012年底出口额统计为61399万美元。后增加29家新出口企业1207万美元，实际出口额为62606万美元；②资料由县商务局提供

外贸出口企业

进出口贸易企业　1993年，平阳县外贸公司以温州进出口第二十经营部的名义开展第一笔自营出口业务——向美国莱瑞特跨国公司发出一批金属徽章。1994年8月5日，公司获得自营进出口经营权。2004年，公司经营体制改革，更名为平阳县对外贸易有限公司。平阳县南雁贸易公司成立于1988年2月，初期人员从县外贸公司抽调，与外贸公司合署经营，专营对台轮小额贸易和向台输出劳务人员。1989年，南雁贸易公司不再与外贸公司合署，自主经营独立核算。2000年11月，南雁贸易公司解体。2003年，3家流通贸易公司获得进出口经营权，分别是温州亚龙贸易有限公司（更名温州亚龙进出口有限公司）、温州雁峰商贸有限公司、温州天风商贸有限公司。截至2012年年底，平阳县共有59家流通贸易公司（包括县外贸公司）获得进出口经营权，其中鳌江24家、昆阳15家、萧江8家、水头6家、万全3家、腾蛟2家、麻步1家。

1995年4月1日，县外贸公司与外商洽谈、签订合同留影

自营生产企业　20世纪90年代后期，国家几度出台政策，降低进出口经营权的申报标准，简化审批程序。1997年年底，浙江虎豪实业有限公司（更名虎豪集团有限公司）、浙江圣雄皮业有限公司经批准获得进出口经营权。1998年，平阳县孔迎宠物用品有限公司、平阳县宠物玩具实业公司（更名温州誉祥宠物用品有限公司）获得进出口经营权。1999年，温州锦华宠物用品有限公司、平阳远飞宠物玩具制品厂（更名温州源飞宠物玩具制品有限公司）等4家企业获得进出口经营权。截至2012年年底，全县共有330家生产企业获得进出口经营权。

主要出口企业　2001—2005年，平阳县主要出口企业有温州远东皮革有限公司、浙江远东皮革有限公司、平阳县外贸公司、温州侨信皮革有限公司、平阳县宠物用品公司、温州华亨皮塑有限公司、平阳县佩蒂皮件制品厂、浙江鹏昌皮革有限公司、平阳县信业水产有限公司、浙江金达皮业有限公司、平阳县锦华宠物用品有限公司等。2003年，浙江远东皮革有限公司最高出口额2709万美元。2006—2010年，主要出口企业有浙江远东皮革有限公司、温州佩蒂宠物用品有限公司、温州侨信皮革有限公司、浙江雁峰塑料机械总厂、浙江三星机电股份有限公司、平阳县对外贸易有限公司、平阳县信业水产有限公司、平阳县锦华宠物用品有限公司、温州益坤电气有限公司、温州伊美婷针织服饰有限公司等。2006年，浙江远东皮革有限公司最高出口额4408万美元。2012年，温州佩蒂动物营养

2001—2012 年平阳县出口前五位企业情况一览表

表 15-5-4　　　　　　单位：美元

企业名称	2001年	2002年	2003年	2004年	2005年	2006年	2007年	2008年	2009年	2010年	2011年	2012年
温州远东皮革有限公司	20681610	24475628										
平阳县对外贸易有限公司(原平阳县外贸公司)	19276446	12001595	9538265	8208664	8826363		12999686	17303510	10479771	18791070	25220853	21326426
温州侨信皮革有限公司	9195212	7623985	7295691	7044460	10951285	10948575						
平阳县宠物用品公司	6158782	8716720	8735952	12293022	8820166							
温州华亨皮塑有限公司	3454741		4817550									
浙江远东皮革有限公司		4674378	27094845	20967447	37765268	44083208	33286587	26608722				
温州佩蒂动物营养科技有限公司(原温州佩蒂宠物用品有限公司)				12625304	12877599	16459394	20097724	34551235	31921561	37707068	29060145	41596055
浙江雁峰塑料机械总厂						9001745						
浙江三星机电股份有限公司						8486932	14358068	20032858	16789711	20559465	25824880	31362299
平阳县锦华宠物用品有限公司							9128707	11066258				
浙江豪中豪健康产品有限公司									17615585	26974400	35934966	34296226
温州市金世界服饰皮件有限公司									14494004			
温州祥顺皮件有限公司										16516211		
温州源飞宠物玩具制品有限公司											17025518	22784662

说明：资料由县商务局提供

科技股份有限公司出口额4160万美元，居全县第一。其次为浙江豪中豪健康产品有限公司3430万美元、浙江三星机电股份有限公司3136万美元、温州源飞宠物玩具制品有限公司2278万美元、平阳县对外贸易有限公司2133万美元。

第二节 外贸出口及对港澳台销售商品

2001年，出口商品按大类分共9类，包括皮革及其制品4633万美元、宠物用品1659万美元、鞋422万美元、机电产品315万美元、水产品261万美元、汽配233万美元、塑编228万美元、羽毛球82万美元、其他产品879万美元，500余种产品，分别出口76个国家和地区。2012年出口商品15大类，包括宠物用品15294万美元、机电产品9106万美元、皮革制品8048万美元、汽配产品6646万美元、塑料及制品4358万美元、纺织针织品4100万美元、保健产品3951万美元、皮革1714万美元、家具1504万美元、点钞机894万美元、水产品744万美元、珠光颜料483万美元、卫浴产品383万美元、礼品264万美元及其他产品3910万美元，近1000种产品，分别销往美国、欧盟、东盟、拉美等147个国家和地区（不含后增加的29家新出口企业1207万美元）。

宠物用品　20世纪末生产的宠物用品主要是胶皮制的狗食和狗猫玩具，后来增加生产宠物用的服装、养护、驯导、美容、房窝等系列产品。生产企业分布在水头、南雁、萧江、腾蛟等地，产品出口量约占全国总出口量的1/3。2008年后，宠物用品的出口额开始超过皮革及皮革制品，居全县第一位。2012年全县宠物生产企业14家，出口总额1.53亿

2010年12月，平阳县被授予“宠物用品出口基地”称号

平阳县宠物用品有限公司生产车间（2000年）

美元，占全县出口总额的近1/4。温州佩蒂宠物用品有限公司（现更名为佩蒂动物营养科技股份有限公司）是中国检验检疫协会宠物分会副会长单位，国家标准《宠物食品——狗咬胶》GB/T的主持制定单位，产品畅销美国、欧洲、日本、加拿大等众多国家和地区。

机电产品　20世纪90年代初期，云天机械厂生产并向东南亚出口联合米机，广银集团等企业出口塑编圆筒机成套设备。21世纪后，温州合力建设机械有限公司生产出口门式起重机、桥梁架设设备、箱梁移运设备、欧式桥式起重机、高架门座式起重机、桅杆式起重机、卷扬机系列、轮胎式船艇搬运机等大型起重运输机械。温州华阳起重电机有限公司生产出口微型电动葫芦、电动绞盘、起重吊机、高速电动葫芦、磁电机五大系列产品。温州益坤电气有限公司生产氧化锌电阻片、绝缘子、避雷器、熔断器等高压配电设备，产品网络涵盖美国、英国、巴西、澳大利亚等30余个国家和地区。2012年，生产出口圆筒机成套设备的企业有：雁峰塑料机械总厂（现更名为雁峰集团有限公司）、浙江天风塑料机械厂、平阳县通用塑料机械厂（现更名为浙江三龙通用机械有限公司）等。浙江三星洗衣机配件厂于2001年改组成立浙江三星机电股份有限公司，生产半自动波轮洗衣机减速器、全自动波轮洗衣机减速离合器和滚筒洗衣机电机，与韩国三星、日本夏普、日本松下等企业配套，2012年出口3136万美元。浙江炜冈机械有限公司专业生产商标印刷设备，产品销往80余个国家和地区，2012年出口610万美元。

皮革及其制品　20世纪90年代中后期至2003年，皮革的年出口额占全县出口总额的一半以上。2006年，出口额8497万美元。生产企业主要集中在水头镇，规模比较大的企业有浙江远东皮革有限公司、浙江侨信皮革有限公司等。2008年后，皮革及皮革制品出口额减退，皮带等皮件产品逐年增加。2012年皮件出口额达到8048万美元，主要企业有奋起皮业有限公司等。

明胶产品　2003年，国际明胶行业巨头卢森堡罗赛洛公司首先在平阳县与平阳县三帆明胶厂合资创办罗赛洛（温州）明胶有限公司。2005年，德国GELITA Holding GmbH公司到平阳与三明合资创办嘉利达（平阳）明胶有限公司。2006年，荷兰TESSENDERLO控股有限公司与飞鹏胶业有限公司合资创办派宝明胶（平阳）有限公司。三大明胶企业生产的明胶占据全国主要市场份额。2011年，明胶产品出口129万美元。2012年，出口217万美元。

汽车配件　1997年，生产轴瓦的第一家三资企业——温州华康汽车配件有限公司成立。2004年，浙江显峰汽车配件有限公司、温州万宏汽车轴瓦泵业有限公司成立。是年，汽配产品出口超过水产品位居第四。2012年，全县存续68家三资企业，其中生产汽车配件10家。2002年，汽配件的出口额约占全县的3%，2011年提升到9%，2012年达10.6%。

塑料及制品　平阳县华亨皮塑有限公司1996年与香港宏发实业公司合资，成立温州华亨皮塑有限公司，生产塑料丝与麻丝交织的麻塑袋出口（后转产宠物用品出口）。温州中塑包装有限公司是生产编织袋的合资企业，2004年出口294万美元。2008年创办的温州圣诺塑料包装有限公司2012年出口762万美元，进口305万美元。

纺织针织品　温州伊美婷针织服饰有限公司生产高级运动袜、氨纶袜、锦纶袜、印花袜、童袜及各式裤袜、手套、帽子系列产品，主要销往俄罗斯、乌克兰等国家和地区。2011年出口1269万美元，2012年出口1473万美元。温州耐拉力服饰有限公司是一家专业生产锦纶袜、棉袜、棉质裤袜、莱卡裤袜、竹纤维裤袜等纺织产品的外商投资企业，2009年8月，该企业转内资，2009年11月取得自营进出口权。2011年出口额997万美元，2012年出口额1162万美元，产品主要出口到俄罗斯。

保健产品和医疗器械　1989年，平阳激光仪器厂生产的激光针灸仪在世界发明博览会上荣膺金奖，发明人黄明荣同时被授予骑士勋章，生产的激光针灸仪供出口。浙江豪中豪健康产品有限公司创建于2003年，产品有按摩椅、按摩床、按摩垫、按摩器具等高科技系列保健产品，商标iRest（艾力斯特）系浙江省名牌，企业系按摩器具国家标准起草单位，产品销往欧洲、美洲、澳洲、东南亚、中东等150余个国家和地区。2011年，公司出口3593万美元，列平阳县企业出口创汇第一位，2012年出口3430万美元。

家具　浙江美格登家具有限公司创建于1989年，生产板木家具，以欧美风格为主，先后推出雅致生活、简爱、加州风情、加州印象、加州伯爵、加州贵族、玛荷驰等中高档畅销品牌。产品销往欧美地区，2011年出口193万美元，2012年出口207万美元。

点钞机　20世纪90年代中期开始生产点钞机。2012年年底，县内共有48家企业生产点钞机或其他银行用品，其中浙江亨力电子有限公司、浙江南星电子科技有限公司、浙江克莱顿科技有限公司等企业有产品出口。

光学仪器　平阳明发光学塑料有限公司1993年成立。公司用塑料制成光学镜片，以及用塑料镜片生产简易望远镜、显微镜、放大镜、投影镜、相机取景器、相机镜头，95%以上的产品外销。

水产品　20世纪90年代，省外贸公司在平阳经营石斑鱼，将南麂岛的活石斑鱼直接运到香港。1991年，平阳县成立温州安达水产有限公司，公司初期以鮟鱇鱼（蛙蟆鱼）为原料生产鱼品，后多产冻蟹、冻鱼、冻虾、冻墨鱼等。三资企业温州鳌丰水产加工有限公司、温州华添水产品加工有限公司，以及平阳乘风冷冻厂等，其生产水产冷冻品主要销往日本。1998年，成立平阳信业水产有限公司。1999年，欧盟水产加工专家组到平阳考察安达公司、信业公司。该两家进入全国水产加工出口企业60强行列。2000年，信业公司取得进出口经营权。2002年，大潮渔业（香港）控股有限公司在平阳独资经营南麂岛开发有限公司，公司经营海水养殖、水产品加工等。2004年，水产品的出口额居皮革及革制品、宠物用品、机电产品、汽配之后，约居第五位。后因国际市场疲软，全县大部分水产品生产企业停产、转产，至2012年，仅存平阳县信业水产有限公司，出口744万美元。

珠光颜料　生产企业有浙江瑞成珠光颜料有限公司、温州坤威珠光颜料有限公司、温州大山珠光科技有限公司等。瑞成公司是国家级高新技术企业，公司的KW系列珠光颜料是浙江省高新技术产品，温州名牌产品，2011年，出口81万美元，进口98万美元；2012年，出口95万美元，进口207万美元。

卫浴洁具　浙江日升卫浴洁具有限公司成立于1997年，生产卫浴镜、卫浴五金、浴室家具和淋浴系统，品牌是银晶。2011年，公司出口283万美元，2012年出口344万美元。

商务礼品　2012年年底，全县生产销售商务礼品出口的企业有温州飞扬工艺品有限公司、浙江帅帅科技有限公司、平阳正旗工艺品有限公司和温州博锋工艺品有限公司等6家企业，自营出口额为264万美元。出口主要商品有：时钟、台座、笔筒、日用品、相框、奖牌、工艺品、茶叶罐、酒具商务套装、工具商务套装、钥匙扣商务套装、日用品套装、陶瓷空气净化器、陶瓷电水壶系列等。

羽毛球　1990年，平阳羽毛球总厂与港商合资成立平阳环宇体育用品有限公司。环宇公司是平阳县第一家外商投资企业，生产银鹤牌羽毛球出口。平阳文具厂继环宇公司之后，生产雪莲牌羽毛球，主要销售区为日本、德国、泰国、马来西亚和中国香港地区。又有港商投资温州万利达体育用品有限公司生产羽毛球。1999年9月，香港安侨国际有限公司在水头凤林小区投资21万美元，设立独资企业温州安侨运动用品有限公司，生产销售羽毛球系列产品。2011年出口13万美元，2012年出口24万美元。

工艺鞋、劳保手套　平阳工艺制鞋一厂生产工艺鞋，品种包括绣花鞋、布底功夫鞋、注塑鞋3大类50余个品种，产品全部由省公司外销，市场主要为德国、法国、意大利、捷克等国家和中国香港地区。鳌江工艺鞋厂以生产草拖鞋为主，绸缎等布面拖鞋为次，出口品种有冬暖夏凉的马兰草拖鞋、端庄富丽的古香缎拖鞋以及灯芯绒面、平绒面拖鞋等，主要销往日本以及美国、法国、意大利、希腊、欧盟等处。1996年，成立合资企业——温州华鸿皮件有限公司，为全市唯一生产出口劳保手套的厂家，2012年出口988万美元。

第三节　进口和加工贸易

2001—2012年，平阳县开展进口贸易业务企业从19家增加至63家，进口贸易额从2001年的1675万美元增加到2012年的10920万美元。进口企业包括三资企业、自营生产企业和进出口贸易公司。

平阳县进口贸易中的生产原辅材料主要有：云母（用作制造油漆的材料，包括石云母、云母片、云母粉、云母废料）、有机化工品（用作制革行业的辅助材料，包括鞣料、着色料、涂料、油料、鞣酸、醚、洗涤剂、润滑剂、人造蜡、蛋白类物质、改性淀粉等）、生皮和革、橡胶、塑料（包括初级形状的丙烯酸聚合物、聚醚及环氧树脂、聚缩醛、聚硅氧烷）。进口

2001—2012年平阳县进口贸易和加工贸易情况一览表

表15-5-5

年份（年）	进口总额（万美元）	开展进口企业数（家）	加工贸易出口（万美元）	加工贸易占全县出口总额比例%
2001	1676	19	—	—
2002	1671	18	1421	14
2003	3207	21	1472	12.7
2004	2987	29	1804	12.5
2005	6097	28	4169	21.5
2006	7921	41	4085	17.0
2007	10967	40	1511	5.3
2008	11549	55	2159	6.1
2009	7568	49	1249	3.8
2010	11110	58	2597	5.7
2011	12452	53	2936	5.5
2012	10920	63	2041	3.3

说明：资料由县商务局提供

贸易中的其他商品主要有：服装、机械器材、家具、游戏用品、医疗仪器、光学镜片、音像设备、锅炉、纸张、纸板等。

20世纪80年代，平阳羽毛球总厂通过代理公司向葡萄牙进口做球头的软木，开始加工成羽毛球后外销。2006年，全县对外加工贸易额4085万美元，占全县出口总额23990.9万美元的17.0%。2012年，全县对外加工贸易额2041万美元，占全县出口总额下降至3.3%。

第四节　利用外资及港澳台投资

利用外资及港澳台投资分为直接利用外资及港澳台投资、间接利用外资及港澳台投资、外商及港澳台其他投资三大类。1984年，世界银行贷款建设平阳顺溪至新田公路。外商投资项目主要为“三来一补”（指来料加工、来件装配、来样加工及补偿贸易）。

平阳县利用外资及港澳台资起步于1990年，

1990—2012年平阳县利用外资与港澳台资情况一览表

表15-5-6

年份（年）	批准企业数（家）	总投资（万美元）	注册资本（万美元）	合同利用资金（万美元）	实际利用资金（万美元）
1990	4	260	203	133	—
1991	6	224	165	73	—
1992	3	148	115	40	—
1993	18	1373	965	348	—
1994	12	2172	1302	486	—
1995	4	422	331	172	—
1996	8	2864	1453	590	440
1997	7	842	523	325	365
1998	6	1864	1161	823	—
1999	8	612	494	167	45
2000	8	2311	1575	531	110
2001	6	3197	1507	1279	175
2002	12	915	670	284	295
2003	14	3440	1762	1280	540
2004	3	3110	1354	665	601
2005	15	11874	6803	5108	2030
2006	15	17825	9513	6763	2917
2007	17	12906	9872	8843	3622
2008	5	9100	6500	6075	822
2009	2	5000	2088	1435	803
2010	—	—	—	—	379
2011	1	1642	657	296	452
2012	1	441	315	221	1564
合计	175	82542	49328	35937	15160

说明：①本表以管理机关批准文件为准；其中南丰公司、竿钢公司、大洋公司3家企业资料不齐，未列入统计；1990—1995年实际利用外资数据缺失；②资料由县商务局提供

至2012年年底，全县累计审批成立外商投资企业175家，合同利用外资合计约3.5亿美元。存续外商投资企业68家，其中，合资经营56家、合作经营1家、独资经营11家。

外资及港澳台投资来自世界各地30余个国家和地区，主要为亚洲，尤以中国港台企业最多，绝大多数客商为华人或华侨。投资项目中，以第二产业为主，行业主要以皮革及其制品业居第一位，机电、汽配行业次之。水头镇、鳌江镇为外商投资企业落户首选地。

资金来源地

1990—2012年，审批成立的外商及港澳台投资企业，来源地主要是中国香港和台湾，两个地区合计90家，占全部外商及港澳台投资企业的51.4%。其次是美国11家，德国7家，荷兰7家，法国6家。2012年年底存续的企业中，中国香港28家，中国台湾9家，德国6家，西班牙3家，荷兰3家，意大利2家，加拿大2家，韩国2家，还有其他13个国家各有1家。

外资、港澳台资行业结构

1990—2012年，审批成立175家外商与港澳台投资企业。其中，第一产业无，第二产业167家，包括水产品加工、皮革及革制品、宠物用品、纺织、机械、电子、汽配等行业；第三产业8家，主要是交通运输、酒店行业。至2012年年底，存续的68家企业中，涉及行业包括皮革及革制品26家，电子、机械、金属10家，汽车配件10家，针纺织、服装5家，明胶4家，文体用品、工艺品3家，宠物用品4家，食品2家，交通工程、塑料编织袋、酒店、水产品加工各1家。

1990—2012年平阳县利用外资与港澳台资情况一览表

表15-5-7

外资与港澳台资来源地	企业（家）	总投资（万美元）	注册资本（万美元）	合同利用资金（万美元）
阿根廷	1	40	28	13
阿联酋	3	3163	1895	1528
奥地利	4	751	442	258
澳大利亚	2	163	130	36
巴基斯坦	1	67	54	13
巴勒斯坦	1	37	27	7
巴西	1	370	255	117
德国	7	8813	4361	2945
俄罗斯	4	6700	5560	5560
法国	6	906	725	591
菲律宾	1	40	30	14
佛得角	1	493	247	86
韩国	4	628	465	287
荷兰	7	9654	5482	4813
加拿大	3	2631	1900	1526
卢森堡	1	1662	665	465
罗马尼亚	1	40	30	30
马来西亚	5	1686	922	550
美国	11	4716	2879	2660
瑞士	1	1725	690	345
斯里兰卡	1	142	100	30
泰国	1	50	35	18
西班牙	3	116	86	30

续表 15-5-7

外资与港澳台资来源地	企业(家)	总投资(万美元)	注册资本(万美元)	合同利用资金(万美元)
新加坡	3	2648	1155	469
意大利	5	1342	1038	352
英国	1	21	15	15
越南	1	75	50	20
中国香港	70	27360	16841	11814
中国台湾	20	4583	2439	1107
中国澳门	2	1920	782	238
未知	3	—	—	—
合计	175	82542	49328	35937

说明:①本表以管理机关批准文件为准;其中南丰公司、竿钢公司、大洋公司3家企业资料不齐,未列入统计;②资料由县商务局提供

1990—2012年平阳县各镇(区)利用外资与港澳台资情况一览表

表 15-5-8

所在地	企业数(个)	总投资(万美元)	注册资本(万美元)	合同利用外资(万美元)
鳌江镇	43	20187	12020	9190
平阳经济开发区	2	3431	1743	1195
昆阳镇	31	16597	9062	5205
麻步镇	4	156	118	51
南雁镇	2	150	115	61
钱仓镇	5	6156	2541	1541
山门镇	1	70	50	50
水头镇	46	4923	3708	2244
宋桥镇	8	10332	6405	5802
腾蛟镇	2	381	295	74
萧江镇	6	2648	1955	1770
榆垟镇	5	644	467	288
郑楼镇	17	16867	10849	8466
其他	3	—	—	—
合计	175	82542	49328	35937

说明:①2010年前万全乡归入郑楼镇,2010年后因为乡镇撤并,榆垟镇、郑楼镇、宋桥镇并入万全镇,此处以撤并前的乡镇区划来统计;②本表以管理机关批准文件为准;其中南丰公司、竿钢公司、大洋公司3家企业资料不齐,未列入统计;1990—1995年实际利用外资数据缺失;③资料由县商务局提供

外资与港澳台资分镇区结构

平阳县外商及港澳台投资企业主要分布在鳌江镇、昆阳镇、水头镇。至2012年,3镇合计审批成立的外商及港澳台投资企业有120家,占全县68.57%,合同利用外资港澳台投资占全县的46.3%。宋桥镇和郑楼镇外商及港澳台投资企业25家,两镇合计合同利用外资及港澳台投资占全县的39.7%。

主要外商及港澳台投资企业选介

平阳环宇体育用品有限公司　1990年7月,平阳羽毛球总厂与香港利羽达发展有限公司合资成立的平阳县第一家港商投资企业,总投资82万美元,注册资本75万美元,合同利用外资22.5万美元。

平阳英博双鹿啤酒有限公司　1996年6月,温州金可达集团公司以原县啤酒厂的厂房、设备及土地使用权出资,与马来西亚恳实达有限公司合资成立平阳金狮啤酒有限公司,投资总额928万美元,注册资本470万美元,中方出资221.5万美元,占45%;外方出资258.5万美元,占55%。2001年11月,平阳金狮啤酒有限公司股权转移,中方金可达公司转移24.6%的股权,外方恳实达公司转移30%的股权到温州市区的金狮啤酒集团有限公司,金可达公司、恳实达公司和金狮集团分别持平阳金狮股权的20.4%、25%、54.6%。2006年2月,金狮啤酒集团有限公司更名为英博双鹿啤酒集团有限公司,平阳金狮啤酒有限公司相应更名为平阳英博双鹿啤酒有限公司。

温州侨信皮革有限公司　1999年9月,平阳侨

信实业公司与加拿大华侨陈钦明合资成立温州侨信皮革有限公司，总投资81万美元，注册资本60万美元，合同外资15万美元。2000—2004年5年间，年均总产值1.5亿元。2007年2月，公司又与台商合资，成立浙江侨信皮业有限公司，总投资200万美元，注册资本150万美元，合同外资38万美元。

浙江显峰汽车配件有限公司　中方主体为温州华康汽车配件有限公司。华康公司成立于1997年，由平阳汽车配件一厂与美国诺曼国际公司合资成立。2004年，华康公司作为合资的一方，与境内另外3位自然人共四方，一起与台湾显峰企业有限公司组建浙江显峰汽车配件有限公司。显峰公司投资总额22500万元，注册资本9000万元，合同外资3600万元。2007年公司厂房竣工，安装调试机器设备，开始生产。2010年，公司出口930万美元；2011年出口1216万美元。

温州益坤电气有限公司　1994年成立，从生产氧化锌电阻片起步，为国有资产参股企业。2005年公司改制，并与巴西包启宇合资成立新的温州益坤电气有限公司，投资总额3000万元，注册资本2068万元，合同外资951.28万元。

温州必利海涂围垦开发有限公司　由平阳县利得海涂围垦开发有限公司与香港必利洲际有限公司合资成立。企业投资总额13050万元，注册资本7800万元，其中平阳县出资2340万元，港方出资5460万元，以港币折合人民币投入。企业于1998年10月成立，合作经营30年。企业规划在西湾—墨城一带填海围垦海涂，预计新增围涂面积12090亩。以杨屿山为中心点，向西南方向围到老水闸，作为第一期工程，围出5220亩，作为工业、地产、旅游、码头等建设用地。杨屿山向东北围到小洋山，作为第二期工程，围出6870亩。

平阳海达交通开发有限公司　104国道九凰山隧道由中外合作企业平阳海达开发有限公司开发和经营。1994年7月，平阳海达交通开发有限公司成立，交通局下属的平阳县交通开发总公司出资450万美元，占注册资本600万美元的75%；香港海达有限公司，出资150万美元，占25%。

嘉利达（平阳）明胶有限公司　2005年由德国GELITA Holding GmbH公司与平阳县三明食品添加剂厂合资设立，后变更为由德国GELITA Holding GmbH公司独资设立的外商独资企业，注册资本20800万元，投资总额52000万元。

普邦明胶(温州)有限公司　系荷兰TESSENDERLO控股有限公司与浙江飞鹏胶业有限公司合资设立，公司成立于2006年，投资总额2900万美元，注册资本1200万美元，外方出资960万美元，占80%。

罗赛洛（浙江）明胶有限公司　系温州三和盛明胶有限公司与荷兰投资者SOBEL N.V合资成立的中外合资企业。公司成立于2006年，投资总额20750万元，注册资本8300万元，外方出资5810万元，占70%。

罗赛洛（温州）明胶有限公司　系浙江三帆明胶厂与卢森堡投资者SOBEL LUXEMBOURG SARL合资成立的中外合资企业。公司成立于2003年，投资总额13750万元，注册资本5500万元，外方出资3850万元，占70%。

第五节　对外与对台经济技术合作

对台轮劳务输出

1993年，平阳县南雁贸易公司负责向台湾渔轮输出劳务人员。第一批5名，第二批35名，作业时间为1年。1997年，又有50人次的福建籍劳务人员由平阳南麂（或鳌江）登船。1998年有130人次。1998年后，平阳县停止对台轮外派劳务人员。

境外企业

2003年，平阳县海星纸张有限公司在越南设立越南华厦塑业有限公司，成为平阳县第一家走出去的企业。以后在境外设立的生产性企业有马来西亚环宇工艺品有限公司、越南协力有限责任公司、埃及金世界服饰皮件股份有限公司、越南广南玻璃纤维布工厂、乌兹别克斯坦鹏盛食品有限公司、芒街投资与发展有限公司7家企业；投资矿产资源的有越南中犹金属冶炼公司和柬埔寨中天日矿产资源有限公司2家企业；投资贸易公司、办事处的有尼日利亚CWB进出口有限公司、印度帝玛斯进出口有限公司、平阳新人类服饰有限公司驻意大利办事处、温州佩蒂宠物用品有限公司驻美国办事处、温州华东机械厂驻巴西办事处等15家企业。

2003—2012年，经市外经贸局批准的境外企业共24家，其中作为营销网点的商贸机构有17家，生产性企业7家(包括矿业2家)。其中，温州金世界服饰皮件有限公司驻阿联酋办事处自2006年设立以来至2012年，年均带动出口1400万美元。

2003—2012年平阳县获批的境外投资企业（办事处）情况一览表

表15-5-9

企业名称	批准年份(年)
越南华厦塑业有限公司	2003
温州奥吉鞋服有限公司驻厄瓜多尔办事处	2003
越南中犹金属冶炼公司	2004
尼日利亚CWB进出口有限公司	2004
温州奥吉鞋服有限公司驻俄罗斯办事处	2004
尼日利亚亨力国际贸易有限公司	2005
环宇国际贸易(泰国)有限公司	2005
博特利(香港)国际贸易有限公司	2005
温州华阳起重电机有限公司驻美国办事处	2005
浙江协力皮革股份有限公司越南办事处	2006
温州金世界服饰皮件有限公司驻阿联酋办事处	2006
浙江协力皮革股份有限公司美国办事处	2006
马来西亚环宇工艺品有限公司	2006
越南协办皮革有限责任公司	2007
柬埔寨中天日矿产资源有限公司	2007
平阳新人类服饰有限公司驻意大利办事处	2007
温州佩蒂宠物用品有限公司美国办事处	2008
埃及金世界服饰皮件股份公司	2010
阿联酋好运来建材贸易有限公司	2010
越南广南玻璃纤维布工厂	2011
印度帝玛斯进出口有限公司	2011
温州华东机械厂驻巴西办事处	2012
乌兹别克斯坦鹏盛食品有限公司	2012
芒街投资与发展有限公司	2012

说明：资料由县商务局提供

企业选介

越南华厦塑业有限责任公司 该公司是浙江省在东盟博览会上，作为对外投资与越南签约的重点项目之一。公司是中方独资，2003年成立，投资主体为平阳海星纸张有限公司，注册资本40.61万美元，其中设备出资24.61万美元，经营期限9年。年生产能力为塑料编织袋5000万条，PE薄膜袋2000万条，年产值650万美元。

温州佩蒂宠物用品有限公司美国办事处 该办事处设在美国得克萨斯州，全权委托美国的克里托弗里本处理一切事务，主要是做好信息收集、促销产品、联络客户、售后服务等，使公司产品占领美国市场，同时向北美、南美等周边国家辐射。2008年，佩蒂公司向美国出口宠物用品2878万美元，出口其他周边国家210万美元。2012年，佩蒂公司向美国出口宠物用品3398万美元，出口其他国家762万美元。

第六节 海关与检验检疫

温州海关驻鳌江办事处

温州海关驻鳌江办事处，为温州海关派驻的副处级机构，内设综合科、业务一科、业务二科等3个科室，2012年在编人员12名。

1994年12月，海关总署批准设立温州海关驻鳌江办事处。1995年2月，平阳县温州海关驻鳌江办事处筹建办公室正式成立。3月，鳌江办事处办公驻地选择位于平阳经济开发区东河村、郑家墩村地

鳌江海关大楼（1996年）

1997—2012年温州海关驻鳌江办事处主要业务情况一览表

表15-5-10

年份	货运量（万吨）	税收（万元）	加工贸易合同(份)	备案金额（万美元）	备注
1997	1.71	360	29	547	统计数据含平阳、苍南、泰顺、文成四县
1998	2.42	270	97	1800	
1999	2.67	1010	45	570	
2000	4.2	1566	49	940	
2001	4.88	2191	84	1645	
2002	5.23	3866	74	1758	
2003	5.91	5437	85	2195	
2004	7.69	5525	120	3466	
2005	8.96	6582	131	7097	统计数据含平阳、苍南、泰顺三县
2006	8.13	14384	81	1045	
2007	10.95	19013.79	110	3790.7	
2008	11.23	15684.49	98	4947.2	
2009	8.78	10411.11	112	5288.38	
2010	9.89	21148.22	136	5279.41	
2011	9.41	17228.26	102	7780.09	
2012	6.93	13336.23	83	5566.28	

说明：资料由温州海关鳌江办事处提供

段（现鳌江镇兴鳌东路）建设办公大楼，占地面积10亩，建筑面积2881平方米。

1997年3月12日，经过上级海关验收，温州海关驻鳌江办事处获准正式对外开办海关业务。此时，该办事处业务管辖范围为平阳、苍南、泰顺、文成4个县。2005年1月，温州海关驻瑞安办事处成立，文成县海关业务划归瑞安办事处办理。温州海关驻鳌江办事处业务管辖区域变更为鳌江流域平阳、苍南和泰顺3县。

温州出入境检验检疫局鳌江办事处

温州出入境检验检疫局鳌江办事处为温州出入境检验检疫局派驻的副县（处）级办事机构，办公地址在平阳县鳌江镇兴鳌东路的中国检验检疫大楼，占地面积6439.1平方米，建筑面积783.7平方米。该办事处前身为中华人民共和国鳌江进出口商品检验局，成立于1996年5月28日，隶属原温州进出口商品检验局领导，承担平阳、苍南、泰顺、文成以及瑞安南片地区的进出口法检商品的检验、监管、鉴定等业务工作。1999年，因政府机构改革，原温州进出口商品检验局、温州动植物检疫局和温州卫生检疫局合并组建了温州出入境检验检疫局，原鳌江进出口商品检验局也于11月28日撤销，组建温州出入境检验检疫局鳌江办事处，隶属温州出入境检验检疫局领导，实行垂直管理体制，职能范围扩展至平阳、苍南、泰顺、文成4县范围的出入境卫生检疫、动植物检疫、商品检验、鉴定、认证和监

鳌江商检大楼（1996年）

管等职能业务，同时还承担签发出口货物原产地证书以及进出口货物的微生物检测、理化检测、卫生除害等工作，内设办公室和检验检疫科，2012年年末，干部职工23人。

出入境货物检验检疫　1996—2012年，温州出入境检验检疫局鳌江办事处累计检验检疫出入境货物134637批次，货值308.24亿元，签发各类检验检疫证书135336份。

1996—2012年温州出入境检验检疫局鳌江办事处检验检疫业务情况一览表

表15-5-11

年份	检验检疫（批次）	货值（亿元）	签发检验检疫证书（份）
1996	395	1.17	690
1997	996	2.37	1309
1998	1563	2.86	1539
1999	2075	3.55	2062
2000	3188	6.1	4724
2001	5047	12.5	5360
2002	7287	14.67	6056
2003	7992	14.02	6640
2004	9265	18.55	7040
2005	10230	25.36	5204
2006	12268	30.07	7352
2007	12137	26.8	11814
2008	12562	31.02	13020
2009	11141	23.21	12544
2010	12061	28.86	16002
2011	12954	31.52	17198
2012	13476	35.61	16782
合计	134637	308.24	135336

说明：资料由温州出入境检验检疫局鳌江办事处提供

实验室建设　1996年6月，原鳌江进出口商品检验局微生物实验室、化矿实验室建成运行，担负辖区食品、食品添加剂、食品包装容器、化妆品、宠物饲料等进出口产品的理化、卫生、品质项目的检验检测任务。1997年11月，添置拉断力检测仪器设备，开始对平阳、苍南两县出口塑料编织袋的性能进行检测。2005年11月，开始筹建危险品检验中心实验室，开展对小型压力容器的检验检测工作，并于2006年9月通过中国合格评定国家认可委员会（英文缩写CNAS）的扩项监督审核，该危险品检验中心正式成为华东地区小型压力容器实验室。2010年6月，该办事处对现有实验室的各种检测业务进行资源整合，通过扩项改造，添置仪器设备，开始组建综合实验室，先后投入资金210万元，于2011年6月顺利通过CNAS的扩项监督审核，2012年8月16日通过验收考核。12月12日，正式以国家质检总局宠物食品用品检测区域中心实验室（温州）暨宠物食品用品公共检测服务平台的名义对外挂牌开展检验检测业务。1996—2012年，实验室共完成检验检测样品20133批次，完成检测项目75453个。

1996—2012年温州出入境检验检疫局鳌江办事处实验室检测情况一览表

表15-5-12

年　份	检测批次	检测项目（个）
1996	41	902
1997	67	1741
1998	82	1050
1999	405	2083
2000	395	2277
2001	1093	3280
2002	1384	3320
2003	1762	6250
2004	1341	6350
2005	1210	2970
2006	1376	4146
2007	1577	4908
2008	1931	5236
2009	2137	5967
2010	416	1580
2011	2218	9839
2012	2698	13554
合　计	20133	75453

说明：①2010年因实验室改造，9个月未对外开展检测业务；②由温州出入境检验检疫局鳌江办事处提供

附:平阳县出口产品遭遇贸易壁垒案例

1998年12月17日,浙江虎豪实业有限公司(现更名虎豪集团有限公司)在莫斯科兵营市场销售的虎豪牌羊皮服装遭受俄罗斯税警查扣。1999年3月15日,公司驻俄罗斯直销机构又遭到非法查抄。两次涉案金额92.55万美元。5月19日,外交部、外经贸部组成专家组赴俄就此案与俄方交涉控辩,但交涉无果。货物被认定为"灰色清关",企业损失严重。

2005年,全国有6家企业向巴西出口铝制预涂感光平版(PS版),其中有平阳县的浙江奥光印刷器材有限公司,涉及货物金额28.5万美元。2006年4月18日,巴西政府发展工业外贸部贸易保护局立案对PS版案进行反倾销调查,要求这些企业在40天内填写调查问卷并寄给当局。奥光公司作为应诉人,联合其他5家企业,进行长达半年多艰苦的应诉,结果以失败告终。

2007年6月,欧洲国家对从中国进口的狗咬胶产品进行通报。6月28日,欧盟委员会发出829/2007指令,对原1774/2002指令进行修正,对从中国进口的狗咬胶系列产品做出肠杆菌科不得超过10～300cfu/g的过高要求。国家检疫部门要求从2007年11月29日至2008年3月30日止,利用120天时间对现有注册登记的宠物用品出口企业进行拉网式的清理整顿。平阳县所有宠物用品生产企业接到通知后,严格把握产品生产环节卫生质量关,宠物用品产品达到欧美等国家输入国卫生要求。2008年6月24日至7月4日,欧盟消保总司FVO办公室派出专家来华,对中国出口动物源性宠物食品安全卫生控制体系进行考察评估,平阳县作为全国最大的宠物用品生产基地,是欧盟官员检查的重点地区。温州佩蒂宠物用品有限公司(现更名佩蒂动物营养科技股份有限公司)为宠物用品生产龙头企业,代表浙江省辖区宠物用品的生产企业接受欧盟官员全面检查评估。经过外国专家组一行从中国动物源性产品的国家管理体系、动物源性产品的追溯管理,企业内部控制体系建设等3个方面检查、论证、评估,最后企业的检查评估顺利通过,中国的宠物用品符合欧盟输入国卫生标准要求,允许进入欧盟市场。

第十六卷

DI SHI LIU JUAN

《平阳县志（1989—2012）》

PINGYANG XIAN ZHI

旅游业

平阳揽山海之胜，自然风光旖旎，人文资源荟萃。境内风景旅游资源十分丰富，景区面积占全县陆域面积的1/3。国家级风景名胜区、国家AAAA级旅游景区南雁荡山，是中国东南沿海名山之一，素有“东南胜境、浙江圣地”之美称。国家海洋自然保护区南麂列岛，是中国最早加入联合国教科文组织世界生物圈保护网络的海岛，是联合国环境开发署生物多样化示范保护区，2005年被《中国国家地理》杂志评为“中国最美的十大海岛”之一。全国红色旅游经典景区浙南（平阳）抗日根据地旧址，2005年被列入100个红色旅游经典景区名录，是年，平阳被列入全国30条红色旅游精品线路。2009年温州浙南平阳革命根据地旧址群被命名为第四批全国爱国主义教育示范基地，素有“浙江延安”之称。全国重点文物保护单位顺溪古建筑群，是浙南温州古代民居建筑体系的重要类型之一，享有浙南清中晚期民居博物馆的美誉。此外，平阳还拥有满田森林公园、浙江省历史文化保护区腾蛟和西湾、南雁门等市县级风景名胜区。

20世纪80年代末，随着改革开放和经济快速发展，平阳旅游业随之发展。1989年，成立县南雁荡山风景区管理局。1991年，成立平阳县第一家旅行社。1999年，出现首批星级旅游饭店。进入21世纪，推出精品旅游线路和特色旅游产品，致力于树立平阳旅游的特色和品牌，到平阳旅游的人数和旅游收入逐年增加。2012年，平阳县有国内旅行社13家；星级饭店5家，床位769张；其他宾馆、旅社、招待所258家，床位8826张；有一定规模和接待能力的旅游定点车辆16辆。接待游客总人数为341.61万人次；旅游总收入20.61亿元。其中，海外游客0.77万人次，国际旅游外汇收入253.82万美元。

第一章 旅游景区

1989—2012年，平阳县成功创建国家级风景名胜区、国家AAAA级旅游景区——南雁荡山，国家海洋自然保护区、联合国环境开发署生物多样化示范保护区——南麂列岛，全国红色经典旅游景区——温州市浙南（平阳）抗日根据地旧址，第四批全国爱国主义教育示范基地——温州浙南平阳革命根据地旧址群，成功申报全国重点文物保护单位——顺溪古建筑群。

第一节 南雁荡山风景名胜区

位于平阳县西部，北距温州市区87千米，东距平阳县城32千米，总面积为169.27平方千米；分东西洞、顺溪、明王峰、腾蛟—赤岩山、碧海天城5个景区。南雁荡山因山顶有荡，秋雁栖之而得名，是中国东南沿海名山之一；以秀溪、幽洞、奇峰、景岩、银瀑、石堑等“自然风光六胜”，与儒、释、道三教荟萃闻名遐迩，素有“东南胜境、浙江圣地”之称；1989年，南雁荡山经建设部批复，同意纳入雁荡山风景名胜区；2007年，被评为国家AAAA级旅游景区；2009年年底，获评省级生态旅游示范区，为温州市首个省级生态旅游示范区。

东西洞景区

是南雁荡山开发最早、景点最集中的景区，面积7.03平方千米；以碧水、幽谷、奇峰、异洞和儒、释、道三教荟萃为主要特色。

碧溪渡　碧溪岸边的石壁上镌刻着“碧溪潭”3个大字，这就是碧溪古渡，在此乘坐竹排进入景区。

五色石子滩　在碧溪渡北岸，面积约3公顷，属溪流上游；产五色鹅卵石。

爱山亭　爱山亭是通体用石材筑成的亭子，是仙姑洞已故住持黄志春为让待渡游客有一休憩场所而建。爱山亭前联为“石径入丹壑，清泉洁尘襟”，

碧溪渡（2007年）

后联为“开天窗说凉话，有大石当中流”；两副对联与匾额“爱山亭”3字，皆为温州清末举人杨悌所书。亭畔的这一块大岩石作为中流砥柱，保卫碧溪渡和景区入口处的安全。

★[①]石天窗　隔溪与爱山亭对望，原是块峙立溪边山上的大悬岩；中间有一方洞通透，仿佛是架在半天的窗口。

★东南屏障　全峰由3块巨石构成，呈“品”字形；主峰下一洞门，高4米，宽6米；门楣上有“东南屏障”四字的摩崖石刻。

观山亭　为木质结构。亭子里面有匾额，上书“观山亭”，是书法家张鹏翼用鸡豪所题写。对面山上是观音洞、会文书院。

云关（包括上山龟、乌龟追墨鱼）　云关由一片悬岩与山体峭壁夹峙而成，上方横架一条天然大石梁，犹如一道险关。每当山雨欲来，西洞的浮云翻滚着从中喷涌而出，为“云关”之由来。

在云关脚下右上方，有一块石头酷似乌龟，即“上山龟”。下方崖壁上贴着两片岩石，一似乌龟，一似墨鱼，即“乌龟追墨鱼”。

★仙姑洞　唐时称石室，宋时称仙姑洞，奉祀遁居的朱氏仙姑；内殿一半有屋顶，一半以洞顶为屋顶，洞高2～10米，深24米，宽14米。

石斧岩　是一堵石崖，下面与里边都是空的。看似头顶悬着一把巨大的石斧，故称石斧岩。

云关（2007年）

珍珠泉　石斧岩下有一清泉，是水滴从岩壁上滑落汇聚而成。水珠滴落后并不马上消融，而是在水面上滚动一阵子才消失，有如一颗颗珍珠撒落在碧玉盘中，故名珍珠泉。

桂花林　桂花林里的桂花不仅数量多，品种也多，有金桂、银桂、丹桂、四季桂等，有深浅不同的颜色和浓淡不一的香味。桂花林坡下有一株杨松，为珍稀品种，平阳县仅此一株。

怡心院、朝天鲤　怡心院是道观小院，创建于1954年，原为2层3间土木结构外围粉墙的楼房，1991年扩建为5间。怡心院上有一座七八米高、两三米宽的怪岩，如跃出水面正要腾空飞去的鲤鱼，称为“朝天鲤”。

★杜鹃林　在梅雨瀑边和碧溪畔，有五色杜鹃、四季杜鹃等；盛开时绚丽烂漫，很有特色。

★梅雨瀑　又名雾瀑云潭，在杜鹃林西边；此瀑集施岭之水，瀑高30米，宽2～3米；瀑底有梅雨潭，瀑潭三面环山；朝东，每当清晨7时许，朝阳透进山谷，潭角便出现五彩虹霓，梅雨潭右边陡坡上有倒插花岩。

梅雨瀑（2003年）

① 以下景点带“★”号的为1993版《平阳县志》已作介绍，此处从简。

钓矶　九曲岭下有一巨石，上面是平台，这便是“钓矶”。因传说北宋一隐居东洞的余公每日在此垂钓而得名。钓矶之下便是照胆潭，宛如一把古镜。

★碧湖篁岛　钓矶沿溪往南，就是碧湖；它由一条拦洪坝堵住溪流构成的人工湖；湖边巨岩重叠，绿树成荫；湖边山崖有一洞，游船可进洞游玩。

老君炼丹峰、观音坐莲峰　是一座矗立在碧溪边的孤峰，高约10米；如太上老君正打坐炼丹，称为老君炼丹。移步换景，老君炼丹峰变为观音坐莲峰。

★三台道院　在三台峰下，有5间2层仿古道院建筑物，建筑面积170平方米，1984年4月由一道姑筹募经费新建，居此可浏览东洞周围诸景。

★东洞　又名余公洞，是高10.2米，宽5.8米，深107米的洞府；洞口有篆书横额“东洞”，岩壁上有前人所刻“齐云”两字。

棣萼世辉楼　在东洞尽头有一座2层的砖瓦楼房，即棣萼世辉楼，重建于清宣统元年(1909)。原建于碧溪西侧，后迁移到此。“棣萼”乃“兄弟”之代称，“世辉”意为世代流芳，为纪念永嘉学派陈经正、陈经邦兄弟及其后辈而建。

★听诗叟　是一块高约两三米的怪石，像一个正在聆听的老翁。

★会文书院　原是北宋末年陈经正、陈经邦兄弟读书处；朱熹曾率弟子多人在此讲学，是南雁儒教处所；近旁有听诗叟、洗砚池、摩崖石刻“雁荡第一泉”等景点。

会文书院（2008年）

★观音洞　在会文书院右侧山上悬崖下，洞高21米，宽41米；慈云古刹依洞而筑，布局紧凑，主次分明。寺中有联珠瀑，由岩顶飞洒入池，终年不断；池底有块“狮舌岩”，洞顶有凌霄峰、普陀峰，下有净瓶岩、鹦鹉峰，附近有五色杜鹃。

★一线天　观音洞往下数十步折向东行200米处；由两座大悬崖夹峙而成“一线天”，高50米，深160步，阔只1米；仿佛是仙人用巨斧把悬崖劈成两半。

★跃鲤滩　有小洲呈卧鱼形，鱼的中段有四五亩面积那么大，又名石鲤。

化龙崖　是观音岭下的一座山峰，底部相连，上面相离，合称化龙崖。中间的崖石称为华表峰，也叫蜡烛峰。左边的山峰形如龙角，称龙角峰；右边的山峰像一顶帽子，称仙冠峰。

月牖　在仙姑洞左上侧，亦称透天洞。

十八进士洞　西洞最上边，洞道曲折逶迤，走到尽头被堆砌的乱石墙堵住。传说曾有18个进士下洞探个究竟，结果有17个进士失踪了。此后，这个洞就堵死了。

连环洞　在西洞南边，两洞相连。下洞岩石如老树盘根，弯弯曲曲。下洞往上是上洞，洞口豁然开朗，前面是悬崖陡壁，但并非绝路，踩着藤道，可跨越险峻峪；钻进月牖洞，回到仙姑洞里来。连环洞南侧山腰有连环池。“谁将玉连环，戏向空中掷。得无缀飞霞，或以锁明月？我来穿玲珑，无从解其结。”这是清人卢镐描绘连环洞的一首诗。

★十二奇峰如画屏　指笔架峰、蝙蝠峰、蝙蝠洞、玉女峰、美人岩、蟾蜍岩、关公看兵书、三台峰、猴子看水碓、石塔、会仙峰、仙人赶猪峰等美景。

★晴虹洞　出东洞沿溪南行，过第二条矴步；沿蜿蜒的山径，进入峡谷，这便是晴虹洞；《南雁荡山志》载：“晴日初过，涧水映射，彩色眩目，望之如长虹。”曾列为“南雁八景”之一。

★圣峰洞　俗称新洞，洞深7米，分上下两层，下层高3米，上层高2米。洞中有“龙舌”，洞门朝东，可望东海日出。

★蒲潭垟　在水头镇西南2千米处。蒲潭垟在浦尖峰南，水头至南雁公路经此。溪滩四周，竹树相映，景色迷人。村里有建于清代的浦潭宫。

★朝阳谷 位于吴山爱晚亭和“两仙对弈”之间，谷长约1千米，一条块石路沿谷而上。谷中树木繁茂，十分幽静，谷口岩上有黄光篆书“曹阳谷”和周喟游记。

★两仙对弈 位于朝阳谷后山顶，又名醉翁岩。景观为两块对望之人形巉岩，间有一块平展如棋盘的大岩；极似两位老仙人相望对弈，形态逼真。

★蒲岭古道 蒲潭垟至蒲岭，有2千米长的古道，路面卵石与野草相间，林荫夹道，郁郁葱葱。

★雁溪 在南雁镇东西间，长2千米多，浅滩碧水、游鱼如织。

★东门古街 在南雁镇，宽10米，长250米，路面卵石铺就，两旁临街为简朴的坡顶木结构房。

★宋代古井 在南雁镇东南，原南雁酒厂内。井深7米，口径0.6米，静水位6米；长年不涸，色好味美，故酿造出著名的“南雁宋井酒”。

★蒲溪 从碧溪渡口至蒲潭垟一段称蒲溪，全长5.5千米。

★碧溪潭 去东西洞景区在此过渡，潭深水清，所产香鱼格外腴美。

★报国寺、龙凤亭 报国寺，在闹村，是吴越王钱俶所建，如今在古寺废墟上建了学校。由金鸡峰东行至凤岭，有亭名龙凤，共3间，木结构两边有回廊，中间有神座，亭旁近处有石结构的龙凤桥，造型别具一格。

★将军守关 龙坑村的出入关口，左右两侧有悬崖相对，各高20米，宽5米，呈圆形，状如将军，形象威武。

★双仙探宝 在李岙山顶北端，有2根石柱各高12米，宽5米。相对而立，似在勘探宝物，称“双仙探宝”。

★丹凤朝阳 位于闹村李岙山，海拔492米处。凤头宽20米，凤身长约1.5千米，高15米；坐北朝南，是巨大的天然雕塑。

★独鲤朝岗 北山村深溪中的石景，长约20米，宽20米，深10米；有岩如鲤鱼，翘首远眺。

★半月腾光 在岗后山，山的上部呈半圆形，长150米，高100米；似满月腾出海面，但未离海面。

★石磐东悬 在龙坑境内，群山环抱中东首山顶有峰，高10米，长5米，宽厚5米；形似磐，高悬在东边天际，故称为“石磐东悬”。

★龟蛇相会 景区面广，龟蛇相会在埭头村；龟山长120米，宽50米，高16米，像只巨型海龟；蛇山高420.9米，蛇尾一直远伸泰顺县境。

★凤岭古道 岭东起闹村里岙，西至小施村，全长约1千米，全用卵石铺就；岭头有24平方米的古朴亭子，游人在此可遍览山林公园特色。

南雁索道 建于1996年5月，单线全长630米，每隔20米左右有一把双人吊椅，以1米/秒的速度行进。

南雁荡山漂流（2008年）

顺溪景区

位于顺溪镇，景区面积约14.98平方千米；具有峰险、洞奇、岩怪、水美、屋古的独特风光。

顺溪古建筑群 顺溪陈氏家族历经数代从商经营，积聚大量财富，于清朝中期开始大兴土木。至2012年，保存基本完整的大型民居建筑有陈氏祖屋、老大份大屋、老四份大屋、老七份大屋、老二份大屋、新大份大屋、新二份大屋、陈氏宗祠8座、陈迢岩大屋和陈有相大屋10座，多建于清乾隆（1736—1795）至嘉庆（1796—1820）年间，总建筑面积28494平方米。有“浙南清中晚期民居博物馆”之称，是浙江乡土建筑的代表之一。2006年，被列为第六批全国重点文物保护单位。

陈氏祖屋 始建于雍正二年（1724），由陈嘉询、陈永千父子3代人共同营建，由原祖屋、五份大屋及六份大屋3部分组成，合称祖屋。原祖屋沿中轴线自东向西依次建前厅、中厅、后厅，厅与厅间南北两侧分置厢房。尔后，陈永千第五子陈深仁与第六子陈景仁依傍原祖屋两侧随地形分别向北面及南面扩建，分别称五份大屋和六份大屋，共有6个天井院落。这些院落分则独立成院，合则浑然一体。大屋坐西朝东，平面格局规正，大致成纵长方形，通面阔61米，进深78.8米，总建筑面积4030平方米，占地面积5620平方米。

陈氏老大份大屋　为陈显仁于清乾隆年间(1736—1795)所建，系两进九间合院式木构建筑，坐西朝东，西侧有一侧院，围绕中进呈三合院形式，南侧有两排夹屋。西南另有一个三合院，由一单间走廊沟通夹屋与正厅间的通道。三合院北和正厅后空坦为竹园。大屋四周建筑外用蛮石垒成一圈围墙。通面阔60.18米，进深38.25米，总建筑面积5220平方米。

陈氏老四份大屋　为陈作仁所建，坐西朝东，由主、侧两组四合院、学堂及夹屋等构成，前设台门，坐西朝东，总占地面积约3900平方米，建筑面积约3050平方米。沿中轴线依次分布台门、前厅、正厅，前厅与正厅间两侧建有厢房，围合成一个四合院，内院设通廊，正厅、厢房皆为两层楼，上层檐柱退进设走马廊，如《营造法原》中骑廊轩作法。明间屋面略高于次间屋面，成三山式，屋面施小青瓦，用勾头、滴水，屋脊起翘明显，脊端塑神兽。

第四份古屋陈少文陈列馆（2002年）

陈氏老七份大屋　为陈崇仁所建，坐西朝东，系三进九间三院式木构建筑，通面阔81.13米，进深38.6米，总建筑面积3770平方米。纵轴线设过厅；横轴线设天井3个，跨院3个。

陈氏宗祠　清雍正二年(1724)，陈氏四房后裔陈守豪始建；咸丰三年(1853)失火烧毁大部分，民国16年(1927)、24年(1935)以陈少文、陈卓观、陈景山为首集资复原并扩建。系三进五间合院式木构建筑，通面阔19米，进深47.5米，总建筑面积740平方米，总占地面积1230平方米。坐东朝西，正对眉峰，故门台称“迎峰门”。最西侧原有大门，现已毁。民国年间在原门内院落中新建一西式大门，上有齿状饰。在大门和门厅间院左右两侧立有30根旗杆石。

陈氏宗祠内景（2002年）

陈氏新大份大屋　由陈显仁之长子陈昌洛于清乾隆后期所建，系二进七间合院式木构建筑。坐西北朝东南，通面阔46米，进深30.22米。总建筑面积1280平方米。

陈氏新二份大屋　俗称门台底或聚德门，由老二房陈文达后裔陈昭芹，始建于清乾隆后期，其子昌贤、昌亭、昌候、昌在共同居住。系二进七间合院式木构建筑，坐西朝东，通面阔67.13米，进深29.47米，总占地面积2860平方米。总建筑面积1260平方米，大屋梁架多采用抬梁穿斗混合式结构，悬山式屋顶，上盖小青瓦，冷摊在木椽上，屋脊二端饰正吻。

陈氏老二份大屋　于清乾隆后期由陈安仁兴建，系二进五间合院式木构建筑，坐西北朝东南，通面阔65.94米，进深31.72米，总建筑面积1680平方米。

陈迢岩大屋　清乾隆二十五年(1760)，陈迢岩自温州永嘉迁往顺溪镇溪北村安家落户并建造大屋。该大屋坐西北朝东南，系二进合院式木构建筑，由门厅、正厅、南北两厢房、侧院及一些附属建筑组成，通面阔48.94米，进深30.1米，总占地面积为6050平方米，建筑面积为2210平方米。

陈有相大屋　清道光年间(1821—1850)，陈有相自陈迢岩大屋中迁出，在距其东侧约300米处新建一幢大屋。该屋坐北朝南，系二进九间合院式木构建筑，通面阔37.75米，进深41.91米，总建筑面积1970平方米。大门屋宇式，为砖砌，内外墙白灰粉面，盖青筒瓦，沿纵轴线依南向北依次为前厅、轿厅、正厅、两侧为厢房，该大屋梁架系用穿斗抬梁混合式，悬山顶屋面，门额、门板、梁枋、雀替上雕有花鸟、戏曲人物、园林美景等图案。

顺溪古屋碑林　1999年5月，族人发起在顺溪陈氏宗祠内建造"顺溪古屋碑林"。在宗祠前进置长11米，高0.9米的石壁，刻录朱熹《跋陈彦才诗》、孙诒让《敕授文林郎芝山陈老先生七秩荣寿》、刘绍宽《顺溪瓷厂记》。宗祠两厢置放碑刻83方，刻录历代宗谱中的重要序赞和从唐末五代至当代有关顺溪景观、人文的诗词题联。

中流砥柱　是屹立在溪中的一块高6米，宽2米的巨石，上刻有着"中砥"二字。因能使洪水分流，减缓水的冲力而被称为中砥石。

孝子坟　在公路的一侧有一座坟墓，墓主是孝子郑克兴。民国平阳县知事张朝辅书"孝子碑"，为其留念；因称孝子坟。

燠馆凉台　是一座建于招凉洞内宽4米、深3米的石屋，室内的岩石上刻有"燠馆凉台"，为晚清翰林孙锵鸣所书。洞内左边巨石壁立，右边为鹰嘴状岩；石室里的温度常年在17℃左右。

木石缘　从燠馆凉台前往云祥寺的路上有一棵"木石缘"，是石头与桐树结合，因《红楼梦》中有"元宝石，不值钱；石上松，木石缘"，而附会称为"木石缘"。

*顺溪大桥　横跨于顺溪之上，大桥全长85米，宽4米，桥身桥墩均为花岗岩条石构成。桥北蹲立着一对造型生动、雕刻精致的青石狮。五个弧形桥拱线条流畅，别具一格。

*万壑笙钟　顺溪大桥西行1千米，是顺溪两源——眉溪和知音涧之汇合处。这里山峦重叠，溪流湍急，乱石横卧，水石相激，声如芦笙。有一峰岩，形似铜钟。溪边路旁山岩上有民国初年镌刻的"万壑笙钟" 4个大字；另有一古老石灯，竖立路旁。

*渡飑桥　在"万壑笙钟"西1千米许，桥系石构，长20米，宽5米；桥旁有巨石面立，高11米，长24米，上书"渡飑桥"三字。

*云祥寺、冰廊、二宜亭　跨过渡飑桥约200米就是云祥寺；寺分旧寺、新寺两座，相距50米，共有建筑面积500平方米；寺周还有二宜亭、冰廊等，都是小憩避暑佳地。二宜亭取冷暖咸宜之意，方形，亭内有建亭碑记和首事陈少文画像碑各一方；碑下有一小洞，一米见方，洞口气温只有14℃，仿佛如北雁荡之"冰洞"。冰廊在新寺后，洞高2米余，宽3米，深20米，盛暑之时，廊内气温也只在17℃左右，故命名为"冰廊"。

铁障峰云祥寺（2002年）

*三叠瀑潭　在云祥寺东北800米处；汇聚奄头山、岩头山之水，集雨面积大，瀑流奔腾而来，四季不息；全瀑分三叠，全长约150米。

*铁障峰　在云祥寺北百余米处，高600余米，宽200米。

*画眉峰　在顺溪镇西1.3千米，俗称画眉尖；海拔807.7米，整座山为一个等腰三角形，又似卓笔；峰名画眉，并非状其形，乃是欣赏峰尖之新月。

知音涧　去知音涧景区，要穿过一条长3.14千

知音洞（2011年）

米的景区专用道，于2002年12月12日通车。因与圆周率值相同，又称为圆周率景区专用道。溪涧曲折狭长，人未到声先到，得名“只音涧”。因有电影《知音》，而附会为“知音涧”。知音涧有幽潭、飞瀑、奇峰、空气四绝。

★白云瀑　又名三折瀑，瀑泉缘崖喷散，类挂玉帘，最为奇胜；该瀑主要集小白云山东坡之雨水，分为3折；上折75米，中折41米，下折59米，全长175米，宽2～3米；白云山有应潮潭、仰明河洞、玉乳洞、乾洞等景观。

★双阙峰　沿知音涧南行，可见位于北漈水电站东侧山上之双阙峰；两相邻之圆柱形山峰如古代宫殿之双阙。

地婆岩　望月石　知音南湖　地婆岩形似土地婆拱着双手放在胸前，又像是一只青蛙在跳跃。望月石则是一只猴子在望月。望月石前面水坝是知音南湖也称南漈水库，建于1987年，坝高13米，宽26米，蓄水量3万余立方米。

应潮潭　是一宽约十丈潭水，水深不见底。因据说潭水与大海相通，潮涨潭水满潮落潭水降，而得名应潮潭。朱元升（平阳县人，宋嘉定武进士）有诗云“群山虽叠峰，大海暗来通，气类偶相应，寸心千里同。”

金龟望狮　在溪水中有一块形似乌龟的石头，正望着一块山石。那山石犹如下山的雄狮，因称金龟望狮。

★青街　青街畲族乡所在地，主街初建于元至正十八年（1358）；主街长210米，宽约3米，全部由青石板铺就。

睦源桥　因跨睦源溪而得名睦源桥，处于三溪汇合之口，（一溪来自东南的南网山，一溪来自正南的南朱山，一溪来自西北的九岱山。）三溪汇集于桥下，向东北而出青街溪。重建于清道光十一年（1831），桥长12米，高4.6米，宽4.4米。桥身为石结构，桥为拱形。桥洞呈半圆形，桥上建有抬梁式木结构廊屋间，外有悬柱，柱头雕圆柱斗，屋背为重檐空顶，屋脊北两端饰有物兽，上铺平板瓦，廊屋两侧筑有亭式栏杆长椅，供行人歇息，东侧中间设有神龛（泗洲佛座）。“四面环山，三水汇源，白石望月，玉带盘腰”是古人对青街睦源桥的写照。睦源桥是一座典型的古廊桥，属县级文物保护单位。

桥两侧有一棵古樟，约植于明正德年间（1506—1521），樟高15.5米，主杆中间为空斜坠在溪上。在主杆上部空洞处，长出一株梅树高5米，成为“樟抱梅”奇观，有文人写诗云：“樟抱梅望梅止渴，桥架亭坐亭乘凉”。

青石板街　古街总长200米左右，宽约3米，由青石板铺成，街呈弧线型，部分面溪见山。街的两边建筑均保留着明末清初的风格，屋搪两边伸出，相距可及。青石板街的一端连着睦源桥，另一端便是李氏大屋。

李氏大屋　大屋的墙体是由大溪上的枕头石垒成，有3米高。大门斜对着大厅，以免凶煞之相。大屋的门台是青石的门杠，粉红花岗岩的石阶，玻璃瓦的门台檐。门台两边刻着楷书对联：“当户青山延秀色，环门绿水起文波。”第二道大门有6扇往里开，门上画着6尊门神巨像。大立门的下边是一条大门槛，高32厘米。进二道便是李氏大屋的内院。长方形的天井，占地1亩余。四周是2层的走马楼，全部为木结构。整座房屋有木柱232支，木柱下面为磴柱石和磉鼓。大院四周楼的上下有8个大厅，24间房间。四周的走马楼上全是清一色的木头雕花栏杆，每个房间的花窗也为不同花样。四周有4条楼梯，各长2丈余。楼房的四周外围分别有4条子孙巷，形成面面贯通，四通八达。

在正大厅里有李砚田五旬寿序，这篇寿序全文为800余字，分写在6幅条屏上，由金华人徐清来书于清光绪元年（1875）。

1994年5月，李氏大屋被列为县级重点文物保护单位。至2012年,大屋中仍住着57户人家185口人。

池氏大屋、民俗馆 坐落在睦源村西端。始建于清乾隆末年,系二进低层四合院式,大屋以木刻花雕最富有特色。大屋内有218幅木雕,其中112扇门窗花雕,镶套在环廊上首圆雕月镜24个,精刻着十二生肖等图画,可归类为山水、花木、飞禽、走兽、人物五大组。

两门板上双层雕刻明暗八仙图各8个。在东西厢房两侧的窗户上有“福、禄、寿、喜” 16个木刻团字。中堂的门、窗、横梁上刻有八仙、麒麟、孔雀、凤凰、松柳、亭阁及牡丹花等。

畲族民俗风情、习俗、工艺的图片、工艺品展览设在各厢房里共11个:服饰冠戴、传统器皿、远古遗响、昼耕夜读、一生习俗、卧室起居、古雕珍品、畲乡名人、丹青妙笔、生活剪影、竹器集萃。

池氏大屋于2001年列为县级重点文物保护单位。

戈场桥 位于吴垟乡戈场桥村东南,始建于清康熙四十年(1701),道光年间(1821—1850)重修过,桥上建筑20世纪90年代毁于火灾,1993年重建;廊桥对峙于两山之间。戈场桥因地处高山而被誉为温州地区最高的廊桥。

戈场桥(2002年)

停骖谷栈道 总长600余米,总投资在180余万元左右。停骖谷栈道,像一条蜿蜒的长龙,盘旋在山谷的悬崖峭壁间。

顺溪水利枢纽 是鳌江流域集防洪、灌溉、供水、发电等功能于一体的综合性骨干水利工程。水库集雨面积92.3平方千米,拦河坝采用混凝土双曲变厚拱坝,最大坝高101米,总库容4265万立方米。

明王峰景区

位于山门镇,面积约为14.8平方千米;以奇峰、岩景、瀑布、森林等自然景观为主体,并辅以越王古踪、白岩洞等人文景观。

★明王峰 俗名大尖,峰高1077.7米;拔地而起,骇突群山,是南雁荡山最高峰,开发于五代;山上有雁池、笔架峰、卓笔峰、石秀岩,可观东海日出。①

★雁荡 南雁的湖荡位于明王峰绝顶右侧的山凹之中;湖荡面积约3000平方米,内含雁荡面积1000平方米,古时称仰天湖荡;秋雁南归,栖宿于此,故称为“雁荡”。湖荡中原有块大石,称仙人岩;旁有喷泉,雁荡周围产茶,色紫似笋。

★龙湫瀑 集明王峰之水,从石槽飞溅而下,长300余米;是南雁荡山最长的瀑布。

★石水槽 龙湫瀑头有石堑,俗名石水槽;石堑分上下两级,下一级石堑最为奇绝;呈槽形,宽5米,长60米,从底到壁全是岩石,为湍急流水冲蚀而成;内壁高8米,依着山岩,外壁高3米,厚0.8米,槽沿外为悬崖深涧。

★石城街 在石水槽西南,由流水冲蚀而成的奇异的高山石街;两边峭壁直立,高150米,长满参差的锯齿;如古代城墙的雉堞,相连70余米,阔40余米。

★越王岩 在石城街之北,有岩似人安坐在山峰,叫越王岩;岩高70米,上身和头部为30米。附近有合掌岩,东边一掌高30米,西边一掌高70米,相距仅10米。岩门岭是山门镇通往文成县的高山古道,岩门由两块巨岩构成;进岩门可见越王岩等景点。

★白岩洞 龙井瀑北上约500米,因整座石峰呈灰白色而得名;洞深25米,宽8米,高4～10米,清凉幽静;周围分布着30余个景物。

★山门老街 山门镇老街道,长300米,宽4

① 《平阳县志勘正》认为明王峰在双尖山西南约500米处,海拔约1030米(目测),当地人称为高尖的山峰。

米；鹅卵石路面的老式街肆，约建于清末民国初。

腾蛟—赤岩山景区

位于腾蛟镇，面积约为13.37平方千米；以腾蛟古镇、名人文化、青山飞瀑、民俗风情为特色。

苏步青故居　位于腾蛟镇腾带村，祖遗木构平房，建设于晚清，坐东北朝西南，由正屋、门台、围墙组成，占地面积3245平方米。原为五开间，厅堂居中，抗战时期，其兄苏步皋在东首续建2间，现为7间，东尽间为会客室。厅堂东首3间于2001年辟为苏步青生平事迹陈列室。门台上悬2007年华国锋题写的“苏步青故居”匾额。

苏步青故居（2012年）

2001年，被列为市爱国主义教育基地；2011年1月，被省政府批准为第六批省级文物保护单位。

中国棋王碑林　位于腾蛟镇卧牛山南麓，建于1997年。为纪念百岁棋王、爱国象棋家谢侠逊和弘扬中国象棋文化而建，占地面积1800平方米。就山势走向，分上中下3个平面，中平面为主碑区，正中主碑面是江泽民任上海市委书记时为谢侠逊百岁寿诞的题词，曰“百龄高手，永葆青春”；北面是民国28年(1939)，抗战期间周恩来在重庆与谢侠逊对弈的第二盘残局，谢侠逊将该残局以《共纾国难》为题，发表于《大公报》副刊“象棋残局”专栏上。

中国书法家协会常务理事、人民日报社原社长邵华泽为碑林题名。人民日报社原副总编辑周瑞金为碑林撰写题记，竖碑60方，集各个时期政军要员、专家学者、社会名流题赠和棋王百岁寿诞贺词于一体。

2012年4月，投入资金400余万元对碑林改造，11月完工。

林景熙墓　位于平阳县宰清乡四十二都青芝山（今属腾蛟镇腾带村）南麓。青芝山以形名曰“卧牛山”。旧时林景熙坟前建有墓庵，名“真净庵”，因此青芝山俗称“墓庵山”。建于元至大三年(1310)，林景熙逝后安葬于此。砖室结构，清乾隆二十四年(1759)，平阳县令徐恕重修并亲书墓碑。1983年10月22日，县政府批准为第一批县级文物保护单位。1987年复重修，并在真净庵遗址处建石木结构亭子一座三间，取名“仰霁亭”。1991年，在“仰霁亭”西侧建霁山碑林，碑廊式，22块碑石一字排开。1997年5月，被列为平阳县爱国主义教育基地，2001年列为市级爱国主义教育基地。2010年，腾蛟镇政府对霁山碑林扩建，拓展占地6000平方米，增设石雕台榭、小桥流水、花木草坪等，命名“霁山园”。2012年8月30日建成并开放。

谢侠逊故居　位于腾蛟镇凤巢硐桥头村谢宅。据当地族人介绍，该建筑始建于明代，坐南朝北，原由门台、两厢房和正屋组成，现门台、两厢房和围墙于20世纪90年代倒塌，仅存正屋，单层木构建筑，面阔九开间，进深五柱九檩，抬梁穿斗式梁架，前檐向外出一跳，斗拱有明显坎杀，柱子为林角方柱，下带木质柱础，三合土地面，正屋前甬道用鹅卵石铺就。2004年1月9日，被列为平阳县第三批文物保护点。2007年，凤巢乡政府筹资20余万元对其进行落架维修。

赤岩巨壑　刀削般巨岩，上不沾天，下不着地，犹如悬空之摩天大楼；巨岩悬空处有天然泳池，泳池边有岩滩，人称“玉浪滩”。绝壁上有石若衣橱。

银坑瀑　又名“清风谷”，瀑布宽3～8米，落差30余米。飞瀑下有岩石似龟，称为“神龟沐浴”，是溪水经过南东向断裂形成巨大落差而形成。

石瓮深潭　玉浪滩上溯100余米处，形如半只巨瓮，瓮壁呈黑褐色，光可鉴人。潭面约100平方米，深幽阴凉，为赤岩山景区之一“幽”。潭口有怪石若老鹰叼鼠，移步换形即为“龟蛇会”，潭顶有“飞龙瀑”，潭上首200余米处有水帘洞。附近山坡有石鼓、蛤蟆跳涧等景观。

天门双潭　水帘洞沿涧而上约300米处。两边绝壁高数十丈，相隔五六米，若“天门”状；下为一高一低内外两级长潭，外潭长20余米，内潭长30余米，其底部一条飞瀑入深潭；为赤岩山“一绝”；附近有群龙戏水、双龙瀑、藏龙洞、仙叠石、龙角峰等景点。

龙潭坝　位于赤岩山景区最高处，含龙湖、双孔石桥、千米水渠、悬棺壁等景观。另山顶可观赤岩云海。

雁门漈　沿千米水渠可直达“雁门漈”，雁门漈含银屏寨、骆驼岩、猴头峰、雁门玉带等景点。银屏寨，山似人形，俗称童子山，又称尖尾山，遥对悬棺壁之“观音坐莲”，为童子拜观音。骆驼岩乃数十块方正岩积叠一起，形似骆驼，也似仰天鸡。骆驼岩边上是猴头峰似猴头，在另一角度却成了“老龟登天”。就在猴头峰边，一条涓涓细流从千米高处直挂下来，似玉带从天而落，称“雁门玉带”。

险口　位于银龙石拱桥上溯300米处，水从30余米宽的岩壁上散开。瀑布似洁白的天幕，岩壁似天阶，内含夹沟，下面形成平坦宽阔的莲花滩。

★太平天国将领白承恩墓　位于腾蛟镇湖窦村口，陵园占地900余平方米。

腾蛟街、亭子街　古镇腾蛟，原名郑家堡，形成于东晋，发展于明清，进步于当代。是全国象棋之乡、市级风景名胜区，也是南宋爱国诗人林景熙、太平天国优秀将领白承恩、著名数学家苏步青和百岁棋王谢侠逊的故里。腾蛟至今还保留着两条传统街区：腾蛟街和亭子路街。这两条老街，一如各地的老街，远离了往日的喧嚣，颇有些冷清，但在这两条街上，走过那些旧式理发店、杂货店、药店、打铁铺、豆腐作坊，总能唤起儿时的记忆。

碧海天城景区

位于南雁镇，面积约10.3平方千米，具有湖山碧海，曲折幽深的特色。

★王公溪瀑潭　在王公溪尽端，瀑高80米，呈龙须状洒落；瀑潭长6米，宽5米。

★竹湖　在南雁镇八亩村，即竹林水库，建于1981年9月。坝高12米，长37米，水库容量10万立方米，为竹湖风景点。

★仰天池　在五十丈村隔溪的蒲扇坞上，是南雁荡山著名的山顶湖之一。池呈圆形，南北30余米，东西20米，深约2米；池水清澈，终年不涸。

★五十丈村　在山门至顺溪的公路旁，距南雁镇2千米。村子东临岳溪，背靠朱公山，是个以珍贵古树为主要特点的古村落。

★碧海天城　在八亩村附近的狮子山上，山顶峰崖矗立，环抱如城，威严壮观。邻近有“石翁姥”“龙船石”等自然景观。

★银屏峰　在南雁镇西的后仓村。峰壁是浅黄色的凝灰岩斑痕，每当阳光照射，泛出闪闪银光，故名。

★削铁峰　在银屏峰南。山峰险峻如削，似神工鬼斧劈成，深沉黝黑。

朱公山　在五十丈公路右侧，因南宋知名布衣朱文昭曾在山麓溪流独钓而得名。朱文昭原住水头三桥，后迁南雁，是永嘉学派陈傅良的门生。朱公山主峰虎屏峰边百丈岩上有鹰洞，相传朱文昭有秘籍藏此。另山上留有将军岭、石仔城等义军遗迹。

★王公溪　在铁削峰与银屏峰之间，溪涧曲折，全长3.1千米。其间，有两处瀑布及“鸡母啄食”“龟蛇会”等景观。

第二节　南麂列岛

南麂列岛位于平阳县东部海域，距鳌江港28海里，北离温州市区50海里，东南方向距台湾的基隆港140海里。列岛由52个面积在500平方米以上的岛屿组成，总面积201.06平方千米，其中陆地面积11.13平方千米。最大的岛是面积约为7.64平方千米的南麂本岛。南麂列岛拥有景点75处，主要特色：宛如仙境的海岛形胜，神韵迷人的崖岸奇石，令人向往的碧海金沙，独特而珍奇的生物景观和闪烁名将光芒的人文遗迹。岛上山秀、石奇、滩美、草绿、海蓝、空远；生态环境独特，生物种类多样，贝藻资源丰富；已查明各门类海洋生物1826种；有“蓝色牧场”“碧海仙山”“贝藻王国”之美誉。1990年9月，南麂列岛被国务院批准为首批5个“国家级海洋自然保护区”之一。1998年12月，被联合国教科文组织批准加入“世界生物圈保护区”，是中国独一无二的海岛型世界生物圈保护区。2005年，被

《中国国家地理》杂志评为“中国最美的十大海岛”之一。

国姓澳景区

国姓澳　在南麂本岛偏北部，澳口宽1000米，澳长1900米，三面环山。是南麂列岛唯一良好的避风港，也是重要军港，又是进出南麂岛的快艇码头。每年6—9月的台风季节，是渔船重要的避风港湾。原名西澳，因明末“国姓爷”郑成功的部分水军驻扎地而得名“国姓澳”。

国姓山　国姓澳澳口北面有个小山丘，称国姓山。澳口海边的峭壁上刻有“官嶴”，每字40厘米见方，右下角还有“虎林”两字。在澳的西南面郑成功雕塑下方的岩石上刻有“海天拱印”。据史书载，在大沙澳的岩石上，原有“石首呈珠”，下署“虎林”的摩崖石刻，后被毁。

铜藻场　位于国姓山的右边是马祖澳口。铜藻是藻类的一种，属褐藻门墨角藻目马尾藻属，系北太平洋西部特有的暖温带性海藻。

大沙澳景区

海滨浴场　是大沙澳景区的主要景点，海滩长800米，宽600米，总面积48万平方米。大沙澳的沙质属于独特罕见的贝壳沙，是贝类死后的残骸化为沙粒而形成的沙滩。

大沙澳（2009年）

大山和南麂山　南麂本岛有两座山，一座叫大山，是全岛的最高峰，海拔229.1米，属于国家级海洋自然保护区核心地区，不对外客开放；另外一座叫南麂山，高192米，山顶有一座圆塔状的观光台。

虎屿雄姿　是大沙澳中的一个岛屿，像一头老虎，搏击在海天间。面积约23000平方米，最高海拔50.8米。虎屿后面，有一块黑色的礁石，叫“小虎屿”“虎子”。虎屿左侧有一块又长又窄的礁石，形如龙船，故称“龙船礁”。

保护区区碑　是一块竖于龙头公园内的花岗岩石碑，上书“国家级南麂列岛海洋自然保护区”，

虎屿（2010年）

下署国家海洋局和浙江省人民政府，背面刻有保护区简介。

三盘尾景区

★猴子拜观音　三盘尾南部东侧海滨，从北向南看，在大大小小不规则的岩群中，有一巨岩像南海观世音站立在那里，慈祥的目光投向远方。相对方向，在矗立着的岩峰上叠着一块形似猴子正在拱手下拜的石头，这就是猴子拜观音。

三盘尾风光（2012年）　　姜光树　摄

海上珍珠　是一大片颜色不同、形状各异的岩石，历经风吹雨打、相互撞击以及海浪冲蚀而形成。数学家苏步青称之为"海上珍珠"。

熊猫听潮　是一块位于海边的岩石，形如熊猫，称为"熊猫听潮"。

老人礁　位于熊猫听潮的东边，悬崖边上有一根海蚀石柱，高20米左右，形如老人，称为"老人礁"。因仿若传说中的南极仙翁，故又称"寿星岩"。

竹屿岛　是位于南麂本岛北面的岛屿，是典型的海岛渔村。抗日战争期间，日本侵略者曾在岛上制造"竹屿惨案"；岛上立有"竹屿惨案遗址"纪念碑。

领海基点碑　位于"稻挑山"岛上，是中国领海基点，也是温州市唯一的领海基点岛屿，有"中华人民共和国领海基点"石碑。

★三盘美景　南麂山向东南延伸有头屿、二屿、三屿；按山丘高低层次来分，有头盘、二盘、三盘；一直延伸到南麂岛东南之尾部，三盘尾之名称由此而来。它是南麂岛自然景观中，观望海景最佳之处。

★望夫石　三盘尾的后村东北向山背上，矗立着一尊大岩石。像一个渔妇，披着长发，朝向南方，聚精会神地凝望大海，殷切等待出海捕鱼的丈夫安全归来。

★海马岩、石青蛙　三盘尾南部东侧山上，有一只状似海马的岩石；三盘尾南部的山顶上，有一只石青蛙，体态肥壮，头朝东海，四脚作势，似欲跃向浩渺的碧波。

★试剑石　当行至三盘尾南部东侧山上，有一块巨崖，平平整整地被切成三块。

★天然壁画　三盘尾南部东侧海滨，有一块巨石壁立如屏风，它酷似一幅山水画，构图、色彩、线条、层次，都很自然，壁画中还有一尾大虾的图形。

天然草坪　三盘尾山上，两峰间山坡都向中间倾斜，形成一个15亩左右的大场地，上面长满青草，如一幅绿色地毯。是南麂观日出的最佳地点。

百景亭　位于天然草坪边上，名"百景亭"，可居高临下，一览山海全景。因此亭建在草坪边上，又叫"万绿亭"。

★狮子、大象、海龟　天然草坪西侧山上，有一巨崖，横卧地上，像一头俯伏的雄狮；从北看，又似伸长鼻子的大象；东侧山上岩群中，还有一只大象的头，长鼻子向下延伸，一双眼睛向游客凝视；邻近一石像一头海龟，翘首蓝天，似在仰望着翱翔的鸥鸟。

潮音洞　是在海边的一个礁石洞，称"潮音洞"，又名海蚀洞；洞口朝东，洞高约8.5米，宽约4.2米。

飞来石　由叠在一起的两块岩石组成，从西侧看，它底部如一条金鱼；从东面看，它上部像一只鸽子，飞来停在这巨岩之上，摇摇欲坠，却又岿然不动。

天然凉亭　由三块长石相撑而成，形成金字塔状，亭底是平整而略有些倾斜的石壁，可同时供二三十人乘凉休息。

石笋峰　在三盘东首有三条破土而出的石笋，高三四十米；往下看，有形象逼真的鸽子岩、鹦鹉岩、巨人头像、腰鼓石等景观。

★五指岩　在二盘北面的山坡上，它高10米左右，长约25米，跟手掌的宽长比例相似；大拇指在上，其他四指也都清晰可辨，还能识别出指纹。

★风动岩　在三盘尾的第二盘东首海滨石门旁，有一块状似铜鼓的巨岩，遇到8级以上东北大风，它会微微摇动，摇动幅度约30厘米。岩高约5.5米，直径4米。

水仙花岛、竹屿景区

水仙花岛　大檑岛和竹屿盛产野生水仙花，面积约30亩，其中大檑岛最多，人称“水仙花岛”。岛上水仙花的密度之高、生长之盛、花多香浓为其他沿海岛屿所罕见。

★笔架山　在大檑山与小檑山之间。站在国姓澳山顶望去，像陈列在书案上的笔架；高度有26米，海岸线长300米，岩壁上野生贝藻很多。

★竹屿　在南麂岛东部，是南麂列岛的第二大岛；海岸线长4.45千米，制高点海拔108米。

★金门槛　位于竹屿东260米，后麂山西340米的水道中。

★稻挑山　位于南麂列岛东部。岛长400米，宽100米，像一条挑稻串担，俗名串担山，又名稻挑山；岛南180米处有无毛南礁。该岛为中国领海线基点之一，县政府于1985年10月在此立碑为志。

第三节　浙南平阳根据地旧址

浙南平阳根据地旧址坐落在国家AAAA级旅游景区南雁荡山境内。该根据地是由刘英、粟裕率领的中国工农红军挺进师，于民国24年（1935）进入浙江南部后，与闽东特委叶飞等人会合，又与浙南地下党和红军游击队会师而建立的根据地。山门、凤卧一带是该根据地的中心，有“浙江延安”“浙南红都”之称，是中国工农红军挺进师、中共闽浙边临时省委与中共浙江省委活动的中心，是刘英、粟裕等同志创建的革命根据地之一。景区包括红军革命史迹、闽浙边根据地史迹、中共浙江省一大史迹、烈士纪念史迹和粟裕将军部分骨灰敬撒处5个板块，与南雁荡山和南麂列岛的自然景观相互交融，形成了以红色旅游资源为主，以自然景观相辅的革命遗迹景观群。

2005年，温州市浙南（平阳）抗日根据地旧址被列入100个全国红色旅游经典景区，平阳被列入30条全国红色旅游精品线。2009年5月，温州浙南平阳革命根据地旧址群被中宣部命名为第四批全国爱国主义教育示范基地。

中共浙江省第一次代表大会旧址

会址位于凤卧冠尖、马头岗两地。民国28年（1939）7月21—30日，中共浙江省第一次代表大会（原会议名称是中国共产党第七次全国代表大会浙江省代表大会）在凤卧的冠尖和马头岗两地召开，冠尖会场设在郑永暖家的5开间木结构二层楼房，马头岗会场设在翁吉忠家的10开间木结构平房内。出席大会的代表有26人，大会以无记名投票的方式选举产生了新的浙江省委：书记刘英；常委汪光涣、薛尚实、龙跃；委员张麒麟、郑丹甫、林辉山、刘清扬、顾玉良；候补委员杨思一、林一心。

中共闽浙边临时省委机关驻大屯、凤林旧址

位于山门大屯村、凤卧凤林村。民国26年（1937）秋，政委刘英、司令员粟裕率领中共闽浙边临时省委机关和挺进师部队，在凤卧凤林村集中整训，驻地郑氏大屋。民国27年（1938）1月，中共闽浙边临时省委从凤卧凤林村迁驻山门大屯村，临时省委办公室设在大屯村郑宅5开间木结构平房内，其西侧百米远的5开间郑氏宗祠为军政教导队驻地。大屯村是中共闽浙边临时省委机关在浙南驻扎最久的地方，中共闽浙边临时省委许多重要的会议都在这里召开。1983年，大屯村郑宅和郑氏宗祠被列为县级重点文物保护单位。

大屯村（2012年）

中共浙江省一大陈列馆

位于凤卧冠尖。民国28年(1939)7月21—30日,中共浙江省委在凤卧的冠尖和马头岗召开了中国共产党浙江省第一次代表大会。2006年12月,县委、县政府在凤卧镇凤林村启动中共浙江省一大纪念园陈列馆建设。至2012年,该工程完成陈列馆、接待服务中心、停车场及环境改造等项目建设。核心主体建筑陈列馆建筑面积647平方米,包括陈列室、多媒体室、会议室、休息室等。

中国工农红军挺进师纪念园

位于山门镇凤岭山,是粟裕率挺进师出发的地方,以“红旗不倒”为主题,“永远的丰碑”为主线,围绕浙南革命根据地和挺进师北上抗日的光辉业绩为核心,依山而建。纪念园主入口为象征“红旗一角”造型的大门,在右侧镌刻着由中共中央政治局原委员、中央军委原副主席迟浩田题写的“中国工农红军挺进师纪念园”。纪念园以阶梯式自下而上设计和建造,主要建筑纪念物有红旗观光通道、红旗广场、《红旗飘飘》主题柱阵、艰苦历程、五百将士出征浮雕墙、北上抗日出征门和纪念碑群等。

红旗观光通道,通过劈山开路,劈建长80米、宽4.5～6.5米的折开通道,十面依坡而立红旗墙,一字展开,反映平阳人民在中国共产党领导下进行革命斗争,开创“浙南十四年红旗不倒”。

《红旗飘飘》主题柱阵由198根高低不等的印度红石柱组成,坚屹的岩柱托起飘动的红旗,象征着万千革命群众高举鲜艳的红旗。

《红旗飘飘》柱阵(2012年)

艰苦历程是开辟一条坡高7米、宽4米、长66米的道路,象征“通向胜利的革命道路”。地面是由当地石板路复制而成,寓意革命的道路充满艰辛、坎坷和曲折。

五百将士出征浮雕墙是一幅长22米、高2.5米波澜壮阔的铜雕壁画,再现当年山门群众欢送子弟兵北上抗日、粟裕率领部队出征的历史情景。

中国工农红军挺进师纪念碑建筑群分为主碑、北上抗日出征门、碑林三大部分,三者共同组成1个阶梯式的建筑群。总占地面积5280平方米,主碑高18米,坐北朝南,背靠群山,面向畴溪。主碑上“中国工农红军挺进师纪念碑”的碑名,是由时任中共中央政治局常委、中央军委副主席刘华清题写。主碑前方是北上抗日出征门,高4米、宽3米。中央军委原副主席张震在门楣上题写“北上抗日出征门”。门柱两边各有一堵相称的白石板墙,高4米、宽2米,墙的正反两面均刻有四副浮雕像,再现当年红军挺进师以及干校师生在山门的会师、学习、出征、送别的情景。门后有3层各38级的石阶通向主碑,主碑高18米,寓意中国工农红军北上抗日出征的时间为民国27年(1938)3月18日。

主碑位于由花岗岩石板铺成的近2000平方米的纪念碑广场的中后部。碑身是2根由钢筋混凝土浇铸而成的外贴黑色花岗岩板块的长方形砌体,中间由花岗岩碑名石相连。碑开为双肢合一、向上有力的长方体,象征着红军挺进师与浙南革命力量紧密结合,并肩战斗。主碑周围布置1组高低不同的6根立柱,象征红军挺进师活动过的闽浙赣等地区的革命力量蓬勃发展。

碑前有1人高的花岗岩石碑,上刻中共平阳县委、平阳县人民政府撰题的碑文。主碑后面是以黑色花岗岩为底的碑林,上刻中央和省、市领导,各界名人及叶飞、张文碧、余龙贵、舒雨旺等新四军名将的题词、手书。

中国工农红军挺进师陈列馆

陈列馆以中国工农红军挺进师军史为主线,依据浙南革命根据地的历史,通过图片展览、实物陈列、多媒体技术等形式展示红军挺进师不同历史时期的历程。主要讲述挺进师在刘英、粟裕的率领下,进入浙江坚持三年艰苦卓绝的游击战争、由粟裕率

中国工农红军挺进师陈列馆（2012年）

领挺进师在山门集合，开赴皖南，北上抗日的历程。陈列馆主要包括挺进师溯源、挺进浙西南、开辟浙南、北上抗日和薪火相传等5大主题板块，陈列了400余幅历史照片和45件历史文物。

闽浙边抗日救亡干部学校旧址

民国27年（1938）1月，中共闽浙边临时省委在山门小学（原畴溪小学）创办"抗日救亡干部学校"，粟裕兼任校长。干校旧址呈"U"字形，中间为礼堂，东西两侧是对称的木结构二层楼房，均为7间，楼房的正上方，悬挂着原国防部长张爱萍手书的"闽浙边抗日救亡干部学校旧址"匾额。1989年12月，经省政府批准，干校旧址被列为省级重点文物保护单位。

粟裕将军部分骨灰敬撒处

1984年2月5日，全国人大常委会原副委员长粟裕在北京逝世。遵其遗愿，将部分骨灰敬撒在他当年辛勤工作过的闽浙边抗日救亡干部学校旧址。

粟裕将军部分骨灰敬撒处（2012年）

5月上旬，县政府在抗日救亡干部学校旧址桂花林中，建立一座高1.8米、宽0.8米的青石纪念碑，碑上镌刻着"粟裕同志部分骨灰敬撒于此"。

新四军将士北上抗日誓师大会暨中共瑞平县委欢送大会旧址——吴潭桥水尾宫

位于平阳县凤卧吴潭桥水尾宫，原为3间木结构平房，占地面积60平方米。民国27年（1938）3月18日，粟裕率领新四军第三支队第七团队在吴潭桥水尾宫举行北上抗日誓师大会，中共瑞平县委在水尾宫为他们举行欢送大会。为县级重点文物保护单位。

中共浙江临时省委成立旧址

位于凤卧玉青岩村。民国27年（1938）5月7日，中共浙江临时省委第一次会议在玉青岩村召开，根据东南分局的指示，决定撤销闽浙边临时省委和浙江省工委，成立中共浙江省临时省委。1994年，县委在玉青岩村建立纪念亭。曾任省一大秘书处处长的邢子陶题写"中共浙江临时省委纪念亭"，并在亭柱上题楹联。为县级重点文物保护单位。

闽浙边临时省军区司令部山门旧址

位于山门镇凤岭山麓西南侧小山坳的龙井禅寺，门口挂的旧址标牌由当年闽浙边临时省军区政治部副主任，原南京军区副司令员张文碧题写。

革命活动基地——凤林小学旧址

位于凤卧镇凤林村，系一座类似北方四合院式的平房，占地2000余平方米。该校西南朝向，正门上方镶嵌着一颗红五星。凤林小学原为郑氏宗祠，民国19年（1930）春开始办学，中共浙南委员会书记叶廷鹏、委员黄先河等常在该校从事革命活动。

山门烈士公墓

位于山门镇凤岭山南麓，建于1958年。烈士墓坐北朝南，宽24米，进深30米，占地面积720平方米，四周筑有围墙。墓穴分二级，长方形，砌有砖石栏杆。墓前竖一座用钢筋混凝土浇筑而成的纪念碑，上书"为国牺牲，永垂不朽"。墓地安葬着原平阳县委武运部长林瑞清（即林垂清）以及曾仲玉、胡爱玉、潘连英等20余位烈士。

西山革命烈士纪念室

位于山门镇西山村林氏宗祠内，是一幢钢筋混凝土结构的平房，占地300平方米，建筑面积200

平方米，2001年4月建立。南京军区原副司令员张文碧、浙江省军区原副参谋长程美兴、平阳籍老同志郑子雄等分别为纪念室题词。纪念室陈列着西山村群众在各个革命时期革命斗争的业绩史料；墙上悬挂西山村林心平、林瑞清（即林垂清）等18位烈士及长期在浙南开展革命斗争的刘英、吴毓、粟裕、黄先河、陈铁君、杨进等6位先烈、先辈的遗像。

晓坑岭战斗遗址

位于怀溪镇晓坑社区西部山区。民国37年（1948）11月28日，中共浙南第十区队战士袭击浙保四团一营，获得胜利，受到中共浙南特委的通令嘉奖。

闽浙边省军区中共政治部驻地山门旧址——叶氏祠堂

位于山门镇凤岭西麓的叶氏宗祠。祠堂系五开间木结构平房，四周围墙，内有院子。民国27年（1938）春，闽浙边省军区政治部驻扎在山门叶氏祠堂。1991年4月，被列入县级重点文物保护单位。

第四节　西湾风景名胜区

位于平阳县东部，为鳌江与飞云江入海口交叉处，沿海岸线呈带状分布，从南到北分为杨屿山、二沙、西谷仓、西湾、跳头等5个景区，总面积15.02平方千米。景区以海蚀海岸岩、海礁洞穴、广阔的海涂等自然风光及古烽火台、宗教庙宇等人文景观为特色，以“奇崖、秀滩、飞瀑、孤屿、幽洞”等组合景观为特色。1999年12月，西湾被批准为市级第三批风景名胜区。

杨屿山

以杨屿山为中心，杨屿山是鳌江口的一个面积为0.28平方千米的岛屿。岛中心距陆地边沿0.95千米，岛的四周岸边多陡岩和立石，并有奇特的海蚀浪滩，洞穴密布。远眺烽火、巨鳌负山奇观、双龙洞、神龟洞、观音洞都是该景区的重要景点。

二沙

是西湾风景区的特色景区，重重叠叠的海蚀崖是摄影工作者和美术工作者取之不尽的创作源泉。小壁画、石长廊、听潮洞、金字峰等都是此景区景点。

西谷仓

地处西湾风景区的中间地带，这片景区洞穴分布多，石壁、沙滩四布，湾岙一个接一个。梦音洞、万象画壁、天都石柱、猫头鹰岩是景区的主要景点。

西湾

以苍岩壁画，礁岩、石盘景为主。小洋山、横舟、龙潭、极目朝光点、黄家大刀是此景区的特色。

西湾（2008年）

跳头

由渔村、陡壁、沙滩、娘娘庙、三高堂、烽火台形成的综合景区。此景区的重点有百步金沙、烽火营寨、莫干湾、姐妹洞、丹心岩。景区共有洞穴100余个，大小沙滩14个，岛屿6座，烽火台12座。

跳头晨曦（2007年）　　陈永琢　摄

第五节　南雁门风景名胜区

该风景名胜区分为双塔、碧泉、罗垟、仙草、荆溪五个景区，以奇山怪石、古寺碧湖、名胜古迹为特色。1994年1月，被批准为首批市级风景名胜区，景区面积48.40平方千米。

龙山头石墓

位于鳌江镇垂杨村，墓群中保存较完整的有3座；与瑞安棋盘山石棚墓、苍南桐桥村石棚墓共同组成浙南石棚墓群，时代属商周至春秋战国时期；是目前中国南方地区唯一发现的石棚墓群，为世界“巨石文化”系列的重要组成部分。2001年，被国务院列为第五批全国重点文物保护单位。

*双塔、龙虎岩

两处皆为省重点文物保护单位，双塔位于鳌江镇钱仓山，双塔外形相似，皆为砖砌实心5层6面楼阁式塔。高15.16米，相距11.8米，须弥座台基，边长3.3米，高1.75米。塔外部共有佛龛24座，每龛内各有泥烧佛像一尊，神态各异。龙虎岩在双塔后面凤山麓，又称单龙斗双虎岩。龙虎岩左右对峙，有石阶通往北山庙。

栖真寺五佛塔

位于鳌江镇罗垟境内，始建于五代后周广顺年间(951—953)。现存4塔，塔高2.5米。均系青石结构的单檐塔，佛像、动物、花草、塔形等雕刻精致，艺术高超，已被列入省级文物保护单位。栖真寺始建于隋朝，规模宏大而雄伟，素有“南雁佛国”之称。据传说：后来出“刁僧造反”，明朝廷派兵进剿，寺院成为废墟，至今已有400余年历史。

栖真寺五佛塔（2012年）

*摇动岩摩崖石刻

在凤山西南山坡上，由两块上圆下尖的巨石组成。一块如陀螺般浑圆，约5米高；另一块却像河马的头，高7米，嘴鼻3米，额下压着一块扁岩，却留下个大空隙，可供人避雨。游人躺在“河马”的鼻子上，双脚用力向“陀螺”推搡，那“陀螺”就能摇动，发出声音。

*松台山·“起相岩”摩崖石刻

由两块各长24米、宽约10米的巨岩斜倚叠成。上大下小，由一块称为“抱岩”的小石头顶住。南面岩壁下，有篆书“起相岩”三字，旁有刻石题名“宋庭佐”等数人，落款时间是绍兴丁卯年(1147)。此处已被列入县级文物保护单位。

*烟台岩·史伯璿墓

在凤山西南坡上，如屏风般巍然耸立。在4米见方的壁上有大字一行“元儒史先生墓”，是清乾隆年间(1736—1795)平阳县令何子祥所题。墓地右侧有苍老的杂树、奇特的岩石、碧绿的小潭，仿佛是个小花园，似乎为这个古墓设计的。此处已被列入县级文物保护单位。

钱仓京城城隍庙

钱仓旧有灵顺庙，久圮。明正统年间(1436—1449)县令章惠重建，县城城隍庙建于明洪武元年(1368)。今所传城隍庙原庙址在钱仓中街，面积900平方米。1975年春，迁建于黄石公洞山麓，右倚龙虎岩；建筑风格仿清代格局，占地2300平方米。1991年8月由县道教协会接管，改为今名。已被列入县级文物保护单位。

*凤山

凤山是钱仓风景荟萃之地，山上单是宋代摩岩就有13处之多。历代名人在钱仓景区记下凤凰台、来仪亭、石门洞、罗汉洞、悟公洞、望海坛、醉翁岩、麒麟石、凤雏石、喝开石、蟾蜍石、欲凤峰、石鼓、石凤等胜迹。

凤山摩崖石刻

南雁自唐末五代开山，因南雁门风景优美，招引历代达官显爵和诗人墨客前来游览；如宋赵羲之、腾甫、柳楷；明马性鲁、徐岳、陈仲礼、周隆祖、宋延佐、章惠；清袁枚及民国等数十人留下摩崖题字、题名、题记数十处。

*凤凰岩　凤山寺

凤凰岩雄踞于凤山之上，岩形如大鲸，全身黝黑，脊背上留下一条条白色的斑纹；折过回廊便是凤山寺。

*碧泉寺

在梅溪岩庵山上，唐代僧幽谷开山创建；寺后有悬石钟岩，隙有泉清碧空明，故名。附近有龟山、棋盘宝台、观音洞、卧牛岩、屏风岩、仙人岩、涌泉亭、三折瀑等景观。

*荆溪山

出鳌江镇2千米左右，就是荆溪山麓下河。荆溪山最高点440余米，山上均是奇形怪状的岩石。山顶东西两个山头古木参天，翠竹茂密，好像梳得整齐光亮的发髻，故有东鬟、西鬟之称。东鬟有荆山寺，西鬟有啸云寺。在寺里凭栏远眺，鳌江两岸和东海的景色尽收眼底。

*青山寺

在荆溪山的西尽头，山高200米处，乾隆年间(1736—1795)建有瑞峰寺，俗名山外寺，后来废弃。1973年，僧西震新建青山寺，寺依崖洞建筑，有数进，全系青石结构。寺内还有不少当代名人墨迹。

广佛寺

位于鳌江镇凤山之麓，始建于唐咸通年间(860—874)。东首原有宝胜看经院，建于后周，吴越王钱俶曾留宿于此，留有“钱王一宿楼”。宋代二寺鼎盛时僧众曾达1000人，建筑占地面积60余亩。二寺都建有双塔，广佛寺双塔其一早毁，另一光绪年间(1875—1908)塔尖受损，后全毁于民国31年(1942)。二寺曾于明嘉靖二十三年(1544)遭倭寇焚毁，后经重建。宝胜寺于清咸丰年间(1851—1861)在金钱会起义时被清军焚毁，双塔仍巍然屹立。广佛寺因年久失修，破损不堪。1978年后，僧起西集资重建。

百万公主寨遗址

位于香云寺后侧，至今仍留有寨门和练兵场遗址。

观音寨

位于海拔542米高的观音山山坪，四周削岩竣壁，是钱仓金钱会起义军立的山寨，寨内原有“观音堂”，四周筑有“寨城”，现今仅存山寨的残门。

古代拱门地道

位于栖真寺遗址下，传说栖真寺是当年替皇帝修行的寺庙，后来开辟一条百余米长的石头拱门地道，并装置机关踏笼，是专门存放贵重物资的地下库房，同时配套地下密室，确实神秘莫测。

第二章　旅游服务

1989年后，平阳县旅游服务设施建设较快。1991年平阳县第一家旅行社成立，1999年，县内出现首批星级旅游饭店。2000年，全县有旅游饭店、宾馆、招待所等各类住宿设施245家，床位5284张，高中档旅馆51家，接待床位2671张。其中，1家三星级酒店，2家二星级酒店。21世纪后，新兴旅游休闲形式——农家乐兴起，至2006年，平阳县有各种类型的农家乐旅游点135个。随着水头客运中心、甬台温高速、温福铁路的建成，至平阳的旅游交通形式已实现多元化。至2012年，有国内旅行社13家；星级饭店5家，床位769张；其他宾馆、旅社、招待所等258家，床位8826张。

第一节　星级饭店

1999年，确定供销大厦等10家企业为平阳县首批旅游定点单位，同时向市旅游局推荐益众电热机械厂等3家旅游商品定点生产企业，11月，供销大厦和虎豪大酒店通过二星级旅游饭店评定，成为平阳县首批星级旅游饭店。至2000年，平阳县有1家三星级酒店，2家二星级酒店。2001年，水头虎豪大酒店被评为三星级旅游饭店；天马大酒店通过二星评定；南麂柳成山庄等饭店星级评定工作全面启动。翌年5月，南麂柳成山庄通过二星级评定。2005年，县风景旅游管理局引导旅游饭店开展评星活动，6月，南麂迎宾楼通过二星评定。2006年，平阳国际大酒店、平阳世茂富豪大酒店通过三星评定；平阳县南雁饭店通过二星评定；平阳国际大酒店通过省级绿色饭店评定。2008年，二星级饭店开展复核工作，11月10日，昆阳镇三和大酒店开工建设，12月，平阳国际大酒店晋级为四星级旅游饭店。2012年，平阳县有星级饭店5家。

2012年平阳县星级饭店一览表

表16-2-1

饭店名称	地址	总经理	总建筑面积（平方米）	客房数（间）	床位数（张）	餐位数（个）	工作人员（人）	旅客接待人数（人）	营业收入（万元）	星级
平阳国际大酒店	平阳县鳌江镇市府路	宋迪伍	22000	138	219	1100	120	18863	3562.8	2005年获得“浙江省绿色饭店”称号 2006年4月评为三星级饭店 2008年12月通过四星级评定
水头虎豪大酒店	平阳县水头镇泾川中路112号	李 彪	11149	88	170	500	—	—	—	2001年9月正式被评为三星级旅游饭店
平阳世茂富豪大酒店	平阳县鳌江镇环镇北路(公交车站斜对面)	吴可嘉	15000	90	170	1490	—	—	—	2006年11月评审批准三星级酒店
南麂柳成山庄	平阳县南麂镇司令部美龄宫边	白正章	1960	60	120	180	10	2800	33.7	2002年5月评审批准二星级酒店
南雁饭店	平阳县南雁镇吴山村	白炳洲	5200	45	90	180	30	2148	228.8	2006年3月评审批准二星级酒店

说明：资料由县风景旅游局提供

第二节 旅行社

1991年7月30日，平阳县南雁荡山旅游社成立，是平阳县第一家旅行社，主要以地接为主。1996年，平阳安顺国际旅游有限公司和平阳县长运旅游社成立，开始以组团为主兼顾地接。2000年，平阳县有国内旅行社4家，国际旅行社门市部3家。2012年，有国内旅行社13家，组团149049人，接待22510人。

2010—2012年平阳县旅行社营业情况一览表

表16-2-2

年份(年)	旅行社数(家)	组团出游人数(人)	接待外地游客人数(人)
2010	9	104522	23527
2011	11	100879	39365
2012	13	149049	22510

说明：资料由县风景旅游局提供

2012年平阳县旅行社基本情况一览表

表16-2-3

名称	成立时间	地址	业务	员工（人）	导游（人）	营业收入（万元）
平阳安顺国际旅游有限公司	1996年	平阳县昆阳镇雅河路230号	国内旅游、入境旅游等业务	13	4	686.1
平阳县长运旅游社	1996年	平阳县鳌江镇新河南路151—153号	国内旅游、入境旅游等业务	5	2	85.6

续表 16-2-3

名称	成立时间	地址	业务	员工（人）	导游（人）	营业收入（万元）
平阳县春秋旅行社	1998年	平阳县鳌江镇阳春街55—57号	国内旅游、入境旅游等业务	6	2	318.9
平阳县天马旅行社	2001年12月	平阳县水头镇康乐街30—32号	国内旅游、入境旅游等业务	6	2	732.2
平阳县邮政旅游有限公司	2002年	平阳县昆阳镇解放街188号	国内旅游、入境旅游等业务	10	3	625.1
温州指南针国际旅游有限公司	2004年	平阳县鳌江镇鳌江21世纪商住广场7幢102-106商铺	国内旅游、入境旅游业务、出境组团等业务	26	9	1020.7
平阳青年国际旅行社有限公司	2007年7月	平阳县鳌江镇天元公寓B幢7—8号	国内旅游、入境旅游等业务	2	1	46.2
平阳县万里旅行社有限公司	2008年3月	平阳县鳌江镇古鳌北路52号	国内旅游、入境旅游等业务	8	3	528.9
平阳县百姓旅行社有限公司	2008年	平阳县昆阳镇弓桥路40号	国内旅游、入境旅游等业务	9	3	350
平阳县霞客旅行社有限公司	2011年6月	平阳县鳌江镇新河中路25号	国内旅游、入境旅游等业务	4	2	300
平阳县绿景旅行社有限公司	2011年8月	平阳县昆阳镇解放街E幢1—1号	国内旅游、入境旅游等业务	3	2	92.6
平阳县晶林旅行社有限公司	2012年3月	平阳县鳌江镇兴鳌东路92号	国内旅游、入境旅游等业务	3	2	51.4
平阳假日国际旅游有限公司	2012年4月	平阳县昆阳镇汇水河路176号	国内旅游、入境旅游等业务	5	3	127.7

说明：资料由县风景旅游局提供

第三节　农家乐

进入21世纪后，农家乐休闲旅游逐渐兴起；至2006年，平阳县有各种类型的农家乐旅游点135个，10个农家乐休闲旅游示范点，3个农家乐休闲旅游特色村；平阳县沁心湖娱乐中心、后堡喜来乐农庄被评为市级农家乐休闲旅游示范点；西湾乡跳头村被评为省级农家乐休闲旅游特色村。"十一"黄金周期间，农家乐休闲旅游吸引4.72万游客，营业收入近300万元。2007年，西湾乡跳头村被评为"美丽乡村"浙江最佳旅游休闲度假村。是年，平阳县"农家乐"休闲旅游点接待人数33.85万人次。2008年，全县有各级农家乐特色村（示范点）27个。

2010年，县风景旅游局制定出台《关于加快平阳县乡村旅游发展的若干意见》《平阳县旅游特色村建设验收评分标准》等系列乡村旅游扶持政策。是年，全县已累计发展农家乐休闲旅游村（点）112个，其中省级农家乐示范点1个、特色村1个，市级农家乐示范点8个、特色村2个，三星级18个；投资规模5911.8万元；全年接待游客158.6万人次，营业收入7650万元。2011年，筹备成立县农家乐行业协会；全年创建市级农家乐（点）4家；接待游客192.6万人次，营业收入6865.3万元。2012年，构建"乡村因风景而美丽，风景因乡村而生动"大旅游格局；全县乡村旅游投入资金2000余万元，农业观光项目投入资金约1亿元。是年，全县有农家乐71个，市级农家乐示范点17个，三星级27个，从业人员1542人；接待游客86.3万人次，营业收入1.12亿元。

2012 年平阳县省、市级农家乐特色村（示范点）一览表

表 16-2-4

类别	名称
省级“农家乐”特色村	平阳县西湾乡跳头村
市级“农家乐”特色村	南麂镇马祖岙村
	南雁镇堂基村
省级“农家乐”示范点	平阳县后堡喜来乐农庄(凤卧镇东堡村)
	平阳县鸿运休闲渔业有限公司
	平阳县瓯南农业观光园(平阳县瓯南农业有限公司)
市级“农家乐”示范点	平阳县沁心湖娱乐中心(昆阳镇蒙垟村)
	平阳县闹村白水人家(闹村乡南垟村)
	平阳县鸿运休闲渔业有限公司(南麂镇后隆村)
	平阳西湾大东海游览服务有限公司(西湾乡二沙村)
	平阳县浪花渔家乐大排档(西湾乡殿后山村头沙)
	平阳县卧牛山酒家(腾蛟镇凤鹤东路151号边)
	平阳县萧江镇毛家处阿绍农家乐酒店(萧江镇青龙村)
	平阳县沿口绿地农庄(麻步镇沿口村)
	平阳县农家小院(南雁镇雁山村)
	平阳县南山农家乐酒店(怀溪乡南山垟村)
	平阳县瓯南农业有限公司(平阳县昆阳镇蒙垟村)
	平阳县前爿农家乐酒楼(平阳县昆阳镇前爿村)
	平阳县花岛渔村农家美食林(平阳县鳌江镇务垟岳巢新村)
	平阳县凤卧马头岗农家乐排挡(水头镇马头岗村)
	平阳县林中庙排档(南麂镇马祖岙村)
	平阳县凤泉酒家(腾蛟镇凤巢福利院后)
	平阳县瑞阳农家乐排挡(万全镇瑞阳村)

说明：资料由县风景旅游局提供

第四节　旅游交通

21世纪前，平阳县旅游交通改善并不明显；到平阳旅游一般要乘坐到平阳县城、鳌江镇的汽车班线，然后转乘汽车到平阳县各景区。2001年，平阳县水头镇客运站投入使用后，增加了到水头镇汽车班线，到南雁荡山、顺溪等景区的旅游交通得到初步改善。2003年12月30日，甬台温高速全线贯通，平阳县进入温州市域交通一小时圈，平阳旅游交通得到极大改善。2009年6月30日，至平阳县的动车组正式开通，平阳旅游交通增加铁路交通形式，至此平阳县旅游交通得到根本性改善。至2012年，外地游客到平阳旅游区观光，一般可乘坐到昆阳、鳌江、水头的客运班线或动车组；到南麂岛旅游，还需坐船到达景区。

2012 年平阳县旅游交通线路一览表

表 16-2-5

景区名称	交通线路
东西洞景区	汽车：温州客运中心乘坐水头快客，到水头客运中心转水头至南雁中巴车，到南雁东西洞景区
	动车：鳌江站下，转水头中巴车至水头，到水头客运中心转水头至南雁中巴车，到南雁东西洞景区
	自驾线路：甬台温高速—萧江出口—230省道—水头镇—南雁—东西洞景区

续表 16-2-5

景区名称	交通线路
顺溪景区	汽车:温州客运中心乘坐水头快客,到水头客运中心转水头至顺溪中巴车,到顺溪景区
	动车:鳌江站下,转水头中巴车至水头,到水头客运中心转水头至顺溪中巴车,到顺溪景区
	自驾线路:甬台温高速—萧江出口—230省道—水头镇—南雁—顺溪—顺溪景区
明王峰景区	汽车:温州客运中心乘坐水头快客,到水头客运中心转水头至山门镇(晓坑社区)中巴车,到明王峰景区
	动车:鳌江站下,转水头中巴车至水头,到水头客运中心转水头至山门镇(晓坑社区)中巴车,到明王峰景区
	自驾线路:甬台温高速—萧江出口—230省道—水头镇—山门镇(晓坑社区)—明王峰景区
腾蛟—赤岩山景区	汽车:温州客运中心乘坐水头快客,到水头客运中心转水头至腾蛟镇中巴车,到腾蛟—赤岩山景区
	动车:鳌江站下,转水头中巴车至水头,到水头客运中心转水头至腾蛟镇中巴车,到腾蛟—赤岩山景区
	自驾线路:甬台温高速—萧江出口—230省道—水头镇—腾蛟镇—腾蛟—赤岩山景区
碧海天城景区	汽车:温州客运中心乘坐水头快客,到水头客运中心转水头至南雁镇(或水头至顺溪镇、青街乡)中巴车,到碧海天城景区
	动车:鳌江站下,转水头中巴车至水头,到水头客运中心转水头至南雁镇(或水头至顺溪镇、青街乡)中巴车,到碧海天城景区
	自驾线路:甬台温高速—萧江出口—230省道—水头镇—南雁镇—碧海天城景区
南麂列岛	汽车:温州客运中心乘坐鳌江快客,到鳌江客运中心,到鳌江鳌江镇第四码头,坐快艇到南麂列岛 动车:鳌江站下,坐出租车,到鳌江鳌江镇客运码头乘坐快艇,到南麂列岛
	自驾路线:甬台温高速公路—平阳出口下—104国道—鳌江—坐船到达景区

说明:资料由县风景旅游局提供

第三章 旅游市场

1999年,平阳县风景旅游事业的管理体制问题基本解决后,平阳县旅游市场发展迅速。1998年开始逐年加大对平阳旅游的宣传和促销力度,通过多种媒介、多种方式宣传平阳旅游,举办、参加各种形式的旅游节庆活动,提升平阳旅游的知名度。进入21世纪后,除了继续开展旅游宣传、促销、举办旅游节庆活动外,平阳开始推出精品旅游线路和特色旅游产品,致力于树立平阳旅游的特色和品牌。经过20余年努力,到平阳旅游的人数和旅游收入逐年增加,2012年,平阳县接待游客341.61万人,旅游收入20.61亿元。其中,海外游客7700人次,国际旅游外汇收入253.82万美元。

第一节 主要旅游线路

2000年前,平阳旅游发展水平不高,旅游线路较为简单,一般由旅行社自行安排。2001年,根据平阳县实际情况,安排的旅游线路如下。周末游:顺溪——东西洞——腾蛟二日游,南雁——南麂三日游;爱国主义教育活动游:山门——顺溪——东西洞游;温州南部五县(市)联合推出的有浙南山海奇观游等。

2002年,平阳重点推出平阳“山海奇观”三日游(第一天,游南雁荡山顺溪景区,中餐后游东西洞景区,住水头或鳌江;第二天,上午游腾蛟赤岩山景区到鳌江码头乘船往南麂列岛,中餐后游大沙澳景区,住南麂;第三天,上午游三盘尾景区,中餐后送团)。2005年2月,国家发改委、中宣部、国家旅游局等13个部委正式发文把平阳列入30条全国红色旅游精品线即“上海—嘉兴—平阳线”。

2006 年平阳县旅游线路一览表

表 16-3-1

名称	行程安排
一日游	红色旅游线：县城—水头—红军挺进师北上抗日纪念园—山门老街（午餐）—冠尖省一大旧址—大屯闽浙边临时省委机关驻地—凤林村老海园、明德园—返回县城—夜间购物
	南雁荡山山水观光旅游线：(1)县城—水头—东西洞—水头（午餐）—腾蛟苏步青故居—百岁棋王纪念园—西湾海鲜美食大排档—县城 (2)县城—顺溪老街—白云瀑、知音洞—眉溪—碧溪潭漂流—西湾海鲜美食大排档
二日游	县城—鳌江港—南麂岛大沙澳景区（晚下榻度假村）—三盘尾景区—环岛游—返回—鳌江海滨大排档（晚餐）
多日跨区域游	北雁荡山—南麂岛—南雁荡山—山门红色景区—平阳购物

说明：资料由县风景旅游局提供

2012 年平阳县旅游线路一览表

表 16-3-2

名称	行程安排
南雁荡山一日游	温州早上发车至南雁荡山，游览东西洞景区：东南屏障、云关、仙姑洞、怡心院、梅雨瀑、会文书院、观音洞、一线天，下午适时返温，结束旅行
	温州早上发车至平阳顺溪镇，游览南雁荡山顺溪景区：知音洞、顺溪古建筑群，中餐后游览温州市浙南（平阳）抗日根据地旧址：红军挺进师纪念园、省一大纪念园，下午适时返温，结束旅行
南雁荡山二日游	第一天：温州早上发车至南雁荡山，游览东西洞景区：东南屏障、云关、仙姑洞、怡心院、梅雨瀑、会文书院、观音洞、一线天，适时游览腾蛟历史文化名镇：苏步青故居、棋王碑林、霁山碑林，晚上住南雁或者水头 第二天：早餐后游览顺溪景区：知音洞、顺溪古建筑群，下午游览温州市浙南（平阳）抗日根据地旧址：红军挺进师纪念园、省一大纪念园，适时返温，结束旅行
西湾一日游	上午：游杨屿山景区，欣赏巨鳌负观、双龙洞、观音洞等景点 下午：游二沙景区，欣赏小壁画、石长廊、听潮洞、金字峰等景点
东西洞、山门、顺溪二日游	第一天：上午游览“浙南红都”的温州市浙南（平阳）抗日根据地旧址：山门的中国工农红军挺进师纪念园（闽浙边抗日救亡干部学校、中国工农红军挺进师纪念碑等景点），还有凤卧的省一大纪念园 下午游览“浙南清中晚期民居博物馆”之称的顺溪古镇：陈氏古屋、知音洞等景点。晚上住南雁或水头 第二天：游览平阳绿色之旅——南雁荡山 上午游览石天窗、爱山亭、移步换景的东南屏障、雄伟壮观的云关、千年道教圣地仙姑洞、怡心院、映日成虹的梅雨瀑 下午游览千年儒教胜地的会文书院、三台道院、考验意志佛教圣地观音洞
东西洞、山门、腾蛟二日游	第一天：游览平阳绿色之旅——南雁荡山 上午游览石天窗、爱山亭、移步换景的东南屏障、雄伟壮观的云关、千年道教圣地仙姑洞、怡心院、映日成虹的梅雨瀑 下午游览千年儒教胜地的会文书院、三台道院、考验意志佛教圣地观音洞；住南雁或水头 第二天：上午游览“浙南红都”的温州市浙南（平阳）抗日根据地旧址：山门的中国工农红军挺进师纪念园（闽浙边抗日救亡干部学校、中国工农红军挺进师纪念碑等景点），还有凤卧的省一大纪念园 下午游苏步青故居、白承恩墓、银坑瀑、赤岩巨壑、鹰嘴潭、双龙瀑、天门双瀑
南雁、南麂三日游	第一天：上午游览石天窗、爱山亭、移步换景的东南屏障、雄伟壮观的云关、千年道教圣地仙姑洞、怡心院、映日成虹的梅雨瀑 下午游览千年儒教胜地的会文书院、三台道院、考验意志佛教圣地观音洞；住南雁或水头 第二天：上午到鳌江乘船往南麂，中餐后游栖凤居、海滨浴场、地下迷宫，住南麂 第三天：上午游三盘尾、猴子拜观音、天然草坪、清风洞、潮音洞、风洞岩，中餐后返回

说明：资料由县风景旅游局提供

第二节 特色旅游产品

随着旅游业的不断发展，以市场为导向，经多年开发完善，至2012年年底，平阳逐渐形成红色旅游、畲乡风情游、文化古镇游、浙南古民居游、绿道游、森林公园游等特色旅游产品。

红色旅游

平阳是革命老根据地县，革命遗迹众多，与南雁荡山和南麂列岛的自然景观相互交融，形成以红色旅游资源和自然景观相辅的革命遗迹景观群。温州浙南（平阳）抗日根据地旧址是早期中国工农红军挺进师、中共闽浙边临时省委与中共浙江省委的活动中心，有“浙江延安”之称，曾山、刘英、粟裕等都曾在这里战斗和工作过。是全国100个“红色旅游经典景区”之一；也是全国30条“红色旅游精品线路”之一。

畲乡风情游

青街畲族乡位于平阳县西南部山区，为南雁荡山国家风景名胜区的组成部分，是竹乡和平阳县唯一的少数民族乡，有丰富的民族文化和独特的民俗风情。以“自然风光旖旎、民俗风情浓郁、文化积淀深厚、毛竹远近闻名”著称，有“竹海畲乡、生态家园”美誉。

枕青山、环青溪、面竹屏是青街的特色；四季产笋，是平阳的主要产笋地。

青街是畲汉混居的传统乡村聚落，以山水、竹林构成自然景观风貌，以古街、古建筑构成乡村聚落风貌，以畲族民俗风情构成人文景观，三者交相辉映。

青街畲族为明代由福建移民至平阳，主要居住在山区，形成大分散、小集中的居住形态。畲族有许多富有民族特色的风俗习惯和节假庆典。其中最具特色的节假庆典是畲族的三月三赛歌日。

文化古镇游

古镇腾蛟，早在新石器时代就有人类居住。至2012年，腾蛟仍保留着两条传统街区：腾蛟堡街和亭子路街。腾蛟堡街总长600米，宽约5米，东西走向。西半部为单层木结构，部分建筑沿带溪南岸而建。东半部多为两层木结构，排列整齐，设有通道、路亭。保留着手工作坊豆腐店、打铁铺等。亭子路，位于腾蛟镇东面，总长约400米，建筑物为2层，一楼为店铺，主要开设纺织业、制茶业。保存较好的传统民居有：大溪边苏宅红楼、腾溪村苏宅、霞山村张宅、塘溪村雁堤庄施宅四房。腾蛟名人有南宋爱国诗人林景熙、东瓯洛学文化创始人陈经邦、陈经正，元代诗人郑昂，清代儒家学者林鸣凤、诗人白醉月、苏尚珍，当代的棋王谢侠逊、数学家苏步青等。

浙南古民居游

顺溪古建筑群（俗称顺溪大屋）位于顺溪镇顺溪村和溪北村，为典型的浙南民居特色，被列为国家级文物保护单位。顺溪大屋各屋样式、布局相似，唯面积大小不同，顺溪大屋大都建于雍正年间（1723—1735），建筑梁架结构以穿、穿斗式为主体，结合抬梁式结构，柱子有明显的收分，檐柱有明显的侧脚，柱子均有抹角木方柱，扁方形石柱础，柱头有卷杀。三山式悬山屋面，屋脊有明显的生起，屋面两端出际深远，二端饰正吻。大厅内悬有大量匾额，如“宾席春晖”“洁择修龄”等。

绿道游

南雁荡山绿道网是以国家级风景名胜区优良的自然生态资源、历史人文资源为依托，以“健康、运动、绿色”为理念，融合北港地区景区乡镇、旅游乡村、驿站、溪流等载体和景观元素，涵盖生态型、郊野型、休闲型的绿道网络体系，是联结东西洞、顺溪、明王峰、碧海天城、腾蛟—赤岩山等五大景区的纽带，并形成南雁荡山“一心三带五环”（“一心”为旅游集散中心，“三带”为红色带、滨水带、越野带，“五环”为文化寻踪环、红军足迹环、集镇休闲环、山地探秘环和畲乡风情环）绿道网功能结构布局。

森林公园游

满田森林公园总面积9800余亩，森林覆盖率97.7%，主要树木品种为柳杉、松树、柏树、枫树、香樟等，是国家级风景名胜区南雁荡山的重要组成部分。森林公园里有南雁荡山最高峰——明王峰，有古老神秘的白岩洞，有高入云霄的神剑峰等，是融自然生态与养生为一体的森林氧吧。

第三节　旅游宣传与促销

宣传

1998年，制作平阳旅游展板21块，印制《平阳旅游》宣传小册子1.5万份，筹资8万余元拍摄《平阳揽胜》综合宣传片。是年，接待上海旅游考察团到南雁、南麂考察。1999年，在《平阳报》开设“平阳旅游”专刊每月一期；与平阳报社联合举办“平阳人游平阳”征文比赛；在浙江卫视“江南好”栏目分4期介绍平阳风光；在《中国风景名胜博览》杂志上介绍南雁荡山风光；参与“温州人评温州景”活动，南雁云关获得“温州十佳景点”称号；在平阳电视台、温州电视台多次播放平阳旅游的宣传片；在《浙江日报》《温州日报》《温州晚报》《温州侨乡报》《江南游报》等报纸上刊登介绍平阳旅游的有关文章和图片；在104国道线岱口、昆阳等重要的地段，树立景区路标。2000年，在中央人民广播电台神州行栏目和《人民日报(海外版)》介绍平阳的风俗人情、自然景观等旅游情况；在浙江卫视、浙江旅游光盘、浙江黄页、《江南游报》、《中国旅游报》等宣传介绍平阳风光；在温州、平阳几家电视台和报纸上多次介绍平阳旅游的有关节目和文章，印制“平阳旅游”宣传张贴画、平阳旅游指南，制作南麂大沙澳、南雁云关等景点的展板、图片、金箔画、雨伞等宣传品。

2001年，中央电视2台(《为您服务·旅游风向标》栏目)、上海教育电视台、浙江卫视旅游版分别派专人到平阳制作节目；温州电视台、平阳电视台等多次宣传报道平阳县风光；《中国旅游报》《城市论坛》《旅游天地》《江南游报》等报刊多次刊登文章或图片进行宣传介绍；《平阳报》设立旅游专版；制作平阳旅游网站；成立《平阳旅游》编纂委员会并于2002年制作完成旅游音乐电视片《神奇的南雁荡》和顺溪景区大型广告牌。2004年，利用中央电视台等主流媒体开展宣传工作；印制精美旅游宣传资料，并及时在东南风光网站上发布信息。2005年，通过中央电视台、东南风光及《人民日报》《浙江日报》等网站媒体宣传平阳旅游。在高速公路、国道线沿线悬挂各种宣传广告牌。2008年，县旅游管理局与文成、瑞安、苍南、泰顺组成“温州瓯之南区域旅游合作组织”，共同制作发放宣传册，联合推出相关线路。2009年，多次在专业报纸《华东旅游报》《江南游报》及温州主流报纸《温州日报》《温州晚报》《温州商报》等新闻媒体上刊登平阳旅游宣传资料；同时借助中央电视台天气预报栏目、浙江电视台民生休闲频道、温州电视台等进行宣传。2010年，在“腾讯旅游”上开展免费宣传；在乐途旅游网、同程旅游网上开始网上售票。

2011年，与《中国旅游报》《华东旅游报》《江南游报》《温州日报》等报刊合作，不定期刊发平阳旅游资讯、景区游记及其他相关文章；同时与省、市、县各级电视台、浙江交通之声电台等合作，播放平阳旅游广告，专题报道平阳旅游业发展动态；制作《旖旎平阳》大型画册3000份，《平阳自助游手册》1万份，以及温州浙南(平阳)抗日根据地旧址、中国旅游日等一批宣传单，在各类旅游推介活动中发放；是年，平阳旅游官方腾讯微博和新浪微博开通。2012年，与《新平阳》《华东旅游报》《温州日报》《新旅游》《浙江旅游手册》等报刊合作，不定期刊发平阳旅游资讯、景区游记及其他相关文章。同时，与省、市、县各级电视台、平阳新闻网旅游频道、千景网等媒介合作宣传平阳旅游；平阳旅游腾讯官方微博吸引“粉丝”近8万人次。

促销

1998年，组织旅游经营单位参加重要国内旅游交易会、展销会、促销会等。1999年，以温州人游平阳、平阳人游平阳为主题，组织旅游企业，联合在温州市区、平阳县城多次开展面对面的促销活动；参加昆明全国旅游交易会和南京、无锡、苏州、上海巡回旅游推介会。2001年，组织全县旅游企业，参加全国和省旅游交易会暨温州旅交会，展台获得省旅交会组委会颁发的优秀展台奖；共发放宣传资料30000余份，签订旅游合同或意向书10余份，合同金额50余万元。

2004年，参加全国大型的旅游交易会和促销活动。2005年，组织参加福建、成都旅游促销；参加桂林国内旅交会、昆明国际旅交会、上海国际旅游资源博览会、浙江山水旅游节暨温州旅游节、宁波中国旅游投资洽谈会等省、市的多种旅游促销活动；是年，举行“举红色旗帜，购商务礼品”活动，促进商务礼品同旅游购物的结合。2009年，组织参加广州国际旅交会、大连国内旅交会等各种旅游交易会。2012年，结合“5·19”中国旅游日，在温州广场开展专题活动；并利用户外媒体开展宣传，推出中国旅游日当天免费游顺溪景区、6折游东西洞景区的惠民活动。

旅游节庆活动

1998年，举办温州金秋旅游节南雁康体生态游主题游览活动，推出具有平阳特色的旅游项目。1999年，推出“世纪之交游平阳”的系列活动；开展平阳风景旅游征文比赛、摄影比赛，水头至南雁千人越野跑比赛；举办南雁荡山通过国家重点风景名胜区10周年大型文艺晚会；推出爱国主义教育游方案等活动。2000年，通过“以节带旅”“以赛促旅”“以游兴旅”的办法宣传平阳旅游；温州旅游节期间，县风景旅游局承办2000年“圣雄杯”平阳旅游武术节，展示平阳丰富的人文自然旅游资源和武术之乡的特色，邀请8个省市150余位客商，16家新闻媒体单位和武术运动员3500人参加。2001年，举办“相约平阳”金秋文化旅游采风活动，邀请叶永烈、梁晓声、舒婷等近30位文化艺术界的名人到平阳采风。2002年，举办“南麂杯”首届全国海钓比赛，来自全国各省（自治区、直辖市）以及港、澳、台地区钓鱼爱好者汇集南麂。

1999—2012年平阳县接待游客及旅游收入情况统计表

表16-3-3

年份（年）	接待游客（万人）	旅游收入（亿元）
1999	53.3	1.33
2000	60	1.50
2001	65.31	1.63
2002	67.8	1.70
2003	65.56	1.64
2004	78.48	2.73
2005	91	3.6
2006	138.2	5.53
2007	160.31	6.42
2008	192.91	7.72
2009	216.68	8.67
2010	249.33	12.56
2011	290	14.62
2012	341.61	20.61

说明：资料由县风景旅游局提供

2005年4月，平阳县与市委宣传部、市发展与改革委员会、市旅游局共同主办以“追随先辈革命足迹，畅游温州大好河山”为主题的浙江省红色旅游首游分会场暨温州市红色之旅首游式在山门红军挺进师纪念园举行

2004年，举办平阳旅游节；温州十大旅行社和平阳县各旅社联合组织“千人团”游平阳，同时组织首届鳌江（墨城）海鲜美食节、第二届南麂国际海钓节和青街畲族风情民俗节，引导社会力量完善墨城海鲜大排档的设施，投入资金1200万元，使其提升为能同时容纳6000余人就餐的美食城。2005年，省“红色之旅”分会场暨温州市“红色之旅”首游式活动在山门举行；县西湾风景名胜区举办首届旅游美食文化节，有滩涂滑板表演、沙滩舞蹈表演、沙滩排球表演、文艺演出等节目，展现旅游美食文化的丰富内涵。

2008年，与市摄影协会共同举办“四时南雁皆风景”为主题的摄影大赛；与南雁镇共同举办以“共揽天窗月”为主题的南雁中秋赏月节活动和西湾第四届海鲜美食节。2009年，以南雁荡山国家级风景名胜区建区20周年为契机，主办和协办西湾美食节、南雁荡山中秋赏月节、南麂海钓节、南雁荡山跨越发展研讨会暨南雁荡山国家级风景名胜区建区20周年庆典晚会等一系列旅游节庆活动。2010年，举行“会文书院·文会天下”征文、平阳旅游主题口号与形象标志征集等活动。2011年，与腾讯网联合主办“梦栖南雁荡山、心泊南麂列岛”——2011温州（南雁·南麂）中国首届拍客摄影大赛，活动分线上招募、线下景区采风、（南雁·南麂）摄影大赛三大部分。2012年，平阳县举办平阳旅游线路设计比赛，共收到旅游线路172条，评出以春夏秋冬为主题的一、二、三日游最佳线路12条；开展“台州千人游南雁”活动；举办首届平阳汽车（旅游）文化节活动。

第四章　旅游管理

1989年，成立县南雁荡山风景区管理局。1990年，更名为平阳县南雁荡山风景旅游管理局，承担全县旅游业务及管理职能。1998年，更名为县风景旅游管理局。21世纪后，平阳县开始统一规划全县景区开发和建设，推行旅游标准化，推动酒店、景区的评星评级，成立县风景旅游监察大队等。至2012年，平阳县北港生态休闲旅游区管委会（县风景旅游局）下属7个景区管理处；完成平阳县各景区总体规划、详细规划10个，创建红色经典旅游景区、国家AAAA级旅游景区各1个。

第一节　管理机构

1989年，南雁荡山纳入雁荡山风景名胜区；是年，成立县南雁荡山风景区管理局。1990年11月，更名为平阳县南雁荡山风景旅游管理局，既承担风景管理职能又承担全县旅游业务及管理职能。1994年7月19日，增挂“平阳县旅游局”牌子，实行一个机构、两块牌子。

1998年9月份，县南雁荡山风景旅游管理局更名为县风景旅游管理局（简称县风景旅游局），实现搬迁挂牌，撤销原平阳县旅游局，在“三定”方案基础上，撤销原园林建设科、旅游接待科、综合管理科，新设规划建设科、园林管理科、市场开发科、行业管理科四个职能科室。1999年，南雁镇和顺溪景区知音涧、百僧堂景点范围内的规划管理职权划归县风景旅游局，成立南雁规划所。经县编委同意成立东西洞、顺溪、南麂、西湾、南雁门、赤岩山、水亭等7个景区管理处，安排28名事业编制人员，基本解决县旅游局主管全县风景旅游事业的管理体制；增设平阳导游服务管理站（事业单位）。

2000年，南雁荡山水上漂流有限公司成立，矾岩至东西洞景区碧溪渡的竹筏漂流项目得到开发。

2005年，平阳县红色旅游工作领导小组成立，加强红色旅游经典景区的开发建设工作；成立红色旅游经典景区管理处并设了门票站，专门负责该景区的日常管理和门票的收取工作；成立平阳县风景旅游监察大队，对全县的风景旅游资源加强保护和管理，及时处理旅游服务中发生的违法案件。

为加强北港地区6个乡镇的旅游建设与管理，2011年11月设置县北港生态休闲旅游区管委会，为县政府派出机构，实行“区镇统分”的管理体制。县风景旅游局与县北港生态休闲旅游区管委会合署办公。

2012年，县北港生态休闲旅游区管委会（县风景旅游局）内设5个职能科室：办公室、风景管理科、市场开发科、行业管理科、旅游监察大队，编制13人。下属景区管理处7个：南雁东西洞景区管理处、顺溪景区管理处、腾蛟赤岩山景区管理处、南麂列岛景区管理处、西湾景区管理处、钱仓南雁门景区管理处、县红色旅游经典景区管理处，编制24人。

第二节　行业管理

县风景旅游局以“安全、质量、诚信、秩序”为主要内容，开展旅游安全管理和市场整顿工作，加大检查力度。加强行业监管，规范市场秩序。

创星评级

开展旅游标准化试点工作，加大旅游标准化宣传力度，引导旅行社分等定级，宾馆饭店、景区和农家乐等涉旅企业创星工作。2001年，水头虎豪大酒店被评为三星级旅游饭店。2006年，平阳国际大酒店、平阳世茂富豪大酒店通过三星评定。2008年12月，平阳国际大酒店升为四星级旅游饭店。平阳县南麂风光旅行社有限公司于2011年12月被省旅游局评为浙江省四星级品质旅行社，后于2012年12月改名为温州指南针国际旅游有限公司。

导游管理

1999年，增设平阳导游服务管理站(事业单位)，从全县18—23周岁的非农业户口、高中以上文化程度的青年中招考5名正式编制的工作人员，每年对全县导游进行年审，举办导游知识更新培训班。2000年，组织50人分两次参加地方景点导游员资格培训。2001年，加强对导游人员的管理和专门培训，按上级的要求对定点导游证进行审核、换证。2003年初，举行首届导游技能比赛，11月，举办温州市景点导游培训班。2005年，两次和市旅游培训中心联合在平阳举办省景点导游培训班。2010年，举行第三届导游技能比赛活动。2012年，平阳县有导游员183人，其中，中级导游4名，高级导游3名。

业务培训

县风景旅游局每年均组织部分旅游从业人员参加各类培训班，提高旅游从业人员素质。2000年，组织饭店工作人员参加市级以上培训50余人，同时组织50余人分2次参加地方景点导游员资格培训。2005年，3次组织县内各旅行社优秀导游、山门镇当地优秀教师、文化员、乡镇干部等开展红色旅游景点解说培训；联合市旅游培训中心举办3期的省景点导游培训班，以及多次安全生产知识培训班、农家乐从业人员培训班；开展南雁荡山ISO 9001质量管理和ISO 14001环境管理两个认证体系工作。2012年，1位导游在市金牌导游大赛中获得“温州市金牌导游”称号。

安全监督

2000年，对风景区内的旅游服务单位和个人统一发放景区经营许可证，实现挂牌服务、定点经营；10月，会同县工商、物价等部门，开展明码标价示范景区活动，打击假冒伪劣产品。2001年按照文明、卫生、安全的要求，在主要旅游景区完善各种管理规章制度，制定管理保护措施，整顿门票站管理。2002年7月，按照有关部门的部署，对全县的旅游市场进行整顿，开展旅游市场“打假打非”专项治理和争创文明单位、文明窗口优质活动。2003年，景区内加强风景旅游资源的保护，严格规划管理，对违规现象加以制止、打击；是年，共拆除违章建筑27处，面积500余平方米。2004年，开展景区环境卫生综合整治工作，增加卫生清洁人员，签订安全生产责任书。2012年，出动检查人员157人次，发现违规行为6例，发放2份责令停止营业通知书和4份责令(限期)改正通知书。

创建活动

2005年，平阳县被列入全国30条“红色旅游精品线路”，温州浙南(平阳)抗日根据地旧址被列入全国100个“红色旅游经典景区”。2006年，西湾乡跳头村被评为省级农家乐休闲旅游特色村。2007年，南雁荡山景区成功创建为国家AAAA级旅游景区。2008年，西湾乡跳头村、南雁镇堂基村被命名为浙江省特色旅游村。

2009年，南雁荡山景区获第二批省级生态旅游示范区称号。南雁镇被命名为浙江省旅游强镇。2010年，南麂镇被评为浙江省旅游强镇；怀溪乡金溪村被评为浙江省特色旅游村。2011年，青街乡东坑村成功创建浙江省特色旅游村。2012年，腾蛟镇成功创建浙江省旅游强镇；腾蛟镇腾带村成功创建浙江省特色旅游村。

第三节　旅游规划

为科学、合理地保护和利用旅游资源，1988—2011年，编制完成各种总体规划和详细规划10个，提出“一心两线三区”(“一心”指旅游集散中心，“两线”指西线山岳线和东线滨海线，“三区”指南雁荡山、南麂列岛和城镇综合旅游区)的平阳旅游发展空间布局的总体构想。

在1988年编制的《南雁荡山风景名胜区总体规划》的指导下，县风景旅游管理局先后委托上海同济大学、浙江工业大学单位编制《顺溪景区知音洞景点详细规划》《顺溪镇控制性详细规划》《青街保护与开发规划》《银坑景区详细规划》和《卧牛山景区详细规划》。2003年，委托中国城市规划设计研究院完成《南雁荡山风景名胜区总体规划》修编工作，并于是年按程序上报国家建设部审批；2006年9月，通过部际联席会议审查，并根据《关于富春江—新安江、普陀山、浣江—五泄、双龙、雁荡山、百丈漈—飞云湖、江郎山、鼓山风景名胜区总体规划部际联席会议纪要》的修改意见进行完善。此次规划的年限为2002—2020年，确定南雁荡山风景名胜区的范围包括一个主体区域和一个飞地景区；共计169.27平方千米，其中主体区域155.90平方千米，飞地景区13.37平方千米，其中核心景区面积为22.47平方千米。在《南雁荡山风景名胜区总体规划》的指导下，2004年，委托浙江工业大学建筑系、建筑设计研究院编制完成《东西洞核心景区详细规划》《笠湖尾片区详细规划》。2006年，委托宁波市规划设计研究院编制完成《明王峰景区分区规划及部分景点详细规划》。2010年，委托杭州山川旅游发展研究院编制《南雁荡山东西洞核心景区提升改造规划》《环东西洞景区旅游发展规划》，编制完成《顺溪景区提升改造综合规划》《赤岩山详细规划及名人诗画谷方案》《南雁满田森林公园游览设施专项规划及方案设计》《南雁东西洞索道迁址论证报告》，并都于是年通过专家的评审。

1989—2012年平阳县风景旅游区规划编制情况一览表

表16-4-1　　单位：平方千米

名称	（编制/修编）时间及年限	范围	面积	简介
温州市平阳县旅游发展总体规划	2002年（2002—2020）	平阳县域（包括陆域和海域）	1051	规划确定经过近二十年的努力，将平阳县建设成为温州南部的旅游中心，并把平阳县旅游业发展成全县的支柱产业之一。内容包括旅游发展现状分析、资源评价、规划依据和总体目标、分期发展及效益分析等
南雁荡山风景名胜区总体规划	1988年编制2003年修编，2013再修编（2013—2030）	主体东起蒲潭垟，西至白云山，南始白岩山，北到双尖山，分为东西洞、顺溪、明王峰、碧海天城、赤岩山五大景区	169.27	主要内容包括结构、功能布局，土地利用与分区控制，风景保护与培育，风景游赏，典型景观，旅游服务设施，居民社会调整，道路交通，综合管线工程，防灾工程，分期规划与近期建设，管理与实施建议等
南麂列岛风景名胜区总体规划	2003年1月完成编制（2002—2020）	南麂岛和附近岛屿及其海域所组成的缓冲区域	66.98	有海滨沙滩、岛屿岩礁、石洞、天然壁面等自然景观和贝藻类资源、大擂、竹屿野生水仙花、三盘尾草坪等生物景观，尤以金沙碧海、奇峰异石、天然壁画，三盘尾草坪和野生水仙花等名胜而著称
西湾风景区总体规划	2006年10月完成编制（2004—2025）	北起跳头村北山道，东以海岸线为界向外海延伸300米，南到烽火营寨南公路，包括小洋山、杨屿山全部；西沿乡界。	16.94	包括景点集中的金海岸、锦绣湾、龙溪等三个核心景区和烽火营寨、杨屿山、头屿四屿礁等独立景点
南雁门风景区总体规格	2009年3月完成编制（2009—2030）	西南以岩斗山、钱仓山山麓线为界，西面以平瑞分界线为界，东北以荆溪山麓线为界，东南以温福铁路线为界	17.50	有龙山头石棚墓、栖真寺五佛塔、宝胜寺双塔、金钱会起义遗址、青山寺、碧泉寺、龙虎岩、凤山、三折瀑棋盘宝台、摇动岩、碧泉湖、荆溪山、凤凰岩、横虹石、仙湖、东篁居士林等景观
白云瀑·知音涧详细规划	1999年9月编制	小白云山下整个风景环境下的山谷地	14.98	包括现状与环境分析、开发缘由与存在问题、规划结构、游览道路规划、建筑布局规划等
顺溪镇控制性详细规划	2002年2月完成编制	顺溪镇行政区范围		包括顺溪镇现状特点和存在问题、城镇形态和结构分析、区块划分、建筑控制规划、景点保护规划等

续表 16-4-1

名称	（编制/修编）时间及年限	范围	面积	简介
东西洞核心景区详细规划	2004年12月完成编制2010年重编（2010—2020）	南起碧湖篁岛，北至雁溪北山脚，东接57省道，连接104国道和同三高速公路	7.03	全面保护风景资源和自然生态系统，迁移景区内村民，拆除农居点，整理恢复风景环境，建设高质量的景观小品，完善建设旅游项目和配套服务设施，完整地体现东西洞景区的风景审美价值和历史文化价值，将该景区建成具有生态调节、景观游览和休闲度假的著名景区
明王峰景区详细规划	2006年11月完成编制（2006—2016）	西起晓坑乡境内，东至冠尖，南起山门镇，北至明王峰极顶，扩展线以冠尖山凹为界	52.62	充分保护明王峰的自然资源、文化资源和生态系统，有步骤地恢复各溪谷及山地的风景环境，完整体现明王峰景区的风景审美价值和历史文化
腾蛟赤岩山详细规划	2011年完成编制（2010—2020）	东起林氏源东带溪，北起与瑞安交界处沿腾蛟、龙尾边界至大垟南折向西北西起青岙溪村道经横障村东沿腾蛟、龙尾交界线至大门山折向东	13.37	以腾蛟古镇、名人文化、青山飞瀑、赤岩巨壑、民俗风情为特色，以观光游览、访古寻幽、休闲度假为主要功能。突出特色，将人文和自然资源相互交融，功能与景观巧妙地结合，最大限度地展现出自然景观元素的无穷魅力、人文景观的深刻内涵

说明：资料由县风景旅游局提供

第四节　旅游设施建设①

腾蛟—赤岩山景区　1990年，腾蛟—赤岩山南宋爱国诗人林景熙“霁山碑林”竣工。1994年，腾蛟—赤岩山景区被县十一届人大二次会议列为十大议案之一，确定并命名该景区十个景点。1995年，完成景区腾银机耕路改建拓宽工程；银坑桥至银坑瀑布的游步道及危险地带的安保措施进入施工建设阶段。2001年，景区修建游步道400余米。2008年，腾蛟—赤岩山景区人文景点苏步青故居主入口工程建设完成土地征用、门前道路改造、内部的池塘整修和公厕、排污排水设施建设；名人苑竣工；初步修缮亭子路民俗文化街。2009年，景区苏步青故居主入口通道、排污排水等设施建设完成；是年，苏步青故居申报国家级文物保护单位通过浙江省预审。2012年，完成景区名人诗画谷游人中心40亩用地的征用。

东西洞景区　1996—1999年，县风景旅游局重点建设东西洞景区。2000—2007年，县风景旅游局着重完善、修复东西洞景区的基础设施。2008年，开始景区提升工程建设。

1994年，南雁镇共投入100万元，完成从南雁桥头到三角埕长1200米、宽10米的水泥路面、公共厕所2座、排污管道2000米等配套设施，22米宽的大街建设也初具规模；投资350万元，完成水头至南雁三角埕公路全长9.3千米的水泥路面改造。1996年，修整东西洞景区会文书院、棣萼世辉楼，桂花林景点增植桂花树及开展青山白化的治理；建成缆车索道、南雁山庄、南雁饭店二期工程、碧湖饭店。1997年，入口索道站边建成花坛一座；完成碧湖篁岛拦水坝的修建；拓宽改建南雁宾馆至碧湖篁岛、梅雨瀑的游步道；仙姑洞藏经楼结顶。1998年，入口建成生态厕所一所、花坛一座、停车场一个，基本改变入口形象；完成南雁宾馆至碧湖篁岛长300米石板路续建工程。1999年，会文书院旁新建敬益楼；完成龙门桥建设及道路接通工程、一线天景点危险地段安全护栏、东西洞景区所在南雁、雁荡、吴

① 红色景区建设归入专记：全国红色旅游经典景区——温州浙南（平阳）抗日根据地旧址创建纪实中。

山三村路灯。

2000年，渡口增建花坛一座；修整景区内有碍景观的树木，并在一线天景点安装安全扶手；是年，南雁荡山水上漂流有限公司成立；矾岩至东西洞景区碧溪渡的竹筏漂流项目得到开发。2001年，铺设索道终点站至会文书院的游步道；清理停车场和两处观景平台；修整仙姑洞入口处、会文书院、青蛙观花瓶等处的护栏；增建生态厕所；基本完成雁荡村党员活动中心主体工程和东西洞管理处办公室等项目的前期工作。2003年，在景区内设置标志碑；建造牌楼；划定核心景区并立界桩；游人中心和游步道等基础设施建设完成。2004年，投入资金55万元对景区入口门面进行改造；建设仙姑洞至梅雨瀑、观音洞至一线天等1.1千米的游步道。2005年，景区内修建完成碧溪码头及仙姑洞至梅雨瀑、碧溪渡至东南屏障、南雁宾馆至会文书院等2千米的游步道；整治停车场入口；104国道、57省道等主要交通干道沿线和景区内设置交通指示牌。

2008年，吴山旅游休闲综合开发前期准备工作完成；启动景区碧湖篁岛提升工程建设；堂基村道路、景点等旅游服务设施进一步完善。2009年，碧湖篁岛改造提升工程两个景观坝施工完成，初步形成湖面景观；碧湖篁岛至碧溪渡总长1.5千米的游步道改造完成和入口停车场工程启动。2010年，南雁村整体搬迁工作启动。至12月份，搬迁协议签订70%，并已开始进行房屋腾空。入口停车场平整绿化。

2011年，启动东西洞景区改造提升项目(包括南雁村整体搬迁、东西洞景区综合整治利用、环东西洞区块旅游配套设施建设、景区入口形象改造之南入口区块建设等）；是年，全面启动南雁荡山绿道网建设。完成总长177千米南雁荡山绿道网方案设计和施工设计等前期工作，启动一期42.5千米闹村—青街—顺溪—南雁山地探秘环线建设。2012年，景区观音洞改造提升工程以及晴虹涧游步道、望湖轩、梅雨瀑等节点建设完成；东入口方案选址论证专题报告成果编制完成；吴山风情小镇综合开发工程启动。

顺溪景区　2000年，县风景旅游局开始重点建设顺溪景区；2003年，景区基本建设完成；2004—2012年，着重修复景区内设施。

2000年，顺溪景区被省建设厅列为精品景点，初步改造顺溪镇至南漈水电站路面，修筑完成800余米游步道及观瀑亭；6月，景区正式对外开放。2001年，顺溪景区以省级精品景点知音涧为核心的景区建设工程全面展开；知音涧旅游专用公路建设完成前期工作；完成三级瀑潭的游步道270米。2002年，投资210万元新建知音涧旅游专用道路3.14千米水泥路面。筹资修复陈氏第四份古屋，在此基础上成立陈少文故居陈列馆。2003年，对顺溪景区内顺溪古屋进行全面整修。2008年，实施景区知音涧景点延伸建设的前期工作；建成景区停车场。2010年，知音涧通三折瀑游步道、嬉水坝建设及原道路拆除清理等；同时启动顺溪知音涧恢复性延伸部分项目。2012年，完成知音涧延伸改造方案编制评审；启动旅游环线游步道、停骖谷栈道等建设。

专记：

全国红色旅游经典景区——温州浙南(平阳)抗日根据地旧址创建纪实

平阳素有“浙江延安”“浙南红都”之称，红色革命遗迹众多，红色旅游资源十分丰富；各级政府历来重视红色革命遗迹的保护和建设。

一

1989年，山门闽浙边抗日救亡干部学校旧址被列为省级重点文物保护单位。1991年，“中共浙南委员会成立旧址鳌峰小学革命纪念室”落成揭碑。1993年，浙南革命烈士纪念碑落成揭碑。1994年，浙江省委书记李泽民为革命老区山门大屯村题写“中共闽浙边临时省委驻地——大屯村”村名；是年，省政府援建的梅源—马头岗公路全线建成通车；建成凤林村至冠尖省一大会址公路；建成玉青岩村的临时省委纪念亭。1995年，中共浙江省一大纪念碑在马头岗落成；是年，在凤卧重建的“红军桥”竣工，副省长刘锡荣为“红军桥”题字。1998年，山门“中国工农红军挺进师纪念碑”竣工。

二

2004年12月，中共中央办公厅、国务院办公厅印发《2004—2010年全国红色旅游发展规划纲要》。为落实中央、省、市文件精神，平阳县做了四项工作：一是成立“平阳县红色旅游经典景区建设领导小组”，启动材料搜集、编制申报文本，整合相关资源工作，对现有的红色旅游文物资料进行一次全面梳理，重点是搜集、整理与陈设纪念馆、旧址、故居有关图片、遗物、遗迹、手迹。落实责任单位确定具体搜集内容，对史书或有关资料中涉及平阳县红色旅游文物资料的，均积极搜集，予以丰富；对省一大会址、闽浙边国共合作和平谈判旧址以及曾山、刘英、粟裕的办公室、住所等按当时的情况予以陈设布置，有关遗迹、遗物继续搜集，保存完整；在有关乡镇、村设立县红色旅游文物资料征集处。二是组织人员赴红色旅游已经取得成功的四川广安、广西百色地区考察。三是以乡镇为单位，分地段落实责任单位和责任人，开展沿线公路、街道及周边环境的治理，重点是违章建筑、乱堆滥放什物的清理、环境绿化以及景区通道、景点环境卫生综合治理等工作，整治生皮市场及溪流污染，并制定平阳县红色旅游环境综合治理责任落实一览表。四是三次组织全县各旅行社的优秀导游到红色旅游经典景区现场踩线，熟悉景点，进行导游词现场指导等，并统一发放红色旅游景点解说资料。文化部门、当地乡镇组织当地优秀教师、文化员、干部参加红色旅游景点解说培训，充当兼职导游，以满足旅游黄金周对导游的需求。

是年，推出红色旅游线路3条：上海—嘉兴—平阳线；温州浙南(平阳)抗日根据地旧址—南雁荡山(北雁荡山、楠溪江、飞云湖—百丈漈备选)；温州浙南(平阳)抗日根据地旧址—南麂列岛—太姥山。

2005年2月，温州浙南(平阳)抗日根据地旧址被列入国家100个“红色旅游经典景区”名录，并且与上海、嘉兴南湖一同被列入30条全国红色旅游精品线。4月，省“红色之旅”分会场暨温州市“红色之旅”首游式活动在山门举行。是年，举行“举红色旗帜，购商务礼品”活动，促进了商务礼品同旅游购物的结合。7月6日，县政府委托北京大学、北京城市景观研究所编制的《平阳红色旅游发展规划纲要》和《温州浙南(平阳)抗日根据地旧址红色旅游经典景区详细规划》通过了国家、省、市专家评审。根据规划，确定了全县红色旅游工程建设重点是抓好中国工农红军挺进师纪念园、凤卧中共浙江省一大纪念园、大屯红军村3个核心区域。

是年，为建设全国红色经典旅游景区——温州浙南(平阳)抗日根据地旧址，平阳在管理上：成立红色旅游工作领导小组，加强红色旅游经典景区的开发建设工作；成立红色旅游经典景区管理处并设了门票站，专门负责该景区的日常管理和门票的收取工作；成立平阳县风景旅游监察大队，对全县的风景旅游资源加强保护和管理，及时处理旅游服务中发生的违法案件。

在基础建设上：开始重点建设红色景区，是年，建成通车梅岭——大屯、满田森林公园、马头岗等旅游道路；投资200万元启动中国工农红军挺进师纪念园主入口及通道工程建设一期工程。

在宣传上：通过中央电视台、《人民日报》、《浙江日报》、东南风光网站等媒体，多种渠道、多形式的宣传平阳旅游，编印《红色旅游景点概览》《红色风景珍撷》《浙南红都》《平阳风光》《红色旅游宣传画册》等一系列红色旅游宣传资料。同时，在国道、高速公路等沿线制作各种宣传广告牌；组织参加福建、成都旅游促销，参加桂林国内旅交会、昆明国际旅交会、上海国际旅游资源博览会、浙江山水旅游节暨温州旅游节、宁波中国旅游投资洽谈会等省、市的多种旅游促销活动。

在服务上：3次组织各旅行社优秀导游、山门镇当地优秀教师、文化员、乡镇干部等开展红色旅游导游人员的培训。

2006年，中国工农红军挺进师纪念园的一期工程即纪念园主入口及通道工程建设，完成工程挖方、游步道路基和红旗挡土墙工程，二期工程中国工农红军挺进师北上抗日革命历史博物馆建设的前期基础性工程启动。3月17日，中共浙江省一大纪念园工程开工，陈列馆主体工程完工。景区基础设施项目已完成山门凤岭山至大屯红军村、凤卧凤林至玉青岩两条主要旅游公路主体工程。

是年，平阳推出“山门—凤卧革命纪念地爱国主义教育游”项目，和红色旅游线路：县城—水头—红军挺进师北上抗日纪念园—山门老街（午餐）—冠尖省一大旧址—大屯闽浙边临时省委机关驻地—凤林村老海园、明德园（四份内接待服务区晚餐）—回返县城—夜间购物。

三

2007年，山门挺进师纪念园主入口及道路工程（步行道工程）一段挡土墙、台阶工程完成，红旗钢板工程完成90%工程量；二段工程完成90%工程量。凤卧省一大纪念园一期工程，其中陈列馆主体工程完成，入口及广场工程已完成95%工程量。

2008年，挺进师纪念园主入口及道路工程和省一大纪念园一期工程建设完成，并通过验收。浙南红村——大屯纪念工程进场施工。修改挺进师历史博物馆设计方案和设计陈列馆第二展厅布展方案。

2009年，省“一大”纪念园陈列馆建设和东山坡绿化及第二展厅布展工作完成；红色旅游教育基地主体工程（挺进师陈列馆）施工图设计完成，进入招投标阶段工作。

2010年，山门挺进师陈列馆主体工程、凤卧马头岗省一大陈列室、省一大纪念园管理房和蓄水池扩容建设完工。凤卧军事拓展训练营接待中心用地完成招拍挂。

2011年，中国工农红军挺进师陈列馆暨廉政文化教育基地和平阳干部学校综合楼竣工。陈列馆投资1500万元，占地面积6881平方米，以挺进师溯源，挺进浙西南、开辟浙南、北上抗日和薪火相传五大主题为板块，陈列400余幅历史照片和45件历史文物。是年，结合建党90周年，开展省旅游系统“重走红军路，山水浙江行”大型主题活动。活动线路以山门镇中国工农红军挺进师纪念碑为起点，途经大屯、马头岗、水尾宫、冠尖等点，然后进入泰顺县。在有关杂志、电视台等做了大篇幅的红色旅游专题宣传，推广平阳县红色旅游和乡村旅游。

2012年，山门中国工农红军挺进师纪念园和凤卧中共浙江省一大纪念园完成一期工程建设；凤卧凤林至冠尖、冠尖至玉青岩、山门挺进师纪念园至大屯村、凤卧马头岗至凤林红色旅游相继通车。4月，山门中国工农红军挺进师纪念园绿化改造提升工程动工，该项目主要分为山门镇梅岭西出口、分岔路口、西山入口、挺进师纪念园入口步道两侧等四大区块绿化工程建设；12月，举办山门红军挺进师纪念园绿化改造提升工程竣工暨红军公园开园仪式。是年，组织台州千人团游温州浙南（平阳）抗日根据地旧址活动。

2011年至2013年4月，红色旅游经典景区共接待游客50余万人，累计实现旅游总收入3亿余元。

第十七卷

DI SHI QI JUAN

《平阳县志（1989—2012）》

PINGYANG XIAN ZHI

金融业

金融是现代经济的核心和血液。1989年后，随着体制改革的深入，金融体制逐渐由计划经济向市场经济过渡。20世纪90年代中期，县内国有专业银行逐步向商业银行转轨，引入竞争机制，实行独立核算，拓展业务空间。中国人民银行平阳县支行履行中央银行职能。中国工商银行、中国农业银行、中国银行、中国建设银行等4家专业银行在平阳的分支机构，分别随总行完成股份制改造。各类商业银行、政策性银行和外汇管理机构相继成立。农村信用社建立统一法人经营管理体制。保险机构按业务分设，保险市场向全方位业务拓展。总体上形成以人民银行为领导，国有商业银行为主体，多种金融机构并存、分工协作、功能互补、共同发展的多元化金融体系。2004年，中国银行业监督管理委员会温州监管分局平阳办事处成立，承担平阳县银行业监督职能。

2012年年底，全县金融机构各项存款余额313.9亿元，是1988年1.34亿元的234.25倍，年均增长25.53%。其中储蓄存款197.55亿元，是1988年0.33亿元的598.64倍，年均增长30.53%。是年年底，全县金融机构各项贷款余额265.62亿元，是1988年1.51亿元的175.91倍，年均增长24.04%。保险费金额6.96亿元，是1988年232万元的300倍。

第一章　金融机构

1988年，域内有中国人民银行(简称人行)县支行1家，国有商业银行县支行3家(中国工商银行、中国农业银行、中国建设银行)，下属办事处4个、营业所9个、储蓄所15个；农村信用联社1家、信用社67个、储蓄所7个、信用站149个；保险公司1家。至2012年底，域内银行监管机构2家，政策性银行1家，商业银行机构9家，农村信用联社1家，保险公司18家，证券营业机构2个。

第一节　人民银行及银监会

中国人民银行平阳县支行　成立于民国38年(1949)6月。1986年7月，与中国工商银行平阳县支行分设后，专职履行央行职能。2003年年底，分设中国银行业监督管理委员会温州监管分局平阳办事处。2012年年底，内设办公室、信统股、营业室、外管股，干部职工19人。

中国人民银行平阳县支行（2012年）

国家外汇管理局平阳县支局　2004年10月成立，与中国人民银行平阳县支行合署办公，局长由人民银行平阳县支行行长兼任。承担县辖内外汇管理职能，监管银行、证券、保险等金融机构以及企业、居民、非居民外汇收支行为和服务工作。

中国银行业监督管理委员会温州监管分局平阳办事处　前身为中国银行业监督管理委员会温州监管分局平阳监管组，2003年12月从人行平阳县支行析出，2004年4月28日改为现名。2012年末，员工4人。

第二节　商业银行与政策性银行

商业银行

中国工商银行股份有限公司平阳县支行(简称工行支行)　前身为中国工商银行平阳县支行，1984年12月始建，与县人民银行支行合署办公，1986年7月分设办公，承担原由县人民银行办理的存款和城市工商信贷业务。2006年10月，中国工商银行完成改制，工商银行平阳县支行更名为中国工商银行股份有限公司平阳县支行。2012年年末，内设综合部(保卫科)、公司业务部、个人金融业务部、业务管理部、营业部，下设昆阳等6个二级支行和2个分理处，正式员工152人。

中国工商银行平阳县支行（2012 年）

中国农业银行平阳县支行（2012 年）

2012 年平阳县工行支行分支机构一览表

表 17-1-1

机构名称	始建日期
支行营业部	1984.12
水头支行	1986.07
凤林支行	1994.02
横阳支行	1996.06
昆阳支行	1997.04
萧江支行	2009.01
万全支行	2011.02
鳌江分理处	1986.07
腾蛟分理处	1994.10

说明:资料由人行县支行提供

中国农业银行股份有限公司平阳县支行(简称农行支行)　前身为中国农业银行平阳县支行，1956年4月建立，后并入县人民银行，1980年恢复。2009年1月16日完成股份改制，改为现名。1996年9月、12月，平阳县农村信用社、农业发展银行平阳县办事处相继与农业银行平阳县支行脱钩、分离。2012年年末，内设综合管理部、公司业务部、财务运营部、个人金融部、风险管理部、国际业务部、营业中心等六部一中心，下设昆阳等11个二级支行；员工247人。

2012 年平阳县农行支行分支机构一览表

表 17-1-2

机构名称	始建日期
支行营业中心	1980.01
昆阳支行	1980.01
万全支行	1980.04
萧江支行	1986.07
麻步支行	1980.01
水头支行	1980.04
城中支行	1986.09
鳌江支行	1980.01
郑楼支行	2012.09
腾蛟支行	1980.04
山门支行	1986.04
天成支行	1988.07

说明:资料由人行县支行提供

中国银行股份有限公司平阳县支行(简称中银支行)　前身为中国银行平阳县支行，成立于1992年12月。2005年8月，更名为中国银行股份有限公司平阳县支行。2012年年底，内设综合管理部、业务发展部、营业部，下设昆阳等3个支行，员工80人。

中国银行平阳县支行（2012年）

2012年平阳县中银支行分支机构一览表

表17-1-3

机构名称	始建日期
支行营业部	1992.12
昆阳支行	1993.06
水头支行	1993.05
敖江支行	1994.08

说明：资料由人行县支行提供

中国建设银行股份有限公司平阳县支行（简称建行支行） 前身为中国人民建设银行平阳县支行，成立于1978年12月。1996年2月，更名为中国建设银行平阳县支行。2005年4月，更名为中国建设银行股份有限公司平阳县支行。2012年年底，内设综合管理部、会计结算部、公司客户部、个人客户部、风险管理部，下设营业部及昆阳等6个支行和1个分理处，员工160人。

中国建设银行平阳县支行（2012年）

2012年平阳县建行支行分支机构一览表

表17-1-4

机构名称	始建日期
支行营业部	1995.06
鳌江支行	1986.11
北港支行	1993.12
萧江支行	1993.06
昆阳支行	1994.07
兴鳌支行	1994.01
万全支行	2010.10
水头分理处	1987.11

说明：资料由人行县支行提供

中国邮政储蓄银行股份有限公司平阳县支行（简称邮政储蓄支行） 1986年12月，平阳县邮电局开办邮政储蓄业务。2000年1月，成立县邮政局储汇中心。2008年5月，成立中国邮政储蓄银行有限责任公司平阳县支行。2012年年末，内设综合管理部、会计核算部、信贷业务部、综合业务部、营业部，下设鳌江等6个支行、7个营业所和5个金融服务点，员工147人（含邮政编制72人）。

中国邮政储蓄银行平阳县支行（2012年）

2012 年平阳县邮政储蓄支行分支机构一览表

表 17-1-5

机构名称	始建日期	机构名称	始建日期
支行营业部	1997.11	昆阳汇水河营业所	2010.03
万全镇支行	1991.01	麻步镇营业所	2010.03
鳌江镇支行	1997.11	鳌江江滨营业所	2010.03
兴鳌支行	1997.11	水头镇营业所	2011.12
萧江镇支行	1997.11	梅源乡金融服务点	2010.06
昆阳支行	2008.05	龙尾乡金融服务点	2010.06
北港支行	2011.06	朝阳乡金融服务点	2010.06
山门镇营业所	1997.11	怀溪乡金融服务点	2010.06
鳌江镇新区营业所	2010.03	维新乡金融服务点	2010.06
腾蛟镇营业所	2010.03		

说明：资料由人行县支行提供

温州银行股份有限公司平阳县支行（简称温州银行平阳支行）　前身为温州市商业银行平阳支行，2004年2月挂牌对外营业，县内首家地方性股份制商业银行分支机构。2007年12月更为现名。2012年年末，内设综合部、业务部、营业部，下设平阳水头小微企业专营支行（温州辖内首家温州银行小微企业专营支行），员工35人。

温州银行股份有限公司昆阳支行（简称温州银行昆阳支行）　成立于2007年12月25日。2012年年末，内设公司业务部、小微企业业务部及营业部，员工21人。

温州银行昆阳支行（2012 年）

浙江平阳浦发村镇银行股份有限公司　2011年6月挂牌营业。由上海浦东发展银行牵头，13家民营企业参股共同发起设立，为上海浦东发展银行设立的第13家村镇银行，注册资本1亿元。2012年年末，内设机构有综合管理部、风险合规部、业务拓展部和营业部，正式员工26人。

平阳浦发村镇银行（2012 年）

中国民生银行股份有限公司温州平阳支行　成立于2012年8月17日。2012年年末，内设综合部、业务部、营业部，员工31人。

政策性银行

中国农业发展银行温州分行平阳县信贷组（简称发展银行信贷组）　前身为中国农业发展银行温州市分行派驻平阳县办事组，成立于1997年1月。

2001年5月改为现名，2005年归并农发行温州分行。2012年年末，员工5人。

第三节 非银行金融机构

平阳县农村信用合作联社(简称农村信用联社) 成立于2005年7月，前身是1954年成立于境内的各信用社。1987年成立平阳县农村信用合作联社，归属农行平阳县支行农村金融管理科，设万全、鳌江、水头、麻步、腾蛟、山门、顺溪等7个中心管理组。1996年，与县农业银行脱离行政隶属关系，实行基层信用社和县联社两级法人管理。1999—2001年，分别接收25家农村合作基金会、4家农村金融服务社、3家城市信用社改组为农村信用社。2005年7月完成一级法人改制工作，实施“三会一层”(股东大会、董事会、监管会、高级管理层)法人治理结构和“一级法人、统一核算、分级管理、授权经营”的管理体制。截至2012年年底，县农村信用合作联社设有1个营业部、13个信用社、32个信用分社、2个金融服务点等48个营业网点。年末正式员工546人。

平阳县农村信用合作联社（2012年）

2012年平阳县农村信用联社及分支机构一览表

表17-1-6

一级机构	始建日期	分支机构	始建日期
联社营业部	1993.11		
瓯南信用社	1993.05	瓯南信用社河口分社	1954.01
		瓯南信用社种玉分社	1954.01
		瓯南信用社下厂分社	1966.05
		瓯南信用社西湾分社	2010.06
		南麂镇金融服务点	2010.06
鳌江信用社	1954.01	鳌江信用社商诚分社	1988.03
		鳌江信用社雁门分社	1954.01
		鳌江信用社柳下路分社	2002.03
钱仓信用社	1954.01	钱仓信用社梅溪分社	1954.01
昆阳信用社	1996.01	昆阳信用社汇水河分社	2000.03
		昆阳信用社联东分社	1999.02
		昆阳信用社审批中心分社	2006.03
城区信用社	1954.08	城区信用社城南分社	1954.01
		城区信用社城西分社	1954.08
横阳信用社	2009.03	横阳信用社临区分社	1954.01
		横阳信用社水亭分社	1954.01
万全信用社	1954.01	万全信用社宋桥分社	1954.01
榆垟信用社	1954.01	榆垟信用社宋埠分社	1954.01

续表 17-1-6

一级机构	始建日期	分支机构	始建日期
榆垟信用社	1954.01	榆垟信用社斗北分社	2009.07
肖江信用社	1954.01	肖江信用社双庆分社	2008.06
		肖江信用社桃源分社	1954.01
麻步信用社	1954.01	麻步信用社广源分社	1954.01
腾蛟信用社	1954.01	腾蛟信用社凤巢分社	1954.01
水头信用社	1954.01	水头信用社溪心分社	1954.01
		水头信用社凤卧分社	1954.01
		水头信用社闹村分社	1954.01
		水头信用社南湖分社	2010.06
		水头信用社平凤分社	2010.11
		水头信用社鹤溪分社	1954.01
山门信用社	1954.01	山门信用社南雁分社	1954.01
		山门信用社晓坑分社	1954.01
		山门信用社顺溪分社	1954.01
		山门信用社青睦分社	1954.01
		吴垟金融服务点	2010.06

说明:资料由县农村信用联社提供

城市信用社与农村金融服务社　1988年3月，平阳县首家民间股份制合作金融组织—鳌江城市信用社成立。1988年5月，成立平阳县第二家民间股份制合作金融组织——凤巢金融服务社。1992年5月，成立昆阳城市信用社。1993年后，相继设立宏源、汇丰、萧江、兴鳌、横阳、金惠等6家农村金融服务社，下辖6家储蓄所。2000年，进行清产核资，其中2家清理关闭，其余先后并入县农村信用合作联社。至2001年年底，原有境内的城市信用社和农村金融服务社机构全部撤销。

第四节　保险机构

1981年4月，人行平阳县支行内部增设保险机构(股级)，对外挂牌中国人民保险公司平阳县支公司。1984年升格为支行级独立机构。自1998年开始，各类保险机构的经营网点陆续进驻平阳县。截至2012年年末，全县设有保险支公司11个，其他保险公司在平阳营销服务部7个。

中国人民财产保险股份有限公司平阳县支公司(简称人保财险支公司)　前身为中国人民保险公司平阳县支公司，1984年5月从人民银行平阳县支行分设。1996年6月，分设中保财产保险有限公司平阳县支公司、中保人寿保险有限公司平阳县支公司，实行财产与人寿保险分业经营。1999年7月，中保财产保险有限公司平阳县支公司更名为中国人民保险公司平阳县支公司。2003年7月，中国人民保险公司重组改制，平阳县支公司正式变更为中国人民财产保险股份有限公司平阳支公司。主要经营的险种有：企事业单位财产保险、家庭财产保险、政策性农村住房保险、机动车辆保险、货物运输保险、财产保险、信用保险、意外保险和各种责任险等100余种。2012年年末，内设办公室/人力资源部、出单分中心、理赔分部3个管理部门；下设3个办事处、2个服务所、8个兼业保险代理网点，员工20人。

中国人寿保险股份有限公司平阳县支公司(简称人寿县支公司)　前身为中国人民保险公司平阳

县支公司。1996年4月，分设中保人寿保险有限公司平阳县支公司。1999年1月，更名为中国人寿保险公司平阳县支公司。2003年8月，实行股份改制后改为现名，下设有鳌江、水头两个办事处。2012年年末，内设综合部、个险销售部、团体业务部、银行保险部、客户服务中心，下设鳌江、水头2个营业部以及萧江、腾蛟、万全（原称郑楼）3个营销服务部（山门营销服务部于2012年年底撤销），员工44人，营销人员394人。

中国人寿保险股份有限公司平阳县支公司（2012年）

中国太平洋财产保险股份有限公司平阳县支公司（简称太保财产县支公司） 前身为温州太平洋保险公司驻平阳业务管理部，成立于1999年11月。2002年6月，设立太保财产平阳营销服务部。2003年5月升格为支公司。主要经营业务有财产险、责任险、信用保证险、人意险、短期健康险等以及再保险业务等。2012年年底，内设理赔部、业务部、综合管理部（办公室、财务部）、业务管理处和营销服务部，下设昆阳、水头2个营销服务部，员工30人。

中国太平洋人寿保险股份有限公司平阳支公司（简称太保人寿支公司） 前身为太保人寿平阳营销服务部，成立于2002年9月。2008年8月升格为支公司。开办险种共140余种，覆盖人寿保险、年金保险、健康保险、意外伤害保险等领域。2012年年末，内设综合理赔部、个险部、团险部、银保部和客户服务部，下设昆阳、水头2个营销网点，人员19人，营销人员135人。

中华联合财产保险股份有限公司平阳支公司（简称中华联合保险支公司） 前身为中华联合保险平阳营销服务部，设立于2003年6月。2005年8月升格为支公司。2006年10月，中华联合财产保险公司改制后更为现名。主要经营财产保险、货物运输保险、机动车辆保险、责任保险、信用保险、建筑安装工程保险、船舶保险等险种。2007年9月，增设昆阳营销服务部。2012年年末，员工16人。

泰康人寿保险股份有限公司平阳支公司（简称泰康人寿支公司） 前身为泰康人寿保险股份有限公司温州中心支公司平阳营销服务部，筹建于2002年12月，2009年升格为支公司。2012年年末，员工18人。

中国大地财产保险股份有限公司平阳支公司（简称大地财险支公司） 2005年9月挂牌成立。主要经营财产保险业务，包括财产险、责任险、信用保证险、短期健康险、人意险以及再保险业务等。2007年4月增设昆阳营销服务部。2012年年末，员工24人。

中国大地财险平阳支公司（2012年）

中国人寿财产保险股份有限公司平阳县支公司（简称国寿财险县支公司） 前身为中国人寿财产保险平阳营销服务部，设立于2008年1月。2009年12月升格为支公司。主要经营企事业、家庭财产保险、工程保险、机动车辆保险、货物运输保险、责任保险、信用保险和信用保证保险、短期健康保险和意外伤害保险等险种。2012年年末，内设综合部、业管客服部、销售管理部、互动业务部、营(电)销业务部、中介业务部、车商业务部，下设水头镇营销服务部，在昆阳、鳌江、水头、腾蛟、萧江营业网点设远程出单点，员工30人(包括派遣制)。

中国人民人寿保险股份有限公司平阳县支公司(简称人民人寿保险县支公司)　2009年10月12日挂牌成立。主要经营人寿保险、年金保险、健康保险、意外伤害保险、分红保险、万能险、补充医疗保险等100余个险种。2012年年末，员工19人，营销人员28人。

永安财产保险股份有限公司平阳支公司　前身为永安财产保险股份有限公司平阳县营销服务部，筹建于2006年12月，2010年7月升格为支公司。主要经营财产保险、机动车辆保险、货物运输保险、责任保险、信用保险、船舶保险等险种。2012年年末，员工16人。

永安财产保险股份有限公司(2012年)

国华人寿保险股份有限公司温州平阳支公司　2009年6月挂牌成立。主要经营人寿险、健康险、意外伤害保险等各类人身保险业务。2012年年末，员工2人。

截至2012年，平安财险、平安人寿保险、大众保险、天安保险、新华人寿保险、安邦财产保险、合众人寿保险7家保险公司在平阳县境内设有营销服务部，均于2002年后入驻平阳。

第五节　证券机构

中国银河证券股份有限公司平阳人民路证券营业部　前身是建设银行下属的温州信达有限公司平阳远程大户室，成立于1998年。2001年3月，信达有限公司从建设银行剥离后组建银河证券股份有限责任公司，该大户室改为中国银河证券股份有限责任公司温州营业部昆阳服务部。2009年8月升格为中国银河证券股份有限公司平阳汇水河路证券营业部，2011年8月搬迁更为现名。2012年年末，员工22人。

中国银河证券股份有限公司平阳人民路证券营业部(2012年)

上海证券有限责任公司鳌江兴鳌中路证券营业部　前身为上海证券有限责任公司瑞安罗阳大道证券营业部钱库证券服务部，成立于2001年。2009年6月迁址鳌江镇，升格更名为现名。2012年年末，员工7人。

第六节　信托机构

温州国际信托投资公司平阳县办事处　前身为平阳县融资信托公司，成立于1993年2月，注册资本为2000万元，县财政、县各金融机构及国际信托投资公司温州市分公司共同投资设立。后相继更名为平阳县国际信托投资公司、温州市国际信托投资公司第一综合业务部、温州国际信托投资公司平阳县办事处。经营业务范围主要限于信托、委托贷款、投资业务、金融租赁、房地产投资、有价证券业务、代理收付及代保管业务。1993年成立当年累计发放各项贷款9399万元。1997年，根据国务院关于进一步清理整顿金融性公司的要求予以撤销。

第二章 货 币

人行平阳县支行负责县内货币投放与回笼的管理协调工作。20世纪90年代加强对大额现金支付的审批。2000年后，全县各银行机构执行《人民银行结算账户管理办法》。

第一节 货币流通

1988年10月，国家出台“治理经济环境，整顿经济秩序，深化经济体制改革”政策，国务院下发《关于进一步控制货币稳定金融的决定》。1989年，全县各项现金收入、支出均比上年下降，收支相抵现金净投放量为26869万元，比上年下降43.69%。1993年，全县金融机构货币净投放11.93亿元，突破10亿元大关，是年，实行适度从紧的货币信贷政策。至1994年年末，全年货币净投放11.20亿元，比上年有所回落。1997年，全县货币投放107亿元，回笼89.5亿元，货币净投放攀升至17.44亿元。1999年，全县货币投放超200亿元，2000年超300亿元。

2001年，全县金融机构现金收入累计343.96亿元、支出355.09亿元，同比分别增长25.51%、25.87%，收支轧抵，累计现金净投放11.13亿元，同比增长37.82%。2007年，全县银行机构现金收入累计963.22亿元、支出982.72亿元，收支轧抵，累计现金净投放19.50亿元，比2005年增长114.83%。其中工资及对个人其他支出增长82%，工矿及其他产品采购支出和储蓄存款的现金支出分别增长47%和30.84%。2008年，国际金融危机对经济社会运行造成巨大冲击，全县金融机构现金收支萎缩，累计现金收入827.13亿元，现金支出839.83亿元，同比分别下降14%和15%，全年累计现金净投放12.7亿元，同比少投放6.8亿元，降幅达35%。2009年，全县现金收入849.14亿元，支出846.82亿元，货币从净投放转为净回笼，累计现金净回笼2.33亿元。2012年，全县现金收入904.23亿元，支出1060.47亿元，累计现金净回笼156.23亿元。

1989—2012年平阳县人民币回笼和投放情况统计表

表17-2-1　　单位：万元

年度（年）	回笼	投放	净投放(+) 净回笼(-)	年度（年）	回笼	投放	净投放(+) 净回笼(-)
1989	41408	68277	26869	2001	3439619	3550936	111317
1990	68708	105810	37102	2002	4842635	4956133	113498
1991	104744	163561	58817	2003	6036151	6144087	107936
1992	160572	257100	96528	2004	7272439	7338937	66498
1993	230170	349518	119348	2005	8299239	8390010	90771
1994	348781	460824	112043	2006	9397736	9513555	115819
1995	463601	585088	121487	2007	9632217	9827228	195011
1996	619876	751570	131694	2008	8271267	8398282	127015
1997	895400	1069753	174353	2009	8491417	8468157	-23260
1998	1502444	1646231	143787	2010	8816518	10243555	1427037
1999	1913318	2035639	122321	2011	8873076	10455072	1581995
2000	2927795	3016833	89038	2012	9042320	10604662	1562342

说明：资料由人行县支行提供

第二节　现金管理

1988年8月，国务院颁发《现金管理暂行条例》，各金融机构加强现金管理。全县各银行重新核定单位库存现金限额，发放现金管理卡。至1989年年末，全县发放现金管理卡2341个，现金收、支分别比上年下降31.7%和36.98%，净投放比上年减少43.69%。1990年，先后实行《工资基金管理手册》和《基本账户现金结算管理卡》制度。1991年，人民银行平阳县支行会同专业银行分别制定《关于建立大额现金支付登记制度的实施方案》和《储蓄存款监测月报实施方案》，以加强对现金支出的控制。1992年后，相应放宽使用现金和坐支现金范围，同时实行大额现金支付审批制度，严格工资付现，对机关企事业单位实行工资转存，并加大各类信用卡的推行。1995年，各金融机构在执行大额现金支付审批制度的同时，严格执行大额现金备案制度。1997年6月，人民银行省分行下发《关于大额现金支出审批报备办法》；9月，人民银行总行颁布《关于大额现金支付管理公告》，全县完善对大额现金支取的审批、登记、报备制度，规定各开户单位支取现金超过20万元以上的必须经人行县支行审批，1999年起放宽到50万元以上。2000年后，全县各银行机构执行《人民银行结算账户管理办法》，加强对大额现金用途的真实性和合规性审查，严格控制基本存款账

1989—2009年平阳县金融现金收入情况统计表

表17-2-2　　单位：万元

年份（年）	现金收入合计	其中（不限于以下几项）					
		商品销售收入	服务事业收入	税款收入	城乡个体经营	储蓄存款收入	汇兑收入
1989	41408	15624	2807	839	947	13984	504
1990	68708	19784	3935	1453	1779	24044	2821
1991	104744	25871	6085	1790	3022	37402	5156
1992	160572	35308	12099	2514	2557	57058	3741
1993	230170	46775	20093	3036	4246	82142	6768
1994	348781	64464	29150	4123	7142	105304	21279
1995	463601	71104	34730	5845	9791	171306	11108
1996	619876	90256	49233	5532	11510	246678	17553
1997	895400	122576	64674	8980	22734	401421	19553
1998	1502444	188618	92473	16294	70795	895054	29972
1999	1913318	238007	109914	19855	70074	1188843	51405
2000	2927795	348918	141516	8499	202535	1878291	76958
2001	3439619	358766	164804	9176	178105	2318273	90272
2002	4842635	278334	193724	11008	100735	3777487	100290
2003	6036151	338707	225979	11928	142727	4784363	67793
2004	7272439	449718	279483	37534	130123	5673314	55928
2005	8299239	895212	334507	57655	222728	6020014	64328
2006	9397736	1026883	409499	83526	321387	6585332	55423
2007	9632217	1103924	444513	91772	340295	6852127	61449
2008	8271267	1073812	217685	85094	299466	6140391	36561
2009	8491417	1182118	205574	103399	204659	6310203	25692

说明：资料由人行县支行提供

1989—2009年平阳县金融现金支出情况统计表

表17-2-3　　　　单位：万元

年度（年）	现金支出合计	其　中（不限于以下几项）					
		工资性支出	行政企事业	农副产品采购	城乡个体经营	储蓄存款支出	汇兑支出
1989	68277	17290	4597	3921	1199	13746	2840
1990	105810	20286	6304	7312	2174	22618	6233
1991	163561	28059	8425	11339	4113	36324	8708
1992	257100	43708	13211	16470	5416	58450	10504
1993	349518	57956	17815	26458	8262	89347	18396
1994	460824	66793	20833	58217	8338	114481	30931
1995	585088	85631	22867	46280	11501	174634	25850
1996	751570	83728	21801	49882	15459	240655	31715
1997	1069753	88140	23476	56826	31412	389664	40232
1998	1646231	87412	38528	42322	81024	911809	56528
1999	2035639	99866	46176	246939	98655	1244542	50833
2000	3016833	84943	86456	296353	197511	1911163	62158
2001	3550936	80676	73390	406251	184754	2308739	63983
2002	4956133	83935	69262	405251	155002	3684293	44962
2003	6144087	83343	50416	462618	239783	4626189	50191
2004	7272439	138450	84107	511264	312813	5382302	55516
2005	8299239	164281	92166	664450	324240	5918700	59591
2006	9513555	373176	129278	565417	393365	6596933	57731
2007	9827228	299189	126676	356679	440206	7042599	48320
2008	8398282	254144	124566	191401	213461	6496077	2428
2009	8468157	277406	122901	200334	185921	6805448	1214

说明：资料由人行县支行提供

户超范围超限额提现，个人大额现金支付执行预约制度。

1989年，全县各项现金收入4.14亿元，支出6.83亿元。2000年，全县各项现金收入292.78亿元，支出301.68亿元。2009年，全县各项现金收入849.14亿元，支出846.81亿元。2009年后，现金统计口径变化，不再对此项进行统计。

第三节　金银管理

1991年，根据人行温州市分行和市工商行政管理局联合发布的《关于取缔非法经营金银首饰品，加强金银管理的通告》精神，人行县支行与县公安部门配合，对全县从事地下金银首饰加工、倒买倒卖和走私的重点户进行打击，没收其金银实物并给予取缔。1993年，国家取消金银装饰品计划配给制。1994年，对个体金银饰品加工颁发许可证。1999年，县工商局昆阳所、经检大队、水头分局连续查获黄金、白银一系列大要案，查获黄金3773.15克，白银662.45千克、白金700余克，总案值113万元。10月，人行总行发出通知，取消白银统购统配的管理体制，放开白银市场(银币除外)。2001年推进黄金管理体制改革，取消黄金制品零售业务许可证管理制度，实行核准制；从此逐步放开金银销售管理。

第三章　银行业务

银行业务主要包括存款、贷款、结算、中间业务和外汇业务。

第一节　存　款

1989年年末，全县各项人民币存款2.75亿元（注：调整数，原统计口径为17291万元）。2000年年末，全县各项人民币存款37.85亿元，为1989年的13.76倍。2012年末，全县各项存款余额313.90亿元，为2000年的8.29倍。2012年，单位存款余额103亿元，储蓄存款余额197.55亿元。农村信用社70.84亿元，占22.57%；邮政储蓄18.29亿元，占5.83%。

单位存款

1981年，全县对公存款余额2585万元，占各项存款余额的69.41%。1991年年末，全县对公存款余额23400万元，占全县各项存款余额比重首次低于50%。1997年年末，全县对公存款余额7.97亿元，占各项存款余额的33.57%。2012年年末，全县对公存款余额103亿元，占全县各项存款总余额的32.89%。

企业存款　工商企业存款包括工业、商业、交通、建筑、粮食、“三资”及个体私营企业等存款。至1988年年底，全县共有国营工业企业25家，乡镇企业843家以及若干家各类经济性质的商业企业，年末企业存款余额4211万元。1992年4月底，全县工商企业存款余额首次突破亿元，至年末余额1.74亿元，占全县各项存款总余额的25.78%。2000年年末，企业存款余额12.63亿元。2009年年末，企业存款余额27.52亿元，比2000年年末余额增长1.18倍，占各项存款总余额的13.84%，同时占对公存款余额的43.23%。随着金融的快速发展，金融统计口径不断发生变化，自2009年后，不再对企业存款进行单独统计。

财政性存款　1990年年末，全县财政性存款余额4131万元，占对公存款的22.81%，占各项存款总余额的10.85%。1996年年末，全县财政性存款余额8383万元，其中机关团体存款5776万元，占比68.90%。1997年，机关团体存款从财政性存款中划出，单列统计。因此，当年末财政性存款余额仅2543万元。2007年年末，全县财政性存款余额仅2196万元，仅占全县各项存款总余额的0.17%。此后，全县财政性存款余额又以年均317.53%的幅度回升，2009年年末，余额为3.77亿元，占全县各项存款总余额的1.90%。2010年后，机关单位存款不再纳入财政性存款统计口径。2010年年末，全县财政性存款53029万元。2011年年末，全县财政性存款48355万元。2012年年末，全县财政性存款85763万元。

农村存款（农业存款）　农行平阳县支行的农村存款中有90%左右来自农村信用社存款，亦称信用社转存款。1990年年末，农村存款余额增加到6220万元；1993年年末，全县农村存款余额猛增至10506万元，比1990年增长68.95%，其中农村信用社转存款9476万元。1997年年末，全县农业存款余额5190万元，比年初增长67%。2005年后，全县农业存款余额年均以16%增幅上升，至2009年年末，全县农业存款余额6.24亿元，占对公存款余额的9.8%，比2005年年末的比重提高1.2个百分点。2009年后，不再对农村存款进行单独统计。

储蓄存款

1987年9月，温州市被确定为全国第一个利率改革试点城市。1989年年末，储蓄存款余额首次突破亿元，达1.46亿元，比上年增长93.14%，特别是农村信用社储蓄存款比上年增长115%。1990年年末，全县储蓄存款余额接近2亿元。1996年年末，全县储蓄存款首次超10亿元，达到12.07亿元，其中城镇储蓄余额6.67亿元。1997年，县内各家银行已从专业性经营逐步转变为商业性经营。是年年末，全县城乡储蓄存款余额15.76亿元；比上年同期增加近5.7亿元。2001年年末，城乡储蓄余额29.2亿元，占全县各项存款余额的62.82%。2002年10月21日，全县44家农村信用社试行浮动利率，存款利率浮动幅度为10%～30%。于2004年11月25日停止浮动利率试点。2012年年末，全县储蓄余额为197.55亿元，其中工行支行34.76亿元，农行支

1989—2012年平阳县各金融机构人民币存款余额统计表

表17-3-1　　　　单位：万元

年度（年）	各项存款合计	其中													
		人行	农发行	工行	农行	中行	建行	农信社	城信社	邮政储蓄银行	温州银行	浦发村镇银行	民生银行	信托公司	代理财政
1989	27486	1608		6227	6726		2709	9535	660	21					
1990	38069	1414		8570	11180		3858	12227	776	44					
1991	47285	1121		11931	14241		5756	13274	889	73					
1992	67623	1546		17499	17860	134	10570	17404	2298	311					
1993	90720	2664		21462	23490	3644	13057	21482	4547	375					
1994	98403	1330	15	25097	14974	4754	15231	22490	8348	2455				3709	
1995	134954	3478	16	31162	18941	8205	16404	26947	14018	4926				7275	3582
1996	187269	2485	53	45777	27216	9813	24048	36712	20903	7130				7235	5898
1997	237272	2515	253	59641	40465	14737	37039	46266	25254	11101				–1460	1460
1998	261513	3151	71	69649	50015	19174	46470	46130	20404	6675				–411	185
1999	318535	2608	640	87384	65873	19229	62687	54359	17149	8666				–381	322
2000	378546	6236	335	102407	86552	22017	83247	66784		10433				36	499
2001	464802	8629	507	115808	115672	22155	101335	81466		18604				–53	679
2002	583012	7259	878	140513	160129	29918	134420	90059		18215				440	1181
2003	705563	7381	817	155600	197137	42306	160879	117906		16404	6049			87	998
2004	732789	2853	55	154625	215359	40573	146872	129671		23052	18885			–64	908
2005	876831	5055		168247	253322	50534	171635	162832		31982	32501			43	680
2006	1084734	6515		207893	319771	66775	205432	197216		40760	40011			361	
2007	1241211	2196		239166	354896	68215	207261	257244		49969	62229			35	
2008	1548864	10263		275174	457922	82668	245183	319089		65467	92599			499	
2009	1987882	37737		369589	555107	110154	322136	392899		81804	114463			3993	
2010	2493723	52976		449801	706017	135228	384534	505016		128501	131597				
2011	2939389	46792		561216	741587	160648	437897	637712		151447	166970	33528			
2012	3138969	83652		595507	804972	118399	378779	708387		182856	190968	41986	31352		

说明：资料由人行县支行提供

1989—2012年平阳县各金融机构人民币储蓄存款余额统计表

表17-3-2　　单位：万元

年度（年）	储蓄存款合计	其中									
		工行	农行	中行	建行	农信社	城信社	邮政储蓄银行	温州银行	浦发村镇银行	民生银行
1989	14612	3026	1323		567	9097	578	21			
1990	19955	4528	2352		859	11532	640	44			
1991	23885	5834	3413		1385	12408	772	73			
1992	33257	7719	5867	30	1792	15654	1884	311			
1993	47854	10657	9192	1735	2875	18902	4118	375			
1994	57578	11953	9884	2387	3261	20178	7460	2455			
1995	80946	15599	11777	3931	6596	24948	13169	4926			
1996	120665	26512	17316	5431	10293	33873	20110	7130			
1997	157616	34387	25123	7717	14382	40816	24090	11101			
1998	161616	38984	29513	9077	18363	39773	19231	6675			
1999	185215	48477	39885	9489	27019	36374	15305	8666			
2000	224870	57595	54625	11546	38579	52092		10433			
2001	292026	68195	77896	12967	49858	64506		18604			
2002	390350	87956	116631	18735	73908	74905		18215			
2003	469562	97295	139786	25922	90426	96632		16404	3097		
2004	510846	103664	154432	23938	94319	107618		23052	3823		
2005	618178	114272	190876	29271	111187	136352		31982	4238		
2006	753671	140637	239201	36479	135359	154421		40760	6814		
2007	826090	158724	253729	33682	135707	179966		49969	14313		
2008	1081218	181957	341255	45754	169414	252125		65342	25371		
2009	1351361	241518	408143	62350	214996	316265		80981	27108		
2010	1590137	275354	496543	66863	222163	385753		105756	37704		
2011	1754776	321728	426637	73311	245503	488586		126081	58740	14190	
2012	1975529	347629	569127	49435	221207	533937		151809	76762	17729	7894

说明：资料由人行县支行提供

行56.91亿元，中行支行4.94亿元，建行支行22.12亿元，占比各是17.60%、28.81%、2.50%、11.18%；农村信用联社53.39亿元，占27.03%。至2012年年末，全县储蓄余额为197.55亿元，比2000年年末的22.49亿元增长7.79倍，年均增长18.65%。

储蓄网点：1988年年末，全县共有储蓄所25家。其中，工行支行8家、农行支行5家、建行支行1家、农村信用联社7家、邮政储蓄支行2家；城市信用社储蓄网点2家；开办集存、贷、汇于一体的多功能储蓄所12家。1991年后，随着昆阳、鳌江、萧江、腾蛟、麻步等邮政储蓄所的相继增设，邮政储蓄也进入快速发展时期。自1993年起，农村金融服务社和城市信用社相继设立储蓄所。至1995年年末，全县储蓄所共58家，其中各专业银行所辖储蓄所26家，城市信用社和农村信用联社所辖储蓄所21家，邮政储蓄所11家。1997年，随着单一功能的储蓄所升格和撤并，至2009年年末，全县银行系统储蓄所仅剩14家。2010年10月，农行水头天成储蓄所升格为支行，此后全县没有以储蓄所命名的金融机构网点。

第二节 贷 款

贷款规模

1989年，根据“调整结构，扶优限劣，保证重点，压缩一般，适时调节”的信贷方针，对信贷实行“限额管理”，年末全县各项贷款余额2.30亿元。1992年，严格信贷规模管理，开展企业信用等级评定，搞活信贷存量，年末全县各项贷款余额4.00亿元。1994年，专业银行开始向商业银行转轨。1995年9月，《贷款通则（试行）》实施，各家银行相继实行资产负债比例管理，贷款规模有所扩大，年末全县各项贷款余额8.88亿元。1998年，中央银行对商业银行取消贷款限额控制，工、农、中、建4家县支行的贷款规模和存贷比例由各自上级行授权下达，年末全县各项贷款余额16.90亿元。2000年，重点加大对技术改造、基础设施以及中小企业贷款投入，年末全县各项贷款余额23.48亿元，贷款额为1989年的10.2倍。

2001年年末，全县贷款余额超过30亿元。2003年，为打造“中国皮塑礼品之都”目标，增加信贷投入，至年末全县贷款余额55.40亿元。2006年，信贷资金向支持县域经济发展倾斜。2007年，为缓解通货膨胀压力，中央银行频繁运用货币信贷工具，全年共上调存款准备金率10次，上调存贷款基准利率6次，银根由松转紧，但信贷政策仍向县域经济倾斜明显，至年末全县贷款余额89.7亿元。2008年年初，货币政策由上年的“适度从紧”转为“从紧”，下半年受美国金融危机影响，央行货币信贷政策出现结构性调整，从“从紧”调整为“适度宽松”，并逐步取消信贷规模控制。2008年年末，全县贷款余额105.51亿元。2009年，实施适度宽松的货币政策，贷款增加迅速，年末全县各项贷款余额141.75亿元。2012年年末，全县各项贷款余额265.62亿元，贷款额为2000年23.48亿元的11.3倍，为1989年2.30亿元的115.5倍。

商业性贷款

商业性贷款分为短期贷款和中长期贷款。1994年，全县商业性贷款5.73亿元，其中，短期贷款4.86亿元，中长期贷款0.87亿元。1996年规模翻番，全县商业性贷款10.32亿元，其中，短期贷款8.44亿元，中长期贷款1.88亿元。2000年，全县商业性贷款23.4亿元。其中，短期贷款20.46亿元，中长期贷款2.94亿元。2012年，全县商业性贷款265.27亿元，其中，短期贷款219.42亿元，中长期贷款45.85亿元。

2010年开始，人行改革统计制度，贷款统计指标发生重大变化。境内贷款——短期贷款分为个人贷款及透支、单位普通贷款及透支、普通并购贷款、银团贷款、贸易贷款和境外筹资转贷款，中长期贷款分为个人贷款、单位普通贷款、普通并购贷款、银团贷款、贸易贷款和境外筹资转贷款。

随着金融改革和发展，出现网络贷款新形式。建设银行、工商银行推出“e贷通”“e保通”“网贷通”等产品。2010—2012年，工行支行发放网络贷款分别为8657万元、17200万元和3281万元，建行支行分别为5626万元、24644万元和20602万元，中行支行也于2012年发放网络贷款20665万元。

短期贷款

工业贷款　1989年年末，工业贷款余额5221万元。1992年，对平阳化工厂等9家企业流动资金

1989—2012 年平阳县各金融机构人民币贷款余额统计表

表 17-3-3　　　　单位：万元

年度（年）	各项贷款合计	其中												
		人行	农发行	工行	农行	中行	建行	农信社	城信社	温州银行	邮政储蓄银行	浦发村镇银行	民生银行	信托公司
1989	23010	158		7909	7781		1287	5384	491					
1990	27150	220		8617	8639		1443	7546	685					
1991	29603	212		9350	9543		1776	7953	769					
1992	40020	237		11451	11717	2000	2590	10286	1739					
1993	53116	267		14133	13890	3200	2971	15589	3066					
1994	69715	877	1649	16823	15522	4210	5520	14913	5831					4370
1995	88737	809	3514	19675	16625	5034	6759	18859	9678					7834
1996	115528	783	4236	29985	19244	6644	11392	21595	13917					7732
1997	141188	79	6588	39083	23737	10264	17542	27429	16466					
1998	169081		4004	50798	31737	12341	25344	31837	13020					
1999	204530		4831	62853	44346	11741	33775	34701	12283					
2000	234784		4670	61426	59855	12953	43558	52322						
2001	300645		5156	72019	78252	15929	66522	62767						
2002	405280		5068	98753	99015	17800	118023	66621						
2003	554024		5178	129674	122967	32416	164208	95609		3972				
2004	604016		6227	139208	137983	41986	161230	101023		16359				
2005	604275			117221	146599	33485	167719	113964		25287				
2006	732203			141493	160714	47464	197761	148347		36424				
2007	896957			185687	189093	70855	211314	190924		48959	125			
2008	1055107			236719	200048	85369	223111	236025		71052	2783			
2009	1417495			341107	271677	117233	277891	295683		89425	24479			
2010	1780678			401960	331167	163465	355595	360937		106483	61070			
2011	2111591			451635	374617	191530	432565	430209		124774	76294	29967		
2012	2656220			580577	479576	273242	524009	514552		140033	87543	47862	8825	

说明：资料由人行县支行提供，部分年度数字经调整，与《平阳统计年鉴》数据不同

2010—2012年平阳县贷款分项余额统计表

表17-3-4　　　　单位：万元

项　目	2010年	2011年	2012年
一、短期贷款	1380499	1711729	2194225
个人贷款及透支	855705	1079507	1367259
其中：个人消费贷款	312715	330909	493662
单位普通贷款及透支	494006	618538	821447
其中：经营贷款	483206	614738	818447
二、中长期贷款	399198	399862	458453
个人贷款	327608	297641	357787
其中：个人消费贷款	275456	276948	334093
单位普通贷款	71590	102221	100665
三、票据融资	981	0	3542
贷款余额合计	1780678	2111591	2656220

说明：资料由人行县支行提供

贷款实行利率下浮10%的支持；是年年末，全县技术改造贷款余额1342万元。1993年，全县工业贷款余额11566万元。1995年全县银行按照优化贷款投向的原则，工业信贷资金逐步向效益好、还款能力强的企业转移，年末工业贷款余额15559万元。1996年，对全县42家重点骨干企业中试行贷款主办行制度。1997年年末，全县技术改造贷款余额12399万元。1998年开展金融合力扶工。2000年，重点加大对技术改造、基础设施以及中小企业贷款投入，年末全县工业贷款余额34277万元。2001年，对10家"产值超亿元、税收超500万元"企业和33家"发展型"企业重点扶植。2002年，对进入工业园区的企业进一步降低信贷门槛，仅县工行全年向水头皮件工业园区、昆阳服饰工业园区、乔治白公司等优质客户贷款5300万元；农行平阳县支行对全县228家企业进行授信，金额达53311万元。年末全县工业贷款余额54381万元。2006年，着力支持重点非公企业和发展型企业，其中工业企业流动性贷款增加6.06亿元。2007年年末，全县工业贷款余额170467万元。2008年，全县推动银企全面合作，48家中小企业与银行机构签订了《银企合作协议》，授信额度达16.35亿元。2009年后，工业贷款不再进行单独统计。

商业贷款　1989年年末，全县商业贷款余额6988万元。1993年年末，全县商业贷款余额上升为13034万元。1996年，实行"实贷实存"的信贷管理方式，至年底全县商业贷款余额23931万元。2000年后，由于国营和供销合作商业企业改革、撤销公司，商业贷款逐年下降。2005年初，农发行平阳县信贷组农副产品等贷款6227万元被划出，归其上级行统计管理。至年末，全县商业贷款余额5031万元，比年初减少26.52%。2006年年末，全县商业贷款余额34404万元，比年初增长46.77%。2009年年末，全县商业贷款余额43342万元，其中农行平阳县支行42164万元，占全县商业贷款余额的97.28%。2009年后，不再对商业贷款进行单独统计。

1990年年末，全县外贸贷款余额400万元。1992年12月，中国银行平阳县支行建立，外贸贷款余额由上年的262万元上升至675万元。1993年，各专业银行业务允许交叉，农行支行支持外贸重点企业发放贷款3891万元。1997年，全县外贸出口供货值11.38亿元，比上年增长55.04%。是年年末，全县外贸贷款余额从上年的180万元猛增至6695万元，增加6515万元，增幅达36.19倍。1998—2000年，全县外贸贷款年末余额分别为8480万元、7875万元、8307万元。2001年，平阳县自营进出口总额首次突破亿美元大关，年末全县外贸贷款余额5390万元。2001年后不再对外贸贷款进行单独统计。

建筑业贷款　1989年年末，全县建筑业贷款余额420万元，1991年年末755万元。1992年后，随着按揭贷款的试办，建筑业贷款逐年增加。1996年年末，全县建筑业贷款余额4100万元，比上年年末的1488万元增长1.76倍。其中建行支行年末建筑业贷款余额为1862万元；另发放房改及商住房贷款年末余额为1089万元。1997年，全县建筑业贷款余额3237万元，比上年减少21%。1998年，全县建筑业贷款余额6133万元，比上年增长89.46%，仅建行支行对建筑房地产业一项贷款达5727万元，发放建贷项目储备贷款2000万元。2002年年末，全县建筑业贷款余额24189万元。2002年后，农行、中行、温州银行各支行相继开办了建筑业贷款。2003—2009年，全县建筑业贷款逐年下降。2009年末，全县建筑业贷款余额仅8859万元，比上年下降了43.64%，其中建行支行3070万元，占总余额的34.65%，农行支行2547万元，中行支行1262万元，温州银行支行1980万元。2009年后，不再对建筑业贷款进行单独统计。

乡镇企业贷款　1991年年末，全县乡镇企业贷款余额3183万元，1993年年末5952万元。1998年年末13998万元，比1993年增长了1.35倍。至2004年年末，全县乡镇企业贷款余额21284万元，属历年来额度最高的一年。2005年开始，全县乡镇企业贷款回落。至2007年年末，贷款余额为12844万元，比2004年下降39.7%。2009年，全县乡镇企业贷款16872万元。2009年后不再对乡镇企业贷款进行单独统计。

个体工商业贷款　1989—1992年，个体工商业贷款持续增长。1992年年末为1650万元，1993年末余额2174万元。至1995年年末，全县个体工商户在册数达22247户。1996年年末全县个体工商业贷款余额为8599万元，比上年增长97.95%。2004年，全县个体工商业贷款年末余额24067万元。至2009年年末，全县个体工商业贷款余额15.17亿元。自2009年后不再对个体工商业贷款进行单独统计。

"三资"企业贷款　1992年后，平阳"三资"企业(中外合资经营企业、中外合作经营企业、外商独资经营企业)发展加快，1993年，登记注册外资投资企业26家，1995年增至44家。至1996年，全县累计批准"三资"企业49家。1998年年末，"三资"企业贷款余额6526万元，比1994年末增长1.44倍。1999年，"三资"企业贷款逐年减少，至2006年末，贷款余额下降为1000万元。2006年后，不再对"三资"企业贷款进行单独统计。

农业贷款　1990年末，全县农业贷款余额7420万元，1993年末12024万元。1996年，县农村信用联社累计发放纯农业贷款2900万元。1997年，全年累计发放1714万元。1998年，县农村信用联社推行"支农信用卡"，对农户小额贷款以村为单位发卡，对种粮大户单独发卡，以简化农贷手续，是年，发放支农信用卡1200余份，贷款余额2150万元。1998年年末，全县农业贷款余额7138万元，比上年增长1.65倍。其中，农村信用联社农贷余额从上年的255万元增加到4736万元，增长17.6倍。至2002年末，全县农业贷款余额增至19555万元。2003年，全县农业贷款余额41882万元。2004年，全县农村信用联社累计发放农业贷款金额72556万元。2007年，各行社增加对农业龙头企业、农业生产基地信贷的有效投入，扩大农工户小额贷款、农户联保贷款的发放面。是年末，全县发放农业贷款余额15.26亿元，其中，农村信用联社发放农业贷款余额14.19亿元。2009年，全县农业贷款余额27.40亿元，比上年增长36.39%，其中，县农村信用联社发放农业贷款年末余额24.21亿元，比上年末余额增加5.11亿元，占农村信用社贷款增量的85.59%。2009年后，不再对农业贷款进行单独统计。

中长期贷款

基本建设贷款　1994年年末，全县基本建设贷款余额1640万元，其中建行支行占97.6%，达1600万元。1997年年末，全县基本建设贷款余额3800万元，各银行相继参与全县基本建设投资贷款。1998年6月，工行支行首次发放基本建设贷款5600万元，年末余额为9400万元。至1999年年末余额16350万元，占全县基本建设贷款余额的81.41%。2005年年末，全县基本建设贷款余额53309万元，比2000年末增长1.87倍。其中，建行支行占比为46.79%，工行支行占比为21.99%，农行支行占比为21.29%。2009年年末，全县基本建设贷款余额为42610万元，比2005年年末余额下降20%。其中，建行支行年末余额33620万元，占全县基本建设贷款余额的78.9%。2009年后，不再对基本建设贷款进行单独统计。

个人消费贷款　2001年，全县金融机构累计发放个人消费贷款79448万元，其中个人中长期消费贷款73808万元，占个人消费贷款总额的92.90%。其中工行、农行发放个人中长期消费贷款累计为34960万元和32223万元。是年年末全县金融机构个人消费贷款余额为60244万元，占各项贷款余额的20.04%，其中个人中长期消费贷款余额58196万元。

2009年，全县累计发放个人住房贷款8.78亿元，其中工行支行2.45亿元，农行支行0.41亿元，中行支行2.07亿元，建行支行862户、3.83亿元，温州银行平阳支行0.02亿元。2009年年末，个人住房贷款余额18.73亿元。其中，工行支行4.13亿元，农行支行1.82亿元，中行支行4.63亿元，建行支行7.96亿元，温州银行0.19亿元。

2010年、2011年和2012年，全县银行个人消费贷款余额分别为34.94亿元、36.43亿元和54.86亿元，其中中长期消费贷款分别为27.55亿元、27.69亿元和33.41亿元。

政策性贷款

老少边穷经济开发贷款　1987年年末，人行支行发放老、少、边、穷经济开发贷款余额165万元，次年减少为27万元，1994年年末余额为13万元，此后一直挂账。1997年农业发展银行温州分行平阳信贷组成立，此项贷款全部划转给农发行信贷组。

地方经济开发贷款　1987年年末，全县发放地方经济开发贷款余额927万元，次年减少为143万元。1994年年末余额864万元，1996年年末770万元。1997年，农业发展银行温州分行平阳信贷组（简称农发行信贷组）成立，此项贷款全部划转给农发行信贷组。

农副产品收购贷款　1990年以后，农副产品收购贷款范围由以前的16种缩小为粮、棉、油三种，平阳县只有粮、油两种。1993年，农行支行发放粮食收购贷款2280万元，茶叶收购贷款450万元。1997年1月，农发行信贷组成立后，承担属于政策性的粮食企业收购供应所占用的全部贷款业务，实行粮油收购资金封闭管理。

农发行贷款　1997年，农发行信贷组除从农行支行划转4635万元农业政策性贷款外，还发放粮油收购贷款1953万元，支持收购粮食1000万公斤。1997年后，农发行信贷组业务范围拓宽，贷款统计数据见表17-3-5。

1997—2012年平阳县农发行信贷组政策性贷款情况一览表

表17-3-5　　单位：万元

年度(年)	累放数	余　额	年度(年)	累放数	余　额
1997	6588		2005	1936	6375
1998	4004		2006	4876	8685
1999	4595	4831	2007	2770	8091
2000	5222	4670	2008	5666	9436
2001	2598	5156	2009	7996	9795
2002	1992	5068	2010	4650	6892
2003	2420	5178	2011	8510	7397
2004	4350	6227	2012	7366	7717

说明：资料由人行县支行提供

信贷资产质量

20世纪80年代后期，由于市场疲软，产成品积压，企业、单位之间互相拖欠货款的现象严重，形成大量的“三角债”。截至1990年3月底，据全县10个系统180家企业的不完全统计，共拖欠货款1059笔，金额为3230.71万元，其中人欠货款为2893.08万元，欠人货款为337.63万元。拖欠的重点在跨省跨系统，人欠在百万元以上的省份有8个省市。1991年，加强检查、稽核、监督等管理，加大催收非正常贷款的力度。1993年，各行社采取“边检查、边纠正、边处理、边建制”的办法，同时按照“落实债务、督促还贷、追索贷款”的要求，落实清收低质量的贷款。1994年，各行社资产质量有所提高，全县不良贷款为8523万元，占全县贷款总额的12.23%。1995年，全县金融机构开展不良贷款认定登记工作。建行平阳县支行建立偿债准备金制度，比例为贷款额的3%。1996年年末，全县金融机构不良贷款达21827万元，比上年增加9472万元，占全部贷款比例的17.22%，高于全省5.47个百分点。其中“两呆”贷款6163万元，占比为5.33%。1997年3月，县政府批转人行支行《关于加大贷款清收力度，盘活信贷资金存量的报告》，强化贷款清收手段，收回不良贷款6163万元，收回率为1996年不良贷款的28.22%。至年底，全县不良贷款余额仍达32744万元，占全县各项贷款额23.19%。1999年，县工、农、中、建四大商业银行对不良贷款进行政策剥离、股改处置，金额达17783万元。2000年，剥离不良资产10884万元。其中，工行支行7195万元，占66.1%。是年年末，全县金融机构不良贷款余额为37224万元，占贷款总额的15.85%。2001年年末，全县非正常贷款余额降为27989万元，实现不良贷款占比控制在10%以内。2002年、2003年，严格控制新增不良贷款。2004年年末，全县不良贷款余额26551万元，占贷款总余额的4.40%。2005年年末，四大国有商业银行关注类贷款达6.43亿元，占全部贷款余额的10.64%。平阳国华引供水工程项目，工行平阳县支行贷款5920万元，2004年成为不良贷款。2003年后，平阳县掀起投资西部煤矿开采和大中城市房地产项目的热潮，涉及银行信贷资金。2005年，国家出台政策对不达标的小煤窑实行“关、停、并”及加强对房地产业的控制，对投资者及本地金融造成负面影响。

2007年，工行支行全年共收回不良贷款1217万元，压缩潜在风险贷款1300万元，压缩行业退出与“两高”企业贷款670万元，贷款结构明显改善，贷款不良率比上年下降了1.08个百分点；建行支行贷款不良率比上年下降3.71个百分点，并加强关注贷款监控管理，关注贷款占比同比下降2.4个百分点；县信用联社贷款不良率比上年下降1.49个百分点。2008年，建行支行全年压缩不良贷款11590万元，年末贷款不良率比上年下降5.63个百分点；中行支行共收回不良贷款1660.65万元。2009年初，中行支行又收回剩余不良贷款234.26万元，合计1894.91万元，解决了支行不良贷款历史包袱。至2009年年末，全县不良贷款12340万元，占全县贷款余额的0.87%，不良率比2007年年末下降了2.42个百分点。其中建行支行贷款不良率从年初的2.63%下降到年底的0.28%，跨入资产质量优良行行列。2010年不良贷款率比上年下降0.53个百分点，但此后又逐步回升，2011年年末为0.45%。2012年年末，全县不良贷款余额15047万元，不良贷款率0.57%，工行支行不良贷款余额156万元，不良贷款率0.03%；农行支行不良贷款额3843万元，不良贷款率0.8%；建行支行不良贷款额787万元，不良贷款率0.28%；中行支行不良贷款余额2782万元，不良贷款率0.95%；邮政储蓄银行支行不良贷款额137万元，不良贷款率0.16%；县信用联社不良贷款余额7262万元，占县联社年末贷款余额的1.41%。

第三节　利　率

1988年8月，国务院批准新的利率调整方案，省人民银行颁发《关于修改和完善温州市利率改革的方案》，人行温州分行于1989年1月27日又提出温州市新的利率调整试行方案。存款利率方面，1990年2月1日，国家上调储蓄利率，实行保值储蓄，温州浮动利率的特种定期储蓄和大额可转让存单一年期利率最高达到14.4%。1990年4月，全县农村信用社除昆阳、鳌江、水头3个直属镇行政区划内的17个农村信用社网点执行国家基准利率外，其他农村信用社的定期储蓄存款的利率均实行上浮政策，其中一年期存款利率在基准利率上上浮幅度高达19.3%，实行城乡利率双轨制；由此，逐步形成以国家基准利率为主，浮动利率为辅的双轨制利率体制。贷款利率方面，按照《温州市利率改革的方案》，个体工商户和私营企业贷款利率为19.2‰，区街企业、乡镇企业和股份合作企业贷款利率为

15‰，特种贷款利率执行13.95‰，同时对老、少、边、穷开发贷款、扶贫贷款等实行优惠利率政策。

1989—1994年，利率政策经过7次调整，总体趋于下降。就一年期定期存款利率而言，1994年7月1日执行的利率水平，比1989年2月1日执行的利率水平平均下降2.16个百分点。特别是1996—2002年，其间连续8次下调金融机构利率水平，以一年期存款利率为例，存款由7.47%下降为1.98%，利率水平下降了5.49个百分点。2004—2007年，央行9次加息。2008—2012年，央行共调整利率11次，一年期存款利率在2.25%～3.87%之间调整。

1990—2002年，共调整利率14次。大体上从1980—1990年存贷款利率同时浮动；1990—1998年贷款利率“双轨制”；1998—2002年贷款利率统一浮动；2002年3月开始新一轮利率市场化，共经历4次变革。

1989—2012年平阳县人民币存款利率表

表17-3-6　　单位：年利率%

调整时间	活期存款	定期存款						
		3个月	半年	1年	2年	3年	5年	8年
1989-02-01	2.88	7.56	9.00	11.34	12.24	13.14	14.94	17.64
1990-04-15	2.88	6.30	7.74	10.08	10.98	11.88	13.68	16.20
1990-08-21	2.88	4.32	6.48	8.64	9.36	10.08	11.52	13.68
1991-04-21	1.80	3.24	5.40	7.56	7.92	8.28	9.00	10.08
1993-05-15	2.16	4.86	7.20	9.18	9.90	10.80	12.06	14.58
1993-07-01	3.15	6.66	9.00	10.98	11.70	12.24	13.86	17.10
1994-07-01	3.96	6.66	9.00	9.18	11.70	12.24	13.86	17.10
1996-05-01	2.97	4.86	7.20	9.18	9.90	10.80	12.06	
1996-08-23	1.98	3.33	5.40	7.47	7.92	8.28	9.00	
1997-10-23	1.71	2.88	4.14	5.67	5.94	6.21	6.66	
1998-03-25	1.71	2.88	4.14	5.22	5.58	6.21	6.66	
1998-07-01	1.44	2.79	3.96	4.77	4.86	4.95	5.22	
1998-12-07	1.44	2.79	3.33	3.78	3.96	4.14	4.50	
1999-06-10	0.99	1.98	2.16	2.25	2.43	2.70	2.88	
2002-02-21	0.72	1.71	1.89	1.98	2.25	2.52	2.79	
2003-12-21	个人住房公积金存款月息1.35%							
2004-10-29	0.72	1.71	2.07	2.25	2.70	3.24	3.60	
	存款利率可以在[0，基准利率]区间内浮动，但不能上浮，经批准的农村信用社除外							
2004-11-25	辖内农村信用社利率试点社存款利率一律停止上浮							
2006-08-19	0.72	1.80	2.25	2.52	3.06	3.69	4.14	
2007-03-18	0.72	1.98	2.43	2.79	3.33	3.96	4.41	
2007-05-19	0.72	2.07	2.61	3.06	3.69	4.41	4.95	
2007-07-21	0.81	2.34	2.88	3.33	3.96	4.68	5.22	
2007-08-22	0.81	2.61	3.15	3.60	4.23	4.95	5.49	
2007-09-15	0.81	2.88	3.42	3.87	4.50	5.22	5.76	
2007-12-21	0.72	3.33	3.78	4.14	4.68	5.40	5.85	
2008-10-09	0.72	3.15	3.51	3.87	4.41	5.13	5.58	
2008-10-30	0.72	2.88	3.24	3.60	4.14	4.77	5.13	
2008-11-27	0.36	1.98	2.25	2.52	3.06	3.60	3.87	

续表 17-3-6

调整时间	活期存款	定期存款						
		3个月	半年	1年	2年	3年	5年	8年
2008-12-23	0.36	1.71	1.98	2.25	2.79	3.33	3.60	
2010-10-19	0.36	1.91	2.20	2.50	3.25	3.85	4.20	
2010-12-26	0.36	2.25	2.50	2.75	3.55	4.15	4.55	
2011-02-09	0.40	2.60	2.80	3.00	3.90	4.50	5.00	
2011-04-06	0.50	2.85	3.05	3.25	4.15	4.75	5.25	
2011-07-06	0.50	3.10	3.30	3.50	4.40	5.00	5.50	
2012-06-08	0.40	2.85	3.05	3.25	4.10	4.65	5.10	
2012-07-06	0.35	2.60	2.80	3.00	3.75	4.25	4.75	

说明：资料由人行县支行提供

第四节　结　算

现金结算

1988年9月23日，《现金管理暂行条例实施细则》将结算起点从30元调整为100元。为贯彻执行《现金管理暂行条例》和《现金管理暂行条例实施细则》，规定一个单位在几家银行开户的，只能在一家银行开设现金结算户，支取现金；规定单位与单位之间的现金结算限于1000元以内，超出1000元的一律采用支票或本票支付；未在银行开户的个体工商户、农村承包经营户异地采购，可以通过银行以汇兑方式支付；凡加盖“现金”字样的结算凭证，汇入银行必须支付现金。

转账结算

同城结算　1996年，同城结算以支票及托收无承付结算为主。至2012年，县内同城结算工具有现金支票、转账支票、同城委托收款、同城无承付委托收款、银行本票、银行卡、网上银行等。

异地结算　1989年4月1日，实行新的《银行结算办法》确立汇票、支票、本票和信用卡“三票一卡”为主体的结算制度。自1995年1月20日起，县以下未参加县城票据交换的汇出行，办理大额汇划款项、大额银行汇票，可以不通过人民银行转汇和清算资金，直接向外办理结算。1995年6月1日起，省内托收承付结算金额起点从10万元调整为1万元。2000年11月，全县32个农村信用社网点先后开通温州市农村信用社储蓄通存通兑业务。自2004年7月1日起，县辖内6家银行机构26个网点开办温州市不定额银行本票业务。2005年6月27日，全县各银行机构进入“大额支付系统”运行。2006年6月1日小额支付系统上线。2007年6月25日，全国支票影像交换系统上线，11月19日，中国人民银行在全国范围内开通小额支付系统跨行通存通兑业务。自2009年7月1日起，温州市启用新版银行本票。

同城票据交换　1986年12月1日，人行支行建立全县同城票据交换所，组织县城所在地各专业银行之间进行票据交换（首次参加票据交换的有工行支行、农行支行、建行支行、农行万全、鳌江营业所、工行鳌江办事处6个机构网点）。票据交换采取“定时定点，集中交换，占用资金，当天清算”办法，是年一个月时间，交换笔数计12901笔，金额计2762.7万元。其后，不断扩大同城票据交换清算范围。1995年11月，人行支行制定《同城票据交换管理暂行规定》，采取“集中交换票据、当场清算资金、每场轧平、差额清算”的办法。同时将鳌江二级交换点升为一级交换所，并将水头各行处纳入票据交换体系，使交换机构网点从原来的8个增加至22个，使同城票据交换走上规范化轨道。1996年，改异地汇划往来为同城票据交换，同时县信用联社在其系统内开通县辖往来业务，参加县级同城票据交换。1998年3月，县金库参加同城票据交换。

2002年6月1日，人行支行自行退出同城票据交换，启用划款凭证进行会计业务核算。2003年11月，温州银行平阳支行参加县级票据交换；2004

1989—2012 年平阳县人民币贷款利率表

表 17-3-7

单位：年利率 %

调整日期	流动资金贷款		固定资产资产（中长期）				个人住房贷款		个人住房公积金贷款	
	6个月内	1年内	1年内	1～3年	3～5年	5年以上	5年以内	5年以上	5年以内	5年以上
1989-02-01	11.34	11.34	11.34	12.78	14.40	19.26				
1990-03-21	9.00	10.08	10.80	10.08	11.52	11.88				
1990-08-21	8.64	9.36	9.36	10.08	10.08	11.16				
1991-04-21	8.10	8.64	8.64	9.00	9.54	9.72				
1993-05-15	8.82	9.36	9.18	10.80	12.06	12.24				
1993-07-11	9.00	10.98	11.70	12.24	13.86	14.04				
1995-01-01	9.00	10.98	12.24	12.96	14.58	14.76				
1995-07-01	10.08	12.06	11.52	13.50	15.12	15.30				
1996-05-01	9.72	10.98	10.08	13.14	14.94	15.12				
1996-08-23	9.18	10.08	10.08	10.98	11.7	12.42				
1997-10-23	7.65	8.64	9.36	9.36	9.90	10.53				
1998-03-25	7.02	7.92	9.00	9.00	9.72	10.35				
1998-07-01	6.57	6.93	7.11	7.11	7.65	8.01	按法定利率减档执行			
1998-11-06	法定利率不变，取消贷款利率按经济成分实行的差别利率，实行统一浮动利率，其中个体私营企业可上浮									
1998-12-07	6.12	6.39	5.55	6.66	7.20	7.56				
1999-06-10	5.58	5.85	4.95	5.94	6.03	6.21	5.31	5.58	4.14	4.59
2002-02-21	5.04	5.31	5.49	5.49	5.58	5.76	4.77	5.04	3.60	4.05
2003-12-21	2004.1.1 起扩大金融机构贷款利率浮动区间，浮动区间不再根据企业所有制性质、规模大小分别制定。商业银行、城市信用社贷款利率浮动区间扩大到［0.9，1.7］，农信社扩大到［0.9，2］。人民币各项贷款（不含个人住房贷款）的计息和结息方式，由借贷双方协商确定。中长期贷款利率由原来的一年一定，改为由借贷双方按商业原则确定									

续表 17-3-7

调整日期	流动资金贷款		固定资产资产(中长期)				个人住房贷款		个人住房公积金贷款	
	6个月内	1年内	1年内	1～3年	3～5年	5年以上	5年以内	5年以上	5年以内	5年以上
2004-10-29	5.22	5.58	4.80	5.76	5.85	6.12	4.95	5.31	3.78	4.23
	银行贷款利率上浮不设限，下浮幅度不变。农村信用社上浮系数扩大到基准利率的2.3倍，下浮幅度不变									
2005-03-17	个人住房贷款利率不设上限，实行下限管理。下限5年以下按同档次贷款基准利率，5年以上按6.12%。优惠利率下限：5年以下按同档次贷款基准利率的0.9倍，5年以上按6.12%的0.9倍(5.51%)								3.96	4.41
2006-04-28	5.40	5.85		6.03	6.12	6.39			4.14	4.59
2006-08-19	5.58	6.12		6.3	6.48	6.84			4.14	4.59
2007-03-18	5.67	6.39		6.57	6.75	7.11			4.32	4.77
2007-05-19	5.85	6.57		6.75	6.93	7.20			4.41	4.86
2007-07-21	6.03	6.84		7.02	7.20	7.38			4.50	4.95
2007-08-22	6.21	7.02		7.2	7.38	7.56			4.59	5.04
2007-09-15	6.48	7.29		7.47	7.65	7.83			4.77	5.22
2008-09-16	6.21	7.20		7.29	7.56	7.74			4.59	5.13
2008-10-09	6.12	6.93		7.02	7.29	7.47			4.32	4.86
2008-10-27							下限为贷款基准利率的0.7倍，最低首付款比例为20%		4.05	4.59
2008-10-30	6.03	6.66		6.75	7.02	7.20			4.05	4.59
2008-11-27	5.04	5.58		5.67	5.94	6.12			3.51	4.05
2008-12-23	4.86	5.31		5.40	5.76	5.94			3.33	3.87
2010-10-19	5.10	5.56		5.60	5.96	6.14			3.50	4.05
2010-12-26	5.35	5.81		5.85	6.22	6.40			3.75	4.30
2011-02-09	5.60	6.06		6.10	6.45	6.60			4.00	4.50
2011-04-06	5.58	6.31		6.40	6.65	6.80			4.20	4.70
2011-07-07	6.10	6.56		6.65	6.90	7.05			4.45	4.90
2012-06-08	5.85	6.31		6.40	6.65	6.80			4.20	4.70
2012-07-06	5.60	6.00		6.15	6.40	6.55			4.00	4.50

说明：资料由人行县支行提供

年，恢复水头镇票据交换点的票据交换，并形成水头镇、平阳县二级大同城票据交换体系。6月1日起，辖内7家金融机构的网点纳入温州市大同城票据交换。2005年，形成水头、腾蛟、麻步、萧江二级交换、县城一级交换、温州市大同城票据交换等三级同城票据交换体系，全县同城票据交换机构网点扩增至34家，覆盖率达87%。2007年6月，停止县辖小同城交换，开通温州大同城票据交换，全县14个交换网点成功上线。2012年年末，全县8家金融机构参加温州大同城票据交换。

联行往来

1985年，人民银行专门行使中央银行职能后，各专业银行实行“自成联行体系，跨行直接通汇，相互发报移卡，及时清算资金”的联行体制。自1987年4月1日起，改为“跨行汇划款项相互转汇”的办法，即对跨系统票据先通过同城清算，后办理系统联行，辖内办事处、营业所之间、行处之间直接通汇，银行与信用社通汇由营业所转办，资金统一由县支行清算。自1990年4月1日起，再次对联行清算制度进行全面改革，专业银行跨系统和系统内10万元以上（含10万元）的汇划款项，均改为通过人民银行转汇并清算资金，实现汇划款项与资金清算同步。1995年1月，昆阳、鳌江城市信用社参加第二批区域联行往来系统。1997年11月1日，人行支行作为电子联行的中继站，开通了全国电子联行业务。自2000年5月1日起，实施电子联行“天地对接”业务系统。2002年10月1日，人民银行会计核算管理实施“四集中”后，停止了人行系统电子联行业务。2003年，全县农村信用联社开通“天地对接”电子联行系统。2005年后，会计核算加快系统改造、升级，大额支付系统、小额支付系统、新同城票据交换系统并存，标志着全县金融支付清算体系建

1992—2012年平阳县各金融机构银行卡发行情况一览表

表17-3-8

单　位	贷记卡	发行时间	准贷记卡	发行时间	借记卡	发行时间
工商银行	牡丹贷记卡	2001年	牡丹信用卡	1992年	牡丹灵通卡	1997年
农业银行	金穗信用卡	2004年	金穗信用卡	1992年	金穗卡	1994年
建设银行	龙卡信用卡	2003年	龙卡信用卡	1993年	龙卡（储蓄卡）	1998年
中国银行	长城信用卡	2003年	长城信用卡	1993年	长城卡	1998年
温州银行	金鹿信用卡	2007年			金鹿卡	2003年
农村信用社	丰收贷记卡	2012年			丰收卡	2005年
邮政储蓄银行	邮政贷记卡	2009年			绿卡	1997年

说明：资料由人行县支行提供

2012年平阳县各金融机构信用卡发放量及业务情况一览表

表17-3-9

单　位	贷记卡（张）	准贷记卡（张）	年交易额（亿元）	ATM机（台）	POS机（台）
中国工商银行	42865	810	13.03	48	539
中国农业银行	61769	42291	14.34	102	291
中国建设银行	28751	34553	15.39	28	1630
中国银行	10248	9548	3.21	21	112
温州银行	2500		0.12	6	27
农村信用社	442		0.04	95	767
邮政储蓄银行	32942		8.11	42	128
民生银行				4	
合计	179517	87202	54.24	346	3468

说明：资料由人行县支行提供

设迈进信息化时代。

信用卡结算

1992年9月，工行支行率先代上级行发行“牡丹信用卡”（准贷记卡）。之后，农行、中行、建行各支行均先后代发“金穗信用卡”“长城信用卡”“龙卡信用卡”。1997年6月，县邮政储蓄银行先后在昆阳、鳌江、水头等储蓄所开办邮政绿卡（借记卡）业务。2001年9月，工行支行率先在全县发行牡丹贷记卡。2010年初，县农村信用联社发行丰收小额贷款卡，2012年10月发行丰收贷记卡。温州银行平阳支行于2007年4月发行金鹿信用卡。加入银联后，各家银行实现POS机共享、ATM机跨行业务交易，建立适应经济发展、多种应用模式并存的技术支持网络。

电子银行

网上银行　工行支行于2000年开办此项业务。至2012年，全县银行累计开通网上银行397976户，其中，企业网银5939户，个人网银392037户。工行企业网银证书版1465户，普及版1729户，个人网银103802户；农行企业网银1829户，个人网银148830户；中行企业网银868户，个人网银10813户；建行企业网银1206户，个人网银77065户；温州银行企业网银82户，个人网银488户；邮储银行企业网银35户，个人网银50993户；农村信用合作联社企业网银438户，个人网银26175户。

电话银行　1999年，工行支行为100余家设有基本账户的企事业单位开通了电话银行业务；农行支行于2005年开办此项业务。2012年年底，全县工、农、中3家银行支行拥有电话银行客户168739户，其中工行84689户、农行73237户、中行10813户。

手机银行　中行支行于2000年5月在全县推出手机银行业务，2008年，农行支行开办手机银行业务。2012年年末，工、农、建、温州银行支行共拥有手机银行客户209765户，其中当年新增96610户。

经理国库

国家金库平阳县支库于1982年1月成立，负责办理平阳县国家预算的收纳、划分、留解和支出的拨付。至1996年年末，全县金融机构共设有代理国库经收处系农行的5个网点。1997年4月，经人行浙江省分行批准，增设鳌江镇乡镇金库。2001年8月27日，经审批由农行支行代理鳌江镇金库业务。2007年，县地税局加入“一户通”电子缴税系统。2009年，县国税局加入“国库信息处理系统TIPS”。12月，鳌江镇金库的代理权被收回。2010年，国库会计数据集中系统上线。2012年年末，全县金融机构设有代理国库经收处9个。

1989年，全县金库收入合计5837万元，其中，中央财政预算收入344万元，省级预算收入168万元，地方预算收入5325万元。2012年，全县金库收入合计653103万元，其中，中央财政预算收入98865万元，省级预算收入6484万元，地方预算收入547754万元。1989年，地方预算支出7171万元。2012年，地方预算支出647030万元。

1981—2012年平阳县金库收支情况一览表

表17-3-10　　　　单位：万元

年度（年）	收入合计	其　中			地方预算支出
		中央预算收入	省级预算收入	地方预算收入	
1981				969	2574
1982				950	1573
1983				1157	1705
1984				1983	2316
1985	3092	78		3014	3250
1986	3202	78	62	3061	4217
1987	3992	94	77	3821	5043
1988	5049	100	100	4850	5879

续表 17-3-10

年度(年)	收入合计	其　中			地方预算支出
		中央预算收入	省级预算收入	地方预算收入	
1989	5837	344	168	5325	7171
1990	6466	210	154	6102	8007
1991	7395	255	147	6993	8379
1992	9490	269	202	9019	10845
1993	14562	212	223	14128	11614
1994	17645	9510	544	7591	16952
1995	21976	11556	-8435	18855	22681
1996	23824	12076	-8855	20604	24732
1997	30179	15547	-10457	25089	26098
1998	34163	17463	-12504	29204	26900
1999	36027	17230	-12010	30807	34537
2000	46786	18492	-12588	40882	46103
2001	61515	21473	-14705	54747	59891
2002	78048	30683	-10818	58183	55569
2003	87536	32749	-10259	65046	74867
2004	89466	32677	-15069	71858	91009
2005	109339	40938	-18537	86938	96242
2006	143198	54189	-21712	110721	138966
2007	253473	69615	-22794	206652	223815
2008	319415	77206	-28181	270389	336320
2009	356423	73396	-29668	312695	409176
2010	578788	97718	7282	473788	572464
2011	798258	117785	6609	673864	8522701
2012	653103	98865	6484	547754	647030

说明：资料由人行县支行提供

第五节　中间业务

1989—2009年，中间业务比例少，不对其进行单独统计。2010年后，中间业务发展迅速，在银行业务中所占比重日益增大，收入占比也逐年提高。据统计，2010年、2011年和2012年，全县中间业务收入分别达到23570万元、33914万元和18667万元，分别占当年营业收入的19.70%、20.10%和9.58%。

表外业务

承兑汇票签发　2010年、2011年和2012年，全县签发银行承兑汇票162823万元、258519万元和221085万元。其中，规模较大的农行支行分别为47255万元、104999万元和89970万元，建行支行分别为24640万元、46485万元和52338万元，工行支行分别为19600万元、44500万元和37100万元。全县银行3年保证金存款余额分别达到44687万元、84719万元和73579万元。

信用证　2010年、2011年和2012年，全县银行开出国内信用证余额1875万元、4112万元和19510万元，保证金存款分别为493万元、974万元和14748万元。其中，农行支行国内信用证业务量

较大，3年分别为1728万元、3922万元和847万元；2012年，民生银行支行开出信用证余额16400万元。中行支行和建行支行两家银行3年开出国际信用证分别为3113万美元、997万美元和605万美元。

保理　2010年、2011年和2012年年底，全县银行国内保理业务余额分别为31190万元、12128万元和5500万元，该项业务主要是工行支行为主。中行支行2011年和2012年国际保理业务分别为30万美元和244万美元。

理财产品

2011年和2012年，工行支行一般理财产品分别为16953万元和63004万元，保本理财产品1897万元和8251万元，私人银行业务12842万元和39918万元。农行支行“金钥匙”理财产品分别为92559万元和39715万元。建行支行非保本理财产品分别4534万元和61144万元，保本理财产品891万元和1944万元。2012年，县农村信用联社连续发行多期的“丰收·吉祥”理财产品，年末余额37592万元，邮政储蓄银行支行发售理财产品23634万元。

第六节　外汇业务

平阳县外汇业务，原由人民银行县支行独家办理；随后由农行、工行支行先后代办外币储蓄存款业务。1992年12月，中国银行平阳县支行成立开业，成为经营外汇业务的国家专业银行。1993年12月，工行支行获准经营外汇业务和代理国际贸易结算业务。2001年后，建行、农行支行先后参与外汇业务经营，开办外币储蓄、外币兑换业务。2004年10月，国家外汇管理局平阳县支局设立开业，正式

1994—2012年平阳县银行外币存款余额统计表

表17-3-11　　　　单位：万美元

年度（年）	各项外币存款合计	其中					其中储蓄存款	其中				
		中行	工行	农行	建行	其他		中行	工行	农行	建行	其他
1994	174						155					
1995	136						119					
1996	247						132					
1997	204						195					
1998	255						250					
1999	368	277	91				314	272	42			
2000	684	466	218				637	444	193			
2001	809	509	266				772	494	244			
2002	823	516	167	22	118		783	505	150	10	118	
2003	820	503	144	46	127		732	465	125	15	127	
2004	812	640	99	37	36		553	403	97	17	36	
2005	981	734	106	108	33		634	462	101	38	33	
2006	1416	619	411	224	158	4	660	476	133	18	29	4
2007	1227	503	202	463	56	3	447	328	67	17	34	1
2008	1312	761	179	271	99	2	661	548	59	34	19	1
2009	1775	858	235	545	123	14	700	568	69	25	35	3
2010	2934	1080	385	824	637	8	1434	802	77	48	504	2
2011	2667	1106	465	683	409	4	941	729	53	38	117	3
2012	3564	922	1945	355	334	8	1059	744	62	45	204	5

说明：资料由人行县支行提供

履行县辖内外汇业务的监管职能。

外币存款

至2012年年底，全县有7家商业银行29个网点参与经营外币存款业务，年末外币各项存款余额为3564万美元（其中外币储蓄存款余额1059万美元），为1994年174万美元的20倍。

外汇贷款

1992年前，国家严格控制外汇贷款计划。1996年，与香港合资企业温州辉煌皮革有限公司因购买进口牛皮原料，工行支行向其发放流动资金贷款5万美元。2000年，中行支行开始办理外汇贷款业务。此后农行（2004年）、工行、建行（2006年）、温州银行（2008年）各支行陆续增加外汇贷款业务。2012年年底，全县共有4家银行发放外汇贷款5041万美元，为2000年49万美元的103倍。

2000—2012年平阳县外币贷款余额统计表

表17-3-12　　单位：万美元

年度（年）	各项贷款合计	其中	
		中资企业贷款	进出口贸易融资
2000	49	—	49
2001	192	65	127
2002	168	45	123
2003	230	61	169
2004	158	72	86
2005	97	—	97
2006	582	506	76
2007	1048	40	1008
2008	443	—	443
2009	497	100	397
2010	1865	—	1160
2011	5685	—	3845
2012	5041	—	4052

说明：①2010年开始统计口径更改、无企业贷款数据；②资料由人行县支行提供

国际贸易结算

1993年12月，工行支行开办国际贸易结算代理业务，1995年成立工行支行国际结算部。1997年5月，中行支行开办国际贸易结算代收单业务。2000年6月，中行支行成立国际结算部，并与县辖内主要进出口企业建立了国际贸易结算往来关系。2000年11月，开办出口押汇业务。2004年后，农行、建行支行等金融机构相继开办国际结算业务。2005—2008年，全县国际结算总额分别为21868万美元、26963万美元、35913万美元、42403万美元。2009年，全县参与国际贸易结算的银行有工行、中行、农行、建行、温州银行、邮储银行支行等机构网点21家，国际结算总额42865万美元。2012年，全县参与国际贸易结算的银行有工行、中行、农行、建行、温州银行、邮储银行支行等机构网点29个，国际结算总额74489万美元。

国际非贸易结算

2005—2012年，全县非贸易收入32163万美元，其中，国内居民外汇收入22657万美元，劳务及承包工程收入4641万美元，旅游收入137万美元，外商投资3111万美元，利息收入16万美元，其他非贸易收入1601万美元。全县非贸易支出10187万美元。其中，国内居民外汇支出8321万美元，运输及港口支出78万美元，外商投资企业支出1623万美元，因公出国7万美元，其他非贸易支出158万美元。

结售汇结算

1995年4月，中行、工行支行为开办外汇结售汇业务的指定银行。1996年7月1日，国务院决定在全国对外商投资企业实行银行结售汇制度，实现人民币经常项目下可兑换。平阳县外商投资企业实行银行结售汇时间于7月15日开始。2002年8月，农行支行获准开办结售汇业务以及居民因私售汇业务。2005年12月，建行支行获准开办结售汇业务。2006年8月、2008年6月，温州银行平阳支行、昆阳支行分别获准开办结售汇(对私)业务。随后，邮储银行支行3个储蓄所获准开办对私外汇业务。2012年，全县银行结售汇总额69204万美元。其中，结汇58760万美元，售汇为10444万美元。

2005—2012年平阳县银行结售汇收支情况统计表

表17-3-13　　单位：万美元

年度(年)	结汇总额	其中			售汇总额	其中		
		贸易收入	非贸易收入	资本收入		贸易支出	非贸易支出	资本支出
2005	13802	10874	1443	1485	1892	1865	27	0
2006	18828	14507	1765	2556	1751	1659	91	1
2007	27338	20436	3767	3135	4705	3227	644	834
2008	32467	24954	6015	1498	6529	4518	663	1348
2009	34942	29147	5214	581	5235	4120	1087	28
2010	43687	39585	3688	404	5348	3784	1563	1
2011	51068	46046	4628	394	4713	2067	2249	397
2012	58760	53362	4832	566	10444	5162	2900	2382

说明：资料由人行县支行提供

第四章　保险与证券

平阳县保险业始于20世纪50年代初，80年代恢复。1981—1988年，全县累计承保金额13.07亿元，收入保险费和保险储金677.7万元。1989年以来，随着市场经济的发育，平阳保险市场的垄断局面逐步被打破，各类保险机构的经营网点开始迅速发展。全县保费收入从1989年的376万元增加到2012年的69577万元；赔付金额从1989年的106.3万元增加到2012年的17429万元。

保险业务涉及人身保险、财产保险、责任保险、信用保险、保证保险、农业保险等6大门类近200个险种，其中，财产险近50个、人身险近150个。2012年，全县保险费收入69577万元，其中，财产险费收入26319万元，占37.83%，人身险费收入43258万元，占62.17%。

1990年，鳌江城市信用社设立证券代理点，2012年，中国银河证券股份有限公司和上海证券有限责任公司分别在昆阳和鳌江设有营业部。

第一节　财产保险

财产保险是平阳县最早开办的保险种类。2012年，全县财产保险保费收入26319万元，比上年增长20.55%，其中，企业财产险保费收入771.17万元，车辆险收入21717.48万元。赔款支出12499.04万元，赔付率47.46%，其中，企财险赔款63.99万元，赔付率8.3%；车辆险赔款11319.93万元，赔付率52.12%。

企业财产保险

1990年年末，全县企业财产保险费收入404万元；赔案46件，支付赔款131.2万元。2000年，全县工商企业财产保险承保金额18.63亿元，保险

1989—2012年平阳县保费收入和赔款支出与给付情况统计表

表17-4-1　　单位：万元

年度（年）	保费收入	赔付金额	赔付率%	年度（年）	保费收入	赔付金额	赔付率%
1989	376	106.3	28.27	2001	12074	3659.6	30.31
1990	504.7	285.1	56.49	2002	15216.1	5510.7	36.22
1991	1111.5	395.9	35.62	2003	21053.5	4345.1	20.64
1992	2081.6	1922.1	92.34	2004	18785.8	5092.8	27.11
1993	2991	2146.3	71.76	2005	21269.1	19086.4	89.74
1994	3133.1	6159.2	196.58	2006	24289.2	9966.2	41.03
1995	3987.9	2580.9	64.72	2007	32142.4	8953.2	27.85
1996	4875.1	2869.3	58.86	2008	40042.9	12353	30.85
1997	7297.8	3285.9	45.03	2009	45040	13339	29.62
1998	8690.2	3746.1	43.11	2010	56859	14560	25.61
1999	9869.3	3856.4	39.07	2011	62460	12996	20.81
2000	10714.4	4781.8	44.63	2012	69577	17429	25.05

说明：资料由人行县支行提供

费收入559.04万元，当年赔案132件，赔款358.23万元，赔付率为64.07%。2003年，全县企财承保金额26.45亿元，保费收入634.7万元。2009年，全县企财险承保面较低，承保企业财产保险金额41.24亿元，保险费收入674.2万元，仅占财产保费总收入的5.23%；处理赔案支出计1214.4万元，赔付率180.12%。2012年，中国人保财险平阳县支公司承保企业财产保险金额1290亿元，保险费收入324.08万元，占财产保费总收入的3.97%；处理赔案支出计126.83万元，赔付率39.14%。

家庭财产保险

1988年，开展农村保险业务，全县家庭财产承保金额1.62亿元。1999年，全县家庭财产保险承保金额164044万元，保费收入295.3万元，储金收入98万元，赔款173万元。2000年，人保财险平阳县支公司承保家庭财产保险金额57923万元，保险费收入121.64万元，赔案111件，支付赔款60.7万元。2007年，开展政策性农村住房保险业务，全年承保家庭财产保险金额53191万元，保险费收入56.6万元；赔案41件，支付赔款30万元。其中，承保农户175928户，承保面98.3%，遍及全县32个乡镇，年保费收入264万元。2008年，因15号台风“蔷薇”损毁农房126间，人保财险平阳县支公司支付赔款236.4万元。2009年，全县承保家庭财产保险金额约38.80亿元，保费收入约340万元，处理赔案约228件，支付赔款约425万元，平均赔付率为125%。2012年，人保财险平阳县支公司承保家庭财产保险金额约36.77亿元，保费收入约338.74万元，处理赔案约138件，支付赔款约144.06万元，平均赔付率为42.53%。

货物运输保险

货运险是人保财险平阳县支公司开办最早、范围最广的一个险种。1990年，全县货运承保数量增至94479户，保险金额9522.7万元，收取保险费83.8万元，赔案197件，支付赔款13.3万元，赔付率为15.87%。1995年1月17日，平阳金叶综合贸易公司420吨白糖在琼州发生浙江省历史上货损金额最大的货运险案件，因沉船货损近180万元，人保财险公司支付赔款167万元。1998年5月，中保财险平阳县支公司在全县32家托运部设立保险代理处，经营货物运输保险代理业务。2000年，承保103家企业预约保险，保额52830万元，保费收入280万元，支付赔款86万元，赔付率为30.7%。至2009年，人保财险平阳县支公司累计承保货运保险金额36.97亿元，保险费收入4621.84万元，其中公铁路联运占31%，公路直达占63%，水运占6%；

赔款金额累计1941.86万元，赔付率为42.01%。其中2009年，货运承保数量240户，保险金额20055.3万元，收取保险费81.8万元，赔案11件，支付赔款54.4万元，赔付率为66.5%。2012年，人保财险平阳县支公司累计承保货运保险金额40.72亿元，保险费收入61.24万元。

运输工具保险

机动车辆保险　2000年，全县承保金额69830万元，保费收入2061万元；赔案1028件，支付赔款1256万元。2009年，全县10家财产保险机构共承保各类机动车及责任保险，收取保险费10781.8万元，占财产险全部保费收入的83.58%。全县共处理车险赔案、支付赔款6143.3万元，赔付率为56.98%。2012年，中国人保财险平阳县支公司共承保各类机动车及责任保险，收取保险费5726.23万元，占财产险全部保费收入的70.22%。全县共处理车险赔案、支付赔款2708.56万元，赔付率为51.69%。

国内船舶保险　1986年5月，人保财险平阳县支公司开办此业务，承保船舶403艘。1990年7月18日，南麂岛有58艘渔船集体投保，保额65万元，1991年又承保145艘。1992年，西湾有350艘渔船投保。1993年，全县680艘渔船投保，承保面达87.73%，保额7110万元，保费21.34万元。2001年，承保各种船只2568艘次，保额16970万元，保费收入202.86万元，出险165起，赔付296.73万元，2002年停办此项业务。

第二节　人寿保险

平阳保险公司于1984年开办人身保险。1995年开办的险种有67种，其中，意外险13种、健康险9种，定期寿险4种，两全保险19种，有156237人投保，收取保险费1616.11万元，储金3350万元，支付赔款725.78万元，赔付率为44.9%。1996年产险和寿险分业经营后，中国人寿保险平阳支公司承接全县人寿保险的所有业务。随着保险业务个人营销的开始，2002年，太保人寿、泰康人寿等机构加入。2003年，人保财险支公司重启人身意外伤害保险业务。2009年，全县人身保险保费收入32140.4万元，支付赔款和给付4224.6万元，退保2750.7万元。其中，中国人寿县支公司保费收入23583.5万元，占全县人身保险保费收入的73.38%；处理赔案3951件，支付赔款和给付3887.1万元，占全县人身保险赔款和给付支出的92.01%。2012年，全县人身保险保费收入45131.71万元，比上年同期增长5.11%。其中，个人营销业务34848.17万元，同比增长12.7%；银行代理8294.36万元，团体业务仅1989.18万元；全县支付赔款和给付支出7015.92万元，同比增长72.83%，其中年金给付3208.07万元。退保9512.04万元。

养老金保险

1985年，保险公司平阳支公司开始办理集体企业职工养老保险金。1989年7月，相继开办义务兵养老金综合保险和女儿户养老金保险；10月，推行村干部养老金综合保险。至1995年年底，全县累计有23801人投保养老金险，收入保险储金1761.25万元。其中，有351个行政村的1053名村干部投保，承保率达80%。由于义务兵养老金综合保险、女儿户养老金保险、村干部养老金综合保险等险种的投保主体均为政府部门，受国家有关政策的影响，此类险种均逐步停止承保，养老金保险的投保主体逐渐由团体投保向个人投保转变。

简易人身保险

1988年末，全县累计有4912人投保，收入保险费27.6万元。1991年，全县有承保简身险6127份，承保金额1686.4万元，保费收入126.2万元；赔款16件，给付1.5万元。2000年，保费收入14.23万元。2001年，因险种停办而停止承保此险种。

意外伤害保险

1986年，平阳县保险支公司开办。1989年9月，提高保险金额，扩大保障范围。1994年，参加保险的师生有164921人，投保金额12.06亿元，收入保险费96.5万元。2000年，中国人寿县支公司承保人数13.7万人。2007年，中国人寿县支公司承保人数7.53万人，保费收入526.56万元，赔款支出307.25万元，赔付率58.35%；太平洋人寿平阳支公司承保人数3.88万人，保费收入325.94万元，赔款支出77.07万元，赔付率23.65%。2012年，中国人寿平阳支公司学生平安保险保费收入510万元。太平洋人寿平阳支公司承保人数4.02万人，保费收入657.88万元；支付赔款137.86万元。

个人营销业务

1996年8月，中国人寿平阳支公司开办寿险营销业务，是年个人营销保费收入350万元，占其支公司保费总收入的13.40%。1997年，个人营销保费2227.1万元。1998年3467万元，占其支公司保费总收入的61.12%。2001年，随着分红型保险的推出，年个人营销保费收入6590万元，占其支公司保费总收入的76.82%。2009年，全县个人营销保费收入24212万元，占全县人寿保险总保费收入的75.33%。2012年，全县个人营销保费收入34848.17万元，占全县人寿保险总保费收入的77.21%。

第三节　其他保险

农业保险

1991年后，开办水稻、林木、蔬菜大棚、生猪、鸡、鸭等农业保险。2008年8月，因15号强台风造成1084亩水稻倒伏，10月25日水头、麻步等地水稻灾害共有133户种植大户受损，支付赔款140.47万元。至2009年年底，中国人保财险平阳县支公司农业保险保费累计收入493.6万元，支付赔款588.26万元，赔付率119.17%。2012年，中国人保财险平阳县支公司农业保险保费累计收入705.74万元，支付赔款74.5万元，赔付率10.56%。

责任保险

县人保公司于1996年开办并承保产品责任、建筑安装、雇主责任、森林火灾等4项66户，承保金额24224万元，保费收入88.01万元，赔案9件，支付赔款9.47万元，赔付率10.8%。2009年，中国人保财险平阳支公司承办责任保险投保469户，保险金额120933万元，收取保费403.22万元，赔案161件，赔款186.14万元，赔付率46.16%。其中，旅客责任险201户，保额4603.8万元，保费收入115.44万元，赔案24件，赔款110.86万元，赔付率96.03%。医疗责任保险2003—2009年承保38户，保额2096万元，保费收入62.88万元，赔案47件，赔款81.98万元，赔付率130.37%。2012年，中国人保财险平阳县支公司承办责任保险投保327户，保险金额72.12亿元，收取保费486.49万元，赔案96件，赔款202.42万元，赔付率41.61%。

第四节　证券业务

企业短期融资债券发行

1989年9月27日，人民银行平阳县支行批准平阳县内燃机配件厂首家企业向社会发行短期融资债券100万元，期限一年，利率为17.20%。至1995年12月31日止，7年间共批准52家企业发行短期融资债券82期，合计发债金额8845万元，期限均为9个月或一年，年利率在9%～17.2%之间。

鳌江城市信用社设立的温州国际信托投资公司平阳县证券代理点

1990年9月1日，经市人民银行批准，鳌江城市信用社设立温州国际信托投资公司平阳县证券代理点，设专柜开展代理业务。

中国银河证券股份有限公司平阳人民路证券营业部

2007年5月实现客户账户数据集中交易，8月与工行、农行、中国银行、建设银行等10余家银行开通第三方存管业务；2009年9月开通创业板业务；2011年1月获融资融券资格；2012年4月获IB业务资格。主要业务有股票、基金、EIF套利交易、权证交易、债券回购、融资融券、IB业务、现金理财产品等。自2001年5月1日起，实行浮动佣金制，当年开户数174户，交易量2.83亿元。2012年，拥有客户数18621户，交易量193亿元，营业收入1951万元。

上海证券有限责任公司鳌江兴鳌中路证券营业部

证券经纪业务包括股票、基金、国债和回购、企业债、融资融券、现金理财产品等多个交易品种，可提供热键委托、电话委托、网上委托，手机委托等多种交易方式。2012年年末，客户开户数4752户，该年成交量30.45亿元，佣金收入281.92万元。

第五章　金融监督管理

1986年7月，人行平阳县支行与工行平阳县支行正式分设，专门行使央行职能，并在支行内设立金融管理股，负责全县金融机构管理和业务管理。2003年12月底，中国银行业监督管理委员会温州监管分局平阳银监组成立，并于2004年初设立银监会温州监管分局平阳办事处。银监会负责平阳辖内银行业金融机构及其业务活动的监督管理，依法履行审批银行业金融机构及分支的设立、变更、终止及其业务范围；对银行业金融机构实行现场和非现场监管，依法对违法违规行为进行查处；审查银行业金融机构高级管理人员任职资格等职责。

第一节　监管形式

市场监管

1988年，人民银行对全县金融机构实行年检制度。1989年，人行平阳县支行配合县清理公司领导小组做好对金融性公司的清理，撤销建行平阳县支行开办的房地产开发公司，清理、整顿非金融机构办理金融业务的挂户公司。

1991年、1995年开展整顿基金会工作。1993年，全县10家农村基金会进行清理、整顿，其中6家转为农村金融服务社，正式纳入金融市场范畴。1997年，开始实施金融机构高级管理人员任职资格审查及谈话制度，根据监管职责，监管部门对新设任的高级管理人员进行任职资格审查。是年，取缔非法代理点和城市信用社下设无证机构。1998年，制止乡镇企业发展基金会昆阳办事处的非法金融活动；查处平阳县城镇消费合作社对非特定对象变相吸收资金的非法行为；查处非法从事外汇期货交易活动；制止典当商行非法高利吸收公众存款违规办理信贷业务行为。2000年，对城市信用社采取“先纳入、后规范”办法，将昆阳、鳌江、腾蛟3家城市信用社改制更名，并入农村信用社行业管理；6家农村金融服务社经人行上海分行批准原则上同意并入农村信用社4家，1家自行清盘关闭，1家待处理；对28家农村基金会进行了全面清产核资，其中25家并入农村信用社，3家强制或自行清盘关闭。2002年11月，开展整治“乱集资、乱批金融机构、乱办金融业务”的现象。2004年，人民银行发行专项央行票据置换农村信用社不良资产，引导农村信用社改制，建立社员大会、理事会、监事会和经营管理层的现代企业机制。2006年，加强温州大同城票据交换和县级同城票据交换管理，将县级交换网点整合为25个。加大金融统计监管力度，对温州市商业银行平阳支行2月份现金漏报情况进行全辖通报批评。加强对外汇指定银行国际收支和外汇业务统计的监测分析工作。2008年，先后对平阳邮政储汇局、水头农村信用社现金收付及反假币业务进行了现场检查。2009年4月，开展辖区经营流通人民币企业经营情况检查，对经营流通人民币企业浙江中奥金银礼品有限公司和联东礼品街进行审查。2012年，及时处理并反馈周小川行长收到一条关于“某商品促销赠送千禧龙钞铂金版图样一套”短信事件。

金融业务监管

市场准入监管　2004—2012年，银监会温州监管分局平阳办事处审核上报新设县级支行5家、县农村信用合作联社1家、二级支行5家、农村信用社分社4家、金融服务点7家；审核上报分理处升格为二级支行18家、储蓄所升格为二级支行5家；审核上报撤并农村信用分社10家、储蓄所1家、银行分理处1家。此外，还受理审核上报8项新增业务。2004—2012年，银监会温州监管分局平阳办事处根据监管职责对新设机构的高级管理人员进行任职资格审查，审查上报批准高级管理人员129人。

非现场监管　银监会温州监管分局平阳办事处成立伊始，对辖内法人机构开展风险监测和非现场监管，督促建立法人治理机制，督促其完善各项规章制度建设，督促完善信息披露制度，对发现的问题进行持续跟踪，开展审慎监管会谈并限期整改。2005年，与辖内各银行业金融机构负责人签订风险防范责任书，明确各银行机构“一把手”责任，同时要求各行社层层签订责任书，将责任分解落实到人。2006年，组织县内银行机构召开第一届同业自律会议，通过《同业自律章程》，并推选产生第一届执行理事。2008—2010年，深化辖内银行业金融机构案件专项治理工作，督促平阳农村信用联社8家营业网点实行主办会计委派制和信贷主管制，通过监管走访、约谈高管等方式，对个别银行违规办理票据融资和有奖贷款营销等问题进行风险提示和及时制止，督促银行业金融机构以基层网点和业务一线为重点开展各项风险排查。2011年，督导银行业机构防控担保公司、民间借贷、小额贷款公司等重点领域凸显的风险，加大违规揽存行为的整治力度，落实好存款波动管控指标要求，严禁银行机构通过中介违规揽存。2012年，督导辖内银行业金融机构开展“完善金融服务、支持实体经济”主题活动，落实“有保有压”信贷政策和“三办法一指引”（即固定资产贷款管理暂行办法、流动资金贷款管理暂行办法、个人贷款管理暂行办法和项目融资业务指引）贷款新规，做好“服务实体经济”信贷支持，整治银行不规范经营专项活动，保护金融消费者合法权益，引导农村新型金融机构做好进村入户、阳光信贷、惠农富农金融创新“三大工程”。

现场监管　1989年，先后对专业银行流动资金贷款使用情况、信贷资金投向、财政性存款划转及国库款划解情况进行专项稽核，对查出的问题分别进行通报和罚款处理。1990年，对5家储蓄所公款私存情况进行逐户检查，并开展清理“三角债”同步稽核，工商银行贷款结构稽核、收费情况稽核，存、贷款利率稽核以及农村信用社“委托农行稽核”的试点，使“公款私存”、超比例发放贷款、贷款被挤占挪用、擅自转移财政性存款等违规性的问题得到不同程度的纠正。1991年，开展信用社委托稽核、城市信用社报送稽核。同时对鳌江镇、水头镇和麻步区9个金融网点部分信贷资产质量进行专项稽核。1992年，对23家金融机构开展现金管理稽核、专项贷款稽核、常规稽核、对农村信用社抽查稽核、对城市信用社和金融服务社实行报送稽核等，查出违规金额180万元，追回被转移财政性存款70万元，提出改进建议5条，处以罚款135万元。1993年，共完成稽核项目6个，查出漏缴财政性存款170万元，非法擅自吸储500万元，全年处以罚款17.9万元。1994年，对金融机构的现金管理、贷款规模、利率政策执行情况、结算纪律等项目进行检查和常规稽核，查出违反利率政策揽储总金额1690万元，追缴作为存款准备金的计114万元，对部分无法缴存的机构没收其非法所得计18.7万元。同时，加大对金融业务的常规稽核，查出工行县支行漏缴财政性存款244万元，追回被转移的财政性存款200万元和多付利息1.8万元。1995年，安排稽核项目12个，对149个金融网点开展稽核检查，查出违规金额21783万元，追缴款项400万元。1996年，完成对中行县支行、金融服务社、国信综合一部的常规稽核等12个稽核项目，查出违规金额10230万元。1997年，完成稽核项目12个，查处金融机构68家，查出违规经营金额55130万元，责令限期纠正26918万元，依法收回少缴财政性存款2066万元。1998年，完成稽核项目7个，查出违规违纪金额13611万元，对5家小法人金融机构在不同程度上存在擅提利率、账外经营等违法违规行为进行查处。1999年，对违反利率政策的4家金融机构进行经济处罚和通报批评，撤销违规开设账户43个。2000年，及时制止奥康公司在“五一”节采取带“51”号码人民币可在奥康专卖店购买双倍价值商品的非法促销行为。2001年，开展存款秩序、存款实名制、利率、现金、结算、开户、信贷及“三外”资金等专项检查，对情节严重的6个金融机构，依照法律、法规予以经济处罚，并在辖区内通报批评。同时，制定落实“金融债权保全证明书”制度，建立全县守信用企业和不守信用企业向社会公布的制度。2002年，共检查金融网点25家，查出违规业务89笔，金额1127.6万元，处罚5家金融机构。

2004年，先后开展县农村信用联社内控制度现场检查、工行支行大额贷款及关联企业贷款现场检查、温州城商行平阳支行内控制度现场检查和平阳县邮政储蓄新增资金调拨及内控状况，共发出整改意见16条。2005年，对建行县支行6家学校类贷款风险情况开展稽核调查，对国有商业银行贷款分类偏离度、土地和固定资产项目、工行个人消费贷款进行现场检查，对县邮政储蓄机构2005年上半年内部控制及新增资金调拨进行现场检查，对县农村信用联社案件专项治理工作进行现场检查，先后提出28条整改意见。2006年，对县邮政储蓄近3年监管意见落实情况进行现场督查；对县农村信用联社监管意见整改落实情况进行现场检查，指导其建立案件专项治理及防范操作风险长效机制。2007年，对县工行营业部等7家对公网点开展案件风险排查，对县农村信用联社开展财务利润真实性与合规性现场检查及贷款风险分类偏离度现场检查。2008年，对温州银行昆阳支行进行现场回访，对温州银行平阳支行票据业务、地方项目贷款及内控情况进行专项检查，对平阳农村信用联社开展大额及贷款专项检查，对县建行支行进行常规性现场检查，对县邮政储蓄银行案件风险情况进行现场抽查。2009年，对县农村信用联社1月份办理的全部承兑汇票所提供的增值税真伪进行核查，对其内控执行情况开展现场检查。2010年，对县农行支行开展信贷资金违规流入股市进行现场检查，对温州银行平阳支行和昆阳支行开展贷款风险分类偏离度现场检查，对县邮政储蓄银行授信业务进行现场检查。2012年，对县信用联社开展常规检查及信贷业务风险检查，对平阳浦发村镇银行开展内控、业务发展及风险状况专项检查，对温州银行平阳支行和昆阳支行开展信息化现场检查。

第二节　监管内容

存款准备金制度

1998年3月21日，中国人民银行发布《关于改革存款准备金制度的通知》，对存款准备金制度进行重大改革，将原存款准备金账户和备付金账户合并，存款准备金率由13%下调到8%，同时准备金存款利率和备付金存款利率分别由7.56%、7.02%统一下调至5.22%；实行统一法人缴存存款准备金。央行货币政策需要调整存款准备金率。1984—2009年年底止，存款准备金率经历30次调整（1984—2004年仅调整8次，2006年3次，2007年10次，2008年9次，2009年无调整）。

结算管理和服务

1988年12月，中国人民银行颁布新的《银行结算办法》。1993年下半年，全省各专业银行资金空前紧张，大量占用联行汇差资金，现金结算比重增大，压票、退票和无理拒付相当严重。人行浙江省分行于1993年9月10日下达《关于整顿结算秩序，扩大转账结算》的传真电报进行整顿。1995年，按照《中华人民共和国票据法》和有关结算法律、法规，人行平阳县支行制定《关于违反银行结算纪律处罚规定》，对金融机构之间和金融机构对企业随意退票、压票等违反结算纪律行为进行清理。1997年12月1日起，施行《支付结算办法》，结算“三原则”不变，取消国有商业银行签发50万元大额银行汇票通过人民银行清算资金的规定，各商业银行跨系统汇划款项和系统内50万元（含）以上大额汇划款项仍通过人民银行清算资金和转汇。1999年7月，成立全县结算监管网络。2003年11月，人行平阳县支行向辖内金融机构发出《关于进一步严肃结算纪律的通知》，加强检查，严肃结算纪律，维护稳定的金融秩序。2009年8月，组建平阳县联合整治银行卡违法犯罪办公室，加强协调银行卡结算管理。该年开始实施“便农支付工程”。截至2012年年底，创建6个刷卡无障碍示范区，并获得省级刷卡无障碍示范区称号；在全县有条件行政村设立了229个银行卡助农服务点；县农村信用联社获得人行总行改善农村支付服务环境先进集体称号。

账户管理

实行开户许可证制度和账户年检制度。1990年6月，人行平阳县支行制订并由县政府转发《平阳县加强开户管理和清理企业多头开户的实施办法》，在全面清理企业多头开户的基础上，统一实行开户许可证制度，限定一家独立核算的企业只能选择一家金融机构开立基本结算户。自2003年9月1日开始实行新的人民币账户管理办法。2005年5月，新的人民币银行结算账户管理系统上线运行。1991年5月，人行平阳县支行首次组织开展银行结算账户年检工作。2001年，对全县行政事业单位账户进行统一清理整顿。2004年，开展以乡镇、事业单位为重点对象的银行账户清理，对全县学校和部分乡镇的银行账户全面清理归并。2008年，县纪委、县财政、县人行、县审计4单位联合清理行政事业单位银行账户工作，清理出209个问题账户。2009年，全县单位银行账户年检率达93%以上，撤销基本户580户、专户56户。截至2012年年末，全县开设银行结算账户21869户（包括异地存款人），其中，工行支行5561户，农行支行3551户，中行支行1197户，建行支行3940户，温州银行支行1053户，县信用联社6122户，邮政储蓄支行273户。

反洗钱工作

2004年，人行平阳县支行成立反洗钱检查工作领导小组，对金融机构人民币大额和可疑交易报告情况以及对6559个账户进行了客户尽职情况等检查。各金融机构成立反洗钱工作领导小组。

2005年，各金融机构建立反洗钱工作体系和反洗钱内控制度，完善反洗钱工作机制，建立可疑支付交易定期报告、大额现金报告制度，加强反洗钱监管和反洗钱监测分析系统建设，加强涉嫌洗钱案件的协查侦破工作。2006年，着重对个别行可疑大额支付事项进行调查，发放大额和可疑支付交易协助调查单12份。2007年，辖区金融机构上报可疑报告1051笔，金额231676万元，经分析筛选上报人行温州市中心支行可疑报告共426笔，金额62121万元。2008年，在积极开展非现场监管的同时，加强对商业银行反洗钱业务培训，将反洗钱工作延伸到证券、保险等金融机构，10月，对辖区证券、保险机构发出开展现场检查。完善以人民银行、公安机关、商业银行和证券保险为核心的反洗钱立体网络。2009年，健全反洗钱联席会议制度，完善与金融机构反洗钱工作联席机制，建立跨部门的反洗钱工作机制，强化与公安、检察院、海关协作机制。2010年，建立涉案银行账户查询冻结快速通道。2011年，对金融机构的重点可疑交易报告进行规范。2012年，开展主题为“警惕网络洗钱陷阱，增强反洗钱意识”的反洗钱宣传月活动。

外汇管理

2004年10月27日，国家外汇管理局平阳县支局正式挂牌。外汇管理主要工作有6项。

机构外汇业务准入　至2008年，共有13个金融机构网点获准开办结售汇(对私)业务[未包括2004年前由国家外汇管理局温州市中心支局审批开办结售汇(对私)业务的9个金融机构网点]。至2012年年末，全县获准经营外汇业务的机构网点共有29个，其中，工行支行2个，农行支行10个，中行支行4个，建行支行8个，温州银行支行2个，邮政储蓄银行支行3个。

企业外汇经营监管　至2009年，外汇局平阳县支局累计办理出口核销35877笔、116706.85万美元；进口核销5324笔、43029.42万美元；进口付汇3877笔、42426.19万美元。自2010年起，核销制度取消。2012年，辖内72家外商投资企业陆续向浙江省联合年检网和外汇局直接投资外汇管理信息系统报送年检报告；受理进出口企业备案登记410户。

贸易外汇收支管理　2012年，全县共有进出口经营权的企业410家，对外贸易累计进出口收付汇79821万美元，与上年同比仅增18.53%，其中贸易出口收汇66583万美元，贸易进口对外付汇13238万美元。

外资外债管理　2012年，境外投资企业5家，协议投资总额为580.4万美元。外商投资企业67家，企业投资总额38619万美元，注册资本额22988万美元，其中，外方注册资本13006万美元，占注册资本的56.58%。自2006年1月至2012年12月，平阳县境内企业累计签约外债有8笔计1364.92万美元。

外汇账户管理　2004年12月，全县3家银行外汇指定网点外汇账户共计141户。2012年，全县外汇指定银行网点外汇账户共计2422户。

对外汇业务的监管　2005年制定出台《平阳县外汇指定银行日常外汇业务非现场监管违规抄告暂行制度》《平阳县国际收支统计申报业务考核办法》等监管、考核制度，当年发出外汇业务违规抄告书4份，对县辖内1家外汇指定银行处罚6万元。2009年，开展对业务合规性和国际收支间接统计申报现场核查，发现违规业务44笔、金额折美元20.16万，发出非现场监管违规抄告书3份，督促银行及时整改。2012年，实行国际收支统计申报非现场核查“一日三查”制度间接申报业务28515笔、收支总金额74399万美元，综合柜员“一日三查”累计发现错误和疑问信息512笔，督促辖内银行和申报主体进行修正和确认。

第六章　民间金融

2012年3月28日，国务院常务会议决定设立温州市金融综合改革试验区。2012年7月，县政府金融工作办公室正式成立，其前身是县政府金融工作领导小组办公室，成立于2011年，挂靠县发改局。县政府金融工作办公室扶植发展各类民间金融机构，如小额贷款公司、典当行、融资性担保公司、民间资本管理公司等。

第一节　小额贷款公司

至2012年年底，全县先后成立3家小额贷款公司，合计实收资本金6.5亿元，贷款发放的重点是有小额信贷资金需求的农村小企业、个体工商户、农户，贷款余额9.68亿元，累计发放贷款7125笔。向银行融入资金23530万元。贷款利率一般在9.72%～23.76%，最高不超过同期同档次基准利率的4倍。

平阳县恒信小额贷款有限公司　2009年1月8日，平阳县首家小额贷款公司——平阳县恒信小额贷款公司成立，注册资金1亿元(后增为3亿元)，由5家企业和8个自然人组成。2012年年末，在职员工13人，所有者权益37111万元，贷款余额43159万元，贷款户数482户。累计实现营业收入22702万元，上缴税收5550万元。

平阳县联众小额贷款有限公司　2010年4月20日试营业，注册资金1亿元(后增为2亿元)，由5家企业和8个自然人组成。2012年年末，在职员工13人，发放贷款余额38866万元，贷款户数501户，所有者权益26706万元。累计实现营业收入12383万元，上缴税收2970万元。

平阳县合信小额贷款有限公司　2012年12月26日成立，注册资金1亿元，由5家企业和16个自然人组成。2012年年末，在职员工11人，贷款余额14970万元，贷款户148户。

第二节　典当行

1988年6月，经人行温州市中心支行批准设立平阳县第一家典当公司——平阳县腾龙典当有限责任公司，注册资金500万元，主要从事动产质押、财产权利质押、房地产抵押、限额内施当物品的变卖、鉴定评估及咨询服务。2000年8月16日，人行平阳县支行将典当行监管职能移交平阳县经济委员会。2012年，典当行监管职责移交县商务局。是年年底，全县共有典当行6家，注册资本金5900万元，业务笔数426笔，典当余额5214万元，从业人数49人。

平阳县腾龙典当有限责任公司典当行　1988年6月成立，注册资本金为500万元。2012年年末，典当总额1250万元，余额639万元，在职员工11人。

平阳县华裕典当有限责任公司典当行　2004年5月成立，注册资本金为500万元。2012年年末，典当总额1106万元，余额487万元，在职员工10人。

平阳县融通典当有限责任公司典当行　2010年3月成立，注册资本金为1200万元。2012年年末，典当总额1524万元，余额1203万元，在职员工8人。

平阳县金桥典当有限责任公司典当行　2011年6月成立，注册资本金为1500万元。2012年年末，典当总额7119万元，余额1243万元，在职员工6人。

温州市龙安典当有限责任公司典当行　2011年6月成立，注册资本金为1000万元。2012年年末，典当总额799万元，余额550万元，在职员工5人。

平阳县鳌海典当有限责任公司典当行　2012年5月成立，注册资本金为1200万元。2012年年末，典当总额3381万元，余额1092万元，在职员工9人。

2010—2012年平阳县典当行情况一览表

表17-6-1　　单位：万元

年份及业务情况／企业名称	2010年		2011年		2012年	
	业务笔数	典当总额	业务笔数	典当总额	业务笔数	典当总额
平阳县腾龙典当有限责任公司	139	1294	118	926	175	1250
平阳县华裕典当有限责任公司	67	1307	90	1128	44	1106
平阳县融通典当有限责任公司	30	2090	56	1744	48	1524
平阳县金桥典当有限责任公司	—	—	—	1783	20	7119
温州市龙安典当有限责任公司	—	—	—	—	15	799
平阳县鳌海典当有限责任公司	—	—	—	—	42	3381

说明：资料由县商务局提供

第三节　融资担保公司

2012年平阳县融资性担保公司2家，年末担保金额10462万元。

平阳县兴平融资担保有限公司　其前身是平阳县兴平信用担保公司，成立于2003年10月23日，注册资本金2000万元，后经多次增资，注册资本金增加到5000万元。2011年，浙江省中小企业局颁发“融资性担保机构经营许可证”，年末在保金额5238万元，该年累计担保15008万元。2012年年末，在保金额6362万元，该年累计担保11312万元，在职员工11人。

平阳县农信融资担保有限公司　成立于2011年2月18日，注册资本金2780万元，2012年9月变更为2000万元，平阳县国有资产投资经营有限公司占70%股份。是年，为40家企业担保融资，担保金额4100万元。是年年末，员工8人。

此外，平阳县大众融资担保有限公司成立于2004年3月17日，其前身是平阳县大众信用担保公司，注册资本金2000万元。2011年，浙江省中小企业局颁发“融资性担保机构经营许可证”。2012年，该公司“融资性担保机构经营许可证”到期未申请变更而失效。

第四节　民间资本管理公司

民间资本管理公司是温州金融改革试验区特有产物。2012年8月24日，经温州市人民政府金融工作办公室批准，平阳县润乔民间资本管理公司成立，主发起人为平阳县乔治白置业有限公司，由4家企业和12个自然人发起设立。注册资本金1亿元，经营范围：资本管理、项目投资、资本投资咨询等。是年年末，在职员工8人。

第五节　民间借贷中心

2012年8月30日，平阳县民间借贷服务中心经市人民政府金融工作办公室批准成立。注册资本金518万元，由3家企业和6个自然人组成。是年年末，在职员工25人，办理民间借贷中介业务19笔，累计金额3325万元。

第十八卷

DI SHI BA JUAN

《平阳县志（1989—2012）》

PINGYANG XIAN ZHI

财政　税务

1989—2012年，县财政部门依法行政，发挥财政理财、生财、聚财和用财职能，充分体现“取之于民、用之于民”的财税特征。在财政收入方面，与税务部门协调配合，加强税收征管，收入逐年增长。1989年，全县财政总收入5325万元，2012年达到28.70亿元，比1989年增长52.9倍。在财政支出方面，坚持“统筹安排、保证重点”的原则，统筹兼顾，妥善安排。1989年，全县财政支出6508万元，2012年为27.51亿元，比1989年增长42.67倍。同时，面对新形势，县财政局不断研究调控经济、支持建设、培植财源的新方法，并按照建立公共财政的要求，进一步巩固和深化财政改革，强化完善县、乡（镇）两级的财政体制，逐步构建公共财政管理体系。

1994年新税制改革实施，县财税局相应调整，国税、地税分设。随着经济发展，税务机构不断深化税收征管改革。全县税收收入持续稳定增长，至2012年，全县国税收入15.69亿元，地税收入14.86亿元。

第一章　管理体制

1989年，平阳县已设县财政税务局，县财政局和县税务局合署办公，承担全县的税收和财政职能，全县实行“划分税种、核定收支、分级包干”和改进的“收入递增包干”财政体制。1994年9月，县财政税务局更名为县财政局，同时成立县国家税务局、县地方税务局，3局合署办公，并开始实行分税制财政管理。1997年，国、地税机构分设，县国税局单独行使职能对外开展工作，同时，进一步完善县、乡镇两级财政体制，理顺分配关系，实行分级管理。2011年，设在县财政局的县国有资产管理办公室，调整为与县财政局合署办公。至2012年年末，全县财税系统516人。

第一节　管理机构

县财政税务局

1989年，平阳县已设县财政税务局，县财政局和县税务局合署办公，内设机构有：人事监察股、税政股、稽征管理股、计划会计股、预算股、企业财务股、农财股、秘书股等8个股及国库券推销办公室、税务检察办公室、税务稽查队和岱口税务检查站。下辖昆阳、鳌江、水头、萧江4个直属镇和万全、鳌江、麻步、水头、腾蛟、山门、顺溪等7个区及南麂岛13个财政税务所及南雁、鹤溪、钱仓3个稽征组，全县在职干部、职工350人，协税员24人。

1990年，县财政税务局国有资产管理科（股）成立。1992年，增挂县国有资产管理委员会办公室牌子。9月，秘书股改称办公室，增设综合股、国有资产股、会计事务管理股、社会集团购买力控购办公室。是年年末，县财政税务局设有十股四室一队一站十三所三稽征组，即人事监察股、税政股、稽征管理股、计划会计股、预算股、企业财务股、农财股、综合股、国有资产股、会计事务管理股、县局办公室、国库券推销办公室、税务检察办公室、社会集团购买力控购办公室，税务稽查队，岱口税务检查站，昆阳、鳌江一所、鳌江二所、水头、萧江5个直属镇财政税务所和万全、鳌江、麻步、水头、腾蛟、山门、顺溪等7个区及南麂岛财政税务所，南雁、鹤溪、钱仓3个稽征组。

县财政局（县地税局、县国有资产管理委员会办公室）

1994年9月，县财政局内设办公室、人事教育科、监察科、预算科、国库科、行政事业科、农业科、综合科、经济建设科、企业科、国有资产管理科、财政监督检查科、会计管理中心、行政事业财务管理科。下辖昆阳、万全、鳌江、萧江、麻步、腾蛟、水头、山门以及鳌江近郊等9个财政所。

1997年国、地税机构分设后，县地方税务局下设税政科、征管科、计财科、涉外所、稽查局和征管分局以及信息中心；稽查局下设昆阳、鳌江、水头、萧江4个中队，征管分局下设昆阳、鳌江、水头、萧江、腾蛟、山门、顺溪7个办税厅。

1999年，县国有资产管理局成立，与县财政局合署办公。2002年，县国有资产管理局撤销，将其职能并入县财政局，保留县国有资产管理委员会办公室牌子。

2003年，县地税局调整地税机构，成立法规科、涉外科和昆阳、鳌江、水头、萧江4个征管局，合

县财政局、地税局办公楼（2005年） 余贤威 摄

并稽查局下属4个中队，内设综合股、案审股、执行股和检查一股、二股、三股、四股，实行选案、稽查、案审、执行四分离。2004年4月，昆阳、鳌江、水头和萧江四个征管局改名为税务分局。是年，县政府授权县财政局代表国家履行出资人职责，将原非常设议事协调机构县国有资产管理委员会更名为国有资产监督管理委员会，其办公室设在县财政局。

2006年，平阳县实施税源间接控管模式改革，调整基层税务分局内设机构和岗位设置，构建“人对事、事对户”的日常控管模式，健全基层税务机构的运转机制。

2011年，撤销昆阳(万全)财政所、鳌江近郊财政所、水头财政所、萧江财政所；建立昆阳财政分局、万全财政分局、鳌江财政分局、水头财政分局、萧江财政分局。11月，将设在县财政局的县国有资产管理委员会办公室，调整为与县财政局合署办公，机构规格为正科级，其职能由县财政局内设科室国有资产管理科行使。

2012年，县财政局内设办公室(科研所、干部培训中心)、工会、人教科、监察科、政策法规科、预算局、执行局、清欠办、农业科、农综办、企业科、财政监督局(绩效管理科)、经建科、会管科、财政项目预算审核中心、综合科(预算外资金管理中心)、行政审批科(政府采购监督管理科)、行政事业资产管理科、国资科等19个科室，5个派出机构为昆阳财政分局、万全财政分局、鳌江财政分局、水头财政分局、萧江财政分局。至年末，全县财政系统(含国有资产管理委员会办公室)干部职工165人，县财政局办公地点位于昆阳镇人民路373号。是年，县地方税务局设6个业务科室(税政管理科、规费管理局、征收管理科、计划财务科、纳税服务科、大企业管理科)和4个综合科室(办公室、人事教育科、监察科、政策法规科)，下属单位包括稽查局与昆阳、鳌江、萧江、水头4个税务分局。是年，地税系统干部职工153人。

县国税局

1994年9月，县国家税务局正式成立，设办公室、人事监察科、计划财务科、政策法规科、征管科、稽查分局及8个基层税务所(昆阳、鳌江、萧江、麻步、水头、腾蛟、山门、顺溪)，在昆阳镇利民路与县财政、县地税合署办公，由浙江省国家税务局垂直管理。

1997年，国、地税分设。县国税局内设办公室、人事教育科、监察室、计划财务科、管理科、税政(法规)科、纳税评估科、涉外税收管理科、进出口税收管理科、稽查局和信息中心，并组建征管分局和7个办税服务厅(昆阳、鳌江、萧江、麻步、水头、腾蛟、山门)，8月，全县国税系统干部职工199人。

1998年，成立发票管理所。1999年，县国税局局机关及征管分局、稽查局搬迁至平阳大厦。2001年，撤销征管分局、发票管理所，成立征收局和管理局。2002年，撤销涉外税收管理科、进出口税收管理科、征收局和管理局，设立进出口税收管理分局、涉外税收管理分局，组建4个管理股，管辖昆阳、鳌江、萧江、麻步、水头、腾蛟6个管理责任区。2003

县国家税务局办公大楼（2012年）

年，撤销进出口税收管理分局、涉外税收管理分局，设立涉外管理科和进出口管理科。2005年，纳税评估科、进出口管理科、涉外管理科分别改为税源管理一科、税源管理三科、税源管理四科。撤销4个管理股，设立鳌江税务管理分局、萧江税务管理分局、水头税务管理分局、税源管理二科，其中分局为副科级单位。是年，稽查局升格为副科级单位。2009年撤销计划征收科，设立收入核算科和纳税服务科。稽查局内设综合股、综合选案股、检查股、案件审理股、案件执行股。

2012年，县国税局局机关及稽查局搬迁至鳌江镇昆鳌大道鸽巢路口综合业务办公大楼。是年，全县国税系统有干部职工198人。

第二节　县级财政体制

1989年始，平阳县实行“划分税种、核定收支、分级包干”和改进的“收入递增包干”财政体制。实行分级包干后，县预算收入包括：县属企业缴纳的所得税、调节税、承包费、利润、亏损和差价补贴，集体企业所得税，资源税，盐税，农业税，契税，其他工商税，税款滞纳金、补税罚款收入，外资企业缴纳的工商统一税、所得税，城市维护建设税和县级其他收入，以上收入扣除按规定需上交中央、省部分外的收入，国营企业奖金税实际入库数的52%。县级财政预算支出包括：县自筹建设项目的投资和流动资金、城市维护费、抚恤和社会救济费、城镇青年就业经费、公费医疗经费、县级企业事业行政单位除中央和省拨专款以外的各项支出。递增包干是以1987年财政收支为基数(不包括城市建设维护税、耕地占用税、专项收入、预算调节基金、能源交通重点建设基金等)，参照前几年收入增长情况，确定地方收入递增率、留成比例和上缴比例，在递增比例以内的收入，按确定的留成上缴比例，实行中央和地方分成。超过递增率的收入，全部留给地方，达不到的部分，由地方自有财力补足。1989年，平阳县被省划为定额补助县，收入基数为3588.4万元，定额补助基数为435.2万元，年补助递增率6%。

1992年，温州市试行分税制财政体制，平阳县支大于收，从是年起由省给予定额补助。

1994年始，平阳县实行分税制财政管理体制。按照税种统一划分为中央税、地方税、中央与地方共享税，建立中央和地方两套税收管理制度，并分设中央与地方两套税收机构分别征管；在核定地方收支数额的基础上，实行中央财政对地方财政的税收返还和转移支付制度等。具体是增值税的75%和消费税上缴给中央，地方财政收入剔除专项收入后，相较于1993年增额的20%上缴省。自当年起，省财政厅实行对定额补助和递增补助以外的县(市)实行“两保两联”奖励办法。在确保实现当年财政收支平衡和确保完成逐步消化历年累积赤字任务的前提下，省财政的技改补助和奖励与地方财政收入比上年增收上解省级的收入相联系，即县地方财政收入增收上缴(环比)100万元，省财政给予补贴5万元。1996年起，停止征收能源交通重点建设基金和预算调节基金。1998年，省财政厅适当加大“两保两联”的奖励力度，增加5个百分点作为技改资金补助。

2001年始，实行“两保两挂”财政体制，在完成逐步消化历年累积赤字任务和当年财政收支平衡的前提下，省财政的困难补助和奖励与地方财政收入比上年增长部分相挂钩。自2002年始，实行所得税分享体制改革，企业所得税和个人所得税在2002年中央与地方各分享50%，2003年中央分享60%，地方分享40%。2003年起，实行新的“两保两挂”财政体制，即在确保实现当年财政收支平衡、确保完成政府职责任务的前提下，实行省补助和奖励与其地方财政收入增长、增加额挂钩的办法。技改补助以2002年实际财政收入交库数为基数，增量部分县得80%。从2004年始，实行出口退税机制改革，以上年出口退税实退指标为基数，对超基数部分的应退税额，由中央和地方按75∶25的比例分别负担。同时，银行储蓄利息个人所得税上划为省级收入。

2008年，省政府明确财政收支范围划分，财政收入、财政支出、财力基数以2007年市县财政收支决算为基础确定，实行“固定上交、增量分成、总额分享”的收入分成办法，将“两保两挂”(在确保实现当年财政收支平衡、确保完成各项职责任务的前提下，实现省补助与地方财政收入增长挂钩、奖励与地方财政收入增收额挂钩)、“两保一挂”(在确保实现当年财政收支平衡、确保完成政府职责任务的前提下,实行省奖励与其地方财政收入增收额挂钩)财政政策统一调整为“分类分档激励奖补机制”,在确保实现当年财政收支平衡、确保完成各项职责任务(重点是教育、卫生、社保等有关改善民生,促进社会和谐方面)的前提下,实行省补助与其地方财政收入增长挂钩,奖励与其地方财政收入增加额挂钩的办法。将全省各市县分为两大类,一类是欠发达地区,实施3档激励补助政策、两档激励奖励政策,另一类是发达地区和较发达地区,实施两档激励奖励政策。平阳县属一类,补助政策按三档,地方财政收入每增长1%,补助挂钩系数为0.2;奖励政策按第二档,地方财政收入增收额的8%用于发展资金,2%用于考核奖励,实行财政奖励政策和转移支付制度。

2012年,全省金融业营业税调整为省与市、县(市)共享收入,统一按“六四”比例分享,原省级金融业企业所得税全部下放市、县(市);原属省级的电力生产企业增值税、企业所得税下放市、县(市);将收支基数调整为以2011年市县财政收入、财力决算数为基础;重新划分财政收支范围;建立区域统筹发展激励奖补政策,将省区域统筹发展激励奖补资金与各设区市对所辖市县年度财政补助资金挂钩;建立促进发展奖补机制,包括完善地方财政税收收入增长奖补机制、营业税增收省分成返还奖励政策、“浙商回归”、“腾笼换鸟”等经济发展考核奖励政策;改革和完善转移支付制度,实施省级专项性一般转移支付改革。

第三节　乡(镇)级财政体制

1989年,乡镇执行“核定收支、收支挂钩,超收分成,超支不补,结余留用,一定二年”的体制。其中,4个直属镇和南麂乡则分别执行“核定收支、收支挂钩,超收分成”和“核定收支,收支包干,定额补助”的体制。1993年再次调整乡镇财政管理体制,对收大于支的乡镇,实行“划分税种,核定收入,递增包干,比例分成”体制;支大于收的乡镇实行“划分税种,核定收支,定额补助,超收分成,欠收自补”体制。1994年,按照“分税制”财政管理体制要求,乡镇财政实行“核定基数,划分收支,比例分成,自求平衡”体制。1996年,平阳县开始进行收支挂钩的乡镇财政管理体制试点工作,针对鳌江镇农村小城镇综合改革试点工作的要求,完善鳌江镇财政管理体制,实行“划分税种、核定收支、收支挂钩、一定三年”大包干财政体制。

2003年,县政府出台《关于进一步完善乡镇财政管理体制的通知》,划分乡镇类别和收支范围,对第一类乡镇(昆阳镇、鳌江镇、水头镇、萧江镇)实行“划分收入、核定支出、收支包干、递增分成”的体制,除第一类乡镇外的其余乡镇实行“核定支出、包干使用、超任务分成”的体制,在兼顾县级财政支出需要的同时,体现乡镇财政利益,确保人员工资经费的足额到位,基本保证乡镇组织运转的需求。

2007年,实行新一轮乡镇财政体制,按照统筹兼顾,区别对待的原则,对第一类乡镇(昆阳镇、鳌江镇、水头镇、萧江镇)实行“划分收入、核定支出、收支包干、递增分成”的办法,第二类乡镇(麻步镇、腾蛟镇、钱仓镇、南雁镇、宋桥镇、郑楼镇、榆垟镇)实行“保障基数、确保运转、超任务分成”的体制,第三类乡镇(山门镇、顺溪镇、宋埠镇、鹤溪镇、桃源乡、凤卧镇、西湾乡、梅溪乡、梅源乡、凤巢乡、龙尾乡、晓坑乡、怀溪乡、维新乡、青街乡、吴垟乡、闹村乡、朝阳乡、南湖乡、南麂镇)实行“统收统支”的乡镇财政体制。并在除昆阳镇、鳌江镇、水头镇、萧江镇、麻步镇、腾蛟镇以外的其他乡镇推行“乡财乡用县管”的财政管理办法。

2012年,在经济较为发达、财政资金规模较大的中心镇(昆阳镇、鳌江镇、万全镇)设置财政分局,构建“一站式、一条龙、一卡通”式改革财政服务模式。

第二章　财政收支

1989—2012年,平阳县累计国家预算管理财政收入197.31亿元,其中,预算内财政收入112.08亿元;累计财政预算内支出185.47亿元。1997—2012年,全县政府性基金收入181.80亿元,政府性基金支出172.85亿元。1999—2012年,全县预算外收入193.34亿元，预算外支出186.47亿元。

第一节　预算内财政收支

收入

随着改革开放的深入，税源不断增加，财政收入也不断增多。1989年，预算内财政收入5325万元，以后逐年增长。1993年，财政预算收入1.41亿元，首次突破亿元，平阳县从原来的财政补贴县跃入全省财政亿元县的行列，其中工商税收入库1.36亿元，首次突破亿元。1994年，实行分税制财政体制，全县财政总收入1.71亿元，其中地方财政收入为7591万元。1995年，地方财政收入1.01亿元，财政总收入突破2亿元大关，达2.16亿元。1998年，财政总收入突破3亿元大关，达3.24亿元。2000年，财政总收入4.36亿元。

2000年之后，随着社会主义建设和商品经济的发展，财政收支不断增加，收支结构也发生变化。农业税收比重逐年下降，工商税收比重则逐年上升。2004年，财政收入6.98亿元，其中工商税收比重占91.6%，农业税收入比重占6.12%。2006年，财政总收入突破10亿元关口，为10.91亿元。2010年，财政总收入突破20亿元，为22.01亿元。2012年，全县财政总收入为28.70亿元。

1989—2006年平阳县预算内财政收入情况一览表

表18-2-1　　单位：万元

年度（年）	财政总收入	地方财政收入	地方财政收入中：									上划中央税收
			工商税收类	农牧业税和耕地占用税类	国营企业上缴利润类	国营企业计划亏损补贴类	能源交通重点建设基金收入类	其他收入类	国家预算调节基金类	专项收入类	所得税退税	
1989	5325	5325	5318	418	0	-805	0	393	0	0	0	0
1990	6101	6101	5843	324	33	-941	12	630	82	118	0	0
1991	6993	6993	6890	354	51	-1114	8	517	63	224	0	0
1992	9019	9019	9200	344	27	-1419	12	524	63	268	0	0
1993	14128	14128	13563	659	11	-1457	5	788	18	541	0	0
1994	17101	7591	7187	616	0	-1271	5	417	14	623	0	9510
1995	21576	10010	10688	821	3	-2130	1	1139	4	169	-685	11566
1996	23675	11069	11828	896	0	-2355	0	502	0	301	-103	12606
1997	28086	12981	15256	1007	0	-2760	0	183	0	0	-705	15105
1998	32470	15200	17185	1111	0	-2697	0	0	0	638	-1037	17270
1999	33901	17225	18347	1228	0	-2939	0	0	0	874	-285	16676
2000	43576	26284	20191	2432	0	-2187	0	5016	0	871	-39	17292
2001	55650	34881	29424	2546	0	-2516	0	4323	0	1104	0	20769
2002	68324	33986	28371	3221	0	-3500	0	4866	0	1028	0	34338
2003	75283	38674	29540	3703	0	-1455	0	5910	0	976	0	36609
2004	69793	38641	28723	4106	0	-1500	0	6569	0	743	0	31152
2005	90460	45529	34675	5086	0	-1675	0	6462	0	981	0	44931
2006	109120	56744	42411	5410	0	-2458	0	9133	0	2248	0	52376

说明：①部分数据因四舍五入的原因，存在着与分项合计不等的情况；②资料由县财政局提供

2007—2012年平阳县预算内财政收入情况一览表

表 18-2-2　　　　单位：万元

项目	2007年	2008年	2009年	2010年	2011年	2012年
财政总收入	132838	160022	177303	220145	285233	287009
一、地方财政收入	70746	88044	99451	133471	167528	171174
(一)税收收入	61855	77853	89285	121874	145153	148599
1. 增值税25%	14859	17501	18590	18465	22955	25868
2. 营业税	19331	24767	27809	38682	39669	47589
3. 企业所得税	7438	8128	8581	12412	16016	16608
4. 个人所得税	3210	3811	5290	7759	16021	8841
5. 城建税	3423	4245	4744	5985	7306	7979
6. 耕地占用税	1367	323	1209	3235	5833	2467
7. 契税	6313	9198	11313	19655	17585	15703
8. 其他各税	5914	9880	11749	15681	19768	23544
(二)非税收入	8891	10191	10166	11597	22375	22575
1. 专项收入	2969	3516	3746	4007	6118	10833
(1)教育费附加	1869	2301	2552	3200	3978	4373
(2)排污费收入	980	1215	1157	725	866	629
(3)水资源费收入	0	0	0	82	147	126
(4)探矿权采矿权使用费及价款收入	120	0	37	0	1127	5705
2. 行政性收费收入	237	0	0	1064	2292	2182
3. 企业亏损补贴	-1599	-1600	-1600	-1600	-1600	-1600
4. 其他收入	7284	8275	8020	8126	15565	11160
其中：罚没收入	6955	7935	7531	7431	14102	7973
二、上划中央四税收入	62092	71978	77852	86674	117705	115835
(一)消费税、增值税小计	46120	54070	57046	56418	69649	77661
1. 消费税	1543	1567	1276	1023	784	161
2. 增值税75%	44577	52503	55770	55395	68865	77500
出口退增值税(100%，含免抵调减)	-20800	-19237	-26300	-28160	-41600	-53600
(二)所得税小计	15972	17908	20806	30256	48056	38174
1. 企业所得税	11157	12192	12871	18618	24024	24912
2. 个人所得税	4815	5716	7935	11638	24032	13262

说明：资料由县财政局提供

支出

1989—2012年，预算内支出坚持“统筹安排、保证重点”的原则，在保证行政、机关工作人员和学校校员供给的基础上，尽力节约政府财力，支持全县经济建设，全县财政总支出185.47亿元。

1989—2000年，财政部门始终坚持农业是国民经济基础的指导方针，从政策、资金等多方面重点向农业、农村倾斜。其间实现乡乡通公路、村村通电、通程控电话、通广播电视，85%的村安装了自来水，并且开展“合力扶工”，设立工业发展基金，支持一批重点企业发展，加快工业经济结构调整和产品更新换代。2000—2012年，财政部门转变财政扶持经济的重点和方向，促进全县经济结构调整和经济增长方式的转变，参与国企改制和重组，培育经济新的增长点，通过安排专项资金、落实优惠政策支持外向型、科技型、规模型企业的进一步发展。同时，调整优化财政支出结构，加大对“三农(农村、农业、农民)”、教育、医疗卫生、社会保障、就业再就业、环境保护等民生领域投入力度，大力支持设施农业、特色农业、生态农业等现代农业的发展，压缩行政开支，控管公务消费开支，努力控制和压缩一般性支出。

1989—2006年平阳县预算内财政支出情况一览表

表 18-2-3　　单位：万元

年度（年）	总支出	行政事业费							基本建设	企业挖改	科技三项	城市维护	其他支出
		合计	农林水业	工交商业	文卫科教	抚恤救济	行政管理	其他					
1989	6508	4994	679	199	2117	325	1360	314	0	208	22	234	1050
1990	7541	6189	895	230	2615	398	1214	837	0	116	21	226	989
1991	8544	6642	897	336	2760	376	1854	419	50	218	22	254	1358
1992	9776	7883	1074	397	3329	394	1858	831	112	223	49	237	1272
1993	13565	10466	1425	487	4291	389	2747	1127	276	375	58	417	1973
1994	19057	13684	1772	551	5950	866	3066	1479	885	370	67	448	3603
1995	20220	14853	2103	601	6629	774	3238	1508	619	40	123	848	3737
1996	20575	16534	2119	597	6933	979	3936	1970	509	190	230	851	2261
1997	21539	18145	2456	694	8229	896	3949	1921	593	5	331	849	1616
1998	24853	20878	3108	653	9776	822	4352	2167	235	50	309	1144	2237
1999	29238	23399	3223	747	11265	1296	4473	2395	499	116	361	911	3952
2000	37943	27036	3570	980	12739	1390	4892	3465	2029	67	522	1115	7174
2001	41693	28674	3917	564	13478	1272	6142	3301	4807	165	567	1378	6102
2002	54522	39857	4830	494	17486	2293	8727	6027	3020	2031	834	1228	7552
2003	62212	46118	5693	978	21444	2496	8807	6700	3901	243	863	1323	9764
2004	64928	55816	6616	1863	25883	2476	10386	8592	1755	170	1087	1651	4449
2005	73275	62379	7665	2059	28556	4451	10617	9031	3412	107	934	1661	4782
2006	93375	76730	9729	3012	37244	4336	11413	10996	3797	279	997	2368	9204

说明：资料由县财政局提供

2007—2012年平阳县预算内财政支出情况一览表

表 18-2-4　　单位：万元

项目	2007年	2008年	2009年	2010年	2011年	2012年
总支出	118819	152078	183085	227514	288683	275092
1. 一般公共服务	18537	23367	25978	31923	38586	35339
2. 国防	617	1366	843	895	1323	747
3. 公共安全	7664	10999	12748	17048	23028	23104
4. 教育	35666	49735	59983	63999	79591	86577
5. 科学技术	2092	2563	3288	4011	4755	4779
6. 文化体育与传媒	3109	3715	4448	5979	5852	6018
7. 社会保障和就业	8586	8715	11844	16595	19116	21907
8. 医疗卫生	7814	11744	16599	18875	33038	17636
9. 环境保护	3241	4429	6336	6334	7001	4726
10. 城乡社区事务	2046	2516	2543	3860	4118	3713
11. 农林水事务	12157	16746	22872	30714	33183	35762
12. 交通运输	4333	1799	8487	12192	11714	17767

续表 18-2-4

项目	2007年	2008年	2009年	2010年	2011年	2012年
13. 资源勘探电力信息等事务	2627	4458	1369	2357	3958	2097
14. 商业服务业等事务	1398	1282	1747	4196	6606	2253
15. 金融监管等事务	10	40	0	40	62	562
16. 国土资源气象等事务	1049	658	1141	1730	3552	3125
17. 住房保障事务	0	0	0	717	694	2445
18. 粮油物资储备管理事务	174	237	236	1167	315	442
19. 债务付息支出	0	0	0	0	1000	0
20. 其他支出	7699	7709	2623	4882	11191	6093

说明:资料由县财政局提供

第二节　预算外财政收支

1989年,全县预算外资金2930.4万元。随着预算外资金收入的猛增,从1990年始,全面加强预算外资金的管理,由县财政局综合股负责预算外资金管理,积极拓宽、完善专户储存工作,采用统一收费票据管理,防止乱收费,同时加强对自筹基建资金和购买专控商品资金审核工作。2011年,根据财政部规定,将按预算外资金管理的收入全部纳入预算管理。

1999—2012年,全县预算外收入1933351万元,支出1864722万元。

1999—2012年平阳县预算外收支情况一览表

表 18-2-5　　单位:万元

年度(年)	预算外收入	预算外支出	年度(年)	预算外收入	预算外支出
1999	23534	19313	2006	99871	88588
2000	29470	30598	2007	142090	139987
2001	32556	31924	2008	170523	167009
2002	31380	33512	2009	179315	167793
2003	69742	52075	2010	334639	320415
2004	88104	63189	2011	418958	414747
2005	75143	75580	2012	238026	259992

说明:资料由县财政局提供

第三节　政府性基金

1997年,平阳县开始征收政府性基金。1997—2005年,政府性基金收入73334万元,其中,文教部门基金收入11822万元,地方财政税务附加收入993万元,农业部门基金收入3622万元,工业交通部门基金收入616万元,土地有偿使用收入591万元,社会保险基金收入55055万元,其他部门基金收入635万元。2006—2008年,政府性基金收入289211万元,其中土地有偿使用收入167624万元,社会保险基金收入108587万元。2009—2012年,政府性基金收入1455460万元,其中土地有偿使用收入970205万元,社会保险基金收入399141万元。

1997—2005年,政府性基金支出73296万元,其中,文教部门基金支出10133万元,地方财政税务附加支出1814万元,农业部门基金支出3257万元,工业交通部门基金支出375万元,土地有偿使用支出1688万元,社会保险基金支出55055万元,商贸部门基金支出617万元,其他部门基金支出357万元。2006—2008年,政府性基金支出302635万元,社会保险基金支出108585万元。2009—2012年,政府性基金支出1352580万元,社会保险基金支出283670万元。

1997—2012年平阳县政府性基金收入情况一览表

表 18-2-6　　单位：万元

年份(年)	合计	文教部门	地方财政税务附加	农业部门	工业交通部门	土地有偿使用	社会保险	其他部门
1997	796	478	67	0	0	0	0	251
1998	1030	805	225	0	0	0	0	0
1999	1138	884	254	0	0	0	0	0
2000	1279	1059	220	0	0	0	0	0
2001	4074	1356	105	386	0	0	2227	0
2002	11977	1565	57	586	0	0	9769	0
2003	14390	1564	58	677	616	165	11269	41
2004	16594	1821	0	874	0	0	13899	0
2005	22056	2290	7	1099	0	426	17891	343
2006	31075	0	1899	1591	0	376	26343	866
2007	108233	0	1436	1762	0	69251	35175	609
2008	149903	0	1808	2017	0	97997	47069	1012
2009	170693	0	1961	2348	0	118142	46778	1464
2010	344377	0	2395	3200	0	259449	77824	1509
2011	534315	0	2624	3208	0	378115	124945	25423
2012	406075	0	2956	3540	0	214499	149594	35486

说明：资料由县财政局提供

1997—2012年平阳县政府性基金支出情况一览表

表 18-2-7　　单位：万元

年份(年)	合计	文教部门	地方财政税务附加	农业部门	工业交通部门	土地有偿使用	社会保险	商贸部门	其他部门
1997	615	364	0	0	0	0	0	0	251
1998	1145	827	258	60	0	0	0	0	0
1999	690	490	200	0	0	0	0	0	0
2000	1242	885	301	0	0	0	0	43	13
2001	3857	903	581	0	0	0	2227	146	0
2002	12303	1423	140	566	202	0	9769	203	0
2003	15330	1370	107	982	173	1004	11269	225	200
2004	16863	1859	125	413	0	680	13899	0	-113
2005	21251	2012	102	1236	0	4	17891	0	6
2006	35954	2096	0	2433	3881	0	26343	280	921
2007	106415	1776	0	874	4987	0	35173	213	63392
2008	160266	1838	0	3341	5129	0	47069	244	102645
2009	154411	1980	0	3566	261	0	32067	0	116537
2010	325025	3289	0	1824	1189	0	50767	0	267956
2011	500151	3016	0	8593	252	0	81993	0	406297
2012	372993	3082	0	7388	224	0	118843	0	243456

说明：资料由县财政局提供

第三章 财政管理

为适应社会主义市场经济发展需要，平阳县财政局按照国家财政管理体制、税收体制和财会制度等方面的一系列改革，通过深化财政监督，不断加强会计管理、财务管理、预算外资金管理、国有资产管理，维护财经纪律，严肃财经纪律，积极探索构建地方公共财政管理新体系。

第一节 会计管理

1990年9月，县财政局会计管理科成立，负责全县会计管理事务。至1991年，全县各类会计执证人员300余人。

2000年1月，平阳县首家会计师事务所正益会计师事务所成立。4月，建立县会计管理中心，为全民事业单位，开展《企业会计准则》《会计人员职业道德》《中华人民共和国企业所得税法》《企业内部控制基本规范》等一系列会计类相关知识的辅导培训和学习。2003年3月，会计管理科与会计管理中心合并，共同管理全县会计管理事务。5月，平阳县德诚联合会计师事务所成立。随着信息化技术的快速发展，会计管理科推进会计人员网络化管理。2009年，首次推行会计类考试全程网上报名工作。2010年，会计人员可通过网络在线学习会计知识。

至2012年，全县会计师事务所2家，会计人员9266人。其中，高级会计师13人，会计师272人，助理会计师和会计员1120人，具有大专学历3081人，本科学历992人。

第二节 财务管理

基建财务管理

1989年，县财政局抽调专业人员在财政局预算科从事基本建设财政财务管理。1989—1997年，主要从事基本建设工程预、结算审查，建设单位财务管理以及有关工程管理如招投标、图纸会审、竣工验收等。

1998年3月，县财政局设立基本建设财务科，行使基本建设财政财务管理职能。1999年，《平阳县基本建设财政财务管理暂行办法》出台，明确财政部门是行使基本建设财务管理的职能部门，阐明基本建设资金管理、建设工程预决算审查管理、社会审价机构管理、基本建设工程管理、基本建设单位财务管理、施工和房地产开发企业财务管理等基本建设财政财务管理的各种规定和办法。

2002年10月，县财政局设立基本建设工程预决算审价中心，与基本建设财务科合署办公。2003年，《平阳县基建财务暂行管理办法》和《平阳县国有公建项目工程预(结)决算管理暂行办法》出台，规范审价机构的审价行为和审价工作程序，审定管理国有公建项目造价。7月，《平阳县重点工程建设指挥部财务管理规定》出台，重点工程的建设资金全部纳入县会计核算中心统一管理，指挥部不设置基建账户，只配备专(兼)职报账员。重点工程指挥部执行财政部《国有建设单位会计制度》和财政部《基本建设财务管理规定》，建设资金纳入预算管理。同时规定工程进度款支付、日常财务费用支出、管理人员补贴标准。县会计核算中心要根据有关财务管理规定及时处理日常财务，工程竣工后，协助重点工程指挥部办理竣工财务决算。是年，基本建设财务科改为经济建设科；主要职能是负责管理全县基本建设投资和财务用款，对基本建设预、决算进行监督管理；审批建筑施工、房地产开发企业和市政开发单位的财务管理和监督等。2004年，经济建设科增加基本建设资金拨款审核职能。2006年，再增加县重点工程预算资金的安排工作职能。

2008年，《平阳县财政性投资项目竣工结算审价定案管理实施办法》出台，规定工程竣工结算统一由财政委托审价业务，财政专门安排预算资金用于审价费用，统一向受托审价单位付费，受托审价单位不再向建设单位收取审价费用。同时，规定审价的要求、审价工作流程、工作时效、复审机制、奖罚机制等。

2009年，《平阳县政府投资项目概预算审查管理办法》《平阳县政府投资项目工程变更管理实施意见》出台，明确工程概、预算审价由财政统一审查、管理、委托，统一付费；政府投资项目推行限额设计，严格控制不合理变更，使工程总投资不突破批准的限额。工程变更必须由财政部门审批，未经审批，财政部门在办理工程结算和决算时相应予以核减，对设计概预算超过项目建议书或可行性研究报告批准的投资估算的10%或超过500万元以上的，必须缩小规模重新设计，费用由设计单位承担，或报县政府批准同意后按规定程序再行审批。

2010年，建立政府投资项目工程审价社会中介机构备选库，对政府投资项目工程概、预、结算审价进行公开投标委托。

行政事业单位财务管理

1989年，行政单位实行单项经费包干的财务管理制度，即公务费实行包干，结余留给单位结转使用，超支不补；事业单位实行全部包干、结余留用、超支不补的办法。

1997—1998年，国家相继发布《行政单位财务规则》《事业单位财务规则》《行政单位会计制度》《事业单位会计制度》等法规，确立“收支统一管理，定额、定项拨款、超支不补，结余留用”的预算管理办法，将行政事业单位的各项收入和支出全部纳入单位预算统一管理。1998年，部分事业单位实行综合预算管理试点，推行预算内外资金统一安排，统一使用，统一管理。是年，严格控制人员经费、会议费支出，严格执行公用电话费的开支标准，从严审批出国经费，停止行政事业单位小汽车购置审批。

2001年，实行县级行政事业单位财务管理员制度。2003年，按照“鼓励节支、包奖结合”的原则，全面推行市级行政事业单位经费综合定额包干办法，逐步缩小行政事业单位之间收入分配的差距。2006年，制定《平阳县行政事业单位经费开支控制标准暂行规定的通知》，明确差旅费、会议费、接待费、临时人员工资、讲课费等16类支出标准。2007年，《平阳县行政事业单位办公设施配置控制标准暂行规定》出台，完善办公设施配置控制标准，推进节约型政府建设。推进公务员津贴补贴改革，研究制定以“规范秩序、总量控制、缩小差距、统筹兼顾”为原则的实施方案，实行“限高托低”。2008年，按照“指标单列、总量控制、分项核算、费用公示、结果考核、过错问责”的总体工作思路，对接待费、会议费、公车费用、培训费、外出学习参观考察费等进行管理；推进教师岗位补贴绩效工资改革，安排相应资金5000万元，加大向义务教育阶段教师、一线教师、山区海岛教师的倾斜力度。2009年，转发《中共浙江省委办公厅 浙江省人民政府办公厅关于进一步做好党政机关厉行节约有关工作的通知》，规定党政机关因公出国（境）经费支出在近3年平均数基础上压缩20%；公务用车购置冻结1年，运行费用支出在近3年平均数基础上降低15%；公务接待费用支出要在2008年基础上削减10%；公用经费一律按预算数核减5%，专项经费0增长。全面实施规范公务员津贴补贴工作，完善公务员福利管理机制；推进义务教育绩效工资改革，多渠道落实资金3.33亿元。

2011年，平阳县印发《关于严格控制公务消费切实做好厉行节约工作的通知》，因公出国（境）经费支出、公务用车运行费用、公务接待费用支出、会议费支出、培训经费支出不得超过2009年按规定比例压缩后的经费预算规模。

企业财务管理

20世纪80年代，一方面着力把企业搞活，另一方面企业与国家的利益分配关系开始调整，国家得大头，企业得中头，个人得小头。主要事项是实行税利并存，大企业缴交55%所得税，税后利润由国家与企业分配，可按利润包干、定额包干、比例包干的办法，也可搞调节税，通过完善税收制度，解决政企不分的弊端，使企业的经济利益同条条或块块脱钩，由原按企业隶属关系划分经济利益的做法改为不分隶属关系，而依法向中央和地方缴纳不同税收的办法，以利于把企业应有经营管理权真正交给企业手中，解决企业吃国家“大锅饭”的问题。

1988—1990年，平阳县推行企业第一轮工效挂钩，对全民所有制企业确定基数，确保上缴超额多留、欠数自补、二级承包、二级结算的承包经营责任制，承包基数按1987年应上缴利润实绩再加适当递增幅度，承包时间为3年。1989年初，全县大中型企业43家，其中工业14家，商业26家，交通3家。

1991—1993年，施行第二轮工效挂钩，按照“核定基数、超收分成、歉收自补”的原则，确定县全民所有制企业上缴财政指标，全面深入实施承包经营责任制。

1997年，平阳县投放财政周转金1.63亿元，重点支持纳税大户；对福利企业、校办企业减免所得税630万元，返还重点企业所得税325万元。1998年，设立工业发展基金，专项用于扶持重点企业和纳税大户发展。1999年，根据市财政局对企业财务监督的意见，规范企业财务监督，坚持政企分开，落实企业自主权，重点范围和内容：对企业非生产性开支的监督，控制消费性支出；对企业生产经营资金使用的监督；对企业对外投资的监督，企业累计对外投资不得超过该企业上年末净资金的50%；对关联企业经营往来的监督；加强企业资金调度的监督等。

2000年，县财政局参与企业改制指导工作，先后完成10家国有企事业单位产权制度改革。2001年，对外商投资企业财务报告和注册会计师审计情况进行核查，重点核查面15%以上，专项检查户面100%。2004年，县政府印发《平阳县技术改造贴息实施办法》，贴息标准为1% ～5%；印发《平阳县地方储备粮油专项资金管理办法(试行)》，明确资金使用范围和补贴标准。2005年，印发《平阳县农资储备财政专项资金管理办法》和《平阳县外经贸发展资金管理办法》，加强和规范农资储备、外经贸发展资金的管理。2008年，印发《平阳县地方储备粮油专项资金管理办法》。2009年，制定平阳县分离发展服务业企业财政扶持政策操作流程，建立企业分离创办服务业登记认证制度，明确企业分离发展服务业享受财税扶持政策的对象和范围包括：自2008年10月始，在全县范围内实行(工商注册登记)独立核算的一、二、三产企业中分离发展服务业的经济实体，以及外地到平阳县开设具有法人资格的服务业子公司。但分离企业与原企业缴纳的流转税属同一税种的，以及企业分离创办房地产开发企业的均不在享受财政扶持政策范围之内。

2010年，平阳县建立财政专项资金补助，支持企业转型升级，企业技改500万元，节能降耗260万元，扶持商贸流通200万元，外贸发展570万元，企业贷款风险补偿300万元，工业30强企业等先进奖励600万元，合计2430万元。是年，家电下乡申报数量20970件，补贴金额625.43万元，实际补贴额为622.64万元，补贴兑现率为99.50%。2011年，平阳县在企业口安排扶持专项资金4860万元。其中，企业技改510万元，节能降耗250万元，商贸流通700万元，鼓励外向型经济发展1000万元，皮革、机械机电、塑编三大支柱行业转型升级1500万元，企业贷款风险补偿900万元。

2012年，平阳县下发《关于开展“2012破难攻坚大行动”实施意见》，县财政安排扶持企业专项资金5670万元。其中，企业技改项目600万元，节能降耗项目250万元，商贸流通专项700万元，扶持外向型经济项目1200万元，贷款风险补偿专项1420万元，皮革、机械机电、塑编三大支柱行业转型升级扶持1500万元。拨付技术创新、企业技术中心、信息优产学研等项目专项资金638万元，引导企业技改投入1.47亿元，拨付企业节能降耗财政专项资金150万元，引导企业节能技改投入4210万元，直接节能9694吨标准煤；拨付转型升级财政专项资金769万元，推进科技创新、品牌创建、标准化建设。是年，争取省财政扶持企业专项资金1354万元。

会计集中核算

平阳县在设立会计核算中心之前，财政资金实行分散支付体制，即财政部门根据预算将资金拨付给预算单位，由预算单位自行支配和使用预算资金。

2000年，县会计核算中心成立，以“一统、二集、三建、四不变”(统一账户，集中核算、集中支付，建立经费审核制度、建立报账员制度、建立备用金，单位理财机制不变、资金使用权不变、支出审批不变、资金来源不变)的运作方式，对全县行政事业单位财务实行集中核算，工资实行统一发放，严格支出审核。2002年，发放工资卡5000余张，结存资金4000余万元，拒付资金500余万元，是年，昆阳镇、鳌江镇会计核算中心成立。2003年，县教育局、县广播电视台、县房产管理局、县工商局等单位财务实行集中核算，至此，全县行政事业单位均纳入县会计核算中心管理。同时，启动网上报账的准备工作。2007年，乡镇会计核算中心成立，将榆垟镇、宋桥镇、鹤溪镇3个试点乡镇纳入乡镇会计核算中心管理的基础上，扩大乡镇财政集中核算范围。2008年1月，乡镇全部纳入乡镇会计核算中心管理。2009年，县会计核算中心全面进行国库集中支付改革，逐步实现从会计核算到国库集中支付的职能转变。2011年，平阳县国库支付中心成立。2012年，县会计核算中心成立卫生分中心，将全县所有的31个卫生院、妇保院纳入到中心进行统一核算管理。至年底，全县所有一级预算单位纳入到国库集中支付系统中，所有行政事业单位、各乡镇的财政投资项目都已纳入中心集中核算，纳入中心核算的项目267个。是年，全县推行单位公务卡和个人公务卡制度改革。

政府采购

1999年前，政府采购对象为县级财政拨款单位部门。采购形式是由财政部门根据每年预算和各预算单位用款进度层层下拨经费，各支出单位根据需要自行购买。由于采购资金脱离财政监督，出现盲目和重复采购现象，造成支出浪费。1999年下半年，平阳县开始政府采购工作，由财政局预算科负责。2000年，平阳县制定和出台《平阳县政府采购管理暂行办法》和《2000年平阳县政府采购目录》。2001年，将财政局预算科的政府采购职能分设出来，成立县政府采购中心和政府采购管理办公室，制定《平阳县政府采购暂行办法》《平阳县政府采购操作程序》《平阳县2001年政府采购目录》，设置政府采购网页，实行网上公告制，使政府采购向专业化、规范化、法律化迈进。是年，对汽车、空调、计算机等3大物品实施政府采购制度，节约财政资金31.7万元。2004年，根据《中华人民共和国政府采购法》和上级有关规定，政府采购中心和政府采购管理办公室相分离，政府采购中心具体负责采购业务，政府采购办公室负责采购审批。2005年3月，政府采购中心并入县公共资源交易中心。2011年12月，政府采购信息管理系统(外网管理系统)上线。是月，政府采购办公室更名为政府采购监督管理科，与行政审批科合署办公。2012年，县政府印发《平阳县单一来源政府采购管理暂行规定》。

财政监督

2001年，县财政局财政监督科成立。建立健全覆盖所有财政性资金和财政运行全过程的监督机制，对全县行政事业单位及其他有关组织执行财税、法律法规以及对财政收支和国有资产监督管理等依法进行监督检查，在财务、会计管理方面开展一年一度财政税务、工商、物价、财务大检查，依法实施财政预算监督、专项资金使用监督、政府投资项目监督、政府采购监督、国有资产监督等工作。

2002年，实行公车统一保险。2006年，实行机关事业单位公用经费包干办法，规范公务员工资改革前各项津贴补贴的发放。2007年，全面实施政府收支分类改革，完善定员定额标准、经费包干等管理办法，细化部门预算。

2011年，实行财政大集中管理改革，按照“收入一个笼子，预算一个盘子，支出一个口子”的管理要求，建立以“大财力、大计划、大预算、大核算、大监督”为主要内容的财政大集中体系。

2012年，县级机关、事业单位公务用车实行社会化、货币化、市场化、集中化改革。86个单位参与车改，涉改人员5000余人，涉及公车599辆，车改后每年可节约资金855.6万元，节约率为22%。车改工作于2012年年底完成。

第三节　预算外资金管理

1989年8月至1990年6月，在全县范围内对预算外资金进行一次专项检查，在自查的329个单位中，违纪金额159.8万元。

1990年始，由开展预算外资金专户储存单项工作业务转向深入、全面地加强预算外资金的管理。1993年，为集中部分预算外财力，支持县重点项目的建设，县政府批准成立县统筹财力办公室。

1995年，县预算外资金专项清理领导小组成立，从是年开始，所有行政事业单位、社会团体通过预算外资金的自查，全县组织重点抽查，着力纠正预算外资金统计中存在的少报、漏报、不报的行为，基本摸清全县预算外资金的底数。至1997年，纳入财政专储户67户，纳入专户的预算外资金6673万元。

1998年下半年开始，对行政事业单位预算外资金实施“单位开票，银行代收，财政管理”的管理办法后，县财政成立预算外资金管理中心，建立财政专户，以完善“收支两条线”管理为重点，建立规范的预算外资金管理体系，对预算外资金实行统一集中管理。

2001年，县财政局着手建立预算外资金管理网络，做好实行“票款同行”、单位微机开票、微机核销票据的管理办法的准备工作，并清理土地、规划部门历年的企业欠费。是年，预算外上缴财政专户数132户，进入财政专户管理预算外资金31578.6万元。2002年，推广应用行政事业性收费信息管理系统，全面实行预算外资金电脑网络化管理。2005年，《平阳县非税收入管理暂行办法》《平阳县财政票据管理暂行办法》等办法相继出台，并对财政票据的使用情况进行了专项检查。至年底，151个行政事业单位纳入财政专户管理。

2006年，推出《平阳县非税收入对账及拨款程序的规定》等制度，全县各学校收费纳入县级“收支两条线”管理。2007年始，土地出让收入全额缴入地方国库，支出通过基金预算安排，实行彻底的“收支两条线”管理。2011年始，平阳县按《浙江省非税收入管理条例》管理预算外资金。

第四节　国有资产管理

1992—2006年，平阳县完成行政事业单位财产清理。至2006年，全县行政事业单位国有资产总额25.82亿元，净资产10.94亿元；企业国有资产总额31.13亿元，净资产8.78亿元。

2009年《中华人民共和国企业国有资产法》出台后，国有资产管理体制改革和国企整合重组工作力度加大。2011年7—8月，昆阳镇、鳌江镇、万全镇、萧江镇、水头镇、麻步镇、腾蛟镇、山门镇、南雁镇、顺溪镇新农村建设投资有限公司的地方投融资平台分别组建。同时，开始整合重组公用、交通、城建、农业、水利五大板块国企，组建文化、体育、卫生、教育等以公益事业为主的社会类国企。2012年10月间，全县国有水厂整合组建为县公用事业投资有限集团公司；鳌江港务公司、县远大公路养护工程有限公司及相关公路工程建设指挥部整合组建为县交通发展投资有限公司；成立县城市建设投资有限公司、县农业发展投资有限公司、县水利发展投资有限公司。

2012年，全县国有企业资产产权登记50户，国有资产总额72.18亿元，净资产32.22亿元。

第四章　税　务

1989年，县地方税务局负责征收管理的项目是：营业税，城市维护建设税（不包括由国家税务局负责征收管理的部分），地方国有企业、集体企业、私营企业缴纳的所得税、个人所得税（不包括对银行储蓄存款利息所得征收的部分），资源税，城镇土地使用税，耕地占用税，房产税，城市房地产税，车船使用税，车船牌照使用税，印花税，契税，屠宰税，筵席税，农业税、牧业税及其附加，地方税的滞纳金、补税、罚款。

1994年，实行分税制后，县国家税务局负责征收的税种有增值税、消费税、企业所得税（包括中央各部国有企业、金融保险企业、外商投资企业所得税）以及2002年后新办的企业所得税、车辆购置税等。其中，增值税、企业所得税、银行储蓄存款利息所得税等税种属国家和地方共享税，共享比例分别是：增值税为中央75%、县区25%，企业所得税为中央60%、县区40%，利息所得税为中央60%、县区40%。

2004年，免征农业税。

2012年，县地方税务局系统负责征收管理的项目有营业税、企业所得税、个人所得税、资源税、城镇土地使用税、城市维护建设税、印花税、土地增值税、房产税、车船税、契税、耕地占用税。县国税局负责征收的税种有增值税、消费税、企业所得税、个人所得税、车辆购置税5种。

第一节　地方税务

农业四税

农业税　1989—2001年，农业税继续以稻谷产量为计算标准，一年分夏、秋两季征收，一次结算，原则上先征后购，征购结合，自给或缺粮地区可折交代金。2002年，农业税全面实行征收代金，不再征收实物，并推行农业税征管改革，将鳌江镇雁门办事处作为全市改革的试点，在全市率先建立农业税征管新模式，实现农业税征收进大厅。2003年，随着农村税费改革全面推开，核实清查农业税征收中碰到的“有税无地”和“有地无税”的现象，按照规定程序核减核增计税面积，调整农业税征收任务，并对全县11个经济欠发达乡镇中收入较低农户的农业税实行免征。是年，对部分农业特产品（除烟叶外）不再单独征收农业特产税，改为征收农业税。将原农业特产税应税品目中的水果、干果、药材、果用瓜、花卉、经济林苗木等园艺作物收入，水产品收入，林木产品收入，食用菌收入和省级人民政府确定的其他收入，改为征收农业税；将园艺作物收入中的蚕茧改按桑叶，毛茶改按茶青征收农业税；将贵重食品中的海参、鲍鱼、干贝、鱼唇、鱼翅并入水产品中征收农业税；对牲畜产（猪皮、牛皮、羊皮，羊毛、兔毛，羊绒、驼绒），不在土地上生产的农业特产品（如蜂蜜、燕窝等，但不含水产品），零星、分散地块上生产的农业特产品，既不征收农业特产税，也不征收农业税。2004年，浙江省政府决定在全省免征农业税。1998—2003年，全县征收农业税3376万元。

农业（农林）特产税　1989年4月，农林特产税扩大征收税目。1994年开始，农林特产税改称农业特产税，并调整税率。2003年，全面停征农业特产税。1989—2002年，全县征收农业特产税940万元。

耕地占用税　根据《中华人民共和国耕地占用税暂行条例》，对占用耕地建房或者从事其他非农业建设的单位和个人，征收耕地占用税。2008年开始，平阳县耕地占用税征收标准为35元/平方米。1989—2012年，全县征收耕地占用税19799.8万元。

契税　1989年，契税的纳税对象是个人和非公有制单位，征收范围只限于房屋权属转让。1997年7月施行的《中华人民共和国契税暂行条例》增加对土地使用权转移征收契税，平阳县契税适用税率为3%。1989—2012年，全县征收契税101205.8万元。

工商各税

1989年，全县工商各业继续沿用20世纪80年代中后期的适用税种，包括产品税、增值税、营业税、国营企业所得税、国营企业调节税、集体企业所得税、私营企业所得税、中外合资经营企业所得税、城乡个体工商业户所得税、个人收入调节税、国营企业奖金税、集体企业奖金税、事业单位奖金税、国营企业工资调节税、建筑税、筵席税、城市维护建设税、房产税、车船使用税、印花税、屠宰税、牲畜交易税、城镇土地使用税、个人所得税、工商统一税、城市房地产税，共26种。1993年，停征固定资产投资方向调节税。1994年税制改革时，产品税、工商统一税、特别消费税、烧油特别税并入增值税和消费税，城市房地产税和车船使用牌照税并入房产税、车船税；取消集市交易税、牲畜交易税、国营企业奖金税、集体企业奖金税、事业单位奖金税、国营企业工资调节税、国营企业调节税。至2012年年底，税种10个，分别是营业税、企业所得税、个人所得税、资源税、城镇土地使用税、城市维护建设税、印花税、土地增值税、房产税、车船税。1989—2012年，全县征收工商各税649716.14万元。

营业税　营业税是地方税收的主体税种之一。实行比例税率，按行业类别分别适用3%～20%的税率。1989—2012年，全县征收营业税293128.93万元。

城市维护建设税　城市维护建设税是对在平阳县从事工商经营，缴纳消费税、增值税、营业税的单位和个人征收的一种税，属于附加税。1989—2012年，全县征收城市维护建设税52994.10万元。

企业所得税　纳税对象为在平阳境内的企业和其他取得收入的组织。1989—2012年，全县企业所得税征收124002.35万元。

个人所得税　个人所得税采用分类所得税制，累进税率与比例税率并用，采取课源制和申报制两种征税方法，根据不同税目分别实行定额、定率和会计核算3种扣除办法。1999年起，征收储蓄存款利息个人所得税。1989—2012年，全县征收个人所得税73578.78万元。

资源税　1994年起征，平阳县的主要应税矿产品是石矿。1994—2012年，全县征收资源税244.63万元。

城镇土地使用税　2005年之前，平阳县城镇土地使用税计税标准：昆阳镇、鳌江镇、萧江镇、水头镇每平方米年税额1元；麻步镇、腾蛟镇、山门镇、榆垟镇、郑楼镇每平方米年税额0.5元；其他建制镇每平方米年税额0.2元。2005年，城镇土地使用税计税标准调整：昆阳镇、鳌江镇、萧江镇、水头镇每平方米年税额2元；麻步镇、腾蛟镇、钱仓镇、郑楼镇、榆垟镇、宋桥镇每平方米年税额1元；其他

1989—2012 年平阳县工商各税分税种情况一览表

表 18-4-1　　单位：万元

年度(年)	营业税	城市维护建设税	企业所得税	个人所得税	资源税	城镇土地使用税	土地增值税	房产税	车船税	印花税	屠宰税
1989	890.20	167.40	632.85	64.40		24.6		27.40	12.75	10.10	5.60
1990	815.70	174.60	871.1	93.90		17.7		56.32	15.50	9.18	0.92
1991	790.20	210.08	895.4	177.33		19.2		50.56	15.20	11.36	0.14
1992	960	303.03	994	247.39		13		44.51	16.70	12.76	1.08
1993	1813	520.43	883	473.24		9		44.15	23.45	11.47	0.84
1994	1243	635.01	1070	644.61	0	46.14		104.26	29.39	22.13	18
1995	1936	818.33	2214	1124.20	0.97	26.50		166.67	46.98	50.80	37.10
1996	2247	1001	1779	1885.30	0.05	44.10	7.54	220.57	34.48	80.80	41.43
1997	3366	1066.54	2570	2510.11	0.05	50	11.14	316.30	32.64	168.20	42.30
1998	4576	1057.63	3017	2141.43	0.06	70.98	84.68	497.23	34.35	153.09	60.49
1999	5362	1088.34	3338	2450.03	0.04	52	87.52	473.74	26.64	132.27	69.48
2000	5710	1062.76	4102	2757.65	0.35	59.66	152.14	548.44	26.73	178.98	60.35
2001	7044	1302.61	9648	3447.19	0.06	80	177.99	692.32	37.99	251.17	69.44
2002	10555	1495.87	3755	2150	0	100.23	250.12	695.9	28.97	218.97	7.85
2003	11531	1576.32	3635	2030	0	143.56	398.40	948.63	42.07	267.24	
2004	11423	1796.63	4773	2018	0.93	160.98	559.48	1039.52	40.39	357.24	
2005	10936.10	2214.02	5072	2292	19.76	297.38	1033.74	1457.62	60.14	496.40	
2006	14082.06	2821.73	5570	2140	23.70	509.12	1557.94	1779.17	192.06	660.20	
2007	19331.61	3422.68	7438	3210	36.50	691.24	1893.68	2088.47	388.33	815.98	
2008	24767.36	4244.72	8128	3811	38.50	2662.28	2870.07	2501.14	838.79	969.04	
2009	27809.49	4744.10	8581	5290	37.82	4285.15	2804.67	3150.35	378.57	1091.77	
2010	33681.91	5984.66	12412	7759	32.72	4558.50	4685.71	3749.68	928.04	1726.75	
2011	39669.30	7306.12	16016	16021	30.99	6083.68	5412.50	5232.8	1147.56	1858.85	
2012	47589	7979.49	16608	8841	22.13	6806.89	7716.03	5424.32	1826.12	1748.43	
合计	293128.93	52994.10	124002.35	73578.78	244.63	26811.89	29703.35	31310.07	6223.84	11303.18	415.02

说明：资料由县财政局提供

建制镇每平方米年税额0.5元。2007年，每平方米年税额按0.5元征收的建制镇按低限0.6元征收。2008年，城镇土地使用税计税标准调整：昆阳镇、鳌江镇（含平阳经济开发区）、水头镇、萧江镇、钱仓镇、宋桥镇、郑楼镇、县第一农场每平方米年税额6元；麻步镇、腾蛟镇、山门镇、南雁镇、宋埠镇、榆垟镇每平方米年税额4元；顺溪镇、凤卧镇、鹤溪镇、南麂镇每平方米年税额2元。2012年，城镇土地使用税计税标准调整：县城建制镇二级每平方米年税额标准为8元，包括昆阳镇城关社区、城东社区、城南社区、城西社区、万全社区、石塘社区、水亭社区，鳌江镇古鳌社区、雁门社区、下厂社区、墨城社区、务垟社区、西塘社区、塘川社区、钱仓社区、平阳经济开发区，水头镇街道社区、小南社区、溪心社区、新联社区、江屿社区，萧江镇街道社区、大同社区、萧江社区、后林社区、夏桥社区，万全镇宋桥片区、郑楼片区、县第一农场；县城建制镇三级每平方米年税额标准为6元，包括鳌江镇西湾社区，水头镇鹤溪社区，萧江镇桃源社区，万全镇榆垟社区、宋埠社区，麻步镇鳌峰社区、树贤社区、东坑社区、渔塘社区、塘北社区，腾蛟镇街道社区、带溪社区、腾蛟社区，山门镇第一片区、第二片区，南雁镇矾岩社区、雁荡社区、南雁社区；县城建制镇四级每平方米年税额标准为4元，包括鳌江镇南麂社区、梅溪社区、梅源社区，水头镇凤卧社区、南湖社区、闹村社区，腾蛟镇凤巢社区，山门镇晓坑社区、怀溪社区，顺溪镇顺溪片、顺吴片、新田片。1989—2012年，全县征收城镇土地使用税26811.89万元。

土地增值税　土地增值税是对有偿转让国有土地使用权及地上建筑物和其他附着物产权并取得增值性收入的单位和个人所征收的一种税，实行四级超率累进税率。1996起征，至2012年，全县征收土地增值税29703.35万元。

房产税　以房屋为征税对象，按房屋的计税余值或租金收入为计税依据，向房屋产权所有人征收的一种财产税。1989—2012年，全县征收房产税31310.07万元。

车船使用税、车船使用牌照税、车船税　1989年，开征车船使用税和车船使用牌照税。2007年1月，车船使用税和车船使用牌照税合并为车船税。1989—2012年，全县征收车船使用税、车船使用牌照税、车船税6223.84万元。

印花税　纳税人为领受应税凭证的单位和个人。1989—2012年，全县征收印花税11303.18万元。

屠宰税　2002年，屠宰税停征。1989—2002年，全县征收屠宰税415.02万元。

地方税收管理

征管改革　1989年前，税务专管员集税收“征、管、查”三项职能于一身。是年始，平阳县在试点的基础上全面实行“征、管、查”三分离的征管形式。县税务部门按照“依法办事、依率计征”的原则，对固定纳税户采取分类确定征管方式的办法：对账证健全的国营、大集体企业采用自报核实征收的办法；对个体工商户采用定额管理的办法；对集贸市场采用临时征管的办法。在税务管理上，划分专管片，推行专管员制度。1996年，取消专管员管户制度，建立集中征收的办税服务厅，开发出“税务之星——平阳县税收征管信息系统”，使计算机全面应用于税收征管。是年，县财政局被确定为全省首批征管改革试点单位。1997年，税收征管工作主要是开展地方税源调查和加强地方税收基础，重点加强小税种、小税源管理。1998年，完善地方税收行业管理办法，控管运输业、服务业、建筑安装业、娱乐业等行业；加强房产税、土地使用税等地方税种的征管。1999年，重点加强房地产二级市场、行政事业性收费等非工业领域的营业税征管；完善企业所得税汇缴制度，严格实施企业所得税销售利润率征管办法。2000年，以应用浙江地税信息系统2000版及办公自动化全面推开为标志，全县地税信息化建设进入快速发展期。2002年，房地产业、建筑安装业、社会服务业、邮电通信业、金融保险业的营业税收入在地税收入中的比重提高，入库11759.3万元，同比增长47.0%，占地税收入的46.79%；企业所得税及高收入者、行政事业单位等个人所得税征管入库10575.7万元，占地税收入的42.08%。是年，清理欠税入库6422.22万元。2003年，开展饮食、交通等行业受“非典”影响情况调查，落实有关“非典”期间部分行业和下岗职工再就业的税收优惠政策，扶持企业发展生产。是年起，全面导入ISO 9000质量管理体系，形成ISO 9000 A版

作业指导书。

2006年，县财政局推广“参数核定法”，对地税个体户定额按设定桌数、经营面积、机台数量、雇工人数等与行业直接相关的指标为权重指标，充分考虑服务人员/桌、面积/桌×标准平方米、装潢地段、商誉等个体化指标为系数指标，严格纳税户自报、民主评议、集体核定、逐级审批，定期公告、社会监督等定额核定管理程序。是年，通过改版修订升级为ISO 9000 B版作业指导书。按照浙江省地税局“人对事、事对户”的税源间接控管要求转变管理模式，制定《平阳县地方税务局关于加强税源管理实施意见的通知》，落实间接控管税源管理机制，建立起以计算机系统自动推送和人工案头分析相结合的管理模式。2007年，推行“12万元以上个人所得税申报”的个人所得税申报管理，及个人所得税全面推行全员管理，并开始试行开展广告业专项纳税评估。9月，推广应用升级版地税征管信息系统软件——税友2006。2008年9月，落实税友2006快捷查询功能试运行和税友2006深化应用。2009年，利用税友2006国、地税数据比对功能开展地方税费结算，理清并校准地税征管信息系统软件中各项基础数据。2010年，利用税友2006快捷查询的功能，开展对税务分局税源管理质量考核，定期通报各单位的税源管理质量情况，规范税收征管。8月，举办ISO 9000质量管理业务更新知识培训，并聘请中国方圆标志认证集团有限公司国家注册高级审核员倪桂英为全体内审员授课。2011年，作为浙江省税友龙版上线前基础数据清理试点单位，平阳县开展税友2006系统基础数据理清，至8月底清理结束时，共清理基础数据18866户，占应清理基础数据19283户的95.75%；清理基础数据176394条，占应清理基础数据178180条的99.05%。2012年4月，按照浙江地税信息化建设“大集中”工程的部署，上线运行全省信息集中处理的税友龙版。2012年7月，开展对税友龙版的深化应用工作，重点应用查询报表的税源管理和档案管理模块。是年，按照市地税局的要求，做好亩产税收论英雄应用平台的数据采集，为平台应用做好准备，并按照浙江省交通运输业等部分行业“营改增”工作要求，开展清票清税工作。

税务登记　1990年，全县纳税户换证登记10322户。1993年，按时换发7878户税务登记证件。2001年，开展税务登记户籍大清查，健全工商、税务登记联络机制，加强税收源头控管，并开展地税征管质量大检查。2006年，开展税务登记证国地税联合换证，全县国、地税共管户8269户、纯地税户954户完成换证，换证比例达到99.78%。2011年4月，根据“部门信息共享，强化税源管理”的要求，借助现代计算机信息网络，依托工商市场准入系统和国税、地税联合办证平台信息数据的快速无缝对接，在全市率先实现工商营业执照、国税税务登记证、地税税务登记证、统计登记证、组织机构代码证5证的联合办理，至年底，联合办理税务登记证5000余户。2012年，开展包括江（江苏）、浙（浙江）、沪（上海）、甬（宁波）四地在内的异地非正常户协作管理，开展非正常户清理。至年底，县本级税务登记6.3万户。

发票管理　1990年，按照国家税务局颁发的《关于加强发票管理的通知》，健全发票的颁发、登记、核销等制度；规定经税务部门批准自印发票的企业，发票全部交税务部门保管，后由企业交旧领新；对工业发票、编织专用发票、商业批发发票、建筑安装以及其他大额统一发票，纳税户购买后由税务所统一保管和监督填开。1993年，《中华人民共和国发票管理办法》颁布实施。1997年，全县统一启用有防伪措施的新版普通发票，并规定开具发票必须加盖有统一代码的税务登记号的新的椭圆形的发票专用章。2006年，开始推广应用税控发票、电脑发票，组织开展地税电脑普通发票开票系统培训。正式启用新版销售不动产统一发票和新版建筑业统一发票。2009年，全面清理地税管辖的纳税人发票用票核定。2010年，按照“集中统一管理、简并发票种类、推广机打发票、重视数据管税”的工作思路，对流转税以营业税为主的纳税人，推广应用电脑版普通发票。2011年，要求使用地税发票的纳税人全面应用网络实时上传，企业实时上传率为99%，个体定额在1万元以上的实时上传率为98.3%。2012年，对小型微型企业予以减免发票工本费。是年，落实民办教育机构向所在地主管税务机关申请办理税务登记和领购地税发票，并按规定

使用发票和申报纳税。

协税护税　1999年，县协税护税协会成立，推进税收征管社会化进程。是年，县财政局委托公路管理稽征所、乡镇企业管理部门等代征地方税收，当年代征税款2356.9万元，同比增收1374.6万元。2005年，为加强对车船使用税的征管，与县公安局交警大队建立委托代征关系，开展车辆车船使用税的委托代征，当年入库43.3万元。2008年5月始，委托温州市交警支队代征平阳县车辆的车船使用税，在温州市区共设5个代征点，分别为温州市车管所征收点、温州市二手车交易市场征收点、温州市汽车城车辆检测征收点和温州长运车辆检测征收点、温州公交车辆检测征收点。2009年5月，公路养路费停征后，因稽征系统停止运行，委托代征税款不能正常入库，县地税局通过与县公路运输管理所协商，改委托代征在营运车辆二级维护签证环节，启用营运车辆营业税征收系统征收税（费），当年委托代征税费入库307.78万元。7月，以平阳、苍南两县国税、地税协作机制的方式，统一由国税机关在门征代开发票环节协作征收城市建设维护税、教育费附加、地方教育附加和个人所得税等地方税费，至年底，征收地方税费33.5万元。2009—2012年，征收地方税费3396.84万元。

纳税服务　1989—2005年，纳税服务主要以纳税登记、税法宣传、纳税辅导、纳税申报、纳税检查、发票管理、减免税管理等措施为主。2006年起，通过规范前台穿着打扮，文明用语、礼仪规范，设置纳税服务综合评价器、一米线、导税台、办税服务厅纳税人自助税吧、“12366”咨询服务，推行网税系统、免收税务登记工本费、纳税资料工本费、纳税培训费等，突出以纳税人为焦点的涉税服务功能。2008年，全面推行网税系统、个人所得税全员网上申报、银税库联网等现代化虚拟服务系统。2009年，围绕“保增长、抓转型、重民生、促稳定”工作主线和“减负、便民、和谐”服务要求，在全县地税系统开展企业减负“春雨”专项行动，推出“送政策送服务”等便企促减负措施，开展“双百税干进百企”结对帮扶等活动。清理简并纳税人报送涉税资料，取消办税业务事项52项，减少主表份数41份，附列资料113项。是年，全县首次评出“纳税服务之星”4人。2010年4月，县地方税务局纳税服务志愿者大队成立，设昆阳、鳌江、萧江和水头四个中队，有纳税服务志愿者50余人。6月，税务分局的办税服务厅视觉识别系统重新设计与安装，地税视觉识别系统第一阶段标识任务完成。与县房产管理局、县国土资源局联合建立房地产权属办理中心，集中办理相关涉税事务，促进部门间配合。年底，在全县开展“纳税人之家”服务活动。2011年，规范设置全县办税服务厅的视觉标识系统和功能区域工作完成。是年，先后推出和落实个人所得税全员申报系统，不动产、建筑业项目管理软件和电脑票开票软件的推广使用，及数字认证证书办理涉税事项的无

2011年4月26日，平阳县地税局干部给小学生上“税收知识”课

偿培训业务，并落实涉税事项办事制度改革。

地方税务稽查

机构　1989年，平阳县已设县财政税务局稽查队，职能为依法查处辖区税收违法行为，内设综合股、涉税举报中心、审理股、执行股、检查一股、检查二股、检查三股7个股室。1993年11月，县税务稽查大队成立，同时挂县税务局稽查分局牌子，内设调查组、案审组，下设第一、第二、第三稽查队，原岱口检查站业务归稽查大队指导管理。1994年12月，更名为县地方税务局稽查分局。1995年8月，内设机构调整为综合股、案审股、稽查股、第一税务稽查中队、第二税务稽查中队、第三税务稽查中队、岱口税务稽查中队。1996年11月调整为综合股、案审股、稽查一股、稽查二股、稽查三股，下设稽查一、二、三、四、五中队。1997年4月，内设机构调整为综合股、案审股、执行股、稽查一股、稽查二股，下设稽查、一、二、三、四、五、六中队。1997年国税、地税实行机构分设后，分局隶属县地方税务局领导，内设综合股、案审股、稽查股，下设稽查一、二、三、四中队。1998年9月，更名为县地方税务局稽查局，为县地税局直属机构。2001年3月，增设执行股。2003年12月，内设机构调整为综合股、案审股、执行股、检查一股、检查二股、检查三股、检查四股，同时撤销稽查局一、二、三、四中队。

稽查　1993—1994年，以打击假发票为中心，开展税收财务物价大检查和个人所得税专项检查，自查面100%，重点检查面40%。1993年，查出偷漏税287户，违纪金额98.20万元，调整3700户的个体税收定额，调整面55%，调高营业税额150万元。1994年，全县应自查4731户，自查4636户，访查95户，重点检查1893户，查出违纪金额621.62万元。1995年，分别对全县娱乐业、建筑业、编织原材料批发、机械生产、马海毛染色等重点行业进行检查，查处违章案件3369起，补罚入库2171.3万元。开展税收财务物价大检查，全县自查面100%，自查违纪金额440.12万元，重点检查652户，查出违纪金额1490.85万元，补税罚款入库70.69万元。1997年9月至2005年，按照"责成自查与重点检查"相结合的思路，先后开展个人所得税、固定资产投资方向调节税和金融保险业、建筑安装业等营业税的专项检查，查补地税收入7596万元、罚款801万元。2000年，国家税务总局下发《税收执法检查规则》后，县地方税务局每年对所属有关单位开展税收执法检查，重点针对减免税费政策执行情况、税收执法情况、重点行业税收管理情况以及上年度税收执法检查查出问题的整改情况等方面进行检查。2001—2010年，持续开展制售假发票区域税收专项整治，成功破获5起发票制假、售假案，在苍南、平阳查处捣毁制假发票窝点5个，查获假发票近343.4万份，抓获嫌疑人25人。2010—2012年，保持打击发票违法高压态势，打击虚假发票"买方市场"，严格执行"查案必查票、查税必查票、查账必查票"，查处发票违法企业58户，查处非法发票2651份，涉及金额708.13万元，查补税款57.85万元。2006—2012年，先后开展外资企业、建筑安装、房地产、餐饮宾馆、交通运输、医疗机构、民办学校、教育培训机构、多年未查工业和商贸企业及电力、金融、邮政、电信等重点企业税收专项检查，按照"以查促管、以查促征、以查促查"的工作思路，通过责成自查、辅导式检查、重点检查，查处各类案件1960件，查补税费9189万元，罚款319.65万元。

第二节　国家税务

税种

增值税　1994年起征。县内主要的征收商品：销售或者进口货物，包括制革、皮件、宠物用品、明胶、生皮等皮革及其衍生制品交易，汽车摩托车配件、设备制造、电气（器）等机电产品，塑料编织等塑料制品，印刷、纸制品、工艺品等商务礼品，服饰，珠光颜料等化工产品，水、电生产供应，金属制造，商贸，啤酒，纺织，家具，非金属矿物制品；提供加工、修理修配劳务。2012年12月，平阳县交通运输业以及部分现代服务业中的研发和技术服务、信息技术服务、文化创意服务、物流辅助服务、有形动产租赁服务、鉴证咨询服务七大行业营业税改增值税正式启动。1997—2012年，全县征收增值税918899万元。

营业税　主要征收金融保险业营业税，2004年起停征。1997—2003年，全县征收营业税2111

万元。

消费税　1997年起征。县内主要对酒类、金银首饰等商品进行征收。1997—2012年，全县征收消费税16989万元。

企业所得税　1994年起征。由县国税局征收企业所得税的企业有平阳县烟草公司、平阳县电力公司、所有金融保险业以及2002年1月1日起新办企业，征缴分属地缴纳和汇总缴纳两种，原则是按季申报预缴，年终汇算清缴。2008年起，按国、地税主要税种征收。1997—2012年，全县征收企业所得税（含外资企业所得税）84786万元。外资企业所得税属企业所得税中的一类，为针对在平阳县境内外资外商投资企业所征收的税种。2008年起，取消外资外商投资企业所得税，统一为企业所得税。

个人所得税　针对个人储蓄存款利息征收所得税。1997—2012年，全县征收储蓄存款利息所得税（银行扣缴）10058万元。

车辆购置税　原由公路管理部门征收为车辆购置费，2005年起改为车辆购置税由国税部门征收。2005—2012年，全县征收车辆购置税76190万元。

税收管理

征管改革　1994年，县国税局提出建立纳税申报—税务代理—税务稽查“三位一体”的税收征管新格局，推行税收征管改革，专门成立税收征管改革领导小组和征管改革办公室，坚持“分步实施、逐步到位”的原则开展征管改革。1994年7月至1997年5月，通过“试点—推广—完善”三个阶段，

1997—2012年平阳县国税系统各税入库情况一览表

表18-4-2　　单位：万元

项目 年度（年）	各税合计	其中						
		增值税	营业税	消费税	企业所得税	外资企业所得税	个人所得税	车辆购置税
1997	20241	19558	232	366	82	3	0	
1998	22849	21288	392	906	251	12	0	
1999	22368	20711	206	1178	141	131	1	
2000	24058	22150	536	742	8	167	455	
2001	31267	28935	442	750	167	157	816	
2002	43659	40658	246	1094	515	352	794	
2003	45426	41433	57	1210	870	872	984	
2004	47473	43420		1302	891	680	1180	
2005	51304	45823		1497	1750	850	1230	154
2006	78271	66676		1586	3141	1312	1626	3930
2007	92481	76939		1543	5293	951	1815	5940
2008	101195	85869		1567	6968		826	5965
2009	99435	80447		1277	8744		256	8711
2010	123775	95600		1024	12973		49	14129
2011	148305	110639		784	17965		18	18899
2012	156926	118753		163	19540		8	18462
合计	1109033	918899	2111	16989	79299	5487	10058	76190

说明：①1994—1996年，县国税局与财政、地税局合署办公，全部税收入库由县财政、地税局统计，1997年始县国税单独统计；②资料由县国税局提供

征管改革全面铺开。1997年5月，省国税局征管办在杭州专门召开平阳征管改革经验座谈会，6月，在平阳县召开全省国税系统征管改革工作会议，并将平阳经验作为全省国税系统的一面旗帜向全省推广。2001年，金税工程正式投入运行，金税网络全面开通，防伪税控开票子系统、防伪税控认定子系统、增值税计算机稽核子系统和发票协查子系统4个子系统正式运转。是年，基本形成以市地为单位“信息数据集中处理，税款集中征收、稽查相对集中、人财物集中统一管理”的新型税收征管和行政管理体系，逐渐形成“税收监控在省局、税款征收和纳税信息处理在市地局、税收管理在县市局”的集约化加扁平化的税收征管新格局。

税务登记　1994年，国、地税分设后，县国税局多次进行税务登记换证。至2012年年底，全县有企业5148户，个体经营户13726户。

纳税申报　纳税人纳税申报要如实报送课税品种、数量、计税金额、税率和税款，分为按月、按季、按次申报。按月申报的，主要是缴纳增值税、消费税的纳税人；按季申报的，主要是缴纳企业所得税的纳税人；按次申报的，主要为临时征收的纳税人。对个别逾期不交的，按规定加收滞纳金。自2001年开始，可采用电话申报和网上申报，税银一体化逐步成型。

发票管理　20世纪80年代末期至90年代初，主要依据财政部发布的《全国发票管理暂行办法》和《增值税发票管理暂行办法》对发票、完税证、缴款书、定额税票的印制、发放、保管、缴销进行管理。所有发票必须套印国家税务总局监制的全国统一发票监制章。1993年12月，实施《中华人民共和国发票管理办法》，并于2010年12月做了修订，对发票的印制、领购、开具和保管、检查和罚则作出详细规定，提高对发票违法行为的罚款数额，将虚开、伪造、变造、转让发票违法行为的罚款上限由5万元提高为50万元。2011年2月始，按《中华人民共和国发票管理办法实施细则》管理。

纳税信用管理　2003年起，国税部门开展纳税信用等级评定活动，并发布公告，当年全县评定县AA级12户、A级8户。2004年，评定省AAA级12户，　市AA级14户、A级24户、D级23户。2005—2006年，评定省AAA级22户，市AAA级22户、AA级9户、A级21户；　县AAA级12户、AA级15户、A级28户、D级2户。2007—2008年，评定市AA级9户、D级9户；　县AAA级23户、AA级39户、A级38户、D级1户。2009—2010年，评定市AA级35户、A级1户、D级2户，县A级73户。2011—2012年，评定市AA级50户。

出口退税管理　县国税局独立行使出口货物已承担或应承担的增值税和消费税的退还或免征的出口货物退(免)税业务。生产企业自营出口或委托外贸企业代理出口的应税消费品，一律在生产环节免征消费税；外贸企业收购出口的应税消费品实行退税。1997—2012年，办理出口退税额142390万元。

税务稽查

1994年，分税制实施后，县国税局税务稽查实行稽查选案、检查、审理和执行的“四分离”。1997年，稽查从内部“四分离”逐步实现征收、管理、稽查专业化分工。涉税案件实现两级审理，一般案件由稽查局审理，重大案件由案审委员会审理。2003年始，县国税局开展对制假和利用假发票偷税等案件的重点打击。是年，县国税局查获县顺达复合厂和县宝乐礼品公司利用假发票偷税案件，查补税款176.5万元。2004年，查获“河南三门峡”、杭州“12·4”、长兴“1·09”、武汉“2·16”、江苏涟水“2·16”等虚开增值税发票案件，查补税款1145.8万元，罚款259.5万元。2006年，查获“利剑二号”、杭州“8·10”、辽宁抚顺等虚开增值税发票案件，查补税款18.21万元，罚款3.89万元。2009年，查获公安部督办(鳌江)特大非法制造假增值税发票案和苍南县金乡镇假饮食发票案，端掉制假发票窝点4个，制假团伙2个，抓获犯罪嫌疑人8人，缴获各类假发票797919份，涉案金额8981万元，收缴印刷机3台、晒版机2台、裁切机、裁边机、打印机等一批制假设备。2010年，查获“3·12”“3·26”“5·05”“8·27”“4·29”涉假及虚开发票40件，涉案发票681.7万份，端掉涉案团伙5个，窝点11个，抓获犯罪嫌疑人19人，收缴胶印机、晒版机等设备14台，缴获假印章2枚，查处违法受票企业35户，违法发票413份，查补税款237万元。

2011年，查获“大头小尾”发票案件2件，涉案企业39户，涉案假发票631份，涉案金额1200余万元。

依法治税 1997年，县国税局按照国家税务总局《税收执法责任制考核办法》，制定《平阳县税收执法检查实施办法》《平阳县税收执法检查规则》，对执法部门、岗位职责、业务权限进行重组分配，逐步地完善行政执法责任制，将工作岗位考核与执法检查考核相结合，实行执法过错追究。2001年，县国税局通过中国质协质量保证中心的现场审核，成为全市国税系统首家通过ISO 9001：2000版本认证的行政机关，实现了税收政策统一、执法口径统一、操作程序统一，解决分散执法中出现的执法力度不一、政出多门、人为变通税法等不规范现象，减少税收执法的随意性。

税源监管 2006年，县国税局启用浙江省综合征管运维CTAIS2.0系统，较全面地解决了日常税收征管工作中的纳税人户籍登记、分类管理、税源管理、税款征收等问题，方便征管部门的管理。是年，启用税收征管辅助系统，是CTAIS2.0系统终端的补充，既融预警、提示、查询、作业、监控、日志、考核为一体，又能涵盖税源分析、税源监控和纳税服务全过程。是年，启用税收征管质量监控查询系统，为考核责任单位的登记率、申报率、入库率、欠税增减率、双定户定额调整率、准期限办结率等指标实行监管。2007年，开展行业税源监控评估模型的软件开发和利用，对全县猪皮革行业的原材料投入产出比、单位产品耗能，塑料行业的吨耗指标、单机产量实行监控。2009年，县国税局全面实行对猪皮革、牛皮革、皮带、宠物用品、机械、金融机具、木制家具、编织袋、印刷、人造革、汽摩配、服装、商业等24个行业建立模型，全县建模监控企业1308户，其中工业企业1159户。是年，县国税局推行小规模纳税人“双控”管理办法，即“以耗定销”“以本定销”，堵塞征管的漏洞。2010年，全县纳入模型监控的一般纳税人1502户，其中工业企业1344户。2011年，县国税局推行以税源专业化为重点的税源管理办法，制定《税源专业化管理试点实施方案》，分特殊税源、重点税源、重点行业、一般税源四大类税源。建立纳税服务日志、纳税人风险自测反馈书、税务风险建议书、税收风险管理指引等管理措施，将税务风险管理作为纳税服务的一项重要内容贯穿于税收征管全过程。定期采集特种行业、生产、销售、环保、资本运用等信息，形成集数据采集、分析处理、数据公布、日常评估、信息反馈、专项稽查等岗位职责的监控和考核为一体的税源管理体系。是年，推行精品行业模型，先后确定：塑编行业模型（测定35种规格4个类型140种产品电耗和单机产量，划分新老织机，测定能耗和产量、生产所耗测算法、设备生产能力法）；采石场行业模型（炸药投入产出分析法、耗用炸药金额与销售比例测算法）；猪皮革模型（猪皮投入产出分析法、设备生产能力法、污水排放测算法）。

第十九卷

DI SHI JIU JUAN

《平阳县志（1989—2012）》

PINGYANG XIAN ZHI

经济管理

20世纪80年代初，计划经济体制开始进行改革，逐步实行计划经济为主、市场经济为辅的经济管理体制。1992年后，国家逐步实行社会主义市场经济体制。政府管理经济职能加强，资源配置的信号由计划指标向市场供求转变，突出宏观性、战略性、导向性，管理模式逐步由行政型改为服务型。1989—2012年，平阳县制定并实施“七五”至“十二五”计划。统计、审计、工商管理、物价、质量技术监督、安全生产监督、食品药品监督等工作得以建立加强。

第一章　计　划

1988年12月，县计划经济委员会分设计划委员会。1994年，按照建立社会主义市场经济体制的要求，计划工作重点由微观指导逐步转向宏观调控和社会供给与需求之间的综合平衡。1995年，不再下达工业产品指导计划。1999年，不再下达农业生产主要产品产量指导性计划。2001年，县计划委员会和物价局、粮食局合并，易名为县发展计划局。2005年9月，更名为县发展和改革局，同时撤销县经济体制改革委员会办公室、县重点工程办公室，其职能并入县发展和改革局。2012年，内设机构9个，定编人员30人。

计划作为宏观调控的重要手段，其任务转移到合理确定国民经济和社会发展战略目标，搞好经济发展预测；重大产业结构调整与生产力布局；集中必要财力、物力进行重点建设；利用经济杠杆和行政手段，加强对经济运行的综合协调，促进经济和社会更好更快发展。

第一节　计划编制与实施

1987年6月，平阳县人民代表大会九届一次会议召开，审查通过《平阳县国民经济和社会发展第七个五年计划》，至2011年3月，县十四届人大四次会议审议通过《平阳县国民经济和社会发展第十二个五年规划纲要》，平阳县相继编制“七五”至“十二五”6个五年计划（规划）。其中，1996年制定“九五”计划同时，编制《1996—2010年远景目标战略设想》。

“七五”计划编制与实施

“七五”计划（1986—1990）提出，坚定不移地把改革放在首位，逐步理顺经济关系；坚持全民、集体、个体一起上的方针，继续完善温州经济模式，以提高经济效益为中心，立足技术进步，加强智力开发、优化产业结构；发挥港口优势和资源优势。强化农业基础，增强工业后劲，大力发展第三产业；努力提高城乡人民生活水平，推进社会主义精神文明建设。

“七五”计划提出，到1990年，按1980年不变价格计算，工农业总产值7.6亿元，年均递增9.2%（含村及村以下工业）。其中，农业总产值2.6亿元，年递增5%；工业总产值5亿元，年递增11.9%。到1990年，粮食产量23.6万吨，森林覆盖率由1985年的26.5%提高到30%。固定资产投资5年为18018万元，其中，基本建设投资6617万元，技术改造投资11401万元。地方财政收入4500万元，年递增8.3%。社会商品零售额2.86亿元，年递增10%。外贸出口商品收购总值2600万元，年递增20%。1990年年末，总人口控制在75.2万人以内，人口出生率控制在14.33‰以下，人口自然增长率控制在9‰以下。

1990年，全县实现地区生产总值（简称生产总值）7.67亿元，按可比价格计算，比1985年增长69.8%，年均增长11.2%。人均生产总值1023元。农业总产值4.49亿元，年均增长2.7%。工业总产值7.43亿元，年均增长18.6%。社会消费品零售总额3.51亿元，年均增长14.7%。固定资产投资1亿元，年均增长9.8%。财政总收入0.61亿元，年均增长15.2%。1990年年末，总人口75.25万人，人口出生率控制在14‰以下，人口自然增长率控制在9‰以下。

“八五”计划编制与实施

“八五”（1991—1995）计划提出，按1990年价格计算，到1995年，国民生产总值达到10.24亿元，年均递增6.5%。国民收入达到7.97亿元，年均递增6.3%。按1980年不变价格计算，工农业总产值达到13.62亿元，年均递增7.13%。其中农业总产值3.62亿元，年均递增4%；工业总产值达到10亿元，年均递增8.4%。财政收入达到8500万元，递增6.8%～10.4%。全社会外贸出口产品收购总额达到1.18亿元以上，年均递增15%。全社会商品零售额达到5.4亿元，年均递增9%。全社会固定资产投资，“八五”期间达7亿元，比“七五”期间增长29.8%。1995年年末总人口达到78.69万人，人口自然增长率控制在8.3‰以内。剔除物价因素，城镇居民人均收入年均递增3%，农村居民人均年收入年均递增4%左右。

1995年，全县实现地区生产总值31.58亿元，比1990年增长3.1倍，年均增长18.1%。人均生产总值4038元。三次产业结构由1990年的31.58：31.13：37.29调整为1995年的14.46：56.47：29.07。工农业总产值达78.12亿元，年均增长38.8%。财政收入达2.16亿元，年均增长28.7%。固定资产投资达6.51亿元，年均增长45.1%。外贸出口总额供货值达5.57亿元，年均增长56.8%。商品零售总额13.4亿元，年均增长30.8%。居民人均收入4000元，年均增长29.5%。农民人均纯收入2309元，年均增长4.14%。1995年年末总人口78.52万人，人口出生率控制在8.3‰以下。

“九五”计划编制与实施

“九五”（1996—2000）计划提出，到2000年，生产总值达到80亿元，年均递增17.6%；人均国内产值9756元；全社会固定资产投资达18亿元，年均递增22.6%；人口自然增长率控制在9‰以内，总人口控制在82.15万人以内；城镇人均收入9000元，年均增长17.6%；农民人均纯收入5200元，年均增长17.62%；城乡人均住房面积超过20平方米；外贸出口供货值18亿元，年均增长26.4%；非农劳动力占总劳动力60%以上，第三产业占国内生产总值比重35%；基本完成组合城市建设任务，实现撤县建市，城镇化水平45%。

2000年，全县实现地区生产总值65.18亿元，比1995年增长1.18倍，年均增长16.8%。人均生产总值7950元。农业总产值9.74亿元，年均增长4.6%。工业总产值141.21亿元，年均增长18.9%。社会消费品零售总额27.35亿元，年均增长15.3%。固定资产投资16.11亿元，年均增长19.9%。财政总收入4.36亿元，年均增长11.8%。2000年末总人口83.07万人，人口出生率控制在9‰以下。2000年，全县城市化水平达到35%。

1996年编制的《1996—2010年远景目标战略设想》，提出至2010年全县国民经济和社会发展的主要奋斗目标，在2000年生产总值达到80亿元的基础上再翻一番半，达到240亿元。2010年全县实现生产总值实绩为202.59亿元，比1996年设想240亿元目标低37.41亿元。设想提出到2010年第三产业产值达到98亿元，占地区生产总值的41%以上。2010年第三产业产值实绩为89.83亿元，占地区生产总值比例为44.34%。设想提出到2010年全社会固定资产投资达到80亿元，2010年实际投资额为72.45亿元。设想提出到2010年人均生产总值达到27600元，城市居民人均收入达到30000元，农民人均纯收入达到20000元。2010年实际人均生产总值达到23421元，城市居民人均收入达到23073元，农民人均纯收入为9274元。设想提出到2010年全县总人口控制在87.3万人左右，2010年全县实际人口数为86.73万人。

“十五”计划编制与实施

“十五”（2001—2005）计划提出，到2005年，地区生产总值达到116亿元，年均递增11%；人均生产产值1.36万元；全社会固定资产投资年均增长16%；财政总收入占国内生产总值的比重达到8%以上；社会消费品零售总额达到48亿元，年均增长11.9%；三次产业结构比例为6：54：40；非农劳动力占总劳动力65%以上，城镇常住人口38万人，城镇化水平达45%以上，昆鳌中心城市建成区面积25平方千米，建成区人口25万；自营出口额达到1亿美元，外贸出口总额年均递增20%，利用外资累计2000万美元；城乡居民实际收入年均增长8%左右，恩格尔系数达到40%以下，城镇居民人均居住面积24平方米，电话普及率达到50%；全县总人口85万人以下，人口自然增长率不超过8‰。

2005年，全县实现生产总值105.82亿元，年均增长9.4%。人均生产总值1.25万元。三次产业结构由2000年的8.28：53.07：38.65调整为2005年的7.78：49.30：42.92。财政总收入达到9.05亿元，其中，地方财政收入4.55亿元，年均分别增长16%、11.6%。城镇居民人均可支配收入15642元，农民人均纯收入5754元，年均分别增长8.7%和9.4%。五年累计全社会固定资产投资达到121亿元。至2005年年底，公路总里程473.5千米，城市化水平达到48%。2005年城镇职工基本养老保险参保人数6.8万人，农村“五保”对象和城镇“三无”对象集中供养率分别达到91%和98%。每千人医生数1.6人。2005年年末总人口84.82万人，人口出生率控制在8‰以下。

“十一五”规划编制与实施

“十一五”（2006—2010）规划提出，力争到2010年基本实现全面小康社会目标。至2010年，生产总值达到186亿元，年均递增12%；人均生产总值2.1万元；三次产业结构比重为5.4∶49.6∶45；5年累计全社会固定资产投资达到220亿元；财政总收入比2005年翻一番，达到18.2亿元，年均增长15%，其中地方财政收入达到8.4亿元，年均增长13%；外贸进出口总额达到6.34亿美元，年均增长20%；5年累计实际利用外资突破1亿美元；城市化水平达到54%，非农从业人员比重达到80%；人口自然增长率控制在8‰以下，人口总量控制在88万人以内；城镇居民人均可支配收入达到23000元，年均增长8%，农民人均纯收入达到8500元，年均增长8%；社会消费品零售总额达到82.5亿元，年均增长12%；新型农村合作医疗覆盖率达到95%；万元生产总值综合能耗12%以下，10个乡镇达到市级以上生态镇要求；城镇人均公共绿地面积达到11平方米，城镇生活污水集中处理率达到55%。

2010年，全县实现生产总值202.59亿元(不变价184.56亿元)，年均增长11.8%。人均生产总值2.34万元。三次产业结构由2005年的7.78∶49.30∶42.92调整到2010年的5.40∶50.25∶44.35。财政总收入达到22.01亿元，年均增长19.5%。工业总产值达到470.1亿元，年均增长14.4%。2010年，城市化率达到54.2%。5年累计完成全社会固定资产投资237.4亿元。城镇居民人均可支配收入达到23073元，农民人均纯收入达到9274元，年均分别增长8.1%和10%。社会消费品零售总额突破95.85亿元，年均增长15.4%。新型农村合作医疗参合率达到99%。初中升高中比例达到95.55%。城镇职工基本养老保险参保人数达到12万人，农村五保对象和城镇“三无”人员集中供养率均达到100%。2010年年末总人口86.73万人，人口出生率控制在8‰以下。

“十二五”规划编制与实施

“十二五”（2011—2015）规划提出，力争到2015年，生产总值达到349亿元，年均增长12%；人均生产总值39600元，年均增长11.6%；三次产业结构比重调整至3.2∶46.8∶50；高新技术产业增加值占规模以上工业增加值比重25%；财政总收入达到50.3亿元，年均增长18%；5年累计完成全社会固定资产投资1000亿元，年均增长29%；社会消费品零售总额192.9亿元，年均增长15%；外贸进出口总额11.7亿美元，年均增长15%。城市化水平达到58%以上，非农业从业人员比重达到80%；研究与试验发展经费支出占生产总值比重达到2.2%，初中升高中比例达到98%，每千人医生数2.8人左右，人口自然增长率控制在8‰以内。城镇居民人均可支配收入和农村居民人均纯收入分别达到37159元、16344元，年均分别增长10%和12%。5年新增就业岗位36200个以上，城镇登记失业率控制在4%以内；社会基本养老保险人数达到58万人，年均增加3.8万人；城乡居民合作医疗保险参合率达到95%。成功创建省级生态县，省级以上生态乡镇24个；“森林平阳”建设加快推进，森林覆盖率56.6%以上，城镇人均公共绿地面积10.2平方米；实现城乡污水处理基本全覆盖，城镇生活污水处理率85%。

2012年，全县生产总值达到259.8亿元，“十二五”前两年年均增长9.2%。三次产业比重由2010年的5.40∶50.25∶44.35调整为2012年的5.16∶49.50∶45.34。财政收入达到28.7亿元，“十二五”前两年年均增长14.2%。全社会固定资产投资209.4亿元，“十二五”前两年年均增长70%。社会消费品零售总额为107.8亿元，“十二五”前两年年均增长14%。出口总额6.1亿美元，“十二五”前两年年均增长16.4%。2012年，全县城市化水平达到56.9%，比2010年提高2.7个百分点。初中升高中比例达到96%，比2010年提高0.54个百分点。人口自然增长率为7.7‰，“十二五”前两年均控制在8‰以内。全县新增城镇就业岗位达到13428人，“十二五”前两年年均增长39%。城镇居民人均可支配收入为28761元，“十二五”前两年年均增长11.6%。农村居民人均纯收入为11827元，“十二五”前两年年均增长12.9%。城乡居民收入比为2.43：1，比2010年下降0.06个百分点。社会基本养老保险人数为47.9万人，“十二五”前两年年均增长9%。城乡居民合作医疗保险参合率为99.5%，比2010年提高6.5个百分点。

1986—2012年平阳县国民经济主要经济指标一览表

表19-1-1

时　期		生产总值（万元）	人均国民生产总值（元）	工业总产值（万元）	农业总产值（万元）	粮食总产量（吨）	社会消费品零售总额（万元）	固定资产投资（万元）	财政总收入（万元）	年末人口（人）
“七五”计划时期	1986	38971	540	36501	26461	199841	22684	8034	3061	726338
	1987	49533	678	53532	30933	192400	26680	11835	3821	734542
	1988	56964	772	64325	36614	197410	33315	14558	4837	741089
	1989	59401	798	73344	41634	209685	32868	9314	5325	747496
	1990	76697	1023	74283	44868	167346	35102	10084	6102	752513
“八五”计划时期	1991	89924	1190	90347	51777	217952	40609	17003	6993	758559
	1992	121164	1588	160372	55606	180288	47939	21066	9019	767026
	1993	154602	2007	244080	47462	187733	57440	35202	14128	773458
	1994	223101	2874	466689	58398	170859	100456	52948	17101	779163
	1995	315822	4038	702133	79071	194284	134284	65095	21566	785227
“九五”计划时期	1996	415985	5283	860256	96905	210658	172199	75949	23675	789483
	1997	484137	6133	1041294	103553	205640	196108	90224	27864	789203
	1998	535105	6714	1216682	104607	195785	219823	108200	33500	804772
	1999	579140	7177	1261408	98836	196419	246775	135277	33901	809200
	2000	651840	7950	1412145	97429	161036	273451	161110	43576	830686
“十五”计划时期	2001	726076	8689	1634981	116393	166250	303982	201121	55650	840586
	2002	803313	9549	1828815	106500	138343	334603	227173	68324	841931
	2003	889512	10539	1982526	129284	126541	348164	231481	75283	846056
	2004	933040	11017	2105491	146104	138941	421047	267249	80719	847720
	2005	1058235	12479	2419002	145842	122574	468237	289333	90460	848247
“十一五”规划时期	2006	1206616	14204	2869424	149453	134149	528409	328123	109120	850773
	2007	1404952	16482	3352079	152221	101398	613460	394776	132838	854024
	2008	1638436	19158	3740187	154098	131939	725954	437209	160022	856459
	2009	1738694	20228	3827804	165514	143088	835665	480584	177303	862638
	2010	2025917	23421	4701099	197320	133655	958529	724470	220145	867337
“十二五”规划前两年	2011	2324608	26691	5141248	231734	144184	1108973	1479186	285233	874542
	2012	2597560	29729	5338199	243887	143721	1078400	2094181	287009	872968

说明：根据《1986—2012平阳统计年鉴》整理

1989—2012 平阳县国民经济主要指标增长指数

表 19-1-2

年份（年）	全县生产总值		工农业总产值指数%	工业增加值		工业总产值	社会消费品零售总额	固定资产投资
	不变价（万元）	指数%		不变价（万元）	指数%	指数%	指数%	指数%
1989	63730	95.4	107.4	19186	92.3	107.3	98.7	64.0
1990	79467	124.7	103.7	20823	108.5	103.9	106.8	108.6
1991	88423	111.3	123.8	22633	108.7	130.6	115.7	168.3
1992	111479	126.1	149.1	40618	179.4	175.6	118.1	123.9
1993	120377	108.0	133.0	52056	128.2	148.9	119.8	167.1
1994	143186	118.9	167.9	71503	137.4	180.5	174.9	150.4
1995	181507	126.8	125.2	92498	129.4	126.2	133.7	122.9
1996	232876	128.3	130.5	123956	134.0	131.8	128.2	116.7
1997	280531	120.3	123.3	152325	122.9	124.4	113.9	118.8
1998	318547	113.6	113.7	171091	112.3	114.4	112.1	119.9
1999	356312	111.9	112.1	184486	107.8	112.6	112.3	125.0
2000	395443	111.0	112.2	199073	107.9	112.6	110.8	119.1
2001	729814	112.0	113.0	337709	113.1	113.2	111.2	124.8
2002	812740	111.4	110.5	379547	112.4	111.9	110.1	113.0
2003	890604	109.6	108.2	406225	107.0	108.4	111.2	112.1
2004	915471	102.8	106.6	409877	100.9	106.2	110.0	115.5
2005	1058235	111.6	114.0	463021	113.2	114.9	111.2	108.3
2006	1190521	112.5	117.7	533654	115.3	118.6	112.9	113.4
2007	1344268	112.9	115.3	607851	113.9	116.8	116.1	126.6
2008	1512723	112.5	112.1	674927	111.0	112.7	118.3	119.4
2009	1663469	110.0	102.5	740260	109.7	102.3	115.1	102.4
2010	1845641	111.0	122.7	866178	117.0	122.8	114.7	150.7
2011	—	109.6	111.2	—	106.8	111.6	115.8	204.2
2012	—	108.8	103.8	—	106.2	103.9	112.3	141.6

说明：资料来源《2012年平阳统计年鉴》

第二节　固定资产投资管理

县发展和改革局（县计划委员会、县计划发展局）实施对全县固定资产投资计划审批和管理。1986年，国务院印发《关于控制固定资产投资规模的若干规定》。1989年起，根据省规定，所有基本建设项目均按其性质纳入年度计划规模。全县下达全民基建和技改项目115项，完成投资额2315万元。1991年后，固定资产投资规模逐年扩大，增长迅猛。1995年，县政府重申基建投资项目申报程序及审批权限规定。当年全县审批基建项目273个（其中上年结转94个），总投资73068万元。收取固定资产投资方向调节税86.7万元，水利设施费200余万元。1998年2月，省政府印发《浙江省固定资产投资管理暂行规定》，平阳县遵循规范有序、简化高效、分级分类、综合平衡和重点优先的原则，强化固定资产投资管理。2000年，全县全社会固定资产投资达到16.11亿元。

2001年，全县共审查、审批建设项目215个，总投资35.3亿元。2002年，县发改局在县行政审批中心设立"窗口"审批。全县共审批县级权限内投资项目130个，审核上级审批投资项目12个。2004年成立县招投标中心。2006年，实施招商引资项目审批一条龙服务，全年受理237件审批事项。2007年，开展重点建设项目"百日攻坚"大行动。2008年，县政府出台《平阳县投资项目管理办法》，开展重点工程"百日攻坚"和"集中大攻坚活动"。2009年，县政府出台《推行投资项目审批代办制的实施意见》，开展重点建设项目攻坚年活动、重点建设项目双月冲刺攻坚活动。是年，顺溪水利枢纽工程前期准备项目实施方案和昆阳镇至宋埠公路工程项目建议书获得省发改委批文。2010年，县政府出台《关于进一步加大工业投资项目扶持力度的若干意见》《平阳县工业建设项目审批优化方案》《平阳县政府投资项目审计办法(修订)》，全年受理352件审批事项，全县全社会固定资产投资72.45亿元，比2000年增长3.5倍。

2011年，县政府出台《平阳县优化民间投资项目审批流程实施办法》和《平阳县优化政府投资项目审批流程实施办法》，在重大项目管理方面推行重大项目分类管理法，并作为先进做法在全市推广。是年，审批项目450件，批复总投资262.54亿元；列入省重点建设项目17个，预安排项目3个；列入市重点建设项目15个，预安排项目3个；争取到中央新增投资项目30个，资金3417万元。2012年，县政府出台《平阳县招商引资项目管理办法(试行)》《平阳县重大工业投资项目"一事一议"暂行办法》《关于平阳县优化政府投资项目审批流程实施办法的补充通知》等制度。是年，县发改局牵头开展招商引资项目包装，梳理包装项目301个，其中招商引资类项目191个，融资类项目110个。全年审批项目565个，批复总投资371.8亿元，全县完成全社会固定资产投资209.42亿元；全县重点建设项目140个，其中实施项目112个，列入省重点建设项目13个，预安排项目1个；争取到中央新增投资项目补助资金约5000万元。

1986—2012年平阳县固定资产投资情况一览表

表19-1-3　　单位：万元

建设时期	年份(年)	当年完成固定资产投资	时期累计
"七五"计划时期	1986	8034	53825
	1987	11835	
	1988	14558	
	1989	9314	
	1990	10084	
"八五"计划时期	1991	17003	191314
	1992	21066	
	1993	35202	
	1994	52948	
	1995	65095	
"九五"计划时期	1996	75949	570760
	1997	90224	
	1998	108200	
	1999	135277	
	2000	161110	
"十五"计划时期	2001	201121	1216357
	2002	227173	
	2003	231481	
	2004	267249	
	2005	289333	
"十一五"计划时期	2006	328123	2365162
	2007	394776	
	2008	437209	
	2009	480584	
	2010	724470	
"十二五"计划时期	2011	1479186	3573367
	2012	2094181	

说明：根据《1986—2012平阳统计年鉴》整理

第二章 统 计

1984年《中华人民共和国统计法》实施后，平阳县恢复1963年成立的县统计局，统计工作逐步纳入法制化轨道。1989年，县统计局下设办公室、综合科、生产投资科。2012年，内设机构4个，定编人员11人。随着改革开放深入，统计制度、统计内容逐步完善。统计方法由过去单纯的定期逐级上报汇总转为抽样调查、定点调查与全面普查相结合，并由专业统计逐步向综合平衡和社会统计发展。统计工作为国民经济和社会发展的服务和监督作用日益显著。

第一节 统计调查

国情普查

人口普查　1990年，开展第四次全国人口普查，普查标准时点为1990年7月1日0时。经普查，平阳县常住人口70.28万人，户籍人口74.81万人。2000年开展第五次全国人口普查，普查标准时点为2000年11月1日0时。经普查，全县常住人口74.04万人，户籍人口83.09万人。2010年开展第六次全国人口普查，普查标准时点2010年11月1日0时。经普查，全县常住人口76.17万人。

第三产业普查　1993年，开展第一次第三产业普查，普查年度为1991—1992年。普查的范围是平阳县内从事第三产业的所有单位。

工业普查　1995年，开展第三次全国工业普查。经普查，是年境内工业企业10436个，其中，国有工业企业26个，集体工业企业2192个，私营工业23个，个体工业8174个，工业总产值645136万元，年末从业人数97660人。

基本单位普查　1996年8月至1997年10月，组织实施第一次基本单位普查。2001年8月至2002年12月，组织实施第二次基本单位普查。经普查，2001年年末，全县除农户、个体户外，共有法人单位5081个，产业活动单位6019个，个体工商户40358户。

经济普查　2004年，开展第一次全国经济普查，将原计划于2003年开展的第二次全国第三产业普查、2005年开展的第四次全国工业普查和2006年开展的第三次全国基本单位普查合并，同时将建筑业纳入普查范围。标准时点2004年12月31日，时期资料为2004年度。2004年年末，全县从事第二、第三产业的法人单位5100个，产业活动单位6112个，其中，第二产业2161个，第三产业3951个。个体经营户44072户，其中，第二产业13542户，第三产业30530户。2008年开展全国第二次经济普查，普查的标准时点是2008年12月31日，时期资料为2008年度。2008年年末，全县从事第二、第三产业的法人单位5562个，比2004年增加462个，增长9.0%；产业活动单位6112个，比2004年增加546个，增长8.9%；个体经营户44364户，比2004年增加292户，增长0.7%。

农业普查　1997年，开展第一次全国农业普查，标准时点1996年12月31日，时期资料为1996年度。经普查，1996年，全县从事农业生产经营活动的农村住户75973户，非农乡镇企业1805个(除县城所在镇)，是年年末，全县农村从业人员36.9万人，其中主要从事农业人员10.6万人。

专业统计与专项调查

专业统计　1981—1990年，陆续建立农业、工业、交通邮电、商业、财政、金融、物资、固定资产投资、劳动工资、文教卫生广播、计划生育、综合平衡、农村家计调查以及消费品与服务价格等专业统计。1990年，在国民生产总值指标下，增加国内生产总值和一、二、三产业以及4个层次的国民经济行业指标内容。是年，县统计局按规定向上填报的报表共有161种，5384个指标。其中，月报表25种，906个指标；季报表31种，1023个指标；半年报表5种，155个指标；年报100种，3300个指标。1993年，开始实施新国民经济统计体系。专业统计包括综合、平衡、工业、农业、商业、外经、固定资产投资、劳动工资、物资、能源、农村住户调查等项。至2000年年底，定期专业统计增加到21个专业，包括农业、工业、能源、粮食调查、综合、商贸、服务业、劳动工资、国民经济核算、固定资产投资、建筑业房开、科技、农村和城镇住户等各项统计指标。

专项调查　1997年，平阳县在全市率先组建社会经济调查队，对产值500万元以下的28家企业进行抽样调查，对92家重点企业进行专题调查。2001年，开展城镇居民住户调查、规模以下工业企业和个体户工业抽样调查，完成农村居民住户调查样本更新和全县规模以下工业企业抽样调查样本框建立工作。2002年，农村住户调查从60户调查点扩充到130户。完成信用温州专项调查、体育产业调查、人才流动调查、企业外来员工状况专项调查及个体工业整群抽样调查。2003年，县11个乡镇被省市定为欠发达乡镇。5月，制定《平阳县欠发达乡镇奔小康农民收入监测调查方案》。2004年，形成覆盖11个乡镇、114个村、2365户的调查网络。是年，11个欠发达乡镇农民人均收入2521元。完成人口劳动和社会保障状况、平安浙江、人口变动情况、群众安全感及全国综合社会等6项抽样调查。2005年，完成全国第一次1%人口抽样调查，进行规模以下工业抽样调查。2006年，完成5‰人口抽样调查，建立全县规模以下工业抽样调查制度及抽样样本。是年，全县城镇住户调查样本由50户扩大到100户，全县农村住户调查样本由130户扩大到150户。2007年，进行海洋经济调查、新农村经济调查、农村现代化流通网调查、商务礼品产业调查，全面完成欠发达乡镇监测。

1989—2012年期间，组织开展第一、二次全国R&D资源清查、水路运输和营业性公路运输车辆调查、乡镇基本情况调查、畜禽监测调查、农村民主法治建设调查、企业科技创新调查、海洋经济调查、“快速邮件”专项调查、全国综合社会调查、温州专项调查、体育产业调查、人才流动调查、企业外来员工状况专项调查、非公有制企业人才资源状况抽样调查、岗位工资调查、1%人口变动和劳动力调查、2011年国际比较项目（ICP）政府职务报酬摸底调查、低收入监测调查、组工调查、政府工作满意度调查及党风廉政建设满意度调查等专项和临时性调查工作。2012年实施的城乡一体化住户调查，县统计局获“全国一体化住户调查先进集体”称号。

第二节　统计管理和服务

统计管理

1989—2012年，全县统计队伍得以加强。2012年，县统计局下设办公室、综合科、产业科、投资科，及社会经济调查队、统计稽查大队和普查中心3个事业单位。工作人员从1989年的13人增加到25人。1991年，开始建立农村统计网络，逐步设立乡镇统计站。各部门、企事业单位全面健全统计工作。从2007年开始，全县各乡镇开展统计基层基础规范化建设。2009年，县统计局下属事业单位增至3个，全县31个乡镇全部通过规范化达标验收，498家规上工业企业完成了除当年新增企业外的全部426家企业验收，村居验收463个，限额以上商贸企业已经全面铺开并且完成25家，达86%。等级资质以上房开建筑企业已完成56家。2010年开展统计规范化建设复评工作。全县设立乡镇统计信息中心单位数4个，挂牌25个。全县21个乡镇本级、170个规上企业通过统计规范化建设复评验收，完成74个规上企业和95个村居的创建工作。统计数据从手工录入、汇总，全部实现统计信息电子化处理。2012年，乡镇经过调整后至10个，设立乡镇统计信息中心10个，挂牌10个。是年，全县10个乡镇本级、237个规模以上企业通过统计规范化建设复评验收，完成20个规模以上企业和106个村居的创建工作。

统计服务

统计信息和分析　围绕经济社会发展和民生方面的重点问题，加强经济运行动态监测和分析，按月编发《平阳统计月报》，反映主要经济指标完成情况。1989—2012年，共撰写统计分析文章504篇、统计信息212篇、各种工作动态550篇。

统计公报和汇编　1989—2012年，逐年发布《平阳县国民经济和社会发展统计公报》。其间，发布3次人口普查、2次农业普查、第一次第三产业普查、第三次全国工业普查、2次基本单位普查、2次经济普查等专题公报和相关资料。1993年起，将年度《国民经济统计资料》改版，整理汇编成《平阳统计年鉴》，全面系统地反映本县国民经济、科学技术和社会发展情况等，为社会和各级领导决策提供统计数据依据。1989年12月，编印《平阳在前进（1949—1989）》。1999年10月，编印《沧桑巨变世纪腾飞》建国50周年统计资料汇编。

统计登记　2002年，在县审批中心设立办事窗口，方便企事业单位办理统计单位登记证，共受理审批办理事项692件，办结692件。2012年，在北港市民服务中心设立统计办证窗口，便于北港5镇1乡辖区内企事业等单位办理统计登记业务。

第三节　统计执法

1994年，全县开始统计执法大检查。1996年，按照县政府下发《关于进一步加强统计工作的决定》开展"统计法宣传月"活动，统计人员持证上岗。是年，县统计局被省统计局、省人事局授予"全省统计工作先进集体"称号。1997年，开展统计执法大检查，全县发现违法案件37件，立案查处5件，罚款额1万元。1998年，统计执法大检查自查单位656个，实查率100%，发现违法案件25件，立案查处23件，通报批评2件，处罚金额5.7万元。1998年年底，全县登记统计年检单位2000个，领取专业统计人员持证上岗人数1660人。1999年，统计执法检查1128个单位，查出违法案件23件，立案处理19件。2000年宣传贯彻《统计法实施细则》。

2001—2010年，先后组织统计执法联合大检查5次，共检查单位520余家，查处各类统计违法案件100余件。2009年，县统计局专门成立了统计稽查大队。2010年，在全国统计执法大检查中，自查单位1252个，自查率97.05%，全年执法检查单位79家，立案查处26家。是年，结合"五五"普法，印发《平阳县统计局统计巡查工作办法》，全年举办各类普法培训班19期，参加培训2680人。2004年，县统计局实行统计稽查日常化。至2012年，全县共稽查单位619家，发现统计违法行为204起，办结案件数204起。

第三章　工商行政管理

县工商行政管理局（简称县工商局）成立于1978年11月。1989年，内设人事监察股、企业登记管理股、个体和私营经济管理股、市场管理股、合同管理股、商标广告管理股等股室，辖经济检查队、岱口缉私队和万全、鳌江、水头、腾蛟、麻步、山门、顺溪区及昆阳、鳌江、水头、萧江镇、南麂岛等12个工商所。1992年10月，鳌江区、镇工商所合并成立县工商行政管理局鳌江分局，增设外资企业登记管理股。1995年4月，建立水头工商分局，撤销水头工商所；增设法制科、经济检查科、消费者权益保护科。1998年12月，县工商局改地方管理为垂直管理，直接隶属温州市工商局。2012年，内设办公室、人事教育科、监察室、法规科、企业注册科、企业监管科、市场合同监管科、商标广告监管科、经检科、食品流通监管科、网监办等11个科室。昆阳工商所更名为县工商行政管理局昆阳分局。下辖鳌江、水头、昆阳3个分局及萧江、万全、腾蛟、麻步、山门5个工商所，主管县个体劳动者协会、县私营企业协会、县消费者权益保护委员会、县市场开发中心、县后勤服务咨询中心、县"三自"（自我管理、自我服务、自我发展）服务中心。

第一节　企业登记与管理

1978年11月，县工商局设立企业股。1992年10月增设外资股，1994年8月由股改为科，1997年外资科并入企业科。2001年11月，企业科变更为企业注册监督管理科。2006年7月，企业注册监督管理科（个体私营经济监管科）分设为企业监督管理科和注册科。

1989年，全县有登记核发营业执照的工商企业3208家，其中，国有、集体企业449家，私营企业166家，无主管企业91家，其他营业单位2502家。1993年年末，全县登记工商企业7277家。其中，企业法人5300家、营业单位1977家，注册资金154634万元，从业人员139505人。2012年，登记各类企业7668家，注册资金3009836万元。其中，国有集体企业67家、私营企业6691家、外资企业98家、农民专业合作社812家。

清理整顿公司制企业

1989年，中共中央、国务院颁布《关于进一步清理整顿公司的决定》后，县政府成立清理整顿公司领导小组与办公室，对全县的143家公司逐个调查摸底，进行清理整顿，撤销公司32家，降级改名12家，3家行政性公司政企分离，有7家"三部一办"（即经营部、经销部、批发部和办事处）企业降级改名为商店。1990年，对全县314家印刷行业企业进行清理，保留印刷企业258家(其中全民1家、集体98家、私营8家、个体151家)。

内资企业登记管理

1991年，县工商局制定9条支持国营集体骨干企业的具体措施。1992年，平阳县洗衣机配件厂和平阳县机器厂分别改名为浙江省三星洗衣机配件厂、浙江星河机器厂。平阳内燃机配件厂改名为温州活塞厂。1993年3月，开始简化登记程序，创办无主管部门企业，是年，共登记注册无主管企业297家，登记注册61家有限责任公司(318个股东，注册资金7159.8万元，其中生产型企业10家，流通型49家，旅游和房地产各1家)。

1995年，新发展无主管企业127家，在册数536家，年产值25060.45万元，出口创汇1230万元。是年，平阳雁荡山酒厂进行股份制改造，改名为温州市宋井酿酒有限公司；建立无主管企业协会萧江、昆阳、鳌江、水头等7个分会。

1997年，支持建立现代企业制度，促进企业结构调整和机制转换工作，注册组建省级集团公司1家，改制为有限责任公司9家，有49家股份合作制企业组建为35家有限责任公司。1998年，共注册改制成股份合作制企业19家，组建有限责任公司5家。1999年，注册4家国有集体企业改制为股份合作制企业，全县共注册组建集团公司12家，其中国有独资集团公司1家。

2000年1月，《中华人民共和国个人独资企业法》实施。是年年末，平阳县登记在册各类工商企业4456家。其中，法人企业2977家、营业单位1479家；私营企业696家、外商投资企业49家。是年，房地产市场发展较快，全县注册登记房地产介绍所225家。2001年，19家企业改制注册为有限责任公司。自2004年起，推行数字证书(电子执照)。是年，664家企业领取电子执照，全年注册登记工商企业5100户，从业人员136783人。其中，内资企业5049户，含国有443户、集体231户、股份合作906户、联营5户、有限责任公司406户、股份有限公司1户、私营1516户、其他1541户(以上据第一次平阳经济普查年鉴)。2005年，全县新注册各类企业722家，登记在册各类工商企业4794家。2007年，新注册登记农民专业合作社20家。2008年，助推新农村建设，注册登记农民专业合作社101家。2012年，尝试“5+2”多证联办模式，成功办理首家“0首付”公司，成功登记全市首例村经济股份合作社，首颁个体工商户转公司执照等。办理新型“个转企”企业73家。

外资与港澳台资企业登记管理

1990年开始外资与港澳台资企业注册，1993年共注册31家，投资总额2005万美元，注册资本1448万美元。1994年，注册12家，投资总额2172万美元，注册资本1302万美元。1996年，新核准注册外商投资企业8家，投资总额2864万美元，注册资本1453万美元。2000年，注册8家，投资总额2311万美元，注册资本1575万美元。2000—2004年，注册43家，投资总额12973万美元，注册资本6868万美元。2005—2012年，注册56家，投资总额58788万美元，注册资本35748万美元。1990—2012年，注册175家，投资总额82542万美元，注册资本49328万美元，合同利用资金35937万美元，实际利用资金15160万美元。

第二节　个体私营经济管理

1989年，全县验换个体经营执照6951户，经换照后个体工商户9005户、10696人；私营工商企业166户。1990年，全年新发展个体经营2389户、私营企业75户，办理个体经营外出3642户。全县共有个体经营10880户、从业人员12748人，注册资金1449万元，个体经营户年营业额8051万元，加上个体工业产值总数达10881万元。

1991年，开展取缔个体经营无证活动，共查处无证1821户，其中，取缔166户，疏导登记1579户，停业整顿76户，罚款8355元，补交管理费21693元。1993年，新发展个体工商户6046户，清理无照经营1213户。是年年底，全县共有登记核发营业执照的个体工商户19795户。1994年，全县共新发展个体工商业2693户，从业人员25517人，注册资金1.06亿元，实现产值1.29亿元，创税利2000万元。是年，全县注册私营企业426家，其中产值超5000万元1户，超1000万元7户，超100万元25户。

1995年，拓宽个体登记范围，将新兴的一些公用电话、溜冰场、花店、卡拉OK、音乐茶座等行业纳入管理轨道，全县新发展个体工商户1727户，私营企业78家。1998年年末，全县个体工商户15272户，从业人员22385人，注册资金12736万元，实现产值34547万元，销售额61419万元。注册私营企业413家，注册资金27735万元，实现产值51999万元，销售额32570万元。私营企业冠省名6家，冠市名18家。

2000年年底，全县共有登记核发营业执照的个体工商户17432户，全县注册私营企业696家。2004年年底，全县共有登记核发营业执照的个体工商户16160户，全县注册私营企业1677家。2012年年底，全县共有登记核发营业执照的个体工商户38754户，全县注册私营企业6691家。

1989—2012年平阳县个体、私营经济情况一览表

表19-3-1

年度(年)	私营企业户数	个体工商户数	年度(年)	私营企业户数	个体工商户数
1989	166	9005	2001	864	12415
1990	241	10880	2002	—	16342
1991	—	—	2003	—	15584
1992	328	12742	2004	1677	16160
1993	410	19795	2005	1969	16352
1994	426	22158	2006	2316	21042
1995	384	22247	2007	2699	22518
1996	454	18630	2008	3071	23111
1997	380	13638	2009	3695	26998
1998	413	15272	2010	4462	28050
1999	623	17241	2011	5509	34137
2000	696	17432	2012	6691	38754

说明：资料由县工商局提供

第三节　市场建设与管理

1987年11月，设立市场管理股。1992年，更名为市场监督管理科。1997年8月，市场巡查队与市场监督管理科合署办公。2001年11月，合同科并入市场规范管理科。

市场建设

1989年，全县共有各类市场88个，总面积95847平方米，全县城乡集市贸易成交额23352.7万元。是年，加强对重要生产资料市场的管理与整顿，先后建立温州汽车交易中心平阳销售点和平阳县旧拖拉机交易市场。

1993年，昆阳城东羊毛市场、鳌江雁南农贸市场、鳌江钢材市场和水头溪心农贸4个市场立项兴建。1994年，浙南水产品批发交易市场列入全省十大专业批发市场建设项目，9月开工建设。1995年，平阳毛线综合市场、浙南水产品批发交易市场、鳌江商业城年成交额均超亿元。1996年，全县有各类市场78个，市场交易额17.17亿元，比上年同期增长29%。

1999年，新建鳌江服装城、平阳县劳务中心和平阳县装饰材料市场。2001年，全年商品市场成交额28.32亿元，鳌江水果批发市场等4个市场进行改扩建。2002年，新建温州鳌江陶瓷综合市场和平阳鳌江下河农贸综合市场。2010年，完成5个农贸市场和2个专业市场改造提升工作任务。2011年，县政府出台《平阳县“十二五”期间农贸市场改造提

2012年平阳县主要商品交易市场基本情况一览表

表19-3-2

市场名称	创办时间	占地面积（平方米）	建筑面积（平方米）	店数(个)	经营户数（户）	年成交额（万元）
平阳毛线综合市场	1988年	14150	12880	430	387	18636
鳌江商业城	1991年	6000	15500	400	300	23125
平阳县萧江综合市场	1992年	1409	1337	150	120	1280
鳌江钢材市场	1994年	—	—	—	—	—
浙南水产城	1995年	6287	6855	80	43	31000
鳌江装饰材料市场	1999年	17600	23098	160	80	15980
平阳县劳务中心市场	1999年	1050	1150	25	15	—
平阳县电子通讯市场	2001年	2200	4605	216	305	65000
鳌江家电城	2001年	10280	23621	165	23	7543
鳌江水果批发	2002年	2750	1650	200	180	1160
温州鲜又多水产批发市场	2002年	6630	3290	200	79	689
郑楼镇礼品市场	2002年	23310	890	170	80	7800
平阳县凤尾水果批发市场	2002年	3093	3050	50	50	103
平阳县鹏翔汽车交易市场	2009年	15000	3000	32	6	15086
平阳县二手车交易市场	2009年	100	680	1	1	8560

说明:资料由县工商局提供

升工作实施方案》，启动6个农贸市场改造提升，总投资990万元。2012年，县政府出台《2012年度平阳县农贸市场改造提升工作方案》《平阳县农贸市场改造提升工作考核办法》等文件，完成昆阳龙河农贸市场、昆阳联东菜市场、水头兴贸菜市场、鳌江兴鳌综合农贸市场、鳌江雁南菜市场、鳌江曙东菜市场改造。是年，全县共有各类市场48个，其中，消费品市场42个、生产资料市场5个、生产要素市场1个。

市场监管

1989年，对20个农贸市场检查274次，复监秤9594次，没收失准衡器616支，查处市场违章违法案件198起。1991年，在昆阳镇龙河市场，实行每月一次领导挂牌值班制，对全县城乡63个市场进行普查，建立健全档案。1992年，对全县市场进行登记，解决市场产权问题。1993年，对市场进行全面清理整顿，查处违法违章案件40起，销毁不合格衡器186支。1995年，加强农贸市场经常性的监督检查和专项突击检查，开展“市场预赔”和“创六无市场”活动，限制使用杆秤，开辟蔬菜直销区，设立煤气直销点。1997年，对鳌江、钱仓、梅源、梅溪的马路市场进行搬迁，解决占街为市难题。取缔江滨路马路菜市场，动员经营户迁入鳌江恒春市场，建成全县第一个全日制市场。1998年，开展创建星级文明市场活动，水头兴贸菜市场、鳌江商业城分别取得三星级和二星级文明市场。1999年，组建平阳市场开发中心，将自办与联办的15个市场全部移交该中心管理，实行管办分离。2000年，加强对劳务市场、经纪人和展销会的管理。在经纪人年检中合格的有232人，被注销经纪人资格的有49人，全年查处经纪人违法案件3件。2006年，创平阳县龙河综合农贸市场等3家农贸市场为食品安全规范化管理示范农贸市场，引导鳌江中心菜市场等3家市场申报注册市场服务商标，通过星级市场验收4家。2008年，平阳华东农贸综合市场获三星级农贸市场称号。2009年，开展百家食品安全示范商场超市创建活动，创建10家食品安全示范商场(超市)。2010年，严格市场食品准入，开展分类监管，落实奖惩措施，在全县范围内开展消费者满意农贸市场创建活动。2012年，昆阳龙河农贸综合市场、水头兴贸市场作为省文明示范农贸市场创建对象，通过验收检查，并分别成功申报省三星、四星级文明规范市场。

2012 年平阳县星级市场情况一览表

表 19-3-3

等　级	市场名称
四星级（1家）	平阳水头兴贸菜市场（2006年被评为三星级，后被撤销，整改后于2013年被评为四星级）
三星级（2家）	平阳华东农贸综合市场
	平阳县龙河农贸综合市场
二星级（14家）	郑楼礼品市场
	平阳县昆阳联东菜市场
	平阳县鳌江水果批发市场
	平阳县鳌江曙东菜市场
	平阳县毛线综合市场
	平阳县萧江菜市场
	平阳县鳌江建筑装饰材料市场
	平阳县鹏翔汽车交易市场
	平阳县鳌江中心菜市场
	平阳县鳌江雁南菜市场
	平阳县鳌江商业城（1997年认定，未延续）
	浙江南方皮革城（2003年认定，未延续）
	平阳县水头金鸡桥农贸市场（2009年认定，未延续）
	平阳县鳌江家电城（2009年认定，未延续）

说明：资料由县工商局提供

第四节　经济合同管理

经济合同检查与仲裁

1989年，全县调解裁决各类经济合同纠纷案件114起，县工商局帮助企业依法追收拖欠货款90.35万元。1993年，仲裁万元以上经济合同大案52件，鳌江工商分局经济合同仲裁庭成立仅8个月，办结争议金额万元以上大要案20件，合同总金额575万元。1996年，全县鉴证房屋租赁合同597份，鉴证金额830万元；监督拍卖活动55场次，拍卖金额1200万元；命名县级“重合同、守信用”单位166家。1997年，房地产市场综合执法整治和专项检查取得新的突破，共检查房地产企业22家（其中房地产开发企业15家，中介机构7家），建筑企业13家，房地产购销合同220份；共查处各类违法合同28件，其中水头分局查获非法转包合同一案和无照承建施工一案，违法金额117万元。1999年，共鉴证各类合同3849份、金额2.71亿元。2001年，对投标拍卖运输市场等进行清理整顿，成功查获4起串通投标、拍卖国有房产所有权转让特大案，涉案投标标的额、拍卖应价额分别为878万元和246万元，涉案当事人计53人，涉案商业贿赂额124万元。2012年，受理合同纠纷案件534件，涉及金额1205万元。

1989—2012 年平阳县经济合同管理情况一览表

表 19-3-4

年份（年）	受理合同纠纷（件）	争议金额（万元）	鉴证经济合同（份）	鉴定金额（万元）	查处违法合同（件）	涉及金额（万元）	命名重合同守信用单位（家）
1989	114	140.39	55	—	—	—	—
1990	397	410.98	—	—	—	—	91
1991	324	307.63	—	—	—	—	—
1992	239	98.31	—	—	—	—	—
1993	55	303	—	—	—	—	99
1994	36	344	13	30	1	19.9	—
1995	11	506	—	—	25	10	110
1996	7	81.48	830	5872	38	7565	166
1997	—	—	—	—	28	117	5（省级）
1998	19	46	156	234.65	—	—	—
1999	92	189	3849	27100	118	—	—

续表 19-3-4

年份（年）	受理合同纠纷(件)	争议金额（万元）	鉴证经济合同（份）	鉴定金额（万元）	查处违法合同（件）	涉及金额（万元）	命名重合同守信用单位(家)
2000	32	42.9	3285	27981	31	198	—
2001	138	600	1759	12605	43	200	84
2002	34	45	2100	5646	4	36	—
2003	15	13	689	—	—	—	—
2004	—	—	—	—	—	—	—
2005	10	8.5	—	—	3	3	82
2006	39	1793	—	—	1	1.3	103
2007	86	—	—	—	1	2	37
2008	41	1698	—	—	2	—	28
2009	155	1995	—	—	—	—	47
2010	199	3145	—	—	—	—	51
2011	216	734	—	—	—	—	38
2012	534	1205	—	—	11	2.97	50

说明:资料由县工商局提供

抵押物登记管理

1997年，重点开展抵押物登记工作，全年办理企业抵押登记86件，抵押物价值11.07亿元。1999年，利用动产办理抵押申请贷款，共办理抵押登记68件，抵押物价值3116万元。2002年，办理抵押物登记44件，抵押物价值9082万元。2012年，受理利用动产办理抵押申请贷款35件，金额54487万元。

1996—2012 年平阳县企业抵押物登记和拍卖监管情况一览表

表 19-3-5

年度（年）	动产抵押			拍卖业监管		
	抵押合同份数（份）	抵押物价值（万元）	主债权金额（万元）	拍卖企业户数（户）	拍卖确认书份数(份)	拍卖确认金额（万元）
1996	9	574	—	—	—	—
1997	86	110700	—	—	—	—
1998	54	—	3749	—	—	—
1999	68	3116	3939	—	—	—
2000	22	4599	2097	—	—	—
2001	14	8400	3630	—	—	—
2002	44	9082	3371	—	30	—
2003	8	2205	867	—	—	—
2004	13	9609	3517	—	11	—
2005	10	8674	4445	7	112	2059
2006	9	10511	5226	9	62	2212
2007	11	13223	10104	14	31	17726

续表 19-3-5

年度（年）	动产抵押			拍卖业监管		
	抵押合同份数（份）	抵押物价值（万元）	主债权金额（万元）	拍卖企业户数（户）	拍卖确认书份数（份）	拍卖确认金额（万元）
2008	8	15200	9880	24	19	69695
2009	7	4144	—	28	81	100454
2010	4	1739	—	35	24179	268575
2011	5	12545	—	—	2823	133009
2012	35	54487	—	—	3524	4659

说明：资料由县工商局提供

订单农业管理

2006年，温州万众藕业合作社、平阳麻步镇为民马蹄笋专业合作社和平阳县绿雁蔬菜专业合作社3家企业签订“订单农业”80份。2007年，设立春耕备耕物资扶助站，在全市率先成立8个基层合同服务指导站，将订单农业向马蹄笋、蘑菇、杨梅、鸽子、蔬菜、兔子等其他农业品种延伸。2008年，龙尾乡2000余亩蕉藕签下210份订单合同，有效解决藕农销路，订单农业占全乡生产总值的80%。2009年，成立新农村建设服务站，推广规范订单农业，共签订农业订单合同2942份，金额1.88亿元。

第五节　商标广告管理

商标管理

注册申核　1989年，全县注册商标139件（全民14件、集体120件、个体5件），其中当年申请注册商标72件。1990年，全县注册商标增加到167件。1994年，“虎豪”商标被评为省著名商标。1999年，马蹄笋申报“鸿雁”商标注册。2003年，制定《平阳县名牌商标认定标准》，开展第一届名牌商标评选活动。2004年，认定19件县名牌商标。2006年，农业龙头企业注册商标“粗高”长毛兔、“南麂岛”海产品、“星亮”蛋鸽和“鲍旭”面粉等农字号商标，全县已有“农”字号注册商标228件。2008年，注册“二月香”茶叶和“富果”葡萄的集体商标，实现平阳集体商标零的突破。2010年建立水头皮带行业品牌服务指导站，是年，“乔治白”被国家工商总局认定为驰名商标，广天集团“广天”商号被评为省著名商号。2012年，新增注册商标1448件，新增申请1615件，全县共有注册商标10259件。是年，新设昆阳、萧江、万全等3个品牌指导站，完善名牌商标储备数据库，新增驰名商标1件（CPCT），为县第2件行政认定的驰名商标，新增省著名商标4件。

1989—2012年平阳县商标申核和监管情况一览表

表 19-3-6

年份（年）	申请商标数（件）	核准商标数（件）	年末注册商标数（件）	商标负责制单位数（户）	受理商标违法案（件）	收缴、销假标识（万件）
1989	72	—	139	—	—	—
1990	58	—	167	—	3	—
1991	—	—	—	—	—	—
1992	50	—	232	96	—	—
1993	50	—	270	—	—	—
1994	72	14	285	—	—	—
1995	48	8	295	389	28	—

续表 19-3-6

年份(年)	申请商标数(件)	核准商标数(件)	年末注册商标数(件)	商标负责制单位数(户)	受理商标违法案(件)	收缴、销假标识(万件)
1996	145	35	345	564	61	70
1997	85	30	452	584	63	2
1998	85	38	711	598	62	30
1999	85	55	728	653	144	233
2000	85	25	783	785	164	300
2001	35	93	825	783	192	400
2002	95	—	—	—	9	275
2003	184	—	—	—	—	—
2004	—	—	—	—	—	—
2005	143	62	1103	388	160	—
2006	565	1152	2260	468	133	—
2007	602	526	3444	415	148	—
2008	—	749	4061	—	94	—
2009	1368	1472	5534	195	161	—
2010	1610	2001	7748	—	97	—
2011	1216	1063	8811	—	100	—
2012	1615	1448	10259	—	92	—

说明:资料由县工商局提供

2007—2012 年平阳县获评温州市知名商标情况一览表

表 19-3-7

序号	企业名称	商标标识	认定年份(年)
1	浙江通用包装机械厂		2007
2	温州三联集团有限公司		2008
3	浙江东海减速机有限公司		2008
4	温州华阳起重机有限公司		2008
5	浙江一鸣食品股份有限公司		2008
6	浙江张臣木艺有限公司		2008
7	浙江亨力电子有限公司		2009
8	浙江瑞成珠光颜料有限公司		2009

续表 19-3-7

序号	企业名称	商标标识	认定年份(年)
9	温州帅帅礼品有限公司		2009
10	浙江三星机电股份有限公司	SXJD	2009
11	温州市赏美食品有限公司	赏美 Show-myself	2009
12	温州益坤电气有限公司		2009
13	温州春光五金有限公司	CHUGN	2009
14	浙江乔治白服饰股份有限公司		2009
15	浙江奥光印刷器材有限公司		2009
16	浙江京信汽车配件有限公司	MOTECH	2009
17	浙江日升卫浴洁具有限公司	Argent Crystal	2009
18	温州扬城皮具服饰有限责任公司	金朋	2009
19	浙江乔治白服饰股份有限公司	GIUSEPPE	2009
20	平阳县信业水产有限公司		2009
21	平阳县南麂岛开发有限公司	南麂岛	2009
22	浙江乔治白服饰股份有限公司	喬治白	2011
23	温州市万里马皮件服饰有限公司	WANFUMA	2011
24	浙江南星电子科技有限公司	Nanxing	2011
25	温州市复新面粉厂	BAO	2011
26	浙江诺贝电子科技有限公司	NUOBEi	2011
27	浙江瑞德森机械有限公司		2011
28	浙江显峰汽车配件有限公司	HK	2011

续表 19-3-7

序号	企业名称	商标标识	认定年份(年)
29	温州奋起皮业有限公司	奋起	2011
30	温州士福梅花鹿养殖有限公司		2011
31	立天控股有限公司	LITIAN	2011
32	浙江乔治白服饰股份有限公司		2012
33	立天集团有限公司		2012
34	平阳县海跃食品有限公司	海阔鱼跃	2012

说明:资料由县工商局提供

2003—2012 年平阳县获评浙江省著名商标情况一览表

表 19-3-8

序号	商标名称	使用商品	认定时间	企业名称
1	乔治白	服装	2003年	浙江乔治白服饰股份有限公司
2	图形	单向轴承	2004年	浙江三星机电股份有限公司
3	星亮	蛋、粉、乳鸽(非活)	2008年	平阳县星亮鸽业有限公司
4	LITI aIV+图形	编织袋、包装袋、塑料线	2009年	立天控股有限公司
5	WNATAI+图形	电机葫芦、电动胶盘、起重附件	2009年	温州华阳起重电机有限公司
6	CPeT	宠物与动物的食品与用品	2009年	温州佩蒂有限公司
7	南麂+图形	甲壳类动物(非活)	2009年	平阳县南麂岛开发有限公司
8	雁峰	塑料编织圆织机、印刷机等	2009年	浙江雁峰塑料机械总厂
9	CHUGN	金属门把手、五金器具等	2010年	温州春光五金有限公司
10	晨光+图形	运输和贮存散装物用口袋(麻袋)、纺织品袋等	2010年	温州晨光集团有限公司
11	合建+图形	起重机、天车、提升机等装卸设备	2010年	温州合力建设有限公司
12	平柴+图形	泵(机器、发轴机与马达部件)	2010年	浙江平柴泵业有限公司
13	SXTD+图形	洗衣机、减速离合器等机器	2010年	浙江三星机电股份有限公司
14	giusepp	服装、鞋、帽	2011年	浙江乔治白服饰股份有限公司
15	君福全顺	鹿茸、鹿茸酒等	2011年	温州士福梅花鹿养殖有限公司
16	图形	服装、鞋、帽	2012年	浙江乔治白服饰股份有限公司
17	奋起	皮带(非服饰用)等皮制品	2012年	温州奋起皮业有限公司

续表 19-3-8

序号	商标名称	使用商品	认定时间	企业名称
18	奋起	腰带、皮带(服饰用)、背带	2012年	温州奋起皮业有限公司
19	YIKUN	避雷器	2012年	温州益坤电气有限公司
20	豪中豪	按摩器械	2012年	浙江豪中豪健康新产品有限公司

说明：资料由县工商局提供

2010—2012年平阳县获评驰名商标情况一览表

表 19-3-9

序号	商标名称	使用商品	认定时间	企业名称
1	乔治白	服装、婴儿服装、领带	2010年	浙江乔治白服饰股份有限公司
2	CPeT	动物食品、动物可食咀嚼物用食品、宠物用品食品	2012年	温州佩蒂有限公司

说明：资料由县工商局提供

保护监管　1989年，全县确定商标广告定点印制企业65家，查处违章违法印制案件11起，取缔无证、非法印制12户。1997年，全年共查处各类商标假冒侵权案件75件，收缴商标标识2万余套，没收印制模具制版10余套，有效保护注册商标专用权和商标注册人的合法权益。10月20日，腾蛟成立印刷协会。1999年，通过对76家指定印制单位和100余家非指定印制单位的检查，共立案查处52起非法印制商标案件，收缴各类违法商标标识233万套，收缴模具印版120副。2004年，开展打击制假售假和保护知识产权专项整治等多项执法行动，昆阳工商所查获假冒“UTSARCOM”“BIRD”手机镜面56万个，被省工商局列入保护注册商标专用权十大典型案例。2005年，在保护知识产权整治中，查获印制假冒鳄鱼商标35万张，该案被省工商局列为全省十大典型案件。

广告管理

广告经营登记　1990年，全县广告群3个、广告栏43个、广告经营单位5家。1992年，创办平阳县广告公司，在鳌江新河公路、萧江大同公路和腾蛟镇等地新开辟3个广告群。是年，全县共发布电视广告188件、路牌广告86件、广播广告35件、报刊广告259件，广告费总额108.33万元。1995年，新办理20家广告经营单位(其中整顿7家)，共有广告经营单位26家。1998年，鳌江成立全县首家广告协会，有会员单位50余家。此外，昆阳、鳌江、水头、萧江等重要集镇全面实行户外广告登记制度，全年办理户外广告登记证1008户，建立设置灯箱等公益广告442个。2005年，登记户外广告490个。2007年，平阳县2家广告公司获浙江省AAA广告信用单位。2011年，登记户外广告306件。2012年，登记户外广告247件。

违法广告查处　1995年10月21日，查获平阳县百业科技信息服务中心发布违法广告案。1999年，开展广告市场执法整治，全年共查处各类广告违法案件36起。2003年，开展印刷品广告、户外烟草广告、虚假违法广告等执法整治，35家广告经营单位进行年检，检查率和换证率达100%。2005年，开展“虚假违法广告专项整治月”活动和“蓝光一号”虚假药品(保健品)广告专项整治行动，共查获8个违法药品(医疗)、9种涉嫌虚假违法宣传的药品和保健食品共计162盒，全年共查处各类违法广告案件74件(其中查处网络广告违法案件21件)，责令停止发布广告50件，发布广告警示和广告监测通报各1期、监测各类广告1094条次。2011年，查处违法广告案件11件。2012年，查处违法广告案件29件。

第六节　经济检查

执法检查

1989年，以查处倒卖重要生产资料和紧俏耐用消费品为重点，全年共查获投机倒把、走私贩私及各类违章违法案件837件，移送司法机关案件5件，收审10人，判刑1人。1990年，严厉打击、查处无证销售假冒伪劣商品的违法活动，共出动1845人次，对18家国营商店、369家集体商店、1050家个体商店进行了全面检查，查扣假冒物品，价值约48万元，查处中捣毁制售假冒的地下工厂11家。1992年，组织打击走私贩私和查处制售假冒伪劣商品专项斗争活动，共查获各类走私违法案件300件，罚没款203.6万元；查扣假冒娃哈哈儿童营养液15万瓶、商标15万套、塑料包装1.5万只，将平阳县健身营养补品厂等情节较重的4件案件移送司法机关依法处理。在昆阳、鳌江、水头等镇举办假冒商品展览馆，并在鳌江、桃源等地当众销毁假冒商品。1993年，查获假冒西洋参口服液等成品、半成品10余万支，假西药地塞米松针剂36000支，劣质饮料及假娃哈哈等15000余瓶，假冒香烟582条，烟丝25公斤，包装盒700套，假冒龙牌干啤酒一车2376瓶，假龙眼250公斤，劣质肥皂15000余块，假冒上海英雄牌金笔商标标识等39万张，制作各类假冒商品工具14套等。1994年，查获假冒物资价值1230万元，捣毁窝点14个；查扣中华、三五、云烟牌等假烟6000余条，价值60万元。

1996年，开展公平交易执法年活动，全年先后开展打假保节日、打假保春耕、打假保健康、清理不良文化等市场专项整治活动，共查处各类违法案件742件，严厉打击制假售假、走私贩私等经济违法行为。1997年，鳌江工商分局查获一起销售假冒名牌内衣案，查扣各类名牌内衣16600套，该案件被列为全省十二大假冒案件之一。1998年，共查处贩私案件62件，查获的走私物品主要有：卷烟20044条，摩托车28辆，白银40495克，不锈钢140.83吨，化工原料55.3吨。1999年，加强粮食市场管理，共查获非法收购、倒卖粮食案件49件，查获粮食146.8吨。2000年，鳌江分局查获假冒中华牌牙膏大案，总案值82万元；水头分局查获液化气站垄断案，查获假冒脑轻松和排毒养颜胶囊案；共查获走私贩私22件，查获走私卷烟555牌342条、希尔顿牌75条、中华牌1214条、红双喜牌149条、走私黄金2547克、走私进口旧服装9000件、走私彩电30台。

2002年，查获生产、经销假冒窝点131个。2004年，推出《行政处罚罚款裁量实施办法(试行)》，合理规范办案机构的处罚建议权限；查获劣质奶粉储存窝点5个，扣留不合格奶粉近70吨；查获劣质农药6480公斤、劣质化肥4000公斤；连续查获无照经营化工原料大案，查扣并转移化学危险品100余吨等一大批大要案。2007年，全年共立案查处各类违法违章案件575件，收取罚没款1382.71万元。特别是查获一起特大恶意串通竞买国有土地使用权案，涉案金额1500万元；查获一起非法经销手机大案，涉案金额600万元；查获一系列走私进口二手印刷机械设备及旧手提电脑案件，涉案金额2500余万元。是年强化食品安全监管力度，捣毁1个注水牛肉窝点，并被列为全市工商系统食品安全专项整治十大案例之一。

2008年，查获奥运商标侵权案件51件，捣毁侵权窝点8个；查获一宾馆重大经营权恶意串标案，涉案金额200余万元；查处多宗建筑设计行业利用“挂靠”形式实为无照经营的企业“假分支”案件。检查辖区经营户1764户，下柜处理问题奶粉1039千克，下架查封问题液态奶20216千克。2009年，挂牌成立治理商业贿赂领导小组办公室；突破性地查处个人非法放贷行为，介入品牌汽车经销行业经营秩序的监管。2011年完成辖区个体食品经营户“食品流通许可证”换发工作，食品安全示范超市电子查询监管平台数据录入率95%以上，“一票通”开票使用户数占食品批发总户数的100%，小食杂店整规率保持在98%以上。加强对违法添加非食用物质和滥用食品添加剂专项整治，捣毁食品制假售假窝点2个，查获假冒伪劣食品和不合格食品1431千克。开展进口红酒市场专项整治，立案3件。开展血燕产品专项抽检紧急行动，立案5件，查扣问题血燕169克。

2012年，立案查处违法行为524件，其中移送司法机关20件20人，涉及假冒伪劣案件156件。优化行政指导工作，共发放行政指导意见书72份，开展案中约谈50次，案后回访82次。深化无照整治工作，建立无照综合评价体系，率先在全省发布无照指数，完善黑网吧断网控制机制。全年共疏导登记3254户，取缔29户，关闭2034户，立案225件。查获假冒饮料、葡萄酒等各类食品案件48件。

消费者权益保护

维权网络建设　1993年，评出消费者信得过单位14家、消费者满意经营户21家。1994年，为全县46家企业颁发信誉证书，评出消费者信得过单位1家、消费者满意经营户21家，在全县建立8个消委分会联络站。1996年，在水头镇挂牌成立首家消费者学校。1998年6月15日，成立“96315”消费者举报投诉中心，同时开通“96315”消费者举报投诉电话，实行无双休日办公。2001年，“96315”举报投诉中心获省优秀文明维权窗口称号。2004年，加强农村消费维权网络建设，设立7家农村消费维权监督联络站、103个联络点。2005年，共设农村消费维权监督站43个、农村消费维权监督点425个、行业或集贸市场消费维权投诉联络站1个，聘请维权监督员620名。2006年，农村消费维权监督网络覆盖率100%。2007年，成立平阳县国民消费教育(学校)基地、全市首家农资消费教育学校。2011年，组建消费教育讲师团，聘请生态消费宣传志愿者，成立维权义工队伍；创建生态消费教育学校4家、特色消费教育学校2家、生态消费体验基地2个。

消费维权受理　1993年，受理投诉286件，795人次，为消费者挽回经济损失103.03万元，特别是行骗面广的钱仓假冒皮衣投诉案件得以解决。1998年，接待来信来访咨询2647人次，成功解决高压锅爆炸、啤酒瓶爆炸、医疗纠纷等3起重大人身伤害案。2002年，全年共受理投诉669件、举报146件，调解投诉涉及总金额62万元，为消费者挽回经济损失45万元。2009年，调解平息旅游团队消费集体投诉、化解房开公司违约赔付业主投诉纠纷、帮助消费者兑现倒闭超市购物卡、快速查处非法聚集村民兜售藏丹清心胶囊行为等群体事件，组织开展消费体验、百期消费教育课堂进基层等活动。2012年，受理消费者投诉499件，处理率为98.8%。

第四章　物　价

20世纪80年代，随着县物价局成立和县物价检查所的建立，物价工作逐渐走上正轨。进入20世纪90年代，以市场调节为主的价格机制基本形成。物价工作在维护国民经济健康运转和进行市场监管中发挥着重要作用。

第一节　价格改革

1989年，国家在从紧控制信贷规模和开展整顿流通领域秩序的同时，实行物价目标控制责任制。对已放开的比较重要的工业消费品和农副产品价格实行提价申报制度和差率管理措施，对毛巾、袜子等15种工业消费品实行提价申报，对自行车、摩托车、电冰箱、缝纫机、洗衣机等9种工业消费品实行差率管理，对彩色电视机实行专营管理和最高限价，并规定工业消费品、农副产品在本县只准一道批发环节。1990年初，全县零售物价上涨幅度由上年的17.7%降为2.2%，市场趋于平稳。

1991年9月，小商品价格允许放开搞活。除国家定价45种、国家指导价54种工业消费品外，其余消费品均属市场调节价商品，价格一律放开由企业灵活作价。1992年，提高粮食购销、运价、煤炭和部分事业性收费价格，基本放开消费品的价格管理，取消计划外生产资料最高限价。1993年1月1日，放开粮食、油料价格。是年，省管工业品价格基本放开，市场物价大幅上涨，全年零售物价指数上升22.8%，食品类上升17.3%。1994年，提高原油、成品油和工业统配电价格，放开统配煤价格，对一些重要的生产资料实行计划外并轨。在组织实施价格结构性调整方案的同时，围绕抑制通货膨胀，实行严格物价管理，对24种生活必需品和服务价格实行监审。是年，全县零售物价指数125.6%，其中，食品类上升30.8%，粮食类更高达46%，服务项目价格上升29.8%。1995年，县政府提出把抑制通货膨胀作为主要任务，努力抑制物价过快增长。1996年，继续严格控制物价上涨幅度，全县零售物价指数从上年的116.6%下降为108.7%。1997年，继续实行政府控价目标和行政首长负责的控价目标责任制，严格控制社会集团消费，加强对24种居民基本生活必需品和服务价格的监审、监测，物价开始趋于平稳。是年，调整石油、成品油价格和公路客运票价，对邮电、医疗收费进行改革。1998年，实施重要商品和服务价格决策听证制度。1998年5月1日正式实施《中华人民共和国价格法》。1998年6月国家改革原油、成品油价格形成机制，实现国内价格和国际市场接轨。是年，国家出台粮食保护价政策，进一步完善粮食价格形成机制，并开始整顿电价，从严核定农村低压电维护费标准，推行农村分类综合电价。2000年，深化水、电价改革。改变原水费由自来水价格和自来水建设费两部分组成的弊端，实现水费构成中价费统一，理顺水价结构。电价执行全省统一销售电价，核定、调整小水电价格，改变一站(厂)一价的作价方式，推行以社会平均成本为基础的小水电价格形成机制，全面降低用电价格。加强房地产和旅游业价格管理。调整粮食、成品油、液化石油气、食盐、种子价格。2001年，推进“两改一同价”（“两改”为“改造农村电网、改革农电管理体制”），2002年，全县农村电网“两改一同价”工作基本完成，农村生活用电由每千瓦时0.73元降到0.53元。2003年11月，全县377个行政村农民用电实行与城镇用电同价。2004年，实现城乡各类用电同网同价，取消农电总站收取的地方附加费(0.20元/千瓦时)。2005年，供水价格分类由6类改为4类。2008年1月，县政府出台《平阳县燃气价格管理办法(试行)》。2005年4月，县物价局会同县房管局联合发文《关于物业服务收费管理有关事项规定的通知》，完善价格监管措施。2010年7月，县物价局会同县住建局调整全县前期物业服务收费标准。2011年对全县29个农村饮水安全企业供应农村居民用水实行优惠政策，全县农村饮水安全工程企业供水用电电费优惠47.38万元。2012年，根据省物价局文件，从7月1日起执行居民生活用电阶梯电价政策。2012年1月1日，城市社区居民委员会公益性服务设施的用水、用电、用气(管道燃气)价格按照当地居民使用价格标准执行。

20世纪90年代，房地产价格平稳。1990年，全县房地产登记交易量334件，成交额920.92万元，交易面积41885平方米，每平方米均价220元。1995年，全县登记交易量408件，成交额3867万元，交易面积64835平方米，每平方米均价596元。2000年，登记交易量1948件，成交额33791万元，交易面积376282平方米，每平方米均价898元。进入21世纪，房价开始飙升。2001年，全县房地产登记交易量2339件，成交额35580万元，交易面积326849平方米，均价1089元。2005年，全县房产交易成交额40765万元，交易面积23.1万平方米，均价1765元。新建高层楼盘均价已达5000元。2008年，全县二手房成交额19.89亿元，交易面积55.28万平方米，均价3598元。17个房地产开发企业销售商品房20万平方米，均价5683元。时高层楼盘均价已达8000元，2012年涨至12000元。

第二节　收费管理

行政事业性收费管理

1988年，对全县有实施行政事业性收费的单位实行收费许可证管理制度。1993年，对行政事业性收费进行年度验审，开展清费、治乱、减负工作，取消一批不合理收费项目，当年取消公安、民政、交通等8家单位104项收费项目。1994年，取消金融、教育、卫生等12家单位206项不合理收费项目，对164个收费单位共1445项收费项目进行验审，验审金额3018.69万元。1995年，对196个单位共732项收费项目进行验审，验审金额8212万元。1996年，对194个单位共626个收费项目进行验审，验审金额1038万元。1999年，开始实行企业缴费登记卡制度，向全县78家外资、国有、集体、私营企业发放企业缴费登记卡，促使收费单位自觉规范收费行为。

交通收费

公路客运　跨县(市、区)道路班车客运运价执行的是市价格主管部门规定的标准。2005—2012年，跨县班车运价2次调整，2009年开始，加收燃油附加费，规定以0#柴油5.12元/升为基数，每升柴油价格累计上调0.50元及其倍数并持续一个月时，可以加收燃油附加费0.005元/千米及其相应倍数。

2005—2012年平阳县跨县班车运价调整情况明细表

表19-4-1

客车类别	客车等级	2005年运价（元/人·千米）	2009年运价（元/人·千米）
30座（含30座）以下中小型客车	普通级（车价20万元及以下，无空调）	0.12	0.175
	中一级（车价20万元以下，有空调）	0.14	0.195
	中二级（车价20万～40万元）	0.18	0.235
	高一级（车价40万～60万元）	0.20	0.255

说明：资料由县物价局提供

县境内道路客运班车客运票价标准由县政府价格主管部门会同交通主管部门制定。2001—2012年其标准调整4次，2012年根据道路类别对标准作了分类调整。2001年基准运价为0.20元/人·千米，2006年调整为0.21元/人·千米，2009年调整为0.235元/人·千米。2012年调整为国省道0.29元/人·千米，其他道路为0.32元/人·千米。

出租车运价　1999—2012年14年间，出租车运价作5次调整。1999年，运价按车辆类别实行不同标准。2002年调整为统一标准。2011年，开始加收出租车燃油附加，以解决高油价造成的高运营成本问题。

1999—2012年平阳县出租车运价调整情况明细表

表19-4-2

	1999年1月		1999年8月	2002年	2005年	2011年
起步价	车价在10万元以下（奥拓、夏列）	10元/4千米	4元/2千米	4元/2千米	5元/2千米	7元/2千米
	车价在10～20万元（桑塔纳、雷康）	15元/4千米	6元/2千米			
	车价在20万元以上（奥迪、红旗）	18元/4千米	8元/2千米			
运价	车价在10万元以下	1.2元/千米		1.2元/千米	1.4元/千米	1.8元/千米
	车价在10万～20万元	1.6元/千米				
	车价在20万元以上	2.0元/千米				
空驶里程补贴	15千米后加收50%的空驶里程补贴					13千米后加收30%的空驶里程补贴
午夜后里程补贴	零时至5时加收20%					
燃油附加费						加收燃油附加费

说明：资料由县物价局提供

医疗卫生收费

医疗服务收费定价权限属省、市价格主管部门，收费标准执行省、市制定的统一标准。1981—2005年，医疗收费标准调整10次。1988年后，医疗收费标准逐步提高。2005年7月1日，全省医疗机构的医疗服务价格全部按《全国医疗服务价格项目规范》规定的3966个项目进行规范和调整。此次价格调整中，涉及检验、影像等几十个项目的大幅度降价，CT检查费用从每次280元下降到80元，血透治疗费用由原来的400元下降到300元，临床检查费用平均下降30%，B超检查下降30%。2012年，县级公立医院综合改革，在药品（中药医院除外）零差率销售政策实施后，对护理费、手术费、治疗费等价格进行调整。

第三节　物价指数和比价

随着市场逐步放开，双轨价格矛盾一度尖锐，在“七五”“八五”期间，平阳县物价涨幅出现两个高峰。“七五”时期，价格指数逐年上升，至1989年价格指数升至117.7，至1990年下降为102.2。“八五”时期，价格指数再次逐年上升，1991年为103.0，上升至1992年的109.3，1993年的122.8，1994年的高峰125.6，1995年下降至116.6。1996年下降为108.7。进入“九五”“十五”后，度过价格改革阵痛期，物价长期趋于稳中有降。“十一五”后期，物价又开始攀升。1997—2003年零售物价总指数连年负增长，2004年回升，2009年后物价指数增长趋于平缓。

1981—2003年平阳县零售物价总指数（以上年为100）统计表

表19-4-3　　单位：%

年份（年）	零售物价总指数	食品类	其中				衣着类	日用品类	药品及医疗用品类	文化娱乐用品类	燃料类	农业生产资料	集市贸易价格指数
			粮食	水产	鲜菜	肉禽蛋							
1981	—	101.3	—	—	—	—	99.7	100.6	98.6	100.6	100.1	103.0	112.5
1982	103.3	104.0	—	—	—	—	98.6	99.7	101.5	100.5	100.9	100.9	108.2
1983	103.9	100.4	—	—	—	—	98.3	98.7	103.7	100.2	100.0	100.7	102.0
1984	100.3	100.0	—	—	—	—	100.3	99.0	108.2	100.3	100.0	108.8	99.2
1985	113.8	100.7	—	—	—	—	100.1	101.8	100.6	100.5	100.0	100.7	126.1
1986	107.7	100.1	—	—	—	—	102.6	102.3	101.5	100.0	100.0	103.2	113.9
1987	115.8	110.9	124.7	137.4	162.3	134.7	125.4	180.2	149.6	112.6	100.6	107.1	129.5
1988	119.5	122.6	114.9	133.1	162.3	119.9	116.3	112.9	145.0	114.1	105.0	118.5	129.4
1989	117.7	120.3	117.8	114.8	114.8	132.6	115.7	118.1	123.6	110.6	107.2	114.9	122.9
1990	102.2	101.9	95.9	110.9	112.4	98.8	102.9	94.9	103.0	91.2	116.0	107.9	99.0
1991	103.0	103.0	116.3	106.3	92.3	95.5	99.7	98.5	99.4	96.5	136.1	102.2	99.2
1992	109.3	112.6	143.5	107.1	122.5	104.5	99.7	102.0	116.0	99.3	118.0	102.1	105.5
1993	122.8	117.3	117.7	134.3	171.7	124.2	98.9	104.5	105.4	99.8	98.4	102.9	—
1994	125.6	130.8	144.5	137.3	125.4	125.1	—	111.6	114.7	101.6	112.1	122.7	129.8
1995	116.6	122.4	121.7	121.1	149.8	119.2	105.1	102.3	108.8	101.8	99.3	122.2	123.1
1996	108.7	—	—	—	—	—	—	—	—	—	—	—	—
1997	99.4	102.5	87.3	104.7	114.7	94.9	93.6	98.2	98.9	99.7	117.0	88.0	—
1998	97.9	99.9	109.3	87.1	94.1	90.5	99.8	100.7	104.3	96.6	94.9	95.2	—
1999	98.9	100.1	93.1	109.9	110	95.6	86.6	95.0	97.6	97.7	117.2	88.3	—
2000	96.2	97.8	88.7	103.7	98.6	93.3	96.0	97.2	103.5	95.5	—	93.0	—
2001	98.2	100.0	96.1	93.9	104.3	100.8	100.7	97.5	105.7	95.1	100.5	102.0	—
2002	98.8	103.3	99.1	104.3	101.3	103.9	96.5	96.8	102.8	99.8	99.9	105.8	—
2003	99.8	104.3	123.8	107.9	117.5	101.5	94.0	95.6	99.4	94.2	104.2	104.6	—

说明：资料据《2003年平阳统计年鉴》314页

2004—2012年商品零售价格指数（以上年为100）统计表

表19-4-4　　单位：%

项目＼年份	2004年	2005年	2006年	2007年	2008年	2012年
商品零售价格指数	101.4	101.3	100.7	103.0	105.5	101.8
食品	109.7	107.8	104.9	108.2	112.9	105.8
饮料、烟酒	102.4	99.8	99.4	102.6	103.4	102.1
服装、鞋帽	98.6	96.1	94.1	102.9	93.4	99.7
纺织品	100.9	97.5	97.3	101.4	100.1	103.6
家用电器及音响器材	95.2	96.8	95.9	96.6	102.4	96.8
文化办公用品	94.8	100.6	100.3	99.3	97.0	91.5
日用品	98.8	100.3	101.1	100.6	104.1	103.2
体育娱乐用品	95.3	98.7	96.1	97.4	95.9	96.3
交通、通信用品	90.1	94.8	92.5	94.8	95.2	97.8
家具	100.0	98.5	100.0	104.5	102.5	100.6
化妆品	92.8	94.0	102.8	100.0	101.4	103.1
金银珠宝	105.3	105.5	123.0	114.0	120.6	103.7
中西药品及医疗保健用品	92.7	93.6	97.4	103.1	109.7	101.2
书报杂志及电子出版物	99.6	100.1	99.6	100.2	103.8	101.5
燃料	111.6	112.1	114.1	103.8	117.4	112.7
建筑材料及五金电料	106.1	105.9	105.2	104.9	106.0	100.6

说明：资料来自《2013年温州统计年鉴》368页

第四节　价格监督检查

1984年6月，建立县物价检查所，负责全县物价检查监督工作。1984—1989年，全县共处理违反物价的案件3916件。其中大要案17件，处以罚没金额计527406元。1989年，共处理案件789件，其中大要案7件，罚款299603元。

1991年，开展治理乱收费工作，开始一年一度的税收、财务、物价大检查。1992年，检查重点是行政事业收费、农资价格和农村电价等。1993年，先后开展农资价格专项检查、医疗卫生收费专项检查、交通票价突击检查，并做好上年度物价大检查遗留51个案件处理。1994年，对全县148个有收费的行政事业单位、农资经营企业、各农电站、中小学校进行重点检查。1995年，对土地、房管、交警、消防、邮电、水厂、医疗卫生等部门、单位进行重点抽查。在教育收费专项检查中，查出39所中小学违价金额974.2万元。1996年，抽查29个单位，查出违价案件22件，违价金额100余万元，是年，还查处价格违法案件244件，经济制裁总额140.86万元。1997年，贯彻国务院减轻农民负担和治理向企业乱收费、乱罚款和各种摊派的精神，开展“清费、减负、治乱”工作，清理建设项目收费。是年，查处各类价格违法案件548件，经济制裁金额110万元。1998年，查处各类价格违法行为471件，经济制裁金额179.4万元。通过对33所中小学收费情况检查核实，查出违价金额281万元。对12家全民医疗单位、21家个体医疗诊所、46家零售药店进行检查，处罚26家。1999年，加大清费、减负、治乱工

1988—2012年平阳县医疗卫生主要项目收费调整情况明细表

表 19-4-5　　　　计量单位：次、元

项目		计算单位	1988年市调整	1990年省全面调整	1991年	1996年省调整	1997年市调整	2003年市调整	2005年省调整	2012年县调整
挂号费	医师	每次	0.15	0.20	0.20				1.00	全县各县级公立医院药品实行零差价销售，普通门诊诊查费(含普通挂号费、诊查费、药事服务费)调整为10元/次，住院诊查费为15元/次，手术费按现行标准上调22%，治疗费按现行标准上调35%，护理费按不同类别调整为3～45元
（初诊）	名医	每次			专家	专家		20.00	20.00	
					2.00	1.50			国家级老中医	
									10.00	
									省级老中医	
	副主任	每次	主治					5.00	5.00	
			0.50						副高	
	主任	每次	0.80				4.50	7.00	7.00	
									正高	
（复诊）	医师	每次	0.10	0.20	0.20	1.50				
	名医	每次								
	副主任	每次					3.50			
	主任	每次					2.00			
注射费		每次	0.07	0.20	0.20	0.40	0.40		1.20	
（透视费）		每次	0.40	1.00	1.00	2.00				
肝功能化验		每次	2.30							

说明：资料由县物价局提供

作力度，查处各类违法行为465件，违法案件62件，制裁金额113.6万元。是年，成立南麂物价管理所。2000年开展教育收费、医药价格等专项检查，查处价格违法行为和案件63件，经济制裁总额770.6万元。2001年，成立县物价局价格举报中心，价格举报中心与物价检查所合署办公，全年查处价格违法行为和案件31件，经济制裁总额156.3万元，被国家计委命名为规范化检查所。2002年，查处价格违法行为和案件30件，经济制裁总额343万元。2003年，查处价格违法案件20件，经济制裁总额188.8万元。2004年，查处价格违法案件22件，经济制裁总额244万元。2005年，县物价检查所更名为县物价局监督检查分局。是年，开展涉农收费检查、教育收费、环保收费、医疗收费等专项检查，查处违法案件5件，经济制裁总额164.7万元。是年，被国家发改委命名为2004—2005年度规范化物价检查局(所)。2006年，查处价格违法案件15件，经济制裁总额195.32万元。2007年，查处价格违法案件26件，经济制裁总额315.1万元。是年，被浙江省物价局授予全省价格监督检查先进集体称号。2008年，县物价检查事业编制改为行政编制。是年查处价格违法案件23件，经济制裁总额72.94万元。2009年，查处价格违法案件18件，经济制裁总额61.53万元。2010年，开展交通票价、行业协会收费、涉农涉企价格和收费、驾校收费等专项检查活动，全年查处价格违法案件29件，经济制裁总额10.56万元。2011年，开展成品油价格、教育收费、涉农涉企价费、涉车行业价格、医疗服务价格、有线电视服务收费等专项检查、轮查和巡查，全年查处价格违法案件12件，经济制裁总额35.3万元。3月中旬处理抢购食盐风潮，查处4起哄抬食盐价格行为。是年，聘用12名专职社会价格监督员，组建县社会价格监督服务站，县财政每年拨款48万元。2012年，开展涉农涉企价费、旅游行业价格行为、商业银行明码标价、商品房销售明码标价以及行政事业性收费暂免、取消政策落实情况等专项检查与整治，巡查、规范1505家商铺、100所幼儿园、115家医疗机构的价格行为。全年查处价格违法案件12件，经济制裁总额107万元。

第五节　价格服务

价格认定

1993年8月，县物价局物价事务所内增挂县价格事务所牌子，实行一个机构、两块牌子合署办公，依法对涉案物品进行价格评估鉴定，并接受企事业单位聘请担任价格顾问。2000年2月，建立县涉案物品价格鉴证中心，与县价格事务所合署办公。2001年6月，按照国家计委、省物价局统一部署，更名为平阳县涉案物品价格认证中心。2003年10月，更名为县价格认证中心。1996—2005年，共办理案件2430件。其中2002—2004年，开展县农电资产评估及办理涉案物品价格认证721件，标的总额2690万元(含农电资产)。2007年，开展集体企业改制资产评估工作。2009年，对刑事案件免收评估费。2010年，建立价格鉴定协助员制度，聘请29位民警作为价格鉴定协助员。2006—2010年，办理涉案物品价格认证1509件，标的总额2530万元。2011年，办理涉案物品价格认证248件，标的总额450万元。2012年，办理涉案物品价格认证380件，标的总额567万元。是年启动涉税涉纪价格认证工作。

价格监测与成本监审

县价格监测与成本监审中心于2008年10月23日批准成立，为全额事业单位，编制5名。2009年2月，该中心正式成立办公，配备人员4名。是年，开展价格收费成本定、调价监审9个项目，增设价格监测固定价格采集点16个，设立水稻成本收益监测点3个，完成定调价成本监审5个，定期成本监审5个，监审总金额5423.03万元，共核减成本1336.53万元，核增成本57.80万元。2011年，完成定、调价监审和定期监审项目19个，监审总金额32691.22万元，共核减成本10717.19万元，核增成本1009.59万元。建立监测点34个，监测品种99种。2012年，完成定、调价监审和定期监审项目6个，监审总金额5452.39万元，核减成本1212.18万元，核增成本147.27万元。是年，设立4个农本调查监测点，对蔬菜、生猪、紫菜、黄鱼进行成本调查。

第五章 审 计

1984年，县审计局成立。1989—2012年，全县共完成审计项目1039个，查处违规金额70363万元，其中收缴23777万元。通过审计归还原渠道金额29065万元，调账处理金额12522万元。移送司法机关案件32起，涉案人员49人；移送纪检部门案件15起，涉案人员18人；建议有关部门处理案件7起，涉案人员14人。2012年，内设机构5个，定编人员18人。

第一节 国家审计

财政审计

1989—2012年，共完成县本级财政预算执行审计项目31个，查处违规金额16849万元，管理不规范金额1580万元，上缴财政金额1139万元，归还原渠道金额184万元，调账处理金额41万元，移送纪检监察部门案件1起，涉案人员1名；完成乡镇财政决算审计项目207个，查处违规金额15354万元，管理不规范金额251577万元，上缴财政金额17053万元，归还原渠道金额17335万元，调账处理5745万元，移送司法机关案件2起，涉案人员2名，移送纪检监察部门案件1起，涉案人员3名。1992年，对原苍南乡1986—1992年财政收支审计中发现4人侵吞公款，移送给县人民检察院查处。2011年，在对原榆垾镇政府2010年度财政收支审计中发现，承包办公楼装修工程的分包人郑某重复、多报办公楼装修款107381元，移送县公安局查处，后被移送县人民检察院审查起诉，判处有期徒刑1年6个月，缓刑2年，并处罚金5万元。

金融审计

金融审计初期以维护财经纪律为主要目标，重点查处金融领域的违纪违法问题。随着国家经济体制逐步改革，国有银行逐步改制成股份有限公司，金融业便由民间会计师事务所审计，县审计局金融审计相关项目都是在2002年前完成的。1989—2002年，共完成国有商业银行、保险机构和农村信用合作社等机构信贷资产质量和财务收支以及拆借资金审计和审计调查项目36个，发现违规金额685万元，管理不规范金额848万元，应上缴财政金额256万元，移送司法机关案件2件。

企业审计

1999年前，每年企业审计项目较多。随着国企改制，只剩为数不多的国企还接受政府审计监管。1989—2012年，共完成102个企业审计项目，共查处各项违规行为金额4468万元，管理不规范金额1167万元，应上缴财政479万元，归还原渠道125万元，查出并移送司法机关处理13件，涉案人员29名，涉案金额177万元；移送纪检部门1起，涉案人员2名。2006年，在对县粮食企业改制情况专项审计调查中发现水头粮管所改制中国有资产大量流失，经深入审计调查，最后查出3人收受贿赂，分别被开除党籍、行政撤职及判刑。

行政事业审计

1995年前，作为一项经常性审计，审计重点在于行政事业经费收支是否合法合规。1989—2012年，先后开展对党政机关、公检法机关、科教文卫事业单位、群众团体等部门进行审计，完成审计项目199个，查处私设“小金库”、乱收费、乱发奖金补贴、侵占国家资产、截留财政收入等违纪违规金额12484万元，管理不规范金额10839万元，应上缴财政2495万元，减少财政拨款或补贴351万元，归还原渠道资金1041万元，调账处理374万元，移送司法机关案件11起，涉案人员8名；移送纪检部门案件3起，涉案人员3名。2004年，在对县2003年度公路养路费专项资金审计调查发现，原晓坑乡党委书记苏某、乡长周某非法占用公路建设资金，分别被给予留党察看一年处分，并撤销了苏某的行政职务，同时对会计、出纳等相关人员也分别给予了党内警告处分。

经济责任审计

1993年，在全省率先开展政府领导干部离任经济责任审计。1994年，开始开展乡镇领导离任经济责任制审计。1989—2012年，完成233项经济责任审计项目。共查出违规金额11294万元，管理不规范金额39783万元，应上缴财政金1894万元，应归还原渠道金额1208万元，应调账处理金额3501万元，移送司法机关案件3起，涉案人员3名；移送纪检部门5件，涉案人员3名；建议有关部门处理案件2起，涉案人员2名。2001年，在对宋桥镇镇长任期经济责任审计中发现，宋桥镇卫生院院长叶某涉嫌挪用公款，后移送县公安局查处，经查明犯职务侵占罪，被县人民法院判处有期徒刑15年。

投资审计

1989—2012年，完成72个固定资产投资审计项目，查处违规金额8133万元，管理不规范26070万元，应上缴财政56万元，归还原渠道8670万元，调账处理金额1931万元。2001年，对县引供水工程预算执行情况审计，在审计、公安、纪检部门的联合调查核实下，查出重大经济案件，该案件涉案人员15人，其中副处级干部2人。县人大常委会原副主任赵某以受贿罪被法院判处有期徒刑10年；县新纪元开发有限责任公司以合同诈骗罪、非法吸收公众存款罪数罪并罚，判处罚金60万元；公司董事长尤某被以诈骗罪、挪用资金罪、非法吸收公众存款罪数罪并罚，判处有期徒刑13年，并处罚金50万元。判决追缴县新纪元开发有限责任公司违法所得771万余元，追缴尤某挪用的资金300万元。该案件的来龙去脉被《检察日报》《浙江在线·今日早报》《浙江工人日报》《温州商报》《浙江审计》和廉政在线等一些报刊、网站刊登报道和转载。

专项资金审计

1989—2012年，完成138个专项资金调查审计项目，查处违规金额1061万元，管理不规范金额32935万元，应上缴财政金额395万元，应归还原渠道金额490万元，移送纪检部门案件4起，涉案人员6名，建议有关部门处理案件1起。1993年，在对怀溪乡政府1991—1992年度专项资金审计中发现，怀溪乡党委委员、副书记徐某私存公款，唆使他人伪造存折，出具假证据等违法乱纪行为；财务人员吴某，利用职务之便采取现金不入账的办法，公款私存；信用社工作人员徐某利用职务之便，为他人伪造存折，出示伪证。移交县纪委调查后，怀溪乡党委委员、副书记徐某被撤销党内职务；财务人员吴某被给予严重警告处分；信用社工作人员徐某被给予党内警告处分。

第二节　内部审计

内部审计是指组织内部的一种独立客观的监督和评价活动，它通过审查和评价经营活动及内部控制的适当性、合法性和有效性来促进组织目标的实现。内部审计和国家审计（政府审计）、民间审计（事务所审计、社会审计）并列为三大类审计。县内部审计工作起始于1988年，至2012年年底，已在18家企事业单位及政府部门建立内部审计机构，内部审计人员43名，其中专职内部审计人员21人。根据统计，1989—2012年，县内审机构共审计项目992个，纠正各种违纪违规及管理不规范金额4278.91万元，提出整改意见被采纳1000余条。

第三节　社会审计

县社会审计始于20世纪80年代末。1989年，全县有县审计事务所和县会计师事务所2家社会审计机构，均为全民事业单位，分别隶属县审计局和财政局。1999年，根据上级部门《关于进一步加快会计师事务所及审计事务所体制改革的通知》精神，12月撤销平阳县审计事务所，社会审计机构成为自收自支、独立核算、自负盈亏、依法纳税的社会中介机构。

平阳正益会计师事务所，由原平阳县审计事务所和平阳县会计师事务所两家全民事业单位脱钩改制后由自然人出资设立的股份合作制企业，经浙江省财政厅批准，成立于1999年12月，注册资金30万元，主要从事审查企业会计报表、验证企业注册资本、查账鉴证、司法会计鉴定、资产评估、工程预决算审计、代理记账、会计管理咨询、会计顾问、会计培训等业务。截至2012年年底，职工人数21人，其中大学本科11人、专科6人，注册会计师7人、评估师4人，高级职称1人、中级职称13人。2000—2012年，共完成各项审计项目12806个，其中年报审计797个、工商年检专项审计4004个、社会查证977个、验资5186个、资产评估1842个，实现业务收入3868.63万元。

平阳德诚联合会计师事务所，系合伙制企业，成立于2003年5月，注册资金10万元，主要从事审查会计报表、验证资本、办理企业合并、分立、清算事宜中的审计业务、基建预决算审计、其他审计等业务。截至2012年底，职工人数14人，其中大学本科5人、注册会计师6人、高级职称2人、中级职称5人。2003至2012年，完成审计项目6428个，其中，年报审计626个、专项审计982个、工商年检审计1762个、验资报告3058个。审计资金总额348.3亿元，实现审计业务收入1563.6万元。

第六章　安全生产监督管理

1988年4月，建立县安全生产委员会(简称县安委会)，负责指导、协调全县安全生产工作。其办事机构县安全生产委员会办公室(简称县安委办)设于县劳动局，2001年12月后转设县经贸局。2004年4月，设立县安全生产监督管理局(简称县安监局，挂县安委办牌子)，作为县经贸局管理的副科级行政机构。11月，升格为主管全县安全生产综合监督管理的县政府工作部门，内设办公室(政策法规科)、综合安全监督管理科、危化品安全监督管理科、矿山安全监察科。是年，县编委批准昆阳、鳌江、水头、萧江、麻步、腾蛟六大镇分别建立安全生产监督管理站，南雁等25个乡镇配备安全生产监督管理员，人员编制总数为55名，归所在乡镇管理，其业务接受县安监局指导。2010年4月，县安监局内设机构撤销危化品安全监督管理科和矿山安全监察科，增设政策法规科和行政审批科。2012年6月，内设机构调整为办公室、法规信息科、综合安全监督管理科、矿山与危化安全监管科、行政审批科、监察室，定编人员15人。下辖县安全生产监察大队、县安全生产宣教培训中心和县安全生产应急救援中心3个事业单位。2011年，昆阳、鳌江、水头、萧江、万全、腾蛟6镇单设成立安全生产监督管理所，总编制为67人。是年，县安监局获国家安监总局授予的安全生产监管监察先进单位称号。

第一节　安全生产监管和应急管理

自1995年起，县政府于每年年初召开全县安全生产工作会议，并按照“谁主管，谁负责”和属地管理的原则，与各乡镇和有关部门签订年度安全生产目标管理责任书。2004年，制定出台《平阳县安全生产委员会工作规则》《平阳县安全生产工作职责暂行规定》。2006年，修编全县重大生产安全事故、危化品、矿山事故3个应急预案，编制并下发企业安全生产应急救援预案范本。2008年，编制重大工矿、危化品、矿山、道路交通、建筑工地等7个应急预案操作手册，妥善处置“7·10”高速公路平阳段外笼山隧道120#溶剂油槽罐车翻车事故和“8·8”岱头四氯化钛槽罐车泄漏事故。2009年，重新修订《平阳县安全生产工作职责规定》，出台《平阳县安全生产行政问责暂行办法》《平阳县安全生产行政问责补充规定》。2010年，出台《平阳县安全生产事故隐患和违法行为举报奖励暂行办法》《平阳县安全生产事故隐患排查治理网格管理暂行规定》和《平阳县安全生产行政问责补充规定(暂行)》。是年，在晨旭、祥安、友邦3家危化品经营带储存单位设置应急救援物资保障点，成功处置“7·26”萧江段高速危化品泄漏事故，并实施3例行政问责。2011年出台《平阳县安全生产“一票否决制”实施办法》；6月，县政府部署实施农村木结构房屋电气线路改造工程，改造整治全县农村木结构房屋电气线路，消除农村电气火灾隐患。至2012年，已改造29701户、107060间农村木结构房屋电气线路。2006—2012年，共组织多个行业领域、多种形式的全县性应急救援演练活动12次。2012年，县安全生产应急救援中心成立，并被列为县社会应急联动一级成员单位。

第二节　安全生产宣传教育

安全月(周)活动

1991—2001年，每年5月末至6月初期间，在全县范围组织开展安全生产周宣传活动。据不完全统计，安全生产周开展的11年中，共组织大型竞赛、评比活动5次，派出宣传车辆10余辆次，悬挂横幅500余条，张贴标语近1000张，发放宣传资料10000余份。其中，1994年组织的《中华人民共和国劳动法》宣传活动获得市级“活动组织奖”。

2002年起，每年6月，全国统一开展“安全生产月”宣传活动。2006年，举办《平安祝福》大型晚会一台。组织参加市《浙江省安全生产条例》知识竞赛，获2项一等奖。至2012年，全县共出动宣传车辆330余次，举办各类安全生产宣讲活动100余次，播放各类宣传广告、短片100余集，刊载专栏、专题宣传报道近50期，张贴、悬挂横幅等4000余套，分发宣传资料36万余份。

安全生产诚信管理

2009年12月，《平阳县企业安全生产诚信管理实施办法（试行）》《平阳县企业安全生产诚信管理实施办法（试行）相关职能单位配套政策》等规定相继出台，在“分步推进、分类管理”的原则指导下，企业安全生产诚信管理工作在全县范围展开。2011年3月，重新修订《平阳县企业安全生产诚信管理实施办法》。至2012年年底，共1405家生产性企业被纳入诚信管理范围，其中A级154家、B级910家、C级336家、D级5家。该项工作于2011年获评为全国安全生产工作实践应用创新三等奖，经省安监局推荐，安全生产诚信管理机制在全省范围推广施行。

安全生产培训

1990—1999年，据不完全统计，举办各类安全生产培训班共32期，培训电工、司炉工、锅炉房管理人员、起重工等特种作业人员与厂长、经理等企业负责人、劳动监察协理员，合计2198人。2004—2009年，县安监局先后联合县文化局、县交通局等单位，在温州市安全生产技术服务中心帮助下，举办安全生产知识培训班98期，培训企业负责人及安全管理员、特种作业人员、村居干部30289人。2010年6月，设立县安全生产宣教培训中心。2011年举办培训班24期，培训企业负责人、安全管理员及特种作业人员3210人。2012年，举办培训班31期，培训生产经营单位主要负责人1248人、安全管理员1398人、特种作业人员932人、烟花爆竹经营（零售）负责人和安全管理员225人。

第三节　安全生产行政执法

工矿商贸单位监管

1990年，全县开展3次入企安全检查，重点抽查18家企业。1992年，开展5次入企检查，共检查企业158家，查出事故隐患1206条。1997年，重点抽查26家企业，查出隐患96条，发放安全监察通知书57份。1998年，开展冬季安全生产大检查，检查企业460余家，查出隐患1100余条。

2004年，全县开展安全生产“铁网行动”，共出动2.3万人次，检查企业（单位）8605家次，查出事故隐患4185处，停产停业整顿304家，关闭95家，处罚无证无照企业和经营户254家。2005年，开展安全生产“铁网二号行动”，共查出事故隐患2149处，22家企业停产整顿，关闭13家。2006年，在安全生产“铁网三号行动”中，排查3003家次生产性企业，督促其中457家企业完成隐患整治工作。是年，对全县65家国有企业开展安全生产现状调查，制定出台《平阳县关于切实加强在平省部属企业和市县属企业安全生产工作意见》。2009年，以建设温州市隐患排查治理信息平台为抓手，按照“分片建档、分类管理、分步实施、逐步完善”的原则，全县3306家工矿企业经评估分级，确定A类677家、B类2004家、C类492家、D类133家；4065家商贸服务企业经分级，确定A类3804家、B类134家、C类101家、D类26家。

2010年，在全县规上企业开始推行安全生产诚信管理，682家企业成为首批诚信管理企业。2011年，被确定为全市安全生产信息化监管综合平台建设试点单位，研制开发了集行政许可、行政处罚、诚信管理、执法检查、企业基础信息、统计分析、安全培训、应急救援、OA办公系统、知识库为一体的安全生产信息平台，录入全县1899家企业的安全生产基础信息和4823位特种作业人员、企业负责人、安全管理人员的培训信息。2012年，全县1405家企业参与安全生产规范化创建，其中219家通过市级验收，931家通过县级验收，38家企业被确认为市级规范化示范企业；全年共查处各类非法违法行为8506条，停产整顿相关违法企业527

家次，取缔关闭108家，罚款365万元，追究刑事责任11人。

矿山监察

1992年，检查17个矿点，取缔5个无证开采点。1994年，审查75个矿点，查处2起民用采石场伤亡事故。1995年，对全县29家采石场安全生产条件进行审查。1998年，对全县31家采石场安全生产条件进行审查，配合省劳动厅对本县4家外出采掘工程公司进行了安全资格审查。

2001年，开展矿山安全条件审查整治，全县矿山企业从142家缩减为43家。2002年，露天开采矿山试点推广轻型潜孔钻中深孔爆破开采技术和机械二次破碎工艺。至2012年，全县矿山企业全部通过矿山安全生产标准化验收，露天矿山全部实施分台阶开采，全部采用中深孔爆破、机械铲装和机械二次破碎工艺。是年，全县共有非煤矿矿山企业12家（其中3家为工程性矿山），采掘施工企业4家。

危险化学物品和烟花爆竹监管

2004年，对全县146家危险化学品企业进行了安全评价，开展以使用甲苯、丁酮、乙酯、丙酮等甲类危化品的彩印、油墨、人造革等企业为重点的危险化学品安全管理专项整治工作，在凤卧、山门、南湖、怀溪等地查获15吨液氯、1.8吨漂白剂和82吨甲苯，取缔非法生产窝点6个。2006年6月30日，平阳烟花厂停止生产，全县退出烟花爆竹生产领域。2007年，检查危化企业170家次，查处27处非法经营单位，查押没收非法烟花爆竹3291件，捣毁非法生产烟花爆竹窝点1个。2008—2009年，通过危化、烟花爆竹、电镀行业、移膜企业等专项执法检查，捣毁24个私存烟花爆竹窝点，查扣非法烟花爆竹近2万件，关停了处于民居密集区的永盛公司临区储罐区。2012年，开出责令限期整改指令书19份，强制措施决定书9份，立案查处12起，取缔1处非法生产油性胶水的窝点。

至2012年，全县共有12家危化生产企业、13家危化品经营带储存企业、71家危化品零售单位、24家加油站、79家剧毒品使用企业、2家烟花爆竹批发企业、110家烟花爆竹零售单位。

附：事故警示案例

1994年9月11日14时10分许，平阳县城南联运社浙江03/C2798号农用运输车由驾驶员陈某驾驶，沿途带客已20余人，由西湾开往昆阳，14时25分许，行至昆阳至西湾公路16KM+300M西湾北山村路段时，又有几个带着渔网的渔民拦车要求搭乘，陈某遂将车子停放在斜坡上（纵坡度4.9%），自己下车给渔民安装渔网时，由于车体颤动使车辆后溜20余米坠落公路右侧垂直高度80余米的深谷（海滩）中，造成11人死亡、轻重伤多人的特大恶性交通事故。经鉴定，陈某负事故全部责任，被判有期徒刑6年。

2004年6月29日下午3时45分左右，位于宋桥镇章桥村国道旁的平阳县兴泰化工有限公司甲苯储藏罐发生爆炸，造成5人死亡、1人受伤。时任宋桥镇镇长、分管工业副镇长、经济办副主任以及县安监局局长、安全监察科副科长等相关干部分别受到相应的纪律处分。

2004年7月28日19时20分，位于水头镇金山路80号的温州辉煌皮革有限公司发生特大火灾，造成18人死亡、12人受伤，事故原因系企业的砂边机作业时产生的火花使皮带粉尘阴燃起火并扩大成灾。公司法人代表庄某犯重大责任事故罪，判处有期徒刑2年，缓刑3年。时任县委书记、县长、常务副县长、分管副县长、县规划建设局局长、水头镇委书记、水头镇镇长、分管副镇长、县规划建设局监察大队大队长、县规划建设局水头分局局长、水头镇经济发展办公室副主任等相关干部分别受到相应的纪律处分。

2010年4月5日晚，“浙平渔0223”渔船在台州大陈岛东面约20海里海域作业时被外轮“美琳娜1号”撞沉，船上6名人员落水失踪。事故原因系“美琳娜1号”货轮误入渔船作业密集区、快速行驶、操纵失误碰撞渔船，导致“浙平渔0223”船沉没。

2011年7月21日4时49分许，G15（甬台温）高速公路往福建方向1783千米处（平阳境内），浙J60959重型厢式货车（核载3人，实载4人，车厢内另藏8人）追尾碰撞赣K11977重型半挂牵引车/赣K0221挂重型普通半挂车，造成浙J60959号车上9人死亡，4人受伤。

2001—2012 年平阳县安全生产事故情况一览表

表 19-6-1

项目 年份（年）	事故起数（起）	死亡人数（人）	受伤人数（人）	直接经济损失（万元）	其中															
					工矿企业				道路交通				水上交通及渔船作业				火灾			
					起数（起）	死亡人数（人）	受伤人数（人）	直接经济损失（万元）	起数（起）	死亡人数（人）	受伤人数（人）	直接经济损失（万元）	起数（起）	死亡人数（人）	受伤人数（人）	直接经济损失（万元）	起数（起）	死亡人数（人）	受伤人数（人）	直接经济损失（万元）
2001	1432	78	1121	803.47	8	7	3	70	1399	68	1109	482.62	0	0	0	0	25	3	9	250.85
2002	1447	74	1102	1057.71	9	8	1	92	1407	63	1091	671.72	1	2	0	3	30	1	10	290.99
2003	1582	92	1051	1017.2	12	11	1	127	1552	74	1051	706	4	5	0	52.5	14	2	3	131.7
2004	1614	112	1581	1282.9	7	10	3	149	1550	69	1519	364	12	4	39	464	45	29	20	305.9
2005	573	73	597	464.33	8	8	0	161.2	529	59	593	98.86	6	5	0	113	30	1	4	91.27
2006	428	70	463	432.77	7	7	0	186.6	401	61	462	47.62	4	0	1	150	16	2	0	48.55
2007	409	66	462	370.35	7	6	0	243.1	382	58	462	40.18	7	2	0	19	13	0	0	68.07
2008	354	62	353	411.19	6	6	0	60	324	55	353	26.99	7	1	0	71	17	0	0	253.2
2009	333	61	330	312.49	5	5	0	100	311	53	329	25.49	3	2	0	7	14	1	1	180
2010	322	56	317	450.32	6	6	0	245.4	304	50	317	25.41	0	0	0	0	12	0	0	179.51
2011	264	55	261	357.41	4	4	0	160	249	49	261	23.43	0	0	0	0	11	2	0	173.98
2012	247	55	243	373	4	7	2	165	231	47	241	22.4	1	0	0	12	11	1	0	173.6

说明：资料由县安监局提供，统计口径历年有所调整

第七章　质量技术监督

县标准计量管理所成立于1985年10月，1990年6月升格为县标准计量管理局，行使质量监督、计量监督和标准实施监督等行政执法职能。11月，县标准计量管理局更名为“县技术监督局”，级别不变，归口县工经委。1991年3月，县技术监督局列入政府序列，升为一级局，6月正式挂牌，内设办公室、标准计量管理股、质量监督股；下设计量检定测试所和产品质量监督检验所，为差额管理事业单位，实行一个机构、两块牌子合署办公。1999年，实施省以下垂直管理体制，2001年1月更名为县质量技术监督局，原由劳动部门承担的锅炉压力容器安全监察职能划入质监部门，将经贸局的质量管理职能并入。2005年1月，由卫生部门承担的对食品生产加工环节的食品卫生监管职责划归质监部门。

2012年，局机关内设科室为办公室、法制科(行政审批科)、食品生产监督管理科、产品质量监督稽查科、特种设备安全监察科、质量与标准计量科和直属的县质量技术监督稽查大队；下设鳌江分局、昆阳质监所、水头质监所3个所(分局)和县计量检定测试所、县质量检验检测所、中国质量检验协会浙江皮革测试中心、县食品安全检验检测中心4个技术机构。

第一节　计量管理

1989年，县标准计量所检定人员10人，计量标准器23项，能开展12个项目的26种强制检定工作。全县在力学、长度、电学、温度计量方面有23项最高计量标准项目。二级计量单位1家，三级计量单位15家，计量验收单位9家。至2012年，县标准计量所检定人员13人，计量标准器具增加至25项，检定项目增至53项，校准项目增至62项。

计量检定

1989年，开始实施对计量器具强制检定工作。全县有平阳化工厂、平阳电表厂、平阳内燃机配件厂、平阳煤炭机械厂等共18个项目，通过最高标准考核。11家企业取得计量器具生产(修理)许可证(含临时许可证)，共生产器具18种；制造木杆秤的个体工商户取证28家，修理台秤、案秤个体工商户取证9家。

1991年起，县计量所对列入强制检定目录的贸易结算、安全防护、医疗卫生、环境监测等方面的计量器具，进行不定期的监督检查。1993年，依法检定和修理天平、砝码、压力表、血压计、衡器、硬度计、燃油加油机等17种计量器具2898台(件)，其中强制检定数547台(件)。首次对全县12个加油站24台加油机进行强制检定，全部不合格，经修理复核合格。对全县四大医院属强制检定计量器具登记造册进行检定。

1999年，开展商贸、医疗、企事业单位计量器具的检定和管理工作，计量检定包括地中衡、台秤、量革机、医疗器械、加油机、汽车计费器以及企业在用计量器具2865台(件)。在县公管所的配合下，计量所为全县380余辆出租车安装上计价器。得到县卫生局的支持，对全县各大医院的B超、心脑电图仪、分光光度计等医疗仪器进行强制检定。

2004年，开展对全县所有眼镜制配场所、特种设备使用单位、粮食生产企业及部分经销企业、大型酒店进行计量专项监督检查，对未按规定检定的计量器具责令送检，要求企业按规定配齐计量器具，配备计量管理人员，建立计量器具台账，实行长效管理。对定量包装商品进行专项检查，计13家单位、15种商品。下属质检所送检的各类计量器具5338台(件)，其中强制检定1895台(件)。

2006年，对县内8家年均消耗超过5000吨标准煤的能耗企业开展能源计量工作，与8家企业签订《共同推进节能降耗计量工作责任书》，确定平阳英博双鹿啤酒有限公司和温州晨光塑料有限公司为节能降耗试点企业。对国道、省道沿线的20余家加油站60余台加油机的计量芯片签封检查。对规模较大的24家餐饮单位48台(件)的计量器具予以检定。对车辆超限超载监测器具、环境监测器具、特种设备压力表、塑编行业计量器具予以检定或强制检定。

2012年，检定、校准各类计量器具1.38万余台件，其中强制检定5998台(件)。全年共检定县级医院和乡镇卫生院使用的心电图、脑电图、B超和血压计等医疗计量器具合计529台(件)，检定39家眼镜制配场所的在用焦度计、验光仪、镜片箱等计量器具共119台(件)，检定22个加油站的税控加油机共178台(件)，检定在用的出租车计价器431台(件)，检定天平、压力表等计量器具共4000台(件)，检定各类衡器(含集贸市场)共741台(件)。

许可证核发

2005年，对全县各类计量标准器具(简称计量标准)进行调查，共有最高社会公用计量标准24个、非最高社会公用计量标准2个、企事业最高计量标准13个，并纳入计量标准数据库。同时，加强日常计量管理工作，对企业到期的标准器、企业制造计量器具生产许可证组织了考核，对全县100余家企业进口计量器具检定情况进行全面调查，并建成数据库。

2012年年底，全县有计量器具制造许可证的生产企业共6家，针对互感器类企业共有3家，其余3家分别针对电子地上衡、汽车衡和水表类别。核发浙江三星机电股份有限公司的检定游标量具标准器组等企业最高计量器具11项目。

第二节　标准化管理

工业生产标准化

企业标准化。1985年开始，全县开展企业标准化整顿和验收工作。至1989年12月，全县共有19家企业通过整顿验收。1989年《中华人民共和国标准化法》实施，规定企业的产品标准须报当地政府标准化行政主管部门备案。2006—2012年，全县企业产品技术标准备案共718项。

自1990年起，鼓励采用国际标准和先进国家标准，帮助和指导相关企业落实采标任务。自1991年起，开展企业标准化工作，并帮助和指导企业开展产品标准制定。1995年年底，全县145个塑编企业和22个饮料生产企业制定企业生产标准。自1997年开始，根据《浙江省企业标准化水平确认管理办法》，进行企业标准化水平确认。县政府成立消灭无标生产领导小组，下设办公室(设在县技监局)，县政府与企业主管部门、乡镇政府签订“1997年消灭无标生产目标管理责任书”，年终，县政府组织消灭无标生产验收人员进行检查验收。1998年4月，通过国家技术监督局验收组对平阳县消灭无标生产试点工作检查验收，成为温州市首个消灭无标生产县。至1998年年底，全县5家企业通过三级计量水平确认，6家企业取得四级标准化水平确认。

产品标准监督。1997年，根据《浙江省企业标准化水平确认管理办法》，进行企业标准化水平确认。2003年，全县通过企业标准化水平四级确认5家，通过企业计量水平三级确认6家。2004年，企业申请计量三级水平确认12家，通过7家。

2005年，在全县范围内实施《预包装食品标签通则》(GB 7718—2004)，并对生产及经销企业的标准贯彻落实程度进行监督检查。1999年，制定消灭无标生产3年整治提升目标计划，以化工、机械两大行业为重点，开展企业标准登记证年审和产品标准复审工作，对照企业生产的产品情况，在企业产品执行标准登记证上进行补漏补增。2001年，庄吉集团公司和乔治白制衣有限公司两家企业3个产品申报采用国际标准，2002年，温州俊仕服饰有限公司、浙江广天集团2个产品采用国际标准和先进国家标准。2004年10月，县汽摩配协会组织轴瓦生产企业采标工作；12月，为平阳宠物用品协会讲解标准化及应对贸易技术壁垒方面的知识。至2012年，对全县138家企业进行采标登记，其中有18家企业获得“采用国际标准产品标识证书”。截至2012年，全县共有53家企业通过考评获得标准化良好行为水平确认证书。其中，11家获得A级标准化良好行为水平确认证书，42家获得AA级标准化良好行为水平确认证书。

农业生产标准化

1999年，县成立农业标准化领导小组，建立农业标准化示范园“早香茶”基地，制定“早香茶”产前、产中、产后系列标准4个，于2004年4月底，经省质量技术监督局审定备案，并批准为浙江省地方标准。

2000年，配合县水产局在钱仓镇建立“稻田沟坑养鱼”农业标准化示范项目，编写平阳县稻田沟坑养鱼技术标准，规定示范区的环境条件、稻田沟坑养鱼工程建设、饲养管理3个方面内容，此技术标准以平阳农业标准规范发布，并在平阳推荐执行。

2003年10月10日，由县质量技术监督局会同温州市食用菌产业协会、平阳县雪雁蘑菇专业合作社、平阳县农业局发布的无公害白色双孢蘑菇标准，为平阳县第一个县级地方标准。截至2012年，现行有效的县农业地方标准规范共20项。

截至2012年，全县各级农业标准化项目25个。其中国家级农业标准化项目2个：粗高长毛兔标准化示范区（2004—2007）为国家级农业标准化Ⅱ类项目，大黄鱼养殖标准化示范区（2008—2010）为国家级Ⅰ类项目。省级农业标准化项目有马蹄笋标准化示范区（2002—2003）等12个。市级农业标准化项目有无公害鲜蘑菇标准化种植推广实施（2004—2005）等项目11个。

2003—2012年平阳县农业地方标准规范一览表

表19-7-1

标准编号	标准名称	起草单位
DB 330326/T 01.1	《童子鸡》第一部分 饲养管理	平阳县佳茂禽业专业合作社
DB 330326/T 01.2	《童子鸡》第二部分 饲料配合	平阳县佳茂禽业专业合作社
DB 330326/T 01.3	《童子鸡》第三部分 兽医防疫	平阳县佳茂禽业专业合作社
DB 330326/T 02.1	《无公害杨梅》第一部分 苗木	平阳县碧泉杨梅专业合作社
DB 330326/T 02.2	《无公害杨梅》第二部分 栽培技术规程	平阳县碧泉杨梅专业合作社
DB 330326/T 11.1	《无公害 栀子》第一部分 种苗	浙江星光农业开发有限公司
DB 330326/T 11.2	《无公害 栀子》第二部分 生产技术准则	浙江星光农业开发有限公司
DB 330326/T 09	《无公害南麂岛大黄鱼 养殖技术规范》	平阳县南麂岛开发有限公司
DB 330326/T 10	《怀溪番鸭 饲养管理技术规程》	温州怀溪番鸭专业合作社
DB 330326/T 04.1	《平阳蛋鸽 》第一部分 种鸽	平阳县养鸽专业技术协会
DB 330326/T 04.2	《平阳蛋鸽 》第二部分 饲料配合	平阳县养鸽专业技术协会
DB 330326/T 04.3	《平阳蛋鸽》第三部分 饲养技术	平阳县养鸽专业技术协会
DB 330326/T 04.4	《平阳蛋鸽》第四部分 人工孵化及育雏	平阳县养鸽专业技术协会
DB 330326/T 04.5	《平阳蛋鸽 》第五部分 兽医防疫准则	平阳县养鸽专业技术协会
DB 330326/T 08.1	《无公害橄榄》第一部分 产地环境	平阳县时代绿色食品厂
DB 330326/T 08.2	《无公害橄榄》第二部分 生产技术规程	平阳县时代绿色食品厂
DB 330326/T 07.1	《温州水牛》第一部分 种牛	平阳县挺志温州水牛乳业有限公司
DB 330326/T 07.2	《温州水牛》第二部分 饲养饲料使用准则	平阳县挺志温州水牛乳业有限公司
DB 330326/T 07.3	《温州水牛》第三部分 饲料管理准则	平阳县挺志温州水牛乳业有限公司
DB 330326/T 07.4	《温州水牛》第四部分 饲养兽医防疫准则	平阳县挺志温州水牛乳业有限公司

说明：资料由县农业局、县质量技术监督局提供

2004—2012年平阳县参与制（修）订的省农业地方标准一览表

表19-7-2

标准编号	标准名称	强制性/推荐性	归口部门	起草单位
DB 33/ 236.1	平阳早香茶 第一部分 苗木	强制性	省农业厅	平阳县农业局特产站、平阳县质量技术监督局
DB 33/T 236.2	平阳早香茶 第二部分 短穗扦插	推荐性	省农业厅	平阳县农业局特产站、平阳县质量技术监督局
DB 33/T 236.3	平阳早香茶 第三部分 栽培	推荐性	省农业厅	平阳县农业局特产站、平阳县质量技术监督局

续表 19-7-2

标准编号	标准名称	强制性/推荐性	归口部门	起草单位
DB 33/T 236.4	平阳早香茶 第四部分 鲜叶与加工	推荐性	省农业厅	平阳县农业局特产站、平阳县质量技术监督局
DB 33/T 613.1	无公害中药材 吴茱萸 第一部分 产地环境	推荐性	省农业厅	浙江星光农业开发有限公司、浙江省中药材产业协会、平阳县质量技术监督局
DB 33/ 613.2	无公害中药材 吴茱萸 第二部分 种苗	强制性	省农业厅	浙江星光农业开发有限公司、浙江省中药材产业协会、平阳县质量技术监督局
DB 33/T 613.3	无公害中药材 吴茱萸 第三部分 生产技术准则	推荐性	省农业厅	浙江星光农业开发有限公司、浙江省中药材产业协会、平阳县质量技术监督局
DB 33/ 613.4	无公害中药材 吴茱萸 第四部分 质量安全要求	强制性	省农业厅	浙江星光农业开发有限公司、浙江省中药材产业协会、平阳县质量技术监督局
DB 33/T 343.1	无公害马蹄笋 第一部分 产地环境要求	推荐性	省林业厅	平阳县林业局、平阳县质量技术监督局、平阳县马蹄笋产业协会
DB 33/T 343.2	无公害马蹄笋 第二部分 生产技术规程	推荐性	省林业厅	平阳县林业局、平阳县质量技术监督局、平阳县马蹄笋产业协会

说明：资料由县农业局、县质量技术监督局提供

条（代）码工作

1993年，开始建立统一代码标识制度，全县2100个单位领取代码证书。截至1995年年底，全县4200家企业领取“代码证书”。截至2012年年底，累计办理组织机构代码证2.4万张（不含已注销）。

2002年1月1日，浙江省开始实施《浙江省商品条码管理办法》，是年，发展商品条码系统成员34家，复审32家，复审率为76%；办理组织机构代码证1000张，发放IC卡934个，占办证比例的93.4%。2005年，13家印刷条码企业申请条码印刷资格认定，2家企业申请复审，15家企业都已通过现场审核。2006年，新办条码企业22家，条码续展企业56家，续展率达到75%。印刷条码资格认可复认15家；全年换发组织机构代码证1818张。2007年，平阳县挺志温州水牛乳业有限公司获得全省首个、全国第5个动物管理者代码（24000001）。截至2012年12月，全县累计有条码系统成员204家（不含注销），通过条码印刷资格认定9家。

第三节　质量监督管理

1991年6月，县产品质量监督检验所挂牌，主要承担质量检验、检测、认证等技术服务工作；开展检测方法和检测设备的研究；参与标准的制定、修订及验证工作。1995年5月，水头皮革测试中心开业，次年通过省级认定。1998年2月18日成立县公安局驻县质量技术监督局联络室，加强对生产领域的打假活动，重点监督检查产品有生活饮用水、食品、建材、农贸、低压电器、化妆品以及其他无证产品。2012年，全年完成检验检测1758批次。其中质检所完成省市两级监督抽查有减速机、卷扬机、圆织机、条码印刷品、塑料编织袋、瓦楞纸箱、皮腰带、牛皮纤维革等8种产品共计388批次，合格382批次，批次合格率98.5%。

工业产品监督

针对1993年出现的伪劣机械骗销案，1994年对车木机械、玻璃纤维机械、制革机械和塑料机械4种机械产品实施了准产证管理，对机械行业进行全面审查考核，21家企业领取机械产品准产证，停产整顿1家，500余家企业被工商部门注销或吊销营业执照。是年进行卷扬机行业整顿。全县卷扬机生产企业70余家，38家考核合格，限期整改17家。产品抽检25个批次，有5个批次产品检验不合格。1995年，强化执法打假。是年，全县有塑料编织袋、皮革、皮带、塑料圆织机、摆线针轮减速机、瓦楞纸箱、食品饮料类共22种产品列入定期监督检查，并全面推行机械产品准产证制度，食品机械、路面机

械、制鞋机械、胶带机械、餐巾纸机械等5种产品列入准产证管理计划。至年末，全县有卷扬机、饲料、水泥、啤酒等14家企业的17种产品经国家和省级统检，质量合格率为88.2%。1996年，完成全县733家企业776批次产品抽样检验，总合格率为86.47%。

2000年，对生产领域无证卷扬机进行重点整治，查封10余家企业生产的无证卷扬机，并责令企业停止生产无证产品。2001年，县质量技术监督局共出动执法人员2290人次，查处违法行为262起，立案查办违法案件220起，结案208件，其中，万元以上案件53起，查获假冒伪劣货值590余万元。2002年，平阳县列入省级产品质量定期监督检验计划有塑料编织袋、摆线针轮减速机、卷扬机、圆织机、皮革、皮腰带6种产品，共抽检490家企业、493个批次产品，经检验，质量合格的有433个批次，平均合格率87.8%。

2012年，县质量技术监督局共出动执法人员1653人次，联合县公安局、工商局、食安办、安监局、港务局等职能部门开展联合执法行动29次，行政执法案件共立案125起，万元以上案件46个。全县完成工业产品各级监督抽查合计45类产品(包括皮革、建筑卷扬机、按摩器具、点钞机等工业产品)，总共476个批次，其中合格445个批次，合格率93.49%；完成相关产品49批次，合格48批次，省级定期监督抽查合格率为95%；省级风险监测56批次，合格54批次，合格率96.4%。

食品生产质量监督

2008年，全县食品生产企业经省、市、县级监督抽查、执法抽查、风险检测合计61类产品(包括大米、肉制品等食品和其他工业产品)，总共878个批次，其中合格754个批次，合格率为85.88%。2009年，全县共抽查55类产品(包括大米、水产加工品、液体乳等食品类和其他工业产品)，总共552个批次，其中合格476个批次，合格率为86.23%。2011年9月，县食品质量安全检验检测中心投入运行，安全检测全面覆盖全县食品生产加工、市场流通、餐饮、农业、海洋渔业、经贸等所有领域，重点加强对食品添加剂、食品中非法添加物及农药、兽药、渔药残留等检测。

2011年7月，县政府发布《食品安全诚信体系建设实施方案》。2012年8月，在全省率先制定试行地方标准规范《食品加工企业质量诚信评价标准》。通过对全县食品企业进行诚信评价、建立企业诚信档案、电子信用平台、黑名单制度等措施，形成强有力的监督，有效规范食品安全生产经营行为和市场秩序，积极构建食品安全诚信体系，全面提高全县食品生产安全水平。2012年，全县抽查51类产品(包括小麦粉、白酒等食品和其他工业产品)，总共488个批次，其中合格428个批次，合格率为87.7%。

第四节　特种设备安全监察

自20世纪70年代起，县劳动部门对锅炉、压力容器进行安全监察。20世纪80年代中期，对电梯、起重机械、厂内机动车等特种设备进行监督管理。2001年12月，锅炉、压力容器、电梯、起重机械等特种设备的安全监察工作划归县质量技术监督局。2012年，安全监察人员现场检查715家使用单位1237台特种设备，发现隐患设备404台，其中，锅炉61台、压力容器25台、电梯138台、起重机械167台、厂机12台、客运索道1台，督促整改隐患设备385台，隐患综合实际治理率95.3%，阶段性隐患治理率100%，重点监控设备注册登记、隐患治理、定期检验、持证上岗“四个率”考核均达到100%，特种设备案件立案数共9件。

至2012年年底，全县共有在用注册登记特种设备3861台(条)，其中，电梯1031台、起重机械1244台、场(厂)内专用机动车辆192辆、锅炉550台、压力容器836台、大型游乐设施7台、客运索道1条。累计停用937台，其中，电梯46台、起重机械162台、厂内机动车辆15台、锅炉326台、压力容器387台、游乐设施1台。另外累计登记液化石油气气瓶596144只(在用366868只)，工业气瓶7511只，压力管道52.2千米。2012年共考核发证特种设备作业人员729人，其中安全管理人员考核发证255人；复审作业人员证332人。全县特种设备作业人员累计有效持证4200人(其中安全管理人员1292人、厂机257人、电梯363人、起重机械770、压力管道24人、锅炉838人、压力容器413人、焊工243人)。全县已取证生产单位共计8家(其中锅炉安装1家、容器1家、压力管道元件1家、电梯1家、起重机械4家)。气瓶充装单位7家(其中工业气瓶1家、液化石油气瓶6家)。全县共有特种设备使用单位2165家，列入重点监控、重要场所的单位22家，重点监控设备64台。

第八章　食品药品监督

1989年，县卫生局承担全县药政、药检职能，对全县药品医疗器械经营企业实施行政许可(前置)审批工作。县医药管理局承担全县医药行业监督管理职能，对药品医疗器械经营企业发放合格证。2001年12月，成立县药品监督管理局(同时撤销县医药管理局、县卫生局药政股)，作为温州市药品监督管理局直属单位(垂直管理)。内设综合办公室、药械监管科、药械稽查科等3个科室，人员编制12人，负责对全县药品、医疗器械生产、经营、使用的监督管理。与此同时，县药品检验所划归县药品监督管理局管理。原卫生行政部门承担的药政、药检职能；质量技术监督部门承担的中药、西药和医疗器械质量监督管理职能；商业或相关管理部门承担的生化药品监督管理职能，医药行业管理部门或相关部门承担的药品、医疗器械生产流通监督管理职能，均划入县药品监督管理局。

2005年3月，县药品监督管理局更名为县食品药品监督管理局，增加食品、保健品、化妆品安全管理的综合监督，组织协调和依法查处食品安全重大事故。内设机构增设食品安全协调监察科，人员编制增至22人。2008年10月，县药品检验所更名为县食品药品检验所，同时加挂县药品不良反应监测中心的牌子。2012年6月，调整划入原由县卫生局承担的餐饮服务食品安全监督管理和保健食品、化妆品卫生监督管理职责；增加餐饮服务食品、保健食品、化妆品卫生检验检测职责。内设机构增设餐饮服务监管科、保健食品化妆品监管科等2个科室，在职人员达到30人。

第一节　食品监督管理

2005年3月，县政府成立县食品安全委员会，各镇(乡)相应建立食品安全委员会。下设办公室(简称县食安办)，负责食品安全日常监管工作，同时加挂县食品药品监察稽查大队的牌子，并将县食品安全委员会办公室作为县食品安全委员会的常设办事机构，在县食品药品监督管理局内。同时加挂县食品药品监察稽查大队的牌子。

2006年6月，县政府制定出台《平阳县关于切实加强食品安全工作的实施意见》。2007年4月，在西湾、麻步和南雁等乡镇率先开展食品安全示范乡镇创建试点工作。2008年，又增加昆阳、萧江、山门3个镇作为第二批食品安全创建单位，2009年，山门镇被评为全市唯一的省级示范乡镇创建单位。是年，县政府与全县31个乡镇、7个食品安全监管职能部门的“一把手”签订食品安全责任书，加强农村食品安全“三网”(监管责任网、现代流通网、群众监督网)建设。2010年5月，省级食品安全示范县创建开始申报，县政府召开全县创建省级食品安全示范县动员大会，制定出台《平阳县创建省级食品安全示范县工作实施方案》，同时转发《浙江省食品安全示范县(市、区)检查验收标准》。鳌江镇、水头镇、腾蛟镇等12个乡镇列为第三批食品安全示范乡镇创建单位。是年，全县食品种植养殖环节抽样237批次，合格率99%；生产加工环节抽样258批次，合格241批次，合格率93%；市场流通环节抽样60238批次，合格率99%。

2011年，县政府制定《平阳县食品安全诚信体系建设实施方案》，在全县食品生产加工企业开展试点工作，出台《平阳县食品生产加工企业相关职能部门配套政策》，相关部门根据食品安全综合考评结果，分别对企业的证照年检、贷款审核相关申请进行严格审查。并由县食安办牵头对食品安全检验检测资源进行整合，召开食品安全检验检测资源整合协调会，出台食品安全检验检测资源整合方案。把省级食品安全示范县创建工作作为一项民生工程列入县政府目标工作考核，并以县食安办名义牵头开展创建省级食品安全示范县示范点建设，确定示范村居、示范社区、示范放心店、示范超市等98个示范点，统一由县食安办授匾。全县共聘请乡镇食品安全联络员31名和农村(社区)食品安全协管员375名；确定平阳县单一超市有限公司作为一级食品配送单位对全县51家放心店实行统一配送，配送面达到91.2%。11月，省验收组对平阳县创建食品安全示范县工作进行考核并顺利通过验收。

2012年2月，整合质监、卫生、农业、工商、海洋与渔业、经贸等部门下属的食品检测资源，成立县食品质量安全检验检测中心。县财政全额承担中心建设启动资金约410万元，实现计划、经费、信息和检测资源的四统一。是年，重点加强食品添加剂、食品中非法添加物、动物源性危害物等检测，完成食品安全检测535批次。

2012年，由县食安办牵头开展食品安全大整治百日行动，将整治重点问题由市定13类增加至17类。2012年3—6月，全县共出动执法人员7358人次，检查8450户次，查处各类违法行为184起，责令整改157家，行政处罚立案48起，罚没款23.7万元，2起案件移交公安部门处理。是年，县财政划拨20万元作为食品安全诚信网站建设经费，开通县食品安全诚信信息管理网站，发布食品企业诚信信息，确保群众的知情权。

第二节　药品医疗器械监管

1989年，全县持有“药品经营企业许可证”和“药品医疗器械经营企业合格证”的企业149家(包括平阳县医药药材公司、水头供销社医药经营部2家批发企业)，从事药械经营从业人员600人。2001年，药品经营企业增至185家，医疗器械经营企业2家。2004年，全县通过药品经营质量管理规范(简称GSP)认证的有平阳县瓯南医药有限公司(批发)、温州市平阳县平安医药连锁有限公司(零售配送)、平阳县药之星医药连锁有限公司(零售配送)、平阳县宏大医药连锁有限公司(零售配送)等4家药品经营企业。2005年，医疗器械经营企业增至25家。至2012年年底，全县共有药品经营企业182家，医疗器械经营企业34家。

2005年，在全县范围内开展农村药品“两网一规范”(药品监管网络、药品供应网络、医疗机构药品使用规范)示范创建活动。聘任40个乡镇卫生所(院)长、计生办主任及计生局有关人员担任药品质量协管员，聘任264位计生员、村委会主任担任村级药品质量信息员，负责全县650个行政村506个基层医疗机构药品质量协管工作。2010年，“农民用药安全工程”被正式列为县政府为民办实事项目。在全县700余家涉药单位中，建立药品不良反应监测站(点)31个、家庭过期药品回收点100个。2011年5月，全县开展药品安全示范镇(乡)创建活动，全面提升农村药品安全保障水平。至2012年，全县药品不良反应监测站(点)从2008年的31个发展到67个；上报药品不良反应病例数由2008年25例上升至3772例，其中上报新的、严重的病例663例；医疗器械不良事件由9例升至342例。2012年，全县100%的单体零售药店和60%的加盟药店配置使用计算机管理软件，实现电子信息化监管。至年底，全县通过GSP认证的药品批发企业1家，占应认证企业的100%；药品零售企业174家(7家乙类非处方药除外)，占应认证企业的96%。

第三节　市场整治

自1989年开始，全县相继整顿和规范食品药

2001—2012年平阳县药品、医疗器械经营企业许可情况统计表

表19-8-1

企业类别＼年度	2001年	2002年	2003年	2004年	2005年	2006年	2007年	2008年	2009年	2010年	2011年	2012年
药品(家)	185	189	186	192	198	195	184	175	183	183	184	182
医疗器械(家)	2	2	2	2	25	27	27	29	31	32	30	34

说明:资料由县药监局提供

品市场秩序，加大食品药品安全整治力度。重点整治农贸市场中药材经营、无证经营药品医疗器械、非法渠道购进药品、非药品冒充药品以及销售假劣药品等违法行为。1995年，由县政府牵头抽调医药管理相关单位人员成立平阳县医药市场整顿办公室，组织协调，发挥政府抓手作用。1997年，由县卫生局抽调药政、药检、医疗卫生单位人员组成监察大队，专门开展对全县医药市场专项整治。

2001年，全县药品类立案282件，罚没款33万元。2002年，在全县范围内开展无证经营药品医疗器械专项整治中，一共出动人员1170人次，检查涉药单位906家，立案387件，罚没款58万元。特别是查处假冒三九感冒灵颗粒案、某超市无药品经营许可证经营药品案，在社会上引起较大反响。2003年，开展抗"非典"药品、农贸市场中药材经营专项整治，共出动执法人员4985人次，检查单位1166家，立案342件，罚没款110万元。2005年，在开展"药品打假在农村"专项整治工作中，发现并查处宋桥镇某副食品店擅自销售阿莫仙、多潘立酮等19种药品和郑楼镇集贸市场擅自销售阿莫仙、感康、泰诺等20余种药品的无证经营药品典型案件。10月26日，国家药监局暗访组到萧江镇农贸市场经营参茸情况明察暗访后，县药监局对兴萧路和张家山农贸市场立案检查。11月21日，县政府下发《关于严厉整治萧江镇兴萧路无证无照经营参茸一条街及张家山农贸市场违法经营中药材行为的通知》。12月13日，执法人员分别对萧江镇农贸市场和鳌江镇下河综合农贸市场进行突击检查，在鳌江镇下河、萧江张家山农贸市场查获国产人参假冒进口别直参、炒白芍、炒黄芪等32个品种，涉案货值金额1万余元，立案7件。12月17日，温州市药监局执法人员一行4人到萧江镇兴萧路无证无照经营参茸一条街暗访被围攻，人员被打伤，车辆被毁坏。12月18日，县政府发布关于整顿规范城乡集贸市场经营中药材行为的通告。2006年3月28日，省食品药品监督管理局、纪委、公安厅、工商局一行对萧江镇兴萧路违规经营中药材的整治情况进行督查。

2006年，齐二药（齐齐哈尔第二制药厂）事件发生后，紧急叫停欣弗、鱼腥草注射液等7种药品，并开展为期一年的整顿和规范药品市场秩序专项行动，对药品生产、流通和使用进行全面清查整顿。2007年9月，在专项检查中发现上海盛烨医疗器械有限公司经营未经注册的骨科植入性医疗器械予以立案，共计货值金额10余万元，依法予以查处。2008年，根据有关线索，发现并查获假冒石家庄以岭药业有限公司生产的通心络胶囊（批号为070734）165盒，对售假的3家药品零售企业进行处罚，共计罚没款67180元，并将该案移送公安机关侦查。2009年，按照省、市部署，又分别组织开展为期两年的食品安全整顿和药品安全专项整治。2011年，在开展打击侵犯知识产权和制售假冒伪劣药品专项行动中，依法查处了涉嫌销售假冒罗祖奇痛可贴、高效壮骨丹胶囊等案件。查获假冒米非司酮片、三九感冒灵颗粒、多潘立酮等7批次假药，并将某销售假药涉及案犯移送公安机关侦查。2012年4月15日"毒胶囊事件"曝光后，对全县涉药企业单位进行地毯式排查，共有127批次8674盒胶囊剂药品停止销售并召回，但未发现铬超标问题胶囊药品。同时对罗赛洛明胶（温州）有限公司和普邦明胶（温州）有限公司生产的药用明胶进行抽验，共计抽样66批次，检验结果均合格。

2001—2012年平阳县药品医疗器械稽查案件统计表

表19-8-2

项目＼年度	2001年	2002年	2003年	2004年	2005年	2006年	2007年	2008年	2009年	2010年	2011年	2012年
立案（件）	282	387	342	293	183	104	111	107	82	49	47	45
罚没款（万元）	33	58	110	85	57	50	54	64	31	30	26	15

说明：资料由县药监局提供

平阳县志

（1989—2012）

下册

平阳县地方志编纂委员会　编

方志出版社
Publishing House of Local Records

总目录

上 册

下 册

下册目录

第二十卷　中国共产党

第二十一卷　人民代表大会

第二十二卷　人民政府

第二十三卷　人民政治协商会议

第二十四卷　民主党派

第二十五卷　群众团体

第二十六卷 法 治

第二十七卷 军 事

第二十八卷　民　政

第二十九卷　人事　劳动　社会保障

第三十卷　教　育

第三十一卷　科学技术

第三十二卷　文　化

第三十三卷　文化遗产

第三十四卷　医疗　卫生

第三十五卷　体　育

第三十六卷 宗教 民俗

第三十七卷 方 言

第三十八卷 人 物

第三十九卷 文献著述

第四十卷 镇 乡

第二十卷

DI ER SHI JUAN

《平阳县志（1989—2012）》

PINGYANG XIAN ZHI

中国共产党

1989—2012年，为中国共产党平阳县第六届至第十二届委员会任期。其中，第六届在本志时段中任职为1年4个月，第七届任期为3年，第八、九届任期为5年，第十届为3年9个月，第十一届任期为5年，第十二届在本志时段中任职为1年1个月。

历届中国共产党平阳县委员会（简称“县委”）贯彻执行党的路线、方针、政策，坚持解放思想、实事求是、与时俱进，根据平阳县实际，因地制宜地制定本地发展战略。先后实施科教兴县、二次创业、海上平阳等战略，打造中国皮塑礼品之都，实施“一都三县”、富民强县战略，先后提出将平阳县建设成为现代化的工贸旅游港口城市，打造温州大都市南部中心等发展目标。进行生态县建设，推进城镇化改革，推动鳌江流域中心城市建设，集中精力领导经济建设。同时，县委将社会主义精神文明建设放到突出的位置，实施依法治县战略，开展平安平阳、省级文明城市和省级示范文明城市的创建工作，实施“三心四德”工程，创建幸福社区。

其间，县委在自身纪律检查、组织、宣传、统一战线、党史研究等各个方面都取得显著成绩。县委逐步完善对人大、政府、政协和人民法院、人民检察院党组的领导，加强对工、青、妇等群众组织的领导，加强与各民主党派的政治协商，充分调动社会各方面力量，同心协力，为建设现代化平阳而努力。

第一章　中共平阳县代表大会

1990—2012年，平阳县选举产生中共平阳县代表大会代表和出席中共温州市代表大会代表，其中，县代表大会代表由县划分的各选举单位选举产生，市代表大会代表由县党员代表会议或代表大会产生。平阳县出席中共浙江省代表大会代表由中共温州市党员代表会议选举产生。

其间，中共平阳县代表大会召开7次，每次大会分别听取和审议县委、县纪律检查委员会（简称“县纪委”）工作报告，并作出相应决议；各届第一次会议选举产生新一届县委和县纪委。

第一节　代表组成与结构

第七次中共平阳县代表大会正式代表300人，其中，领导干部代表180人，工人代表28人，农民代表32人，专业技术人员代表31人，先进模范人物代表29人。正式代表中，女性代表39人，高中以上文化程度的代表163人，年龄在45岁以下的中青年代表176人，少数民族代表也占有一定的比例。

第八次中共平阳县代表大会正式代表300人，其中，领导干部代表170人，工人代表30人，农民代表40人，知识分子代表30人，先进模范人物代表30人。正式代表中，女性代表38人，高中以上文化程度的代表186人，45岁以下的中青年代表158人，少数民族代表也占有一定的比例。

第九次中共平阳县代表大会正式代表310人，其中，领导干部代表196人，知识分子代表29人，工人代表39人，农民代表44人，解放军、武警部队代表2人。正式代表中，女性代表44人，高中（中专）文化程度的代表253人，45岁以下的代表177人，离休干部代表1人。

第十次中共平阳县代表大会正式代表331人，其中，领导干部代表188人，工业、农业、政法、财贸、科技、文教、卫生、体育等第一线的党员代表143人。正式代表中，各条战线的劳动模范、先进工作者和优秀共产党员代表256人，武警部队的代表3人，女性代表44人，少数民族代表12人，大专以上文化程度的代表200人，45岁以下的代表233人，代表中还有土地革命战争时期、抗日战争时期、解放战争时期入党的代表。

第十一次中共平阳县代表大会正式代表335人，其中，领导干部代表193人，工业、农业、政法、经贸、科技、文教、卫生、体育等生产和工作第一线的党员代表142人。正式代表中，各类专业技术人员和各条战线先进模范人物代表165人，驻平阳部队（含人武部）代表3人，女性代表46人，少数民族代表13人，大专以上文化程度的代表253人，45岁以下的代表185人。

第十二次中共平阳县代表大会正式代表335人，其中，领导干部代表179人，基层一线（包括各

1988—2012年平阳县出席浙江省党代会代表一览表

表20-1-1

届次	时间	出席人员
第八次	1988年12月至1993年12月	张锦槐　周咸文　黄宝珠(女)
第九次	1993年12月至1998年12月	周咸文　董希华　蔡晓慧(女)　薛继谢
第十次	1998年12月至2002年6月	余梅生　张蓓蓓(女)　陈可银　曹国旗　董君敏
第十一次	2002年6月至2007年6月	曹国旗　崔卫胜　陈玲玲(女)　应元涨　郑大雷
第十二次	2007年6月至2012年6月	仇杨均　亓　宾
第十三次	2012年6月	王中毅　李　琴(女)　任小娜(女)

说明:资料由县委办公室提供

类专业技术人员和各条战线先进模范人物)的党员代表156人。正式代表中,驻平阳部队(含人武部)代表4人,女性代表52人,少数民族代表9人,大专以上文化程度的代表262人,45岁以下的代表189人。

第二节　历次代表大会

第六次代表大会

1987年4月21—25日,在昆阳镇召开。大会听取、审议并通过五届县委和纪委两个工作报告。确定六届县委工作指导思想是:坚持四项基本原则,以经济建设为中心,进行经济和政治的体制改革,加强精神文明建设。

会议选举产生中共平阳县第六届委员会,委员28人,候补委员4人;选举产生中共平阳纪委委员14人。县委六届一次会议选举狄乃云、张锦槐、潘忠乐、白植俊、何素凤(女)、林宣雨、伍兆澄、陈积榜、李中苏、陈启富10人为县委常委,选举狄乃云为书记,张锦槐、潘忠乐、白植俊为副书记。

此届期间,上级党委先后任命张锦槐为书记,王吼狮、薛继谢为县委常委、副书记,王擎峰、程肃荷(女)为常委。

第七次代表大会

1990年4月20—25日,在昆阳镇召开。大会听取、审议并通过六届县委和纪委两个工作报告。确定七届县委工作指导思想是:坚持"一个中心,两个基本点",进一步稳定局势,进一步治理整顿,深化改革,大力加强党的建设,充分发挥政治优势,密切联系群众,动员和组织全县人民自力更生,艰苦奋斗,不断开拓进取,把平阳县社会主义现代化建设和改革事业推向前进。

会议选举产生中共平阳县第七届委员会,委员27人,候补委员4人;选举产生中共平阳县纪委,委员13人。县委七届一次全委会选举张锦槐、王吼狮、薛继谢、何素凤(女)、林宣雨、王擎峰、程肃荷(女)、陈积榜、伍兆澄9人为县委常委,选举张锦槐为书记,王吼狮、薛继谢为副书记。纪委首次全委会选出纪委常委4人。

此届期间,上级党委先后任命董希华为县委常委、书记,王擎峰为县委副书记,赵沛宽、董根顺、黄宗华、周景标为县委常委。

第八次代表大会

1993年3月30日至4月2日,在昆阳镇召开。大会听取、审议并通过七届县委和县纪委两个工作报告。确定八届县委工作指导思想是:坚定不移地坚持邓小平建设有中国特色社会主义理论和党的基本路线,全面贯彻落实中共十四大精神,紧紧抓住经济建设为中心,加大改革开放力度,大胆探索,大胆实践,不失时机地加快发展,继续加强精神文明和民主法制建设,继续加强党的建设。

会议选举产生中共平阳县第八届委员会,委员27人,候补委员4人;选举产生中共平阳县纪委,委员15人。县委八届一次全会选举董希华、王擎峰、薛继谢、赵沛宽、周景标、林宣雨、董根顺、黄宗华8人为县委常委,选举董希华为书记,王擎峰、薛继谢为副书记;纪委首次全委会选出纪委常委6人。

此届期间,上级党委先后任命曹国旗为县委常委、书记,黄宗华为县委副书记,戴祝水、余梅生为县委常委、副书记,黄宝磊、陈玉多(女)、陈德宝、郑国惠、崔卫胜、王纪树、陈玲玲(女)、施曙亮为县委常委。

第九次代表大会

1998年3月10—13日，在昆阳镇召开。大会听取、审议并通过八届县委和县纪委两个工作报告。确定九届县委工作指导思想是：高举邓小平理论伟大旗帜，全面贯彻中共十五大精神，切实加强和改善党的领导，紧紧围绕二次创业和两个根本性转变，以努力实现撤县建市为重要契机，以建设现代化旅游港口城市为定位目标，以综合实力向前移位为争先方向，进一步解放思想，抓住机遇，深化改革，扩大开放，加快发展，大力推进结构调整和科技进步，全面加强精神文明建设和民主法制建设，努力把平阳建设成为经济繁荣、社会文明、环境优美、生活富裕的现代化新平阳。

会议选举产生中共平阳县第九届委员会，委员24人，候补委员5人；选举产生中共平阳县纪委，委员15人。县委九届一次全委会选举曹国旗、戴祝水、余梅生、王纪树、陈玲玲（女）、陈德宝、郑国惠、施曙亮、黄宝磊、崔卫胜10人为县委常委，选举曹国旗为书记，戴祝水、余梅生为副书记；纪委首次全委会选出纪委常委7人。

此届期间，上级党委先后任命白一舟为县委常委、副书记，郑国惠为副书记，王阳、仇杨均、黄安波、沈伟为县委常委、副书记；朱志平、郑建国、刘庆民、徐定锦、朱庆华、何忠、董君敏、岑利、王丹（女）为县委常委。

第十次代表大会

2003年3月10—13日，在昆阳镇召开。大会听取、审议并通过九届县委和县纪委两个工作报告。确定十届县委工作指导思想是：高举邓小平理论伟大旗帜，认真贯彻落实中共十六大精神，坚持以“三个代表”重要思想统揽全局，与时俱进，开拓创新，突出特色，抢抓机遇，全力打造中国皮塑礼品之都，努力跻身全国最发达百县（市）行列，为全面建设小康社会、提前基本实现现代化而努力奋斗。

会议选举产生中共平阳县第十届委员会，委员25人，候补委员5人；选举产生中共平阳县纪委，委员15人；选举出席市第九次党代会代表38人。县委十届一次全委会选举戴祝水、仇杨均、郑国惠、黄安波、沈伟、郑建国、徐定锦、何忠、董君敏、岑利、王丹（女）11人为县委常委，选举戴祝水为书记，仇杨均、郑国惠、黄安波、沈伟为副书记；纪委首次全委会选出纪委常委7人。

此届期间，上级党委先后任命仇杨均为县委书记，李世斌为县委常委、副书记，吴存忠、李伟、朱建云、林亦俊、朱建和为县委常委。

第十一次代表大会

2006年12月18—21日，在昆阳镇召开。大会听取、审议并通过十届县委和县纪委两个工作报告。确定十一届县委工作的指导思想是：坚持以邓小平理论和“三个代表”重要思想为指导，全面贯彻落实科学发展观，加快构建社会主义和谐社会，全面推进党的建设伟大工程，深入实施“产业提升、中心集聚、生态优化、开放带动、城乡统筹、和谐构建”六大战略，全力打造特色鲜明经济强县、风格独特旅游大县、内涵丰富文化名县和鳌江流域中心城市，努力实现经济社会发展新跨越。

大会选举产生中共平阳县第十一届委员会，委员33人，候补委员6人，县委十一届一次全委会选举仇杨均、黄安波、亓宾、徐定锦、林亦俊、王丹（女）、李伟、朱建云、朱建和、陈景宝、申卫国11人为县委常委，选举仇杨均为书记，黄安波、亓宾为副书记。选举产生中共平阳县纪委，委员25人，纪委首次全委会选出纪委常委7人。选举产生出席市第十次党代会代表38人。

此届期间，上级党委先后任命王祖焕为县委常委、书记，王中毅为县委常委、副书记、书记，林亦俊为县委副书记，黄敏、狄鸿鹄为县委常委、副书记，曾绪贤、胡祖吉、郑杰、麻胜聪、龚大昕、卢斌、林振江、黄春阳、盛广敬、赵乐平、梁超、陈晓敏、杜伟锦为县委常委。

第十二次代表大会

第一次会议　2011年12月27—30日，在昆阳镇召开。大会听取、审议并通过十一届县委和县纪委两个工作报告。确定十二届县委工作指导思想是：高举中国特色社会主义伟大旗帜，以邓小平理论和“三个代表”重要思想为指导，全面贯彻落实科学发展观，按照省、市委的战略部署，以“加快转型发展、实现跨越崛起”为主线，深入实施“中心集聚、产业提升、城乡统筹、生态优先、文化引领、民生为本”六大战略，全力以赴“拉框架、建平台、抓

2011年12月27日，中共平阳县第十二次代表大会现场
林　炮　摄

产业、优环境”，努力进入全市经济和社会发展第一梯队，实现从欠发达县到全国经济强县的历史性跨越，全面建设惠及全县人民更高水平的小康社会，奋力开创富民强县新局面。会议选举产生中共平阳县第十二届委员会，委员41人，候补委员9人，县委十二届一次全委会选举王中毅、黄敏、狄鸿鹄、梁超、赵乐平、郑杰、龚大昕、蔡月琴（女）、林振江、陈伟、陈晓敏11人为县委常委，选举王中毅为书记，黄敏、狄鸿鹄为副书记。选举产生中共平阳县纪委，委员25人，纪委首次全委会选出常委7人。选举产生出席市第十一次党代会代表38人。

第二次会议　2012年12月31日，在县文化中心会场召开，参加会议有中国共产党平阳县第十二次代表大会代表、列席人员、邀请人员。会议内容为听取和审查中共平阳县委员会工作报告，审查中共平阳县纪律检查委员会工作报告。

2012年，上级党委先后任命雷文多、黄伟军、杜伟锦为县委常委。

第二章　党委机构与会议制度

1989年，县委工作机构有10个，1997年年初，实行机构改革设工作部门6个。至2012年年底，县委工作部门9个，另设部门管理机构10个。其间，县委通过召开县委全委会、常委会会议、县委书记办公会、县委专题会等形式，讨论和商定重大问题。

第一节　中共平阳县委员会

中共平阳县委员会由中共平阳县代表大会选举产生，是党的县级地方领导机关，隶属中共温州市委员会。1987—2012年，中共平阳县委召开7次党代会，分别选举产生第六届至第十二届县委员会。1989—2012年，先后有8人任中共平阳县委书记，21人任县委副书记，74人任县委常委。

第六届至第十二届中共平阳县委员会书记、副书记任职情况一览表

表20-2-1

届次	职务	姓名	籍贯	任职时间
第六届 1987年4月至1990年4月	书　记	狄乃云	浙江瑞安	1987年4月至1989年7月
		张锦槐	浙江义乌	1989年7月至1990年4月
	副书记	张锦槐	浙江义乌	1987年4月至1989年7月
		潘忠乐	浙江温州	1987年4月至1988年9月
		白植俊	浙江平阳	1987年4月至1990年4月
		王吼狮	浙江平阳	1990年1月至1990年4月
		薛继谢	浙江苍南	1990年2月至1990年4月
第七届 1990年4月至1993年4月	书　记	张锦槐	浙江义乌	1990年4月至1992年11月
		董希华	浙江乐清	1992年11月至1993年4月
	副书记	王吼狮	浙江平阳	1990年4月至1993年1月
		薛继谢	浙江苍南	1990年4月至1993年4月
		王擎峰	浙江东阳	1993年1月至1993年4月

续表 20-2-1

届次	职务	姓名	籍贯	任职时间
第八届 1993年4月至1998年3月	书　记	董希华	浙江乐清	1993年4月至1997年11月
		曹国旗	温州瓯海	1997年11月至1998年3月
	副书记	王擎峰	浙江东阳	1993年4月至1997年6月
		薛继谢	浙江苍南	1993年4月至1997年10月
		黄宗华	浙江苍南	1995年7月至1996年12月
		戴祝水	浙江永嘉	1997年6月至1998年3月
		余梅生	浙江温州	1997年10月至1998年3月
第九届 1998年3月至2003年3月	书　记	曹国旗	温州瓯海	1998年3月至2003年3月
	副书记	戴祝水	浙江永嘉	1998年3月至2003年3月
		余梅生	浙江温州	1998年3月至2000年3月
		白一舟	浙江温州	1998年11月至2002年3月
		郑国惠	浙江乐清	2000年3月至2003年3月
第十届 2003年3月至2006年12月	书　记	戴祝水	浙江永嘉	2003年3月至2006年11月
		仇杨均	浙江乐清	2006年11月至2006年12月
	副书记	仇杨均	浙江乐清	2003年3月至2006年11月
		黄安波	浙江乐清	2003年3月至2006年12月
		沈　伟	浙江瑞安	2003年3月至2006年12月
		李世斌	山东长岛	2004年8月至2006年12月
		郑国惠	浙江乐清	2003年3月至2004年6月
第十一届 2006年12月至2011年12月	书　记	仇杨均	浙江乐清	2006年12月至2011年1月
		王祖焕	浙江洞头	2011年1月至2011年11月
		王中毅	浙江温州	2011年11月至2011年12月
	副书记	黄安波	浙江乐清	2006年12月至2009年8月
		亓　宾	山东莱芜	2006年12月至2010年3月
		王中毅	浙江温州	2009年8月至2011年11月
		黄　敏	浙江温州	2011年11月至2011年12月
		林亦俊	浙江苍南	2010年3月至2011年11月
		狄鸿鹄	浙江温州	2011年11月至2011年12月
第十二届 2011年12月—	书　记	王中毅	浙江温州	2011年12月—
	副书记	黄　敏	浙江温州	2011年12月—
		狄鸿鹄	浙江温州	2011年12月—

说明：资料由县委办公室提供

第二节　县纪律检查委员会

中共平阳县纪委届别与县委届别相同，由中共平阳县代表大会选举产生。

1990年4月20—25日，中共平阳县第七次代表大会选举产生县纪委，有委员13人。县纪委首次全委会选举产生县纪委常务委员会委员4人，其中，书记1人，副书记1人。

1993年3月30日至4月2日，中共平阳县第八次代表大会选举产生县纪委，有委员15人。县纪委首次全委会选举产生县纪委常务委员会委员6人，其中，书记1人，副书记2人。

1998年3月9—13日，中共平阳县第九次代表大会选举产生县纪委，有委员15人。县纪委首次全委会选举产生县纪委常务委员会委员7人，其中书记1人，副书记2人。

2003年3月9—13日，中共平阳县第十次代表大会选举产生县纪委，有委员15人。县纪委首次全委会选举产生县纪委常务委员会委员7人，其中，书记1人，副书记2人。

2006年12月18—21日，中共平阳县第十一次代表大会选举产生县纪委，有委员25人。县纪委首次全委会选举产生县纪委常务委员会委员7人，其中，书记1人，副书记2人。

2012年12月26—30日，中共平阳县第十二次代表大会选举产生县纪委，有委员25人。县纪委首次全委会选举产生县纪委常务委员会委员7人，其中，书记1人，副书记2人。

1987—2012年中共平阳县纪委书记任职情况一览表

表20-2-2

姓名	籍贯	任职时间
何素凤(女)	浙江省温岭县	1987年4月至1992年11月
赵沛宽	浙江省文成县	1992年11月至1997年11月
崔卫胜	山东省潍坊市	1997年11月至2003年3月
黄安波	浙江省乐清市	2003年3月至2006年12月
朱建和	浙江省永嘉县	2006年12月至2009年12月
龚大昕	浙江省温州市瓯海区	2009年12月至2012年10月
蔡月琴(女)	浙江省洞头县	2012年10月—

说明：资料由县纪委提供

第三节　工作机构

1989年，县委工作机构有县委办公室、县委组织部、县委宣传部、县委统战部、县委党校、县委机关党委会、县委政法领导小组（是年5月，恢复政法委员会）、县委对台湾工作领导小组（1992年3月更名为中共平阳县委台湾工作办公室）、县委党史资料征集研究委员会（1991年4月更名为县委党史研究室）、县委老干部局。

1996年11月，平阳县党政机关实行机构改革。改革后，县委设工作部门6个：县委办公室、县委组织部、县委宣传部、县委统一战线工作部、县委政法委员会、县委直属机关工作委员会。另设部门管理机构1个：县委老干部局，由县委组织部管理。除上述工作部门以外，县委直属部门有：县委党校，以及归口县委办公室管理的县信访局、县档案局、县委党史研究室、县委政策研究室、县保密局、海防管理委员会办公室。另有归口县委组织部管理的县老龄委员会办公室、县关心下一代工作委员会办公室，归口县委宣传部管理的县精神文明建设指导委员会办公室、平阳报社，归口县委统战部管理的县委台湾工作办公室，与县委政法委机关合署办公的县社会治安综合治理委员会办公室。

2001年12月，平阳县党政机关实行机构改革。调整后，县委设置工作机构8个：县纪委机关（与监察局合署办公）、县委办公室、县委组织部、县委宣传部、县委统一战线工作部、县委政法委员会（与社会治安综合治理委员会合署办公）、县委台湾工作办公室（与县政府台湾事务办公室合署办公）、县委直属机关工作委员会。另设部门管理机构1个，即县委老干部局，由县委组织部管理。

2012年年底，县委工作部门有9个：县委办公室（与考绩办合署办公）、县委组织部、县委宣传部、县委统一战线工作部、县委政法委员会（与社会治安综合治理委员会办公室合署办公）、县委台湾工作办公室（与县政府台湾事务办公室合署办公）、县委直属机关工作委员会、县委党校、县委县政府信访局。另设部门管理机构有：由县委组织部管理的县委老干部局、县委党史研究室、社会工作委员会；县委办管理的县委农村工作办公室、县委政策研究室、县保密局（县委保密委员会办公室）、县档案局（馆）；县委宣传部管理的县精神文明建设指导委员会办公室、新闻信息中心。

1989—2012年中共平阳县委工作部门沿革一览表

表20-2-3

名称	沿革
县委办公室（考绩办）	1989年之前已设立，1989年设有秘书综合科、信息督办科、通讯科、新闻科。1989年3月，增设政策研究室，与县体改委两块牌子、一套班子。1990年2月，增设保密局。1997年党政机关机构改革后，县委办内设8个职能科室，分别为秘书科、综合科、信息科、新闻科、机要科、督查科、政策研究科、信访科（局）。2001年12月，党政机关机构再次改革，县委办内设9个职能科室，分别为秘书科、综合科、新闻信息科、机要科、县委督查室（县委巡视室）、县委政策研究室、县委农村工作办公室、县委保密委员会办公室（县保密局）、县委县政府信访局。2011年3月，设立平阳县考绩委员会办公室，与县委办合署办公。2012年6月，县委办机要科升格为机要局。2012年年底，县委办设秘书科、综合科、新闻信息科、机要局、保密局、法治科、考绩办共7个科室，下属县委县政府总值班和温州日报驻平阳记者站两个事业单位。人员编制为公务员30人，工勤人员3人，事业人员7人，实有公务员23人，工勤2人，事业7人 政策研究室。1989年3月设政策研究室，与县体改委一个机构、两块牌子，归县委办管理。1997年9月，县委政策研究室成为县委办内设机构 保密局（县委保密委员会办公室）。1990年2月成立，设在县委办公室 海防管理委员会办公室。1990年12月，成立海防管理委员会办公室，归口县委办管理。2005年9月，中共平阳县委海防管理委员会办公室和县人民政府口岸办公室、打击走私领导小组办公室合并成立县打击走私与海防口岸管理委员会，归口县政府序列 县委农村工作办公室。1989年之前已设县农村经济委员会，列政府序列。1997年4月，改称县委农村工作办公室，列入县委工作序列。2001年12月，将县委农村工作办公室设在县委办公室。2006年10月，县委农村工作办公室单独设立，仍归县委办管理 县档案局。1989年之前已设，归县政府序列。1997年与档案馆合并办公，挂县档案局和县档案馆两块牌子，改由县委办公室管理 下属事业单位。2001年7月设立温州日报驻平阳记者站。2006年7月设立县委县政府总值班
组织部	1989年之前已设立 老干部局。1989年之前已设立，1997年归属组织部管理 社会工作委员会。2005年12月设立，挂靠组织部 党史研究室。1989年之前已设有党史资料征集研究委员会。1991年4月，改名为党史研究室，归口县委办公室管理，后归口组织部管
宣传部	1989年之前已设立 新闻信息中心。1993年11月，平阳报社设立，隶属县委宣传部。2003年，撤销平阳报社。2004年4月，新闻信息中心成立，归口县委宣传部管理 县精神文明建设指导委员会办公室。1989年1月，县精神文明建设指导委员会办公室设立。1997年3月，归县委宣传部管理。2002年5月，设立平阳县创建省级文明城市领导小组办公室，与平阳县文明办合署办公。2008年3月，县创建省级文明城市领导小组办公室更名为县创建省级示范文明城市领导小组办公室
统一战线工作部	1989年之前已设立
政法委员会（社会管理综合治理委员会办公室、维护社会稳定工作小组办公室）	1989年之前已设有县委政法领导小组。1990年5月，撤销县委政法领导小组，恢复县委政法委员会。1991年5月，社会治安综合治理委员会办公室设立，1997年10月，与政法委合署办公。2009年7月，设立维护社会稳定工作小组办公室合署办公。2012年1月，社会治安综合治理委员会办公室更名为社会管理综合治理委员会办公室
台湾工作办公室（县政府台湾事务办公室）	1989年之前已设有对台工作领导小组。1992年3月，对台工作领导小组办公室更名为中共平阳县委台湾工作办公室，同县府台湾事务办公室一个机构、两块牌子，归口县委统战部管理。1999年3月，县委台湾工作办公室改为单独设置，列入党委机关序列

续表 20-2-3

名　称	沿　革
直属机关工作委员会	1989年之前已设有县级机关委员会。1995年10月，县级机关委员会改为县级机关工作委员会
县委党校	1989年之前已设立。1994年，平阳县行政学校设立。2012年，平阳县社会主义学校创办。三校合署办公
县委、县政府信访局	1997年6月，中共平阳县委、县人民政府信访办公室更名为名中共平阳县委、县政府信访局，归县委办管理。2008年3月，县委、县政府信访局单列
派出机构	1989年，全县设有万全、鳌江、麻步、水头、腾蛟、山门、顺溪7个区委员会，是县委派出机构，对所属乡镇党委工作进行检查和指导。区委一般设书记、副书记和组织、宣传、武装等委员。1992年5月撤销

说明：①机构名称均为2012年的名称；②除县委办公室外，其他各机构内设机构详细沿革此表不作细述；③沿革栏内加黑机构为其管理单位；④科室后面括号内的名称为挂牌的名称；⑤资料根据《中国共产党平阳县组织史》与各单位材料综合形成

第四节　会议制度

县委全委（扩大）会

在县党代表大会闭会期间，县委全委会是本级党组织的领导机关，执行上级党组织的指示和本级党代表大会的决议，领导全县的工作。

县委全委会由县委常委会召集并主持。参加对象为县委委员、候补委员。县纪委委员列席县委全委会。根据工作需要，县委常委会可确定有关人员列席县委全委会。召开县委全体（扩大）会议时，可扩大参加人员范围。

县委全委会每年至少召开2次，遇有重要情况可随时召开，必要时可召开县委全体（扩大）会议。举行会议必须有三分之二以上县委委员到会。

县委全委会议题由县委常委会确定。向县委全委会报告工作和提交县委全委会通过的事项，以书面材料形式经县委常委会事先讨论。

县委全委会进行表决时，以赞成票超过应到会县委委员人数的半数为通过。表决可根据讨论事项的不同内容，分别采取举手、无记名投票、记名投票或其他方式。对由全委会表决的领导干部拟任人选和推荐人选，以无记名投票表决。如会议需决定多个事项，则逐项表决。表决结果由会议主持人当场宣布。

应由县委全委会研究讨论的重大突发性事情和紧急情况，如来不及召开县委全委会的，县委常委会可临机处置，事后及时向全委会报告。不能以常委扩大会、领导干部会、工作会决定应由全委会决定的重大事项。

县委常委会

在县委全委会闭会期间，县委常委会行使本级党的委员会职权，执行上级党组织的指示和县委全委会的决议，主持日常工作。

常委会由书记或书记委托副书记主持。参加对象为县委常委，县人大常委会党组书记、县政协党组书记列席会议。召开常委（扩大）会时，可扩大参加人员范围。列席会议的部门和单位的人员原则上为主要负责人。

常委会按照需要随时召开。常委会决策重大问题，必须有半数以上常委到会方能举行；讨论干部问题时，应有三分之二以上常委到会；有关干部任免的决定，需要复议的，应当经半数以上常委同意后方可进行。

常委会议事按确定议题、提出预案、准备材料、会议通知、酝酿意见、充分讨论、民主表决、作出决策、形成纪要等程序进行。常委会作出的决议、决定，由会议主持人指定有关领导和职能单位负责贯彻落实。对于常委会的决定、决议，常委必须坚决执行。

原则上不得以传阅会签或个别征求意见等形式代替集体议事和会议表决；如遇紧急或特殊情况，来不及召开常委会的，经主要负责人同意后，可

以传阅会签或个别征求意见的形式征求常委意见，事后应及时向常委会报告；不得以书记办公会代替常委会决定重大问题。

县委书记办公会

县委书记办公会不是一级决策机构，不决定重大问题。县委书记办公会视工作需要举行，由书记或书记委托副书记召集并主持。参加对象由会议主持人按会议内容确定。

县委书记办公会议事范围是：研究讨论重点工作；酝酿需要提交县委常委会讨论决定的问题；对县委常委会决定事项的组织实施进行协调；交流日常工作，通报有关情况。

县委书记办公会酝酿的意见，如需形成决策，在县委常委会上提出。县委书记办公会酝酿的事项和形成的意见，记录备案，不编发会议纪要。

县委专题会

县委专题会是县委对重大专项工作进行协调和决策时召开的会议，由书记或副书记召集并主持，有关地方和单位负责人参加。会议形成的意见，根据书记、副书记要求，可编发会议纪要。

第六届至第十二届中共平阳县委全委（扩大）会议主要议题和重要决策一览表

表 20-2-4

届次	会议次序	召开日期	主要议题和重要决策
六	7	1989年5月5日	通过《关于实行党务、政务公开、廉政制度建设的决定》
	8	1989年7月6日	传达贯彻中共十三届四中全会精神和省委八届二次全会扩大会议精神
	9	1989年12月11日	推荐下一届县委、县人大、县府、县政协、县纪委等几套领导班子人选和县检察院检察长、县人民法院院长人选；研究部署下一步工作
	11	1990年2月26日	通过召开中国共产党平阳县第七次代表大会有关事项
	12	1990年3月8日	民主推荐县五套班子领导和县法院院长、检察院检察长人选
	14	1990年4月6日	学习贯彻中共十三届六中全会和市委六届四次全会扩大会议精神；审议通过县第七次党代会工作报告；通报七届县委委员、候补委员和县纪委委员人事安排原则意见；研究部署下一步工作
七	2	1990年4月30日	传达学习江泽民同志1989年12月29日在党建理论研究班上的讲话，研究七届县委委员议事小组分组名单，审议通过县人大常委会、县政府、县政协人事安排原则意见，审议通过县人大常委会、县政府、县政协候选人预备名单
	5	1992年1月20日	总结1991年工作，部署1992年工作
	6	1992年7月4日	回顾全县上半年工作，部署下半年工作
	9	1993年1月16日	研究召开中国共产党平阳县第八届代表大会有关事项
八	2	1993年7月21日	总结上半年工作，部署下半年任务
	3	1994年1月22日	学习《中共温州市委、温州市人民政府关于开展第二次创业的决定》，研究1994年县委工作会议有关事项
	4	1994年5月4日	推选平阳县出席中共温州市第七次代表大会候选人预备人选，研究召开中共平阳县代表会有关事宜
	5	1994年7月8日	总结上半年工作，部署下半年任务
	6	1995年1月14日	通过《中共平阳县委八届六次全会关于进一步加强党的建设的决议》
	7	1996年1月24—25日	回顾总结“八五”经济社会发展经验，通过《平阳县国民经济和社会发展“九五”计划和2010年远景规划纲要》
	8	1996年9月5—6日	审议通过《关于加强乡（镇）和科（局）级领导班子思想政治建设的决定》
	9	1997年2月14日	总结1996年工作，部署1997年任务

续表 20-2-4

届次	会议次序	召开日期	主要议题和重要决策
八	10	1997年4月4日	部署平阳县十五大代表候选人初步的圈选工作
	11	1998年1月8—9日	研究确定平阳县下一步工作思路和重点任务
	12	1998年3月4日	原则通过八届县委、县纪委工作报告(草案),讨论并通过县第九次党代会大会日程(草案)、大会选举办法(草案)、有关建议名单
九	2	1998年7月31日	回顾总结上半年工作,部署下半年工作
	3	1998年8月31日	推选平阳县出席中共温州市第八次代表大会代表候选人,研究召开中共平阳代表会议有关事宜
	4	1999年1月27日	贯彻落实中央精神,讨论修改建设现代化新平阳配套计划
	5	1999年7月30日	回顾上半年工作,分析当前改革和发展面临的形势,部署下半年重点工作
	6	2000年1月18日	贯彻落实中央经济工作会议、省委十届三次全会和市委八届四次全会精神,回顾总结1999年工作,研究部署2000年工作任务
	7	2000年4月26日	通报在“三讲”教育中县委常委会民主生活会情况
	8	2000年7月13日	研究部署下半年的重点工作
	9	2001年1月18日	审议通过《中共平阳县委关于制定平阳县国民经济和社会发展第十个五年计划的建议》;回顾总结2000年工作,研究部署2001年工作任务
	10	2001年7月27日	回顾总结2001年上半年工作,研究部署2001年下半年工作任务
	11	2002年2月6日	审议通过《中共平阳县委关于深入贯彻落实党的十五届六中全会精神,进一步加强和改进党的作风建设的意见》;回顾总结2001年工作,研究部署2002年工作任务
	12	2002年7月31日	回顾总结2002年上半年工作,研究部署2002年下半年工作任务
	13	2003年1月9日	总结2002年工作,部署2003年工作任务;审议通过《中共平阳县委关于召开中国共产党平阳县第十次代表大会的决议》
	14	2003年2月18日	投票表决平阳县出席市第九次党代会代表候选人预备人选
	15	2003年3月7日	审议通过九届县委工作报告和县纪律检查委员会工作报告,通报县第十次党代会的筹备工作情况。
十	2	2003年7月24日	总结2003年上半年工作,部署2003年下半年工作任务
	3	2004年1月13日	回顾总结2003年工作,研究部署2004年工作任务
	4	2004年7月20日	回顾总结2004年上半年工作,部署2004年下半年工作;审议通过《中共平阳县委关于建设“平安平阳”的决定》
	5	2005年1月14日	总结2004年工作,部署2005年任务
	6	2005年7月27日	总结上半年工作,部署下半年任务
	7	2006年1月6日	总结2005年工作,部署2006年任务;审议通过《中共平阳县委关于制定国民经济和社会发展第十一个五年规划的建议》和《中共平阳县委关于加快文化名县建设的决定》
	8	2006年7月25日	总结2006年上半年工作,部署2006年下半年任务;审议通过《中共平阳县委关于进一步深化依法治县工作的意见》
	9	2006年10月13日	审议通过《关于召开中国共产党平阳县第十一次代表大会的决议》
	10	2006年12月12日	审议通过县第十一次党代会日程安排,通过县委和县纪委候选人预备人选名单,投票表决平阳县出席市第十次党代会代表候选人预备人选名单

续表 20-2-4

届次	会议次序	召开日期	主要议题和重要决策
十一	2	2007年7月26日	总结上半年工作，部署下半年任务
	3	2008年1月18日	回顾总结2007年工作，研究部署2008年任务
	5	2008年7月31日	总结2008年上半年工作，部署下半年任务；审议通过《中共平阳县委关于全面实施“治三水、破七难”民生建设（2008—2010年）的决定》（注：“三水”即污水、饮用水、洪水，“七难”即就医难、就学难、就业难、住房难、出行难、保障难、维稳难）
	6	2009年1月12日	回顾总结2008年工作，研究部署2009年任务
	7	2009年7月31日	总结上半年工作，部署下半年任务
	8	2010年1月6日	回顾总结2009年工作，研究部署2010年任务；审议通过《中共平阳县委关于认真贯彻党的十七届四中全会精神 加强和改进新形势下党的建设的实施意见》
	9	2010年8月26日	总结上半年工作，部署下半年任务；研究部署生态文明建设工作，审议通过《中共平阳县委关于推进生态文明建设的实施意见》
	10	2011年1月14日	回顾总结2010年工作，部署2011年任务；审议通过《中共平阳县委关于制定国民经济和社会发展第十二个五年规划的建议》
	11	2011年7月26日	总结上半年工作，部署下半年任务，审议通过《中共平阳县委关于加强和创新社会管理的实施意见》
	14	2011年12月19日	通过中国共产党平阳第十二次党代会日程草案；通过县委和县纪委委员候选人预备人选名单；研究党的十八大、省十三次党代会代表候选人初步人选推荐名单
十二	2	2012年7月30日	总结上半年工作，部署下半年任务

说明：①各届一次全委会在代表大会期间召开，选举产生县委常委、书记、副书记名单，详见各届代表大会内容；②若干全委（扩大）会议资料缺失；③资料由县委办提供

第三章　县委重大决策

历届县委作出一系列事关全局发展和国计民生的重大决策，并付诸实施，推动全县国民经济和社会事业跨越式发展。

第一节　依法治县战略

1993年3月，中国共产党平阳县第八次代表大会提出依法治县战略，要求切实做到有法可依、有法必依、执法必严、违法必究。提高全民的法律意识和法制观念，提高各级干部依法行政、依法管理的水平。1998年，县委工作会议提出，继续实施依法治县战略，在全县国家机关中全面实行执法责任制和评议考核制，坚持和完善执法检查，加强法律监督。通过依法治村、依法治厂、依法治镇（乡）和行业的依法治理，推进依法治县进程。县委九届四次（1999年1月27日）、五次（1999年7月30日）全会提出：认真实施《平阳县依法治县1998—2003年规划》，大力推进依法治县进程，进一步落实依法行政责任制、评议考核和过错责任追究制。2000年1月，县委九届六次全会提出：积极推进依法治县。一要推进依法行政，保证政府工作在法制轨道上高效

运行；二要积极推进司法改革，建立和完善各项监督和责任追究制度，确保公正司法；三要加大法制宣传教育力度，继续组织实施好“三五”普法教育，使依法治县观念不断深入人心。2006年7月，县委十届八次全会审议通过《中共平阳县委关于进一步深化依法治县工作的意见》。2011年8月，中共平阳县委发出《在全县公民中开展法制教育的第六个五年规划(2011—2015)》的通知。至2012年年底，全县共有市级青少年法制教育基地1个、省级民主法制村(社区)5个、市级民主法制村(社区)42个。

第二节 经济建设战略

实施二次创业

1994年2月，县委工作会议提出二次创业号召。总体目标是：加快实现“八五”计划和十年规划，力争本届政府实现撤县建市，把平阳建设成为科技先进，交通便捷、内外开放、经济繁荣，社会安定、文明富裕的现代化的工业、商贸、港口和旅游城市。加快昆鳌组合城市建设，形成区域经济新的发展极；提出建立平阳经济开发区，为组合城市建设注入强大的经济推动力。1994年8月，省人民政府批准平阳经济开发区为省级经济开发区；鳌江镇1996年被国家科委批准为国家级星火技术密集区，1997年被列为全国小城镇综合改革试点镇，被联合国计划开发署列为可持续发展的中国小城镇试点镇。

工贸旅游港口城市建设

1998年3月，中共平阳县第九次代表大会提出：努力实现撤县建市，建设现代化的工贸旅游港口城市。1999年1月，县委九届四次全会提出加快城市化进程，构筑“县域中心城市—重点城镇—集镇”新型三级城镇体系。重点是加快昆鳌组合城市建设步伐，使其成为比较发达的瓯南闽东北地区的物资集散地和主要出海口；关键是扶持重点城镇建设，使其成为县域中心城市的支撑点和各自区域的中心；基础是加大基础设施建设的投入力度，形成与城市化进程相适应的基础设施体系。20世纪90年代末，平阳总体上达到撤县建市各项指标。尽管被列为省首批考察县，撤县建市目标却没有遂愿，但加速城市化、工业化、信息化的步伐没有放缓。

2000年1月，县委九届六次全会提出：实施《平阳县加快城市化进程计划》和《平阳县域城镇体系规划》，以昆鳌组合城市建设为重点，推进全县城市化进程。2000年年底，鳌江城市中心区建设开始启动，昆阳城北小区大开发、大建设局面形成。先后建成甬台温高速平阳段、瓯南大桥、昆鳌大道、平阳体育馆等城市配套设施，城市承载能力得到提升。

打造中国皮塑礼品之都

1999年，中国地区开发促进会命名萧江镇为中国塑料编织城、中国塑料编织第一镇。2001年1月，水头镇被中国地区开发促进会命名为中国皮都、中国鞋料加工生产基地。2002年12月，中国轻工业联合会授予平阳县中国商务礼品生产基地称号。

2003年3月，中共平阳县第十次代表大会提出：全力打造中国皮塑礼品之都，努力跻身全国最发达百县(市)行列。通过建设全国乃至国际性的皮革制革、塑料包装、商务礼品重要生产基地和集散中心，推进产业结构战略性调整和城市化进程，提高产业层次和城市化水平，推动整个经济社会快速发展，全面建设小康社会，提前基本实现现代化。做大做强皮革制革、塑料包装、商务礼品这三大特色产业集群。以“三业”(皮革制革、塑料包装、商务礼品)并举带多业共荣，“三地”(昆阳、鳌江、水头)齐兴促城市发展，“三农”(农业、农村、农民)俱进奔全面小康。突出昆阳、鳌江、水头三大经济圈，勾画新的昆鳌组合城市总体规划和县域城镇体系发展规划，拉开县城发展框架，实施鳌江城市中心区和火车站站前小区规划建设，拓展鳌江城市发展空间，提升水头城市品位，增强对北港地区的辐射力。

“一都三县”建设

2006年12月，中共平阳县第十一次代表大会提出：深入实施“产业提升、中心集聚、生态优化、开发带动、城乡统筹、和谐构建”六大战略，全力打造特色鲜明经济强县、风格独特旅游大县、内涵丰富文化名县和鳌江流域中心城市。

以建设鳌江流域中心城市为目标，加快推进新型城市化。按照“优化布局、促进融合、做大规模、完善功能、提升品位”的要求，推动昆鳌组合城市发展。强化规划引导。围绕建设鳌江流域中心城市核心区，修订完善昆鳌组合城市规划，优化功能区块和交通干道布局，昆阳着力建设城市的政治文化中心，鳌江着力打造城市的金融商贸中心。积极发展强镇经济。发展水头经济，使其成为平阳副中心城市；萧江、钱仓和宋桥、郑楼要充分发挥区位优势，坚持内聚外引并举，着力建设好平阳的南、北大门；麻步、腾蛟要立足特色，发挥优势，加快发展。

鳌江流域中心城市建设

2010年1月，县委十一届八次全会提出：突出以昆鳌一体化建设为重点，全力推进鳌江流域中心城市建设，按照“拓框架、抓重点、强功能、提品位”要求，全力打造鳌江流域中心城市。昆鳌一体以“两轴四片”为主战场，抓好昆鳌大道和火车站大道这两轴，昆阳城南片按照生态、科教、文化、休闲、居住五位一体的要求，推进老城改造，建设一批重大公建项目，打造配套完善、宜居宜商的城市新区；昆阳城东片突出行政管理、商住等功能，打造城市发展新亮点；鳌江站前片引进了明发、中塑等商业大项目，打造以商业服务、交通物流，居住功能为主导的城市新区；鳌江滨江片要推进一批高档次商业项目，2013年相继引进万达、银泰等城市综合体。

富民强县建设

2011年12月，按照省、市委的战略部署，中共平阳县第十二次代表大会提出以“加快转型发展、实现跨越崛起”为主线，深入实施“中心集聚、产业提升、城乡统筹、生态优先、文化引领、民生为本”六大战略，全力以赴“拉框架、建平台、抓产业、优环境”，努力进入全市经济和社会发展第一梯队，实现从欠发达县到全国经济强县的历史性跨越，全面建设惠及全县人民更高水平的小康社会，奋力开创富民强县新局面。

温州大都市南部中心建设

2012年8月，县委十二届二次全会提出打造温州大都市南部中心的目标。主要内容：一是建设县域东部交通网络，打通平阳与温州中心城区的通道，尽快确立温州南部综合交通枢纽中心地位。二是强势推进城市化平台。改造27个城中村，开工建设县行政文化中心、城东综合体等项目，打造昆阳城东行政中心区、城南历史文化游览区、鳌江站前综合商贸区、滨江中央商务区。推进平阳港区亿吨大港建设各项技术前期和论证工作。建设北港新城，打造县域副中心城市。打造平阳新兴产业园、万全现代产业新区、鳌江钱仓工业园区、水头皮革基地、腾蛟文化创意产业园、中部新区工业园等六大工业平台。三是实施“四大百亿产业培育计划”（到2015年，新材料、机械机电、皮革、塑包四大主导产业产值均超100亿元），推动传统产业改造提升和战略性新兴产业培育发展。落实机械机电、皮革、塑包三大产业“三个一”（一个转型升级方案、一个转型升级扶持措施、一个生产基地）措施，建立产业平台引导基金，着力打造中国皮件生产基地、中国塑包中心和浙江机电之乡。四是以省级示范文明城市创建为龙头，联动推进省级园林城市、省级森林城市、省级生态城市、省级历史文化名城和国家卫生县城创建。至年末，古盘山森林公园建设全面启动，凤湖公园一期实现开园，东门山公园和九凰山公园主入口工程完工。开展“四边三化”（公路边、铁路边、河边、山边等区域开展洁化、绿化、美化行动）环境整治，改善城市形象。

第三节　科教兴县战略

1990年4月，中共平阳县第七次代表大会报告中首次提出科教兴县战略，提出要以经济建设为中心，以教育为基础，以科技为支柱，创造更多的物质文明和精神文明。制定平阳科教兴县总体规划方案，重点是科技兴农、科技兴工，组织实施星火计划、丰收计划和重大科技项目攻关计划，引进、示范、推广先进适用的科技成果。县委七届六次全会（1992年7月9日）和八届七次全会（1996年1月25日）分别提出加速实施科教兴县战略和继续精心组织实施科教兴县战略。1996年，平阳县被授予全国科技工作先进县称号。

1996年，县委工作会议提出实施海上平阳战略，全面开发海洋，把海洋产业发展作为平阳经济新的增长极。1997年2月，县委八届九次全会提出海上平阳战略向纵深推进，工作重点是明确一个目标、加快两个步伐、做好三篇文章。“一个目标”就是把南麂建成省海珍品养殖基地、育苗基地。“两个步伐”就是规模化和规范化步伐。“三篇文章”就是加大科技兴海力度的文章、打出品牌拓展市场的文章和以东带西以海带陆的文章。《九五计划和2010年远景规划纲要》提出建设海上平阳和海洋大县。之后，海关、商检、口岸等涉外机构相继设立，完善对外开放条件，1997年，经科技部等五部委认定，平阳县成为国家科技兴海示范基地。1998年3月，中共平阳县第九次代表大会提出：继续实施科技兴海工程，抓好全国科技兴海示范基地和南麂海珍品育苗基地项目建设，使海洋开发成为新的经济增长点。

1998年，县委工作会议提出，继续实施科教兴县战略，以创建省科技进步县为目标，加快鳌江星火科技密集区和科技兴海示范基地建设，继续实施科技发展五大工程，加快科技成果转化。平阳县《九五计划和2010年远景规划纲要》提出加快科技兴县步伐，重点在鳌江国家级星火密集区内实施200亿星火示范工程，建设浙东南沿海国家星火城和全国科技综合发展示范县。1998年，鳌江国家级星火技术密集区通过科技部的考评；2002年和2004年，先后获国家科技进步先进县和全国科普示范县称号。

第四节　文化名县战略

1997年，平阳县在温州地区率先获得全国文化工作先进县称号。

2006年1月，县委十届七次全会通过《中共平阳县委关于加快文化名县建设的决定》，主要目标：到2010年，初步形成与平阳经济社会发展要求相适应的文化发展格局，构筑与人民群众日益增长的文化需求相适应的公共文化服务体系，营造有利于出精品、出人才、出效益的文化发展环境；使平阳县文化基础设施完备、文化专业人才集聚、文化体制完善、文化市场繁荣、文化产业发达、文化创新能力突出、文化特色鲜明、文化建设等主要指标达到市先进水平。主要任务：实施文明素质提升工程、文化品牌打造工程、文化研究保护工程、文化阵地建设工程、文化产业促进工程、文化人才培育工程，建设教育强县、科技强县、卫生强县、体育强县。2007—2009年，县财政每年对文化事业的投入超2000万元。2009年1月，县委十一届六次全会通过《平阳县推进文化大发展大繁荣实施意见（2008—2011年）》，其目标为，到2011年，基本实现文化名县建设的目标，使平阳县的文化发展水平达到全市领先，在全省有一定影响力。县政府加大对文化事业的支持和保障，先后投入3000万元，搬迁县文化馆、图书馆。是年开始，每年安排文化建设专项经费500万元，用于保障基层公共文化工程、公共文化产品购买和公益文化活动开展。至2012年，全县先后建立563个村级文化活动室，覆盖率85%以上。全县文艺精品创作成果丰硕，文艺作品获得国家级奖项10个，省级26个，市级78个。昆阳坡南街、顺溪镇分别入选浙江省第四批历史文化街区和历史名镇，评选出陈经邦（陈经正）、林景熙、黄公望、宋恕、刘绍宽、黄溯初、谢侠逊、苏步青、马星野、张鋆等10人为平阳县十大历史文化名人。

第五节　生态建设战略

2006年12月，县第十一次党代会提出推进生态县建设要求，实施万里清水河道工程，加大力度建设生态乡镇、生态村，加强青山白化治理，推行清洁生产，建设资源节约型、环境友好型社会。2010年8月，县委十一届九次全会通过《中共平阳县委关于推进生态文明建设的实施意见》。意见要求以文化培育、产业改造、江河整治、绿满城乡、优美乡村、节能低碳、设施保障等“七大行动”为抓手，优化生态环境，发展生态经济，培育生态文化，完善体制机制，构建有利于资源节约和环境友好的产业结构、空间布局、发展方式、消费模式，把平阳县建设成为“富饶秀美、和谐安康”的生态型现代化新平阳。主要目标是，力争到2015年建成省级生态县，为争创国家级生态县打下扎实基础，力争“十二五”末城市和农村生活垃圾无害化处理率均达100%；水环境功能区水质达标率达到90%；森林覆盖率达到52.9%，城市建成区绿地率达到31.3%；省级以上生态乡（镇）比例达到80%。循环经济形成规模，清洁生产普遍推行，生态经济成为新的经济增长点。

2012年，平阳县实施电镀、印染、烂版等重污染行业整合入园，对未按期入园企业实施关停；对排查出的19条黑臭河、42条垃圾河进行全面整治；建成25.8万亩重点生态公益林；成功创建万全、山门、南雁、顺溪、青街等5个省级生态镇(乡)，昆阳、鳌江、萧江3个市级生态镇及201个市级生态村。至2012年年底，全县制革污染企业从2011年的57家减少至12家，转鼓从732只减少至377只，削减48.5%。

第六节　精神文明创建

“三心四德”工程

2012年初，县委、县政府决定在全县实施“三心四德”工程，深入推进公民思想道德建设，努力建设“仁义平阳”。“三心”指孝心、爱心、责任心，“四德”指社会公德、职业道德、家庭美德、个人品德。是年，制定《中共平阳县委平阳县人民政府关于全面建设“三心四德”工程的实施意见》，明确“三心四德”工程建设的指导思想、基本要求和工作内容，开展日常孝贤工作，实施孝心实践行动；开展爱心城市创建工作，实施爱心实践行动；开展“六城联创”工作，实施责任心实践行动。并通过建立健全科学评价体系和监督体系，把“三心四德”工程固定化、制度化。

幸福社区建设

2012年3月，县委先后制定《关于进一步创新社会管理，推进幸福社区建设实施意见》《幸福社区建设工作动态管理办法》《平阳县幸福社区评价体系》等幸福社区建设方面的系列文件。按照社区是“居民服务最基本的平台、社会管理最基础的单元、社会自治最微观的组织”的定位，着力把幸福社区打造成为“管理顺、服务全、环境美、居民乐、邻里亲”的居民生活共同体和共有精神家园。将全县66个社区按人口规模、经济发展状况、硬件设施的不同，分为三类。按照一类社区出精品，二类社区功能全，三类社区保服务的总体要求，将幸福社区建设任务分解、落实给11个乡镇和相关职能单位。加快社区“五大中心”(便民服务中心、社会管理中心、文体活动中心、居家养老中心、卫生计生中心)建设和社会组织培育，重视抓好居民精神生活，开展“领导干部、学生进社区当义工”活动。建立“官方+民间+基金会”等“三位一体”的社会组织服务平台，争取早日使社会组织服务园开园，做好政府服务与管理职能的转移工作。建立重大事项社区听证、社区居民公共事务恳谈会等机制，为居民提供探讨社区事务问题的平台，增强居民对社区的认同感、归属感。

第七节　城乡统筹综合改革

2011年3月，县委、县政府出台《关于加快城乡统筹综合改革的实施意见》，要求以科学发展观为指导，以城乡统筹为根本方法，以要素市场化为导向，以“三分三改”(政经分开、资地分开、户产分开；股改、地改、户改)为核心，以农村住房改造集聚建设为切入点，以功能区和中心镇建设为平台，以政府推动和政策支持为保障，大力推进城乡统筹综合改革。“十二五”期间，城乡统筹综合改革从2010年12月开始到2015年12月结束，分试点启动、重点突破、全面推进3个阶段实施。主要内容：以乡镇管理体制改革和推进农房集聚为主要内容的城乡一体化改革；以完善农村土地承包经营权流转、农村宅基地置换和完善农村集体建设用地使用权交易制度为主要内容的农村土地使用制度改革；以改制农村非土地集体资产、完善农业经营制度和创新农村金融服务为主要内容的农村集体资产产权和农业经营服务制度改革；以建立城乡统一的新型户籍管理制度为主要内容的户籍管理制度改革；以完善社会医疗、养老保障、失业保险等为主要内容的社会保障制度改革。改革的目标：在农村土地、住房、集体资产产权制度，城乡社会保障、户籍管理制度，农业经营体制、公共服务均等化等关键环节，在村镇管理体制、城乡建设体制和农村社区基层组织建设等重要方面，建立起城乡相对接和一体化的体制机制，基本改变城乡经济社会二元结构，明显缩小城乡差距，形成城乡一体化发展新格局。

第四章　纪律检查

1989—2012年，县纪委、县监察局重视党风廉政建设，加强宣传教育和廉政监督，落实党风廉政建设责任制，制定各项制度、规定、措施，采取清理、检查、专项治理等方式，从源头拒腐防变，规范廉政自律行为。通过信访举报和案件查处，纯洁干部队伍，其间，全县纪检监察机关立案查处党员违纪2200人(次)。

第一节　组织机构

内设机构

1989年，平阳县设有县纪委和县监察局，分别是县委、县政府的纪律检查和行政监察机构。县纪委内设办公室、信访科、纪律检查科、案件审理科。1993年5月与县监察局合署办公，行使纪检监察两项职能(县监察局仍属县政府序列)。合署后，县纪委下设7个室：办公室(监察综合室)、纪检监察室、案件审理室、信访室(县政府监察举报中心)、宣传教育室、党风廉政建设室、执法监察室。1998年10月，增设县纪检监察信息中心。2001年11月，增设县经济发展环境投诉中心。2003年7月，增设县行政效能监察中心，与县经济发展环境投诉中心合署办公。

随着纪检监察系统体制机制改革，县纪委(监察局)内设机构也多次相应作出调整，至2002年6月，县纪委(监察局)下设6个室：办公室、信访室(县政府监察举报中心)、党风廉政建设室、执法监察室(县政府纠风办)、案件审理室、纪检监察室。2004年3月，县行政效能监察中心更名为县机关效能监察投诉中心。8月，纪检监察室分为纪检监察一室、纪检监察二室。2007年10月，增设纠正部门和行业不正之风室。2009年1月，信访室增挂申诉复查室牌子。12月，办公室增挂干部室牌子。2011年10月，县机关效能监察投诉中心与县纪检监察信息中心合署办公。

至2012年年底，县纪委(县监察局)设办公室(干部室)、党风廉政建设室、执法监察室、信访室(申诉复查室)、案件审理室、纪检监察一室、纪检监察二室、纠正部门和行业不正之风室、机关效能监察投诉中心等8个室和1个下属事业单位。县纪委(监察局)人员编制46人，实有在编44人。

基层纪检组织

县直机关纪检监察组织　1989年，县检察院、县经济委员会和县粮食局设有纪检组，县直机关党委设纪委。至2012年，县直机关工委改设纪工委；县公安局、县发改局(县粮食局)、县司法局、南麂海洋自然保护区管理局、县旅游局、县供销社、县国土资源局、县卫生局、县交通运输局、县教育局、县经信局、县工商局、县质监局等单位设纪委、监察室；滨海新区管委会、县供电局设纪委；县法院、县检察院、县广播电视台、县机关事务管理局、县计生局、县人力社保局、县审计局、县民政局、县财政(地税)局、县民宗局、县安监局、县住建局、县环保局、县城管办、县农办(农业局)、县水利局、县体育局、县文广新局、县审管办、县国税局等单位设纪检组、监察室(科)；县委党校、县政府办、县信访局、县新居民服务管理局、县食品药品监督管理局、县资管办、县科技局、县招商局、县统计局、县商务局等单位设纪检组；县气象局设纪检员。

乡镇纪检组织　1981年平阳、苍南分县后，全县有万全、鳌江、麻步、腾蛟、水头、山门6个区委和昆阳、鳌江2个直属镇党委配备纪检委员。1985年，顺溪区、直属镇水头、萧江党委配备纪检委员。1986年起，上述区、镇委陆续设纪检组，配纪检组长，其余乡镇配纪检委员。1991年6月，上述区、镇设纪委，配备纪委书记。1992年，全县撤区扩镇并乡后，34个乡镇均设有纪委，配专职书记1人，兼职委员若干，昆阳、鳌江、水头、萧江等4大镇增配专职副书记。至2012年年底，全县10个乡镇均设有纪委。

第二节　党风廉政建设

党风教育内容

20世纪80年代后期及90年代初期，党课教育以党的基本路线、党纪条规教育为主。1991年，发放《党纪学习文件》1.2万册，党纪教育材料300本，党纪知识考卷1.8万份。1992年,《党纪瞭望》订阅对象由原来区和直属镇党委扩大到党支部，数量由164份增至1450份。

1994年，对514名乡、科级以上领导干部进行反腐倡廉知识书面测试；举办12场党风廉政演讲赛，2700名党员干部参加听讲。1995年，学习中纪委《关于共产党员在经济方面违法违纪处分的若干规定(试行)》等8个党纪处分规定；5000余名党员干部参加市党风廉政建设知识竞赛。1996年，1.2万名党员参加中纪委举办的全国党政纪条规知识竞赛，平阳县获浙江赛区组织奖；代表市参加全省反腐倡廉文艺会演的小品《灾星》和歌舞《你是清风——献给纪检监察干部》均获最高奖：优秀演出奖。1997年，开展学习《中国共产党纪律处分条例(试行)》《中华人民共和国行政监察法》和《中国共产党党员领导干部廉洁从政若干准则(试行)》活动，并进行测试和竞赛。1998年，开展“廉政勤政树公仆形象”主题教育和学唱廉政歌活动，进行“县机关党性党风廉政法规”知识竞赛，行政监察对象和纪检监察干部3000余人参加全国《中华人民共和国行政监察法》知识竞赛活动。1999年，在乡镇、县直部门全面开展廉洁自律教育活动，发放廉洁守则和廉政警示，全县县管干部进行以党风廉政建设责任制为主要内容的测试，并在全县开展廉内助活动，评出县级廉内助8人，并有2人获市级廉内助称号。

2000年，开展以领导干部“率先垂范、干净干事”为主题的演讲活动。2001年，编印发放《党风廉政学习手册》2500本，平阳县创作的舞蹈节目《党旗下》参加温州市反腐倡廉文艺巡回演出获创作金奖和表演金奖。2002年，开展读书思廉活动；举办反腐倡廉形势报告会；开展财税杯领导干部从政道德建设征文活动和警示教育活动；创建廉政短信息平台，定期发送廉政短信息；1000余名党员干部参加党风廉政法规知识竞赛活动；编写并印刷2500份《从政道德学习教育资料》；举办“高唱廉政歌，迎接十六大”文艺晚会。2003年，以领导干部为重点开展“艰苦奋斗、廉洁从政”和“现身说法”教育；组织党风廉政知识测试和知识竞赛。2004年，开展“为民、务实、清廉”主题教育；开展以学习《中国共产党党内监督条例(试行)》《中国共产党纪律处分条例》《中华人民共和国行政许可法》为主要内容的党纪法规专题教育。2005年，结合保持共产党员先进性教育活动，组织党员学习党章、《“三个代表”重要思想反腐倡廉理论学习纲要》和党内法规。2006年，开展理想信念和从政道德教育活动，推进廉政文化进机关、进学校、进社区、进企业、进农村、进家庭。2007年，组织学习《行政机关公务员处分条例》；举办以“歌舞颂清风，喜迎十七大”为主题的反腐倡廉文艺会演，1000余名中层以上干部观看了演出；开展“现身说法”警示教育，59名党政“一把手”参观省法纪教育基地，500余名中层干部旁听职务犯罪人员庭审。2008年，以领导干部为重点，开展党性党风党纪宣教活动，特邀市纪委和县委主要领导作专题讲座4次，接受教育的领导干部2100余人(次)；组织86名领导干部配偶参加廉内助培训教育，并签订家庭助廉责任书。2009年，启动廉政文化“六进”(进机关、进学校、进企业、进家庭、进社区、进农村)工作，至2012年年底，共建立省、市、县级廉政文化“六进”示范点51个。

2010年，开展“学准则、保廉洁、促跨越”主题教育活动，组织专题学习309次，参加党员干部10231人，下发各类学习资料1200余册，组织各类警示教育210场，6950名干部接受教育。2011年，组织廉政木偶戏《知县·轿夫》创作和巡演，首轮巡演16场，观看人数2万余人次；建成温州浙南(平阳)革命根据地廉政教育基地。2012年，以“解放思想，敢于担当，保持共产党员的先进性与纯洁性”主题教育活动为载体，开展警示教育106次，刊登廉政公益广告22期，评选出优秀岗位廉政风险情景剧(小品)13个、“履行职责、敢于担当”好干部10人，并向市推荐3名“模范履行职责、自觉践行清廉”好干部。

党风教育形式

电化教育　1989年，放映《优秀共产党员事迹》《警戒》《悬崖》等党风党纪教育录像片11场次，2800余人观看。1990—1993年，组织观看党纪教育片16套170余场次，党员受教育面89%。1993年，县纪委购置党风党纪教育录像片32盒，在全县播放217场，参加观看党员干部48000余人次。1994年，在全县范围内组织观看电影《新中国第一大案》。2002年，组织党员干部观看反腐倡廉电教片和反腐倡廉成果巡回展。2003—2012年，各乡镇和县机关有关单位播放《警钟长鸣》等教育专题片3000余场，党员干部受教育面90%以上。

典型教育　县纪委围绕各个时期党的中心任务，抓住正反两方面典型事件和案例，通过各种途径，对党员进行党性党风党纪教育。1993—1997年，开展学习孔繁森、吕正水等先进模范人物的活动。2000年，开展党风廉政建设教育月活动，在乡(科)级以上领导干部中开展学习汪洋湖、范匡夫、马健、毛泽平等先进典型，剖析成克杰、胡长清、许运鸿、罗鉴宇、朱承岭等反面典型案件。2003年，开展学习郑培民等先进典型活动。2004年，开展以阅读《从辉煌到末路》教育读本和前往监狱接受职务犯罪人员现身说法为主要形式的警示教育。2005年，开展以学习吴美角、李学生、周光荣等先进人物事迹为主要内容的示范教育。2006年，开展学习郑培民、郑九万等先进典型活动，利用李真、周杭、耿永祥等反面典型开展警示教育。2009年，利用戴国森受贿案开展反面典型警示教育。2012年，开展学习陈超英先进事迹教育活动。

新闻媒体教育　1989—2012年，《平阳纪检监察信息》刊出189期，《信访摘报》刊出265期。2000年，县纪委先后两次组织机关作风建设新闻督查。2001年，在乡(科)级党政"一把手"中开展读书思廉活动，向160余名党政"一把手"寄送廉政文章480篇，收到体会文章180余篇，择优在《平阳报》发表24篇，并在《平阳报》设《反腐倡廉》专栏。2003—2007年，380余名领导干部在媒体上公开廉政承诺。2011年，要求全县具有审批职能的科室围绕改进作风、强化队伍、优化服务、提速提效等内容在《新平阳报》上进行公开承诺，接受群众监督。2012年，利用新闻媒体宣传平台，刊登廉政公益广告22期。

廉政建设

专项治理　1990年，县纪委协调有关部门对各单位的预算外资金和乡、村财务进行清理和整顿，全县清出违纪金额563.4万元。1991年，清理有关单位的乱着装问题，上交自负工料费和服装折款22.9万元。1990至1992年上半年，清理党政干部违法、违规建私房。

1998—2002年，全县清理党政机关和企事业单位公款配备通信工具，清理移动电话849部、公费住宅电话771部，收回资金93.9万元，并实行通信工具的通话费用定额包干制度；清理领导干部违反规定收受礼金、礼卡、礼券(简称"三礼")的问题，全县有82名党员干部主动上交的礼金、有价证券折合人民币14.6万余元，就地销毁代币购物券面值101万元，并对2名违规收受、赠送礼金的党员干部给予纪律处分；开展领导干部违反住房规定专项清理工作，对894名乡(科)级领导干部住房情况进行核查，补缴各类款项60余万元；开展领导干部用公款配备住宅电脑、公配摩托车以及党员干部利用办公室电话公费点歌等专项清理。

2003—2006年，针对领导干部在公务消费、违规接收"三礼"以及违规分房购房、兼职取酬、拖欠公款、参与赌博等方面存在的突出问题，开展专项清理工作。全县党员干部主动上交"三礼" 32万元；清收拖欠公款380万元；清理超编制小汽车39辆，其中向社会公开拍卖14辆；清理违规住房210套，单套超面积721套，补交各类房款241万元，纠正兼职取酬的党员干部45人；查处参与赌博的党员干部134人；在全市率先实行公车统一标识、公务接待费用总额控制、公务外出审批备案等管理制度。

2007—2011年，清理干部违规多占住房1729户，补缴房屋差价款2422万元；整治领导干部违规收受"三礼"问题，党员干部主动上交"三礼"折合人民币129.7万元，17名党员干部受到查处。开展"小金库"专项治理，处理相关责任人员11人，涉及

2007年5月，平阳县在全市率先推行公车统一牌照标识管理

金额402.8万元。

2012年，开展阳光工程建设，实行阳光招生，12所中小学校开展阳光食堂试点工作；强化阳光医疗，创建无红包医院、科室，医务人员退还、拒收、上交“红包”16.5万元。贯彻落实《中国共产党党员领导干部廉洁从政若干准则》，党员干部上缴“三礼”金额7万余元。

建章立制　自20世纪90年代初开始，平阳县全面推行村务公开、政务公开，至1997年，全县有98.4%的村实施村务公开，47个县直单位和34个乡镇实施政务公开。1998—2002年，改革行政审批制度，减少审批环节，削减审批事项567项。财政管理制度改革方面，建立了县本级会计核算中心和昆阳、鳌江等乡镇会计核算中心，推行“收费统一管理，财务统一核算、会计统一派遣、分配统一标准”的做法，县本级158个单位纳入中心统一核算，撤销银行账户260个，划并资金4000余万元，拒绝不合理开支近800万元。建立县建设工程交易管理中心、政府采购中心。374项工程进场交易，总投资额22.9亿元，政府采购金额5516.47万元，资金节约率为11%，经营性土地使用权和国有资产产权逐步实行市场化交易。推行政务公开、村务公开，推行村账乡(镇)代理制度，31家国有、集体及其控股企业推行厂务公开。各乡镇、各部门都制定党风廉政建设责任制实施方案和细则，基本形成一级抓一级，层层抓落实的责任网络。1999—2012年，全县22名领导干部因违反党风廉政建设责任制有关规定受到责任追究。

2003—2006年，实行领导干部“三谈一述”(廉政责任谈话、任前廉政谈话、信访监督谈话和述职述廉)、个人重大事项报告、离任交接、经济责任审计制度。监督检查安全生产工作，追究17名党员干部责任。建立机关效能监察投诉中心，受理效能投诉914件(次)，处理违反“四条禁令”(严禁擅离岗位，擅离职守；严禁网上聊天、炒股，玩电脑游戏；严禁中餐饮酒；严禁在办事、办证中接受当事人宴请和礼品、礼金)的干部职工86人。出台《平阳县建立健全惩治和预防腐败体系实施细则》，全县31个乡(镇)和35个机关部门结合实际制定工作要点。通过第三轮审批制度改革，保留第一批行政许可项目260项、非行政许可项目18项；在行政审批服务方面，推行重大事项联合审批、告知承诺、一审一核等制度。改革干部人事制度，完善领导干部选拔任用民主推荐、公开选拔、党委常委会票决、党风廉政一票否决等制度。县本级和7个乡(镇)建立招投标中心，全县进场交易项目1100项，交易金额29.72亿元。全面推行村账委托乡(镇)代理服务制度，实行县、乡(镇)、村三级联网管理，加强村级财务监督。

2007—2012年，开展廉政风险防控机制建设。推进公务消费管理改革，建立“四公总额”核定、定点管理、刷卡结算制度。开展公务用车专项治理，推行公车“统一牌照、统一保险、统一入库、定点加油、定点维修”管理制度。加强重大建设项目保廉体系建设，强化从立项到竣工验收全过程监督。推进财政大集中管理改革，完善财政专项资金管理。加强对选人用人工作监督。推进县乡两级公共资源交易平台建设，创新公共资源配置方式，完善工程建设招投标、土地出让、产权交易和政府采购等制度，促进公共资源公开、公平、公正配置。开展中介机构清理和规范工作，推进工程建设领域中介机构市场化改革，建立平阳县中介机构服务中心。

廉政监督　1989年，县委六届七次全会通过《关于实行党务、政务活动公开化的决定》、县委县政府印发《关于党政机关保持廉洁的七项规定》和《关于近期做好廉政建设八件实事的决定》，反腐倡廉进入新的阶段。1990—1991年，制定干部购建、出租、出售私房的规定和超标准住公房加收房租的管理办法，下发《关于加强县机关工作纪律的有关规定》，县机关全面建立考勤制度，实行干部工作目标管理。1993年，制定《平阳县副县以上领导干部廉洁自律五项规定》和《平阳县科局以下干部廉洁自律的五项规定》。是年始，聘请老干部、党外民主人士、企业家等担任党风廉政特邀监督员和特邀监察员。1994年，制定《关于副局以上领导干部重大事项报告制度》，并在17号台风以后及时发出《关于在救灾工作中加强党风廉政建设的通知》。1995年，建立健全五项廉政制度，即《平阳县领导干部个人事项报告制度》《平阳县领导干部党风廉政档案制度》《平阳县党政机关购车和领导干部坐车标准规定》《平阳县国有企业和事业单位民主生活会制度》《平阳县国有企业单位招待费使用情况报告制度》。1996年，制定《乡科级领导干部及基层站所负责人廉洁自律十条规定》，并统一制作铝合金镜框发至各乡镇、机关部门、企事业单位以及基层站所。是年，县政府出台《关于在县内实行公务活动接待标准的通知》，实行工作餐制度。1997年，平阳县出台《关于党政机关厉行节约制止奢侈浪费行为的实施意见》，贯彻落实中央关于厉行节约反对奢侈浪费的精神。1999年，出台《平阳县党风廉政建设责任制执行情况考核办法》并组织人员对各乡镇、机关部门的党风廉政建设进行考核。

2000年，在落实公务接待卡制度的同时，对全县党政机关和全额拨款事业单位领导干部列入报销范围的移动电话话费，实行财政统一结算制度。2001年，制定年度《平阳县党风廉政建设责任制考核方案》和《平阳县党风廉政建设和反腐败工作的组织领导和责任分工》，出台《平阳县党风廉政责任制考核奖惩办法》，组织5个考核组对31个乡镇和30个部门落实党风廉政责任制工作情况进行全面考核。2002年，召开全县落实党风廉政建设责任制工作会议，调整责任内容和考核目标，突出责任考核，通过层层签订责任书，明确领导责任并层层分解落实党风廉政建设责任，年底对全县乡镇和县直机关2002年度党风廉政建设责任制落实情况进行考核。

2003—2004年，开展领导干部任前廉政谈话、集体廉政谈话、诫勉谈话，并会同组织部门组织679名领导干部进行述职述廉。在鳌江镇、县规划建设局等10个单位的中层干部中试行廉政承诺制度。2005年，制定下发《平阳县机关部门“一把手”“四不直接分管”试点工作方案》，选择17个部门进行试点，并逐步推行。2006年，全县600余名乡(科)级领导干部参加述职述廉，58名领导干部接受廉政谈话。

2007—2008年，制定《平阳县惩治和预防腐败体系建设2008—2012年实施方案》，推进公共权力运行等重点领域惩防体系构建。2009年，出台《平阳县规范行政处罚自由裁量权工作实施方案》和《平阳县违法用地违法建设责任追究办法》。2010年，开展重点部门驻点巡查活动。2011年，重点针对工程建设领域各环节所涉及的63家不同类别中介机构，按照“集中办公、分批引进、脱钩改制、优化服务”的方法，进行中介机构市场化改革。2012年，修改制定《关于落实党风廉政建设责任制的实施细则》，以专项巡查、重点抽查、全面考核等方式全面落实党风廉政建设责任制。

第三节　执纪办案

1989—2012年，全县纪检监察机关立案查处党员违纪2200人次，其中给予警告处分593人次，严重警告522人次，撤销职务79人次，留党察看241人次，开除党籍765人。

1989—2012年平阳县党纪处分情况一览表

表 20-4-1　　单位：人

年份（年）	警告（人次）	严重警告（人次）	撤销职务（人次）	留党察看（人次）	开除党籍（人）
1989	10	13	2	5	12
1990	3	5	5	14	19
1991	4	7	3	4	9
1992	13	10	4	6	23
1993	5	11	2	9	11
1994	3	8	1	4	11
1995	4	8	3	1	22
1996	3	12	3	1	9
1997	2	7	0	4	5
1998	23	29	2	14	13
1999	49	25	5	50	70
2000	45	57	8	22	24
2001	39	44	6	14	44
2002	35	37	8	13	26
2003	33	33	5	15	37
2004	88	28	8	12	22
2005	50	23	2	9	33
2006	14	12	1	4	24
2007	25	16	3	9	25
2008	34	35	2	13	43
2009	22	19	2	3	49
2010	36	22	1	4	44
2011	24	26	2	7	87
2012	29	35	1	4	103

说明：资料由县纪委提供

1993—1997年，全县纪检监察机关受理群众来信来访、举报电话3109件次，其中涉及乡科级干部849件次。全县纪检监察组织立案356件，结案338件。受政纪处分87人，其中开除公职6人，开除留用8人，撤职20人，降级22人，受党政纪处分的乡科级以上干部58人，为国家和集体挽回经济损失2167.7万元。

1998—2002年，全县纪检监察机关受理群众来信来访、电话举报4456件次，立案1092件，处分党员干部984人，为党员干部澄清是非335人次，为国家和集体挽回直接经济损失1952万元。

2003—2006年，全县纪检监察机关受理群众来信来访、举报电话2784件次，立案581件，挽回直接经济损失5000余万元。

2007—2011年，全县各级纪检监察组织受理群众来信来访、电话举报2121件次，立案639件，结案636件，处分党员干部636人，移送司法机关50人，挽回直接经济损失9500余万元，同时为558名党员干部澄清问题。

2012年，全县各级纪检监察组织受理信访举报384件，立案查处违纪违法案件194件，处分190人，移送司法机关8人。

第四节　纠风治乱

清理和治乱

1989—1997年，取消和纠正不合理收费66项；撤除公路上违反规定的检查站收费站66个，清理中小学不合理收费1730.94万元，清退1594.44万元，上缴国库136.5万元，对性质严重、顶风违纪的学校及责任人分别给予通报或党纪处分。清理违反规定出国（境）人员9人，追缴公款2.1万元。注销党政机关办的经济实体6家，划转2家，人、财、物、机构“四脱钩”19家，81名干部辞去不合规定的兼职职务；对853个建制村进行财务清理，清查出欠借款1096万元，收回987万元，查处违纪案件20起，涉及33人，金额58万元，其中15人受到党政纪处分。

1998—2002年，通过在村（居）设立公示牌公布涉农收费项目及标准、向农户发放公示手册等措施，取消不合理收费13项，减轻农民负担7137.2万元。实行收费许可证和企业缴费登记卡制度，取消对企业收费项目72项，降低收费标准40项，为企业减轻负担8000余万元。监督检查中小学收费行为，查处了一批中小学校乱收费案件，清退乱收费2812.7万元，并在全省率先推行教育“收支两条线”管理。

2003—2006年，针对土地征收征用、城镇房屋拆迁、企业违法排污、企业重组改制和破产中损害群众利益以及拖欠工程款和农民工工资等问题，开展专项治理。立案查处商业贿赂案件21件，涉案金额424万元。查处各种教育乱收费行为62起，清退违规收费244.3万元。实行药品集中招标采购，3家县级公立医院集中招标采购药品金额1.8亿元，全县医务人员上交红包、回扣23.6万元。开展涉农负担专项治理，减轻农民负担3035万元，查处涉农乱收费行为44起，清退违规收费266.2万元。加强对减轻企业负担工作的监管，为51家重点工业企业实行挂牌保护，取消涉企不合理收费，减轻企业负担3800万元，查处涉企乱收费行为18起，清退违规收费105.4万元。查处公路、水路执法中违规违纪问题12起。

2007—2011年，查处工程建设领域案件9件，撤销临时性工程建设机构17家。开展房开项目容积率调整、企业股权变更纳税情况等专项检查，补交土地出让金5000余万元，追缴税金近2000万元。督促转而未供和闲置土地专项清理工作，消化转而未供土地6124亩，清理闲置土地1674亩。削减在编不在岗人员602人。查处教育乱收费案件42起，清退违规收费362.8万元。全面实行县级医院网上药品集中采购。开展药品回扣专项治理，医务人员上交回扣217.4万元。开展农民减负工作，减轻农民负担2635万元。开展企业减负工作，取消、暂停和降低涉企收费175项，减轻企业负担1亿余元。规范评比达标表彰和庆典、研讨会、论坛，对保留的项目实施许可管理制度。查处商业贿赂案件45件，涉及金额665.3万元。实施村级财务委托代理制度，完成村集体清产核资工作，开发应用村级“三资”（资金、资产、资源）信息化管理软件；建立村务监督委员会，强化村务监督，完善工作报告、业绩考核、保障激励等配套制度。村级（社区）便民服务中心全覆盖，为群众办结各类事项120224件，建成4个市级示范社区便民服务中心。开展农村基层党风廉政建设评星晋级活动，创建省级示范村12个。

2012年，全县各机关部门、乡镇建立廉政食堂。全县启动公务用车制度改革工作，建立公务费用公示报告制度，严查公务消费违纪行为，处理违规用车62人次、责任追究3人，立案处理2人。开展涉农资金管理使用专项检查，下发整改意见20份，保障涉农专项资金管理使用安全。实施农村基层廉洁工程建设，成立66个社区议事监事会。健全完善村民监督委员会报酬发放、工作报告、业绩考核等配套制度，激发村民监督委员会成员工作积极性；开展农村集体资金、资产、资源管理规范年活动，建立县、镇（乡）、村三级网络监管体系，加强对村级“三资”的监管。

行风建设

1989—1997年，教育、公安等13个重点部门开展行风建设和行风评议，相继向社会推行服务承诺制，创建一批行风建设文明窗口单位。

1998—2002年，105个部门开展行风评议。2003—2006年，开展文明行风创建工作，在全县86个县级机关单位开展评议满意不满意单位活动。同时，对有关部门违规制式服装及标志进行整顿，清理违规制式服装855套、违规标志749个，收缴制式服装563套。

2007—2012年，县纪委相继牵头组织“作风建设年”“转作风优环境”“落实即办制，全力转作风”等作风建设专项活动，追究违反效能建设规定111人次。

第五章　组织工作

1989年，中共平阳县委组织部内设办公室、组织科、干部一科、干部二科4个科室，实有工作人员20人。1993年，平阳县党员干部电化教育中心成立，为组织部下属全额事业单位。1998年，内设办公室、组织科、干部一科、干部二科、科技干部科、干部监督室6个职能科室，编制28人，实有26人。

2000年，成立平阳县委非公有制企业党建工作领导小组，下设办公室于组织部。2002年6月，组织部内部科室调整为办公室（调研室）、组织科（县委党建工作领导小组办公室、县委非公有制企业党建工作领导小组办公室）、干部一科（参照公务员制度管理办公室）、干部二科、科技干部科（县委知识分子工作办公室）、干部监督室6个职能科室。8月，设立县组织史编纂办公室，为组织部下属全额事业单位。2004年8月，设立县委人才工作办公室，为全额事业单位。2005年，县委人才工作办公室由全额事业单位调整为参照公务员管理单位。2006年4月，平阳县社会工作委员会成立，为县委派出机构，挂靠在组织部，为全额事业单位，负责全县非公有制企业、社会团体、社会中介组织、民办非企业单位党建工作。7月，组织部内设机构科技干部科更名为干部教育科。9月，设立平阳县干部学校，为组织部下属全额事业单位。2009年12月，设立县委组织员管理办公室（县党联办），归口组织部管理。

2011年3月，撤销原挂靠在组织部干部一科的参照公务员制度管理办公室，另增设干部综合科（公务员管理科）为内设科室。12月，县社会工作委员会更名为县委非公有制经济组织和社会组织工作委员会，下设“两新工委”办公室。2012年，组织部内设有办公室、党联办、组织科、“两新”科、干部一科、干部二科、干部综合科（公务员管理科）、干部教育科、干部监督室等10个职能科室，下辖平阳县干部学校、党员电教中心（参照公务员管理）、县组织史编纂办公室3个事业单位，县委组织员管理办公室、县委人才办、县委非公有制经济组织和社会组织工作委员会3个单位归口组织部管理。编制58人，实有40人。

第一节　党员队伍建设

党员发展及构成

1989年，全县中共党员19680人。1989—2012年，中共平阳县委在发展党员的过程中，遵循坚持标准、保证质量、改善结构、慎重发展的原则，注重吸收在生产第一线的工人、农民、知识分子中的优秀分子入党。至2012年年底，全县中共党员43671人。

1994—1998年，县委按照新时期建党方针，做好发展新党员工作，5年党员增加5202人，其中女党员增加1334人，占25.64%。

1999—2003年，全面实施“党员素质工程”，推行发展党员公示制、教育培训制、政治审查否决制，严把入口关。5年党员增加4300人，其中女党员增加1288人，占29.95%；培养入党积极分子22000余人。2001年，较好地完成中央组织部在新的社会阶层中发展党员试点工作，得到了上级组织部门的好评。

2003—2006年，县委制定《平阳县发展党员若干规定（试行）》，建立发展党员公示制度、预警制度和过失责任追究制度等发展党员工作“三制”，4年党员增加4249人，其中女党员增加1383人，占32.55%；培养入党积极分子6000余人。

2009年，根据《关于进一步加强村级组织建设夯实农村基层基础的若干意见》，县委出台《中共平阳县委办公室关于加强农村发展党员工作的意见》。2007—2012年，全县党员增加8959人，其中女党员增加3359人，占37.49%。

1989—2002年平阳县党员行业分布情况一览表

表20-5-1　　　　单位：人

年度（年）	党员数					行业分布								
	总数	其中				农林牧渔水利业	工业企业	建筑业	交通邮电	商业供销生活服务	金融	文卫	机关	其他
		正式党员	预备党员	女	少数民族									
1989	19680	19103	577	1801	325	10678	1649	78	408	1267	241	1597	2872	890
1990	20106	19480	626	1870	330	10851	1654	76	438	1184	244	1600	2928	1131
1991	20847	19978	869	1979	329	10982	1848	92	454	1211	258	1671	3204	1127
1992	21456	20618	838	2105	338	11235	2126	88	479	1247	209	1588	3448	1036
1993	22035	21322	713	2213	370	11404	1987	87	511	1291	293	1779	3320	1363
1994	22915	21954	961	2377	385	11588	2122	105	521	1245	293	1923	3596	1522
1995	24136	22818	1318	2666	395	11666	2215	86	546	1270	324	2224	4118	1687
1996	25226	23890	1336	2952	433	12654	2280	118	557	1069	343	2276	4180	1749
1997	26299	24960	1339	3309	452	12945	2428	149	611	1287	402	2563	4466	1448
1998	27237	25820	1417	3547	469	13302	2144	112	687	1091	111	2514	4551	2725
1999	28112	26836	1276	3797	582	13511	2160	225	668	1295	197	2883	5060	2113
2000	29055	27971	1084	3996	509	14020	1651	143	572	1295	74	2927	5198	3175
2001	29757	28736	1021	4216	525	14441	2065	75	651	1312	67	2746	5457	2943
2002	30463	29380	1083	4510	547	14797	2048	79	613	1446	124	3248	5223	2885

说明：资料由县委组织部提供

2003—2012年平阳县党员行业分布情况一览表

表20-5-2　　　　单位：人

年度（年）	党员数					行业分布					
	总数	其中				农牧渔民	在岗职工		学生	离退休（退职）人员	其他
		正式党员	预备党员	女	少数民族		公有经济单位	非公有制经济单位			
2003	31537	30164	1373	4835	565	14620	10644	1323	4	3204	1742
2004	32778	31285	1493	5201	587	15226	10801	2046	3	3116	1586
2005	33805	32669	1136	5540	559	16265	11087	2248	13	3081	1111
2006	34712	33604	1108	5893	574	16408	10816	2258	13	3361	1856

续表 20-5-2

年度(年)	党员数					行业分布					
	总数	其中				农牧渔民	在岗职工		学生	离退休(退职)人员	其他
		正式党员	预备党员	女	少数民族		公有经济单位	非公有制经济单位			
2007	36118	34880	1238	6373	593	17563	11031	2067	6	3571	1880
2008	37522	36104	1418	6896	621	18604	11334	1973	8	3898	1705
2009	38861	37388	1473	7444	638	19335	11335	2064	0	4166	1961
2010	40037	38414	1623	7842	640	20126	11055	2201	0	4530	2125
2011	42183	40531	1652	8654	675	20179	11380	3032	0	4839	2753
2012	43671	41798	1873	9252	702	21181	11580	3195	0	4884	2831

说明：资料由县委组织部提供

1989—2012 年平阳县党员文化程度及年龄情况一览表

表 20-5-3　　单位：人

年度(年)	文化程度							年龄					
	总数	大专以上	中专	高中	初中	小学	文盲	25岁以下	26～35岁	36～45岁	46～55岁	56～60岁	61岁以上
1989	19680	635	1015	2031	5378	9095	1526	612	3554	4957	4245	2445	3867
1990	20106	708	1132	2132	5581	9131	1422	588	3657	5061	4238	2440	4122
1991	20847	795	1219	2338	5884	9249	1362	590	3855	5271	4288	2421	4422
1992	21456	872	1297	2461	6237	9240	1349	558	3820	5440	4552	2248	4838
1993	22035	941	1414	2585	6603	9206	1286	612	3698	5640	4730	2188	5167
1994	22915	1067	1512	2770	7022	9348	1196	726	3740	5887	4897	2145	5520
1995	24136	1234	1669	3124	7645	9292	1172	885	4205	6029	5159	2242	5616
1996	25226	1547	1865	3493	8117	9168	1036	1068	4523	6117	5458	2183	5877
1997	26299	1851	2021	3756	8564	9175	932	1261	5016	6246	5631	2156	5989
1998	27237	2151	2231	3982	8878	9091	904	1507	4993	6441	5846	2208	6242
1999	28112	2898	2272	4280	9094	8743	825	1475	4929	6575	6256	2166	6711
2000	29055	3029	2395	4489	9629	8712	801	1599	4974	6716	6528	2413	6825
2001	29757	3503	2525	4570	9733	8668	758	1615	5273	6863	6190	2517	7299
2002	30463	4240	2554	4797	9964	8270	638	1432	5504	7005	6232	2650	7640
2003	31537	4696	2644	5023	19174			7481		7069	6398	2721	7868
2004	32778	5170	2806	5262	19540			7921		7363	6394	3039	8061
2005	33805	5853	2809	5413	19730			8059		7770	6449	3150	8377
2006	34712	6569	2743	5536	19864			8251		7984	6386	3248	8843
2007	36118	7321	2979	5783	20035			8654		8246	6534	3363	9321
2008	37522	8217	2801	6034	20470			9089		8574	6783	3535	9541
2009	38861	9019	2840	6312	20690			9377		8684	7110	4645	9045
2010	40037	9695	2764	6603	20975			9840		8779	7520	3506	10392
2011	42183	10860	2926	6872	21525			9620		9611	8124	3815	11013
2012	43671	11570	3185	7394	21522			9416		10034	8352	4319	11550

说明：资料由县委组织部提供

党员管理与教育

1989—1993年，在改革开放和社会主义市场经济新形势下，加强党员的教育和管理工作，抓好以党支部为核心的村级组织配套建设和党员队伍建设，全县县乡两级举办培训班262期，受教育42426人次。同时，开展争创先进党支部和争当优秀共产党员的“双争”活动，提升党组织和党员的战斗力。

1995—1997年，开展党员“双学”（学习建设有中国特色社会主义理论和党章）活动，集中培训党员24429人。

1999年，在榆垟镇开展党员素质工程试点工作，按照“严把进口、改进管理、发挥作用、畅通出口、稳定后源”的工作目标，建立发展党员质量监督机制、党员日常教育管理机制、发挥党员作用机制、党员出口机制和后备力量培育机制等五大机制。结合与邪教组织斗争实际，组织全县党员干部开展马克思主义唯物论、无神论的教育活动，受教育党员2.65万人次。

2000年3—5月，在县级领导班子和领导干部中开展“讲学习、讲政治、讲正气”党性党风教育活动。2000年9月，运用“三讲”教育的成功经验，在县直机关各单位领导班子和中层副职以上干部中开展思想作风教育活动，全县1023名中层副职以上干部参与此项活动，其中科（局）级领导干部315人，中层干部708人。在腾蛟镇开展乡镇领导班子和领导干部党性党风教育试点工作。是年，在宋埠镇开展以“实践‘三个代表’，争做‘三个代表’模范”为主题的党员先进性教育活动。加大农村党员活动室和电教网点建设，投入1460余万元用于党员活动室建设，新建农村党员活动室216个。

2001年，68名党员被评为不合格党员。县、乡、村3级累计投入1300余万元用于党员活动室建设，全县农村党员活动室拥有率100%；全县876个村电教网点建成率100%，机关部门建点率85.1%，非公企业建点率15.6%。

2006年，全县开展保持共产党员先进性教育活动，引导农村党员在新农村建设中充分发挥先锋模范作用。组织开展“三做一争六带头”主题实践活动，做发展的带头羊、做基层的领头雁、做群众的贴心人；争当建设社会主义新农村先锋；带头做到遵纪守法，带头发展农村经济，带头搞好移风易俗，带头实行民主管理，带头投身公益事业，带头维护和谐稳定，为农村党员发挥先锋模范作用搭建平台。全县各基层党组织动员农村党员成立党员巡护队163支、党员平安岗867个，夜间进行巡逻防盗，成立党员志愿服务队78支。中央先进性教育活动领导小组办公室简报及《浙江日报》《温州日报》等党报分别对平阳县先进性教育活动进行专题报道。11月，凤卧镇省一大会址被省委组织部列为全省18个党员教育培训基地之一。

2009年，在全县党员干部中开展学习实践科学发展观活动。围绕“科学发展创新业，以人为本促和谐，加快推进平阳发展新跨越”总目标，组织开展“千百十”专项行动，即千名干部下基层办实事、百名领导进企业解难题、十大行动求实效惠民生，着力解决一批重点、难点、热点问题。全县各级领导干部深入基层一线走访240余次，进企业200余家，梳理出重点、难点问题132个，为企业、为基层解难题办实事835件。省、市学习实践科学发展观活动领导小组办公室活动简报以及《浙江日报》《温州日报》《农民日报》等党报分别对平阳县学习实践科学发展观活动进行专题报道。

2010年，开展创先争优活动。各级党组织围绕中心创先进、党员立足本职争优秀，全面开展亮身份、践承诺、树形象活动，合力推进难题破解、克难攻坚。2011年的创先争优活动以党员亮身份、树典型、作表率为主要内容，全县各基层党组织成立党员志愿者队伍650余支，开展活动1000余次，参与

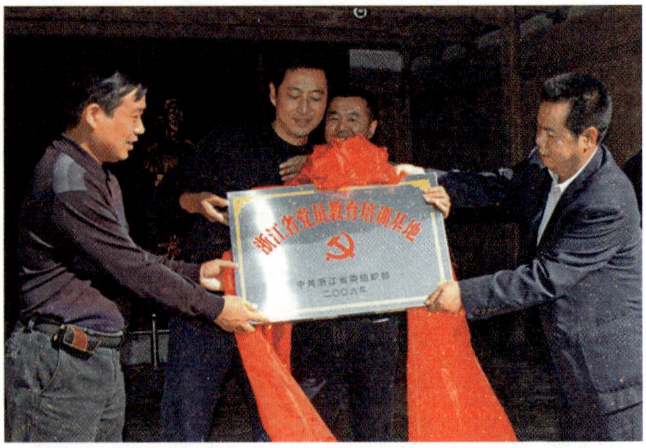

2006年11月，“省一大”会址被省委组织部列为浙江省党员教育培训基地　　陈培勇　摄

党员1.5万余人。2012年，深化创先争优活动和基层组织建设年活动，全面开展百日攻坚行动和活力提升工程，后进党组织实现100%整治转化，一批亟须解决的重点难点问题得到破解。

第二节　基层党组织

1989年，中共平阳县基层组织设有89个党委，33个党组，17个党总支，1651个党支部。至2012年，中共平阳基层组织有127个党委，85个党总支，2103个党支部。

机关部门(单位)党组织

1989年，平阳县政权系统设有县人大常委会、县人民政府、县人民法院、县人民检察院4个党组和县人民政府工作机构21个党组、3个党委。政协系统设有县政协党组。军事系统设有县人武部党委、县武警边防大队党委。

1989—2012年平阳县党组织发展情况一览表

表20-5-4　　单位：个

年度(年)	党委	党组	总支	支部
1989	89	33	17	1651
1990	89	38	24	1662
1991	90	46	25	1673
1992	46	52	48	1697
1993	50	52	54	1752
1994	50	52	73	1779
1995	51	53	81	1831
1996	50	53	81	1861
1997	45	48	92	1903
1998	52	52	89	1901
1999	51	—	76	1695
2000	68	—	71	2026
2001	69	—	62	2048
2002	71	—	77	2018
2003	73	45	75	2090
2004	71	50	76	2089
2005	65	51	103	1904
2006	75	51	105	1832
2007	80	—	113	1932
2008	80	—	117	1957
2009	82	—	118	1956
2010	80	—	117	1960
2011	80	—	117	2092
2012	127	—	85	2103

说明：资料由县委组织部提供

随着机关部门的增减和变动，党组织相应调整。1993年年底，县政权系统设有县人大、县人民政府、县人民法院、县人民检察院和县政府机构党组。1998年3月，武警平阳消防大队总支改制为党委。2000年8月，县工商行政管理局党组改建为党委。2003年7月，县交通局党组改建为党委。2004年11月，县国土资源局党组改建为党委。

至2012年，全县机关部门(单位)设党委18个，总支26个，党支部561个。

群众团体党组织

1989年，平阳县有县总工会、团县委、县妇联3个党组。1991年6月，县科协党组建立。1994年5月，工商联党组建立。1996年8月，科协党组并入科委党组为科委、科协党组。1999年6月，县残联党组建立。2001年12月，县文联党组建立。2008年9月，县红十字会党支部建立。

区、乡(镇)、村(居民区)党组织

1989年，全县设7个区、4个直属镇、50个乡、10个建制镇党委和1个县委直属工委。1992年5月，遵照上级关于撤区扩镇并乡的指示，撤销7个区委，1个工委，将64个乡镇党委改设为34个乡镇党委(其中，16个镇党委、17个乡党委，1个民族乡党委)。1998年4月，南麂乡党委改为镇党委。2000年5月，撤销万全乡党委、水亭乡党委、务垟乡党委。2010年，撤销郑楼镇党委、宋桥镇党委，合并为万全镇党委，撤销桃源乡党委。2011年，撤销钱仓镇党委、南麂镇党委、西湾乡党委、梅溪乡党委、梅源乡党委、凤卧镇党委、鹤溪镇党委、南湖乡党委、朝阳乡党委、闹村乡党委、榆垟镇党委、宋埠镇党委、凤巢乡党委、龙尾乡党委、晓坑乡党委、怀溪乡党委、维新乡党委、吴垟乡党委。2012年，撤销麻步镇党委。至2012年年底，全县设9个镇党委(昆阳、鳌江、水头、萧江、万全、腾蛟、山门、顺溪、南雁)，1个乡党委(青街畲族乡)。设有66个社区党委、32个村级社区支部、6个居民区支部、598个建制村支部。

企、事业党组织

1989年，全县企、事业设党组4个，党委10个，总支6个，党支部71个。至2012年，全县公有制企业设党委10个，总支4个，党支部210个；非公有制企业设党委1个，总支3个，党支部385个；事业单位设党委4个，总支16个，党支部304个。

第三节　县直机关党建工作

1989年，平阳县已设有中共平阳县级机关委员会，为县委派出机构，负责领导县直属机关党的工作。下设办公室、组织宣传科和机关纪律检查工作委员会。1995年10月，中共平阳县级机关委员会改为中共平阳县级机关工作委员会（简称“县机关党工委”）。2001年，改称中共平阳县直属机关工作委员会（简称“县直属机关党工委”），内设县直属机关纪工委（监察室）、办公室、组织科和宣传科，编制9人。2011年12月，各乡镇建立乡镇机关工作委员会，规定镇（乡）机关工作委员会设委员3～5人，其中书记1人，专（兼）职副书记1人。下设镇（乡）机关纪委，设委员3人，其中书记1人，镇（乡）机关工作委员会及机关纪委在镇（乡）党委领导下、县直属机关党工委指导下开展工作。至2012年年底，县直属机关党工委下设办公室、组织科和宣传科，编制9人，实有9人。

组织建设

1989年，平阳县直机关党支部215个，党总支7个，党员1548人。

自1997年开始，县直机关开展标准化党支部创建，每年评选产生党建工作先进单位、先进党组织、优秀党务工作者和优秀党员若干名。到2001年，所有机关党支部通过考核验收成为标准化党支部。

从1999年开始评选十佳文明机关。2000年，县直机关党建工作目标责任制开始考核。

2004年5月至2009年，开展星级学习型机关创建，建成一星级学习型机关27个，二星级6个，三星级7个。

2005年，《中共平阳县委关于进一步加强和改进机关党的建设的意见》出台，提出建立保持党的先进性长效机制，开展机关党建工作先进单位创建活动，县国税局、县工商行政管理局、县教育局等单位连续多年被评为机关党建工作先进单位。

2009年，《中共平阳县委关于调整县机关有关单位基层党组织关系的通知》出台，理顺县级机关党组织的隶属关系。县公安局、县经济贸易局、县供销合作社联合社、县交通局、县教育局、县卫生局、县电信分公司、县邮政局、县农村信用合作联社等9

1989—2012年平阳县县直属机关党工委辖党组织发展情况统计表

表20-5-5

年度（年）	党委（个）	总支（个）	支部（个）	党员（人）
1989	—	7	215	1548
1990	—	7	219	1588
1991	—	7	232	1620
1992	—	7	255	1635
1993	—	7	255	1678
1994	—	10	255	1723
1995	—	10	255	1782
1996	—	10	271	1820
1997	—	10	297	1856
1998	—	11	299	1890
1999	—	12	301	1926
2000	3	12	312	1956
2001	3	12	322	1998
2002	5	15	356	2550
2003	7	18	389	3189
2004	7	20	412	3923
2005	7	20	456	4578
2006	7	20	459	5103
2007	15	25	485	5912
2008	15	25	496	6515
2009	15	25	501	6898
2010	15	25	512	7123
2011	18	25	532	7468
2012	18	26	561	7615

说明：资料由县直属机关党工委提供

个部门单位先后成立机关党委，负责管理本部门机关及所属单位的党组织和党员，新成立的各单位机关党委由县直属机关党工委统一领导，并将原隶属于鳌江镇党委的县烟草专卖局党支部调整给县直属机关党工委管理。

至2012年，县直属机关党工委辖机关党委18个、党总支26个、党支部561个(其中拓展党支部67个)，党员人数7615人。1989—2012年，县直属机关党工委评选出县机关党建工作先进单位50个次、先进党组织156个次、优秀党务工作者280人(次)、优秀共产党员326人(次)。

理论学习

1990年开始，平阳县建立党委(党组)中心组理论学习制度，中心组全年集中学习不少于6次。2010年，规定中心组集中学习研讨一年累计不少于12次，每季度不少于2次，每次集中学习的出席率和各成员的年出席率不低于80%。每年都下发《县直机关党委(党组)中心组和机关干部理论学习的意见》。党员领导干部要带头参加所在党支部的集体学习，并给党员讲党课、作形势报告。

2001—2012年，县直属机关党工委编写6期理论中心组学习参考资料和3期机关党建调研论文集，征订8期党员学习读本。每年举办党务干部培训班1期，累计2000余人次参加；每年举办预备党员培训班1期，累计培训1800余人；每年举办离退休老党员学习班1期，累计3000余人次参加；每年举办培训入党积极分子培训班1期，累计培训近2200人。全县举办省委党校理论研讨班10期，近600名党组织书记参加培训；举办省委党校党支部书记研讨班9期；举办浙江大学党务干部研讨班2期。全县收集党建调研论文702篇，评出县机关党建获奖论文422篇，其中获省党建研究论文二等奖1篇，市党建研究论文二等奖6篇、三等奖23篇、鼓励奖50篇。

作风建设

2002年5月，全县开展为期6个多月的转变作风年和调查研究年活动，组织20个工作指导组和10个工作督导组，分赴各部门单位和乡镇指导、督查活动的开展情况。

2003年，开展“学《“三个代表”重要思想学习纲要》、转作风、优环境、促发展”主题活动。是年，开始开展机关效能革命。2005年，效能革命深化，开展社会各界评议满意和不满意单位活动，评出县人大机关、县政协机关、县委办、县政府办、县教育局、县民政局、县民宗局、县司法局、县气象局等9个满意单位。

2007年，开展作风建设年活动，以转作风、重整改、树品牌为主题，推行部门大评议、阳光大投诉、审批大提效三大行动，切实解决各级领导干部工作作风中存在的问题。是年始，连续3年开展创满意单位、创满意基层站所(办事窗口)、创满意科室活动和评十佳党建创新单位、十佳示范党支部、十佳党支部书记活动。活动期间，评议产生满意单位6个、满意科室6个、满意基层站所(办事窗口)11个、整改单位2个、整改科室5个、整改基层站所(办事窗口)10个；并评选出十佳党建创新单位、十佳示范党支部、十佳党支部书记。2008年，四川汶川地震发生后，全县机关6500余名党员干部捐献爱心款250余万元，5342名县机关党员交纳特殊党费113万元。2009年3月开始，开展涉工部门及评议整改单位(科室、基层站所)公述民评活动，分别对22个涉工部门、评议整改单位(科室、基层站所)的满意度进行排序。2010年，千名群众评议窗口活动开始，测评结果每两个月在《新平阳》公布一次。

2011年开始，在县机关中开展十佳机关服务品牌创建。对县国税局的“网络办税、免单服务”等十佳机关服务品牌进行表彰。是年，开展责任型、服务型、效率型、学习型、廉洁型等“五型”机关创建活动，评出“五型”机关创建一等奖8个，二等奖13个，“五型”机关创建工作绩效考核先进个人26人；次年评出“五型”机关创建一等奖8个，二等奖16个，“五型”机关创建工作绩效考核先进个人24人。

至2012年年底，县级文明机关创建率96%，达标率65%，52个机关单位获县级文明机关(文明单位)称号，创建面61%。

第四节　农村基层组织党建工作

1989—1993年，各乡镇党委坚持和健全领导成员民主生活会制度、领导接待日制度。在基层单位实施县级领导成员联系基层单位，县级机关与乡镇挂钩等制度。1994—1998年，县委把党的思想建设摆上党建工作的首位，开展廉政勤政树公仆形象主题教育活动和以讲学习、讲政治、讲正气为主要内容的党性党风教育活动，在乡镇促进党委（党组）中心组理论学习，开展党员学习邓小平理论和党章活动。

1997年12月中共十五大会议后，县委采取召开座谈会、观看录像、邀请专家讲课、书面测试等形式，学习宣传邓小平理论和中共十五大精神。1998年，全县乡镇党组织开展凝聚力工程建设和创五好、奔小康活动，以班子好、党员队伍好、工作机制好、发展业绩好、群众反映好为目标推进村级组织规范化建设。

2001年，平阳县制定《关于创建“六好”乡镇党委的实施意见》，把“六好”（建设一个好的领导班子、带出一支好的干部队伍、选准一条好的发展路子、健全一套好的管理制度、保持一种好的工作作风、形成一个好的工作格局）目标分解成33项考核标准。建立党建工作领导责任制等十项制度，完善政务公开、民情日记、办公无休日、示范服务基地等4项基本制度。推行乡镇干部驻乡联村制度，规范乡镇工作，转变乡镇干部的工作作风。组织开展百人百万扶百村活动，探索出一条以地生财、服务创收、资源转化升值、集体资产保值增值的新路子，发展壮大村级集体经济。至2003年，落实村集体经济开发项目81个，投资621.19万元，全县村集体经济年收入在5万元以上村152个，减少空壳村52个。2003年年底，在总结“三百”工程活动经验的基础上，全县启动以“百名领导联百村，百名干部下百村，百个部门挂百村，百个企业帮百村，百个项目带百村，百万资金扶百村”为主要内容的“六百”工程活动，建立健全学习培训制度、例会和汇报制度、民情调研制度、工作通报制度、巡视督查制度和不称职农村工作指导员召回制度，开展现场办公服务进万家、政策咨询服务进万家、信息文化服务进万家、扶贫帮困服务进万家、矛盾化解服务进万家等服务“五进”万家活动。至2006年，全县选派770名农村工作指导员，落实帮扶资金550余万元，慰问党员、贫困户2300余户，扶持发展项目142个。

2005年，平阳县出台《关于进一步加强乡镇、村（居）干部队伍建设的若干意见》，229名长期在乡镇工作的干部落实相关待遇，其中209人被确定为主任科员，20人被确定为副主任科员。下拨近200万元专项经费，对全县经济薄弱村主要干部误工进行补助，并对村规模调整后离任的村干部进行奖励和补助，让基层干部安心。建立工作机制，争取和筹措资金430余万元，建设241个村级综合办公楼，解决168个村无综合办公楼的问题，让基层组织安家。在村务管理规范化建设方面，全面实施村务公开制度、村账乡镇代理制度和民主评议村干部制度，规范村级重大事务决策、管理和监督程序，让基层社会安定。2006年开始，采取“市财政补一点、县财政拨一点、县管党费出一点、乡镇配套一点、有关单位支持一点”的办法，扎实推进农村党员干部现代远程教育工作，共建成终端接收站点654个。至2012年，完成村级站点设备更新、站点管理和技术服务骨干队伍初具规模，学用工作有序开展。

2008年，在村级组织换届选举过程中，开展“谁创业，谁光荣；谁创新，我选谁”讨论活动。是年，围绕创业富民、创新强县的要求，开展“带领创业比奉献，争当先锋；带头创新比业绩，争创一流”活动。2009年，出台《关于进一步加强村级组织建设，夯实农村基层基础的若干意见》等“1＋14”文件，激发基层党组织和党员干事创业活力。制定出台《关于进一步完善农村发展党员工作制度的意见》，健全和完善发展党员推优、亲属回避、公示、票决、预

2005年4月13日，水头镇水凤尾村党支部选举现场

陈永琢　摄

警、责任追究等制度，严格把好“入口”关。是年，平阳县对第一轮61个列入整治对象的后进村开展集中整治，推行“一联二挂三包”工作责任制，即“县四套班子领导各联系一个乡镇，各安排一个部门和企业挂钩帮扶一个后进村，确定乡镇相关责任人的责任，包问题解决，包后进转化，包成果巩固”，推动后进村集中整治工作。至是年年底，梳理解决群众关心的后进村各类重点难点问题155个，落实帮扶资金496.3万元，落实村级发展项目42个、基础设施建设项目87个。

2010年，开展第二轮后进村集中整治，落实县委“一联二挂三包”责任分解制度，对存在乱、散、软、穷等突出问题的53个后进村进行整顿转化，解决各类突出问题105个，落实各级帮扶资金136.5万元。是年，开展城乡党组织结对共建活动，13个市直机关部门的党支部与13个整治成果较明显、发展前景乐观的后进转化村进行挂钩结对，400余个村党组织与县直机关、企业党组织实行挂钩。2011年，开展第三轮后进村集中整治工作。将村级组织换届后矛盾大、村级组织设置改革推进难以及影响重点工程推进的53个建制村列为第三轮集中整治对象，解决各类重点难点问题83个，落实发展项目72个，落实各级帮扶资金596万元。

2012年，围绕强组织、增活力，创先争优迎十八大这一主题，出台《关于深入开展基层组织规范提升年活动的实施意见》，开展基层组织建设年活动，着力增强基层党组织的创造力、凝聚力、战斗力。至年底，全县9个基层党组织书记空缺全部得到补齐，78个疑难项目全部得以攻克，后进党组织100%整治转化，2315个基层党组织中有1322个党组织实现晋位升级。

第五节　非公有制企业党建工作

平阳县非公有制企业党建工作起步较早，1989年，成立全县首家民营企业党组织——平阳包装机械厂党支部。1992年，在水头镇开展中外合资企业党建工作试点。1993年，平阳县在鳌江进行新经济组织党建工作和党员教育管理工作试点。

2000年后，通过将党建工作与评定县重点工业企业挂钩，建立县委常委负责非公有制企业党建工作责任区，实行乡镇非公有制企业党建工作月报制度等，推动非公有制企业党建工作。是年，探索向非公有制企业选派党建工作指导员的做法，第一批42名县、乡镇机关中层骨干和“退二线”干部下派到企业担任党建工作指导员。

2005年，在庄吉集团工业园区有限公司成立全国首家和谐企业共建委员会。2006年，根据温州市委组织部的部署，开展活力和谐企业创建工作。2007年，在昆阳镇、鳌江镇、萧江镇等非公有制企业比较集中的区域开展企业党建块状典型培育。2008年，举办平阳县首届活力和谐企业评选活动，评选中国立天控股有限公司等8家活力和谐企业和广天集团有限公司等10家创建工作先进单位。2012年，开展首届“党建强，发展强”先进企业评选，评选出浙江一鸣食品股份有限公司等6家先进企业。

至2012年年底，全县组建非公有制企业党组织385家，其中单独组建311家(党委建制1家、党总支建制3家、党支部建制307家)，联合组建74家，基本实现全县非公有制企业党的组织和工作全覆盖。

第六节　干部工作

领导干部结构

1989—2012年，县委通过换届、提拔、交流等方式，调整县级机关和乡镇领导班子成员，科级领导干部结构中，女性干部、党外干部、少数民族干部始终占一定比例，干部队伍也逐渐向年轻化、专业化发展。

1989年，全县科级领导干部535人，其中女干部42人，占总数的7.9%；党外干部16人，占总数的3.0%；少数民族干部15人，占总数的2.8%；35岁以下有27人，占总数的5.0%。全县6个区政府有3个区配有30岁左右年轻干部，占总数的50%；全县6个区政府中有2个区政府班子配有党外干部，占总数的33.3%。

1995年，全县31个乡镇有17个乡镇配有30岁左右年轻领导干部，占总数54.84%；全县31个镇乡中有10个镇乡政府班子配有党外干部，占总数的32.3%。全县31个党政工作部门有10个工作部门配有35岁左右年轻干部，占总数的32.3%。

1989—2012年平阳县科级领导干部结构情况一览表

表20-5-6　　　　单位：人

年度（年）	总数	其中					
		女	党外干部	少数民族干部	35岁以下	35～50岁	大学以上学历
1989	535	42	16	15	27	—	—
1995	645	52	20	25	35	—	—
2000	632	50	20	25	38	—	—
2005	655	54	22	26	38	—	—
2010	705	72	22	19	44	508	520
2012	729	75	22	20	46	521	550

说明：资料由县委组织部提供

2000年，全县31个乡镇有17个乡镇配有30岁左右年轻领导干部，占总数的54.84%；全县31个镇乡中有9个镇乡政府班子配有党外干部，占总数的29%。全县33个党政工作部门有10个工作部门配有35岁左右年轻干部，占总数的30.3%。

2005年，全县31个乡镇有19个乡镇配有30岁左右年轻领导干部，占乡镇总数的61.3%；全县31个镇乡中有10个镇乡政府班子配有党外干部，占总数的22.3%。全县35个党政工作部门有10个工作部门配有35岁左右年轻干部，占总数的28.6%。

2010年，全县29个乡镇有18个乡镇配有30岁左右年轻领导干部，占总数的62.1%。全县35个党政工作部门有15个工作部门配有35岁左右年轻干部，占总数的42.9%。全县29个乡镇中有7个镇乡政府班子配有党外干部，占总数的24.1%；25个县政府工作部门中有7个单位配有党外干部，其中正职1人。

2012年，全县科级领导干部729人，其中女干部75人，占总数的10.3%；党外干部22人，占总数的3%；少数民族干部20人，占总数的2.7%；35岁以下有46人，占总数的6.3%；35～50岁有521人，占总数的71.5%；大学学历以上550人，占总数的75.4%。全县10个乡镇有5个乡镇配有30岁左右年轻干部，占总数的50%，其中党政正职1人。全县35个党政工作部门有15个工作部门配有35岁左右年轻干部，占总数的42.9%。全县10个乡镇党政班子均至少配备1名女干部；乡镇党政班子配备正职女干部1人（青街畲族乡）。全县35个县党政工作部门有19个班子配有女干部，占总数的52.8%；全县10个镇乡中有3个镇乡政府班子配有党外干部；25个县政府工作部门中有8个单位配有党外干部，其中正职1人。

干部人事制度改革

20世纪80年代后期开始，选拔干部逐步从封闭型向开放型过渡，开始实行民主推荐制度。1989年，在考察干部时，以个别谈话方法为主转为结合民主测评、民主评议等方式，做到广泛听取意见，增加透明度。1990年，加强对领导干部的年度、届中、届末考察。1992年后，坚持德才兼备的用人标准，注重实绩第一原则，选择政治上可靠、工作上有能力、干净干事的优秀干部充实领导班子，确立选拔干部的群众公认原则，逐步推行公开、民主、竞争和择优的用人机制。

1993年，首次“双推双考”（组织推荐、自我推荐，笔试、面试）公开选拔科级领导干部。1998年开始，实行干部推荐提名制度和干部考察责任制，在干部推荐提名制度中要求领导干部以个人名义署名推荐，并负责写出推荐材料；以单位党委（党组）名义推荐的，必须召开党委（党组）会议集体研究确定推荐人选，并写出推荐材料。1999年开始，面向社会公开招考公务员。至2012年，全县开展双推双考17次，125人选拔为科级领导干部；向社会公开招考公务员12次，招录684名公务员。

2002年，全面开展对干部考察实行考察预告制、干部任前公示制、任职试用期制。2003年，制定出台《平阳县乡（科）级领导干部选拔任用工作的若干规定》等9个文件，提高干部工作的规范化、制度化水平。尤其是出台《县委常委会任免干部无记名表决实施办法（试行）》，试行县委常委会任免干部票决制。尝试推行领导干部任期承诺问责制，制定出台《领导干部免职、辞职、降职制度暂行规定》，拓宽干部“下”和“出”的渠道。2004年开始，实行县委全委会成员民主推荐下一级党政正职提任人选和对重要领导职务拟任人选和推荐人选表决办法，实行干部差额考察及生活圈和社交圈考察。是年，加快干部工作的制度化建设步伐，制定出台《中共平阳县委全体会议对重要职位拟任人选和推荐人选表决办法（试行）》《平阳县股级干部选拔任用工作暂行办法》《平阳县股级干部选拔任用工作任前审核和监督检查实施办法（试行）》等文件，研究制定《平阳县干部选拔任用工作流程》，初步形成干部人事工作的框架、程序和制度体系。2005年，在领导干部选拔任用工作中，全面实行县委常委会和县委全委会票决制。县司法局开展机关部门岗位全员聘任制试点，启动清理机关在编不在岗国家公务员工作，进行领导干部改非后规范管理试点。

2010年9月，推出竞争性选拔工作，选拔17名干部进入各级领导班子。开展中层干部交流工作，通过上挂、下派和互派的方式，选派15名优秀年轻干部到乡镇担任乡镇长助理，引导干部到基层一线和重点工程一线锻炼成长。2011年4月，推出平阳县领导干部绩擢法，积极探索凭实绩擢用干部的竞争性选拔方式，真正把政治坚定、实绩突出、敢于攻坚、善于破难的智勇双全干部选拔上来。

2012年，推行镇（乡）、县直机关一般干部岗位全员双向选择，县直机关按照发布公告、报名选择、择岗述职评议、科队站所主要负责人提出聘用建议名单、党委决定，镇（乡）按照发布公告、报名选择、民主测评、述职评议、科室（社区）负责人提出聘用意见、党委决定的程序，由一般干部选择科室、科室负责人选择科室人员。

干部教育与培养

1989—2012年，每年制定思想政治教育、党性教育，党的基本路线、方针、政策教育，专业知识、文化理论教育等培训计划。其间，坚持“少而精，要管用”的原则，县委举办主体培训班121期，培训各级干部7915人次。

2006年10月10日，平阳干部学校成立并发行个性化邮票
李斌　摄

1989—2012年平阳县干部培训情况一览表

表20-5-7

年份（年）	培训期数	人次	年份（年）	培训期数	人次
1989	2	164	2001	3	158
1990	2	350	2002	2	98
1991	2	92	2003	1	50
1992	7	353	2004	3	165
1993	7	709	2005	4	189
1994	3	147	2006	2	112
1995	5	377	2007	5	298
1996	12	643	2008	14	889
1997	4	200	2009	8	1106
1998	6	320	2010	7	355
1999	1	51	2011	8	403
2000	5	250	2012	8	436

说明：资料由县委组织部提供

20世纪80年代末至21世纪初，逐步加大对后备干部队伍的选拔、培养、管理、使用，建立完善后备干部考核档案，推动新老干部的交替经常化、制度化。2003年，县委印发《关于进一步加强县管后备干部工作的意见》，对后备干部的资格条件、数量结构、培养选拔、管理使用等作了明确的规定，建立每年保持360名左右后备干部队伍。对后备干部进行动态管理，实行劣汰优进制度。注重把年轻干部选拔到重点、难点、热点的一线进行挂职锻炼。

2012年9月，启动“8020”优秀年轻干部培养选拔工程，选定20名1980年以后出生的结构化的优秀年轻干部作为近期重点培养对象，以互派轮岗形式进行挂职锻炼，其中女干部7人，党外干部3人，少数民族干部3人。是年，从“8020”干部中提拔副科级领导干部14人。

干部监督与管理

1989—1999年，中共平阳县委相继建立一系列干部监督制度，加大对干部的监督，严格组织人事纪律。1990年，实行岗位责任制和年度考核制度，考核结果与评比先进挂钩，与年终奖金、任用干部挂钩。1994年，建立县管领导干部个人重大事项报告制度，制定离任经济责任审计制度。1995年，建立领导干部收入申报制度和乡镇领导干部任期经济责任审计制度。1997年，制定领导干部向党组织回复反映本人有关问题制度。1999年，制定谈心谈话制度。

2000年，建立领导干部诫勉制度、经济责任审计联席会议制度和领导干部任期经济责任审计制度。出台加强党政机关、事业单位干部因公出国、赴港澳管理的若干规定，严格控制党政机关干部因公出国（境）和加强对因公出国（境）人员审批审查管理。2003年，制定乡（科）级领导干部选拔任用工作的规定。2004年，制定《股级干部选拔任用工作暂行办法》和《股级干部选拔任用工作任前审核和监督检查实施办法（试行）》。

2006年，制定《县管干部因私出国（境）审查审批工作暂行规定》，加强领导干部因私出国（境）管理。2007年，制定加强领导干部因私出入境证件管理的制度，要求县管领导干部将因私出入境证件（包括中华人民共和国因私护照、中华人民共和国往来港澳通行证、大陆居民往来台湾通行证）交县委组织部干部监督室统一保管。2010年，制定干部选拔任用工作4项监督制度，对2009年度县委干部选拔任用工作情况以及新提拔的44名乡镇、部门党政正职领导干部进行了满意度测评。2011年，出台干部选拔任用工作“一报告两评议”制度，在每年年初的年度考核大会上，由单位主要负责人代表党委（党组）报告上年度干部选拔任用工作和新提拔任用干部民主评议情况。制定干部监督工作联席会议制度和信息沟通办法，加强与纪检等部门的联系，增强干部监督工作合力。2011年3月，推出领导班子和领导干部考绩法，对县管领导班子和领导干部实行考绩管理。

2012年，建立全县镇（乡）、县直机关单位全员绩效考核制度，印发《平阳县镇（乡）、县直机关单位全员绩效考核管理办法（试行）》，分科室考核、个人岗位目标考核、日常管理考核、综合测评、加减分5个项目，对干部的德、能、勤、绩、廉进行全面考核，重点考核工作实绩，考核结果与年度考核结果等次、年度考绩奖等挂钩。是年，规范国家工作人员因私出国（境）登记报备及证件管理工作，实行组织部长约谈制，试行干部信访即办制，开始将全县826名乡（科）级领导干部（包括退出领导岗位的干部）个人有关事项报告录入系统。建立领导干部经济责任年度报告制度（试行）和领导干部任前经济责任告知办法（试行），制定经济责任审计对象分类管理暂行办法。出台严肃机关事业单位人员工作纪律的文件，制定清理机关事业单位在编不在岗人员的实施意见，全县清理在编不在岗人员653人，其中离岗退养14人，提前退休61人，自谋职业54人。

2006—2012年，先后对62个单位的正职领导干部进行经济责任审计，对38名县管领导干部给予诫勉谈话。

第七节　人才工作

人才选拔与引进

1989—2011年，全县开展7轮专业技术拔尖人才和5轮优秀青年专业人才选拔，133人次入围。

1995年，平阳县出台《平阳县关于人才引进的若干规定》。1999年，出台《平阳县引进人才暂行规定》。同时，对符合条件的人才在生活和住房方面给予财政补助，在户籍迁移、子女就学、职称评定等方面给予政策优待。

1999年，县委、县政府出台《平阳跨世纪人才发展计划》，计划5年内选拔500名左右优秀党政领导干部后备人选，培养200名左右能担当较高层次的经营管理职务的人才和3000名左右在各自学科领域具有较高水平（中级职称以上）的专业技术人才队伍。2003年，研究制定《2003年人才发展工作实施意见》，调整充实县人才发展联谊会议成员，并成功创建平阳县高级人才联谊会，完成《平阳县顺溪水利现状与对策》等重要课题调研。2004年，县委人才工作领导小组和县委人才工作办公室成立，制定出台《平阳县2004—2008年人才发展工作规划》。400余名各类高级人才信息登记入库。是年，县高级人才联谊会驻上海、温州、山西、北京等地联络处陆续成立。2005年，平阳县全面推行科技特派员制度，全县31个乡镇都落实科技特派员，其中省派5人，市派4人，县派22人，当年落实科技扶贫项目9项，引进新技术6项，争取资金78万元。制定出台《平阳县实施人才居住证的若干规定》，组织企业参加温州、杭州、上海等地人才交流会，引进职业经理人、工程师等高级人才120余人。是年，陆续在杭州、南京等地成立县高级人才联谊会分会或联络处，引进科技项目11项。2009年开始，推行高技能人才培养工程，并投资建设人才公寓。在依托省、市培训平台组织高级技师、技师培训工作的同时，依靠平阳县职业中等专业学校和有关企业研发技术中心，组织高技能人才培训。

2010年开始，出台《平阳县事业单位引进高层次和紧缺急需人才若干规定》《平阳县企业引进高层次和紧缺急需人才若干规定（试行）》《平阳县引进高层次和紧缺急需人才服务工作机制》，推出涉及规划、农业、经济、卫生等40余个专业200余个岗位，重点引进具有硕士学历或副高职称以上的高级专技人才到平阳就业，至2012年年底，引进高层次和紧缺型专业人才85人，其中博士1人，正高职称2人。2011年，平阳县在种植养殖捕捞、产品加工、营销服务、科技推广、企业经营、传统文化等领域中开展首轮农村乡土人才选拔，共有46人入选。是年，县职业中等专业学校成为市首批高技能人才培训基地。是年，《平阳县“十二五”人才发展规划（2011—2015年）》出台。2012年，《平阳县高级人才优惠政策若干规定（试行）》出台，建立分类评价指标体系和遴选标准，选拔出100名优秀高级人才，作为各领域高层次领军人才的重要后备力量。建立科研补贴制度，其中正高职称人员每年8000元，副高职称人员每年5000元。实行动态管理目标考核，对推动县域经济社会发展作出特别重大贡献的优秀高级人才，县财政每三年安排100万元专门用于突出贡献人才奖励。是年，制作《引进高层次人才和紧缺急需人才服务流程图》，对在平阳创业的博士研究生等高级人才，采取“一事一议”的方式予以政策扶持；制作《平阳县引进人才科技项目审批流程图》，安排300万元作为企业引进人才发展专项资金，重点用于高层次及紧缺急需人才创业创新项目的政策支持和资金支持。组织企业与浙江大学、省农科院、宁波大学等大专院校对接，研究开发蛋鸽、种鸽专用饲料、厚壳贻贝育苗等，并申报浙江一鸣食品股份有限公司、南麂列岛国家海洋自然保护区管理局两家单位创建省级博士后工作站。2012年开始，参与海外高层次人才（省“千人计划”）引进和申报，申报省“千人计划”5人，成功入选省“千人计划”1人、市“580海外精英引进计划”1人。

大学生村干部工作

2007年开始，开展选聘高校毕业生到村任职工作。至2012年，全县选聘大学生村干部375人，年末，在岗大学生村干部157人。

2010年，金融系统先后推出农村青年创业小额贷款政策等，获农行平阳支行贷款授信2000万元。2012年，在全市率先召开大学生村干部自主创业推进会，开展创业成果展示和互动交流活动。是年，出台跨镇乡轮岗交流机制，首批6名大学生村干部进行跨镇（乡）轮岗交流。至2012年，共有88

2009年12月10日，大学生村干部创业茶园举行开园仪式

名大学生村干部考取公务员；85名考取事业单位；9名进入国企；1名考取在职研究生；35名开展自主创业和自谋职业，涉及种植业、服务业、制造业等多个行业领域，总投资669万元。

县高级人才联谊会

2003年，开始搭建县域外引才引智平台，成立由副高职称或硕士以上人员参加的县高级人才联谊会（简称“县高联会”），为市首家高级人才联谊会。至2012年年底，县高联会已在上海、温州、山西、北京、杭州、南京、广州、成都、宁波等地和海外相继设立分会或联络处等分支机构，总会会员224人，各分会会员或联络处成员1000余人，通过联谊会工作载体，广泛联络国内和海外20余个国家的3400余名平阳籍人才。

第六章　宣传工作

1989年，县委宣传部内设办公室、干部科、理论科、宣传科、社会文化管理办公室。1994年，县委宣传部增设精神文明建设指导科，与县文明办一套班子、两块牌子。1995年，成立县委宣传部部务会。1997年，县委宣传部内设办公室、理论科、党教科、宣传科、政教科5个科室。2002年，宣传部内设办公室、理论教育科、宣传科。2006年，宣传科增挂文化科牌子。2011年9月，成立下属事业单位县对外宣传与网络宣传管理办公室。2012年2月，成立下属事业单位县社会科学联合会。至2012年年底，县委宣传部内设办公室、理论教育科、宣传（文化）科3个科室，编制15人。

第一节　理论学习与教育

理论学习

县委中心学习组学习　县委中心学习组（简称“县委中心组”）成员包括县委、县人大、县政府、县政协领导，县人民法院院长、县人民检察院检察长，县人武部政委、部长。1989—2012年，中心组每年集中学习时间不少于12次。中心组成员利用业余时间加强自学，全年累计学时不少于12天。中心组成员开展调查研究，每年撰写有情况分析、有思路对策的理论文章或调研报告1篇以上。县委中心组学习内容有中共全国代表大会和中央全会精神，学习方式有专题学习会、辅导讲座、务虚会等。

部门乡镇学习中心组学习　20世纪90年代初期，各乡镇党委和县级主管部门逐步建立中心学习小组，定期组织干部学习。中心学习小组全年集中学习时间不少于12次。小组成员利用业余时间加强自学，全年累计学时不少于12天。至2012年年底，全县各镇、各部门、各单位都建立了理论学习中心组。

学习活动　1998年，邓小平理论研究会成立，并在全县开展学习邓小平理论和党的十五大精神活动。2002年，《平阳报》“理论与实践”专版每月定期刊出理论研究文章，刊发各类理论文章近60篇。创建平阳理论专题网。是年，县委宣传部在各单位开展“三个一”理论学习活动，读好一本理论书《江泽民论有中国特色社会主义》，开好一次理论学习交流会，写好一篇理论学习心得，在中共十六大召开前营造良好氛围。2003年8月，平阳县启动创建学习型社会活动。2006年10月，举办首届平阳金秋读书节，推进学习型社会创建活动；是年年底，举办平阳新跨越讲坛。2009年，平阳新跨越讲坛入选省“三贴近”（贴近实际、贴近生活、贴近群众）案例，大榕树讲坛入选省推动当代中国马克思主义大众化百法百例。2010年，市学习型党组织创建活动现场会在平阳举行。读书、品书、评书活动、农民读书会分别被省创建学习型党组织办公室评为创新案例、优秀案例，《画说六个“为什么”》成为省优秀理论通俗读物。

“平阳新跨越讲坛”录制现场（2009年）

2011年，开展学习型党组织创建提升年活动，举办百名局长书记话转型等活动。县委常委会和鳌江镇党委被评为市学习型领导班子；昆阳镇党委被评为省学习型党组织建设工作先进单位；《画说“六个为什么”》和《书山留痕——平阳县乡科级领导干部读书札记》在全国学习型党组织创建现场会上交流；《画说“六个为什么”》入选省“三贴近”创新案例，县“艺术党课”活动获市精品党课授课比赛优秀奖。是年，县委宣传部编写《瞻望平阳美好明天——画说“十二五”规划》，以漫画形式解读平阳县“十二五”规划。2012年，举办我们的价值观大讨论活动，开展当代浙江人共同价值观宣传，用共同的价值观凝聚人心、引领发展。

主题教育

1989年春夏之交的政治风波发生后，县委组织学习邓小平坚持四项基本原则的讲话、江泽民国庆节讲话、中共十三届四中全会精神，弄清苏联、东欧演变的原因、性质、教训，通过举办报告会、座谈会等，做好政策解释和稳定工作。

20世纪90年代初，县委以建设有中国特色社会主义理论为指导，宣传“一个中心、两个基本点”的基本路线，响应市委、市政府提出的“二次创业”的号召，分县委理论中心组、中层领导骨干、一般党员干部3个层次对全县党员干部开展有中国特色的社会主义理论教育。1992年，加强经济建设和改革开放政策的宣传教育，主要内容是中共十四大精神和邓小平南方谈话。1994年，在万全乡开展基本路线教育试点工作，随即普遍开展党的基本路线教育。县委宣传部每年都组织宣讲团，驻村入户，宣传党的方针、政策。1994—1997年，全县共组织10次农村基本路线教育。1997年，在全县范围内开展企业形势任务教育。1998年，结合廉政勤政树公仆形象主题教育活动，全县党员干部5000余人次接受教育。1999年，以萧江镇为试点，开始开展农业和农村现代化教育。

2000年5—7月，县机关抽调343名干部，乡镇抽调800余名干部组成指导组，赴31个乡镇135个重点村开展“两思(致富思源、富而思进)”教育活动。10月，全县全面开展以提高全民现代化素质为主题，以推进农业产业化、农村工业化、城镇化发展为要求的农业和农村现代化教育活动，乡镇干部受教育8000余人，教育面100%，党员受教育2万余人，受教育面91.5%。2001年，全县各级党组织开展农村“三个代表”重要思想学习教育活动。当年，平阳县获省农村“三个代表”重要思想学习教育活动先进县称号。2003年，县十六大精神主题教育领导小组成立，在宋桥镇试点的基础上，全面开展十六大精神主题教育，县委组建宣教团，分赴31个乡镇和机关单位进行宣讲，组织宣讲1200余场，受众6万余人次。是年，开展机关效能革命建设，学习“三个代表”重要思想，开展“学《“三个代表”重要思想学习纲要》、转作风、优环境、促发展”主题活动，推进机关和干部工作作风的转变。

2005年1月始，用一年半时间，在全县开展以实践“三个代表”重要思想为主要内容的保持共产党员先进性教育活动。2006年，开展“宣传形势送政策”活动，县级组织集中宣讲150余场，各地各部门组织各类宣讲300余场，党员群众受教育面85%以上。2007年9月始，组织党员干部学习十七大精神，广泛开展十七大精神宣讲，组织文化部门开展专题文艺巡回演出。

2008年，围绕“高举旗帜、科学发展、创新跨越”的主题，开展中共十七大精神主题宣传教育活动。平阳县和萧江镇被评为市中共十七大精神主题宣传教育活动先进单位，县委宣传部被评为省宣讲组织工作先进单位。2008年10月始，在全县开展“解放思想、奋勇争先、攻坚克难、跨越发展”为主题的解放思想大行动。2009年，开展科学发展观宣传，实施科学发展理念传播专项行动，编印《画说“六个为什么”》理论通俗读本，宣传中央政治局常委李长春在纪念中共十一届三中全会召开30周年理论研讨会上提出的6个与社会主义核心价值体系建设密切相关的重大问题。是年，开展“理念大更新、服务大优化、文化大引领、企业大提升、创业大行动”教育活动。

2011年，开展百场“艺术党课”传万家活动，以艺术形式宣传科学理论。2012年，组织解放思想、敢于担当主题教育活动，邀请《人民日报》原副总编周瑞金作专题讲座，举办一把手谈担当、典型案例宣传等系列活动，《浙江日报》等媒体报道活动情况。2012年，开展民营企业“双聚”（形势教育聚共识、人文关怀聚人心）主题教育实践活动，形势政策宣讲、民营企业价值观大讨论等工作扎实开展，建成10个民营企业党（政）校、10个民营企业学习网站、10个民营企业情感交流站、10家民营企业职工书屋，使民企党员和群众受到教育，涌现浙江一鸣食品股份有限公司的家文化、庄吉集团有限公司职工文化墙等特色企业文化。

爱国主义教育

1996年，开展以《爱国主义教育实施纲要》为内容的教育活动。2002年，举办“永远跟党走”大型广场文艺晚会，到乡镇巡回放映革命影片。2006年10月，在省一大旧址举办“长征精神代代传——浙江省红色基地巡礼·温州站”“长征在我心中”主题活动。2007年，温州浙南（平阳）抗日根据地旧址群成为省级爱国主义教育基地，并获得省、市先进爱国主义教育基地奖，县委宣传部获市爱国主义教育基地工作优秀组织奖。2009年5月，温州浙南（平阳）抗日根据地旧址群被中宣部命名为第一批全国爱国主义教育示范基地。是年，以爱国主义为主题，组织开展五星红旗升起来“歌唱祖国，放飞希望”大型电视活动、“三个百（百场红色导读进社区、百场红色电影进乡村、百场红色宣讲进校园）”“60岁60人看60年巨变”“文明出行、爱我中华”宣教活动、“践行科学发展观，助推创新跨越”演讲比赛等系列活动。2010年，温州浙南（平阳）抗日根据地旧址群、苏步青故居获市爱国主义教育基地先进单位称号。2011年，山门中国工农红军挺进师陈列馆建设完工，举办中国工农红军挺进师陈列馆开馆仪式、浙南烽火纪念牌坊落成典礼暨寻根浙南·大屯行等重大主题活动。

队伍与阵地建设

1997年，平阳县组建县委讲师团，根据中央和省、市、县委有关理论学习教育的部署，适时调整、充实讲师团成员，每年保持约20名成员，由县级党委部门、党校、中小学校、人民团体、社会团体等单位人员组成。2000年3月，县委制定《平阳县“万名宣传员”工程试点意见》，全面开展“万名宣传员”活动，全县组建宣传组160个，设宣传员8000余人，基本形成一个横向到边，纵向到底，点、线、面相结合的宣传队伍网络。2002年，乡镇开展“五个一”和村、居民区“四个一”文化阵地建设，要求每个乡镇有一所基层党校、一个文化中心、一个广播电视网、一个宣传文化长廊、一个适合开展文体活动的室外活动场地，每个村、居民区要有一所村民学校（村级党校）、一个村文化活动中心、一个宣传栏或黑板报、一名宣传员。

至2008年，全县基层党校54所（乡镇党校31所，部门、企事业单位党校23所），其中全国先进党校1所（温州长安集团党校），省级先进党校、示范点3所（县供电局党校、昆阳镇委党校、钱仓镇委党校），市级先进、示范党校21所（乡镇17所、部门4所）。

2010年，平阳县学习型党组织建设宣讲团被省委宣传部、省委讲师团授予省优秀宣讲团称号。2011年，平阳县进行镇乡区划调整后，全县基层党校22所（乡镇10所、机关3所、社区1所、企业8所）。

1997—2012年，县委讲师团为基层党校上各类辅导课500余次，听课人员32000余人。

第二节　典型人物宣传

1995年，响应党中央号召，平阳县组织全县党员干部学习宣传孔繁森事迹。

1996年，组织巡回报告团到各乡镇巡回演讲，宣传为援救遇险海运船和船老大而牺牲的李伯选先进事迹。2004年，开展向身殉防治禽流感一线的麻步镇畜牧兽医站站长郑加助学习活动。2005年6月，郑加助被授予省防治高致病性禽流感先进个人，所在的麻步畜牧兽医站获省五好畜牧兽医站称号。2005年，县委宣传部组织平阳县抗击5号台风海棠图片展，编印《坚强的堡垒，时代的先锋》一书，宣传抗台救灾过程中的先进事迹。是年，组织宣传因工作劳累过度而逝世的县法院立案庭副庭长许祥珊先进事迹，2006年，许祥珊被追授为省模范法官、市优秀共产党员。是年，开展县首届十佳文明市民评选活动，评选出李琴、吴玉莲、郑长泵、赵华东、徐乃锭、林上桃、谢作新、赵章恩、薛茂川、王玉璜为十佳文明市民，同时开展十佳文明市民事迹宣传活动。3月，宣传在抗击桑美台风中献身的林红武的先进事迹，引起了省、市媒体的高度关注和社会的强烈反响。8月18日、9月1日，《浙江日报》一版两次详尽报道林红武的先进事迹。9月14日，市委、市政府决定，授予林红武抗台勇士称号，并要求全市各级党组织认真组织学习林红武的先进事迹。是年，林红武获浙江骄傲提名奖。

2007年，宣传平阳籍中国美术学院学生毛陈冰千里献血救人的感人事迹。9月，网络一则求助信息，她见到后即日夜兼程赶赴贵州山区，用自己240毫升的Rh阴性血(稀有血型)，将黎平县山区病危产妇杨昌花从死亡线上救回。2011年，在第三届全国道德模范评选中，毛陈冰获全国助人为乐模范称号。

2008年，平阳县在全县组织开展首届十佳爱心人物评选活动。授予毛陈冰、吴绍烈、陈蓬蓬、刘红非、吴玉莲、林垂午、蔡景烛、余式孝、杜臣泉、李赛赛等10人为平阳县首届十佳爱心人物称号。是年，平阳籍救人英雄谢作旺获市委宣传部举办的2008感动温州十大人物评选活动提名。2009年，谢作旺获首届浙江省见义勇为道德模范、第二届温州市见义勇为道德模范称号。是年，教师张月霞获第二届市孝老爱亲模范提名奖。2010年，举办县首届道德模范专场表彰晚会，表彰首届十佳道德模范，其中诚实守信模范2人(萧江镇沿河社区书记、立天集团有限公司董事长杨学寿，温州永昌建设有限公司董事长肖云州)；助人为乐模范2人(平阳广播转播台职工施金付、离休干部郑玉琦)；见义勇为模范2人(昆阳镇巡防中队副中队长王孝宝、县公安局职工黄兆辉)；敬业奉献模范2人(平阳苏步青学校校长郑仁玺、万全镇环卫所工人化胜利)；孝老爱亲模范2人(县纺织厂退休工人吴玉莲、万全镇冯宅村村民徐国荣)。是年，开展“我推荐、我评议身边好人”的活动，在《新平阳》开设“好人专栏”。

2012年12月19日晚，县委书记王中毅(左)专程探望最美司机吴斌的父亲　　陈　亮　摄

2012年，平民英雄、最美司机吴斌用自己的生命换来24名乘客安全的事迹在平阳县引起强烈反响。6月4日，中华全国总工会追授吴斌全国五一劳动奖章。6月5日，县委、县政府印发《关于开展向吴斌同志学习活动的通知》，组织举办全县机关学习吴斌英雄精神、践行“我们的价值观”座谈会，社会各界纷纷开展向吴斌学习活动。是年，平阳县举办首届感动平阳十大人物评选，吴斌获得活动特别奖，化胜利、李允聘、陈光静、陈治源、松俊蓉家庭、林垂午、徐国荣、康光忠、县五老护苗队、鳌江爱心施粥亭被评为首届感动平阳十大人物(集体)。

第三节　大型纪念活动

1989—2012年，围绕国庆、“七一”和名人诞辰等重要节日和纪念日，开展节庆和纪念活动宣传。

1989年，以歌颂伟大祖国为主题，开展庆祝新中国成立40周年宣传活动。1993年，结合纪念毛泽东100周年诞辰活动，组织开展各项宣传教育活动。1994年，为纪念“省一大”在平阳召开55周年，县委、县政府组织开展“发扬‘省一大’精神　争当人民好公仆”“跨世纪平阳青年展风采”“献爱心　送温暖”等活动，在广大干部群众中弘扬爱国主义、社会主义和革命传统思想。1995年7月，平阳县以纪念抗日战争胜利50周年和南麂解放40周年为契机，开展爱国主义教育活动。1997年4月，举行庆祝香港回归活动。1998年5月，全县开展纪念中共十一届三中全会和改革开放20周年系列活动。1999年4—5月，全县组织开展纪念渡江战役、平阳解放50周年系列活动。12月，组织开展庆澳门回

2005年9月8日，纪念中国人民抗日战争暨世界反法西斯战争胜利60周年大合唱比赛　　李斌　摄

归、迎新世纪系列活动。

2001年，以庆祝建党80周年为主题，开展系列庆祝活动，组织全县干部群众参加由省委宣传部组织的纪念中国共产党成立80周年知识竞赛活动。2004年，举办纪念邓小平100周年诞辰摄影作品展。2005年9月，纪念中国人民抗日战争暨世界反法西斯战争胜利60周年，平阳县举行大合唱比赛。

2006年3月17日，举办“纪念大屯会议　发展红色旅游”主题活动。是年，举办第一届平阳县文化艺术节。2007年8月，举办纪念粟裕100周年诞辰活动暨省一大陈列馆开馆仪式。2009年，举办祝福祖国红歌大合唱、歌颂祖国60周年大合唱比赛、“三胞”联谊会、大型图片成就展、文化精品展示等文化活动，庆祝中华人民共和国成立60周年。

2011年，举办唱响2011社区红歌赛等系列活动，平阳县新闻媒体推出献礼建党90周年、红色记忆、我家的红色故事等庆祝专栏，庆祝中国共产党成立90周年。2012年，举办苏步青110周年诞辰纪念活动。开展县文联成立30周年纪念活动。

第四节　对外宣传

1995年，围绕塑造平阳新形象宣传，组织开展情系南麂联谊活动。1996年8月，开展满意在平阳系列活动。

2005年，以温州浙南（平阳）抗日根据地旧址被列入全国红色旅游100个经典景区为契机，打造平阳红色旅游品牌。编写《平阳爱国主义教育基地简介》，以图文并茂的形式对全县15个爱国主义教育基地进行介绍。是年，《人民日报》刊登《平阳红色景区忙不过来》等两篇文章，中宣部组织的落实科学发展观东部行报道组到平阳采访，扩大了平阳县知名度。2007年12月，平阳县举办“红线采风——中国水彩名家平阳行”活动。2008年，平阳县第二届文化艺术节举办。是年，全县各部门、乡镇70余人，分两期赴复旦大学参加新闻发言人培训，并邀请专家到平阳作“打造一个会说话的政府——如何面对媒体”专题讲座，提高公共关系处理水平。

2010年，平阳县成立县新闻宣传策划小组，广播和电视对农节目服务工程分别获得了省级评优第二名和第十四名。是年，举办南麂建区20周年庆典、全国乒乓球俱乐部邀请赛等重大文体外宣活动。是年，县对外宣传办公室被评为市网络宣传管理先进单位。是年，举办第三届平阳县文化艺术节。

2011年，制作平阳宣传片在央视网播出，开展外地媒体看平阳活动，通过走近平阳早香茶、公望故里行、全省市级党报大型联合采访、央视《沿海行·远方的家》拍摄等活动，宣传平阳亮点。央视新闻联播时段播出平阳新闻7条，浙江卫视新闻时段播出224条，在《浙江日报》、香港《文汇报》等媒体制作专版10个。

2012年，开展在外平阳人之商行天下专题采

2005年2月28日，全国落实科学发展观采访团到平阳县就水头治污成效进行采访

访活动，赴各地采访20名在外创业平阳人，宣传弘扬新时期平阳人精神。是年，举办第四届“文化引领幸福共享”平阳县文化艺术节。举办首届社区文化节。是年，平阳县出台《关于加强和改进互联网管理工作的实施意见》，健全网上信息收集、研判和报送机制。是年，平阳县在央视新闻联播、浙江卫视、《浙江日报》、温州新闻综合频道、《温州日报》等媒体刊播400余条重要的正面新闻。

第七章　统战工作

1989年，县委统一战线工作部(简称“县委统战部”)内设办公室、党派科。人员编制14人，实有14人。县政府民族事务科和县政府宗教事务科也设在县委统战部，使用统战部编制。1996年12月，县政府民族事务科和县人民政府宗教事务科合并为县民族宗教事务科，作为县委统战部内设机构，对外挂牌县民族宗教事务局。2001年12月，县民族宗教事务局从县委统战部划出，列为县政府组成部门。是年，县委统战部增设联络科。至2012年，县委统战部内设办公室、党派科、联络科。人员编制10人，实有10人。63个县直属部门均确定统战分管领导、统战联络员和责任科室。人口超过2万人的9个镇配备专职统战委员，各镇(乡)都配备1～2名统战干事，全县66个社区统战工作由社区党委副书记或副主任具体负责。

第一节　多党合作与政治协商

20世纪80年代后期，中国国民党革命委员会、中国民主建国会、中国民主促进会、中国农工民主党、九三学社相继在平阳建立机构。县委、县政府贯彻执行长期共存、互相监督、肝胆相照、荣辱与共的多党合作和政治协商制度，完善深化协商通报、谈心交友、特约人员、对口联系、重要内外事活动、调研考察等6项工作，推进民主协商，加强同党外人士的合作共事。定期召开民主党派、工商联、无党派人士座谈会、茶话会、通报会等，增进友谊，加强团结，听取意见建议，支持党外人士参政议政。同时，一些政府部门根据民主党派擅长的专业特点与其建立对口联系关系，或聘请党外人士作为单位的监督员，一些民主党派成员成为司法部门的特约检察员、陪审员等，以各种形式参与平阳县的政治生活。

1990年9月，县委出台《中共平阳县委关于坚持和完善中国共产党领导的多党合作和政治协商制度的实施意见》，建立双月座谈会制度、重大决策通报制度、县委主要领导人与民主党派、工商联主要负责人和无党派代表人士举行不定期、小范围谈心会制度，选配民主党派、无党派人士担任政府及司法部门领导职务，支持民主党派、工商联加强自身建设，注意发挥他们的重要作用。

1999年8月，县政府出台《关于建立县政府有关工作部门与县民主党派、工商联对口联系制度的通知》，建立县政府工作部门与县民主党派、工商联对口联系的制度，首批确定县卫生局等6个单位与农工党县委会等5个民主党派及工商联建立对口联系。

2003年4月，县委贯彻《中共中央关于加强统一战线工作的决定》，将政治协商纳入决策程序，对改革发展的重大决策，国民经济和社会发展中长期计划，政府工作报告，县人大、政府、政协和司法机关等领导人选的确定，换届人事安排方案，征求民主党派组织和党外代表人士的意见；坚持协商于决策之前，避免以通报代替协商的现象。执行民主党派、工商联主要负责人和无党派代表人士参加重大内外事活动的制度，将民主监督寓于政治协商和参政议政之中。政府部门聘请民主党派、工商联成员为特约人员(即特约监督员)。

2007年6月，县委贯彻《中共中央关于巩固和壮大新世纪新阶段统一战线的意见》，加强中国共产党领导的多党合作和政治协商制度建设。加强政府有关部门与民主党派的对口联系制度，健全和落实民主党派负责人和无党派代表人士参加重要外事、内事活动等制度；完善党委出题、党派调研、政府采纳、部门落实的调研制度。政府有关部门和司法机关，凡是有条件的，由统战部门牵头，都可在党外人士中开展聘请特约人员工作。是年始，民主党派和无党派人士联谊会成员的活动经费列入财政预算。

2012年10月10日，平阳县社会主义学校在县委党校挂牌成立

2012年5月，县委制定《中共平阳县委关于加强全县统一战线工作的意见》，推进多党合作和政治协商的制度化、规范化、程序化。10月，平阳县社会主义学校成立，作为民主党派和无党派代表人士的联合学校，与县委党校实行联合办学，承担培养党外代表人士的职责。

2012年年底，全县民主党派成员449人，县无党派人士联谊会会员70人。

第二节　落实统战政策

工商联与非公经济领域统战工作

1989—2012年，县委统战部组织工商联（总商会）召开会员代表大会5次。1994年，县工商联增挂平阳县总商会的牌子。2011年，开展“统战干部、统战成员入企大走访”活动，服务企业100余家。2012年开始，工商联党组书记兼任统战部副部长、部务会成员。4月，开展基层商会组建年活动，把工商经济领域的行业协会商会、镇（乡）商会、社区商会、在外平阳人商会统一归口县工商联管理。5月，县委、县政府出台《关于加强和改进新形势下工商联工作的实施意见》，支持工商联开展工作。是年，县委统战部协助商会组织开展经济、文化、社会善行等活动22次，协助创办小额贷款公司2家，全年建立10个行业协会，10个异地友好商会，7个镇（乡）建立商会。

党外人士人事安排

统战部门承担着党外代表人士政治安排和政府机关部门领导的发现、储备、培养、推荐工作。第九届至第十四届县政协会议召开前，县委统战部均与各界广泛协商，提出推荐政协委员的人事安排方案，确定党外人士在政协委员、政协常委中的比例。

1989—2012年，党外人士中3人次当选全国人大代表，有3人次当选为省人大代表，25人次当选为市人大代表；党外人士中1人次当选全国政协委员，有5人次当选为省政协委员，31人次当选为市政协委员。其间，一批党外人士走上各级政府的领导岗位，党外人士担任副县级实职28人次。2012年年底，党外人士担任副县级实职4人，另有22人在各自单位中担任副科级以上领导职务。

第十届至第十五届平阳县人大党外人士任职情况一览表

表20-7-1　　　　单位：人

届次	产生时间	正副主任		常委		人大代表	
		总人数	党外人士	总人数	党外人士	总人数	党外人士
第十届	1990年5月	4	1	15	2	327	4
第十一届	1993年4月	6	1	17	5	329	6
第十二届	1998年4月	6	1	17	5	296	14
第十三届	2003年3月	7	1	16	4	292	20
第十四届	2007年1月	7	1	20	8	296	20
第十五届	2012年1月	7	1	20	7	293	17

说明：资料由县委统战部提供

第九届至第十四届平阳县政协党外人士任职情况一览表

表 20-7-2　　单位：人

届次	产生时间	正副主席		常委		政协委员	
		总人数	党外人士	总人数	党外人士	总人数	党外人士
第九届	1990年5月	6	3	25	16	204	58
第十届	1993年4月	6	2	24	16	236	64
第十一届	1998年4月	7	4	29	20	261	70
第十二届	2003年3月	7	2	36	25	279	81
第十三届	2007年1月	6	2	38	25	289	113
第十四届	2012年1月	7	2	42	26	289	116

说明:资料由县委统战部提供

新的社会阶层人士统战工作

2012年5月始，县委统战部在全县范围内对各行各业开展调查摸底，及时建立新的社会阶层代表人士数据库。8月，针对全县出租车驾驶员中有90%的新居民，不时出现群体性事件的情况，县委统战部牵头成立出租车驾驶员协会，发挥强化行业自律、畅通意见、化解矛盾等功能。12月12日，成立平阳县新的社会阶层人士联谊会，会员58人。同时，成立同心·会计师税务师服务队、同心·律师服务队、同心·医疗卫生服务队，定期组织开展活动。

第三节　平阳县无党派人士联谊会

平阳县无党派人士联谊会于2006年9月成立。2010年4月，召开第二届会员大会。至2012年，县无党派人士联谊会有会员70人，会员以中、高级知识分子为主体，涉及党政、司法、文艺、科技、教育、卫生、农业、台侨、工商经济等领域。

参政议政

县无党派人士联谊会以“爱国、团结、创新、发展”为宗旨，参政议政，开展民主监督。2007—2012年，县无党派人士联谊会会员在县政协大会上集体发言8篇，个人发言19篇，其中6篇被评为大会优秀发言。向县“两会”提交议(提)案168件。内容涉及廉政勤政、教育与医疗改革发展、社会保险、环境保护、交通发展及关心弱势群体等诸多方面。2007年的《加快昆鳌组合推进中心城市建设的建议》、2009年的《关于加大“三农”工作力度，加快我县农村经济发展的建议》被评为优秀提案。2012年，周婕代表县无党派人士联谊会作的《关于加强我县河道生态治理的几点建议》大会发言获大会优秀发言奖和2012年政协重点督办提案。

社会服务

县无党派人士联谊会每年开展以各种主题为载体的社会服务活动，组织送科技、文卫、法律下乡。

2006年，配合县委统战部开展“重视民生，共建和谐”主题活动。2007年，开展“聚合力、办实事、促跨越”系列活动。是年9月，组织会员到萧江河峥村和鳌江海城村义诊，带去价值近万元的药品。2008年5月12日，汶川特大地震发生，在县知联会召开的捐款动员大会上捐得善款30500元。会后，县无党派人士联谊会会员另捐款70余万元。是年11月，到麻步镇和集中供养老人院，向困难群众和五保老人送医送药，免费受诊人数970人次。

2008年和2009年，县无党派人士联谊会到维新乡与30名贫困学生结对助学，捐助山区学校教学设备。2011年7月23日，到南雁矾岩村送医送药义诊，为矾岩村及周边自然村150余名村民进行检查和免费发放价值5000余元药品。是年9月，承办一年一度的“三胞中秋茶话会”。

至2012年，县无党派人士联谊会企业界会员及个人为社会公益事业捐资900余万元。

岗位建功

至2012年，县无党派人士联谊会会员获得十佳公仆、十佳青年、市县拔尖人才、省级劳模等称号的有6人。

2009年，种粮大户金喜春获评省级劳动模范、市科技兴农标兵；会员张奋首创并独立制作的《乡土平阳》电视栏目被评为省文化厅主办的全省“非遗”保护宣传报道五个“好专栏”之一；会员梅春导演的戏剧小品《离婚酒吧》获省戏剧小品邀请赛最佳导演奖及表演一等奖。

2010年，会员张奋创作的《平阳赋》获“浙江文化名城新赋”最佳作品奖；会员梅春导演的戏剧小品《离婚酒吧》获华东六省一市戏剧小品会演创作及表演金奖，木偶小戏《挑水谣》获省非物质文化遗产展演最佳传承奖，戏剧小品《电话亭轶事》获省戏剧小品创作和表演金奖；会员王聪创办的平阳牙防中心获市青年文明号称号。

2011年，会员陈永琢3项作品分别获国际金奖和国家级优秀奖。2012年，会员朱如云获省级创建“森林平阳”工作先进个人称号。

第八章　政法工作

1989年，中共平阳县委设有政法领导小组和社会治安综合治理联席会议。1990年1月，县委建立县委政法领导小组办公室和县社会治安综合治理联席会议办公室，两个办公室合署办公。5月，撤销平阳县委政法领导小组，设立县委政法委员会（简称“县政法委”）。1991年5月，县委成立县社会治安综合治理委员会，下设办公室，撤销县社会治安综合治理联席会议，是年，各乡镇成立综治委机构。1993年，健全充实县、乡（镇）两级综治委机构和队伍，县综治委由21个部门的负责人组成，县委副书记兼任综治委主任，乡（镇）综治委主任由分管政法的领导担任。1997年10月，县委政法委员会内设办公室与政工科两个职能科室。1999年4月，增设执法监督科，与政工科合署。

2002年6月，县委政法委与县社会治安综合治理委员会办公室合署办公，内设办公室、政工科、综治协调室3个职能科室。2009年7月，县委设立县维护社会稳定工作领导小组办公室（简称“县委维稳办”）作为常设机构，与县政法委合署办公。2012年1月，县社会治安综合治理委员会办公室更名为县社会管理综合治理委员会办公室（简称“县综治办”）。至年末，县委政法委（县综治办、县委维稳办）内设机构有办公室、政工科、综治协调室，编制10人，实有22人。

第一节　社会治安综合治理

社会治安综合治理责任制

1990年，平阳县建立社会治安综合治理责任制，按照“谁主管、谁负责”的原则，落实各项社会治安综合治理的措施。1998年，县政法委制定《综治考评细则》和《平安社区考评标准》，建立完善综治工作综合考评制度。2009年，驻村干部综治维稳工作责任制出台。2010年，出台《平阳县社会治安综合治理“一票否决”权制和领导责任查究制实施办法（试行）》，对管辖区域社会治安、安全生产和消防安全等社会治理领导责任制落实情况以及个人违法犯罪等情况进行综治“一票否决”审核，对不执行社会治安综合治理目标管理责任制或执行不力，导致发生重大问题的乡镇、机关、团体、学校、企业、事业单位评选综合性的称号及上述单位的主要领导、主管领导和治安责任人评先受奖、晋职晋级的资格进行一票否决。

群防群治工作

1994年，开展社会治安综合治理年活动，开展整治农村社会治安斗争，整治重点村52个，重点地段11个，打掉各类犯罪团伙42个、成员100余人。1995年，开展创建平安社区活动，28个村（居）、2个单位被评为创平安社区活动先进集体，32名个人被评为“创安”先进个人。1997年，县政法综合治理基金设立，每年提取政法系统全部罚没款的10%作为县政法综合治理基金。1999年，推广枫桥经验，开展百所业余法制学校、送法进万家活动，健全村居“一组二会一队”（综治领导小组、治安会、调解会、巡逻队）综治组织。

2001年，平阳县在全市率先组织实施综合治理“六千六大员工程”活动，在全县近千个村居选

2011年11月2日，平阳县秋冬治安大巡防启动现场

配好治保主任、调解主任、综治宣传员、流动人口协管员、禁毒专管员、治安巡逻队长。2002年，部署开展综治网络扩张工程，要求全县各机关部门、团体和企事业单位建立综治机构，30家县级机关部门和30家企业列入第一批创建试点。2003年，成立社会治安综合治理协会，发展个体会员103人，团体会员48个。2005年，各乡镇建立社会治安综合治理工作中心。至2006年，乡镇综治工作中心均建立工作流程和规章制度，将综治、公安、司法、信访、人民调解等5个功能进行整合，集中在乡镇政府一楼统一办公。2007年，制定《平阳县专职治安巡防队管理办法(试行)》，并对全县150余名专职巡防队员进行培训、实地演练。2008年，实施村级组织综治"八大员"(治保员、调解员、综治宣传员、禁毒协管员、流动人口协管员、消防协管员、帮教工作专管员、维稳工作信息员)工程，将综治维稳触角延伸到各个角落，排查出221条基层涉稳信息。

2010年，投入专项资金2000余万元用于设立见义勇为基金和校安工程、民安工程建设。2011年，在全县所有镇乡、村居建立综治网络和服务队，建立县级矛盾纠纷调处中心，定格、定人、定责、定流程，实施综治网格化管理、组团式服务。是年，经省民政厅批准成立县社会治安综合治理基金会，注册资本金400万元。2012年，全县开展社会管理创新落实年活动，把构建网格化管理、一张网服务模式作为全年社会管理创新重点。5月始，综治"一张网"管理服务工作模式在全县推广。

第二节　执法监督

1989—2012年，县政法委加强对政法各部门执法工作监督。

1998年4月，中共中央政法委员会下发《关于加强党委政法委员会执法监督工作的意见》，平阳县成立执法检查组，加强执法监督工作。是年，重点抽查县法院1997年后判处缓刑的案件，县检察院办理的不捕不诉案件，县公安局办理的取保候审、保外就医案件。是年，县政法委督办典型案件2件，协调处理政法部门间有争议的疑难案件5件。1999年10月，在全县范围内对以追讨债务为目的、采取非法手段的案件组织一次专项调查研究，并落实加大普法宣传力度、简化案件诉讼程序、加大违法打击力度、规范民间借贷行为等工作措施。

2000年8—11月，在全县开展以取保候审、保外就医、留所服刑为主要内容的执法大检查，检查1999年1月到2000年5月期间397件案件、891人。2001年，县政法委查处省政法委督办的4名罪犯未执行刑罚问题，协调解决公、检、法等部门要求解决的10件案件，办理上级部门过问的2件案件，接待群众来信120件，来访95人次。2002年1月，省政法委执法监督处到平阳县检查指导李某某、周某某、应某某、余某某等4个案件的执法监督工作，3月，在押犯人李某某意外死亡案件经过多次协调，得到妥善处理。2004年，县政法委排查出涉法上访和信访案件99件，办结94件，被确定为重点涉法上访的17件案件全部办结。2005年，全县政法系统开展规范执法行为、促进执法公正专项整改活动，集中整改人民群众反映的突出问题，并出台《平阳县政法系统案件督办工作制度》，对全县排查出来的20个涉法涉诉信访案件进行督办，限期完成。

2010年，市政法委交办的两批涉法涉诉信访积案48件，经过协调化解，办结42件。2011年下半年，县政法委对上级交办的重点信访积案案件，其中，中央政法委交办的10起进京信访案件，至2012年8月，10件涉法涉诉信访案件全部化解息访。

第三节　平安平阳创建

2004年7月，县委十届四次全会审议通过《中共平阳县委关于建设平安平阳的决定》。成立以县委书记为组长、县长和县委副书记为副组长的平安平阳建设领导小组，下设办公室。印发《建设平安平阳工作责任分工》，明确书记、县长为第一责任人和各责任单位的主要职责。全县开展建设平安乡镇和百业千企创安活动。当年，29个乡镇达到平安乡镇的创建标准，15个部门单位组织开展百业千企创安活动。

2005年，平安创建日常工作由县综治办负责，出台平安建设总体目标和《浙江省平安市、县（市区）考核目标责任分解表》，将建设平安平阳的具体目标和任务分解到31个乡镇和41个职能部门。深入实施平安细胞工程，建立联动、联治、联调、联勤的“四联”机制，深化综治进企业工作，开展百业千企创安、平安社区、平安乡镇等创建活动。2006年3月，平阳县被省委、省政府授予2005年度平安县称号。至2007年，全县584个建制村、36个社区、51家规模以上企业、200余家单位开展创安活动。

2009年，在昆阳、鳌江等地建成平安建设宣传一条街，通过平安家庭、平安企业、平安医院、平安边界等基层创安活动和平阳县首届十大平安卫士评选表彰活动、手拉手少年儿童平安行动，进行平安创建宣传。2010年，建立平安建设领导约谈和情况通报制度，全年对6个乡镇进行治安黄牌警示，对3名有关责任人进行综治一票否决。是年，在昆阳镇、鳌江镇、水头镇、萧江镇建成平安一条街。2012年，建立《平阳县镇（乡）平安建设和社会管理综合治理工作主要指标动态管理考评体系》，实行每月排名、后进约谈制度。

2005—2012年，平阳县连续8年成为省级平安县。

第九章　信访工作

1989—1997年，由县委、县政府信访办公室负责全县信访工作。1997年6月，平阳县委、县政府信访办公室改名为平阳县委、县政府信访局。1999年6月，县委、县政府将信访办公会议改为县信访工作领导小组。2008年3月，县信访局升格为一级局，内设办公室、复查复核科（督查科），并设立下属事业单位县信访接待中心。2009年12月，增设督查科。至2012年年底，全县10个镇（乡）和信访任务较重的19个机关单位均签订信访工作责任书，全县配备59名专职信访干部。2004—2012年，平阳县连续获省信访工作目标管理考核优秀单位称号。

第一节　信访制度建设

1989—2012年，县委、县政府领导坚持每月15日接待群众来访制度，坚持亲自批阅群众来信，及时解决群众实际问题。

1993年，县委办公室、县政府办公室印发《关于加强信访工作的通知》，要求乡镇党政领导加强对信访工作的领导，将信访工作列入党委、政府议事日程。1995年8月，制定《平阳县群众逐级上访制度试行办法》，开始在全县推行群众逐级上访制度。1997年9月，实行《平阳县党政领导信访工作责任制》，对县委、县政府领导以及各乡镇与县机关部门领导的信访工作职责作了具体规定，规范信访工作各项制度与考核、奖惩办法。2001年11月，《平阳县信访工作责任制追究制度暂行办法》出台。2002年，出台《关于进一步加强和改进信访工作的意见》，就如何加强对信访工作的领导提出具体措施。2006年，县领导接访实行预登记预约接待制度，该制度由平阳首创，经市委办刊发典型交流材料，在全市其他县（市、区）推广。2007年，建立重大事项社会稳定风险评估制度，提前做好对出决策、定政策、上项目等进行风险预测。2009年3月，印发《平阳县信访维稳问题调查处理工作实施办法》，有效制止和预防无理访及非正常访。2011年，在全县开展基层信访“五个一”（一个完善的信访工作组织网络、一支健全的信访员队伍、一套完整的信访工作机制、一个固定的办公场所、一笔专门的信访工作经费）活动，基层信访工作基础得到夯实。2012年，完善《平阳县信访工作责任追究办法（试行）》，对事权单位信访责任追究作出明确规定，并出台

《关于进一步加强信访工作的若干意见》，加强信访工作。

第二节 信访接待与案件办理

1989—2012年，每月的15日县领导接待日，公、检、法、土地、建设、经贸、社保、民政、环保等职能部门领导、信访干部及律师陪同接访，倾听群众诉求，帮助解决问题。

1995年，因黄坑水库建设而移居苍南县灵溪镇的闹村乡29户、113名群众，反映户口一直未能落实多次集体上访。县领导接待后，与苍南县有关部门进行协调，县财政专门拨款3.4万元解决安置费用。1997年，开展创建信访文明接待窗口活动，建立文明接待室。1999年，水头镇发生民间金融“会案”，全镇大小会6000余个，发生额在10亿元以上，参会家庭所占比例90%以上。县政府组成会案工作组，对会案进行清理结算。

2002年，平阳县被列为省信访重点管理县。是年，开展两次信访问题排查调处月活动，排查出问题404个，利用“321”方式(一个月内打3次电话、发2份催办文件、下基层催办1次)进行督办，彻底解决209件。是年，县信访局被市委、市政府评为信访督查先进单位。2003年，开展“下基层、化纠纷、解难题、办实事”专项活动，梳理排查信访案件150件，落实县领导包案22件，办结18件。11月，省委副书记周国富、省政协副主席龙安定到平阳开展领导接访活动。省领导与有关部门负责人接待来访群众443批、816人次，并当场解决问题26件次，批示交办127件次，提出处理方案164件次，劝导息访126批。是年，平阳县摘除浙江省信访工作重点管理县“帽子”。

2005年，开展集中处理重访、缠访、无理访、异常访等“四访”专项活动，排查出9个信访件列入县联席会议督查督办。宋埠镇陡北村村民反映陡北、陡南红砖窑严重污染环境，要求取缔。2005年9月，县委书记约访宋埠镇陡北村信访群众，并决定由县府办等9个单位共同组成宋埠镇红砖窑纠纷处置工作组，进驻宋埠镇调查处置。2006年，圆满解决南湖石英厂职工患矽肺职业病信访问题。

1993—2012年平阳县信访情况统计表

表20-9-1

年份(年)	来信(件)	来访(人次)
1993	1194	1214
1994	1181	1138
1995	757	1611
1996	646	1415
1997	520	1272
1998	810	1527
1999	424	1734
2000	510	2373
2001	592	1865
2002	443	2062
2003	390	2847
2004	827	1973
2005	588	3331
2006	345	2435
2007	361	2052
2008	2420	
2009	392	2206
2010	373	1232
2011	115	1106
2012	404	843

说明：资料由县信访局提供

2008年，开通网上受理群众信访。7月10日，在昆阳镇第三中学开展县委书记、县长大接访活动。2009年，成功化解33个领导包案信访件，如鳌江21世纪商住广场事件、昆阳蒙垟山垃圾污染问题、平阳联运公司改制等问题得到了妥善解决。2010年，在全县深入开展信访积案化解暨“百名干部包百案”活动，对历史积案进行集中清理化解，省联席会议交办的9件化解7件，化解率78%；市联席会议交办的10件化解7件，化解率70%；县领导包案43件，化解29件。4月，29个行政执法部门和企事业单位，在昆阳镇解放街开展广场大接访活动。7月，市委常委、市公安局长叶寒冰到平阳接访，接待信访群众3批10人次。2011年，《平阳县重要信访事项和重大不稳定因素县、镇(乡)领导两级包案制度》出台，在全县开展信访积案化解“百日攻坚大行动”，全年化解中联办交办信访积案4件、省级

2010年4月23日，平阳县29个行政执法部门和企事业单位，在昆阳镇解放街开展“广场大接访”活动，现场接受群众投诉、咨询

县委党校校园（2012年）

交办信访积案7件、市级交办信访积案3件。2012年，继续开展信访积案化解活动，成功化解16件县领导包案信访积案。9月，省委常委、组织部长蔡奇到平阳接访，召开信访工作座谈会，并当场解决3个信访问题。

第十章　党校工作

1989年，党校下设办公室、教务科（函授站）、教研室、行政科4个科室。教职员工28人，其中教师10人，具有中级职称的4人。1994年，县行政学校成立。

2012年，县社会主义学校创办。自此党校、行政学校、社会主义学校合署办公。至是年年底，党校下设办公室、教务科、教研室、函授站、行政科5个科室。校园面积约10亩，建筑面积5000平方米，有办公楼一栋，大小教室5个，其中多媒体教室3个，拥有独立的可供学员住宿和就餐的宾馆和食堂，配备教工会议室、党员活动室、图书资料室等多种应用设施。全校教师14人，其中高级讲师职称5人。

第一节　干部培训

干部教育的首要任务是干部轮训，由短期培训与长期培训相结合。1989—2012年，县委党校举办干部培训班249期，23902人参加学习。主要开办有中青年干部培训班、领导干部进修研讨班、公务员知识更新培训班、组工干部培训班、机关党支部书记培训班、村支部书记培训班等班次，课程设置包括邓小平理论、“三个代表”重要思想、科学发展观、国内外形势与任务、法律知识等，并结合平阳县经济社会发展实际及各部门工作来设置课程。参加培训的主要对象有县管领导干部、中青年后备干部、组工干部、宣传干部、统战干部、计生干部、妇女干部、共青团干部、入党积极分子、企业管理人员、村党支部书记、村主任等。

2011—2012年，陆续建成7个现场教学基地，包括山门抗日救亡干部学校旧址党性教育基地、万全镇冯宅村新农村建设教学基地、温州立天集团企业转型教学基地、亨力教学基地、平阳天正钢结构产业转型升级教学基地、庄吉集团非公党建教学基地、鳌江荷莲村“三分三改”教学基地等，其中山门基地成功创建为市干部党性教育现场教学基地。

1989—2012年中共平阳县委党校干部教育培训情况一览表

表20-10-1　　单位：期、人

年份（年）	期数	人数	培训对象
1989	3	271	县管领导干部、入党积极分子
1990	14	2489	乡级书记以上领导干部、团干部、行政诉讼培训班学员、村书记

续表 20-10-1

年份(年)	期数	人数	培训对象
1991	10	1320	县管领导干部、中青班干部、村党支部书记、组织干部、纪检干部、妇女干部、团干部
1992	13	573	县管领导干部、村主任、中青年后备干部
1993	7	709	县管领导干部、中青年后备干部
1994	5	197	县管领导干部、新经济组织党支部书记、入党积极分子
1995	18	2195	村支部书记、县管领导干部、机关党支部书记、公务员
1996	18	1097	县管领导干部、中青年后备干部、村支部书记、组工干部、宣传干部
1997	8	799	县管领导干部、农村基层干部
1998	10	753	县管领导干部、村干部、中青年后备干部
1999	13	1235	县管领导干部、农村基层干部、妇女干部、纪检干部、组工干部、统战干部、团干部、新任公务员
2000	14	1298	农村基层干部、县管领导干部、中青班干部、科局级领导干部、妇女干部
2001	9	158	县管领导干部、中青班后备干部
2002	8	991	县管领导干部、中青年后备干部、村干部、新任公务员
2003	8	1152	县管领导干部、村干部、公务员
2004	11	1267	县管领导干部、中青年后备干部、公务员、组工干部
2005	13	1242	县管领导干部、中青年后备干部、村干部、新提任领导干部、乡镇党群副书记
2006	2	112	县管领导干部、中青年后备干部
2007	5	298	县管领导干部、中青年后备干部
2008	16	2262	县管领导干部、中青年后备干部、村干部
2009	6	495	县管领导干部、中青年后备干部、村干部、村党支部书记
2010	4	285	县管领导干部、中青年后备干部、县第十一次党代会代表
2011	17	1540	县管领导干部、新提任领导干部、中青年后备干部、村干部、城乡统筹相关干部、企业高端管理人员
2012	17	1164	乡镇副职领导干部、民主党派、无党派人士、新居民党员、文化干部、中青年后备干部、县管领导干部、中青年村干部、社工等
合计	249	23902	

说明:资料由县委党校提供

第二节　学历教育

县委党校的学历教育始办于1984年。通过刊授、函授等形式,对党员、干部进行学历教育,提高综合素质。1985年,建立浙江省中等刊授政治专业平阳辅导站。1987年,设立中央党校附属函授学院平阳辅导站。1992年,中央党校附属函授学院平阳辅导站被评为浙江省分院先进辅导站。1999年,县委党校获准招收中央党校函授学院本科班。是年,中央党校附属函授学院平阳辅导站被评为浙江省先进辅导站,并在2003年与2004年分别被评为省级优秀办学单位、省级优秀辅导站。2009年,党校系统函授停办。此后,县委党校采用与高校合作设置教学点的方式,继续开展党员干部的学历教育工作。

1984—2012年，开设6个中专班、43个专科班和13个本科班，设有企业管理、经济管理、行政管理、法律、公共管理、乡镇企业管理、党政综合等多个专业，毕业学员3279人。

第三节　科研工作

县委党校围绕县委、县政府中心工作，调查研究平阳县改革开放和现代化建设过程中的热点、难点问题，整合研究力量，推进理论创新，形成一批具有前瞻性、前沿性、可操作性的应用型成果，为党委和政府决策服务。

1989—2012年，县委党校共在市级以上刊物发表论文或调研报告93篇，在市级以上各级评比中有62篇论文或调研报告获奖。

第十一章　老干部工作

1989年初，平阳县离休干部有678人。其中，土地革命时期5人，抗日战争时期66人，解放战争时期607人。是年，县委老干部局在职工作人员8人。2002年，县委老干部局内设办公室和组织服务科。2012年年末，全县离休干部296人（平均年龄84.7岁）。其中，抗日战争时期12人，解放战争时期284人；副县实职以上5人（其中享受地专级待遇2人），享受县级待遇98人。是年，31名副县以上退休干部划转老干部局管理。县老干部局增设退休干部组织服务科，行政编制调整为8人，实有7人。

第一节　落实老干部待遇

政治待遇

开展经常性组织活动，并逐步在离休干部中建立和健全学习文件、参加报告会、座谈会等制度，组织参加重要会议和重大政治活动，通报国内、国际形势，在党的建设、经济建设方面的重大决策征求老同志的意见。

每月8日、12日、15日，全县分昆阳、鳌江、北港三片组织老干部学习，及时贯彻上级的文件及有关精神，并为每位老干部订阅报刊。每年“三八”国际妇女节，组织全县离休女干部参观、召开座谈会等；每年清明节，组织老干部随县四套班子祭扫烈士墓；每年重阳节，举办老干部庆祝老人节报告会；每年春节前，组织一次老干部迎春座谈会和团拜会；每年还不定期组织1～2次老干部参观新农村建设，了解全县经济社会发展情况。2006年始，每年举办为期3天的老干部理论读书班。

生活待遇

每年组织一次老干部体检，举办一次老干部集体祝寿活动，年终对老干部进行慰问、对特困离休干部及遗属发放生活补助。

1995年，在县医院设立离休干部专用病床10张。1996年7月，享受地（专）级待遇的离休干部（行政14级及其以上，包括红军时期的离休干部）每人每月电话费补助90元；享受县（处）级待遇的离休干部（行政18级及其以上）和担任过副县实职（包括经组织批准确定为副县级待遇）的退休干部每人每月电话费补助60元；其他离休干部（行政19级及其以下）每人每月电话费补助30元，电话费补助每月随工资发放。1999年，平阳县出台《关于切实解决企业离休干部、建国前参加革命工作老工人生活待遇问题的通知》，解决企业离休干部经费统筹问题。2000年上半年，建立企业离休干部医疗保险统筹机制，县财政一次性拨款450万元交县社会保险事业管理局企业离休干部医疗统筹经费专户。

2001年，县委出台《关于进一步落实“两项待遇”，切实加强离休干部工作的意见》，细化老干部“两项待遇”。2002年6月，县委批转《关于做好县属改制企业离休干部管理服务工作的意见》，明确改制企业离休干部管理服务问题。9月，离休干部特需经费由原来的每人每年300元调整为每人每年500元。

2003年，在昆阳、鳌江两镇设医疗门诊点，为离休干部就诊提供方便及优惠。2004年10月始，国家机关工作人员、人民警察和企事业单位离休干部去世后一次性抚恤金标准：因公牺牲的按40个月工资（离休金）计发，因病或非因公死亡的按20个月工资（离休金）计发。2005年3月，将“自收自支、差额事业单位”16名离休干部和1名新中国成立前参加工作的老工人全部纳入社保统筹，并将12名离休干部2004年离休费中增资部分（地方岗位补

2006年5月27日，为老干部体检

贴）纳入县社保统筹；5月，将离休干部护理费标准提高到每月500元。

2006—2008年，分批分步解决全县离休干部货币分房问题，科级80平方米，县级90平方米，厅级120平方米，工龄差价：4.32元/平方米。2007年后，对全县离休干部进行走访慰问。2007年8月，建立离休干部家庭档案。2008年10月，抗日战争前期、抗日战争后期和解放战争时期参加革命工作的离休干部护理补贴费由每人每月260元、230元和200元，分别提高到650元、580元和500元，将85岁以上及生活不能自理的离休干部长期护理费从原来的600元提高到900元。对解放战争时期参加革命工作的离休干部的无固定收入配偶进行医疗统筹，离休干部所在单位每人每年按抗战前参加革命的离休干部配偶的缴费标准（2009年市标准每人每年为16176元）向县社保经办机构缴纳统筹医疗费，纳入解放战争时期参加革命工作的离休干部无固定收入配偶医疗费统筹管理。如原单位已不存在的，由原单位的主管部门负责缴纳，缴费确有困难的主管部门，报县财政局确认，由县财政解决。

2010年10月，开通老干部一键通应急服务系统。2012年，享受高龄护理补贴的范围由原来的85周岁以上离休干部调整为全体离休干部。

第二节　活动阵地建设

老干部活动中心

县委老干部局建立之初，就已设活动室，为离休干部提供学习、活动、娱乐场所。1992年，县老干部活动中心在昆阳镇解放街落成，面积100平方米，内设象棋、桥牌、书画、电视、阅览、戏剧艺术等室，还有老年大学教室、老干部招待所等，并设全额管理事业编制4人。2003年9月，活动中心搬迁至东门横街20号，面积为900余平方米，除原有的电视室、象棋室、桥牌室外，增设健身室、乒乓室、聊天室等。2004年，新购图书3000余册，并添置健身器材。2010年，县老干部活动中心被批准为参照公务员管理法管理单位。2011年，老干部活动中心被授予省级满意家园称号和市级满意家园称号。

老年大学

1989年，平阳老年大学创办，设有事业编制1人。1995年，县老年大学被评为省级和市级优胜老年大学。1998年，鳌江镇分校创办。2003年9月，县老年大学兴建新校舍，并于2004年7月竣工，建筑面积694平方米。2004年9月，县老年大学被评为市规范化示范校。2005年12月，被省委老干部局评为规范化建设示范校。

2012年，开设京剧、越剧、音乐、葫芦丝、二胡、古筝、国画、书法、摄影、文史、电脑、民乐演奏、舞蹈、太极拳、柔力球、饮食与健康、中草药等课程。12月，被评为省级老年大学先进教学管理单位。是年，县老年大学事业编制由1人调整为2人。

第十二章　党史工作

1981年4月，中共平阳县委党史资料征集领导小组成立。1986年11月，改称中共平阳县委党史资料征集委员会。1991年4月，改称中共平阳县委党史研究室，正科级单位，县委直属机构。1997年9月，县委党史研究室全额事业编制5人，不设内设机构。1998年，县委党史研究室列为参照公务员管理事业单位。2008年12月，县委党史研究室被中共浙江省委研究室授予“全省党史部门先进集体”称号。

第一节　党史编研

1986年开始，县委党史资料征集研究委员会在征集史料、整理档案的同时，深入开展编研工作，并编纂出版多部党史书刊。

1989—2012年平阳县党史书刊编纂情况一览表

表20-12-1

书名	编印（出版）时间	字数（千字）	备注
《平阳英烈》	1990年	167	中共平阳县委党史研究室与县民政局联合编印
《郑海啸回忆录》	1991年	90	—
《艰难的历程》	1991年	100	记述新民主主义革命时期中共平阳各区革命斗争史
《光辉的历程》	1994年	283	由中共党史出版社出版，反映新民主主义革命时期中共平阳地下党的斗争历史，中共闽浙边临时省委、红军挺进师、中共浙江省委及浙南特委在平阳的重大活动。列入浙江革命史丛书
《前进中的平阳》	1996年	130	平阳县第一本社会主义时期的党史资料专辑
《我在浙南》	1997年	37	黄先河回忆录
《峥嵘岁月》	1997年	78	回忆史料与专题合集
《爱国爱乡平阳名人选》	1998年	60	当代中国出版社出版
《郑海啸纪念文集》	2004年	253	中共平阳县委党史研究室与浙江省新四军历史研究会、中共温州市委党史研究室联合编辑，2004年6月由中共党史出版社出版
《平阳革命史迹》	2005年	42	简要介绍全县具有重要纪念意义的史迹，并加配图片
《平阳红色旅游景点概览》	2006年	59	以浙南（平阳）革命根据地旧址为重点，全面介绍老一辈革命家、军事家的历史功绩和红军挺进师、中共闽浙边临时省委、中共浙江省委的革命史迹，同时介绍了革命英烈和平阳地下斗争史迹
《浙南红都》	2006年	230	平阳县革命老区开发建设促进会与县红色旅游工作领导小组办公室编
《中共浙江省第一次代表大会》	2007年	160	中共平阳县委党史研究室与中共浙江省委党史研究室、中共温州市委党史研究室联合编辑，2007年5月由中共党史出版社出版
《闽浙边抗日救亡干部学校》	2007年	105	中共平阳党史研究室与中共平阳县委组织部、浙江平阳干部学校联合编印
《红军挺进师在平阳》	2007年		图文并茂地介绍红军挺进师在平阳的战斗历程
《中共平阳党史（第一卷）》	2008年	134	2000年10月启动编纂。记述平阳党组织创建、发展和领导人民进行革命斗争的光辉历程。2008年6月由中共党史出版社出版
《中共平阳县委知识青年训练班》	2008年	165	反映解放战争时期和解放初期，革命知识青年参加中共平阳县委举办的知识青年训练班（或青年组）学习的革命经历
《献身革命两代人》	2009年	200	平阳县革命老区开发建设促进会与县新四军历史研究会编，回忆山门西山老区的革命老人林介之一家的历史功绩
《凤林村与抗日将士》	2010年	238	平阳县革命老区建设促进会、县新四军历史研究会、中共凤卧镇委员会编，2010年9月由大众文艺出版社出版
《中共平阳党史大事记（1919.5～2010.12）》	2011年	432	中共党史出版社出版
《中共平阳县委历次党代会文献汇编》	2012年	400	中共党史出版社出版，选编1956—2011年重要历史文件60余份
《叶廷鹏暨中共浙南委员会纪念文集》	2012年	253	中共党史出版社出版
《中共平阳党史（第二卷）》	2017年	380	2010年5月启动编纂，集中反映1949—1978年期间平阳各级党组织的执政历程和党的建设情况。2017年4月由中共党史出版社出版

说明：资料由中共平阳县委党史研究室提供

第二节　党史宣教

党史题材宣传片拍摄

20世纪90年代初，拍摄《光辉的一页》电视宣教片，分《平阳枪声》《血的洗礼》《抗战烽火》《黎明前的枪声》等系列。1999年，县委党史研究室协同县电视台、《平阳报》、省有线电视台、中国教育电视台等新闻单位创办爱国主义教育基地巡视、平阳党史主要人物专辑、平阳革命老区行等栏目，拍摄制作有关平阳党史、红军挺进师新闻纪录片和图片集。2001年，拍摄《光辉的历程》专题片。2009年，拍摄《浙南(平阳)革命根据地旧址群掠影》专题片。

重大事件和重要人物纪念活动

1996年5—9月，平阳县开展纪念红军长征胜利、红军挺进师与浙南红军葛藤湖会师60周年系列活动。1998年，举行纪念大屯会议暨新四军第三支队第七团队北上抗日60周年座谈会。2005年，举办浙南游击根据地70周年暨刘英100周年诞辰纪念活动，中纪委副书记刘锡荣(刘英之子)参加纪念活动。2006年3月，举办“纪念大屯会议 发展红色旅游”活动，中纪委副书记刘锡荣为活动题词，刘英、粟裕亲属代表、挺进师北上抗日将士家属代表，中央、省、市党史界和新四军历史研究会领导参加活动。2007年，举办纪念粟裕100周年诞辰活动。2009年5月，举办平阳解放60周年纪念活动。6月，举办中共浙江省一大召开70周年纪念活动，省委书记赵洪祝、全国人大常委会常委刘锡荣及参加省一大代表的亲属等100余人参加纪念活动。2011年10月，举办“寻根浙南·大屯行”活动，北京军区原副司令员、中将粟戎生和北京、上海、江苏新四军历史研究会代表等300余人参加。2012年4月，举办叶廷鹏牺牲70周年暨中共浙南委员会成立80周年纪念活动。

党史教育基地与宣教平台

2009年，温州浙南(平阳)革命根据地旧址群被列为全国第四批爱国主义教育基地和省第一批党史教育基地。叶廷鹏烈士纪念馆、中共浙南特委驻地、浙江全境解放纪念碑、中共浙江临时省委成立旧址等列为市级党史教育基地，红十三军攻打平阳城192烈士摩崖题刻、中共浙南委员会成立旧址、平阳县农民协会成立遗址、鳌峰小学和凤林小学旧址等列为县级党史教育基地。

2011年10月12日，“寻根平阳大屯行”活动在平阳县举行
陈　敏　摄

2010年6月，《红色平阳》季刊创刊。2012年9月，《平阳史志》创刊。2012年年底，平阳史志网创办。

第三节　革命遗址普查与党史胜迹保护

革命遗址普查

2010年始，中共平阳县委党史研究室开展革命遗址普查活动，普查全县革命遗址160余处，拍照建档管理重点遗址30余处。

纪念场馆建设和党史胜迹保护

1993年，位于麻步渔塘的浙南革命纪念馆落成。1997年，位于练川的叶廷鹏烈士纪念馆落成，并对外开放。1998年，位于山门的中国工农红军挺进师纪念碑、位于水头五龙岱的革命烈士公墓和位于昆阳城南的牧垟下革命纪念室等相继落成。2003年，位于昆阳临区的游馥烈士纪念室落成开放。2007年，位于凤卧的中共浙江省一大陈列馆落成并对外开放。2011年，位于山门的中国工农红军挺进师陈列馆落成开放。2012年，位于凤卧的赤砂新四军战士训练场纪念墙建成，位于玉青岩的中共浙江临时省委成立旧址修缮完成。

第十三章　精神文明建设

1989年1月，县精神文明建设指导委员会成立，下设办公室(简称“县文明办”)。是年，各镇(乡)

设立相应机构。2002年5月，设立县创建省级文明城市领导小组办公室，与县文明办合署办公。8月，设综合科和指导科两个科室。2005年9月，增设道德建设科。2008年2月，平阳县被命名为省级文明城市。3月，县创建省级文明城市领导小组办公室更名为县创建省级示范文明城市领导小组办公室（简称“县创建办”），开展创建省级示范文明城市工作。2012年，县文明办增加编制3人，总计7人。

第一节　文明创建活动

文明社区创建

1998年，全县各乡镇在创建文明城镇的基础上开展文明片区、文明街（路）、文明楼幢等文明社区创建活动。是年，全县文明片区26个，文明楼幢（院）22幢，文明示范街21条，军（警）民共建8处。1999年，全县开展文明楼幢、文明片区、文明街创建活动，建设平安、卫生、和谐、文明的居住场所和生活环境。

2000年，平阳县开展十个文明示范小区创建活动，至次年，全县形成昆阳镇的白石街、安居一期、鳌江的夕阳红小区、沁春园等一批新的文明示范样板。2002年，在安居一区建成10个健身点，成为全县第一个社区健身点。2003—2004年，举办“我的家园”社区文化系列活动，通过文艺演出，家庭才艺比赛等20余场的演出活动，开展无毒社区、文明家庭、文明街道等系列创建活动。

2005年，平阳县出台《关于开展文明社区创建工作的实施意见》，实行昆阳镇居民区撤并，将12个居民区合并为6个社区。2007年，制定出台《2007年平阳县学习型社区创建实施意见》和星级学习型社区评估细则。2008年，举办科技、文体、法律、卫生“四进”社区活动，举办社区文艺公演，开展爱心人物、文明楼幢、庭院美化评选竞赛等活动。是年，命名昆阳镇坡南等4个社区为县级文明社区。次年，命名鳌江镇西洋社区、水头镇腾龙社区、萧江镇庄里社区、萧江镇胜利社区等4个社区为县级文明社区。

2010年，县文明办制定《关于开展社区学习型党组织创建活动的通知》，并制定活动行事历，开展廉政文化进社区活动。在鳌江商城社区召开谈变化、议创建、增信心学习型社区创建工作座谈会；在昆阳仙坛社区举办仙坛读书声——仙坛社区读书会成立仪式；在萧江沿河社区召开以诚信为主题的座谈会，并让党员代表签订门前“三包”责任书。全县1个社区申报创建省级文明社区，9个社区申报创建县级文明社区。2011年，通过开展创建幸福社区、满意社区等活动，九凰社区建立居家养老服务站，服务社区空巢老人；兴业社区开辟绿色通道，解决残疾人就业问题；坡南社区开展送温暖、春泥计划、春蕾女童等活动，帮助社区困难户解决生活困难和留守儿童就学等问题。2012年，昆阳镇通过政府搭台，群众唱戏，加强文化夜市建设，仙坛社区百姓歌坛大家唱、九凰社区开心广场大家乐、横阳社区经典导读大家学、坡南社区露天电影大家看、兴业社区文体沙龙大家欢、联安社区市民学校大家听成为群众性文化活动品牌。同时，46个县职能部门与全县66个社区实行“一对一”文明结对共建。全县所有县、乡（科）级领导干部各编入一个社区，发挥领导示范带头作用，参与所在社区的活动。

2012年底平阳县省级文明社区、市级文明社区情况一览表

表20-13-1

级别	社区名	获得年份
省级	九凰社区	2011年
	联安社区	2012年
市级	兴业社区	2011年
	坡南社区	2011年
	江滨社区	2011年
	联安社区	2011年
	横阳社区	2012年

说明：资料由县文明办提供

至2012年年底，平阳县有省级文明社区2个，市级文明社区5个，县级文明社区12个。

文明单位创建

1984年11月，开展文明单位创建活动。1990年，平阳县电影发行放映公司被命名为省级文明单位。1993年11月，对1991年前命名的县级文明单位进行重新评选，原评出的62个文明单位，不再享

2012年底平阳县省级文明单位一览表

表20-13-2

单位名	获得年份
浙江省平阳中学	2001年
浙江省平阳县中心小学	2001年
平阳县疾病预防控制中心	2001年
中国电信股份有限公司平阳分公司	2003年
平阳县电力责任有限公司	2003年
平阳县烟草专卖局	2005年
平阳县国家税务局	2005年
中国移动集团浙江有限公司平阳分公司	2006年
浙江乔治白服饰股份有限公司	2009年
中国农业银行平阳支行	2009年
温州银行股份有限公司平阳分公司	2009年
中国工商银行平阳支行	2011年
平阳县邮政局	2011年

说明：资料由县文明办提供

受文明单位的称号。

1994年，平阳县获省级文明单位3个，市级文明单位12个，评出县级文明单位19个。1994—1995年，县文明办协同县总工会、县工业经济委员会、县二轻局等有关部门组织120家企业开展百家企业创“三优”（优质产品、优良服务、优美环境）竞赛活动，浙江三星洗衣机配件厂连续两年获优胜单位。1995年，评出县级文明单位12家。1995—1996年，组织平阳报社等107个单位（个人）开展百家窗口竞赛活动，县工商银行等10个单位（个人）被评为优胜单位（个人）。1997年，评出县工商局等35个单位为县级文明单位。1998年，有8个单位被命名为市级文明单位，有45个单位被命名为县级文明单位。是年，在学习文明服务示范点、创建文明行业活动中，工商银行平阳县支行昆阳分理处被评为市级文明服务示范点。1999年，在窗口行业开展微笑在岗位、服务为群众活动，全面推行社会服务承诺制度。县技工学校、县卫生防疫站2家单位被评为省级文明单位，县人民检察院等39家单位被评为县级文明单位。

2000年，围绕为人民服务、树行业新风的主题，在窗口行业和行政执法部门推行规范化服务。是年，县电信局鳌江支局等9个单位被评为市级文明单位，命名市级文明服务示范点2个。2001年，新增省级文明单位6个。2002—2004年，全县开展创建文明行业活动，县电信公司系统等8个行业成为首批县级文明行业。开展文明单位风采专题宣传活动，宣传报道十余家省、市、县级文明单位创建工作。2003年，命名省级文明单位2个。

2006年，制定企业文明创建活动方案，文明创建向非公企业领域拓展。是年，新增省级文明单位1个。2008年，开展十佳文明窗口评选，中行平阳县支行昆阳分理处等10个基层窗口单位获得十佳文明窗口称号。是年，新增县级文明单位31个。

2010年，全县13个省级文明单位中12个顺利通过省级复评验收。新增10个县级文明单位。2011年，新增省级文明单位2个。

至2012年，全县有省级文明单位13个；市级文明单位67个，文明服务示范点21个；县级文明单位144个、文明服务示范点24个。

文明村镇创建

1984年11月，平阳县开始文明村创建。1987年，西塘乡荆山村被命名为省级文明村。1989年，全县建成各级文明村50个，其中省级文明村1个（西塘乡荆山村），市级文明村7个，县级文明村42个。

1993年11月，对1991年前命名的县级文明村进行重新评选，原评出52个文明村（不包含省、市级和已撤销以及自动消失村）不再享受文明村的称号。是年，平阳县开始参与市创建文明城镇竞赛活动。1994年，组织昆阳镇城东村等108个村开展百村文明建设竞赛活动，鳌江镇五板桥村等6个村被评为百村文明建设优胜单位。是年，鳌江镇、昆阳镇被评为市创建文明城镇竞赛活动先进单位，昆阳镇铁岭村成为县级文明村重新命名后的首个县级文明村。1995年，鳌江镇、昆阳镇被命名为市级文明镇。萧江镇被命名为县级文明镇。鳌江镇五板桥村、藕莲村、南雁镇岭街村被命名为县级文明村。1996年，萧江镇被命名为市级文明镇，萧江镇后垟村等10个村被命名为县级文明村。1997年，鳌江镇成为省级文明村镇示范点、市级文明示范镇，水头镇获市级文明镇、县级文明镇称号。1998年，昆阳镇被命名为市级文明示范镇。1999年，鳌江镇被评为全国精神文明创建工作先进单位，昆阳镇南丰村、万全乡北山村被命名为县级文明村。

2000年，昆阳镇、鳌江镇被命名为市三星级文明镇，萧江镇为市二星级文明镇，水头镇为市一星级文明镇。宋埠镇陡北村被命名为市级文明村。2001年，鳌江镇被命名为全国创建文明小城镇示范点，省级文明镇。2002年，文明镇村创建形成镇村互动，以镇带村的创建格局，昆阳镇开展镇级现代化文明示范村、文明后备村、特色村等创建活动，鳌江镇提出争创全国文明城镇、全国卫生城镇的“双创”目标。是年，南麂镇被命名为市一星级文明镇。2003年，鳌江镇下河村被命名为省级文明村(后于2006年复评当中被取消)。2004年，萧江镇获省级文明镇称号，昆阳镇被评为市四星级文明镇。2005年，山门镇被列入市一星级文明镇创建行列并通过检查验收。2005—2006年，开展“双百结对共建文明”活动，由100个文明单位与100个村结对，共建文明村。2006年，昆阳镇、山门镇被命名为省级文明镇，新增县级文明村26个。2007—2009年，昆阳、鳌江、水头、萧江、腾蛟、山门、南雁、郑楼、榆垟、南麂等10个镇投入资金900余万元，完成主入口整治7个，整治主要街道16条，硬化路面7万余平方米。文明单位为文明村创建共注入共建资金600余万元。2008年，昆阳镇被评为全国文明镇创建工作先进镇，昆阳、鳌江、水头、萧江、腾蛟、山门、南雁、郑楼、榆垟、南麂等镇通过市级文明镇晋星，新增县级文明村30个。

2012年底平阳县县级以上
文明镇及省级文明村一览表

表20-13-3

称号	村镇名	获得年份
全国文明镇	昆阳镇	2011年
省级文明镇	鳌江镇	2001年
	萧江镇	2004年
	山门镇	2006年
	水头镇	2009年
市二星级文明镇	腾蛟镇	2011年
	南雁镇	2011年
县级文明镇	顺溪镇	2011年
	青街乡	2011年
省级文明村	昆阳镇皇岙村	2009年
	山门镇悦来村	2009年
	鳌江镇荷莲村	2011年
	水头镇龙涵村	2011年

说明：资料由县文明办提供

2010年，针对撤扩并后的乡镇，重新启动县级文明村评选工作，南雁镇、梅溪乡、梅源乡成为县首批文明乡镇。

2011年，昆阳镇获全国文明镇称号，南麂镇被命名为省级文明镇(后因乡镇撤扩并自然消失)，水头镇龙涵村、鳌江镇荷莲村被命名为省级文明村，顺溪镇、青街畲族乡成为县第二批文明镇(乡)。2012年，鳌江、水头、萧江、万全、腾蛟等镇加大投入，完成主入口整治19个、主要街道整治45条、拆除违章建筑310余万平方米。在村级实施优美乡村行动，407个村成为市级村庄整治合格村，其中47个村被评为省、市级全面小康建设示范村。

至2012年年底，全县有全国文明镇1个，省级文明镇4个、文明村4个，市二星级文明镇2个、文明村61个，县级文明镇2个、文明村170个。

省级文明城市创建

2000年，平阳县创建文明城市活动启动。2003年9月，县委、县政府提出2003年打基础，2004年争创省级文明城市工作先进县，2005年达到省级文明城市的创建规划，因受2004年“7·28”火灾事件，GDP增长率及水头环境污染等因素的影响，致使2004年未实现省级文明城市创建先进县的目标。2005年12月，接受省级文明创建工作先进县验收。2006年1月，平阳县获省创建文明城市工作先进县称号。2007年10月31日至11月1日，平阳县顺利通过创建省级文明城市考评，并于次年2月被省委、省政府命名为省文明城市称号。

省级示范文明城市创建

2008年，县委、县政府提出创建省级示范文明城市工作目标，制定《平阳县创建省级示范文明城市工作实施意见(2008—2009)》。2009年，平阳县申报省级示范文明城市未获推荐。2011年，县委、县政府提出开展以创建省级示范文明城市为龙头的“六城联创”活动(国家卫生县城、省级文明城市、省级园林城市、省级森林城市、省级生态城市、省

2012年10月12日，消防官兵清洁街道，助力省级示范文明城市创建　　陈　亮　摄

级历史文化名城创建)。2012年，推出“联督、例会、落实、通报、宣传”的五位一体创建制度，并于10月28—30日通过省检查组考核。2013年1月，平阳县获省级示范文明城市称号。

第二节　公民思想道德建设

1989—1991年，平阳县连续3年开展创优质服务、优良秩序、优美环境“三优”、评遵纪守法户、五好家庭户、双文明户“三户”、刹赌博风、封建迷信风、铺张浪费风“三风”活动。整个活动分3个层次：以昆阳为重点的14个建制镇主要开展以治脏、治乱为中心的创双优文明杯竞赛活动(“双优”指优良秩序、优美环境)，各机关、厂矿、医院等企事业单位主要开展优质服务文明杯竞赛活动，农村主要是开展以评“三户”、刹“三风”为基础的文明村创建活动。1989年，县委、县政府以昆阳镇铁岭村评“三户”活动为试点，评出双文明户1户、五好家庭户47户、遵纪守法户69户，试点经验在全县推广。活动期间，昆阳镇两次获市级创“三优”竞赛三等奖，全县评出集镇创“三优”优胜单位7家、优质服务优胜单位5家、“三户”先进单位5家。

1991年4月至1994年，全县开展创优夺杯竞赛活动。根据系统、行业的特点，设置公仆杯、正气杯、主人翁杯、双拥杯、满意杯、园丁杯、二为杯(为人民服务、为社会主义服务)、白求恩杯、丰收杯、诚实杯等十杯，以创优夺杯的形式，广泛吸引群众参与。

1996年，《平阳县市民守则》实施，并在全县各地开展万人文明行为承诺签名活动。《平阳县市民守则》包括热爱祖国，热爱家乡；遵纪守法、维护公德；讲究卫生，美化环境；言行文明，礼貌待人；关心集体，爱护公物；尊师重教，崇尚科学；诚实守信，文明经商；少生优生，计划生育；尊老爱幼，邻里和睦；艰苦奋斗，勤俭节约等10个部分。是年，开展平阳县首届十佳家庭、十佳市民评选，评选出十佳家庭10户、十佳市民10人。1997年，开展以文明言行、环境卫生、服务质量、交通秩序为主题的讲文明、树新风活动，活动出警390人次，纠正各类违章920人次，受教育群众约1.5万人次。1999年，开展争做现代化平阳人系列活动。在机关各单位开展创文明机关、树公仆形象活动，实行政务公开、乡镇无休日办公制度；交通运输部门开展流动的文明使者活动，倡导开文明车、开安全车；共青团员开展以服务社会、服务群众和送温暖、献爱心为重心的志愿者服务活动；开展以弘扬社会正气、优化治安环境、维护社会政治稳定为主要内容的安全防范年活动。

2000年，开展致富思源，富而思进教育，组织千名干部下农村，建立思想道德建设队伍，在每个村居、机关企事业单位等建成宣传组，设置宣传栏。2001年，结合创建文明城市活动启动年，利用多种载体和手段，以《温州文明言行2000系列》《平阳县市民守则》等为教育读本，通过上课、讲座、发放传单等形式进行宣传教育，推广现代文明用语，培育人的现代文明习惯，倡导科学健康的生活方式。2002年，平阳县为贯彻落实《公民道德建设实施纲要》《浙江省公民道德规范》精神，以鳌江镇、麻步镇为活动试点，开展农村思想道德建设和文化阵地建设，并组织开展德在身边系列活动。2003年，结合抗击“非典”，开展公共卫生和疾病预防知识宣传教育，大力弘扬和培育民族精神。结合8月8日第二个温州诚信日，开展做诚信人，共铸诚信温州的宣传教育活动。2004年，举办“讲文明、改陋习，清洁平阳、从我做起”万人签名活动。是年，平阳县印发《关于进一步加强和改进未成年人思想道德建设的实施意见》，组建平阳县未成年人思想道德建设宣讲团，在全县各学区进行宣讲，从德育教育的反思、教师的身正效应，预防未成年人犯罪等几个方面进行专题讲解。

2005年9月20日，平阳县举行庆祝第三个全国公民道德宣传日文艺晚会　李　斌　摄

2005—2009年，持续开展文明礼仪宣传教育进机关、进校园、进社区、进企业、进服务窗口活动。2005年，在县人民医院等5个单位开展文明礼仪宣传教育试点活动，发放《文明礼仪ABC》读本及文明礼仪教育光盘4000份。2006年，制定《关于开展“八荣八耻”主题教育实践活动的实施意见》，组织机关、企事业单位干部、职工学习文明礼仪知识，在党政机关、经济领域、社会领域开展“诚信行政、取信于民”“诚信经营、信誉兴业”“诚信处世、真情待人”教育，着力建设信用平阳。2007年，开展文明出行主题宣传教育活动，在电台、报纸开设《文明出行从我做起》《文明出行》专题栏目，针对市民出行的热点、难点问题，做好舆论引导和典型宣传工作。全县200人以上企业开展外来务工人员交通安全法律法规知识宣传教育活动。开展文明素质大讲堂活动。在县城主要街道实施划交通标志、标线和设置标牌，在停车点制作文明公约、市民守则等宣传窗、栏。2008年，县文明办印发《创建简报》《文明平阳》《平阳县市民公约》《平阳县市民“十不”行为规范》《公民道德宣传手册》等宣传资料6万余份，在全县广泛推行使用文明用语、组织开展“我的餐桌我清洁”活动。2009年，举办迎国庆、讲文明、树新风为主题的文明礼仪宣传晚会。发放文明礼仪光盘、《文明礼仪ABC》手册、制作刊播文明礼仪知识公益广告，增强传播效果。以文明礼仪伴我行为主题，倡导文明行路、文明行车、文明旅游等文明行为，向各旅行社发放文明旅游宣传单10000份。是年，平阳县未成年人思想道德建设协调小组成立，实施春泥计划和做一个有道德的人主题活动，在温州长安集团、昆阳三中和昆阳前爿村开展试点工作。2009年，举办“我爱我的祖国”中小学生演讲比赛、“品红书经典，扬民族精神，做文明少年”主题队会等活动，促进未成年人思想道德建设。

2010年，以“我们的节日”为主题，在春节、清明节、端午节、中秋节等传统节日开展文化活动。《平阳县文明交通行动计划(2010—2012年)》出台。编印《公民道德建设精选读本》2万余册，组织开展上街游行及沿街现场赠书活动，举办公民道德建设图片展。2011年，开展责任文化与公民道德主题征文评选，举办平阳县首届道德论坛，加强社会公德、职业道德、家庭美德、个人品德教育。是年，成立力行志工社，宣传、推行优秀传统文化，特别是中华传统美德。突出红色教育，打造红色校园文化，将爱国主义教育、革命传统教育、中华传统美德有机地融入教学内容，用未成年人喜闻乐见、生动活泼的形式进行教学。

2012年，实施“三心四德”(孝心、爱心、责任心，社会公德、职业道德、家庭美德、个人品德)工程建设。5月4日，县传统文化促进会成立。5月11—13日，举办平阳县第二届公民道德教育公益论坛。是年，平阳县开展首届孝文化节、“三心四德”乡村行巡回晚会、“一把手”讲道德课、24孝贤评选等一系列活动。是年，平阳县未成年人思想道德建设领导小组成立，调整春泥计划工作领导小组，出台以实施未成年人思想道德建设的《平阳县未成年人“旭日工程”建设方案》。

2012年5月11日，平阳县“三心四德”工程建设动员大会现场　陈培勇　摄

第二十一卷
DI ER SHI YI JUAN

《平阳县志（1989—2012）》
PINGYANG XIAN ZHI

人民代表大会

1989—2012年，平阳县召开第九届至第十五届共7届人民代表大会。县第九、十届任期3年，县第十一、十二届任期5年，县第十三届任期4年，县第十四、十五届任期5年。县人民代表大会（简称“县人大”）及其常务委员会（简称“县人大常委会”）职责：保证宪法、法律、行政法规和上级人民代表大会及其常务委员会决议在全县的遵守和执行；主持县人民代表大会代表的选举；召集县人民代表大会会议；讨论、决定全县的政治、经济、教育、科学、文化、卫生、环境资源保护、民政和民族等重大事项；审议、决定平阳县本级国民经济计划和财政预算指标；依法监督县人民政府、县人民法院、县人民检察院（简称“一府两院”）的工作；决定“一府两院”国家机关工作人员的任免；开展法律监督、工作监督，关注热点难点问题；密切联系代表，组织代表开展活动，倾听群众的意见和要求。

第一章　县人民代表大会

县人大代表大会是县级国家权力机关，县人大代表依法行使职权，在县人民代表大会期间参与县域重大事项的决策，选举县级国家机关领导人，对地方国家机关及工作人员提出批评、建议和意见。闭会期间，县人大代表参加县人大常委会组织的调研、视察、督查、评议等各项活动，持代表证进行视察检查，倾听群众呼声，就所涉及的经济建设和人民生活中的重大问题、执法和廉政建设等问题，向有关方面提出意见或直接向人大常委会反映，但不直接处理问题。

第一节　代表组成和结构

代表选举

选举机构　历届人大代表选举期间，县人大常委会领导和主持下一届本级人民代表选举工作，成立县选举委员会。县选举委员会是办理全县人大代表选举事宜的机构，下设办公室，具体负责各项事务工作。全县各乡镇、各选区成立选举委员会或选区工作小组，负责本区域和本系统的代表选举工作并指导选区的选举工作。选举委员会由主任和若干名委员组成。

选举程序　建立选举机构，制定选举计划，培训干部，划分选区和分配各选区应选代表名额。广泛深入开展《中华人民共和国地方各级人民代表大会和地方各级人民政府组织法》的宣传教育，进行选民登记，审查和公布选民名单，发放选民证，受理对选民名单不同意见的申诉并作出处理决定。提名推荐和确定代表候选人名单。投票选举产生代表，公布选举结果，并做好选举工作总结。

选举办法　县人大代表采用直接选举方式产生，县人大代表的名额，由省人大常务委员会在选举法规定的幅度内核定。代表候选人由各选区选民和各政党、各人民团体提名推荐。选民10人以上联名，也可以推荐代表候选人。选举委员会将代表候选人名单及代表候选人的基本情况在选举日的15日以前公布，并交各选区的选民小组讨论、协商，确定正式代表候选人名单，最后实行差额选举，规定

第九届至第十五届平阳县人民代表大会代表选举情况一览表

表21-1-1

届　次	选举时间	选区（个）	选民数（人）	参选人数（人）	参选率%	县人民代表数（人）
第九届	1986年年底	134	443437	406297	91.62	304
第十届	1989年年底	134	488775	436157	89.23	327
第十一届	1992年年底	146	505620	452591	89.51	329
第十二届	1997年年底	129	576380	—	—	296
第十三届	2002年年底	138	—	534726	—	292
第十四届	2006年年底	144	688955	600418	87.15	296
第十五届	2011年年底	148	744522	679005	91.20	293

说明：资料由县人大办公室提供

2006年12月8日县乡两级人大代表选举日，群众参加选举现场　　陈培勇　摄

由选民直接选举的代表候选人名额，应多于应选代表名额的1/3～1倍。实行无记名投票选举。选举结果宣布后，县选举委员会确认选举是否有效，并公布当选代表名单，经县代表资格审查委员会审查当选代表资格后，发给代表当选证书。

代表结构

县第九届人大代表304人，其中连选连任91人。县第十届人大代表327人，其中连选连任代表95人。县第十一届人大代表329人。县第十二届人大代表296人。县第十三届人大代表292人。县第十四届人大代表296人，其中连任代表113人。县第十五届人大代表293人，其中连任代表131人。其间，平阳县3人出席全国人大会议，29人出席省人大会议。

1988—2012年平阳县出席全国人大会议、浙江省人大会议代表一览表

表21-1-2

届　次	姓　名
七届全国人大 1988年4月至1993年3月	周青疆
八届全国人大 1993年3月至1998年3月	周青疆
十届全国人大 2003年5月至2008年3月	林圣雄
十一届全国人大 2012年11月—	林垂午
七届省人大 1988年1月至1993年1月	白植俊　李杨约　陈克中 陈苹鹿（女）　薛可宽　雷朝宽
八届省人大 1993年1月至1998年1月	王纪树　王擎峰　白植俊 陈林花（女）　雷朝宽 蔡秋菊（女）
九届省人大 1998年1月至2003年2月	白植俊　陈林花（女）　周咸文 周青疆　钟远波（女）　林圣雄 李作虎　薛安志　戴祝水
十届省人大 2003年2月至2007年11月	王岳言　陈钦雄　陈振中 钟远波（女）　黄宝磊　戴祝水
十一届省人大 2007年11月至2012年2月	池方燃　陈　建　杨学寿 钟远波（女）　黄安波
十二届省人大 2012年12月—	朱立科　杨学寿　苏素云（女） 郑玉琴（女）　胡方勇

说明：资料由县人大办公室提供（按姓氏笔画为序）

第九届至第十五届县人大代表知识结构与年龄结构一览表

表21-1-3

项目 \ 届次		第九届 人数	第九届 百分比%	第十届 人数	第十届 百分比%	第十一届 人数	第十一届 百分比%	第十四届 人数	第十四届 百分比%	第十五届 人数	第十五届 百分比%
知识结构	大学	35	11.51	45	13.76	57	17.33	139	46.96	95	32.42
	大专									84	28.67
	中专	40	13.16	51	15.60	0	0	155	52.36	114	38.91
	中学	169	55.59	178	54.43	272	82.67				
	小学	60	19.74	53	16.21	0	0	2	0.68		
年龄结构	35岁（含）以下	53	17.43	67	20.49	40	12.16	38	12.84	17	5.80
	36～45岁	224	73.68	239	73.09	264	80.24	138	46.62	247	84.30
	46～55岁							97	32.77		
	56岁（含）以上	27	8.88	21	6.42	25	7.60	23	7.77	29	9.90

说明：①第十二、十三届数据缺失；②资料由县人大办公室提供

第九届至第十五届平阳县人大代表界别结构一览表

表 21-1-4

界别＼届次	第九届		第十届		第十一届		第十二届		第十三届		第十四届		第十五届	
	人数	百分比%	人数	百分比%	人数	百分比%	人数	百分比%	人数	百分比%	人数	百分比%	人数	百分比%
工人代表	119	39.14	50	15.29	57	17.33	69	23.31	133	45.55	175	59.12	185	63.14
农民代表			106	32.42	97	29.48	91	30.74						
干部代表	90	29.61	93	28.44	112	34.04	81	27.36			77	26.01	59	20.14
知识分子代表	76	25	61	18.65	51	15.50	51	17.23	192	65.75	43	14.53		
妇女代表	53	17.43	61	18.65	63	19.15			35	11.99	27	9.12	27	9.22
少数民族代表	8	2.63	7	2.14	9	2.74	11	3.72	11	3.77	8	2.70	6	2.05
侨眷、台属、宗教代表	19	6.25	17	5.20	7	2.13								
其他阶层代表					12	3.65	3	1.01	13	4.45				
军人（驻平部队）代表							1	0.34	1	0.34	1	0.34	1	0.34
国家机关单位代表									93	31.85				
商业、金融及社会服务业代表									25	8.56				
科教文卫系统代表									27	9.25				
专业技术人员代表													48	16.4
中共党员代表	209	68.75	247	75.54	248	75.38	227	76.69	234	80.14	215	72.64	218	74.40
党外人士代表	95	31.25	80	24.46	81	24.62	69	23.31	58	19.86	81	27.36	75	25.60

说明：资料由县人大办公室提供

第二节　县人民代表大会会议

各届各次县人民代表大会由大会会议主席团主持。历次会议的主要议程：听取和审查县人民政府工作报告、上一年国民经济和社会发展计划执行情况与当年计划草案报告、上一年财政预算执行情况与当年预算草案报告、县人大常委会工作报告、县人民法院工作报告和县人民检察院工作报告，并表决通过上述各项工作报告决议。历届第一次会议选举产生新一届县人大常委会主任、副主任、委员，县人民政府县长、副县长，县人民法院院长和县人民检察院检察长，并选举产生出席市人民代表大会代表。

1989—2012年，召开县人民代表大会会议24次。

县第九届人民代表大会第三次会议

1989年3月14—18日，在昆阳镇召开，出席代表225人。会议听取和审查各项报告并作出相应决议。补选出席市第七届人大代表2人。

县第十届人民代表大会会议

第一次会议　1990年5月16—22日，在昆阳镇召开，出席代表327人。会议听取和审查各项报告并作出相应决议。会议选举白植俊为县第十届人大常委会主任，林声足、李绍行、周青疆为副主任；王吼狮为县长，王擎峰、郑兆麟、周景标、李海涛为副县长；朱思共为县人民法院院长；吴寿珊为县人民检察院检察长。会议收到代表议案283件，建议、批评和意见87件。

第二次会议　1991年2月26日至3月1日，在昆阳镇召开，出席代表327人。会议听取和审查各项报告并作出相应决议。补选产生县人大常委会委员3人。会议收到代表议案199件，建议、批评和意见31件。

第三次会议　1992年3月23—28日，在昆阳镇召开，出席代表325人。会议听取和审查各项报告并作出相应决议。补选林昌桐为县人大常委会副主任，选举徐光兴为县人民法院院长。会议收到代表议案133件，建议、批评和意见23件。

县第十一届人民代表大会会议

第一次会议　1993年4月11—17日，在昆阳镇召开，出席代表329人。会议听取和审查各项报告并作出相应决议。会议选举白植俊为县第十一届人大常委会主任，林声足、郑兆麟、林昌桐、周青疆为副主任；王擎峰为县长，周景标、王德植、赵宪进、陈财行、钱克肱为副县长；林合田为县人民法院院长；吴寿珊为县人民检察院检察长。选举出席温州市第八届人民代表大会代表59人。会议收到代表议案195件，建议、批评和意见61件。

第二次会议　1994年3月21—26日，在昆阳镇召开，出席代表329人。会议听取和审查各项报告并作出相应决议。会议收到代表议案144件，建议、批评和意见21件。

第三次会议　1995年3月21—25日，在昆阳镇召开，出席代表322人。会议除听取和审查各项报告并作出相应决议外，通过《全力办好省级平阳县经济开发区的决议》。会议收到代表议案142件，建议、批评和意见21件，县政府议案1件。

第四次会议　1996年3月17—22日，在昆阳镇召开，出席代表329人。会议除听取和审查各项报告并作出相应决议外，审议通过平阳县国民经济和社会发展“九五”计划与2010年远景目标纲要的报告。会议听取县经济开发区工作情况的汇报。通过把1996年定为县科技教育年的决议，通过加快海洋开发建设海上平阳议案的决议。会议接受郑兆麟辞去县人大常委会副主任职务的请求，补选钱克肱为县人大常委会副主任。会议收到代表议案144件，县政府议案2件，建议、批评和意见14件。

第五次会议　1997年3月17—21日，在昆阳镇召开，出席代表325人。会议除听取和审查各项报告并作出相应决议外，听取关于《1996年定为科技教育年议案》和《加快海洋开发议案》实施情况的报告，通过关于加快建设鳌江国家级星火技术密集区议案的决议。会议收到代表议案143件，建议、批评和意见25件，县政府议案1件。

县第十二届人民代表大会会议

第一次会议　1998年4月7—13日，在昆阳镇召开，出席代表296人。会议除听取和审查各项报告并作出相应决议外，通过《关于进一步推进依法治县》的决议。会议选举白植俊为县第十二届人大常委会主任，林昌桐、钱克肱、周青疆、赵宪进、金腾为副主任；戴祝水为县长，王纪树、王德植、雷大

1998年4月8日，县第十二届人民代表大会第一次会议会场

取、张加波、曹高林为副县长；林合田为县人民法院院长；盛志荣为县人民检察院检察长。选举出席温州市第九届人民代表大会代表55人。会议收到代表议案275件，建议、批评和意见43件。

第二次会议　1999年4月14—19日，在昆阳镇召开，出席代表293人。会议听取和审查各项报告并作出相应决议。会议收到代表议案219件，建议、批评和意见8件。

第三次会议　2000年3月14—19日，在昆阳镇召开，出席代表290人。会议听取和审查各项报告并作出相应决议。会议收到代表议案175件，建议、批评和意见7件。

第四次会议　2001年3月12—17日，在昆阳镇召开，出席代表294人。会议听取和审查各项报告并作出相应决议，审议通过平阳县经济和社会发展第十个五年计划纲要的报告。补选黄宝磊为县人大常委会副主任。会议收到代表议案163件，建议、批评和意见25件。

第五次会议　2002年3月15—20日，在昆阳镇召开，出席代表293人。会议听取和审查各项报告并作出相应决议。会议收到代表议案192件，建议、批评和意见34件。

县第十三届人民代表大会会议

第一次会议　2003年3月23—28日，在昆阳镇召开，出席代表292人。会议听取和审查各项报告并作出相应决议。选举戴祝水为县第十三届人大常委会主任，黄宝磊、林昌桐、金腾、曹高林、陈绍者、周世好为副主任；仇杨均为县长，董君敏、卢剑平（女）、陈建良、胡方勇、陈应许、林立军为副县长；王旭东为县人民法院院长；陈士民为县人民检察院检察长。选举出席市第十届人民代表大会代表55人。收到代表议案386件，建议、批评和意见38件。

第二次会议　2004年3月9—14日，在昆阳镇召开，出席代表284人。会议除听取和审查各项报告并作出相应决议外，通过关于继续推进依法治县进程的决议。会议收到县人大常委会议案1件，代表议案256件，建议、批评和意见26件。

第三次会议　2005年3月8—11日，在昆阳镇召开，出席代表271人。会议除听取和审查各项报告并作出相应决议外，通过全力推进平阳县红色旅游产业发展的决议。选举蔡荣贤为县人大常委会副主任。会议收到代表议案108件，建议、批评和意见87件。

第四次会议　2006年3月6—10日，在昆阳镇召开，出席代表285人。会议除听取和审查各项报告并作出相应决议外，审议通过平阳县国民经济和社会发展第十一个五年规划纲要的报告。会议收到代表议案50件，建议、批评和意见143件。

县第十四届人民代表大会会议

第一次会议　2007年1月23—27日，在昆阳镇召开，出席代表296人。会议听取和审查各项报告并作出相应决议。选举仇杨均为第十四届人大常委会主任，胡方勇、周世好、蔡荣贤、林天思、温林琴（女）、方靖为副主任；黄安波为县长，徐定锦、陈

2000年3月县十二届人大三次会议期间，人大代表在平阳经济开发区视察鞋业工业园区

景宝、雷文多、麻胜聪、汤筱疏、曾上俊为副县长；王旭东为县人民法院院长；赵卫华为县人民检察院检察长。会议收到代表议案122件，建议、批评和意见210件。选举出席市第十一届人民代表大会代表56人。

第二次会议　2008年3月3—7日，在昆阳镇召开，出席代表288人。会议听取和审查各项报告并作出相应决议。大会收到议案38件，建议、批评、意见214件。

第三次会议　2009年3月4—7日，在昆阳镇举行，出席代表294人。会议听取和审查各项报告并作出相应决议。补选产生县人大常委会委员1人，选举谢作幸为县人民法院院长。会议收到代表议案71件，建议、批评、意见174件。

第四次会议　2010年1月18—22日，在昆阳镇举行，出席代表273人。会议听取和审查各项报告并作出相应决议。选举王中毅为县长，补选县人大常委会委员4人。会议收到代表议案57件，建议、批评、意见151件。

第五次会议　2011年1月22—26日，在昆阳镇举行，出席代表289人。会议听取和审查各项报告并作出相应决议，审查县国民经济和社会发展“十二五”规划纲要草案。选举王祖焕为县人大常委会主任。会议收到代表议案30件，建议、批评、意见125件。

县第十五届人民代表大会会议

第一次会议　2012年1月5—10日，在昆阳镇举行，出席代表293人。会议听取和审查各项报告并作出相应决议。选举胡方勇为县第十五届人大常委会主任，蔡荣贤、周世好、申卫国、林天思、温林琴（女）、方靖为副主任；黄敏为县长，梁超、郑杰、雷文多、周慧、林伟、林霄为副县长；谢作幸为县人民法院院长；林锡铭为县检察院检察长。会议收到代表议案29件，建议、批评、意见227件。选举出席市第十二届人民代表大会代表54人。

2012年1月5日，第十五届人大一次会议会场

林炮　摄

第二章　县人民代表大会常务委员会

县人大常委会是县人民代表大会的常设机构，由县人民代表大会选举产生，在人民代表大会闭会期间行使代表大会职能，依法行使本行政区域内的国家权力，对人民代表大会负责并报告工作。

第十届人大常委会主任1人，副主任4人，委员15人；第十一届主任1名，副主任6人，委员12人；第十二届主任1人，副主任6人，委员16人；第十三届主任1人，副主任7人，委员18人；第十四届主任2人，副主任6人，委员25人；2012年，第十五届人大常委会主任1人，副主任6人，委员20人。

第十届至第十五届平阳县人大常委会主任、副主任任职情况一览表

表21-2-1

届　次	职　务	姓　名	籍　贯	任　期
第十届 1990年5月至1993年4月	主　任	白植俊	浙江平阳	1990年5月至1993年4月
	副主任	林声足	浙江平阳	1990年5月至1993年4月
		李绍行	浙江平阳	1990年5月至1993年4月
		周青疆	浙江平阳	1990年5月至1993年4月
		林昌桐	浙江平阳	1992年3月至1993年4月

续表 21-2-1

届次	职务	姓名	籍贯	任期
第十一届 1993年4月至1998年4月	主任	白植俊	浙江平阳	1993年4月至1998年4月
	副主任	林声足	浙江平阳	1993年4月至1998年4月
		郑兆麟	浙江平阳	1993年4月至1996年3月
		林昌桐	浙江平阳	1993年4月至1998年4月
		李绍行	浙江平阳	1993年4月至1998年4月
		周青疆	浙江平阳	1993年4月至1998年4月
		钱克肱	浙江平阳	1996年3月至1998年4月
第十二届 1998年4月至2003年3月	主任	白植俊	浙江平阳	1998年4月至2003年3月
	副主任	林昌桐	浙江平阳	1998年4月至2003年3月
		钱克肱	浙江平阳	1998年4月至2003年3月
		周青疆	浙江平阳	1998年4月至2003年3月
		赵宪进	浙江文成	1998年4月至2000年8月
		金　腾	浙江平阳	1998年4月至2003年3月
		黄宝磊	浙江平阳	2001年3月至2003年3月
第十三届 2003年3月至2007年1月	主任	戴祝水	浙江永嘉	2003年3月至2007年1月
	副主任	黄宝磊	浙江平阳	2003年3月至2007年1月
		林昌桐	浙江平阳	2003年3月至2007年1月
		金　腾	浙江平阳	2003年3月至2007年1月
		曹高林	浙江平阳	2003年3月至2005年2月
		陈绍者	浙江平阳	2003年3月至2007年1月
		周世好	浙江平阳	2003年3月至2007年1月
		蔡荣贤	浙江平阳	2005年3月至2007年1月
第十四届 2007年1月至2012年1月	主任	仇杨均	浙江乐清	2007年1月至2010年12月
		王祖焕	浙江洞头	2011年1月至2012年1月
	副主任	胡方勇	浙江平阳	2007年1月至2012年1月
		周世好	浙江平阳	2007年1月至2012年1月
		蔡荣贤	浙江平阳	2007年1月至2012年1月
		林天思	浙江平阳	2007年1月至2012年1月
		温林琴（女）	浙江平阳	2007年1月至2012年1月
		方　靖	浙江平阳	2007年1月至2012年1月
第十五届 2012年1月—	主任	胡方勇	浙江平阳	2012年1月—
	副主任	蔡荣贤	浙江平阳	2012年1月—
		周世好	浙江平阳	2012年1月—
		申卫国	浙江平阳	2012年1月—
		林天思	浙江平阳	2012年1月—
		温林琴（女）	浙江平阳	2012年1月—
		方　靖	浙江平阳	2012年1月—

说明：资料由县人大办提供

第一节　工作机构

县第十届人大常委会综合机构设办公室，工作机构设法制工作委员会、财政经济工作委员会、教科文卫工作委员会。1990年8月，增设民族华侨工作委员会、代表工作委员会。

县第十一届人大常委会综合机构设办公室，工作机构设法制工作委员会、财政经济工作委员会、教科文卫工作委员会、民族华侨工作委员会、代表工作委员会。办公室内设有秘书科、信访科、行政接待科。

县第十二届人大常委会综合机构设办公室，工作机构设法制工作委员会、财政经济工作委员会、教科文卫工作委员会(民族华侨工作委员会并入)、代表工作委员会、农村和环境资源保护工作委员会。办公室内设有秘书科、信访科、行政接待科。

县第十三届人大常委会综合机构设办公室，工作机构设法制工作委员会、财政经济工作委员会、教科文卫工作委员会、代表工作委员会、农村和环境资源保护工作委员会。办公室内设有秘书科、信访科、行政接待科。

县第十四届人大常委会综合机构设办公室，工作机构设法制工作委员会、财政经济工作委员会、农村和环境资源保护工作委员会、教科文卫工作委员会、代表工作委员会、城建环保工作委员会。办公室内设有信访办公室、秘书科、行政接待科、后勤服务中心。法制工作委员会内设规范性文件备案审查科。

县第十五届人大常委会综合机构设办公室，工作机构设法制工作委员会、财政经济工作委员会、农业农村经济工作委员会、教科文卫工作委员会、代表工作委员会、城建环保工作委员会。办公室内设有信访办公室、秘书科、行政接待科、后勤服务中心。法制工作委员会内设规范性文件备案审查科。

第二节　县人大常委会会议

县人大常委会主任、副主任为主任会议的成员。主任会议处理常委会的重要日常工作。在每次常委会会议前均由主任会议拟出议程，提请常委会全体会议决定。县人大常委会会议一般每两个月举行一次。常委会会议听取和审议县政府及其组成部门、县人民法院和县人民检察院的工作报告以及有关议案。

第九届常委会会议

1989年至1990年5月，举行例会9次，听取、审议工作报告20个，作出决议、决定16个，依法任免国家工作人员20人。

第十届常委会会议

1990年5月至1993年4月举行例会19次，听取、审议工作报告57个，作出决议、决定16个，依法任免国家机关工作人员150人。

第十一届常委会会议

1993年4月至1998年4月举行例会43次，听取、审议工作报告84个，提出51个审议意见文件，评议意见31个，作出决议25个，依法任免国家机关工作人员168人。

十二届常委会会议

1998年4月至2003年3月举行例会43次，听取、审议工作报告86个，提出审议意见37个、评议意见6个，作出决议、决定35个，依法任免国家机关工作人员169人。

第十三届常委会会议

2003年3月至2007年1月举行例会29次，听取、审议工作报告83个，提出审议意见77个，作出决议、决定32个，依法任免国家机关工作人员236人。

第十四届常委会会议

2007年1月至2012年1月举行例会39次，召开主任会议112次，听取、审议工作报告136个，提出审议意见和视察意见61个，作出决议、决定37项，依法任免国家机关工作人员216人。

第十五届常委会会议

2012年，举行例会8次、主任会议25次，听取、审议工作报告30个，提出审议意见16个，依法任免国家机关工作人员89人次。

第三章　重要工作

1987—2012年，县人大常委会按照宪法和法律赋予的职权，围绕县委中心工作和重点工作，切实履行职能，助推经济社会发展。常委会坚持民主集中制原则，集体行使职权，讨论、决定重大事项，依法任免地方国家机关工作人员，督促办理代表议案和建议，处理代表和群众来信来访，组织代表活动等。

第一节　重大事项决定

县人大常委会全面了解并关注县内政治、经济、教育、科学、文化、卫生、环境资源保护、民政和民族等工作的基本情况，听取“一府两院”工作报告、汇报，经常委会审议讨论，作出决定、决议或提出审议意见，依法行使讨论、决定重大事项职权。

第十届常委会

1990年7月，县第十届人大常委会组织在平阳的省、市、县人大代表视察和调研南雁等地小制革污染溪流情况，作出《关于督促县政府抓紧办理南雁小制革污染治理议案的决议》。

第十一届常委会

1993年4月，县第十一届人大第一次会议作出《关于大力推进依法治县的决议》。8月，常委会第三次会议审议通过“一府两院”有关执法工作的实施方案，为把县各项工作纳入法制轨道奠定基础；通过《平阳县人大常务委员会组成人员守则》。9月，常委会第四次会议通过《关于同意平阳县1993年度财政预算部分变更的决定》。11月，常委会第五次会议通过《关于同意平阳县1993年度财政预算部分第二次变更的决定》。

1994年4月，常委会第八次会议通过《关于同意县政府提出的1994年财政预算部分支出项目调整方案的决定》。10月，常委会第十一次会议通过关于原则同意《平阳城市总体规划》的决定。11月，常委会第十二次会议通过《关于同意县政府提出的1994年度财政预算部分变更方案的决定》。

1995年6月，常委会第十六次会议作出通过《平阳县质量立县实施办法》的决定。8月，常委会第十七次会议作出通过《平阳县科技发展纲要》（修订）的决定。12月，常委会第十九次会议通过《关于同意平阳县1995年度财政预算调整的决定》，并要求县政府使用财力必须谨防“寅吃卯粮”，必须民主理财。是年，县人大常委会作出决议：万全小姜垟自来水取水点保护的启动资金由县财政拨款，督促县政府做好引水工程建设和水头污水集中处理工程建设。

1996年6月，常委会第二十三次会议通过《关于调整1996年有关经济计划安排数据的决定》《关于修改平阳县人民代表大会常务委员会议事规则部分条文的决定》。8月，常委会第二十四次听取和审议第二个五年普法工作情况和第三个五年普法规划意见的报告，作出《关于在全县公民中继续开展法制宣传教育的决议》。10月，常委会第二十五次会议审议通过《平阳县基本农田保护规定》《关于在“一府两院”实行执法责任制的决议》。12月，常委会第二十六次会议审议《1998—2002年依法治县五年规划的实施办法》。

1997年5月，常委会撤销县政府《关于同意成立平阳县医药市场稽查队的批复》文件，要求政府做好相关职能部门的协调工作，按照有关法律建立医药市场管理组织。县政府于1997年8月召开协调会议，成立由县政府牵头的县医药市场管理协调小组，下设医药市场管理稽查机动队，机动队由县卫生、医药、工商、公安、物价和技术监督等部门组成，并规定他们在法定权限内各司其职，从而使全县医药市场纳入依法管理的轨道。

第十二届常委会

1998年8月，常委会第三次会议作出批准“一府两院”落实县人大“进一步推进依法治县决议”的实施方案的决定。9月，常委会第四次会议作出《关于同意调整1998年国民经济和社会发展计划主要指标的决定》《关于同意调整1998年重点工程和为民办实事项目的决定》。

1999年4月，常委会第八次会议通过《关于对〈平阳县人民代表大会常务委员会议事规则〉作部分修改的决定》《关于公民旁听平阳县人民代表大会常务委员会会议的试行办法》。1999年，常委会第十、十三次会议，审议通过《扩大昆阳镇、鳌江镇行政区域方案的议案》和《平阳县城城镇体系总体规划》，并作出相应决议。

2000年4月，常委会第十八次会议通过《关于重新确定昆阳、鳌江、钱仓镇人大代表名额的决定》。11月，常委会第二十五次会议通过《关于对

〈平阳县人民代表大会常务委员会议事规则〉作部分修改的决定》《平阳县人民代表大会常务委员会督查工作的规定》。12月，常委会第二十六次会议批准县政府《关于加快财政周转金清理整顿政策的报告》。

2001年5月，常委会第二十九次会议通过《关于加强经济工作监督的决定》和《关于加强县级预算审查监督的决定》。6月，常委会第三十次会议修改县人大常委会《关于讨论、决定本县重大事项的规定》。8月，常委会第三十一次会议审议通过《关于在全县公民中继续开展法制宣传教育的决议》。

2002年12月，常委会第四十次会议通过《关于批准平阳县与山西省昔阳县等五县(区)缔结友好县(区)的决定》，批准平阳县与山西省昔阳县、广东省阳东县、黑龙江省宝清县、安徽省长丰县、新疆维吾尔自治区水磨沟区缔结为友好县(区)。

第十三届常委会

2003年4月，常委会第一次会议修订《平阳县人民代表大会常务委员会议事规则》。10月，常委会第五次会议修订《关于讨论、决定本县重大事项的规定》。

2004年4月，常委会第八次会议通过《关于同意平阳县与山东无棣县缔结友好县的决定》。是月，常委会第九次会议批准“一府两院”关于继续推进依法治县进程实施方案。9月，常委会第十一次会议通过《关于县法院和县检察院拟提任干部实行任前公示的决定》。11月，常委会第十二次会议作出《关于建设生态县的决定》，要求县政府根据规划，开展创建生态县活动。

2005年8月，常委会第十七次会议通过《平阳县人民代表大会代表辞职暂行办法》。12月，常委会第二十次会议通过《关于同意平阳县与新疆玛纳斯县和拜城县缔结友好县的决定》。

2006年，常委会第二十六次会议审议通过《关于在全县公民中继续开展法制宣传教育的决议》。12月，常委会第二十八次会议通过《关于同意平阳县与内蒙古宁城县缔结友好县的决定》。

2007年1月，常委会第二十九次会议审议通过县政府《关于水头制革污染整治资金筹措办法的议案》，并形成决议。

第十四届常委会

2007年10月，常委会第五次会议通过平阳县域总体规划编制和平阳县职业技术学校、平阳县技工学校合并及购买温大平阳校区事宜的议案。

2008年6月，常委会第十次会议通过《关于县级预算审查监督办法》。8月，常委会第十一次会议通过《关于调整平阳县国民经济和社会发展第十一个五年规划纲要中的农业增加值的决议》，批准“十一五”规划目标第一产业增加值由“年均增长4%”调低为“年均增长3%”。12月，常委会第十四次会议审议通过《县人大常务委员会规范性文件备案审查暂行办法》和《关于代表小组活动的办法》。

2009年2月，常委会第十五次会议通过《关于同意合并郑楼镇、宋桥镇行政区划议案的决定》。4月，常委会第十六次会议通过县政府《关于要求将平阳宋埠—西湾滩涂围垦工程项目贷款纳入政府性债务收支计划》的议案。6月，常委会第十七次会议通过《关于同意合并萧江镇、桃源乡行政区划议案的决定》。10月，常委会第二十一次会议通过《平阳县人大常务委员会法律咨询委员会工作实施办法(试行)》和《关于审议意见办理的试行办法》。12月，常委会第二十二次会议通过县政府关于提请批准县财政安排鳌江火车站站前区主干道路工程等3个项目代建资金并列入年度财政预算的议案。

2010年5月，常委会第二十六次会议通过县政府关于提请审议土地利用总体规划(2006—2020)的议案和主任会议关于确定区划调整后万全镇、萧江镇人大代表名额的议案。

2011年3月，常委会第三十二次会议审查批准平阳县部分行政区划调整。是月，常委会第三十三次会议通过《关于批准调整“十二五”规划重大建设项目议案的决定》。7月，常委会第三十六次会议通过在全县公民中继续开展法制宣传教育的决议。9月，常委会第三十七次会议批准《关于2011年重点投资项目调整的议案》。11月，常委会第三十八次会议通过《关于批准平阳县2011年度财政收支预算调整的决定》。

第十五届常委会

2012年3月，常委会第一次会议审议通过平阳县十大历史文化名人的议案。12月，常委会第七次会议审议通过县政府《关于县便民服务中心、文化中心建设决策方案》的议案。

第二节　法律监督与工作监督

县人大及其常委会，通过审议报告、调研视察、述职评议等形式，依法对县人民政府及县法院、县检察院行使法律监督、工作监督。

审议报告

县人大常委会依法审议县政府各项重大事项的报告，人事任免事项，县法院、县检察院有关事项的报告，是行使监督权的主要形式之一。1989—2012年，县人大常委会听取和审议“一府两院”工作报告、汇报496个，分别作出决议、决定或提出审议意见。常委会每年听取财政预算实施情况的汇报，按实际情况，作出调整部分预算的决定。1995年，县第十一届人大常委会第十九次会议提出“量入而出，不列赤字”的原则，对行政开支不合理、甚至不合法的做法，提出批评，予以制止。2005年和2006年年初，常委会通过审查财政预算报告，分别压缩预算2500余万元和3000万元。

执法检查

1990—2012年，县人大常委会对134部法律在平阳县的实施情况开展执法检查。

第十届常委会　县第十届人大常委会先后组织24次执法检查活动，检查《中华人民共和国环境保护法》《中华人民共和国义务教育法》《中华人民共和国行政诉讼法》《中华人民共和国婚姻法》《中华人民共和国食品卫生法》《中华人民共和国人口与计划生育条例》《中华人民共和国未成年人保护法》《中华人民共和国土地管理法》《中华人民共和国渔业法》《中华人民共和国传染病防治法》《中华人民共和国审计条例》《中华人民共和国归侨侨眷权益保护法》《浙江省人民调解委员会组织条例》《中华人民共和国治安管理处罚条例》《中华人民共和国民事诉讼法》等一批法律、法规在平阳县的实施情况。常委会依照《浙江省地方各级人民代表大会常务委员会监督司法工作的规定》，3年中督促19件案件的查处工作。

第十一届常委会　县第十一届人大第一次会议作出《关于大力推进依法治县的决议》后，常委会先后对《中华人民共和国农业法》《中华人民共和国农业技术推广法》《中华人民共和国土地管理法》《中华人民共和国税收征管法》《中华人民共和国环境保护法》《中华人民共和国教师法》《中华人民共和国科学技术进步法》《中华人民共和国刑事诉讼法》和禁赌、禁毒方面等37个法律法规实施情况进行检查。1994年，在《中华人民共和国农业法》《中华人民共和国农业技术推广法》执法检查中，把农业发展基金筹措不足、扶农政策不到位、以及农业科技队伍不稳定等问题的解决和落实作为重点，要求县政府加大执法力度，监督贯彻实施情况，推动农业发展。1996年，在土地执法检查中，视察土地管理、耕地、蔬菜基地保护等情况，要求县政府严肃执法，查处土地违法案件，落实基本农田保护区的各项保护措施，初步遏制了耕地锐减的势头。

第十二届常委会　县第十二届人大常委会先后对《中华人民共和国食品卫生法》《中华人民共和国科学技术进步法》《中华人民共和国义务教育法》《中华人民共和国幼儿园管理条例》《中华人民共和国建筑法》《中华人民共和国药品监督管理法》《中华人民共和国治安管理处罚条例》《中华人民共和国产品质量法》《中华人民共和国农业技术推广法》《中华人民共和国水土保持法》《浙江省职工基本养老保险条例》《浙江省职工失业保险条例》《中华人民共和国种子法》《中华人民共和国文物保护法》《浙江省文化市场管理条例》等37部法律法规的实施情况进行检查。1998年，在食品卫生执法检查中，有关部门对28家违法经营户做出处理，其中2家被取缔。1999年，在药品管理法和医疗机构管理条例实施情况检查中，督促有关部门没收药品4120种次，取缔非法行医71家。是年，在治安管理处罚条例执法检查中，视察部分乡镇派出所，以及县看守所、交警大队，查阅有关治安案件处理案卷，对发现的违法问题提出纠正意见，督促一批久拖未决的治安案件快办快结。1998年开始，常委会会同有关部门抽查18个行政执法部门实行执法责任制的情况，监督纠正工作中存在的违法行为。

第十三届常委会　县第十三届人大常委会组

织检查18部法律法规在全县执行情况。2003年，县人大常委会开展《中华人民共和国劳动法》执法情况检查，提出整改意见，督促政府开展劳动法宣传和做好整改，当年，政府有关部门收回被移用的538万元社会保险金，为劳动者追回工伤、工资等损失86.8万元。2003年，常委会组织市、县人大代表和律师，对县看守所和治安拘留所进行工作视察，形成视察意见，引起有关部门重视，在押人员监管条件差以及超期羁押等问题得到解决。2004年，常委会专门组织对《中华人民共和国刑事诉讼法》的执法检查，肯定法院、检察院和公安局的执法成绩，并督促司法部门整改不足之处。是年，常委会两次派出检查组，开展《中华人民共和国环境保护法》执法检查，特别是对污水处理工程未能正常发挥效益和污泥乱堆乱放造成二次污染提出整改建议。要求县政府控制与打击新污染源，着力解决群众反映强烈的生态环保问题。是年，组织《中华人民共和国防洪法》贯彻实施情况的执法检查，提出"挡、拦、蓄、排"相结合的建议，特别是要求尽快上马水头城镇防洪和顺溪水利枢纽工程的意见被各级政府采纳。2005年3—4月、2006年8月，常委会两次对《中华人民共和国行政许可法》执法情况进行检查。

第十四届常委会　县第十四届人大常委会开展执法检查12次。先后对《中华人民共和国人口与计划生育法》《中华人民共和国森林法》《中华人民共和国农产品质量安全法》《中华人民共和国职业病防治法》《中华人民共和国科学技术进步法》《中华人民共和国农业法》《中华人民共和国禁毒法》《中华人民共和国消防法》《中华人民共和国水法》《中华人民共和国残疾人保障法》以及国务院《宗教事务条例》《城市绿化条例》、浙江省《社会治安综合治理条例》等法律法规的贯彻实施情况进行执法检查。2007年8—9月，常委会调查组对《中华人民共和国森林法》进行执法检查，提出意见和建议，督促县政府落实。2008年11—12月，常委会调研组调查《中华人民共和国科学技术进步法》贯彻实施情况，听取县科技局情况汇报，实地走访乡镇12家企业，提出意见和建议，督促政府抓紧制定《平阳县高新技术产业发展计划》等一系列政策，激励科技研发。自2009年6月开始，常委会对《中华人民共和国农业法》及相关法律法规进行执法检查，检查组听取县政府及相关部门和16个乡镇有关负责人的情况汇报，实地察看腾蛟——龙尾下山移民扶贫小区、鹤溪镇标准农田建设、闹村乡来料加工点及昆阳、鳌江、宋桥、郑楼等乡镇的红砖窑毁田制砖情况，提出意见和建议。9—10月，常委会执法组对全县贯彻实施《中华人民共和国禁毒法》工作进行检查，先后召开4次由县禁毒委各主要成员单位和部分乡镇领导参加的座谈会，实地查看昆阳、鳌江等乡镇社区戒毒措施、校园禁毒宣传、公共娱乐场所涉毒防范等工作情况，听取市县人大代表、村居干部、禁毒一线人员和吸毒戒断人员对平阳县贯彻执行《中华人民共和国禁毒法》的意见和建议，提出完善机制、高压严打、强化保障等审议意见。县政府高度重视，全力落实，并顺利摘除市级禁毒督导整改单位帽子。2010年4—5月，常委会开展《中华人民共和国消防法》执法检查，执法检查组召开座谈会，深入实地察看消防队伍和消防设施建设情况以及重点单位场所消防措施和消防安全隐患整改落实情况，提出意见和建议。2011年4—5月，常委会对《中华人民共和国残疾人保障法》《浙江省残疾人保障条例》进行执法检查。

第十五届常委会　2012年，县第十五届人大常委会开展对《中华人民共和国工会法》《中华人民共和国食品安全法》《中华人民共和国农产品质量安全法》的执法检查。先后成立6个检查组，采取县、镇乡人大联动，县人大、县政府互动等检查方式，针对存在问题，提出整改意见和建议。

工作监督

第十届常委会　县第十届人大常委会先后4次组织省、市、县人大代表视察、监督县政府农业工作情况，修建沿江堤塘、闸门、水库等水利设施情况。1990年下半年，常委会多次组织代表深入基层调研，提出搞好国有企业的意见和建议。1991年，5次听取有关国有企业的汇报，建议政府采取措施帮助国有企业完善内部机制，改善经营管理。

第十一届常委会　从1996年开始，根据《中华人民共和国审计法》的规定，督促审计部门依法开展对同级财政的审计工作。4月，县第十一届人大常委会要求县政府对全县预算外资金进行全面检查清理，使预算外资金使用明显改善。是年，以水环境的整治和乡镇企业工业污染治理为重点，人大常委会开展环保执法检查，督促整治万全小姜垟饮用水源地和鹤溪、南雁等地小制革废水污染，局部地区环境明显改善。

第十二届常委会　1998年上半年，针对平阳县整体经济效益下降的形势，县第十二届常委会组织调查组对农业、工业和重点工程建设情况进行调查，并提出适当调整年度计划的部分指标和重点项目的建议，被县政府采纳。2000年，常委会对经济开发区鞋业园区、萧江塑编园区、水头制革园区、昆阳服饰园区等4个工业园区进行调查，向县政府提出建议，促进行业健康发展。2001年，常委会依法治县检查组对县机关9个部门的行政执法、严打斗争、依法治理、学法普法等工作进行重点检查，并抽查部分乡镇和部分村居的基层依法治理情况，掌握全县实施依法治县第二个五年规划的基本情况。县第十二届人大常委会第二十九次会议作出《关于加强经济工作监督的决定》和《关于加强县级预算审查监督的决定》，推进监督工作的深入。

第十三届常委会　县第十三届人大常委会组织调查组和人大代表先后调查、视察引供水工程、昆鳌大道、瓯南大桥、温州万全轻工基地等重点工程。2004年，常委会配合国家、省、市、县有关方面，多次到水头检查、视察。是年，常委会组织代表专门视察省级文明城市创建工作，听取汇报，支持创建工作深入开展。

第十四届常委会　县第十四届人大常委会组织专题视察、调研153次。着重对中共平阳县委、县政府作出的重大决策部署，以及文化产业培育、教育事业均衡发展、医疗卫生体制改革、城乡居民养老保险、农房集聚改造、低收入农户奔小康工程、山区茶叶产业发展、民族宗教、殡葬改革、慈善事业等民生事业开展专题视察和督查。2007年3月，常委会深入水头、腾蛟等地视察制革污染整治情况，汇总形成7条意见转交有关部门和乡镇办理。5—6月，调研全县卫生工作情况，形成调查报告，提出建议，支持全县卫生事业发展。2009年5月后，常委会专题调研组就教育均衡发展的教育资源配置、师资队伍建设、教育教学管理、经费投入等问题开展调研，针对问题提出意见和建议。2010年3月，常委会对城乡居民社会养老保险工作进行调查，平阳县作为国务院新农保试点县和浙江省11个城乡居民社会养老保险试点县之一，已基本完成省政府确定的“从2010年1月起，符合条件的60周岁以上城乡居民都能享受政府提供的基础养老金”的目标任务，调研组就工作中存在的问题和困难提出意见和建议。4月，常委会调研组对农村住房改造建设工作情况进行调研，并对县政府相关政策规定进行对比分析。2011年，常委会开展文化产业培育和发展情况的调研，形成调研报告。

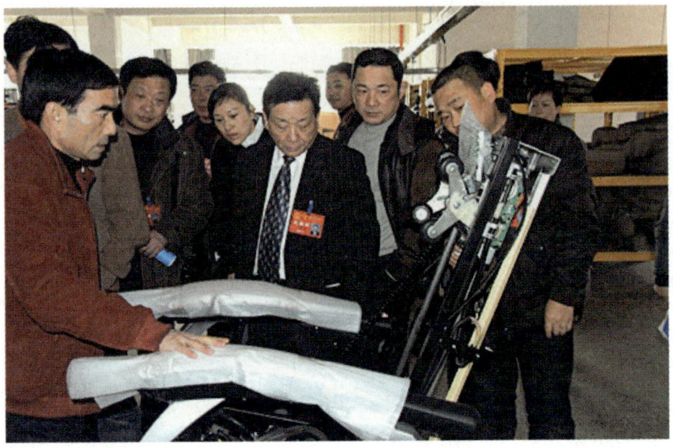

2007年1月25日，县人大代表工作视察

第十五届常委会　2012年，县第十五届人大常委会先后组织代表对昆鳌新城、北港新城、104国道改建、九凰山隧道、东门山隧道及连接公路、昆鳌快速通道、昆宋大道等重点项目进行专题视察和调研。8—9月，开展公安工作视察活动及打黑除恶、清障除污专项调查。

述职与行政执法评议工作

1993年，县人大常委会组织县人大代表评议公安司法机关工作。从1994年开始，根据省、市人大常委会统一部署，县人大常委会依法对县政府组成人员和县法院、县检察院副职有选择地开展述职评议和行政执法工作评议（简称“两项评议”）。第十一届人大常委会先后对6个委（局）进行“两项评议”，对21名委（局）主任（局长）和4名“两院”副职干部，开展书面述职评议。

第十二届人大常委会先后组织县人大代表开展

对县水利局、县环保局、县检察院、县公安局、县卫生局的行政执法评议和司法评议，对县卫生局局长的述职评议及对县政府工作的评议。每次评议都制定了评议工作计划，成立评议办公室和调查组，组织代表开展视察调查。1999年7月，常委会第九次会议在对水利执法评议中，听取代表呼声，对填占昆阳汇水河河道建房问题，进行跟踪监督，4次听取县政府汇报，查清违规建房的性质，并责成县政府及有关部门依照相关法律对有关责任人和责任单位作出处理。1999年9月，常委会第十二次会议后，县环保局根据执法评议中代表和群众反映强烈的水质和噪声污染等问题，强化打击取缔力度，对腾蛟的小造纸厂、小烂板行业作出停产处理，加快水头和腾蛟制革污水处理工程建设，在昆阳镇主要街道实行禁鸣喇叭规定。2000年6—11月，县人大代表对县公安局行政执法工作进行评议，90%以上的县人大代表以各种方式参与评议，乡镇人大代表对乡镇派出所的执法情况也进行了评议，提出46件个案和事项要求县公安局整改。2001年，常委会组织对县卫生局的行政执法工作进行评议，经过4个月的跟踪监督，代表和群众反映强烈的8件个案得到解决。2002年5—11月，组织市、县人大代表评议市、县政府工作，提出评议意见10条和主要问题汇总26条交县政府整改，常委会第四十次会议听取县政府关于整改情况汇报，并要求县政府适时再次作出反馈。

从2004年始，县人大常委会任命的县政府组成人员、“两院”副职每年都要向人大常委会提交书面述职报告。第十三届人大常委会对届内任命的29名政府组成部门主要负责人和“两院”副职干部进行述职评议，对4个垂直管理部门进行执法评议。在评议的基础上，对被评议的政府组成人员的工作作出满意度评价。针对被评议对象存在的问题和不足提出整改意见，要求限期整改并向人大常委会作出报告。常委会对整改情况跟踪检查，再次进行信任度测评。

县第十四届人大常委会共对24个政府职能部门以及法检“两院”专项工作进行工作监督评议。通过宣传发动、调查研究、听取报告、审议测评、整改落实、跟踪督办等环节措施，促进“一府两院”和各部门依法履职。

2012年，县人大常委会对县商务局、县气象局、县招商局、县统计局、县计生局、县体育局等6个部门进行评议调查，形成6个调查报告。9月，常委会第五次会议听取6个接受工作监督评议的部门的工作报告，分别作出评议意见。12月，常委会第八次会议听取和审议县政府6个部门关于落实工作监督评议意见情况的报告。

规范性文件备案审查

2008年12月，县第十四届人大常委会第十四次会议制定规范性文件备案审查暂行办法和操作细则等一系列工作制度，成立法律咨询委员会，审查“一府两院”规范性文件合法性、合理性。2009年开始实施，至2012年，共对73件规范性文件进行备案审查。

第三节　代表议案及建议办理

县第十届人民代表大会收到代表议案615件，代表建议141件。1991—1992年，县人大常委会跟踪监督代表提出的解决鳌江水厂水质合格率长期为零，加强武术器械、拳坛武馆管理的两个议题，通过调查研究，多次听取汇报和审议，督促政府加强管理。经政府相关部门整治，鳌江水厂水质有了较大提高。公安部门采取包括开展专项斗争、收缴销毁非法刀具，颁发公告，整顿武术组织等措施，社会治安大为好转。

县第十一届人民代表大会收到代表议案和建议914件。1995年，县人大常委会设立30万元的议案专款，解决了部分多年反复提出又得不到解决的议案。1996年，代表提出要求在山门建设具有一定规模的爱国主义革命教育基地的议案，县政府拨款和筹集资金兴建，推动红色旅游建设。

县第十二届人民代表大会收到代表议案和建议1141件。代表提出的关于彻底清除水荷花、建设水头制革污水处理工程、土地使用权有偿出让实行公开拍卖、五七省道改扩建、工业园区建设、建立中小型企业贷款担保机构等问题得到解决。在人代会第四次会议期间，代表集中约见县政府组成人员，约见中代表提出的16个问题答复落实情况，代表满意的有15个。

县第十三届人民代表大会收到代表议案和建议1095件。代表反映的加快电网建设、搞好农村道路、实行农村合作医疗、解决山区农民收看电视难、设立县长热线电话、恢复平阳农行山门分理处正常贷款、恢复水头金鸡桥农贸市场、水头水厂二厂开工、麻步二桥开工等问题得到了解决。其间，常委会完善《平阳县人民代表大会议案和代表建议、批评、意见的处理办法》，建立一套交办、面商、督办制度。每年筛选若干议案、建议，作为重点建议，由常委会督办，“一府两院”领导分工负责。对办理认真、负责的单位，给予通报表彰，4年表彰16个代表建议承办先进单位。

县第十四届人民代表大会收到代表议案和建议1192件。代表反映的加大对水头皮件行业扶持力度、推进郑楼与宋桥两镇行政区域调整、探索旅游业发展、加强引供水工程水源地保护、出台农村旧房改造政策、切实明确“黑网吧”执法主体、加大水源地保护和畜禽污染治理力度等问题得到解决。

2012年，县第十五届人大一次会议收到代表议案和建议256件，全部转为建议。确定11件8个方面内容的建议为重点建议，分别由县政府分管副县长领办。

第四节　人事任免

县人大常委会根据《中华人民共和国宪法》等的规定，行使人事任免权。县人大常委会任免的国家机关工作人员是指国家权力机关、行政机关、审判机关、检察机关的工作人员。提请机关或提请人应当按照法律法规和其他有关规定的程序提请任免，提名人选必须符合法律法规规定的资格和条件。县人大常委会在任命前对拟任人员进行法律知识考试，未参加考试或考试不合格者，县人大常委会不予审议任命。由县人大常委会决定任命和已任命的国家机关工作人员，要给予撤职的，均应提请县人大常委会办理法定手续；如犯有错误给予警告、记过、记大过、降级、留用察看、开除处分的，应报县人大常委会备案。

县人民代表大会换届后，县政府组成部门的各局(办)局长(主任)，均须由新一届人大常委会重新任命。

县人大常委会各办事机构、县法院和县检察院由县人大常委会任命的人员，如在换届时未变动的，可不重新任命。在县人民代表大会闭会期间，县政府领导人员、县人大常委会组成人员、县法院院长、县检察院检察长可以向常委会提出辞职，由县人大常委会决定是否接受辞职。县人大常委会决定接受辞职后，报县人民代表大会备案。县检察院检察长的辞职须报市检察院检察长提请市人大常委会批准。

凡提请县人大常委会任免的国家机关工作人员，提请机关应将任免人员的简历、任免理由及主要表现的考察等书面材料，在县人大常委会举行会议十日前送交县人大常委会办公室。人事任免案在提请县人大常委会审议决定前，提请机关的主要负责人应向县人大常委会主任会议介绍提请任免人员的考察情况，征求意见。在意见比较一致的基础上，列入县人大常委会会议议程，依法进行审议。

县人大常委会会议在审议人事任免时，提请机关的主要负责人应到会介绍提请任免人员的基本情况，回答询问，经过充分酝酿，在县人大常委会多数组成人员赞同的情况下，交付表决。如果认为情况不清，可暂缓表决，由提请机关或县人大常委会作进一步考察、了解，待情况清楚后，再由县人大常委会主任会议决定是否提请县人大常委会全体会议表决，凡是县人大常委会连续两次会议未获通过的，不得再提请为同一职务人选。

对审判人员和检察人员实行任前公示，拟提请任命为县法院审判委员会委员、庭长、副庭长、审判员、人民陪审员和县检察院检察委员会委员、检察员的基本情况(包括姓名、性别、出生年月、入党和工作时间、学历、职称、现任职务及拟任职务等)，由办公室通过《新平阳》向社会发布公告，并公布受理电话、公示时间。对公示期间反映出的问题，按干部管理权限协调和督促有关部门进行认真了解核实，形成书面材料向主任会议报告。在提请任命时，将公示情况报告县人大常委会。

县人大常委会表决人事任免，凡决定任免的国家机关工作人员，一律采取无记名投票的表决方式。人事任免案应当逐人表决，根据情况也可以合并表决。表决人事任免，须由县人大常委会以全体组成人员的过半数通过。表决结果由会议主持人当场宣布。

依法通过的任免人员，由县人大常委会发文通知提请机关，并对被任命的人员颁发任命书。由县人大常委会任免的国家机关工作人员，在常委会公告公布后才能到职或离职。

县人大常委会对被任命的国家机关工作人员通过执法检查、审议专项工作报告、视察工作、提出询问、依法质询等方式，进行法律和工作监督。

县第九届人大常委会通过《平阳县人民代表大会常务委员会议事规则》，对任命程序、表决方式又作了进一步规定。县第十三届人大常委会第二次会议通过《关于任免国家机关工作人员办法》。1989—2012年，县人大常委会任免国家工作人员1047人次。

第五节 代表工作

县第七届人大常委会开始建立代表组。县第八届人大常委会在区(镇)、县机关建立10个代表小组，在乡(镇)建立54个代表组。各代表组定时开展学习有关文件，听取、审议区、镇领导的工作情况汇报，对政府工作提出意见、建议等活动。对代表反映意见、要求，建立代表议案、建议、批评意见专人负责办理制度。建立以走访、召开座谈会为方式、方法的常委会主任、委员分片联系代表制度。同时，健全全县代表组活动制度，并向各代表组分发学习资料。在各区镇配备联络员，及时反映代表建议、意见，传达常委会活动情况。在每年年会前，将大会主要文件交付代表讨论，请代表补充、修改。县第九届人大常委会第一次会议通过《平阳县人民代表工作实施办法》。

1991年，县广播站开办《代表之声》节目，宣传人大代表的权利和义务，报道代表活动情况。自1992年4月始，历届县人大常委会均分别组织代表学习《中华人民共和国全国人民代表大会和地方各级人民代表大会代表法》。1993年8月始，县人大常委会实施接待代表日(每月15日)制度，县人大常委会主任、副主任轮流值班，接待代表来访，倾听代表意见。2001年，县人大常委会按区域设9个代表中心组、29个代表小组，形成代表活动网络。2003年，县人大常委会将全县292名代表按区域分为9个中心组和24个小组，确定中心组组长、联络员和小组长，加强代表之间的联系。县人大常委会成员分别参加代表小组活动，学习法律，听取和审议当地政府的工作报告，进行人大会议前视察活动。2004年8月始，推行代表向选民述职活动，接受选民评议。2005年8月，第十三届县人大常委会第十七次会议出台《平阳县人民代表大会代表辞职的暂行办法》。2007年，县人大常委会有计划地安排代表列席常委会会议，听取“一府两院”工作情况报告，接受代表对常委会工作的监督。2008年，县人大代表40余人次列席常委会会议，听取和审议“一府两院”工作报告。2009年，有13名代表辞职，补选代表14人。2012年，县人大常委会多次组织代表对涉及全县经济发展和民生的重大问题开展视察。邀请部分市、县人大代表列席常委会会议，听取代表意见和建议。当年，县人大常委会接受7名代表辞去代表职务和3名委员辞去县人大常委会委员职务。

每年春节，县人大常委会组成人员和人大机关工作人员分别走访人大代表，听取意见建议。

第六节 信访工作

县人大常委会按照“分级负责、归口管理”的原则办理信访事务。2007年9月，县人大常委会设立信访室，配备干部专门负责，一般来信由常委会交“一府两院”办理，重要来信由常委会主任阅批，重大问题由有关工委调查了解，提请主任会议研究，督促有关部门办理。

县第十届人大常委会受理群众来信来访3927件次。县第十一届人大常委会受理群众来信来访2583件次。县第十二届人大常委会受理群众来信来访6300件次。县第十三届人大常委会受理群众来信来访4000余件次。县第十四届人大常委会受理群众来信来访1350余件次。2012年，县第十五届人大常委会受理人民来信来访件160余件。

第四章　乡镇人民代表大会

乡镇人民代表大会是最基层的一级地方国家权力机关，与人民群众有着经常的直接联系。1984年，恢复乡镇人民代表大会制度。

1989—2012年，各乡镇人大每年至少举行一次会议，听取和审查乡镇政府工作报告，审查和批准上年度财政预算执行情况和当年度财政预算报告；决定经济、文化和公共事业建设计划，并提出建议和议案。每届乡镇人大第一次会议选举产生正、副乡镇长。1990年起，还通过或选举产生乡镇人大主席团常务主席或乡镇人大正、副主席。

第一节　代表选举

在每次乡镇人大代表换届选举前，县人大常委会召开会议作出决定，设立机构，负责日常指导工作，并深入基层，宣传发动，抓好试点，充分发扬民主，严格依法办事。乡镇人大代表，按照选举法经县人大常委会核定名额后，由选民直接差额选举产生。1989—2012年，乡镇人大代表分别于1990年、1993年、1996年、1999年、2002年、2005年、2007年、2012年进行8次换届选举。

1990—2012年平阳县乡镇人大代表选举情况一览表

表21-4-1

选举时间	乡、镇人民代表数(人)
1990年	3987
1993年	2901
1996年	1948
1999年	1938
2002年	1805
2005年	1795
2007年	—
2012年	1035

说明：资料由县人大办公室提供

第二节　工作制度

1986年，平阳县恢复乡镇人民代表大会活动，县人大常委会任命区、镇人大联络员。1990年，乡镇人民代表大会设乡镇人大主席团和常务主席主持日常工作，常务主席无专职规定，任期一年。从1992年开始，主席团常务主席逐步向专职过渡，常务主席列席中共乡镇党委会议，乡镇政府要向主席团报告工作并接受评议，乡镇人大的经费开支列入同级财政预算。根据修改后的《中华人民共和国地方各级人民代表大会和地方各级人民政府组织法》，从1995年下半年起，乡镇人大主席团常务主席改称人大主席。1996年，乡镇人大设主席、副主席，其主要职责是：组织代表开展活动，反映代表和群众对本级政府工作的建议、批评和意见，参加县人大常委会组织的执法检查、调查、视察等活动，人大主席任期3年。1999年换届，2个镇配专职人大主席，其他29个乡镇人大主席均由中共乡镇党委书记兼任。2002年换届，全县有6个乡镇人大主席由党委书记兼任，有2个乡镇没有配主席，由专职副主席主持工作，其他23个乡镇配专职主席和副主席。2003年之后，昆阳、鳌江、水头、萧江、麻步、腾蛟6个镇人大设办公室，配有专职办公室工作人员。2007年换届，全县有5个乡镇人大主席由乡镇党委书记兼任，26个乡镇配专职主席，6个镇各配备主席1人，副主席2～3人，全县配有53名专职人大主席、副主席。2011年，全县调整乡镇行政区划，原29个乡镇调整为“十镇一乡”，至2012年年底，全县乡镇配备人大主席11人，副主席39人。

乡镇人大的各项制度逐步配套与完善，主要有：主席团例会制度，主席团工作制度，主席团成员联系走访代表制度，议案、建议办理制度，信访接待制度，代表小组活动制度，乡镇人大主席团工作目标责任制，乡镇人大主席团联席会议制度等。

第二十二卷

DI ER SHI ER JUAN

《平阳县志（1989—2012）》

PINGYANG XIAN ZHI

人民政府

1989—2012年，为第九届至第十五届平阳县人民政府（简称"县政府"）任期。第九届、第十届县政府任期3年，第十一届、第十二届县政府任期5年，第十三届县政府任期4年，第十五届起县政府任期恢复为5年。历届县政府在中共平阳县委的领导下，坚持以经济建设为中心，坚持改革开放，强化经济调节、强化市场监管、强化社会管理、强化公共服务职能，先后制定和实施6个"五年计划（规划）"，全县经济、文化、社会各项事业取得飞速发展，人民生活水平不断提高。

第一章　政府机构与制度

1989年，列入县政府序列的工作机构有53家，之后县政府机构屡有变动。1996年年末，平阳县开始制定和实施"三定"方案，机构主要职能、内设机构和人员编制逐步规范，当年，县政府组成部门30个。至2012年年末，县政府组成部门25个。

县政府通过召开全体会议、常务会议、县长办公会议、专题会议及周一会议，分别讨论决定重要事宜。同时，加强政府法治建设，县政府及各部门实行群众参与、专家咨询和政府决策相结合的决策机制，广泛听取社会各界的意见建议，充分发挥专家学者的咨询、参谋作用，自觉运用效益评估、公开招标等手段，完善重大决策的规则和程序。

第一节　人员组成

县政府由县长1人、副县长若干人（包括县长助理、调研员），县政府组成部门的主任、局长等人员组成，县长、副县长由县人民代表大会选举产生。县政府实行县长负责制。县长主持县政府全面工作，副县长协助县长工作，并按照各自分工或受县长委托做好工作。县长外出，由常务副县长主持工作。县政府办公室主任在县长、副县长领导下，负责处理县政府日常工作及县长、副县长交办的事项，领导县政府办公室工作。县政府组成部门的主任、局长在县长、副县长的领导下，负责本部门的全面工作。

1989—2012年，先后有8人任平阳县县长（其中6人先任代县长），45人任副县长（其中1人后任代县长和县长）。

第九届至第十五届平阳县县政府县长、副县长任职情况一览表

表22-1-1

届　次	职　务	姓　名	籍　贯	任职时间
第九届 1987年6月至1990年5月	县长	张锦槐	浙江义乌	1987年6月至1990年1月
	代理县长	王吼狮	浙江平阳	1990年1月至1990年5月
	副县长	郑兆麟	浙江平阳	1987年6月至1990年5月
		吴招廉	浙江平阳	1987年6月至1990年1月
		叶际仁	浙江永嘉	1987年9月至1990年3月
		陈启富	浙江平阳	1987年12月至1990年1月
第十届 1990年5月至1993年4月	县长	王吼狮	浙江平阳	1990年5月至1993年2月
	代理县长	王擎峰	浙江东阳	1993年2月至1993年4月
	副县长	王擎峰	浙江东阳	1990年5月至1993年2月
		郑兆麟	浙江平阳	1990年5月至1993年4月
		周景标	浙江平阳	1990年5月至1993年4月
		李海涛	浙江平阳	1990年5月至1993年4月
		王德植（民革）	浙江平阳	1991年3月至1993年4月
		王昌友	浙江桐庐	1992年6月至1993年4月
		赵宪进	浙江文成	1993年2月至1993年4月
第十一届 1993年4月至1998年4月	县长	王擎峰	浙江东阳	1993年4月至1997年6月
	代理县长	戴祝水	浙江永嘉	1997年6月至1998年4月
	副县长	周景标	浙江平阳	1993年4月至1998年4月

续表 22-1-1

届　次	职　务	姓　名	籍　贯	任职时间
第十一届 1993年4月至1998年4月	副县长	王德植(民革)	浙江平阳	1993年4月至1998年4月
		赵宪进	浙江文成	1993年4月至1998年4月
		陈才行	浙江平阳	1993年4月至1997年7月
		钱克肱	浙江平阳	1993年4月至1996年4月
		王纪树	浙江平阳	1996年7月至1998年4月
		曹高林	浙江平阳	1997年12月至1998年4月
		张加波	浙江平阳	1997年12月至1998年4月
第十二届 1998年4月至2003年3月	县长	戴祝水	浙江永嘉	1998年4月至2003年3月
	副县长	王纪树	浙江平阳	1998年4月至2003年3月
		王德植(民革)	浙江平阳	1998年4月至2000年4月
		雷大取	浙江平阳	1998年4月至2003年3月
		张加波	浙江平阳	1998年4月至1999年11月
		曹高林	浙江平阳	1998年4月至2003年3月
		卢剑平(女,民进)	浙江平阳	2000年7月至2003年3月
		董君敏	浙江平阳	2000年7月至2003年3月
第十三届 2003年3月至2007年1月	县　长	仇杨均	浙江乐清	2003年3月至2006年11月
	代理县长	黄安波	浙江乐清	2006年11月至2007年1月
	副县长	董君敏	浙江平阳	2003年3月至2005年1月
		卢剑平(女,民进)	浙江平阳	2003年3月至2006年11月
		陈建良	浙江永嘉	2003年3月至2004年9月
		胡方勇	浙江平阳	2003年3月至2007年1月
		陈应许	浙江平阳	2003年3月至2007年1月
		林立军	浙江泰顺	2003年3月至2007年1月
		周晁利	浙江永康	2003年9月至2005年12月
		陈景宝	浙江永嘉	2004年9月至2007年1月
		吴存忠	浙江乐清	2005年2月至2006年11月
		雷文多(畲)	浙江平阳	2005年11月至2007年1月
		麻胜聪	浙江温州	2005年12月至2007年1月
		徐定锦	浙江平阳	2006年11月至2007年1月
		汤筱疏(女,无党派)	浙江温州	2006年11月至2007年1月
第十四届 2007年1月至2012年1月	县　长	黄安波	浙江乐清	2007年1月至2009年8月
		王中毅	浙江温州	2010年1月至2011年11月
	代理县长	王中毅	浙江温州	2009年8月至2010年1月
		黄　敏	浙江温州	2011年11月至2012年1月
	副县长	陈应许	浙江平阳	2007年1月至2007年8月
		陈景宝	浙江永嘉	2007年1月至2012年1月
		雷文多(畲)	浙江平阳	2007年1月至2012年1月
		麻胜聪	浙江温州	2007年1月至2009年6月
		徐定锦	浙江平阳	2007年1月至2009年8月
		汤筱疏(女,无党派)	浙江温州	2007年1月至2012年1月

续表 22-1-1

届　次	职　务	姓　名	籍　贯	任职时间
第十四届 2007年1月至2012年1月	副县长	曾上俊	浙江平阳	2007年1月至2012年1月
		胡祖吉	浙江诸暨	2008年5月至2010年5月
		张维林	浙江温州	2008年8月至2012年1月
		申卫国	浙江平阳	2009年6月至2012年1月
		蔡月琴(女)	浙江洞头	2009年8月至2012年1月
		盛广敬	海南海口	2010年5月至2011年4月
		郭坚刚	浙江温岭	2010年7月至2010年11月
		冶成义	青海都兰	2011年3月至2011年12月
		杜伟锦	浙江嵊州	2011年6月至2012年1月
第十五届 2012年1月—	县　长	黄　敏	浙江温州	2012年1月—
	副县长	梁　超	浙江台州	2012年1月—
		雷文多	浙江平阳	2012年1月至2012年10月
		张维林	浙江温州	2012年1月至2012年5月
		郑　杰	浙江平阳	2012年1月—
		周　慧(无党派)	浙江文成	2012年1月—
		林　伟	浙江平阳	2012年1月—
		林　霄(女)	浙江苍南	2012年1月—
		杜伟锦	浙江嵊州	2012年1月—
		张端坤	浙江平阳	2012年10月—
		周　哲	河南信阳	2012年10月—

说明：资料由县政府办公室提供

第二节　工作机构

县政府组成部门

1989年，列入县政府序列的工作机构有53家，分别是：县政府办公室、县体制改革委员会、县信访办公室、县侨务办公室、县台湾事务办公室、县民族事务科、县宗教事务科、县人事局、县劳动局、县民政局、县公安局、县司法局、县国家安全局、县监察局、县审计局、县物价局、县统计局、县计划委员会、县工业经济委员会、县经济协作办公室、县乡镇企业管理局、县三电办公室、县交通局、县农村经济委员会、县农业局、县林业局、县水产局、县水利水电局、县能源办公室、县土地管理局、县城乡建设环境保护局、县规划管理局、县财政税务局、中国人民银行平阳县支行、县工商行政管理局、县打击走私办公室、县对外经济贸易委员会、县商业局、县烟草专卖局、县粮食局、县物资局、县计划生育委员会、县科学技术委员会、县教育委员会、县文化局、县广播电视局、县档案局、县志编纂委员会办公室、县地名办公室、县爱国卫生委员会办公室、县卫生局、县体育委员会、县政府驻杭办事处。此后，县政府机构屡有变动。

1996年年末，平阳县开始制定和实施主要职责、内设机构和人员编制“三定”方案，精简机构。机构改革后，县政府组成部门30个，分别是：县政府办公室、县计划委员会、县经济委员会、县教育委员会、县科学技术委员会、县公安局、县国家安全局、县民政局、县司法局、县监察局、县财政局、县人事局、县劳动局、县环境保护局、县土地管理局、县农业局、县水利水电局、县水产局、县建设局、县交通局、县粮食局、县对外贸易经济合作局、县文化局、县卫生局、县计划生育委员会、县审计局、县工商行政管理局、县统计局、县技术监督局、县物价

2012年年末平阳县政府组成部门及归口单位沿革一览表

表22-1-2

单位名称	沿　革
县政府办公室（法制办公室）	1989年，县政府办公室设有秘书科、财贸科、行政科。1990年，增设综合科，撤销行政科，设立机关事务管理处。是年3月，县政府办公室增设法制科，是年8月，法制科对外挂县政府法制科牌子，并建立县政府行政复议办公室，与法制科合署办公。1992年，县政府办公室增设督办科。1993年，成立县机关干部福利办公室，隶属县政府办公室，原综合科更名为综合一科，增设综合二科；撤销财贸科、督办科，建立接待科。1994年，撤销机关事务管理处、接待科。1997年，县政府办公室内设有秘书科、信息督办科、综合一科、综合二科、法制科、外事侨务科。1998年3月，县政府办公室法制科对外挂县政府法制局牌子。2001年12月，县政府办公室法制科对外改挂县政府法制办公室牌子。2002年，县政府办公室内设8个职能科室：秘书科、信息督办科、综合一科、综合二科、调研科、法制科、体制改革管理科（对外挂县经济体制改革委员会办公室牌子）、外事侨务科（对外挂县政府外事侨务办公室牌子）。2006年4月，县政府办公室和县法制办公室合署办公。县政府办公室（法制办公室）设8个职能科（室）：秘书科、信息督办科（县政府督查室）、综合一科、综合二科、调研科、执法监督科（政策法规科）、复议应诉科、外事侨务科（对外挂县政府外事侨务办公室牌子）。2012年，县政府办公室设秘书一科、秘书二科、信息科、县政府研究室、综合一科、综合二科、综合三科、打私与海防口岸管理科、执法监督科、复议应诉科。编制人数37人，实有人数31人 县打击走私与海防口岸管理委员会。1989年，已设有县打击走私领导小组办公室，归县政府办公室管理。1994年11月，设立县政府口岸办公室。2002年，县打击走私领导小组办公室为县打击走私领导小组的常设办事机构，仍归县政府办公室管理。2005年9月，中共平阳县委海防管理委员会办公室和县政府口岸办公室并入县打击走私领导小组办公室，设立县打击走私与海防口岸管理委员会，归县政府办公室管理。2011年12月，撤销并内设打私与海防口岸管理科 县志编纂委员会办公室。1989年已设立。归口县政府办公室管理 县外事侨务办公室。1989年已设有侨务办公室。1990年9月，设立县外事办公室，与县对外经济贸易委员会合署办公。1997年4月，县外事办公室并入县侨务办公室，组建县外事侨务办公室，归口县政府办公室管理 县经济体制改革委员会办公室。1989年，已设县体制改革委员会。1997年4月，改称县经济体制改革办公室。2001年12月，县经济体制改革办公室更名为县经济体制改革委员会办公室，归口县政府办公室管理。2005年9月撤销 县人民防空办公室（县民防局）。2001年12月组建，是县国防动员委员会的办事机构，是人民政府议事协调机构的办事机构。2011年12月，县人民防空办公室（县民防局）由议事协调机构的常设办事机构调整为设在县政府办公室，对外挂牌 驻外办事处。1989—2012年，陆续建立温州市政府驻北京联络处平阳联络部、县政府驻深圳联络处、县政府驻上海工作处、县政府驻杭州办事处、县政府驻厦门办事处、县政府驻南京办事处，均归县政府办公室管理
县发展和改革局（粮食局）	1989年，已设有县计划委员会、县粮食局、县物价局。2001年12月，县计划委员会更名为县发展计划局，与县粮食局合署办公，县物价局撤销，其职能并入县发展计划局。2005年11月，改称县发展和改革局 县重点工程建设领导小组办公室。1993年2月设立，并于2005年9月归口县发展计划局管理
县经济和信息化局	1989年，已设有县工业委员会、县乡镇工业管理局、县商业局、县物资局。1993年11月，县工业经济委员会复称县经济委员会。1997年5月，县乡镇工业管理局改称县乡镇企业局。1997年8月成立的县物资总公司，与县物资局一个机构，两块牌子。1998年2月，县乡镇企业局并入县经济委员会。2001年12月，不再保留县经济委员会（县乡镇企业局）、县商业局、县物资局，组建县经济贸易局。2011年12月，将经济贸易局的经济运行调节、工业行业管理等职责与县信息化管理办公室的信息化管理职责整合，组建县经济和信息化局 三电办公室。1989年，已设有县三电办公室，归口县工业委员会，至2012年归口经济和信息化局管理

续表 22-1-2

单位名称	沿革
县教育局	1989年，已设县教育委员会。2001年12月，县教育委员会更名为县教育局
县科学技术局	1989年，已设县科学技术委员会。2001年12月，县科学技术委员会更名为县科学技术局
县民族宗教事务局	2001年12月，由党委序列转为县政府工作序列
县公安局	1989年，已设
县监察局	1989年，已设。1993年5月，县监察局与县纪律检查委员会合署办公，不计政府工作部门个数
县民政局	1989年，已设 关心下一代工作委员会。1990年9月设立，挂靠县委老干部局。1997年，归属县委组织部管理。2002年，挂靠县民政局 县老龄委员会。1994年1月，设立，归口县委组织部。1997年，归属县委组织部管理。2002年，挂靠县民政局
县司法局	1989年，已设
县财政局	1989年，已设县财政税务局。1992年，县财政局国有资产管理科(股)挂县国有资产管理委员会办公室牌子，归口县财政局管理。1994年9月，改名为县财政局，同时成立县国家税务局、县地方税务局，三局合署办公。1997年10月，县国家税务局单独设立，县财政局与县地方税务局仍合署办公。1999年，成立县国有资产管理局，与县财政局合署办公。2001年12月，撤销国有资产管理局。2012年11月，县国有资产管理委员会办公室调整为正科级，与县财政局合署办公
县人力资源和社会保障局	1989年，已设有县人事局、县劳动局、社会保险事业管理局。2001年12月，由县劳动局与社会保险事业管理局合并组建县劳动和社会保障局。2011年12月，撤销县劳动和社会保障局，同时将县人事局、县劳动和社会保障局职责，整合划入县人力资源和社会保障局
县国土资源局	1989年，已设有县土地管理局，10月，设立县矿产管理处。1997年6月，县矿产管理处更名为县地质矿产局。2001年12月，撤销县地质矿产局、县土地管理局，组建县国土资源局
县住房和城乡规划建设局	1989年，已设县城乡建设环境保护局、县规划管理处。1990年3月，县规划管理处改称县规划管理局。1994年9月，县城乡建设环境保护局改称县城乡建设局。1997年2月，县城乡建设局改称县建设局，是年，县房地产管理局设立。1999年4月，设立县住房委员会办公室，挂靠县房地产管理局。2001年12月，撤销县城乡建设局、县规划管理局，组建县规划建设局。2002年2月，撤销县房地产管理局，组建县房产管理局。2011年12月，撤销县规划建设局、县房产管理局(县住房委员会办公室)，组建县住房和城乡规划建设局
县交通运输局	1989年，已设县交通局。2011年12月，更名为县交通运输局
县水利局	1989年，已设县水利电力局。1997年7月，更名为县水利水电局。2001年12月，县水利水电局更名为县水利局
县农业局（县林业局、县海洋与渔业局）	1989年，已设县农业局、县林业局、县水产局。1996年1月，设立县海洋开发办公室。1999年撤销县海洋开发办公室，其职能划归水产局。2001年12月，县水产局更名为县海洋与渔业局，是月，县农业局、县林业局、县海洋与渔业局合署办公 县农村能源办公室。1989年已设，归口县农业局
县商务局	1989年，已设县对外经济贸易委员会。1997年12月，更名为县对外贸易经济合作局。2011年12月，组建县商务局，县对外贸易经济合作局的职能与县经济贸易局的内贸管理和对外经济协调职能，整合划入县商务局，不再保留县对外贸易经济合作局
县文化广电新闻出版局	1989年，已设县文化局。2003年12月，县文化局更名为县文化新闻出版局。2005年6月，县文化新闻出版局更名为县文化广电新闻出版局

续表 22-1-2

单位名称	沿　革
县卫生局	1989年，已设 县爱国卫生运动委员会办公室。1989年，已设，归县卫生局管理
县人口和计划生育局	1989年，已设称计划生育委员会。2001年12月，县计划生育委员会更名为县计划生育局。2005年9月，改称县人口和计划生育局
县审计局	1989年，已设
县统计局	1989年，已设
县环境保护局	1994年10月，从县城乡建设环境保护局分设
县安全生产监督管理局	2005年9月，设立
县食品药品监督管理局	1989年9月，设立县医药管理局。2001年12月，改设县药品监督管理局，为温州市药品监督管理局的直属机构。2005年3月，更名为县食品药品监督管理局。2011年12月，由省以下垂直管理机构改为县政府工作部门

说明：资料根据《平阳县组织史》及各撰稿单位提供材料综合形成

局。其中，县监察局与县纪律检查委员会合署办公，县政府办公室增挂县委农村工作办公室、县政府经济体制改革办公室牌子，县经济委员会增挂乡镇企业局牌子，县财政局增挂县地方税务局牌子，县农业局与林业局合署办公。

2001年12月，根据《平阳县机构改革方案》，县政府组成部门23个，分别是：县政府办公室、县发展计划局（粮食局）、县经济贸易局、县教育局、县科学技术局、县民族宗教事务局、县公安局、县监察局、县民政局、县司法局、县财政局（地税局）、县人事局、县劳动和社会保障局、县国土资源局、县规划建设局、县交通局、县水利局、县农业局（林业局、海洋与渔业局）、县文化局、县卫生局、县计划生育局、县审计局、县统计局、县环境保护局。其中，县监察局与县纪律检查委员会合署办公，列入县政府工作部门序列，不计政府机构个数；县发展计划局与粮食局合署办公，县农业局、县林业局、县海洋与渔业局合署办公，县人民防空办公室为议事协调机构。

2005年，县政府设工作部门24个，分别是县政府办公室（法制办）、县发展和改革局（粮食局）、县经济贸易局、县教育局、县科学技术局、县民族宗教事务局、县公安局、县监察局、县民政局、县司法局、县财政局（国有资产管理局）、县人事局、县劳动和社会保障局、县国土资源局、县规划建设局、县交通局、县水利局、县农业局（林业局、海洋与渔业局）、县文化广电新闻出版局、县卫生局、县人口和计划生育局、县审计局、县统计局、县环境保护局、县安全生产监督管理局。其中，县监察局与县纪律检查委员会合署办公，列入县政府工作部门序列，不计政府机构个数；县法制办公室与县政府办公室合署办公，县粮食局与发展计划局合署办公，县国有资产监督管理局与财政局合署办公，县农业局与县林业局、县海洋与渔业局合署办公。设置县人民防空办公室为议事协调机构，既为国防委员会的常设办事机构，也是县政府人民防空工作的主管部门。

2011年12月，县政府再次进行机构调整，县政府组成部门25个，分别是：县政府办公室（法制办）、县发展和改革局（粮食局）、县经济和信息化局、县教育局、县科学技术局、县民族宗教事务局、县公安局、县监察局、县民政局、县司法局、县财政局、县人力资源和社会保障局、县国土资源局、县住房和城乡规划建设局、县交通运输局、县水利局、县农业局（林业局、海洋与渔业局）、县商务局、县文化广电新闻出版局、县卫生局、县人口和计划生育局、县审计局、县统计局、县环境保护局、县安全生产监督管理局、县食品药品监督管理局。其中，县监察局与县纪律检查委员会合署办公，列入县政府工作部门序列，不计政府机构个数；县发展计划局与县粮食局合署办公，县农业局与县林业局、县海洋与渔业局合署办公。政府办公室挂县人民防空办公室牌子，县发展和改革局挂县物价局牌子，县住房和城乡规划建设局挂县测绘与地理信息局牌子，县安全生产监督管理局挂县安全生产委员会办公室牌子。

2012年，县政府组成部门归口管理13个单位，分别是县政府办公室管理的县志编纂委员会办公室、县政府外事侨务办公室、温州市政府驻北京联络处平阳联络部、县政府驻深圳联络处、县政府驻上海工作处、县政府驻杭州办事处、县政府驻厦门办事处、县政府驻南京办事处及县人民防空办公室，县农业局管理的县农村能源办公室，县经济和信息化局管理的县三电办公室，县卫生局管理的县爱国卫生运动委员会办公室，县发展与改革局管理的县重点工程建设领导小组办公室。

县政府直属事业机构

2012年，县政府直属事业单位分别有：县公共资源交易管理委员会办公室、县行政审批管理办公室、县新居民服务管理局、县人民政府金融工作办公室、县水头皮革基地管理委员会、县广播电视台、县供销合作社联合社（县盐务管理局）、县风景旅游管理局、县招商局（县人民政府经济技术协作办）、县城市建设管理办公室、县体育事业发展局、县移民安置办公室、县机关事务管理局等。

2012年年末平阳县政府部分直属事业机构沿革一览表

表22-1-3

单位名称	沿　革
县公共资源交易管理委员会办公室	2005年3月，设立县招标投标市场管理委员会办公室。2008年4月，更名为县公共资源交易管理委员会办公室
县行政审批管理办公室	2001年9月，设立县行政审批管理办公室，在县政府办公室增挂县审管办牌子。2004年4月，确定为县政府审批制度改革领导小组的常设办事机构
县新居民服务管理局	2010年9月，设立县流动人口服务管理局。2011年11月，更名为县新居民服务管理局
县人民政府金融工作办公室	2011年，设立
县水头皮革基地管理委员会	2005年，县水头制革基地管理委员会成立。2010年8月，县水头制革基地管理委员会更名为县水头皮革基地管理委员会
县广播电视台	1989年，已设县广播电视局。2005年7月，撤销。8月，设立县广播电视台
县供销合作社联合社（县盐务管理局）	1989年已设立
县风景旅游管理局	1989年，南雁荡山风景区管理局成立。1990年11月，更名为南雁荡山风景旅游管理局。1994年7月，增挂平阳县旅游局牌子。1998年12月，更名为县风景旅游管理局，撤销县旅游局。2011年11月，县北港生态休闲旅游区管委会设立，与县风景旅游管理局合署办公
县招商局（县人民政府经济技术协作办）	1992年7月，设立县人民政府经济技术协作办公室。2005年9月，县招商局设立。两者合署办公
县城市建设管理办公室	1999年，成立县城综合开发建设指挥部办公室，是县城综合开发建设指挥部常设办事机构。2011年12月，更名为县城市建设管理办公室
县体育事业发展局	1989年，已设县体育运动委员会。1997年12月，更名为县体育事业发展局
县移民安置办公室	1995年6月，设立
县级机关事务管理局	1994年7月，撤销县府办机关事务管理处及县府办原下设的接待科，建立县人民政府机关事务管理局，2002年2月，撤销县机关事务管理局，组建县级机关事务管理局

说明：资料根据《平阳县组织史》及各撰稿单位提供材料综合形成

垂直管理的政府机构

2012年，全县垂直管理的政府机构有：南麂列岛国家级海洋自然保护区管理局、温州出入境检验检疫局鳌江办事处、中国人民银行平阳县支行、中国银监会平阳监管办、县国税局、县质量技术监督局、县工商行政管理局、温州海关驻鳌江办事处、温州市国家安全局平阳分局等。

2012年年末平阳县部分垂直管理的政府机构沿革一览表

表22-1-4

单位名称	沿　革
南麂列岛国家级海洋自然保护区管理局	1991年11月设立。经省、市机构编制委员会批准建立隶属于平阳县人民政府的副县级机构，业务上接受国家海洋局、省海洋局的指导。与南麂镇合署办公，实行"一个机构、两块牌子"的管理体制
温州出入境检验检疫局鳌江办事处	1996年5月，设立鳌江进出口商品检验局。1999年11月12日，经浙江出入境检验检疫局批准，撤销鳌江进出口商品检验局，组建温州出入境检验检疫局鳌江办事处。系涉外经济行政执法单位，为温州出入境检验检疫局派驻鳌江的分支机构，管辖鳌江港腹地的平阳、苍南、泰顺、文成四县及瑞安南片的出入境检验检疫业务工作，为副县级机构
中国人民银行平阳县支行	1989年已设立，受上级业务部门、县政府双重领导
中国银监会平阳监管办	2004年4月，设立
县国税局	1994年9月建立，与县地税局合署办公。1997年9月，分设。国税系统实行垂直管理的领导体制，在机构、编制、经费、领导干部职务的审批等方面由省市国税局垂直管理
县质量技术监督局	1989年已设县标准计量管理局。1991年3月，改称县技术监督局。2001年1月，县技术监督局更名为县质量技术监督局
县工商行政管理局	1989年已设立。1999年4月，县工商行政管理局归属温州市工商行政管理局垂直管理
温州海关驻鳌江办事处	1994年12月设立，为温州海关派出的副处级行政执法机构，业务管辖范围为平阳、苍南、文成、泰顺四县。2005年1月，文成县海关业务划归瑞安办事处办理
温州市国家安全局平阳分局	1989年，已设。是人民政府和上级业务部门双重主管全县国家安全工作的职能部门

说明：资料根据《平阳县组织史》及各撰稿单位提供材料综合形成

乡镇政府、派出机构

区公所　1989年，全县设有万全、鳌江、麻步、水头、腾蛟、山门、顺溪7个区公所。区公所是县政府的派出机构，在县委、县政府的领导下开展工作。区公所设区长一名、副区长若干名。1992年5月，区公所撤销。

办事处　1989年，县政府在南麂岛设立办事处，负责南麂岛行政区域内的各项行政工作。1992年5月，南麂岛办事处撤销。

乡镇政府　1989年，全县设有昆阳镇、鳌江镇、萧江镇、水头镇4个直属镇人民政府和南麂乡人民政府，直接属县政府管辖。同时，全县设有59个区公所管辖的乡镇人民政府。万全区公所下辖临区乡、水亭乡、石塘乡、湖岭乡、郑楼乡、练川乡、榆垟乡、象山乡、宋桥镇、宋埠镇人民政府；鳌江区公所下辖西湾乡、墨城乡、河口乡、种玉乡、务垟乡、西塘乡、垂杨乡、塘川乡、梅溪乡、梅源乡、钱仓镇人民政府；麻步区公所下辖麻步镇、夏桥乡、后林乡、桃源乡、树贤乡、塘北乡、渔塘乡人民政府；水头区公所下辖江屿乡、小南乡、南湖乡、朝阳乡、闹村乡、苍南乡、联山乡、溪心乡、内塘乡、凤卧镇人民政府；腾蛟区公所下辖腾蛟镇、鹤溪镇、带溪乡、岭门乡、龙尾乡、凤巢乡、蔡垟乡人民政府；山门区公所下辖山门镇、南雁镇、东屿乡、溪源乡、晓坑乡、怀溪乡、晓阳乡人民政府；顺溪区公所下辖顺溪镇、青街畲族乡、睦源乡、矾岩乡、吴垟乡、新田乡、维新乡人民政府。

1992年5月，实行县直接管理乡镇、乡镇管理村的管理体制，撤销区公所，将64个乡镇改设为34个乡镇。至1992年，全县设乡镇人民政府机构34

个，分别是昆阳镇、鳌江镇、水头镇、萧江镇、麻步镇、腾蛟镇、钱仓镇、山门镇、顺溪镇、南雁镇、凤卧镇、鹤溪镇、宋桥镇、宋埠镇、榆垟镇、郑楼镇、万全乡、水亭乡、西湾乡、务垟乡、梅溪乡、梅源乡、桃源乡、凤巢乡、龙尾乡、南湖乡、朝阳乡、闹村乡、晓坑乡、怀溪乡、青街畲族乡、维新乡、吴垟乡、南麂乡人民政府。

1998年4月，南麂乡改为建制镇，实行镇管村体制。2000年5月，撤销万全乡、水亭乡、务垟乡人民政府。2010年5月，撤销宋桥镇、郑楼镇、桃源乡人民政府，设立万全镇人民政府。2011年4月，撤销钱仓镇、南麂镇、西湾乡、梅溪乡、梅源乡、凤卧镇、鹤溪镇、南湖乡、朝阳乡、闹村乡、榆垟镇、宋埠镇、凤巢乡、龙尾乡、晓坑乡、怀溪乡、维新乡、吴垟乡人民政府。

2012年12月，撤销麻步镇人民政府。至此，全县设乡镇人民政府机构10个，分别是昆阳镇、鳌江镇、水头镇、萧江镇、万全镇、腾蛟镇、山门镇、顺溪镇、南雁镇、青街畲族乡人民政府。每个乡镇根据规模大小，设乡镇长1人和数量不等的副乡镇长。

功能区管委会　2011年10月，设置昆阳中心城区管委会、万全现代产业新区管委会、鳌江新区管委会，为县政府的派出机构，实行“区镇合一”管理体制。昆阳中心城区管委会与昆阳镇实行“一个机构、两块牌子”，万全现代产业新区管委会与万全镇实行“一个机构、两块牌子”，鳌江新区管委会挂浙江省平阳经济开发区管委会牌子，与鳌江镇、浙江省平阳经济开发区管委会实行“一个机构、三块牌子”。是年11月，设置县北港生态休闲旅游区管委会，为县政府派出机构，实行“区镇统分”的管理体制，县风景旅游管理局与县北港生态休闲旅游区管委会合署办公。2012年2月，设置县中部新区管委会，为县政府派出机构，实行“区镇合一”管理体制，与萧江、麻步两镇合并后的萧江镇合署办公。

第三节　政府法治建设

制度建设

规范出台文件　县政府及各部门出台的规范性文件，必须符合宪法、法律、法规、规章和国家的方针政策。涉及两个以上部门职权范围的规范性文件，由有关部门联合制定，或报请县政府制定。

2009年，县政府开展重大决策合法性审查工作，县政府重大决策的制定出台坚持公开征求意见、风险评估、合法性审查等法定程序，注重发挥政府法制办和县政府法律顾问的合法性审查把关作用；出台行政规范性文件制定管理办法；加强行政规范性文件报备工作；建立法律顾问对口服务制度。2012年3月，平阳县府院联席会议第一次会议召开。县政府常务副县长、县政府分管副县长、县法院院长以及相关部门、镇（乡）政府主要负责人参加会议，会议确定府院联席会议制度，并就违法用地查处和违法建筑拆除工作进行专题研究。至2012年，全县行政执法单位中，有23家设立法制机构；2个镇（乡）设有法制办公室，并配备兼职法制工作人员。全县确定继续有效的行政规范性文件154件，予以废止的23件，确认失效的41件，需要修改的20件。

接受监督　全县国民经济和社会发展规划、财政预决算、经济社会发展和改革开放的政策措施、社会事务管理、重大建设项目等事关全局的重大决策，由县政府全体会议或常务会议讨论决定。需报请县委决定或依法提请县人民代表大会或其常务委员会审议决定的，按照规定办理。县政府在重大决策之前，通过多种渠道，充分听取人大代表、政协委员、民主党派、专家学者、离退休干部等有关方面和人民群众的意见，涉及人民群众切身利益的，一般通过向社会公示或听证会等形式听取意见和建议。

县政府接受县人民代表大会及其常委会的工作监督、法律监督，依法向其报告工作、接受询问；接受县政协的民主监督，虚心听取其意见和建议。县政府及各部门认真办理人大代表议案、建议和政协委员提案，按照有关法律、法规的规定接受司法监督；同时接受监察、审计部门的专门监督。县政府组成人员按照规定向县人大常委会述职。

县政府实行政务公开制度，除涉及国家秘密、商业秘密、个人隐私和其他不应公开的事项外，县政府及各部门所掌握的政府信息和规范性文件、办事程序、办事结果，通过新闻发布会、政府公报、政府网站、新闻媒体和其他有效途径，向社会公众公开，接受群众和社会舆论的监督。重大问题，县政府各部门需认真查处和整改并向县政府报告。

设立法律顾问　2012年7月，县政府下发《关于全面建立政府法律顾问制度的通知》。9月，出台《平阳县人民政府法律顾问工作规则》。11月，出台行政规范性文件制定管理办法，规范县政府行政规范性文件制定管理，并按规定向县人大常委会和市政府报备。截至年末，共有7名律师担任县政府法律顾问，10个镇(乡)和20个政府部门聘请法律顾问。

行政执法监督

1996年，在县工商、卫生等部门推行行政执法责任制试点工作。1997年9月，制定《平阳县人民政府行政执法责任制实施方案》。

2009年开始，县法制办公室根据省、市法制办统一部署，分别以自查自评、重点抽查和集中评议等多种形式开展行政执法案卷评查工作，及时发现和纠正行政处罚活动中存在的问题，防止和减少因行政处罚行为违法或不当引起的行政争议。

2011年，针对行政诉讼败诉率高的部门或镇(乡)，县法制办会同县法院行政庭分别到县国土局、县人社局、万全镇、鳌江镇开展“上门问诊”服务，推进行政执法监督工作。11月，根据上级要求开展依法行政示范单位创建。

随着机构体制改革的深入进行，行政执法主体、依据和职能都有了较大的变化和调整，2012年5月，全县行政执法责任制工作任务交办会召开，《落实行政执法责任制工作实施方案》印发，明确自我梳理、审核公布和报送备案工作的时间节点，落实行政执法责任制。6月，平阳县开展规范许可裁量试点工作，要求各行政许可实施机关根据本部门具体情况梳理依据、制定裁量订标，健全相关制度，最后向社会公布结果，26家部门完成规范工作。

至2012年，全县在册行政执法证件1526个，涉及42个行政执法部门和各镇(乡)，共换证1305人次。全县37家行政执法部门在县政府门户网站上公开部门行政执法责任制的落实情况。25家行政执法部门参加行政执法案卷评查活动，组织零处罚、零许可的部门召开座谈会，深入分析原因，研究对策措施，督促各单位履行法定职责。

行政复议应诉

2012年5月，颁布《平阳县行政应诉工作规定》，就行政复议、行政诉讼应诉工作进行全面规定，提高全县各行政机关行政应诉工作水平。

1990—2012年，依法办理行政复议案件565件，办理以县政府为被告的行政诉讼案件297件。总体来看，部门行政执法相对比较规范，镇(乡)政府为被申请人的案件增幅较大、败诉率较高。

第四节　会议制度

县政府实行全体会议、常务会议和县长办公会议制度。县政府全体会议、常务会议、县长办公会议的议题由县长或常务副县长审定，会议纪要由县长或县长委托常务副县长签发。县政府具体工作需及时沟通、协调安排的，召开县长碰头会，由县长召集并主持，副县长、县政府办公室主任参加。县政府工作中遇到一些需要协调的具体问题，由县长、副县长按照分工召开专题会议进行协调解决。

县政府常务会议或县长办公会议议定的重大事项，需县委决定的，提交县委研究。以县政府名义召开的全县性大会，根据工作需要，由县政府办公室召集相关部门进行具体会务协调，涉及重大问题，由分管副县长进行协调。

县政府全体会议

县政府全体会议由县长或县长委托常务副县长召集，由副县长、县政府组成部门的主要负责人参加。县政府办公室副主任、县政府直属各单位负责人、各镇(乡)长列席会议。根据需要邀请县委、县人大常委会、县政协有关委(办)负责人、县人武部、县法院、县检察院、人民团体的负责人参加。县政府全体会议一般每年召开一至两次。视情况适当增加次数。其主要任务是：传达贯彻上级党委、政府和县委的重要指示、决议、决定以及县人民代表大会及其常委会的重要决议，通报全县经济和社会发展形势及重大事项，决定和部署县政府重要工作，讨论其他需要县政府全体会议决定的事项。

县政府常务会议

县政府常务会议由县长或县长委托常务副县长召集并主持，由副县长、县政府党组成员、办公室主任参加。县政府办公室副主任、县发展和改革局、县监察局、县财政局、县审计局以及与议题有关部门、各镇(乡)主要负责人根据需要列席会议。会议邀请县人大常委会、县政协、县考绩办、县法制办、县广播电视台、县新闻信息中心负责人参加。县政府常务会议一般每月召开两次。其主要任务是:传达和讨论上级党委、政府及县委的指示、决定,提出贯彻意见;讨论决定县政府工作中的重要事项;讨论通过提请县人民代表大会及其常委会审议的议案;讨论通过由县政府制定和发布的规范性文件;讨论决定县政府各部门、各镇(乡)政府的重要请示事项;讨论决定县政府管理的人事任免及奖惩,以及其他应由县政府常务会议审定的事项。

县长办公会议

县长办公会议由县长或县长委托常务副县长召集并主持,由副县长、县政府办公室主任参加。县政府办公室副主任、县发展和改革局、县监察局、县财政局、县审计局和与议题有关的部门、各镇(乡)主要负责人根据需要列席会议。县长办公会议一般每月召开两次,其主要任务是:研究、处理县政府日常工作中的重要问题;听取上级有关重要工作会议的汇报,并提出贯彻意见;讨论其他应由县长办公会议审定的事项。

县政府专题会议

县政府专题会议根据需要不定期召开,由县长、副县长或县长、副县长委托县政府办公室主任、副主任召集和主持。其主要任务是:研究处理属于县长、副县长分工范围需要统筹协调的业务事项,研究突发性事件的处理意见,研究处理全县性重要活动的协调实施事项,研究处理具体问题的协调实施事项,研究处理上级党委、政府主要领导对涉及面较广的具体问题所作批示的贯彻落实意见,研究处理县政府日常工作中的其他具体业务事项。

县政府周一例会

2012年开始召开县政府周一例会,由县长、副县长,县政府办公室主任、副主任组成,根据需要可安排有关部门、镇(乡)主要负责人参加。会议由县长或受县长委托的副县长主持,一般于每周一上午召开,主要内容是沟通、交流、协调近期重要工作。

第二章　施政纪略

1989—2012年,各届县政府在中共平阳县委的领导下,在县人大、政协的监督下,按照上级政府的指示和部署,坚持以经济建设为中心,坚持改革开放,使全县的经济建设和社会面貌发生了深刻的变化。

第一节　第九届人民政府
（1987年6月至1990年5月）

平阳县坚持以经济建设为中心,坚持四项基本原则,坚持改革开放,使全县经济建设和社会事业有了较大发展。

通过贯彻落实农村各项方针、政策,继续稳定、完善联产承包责任制,强化农业指挥体系,逐步增加农业投入,依法强化土地管理,实行农资专营,农业生产逐步升温。一些主要经济作物如油菜籽、水果等有较大幅度增长。建立一批猪、禽、蛋、蔬菜、淡水鱼等生产基地。村级经济建设开始起步,全县有32.3%的村建立了农工商合作社或经济联合社。

通过实行各种承包经营责任制,积极调整产品结构,加强企业管理,依靠科技进步,工业生产持续发展。产值超千万、税利超百万的有平阳内燃机配件厂、平阳化工厂、平阳鳌江轧钢厂。

南麂岛码头、麻步大桥、鳌江粮食仓库及500吨级码头、岱口至麻步油路改造、宋埠850亩海涂围垦、平阳啤酒厂扩建、平氮厂技术改造、鳌江水厂扩建、县工人文化宫、顺溪区卫生院、南麂岛电话通讯、县城自动电话、县城与全国各地的直拨电话、昆阳蒙垟山垃圾场等竣工投入使用。平阳二中教学楼、鳌江综合电信大楼、县中医院工程竣工。全县改建、新建城镇道路90条,新建、扩建自来水厂5个。全县脱贫1128户4141人。

一些科技成果应用于工农业生产,发挥良好效益。激光针灸仪获国际尤里卡博览会金奖,氟塑料离心泵等系列产品填补国内空白。全县普及初等教育,南麂和农场普及初中教育。创建中小学校15所,新建校舍4.05万平方米。

1989年，全县地区生产总值5.94亿元，比1986年增长52%；农林牧渔业总产值4.16亿元，比1986年增长57%；工业总产值7.33亿元，比1986年增长101%；财政收入5325万元，比1986年增长74%。城镇职工平均货币工资收入1799元，比1986年增加762元；农民人均纯收入850元，比1986年增加382元。

第二节　第十届人民政府

（1990年5月至1993年4月）

平阳县坚持以经济建设为中心，坚持改革开放，特别是在1992年邓小平南方谈话和中共十四大后，国民经济进入高速增长的新阶段。

其间，农村经济全面发展，产业、产品结构逐步调整。在农村，以家庭联产承包为主的责任制和统分结合的双层经营体制继续得到稳定和完善，全县村村建立经济合作社，其中，174个村经济合作社通过规范化验收。乡镇企业保持旺盛的发展势头，至1992年，产值11.60亿元，比1989年增长1.33倍，占全县工业总产值的67.2%，成为平阳国民经济的一大支柱。投入6318万元实施112项工业企业技术改造；塑编、皮革、机械、化工、食品、印刷、铜字、汽配、花边等行业创造的产值占全县工业总产值的60%以上，成为平阳工业经济的支柱；兴办“三资”（中外合资经营企业、中外合作经营企业和外资企业）企业11家，利用外资129.7万美元。1992年，平阳县自营出口供货值首次突破亿元大关，达1.4亿元。

城镇新（改，扩）建自来水厂6个，增加日供水能力6000吨；垂扬220千伏、万全35千伏变电所和黄坑电站建成；建成15条公路，增加通车里程69.1千米，全县34个乡镇中有31个通公路。昆阳、水头、麻步、腾蛟四镇开通万门程控电话，鳌江、萧江两镇开通市内自动电话。昆阳城东新区排污工程以及昆阳、鳌江垃圾中转场投入使用，县汽车客运站、萧江标准运动场建成和使用。城乡居民新建住宅113.2万平方米，8.7万人脱贫。1992年，全县社会固定资产投资完成2.11亿元。

实施“科教兴县”战略，实施科技项目275项，引进、开发新产品、新技术、新工艺、新材料“四新”产品（品种）近200个，获得国家、省、市科技进步奖、星火成果奖18项，平阳县被国家科学技术委员会列为重点联系县，并连续被评为省科技管理先进单位。4个县级医院分别达到一级甲和一级乙医院标准，县卫生防疫站被命名为省级文明站，9所乡镇卫生院被评为省文明卫生院。全县基础教育和职业教育、成人教育都得到发展，改造破旧校舍2.7万平方米，排除危房2.45万平方米。

1992年，全县地区生产总值12.12亿元，比1989年增长104%；农林牧渔业总产值5.56亿元，比1989年增长34%；工业总产值16.04亿元，比1989年增长119%；财政收入9019万元，比1989年增长69.4%；城镇职工平均货币工资收入2322元，农民人均纯收入984元。

第三节　第十一届人民政府

（1993年4月至1998年4月）

平阳县坚持以经济建设为中心，深化改革、扩大开放，进一步促进国民经济整体素质的提高。坚持两手抓、两手都要硬，进一步促进社会事业的全面进步。

农业生产连年丰收，粮食总产稳定在20万吨以上，获得全省粮食工作先进县称号。其间，平阳县通过农村电气化县国家级验收和自力更生治水县省级验收，争取到国家级农村能源综合建设县和升级粮食自给工程建设县、商品粮生产基地县项目。至1997年年底，森林覆盖率由1992年的36.8%提高到44.3%，水产品总产量3.45万吨，比1992年翻了一番。

企业改革在扩大经营自主权、完善经营承包责任制的基础上，推进企业联合、兼并和股份合作，组建企业集团9家，联合、兼并、改制企业110余家。乡及乡以上工业企业完成技改项目168项，全县工业企业持标覆盖率95%以上，2家企业通过ISO 9000质量标准体系认证，创国家、省、市名优产品30个。年产值超千万元的企业从1992年的13家增加到139家，其中超亿元的企业5家。鳌江进入全国小城镇综合改革试点镇行列。实施开放型经济发展战略，争取到国家级森林公园、省级平阳经济开发区和一批省、市级名胜风景区，设立鳌江口岸、海关、商检等涉外机构，全方位完善对外开放格局。新建扩建浙南水产品批发交易市场、平阳毛线综合市场、浙江南方皮革城等一批龙头市场。全县外贸出口额从1992年的1.40亿元增加到11.56亿元，增长7.1倍，出口产值占国内生产总值的比重从1992年的11.6%提高到21.69%，有6家企业取得进出口自营权。水头镇外贸出口连续5年名列温州市建制镇首位。

新建、扩建、拆建校舍7.82万平方米，新增中小学校教学大楼67座。提前3年基本普及九年制义务教育，鳌江镇成为全市首批教育强镇。496个文艺作品和节目在全国、省、市评比中获奖，3项在国际上获奖，成为全市唯一的全国文化工作先进县。全社会用于基础设施建设投资8.8亿元，完成重点工程建设项目60个。104国道平阳段拓宽改建一期、山门至顺溪公路改建、瑶岭隧道、鳌江车站、水头110千伏变电所、温州宏能电厂、程控电话工程、平阳和鳌江水厂等一批新扩建工程项目相继建成，全县实现乡乡通公路、乡乡通电话、村村通电（灯）。县档案馆率先在全市成为省一级综合档案馆。

1997年，全县地区生产总值48.41亿元，比1992年增长299%；农林牧渔业总产值10.36亿元，比1992年增长86%；工业总产值104.13亿元，比1992年增长549%；财政收入27864万元，比1992年增长209%；城镇居民人均可支配收入5300元；农民人均纯收入3281元。

第四节　第十二届人民政府

（1998年4月至2003年3月）

平阳县经济发展实现量的新扩张和质的新提高，开放型经济进一步发展，三大产业比重逐步调整，国有企业改革和小城镇综合试点改革深入推进，始终坚持“科教兴县”战略。

平阳县进入全国县域经济基本竞争力百强县行列。培育平阳早香茶、“鸿雁”马蹄笋、“万全牌”优质米、“星亮”鸽蛋等一批品牌农产品。获“全国平原绿化先进县”称号，通过农村能源综合建设县国家总验收。在全省率先创办特色工业园区，取得“中国皮都”“中国塑编之乡”和“中国商务礼品生产基地”3张国家级“名片”。

实施“质量立县、名牌兴业”战略，技改投资9.7亿元，获省著名、市知名商标9个，“庄吉”被评为中国驰名商标。11家国有工业企业完成改制。深化行政审批制度改革，各类审批事项大幅减少。获得“浙江省农村中医工作先进县”称号。成功举办全国象棋棋王赛，圆满承办省第四届田径运动会、省第十二届运动会四项赛事，获“全国体育先进县”和“全国武术之乡”称号。南麂列岛被列入世界生物圈保护区网络、中国南部海域生物多样性保护区。引进外资企业46家，实际利用外资1218万美元；52家外贸生产企业获得进出口自营权。2002年，全县自营出口总额超1亿美元，是1997年的3倍；工业增加值36.91亿元，比1997年增长49.1%；规模以上工业产值70.2亿元，10家企业实现产值超亿元；第三产业增加值31.8亿元，占国内生产总值的39.6%。

在全市率先制定县域城镇体系规划，昆阳、鳌江等镇的详规覆盖率80%以上。在基础设施建设方面投入76.8亿元，安排重点项目73项，其中104国道平阳段拓宽改建工程（二期）、57省道詹家埠至岱口段改建工程、110千伏横河输变电工程、沿海沿江标准堤工程、北港11万亩土地整理暨标准农田建设项目等竣工。实施结对帮扶、下山脱贫等扶贫工程，全县贫困面降至62个村3.38万人。

2002年，全县地区生产总值80.33亿元，比1997年增长65.9%；农林牧渔业总产值10.65亿元，比1997年增长2.8%；工业总产值182.88亿元，比1997年增长76%；财政总收入6.83亿元，比1997年增长145%。城镇居民人均可支配收入14330元，农民人均纯收4466元。

第五节　第十三届人民政府

（2003年3月至2007年1月）

突出经济建设中心，注重统筹协调发展，促进全县经济社会平稳健康发展。

平阳县跻身全国最具投资潜力中小城市百强。开发建设万全轻工基地、水头腾蛟皮件基地、昆阳服饰园区、鳌江墨城临港产业基地、萧江塑包基地。实施品牌战略，新增国家免检产品4个、省级名牌产品11个、省著名商标6只、省知名商号3

个。推行农村税费改革，全面免征农业税。新建国家级无公害农产品基地25个，新增省级农业龙头企业2家，发展农民专业合作社56家，新增浙江名牌农产品3个，平阳县获“中国马蹄笋之乡”称号，南麂岛大黄鱼通过国家原产地认证。浙南（平阳）抗日根据地旧址入选全国100个红色旅游经典景区和30条红色精品线路，南雁荡山通过国家AAAA级旅游区初评，南麂列岛名列中国十大最美丽海岛第五位。实施“选商引资工程”，“以民引外、民外合璧”经验全市推广，一批企业与世界知名企业成功嫁接。

旧城改造方面，县城解放北路改建、瓯南大桥建设拆迁工程基本完成，昆鳌两镇建城区面积从26.1平方千米扩大到31.5平方千米。城市化水平49.6%。基础设施投入35亿元，昆鳌污水集中处理工程、平阳引供水工程、城区片珊溪引供水工程（一期）、平阳县第一中学迁建工程、500千伏南雁输变电工程、体育馆、殡仪馆等项目先后建成。开展文明城市创建活动，被评为创建省级文明城市工作先进县。南麂镇成为省级生态镇。

新增省、市高新技术企业12家，成为“全国科普示范县”。基本普及十五年基础教育，创省、市教育强乡镇14个；高考成绩连续位居全市前茅，6所民办学校成为温州市“魅力民校”。文艺作品获省级以上奖项218项，顺溪古屋成为国家级文保单位。开始推行新型农村合作医疗制度，城乡最低生活保障基本实现动态管理下的应保尽保，农村“五保”和城镇“三无”人员集中供养率均达100%。其间，平阳县获“全国农村中医工作先进县”、省级“平安县”称号，萧江镇成为全国首个城市信用体系建设重点调研镇。

2006年，全县地区生产总值120.66亿元，比2002年增长50%；农林牧渔业总产值14.95亿元，比2002年增长40%；工业总产值286.94亿元，比2002年增长56.9%；三次产业比由2002年的7.3∶53.2∶39.5调整到2006年的6.8∶50.1∶43.1。财政总收入10.91亿元，比2002年增长60%；城镇居民人均可支配收入16369元，农民人均纯收入6259元；社会消费品零售总额从2002年的33.46亿元增加到52.84亿元。

第六节　第十四届人民政府

（2007年1月至2012年1月）

坚持以科学发展观为指导，齐心协力谋发展，集中精力抓转型，千方百计促和谐，保持了经济社会发展的良好势头，实现“十二五”时期的良好开局。

出让工业用地3840亩，开工标准厂房85万平方米，完工64万平方米，万全轻工基地、昆阳工业园、墨城临港工业园加快开发，工业性投资127亿元。南雁荡山成功创建国家AAAA级旅游区并启动新一轮开发，浙南（平阳）抗日根据地旧址群入选全国爱国主义教育示范基地，山门中国工农红军挺进师纪念馆陈列馆、凤卧“省一大”旧址纪念园一期、水南公路、南麂环岛公路改造等工程竣工。昆鳌“两轴四片”（依托昆鳌大道、火车站大道两条交通轴线，优化城市功能布局，构建中等城市框架，加快昆阳城东片区、城南片区、鳌江火车站站前片区、滨江片区4个区块建设）及万全湖服务业集聚区等规划启动实施，华东农贸市场等专业市场建成投用。成功引进浦发村镇银行，设立小额贷款公司2家。早香茶、蛋（肉）鸽、马蹄笋、蔬菜等主导产业做优做强，建成名特优农产品基地11.2万亩。平阳县获“中国果蔬无公害科技示范县”“省级粮食生产先进县”称号。

全社会固定资产投资352亿元，年均增长35.1%。县域总体规划、中心镇总体规划、城镇群协调规划编制完成。温福铁路平阳段、瓯南大桥、陆岛交通码头、57省道张基岭至詹家埠改建、钱梅公路等项目建成投用，温州绕城高速西南线平阳段、104国道平阳郭庄至陈峡垟改建、57省道复线、昆鳌快速联系通道、昆宋公路等项目相继开工。麻步防洪堤一期、南湖防洪堤竣工，宋埠——西湾围垦实现堵口合龙并开工回填造地工程，西湾（墨城）围垦实现南片主堤贯通、北片开工建设。全面开展农村生活垃圾收集处理，新建通村公路650.8千米，407个村成为市级“村庄整治合格村”，其中47个村被评为省、市级“全面小康建设示范村”。“低收入农户奔小康工程”取得阶段性成果，下山移民2.4万人。新农村电气化水平提高，平阳县获“全国新农村电气化县”称号。水头制革基地“省级环保重点监管区”实现“摘帽”，昆鳌污水处理工程整治工作完成，在全市率先启动“森林城市”创建，率先启动城乡污水处理全覆盖工程。

优化校网布局，新建中小学校舍19万平方米，改造完成37所农村薄弱学校，鳌江中学实现整体搬迁，昆阳镇第二中学、鳌江镇第五中学启动迁建，平阳县职业中等专业学校被评为国家级重点中等职业学校，2006—2011年，高考第一批上线率连续6年居全市各县（市、区）第一，平阳县成为省级教育强县。温州鼓词（平阳）、鳌江大龙等22个文化项目入选国家级、省级非物质文化遗产名录，顺溪古建筑群成为国家级重点文保单位，县文化馆被评为国家一级馆，木偶剧、布袋戏、《萧江大鼓》等一批文化作品获国家级、省级大奖。创成省级文明城市，昆阳镇成为全国文明镇。医药卫生体制改革启动，县人民医院异地扩建项目开工建设。平阳县成为省级体育强县。

2011年，全县地区生产总值232.46亿元，比2006年增长92.66%；农林牧渔业总产值23.17亿元，比2006年增长55%；工业总产值514.12亿元，比2006年增长79%；财政总收入28.52亿元，比2006年增长161%。城镇居民人均可支配收入26084元，农村居民人均纯收入10615元，年均分别增长9.8%、11.2%；城乡居民储蓄存款余额175.48亿元，是2006年的2.3倍。

第七节　第十五届人民政府

（2012年1月—）

2012年，坚持以保持政府投资规模、持续扩大民间投资为工作基调，突出抓好项目攻坚、政府融资、招商引资、土地支撑等工作，保障一批事关全局和长远发展的重大项目建设。通过设立县融资办实体化运作、组建十大国有投资公司、实行政府性资金存贷比挂钩等措施，全面推进项目贷款、信托、BT、发债等融资工作，融资到位26亿元；新增建设用地指标3134亩、增减挂钩指标2400亩，完成垦造耕地2289亩、标田建设3209亩、土地清理9383亩。实施招商引资“一号工程”，出台招商引资“1+X”系列文件，编制完成县重点招商项目库，建立县领导联系外地商会制度，南雁翠丰酒店地块挂牌出让，世界温州人家园、昆阳城东综合体等项目签约，累计到位内资23.4亿元、外资1562万美元，超额完成市定任务。建成山门至南雁红色旅游专用公路、平苍引供水工程平阳段、220千伏腾蛟变电所等项目。

出台实体经济振兴、老厂房改造等扶工政策，工业项目开工54个、竣工投产56个，开工率、竣工投产率分别达100%和96.6%。在温州市率先开发使用企业综合评价平台，实行分类管理，完成企业帮扶140家。浙江乔治白服饰股份有限公司成功上市，实现平阳县企业上市零的突破。水头皇廷国际大酒店开工建设，鳌江皇家大酒店主体结顶，平阳三和韦斯特大酒店投入运营，腾蛟镇创成省级旅游强镇。民生银行、广发银行引进开业，民间借贷登记中心挂牌运行，新增小额贷款公司4家。建成粮食生产功能区近万亩、现代农业园区10个。

全面取消公办学校义务教育段择校费并严格执行施教区入学政策，高考第一批上线率实现全市“七连冠”。昆阳镇创成省级文化强镇，顺溪镇、昆阳坡南街区分别被命名为省级历史文化名镇、名街区。省级示范文明城市创建通过初评，创成省级扶残助残爱心城市、省级知识产权示范县。基本药物实行零差价销售，县人民医院、县中医院通过三级乙医院评审，县第二人民医院委托温州附二医管理。在全市率先实行事权、行政执法权下放，设立昆阳、鳌江、万全功能区联合审批局、北港市民服务中心，成立鳌江镇城市管理与行政执法局，下放事权500余项、行政执法权300余项。

2012年，全县地区生产总值259.76亿元，农林牧渔业总产值24.39亿元，工业总产值533.82亿元。限上固定资产投资209亿元，同比增长42%，投资率82%，其中工业性投资55亿元，同比增长49%；财政总收入28.7亿元；城镇居民人均可支配收入28761元，农村居民人均纯收入11827万元；社会消费品零售总额108亿元。

第三章　行政审批

2000年11月1日，平阳县行政审批服务中心（简称“县审批中心”）土建工程开工，2001年12月22日竣工。县审批中心占地面积1公顷，建筑面积

平阳县行政审批服务中心（2010年）

7358平方米，总投资3250万元。

2001年9月，县行政审批管理办公室设立，具体负责审批制度改革。2002年2月，县行政审批管理办公室进驻县审批中心，县公安局等20个单位同时入驻县审批中心，设置服务窗口。2002年6月，县政府审批制度改革领导小组设立。2004年4月，县级党政机构改革确定县行政审批管理办公室为县政府审批制度改革领导小组的常设办事机构，内设综合科、业务督查科。至2012年，县审批中心设有28个单位的服务窗口，办事人员135人。

2002—2012年，平阳县行政审批制度改革实现一站式一条龙审批服务，从分散、无期限办理转变为集中限时办理，各服务窗口受理各类审批事项597826件，办理593409件。

第一节　审批制度改革

2001年至2002年2月，平阳县开展第一轮审批制度改革。56个单位上报各类审批事项991项，改革后，减少到43个单位266项。

2002年3—12月，开展第二轮改革。全县上报有审批权的单位49个；上报审批事项508项，由于机构改革和部门职能变化，转出或转入的审批事项共6项，总计列入审改514项，经审改后保留266项。同时保留年检（审）64项，备案25项。

2004年5—12月，开展第三轮改革。45个单位上报各类行政审批事项426项。清理取消行政许可项目25项，保留260项；取消非行政许可项目52项，保留18项；取消各类年（审）检事项15项，保留56项。

2006年，编制《平阳县行政审批服务指南》，对保留事项的审批依据、申报条件、申报材料和办理程序进行规范、公开。2007年，成立平阳县行政审批事项清理工作领导小组，全面开展非行政许可审批事项清理规范，50个单位列入清理非行政许可审批事项451项，公布保留非行政许可审批事项283项，取消非行政许可审批事项88项，暂予以待定80项。2008年，取消非行政许可审批事项50项，保留非行政许可审批事项313项。2010年，全县除省市直管单位外，具有行政审批职能的部门都成立行政审批科，大部分行政审批科成建制进驻县审批中心，进县审批中心行政许可事项213项，占所有行政许可事项的82.9%。

2012年开始，启动第四轮改革。至12月底，50个单位列入清理的审批事项894项，保留524项，其中行政许可259项，非行政许可265项。

第二节　审批服务

2002年年初，《平阳县行政审批服务中心审批事项办理暂行办法》出台，对进县审批中心的各类审批事项的分类、受理、办理程序、投诉和督办作了明确规定。3月开始，平阳县行政审批管理办公室出台《平阳县行政审批服务中心窗口考核办法》等管理制度。是年，县纪委、监察局在县审批中心设立县经济发展环境投诉中心。

2003年，县行政审批管理办公室出台《重大项目联合审批办法》《绿色审批通道》等措施，对外县到平阳投资企业实行全程审批代理，对进入县审批中心的审批事项实行行政首长授权制。

2004年，试行“一审一核制”，凡有两个以上审批环节的均简化至两个甚至一个环节，由一名审查员和一名核准员分别负责审查及核准。4月1日开始，卫生局、文化局、林业局、烟草专卖局、公路运输管理所等5个部门的8个审批事项实行前置审批告知承诺制。是年，麻步、顺溪两镇成立便民服务站。2005年，县审批中心窗口实行窗口分管局长常驻中心“坐班”制，启用窗口“审批专用章”，规定在办理行政审批事项使用时（除需上报上级有关部门以外），“审批专用章”与其部门公章具有同等效力。

2009年5月18日，平阳县投资项目代办中心举行揭牌仪式

2006年，开通网上显示和查询办件情况服务，实行短信办结通知服务。是年，设立招商引资审批代理服务窗口，全年代理7家外资企业。2007年，开展"阳光大提速"活动，缩减审批时限事项27项，原承诺时限262个工作日，缩减87个工作日。推行县、乡两级便民代理服务，设立综合代理服务窗口，为县重大工程、重点项目和纳税大户审批提供全程无偿代理服务。2008年，出台《平阳县联合审批实施办法》《平阳县乡镇便民服务中心暂行管理办法》，县审批中心"一条龙""一站式"服务模式逐步延伸到基层。出台《平阳县行政审批绿色通道实施办法》，规定所有涉及审批事项承诺时限提速30%以上。全年综合窗口跟踪服务项目105个，电话联系356人次，上门服务55人次，发放代理宣传资料262份。2009年，县投资项目代办服务中心设立。完善联合审批办法和绿色通道，实行"特事特办、告知承诺、并联审批、超常办理"。开通阳光投诉电话，设置评议投诉箱，公布涉及审批的各类事项。利用网络实时跟踪、监管各窗口承诺事项办理动态，及时通报每月、季度考核评比结果和每月办件情况。

2010年，对县审批中心大厅各服务窗口的工作情况实行全程监控。是年，便民服务代理工作延伸到村。2011年，实施企业市场准入"五证联办"，将工商营业执照、组织机构代码证、税务登记证、统计证和机构刻制公章备案统一到一个窗口受理。实施《平阳县建设项目竣工联合验收实施办法》，将原来多个部门各自独立组织实施专项竣工验收的方式转变为由一个部门牵头组织，多个部门集中验收的运作模式。2012年，北港市民服务中心、县政府投资工程建设管理中心成立。

2002—2012年，县审批中心各窗口受理各类审批事项597826件，办理593409件。

2002—2012年平阳县行政审批服务中心办理审批事项一览表

表22-3-1

年度（年）	受理（件）	办结（件）	群众满意率%
2002	71205	68281	—
2003	73388	76787	96
2004	34568	32352	97
2005	26025	25655	—
2006	38254	37305	100
2007	40975	40622	99
2008	122903	122268	98
2009	31592	31604	98
2010	50418	50087	99
2011	57704	57582	99
2012	50794	50866	—

说明：资料由县行政审批管理办公室提供

第四章　公共资源交易管理

2004年11月，中共平阳县委、县政府决定成立县招标投标市场管理委员会，逐步规范招标投标工作。是月，联合下发《关于建立平阳县招标投标统一

县公共资源交易中心办公楼（2012年）

平台管理体制的通知》，建立招标投标统一管理体制。2005年3月，县招标投标市场管理委员会办公室和县招标投标中心正式挂牌运作。县招标投标市场管理委员会办公室下设综合科和督查科，县招标投标中心下设建设交易科、政府采购科、土地交易科和产权交易科，共有行政编制5人，事业编制20人。

2008年2月，县招标投标市场管理委员会更名为县公共资源交易管理委员会，其下设办公室为县政府正科级行政单位，其下属单位县招标投标中心为副科级全额事业单位。

2008年4月，县规划建设局下属的县建设工程招标投标监理站撤销，其承担的有关职能划归到县公共资源交易管理委员会办公室；9月，县公共资源交易管理委员会办公室业务信息科成立，督查科撤销。2011年3月，撤销业务信息科，复设督查科。同时，成立县公共资源交易管理委员会办公室下属单位——县建设工程招标投标监理站，为正股级全额事业单位。至此，县公共资源交易管理委员会、县公共资源交易管理委员会办公室、县公共资源交易中心和县建设工程招标投标监理站共同架构县公共资源交易监管服务体系。2012年2月，机构迁入鳌江镇火车站大道和谐嘉园，办公楼建筑面积3200余平方米，内设专门的开标区、评标区。

至2012年，县公共资源交易管理委员会办公室下设综合科、督查科两个科室，县公共资源交易中心设有工程建设交易科、政府采购科、土地交易科、产权交易科4个职能科室。

第一节　制度建设

2005年，县政府办公室出台《平阳县政府采购管理暂行办法》《平阳县工程建设项目招标投标管理暂行办法》《平阳县国有产权转让管理暂行办法》和《平阳县国有土地使用权、采矿权招标拍卖挂牌出让管理暂行办法》，为全县政府采购、工程建设、产权交易和土地交易四大业务顺利开展提供制度保障。

之后，平阳县相继出台《平阳县工业用地招标拍卖挂牌出让实施办法》《平阳县公有房地产出租管理办法》《平阳县河道采砂权公开有偿出让办法（试行）》《平阳县人民政府办公室关于公开选定工程招标代理机构的通知》《平阳县公共资源交易拍卖机构会员管理办法》和《中共平阳县委、平阳县人民政府关于进一步整治规范建设工程招投标市场的若干规定（试行）》等文件，对全县公共资源交易各个领域、各个环节加强制度规范。

2005—2012年，全县出台33个规范性文件，其中县级层面出台12个，县公共资源交易管理委员会办公室层面出台19个，部门联合出台2个，形成相对完善的公共资源交易管理制度体系。

第二节　交易平台建设

2005年10月，昆阳、鳌江、水头、萧江、腾蛟等乡镇招投标中心相继建立运行。至2006年，全县所有乡镇建立乡镇招投标中心。乡镇招投标中心的招投标范围：在县招投标中心限额以下、乡镇公共财政投资额在3万元以上或村级公共财政投资额在1万元以上的各类建设项目；各级财政及集体经济投资的，在政府集中采购目录内、限额标准以下，且乡镇一级金额在3000～5000元、村级金额在1000～3000元的货物、工程和服务；村级集体资产对外承租、出让标的在1万元以上的各类项目。

2008年11月，县政府出台《关于进一步规范乡镇招投标统一平台建设的意见》，将进"中心"的范围确定：各级公共财政投资额在3万元以上、50万元以下的各类建设项目；村级集体资产对外出租、出让标的在3万元以上的各类项目；村级集体大宗货物采

2005年3月30日，县招投标中心挂牌　　陈永琢　摄

2005—2012年平阳县公共资源交易业务汇总表

表22-4-1

类　别	交易情况				
建设项目	数量(宗)	预算投资(万元)	交易额(万元)	节约额(万元)	节约%
	1204	1851932.22	1675982.38	175949.84	9.50
政府采购	数量(宗)	预算价(万元)	中标价(万元)	节约额(万元)	节约%
	5454	74243.24	65766.01	8477.23	11.42
土地交易	数量(宗)	起始价(万元)	中标价(万元)	增幅额(万元)	增幅%
	406	1076987.35	1332351.44	255364.09	23.71
产权交易	数量(宗)	起始价(万元)	竞标价(万元)	增幅额(万元)	增幅%
	124	35506.87	37343.58	1836.71	5.17
合计	7188		3111443.41		

说明：资料由县公共资源交易管理委员会办公室提供

购按照县公共资源交易中心相应货物的协议采购或定点采购的相关规定办理采购手续；其他需要在乡（镇）招投标中心内进行公开交易的项目。乡（镇）政府可根据各自实际下调标准限额，并予以明确。

2012年，县政府出台《平阳县政府投资小额工程建设项目发包暂行办法的通知》，其规定分别将施工工程200万元、货物100万元、服务类50万元规模以下的项目直接下放到乡镇招投标中心进行招标。

2005年4月至2012年，平阳县进行建设工程、政府采购、土地交易、产权交易四大交易项目7188宗，总交易金额311.14亿元。

第五章　外事与侨务及港澳事务

1990年春，县政府外事办公室（简称“县外事办”）成立，与县对外经济贸易委员会合署办公，1997年，县外事办与县侨务办公室合并，成立县人民政府外事侨务办公室（简称“县外侨办”）。2000年6月，成立县国际交流服务中心，该中心系财政全额拨款事业单位，隶属县外侨办。2001年12月，县出国留学人员家属联谊会成立，系民间社团，县外侨办为其主管单位。2006年，中共平阳县委成立外事工作领导小组，下设办公室。

第一节　外　事

因公出国（境）

县内机关单位公职人员、企业人员因公出国或

1990—2012年平阳县因公出国（境）人员情况一览表

表22-5-1

年份（年）	总批次	总人次	总人次中：企业或个人	总人次中：国家工作人员
1990	4	5	5	0
1991	4	6	5	1
1992	17	36	27	9
1993	15	32	23	9
1994	27	57	46	11
1995	17	31	18	13
1996	30	61	36	25
1997	19	35	26	9
1998	58	97	60	37
1999	60	99	59	40
2000	84	138	101	37
2001	104	213	167	46
2002	52	94	74	20
2003	52	94	74	20
2004	55	103	54	49
2005	35	137	41	96
2006	45	99	57	42
2007	35	90	43	47
2008	37	90	54	36
2009	31	42	28	14
2010	27	55	34	21
2011	28	53	23	30
2012	32	54	24	30

说明：资料由县外侨办提供

出境，先将有关资料、证件提交给县外事部门，经审核合格，再报请市外事部门批准。因公、企业人员出国(境)团组有两大类：一是相关单位自行组团出访；二是随“双跨(跨地区、跨部门)”团队出访。出访人员的身份，主要分为国家工作人员和企业人员两大类。

交流合作

县外侨办联系县内与国外，为双方牵线搭桥，促进相互之间的交流合作。县内某些单位邀请国外的合作人员到平阳作短期居留，邀请单位报告外事部门，由市外事办发出邀请函。如平阳世一变速机械实业有限公司是一家中韩合资企业，经常邀请韩国合作伙伴到平阳工作；平阳新纪元学校、平阳蓓蓓外国语学校、平阳县中心小学、昆阳镇第一小学、平阳县蓓蕾幼儿园等学校有邀请外籍教师教授外语。

2010年11月，副县长雷文多率团赴美国、加拿大、墨西哥考察，与墨西哥圣马丁·金字塔市(SanMartin de las piramides Estodo)签订友好城市意向书。是年，平阳中学与德国马丁·路德一级文理学校、加拿大新西敏中学(New Westminster Secondary School)结为友好学校。

2012年5月，中共平阳县委书记王中毅率团一行6人赴德国、法国、瑞士三国考察，会见德国上施莱施海姆(Oberschleisseim)市政府、瑞士皮伊(Pully)市政府官员，了解当地经济贸易法规政策，商洽新材料镁合金项目开发事宜，就引进先进适用技术，改造提升新材料产业进行交流，并参观纽伦堡国际宠物用品展和德国CTC中国贸易中心。7月，县人大常委会副主任温林琴率团赴美国、加拿大、

2012年10月11日，法国华侨华人会代表参观鳌江站前小区

墨西哥考察，访问墨西哥圣马丁·金字塔市，与该市副市长等会晤，就双方经贸、科技与文化等方面的交流和合作进行深入交流。是月，平阳中学37名师生赴美国洛杉矶索斯兰公立高中参加夏令营活动。10月，县实验中学与韩国长兴蓉山中学结为友好学校。是年，县新纪元学校与马来西亚吉隆坡城市园甲洞国民型华文小学(三)校签订学校结好协议。

水产研修生派遣

温州市与日本国石卷市是友好城市。1998—2010年，平阳县向石卷市派遣82名研修生。2011年3月，日本发生大地震和海啸，在日本海啸灾区38名平阳县籍研修生全部安全撤离，返回祖国。此后，平阳县不再向石卷市外派研修生。

1998—2010年平阳县赴日研修生人数一览表

表22-5-2

年度(年)	1998	1999	2000	2001	2002	2003	2004
人数(人)	5	4	6	7	5	4	7
年度(年)	2005	2006	2007	2008	2009	2010	
人数(人)	5	6	5	10	9	9	

说明：资料由外侨办提供

第二节　侨务及港澳事务

县外侨办、县侨联与海外20余个华侨华人社团保持经常性联系。每年圣诞节、元旦、春节期间，向海外华人、华侨以及港澳同胞寄出贺卡。每年新春、中秋节都举行“三胞”茶话会。华侨、华人、港澳同胞到平阳，常跟县外侨办、县侨联联系，县外侨办、侨联帮助他们解决到平阳投资或生活所遇到的困难。通过县外侨办、侨联的联络，平阳县自行组织的大型出访团到国外，得到当地华人华侨社团或个人的接待和协助。

侨务

侨情　华侨是指定居在国外的中国公民。海外华人不属于华侨范围，但其在待遇方面视同于华侨，也是县外侨办的服务对象，因此海外华人事务也一并归入侨务。1989年，平阳县的海外华侨、华人及眷属约有5000人。2006年，县侨联组织作详细调查的平阳县海外华侨、华人有2667人，其中亚洲338人，

2006年、2012年平阳县海外华侨、华人分布情况一览表

表22-5-3　　单位：人

国家	2006年	2012年	国家	2006年	2012年	国家	2006年	2012年
新加坡	93	243	意大利	195	955	斯洛伐克		1
马来西亚	104	129	荷兰	433	351	美国	874	675
印度尼西亚	42	15	德国	169	150	加拿大	89	64
泰国	17	6	西班牙	49	378	巴拿马	17	14
日本	73	71	葡萄牙	11	17	巴西	23	34
缅甸	9	3	比利时	19	15	阿根廷	5	1
老挝		5	英国	53	43	苏里南		14
菲律宾		4	奥地利	20	22	南非	9	14
韩国		4	挪威		3	加纳		4
越南		15	罗马尼亚		24	尼日利亚		4
柬埔寨		14	瑞典		3	阿联酋		3
黎巴嫩		2	波黑		2	津巴布韦		2
沙特		2	瑞士		2	科特迪瓦		2
土耳其		2	匈牙利		13	安哥拉		7
阿联酋		6	俄罗斯		9	加蓬共和国		1
蒙古		6	卢森堡		8	埃塞俄比亚		1
文莱		1	乌克兰		7	澳大利亚	17	50
乌兹别克斯坦		1	波兰		5	新西兰	5	12
法国	341	268	塞尔维亚		2			

说明：①表中数据为有作详细调查的人数；②资料由县外侨办提供

欧洲1290人，美洲1008人，非洲9人，大洋洲22人。2012年，由县外侨办开展全县基本侨情调查，平阳籍海外华侨、华人5975人，出国留学人员371人。作详细调查的华侨、华人有3709人，其中亚洲529人，欧洲2278人，美洲802人，非洲38人，大洋洲62人。

侨政工作　1991年开始，县侨务部门贯彻实施《中华人民共和国归侨侨眷权益保护法》，为华侨、华人出具华侨、归侨、侨眷的身份证明，使当事人在城改拆迁和安置、职工下岗、入学升学、就业安排等方面的正当权益受到保护，得到优惠照顾。2005—2012年，县外侨办接待并办结来信来访333人次，出具各类身份证明141份。对生活困难的归侨侨眷，县外侨办每年定期予以经济补助。如遇灾害、疾病等特殊情况，也给予临时救助。至2012年，县内还有14户归侨侨眷生活比较困难，每月每户发给150～300元的困难生活补助费。1989—2012年，向海外侨团、侨资企业、重点侨乡及社区送发涉侨政策法规、《领事保护手册》等宣传资料5000余份，在昆阳、鳌江等侨务工作重点乡镇组织3次侨法宣传活动，参加侨界群众300余人次。

回报家乡活动　1987年，荷兰侨领梅旭华在平阳县第一中学设立“梅旭华奖学金”。1991年，华侨梅旭华夫妇会同林德华、胡志光、叶世顺等侨领，成立由23个全荷华人社团参加的、以梅旭华为主席的“全荷华人赈济中国水灾委员会”，筹集56万余荷兰盾支援祖国抗洪救灾。梅旭华等10余名旅荷侨胞及旅法侨胞金慎宝等，还直接向平阳捐款5.8万元人民币赈灾。是年，旅美华侨、宾夕法尼亚大学数学系教授杨忠道在平阳县第一中学设立“苏步青数学奖”，金额5万元人民币。1993年5月，旅美侨胞池云祥捐资33万元人民币，为故乡青街建造“云祥中学”。1994年“17号”台风后，旅法侨胞金慎宝捐款1万元人民币，20余名旅荷华侨捐款7900余荷兰盾。1998年，旅荷华侨胡建设捐赠9000元人民币资助10名希望工程学生，法属圭亚那华侨周学兵向平阳县第一中学捐资1万元人民币，资助学业优秀的贫困学生。1999年11月，梅旭华等20余名华侨捐资36100荷兰盾，除支援鳌江

柳家垟建设10万元人民币外，余额建立“平阳县华侨慈善基金”，用于支持教育事业和贫困学生帮扶，至2000年，该基金总额6.5万元人民币。2001年，基金发放第一笔助学金，为闹村中学4名成绩优秀的贫困生捐资4000元人民币。2006年6月，该款剩余本金及利息6.07万元人民币捐赠予平阳中学。2006年4月，梅旭华向平阳慈善总会捐赠5万元人民币。9月，法国华侨华人联合会向县慈善总会捐赠20万元人民币。2008年5月，华侨侨眷为四川汶川“5·12”特大地震灾区募集救灾款63.5万元人民币和1700欧元。2010年始，外商投资企业温州雨田集团计划分10年，每年向平阳慈善总会捐款50万元人民币，用于扶贫助学，至2012年，捐款金额150万元人民币。2012年，東埔寨侨胞赵豹捐资5万元人民币帮助家乡鳌江镇埭头村水泥路建设。是年，旅荷兰侨胞胡从乃委托家人向鳌江施粥亭捐资5万元人民币。

2010年开始，平阳县坚持每年开展“平阳籍海外学子智力返乡活动”，至2012年，先后邀请美籍生物医学博士尤其敏、留美法学博士梅雷、旅日学者李腾雁等海外专家学者共7批12人次返乡，开展学术交流、专题讲座、技术指导咨询等活动，帮助家乡建设发展。

2012年年末，平阳县外商投资企业31家，投资者也多是华侨、华人。

港澳事务

2006年，全县香港同胞380人，澳门同胞14人。2012年，香港、澳门同胞792人。

1994年“17号”台风后，香港同胞陈若勇捐款1万元港币。1996年，香港同胞温平向鳌江小学捐资2万元购买图书。1997—2006年，香港同胞张启华向县希望工程办公室捐资助学共计15.13万元。香港、澳门回归后，两地区人员和平阳联系往来更加密切，常有港、澳同胞回乡探亲或经贸投资考察。2012年7月，平阳县协助成立香港平阳同乡会。2012年末，平阳县香港同胞投资企业27家。

第六章　对台事务

1993年，平阳县台湾同胞18450人，台属4856户，台籍同胞5人，回乡定居台湾同胞5人。台属主要分布在昆阳、鳌江、水头、麻步、萧江、腾蛟、山门、顺溪、梅溪、梅源、鹤溪等乡镇。2007年，平阳县在台台胞约18000人，台属25000人，台籍同胞5户，回乡定居台胞13人。至2012年，回乡定居台胞19人、涉台婚姻144对、台籍同胞24人、在台台胞18000人、台属25000人。1989—2012年，回乡探亲台胞约3000人次。

平阳县对台机构为中共平阳县委对台工作领导小组，下设办公室。1992年3月，中共平阳县委对台工作领导小组办公室改称为中共平阳县委台湾工作办公室，同县政府台湾事务办公室一个机构、两块牌子。1999年，平阳县被确定为浙江省对台工作重点县，对台工作机构改为单独设置，列为党委机关序列，单独设置后，对台工作机构仍挂中共平阳县委台湾工作办公室和县人民政府台湾事务办公室两块牌子（简称“县台办”）。2009年4月，台湾事务科设立。2012年年末，县台办人员编制5人，实有人员5人。

第一节　互访与交流

来访接待

1995年清明至中秋期间，平阳县举办“重圆故土梦”“东方夏威夷”海峡两岸记者中秋联谊会等“情系南麂”联谊活动。1997年10月，举行金秋南麂岛两岸情篝火晚会，中共平阳县委书记董希华在座谈会上向台胞青少年介绍平阳发展情况，温州籍青年台胞联谊团向县政府和南麂乡政府赠送“乡情永

1995年“东方夏威夷”海峡两岸记者中秋联谊会

固”的锦旗。1999年9月，举办“欢迎台胞著名票友方震先生京剧联谊会”。12月21—29日，台湾学者方孝谦、许光泰到平阳进行经济方面的学术交流访问。

2000年7月，台胞王思翘(苍南籍)及家人到平阳王宗烈处探亲。10月10日，台北温州同乡会理事长陈继枢、郑金娣夫妇到平阳参观、访问。10月17日，以陈岳舟为团长的台北温州同乡会参议团21人到平阳县参观、考察。2001年3月8日，台湾台塑集团南亚塑胶工业股份有限公司高级专员林庆贵、温光辉到平阳考察塑编行业。5月31日，平阳籍台胞伊竑等5人回乡探亲，中共温州市委书记蒋巨峰会见伊竑一行。6月28日，县长戴祝水会见回乡探亲台胞吕作芳、陈其成等一行。12月12日，台胞池伯成在平阳开办画展，展出作品60余幅，并为青街民族馆捐赠国画20余幅。

2002年，台北市温州同乡会参访团21人游览南雁荡山，参观平阳城市建设，并举行“古城秋意浓，同胞情义深”联欢活动；台胞林纳生与县林业局开展竹类学术研讨，双方交换《绿竹笋采收后保鲜的研究》《竹嵌纹病毒的研究》等研究材料。是年，中国海钓协会和平阳县政府联合举办的南麂海钓节暨全国首届“南麂杯”海钓比赛在南麂举行，8名台胞参赛。2003年10月，50余名台胞参加“世界温州人大会”，并参加平阳经济社会发展情况介绍会暨台胞招待酒会、座谈会等。2004年10月，台北温州同乡会参访团16人到平阳参观访问，并承办“平台两岸经贸恳谈会”。

2006年5月，由理事长伊竑率领的台北市温州同乡会参访团21人到平阳参观、访问。2008年，台北温州同乡会名誉理事长伊竑、中华海峡两岸经贸文化协会副理事长蔡之贯以及知名台胞林纳生、李天行等10余人参加第二届世界温州人大会。10月3日，举办平阳县首届海峡两岸京剧票友联谊会，浙江、福建、台湾、江西等省的100余名京剧票友欢聚一堂。2009年，平阳籍台胞、台湾师范大学国文系教授黄庆萱笔耕成果《修辞学》等10类32部作品赠送母校平阳县中心小学、平阳中学及县图书馆；台湾著名作家林清玄在县中心小学“九凰讲坛”作文学报告。

2010年6月27—28日，台湾东海大学生命科学系教授孙义方、台湾亚热带生态学学会理事长金恒镳到南雁镇、梅源乡考察生态建设情况。2011年8月，海峡两岸商业联谊会会长孙志诚到平阳考察、访问。10月5日，台胞画家池伯成国画展在平阳县文化中心举行。2012年7月26日，以长泓能源科技有限公司董事长陈明德为团长的台中市友好参访团12人到平阳考察产业布局工业发展情况。9月，由台湾机关团体员工消费合作社联合社总经理余豪森率休闲养生项目考察团到平阳县考察。

组团访台

1999年6月15—25日，由平阳县组团的浙江省农渔业建设考察团到台湾考察与交流，这是温州市第一个县级单独组团赴台的考察团。8月2—10日，平阳县县长戴祝水参加在台湾召开的“第七届中国现代化学术研讨会”。

2006年10月，平阳县县长仇杨均率平阳经济贸易考察团8人到台湾进行为期7天的考察。2008年12月，县政协主席孙端庆等11人赴台考察。

2010年，平阳县组织文化教育交流团到台湾省开展交流活动。2012年6月下旬，平阳县亲友访问团13人赴台，走访台湾屏东县南麂乡亲，26日在屏东县高树乡南麂联合新村举行平阳县南麂社区与屏东县高树乡南麂联合新村结对仪式，双方签订意向书。10月，县委书记王中毅率经贸团7人到台湾考察。

2012年6月24日，平阳县南麂社区与台湾屏东县南麂联合新村签署友好备忘录仪式

第二节　对台服务

服务台胞台属工作

县台办常年开展帮助台胞、台属解决赴台探亲、涉台公证、产权确认、祖坟保护、子女就学、落实政策等方面工作，帮助台商台企解决生产经营中的各类纠纷困难，做好涉台来信来访工作，走访慰问台胞、台属、台商，发放困难补助金。

1989—2012年，县台办为台胞台属解决子女就学事项17件、涉台公证276件、落实政策44件、产权确认6件、祖坟保护33件、寻找亲人旧居341件，处理来信来访1186件。

1997年始，执行《浙江省台湾同胞投资保障条例》，市、县人大先后组织五次落实条例的检查、调研活动。1998年7月23日，首家台资企业温州山钛塑胶化学工业有限公司成立。2008—2012年，县台办先后开展"走进台商、服务台企""暖春行动""服务台企、助推平阳经济"等活动，为台企解决用电、用地、用人、环评、事故等各类事情31起。

至2012年，全县台资企业8家，总投资3910万美元，主要生产经营皮革制品、宠物用品、五金用品，皮革深加工，制造销售汽车、摩托车配件等。

1989—2012年平阳县台资企业情况一览表

表22-6-1

企业名称	创办时间	经营形式（独资或合资）
温州山钛塑胶化学工业有限公司*	1998年7月	独资
温州日达皮革有限公司*	2000年12月	合资
温州长远皮革有限公司	2002年9月	合资
温州鹏昌皮革有限公司	2002年10月	合资
浙江侨信皮革有限公司	2006年12月	合资
浙江显峰汽车配件有限公司	2004年12月	合资
温州万宏集团有限公司	2004年12月	合资
温州伟硕皮业有限公司	2003年7月	合资
温州高佳宠物用品有限公司	2003年1月	合资
温州龙德汽车配件有限公司	2005年6月	独资

说明：①"*"指企业在2012年前已注销；②资料由县台办提供

涉台宣传

1989—2012年，县台办通过台胞或由赴台考察团入岛赠送《平阳通讯》《平阳投资指南》《平阳印象》《平阳台商投资区》《南麂风光》《中国平阳》《平阳旅游》《平阳风情》等刊物，宣传大陆改革开放成果和平阳新风貌，宣讲对台政策、介绍岛内社情、反对"台独"。

1999年8月，县台办在鳌江台联分会召开学习会，批评李登辉"两国论"。2000年4月，县委主办对台形势报告会。2005年，县台办被中共中央台办宣传局评为2005年度对台宣传、调研工作先进单位。

2009年，为纪念《告台湾同胞书》发表30周年，县台办举办"台湾问题知识图片展"，在县"两会"期间以及各乡镇、社区、学校进行巡回展出；创建"台湾新闻"手机短信平台；在《新平阳》报上设立《海峡两岸、一周视点》专栏。

2010年3月，台湾东森电视台记者受邀到平阳县拍摄介绍国家级非物质文化遗产项目——平阳提线木偶剧和南雁五十丈粉干、怀溪番鸭等专题片，并于6月在台湾的东森财经新闻台、亚洲卫视《中国大体验》栏目等电视频道上播出。2010年9月，县台办《台情选编》创刊。2011年1月，台湾高雄《民众日报》推出《平阳：千年古邑，瓯越明珠》专版，从人文平阳、活力平阳、山海平阳、和谐平阳4个方面介绍平阳县经济社会发展状况。2012年，县台办、南麂列岛国家海洋自然保护区管理局合作拍摄《解密"飞龙计划"》纪录片，纪录片反映1955年2月国民党驻南麂岛部队撤退及强行带走近2000名岛民而实施的"飞龙计划"。是年，鳌江镇南麂社区与台湾屏东县高树乡南麂联合新村开展结对交流活动。

1989—2008年，县台办编印《对台工作简讯》132期。2009—2012年，县台办向全县各级领导及机关干部编发手机短信近20万条，出版《台情选编》21期、6300册。

台湾同胞接待站

1978年，鳌江台湾同胞接待站建立。1985年，南麂被批准为台轮停泊点。1993年3月，作为鳌江台胞接待站的延伸，南麂台湾同胞接待站成立。1999年，台胞接待站成立"台胞之家"。

至2000年，两站共接待台湾渔轮停靠377艘次，渔民上岸2199人次，完成对台小额贸易1000余万美元，对台劳务输出30宗450余人次，协助解决渔事纠纷16起，参与解决突发事件5起，赠送宣传品2600余份，提供台情调研报告58份，接待到平阳经商、考察、旅游、探亲台胞5600余人次。

2001年开始，受到台湾渔业结构调整，近海渔业资源萎缩以及沿海口岸竞争激烈等因素影响，到鳌江和南麂进港停泊的台湾渔轮日趋减少。2001—2012年，接待台轮8艘次，渔民上岸50余人次，对台小额贸易30万元，对台劳务输出2次12人。

平阳县台胞台属联谊会

县台联成立于1987年，林景澄连续三届当选会长。2005年进行第四次换届选举，白植俊当选会长。第四届县台联有理事35人，包括会长1人，副会长5人(其中1名兼任秘书长)。至2012年，全县有10个台联分会，在台台胞约18000人，台属25000人，台籍台胞5户，回乡定居台胞13人。2001—2012年，开展对在台经商的23名台胞有关基本情况的调查，对大陆与岛内40余名通婚人员情况调查，对境外28名人员暂住及定居调查，对台属企业情况调查等等。通过调研，掌握情况，发现问题并及时采取相关措施。

第三节　台胞台属公益事业

1992年，平阳县籍台胞叶文卿捐资7万美元，为母校鳌江小学建造“叶文卿教学楼”。1994年8月，平阳县遭受“17号”台风袭击、损失严重，在平阳籍台胞肖志杰、伊竑努力下，“台湾红十字会”捐赠2000吨大米运抵上海，其中1000吨支持温州受灾户抗灾。台北温州同乡会捐赠3万美元赈灾，并募捐到1028床棉被、134套棉毛衫以及药品，折合人民币123万元。1998年，竹类专家台胞林维治捐资100万新台币，为故乡水头设立林维治教育基金会。2003年3月，林维治教育基金会首次奖学金颁发仪式在县第二中学举行。2008年“5·12”四川汶川特大地震发生后，全县台资台属企业及企业员工、台胞和台属为灾区捐款45万余元。2009年，在“莫拉克”台风过后，台资企业旺旺集团杭州分公司向平阳捐赠价值近50万元的赈灾食品。是年，台湾同胞遭受“八八水灾”，县台资企业和台胞台属募捐现金1.46万元汇入海协会救灾专门户。至2012年，林维治教育基金会发放奖学金16.97万元。

第七章　经济技术协作

20世纪90年代，国内经济合作逐步加强。1996年开始，平阳县接受对口支援三峡库区移民工作和对口帮扶四川贫困地区脱贫的工作任务。1993年，平阳县与黑龙江汤原县缔结为友好县。之后，平阳县又相继与黑龙江绥芬河市(1997年)、新疆水磨沟县(2001年)、山西省昔阳县(2002年)、黑龙江省宝清县(2002年)、广东省阳东县(2004年)、山东省无棣县(2004年)、新疆玛纳斯县(2005年)、内蒙古宁城县(2007年)、新疆拜城县(2007年)缔结为友好县市。

自国家实施西部大开发、振兴东北老工业基地和中部崛起战略，政府和民间人士积极参与国内经济合作，不断强化地区间、政府间、企业间交流与协作。2002—2012年，平阳县有41个项目在国内重大经贸活动中签约。其间，全县接待和参与接待外省、市党政代表团、企业代表团、招商考察团近200批、2000余人次，主要涉及合作地区有四川、贵州、内蒙古、新疆、广西、黑龙江、山西、江苏、安徽、江西、福建、河南、山东、重庆、湖北及省内台州、衢州、丽水等地。2005—2012年，全县引进招商引资项目306个，实际到位资金57.13亿元。

1986年，县政府经济技术协作办公室(简称“县协作办”)成立。2005年，县招商局成立，县协作办和招商局合署办公，并承办“双对口”(对口帮扶与对口支援)工作。2012年，县协作办(招商局)内设办公室、招商科、协作对口科、双对口办公室。

第一节　区域经济合作

国内经济合作

1986年县协作办成立后，组织县有关企业参加各地举办的展销会、交易会、洽谈会等活动，加强横向经济联合。2002—2012年，全县有41个项目在国内重大经贸活动中签约。

2002年，浙江省开始确定与江西、安徽两省开展经济技术合作。5月，县协作办利用参加合肥温州商会成立大会之机对平阳县投资项目进行调查摸底，调研平阳人在两省投资经商情况。是年，洽谈落实经济技术合作项目7个，协议总投资5836万元。

2003年，平阳县先后参加浙江省与陕西、青海、黑龙江三省的经济技术项目合作活动。4月，浙江南星电子科技有限公司和温州益坤电气有限公司产品参展西安·中国中西部合作投资洽谈会，并达成合作意向项目4个。3个合作项目在洽谈会上签约，分别是铜川乔子梁煤矿承包、咸阳新训塑编厂扩建、益坤电气与西安电磁研究所科技合作项目，协议总投资4300万元。8月，在浙江—青海项目签约仪式上，平阳企业家陈顺智的青海智信塑业有限公司项目和平阳企业家陈时登投资的格尔木怡景大厦房地产项目在会上签约。11月，浙江与黑龙江两省经济技术合作项目签约仪式在哈尔滨举行，平阳县6家企业参加推介说明活动并有2个合作项目参加签约仪式。

2004年，平阳县先后组织落实项目参加浙江省与重庆、湖北两省的经济技术项目合作活动和西安·中国中西部合作投资洽谈会、哈尔滨贸易投资洽谈会等两个经济洽谈会。全年组织落实合作项目9个，其中，农业项目1个、工业项目6个、基础设施项目1个，服务业项目1个，协议总投资4.88亿元。

2005年4月，平阳县组织参与在西安举行的第八届东西部贸易洽谈会。陕西唐顺餐饮有限公司项目在洽谈会上签约，平阳县企业家、陕西浙江商会副会长孙达梯投资该项目，在原有投资6000万元的基础上，增加投资750万元，安排就业300人。6月，由平阳企业家投资的大庆三胜塑料制品有限公司项目在哈尔滨经济贸易洽谈会上签约，协议总投资800万元。

2006年3月，平阳县企业家邓昭泽投资2500万元的瑞金京信汽车配件有限公司项目在南昌签约，并在瑞金金沙工业区内征地7.13公顷。是年，平阳人在外地独资创办的5个企业相继扩建：陕西奔达轮胎有限公司、云南泰利达宠物洁具制造有限公司、贵阳高原矿山机械厂、贵州省册亨合资水泥厂、大庆市三胜塑编城第九分公司。

2007年，在第九届东西部贸易洽谈会上，平阳企业家孙达梯投资3600万元承包陕西渭南市华山金矿部分矿脉项目签约。在第十八届哈尔滨国际经济贸易洽谈会上，平阳企业家黄步钻投资1800万元扩建南塑集团黑龙江包装有限公司项目签约。是年，县政府协作办帮助四川平阳籍企业——四川广元外国语学校申请到浙江省山海协作与西部大开发财政贴息16万元。

2008年，平阳县参与中国东西部合作与投资贸易洽谈会、哈尔滨国际经济贸易洽谈会、中国国际投资贸易洽谈会等多次国内经济合作展会。平阳县企业家林高乐的温州鳌江云和机械加工厂安徽生产基地建设项目、吕利来的西安爱斯来斯服装厂项目分别在安徽、陕西进行项目签约。

2009年，平阳县参与第十三届中国东西部合作与投资贸易洽谈会、第二十届中国哈尔滨国际经济贸易洽谈会、第十二届中国（重庆）国际投资暨全球采购会、第十三届中国国际投资贸易洽谈会、第十届中国西部国际博览会、第十五届中国义乌国际小商品博览会等国内经济合作展会，平阳县企业家林树查的陕西林树查开发矿业有限公司项目、周锡法的1亿条塑料编织袋技改扩能项目分别在陕西、四川进行项目签约。

2010年，平阳县参与第十四届中国东西部合作与投资贸易洽谈会、第二十一届中国哈尔滨国际经济贸易洽谈会、第十三届中国（重庆）国际投资暨全球采购会、第十六届中国义乌国际小商品博览会、第十六届郑州全国商品交易会等国内经济交流活动，4家企业参展，落实签约项目2个，分别为平阳县企业家孙达梯的腾蛟镇酒店项目、郑加星的大庆市晨光塑业有限公司塑编技改扩能项目。

2011年，平阳县参与第十五届中国东西部合作与投资贸易洽谈会、海峡两岸经贸交易会、第二十二届中国哈尔滨国际经济贸易洽谈会、杭州西湖博览会、首届中国海洋经济投资洽谈会等国内经济交流活动，9家企业参展，落实签约项目2个，1家在外平阳籍企业参与西部大开发省财政贴息资金的申请。

2012年，4家平阳县企业［平阳县南方铜木牌工艺厂、温州市科升文具有限公司、天信仪表有限公司、惠世友（平阳）通讯电子有限公司］参展第十六届中国东西部合作与投资贸易洽谈会、海峡两岸经贸交易会、第十五届中国（重庆）国际投资暨全球采购会和杭州西湖博览会，平阳籍企业阿克苏大自然棉业有限公司参与西部大开发省财政贴息资金的申请。

省内经济合作

2002年，浙江省沿海发达地区帮助浙西南欠发达地区加快发展的区域合作活动（简称“山海协作工程”）启动。平阳县作为山海协作工程援助县，县政府协作办着手开展与丽水、衢州的项目合作，组织16家企业参加丽水市在温州项目推介会，率部分企业赴两市实地考察洽谈，促成平阳籍企业家创办的丽水市丽南包装有限公司和衢州市开化县金山茶业有限公司2个项目与丽水、衢州方签约，协议总投资额5000万元。11月1日，签约仪式在杭州举行。

2003年，平阳县开展与苍南、泰顺、文成、洞头等欠发达地区的项目对接活动，投资企业20家，协议总投资逾5亿元。温州晨光集团在泰顺创办的温州鹤年塑化有限公司，年产值3000余万元。12月3日在衢州举行的省“山海协作工程”签约仪式上，浙江强力包装厂和平阳县金达塑编厂2个项目参加签约，协议总投资7000万元。

2004年，平阳县促成2个山海协作工程项目参与签约，其中工业类项目投资2200万元，农业类项目投资860万元。2005年11月，平阳县参加在舟山举行的山海协作工程活动，平阳县企业温州鹤年塑化有限公司参加项目签约，协议总投资额600万元。2006年，组织参加义乌国际小商品博览会（山海协作专区）、台州山海协作项目签约活动，促成温州华阳起重机有限公司直流电动绞盘等2个项目投资。2007年，协助温州华阳起重机有限公司申请到浙江省山海协作专项贴息与西部大开发财政贴息资金5万元。

2010年12月23日，乐清·平阳山海协作暨结对帮扶签约仪式

市县经济合作

2007年开始，平阳县被列为浙江省山海协作工程受助县，和乐清市结对。乐清市翁垟镇与维新乡俞思坑村签订帮扶协议，黄华镇与朝阳乡双溪村签订帮扶协议，乐清北京商会与水头镇龙涵村签订结对帮扶协议。2008年10月底，乐清·平阳2008年度山海协作工程共同实施方案签署，乐清市政府向平阳县政府捐赠山海协作帮扶资金100万元。凤卧镇凤东村和怀溪乡金溪村与乐清市协作办、扶贫办结对为2008年山海协作帮扶村，落实山海协作帮扶资金100万元。2009年12月11日，乐清·平阳2009年山海协作和结对帮扶协议书签订，乐清市帮扶平阳县资金130万元。鹤溪镇南二村、晓坑乡下岭头村与乐清市协作办结对帮扶。2010年12月，乐清市与平阳县签订对接合作协议，内容涉及劳动力转移、新农村建设、结对扶贫等工作，落实山海协作帮扶资金170万元。乐清市协作办、扶贫办分别与山门镇屿边村和怀溪乡畲龙村结对扶贫。2011年，乐清市协作办、扶贫办分别与青街乡九岱村和顺溪镇溪北村结对扶贫，落实山海协作帮扶资金220万元。2012年，通过与乐清市结对，平阳县接受乐清市财政援助山海协作帮扶资金260万元，并促成南雁镇三兴村和山门镇垟底村与乐清市协作办、扶贫办结对。

第二节　对口帮扶与对口支援

1996年10月，平阳县开始接受对口支援三峡库区移民工作任务。11月，增加对口帮扶四川省贫困地区脱贫的工作任务。是月，县对口帮扶四川省贫困地区暨对口支援三峡工程移民工作领导小组办公室成立，同县协作办合署办公。1996—2012年，县协作办接待对口地区代表团、经贸考察团48批313人次，落实对口帮扶资金、对口支援资金904.82万元，其中四川省南部县372万元、重庆市涪陵区382.82万元、援疆50万元、援藏100万元。

2001年11月，平阳县被省对口帮扶四川省贫困地区暨对口支援三峡工程移民工作领导小组授予省"双对口"工作先进单位称号。2004年11月，平阳县被国务院扶贫开发领导小组、人事部授予全国东西扶贫协作先进集体称号。2011年1月，平阳县被省对口支援和山海协作工程领导小组、省外引进和浙商回归工作联席会议授予省对口支援和国内合作交流工作先进单位称号。

南部县对口帮扶

1997年，平阳县为四川省南部县大桥区捐赠10万元兴建一所希望小学。是年，开展扶贫济困"送温暖"活动，向南部县大桥区捐赠扶贫衣被150余吨，同时发起助学活动，资助大桥区失学儿童200人，以及扶持大桥区开发农业等。1998年10月，捐赠大桥区扶贫款10万元。12月，向大桥区捐赠1000床新棉被。1999年，考察慰问特困户45户、支持农业立体开发、资助希望学校、救助特困生等22万元。2000—2003年，每年捐助10万元援助大桥区饮供水工程建设。2004年，平阳县企业家向南部县捐款13万元。2006年，平阳县财政拨款帮扶南部县80万元。2007—2012年，每年落实帮扶资金20万元。2009年，县党政代表团赴对口地区考察交流工作，捐赠南部县老鸦镇援建资金50万元。

涪陵区及珍溪镇对口支援

1996年始，平阳县对口支援重庆市涪陵区三峡移民大镇珍溪镇。2004年，平阳县开始接受对口支援资金的筹集落实工作。2004—2010年，平阳县每年落实涪陵区对口支援经费10万元。2009年，县党政代表团赴对口地区考察时，向涪陵区珍溪镇捐赠对口支援资金30万元。2010年，向珍溪镇捐赠对口支援资金222.82万元，用于援建珍溪镇敬老院和平阳——珍溪友好广场等2个项目。2011年、2012年，平阳县每年落实涪陵区支援资金15万元。2012年，县党政代表团赴对口地区珍溪镇考察时，捐赠对口支援资金30万元，重点援建珍溪镇中心校建设项目。

项目合作

1997年，温州广银集团和重庆涪陵化工总公司联合组建涪银塑料有限责任公司，项目总投资4000万元，年产塑编袋10000吨，年销售收入1亿元，税利1400万元，安置库区移民职工1600人。1999年，国务院副总理吴邦国和全国政协副主席周铁农分别视察该企业。2000年7月，县党政经贸代表团赴新疆、甘肃参加温州名特优产品展销及经济技术合作项目签约仪式，4个项目达成合作协议，协议总投资3800余万元。2001年，由分管副县长董君敏带领有关部门、企业负责人赴四川、云南进行经济技术合作项目签约仪式，平阳县的6个合作项目参加签约仪式，总投资4990余万元。2004年，平阳县全盛兔业有限公司协助对口地区组织农技人员到平阳接受长毛兔养殖培训。2007年，平阳广天集团与四川南部县签订投资协议书。

营造"三峡浙江平阳生态林"，是对口支援三峡库区的一个重要项目。1999—2001年，县政府协作办联合县教育局、团县委、县妇联、县总工会、县电视台、平阳报社等单位在全县发动支援建设"三峡浙江平阳生态林"捐款活动，筹款60万元，在珍溪镇辖区内的方家村、舒家村、薛家村规划经济林业用地1000亩，工程分三期进行，每年支援20万元。2002年9月23—25日，副县长董君敏率县政府协作办赴对口支援地区三峡库区重庆涪陵珍溪镇考察移民搬迁和移民新村的建设情况，并举行第三期暨最后一期"三峡浙江平阳生态林"20万元营造资金捐赠仪式。

第三节　国内招商引资

2005年，平阳县成立招商引资和对外开放工作领导小组，并将招商引资工作列为"一号工程"。9月，县招商局与县协作办合署办公，负责具体实施全县招商引资工作。各乡镇相继成立招商引资工作领导小组及办事机构。2005—2012年，全县引进招商引资项目306个，总投资160.69亿元，实际到位资金57.13亿元。

2005年，全县引进内资项目36个，总投资21.13亿元，协议引进内资14.52亿元，实际到位内资2.04亿元。通过招商项目推介，签订萧江国际大酒店、温州摩佳机动车部件有限公司、德国嘉利达明胶公司等多个重大招商项目，引进浙江圣雄皮业有限公司、浙江显峰汽配公司、浙江高翔通讯设备公司等项目。是年始，为全面拓宽招商领域和渠道，围绕装备制造、商贸物流、新材料、新能源等新兴产业和总部经济、产业平台、生态农业、休闲旅游等领域，县招商局推出一批重点招商引资项目，制作成项目库，并开展项目整体规划、科学论证、深化细化等工作。

2006年，全县引进内资项目45个，总投资19.47亿元，协议引进内资13.38亿元，实际到位内资2.86亿元。

2007年，全县引进内资项目55个，总投资11.91亿元，协议引进内资9.4亿元，实际到位内资3.86亿元。在中国浙江投资贸易洽谈会上，达成5个外商投资项目签约，总投资1.11亿美元，协议外资3543万美元。

2008年，平阳县通过实施选商引资项目县领导挂钩联系制度，开展"创业创新"送服务专题、"企业

2005—2012年平阳县国内招商引资情况一览表

表 22-7-1

年份(年)	项目(个)		总投资额（亿元）	协议内资（亿元）	实际到位内资（亿元）
	项目总数	新项目			
2005	36	36	21.13	14.52	2.04
2006	45	29	19.47	13.38	2.86
2007	55	26	11.91	9.40	3.86
2008	31	14	12.07	9	4.29
2009	45	25	13.06	11.87	5.14
2010	30	17	19.02	16.28	6.51
2011	19	11	20.62	19.75	9.03
2012	45	12	43.41	41	23.40
合计	306	170	160.69	135.20	57.13

说明：①2005—2011年统计范围为市外内资项目，2012年统计范围为省外回归引进项目；②资料由县招商局提供

2005—2012年平阳县项目库建设情况一览表

表 22-7-2

年份（年）	项目库名称	总数（个）	分行业数（个）					
2005	对外招商重点项目	57	交通	市政	水利	旅游	服务业	工业及其他
			1	10	2	6	4	34
2006	对外招商重点项目	32	交通	水利	市政	旅游	服务业	工业及其他
			1	2	6	4	6	13
2007	招商项目	31	酒店宾馆	旅游开发	商贸物流	交通运输	基础设施	工业及其他
			4	8	2	2	2	13
2009	招商项目	26	酒店宾馆	旅游开发	商贸物流	交通运输	园区地块招商	工业及其他
			2	7	4	2	4	7
2010	招商项目	14	先进制造业	商住	服务业			
			3	2	9			
2011	招商引资项目推介书	9	工业	服务业	商住			
			1	5	3			
2012	招商选资项目推介书	23	服务业	商住	旅游开发项目	先进制造业项目		
			4	13	5	1		
合计		192	16	47	31	15	16	67

说明：①2008年资料缺失；②资料由县招商局提供

服务年”和“百日攻坚”活动，推进全县选商引资工作。是年，全县引进内资项目31个，总投资12.07亿元，协议引进内资9亿元，实际到位内资4.29亿元；开工建设项目15个，完工项目1个，投入试营业项目1个；考察筛选申请投资项目15个，纳入项目储备库。

2009年，平阳县引进项目45个，总投资13.06亿元，协议引进内资11.87亿元，实际到位内资5.14亿元。主要以汽摩配件、机械制造、电子科技、皮件皮具等优势产业项目为主，其中亿元以上投资项目4个，分别是浙江力邦合信汽车制动系统有限公司、平阳县恒信小额贷款有限公司、皇家大酒店（五星级）项目、深圳绿色动力环境工程有限公司（生活垃圾焚烧发电项目）。

2010年，平阳在温州、贵阳等地及县内举办多次选商引资推介会，重点推介招商项目20余个。10月，瑞士索宾（Sobinn）集团公司与平阳县企业就总投资额约5亿元的MnE21镁合金项目签订合作意向。全年引进内资项目30个，其中新建亿元项目6个，总投资19.02亿元，协议引进内资16.28亿元，实际到位内资6.51亿元。

2011年，在平阳、北京、上海、重庆、广东等地举办多次选商引资推介会，重点推介招商项目20余个。成功引进总投资额约4.4亿元的万全紫荆花（四星级）大酒店、总投资额约4.3亿元的水头皇廷国际大酒店等重大招商项目。是年，平阳县引进内资项目19个，其中新建亿元以上项目6个，总投资20.62亿元，协议引进内资19.75亿元，实际到位内资9.03亿元。

2012年，在平阳、北京、上海、广州、成都、贵州等地多次举办招商引资推介会，重点推介招商项目30余个。是年，平阳县成功引进总投资额约16亿元的鳌江站前汇鑫·新天地项目，完成总投资额约40亿元的平阳万达广场项目对接洽谈工作。全年省外回归引进项目45个，其中重大产业项目8个，总投资43.41亿元，协议引进内资41亿元，完成省外回归引进项目实际到位资金23.40亿元；完成省内产业转移项目1个，省内产业转移到位资金1100万元。

2005—2012年，平阳县成功引进平（温）商回归项目123个，总投资97.35亿元，实际到位内资17.33亿元，其中引进年产7万吨多层共挤多功能聚丙烯薄膜、水头皇廷国际大酒店、浙江力邦合信汽车制动系统、开心农场等亿元以上项目21个。

2005—2012年平阳县平（温）商回归投资情况统计表

表22-7-3

年份（年）	项目数（个）	总投资额（亿元）	协议内资（亿元）	实际到位内资（亿元）
2005	17	9.47	5.57	0.82
2006	20	8.77	6.98	1.09
2007	22	6.46	5.05	1.03
2008	12	5.07	4.35	1.56
2009	22	9.37	8.27	3.04
2010	12	16.58	14.47	2.46
2011	7	5.12	4.93	1.68
2012	11	36.51	34.10	5.65
合计	123	97.35	83.72	17.33

说明：①2005—2011年统计范围为市外内资项目，2012年统计范围为省外回归引进项目；②资料由县招商局提供

附：平阳商会和在外平阳人

平阳人民素有出外闯天下的传统。早在改革开放之前，就有大批有为青年响应国家号召，赶赴全国各地参加社会主义建设。改革开放后，以吃苦耐劳著称的平阳人，发挥自身技术、信息、资金的优势，异地创业，活跃在全国各地。进入21世纪后，为适应市场经济发展的新形势，在外平阳商会

及平阳人参加的浙江、温州商会纷纷建立，遍布全国各地。

在外平阳商会及平阳人担任会长的商会

截至2012年年底，在外平阳商会9家，分别是上海市平阳商会、新疆维吾尔自治区平阳商会、四川省温州市平阳商会、浙江省桐庐县平阳商会、石家庄市浙南平阳商会、浙江省义乌市平阳商会、广东省东莞市平阳商会、北京市平阳商会、浙江省湖州市平阳商会。

截至2012年年底，在外平阳人担任在外浙江商会会长的共7人，分别是吉林省浙江商会会长缪明伟、内蒙古自治区浙江商会会长林开月、贵州省浙江商会会长张其鹤、常熟市浙江商会会长邓敦艾、柳州市浙江商会会长洪玉蕉、福建省建瓯市浙江商会会长方培友、安徽省黄山市浙江商会会长余贤杰。在外平阳人担任在外温州商会会长的共7人，分别是北京市温州商会会长吴家齐、东营市温州商会会长陈桂宏、赣州市温州商会会长毛信吉、漳州市温州商会会长倪日相、广安市温州商会会长郑光辉、柳州市温州商会会长苏尔田、宜昌市温州商会会长吴绍达。以平阳人为主的商会(分会)共4家，分别是江苏省徐州市塑编商会(会长陈用芳)、广西南宁市温州商会礼品分会(会长郑克添)、广州市温州商会鞋业分会(会长王振阳)、广州市温州商会电子分会(会长邱福朗)。

在外平阳人投资从业情况

2000年，平阳县在全国各地经商办企业人员较集中的地方有上海、重庆、新疆、甘肃、成都、山东、贵州、大同、兰州、常熟、杭州等省、市，主要从事矿产业、石油、手机配件、皮革制品、塑编、机械、服装、工艺礼品等行业。2001年，平阳县企业家在西部12个省、自治区总投资达10亿元。2002年，县协作办会同全县31个乡镇政府共同调查，形成《在外平阳人和在外平阳人经济调研报告》，显示在外平阳人总数约14万人，人员主要分布在北京约5000人，东北三省约1万人，上海、江苏及浙江各地约5.5万人，四川约1.3万人，云南约1.5万人，新疆约9500人，广东约7000人，陕西约5000人，甘肃约800人，内蒙古约600人，重庆约1500人，宁夏、贵州、广西约7000人，青海、西藏约900人，其他地方约1万人。从事行业以开店、劳务、营销、办企业(承包工程)为主。14万平阳人中，个体工商户约4万户，创办企业近1500家，在外企业和个体工商户年销售收入约135亿元，相当于在全国各地再造一个“平阳”。

2004年，县协作办再次调查：全县在外平阳人动态总数为158900人，占全县总人口的18.7%。在外人员主要年龄段分布在25岁至45岁之间，在国内分布以东部居多，西部次之，中部最少。平阳人在外创办的企业3121家，总投入资金85亿元。其中，工业类企业1428家，占45.8%；能源、矿山、建筑类企业1074家，占34.4%；农业类企业96家，占3%；商贸类企业523家，占16.8%。塑编和矿产承包开采是传统优势行业，在外出的企业中从事塑编生产经营的企业占总数的38%，总投入资金28亿元；从事矿产承包开采的企业急剧增加，占在外企业总数的19%，总投入资金在30亿元以上。

2005年，全国各地约16万平阳人在外创业，约占全县总人口19%。从行业分布看，以从事商贸、传统服务行业为主，其中从事工业和工程建设约3万人，从事商贸经营约9万人，服务业约4万人。其中，从事与平阳县优势产业有关行业占绝大多数，如塑料编织、礼品包装、皮革服饰、手机配件及井巷工程等占85%以上；从知识结构看，小学至初中段约占90%，高中约占9%。至2007年，平阳县在外的创业人士18万余人，约占全县人口的22%，主要从事矿业井巷工程、塑编、工艺礼品、手机配件、鞋革服装、印刷制品、金融用具、美容美发用品等诸多行业，在外创办3000余家企业，年产值200余亿元。

2011年9月17日，中共平阳县委书记王祖焕、县长王中毅出席北京市平阳商会成立大会。平阳党政代表团先后赴广东、云南、北京、山西、四川、重庆、贵州、南京等地考察在外平阳籍企业100余家，召开各类座谈会12次。

2012年，在外平阳人约20万人，从事行业有矿业井巷工程、塑编包装、工艺礼品、电子通信、鞋革服装、印刷制品、金融用具、美容美发用品及房地产、教育、餐饮、娱乐业等二、三产业。

在外商会历届平阳籍会长名录及商会所在地平阳籍经商人数情况一览表

表 22-7-4　　　　单位：人

姓名	性别	籍贯	在外商会名称	任期(时间)	所在地平阳籍经商人数(约数)
叶茂西	男	鳌江	北京市温州商会	首届(2007年5月至2012年8月)	—
吴家齐	男	萧江	北京市温州商会	二届(2012年8月—)	—
倪日相	男	昆阳	福建省漳州市温州商会	首届(2005年12月至2008年12月) 二届(2008年12月至2011年12月) 三届(2011年12月—)	—
毛信吉	男	山门	江西省赣州市温州商会	二届(2008年4月至2011年11月) 三届(2011年11月—)	—
郑光辉	男	萧江	四川省广安市温州商会	首届(2011年9月—)	—
陈桂宏	男	腾蛟	山东省东营市温州商会	首届(2005年12月至2010年8月) 二届(2010年8月—)	—
吴绍达	男	万全	湖北省宜昌市温州商会	二届(2004年4月至2008年4月) 三届(2008年4月—)	—
苏尔田	男	腾蛟	广西柳州市温州商会	三届(2010年6月—)	—
郭智春	男	萧江	湖北省随州市温州商会	首届(2005年3月至2008年3月) 二届(2008年3月至2011年3月)	—
池方树	男	万全	四川省乐山市温州商会	四届(2008年7月至2011年7月)	—
方绪新	男	万全	四川省泸州市温州商会	二届(2006年5月至2011年11月)	—
林　智	女	昆阳	河南省郑州市温州商会	三届(2005年12月至2010年10月)	—
黄益利	男	腾蛟	广西贵港市温州商会	首届(2008年7月至2011年12月)	—
缪明伟	男	鳌江	吉林省浙江商会	首届(2008年5月至2011年9月) 二届(2011年9月—)	—
张其鹤	男	水头	贵州省浙江商会	三届(2012年12月—)	—
邓敦艾	男	水头	江苏省常熟市浙江商会	首届(2006年6月至2010年7月) 二届(2010年7月—)	—
洪玉蕉	男	腾蛟	广西柳州市浙江商会	首届(2007年9月至2010年9月) 二届(2010年9月—)	—
方培友	男	山门	福建省建瓯市浙江商会	三届(2010年7月—)	—
林开月	男	山门	内蒙古自治区浙江商会	首届(2006年9月至2011年4月) 二届(2011年4月—)	—
余贤杰	男	昆阳	安徽省黄山市浙江商会	首届(2004年6月至2007年6月) 二届(2007年6月—)	—
余立军	男	昆阳	新疆维吾尔自治区平阳商会	首届(2001年5月至2005年4月)	2000
王　兆	男	萧江	新疆维吾尔自治区平阳商会	二届(2005年5月至2009年5月) 三届(2009年5月—)	
李定会	男	昆阳	四川省温州市平阳商会	首届(2001年6月至2004年5月)	2000
何必胜	男	麻步	四川省温州市平阳商会	二届(2004年6月至2007年5月)	
王德川	男	鳌江	四川省温州市平阳商会	三届(2007年6月至2010年5月) 四届(2010年5月—)	
钱成锡	男	萧江	上海市平阳商会	首届(2006年1月至2009年12月) 二届(2009年12月—)	10000

续表 22-7-4

姓名	性别	籍贯	在外商会名称	任期(时间)	所在地平阳籍经商人数(约数)
林茂川	男	鳌江	河北省石家庄市平阳商会	首届(2006年12月至2009年12月) 二届(2009年12月至2012年11月)	1000
陈贤总	男	万全	河北省石家庄市平阳商会	三届(2012年12月—)	
杨继营	男	麻步	浙江省桐庐市平阳商会	首届(2006年6月至2012年5月)	1000
李仰皆	男	麻步	浙江省桐庐市平阳商会	二届(2012年6月—)	
陈玉福	男	万全	浙江省义乌市平阳商会	首届(2009年11月—)	30000
夏成华	男	昆阳	北京市平阳商会	首届(2011年9月—)	10000
廖传仙	男	灵溪	浙江省湖州市平阳商会	首届(2012年12月—)	2000
徐文斌	男	水头	广东省东莞市平阳商会	首届(2012年5月—)	3000

说明:①籍贯地为2012年乡镇名称;②资料由县招商局提供

第八章　其他政务

2003年，县长热线设立，至2012年，热线受理反映事项18029件。2005年，县电子政务一期工程开工，至2012年，全县政务网络系统累计发送电子公文30000余篇。县政府通过县长热线、政务网络系统倾听群众呼声，同时加强机关事务管理，着力打造高效、透明的政府形象。

第一节　县长热线电话

2003年10月，县长热线设立，同时成立县长热线电话受理中心，县长热线是利用互联网、通信等技术手段建立的政务热线服务系统，按照“统一受理、归口办理、限时办结、过错问责”的要求，办理群众诉求事项。群众来电来件反映事项根据内容性质分为：咨询、投诉(举报)、意见建议和求助。县长热线电话受

2003—2012年平阳县县长热线受理情况一览表

表 22-8-1

年份(年)	受理件数(件)	类别		反馈率	年份(年)	受理件数(件)	类别		反馈率
2003(10—12月)	814	城建类	205	100%	2005	4784	城建类	933	100%
		商贸通信类	27				商贸类	118	
		农业交通类	32				农业交通类	218	
		文教卫生类	102				文教卫生类	317	
		工业类	118				工业类	333	
		综合类	167				综合类	2865	
		乡镇类	163						
2004	2566	城建类	873	100%	2006	1930	城建类	413	100%
		商贸类	159				商贸类	78	
		农业交通类	206				农业交通类	125	
		文教卫生类	347				文教卫生类	215	
		工业类	252				工业类	303	
		综合类	729				综合类	796	

续表 22-8-1

年份(年)	受理件数(件)	类别		反馈率	年份(年)	受理件数(件)	类别		反馈率
2007	1345	城建类	286	100%	2010	1274	城建类	481	98.5%
		商贸类	89				商贸类	44	
		农业交通类	165				农业交通类	126	
		文教卫生类	94				文教卫生类	83	
		工业类	196				工业类	100	
		综合类	515				综合类	440	
2008	1188	城建类	267	100%	2011	1509	城建类	553	100%
		商贸类	115				商贸类	50	
		农业交通类	148				农业交通类	169	
		文教卫生类	121				文教卫生类	215	
		工业类	192				环保类	122	
		综合类	345				综合类	400	
2009	1525	城建类	307	100%	2012	1094	城建类	401	100%
		商贸类	94				商贸类	36	
		农业交通类	115				农业交通类	122	
		文教卫生类	385				文教卫生类	156	
		工业类	206				环保类	88	
		综合类	418				综合类	291	

说明:资料由县政府办公室提供

理中心是县长热线的日常管理机构,也是县长热线的受理、交办机构,在县政府办公室领导下开展工作,至2012年,受理中心受理群众来电来件18029件。

第二节　电子政务

2003年,县政府将电子政务工程列入重要议事日程,并成立县信息化工作领导小组及其办公室。2005年,平阳县电子政务一期工程开工建设,至2006年基本完成。电子政务一期工程主要包括县政府门户网站、政务外网和党政机关协同办公系统。10月,县政府门户网站“中国·平阳”(www.zjpy.gov.cn)正式上线;11月,政务外网建设基本完成,范围覆盖平阳县60余家机关事业单位;年末,党政机关协同办公系统上线运行。是年,县信息化管理办公室成立,主要职责是组织、协调全县信息化建设和负责政府门户网站及电子政务平台的正常运行。

2012年,县电子政务中心成立,主要负责全县电子政务网络平台正常运行,指导、协调和推进全县电子政务建设工作,不再保留县信息化管理办公室。是年末,县政府决定开始新一轮电子政务升级改造建设,政务外网覆盖面扩大至镇乡、社区一级,并覆盖所有县级单位;接入单位140个,接入电脑2000余台。同时对县政府门户网站“中国·平阳”进行改版,设置走进平阳、政务公开、旅游指南、公共服务和互动交流5个一级栏目。是年,县政府门户网站发布各类信息4000条,网站日点击率5000余次。协同办公系统覆盖全县主要单位150家,开设账号1000余个。

至2012年,政务网络系统累计发送电子公文30000余篇。

第三节　机关事务管理

机构

1989年,县政府办公室行政科负责机关事务管理工作。1990年,县政府办公室行政科撤销,建立机关事务管理处,下设管理科、接待科、保卫科。人员定编23人,归口县政府办公室。

1994年7月,撤销县政府办机关事务管理处及县政府办原下设的接待科,建立县政府机关事务管

县府大院门口（2011年）

理局，为全民所有制事业性质副科（局）级单位，内设办公室、接待科、管理科、保卫科，定编48人。

2002年2月，撤销县政府机关事务管理局，设置县级机关事务管理局，为县政府直属正科（局）级全额拨款事业单位，受县政府委托主管县级机关行政事务工作。内设办公室、接待科、管理科，定编12人。是年，县级机关事务管理局依照国家公务员制度进行管理。

2012年6月，增设公共机构节能管理科，撤销接待科；9月，设立县公房管理中心，为局下属事业单位。至2012年，县级机关事务管理局内设办公室、监察室、管理科、公共机构节能管理科，人员编制12人，编内实有12人。下属事业单位有县委县政府接待办公室、机关后勤服务中心、公房管理中心、机关车队、县府食堂。

服务管理

后勤服务　2006年之前，机关后勤服务由机关事务局管理处（局）管理科管理；2006年2月，机关后勤服务中心成立，定编22人，承担县机关大院环境卫生、绿化工作；承担机关大院办公用房、直管住宅及各种设备设施的维修保养工作，负责县委、县政府重大活动及重要会议的后勤保障工作。

车辆管理　车队成立前，县机关事务管理局办公室负责管理县委、县政府领导工作用车，县内各部门的车辆自行管理。2006年，机关车队成立，负责县委、县政府重大活动、重大会议和来宾接待用车调度，负责县委、县政府领导工作用车等。成立时车队车辆20辆，至2012年，车辆22辆。2012年12月，全县86个单位参与公车改革，涉改人员5000余人，涉及公车599辆。

县政府餐厅管理　1997年，县府餐厅设立，承担着县机关干部的工作用餐任务，并负责县廉政食堂的公务接待工作。2011年，确定为公益一类事业单位，2012年9月，县府餐厅重新装修并实施市场化承包经营机制。

公房管理　1989年，县府大院的整体办公用房比较破旧。20世纪90年代后，陆续兴建几幢办公楼。1991年，建成8号楼，面积1484.59平方米、5层、27间。1993年，建成4号楼，面积1135.81平方米、5层、52间。1994年，建成常委楼，面积588.89平方米、4层、16间。2002年，拉直县府大院西边的围墙，扩大县府大院的占地面积。2006年，改建县府大门，新建10号楼，面积831.29平方米、2层、23间。2011年，改建县府小礼堂和县府大院北门。至2012年，县府大院总占地面积19134.06平方米，建筑面积14031.49平方米。全县机关事业单位（不包括镇乡、学校、医院）的房地产650处，建筑面积48.4万平方米。9月，平阳县公房管理中心成立。

县委、县政府接待管理　2006年之前，县委、县政府接待由机关事务局管理处（局）接待科负责。2006年7月，县委县政府接待办公室成立，主要负责县委、县政府重大活动及全县性重要会议后勤事务的筹划、实施，包括编报经费预算，与会人员或来宾的食膳安排；协助有关部门做好各类工作会议会场的布置和会议接待工作；负责县委、县政府邀请的客人、外地来宾和到平阳指导工作的上级领导的接待工作；协助有关部门做好业务归口部门来宾的接待工作。

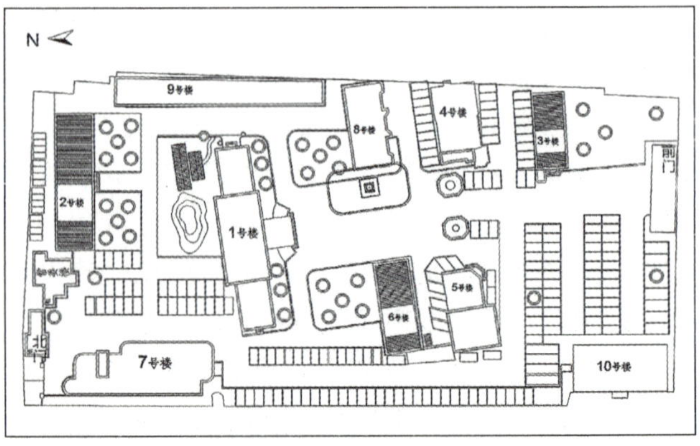

2012年县政府大院平面图

第二十三卷

DI ER SHI SAN JUAN

《平阳县志（1989—2012）》

PINGYANG XIAN ZHI

人民政治协商会议

1989—2012年，为平阳县政协第八届至十四届任期，历届县政协围绕中共平阳县委、县政府的中心工作和地方重大事务，组织委员进行协商讨论，提出意见和建议。召开县政协全体会议24次，县政协常务委员会（简称“县政协常委会”）会议148次，县政协主席会议284次。通过组织政协委员视察、调查研究、民主评议等方式开展民主监督，运用建议案、调研报告、提案、大会发言等形式，履行参政议政职能。第九届至第十三届政协共立案5232件，经党政部门办理，2128件得到较好解决。2005—2012年，县政协先后对16个部门工作进行民主评议。2003年，设立“社情民意直通车”电视专题栏目，至2012年，共播出41期。

第一章　政治协商会议

各届县政协第一次全体委员会议分别选举产生主席、副主席、秘书长和常务委员，组成新一届常委会。各次会议都分别听取并审议县政协常委会工作报告；听取和审议县政协常委会关于提案工作情况的报告和县政协提案委员会关于提案审查情况的报告；讨论并通过有关决议；列席同级人民代表大会，听取和讨论县政府工作报告和其他报告；听取委员发言。对平阳县经济、社会发展的重大问题提出意见和建议。每次会议，中共平阳县委主要领导均出席并讲话。1989—2012年，县政协举行全体会议24次。

第一节　委员组成和结构

县政协由县内中国共产党、各民主党派、无党派人士、人民团体、少数民族和各界代表，以及特别邀请人士组成。县政协委员产生办法：由参加政协的各党派、各团体和各族各界推荐委员最初名单，中共平阳县委组织部门、统战部门对推荐的名单进行综合平衡，并同各推荐单位协商，形成建议名单，建议名单经县政协常务委员会会议协商，并经全部常务委员过半数同意予以通过，最终产生政协委员人选。

第九届委员任期为3年，第十届至第十一届任期5年，第十二届任期4年，第十三届任期5年，第十四届任期5年。

第九届至第十四届平阳县政协委员人数和界别构成情况一览表

表23-1-1　　单位：人

组成界别	第九届	第十届	第十一届	第十二届	第十三届	第十四届
中国共产党	20	24	22	20	23	24
民主党派	13	13	16	17	17	17
工会	2	2	3	4	4	4
共青团	2	2	3	4	4	4
妇联	2	2	3	4	4	4
工商联	23		30	36	39	39
台湾同胞联谊会	14					
文艺文史界	13	14	14			
科学技术界	17	10	11	11	12	11
农林界	13	17	15			
教育界	17	17	19	20	19	19
体育界	3	2	3	3	3	3
新闻界	4	4	4	4	4	4
医药卫生界	12	13	15	14	14	13
少数民族	10	10	12	11	11	11
归侨侨眷	13					
宗教界	10	11	12	14	14	14

续表 23-1-1

组成界别	第九届	第十届	第十一届	第十二届	第十三届	第十四届
科学技术协会		10	12	12	12	12
台胞台属		13	11	12	12	12
工商经济界		45				
归国华侨联合会		11	10	10	11	11
经济界			19	20	20	18
无党派人士				4	6	6
文化艺术界				13	13	13
农业界				17	16	16
社会福利保障界						4
特邀人士	16	16	27	29	31	30
总数	204	236	261	279	289	289

说明:①委员人数为每届政协第一次全体会议召开时实有委员人数,届中委员人数屡有变动;②资料由县政协办公室提供

1989—2012 年期间当选
全国、省政协委员的平阳籍人士名录

表 23-1-2

届　次	姓　名
七届全国政协 1988年4月至1993年3月	苏步青*　吴景荣* 王孝涛*　周超凡*
八届全国政协 1993年3月至1998年3月	苏步青*　王孝涛* 周超凡*　陈均远*
九届全国政协 1998年3月至2003年3月	王孝涛*　周超凡* 陈均远*
十届全国政协 2003年3月至2008年3月	周超凡*
十一届全国政协 2008年3月至2013年3月	林圣雄　曾成钢*
六届省政协 1988年1月至1993年1月	陈美娟(女)　周超群
七届省政协 1993年1月至1998年1月	陈美娟(女)　李　铭
九届省政协 2003年1月至2008年1月	施小琴(女)
十届省政协 2008年1月至2013年1月	施小琴(女)

说明:①“*”指平阳籍在外地任职的全国、省政协委员;②资料由县政协办公室提供

第二节　县政协全体会议

第八届县政协全体会议

第三次全会　1989年3月14—18日,在昆阳镇召开,出席委员156人,列席35人。委员们就毁田制砖问题、拔河泥净化环境问题、教育问题、社会治安问题与中共平阳县委、县政府有关部门进行专题对话,提出意见和建议。会议收到提案103件。

第九届县政协全体会议

第一次全会　1990年5月16—22日,在昆阳镇召开,出席委员204人,列席人员37人。选举产生政协平阳县第九届委员会常委会,选举钱克锦为县政协主席,王华冕、周慎、吴圣良、翁安义为副主席,陈崇贵为秘书长。23名委员作大会发言。委员们就加强中国共产党领导和多党合作,加强物质文明和精神文明建设等方面问题提出意见和建议。

第二次全会　1991年3月25—29日,在昆阳镇召开,出席委员219人,列席人员36人。20名委员作大会发言。委员们就进一步加强中国共产党的领导、促进多党合作问题、农业问题、扶持民办科技机构问题、搞活国有企业问题、加强社会治安综合治理以及增加对精神文明建设投入等,提出意见和建议。会议增选白锡飞为县政协副主席。

第三次全会　1992年3月23—27日,在昆阳

镇召开，出席委员217人，列席人员23人。

第十届县政协全体会议

第一次全会　1993年4月11—16日，在昆阳镇召开，出席委员236人，列席人员49人。选举产生政协平阳县第十届委员会常委会，选举钱克锦为县政协主席，李海涛、白锡飞、周慎、吴圣良为副主席，陈崇贵为秘书长。会议收到提案190件。

第二次全会　1994年3月21—26日，在昆阳镇召开，出席委员249人，列席人员33人。会议组织学习江泽民、李瑞环、王兆国等党中央和全国政协领导在全国统战会议上的讲话和报告。听取并讨论县政府领导关于撤县建市、社会治安、粮食生产、打假治劣、建设资金安排等5个专题的通报，与县政府及有关部门进行对口协商。

第三次全会　1995年3月20—25日，在昆阳镇召开，出席委员248人，列席人员57人。会议听取县政府关于工业企业上规模、上档次、上水平，稳定物价，“一优两高(优质、高效、高产)”农业，发展教育事业4个专题通报。委员们就物价增长过快、农业基础薄弱、工业效益不高、基础设施建设落后、瓶颈制约突出、教育科技发展相对滞后、社会治安形势严峻以及腐败现象提出意见和建议。

第四次全会　1996年3月17—21日，在昆阳镇召开，出席委员259人，列席人员54人。会议补选薛继谢为县政协主席，苏腾为秘书长。会议收到提案276件。

第五次全会　1997年3月16—20日，在昆阳镇召开，出席委员266人，列席人员78人。会议学习中共十四届六中全会和中央经济工作会议精神及《邓小平伟大光辉的一生》等文章。会议收到提案267件。

第十一届县政协全体会议

第一次全会　1998年4月7—12日，在昆阳镇召开，出席委员261人，列席人员78人。会议选举产生政协平阳县第十一届委员会常委会，选举林宣雨为县政协主席，孙瑞庆、吴圣良、苏腾、周咸文、卢剑平(女)、李作虎为副主席，林运远为秘书长。委员们就稳定和发展农业、深化国有企业改革、推进下岗职工的再就业工程、规范和化解金融风险、改善社会风气和社会治安状况、推进教育文化事业等问题提出意见和建议。会议收到提案261件。

第二次全会　1999年3月14—18日，在昆阳镇召开，出席委员261人，列席人员84人。委员们就加快农业产业化经营步伐、发展渔业生产、调整经济结构、加强国有资产管理、做好下岗职工再就业工作、促进旅游业发展、加快城市化进程、扩大对内对外开放、发展科技教育文化事业、加强环保工作、加强社会主义精神文明建设和民主法制建设、加大民主监督力度、开展反腐败斗争、搞好廉政建设、打击刑事犯罪、维护社会政治稳定等问题提出意见和建议，并视察工业园区和重点工程。会议补选杨学畴为县政协秘书长。会议收到提案227件。

第三次全会　2000年3月13—17日，在昆阳镇召开，出席委员276人，列席人员82人。委员们就深化改革开放、改善投资环境、调整产业结构、发展效益农业、促进工业经济、加大土地管理力度、推进依法治县、加强文化教育事业、推进城市化进程，加强社会保障机制建设等问题提出意见和建议。会议收到提案271件。

第四次全会　2001年3月12—16日，在昆阳镇召开，出席委员259人，列席人员54人。委员们就加快经济调整、推进城市化进程、深化改革和扩大开放、加大实施科教兴县和可持续发展战略力度、加强精神文明和民主法制建设、提高人民生活水平等问题提出意见和建议，并视察西湾海涂围垦、鳌江标准堤和鳌江排污工程。补选陈少越(女)为县政协副主席。会议收到提案271件。

第五次全会　2002年3月15—19日，在昆阳镇召开，出席委员281人，列席人员102人。会议收到提案317件。

第十二届县政协全体会议

第一次全会　2003年3月22—26日，在昆阳镇召开，出席委员279人，列席人员95人。选举产生政协第十二届平阳县委员会常委会，选举王纪树为县政协主席，孙瑞庆、苏腾、陈少越(女)、伍兆澄、蔡萌芽为副主席，杨学畴为秘书长。19名委员进行大会发言。会议收到提案385件。

第二次全会　2004年3月10—14日，在昆阳镇召开，出席委员281人，列席人员102人。补选陈建初为县政协副主席，温敏为秘书长。25篇大会发言稿涉及农业、工业、教育、科技、卫生、城市建设、群众生活等方面。会议收到提案329件。

第三次全会　2005年3月6—10日，在昆阳镇召开，出席委员281人。21名委员就农业产业化、工业结构调整、第三产业发展和投资环境改善等经济社会发展中的重大问题作发言。会议收到提案297件。

第四次全会　2006年3月5—8日，在昆阳镇召开，出席委员262人。会议收到提案263件。

第十三届县政协全体会议

第一次全会　2007年1月21—25日，在昆阳召开，出席委员289人，列席人员145人。大会邀请9名平阳籍在外工商界人士、11名社区(村、居)代表列席会议。选举产生政协第十三届平阳县委员会常委会，选举孙瑞庆为县政协主席，林立军、苏腾、陈少越(女)、蔡萌芽、陈建初为副主席，陈胜初为秘书长。14名委员作大会发言。委员们围绕经济社会跨越发展主题提出意见和建议。

2007年1月21日，平阳县政协十三届一次会议现场

陈永琢　摄

第二次全会　2008年3月2—5日，在昆阳镇召开，出席委员288人，列席人员156人。会议补选许道静为县政协副主席。13名委员作大会发言。召开平阳籍在外工商界人士专题座谈会、社区村居委员代表专题座谈会和文化名县建设专题座谈会。会议收到提案255件。

第三次全会　2009年3月3—5日，在昆阳镇召开，出席委员289人，列席人员166人。12名委员作大会发言。

第四次全会　2010年1月18—21日，在昆阳镇召开，出席委员287人，列席166人。12名委员作大会发言。委员们就沿海产业带建设、促进教育均衡发展、发展高新技术产业、改善软环境、新农村建设等方面提出意见建议。会议收到提案203件。

第五次全会　2011年1月21—24日，在昆阳镇举行。委员围绕平阳县经济建设、政治建设、文化建设、社会建设和生态文明建设中的重要问题，开展协商议政，积极建言献策。会议收到提案211件。

第十四届县政协全体会议

第一次全会　2012年1月5—9日，在昆阳镇召开，出席委员277人，列席人员141人。会议选举产生政协第十四届平阳县委员会常委会，选举孙瑞庆为主席，林立军、陈少越(女)、陈建初、许道静、姚宗纯、林大雪为副主席，陈胜初为秘书长。14名委员进行大会发言。委员们围绕实施“十二五规划”，就推动科学发展、加快转型升级、加大固定资产投资力度、保持经济平稳较快发展、推进城乡统筹、生态文明建设等内容，提出意见和建议。会议收到提案210件。

2012年1月5日，平阳县政协十四届一次会议现场

第二章　县政协常务委员会

县政协常务委员会由主席、副主席、秘书长和常务委员组成，届中根据需要，对人员作必要的增减或调整。主要职权和任务是：召集并主持除每一届第一次全体会议之外的委员会全体会议；组织实施《中国人民政治协商会议章程》规定的任务和上级政协委员会的决议；执行县政协委员会全体会议的决议；在全体会议闭会期间，审议通过提交县人大及其常委会或县政府的重要建议案；根据秘书长提议，任免副秘书长；决定政协工作机构设置和变

动，任免其领导成员；协商决定本届委员会任期内政协参加单位、委员名额和人选增加或变动；协商决定下届委员会参加单位、委员名额和人选。

第九届县政协常委会设主席1人，副主席5人，秘书长1人，常务委员25人。第十届县政协常委会设主席1人，副主席5人，秘书长1人，常务委员24

第九届至第十四届平阳县政协主席、副主席、秘书长任职情况一览表

表23-2-1

届次	职务	姓名	籍贯	任职时间
第九届委员会 1990年5月至1993年4月	主　席	钱克锦	浙江文成	1990年5月至1993年4月
	副主席	王华冕	安徽巢湖	1990年5月至1993年4月
		周　慎	浙江平阳	1990年5月至1993年4月
		吴圣良	浙江平阳	1990年5月至1993年4月
		翁安义	浙江平阳	1990年5月至1993年4月
		白锡飞	浙江平阳	1991年3月至1993年4月
	秘书长	陈崇贵	浙江平阳	1990年5月至1993年4月
第十届委员会 1993年4月至1998年4月	主　席	钱克锦 薛继谢	浙江文成 浙江苍南	1993年4月至1996年3月 1996年3月至1998年4月
	副主席	李海涛	浙江平阳	1993年4月至1998年4月
		白锡飞	浙江平阳	1993年4月至1998年4月
		周　慎	浙江平阳	1993年4月至1998年4月
		吴圣良	浙江平阳	1993年4月至1998年4月
		林宣雨	浙江平阳	1997年3月至1998年4月
	秘书长	陈崇贵	浙江平阳	1993年4月至1996年3月
		苏　腾	浙江嘉兴	1996年3月至1998年4月
第十一届委员会 1998年4月至2003年3月	主　席	林宣雨	浙江平阳	1998年4月至2003年3月
	副主席	孙瑞庆	山东德州	1998年4月至2003年3月
		吴圣良	浙江平阳	1998年4月至2003年3月
		苏　腾	浙江嘉兴	1998年4月至2003年3月
		周咸文	浙江平阳	1998年4月至2003年3月
		卢剑平（女）	浙江平阳	1998年4月至2000年8月
		李作虎	浙江平阳	1998年4月至2003年3月
		陈少越（女）	浙江平阳	2001年3月至2003年3月
	秘书长	林运远	浙江平阳	1998年4月至1999年3月
		杨学畴	浙江平阳	1999年3月至2003年3月
第十二届委员会 2003年3月至2007年1月	主　席	王纪树	浙江瑞安	2003年3月至2007年1月
	副主席	孙瑞庆	山东德州	2003年3月至2007年1月
		苏　腾	浙江嘉兴	2003年3月至2007年1月
		陈少越（女）	浙江平阳	2003年3月至2007年1月
		伍兆澄	浙江平阳	2003年3月至2007年1月
		蔡萌芽	浙江平阳	2003年3月至2007年1月
		陈建初	浙江苍南	2004年3月至2007年1月
	秘书长	杨学畴	浙江平阳	2003年3月至2003年5月
		温　敏	浙江平阳	2004年3月至2007年1月

续表 23-2-1

届次	职务	姓名	籍贯	任职时间
第十三届委员会 2007年1月至2012年1月	主　席	孙瑞庆	山东德州	2007年1月至2012年1月
	副主席	林立军	浙江泰顺	2007年1月至2012年1月
		苏　腾	浙江嘉兴	2007年1月至2011年6月
		陈少越(女)	浙江平阳	2007年1月至2012年1月
		蔡萌芽	浙江平阳	2007年1月至2012年1月
		陈建初	浙江苍南	2007年1月至2012年1月
		许道静	浙江平阳	2008年3月至2012年1月
	秘书长	陈胜初	浙江平阳	2007年1月至2012年1月
第十四届委员会 2012年1月—	主　席	孙瑞庆	山东德州	2012年1月—
	副主席	林立军	浙江泰顺	2012年1月—
		陈少越(女)	浙江平阳	2012年1月—
		陈建初	浙江苍南	2012年1月—
		许道静	浙江平阳	2012年1月—
		姚宗纯	浙江平阳	2012年1月—
		林大雪	浙江苍南	2012年1月—
	秘书长	陈胜初	浙江平阳	2012年1月—

说明：资料由县政协办公室提供

人。第十一届县政协常委会设主席1人，副主席6人，秘书长1人，常务委员29人。第十二届县政协常委会设主席1人，副主席6人，秘书长1人，常务委员36人。第十三届县政协常委会设主席1人，副主席6人，秘书长1人，常务委员38人。2012年，第十四届县政协常委会设主席1人，副主席6人，秘书长1人，常务委员42人。

第一节　工作机构

1989年，第八届县政协常委会第九次会议决定撤销工商、科学技术、经济、农村等4个工作组，建立经济科技委员会。是年底，设有提案、学习、文史资料、经济科技4个委员会及文艺、教育、医药卫生、民族、华侨、祖国统一、宗教7个工作组，并在昆阳镇、万全区、鳌江镇、鳌江区、萧江镇、麻步区、水头区、水头镇、山门区、腾蛟区、顺溪区设11个联络组，配备专职委员担任组长，负责基层联络工作。

1990年5月，第九届县政协常委会第一次会议协商决定，撤销文艺、教育、医药卫生、民族、华侨、祖国统一、宗教7个工作组，建立委员提案工作、学习、文史资料研究、经济科技、教文卫体、社会法制、三胞联谊7个委员会。政协基层设昆阳镇、万全区、鳌江镇、鳌江区、萧江镇、麻步镇、水头区、水头镇、腾蛟镇、山门镇、顺溪镇11个联络组。1992年9月，常委会第八次会议根据撤区扩镇并乡的实际情况，决定将区镇的政协委员联络组改称为工作委员会(简称“工委”)，设昆阳、鳌江、水头、萧江、麻步、腾蛟、山门、顺溪镇8个工委。

1993年4月，第十届县政协设有办公室和提案工作、学习、文史资料研究、经济科技、教文卫体、社会法制、三胞联谊、老委员联谊8个委员会。1997年10月，撤销老委员联谊委员会、学习委员会。

1998年4月，第十一届县政协设有办公室和提案、文史学习、经济科教、教文卫体、社会法制、三胞联谊6个委员会。6月，教文卫体、社会法制、三胞联谊委员会合并，称社会发展委员会。1999年，常委会第八次会议决定重建昆阳镇、鳌江镇、水头镇、萧江镇、麻步镇、腾蛟镇、山门镇7个工作联络组，由镇委分管统战工作的人员兼任组长，委员较多的镇可设副组长。

2003年3月，第十二届县政协设有办公室和提案、经济科技、社会发展3个委员会。6月，又设港澳台侨联谊、文史资料两个委员会，与社会发展委员会一个机构、两块牌子。2005年9月，常委会第十五次会议决定撤销经济科教委员会、社会发展委员会，设立经济建设委员会、社会法制（人口资源环境）委员会、科教文卫体（港澳台侨）委员会。

2007年，第十三届县政协设有7委1办（其中有2个委一个机构、两块牌子合署办公），分别为：社会法制委员会（挂人口资源环境委员会）、科教文卫体委员会（挂港澳台侨委员会）、经济建设委员会、提案委员会、文史资料委员会和办公室，办公室下设秘书科、文书室、行政科。办公室和各专委均分别配置专职主任、副主任各1人。设昆阳、鳌江、水头、萧江、麻步、腾蛟、山门等7个乡镇片区工作委员会，作为县政协在乡镇基层的工作联络机构，分片组织委员活动。

2012年，第十四届县政协设有9委1办，分别为：社会法制委员会、人口资源环境委员会、科教文卫体委员会、港澳台侨委员会、经济建设委员会、提案委员会、文史资料委员会、委员工作委员会、城乡建设委员会和办公室。办公室下设秘书科、文书室、行政科。办公室和各专委均分别配置专职主任、副主任各1人。是年，县政协机关编制17人，实有32人。

第二节　县政协常务委员会会议

县政协常务委员会会议是县政协全体会议闭会期间主要协商会议形式，一般每季度举行一次。会议的日期和议程由县政协主席会议决定，议程主要是围绕各个时期党和政府的中心工作、政协的有关职能而定。列席会议的人员有：政协专委（办）负责人、乡镇（片区）政协工作联络组负责人、老委员联谊会（后称政协之友社）主要负责人和政协副秘书长等。会议根据需要，邀请中共平阳县委、县政府主要负责人或分管领导和中共平阳县委、县政府有关部门负责人参加。

1989年9月，县政协第八届常委会第十四次会议审议通过《政协平阳县委员会常务委员会工作规则》。是月，第十五次会议通过《政协平阳县委员会秘书长副秘书长规则》。1990年8月，县政协第九届常委会第三次会议审议通过《政协平阳县委员会关于贯彻〈中共中央关于坚持和完善中国共产党领导的多党合作和政治协商制度的意见〉的意见》。1991年3月，县政协第九届常委会第五次会议审议通过县政协《关于政治协商、民主监督暂行规定的实施意见》。9月，第八次会议通过《政协平阳县委员会区镇工作委员会工作简则》。1995年9月，县政协第十届常委会第十九次会议通过《政协平阳县委员会关于政治协商、民主监督、参政议政的实施细则》。1998年4月，县政协第十一届常委会第一次会议通过《政协平阳县委员会常务委员会工作规则（试行）》。6月，第二次会议通过《政协平阳县委员会专门委员会通则》。2000年12月，县政协常委会第十八次会议通过《政协平阳县委员会乡镇政协工作联络组简则（试行）》。2002年，县政协第十一届常委会第三十二次会议通过《关于加强委员自身建设的若干意见》。2003年9月，县政协第十二届常委会第三次会议决定从政协第十二届常委会第四次会议开始增加政协常委自由发言议程事项，并出台《平阳县政协关于加强机关廉政建设的意见》。是月，第十二届常委会第四次会议建立常委委员自由发言制度。2005年7月，县政协第十二届常委会第十四次会议审议通过乡镇片区政协工作委员会职责，充分发挥片区政协工作委员会的作用，并逐步健全乡镇片区主任列席常委会议制度，规范乡镇片区活动。9月，常委会第十五次会议审议通过政协委员履行职能情况考核办法（试行）。2012年4月，县政协第十四届常委会第一次会议审议通过《平阳县政协委员履职管理办法》。

1989—2012年，县政协常委会会议共召开148次。第八届在1989年后召开9次，第九届召开18次，第十届召开35次，第十一届召开31次，第十二届召开23次，第十三届召开26次，第十四届在2012年召开6次。

第三章　主要工作

县政协自成立起，一直围绕中共平阳县委、县政府的中心工作和地方重大事务开展工作，贯彻实施国家大政方针和中共平阳县委、县政府重大决策、重要政务，对民生和社会热点难点问题进行充分协商和讨论，运用建议案、调研报告、提案、大会发言等形式，提出意见和建议，履行参政议政职能，通过专项视察、民主评议等方式开展民主监督。

县政协常委会会议闭会期间，县政协主席会议处理日常重要工作。主席会议由主席、副主席和秘书长组成，一般每月举行一次。讨论处理常委会重要日常工作；协商讨论平阳县大政方针、经济建设、改革开放、精神文明建设和人民群众普遍关心的重大问题，提出意见和建议；审查以县政协名义向中共平阳县委、县政府和市政协提出的重要建议案；决定县政协常委会召开的日程和议题，审议提交常委会讨论的文件；讨论决定委员视察、参观和调查等重要活动；审议各专门委员会的年度计划；听取重要视察、调查报告和重要提案、建议案的办理情况。

1989—2012年，县政协共召开284次主席会议。第八届在1989年召开12次，第九届召开35次，第十届召开56次，第十一届召开59次，第十二届召开58次，第十三届召开54次，第十四届在2012年召开10次。

第一节　政治协商

在政协全会期间，政协委员通过听取和审议《政府工作报告》及其他报告，提出自己的协商意见和建议，通过大会发言及与中共平阳县委、县政府领导进行面对面协商，提出协商意见供中共平阳县委、县政府参考。全会闭会期间，县政协政治协商主要通过常委会会议、主席会议、专题座谈会等形式，听取各方意见，履行职责。县政协领导列席中共平阳县委书记办公会议、县委常委会议、县政府工作会议，参与全县性事务协商，常委会邀请有关乡镇、部门负责人列席常委会会议，邀请在平阳的市政协委员列席县政协常委会议，参与协商；专委会参加对口联系部门会议、召开对口部门专题协商会进行协商议政，推进协商民主的常态化。

1990年，县政协就平阳县中医院规模、人员编制、设备配置、资金缺口等问题，与县政府部门进行协商研究。

1994年6月，第十届县政协常委会第十次会议围绕平阳县工业发展速度、经济效益问题开展讨论。1996年，县政协经科委在调研时，了解到平阳县企业普遍存在忽视管理问题，为促进企业管理上水平，经科委主动与县经委联系，提出举办“工业企业管理知识讲座”的建议，得到采纳和支持。11月，会同县经济委员会、县经济师协会，联合聘请温州市专家、教授到昆阳、鳌江、水头三片举办3期讲座，参加学习的企业厂长（经理）和管理人员220余人。

1999年，县政协行政区域调整调研组分别在昆阳、鳌江、万全、务垟、水亭、西湾、钱仓等乡镇召开专题座谈会，并召集相关部门、乡镇领导举行研讨会协商讨论。2001年，县政协就南雁镇笠湖村30余个转鼓恢复制革生产问题，向县环保部门提出协商，县环保局马上派出执法队伍，予以取缔。2002年，县政协召集县经济贸易局、公安局分管领导进行对口专题协商，解决塘北标段土地平整石料供应紧张问题。是年，就“三百工程”（百人百万扶百村）专题举行政府部门对口协商会。

2004年，为推进“工业项目推进年”活动深入开展，改善用地环境，县政协组织部分常委、工商联界和经济界委员与国土资源局约谈，对深化“效能革命”，提出看法和建议。2007年，县政协常委会召开专题座谈会，就“作风建设年”活动、加强公务接待管理和公车管理等工作进行协商。9月，政协就县旅游管理体制问题召开调研座谈会。

2008年，县政协组织召开文化名县建设专题协商会，针对文化基础设施、文化队伍建设、文化管理体制、文化产业发展进行协商，提出平阳县在文化建设方面存在的硬件“不硬”等问题，建议建设县文化中心，改善文化馆、图书馆和腾蛟文化名镇建设中的有关硬件设施。是年，召开平阳籍在外委员和工商界人士专题协商会，为平阳县招商引资提供新思路和视野；召开社区、村、居委员代表和列席人员专题协商会，为党委、政府了解基层民意和有关政策的落实情况提供较好的协商交流平台。2009年，县政协召开公安、房管等有关协商会，就公安工作、公安基础设施建设、看守所选址以及企业贷款厂房抵押登记、房屋产权证办理和物业管理等问题进行协商沟通。2010年，县政协针对城东行政中心规划和昆阳城北公园规划建设，进行专题座谈。对城镇供水管网改造工程提出建议，对新农村建设提出意见和建议。2011年，县政协召开常委会议、主席会议和专题座谈会，对全县行政区划调整进行专题协商研究，为平阳县成功实施新一轮乡镇行政区域调整建言献策。

2012年，县政协对行政中心迁建、部分镇行政区划调整事宜进行协商，分别形成《关于县行政中心迁建的决议》和《关于平阳县部分镇行政区划调整的建议案》。针对西湾海涂围垦项目开发事宜，县政协提出“加强对重大建设项目的不可行性论证，充分预估项目实施的风险”“加强对合同履行的纪律监督、民主监督和法律监督”“进一步明确违约责任，建立追责机制，确保国有资产的安全”等协商建议。

第二节　参政议政

每届政协委员会积极开展调查研究，并通过调研报告、建议案等形式，向中共平阳县委、县政府提出意见和建议。

专题调研

1989年，对全县银行信贷业务情况进行专题调研，提出金融和有关部门要对受贷企业进行分类，区别对待，确定“保”与“压”的方案和措施，使企业能正常健康发展的具体建议。对农村和山区教育事业发展情况进行调研，促使县政府解决拖欠3年之久的顺溪区民办教师工资问题。

1990年，对筹建的鳌江镇第四中学的校址问题进行调研，并提出初步建议方案。对如何稳定和发展平阳县卷扬机生产和销售等问题，进行调查。对400米田径场选址问题进行调研，并将在萧江中学原有操场基础上扩建县400米田径场的意见报送县政府。1991年，开展农村卫生技术队伍建设的调研，为稳定农村医疗技术队伍，提高农村医疗技术水平的管理提供参考依据。考察红十三军攻打平阳城而牺牲的192名烈士遗体埋葬地，建议县政府将其列为革命传统教育基地。对县社会治安综合治理情况、部分学校师生人身安全屡受侵犯事件、县国营啤酒厂面临的困难等开展专题调研。

1993年，就如何稳定教师队伍开展调研，建议采取措施，限制教师跳槽。对全县有关基金会的情况进行专题调查，对全县无行政主管部门企业的发展状况作专项调研。1995年，对九凰山隧道通行费收入分配情况、县图书馆迁建选址事项进行调研。1996年，调研实施“质量立县”工作情况，形成《关于平阳县“质量立县”情况的调查报告》，建议：围绕质量工作，增加各项投入；壮大企业实力，实现规模效益；加快企业基础工作，完善质量保证体系；成立行业协会，加强行业管理。1997年，将鳌江居民饮水问题作为重点提案，组织委员作全面调研，提出“平阳饮用水资源的保护、开发和利用”的专题报告，并建议县政府加快县引供水工程建设步伐。

1998年，开展“股份合作制经济发展和完善问题”的调查研究，形成《平阳股份合作制经济发展和完善问题的调研报告》报送县政府。1999年，开展塑编业生产课题调研活动，全面了解萧江镇的塑编生产状况，撰写《萧江镇塑料编织业发展完善问题调研报告》报县政府。并就平阳县民办教育情况、行政执法队伍情况、腾蛟镇申报历史文化保护区等方面进行调查研究。2000年，围绕县第一中学究竟是扩建还是迁建的问题，进行调研比较，汇总各方意见转送有关领导和部门，提供决策参考。2001年，开展发展效益农业问题的调研，提出对策性建议意见报送县政府。配合县农业局开展“发展平阳县效益农业”软课题研究。调研旅游业发展情况，提出健全机构、修订规划、理顺关系、增加投入、扩大宣传等建议意见。调研贫困山区人口异地脱贫情况，提出建议：加强宏观调控，制定总体规划；结合实际，制订相关政策；筹集资金，注重投入效果；抓住重点，搞好试点工作等。

2003年，开展扩大平阳县三大经济圈发展空间课题的调研，形成《关于扩大平阳县三大经济圈发展空间情况的调研报告》。调研报告作为常委会建议案转报县政府，获县政府2003年度工作优秀论文一等奖。2004年，常委会把“农业增效、农民增收”列入重点调研课题，并形成调研报告，建议县政府制订优惠政策扶持农民专业合作社发展。是年，组织“效能革命”满意度调研，并提出建议，被中共平阳县委采纳落实到具体工作部署中。是年始，常委会对水头制革污染治理和水头产业结构调整进行长时间的跟踪调研，先后形成《关于调优水头工业经济结构，做大做强皮件加工业的调研报告》等4个视察调研报告，对制革污染治理和水头产业结构调整，提出一系列的建议，为制定平阳县“十一五”规划提供建设性的意见。2005年，配合招商引资工作，开展在外平阳商人的调研，鼓励平阳商人回乡创业。

2008年，贯彻落实中共平阳县委提出的发展强镇经济，建设好平阳北大门的决策部署，确定将“做大做强北大门”为年度重点调研课题，在《关于加快做大做强北大门的建议案》中提出“统一认识，坚定信心”“加快步伐，稳步推进”等建议。常委会调研后形成的《关于加强坡南历史文化街区保护与开发的建议案》中的一些建议被《昆阳镇坡南街历史街区保护规划》采纳。2009年，分别对“沿海产业带建设”“顺溪水利枢纽工程移民安置”“青少年犯罪预防”“健全和完善民意表达与处置机制，促进社会和谐”等四项课题进行调研，均形成报告报县政府。2010年，常委会围绕“发挥平阳历史文化资源优势推动平阳跨越崛起”展开调研，就腾蛟文化名镇建设，向中共平阳县委、县政府提出意见建议。是年，县政协还就“关于发挥供销社在新农村建设中的作用”开展调研，提出“抓住时机，时不我待，选准发展载体，不断拓宽为农服务领域”等意见建议。2011年，在欧美债务危机持续向纵深发展，人民币连续升值，国际国内市场环境不断变化的情况下，县政协关注平阳县中小企业特别是外贸出口企业的发展，在温州出现一些企业资金链断裂的现象后，县政协班子深入小微企业开展调研活动，为帮助企业渡过难关建言献策。委员就流动人口的服务与管理开展调研，调研组根据存在的服务和管理的问题提出“深化服务管理体制”“优化生活环境”等意见建议。对县职教中心办学体制等问题进行专题调研，提出“维护稳定”“恢复公办体制”等建议。

2012年，利用省政协调研“浙江省八大水系水资源环境保护与利用情况”的契机，县政协成立专题调研组，实地视察鳌江流域的中下游水环境保护与利用情况，提出“要加强工业污染源的整治和监管”“要加大城镇环保基础设施建设，大力推进生活污水入网处理”等意见和建议。是年，县政协多次组织专题视察昆阳等地的农房集聚建设情况，并成立专题调研组，在全县范围内开展详细的调查了解，提出“科学调查农民意愿，合理安排集聚方式”“出台‘三分三改’配套措施”等对策建议。

视察与建议

1990年，对鳌江搬运市场进行视察调研，指出鳌江运输市场极度混乱的主要原因，并建议中共平阳县委、县政府要从稳定社会的高度，限期整顿好鳌江运输市场。1991年，对西湾风景旅游资源进行专题考察，建议成立班子，对景区进行总体规划和开发。对鳌江商业流通市场作实地考察。1992年，对青街畲族乡建立电视差转台一事进行专题考察，促使青街电视差转台在1993年元旦建成并开始转播。对平阳县妇女参政议政、妇女受教育、劳动就业、婚姻家庭、财产分割中重男轻女以及遗弃女婴和招用童工等问题进行考察。对榆垟镇经济发展三年规划情况和汽配企业进行视察调研。

1993年，针对开发南麂岛过程中存在开放政策不到位和岛内道路等基础设施差等问题，提出整改建议。1994年，针对群众反映强烈的敲诈勒索案件，进行调研视察活动，重点调查昆阳城东新区和水头镇，写出专题调查报告，引起县公安局的重视。1995年，根据鳌江镇政协委员和人民群众的反映，调研部分青少年吸毒问题，撰写调查报告建议中共平阳县委、县政府领导采取禁毒举措。对全县农业投入情况进行调查，先后召开10次村主任座谈会，听取财税、农业、林业、水产等有关部门的工作汇报，对十个村作了抽样调查。此外，配合市政协到顺溪、南雁两镇视察，摸清农业投入的基本状况和存在的问题，在《关于平阳县农业投入情况的调查报告》中建议：用于农业的财政资金，应按《中华人民共和国农业法》规定增长；筹足农业发展资金，保证专款专用；扩大农业信贷规模，支持农业的综合开发；增加农业固定资产投资，加快农业基础设施建设；健全完善农业投入机制，促进县农业生产发展。该报告为市政协所采纳。1996年，对平阳县水资源现状、工农业用水现状和群众最关心的饮用水源水质等问题进行综合考察后，提出治污、节水、保护水源的对策和措施。组织专业技术人员赴南麂实地考察，编制“柳成山庄规划初步方案”。

1998年，开展创建农村中医药工作先进县情况视察，形成《关于创建农村中医药工作先进县的几点建议》报送县政府。2000年，先后到闹村乡、怀溪乡、山门镇等乡镇，视察农村文化工作，撰写《农村文化建设信息任重道远》的视察报告。是年，对少数民族群众在水头镇务工情况、居住条件、生活状况、少数民族幼儿园等进行实地考察，根据外地少数民族工作的先进经验，联系平阳少数民族经济、教育发展状况等方面问题，撰写《关于少数民族地区经济发展情况调查报告》。据此，中共平阳县委、县政府拨出专门款项建立扶贫点，以解决少数民族的脱贫致富和移民安居的困难。2002年，对水头制革业发展情况进行视察，形成《关于平阳县水头制革业发展情况的调研报告》，提出加快园区建设，促进产业升级；严格控制总量，推行清洁生产；筹集治污资金，加快工程建设；成立行业协会，完善管理机制等建议，并以《关于促进平阳县水头制革业持续发展的建议案》报送县政府，促使成立水头制革工业园区筹备组，负责园区的筹建工作。对县行政审批制度改革、关于县文化中心平阳城西文物园选址问题进行视察。

2006年，对平阳县的职业教育的发展情况、科技企业孵化器建设等进行视察，提出建议和意见。2007年，对农村农民建房难情况、农村饮用水安全情况、县级机关办公用房管理情况、旅游管理体制情况进行调查，并形成报告。2009年，县政协还就民办学校的发展问题视察新纪元教育集团，提出“改变观念，进一步加大对民办教育的支持力度”等建议。2010年，开展“对平瑞塘河水环境保护”的考察，提出的推进企业污水入网、开展河道清淤和保洁等建议被中共平阳县委、县政府采纳。

2012年，县政协考察新居民服务与管理情况，提出“统筹兼顾，合理安排，努力优化生活环境”等建议。

社情民意反映

县政协常委会在实际工作中，把反映社情民意作为参政议政的一种有效形式，及时反映党委、政府关注的、社会群众关心的焦点问题，使反映社情民意的信息逐渐进入党政领导的决策视野。县政协通过委员座谈会、走访委员、委员来信来访、各种例会及委员提案等多种渠道，收集社情民意。

20世纪80年代开始，县政协办公室编辑《平阳政协》，2003年5月创办《政协信息》，并以专报的形式把重大的社情民意及时反映给县党政领导。

2003年7月，经县政协第十二届常委会第二次主席会议研究决定，建立“社情民意直通车”电视专题栏目，并于8月成立领导小组。《社情民意直通车》电视专题栏目，每月制作一期，每期分别于月中的第二、第三周的周二、周三分时段播出6次。在制作过程中围绕全县的中心工作，根据政协委员大会发言、提案、信息等所反馈的情况，选择一些重大的事件和当前社会的热点、难点问题，组织政协委员、邀请政府职能部门的负责同志、群众代表共同参与，采取电视访谈、对话等多种形式，广泛地讨论问题，发表意见和建议，经调查研究后制作。2007年以后，“社情民意直通车”专题栏目不定期在电视播出，并在《新平阳》报上同时刊发。至2012年年底，共制作播放社情民意直通车节目41期。

第三节　民主监督

县政协主要运用专项视察、民主评议、听取情况通报、行风监督、约谈等形式和途径，履行监督职能。

经济科技视察监督

1989年7月，专项视察农资专营问题，对存在的计划管理不严、农资市场管理不力、供销社亏损严重、部门协调管理不到位、一般农户实惠不明显等问题提出建议。9月，视察万全、鳌江两区4个渔场后建议有关部门要切实保障职工合法权益。

1990年，在台风灾后，视察麻步区塘北乡和水头区江屿乡的灾后生产情况，建议加强综合领导，给予灾区各方面支持。1991年，对南麂岛经济发展的问题、鳌江下厂段标准堤工程建设进度、农场海涂分场在旱情和围垦土地开发利用中急需解决的问题、西塘畜牧场、早稻生长和山区农业经济情况进行专题视察。

1993年11月，对平阳建设机械总厂转换经营机制情况和县科技示范单位梅源、南雁两乡镇开展的农科教结合、振兴经济工作情况进行视察。1995年，对县海涂开发公司利用已围垦的海涂和企业经营情况进行视察。视察平阳新华化工厂高新技术产品开发及技改工程前期准备工作情况、全县道路运输市场管理情况、《平阳县“东海明珠”工程规划》实施情况。1996年8月，视察鳌江国家级星火技术密集区的创建情况，建议中共平阳县委、县政府切实加强领导，协调好关系，制定好政策，进一步做好星火技术密集区的创建工作。10—11月，对昆阳、鳌江、麻步、水头、腾蛟五家自来水厂和风巢、鹤溪的供水水质、水源地情况进行视察。

1998年，对海涂分场调整产业结构及产业化经营情况进行跟踪视察，建议完善调整海涂分场产业结构，形成的《关于尽快解决农场海涂分场产业结构调整中几个问题建议案》被县政府采纳，县政府将该场列入土地整理项目，并获省土地局批准。先后两次对平阳引供水工程建设情况进行视察。1999年，视察乡镇财政、财务收入情况，提出加强乡镇财政财务管理和消化赤字等建议。分别对水头、腾蛟两个制革污水处理工程建设情况、全县渔业发展情况、农业产业化经营情况、昆阳镇城镇建设情况、县技改项目实施情况进行视察。2000年，对腾蛟、水头制革污水处理工程和平阳引供水工程建设情况进行跟踪视察，针对两项工程建设中存在的困难和问题，提出建议意见，并作出《关于加强“两水”工程建设领导管理的建议案》报送县政府。开展国有农、林、渔企业生产经营和改制情况的视察。2001年，针对昆阳片入夏后经常停电问题、甬台温高速公路建设问题进行视察。2002年，视察县土地整理工作情况、县经济开发区鞋业园区建设和生产情况、“三百工程”（百人百万扶百村）实施情况。

2003年，对水头制革业污染治理整改情况、商务礼品生产经营情况、昆阳服饰园区开发建设情况进行视察。2004年1月，对平阳县农业税征收与农民减负工作进行视察，建议切实减轻农民负担。在第十二届常委会第八、十二次会议期间，全体常委对鳌江集装箱码头、瓯南大桥、萧江塑编行业和家具基地建设等情况进行视察。2005年，视察57省道张基岭至詹家埠改建工程和县第一中学新校建设两个重点工程建设，就存在的资金短缺、土地征用困难、学生安全等问题提出建议。视察西湾（墨城）海涂围垦工程建设情况、城区片珊溪引供水工程建设情况、平阳县物业管理情况。2006年，视察万全轻工基地家具园区建设情况、“十村示范、百村整治”工程实施情况、新型农村合作医疗和农村卫生工作、北港地区防洪治理情况。

2007年，视察鹤溪镇蔡垟村通水通电工程、南麂旅游景区进岛门票一票制筹备、省级文明城市创建、水头治污和鳌江居民饮用水安全工程、交通工程建设等工作。2008年，关注昆鳌两地河道污染日益严重问题，视察昆鳌污水集中处理排江工程建设和运行情况，提出“要更加重视工程的续建，进一步明确责任，理顺体制，分步实施，逐步完善”等建议。视察昆鳌一体化建设情况，提出“抓好车站大道建设刻不容缓”等建议。是年，还视察钱梅公路、昆宋公路、宋埠——西湾滩涂围垦、墨城——西湾滩涂围垦和鳌江中学迁建等重点工程及梅溪、梅源小流域治理实施情况。2009年，关注片区安全引供水工程建设，深入各乡镇调研、视察、座谈，持续跟踪监督，达成“同水、同网、同价”和“反哺农村、让农民得实惠”的共识，促成全县范围内分片解决安全饮用水问题方案的形成和落实。视察县专业市场升级改造、商业特色街区建设、推进现代物流业等三产提升重点项目及县重点工程。2010年，对昆鳌一体化建设、沿海产业带建设、昆鳌排污管网建设、生活垃圾处理、农家休闲游、城乡公交一体化、烈士墓搬迁、昆阳文昌阁和平阳看守所选址等项目进行视察。2011年，视察带溪污染情况，听取环保部门、有关乡镇和群众的意见，并视察有关企业的治理污染情况，提出“南溪制革基地要限期整治”“带溪流域的治理要摆上议事日程”等建议。

2012年，视察昆阳镇龙山公园、仙坛公园、凤湖公园和九凰山公园，提出“科学规划，加强管埋”“突出人文特色”“推进一镇一公园建设”等意见建议，还就公园建设中的许多细节问题，通过社情民意信息等方式，反映给当地党委、政府和有关部门，得到重视和采纳。视察昆鳌快速联系通道建设、昆宋公路建设、河道污染整治、蒙垟山制砖污染、针织花边行业发展、生态休闲旅游业发展情况。对各镇乡植树绿化情况进行视察。

教文体卫监督

1989年9月，对全县文化宣传单位进行视察，指出存在的问题。

1990年，对昆阳镇九年制义务教育实施情况、南麂岛教师待遇优惠政策落实情况、海岛军民看电视难的问题进行视察，视察榆垟、练川、郑楼、宋桥、西塘等地卫生院，针对发现的问题，均提出建议意见。1991年，对平阳县文化工作进行视察，针对文化工作中急需解决的问题，撰写《关于文化工作的视察报告》，并转报县政府，报告建议被采纳。1992年，视察麻步、腾蛟、山门三地卫生院，了解撤区扩镇并乡后卫生院运转情况。

1993年，县政协根据群众反映长期收听不到有线广播的情况，听取县广电局领导专题汇报，并视察昆阳至下河段有线广播干线的线路，使中断5个多月的北港、萧江有线广播得以恢复。对县体育馆选址方案和筹建工作进行视察，并多次协调解决因二期县城改造而带来的体育设施需要搬迁问题。1993年，视察电视大楼基建工地、县越剧团、木偶剧团、县图书馆。1994年，视察县妇幼保健站基建情况、《平阳报》社恢复情况。1996年，视察全县音像市场集中治理情况，腾蛟镇文物保护工作。

1997—2001年，为促进平阳县争创“全国体育先进县”工作，县政协先后4次视察体育工作与体育设施建设情况。2001年11月，分别就县职业技校、技工校、职教中心和昆阳镇职业高中等职业教育问题进行视察。2002年8月，视察省第十二届运动会平阳赛区场地，对县体育馆建设进度等问题向县政府提出意见和建议。

2008年，县政协常委会视察文化建设“六个一”工程实施情况，察看昆阳文明塔、平阳影城、腾蛟苏步青故居、棋王碑林、钱仓宝胜寺双塔等多处文物景点和文化设施，形成《关于文化建设“六个一”计划实施情况的视察纪要》报中共平阳县委，促进“六个一”工程顺利进行。2009年，视察平阳县体育强县创建工作，形成的《关于我县体育创强工作情况的视察纪要》受到县政府重视。

2012年，视察学校周边环境，提出“切实统一思想，加大污染治理的决心和力度”“落实巡查制度，建立学校周边污染防治长效机制”等建议。

社会法治监督

1990年5月，对鳌江镇的社会治安问题进行视察，指出社会工作的主要问题，得到中共平阳县委、县政府的重视。1991年10月，对全县的社会治安综合治理情况进行调查，引起中共平阳县委、县政府高度重视，促成公安局等部门逐一解决调查发现的问题。1992年11月，根据《中华人民共和国妇女权益保障法》的要求，针对平阳县妇女参政议政、妇女受教育、劳动就业、婚姻家庭、财产分割中重男轻女以及遗弃女婴和招用童工等问题进行调查，写出调查报告，受到中共平阳县委、县政府的重视。

1993年，组织宗教房产落实政策问题视察活动，促进宗教房产政策的落实。1996年6月，对全县土地管理情况进行视察，建议加大土地执法力度，查处土地违法案件。

2000年，全县5个民主党派联名提案要求严肃处理违法用地问题，县政协组成视察组，全面视察土地管理情况，作出《关于加强土地管理，抓紧依法处理违法用地案件的建议案》，建议土地管理部门加大土地执法力度，强化土地监察，严肃查处违法占地、抛荒闲置、擅自改变土地功能和非法倒卖土地等行为。

2003年，对全县“二五”依法治县工作开展情况进行视察。2006年，政协委员广泛参加“满意不满意单位”评选活动，推进机关效能建设和作风建设。

2007年，在平阳县省级文明城市创建工作期间开展视察活动，提出文明城市创建工作要“放手发动群众，发挥好市民的主体作用”“加强城东工业区排档的卫生管理”“加强县城发廊管理”等建议。2009年，视察县社会治安综合治理工作、各地各部门矛盾纠纷排查调处工作，提出“健全基层的防范网络”“强化打击力量，壮大公安政法队伍”等建议，促进全县维稳工作开展。2010—2012年，县政协在对县交通局、县安全监管局、县水利局、县食品药品局的监管工作中，均提出规范执法行为、加大执法力度、提高执法水平的建议。

民主监督评议

2004年，县政协制定《政协第十二届平阳县委员会关于对县机关部门工作开展民主监督的实施意见》。根据该意见，县政协组织评议小组，通过听取评议单位工作汇报，召开座谈会，发放征求意见表，走访基层等形式，广泛听取对评议部门的工作意见和建议。县政协常委会组织人员对评议单位《民主监督评议情况的报告》进行审议，进行满意度投票，整改单位需上报整改报告并再经常委会投票。

2005—2012年，县政协常委会先后对县环境保护局、县规划建设局、县国土资源局、县财政局（地税局）、县房产管理局、县工商行政管理局、县供电局、县经济贸易局、县劳动和社会保障局、县卫生局、县交通局、县安全生产监督管理局、县水利局、县教育局和县食品药品监督管理局工作进行民主评议。

第四节　提案工作

每届县政协第一次全体会议预备会议协商成立提案审查委员会受理委员提案，成员从当届政协委员中产生。第一次会议闭会后，提案审查委员会即作为提案委员会列入专门委员会序列，组成人员根据实际需要调整。

1991年9月，县政协第九届常委会第八次会议审议通过《县政协提案工作实施办法》。2000年12月，县政协第十一届常委会第十八次会议审议通过《中国人民政治协商会议浙江省平阳县委员会提案工作实施细则》。2007年3月，县政协第十三届常委会第五次主席会议通过《政协平阳县委员会重点提案的产生和办理的规定》。9月，实施《政协平阳县委员会提案工作实施细则（修订）》。2012年6月，县政协第十四届常委会第二次会议审议通过《中国人民政治协商会议平阳县委员会提案工作规则（修订稿）》。

提案受理

县政协委员和在平省、市政协委员，可以个人或联名方式提出提案，全体会议期间可以小组或联组名义提出提案。参加县政协的各民主党派、人民团体，可以本党派、团体名义提出提案。县政协各专门委员会，可以本专门委员会名义提出提案。提案可以在政协全体会议期间提出，也可以在闭会期间提出。从1995年起，设立重点提案制度，重点提案由提案委员会逐件讨论、表决，推荐给主席会议审查确定，并向常委会通报。

第九届　经提案委员会审查立案407件，其中，以党派、团体名义提出的提案11件，委员联名集体提案22件，提出提案的委员784人次。

第十届　经提案委员会审查立案1122件。其中，为发展经济献计提案526件，占提案总数的46.9%；为推动教育、科技、文化、卫生、体育事业的改革、发展和环境保护工作提案314件，占提案总数的28%；为加强政治法律、政协统战和劳动人事工作提案282件，占提案总数的25.1%。

第十一届　收到以提案形式提出的意见建议1291件，经提案委员会审查立案1280件，作为委员来信处理的11件。提案中，党派团体提案130件。按提案内容来分，农业、水利方面141件，占提案总数的11%；工业、交通、金融、财贸方面236件，占提案总数的18%；教育、科技方面121件，占提案总数的10%；城建、环保方面259件，占提案总数的20%；文化、卫生、体育、广电方面190件，占提案总数的15%；党群、政法方面144件，占提案总数的11%；政协、统战方面77件，占提案总数的6%；劳动、人事方面112件，占提案总数的9%。委员参与提案率80%以上。

第十二届　收到以提案形式提出的意见建议1278件，经提案委员会审查立案1255件，其中确定重点提案32件，作为委员来信转送有关部门23件。

第十三届　收到以提案形式提出的意见建议1181件，经提案委员会审查立案1168件，其中确定为重点提案的30件，作为委员来信处理的13件。

第十四届第一次会议　收到以提案形式提出的意见建议220件，经提案委员会审查立案210件，作为委员来信转送有关部门10件。提案中，委员个人提案189件，各民主党派和工商联提案10件，有关人民团体提案3件，其他界别及界别活动组提案5件，政协专门委员会提案3件。从提案内容来分，城建环保旅游方面35件，占提案总数16.67%；工交财贸方面28件，占提案总数13.3%；农林水利方面15件，占提案总数7.14%；科体教育方面28件，占提案总数13.33%；文化卫生方面24件，占提案总数11.43%；党群统战方面9件，占提案总数4.29%；政府综合等方面71件，占提案总数33.81%。

提案办理

经审查立案的提案，根据提案内容确定承办单位。涉及两个或两个以上承办单位办理的提案确定主办单位和会办单位。提案交办一般以会议集中交办形式进行。会议由县人大、县政协、县政府三家联合召开，承办单位负责人到会，县人大、县政府和县政协领导出席会议，对提案办理回复工作提出具体要求。第九届二次会议始，向提案人员发放《政协委员提案处理情况征询意见表》，对提案办复结果征询提案人意见，对办理表示不满意的提案退回承办单位重新办理。1995年5月，颁发《关于开展提案工作先进单位评选活动的决定》，每年开展一次提案工作先进评选、表彰活动。1997年3月，颁发《关于开展优秀提案和办理提案先进单位评选活动的决定》，对优秀的提案者和提案承办单位进行表彰。2000年11月，县政协第十一届常务委员会第三十一次主席会议通过《平阳县委员会主席、副主席和秘书长分工负责重点提案督办制度》。

2004年始，县政协试行由主席、副主席和秘书长带队，分批分片将提案送达各承办单位。提案交办后，提案委采取重点督办、现场办案、联合办案、“三方”办案（提案人、承办单位、政协提案委三方见面协商座谈）、宣传和舆论监督等各种形式督促催办。2004年3月，县政协第十二届六次会议审议通过县政协提案委员会关于重点提案的产生办法和办理规定。

2007年3月，县政协第十三届第二次主席会议通过《平阳县委员会主席、副主席和秘书长分工负责重点提案督办制度（修订）》。是年，第五次会议通过《平阳县委员会优秀提案评选表彰办法》。

提案办理选录

1990年，《关于加强领导，抓紧恢复乡镇卫生院整体功能》的提案得到县政府的重视，被列为1990年十件实事之一，全县32所解体或半解体的乡镇卫生院得到整顿和恢复。

1993年，中共平阳县委重视《关于恢复〈平阳报〉》的提案，责成县委宣传部落实，1994年元旦，停刊多年的《平阳报》复刊。

1993年，《要求在县城兴建一座像样的车站》的提案被县政府采纳，把县城车站建设列为重点工程，1996年竣工交付使用。

1994年，根据政协委员提出要求公安部门严惩敲诈勒索犯罪分子，加强社会治安，在重点地区建立联防岗亭，加强防范措施等提案，县公安部门主动加强专项治理，先后抓获敲诈勒索分子30余人，破获敲诈案件70余件，昆阳镇派出所在城南设立警务区及2个报警点和2个治安执勤室。

关于昆阳镇天主教堂宗教房产政策落实问题，委员提案连续3届10年，由于涉及县机关20余户干部住房问题，而长期得不到解决。1996年，在县政协的催促下，县政府领导带领有关部门到天主教堂现场办案，确定解决办法，提案终于得到落实。

1997年，《关于尽早建造平阳县人民医院传染病房》的提案得到县政府的支持，县政府拨款50万元，县人民医院自筹资金140余万元，传染病房当年落成并投入使用。

1999年，关于彻底整治内河水荷花的提案，交

1989—2012年平阳县政协委员提案办理情况一览表

表23-3-1　　单位：件

届次	立案	办理情况			评比情况	
		落实较好	基本解决或逐步解决	难以解决或落实不好	优秀提案	先进承办单位
第九届	407	149	194	64		
第十届	1122	415	595	112	—	—
第十一届	1280	386	759	135	57	—
第十二届	1255	477	665	113	49	25
第十三届	1168	701	446	21	72	46

说明：资料由县政协办公室提供

由县政府办公室办理后，全县统一组织，分片包干，使水荷花问题得到解决。

2000年，5个民主党派和11个委员的《关于必须查处违反“土地管理法”规定的有关人和事》提案形成建议案，提请中共平阳县委、县政府解决，县委、县政府成立非农建设用地清理工作小组，在全县开展非农用地清理活动，多次责成土地、规划等有关部门严肃查处土地违法案件，制定出台《关于清理违法用地和违法建筑的通知》等文件，加强对非农建设用地的管理，整顿土地市场秩序，制止土地违法案件发生。20名委员联名提出《关于解决昆阳一小东扩工程建设问题》的提案，承办单位昆阳镇政府因财政困难并未考虑实施小学东扩方案，县政协及时召开提案联合办理会议，充分听取委员和昆阳镇政府的意见，并将提案报请县政府，县政府以“必须坚决实施昆阳一小东扩工程方案”而办结。

2002年，73名委员联名提出《九凰山下的隧道是黑洞，是104国道上一个不合格工程，应立即重新整改》的提案，县政府召开交通“黑点”整治会议，责成有关企业落实整改，解决隧道的排风、照明、消防、加洁及路面积水等问题，消除负面影响。

2003年，80名委员提出《建设昆鳌大道刻不容缓》提案，中共平阳县委组织人员督促检查，使昆鳌大道在10月开工建设，2004年6月竣工通车。

2004年，提案《尽快把珊溪优质水引入昆阳百姓家》和《完善义务教育阶段贫困学生捐助制度》得到中共平阳县委、县政府的重视，县政府出台《关于设立平阳县中小学贫困学生助学金的通知(试行)》，县长办公会议专题讨论研究昆阳片珊溪引供水工程问题，并在2005年开工建设。

2005年，《昆阳片小电镀整治迫在眉睫》被确定为重点提案提交承办单位后，承办单位与该提案的委员对昆阳万全一带的电镀、烂板污染进行视察。同时，县政协把污染情况和社会各界对治理污染的意见通过社情民意直通车电视专题片加大督办力度，经承办单位和环保部门的努力，提案得到较好的落实，电镀、烂板污染初步得到控制。

2007年，委员《关于尽快建立‘120’急救机构》的建议被县委、县政府采纳，建成“120”急救中心。

2010年，通过对重点提案《呼吁引入第三方组织调解医患纠纷》督办，县医疗纠纷人民调解委员会成立，第三方组织调解成为医患双方解决纠纷的新途径，医患纠纷引入第三方调解机制得到落实。通过对重点提案《关于解决“三高”等慢性病人群的门诊看病医药费报销的提案》督办，正式实施基本医疗保险门诊统筹政策，慢性病门诊医药费报销问题得到了初步解决。通过对重点提案《关于试行农村房屋发放“二证”，逐步实现农房抵押贷款的提案》督办，金融机构出台农房抵押贷款政策，并开展相关业务。重点提案《关于加强平阳县殡葬管理工作的建议》被县政府采纳，北港地区大操大办丧事的陋习得到明显和有效的遏制，“今后凡是在风景区内的生态墓建设，必须要经旅游管理部门先行审批”等建议为县政府提供政策参照。

2011年，《关于加强平阳县道路交通治堵工作的提案》督办后，通过有关学校实行错峰放学、交警加大上路执勤密度、加强道路建设等措施，使拥堵路段交通情况明显改善。

第五节　团结联谊

联谊活动

1992年8月间，县政协教文卫体委和县科协一起举行“学生科技夏令营”活动。夏令营分为中学生、小学生两班，70余人参加，为期7天。

1994年，县政协在昆阳、鳌江两地召开座谈会，庆祝全国政协成立45周年，县政协委员和各界人士100余人参加。1995年，中共平阳县委、县政府、县政协组织对台工作的有关单位，开展“情系南麂”的系列联谊活动，有“重圆故土梦”“相聚在贝藻王国”“最醇是乡情”笔会，“海峡兄弟情”两岸书画展，“碧海仙山”艺术摄影采风活动，“麂岛情”歌舞晚会，“谢侠逊杯”中国象棋王赛，“麂岛觅知音”开发南麂暨经贸恳谈会，“东方夏威夷”沙龙，“月到中秋一定圆”茶话会等10个方面的内容。参加联谊活动的有两岸的作家、诗人、摄影家、美术家和中央、省、市各大新闻机构、台湾四大新闻单位的记者等。《人民日报》和美国《自由时报》等报道了此项活动。《台湾联合报》1995年9月10日报道："一项由大陆中央级新闻媒体发起的两岸新闻工作者中秋联谊活动在浙江省平阳县南麂岛举行。"1996年3月，县政协召开平阳县政协成立40周年庆祝大会。

1997年9月，县政协委员随市、县侨乡经济考察团出访，会晤欧美地区的海外华人知名人士和侨团领导人，联络感情，并了解侨情。1999年9月，县政协在平阳影城举行全国政协50华诞庆祝大会，近500人参加。

2006年，开展县政协成立50周年宣传活动，制作大型宣传栏，直观反映县政协的成立、发展、壮大的过程。

2008年，县政协召开由各民主党派、工商联、无党派、各人民团体负责人和县政协历届领导参加的纪念改革开放30周年座谈会，举办改革开放30周年平阳政协的发展历程图片展，展出图片182幅。2009年，平阳县举行庆祝人民政协成立60周年大会，全体政协委员、在平的市政协委员、历届县政协领导、各民主党派团体及其他各界人士400余人参加会议。2011年，开展纪念辛亥革命100周年活动，200余名委员和政协离退休老干部参加活动。

每逢春节、中秋等传统节日，县政协都举行以"三胞"及其亲属为主的各界人士茶话会，开展联谊活动，学习、宣传《中华人民共和国反分裂国家法》，宣传贯彻祖国和平统一、"一国两制"的方针政策。

至2012年，县政协已经同美国、加拿大、荷兰、法国、奥地利、西班牙、意大利、匈牙利、罗马尼亚、新加坡等国家及中国香港、台湾的多个社团建立了广泛的联系渠道。

政协之友社

1987年12月22日，政协之友联谊会建立，会员75人。1991年6月12日，撤销政协之友联谊会，建立县政协老委员联谊委员会。1997年10月9日，以老委员联谊委员会为基础，建立平阳县政协之友社，社员70人。政协之友社设理事长、副理事长、秘书长和理事若干名，任期5年，随政协换届而换届。理事会议每年召开2至3次。2012年年底，有会员75人。

历届县政协之友社都将联络感情、增进友谊作为主要工作。同时，多位社员发挥余热，搜集文史资料，撰写稿件，担任县政协文史委成员，在社会文化建设方面发挥作用。另一方面，政协之友社把理事会作为学习场所，鼓励社友经常读书、看报、看电视，学习、领会各个时期党中央的各项方针政策。

第六节　文史征编

历届县政协选聘阅历丰富、熟悉近代平阳地方史事、有较强编写能力的委员和知名人士担任文史资料委员会成员。随着文史资料工作面的不断拓展，历届文史委的专、兼职成员也逐渐增多。其主要工作内容是征集、研究、整理史料，出版文史期刊、文史专辑和专著。

1984年1月，《平阳文史资料选辑》第一辑刊出。1990年，第八辑改为《平阳文史资料》。期刊一年一辑，至2012年，共编印31辑。

1989—2012年平阳县政协文史资料专辑、文史专著编印情况一览表

表23-3-2

专辑、专著名称	主编	印数（册）	字数（万字）	编印情况	编印（出版）时间
《平阳市场》	章金如	500	7	内部发行	2006年
《政协委员风采录》	王　晋	1000	17	内部发行	2008年
《风流平阳》	王　晋	1000	29	中国文史出版社	2009年
《风华平阳》	王　晋	1000	24	内部发行	2010年
《百年畲族》	王　晋	1000	8	内部发行	2011年
《风雅平阳》	王　晋	1000	20	内部发行	2012年
《公望诗画》	王　晋	500	2	内部发行	2012年

说明：资料由县政协办公室提供

第二十四卷

DI ER SHI SI JUAN

《平阳县志（1989—2012）》

PINGYANG XIAN ZHI

民主党派

1989年以前平阳县已有中国农工民主党（简称“农工党”）、中国民主促进会（简称“民进”）、九三学社（简称“九三”）、中国民主建国会（简称“民建”）、中国国民党革命委员会（简称“民革”）等民主党派的基层组织。1989—2012年各民主党派平阳县地方组织均有了很大的发展。各民主党派基层组织均定期召开会员（党员或社员）大会，会员（党员或社员）人数均有了很大的增长，多数民主党派地方组织由支部升格为总支部（或基层委员会）。在民主监督、参政议政方面，各民主党派当选各级人大代表、政协委员的人数逐年增加，在各级人大和政协会议上提出各种提案、议案3000余件，内容涉及政治、经济、文化、社会等各个领域，受到有关部门的重视。在服务社会方面，各民主党派平阳县地方组织及其会员（党员或社员）在捐资助学、送医下乡、赈灾救济等方面作出重要贡献。

1956年平阳县召开首届工商联代表大会，成立县工商业联合会（简称“县工商联”）。1989—2012年平阳县工商联（总商会）召开会员代表大会5次。会员增至3205个，基层商会增至10个。县工商联（总商会）在参政议政、服务工商业、扶贫、助学、赈灾等方面有突出贡献。

第一章　中国国民党革命委员会平阳县总支部委员会

民革平阳县地方组织始于1987年成立的民革平阳县筹建小组，翌年民革平阳县支部成立，林景澄为主委。至2012年，民革党员增至57人。其中当选民革中央经济委员会委员1人，民革省委会委员1人，市人大代表2人、市政协委员1人，县人大代表3人、县政协委员9人（其中2人为常委）。社会服务涉及助学、济贫、救灾等方面。

第一节　会议　组织

党员大会

1991年10月，召开民革平阳县支部第二次党员大会，林景澄当选主委。

1993年12月，召开民革平阳县支部第三次党员大会，林景澄当选主委。

1997年9月，召开民革平阳县支部第四次党员大会，柳上淡当选主委。

2001年5月，召开民革平阳县支部第五次党员大会，柳上淡当选主委。

2005年4月，召开民革平阳县总支第一届党员大会，柳上淡当选主委。

2010年9月，召开民革平阳县总支第二届党员大会，章青盛当选主委。

组织

2005年4月，民革平阳县支部升格为民革平阳县总支部，下辖退离休支部、鳌江支部、昆阳支部。2010年9月，民革平阳县总支部下辖一支部、二支部、三支部及退离休支部。2012年12月，总支部有民革党员57人，37人拥有中级以上专业技术职称。

第二节　重要活动

参政议政

1989—2012年，民革平阳县总支党员，在各级人大和政协会议上共提出提案、议案、大会发言等406件。内容涉及教育、旅游、环境保护、食品卫生、反腐倡廉等。1999—2012年，6篇大会发言被县政协评为优秀大会发言；20个提案被县政协评为重点（优秀）提案。民革平阳县支部被评为1997—2002年民革浙江省委会先进集体。

社会服务

办学助教　1989年，郑中肯、邱招信等创办平阳求是业余学校。至1994年，考上大、中专院校的163人。

1996年始，陈伟志先后投资4亿元，在浙、川、渝、沪等地创办学校5所，拥有师生员工15000人，在上海成立新纪元教育管理研究中心。2002年，陈伟志投资创办重庆云阳外国语实验学校和四川广元市外国语学校。2005年，陈伟志向县教育基金会捐赠10万元，用于中小学校抗台救灾以及受灾校园的修复。2006年，陈伟志在他所办的学校中，资助300余名学生，金额240余万元。2007年，陈伟志捐赠10万元和价值50万元的中小学教辅资料帮助重庆市云阳县重建家园；斥资180万元帮助近百名平阳、瑞安经济困难学生就学以及谢侠逊棋院建设。2008年，陈伟志的新纪元教育集团承担了民革中央的“320帮扶项目”，旗下5所学校每年接受贵州省纳雍县20名学生免费学习，为20位教师挂职培训并提供20万元的专项教育扶助资金。

2006年，昆阳支部筹集1万余元，与昆阳四中结对帮扶，资助12位学生。其他支部的党员也分别与十几位贫困学生结对扶助。

扶贫帮困　1994年，17号台风救灾中，民革平阳县支部捐资3062元，捐助衣服116件。2004年，民革平阳县支部党员捐资5万元用于资助南雁镇前山畲族村修建村综合楼。2007年，柳上淡向宋埠镇仙口村等地捐助修建道路桥梁。

2008年，陈伟志向四川汶川“5·12”特大地震灾区捐助160万元。

2011年，周烽在深圳的亚力通移动通信设备有限公司携手“壹基金”发起“壹部机、壹份心”慈善公益活动，承诺每售出一部手机为“壹基金”捐善款一元用于专项公益。陈小剑牵头成立“爱心护肾慈善助医基金”和“爱心净血慈善助医基金”。

岗位建功

1994年，郑中肯作为教育战线专业人才，事迹入编《中国专家大辞典》。

1992年，柳上淡创办的“温州柳成集团公司”获得年度浙江省经济效益最佳优秀企业。1996年，柳上淡的柳成集团公司生产的圆织机获得第五届中国新技术新产品博览会金奖。

1999年，邱招信作品参加第三届国际金鹅奖书画大展入选获铜奖。

2001年，邱招信书画获全国老年书画优秀奖。

2002年，陈伟志被民革中央评为全国先进工作者。2005年，陈伟志创办的新纪元学校被授予“全国中小学生思想道德建设活动先进单位”称号。2008年，陈伟志被民革中央和教育部评为“全国抗震救灾先进个人”。2011年11月，陈伟志获国务院扶贫开发领导小组评选“全国扶贫先进个人”称号。2012年12月，陈伟志获民革中央颁发的“全国社会服务工作先进个人”。

2005年，林静的两篇报告文学获全国第二届“中国时代新闻人物”报告文学奖，并入选《中华之魂》报告文学集。

第二章　中国民主建国会平阳县总支部委员会

民建平阳县地方组织成立于1987年。1989—2012年，民建平阳县总支部召开6次会员代表大会，会员由1990年的25人增至2012年的98人。1990年由民建平阳县支部升格为民建平阳县总支部，支部由3个增至6个，当选各级人大代表和政协委员由1989年的13人增至2012年的29人。民建平阳县总支部及所属会员在援建、助学等方面有重要贡献。

第一节　会议　组织

会员大会

1990年12月30日，召开平阳县民建第二届会员大会，会员25人，选举王德荣为主任委员。

1996年2月1日，召开平阳县民建第三届会员大会，会员40人，选举周青疆为主任委员。

1999年12月14日，召开平阳县民建第四届会员大会，会员52人，选举周青疆为主任委员。

2002年7月3日，召开平阳县民建第五届会员大会，会员64人，选举苏忠金为主任委员。

2006年4月11日，召开平阳县民建第六届会员大会，会员73人，选举苏忠金为主任委员。

2010年9月30日，召开平阳县民建第七届会员大会，会员93人，选举林大雪为主任委员。

组织

1987年12月1日，召开第一次会员大会成立民建平阳县支部委员会，主任委员王德荣，会员11人。1990年12月升格为民建平阳县总支部，下设三个支部：昆阳、鳌江、平化。2002年，下设5个支部。昆阳、财金、平化、工商、鳌江。2006年，昆阳、财金、平化、工商、鳌江分别改名为第一、第二、第三、第四、第五支部。2010年，下设六个支部：第一、第二、第三、第四、第五、第六支部。至2012年，民建平阳县总支部委员会会员98人，下设6个支部。

第二节　重要活动

参政议政

1989—2012年，民建平阳县总支部会员有全国人大代表2人次，省人大代表1人，市人大代表2人，县人大代表36人次。其中周青疆为第七、第八届全国人大代表，第十届浙江省人大代表。1989—2012年，民建平阳县总支部有市政协委员1人，县政协委员106人次。1989—2012年，民建平阳县总支部会员向县政协、人大提案563件，其中，优秀提案8件，重点提案、议案3件，内容涉及招商引资、民办教育、农村住宅、防震减灾等。

社会服务

2003年冬，民建"思源工程"在梅溪乡书阁村全面启动，民建温州市委及民建平阳县总支部为书阁民族村援建拦水坝工程筹资金65万元(其中民建会员及会员企业捐资37万元)，工程于2004年汛期来临之前全部完工，使梅溪、梅源两乡镇可受益农田面积1600余亩。

2008年5月份，民建会员及会员企业为四川汶川"5·12"特大地震灾区捐现金105.48万元。

2012年5月20日，民建平阳县总支部主委班子赴鳌江镇梅源社区重阳村进行扶贫结对活动，民建平阳县总支部为该村桥梁、道路等基础设施建设筹集资金20万元。

岗位建功

1992年，民建平阳县总支部平化支部被评为"民建全国先进支部"；周青疆被评为"民建全国优秀会员"；周青疆被全国绿化委员会授予全国绿化奖章。

陈爱珠1996年被全国妇联和林业部联合授予全国"三八"绿色奖章；1997年被全国妇联和国家教委评为第四届全国"巾帼扫盲奖"先进个人；2000年被评为"民建全国优秀会员"。

2011年，钟声亮被共青团中央、国家民族事务委员会和全国青年联合会授予第三届"全国各族青年团结进步优秀奖"。

第三章　中国民主促进会平阳县总支部委员会

民进平阳县地方组织成立于1987年。1989—2012年，民进平阳县总支部会员由1989年的28人增至2012年的110人。1991年民进平阳县支部升格为民进平阳县总支部。民进平阳县总支部在参政议政、助教助学、文化下乡、赈灾捐款等方面贡献突出。

第一节　会议　组织

会员大会

1991年12月，召开民进平阳县总支部第二次会员大会，周慎当选主任。

1997年6月，召开民进平阳县总支部第三次会员大会，周慎当选主任委员。

2000年9月，召开民进平阳县总支部第四次会员大会，周世好当选主任委员。

2004年12月，召开民进平阳县总支部第五次会员大会，周世好当选主任委员。

2011年11月，召开民进平阳县总支部第六次会员大会，周世好当选主任委员。

组织

1991年民进平阳县支部升格为总支部，下辖昆阳第一支部、昆阳第二支部、鳌江支部、退离休支部4个支部。2012年底民进平阳县总支部有会员110人，会员平均年龄46.5岁。

第二节　重要活动

参政议政

1987—2012年，民进平阳县总支部会员先后当选全国人大代表、全国政协委员、民进中央委员1人，当选省人大代表1人，当选市人大代表5人，当选市政协委员4人，当选县人大代表9人，当选县政协副主席2人，当选县政协委员63人。

2000—2012年，民进平阳县总支部会员中的县人大代表和政协委员向两会提交议案、提案、建议400余件，其中20件被评为重点议案、提案。2002—2012年，民进平阳县总支部在县政协会议上的发言8次被评为优秀发言。民进平阳县总支部的《加强工程建设领域腐败行为的防范》等多件提案被评为优秀提案。2004年民进中央委员、企业家会员林圣雄向全国人大会议提交《关于建立〈农村义务教育贫困生助学实施办法〉的议案》，央视记者予以专门采访报道，被称为“温州人半个世纪五个难以忘却的议案之一”。民进会员周世好撰写的《农村教育现状分析与存在的主要问题》被省民进誉为“为国务院的《关于基础教育改革发展的决定》提供民意参考”。汤美和、蓝永强、谢秉坤、温安娜等会员被聘为平阳县机关效能监督员和人民陪审员。

社会服务

文艺演出　民进平阳县总支部组织“文艺轻骑兵”活动。2004年上南麂岛与驻岛海军开展联欢活动；到青街畲族乡举行大型文艺演出。2008年赴郑楼镇举办广场演出。2010年总支部送节目到凤巢乡慰问群众。2012年送节目到山门镇茶场为村民演出。

支教助学　民进平阳县总支部每年组织教学业务骨干到西部山区开展示范教学2至3次。2011年4月，民进平阳县总支部鳌江支部到山门镇支教助学。2012年5月，昆阳第二支部前往顺溪镇中心学校开展教研活动。

1993年1月，民进平阳县总支部到怀溪乡岭丰村看望被资助的少数民族学龄儿童

1988年，民进平阳县支部创办期刊《作文新圃》，每年6期。1993—2002年，该刊每年以6500元资助怀溪乡岭丰村贫困小学生。

1998—2012年，企业家会员林圣雄捐资超亿元，在浙江、新疆、西藏、贵州、陕西、内蒙古等省、自治区建百所希望小学，并设立“希望小学奖学奖教跟踪培养基金”和“浙江省大学生助学基金”。林圣雄被誉为“中国慈善之星”“浙江省最具影响力人物”。

医药下乡　2004年7月，民进平阳县总支部邀请民进浙江省委会16位医疗专家到平阳义诊，接待门诊400余人；开展“抗菌素的合理利用”讲座和示范外科手术，并为南麂岛驻军体检。2007年12月，民进平阳县总支部组织15人的医疗队在水头开展大型义诊，治疗和健康咨询近千人。2008年6月的“全国爱眼日”在民进平阳县总支部企业家会员的支持下，市慈善总会、市卫生局等6家单位到平阳县山门镇为白内障患者实施手术。

2008年5月，民进平阳县总支部为四川汶川“5·12”特大地震灾区捐资260余万元，还在统战系统捐赠15600元。

岗位建功

民进平阳县总支部成立后，会员在全国、省级以上报刊发表各类作品和论文1000余篇，获省级以上及国家级奖项100余项。

2004年，鳌江支部被民进省委会评为先进支部。2007年，民进平阳县总支部被民进省委会评为“2002至2006年度先进集体”。2010年，民进平阳县总支部被民进省委会评为先进支部。2011年，民进平阳县总支部被民进省委会评为社会服务先进集体，昆阳支部被评为先进支部。2012年，民进平阳县总支部被民进中央授予“民进学习践行社会主义核心价值体系先进集体”。

第四章　中国农工民主党平阳县委员会

1957年，平阳县成立农工党浙江省委平阳县直属小组。1989—2012年，农工党平阳县委会召开党员大会6次，党员由38人增至112人，支部由2个增至7个。当选各级人大代表、政协委员的农工党员由12人次增至26人次，农工党平阳县委会及党员在参政议政、民主监督、助教助学、送医下乡等方面有重要贡献。

第一节　会议 组织

党员大会

1989年12月，举行农工党平阳县委员会成立大会，选举吴圣良为主任委员。

1992年1月，举行农工党平阳县委员会第二次党员大会，选举产生第二届县委会，主任委员吴圣良。

1997年5月，举行农工党平阳县委员会第三次党员大会，选举产生第三届县委会，主任委员吴圣良。

2002年7月，举行农工党平阳县委员会第四次党员大会，选举产生第四届县委会，主任委员蔡萌芽。

2006年4月，举行农工党平阳县委员会第五次党员大会，选举产生第五届县委会，主任委员蔡萌芽。

2010年12月，举行农工党平阳县委员会第六次党员大会，选举产生第六届县委会，主任委员蔡萌芽。

组织

1989年12月，农工党平阳县支部升格为县委会，并配备专职干部。截至2012年12月，农工党平阳县委员会党员有112人，党员均具有中高级职称，其中高级职称58人。

第二节　重要活动

政治学习

1989—2012年，农工党平阳县委会选送105人次党员骨干参加省、市社会主义学院学习，选派68人次党员参加农工党温州市委会举办的新党员学习班培训，360人次参加县政协和县委统战部举办的各项民主党派骨干学习班培训，县委会举办5期农工党党史学习班。

1989—2012年，党员撰写学习心得体会及论文193篇，其中23篇在全国、省、部级发表交流，36篇在市级发表交流，63篇获全国、省、市、县级各种奖项。

2009年12月，为纪念农工党平阳县委会成立20周年，农工党平阳县委会正式出版由专职副主委陈菲菲担任主编的《平阳农工党志》。

至2012年，农工党平阳县委会办公室向各级党刊《前进论坛》《浙江农工》《温州农工》《温州农工信息》及各级统战部报送党派工作及各支部党务活动的信息1906篇。农工党平阳县委会编辑刊出《平阳农工》34期。

陈菲菲撰写党务工作和党员事迹的各类文章400余篇在国家、省、市级刊物上发表。陈菲菲撰写的通讯《台风考验下的农工党员》获农工党中央2005年度《前进论坛》好文章奖；2012年10月，撰写的《我与〈前进论坛〉的不解之缘》参加征文比赛被农工党中央评为二等奖。2005年10月，被农工党中央授予“全国优秀宣传干部”称号。

参政议政

1989—2012年，农工党平阳县委会党员先后有6人担任县人大、县政府、县政协副县级领导职务；5人担任副科级职务；26人次当选市、县人大代表；147人次当选省、市、县政协委员。农工党平阳县委会主要领导先后参加县委、县政府、县政协、县委统战部及有关部门召开的通报会、协商会、座谈会、学习会780余人次，就中共平阳县党代会报告、政府工作报告、重大人事任免、党风廉政建设以及“八五”“九五”“十五”“十一五”“十二五”计划等重大问题，提出合理化的意见和建议。

1989年后，农工党平阳县委会和党员个人在政协大会作发言34次，集体提案102件。农工党员中的人大代表、政协委员提交议案和提案762件。议案、提案的内容涉及食品卫生、旅游发展、反腐倡廉、城镇建设、文化建设、民主政治建设等。其中，农工党平阳县委会和当选人大代表、政协委员的党员获优秀及重点议案、提案38件，优秀大会发言7个。农工党平阳县委会的《维护人民生命安全，建立120急救中心》被评为优秀重点提案，并获2001年度县政府工作优秀诤言奖。农工党平阳县委会提案《弘扬文化传统活动，开展龙舟竞渡》获2004年市政协第一号优秀提案奖受到表彰，温州市市长刘奇对该提案作重要批示。

至2012年，农工党平阳县委会办公室与党员写出信息和调研报告35篇。其中部分调研报告先后在新闻媒体发表，任泽健撰写的调研论文《统一战线成员如何在文化建设中发挥作用的思考》被农工党中央评为二等奖。

社会服务

1989—2012年，农工党员中先后有98人次担任县级中层以上职务，172人次因取得重大科研成果以及工作上的突出成绩，受到国家、省部级和市、县级政府以上有关方面的嘉奖和表彰，还有16人次出版著作，3人次获国家专利授权。

教育医疗　1983—1991年，农工党平阳县委会创办县高中文化补习学校，毕业学生2629人。1988—1990年创办农工党平阳县前进职业高中中医班，毕业学生56人。1997—2006年，农工党平阳县委会委托党员余贤朴创办求实高级中学，向社会输送毕业生1670人。

1989—2012年，农工党平阳县委会组织教育支部农工党员进行中高考升学辅导、作文专题讲座、新课程改革等各种知识讲座140人次，高级教师上示范课280节，中小学参加听课师生52000人次。党员为平阳、鳌江、水头等地老干部、老年大学作政治理论、文学写作知识、医疗卫生保健、京剧知识等各种辅导讲座1090人次，听众310000余人次。党员还为各银行金融机构、企事业单位员工、中高级管理层进行法律讲座125次，听众12650人次。

2001年，教育支部赴顺溪中学扶贫，图为教育支部党员与该校受资助的学生合影

1989—2012年，农工党平阳县人民医院内科支部、外科支部、鳌江支部、水头支部、县基层医疗协会等派出医疗队122支，每年坚持到边、穷、老、少地区，为群众免费体检义诊348600余人次，由党员捐资免费送药给群众价值286万余元，发放健康教育资料263820份。

慈善　1997年，翁荣熙捐资10万元修缮国家级南雁风景区内的会文书院。1998年，长江中下游和东北嫩江流域发生特大洪灾，农工党平阳县委会党员捐救灾款63300元。2001年，农工党平阳县委会响应农工党中央倡导的参与西部“农工党世纪林”活动，为“农工党世纪林（草）工程”建设捐资。2004年后，市委统战部牵头，在各民主党派中开展“情系民族兄弟，共奔美好明天”和“重情民生、共建和谐”等系列活动，农工党平阳县委会和各支部先后与10所学校结对助教，资助少数民族学生52人次。2008年，党员及党员创办的企业为四川汶川“5·12”特大地震灾区人民捐资30.8万元。2011年12月，蒋昭亭向慈善总会捐资100万元作为资助贫困学子慈善基金。1989—2012年，党员及党员创办的企业为受台风影响的灾区群众捐款300余万元。此外，全体党员还捐资2680万元作为各种扶贫资金，用于各种社会公益事业。

2003年“非典”时期，农工党平阳县委会印发《致全县医卫战线上农工党员的慰问信》，组织县人民医院内科支部、外科支部、鳌江支部、水头支部的农工党员放弃节假日休息，在昆阳、鳌江、水头等镇广场及街头巷尾开展“非典”预防知识宣传，咨询服务，并向群众免费发放预防“非典”资料18000余份，药品价值6490元，受益人数26000人。庄孔文获农工党中央抗“非典”先进个人的称号。

文化　1989—2012年，董伟桐创办和领导的平阳县职工业余京剧社在各地送戏演出78场次，观众10万余人次。2004年10月，农工党平阳县委会筹资编辑出版《京腔京韵在平阳》纪念画册和VCD光盘，2005年元旦农工党平阳县委会在平阳剧院举办京剧演唱会。2005年12月董伟桐获文化部中国传统文化促进会“振兴京剧功勋奖”。

岗位建功

2001年1月，农工党平阳县中医院支部被农工党浙江省委会评为先进基层组织；2002年12月，农工党平阳县水头支部被农工党浙江省委会评为先进基层组织；2005—2012年，农工党平阳县教育综合支部曾8次被农工党浙江省委会评为先进基层支部。

党员获全国各类先进9人次，省部级各种奖项16人次。

民主监督

1999年9月，农工党平阳县委会和县卫生局建立对口联系制度。每年定期或不定期召开农工党平阳县委会对口联系座谈会，双方形成共识，开辟民主党派参政议政、民主监督新的渠道。

1989—2012年，农工党平阳县委会党员中先后有102人次分别担任县纪委（监察局）、检察院、法院、规划局、土地局、环保局、交通局、电力局、药监局、工商局、卫生局、技术监督局等部门监督员。

第五章　九三学社平阳县基层委员会

九三平阳县支社成立于1987年12月11日。1989—2012年，九三平阳县基层委召开社员大会6次，社员由26人增至83人，1993年由九三平阳县支社升格为九三平阳县基层委，支社增加至4个。九三平阳县基层委及社员在送医下乡、科普等方面有突出贡献。

第一节　会议　组织

社员大会

1990年12月28日选举产生第二届九三学社平阳县支社委员会。钱玉夫当选主委。

1993年12月25日成立第一届九三学社平阳县基层委员会。钱玉夫当选主委。

1996年12月29日选举产生第二届九三学社平阳县基层委员会。钱玉夫当选主委。

2001年4月26日选举产生第三届九三学社平阳县基层委员会。王芳芳当选主委。

2005年12月14日选举产生第四届九三学社平阳县基层委员会，王芳芳当选主委。

2010年6月10日选举产生第五届九三学社平阳县基层委员会，郑哲当选主委。

组织

1989年3月14日，九三平阳县支社主委陈青燕逝世。1989年4月25日由副主委邱祖霖主持工作。1993年有社员39人，下设3个支社：农林支社、综合支社、鳌江支社。1999年3月撤销农林支社，成立一医支社和尊老支社。2005年下设4个支社：机关一支社、机关二支社、一医支社、鳌江支社。至2012年底社员总人数增至83人。

第二节　重要活动

参政议政

1987—1989年九三平阳县基层委有7人当选县政协委员，三年提案11件，大会发言2篇。1990—2012年九三平阳县基层委有76人次当选县政协委员，2人次被选为县人大代表，其中10人次被选为县政协常委，1人被选为县人大常委。九三平阳县基层委和社员提出各种提案、议案412件，大会发言33篇。其中被县政协列为重点（优秀）提案27件，内容涉及环境、交通、财政、教育、土地、扶贫等。

社会服务

1989年，九三平阳县支社全年举办各种类型培训班33期，受训人员1359人次。9月，无偿帮助顺溪到吴垟的公路设计。设计方案比原方案路程缩短4.67公里，节约投资55.07万元。

2002年，九三平阳县基层委集资7万元帮助怀溪乡中心小学建一座学生宿舍楼。2006年，到怀溪乡中心小学结对助学4人。2008年5月，为四川汶川“5·12”特大地震灾区捐资19.8万元。

1989—2012年，九三平阳县基层委多次组织文化、科技、医疗“三下乡”活动，为6000余人次义诊，并多次赠送药品；举办培训班，培训农业技术人员；发放科技资料。

岗位建功

宋海于1995年5月获最高人民检察院颁发的一等功证书；1996年11月，获“中国优秀检察官”称号，并在全国范围内作先进事迹巡回报告。2006年，九三学社平阳县基层委员会被九三学社中央评为先进基层组织；主委王芳芳被九三学社中央评为全国优秀社员。

第二十五卷
DI ER SHI WU JUAN

《平阳县志（1989—2012）》
PINGYANG XIAN ZHI

群众团体

1989年后，平阳县各社会团体在历届党委和政府的关注和重视下得到较大发展，社会团体的数量进一步增多，成立了平阳县残疾人联合会（简称“县残联”）等一批公益性群众团体。1989年前已成立的平阳县总工会（简称“县总工会”）、平阳县妇女联合会（简称“县妇联”）、共产主义青年团平阳县委员会（简称“团县委”）等团体的组织得到进一步完善。1989—2012年，平阳县各社会团体均按照各自章程，适时召开会（团）员代表大会，成立基层群众团体组织，围绕全县中心工作，团结、组织所属会员及各界群众，开展各种群众性、公益性活动，维护特殊、弱势群体的权益，解决特殊、弱势群体困难，为平阳县经济发展和社会文明、和谐做出贡献。

第一章　工　会

1989—2012年，平阳县各级工会团结、组织全县工人适时召开工会代表大会，完善工会领导体系，发展基层工会和非公企业工会；贯彻落实全国省市工会及县委、县政府有关工作部署和要求，以全心全意为职工服务为宗旨，以开展职工竞赛、维护职工权益、解决职工困难为主要措施，团结带领全县工人为平阳发展贡献力量。

第一节　代表大会

1991年4月，召开平阳县工会第十次代表大会，潘士元当选主席。1996年6月，召开平阳县工会第十一次代表大会，潘士元当选主席。2001年6月，召开平阳县工会第十二次代表大会，徐善棉当选主席，2005年10月，董希波当选主席。2009年1月，召开平阳县工会第十三次代表大会，县政协副主席许道静当选主席。

第二节　工会组织

县总工会

1950年6月《中华人民共和国工会法》颁布后，平阳县工会筹备委员会成立，下有15个系统工会，48个基层工会，会员5375人。2012年，县总工会有主席1人，副主席2人，经费审查委员会主任1人，内设机构有办公室、综合保障部和组织宣教部；行政编制7人，其中工勤人员1人，实有工作人员9人。

1989—2012年平阳县工会代表大会情况一览表

表25-1-1

届次	大会时间	出席代表数（人）	主要议题
十	1991年4月	197	审议通过总工会第九届委员会《团结全县广大职工，围绕经济建设中心，充分发挥工会在两个文明建设中的重要作用》的报告、财务工作报告和经费审查工作报告。选举产生由21名委员组成的县总工会第十届工会委员会及由5名委员组成的经费审查委员会
十一	1996年6月	260	审议通过总工会第十届委员会《全县职工动员起来，为实现平阳“九五”计划建功立业》的报告、财务工作报告和经费审查工作报告。选举产生由25名委员组成的县总工会第十一届工会委员会及由5名委员组成的经费审查委员会
十二	2001年6月	165	审议通过总工会第十一届委员会《突出维护，勇于创新，团结和带领全县职工为实“十五”计划建功立业》的报告、财务报告和经费审查委员会报告。选举产生由21名委员组成的县总工会第十二届工会委员会及由5名委员组成的经费审查委员会
十三	2009年1月	216	审议通过总工会第十二届委员会《坚持科学发展 大力凝心聚力 团结动员广大职工为推进平阳发展新跨越而不懈努力》的报告、财务报告和经费审查委员会报告。选举产生由23名委员组成的县总工会第十三届工会委员会及由5名委员组成的经费审查委员会

说明：资料由县总工会提供

基层工会

21世纪初，全县工会组织确立“县总工会——镇(乡)工会、县级产业(行业、系统)工会——基层工会”的三级领导体制。至2003年底，全县有镇(乡)工会17个，县级产业(行业)工会14个，1个开发区工会；基层工会组织821个，会员58319人。2007年9月，成立昆阳镇总工会，10月成立鳌江镇总工会。2008年，成立水头镇总工会、萧江镇总工会。至2012年，全县有乡镇工会10个，县级产业(行业)工会16个；基层工会1229个，会员151187人；省级示范镇乡(街道)工会5个，市级示范乡镇工会9个，省级模范工会11个，市级先进职工之家59个。

非公有制企业工会

1989年6月，全国首家私营企业工会组织——平阳县毛纺织厂工会委员会成立。2012年，全县有非公有制企业工会4577个，会员117188人。

1989—2012年平阳县工会组织发展情况一览表

表25-1-2

年份(年)	基层工会数(个)	会员数(人)	年份(年)	基层工会数(个)	会员数(人)
1989	274	19975	2001	1399	74481
1990	281	21010	2002	740	51073
1991	287	21245	2003	821	58319
1992	296	21780	2004	879	62885
1993	305	22200	2005	925	65846
1994	337	25430	2006	1011	76854
1995	371	29765	2007	1132	88878
1996	418	33754	2008	948	92175
1997	432	36855	2009	828	96255
1998	463	39946	2010	1028	98189
1999	769	48760	2011	1114	140171
2000	1081	56278	2012	1229	151187

说明：资料由县总工会提供

第三节　主要工作

服务经济

劳动竞赛　20世纪80年代后，开展以“增收增产、节资节支”和“质量、品种、效益”为主要内容的社会主义劳动竞赛和合理化建议、技术练兵等活动。1992年，县总工会组织机械、建筑、卫生等9个行业23个比赛项目，参赛人数6000余人。1994年，组织120家企业开展以“创优质产品、优良服务、优美环境”为主要内容的“创三优”活动。1996—1999年，全县开展“争当‘九五’功臣的立功竞赛活动”，组织职工开展技术比武等活动，全县参赛29607人次；开展合理化建议活动，300余单位的4057名职工提出合理化建议6086条，被采纳869条。2009年，县总工会牵头举办首届县职工技能运动会，开展电力系统的驾驶员技术、金融系统的手工点钞和支票输入、卫生系统的护理项目、服装行业职工技能、塑编行业职工技能、皮革行业职工技能等七个项目技能大比武。2010年，举办县第三届导游技能比赛。2011年，举办县义务消防员技能大比武、县足浴行业女职工技能比赛。2012年，举办县“晨光杯”餐厅服务员职业技能大赛。

“安康杯”竞赛活动　1998年，中华全国总工会和国家经贸委在全国开展“安康杯”竞赛活动。1999年起，平阳县在规模以上高危企业中开展“安康杯”竞赛活动，建立企业自我约束自我完善的劳动保护长效机制。2005年，在萧江镇塑编行业开展行业性“安康杯”试点活动。至2012年，参加“安康杯”活动的企业有616家，并创建全国“安康杯”竞赛优胜班组1家(奋起有限公司裁皮车间)、省“安康杯”竞赛示范企业1家(浙江三星机

电股份有限公司）。

劳模管理　2000年，开始评选县级劳模，每两年评选1次，由县政府表彰，县总工会具体做好评选、表彰、管理的各项工作；市级劳模人选也由县总工会负责推荐。1989—2012年，平阳县获全国劳模1人，全国先进工作者2人，省级劳模12人，部级劳模2人，市级劳模145人次，县级劳模210人。县总工会每年为劳模赠阅报刊，定期组织他们参加体检及休养旅游。至2012年，组织劳模体检9期，660人次；组织疗、休养活动418期，10225人次。

维权服务

民主管理　20世纪80年代中后期开始，逐步实行国有、集体企业厂务公开制度，事业单位的校（所、院）务公开制度。1989年6月，县毛纺织厂第一届职工代表大会通过实施企业民主管理制度，成为全国私营企业实施企业民主管理制度的首例，其经验受到中华全国总工会充分肯定。2000年，54家国有企业实行厂务公开，建制率100%，37家集体企业实行厂务公开，建制率92.5%。2002年，全县尚未改制的59家国有、集体企业和188所公办学校全部推行厂（企、校）务公开制度，公司制企业还普遍建立职工董事、职工监事制度。2005年成立县推行厂务公开领导小组办公室，设在县总工会。至2007年，全县国有企业单位已全部实施职工代表大会制度和厂务公开制度，全县有21家非公有制企业成立职工代表大会，实行厂务公开制度。2012年，已建工会企业建立民主管理制度886家，国有及控股企业职工代表大会、厂务公开建制率100%。

平等协商　21世纪初，县总工会在企事业单位中推行由工会领导代表职工与企业领导签订集体合同和工资集体协商制度。至2012年，非公有制企业集体合同签订440家，覆盖职工38274人，合同签订率31%。单独建会企业工资集体协商签订合同339份（其中签订区域性6份，行业性3份），集体协商合同签订率42%。

关爱工程

关心职工生活　20世纪80年代末，组织基层工会开展“职工生活后勤一条龙竞赛”。在竞赛中，基层工会为职工新建和扩建食堂111个，医务室54个，以及幼儿园、托儿所等。2007年起，县总工会开展“强化生活后勤保障、促进劳动关系和谐”活动。至2012年，已有421家企业参加活动。

帮扶困难职工　2004年10月，县总工会成立困难职工帮扶中心；2009年12月，挂靠在县工人文化宫。2012年，成立县职工维权帮扶中心，属全额拨款事业单位，编制6人。至2012年年底，县职工帮扶中心接待来访职工251批334人次，为职工251人政策解答和法律咨询服务；为451户符合低保条件的困难职工解决最低生活保障待遇问题；补助困难职工11463人次，发放救助金573.15万元。

“送温暖”工程　总工会多渠道筹集资金，以“爱心大联动”活动为载体，通过“四报四补”（应急困难、即报即补，典型困难、年报月补，临时困难、月报季补，常规困难，年报年补）途径，开展为困难职工“送温暖”活动，每年慰问困难职工600余人次，发放慰问金50余万元。

职工互助保险　1996年，平阳县建立职工互助保险代理处，开展职工互助保险工作。至2012年，已有126500人次参加职工互助保险。

文化建设

思想教育　县总工会将培养和造就有理想、有道德、守纪律、有文化的工人阶级队伍作为职工政治思想工作的重点，广泛开展“遵守公民道德、争做文明职工”主题教育活动和“信用平阳”活动，并联合有关单位评选平阳县职工“职业道德十佳单位”“职业道德十佳标兵”活动。2003年开始，各级工会开展“创建学习型组织，争做知识型职工”活动。

文体活动　全县工会以“五一”国际劳动节等重大节日、纪念日、庆典为契机，开展不同形式、不同内容、不同层次的文体活动。1999年，温州长安集团、县职业教育中心演出的大型舞蹈《欢呼东方巨龙腾飞》在全国文艺展演中获银奖，并参加庆祝新中国成立50周年迎接新世纪的演出。2004年，举办县职工乒乓球赛，全县有32支代表队参加。2005年，举办县职工体操团体赛，全县有28支队伍，参加职工1200人。2006年，组织19个节目，在全县6个乡镇进行广场文艺演出。2007年，开展劳模风采图片展；组织22家企业，职工670人参加新跨越企业之歌赛。2011年6月17日，县职工文化艺术团成立，下辖7支分队（合唱团、民乐团、戏曲队、舞蹈队、书法队、摄影队、美术队），有团员260余人。2012年，举办职工“风采品牌”创建十二项系列活动，县职工文化艺术志愿者服务队组织送戏曲、送歌舞下乡。

技能培训　1989年5月1日，县工人文化宫在县城昆鳌路273号竣工落成。县总工会以组织职工群众文化活动，繁荣群众文化事业为宗旨，以县工人文化宫为基地，开展文化宣传、文艺活动、相关培训等工作。1994年7月，县总工会职工学校重新开办，并开设“工民建”、“财会专科”和“业余财会班”等三个班级，拥有学员103人。1996年，县总工会职工学校被评为省建筑学校优秀教学站。1994年，位于鳌江镇水深路的县工人文化宫鳌江活动楼开始动工建造，1996年，建成后投入使用。1989—2012年，全县举办技能培训班200余期，培训职工20000余人。

“职工之家”创建　1984年开始，县总工会在全县各基层工会开展建设“职工之家”活动。至2012年年底，全县有全国模范职工之家2家（温州庄吉集团工业园区有限公司工会、平阳县平化化工有限公司工会）、省级模范职工之家11家、市级先进职工之家59家、县级先进职工之家142家、县级合格职工之家109家。

第二章　共青团

中国共产主义青年团平阳县委员会，坚持团结教育全县广大团员和青少年，坚持党建带团建，加强团的组织建设、干部队伍建设和团员管理，深化创新载体，加强团员青少年思想道德建设，深入开展品牌创建等主题实践活动，带领全县团员青年在平阳改革开放、经济建设、社会事业和精神文明建设中建功立业。2006年，团县委获“全国团建先进县（市）”称号；“基层团组织+青年中心+信息服务网络”团建模式被评为全国“百乡千村”团建创新优秀项目；平阳被评为“全国青年中心建设先进县”。

第一节　代表大会

1989—2012年，共青团平阳县委员会根据县委、县政府和上级共青团组织的部署和要求，召开共青团代表大会七次；选举产生第十一至第十七届共青团平阳县常务委员会，选举施曙亮为第十一届团县委书记，徐定锦为第十二、十三届团县委书记，林传海为第十四届团县委书记，张端坤为第十五届团县委书记，郭必文为第十六届团县委书记，钱况为第十七届团县委书记。

1989—2012年平阳县共青团代表大会召开情况一览表

表25-2-1

届次	大会时间	出席代表人数（人）	主要内容
十一	1990年1月	260	选举产生常务委员7人，施曙亮当选书记
十二	1993年2月	260	选举产生常务委员7人，徐定锦当选书记
十三	1996年1月	261	选举产生常务委员7人，徐定锦当选书记
十四	1999年6月	261	选举产生常务委员7人，林传海当选书记
十五	2002年4月	257	选举产生常务委员6人，张端坤当选书记
十六	2005年6月	261	选举产生常务委员9人，郭必文当选书记
十七	2010年11月	261	选举产生常务委员9人，钱况当选书记

说明：资料由团县委提供

第二节　组织机构

团县委

团县委成立于1949年12月，时称中国新民主主义青年团平阳县工作委员会。1957年，更名中国共产主义青年团平阳县委员会。1988年，平阳县有基层团委84个，支部1557个。至2012年，团县委机关设办公室和基层工作部两个科室，下设青少年活动中心。团县委直属团组织64个，其中青农线10个，学校线15个，机关线17个，青工线22个。

县青年联合会

平阳县青年联合会第一届委员会第一次会议于2000年5月18—19日在昆阳镇召开，选举产生县青年联合会第一届委员会主席1人，副主席6人，常务委员18人，林传海当选主席。2006年，召开县第二届青年联合会换届大会，有青联委员187人，覆盖14个界别。至2012年，县青年联合会未再换届。

1994年，举办县第一届“十大优秀青年”评选，至2012年举办七届，选树70个模范青年典型人物。

第三节　主要工作

青少年思想文化建设

1990年后，共青团开展“学雷锋、树新风、做四有新人”主题教育活动。1993年，开展纪念毛泽东100周年诞辰系列纪念活动。1996年5月4日，组织团员学生1000余人在县府大院举行千人升旗仪式。2004年，在温州市率先举办首届青年文化欢乐节，举办首届青年趣味运动会、首届青年通俗歌手广场大赛等26项文化活动。2005年，平阳县“万名农村新青年追寻红色文化路”活动以丰富的红色旅游经典景区和爱国主义教育基地为主要资源，结合青少年“爱活动、喜新鲜”等身心特点，采用互动方式和生动体验，学红色经典、游红色景区、访革命前辈、听革命故事，为青少年提供学习平台，该文化活动获得“全国乡村青年文化节优秀文化项目奖”。2006年，举办第二届青年文化节。2008年，举办第三届青年文化节并开展首届校园吉尼斯大赛，首届青工歌手大赛。2010年，举办第四届青年文化风尚节，并成立UP青年会社，为县机关企事业单位青年打造社交娱乐平台，通过179夜学会、279精武门、379艺术团、479运动夜、579对对碰、679游戏吧、715总动员等活动最大限度凝聚青年，开展系列活动173次，参与青年3200人次。2011年、2012年，相继举办青年文化节。2012年，开展“团徽闪耀九十年，青春建功促发展”主题教育活动，主题网络微博大赛、“百堂团课下基层”活动、“我们的价值观”大讨论。

青年志愿者活动

1994年2月，共青团平阳县委二次全体扩大会上成立平阳志愿者服务总队，正式启动青年志愿者行动。2003年，成立县志愿者协会。截至2012年，县级、镇乡、社区等三级志愿服务组织网络基本建立，拥有各类直属志愿服务大队、社区志愿服务队伍等70余支，有青年志愿者、慈善义工、巾帼志愿者、五老护苗志愿者、社区志愿者等各类志愿者3.5万人。开展扶贫帮困、社区服务、文明创建、保护母亲河、平安创建等志愿服务品牌活动。

县志愿者协会分别于2007年、2008年被评为市级、省级志愿服务先进集体。

希望工程

1992年，平阳县开始实施“希望工程”。1994年初，省青年成才基金会批准平阳县为希望工程实施县，并同意援助平阳县第一所希望小学——凤卧希望小学。截至2004年，兴建平阳圣雄希望小学（凤卧）、南麂浙江光辉希望小学、梅源温州财税希望小学等15所希望小学，并于2004年牵线为15所希望小学捐赠图书室、钢琴，资助金额近300万元。

1994年，募集希望工程捐款100余万元，筹建希望小学7所，资助失学儿童1256人。1996年，推出希望工程“千人结对”活动，募集捐款30余万元，资助学生600余人，捐建希望书库13个。1996—2001年，推荐高中生19人、大学生2人就读市希望班级，县级招收初高中希望生68人。

2001年，推出“爱心助成才、共圆读书梦”特困中学生资助行动，募集资金近50万元，资助初高中贫困生140余人。2002—2004年，相继开展第二、三、四轮的特困中学生资助行动和大学生爱心助学行动，资助贫困中学生1200余人，大学生132人。2005年，筹集资金近40万元，资助贫困学生408人，同时开展“捐一本书，建一个红领巾图书馆”活动，为贫困地区学校捐献3万册适合中小学生阅读的课外读物。2006年，希望工程各类资助资金112万元，帮助贫困孩子2000余人安心返校上学。在台风“桑美”过后，举办“为了共同家园”救灾义演晚会，募集救灾善款126万元，开展“圆愿希望小学”等活动，为贫困地区学校添置和更新受损设备资金37万余元。

2007年，开展“纪念希望工程实施15周年”系列活动，全年筹集资金400万元，召开希望工程十五周年纪念大会，表彰首届“模范希望小学、十佳希望园丁、十佳希望之星”，编撰《爱撒十五年》纪念宣传册，推出“低收入家庭青少年关爱行动”，结对贫困生900余人，其中大学生98人。2008年，发起“抗冰救灾”和“抗震救灾”募捐活动，两次筹得193347元，在四川省青川市凉山镇捐建2个抗震教室，分别命名为“浙江平阳团县委抗震教室”“浙江平阳志愿者协会抗震希望教室”，同时支援青川广元外国语学校1万元。2009年，筹集资金52万元，资助中学生400余人，大学生82人。2010年，筹集资金89万元，资助中小学生200余人，大学生78人。2011年，深入开展“圆梦大学”“爱·希望”阳光助学，发放助学金39万元。2012年，募集资金35万元，资助贫困大学新生50余位，结对中小贫困学生近百人。

县希望工程办公室于1997年获市希望工程建设奖。

服务青年活动

开展“青年文明号”“青年突击队(手)”“青年岗位能手”“青年维权岗”“青年安全生产示范岗”等一系列“青”字号品牌活动。开展农村青年使用技术培训，推荐评选全国、省、市、县等青年星火带头人。1999年，在全省率先成立青少年事务署，开展教育培训、信息服务、维权服务、婚恋服务、培育社团、孵育实体等活动，被团省委授予1999年浙江省团工作、青年工作创新奖。2011年，举办县首届青年创业创新项目竞赛，全县112个优秀项目参赛，评选出10个优秀项目，其中一个项目获温州青年创业大赛创新组金奖。

2007年6月2日，晓坑乡中心小学挂牌为“圣雄希望学校”，图为挂牌仪式现场

平阳县青年企业家协会

1996年8月8日，平阳县青年企业家协会成立，会员48人，会议选举产生第一届理事会成员，章烈成当选会长。2001年，县青年企业家协会举行第二次会员代表大会，林圣雄当选会长。2005年12月29日，举行第三次会员大会，会员186人，陈伟志当选会长。2011年3月16日，召开第四次会员大会，会员173人，蔡景烛当选会长。

2003年12月9日，县青年企业家协会举办鳌江流域发展青年论坛。2004年11月17日，举办以“青春、信心、正气、品牌”为主题的县第二届青年发展论坛。2005年12月29日，举办以“青春、活力、实力、和谐”为主题的县第三届青年发展论坛。2006年8月29日，举办“重建家园——平阳青年企业家协会捐赠晚会”义演活动，会员认捐123万元。2007年5月22日，举行“创新大提升，和谐共发展”解放思想大讨论暨第四届青年发展论坛。2011年10月13日，举办“转型升级，跨越崛起”平阳县青年发展论坛。

县青年企业家协会通过每月一期的学习研讨会、讲座、企业调研、素质拓展、沙龙等活动，实施“青年企业家素质提升计划”。

创办《平阳青年企业家》期刊，至2012年发行会刊16期。

2005年10月，县青年企业家协会被市委、市政府评为市优秀民间组织。

第四节　少年先锋队

1950年成立少年儿童队，1953年更名为中国少年先锋队(简称“少先队”)。1987年5月召开平阳县首次少先队代表大会(简称“少代会”)，成立中国少年先锋队平阳县工作委员会(简称“县少工委”)。1989—2012年，在团县委的领导下，召开二次少代会，选举产生第二、第三、第四届县少工委。县少工委团结和教育少年儿童，使他们德智体美劳全面发展。

少先队代表大会

1995年，召开平阳县第二次少代会，选举产生县第二届少工委。开幕式上组织平阳县首届少先队成果检阅仪式。2000年5月，召开平阳县第三次少代会，有210名代表出席，其中少先队员代表108人，少年工作者代表(包括特邀代表)102人，选举产生县第三届少工委，黄益友当选主任。2005年，召开平阳县第四次少代会，选举产生县第四届少工委，黄益友当选主任；举办“绽放希望，拥抱未来”大型主题队会、小县长论坛等一系列活动。至2012年，未再召开少代会。

少先队主要工作

1989年后，全县各小学少先队组织推出以增强少年儿童的自学、自理、自律、自护、自强意识为主要内容的“雏鹰展翅、做二十一世纪的主人”的活动，并由城镇向农村全面实施“雏鹰争章”行动。1996年7月由全国少工委、县委、县政府、中国少先队事业发展中心活动部主办的全国少工委南麂海岛“手拉手”夏令营在南麂岛开营，来自北京、平阳两地的营员55人参加。

2000年2月，启动“中华古诗文经典诵读工程”；6月，举办“读千古美文、做华夏赤子”——县中华古诗文朗诵音乐会。是年，平阳县少年儿童在市第二届“雏鹰少年大家乐”活动中，选送37个参赛节目获得奖项34个；在市“创新杯”竞赛活动中，获得市级最佳作品奖3个，市级优秀作品奖14个；县少工委及昆阳一小大队部被评为市先进集体。县少工委以科技创新为导向，推进少先队“启明星”、中学生“智多星”科技活动深入开展；以实践教育为途径，推进少先队“雏鹰行动”“新世纪我能行”体验教育和中学生素质拓展“曙光计划”持续活跃。2002年3月，举行县“中华古诗文经典诵读工程”现场推进会。至2007年，水头一小、昆阳一小少先队被评为全国雏鹰红旗大队，昆阳二小、鳌江一小被评为省雏鹰红旗大队。

2010年，落实团省委《关于进一步加强少先队工作和辅导员队伍建设的若干意见》，并于2012年开展少先队工作专项督导。2012年，举办“关爱成长，平安过暑假”暑期公益夏令营进企业、进社区活动。少先队注重打造多种活动阵地，如昆阳七小设有生态教育体验园，麻步中心小学有劳动实践基地，凤卧红军小学有红色革命教育基地，腾蛟一小有象棋文化体验园区等。

第三章　妇女联合会

1989—2012年，平阳县妇女联合会根据县委、县政府和上级妇联组织的部署和要求，发挥在党和政府与妇女儿童之间的桥梁和纽带作用，适时召开妇女代表大会，加强基层妇女组织建设。围绕全县中心工作，开展“双学双比”[①]“巾帼建功”，建立妇幼权益保护机构，实施“春蕾计划”“女性素质工程”等，实现维护妇女权益从呼吁协调向直接用司法手段转变。

第一节　代表大会

1989—2012年，县妇联召开四次代表大会，选举产生第八至十一届执行委员会；选举陈玉多为第八届县妇联执委会主席，选举吴素斌为第九届县妇联执委会主席，选举金雷为第十届县妇联执委会主席，选举张海帆为第十一届县妇联执委会主席。

1990—2012年平阳县妇女联合会代表大会情况一览表

表25-3-1

届次	会议时间	出席代表数(人)	主要内容	历任主席名单
八	1990年12月	246	审议通过县妇联第七届委员会题为《团结奋斗勇于开拓，为平阳的繁荣昌盛再立新功》的工作报告，选举产生由27名执委组成的第八届委员会	陈玉多(1990年12月至1993年6月) 王小君(1993年6月至1996年1月) 吴素斌(1996年4月至1996年6月)

①双学双比：1989年为“学文化、学技术，比成绩、比贡献”；2004年改为“学文化、学科技，比发展、比贡献”。

续表 25-3-1

届次	会议时间	出席代表数(人)	主要内容	历任主席名单
九	1996年6月	255	审议通过县妇联第八届委员会题为《谋平等求发展,以实际行动共创平阳改革和建设的宏伟大业》的工作报告,选举产生由27名执委组成的第九届委员会	吴素斌(1996年6月至1998年2月) 温林琴(1998年3月至2000年9月) 周小静(2000年9月至2001年12月) 金　雷(2002年1月至2002年3月)
十	2002年3月	246	审议通过县妇联第九届委员会工作报告,选举产生由26名执委组成的第十届委员会	金　雷(2002年3月至2004年9月) 吕德金(2005年1月至2010年1月) 张海帆(2010年1月至2010年7月)
十一	2010年7月	261	审议通过县妇联第十届委员会题为《开拓创新 共建和谐 团结动员全县妇女为实现平阳发展新跨越而努力奋斗》的工作报告,选举产生由27名执委组成的第十一届委员会	张海帆(2010年7月至2012年)

说明:资料由县妇联提供

第二节　妇联组织

县妇联

1949年,县妇联成立。1989年,县妇联内设3个职能部门:办公室、权益部、儿少部。1994年6月,平阳县成立妇女权益保障委员会。2007年,成立县妇女儿童庇护所;至2012年,县妇联内设办公室、权益部两个部室,在编人员7人。

基层妇女组织

1989年,全县设有区妇联7个,直属镇妇联4个,建制乡镇妇联59个,村妇代会816个,街道妇代会27个。1992年5月,撤区扩镇并乡时,改设16个镇妇联、18个乡妇联。2010年,全县有乡(镇)妇女联合会组织29个,专兼职妇联干部36人,机关企事业单位妇委会23个,团体会员2个,社区妇联32个,村(居)妇代会590个。2011年,全县各乡镇完成撤扩并,撤并后有镇(乡)妇联11个,专兼职妇联干部11人,机关企事业单位妇委会24个,团体会员单位2个,社区妇联32个,村(居)妇代会600个。2012年全县行政区划调整后,有镇(乡)妇女联合会组织11个,专兼职妇联干部11人,社区妇联66个,村(居)妇代会600个。是年,全县建成机关企事业单位妇委会55个。

第三节　主要工作

参与两个文明建设

“双学双比”　1989年后,全县妇联组织发动农村妇女开展“双学双比”活动,至1993年,举办培训班330期,21800人参加培训,全县86000名妇女参加竞赛。1995年,农村的“双学双比”活动主要是扫除女性文盲;9月初,西湾乡率先创办妇女夜校;至是年底,全县办妇女文化学习班304班,参加学习的妇女8113人,脱盲人数5500人。1994—1998年,全县150975名农村妇女参加“双学双比”竞赛,县妇联先后举办培训班308期,20355名妇女参加培训。2000年,县妇联获省“双学双比”活动先进协调组织(单位)称号。2007年,县妇联把“全力发展来料加工,为妇女群众办好事实事”作为深化“双学双比”活动的一项重要内容,在晓坑乡和维新乡建立2个农村妇女来料加工示范点,让山区妇女在家门口就业。2008年,县妇联获省来料加工突出贡献单位称号。

2008—2012年,妇联举办各种培训班213期,培训妇女3万余人次。2009年,谢松青获得全国“双学双比”先进工作者。至2012年,平阳已建立县级“妇字号”农业合作社、龙头企业4家,其中省级

2家，市级1家；“双学双比”生产示范基地32个；农村妇女来料加工基地87个；女经纪人49人。

“巾帼建功” 20世纪90年代初开始，县妇联在城镇开展“巾帼建功”活动。县妇联通过举办培训班、召开交流会、组织外出考察、举办演讲比赛等方式，引导教育广大妇女发扬自尊、自信、自理、自强的精神，参加“巾帼建功”活动。2010年，县妇联举办“巾帼建功在岗位”主题演讲比赛，温州银行平阳支行成功创建为全国“巾帼文明岗”。2011年，县妇联组织全县各级巾帼文明岗负责人召开培训交流会，逐步规范并不断提升全县“巾帼文明岗”创建水平。2012年，县妇联开展县级“十佳”优质服务窗口和“十佳”巾帼建功标兵评选活动，成为广大职业女性岗位建功、岗位成才、服务社会的有效载体。至2012年年底，全县有巾帼文明岗93个，其中，全国级巾帼文明岗4个，省级巾帼文明岗11个，市级巾帼文明岗17个，县级巾帼文明岗61个。

2012年，县妇联成立县巾帼志愿团，开展各种巾帼志愿服务活动200余场次，参与巾帼志愿者人数2600余人次。至是年底，全县有登记在册的巾帼志愿者队伍82支3500余人。至2012年，全县有省级巾帼建功标兵3人，省级巾帼创业带头人1人，省级“双学双比”先进女能手、先进个人2人；市级巾帼建功标兵7人，市级巾帼创业带头人1人，市级“双学双比”女能手2人。

文明创建 1981年开始，县妇联组织妇女开展创“五好”家庭（团结和睦好、生活计划好、教育子女好、学习好、清洁卫生好）活动。至1988年，评出五好家庭21939户。其中，全国五好家庭5户；省级五好家庭4户，省级文明庭院1个，省级“五好个人”2人。1998年开始，全县开展以“家庭美德建设”为主要内容的“文明家庭”创建活动，全县文明家庭创建活动参与率78%。1999年，全县开展敬老好家庭评比活动，评出“敬老好家庭”1952户。是年，有4户家庭被评为市文明家庭示范户；10户家庭被评为市文明家庭；有4个庭院（楼幢）被评为市文明庭院（楼幢）。21世纪后，县妇联开展“爱我社区、爱我家”“不让毒品进我家”“家庭科技示范户”的评选活动，“四进”社区活动（科技、教育、法律、卫生进社区）及“绿色家庭”“学习型家庭”“平安家庭”“廉洁家庭”等特色文明家庭创建活动。各乡镇开展评选“弘扬家庭美德好风尚”典型户、“敬老好家庭”、“十佳好婆婆”、“十佳好媳妇”等活动。至2012年，全县有“绿色家庭”省级17户、市级28户、县级92户；有“学习型家庭”省级6户、市级12户、县级10538户；有“平安家庭”模范户全国1户、省级2户、市级8户、县级2167户；市级“平安家庭”示范社区（村）6个；市级零家庭暴力社区2个。2011年，县妇联获省“平安家庭”创建活动先进集体称号。

维护妇女儿童合法权益

1994年6月，平阳县妇女权益保障委员会成立。是年，县妇联被评为省级妇女权益保障工作先进单位。1995年，县妇女权益保障委员会设办公室，各乡镇相继成立妇女权益保障委员会。2001年，县妇联开展“新世纪妇女维权新行动”系列活动，建立维权接待日制度和妇女维权热线电话。

2002年，县妇女儿童工作委员会成立，作为县政府指导全县妇女儿童工作的常设协调机构，办公室设在县妇联。是年，县人民法院成立“维护妇女合法权益合议庭”，建立特邀陪审员制度，6位妇联干部被聘为县法院特邀陪审员，使妇联从协调呼吁功能转向直接用司法手段维护妇女合法权益。2003年7月，县法院维权合议庭启动开庭，妇联干部作为特邀陪审员参与案件陪审，第一次直接参与法律维权活动。

2004年，设置“宋大姐维权信箱”。联合县公安局建立“110反家庭暴力救助中心”和“平阳县妇女儿童伤情鉴定委托受理中心”。各乡镇也建立“妇女帮教小组”“妇女禁赌禁毒小组”等群众性组织。是年，县妇联获得省妇女权益保障工作先进集体称号。2005年，县妇联、县委政法委、公检法司等11个部门建立县妇女权益保障联席会议制度。

2007年，县妇女儿童庇护所成立，开展《浙江省实施〈妇女权益保障法〉办法》宣传月活动和反家庭暴力宣传月活动，在全县380余个村（居、社区）建立社区妇女维权服务站。2010年，县妇女维权热线电话“12338”开通，全县村级妇女维权站覆盖率80%。2011年，拟定妇女儿童发展“十二五”规划。制定出台《县妇联系统“六五”普法规划》。全年创平安家庭创建示范村、社区23个，示范户588户。1992—2012年底，全县妇联系统接待来信来访案件3800件，实施法律援助和司法救助435人次。

儿童少年工作

春蕾计划　1994年，平阳县妇联开始实施“春蕾计划”，是年，筹集“春蕾计划”助学金7200元，使失学女童24人重返校园。1995年，水亭乡建立第一个乡镇“春蕾计划”基金会。1996年，全县19个贫困乡（镇）、村、校建立“春蕾基金”。至2012年年底，“春蕾计划”发放救助金140余万元，受助女童及贫困留守儿童2180人。

2010年6月平阳县“春蕾计划”慈善助学金发放暨大学生村干部结对春蕾女童启动仪式

幼儿教育　1981年，县妇联各级组织恢复托儿所和幼儿园，至1993年，全县托儿所60所100个班，入托婴幼儿2648人。2005年，平阳县首个社区家庭教育指导中心在昆阳镇九凰社区成立。2005—2012年，举办“争做合格父母，培养合格人才”家庭教育巡回报告会320余场。至2012年，全县已开办各类家长学校231所，其中，社区家教指导中心53个，幼儿园、中小学家长学校168个。

关爱留守儿童　2007年，县妇联在全县开展代理家长与留守儿童结对关爱行动，设立“留守儿童”关爱行动基金会，全县挂牌成立4家留守儿童亲情活动室和留守儿童之家。2010年，县妇联开展大学生村干部结对“春蕾女童”“留守儿童”活动，帮扶56位特困儿童，并与大学生村干部31人开展结对助学活动。2012年，实施留守儿童关爱行动，招募爱心妈妈，举办“爱心传递，共筑幸福”爱心妈妈结对留守儿童活动，至2012年，建成流动留守儿童俱乐部、图书室14所，市级示范共享蓝天俱乐部1所。每年六一儿童节，县妇联都牵头协调社会有关力量关爱留守儿童，开展慰问活动。

女性素质工程

2001年，各级妇联组织实施“女性素质工程”，对贫困山区妇女，重点实施文化教育和农业技术培训。全县组织农村妇女2972人参加实用技术培训；举办农业函授大专班8个，妇女485人参加学习；组织妇女98人参加绿证培训。至2001年，全县已有555名农村妇女评上农民技术员。2002年，县妇联出台《关于贯彻落实〈公民道德实施纲要〉的意见》。2004年，鳌江镇成立女性成长中心，开展妇女电脑、家政服务、法律讲座等系列学习培训活动。2007年，创办“平阳女性讲坛”。2008年，在鹤溪挂牌成立平阳县第一个村嫂读书班。2011年，县妇联启动“平阳女性素质提升年”活动，和温州女子学院合作，在县委党校挂牌设立温州女子学院平阳培训点。2012年，县妇联全面启动“巾帼文化服务行动”，成立巾帼文化服务队，树立“巾帼文化大舞台”这一活动品牌。至2012年，全县举办各种农村妇女培训班、女性讲坛讲座1500余期次，培训人数14万余人次。

第四章　科学技术协会

1989—2012年，平阳县科学技术协会（简称“县科协”）团结带领全县科技工作者，适时召开科协代表大会，进行科协委员会换届，加强基层科协组织的建立。县科协围绕全县中心工作，推动、组织科技工作者开展科普宣传、培训，建立科普网站、科普画廊等科普活动，在全县范围内弘扬科学精神，普及科学知识，传播科学思想和科学方法。

第一节　代表大会

1989—2012年，召开第四至第七届科协代表大会，选举产生第四至第七届科协委员会，选举黄卫初为第四届科协常委会主席，选举周咸文为第

1989—2012年平阳县召开科协代表大会情况表

表25-4-1

届次	召开时间	出席代表人数（人）	主要内容
四	1990年12月	140	选举产生第四届科协委员57人，其中常委13人。黄卫初当选主席（专职）
五	1995年10月	245	选举产生第五届科协委员87人（后增至102人），其中常委19人。周咸文当选主席（兼）
六	2001年2月	283	选举产生第六届科协委员128人，其中常委25人。周咸文当选主席
七	2008年1月	235	选举产生第七届科协委员85人，其中常委23人。温庆来当选主席（专职）

说明：资料由县科协提供

五、第六届科协常委会主席，选举温庆来为第七届科协常委会主席。

第二节　科协组织

县科协

1956年10月，平阳县科学技术普及协会成立；1962年6月，改称平阳县科学技术协会。1991年6月，建立县科协党组，与县科委分开办公，县科协正式独立建制。1995年，县科协和科委党组复合为科委、科协党组；2000年，复建立科协党组；7月，县科协为县政协的组成单位。2004年3月，县委颁发《关于进一步加强党对科协工作领导的意见》，首次提出“县科协主要负责人应参加同级人大组织、政协常委会”“乡镇科协主席由乡镇长兼任，重点乡镇要配备专职秘书长，享受乡镇中层干部正职待遇，其他乡镇由中层干部兼任科协秘书长，并配备专职工作人员。科技工作者比较集中的企事业单位（含非公有制企业）有条件的应建立科协组织”。2012年年底，县科协内设主席一正两副，无内设机构，编制3人，实有6人。

基层组织

乡镇科协　二十世纪七八十年代，务垟、下厂、雁门、梅源、树贤等乡相继成立乡科普协会。1991年4月至1992年9月，东屿乡、南麂乡和南雁镇先后成立乡镇科协。1996年3月，县委颁发《中共平阳县委批转县科协关于全面建立乡镇科协的通知》，要求全县所有乡镇都要成立乡镇科协。1996年5月31日至1997年6月2日，全县所有乡镇均成立乡镇科协。至2012年，全县10个乡镇均有乡镇科协。

企业科协　1996年1月，浙江东风机械厂和浙江三星洗衣机配件厂先后成立非公有制企业科协；至2012年，全县有63家企业成立科协。2002年，县平化化工有限公司科协被评为浙江省第九届“讲比”竞赛活动的先进集体。

农村专业技术协会　1989—2012年，平阳县有县级农村专业技术协会19个。2004年，县种粮大户协会被评为全国百强协会；2008年，县养鸽协会被中国科协、财政部评为全国科普惠农先进单位；2010年，县种粮大户协会被中国科协、财政部评为全国科普惠农先进单位。

学术团体　至2012年，科协系统仍然开展活动的学术团体有25个。

2012年平阳县科协系统学术团体一览表

表25-4-2

序号	批建日期	团 体 名 称	个人会员数（人）
1	1956年11月	平阳县农学会（1968年12月被迫停止活动，1980年4月26日重新恢复活动）	68
2	1956年11月	平阳县畜牧兽医学会（1968年12月被迫停止活动，1980年4月26日重新恢复活动）	43
3	1956年1月	平阳县医学会（1968年12月被迫停止活动，1980年4月26日重新恢复活动）	368

续表 25-4-2

序号	批建日期	团 体 名 称	个人会员数(人)
4	1980年4月3日	平阳县茶叶协会	
5	1980年5月5日	平阳县水利学会	
6	1981年4月3日	平阳县会计学会	394
7	1981年4月3日	平阳县珠算协会	86
8	1981年4月3日	平阳县化工学会	
9	1981年1月3日	平阳县中医学会	61
10	1982年1月	平阳县护理学会	700
11	1983年1月19日	平阳县科普协会	61
12	1984年9月4日	平阳县理科教育学会(后更名为教育学会)	1480
13	1984年12月20日	平阳县标准化协会(后更名为质量技术监督协会)	170
14	1985年9月28日	平阳县花卉协会	
15	1987年3月10日	平阳县药学会(中国药学会浙江省平阳县分会)	102
16	1988年6月9日	平阳县统计学会	123
17	1989年12月27日	平阳县经济师协会	220
18	1990年6月9日	平阳县工程师协会	366
19	1991年10月12日	平阳县青少年科技辅导协会(后更名为平阳县青少年科技协会)	384
20	1998年10月20日	平阳县海洋捕捞协会	
21	1999年1月25日	平阳县中医药学会	
22	2002年12月6日	平阳县抗糖协会	731
23	2003年9月12日	平阳县高级人才联谊会	189
24	2007年2月25日	平阳县档案学会	61
25	2009年10月10日	平阳县兰花协会	21

说明:①上表为至2012年仍在活动的科协系统学术团体;②资料由县科协提供

第三节　主要工作

科普工作联席会议

1996年5月6日,县政府决定设立县科普工作联席会议制度,分管科技工作的副县长任组长,县政府办公室、县科委、县委宣传部、县科协的领导任副组长,县农委、经委、教委、财政局、农业局、广电局、团县委、县妇联等领导为成员。2003年6月18日,县委、县政府重新调整联席会议的成员,由县委副书记任组长,组织部长、副县长为副组长,县委办公室、县政府办公室、组织部、文明办、县科协、县科技局、县发展计划局、县教育局、县财政局、县卫生局、县计生局、县农业局、县经贸局、县统计局、县规划建设局、县广电局、平阳报社、县海洋渔业局、县林业局、县文化局、县人事局、团县委、县妇联、昆阳镇、鳌江镇、水头镇、萧江镇等领导为成员。至2012年,联席会议的成员无变化。

科普经费

1995年前,科协没有专项的科普经费,只有少许科协事业费,举办一些小型活动。1996年开始,县财政开始下达科普经费17.64万元。2012年,县级科普经费120万元。

科普活动

科普宣传　1989年至1991年6月,科普宣传工作由科协和科委两单位共同组织实施。主要宣传农业的新技术、新品种。宣传形式主要是张贴挂图、播放幻灯片、电影新闻纪录片等。1991年6月,科协独立建制,科普宣传工作则由科协为主,邀请县科委、农、林、渔及其他有关单位,利用各乡镇的庙会、集市,通过科普“大篷车”深入各乡镇开展科

1996—2012年平阳县科普经费情况表

表25-4-3　　　　单位：万元

年度（年）	经费	年度（年）	经费	年度（年）	经费
1996	17.64	2002	27	2008	72
1997	13.50	2003	38	2009	85
1998	15	2004	59	2010	90
1999	17.80	2005	50.40	2011	108
2000	24	2006	55.40	2012	120
2001	24	2007	62.20		

说明：资料由县科协提供

技、文化、卫生“三下乡”活动。2000年后，县科协开始利用全国统一“科技·科普宣传周”“全国科普日”等有效载体，开展科普知识讲座、科普知识竞赛、科普征文比赛，举办“环境·社会·家庭”大型广场活动、“文明·和谐·家园”大型广场维权服务活动、“科技让生活更美好”大型广场科普活动、“生态海洋环境保护科普知识宣传月”等。

科普知识讲师团　2003年3月19日，成立县科普知识讲师团，聘请7个单位，12个专业的13位专家作为讲师团成员，开展科普讲坛下基层活动。

科普读物　1990年始，县科委编辑出版《平阳县名特优新产品资料简介》《平阳县工业名优产品名录》《金钥匙》。县科协编辑出版《健康生活指南》（上、下）、《家庭保健文摘》、《农村实用技术》、《家庭管理知识》、《科普日历》、《传染性非典型肺炎防治》等。2011年1月，县科协开始出版彩色的《平阳科普》报，每月1期。鳌江镇科协和萧江镇科协也曾出版过科普报。

科普网站　2003年2月21日，中国公众科普网在平阳开通，这是浙江省第一个县级专业规模网站，网址：www.kpcn.org，该网站开辟有《科普博览》《生活科普》《科普创作》《农业科普》《周末休闲》等137个科普视频节目。至2012年，该网站的点击率一直排在全省同类网站的首位。

科普画廊　2004年5月，县科协科普画廊建成；至2012年，全县所有乡镇均建有科普画廊，并在平阳大厦和昆阳曦龙广场分别建有滚动电子科普屏幕。2005年11月4日，中国科协确定平阳县科普画廊为全国示范科普画廊。2007年，县科协制定《平阳县科普画廊管理使用办法》，并组织乡镇科普画廊参加县、市一年一度的科普画廊联展联评比赛。

科普活动中心创建　2007年3月19日，县发展和改革局批复同意县科协在昆阳镇文化园内建设县科普活动中心。其规模：总建筑面积1009平方米，总投资480万元，其中，省、市科协各拨款50万元。该工程于2009年12月开工，2010年10月结顶。2010年12月开始布展，展区内分数学天地（双曲狭缝、混沌摆、概率、巧搭十二方块等）；电磁世界（辉光球、一笔画等）；声光奥妙（看得见摸不着、看得见的声音、隐身人、像素等）；信息万象（海中探索、星空称重、虚拟足球、空间站等）。2012年5月开始对外免费接待参观者。

农函大培训

1995年5月26日，经县委、县政府批准，中国农村致富技术函授大学平阳分校（简称“平阳农函大”）正式成立，县委副书记任名誉校长，分管副县长任校长，县科协主席、县委组织部副部长、农委副主任、教育局副局长任副校长，农业、林业、水利、水产（海渔）各局、团县委、妇联、科委、民政等相关单位领导为校务委员，并在全县三分之二以上的乡镇先后成立农函大辅导站，形成以县农函大、乡镇农函大辅导站为主体，有关部门为支撑，农村专业技术协会会员为主要对象的农民科技培训教育体系。2004年6月5日，县委办公室、县政府办公室下达《关于开展“农村劳动力素质培训工程”的实施意见》。至2012年，平阳农函大按《关于开展“农村劳动力素质培训工程”的实施意见》实施平阳农村劳动力素质培训。

青少年科普

科普活动　1991年10月12日，成立青少年科技辅导员协会（1996年全省统一更名为青少年科技教育协会），把科普工作作为素质教育的重要内容。20世纪90年代开始，每年举办一次中小学生科技节。2007年，县科协、县教育局和省海洋水产养殖研究所在南麂海洋自然保护区联合举办“海洋科普”“南麂海洋自然保护区科普一日游”等专题活动，印发《中国海洋生物多样性的保护》图书2000余册。团县委和县妇联也组织实施“青少年心理健康咨询”和“阳光天使”进校园活动，实施关爱“留守儿童春蕾科技(科普)活动计划”。2011年和2012年,县科协、县教育局、县科技局充分发挥科普教育特色学校、社区青少年科学工作室的作用,开展校园科普节“大手拉小手”和“科技伴我成长”等科技体验活动,进行实体电路积木拼塔、遥控船模、车模和航模的操作竞赛,参观县科普活动中心等。

科普教育基地　至2012年,省、市科协和县政府先后命名5个科普教育基地。

1989—2012年平阳县科普教育基地一览表

表25-4-4

基地名称	单位名称	命名机关	命名时间
浙江省科普教育基地	南麂列岛国家级海洋自然保护区	省科协、省科技厅、省委宣传部、省教育厅	2001年12月14日
温州市青少年海洋科普教育基地	南麂列岛国家级海洋自然保护区	市科协	2003年9月5日
平阳县青少年科普教育基地	温州益坤电气有限公司、平阳化工机械总厂、平阳益众绿色食品有限公司	县政府	2004年4月13日
平阳科普特色学校	水头镇三中、腾蛟镇二中、萧江镇二中、昆阳镇一小、鳌江镇实验小学、平阳县职教中心	县政府	2004年4月13日
平阳县绿色学校	萧江镇第三小学、桃源中心校	县政府	2004年3月15日

说明:资料由县科协提供

金桥工程

1993年9月24日,省委办公厅转发省科协党组《关于在全省实施“金桥工程”方案的报告》,利用科协系统的人才和网络优势,在科技与经济之间,架起相互连通,相互促进的“金桥”,促进科技成果向现实生产力转化。

1994至1996年,平阳县组织实施16个项目。除1996年的“非球面PC近视眼镜片”和1997年的“蛋鸽产业化生产技术开发”两个项目比较成功外,其余项目均不甚顺利。1997—2012年,该工程停止实施。

科普示范单位创建

科技示范户　1996年,县科协会同县科委开始在全县开展扶持农村科技示范户工作。2001年8月,县科协和科委印发《平阳县农村科技示范户管理办法(试行)》,对农村科技示范户的命名对象、条件、义务、权利、管理、表彰奖励等作明确的规定。2012年,全县有省级科技示范户7批38户,县级科技示范户有129户,其中,优秀科技示范户18户。

科普示范乡(镇)、村　1996年12月,市科协、市文明办同意鳌江镇、梅溪乡为“创建市级科学技术普及文明示范镇(乡)”的试点单位。鳌江镇、梅溪乡分别于1998年9月21日和12月21日被命名为“市级科普文明示范乡(镇)”。昆阳镇(2001年1月19日)、鳌江镇(复查)、萧江镇、南雁镇、腾蛟镇、宋桥镇、水头镇、榆垟镇、梅溪乡(2004年4月20日复查)、凤卧镇(2005年11月23日)、山门镇(2006年9月19日),先后由市科协命名为市级科普文明示范乡镇。2004年4月,平阳县创建全国科普示范县工作通过全国科普示范县(市、区)检查组的验收;10月,中国科协发文正式命名平阳县为“全国科普示范县”。2005年12月26日,省科协命名萧江镇和凤卧镇为省级科普文明示范镇,腾蛟镇塘溪村、鳌江镇荆溪村为省级科普文明示范村。2007年7月18日,市科协命名温州益坤电气有限公司为温州市非国有企业科协示范单位。2008年,中国科协办公厅公布全国科普示范县(市、区)复查结果,平阳县被重新命名为“全国科普示范县”。

科普示范基地　1999年6月3日，县科协首次命名梅溪乡莲花山为“平阳县山区农业综合开发科普示范基地”。2000年12月7日，该基地被市科协命名为“温州市农村科普示范基地”。至2012年，全县有农村科普示范基地57个，其中，省级3个，市级8个，县级9个，乡镇级37个。

学术活动

1992—2012年，县工程师协会、经济师协会等学术团体，共承担社会发展、农业农村、工业发展、人才开发、海洋开发与保护、交通运输等多领域的软课题近百个(不包括教育学会承担的各级课题)。举办各种大型经济、技术研讨会十几次，县工程师、经济师等学会还编辑出版论文集。农学会开发出大坪早香茶、温州水牛、粗高长毛兔、优质鸽子等具有产业优势的地方特色的农副产品。引进瘦肉型猪新品种、南美、澳洲等地名优水产品、水稻新品种及配套高新技术，推广三元杂交及母猪笼养技术，农业新机械、新技术。

1992年5月21日，县政府颁布《关于公布县自然科学优秀学术论文评选委员会成员和评选办法的通知》。1993年3月17日，县政府颁发1991年度获奖自然科学优秀学术论文的通报，获奖论文56篇，其中，特等奖1篇，一等奖7篇，二等奖18篇，三等奖30篇。1994—2011年，全县公布获奖论文1004篇，其中，特等奖1篇，一等奖131篇，二等奖274篇，三等奖598篇。

第五章　归国华侨联合会

平阳县归国华侨联合会(简称“县侨联”)以“为侨服务”为宗旨，适时召开归国华侨、侨眷代表大会，进行侨联委员会换届，建立侨联组织网络；县侨联通过参政议政，开展涉侨维权、侨法宣传、联谊等活动、深化“为侨服务”，调动归国华侨、侨眷建设平阳的积极性，为平阳县经济和社会的发展服务。

第一节　代表大会

1993年12月，召开平阳县第五次归侨、侨眷代表大会，选举产生第五届侨联委员会，黄伟淦连任主席。1999年12月，召开平阳县第六次归侨、侨眷代表大会，选举产生第六届侨联委员会，黄益谦当选主席。2005年1月，召开平阳县第七次归侨、侨眷代表大会，选举产生第七届侨联委员会，金裕军当选主席。2012年12月，召开平阳县第八次归侨、侨眷代表大会暨县侨联成立五十周年纪念大会，选举产生第八届侨联委员会，金裕军当选主席。

2012年12月，平阳县第八次归侨侨眷代表大会暨县侨联成立五十周年纪念大会

第二节　侨联组织

县侨联

1962年，成立首届平阳县归国华侨联合会。2012年，县侨联编制3人，无内设机构。

侨联基层组织

1989—2000年，在4个归侨、侨眷较多的乡镇建立侨联。2009年，县侨联启动基层侨联组织“扩面”工程。是年，平阳县建立首个社区侨联——鳌江镇商城社区侨联。2011年和2012年，鳌江镇南门社区侨联等11个村居(社区)侨联成立，形成县侨联——镇侨联——村居(社区)侨联的三级侨联组织网络。至2012年，全县有4个镇侨联，4个村居侨联，8个社区侨联。

第三节　主要工作

1989—2012年，邀请法国华侨华人会、纽约江浙同乡会、香港温州同乡会、柬埔寨浙江商会等侨团到访46批次，接待华人华侨、港澳同胞3200余人次。2003年和2008年，参与第一、二届“世界温州人大会”平阳分会的筹办工作，分别邀请平阳籍华人代表11人和平阳籍华侨代表12人参加大会。

1997年，蔡启东家庭、曾清华家庭、孔庆杭家庭、李信友家庭被评为浙江省“百家文明侨户”。1999年，尤文贵被评为浙江省归侨侨眷先进个人。2003年、2009年、2012年，张泽民连续3次被评为浙江省归侨侨眷先进个人。2005年，县侨联获得浙江省侨联“双十佳”评选活动组织奖，谷爱雪获得“十佳家长”称号。是年，县侨联组织归侨侨眷子女参加“第六届世界华人小学生作文大赛”，8名学生的参赛作文获奖，其中4个二等奖，4个三等奖。

2000年，县侨联创办《平阳侨联》简报，至2012年已刊出41期。

2000—2012年，受理来信151件，接待来访650余人次，协助处理涉侨侵权案件44件，出具各种证明66份。

2012年，县政协侨界委员有11人。2000—2012年，县政协侨界委员提交提案160件，其中，涉侨提案40件，县侨联团体提案9件。

2012年平阳县镇侨联、村居（社区）侨联情况一览表

表25-5-1

名称	成立时间	备注
昆阳镇侨联	1988年1月	1994年5月，产生第二届委员会。2002年9月，产生第三届委员会
鳌江镇侨联	1988年6月	1994年5月，产生第二届委员会。1999年，获温州市先进基层侨联称号。2000年5月，产生第三届委员会。同年在温州市侨联开展的“争创示范基层侨联”的活动中获示范基层侨联称号。2003年，获温州市“侨联群众工作年”活动先进集体称号。2004年，获温州市先进基层侨联称号。2007年7月，产生第四届委员会。同年，被评为“温州市侨联先进工作集体”。2009年，被评为省级示范性基层侨联。2012年7月，产生第五届委员会
水头镇侨联	1988年7月	1994年6月，产生第二届委员会。2002年4月，产生第三届委员会
麻步镇侨联	2000年9月	2001年获温州市先进基层侨联称号
鳌江镇商城社区侨联	2009年7月	2010年被评为省四星级“侨界之家”
鳌江镇南门社区侨联	2011年6月	2011年被评为省三星级“侨界之家”
鳌江镇水深社区侨联	2011年6月	2011年被评为省三星级“侨界之家”
鳌江镇东河村侨联	2011年6月	2011年被评为省三星级“侨界之家”
鳌江镇蓝田村侨联	2011年6月	
鳌江镇下埕村侨联	2011年6月	
鳌江镇玉莲村侨联	2011年6月	
鳌江镇江滨社区侨联	2012年12月	
鳌江镇兴隆社区侨联	2012年12月	
鳌江镇曹门社区侨联	2012年12月	
鳌江镇西洋社区侨联	2012年12月	
鳌江镇曙东社区侨联	2012年12月	

说明：资料由县侨联提供

第六章　工商业联合会

1950年下半年，建立工商业联合会筹备委员会，1956年10月，召开平阳县首届工商联代表大会。1989—2012年，县工商联（总商会）召开会员代表大会5次。1994年县工商联增挂“平阳县总商会”的牌子。会员由1988年的199个增至3205个，基层商会增至7个。县工商联（总商会）及会员在扶贫、助学、赈灾等方面有突出贡献。

第一节　会员代表大会

第四次会员代表大会　1992年4月15日，召开县工商联第四次会员代表大会，选举产生县工商联第四届执行委员会委员25人，选举产生常务委员11人、主任委员周青疆。

第五次会员代表大会　1997年1月17日，召开县工商联（总商会）第五次会员代表大会，选举产生由41人组成的第五届执行委员会，选举产生常务委员15人、会长周青疆。

第六次会员代表大会　2002年8月18日，召开县工商联（总商会）第六次会员代表大会，出席代表231人，选举产生县工商联（总商会）第六届执行委员会委员53人，选举产生常务委员12人、会长薛安志。

第七次会员代表大会　2006年11月29日，召开县工商联（总商会）第七次会员代表大会，大会应到代表149人，实到123人。选举产生县工商联（总商会）第七届执行委员会委员71人，选举产生常务委员38人、会长李牧。

第八次会员代表大会　2011年10月17日，召开县工商联（总商会）第八次会员代表大会，应到代表179人，实到167人。选举产生县工商联（总商会）第八届执行委员会委员100人，选举产生主席（会长）蔡景烛。

第二节　工商联组织

县工商联（总商会）　1950年下半年，建立工商业联合会筹备委员会。1994年5月，经县委批准建立“中共平阳县工商业联合会党组”；11月，增挂“平阳县总商会”牌子，实行一个机构、两块牌子。至

2012年平阳县基层商会、行业商会（协会）、市场商会一览表

表25-6-1

分类	名称	成立时间	分类	名称	成立时间
基层商会	麻步商会	1997年12月	行业商会（协会）	印刷行业协会	2004年2月
	萧江商会	2007年7月		电子通讯配件行业商会	2004年4月
	水头商会	2008年1月		电子机械行业协会	2005年5月
	万全	2012年4月		汽摩配行业协会	2008年8月
	鳌江	2012年7月		家具行业协会	2010年5月
	昆阳	2012年9月		食品行业协会	2011年12月
	腾蛟	2012年12月		针织花边商会	2012年2月
市场商会	昆阳商贸市场联合会	2010年10月		汽车流通行业协会	2012年9月
	华东农贸综合市场商会	2011年6月		化工行业协会	—
行业商会（协会）	塑料包装行业协会	1999年6月		表面处理工程行业协会	—
	水头皮件商会	2002年7月		宠物食用品行业协会	—
	昆阳礼品商会	2003年4月		建筑业行业协会	—
	服装商会	2003年9月		健康按摩器具行业协会	—

说明：资料由县工商联提供

2012年，县工商联（总商会）组织无变化。

基层商会　截至2012年12月，县工商联（总商会）有基层商会7个；拥有会员3205个，其中直属会员2039个。有行业商会协会17个，有市场商会2个，有在外平阳县商会9个。

第三节　主要工作

参政议政

1993—2012年，县工商联（总商会）会员提出县人大、政协议案、提案1282件。

2003年，县工商联（总商会）题为《努力打造中国商务礼品基地》政协大会发言被评为优秀奖。

2005年，县工商联（总商会）的提案《县城治理电镀业水质污染》被列为第十三届县人民代表大会三次会议重点议案、提案，《调整工业结构，加快经济发展》被评为第十二届县政协三次会议优秀提案。

2008年，县工商联（总商会）的提案《加快鳌江临港经济发展的建议》被评为政协优秀大会发言和优秀提案。

调研服务

1995年，部分塑编企业在原料中大量渗入"母料"，影响产品质量，工商联及时向县政府汇报，正确引导该行业健康持续发展。

2004年，开展"情系民族兄弟，共奔美好明天"活动，县工商联20余位常委为少数民族扶贫项目捐资10万元。为水头"7·28"特大火灾事故捐资128万元，其中皮带商会捐资48万元。6人获市级非公经济优秀社会主义建设者称号，21人获县级非公有制经济优秀社会主义建设者称号。2005年，电子通讯配件行业商会会员捐资148万元，资助昆阳六小校舍建设。2006年，组织7位民营企业家赴四川南部县大桥区考察，为当地扶贫助学捐资20万元。为8号"桑美"台风灾区捐资126万元。

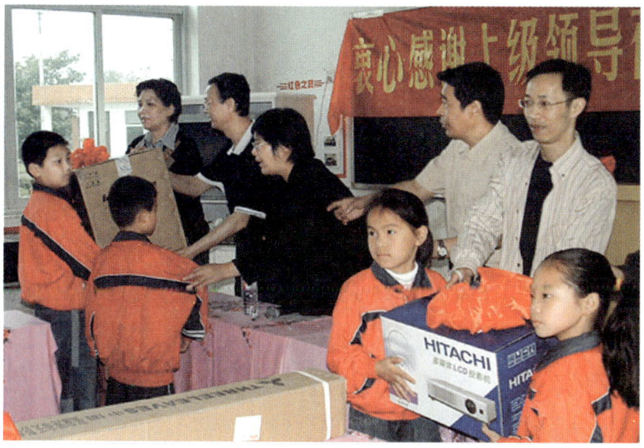

2006年5月，工商联为凤卧镇红军小学献爱心

2007年，县工商联（总商会）执委与106个贫困村结对共建，企业反哺农村，回报社会。2008年，协助举办"情系四川灾区"赈灾义演活动，现场募集善款3700万元，其中会员企业雨田集团500万元、庄吉公司150万元、乔治白公司100万元、安海公司50万元。4位会员被市委市政府授予"温州市第二届优秀社会主义建设者"称号，4家企业被授予"回报社会先进民营企业"称号。

2010年，成立"平阳县民营企业法律维权服务中心"。2011年，谢秉坤为建造梅溪大桥捐资200万元。2012年，县工商联（总商会）、温州银行平阳县支行共同召开"激情亮剑，争锋2012"政银企合作推介座谈会，现场帮助小微企业融资1200万元。牵线省市工商联，组织开展"光彩事业温州革命老区行"活动，20家企业捐资50万元帮扶平阳老区。开展平阳籍在外创业人士情况调查，建立1000余位在外人士数据库。

第七章　文学艺术界联合会

平阳县文学艺术界联合会（简称"县文联"），在县委、县政府的领导和上级文联的指导下，以各专业协会、研究会为阵地，以研讨会、演出、展览、比赛为载体，团结、组织文学艺术界人士进行各种文艺创作，参与全国及国际的各种文艺交流，促进全县文艺事业的繁荣和发展。1997年，县文联被评为浙江省先进文联。

第一节　会员大会

1989—2012年，县文联会员不断增加，适时召开县文联会员大会三次，选举范少波为第二届县文联主席，选举苏尔勇为第三届县文联主席，选举周立坦为第三届县文联主席。

1989—2012年平阳县第二届至第四届文学艺术界联合会会员大会情况一览表

表25-7-1

届次	会议时间	会员数(人)	主席	下属协会
二	1991年4月	420	范少波	文学、戏剧曲艺、音乐舞蹈、美术、书法、摄影
三	1996年7月	555	苏尔勇、姚宗纯、王　晋、周立坦	文学、戏剧、音乐舞蹈、美术、书法、摄影、曲艺、诗词、朗诵
四	2010年5月	1015	周立坦	文学、戏剧、音乐舞蹈、美术、书法、摄影、曲艺、诗词、朗诵、文化学研究会

说明：资料由县文联提供

第二节　文联组织

县文联

平阳县文学艺术界联合会于1982年12月23日成立，下属文学、戏剧曲艺、音乐舞蹈、美术书法摄影4个协会，是浙江省最早成立的4个县级文联之一，同时创办文联机关刊物——《南雁》。至2012年，县文联有会员1015人，其中全国会员31人，省级会员135人。下属协会有文学、戏剧、音乐舞蹈、美术、书法、摄影、曲艺、诗词、朗诵、文化学研究会。

县文联所属协会、研究会

1989年，摄影单独成立协会。1995年，成立县诗词学会。1997年10月，成立腾蛟镇文联，邀请著名数学家苏步青担任镇文联名誉主席。2000年，成立县曲艺协会。2005年，成立县朗诵学会。2006年6月，省少年作家培训中心平阳基地挂牌成立。2009年5月27日，集福诗书画社成立。2009年7月16日，文化学研究会成立，是温州地区首个县级文化学研究会。2009年12月27日，人像摄影社成立。2012年12月，鳌江镇文联成立。

第三节　主要工作

1989—2012年，县文联多次举办、承办各种培训会、研讨会、比赛、展览、演出等活动。

培训与研讨

2000年，“相约平阳”金秋旅游文化采风活动，邀请作家梁晓声、诗人舒婷，摄影师侯波、徐肖冰，美术家陆俨少、曾密到平阳讲座交流。2006年3月22日，举办中日民俗文化交流活动，日本神奈川大学外国语学院院长、民俗学教授山口建自，浙江省民俗专家、非物质文化遗产专家组成员顾希佳以及平阳县文艺界专家、学者30余人参加交流活动。2008年，举办平阳、苍南、乐清三县（市）文学书画交流研讨会，近30名艺术家进行交流和研讨。2011年，中央美院师生(陈平山水)写生基地在南雁挂牌；召开黄公望与平阳学术研讨会，邀请国家、省级及香港、台湾艺术家到平阳研究探讨黄公望的艺术成就并在《中华书画家》杂志刊出专辑。

比赛

2001年，承办“温州市第二届文学周”活动，省文学院院长盛子潮、省文联副主席张思聪、《小说界》副主编魏新宏和著名评论家洪治纲等专家现场作讲评。2007年7月，举办“天业杯”七彩阳光2007年全国青少年优秀艺术人才电视选拔赛平阳、苍南县分选区初决赛，平阳县选出12个节目赴北京决赛，取得5金2银的好成绩。2011年，承办第十一届“温州市文学周”活动。推荐参加2009—2010年度平阳县优秀文化作品和先进集体、个人评选，3件作品获金奖，7件作品获银奖，2个协会获先进集体，5人获先进个人。2012年5月，承办“山风海韵·人文平阳”原创文学创作大赛，收到全国各地作品200余篇，评出二等奖5篇，三等奖9篇，入围奖16篇。

展览

2002和2010年，举办两届“张鹏翼杯”书法展。2005年，举办“和平·家园”为主题的纪念中国人民抗日战争暨世界反法西斯战争胜利60周年系列活动。10月29日，举办浙闽二省八县(市)摄影采风展览活动。2008年，举办中国水彩名家邀请展暨平阳水彩精品展、“墨韵金秋”浙江省书法邀请展、纪念张鹏翼110周年诞辰系列活动、温州书法名家作品展。推荐作品参加2003—2006年平阳文化艺术优秀作品及工作先进评选，4部(幅、篇)作品获金奖，11部(幅、篇)作品获银奖，14部(幅、篇)作品获铜奖，3个协会获先进集体称号，3个文联组织、策划的大型活动获主题活动奖。2009年，举办“科普杯”书法展。是年9月，举办“中国水彩名家邀请展暨平阳水彩精品展”，展出水彩精品50余幅，中国美协水彩艺委会主任黄铁山参加开幕式。2010年5月，来自杭州、温州的20余位画家齐聚山门，参加“深入革命根据地，创作红色经典美术作品”活动，画家创作的作品10月在杭州、温州等地展出。2012年10月，举办“喜迎十八大展示新平阳——‘翰墨丹青印记中’”美术书法摄影展；12月，举办纪念县文联成立30周年系列活动。编辑《平阳县文联30年》画册，制作黄公望“水阁清幽图”等个性邮票，评选出平阳县“文艺事业突出贡献奖”“金鳌奖”“金凤凰奖”“优秀文艺工作者”等29人。

演出

2000年，举办“温州市首届京剧票友大会演”“纪念温州鼓词名师陈昌牌诞辰135周年”系列活动。2002年，举办庆祝“平阳县文联成立二十周年”系列活动，县四套班子领导出席县文联成立20周年晚会，为33人颁发文艺创作贡献奖和文艺创作成果奖。2003年，“非典”期间组织文艺工作者为广大医务工作者举办“众志成城”抗击非典文艺演出。2006年6月10日，举办第六届中华京剧票友艺术节，著名京剧表演艺术家张学津、国家一级演员张萍等8名京剧表演艺术家以及来自全国各地的京剧票友近200人参加演出。2010年，举办平阳县第三届文化艺术节曲艺专场表演。

第八章　残疾人联合会

1991年，平阳县残疾人联合会在县委、县政府的重视和关注下得以建立。县残联建立后致力于自身、基层组织及下属单位的建设；并宣传、落实党和政府关于残疾人的政策法规；实施多项残疾人康复工程；建立、完善残疾人社会保障和服务体系；关注、维护残疾人的各项权益。其间，县残联的工作得到国家、省、市的充分肯定，至2012年县残联及其工作人员获得国家省市级荣誉23次，其中国家级1次、省级9次，市级13次。

第一节　代表大会

1991—2012年，县残联适时召开全县残疾人代表大会，进行县残联执行理事会换届，分别选举产生第一至第六届执行理事会和主席团；选举苏尔勇为第一、第二届县残联执行理事会理事长，选举李德清为第三届执行理事会理事长，选举白锡队为

1991—2012年平阳县残疾人联合会代表大会情况一览表

表25-8-1

届次	会议时间	出席代表数(人)	主要内容	历任理事长名单
一	1991年5月	101	听取《发展残疾人事业，维护社会稳定，促进国家进步》的工作报告，选举产生第一届执行理事会理事34人	苏尔勇(1991年5月至1994年4月)
二	1994年4月	109	听取《审时度势，开拓前进，开创平阳县残疾人事业的新局面》的工作报告，选举产生第二届执行理事会及理事长1人，副理事长1人	苏尔勇(1994年4月至1996年8月) 周时朵(1996年8月至1998年7月)

续表 25-8-1

届次	会议时间	出席代表数（人）	主要内容	历任理事长名单
三	1999年1月	125	听取并审议平阳县残疾人联合会第二届主席团工作报告，大会选举产生县残联第三届主席团37名委员，及第三届执行理事会，各专门协会主席、副主席	李德清（1998年7月至2000年9月） 许方楷（2000年9月至2001年12月） 白锡队（2003年9月至2003年10月）
四	2003年10月	149	审议通过县残联第三届主席团题为《与时俱进 开拓创新 全面推进我县残疾人事业与经济社会同步发展》的工作报告，大会选举产生县残联第四届主席团49名委员，及第四届执行理事会，各专门协会主席、副主席	白锡队（2003年10月至2007年11月）
五	2007年11月	179	审议通过县残联第四届主席团题为《坚持科学发展，继续务实创新，为实现我县残疾人事业和谐发展而努力奋斗》的工作报告，大会选举产生县残联第五届主席团49名委员，并推举产生出席市残联第五次代表大会代表，以及第五届执行理事会，各专门协会主席、副主席	白锡队（2007年11月至2011年12月） 温康平（2011年12月至2012年12月）
六	2012年12月	207	审议通过县残联第五届主席团题为《乘势而上，锐意争先，加快实现我县残疾人事业与经济社会更加协调发展》的工作报告，大会选举产生县残联第六届主席团47名委员，并推举产生出席市残联第六次代表大会代表，以及第六届执行理事会，各专门协会主席、副主席	温康平（2012年12月）

说明：资料由县残联提供

第四、第五届执行理事会理事长，选举温康平为第六届执行理事会理事长。

第二节　残疾人组织

县残联及下属单位

县残联　1991年以前，残疾人工作由县民政局分管。1991年5月，平阳县残疾人联合会成立，仍由县民政局管理。县残联设有县盲人协会、县聋人协会、县肢残人协会、县智力残疾人及亲友协会、县精神残疾人及亲友协会等5个专门协会。1996年10月，县残联单列，升格为正科级事业单位。1997年10月县残联下设办公室、教育就业部、康复部、群宣部。2002年，机构改革撤销群宣部。至2012年，县残联内设3个机构：办公室、康复部、教育就业部，定编10人。

下属单位　1997年4月，县残疾人劳动就业管理所成立，系县残联直属事业单位。是年10月，县残联康复指导站成立，与县残联康复部合署办公，系县残联直属事业单位。2000年12月，县残疾人服务社成立，是县残联直属全民性质企业单位。2008年12月，13名工作人员全部改制，一次性买断工龄。

基层残疾人组织

1992年12月，全县29个镇（乡）设立残联。1998年，全县设有镇（乡）残联31个。2010年，全县有镇（乡）残联29个，专兼职残联干部29人，村（居）残疾人联络员638个。2011年，全县各乡镇撤并后，有镇（乡）残联11个，专兼职残联干部11人，社区残疾人协会32个。2012年，全县行政区划调整后，有镇（乡）残联10个，专兼职残联干部19人，聘任镇乡残联残疾人专职委员6人，社区残疾人协会66个。

第三节　主要工作

评残发证

1994年，开始残疾人情况调查，并在昆阳、鳌江片发放第一代残疾人证。2006年，全县有各类残疾人约54109人，占全县总人口的6.36%。2008年8月，开始换发第二代残疾人证。截至2012年，全县已领取第二代残疾人证12000人。是年，全县有各类残疾人55609人。

残疾人康复工程

1991年后，县残联从“小儿麻痹症矫治、白内障手术复明、截瘫”三项康复做起，逐步发展到低视力康复、肢残矫治手术、聋儿语训、智残儿童康复、安装假肢等多项康复工程。

小儿麻痹症矫治　1994年，三项康复取得突破性进展，结束平阳县小儿麻痹症矫治手术零的历史，实施小儿麻痹后遗症矫治手术47例。1995年，邀请县中医院专家对残疾人3000余人进行免费检查，并分别在鳌江中医院和县第一人民医院成功地为残疾人进行小儿麻痹症矫治手术150例。至2001年底，基本完成小儿麻痹症矫治工作。

白内障复明手术　20世纪90年代初，县残联发起“一元捐”活动，支持“白内障”康复工作。1999年，县残联、县民政局、县总工会、团县委、县妇联等单位围绕“无障碍与视觉第一”主题，开展视觉行动，联合发出“让他们重见光明”倡议书，为白内障患者捐资8.2万元。2002年，通过“光明行动”，为346名白内障患者施行手术。2005年，启动实施助盲工程，将低视力康复纳入其中。是年，为200名白内障患者实施复明手术，其中为50名贫困白内障患者进行免费手术，低视力配助视器16人，低视力家长培训5人。2008年后，平阳县全面实施“助明、助听、助行”等小康康复工程。2011年，平阳县成功创建“全国白内障无障碍县”。至2012年，实施白内障复明手术4590例，低视力康复266例。

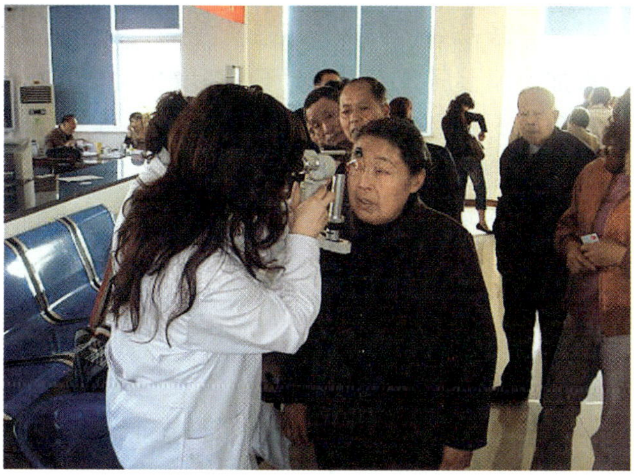

2009年4月，县残联邀请温州医学院附属眼视光医院眼科专家到平阳县义诊，为全县200余名贫困白内障患者体检筛查，其中103名符合手术条件的患者分批得到免费复明手术

助行工程　2001年，平阳县启动对下肢缺肢的贫困残疾人免费安装假肢，是年免费安装35例。2008年，全省实施残疾人康复工程，平阳县扩大助行工程覆盖面。至2012年，免费安装假肢219例。

助听工程　2002年，县残联启动“助听工程”，为全县各地6名贫困聋人免费安装助听器，组织8名聋儿家长参加由省听力技术服务中心的聋儿家长培训及听力保健知识讲座。组织力量开展聋儿情况摸底工作。2008年，平阳县扩大助听工程覆盖面。至2012年，免费验配助听器963例。

残疾儿童抢救性康复工程　2010年，平阳县开展0～6周岁残疾儿童抢救性康复工程，为1名贫困聋儿配发基本型人工耳蜗，并提供人工耳蜗手术及术后康复训练，新收语训聋儿2人，聋儿康复训练5人，智力残疾儿童训练10人，脑瘫儿童康复训练3人，肢体残疾人社区训练5人，家长培训43人。2011年，为2名贫困聋儿配发基本型人工耳蜗，新收语训聋儿2人。2012年，全县58名贫困残疾儿童得到人工耳蜗、聋儿语训、智残训练、脑瘫康复、器具等康复服务。

残疾人社会保障

基本生活保障　20世纪90年代后，对处于最低生活保障线下的残疾人实施最低生活保障。至2005年，全县有残疾人1523人纳入低保。2008年开始，实施残疾人共享小康工程。至2012年，全县3741名贫困残疾人纳入最低生活保障或重残救助，并使所有一二级重度残疾人全额享受低保金或基本生活补助金，实现符合条件的残疾人应保尽保、单独施保、全额享受。

全县838名生活不能自理重度残疾人纳入托安养工程，得到集中托养或居家安养，托安养率90.01%。

医疗保障　2006年，启动残疾人医疗保险工作。是年，有7600余名残疾人进入医疗保障体系，其中重度残疾人、低保残疾人（由民政负担）、特困残疾人给予全额补助；1649名特困残疾人的参保个人出资部分由县财政和县残联各负担50元。2012年，对全县3900余名残疾人、特困残疾人、低保残疾人参保新农合给予全额补助，每年补贴参保费用39万元。是年，全县99.24%的农村残疾人参加新型合作医疗保险。县民政部门推出《社会医疗救助办法》，对特困残疾人的医疗给予1000～3000元的特殊救助。

养老保障　2007年，各用工单位为招用的残疾职工办理基本养老等社会保险，参保率95%以上。对城镇贫困残疾人个体户养老保险给予每月100元的补贴。是年，补助9人。至2012年年底，有64名残疾人得到个体户养老保险补助。全县残疾人养老保险基本实现全覆盖，95.02%的持证残疾人纳入城乡居民养老保险，同时还推出针对残疾人的特惠政策，对全县近6500名参保年龄段的持证残疾人提供100元最低档投保经费补助，每年补贴65万元。

残疾人就业

1991—2012年，县残联以输出培训、委托培训、自主办班、再就业培训、农村劳动力转移培训、创业培训等形式，举办培训班170期，使5091名残疾人得到按摩、制鞋、电器修理、电脑、缝纫、种养业技能等免费培训。

按比例就业　1997年，开始推行按比例就业工作，对安置残疾人未达法定比例的用人单位，征收残疾人就业保障金。2003年，在温州市率先实行由地税代征、会计核算中心代扣、银行代收的办法，扫除工作盲点。残疾人就业人数、保障金征收额大幅提高。保障金全部纳入国库及财政预算，实行收支两条线。2012年，残疾人就业保障金征收额1420万元。1997—2012年，分散安置就业506人次，征收残疾人就业保障金6000万元。

集中就业　1995年，扶持梅溪、梅源等养殖场和县体育用品厂等5家经济实体和企业，安置残疾人118人。1996年，残联与民政分设，福利企业管理以民政局为主。2012年，县残联管理的5家福利企业，集中落实安置170人。

其他形式就业　2006年，县财政局和县残联出台《关于对贫困残疾人个体工商户给予资金补助的通知》，对符合条件的贫困残疾人个体工商户，视经营情况一次性给予1000～3000元的补助。是年，新增个体就业63人，劳务输出30人，农村种养就业291人。2007年，残疾人个体就业64人，劳务输出28人。2008年起，县残联通过举办春季残疾人专场招聘会，采取政府购买公益性岗位、个体户养老参保补助等措施促进就业。至2012年，帮扶残疾人个体工商户、种养大户等741人。聘任63名残疾人社区专职委员，落实年人均待遇4800元。开拓盲人按摩等新的就业领域，培训盲人按摩人员146人，支持创办盲人按摩机构18个，安置82名盲人就业。

残疾人文体活动

文化活动　2001年，组织创作残疾人舞蹈《我们在爱的人间成长》，获得市残疾人文艺会演表演一等奖、创作奖和省残疾人文艺会演表演二等奖、创作奖。至2012年，县残联2次选送聋人舞蹈演员林玲参加中国残疾人艺术团随团出国演出；邀请省残疾人艺术团到平阳县演出5次，1万余人次观看演出；摄影爱好者余贤威被中国摄影家协会吸收为会员；歌手陈静参加省市残疾人歌手演唱比赛，获得全省三等奖、全市一等奖的好成绩；平阳县聋生叶志修、包崇海，获教育部、中国残联举办的“首届全国特殊教育学校（院）学生美术大赛”优秀奖并受到表彰嘉奖。

体育活动　1994年，平阳县残疾人组成代表团参加温州首届残疾人运动会，夺取乒乓球、游泳两个项目5金5银4铜的好成绩。县代表团分别在2002年、2006年、2010年的市第五届、第六届、第七届残疾人运动会上，取得团体总分第4名、第3名、第4名的好成绩。1998年，在省第五届残运会上，平阳县7名运动员为市代表队夺得6金1银1铜的好成绩。

社会关爱活动

公益活动　残联每年抓住“全国助残日”“爱耳日”等活动契机，开展扶残助残活动。多次举办“爱心助残·平等共享”“五月鲜花·真情传递”“爱在人间”等大型助残广场公益活动，并邀请省残疾

2006年助残日活动现场　　刘国居　摄

人艺术团到平阳县慰问演出等。2006年，平阳县各镇(乡)因地制宜开展“康复进社区，服务到家”活动，建立昆阳镇兴业社区康复点等社区康复点112个。2012年，平阳县开展“无障碍进家庭”项目，为140户残疾人家庭赠送无障碍器具及服务。县残联每年以“爱耳日”“爱眼日”等活动为契机，组织开展“义诊”及“助明”医疗筛查队下乡等活动，开展残疾预防知识宣传，编发《残疾预防手册》等资料，印发资料3万册(份)。至2012年，全县有干部群众、青年志愿者、残疾人代表等10余万人次参加助残日活动。一大批社区(村、居)主动开展助残日活动。

宣传活动　县残联利用报刊、电视、广播、国际互联网、残联网站等媒介，开展残疾人事业宣传工作，营造全社会共同理解、关心、支持、重视残疾人事业发展的氛围。至2012年，县残联悬挂各类宣传横幅500余条，张贴标语5万余张。2001年，创办《残联简讯》，至2012年刊发100余期。2002年，县残联与县电视台联合推出每晚播出助残公益广告。2005年，县残联推出残疾人专题电视节目《我们同行》《双语新闻》。2006年，创办县残联网站。2012年，设立《新平阳》助残专栏。县残联新闻信息宣传报道组每年在省市县级媒体、网站刊发报道近100篇。此外，县残联还借助村(居、社区)宣传栏、手机公益短信、电视公益广告、户外大型公益广告等手段，宣传残疾人事业。

送温暖活动　1991年，县残联开展“输血式”扶贫，特别在助残日、春节等节日，将特困残疾人作为重点对象之一纳入“送温暖”活动或结对扶贫。至2012年，全县走访慰问贫困残疾人家庭6000余人(户)，发放慰问品、慰问金270万元。在县政府、主管部门、残疾人家庭等多方努力下，全县适龄残疾儿童入学率由原来的不足85%，提高至2012年的93.42%，在校的残疾学生130人。构建全县残疾学生从小学、中学到大学的“十五年助学计划”，救助残疾学生和特困残疾人子女3084人次。

省级爱心城市与托养康复中心创建　2010年，开展省级扶残助残爱心城市创建。2012年8月份，“省级扶残助残爱心城市”创建工作顺利通过验收。同时，开展市级爱心乡镇、县级爱心社区创建活动，开展爱心单位(企业)、爱心家庭和爱心人士评选活动。2011年，平阳县第一批3个镇获得市级扶残助残爱心乡镇称号。2012年，第二批8个乡镇获评市级爱心乡镇。是年，县残联联合宣传部等8个部门开展爱心人士、爱心家庭评选。

2011年，县残联启动专业服务设施建设。慈爱托养康复中心和阳光托养康复中心列为县级重点建设项目。2012年，慈爱托养康复中心完成施工图设计、建设用地性质规划调整；阳光托养康复中心落实规划选址。

扶贫基地与安居工程　1994年，平阳县从康复扶贫贷款贴息起步，扶持发展残疾人扶贫基地。县残联实施造血扶贫，以市场为导向，通过资金帮扶、政策引导、爱心感化等多种手段扶持一批残疾人扶贫基地。至2012年，扶持发展23个残疾人扶贫基地(其中获评省级扶贫示范基地4个，市级扶贫示范基地4个)，安置残疾人218人，辐射残疾人416户。落实帮扶残疾人扶贫基地、扶贫贷款贴息资金460万元。

2004年起，县残联实施残疾人危房改造工程。2005年，改为安居工程。至2012年，解决565户贫困残疾人住房问题，总建筑面积47039平方米，投入资金3104万元(其中各级残联投入294万元)，新增残疾人廉租房补贴34户。

残疾人维权

法规政策　县政府制定实施平阳县残疾人事业“八五”“九五”“十五”“十一五”“十二五”发展规划。

县政府于1995年出台《平阳县人民政府关于

对平阳县残疾人实行优惠政策的通知》、2005年出台《关于进一步加强扶助贫困残疾人工作的通知》、2008年出台《实施残疾人共享小康工程的实施意见》。2006年，县财政、县残联出台《关于进一步加强残疾人职业技能培训工作的通知》等多个扶助残疾人的优惠政策，为解决贫困残疾人的生产、生活困难以及康复、医疗、教育、就业、维权等方面提供政策支撑。部分乡镇、村居也制定扶助残疾人的优惠规定。人大及有关部门开展执法检查，使平阳县残疾人事业步入法制轨道。

2003年，在司法部门的支持下，县残联与“148”法律援助中心等部门建立联动制度，建立县残联法律援助工作站。至2012年，县残联接待各类残疾人信访维权案件2000余人次。

开展普法宣传活动，会同县司法局等单位开展“法律进社区”活动、举办法律知识讲座。

无障碍活动 至2012年，全县主要城镇、公共设施、公共建筑、商业和服务类场所盲道等无障碍设施建设逐步推行。县残联启动无障碍进社区活动，新建社区活动中心基本上实现无障碍化。实施信息无障碍工程，赠送彩电、手机717台，爱心电话卡460张，使全县残疾人电话、彩电拥有率85%。开通电视双语新闻，开展中国手语进服务窗口活动。

第九章 红十字会

在县委、县政府的重视和关注下，平阳县红十字会（简称“县红十字会”）得以在市内较早建立，基层组织和会员不断增加，适时召开会员大会，进行理事会换届。1990—2012年，县红十字会以“人道、博爱、奉献”精神为宗旨，组织会员、志愿者宣传人道精神，开展救灾救助、无偿献血、普及急救知识等公益活动。1992年，县红十字会被省红十字会评为全省红十字会系统先进集体。1994年，被省红十字会评为报刊发行先进集体。

第一节 组织 代表大会

1990年10月，平阳县召开县红十字会成立大会暨县红十字会第一次会员大会，县红十字会是温州市第一个县级红十字会组织。1991年3月，平阳县成立第一个基层组织县防疫站红十字会。至2005年11月，县红十字会由县卫生局代管。2005年12月始，县红十字会改为由县政府领导联系，实行独立建制，列入群团机关序列。至2012年，平阳县有基层红十字会组织47个，发展会员6260人，成立志愿者队伍2支，参加各类活动的志愿者740人次。1990—2012年，共召开五次会员代表大会，选举产生第一至第五届理事会。

第二节 主要工作

红十字人道精神传播

县红十字会利用每年“五八”世界红十字日、世界艾滋病防治日以及《中华人民共和国献血法》颁布日等特定日子，通过广播、电视、报纸、因特网以及悬挂横幅标语、制作灯箱广告等方式，开展弘扬红十字“人道、博爱、奉献”精神的宣传活动。组织青少年会员发放宣传资料，让社会公众进一步了解红十字会运动、红十字会法等知识。至2012年12月，印制发放各种宣传资料185500份，各新闻媒体

1990—2012年平阳县红十字会会员代表大会召开情况一览表

表25-9-1

届次	召开时间	出席代表大会人数（人）	主要内容
一	1990年10月	41	选举产生由31人组成的第一届理事会及6人组成的常务理事会，聘请县政协主席钱克锦和县人大常委会副主任林声足为名誉会长，选举副县长周景标为会长
二	1993年12月	41	周景标受第一届理事会委托向大会做工作报告。大会选举产生由31人组成的第二届理事会及5人组成的常务理事会，聘请县人大常委会主任林声足、县政协副主席周慎和副县长周景标为名誉会长，选举副县长王德植为会长

续表 25-9-1

届次	召开时间	出席代表大会人数(人)	主要内容
三	1999年4月	150	王德植受第二届理事会委托向大会做工作报告。大会选举产生由58人组成的第三届理事会及7人组成的常务理事会，聘请县长戴祝水为名誉会长，选举副县长王德植为会长。2000年9月，平阳县红十字会召开第三届理事会常务理事会议。经会议表决，通过增补卢剑平为县红十字会第三届理事会理事、常务理事、会长的决议，通过王德植不再担任县红十字会理事、常务理事、会长的决议
四	2007年12月	120	陈绍平受第三届理事会委托向大会做工作报告。大会选举产生由72人组成的第四届理事会及11人组成的常务理事会，聘请县委书记仇杨均、县长黄安波为名誉会长，选举副县长汤筱疏为会长
五	2012年12月	111	温从忠受第四届理事会委托向大会做工作报告。大会选举产生由53人组成的第五届理事会及11人组成的常务理事会，聘请县委书记王中毅、县长黄敏为名誉会长，选举副县长杜伟锦为会长

说明:资料由县红十字会提供

宣传报道有关红十字会的信息68篇，悬挂横幅标语80条，在城区主要街道制作灯箱广告150个次。

社会救助

至2012年12月，县红十字会用于各类救灾救助的款物3619万元，受益887998人次。

1994年，第17号台风袭击平阳县，县红十字会立即开展抗灾救灾活动:灾后第一天就组织4支医疗队赶赴重灾区，抢救转移重伤员846人，轻伤员2000人;协同县防疫部门组成10支预防“02”病(指霍乱、鼠疫)小分队，对全县数千口水井、居民饮水点投放消毒药品3吨;灾后第三天组织医疗队为灾民义诊，在萧江镇义诊600人次，为256名老人建立健康档案，向上级红十字会争取到药品、食品及衣服棉被，总价值50余万元，并及时发到灾民手中，有78400人受益。

1998年，长江等流域发生特大洪涝灾害，县红十字会向社会各界发出倡议，收到爱心款188153.5元和部分衣服、棉被等物资，并及时把爱心款和物资送到安徽、江西等灾区。2003年春夏，中国部分地区发生传染性非典型肺炎的疫情，县红十字会组织会员到车站、码头发放知识手册，并动员市民捐款，先后募集100余万元，作为“抗非”专项资金投入到县防治“非典”的工作中。2004年12月，为救助印度洋地区受海啸、地震影响的灾民，县红十字会响应中国红十字总会与国际红新月会(国际联合会)的呼吁，在全县范围内开展募捐活动。在半个月时间内筹集善款20余万元，并通过中国红十字总会将款项转交到受灾国。

2006年8月，平阳县遭受第8号超强台风“桑美”袭击，损失严重。县红十字会立即启动救灾紧急预案:赴受灾的乡镇了解情况并第一时间向省、市红十字会报告灾情;从救灾款中紧急拨出50000元购置一批方便面、食用油和饮用水送到受灾严重的灾民手中，确保他们的基本生活需求;制定救灾计划，分配上级红会送来的救灾物资;向全社会发出倡议，号召全县人民伸出援助之手帮助灾民重建家园。9月5日，与县委组织部、县青年企业家协会在平阳国际大酒店举办“为了共同家园——爱心捐赠义演”活动，为遭受“桑美”重创的灾区群众募集善款，帮助他们重建家园。晚会现场筹集善款126万元。12月，为患先天性心脏病的四川籍学生张杨玲募集善款5万余元。

2008年，收到社会各界为四川汶川“5·12”特大地震灾区捐款1913万元，捐款数额在全省各县排名中位于第二。离休干部李扬约及两名红十字志愿者分别获得省红十字会颁发的“浙江省红十字人道促进奖”与“浙江省红十字会抗震救灾优秀志愿者”称号。县教育局、雨田集团、庄吉置业有限公司等5家单位获得“浙江省红十字会抗震救灾特别奉献奖”的称号。

2010年4月，县红十字会收到为青海玉树7.1级地震和舟曲特大山洪泥石流灾区的爱心捐款59.1万元，并全部汇往灾区。2012年1月，县红十字会与县妇联联合开展“爱心红十字·贫困两癌妇女关爱资助行动”，慰问平阳县22名患“两癌”（宫颈癌、乳腺癌）的贫困妇女，并为她们送去慰问金。

无偿献血及器官捐献

2000年，县红十字会开始开展无偿献血活动，并利用新闻媒体、宣传车宣传《中华人民共和国献血法》和有关的用血优待政策，组织红十字会青少年会员在全县各大乡镇发放献血小常识及献血前后需要注意的事项，使得更多的人了解血液知识，懂得科学献血有益健康的道理。县红十字会机关工作人员6人除1人因为身体因素不能献血以外，其余5人在2000年就参加无偿献血，成为平阳县第一批无偿献血者。截至2012年12月，全县参加无偿献血42820人次，献血量10789.91升。平阳县先后8次被省、市评为无偿献血先进县。

2012年，县红十字会出台《平阳县红十字会关于造血干细胞血样采集有关操作办法的通知》，成功采集造血干细胞115例。是年，开展遗体捐献、器官捐献等知识的宣传、普及和登记联络工作。至是年底，全县已登记遗体（器官）捐献志愿者5人。

应急救护知识普及

至2012年12月，举办应急救护知识培训班283个班次，培训红十字救护员37183人，卫生救护知识普及120000人次。

1994年3月，县红十字会举办首期渔民海上卫生救护培训班，53名船老大和轮机长初步掌握应急救护知识。1999年开始，县红十字会对驾驶员进行卫生救护培训，使驾驶员可以在现场进行正确的自救、互救处理。2004年6月，县红十字会与县供电局联合在全县电业系统开展卫生救护培训，有80名电业系统的专业技术工人参加培训。2012年，借助县安监局安全生产培训平台成功举办12期、2200人参加救护培训。是年，结合“进村入企”开展红十字知识讲座进社区、进学校活动，在鳌江育英幼儿园针对老师和家长举办一期救护培训。

防台防洪安全所建设

为确保群众生命财产安全和灾后救灾工作及时开展，2010年动工建造防台防洪安全所。2012年6月全面竣工投入使用。县红十字会防台防洪安全所分为地面建筑和地下设施两部分，用地面积1684平方米，建筑面积2088平方米，总投资383.95万元。平时作为县红十字会备灾救灾物资储备中心和活动场地，存储上级红十字会调拨和本级日常募集的救灾物资，开展红十字会的有关活动。台风洪水频发的季节作为公众避难所。灾前可将群众转移到地下安全所，确保群众生命财产安全。灾后及时开展救济工作，并可作为一些灾民的临时安置房。

第二十六卷

DI ER SHI LIU JUAN

《平阳县志（1989—2012）》

PINGYANG XIAN ZHI

法　治

1989—2012年，随着“依法治国”方略的实施和社会主义民主法制建设的推进，全县政法部门在中共平阳县委、县政府的领导和各方面共同配合下，通过开展集中统一行动、专项斗争和经常性工作，严厉打击犯罪分子，调解各类经济、民事纠纷，有效地维护了全县政治安定和社会稳定。

县公安部门在惩治犯罪，实施治安、户政、消防和道路交通的管理，加强社会基层防范和重点单位的保卫等方面都发挥了职能部门作用。县人民检察院依法独立行使检查权和职务犯罪侦察权，深入开展打击严重经济犯罪的斗争，惩治刑事犯罪和预防职务犯罪。县人民法院推进法院改革、司法规范化建设，做好案件的审判和执行工作。县司法行政机关在普及法律常识、指导和管理人民调解、提供法律服务、推进社区矫正、安置帮教工作、公证工作等民主法制建设工作中发挥职能作用。

第一章　公　安

1989—2012年，县公安局受理刑事案件77169件，破获30382件；全县治安案件发案72243件，查处58732起。2007—2012年，全县发生造成人员死亡的交通事故532起，死亡543人。2000—2012年，消防部门火灾接警6902起，火灾造成直接经济损失2016.76万元，死亡36人。2001—2012年，全县因私出国（境）33735人，外国人入境5533人，办理港澳台通行证46864份。2008—2012年，“110”有效接警253348次。

第一节　机构　队伍

内设机构

1989年初，县公安局内设办公室、政工科、后勤科、侦查科、保卫科、治安管理科、刑事侦察队、预审科、消防科、出入境管理科、经济侦查科、信访科、通信科、法制科、监察科、交通警察队、看守所。之后，公安局内设机构多次进行调整。

至2012年底，县公安局内设办公室、政治处、指挥中心、工会、信访科、情报信息大队、法制大队、警务保障室、纪委监察室、警务督察大队、网络警察大队、出入境管理大队、国保大队、经济犯罪侦查大队、治安大队、户政基础管理大队、新居民治安管理大队、预审大队、刑事侦察大队、有组织犯罪侦查大队、特侦大队、禁毒大队、交通警察大队、看守所、拘留所。

昆阳镇雅河路县公安局办公大楼（2006年）

公安派出所

1989年，全县设有昆阳镇、鳌江镇、鳌江区、水头镇、水头区、萧江镇、万全区、山门、腾蛟、麻步、顺溪区11个派出所。1993年11月，撤销鳌江区、顺溪区派出所，设立钱仓、榆垟、务垟、郑楼、南雁、鹤溪、顺溪派出所。1997年4月，撤销水头区派出所，辖区业务归入水头镇派出所。2000年3月，撤销万全区派出所，辖区业务归入昆阳镇派出所；撤销务垟派出所，辖区业务归入鳌江镇派出所。2010年底，郑楼派出所更名为万全镇派出所。

至2012年年底，全县设有昆阳镇、鳌江镇、水头镇、萧江镇、万全镇、榆垟、钱仓、麻步、腾蛟、山门、顺溪、南雁、鹤溪13个派出所。

队伍

1989年，平阳县公安局实有民警286人。1993年4月21日，平阳县举行首次授衔仪式，全局245名民警被授予警衔，其中一级警督2人、二级警督17人、三级警督26人；一级警司69人、二级警司84人、三级警司27人；一级警员10人、二级警员10人。

2004年9月，县公安局机构改革“三定”（定职能、定机构、定编制）方案确定，县公安局人员总编制为653人。后行政编制逐年增加，至2012年年

2011年4月，民警队列操比武现场

底，县公安局编制729人，实有在编人员726人(民警695人，职工31人)。其中，一级警督101人、二级警督91人、三级警督140人；一级警司152人、二级警司86人、三级警司94人。

1989—2012年，县公安局民警有2人立一等功、18人次立二等功、191人次立三等功。

第二节 刑事案件侦查

侦查破案

1989年，县内刑事犯罪案件由刑事侦察队负责。1993年2月，刑事侦察队更名为刑事侦察大队。1996年，下设昆阳中队、鳌江中队、北港中队、重案中队和技术中队。1998年，刑事侦察大队更名为刑事侦查大队。2010年8月，大队增设有组织犯罪侦查中队。2012年3月，设立有组织犯罪侦查大队。

进入21世纪后，县内的刑事犯罪的趋势和特点是：发案总量上升，案件的恶性程度增加，犯罪区域主要集中在昆阳、鳌江、水头三镇，雇凶杀人案件增多，出现黑社会性质组织，制贩枪支、持枪作案增多，飞车抢夺频发；盗窃汽车、摩托车案突出，系列性、团伙性、跨区域性特别明显，外地在平阳人员犯罪增多；高智能犯罪手段多。

2006年，平阳县开始严格贯彻公安部提出的侦破重特大案件“一长双责”“四长必到”等工作制度，实行公安局长领导下的专案组长负责制和刑技部门负责人负责制，确保命案案发后，局长、分管副局长、刑侦大队长、派出所所长“四长”到位，领导靠前指挥，开展侦查、刑技、网侦、技侦多警种合成作战。

公安机关的侦查手段，除使用传统的指纹、痕迹、解剖等技术外，1999年开始，利用公安互联网络比对指纹和追捕逃犯。2002年开始，监控系统“全球眼”技术设备投入使用。2006年开始，利用DNA鉴定身份，利用网监系统查找疑犯。

1989—2012年，刑事侦查技术人员勘验案件现场21200起，提取痕迹物证16960件，制作勘查笔录4000份，绘制现场图片4000套，建单指纹档案33800份、现场物证档案15860份，出具法医鉴定书18955份，拍摄刑事现场照片215000张、人像照片33800张，通过技术鉴定破获刑事案件3560起，认定犯罪嫌疑人1840人。

专项斗争

1989年5月，县公安局开展“打流窜、破大案、挖团伙、追逃犯”专项斗争，抓获流窜犯20人，破获重大刑事案件29起，摧毁犯罪团伙17个，追捕在逃人员22人，抓获各类犯罪嫌疑人116人。

1990年，在全国统一集中开展的严厉打击严重刑事犯罪活动的斗争中，县公安局抓获各类违法犯罪嫌疑人628人，其中重大犯罪嫌疑人309人；破获各类刑事案件410起，其中重特大案件143起；挖出犯罪团伙39个196人，缴获赃款赃物价值150余万元。

1993年4—12月，在全县开展以打击团伙犯罪为重点的“三打一禁”(打击团伙犯罪、打击车匪路霸、打击拐卖妇女儿童，查禁卖淫嫖娼活动)专项斗争，确定水头、腾蛟和104国道线“二点一线”为重点，组织区域性集中行动129次，出动公安干警、联防队员、党政干部共5056人次，摧毁犯罪团伙56个，抓获成员280人，破获各类刑事案件320起，其中重特大案件222起，抓获各类违法犯罪嫌疑人873人，追捕在逃人员148人，解救被拐卖妇女18人，缴获凶器352件、赃款赃物价值110万元。

1994年8—12月，以“打团伙、破大案、打流窜、追逃犯”为重点，在全县范围内开展整治农村社会治安的斗争。组织大小集中行动64次，出动公安干警、联防队员、党政干部750人次，摧毁犯罪团伙

42个，抓获208人，破获各类刑事案件310起，其中重大案件223起，查处治安案件483起，抓获各类违法犯罪嫌疑人639人，追捕在逃人员193人。

1995年3—6月，在全县范围内开展打击流氓恶势力专项斗争，全县整治8个乡镇、200余个重点场所和单位，摧毁流氓犯罪团伙12个60人，抓获违法犯罪嫌疑人287人。抓获抢劫、强奸、流氓的重大恶势力头子林某，摧毁以胡某某为首的横行鳌江江口的“江口帮”犯罪团伙。

1997年，县公安局先后组织发动“春季攻势”“夏季破案战役”和“冬季破案攻坚战”，成功侦破“3·9”腾蛟投毒杀人案、“4·4”碧泉寺凶杀案、“6·18”鳌江抢劫杀人案、“10·4”民警手枪被劫案、“11·4”山门特大绑架勒索案、“11·28”水头持枪杀人案等一批危害严重的重特大恶性案件。

1998年，县公安局先后开展“打击严重犯罪，防范盗窃抢劫，清理实有人口”“反盗抢，夏季严

1989—2012年平阳县刑事案件立、破案情况一览表

表26-1-1

年份（年）	立案数（起）	破案数（起）	破案率%	破积案、隐案（起）	其中大案要案			抓获犯罪嫌疑人数（人）
					立案数（起）	破案数（起）	破案率%	
1989	749	612	81.71	56	224	167	74.55	438
1990	652	447	68.56	44	304	186	61.18	431
1991	732	568	77.60	61	315	216	68.57	514
1992	615	349	56.75	57	295	207	70.17	323
1993	581	373	64.20	45	397	247	62.22	359
1994	690	510	73.91	74	506	359	70.95	346
1995	493	399	80.93	32	355	274	77.18	1350
1996	481	409	85.03	194	174	147	84.48	653
1997	757	468	61.82	108	253	173	68.38	842
1998	1996	634	31.76	104				792
1999	2546	767	30.13	129				1116
2000	3153	970	30.76	151				761
2001	3212	1241	38.64	216				1027
2002	2711	1020	37.62	243				957
2003	4555	1352	29.68	413				1022
2004	6298	1721	27.33	375				1252
2005	6440	1519	23.59	516				1015
2006	5858	1962	33.49	519				1401
2007	6337	1809	28.55	523				1378
2008	5910	2881	48.75	192				1334
2009	5893	2242	38.05	96				1433
2010	5125	2008	39.18	780				1464
2011	5523	2250	40.74	786				1527
2012	5862	3871	66.04	783				1666

说明：①表格数据为县刑侦大队立、破案情况；②1998年之前，为提高破案率，地方上存在先破后立等不如实立案情况，从1998年始，公安部要求公安机关如实立案，立案数大幅增加破案率下降；是年，公安部取消报表中大要案统计项目；③资料由县公安局提供

打整治行动”和“以破案追逃为重点百日破案攻坚战”，破获各类刑事案件228起，其中大案91起，盗窃、抢劫案件130起，抓获各类违法犯罪嫌疑人873人，其中逃犯78人，摧毁各类犯罪团伙68个，抓获成员234人，查处治安案件363起，清理整顿各类场所、部位300处；缴获炸药9千克，雷管71枚，赃款、赃物80余万元。

2000年，在夏季严打整治中，全县破获各类刑事案件536起，抓获在逃人员101人，查获各类枪支7支，攻克“4·3”鳌江江滨路持枪抢劫案、“6·21”榆垟抢劫杀人案等市局挂牌案件。是年，开展“打拐”专项斗争，破获拐卖妇女儿童案件10起，摧毁犯罪团伙2个，抓获成员7人，抓获犯罪嫌疑人9人，解救被拐妇女120人、被拐儿童4人。

2001年4月至2003年3月，在为期2年的“严打”斗争中破获各类刑事案件2880起，其中杀人案件5起，市公安局挂牌督办涉恶案件2起，县局挂牌督办涉恶案件11起，而且成功抓获省厅挂牌督捕在逃人员季某某，市局挂牌督捕在逃人员应某某、陈某某等一大批久抓未捕的重特大在逃人员。侦破“4·16”郑楼杀人案、“8·5”昆阳铁桶沉尸案、“11·15”钱仓清华寺杀人案、“1·7”车站南路杀人案、“1·12”鳌江镇榕桥村杀人案、“2·16”闹村杀人案、“2·23”腾蛟杀人案、“3·2”鳌江镇大众宾馆杀人案、“3·16”昆阳镇零点酒吧杀人案、“5·6”萧江镇杀人案、“11·14”萧江镇系列性投毒杀人案、“12·13”南湖杀人案等一批重特大恶性案件。

2004年，县公安局开展“百日破案会战”、春季区域性严打整治斗争、禁毒专项斗争、严密防控网络遏制盗抢犯罪“百日攻坚战”、命案侦破专项行动、“秋收”行动、“攻命案、打盗抢、追在逃人员、禁赌博”会战等行动。侦破“2003·4·19”郑楼凶杀案、“8·9”水头抢劫杀人案、“11·19”昆阳绑架学生案。

2006年，县公安局先后开展命案侦破、“反两抢”（抢劫、抢夺）专项行动、打击涉枪、聚众斗殴专项斗争和“扫黑枪、除黑恶、反两抢”严打斗争等。摧毁涉黑涉恶犯罪团伙16个，破获刑事案件60起，抓获犯罪嫌疑人149人，缴获枪支19支，打掉以应某某为首的重大涉黑犯罪团伙。抓获在逃人员374人，同比上升28.5%，在逃人员归案率71.72%，在温州市追逃专项行动中名列全市第一。

2006年10月20日，全县公安机关“扫黑枪、除黑恶、反两抢”严打斗争动员大会

2007年，开展打黑除恶专项斗争，摧毁涉黑涉恶团伙14个，破获黑恶案件99起，抓获犯罪嫌疑人136人，缴获枪支8支。是年，开展“春季铁掌行动”“夏季攻势”、昆鳌两镇“反两抢”等专项活动，摧毁“两抢一盗（抢劫、抢夺，盗窃）”犯罪团伙27个，“两抢”破案率43.3%。抓获在逃人员377人，在逃人员归案率75.8%，在逃人员基数同比下降7.43%，追逃专项行动在温州市再度排名第一。

2008年，开展打黑除恶专项斗争，摧毁涉黑涉恶团伙6个，破获黑恶案件39起。破获涉枪案件11起，抓获涉枪犯罪嫌疑人13人。开展反“两抢一盗”专项行动，破获“两抢一盗”案件1754起，摧毁“两抢一盗”犯罪团伙39个，惩治成员408人，“两抢”破案率43%、盗窃案件破案率35.3%。抓获在逃人员465人，在逃人员归案率73.7%，在全市“打盗抢追在逃人员”突击月竞赛活动中名列温州市第一。

2009年，县公安局先后开展反“两抢一盗”行动、命案防控、打黑除恶、“天网”追逃、09反假币、打击制售假发票、“雷霆”三号、“天斧”禁毒等专项工作。打掉黑恶势力团伙16个，移送起诉192人，破获涉枪案件9起，缴获枪支32支，抓获在逃人员526人。追逃工作成绩名列全市第一，打黑除恶、“猎狐”禁毒行动等多项工作名列全市前茅。对昆阳、水头、鳌江等三镇实施治安乱点挂牌整治，水头涉枪，昆阳、鳌江黄赌毒、刑事案件高发等突出问题得到整治。

2010年，县公安局相继部署开展“铁甲”行动、春季攻势、夏季治安防控大会战、“围城一号、二号”行动和冬季大巡防。打掉黑恶势力团伙27个，破获黑恶势力团伙犯罪案件115起。集中攻坚打盗抢，摧毁盗抢团伙57个，抓获成员218人，侦破案件121串、1589起，破案数、刑拘数同比明显上升。

在“龙风”打黑除恶行动中，摧毁黑恶势力团伙28个，破获刑事案件126起，抓获犯罪嫌疑人287人。在“天网”“清网”追逃行动中抓获各类在逃人员734人，其中，公安部B级督捕在逃人员、部督在逃人员各1人，命案在逃人员32人。侦破“1·31”水头镇剧院路“网龙”网吧故意伤害致两人死亡案、“6·14”鳌江镇火车站前聚众斗殴致两人死亡案、“7·31”鳌江镇老人被杀案等案件。5月，县公安局在“亮剑”“猎手”破案战役中受到公安部嘉奖。

2012年，开展打击侵财犯罪专项行动，破盗窃、“两抢”、诈骗等三类侵财刑事案件3193起，刑事拘留690人，移送起诉717人。开展除恶治乱专项行动，抓获各类涉黑涉恶犯罪嫌疑人397人，破获黑恶势力犯罪案件177起，打掉涉恶团伙28个。成功摧毁以叶某某为首的涉黑团伙，抓获成员21人，其中2名主犯被判处死刑。侦破“2·10”顺溪镇季某某被杀案、“11·25”榆垟镇吴某某被杀案、“4·7”萧江镇马某某杀人案等案件。

第三节　经济案件侦查

案件侦破

1989年，县公安局由经济侦察科负责经济案件的侦破，管辖的经济案件类型有：走私类（走私假币罪）；妨害对公司、企业管理秩序罪类；破坏金融管理类；金融诈骗类；危害税收征管类；侵犯知识产权类；扰乱市场秩序类；侵犯财产类。2002年，金融诈骗案件由刑侦部门管辖。

1993年10月，平阳县部分企业生产、推销伪劣机械产品问题曝光，引起全国各级政府和社会的强烈反响。县政府成立专门机构负责打假治劣工作，县公安局经济科对全县涉案企业进行调查摸底，正确区分罪与非罪、经济纠纷与诈骗活动的界线，列出重点对象，调解涉及推销伪劣机械产品经济案件32起，清退损失赔偿和非法所得83万元。在11月26日、12月5日，先后组织5次统一行动，

2000—2012年平阳县经济案件情况一览表

表26-1-2

年度（年）	受理案件总数（起）	立案数（起）	破案数（起）	涉案总金额（万元）	追回经济损失（万元）	抓获犯罪嫌疑人（人）
2000	132	125	86	69	1856	63
2001	106	69	67	2510.82	1674.89	105
2002	63	50	42	2285.42	1600	79
2003	72	49	43	3722.51	423.72	46
2004	56	33	30	—	—	31
2005	62	37	32	131.58	291.71	30
2006	78	36	31	294.74	260.48	37
2007	44	40	37	—	284	40
2008	46	41	36	—	831.50	58
2009	31	26	32	—	46307.93	57
2010	80	67	55	—	160400	90
2011	98	94	103	—	—	82
2012	295	283	133	—	—	208

说明：①2000年之前资料缺失；②资料由县公安局提供

抓获在伪劣机械产品推销活动中涉案的违法犯罪嫌疑人6人。1997年3月，经济侦察科改称经济侦察大队。次年6月，更名为经济警察大队。2000年，县公安局先后开展反假币专项斗争、夏季严打斗争、冬季破案会战、打击涉税犯罪等专项斗争。侦破“林某某出售20万元假币案”“陈某某1720万元贷款合同诈骗案”“叶某某生产销售240万元假冒泸州老窖案”等经济要案。2001年，开展市场经济秩序专项整治。8月，破获“5·5”特大制造假币案，抓获犯罪嫌疑人3人，缴获制假模具16套，假币半成品14.5万元。11月，侦破1998年“4·28”平阳特大金融诈骗案，抓获犯罪嫌疑人林某某、何某，追缴赃款500余万元。2002年，县公安局在金融、税务、工商、技术监督、审计、卫生、经委、烟草等部门设立联络室12个，建立信息传递、联席会晤、线索协查工作机制。开展打击涉税违法专项治理行动，与税务部门开展联合行动，出动50余人次到昆阳、鳌江、水头等地对欠税户依法检查、催缴税款。是年，侦破“3·19”特大制贩假发票案、谢某某特大非法吸收公众存款案等特大经济犯罪案件。2004年9月，经济警察大队改称经济犯罪侦查大队。2008年，县公安局成功侦破公安部、省公安厅督办的“4·15”昆阳镇庙头村非法制造奥运纪念产品及“10·15”陈某某、潘某某等27人骗贷案等一批影响较大的经济案件。

2010年，县公安局开展打击假发票、打击侵犯知识产权、打击银行卡犯罪等专项行动，摧毁假发票犯罪团伙5个，缴获假发票771.7万份，捣毁侵犯世博知识产权犯罪窝点13个，收缴价值133万元假冒货币。是年，经侦大队被公安部评为全国打击侵犯知识产权先进单位。12月，县公安局经侦大队被公安部评为世博会知识产权保护专项行动先进集体。2011年，县公安局部署开展“亮剑行动”，在全国率先发起公安部“猎手五号”破案战役，打击侵犯知识产权和制售伪劣商品违法犯罪活动，抓获犯罪嫌疑人员36人，捣毁制假窝点78个，摧毁团伙6个，抓获在逃人员16人，缴获假冒酒类包装盒近千万元。5月，县公安局因在“亮剑行动”“猎手五号”破案战役中表现出色，受到公安部嘉奖。2012年，县公安局开展防范处置金融领域违法犯罪、经侦“破案会战”等专项行动，打击重点领域经济犯罪活动。掌握可能存在资金链断裂的高风险企业和个人信息41条，涉及金额120余亿元。

第四节 社会秩序治理与社会治安防范

20世纪80年代后，随着改革开放和经济建设的发展，全县公共娱乐场所、集贸市场、旅馆客栈增加，旅游业迅速发展，爆炸物品使用量大幅度增长；毒品、卖淫嫖娼、淫秽物品、赌博等丑恶现象重新出现并迅速蔓延，特别是20世纪90年代后至21世纪初，毒品问题相当严重。2003年，鳌江镇成为浙江省四个吸毒人员超千人镇之一，平阳被列为省毒品问题重点整治县。根据现实社会情况的变化，平阳县加大对黑恶势力和流氓犯罪活动的打击力度，严格枪支、爆炸物品、管制刀具的管理，大力开展对毒品违法犯罪活动的打击，稳定社会治安秩序。2008年1月，县公安局治安大队被公安部评为全国治安系统“五防”（危险物品、安全事故、校园治安、盗抢案件、制假销假和诈骗案件的安全防范）专项行动突出贡献集体。2012年3月，县公安局被省委评为2011年度省级社会治安综合治理先进集体。

基层防范

20世纪50年代始，平阳县逐步建立治安联防队及治保巡逻队、治保会、老年巡逻队、护村队、护厂队等群防群治组织。至1989年，全县共有治安联防队44支、27个执勤室，共404人。

1990年11月，县公安局开展对全县治安联防队进行整顿，联防队缩减至13支、32个执勤室、181人。1993年，全县治安联防队12支300余人，治保巡逻队、老年巡逻队等群防群治巡逻队伍140支2000余人，是年，平阳县在治安复杂地区建立报警点19个、治安执勤点36个，落实人员120人，当年抓获各类犯罪分子260人，协助破案120件，制止现场斗殴80余次，初步形成治安管理防范网络。1995至1997年，县公安局逐年对治保会、治安联防队进行整顿、规范，整顿治保会935个，调整治保干部919人，至1997年底，全县各地建有治保会958个，治安联防队32支，护厂队、护村队等其他护卫组织队伍266

1989—2012年平阳县治安案件查处情况一览表

表 26-1-3

年份（年）	发案数（起）	查处数（起）	查处率%	查处违法人员数（人次）	其中			
					警告（人次）	罚款（人次）	拘留（人次）	劳教（人次）
1989	1183	1031	87.15	1864	58	748	1037	21
1990	1254	1125	89.71	2138	62	875	1182	19
1991	1317	1204	91.42	1517	176	948	370	23
1992	1392	1167	83.84	1649	64	673	887	25
1993	1179	1038	88.04	1358	85	754	519	0
1994	1452	1224	84.30	1591	34	585	947	25
1995	1237	1149	92.89	1228	73	570	585	0
1996	1529	1193	78.02	1623	91	542	964	26
1997	1243	1156	93.00	1835	87	628	1120	0
1998	1622	1485	91.55	1928	69	618	1217	24
1999	1856	1629	87.77	2374	18	735	1605	16
2000	2006	1803	89.88	2537	87	971	1453	26
2001	2253	1951	86.60	3245	197	1800	1000	248
2002	2216	1771	79.92	2126	29	494	1197	406
2003	2389	1911	79.99	2557	73	854	1349	281
2004	2453	2084	84.96	2926	57	837	1776	256
2005	2438	1480	60.71	2068	27	766	1028	247
2006	2726	2178	79.90	1613	10	492	842	269
2007	6174	5615	90.95	1852	103	548	975	226
2008	7861	3395	43.19	2548	109	822	1476	141
2009	7155	6312	88.22	2620	110	946	1530	34
2010	7204	6684	92.78	3010	68	763	2148	31
2011	6573	5930	90.22	2615	37	612	1948	18
2012	5531	4417	75.39	1919	17	386	1506	10

说明：资料由县公安局提供

支，共3626人。1998年8月1日，撤销全县各派出所联防队。2002年，健全治保组织940个，人员共3032人，建立以治保为主题的护村队280支，帮教小组940个。2004年，全县护村队、护厂队628支，人员5032人。全年抓获违法犯罪嫌疑人58人，制止、调解纠纷176起。2005—2008年，平阳县开始构建专业巡警巡逻、派出所巡逻和社会力量巡逻三级巡逻为一体的巡防体系。在昆阳、鳌江等重点集镇组建巡防中队12支，149人，在全县治安复杂村居组建义务巡防队223支、1724人。

2011年，在治安复杂区域布建治安岗亭25个、视频监控1023个，新建安全封闭小区12个，建立

2009年10月23日，驻鳌江火车站站前警务执勤室挂牌仪式

立体型、层级化的街面巡防网络。2012年，新建治安岗亭35个，全县有各类护村队、护厂队等群防群治队伍355支、3195人。治保会725个，共2175人。是年，在相关单位、学校、社区共设警务室61个。

禁毒、缉毒

禁毒机构　1994年7月，县公安局与县红十字会儿童医院共同创办县戒毒诊疗所，10月，改称县戒毒康复中心，地址在鳌江镇水深路。12月，戒毒康复中心改由县公安局单独设置，改称县公安局戒毒所。1997年7月，县禁毒工作领导小组成立。1998年，县公安局设立缉毒大队，县内涉毒刑事案件从经济侦察大队分离，由缉毒大队查处。2000年9月，县禁毒工作领导小组更名为县禁毒委员会，下设办公室，为常设办事机构，挂靠县综治委，全额事业编制人员2人。是年，缉毒大队改称禁毒大队。2001年10月，因强制戒毒工作界限职权发生变动和上级政府以及公安机关的新规定，将县级强制戒毒所关押的戒毒人员统一关押至市(地)公安局强制戒毒所看守，至此，平阳县公安局强制戒毒所的关押看守工作停止，其机构、编制保留。2004年11月，县机构编制委员会批复县禁毒委员会办公室确定为全额事业单位，归口县委政法委员会，核定编制8人。主要从事组织协调、指导全县有关部门及镇(乡)开展社区戒毒(康复)、帮教安置、预防教育、维持治疗等禁毒工作。

禁毒工作　当地派出所负责铲除罂粟，对初级成瘾人员，予以登记造册，并送戒毒所强制戒毒。也有吸毒人员自愿前往戒毒所戒毒。戒毒所一般采用维持治疗法，6个月后脱瘾，恢复健康。对于一些复吸人员，则解送去劳动教养。对脱毒人员、劳教戒毒回归人员落实帮教措施，由片区民警、社区干部、村居干部，脱毒人员亲友组成帮教小组，经常对他们进行尿检，防止复吸。2006年6月，平阳县在鳌江建立首个美沙酮药物维持治疗门诊部。2007年10月，平阳县首个涉毒归正人员帮教基地——昆阳镇陈武模具厂落成。2008年和2010年，又分别在昆阳和水头各建立美沙酮门诊点。2009年8月，平阳县首次招聘35名禁毒社会工作者。2010年，鳌江镇美沙酮药物维持治疗门诊部获全国优秀门诊点称号。2012年6月，平阳县首个青少年毒品预防教育基地在昆阳镇第三中学落成。10月，鳌江镇陆客汽车维修厂、水头镇万里马皮革服饰有限公司确认为涉毒归正人员帮教基地。至2012年，全县美沙酮药物维持治疗门诊部、门诊点共3个，累计为全县3800名涉毒人员提供服务；建成涉毒归正人员帮教基地3处，累计安置涉毒归正人员26人。

缉毒工作　1997年，平阳县开展毒情大排查，以鳌江、昆阳等八个乡镇为重点地区，排查出涉毒人员853人，抓获763人。侦破"8·14"特大贩毒案，抓获杨某某等8名贩毒嫌疑人，缴获海洛因400克、毒资8.7万元。1999年，通过普查吸毒人员，县公安局深挖毒品来源，查获吸毒人员473人，缴获海洛因707.75克，铲除罂粟3158株。是年9月28日，破获鳌江徐某某、柳某某贩毒案，缴获海洛因80克。12月9日，县禁毒大队、刑侦大队重案中队联合侦破"贵州帮"特大贩毒案，抓获涉毒人员14人，缴获海洛因583克、毒资近6万元及一大批吸贩毒工具。

2000年初，全县开展涉毒大排查，排查出有嫌疑在册吸毒人员2044人。3—6月，开展禁毒专项整治活动，出动民警、治安协管员、巡防队员、乡镇干部1219人次，清查毒嫌窝点、场所189处；查获涉毒人员262人；破获贩毒案件28起；收缴海洛因264克；铲除8处罂粟4420株。8月至9月，在鳌江镇开展禁毒专项整治行动，查获涉毒人员143人，破获贩毒案件7起，缴获海洛因26克。2001年3月，针对平阳县一些偏僻山区存在种植罂粟情况，有重点地开展排查，查明鹤溪镇乌秋坑村、鳌江镇塘川罗垟山、梅溪乡、梅源乡等地有非法种植罂粟情况。4月9日，县禁毒办、县公安局缉毒大队、鹤溪派出所会同鹤溪镇政府出动30余人，到鹤溪镇乌秋坑村铲除罂粟园17处，共计罂粟35300株。3月至4月，全县铲除罂粟62317株，查明种毒违法犯罪嫌疑人38人。是年，在严打整治斗争中，县公安局抓获贩毒犯罪嫌疑人96人，破获贩毒案件85起(其中重特大案件10起)，抓获吸毒人员557人，强制戒毒513人，劳教戒毒158人，缴获海洛因399.51克。2001—2002年，禁毒大队对有嫌疑在册吸毒人员2044人，进行全面核实。2002年年底，全县在册吸毒人员1872人。

2003年1—4月，县公安局开展"春雷"专项行

2009年6月25日，县禁毒办、公安局、法制办等单位在昆阳镇平阳大厦开展禁毒宣传活动

动，破获涉毒案件36起，查处吸毒人员163人，缴获毒品海洛因276.1克。6月10日至9月10日，全县范围内开展以“深入发动，禁种铲毒，破案缴毒，帮教收戒，规范管理”为主要内容的禁毒专项斗争，出动警力3175人次，对253家易涉毒场所进行集中清查，查获违法嫌疑人86人，破获贩毒案件1起，缴获海洛因12小包。

2004年，县公安局破获贩毒案件88起，缴获毒品海洛因643.86克、“K”粉1695克、摇头丸1363粒。查破2月24日付某某特大贩毒案，3月5日林某某特大贩毒案，4月16日奚某某特大贩卖运输新型毒品案，6月17日杨某某、梅某某特大贩毒案，7月3日余某某特大贩毒案，8月19日孙某某、杨某某特大贩卖运输新型毒品案等一批贩毒案件。2005年，县公安局开展“禁毒收戒行动月”“破大案、断毒源”扫毒缴毒、“打零包、摧团伙、促收戒”禁毒百日等专项行动。行动期间，破获贩毒案件43起，抓获贩毒人员43人，查处吸毒人员50人，抓捕在逃人员3人，缴获毒品海洛因1546.56克，“K”粉、摇头丸、冰毒等新型毒品637.19克。2006年，县公安局依次开展以“预防教育、排查收戒”为重点的“降魔一号”禁毒专项行动、以“缉毒破案、禁种铲毒”为主要内容的“降魔二号”禁毒专项行动、以“全员收戒、扫毒缴毒”为主要内容的“降魔三号”等禁毒专项行动。行动期间，破获贩毒案件42起，强制戒毒31人次，劳教戒毒18人；缴获毒品海洛因363.64克、新型毒品2309.99克。破获2月24日谢某某特大贩卖新型毒品案、3月5日陈某某特大贩毒案、12月24日杨某某特大贩毒案等一批影响较大的贩毒案件。2007年6月26日13时许，县公安局禁毒大队、鳌江镇边防所、昆阳镇派出所、看守所等单位根据线索，在温州市天都大酒店305房间抓获贩毒嫌疑人冯某某。28日下午17时，对其通过温州火车站托运的物品进行搜查，查获“K”粉2732.6克。2008年，县公安局开展“百日禁毒攻坚战”等专项行动，破获贩毒案件40起，缴获各类毒品折合海洛因2248.3克。10月26日中午1时许，县公安局禁毒大队在温州市区锦程宾馆抓获犯罪嫌疑人王某某，缴获毒品“K”粉3千克、麻古2000余颗、冰毒50余克。

2010年，县公安局开展“春季攻势”行动以及市公安局“神箭”禁毒行动，查破毒品案件114起，起诉涉毒犯罪嫌疑人148人，强制隔离210人，查处吸毒人员535人，查处场所案件11起。

2011年，县公安局开展“平安11”攻防系列行动、“天戟”禁毒大会战，查处吸毒人员576人，起诉涉毒犯罪嫌疑人163人，打掉3人以上贩毒团伙案件10起、6人以上贩毒团伙案件2起，查处场所涉毒案件2起，缴获海洛因、“K”粉、摇头丸、冰毒等各类毒品6173克。2012年，县公安局通过开展“平安12”攻防系列行动、“砺剑”禁毒大会战，查处吸毒人员507人，向县人民检察院移送起诉涉毒犯罪嫌疑人152人，打掉3人以上贩毒团伙8个，缴获海洛因、“K”粉、摇头丸、冰毒等各类毒品6040.3克。6月1日18时许，县禁毒大队民警在沈海高速苍南服务区内抓获从广东运毒返回的蔡某某、卜某某、杨某等3名犯罪嫌疑人，现场缴获冰毒4.05千克，毒资2万余元及运毒车一辆，至此，省公安厅挂牌的“2012·02·10”毒品目标案件告破，截断一条从广东向平阳县运输毒品的通道，彻底摧毁一张覆盖在平阳县及周边地区的特大毒品销售网络。5—7月，先后转折杭州、台州等地，侦破被公安部列为“12·21”毒品目标案件，相继抓获蒋某某等11名犯罪嫌疑人，缴获毒品冰毒、海洛因、麻古、大麻等各类毒品共计6000余克及作案工具轿车一辆。

扫黄与禁赌

1989年4—10月，平阳县分两个阶段开展“扫黄”专项斗争，先后组织5次清缴文化市场的非法复制录像片、黄色书刊统一行动，抓获贩卖、播放淫秽录像的违法犯罪人员56人。10月，开展扫“六害”（制作贩卖传播淫秽物品、卖淫嫖娼、聚众赌博、利用封建迷信骗财害人、拐卖妇女儿童、吸毒贩毒）统一行动，在全县范围内开展治安大清查5次，破获传播淫秽物品案8起14人、卖淫嫖娼案28起28人，查处赌博场所38处，处理248人。

1990年11月，在全县开展查禁赌博专项治理，查获赌博25场，抓获参赌人员99人。全年查处“六害”案件196起，查获作案人员442人。

1992年1月，开展以查禁赌博为重点的扫“六害”专项治理，查处赌博案件251起942人，治安处罚1892人，罚款90余万元。1993年，开展“扫黄”“除六害”专项斗争，查处卖淫嫖娼案件13起，赌博186起，11月，开展禁赌专项治理工作，在鳌江镇查获一起数额数十万的赌博案，现场缴获赌资8万元。

1994年，县公安局依法取缔各类色情活动，传播淫秽物品、变相赌博等场所，查处卖淫嫖娼案件、传播淫秽物品等“六害”案件277起，查获人员1389人。1996年，确定昆阳、鳌江、水头、钱仓、腾蛟和104国道线“五点一线”为重点地区，查处卖淫妇女及容留卖淫23人、嫖宿人员27人，赌博案件17起28人。是年，对全县485家美容美发、娱乐场所、客栈旅馆进行整治，取缔5家，停业2家，吊销许可证3家，通知整改156家，捣毁昆阳镇工业区“红茶楼”卖淫窝点。

2001—2002年，县公安局会同文化、工商、体育、监察及乡镇干部对美容美发厅和茶座组织统一大清查，行动期间拆除不符合规定的按摩包厢72间，捣毁按摩床923张。县公安局组织对鳌江镇江滨路卖淫嫖娼和曙光路美容美发的统一清查活动，查获卖淫女22人。2005年，县公安局开展禁赌专项行动，查处赌博案件76起，其中立刑事案件3起，处理违法人员370人。2008年，县公安局开展“创平安，创满意”百日决战、“除恶、禁赌、缴枪”专项行动，先后查处麻步鳌寒村山头赌博案、鳌江担水巷聚众赌博案，两起案件抓获涉赌人员56人。11月5日，鳌江国际大酒店发生因赌博致人开枪自杀案件，县公安局成立专案组，并于12月20日查清全案，李某某等4人被刑拘收监并批捕、判刑，缴获赌资112万元。全年查破各类赌博案件199起，抓获涉赌人员1259人。

2009年，针对昆阳镇、鳌江镇黄赌毒问题突出，开展专项整治，全年查破各类赌博案件181起，查处涉赌人员777人。在昆阳、鳌江两镇查处卖淫嫖娼案件35起。是年，全县开展电子游戏场所专项整治，采取排查摸底与打击取缔相结合，排查游戏机场所160家，打击处理72家，收缴赌博电子游戏机477台。2010年，县公安局先后开展打击黄赌为内容的冬季整治“五百行动”、迎世博“春季攻势”行动、护世博“铁掌整治”行动、“平安10”挤压1号至挤压5号行动、禁黄赌“风暴一号”、挤压黄赌枪“围城二号”“栅栏行动”等一系列行动。全年查处涉赌行政案件292起；涉赌刑事案件35起；涉黄行政案件184起；涉黄刑事案件14起。2011年，按照“热点问题即发即治”的要求，县公安局先后开展“平安11”攻防一号至攻防四号行动、夏季攻势、禁赌风暴系列行动，在系列行动中查处涉黄赌案件192起，抓获涉黄赌违法犯罪人员1158人。2012年，县公安局先后开展“平安12”攻防一号、攻防二号、夏季攻势、秋冬会战等专项行动，全年破获黄赌刑事案件117起，刑事拘留224人。

特种行业管理

1989年，平阳县特种行业有刻字、旅馆、印刷、废旧业等，共有695家，归县公安局治安股管理、发证，日常检查和从业人员的教育培训由各区镇派出所民警按辖区加强管理。1990年，平阳县整顿印刷行业，取缔49家，对258家换发许可证。1991年，清理整顿全县542家公共场所，取缔25家不符合条件的卡拉OK等文化娱乐场所。

1996年，全县有列管公共场所953家，列管特种行业741家。是年，开展3次治安大清查，出动干警、联防队员和党政干部1500余人次，清查旅馆759家次、文化娱乐场所1694家次、美容美发店326家次、路边店194家次，其他场所、特业716家次，抓获违法犯罪嫌疑人124人。1997年，平阳县成立废旧业专项整治工作领导小组，对全县废旧业实行全面整治。通过调查摸底、集中整治、审验换证、建章立制四个阶段，取缔无证经营企业16家，吊销7家企业特业许可证，换发75家企业特业许可证。是年，全县共列管公共场所、特种行业1995家，取缔公共场所27家，特种行业22家。1999年，县公安局对按摩场所、洗脚屋各种名目的违法场所进行打击清理，整治53家。对全县以腾蛟镇为中心的441家印刷、印章业进行清理整顿，取缔17家、整顿116家。是年，在日常管理工作中将69家废旧金属回收业和269只船舶列入检查管理事项，209家旅馆住宿登记全部实行计算机管理。

2000年，县公安局开展对娱乐服务场所的专项行动和特种行业的规范化管理，在专项行动期间，组织开展5次统一行动，出动警力1021人次，检查各类公共场所1250家，查处各类违法违规场所386家，其中取缔无证经营217家，吊销证照5家，责令停业整改38家，自动关门停业126家，发整改通知书341份。是年，全县856名娱乐服务场所服务从业人员均登记造册。2001年，县公安局对全县290家娱乐场所开展大清查，取缔无证经营场所22家，查处涉丑案件10起，抓获犯罪嫌疑人员48人。2003年，全县娱乐场所322家，其中大型KTV娱乐城21家、歌舞厅10家、桑拿4家、电子游戏室31家、影剧院7家、足浴按摩74家、美容美发156家、其他19家。是年，根据公安部要求，县公安局相继取消旧货业、印刷业行政许可。2004年，全县192家大小旅馆均按规定安装旅馆业信息管理系统，推行实名登记制度信息化管理。2005年，全县有证旅馆205家，有废旧金属收购企业195家，有证可收购生产性金属企业3家。2006年3月起，娱乐场所管理改行政许可为备案制度。8月，全县娱乐场所开始安装娱乐场所治安管理信息系统。

2007年，县公安局与工商、规划等部门建立综合执法信息通报制度，推广娱乐场所治安管理信息系统建设，将全县原先拨号上网发送信息的225家旅馆全部改为宽带网络发送。是年，通过旅馆业网络信息抓获在逃人员38人。2009年，县公安局开展"百日整治行动"，对重点场所开展检查整治行动，落实"四实"（实名、实时、实数、实情）住宿登记制度，纠正无证住宿、一证多房和信息登记、传输不及时等问题。是年，在旅馆业治安管理上推行积分评定工作，在娱乐场所管理上推行保安派驻制，安装监控设备提高管控能力。2010年，全县旅馆240家，均纳入特种行业管理并安装旅馆业治安管理信息系统，安装二代证读卡器130家。全县典当业3家、公章刻制业3家，均安装公章刻制业治安管理信息系统。2012年，发布《关于开展平阳县旅馆业专项整治行动的通知》，开展旅馆业专项整治行动，检查旅馆1988家次，查处旅馆业不按规定登记案件131起。至2012年年底，全县纳入特种行业管理的有废旧金属收购企业202家、典当7家、刻字14家、旅馆252家。

枪械及易爆物品管理

1989年，县公安局对爆炸物品和烟花爆竹销售点进行整顿，换发许可证199家，取缔1家，培训爆破员20人，收缴炸药560千克、雷管118枚、导火索145米。1990年，县公安局对流散在社会上的爆炸危险品进行收缴，并检查整顿烟花爆竹销售点，对烟花爆竹销售点换发许可证201家，取缔210家，收缴炸药50千克。1990—1993年，县公安局举办爆破员培训班4期，280人参加培训。

1994年9月，在全县开展收缴流散在社会上的爆炸物品、枪支弹药和管制刀具专项清理工作，收缴非法枪支103支、管制刀具385付、炸药98千克、雷管389枚、导火索274米、炸药包3个、烟花爆竹134箱、危险化学物品750千克、拆除非法工棚7处。1996年，县公安局开展枪支弹药收缴工作，收缴社会上非法无证枪支159支，其中猎枪2支、气枪14支、钢珠枪5支、土制火药枪122支、发令枪16支。是年，在爆炸物品安全整治工作中，收缴雷管4600个、炸药8箱、导火线100米。是年，县政府成立禁止燃放烟花爆竹工作领导小组，印发禁燃通告及禁燃工作实施意见，设置禁放区。6月1—5日，禁放区的各派出所进行大规模的查禁燃放烟花爆竹活动，收缴爆竹250件、烟花80个，治安拘留2人，罚款12人。1997年，县公安局开展公务用枪全面大检查，全县共有依法管理公务用枪520支，收缴不符合规定的公务用枪10支、非军用枪支16支，并对全县493名配枪人员进行培训和考核。开展民爆物品安全大检查，发现隐患56处，发放整改通知书44份。是年，查处钱仓镇东明村姜某某等人非法买卖爆破器材和无证采石行为，刑事拘留1人，治安拘留3人。1998年，在鳌江镇开展全市农村民爆物品管理试点，并在全市推广形成以县公安治安大队专业管理为龙头，各派出所专（兼）职民警具体管理，负责区民警协同管理的民爆物品管理体系。1999年，县公安局对全县128家民爆使用场所、30个爆破器材储存库、1家烟花厂进行安全大检查，收缴炸药112.8千克、雷管120发、导火线380.5米。

2001年，开展"治爆缉枪"专项行动，制定《治爆缉枪专项行动工作标准》，在全县范围内发布《治爆缉枪通告》。全县梳理出2000年后的涉枪案件38起，打击处理49人。2002年，制定《平阳县民爆物品专项整治实施方案》，在实施过程中，收缴炸药234箱、雷管9157发、导火线19894米、黑火药16.5千克、烟花597350个、爆竹108万头（响），查处涉爆案件7起，刑事拘留5人，治安处罚13人。是年，全县有危险化学品使用单位126家。2003年11月2日晚11时50分许，鳌江镇塘川办事处联东村发生一起液氯爆炸中毒事故，死亡2人，重度中毒6人，中度中毒21人，轻度中毒42人。董某某、许某某等人因非法买卖运输危险物质罪被判刑。2005年4月始，根据省安全生产监督管理局、省公安厅《关于调整烟花爆竹安全监督管理职能的通知》，平阳县烟花爆竹生产经营企业管理职能移交县安全生产监督管理局。是年，县公安局开展剧毒物品安全使用大检查，全县62家剧毒物品使用单位经检查评估合格。2007年5月，平阳县民爆物品管理信息系统试运行，全县使用剧毒化学品的70家单位信息情况全部输入信息系统，实行电脑网络管理。是年，侦破陈某某非法贩卖爆炸物品案，查获乳化炸药5吨，雷管3100枚、导火索2000米。

2010年，根据上海世博会安保的工作要求，县公安局对所有危险物品单位一家不漏地开展安全检查，逐一进行安全评价。开展治爆缉枪行动，查处涉危、涉爆案件8起，刑事拘留4人、治安拘留9人；收缴黑火药43千克、氰化钠30克、非法烟花爆竹1000余件；查处涉枪案件15起，处罚17人，收缴枪支23支、子弹1200余发、手榴弹1枚、各类管制刀具150余把。2011年，县公安局先后开展"严防控、强挤压、固基础、打黑恶、反盗抢、追逃犯、治黄赌、灭枪爆、护发展"夏季攻势行动、"平安11"攻防1号至攻防压4号行动、涉枪"猎手行动"等专项行动，破获涉枪案件20起、涉危案件6起，收缴枪支29支、弹药89发、爆炸物品143.86千克、剧毒易制爆危险品126.8千克、管制刀具269把。2012年，县公安局开展"除恶治乱"工作，部署"缉枪治爆"行动，查处涉枪涉爆案件19起，刑事拘留21人，查处管制刀具案件102起，收缴子弹2620发、爆炸物品137.9千克、剧毒物品126.8千克。

第五节　户政管理

1990年5月，县公安局设立户政科，任务是加强各派出所户口、身份证管理、基层基础业务指导和监督检查等工作。2009年，户政科撤销，其职能并入治安大队。2012年，成立户政基础管理大队，加强全县常住、暂住人口管理，指导全县治保会等群防群治组织建设和基层工作。

常住人口管理

常住户管理　1989年，平阳县户籍业务归县公安局治安股管理，设有公安派出所的乡镇户口管理工作由专职户籍民警负责，未设公安派出所的乡镇户口管理工作由乡镇文书兼任。12月，在鳌江镇进行全县第四次人口普查户口整顿的试点工作，次年在全县展开并完成。1992年，全县开展排查摸底、户口整顿，通过人口的清理整顿，纠正人户分离501户、1520人，注销户口500人。1993年5月，在务垟乡开展农村户口城镇化管理试点，校对户口、装订门牌，历史上首次为农民发放户口簿137本、556人。9月，根据县政府批转县公安局《关于农民进城办理"蓝印户口"意见》，对符合务工经商等条件的农民进城镇入常住户口的，发给加盖蓝色"户口专用"印章的户口簿（俗称"蓝印户口"）。"蓝印户口"属当地需要、当地受益、当地负责、当地有效的城镇居民户口，按非农业人口的要求进行登记管理，享有当地居民同等权益，履行同等义务。对办理"蓝印户口"的人员，每人收取7000～12000元不等的城市建设配套费。至年底，全县215人办理"蓝印户口"。随后一年多，由于政策变化一度停止办理。1995年，除昆阳、鳌江、水头三大镇派出所有权审批办理自理户口，其他各派出所均有权

受理。是年，昆阳、鳌江镇派出所为群众办理一大批“蓝印户口”（非农业户口），对办理“蓝印户口”的人员，每人收取3000～6000元不等的城市建设配套费。1996年，县公安局购置十台微机用于人口信息计算机管理系统建设。制定《关于做好人口信息计算机管理系统录入前期准备工作的通知》，分批次召集各派出所所长、分管户籍的副所长、内勤等进行业务培训。1997年，《平阳县人口信息计算机管理系统建设总体规划》出台。是年3月，经浙江省公安厅批准，鳌江镇被确定为小城镇户籍制度改革（户籍制度改革通称“户改”）试点镇，县政府成立户籍改革领导小组，目的是改变多元户籍结构实现一体化管理，即取消农业户口、非农业户口、自理户口、“蓝印户口”和其他类型的登记户口，按照居住地登记的原则，统一登记为一种常住户口，即城镇居民户口，凡符合条件的向镇政府交纳500～4000元城镇增容费后，由公安、粮食部门发给户粮准迁证，当年办理小城镇户口5066人。是年，各派出所进行户口整顿，全县补登出生未报人员13750人，注销死亡未销人口户口3547人，更正出生年月、姓名等项目7500人。

1998年，开展以居民身份证10年换发证及纠错为重点的实有人口排查工作，推广小城镇户籍制度改革，省政府批准将昆阳镇纳入户籍改革试点镇，实行农村户口城市化管理。昆阳、鳌江两镇将15万常住人口输入微机，实行人口信息计算机管理。次年，全县常住人口信息实现微机管理。1999年，开展常住人口信息联网纠错、常住人口图像扫描、公民身份证号码编制等三项常住人口信息系统建设专项工作，改正一批错误人口信息，县公安局各辖区派出所全面接管原11个由乡镇文书兼任管理户口工作，统一设立户籍室由派出所专职户籍民警集中管理。是年起，实施新生婴儿落户随父随母自愿政策，放宽子女投靠、夫妻投靠、父母投靠的亲属落户政策，取消千分之二“农转非”户口指标审批手续。2000年，全县开展第五次人口普查，查清普查对象753523人，外出145313人，应销未销人员10897人，户口待定人员2326人，人户分离人员24266人。2001年，平阳县取消计划生育部门参与办理户口，群众办理户口不再受计生条件限制。5月，国家取消“市镇居民粮食供应转移证”，全县取消粮食户口。2002年，根据《平阳县人民政府关于小城镇户籍制度改革的通知》，全年办理户改4000余户、16000余人。2003年，开展“百日大会战”，纠正重、漏、错户口1882条，变更更正户口登记项目差错2640人。2004年，平阳县开展户口核对工作。至次年，户口核对工作结束。此次核对，全县常住户口232743户、847720人中核对223788户、809830人。注销应销未销的死亡对象3186人，核对人在户不在的18680人、未落户口人员7963人、动迁26532人。新扫描照片72763张，相片采集率从年初的75%提高到81.3%，户口簿换发8678本，纠正身份证重号782对、错号170人。

2010年7月，平阳县开展第六次户口整顿和人口普查。全县87万余名的常住人口和10万余名的流动人口以及30万余户的实有房屋信息全部录入人口管理信息平台。

2012年，平阳县被省政府确定为户改试点地区，根据《平阳县户籍管理制度改革试验方案》，全面清理多样化户口，户改的核心内容是实行居民户口一元化，取消农业户口、非农业户口、自理户口、“蓝印户口”和其他类型的登记户口。对县内常住户，凡符合条件的，取消向政府交纳增容费，政府无附加条件予以办理，对农业户口户改不再在户口本上加注农业。是年，全县办理“非转农”户口4095人，清理自理户口9355人、国有农场户口等其他户口872人、“蓝印户口”4人。以是否持有“农卡”为新基准，确定原农业身份，作为制定和执行政策的基础依据，在腾蛟镇、万全镇开展先行先试，以点带面。

居民身份证管理　1989年，全县颁发居民身份证143157份，完成全县应发证件96.8%。1990年，建立居民身份证口卡档案，通过省级验收。2000年始，停止颁发15位号码居民身份证，开始颁发使用18位号码居民身份证。2003年，办理临时居民身份证1476个，居民身份快件5369件，办理当年申领居民身份证10396件，10年或20年期满居民身份证5087件。2004年9月，县政府决定从当年开始，用5年左右时间，基本完成全县年满16周岁公民换发二代证工作。是年9—12月，开展公民身

份证号码清理纠错。发现全县与其他县(市、区)的重人、身份证重号1347人，其中重人841人，跨县市区身份证重号105对，通过工作，注销人员重复841起，更正身份证重号506份。2005年5月，开展换发二代证试点工作，随后全面启动。2007年，开展跨省公民身份证重号纠错和“二代证”换发工作，完成全县1878个跨省公民身份证重号纠错，换发第二代居民身份证226345份。2012年1月，根据浙江省公安厅治安总队《为持第一代居民身份证公民换发第二代身份证工作方案》的通知，县公安局全面梳理持一代尚未换领二代证人员底数35844人，通过宣传发动，逐一通知催办，是年，全县发证61755份，全县换证率99%。

外来流动人口管理

20世纪80年代末至90年代初，平阳县外来流动人口逐渐增多，主要是来自江西、湖北、湖南、广西、贵州、四川、福建、安徽等9个省(自治区)的务工人员，年龄多在16～50岁之间，主要从事建筑业和汽配、制革、塑编等轻工业。

1991年，平阳县开始对外来流动人口进行登记办证管理，登记5217人，发证4695人，发证率90%。1992年，针对平阳县外来流动人口管理混乱，隐患较多的情况，开展外来流动人口的清理整顿。是年，全县外来流动人口10711人，其中应发证4550人，采取管区民警、户口协管员、基层干部、用工单位和私房出租户协同管理的方法，完善管理。1993年，全县建立暂住人口(简称“暂口”)管理办公室12个，登记站31个，配备专职兼职的外来流动人口协管员237人，全县外来流动人口12782人中已发暂住证7782人。同时，对发证的外来流动人口实行派出所与用工单位、房屋租赁户等协同管理的方法。1995年3—6月，在全县开展“整治暂住人口，严厉打击暂口中的违法犯罪活动”专项治理。重点乡镇均成立暂住人口领导小组，全县有管理办公室15个、成员45人，暂口登记站87个、专兼职协管员300人。是年，全县外来流动人口15537人中已发证9666人，发证率86.7%。登记发证的租赁私房1586家，同用工单位、出租私房房主签订治安责任书2197份。1997年，县公安局开展“打击严重犯罪，防范盗窃抢劫、清理实有人口”专项活动，新登出租房2758户、暂住人口8376人。1998年，各派出所对出租户进行醒目牌管理。

2000年，开展外来人口、租赁房屋专项治理，新登记外来人口30062人，发证27976份，发证率为93.1%，破获刑事案件83起，查处治安案件126起，登记出租房5330家。2001年，全县外来流动人口信息实现微机系统联网管理。是年，开展全县流动人口大排查，参加民警854人次，协管员308人次，行政干部155人次，破获刑事案件32起，查处治安案件72起，查处违法犯罪人员268人，抓获在逃人员21人，摧毁犯罪团伙7个。2003年，平阳县以水头制革基地为重点，全面推广大中型企事业外来人口自主管理、出租房委托管理、外口集中居住管理以及建筑施工场所委托管理等四种社会化管理模式。全县新登记暂口18476人，调查登记雇佣外来人口100人以上的企业35家，实行自主管理35家；建筑施工场所外来人口实行委托管理12家；纳入委托管理的出租房6464户，实行委托管理5115户，占79%，其他管理1422户。建成“安心公寓”19900平方米，2161名外来流动人口入住。2004年，确定昆阳、水头、鳌江、萧江、腾蛟、郑楼6镇为出租房及外来人口管理重点。登记居住在出租房的外来流动人口26570人，其中居住在违章或危房的外来流动人口8570人。通过排查确定重点出租房管理401户。共查处违反出租房管理规定的案件199起，处理违规行为680人。2005年，全县登记外来人口52364人，出租房屋登记备案10677间，其中签订责任书10254份。外来人口1万人以上的昆阳、鳌江、水头等重点集镇派出所先后组建新温州人治安志愿者队伍4支、280人，其中，庄吉集团、浙江乔治白服饰有限公司、浙江远东皮革有限公司等大中型企业组建了新温州人治安志愿者分队12支、150人。

2007年，在全省率先推出出租房亮牌及“人户一致卡”的外来人口管理模式。2009年7月，县流动人口综合服务管理办公室设立，为财政全额拨款全民事业单位，归口县政法委管理。是年，平阳县开始实行居住证制度，取消使用20余年的暂住证制度，同时取消收取工本费和其他有关费用。2010年6月，撤销流动人口综合服务管理办公室，建立

2008年3月24日，平阳县举办流动人口专职协管员培训会

流动人口服务管理局，为县政府直属正科级监督管理类事业单位。流动人口服务管理局负责流动人口服务、管理、教育、维权等服务性工作，公安局负责流动人口的清理整顿、出租房屋管理、情报信息研判、高危人员的管控等治安管理工作。是年12月，《平阳县流动人口居住登记居住证办理及相关待遇的暂行规定》出台，持有“浙江省居住证”的人员可享受申领本地机动车驾驶证，在计划生育、子女接受义务教育等14个方面享有与常住居民同等待遇。2011年7月，县公安局成立流动人口治安管理大队，指导全县各公安派出所开展流动人口的清理整顿、出租房屋管理、情报信息研判、高危人员的管控等治安管理工作。

至2012年年底，全县外来流动人口在册118719人，其中从事生产加工业的46106人、工程施工的4197人、运输服务业的1041人、餐饮及休闲娱乐业的6989人。外来流动人口主要来源地为湖北、贵州、江西、安徽、河南等省份。登记出租房8121家，出租房在册42337家（其中空置房14505家）。

第六节　“110”警务

1997年之前，群众通过来人或拨打各派出所电话报警，全县没有统一的受理部门，公安机关也没有统一规范的处警程序。1997年10月1日，平阳县公安局设立指挥中心，“110”报警服务台开通，实行全天候24小时接处警制度，铃响3声之内接通电话，随时接受各类报警并予以处置。向“110”报警和紧急求助，在昆阳镇及设置派出所的集镇，处警人员须在5分钟内赶至现场，市郊在10分钟内赶至现场（特殊情况除外）进行处置。指挥中心成立时仅有110电话直通报警，设备较简陋。

2005年10月，县公安局建立全国公安指挥中心“三台合一”接处警系统，将110、122（交通）、119（火警）统一规划到110指挥中心接警台接警，接警后通过网络直接派单到出警单位。2007年12月，指挥中心脱离办公室独立办公。2009年，购置车载视频系统，通过第三方供应商提供的网络信号，直接接收现场图像、声音信息，为指挥人员的指挥处置提供信息支撑。12月，指挥中心增设情报信息大队。2010年，指挥大厅建成，主要包括大屏监控系统（通过大屏、电视墙查看全县路面的监控视频，掌握路面实时信息）、网络视频会议系统。

2012年9月，平阳县以县公安局“110”指挥平台为依托成立社会应急联动中心，将全县62个政府部门和企事业单位全部纳入应急联动服务体系。按照各自承担的职责任务和服务民生的紧密程度，将其划分为三个梯队，实施三级联动。确定一级联动部门15个、单位35家，二级联动部门27个、单位28家，三级联动部门20个。在原有“三台合一”接处警系统基础上，增加社会应急联动报警系统，在接到非公安管辖的群众报警时，通过网络直接派单到各社会应急联动单位出警处置。是年，平阳县先后实施《平阳县突发公共事件应急联动处置暂行办法》《平阳县应急联动工作规范化建设实施方案》和《平阳县应急联动成员单位考核暂行办法》。

2008年1月10日，“110”警务宣传现场

第七节　道路交通管理

管理机构

1987年12月，原属县交通局的交通监理站移交县公安局，并成立交通警察队，原监理站32人编入人民警察序列。队部设安全股、机务股、行政秘书股，下设万全、下河、水头三个交通管理站。队部驻昆阳镇坡南。1988年3月，设立岱口联合检查站。1990年1月，县公安局交通警察队更名为平阳县公安局交通警察大队，正式确定为副科(局)级单位，下设交通管理股、安全股、行政秘书股和车辆管理所，各交通管理、检查站改名为交警各中队。1998年11月，县公安局交警大队办公地址搬迁至鳌江镇火车站大道和兴鳌东路交汇处新建的办公大楼。2001年2月，县公安局交通警察大队与特巡警合并成立县交通巡逻警察大队，下属增设特勤中队。2008年1月，特勤中队恢复为特警大队，脱离交巡警，交巡警大队变更为交通警察大队。

至2012年，平阳县公安局交通警察大队人员编制118人，其中正式民警105人，事业职工13人，另外有各种协警(聘用人员)226人。

交通秩序管理

平阳县交警队成立时，由于全县交通基础设施差、公路违章占道多，管理技术落后，县公安局交警大队配合交通局等相关部门以清理公路两边违章建筑为重点，多次开展路面交通秩序整治。1995年，随着104国道拓宽和水泥路铺通，昆阳至水头省道改建通车，安全标志、标线等基础设施的完善，平阳县交通秩序得到改善。

交通管理设备更新　从2000年开始，县交警部门经历较大的交通安全管理技术改进。2008年10月，县交警大队首次起用酒精测试仪，并陆续装备到事故、秩序及各责任区中队，开始严厉打击酒后驾车违法犯罪行为。至2012年年底，县交警部门共有自动测速仪5台、道路监控“电子警察”15个、高清卡口16个、标清卡口2个、酒精测试仪32台、交警路面管理车辆50余台、红绿灯22处。

交通安全宣传　20世纪90年代初，交通安全宣传力度逐步加强。1999年，平阳电视台、平阳报社在交警大队设立记者站。2005年，交警大队成立宣传办公室，配备专职宣传干部和人员。2006年，《平阳报》发行每月一期的交通安全宣传专刊。2008年3月，平阳调频台开辟“交通安全开心路路通”节目。在20余年间交警部门向学校、工厂、村居派出交通安全辅导员300余人次，发送安全“小黄帽”5万余顶，各种宣传品200余万份。

农机管理　2008年1月，县公安局、县农业局联合成立县农机交通管理警务站，办公地址设在平瑞路453号县农机管理站内。业务上受公安机关和农机部门的双重领导，与县农机管理站合署办公。2012年，农机警务室搬迁至昆鳌路217号。

边远乡村道路交通托管　2002年，县公安局将山门、顺溪、鹤溪、南雁、腾蛟等边远乡镇道路交通事故及其他地区的非道路一般交通事故划归派出所管辖，并对案件管辖权限和办案程序作出详细规定。2004年2月，撤销边远道路交通事故托管，重新划归交警大队所属中队管辖，纠正一般交通事故重复受理等问题，提高办案效率。

交警行政执法　2004年1月，交警大队部设立交通违章处罚窗口，专门处理非现场交通违法、一般程序行政处罚；各中队设立当场处理违章窗口，全大队实行网上审批，当年实行驾驶证扣分制。随着交通安全管理法规的不断完善，交警部门路面管理执法力度更为严格。1989—2012年，全县依法吊销各类驾驶证3816人，治安拘留818人；实行驾驶证扣分制以后，扣分并处罚款200余万人次。2010年始，开展打击酒驾活动，查处酒驾人员1856人，其中，属酒后驾车受到治安处罚的1728人，因醉酒驾车被追究刑事责任的511人。

车辆和驾驶员管理

车辆　1989年年底，登记在册机动车2200辆，其中汽车1059辆、摩托车1126辆、挂车15辆。2005年始，全县机动车每年以近万辆的速度增加。至2012年，全县登记在册各种机动车保有量95302辆，其中载客57374辆、载货8946辆、摩托车28718辆、挂车14辆，其他250辆。

驾驶员　1989年12月，全县持证驾驶员2891人。1994年，平阳县建立驾驶员协会。至2012年，全县登记在册的平阳县持证驾驶人员65029人，另外，外来务工人员驾驶人备案登记19719人。

车辆牌照与驾驶证申领　1987年，县交通警察大队成立后，车辆牌照由大队机务股受理核发。1990年，车管所成立后，设立车管受理窗口，负责办理车辆牌照及车辆年检、驾驶证申领等车管业务；进口车辆牌照业务由市交警支队管理核发。1994年6月，引进机动车检测线，车辆年检实行自动化。2004年开始，摩托车、汽车相继实行牌照自动选号。2004年3月，成立驾驶证理论考试中心。2007年，实行培训和考试分离，培训由有资质的驾培学校负责，理论和场地考试由交警部门负责。

交通事故处理

交通事故受理　1989年，凡在平阳县境内道路上发生的交通事故，均由公安交警部门负责处理，大队安全股具体负责该项工作。1992年，公安部《道路交通事故处理办法》施行后，大队事故案件办理实行民警主、协办机制，按受理立案、调查取证、责任认定、责任者处罚、善后调解5个环节开展案件处置工作。1998年，事故处理推行分段办理机制，即个案办理分内外勤两段，外勤负责事故出警、现场勘查、调查取证、提出责任认定意见，内勤负责事故责任认定、责任者处罚以及善后调解工作。2001年，交巡警合并后，安全股更名为事故处理中心。2004年4月30日，公安部《交通事故处理程序规定》将事故处理分简易程序和一般程序处理两种形式。

2006年，县交警大队下放部分事故案件处理权，将事故后果较轻的交通事故处理下放到责任区中队，事故处理中队负责死亡事故和逃逸事故等疑难复杂事故的办理，以及负责对责任区中队办理的一般程序事故的责任认定和善后调解工作。同时定期、不定期开展对全县事故特点规律分析，强化事故预防工作；并加强对责任区中队事故处理工作的检查指导，确保事故防范措施落实到位。2007年8月，根据有关法规，在事故处理中将保险公司列为善后赔偿主体之一，交警部门调解不再作为事故调解必经程序，改交警部门两次调解为一次调解。调解不成的，可由当事人向法院提起民事诉讼。

重特大交通事故选介

1989年9月29日，苍南县钱库运输公司浙江03/D0014号大客车从钱库开往温州。5时30分，行至104线1953KM+645M即平阳县郑楼地方与苍南县马站联户的浙03/D0027号大货车交会之际发生碰撞，死亡3人、轻重伤20余人。

1992年8月2日，苍南县钱库运输联户浙03/D0394号扬州牌大客车从金华开往苍南钱库。8月3日凌晨3时10分，行经104国道1958KM+530M即平阳县西浦村西浦公路桥时，大客车撞断西浦桥左侧护栏杆11根，冲出桥面，坠入水深3.45米的西浦河里，大客车上乘客15人死亡、车辆严重损坏。

1994年1月9日，平瑞运输站浙03/CC060大客车从瑞安溜冰场发车开往平阳。16时10分，行经104线1949KM+200M即飞云江大桥上，因违章超车，大客车冲上公路桥挡坎撞断栏杆，坠入飞云江中，当时正值涨潮，死亡44人，失踪1人，重伤9人。

1994年9月11日，平阳县城南联运社浙03/C2798号农用运输车由西湾开往平阳。14时25分，行至平阳至西湾公路16KM+300M即平阳县西湾乡北山村路段时，车辆后溜20余米坠落公路右侧垂直高度80余米的深谷(海滩)中，11人死亡、轻重伤多人。

1996年9月28日，平阳县鹤溪镇速成村无牌面包车从蔡垟乡开往鹤溪镇。6时10分，途经鹤溪线3KM+900M内吹阁路段，翻进12米深山沟，车上乘客4人死亡、11人受伤。

2009年4月15日凌晨，浙J75289轿车行经钱仓东江路段与陕P09579农用运输六轮车发生碰撞，轿车中3名乘员死亡。2012年3月1日，县民族宗教事务管理局浙CC0096公务车从万全镇湖岭驶往吴岙村，经吴岙村山殿前碰撞同向行走的4个行

2007—2012年平阳县交通事故情况表

表26-1-4

年度(年)＼分类	事故起数（起）	实际死亡人数（人）
2007	100	102
2008	95	97
2009	89	91
2010	85	86
2011	89	91
2012	74	76

说明：①2007年之前材料缺失；②资料由县公安局提供

人，3人死亡、1人受伤。

2012年9月7日，平阳县长安运输公司下属客六分公司浙CC3565平阳至无锡大客车途经宁波慈溪高速路段时发生特大交通事故，5人死亡、3人重伤、10余人轻伤，直接经济损失500万元。

第八节　消防工作

消防队伍与设施

1989年，县消防中队由中国人民武装警察部队平阳县大队领导，有消防干警30人、配备消防车5辆(其中水罐消防车3辆、泡沫消防车1辆、轻便消防车1辆)及配套消防器材装备。县公安局下设消防科，负责全县消防监督管理和防火检查工作。是年底，全县有乡镇及企业事业单位义务消防队51支、队员440人，配有各种类型机动消防泵51台，聘请义务消防宣传员162人。

1993年5月，投资300余万元占地5300平方米的县消防中队营区投入使用，队址设平阳县昆阳镇坡南(凤山村)。1994年8月，县消防中队、县公安局消防科合并，改称平阳县公安局消防大队，下设一支直属中队，隶属武警序列，由现役士兵组成，承担日常灭火救援工作。1998年5月，县防火委员会设立。2000年7月，县公安局消防大队办公楼建成。2004年，全县9个乡镇建立消防安全委员会，建立124个村民消防安全领导小组，有乡镇保安联防消防队9支、义务消防队124支，配备专兼职消防民警10人、镇办消防队员8人，发展农村消防协管员、联络员124人，配备轻便消防车9辆，农村消防安全体系基本建立。2008年12月，鳌江消防中队成立。2011年6月，县消防安全委员会成立，原县防火委员会同时撤销。2012年2月，县公安局消防大队更名为县公安消防局。4月，县公安消防局迁至昆阳镇服饰工业园区(临区村)。10月，水头消防中队成立。

至2012年，县公安消防局下辖平阳消防中队、鳌江消防中队和水头消防中队3个中队，人员113人，其中干部12人、士官21人、义务兵15人、消防雇员62人、外聘人员3人。拥有消防执勤车辆13辆，其中登高车2辆、高喷车1辆、A类泡沫车2辆、抢险救援车1辆、水罐车7辆。另外，全县有水头、萧江、万全、腾蛟、麻步、山门、顺溪、南雁及南麂保护区9支政府专职消防队和24支义务消防队，拥有各类消防车辆18辆，政府专职消防队员101人。其主要业务是负责参与辖区的火灾扑救，其人事属于辖区乡镇。专职队队员主要由现役消防队复员人员和其他退伍军人以及地方人员组成，其中消防退伍军人占总数的比例为34.1%，其他退伍军人占总数的42.3%，地方人员占总数的23.6%。1989—2012年，全县消防部队立集体三等功5次，消防战士立二等功1次、三等功34次。

消防管理

消防安全责任制落实　县政府每年召开年度消防安全工作会议，出台年度消防工作意见，与各镇(乡)政府、相关部门签订消防安全目标管理责任书，逐级落实消防安全工作责任。县政府半年听取一次消防工作汇报，并半年开展一次消防检查，半年召开一次消防专题会议，以推动消防工作社会化。县委、县政府主要领导每年均多次深入调研消防工作和带队深入排查消防安全隐患，对全县消防安全工作进行部署和再检查，使消防工作始终保持高压态势。

消防安全督查　20世纪80年代始，县消防机构坚持定期检查与行业、单位自查相结合，经常在全县范围内开展地毯式、拉网式的安全大检查，开展居住出租房、“三合一”(住宿与生产、仓储、经营一种或一种以上使用功能违章混合设置在同一空间内的建筑)场所整治、人员聚集场所专项整治、消防产品质量专项整治等消防专项整治工作，及时发现和整改消防安全隐患。

2004年，县公安局开展人员密集场所、“三合一”建筑、古建筑、易燃易爆场所专项治理和火灾隐患“大排查、大整改、保安全”活动。全县下发责令限期改正通知书56份，处罚单位4个、个人6人，共罚款4.04万元，发现火灾隐患79处，督促投入整改资金5万元，消除火灾隐患67项。2005年，县政府结合平安乡村示范村创建工程，组织规划、消防、设计等部门，编制《平阳县消防专项规划》，规划明确全县消防总体布局(消防区域的划分、消防基地、指挥中心的设置)、消防安全布局、消防通道、消防重点水源保护、全县消防通信等全局性问题，同时按接警后5分钟内到达责任区边缘的原则，将全县划分为昆阳消防分区、鳌江——钱仓消防分区、水头消防分区、萧江——麻步消防分区、水头——腾蛟消防分区、水头——鹤溪消防分区、水头——山门消防分区、水头——顺溪消防分区、南麂消防分区。

2009年7月，县消防大队提请县政府以县防火委员会名义下发《关于进一步加强建设工程施工现场消防安全工作的通知》，并开展专项整治工作。2010年，平阳县出台《严厉打击消防违法违规行为十条常态严管措施》等超常举措，采取严防死守、高压打击的方式，先后开展8次特别行动，确保世博会期间的消防安全。2012年3月2—16日，在全县集中开展全国“两会”期间消防安全保卫专项行动。

2000—2012年，全县消防机构办理审核项目1372件，设计备案278件，验收项目913个，验收备案214个，开业前检查990家，检查单位8689家，填发重大火灾隐患限期整改通知书68份、责令改正通知书3634份、复查意见书485份，共办理行政处罚案件883起，罚款952.572万元，责令“三停”（停产停业、停止施工、停止使用）437家，临时查封143家，强制执行62家，行政拘留242人次。

消防安全宣教活动 1989—2012年，县消防部门采取多种形式大力宣传消防法律法规和消防安全知识。结合日常的消防监督检查，在每年的“11·9”宣传周加大宣传，主要内容是贯彻《中华人民共和国消防法》《全民消防安全宣传教育纲要》，通过悬挂消防宣传旗、宣传牌和发放传单等方式进行消防安全宣传。开展消防知识进社区、进企业、进学校、进农村、进家庭、进机关、进网站活动，定期开放消防站。每月初，县消防局都要制定当月消防宣传车宣传使用计划，最大限度发挥宣传车“移动宣传教育平台”作用。针对人员密集的公共场所、农村、学校、建筑工地等重点部位，集中开展全民灭火和逃生自救演练，构筑社会消防安全“防火墙”工程。县消防局还将消防安全知识纳入领导干部、公务员及农民工再就业等培训内容，镇（乡）长、村“两委”负责人、消防管理工作站工作人员等重点人员均需掌握消防安全基本知识。

2004年，县公安消防大队开展消防宣传进社区、进农村、进学校、进企业活动200余次，受教育群众3000余人次，建成消防教育展示室1个，并全面对外开放，接待参观群众近1500人次。2005年，县公安局消防大队对乡镇分片包干，针对性地开展消防宣传，遍及30个乡镇、60个村，培训6000余人，分发消防宣传资料30000余份。另外依托市消防培训中心的师资力量，组织相关人员轮训，共参加培训269人。2006年，县消防大队消防知识培训62次，全县受培训教育51000余人次；消防站开放32次，受教育4500余人次，发放消防知识宣传资料96000余份。是年，全县开展消防安全知识竞赛，参赛2.3万余人。

2011年，县公安局消防大队在全县范围内开展家庭消防安全隐患自查活动，并在平阳新闻网和平阳第一社区网站进行活动链接，通过消防QQ群进行信息发布，全县3万余户家庭参与其中。在县电视台、《新平阳》报、县广播电台、平阳第一政府网等主流媒体开辟专栏，第一时间发布消防政务、消防重大活动、消防警示、火灾形势等消防信息，并借助户外广告牌、公交车车载电视、户内外电子显示屏、LED屏幕等多种媒介广泛传播消防常识，提示消防安全。2012年12月，县公安消防局在腾讯设立“平阳消防”官方微博，报道介绍消防法律法规、防火灭火知识、逃生自救知识，曝光存在火灾隐患久拖不改的“钉子户”。

火灾事故

2000—2012年，全县接火警6902起，出警5310

2011年11月17日，县总工会和县消防大队联合在县体育馆举行全县义务消防队技能大比武。全县17支企业义务消防队参加比赛

2000—2012年平阳县火灾情况表

表26-1-5

年份(年)	报警数(起)	出警数(起)	出动车辆(台次)	出动警力(人次)	立案数(起)	直接财产损失(元)	人员伤害
2000	407	297	814	4070	11	777343	受伤1人
2001	533	463	1066	5330	15	1077182	死亡1人,受伤7人
2002	597	458	1174	5870	10	670247	死亡1人,受伤2人
2003	483	376	966	4830	7	638129	死亡1人,受伤3人
2004	604	486	1276	6380	13	2292307	死亡26人,受伤17人
2005	475	334	950	4750	18	71398	死亡1人,受伤4人
2006	503	371	1018	4072	16	515276	死亡2人
2007	567	457	1134	6804	13	680700	无人员伤亡
2008	486	386	972	4860	17	5467500	无人员伤亡
2009	567	407	1204	6020	13	2433830	死亡1人,受伤1人
2010	514	366	1012	6072	12	1580057	无人员伤亡
2011	587	453	1174	5870	12	1580844	死亡2人
2012	579	456	1158	6247	11	1740233	死亡1人
合计	6902	5310	13918	71175	168	19525046	死亡36人,受伤35人

说明:①2000年之前资料遗失;②资料由县公安消防局提供

起,出动警力71175人次,各种消防车辆13918辆次,立案调查168起。火灾造成直接财产损失1952.50万元,死亡36人,受伤35人。

火灾案例

1997年5月27日0时20分,水头镇中街87号因电器线路短路冒出火花引燃屋内毛线起火,引发火灾,死亡7人,重伤1人,受灾40户,烧毁建筑3600平方米,直接经济损失189万元。

1997年9月22日1时45分,鳌江镇外浦村发生火灾,死亡3人,受灾1户,烧毁建筑95平方米,直接经济损失7万元,火灾原因不明。

2004年6月26日3时40分,鳌江镇新河北路78～82号汽车装饰配件店因电气发生火灾,死亡4人,受伤4人,受灾4户,烧毁建筑808平方米,直接经济损失91.29万元。

2004年7月28日19时20分,水头镇金山路80号的温州辉煌皮革有限公司因砂边机作业时产生的火花引起皮带粉尘阴燃起火造成特大火灾,火灾烧毁厂房建筑面积2033平方米,死亡18人,伤12人,烧毁半成品、成品、机器设备等造成直接经济损失98.45万元。

第九节 出入境管理

平阳县居民因私出入境,由县公安局办理,因公出入境由县政府外事办公室办理。1989年,县公安局下设出入境管理科,主要负责平阳县公民因私出国(境)申请的受理审核,到平阳的外国人、港澳台同胞办理有关手续的申请,侦办出入境违法犯罪案(事)件。1999年9月,县公安局在昆阳镇汇水河路设置办证中心,包括办理护照。2001年年底,县公安局办证中心迁入县行政审批中心。2003年7月,平阳县公安局出入境管理科行政印鉴启用。2007年5月,办证中心撤出县行政审批中心,出入境办证窗口迁到昆阳镇联东北路48号办公。2010年11月,迁至公安局内办公。

日常管理

随着社会经济的发展,平阳居民与外国人的交

2001—2012年平阳县办理出国及办理赴港澳台通行证人员情况表

表26-1-6

年度（年）	公民因私出国人数（人）	外国人入境人数（人）	办港澳通行证（件）	办赴台通行证（件）
2001	1221	189	672	62
2002	1396	223	881	73
2003	1057	205	904	55
2004	2154	205	1708	41
2005	3173	218	2048	51
2006	3364	281	2711	43
2007	4749	1069	4305	29
2008	4728	846	5373	45
2009	4931	997	10043	1104
2010	6962	1505	14443	2273
2011	9700	1485	20846	1626
2012	10564	1188	22049	1050

说明：资料由县公安局提供

往日益增多，人员外出频繁，数量逐年增加。平阳县居民前往的国家主要为意大利、西班牙、荷兰等欧洲国家。平阳县邀请入境的外国人主要来自伊朗、巴基斯坦、韩国、西班牙、新加坡等国家，事由主要是商务、旅游、就业等。

20世纪90年代，到平阳县经商、贸易、就业、探亲的外国人逐年递增。1993年，县公安局按照市公安局出入境管理处要求，设立基层外国人管理联络员，建立完善“三资企业”外管联络员管理制度和涉外宾馆饭店24小时联系制度。3月，启用新版护照。是年始，平阳县公民出国人数逐年大幅攀升。

1996年3月，平阳县实行公民申请出国“一人一表”制，将原使用的申请表、调查表、审批表，三表合一为“中国公民申请审批表”。1997年9月，县公安局将境外人员管理工作列入基层公安机关基础工作的内容，与其他公安工作实行“四同”（同部署、同检查、同考核、同评比）工作机制。1998年，温州建立“四统一”出国（境）审批工作新模式：统一申请办法，统一审批条件，统一办事时限，统一收费标准。“四统一”政策实施后，平阳县出境申请人数大增，申请出国目的地由主要从欧美等西方国家，逐步扩展到世界各地。是年，县公安局将散居社会的境外人员临时住宿登记管理工作全面纳入派出所责任区民警职责范畴。1999年，县公安局出入境管理部门开展“创人民满意”活动，推出限时办证、急事急办等便民措施，将原先的半天接待改为全天接待。

2000年12月前，平阳县公民申请出国由县公安局出入境管理科受理，由省级公安机关审批、签发。12月，97版护照启用，平阳县公民申请出国采取由县公安局出入境管理科受理，市级公安机关审批，省级公安机关监督、指导，并集中制证、签发护照的三级管理模式。2001年，基层派出所推行境外人员临时住宿计算机管理系统，大幅提升境外人员临时住宿登记的申报率、准确率和查到率。出入境管理部门开展“方便申请人”活动，8月，开通重点企业申请出国（境）的“商务直通车”，对企业急需办理的出国（境）商务实行急事急办，让申请人立等可取。2003年，出入境管理部门为推行“按需申领护照”，开展国家工作人员报备数据库建设，建立各报备单位联络员和持证信息反馈制度。2004年7月，平阳县实施出入境证照邮政特快专递服务。2007年，外国人纳入派出所实有人口管理。是年，县出入境管理部门着手建立法定不准出境人员报备数据库，在受理、审批出国（境）申请材料时，通过系统比对，严防法定不准出境人员漏控出境。2009年，县公安局开展涉外单位登记备案和分类管理工作。2011年5月，县出入境管理部门开通出入境证件办理进度网上查询业务，申请人可通过互联网了解出入境证件办理进度，是年，县公安局开通赴港澳团队旅游再次签注自助受理业务，申请人可在自助机上完成申请、证件自动识别、缴费和回执打印。2012年5月，平阳县启用中华人民共和国电子普通护照。7月，开展外国人管理专项排查整治工作。12月，开通省内跨户籍地就近办理出入境证件业务。

反偷渡工作

2007—2012年，全县查处偷越国（边）境刑事案件1起，行政案件10起，处理违法犯罪人员50余人。

第十节 国内安全保卫

政治保卫

1989年，县公安局设有侦察科，简称“一科”，掌握社会政治动向，侦破危害国家安全的案件；打击境外反动组织、敌对势力的渗透破坏活动；部署指导全县公安基层政保工作。2005年5月更名国内安全保卫大队(简称“国保大队”)。2012年3月，县公安局国保大队被公安部评为全国优秀公安基层单位。

取缔邪教组织及反动会道门 1990年4月，北港地区反动会道门“先天道”活动频繁，县公安局侦察科组织力量到水头、顺溪、山门等重点地区开展宣传，公开取缔反动会道门“先天道”，摧毁“神义坛”2处，缴获反动经书12本、油印机2台。1991年7月，开展打击邪教专项斗争，抓获邪教骨干分子12人，依法搜查非法活动场所16处，缴获反动书刊23种156本。1997年、1999年，县公安局先后两次开展打击整治邪教专项行动，行动期间取缔邪教小聚会点35处，追究刑事责任5人，劳动教养3人。1999年，市政府发布《关于严厉制止和打击非法宗教活动公告》，县公安局开展专项整治，拆除违章违建非法宗教场所158处，改为他用23处，责令停止和取缔非法宗教活动25起，教育处理非法宗教骨干人员16人，基本摧毁了邪教组织体系。2002年，推出邪教信徒集中教育引导试点，开展教育转化工作，500余名邪教徒脱离邪教组织。2003年5月，取缔邪教在郑楼镇江上村、县第一农场两处非法聚会点。2004年9月，取缔邪教在钱仓镇方家村非法聚会点。

经济文化保卫

1989年，县公安局设有保卫科，监督检查国家机关、社会团体、学校、企事业单位和重点建设工程的治安保卫。1998年，保卫科更名为经济文化保卫科。2009年12月，撤销经济文化保卫科，其职能并入治安大队。1989年，全县共有136个内部列管单位。其中，39个建立保卫科，配备保卫干部75人；经济民警队9支，配备干警113人；企业派出所3个，配备干警21人。是年，建立以块为主、条块结合、属地管理的内部保卫管理体制，落实内部单位安全保卫责任制。是年，在县化工厂开展“创安”试点工作。全年开展5次安全大检查，查出隐患漏洞4个、部位56处，均整改完善。

1990年，在全县重点内部列管单位中全面开展“创安”活动。是年，举办培训班对全县内保干部进行《治安保卫工作条例》法律法规培训。在日常安全大检查中，查出隐患50处，予以整改。1991年，在内保单位中开展反盗窃专项活动，建立经济民警队4支、46人，建立健全防范机制。1993年，开展内保系统“一反三打”(反盗窃、打团伙、打流窜、打地霸)专项斗争，查处治安案件82起，查破刑事案件12起，处理违法犯罪75人。县化工厂、县啤酒厂两列管单位在市“创安”活动中立集体三等功。1994年6月，在县第一中学等8所县直属学校设立保卫科，在全县其余学校中设立治安联防队执勤室，均配备专、兼职保卫干事。至2000年，全县共有经济民警队21支、执勤室11个、人员264人。此后，随着企业机制转换，经济民警队逐年减少。

2003年，按照市公安局统一部署，县公安局对经济民警队伍进行改制，改称经济护卫，全县建立经济护卫队伍25支，305人。是年，全县262个重点列管单位，开展金融系统防护设施建设年活动和金融系统运钞车安全防范建设年活动，做好内部防控网络建设，消除安全隐患。2010年1月，国务院《保安服务管理条例》施行，原有经济民警、护厂人员职责均由企业聘用保安公司专职保安负责。

重大活动与重点场所保卫

大型活动保卫 平阳县举行大型的群众性文化活动、重大节庆、重大工程开工或竣工等活动，主办单位先行向县公安局(治安大队)提出申请，阐述活动性质、参加人员、现场布置、外来人员交通和食宿安排等具体内容，经同意后举行。县公安机关按照“谁主管、谁负责”原则落实安全保卫工作。活动期间，当地派出所、县局派出相应的警力维护秩序，保障活动安全有序。

平阳县较大的会市有正月十五宋桥会市、正月二十一郑楼会市、正月二十八榆垟大龙宫会市、二月初五鹤溪会市、清明钱仓会市、三月三麻步会市、四月二十九萧江会市、八月初七腾蛟会市、十月一

2006年5月30日，县公安干警参加端午节民间划龙舟活动保卫

日山门会市、十月初六水头会市等。逢以上会市，县公安局均派警力会同辖区派出所共同维护秩序。

1989—2012年，县公安机关完成到平阳县考察的党和国家领导人、中央有关部委领导、浙江省领导人的警卫任务40余次。2011年1月，县公安局被省委评为全省上海世博会环沪护城河安保工作先进集体。

重点单位保卫　1989年，列入重点保卫单位的有：县委机关、县政府机关、中国人民银行平阳县支行、工商银行平阳县支行、农业银行平阳县支行、建设银行平阳县支行、县邮电局、县供电局、县粮食局、县化工厂、县内燃机配件厂、县啤酒厂、县氮肥厂、县煤炭机械厂、县水泥厂、县造纸厂、县纺织厂、县毛纺厂、县印刷厂、县酒厂、县水厂、县制革厂、县石油公司、县燃料公司、县水产公司、县五金公司、县长途汽车运输公司、县第一人民医院、县档案馆、县文物馆、县广播电视局等31个单位。随着国家政治、经济形势的发展，内保列管重点单位也进行相应调整。2002年，明确经济文化保卫部门和派出所的职责和任务，把内保工作延伸到派出所，实行三级管理体系。确立二级内保重点单位31个，派出所三级内保重点单位260个。

2008—2012年，按照“抓大放小，确保重点”的原则，对全县内部列管单位重新调整，将县政府大院、县广播电台、县电视台、县第一中学、工商银行平阳县支行、县电信局、县移动公司、县电力公司、县自来水公司、县体育馆等关系国计民生的党政机关、水电气、邮电通信、广播电视、金融、学校等210家单位列为治安保卫重点单位。

第十一节　监所管理

监所设置

看守所　1990年年底，位于昆阳镇陈交垟村104国道边的看守所开始建设，占地面积17.2亩。1993年，看守所由昆阳镇新安阁路迁入。2002年，增建一幢监房，2003年3月投入使用。

拘留所　2001年11月，县公安局行政拘留所建立。由于环境条件的限制，县公安局没有单独设置拘留所，而只是在看守所内另设专门监室，看守所同时挂县公安局行政拘留所的牌子。2004年，拘留所单独设立，改名为县公安局治安拘留所。2007年11月，改名为县拘留所。

教育改造

1991年，监所在管理教育方面做到四个结合，即上大课与分组教育相结合、正面教育与反面教育相结合、个别谈话与家属规劝相结合、说服教育与必要惩罚相结合。是年，县看守所获取犯罪线索12条。1995年9月，在县看守所、县拘留所开展政治攻势，获取犯罪线索88条，经查证其中杀人线索7条、抢劫线索36条、逃犯线索6条，涉及犯罪团伙12个41人。1996年7—10月，在县看守所、县拘留所开展百日安全竞赛活动。同时对在押人员展开政治攻势，通过广播、谈话等形式宣传发动，获取犯罪线索26条，经查证破获刑事案件7起。

2002年，县看守所开展深挖犯罪活动，获取犯罪线索186条，破获刑事案件179起，其中杀人案件1起。2004年，经过管理人员启发教育，县看守所获取犯罪线索14条，查明使用假名4人，其中1名被劳教，查破刑事案件2起，治安案件12起。2005年，获取犯罪线索5条。2006年，获取犯罪线索5条。是年，制定所长接待日、清洁卫生和在押人员教育等制度，在监所内开展文明监室、文明个人和劳动积极分子评选活动，召开在押人员亲属座谈会，转化在押人员思想。

2007年起，县拘留所邀请县司法局宣教科、县法律援助中心工作人员分别对在拘人员进行法律知识教育和法律援助活动，并在监所内组织开展文化、娱乐活动。是年，1名在拘人员检举揭发、主动交代违法犯罪线索，及时抓获5名犯罪嫌疑人，破获或协破系列盗窃案件60余起，其中4名犯罪嫌疑人转刑事拘留。2009年，县看守所在监区开展“遵守监规监纪、服从管理教育”专题教育活动，引导在押人员强化法律意识，树立正确的荣辱观和道德观。

2010年，县看守所1名在拘人员检举揭发、坦白交代违法犯罪线索，据此线索，破获系列盗窃案件26起，涉案总价4万元。是年，县看守所对全所700余名在押人员进行健康检查，逐人建立健康档案，并形成常态，每半年一次。2011年，县看守所开展狱侦和“网上追逃”工作，获取犯罪线索10条，协助侦破刑事案件4起，行政案件6起，收缴冰毒3.4克。5月、11月，监所开展“监所开放日”和“亲情会见日”活动，分别邀请人大代表、政协委员及被拘留人员亲属到监所视察参观，转化在拘人员思想。2012年，县看守所获取犯罪线索6条，抓获违法犯罪嫌疑人9人，其中逃犯1人，破获刑事案件39起。

安全管理

看守管理　1989年，县看守所开展“打狱霸、整秩序、订预案、保安全”专项斗争，配合办案单位，深挖犯罪。1991年，县看守所以“打、防、管、教”为中心，建立健全各项制度，明确职责，严格管理，开展惩治狱霸、打击监内歪风活动，处理11名在押人员。1996年3—4月，县看守所开展打击牢头狱霸、整顿监风秩序活动，摸清线索49条，打击处理人员67人。

1997年，在省监管系统创“安全年”活动中，县看守所围绕“安全”制定措施，开展各项专项治所活动。春节期间，开展春季“保安全、创文明”活动；夏季，开展“战高温、保安全”百日安全活动；10月，开展“打狱霸、整秩序、促管理、保安全”活动。2002年，县看守所被评定为“三级看守所”。2004年3月，县看守所被省公安厅评为“五年安全无事故看守所”。2004—2006年，县看守所连续三年被评定为“三级看守所”。2007年，县看守所连续十年安全无事故，被省公安厅记集体二等功。2008年，县看守所建成监区门哨AB门、加固讯问室和律师会见室，是年，被评为“三级看守所”。2011—2012年，县看守所连续两年被评为“三级看守所”。2012年，县看守所被评为2012年度全市看守所集中清理消化工作先进集体。

拘留管理　2001年县公安局行政拘留所建所后，2002年、2003年、2004年连续三年被省公安厅评为“达标治安拘留所”。2003年，县拘留所为保障安全，制定《突发事件处置预案》《防火预案》《防台预案》《“非典”处置工作预案》等制度，并适时进行演练。2005年，县拘留所建立健全物防、技防、收押、出入所、提审会见等13项规章制度，并调整巡查模式，消除隐患。2007年，拘留所监控管理全面覆盖，监控和巡视二岗合一。2007年、2008年连续两年被省公安厅评为三级达标拘留所。2008年，县拘留所被评定为“三级拘留所”。

2010年，县拘留所开展管理教育新模式，其核心内容是实行处罚与教育相结合，以教育矫治违法人员为根本目的。县拘留所作为试点单位在温州市推行管理教育新模式。2010年、2011年，监所连续两年被评定为“三级拘留所”。2012年，县拘留所被评定为“二级拘留所”，并被省公安厅授予“五年安全无事故监所”称号，获集体三等功1次。

第十二节　预　审

1989年，县公安局预审科负责预审工作，接受县公安局各业务科室和各派出所提请报捕的案件，经初步审理后，提请检察院批准逮捕，对批准逮捕案件再行审理后，移送检察院，由检察院向人民法院提起公诉。1996年10月，预审科改称预审大队。预审大队从刑事拘留开始受案，建立预审主审制和刑事拘留审核制，防止刑事拘留对象和条件扩大化，密切侦审两道程序衔接，突出预审继续侦查的职能。2000年，县公安局实行“侦审合一”体制，撤销预审大队，成立刑侦大队办案指导中队，刑侦大队所办理的案件直接向检察院报捕，公安局内其他办案单位直接向检察院报捕。“侦审合一”后，刑侦大队的办案质量有所提高，但因多头联系检察院而

1994—2012年平阳县公安局预审情况表

表26-1-7

年度(年)	受理		提请报捕		批准报捕		移送起诉	
	件	人	件	人	件	人	件	人
1994	271	658	207	480	177	422	210	422
1995	201	501	184	379	164	327	219	344
1996	305	625	304	602	236	588	148	314
1997	541	859	376	655	352	623	473	680
1998	601	917	449	720	412	687	530	759
1999	606	927	503	870	486	826	658	908
2000	653	1005	458	856	466	815	705	1025
2001	705	1114	653	1026	592	932	752	1160
2002	712	1107	459	784	423	726	705	1013
2003	826	1123	626	824	610	752	701	966
2004	786	1109	624	826	601	805	759	1036
2005	823	1125	641	705	612	646	625	848
2006	805	1162	610	958	589	931	659	1049
2007	821	1151	705	881	690	841	742	1221
2008	904	1355	756	1176	726	1132	780	1403
2009	860	1284	690	1033	658	998	808	1351
2010	965	1507	788	1209	754	1184	860	1460
2011	1107	1579	847	1226	833	1192	1071	1734
2012	1144	1700	858	1189	849	1140	1495	2346

说明：资料由县公安局提供

不便统一。2005年12月，县公安局恢复预审大队，重新承担全县的预审办案业务指导工作，实行新的侦审分离模式。

第十三节　法制工作

1989年7月，县公安局设立法制科，对公安机关行政强制性措施如收容审查、治安处罚等进行审核及加强内部执法监督。各科、所、队选配1名兼职法制员，各基层派出所聘请112名辖区内有一定代表性的干部、群众担任义务法制监督员，初步形成法制监督网络。2011年4月，县公安局法制科更名为法制大队。

制度建设

1990年10月，《中华人民共和国行政诉讼法》实施后，县公安局对全局干警进行培训，全面检查清理列入行政诉讼范围的公安行政行为的工作程序、手续法律文书等，建立健全执法程序和制度。至1993年，多次组织干警学习新法规、进行法律培训。

1994年，针对收审工作转处率低、超期限多的情况，县公安局制定收审工作制度，落实责任制，转处理率从45%提高到52%以上。1996年，县公安局制定《平阳县公安局关于修改后刑事诉讼法试运行工作的实施意见》，推出公安打防机制改革新思路，调整刑侦大队与派出所的工作关系，建立大刑侦格局，改进、完善侦查工作机制，停止收容审查审批。1998年4月，县公安局制定《平阳县公安局执法责任制实施方案和考核办法》《案件审批审核责任》等11项配套规章制度，落实领导和民警的执法责任。是年，先后分5批就《公安机关办理刑事案件程序规定（修正）》对执法民警进行为期一周集中轮训。11月，首批211名民警参加岗位执法资格考试，208名通过执法资格认证。

2001年8月20日至10月11日，县公安局开展治安案件公开处理试点工作，随后制定《平阳县公安局治安案件公开处理工作细则》，于2002年1月全面实施。2002年，县公安局制定《平阳县公安局基层科所队法制员建设有关规定的通知》，组建基层科所队法制员队伍，规定由基层法制员负责对本单位上报案件进行初审，统一管理本单位涉及法制内容的台账。

2005年，县公安局制定《全县公安机关开展执法质量问题大整改实施方案》，建立定期执法质量分析研判和考核机制、以个案评判为主的案件执法监督机制、联合应诉机制、执法质量培训教育机制。制定《平阳县公安局单轨制审批制度工作职责（试行）》《关于基层科所队教（指）导员兼任法制员的规定》等制度，加强执法工作长效机制建设。2006年，县公安局分3批对执法办案民警进行《中华人民共和国治安管理处罚法》培训，对468名执法岗位民警开展岗位执法资格认证考试。2007年，《平阳县公安局执法质量考核评议暂行规定》《平阳县公安局主办人工作责任制暂行规定》实施。

2008年，为提高命案执法质量，制定命案诉前法制审核制度，对过失致人死亡案、故意杀人案、故意伤害案中致人死亡的、抢劫案中致人死亡的、聚众斗殴案中致人死亡的、其他致人死亡的故意犯罪案件在移送起诉前须报法制科进行审核。制定《平阳县公安局另案处理人员管理规定》，利用微机开发“另案处理人员管理系统”，对2003年后另案处理人员进行清理，对另案处理人员进行信息化、科学化管理。2009年3月，县公安局制定实施《平阳县公安局电子化案件建设标准（试行）》，将电子化卷宗为主要内容的执法信息工作制度化、体系化。下半年，县公安局开展科、所、队执法规范化建设合格单位创建活动，制定《平阳县公安局科所队法制教育培训制度》《平阳县公安局科所队执法状况定期分析研判制度》《平阳县公安局科所队执法工作“一日清”制度》等制度。

2010年6月，县公安局制定《平阳县公安局伤害案件办理规定》，明确受案立案、调解结案、和解撤案、强制措施、人身伤害鉴定、调查取证、监督检查等方面的规范做法和期限。是月，制定《平阳县公安局涉案财物和非涉案财物管理规定（试行）》，明确涉案财物和非涉案财物的收取、登记、保管、调用、移送、发还等程序，明确无主物处理的办法等。2011年1月，县公安局制定《平阳县公安局未破刑事案件管理规定》，对接警后案件前期查证、取证以及归档保管等工作进行详细规定。同时建立未破案件前期取证定期通报制度，对前期查证、取证以及归档不规范以及未如实立案情况每半个月进行一次通报，并对办案单位、责任民警予以扣记分。3月，制定《平阳县公安局实施公安行政处罚自由裁量权适用标准》，对违反治安管理、出入境管理、计算机网络安全管理、经济管理以及其他行政管理的违法行为分门别类、区分情形细化行政处罚自由裁量权适用标准，并报县政府向全社会公开。

2012年，县公安局实行办案区管理定期检查通报制度，法制大队每日对各单位办案区执法对象和非涉案财物管理情况进行检查，每半个月发布一期《办案区检查通报》。制定《平阳县公安局执法安全管理规定》《平阳县公安局人身安全检查操作规范》《平阳县公安局县局办案区使用管理方案》等管理制度，对执法对象进出办案区、人身安全检查管理措施全面建章立制。

执法检查

1993年，县公安局先后组织2次执法大检查，针对收审对象超范围、收审时限超期限问题开展专门清理工作，清理收审超3个月的对象80余人。1997年7月，针对《中华人民共和国刑事诉讼法》和《中华人民共和国行政处罚法》的贯彻执行情况，县公安局开展大检查，通过执法检查，发现问题，纠正执法上的偏差。1998年，通过案件抽查等形式，在立案、采取强制措施等方面发现9件违法事例，逐件发出纠正违法通知书，责令限期整改。9月，对全局刑事拘留和监视居住情况进行专项治理，刑拘527人中，超期限和超范围有17人，占3.2%；监视居住19人，执行不规范的有8人，占42%，对发现的问题，均责成有关单位立即整改。

2000年，县公安局组织开展以“全面清理积案，纠正违法办案”为重点的执法大检查，共抽查治安案件243起。2001年4—5月，县公安局检查下属15个单位的留置室，对不符合标准要求的鳌江镇派出所等3个单位留置室责令停止使用，限期整改，并制订规范性文件。6月、12月，先后两次组织人员到各执法单位进行案件质量检查，将检查中发现的问题予以通报，并纳入年底目标考核成绩。2002年4—5月，县公安局对各下属单位进行“以实施案件评判，落实行政（治安）拘留执行情况”为主要内容的第一季度执法检查，向有执法不规范现象的单位发了通报。7月，对伤害案件从受理立案、调查取证、伤势鉴定、采取刑事强制措施等多方面进行检查，对发现的问题进行通报，并提出整改要求。

2003年5月、9月，按照《浙江省公安机关执法质量考核评议实施办法》的规定，县公安局法制部门对各单位半年度和全年度的执法质量进行考核评议，考核结果排名公布。2005年，县公安局法制部门对2004年办理的各类刑事案件和行政案件开展自查整改。6—7月，县公安局法制部门组织各办案单位法制员分两组对下属28个执法单位的上半年执法情况进行考核考评自查。10—11月，县公安局法制部门通过巡环大指导形式，对全局所有执法单位进行一次考评自查。2007年，县公安局法制部门每季度对各执法办案单位进行执法质量考评，通过考评结果，对存在执法质量问题逐案落实整改。2008年6—9月，县公安局开展整顿违反规定办理取保候审活动。经查，2007年以前尚未办结的取保候审案件2起2人，涉及保证金3万元责令退还。

2011年7—8月，县公安局开展“下行案件专项评查”，对2010年作出的155起撤销案件决定和不予立案决定的刑事下走案件进行检查。8月，开展行政执法案卷评查，评查已办结的殴打他人案件84起、行政许可案卷30起。通过案件专项检查，及时纠正存在的执法问题，并落实整改。2012年8月23—24日，县公安局对各下属单位办案区安全隐患进行检查并发布《办案区安全隐患检查通报》，要求各单位对存在问题进行整改。11月1日，开展办案区安全隐患“回头看”活动，着重对办案区内录音录像设备功能、是否存在自杀着力点、紧急报警装置功能等硬件设施和等候室是否实行面对面看管，是否存在未将涉案人员带入办案区内办案，违规将

2001—2012年平阳县行政行为人向复议机关提请复议情况表

表26-1-8　　单位：件

年份（年）	申请复议	复议结果			
		维持	变更	撤销	其他
2001	34	30	1	3	0
2002	55	22	4	3	26
2003	56	39	3	1	13
2004	35	22	3	5	5
2005	23	21	0	0	2
2006	31	25	1	2	3
2007	24	20	1	0	3
2008	11	8	1	0	2
2009	14	10	0	0	4
2010	18	15	0	1	2
2011	5	4	0	0	1
2012	10	3	2	0	5

说明：资料由县公安局提供

2001—2012年平阳县行政行为人向人民法院提请行政诉讼情况表

表26-1-9　　单位：件

年份（年）	提请诉讼	诉讼结果			
		胜诉	变更	败诉	其他
2001	18	16	0	2	0
2002	19	14	0	3	未结2
2003	29	21	1	4	未结3
2004	19	11	1	3	撤诉4
2005	14	12	0	0	撤诉2
2006	27	23	1	1	自撤2
2007	27	19	0	0	自撤5，未结3
2008	7	6	0	1	0
2009	12	7	0	3	撤诉2
2010	6	3	0	0	撤诉2，未结1
2011	6	2	0	1	撤诉3
2012	5	0	0	0	撤诉5

说明：资料由县公安局提供

证人、受害人或无关人员带入办案区等管理制度落实情况进行检查。

复议与诉讼

1989年，涉及县公安局的行政复议、诉讼案件由法制科办理。2001—2012年，法制科处理行政行为人向复议机关提起复议案件316件，处理行政行为人向人民法院提起的行政诉讼案件189件。

第二章 检 察

1989—2012年，县检察院受理审查批捕案件10719件，审查人数18599人；受理起诉13017件21408人，其中提请公诉11767件18707人；立案查处贪污贿赂案件350件435人；立案查处经济犯罪案件457件；立案查处各类法纪、渎职侵权案件93件121人。

第一节 机构与队伍

机构

1989年，县检察院在昆阳镇解放街27号办公，内设办公室、政工科、刑事检察一科、刑事检察二科、经济检察科、法纪检察科、监所检察科、控告申诉检察科、税务检察办公室、供销检察办公室、经济罪案举报室11个科室。

1984年8月落成的检察院办公大楼

1996年6月落成的检察院办公大楼

1990年，贪污贿赂侦查局成立，撤销经济检察科。1991年，经济罪案举报室更名为举报中心。1992年，设立农行检察办公室。1994年，撤销供销检察办公室，设立驻看守所检察室、鳌江检察室、民事行政检察科。1995年，撤销农行检察办公室。1996年，贪污贿赂侦查局更名为反贪污贿赂局。是年，县检察院搬迁至昆阳镇平瑞路578号。

1997年，撤销税务检察办公室。1998年，设立行政装备科，刑事检察一科更名为审查批捕科，刑事检察二科更名为审查起诉科，政工科更名为政治处。2002年，审查批捕科更名为侦查监督科，审查起诉科更名为公诉科。2004年，设立监察室、职务犯罪预防科，撤销技术检察科归入行政装备科。2005年，渎职侵权检察科更名为反渎职侵权局，撤销鳌江检察室。2008年，设立司法警察大队。2010年，设立派出机构鳌江检察室和下属财政全额拨款

1989—2012年平阳县人民检察院检察长任职情况一览表

表26-2-1

姓 名	籍贯	任职时间
吴寿珊	浙江平阳	1987年3月至1998年1月
盛志荣	浙江温州	1998年2月至2003年1月
陈士民	浙江洞头	2003年2月至2006年10月
赵卫华	浙江瑞安	2006年11月至2011年2月
林锡铭	浙江苍南	2011年3月—

说明：资料由县人民检察院提供

事业单位检察事务中心。2011年，设立未成年人刑事检察科。

至2012年年底，县检察院内设办公室、政治处、侦查监督科、公诉科、未成年人刑事检察科、反贪污贿赂局、反渎职侵权局、监所检察科、民事行政检察科、控告申诉检察科(举报中心)、职务犯罪预防科、司法警察大队、行政装备科、监察室14个科室，设派出机构鳌江检察室，下设事业单位检察事务中心。

队伍

检察队伍　1989年，县检察院实有58人，其中干部56人、职工2人。至2012年，县检察院有政法专项编制91人、事业编制8人。其中，纳入检察官序列的人员包括检察长1人、副检察长3人、检委会委员4人、检察员29人、助理检察员17人。

人民监督员　2004年9月，县检察院出台人民监督员制度试点工作方案。10月，经征求县人大常委会、县政协意见，聘任7名人大代表、政协委员和2名社会人士为县检察院人民监督员。2007年8月，经县人大常委会主任会议同意，聘任7名新一届人民监督员。2011年开始，人民监督员由市检察院统一聘任。9月，市检察院聘任8名平阳籍人民监督员。

第二节　刑事检察

审查批捕

1989—1991年，县检察院开展依法从重从快打击严重刑事犯罪活动，采取“四不四及时”的做法，即案件到手及时阅卷，不拖延时间；需补证的及时补证，不贻误战机；遇到问题及时商量，不各自为是；发现问题及时解决，不扯皮踢皮球。其间，县检察院受理刑事检察案件560件。

1992—1995年，县检察院坚持提前介入和刑事检察信息员制度，密切联系公安部门，对大要案和专项打击案件实行“提前介入”，及时掌握大要案发案信息。确定“任务到人、责任到人、限时结案”的办案责任制，采用定人、定时、定要求的做法，保证案件的快审快结。主动参加“三打一禁”（打击团伙犯罪、打击车匪路霸、打击拐卖妇女儿童，禁止卖淫嫖娼）斗争，坚决打击杀人、抢劫、强奸等特重大案件和带有黑社会性质的犯罪团伙以及惯犯、累犯、首犯等。其间，审查批捕白某某特大流氓团伙案。该流氓团伙有成员30余人，作案时间长达3年，次数多达26次，经常结伙寻衅滋事、敲诈勒索、聚众斗殴，横行乡里。通过提前介入，逐事逐人进行审核、甄别，对该案23名案犯作出批捕决定，增捕2人。1992—1995年，县检察院受理刑事检察案件754件。

1996—2006年，全国开展“严打”集中统一行动。1997年，配合全县“春季严打整治行动”“禁毒禁赌”等专项斗争，按照修改后《中华人民共和国刑事诉讼法》，建立接待辩护人制度、重特大案件提前介入制度、批捕案件备案跟踪制度。2001年，强化监督意识，使批捕工作从单一的审查批捕职能转变到批捕与监督并重的工作职能上来，是年，增捕8人，刑事立案监督5件7人。2003年，推出《预防错案适用规则》，以杜绝错案发生。2004年，执行提审工作制度，坚持逐案逐人必审，对重大、复杂案件加强审讯和证据复核工作，对证据的程序瑕疵，通知侦查机关及时补充侦查，使批捕案件能诉得出、判得了。2006年，提前介入，从快批捕省公安厅挂牌督办的应某某等20余名特大黑社会性质组织案。1996—2006年，县检察院受理刑事检察案件5681件。

2007—2012年，县检察院开展“清障除污”、打黑除恶等专项整治行动。按照温州市公检法《关于严厉打击暴力讨债等违法犯罪行为，依法维护企业正常生产和金融秩序稳定的通告》等文件，严厉打击破坏企业生产经营和金融秩序、直接影响沿海产业带建设进程的各类刑事犯罪活动，突出打击“霸王搬运”等无理阻挠重点工程施工的犯罪。2011年，依法批捕“6·14”火车站大道故意杀人、聚众斗殴案100余名犯罪嫌疑人。同时，全面贯彻落实宽严相济的刑事政策，在审查处理海涂围垦工程引发的300余人聚众闹事案时，对组织策划村民进行闹事的首要分子以及积极实施者钱某某、庄某某等人从严处理，依法批准逮捕，对一般参与者从宽处理，依法作出不捕决定。2007—2012年，县检察院受理刑事检察案件3724件。

1989—2012年，县检察院受理审查批捕案件10719件，审查18599人，批准逮捕17392人。

审查起诉

1989—1996年，县检察院在以“打黑除恶”为重点的严打整治期间，重点打击重特大犯罪特别是暴力恶性犯罪、涉枪犯罪、涉毒犯罪以及流氓恶势力团伙等。

1997—1999年，县检察院贯彻执行修改后的《中华人民共和国刑事诉讼法》和《中华人民共和国刑法》，按照新的庭审方式进行模拟演练、开试验庭，并邀请律师、法官到县检察院讲座，做好过渡期的有关工作。在依法从重从快的同时，注重案件的质量，把好案件的事实、定性、处理三大关，坚持严格审查，通过细心审阅案件，注意发现漏罪、漏犯，做到不枉不纵。1999年，公安机关移送起诉县信用社副主任陈某某挪用资金78万元案。县检察院审查发现还有余罪未清，经深入查证，查清陈某某挪用公款754万元。

2000—2012年，县检察院加强主诉检察官办案责任制的检察改革，严格实行对犯罪嫌疑人权利告知制度，注重犯罪嫌疑人权利保障。实行疑难案件交叉阅卷的办案制度，确保案件质量不出差错。

1989—2012年，县检察院受理起诉13017件21408人，其中，提请公诉11767件18707人。

第三节　职务犯罪检察

反贪污贿赂检察

1989—1994年，县检察院坚持“一要坚决，二要慎重，务必搞准”的办案原则，实行“定案、定时、定人员、保质量”的办案责任制，依法从严惩处贪污、受贿等经济犯罪活动，依法严肃查办各类经济犯罪224件301人，其中，立贪污贿赂案件134件191人。1989年8月，最高法院、最高检察院《关于贪污、受贿、投机倒把等经济犯罪分子必须在限期内自首坦白的通告》发布后，先后有10名经济犯罪嫌疑人投案自首。

1995—2005年，县检察院坚持以科级以上现职领导干部犯罪案件、犯罪数额巨大的案件以及发生在党政机关、司法机关、行政执法机关和经济管理部门的职务犯罪案件为重点，落实“系统抓，抓系统”的部署，依法严肃查办各类经济犯罪155件174人，其中立贪污贿赂案件138件150人。1997年始，除贪污贿赂外的其他犯罪由县公安机关管辖。

2006—2012年，县检察院根据行业特点和多发性案件类型，捕捉信息和疑点，综合分析，深挖窝案、串案，先后查处城镇建设领域、教育系统、政法系统、医疗系统、交通道路运输管理系统、广电系统等一批有影响力的大要案，依法查办贪污贿赂案件

1989—2012年平阳县人民检察院自侦案件立案情况表

表 26-2-2

类型 年份（年）	经济犯罪				法纪犯罪（渎职侵权犯罪）	
	贪污贿赂案件		其他经济犯罪案件			
	件数	人数	件数	人数	件数	人数
1989	34	51	12	20	5	7
1990	29	36	12	13	8	10
1991	28	47	13	13	9	9
1992	16	18	21	24	10	16
1993	10	18	13	19	5	8
1994	17	21	19	21	10	12
1995	11	13	11	18	8	9
1996	15	15	6	6	8	9
1997	10	10			2	6
1998	8	8			0	0
1999	9	9			1	1
2000	15	17			1	1
2001	7	8			2	2
2002	12	17			2	2
2003	20	20			4	5
2004	17	17			4	4
2005	14	16			2	2
2006	10	10			1	1
2007	18	20			2	2
2008	10	17			2	2
2009	12	13			1	2
2010	16	19			2	6
2011	5	6			3	3
2012	7	9			1	2

说明：①2000年始，法纪犯罪改称为渎职侵权犯罪；②资料由县人民检察院提供

78件94人。2008年，立案查处县公安局副局长黄某某、党委委员陈某某搭空股收受巨额贿赂案件。2009年，立案查处省级重点工程项目——“昆鳌污水集中处理排江工程”受贿窝串案5件5人。2010年，立案查处县中医院院长王某某、副院长程某某等医疗系统行贿受贿窝串案8件9人。同时，建立查办职务犯罪案件安全防范措施，规定自侦案件必须全程同步录音录像，并实行审录分离制度。

1989—2012年，县检察院立贪污贿赂案件350件435人。

法纪、反渎职侵权检察

1989—2012年，县检察院立案查处各类法纪、渎职侵权案件93件121人。其中，1994年查处两起公安司法人员徇私舞弊案。2007年，立案查办直接经济损失50万元以上的重大案件1件1人，科级以上干部渎职侵权犯罪案件1件1人，立案查办的法院工作人员彭某涉嫌执行判决裁定滥用职权案。2009年，深挖重大责任事故渎职犯罪案件，立案查办县排污办工作人员玩忽职守犯罪案件1件2人。2010年，查处县国土资源局经济开发区分局工作人员缪某某滥用职权、受贿96万余元等土地领域渎职犯罪窝串案1件5人。2011年，深挖违章建筑屡禁不止背后的渎职犯罪，立案查处规划系统干部参与违章建筑买卖牟利、为违章建筑充当“保护伞”窝串案3件3人。

职务犯罪预防

1989年后，县检察院主动采取多种形式开展职务犯罪预防宣传，包括检察长发表电视讲话、张贴通告、出宣传栏、开展法制讲座、警示教育等，预防各类职务犯罪的发生。1994年，在水头、腾蛟、山门等乡镇召集人大代表进行座谈，听取反腐败工作的意见和建议。2002年，选派干警先后3次到工商、商检等部门进行法制讲座，有3名干警被有关单位聘为廉政监督员。2004年，组织行政执法部门170余人到省第二监狱接受职务犯罪警示教育。在规划建设、国税等系统成立预防职务犯罪协调工作小组，建立联席会议制度，开展个案预防，帮助建章立制堵塞漏洞。2005年，以“一案一分析、一案一建议、一案一教育、一案一回访”的工作方式，开展职务犯罪预防工作。与县工商行政管理局、县烟草专卖局、县劳动和社会保障局、县国土资源局、县国家税务局、县交通局等单位建立共同开展预防职务犯罪工作联系制度。

2006年，县检察院协同4个行政执法部门出台《联合预防职务犯罪工作机制》，组织相关单位干部60余人到省第四监狱接受职务犯罪的现身说法警示教育。2007年，建立行贿档案查询制度，为企业提供快捷便利的服务，规范市场廉洁准入程序。2008年，与监察部门、审计部门联合制定《关于共同开展监督指导预防职务犯罪工作的实施意见》，协同3个行政执法部门出台《联合预防职务犯罪工作机制》，与14个单位建立信息资源共享机制。2009年，联合县国税局出台《三色预防预警机制》，联合县监察局等6部门出台《关于在重点工程建设中共同开展预防职务犯罪工作的实施意见》，并出台《关于提供预防咨询的规定》，为单位和个人提供预防咨询服务。2012年，联合县纪委在《新平阳》上刊登廉政广告，联合县监察局、县审计局对县国土资源局执行《浙江省预防职务犯罪条例》情况进行专项督导。加强对政府主导性投资建设项目的职务犯罪预防，与县标准渔港建设工程指挥部、县滩涂围垦工程建设指挥部联合签发《关于共同开展预防职务犯罪工作的实施意见》，对县标准渔港建设工程和宋埠——西湾滩涂围垦工程项目实行职务犯罪预防管理。对县人民医院异地扩建工程、顺溪水利枢纽工程等重点工程开展职务犯罪专项预防。

第四节　监所检察

1989年，县检察院贯彻省监所检察工作会议精神，开展驻所检察，在看守所设立办公室，变“站所”检察为“驻所”检察，同时制定《驻所检察规范化的几点要求》，使监所检察工作走向规范化。1989—1994年，驻所检察1718天，平均每月23天，提出纠正超期羁押通知52次；单独或协调侦查机关进行安全检查1088次，提出书面或口头检察纠正意见建议204件；对在押犯集体上法制课23次，个别谈话2691人次，教育面9484人次；重点打击牢头狱霸，办理在押人员组织侦查重新犯罪案件15件23人；加强对监外罪犯执行情况的检察监督，对313名监外执行罪犯进行全面监管。

1994年，设立派驻县看守所检察室后，重点加强对各有关部门超期羁押的监督，做到事前、事中、事后各环节全方位检察监督，及时向有关部门提出检察建议。1995—1999年，开展执法检察425次，口头或书面提出纠正一般违法意见200次，纠正超期羁押275人；进行安全检查598次，提出防范意见和建议205条，防止各类事故42起。2000—2004年，重点加强对监管部门在办理减刑、假释、保外就医工作中出现的违法问题的监督，继续加强对超期羁押的监督。

2005年后，每年均实现零超期羁押的目标。2007年，县检察院出台《保外就医续保工作管理办法》和《保外就医复检工作办法》，联合县公安局、县法院、县司法局推行监外执行罪犯“一卡通”管理办法。2010年，开通社区矫正定位监控管理系统，建立全县社区矫正服刑人员信息资源共享平台。是年，县检察院驻看守所检察室被最高检察院评为“二级规范化检察室”。2011—2012年，重点加强对减刑案件和社区矫正的法律监督，纠正呈报减刑不当或不及时案件40件，提出收监执行检察建议43件。

第五节　控告申诉检察

1989—2012年，县检察院受理群众来信来访7400余人(件)次，受理各类举报1000余件，初查168件，立案82件，办理各类刑事控告申诉案件77件，刑事赔偿案件8件。

2012年9月20日，县人民检察院新信访接待室(举报中心)启用

1991年，接受投案自首1人。1992年，制定《接待工作守则》等制度。1994年10月，县检察院举报中心正式挂牌。1995年，设立每月一次的检察长接待日。1999年后，通过设点咨询、挂图展示、发放资料、宣传报道等形式，开展举报宣传周活动。2001年，县检察院控申举报接待室被省检察院评为省级文明接待室。2007年，加强首办责任制和领导包案制，推行下访、巡访制度，妥善处理突发性、群体性上访事件。2009年，开办“检察长信箱”和“网上

2001—2012年平阳县人民检察院民事行政检察工作情况表

表26-2-3　　　　单位：件

年份(年)	立案	建议提请抗诉	提请抗诉	调处	再审检察建议	督促起诉	支持起诉
2001	10	10		—	—	—	—
2002	—	4	4	—	—	—	—
2003	—	10	7	—	—	—	—
2004	24	10	11	—	—	—	—
2005	10	17	9	2	0	0	7
2006	8	10	8	4	1	0	0
2007	10	21	10	8	2	1	16
2008	9	8	9	8	0	3	3
2009	36	20	45	23	5	20	0
2010	24	10	24	50	2	105	46
2011	25	38	25	5	4	19	33
2012	15	5	15	5	2	4	25

说明：资料由县人民检察院提供

举报”系统，注重从网络空间听民声、解民意、纾民困。2010年，检察长参与接待来信来访15件12人，成功息诉省检察院挂牌督办的李某某信访案。2012年，全力做好赴省进京涉检信访工作，成功化解历时多年的因土地征地补偿款纠纷引发的钱仓凤桥村信访老案。建立执法办案风险评估机制，及时有效地化解信访隐患。是年，县检察院控申举报接待室被省检察院评为省级“文明接待示范窗口”。

第六节　民事行政检察

民事行政检察工作始自1995年，至21世纪初，民事行政检察案件受理较少。1995—2000年，立案案件仅23件。2004年之后，案件受理有大幅度增加。至2012年，县检察院受理各类民事行政申诉案件650余件。2005—2012年，县检察院民事行政检察立案137件，建议提请抗诉129件，提请抗诉145件，发出再审检察建议16份，发出督促起诉检察建议152份，支持起诉130件，调解105件，息诉41件。

2005—2012年，突出对严重损害国家利益、公共利益、他人合法权益以及因徇私枉法导致枉法裁判等民事行政案件的监督纠正。2010年后，完善对危害环境保护、食品药品安全等问题的专项法律监督机制，加强与卫生、环保、社保、安检、质检、药监等行政执法机关的沟通，查找民生领域管理漏洞和制度缺陷，向有关行政执法单位发出检察建议100余份。2012年，开展民事执行监督试点，依法监督纠正民事执行违法13件。2010—2012年连续三年，县检察院申报案例被省检察院评为“全省检察机关优秀民事行政申诉调处案件”。

第三章　法　院

1989—2012年，县法院审结各类刑事案件12991件；民事案件(含经济纠纷)57450件。1991—2012年，收行政案件1142件，审结行政案件1139件；收执行案件28758件，执结发生法律效力的案件28781件。

1989—2012年平阳县人民法院各类案件结案情况表

表26-3-1　　单位：件

<table>
<tr><th rowspan="2">年份（年）</th><th colspan="2">刑事</th><th colspan="2">民事（经济）</th><th colspan="2">行政</th><th colspan="2">执行</th><th colspan="2">其他</th></tr>
<tr><th>收案</th><th>结案</th><th>收案</th><th>结案</th><th>收案</th><th>结案</th><th>收案</th><th>结案</th><th>收案</th><th>结案</th></tr>
<tr><td>1989</td><td>—</td><td>164</td><td>—</td><td>1120</td><td></td><td></td><td>—</td><td>—</td><td>—</td><td>—</td></tr>
<tr><td>1990</td><td>—</td><td>181</td><td>—</td><td>1340</td><td></td><td></td><td>—</td><td>—</td><td>—</td><td>—</td></tr>
<tr><td>1991</td><td>—</td><td>192</td><td>—</td><td>1488</td><td>15</td><td>17</td><td rowspan="3">3457</td><td rowspan="3">2916</td><td>—</td><td>—</td></tr>
<tr><td>1992</td><td>—</td><td>178</td><td>—</td><td>1013</td><td>17</td><td>13</td><td>—</td><td>—</td></tr>
<tr><td>1993</td><td>—</td><td>209</td><td>—</td><td>1048</td><td>23</td><td>25</td><td>—</td><td>—</td></tr>
<tr><td>1994</td><td>—</td><td>213</td><td>—</td><td>1135</td><td>20</td><td>22</td><td rowspan="9">11979</td><td>662</td><td>—</td><td>—</td></tr>
<tr><td>1995</td><td>—</td><td>269</td><td>—</td><td>1566</td><td>17</td><td>19</td><td>814</td><td>—</td><td>—</td></tr>
<tr><td>1996</td><td>—</td><td>290</td><td>—</td><td>1906</td><td>8</td><td>8</td><td>851</td><td>—</td><td>—</td></tr>
<tr><td>1997</td><td>—</td><td>404</td><td>—</td><td>2101</td><td>42</td><td>39</td><td>838</td><td>—</td><td>—</td></tr>
<tr><td>1998</td><td>—</td><td>589</td><td>—</td><td>2173</td><td>19</td><td>22</td><td>1160</td><td>—</td><td>—</td></tr>
<tr><td>1999</td><td>—</td><td>571</td><td>—</td><td>2591</td><td>36</td><td>33</td><td>1233</td><td>—</td><td>—</td></tr>
<tr><td>2000</td><td>—</td><td>584</td><td>—</td><td>3442</td><td>52</td><td>51</td><td>1619</td><td>—</td><td>—</td></tr>
<tr><td>2001</td><td>—</td><td>726</td><td>—</td><td>3664</td><td>62</td><td>55</td><td>2200</td><td>—</td><td>—</td></tr>
<tr><td>2002</td><td>—</td><td>756</td><td>3463</td><td>3517</td><td>46</td><td>56</td><td>2453</td><td>—</td><td>—</td></tr>
<tr><td>2003</td><td>555</td><td>556</td><td>2724</td><td>2597</td><td>97</td><td>95</td><td>1901</td><td>1931</td><td>135</td><td>130</td></tr>
<tr><td>2004</td><td>673</td><td>668</td><td>2530</td><td>2575</td><td>92</td><td>80</td><td>1366</td><td>1269</td><td>210</td><td>221</td></tr>
<tr><td>2005</td><td>587</td><td>601</td><td>2325</td><td>2325</td><td>66</td><td>74</td><td>1126</td><td>1204</td><td>217</td><td>208</td></tr>
</table>

续表 26-3-1

年份(年)	刑事		民事(经济)		行政		执行		其他	
	收案	结案	收案	结案	收案	结案	收案	结案	收案	结案
2006	606	603	1950	2001	76	78	1069	1098	333	329
2007	725	721	2280	2282	83	86	1022	1003	424	425
2008	748	727	2743	2533	100	96	1246	1291	667	498
2009	762	777	2338	2990	74	67	1289	1450	1048	130
2010	807	795	3728	3754	86	93	1384	1560	155	117
2011	931	920	3567	3654	60	57	1263	1436	219	220
2012	1310	1297	4647	4635	51	53	1656	1793	343	191

说明:资料由县人民法院提供

第一节　机构与队伍

内设机构

1989年底,县法院内设办公室、政工科2个机关科室及刑事审判庭、民事审判庭、经济审判庭、行政审判庭、执行庭5个审判业务庭。

1992年,成立告诉申诉庭。1996年,建立司法警察大队。1997年,设纪检组(监察室)。1998年8月,政工科更名为政治处。1999年,成立司法行政科。2000年,成立审判监督庭、立案庭(信访室)。2001年9月,告诉申诉庭撤销,其职能由立案庭代替。2002年,成立执行局,保留执行庭。2003年,撤销民事审判庭和经济审判庭,设立民事审判第一庭、民事审判第二庭,构筑“大民事”审判格局,并成立书记员科对全院书记员实行集中管理。2011年7月,设执行实施科、执行监督科。是年,成立审判管理办公室。2012年8月,增设金融审判庭,同时在办公室增挂研究室牌子。

1984—2012年平阳县人民法院院长任职情况一览表

表 26-3-2

姓名	籍贯	任职时间
朱思共	浙江苍南	1984年4月至1991年7月
徐光兴	浙江永嘉	1992年3月至1993年4月
林合田	浙江苍南	1993年4月至2003年1月
王旭东	浙江文成	2003年3月至2008年11月
谢作幸	浙江瑞安	2009年3月—

说明:①1991年8月至1992年3月,徐光兴代院长;2003年1月至2003年3月,王旭东代院长;2008年11月至2009年3月,谢作幸代院长;②资料由县人民法院提供

至2012年年底,县法院内设机构有政治处、纪检组(监察室)、办公室(研究室)、司法行政科、立案庭(信访室)、刑事审判庭、行政审判庭、民事审判第一庭、民事审判第二庭、金融审判庭、执行局(执行庭)、执行实施科、执行监督科、审判监督庭、司法警察大队、审判管理办公室及书记员科。

派出机构

1989年,为处理“会案”在1987年设立的昆阳、鳌江两个巡回法庭因工作结束撤销。至年底,县法院派出机构有8个,分别是昆阳镇、鳌江镇、万全区、鳌江区、麻步区、腾蛟区、水头区、山门区人民法庭。1992年平阳县完成撤区扩镇并乡后,昆阳镇、麻步区、腾蛟区、水头区、山门区、万全区等人民法庭改称昆阳、麻步、腾蛟、水头、山门、万全人民法庭,鳌江镇人民法庭和鳌江区人民法庭合并,称鳌江人民法庭。是年,萧江人民法庭成立。

1998年11月,设立维护国防利益巡回法庭。1999年,万全人民法庭并入昆阳人民法庭。2003年11月,撤销昆阳、鳌江、萧江、麻步、腾蛟、水头、山门7个人民法庭,重新设立第一人民法庭和第二人民法庭,法庭驻地分别在鳌江镇和水头镇。2004年9月,第一、第二人民法庭分别更名为鳌江、水头人民法庭。2009年5月,成立萧江、山门审判站。是年,维护国防利益巡回法庭被省委、省政府和省军

2010年12月28日，县法院新审判办公大楼奠基暨开工典礼现场

区联合授予“维护国防利益先进单位”称号。2011年1月，在县交警大队设立交通事故审判站。

至2012年年底，县法院派出机构有鳌江、水头两个法庭及交通事故、萧江、山门3个审判站。

审判委员会

1956年，县法院审判委员会成立。此后时而停止活动，时而恢复活动。1966年6月，再设县法院审判委员会。1968年夏，法院实行军事管制后，审判委员会停止活动。1973年3月，县法院恢复工作，重组审判委员会。2008年4月，设置审判委员会专职委员。

法官（司法警察）

1989年，县法院系统编制73人，实有在职人员73人。1990年，县法院全面实行庭长异地任职制度，此举受到省高级法院肯定，为以后法院院长异地任职制度的推行提供有益参考。1994年8月始，实行司法警察警衔制度。1998年11月起，实行法官等级制度，县法院首次评出四级高级法官8人、一级法官14人、二级法官10人、三级法官8人、四级法官22人、五级法官3人。2011年7月，暂停评定法官职务等级。

至2012年，县法院编制增加到128人，实有在职人员115人。具有法官职务（审判员、助理审判员）的有57人，其中四级高级法官16人、一级法官14人、二级法官13人、三级法官7人、四级法官3人、五级法官4人。在职司法警察21人，其中一级警督2人、二级警督4人、一级警司4人、二级警司6人、三级警司2人，未授衔法警3人。

人民陪审员队伍

1984年5月，按照县法院、县选举委员会印发的《关于认真选举好人民陪审员的通知》，在乡镇选举中开展人民陪审员的选举工作，规定昆阳、鳌江、水头3镇及各区所在地的乡镇各为4人，其余各乡均为2人，全县选出人民陪审员152人。此后，结合乡镇换届选举，同时选举产生新一届的人民陪审员。1999年，选举产生陪审员87人。2005年，全国人大常委会《关于完善人民陪审员制度的决定》规定人民陪审员由县级法院院长提出人选提请同级人大常委会任命，每届任期五年。是年，任命人民陪审员40人。2010年，第一届由人大任命的人民陪审员任期届满，再次任命人民陪审员40人。2012年，全县人民陪审员39人。

第二节　审判改革

审判制度改革

1989年，根据《中华人民共和国民事诉讼法》规定，在民事审判工作中形成审判和执行在组织上分开、各司其职，在业务上有机配合、互相制约的运行机制。10月，设立执行庭，在机构设置上确保审执分立。是年，贯彻“坚决执行公开审判制度”“谁主张、谁举证”的原则，把公开审理作为民事、经济审判活动的重心，强调当事人的举证责任。1997年，刑事审判按修改后《中华人民共和国刑事诉讼法》实行“控辩式”审判。全面落实公开审判制度，除法律规定不能公开审理的案件外，一律实行公开审判，把审判活动置于人民群众、新闻媒体和社会

2009年8月，水头人民法庭办公楼落成

各界的监督之下。

2002年1月，县法院立案大厅启用，实现立案登记、信访窗口式服务。是年，制定并实施《案件审理执行流程管理办法》，推行管理流程制度，保证案件在法定期限内审结。调整机关业务人员充实到业务庭，建立书记员集中使用、审判人员统一调配的管理体制。是年，实行审判与执行相分离制度，全院执行工作由执行局统一指挥、统一协调、统一监督，各法庭不再担负执行任务。是年始，正式使用法槌。

2003年，实行诉讼风险告知制度，向诉讼参加人发放诉讼风险提示书。是年，制定《督查工作若干规定》，规范案件督查工作。

2005年始，法官在开庭审理时统一穿着法袍。是年，制定《审判委员会工作规则》，规范审判委员会的工作程序。是年，县法院与县司法局联合制定《人民陪审员管理暂行办法》，对人民陪审员权利、义务、工作职责、纪律规范等作出规定。

审判方式改革

20世纪80年代后期始，为建立与经济体制相适应的高效服务的审判机制，县法院首先在经济审判领域开始审判方式改革的尝试，继而逐步在其他领域展开。

1991年，提出改进民事审判方式的具体措施，把原先主要用于庭前调查的时间和精力，转移到庭审调查上来，初步改变“重实体、轻程序”的倾向。推行案件公开审理，法律规定应公开审理的案件一律公开审理，审理笔录及公开程序不符合要求的一律不予签发。1994年，在民事审判中摈弃“调解为主、判决为辅”的旧有模式，强化平等保护民事主体合法权益的观念，改着重调解为自愿调解。1995年，实行民事审判“诉辩式”庭审方式改革，改变过去由法官负责庭前调查、开庭讯问、出示证据等包揽诉讼的做法，由双方当事人举证质证，法官负责认证；在法庭辩论阶段，法官不再具体介入，处于居中裁判地位。1998年3月，推进裁判文书改革，成立裁判文书质量检查小组，对文书的文稿、打印、校对质量进行检查，规范裁判文书制作，提高裁判文书质量。6月，制定《关于当庭裁判案件、法律文书审批的若干规定》，重点解决当庭裁判案件和法律文书审批问题，加强庭审功能，提高审判效率，扩大审判效果。8月，成立审判方式改革领导小组，研究决定各业务庭、人民法庭实行观摩庭制度。庭审结束后，由法院审判方式改革领导小组进行评议，指出庭审中的缺点和不足。

2000年，推行以审判工作流程管理机制为核心的“大立案”改革，行政、执行案件由告诉申诉庭统一立案。9月撤销告诉申诉庭后，统一由立案庭负责立案工作，杜绝各业务庭自立自审、自立自执的多头立案现象。监察室负责对民事、经济上诉案件及二审结果实行统一登记，加强审判工作和办案质量督查工作。2001年，推进办公自动化建设，购置87台计算机等设备，建设法院信息系统，通过运用计算机等现代化技术设备进行审判执行流程管理、庭审记录和法规查询。推行民商事案件繁简分流改革，适用简易程序，方便当事人诉讼。是年，为贯彻坚持罪刑法定、罪刑相适应原则和依法从重从快方针，县法院和县检察院联合制定《关于刑事案件普通程序简易化审理方式实施细则(试行)》，拟对被告完全承认指控的，事实清楚、证据确实充分的、可能被判处三年以下有期徒刑的案件实行普通程序简易化审理，并于6月起施行。2008年，民商事审判落实调解优先、调判结合的司法原则。

2009年，县法院将具有典型性的法律常识进行梳理，编撰成《便民诉讼一百问》法制宣传手册，引导公民和法人依法维权。是年，完成审判法庭的数字化建设，并投入运行。2011年，县法院出台《关于为平阳“十二五”发展提供司法保障的十大举措》，将此作为“十二五”期间县法院审判执行工作的指导性文件。是年，推出涉诉特困群体社会救助机制、判前风险评估和判后延伸服务机制等社会管理创新举措，并联合县民政局、县人力资源与社会保障局、县慈善总会等8部门出台《创建司法救助与社会救助衔接机制座谈会会议纪要》。2012年1月，《平阳审判》创刊，开设法院动态、法治新闻、审判视点等主要栏目。2月，建立案件判前社会效果评估机制，针对影响社会稳定的突发性、敏感性等案件进行案前预估并及时制定处置方案。3月，出台网格化调解规定化解矛盾纠纷，出台《审判管理办法(试行)》规范审判管理工作。5月，出台《法官定向联络人大代表工作意见》，加强与人大代表沟通联系。

第三节 刑事审判

1989—2012年，县法院审结各类刑事案件12991件，其中涉未成年人被告人案件505件1331人。按审结案件类型分，破坏社会主义市场经济秩序案件664件，侵犯公民人身权利、民主权利案件3064件，侵犯财产案件4437件，妨碍社会管理秩序案件2463件，贪污贿赂案件256件，其他2107件。其间，县法院判决刑事犯罪11210人，其中10年以上有期徒刑455人，3年以上10年以下有期徒刑2119人，3年以下有期徒刑6460人，拘役1650人，管制422人，单处罚金64人，免予刑事处罚40人。

1989年，县法院开展“扫黄”（打击印刷、传播黄色书刊，录制、播放、贩卖淫秽音像制品）专项斗争。9—11月，先后召开万人宣判大会3次，集中宣判一批“黄贩子”。

20世纪90年代，刑事审判的打击重点为杀人、抢劫、故意伤害、绑架勒索、强奸、重大盗窃、贩毒等严重危害社会治安的刑事犯罪和贪污、贿赂等经济犯罪活动。1996年，县法院对部分刑事案件试行适用新刑诉法审判，及时掌握审判中遇到的新问题并加以解决，为全面适用新刑诉法审判案件打下基础。2005年，坚持“宽严相济、不枉不纵”的刑事政策，树立“无罪推定，疑罪从无”的刑事司法理念，推进“平安平阳”建设。

2006年，开展打击“两抢一盗”（抢劫、抢夺、盗窃）专项斗争，至2012年，审结“两抢一盗”案件1528件。

2007年9月，县法院审结被告人章某某等39人的聚众斗殴、寻衅滋事、故意伤害、非法持有枪支、赌博等黑恶势力案件，判处39名被告人有期徒刑11年6个月至6个月及管制不等。2008年，成立刑事审判规范化建设专项活动领导小组，主动接受县人大对刑事审判工作的监督。

2010年，县法院、县公安局、县检察院联合下发《刑事执法办案信息共享通报制度会议纪要》，建立信息共享机制。5月，县法院在审理一起滥伐林木案件时，将审判庭“搬”进林区——案发地晓坑乡，并组织辖区内15个村的村党委成员和村民自治委员会成员、护林员及村民参与旁听，以案说法，就地进行普法教育。2011年，县法院审结涉黑、涉恶、涉枪、涉毒以及“两抢一盗”等严重刑事犯罪案件374件636人。酒驾入刑后，审结危险驾驶案件293件。是年，建立判前社会调查制度，对初犯、偶犯、未成年犯和过失犯的社会危险性和再犯罪可能性进行调查评估，作出罪刑相适应的判决。4月22日，县法院在县体育馆对一起村民强迫交易和敲诈勒索案公开开庭审理。2012年，以“调解优先，合法合理”理念探索轻微刑事案件和解制度，通过多方位调解工作，促使83件刑附民案件达成调解协议，被害人或其亲属获得赔偿金465.05万元。3月，与县公安局召开“打黑除恶”协调会，建立打黑除恶联动机制。5月，召开“醉驾入刑”一周年新闻发布会，发布典型案件。开展“打黑除恶、清障除污”专项斗争，审结寻衅滋事、敲诈勒索、强迫交易案件17件32人。6月，县法院联合县司法局成立社区矫正工作室。

第四节 民事审判

20世纪80年代末至90年代初，民事诉讼的主要内容有婚姻家庭纠纷、各类债权债务纠纷、房地产权属纠纷和损害赔偿等。90年代后期，民事案件出现一些新型的案件，如劳动争议、名誉侵权纠纷、环境污染纠纷等。

1991年5月15日至6月底，开展“集中清理民事、经济积案月”活动，清理案件231件，占应清理案件的91.2%。1992年7月，在全县范围内开展“诉前催款集中专项服务”活动。1993年，在郑楼镇设立温州市第一个经济审判站，处理三角债问题。当年为郑楼镇11个企业催收拖欠款76.5万元，审结案件35件，结案金额39.51万元，救活了一批濒临倒闭的企业。是年，在审判工作中加强对经济审判工作的指导，调整充实经济审判力量，经济审判庭人员配备最多时9人。是年，重点抓好与转换企业经营机制有关的案件和发展农村经济、减轻农民负担有关的案件，共为金融系统和企业收回资金1062.7万元。

1994年，全国进行企业经营机制改革，针对平阳县企业存在的破产、拍卖、转合股经营、转个体承包等形式多样的特点，县法院主动深入重点企业，开展调查研究，引导其建立合理高效的经营机制。同时，重点审理好乡镇企业经营中和农村承包经营中的经济纠纷案件，促进乡镇企业和农业经济的发展。

1998年，县法院制定《民事、经济纠纷案件管辖分工暂行规定》，重新规定民庭、经济庭和人民法庭的案件受理范围。民庭受理房地产案件、道路交通事故和医疗事故赔偿案件、知识产权纠纷案件和名称权、荣誉权等涉及精神损害赔偿案件、劳动争议案件等民事案件；经济庭受理合伙或联营合同纠纷、技术合同纠纷、企业法人破产还债案件、不正当竞争纠纷案件、商标侵权损害赔偿纠纷案件、股票、债券和票据纠纷案件等经济纠纷案件；人民法庭受理除以上规定外的民事和经济纠纷案件。2001年，县法院重点抓好涉“基金会”案件审理，依法配合县政府审理涉“基金会”经济纠纷案件262件，标的金额1195万元。

1989—2001年，县法院审结各类经济案件11016件，其中购销合同案件2954件，借款合同案件6098件。2002年，经济纠纷案件重新划入民事案件。

2004年，县法院在民事审判中贯彻落实“能调则调，多调少判”的精神，推广“枫桥经验”，探索新时期新形势下诉讼调解的新模式，全年调解成功各类民事案件1392件，占民事案件总量的54.06%。

2009年，县法院借助社会各界力量，构建大调解格局，推进诉调对接工作，联合县司法局出台《关于进一步加强诉调衔接机制建设的实施方案》，实现诉讼与人民调解全面对接。设立人民调解工作室，选聘专职诉讼调解员9人，其中有经验丰富的老法官，分别进驻立案庭、鳌江人民法庭、水头人民法庭，承担诉前调解及个别诉后化解工作，讲求民事审判的社会效果最大化。2010年，在院机关立案庭、鳌江人民法庭和水头人民法庭设立人民调解工作室，承担民商事案件诉前调解及个别诉后化解工作，调解室全年受理委托调解案件583件，调解结案391件，调解成功率67.07%。7月，县法院在鳌江人民法庭试点司法协理员制度，并在萧江镇举行司法协理员聘任仪式。10月，全县范围内实行司法协理员制度，实施半年后，司法协理员参与送达、调解和执行案件283件。2011年1月，在交警大队设立交通事故审判站，将全县范围内所有的道路交通事故损害赔偿纠纷案件集中审理，形成司法调解和行政调解良性联动。

1989—2012年，县法院审结民事案件（含经济纠纷案件）57450件。

1989—2001年平阳县人民法院各类经济纠纷案件情况表

表26-3-3　　单位：件

年份（年）	审结案件总数	购销合同	借款合同	租赁合同	承包合同	加工承揽合同	联营合同	货物运输合同	其他
1989	470	28	433	2	1	0	1	0	5
1990	513	31	468	1	0	1	1	0	11
1991	791	90	658	5	4	9	2	0	23
1992	341	35	286	2	2	5	2	0	9
1993	313	77	135	2	0	23	5	1	70
1994	396	86	183	0	3	18	4	9	93
1995	661	68	568	2	3	6	2	2	10
1996	802	174	555	1	26	8	4	7	27
1997	924	229	649	5	4	7	1	2	27
1998	976	280	644	3	5	13	0	9	22
1999	1204	550	423	2	11	19	0	5	194
2000	1775	769	541	1	6	65	0	5	388
2001	1850	537	555	10	11	82	1	4	650

说明：①2002年后经济纠纷划入民事案件；②资料由县人民法院提供

1989—2012 年平阳县人民法院民事案件情况表

表 26-3-4　　　　单位：件

年份（年）	审结案件数	婚姻家庭纠纷	债权债务纠纷	房屋土地纠纷	损害赔偿纠纷	劳动纠纷	继承纠纷	其他
1989	650	295	302	34	10	4	1	4
1990	827	394	375	35	12	3	8	0
1991	697	305	318	11	15	0	27	21
1992	672	297	339	12	10	0	7	7
1993	735	371	307	20	16	0	5	16
1994	739	371	303	19	24	0	0	22
1995	905	473	316	35	30	4	2	45
1996	1104	481	517	25	37	14	5	25
1997	1177	515	525	39	60	7	3	28
1998	1197	551	548	17	60	0	0	21
1999	1387	447	673	51	105	70	2	39
2000	1667	590	691	37	199	66	9	75
2001	1814	684	766	44	232	54	3	31
2002	3517	699	1318	54	299	60	2	1085
2003	2597	654	1350	93	244	57	0	199
2004	2575	738	1442	44	173	43	4	131
2005	2325	839	1019	54	268	44	2	99
2006	2001	728	952	48	243	9	2	19
2007	2282	847	856	272	234	43	2	28
2008	2533	1010	958	134	267	28	3	133
2009	2990	1050	987	467	303	40	7	136
2010	3754	1152	1158	693	388	49	12	302
2011	3654	1119	1541	68	624	80	23	199
2012	4635	1009	2237	202	426	107	18	636

说明：①不含1989—2001 年各类经济纠纷案件；②资料由县人民法院提供

第五节　行政审判

1989年10月前，行政诉讼案件由法院的民事审判庭和经济审判庭依案件不同类型分别审理。1989年10月，县法院成立行政审判庭。1990年10月，《中华人民共和国行政诉讼法》实施，行政审判程序从民事诉讼制度中分离出来，行政诉讼案件开始由行政审判庭受理。

20世纪90年代，一般群众受“民不告官”传统观念的影响，不敢告、不懂得告；行政执法部门怕当被告、怕败诉、怕影响工作，行政案件一直较少。为此，县法院深入开展《中华人民共和国行政诉讼法》的宣传工作，扩展行政诉讼范围，克服畏难情绪，排除干扰，坚持依法受理，积极审理，妥善处理。

2009年6月，县法院主动联系行政机关，在全市范围内率先向县政府提交行政审判“白皮书”，总

1991—2012年平阳县人民法院行政案件情况表

表26-3-5　　单位：件

年份（年）	审结案件数	审结方式					
		维持	撤销	驳回	撤诉	变更	其他
1991	17	7	1	0	5	4	0
1992	13	6	1	0	2	0	4
1993	25	5	5	2	12	1	0
1994	22	6	6	2	7	0	1
1995	19	4	2	4	8	0	1
1996	8	0	2	3	3	0	0
1997	39	1	3	0	35	0	0
1998	22	3	9	1	9	0	0
1999	33	6	4	0	21	0	2
2000	51	7	7	13	23	0	1
2001	55	13	15	8	16	0	3
2002	56	10	12	10	16	0	8
2003	95	21	13	17	27	0	17
2004	80	23	11	8	33	0	5
2005	74	19	6	26	22	0	1
2006	78	27	6	8	16	0	21
2007	86	15	7	23	33	0	8
2008	96	21	6	33	30	0	6
2009	67	23	8	17	15	0	4
2010	93	7	5	29	44	0	8
2011	57	6	4	11	27	0	9
2012	53	1	3	19	28	0	2

说明：资料由县人民法院提供

结分析2006—2008年的司法审查情况，形成法院与政府及其各部门在依法履行行政职责过程中的沟通、配合及监督的互动关系，受到了各行政部门的重视与采纳。2010年，县法院同县政府法制办建立行政审判与行政执法联席会议制度，并举行两期会议，10余个部门参与研讨，初步解决行政执法中面临的法律理解与适用的疑难问题。2011年5月，县法院发送第二期白皮书，总结分析2009—2011年上半年的行政审判工作。2012年3月，召开平阳县第一次府院联席会议，健全行政争议调解、和解工作机制，形成司法与行政的良性互动。是年，县法院推行行政首长出庭应诉制度。

1991—2002年，县法院审结行政案件360件。在审结案中，撤诉157件，占43.6%；判决维持68件，占18.9%；撤销67件，占18.6%；驳回起诉43件，占11.9%；变更5件，占1.4%；其他20件，占5.6%。受理和审结的行政案件，以公安行政为多，不仅有治安案件，还有不服公安机关收容审查决定及附带民事赔偿诉讼案件。其次是城市建设案件。此外还涉及环保、房产管理、土地管理、工商管理、卫生、文化、渔业、计划生育、物价、交通运输、技术监督和税务等方面。

2003—2012年，审结779件行政案件。司法审查范围几乎涵盖全县所有行政管理领域，对象包括县政府及各镇乡政府，以及公安、房管、规划、人事、社保、国土、工商、民政、卫生、计生、发改、交通、财政、环保、盐务等部门。其间，县法院对县人口与计划生育管理局、县卫生局、县环境保护局、县国土资源局、县公安局、县工商管理局、县药品监督管理局、县盐务管理局、县住房和城乡规划建设局、县人力资源与社会保障局提出的2627件强制执行申请进行非诉审查，受理情况依次是2003年92件、2004年200件、2005年217件、2006年333件、2007年424件、2008年602件、2009年209件、2010年150件、2011年217件、2012年183件。审查结果：裁定不予受理320件，裁定准予执行2277件，裁定部分准予执行20件，裁定不准予执行5件，行政机关在审查中申请撤回执行的3件，被执行人在非诉审查过程中自动履行的2件。

第六节　执行工作

20世纪80年代，随着社会经济活动的大规模扩展，经济纠纷案明显增加，标的金额增大，原因渐趋复杂，执行任务随之加重。1989年10月之前，根据“谁审判、谁执行”和“审执结合”的原则，主要由各业务庭和法庭自行执行。10月设立执行庭后，执行工作逐步走上规范化道路。法院执行的司法措施有：查封、扣押财产，冻结银行资金户头，司法拘留，财产保全，拍卖、变卖财产等。

1990年8月8日至9月上旬，在全县范围内清理未执行案件。1991年1月，利用被执行人回家过

2003—2012年平阳县人民法院执行局收结案及执行情况表

表26-3-6

年份（年）	收案情况（件）			收案标的（万元）			执结情况（件）			到位标的（万元）		
	合计	民商事	非诉	合计	民商事	非诉	合计	民商事	非诉	合计	民商事	非诉
2003	1901	1842	59	9762	9640	122	1931	1878	53	5934	5878	56
2004	1366	1221	145	8597	8303	294	1269	1121	148	3308	3197	111
2005	1126	915	211	6361	5914	447	1204	993	211	2747	2509	238
2006	1069	782	287	5372	4920	452	1098	799	299	36070	35386	684
2007	1022	651	371	4483	3842	641	1003	636	367	2129	1900	229
2008	1246	791	455	7826	7192	634	1291	828	463	2351	2123	228
2009	1289	1033	256	9587	8860	727	1450	1201	249	4277	4109	168
2010	1384	1228	156	11095	10532	563	1560	1397	163	8202	8030	172
2011	1263	1069	194	23173	22397	776	1436	1238	198	8550	8320	230
2012	1656	1487	169	52987	52163	824	1793	1628	165	9814	9732	82

说明：资料由县人民法院提供

年时机，组织73名干警执行民事案件、经济案件359件，执行标的金额90.30万元。同时，采取日间常规执行和夜间集中突击执行相结合方式，采用召开公开宣布司法拘留决定大会和执行兑现大会等方法，加大执行力度，提高执行透明度。1992年，县法院建立执行台账和每月一周的执行活动制度。是年，成立执行工作拍、变卖领导小组。2000年，试行申请执行人举报被执行人财产和被执行人财产申报制度。2001年，制定《债权人对债务人申请参与分配的若干规定》，推行债权凭证制度和申请执行备案登记制度，保护申请人的申请执行权。2002年1月，成立执行局，逐步健全执行制度，规范执行工作秩序。2003年，组织人员开展“集中执行”大活动，集中执行各类案件856件。

2005年，修订《案件执行流程管理办法》，妥善解决执行流转的衔接问题，并制定《关于执行财产评估拍卖变卖若干问题的暂行规定》和《恢复执行管理办法》，规范执行财产评估变卖工作和适用恢复执行工作程序。是年，设立执行联络员制度，从乡镇综治工作人员中聘任37位执行联络员，构建基层协助执行网络。同时，出台《悬赏执行办法》，探索解决“执行难”问题新路。2008年，召开“公安机关协助法院执行工作”联席会议，建立公安协助法院执行工作制度，由公安派出机构协助查询被执行人暂住信息，交警部门协助查扣被裁定查封的车辆，强化执行工作协作和威慑机制，同时，在县电视台创办《执行在线》专栏，对履行期限届满2个月后拒不履行义务的“老赖”予以曝光。2009年，制定《执行中评估、拍卖委托工作暂行规定》和《对外委托司法鉴定实施办法》，通过实施评估、拍卖，执行实施与裁决分权制度，杜绝腐败隐患。此项措施在全国法院系统作了经验交流，并在全省法院系统进行经验推广。全年完成拍卖、鉴定案件共计294件，筹办4起拍卖会，拍卖金额160余万元。

2010年，建立执行系统与县公安机关社会管控系统、县人民银行金融征信系统、县房管局房产信息查询系统的对接和信息共享机制，对被执行人的借贷、出入境记录和不动产及车辆登记等进行有效控制。4月，正式启用分布在全县广场、街头、楼宇、乡间的251块视频大屏幕及液晶显示屏公布“老赖”信息。同时，首次以拒不执行判决、裁定罪追究1名被执行人刑事责任。是年，县法院被省高院评为“破解执行难优秀法院”，执行局被记集体三等功。2011年，推进执行“征信、查控、惩戒、监督、保障”五大系统建设，实现与公安、金融、房管等部门

"点对点"联动查控,并采取"限制高消费"令等措施,提高执行质量与效率。2012年,在县环保局设立环境保护执行站,构建"裁执分离"的环保非诉行政案件执行工作新机制。

1991—1993年,县法院收执行案件3457件,年均1152件;执结2916件,年均972件。1994—2002年,县法院收执行案件11979件,年均1331件;执结11830件,年均1314件,其中被执行人自动履行3641件,和解572件,终结1984件,采取强制执行3514件,采取其他方式2119件。2003—2012年,收执行案件13322件,执结发生法律效力的案件14035件,执结到位标的额83382万元。

第七节　审判监督

申诉、再审

1992年10月前,群众申诉案件由县法院人民来信来访办公室作为信访件先行接受,而后按类型分转给各有关审判庭。1992年10月,成立告诉申诉审判庭,处理群众申诉案件,全面负责刑事、民事、经济、行政案件的再审工作。次年,告诉申诉审判庭全面开展工作,及时调整、充实告诉申诉审判庭人员。至1998年,告诉申诉审判庭共有人员4人。

1995年,县法院出台《受理刑事自诉、民事、经济纠纷案件统一立案的实施意见》。1996年,相继制定《信访工作人员守则》《信访工作措施与要求》,从而初步确定开展刑事自诉、民事、经济纠纷三类案件的审查立案和信访工作原则。同时,每个法庭至少配备1人专门具体负责告诉、申诉、来信、来访的登记管理工作,并由告诉申诉审判庭予以统一督促和指导。

1993—1997年,办结的刑事案件只有1件被市中院发回重审,占同期办结的刑事案件的7‰;改判12件,占8‰,均系改判减轻刑期。经济、民事、行政案件发回重审5件,占同期所办案件0.5‰;改判9件,占1‰。同时,认真做好申诉再审工作,对申诉有理,本着实事求是、有错必纠的原则,及时予以改判纠正,共复查案件36件,其中改判18件、维持14件、驳回4件。

2000年9月,实行"审监分立"机制,告诉申诉审判庭撤销,同时成立立案庭和审判监督庭。由立案庭统一受理登记告诉、申诉、抗诉案件,立案的案件移送审判监督庭,由审判监督庭审理各类再审案件。2005年,制定《平阳县人民法院信访工作细则》,以规范信访工作。2009年,县法院会同市中院领导及县政府、乡镇干部对郑某某信访一案举行听证会,以公开听证的方式创新信访案件处理模式,此系温州地区首例信访听证案件。

2000年9月至2012年,县法院审结申诉和再审等案件152件。

案件审理质量检查

1996年开始,建立案件评查制度,县法院每月或两月对案件进行一次小检查,一年一次大检查,发现问题,及时整改。同时规定,刑事案件再审不得超过一个月,民事、经济、行政案件不得超过两个月。如1996年对发生在1994年全国"打假"期间被判处的4起销售伪劣机械案件进行重审,并依法改判,减轻刑罚。

2004年,对案件的收案数、审判程序、裁判结果、裁判文书质量、办案效率、证据接纳、笔录制作、送达与案卷装订等方面指标进行考核,并对考核结果、得分情况进行通报。2005年,制定《平阳县人民法院案件质量评查办法》,加强和规范审判质量管理与监督;制定《平阳县人民法院错案责任追究办法》,提高案件审判质量。2008年,制定《平阳县人民法院裁判文书制作与质量评查办法(试行)》,统一裁判文书制作格式,规范制作规程,强化合议庭成员会签审查,加强院长、庭长对合议庭和独任审判员的监督管理,规范自由裁量权的行使,最大限度做到"同案同判"。2011年,县人民法院《制定关于案件质量评查若干问题的补充规定》,以提升案件审理的整体质量。

2011—2012年,开展"百万案件大评查"活动,对一些上访、社会矛盾突出的案件进行评查。

第四章　司法行政

1989—2012年,平阳县历经6个五年"普法",至2012年年底,全县共有省级"民主法制村(社区)"5家、市级"民主法制村(社区)"36家。其间,平阳县各级调解组织共调解民间纠纷69611件，至2012年，建立健全各级调解组织848个；各法律援助机构办理法律援助案件3195件，各基层法律服务机构代理案件近万件，县公证处办理各类公证91374件。2003年12月，平阳县被中央社会治安综合治理委员会评定为2003年全国刑释解教人员安置帮教工作先进集体。全县律师事务所由1家发展至6家，共办理各类案件25142件，至2012年年底，全县有执业律师64人，实习律师8人、助理律师4人。

第一节 机 构

县司法行政机构

1989年，县司法局内设机构有办公室、宣传教育科、人民调解管理科，下属机构有县律师事务所、县公证处。办公地址为昆阳镇五显殿街4号（原县政府招待所分部）。2月，人民调解管理科更名为基层工作管理科。

1997年7月，增设政工、法律服务管理2个科。至此，局机关有办公室、政工科、宣传教育科、基层工作管理科、法律服务管理科等5个科室。1998年12月，建立平阳县法律援助中心，为全额事业单位，系县司法局下属机构。2001年5月，县司法局驻地迁至昆阳镇解放街仙坛一号楼二楼。2005年4月，县司法局监察室设立。2009年12月，增设社区矫正工作管理科。2010年4月，法律服务管理科增挂行政审批科牌子。2011年12月，县司法局驻地迁至昆阳镇雅河路228号。2012年6月，政工科更名为政治处；内设机构有办公室、政治处、宣传教育科（普法办）、基层工作管理科、法律服务管理与行政审批科、社区矫正工作管理科（归正人员安置帮教办公室）6科室。是年，县司法局核定编制64人，实有公务员53人，机关工人2人，事业人员12人。

乡镇司法所

1989年，各区镇设有司法办公室并派驻司法特派员。1992年7月，各区镇司法办公室撤销，建立昆阳、鳌江、萧江、水头、麻步、腾蛟、山门、顺溪8个司法所。

1999年1月，钱仓镇司法所设立；2月，郑楼镇司法所设立；6月，鹤溪、万全、凤卧、宋埠、宋桥、青街、南麂、怀溪、梅源、梅溪、务垟、南湖、榆垟、桃源、西湾、晓坑、凤巢、闹村、水亭、南雁等乡镇设立司法所。至此，全县除朝阳、龙尾、维新、吴垟4个乡外，其余30个乡镇均设立了司法所。司法所为县司法局派出机构，实行条块结合、以条为主的管理体制。30个司法所中昆阳、鳌江、萧江、水头、麻步、腾蛟、山门、顺溪、钱仓、郑楼10个为直属所，其余20个为合署所。直属所工作人员由县司法局在司法行政单列编制中调配；合署所工作人员由乡镇行政干部调剂解决，与乡镇综治办合署办公。

2000年5月，因乡镇行政区域调整，撤销水亭、万全、务垟3个乡司法所，全县司法所27个。2009年，因乡镇行政区域调整，撤销郑楼、宋桥、桃源司法所，建立万全司法所。2011年9月，因行政区划调整，司法所由25个调整为11个，分别为昆阳、鳌江、水头、萧江、万全、腾蛟、麻步、山门、顺溪、南雁和青街司法所。

第二节 法制宣传

1989年，平阳县普法领导小组和平阳县依法治理领导小组成立，其下设县普法领导小组办公室和县依法治理领导小组办公室，办公室均设在县司法局。1992年10月，撤销县普法领导小组和县依法治理领导小组，建立县普法依法治县领导小组，其办公室更名为县普法依法治县领导小组办公室。2003年6月，县普法依法治县领导小组更名为县依法治县领导小组，其办公室更名为县依法治县领导小组办公室。2012年，撤销县依法治县领导小组，成立县普法依法治县领导小组，其办公室更名为县普法依法治县领导小组办公室。

“一五”普法（1986—1990年）

全县45.16万人参加普及法律常识教育。学习教育的主要内容为“九法一例”，即《中华人民共和国宪法》《中华人民共和国刑法》《中华人民共和国刑事诉讼法》《中华人民共和国民法通则》《中华人民共和国民事诉讼法》《中华人民共和国婚姻法》《中华人民共和国继承法》《中华人民共和国经济合同法》《中华人民共和国治安管理处罚条例》。1989年4月,《中华人民共和国行政诉讼法》通过后,全县开展专题学习活动,举办各类人员培训班75期,接受培训73350人次。

“二五”普法(1991—1995年)

全县46.32万人参加普及法律常识教育。学习教育的主要内容是:《中华人民共和国宪法》《中华人民共和国刑法》《中华人民共和国刑事诉讼法》《中华人民共和国行政诉讼法》《中华人民共和国行政处罚法》《中华人民共和国教育法》《中华人民共和国农业法》《中华人民共和国环境保护法》《中华人民共和国产品质量法》《中华人民共和国森林法》等共同法和专业法,以及有关保护妇女、儿童、老人、消费者合法权益方面的法律、法规。党政干部、企事业干部重点学习中共中央宣传部、司法部编写的《中华人民共和国宪法讲话》《社会主义法制建设若干问题讲话》两本书。为填补中小学生法律知识教育无教材的空白,县司法局与县教委联合编写了《中小学法律知识读本(试行)》,后被定为全国性的中小学生法律知识教材。

“三五”普法(1996—2000年)

全县46.69万人参加普及法律常识教育。学法宣教的对象主要是机关、乡镇的领导干部、司法人员、行政执法人员,重点学习《中共中央法制讲座汇编》《依法治国论》《社会主义法制建设基本知识》《社会主义市场经济法律知识读本》《法律选编》等法律书籍。开展“送法进万家”活动。1997年,全县28个执法部门开始实施行政执法责任制,34个乡镇、82个机关部门开展依法治理工作;3月,平阳县法律培训中心成立。1998年10月,在全县119所中小学成立业余法律学校,配备法制辅导员,部分学校配备法制副校长,并在课堂中教授法律知识。2000年,全县有100名公安干警受聘担任100所学校的法制副校长。

2001年,县司法局被评为1996—2000年浙江省法制宣传教育先进单位,被中共浙江省委、省政府授予1996—2000年浙江省“三五”普法先进单位。

“四五”普法(2001—2005年)

全县57.55万人参加普及法律常识教育。不同的学法对象学习不同的法律知识,其中公务员学习《干部法律知识读本》《公务员依法行政读本》《行政许可法》以及《WTO法律知识读本》,企业经营管理人员学习《企业经营管理人员学法手册》《市场经济法律知识读本》,中小学教师学习《青少年法制教育读本》,青少年学习《中小学生法律知识读本》,外来务工人员学习《外来务工人员学法手册》,村(居)民学习《村居民学法手册》,宗教人士学习《宗教人士学法手册》。2003年6月,县人大常委会对拟任的39名科局长进行任前法律知识考试。

其间,平阳法治网开通,开辟普法流动广场,开展送法进社区活动。在青少年中开展“大手拉小手,普法一起走”宣传活动。2003年始,在全县范围内开展创建民主法治村(居)建设。

“五五”普法(2006—2010年)

全县44.18万人参加普及法律常识教育。主要开展“法律六进”(法律进机关、进乡村、进社区、进学校、进企业、进单位)活动。其间,建立外来务工人员法制教育基地6处,村级法制教育辅导站478个,村级法律图书室453个。创建省级“民主法治村(社区)”3家(昆阳镇横阳社区、鳌江镇雁门村、山门镇大桥社区),并建成市级“民主法治村”21家、市级“民主法治社区”8家。聘任法制副校长118人、普法讲师团成员31人、普法联络员113人。2008年,在温州英博双鹿啤酒有限公司建立“诚信守法企业”试点1处,其创建经验在全市推广。2009年6月,在《新平阳》报开辟“普法天地”专栏。

2011年6月23日,平阳县昆阳三中青少年法制基地授牌仪式现场

1986—2010 年平阳县普及法律常识情况一览表

表 26-4-1　　　　单位：人

<table>
<tr><th rowspan="2">项目
类别</th><th colspan="2">“一五”普法（1986—1990）</th><th colspan="2">“二五”普法（1991—1995）</th><th colspan="2">“三五”普法（1996—2000）</th><th colspan="2">“四五”普法（2001—2005）</th><th colspan="2">“五五”普法（2006—2010）</th></tr>
<tr><th>应普对象</th><th>学法人数</th><th>应普对象</th><th>学法人数</th><th>应普对象</th><th>学法人数</th><th>应普对象</th><th>学法人数</th><th>应普对象</th><th>学法人数</th></tr>
<tr><td>总　数</td><td>430493</td><td>451604</td><td>498248</td><td>463216</td><td>515054</td><td>466907</td><td>613086</td><td>575463</td><td>459183</td><td>441755</td></tr>
<tr><td>各级领导干部</td><td>530</td><td>528</td><td>586</td><td>582</td><td>873</td><td>873</td><td>31</td><td>31</td><td>33</td><td>33</td></tr>
<tr><td>一般干部</td><td rowspan="2">6336</td><td rowspan="2">6305</td><td>2979</td><td>2969</td><td>6557</td><td>6557</td><td rowspan="3">3346</td><td rowspan="3">3346</td><td rowspan="3">3666</td><td rowspan="3">3666</td></tr>
<tr><td>专业干部</td><td>6713</td><td>6553</td><td></td><td></td></tr>
<tr><td>行政执法人员</td><td></td><td></td><td></td><td></td><td>2517</td><td>2517</td></tr>
<tr><td>企业经营管理人员</td><td></td><td></td><td></td><td></td><td>11460</td><td>10390</td><td>87690</td><td>86112</td><td>34574</td><td>33124</td></tr>
<tr><td>企事业职工</td><td rowspan="3">25415</td><td rowspan="3">24838</td><td>14489</td><td>12706</td><td></td><td></td><td></td><td></td><td></td><td></td></tr>
<tr><td>集体企业职工</td><td>40480</td><td>40360</td><td></td><td></td><td></td><td></td><td></td><td></td></tr>
<tr><td>三资企业职工</td><td>1185</td><td>1075</td><td></td><td></td><td></td><td></td><td></td><td></td></tr>
<tr><td>个体工商户</td><td>8362</td><td>8868</td><td>12965</td><td>12954</td><td></td><td></td><td></td><td></td><td></td><td></td></tr>
<tr><td>村居干部</td><td></td><td></td><td></td><td></td><td>7544</td><td>7435</td><td>5560</td><td>5299</td><td>4907</td><td>4783</td></tr>
<tr><td>村　民</td><td>352477</td><td>386055</td><td>279426</td><td>246913</td><td>389531</td><td>343878</td><td>298667</td><td>272683</td><td>272186</td><td>257475</td></tr>
<tr><td>居　民</td><td>15400</td><td>14862</td><td>8875</td><td>8554</td><td>15028</td><td>13713</td><td>16182</td><td>14985</td><td>18037</td><td>16894</td></tr>
<tr><td>中小学教师</td><td></td><td></td><td></td><td></td><td>7021</td><td>7021</td><td>7028</td><td>7028</td><td></td><td></td></tr>
<tr><td>中小学生</td><td>21973</td><td>10148</td><td>130550</td><td>130550</td><td>74523</td><td>74523</td><td>106550</td><td>106550</td><td>125780</td><td>125780</td></tr>
<tr><td>宗教人士</td><td></td><td></td><td></td><td></td><td></td><td></td><td>31167</td><td>29047</td><td></td><td></td></tr>
<tr><td>外来人口</td><td></td><td></td><td></td><td></td><td></td><td></td><td>56865</td><td>50382</td><td></td><td></td></tr>
</table>

说明：资料由县司法局提供

“六五”普法（2011—2015年）

2011年7月，县第十四届人大常委会第三十六次会议审议通过《关于在全县公民中继续开展法制宣传教育的决议》。8月，县委、县政府转发《县委宣传部 县司法局关于在全县公民中开展法制教育的第六个五年规划（2011—2015年）的通知》。是年，建立首批市级青少年法制教育基地1家（昆阳三中），新建省级“民主法治村（社区）”1家（鳌江镇南门社区）、市级“民主法治村（社区）”5家，组建“六五”普法讲师团、“六五”普法志愿者、新闻宣传员及网络评论员4支普法骨干队伍。

2012年，新建省级民主法治村（社区）1家（顺溪镇下顺溪村）、市级“民主法治社区”10家，在水头镇建立法治文化广场1处，在四川省建立外地商会普法联络点1处。2012年，全县市级青少年法制教育基地1家、省级“民主法治村（社区）”5家、市级“民主法治村（社区）”42家。

法学会宣教活动

1992年11月，平阳县法学会成立，个人会员131人，团体会员15个。1999—2012年，法学会先后8次被省法学会评为省法学会系统先进集体。至2012年底，学会个人会员325人，团体会员63个。

1993年8月，县法学会为全县中小学编写的《中小学生法律知识读本》由警官教育出版社出版，由新华书店向全国发行，作为村（居）民、青少年、外来务工人员（新平阳人）、机关干部、企业管理人员等学法对象的辅导用书。

自成立至2012年，县法学会先后举办依法治县理论与实践、当前社会治安存在的问题及其对策、土地与法制、市场经济与法制建设、私营经济法律地位问题、依法行政与司法公正、青少年法制教育工作、政治文明与依法行政、平安平阳建设、社会管理创新、转型发展与法治环境等16场次主题征文活动及学术理论与实践研讨会，与县法院、县检察院、县公安局、县司法局、县工商行政管理局、县国土资源局等部门联合举办专业研讨会6场，会员报送的学术论文800余篇。邀请国内著名法学专家、学者、教授到平阳为县委理论中心组成员、县机关各单位负责人、乡（镇）党委书记、乡（镇）长、县政法各单位工作人员、县法学会理事、企业管理人员举办法制讲座20场，听课9000余人次。从“二五”到“五五”普法，会员参与普法讲师团活动，承担全县各类普法对象的学法主讲或辅导工作，上法制课1500余场，受教育100余万人次。由县法学会会员撰写的法学论文或调研文章在市级以上获奖、交流、发表418篇，其中全国获奖、交流、发表111篇，省级获奖、交流、发表135篇，市级获奖、交流、发表172篇。

第三节　人民调解

调解机构

1989年6月至2002年9月，根据国务院《人民调解委员会组织条例》的规定，调解委员会只在建制村和居民区设置，乡镇不再设置。其间，平阳县根据矛盾纠纷的特点及工作需要，成立了县级社会矛盾纠纷调处领导小组。2000年，平阳县27个万人以上乡镇全部建立联合调解中心，南麂镇建立海事调解委员会，4家企业、1所学校和8个商贸市场成立专业调解组织。2002年9月，各乡镇人民调解委员会开始恢复。2003年，成立县人民调解工作指导委员会。4月，全县31个乡镇全部成立人民调解委员会，聘任调解员492人。是年，共建立12个村居示范性调解委员会。2005年，组建7支人民调解流动服务队。至是年年底，全县乡镇调解委员会有31个、集贸市场调解委员会8个、企业调解委员会35个、标准化调解庭4个。乡镇调解委员会由公安、司法行政、民政、信访、妇联、工会、共青团等部门的人员以及人民调解员、离退休干部组成。村居调解委员会由村居干部、知名人士、退休人员等组成。2006年，全县成立21家企业人民调解委员会。各乡镇综合治理中心设立民间纠纷接访窗口。2008年，全县共有79家百人以上企业设立人民调解委员会。县企业家协会、县青年企业家协会、县消费者协会设立人民调解委员会。2009年，全县638个村（居）民委员会全部设立人民调解委员会，并在县人民法院立案庭、鳌江法庭、水头法庭设立人民调解室。2010年10月，成立县医疗纠纷人民调解委员会。2011年，县司法局与县公安局、县检察院等部门联合印发《关于建立县交通事故损害赔偿人民调解委员会的实施方案》《关于全面推行“警调衔接”工作机制的实施方案》《规范检察机关办案与人民调解对接工作》等文件，在昆阳、鳌江、水头3个中心镇派出所、交警大队（中队）分别设立3个警调衔接工作室和2个交调衔接工作室，招聘专职调解员23人。2012年6月，成立县劳动人事争议纠纷人民调解委员会和县婚姻家庭纠纷人民调解委员会。

2012年，全县各类人民调解委员会848个，其中，乡镇调解委员会11个、社区调解委员会66个、村（居）调解委员会635个、企事业单位调解委员会125个，民商事纠纷、医疗纠纷、交通事故纠纷、婚姻家庭纠纷、劳动人事争议等行业性专业调解委员会11个。全县人民调解员2845人，其中专职人民调解员42人。

调解工作

1991年，县司法局起草《关于加强全县人民调解组织建设的报告》，推进人民调解委员会组织建设。1996年，县司法局分3期对578名村支书普遍进行一次人民调解业务知识培训，是年，各乡镇以会代训人民调解干部1480余人次。2000年，按照《司法部关于加强人民调解员队伍培训工作的意见》，以“按级培训、属地负责”为原则，统一规划、分级实施，建立人民调解员任前培训、定期培训和资格准入制度。是年，围绕开展“有矛盾纠纷找司法”活动，实施“千名调解主任”工程，山门镇老街居民区人民调解委员会被省政府授予2000年优秀人民调解委员会称号。2002年，全县27个司法所在软件建设上全部达到规范化标准，配备921名调解主任，确立118个村居调解委员会示范点。

2003年，平阳县出台《关于人民调解和矛盾纠纷信息排查收集等问题的若干规定》，明确规定乡镇每月开展一次矛盾纠纷排查，按时上报人民调解和矛盾纠纷信息情况登记表。2004年，全县31个乡镇都建立了标准化调解庭，90%的村居调解委员会落实固定的调解地点和调解室。实行疑难重大矛盾纠纷领导包案制，是年，成功调处“7·28”水头镇特大火灾事故案件。2005年，全县开展人民调解宣传年活动，建立人民调解排查、调处长效机制，昆阳镇人民调解委员会被司法部授予2005年全国模范调解委员会称号。2006年，全面开展“民调进企业”活动，扩展完善企业调解组织网络，广泛宣传人民调解、排查调处工作。2007年，平阳县自编《人民调解工作学习资料》教材，采取自训与委培的方式对各级人民调解员开展业务培训60余场次，受训人员2300余人。

2008年5月，出台《平阳县人民调解“以奖代补”实施办法》，规定根据基层调解组织所调解矛盾纠纷的难易程度（口头调处矛盾纠纷、一般矛盾

1989—2012年平阳县人民调解情况一览表

表26-4-2

类别 年份（年）	各类纠纷			制止群体性械斗（件）	制止群体性上访（件）	防止民转刑（件）
	调处数（件）	调处成功数（件）	成功率%			
1989	2934	2732	93.12	—	—	5
1990	3006	2762	91.88	—	—	—
1991	2459	2363	96.10	—	—	—
1992	1106	1043	94.30	—	—	17
1993	2659	2584	97.18	—	—	47
1994	3003	2870	95.57	—	—	19
1995	3716	3564	95.91	—	—	16
1996	3634	3557	97.88	—	—	21
1997	2374	2283	96.17	—	—	4
1998	2443	2349	96.15	9	—	21
1999	2195	2123	96.72	30	—	20
2000	2310	2252	97.49	38	31	12
2001	2509	2434	97.01	20	22	5
2002	2522	2460	97.54	10	20	17
2003	2192	2096	95.62	12	24	11
2004	2258	2201	97.48	12	10	18
2005	1829	1804	98.63	10	31	9
2006	1955	1934	98.93	15	12	—
2007	1586	1561	97.42	—	—	—
2008	3169	3025	95.46	14	20	5
2009	5147	5104	99.16	11	22	28
2010	4549	4469	98.24	16	12	17
2011	4587	4483	97.73	—	19	17
2012	5469	5360	98.01	—	5	1

说明：资料由县司法局提供

纠纷、复杂疑难矛盾纠纷)，每年由县财政划出一定的奖励专项资金，给予不同档次的奖励。是年，制定出台《处置突发性人民内部矛盾重大群体纠纷工作应急预案》。2010年4月，全县开展人民调解化解矛盾纠纷专项攻坚活动，以乡镇为单位开展每月一次的矛盾纠纷排查调解工作。是年，县司法局林以勒被司法部授予2010年全国模范人民调解员称号。2011年，县司法局印发《关于切实做好村民委员会、居民委员会人民调解组织建设的通知》，做好全县村居(社区)人民调解委员会换届选举工作。联合县公安局、县交警大队对新招聘的23名警调、交调专职调解员分别开展岗前培训。2012年，县司法局联合县综治办、县人力社保局、县妇联等单位出台《关于推行劳动人事争议人民调解工作的实施意见》和《关于推行婚姻家庭纠纷人民调解工作机制的实施意见》。是年，出台《平阳县专职人民调解员绩效考核办法(试行)》，规范全县专职人民调解员绩效考核。举办新居民人民调解员业务培训班，100余名人民调解员参加培训。是年，县司法局许良炸被司法部授予2012年全国人民调解能手称号。

2009—2012年，全县下发省级人民调解补助经费和县级人民调解以奖代补经费90余万元。

鳌江镇人民调解委员会驻派出所调解室(2011年)

2008年11月13日，平阳县社区矫正工作启动暨昆阳交接大会现场

第四节　社区矫正

1989—2008年，对非监内执行的监管由公安部门执行。2008年6月，平阳县成立社区矫正工作委员会，下设办公室在县司法局。是年9月，全县31个乡镇成立社区矫正工作领导小组及办公室，各社区、村(居)建立社区矫正工作站，形成了县、乡镇、社区(村居)3级组织网络。2008年11月13日，在昆阳镇召开全县社区矫正工作启动暨昆阳交接大会，

2008—2012年平阳县社区矫正情况一览表

表26-4-3

类别 年份(年)	年度累计数(人)	年底在册数(人)	人员类别(人)					重新犯罪(人)	犯罪率%
			管制	缓刑	假释	监外执行	剥政		
2008	620	620	156	263	36	27	138	0	0
2009	577	461	101	232	56	15	57	3	0.52
2010	800	528	37	286	110	20	75	2	0.25
2011	870	595	0	365	120	23	87	2	0.23
2012	1159	746	0	485	142	27	92	2	0.17

说明：①年度累计数=年底在册数+年度减少累计数(年度矫正期满解除矫正数+年度收监执行数+年度死亡数+年度因其他原因减少的人数)+年度重新犯罪人数；年度犯罪率=年度重新犯罪人数/年度累计数；②资料由县司法局提供

社区矫正工作全面启动。是年，《平阳县社区矫正试点工作实施方案》《平阳县社区矫正试点工作意见》等多项文件和制度相继制定出台，并编印《平阳县社区矫正工作指导手册》。2009年，开展平阳县社区矫正工作规范落实年活动，根据市《关于开通社区矫正工作管理系统平台的通知》，联合县信息办、电信局为全县31个乡镇司法所（矫正办）开通专门的电子政务专网，同时为全县100名重点监管对象配发GPS定位手机。6月，举办社区矫正工作管理系统业务培训班，出台《平阳县社区矫正工作突发事件应急预案》。是年，创办《平阳县社区矫正工作简报》。2010年3月，出台《平阳县社区服刑人员外出请假管理暂行办法》，印发《平阳县社区矫正“护城河”工程考核细则》。6月，在腾蛟镇开展平阳县首次社区矫正突发事件应急预案演练。9月，建立社区矫正工作管理系统使用情况检查通报制度，为156名重点社区矫正监管对象配发GPS定位手机。

2012年11月6日，平阳县社区矫正工作警示教育基地揭牌

2011年2月，县司法局制定《关于开展“防脱管、防漏管、防严重再犯罪”专项活动的实施方案》，在全县开展社区矫正“三防”专项活动。3月，出台《平阳县社区服刑人员教育学习制度》。7月，出台《平阳县非监禁刑罚社会调查评估办法（试行）》，规范开展非监禁刑罚的社会调查评估工作。是年，县司法局与各乡镇司法所均签订了平阳县社区矫正安全监管责任书。2012年，成立县社区矫正驻法院工作室、县社区矫正工作警示教育基地（设于县看守所）、县社区矫正心理咨询室。开展社区矫正基层组织建设年活动，规范村（社区）矫正工作站建设，并按规定完成挂牌工作。开展临时救济和“送温暖”活动，对35名特困社区矫正人员进行救济，金额33000余元；开展公、检、法、司联合大执法活动。

第五节　安置帮教

1989—1998年，刑满释放、解除劳教人员的安置帮教工作由县社会治安综合治理办公室、公安机关、乡镇人民政府、村（居）民委员会负责。1998年6月，成立县刑释解教人员安置帮教工作领导小组，设办公室在县司法局。至1999年3月，全县34个乡镇全部建立安置帮教工作机构，并基本上做到办公地点、办事人员、活动经费落实。

2002年，县刑释解教人员安置帮教工作领导小组更名为县归正人员安置帮教工作领导小组，其办公室更名为县归正人员安置帮教工作办公室。是年12月，全县安置帮教机构成员319人。

安置帮教工作

1998年，8月，县政府发文《关于加强刑释解教人员安置帮教工作意见的通知》，明确规定刑释解教人员四条优惠政策措施。

1999年3月，开始实施安置帮教工作“12345”工程，即建好一批临时过渡性安置基地，落实好两大指标（帮教率达95%，安置率达85%以上），开展好三项活动［大墙内提前帮教活动、“一帮一”结对帮教活动和单位、部门、村（居）组织联谊帮教活动］，采取四条措施（安置帮教工作列入党委、政府的任期目标责任；用足安置帮教的优惠政策；健全各项工作制度；抓好点面结合，以点带面，整体推进），做好五个百分百［全县乡、镇安置帮教组织机构百分百健全；有帮教对象的村（居）安帮领导小组百分之百建立；1998年、1999年两年回归人员安置帮教率达到百分之百；重点乡镇帮教协议书百分之百签订；安置帮教人员的一表、一册、一档、一卡百分之百建立］。8月，县司法局联合县地税局下发《关于刑释解教人员安置帮教企业享受税收优惠政策的通知》，持有安置帮教经济实体资格证书的企业，经年检、年审合格，可比照劳动就业服务企业减免条件，享受企业所得税优惠政策。

2000年7月，县安置帮教办公室（简称“县安帮办”）联合县就业训练中心印发《刑释解教人员参加职业技能培训实行优惠收费标准的通知》，对参加职业技能培训的刑释解教人员实行减半收费优惠，并规定凡受过奖励或有立功表现的刑释解教人员，可全部减免学习费用。是年，县安帮办会同县劳动部门到金华监狱和市劳教所举办烹饪等职业技能培训班。11月7—8日，平阳县在全省刑释解教人员安置帮教工作经验交流会上就《实施“五项”工程 运用“七化”管理 全面推进安置帮教工作》作典型发言。10月10—13日，60名帮教团人员分赴金华、十里丰、省女监监狱开展系列帮教活动。2002年，全县临时性安置帮教基地和经济实体发展到16家，并建立回归基金。

2003年7月，县安帮办与全省17个监狱、劳教所签订联合帮教协议书，全年开通亲情可视电话，持续通话119次，采取召开帮教会、座谈会、报告会及观看《平阳帮教实况》录像等形式开展帮教活动。9月，平阳县亲情可视电话的做法和经验在全省范围内推广。12月，平阳县被中央社会治安综合治理委员会评定为2003年全国刑释解教人员安置帮教工作先进集体。2004年2月，平阳县开展对归正人员回归社会及监（所）外执行人员进行监测调查，调查内容分两大类，31个栏目，60项细目，监测调查范围涵盖1999—2003年的平阳县籍刑释人员和2001—2003年解除劳教人员2057名归正人员的就业、帮教及重新违法犯罪等各项综合情况。2005年，平阳县先后三次组织在监人员亲属赴乔司、南

1998—2012年平阳县安置帮教情况一览表

表26-4-4

类别/年份（年）	帮教期内的归正人员总数（人）	回归人员（人）	落实帮教		安置		重新犯罪		创办安置基地（家）
			人数（人）	帮教率%	人数（人）	安置率%	人数（人）	重新犯罪率%	
1998	717	191	172	90.05	155	81.15	33	4.60	0
1999	688	208	191	91.83	171	82.21	31	4.51	2
2000	857	309	298	96.44	263	85.11	30	3.50	3
2001	1120	406	386	95.07	347	85.47	28	2.50	1
2002	1435	452	435	96.24	383	84.73	33	2.30	3
2003	1515	570	550	96.49	493	86.49	30	1.98	3
2004	1750	586	574	97.95	321	54.78	35	2	3
2005	1857	615	597	97.07	541	87.96	39	2.10	10
2006	2578	542	531	97.97	482	88.93	49	1.90	14
2007	1969	506	497	98.22	445	87.94	51	2.59	19
2008	1827	485	475	97.94	437	90.10	53	2.90	20
2009	1747	320	314	98.13	288	90.00	47	2.69	19
2010	1748	335	328	97.91	318	94.93	43	2.46	19
2011	2174	237	230	97.05	227	95.78	25	1.15	15
2012	2080	271	260	95.94	238	87.82	40	1.92	7

说明：①帮教期内的归正人员总数=5年内的刑释人员数+3年内的劳教人员数（如1998年帮教期内的归正人员数=1994—1998年内的刑释人员数+1996—1998年内的劳教人员数），重新犯罪率=重新犯罪人员数/帮教期内的归正人员总数；②资料由县司法局提供

湖、省女子等监狱开展帮教活动。2006年，完成对平阳籍2001年后刑满释放和2003年后解除劳教归正人员的就业、帮教及重新违法犯罪等情况的监测。确定全县重点帮教人员204人，重点帮扶人员27人。2007年，县司法局联合县地税局制定针对归正人员的创业优惠政策，为6家归正人员创办的企业免除税收。2010年，县司法局印制《平阳县归正人员帮教档案》，全面规范平阳县帮教档案。2012年，按照《温州市刑释解教人员安置帮教工作分类管理办法》，县司法局开展"勤摸底""细分类"活动，开展走访和甄别筛选监测调查。

2003年12月，平阳县获"全国刑释解教人员安置帮教工作先进集体"称号

帮教协会建设

2003年9月，平阳县帮教协会建立，是由社会帮教者、志愿者组成的地方性非盈利社会组织，致力于动员社会力量对刑满释放、解除劳教人员、在监服刑、在所劳教人员开展系列帮教活动。先后获"温州市创新争优先进基层党组织""优秀社会组织"等称号，并被温州市民政局核定为中国社会组织评估AAAAA等级称号。2012年，协会会员368人。

2003—2012年，协会组织帮教团38次、1760余人，分别赴省二监、三监、乔司监狱、省未管所、省女子监狱、十里坪监狱、十里丰监狱、金华监狱等地，用听一场形势、法制和心理报告会，看一场《平阳发展新貌》录像片，开一次思想交流座谈会，送一份生活用品、书籍等礼物，吃一顿零距离亲情饭，演一台家乡宣传戏，送一封规劝信和新春寄语，举办一场就业推介会等方式开展亲情帮教。每逢年关，协会都会牵头组织帮扶小组到乡镇、社区为特困归正人员发放生活救助金，共有320余名归正人员得到救助。同时，与14家监狱、劳教所签订联合帮教协议书，并在十里坪监狱建立全省首家帮教示范基地和警示教育基地。此外，协会还在荣天农业产品有限公司等地创办安置帮教基地15个，吸收380余名一时无业可就的归正人员临时就业。

第六节　法律援助

法律援助机构

1998年12月，建立县法律援助中心，为全额事业单位，系县司法局下属机构。1999年3月，成立县"148"法律服务专线工作领导小组、"148"法律服务专线指挥中心及办公室。2000年6月，县法律援助中心在县人武部设立县维护国防利益法律援助工作站。2001年1月，在县妇联设立妇联工作站。5月，县法律援助中心和"148"法律服务专线指挥中心实行联合办公。2003年10月，在昆阳、鳌江、水头、山门等4个镇和县残疾人联合会、县消费者协会、县总工会等3个单位设立法律援助工作室。

2005年8月，腾蛟、萧江、宋埠、宋桥、梅溪、朝阳、南湖、钱仓、郑楼、榆垟、南雁、凤巢、晓坑、顺溪、梅溪等15个乡镇都设立法律援助工作站，同时将昆阳、鳌江、水头、山门等4个镇法律援助工作室改称为法律援助工作站。2006年，县法律援助中心在22个乡镇建立法律援助工作站，在村、社区聘请156名法律援助联络员。

2007年，县法律援助中心在重点行业集中地、农民工聚集地开展法律援助联络站和行业协会工作联络站试点工作，建立昆阳镇前宕村农民工法律援助联络站和全市首家行业协会法律援助工作联络站——县塑料包装协会法律援助工作联络站。

2009年，县法律援助中心在全市建立首家大学生村官法律援助站，成立大学生村干部志愿者服务队。至是年年底，全县31个乡镇都建有法律援助工作站，建站率100%，全县621个村（社区）建立法律援助联络点。

2011年，县法律援助中心分别在县民商事纠纷人民调解委员会、县林业局设立法律援助工作站。2012年，县法律援助中心在全县各行业性专业人民调解委员会设立法律援助工作站，在全县66

1999—2012年平阳县"148"法律援助情况一览表

表26-4-5

类别 年份（年）	接听咨询电话（次）	办理法律援助案件（件）	其中			接待来访人数（人次）	上门服务（人次）	免收服务费（万元）	向党委、政府反映（件）
			刑事辩护	民事代理	其他				
1999	2695	151	73	75	3	510	12	18	3
2000	3185	113	53	45	15	998	18	20	5
2001	3612	151	52	94	5	1854	48	30	4
2002	2918	176	58	110	8	2134	36	35	6
2003	2653	118	34	36	48	2008	39	38	7
2004	2341	161	60	54	47	2230	32	48	6
2005	1594	186	63	39	84	2206	22	52	4
2006	1644	210	55	52	103	1695	16	—	—
2007	1558	231	98	133	0	1919	25	—	—
2008	1813	218	106	112	0	1991	43	—	—
2009	1296	268	117	151	0	1081	37	—	—
2010	1503	370	132	238	0	1173	31	—	—
2011	1516	372	126	246	0	1292	25	—	—
2012	1166	470	236	234	0	1108	21	—	—

说明：资料由县司法局提供

个社区成立法律援助工作联络点。是年，在县新居民服务管理局、县劳动争议仲裁院设立法律援助工作站。至是年年底，全县建有33个法律援助工作站，在全县村、社区全部建成法律援助联络点。

法律援助工作

1999年，平阳县开通"148"法律服务专线（"148"即是"要司法"的谐音），开始为社会提供法律帮助，解答法律咨询。2000年，县法律援助中心采取"上门问病""集中会诊""对症开方""带人找药"等不同服务方式，开展法律服务。编印《平阳县"148"热点难点问题集锦》，制定分流案件催告制度，制作《"148"在平阳》专题片。

2001年，统一函证格式，实现法律援助运作程序的规范化。建立工作点评制度，提高解答问题的准确率。2004年，建立法律援助案件听庭制度。2005年，县法律援助中心为全县5412名最低生活保障人员建立援助对象档案，向713名困难群众和100户现役军人困难家庭发放援助卡。在电视台、电台开设"法制纵横"节目，在《新平阳》报开设"法制园地"栏目。2006年，县法律援助中心开展"农民工法律援助百日行"活动，开通农民工绿色通道，简化申请手续，集中调处农民工工伤、追索劳动报酬案件。

2007年，县法律援助中心采取在中小学建立联络员制度、指派办案经验丰富的中青年律师担任未成年犯罪嫌疑人的援助律师等措施，加强对未成年人的法律援助工作。2008年，设立"老年示范岗"

2010年5月19日，法律援助宣传活动现场

品牌，降低老年人法律援助门槛。2009年，制定“限时办理制度”“开庭旁听制度”“当事人意见反馈制度”“案件检查、抽查制度”“错案责任追究制度”5项制度，提高办案质量。

2010年，县法律援助中心对农民工欠薪、工伤损害赔偿案、残疾人案件，开辟绿色通道，实行优先接待、优先受理、优先指定的“三优先”原则。借助党员干部现代远程教育网络，开通ECP平台，通过点对点方式为当事人提供法律援助、法律咨询。2011年，结合县职能部门下放办理事项，县法律援助中心将初审权下放到各法律援助工作站。制定并实施《平阳县法律援助案件质量考评办法》，成为温州市内首家对法律援助工作量化、细化考核的单位。通过搭建“法律援助QQ群”“EPC网络平台”“网络法律咨询”等平台，实现法律援助服务全覆盖。2012年，县法律援助中心实行“六诊”工作法，运用预诊、坐诊、急诊、出诊、会诊、复诊六法，为群众提供法律援助。是年，开通县法律援助中心新浪微博，拓展宣传阵地。

第七节　公　证

公证机构

1982年7月，建立县公证处，为行政机构，隶属县司法局。至1990年，全县有公证人员6人，其中三级公证员2人、四级公证员1人、公证员助理3人。2002年，改制为全额事业单位，为县司法局下属机构，核定编制为6人。2011年，改制为自收自支的事业单位，成为自主开展业务、执行国家公证职能的独立法人。

公证业务

公证处设立之初，业务范围主要是分家析产、承包协议等。1989年，公证处将企业拍卖、抵押贷款、租赁、国有土地使用权有偿出让等公证纳入业务范围。1994年后，为昆阳、鳌江两镇旧城改造办理了大量的拆迁、安置公证和大批产权抵押贷款公证，以及工程招投标公证。2000年下半年开始，每周一派公证员到鳌江房管所现场办证，聘请28名行风监督员。2002年6月，公证处增加婚前(后)财产约定、提存、二手房交易委托、证据保全、留置送达、证据封存等业务。至2005年，公证业务共计11类50余项。2005年，在公证队伍中深入开展教育规范树形象活动，全面推进岗位责任制、服务承诺制、限时办证制等制度。2006年，公证处为老弱病残人员开辟绿色服务通道，在全县范围内提供上门办证、预约办证等服务项目。是年，完成温福铁路沿线拆迁公证和昆阳解北县城改建信访安置抽签定位公证工作。2007年，公证处增加知识产权证据保全、提存、民间借贷抵押借款合同等业务，主动介入招商引资、城镇拆迁安置、瓯南大桥等重点项目建设工作。

1989—2012年平阳县公证件办理情况一览表

表26-4-6

年份(年) \ 类别	办理各类公证(件)	其中				业务收入(万元)
		经济公证(件)	民事公证(件)	涉港澳台公证(件)	涉外公证(件)	
1989	1059	843	160	0	56	3.24
1990	833	622	19	0	192	2.42
1991	1008	579	189	0	240	2.49
1992	1262	734	404	15	109	6.25
1993	3340	1107	1971	45	217	15.08
1994	2560	695	1710	9	146	15.30
1995	2816	650	1906	25	235	12.38
1996	2812	287	2286	206	33	9.31

续表 26-4-6

年份（年）＼类别	办理各类公证（件）	其中				业务收入（万元）
		经济公证（件）	民事公证（件）	涉港澳台公证（件）	涉外公证（件）	
1997	3276	245	2694	102	235	21
1998	8354	7440	328	80	506	35
1999	3586	608	2545	86	347	40.79
2000	3055	970	1519	59	507	42
2001	4293	1408	2306	55	524	62.30
2002	4453	2002	1488	41	922	60.68
2003	4545	1512	2345	42	646	99
2004	5436	954	3801	67	614	150
2005	4009	964	2194	47	804	116
2006	4458	988	3470	30	790	91.80
2007	6163	793	4458	29	883	92
2008	3829	42	2864	33	890	109.20
2009	4892	4057		40	795	102
2010	4977	4076		106	795	176
2011	4884	3919		89	876	311.39
2012	5207	4353		62	792	379

说明：①经济公证、民事公证数不含涉港澳台公证及涉外公证；②资料由县司法局提供

2008年，在开展服务“三农”公证中，推出“五项便民措施”和“五项优先办证”，办理“三农”公证增长率达到17%。是年，开展《中华人民共和国公证法》颁布实施3周年宣传活动，制作并印发《公证法宣传提纲》3000余份，开展法律咨询12场，接待群众法律咨询5000余人次，发放宣传资料50000余份。2011年，调整农村公证信息员队伍，农村公证信息员配置率100%。积极参加农村法律顾问工作，与万全镇林步桥村、岗上村、岗下村等签订免费法律顾问合同。2012年，公证业务涉及合同、遗产继承、委托、声明、遗嘱、拍卖、招投标、抵押贷款、夫妻财产约定、提存、证据保全、涉外等各类公证事项。

第八节　律　师

律师队伍

1989年，全县仅1家国办律师事务所——县律师事务所，其前身为县法律顾问处，系行政机构，隶属县司法局，兼职律师9人，特邀兼职律师2人。1993年1月，设立平阳县大众律师事务所（后改为浙江九州大众律师事务所），4月，设立平阳县金瓯律师事务所（后改为浙江金瓯律师事务所），从此形成国办和合作3家律师事务所三足鼎立、相互竞争的局面。1998年4月，设立东正律师事务所（浙江·平阳）（后改为浙江横阳律师事务所）。2001年5月，浙江阳平律师事务所（原为县律师事务所）因没有注册停止执业。2005年9月，设立浙江平宇律师事务所平阳分所。2008年11月，设立浙江九凰律师事务所。2010年2月，设立浙江雅河律师事务所。

至2012年，全县律师事务所6家，有执业律师64人、实习律师8人、助理律师4人。

律师服务

1989—1997年，平阳县各律师事务所代理各类案件3907件，其中刑事案件1785件、民事案件

1242件、经济案件675件、行政案件67件、非诉讼案件138件。

1998年，县政府法律顾问小组成立，10名律师被聘任为小组成员，接受县政府委托办理有关法律事务。2001年2月开始，律师参与县领导信访接待日（每月15日）活动，协助处理信访案件，引导群众从法律途径解决信访问题。2004年4月，县人大常委会聘请5名律师担任常年法律顾问。是年，温州律师协会平阳分会成立，组织法律服务专项服务团。2005年，开展合伙律师事务所规范建设年活动，加强律师所制度建设，规范律师执业行为。2006年，8名律师受聘担任县人大常委会和县政府法律顾问。

2009年，县司法局与县法治办联合举办平阳县首届“普法杯”律师辩论赛。是年，县司法局组织律师为100家重点企业制定有针对性的整改方案，为企业挽回经济损失5000万元。开展法律服务“一村一顾问”活动，各律师事务所主任、副主任与各村（居、社区）委员会主任签订村居法律顾问协议。至是年年底，全县236个村居实施农村法律顾问制度，覆盖率为38%。2010年2月，县司法局会同县工商联（总商会）联合成立县民营企业法律维权服务中心，组织律师走访民营企业100家，为企业提供法律咨询服务320次。是年，昆阳、鳌江等6个重点乡镇，县财政局、县规划建设局等11个政府职能部门聘请常年法律顾问。律师参与温福铁路（平阳段）工程、顺溪水利枢纽工程等一批重点工程建设。全县519个建制村（居、社区）聘请法律顾问，覆盖面81%。2011年，县政府聘请12名律师担任县政府法律顾问，并制定政府法律顾问工作暂行规定。全县56名律师担任96家企业常年法律顾问，为企业提供一般性法律服务150家，开展法律体检50家。11月，县司法局制定出台《农村法律顾问工作业绩考核制度》，进一步规范农村法律顾问工作。2012年4月，县司法局联合温州市律师协会、浙江九州大众律师事务所举办平阳县首届律师发展论坛，共同探讨“十二五”规划为律师事业发展带来的新机遇、新要求。6月，县司法局组建县中小企业法律服务团队，由9名资深律师担任团队成员。

2012年，全县576个建制村（居、社区）实施农村法律顾问制度，社区、建制村法律顾问覆盖面分别为100%、90%。10个镇（乡）、22个政府部门聘请政府法律顾问。

1989—2012年平阳县律师业务办理情况一览表

表26-4-7

年份（年）\类别	代理各类案件（件）	其中					担任法律顾问（家）	解答法律咨询（人次）	业务收入（万元）	执业律师（人）
		刑事（件）	民事（件）	经济（件）	行政（件）	非诉讼（件）				
1989	266	124	122	0	0	20	65	—	—	6
1990	368	205	66	96	0	1	22	3250	8.20	—
1991	224	134	73	0	9	8	40	—	12.40	—
1992	257	145	86	0	13	13	43	4150	15	—
1993	395	168	113	78	12	24	141	—	—	—
1994	579	243	182	83	9	62	158	—	—	17
1995	452	163	183	82	14	10	128	—	—	12
1996	517	226	151	133	7	0	122	—	72.30	—
1997	849	377	266	203	3	0	150	—	153	12
1998	751	288	215	240	8	0	177	—	144	18
1999	1136	310	302	240	15	269	169	—	—	26
2000	1180	289	331	223	35	302	174	683	—	27

续表 26-4-7

类别 年份（年）	代理各类案件（件）	其 中					担任法律顾问（家）	解答法律咨询（人次）	业务收入（万元）	执业律师（人）
		刑事（件）	民事（件）	经济（件）	行政（件）	非诉讼（件）				
2001	1118	343	321	220	30	204	139	1000	—	26
2002	1051	233	507	228	43	40	163	1148	199	30
2003	1081	220	690		56	115	295	2988	239	30
2004	1045	189	756		62	38	—	—	297	—
2005	1404	250	952		46	156	156	—	381	29
2006	1436	224	1082		56	74	217	—	—	35
2007	1377	243	985		90	59	231	—	616	—
2008	1730	—	—		—	—	235	—	735	41
2009	1658	328	1201		92	37	229	—	910	38
2010	1636	315	1226		50	45	344	—	1037	49
2011	2105	347	1564		79	115	267	—	1411	56
2012	2507	398	1905		70	134	295	—	2095	65

说明：①2003年起经济案件纳入民事案件统计；②资料由县司法局提供

第九节　基层法律服务

基层法律服务机构

基层法律服务起源于20世纪80年代初期。1984年12月，平阳县首家法律服务所腾蛟法律服务所建立。随后，分别在山门、水头、麻步、鳌江、萧江、昆阳、万全、顺溪、钱仓等（区、镇）地及县供销合作社建立法律服务所。由县司法行政机关或者基层人民政府设立，主要为基层的政府机关、群众自治组织、企业事业单位、社会团体和承包经营户、个体工商户、合伙组织以及公民提供法律服务。2012年，县司法局对全县法律服务所进行脱钩改制。至是年年底，全县共有萧江法律服务所、水头法律服务所、光正法律服务所、公平法律服务所、瓯南法律服务所、维权法律服务所等6家基层法律服务所。

基层法律服务工作

基层法律服务工作围绕全县改革发展稳定大局，以维护人民群众合法权益为宗旨，在配合镇（乡）司法所开展法制宣传、人民调解等工作中发挥积极作用。1989—1999年，基层法律事务所代理诉讼案件1386件。2001年始，在“双百”法律顾问活动中，全县法律服务所担任100余家村（居）、100余家农户（专业户）的法律顾问，并免收或减收法律顾问费。2004—2005年，基层法律服务所建立青少年维权岗、妇女维权岗，为“三农”提供法律服务，免费为村（居）和种粮大户担任法律顾问。

2006年，县司法局完成司法部有关基层法律服务工作的开展原则、队伍建设等问题的调研任务。2月，在鹤溪镇秀溪村开展法律服务“三农”试点，并成立法律服务联络点。2007年，《平阳县基层法律服务工作为构建社会主义和谐社会服务主题实践活动实施方案》出台，全县9家法律服务所与100个村居签订法律服务协议，义务到村居、学校宣讲法律知识讲座60余次，解答法律咨询5299件，办理法律援助52件。2012年2月，县司法局开展律师事务所与法律服务所结对帮扶工作，拓展基层法律服务市场。

1989—2012年，基层法律服务工作者参与直接调解民间矛盾纠纷2976件。在开展矛盾纠纷大排查、法制宣传期间，各法律服务所、法律服务工作者提供咨询服务10379人次，接待法律咨询53961人次。

1989—2012年平阳县基层法律服务情况一览表

表26-4-8

类别 年份（年）	代理案件（件）		担任法律顾问（家）	调处纠纷（件）	代书（份）	协办公证（件）	解答法律咨询（人次）	法律服务所	
	诉讼	非诉讼						数量（家）	执业人员（人）
1989	105	78	105	273	523	19	—	9	26
1990	92	101	90	—	441	11	—	10	29
1991	146	—	103	131	368	40	1600	—	—
1992	27	15	76	199	705	35	12000	—	—
1993	60	17	110	119	277	177	4800	—	—
1994	84	12	99	—	137	—	1257	—	—
1995	76	—	84	—	118	134	—	9	—
1996	199	—	109	183	325	136	—	9	36
1997	190	—	54	230	211	129	—	9	30
1998	145	70	89	252	259	60	924	5	37
1999	262	78	77	203	142	36	—	6	42
2000	317	52	184	203	474	13	—	8	—
2001	290	90	143	170	398	129	1797	9	62
2002	410	111	120	210	364	85	2337	9	—
2003	452	124	121	144	442	114	6217	9	—
2004	563	116	104	141	2623	186	9911	—	—
2005	726	178	103	149	945	—	7967	9	46
2006	512	236	111	102	896	—	5299	9	46
2007	495	86	80	139	—	—	—	9	42
2008	478	113	71	190	905	—	5012	9	42
2009	591	142	106	223	—	—	3938	9	42
2010	730	55	187	429	935	—	4620	9	45
2011	524	57	147	330	986	—	5077	9	42
2012	529	33	263	82	1012	—	1761	6	28

说明：资料由县司法局提供

第二十七卷

DI ER SHI QI JUAN

《平阳县志（1989—2012）》

PINGYANG XIAN ZHI

军　事

中共平阳县委、县政府按照“党管武装”的原则开展各项军事工作。宣传发动全县适龄青年报名参军，遵照组织落实、政治落实、军事落实的要求，坚持“平战结合”的方针，加强民兵建设，完善民防工程。同时，通过各种形式，在各级党政领导和机关工作人员、群众团体、企事业单位人员、民兵队伍及学校学生中，广泛开展国防教育。全县陆续建成国防教育基地12个。在参加地方建设、社会治安保卫、抢险救灾、应急维稳、建设“平安平阳”等方面，平阳县驻军、民兵队伍成为一支不可或缺的重要力量。

第一章　机构与驻军

1989—2012年，平阳县设有县国防动员委员会、县人民武装委员会、县人民武装部、县维护国防利益领导小组办公室等机构，驻有浙江陆军预备役步兵师某营、中国人民武装警察部队平阳县中队、县边防大队、浙江省公安边防总队海警第一支队三大队等武装部队。

第一节　机　构

县国防动员委员会

1996年4月，平阳县国防动员委员会成立，主管全县国防动员工作。中共平阳县委书记任第一主任，县长任主任，中共平阳县委副书记和县人武部政委任副主任，成员由县内相关部、委、办、局及县人武部相关科室负责人组成，下设秘书组和人民武装动员办公室、经济动员办公室、人民防空办公室和交通战备办公室。

2000年，下设机构由原有的1个组、4个办公室拓展为8个办公室，保留原有人民武装动员办公室、经济动员办公室、人民防空办公室和交通战备办公室4个办公室，秘书组改为综合办公室，增设科技动员办公室、信息动员办公室、政治动员办公室（与国防教育办公室一个机构、两块牌子）。每个办公室各落实1名主办人员，在所属单位中确定兼职办事人员。在有关企业、村居中确定联络员。

从2003年开始，根据“所担负的职能需要，按照便于指挥、便于组织、便于协调和工作完整性”的原则，每年对国防动员委员会成员进行调整，保持国防动员机构完整，确保完成国防动员任务。2005年9月，在温州市国防动员委员会战时综合保障演习中，平阳县成功完成浮桥架设课目演练，11月，被中共温州市委、市政府、温州军分区评为温州市战时综合保障演习先进单位。

县人民武装委员会

1989年，平阳县已设有人民武装委员会。1994年，调整县人民武装委员会，主任委员由县长兼任，县人武部部长、政委任副主任委员，办公室设在县人武部军事科。

人民武装部

县人民武装部　1986年6月，中国人民解放军平阳县人民武装部（简称“县人武部”）改称浙江省平阳县人武部。1989年，县人武部内设办公室、军事科和政工科。1991年5月，县人武部增设装备科。1996年4月，原浙江省平阳县人武部改为中国人民解放军浙江省平阳县人武部。

基层人民武装部　1989年，全县有7个区、4个直属镇、59个乡镇人民武装部。1992年5月，撤区扩镇并乡后，由70个乡镇人武部调整为34个，配备专职人武干部平均年龄36.5岁，高中以上文化程度占58%。1997年，乡镇人武部调整为33个；2000年5月，调整为30个；2010年5月，调整为27个；2011年4月，调整为11个。2012年12月，乡镇人武部调整为10个，分别为昆阳镇人武部、鳌江镇人武部、万全镇人武部、水头镇人武部、萧江镇人武部、腾蛟镇人武部、山门镇人武部、顺溪镇人武部、南雁镇人武部、青街畲族乡人武部。1996年始，平阳县先后在县教育局、县交通局、县建设局、县经济委员会、县海洋与渔业局、电信平阳分公司、县供电局、县电信局、县科技局、南麂列岛国家海洋自然保护区管理局设立人武部。2011年，全县第一家民营企业武装部浙江一鸣食品股份有限公司人武部成立。

县维护国防利益领导小组办公室

2004年6月，平阳县施行维护国防利益法律保障机制，县维护国防利益领导小组办公室设在县人武部。该办公室受理涉军纠纷和案件，协调县司法局148法律援助站和县法院巡回法庭，维护国防利益和军人军属合法权益。2006年1月,县维护国防利益领导小组办公室被省政法委、省司法厅、省高院、省军区政治部评为维护国防利益保障工作先进集体。至2012年年底,共接访受理涉军维权纠纷和案件81起,其中调解65起,移送巡回法庭审理16起,挽回军人军属各种经济损失47万余元。

第二节 驻 军

浙江陆军预备役步兵师某营

1999年8月,浙江陆军预备役步兵师某营在平阳县组建,人员分布在全县6个乡镇、部分县直机关单位和企事业单位。

自组建至2012年,全营共投入兵力4000余人次,参加地方的山林灭火、植树造林、兴修水利、抢险救灾、学生军训和维护社会治安等活动。2002年抗击16号台风,现预任官兵250余人投入抢险救灾,疏散人员500余人,安全转移物资800余吨。2008年抗击第8号超强台风"桑美",现预任官兵200余人投入抢险救灾,共疏散人员1000余人,安全转移物资1000余吨。

中国人民武装警察部队平阳县中队

1984年1月,中国人民武装警察部队平阳县中队(简称"县武警中队")列入中国人民武装警察部队平阳县大队建制,归县公安局领导。1985年冬,中国人民武装警察部队平阳县大队撤销,重设县武警中队,归武警浙江省总队温州市支队、县公安局双重领导。

中队参加抢险救援等地方事务。1990年9月,因暴雨,平阳县面粉厂告急,县武警中队经8小时,将10余吨面粉转移至安全地带,减少经济损失5万余元。1994年8月,武警中队在萧江镇抓获黑社会头目应某某。2005年6月,县武警中队出动15名兵力参加平阳县禁毒宣判大会,对外围实施封控警戒。2009年1月,县武警中队出动10名兵力参加平阳县公判大会,圆满完成警戒任务。

在历次抗击台风过程中,县武警中队在转移群众、抢救物资等抢险救灾方面发挥重要作用。2009年8月,在抗击第8号台风"莫拉克"战斗中,中队先后出动50余名兵力,连续奋战3个昼夜,解救群众300余人,获集体三等功一次。

1989—2012年,县武警中队立集体三等功5次,受集体嘉奖2次,30余人立个人三等功,多次被县政府表彰为拥政爱民先进集体和警民共建先进单位。

浙江省公安边防总队温州市边防支队平阳县边防大队

1989年,浙江省公安边防总队温州市边防支队平阳县边防大队(简称"县边防大队")为副团级建制,辖鳌江、北山、南麂3个边防派出所及公安边防(简称公边)33143艇,接受军事系统和公安机关双重领导,战时服从当地军分区统一指挥。鳌江边防派出所与鳌江边防工作站实行站、所一体,正营级建制;北山边防派出所正连级建制;南麂边防派出所正连级建制;公边33143艇正连级建制。12月,北山边防派出所撤销。

1991年9月,南麂边防派出所改称为南麂边防工作站。2003年12月,西湾边防派出所成立。是年,鳌江边防派出所被公安部边防管理局评为基层建设标兵单位。2004年6月,西湾边防派出所接管辖区公安业务。2005年,鳌江边防工作站名称取消,南麂边防工作站更名为南麂边防派出所。2009年8月,公边33143艇因超期服役报废。2012年年底,县边防大队辖鳌江、西湾、南麂三个边防派出所。

1989—2012年,县边防大队查破刑事、治安案件1107起,惩治各类违法犯罪人员2157人,抓获网上在逃人员131人,缴获毒品海洛因1.29千克,冰毒19.07千克,收缴枪支35支,炸药396.7千克,罚没赌资380余万元。查处边防行政案件1103起,查处非法买卖成品油案件22起,缴获成品油1480余吨。成功处置辖区群体性事件220余起和非正常死亡事件130余起。

2005年,鳌江边防派出所被省政府表彰为抗台风救灾先进集体。2006年,鳌江边防派出所被公安部评定为一级边防派出所。

2007—2012年,县边防大队开展爱民固边活动。其间,走访群众98430余户次,企事业单位570余家次,组织警民恳谈、民警述职、法制讲座等活动820余场次,发放征求意见表60000余份,收集意见、建议22类4820余条,帮助群众解决困难1300余个,化解各类矛盾纠纷4430起。2008年,鳌江边防派出所与辖区海城村共建爱民书院和女子禁毒队。是年，西湾边防派出所被中共平阳县委、县政府评为“双百结对、共建文明”活动先进单位。2009年，鳌江边防派出所辖区海城村被市政府、省边防总队联合授予社会主义新农村和爱国固边模范村。2010年，鳌江边防辖区海城村成为平阳县新农村建设的“示范村”和“样板村”，被中共平阳县委组织部确定为全县村干部实践培训基地。2011年，南麂岛被市政府授予“社会主义新农村、爱国固边模范岛”称号。海城村成为省青少年教育培训基地，并被县委组织部评为“五星级”党建综合村。2012年6月，鳌江边防派出所、南麂边防派出所双双被公安部边防管理局表彰为爱民固边先进集体。是年，鳌江边防派出所爱民书院爱民固边事迹被拍摄成全省农村书屋建设巡礼专题新闻片。

浙江省公安边防总队海警第一支队三大队

1996年11月，浙江省公安边防总队海警第一支队三大队（简称“海警三大队”）组建。1998年9月，公边H3331、公边H3327艇奉省边防总队命令进驻海警三大队码头。12月，公边H3332艇编入海警三大队序列。1999年7月，根据省边防总队通知，所属公边H3331、3332、3327艇统一改编为海警33031、33032、33037艇，8月，海警33037艇退役。2007年12月，《公安机关海上执法工作规定》施行，海上公安业务性质更加明确，规定公安机关海上执法任务，由公安边防海警承担，公安机关其他部门配合。

2012年10月19日，浙江省公安边防总队海警第一支队三大队联合温州鳌江海事处及平阳、苍南两县的海洋与渔业局开展“平安海区”海上联合执法行动　　陈　亮　摄

1989—2012年，海警三大队开展浙南沿海（瑞安市飞云江以南）海上全面执法工作，依法履行预防、制止、侦查海上违法犯罪活动；维护国家安全和海域治安秩序；负责海上重要目标的安全警卫；参与海上抢险救难，保护公共财产和公民人身财产安全；依照规定开展海上执法合作等。1996年，为适应警力向海上延伸，建立海上快速反应机制，开始海上110治安报警服务系统的筹建。1997年9月，海上110治安报警服务系统正式开通。

2001年10月，海警33032艇圆满完成上海APEC会议海上安全保卫任务，受到公安部党委表彰。2006年6月，海警33032艇圆满完成上海上合组织峰会海上安全保卫任务，受到公安部党委表彰。2008年6—8月，海警33032艇圆满完成2008年北京奥运会青岛帆船赛海上安全保卫任务，受到公安部党委表彰。

第二章　兵　役

1989—2012年，平阳县按照《中华人民共和国兵役法》等法规，出台相应措施，规范征兵程序，加大宣传力度，激发有志青年应征积极性，做好兵役登记、兵员征集等各项工作。

第一节　征兵工作

征兵程序

根据《中华人民共和国兵役法》，每年的征兵工作由县人武部按照国务院、中央军委和上级政府、军事领导机关的命令组织进行，并成立县征兵办公室。除1990年实行春、冬两季征兵外，其余年份征兵工作均从6月份开始，至次年3月份结束。

征兵时，通过广泛宣传发动，适龄青年到户口所在地报名，县征兵办公室经过目测初审、参加体检、政治审查合格后，择优选定，而后发放“入伍通知书”和新制军装。县人武部适时组织送兵仪式。对军人家属逐年组织慰问，给予各种优抚。1989—2000年，由部队派干部到地方接兵。2001年开始，交接新兵工作，可以采取由县派人送兵、新兵自行到部队报到或者部队派人接兵的办法进行。

征兵纪略

1989年，根据《中华人民共和国兵役法》和《中华人民共和国征兵工作条例》以及《浙江省征兵工作实施细则》，制定《平阳县征兵工作实施细则》，对征兵各项工作任务、方式方法、机构职责、奖励惩处等作了明确规定。

1991年，平阳县颁发使用“公民兵役义务证”，凡户籍在平阳县的当年12月31日前满18周岁的男性公民，不分民族、种族、职业、家庭出身、宗教信仰和教育程度，都有义务领取“公民兵役义务证”。

1993年，平阳县制定《平阳县人民政府征兵办公室廉洁征兵六条措施》和《关于基层定兵的四条原则》。县人武部会同宣传部门，在全县建立宣传网络，开展征兵宣传，将全县划分为8个片区，分解到副科以上干部，实行“三包”，包宣传发动，包体检前、中、后的思想巩固工作，包任务的落实完成。

1994年开始，全县设一个征兵体检站，在乡镇目测初检的基础上，进行封闭式体检。

1996年，县政府建立征兵工作岗位责任制，县人武部对全县的征兵工作和新兵质量负全责，卫生、公安部门分别对征兵体检和政治审查负责，乡(镇)人武部负责本级征兵工作。是年，县政府制定关于征集进藏兵的有关政策规定：进藏兵优待金统一定10000元，农村籍进藏兵户口一律农转非，起运前县政府一次性发给每人5000元营养费。

1998年，全县35个乡镇和县农场划分为6个片区，落实完成征兵任务。

2000年，县征兵办印制“应征青年在位情况调查表”下发各乡镇，重点做好应征青年在位情况的调查了解。

2002年，县政府修订有关征集进藏高原兵政策规定。征集农业户口的进藏兵经本人申请可办理农转非；年度优待金一律按所属乡(镇)农业户口义务兵标准的3倍发放；启运前一次性发给每人5000元营养费；2001年以后取得浙江省高等教育自学考试及其他高等教育学历考试毕业证书的平阳籍本专科毕业生，符合征兵条件的优先入伍，退伍后全部安排事业单位工作，其余进藏高原兵经考试按40%的比例择优录取，安排事业单位工作，未进事业单位安排工作的一律实行货币安置；实行货币安置的进藏高原兵，其安置金按退伍当年普通非农户口义务兵标准的2倍发放。

2004年，《平阳县义务兵优待实施办法》开始执行。凡从平阳县应征入伍的义务兵，不论户口差异其家属一律享受义务兵优待金。义务兵优待金按照地区人均收入划分3类标准执行。一类地区范围：昆阳镇、鳌江镇、水头镇、萧江镇，优待金标准为每人每年3200元。二类地区范围：麻步镇、腾蛟镇、钱仓镇、山门镇、南雁镇、宋桥镇、郑楼镇、榆垟镇、南麂镇、西湾乡、梅溪乡、梅源乡、桃源乡、县第一农场，优待金标准为每人每年2600元。三类地区范围：顺溪镇、凤卧镇、鹤溪镇、凤巢乡、龙尾乡、南湖乡、闹村乡、朝阳乡、晓坑乡、怀溪乡、青街畲族乡、维新乡、吴垟乡，优待金标准为每人每年2000元。

2005年，高原兵退役后，享受其他“非条件兵”的同等待遇。非农业户口高原兵的安置以货币为主，货币安置金按县政府有关规定标准执行。县政府给予高原兵每人发放营养补助费5000元，其中起运前给每名高原兵发放营养补助费2500元，余额于第二年发放。高原兵义务兵服役期满后，在退役当年至次年1月30日前，县政府一次性发放艰苦地区补助1万元。高原兵在服役期间凡私自逃离部队拒服兵役，经教育不改的或被所在部队作退兵处理的，以及违反纪律和各类法律法规被除名、劳教判刑的，取消一切优惠安置政策待遇，追缴县政府

2010年10月，征兵宣传车深入村居进行宣传发动

已发放的营养费和优待金，并给予相应处罚。

2008年，调整进藏高原兵和普通高原兵征集有关政策规定。进藏高原兵优待金一律按义务兵优待金标准3倍发放，普通高原兵按1.5倍发放。进藏高原兵安置金按当年非农业户口义务兵安置标准的2倍发放，每超期一年增发安置金5000元，普通高原兵安置金按当年非农业户口义务兵安置金标准发放，每超期一年增发安置金3000元。

2010年，调整2007—2009年进新疆兵优待标准。对2007年度入伍的68名进新疆兵追加发放一次性艰苦地区补助费5000元。对2009年度入伍的30名进新疆兵优待标准按当年普通义务兵标准的2倍发放，艰苦地区补助费不再发放。

2011年，《平阳县应征青年入伍优待办法》开始施行，确定2011年后（含2011年度）入伍的高校毕业生（入伍前具有国家承认的大专以上学历的普通高校毕业生）义务兵退伍后，县人事部门每年安排3个安置名额，定向用于当年退伍的高校毕业生义务兵考试录用，安排事业单位工作。

1989—2012年，平阳县均完成征集兵员任务。

第二节　兵役制度

1998年之前，按照《中华人民共和国兵役法》，实行以义务兵役制为主体的义务兵和志愿兵相结合、民兵与预备役相结合的兵役制度。1989年，全县进行预备役登记。1996年，根据中央军委《关于预定授予预备役军官军衔工作的指示》，平阳县评授预备役军官军衔。1997年2月4日，平阳县举行第二批预备役军官授衔仪式。

1998年12月，新修订的《中华人民共和国兵役法》删掉原兵役法中的“义务兵役制为主体”的提法，并把士兵预备役分为第一类和第二类。把经过登记服士兵预备役的35岁以下的退出现役士兵和经过登记已服士兵预备役的地方与军事专业对口的35岁以下技术人员，归入第一类士兵预备役。1999年6月，《中国人民解放军现役士兵服役条例》将现役士兵按兵役性质分为义务兵和志愿兵。义务兵服役的期限为2年。志愿兵服役士兵称士官，从服现役期满的义务兵中选取，根据军队需要，也可以从非军事部门具有专业技能的公民中招收。

2000年，结合年度退伍军人报到工作，在当年退伍军人中，挑选一批军政素质较好的编入预备役。2001年，结合老兵退伍登记工作，对2000年全县退伍军人的素质进行摸底，将预备役需要的退伍军人优先编入预备役部队。至2012年年底，全县预备役人员中的退伍军人全部编入一类士兵预备役。

第三章　民　兵

1989—2012年，平阳县通过加强组织建设、政治教育、民兵训练等措施，打造一支纪律严明、政治可靠、军事过硬的民兵队伍。在参加地方建设、抗台抢险、森林灭火、应急维稳、创建“平安平阳”等方面，民兵队伍都发挥重要作用。

第一节　组织建设

1989年，全县民兵组织经过调整，至1990年7月，已达到浙江省“七五”规划的指标。城市和海防地区的基干民兵的数量有适当增加。

1992年开始，民兵工作坚持“减少数量，提高质量”的原则，有计划地进行组织整顿，做好民兵出入转队和干部的配备工作，基本达到组织健全、制度落实。1995年，民兵整组工作突出民兵点验。是年，在浙江三星洗衣机厂成立基干民兵连。次年，鳌江镇组建浙江省东风机械厂基干民兵连。1997年，萧江镇民兵应急排被军分区评为先进民兵应急排。1998年，以《浙江省民兵组织整顿工作暂行条例》为依据，组建民兵高技术含量专业分队，落实海军预编兵员。

2002年，开展民兵工作“三落实”（政治、军事、组织）检查。2003年，根据中共中央、国务院、中央军委联合发出的《关于加强和改进城市民兵工作的意见》，全面落实民兵组织的调整改革。2004年5月，以县电信局人武部为试点，针对县电信局、县供电局、县规划建设局、县交通局、县卫生局行业人武部性质和特点，加强行业人武部软硬件建设，解决民兵组织建设中存在的种类交叉、一兵多职、人员及编组不合理等问题。2005年上半年，全县基干民兵进行重新编组。2006年，全县应急作战力量进行重新编组，调整应急力量，并进行点验、点训，落实重点目标应急分队现地点验、现地明确任务、现地组织训练（简称“三个现地”）。2007年，组织11支分队实施“三个现地”。

2011年，在人员编配上，突出把在岗在位的退伍军人、各类专业技术人才和经过训练的人员优先编入重点队伍，并严格按照10%的比例增编机动人员，严格控制出入队人员的比例不超过10%，以保持快速动员和执行任务能力。

2011年11月，县人武部官兵缅怀先烈，加强党性修养

第二节　政治教育

1990—1993年，开展以“坚定社会主义信念”“坚持党对军队绝对领导”为主要内容的政治教育。1994年，贯彻全军思想政治工作座谈会精神，抓好人生观、价值观教育。1995—1996年，重点进行爱国奉献、革命人生观、尊干爱兵、艰苦奋斗“四个教育”；开展红军长征胜利60周年纪念活动。1997年，结合香港回归祖国，进行“庆回归，迎考验”为主题的爱国主义教育。1999年，结合庆祝新中国成立50周年和恢复对澳门行使主权，开展以“赞颂辉煌成就，迎接新的世纪”为主题的爱国主义教育。

2000—2005年，学习“三个代表”重要思想和科学发展观，主要专题教育有：以“反渗透、反心战、反策反、反窃密”为主要内容的革命气节教育。2006年，县人武部利用民兵整组的时机，开展“坚持‘两尊重（尊重官兵的主体地位、尊重官兵的积极性和创造性），争当主人翁”、社会主义荣辱观、“牢记使命干事业，尽职奉献求作为”等专题政治教育。2008年，运用抗击冰雪、抗震救灾、奥运安保等生动教材，加强民兵政治教育。2009年，开展“培育当代革命军人核心价值观”主题教育。

2010年，开展“学习何祥美、学习李晓钰、学习纪晓飞、践行当代革命军人核心价值观”“增强党性观念、弘扬优良作风”等专题教育。2011年，开展知恩保持事业心、知责保持进取心、知足保持平常心的“三知三心”活动。同时开展“加强党性修养、锤炼思想作风”“坚定理想信念、忠实履行使命”等专题教育。2012年，开展“讲政治、顾大局、守纪律”“赞颂科学发展成就、忠实履行历史使命”主题教育。

第三节　支援地方建设

平阳民兵预备役在完成军事训练任务之外，在参加地方建设、抗台抢险、森林灭火、应急维稳、创建“平安平阳”等方面发挥突击队作用。

1994—2008年，在森拉克、海棠、麦莎、泰利、卡努、碧利斯、桑美、韦帕、圣帕、凤凰、森拉克等台风抢险救灾期间，全县共出动民兵预备役6万余人次参加，安全转移群众15.70万人，转移物资126万余吨，挽回经济损失1200余万元。

2001年，在全国性的“严打”和社会治安综合治理斗争中，全县出动民兵2200余人次，协助破获

2011年2月，县人武部组织植树活动

大小案件14起，抓获各类犯罪嫌疑人131人。

2003年清明节期间，全县组织民兵1100余名扑灭山火27起，是年，还组建了35支570人的常备防治“非典”应急分队，参与“非典”应急处置工作。

2004年，水头“7·28”特大火灾中，民兵连续奋战三昼夜，转移群众和抢救物资。

2010年，民兵参与“平安平阳”建设系列活动，全年出动民兵预备役人员3000余人次，配合公安部门执勤巡逻，参与抗台救灾、山林扑火等活动。

2011年，县人武部组织750余名民兵预备役人员参加植树造林活动，栽种桉树、樟树、湿地松、中山杉等树苗1万余株。

第四章　国防教育

1989—2012年，平阳县广泛开展全民国防教育，教育的对象主要是各级党政领导和机关工作人员、群众团体、企事业单位人员和学校学生，教育的主要内容为《中华人民共和国国防法》《中华人民共和国国防教育法》等法律、法规。国防教育纳入党政干部培训计划并形成制度。学校主要采取课堂灌输、渗透教育、集中军训等形式，对青少年学生进行国防意识熏陶。群众国防教育注重与刊授教育、职能教育、理想信念教育、形势教育相结合。民兵的国防教育主要结合年度民兵整组点验和军事训练，抓好国防形势专题教育，并开展再走红色路线、祭奠革命先烈等活动。

1991年，县国防教育委员会成立，县委副书记任主任，县人武部政委、县委宣传部部长任副主任，成员由县直机关相关单位领导组成。

1992年，林景熙墓及霁山碑林被列为市级国防教育基地，平阳县金钱会起义遗址被列为县级国防教育基地。1993年，鳌峰小学革命纪念馆被列为县级国防教育基地。1994年，浙南红色旧址群被列为省国防教育基地。2000年，苏步青故居被列为市级国防教育基地。2001年，棋王谢侠逊碑林被列为县级国防教育基地。2003年，南雁会文书院被列为市级国防教育基地，是年，叶廷鹏烈士纪念室、宋恕故居陈列馆被列为县级国防教育基地。2004年，太平天国将领白承恩墓被列为县级国防教育基地，平阳县革命烈士纪念馆（公墓）被列为市级国防教育基地。2005年，平阳闽浙边抗日救亡干部学校被列为省国防教育基地。2009年5月，温州浙南（平阳）革命根据地旧址群被中宣部命名为第四批全国国防教育示范基地。

第一节　干部国防教育

20世纪80年代末及90年代初，主要以观看电影为载体，组织地方干部群众观看战争影片，增强其爱国热情。

1993年，在县委党校开设国防教育课，700余名干部接受国防知识教育，此做法被《浙江国防》杂志第二期刊文报道，温州国防教育简报予以转载，并在省内推广。是年，县国防教育委员会被省国防教育委员会评为国防教育先进单位。

1998年4月，县干部国防教育工作得到省国防教育委员会、中共浙江省委组织部、中共浙江省委宣传部、中共浙江省委党校四家联合工作组的好评，并在6月的全省党校干部国防教育工作经验交流会上作交流。是年，县国防教育办公室被省国防教育委员会评为省国防教育先进单位。

2000年，县人武部组织机关人员开展军事日活动。2004年，国防教育被列入党校干部培训内容，形成制度。2005年，组织县主要领导参加省党政领导干部网上国防知识考核，并为国防动员委员会、国防教育委员会成员订阅《中国国防报》和《浙

2011年8月，县“四套班子”领导和国动委成员参加“军事日”活动

江国防》。2008年，运用抗击冰雪、抗震救灾、奥运安保等生动教材，开展向党旗宣誓、缴纳“特殊党费”等活动。全年专题教育113课时、讨论交流6场、参观学习2次、观看教学录像5场。2009年，开展“培育当代革命军人核心价值观”等专题教育活动，组织领导干部向党旗宣誓。

2011年，继续组织县四套班子和国防动员委员会成员过军事日活动。2012年，邀请南京政治学院教授给县四套班子领导和科以上领导干部上“关于中国当前周边形势”的国防教育课。

1989—2012年，全县2160名干部参加党校干部国防教育活动，共订阅8600份国防教育刊物，先后组织以军营一日活动、实弹射击、听国防教育课、观摩军事表演和参观营区等为主要内容的8次军事日活动。

第二节　群众国防教育

1990年，全县主要开展以国防知识宣传为主要内容的征兵宣传教育。1993年，全县4200人参加省国防教育委员会主办的知识竞赛，县国防教育委员会获省国防教育委员会国防教育组织奖二等奖，26名个人得奖。是年，举办一次规模较大的县内国防知识演讲比赛。1996年，组织民兵、学生开展纪念红军长征胜利60周年系列活动，全县开展大小纪念活动18场次，参加活动约4850人，受教育约3万人。

2001年，《中华人民共和国国防教育法》颁布，确定每年9月的第三个星期六为全民国防教育日。是年，平阳县在参加全国《中华人民共和国国防教育法》宣传活动中，开展国防征文、《中华人民共和国国防教育法》知识竞赛和“国防连着你我他”等活动，并获得全国《中华人民共和国国防教育法》宣传纪念奖3人，获得省级组织奖1人，获得省个人知识竞赛一等奖1人、二等奖3人、三等奖4人、纪念奖16人。

2002年4月，县人武部先后在《平阳报》、平阳电视台和平阳调频台开辟专栏、专题，进行《中华人民共和国国防教育法》宣传。2003年，县人武部在全县范围内组织开展“中塑”杯国防知识竞赛活动，回收有效答卷1000余份。2004年，在昆阳镇第九居民区举办全民国防教育专场演出晚会，2000余名干部群众接受教育。2005年，平阳县国防教育办公室在104国道、57省道沿线、山门镇红色旅游经典景区和南雁风景区设立宣传牌11块，刷写宣传标语40余条。2006年，创建平阳县国防教育网，在县老年大学增设国防教育课程。在重大节日、纪念日和征兵期间，悬挂各种横幅、标语1500余条，发出国防教育短信18000条。2007年，结合纪念建军80周年和第七个全民国防教育日组织开展国防知识竞赛。2008年征兵期间，在《新平阳》开辟“征兵小故事”专栏，在平阳电视台《民生关注》栏目制作专题片，进行国防征兵宣传。

2010年，开展“牢记历史、富国强军、共筑长城”为主题的国防教育征文活动。2011年，在昆阳镇仙坛社区广场设立国防教育宣传专栏，以电视为平台播放国防教育影视，以《新平阳》和平阳新闻网为载体，开展国防知识竞赛活动。2012年，在县曦龙广场组织第十二个全民国防教育大型国防知识宣传图片展，并向7000余名参观者发放国防知识宣传手册和征兵政策宣传画册8000余份。

2010年9月，全民国防教育日宣传现场

第三节　民兵国防教育

1989—2012年，民兵国防教育主要是结合民兵整组与训练进行，根据《民兵思想政治工作规定》要求，严格落实参训的民兵每年不少于16小时学习教育。以学习中央军委关于新形势下加强国防和军队建设重要论述为主要内容，突出抓好国防法规和国防知识的学习，结合全民国防教育日和全民国防教育宣传周活动，利用各种媒介做好宣传。

1994年，全县订阅《东海民兵》1650份，县人武部被南京军区政治部评为订刊用刊二等奖；订《浙江国防》500份，被省国防教育委员会评为读报学报二等奖。同时，结合国防教育和“双拥”工作，开展以革命传统、战斗精神、理想信念、形势政策和爱国主义教育为主要内容的思想政治教育。1996年，县人武部被南京军区政治部评为《东海民兵》刊授教育工作二等奖，被省国防教育委员会评为订刊用刊工作二等奖。1998年，县人武部被省国教委评为《浙江国防》订刊用刊特等奖，被南京军区政治部评为《东海民兵》刊授教育二等奖，被总政治部评为《中国民兵》刊授教育三等奖。1999年，县人武部被南京军区政治部评为《东海民兵》刊授教育二等奖，被省军区政治部评为《浙江国防》刊授教育一等奖。是年，在《关于参加“我们保卫21世纪中国”国防知识竞赛》试题答卷中，平阳县获全国三等奖1人、省级奖7人、市级奖12人。

2000年，县人武部被南京军区政治部评为《东海民兵》刊授教育一等奖，被省军区政治部评为《浙江国防》刊授教育一等奖。2001年，由县人武部统一制定教育计划，统一拟制教案，下发到各基层人武部，并结合民兵军事训练，县人武部派人到各训练点统一组织实施。次年，县人武部统一命题对517名参训民兵进行测试，优良率100%。是年，县人武部刊授教育被《中国国防报》评为刊授教育三等奖，被南京军区政治部评为《东海民兵》刊授教育特等奖。2003年，县人武部制作《平阳县民兵建功立业》专题片，记录平阳县民兵奋斗足迹，展现新时期民兵风采，在县、市电视台播放。至2004年，每个基干民兵营（连、排、班）、应急分队和民兵哨所都有两份以上国防刊物。

2005年，县人武部被南京军区政治部评为《东海民兵》刊授教育一等奖。2007年，组织学习“社会主义核心价值观体系教育”、中共中央总书记胡锦涛重要讲话以及“战斗精神教育”等专题内容。2008年，对民兵进行“形势战备和战斗精神”、“军人核心价值观”和中国特色社会主义发展史等专题教育。

2010年，县人武部利用民兵集中训练和结合纪念“9·18”事件七十九周年，开展专题教育和辅导。2011年，在年度民兵整组点验和军事训练时抓好国防形势专题教育，在传统教育上开展再走红色路线、祭奠革命先烈等活动。2012年，开展读红色经典活动，组织争当民兵先锋岗活动。

第四节　学校国防教育

1990年，全县5所学校开展国防教育校外辅导员工作试点。

1992年，开始在昆阳镇第四中学试点开展国防教育，组织学生开展国防知识学习讲座，宣传《中华人民共和国国防法》等法规制度。1993年，扩大到全县12所中学，在开学初对学生进行国防教育，受教育学生3000余人。1994年，全县5所高中、2所技校、43所初级中学把国防教育列入学校思想品德教育计划，16所中学安排了国防基本知识教育课。县第一中学、县第三中学、鳌江镇第一中学等学校分别组织学生军训，部分学校还开展暑假军事夏令营等活动。1995年，在昆阳镇第一中学、昆阳镇第二中学、昆阳镇第三中学分别成立少年军校，设立昆阳镇国防教育办公室和三所中学的人民武装部，并组织全县16所中学学生进行军训。1996年，县教育委员会成立人民武装部，加强中小学生国

学生军训现场（2012年）

防教育，规定高一新生进行为时一周的军事训练。1998年11月，县国防教育办公室和县教育委员会联合举办中小学生国防知识竞赛，全县5万余名学生参加。

2002年，县国防教育办公室组织2000余名学生参加国防教育法知识竞赛活动。2004年，开展“国防教育书架子工程”，向全县13所中学发放国防教育读本和资料。2009年11月，水头金凤中学、鳌江中学1240余名学生参加网络国防教育知识竞赛。2010年，成立县国防教育讲师团，更广泛开展学校国防教育。2011年，县国防动员委员会向学校发放教育书刊资料800余册。2012年，县国防教育办公室联合驻军部队为全县中学开展军训活动，并在辖区各学校开展“我心中的国防”国防知识竞赛。

1989—2012年，重点组织对平阳中学、鳌江中学、山门中学等学校新生进行军训，累计军训3万余人。

第五章 人民防空

1996年4月，平阳县人民防空办公室（简称“县民防办”）设立，为平阳县国防动员委员会下设机构，是时，尚无编制，也无专职人员。1999年7月，确定县民防办为县政府办公室下属全额拨款事业单位，编制2人。2001年12月，确定为正科级独立机构。

2002年6月，确定县民防办为县政府人民防空工作的主管部门，县国防动员委员会的办事机构，受县政府、县人武部双重领导。定编为行政正科级单位，编制3人。

2009年11月，为加强对人民防空工作的指挥和协调，县政府决定成立县人民防空指挥部；省定4个民防重点镇（昆阳镇、鳌江镇、水头镇、萧江镇）相应成立人民防空工作领导小组。同时，在有关社区成立民防工作站试点。至此，平阳县人民防空组织机构基本完善。12月，增挂县人民防空局牌子。2010年，县民防办被评为省人民防空工作先进单位。2012年6月，县人民防空办公室（县民防局）由议事协调机构的常设办事机构调整为设在县政府办公室，对外挂牌。

第一节 工程与设施

工程

2006年10月，温州市第一个民防自建工程——平阳县0601工程通过立项审批。2008年5月开工建设，2009年9月竣工。

2006年11月，平阳县第一个结合民用建筑修建的民防工程竣工验收。

2007年8月，朝阳乡抗台风避灾点竣工，这是平阳县第一所政府出资修建的避灾点。

2009年10月，编制完成《平阳县城市人民防空发展总体规划》并通过县政府审批。该规划范围包括昆阳镇、鳌江镇、宋桥镇、郑楼镇、榆垟镇、宋埠镇、钱仓镇、萧江镇及西湾乡8镇1乡。规划分两个时限段，近期期限为2009—2010年，远期期限为2011—2020年。

2010年8月，平阳县民防应急指挥中心立项，2012年4月开工。工程用地面积5263平方米，建筑面积3023平方米。是年，县民防办完成民防系统视频会议设施建设，实现与省、市视频互通。

2012年6月，县民防工程管理所设立，为县民防办下属公益一类的财政全额拨款事业单位，核定人员编制3人。至2012年年底，全县结合民用建筑修建的民防工程完工25个。

设施

1999年，平阳县安装第一台防空警报器，之后，每年增设数台。至2012年年底，全县设有防空警报器33台，民防重点镇警报音响覆盖率95%。

1999年开始，每年“9·18”事变纪念日试鸣防空警报。2009年国家确定防灾减灾日后，每年增加“5·12”试鸣防灾警报。

2010年，为推进防空防灾一体化进程，购置民防应急指挥车一台。

第二节 预案与演练

2005年，成立平阳县人民防空专业队伍。人民防空专业队由伪装专业分队、抢险抢修专业分队（分电力抢修和水气抢修）、通信专业分队、医疗救

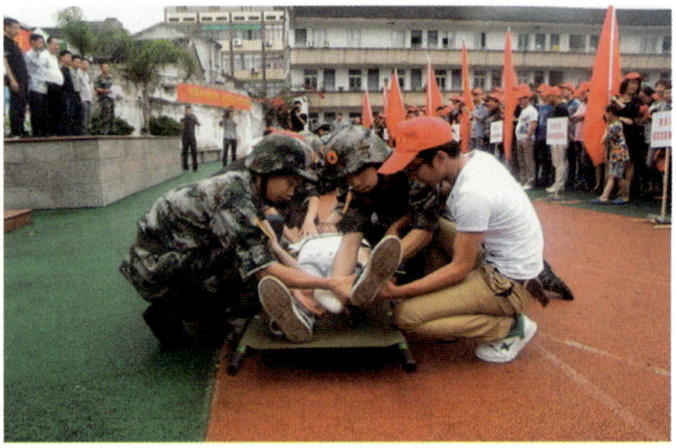

2012年5月，平阳民防应急救援分队开展综合演练

护分队等专业排组成，人员341人。此后，县民防办每年轮番组织1至2支民防专业队伍进行防空袭专业演练，一般演练时间为一周。

2007年，县民防办组织编制《平阳县防空袭预案》，10月通过评审。该预案由基本方案、人口疏散和隐蔽、保障计划、重点目标防护4个部分组成。

2011年3月，县民防办组织开展以维护社会稳定、确保人民群众生命财产安全为主题的民防专业队演练。是年“5·12”防灾减灾日，在平阳银都花苑和宋埠中学开展火灾扑救及人员疏散演练。

2012年，《平阳县防空袭预案》修编并更名为《平阳县信息化条件下人民防空行动方案》，11月通过专家评审。

第三节　宣传与教育

从机构设立开始，县民防办通过专题报道民防新闻，举办人民防空法律（法规）咨询、图片展览、民防知识竞赛等形式广泛开展防空宣传。

2002年9月，为纪念《中华人民共和国人民防空法》的颁布与实施，平阳广播电视台特约播放一套与人民防空相关内容的电视剧。11月，民防试点学校（昆阳镇第二中学）学生进行“民防知识竞赛”，并在电视台专题播出。

2003年10月，分别在“全县科局级领导新任职培训班”和“全县‘三个代表’重要思想干部进修班”中开设民防教育课。2004年9月，昆阳镇第一中学成为市人民防空教育试点学校。10月，县民防办和其他部门共同投资20万元，在平阳革命根据地旧址建设县国防教育基地。2005年5月，昆阳镇第二中学、鳌江镇第五中学、水头镇第一中学和萧江镇第二中学确定为县民防教育试点学校。10月，在昆阳镇文化中心开辟民防宣传教育基地。

2006—2012年，县民防办每年于“3·1”国际民防日和“9·18”国防宣传日，在昆阳或鳌江两镇广场开展防空防灾知识宣传咨询活动。

2009年开始，每年增加“5·12”防灾减灾日宣传。2009年“5·12”在平阳大厦广场举办防空防灾书画展，纪念汶川大地震一周年。2010年，县民防办与平阳县委党校签订民防教育授课协议，自此，防空防灾成为党员干部培训必修课。

2012年，县民防办分别与平阳新农村数字电影公司、平安传媒公司签约，常年宣传防空防灾知识。全县民防重点镇6处大型户外视频及260处公共场所室内视频成为民防宣传的固定窗口。学校、企业、社区、农村全年600场电影，场场影片片头播放防空防灾知识卡通片。是年，县民防办投资50万元，在县中小学综合实践基地建设中小学生民防教育基地，于11月完成民防展示厅建设，并向全县中小学生开放，展示厅设置民防器、陆海空兵器模型、防空防灾知识触摸屏、地震体验小屋和民防心肺复苏检测仪器等。年受教育学生2万人。

第二十八卷

DI ER SHI BA JUAN

《平阳县志（1989—2012）》

PINGYANG XIAN ZHI

民　政

1989年后，平阳民政工作与事业由封闭型向开放型转变。群众基层自治工作取得巨大进展，按时依法组织村民委员会和居民委员会选举，逐渐推行村民自治和社区规范化建设。地名管理走上规范化轨道，民间组织管理由社会团体拓宽到民办非企业，婚姻登记实现统一管理并逐渐规范化，社会救助实现由强制收容向关爱救助的重大制度转变，水库移民机构实现专门化，对移民后期扶持力度逐年加大，殡葬改革成效显著，实现殡葬管理专门化，推广遗体火化。各级组织建立“双拥”工作组织机构，优抚工作实行定期定量补助，落实群众优待，形成国家、社会、群众相结合的优待抚恤制度，退役士兵安置难问题得到有效解决。编制出台一系列救灾应急预案机制，突发自然灾害应急指挥体系基本建成。社会救济面得到扩大，救济形式实现多样化，救济标准不断提高，低收入群体实现应保尽保。民政事业经费实现政府、社会、个人、福利企业及销售福利彩票等多渠道筹集资金，基本实现农村“五保”（保吃、保穿、保住、保医、保葬，青少年儿童为保教）对象和城镇“三无”（无生活来源、无劳动能力、无法定抚养义务人）人员的集中供养。

1989—2012年，平阳县先后被命名为“双拥模范县”、省级村民自治示范县和授予基本解决重点优抚对象“三难”问题先进县称号。

第一章　基层群众自治组织

1989—2012年，平阳县先后开始村委会、居委会定期换届选举。村（居）委会一般由主任、副主任和委员3～9人组成。平阳县村（居）委会换届选举依法按时按规进行，逐步走向完善，促进了城乡基层民主和社会主义政治文明建设。1997年，浙江省民政厅命名平阳县为省级村民自治示范县。

第一节　村民委员会

换届选举

1989年，平阳县有853个村委会。1998年，在鳌江、腾蛟、榆垟进行村委会换届选举工作试点。1999年，首次对全县866个村进行换届选举。此后，平阳县村委会分别于2002年、2005年、2008年、2011年举行换届选举。2011年，全县登记有选民550292人，参加投票选民491159人，委托投票43439人，投票率97.15%；采取自荐直选的村402个，占67%，一次性选举成功的村548个，占91.33%。全县村民代表采取户代表推选的有588个村，占98%，采取村民直接推选的12个村，占2%。推选产生村民代表20907人，其中，党员5879人，占28.12%；妇女代表6959人，占33.29%，其中妇女代表占村民代表会议组成人员1/3以上的有573个村，占全县村民代表采取户代表推选村的97.45%。

村民自治

1998年，平阳县推行以村务公开为主要内容的村民自治活动，是年，全县856个村通过村务公开检查合格验收。2001年，按照省民政厅和市政府《关于开展村民自治模范达标活动的通知》要求，县

2002—2012年平阳县村民委员会换届选举情况一览表

表28-1-1

年度（年）	全县村数（个）	完成换届村数（个）	占比%	新一届村委人数（人）	其中							
					中共党员人数（人）	占比%	妇女人数（人）	占比%	35岁以下	占比%	高中以上学历	占比%
2002	851	851	100	3705	1735	46.83	439	11.85				
2005年10月	586	560	95.56	2315	1055	45.57	231	9.98				
2008	600	600	100	2535	833	32.86	414	16.33				
2011	600	600	100	2583	1113	43.09	600	23.23	595	23.04	648	25.09

说明：①2011年前只统计村委会中共党员人数和妇女人数；②资料由县民政局提供

政府连续下发《关于开展村民自治模范达标活动的通知》《关于开展村民自治模范达标活动的实施方案》《关于做好村民自治模范达标单位考核验收工作的通知》3个文件，并制定出台《关于进一步深化村务公开和强化村级财务管理工作的意见》。在全县范围内全面开展村民自治模范达标活动，先后有昆阳等6个乡镇通过市民政局考核验收，329个村通过县级检查考核。是年，全县870个村全部实行村务公开。

2006年始，在全县开展村务公开和民主管理规范化建设与示范单位创建活动。西湾乡北山村、西湾乡等4个单位被评为首批县级示范村和示范乡镇。是年，全县有14个乡镇和282个建制村达到村务公开和民主管理规范化建设标准。全县583个建制村基本建立"村两委"联席会议制度、村民代表会议制度、村务公开制度和民主评议村干部制度。

2009年，在全市率先开通村务公开网，村党务、村务在公开栏公开的同时，在村务网上公开。2010年，全县发布各类村务信息1万余条。全县有村务公开和民主规范化建设达标村589个。是年，鳌江镇横河村被列入省示范创建村，鳌江镇海城村、下埕村和昆阳镇新欣村、前爿村被列入市示范创建村。

2012年，县委、县政府出台《平阳县村干部绩效考核实施办法》，完善"五议两公开"制度（党员群众建议、村党组织提议、村务联席会议商议、党员大会审议、村民代表会议决议，表决结果公开、实施情况公开），在农村集体资产改革过程中，严格按程序召开村民代表会议讨论决定事项，并及时公开相关事项。

第二节　居民委员会

城镇社区建设

换届选举　1989年，《中华人民共和国城市居民委员会组织法》颁布。是年，平阳县有49个居委会。2002年，有66个居委会，共有298名成员，其中，中共党员148人，占49.66%，妇女158人，占53.02%。2005年，26个社区居委会，产生社区居委会成员134人，其中，中共党员93人，占69.40%；妇女80人，占59.70%。12个居委会，产生居委会成员53人，其中，中共党员35人，占66.04%；妇女12人，占22.64%。2008年，全县32个社区、4个居民区完成换届选举。产生社区居委会成员200人。其中，中共党员131人，占65.50%；妇女91人，占45.50%。2011年，根据《中共温州市委办公室、温州市政府办公室关于认真做好2010年社区党组织和社区居民委员会换届选举工作的意见》，2008年和2009年换届选举的社区"两委"，统一将任期延期至第五届换届（即于2013年换届）。

社区规范化建设　根据中央和省有关社区建设的通知精神，2003年8月18日，平阳县成立县社区工作协调小组，下设办公室于县民政局。按每1500～2000户设立一个社区标准，至2004年年底，全县66个居委会中的54个居委会调整为26个社区居委会和12个居委会。2005年，县委、县政府出台《关于开展城镇社区建设的意见》。2007年，全县有居民区7个，社区31个。2009年，横阳社区被评为省级和谐社区。2012年，全县有36个社区（居民区）。是年，规范城乡社区工作运行规划，落实重大事项社区听证、社区居民公共事务恳谈会、居务公开等机制。采取社区QQ群、微博等多种形式，为居民提供探讨社区事务问题的平台。

农村社区建设

2011年，平阳县开展村级组织设置改革，将全县606个村（居）规划建成为64个农村新社区。2012年3月，全面推进幸福社区建设，成立幸福社区建设领导组织，制定出台《平阳县幸福社区建设实施意见》《平阳县幸福社区建设考核指标体系》等系列文件。

第二章　社会行政事务

平阳社会行政事务包括地名管理、民间组织管理、婚姻登记管理、移民安置、收容收养、殡葬改革等。地名管理方面，于2000年开始对县内建筑物命名，于2005年推行地名规范化。民间组织管理方面，先后于1991年、1993年开始开展对社会团体的登记、年检工作，于1999年开始拓宽到对民办非企业单位的管理。婚姻登记方面，于2004年实现由婚姻登记处统一管理。收容收养方面，于2003年由收容遣送向收容救助转变，并把流浪未成年人纳入救助对象，依法办理收养登记。移民安置方面，于1995年独立办公，不断加大对移民的后期扶持力度。殡葬改革方面，实行管理专门化，并于2001年推广遗体统一火化，初步改变了乱埋乱葬现象。

第一节 地名管理

1983年2月24日，平阳县成立县地名委员会及办公室。1985年8月，出版平阳县第一部地名专著——《平阳县地名志》。1986年1月，与县志编纂委员会办公室合署办公。1997年8月，县民政局设立区划地名管理科，负责地名管理工作。1991年3月，在麻步镇进行地名查补和更新的工作试点，然后全面铺开。是年底，完成35个乡镇，456个行政村、1025个自然村、33个居民区的实地调查，逐乡逐村进行地名补更工作。1993年，县政府制发《平阳县地名管理办法》。1997年出版《平阳县地图》。1999年编印《平阳县地名录》。1991—2005年，全县命名和更名各类地名593条。2000年，启动对建筑物的命名工作，至2005年年底，为建筑物命名33个，改变了以前建筑物各自命名的状况。

地名标准化建设

2005年，平阳县推行地名规范化，着手新的县行政区划图和地名录编制。2006年，筹建县地名网，并出版新版《平阳县行政区划图》。2010年，县政府发布实施《平阳县域地名总体规划》。11月，启动第二次地名普查工作。至2012年，收集11大类34小类地名信息数据6174条，完成地名标准化处理10条，历史地名242条，新设置地名标志94块，拍摄多媒体照片5619张，制作1：10000地名普查成果图58幅。2005—2012年，全县命名道路204条，建筑物及住宅区名称93个。

地名标志设置

1999年，县民政局发出通知，要求各乡（镇）民政办着手开展地名标志设置工作。

2000年3月9日，民政部等四部（局）的《关于在全国城市设置标准地名标志的通知》要求：2000年始，用5年时间在全国城市设置标准地名（即街路巷牌、楼牌、单元牌、门牌等）。2000年6月15日，县政府颁发修订后的《平阳县地名管理办法》。2002年，全县设置各类地名标志1918个。2003年，全县设置各类地名标志567个，发放门牌468本。2004年，县民政局与昆阳镇联合在昆阳镇城区开展设置标准地名标志的试点工作，设置标准地名标志1609个。是年，萧江镇完成标准路牌的设置工作。

1999—2004年，全县设置各类地名标志33762个，发放门牌证8706本。2006—2012年，设置门牌18603个，路牌1224个。

第二节 民间组织管理

1991年，平阳县开始进行社会团体登记。1993年，开始社会团体年检。1998年，平阳县成立县社会团体管理工作领导小组，下设办公室。1999年，县社会团体管理工作领导小组更名为县民间组织管理工作领导小组。2000年，成立县民办非企业单位复查登记工作领导小组。

社会团体管理

1991年，平阳县根据国务院颁发的《社会团体登记管理条例》，开始各类社会团体登记管理。1993年，浙江省民政厅下发《浙江省社会团体年度检查制度暂行规定》。是年，平阳县进行首次社团年检，年检结论分合格、不合格两类。1996年，对80个社团进行年检，年检合格率98.8%。

根据国务院新颁发的《社会团体登记管理条例》，1998年，县委、县政府决定成立县社会团体管理工作领导小组，下设办公室。是年，对登记在册的120个社团进行专项检查，注销12个长期不能正常活动的社团。1999年，将15个非法人社团变更为法人社团，相应修改30余个社团章程，10个县科级党政机关领导干部不再兼任社团领导职务。是年6月，根据国务院有关将社会团体和民办非企业单位统称为民间组织的精神，决定将县社会团体管理工作领导小组更名为县民间组织管理工作领导小组，并对其成员作适当调整。2000年，全县108家社团参加年检，合格91家，新登记成立不必参加年检6家，限期整改4家，未报年检材料注销7家。2005年，143家社团参加年检，注销5家。

至2012年，建立县社会组织服务中心、镇

1991—2012年平阳县社会团体登记情况一览表

表28-2-1　　　　　　　　　　　　　　　　　　　　　　　　　　　　单位：个

年份(年)	年末实有数	其中					当年注销数
		学会	协会	研究会	基金会	其他	
1991	1	1	0	0	0	0	0
1992	45	10	26	5	1	3	0
1993	63	1	15	0	0	2	0
1994	77		11	1	0	3	1
1995	87	1	2	0	0	5	0
1996	100	1	10	0	0	3	1
年份(年)	年末实有数	其中					当年注销数
		专业性	行业性	学术性	联合性		
1997	120	35	36	43	6		0
1998	123	37	36	44	6		12
1999	133	42	36	47	8		0
2000	125	44	37	38	6		13
2001	113	49	33	27	4		23
2002	121	47	42	28	4		4
2003	134	48	48	30	8		4
2004	143	56	48	30	9		6
2005	143	51	55	28	9		5
2006	146	61	40	29	16		0
2007	153	62	42	30	19		3
2008	151	62	42	29	18		4
2009	155	62	44	31	18		1
2010	160	64	45	32	19		0
2011	159	64	44	32	19		5
2012	184	71	51	33	29		1

说明：资料由县民政局提供

(乡)邻坊中心指导站、社区邻坊中心三级服务平台；成立县社会组织发展基金会、县社会组织联合党委，完成“官方+民间+基金会”三位一体服务平台，逐步形成社区、社工、社会组织“三社”联动的工作格局。是年，全县有社团184家，经年检，注销1家。

民办非企业单位管理

2000年4月，为贯彻实施国务院颁发的《民办非企业单位登记管理暂行条例》，平阳县决定成立县民办非企业单位复查登记工作领导小组。是年，对全县民办非企业单位进行调查、核实，依法办理复查登记手续83家。

2005年，登记民办非企业单位178家，其中教育行业154家。是年，160家民办非企业单位参加年检，注销15家。2007年，全县民办非企业单位有175家。全县6家行业协会全部与行政机关脱钩，实行人员、机构、财务、职能和编制“五分开”。是年，162家民办非企业单位参加年检。2010年，有民办非企业单位160家，153家单位参加年检。

2012年前后，市委、市政府先后制定出台《关于实施国家民办教育综合改革试点加快教育改革与发展的若干意见》《关于推进农村金融体制改革的实施意见》《关于加快推进社会资本举办医疗机构的实施意见》《关于规范行业协会（商会）应急转贷资金运作的指导意见》《关于加快推进社会组织培育发展的实施意见》等文件，社会组织登记管理工作发生重大变革，社会组织登记数量增长较快。

至2012年，全县有民办非企业单位（民事）185家，社区社会组织备案数1993家。是年，153家民办非企业单位参加年检。

第三节　婚姻登记

20世纪80年代后，婚姻登记管理逐渐趋于规范。1991年，省民政厅、省司法厅联合通知，婚姻登记要按规定分级办理：中国公民同外国人结婚登记，必须由市民政局办理；国内公民同华侨、内地公民同港澳同胞结婚登记，由县民政局办理；国内公民之间婚姻登记，由乡（镇）政府办理。

1994年，国务院颁布《婚姻登记管理条例》，规定县级以上地方各级政府的民政部门主管本行政区域内的婚姻登记管理工作；在农村是乡、民族乡、镇政府主管本行政区域内的婚姻登记管理工作。1995年5月1日起，温州市范围内的涉港、澳、台同胞及海外华侨的婚姻登记工作，集中到市民政局统一办理，县民政局不再受理。

2003年，国务院颁布修订的《婚姻登记条例》，规定内地居民办理婚姻登记机关是县级人民政府民政部门或者乡（镇）人民政府，省、自治区、直辖市人民政府可以按照便民原则确定农村居民办理婚姻登记的具体机关。2004年6月，县政府决定，在昆阳镇解放街214号设立县婚姻登记处，从7月1日起全县婚姻登记集中办理，各乡（镇）政府不再受理。2005年9月12日，在水头镇设立水头婚姻登记分处。

1989—2012年平阳县婚姻管理登记情况一览表

表28-2-2

年份（年）	结婚登记（对）	离婚登记（对）	结婚证补领（对）	离婚证补领（对）	无婚姻登记记录证明（例）
1989	2023	55	—	—	—
1990	3208	67	—	—	—
1991	4708	120	—	—	—
1992	4076	162	—	—	—
1993	4475	134	—	—	—
1994	8117	165	—	—	—
1995	7205	161	—	—	—
1996	5291	198	—	—	—
1997	4543	238	—	—	—
1998	8096	262	—	—	—
1999	5361	238	—	—	—
2000	9167	262	—	—	—
2001	7923	349	—	—	—
2002	8307	517	—	—	—
2003	7470	462	—	—	—
2004	8082	706	—	—	—
2005	9319	827	634	34	1958
2006	10982	959	908	55	3139
2007	13833	1098	1170	52	3921
2008	11627	1292	1494	83	5105
2009	12893	1412	2548	129	7385
2010	11766	1491	2271	174	8842
2011	10790	1634	1988	183	9567
2012	10767	1744	2078	322	12787

说明：资料由县民政局提供

结婚登记

1996年，省政府颁布《浙江省婚姻登记管理办法》规定：结婚登记的居民除提供户口证明、居民身份证和所在单位或户籍所在地的村（居）民委员会出具的证明外，还必须提供婚前健康检查证明。

2003年，国务院颁布修订的《婚姻登记条例》，取消婚姻登记由单位或村（居）民委员会出具证明的做法；对婚前医学检查未作强制性规定。2010年3月起实行免费婚前健康检查。

1989年，县民政局办理结婚登记2023对。2012年，办理结婚登记10767对。

离婚登记

根据1996年《浙江省婚姻登记管理办法》，离婚登记的居民除提供户口证明、居民身份证和所在单位或户籍所在地的村(居)民委员会出具的证明外，还必须提供离婚协议书一式三份和结婚证或者夫妻关系证明书。1989年，县民政局办理离婚登记55对。2012年，离婚登记1744对。

第四节　收容　收养

1981—2003年，收容遣送工作由县民政局救济科兼管，收容人员转送温州收容遣送站。2001年开展统一行动，全县除部分人员转送温州市收容遣送站外，对其余外来人员238人酌情给予路费补助，动员返回家乡。1992年后依法办理收养登记工作。

收容

2003年10月，按国家规定撤销收容遣送站，组建县救助管理站，县财政拨款30万元作为启动经费。主要设施有救助大楼4层1幢400平方米，救助餐厅厨房1个100平方米，救助区宿舍、值班室10间，床位28张。至2005年，有485人得以救助，支付救助金72万余元。是年，县城几条重点道路和主要场所限制乞讨。2010年，获得省级建设经费30余万元，开始规范化建设改造办公设施、救助环境，重新设置救助用房，对接待室、观察区、居室、活动室、餐厅、厨房、洗浴间、厕所等业务设施进行配备和设置。至2012年，已形成女宿舍区、男宿舍区和未成年人宿舍区3个区，拥有28张床位的救助设施。

2003年11月至2012年，平阳救助管理站救助3786人次。2010年4月，县政府成立县流浪乞讨人员救助管理工作协调小组，以分管副县长为组长，各成员单位主要领导为成员。6月份，出台《关于进一步加强城市生活无着的流浪乞讨人员救助管理工作的通知》。2010—2012年，救助流浪特殊对象120人，其中14名精神病人滞留医院治疗。2003—2012年，特殊救助医治费用400余万元。

2003年年末，开始实施对流浪未成年人救助保护工作，至2012年，救助未成年对象69人。

收养

1992年，《中华人民共和国收养法》实施。1996年前，平阳县办理收养登记2例。1996年9月，省民政厅发布《浙江省收养登记工作暂行规定》，是年，办理收养登记手续8例。2000年，县民政部门对全县收养情况进行全面调查摸底，发现在23个乡镇中有事实收养对象619人，其中，符合收养规定条件的有169人。

1994—2012年，依法办理收养登记565例。

第五节　移民安置

1995年前，移民工作由县民政局管理。1995年6月20日，县移民安置办公室成立(简称“县移民办”)，为负责珊溪水利枢纽工程移民安置工作的正科级常设机构，全额事业单位，暂定编10人。1997年，正式定编10人，内设综合、安置、生产开发3个科室。2008年，县移民办为县政府管理和监督移民安置及后期扶持工作的常设办事机构，属参照公务员管理的事业单位。核定编制15人，内设机构：综合科、动迁安置科、发展扶持科和纪检监察室。2012年，县移民办编制15人，实有15人。

动迁安置

梅源水库移民于1959年冬迁散在梅源和鳌江等地，至2006年6月30日，梅源水库移民现状人口为5030人。

桥墩水库移民于1970年11月迁入萧江和南麂

平阳县市级移民示范新村——万全镇汇河村(2012年)

平阳最大的移民独立行政村——昆阳镇龙安村(2012年)

岛一带，至2006年6月30日，桥墩水库移民现状人口为832人。

1998年，平阳县开始安置珊溪水利枢纽工程第一期文成县移民，至2006年6月30日，有珊溪水库移民现状人口4713人。

至2012年有移民安置村(点)38个，移民现状人口10546人。

安置措施

安置规划与实施 2007年，编制完成《平阳县大中型水库库区和移民安置区基础设施建设和经济发展规划》(简称“移民大规划”)，规划中涉及乡镇11个，村居38个，涉及人口3.8万人。涉及的水库主要是珊溪、桥墩和梅源3座大中型水库，5年投入资金5500余万元。

2008年，实施移民大规划扶持项目，在全县涉及水库移民的6个乡镇10个村，安排基本口粮田建设、水利设施、饮水安全、沼气、交通、供电、通信广播等基础设施建设项目10个，投资244万元，下达大中型水库移民后期扶持结余资金83万元。2009年，实施移民大规划扶持项目10个，涉及6个乡镇10个村(点)，惠及移民及当地居民7100余人，投资616.75万元，下达大中型水库移民后期扶持结余资金124万元。是年年底，10个扶持项目全部竣工验收。

2010年，编制完成《平阳县大中型水库移民后期扶持规划(2011—2015)》《平阳县大中型水库库区和移民安置区基础设施建设和经济发展规划(2011—2015)》。依据《平阳县大中型水库移民后期扶持规划(2011—2015)》，“十二五”期间，将发放大中型水库移民后期扶持直补资金3290余万元。《平阳县大中型水库库区和移民安置区基础设施建设和经济发展规划(2011—2015)》规划投资62135万元。

2012年平阳县移民安置村（点）基本情况一览表

表28-2-3　　单位：人

镇名	村(点)名	人口	镇名	村(点)名	人口
鳌江镇	重阳村	617	萧江镇	垟浦点	180
	山平田村	573		后林点	159
	梅源村	2286		上汇点	150
	三源村	1120		直浃河点	157
	荆溪点	205		潘南点	107
	兴农点	124		二居点	110
	埭头点	90		永门点	34
	钱仓点	181	万全镇	汇河村	320
	务垟点	97		郑东村	338
	福山点	107		练兴村	273
	和家点	167		榆龙村	269
	文翔点	191		林宅点	113
	古鳌点	194		榆南村	299
	国圣岙村	104		杨北点	106
	火焜岙村	32		下陈	137
	后隆村	39	昆阳镇	上降点	199
	三盘尾村	65		龙安村	738
	门屿尾村	230		郭庄点	108
	上百亩村	60		临区点	267

说明：资料由县移民办提供

2011年，实施移民大规划扶持项目14个，涉及7个乡镇14个村(点)，惠及移民及当地居民2万余人，投资602万元，下达大中型水库移民后期扶持结余资金150万元。是年年底，14个扶持项目全部竣工验收。

2012年，实施移民大规划扶持项目27个，涉及5个乡镇27个村(点)，惠及移民及当地居民4万余人，投资885万元，下达大中型水库移民后期扶持结余资金351万元。是年年底，27个扶持项目全部竣工验收。

资金扶持 直补资金 2006年，国家出台《国务院关于完善大中型水库移民后期扶持政策的意见》，对全国大中型水库农村移民实施后期扶持政策，扶持期限20年，移民每人每年补助600元。是年，全县登记大中型水库移民后期扶持人口10845人。翌年，开始发放大中型水库移民直接补助资金（简称“直补资金”）。直补资金按照扶持人口核定登记后移民户的人口自然变化，“生不增，死不减”的原则，实行年度核复，按季发放。2007—2012年发放直补资金4161.96万元。

移民贷款 2002年，县移民办帮助移民联系贷款20余万元，并引导移民调整农业产业结构，发展效益农业。2003—2004年，全县金融部门发放移民贷款600余万元。2011年，县移民办与县信用联社联合出台《平阳县水库移民贷款操作管理办法》，为移民个人和经济实体提供贷款2947万元，受益移民2611人；珊溪水库移民贷款惠及率23%，其他大中型水库移民贷款惠及面13%；下达各类奖励补助资金227万余元。2012年，全县为移民个人和经济实体提供贷款3085万元，受益移民3000余人；珊溪水库移民贷款惠及率30%，其他大中型水库移民贷款惠及面18%；下达各类奖励补助金300余万元。

小型水库移民 2011年，根据《浙江省人民政府关于解决小型水库移民困难问题的若干意见》，制定《2011—2015年小型水库移民解决困难问题实施规划》。是年，安排小型水库移民解困项目6个，投入109万元，其中后期扶持资金66万元。翌年，全县组织实施小型水库移民解困项目14个，投入419万元，其中扶助基金205万元。

小型水库扶助资金项目——腾蛟镇洞桥头村村庄公园（2012年）

产业发展 2001年始，县移民办和有关乡镇多次聘请农业、科技部门专家，对移民生产骨干进行培训，引导移民发展效益农业。翌年，举办培训班6期，培训移民1500余人次。2004年，县移民办委托县劳动就业培训中心，对移民进行上岗就业培训，有移民50余人获取专业上岗证书，10余人找到与自己所学专业相符的工作，拓宽移民就业机会。2008年，组织肉猪养殖、农机技术培训各1次，受训移民70余人。2010年，组织移民各类技术培训11次，培训移民569人，支出8万元。2011年、2012年，举办培训班16期，参训移民1100余人次。培训内容涉及农业机械运用、鲜切花培育采摘技术、淡水鱼养殖、杨梅栽培等实用劳动技能。

水稻机插现场演示会

创业致富 1998年，平阳县以农转非指标换取移民生产用地，落实珊溪水库第一期移民生产用地土地1626.79亩，移民承包土地耕种，发展生产。2000年，落实珊溪水库第二期移民承包土地518.37亩，并协调司法公证机关，对全县第一、二期移民生产用地及时办理公证手续。至是年年底，完成8个乡镇24个安置点的规划证办理。翌年，县移民办协助土地、规划、房管等部门，开展移民房“三证”办理服务工作，办理移民规划证1604本，土地证1590本，房产证1210本。2008年，全县投入资金380余万元，新建肉猪养殖场4所，新建移民专业合作社3个，扩建移民生产基地2个。县移民办和当地乡镇补助25万余元。全县有21个移民村点实行土地二轮承包。发放二轮承包证976户。

2010年，县移民办出台《平阳县大中型水库移民创业致富带头人、种养殖大户、优秀移民企业奖励办法》，明确各项奖励措施和补助标准。同时，确定"一镇一产业，一村一基地"的产业富民发展计划。是年，移民生产发展方面投入资金1150余万元，省、市、县补助103万余元，新建成基地项目12个。全县有发展移民基地项目63个（县级农业龙头企业2个），移民人均纯收入6382元。

2011年，继续实施"一镇一产业、一村一基地"的产业富民发展计划。新建基地项目4个。是年，县移民办出台创业致富"三赛三评"（"移民致富带头人""移民专业合作社""移民产业基地"三项竞赛和"移民贴心人""移民后扶优质工程""移民和谐社区"三项评选）活动具体实施意见，并向县政府争取活动经费40万元。是年，在65家移民专业合作社、企业等经济实体中，评出10名移民致富带头人、10名移民贴心人、5个移民专业合作社、5个移民产业基地、5个移民后期扶持优质工程、5个移民和谐社区。

2012年，全县新建年产值100万元以上的各类移民产业基地2个。万全镇汇河村被评为"市级移民和谐社区"，昆阳镇龙安村被列入"市级移民示范新村"创建单位。是年，开展移民创业致富"三赛三评"活动，全县评出4家优秀移民专业合作社、5个优秀移民产业基地、3个移民和谐社区、10名移民致富带头人、8名移民贴心人、5个移民后期扶持优质工程。

第六节　殡葬管理

殡葬管理工作包括推行火葬，改革土葬，革除丧事陋习，倡导文明节俭办丧事等。1991年，平阳县成立移风易俗领导小组办公室。1992年，建立县殡葬管理所。1995年，成立县"青山白化"专项活动领导小组和办公室。2001年，推广遗体火化。

改革丧葬习俗

改革开放后，随着人民生活水平的提高，丧事大操大办、滥建乱建私墓现象较为普遍。1991年，根据《浙江省殡葬管理实施办法》规定，县政府决定由设在县民政局的移风易俗领导小组办公室负责全县范围内的殡葬管理工作和县殡仪服务经营工作。各区、乡（镇）也相应设立移风易俗办公室和殡葬监察队。1992年，全县853个行政村、50个居民区以老人协会为主体相继成立村（居）"红白事"理事会，并制定移风易俗村规民约。1994年，县政府发出《关于破除封建迷信，开展移风易俗，加强殡葬管理的通告》。此后，丧事大操大办的状况有明显改善。

青山白化专项治理

据1995年调查测算，全县有私墓近10万座，占地4500余亩，其中近5万座是1985年以后建造或修复的，使山地的绿化受到破坏。1995年11月，县委、县政府根据上级有关指示精神，成立由县委副书记为组长的县"青山白化"专项活动领导小组和办公室。1996年，全县召开"青山白化"专项活动大会39次、小会89次、张贴各类标语3650张、悬挂横幅80余条，电视宣传117天次，做到精神到村，通告到村，广播电视宣传到户，人人皆知。至2012年，全县"青山白化"现象得到有效治理。

公墓建设

1988年10月，昆阳镇北门、白垟、东门、南门等村（居）的老人协会和居民区（村）干部联合组成"仙坛长寿公墓基建委员会"，1989年5月仙坛长寿公墓竣工。至1990年年底，全县建有5座公墓1600余穴。1994年，县政府发布《平阳县公墓建设实施办法》，规定由县规划部门划定公墓建设范围，县土地部门、林业部门审核，经县移风易俗办公室批准后，由村民委员会或政府部门组织实施。凡未经批准审定，不得建造公墓。2002年，县民政局鉴于平阳县已于2001年11月全面推广遗体火化，特发出《关于骨灰公墓建设有关事项的通知》。至2005年年底，全县批准建设的公墓有80座，其中，经营性骨灰公墓1座，公益性生态墓地5座，公益性公墓74座。2007年，全县有已审批的公益性公墓18座。是年，昆阳、鳌江、水头、萧江、钱仓5镇开展丧葬礼俗改革试点工作。2012年,经批准建公益性公墓31座。

殡仪馆建设

1986年冬,在城南龙山建殡仪馆1座,占地面积919.52平方米。2001年,在桃源乡桃源村与包岙村的交界处新建县殡仪馆。火化场于2003年5月8日动工兴建,2004年11月11日投入使用;县殡仪馆占地面积46000平方米,建筑面积8500平方米,工程概算2500余万元。2010—2012年,县财政投入415万元用于殡仪馆的景观绿化工程、垃圾焚烧炉安装工程和火化炉尾气消烟除尘设备安装工程,为浙江省首个安装火化炉尾气消烟除尘设备的殡仪馆。

2010年6月,殡仪馆实行《关于减免部分困难群众基本殡葬费用的通知》。至2011年7月,殡仪馆减免低保、五保等困难群众508人,减免基本殡葬费用372185元。2011年8月1日,殡仪馆实施《平阳县殡葬基本服务项目免费办法》。至2012年,减免6752人,减免殡葬基本服务项目费用4363095元。

推广遗体火化

为深化殡葬改革,2001年9月6日,县委、县政府成立县殡葬改革领导小组,并在县民政局设立办公室。9月,发出《关于深化殡葬改革工作的实施意见》。全县31个乡镇均建立殡葬改革领导小组,由党政一把手或分管副职任组长。至2001年年底,全县遗体火化365具,火化率100%。2004年11月11日,县火化场正式点火投入使用,县内遗体不再送外地火化。

第三章 拥军 优抚 安置

平阳县各级党委和政府均把拥军优抚安置工作纳入重要议事日程。建立健全拥军优属的各项制度,实现拥军优属工作规范化、制度化、法制化。1989年后,建立了拥军优属、拥政爱民(简称"双拥")县乡村三级领导体系和建立优抚对象优待抚恤补助标准自然增长机制;采取多种形式安置复员退伍军人。1993年,省委、省政府、省军区命名平阳县为"双拥模范县"。1999年,全国双拥工作领导小组和民政部联合决定授予平阳县基本解决重点优抚对象"三难"问题先进县称号。

第一节 拥军优属

1991年7月,平阳县成立拥军优属、拥政爱民工作领导小组。1993年,县级设立双拥办和共建办,乡镇全部成立双拥领导小组,村居建立双拥服务小组。

拥军慰问

每年春节和八一建军节期间,县委、县人大、县政府、县政协领导分别走访慰问驻平阳部队官兵;有关部门和单位为驻军组织专场电影和文艺演出,举办军(警)民联欢会和体育比赛;社会各界开展各种拥军活动。

1989年和1990年春节、"八一"建军节期间,县四套班子召开党、政、军领导座谈会22次,并组织120人的慰问团,慰问驻平部队、军队离退休干部1020人次,慰问伤病员48人次;赴6个革命老区乡镇,召开优抚、革命老同志代表座谈会,放映电影28场,赠送年画、对联和年货等1020余件。

1991年"八一"建军节、春节期间,县领导组织慰问团分赴各地对当地驻军和烈军属进行慰问活动,慰问驻平各部队指战员438人,召开各种座谈会36次,放映慰问电影12场,赠送慰问品204件、过节费2240元。春、夏期间,驻平阳部队家属遭受重灾,县民政局发动多方捐资,为19名战士捐助4450元。

1992年春节期间,县四套班子领导带领机关干部,分赴各地走访慰问驻平阳部队指战员230人、军队离退休干部9人、伤病员8人,放映慰问电影5场次,赠送慰问品239件,召开党政军座谈会5次。是年,为部队干部、军队离退休干部6名家属子女安置就业,为县消防中队、县武警中队、武警鳌江工作站解决训练场地和住房问题,为南麂部队解决电视差转台的修复和部队军需供应等难题。

1993年,县财政拨出87万元,帮助部队解决医疗、文化、交通等方面困难。1997年春节期间,县政府拨出70余万元,为驻平阳部队解决住房困难和工作困难等问题,并将驻平阳部队的有关生活补助和工作经费列入财政预算。同时还将驻平阳部队的几个随军家属工作问题列入县编委重要议题，逐步加以解决。

2005年，赠送驻平阳部队款物4万余元，为驻平阳部队购置数码相机、电脑、复印机等办公用品。县第三人民医院为驻平阳部队战士发放医疗优惠卡。2007年春节、"八一"建军节期间，县委、县政府领导率有关部门到部队慰问，送去10余万元慰问品及慰问金，并召开党政军座谈会，安排资金10余万元帮助解决部队存在的困难。

2012年春节、"八一"建军节期间，对驻平阳13支部队及温州军分区、温州预备役团进行走访慰问，落实慰问经费63.1万元，慰问物资（折价）13.8万元，召开座谈会10次，与会官兵263人次，举办拥军晚宴6次，参加宴会官兵440人次。为全县重点优抚对象和现役军人发放年画、挂历4465份。

优待烈军属

1989年和1990年，全县召开优抚对象座谈会24次，480人参加座谈会。1999年，对全县1467名重点优抚对象的"三难"（生活难、医疗难、住房难）情况进行调查，发现有242名重点优抚对象不同程度地存在着"三难"问题。是年5月，县委、县政府召开全县"爱心献功臣"行动工作会议，落实全县96个行政事业单位与分布在34个乡镇的重点优抚对象进行挂钩结对，开展"一帮一"活动。先后筹集各类资金206万元用于解决重点优抚对象的"三难"问题。是年，全国双拥工作领导小组和民政部联合决定授予平阳县基本解决重点优抚对象"三难"问题先进县称号。

2000年，全县收到各类捐赠款30余万元，为优抚对象义务就诊2700余人次。县财政拨专款124万元，提高重点优抚对象的生活标准，并将重点优抚对象的住院医疗费列入财政预算，适当给予减免。是年，对全县重点优抚对象的优待金开始全部实行社会统筹。征收150万元，并按规定将44.7万元反馈给重点扶持对象解决"三难"问题。

2004年，出台《关于做好优抚对象生活困难补助工作的通知》。2005年，出台《平阳县优抚对象生活保障实施细则》；是年，为20余名重点优抚对象解决医疗费4万余元，148名重点对象获长期生活补助。2006年春节期间，慰问优抚对象500余人，发放慰问款28.5万元；出台《平阳县在乡重点优抚对象医疗补助实施办法》，提高重点优抚对象医疗补助标准。2007年，投入解决"三难"资金80余万元。

2009年7月，出台《平阳县抚恤优待对象医疗保障办法》，规范残疾军人、红军失散人员、复员军人、带病回乡退伍军人、烈士遗属、因公牺牲军人遗属、病故军人遗属、参战退役人员、参加核试验军队退役人员的医疗补助标准和医疗优待政策。

"双拥"先进创建

1990年，县化工机械厂、练川乡周贵垟村委会、垂杨乡金星村委会、山门区林场4个单位，被评为县拥军优属先进集体；另有11人被评为县拥军优属先进个人。1991年，县委、县政府表彰带溪乡等16个双拥先进单位，命名南麂乡火焜岙村等12个拥军优属模范村（居）。1993年12月30日，省委、省政府、省军区命名平阳县为"双拥模范县"；是年，昆阳、鳌江、南麂、麻步等乡镇被评为"双拥模范乡（镇）"。

1995年，榆垟、闹村两个乡镇被温州市命名为"双拥模范乡（镇）"。2000年，民政部、全国双拥工作领导小组命名平阳县为"爱心献功臣行动"先进单位。2011年，平阳县获温州市纪念中国共产党建党九十周年暨双拥书画征集活动组织奖。

第二节　抚恤优待

为贯彻执行国务院颁发的《军人抚恤优待条例》，县政府于1991年出台《平阳县军人抚恤优待条例实施办法》，各乡、镇政府及有人武部建制的企业均制定实施细则。

抚恤

死亡抚恤　1989年4月起，死亡抚恤金标准，革命烈士：按死亡时的工资收入发40个月工资；因公牺牲：按死亡时的工资收入发20个月工资；病故：按死亡时的工资收入发10个月工资；参战民兵、民工：因公牺牲按军队正排23级干部的20个月工资计发，病故发10个月工资。抚恤金由县民政局一次性发给。2004年10月1日起遗属一次性抚恤金标准，烈士：按死亡时的工资收入发80个月工资；因

1989—2012年平阳县军人死亡抚恤金发放情况一览表

表28-3-1

年度(年)	抚恤金(万元)	人数(人)
1989	1.8	20
1990	2.4	20
1991	1.7	14
1992	1.9	14
1993	3.3	20
1994	7.6	31
1995	11.7	32
1996	11.5	26
1997	9.1	22
1998	5.4	13
1999	14.8	28
2000	21.0	30
2001	16.0	20
2011	3.2	1
2012	—	—

说明:资料由县民政局提供

公牺牲:按死亡时的工资收入发40个月工资;病故:按死亡时的工资收入发20个月工资。2011年8月1日起,烈士和因公牺牲:为上一年度全国城镇居民人均可支配收入的20倍加本人40个月的工资;病故:为上一年度全国城镇居民人均可支配收入的2倍加本人40个月的工资。

定期抚恤　1991年,《平阳县军人抚恤优待条例实施办法》规定:对部分生活困难的“三属”(革命烈士遗属、因公牺牲军人遗属、病故军人遗属)发给抚恤金。1998年,执行《平阳县军人优待抚恤条例实施细则》,将优抚周转金从原来的56万元增加至73万元。2005年出台《平阳县优抚对象生活保障实施细则》后,重点优抚对象基本上达到或超过当地居民平均生活水平。2012年,“三属”人员补助标准每人每年为14250～17574元。

伤残抚恤　1989年,平阳县有革命伤残人员297人,抚恤支出73200元。1990年,在乡革命伤残人员95人,在职207人,抚恤支出85900元。2007年,《浙江省军人抚恤优待办法》规定退出现役的因病残疾军人和五级至十级因战、因公残疾军人病故的,对其家庭按本办法规定标准增发12个月的

1991—2012年平阳县部分优抚对象定期抚恤金发放情况一览表

表28-3-2

年度(年)	人数合计(人)	其中		抚恤金额(万元)	年度(年)	人数合计(人)	其中		抚恤金额(万元)
		烈士遗属(人)	因公牺牲与病故军人遗属(人)				烈士遗属(人)	因公牺牲与病故军人遗属(人)	
1991	164	132	32	14.0	1996	279	235	44	41.0
1992	182	152	30	13.5	1997	280	235	45	30.0
1993	254	212	42	14.3	1998	288	235	53	42.3
1994	269	212	57	20.1	1999	282	241	41	64.0
1995	255	211	44	38.8	2000	283	236	47	60.6
2001	276	229	47	66.4	2007	279	—	—	175.0
2002	280	233	47	77.8	2008	266	—	—	215.5
2003	273	226	47	101.5	2009	269	—	—	217.3
2004	274	223	51	93.2	2010	265	—	—	362.9
2005	278	—	—	142.0	2011	250	202	48	392.2
2006	282	—	—	159.1	2012	249	196	53	425.5

说明:资料由县民政局提供

残疾抚恤金。2012年，平阳县有在职残疾军人180人，支出保健金总额162.7万元；在乡残疾军人227人，支出保健金总额392.2万元。

优待

1989年，平阳县为义务兵家属发放优待金155910元。1990年，为义务兵家属发放优待金198620元。

经县政府批准，1996年出台《平阳县义务兵家属优待金社会统筹实施办法》规定：义务兵优待金由乡镇统筹转为由县统筹，义务兵的优待金达到相当于当地人均收入的70%～100%。

2008年，《温州市军人抚恤优待办法》规定：优待金标准由县（市、区）政府以当地上年度城镇居民人均消费性支出、农村居民人均生活消费支出统计指标为基础，结合当地城乡人口比例测算确定。测算公式：一般义务兵优待金=上年度城镇居民人均消费性支出×城镇人口占总人口比例+农村居民人均生活消费支出×农村人口占总人口比例。2012年，平阳县年户均优待金10120元。

补助

1951年开始国家对优抚对象，每年拨专款补助其解决生活、生产、疾病医疗上的困难，补助分定期定量和临时两种。

定期定量补助　1989年，平阳县有定期定量补助对象1944人，发放补助金669500元。1990年，有补助对象2173人，发放补助金776000元。1992年，县民政局对全县4912户优抚对象进行调查。通过考、查、问，给3826名定恤定补对象发定补证，注销230名优抚对象的定恤定补证。收回年定补金77752元，同时落实定补新对象306人，落实41户复退军人住房特困户的建房补助金3万元。

1997年，根据《关于对农村老游击队员和老交通员实行定期定量补助的通知》，开始对农村老游击队员、老交通员实行定期定量补助。2001年6月，对全县31个乡镇、300余个自然村的优抚对象进行全面查核，发现有177名优抚对象不应继续发放补助费的予以注销（其中病故148人、重复29人）收回补助金34万余元。2002年1月1日起，调整新中国成立前入伍的、1955年前后复员、现为随军家属无固定收入女同志生活补助费标准。1945年9月3日至1949年9月30日入伍的每人每月500元；1943年1月1日至1945年9月2日入伍的每人每月550元；1942年年底以前入伍的每人每月600元。既是1955年前后复员女同志又是随军遗孀的，在享受军队遗属生活补助费标准的基础上，每人每月再增发200元。

2012年，定期补助标准：复员军人每人每年为10164～11589元；带病回乡退伍军人每人每年为

1991—2012年平阳县优抚对象伤残补助费支出情况一览表

表28-3-3

年度（年）	伤残补助费（万元）	其中		年度（年）	伤残补助费（万元）	其中	
		特一等护理费（万元）	护理人数（人）			特一等护理费（万元）	护理人数（人）
1991	5.3	0.5	9	2000	17.5	7.8	9
1992	4.3	0.8	13	2001	14.0	1.8	1
1993	5.2	0.8	11	2002	39.5	3.7	8
1994	4.0	2.1	11	2003	32.0	4.0	8
1995	4.5	2.1	11	2004	15.2	3.7	9
1996	18.3	2.1	11	2005	—	3.6	—
1997	12.2	1.6	11	2010	445	11.8	10
1998	1.6	1.6	12	2011	473	11.4	9
1999	6.7	6.7	9	2012	555	16	12

说明：资料由县民政局提供

9132元；“两参”（参战和参加核试验）人员每人每年为4200～5400元。

临时补助　1989年，发放临时补助金4万元，1990年，发放8万元。1991年，拨出扶优款4.47万元，扶持22户重点优抚对象和4个以优抚对象为主的小集体企业发展生产，致富的有3户，被扶对象有73.8%脱贫。1992年，下拨扶优款15.24万元，对9个优抚对象为主体的经济实体和57户专业户进行扶持，有76%扶优户脱贫走上致富路。1993年，拨出扶优款39.93万元，扶持7个经济实体和218户优抚对象发展生产，在218户中有153户脱贫，脱贫率70%。1994年，投放扶优款24万元，其中创办经济实体20万元，年创利润19.5万元。

1995年后，采取多渠道、多形式扶持优抚对象发展生产，以点带面，带动优抚对象走上致富路。2006年，出台新的《平阳县在乡重点优抚对象医疗补助实施办法》，提高重点优抚对象医疗补助标准。并拨出4.4万元资金，让全县2200余名重点优抚对象及“三老”（老党员、老交通员、老游击队员）人员参加农村合作医疗保险。2008年，改造8户优抚对象的危旧房，472名特殊困难的优抚对象得到临时困难补助。2009年，改造10户优抚对象的危旧房，67名特殊困难的优抚对象得到临时困难补助。2010年，根据《军人抚恤优待条例》，发放优抚金、临时补助等2392.5万元。2400名优抚对象得到临时补助，发放临时困难补助440万元。2012年，临时补助费即“三老”人员定期补助费，年定补金额185.37万元。

第三节　复员退伍军人安置

1950年平阳县开始复员安置工作。1982年复员退伍军人安置领导小组改为复员退伍军人暨军队离退休干部安置领导小组和办公室，办公室设在县民政局内。1991年12月，县政府制定《平阳县退伍义务兵安置工作实施办法》。按照“从哪里来、回哪里去”的原则和“妥善安置、各得其所”的方针，义务兵退伍安置到各单位，均不实行学徒期、试用期、熟练期的工资制，直接按有关规定确定其基本工资。凡在部队获二等功以上或提前晋级奖励的，其工资可在定级基础上向上高定一级。回乡退伍义务兵，被安置在乡镇企业或被推荐到城镇用人单位的，免缴各类垫底资金和抵押金。

义务兵、志愿兵安置

1989—1997年，义务兵、志愿兵接收与安置继续贯彻1979年开始实行的“按系统分配任务、包干安置”的办法。1998年，安置实行“公开、公平、公正”的原则，采取通过文化考试择优录取的办法，其余未上线的退役士兵一律自谋职业，发放一次性安置金。2002年开始以货币安置为主。2005年，通过文化考试录取40名转业士官和退役士兵到各事业单位。2012年，接收的退役士兵均妥善安置。

1991—2012年平阳县退伍军人安置费支付情况一览表

表28-3-4　　单位：万元

年度（年）	安置费金额	备　注
1991	1	
1992	3	
1993	—	
1994	4.20	其中一次性建房费3.80万元
1995	4.50	其中一次性建房费4.40万元
1996	2	
1997	0.50	
1998	2.80	
1999	2.20	
2000	2.90	
2001	76.50	
2002	340	
2003	685.90	
2004	580	
2005	194.86	
2006	199.10	
2007	209.72	
2008	177.14	
2009	312.83	
2010	372.10	

续表 28-3-4

年度（年）	安置费金额	备　注
2011	413.36	
2012	528.04	

说明：资料由县民政局提供

军队离退休人员安置

1990年，安置军队退休干部1人。1991—2012年，全县安置军队离休人员69人，退休人员124人。

1991—2012年平阳县军队移交地方安置的离退休人员费用情况一览表

表 28-3-5

年度（年）	军队离休人数（人）	军队退休人数（人）	费用总支出（万元）	离休金（万元）	退休金（万元）	其他费用（万元）
1991	4	6	3.1	2	1.1	0
1992	4	6	3.8	2.3	1.5	0
1993	4	6	4.3	2.7	1.6	0
1994	4	6	5.4	3.1	2.3	0
1995	4	6	12.6	7.3	5.3	0
1996	4	6	8.9	5.8	3.1	0
1997	4	5	18.2	9.7	3.8	4.7
1998	4	6	19.3	9.9	5	4.4
1999	4	5	28.4	10.5	4	13.9
2000	4	2	26.3	11.8	3.5	11
2001	4	2	28	12	4.2	11.8
2002	4	4	45	13.6	12.4	19
2003	4	4	44.3	14	12.5	17.8
2004	4	4	47.7	16.1	13.3	18.3
2005	3	7	49	14.8	26.8	7.4
2006	2	7	48.1	12.1	31	5
2007	2	7	49.8	13.8	33.9	2.1
2008	2	7	53.6	15.4	36.7	1.5
2009	1	7	52.3	8.6	39.5	4.2
2010	1	7	63	9	40.8	13.2
2011	1	7	63.5	9.5	42.2	11.8
2012	1	7	89.9	10.1	44.3	35.5

说明：资料由县民政局提供

第四章　救灾　救济

历届县委、县政府均十分重视救灾救济工作。每遇大灾，除全民动员奋力投入抗灾抢险外，省、市、县各级领导都及时组织人员，并拨出大量物资，协助灾区人民开展抗灾救灾，社会各界积极为灾区捐款捐物。1989年后，平阳县建立起救灾救济分级负责制和城乡居民最低生活保障制，救济对象扩大到孤儿，救济形式拓宽到医疗救助。

第一节　救　灾

平阳县地处沿海，台风、龙卷风、冰雹、旱涝等自然灾害频频发生，是多灾易灾地区。在抗灾救灾工作中，各级党委、政府坚持“防御为主，救助为辅，自力更生，生产自救，恢复生产，重建家园”的方针，坚持群众自救为主，政府补助为辅和统筹规划，重点安排的原则，切实安排好灾区人民生活。为进一步加强救灾救济工作，贯彻省政府决定，1996年，平阳县开始实行救灾工作分级负责、救灾款分级负担体制，从是年第二季度开始，安排自然灾害救济事业费（即“217”科目）预算经费70万元（按全县人均1元计算），各乡镇财政相应逐步增设自然灾害救济事业费（即“217”科目）预算，使救灾经济改革迈出新路子。

2006年，8号台风“桑美”袭击平阳，临时转移，图为群众临时安置点　　陈永琢　摄

1989—2012年平阳县受灾及救灾情况一览表

表28-4-1

年份(年)	受灾类型	受灾人口(万人)	死亡人数(人)	筹集、发放救灾款(万元)
1989	暴雨、冰雹、9号台风	—	8	44
1990	5次台风暴雨	64	14	142
1992	洪涝、高温、台风	—	12	101.8
1993				75.9
1994	17号强台风	59.3	166	590.9
1995	特大龙卷风、冰雹、干旱	—	0	142
1996	7号、8号台风	65	7	173
1997	11号强台风	—	0	135
1998				61
1999	龙卷风、冰雹、3次台风	—	0	213
2000	2次台风、4次洪涝	51.1	6	160
2001	洪涝、台风	30	0	128
2002	“6.15特大暴雨”“8.25龙卷风”、16号强台风	74.5	0	560
2003	50年一遇干旱、“环高”台风	67.1	0	160
2004	“云娜”“艾利”台风	73.4	0	253
2005	强台风“海棠”“泰利”	116.24	1	1190
2006	“桑美”台风	70.24	2	1303
2007	“圣帕”“韦帕”“罗莎”台风	112.34	0	1229.8
2009	“莫拉克”	51.33	0	640
2012	“苏拉”台风	21	0	245

说明：①部分年份为筹集救灾款；②资料由县民政局提供

第二节　救　济

定期和临时救济

至2012年，平阳县社会救助定期补助对象包括六类：一是享受原工资40%精减退职职工，二是精减退职职工，三是百岁老人长寿保健补助，四是知青生活困难补助，五是支宁人员生活补助(2008年，根据《平阳县人民政府县长办公会议纪要第5号》精神，平阳县户籍支宁人员生活困难补助每人每月150元)，六是孤儿补助(根据《浙江省民政厅、财政厅关于发放孤儿基本生活费的通知》精神，对具有平阳县户籍，失去父母或查找不到生父母的未满18周岁的未成年人以及超过18周岁的在校学生，给予生活补助)。

1981—1990年，全县发给精减职工救济费501820元。1990年，人均月救济43.5元。对不符合享受原标准工资40%救济的生活困难精简退职老职工，民政部门给予定期救济和临时救济。1981—1990年，全县发给定期和临时救济金519568元。1991年后，救济标准提高较快。享受原工资40%救济标准从1991年的49元上升至2005年的390元，救济人数从130人减少至67人，救济金额从9.1万元增加至374.7万元。定期和临时救济金额从1991年的10万元增加至2005年51.9万元。

2006—2012年，各种定期和临时救济标准均得到大幅提升。至2012年，享受原工资40%精减职工救济标准为1000元；精减职工救济标准为895元；百岁老人救济标准为300元；知青人员救济标准为370元；支宁人员救济标准为150元；孤儿补助标准为600元。

2005—2012年平阳县社会救助对象定期补助情况一览表

表28-4-2

年份（年）	享受原工资40%精减职工		精减职工		百岁老人		知青人员		支宁人员		孤儿补助	
	人数（人）	标准（元）	人数（人）	标准（元）	人数（人）	标准（元）	人数（人）	标准（元）	人数（人）	标准（元）	人数（人）	标准（元）
2005	67	390	133	275	33	200	315	90				
2006	55	390	126	315	27	200	373	120				
2007	55	460	126	375	32	200	381	120				
2008	54	460	113	380	38	300	388	170	382	150		
2009	52	590	108	510	33	300	394	220	417	150		
2010	48	800	102	705	26	300	402	270	403	150	19	600
2011	43	910	93	815	23	300	409	320	386	150	19	600
2012	38	1000	77	895	35	300	213	370	377	150	28	600

说明：资料由县民政局提供

其他救济

县民政局每年从社会救济款中拨出部分资金，购置棉被、棉衣等衣物及蚊帐等用品，发放给五保户、孤老残幼和生活特困户，作为冬令春荒救助：1991年11万元，1995年92万元，2000年95万元，2005年118万元。

火灾救济　1982—1990年，拨付金额30.5万元，木材180立方米。1991—2004年，拨付金额195.7万元。

特殊救济　如1991年全县有宽大释放和起义投诚人员15人，时月救助26元，至2000年月救助130元。

2012年，县民政局临时救助36人，冬令春荒救助2500人，年终慰问15859人。

医疗救助

2005年开始实施《平阳县社会医疗救助实施办法》（暂行），并于2007年、2008年、2011年、2012年持续进行修订，救助对象从低保、五保人员扩大到因患重大疾病造成生活困难的低收入人员。

2011年，出台《平阳县城乡困难居民临时救助办法》，对因特殊原因造成基本生活出现暂时困难的家庭给予非定期、非定量的生活救助。报批程序通过县救助信息平台逐级上报审批，救助资金由镇乡、县财政分级负担，由镇乡财政先支付、后结算。

2012年，实施医疗救助2013人次，发放医疗救助资金903.46万元。54名白内障患者免费接受手术，460名低保边缘精神障碍病患者得到住院、治疗、报销、救助一体化服务。至2012年年底，发放医疗救助资金3723.46万元。

1991—2005年平阳县冬夏令救济物资情况一览表

表28-4-3　　单位：件

年度（年）	夏令救济		冬令救济			年度（年）	夏令救济		冬令救济		
	蚊帐	衬衫	棉被	棉衣	夹克衫		蚊帐	衬衫	棉被	棉衣	夹克衫
1991	500	500	1000	1085	—	1995	500	500	1050	600	600
1992	489	489	1000	992	—	1996	500	500	1200	100	600
1993	492	492	1026	998	—	1997	500	500	1162	100	580
1994	500	500	2000	500	1000	1998	500	500	1160	100	600

续表 28-4-3

年度（年）	夏令救济		冬令救济			年度（年）	夏令救济		冬令救济		
	蚊帐	衬衫	棉被	棉衣	夹克衫		蚊帐	衬衫	棉被	棉衣	夹克衫
1999	444	442	1170	100	600	2003	—	—	1300	0	620
2000	460	460	1195	100	600	2004	—	—	1100	550	—
2001	510	510	1235	100	580	2005	—	—	1515	745	—
2002	—	—	1160	—	600						

说明:①1993年发放救济毛线676.18公斤;②资料由县民政局提供

1991—2005年平阳县火灾救济情况一览表

表 28-4-4

年度（年）	发生火灾（起）	受灾户数（户）	直接经济损失（万元）	发放火灾救济款（万元）	年度（年）	发生火灾（起）	受灾户数（户）	直接经济损失（万元）	发放火灾救济款（万元）
1991	40	199	—	5.7	1999	50	221	—	17.2
1992	57	271	—	8.2	2000	57	221	250	17.3
1993	206	740	250	13.0	2001	68	233	691	16.5
1994	52	245	456	8.1	2002	63	215	599	16.1
1995	45	173	537	5.8	2003	81	198	500	15.8
1996	75	376	962	13.7	2004	68	296	783	20.2
1997	59	235	—	20.5	2005	72	303	865	21.4
1998	54	246	—	17.6					

说明:资料由县民政局提供

2006—2012年平阳县其他救助情况一览表

表 28-4-5

年份（年）	临时救助		冬令春荒救助		年终慰问	
	资金（万元）	人数（人）	资金（万元）	人数（人）	资金（万元）	人数（人）
2006	10.45	165	190	13895	75.9	5991
2007	7.7	97	180	11250	105	7152
2008	7.8	90	138	10680	170	7713
2009	6.2	70	85	6025	180	8517
2010	6.65	85	184	9025	180	8667
2011	3.36	42	132	4400	180	8963
2012	3.81	36	70	2500	361	15859

说明:资料由县民政局提供

2005—2012年平阳县医疗救助情况一览表

表 28-4-6

年度（年）	农村救助人次		城镇救助人次		医疗救助支出（万元）
	人次（人）	其中低保（人）	人次（人）	其中低保（人）	
2005	177	19	22	2	37.28
2006	74	74	8	8	24.45
2007	409	94	52	15	189.22
2008	859	248	163	33	459.77
2009	1111	328	142	46	614.21
2010	1237	523	153	44	787.41
2011	1011	448	119	27	707.66
2012	1811	666	202	39	903.46

说明:资料由县民政局提供

第三节　最低生活保障

1996年，浙江省城乡居民最低生活保障工作正式启动。1997年，县政府制定《平阳县城乡村（居）民最低生活保障暂行办法》，并于1998年6月1日起实施。1997年，城镇居民最低生活保障线为800元，农村农民为700元。1998年，全县低保对象为1734户、1850人。每月救助金发放，单人户30元、1641人；两个人以上每人25元、209人。1999年7月1日起，全县1850名低保对象每人每月增加10元低保金。2001年，进行低保普查；是年4月1日起，全县低保对象增加至3423人，月补助标准统一提高至60元。

2002年，对《平阳县城乡村（居）民最低生活保障暂行办法》进行修订；是年，低保对象3264户、4821人，发放低保金247万元。2003年，低保对象3939户、4123人，发放低保金296.85万元。2004年，低保对象4731户、4919人，发放低保金354.17万元。

2005年，县一级建立社会救助综合服务中心，乡镇建立社会救助综合服务所。全县基本实现城乡低保动态管理下的应保尽保、应补尽补。是年，有城镇低保对象284户、458人；农村低保对象5116户、7960人。

2011年，建立社会救助信息平台，实行低保对象网上审批和动态管理制度。2012年，有低保户8397户、12281人；102名重度残疾人享受低保标准全额补助，支出困难重度残疾人补助资金327.93万元。

2005—2012年平阳县低保对象情况一览表

表28-4-7

年份（年）	城镇低保		农村低保		保障标准（元）		月人均补差（元）		年支出资金（万元）
	户数（户）	人数（人）	户数（户）	人数（人）	城镇	农村	城镇	农村	
2005	284	458	5116	7960	160	90	54.4	52.0	527.1
2006	291	468	5700	9203	200	120	67.8	56.8	737.4
2007	321	528	6639	10984	252	150	84.4	76.0	868.0
2008	342	492	7371	11497	280	170	146.2	112.4	1347.6
2009	502	757	8015	11749	312	188	162.1	103.1	1553.4
2010	550	794	8117	11945	312	188	192.2	131.2	1892.8
2011	573	848	8390	12157	360	220	229.5	165.6	2414.1
2012	500	757	7897	11524	425	255	258.4	179.1	2735.7

说明：①2000年低保补助改称低保补差，即城乡居民年收入低于此线的，经批准予以补足；②资料由县人社局提供

第五章　社会福利

1989年后，平阳县逐渐实现兴办社会福利事业资金来源多元化，从以前的只依靠政府拨款向财政拨款、社会集资、个人投工投劳，以及销售福利彩票等多渠道筹集资金转变。随着社会福利事业资金来源的多元化和增加，平阳县逐年加大对社会福利事业的投入，增加供养孤寡老幼的力度和供养方式。至2012年，平阳已基本实现五保对象和三无人员的集中供养。

第一节　五保供养　敬老院建设

五保、"三无"人员供养

1990年，全县有五保对象1105户、1620人，集体供养金26.5万元，国家定期救济72人，救济金3.4万元。1991年，有五保对象1673人，已实行五保供养1548人，其中发放供养证1038人，由乡镇统筹供养，510人由村或亲属签订协议包养。1992年，有五保对象1663人，发放供养证1056户，其中集体供养169人，其余的都由亲属或村民签订包养

1991—2012年平阳县五保户供养情况

表28-5-1

年度(年)	五保人数(人)	供养情况			年度(年)	五保人数(人)	供养情况		
		集中供养(人)	散居供养(人)	救济款数(万元)			集中供养(人)	散居供养(人)	救济款数(万元)
1991	1637	141	1496	13.0	2002	2616	927	1689	13
1992	1786	169	1617	11.7	2003	2130	421	1709	—
1993	1810	185	1625	11.0	2004	1365	835		280
1994	2330	210	2120	13.7	2005	1282	1114		300
1995	2801	155	2646	10.4	2006	1229	1092	2006年后，未集中供养的均实行“户院挂钩”办法供养	350
1996	3027	238	2789	38.9	2007	1228	1228		420
1997	3288	261	3027	15.3	2008	1131	1131		457
1998	3027	287	2740	11.0	2009	1098	1033		528
1999	3027	598	2929	—	2010	1174	972		695
2000	3027	691	2336	—	2011	1124	936		657
2001	3073	825	2248	—	2012	1050	838		714

说明：①除1995年采用普查数字外，其他年度均是统计年报数据；②资料由县民政局提供

协议。

1994年，国务院颁发《农村五保供养工作条例》。翌年，平阳县普查五保对象，全县有五保户2753户、2801人，其中男2384人，女417人；孤老2622人，孤儿179人；已保1528人，占五保人数55%。

1997年，平阳县落实《浙江省农村五保供养工作实施细则》，山区五保户每人每月生活费不低于40元，平原地区不低于60元，每年口粮不低于250公斤。翌年，平阳制定《平阳县农村五保供养工作实施细则》，建立农村五保供养基金。实施城乡居民最低生活保障制度后，经济欠发达的乡(镇)都把部分五保对象纳入低保范围。

2002年，五保对象2616人中，纳入低保范围的有1516人，占58%。2004年，县政府办公室发出《关于重新确定五保对象的通知》，对全县五保户进行重新确定。7月份，县政府发出《关于全面开展农村五保和城镇“三无”对象集中供养工作的实施意见》，各乡镇把五保集中供养工作列入党委、政府的议事日程。2003年8月，对634个行政村2236名五保对象进行调查，在敬老院集中供养的有319人，年供养金1200～2000元，医药费由村集体经济负担，乡镇政府给予适当救济补助。在分散供养的1968人五保对象中，靠政府低保金供养的961人；靠乡镇统筹和村集体经济相结合供养的319人，年供养金在500～1000元，医药费由村和乡镇政府统筹解决；依靠亲戚邻居供养的688人，政府救济款年均100～200元。2006年《平阳县敬老院管理暂行办法》出台后，平阳县五保对象和“三无”人员均实行敬老院集中供养，因特殊原因无法入院的采取户院挂钩(是对一些因特殊原因不愿或不宜入住敬老院的农村五保对象采取的一种供养形式)的办法供养，供养标准与集中供养一致。

敬老院建设

1990年，敬老院21所，入院112人。1991年，有141人入住敬老院。1999年，全县有敬老院40所，入院598人。榆垟镇、万全乡敬老院被评为市一级敬老院，水头、麻步、鳌江敬老院被评为市二级敬老院。

2006年，全县投入建设资金1550万元(包括省、县、乡镇财政)，改扩建敬老院17所，新建8所。是年，出台《平阳县敬老院管理暂行办法》，规定每所敬老院都配备1名院长和1至6名工作人员，每

所敬老院建立院务管委会，实行院民自我管理。工作人员工资从2005年的每人每月200元增加到2012年每人每月1400元。

2010年，出台《平阳县区域性中心敬老院建设实施方案》，至2012年，西湾、闹村中心敬老院结顶，水头、山门镇中心敬老院进入主体工程建设。2012年始，开展社区居家养老服务照料中心建设。

第二节　福利企业

1988年，县民政局对福利企业清理整顿，合格22家，整顿充实29家，停办28家。1990年年底，有福利企业22家，1993年增至43家。1994年，有福利企业10家，年末职工260人，其中，残疾人112人，占生产人员43%，工业总产值3771万元，年利润33.2万元，减免税、退税总额80.74万元，固定资产净值306.6万元。

2009年昆阳镇敬老院外观

1996年3月14日，县民政局局长办公会议集体讨论决定，将县民政编织厂、县民政精工制件厂、县腾蛟民政彩印厂、县民政吸塑包装厂4家福利企业划归县残疾人联合会管理。剩下14家福利企业工业总产值5070万元，产品销售收入3800万元，创税利270万元。为支持福利企业的发展，落实企业贷款30万元，退税47万元。

1998年，全县有16家福利企业，年销售收入2527万元，税利134.2万元。就业职工551人，其中，残疾人员252人，占职工总人数的46%。2004年，有福利企业18家，职工人数1540人，其中，残疾人员648人，占职工总人数42%，总产值30243万元。2005年，有福利企业16家，职工人数1335人，其中，残疾人员602人，占职工总人数45%。2007年，有福利企业11家，职工人数1108人，其中，残疾人员429人，占职工总人数39%。2008年，有福利企业9家，年末职工人数920人，其中，残疾人员368人，占职工总人数40%。

2009年，有福利企业6家，年末职工人数559人，其中残疾人员182人，占职工总人数33%。2010年，有福利企业6家，年末职工人数572人，其中，残疾人员190人，占职工总人数33%。2011年，有福利企业6家，年末职工人数551人，其中，残疾人员192人，占职工总人数35%。2012年，有福利企业6家，年末职工人数536人，其中，残疾人员187人，占职工总人数34.89%。

2012年平阳县福利企业情况一览表

表28-5-2

企业名称	批准建厂时间（年/月）	年末职工人数（人）	其中，残疾人数（人）	主要产品	厂址
温州民政编织厂	1992年8月	139	49	编织袋	萧江镇庄里路248号
温州华龙印务有限公司	1998年2月	42	16	印刷	腾蛟镇商贸东路2-20号
县众兴印务公司	1998年2月	47	14	印刷	鳌江镇环城路（孙家垟村）
温州华阳塑业有限公司	2000年	78	24	编织袋	萧江镇庄里工业区下宅路177号
温州松浦电器有限公司	1998年10月	183	72	家用电器	昆阳镇环城北路29-31号
温州市舒迪达服饰帽业有限公司	2007年11月	47	12	服饰帽业	昆阳镇白垟路96-3号

说明：资料由县民政局提供

第三节　福利彩票

1987年12月，平阳县成立社会福利有奖募捐活动委员会（简称“县募委会”）。1994年1月11日，县政府决定调整县募委会成员，由分管副县长任主任，县民政局局长任副主任，委员由各有关局领导组成，下设办公室于县民政局。

福利彩票销售

1989年和1990年，举行两次有奖销售，销售奖券20万张，留县使用资金6.40万元。1991年，在昆阳镇等地销售即开型社会福利奖券75万元。1992年，在昆阳镇、麻步镇、鳌江镇、水头镇销售社会福利奖券107万元，筹集社会福利资金21万元。1993年，在昆阳、郑楼、鳌江、麻步等乡镇销售即开型社会福利奖券439万元，筹集社会福利资金86万元，平阳县被省民政厅、省募委会表彰为1993年度全省社会福利有奖募捐先进单位。1994—1996年，分别在昆阳、鳌江、榆垟、麻步、鹤溪镇销售即开型社会福利奖券311万元，筹集社会福利资金44万元。

1997年，开始发行电脑福利彩票，分别在昆阳、鳌江、水头等镇设立10个销售点。

2007年4月26日，县募委办与温州市福利彩票发行中心合作在昆阳镇雅河路421～427号开办“中福在线”平阳雅河路销售厅。2008—2009年，“中福在线”营业厅基本处于停业状态。2012年11月1日“中福在线”平阳雅河路销售厅搬迁至昆阳镇雅河路雅河人家小区6号楼117～118室，更名为“中福在线”温州平阳县雅河人家销售厅。至2012年，全县电脑彩票有45个销售点。1997—2012年，累计销售电脑彩票3.51亿元。

1997—2012年平阳县电脑彩票销售情况一览表

表28-5-3　　单位：元

年份（年）	电脑彩票销售量	年份（年）	电脑彩票销售量
1997	47304	2005	19916436
1998	10228	2006	24044472
1999	0	2007	30624826
2000	807608	2008	36961250
2001	3340978	2009	42027542
2002	3280554	2010	49161258
2003	5632536	2011	59524634
2004	10774862	2012	65329882
合计		351484370	

说明：资料由县民政局提供

资金使用

1998年，长江中下游、松花江、嫩江流域的省区连续发生罕见的洪涝灾害。是年9月，县募委会2次捐助救灾款103万元，及时送给省接收救灾捐赠办公室。1999年1月，市政府分配给平阳县赈灾福利彩票1600万元发行任务，县募委办第一次在昆阳镇设立大奖组销售（1600万元），销售福利彩票1858万元，超额完成任务并筹集社会福利资金364万元。销售百万富翁彩票60万元，筹集社会基金11万元；11月份，在昆阳镇发行“爱心献功臣”专题《浙江风采》福利彩票258万元，筹集51.6万元福利金拨入县“爱心献功臣”专户，受到全国拥军优属拥政爱民领导小组和民政部的通报表彰。

2000年，在水头镇组织“民政老区情”600万元大奖组销售活动，发行即开型彩票140万元，筹集福利资金28万元。2000年，电脑福利彩票投注站14个，于6月18日开业，销售福利彩票70.58万元，筹集福利资金9万元。2001年，在昆阳镇、鳌江镇销售即开型社会福利奖券633万元，筹集社会福利资金104万元，发行电脑彩票285万元，筹集社会福利资金8万元。2003年4月12—17日，在昆阳镇汇水河北路销售即开型福利彩票3000万元活动，实际销售福利彩票1330万元，筹集福利资金226万元。2004年，全国停止发行“大奖组”。2007—2012年，销售“中福在线”彩票91816691.44元，提取10%作为公益金。

第六章　慈善总会

县慈善总会坚持扶贫济困、帮贫解难的宗旨，推进慈善事业现代化，拓展慈善资金募集渠道，加大助学（孤）、助医、助老、助困、助残、救灾力度，扩大救助群体，创新救助方式。

第一节　慈善组织

2003年9月29日，平阳县慈善总会成立。2010年5月起，县慈善总会为具有公益性捐赠税前扣除资格的社会团体。至2012年，县慈善总会有会员及理事会组成成员330人（其中会员142人、理事100人、常务理事66人、秘书长以上领导22人），下属昆阳、鳌江、水头、萧江、万全、腾蛟、山门、顺溪、南雁、青街及教育11个分会。分会下属机构社区为慈善工作站、村（居）为慈善工作室，至2012年，萧江镇沿河社区（居）、万全镇冯宅村已成立慈善工作室。

2003年9月至2010年1月：白锡飞任会长。2010—2012年：林昌桐任会长。

第二节　主要工作

募捐工作

总会通过“慈善一日捐”“定向捐资”“冠名慈善基金”捐资及义卖、义拍、义演等多种捐资方式，开展慈善募捐活动。至2012年年底，全县募集慈善资金1.80亿元。

“慈善一日捐”　2004年，开始开展“慈善一日捐”活动。提倡各级党政机关、驻平阳部队、在平阳垂直管理单位、各民主党派、企事业单位、社会团体及广大干部职工、个体经营户、宗教界以及其他社会各界人士捐出一天的利润、一笔节约的经费或一天的收入。至2012年，募集善款1911.63万元。

定向捐资　定向捐资数约占总募捐数的90%。不少企业家、老板及其他爱心人士等以这种捐资的方式参与慈善公益事业建设。

水头籍人士徐宪德2011年认捐3000万元定向建设水头镇中心敬老院。至2012年，已到位2200万元，余下的800万元根据工程进度情况将随时到位。

山门籍人士林垂午2010年为举办平阳北港片慈善宴和建设老人亭捐资8万元，为“闽浙边临时省军区司令部”旧址重建捐资618万元，为山门镇中心小学迁建捐资118万元。2011年为“闽浙边临时省军区司令部”旧址道路建设捐资108万元。2012年为建山门镇中心敬老院认捐1500万元，已到位700万元。

2004—2012年平阳县“慈善一日捐”捐款情况一览表

表28-6-1　　　　单位：万元

年份（年）	捐款数目	年份（年）	捐款数目	年份（年）	捐款数目
2004	271.4	2007	27.8	2010	211
2005	20.59	2008	38	2011	610
2006	297.94	2009	50.6	2012	384.3

说明：①以上有的年份，因平阳县发生台风、火灾及外地的地震等灾害原因，已分别以定向赈灾的方式进行捐资，在此未列入统计；②资料由县慈善总会提供

2008年四川汶川“5·12”特大地震，全县向汶川灾区定向捐资1291万元。

“冠名慈善基金”捐资　2009年开始“冠名慈善基金”捐资。2009—2012年，建立30个“冠名慈善基金”。基金总规模9445万元，每年可到位700余万元。

2011年11月2日，由县慈善捐赠特大贡献者徐宪德认捐3000万元建设的水头镇中心敬老院举行开工典礼

2011年，山门籍人士陈绍卿建立2000万元的“陈绍卿敬老慈善基金”，分10年，每年捐200万元；2012年，徐宪德建立2000万元的“徐宪德孝老慈善基金”，已到位1500万元。至2012年，这两个基金均为平阳县规模最大的基金。

社会救助

随着慈善资金的不断增加，县慈善总会对社会救助的力度也不断加大。至2012年，县慈善总会的

2002—2012年平阳县慈善捐助情况一览表

表 28-6-2 单位：万元

年份(年)	慈善捐资收入	慈善救助支出
2002—2004	1304.29	515.17
2005	192	242.11
2006	624.87	391.79
2007	318.66	258.34
2008	1591.01	845.08
2009	1046.36	1636.22
2010	2261.53	2305.72
2011	4982	3939.88
2012	5271.5	3189.4
合计	17592.22	13323.71

说明：①每年的慈善救助支出数额是按历年捐资收入累计数安排；②资料由县慈善总会提供

救助类型和项目有助学(孤)、助医、助老、助困、助残、救灾6大类和“恤孤圆梦”行动、结对助学、慈善春蕾计划、节庆日助老、冬日送温暖、慈善宴、爱心助行、慈善义诊、慈善助医、“护肾净血”行动、赈灾救助、定向捐助、慈善福位救助13个项目。2003—2012年，已拨付13323.71万元善款救助弱势群体和援助公益事业建设。2011年，县慈善总会设立“恤孤圆梦”行动和“护肾净血”行动。“恤孤圆梦”项目被温州市政府授予第二届“温州慈善奖”，“护肾净血”项目被浙江卫视报道。2012年，创立慈善福位救助，面向全县的农村五保户、城镇“三无”人员、低保人员及重度残疾特困人员捐赠墓穴。该项目创立的消息报道曾被中华慈善总会主办的《慈善公益报》录用。

慈善工作宣传报道

除县新闻媒体报道慈善工作外，2004年4月，县慈善总会开始自办《平阳慈善》简报。至2012年年底，已刊出38期，发行1万余份。2010年，创办《平阳慈善》网站，分设慈善信息、慈善捐款、慈善救助等7个栏目。2011年和2012年，慈善总会印制慈善工作小册子、慈善台历、慈善工作月历等宣传品，还与县传统文化促进会合作编纂《励志慈善格言》一书。

2012年，中华慈善总会主办的《慈善公益报》录用平阳县8篇稿件，《温州慈善》杂志每年都录用平阳稿件数篇，《浙江慈善》杂志及温州市有关报纸也屡有平阳慈善工作情况见报。2011年和2012年，陈圣德在温州市慈善总会、温州市新闻工作者协会联合举办的第一届、第二届慈善新闻奖活动中分获三等奖、二等奖。

慈善荣誉榜

县慈善总会自成立后，每年均受到市委、市政府或县委、县政府或市慈善总会、市民政局的表彰，获得14块奖牌。其中受县级表彰7次，受市级表彰6次，受省级表彰1次。县慈善总会有6人次获得市以上各类先进称号，其中，白锡飞被评为浙江省“先进慈善工作者”。

圣雄集团董事长林圣雄2004年获浙江省首届“十大慈善之星”，2005年，获中华慈善总会“中华慈善事业突出贡献奖”。2007年，浙江金萨克皮具有限公司董事长龚大金获省政府“浙江慈善奖”。2011年，中国雨田集团获省政府“浙江慈善奖”；白锡飞等8人获“温州市慈善老人”称号；贵州黔联煤炭销售有限责任公司和徐宪德、林垂午、陈绍卿、谢秉坤4人(单位)被县政府分别授予“慈善捐赠特大贡献单位”称号和“慈善捐赠特大贡献者”称号。

第七章 扶贫和革命老区建设

1989年后，平阳县逐渐实现由“输血式”扶贫向“造血式”扶贫转变，对扶贫和革命老区建设的投入逐年增大，扶贫措施不断增加，脱贫标准不断提高，绝对贫困人口不断减少，扶贫和革命老区建设工作成效显著。2009年、2011年，县扶贫办被省政府评为扶贫工作先进单位；2012年，县政府被省政府评为扶贫工作先进单位。

第一节 扶贫工作

平阳县虽地处沿海，但境内多山、丘陵，是一个“六山一水三分田”的县份。居住在中西部山区的群众，地理偏僻，交通不便，信息闭塞，经济基础差，底子薄，科技、教育、文化等各项事业都相对滞后，人民的生活水平低，严重影响了全县经济的发展。因此，加快山区经济发展，实现山区人民脱贫致富，一直是人民政府的中心工作和主要任务。新中国建立后，特别是改革开放以来，各级政府立足本地实际，加强对山区、老区、少数民族地区扶贫工作的领导，采取多方面有效措施，发挥山区人民的艰苦创业精神，取得了一定成效。但形势仍然十分严峻。1990年，全县农村人均收入300元以下的还占农村总人口的39%。加上平阳县又是多灾地区，自然灾害频繁，抗灾能力薄弱，贫困地区自我发展的能力脆弱，后劲不足，返贫率高，扶贫工作的任务仍然十分艰巨。

扶贫机构

1991年5月，成立平阳县扶贫和老区工作领导小组，县长任组长，县委副书记、副县长任副组长；领导小组下设办公室(设在县民政局)，县民政局局长兼任办公室主任。2001年4月，成立平阳县下山脱贫工作领导小组，县委书记为组长，分管扶贫工作的县委副书记、副县长为副组长，领导小组成员由各有关部门负责人组成，领导小组下设办公室，县民政局分管扶贫工作的副局长兼任办公室主任。2007年，县扶贫办由与县民政局合署办公改为与县委农办合并，成立县委农办(扶贫办)；2011年，成立县扶贫服务中心，编制3人，配主任或副主任1人。2012年，县委农办(扶贫办)与县农业局合并成立县委农办(县农业局)，对外保留县扶贫办牌子。

目标　任务

随着工作的深度和脱贫的进度，在不同时期，扶贫工作的目标和任务有着不同的侧重点。

1991年10月，县委、县政府，根据“七五”期间扶贫工作的开展情况，提出“八五”期间的扶贫计划。目标是：努力实现中央和省提出的“双稳定”(稳定地解决温饱问题，使贫困户有稳定的经济收入来源)、“双五百”(90%以上的贫困户稳定地达到人均收入500元，人均口粮250公斤)的要求。任务是：以种养业为重点的农业综合开发有较大发展；基础设施建设进一步改善，基本上达到乡乡通公路、村村用上电，农田灌溉、农民饮水得到较好解决；科技、教育、卫生、文化等各项事业也要得到相应发展。

1994年，县政府根据国家“八七”扶贫攻坚计划的精神，制定《平阳县“温饱工程”实施方案》。实施“温饱工程”的总体要求是：1997年前全县23个贫困地区(包括乡镇和片)506个贫困村，全面实现“双五百”“双稳定”，即90%以上的贫困户解决温饱问题。1998年，县委、县政府根据全县虽已实现无贫困乡镇目标，但仍有88个村的8000名贫困户的实际，提出新的村级脱贫要求，实现“四通八达”的目标(“四通”即通路、通电、通水、通电话；“八达”即全村农民年人均收入1200元以上，年人均口粮250公斤以上，村级集体经济年收入1万元，计划生育工作达目标，普及九年制教育达标，卫生设施达到村有卫生室，农业开发达到村有基地，群众看到电视、听到广播)。

2000年，为认真贯彻落实中央、省扶贫工作会议精神，打好扶贫攻坚总决战，提出“实现三个转变、实行三类指导、坚持三个为主”的指导思想。“实现三个转变”，就是扶贫开发的重点要从解决温饱转到巩固脱贫成果、加快致富奔小康上来；扶贫的重点对象转到贫困村和贫困户上来；扶贫政策扶持的重点转到加强贫困地区重大基础设施建设、改善贫困地区生产和生活条件上来。“实行三类指导”，就是对缺乏和丧失劳动能力又无法定赡养人的生活困难群众和民政救灾对象、农村“三老”人员、优抚安置对象等人员，通过改善家庭供养、完善民政救济和社会保障制度，保障其基本生活；对生活在自然环境恶劣的高山区、深山区、缺乏基本生活条件的贫困群众，通过搬迁下山、异地脱贫、劳务输出、投亲靠友等多种途径，逐步解决他们的贫困问题；对其他有条件摆脱贫困，但缺乏致富门路的群众，要加强领导，帮找路子，集中力量予以扶持，尽快实现脱贫。“坚持三个为主”，就是坚持以自力更生为主，坚持以“造血”为主，坚持以所在乡镇负责为主。

2008年，全省开始实施“低收入农户奔小康”工程，为与温州市对应实施“共同跨越六大行动”，县委、县政府出台《关于实施“共同跨越六大行动”加快低收入农户奔小康步伐的若干意见》，主要包括人力素质提升、低收入农户就业创业、产业培育开发、乡村环境优化、各级帮扶联创、社会救助扩面等6大行动工程，具体由扶贫办实施内容为下山搬迁、金融扶贫、结对帮扶、产业发展、来料加工5项内容。是年，开始对全县低收入农户集中村、地质灾害危险区和省重点水库区等区域生产生活条件恶劣、发展困难的农户，在自愿的基础上，给予重点扶持和帮助，争取5年左右的时间实现绝大部分应搬迁居民的搬迁目标。制定“下山搬迁”五年规划（2008—2012）；实行低收入农户奔小康工程；实施“共同跨越六大行动”（人力素质提升、低收入农户就业创业、产业培育开发、乡村环境优化、各级帮扶联创、社会救助扩面）。

优惠政策

税收减免　1991年始，贫困地区农户利用山地、溪滩资源开发的农林特产，属1989年开征的35个应税品种和利用水库、滩涂、河流等资源进行养殖生产，从收益之年起，免征农林特产税三年。凡在贫困地区兴办符合国家产业政策的各类集体企业，审批手续简化，条件放宽，及时批办。对财务比较健全的集体企业，其自身经营的产品，从投产之日起，分年报经批准后，在三年内免征集体企业所得税；缴纳产品税、增值税、营业税确有困难并符合减免有关规定的企业，可申请减免照顾；企业缴纳能源交通基金、预算调节基金和土地使用税有困难的可报经批准给予减免照顾。

学杂费减免　贫困乡小学生的学杂费减半收取，其减免部分由县财政和有关部门弥补。

保险范围　扩大开展家庭财产、乡镇企业、股份企业和个体工商户财产保险；开展水稻和重点经济作物的种植业以及生猪、鸡、鸭等养殖业保险；稳定和扩大村干部、女儿户、义务兵养老金和师生平安保险；扩大家庭成员意外伤害保险等。种、养业保险费率降低0.3～0.8个百分点，其他险种保险率也要给予优惠。

最低生活保障　从1998年6月1日起，对于年纯收入低于县规定的最低生活保障线的贫困户，纳入最低生活保障制度范围实施政府救助。

财政政策优惠　1991—1995年，31个贫困乡所属村和东屿乡、山门镇、南雁镇人均收入在300元以下的贫困村，其剔除减免指标后的应征农业税，扣除附加税额和征收业务后，由县财政专项结算，实行乡管使用办法，拨给所属贫困乡财政组，按规定用途管理使用。

耕地占用税、造地费减免　贫困乡、村群众自力更生建造机耕路、办教育、兴修水利和发展其他公益事业的，按程序、权限报批后可减免耕地占用税、造地费。

扶贫对象

随着脱贫标准的提高，扶贫对象也随之有所不同。

1990年，平阳县农村人均年收入300元以下的贫困人口占农村总人口的39%。1996年，全县有110个贫困村，贫困人口3.5万人。1997年年底，脱贫标准为人均年收入1200元；全县50个贫困村，8000余人。

2007年，通过“建档立卡”工作，确定全县有贫困户1158户、2763人，其中，有劳动力848人，低收入家庭930户，绝对贫困户83户，民政救助户87户，五保户58户。

2010年4月统计，全县低收入农户4567户、8162人，比2008年同比减少17121户、41458人，户脱贫率79%。其中，人均年收入低于1500元绝对贫困户672户、1355人，同比减少8674户、16945人。绝对贫困户仅占全县原低收入农户户数3.1%。2012年，脱贫标准为人均年收入5500元，全县有贫困户36272户，贫困人口95522人。

扶贫措施

挂钩结对帮扶　20世纪80年代末始，平阳县实行机关部门、富裕乡镇与山区贫困乡镇挂钩结对的扶贫制度。1994年，全县确定36个机关部门、60家骨干企业与11个贫困乡镇挂钩结对。1996年，县下达《关于加强扶贫捐资和挂钩结对扶贫工作的通知》，全县80个机关部门、10个平原经济发达乡镇、270家骨干企业及个体工商户与10个贫困乡镇的270个贫困村结对扶贫，建立县四套班子领导与贫困乡镇联系制度。1997年，结合县机关思想作风整顿，开展“结百对，扶千户，带万人”扶贫活动，即通过县机关100个中共党支部与100个贫困村党支部结对联建，1000名机关中共党员和1000

户贫困户结对帮扶，带动万人脱贫。1998年，又开展“1388”挂钩结对扶贫活动，即“以一位县领导、三个挂钩结对单位(一个机关部门、一个企业、一个强村)帮扶一个贫困村的形式，扶持全县88个贫困村”。据不完全统计，1991—2005年，通过挂钩扶贫活动，为贫困乡镇、贫困村落实扶持资金3417万元，帮助落实项目1867余个，帮助安置劳力近5000人次。

2003年，按照省、市的总体部署和规定标准，把全县2001年度低于全国农民人均年收入2366元的顺溪、晓坑、闹村、维新、凤巢、怀溪、凤卧、朝阳、龙尾、吴垟、鹤溪和青街畲族乡12个乡(镇)列为县级挂钩帮扶对象，组织124个机关、企事业单位和4个经济强镇与12个欠发达乡镇进行挂钩帮扶活动。要求做到“三到、三帮、三落实”(即：挂钩到乡、帮扶到村、落实到户；帮助建立健全农村最低生活保障制度和农村医疗合作制度，帮助发展壮大村级集体经济，加强基层组织建设，帮助培育特色产业和农村经济专业合作组织、引导劳务输出、推进区域协作；每年度落实一个以上生产项目、落实一笔帮助资金、落实一件涉及困难群众的实事)。

2006年，省、市、县各级结对帮扶单位意向帮扶资金490万元，已到位帮扶资金180余万元，扶持开发建设项目30余个。确定146个村的890户贫困户3578人作为帮扶对象，并在全县各扶贫挂钩单位与乡镇推荐890名帮扶干部与贫困户结对进行“一对一”的帮扶。2007年，各级结对帮扶单位落实帮扶资金478.1万元，扶持开发建设项目69个。2008年，各级结对帮扶单位落实帮扶资金1178.68万元，意向资金57万元，扶持开发建设项目123个。

2009—2012年，省、市级帮扶单位组织269次1189人与平阳县153个低收入农户集中村结对帮扶，为低收入农户集中村投入帮扶资金3475万元，扶持开发建设项目451个。2012年，县委办公室、县政府办公室联合出台《关于开展企业结对帮扶低收入农户集中村的实施意见》《关于印发〈平阳县“企业结对帮扶低收入农户集中村”结对名单〉的通知》，组织全县150余家企业自愿认领结对一个或两个低收入农户集中村，促进村企结对工作。

异地搬迁　1994年后，各级政府把下山脱贫工作摆上重要议事日程。对具备搬迁条件的山区贫困村，按照就近、自愿、节俭的原则，搞好新村规划，落实扶持移民、保护移民的政策和措施。据2000年不完全统计，全县扶贫迁村80余个，建房1万余间，有9000余户约3.5万人迁入新村。2001年，县委、县政府制发《平阳县下山脱贫工作的若干意见》，规定凡居住在偏远山区、革命老区、水库建设库区、少数民族地区的贫困户和1999年度人均收入不足1500元的贫困户，均可搬迁到经县政府确定的扶贫小区或移民点。2002年12月14日，平阳县下山脱贫“3105”工程建设项目：山门一区、山门二区、顺溪山头庵、凤巢山边、维新俞思坑5个扶贫小区(移民点)先后建成。2004年底，全县已建成的移民新村有：水头镇的章岙村、山门镇的曙光新居、凤巢乡的山边村、维新乡的俞思坑村、顺溪镇的山头庵村、吴垟乡的坟前自然村、晓坑乡的高堡村、怀溪乡的垟边村、西湾乡的海滨村、桃源乡的曾山村10个移民点，建房屋近1.1万间，有1.05万户的4.12万人搬入新居。2005年，县委、县政府制定《平阳县欠发达地区下山移民整体搬迁规划》，突破乡镇行政区内就地脱贫格局。2006年，落实移民安置1124户、5130人。2007年，落实移民安置1132户、4852人。2008年，根据《浙江省人民政府关于印发低收入群众增收行动计划的通知》文件，要求各乡镇结合实际和省文件要求，制订并上报《2008—2012年欠发达地区低收入农户集中村下山搬迁规划》。是年，落实移民安置1645户、7068人。

2009年，出台《平阳县欠发达地区下山移民整体搬迁规划》和《低收入农户集中村下山搬迁五年规划》，在学费减免、子女入学、基础配套、土地安排等方面给予大力支持，积极发动偏远山区群众主动“背井离乡图思变，异地致富奔小康”。是年，搬迁2005户、8584人。2010年，出台《平阳县下山搬迁实施办法》；搬迁713户、2808人。2011年，搬迁624户、2600人。2012年，搬迁农户660户、2572人。

劳务输出　各级政府把劳务输出到外地开发、务工经商作为农民脱贫致富的一个突破口，鼓励劳务输出和外出创业。据2005年不完全统计，全县中西部山区多数乡镇外出务工的人口在50%以上。特别是130余个工程队有5万余人，遍布全国各地。这些工程队已形成有组织机构、有管理机关、具有技术水平较高，有一定经济效益的新型行业。如闹村乡劳务输出每年净收入1000万元。全县约可创收6000余万元。2007年，劳务输出45808人次，新增劳务输出3333人次。2008年，新增低收入农户外出务工473人次，外出务工4036人次，减少零就业家庭174户。2012年，新增低收入农户劳务输出1038人。

至2012年，全县约有2.5万户7.5万农村劳动力在全国各地务工经商。

产业扶贫　1994年后，各级政府引导山区群众做好山区资源综合开发，组织实施扶贫攻坚“四万工程”，即1994—1997年，县财政每年拨款100万元，扶持贫困山区种植经济水果林1万亩，4年达到4万亩。同时采取相应措施，积极引导基地开发向规模化、集约化、产业化方向发展，至1997年，完成“四万工程”实施任务。根据扶贫工作“政策不变，力度不减”的要求，加大对名特优质经济林建设的扶持力度，发展马蹄笋、早香茶、蘑菇栽培、高山蔬菜、食用菌、中药材等各种农业基地和长毛兔、肉蛋鸽、商品猪、土鸡、温州水牛等养殖业基地建设。至2005年，全县有建立百亩以上的基地120余个，种植各种经济林近8万亩，其中马蹄笋3.8万余亩。南湖乡被省林业厅命名为“马蹄笋之乡”。

2010年，县政府出台《平阳县扶贫农业产业化项目管理办法》文件，确定县财政每年安排400万元，用于对全县扶贫农业产业的扶持。

2009—2012年，全县欠发达地区实施开发项目579个，覆盖低收入农户集中村153个，带动低收入农户12716户，新建农业基地面积30412亩，初步形成马蹄笋、早香茶、蘑菇、高山蔬菜和长毛兔、肉蛋鸽、温州水牛、商品猪、山羊等种养业“产、供、销”一条龙的效益农业雏形。至2012年，全县有国家级扶贫龙头企业1家(县全盛兔业有限公司)，省级扶贫龙头企业5家，县兴顺畜禽养殖场等18家市级扶贫龙头企业，发展特色农业示范村43个。

旅游业扶贫　至2012年，全县低收入集中村有农家乐82家，年营业收入5545.5万余元，新增就业人员331人，其中新增低收入农户就业人员179人。

工业扶贫　2010年，县政府出台《平阳县来料加工项目管理办法》，确定县财政每年安排200万元，用于对全县来料加工业的扶持。2011年，县扶贫办牵头成立县来料加工专业协会。至2012年，全县欠发达地区有来料加工点324个，发放工资11337.6万余元。

科技扶贫　1994年，平阳县开始在山区乡镇普遍建立科委、科协等科技工作网络，并选派17名科技干部到贫困乡镇担任科技副乡镇长，强化科学技术在扶贫开发中的作用。以农技校为基础，培训各种实用技术和管理人员，至2005年培训45752人次，放映科技录像450本次，组织有关科技人员赴山区开展多种形式的科技开发和科技服务，绝大多数受扶农户基本上掌握1～2项实用技术。2008—2012年，培训各类农村劳动力2.2万人次，使半数以上下山劳动力实现转产转业。实施省“扶千名人才、促千村发展”计划，扶持欠发达地区农民大学生赴浙江农林大学就读，培训农民大学生6人。

资金扶贫　1989—2012年，资金扶贫有多种形式。

扶贫捐资　至2005年，全县筹集资金2831万余元，建立扶贫基金。

县领导召开扶贫现场办公会议　至2005年，筹集资金1700余万元。

县教育、卫生、交通、水利、邮电、供电、广电、城建、民政等职能部门采取倾斜政策，增加对贫困地区建设资金的投放。

县财政预算内安排的山区建设扶贫资金　2008—2012年，县财政落实扶贫及帮扶资金2250万元。

省、市扶贫开发项目资金　据不完全统计，1991—2005年，省、市下拨扶贫资金和扶贫现场会资金1340万余元和市级部门支持500万元。2008—2012年，全县争取省、市财政扶贫及帮扶资金4800万元。

扶贫贷款　2010年，县扶贫办、县财政局、中国人民银行平阳县支行和县农村信用合作社联合出台《平阳县扶贫小额信贷实施暂行办法(试行)》文件，在县信用联社成立专户，由省财政和县财政分别投入100万元和200万元，对低收入农户和带

1989—2012年平阳县扶贫资金投放情况表

表28-7-1　　单位：万元

年度（年）	金额	年度（年）	金额	年度（年）	金额
1989	14.25	1996	393.0	2003	104.4
1990	16.03	1997	368.3	2008	334
1991	14.2	1998	62.8	2009	409.5
1992	74.7	1999	138.8	2010	980
1993	122.0	2000	186.1	2011	610
1994	244.0	2001	171.8	2012	910
1995	247.0	2002	103.9		

说明：①1989年、1990年为扶贫扶优款；②资料由县农业局提供

动低收入农户发展的企业实施扶贫小额贷款政策，以不高于当时基准利率贷款给上述单位，并由政府贴息50%以上。2012年，信用社发放扶贫小额信贷7938万元。

2012年，全县开始在全县低收入农户集中村试点并筹建村级扶贫资金互助会，第一批试点村5个，每村由省财政扶持20万元，并由当地农户投资入股成立。

扶贫开发整村推进　根据市扶贫办《关于开展扶贫开发整村推进工作试点的意见》文件精神和要求，平阳县于2009年上半年全面启动“以行政村为组织实施平台，以统筹整合扶贫资源为手段，以扶贫开发项目为切入点，统一规划，捆绑资金，集中投入，促使欠发达地区产业发展、环境改善、农民增收”的扶贫开发整村推进试点工作。2009年10月，确定维新乡余思坑村等5个建制村为市第一批整村推进试点村。2010年11月，确定龙尾乡的河山平溪村等5个建制村为第二批整村推进村。至2012年，第一、二批整村推进5个村的项目实施取得一定成效。第三批整村推进项目正在实施。

扶贫成效

1990年，全县农村年人均收入300元以下的占农村总人口的39%。1998年，欠发达乡镇农民年人均纯收入1420元。2005年，达到2612元。2011年，全县低收入农户年人均纯收入5712元，比全市的平均水平多208元。2012年，全县低收入农户年人均纯收入为6528元。

第二节　革命老区建设

1988年5月，浙江省政府《关于确定永嘉等三十个县(市、区)为革命老根据地县(市、区)的通知》批准平阳县为革命老根据地县，有40个老区乡镇，446个老区村。1991年，成立县扶贫和老区工作领导小组，下设办公室于民政局。2007年，县老区工作办公室和县扶贫办一起与县农办合并，至2012年未再变更。

革命老区乡镇变更

1991年初，全县有40个革命老区乡镇，占全县64个乡镇的62.5%；人口444706人，占全县总人口的59.1%；土地面积669.12平方公里，占全县总面积的64.2%。

1992年5月，全县乡镇区划调整，实行撤区扩镇并乡，原划定的革命老区乡镇发生变化。是年11月，根据浙江省民政厅的通知，重新认定革命老区乡镇。1993年2月，经浙江省民政厅批准，认定顺溪镇、南雁镇、山门镇、凤卧镇、鹤溪镇、腾蛟镇、麻步镇、鳌江镇、宋桥镇、郑楼镇、榆垟镇、水头镇、吴垟乡、维新乡、怀溪乡、南湖乡、朝阳乡、龙尾乡、凤巢乡、桃源乡、梅溪乡、梅源乡、西湾乡、青街畲族乡、晓坑乡、闹村乡26个乡镇为革命老区乡镇，占全县31个乡镇的83.87%。

2012年由于乡镇撤扩并，全县10个乡镇均为老区乡镇。

革命老区村变更

2000年4月18日，县政府同意昆阳镇阳岙行政村划定为第二次国内革命战争时期革命老根据地村。全县的老区村由1988年的446个增加至447个。

2002年6月，平阳县逐步进行行政村撤并工作，2005年，对革命老区村重新认定工作结束，全县革命老区村由原来的447个减为303个。

至2012年，全县有革命老区村293个，其中，昆阳10个，鳌江32个，水头65个，萧江39个，万全15个，腾蛟35个、山门50个，顺溪26个，南雁13个，青街8个。

2012年平阳县革命老区村（居）分布情况一览表

表28-7-2　　　　单位：个

名称	数量	行政村(居)名称
昆阳	10	仙坛社区、庆丰、莲大新村、下鲍垟、林步桥、姜垟、柳垟、迎学垟、十五殿、后陈
鳌江	32	江滨社区、古鳌、塘北、塘外、海城、枫林、联城、凤岙、联丰、书阁、凤尾山、山碧、梅里、包岙内、万安、清桥、溪头、章公尖、赤溪、岭根、顺利、三源、山平田、孙岙、解元、凤岩、苏岭、一沙、二沙、三沙、银岭、青湖
水头	65	三桥、水凤尾、中后、金凤、詹江、周山、凤岩、小南、蒲潭、凤林、马头岗、吴潭桥、西塔、蒲山、赤砂、平凤、平马、玉轩、凤卧湾、凤东、内塘、霞溪、缸窑、下村、乌秋坑、内村、速成、水上垟、长安、秀溪、蔡垟、新鹤、中元、湖滨、横山岭、前街、普美、塔院、后街、湖南、龙湖、赵阳、新东、双溪、新溪、新联、双峰、同盟、净凉、吴岭、南垟、上南、中村、东北、杨美、黄山、西垟、苍南、小施、卢家、龙凤、季山、秀尖、大施、玉联
萧江	39	岱口、青龙、毛家处、立后、四大屋、垟浦、永门、夏桥、夏后垟、棋盘桥、河峥、上园、前村、岙底坑、垟心金、门前垟、河浦、河坤、曾山、桃岭、桃源、包岙、岩山、塔下、兴源、硐垵、麻步、欣雅、新桥、鳌寒、华亭、下堡、前垟、水港、渔塘、横山、范龙、凤山头、盖竹
万全	15	孙楼、金阳、林岱、宋桥、鲍垟、下桥、章桥、新界、加丰、岙斗、五角斗、横湖、象湾、丰门、龙头
腾蛟	35	腾带、腾溪、联源、北溪、南陀、青塆、岭门、双坑、霞山、王坛、同兴、和兴、林家、金岭桥、梅坑、仁家垟、灵岩、秀垟、伍岱、洞桥头、三脚田、溪头街、联合、凤巢、龙尾、包垟、吴小垟、林坑、龙横、横平、龙岙、南胜、麻树、河山平溪、百实
山门	50	山门、郭岙、大岙、下东山、西山、悦来、上垟、水门头、下路堡、大岭脚、永安、溪源、石牛坑、包山、旺庄、屿边、大屯、下屯、梅丰、田中央、坑东、丁步头、高一、高二、大楼、晓坑、法洪、黄施岙、岳溪、下岭头、石城、中心、西垟亭、东山下、章坑、高堡、杭坑、上双岙、晓阳、徐垟、南山垟、水口、联山、畴垟、畲龙、金溪、曹门、垟边、金山、垟底
顺溪	26	顺溪、上顺溪、溪北、鹿岩、只音、白云、青石桥、双田、下东、山头庵、岭后、狮峰、下垟、顺垟、底屋、戈场、周家里、中山、富溪、进士、朱垟、杨光、大垄、岭埄、余山、田里
南雁	13	南雁、五十丈、雁峰、雁山、后仓、东门、蒲岭、笠湖、迢岩、前山、三兴、雁前、堂基
青街	8	九岱、十五亩、南朱山、太心、南网、青街、睦源、东坑

说明：资料由县农业局提供

老区建设

县委、县政府历来重视革命老区的建设，每逢元旦、春节，县委、县政府主要领导均率县各有关部门负责人带项目、带资金慰问老区人民。1985—1990年，省政府共拨款82万元，发展平阳老区的教育、电力、交通、养殖业、加工业以及改善饮水等129个建设项目。1991年后，每年除县财政安排老区建设发展资金外，并积极争取省、市政府的支持，用于改善贫困老区的水、电、路等基础设施和发展种养业。1994年，县老区慰问团到凤卧、青街、榆垟乡象山片等老区乡镇召开现场办公会议，协调老区建设项目和各部门资金安排。据3个乡镇统计，共落实24个建设项目，计投入建设资金146.5万元，其中，省拨5万元、县财政8万元，其余133.5万元由各部门的生产发展基金中安排。1998年，转拨省下达老区建设资金10万元，扶持山门溪源低压线改造、麻步凤吹峡高压线改造、郑楼小学机耕路、凤卧玉青村变压器更换及水果林基地等建设，县林业、农业部门落实开发基地4100亩补助金77.4万元。1999年，投入老区建设资金23万元，重点扶持朝阳乡板栗基地机耕路、茶叶加工设施、赤岭村自来水安装、青街畲族乡的水电设施恢复等项目建设。平阳县飞龙矿业有限公司，在龙尾乡创办采矿点和加工基地，修建6公里的机耕路，吸收300余老区贫困户为公司员工，其中有200户实现脱贫，被省老区办评为1999年度“省革命老区工作先进单位”。2001年，县委、县政府制发《平阳县下山脱贫工作的若干意见》，规定凡居住在偏远山区、革命老区的贫困户，可搬迁到经县政府确定的扶贫小区或移民点。2002年，全县投入11万元，对闹村乡秀尖村马蹄笋基地、凤卧镇马迹至平坑的道路修建、怀溪乡中心小学宿舍楼、山门镇西山村改水工程、龙尾乡的平溪村道路、郑楼镇的林步桥道路和柳垟自来水安装、朝阳乡的早香茶种植和加工等项目给予扶持。2003年，安排专项资金128万元，建成通村机耕路40余公里，改水7个村，完成山门、腾蛟、晓坑等乡镇部分小流域治理及3000余米防洪堤建造。2012年，平阳县20家企业为老区建设捐资50万元。

“三老”人员补助

20世纪90年代，平阳县开始对农村老党员、游击队员、老交通员实行定期定量补助。1994年，全县享受“三老”人员补助1589人，年人均补助491元。2012年，享受“三老”人员补助452人，年人均补助4101元。

第二十九卷

DI ER SHI JIU JUAN

《平阳县志（1989—2012）》

PINGYANG XIAN ZHI

人事　劳动　社会保障

1978年撤销内务局，分设劳动局和民政局。1981年县政府人事科更名为人事局。1991年，建立县社会保险事业管理局(简称“县社保局”)。2001年设置县劳动和社会保障局(简称“县劳动保障局”)。2011年组建县人力资源和社会保障局(简称“县人社局”)。2012年，县人社局在编人员174人。

1989年后，平阳县人事、劳动、社会保障制度均发生巨大变化，人事、劳动、社会保障制度不断完善。平阳县多次实行县乡党政机构改革，1993年开始推行国家公务员制度；1999年开始实行“凡进必考”的国家行政机关进人制度；1996年全面开展国家机关工作人员(公务员)年度考核工作。2012年，县级有党政群机构50个，编制1691人，实有1839人；事业单位449个，编制14340人，实有14109人。乡(镇)有行政编制774人，实有715人；事业编制994人，实有1062人。

1989年后，劳动计划从微观管理转变为宏观指导和宏观预测，改变以前企业职工调整工资必须由国家统一安排的办法。1988年开始推行工资总额和经济效益挂钩(简称“工效挂钩”)办法。1992年实行工资总额包干办法。1994年建立企业最低工资保障制度。1998年试行工资指导线制度。2000年试行工资集体协商办法，逐渐形成市场经济下的企业职工工资调控机制。继续改革企业原有固定工制度，逐步实行全员劳动合同制。继续推进劳动争议仲裁处理制度，依法开展劳动监察。2012年，受理劳动争议案件206件，结案率100%。是年，督促企业补签劳动合同18846份；受理各类投诉案件188起，涉及农民工1043人，金额905.66万元，结案186起。查处使用童工18起、30人，罚款53.78万元；巡查用人单位1553家，涉及工人18963人。

1989年后，社会保障范围不断扩大，社保待遇不断提高。先后建立职工养老保险、事业单位养老保险、职工工伤保险、职工医疗保险、失业保险、女职工生育保险、农村养老保险、新农村合作医疗保险、城乡居民社会养老保险、被征地农民生活保障等保障制度。全县各级财政对社会保险的投入逐年增加。2012年，平阳县各级财政仅对城乡居民医保、城乡居民社会养老保险两项就投入资金3.9亿元。

第一章　机构编制

1983年12月，成立县机构改革领导小组及办公室，对县级党政机构进行改革。1984年8月，建立县机构编制委员会，下设办公室，统一管理全县机关事业单位机构设置和人员编制核定。1996年，《中共温州市委 温州市人民政府关于平阳县党政机构改革方案的通知》确定，县机构编制委员会办公室是县机构编制委员会常设办公机构，也是县委、县政府主管机构编制工作的机构，挂靠人事局。2012年2月，单独设立县机构编制委员会办公室(简称“县编委办”)，为县机构编制委员会的常设办事机构，列县委机构序列。县编委办内设综合科(监督检查科)、行政机构编制科、事业机构编制科3个科室，有行政编制9人。下设县机构编制信息中心，核定事业编制3人；下设县事业单位法人登记管理局，核定参公事业编制3人。

第一节　县级行政事业单位编制

1988年，县级机关有党政群、政法机构60个，工作人员1106人。1996年11月13日，《中共温州市委 温州市人民政府关于平阳县党政机构改革方案的通知》规定，改革后，县级党政机构36个，其中党委机构6个、政府机构30个，比改革前56个减少20个，精减35.71%。县级行政机关编制750人，与改革前948人相比，减少198人，精减20.89%。2001年12月13日，《中共温州市委 温州市人民政府关于平阳县机构改革方案的通知》规定，调整后，县委设置工作机构8个，部门管理机构1个；县政府设置工作部门23个，另设议事协调的办事机构1个。平阳县机关原有行政编制757人，按6.5%的比例上划省以下垂直管理的工商行政管理、质量技术监督、药品监督管理部门的编制49人，县机关行政编制为708人，改革后减为566人，减少142人，精减20%。单列管理的政法机关专项编制按中央和省规定的比例精减，由225人减为203人。2006年，县级机关、事业单位核定编制总数为2019人。

2012年，县级机关有党政群机构50个，编制1691人，实有1839人；事业单位449个，编制14340人，实有14109人。

第二节　乡镇行政事业单位编制

1989年，平阳县有7个区、4个县属镇、10个区属镇、50个乡；乡（镇）党政机关编制920人。1992年5月，遵照上级关于撤区扩镇并乡的指示，全县撤销7个区，将64个乡镇改设为34个乡镇，其中16个镇、17个乡、1个民族乡，实行乡镇管村体制。是年，根据省机构编制委员会要求，县政府下发《关于撤区扩镇并乡后乡镇党政群机构编制有关问题的意见》，对全县撤区扩镇并乡后的镇乡党政群机关人员编制重新予以核定。

根据中央、省、市的有关要求，2002年县委办公室、县政府办公室印发《平阳县乡镇机构改革实施意见》，实行乡镇机构改革。乡（镇）行政编制按原省核定乡（镇）行政编制数23%的比例精简。是年，全县有17个镇、14个乡。2007年，县委办公室、县政府办公室印发《平阳县关于推进乡（镇）机构改革工作意见》，实行乡镇机构改革。全县按不突破行政编制总数1∶1.2的比例进行重新核定乡（镇）事业编制总数，总量控制在1006人。重新核定后的乡（镇）行政编制和事业编制由省一级实行总量管理，人员只减不增，逐步消化，5年内不得突破。是年，全县有17个镇、14个乡。

2012年，全县9镇1乡有行政编制774人，实有715人；事业编制994人，实有1062人。

1992年平阳县乡（镇）人员编制情况一览表

表29-1-1　　　　单位：人

序号	单位名称	编制人数	序号	单位名称	编制人数
1	昆阳镇	52	18	鳌江镇	80
2	水头镇	50	19	萧江镇	42
3	麻步镇	46	20	腾蛟镇	38
4	钱仓镇	40	21	山门镇	32
5	顺溪镇	22	22	南雁镇	31
6	凤卧镇	31	23	鹤溪镇	28
7	宋桥镇	26	24	宋埠镇	15
8	榆垟镇	18	25	郑楼镇	19
9	万全乡	29	26	水亭乡	13
10	西湾乡	17	27	务垟乡	28
11	梅溪乡	18	28	梅源乡	17
12	桃源乡	12	29	凤巢乡	18
13	龙尾乡	14	30	南湖乡	19
14	朝阳乡	12	31	闹村乡	30
15	晓坑乡	24	32	怀溪乡	15
16	青街乡	17	33	维新乡	13
17	吴垟乡	12	34	南麂乡	11
				合计	889

说明：资料由县编委办提供

2002年、2007年平阳县乡（镇）编制情况表

表29-1-2

乡(镇)	2002年		2007年			
	原定行政编制数	核定行政编制数	行政编制数	事业编制数（1：1.2）	实有行政人员	实有事业人员
昆阳镇	118	90	90	108	95	196
鳌江镇	152	116	123	148	113	203
水头镇	68	63	63	76	72	121
萧江镇	58	47	47	56	51	89
麻步镇	50	40	40	48	40	70
腾蛟镇	49	40	40	48	38	85
钱仓镇	28	20	20	24	20	36
山门镇	38	28	28	34	24	44
顺溪镇	28	20	20	24	16	33
南雁镇	35	27	27	32	23	44
凤卧镇	35	23	23	28	22	35
鹤溪镇	32	23	23	28	23	30
宋桥镇	30	23	23	28	30	31
宋埠镇	20	17	17	20	19	19
榆垟镇	21	16	16	19	16	34
郑楼镇	23	20	20	24	24	38
南麂镇	14	11	11	13	10	22
西湾乡	20	15	15	18	14	18
梅溪乡	22	17	17	20	16	22
梅源乡	21	16	16	19	11	22
桃源乡	15	13	13	16	10	26
凤巢乡	21	16	16	19	12	24
龙尾乡	16	12	12	14	7	12
南湖乡	21	16	16	19	11	25
朝阳乡	14	11	11	13	5	15
闹村乡	34	23	23	28	20	27
晓坑乡	27	18	18	22	16	22
怀溪乡	17	13	13	16	14	15
青街乡	19	13	13	16	14	16
维新乡	15	11	11	13	8	14
吴垟乡	14	11	11	13	8	8
待分配			3	2	0	0
合计	1075	829	839	1006	802	1396

说明：①2002年乡镇编制数测算方法参照中央机构编制委员会办公室《关于印发市、县及乡镇分类标准的通知》；②2002年乡镇编制数测算以乡镇人口、国内生产总值、土地面积等作为测算的指标，指标的数值以统计部门为准，截止时间为2001年12月31日；③资料由县编委办提供

2012年平阳县乡（镇）编制情况表

表29-1-3　　　　　　　　　　　　　　　　　　单位：人

乡(镇)	行政		事业		乡(镇)	行政		事业	
	编制数	实有数	编制数	实有数		编制数	实有数	编制数	实有数
昆阳镇	90	99	114	120	山门镇	53	50	64	57
鳌江镇	179	153	242	294	南雁镇	27	34	33	28
水头镇	140	123	168	173	顺溪镇	38	34	46	44
萧江镇、麻步镇	100	80	125	150	青街乡	13	13	16	12
万全镇	72	72	111	109					
腾蛟镇	62	57	75	75	合计	774	715	994	1062

说明：资料由县编委办提供

第二章　干部管理

1989年，平阳县全面推进机关事业单位和国有企业干部人事制度改革，开始严格控制国家机关工作人员的增长；国家机关需增人的，必须经省人事厅下达增人指标，通过公开招考，择优录用；从工人中录用干部也从严控制。1997年推行公务员制度后，县政府机关干部、党群机关干部和乡镇党政机关干部过渡为公务员（机关工作人员）；事业单位以岗位定身份，在专业技术岗位上工作的为专业技术人员，聘任在管理岗位上工作的为管理人员，从事其他工作的为后勤人员或服务人员；企业干部实行全员劳动合同制，只保留干部身份。

1989年，全县有县级机关干部1516人，区、乡（镇）级行政机关干部945人；事业单位干部4356人（1990年人数）；企业干部922人。至2012年，全县有县级政府机关公务员1627人，乡镇机关公务员

1989—2012年平阳县政府机关干部（公务员）情况表

表29-2-1　　　　　　　　　　　　　　　　　　单位：人

年份（年）	公务员分布情况	总数	分布人数	其中		政治情况		文化程度					
				女	少数民族	共产党员	民主党派	研究生	本科	专科	中专	高中	初中以下
1989		2461											
1990		1998		266	22	1382	14	0	0	385	496	493	624
1991		2072		279	18	1497	13	0	127	284	524	504	633
1993		2148		311	26	1560	13	0	120	402	577	489	560
1994		2186		305	38	1624	14	0	143	446	613	454	530
1995		2170		313	27	1577	15	3	158	490	610	508	401
1996		1985		288	29	1423	9	2	132	477	565	569	240
1997		1557		260	25	1208	7	4	114	420	427	453	139
1999		1841		340	18	1464	7	7	118	625	491	549	51
2000		1875		352	22	1474	8	5	145	690	470	532	33
2001	县级机关	1947	1351	245	11	924	6	5	133	527	399	274	13
	乡镇机关		596	113	10	578			33	190	90	276	7

续表 29-2-1

年份（年）	公务员分布情况	总数	分布人数	其中		政治情况		文化程度					
				女	少数民族	共产党员	民主党派	研究生	本科	专科	中专	高中	初中以下
2002	县级机关	1914	1395	240	15	1068	15	8	144	580	387	270	6
	乡镇机关		519	122	8	488			33	191	60	230	5
2003	县级机关	1816	1369	241	12	1083		9	197	607	314	242	
	乡镇机关		447	105	4	417			36	142	63	206	
2006	县级机关	1833	1434	240	18	1129		12	401	716	215	90	
	乡镇机关		399	71	4	378		16	72	121	51	139	
2007	县级机关		1513	248	17	1165		18	566	673	131	125	
2008	县级机关	2210	1537	265	17	1237		18	649	652	218		
	乡镇机关		579	153	10	536		11	176	178	214		
	参照公务员		94	17	1	81		2	43	37	12		
2009	县级机关	2327	1536	267	18	1246		16	726	621	173		
	乡镇机关		572	150	10	523		9	190	169	204		
2009	参照公务员	2327	219	48	2	157		3	103	99	14		
2010	县级机关	2372	1556	273	16	1415		27	757	609	163		
	乡镇机关		582	161	8	529		7	218	159	198		
	参照公务员		234	51	4	167		3	112	98	21		
2011	县级机关	2435	1598	289	16	1290		26	829	601	142		
	乡镇机关		599	172	9	549		8	261	156	174		
	参照公务员		238	53	5	173		1	114	104	19		
2012	县级机关	2468	1627	285	20	1300		34	895	577	121		
	乡镇机关		577	173	11	490		6	276	151	144		
	参照公务员		264	65	4	196		3	125	107	29		

说明：①1989年人数包括党群、政法等机关人员；②1990—1995年人数中包括人大、政协、法院、检察院、其他人民团体的人数，不包括党群机关人数；③1996年后人数中不包括人大、政协、法院、检察院、人民团体和党群机关人数；④资料由县人社局提供

577人；参照公务员管理事业单位工作人员264人；事业单位干部13884人；企业干部219人。

第一节　干部来源

1989年后，平阳县行政机关人事制度发生重大变革。1990年开始动员大中专毕业生到乡镇企业和二轻集体企业就业。1997年，实施公务员制度的单位增人进行公开招考，择优录用。1999年后，大中专毕业生就业全部实行市场化，行政机关增人均须通过公务员考试，公开招考，择优录用。

大中专毕业生分配和录用

1989—1992年，大中专毕业生统一分配工作。面对行政事业单位严重超编，大中专毕业生供大于求的严峻就业形势，1990年，平阳县首次动员大中专毕业生到乡镇企业和二轻集体企业就业，行政关系放在局机关，户籍落实在县城。是年，安置大中专毕业生150人，有6名大中专毕业生到二轻集体厂

2001—2012年平阳县接收大中专毕业生情况表

表29-2-2

年份(年)	档案数(份)	就业报到数(人)
2001	2071	1111
2002	661	569
2003	1195	634
2004	1251	680
2005	1526	883
2006	2049	1135
2007	2309	1381
2008	2558	1564
2009	2892	1690
2010	2883	1505
2011	2941	1584
2012	6131	1490

说明:资料由县人社局提供

和乡镇企业工作。1993—1996年,接收、安置大中专毕业生1358人。

1997年,实施公务员制度的单位增人进行公开招考,择优录用。1999年后,大中专毕业生就业全部实行市场化,推行"凡进必考"制度,坚持"公开、平等、竞争、择优"的原则,事业单位进人严格实行凭卡进人和"考录制"相结合的办法。

1989—2012年平阳县接收军转干部安置情况表

表29-2-3

年份(年)	名额(人)	年份(年)	名额(人)
1989	13	2001	8
1990	8	2002	6
1991	8	2003	2
1992	6	2004	8
1993	8	2005	10
1994	5	2006	9
1995	6	2007	6
1996	11	2008	11
1997	16	2009	6
1998	11	2010	5
1999	17	2011	5
2000	15	2012	2

说明:资料由县人社局提供

军队转业干部安置

1975年,国家恢复军队干部退出现役实行转业制度,军队转业干部实行指令性安置。县政府成立军队转业干部安置领导小组,下设办公室,与县人事局调配股合署办公。1989—2012年,平阳县接收安置军队转业干部202人,主要安置在党政机关,并根据原有职级适当安排职务,团级以上的干部安排科(局)级以上领导职务,营级以下的原则上不安排职务。

社会招聘录用

1991年,全县聘用干部386人。其中,全民所有制企业工人140人,集体所有制工人12人,农民159人,城镇待业人员16人,不包分配的大、中专毕业生14人,职业高中毕业生45人。他们大部分分配到事业单位或乡镇工作。1993年,乡镇聘用干部转正录用为国家干部16人;民办教师转为公办教师95人;从机关在职职工中录用干部19人;录用交通警察11人;录用工商银行干部6人。1994年,法院招干10人;检察院招干6人;招聘乡镇文化员30人;工人转干4人。是年,开展对招聘农村几大员的考试考核工作。1995年,开展全县乡镇水利员、文化员、广播员的招聘考试、考核工作,300余人参加考试或考核,对部分文化素质较差、考核成绩不好的人员不予聘用。2000年,对全县34个乡镇68个卫生院168名妇幼防疫人员进行全面考核,通过考核,将121名人员纳入乡镇预防保健机构的编制管理。

2001—2012年平阳县事业单位面向高校毕业生考试录用计划表

表29-2-4

年份(年)	人数(人)	年份(年)	人数(人)
2001	55	2007	15
2002	—	2008	21
2003	35	2009	41
2004	29	2010	137
2005	19	2011	76
2006	18	2012	106

说明:①教育、卫生系统未统计在该表;②资料由县人社局提供

第二节　公务员制度

现有人员过渡

1997年，县人事局印发《平阳县国家行政机关现有工作人员向国家公务员过渡实施办法（试行）的通知》，对过渡对象和条件作出明确的规定。过渡采取资格审查、综合考核、选配人员、审批任命的方法和程序进行。1998—2000年，全县县级政府机关有1201名工作人员过渡为公务员，其中，1998年过渡709人，1999年过渡334人，2000年后过渡158人。

招考录用国家公务员

1993年，国务院颁发《国家公务员暂行条例》。1994年，人事部印发《国家公务员录用暂行规定》。1996年，浙江省先后公布《浙江省国家公务员录用实施办法（试行）》与《浙江省国家公务员录用工作监督办法（试行）》，与之配套的若干细则与标准也相继出台。1998年，市委组织部、市人事局联合印发《关于实施（参照）国家公务员制度机关录用国家公务员（机关工作人员）有关问题的通知》，明确规定录用国家公务员按照“公开、平等、竞争、择优”的原则，采取面向社会，公开报名，统一考试，全面考核，择优录用的办法进行，不再以调配等其他形式补充录用人员。此后录用公务员工作逐步向制度化、正规化、法制化方向迈进。1996—2012年，全县录用公务员1002人。

1996—2012年平阳县公务员录用及构成情况表

表29-2-5　　单位：人

项目 年份（年）	原录用计划	核减后计划	报名人数	实际录用人数	学历				
					硕士	本科（函双学士）	大专	中专	高中及以下
1996				107					
1997				49					
1998				35					
1999				28		4	24		
2000				49		2	5	37	5
2001				97					
2002				30					
2003				28					
2004				47					
2005				28					
2006	59	59	2485	62		49	13		
2007	48	45	2071	50		37	13		
2008	56	56	2877	56	1	52	3		
2009	61	61	3274	61	1	56	4		
2010	91	86	2227	86		81	5		
2011	116	110	3015	110	5	82	23		
2012	81	79	2681	79	6	71	2		

说明：资料由县人社局提供

第三节　机关干部管理

干部调配

1989—1997年，平阳县干部调配工作按人事部《干部调配工作暂行规定》及《干部调配工作规定》的政策执行。1990年，平阳县从县外调入干部20人，调出县外21人。1991年，调入27人，调出35人。1993年，调入21人，调出36人。1994年，调入38人，调出48人。1994年，县内调配干部160人次。1995年，县内调配干部124人次。

1997年后，平阳县执行省人事厅《浙江省公务员录用实施办法(试行)》《浙江省国家公务员录用工作监督办法(试行)》以及若干配套文件。人事部门计划调配的工作终止。

干部培训

1993年始，平阳县开展岗位培训。是年，平阳县成立干部培训中心，中心主任由人事局长兼任。至1995年，全县行政干部全部参加岗位培训。1996年始，在完成岗位培训的基础上，对行政机关、事业单位人员进行电脑培训。1998年始，对全县公务员开始更新知识培训，每轮培训周期为5年。2012年，建立“温州网络学堂平阳分站”，全县公务员更新知识需参加“温州网络学堂平阳分站”学习，采取学分制管理。

干部考核

1994年前，平阳县就曾对干部的德、能、勤、绩情况进行考核。1993年，对372名乡镇聘用干部合同

1993—2011年平阳县干部培训情况表

表29-2-6　　　　单位：人

年份(年)	参加培训人数	培训项目									学历教育
		公务员普通话培训	岗位培训(行政干部过渡公务员)	计算机应用能力培训	事业人员全国计算机应用能力培训	大学生村干部岗位培训	更新知识培训	事业人员岗位培训	高校毕业生就业能力培训	公务员法及WTO知识培训	
1993—1998	5617		2984	2633							106(高中学历培训) 84(大专本科)
1999	1117			720			397				
2000	3821			363			842			2616(WTO知识)	
2001	456			456							
2002	460			460							
2003	321			321							
2004	2773			389			2384				
2005	625			432			193				
2006	5534			755	446		1398			2935	
2007	1351			905	446						
2008	2187			720	572		895				
2009	1374			245	396	40	693				
2010	5234	1608	853	302	396	150	1596	173	156		
2011	1152	412					143	597			

说明：资料由县人社局提供

期满进行考核，对考核合格的364人办理续聘合同，对表现一般的6名作缓聘处理，解聘2名不合格的。

1994年，人事部印发《国家公务员考核暂行规定》，平阳县开始对国家机关工作人员进行年度考核。考核内容分德、能、勤、绩4个方面，逐项对每位行政机关工作人员进行考核评定。根据考核结果，分为优秀、称职、不称职3个等次，并存入本人档案，作为对工作人员奖惩、行政职务职级工资晋升的重要依据。1995年，平阳县对2691名（年终总结数据）机关工作人员进行年度考核，全县的事业单位也参照行政单位的考核规定进行考核，对考核不合格者坚决予以相应的处理，是年，开除工作人员16人。

1996年，平阳县全面开展国家机关工作人员（公务员）年度考核工作。2002年起，考核结果由原来的3个等次增加为优秀、称职、基本称职、不称职四个等次。2011年，县委组织部、县财政局、县人事局联合下发《关于规范公务员年度考核奖励工作的通知》，规定年度考核被确定为优秀等次的公务员发给奖金800元，连续3年年度考核被确定为优秀等次的公务员发给奖金1500元。

干部奖惩

1989—1993年，按照国务院《关于国家行政机关工作人员的奖励暂行规定》，奖励工作业绩突出并作出贡献的干部；惩处工作失误、违纪违法的干部。1993年10月起，平阳县执行《国家公务员暂行条例》有关奖励干部的规定。1995年，执行《国家公务员奖励暂行规定》。其间，少数干部因工作失误、失职、违纪、违法、犯罪等，受到党政纪的处分和法律的严惩。据统计，1994—2012年全县开除行政干部（公务员）43人。

1996—2012年平阳县公务员考核情况表

表29-2-7　　单位：人

年份（年）	参加考核人数	考核结果					未参加考核人数
		优秀等次人数	称职等次人数	基本称职等次人数	不称职等次人数	未定等次人数	
1996	1878	158	1685		1	34	
1997	1432	143	1264		3	22	
1998							
1999							
2000							
2001	1941	251	1668		22		
2002	1395	148	1216	8	7	16	
2003							
2004		132			1	48	
2005		139			2	8	
2006	1141	112	976	0	0	53	
2007	1170	185	948	2	2	33	2
2008	1232	184	1011	4	4	29	1
2009	1557	221	1300	3	3	30	
2010	1591	259	1286	6	1	39	
2011	1653	323	1260	3	2	65	
2012	1367	229	1082	0	1	55	

说明：资料由县人社局提供

1994—2012年平阳县公务员奖励与惩戒情况表

表29-2-8　　单位：人

年份（年）	奖励情况				惩戒情况							
	记功	嘉奖	奖励	升级奖励	警告	记过	记大过	降级	降职	撤职	开除留用察看	开除
1994					6	1				5		3
1995												4
1996	14	285	306		6	6	3		2	5		2
1997	17	304	321		2				2	1		2
1998												
1999	3	228	231			3	1	2		2		
2000	9	49			6	3	3			1		1
2001	10	108			7	5	2			1		1
2002	5	73			2	2	3	3		1		2
2003												2
2004											2	6
2005							4	1		3	1	
2006	9	113			3	1		1				2
2007												
2008	3	27			6	2		1		3		2
2009	19	113			2	1	1	1		1		6
2010	8	31			4			2				5
2011	6	41			4	1		1				5
2012	7	180			2	1						

说明：资料由县人社局提供

第四节　事业干部管理

用人制度改革

20世纪90年代初以前，平阳县事业单位人事管理一直套用党政机关人事管理模式。随着各项制度改革的不断深入，这种传统的管理制度日见弊端，取而代之的是聘用制。

2000年8月11日，平阳县根据省人事厅印发的《浙江省事业单位实行聘用制暂行办法》，开始推行事业单位人员聘用制。平阳县推行聘用制采取先转制入轨，再逐步深化和完善的方式进行。2000年8月起，要求全县各类事业单位新接收大中专毕业生、退伍军人、军队转业干部、退役运动员以及新调入人员均按《浙江省事业单位实行聘用制暂行办法》签订聘用合同。由于这项制度本身尚不完善，加之配套管理机制没有及时跟进，最后这项制度没有被很好地推行。

2009年，省委办公厅、省政府办公厅印发《浙江省事业单位岗位设置管理实施办法》。2010年，县政府印发《关于转发温州市事业单位岗位设置管理工作实施意见的通知》。11月16日，平阳县召开全县事业单位岗位设置管理工作动员大会，会议部署全县事业单位岗位设置管理实施工作，推进聘用制，加快事业单位人事制度改革。截至2012年6月，全县核准551个事业单位设置方案，占全县事

1989—2012年平阳县事业干部人数一览表

表29-2-9　　单位：人

年份(年)	人数	年份(年)	人数	年份(年)	人数	年份(年)	人数
1989	—	1995	6343	2001	9455	2007	12371
1990	4356	1996	7336	2002	9826	2008	12397
1991	4611	1997	8090	2003	10210	2009	13182
1992	4973	1998	8375	2004	11216	2010	13188
1993	5274	1999	8587	2005	12117	2011	13389
1994	5545	2000	9109	2006	12345	2012	13884

说明：①其中教育系统1990年干部队伍数3192人，2012年6900人；②资料由县人社局提供

业单位总数的97.5%，核准岗位数18651个，已推行聘用制度单位551个，占全县事业单位总数的97.5%，已签订聘用合同12908份，占全县事业单位工作人员总数的93%。

进人制度改革

20世纪90年代以前，平阳县招收事业人员均采取录用制。1999年始，平阳县对事业单位工作人员管理制度进行完善，一是大力推行“凡进必考”制度，对乡镇机关、事业单位进人尽可能推行考试录用；二是对乡镇事业招聘人员聘用期满进行考核，考核不合格的给予解聘处理。是年，解聘5名乡镇招聘干部，缓签合同4人。

2012年12月，全县事业单位招考报名现场　　陈　亮　摄

2000年，平阳县出台《事业单位实行增人计划卡管理制度》，对事业单位进人严格实行凭卡进人和“考录制”相结合的办法，对大中专毕业生进行公开考试录用。为体现“公开、平等、竞争、择优”的原则，采取考生凭专业只报岗位不直接报单位的办法，考试上线后的考生再从高分到低分依次选择单位。

2002年，市人事局印发《关于进一步完善事业单位新增工作人员公开考录、选调制度的通知》。此后，平阳县对事业单位进人全面实行“凡进必考”制度和增人计划卡制度。

考核

1995年以前，事业单位工作人员的考核基本上参照国家行政机关工作人员考核的相关规定进行。

根据人事部印发的《事业单位工作人员考核暂行规定》的要求，1996年平阳县开始在全县各类事业单位中按《事业单位工作人员考核暂行规定》对工作人员进行考核。考核内容包括德、能、勤、绩四个方面，重点考核工作实绩。考核标准以岗位职责及年度工作任务为基准依据，通过考核确定为优秀、合格和不合格3个等次。

2002年起，考核结果由原来的3个等次增加为优秀、称职、基本称职、不称职4个等次。2012年，全县参加考核的事业单位工作人员13388人，优秀2086人，合格11161人，基本合格9人，不合格3人，不定等次43人，不参加考核86人。

辞职　辞退

平阳县事业单位专业技术人员和管理人员辞职辞退制度始于1993年。根据人事部《全民所有制事业单位辞退专业技术人员和管理人员暂行规定》《全民所有制事业单位专业技术人员和管理人员辞职暂行规定》，1993年省人事厅印发《浙江省专业技术人员和管理人员辞职暂行办法》。平阳县按省

2001—2012年平阳县事业单位开除、辞退情况表

表29-2-10　　　　单位：人

年份（年）	开除公职	辞退
2001	7	0
2002	7	2
2003	0	0
2004	6	1
2005	1	1
2006	0	1
2007	4	1
2008	8	0
2009	0	0
2010	4	1
2011	6	0
2012	6	0

说明：资料由县人社局提供

市规定对违规的管理人员和专业技术人员进行辞退或开除。

第五节　企业干部管理

企业单位干部来源主要是大中专毕业生分配、军队转业干部安置、部分"以工代干"人员转为干部及专业技术人员转为干部。1989年，全县企业干部人数930人。1994年始，全县企业实行全员劳动合同制，企业的干部也要签订劳动合同，签订合同后可保留干部身份。从此，企业干部的身份逐渐淡化。1998年后，深化经济体制改革，国有企业开始改制、破产，工人下岗、失业，国有企业的干部也下岗、失业。至2012年，全县国有企业干部有219人。

1989—2012年平阳县国有企业干部人数一览表

表29-2-11　　　　单位：人

年份（年）	人数	年份（年）	人数	年份（年）	人数
1989	930	1997	784	2005	251
1990	933	1998	884	2006	251
1991	970	1999	911	2007	228
1992	953	2000	450	2008	228
1993	941	2001	473	2009	227
1994	910	2002	310	2010	219
1995	765	2003	236	2011	219
1996	741	2004	251	2012	219

说明：资料由县人社局提供

第三章　退休、退职人员服务与管理

县人事局于1993年9月，建立退休干部管理股。1998年9月，退休干部管理股与工资福利科合署办公，至2012年未再变动。1989—2012年，平阳县机关、事业单位工作人员的退休、退职和退休、退职待遇均按国家、省有关规定执行。部分提前退休、规范生活津贴等根据县委、县政府有关规定执行。

第一节　退休条件

退休政策

平阳县干部、职工1993年以前按《国务院关于工人退休、退职暂行办法》《关于安置老弱病残干部的暂行办法》等文件规定退休。1993年以后按《国务院关于工人退休退职暂行办法》《国家公务员暂行条例》《中华人民共和国公务员法》等规定退休。

2009年8月17日，省人社厅《关于事业单位女职工退休年龄有关问题的意见》规定由工勤岗位受聘到专业技术或管理岗位的女职工，其50周岁时仍聘用在上述岗位且聘用已满5年的，用人单位应事先征求本人意见，按本人选择50周岁或55周岁办理退休手续，并享受相应的退休待遇。

提前退休

1993年，平阳县根据《关于党政机关实施机构改革人员分流》规定，工龄满30年或距法定退休年龄5年以内的、工龄满20年的，可提前退休。待遇：工龄算到法定退休年龄止，到法定退休年龄每年增加一个月退休费。全民所有制事业单位除卫生事业单位中的卫技人员和教育事业单位中的教学人员外可参照执行。

1997年，县委发文《关于县级机构改革中人员分流若干问题的意见》，继续实施提前退休政策，条件与待遇与之前相同。

1999年4月开始，全县事业单位全部参加养老保险，其退休金由养老保险基金支付，提前退休人员每年增发一个月退休费的待遇无法落实。平阳县于2000年出台《关于行政、事业单位工作人员提前退休有关问题的通知》，重新确定提前退休条件与待遇。条件：工龄满30年或距法定退休年龄5年以内、工龄满20年的，可以提前退休。待遇：工龄按实际参加工作时间计算，每年按12个月发放退休费，（原已办理提前退休的人员每年增加一个月退休费的部分由所在单位继续发放）；范围：全民所有制事业单位除卫生事业单位中的卫技人员和教育事业单位中的教学人员外可以参照执行。2002年4月11日，县政府专题会议纪要规定：自收自支事业单位暂缓办理提前退休手续。

2006—2008年，平阳县开展清理在编不在岗工作，将提前退休的范围扩大到事业单位招聘人员，自收自支事业单位及教育系统教学人员，卫生系统卫技人员等。2012年5月23日，随着平阳县第二轮清理在编不在岗工作的展开，县委办公室《关于清理机关事业单位在编不在岗人员的实施意见》规定：提前退休不包括自收自支事业单位。10月31日，县清理在编不在岗工作领导小组专题会议纪要确定：事业单位提前退休手续办理至2012年10月31日止。

1989—2012年平阳县机关事业单位退休干部情况表

表29-3-1　　单位：人

年度（年）	退休人数	年度（年）	退休人数	年度（年）	退休人数
1989	50	1997	171	2005	254
1990	42	1998	227	2006	300
1991	59	1999	225	2007	228
1992	74	2000	245	2008	338
1993	83	2001	228	2009	383
1994	144	2002	254	2010	368
1995	139	2003	284	2011	326
1996	185	2004	280	2012	372
合计	5259				

说明：资料由县人社局提供

第二节　退休待遇

平阳县1993年10月1日以前退休的人员的退休费均按《国务院关于工人退休、退职暂行方法》计发；1986年后开始发放退休补贴。1993年10月1日后退休人员的退休费按1994年省人事厅的《关于

2012年平阳机关事业单位退休人员规范生活补贴标准表

表29-3-2　　单位：元

职务		年标准	月标准
机　关	事业单位		
	专技4级	43152	3596
正处级	管理5级	41268	3439
	专技7级	40224	3352
副处级	管理6级	39372	3281
正科级	专技10级 管理7级 技师	34476	2873
副科级	管理8级	32580	2715
科　员	专技12级 管理9级 高级工	29340	2445
办事员	专技13级 管理10级 普工	26088	2174

说明：资料由县人社局提供

机关事业单位1993年10月1日以后离退休人员有关待遇问题的实施意见的通知》和2007年省人事厅、财政厅《关于公务员工资制度改革、事业单位工作人员收入分配制度改革和机关事业单位离退休人员计发离退休费等问题实施意见的通知》规定的标准发放。

2009年1月，平阳县出台公务员"阳光工资"政策，即对各级别的公务员每年各种补贴进行规范。对退休人员的退休费，除职务工资和级别工资按国家规定的比例计算外，各种补贴也全部按级别的不同实行规范，称"规范生活补贴"。2010年1月，事业单位实施绩效工资制度，退休人员的生活补贴也与在职人员绩效工资平均水平保持合理比例关系，原则上不低于60%。从此，平阳行政机关和事业单位退休干部的规范生活补贴相统一。

第三节　退休干部管理

管理内容

政治待遇上完善理论学习活动制度、建立工作通报制度、建立参观考察制度、健全退休干部组织。

生活待遇上建立慰问家访制度、落实退休干部定期健康体检制度、对行动不便的退休干部要开展上门服务、落实退休干部货币分房等生活待遇。

2010年，县政府印发《关于印发平阳县退休人员住房货币化分配实施办法的通知》，规定：1998年12月31日前参加工作，且未享受房改优惠政策或已享受的住房面积未达到控制标准的退休人员，可给予核发住房补贴。县政府另有规定的除外。住房补贴由一次性住房补贴和工龄住房补贴两部分组成。

住房补贴标准：退休人员一次性住房补贴标准为125元/平方米；退休人员工龄住房补贴为4.32元/平方米·工龄年(工龄年一律计算到1994年底止)。住房补贴面积控制标准：一般干部70平方米，科局级干部80平方米，县(处)级干部90平方米，地(厅)级干部120平方米；此文件适用于2010年6月30日前退休的人员。2010年7月1日以后退休人员的住房补贴办法另行制定，至2012年，此政策尚未出台。

服务管理经费

1990年，省政府办公厅《关于加强国家机关和全民事业单位退休干部职工管理工作的通知》规定，适当解决退休干部职工管理工作的活动经费，每人一年按60～100元标准提取。是年，平阳县规定退休干部管理工作活动经费每人一年按60元标准提取，各单位将提取经费中的20%上交县人事局统筹使用。1998年，县政府印发《关于提高国家机关、全民所有制事业单位退休干部职工管理工作活动经费的通知》，将退休干部职工管理工作的经费提高至每人280元/年，60%留本单位使用，40%上交县人事局统筹使用。2009年1月起退休干部职工的管理工作经费提高至每人500元/年，60%留本单位使用，40%上交县人事局统筹使用。至2012年未再变更。

第四节　干部退职

《国务院关于工人退休、退职暂行办法》具体规定干部退职的条件。至2012年，平阳县机关事业单位有50余名退职人员，绝大多数是为了子女顶替而办理退职。

退职待遇：《国务院关于工人退休、退职暂行办法》，退职金按职工在职时工资的40%发给，不足20元的按20元发给。后来与退休人员同步增加一定比例的退职生活费。2012年，退职人员的规范生活补贴与退休人员相同。

第四章　职称改革与人才管理

1981年始，平阳县对专业技术职称进行套改和评定工作。根据1986年中共中央、国务院转发中央职称改革领导小组《关于改革职称评定、实行专业技术职务聘任制度的报告》，平阳县于1987年6月成立职称改革领导小组。

第一节　职称评定

1988年，市职称改革领导小组发布《温州市乡镇企业专业技术职务评审实施细则(试行)》。自此，平阳县开始对乡镇企业专业技术职务的评聘工作。1989年，县职称改革领导小组《关于下一步技术职务评聘工作的意见》指出专业技术职务评聘工作转入经常化、制度化，并将这项工作列入正常的人事管理，每年均要进行考核评审工作。是年，全县有5802人评上专业技术职称，其中，高级职称52人，中级职称584人，初级职称5166人。1991年8月，国务院职称改革领导小组规定，行政机关不开展职称评审工作。1992年，县职称改革领导小组办公室转发省职称改革领导小组《浙江省〈关于企事业单位评聘专业技术职务若干问题的实施意见〉》，开始开展专业技术职务初定工作。

1994年，县职称改革领导小组办公室针对一些乡镇井巷工程企业长期在外承包工程，不能参加当地正常的职称评定，影响这些企业上等级的特殊情况，利用年度在外工程队返乡时机，正月初六就组织人员对他们进行培训，培训334人，并为这些人评定相应的专业技术职务任职资格。1995年，为乡镇、集体企业举办3期专业培训班，552人参加，并对考试、考核合格人员，按任职条件评定相应的初级专业技术职务任职资格。1997年，县职称改革领导小组办公室组织人员赴工程队所在地（贵州省）举办培训班，提高工程队的专业技术水平，为他们评定专业技术职务任职资格。1999年，开始重视对非国有企业经济管理和工程专业技术人员的基础知识、专业知识的培训。是年，举办5期培训班，培训401人，对成绩合格者，按规定给予评定相应的专业技术职务任职资格。针对平阳县特点，2000年，县职称改革领导小组办公室还为塑编、皮革等行业的专业技术人员评定技术资格。

平阳县1995年审批办理大中专毕业生专业职务初定430人，1996年初定1509人，1998年初定563人，1999年初定406人，2000年初定668人，2001年初定112人，2002年初定361人，2005年初定专业技术职务任职资格357人，2009年初定151人，2010年初定128人，2012年初定128人。

1989—2012年平阳县（事业单位）各行业专业技术人员分类情况表

表29-4-1　　单位：人

年份（年）	总数	农、林、牧、渔业	建筑业	交通运输	信息技术	科学研究	环境	教育	卫生和社会工作	文化	体育	公共管理	其他
1989	5802	91		23	7	5	4	4802	474	79	3	187	127
1990	6675	114		31	9	7	11	5383	643	92	5	221	159
1991	7461	139		38	13	11	14	5801	881	107	6	267	184
1992	8181	153		51	16	14	17	6269	1019	121	8	302	211
1993	8770	174		65	21	17	20	6597	1153	144	11	334	234
1994	9332	177		67	22	20	23	6989	1233	157	11	386	247
1995	9605	182		70	23	20	24	7152	1301	161	12	401	259
1996	9811	186		76	25	21	27	7285	1342	167	13	417	252
1997	9764	181		75	26	21	28	7207	1379	164	12	441	230
1998	9979	185		78	25	23	29	7279	1437	170	13	453	287
1999	9987	191		74	22	24	30	7398	1466	165	14	406	197
2000	9979	189		73	21	25	33	7439	1431	164	14	402	188
2001	9991	217		81	21	23	31	7357	1483	165	13	408	192
2002	10092	232		85	24	27	33	7417	1507	169	13	401	184
2003	10013	287		88	23	28	29	7265	1540	171	14	405	163
2004	10207	306		91	22	27	31	7381	1571	168	14	412	184
2005	10342	329		87	22	28	30	7319	1601	166	14	403	177

续表 29-4-1

年份（年）	总数	农、林、牧、渔业	建筑业	交通运输	信息技术	科学研究	环境	教育	卫生和社会工作	文化	体育	公共管理	其他
2006	10562	355		89	23	30	31	7599	1654	169	15	399	198
2007	10983	467		93	23	27	33	7894	1692	171	15	379	189
2008	10451	402		101	23	29	33	7413	1705	163	13	381	188
2009	10207	418	1	97	21	22	34	7063	1791	169	14	395	182
2010	10114	346		98	15	33	33	6867	2052	172	15	357	126
2011	10366	246	2	102	22	35	42	7179	2022	167	13	383	135
2012	11557	250	4	101	25	36	45	7305	2965	174	14	447	165

说明:①教委系统专业技术人员的人数超过在职总人数，据分析，可能是已退休的专业技术人员也统计在内;②资料由县人社局提供

第二节　聘任与考核

聘任

1986年，国务院发布《关于实行专业技术职务聘任制度的规定》。1994年，平阳县审核准聘专业技术职务1802人，1996年准聘专业技术人员1042人，1997年审核准聘1489人，1999年审核准聘1300人，2001年审核准聘1530人，2009年审核准聘963人，2012年审核准聘718人。

考核

根据1992年浙江省职称考核领导小组印发的《关于企事业单位评聘专业技术职务若干问题的实施意见》，平阳县开始对专业技术人员进行考核。1994年，对全县各企事业单位5000余人进行专业技术人员职务聘任期内年度考核和任期满考核。1995年对全县6000余名专业技术人员进行任期考核。1995年后专业技术人员的考核与事业人员的考核一起进行，不再另行考核。

1995年始，全县事业单位工作人员全部参照行政单位考核规定进行年度考核。

第三节　人才引进与管理

人才引进

1993年9月，平阳县人才交流咨询服务中心成立。是年，开办温州市首家县级人才市场。至是年年底，推荐到企事业单位聘用12人。1994年2月，赴陕西科技卫生进修学校，为县儿童医院引进急需的医护专业人员22人；12月，赴西安参加全国人才市场首届全国高校毕业生供需洽谈会。此后，在大中专毕业生报到相对集中的时间，举办人才集市，每年均成功引进各类人才。

1997年，平阳县开始探索人才交流会，组织企业招聘各类人才。2002年3月，开通“平阳人才网”。2004年，人才网改版后新增企业招聘栏目，人才交流从固定市场拓展到网上人才市场。2009年开始，每年定期推出春、秋两季人力资源交流大会。1997—2012年，全县举办人才交流会9场，参会企业427家。

人事代理

1993年，县人才交流咨询服务中心根据《温州市流动人员人事行政关系挂靠办法》，开始接受企业人员的人事行政关系挂靠；是年，接受人事关系挂靠6人、人事档案管理7人。1998年，根据省人事厅1996年出台的《浙江省人事代理暂行办法》，制定平阳县人事代理工作规划，出台《平阳县人事代理暂行规定》，县人才交流中心开展人事代理工作，接受单位和个人委托，提供档案管理、大中专毕业生转正定级、档案工资晋升等服务。至2012年，全县人事代理总数5365人。

国外引智工作

1983年，国务院发布《关于引进国外智力以利四化建设的决定》。1996年，平阳县开展引进国外

1989—2012 年平阳县专业技术人员分类职称、学历构成情况一览表

表 29-4-2

单位：人

年份（年）	总数	小计	工程人员			农业人员				卫生人员				教育人员				其他人员				学历构成				
			高级	中级	初级	小计	高级	中级	初级	小计	高级	中级	初级	小计	高级	中级	初级	小计	高级	中级	初级	高中及以下	中专	专科	本科	研究生
1989	5802	39	1	7	31	91	2	14	75	474	6	23	445	4802	41	505	4256	396	2	35	359	1227	513	3479	583	0
1990	6675	58	3	12	43	114	3	20	91	643	10	40	593	5383	92	741	4550	477	3	81	393	1185	631	4028	831	0
1991	7461	76	6	19	51	139	5	26	108	881	19	58	804	5801	174	995	4632	564	3	66	495	1221	729	4437	1074	0
1992	8181	98	8	24	66	153	7	33	113	1019	28	74	917	6269	257	1294	4718	642	4	78	560	1059	810	5082	1230	0
1993	8770	123	9	30	84	174	8	40	126	1153	37	103	1013	6597	348	1601	4648	723	6	92	625	998	910	5491	1371	0
1994	9332	132	11	35	86	177	10	45	122	1233	47	147	1039	6989	451	1891	4647	801	7	105	689	1032	973	5831	1496	0
1995	9605	137	14	42	81	182	11	54	117	1301	58	183	1060	7152	562	2111	4479	833	8	116	709	976	1002	6104	1523	0
1996	9811	149	15	49	85	186	13	62	111	1342	67	229	1046	7285	641	2403	4241	849	9	129	711	867	1103	6132	1709	0
1997	9764	150	17	53	80	181	16	67	98	1379	79	257	1043	7207	709	2782	3716	847	9	137	701	905	1176	5762	1921	0
1998	9979	155	17	60	78	185	17	71	97	1437	90	274	1073	7279	774	3001	3504	923	11	148	764	823	1211	5939	2006	0
1999	9987	150	18	64	68	191	19	78	94	1466	112	308	1046	7398	841	3369	3188	782	12	163	607	701	1117	6010	2159	0
2000	9979	152	20	70	62	189	20	83	86	1431	121	337	973	7439	903	3709	2827	768	13	181	574	793	1079	5821	2284	2
2001	9991	156	21	74	61	217	22	93	102	1483	133	351	999	7357	952	3803	2602	778	13	192	573	722	1052	5770	2441	6
2002	10092	169	24	78	67	232	24	97	111	1507	142	375	990	7417	997	3853	2567	767	14	183	570	671	1093	5705	2592	31
2003	10013	168	23	83	62	287	25	101	161	1540	153	369	1018	7265	1002	3901	2362	753	15	171	567	693	1009	5573	2701	37
2004	10207	171	25	87	59	306	23	104	179	1571	163	383	1025	7381	1052	3939	2390	778	15	173	590	718	963	5688	2789	49
2005	10342	167	28	81	58	329	24	108	197	1601	141	401	1059	7319	1104	3994	2221	926	16	191	719	631	897	5941	2812	61
2006	10562	173	22	89	62	355	25	112	218	1654	151	416	1087	7599	1173	4033	2393	781	14	163	604	647	919	5616	3297	83
2007	10983	176	24	93	59	467	28	107	332	1692	147	402	1143	7894	1201	4071	2622	754	15	160	579	599	904	5527	3851	102
2008	10451	186	27	99	60	402	24	117	261	1705	154	431	1120	7413	1193	3957	2263	745	15	164	566	602	867	4852	4011	119
2009	10207	175	23	97	55	418	26	113	279	1791	179	487	1125	7063	1051	3831	2181	760	17	179	564	579	893	4118	4480	137
2010	10114	179	24	93	62	346	27	115	204	2052	193	541	1318	6867	1014	3781	2072	670	15	161	494	562	874	3713	4806	159
2011	10366	201	16	101	84	246	11	109	126	2022	227	598	1197	7179	1062	4030	2087	718	19	167	532	581	803	3470	5342	170
2012	11557	217	29	89	99	250	10	104	136	2965	187	607	2171	7305	1104	4100	2101	820	17	172	631	519	832	4029	5990	187

说明：资料由县人社局提供

1997—2012年平阳县召开人才交流会及组团外出参加大中型人才招聘会情况表

表 29-4-3　　单位：家

人才交流会				组团外出参加大中型人才招聘会			
名称	时间	地点	参会企业数	名称	时间	地点	参会企业数
平阳县1997年人才交流会	1997年9月	昆阳镇解放街	25	武汉研究生就业招聘会	2007年11月	武汉	5
平阳县2002年人才交流会	2002年11月	新鳌中学	46	上海高层次人才洽谈会	2008年12月	上海	5
平阳县2003年人才交流会	2003年10月	平阳县工人文化宫	65	中国西部(兰州)人才招聘会	2009年4月	兰州	6
平阳县2009年春季人才交流会	2009年3月	平阳县劳动力市场	46	陕西省秋季人才交流大会	2010年9月	西安	6
平阳县2010年春季人才交流会	2010年3月	平阳县劳动力市场	51	重庆、成都人才招聘会	2011年4月	重庆、成都	12
平阳县2011年春季人才交流会	2011年3月	平阳县劳动力市场	50	温州民营企业海外高层次人才洽谈会	2011年11月	温州	30
平阳县2011年秋季人才交流会	2011年10月	平阳县劳动力市场	46	第15届智通中高级人才招聘会	2012年4月	东莞	15
平阳县2012年春季人才交流会	2012年2月	平阳县劳动力市场	51	温州民营企业海外高层次人才洽谈会	2012年11月	温州	31
平阳县2012年秋季人才交流会	2012年10月	鳌江四中	47				

说明：资料由县人社局提供

智力工作，为温州三联集团公司和县海洋开发公司申报引进智力2项。1997年，温州三联集团公司引进法国机械工程专家，县南麂岛开发有限公司引进比利时和哥伦比亚海水养殖专家。此后，平阳县每年均做好引进国外智力项目的申报工作。2010年起，对引进的国(境)外专家，并能取得明显经济和社会效益的引智项目，在享受国家、省、市优惠政策的同时，县里再给予执行单位资助5000～20000元的外国专家来华生活费。2012年，平阳县1名外国专家获温州市雁荡友谊奖。至2012年，共引进人才5人。

第五章　劳动力管理

20世纪80年代后期至90年代初期，随着计划经济向市场经济的转变和企业制度改革的深入发展，劳动管理体制发生巨大的转变，劳动局的职能也发生巨大转变。劳动计划从微观管理转变为宏观指导和宏观预测。同时全面改革企业原有固定工制度，逐步实行全员劳动合同制。劳动力调配也逐步放权搞活，调动与转移工作单位，一般采取协商的方式，允许职工合理流动和双向选择。还通过开办劳动力市场，引导组织劳动力合理流动。企业内部的劳动管理还权于企业，由企业自主决定，劳动行政部门不再直接干预企业内部的劳动组织和工资分配。

1989—2012年，平阳县劳动力培训的类型有：技工学校培训、就业训练中心培训、农村劳动力培训、社会力量培训等。培训机构有：县技工学校、县技工学校与公安局金盾服务公司联合创办的汽车驾驶培训班、县就业训练中心等。

第一节　劳动力招收

招工

1988年10月8日，县政府公布《批转县劳动局关于全民所有制企业劳动制度、工资制度进一步深化改革实施意见报告的通知》，规定：企业招用工人，必须在国家劳动指标计划之内，通过劳务市场招用。要按照“先培训后就业，先招生后招工”的原则，凭“三证”：初中以上毕业证、专业技术培训毕（结）业证、待业证择优录取。

1992年10月7日，县政府批转县劳动局《关于国营集体企业自主用工、分配若干问题实施意见的通知》，规定放开劳动力计划。企业招工实行面向社会，公开招收，择优录取。县劳动局对考试、录用进程实行监督。招工手续需报劳动局办理。

劳动计划放开后，应由企业直接招用工人，但人们的观念还转不过来，1992年自主用工政策出台后，劳动局的招工审批权一直延续至2008年。2002年后，平阳县绝大部分国有集体企业均已改制，基本不需要招工。

退休顶替

1986年7月12日，《国务院关于发布改革劳动制度四个规定的通知》中指出：“不再实行退休工人‘子女顶替’的办法”。浙江省规定：对1960年底前参加工作、家在农村的老工人，退休后可允许1名未婚青年到父母原单位城镇参加招工考核，在同等条件下优先录用。

至20世纪90年代末，随着1960年前参加工作的老工人陆续退出职工队伍，职工子女顶替的工作自然消失。至2004年7月，职工死亡顶替的政策被取消。

1989—2002年平阳县招收安置劳动力情况一览表

表29-5-1　　单位：人

年度（年）	安置城镇待业人员数	其中			
		全民招工	集体招工	退休死亡补员	
				全民	集体
1989	1053	125	194	—	—
1990	1467	100	—	22	—
1991	1259	345	—	—	—
1992	1280	298	180	—	—
1993	1238	398	—	41	63
1994	1358	558	168	45	30
1995	1179	706	115	67	—
1996	—	680	143	88	—
1997	—	494	111	81	—
1998	—	386	81	64	—
1999	—	147	216	58	—
2000	—	188	43	33	11
2001	—	139	56	24	5
2002	—	79	10	—	—

说明：资料由县人社局提供

第二节　用工制度改革

1984年，浙江省劳动人事厅《关于全民所有制单位使用劳动合同制工作若干政策的暂行规定》印发后，平阳县全民、集体招用工人全面试行劳动合同制。退伍军人安置后执行固定工制度。

根据《劳动部关于扩大试行全员劳动合同制的

通知》，1992年，县劳动局开始做好推行全员合同制的准备工作。先在县化工厂硫酸车间实行用工和分配制度改革试点，取得经验后再逐步推向全厂。是年，县农机公司在学习外地“两制”改革的经验后，在全县率先实行全员合同制和岗位技能工资制。县化建公司、长运公司、平阳酒厂等单位均进行用工和分配改革的“两制”试验。

《中华人民共和国劳动法》颁布后，推行以全员劳动合同制为重点的企业用工制度改革。根据市政府《关于全员推行企业用工劳动合同制度的通知》精神，1994年，全县有60家全民企业9000余名职工完成劳动合同的签订任务，完成率92%。是年，部分县属集体企业开始全员劳动合同的签订工作，全县有17家集体企业，1900名职工签订合同。1995年，全县68家国有企业，9590名职工，基本完成合同签订工作。集体职工21000人，有2858人签订合同，占集体总人数的13.61%。是年，全县机关事业单位的工勤人员开始实行全员劳动合同制。

1996年，县劳动局下发《平阳县乡镇企业实施全员合同制工作实施意见》《私营企业、个体经济组织实施劳动合同制的工作意见》，在各种经济性质的用人单位与劳动者之间推行劳动合同制度。是年，有850份劳动合同上报劳动局鉴定。此后，县劳动部门主要通过劳动监察方式监督用人单位与劳动者之间签订劳动合同。

第三节　计划外用工清退

1989年，县劳动局开始清理计划外用工。是年，省里下达清退任务。

1990年，县政府下发《关于下达一九九〇年清退计划外用工计划的通知》，全县计划外用工2884人，全年清退计划外用工任务753人。是年，全县实际清退计划外用工164人。1991年，县政府下发《关于下达一九九一年计划外用工清退计划的通知》，下达全年清退计划外用工任务1258人，并采取每少清退一人，每月扣减本单位工资基金计划150元的措施。至10月底，全县清退计划外用工199人。

1992年起，国营集体企业开始自主用工与分配，不再清退计划外用工。

2004年，县委、县政府根据中央和省市有关文件精神，下发《关于做好机关、全民事业单位计划外用工清理工作的通知》，决定对平阳县机关、全民事业单位计划外人员进行全面清理。清退坚持“一刀切”的原则，谁主管谁清理。对个别确因工作需要留用的，必须报批，按照公开、公平、公正的原则聘用，对门卫、食堂、清洁工、水电工等勤杂人员按劳务关系处理。2005—2012年，平阳县未再出台清退计划外用工的文件。

第四节　劳动力调配

在计划经济时期，劳动力调配严格按国家的劳动指标进行，尽量减少人力资源的浪费。在20世纪80年代，县内主管局之间调动要报劳动局审批，省外调入必须要有劳动指标。县外调入，一般采取对调的办法解决。当时为了照顾夫妻两地分居的情况，或满足照顾年迈父母的需求，每年都有少数外省调入的指标，但并不能满足要求调动职工的需求。

1992年，县政府批转县劳动局《关于国营集体企业自主用工、分配若干问题实施意见的通知》，对企业职工流动作出新的规定：在平阳县范围内，相同所有制企业（农、林、牧、渔场职工调动除外）之间职工流动，经企业双方同意即办理，调动情况需报劳动局备案。机关事业单位职工调往企业或企业职工被调往自收自支、独立核算、企业化管理事业单位的，也按此办理；职工跨市、省流动的，要经主管部门审核同意报县劳动局批准，并按原有规定的手续办理调动或转移；实行全员劳动合同制的全民企业，确因生产经营需要，从县以上集体所有制企业调入职工的，应向县劳动局申请，经同意后，由县劳动局办理手续，调入后统一实行劳动合同制。部队转业干部、退伍军人、大中专毕业生，安排到实行全员劳动合同制企业工作的，均实行劳动合同制；职工流动后的工资待遇，由调入单位重新确定。

1989—2007年平阳县职工流动情况一览表

表29-5-2　　单位：人

年度（年）	全民企业		集体企业		县内流动	集体企业流到全民企业
	县外调入	调出县外	县外调入	调出县外		
1989	20	—	—	—	—	—
1990	37	26	4	16	—	—
1991	48	18	5	12	—	—
1992	34	26	3	8	—	—
1993	44	53	—	—	54	210
1994	31	58	—	—	—	—
1995	（调配42人）				—	32
1996	26	32	2	1	—	66
1997	调配96人				—	—
1998	17	16	—	—	34	—
1999	（调配72人）					—
2000	7	13	—	—	46	—
2001	2	13	—	—	74	—
2002	（调配42人）				—	—
2003	1	7	—	—	19	—
2004	—	8	—	—	8	—
2005	—	2	—	—	10	—
2006	（调配13人）				—	—
2007	（调配11人）				—	—

说明：资料由县人社局提供

2007年后，平阳县国有企业大都改制，企业之间职工基本没有流动。

第五节　劳动力培训

技工学校培训

平阳县技工学校　1979年8月创办，1982年停办，1985年，恢复办学。1993年，在鳌江技校街征地13亩，新建5480平方米的新校舍。2008年8月，与县职业技术学校合并，更名“平阳县职业中等专业学校（平阳县技工学校）”划归县教育局管理。技工学校的培训目标是中级技术工人。1989年，技工学校有15个班级，在校生673人，开设专业有计算机及应用、服装设计及制作、财会、电子电工、机电等。是年，毕业生有365人，就业率90%以上。

1990—2008年，县技工学校每年均开设15个以上班级，最多21个班级。在校生均在600人以上，最多的2006年有1203人。1989—2008年，为社会培养技术工人7159人。开设的专业有计算机及应用、服装设计及制作、财会、电子电工、机电、食品、文秘、商业经营、铁路运输管理、机械、铸造、美术装潢、视光与配镜、汽车维修、数控等十几个专业。在职正式教职工有43人，临时聘任有50人。技校毕业生就业率均90%以上。

1996年，县技工学校被评为浙江省“八五”期间职工教育先进单位、浙江省文明单位。1996年，被定为劳动部综合性职业培训基地。1998年，被定为浙江省重点技工学校、浙东南星火培训基地。2003年，被评为浙江省劳动保障系统先进单位。

1989—2008年平阳县技工学校培训情况一览表

表29-5-3

年份(年)	班级数(个)	在校学生人数(人)	毕业生数(人)	开设专业	就业率%
1989	15	673	365	计算机应用 服装设计与制作 财会 电子电工 机电 食品 文秘 商业经营 铁路运输管理 铁路信号技术 机械、铸造 美术装饰 机电一体化 视光与配镜 数控 汽车维修等	90
1990	15	645	324		95
1991	15	736	346		91
1992	15	712	319		90
1993	15	715	346		90
1994	15	682	278		90
1995	15	765	332		90
1996	15	726	321		95
1997	15	656	354		95
1998	15	729	321		90
1999	15	753	349		90
2000	18	869	346		90
2001	18	903	334		90
2002	18	1138	565		90
2003	19	1126	380		90
2004	19	1048	375		90
2005	20	1185	350		90
2006	21	1203	395		90
2007	21	1189	401		90
2008	16	1187	358		85

说明:资料由县人社局提供

汽车驾驶技工学校　1994年,技工学校与县公安局金盾服务公司联合创办汽车驾驶培训班。是年,有10辆吉普教训车,4辆大货教训车,县公安局车辆检测站作为汽训基地。1999年,县公安局将股权转给县经贸局金伟劳动服务公司。2003年,双方正式注册成立县汽车驾驶技工学校,单位性质为独立核算的联营企业。至2012年,驾校有教练车47辆,年培训2000人。

就业训练中心培训

1990年,平阳县创办就业训练中心,为差额管理事业单位。是年开始招生文秘、财会两个班级。1993年,开设的专业有:文秘、财会、计量、计算机、物资、双证、体育师资等。培训方式以全日制为主。

1994年至2002年3月,就业训练中心与技工学校合署办学。2002年4月始,就业训练中心复独立办学,办学的形式以成人技能短期培训班和下岗失业人员再就业培训为主。培训的科目有:计算机、再就业指导、职业指导员、餐厅服务员、钳工、车工、电工、建筑工、美容美发、推销员、家政服务员、会计摩托车驾驶等。至2012年,培训初级工84293人次,其中免费为下岗职工再就业培训7358人;为农村劳动力素质培训52040人。就业训练中心还创办汽车、摩托车驾驶理论培训班,至2012年培训9005人。

1992年,县就业训练中心被评为浙江省优秀就业训练中心,2006年、2009年、2012年,被评为温州市农村劳动力素质培训优秀基地,2008—2012年,被评为职业技能培训先进单位。

1990—2012 年平阳县就业训练中心劳动技能培训情况一览表

表 29-5-4　　单位：人

年度	技能和再就业培训	驾驶理论培训	主要培训科目
1990	68		文秘、财会、计量、计算机、物资、双证、体育师资、再就业指导、职业指导员、餐厅服务员、钳工、车工、电工、建筑工、美容美发、推销员、家政服务员、会计、汽车、摩托理论、摩托驾驶等
1991	324		
1992	259		
1993	295		
1994—2001(技校与就业训练中心合署办学)			
2002	3509		
2003	5447		
2004	7670		
2005	11094		
2006	8377		
2007	13402		
2008	6171	3665	
2009	5229	4400	
2010	10399	2580	
2011	6138	8425	
2012	5911	9005	
合计	84293	28075	

说明：资料由县人社局提供

农村劳动力素质培训

2004年6月，县委、县政府专门成立县“农村劳动力素质培训工程”领导小组及办公室，县委副书记担任领导小组组长，两位副县长为副组长，有关部门领导为成员。领导小组办公室设在县劳动和社会保障局，由局长兼任办公室主任，分管培训的副局长和县委农办领导兼任副主任，具体负责培训工作。是年，县委办公室、县政府办公室印发《关于开展“农村劳动力素质培训工程”的实施意见》。是年下达培训任务10000人，具体培训项目由有关部门负责组织实施。

2005年，县委办公室和县政府办公室下达农村劳动力素质培训任务16500人。县劳动和社会保障局负责“转业农民”就业技能培训任务5000人，“务工农民”岗位技能培训任务3000人。2006年，县委将领导小组办公室的职能移交县委农办，由县委农办继续抓农村劳动力素质培训工作。

2004—2012 年平阳县农村劳动力素质培训人数一览表

表 29-5-5　　单位：人

年度(年)	专业农民技能培训	务工农民技能培训(部分)	培训后转移就业人数
2004	3071	0	2781
2005	5016	3045	3879
2006	4952	2610	3107
2007	4535	3559	2959
2008	2347	3062	1655
2009	2400	1829	2040
2010	2450	2541	1960
2011	2502	3210	2251
2012	2576	3335	2318
合计	29849	23191	

说明：资料由县人社局提供

社会力量培训

平阳县社会力量培训主要以电脑培训为主。2000年后，昆阳、鳌江、水头、萧江4镇有10余家培训机构；至2004年发展至19家。2001年培训人数864人，2002年1291人，2003年2500人。至2012年，社会力量培训机构减少为7家，年培训人数也逐年减少。

职业技能鉴定

1995年2月，经市劳动局批准，平阳县建立“职业技能鉴定站”。1998年3月，经省劳动厅批准，升级为“国家职业技能鉴定所”。2002年9月28日成立“平阳县职业技能鉴定中心”。县职业技能鉴定中心与就业训练中心合署办公，两块牌子，一套人马。此时，县劳动和社会保障局下属有两个职业技能鉴定机构，即“国家职业技能鉴定所”和“平阳县职业技能鉴定中心”。2008年，技校划归教育部门管理后，国家职业技能鉴定机构仍归劳动和社会保障局管理。

1996—2012年，全县参加职业技能考核的有65395人，其中获得初级工的35949人，中级工的26378人，高级工的2927人，技师124人，高级技师17人。

1996—2012年平阳县职业技能鉴定获得证书情况一览表

表29-5-6　　单位：人

年度(年)	高级技师	技师	高级工	中级工	初级工	小计
1996	0	0	0	979	1243	2222
1997	0	0	0	997	1156	2153
1998	0	0	0	1098	1056	2154
1999	0	0	0	1298	1456	2754
2000	0	0	0	1308	1159	2467
2001	0	0	0	1201	1308	2509
2002	0	0	0	1189	1504	2693
2003	0	0	0	1302	1602	2904
2004	0	0	0	1279	1540	2819
2005	0	0	0	1524	1316	2840
2006	0	0	0	1047	1261	2308
2007	0	0	0	6786	256	7042
2008	0	6	194	1040	2844	4084
2009	0	8	505	1153	4492	6158
2010	0	15	655	1275	5005	6950
2011	5	38	750	1382	4370	6545
2012	12	57	823	1520	4381	6793
合计	17	124	2927	26378	35949	65395

说明：资料由县人社局提供

第六章　就业与再就业

1980年，县政府根据全国就业工作会议上提出的“在国家统筹规划和指导下，实行‘劳动部门介绍就业、自愿组织起来就业和自谋职业相结合’”（简称“三结合”）的就业方针，安置城镇待业人员就业。随着市场经济的建立，平阳县的私有经济迅速发展，大批待业青年和农村劳动力都到乡镇企业、民办企业、私营企业就业，或个体经营自谋职业；另有大批劳动力外出打工、办企业。至2012年，还没有到就业处登记的“零就业家庭”，基本均能找到就业门路。

1992年，平阳县开始出现职业介绍所。2004年，平阳县就业处开通平阳就业网。至2012年，全县有职业介绍所61家。是年，成功介绍27251人就业。

第一节　待业人员就业

安置与就业情况

安置　1989年，平阳县按照“三结合”的就业方针，安置城镇待业人员1053人。1990年，平阳县城镇就业进入高峰期，城镇待业率回升。市里下达安置任务1200人，实际安置1467人。是年，新建8家就业服务企业，安置待业人员100人。截至1990年，全县有就业服务企业38家，从业人员383人，总产值734万元。20世纪90年代初期，平阳县的城镇待业率居高不下。1990—1995年，全县安置待业人员7781人次。

就业　平阳县是较早实施多种经济共同发展的地区。随着市场经济的建立，平阳县的私有经济迅速发展。1993年，全县有私营企业410家，个体工商户19795户。因国有企业普遍存在冗员多、债务重、效益差的现象，依靠国有企业和集体企业安置待业劳动力已不可能，而大批个私企业吸收了大量的劳动力就业，因此民众就业依靠政府的观念也逐步淡化。2012年，全县国有企业有28家，集体企业81家，私营企业6691家，个体工商户38754家。

2007年3月10日，县工商局、县劳动和社会保障局、县民营企业协会和县个体劳动者协会在县人才市场联合开展就业再就业劳动力招聘大会，20余家企业和数百名务工人员参加了当天的招聘大会。图为招聘现场　陈培勇　摄

劳动力市场

市场发展　1992年，平阳县开始形成劳动力市场。在昆阳镇南门，徐玉彩等3人创办3家职业介绍所。至2012年，平阳县职业介绍所有61家，分布在昆阳、鳌江、水头、郑楼等大镇。平阳县职业介绍所均是民间自发创办，由劳动就业处统一管理。

1993年6月21日，县人才市场、县人才交流咨询服务中心亮牌开业。2006年5月8日，新的县劳动人才市场正式投入使用，昆阳镇的职业介绍所全部集中在市场内经营。2010年始，市场每年春秋两季分别举办一次人才交流会。2012年，县劳动人才市场更名为“平阳县人力资源市场”。

1992—2012年劳务市场介绍就业情况一览表

表29-6-1

年度（年）	职业介绍所（家）	用人单位登记招聘人数（人）	求职人数（人）	成功介绍人数（人）
1992	3			
1993	14			4360
1994	15			
1995	17			
1997				3736
1998	36			8024
1999	43	10198	11541	8726
2000	48		35180	6734
2001	45	7953	73962	63540
2002	56	9368	81328	71593
2003	64	9817	60145	58671
2004	63		72648	57564
2005		7239	67912	58137
2006		4570	56137	50191
2007	64	8173	58617	47127
2008	62	5617	53693	49695
2009	55		71658	42652
2010	53	20103	31112	11315
2011	59		40108	15877
2012	61		53872	27251

说明：资料由县人社局提供

职业介绍机构管理　根据省劳动厅和工商局下发的《浙江省企业介绍暂行规定》，1994年，县劳动局对全县民办企业介绍机构进行清理整顿，对其名称是否规范、服务场所、收费标准、供求登记等情况进行调查最后核实15家职业介绍所，发给“职业介绍许可证”。随着劳务市场的逐步发展，县就业管理处对各职业介绍所进行常规化管理，2005年以前收取少量市场管理费，2006年后管理费取消，所需费用由县就业管理处承担。县劳动监察大队对职业介绍所的执业情况进行不定期的监督监察，对违规操作者进行处罚。

开通平阳就业网　2004年8月1日，平阳县就业处开通平阳就业网，网址：www.pyjy.gov.cn。

第二节　下岗职工再就业

职工下岗、失业

平阳县国有企业原本就沉淀大量的富余人员，随着市场经济体制的建立，大批国有企业生存越来越困难。国有企业不得不面临改制、破产，职工也面临下岗、失业。

1997年，县政府出台《平阳县破产解散企业职工安置办法》，规定了破产解散企业职工安置的方式、安置费的提取、标准等内容。1998年，县委、县政府作出《关于加快国有企业改革步伐的若干规定》。根据县政府的文件精神，是年，平阳县企业开始全面改制，国有企业大都资产拍卖关闭，职工纷纷下岗、失业；集体企业有的改制，有的自行关闭、解散。2000年，县政府《批转县劳动局等9部门关于县属国有企业下（离）岗职工劳动关系处理意见（试行）的通知》，规定改制企业职工的劳动关系处理和待遇。平阳县企业改制的截止时间确定为2001年4月30日。

国有企业改制　至2012年，平阳县各系统已改制国有企业65家，正在改制1家，政策性停产4家，未改制11家。

集体企业改制　至2012年，平阳县二轻系统190家企业，其中，65家企业已改制，下岗职工6164人，正在改制5家，401名职工，未改制的120家，有职工5517人。其他集体企业有14家已改制，下岗869人。未改制的集体企业基本停业或解散。

截至2012年，全县国有企业下岗失业职工8956人，集体企业7033人，合计15989人。

截至2012年平阳县国有企业改制情况一览表

表29-6-2　　　　单位：人

类别	归属	企业名称	在职职工人数	下岗人数
已改制	经贸系统	平阳县南雁酒厂		123
		平阳县酿酒总厂		9
		平阳县造纸厂		227
		平阳县化工厂		791
		平阳县供销二轻联社		33
		平阳县酒厂		146
		平阳县氮肥厂		650
		平阳县医药公司		183
		温州活塞厂		693
		平阳县水泥厂		267
		平阳县纺织厂		326
		平阳县印刷厂		116
		平阳县建设机械总厂		333
		平阳县平安民用爆破器材专营有限公司		48

续表 29-6-2

类别	归属	企业名称	在职职工人数	下岗人数
已改制	商务系统	平阳县化工轻造材公司		23
		平阳县金属材料公司		27
		平阳县糖业烟酒公司		140
		平阳县五交化公司		148
		平阳县工业品贸易公司		98
		平阳县饮食服务公司		91
		平阳县食品公司		238
		平阳县百货公司		165
		平阳县木材公司		63
		平阳县燃料公司		95
		昆阳物资供应站		7
		平阳县南雁贸易公司		8
		平阳县生产物资公司		21
		平阳县商业投资公司		7
	粮食系统	昆阳粮管所		82
		万全粮管所		90
		鳌江粮管所		113
		水头粮管所		160
		萧江粮管所		70
		麻步粮管所		66
		腾蛟粮管所		94
		山门粮管所		55
		顺溪粮管所		30
		南麂粮管所		27
		昆阳粮油厂		42
		万全粮油食品厂		31
		江南植物油工贸公司		47
		平阳县饲料公司		96
		鳌江粮油食品厂		62
	供销系统	昆阳供销社		142
		万全供销社		120
		鳌江供销社		163
		水头供销社		66
		萧江供销社		67
		腾蛟供销社		135
		鹤溪供销社		45
		平阳县供销储运公司		9
		平阳县副食品公司		88

续表 29-6-2

类别	归属	企业名称	在职职工人数	下岗人数
已改制	供销系统	平阳县日杂公司		45
		平阳县农资公司		50
		平阳县茶厂		50
	交通系统	平阳县航运公司		241
		平阳县交通工程公司		31
	农业系统	农场海涂分场		255
		平阳县第一农场		593
		平阳县水产公司		314
	其他	平阳宾馆		140
		平阳收费站		47
		平阳县电影发行放映公司		138
		平阳县对外贸易公司		25
		平阳县经济技术协作公司		51
未改制	经贸系统	平阳县矿产公司	20	
		平阳县地方工业供销公司	—	
		平阳县车辆服务站	9	
	商务系统	昆阳百货公司	52	
	粮食系统	平阳县粮油贸易公司	110	
		平阳县粮油车队	15	
	供销系统	供销大厦	130	
		顺溪供销社	40	
		麻步供销社	74	
		盐务公司	80	
		山门供销社	80	
政策性停产	经贸系统	东方红化工厂	—	
		平阳硫铁厂	—	
		平阳铜矿	16	
		平阳县玻璃厂	—	
正在改制	商务系统	平阳县机电公司	—	

说明:资料由县人社局提供

1989—2012 年平阳县国有企业职工人数统计表

表 29-6-3　　单位：人

年度(年)	合计	工业及建筑业	农、林、牧、渔业	交通　邮电	商业	房地产　社会服务业	金融　保险
1989	10459	4108	1471	1314	2968	142	456
1990	10759	4235	1472	1337	3069	155	491
1991	11137	4499	1500	1379	3092	159	508

续表 29-6-3

年度(年)	合计	工业及建筑业	农、林、牧、渔业	交通　邮电	商业	房地产　社会服务业	金融　保险
1992	11331	4352	1602	1461	3201	187	528
1993	11656	4710	1492	1583	3143	126	602
1994	11871	4824	1391	1669	3157	179	651
1995	12224	4873	1575	1662	3188	195	731
1996	11644	4149	1538	1703	3065	433	756
1997	11645	4090	1381	1896	3022	472	784
1998	11189	4102	1476	1626	2428	739	818
1999	10115	4053	1076	1595	2050	674	667
2000	6416	2202	408	1481	1014	452	859
2001	6495	2249	1148	1475	514	448	661
2002	5681	2056	1143	660	639	512	671
2003	6768	3213	737	1040	406	816	556
2004	6164	3135	287	1029	404	757	552
2005	3217	378	276	1123	379	530	531
2006	3313	293	384	1087	344	572	633
2007	2928	248	231	1071	329	521	528
2008	2700	244	141	976	293	499	547
2009	1903	237	82	673	273	401	237
2010	2244	294	100	653	303	655	239
2011	2494	503	77	643	297	740	234
2012	2295	304	75	658	283	730	245

说明：①摘自《平阳统计年鉴》；②资料由县人社局提供

下岗职工再就业

2002年，县委、县政府根据中央和省、市的精神，下发《关于进一步做好下岗失业人员再就业工作的实施意见》。确定平阳县在2003—2005年间，全县每年净增加城镇就业岗位4800个；每年组织800名城镇失业人员接受再就业培训；每年帮助1600名下岗失业人员实现再就业的工作目标，同时采取各种政策鼓励和扶持失业人员自谋职业和自主创业，并建立促进再就业专项资金。2009—2012年，补助7659人次，补助金额353.5万元。

根据中央和省、市的精神，2006年，县政府下发《关于进一步做好就业再就业工作的实施意见》，进一步完善和落实再就业政策。但是，当时县相关部门未把再就业工作摆上议事日程，因此相关文件一直没有出台。2008年，县政府发出《关于进一步完善就业政策促进困难人员就业再就业的通知》，要求：基本清除城镇“零就业家庭”；促进农村低保家庭劳动力就业；要强化领导责任，完善考核监督机制。

2009年，中国人民银行平阳支行、县财政局、县劳动和社会保障局等单位印发《平阳县小额担保贷款管理办法》。至2012年，有149人次申请小额担保贷款，贷款总额644万元，贴息14.57万元。

2010年，县劳动和社会保障局下发《平阳县生活困难“4050”人员享受灵活就业社会保险补贴的

2000—2012年平阳县失业职工再就业情况统计表

表29-6-4

年度（年）	年度再就业人数（人）	其中，就业困难人数（人）	再就业优惠证发放数（本）	失业证发放数（本）
2000				1995
2001	1738			2049
2002	1472	239		1496
2003	1630		420	1570
2004	1853	215	1240	1318
2005	1851	307	402	2369
2006	1603	215	233	846
2007	2383	301	138	743
2008	1670	732	138	987
2009	1508	310	138	743
2010	1920	515	1570	614
2011	1678	535	9	198
2012	2962	1752		

说明：①数据来自县人社局年终总结和就业管理处；②2010年，因要发社保补贴，领就业优惠证的人数骤增。2012年，就业优惠证、失业证两证合并，由劳动保障所发放；③资料由县人社局提供

通知》。2009—2012年，为3274人次发放社保补贴，计574万元。

由于平阳县个私经济比较发达，至2012年，还没有到就业处登记的"零就业家庭"，基本都能找到就业机会。

第七章　劳动报酬与职工福利

1989—2012年，平阳县机关、事业单位工作人员的工资先后有2次改革和多次调整。

20世纪80年代，平阳县企业职工的工资还是沿袭计划经济时期的工资体制，实行等级工资制。1988年开始，全省在全民所有制企业全面推行工效挂钩办法。初步改变职工增加工资的办法。1992年10月，县政府下发《国营集体企业自主用工、分配若干问题的实施意见》，要求具备工效挂钩条件的企业均实行工效挂钩，不能工效挂钩的企业，均实行工资总额包干办法。在分配上，由企业自主决定内部的分配形式和办法。1994年5月，根据省劳动厅的要求，平阳县建立企业最低工资保障制度，1998年7月，试行工资指导线制度，宏观调控企业职工工资分配。1999年10月，劳动部推行劳动力市场工资指导价位制度，以指导企业合理确定职工工资水平和工资关系，调节劳动力市场价格。2000年10月，劳动部又出台工资集体协商试行办法，逐步形成市场经济下的工资调控机制。

除工资之外，平阳县机关、企事业单位工作人员还根据国家、省、市和县有关规定享有各种津贴、奖金、补贴、休假、休养、补助等福利；这些福利均不时调整。

第一节　机关事业单位工资制度改革

1989—2012年，县机关、事业单位工资制度先后在1993年和2006年进行2次大的改革。

1993年工资制度改革

1993年，机关建立起国家公务员工资制度，即职级工资制。事业单位根据教育、科研、卫生、测绘、交通、海洋、水产、文化艺术、体育运动员及金融等不同类型，分别实行专业技术职务等级工资制，事业单位管理人员实行职员等级工资制。机关事业单位的工人根据其劳动特点，分为技术工人和普通工人两类，技术工人实行岗位技术等级工资制，普通工人实行岗位工资制。

1993年，平阳县机关和事业单位工作人员有11147人参加工资改革，月增资总额143.13万元，人均月增资128.40元；离退休人员1939人增加退休费，月增资总额20.10万元，人均月增加103.66元；民办教师674人参加工资改革，月增资总额9.29万元；集体事业单位工作人员427人参加工资改革，月增资总额5.29万元。新的工资标准从1993年10月1日起执行。

2006年工资制度改革

根据《国务院关于改革公务员工资制度的通知》和人事部《关于印发〈关于公务员工资制度改革和事业单位工作人员收入分配制度改革实施中有关问

题的意见〉的通知》精神，平阳县对全县机关公务员工资制度、事业单位工作人员收入分配制度实施改革。新的工资标准从2006年7月1日起开始计发。

机关工资改革　范围与对象：按照公务员制度管理和经批准参照公务员制度管理的单位中，2006年7月1日在册的工作人员；因受行政、刑事处罚而停发工资只发生活费的人员不列入这次工资改革范围。基本内容：公务员基本工资构成由现行职务工资、级别工资、基础工资和工龄工资四项调整为职务工资和级别工资两项。取消基础工资和工龄工资。技术工人仍实行岗位技术等级工资制，基本工资构成由现行岗位工资、技术等级（职务）工资和奖金三项调整为岗位工资和技术等级（职务）工资两项。普通工人仍实行岗位工资制，基本工资构成由现行岗位工资和奖金两项调整为岗位工资一项。

事业单位收入分配制度改革　范围和对象：纳入各级机构编制部门管理的事业单位以及各类核定事业编制的学会、协会、基金会中2006年7月1日在册的正式工作人员。经批准参照公务员法管理的事业单位、各类企业所属的事业单位和事业单位所属的独立核算的企业，不列入这次事业单位收入分配制度改革实施范围。主要内容：事业单位收入分配制度改革后实施岗位绩效工资制度。岗位绩效工资由岗位工资、薪级工资、绩效工资和津贴补贴四部分组成，其中岗位工资和薪级工资为基本工资。

岗位绩效工资的实施　平阳县绩效工资制度从2009年10月1日起开始实施，绩效工资分为基础性和奖励性两部分。2009年，全县义务教育109所学校的5749名正式工作人员实施绩效工资。绩效工资总量按照教师工资水平不低于同级政府公务员平均工资水平的原则，确定2009年义务教育学校教师人均绩效工资总量3.85万元，2010年4.05万元，2012年4.2万元。2010年，公共卫生与基层医疗卫生事业单位实行绩效工资改革，出台《平阳县公共卫生与基层医疗卫生事业单位绩效工资实施办法》，绩效工资水平由人事、财政部门按照与当地事业单位工作人员平均工资相衔接的原则，确定2010年平均公共卫生与基层医疗卫生事业单位工作人员绩效工资总量3.85万元。2012年，其他事业单位（除教育、卫生系统外的事业单位）绩效工资制度开始实施，完成302家事业单位绩效工资总量核定批复工作。根据省里确定的其他事业单位（除教育、卫生系统外的事业单位）绩效工资水平按照与事业单位工作人员平均水平相衔接的原则，确定2011年平阳县其他事业单位（除教育、卫生系统外的事业单位）绩效工资水平（基准线）按公务员津贴补贴水平4.2万元核定，已实施绩效工资的公共卫生与基层医疗卫生事业单位绩效工资水平相应予以调整，并以此作为调控不同单位绩效工资总量的基准线，根据单位分类财政经费保障力度等因素建立分类规范、调控制度，进行限高、稳中、托低。

事业单位调整基本工资标准的政策与机关相同。

2006年7月1日起，平阳县参加机关事业单位工资改革22731人，其中，机关3256人，事业单位13932人，离退休人员5183人。工资改革后人均月增资294元，其中，机关人均月增资308元；事业单位人均月增资290元；离退休人员月增资252元。

第二节　机关事业单位工资调整

根据国家和省、市的有关规定，历年来平阳县多次调整机关、事业单位的工资。

1989年工资调整

根据人事部印发《关于贯彻〈一九八九年调整国家机关、事业单位工作人员工资的实施方案〉若干问题的规定的通知》规定，1989年，平阳县机关事业单位普调一级工资，人数8538人，月增资总额58750元，人均月增资6.88元；提高机关事业单位离退休人员待遇2063人，月增资总额25490元，人均月增资12.36元。

1997—2003年工资调整

根据人事部、财政部联合印发的《关于1997年调整机关、事业单位工作人员工资标准等问题的通知》，1997年，平阳县机关事业单位在职人员13100人增加工资，月增资总额776000元，人均月增资59.24元；2416位离退休人员增加离退休费，月增资总额160400元，人均月增资66.39元。

1999年，省政府印发《关于调整机关事业单位工作人员工资标准和增加离退休人员离退休费三个实施方案的通知》。是年，平阳县机关事业单位工作人员16714人调整工资标准，月增资总额2009092元，人均月增120.2元；全县机关事业单位2893位离退休人员增加退休费，人均月增加111.7元。

2001年，省政府办公厅转发省人事厅、财政厅《关于调整机关事业单位工作人员工资标准和增加离退休人员离退休费三个实施方案的通知》，规定：从1月1日起，将机关行政人员的基础工资标准由每人每月180元提高至230元；级别工资标准由15至1级每人每月85～720元提高至115～1166元。调整机关行政人员职务工资标准，由50～480元提高至100～850元。提高机关工人岗位工资、技术（职务）等级工资标准，相应提高机关工人奖金部分在工资构成中的比例。调整事业单位工作人员工资构成中固定部分，相应提高"活"的部分在工资构成中的比例。调整中小学教师、护士工资标准，在新的专业技术职务等级工资标准基础上提高10%。提高机关事业单位新录用人员熟练期及期满后的工资标准。

2003年，省人事厅、财政厅印发《关于调整机关事业单位工作人员工资标准和增加离退休人员离退休费三个实施方案的通知》。是年，平阳县有16686人正常晋升工资档次和增加离退休费，其中，行政机关2945人，事业单位10321人，离退休人员3420人；全县17768人调整工资标准，3742位离退休人员增加离退休费。

1996—2012年平阳县机关事业单位工资增长情况一览表

表29-7-1

年份（年）	党政机关 社会团体				事业单位			
	年平均人数（人）	年工资总额（万元）	人均年工资（元）	增长率%	年平均人数（人）	年工资总额（万元）	人均年工资（元）	增长率%
1996	2633	2063.7	7838		12126	7987.4	6587	
1997	2754	2445.6	8880	13	12132	9814.4	8090	23
1998	2743	2897.2	10562	19	13456	12592.7	9356	16
1999	3292	4843.2	14712	39	13845	15930.2	11506	23
2000	3055	4515.9	14782	0.5	14126	17163.1	12150	5.6
2001	3115	6051.5	19427	31	14406	25828.8	17929	48
2002	3071	6343.1	20655	6.3	14745	26491.5	17966	0.2
2003	3068	6546	21336	3.2	14878	28406	19093	6.3
2004	2971	8234.5	27716	30	14652	37173.2	25371	33
2005	2941	9089.3	30905	12	14602	38930.6	26661	5
2006	3009	10902.5	36233	17	15263	43317.3	28381	6.5
2007	2869	11658.7	40637	12	14453	46059.8	31869	12
2008	3033	12398.4	40878	0.6	13354	42969.1	32177	0.9
2009	3028	16229	53953	32	14124	64634.7	45762	42.2
2010	2939	16646.6	56640	5	14166	66317.2	46813	2.2
2011	3021	18596.9	61559	7.9	13966	66334	47495	1.4
2012	3287	24984.1	76009	23	13966	84950.9	60827	28

说明：①机关单位1996—2012年年工资平均增长率为15.25%，事业单位年工资平均增长率为14.9%；②1989年，党政机关与人民团体年人均工资1948元；③数据来源：工资统计年报；④资料由县人社局提供

第三节 企业工资分配制度改革

工效挂钩

1988年，县政府批转县劳动局《关于全民所有制企业劳动制度、工资制度进一步深化改革实施意见》，要求全民所有制企业全面推行工资总额与经济效益挂钩的办法。是年，全县70余家全民企业，根据经济效益状况，选择45家企业参加工资总额挂钩。1989年，落实工资总额“分挂钩”[①]企业11家，职工人数近2000人。是年，参加工效挂钩的企业效益均较好。1990年，经考核，批准2家工效挂钩企业升级。

1991年，第二轮工效挂钩开始实施，这次列入总挂的企业43家。参加分挂的企业8家，至年底有4家企业晋级，晋级面30%，级数495级，月增资总额6435元，职工60%得到晋级（每人晋半级）。1992年，参加分挂的企业13家，有6家企业获得晋级。晋级面35%，晋级数506级，月增资总额7084元，职工晋级面65%以上，较大地调动参加工效挂钩企业职工的积极性。1993年有12家企业参加分挂，5家企业晋升118.5级。

工效挂钩办法实施后，经济效益一般的企业，都没有参与工效挂钩。只有少数效益较好的企业参与工效挂钩；每年参加分挂的企业只有少数，得到晋级的更为少数。1994年参加分挂的企业有16家，1995年18家，1996年18家。1998年，平阳县全民所有制企业开始改制。2002年，工效挂钩企业只剩下县医药公司、县烟草公司和县正益会计师事务所3家企业。2003—2004年，参加工效挂钩的企业剩县医药、县烟草2家公司。至2005年，原参加工效挂钩的企业只剩下县烟草公司1家，并增加1家浙江三星机电股份有限公司。

企业最低工资保障制度

1993年，劳动部印发《企业最低工资规定》。1994年，浙江省劳动厅转发《关于印发〈企业最低工资规定〉的通知》。是年1月，平阳县开始执行最低工资规定。最低工资确定是根据省劳动厅公布的全省当年最低工资额，市政府结合本市就业者及赡养人口的最低生活费用、职工平均工资、劳动生产率、城镇就业状况和经济发展水平等因素确定，并报经省劳动厅批准发布。2004年，劳动和社会保障部再次公布《企业最低工资规定》，对1993年11月24日原劳动部发布的《企业最低工资规定》作了完善和补充，并明确最低工资的计算办法，同时废止原规定。

企业工资指导线制度

1997年，劳动部印发《试点地区工资指导线制度试行办法》。1998年，省劳动人事厅发布《浙江省1998年度企业工资指导线》。是年，平阳县开始实行工资指导线制度，每年向企业发布一次工资增长指导线标准。根据县统计资料：1998年全县职工年平均工资7916元，2012年39486元，平均年递增12.16%。

劳动力市场工资指导价位制度

1999年，劳动和社会保障部下发《关于建立劳

1994—2012年平阳县企业职工月最低工资标准调整情况一览表

表29-7-2　　单位：元

执行时间	月最低工资	非全日制最低小时工资
1994年1月1日	200	
1995年10月1日	230	
1997年1月1日	250	
1999年7月1日	350	
2001年4月1日	380	
2003年9月1日	430	首次实行小时最低工资:3.90
2004年10月1日	510	4.40
2005年12月1日	560	4.80
2006年9月1日	620	5.30
2007年9月1日	700	6.00
2008年9月1日	780	6.50
2010年4月1日	900	7.30
2011年4月1日	1060	8.60
2012年1月1日	1200	9.70

说明：资料由县人社局提供

①是指将基本工资部分同某个经济指标挂钩，奖励基金随企业利润浮动。

动力市场工资指导价位制度的通知》，要求建立与现代企业制度相适应的企业工资收入分配制度，充分发挥劳动力市场对企业工资分配的基础性作用。2000年，省劳动厅转发劳动和社会保障部的通知，并要求各市、县共同做好劳动力市场工资指导价位制度工作。2007年，平阳县下发《关于建立劳动力市场工资指导价位的实施意见》，计划在年内向社会发布平阳县首批劳动力市场工资指导价位。由于企业职工的工资波动较大，要公布的工资指导价位不适宜企业的工资状况。因此，至2012年，平阳县没能准确地公布工资指导价位。

企业工资集体协商制度

2000年，劳动保障部9号令发布《工资集体协商试行办法》。2003年，省劳动和社会保障厅、省总工会、省企业联合会、省企业家协会下发《关于进一步做好企业工资集体协商工作的通知》。2005年，省劳动保障厅、省总工会、省企业家联合会、省企业家协会等又转发劳动部等单位《关于进一步推进工资集体协商工作的通知》。

平阳县于2003年全面开展非公企业工资集体协商工作，至是年年底，全县签订工资集体协议书56家，其中行业协议书两份36家(私营企业)、集体企业1家、股份制企业18家、外商企业1家。2004年，平阳县签订工资集体协议书86家，其中，行业协议书3份65家。2005年，签订工资集体协议书101家。2006年，签订211家，其中行业性、区域性签订户数在80%以上。2007年，签订158家，涉及职工14200人。2008年，新签订工资集体协议37份，涉及职工3027人。2009年，签订338份，涉及职工39595人。2010年，签订592份，涉及职工63989人。2011年，签订435份，涉及职工29410人。2012年，签订339份，涉及职工30120人。

1998—2012年平阳县工资指导线一览表

表29-7-3

<table>
<tr><th>执行年份(年)</th><th>企业货币平均工资增长基准线%</th><th>企业货币平均工资增长上线(预警线)%</th><th>企业货币平均工资增长下线%</th></tr>
<tr><td>1998</td><td>8</td><td></td><td rowspan="9">实际工资零增长或负增长，但企业支付给提供正常劳动的职工工资不得低于最低工资标准</td></tr>
<tr><td>1999</td><td>7</td><td></td></tr>
<tr><td>2000</td><td>10</td><td></td></tr>
<tr><td>2001</td><td colspan="2">未发布</td></tr>
<tr><td>2002</td><td>12</td><td>17</td></tr>
<tr><td>2003</td><td>12</td><td>17</td></tr>
<tr><td>2004</td><td>12</td><td>16</td></tr>
<tr><td>2005</td><td>10</td><td>15</td></tr>
<tr><td>2006</td><td>10</td><td>18</td></tr>
<tr><td>2007</td><td>10</td><td>15</td><td>3</td></tr>
<tr><td>2008</td><td>12</td><td>18</td><td>5</td></tr>
<tr><td>2009</td><td>9</td><td>14</td><td>零增长</td></tr>
<tr><td>2010</td><td>12</td><td>不设上限</td><td>4</td></tr>
<tr><td>2011</td><td>14</td><td>不设上限</td><td>5</td></tr>
<tr><td>2012</td><td colspan="2">未发布</td><td></td></tr>
</table>

说明：①工资指导线为一年一发布，由省劳动厅在测算、综合分析的基础上报省政府同意后发布，发布时间一般在每年6月底前，执行时间为本年度。工资指导线由各级劳动行政部门负责实施、管理；②资料由县人社局提供

第四节 企业工资调整

1989年工资调整

1990年，根据省改革工资制度领导小组、省劳

动人事厅《关于1989年国营企业工资工作安排意见》规定，从1989年10月起为县属全民集体所有制企业职工增加工资。

增加工资的范围：1989年9月30日在岗的正式职工和计划内临时工（不含未转正定级的见习期、熟练期、试用期人员），以及1989年度转业、复员到企业的军队干部、战士。

平阳县有70家全民企业参加普调，职工人数8414人，批准升级7957人，升级人数占职工总数94.57%，月增资总额87114元，人均月增资10.95元；提高离退休人员待遇2411人，月增资总额42527元，人均月增资17.64元，其中提高最低保证数1610人，月增资总额15855元（提高最低保证数，即退休费未至50元的加至50元，因工致残退休，退休费未至60元的加至60元，退职生活费未至40元的加至40元）；1957年后未升过级的21人，月增资233元。

县供销社下属17家企业1700人参加调资，月增资总额17544元，月人均增资10.32元；提高离退休待遇840人，月增加总额15136元，月人均增加18.02元，其中提高最低保证数614人，月增资总额6095元；1957年后未升过级的3人，月增资32元。

县集体企业职工升级9243人，月增资总额93478元，人均月增资10.50元；提高离退休人员待遇2301人，月增资总额19558元，月人均增加8.50元。

在正式职工调整工资的同时，还为新参加工作的见习期、试用期职工调整转正定级工资标准。

1994年工资调整

1994年，根据省劳动厅、省财政厅、省计划经济委员会《关于深化企业工资改革适当解决部分企业工资问题的意见的通知》，确定解决部分企业的工资问题，使职工生活水平不因物价上涨而受到较大影响，增资时间从1994年1月起执行。

增资的对象：为1993年年末在册职工（含离岗退养人员），具体增资办法由企业自主确定，企业要贯彻按劳分配原则不搞平均分配，在严格考核的基础上，合理拉开差距。

平阳县核定增资企业75家（含集体企业），月工资增量计划48万元，人均月增资75元，是新中国成立后平阳县企业职工增资最多的一次。这次普调已基本改变平阳县企业工资水平偏低的状况。

1997年工资调整

根据省劳动厅、财政厅、计划经济委员会《关于适当增加企业职工工资的通知》精神，平阳县对1996年末在册职工进行调资。全县国有企业78家10031人增加工资，集体企业149家7886人增加工资；增资额为98.59万元，月人均55元；从1997年1月起执行。

2000年工资调整

根据省政府《关于做好提高三条社会保障线水平等有关工作的通知》，平阳县对68家国有企业5879人，125家集体企业6748人调整工资，月增

1989—2012年平阳县企业职工年平均工资统计表

表29-7-4　　单位：元

年度(年)	全县	国有企业	集体企业	其他企业
1989	1799	1843	1747	
1990	1861	1925	1783	
1991	2046	2130	1953	
1992	2322	2428	2498	
1993	3384	3277	3514	
1994	4662	4513	4798	4728
1995	5527	5336	5675	5981
1996	6766	6385	7153	6152
1997	7539	7547	7464	8705
1998	7916	8829	6911	7335
1999	9168	10308	7734	8506
2000	10604	12678	8031	9489
2001	12782	18168	9787	9396
2002	14103	20021	11168	10317
2003	15292	21824	10444	11718
2004	17443	26351	10898	12708
2005	18049	29979	14736	12644
2006	18889	32087	16394	13557
2007	22079	35856	18048	16550
2008	25150	40478	18729	19251
2009	28508	46617	20842	21293
2010	32331	50057	24302	24522
2011	35315	53642	26508	28643
2012	39468	58292	31285	32598

说明：①摘自《平阳统计年鉴》；②资料由县人社局提供

资总额271.85万元。其中，全民月增资总额148.28万元，月人均增资252元；集体企业月增资总额123.57万元，月人均增资183元。这次调资所需资金列入企业成本。

2001年，继续筹备做好人均100元的增资工作。2002年，全县有93家企业6554名职工参加调资，月增资65.3万元，月人均增资99.33元。

第五节　津(补)贴　奖金

津贴

津贴包括：补偿职工特殊或额外劳动消耗的津贴、保健性津贴、年功性津贴及其他津贴。平阳县机关工作人员按国家统一标准发放津贴。

补贴

国家统一补贴　补贴包括：为了保证职工工资水平不受物价上涨或变动影响而支付的各种补贴。平阳县根据浙江省规定发放的补贴有：夜餐费补贴、审计人员外勤补贴、监察、纪检办案人员补贴、基层工商所人员外勤补贴、机要局人员福利性补贴。

地方性补贴　地方岗位补贴：2000年7月，平阳县参照温州市建立“机关事业单位地方岗位补贴”，按月人均80元的标准根据职务拉开档次发放。2001年1月和2003年7月，温州市两次调整此项岗位补贴。地方工作人员补贴：2001年7月，县人事局参照省人事厅、省财政厅《关于调整规范省直机关事业单位工作人员补贴标准的通知》建立地方工作人员补贴，规定从2001年1月1日起对在职工作人员按实际担任或聘任的职务执行相应的补贴标准。

清理、规范津(补)贴　2005年8月起，根据全市统一部署，对全县机关单位原有津(补)贴进行清理。2007年12月，省人事厅、省财政厅《关于规范机关工作人员特殊岗位津贴管理的通知》，对特殊岗位津贴实施清理。

2009年底，平阳县以纪检、监察部门牵头，组织、人事、财政、审计等部门共同参与，对各部门、各单位发放的所有津贴、补贴、奖金等项目、标准逐项进行申报和清理。在清理的基础上，对公务员的津(补)贴进行规范，除国务院和国务院授权人事部、财政部批准建立的机关工作人员特殊岗位津贴和改革性补贴继续执行外，其余津(补)贴一律冲销。经省政府批准，2009年，平阳县公务员规范后的津(补)贴年人均总量38500元；2010年40500元；2012年42000元。

2012年平阳县机关公务员津（补）贴标准（规范后）明细表

表29-7-5　　单位：元

序号	职务	年度津贴
1	副厅级	62323
2	正处级	59184
3	调研员	57442
4	副处级	56011
5	副调研员	52019
6	正科级	47851
7	主任科员(技师)	45860
8	副科级	44709
9	副主任科员	41868
10	科员(机关高级工)	39297
11	办事员(机关中级工、机关初级工)	33874
12	试用期	21432

说明：资料由县人社局提供

奖金

目标考核奖　1992年12月，平阳县执行市目标管理考评领导小组《关于改革目标考核奖发放办法的实施意见》，改革目标考核和岗位责任制考核奖金发放办法。奖励标准按本人基础职务工资标准与上一档标准的差额浮动。1997年6月，根据市人

2003年平阳县机关目标考核奖金发放标准明细表

表29-7-6　　单位：元

职　级	达标单位奖金	不达标单位奖金
县处级	5100	2550
科级(工人技师)	4700	2350
科、办事员级(工人)	4400	2200
见习期	1350	1180

说明：资料由县人社局提供

2012年平阳县机关事业单位全员考核奖标准明细表

表29-7-7　　单位：元

机关			事业单位	
职务	年标准	月标准	岗位	年标准
正处级	14028	1169	专技4级	11604
调研员	13632	1136	专技7级	10716
副处级	13224	1102	管理7级、专技10级、技术工2级	8520
副调研员	12348	1029	管理8级	7824
正科级	11304	942	管理9级、专技12级、技术工3级	7320
主任科员(技师)	10824	902	管理10级、专技13级、技术工5级、技术工4级、普工	6312
副科级	10584	882	试用期	3972
副主任科员	9936	828		
科员(机关高级工)	9300	775		
办事员(机关中级工、机关初级工)	8016	668		
试用期	5052	421		

说明:资料由县人社局提供

事局、财政局《关于对市级事业单位工作人员实行工作实绩考核的通知》规定，开始逐月对事业单位工作人员出勤情况、工作实绩进行考核评分，根据评分结果给予相应的奖励。

2004年12月，平阳县执行市人事局《关于调整市级机关工作人员按月发放目标考核奖办法的通知》。月目标考核奖金额标准，原执行的每月预发目标考核奖100元调整为人均500元。年终目标考核奖根据职务高低和责任大小，按系数制定标准，适当拉开差距，在年终考核后一次性发放。

2003年机关考勤考绩奖（福利补贴）标准明细表

表29-7-8　　单位：元

人员 \ 标准 \ 项目		提高前月标准	提高后月标准	月增资
机关标准	事业单位参照标准			
副省级		200	770	570
正市(厅)级	二级职员(正教授级)	200	720	520
副市(厅)级	二级职员副	200	670	470
正(县)处级	三级职员正(副教授级)	200	620	420
副(县)处级	三级职员副	200	590	390
正科级(工人技师)	四级职员正(工人技师、讲师级)	200	540	340
副科级	四级职员副	200	510	310
科员、高级技术工人	五级职员、高级技术工人(助教级)	200	460	260
办事员、技术员、工人	六级职员、技术员、工人	200	430	230

说明:资料由县人社局提供

2012年底，平阳县出台《机关工作人员和事业单位工作人员全员考核奖及机关单位年终一次性奖金发放办法》，规定：2012年度的机关事业单位全员考核奖分别以每人10000元和8000元加上一个月基本工资（职务工资+级别工资），根据个人年度考核等次一次性补发；是年机关工作人员全员考核奖，按月标准发放，并纳入工资统发；事业单位全员考核奖，按人均8000元和该年12月份的本人一个月基本工资（岗位工资+薪级工资）确定，根据个人年度考核结果合格以上进行发放。

考勤考绩奖　1998年1月，平阳县根据市人事局的有关通知精神，设立考勤考绩奖，平均每人每月200元。2003年，参照市人事局《关于市直机关、事业单位提高考勤考绩地方岗位补贴标准的有关问题处理说明》，规定从2003年1月起，提高考勤考绩奖（福利补贴）标准，将平均发放的每人每月考勤考绩奖200元，按照职务高低与责任大小，重新制定标准，适当拉开距离。2009年，机关单位实行规范补贴后，该奖项取消；事业单位在实行绩效工资后取消。

第六节　福利与补助

福利

福利费　来源与标准：根据省人事局、财政局《关于改进国家机关工作人员福利费掌管使用的补充通知》精神，1983年，温州市规定，各级国家机关人员福利费每人每月按1.8元提取；1986年提高至2.8元；1995年提高至10元。各级事业单位工作人员福利费标准仍按工资总额的2.5%提取。2002年7月始，机关工作人员福利费改按每人每月30元，从各单位包干经费中提取，划转到各单位的“福利费”科目。2009年，“规范津补贴”办法出台后，福利费取消。使用范围：2002年7月，平阳县参照市人事局《关于规范管理市直机关工作人员福利费的通知》的规定执行。工作人员福利费以解决工作人员生活困难补助为主，集体福利补贴为辅，专款专用。享受福利费的对象为工作人员（含离退休人员）本人、依靠其供养的父母、配偶、子女和未成年的弟妹等。其使用范围包括：工作人员和离退休人员生活困难补助；工作人员离退休慰问和年终慰问；探视本单位病、伤住院工作人员购买少量慰问品的开支；机关单位举办理发室、浴室和食堂等集体福利设置零星购置费补贴或酌情补贴个人卫生费；“六一”儿童节慰问费；其他归属福利允许补助范围的费用。

福利补贴　1993年前，平阳县职工享受福利补贴有上下班交通费补贴、书报费补贴、清凉饮料费、煤气误餐补贴，均按国家、省、市有关规定发放。1993年工资改革后，冲销的补贴有上下班交通费补贴、书报费补贴；2009年平阳县事业单位实行绩效工资后，冲销的补贴有清凉饮料费、煤气误餐补贴。

休假　现行全体公民法定放假的节日：元旦、春节、清明节、劳动节、端午节、中秋节、国庆节。部分公民放假的节日及纪念日：妇女节（妇女放假半天）、青年节（14周岁以上的青年放假半天）、儿童节（13周岁以下的少年儿童放假1天）、建军节（现役军人放假半天）。全体公民放假的假日，如逢公休假日，应当在工作日补假。部分公民放假的假日，如逢公休假日，则不补假。

2008年，浙江省人事厅下发《关于机关事业单位工资制度改革后工作人员假期工资待遇有关问题的通知》，规定了2006年机关事业单位工资制度改革后工作人员假期。假期有探亲假、年休假、产假、哺乳假、婚假、丧假。

健康休养制度　2001年8月，平阳县决定实行优秀公务员（机关工作人员）健康休养制度。范围：县级党政群机关，包括参照、依照国家公务员制度管理的事业单位，对象为上述单位的国家公务员（机关工作人员）。享受健康休养人员条件：1993年后获县级以上政府及县级以上系统与行政主管部门联合表彰的先进工作者、劳动模范、记三等功的人员和年度考核连续3年优秀的工作人员。当年已享受工会等有关单位休养活动的，原则上不再安排。符合健康休养条件人员参加健康休养后，其再一次参加健康休养的条件，从参加健康休养当年重新计算确定。

生活困难补助

精减退职职工生活困难补助　1961—1965年6月9日期间精减退职职工生活困难人员。补助标

1989—2012 年平阳县机关事业单位人员死亡后抚恤标准明细表

表 29-7-9　　单位：元

项目				开始执行时间															
				1989年	1990年	1991年6月	1994年7月	1997年	1999年1月	2001年	2003年	2006年1月	2006年7月	2007年7月	2008年	2009年1月	2010年1月	2011年1月	2012年
丧葬费				400	600	600	800	800	2000	2000	2000	4000	4000	4000	4000	4000	4000	4000	4000
一次性抚恤	病故与非因公死亡			10个月工资	10个月工资	10个月工资	10个月工资	10个月工资	10个月工资	10个月工资	10个月工资	20个月工资	20个月工资	20个月工资	20个月工资	20个月工资	20个月工资	40个月工资	40个月工资
	因公死亡			20个月工资	20个月工资	20个月工资	20个月工资	20个月工资	20个月工资	20个月工资	20个月工资	40个月工资	40个月工资	40个月工资	40个月工资	40个月工资	40个月工资	40个月工资	40个月工资
	烈士			40个月工资	40个月工资	40个月工资	40个月工资	40个月工资	40个月工资	40个月工资	40个月工资	40个月工资	40个月工资	80个月工资	80个月工资	80个月工资	80个月工资	40个月工资	40个月工资
遗属生活困难补助费（每人每月）	1937年7月6日以前	父母配偶		55	55	55	165	220	290	350	385	470	520	575	635	730	915	1055	1055
		抚养子女弟妹	非农业户口	40	40	40	115	150	200	240	255	310	340	375	415	480	580	670	670
			农业户口	37	37	37	100	120	160	190	200	240	265	295	330	380	460	530	530
	抗日战争时期	父母配偶		50	50	50	145	190	250	300	330	400	440	485	535	615	770	890	890
		抚养子女弟妹	非农业户口	40	40	40	115	150	200	240	255	310	340	375	415	480	580	670	670
			农业户口	37	37	37	100	120	160	190	200	240	265	295	330	380	460	530	530
	解放战争时期	父母配偶		45	45	45	130	170	230	270	295	360	400	440	485	560	700	805	805
		抚养子女弟妹	非农业户口	40	40	40	115	150	200	240	255	310	340	375	415	480	580	670	670
			农业户口	37	37	37	100	120	160	190	200	240	265	295	330	380	460	530	530
	新中国成立后	供养直系亲属	非农业户口	40	40	40	115	150	200	240	255	310	340	375	415	480	580	670	670
			农业户口	37	37	37	100	100	160	190	200	240	265	295	330	380	460	530	530

说明：①一次性抚恤金按死亡职工月基本工资计算，1994年7月前最高不超过3000元，1994年7月起取消此规定；②2011年开始，烈士和因公牺牲的，一次性抚恤金为40个月工资加上一年度全国城镇居民人均可支配收入的20倍；病故的，一次性抚恤金为本人病故时40个月工资加上一年度全国城镇居民人均可支配收入的2倍；③资料由县人社局提供

准：1987年，抗日战争时期参加工作的除按本人退职时工资发放外，每月增发10元；解放战争时期参加工作的按退职时工资全额发放。2011年，抗日战争时期参加工作的每月调整为1280元；解放战争时期参加工作的每月调整为1145元；新中国成立后参加工作的每月调整为815元。

计划外长期临时工晚年生活补助　范围：凡1970年9月20日前进入全民所有制单位工作的计划外长期临时工，中间从未间断过工作，男年满60周岁、女年满50周岁，年老体弱不能工作的人员。补助标准：1994年每人每月标准为85元；2011年每人每月标准为585元。

部分新中国成立前参军1954年前后经组织动员复员的女同志生活困难补助　补助范围：新中国成立前参军入伍，1954年前后经组织动员复员，复员时，其丈夫在部队任团以上职务（含团职），后随丈夫转业同来地方，复员时一直没有安排工作，依靠丈夫收入为生的女同志。补助标准：按本人原在部队的级别，对应1985年工资改革前工资等级全额发放。2000年2月的标准：抗日战争时期参加革命工作的，每人每月补助290元；解放战争时期参加革命工作的，每人每月补助260元。以上补助标准已考虑各项物价补贴因素，执行后不再发放物价补贴。医疗补助每人每月25元。2000年2月后，此项生活困难补助随其他精减退职职工生活困难补助标准相应递增。

党外人士生活费　范围：不享受工资待遇而领取生活费的各级政协委员、政协文史专员、工作人员、文史研究馆馆员、上层民主人士、宗教职业者以及国民党起义投诚人员、特赦人员等。补助标准：从1989年10月1日起，生活费每月在100元以下的，增加8元；101元以上至150元的，增加10元；151元以上至200元的，增加15元；201元以上至240元的，增加20元；241元以上的，增加25元。此后，省委统战部、省人事厅、省财政厅先后8次调整部分党外人士生活费标准，平阳县遵照执行。

抚恤

1989—2012年，平阳县机关事业单位人员死亡后的抚恤待遇，均按国家规定执行。抚恤包括丧葬费、一次性抚恤金、遗属生活困难补助3项，其标准做过多次调整。

第八章　劳动争议仲裁与劳动监察

1987年，平阳县成立劳动争议仲裁委员会。1993年，平阳县成立劳动监察大队，依法对企业的劳动合同及执行劳动法律、法规等情况进行监察检查。2004年11月1日起，劳动监察的形式为日常巡视检查、审查用人单位按照要求报送的书面材料以及接受投诉等。

第一节　劳动争议仲裁

劳动争议仲裁机构的建立

仲裁机构建立　1987年，中共中央、国务院发布《国营企业劳动争议处理暂行规定》，恢复中断30年的劳动争议仲裁处理制度。4月，平阳县成立劳动争议仲裁委员会（简称“县仲裁委”），委员会成员由劳动、工会、人事、公安、司法、纪委等部门和组织的人员组成。劳动局领导任主任，工会领导任副主任，委员会办公室设在劳动局内。办公室成员由3人组成，负责全县劳动争议调解仲裁工作。1995年，县仲裁委还聘任10名兼职劳动仲裁员。2013年1月设立县人事劳动争议仲裁院，定编3人，为人社局下属财政全额拨款的公益类事业单位。3月，原县劳动争议仲裁委员会和原县人事争议仲裁委员会合并，成立县劳动人事争议仲裁委员会。

调解组织建立　1988年，平阳县有3家企业建立企业劳动争议仲裁调解组织，至1989年，全县有4家企业成立劳动争议仲裁调解委员会，占应建数的21%。1989年后未再有企业劳动争议仲裁调解组织成立。

业务培训　县仲裁委成立后，于1988年3月20日选派10余名基层单位人事干部参加市劳动局、总工会在乐清北雁举办的首届劳动争议仲裁培训班学习。1995年，县劳动局又在南麂举办劳动争议仲裁培训班，参加学习有60余人。是年，选送8人参加省劳动厅劳动仲裁院资格培训班进行资格

1989—2012 年平阳县劳动争议案件处理情况一览表

表 29-8-1

年度(年)	受理案件数（件）	裁决结案数（件）	调解结案数（件）	其他方式结案数（件）	结案率%	劳动者胜诉%	用人单位胜诉%	申请经济标的（万元）	结案标的（万元）
1989	1	1			100	100			
1990—1994	—	—	—		—	—			
1995	11	7	3		91	100			
1996	11	4	6		91	100			9.5
1997	25	10	14		96	100			45.28
1998	21	12			76	76			40
1999	17	5	11	1	100	94	6	131	89.64
2000	65	26	37	2	100	96.7	3.3	207	103.6
2001	44	10	30	4	100	95.5	4.5	298	177
2002	28	9	18	1	100	92.9	7.1	195	113
2003	35	11	21	3	100	97.1	2.9	243	147
2004	42	12	25	5	100	95.2	4.8	295	173
2005	27	7	15	5	100	92.6	7.4	187	136
2006	42	9	26	7	100	92.9	7.1	307	209
2007	90	19	52	19	100	95.6	4.4	597	443
2008	181	68	87	26	100	88.4	11.6	1078	614
2009	113	35	44	34	100	91.2	8.8	802	362
2010	108	32	40	36	100	96.3	3.7	721	260
2011	210	79	93	38	100	97.2	2.8	1368	466
2012	206	97	86	23	100	94.7	5.3	1472	709

说明:资料由县人社局提供

培训。根据需要，还经常组织人员赴省、市业务培训班学习，通过学习培训。至2012年，基本建立起一支劳动争议调解队伍。

调解与仲裁

县仲裁委坚持依法公正及时解决劳动争议，保护当事人的合法权益，并遵循合法、公正、及时、着重调解的原则解决劳动争议案件。

第二节　劳动监察

根据国务院劳动部、省劳动厅的要求和《温州市劳动监察暂行规定》精神，1993年8月24日平阳县成立劳动监察大队，人员由劳动局内部调剂。是时，县劳动监察大队配备3人，至2012年，县劳动监察大队配备8名专职监察员，12名兼职监察员。

县劳动监察大队成立后，专、兼职监察员先后参加过省或市监察员培训，持有劳动部门颁发的劳动监察证，有2人持有行政执法证。1994年，举办1次培训班，有69人受训。1998年，县劳动局举办2期协理员培训班，有157人受训。2004年举办2期培训班，有200余人受训。参加培训的大多是企业劳资干部或负责人。2012年12月，专职监察员全部参照公务员管理。

劳动合同制度建立

1984年，省劳动人事厅下发《关于全民所有制单位使用劳动合同制工人若干政策的暂行规定》。是年10月，平阳县开始实施劳动合同制制度，至1989年年底，全县有合同制职工3236人，其中，全民1754人，集体1482人。

1993年，平阳县开始推行全员劳动合同制，进一步放开劳动计划。1994年年底，全县有60家全民企业9000余名职工签订劳动合同，占应签的92%，集体企业17家1990人签订劳动合同。1995年1月省政府办公室要求，所有企业和个体经济组织，和劳动者建立劳动关系的，均必须在1995年年底前依法订立劳动合同。是年，68家全民企业9590人，基本签订劳动合同，集体企业21000人，完成2858人，占13.5%。从此开始，全面废除带终身制性质的固定工制度，全县统一实行劳动合同制。

在实施劳动合同制后，劳动合同均是由用人单位与职工双方签订，报由劳动行政部门鉴证。在20世纪80至90年代初期，企业的经营模式还是计划经济模式，职工签订的合同形同虚设，企业与职工双方对合同的概念还是模糊的，因此，劳动争议的情况较少出现。20世纪90年代中期开始，市场经济开始形成，经营模式发生变化，部分企业经营者签订合同随意性较大，或不签合同，或者损害劳动者合法权益，劳动合同引起的劳动争议事件时有发生。企业违法使用童工的现象也比较普遍，因此，对劳动合同的执法检查任务较重。

劳动监察和年检

1993年，县劳动监察大队建立，依法对企业的劳动合同及执行劳动法律、法规等情况进行监察检查。1995年《中华人民共和国劳动法》实施，开始每年宣传贯彻劳动法。1997年，劳动监察大队首次对318家企业进行劳动年检，处理4家严重违反劳动法律的企业及个体工商户，罚款1.1万元，发放劳动用工合格证333本。

2002年开始整治拖欠工资行动的“春雨行动”。2004年，开通“12333”举报投诉电话。劳动监察的形式为日常巡视检查、审查用人单位按照要求报送的书面材料以及接受投诉等。2005年，开启关爱民工、规范劳动关系的“和馨行动”。是年9月1日，县规划建设局、县劳动和保障局在全市率先作出“在建设工程中实行民工工资支付保障制度”的规定，要求工程总承包企业领取施工许可证前必须办理民工工资支付保障金手续，投保额度为本工程合同造价的2%，最高不超过30万，以确保建筑民工工资的发放。

2008年，新《中华人民共和国劳动合同法》从1月1日开始实施，平阳县全年加大对《中华人民共和国劳动合同法》的宣传力度，补签劳动合同4675份，新签订劳动合同4.1万份，签订劳动合同9.35万人，签订集体合同278份，工人数5.6万。2009年受理投诉举报案件202起，涉及1208人，金额748.1万元，至年底100%结案。全年对353家企业执行劳动法律法规方面进行监督、检查。督促企业签订劳动合同8.2万份。全年有688家企业参加书面审查，审查结果：A级企业150家，B级企业418家，C级企业116家，失信企业4家。2012年，监察大队主动深入企业宣传劳动保障法规，督促企业补签劳动合同18846份；全年受理各类投诉案件188起，涉及农民工1043人，金额905.66万元，结案186起；查处使用童工18起，30人；罚款53.78万元；全年巡查用人单位1553家，涉及工人18963人。

1994—2008年平阳县劳动监察情况一览表

表29-8-2

年份(年)	劳动用工年检(家)	违法拖欠工资			违法使用童工		
		涉及企业(家)	涉及工人(人)	涉及金额(万元)	涉及企业(家)	童工(人)	罚款(万元)
1994	284	2	45	0.38	63	293	10.07
1995	373	4	—	0.39	48	61	14
1996	249	—	—	—	37	67	—
1997	318	10	—	5.30	—	—	—
1998	118	12	—	16.07	22	42	2.66

续表 29-8-2

年份(年)	劳动用工年检(家)	违法拖欠工资			违法使用童工		
		涉及企业(家)	涉及工人(人)	涉及金额(万元)	涉及企业(家)	童工(人)	罚款(万元)
1999	586	—	—	558	21	227	—
2000	1708	81	—	105.3	29	34	—
2001	1425	70	380	120	3	—	—
2002		91	230	40	7	22	4.50
2003	—	160	415	90	6	12	—
2004	236	288	620	120	2	—	1
2005	132	364	1183	191	4	7	—
2006	639	333	1602	801	1	—	2
2008	566	167	573	360.90	—	2	—

说明：资料由县人社局提供

2009—2012 年平阳县劳动监察情况一览表

表 29-8-3

年份(年)	书面材料审查					受理投诉举报案件		
	参加单位(家)	审查结果				案件(件)	涉及人数(人)	涉及金额(万元)
		A级(家)	B级(家)	C级(家)	其他(家)			
2009	688	150	418	116	失信4	202	1208	748.1
2010	1020	56	670	101	不定级193	742	1549	816.27
2011	2056	—	—	—	—	396	1085	480.2
2012	6992	72	1763	269	不定级4888	188	1043	905.66

说明：①2004年开始，平阳县劳动监察工作的主要内容为书面材料审查和受理投诉举报；②资料由县人社局提供

第九章　社会保障

1986年12月，县社会劳动保险所建立，隶属县劳动局领导，负责企业职工社会保险基金和退休职工退休费统筹的筹集、管理、支付和职工社会保险档案的记载和管理工作。

1991年10月23日，平阳县建立县社会保险事业管理局，为正科(局)级全民事业单位，编制暂定17人，内设1室3股，即办公室、财务股、基金收缴股、养老金发放股。2001年12月10日，设置县劳动和社会保障局，编制23名，撤销县劳动局和县社会保险事业管理局。2011年12月13日，县委和县政府机构改革方案决定，组建县人力资源和社会保障局，行政编制31名，后勤服务人员编制3名。2012年末，县人社局在编人员174人(归局机关核算)，其中，公务员36人，参公人员7人，事业人员131人，另有编外用工21人。

第一节　社会养老保险

企业职工基本养老保险

20世纪80年代中期以前，企业职工基本养老保险执行1978年《国务院关于工人退休、退职的暂行办法》，养老金由各企业自行负担。为了均衡新老企业的负担，1987年5月在全民企业开始实施退休养老基金社会统筹。统筹的项目：离退休费、按《国务院关于工人退休、退职的暂行办法》文件退职的

退职费、各项副食品补贴、死亡丧葬费。统筹基金由基金统筹委员会办公室统一测算确定比例提取退休基金，采取“差额上交，差额下拨，按月缴纳，按月下拨”的办法实施。

保险范围和对象　1987年，县政府颁发《平阳县劳动合同制工人退休养老保险实施办法》规定：凡县属全民企业、事业单位、党政机关、人民团体和中央部属、省属、市属及外省市在平阳县的单位的劳动合同制工人（包括全民企业混岗集体工归全民统计的工人，不包括计划外临时工、短期合同工、季节工、轮换工），均实行退休养老保险制度。至1988年底，全县参加养老保险单位118个，参保人数1157人，收缴养老保险费41.26万元。1992年1月1日，全县实行一体化社会养老保险制度。参保的范围：全民、县以上集体企业和企业化管理事业单位（即自收自支、独立核算事业单位）的固定职工、劳动合同制工人、各类临时工；外商和港澳同胞在平阳兴办的合资、合作、独资企业中的中方人员；区街、乡镇企业、股份合作企业和各类劳动就业服务企业的从业人员；国家机关、社会团体和事业单位的劳动合同制工人，各类临时工；私营企业、个体工商户的经营者及雇用人员。1999年，浙劳办《关于扩大社会保险覆盖面加强基金征缴若干政策意见的通知》规定：城镇私营企业职工、个体工商户、自由职业者，其参保时年龄偏大，到达法定退休年龄时，累计缴费年限不符合按月领取基本养老金的，允许其在1999年年底以前一次性补缴养老金，最长不超过3年（后来放宽至5年），经本人申请，还可延迟退休年龄，最长不超过5年。平阳县此政策一直实施至2008年。是年，县政府下发《关于同意扩大社会保险覆盖面若干政策的批复》，很多个体户、自由职业者参保。2007年，县政府印发《关于完善企业职工基本养老保险制度实施办法的通知》规定，非公有制企业、城镇个体工商户和灵活就业人员、进城务工人员都应参加职工基本养老保险。2011年，《中华人民共和国社会保险法》将中国境内所有用人单位和个人都纳入社会保险的覆盖范围，即用人单位参加养老、医疗保险；农村居民和城镇居民也可参加城乡居民养老保险和城乡居民医疗保险。工伤、失业、生育三险覆盖所有用人单位和职工。是年，县政府办公室下发《关于解决未参保集体企业退休人员及其他相关人员基本养老保障等遗留问题的通知》，实施的范围和对象：平阳县城镇户籍各类企业未参保职工；平阳县户籍未参保复退军人；平阳县户籍未参保下乡知青；平阳县户籍原机关、事业单位因辞职、除名、自动离职原因离开单位的正式人员；平阳县户籍县属集体企业未参保正式职工；原已参加职工养老保险，到达法定退休年龄一次性领取养老金的人员。

保险费征缴　1987年，县政府颁发《平阳县劳动合同制工人退休养老保险实施办法》规定：1988年10月至1989年9月，根据工资总额增长，单位缴纳合同制工人工资总额的17%，个人缴纳不超过本人标准工资的3%为原则，确定单位月人均15元，个人1元标准缴纳。1991年，县政府颁发《平阳县企业职工社会养老保险实施办法》规定：养老保险费由国家、企业、个人三方共同负担，企业按上年全部职工工资总额的17%提取缴纳；职工按本人当年标准工资的2%缴纳；县财政收取地方养老保险基金和在地方财政总收入中提取0.5%作为社会养老保险基金。1992年1月全县实行一体化养老保险制度，固定职工个人开始缴纳养老保险费。养老保险费开始实行国家、企业、个人三方合理负担。是年，实际缴费标准：单位为每个职工缴纳养老保险金28元，个人缴纳2元。是年，开始收取地方养老保险基金。工业按产品销售总额的5‰缴纳，商业零售按商品销售总额3‰缴纳，商业批发按商品销售总额的1‰缴纳，其他行业、个体工商户比照工业、商业缴纳标准缴纳。是年，收取地方养老保险基金450.22万元。2004年10月，全市停止收取地方养老基金，1992—2004年，县地税部门收取1.67亿元地方养老基金补充到社保基金。1994年7月1日起，养老保险费单位缴纳部分是55元。个人缴纳部分：按缴费工资总额的3%缴纳，每月10元。工资总额低于275元的，按8元缴纳。个体工商户按工资总额275元的20%缴纳。1998年后，大部分企业实行经济体制改革，集体企业保险基金收缴困难。1999年，县政府下发《关于同意扩大社会保险覆盖面若干政策的批复》，对已超退休年龄的未参保人员可一次性补缴15年养老保险费享受退休待遇，名额限1000

人，至2000年，社保基金的困境才有所缓和，以后逐年好转。2009年，县政府印发《平阳县社会保险费五费合征试行办法》，2009年9月1日起实行基本养老保险费、基本医疗保险费、失业保险费、工伤保险费、生育保险费“五费合征”。按照国家和省政府的统一部署，根据职工工资和物价变动情况，适时调整企业退休人员基本养老金水平。1992—2002年，平阳县退休费平均增长率21%；2002—2012年为9.23%，1992—2012年年平均增长率为14.96%。截至2012年，全县企业退休职工27316人，1992—2012年，发放养老金276027.69万元，年平均缴费增长率13.73%。

1989—2012年平阳县城镇职工养老保险费缴费基数和比例明细表

表29-9-1

缴费年度	最低缴费工资基数(元)	单位缴费		个人缴费		合计(元)
		比例%	金额(元)	比例%	金额(元)	
1989年1月至1989年9月			15		1	16
1989年10月至1991年12月			17.5		1.5	19
1992年1月至1993年7月	160	17	28	2	2	30
1993年8月至1994年6月	210	17	36	2	4	40
1994年7月至1995年3月	325	17	55	3	10	65
1995年4月至1996年3月	325	17	55	3	10	65
1996年4月至1997年3月	325	17	55	3	10	65
1997年4月至1998年3月	460	14	64.4	4	18.4	82.8
1998年4月至1999年3月	650	14	91	4	26	117
1999年4月至2000年3月	690	14	96.5	5	34.5	131
2000年4月至2001年3月	840	14	117	5	42	159
2001年4月至2002年3月	900	14	126	6	54	180
2002年4月至2003年3月	1050	16	168	7	73.5	241.5
2003年4月至2004年3月	1100	16	176	7	77	253
2004年4月至2005年3月	1150	15	172.5	8	92	264.5
2005年4月至2006年3月	1150	15	172.5	8	92	264.5
2006年4月至2007年3月	1150	16	184	8	92	276
2007年4月至2008年3月	1150	16	184	8	92	276
2008年4月至2009年3月	1300	16	208	8	104	312
2009年4月至2010年3月	1350	16	216	8	108	324
2010年4月至2011年3月	1380	14	193.2	8	110.4	303.6
2011年4月至2012年3月	1535	14	214.9	8	122.8	337.7
2012年4月至2013年3月	1787	14	250.18	8	142.96	393.14

说明：资料由县人社局提供

保险金发放　1994年，县政府印发《平阳县企业职工基本养老金计发暂行办法》，规定：企业职工基本养老金由基础养老金、缴费养老金及有关物价生活补贴组成。县政府办公室于1997年转发《温州市企业职工基本养老金计发实施办法》，规定：基本养老金由社会养老金和个人账户养老金两部分组成，此办法从1996年4月1日起执行。

县政府于2007年印发《关于完善企业职工基本养老保险制度实施办法的通知》，规定：从1996年4月1日起，参保人员的基本养老保险个人账户规模统一由本人缴费工资的11%调整为8%，全部由个人缴费形成，单位缴费不再划入个人账户；城镇工商户和灵活就业人员按本人缴费基数的8%记入个人账户。2011年，浙江省《关于完善企业退休

1989—2012年平阳县城镇职工养老保险基金收支情况一览表

表29-9-2

年度（年）	累计在职参保人数（人）	年基金收入（万元）	年养老金支出（万元）	累计已退休退职人数（人）	供养人员（人）	月人均养老金（元）	基金累计结余（万元）
1989							74.80
1990	1658	43.08					115.50
1991	1858	43.83					158.74
1992	27891	1483.39	857.42	6730		106.17	808.16
1993	23544	1838.17	1240.5	7175		144.08	1332.67
1994	20334	2574.76	1765.63	7189		204.67	2062.97
1995	20661	3074.61	2209.98	7667		240.2	3013.07
1996	20714	3454.88	2870.88	8115		294.81	1922.34
1997	24368	3263.91	3251.49	8114	482	334	1702.01
1998	23720	4104.34	4005.18	8355	573	421	5095.86
1999	28570	8218.85	4624.3	9806	653	439	4986.85
2000	34248	6240.02	5926.85	9988	734	533	7564.87
2001	36407	10674.93	7709.34	10410	760	632	7564.87
2002	45903	12366.95	9634	10966	860	713	9848.91
2003	48797	13112.74	10249.56	11593	959	754	12260.78
2004	51216	13790.96	10743.47	12084	1041	755	14819.89
2005	54157	13113.62	12325.21	12567	1130	807	14998.18
2006	61937	16665.65	14686.61	13202	1218	922	16250.55
2007	71792	22436	17216.9	13854	1098	1040	20419.45
2008	84868	30976	20731.89	14835	1145	1202	29316.23
2009	97467	36573.78	24672.24	16158	1180	1312	39518.87
2010	111042	51338.62	30088.36	17975	1205	1454	58726.8
2011	127343	67277.64	38128.39	20823	1235	1700	85253
2012	137673	71502.56	53089.49	27316	1227	1724	100555.23

说明：①本表基金收入－支出≠结余数；②资料由县人社局提供

人员基本养老金计发办法有关问题的通知》，规定：最低养老金标准按当地上年度月平均基本养老金（包括150元养老金补贴）的60%计算，不足60%的予以补足。2012年养老金最低保数是1020元。

机关事业单位养老保险

机关事业单位养老保险制度实施　机关事业单位养老保险与企业养老保险同步进行。从实行合同制用工制度起，机关事业单位的合同制工人与企业合同制工人一样都要求参加社会养老保险。1992年，一体化养老保险制度实施时，要求机关事业单位的各类临时工也参加养老保险。1998年，出台《平阳县机关事业单位工作人员基本养老保险实施办法》，规定：从1999年4月1日起，先在事业单位实施社会养老保险工作。截至2012年，全县事业单位有15406人参加养老保险，离退休、退职人数4386人。

机关事业单位养老保险费征缴　事业单位参保人员养老保险费的收缴，1999年4月至2011年

1989—2012年平阳县机关事业单位养老保险缴费基数和比例一览表

表29-9-3

缴费年度	最低缴费工资基数（元）	单位缴费		个人缴费		合计（元）
		比例%	金额（元）	比例%	金额（元）	
1989年1月至1989年9月			15		1	16
1989年10月至1991年12月			17.5		1.5	19
1992年1月至1993年7月	160	17	28	2	2	30
1993年8月至1994年6月	210	17	36	2	4	40
1994年7月至1995年3月	325	17	55	3	10	65
1995年4月至1996年3月	400	17	68	3	12	80
1996年4月至1997年3月	400	17	68	3	12	80
1997年4月至1998年3月	550	14	72	4	22	99
1998年4月至1999年3月	650	14	91	4	26	117
1999年4月至2000年3月	700	20	140	2	14	154
2000年4月至2001年3月	850	20	170	2	17	187
2001年4月至2002年3月	950	20	190	2	19	209
2002年4月至2003年3月	1300	20	260	2	26	286
2003年4月至2004年3月	1400	20	280	2	28	308
2004年4月至2005年3月	1400	20	280	2	28	308
2005年4月至2006年3月	1500	20	300	2	30	330
2006年4月至2007年3月	1600	20	320	2	32	352
2007年4月至2008年3月	2100	20	420	2	42	462
2008年4月至2011年3月	2300	20	460	2	46	506
2011年4月至2011年12月	2700	20	540	2	54	594
2012年1月至2012年3月	4700	23	1081	3	141	1222
2012年4月至2013年3月	4700	27	1269	3	141	1410

说明：资料由县人社局提供

12月：单位按在职工作人员上年月平均工资总额的20%缴纳，个人按本人上年月平均工资收入的2%缴纳，个人缴纳部分记入个人专户。2012年1月起单位调整为23%，个人调整为3%，4月起，单位调整为27%。1992—2012年，年平均缴费增长率为21.23%。

养老金发放 事业单位退休人员的退休金标准是按国家原定的标准发放的。2006年以前按本人职务（技术等级）工资津贴之和的一定比例计发。其中，退休时工作满35年的，退休费按90%计发；工作满30年不满35年的，按85%计发；工作满20年不满30年的，按80%计发。在职人员调整工资标准时，离退休人员相应增加离退休费。2006年，对退

2012年平阳县事业单位退休人员生活补贴标准明细表

表29-9-4　　单位：元

职务	年标准	月标准
专业技术4级	43152	3596
正处级管理5级	41268	3439
专业技术7级	40224	3352
副处级管理6级	39372	3281
正科级专业技术10级 管理7级技师	34476	2873
副科级管理8级	32580	2715
科员专业技术12级 管理9级高级工	29340	2445
办事员专业技术13级管理10级普工	26088	2174

说明：资料由县人社局提供

1998—2012年平阳县机关事业单位养老保险基金收支情况一览表

表 29-9-5

年度(年)	累计在职参保人数(人)	年保险费收入(万元)	年养老金支出(万元)	累计已退休退职人数(人)	其中,供养人员(人)	月平均养老金(元)	基金累计结余(万元)
1998	2312	344.67	118.2	225			1066.99
1999	4816	917.89	397.66	488			1564.07
2000	6406	1566.32	692.39	800		806	2403.57
2001	12469	2618.1	2239.55	2406		868	2738.35
2002	14760	4540.8	3802.1	2549	35	1279	3438.72
2003	14829	4932.46	4121.47	2731	47	1229	4189.04
2004	15186	4406.96	5225.13	2984	59	1434	3302.66
2005	15090	6555.3	5920.15	3139	78	1508	3807.9
2006	15042	6044.27	5918.8	3253	92	1538	3876.3
2007	15019	7052.31	7616.66	3370	106	1693	3175.85
2008	14670	8878.39	7764.16	3584	115	1809	4088.16
2009	14741	8807.78	8170.43	3846	131	1834	4311.55
2010	14336	8515.95	8643.37	3990	135	1840	3956.88
2011	15378	9483.8	9029.54	4131	156	1861	4096.23
2012	15406	22847.08	18562.04	4386	162	3681	8038.71

说明:资料由县人社局提供

休人员的待遇作了微调并增发了退休金。养老金的发放比例:20年以上工龄的退休费比例没变,10年以上20年以下的按70%发放,10年以下的按50%发放。退职人员的退职费:20年工龄以上的发70%,10年以上20年以下的发60%,10年以下的发50%。2010年1月,除教育、卫生系统外的其他事业单位实行绩效工资,对除教育、卫生系统外的其他事业单位的离退休人员也统一改发生活补贴。退休人员的平均生活补贴水平原则上不低于在职人员绩效工资水平的60%。2012年1月起,全县除教育、卫生系统外的其他事业单位的离退休费分为两块:一块是国家规定的基本离退休费;一块是规范生活补贴。

养老金的发放方式 由社保基金通过银行直接发放至离退休人员。2001—2011年,养老金年平均增长率7.9%。

农村养老保险

养老保险制度 平阳县农村养老保险是1996年起步的。县政府于1996年颁发《平阳县农村社会养老保险试行办法》,社保局专门设立农村养老保险科,具体负责农村养老保险工作。农村养老保险的实施范围:凡年满18周岁的村民,除已参加企业职工社会养老保险和工商个体户养老保险外,均需参加农村养老保险。农村养老保险坚持自我保障为主,自助与互济相结合、权利和义务相统一的原则,采取储蓄积累式的办法,实行个人账户制度。至1998年,参保人数有12919人。县社保局于2001年下发《关于参加农保人员转为参加城镇职工养老保险有关规定的通知》。实施后,部分农保人员转为城镇职工养老保险。截至2012年,农保在保人员4071人,享受养老待遇9人,人均月领养老金55.8元。

保费缴纳 农村村民的养老保险费以个人缴纳为主,集体补助为辅,个人缴纳和集体补助缴纳的养老保险费全部记入个人账户,并建立《农村养老保险手册》,作为村民参加养老保险的凭证。农村村民的养老保险费缴纳标准按每人每月10元起档,每档以5元递增,逐年或逐季、逐月缴纳;也可

1997—2012年平阳县农村养老保险情况一览表

表29-9-6

年度(年)	参保人数（人）	基金收入（万元）	享受养老金人数(人)	年支付基金（万元）	累计结余（万元）	备注
1997	12375	222.06	20	11.05		地方养老金划入100万元
1998	12919	147.82	32	3.55		
1999	12527	102.67	48	11.62		
2000	12410	4	47	21		
2001	12304	9	59	38		
2002	6834	0.62	24	189.9		支付基金数含退休
2003	5803	0.39	14	0.96		
2004	5332	0.2	13	0.86		
2005	5034		13	0.86		
2006	4849		13	0.86		
2007	4759		12	0.78		
2008	4647		11	0.72		
2009	4538		11	0.69		
2010	4387		11	0.69		
2011	4139		8	0.58		验审停1人
2012	4071		9	0.66	98	恢复1人

说明：资料由县人社局提供

按1000元起档，每档以1000元递增，一次性缴纳；缴费的档次与方式的选择，由村民和村委会根据实际情况确定。参加农村养老保险的村民，至60周岁时，缴费不满15年的，必须按规定一次性补足不足年数的养老保险费；已满60周岁的，按不低于2000元的标准，一次性补缴养老保险费；已满80岁的免于补缴。

养老金发放　凡参加农村养老保险的村民，年满60周岁，缴费满15年可按月领取养老金。已满60周岁，并一次性缴纳养老保险的村民，从缴费之月起享受养老保险待遇，月发放标准：补缴总额/120，再上浮15%；已满80周岁的村民，在全村办好保险手续后，按2000元补缴档次享受养老待遇。村民领取养老金，先从个人账户支付，个人账户领完后，仍按原标准继续领取，直至死亡。个人账户未领完已死亡的，其个人账户剩余额可继承。农村社会养老保险基金不敷支付时，由县地方养老保险基金弥补。

城乡居民社会养老保险

2009年印发《平阳县城乡居民社会养老保险实施办法》。参保对象为农村居民和城镇居民。总体要求：按照"保基本、广覆盖、有弹性、可持续"的基本原则，建立健全与全县经济社会发展水平相适应、与相关养老保障制度相衔接的城乡居民社会养老保险制度，确保城乡居民老有所养。

参保范围和对象　具有平阳县户籍，年满16周岁（全日制学校在校生除外），非国家机关、事业单位、社会团体工作人员，未参加基本养老保险的城乡居民。

基金筹集　城乡居民社会养老保险基金主要由个人缴费、集体补助和政府补贴构成。个人缴费：缴费标准定为每人每年100元、300元、500元、800元、1200元五个档次，参保人可自主选择档次缴费。集体补助：有条件的村集体经济组织应当对参保人缴费给予补助。政府补贴：主要用于支付基

2010—2012年平阳县城乡居民养老保险基金收支情况一览表

表29-9-7

年度(年)	参保人数(人)	基金收入(万元)	享受待遇人数(人)	基金支出(万元)	累计结余(万元)
2010	227773	17206	103780	7271	10036.83
2011	228650	14220.36	107332	10584.38	13672.81
2012	259966	16400	109111	13161	16641

说明:资料由县人社局提供

础养老金;参保人个人缴费补贴,目前补贴标准按相对应的个人缴费档次分别给予每人每年30元、40元、50元、60元、70元的补贴;缴费年限养老金;复员退伍军人优待养老金;高龄补贴;丧葬补助费。省财政按照省里确定的基础养老金最低标准,给予一定比例补助,其余社会统筹基金由县财政提供。

养老待遇　城乡居民养老金由基础养老金、个人账户养老金和缴费年限养老金3部分组成,支付终生。2010年1月1日至2012年年底,城乡居民养老保险已有259966人参保,享受待遇109111人。人均月享受待遇100元。

被征地农民基本生活保障

为了妥善解决被征地农民基本生活保障问题,县政府于2004年印发《关于平阳县被征地农民基本生活保障试行办法的通知》,开始建立被征地农民的社会保障制度,解决被征地农民社会保障问题。2007年,县政府根据省市有关文件精神出台《关于深化完善被征地农民社会保障工作的通知》。该文件为平阳县被征地农民社会保障问题制定政策,建立被征地农民生活保障金制度。

保障对象和范围　在平阳县范围内,经县国土部门依法批准实施统一征地,被征地时持有第二轮土地承包权证的被征地家庭,且年满16周岁(含)以上的在册农业人员;违法占用耕地的,在依法补办手续后,方可参加被征地农民基本生活保障。范围:从2007年1月1日起,新增加的征地农民,必须做到即征即保。对2003—2006年的被征地农民,村集体和个人有资金能力参保的,用3年时间实现全面参保。对第二轮土地承包至2002年年底前被征地的农民,村集体和个人有资金能力参保的,也可参保。

缴费标准　被征地农民基本生活保障实行缴费标准与保障水平挂钩,年龄未满60周岁的被征地农民基本生活保障缴费标准分为三档:一档27600元、二档25000元、三档19200元;年满60周岁以上的人员缴费标准见表29-9-8,被征地农民可自行选择缴费档次,确定缴费档次后不能再作变动。

2007年平阳县60周岁以上被征地农民缴费标准明细表

表29-9-8　　单位:元

享受档次 收费标准(元) 年龄(周岁)	集体和个人缴费部分			政府缴费部分
	一档(230元)	二档(210元)	三档(160元)	
60周岁(含本数)以上至61周岁以下	19300	17500	13400	不变
61周岁(含本数)以上至62周岁以下	18800	17000	12900	
62周岁(含本数)以上至63周岁以下	18300	16500	12400	
63周岁(含本数)以上至64周岁以下	17800	16000	11900	
64周岁(含本数)以上至65周岁以下	17300	15500	11400	
65周岁(含本数)以上至66周岁以下	16800	15000	10900	

续表 29-9-8

享受档次 收费标准(元) 年龄(周岁)	集体和个人缴费部分			政府缴费部分
	一档(230元)	二档(210元)	三档(160元)	
66周岁(含本数)以上至67周岁以下	15300	14500	10400	
67周岁以上(含本数)至68周岁以下	15800	14000	9900	
68周岁以上(含本数)至69周岁以下	15300	13500	9400	
69周岁以上(含本数)至70周岁以下	14800	13000	8900	
70周岁(含本数)以上	14300	12500	8400	

说明:①集体和个人部分每增一岁减500元,政府部分不变;②资料由县人社局提供

2009—2012年平阳县被征地农民生活保障情况一览表

表 29-9-9

年度(年)	参保人数(人)	领取保障金人数(人)	基金收入(万元)	保障金支付(万元)	累计结余(万元)
2009	22163	10344	4434.43	1096	3338.43
2010	22804	11114	3252	818	5773
2011	26287	12734	5479	1325	9926.84
2012	29852	14901	2303	1910	1320

说明:资料由县人社局提供

保障形式　保障形式分为两种:一种是实行基本生活保障形式;另一种是享受生活补助。

基本生活保障　被征地农民凡年满60周岁以上的,按缴费标准一次性缴纳基本生活保障费后,次月起享受基本生活保障待遇;年龄在60周岁以下的,按缴费标准一次性缴纳基本生活保障费后,年满60周岁开始享受基本生活保障待遇。基本生活保障水平,按不低于全县城镇居民最低生活保障水平确定,被征地农民到达享受年龄时,根据自身选择的缴费档次,享受基本生活保障待遇(一档230元/月、二档210元/月、三档160元/月;2012年1月起调整为一档280元/月、二档260元/月、三档210元/月)。

享受生活补助　第二轮土地承包至2002年年底前被征地农民无能力缴纳一次性基本生活保障费的;2003—2006年被征地农民无能力缴纳一次性基本生活保障费的。以上两种对象凡年满60周岁的可按月领取生活补助金。被征地农民的生活补助金为60元/月。2012年1月起调整为70元/月。

保障金筹集方式　全县被征地农民基本生活保障所需的资金由政府、村集体经济组织、个人三方共同负担,负担比例按3∶7,即政府承担相应档次标准的30%,从土地出让金收入或其他政府性资金中支付,建立被征地农民基本生活保障统筹基金。村集体经济组织和个人承担缴费标准的70%,分别从土地补偿费和征地补助安置费中扣除抵交。由社保部门建立被征地农民基本生活保障个人专户,专户按银行同期城乡居民一年期存款利率计息。村集体和个人难以承担缴费标准的,缴费比例可减少至50%以上,双方负担可协商调整。待遇也按比例相应降低。截至2012年,全县参加失地农民生活保障有29852人,享受基本生活保障金2587人,享受生活补助12314人,合计14901人。

第二节　医疗保险

职工医疗保险制度是20世纪50年代初建立起来的，医疗保险分为企业职工劳保医疗和机关事业单位工作人员的公费医疗制度。进入20世纪80年代，随着经济体制改革的逐步深入，旧的医疗保险制度的医疗费用大包大揽、覆盖范围太窄、医患双方缺乏制约机制等弊端日益彰显出来。1998年底，国务院颁布《关于建立城镇职工基本医疗保险制度的决定》，2000年，省政府颁布《浙江省推进城镇职工基本医疗保险制度改革意见》，城镇职工基本医疗保险制度改革开始全面启动。

城镇职工基本医疗保险制度

为了全面贯彻《国务院关于建立城镇职工基本医疗保险制度的决定》《浙江省推进城镇职工基本医疗保险制度改革意见》《温州市城镇职工基本医疗保险暂行规定》，县政府于2001年发布《平阳县城镇职工基本医疗保险实施办法(试行)》，确定平阳县城镇职工医疗保险制度改革的总体框架和基本政策。

实施范围和对象　城镇职工基本医疗保险(简称“医疗保险”)的实施范围和对象：凡平阳县范围内城镇所有企业(国营、集体、股份制、外商投资、私营等各种所有制企业)、机关、事业单位、社会团体、民办非企业单位(简称“用人单位”)的职工、退休人员和按《国务院关于工人退休、退职的暂行办法》办理退职的人员(简称“参保人”)均应参加医疗保险。医疗保险实行属地管理。城镇自由职业者和个体工商户待条件成熟时再逐步纳入医疗保险。参加医疗保险的单位和职工必须参加基本养老保险。

医疗保险费的缴纳　基本医疗保险费由用人单位和职工个人双方共同缴纳。用人单位和职工缴纳的医疗保险费，按比例划分基本医疗统筹基金和个人账户。统筹基金，按用人单位全部职工缴费工资之和为基数，按6%提取医疗保险费。个人账户由两部分组成：一是职工以本人缴费工资2%缴纳；二是用人单位以全部职工缴费工资之和为基数，按1.8%提取，按参保人不同年龄或工龄确定比例，计入个人账户。

2001—2012年平阳县城镇职工医疗保险费收缴标准一览表

表29-9-10

年度(年)	最低缴费工资基数(元)	单位缴费比例%	金额(元)	医疗救助		门诊统筹			
				在职%	退休%	单位%	金额(元)	个人%	金额(元)
2001年5月至2003年3月	900	6	54						
2003年4月至2004年3月	1000	6	60						
2004年4月至2005年3月	1083.34	6	65	5	3				
2005年4月至2006年3月	1166.67	6	70	5	3				
2006年4月至2007年3月	1250	6	75	5	3				
2007年4月至2008年3月	1333.34	6	80	5	3				
2008年4月至2009年3月	1416.67	6	85	5	3				
2009年4月至2010年3月	1416.67	6	85	5	3				
2010年4月至2011年3月	1416.67	6	85	9	5	3	42.51	1	14.17
2011年4月至2012年3月	1465	6	87.9	9	5	3	43.95	1	14.65
2012年4月	1787	6	107.22	9	5	3	53.61	1	17.87

说明：资料由县人社局提供

2001—2012年平阳县医疗保险费收支情况表

表29-9-11

年度（年）	参保人数（人）	基金收入（万元）	基金支出（万元）	累计结余（万元）
2001	6190	1249.11	57.47	1191.64
2002	6842	783.23	262.75	1712.12
2003	8695	962.18	386.64	2287.65
2004	10178	1027.55	558.39	2756.81
2005	12773	1247.22	828.5	3175.53
2006	36574	3718.1	1328.05	5565.59
2007	42842	4536.86	3270.23	6843.24
2008	47948	5354.56	4490	7702.38
2009	58998	6602.58	5104.08	9200.88
2010	74190	21818.7	18100.93	12918.64
2011	83248	16256.45	11611.07	17564.2
2012	95601	21704.89	14765.95	24502.96

说明：资料由县人社局提供

2004—2012年平阳县大病救助保险费收支情况表

表29-9-12

年度（年）	参保人数（人）	保险费收入（万元）	保险费支出（万元）	累计结余（万元）
2004	10178	41.81	3.97	37.84
2005	12773	93.62	32.31	99.14
2006	36574	222.35	96.76	224.73
2007	42842	334.12	295.49	263.37
2008	47948	404.26	470.13	197.51
2009	58998	476.12	383.24	290.39
2010	74190	949.42	769.35	470.47
2011	83248	1275.69	851.38	894.77
2012	95601	1403.69	1764.45	534.02

说明：资料由县人社局提供

医疗救助　为了建立完善城镇职工多层次医疗保险体系，解决参保职工超出统筹基金最高限额的医疗费用，2004年县政府下发《平阳县城镇职工医疗保险救助暂行办法》。范围对象：已参加全县城镇职工基本医疗保险的用人单位及职工、退休人员和按《国务院关于工人退休、退职的暂行办法》办理退职的人员。

城镇职工门诊医疗统筹办法　2010年，县政府办公室印发《平阳县城镇职工基本医疗保险门诊医疗统筹办法》。范围对象：已参加平阳县城镇职工基本医疗保险住院统筹的各类企事业（不含全额事业）单位的职工（含退休退职人员）、平阳户籍的灵活就业人员均参加门诊统筹。个别灵活就业人员不愿参加门诊统筹的，可暂缓参加，但该文实施后参加医疗保险的灵活就业人员同时也必须参加门诊统筹。

改制企业失业职工医疗保险　为了有效解决平阳县国有改制企业失业职工基本医疗保险问题，县政府于2011年下发《关于平阳县国有已改制企业职工参加基本医疗保险有关事项的通知》。参保对象：全县原国有已改制的原企业在册职工，包括改制后办理退休的职工。至2012年，全县改制企业有4619人享受待遇。

公务员医疗保险

公务员基本医疗保险制度　县政府办公室根据《平阳县城镇职工基本医疗保险实施办法》《平阳县城镇职工医疗救助暂行办法》和参照《温州市区国家公务员医疗补助暂行办法》精神，于2006年出台《平阳县享受公费医疗单位工作人员参加基本医疗保险实施意见》，机关事业单位公费医疗制度与城镇职工基本医疗保险制度实施并轨。执行50余

2006—2012年平阳县公务员医疗保险费收缴情况表

表29-9-13

年度	最低缴费工资基数（元）	单位缴费比例%	金额（元）	公务员医疗补助			
				单位%	金额（元）	个人%	金额（元）
2006年9月至2007年3月	1250	6	75	2	25		
2007年4月至2008年3月	1333.34	6	80	2	25		
2008年4月至2009年3月	1416.67	6	85	2	28		
2009年4月至2010年3月	1416.67	6	85	2	28		
2010年4月至2011年3月	1416.67	6	85	8	113.36	2	28.3

续表 29-9-13

年度	最低缴费工资基数(元)	单位缴费比例%	金额(元)	公务员医疗补助			
				单位%	金额(元)	个人%	金额(元)
2011年4月至2012年3月	1465	6	87.9	8	117.2	2	29.3
2012年4月	1787	6	107.22	8	142.96	2	35.74

说明:资料由县人社局提供

年的公费医疗制度至2006年9月1日废止。

公务员医疗补助　根据省劳动保障厅和省财政厅关于国家公务员医疗补助实施意见的通知精神和《温州市区国家公务员医疗补助暂行办法》,县政府办公室于2006年出台《平阳县国家公务员医疗补助暂行办法》。医疗补助的对象:原参加公费医疗单位的工作人员(简称"公务员")现参加基本医疗保险的,均可享受医疗补助待遇。医疗补助费的缴纳:医疗补助费的缴费基数以基本医疗保险基数为准,参保单位按全部工作人员(含退休退职)缴费基数的2%按月缴纳医疗补助费,建立公务员医疗补助基金。公务员个人账户暂不建立,门诊费用仍按原渠道支出。

2006—2012 年平阳县公务员
医疗补助费收支情况表

表 29-9-14

年度(年)	参保人数(人)	医疗补助费收入(万元)	医疗补助费支出(万元)	累计结余(万元)
2006	3381	102.73	4.57	98.16
2007	16855	452.21	434.8	115.57
2008	16875	542.77	488.78	170.56
2009	17452	603.51	485.37	288.7
2010	17639	751.68	804.43	235.94
2011	17877	1572.66	1401.64	406.96
2012	20046	1942.25	1879.75	469.46

说明:资料由县人社局提供

公务员门诊医疗补助　2010年,县政府办公室出台《平阳县国家公务员医疗补助实施办法》,进一步完善公务员医疗补助的政策,提高医疗待遇,出台门诊医疗办法。该办法于10月1日起实施。适用对象:原享受公费医疗待遇的单位工作人员(公务员)现参加基本医疗保险的。医疗补助费的收缴:参加基本医疗保险的公务员以上年度省平均工资为医疗补助费的缴费基数,单位按每人8%的比例按月缴纳;公务员个人以本人工资为缴费基数,按2%比例缴纳医疗补助费,由单位从工资中代扣代缴,全部记入基本医疗保险个人账户。

城乡居民基本医疗保险

城乡居民基本医疗保险,是从新型农村合作医疗发展而来。2005年12月15日,平阳县建立新型农村合作医疗制度。按照城乡一体化要求,建立多层次的社会保障体系,2009年将城镇居民纳入参合范围,更名为城乡居民合作医疗。随着保障体系

2006—2012 年平阳县城乡居民基本医疗保险参保人数与保险费收支情况表

表 29-9-15

年度(年)	参保人数(人)	个人年缴费标准(元)	各级财政拨款(万元)	保险基金总收入(万元)	年住院人数(人次)	住院总医疗(万元)	平均住院报销比例%	门诊支出医疗费(万元)	特殊门诊支出医疗费(万元)	累计结余(万元)
2006	417824	20	835.64	1880.76	5949	4610.07	19.65		13.72	1252.12
2007	528612	25	2262.51	3584.04	15826	13249.16	22.34	13.53	45.81	2064.73
2008	539318	25	4224.22	5630.45	22708	20644.25	37.13	528.24	143.81	1600.64
2009	555564	40	5706.22 其他1258.9	9149.65	27385	25796.21	33.43	992.53	190.4	1964.49

续表 29-9-15

年度（年）	参保人数（人）	个人年缴费标准（元）	各级财政拨款（万元）	保险基金总收入（万元）	年住院人数（人次）	住院总医疗（万元）	平均住院报销比例%	门诊支出医疗费（万元）	特殊门诊支出医疗费（万元）	累计结余（万元）
2010	571282	60	9391.37 其他 308.9	13097.15	29266	29795.53	34.5	1250.58	200.4	5911.63
2011	594650	80	17062.55	21814.14	38178	36308.26	51.41	1451.12	389.53	9980.67
2012	648085	100	25904.64	32797.69	52861	52581.88	65.84	3598.54	1066.35	10949.62

说明：资料由县人社局提供

的逐步完善，2012年11月22日复更名为城乡居民基本医疗保险。2012年，全县有648085人参加城乡居民医疗保险，支付医疗费用31828.74万元，收取医疗保险基金3.28亿元，其中，各级财政拨款2.59亿元。城乡居民医疗保险制度的建立，基本解决城乡居民“因病致贫”的难题。

新型农村合作医疗制度　根据中央、省、市相关文件的要求，县政府于2006年下发《关于建立新型农村合作医疗制度的实施意见（试行）》，规定：平阳县新农合筹资以户为单位，每人每年40元，其中个人缴费每人每年20元，各级财政每人每年补助20元。农村五保户、低保户的个人出资部分由县财政负责解决；特困残疾人个人出资部分由财政和县残联各负责一半。参加新农合的对象，按时足额缴费后，享受新农合的医疗待遇，有效时间为一年。2006年的享受为2006年5月10日0时至2007年5月9日24时。此后每年按自然年度享受一年。保险费也一年一缴。

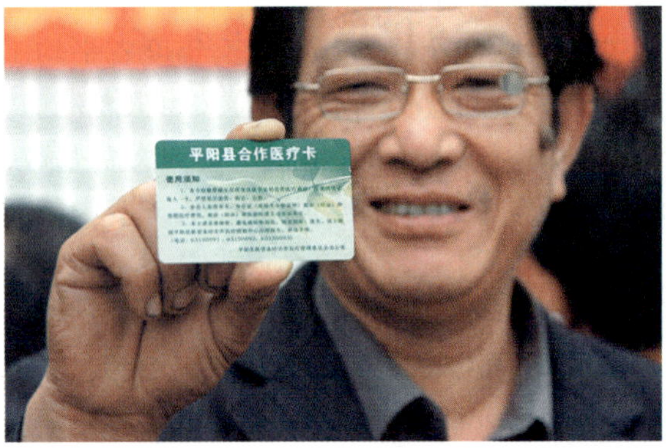

2006年5月10日开始，参加农村合作医疗保险的农民可持卡在指定医院就诊，可实时报销医疗费用。图为南雁镇吴山村村民拿到医疗卡　陈培勇　摄

城乡居民合作医疗　2008年，县政府下发《关于做好2009年度城乡居民合作医疗工作的通知》，要求：从2009年开始将未参加城镇职工基本医疗保险的城镇居民、未成年人全部纳入参保范围，实行统一收费标准、统一支付待遇，并将原“新型农村合作医疗”统一改称“城乡居民合作医疗”。2009年实际参加城乡居民合作医疗人数555564人。

妇女住院分娩补助　平阳县政府《关于印发平阳县2008年新型农村合作医疗制度实施办法的通知》规定：从2008年起，符合计划生育政策的妇女

2008—2012年平阳县新型农村合作医疗报销比例情况表

表 29-9-16

年度	定点医疗机构	政策范围内医疗费用报销比例
2008年至2009年	基层中心卫生院和社区卫生服务中心	报销15%
2010年	基层中心卫生院和社区卫生服务中心	报销30%
2011年	基层中心卫生院和社区卫生服务中心	报销30%（基本药物报销40%）
2012年	基层中心卫生院和社区卫生服务中心	报销40%
2012年6月至2012年12月	县级医院	报销20%

说明：资料由县人社局提供

生育，凭参合所在地乡镇证明，经乡镇计生办审核，每人补助200元。2009—2010年都按此标准补助。2011年，妇女住院分娩、顺产、阴道难产最高报销限额1200元，剖腹产分娩最高报销2500元。2012年分别提高至1800元和3500元。

城乡居民基本医疗保险　根据国家和省、市有关文件精神，县政府办公室于2012年下发《关于做好2013年全县城乡居民医疗保险工作的通知》。通知将原“城乡居民合作医疗”更名为“城乡居民基本医疗保险”。

城乡居民门诊医疗办法　2007年，县政府出台《新型农村合作医疗门诊报销管理办法（试行）》，从2008年2月1日起，参加新型农村合作医疗（简称“参合人员”）可报销一定比例的门诊医疗费用。

第三节　工伤保险

工伤保险制度建立于20世纪50年代，实施40余年未做大的修订。随着社会主义市场经济的逐步建立，原有工伤保险制度许多方面已不适应社会经济发展的需要。因此，在20世纪90年代初，浙江省对工伤保险制度进行改革，建立适应市场经济要求和充分保障职工合法权益的现代工伤保险制度。

保险范围

县政府于1996年颁布《平阳县企业职工工伤保险暂行办法》，适用于参加社会养老保险的单位和职工（个体工商经营者雇佣人员暂不参加）。2000年1月1日起，浙江省工伤保险全部统一按《浙江省企业职工工伤保险实施办法》的规定执行。2007年，县劳动和社会保障局、人事局、民政局、财政局和地方税务局出台《平阳县事业单位、民间非营利组织工作人员工伤保险有关问题的通知》，将参保范围进一步扩大到全县境内所有事业单位（依照或者参照公务员制度的管理的事业单位社会团体除外），和民间非营利组织。2010年，国务院公布《国务院关于修改〈工伤保险条例〉的决定》，对《工伤保险条例》进行修订。参保范围：在老条例的基础上增加事业单位、社会团体、民办非企业单位、基金会、律师事务所、会计师事务所等组织。

基金征缴

1996年以前，职工的工伤待遇均由企业自行依据国家《劳动保险条例》规定处理。1996年9月，《平阳县企业职工工伤保险暂行办法》出台后，各参保单位都要缴纳工伤保险费，职工个人不缴纳。工伤保险基金按照以支定收，留有储备的原则由县社保局统一征集，专项储存，专款专用，并逐年提取15%的工伤保险应急储备金，以备承担重大的事故风险。2009年9月1日起，工伤保险费由地税部门负责征缴。

劳动能力鉴定

2004年《工伤保险条例》实施时，要求设区的

1996—2012年平阳县企业职工工伤保险费收支及工伤情况表

表29-9-17

年度（年）	参保单位数（个）	参保人数（人）	缴费基数（元）	缴费比例与金额		年基金收入（万元）	年工伤人数（人）	年基金支出（万元）	累计结余（万元）
				比例%	金额（元）				
1996			480	五类0.3～1.2	1.44～5.76	11.33			10.76
1997		24826	590	五类0.3～1.2	1.77～7.08	51.45	19	7.46	53.53
1998		21530	660	五类0.3～1.2	1.98～7.92	60.36	18	21.93	91.96
1999		23108	660	五类0.3～1.2	1.98～7.92	75.87	4	11.39	167.38
2000		23055	660	五类0.3～1.2	1.98～7.92	86.6	9	18.9	235.09
2001		15201	900	五类0.3～1.2	2.7～10.8	66.38	1	20.81	280.67

续表 29-9-17

年度（年）	参保单位数（个）	参保人数（人）	缴费基数（元）	缴费比例与金额		年基金收入（万元）	年工伤人数（人）	年基金支出（万元）	累计结余（万元）
				比例%	金额(元)				
2002		15132	1050	五类0.3～1.2	3.15～12.6	72.99	1	24.76	328.9
2003	481	13221	1100	五类0.3～1.2	3.3～13.2	75	1	8.2	395.71
2004	457	12332	1150	三类0.5～2	5.75～23	113.45	1	19.49	489.67
2005	450	15164	1150	三类0.5～2	5.75～23	144.11	66	52	581.78
2006	968	25952	1150	三类0.5～2	5.75～23	206.49	148	59.81	728.46
2007	2177	67689	1100	三类0.5～2	5.5～22	423.35	375	167.91	983.91
2008	2406	78467	1300	三类0.5～2	6.5～26	1025.66	823	238.93	1770.64
2009	2660	103833	1350	三类0.5～2	6.75～27	1487.2	1108	476.71	2781.13
2010	2885	113913	1380	三类0.5～2	6.9～27.6	2099.53	1310	418.34	4462.31
2011	3310	113880	1535	三类0.5～2	7.68～30.7	2178.11	1216	1466.19	5174.23
2012	3160	129552	1787	三类0.5～2	8.935～35.74	2681.53	1272	2309.67	5546.09

说明：①工伤保险实行差别费率。即以各单位上年度全部职工缴费工资总额的0.3%～1.2%的幅度，根据各行业的工伤风险类别和工伤事故及职业病发生额实行差别费率收缴。②行业划分：1996年分为五类，2004年归纳为三类。③资料由县人社局提供

市级才能设立劳动鉴定委员会。因此，平阳县所有因伤、因病的鉴定全部要报温州市劳动鉴定委员会鉴定，一个季度鉴定一次。2009年5月，温州市把劳动鉴定工作委托给平阳县鉴定。7月，成立劳动能力鉴定委员会，由县人事局、县总工会、县卫生局、县企业家协会、县劳动保障局组成。

保险待遇

1996年9月底前，平阳县职工发生工伤和职业病，均按《中华人民共和国劳动保险条例》和1987年卫生部等部门修订颁发的《职业病范围和企业病患者处理办法的规定》等文件执行。1996年10月至1999年12月企业职工工伤保险待遇根据1996年9月24日县政府颁布的《平阳县企业职工工伤保险暂行办法》的规定执行。2000年1月至2003年12月职工工伤保险待遇根据1999年12月30日省劳动厅、财政厅、总工会联合印发《浙江省企业职工工伤保险实施办法》的规定执行。2004年1月以后工伤保险待遇根据2003年国务院公布《工伤保险条例》的规定执行。

第四节　失业保险

失业保险制度的建立经历一个由待业保险到失业保险的演变过程。

保险范围

县政府于1987年颁布《平阳县国营企业职工待业保险基金收缴和使用的暂行办法》，参保范围是国营企业职工。至1988年年底，全县有89个全民企业单位的全部职工和37个全民事业单位的合同制工人，9872人参加待业保险，参保单位和人数均为应保的100%，收缴待业保险金17.52万元。

1992年，县政府颁布《平阳县企业职工待业保险实施办法》。参保的范围扩大到：街道企业、乡镇企业、股份合作企业、各类劳动就业服务企业和私营企业的从业人员，外商投资企业的中方员工，国家机关和社会团体中的合同制工人、各类临时工，并施行统一缴费标准与待遇标准。

县政府于1999年印发《平阳县事业单位贯彻国务院〈失业保险条例〉实施意见》，规定：平阳县行政区域内的事业单位及职工均应参加失业保险，缴纳失业保险费。其标准：单位部分按缴费工资基数的2%换算成绝对额计缴，个人部分按缴费工资基数的1%换算成绝对额计缴。

1989—2012年平阳县失业保险费收缴情况表

表29-9-18

年度（年）	参保单位数（个）	参保人数（人）	缴费比例				年收缴额（元）	本年结余（元）	累计结余（元）
			单位%	金额（元）	个人%	金额（元）			
1989	112	9752	1				9053	61031	188656
1990	87	9858	1				108138	70058	258714
1991	86	9555	1				102899	50899	309613
1992	723	17731	1				201404	141404	451017
1993	465	18973	1	2.4			560553	362732	813749
1994	583	22820	1	2.4			792632	476176	1289925
1995	506	32012	1	3.2			863034	592513	1882438
1996	390	19794	1	3.8	0.5	1.5	1367509	682568	2565006
1997	313	16537	1	3.8	0.5	1.5	1194772	490896	3055902
1998		22098	2	7.6	1	3.8	1393272	796895	3852797
1999	273	14455	2	9.6	1	4.8	4301440	852016	3000781
2000	516	28800	2	12	1	6	7379425	4182401	7183182
2001	482	22700	2	16.4	1	8.2	6935784	2153631	5029551
2002		22200	2	20.4	1	10.2	9882005	3351588	8381139
2003		36000	2	20.4	1	10.2	6046149	54494	8435633
2004		28200	2	25.5	1	12.8	6327696	3044525	11480158
2005	625	30500	2	25.5	1	12.8	9557794	5890346	11370504
2006	588	30057	2	25.5	1	12.8	10062001	5765487	23135991
2007	1343	37296	2	25.5	1	12.8	10214895	7250417	30386408
2008	2116	41070	2	25.5	1	12.8	19419307	14430583	44816991
2009	2428	49450	2	25.5	1	12.8	20385738	14420870	59237861
2010	2741	55475	2	27.6	1	13.8	23671769	15972329	75210190
2011	3077	61419	2	29.3	1	14.65	29688130	24764137	99974327
2012	3341	66803	2	35.74	1	17.87	45005006	38777697	138752006

说明：资料由县人社局提供

1995—2012年平阳县失业金发放标准一览表

表 29-9-19

年度(年)	发放标准(元)	其中		执行时间	年享受待遇人数(人)	年支付失业金总额(元)
		失业金(元)	医疗补助费(元)			
1995			5		133	270521
1996			8		364	684941
1997			8		285	703876
1998	190		8	1998年7月1日	34	596376
1999	255	247	8	1999年1月1日	1007	5153456
2000	255	247	8		575	3197023
2001	255	247	8		2778	9089415
2002	255	247	8		1260	6530417
2003	255	247	8			5991655
2004	278	265	13	2004年4月1日	713	3283171
2005	315	300	15	2005年4月1日	502	3667448
2006	315	300	15		3186	4236513
2007	410	392	18	2007年5月21日	985	2964478
2008	455.7	434	21.7	2008年4月1日	3621	4988723
2009	600.6	546	54.6(参加医保)	2009年4月1日	1181	5964867
	573.3	546	27.3(未参加医保)			
2010	693	630	63(参加医保)	2010年4月1日	1034	7699438
	661.5	630	31.5(未参加医保)			
2011	816.2	742	74.2(参加医保)	2011年4月1日	746	4923993
	779.1	742	37.1(未参加医保)			
2012	742	742	参加基本医疗保险	2012年4月1日	890	6227328

说明：资料由县人社局提供

基金收缴

职工待业（即失业，下同）保险基金采取企业按月预缴，全年结算的办法，根据“以支定收，略有节余”的原则，按照单位职工人数，一律根据全县各类企业职工上年人均月工资总额的1%换算为人均绝对值按月缴纳。缴纳比例可根据收支情况适时调整，并规定一个单位每季失业保险金不满24元的，按24元缴纳。待业保险金逾期缴纳的，从逾期之日起按月加收3‰的滞纳金。

1996年1月1日，《浙江省职工失业保险条例》贯彻之后，失业保险费由企业与职工双方缴纳。单位缴纳部分为企业职工上年人均月工资总额1%，换算为绝对额为月人均3.8元，个人缴纳部分不高于单位计缴标准的50%，统一换核算为月人均1.5元。1998年7月1日起，单位缴纳失业保险金的比例由原月人均工资总额的1%调整为2%，按人均每月7.6元绝对额计缴；职工个人缴纳失业保险金的比例，由原月人均工资总额的0.5%调整为1%，按每人每月3.8元绝对额计缴。单位每户每季度缴纳失业保险基金的最低缴纳额调整为273.6元。

至2012年年底，全县参加失业保险66803人，是年收缴失业保险费0.45亿元，结余失业保险费1.39亿元。

保险待遇

1987—1992年的失业保险待遇按《平阳县国营企业职工待业保险基金收缴使用的暂行办法》规定执行。1992—1995年的失业保险待遇按1992年《平阳县企业职工待业保险实施办法》规定执行。1996—2004年失业保险待遇按1995年《浙江省职工失业保险条例》规定执行。2005—2012年以后的失业保险待遇按2003年《浙江省失业保险条例》规定执行。

第五节　生育保险

平阳县生育保险起步较晚。2004年之前，女职工生育按照《中华人民共和国劳动保险条例》及计划生育有关政策执行，由企业支付待遇。2004年，县政府颁布《平阳县职工生育保险暂行办法》。至2004年底，全县有96家单位、3548人参加生育保险，征缴基金4.3万元。2012年，有1890家单位、32550人参加生育保险，征缴生育保险基金367.33万元。

参保范围

全县行政区域内各类企业和参加基本养老保险统筹的事业单位（差额和自收自支事业单位）、社会团体、民办非企业单位及职工。

保险待遇

至2012年，均按《平阳县职工生育保险暂行办法》执行。

2004—2012年平阳县生育保险参保人数与保险费收支情况表

表29-9-20

年度（年）	单位数（个）	参保人数（人）	基金收入（万元）	生育保险费支付（万元）	基金累积结余（万元）
2004	96	3548	4.3		4.3
2005	98	3274	30.23	28	6.53
2006	93	3381	30.13	27.27	9.39
2007	—	3423	32.63	28.14	13.88
2008	—	4017	37.45	33.11	18.22
2009	451	5917	75.14	30.74	62.62
2010	991	12417	199.35	94.58	167.39
2011	1417	21525	231.26	316.06	82.59
2012	1890	32550	367.33	402.36	47.56

说明：资料由县人社局提供

2004—2012年平阳县生育保险征缴标准及待遇一览表

表 29-9-21

社保年度（年）	征缴标准			参保人数（人）	享受待遇		
	缴费基数（元）	缴费费率%	征缴标准（元）		流产（元）	顺产（元）	剖宫产（元）
2004	1465	0.5	6.9	3548	1225.5	5895	8627.5
2005	1465		6.9	—			
2006	1600		8	3392			
2007	1800		9	3438			
2008	1800		9	3890			
2009	1800		9	7787			
2010	1380		6.9	14369			
2011	1465		7.33	23087			
2012	2978		14.89	32550			

说明：资料由县人社局提供

第三十卷
DI SAN SHI JUAN

《平阳县志（1989—2012）》
PINGYANG XIAN ZHI

教　育

1989—2012年，平阳县教育历程可分为开拓发展、稳步前进、深化提高三个阶段：1989—1997年，基本普及九年义务教育和基本扫除青壮年文盲；1998—2007年，基本普及十五年教育（学前3年和12年中、小学教育），继续进行各项教育改革；2008—2012年进一步改善办学条件，全面提高教育质量。

1989年，全县教育总投入1305.8万元；2012年，124768万元。2012年，各级各类学校占地面积3217493.79平方米，建筑面积1440681平方米，藏书3179299册，计算机15970台，固定资产153640万元。

2012年，全县幼儿园98所，在园幼儿27537人，学前三年幼儿入园率95.8%；中小学128所，其中义务教育阶段中小学108所，普高12所，职高7所，特殊教育学校1所，合计在校生13.06万人。浙江电大平阳分校1所，在读生1950人，成人文化技术学校12所，社区教育机构18所，民办培训机构55所。小学、初中适龄儿童入学率分别为100%和99.98%，巩固率分别达到100%和99.99%；96.03%的初中毕业生升入高中段，普、职比为1∶1；三类残儿入学率100%，15周岁和17周岁人口教育完成率分别为99.95%和99.94%。2006—2012年，全县高考重点批次上线率连续七年居温州市各县（市）区第一名。

2012年，在职公办教师6923人，离退休教师2396人。幼儿园、小学、初中、普高、职高教师学历合格率分别达到100%、98.5%、99.7%、97.8%、95.2%。

1989年后，全县先后创建18个省、市级教育强镇（乡），其人口覆盖率占全县总人口的81.5%；创建47所国家、省、市级重点示范学校和幼儿园。2009年12月，获浙江省教育强县称号。

第一章　基础教育

1986年《中华人民共和国义务教育法》颁布后，平阳县分步实施九年义务教育，基础教育迅速发展。1992年始，开展中小学布局调整工作。1998年始，实施基本普及15年基础教育（幼儿园3年、小学6年、初中3年、高中3年）。2012年，学前3年幼儿入园率95.8%；小学、初中适龄儿童入学率分别为100%和99.98%，巩固率分别达到100%和99.99%；96.03%初中毕业生升入高中段，普、职比1∶1；三类残儿入学率100%。有80%学生就读于省、市重点高中，38%的学生就读于省、市示范初中和小学。

第一节　学前教育

发展概况

1989年，全县幼儿园197所，在园幼儿12327人。1990年，全县幼儿园195所。其中教育部门办的53所（除县机关幼儿园和鳌江镇中心幼儿园外，其他均为小学附设幼儿园或学前班），其他部门办的84所，个体办的58所，在园幼儿11986人。1992年，在园幼儿13568人，学前3年幼儿入园率为35.2%。

2007年，幼儿园102所，在园幼儿21703人，学前三年幼儿园入园率为94.8%，普及学前一年教育。

2012年，幼儿园98所，其中公办幼儿园5所。在园幼儿上半年为27537人，下半年为27220人，学前3年幼儿入园率为95.8%（以上半年计算）。

1989年后，按办学标准，对幼儿园多次进行整顿，提高办学档次，扩大办学规模。至2012年，有省一级等级幼儿园7所、省二级12所、省三级51所，乡镇中心幼儿园10所。

学前教育管理

1991年8月前，民办幼儿园由县妇女联合会管理，公办幼儿园由县教育委员会管理。8月后，幼儿园均由县教育委员会（教育局）管理。2012年，各学区（全县共6个）配有幼教专职干部一名，负责辖区内幼儿园的行政管理、业务指导、安全监督等工作。

1991年后，县教育委员会（教育局）每年对各幼儿园实行年检和评级（分优秀、合格、基本合格、不合格四个等级），对优秀等级幼儿园实行表彰和奖励，对基本合格幼儿园提出限期整改要求，对不合格幼儿园责令停办。

根据《浙江省幼儿园等级评定办法（试行）》的指标要求，平阳县以优质幼儿园为引领，通过帮扶、指导、交流等形式优化幼儿园内部管理机制，提升办园水平。截至2012年10月，全县幼儿园优秀等级覆盖率为82%。

办学条件

1989年，197所幼儿园中，县机关幼儿园和鳌江中心幼儿园是公办幼儿园，其余均属民办。民办幼儿园规模小，设备简陋，大多数办在普通的民房内。经20余年的整顿提高，全县幼儿园的办学条件均已达到规范化的要求。

2012年下半年，幼儿园占地面积192868平方米，生均用地7.08平方米，园舍面积140785平方米，生均用房5.17平方米，办学设施比较完善。

2012年平阳县幼儿园基本情况表

表30-1-1

序号	学区	学校名称	班数（个）	幼儿数		教职工数		办学条件			园址	创办时间（年）
				入园人数（人）	在园人数（人）	共计（人）	其中，专任教师（人）	占地面积（平方米）	校舍面积（平方米）	户外运动场面积（平方米）		
1	直属校	县机关幼儿园（主园）	20	220	688	70	43	5506	5392	2240	昆阳镇弓桥路	1955
2	昆阳学区	昆阳镇大风车幼儿园	4	17	81	71	37	750	1120	210	昆阳镇解放街62号	1985
3		昆阳镇星艺幼儿园	6	22	200	19	12	1306	705	800	昆阳镇西直街4幢	1989
4		万全镇宋埠欢乐幼儿园	8	76	312	25	17	1450	1050	510	万全镇宋埠长桥村	1990
5		昆阳镇阳光幼儿园	11	167	452	45	26	2280	2352	1620	昆阳镇临区新街87–1号	1993
6		昆阳镇小博士幼儿园	5	30	120	18	10	825	438	212	昆阳镇坡南街146号	1993
7		昆阳镇万全中心幼儿园	15	85	501	50	31	3500	3450	2000	昆阳镇全路35号	1994
8		万全镇郑楼中心幼儿园	6	125	225	20	12	1820	1660	750	万全镇郑楼沿河路	1995
9		昆阳镇水亭中心幼儿园	8	54	299	27	17	1848	811	1168	昆阳镇水亭闸桥新街	1996
10		昆阳镇小叮当幼儿园	7	55	189	23	14	753	1283	228	昆阳镇工业区建业路财税宿舍F幢101室	1996
11		昆阳镇沙岗幼儿园	4	28	161	14	9	1800	1226	1800	昆阳镇沙岗村	1997
12		昆阳镇小太阳幼儿园	4	35	99	12	6	1980	900	450	昆阳镇林步桥村	1998
13		县机关幼儿园向日葵分部	8	211	283	35	16	1444	1468	560	昆阳镇西门后垟巷30号	1998
14		昆阳镇中心幼儿园	14	109	560	60	35	3300	3020	2142	昆阳镇十八家	1999
15		昆阳镇新太阳幼儿园	6	39	190	22	11	870	570	330	昆阳镇汇水河路12–14号	2000

续表 30-1-1

序号	学区	学校名称	班数（个）	幼儿数		教职工数		办学条件			园址	创办时间（年）
				入园人数（人）	在园人数（人）	共计（人）	其中，专任教师（人）	占地面积（平方米）	校舍面积（平方米）	户外运动场面积（平方米）		
16	昆阳学区	万全镇小童洲幼儿园	11	88	415	44	24	2750	2520	1000	万全镇宋桥伍垟路（邮电局边）	2000
17		昆阳镇石塘中心幼儿园	6	17	165	22	13	1500	750	750	昆阳镇占下村	2001
18		万全镇湖岭幼儿园	6	40	261	23	13	1689	1255	434	万全镇湖岭瑶山公路边	2002
19		万全镇宋埠中心幼儿园	6	71	326	25	17	2176	1380	985	万全镇宋埠村（下陈）	2002
20		万全镇榆垟中心幼儿园	8	121	305	24	14	4662	1548	3226	万全镇榆垟南门村	2004
21		昆阳镇城南幼儿园	7	34	210	26	16	5000	1520	1500	昆鳌路273号（工人文化宫内）	2004
22		昆阳镇蓓蕾幼儿园	18	40	592	71	37	10155	5120	5055	昆阳镇体育场路	2005
23		万全镇郑楼实验幼儿园	12	71	402	46	27	2809	3546	1647	万全镇郑楼校前路60号	2008
24	鳌江学区	鳌江镇中心幼儿园	8	127	251	29	14	4160	3287	1600	鳌江镇学前巷1号	1955
25		鳌江镇小童洲幼儿园	11	58	437	64	35	3300	3150	2230	鳌江镇技校街125号	1995
26		鳌江镇乐乐幼儿园	8	66	326	36	19	1900	1200	1000	鳌江镇阳春街76号	1985
27		鳌江镇第二幼儿园	17	109	607	58	37	4200	4378	1800	鳌江镇曙光中路87号	1987
28		鳌江镇长乐幼儿园	6	27	161	25	13	300	740	140	鳌江镇长乐幼儿园	1987
29		鳌江镇优苗幼儿园	6	43	185	23	14	890	660	382	鳌江镇新登街47号	1988
30		鳌江镇龙儿幼儿园	11	57	386	38	24	1360	1255	700	鳌江镇龙山村龙阳路	1988
31		鳌江镇实验幼儿园（分园）	5	50	215	22	12	2809	3546	1647	鳌江镇访贤西巷21号	1989
32		鳌江镇外浦幼儿园	14	87	501	54	30	1000	2094	385	鳌江镇邮电路311号	1989
33		鳌江镇梅源中心幼儿园	3	45	138	12	7	2075	930	1145	鳌江镇梅源梅源村	1990

续表 30-1-1

序号	学区	学校名称	班数（个）	幼儿数		教职工数		办学条件			园址	创办时间（年）
				入园人数（人）	在园人数（人）	共计（人）	其中，专任教师（人）	占地面积（平方米）	校舍面积（平方米）	户外运动场面积（平方米）		
34	鳌江学区	鳌江镇童心幼儿园	9	58	345	28	18	1100	840	250	鳌江镇钱仓双塔新街	1991
35		鳌江镇童乐幼儿园	9	49	269	26	18	1086	1072	560	鳌江镇徐家站村38号	1992
36		鳌江镇天真幼儿园	7	40	265	28	16	1154	870	700	鳌江镇西蒲街65号	1994
37		鳌江镇六一幼儿园	4	38	160	17	9	600	550	350	鳌江镇五中路5号	1994
38		鳌江镇可爱幼儿园	10	29	334	34	22	965	1475	605	鳌江镇下厂西向路34–36号	1995
39		鳌江镇新苗幼儿园	6	39	138	16	10	1344	1130	1117	鳌江镇墨城中和殿	1995
40		鳌江镇小星星幼儿园	5	49	163	16	9	462	568	200	鳌江镇蔡家垟路41号	1996
41		鳌江镇食品幼儿园	7	29	212	27	17	520	1255	435	鳌江镇食品城复兴路26号	1996
42		鳌江镇小童星幼儿园	7	43	253	28	19	1680	1650	1600	鳌江镇山外路6号	1997
43		鳌江镇启明星幼儿园	10	108	369	37	20	4670	2980	3580	鳌江镇钱仓凤山路	1997
44		鳌江镇梅溪中心幼儿园	6	49	244	24	15	1600	960	133	鳌江镇梅溪邮电路	1997
45		鳌江镇育英幼儿园	11	26	357	50	22	4850	3547	3950	鳌江镇育英路1号	1998
46		鳌江镇务垟中心幼儿园	11	77	419	41	24	2000	2270	1500	鳌江镇岳巢新村119号	1999
47		鳌江镇童之梦幼儿园	7	49	230	24	16	934	790	200	鳌江镇玉莲新村51号	2001
48		鳌江镇实验幼儿园（总园）	12	51	392	55	29	3300	4850	2180	鳌江镇园林东路	2005
49		鳌江镇七色花幼儿园	10	69	336	37	22	2280	1880	400	鳌江镇巴黎城小区	2008
50		鳌江镇西湾中心幼儿园	3	15	47	11	5	200	150	20	鳌江镇西湾海滨村	2011
51		水头镇鹤溪蔡垟幼儿园	1	5	25	2	1	180	150	80	水头镇鹤溪蔡垟外村	1982

续表 30-1-1

序号	学区	学校名称	班数（个）	幼儿数		教职工数		办学条件			园址	创办时间（年）
				入园人数（人）	在园人数（人）	共计（人）	其中，专任教师（人）	占地面积（平方米）	校舍面积（平方米）	户外运动场面积（平方米）		
52	水头学区	水头镇凤卧蒲山幼儿园	3	11	68	7	4	1800	380	1400	水头镇凤卧蒲山村	1987
53		水头镇仕静幼儿园	12	93	503	36	24	1482	1195	380	水头镇仕静中路6-8号	1987
54		水头镇佳乐幼儿园	6	28	222	22	12	670	920	350	水头镇江屿江滨东路34-40号	1990
55		水头镇第一小学附幼	12	45	556	37	24	2000	1020	1600	水头镇腾龙路13-15号	1991
56		水头镇新时代幼儿园	7	41	194	21	14	550	700	70	水头镇金鸡路23-27号	1993
57		水头镇凤卧中心幼儿园	7	69	272	20	14	2000	450	0	水头镇凤卧永茂路	1995
58		水头镇晨光幼儿园	4	30	138	13	8	450	300	1500	水头镇江屿平雁东路117号	1996
59		水头镇第一幼儿园	15	199	576	53	31	4000	4265	700	水头镇昌学东路38号	1997
60		水头镇怡心幼儿园	5	47	170	18	11	1280	395	500	水头镇上店路13-15号	1997
61		水头镇童心幼儿园	6	50	206	23	13	1245	986	150	水头镇静湖南路26-27号	1998
62		水头镇少数民族幼儿园	6	40	245	22	12	1020	400	640	水头镇五龙中路62号	1998
63		水头镇蓝天幼儿园	7	106	282	20	14	1080	1020	452	水头镇凤前路18-1号	1999
64		水头镇贝贝幼儿园	7	58	248	26	14	600	1280	354	水头镇新凤路1-2号	1999
65		水头镇新苗幼儿园	8	70	351	31	16	610	986	302	水头镇新联路	1999
66		水头镇新纪元幼儿园	8	51	302	25	16	282	564	200	水头镇富阳东路82-86号	2000
67		水头镇康贝幼儿园	8	116	310	26	17	1060	450	300	水头镇环城南路112-118号	2002
68		水头镇鹤溪中心幼儿园	9	96	394	31	19	2200	900	1300	水头镇鹤溪文昌北路	2002
69		水头镇新世纪幼儿园	8	51	302	25	16	282	564	200	水头镇腾龙西路1号	2003

续表 30-1-1

序号	学区	学校名称	班数（个）	幼儿数		教职工数		办学条件			园址	创办时间（年）
				入园人数（人）	在园人数（人）	共计（人）	其中，专任教师（人）	占地面积（平方米）	校舍面积（平方米）	户外运动场面积（平方米）		
70	水头学区	水头镇闹村中心幼儿园	6	40	243	21	13	1500	400	400	水头镇闹村中兴村	2004
71	水头学区	水头镇爱绿幼儿园	10	68	322	43	23	5200	4240	2336	水头镇金山路181号	2009
72	水头学区	水头镇南湖中心幼儿园	5	57	170	7	2	2230	1600	900	水头镇南湖中心小学内	2012
73	萧江学区	萧江镇中心幼儿园	10	97	421	38	21	2668	1320	1568	萧江镇古院路	1988
74	萧江学区	萧江镇麻步塘北小学附幼	2	0	76	4	4	3250	112	120	萧江镇麻步陶贡村	1991
75	萧江学区	萧江镇桃源宝宝幼儿园	5	36	172	19	11	721	673	371	萧江镇桃源曾山村	1993
76	萧江学区	萧江镇桃源小太阳幼儿园	5	23	169	20	11	448	763	310	萧江镇桃源斗门村	1994
77	萧江学区	萧江镇小童洲幼儿园	15	31	492	61	32	4732	3890	3500	萧江镇大同南路	1998
78	萧江学区	萧江镇麻步红星幼儿园	6	39	190	21	15	750	776	280	萧江镇麻步茂盛路	1998
79	萧江学区	萧江镇红蜻蜓幼儿园	7	21	259	30	16	3208	1110	1510	萧江镇萧江村	1999
80	萧江学区	萧江镇童星幼儿园	5	33	190	18	11	1122	670	654	萧江镇垟心村	1999
81	萧江学区	萧江镇桃源中心幼儿园	8	39	320	25	16	1156	737	560	萧江镇桃源长安路	1999
82	萧江学区	萧江镇校前幼儿园	6	23	215	22	12	760	800	240	萧江镇校前路24号	2000
83	萧江学区	萧江镇逗逗乐幼儿园	8	48	330	29	17	2863	1300	1114	萧江镇后林新村	2002
84	萧江学区	萧江镇爱绿艺术幼儿园	14	49	450	60	29	5200	4240	2336	萧江镇桑田路	2003
85	萧江学区	萧江麻步小天使幼儿园	5	43	190	16	11	1200	380	650	萧江镇麻步岙底村	2005
86	萧江学区	萧江镇麻步中心幼儿园	9	138	362	33	19	1000	1380	810	萧江镇麻步学前巷	2006
87	萧江学区	腾蛟镇新苗幼儿园	4	30	141	15	8	396	302	230	腾蛟镇新苗路16号	1984

续表 30-1-1

序号	学区	学校名称	班数（个）	幼儿数		教职工数		办学条件			园址	创办时间（年）
				入园人数（人）	在园人数（人）	共计（人）	其中，专任教师（人）	占地面积（平方米）	校舍面积（平方米）	户外运动场面积（平方米）		
88	腾蛟学区	腾蛟镇春蕾幼儿园	6	56	254	18	13	596	560	270	腾蛟镇镇府路	1993
89		腾蛟镇中心幼儿园	14	199	620	50	30	4662	1788	3722	腾蛟镇昌荣路47号	1997
90		腾蛟镇凤巢中心幼儿园	6	108	269	14	9	2302	858	1200	腾蛟镇凤巢溪头村	2000
91	山门学区	山门镇怀溪中心幼儿园	3	22	81	9	5	780	383	397	山门镇怀溪乡垟边村	1986
92		山门镇苗苗幼儿园	4	63	180	12	8	455	455	280	山门镇向阳巷11-13号	1991
93		山门镇小星星幼儿园	4	51	175	12	8	5000	382	4620	山门镇原工商所	1994
94		山门镇前街幼儿园	5	68	213	14	8	750	560	200	山门镇凤翔路1号	1998
95		顺溪镇益智幼儿园	3	34	104	8	5	900	980	450	顺溪镇镇前街42号	1998
96		山门镇晓坑中心幼儿园	3	38	116	10	6	3636	600	2016	山门镇晓坑乡前街8号	2000
97		南雁镇中心幼儿园	6	78	266	17	10	1500	1200	400	南雁镇菜场路	2001
98		青街畲族乡中心幼儿园	3	29	90	3	2	180	240	100	青街畲族乡太申村	2010
合计			749	6009	27220	2759	1608	192868	140785	100448		

说明：①数据采集自2012/2013学年教育事业统计数据库，其中水头镇爱绿幼儿园在校生317人，未纳入统计；②资料由县教育局提供

幼儿园选介

平阳县机关幼儿园　1955年秋创办，原名为县机关托儿所，1978年更名为县机关幼儿园。主园址位于昆阳镇弓桥路41号，占地面积5506平方米，园舍建筑面积5392平方米。2009年创办车站南路园区，2011年创办向日葵分部，三园区合计占地面积6590平方米，园舍建筑面积6860平方米。2012年，有28个幼儿班，在园幼儿971人。教职员工105人，专任教师59人。其中，本科学历占85%，市级骨干教师12名，幼教高级教师22人，幼教中

平阳县机关幼儿园（2012年）　　林预备　摄

学高级教师1人(含车站南路、向日葵园区)。幼儿园曾为全国教育科学“十五”规划教育部重点课题实验基地之一。先后获得浙江省一级示范幼儿园、浙江省科研兴校200强、浙江省园本教研示范园、浙江省卫生先进单位、温州市文明单位等称号。

鳌江镇小童洲幼儿园　创办于1995年8月,位于鳌江镇技校街125号。占地面积3300平方米,建筑面积3150平方米,累计投资1200余万元。2012年在园幼儿437人,教职工64人,其中专任教师35人,学历合格率100%。2001年以来,先后获得全国优秀民办幼儿园、浙江省一级幼儿园、浙江省示范性幼儿园、浙江省卫生先进单位、温州市文明单位等称号。

鳌江镇小童洲幼儿园(2012年)　杨　宏　摄

鳌江镇实验幼儿园(总园)　前身为1989年创办的鳌江镇中心托儿所(1995年改为鳌江实验幼儿园),2005年增建。位于鳌江镇园林东路。占地面积3300平方米,建筑面积4850平方米。2012年年底,实验幼儿园总园共有12个班,在园幼儿392人。教职工55人,其中专任教师29人。幼儿园先后获得浙江省卫生先进单位、浙江省语言文字规范化示范学校、全国优秀民办幼儿园等称号。

萧江镇爱绿艺术幼儿园　创办于2003年3月。位于萧江镇桑田路路口。占地面积5200平方米,建筑面积4240平方米,绿化面积1080平方米。2012年,幼儿园有14个班,在园幼儿450人,教职工60人,其中专任教师29人,均具有大专学历。2010年被评为浙江省一级幼儿园。

萧江镇爱绿艺术幼儿园(2012年)　爱绿艺术幼儿园　供搞

第二节　小学教育

发展概况

1988年,小学484所,1755个班,在校学生85896人。1991年,小学442所,2161个班,在校学生79300人。2012年,小学58所,另有8所9年一贯制学校(其中特殊教育学校1所);在校学生54928人(含2所12年一贯制学校小学生1571人),其中女生27124人。学校占地面积830840平方米,校舍面积359237平方米,图书1188008册,固定资产29339.12万元。教职工3294人,其中,专任教师3142人,专科以上学历占87.3%。中学高级教师117人,占3.72%;小学高级教师2133人,占专任教师67.89%;小学一级教师636人,占20.24%;小学二级教师48人,占1.53%;小学三级教师29人,占

1997—2012年平阳县小学义务教育普及情况表

表30-1-2

年份(年)	入学率		女生入学率		巩固率%		小学升初中比例%
	学龄人口	入学率%	学龄人口	入学率%	共计	其中女生	
1997	65489	99.81	30048	99.52	100	100	99.78
1998	66383	99.93	29471	99.92	99.49	99.09	98.22
1999	65257	99.94	30123	99.93	99.52	99.37	99.47
2000	66725	99.93	30275	99.92	99.87	99.42	99.82

续表 30-1-2

年份（年）	入学率		女生入学率		巩固率%		小学升初中比例%
	学龄人口	入学率%	学龄人口	入学率%	共计	其中女生	
2001	62940	99.79	28915	99.77	99.99	99.99	99.74
2002	71041	99.88	33060	99.85	99.99	99.99	99.58
2003	65066	99.94	30293	99.92	100	100	100
2004	57345	100	26009	100	100	100	99.99
2005	53625	100	23731	100	100	100	100
2006	48821	100	21415	100	100	100	99.9
2007	50689	100	26354	100	100	100	99.99
2008	49033	100	26315	100	100	100	99.98
2009	50126	100	27125	100	100	100	99.99
2010	51462	100	26891	100	100	100	100
2011	53533	100	26456	100	100	100	100
2012	54928	100	27124	100	100	100	99.98

说明：资料由县教育局提供

0.92%；未评职称179人，占5.7%。

1991年，适龄儿童小学入学率98%，巩固率99.44%，毕业率99.69%。1996年，适龄儿童小学入学率99.76%，年辍学率0.29%，小学毕业率99.85%。

2012年，新居民子女入学人数为14172人。

2012年上半年，适龄儿童小学入学率100%，巩固率100%，毕业率100%，小学升初中的比例达99.98%。

小学办学情况

1991—2012年，小学从442所调整至66所；在校学生从79300人缩减到54928人。在学生数阶段性减少的情况下调整学校布局（参见第五章“教育改革”第三节“布局调整”），完善办学条件，提高办学水平。

2012年平阳县小学基本情况表

表 30-1-3

序号	学校名称	性质	办学级别	班级（个）	学生数（人）	教职工数（人）	占地面积（亩）	建筑面积（平方米）
1	昆阳一小	公办	市示范校	47	2387	123	14.80	13826
2	昆阳二小	公办		38	1999	108	6.50	5460
3	昆阳三小	公办	市示范校	25	1161	63	15.60	3670.4
4	昆阳五小	公办	市示范校	25	1326	67	22	7688
5	昆阳六小	公办		13	505	37	21.50	4033
6	昆阳七小	公办		12	631	37	20.96	2710
7	宋桥小学	公办		21	1051	50	14.02	4450
8	湖岭小学	公办		12	496	33	9.75	3000
9	郑楼小学	公办	市示范校	30	1327	76	18	5000
10	练川小学	公办		12	523	29	13.10	3537
11	宋埠小学	公办		15	646	43	10.50	4360
12	宋埠民族小学	公办		9	372	21	12.79	2600
13	榆垟中心校	公办		15	752	40	30.50	4056

续表 30-1-3

序号	学校名称	性质	办学级别	班级（个）	学生数（人）	教职工数（人）	占地面积（亩）	建筑面积（平方米）
14	鳌江一小	公办		27	1446	78	13.33	5169
15	鳌江小学	公办		48	2407	131	47	8316
16	鳌江四小	公办	市示范校	43	2265	123	23	10919
17	鳌江五小	公办		33	1453	88	43.02	20677
18	鳌江六小	公办	市示范校	10	393	23	40	8447
19	鳌江七小	公办		19	822	51	25.16	5340
20	鳌江八小	公办		9	322	23	10.90	2338.98
21	鳌江九小	公办		6	234	25	7.50	450
22	鳌江十一小	公办		7	318	22	16	1733
23	鳌江十二小	公办		13	520	36	27	18000
24	鳌江十三小	公办		19	876	58	11.77	4384.30
25	前进小学	公办		6	147	21	16	2191
26	西湾小学	公办		6	115	19	5.02	505
27	梅溪小学	公办		13	672	39	7	3022
28	梅源中心校	公办		7	243	26	50	6727.65
29	钱仓中心校	公办		11	407	34	33.50	6122
30	水头一小	公办	市示范校	43	2411	116	40	13096
31	水头二小	公办		40	2020	113	13	5172
32	水头三小	公办		18	908	56	11	2153
33	水头四小	公办		19	976	56	25.90	2032
34	水头五小	公办		21	1085	56	6.4	3625
35	红军小学	公办	市示范校	16	836	44	35	6705
36	鹤溪小学	公办		18	808	56	41	6783
37	蔡垟小学	公办		6	54	12	4.25	1302
38	南湖小学	公办		14	661	30	6.70	1461
39	闹村小学	公办	市示范校	12	600	42	34	5905
40	朝阳小学	公办		5	31	10	12	2545
41	萧江一小	公办		20	1001	51	7.72	1718
42	萧江二小	公办	市示范校	28	1633	78	20.08	5502
43	萧江三小	公办	市示范校	25	1269	70	24.90	5115
44	萧江四小	公办		16	764	40	30	3793
45	萧江五小	公办		9	309	23	13.73	2456
46	萧江六小	公办		6	152	12	11	1342
47	桃源小学	公办		12	410	29	22	4143
48	麻步一小	公办	市示范校	18	783	49	16.30	3399
49	麻步二小	公办		18	907	54	25	3443
50	渔塘小学	公办		8	329	25	7.10	1893

续表 30-1-3

序号	学校名称	性质	办学级别	班级（个）	学生数（人）	教职工数（人）	占地面积（亩）	建筑面积（平方米）
51	塘北小学	公办		6	297	25	4.90	1353
52	腾蛟一小	公办	市示范校	39	1975	101	40	9320
53	腾蛟二小	公办		7	224	37	6	1704.69
54	带溪小学	公办		8	313	30	5	2100
55	凤巢小学	公办		12	459	35	35.10	3949
56	山门镇小	公办		24	1253	85	20	7788
57	青街畲族乡中心学校	公办		6	149	29	18.20	2086
58	顺溪中心校	公办		7	213	50	20.24	5510
59	维新小学	公办		6	37	22	5.70	1795
60	晓坑中心校	公办		6	174	28	55	6683
61	怀溪小学	公办		6	111	24	10	2620
62	南雁镇小	公办		19	830	60	17	3553
63	特殊教育学校	民办		7	98	23	3.72	1459
64	平阳县小	公办	省示范校	45	1878	108	50	18869
65	少林武术学校	民办		6	83	12	22.50	4670
66	新纪元学校	民办	省示范校	32	1500	79	38	33462
合计				1159	53357	3294	1344.96	359237

说明：①合计一栏中，小学生53357人，未计入十二年一贯制学校金凤学校、育英体校小学生1571人；②此表为2012年下半年情况；③资料由县教育局提供

学校选介

平阳县中心小学　创办于清光绪二十八年(1902)，位于昆阳镇坡南街，初名平阳县学堂，时任堂长陈锡琛。学校多次更名，1983年7月定名为现校名。著名数学家姜立夫、苏步青，著名外语专家吴景荣，原国民党中央日报社社长马星野等曾在此留下求学的足迹。著名书法家张鹏翼、百岁棋王谢侠逊等曾在此授业。2012年，学校占地面积33350平方米，建筑面积18869平方米。共45个班，1878名学生，在编教职工108名。中学高级教师24人，小学高级教师73人。学校先后被授予全国现代教育技术实验学校、全国书法教育实验基地、全国外语教学实验基地、国家体育总局棋牌运动中心高级人才后备力量培训基地分基地等称号。

平阳县中心小学　　平阳县中心小学提供

鳌江小学(鳌江镇第二小学)　创办于清光绪二十八年(1902)，其前身为清光绪二十三年(1897)陈仲芸、王志澄、王惺园三人创办的"鳌江书院"，位于鳌江老镇十字街口。2010年秋，鳌江三小并入

鳌江小学（2012年）　　雷荣超　摄

鳌江二小组建为鳌江小学。2012年12月18日迁入吉祥路新校区，学校占地面积31349平方米，建筑面积8316平方米。2012年，学校有48个班，学生2407人；教职员工131人，其中中学高级教师11人，大专及以上学历100余人。20世纪50年代末，学校被定为浙江省重点学校。1960年，被评为全国先进单位，学校代表出席全国群英会，鳌江小学是当时浙江教育的一面旗帜。艺术教育是学校办学特色。1994年，省艺校在鳌江小学开设实验基地，是年，学校被评为浙江省艺术教育先进学校。2009年，被评为浙江省首批艺术教育特色学校。

昆阳镇第一小学　前身是创办于民国5年(1916)的“乐群小学”，几经易名，2001年定为现名。学校位于昆阳镇城隍路32号。校园占地面积9872平方米，建筑面积13826平方米。2012年，学校有47个班，学生2387人；教职员工123名，其中中学高级教师26人，省市县教坛新秀、名师、骨干教师69人。倡导“乐学文化”是学校的办学特色。对此，1996年5月中央电视台以“双休日里的孩子们”为题进行专题播放。2007年12月，浙江省第一个校园剧创作表演基地落户昆阳一小。2010年，校园剧《掩耳盗铃新传》获全国中小学生艺术节金奖、全国“小梅花”金奖。2009—2011年，连续三届获得省小学生排球赛男子组冠军。学校先后获得全国雏鹰红旗大队、浙江省体育传统项目学校、浙江省艺术教育特色学校、浙江省校本教研示范校、浙江省教科研先进集体、浙江省书法实验基地等称号。

昆阳镇第一小学（2012年）　　周　楷　摄

水头镇第一小学　创办于清光绪三十三年(1907)。原址在水头镇江山东路，2006年6月搬迁至泾川中路78-80号。学校占地面积26680平方米，建筑面积13096平方米。2012年年底，学校有43个班，学生2411人；教职工116人，专任教师110人，其中中级教师92人，高级教师7人；教育教学设备总值158.54万元；纸质图书37459册。百年来，学校为社会培养了一批又一批的优秀人才。中国数学泰斗苏步青、著名巨竹专家林维治、畜牧兽医专家黄昌澍、微分几何数学家白正国等人都曾在此起步走向科学殿堂。学校先后获全国雏鹰红旗大队、全国三算教学先进集体、浙江省农村标准化学校、温州市示范性学校等称号。

水头镇第一小学（2012年）　　蓝大泵　摄

青街畲族乡中心学校　创办于清光绪三十年(1904)，位于青街畲族乡太申村。占地面积12133平方米，建筑面积2086平方米。2012年，有6个班，149名学生(少数民族学生47人)，专任教师29人。海外侨领李基中(马来亚共产党中央执委)，旅美华侨实业家池云祥，中共早期干部施味辛(民国11年

青街畲族乡中心学校（2012年）　　周佩佩　摄

即1922年入党），书画家池伯成、池长庆，中科院院士陈均远等都曾在此留下求学足迹。学校先后被评为温州市义务教育标准化学校、温州市信息化学校、温州市绿色学校。

第三节　初中教育

发展概况

1989年，初级中学51所，416个班，学生22294人。1990年，初级中学53所，455个班，学生24840人。2012年，初级中学（含8所9年一贯制学校和2所12年一贯制学校）42所，609个班，学生22933人。初级中等教育阶段适龄少年入学率99.9%，年辍学率0.09%，14周岁完成率99.99%，16周岁完成率99.6%，初中毕业年级毕业率99.97%，初中升高中阶段的比例为96.03%。

2001年，初中专任教师2306人，本科以上学历占20.12%，中学高级教师23人，占专任教师的1%，中学一级教师651人，占28.23%，中学二级教师993人，占43.06%。2012年，初中专任教师2362人，本科以上学历占83.57%，中学高级教师503人，占专任教师的21.3%，中学一级教师1218人，占51.57%，中学二级教师501人，占21.21%。

1989—2012年，初中教育注重城乡学校均衡发展，注重学校管理制度化、规范化建设，办学水平普遍提高，鳌江四中等7所为省示范初中，县实验中学等9所为市示范初中，新纪元学校为省示范九年一贯制学校。

1997—2012年平阳县初中教育普及情况表

表30-1-4

年份（年）	入学率		女生入学率		巩固率	
	学龄人口（人）	入学率%	学龄人口（人）	入学率%	共计%	其中女生%
1997	41312	80.81	18551	80.82	100	100
1998	40907	87.98	17782	90.07	98.25	98.59
1999	41215	92.21	18254	89.27	98.25	96.75
2000	42305	94.57	18709	92.63	99.02	98.76
2001	35764	96.95	17398	91.25	99.11	99.09
2002	42620	98.84	19931	99.71	99.14	99.10
2003	42202	99.24	19568	99.04	99.53	99.47
2004	31269	99	14434	99.29	99.91	99.92
2005	28719	99.60	13169	99.65	99.97	99.97
2006	29904	99.98	13645	99.98	99.82	99.96
2007	38249	99.98	23642	99.97	99.88	99.86
2008	38369	99.95	24689	99.96	99.89	99.87
2009	34468	99.97	23658	99.96	99.91	99.86
2010	27538	99.86	18562	99.92	99.99	99.92
2011	23564	99.89	14263	99.91	100	100
2012	22933	99.98	13265	99.96	100	100

说明：资料由平阳县教育局提供

1998—2012 年平阳县初中毕业生升入高中段各类学校学生人数一览表

表 30-1-5　单位：人

年度(年)	初中毕业生	升入高中段学生数	普通高中	中等职业教育					
				小计	职业高中	普通中专	成人中专普通班	技工学校	其他
1998	11384	7029	3517	3512	1457	873	584	598	
1999	12131	7616	3928	3688	1280	757	589	178	884
2000	18138	10141	5728	4413	1516	392	408	456	1641
2001	11827	8611	4214	4370	2101	433	639	512	685
2002	12019	9858	5069	4789	3080	308	124	400	877
2003	12442	9707	5389	4318	2939	245	238	586	310
2004	13204	11178	5853	5325	4003	376	54	834	58
2005	13297	11325	6171	5154	4328	378	118	330	0
2006	13151	11638	5891	5747	5443	89	0	184	31
2007	9636	9097	4469	4628	4563	65	0	0	0
2008	10279	9776	5247	4529	4074	208	0	180	67
2009	12257	11709	5835	5874	5087	256	213	318	0
2010	13100	12517	5723	6794	4901	731	490	664	8
2011	10463	9997	5355	4642	3426	988	0	196	32
2012	7866	7554	4420	3134	2793	118	0	85	138

说明:资料由县教育局提供

1998—2012 年平阳县初中毕业生升入高中段各类学校学生比例一览表

表 30-1-6

年度(年)	初中毕业生(人)	升入高中段学生比例%	普通高中%	中等职业教育%					
				小计	职业高中	普通中专	成人中专普通班	技工学校	其他
1998	11384	61.74	30.89	30.85	12.80	7.76	5.13	5.25	
1999	12131	62.78	32.38	30.40	10.55	6.24	4.86	1.47	7.29
2000	18138	55.91	31.58	24.33	8.36	2.16	2.25	2.51	9.05
2001	11827	72.81	35.86	36.95	17.76	3.66	5.40	4.33	5.79
2002	12019	82.02	42.17	39.85	25.63	2.56	1.03	3.33	7.3
2003	12442	78.02	43.31	34.71	23.62	1.97	1.91	4.71	2.49
2004	13204	84.66	44.33	40.33	30.32	2.85	0.41	6.32	0.44
2005	13297	85.17	46.41	38.76	32.55	2.84	0.89	2.48	0
2006	13151	88.50	44.80	43.70	41.39	0.68	0	1.40	0.24
2007	9636	94.41	46.38	48.03	47.35	0.67	0	0	0
2008	10279	95.11	51.05	44.06	39.63	2.02	0	1.75	0.65
2009	12257	95.53	47.61	47.92	41.50	2.09	1.74	6.25	0
2010	13100	95.55	43.69	51.86	37.41	5.58	3.74	13.55	0.06
2011	10463	95.55	51.18	44.37	32.74	9.44	0	5.72	0.31
2012	7866	96.03	56.19	39.84	35.51	1.50	0	1.08	1.75

说明:资料由县教育局提供

初中办学条件

全县初级中学从1989年的51所调整为2012年的42所(其中民办初中7所)。1989—2012年，把初级中学作为普及义务教育中的重要环节，加大经费、师资等方面的投入，改善办学条件，提高办学水准。2012年，初级中学占地面积1734.84亩，校舍面积478649平方米，图书1026243册，固定资产40039.59万元。

2012年平阳县初级中学基本情况一览表

表30-1-7

序号	学校名称	级别	班级（个）	学生数（人）	教职工数（人）	占地面积（亩）	建筑面积（平方米）
1	昆阳二中	省示范校	38	1784	146	40	14194
2	昆阳三中	省示范校	28	1026	104	63.90	15535
3	昆阳四中	市示范校	24	795	106	44.50	9287
4	宋桥中学		15	586	68	53.28	6691
5	郑楼中学		12	384	44	59	9401
6	宋埠中学		10	271	41	25	8200
7	榆垟中心校		6	245	31	30.50	4056
8	鳌江三中	省示范校	26	1102	127	65	12673
9	鳌江四中	省示范校	25	1081	134	29.53	12380
10	鳌江五中		26	1007	168	18.86	4702.4
11	鳌江六中	市示范校	11	328	44	40	8847
12	鳌江八中	市示范校	20	772	82	40.20	10503.36
13	梅溪中学		4	162	44	12	3617
14	钱仓中心学校		2	34	21	33.50	6122
15	梅源中心校		2	38	22	50	6727.65
16	水头一中	省示范校	34	1484	136	100	23423
17	水头二中	市示范校	24	1024	84	30	8483
18	水头三中		6	161	33	30.12	13548.77
19	水头四中		12	498	53	50	9222
20	凤卧中学	市示范校	11	334	46	22	5992
21	鹤溪中学		11	360	51	27	41007
22	建峰中学		3	89	17	16.50	4018
23	闹村中学		6	171	27	32	4546
24	萧江一中	省示范校	21	725	101	65	8547
25	萧江二中	省示范校	24	1039	102	40	10283
26	麻步一中	市示范校	16	475	66	53	10289
27	麻步三中	市示范校	14	394	63	33	8462
28	腾蛟一中	市示范校	24	680	55	55	10507
29	凤巢中学		6	164	32	16.90	3458
30	山门镇中		11	312	50	27.97	18649
31	顺溪中心校		3	58	20	20.40	5510
32	晓坑中心校		3	97	26	55	6683
33	南雁中学		9	323	38	33	6689

续表 30-1-7

序号	学校名称	级别	班级（个）	学生数（人）	教职工数（人）	占地面积（亩）	建筑面积（平方米）
34	县实验中学	市示范校	30	1166	141	77.90	28509
35	平阳武校		10	517	20	30	16416
36	平阳少体校		3	66			
37	少林武术学校		3	61	28	22.50	4670
38	县特殊教育学校		3	28	23	5.28	1459
39	新纪元学校	省示范	24	1103	83	38	33462
40	金凤初中		4	132	19	105	10890
41	育英体校		12	457	188	79	29000
42	苏步青学校		33	1400	185	65	22191
	合计		609	22933	2814	1734.84	478649

说明:①此表为2012年下半年情况;②资料由县教育局提供

初级中学选介

平阳县实验中学　创办于2004年6月，由原昆阳镇第一中学和育才中学合并而成。2006年8月，学校迁入昆阳镇昆鳌路407–A号（平阳中学旧址），是教育局直属的初级中学。校园占地面积51959.3平方米，建筑面积28509平方米。2012年，有30个班，学生1166人。教职工141人，专任教师121人，其中，中学高级教师46人，中学一级教师65人。2010年以来，学校先后被评为浙江省现代教育技术学校、浙江省艺术特色校、浙江省体育特色校、温州市义务教育办学水平一级学校。

平阳县实验中学校门（2012年）　陈　龙　摄

昆阳镇第二中学　始创于1975年8月，时称城关镇小附设初中部。1994年8月与昆阳四中合并，搬迁到昆阳镇校场路2号。校园占地面积26680平方米，校舍建筑面积14194平方米，教育教学仪器设备总值798万元，纸质图书62464册。2012年，学校有38个班，学生1784人，教职工146人，专任教师121人，其中中学高级教师68人。

1989年以来，学校先后获浙江省示范初中、浙江省绿色学校、浙江省科研兴校200强学校、浙江省现代技术实验学校、浙江省教科研先进集体、浙江省级依法治校示范校等称号。

鳌江镇第四中学　创办于1990年，位于鳌江

鳌江镇第四中学（2012年）　李新伟　摄

镇曙东路136号。学校占地面积19687平方米，校舍建筑面积12380平方米。教育教学仪器设备总值159万元，纸质图书36408册，教育信息资源库容量22.3千兆字节。2012年，学校有25个班，学生1081人，教职工134人，专任教师115人，其中，中学高级教师43人，中学一级教师69人。学校先后获得国家级语言文字规范化示范校、浙江省示范学校、浙江省卫生先进单位、浙江省阳光体育后备人才基地、浙江省青少年体育俱乐部、浙江省体育传统校、浙江省绿色学校、温州市文明学校等称号。

水头镇第一中学　创办于1985年7月，2006年5月从水头镇泾川中路78-80号搬迁到水头镇腾龙西路88号。学校占地面积66700平方米，建筑面积23423平方米。教育教学仪器设备总值166万元。纸质图书53423册，电子图书8千兆字节。2012年，有34个班，学生1484人，教职员工136人，专任教师115人，其中，中学高级教师41人。学校先后获得浙江省示范初中、浙江省文明学校、温州市文明学校等称号。

水头镇第一中学（2012年）　　温在贵　摄

萧江镇第二中学　学校前身为后林乡中心学校，1993年更用现名，1994年迁至萧江镇立后村。校园占地面积26700平方米，建筑面积10283平方米，教育教学仪器设备总值65万余元，纸质图书40500余册。2012年，有24个班，学生1039人，教职工102人，专任教师83人，其中，中、高级教师68人。2002年以来，学校先后获浙江省示范初中、浙江省标准化学校、浙江省绿色学校等称号。

萧江镇第二中学教学楼（2012年）　　郑钦炼　摄

第四节　高中教育

发展概况

1989年秋，全县普通高中6所(平阳一中、平阳二中、平阳三中、鳌江一中、山门中学、育秀中学，其中育秀中学为民办学校)，学生2792人。1997年秋，普通高中11所，学生8187人。2006年秋，普通高中11所(不含综合类学校)，在校生17930人。2012年秋，普通高中12所，312个班，在校生15443人。专任教师1158人，其中，中学高级教师296人，中学一级教师465人。占地面积622556平方米，建筑面积327129平方米，图书509600册，固定资产64228万元。

1989—2012年，根据教育事业发展与学龄人口变化，普通高中校网布局陆续调整：1993年秋新增新鳌高级中学(民办)，1995年秋新增浙鳌高级中学(民办)、萧振高级中学(民办)、金凤高级中学(民办)，2001年新增平阳县第十一高级中学(国有民办)。2012年秋开始，山门中学、平阳县第十一中学、金凤学校(高中部)停止招生。2006年秋，平阳中学(原平阳一中)整体搬迁至昆阳镇皇岙村，占地217亩。2011年秋，鳌江中学(原鳌江一中)整体搬迁至鳌江镇蓝田村，占地135亩。

截至2012年，全县高中共12所，其中，省一级重点高中1所(平阳中学)，省特色高中1所(鳌江中学)，省三级重点高中1所(平阳二中)，市级重点高中4所(平阳三中、新鳌高中、萧振高中、浙鳌高中)。

2006—2012年，全县高考考生的重点批次上

2006年平阳县普通高中及办学档次一览表

表 30-1-8

学校名称	办学档次	评定机关	评定时间(年)	学校性质
平阳中学	省一级重点中学	省教委	1998	公办
平阳二中	省三级重点普通高中 市重点中学	市教委 市教育督导室	1998 2005	公办
平阳三中	市重点中学	市教育局	2006	民办公助
鳌江中学	省特色高中	省教委	1995	公办
山门中学·会文综合高中	省三级重点综合高中	省教育厅	2006	公办
育秀高级中学	省一级民办普通高中	市教育局	2004	民办
新鳌高级中学	省一级民办普通高中 市重点中学	市教育局 市教育局	2001 2005	民办
萧振高级中学	省一级民办普通高中 市重点中学	市教育局	2004	民办
金凤高级中学	省一级民办普通高中	市教育局	2004	民办
浙鳌高级中学	省一级民办普通高中 市重点中学	市教育局 市教育局	2001 2005	民办
平阳县第十一高级中学				国有民办

说明:资料由县教育局提供

2007—2012年平阳县高校上线情况一览表

表 30-1-9

年份(年)	报名人数(人)	重点人数(人)	重点上线率%	本科人数(人)	大专人数(人)	文理上线总人数(人)	总上线率%
2007	6889	570	8.27	1929	2573	5072	73.62
2008	7083	717	10.12	1970	2682	5369	75.80
2009	6941	679	9.78	1916	2551	5146	74.14
2010	5189	615	11.85	1683	1773	4071	78.45
2011	5848	843	14.42	2098	1970	4911	83.98
2012	6277	928	14.78	2131	2263	5322	84.79

说明:资料由县教育局提供

线率连续7年在温州各县(市、区)中名列第一。

办学条件

1989—2012年,全县普通高中由6所发展到11所(不含综合类学校),学生数由2792人增加到15443人(含综合类学校),2012年专任教师学历合格率达到97.5%,中学高级教师占25.56%。用地面积达到622556平方米,建筑面积达到327129平方米,各类设备设施基本符合办学需求。

2012年平阳县普通高中办学条件基本情况表

表 30-1-10

学校名称	班级数(个)	学生数(人)	其中,女生(人)	寄宿生(人)	教师数(人)	其中专任教师(人)	占地面积(平方米)	建筑面积(平方米)	图书数(册)	计算机(台)	固定资产(万元)
平阳中学	55	2628	1439	2628	220	202	144739	59917	90630	451	12880
平阳县第二中学	34	1658	859	1350	139	130	53360	28983	43000	307	2790

续表 30-1-10

学校名称	班级数（个）	学生数（人）	其中，女生（人）	寄宿生（人）	教师数（人）	其中专任教师（人）	占地面积（平方米）	建筑面积（平方米）	图书数（册）	计算机（台）	固定资产（万元）
平阳县第三中学	35	1897	790	1708	157	141	47587	27470	40000	190	2725
平阳县鳌江中学	36	1821	978	1821	137	121	96739	41978	31590	232	18300
平阳县山门中学	3	101	45	60	58	56	32534	12956	15000	115	728
平阳县育秀中学	16	674	340	674	47	47	31020	14212	25600	60	1600
平阳县新鳌高级中学	33	1769	811	1603	145	133	40020	33611	69930	276	7000
平阳县萧振高级中学	27	1421	609	1412	108	82	27333	25817	45000	300	3459
平阳县金凤学校	10	300	160	150	40	35	58696	15750	8700	130	770
平阳县浙鳌高级中学	40	2279	982	2279	115	113	38000	33352	98950	202	7381
平阳县第十一中学	12	467	252	467	48	48	15843	8377	6200	87	1486
平阳县万全综合高中	11	428	200	400	40	38	36685	24706	35000	278	5109
合计	312	15443	7465	14552	1254	1158	622556	327129	509600	2628	64228

说明：资料由县教育局提供

公办高中选介

平阳中学 创办于民国27年（1938），原校址在昆阳镇昆鳌路407-A号，2006年后校址位于昆阳镇平鳌路132号。原名平阳县第一中学，2006年5月，更名为浙江省平阳中学，系省一级重点中学。2005年9月，新校址开始使用，2006年8月整体搬迁到新校址。校园占地面积144739平方米，建筑面积59917平方米。各类仪器设备总值169万元，纸质图书9万余册，电子图书数2万余册，教育信息资源库495千兆字节。2012年，学校有55个班，学生2628人，教师220人，专任教师202人（中学高级教师112人）。2000年以来，有120余人次教师获省、市、县名师、“三坛”教师（教坛新秀、教坛中坚、教坛宿将）、学科骨干教师等称号。

平阳中学图书馆（2012年） 陈向平 摄

2007—2012年，在各项竞赛中有90余人次学生获全国奖、150余人次学生获省级奖、820余人次获市级奖。2010—2012年，高考重点上线人数分别为283人、387人、416人（均不包括体育、艺术类）。2011年和2012年，高考重点上线人数均居温州市同类学校第二位。70余年来，学校培养了3万余名学生，其中有中科院院士伍荣生、书法家谢云、海军少将刘际潘、作家黄传会、通信专家林善希、为神舟七号做“体检”的年轻工程师陈钦碧等。

1996年以来，先后被评为浙江省文明单位、浙江省一级重点中学。2001年10月，被国家体育总局授予全国群众体育先进单位称号。2011年10月，与德国马丁·路德一级文理学校（MARTIN-LUTHER-GYMNASIUM）结对。

平阳县第二中学 创办于民国31年（1942）9月（原名私立南雁中学）。位于水头镇东川中路38号。1996年，由完全中学转为普通高级中学。校园占地面积53360平方米，校舍建筑面积28983平方米；教育教学仪器设备总值2790万元；图书馆藏书4.3万册，计算机307台。2012年，有34个班，在校生1658人，招生数500人，毕业生634人；教职工139人，专任教师130人，其中，中学高级教师34人。1998年，被省教委评定为浙江省三级高中。2005年2月，被评定为温州市重点高中。

平阳县第二中学教学大楼（2012 年）　　曾清亮　摄

鳌江中学　创办于1956年9月，原名平阳县第二初级中学，校址在鳌江镇吉祥路(校前路)。1961年更名为鳌江初级中学；1990年更名为平阳县鳌江中学，为县直属公立学校。2011年9月，搬迁到新校(鳌江镇蓝田村)。新校建设总投资1.83亿元，占地面积96739平方米，建筑面积41978平方米。教育教学仪器设备总值400余万元，图书31590册，教育教学信息资源库总容量110千兆字节。2012年，学校有36个班，学生1821人。教职工137人，专任教师121人，其中，高级职称教师60人，省、市、县教学骨干59人。

2010—2012年，学生参加全国、省、市级竞赛，共有245人次获奖。

几十年来，许多名家从鳌江中学走出，如科学家徐尚鸿、雕塑大师曾成钢、外交家赵世人、热能专家郑荣钏等。

1995年11月，被省教委命名为浙江省级特色高中。学校曾获浙江省新课程实验样本学校、温州市文明学校等称号。

鳌江中学（2012 年）　　郑星同　摄

第二章　职业教育与特殊教育

1991—2012年，根据职业教育的法规和平阳县实际，实施以初中后为重点的教育分流，建立职业学校与职业培训并举，并与其他教育相互沟通、协调发展的职业教育体系。全县初步形成以平阳县职业中等专业学校(平阳县技工学校)、平阳县职业教育中心和平阳县第二职业学校为主的教育网络，所设专业涵盖支柱产业和特色产业。1989—2012年培养毕业生30975人。1996年4月，在昆阳镇前宕村创办特殊教育学校，以“扶残兴教，教书育人”为宗旨，对视力、听力语言、智力三类残疾的儿童、少年进行文化、思想品德、心理健康、行为习惯养成等方面的教育及能力培养。

第一节　职业教育

发展概况

20世纪90年代，开始建立职业学校教育与职业培训并举，同时与其他教育相互沟通、协调发展的职业教育体系。

1991年，全县有平阳县职业技术学校、平阳县教师进修学校、平阳师范学校(以上归属县教委)、平阳县技工学校(归属县劳动局)、平阳卫生进修学校(归属县卫生局)等5所职业学校，学生数不足1000人。

2006年，中职类招生5944人，普高和职高招生比例首次达到1：1。

2012年，中职学校有平阳县职业中等专业学校、平阳县职业教育中心、平阳县第二职业学校等3所。平阳县会文综合高中与平阳县科兴计算机学校停止招生，保留万全综合高中、平阳育英体校职高部和平阳武术学校职高部3个中职教学点。平阳县职业中等专业学校、平阳县职业教育中心是国家级重点职高，平阳县第二职业学校是省级重点职高。

2012年，全县中职在校生9751人，教职工799人，专任教师702人。用地面积412664平方米，生均42.94平方米；建筑面积198993平方米，生均20.7平方米；藏书251499册，生均26.17册；计算机2269台，计算机生机比为4.2：1，固定资产2033.35万元。

2012年秋季，中职学校为企业培训员工3615人次，其中，培训后取得职业资格证书的1098人。

办学情况

1989—2012年，职业教育的总趋向是：职业教育规模不断扩大，办学条件逐步改善，职高学生数与普高学生数比例逐年趋于合理（与普通高中学生数基本持平）。

技工教育　1979年8月，平阳县技工学校创办，校舍借用驻鳌部队陆军独立营三连营房，归县劳动局管辖。1990年，学校有教职工38人，另聘兼职教师6人，曾设纺织、化工、电工等专业，在校生333人。1993年，迁址平阳县鳌江镇技校街67号。2002年，学校设有服装、电工技术、计算机、财会、机电一体化等专业，学校曾被命名为省级重点技工学校、劳动部综合性培训基地。2005年，学校有教职工100余人，在校生1600余人，全校初、中级考证通过率达90%以上，有50名毕业生考上高等职业院校，毕业生就业率达92%以上。2008年8月，与平阳县职业技术学校合并，成立平阳县职业中等专业学校。1989—2008年，平阳县技工学校毕业生7160人。

职业高中教育　1995年9月，昆阳高级职业中学成立，坐落于昆阳镇昆鳌路348号，曾有12个班级，596位学生，2002年6月与平阳县职业技术学校合并。

1995年8月，鳌江镇高级职业中学成立，坐落于鳌江镇园林西路66号，1997年2月，县政府批准筹建平阳县职业教育中心，加挂平阳县职业技术学校、鳌江镇高级职业中学、鳌江经济技术密集区培训中心、鳌江镇成人教育中心4块牌子。1999年11月，县政府批准平阳县职业教育中心改制，改公办为民办公助，由温州创伟教育发展有限公司承办。改制后，扩大办学规模，实行三年制的高中职业教育和3+2的大专职业教育。开设电子商务、服装设计与工艺、工艺美术、会计、会计电算化、软件与信息服务、社会文化艺术、学前教育等专业。

1996年9月，水头镇高级职业中学成立，前身为水头镇职业技术学校，坐落于水头镇金山垟原平

1989—2012年平阳县职业学校数、学生数情况表

表30-2-1

年份（年）	校数（个）	毕业生数（人）	招生数（人）	在校生数（人）	
				共计	其中，女生
1989	1	53	206	354	—
1990	1	147	198	375	—
1991	3	158	249	407	—
1992	3	168	233	450	—
1993	5	202	295	513	—
1994	5	206	391	503	—
1995	6	190	509	977	—
1996	6	320	503	1004	—
1997	6	267	970	1841	—
1998	6	378	996	2459	—
1999	6	566	1082	3052	—
2000	7	710	1346	3134	—
2001	6	864	2051	4140	2216
2002	5	887	2412	5252	—
2003	10	1203	3213	—	—
2004	8	1401	3480	7735	3424
2005	9	1986	3676	8633	3877
2006	9	2177	4811	10265	4365
2007	10	2519	5443	11719	4903
2008	8	2617	4074	11288	4786
2009	8	3730	5087	11970	4297
2010	8	3285	4901	12696	5408
2011	8	3199	3426	11970	5026
2012	8	3742	2692	9751	4007

说明：资料由县教育局提供

1996—2012年平阳县职业学校办学条件基本情况表

表30-2-2

年份(年)	占地面积(平方米)		校舍面积(平方米)		图书藏量(册)		计算机台数(台)	
	共计	生均	共计	生均	共计	生均	共计	生均
1996	59810	39.93	18040	12.04	—	—	—	—
1997	24547	13.33	17965	9.76	9695	5.27	—	—
1998	24547	9.98	17965	7.31	12467	5.07	—	—
1999	80765	—	26567	8.70	23339	7.65	—	—
2000	84288	—	29296	9.35	22245	7.10	—	—
2001	97887	23.64	43191	10.43	50405	12.18	—	—
2002	96883	—	43437	8.27	56883	10.83	—	—
2003	175061	28.20	84169	13.60	78768	13	953	7
2004	177021	22.89	105537	13.64	87140	11.26	1354	5.7
2005	235076	27.23	122242	14.15	128550	14.89	1485	5.8
2006	311098	30.31	179801	17.51	551648	53.74	1769	5.8
2007	301798	25.75	176401	15.05	551648	47.07	1769	6.6
2008	461698	40.90	232313	20.58	619648	54.89	1648	6.8
2009	462313	38.60	209452	17.50	623154	52.05	2106	5.6
2010	431312	34.00	199864	15.70	649638	51.00	2292	5.5
2011	390688	32.63	179092	14.96	219791	18.36	2173	5.5
2012	412664	42.94	198993	20.70	251499	26.17	2269	4.2

说明：资料由县教育局提供

2012年平阳县职业学校基本情况表

表30-2-3

序号	学校名称	性质	办学级别	班级(个)	学生数(人)	教职工数(人)	占地面积(平方米)	建筑面积(平方米)
1	平阳县职业中等专业学校	公办	国家级重点职校	61	2520	179	171419	51407
2	平阳县第二职业学校	公办	浙江省重点职校	58	1726	140	44013	23905.5
3	平阳县职业教育中心	民办	国家级重点职校	63	2581	221	106720	50000
4	平阳县万全综合高中	民办		40	1852	141	36685	35099
5	平阳县育英体校	民办		11	261	65	52614	29595
6	平阳县武术学校	民办		6	262	43	19980	16416
7	平阳县科兴计算机学校	民办		7	258	29	25000	10065
8	平阳县会文综合高中	民办		12	320	29	8200	6032

说明：①学生数、职工数、占地面积、建筑面积4栏因统计口径不同而与表30-2-2有所差异，仅供参考；②资料由县教育局提供

阳茶厂，后迁至水头镇凤一村(原水头三中)。2005年，更名为平阳县第二职业学校，共有30个班级，1680位学生。设有服装设计与工艺、会计、计算机应用、旅游服务与管理、市场营销、物流服务与管理、学前教育等专业。

中等专业教育　2008年8月，平阳县职业技术学校与平阳县技工学校合并，成立平阳县职业中等专业学校。县政府投资7300万元购买温州大学平阳

校区，作为两校合并后的新校区，校址位于昆阳镇皇岙村师范路201号。2012年，学校共有61个班，2520名学生，教职工179人，设有电子、服装、会计、计算机、汽修、数控、学前教育等10余个专业。

职业学校选介

平阳县职业中等专业学校　创办于2008年8月，学校由创建于1983年的平阳县农技校（又称平阳县职业技术学校）与创建于1979年的浙江省重点技工学校（原平阳县技工学校）合并而成。2008年，县政府投资7300万元购买温州大学平阳校区，作为两校合并后的新校区，校址位于昆阳镇皇岙村师范路201号。

2012年，学校占地面积171419平方米，建筑面积51407平方米。有61个班，2520名学生。教职工179人，专任教师161人，其中，研究生学历13人，本科学历144人。教师中高级职称63人，占专任教师39%，“双师型”教师（具有较高的教学、教研能力和素质；有广博的专业基础知识，熟练的专业实践技能）占专业课教师81.5%。有实训室37个，实训用房4140平方米，校外实训基地20405平方米。教学使用计算机588台。重点专业生均设备值最高达1.1838万元。仪器设备总值1263.7万元，生均仪器设备值5015元。图书馆建筑面积1235平方米，学生使用座位200个、教师使用座位56个。藏书10.1万册，生均图书40.24册；报刊125种，电子教学参考书和期刊等教学资料268种。学校被省教育厅列为中等职业教育创新创业课程教学点，汽车运用与维修专业被列为浙江省示范专业和实训基地。2011年，被评为国家级重点中等职业学校。

平阳县职业中等专业学校（2012年）　　陈敬刚　摄

平阳县职业教育中心　位于鳌江镇园林西路66号，原名为鳌江镇高级职业中学（始创于1995年）。1997年2月，县政府批准筹建平阳县职业教育中心，加挂平阳县职业技术学校、鳌江镇高级职业中学、鳌江经济技术密集区培训中心、鳌江镇成人教育中心4块牌子，总投资8000余万元。1998年12月，学校升格为浙江省示范性职业中学，2000年1月，升格为浙江省一级重点职业技术学校，2001年3月，升格为国家级重点中等职业学校。学校占地106720平方米，建筑面积50000平方米；教育教学仪器设备总值1500万元；纸质图书5万册，电子图书6.8万册。2012年下半年，在校生2581人，教职工221人，专任教师188人，其中，中学一级教师92人，中学高级教师50人。

县职业教育中心是一所集“五年一贯制”学前教育、“3+2”大专班、职业中专及现代远程教育、社会中短期培训于一体的综合性县直属职业学校。办学性质为民办公助。

1999年11月，自编舞蹈《欢呼东方巨龙腾飞》在北京演出。1999年后，学校先后获得全国德育管理先进学校、全国学校艺术教育先进单位、浙江省职业教育先进单位、浙江省现代教育技术实验学校等称号。

平阳县第二职业学校　前身系平阳县职业技术学校水头分校（创办于1991年9月，租赁仕静村原温州亚热带植物研究所用房为校舍）。1996年9月，改称水头镇高级职业中学。1999年7月，搬迁到水头镇第三中学内。2005年1月，水头镇高级职业中学更名为平阳县第二职业学校，为教育局直属学校。2006年，在原钱仓中学校舍创办平阳二职钱仓校区。两个校区（水头三中校区、钱仓校区），校园占地面积44013平方米，建筑面积23905.5平方米，教育仪器设备总值635万元，纸质图书46350册。2012年，在校生1726人，教职员工141人、外聘教师9人。专任教师140人，其中，具有中高级职称的79人。开设市场营销、计算机、财会、现代物流、幼师、服装设计、旅游管理7个专业。

第二节　特殊教育

发展概况

1996年前，平阳县无特殊教育学校，听力、视力、智力残障儿童和少年送到县外特殊教育学校就读。

平阳县特殊教育起步于1996年。4月，创办平阳县特殊教育学校，招收对象为听力、智力残疾的儿童、少年(视力残疾的儿童、少年，由县政府补助经费送到外地盲校学习)。

1998年，7～14周岁视力、听力语言、智力等三类残疾儿童、少年的入学率分别为83.33%、78.57%、70.44%。2007年后，三类残疾儿童、少年入学率均达到100%。

2012年12月，成立县特殊教育随班就读指导中心，规范全县特殊教育工作。

平阳县特殊教育学校

由缪小聪创办于1996年，学校位于万全镇郑三村，是平阳县唯一的特殊教育学校。招生对象为听力障碍及中重度智力障碍学龄儿童和少年，实行小班制教学。1996年4月，平阳县特殊教育学校在昆阳镇前宕村正式成立。当年招收4个班级共60余名听力障碍学生。1997年8月底，学校搬迁到郑楼镇郑三村(原郑楼中学校舍)，1999年12月，搬迁到钱仓镇塘川村，2001年2月，学校迁回万全镇郑三村。2012年，学校占地面积3520平方米，建筑面积1830平方米，10个教学班，在校学生126人，教职员工32人。

学校有感觉统合训练室、物理治疗室、蒙台梭利室、多媒体教室、计算机教室、个训矫正室、烹饪室等，并配备总值42万元的教学设备。学校以“为了每一个学生的生存和发展”为办学理念，通过是非辨别能力的训练、智慧的启蒙、艺术的熏陶、强健身体的康复锻炼，把残疾生培养成为适应社会发展的公民。创办至今已有190名学生毕业，大部分毕业生考取浙江华强中等职业学校等残疾人专业院校，部分毕业生走上社会，实现就业。2001年，学生参加省残疾人美术、手工制作作品比赛，1件作品获一等奖，2件作品获二等奖。2011年和2012年，九年级听力障碍学生参加浙江省残疾人中职考试，成绩名列前茅。2007年、2010年、2011年、2012年学校被省残联评为“招生工作先进单位”。

平阳县特殊教育学校（2012年）　　周万湘　摄

第三章　高等教育与成人教育

平阳县高等教育的招生和自考领导机构为县高等学校招生委员会和县高等教育自学考试委员会。县高等学校招生(自考)办公室具体负责招生报名、考试等事务。成人教育由县教育委员会(教育局)负责组织实施。

1989—2012年，县内实施高等教育的途径有：电视教育、学校教育、函授教育。组织和实施单位有：浙江广播电视大学平阳分校、中等职业学校、中共平阳县委党校等。

1989—2012年，全县持续开展扫盲工作，基本扫除青壮年文盲，并进行业余初中和高中文化教育以及劳动力技术培训。2012年，全县10个镇(乡)各有1所成人文化技术学校，并有18所社区教育机构，55家民办培训机构，形成社区教育与培训网络。

第一节　高等教育机构

县高等教育领导机构：县高等学校招生委员会

和县高等教育自学考试委员会，下设一个办公室，名为平阳县高等学校招生（自考）办公室。

县高等学校招生委员会成立于1977年8月，县高等教育自学考试委员会成立于1984年11月。2007年9月，平阳县高等学校招生（自考）办公室改称平阳县教育考试中心，归县教育局管理，具体负责高等院校在平阳县招生考试的工作以及高等教育自学考试工作。

平阳县实施高等教育的单位有浙江广播电视大学平阳分校、中等职业学校、中共平阳县委党校等。

浙江广播电视大学平阳分校实行不脱产的大学专科和本科的学历教育，以及单科结业的非学历教育。

平阳县职业教育中心等中等职业学校通过开设“3+2”大专班、与高等学校联合办学等途径，实施大专或本科学历教育。

中共平阳县委党校（归属中共平阳县委，业务上接受省委党校管理）对党员和党员干部实施高等教育。

境内的温州师范学院所属的初等教育学院（2001年2月，平阳师范学校并入后，更名为温州师范学院第二初等教育学院），以培养小学教师为目标，招收温州市境内的初中毕业生，学制5年。该学院于2008年7月撤并到温州大学。

第二节　高等教育自学考试

平阳县高等教育自学考试始于1983年，进入21世纪后，自学考试由快速发展到逐渐式微。2001年，报考人数3737人，报考7635课次，毕业生105人，到2012年，报考人数652人，报考1193课次，毕业生20人。

2001—2012年，全县自考考生获得毕业证书人数为908人。

2001—2012年平阳县自考情况统计表

表30-3-1

年份（年）	考次（次）	报考人数（人）	报考课数（课）	人数累计（人）	课数累计（课）	毕业生数（人）	年份（年）	考次（次）	报考人数（人）	报考课数（课）	人数累计（人）	课数累计（课）	毕业生数（人）
2001	1	1825	3001	3737	7635	105	2006	1	737	1730	2294	4916	99
	2	1912	4634					2	839	2001			
2002	1	2056	5960	5371	13699	108		3	361	601			
	2	1904	5381					4	357	584			
	3	675	1116				2007	1	624	1486	1677	3564	90
	4	736	1242					2	543	1267			
2003	1	2060	5838	5021	12755	124		3	281	450			
	2	1508	4240					4	229	361			
	3	705	1240				2008	1	405	948	1208	2464	51
	4	748	1437					2	416	884			
2004	1	1403	3587	3982	9366	116		3	190	307			
	2	1262	3431					4	197	325			
	3	673	1242				2009	1	457	1059	1286	2659	38
	4	644	1106					2	421	946			
2005	1	1011	2570	2869	6392	107		3	167	269			
	2	894	2210					4	241	385			
	3	506	856				2010	1	385	715	1182	1998	29
	4	458	756					2	279	518			

续表 30-3-1

年份（年）	考次（次）	报考人数（人）	报考课数（课）	人数累计（人）	课数累计（课）	毕业生数（人）	年份（年）	考次（次）	报考人数（人）	报考课数（课）	人数累计（人）	课数累计（课）	毕业生数（人）
2010	3	315	429	1182	1998	29	2011	4	138	216	733	1304	21
	4	203	336				2012	1	154	361	652	1193	20
2011	1	176	412	733	1304	21		2	141	333			
	2	131	315					3	206	285			
	3	288	361					4	151	214			

说明：资料由县教育局提供

第三节　函授和电视教育

函授教育

函授的学历教育分中专、大专和本科学历教育三种，函授途径有书面函授和网络远程两种。

20世纪70—90年代，平阳县参加书面函授教育的为数尚多，其中教育系统组织的函授活动的有：1995年，270名中学教师参加“专升本”学历函授。21世纪初期，函授主要途径是网络远程教育。组织者有平阳县职业教育中心等单位。

电视教育

平阳县电视教育主要实施单位是浙江广播电视大学平阳分校。其前身为浙江广播电视大学平阳工作站（创办于1979年2月）。1997年12月，经省教委批准，由工作站升格为分校，校址位于昆阳镇昆鳌路285号。学校占地面积2200平方米，建筑面积2200平方米，固定资产总额386.6643万元，纸质图书1.2万册，电子图书等教育信息资源与省市电大系统共享。

浙江广播电视大学平阳分校（2012年）　　陈杰　摄

2012年底，在读学生1250人，教职工24人，其中，专任教师13人，副高以上职称7人。

浙江广播电视大学平阳分校先后开设文科、理工科的专业20余个，大专毕业生4225名，本科毕业生1431名，单科结业和非学历教育培训3800余人次。

2006年，学校获浙江省教科研先进单位、浙江省电大系统四星级教学网站称号。

第四节　成人教育

扫盲

1989年，全县12～40周岁人口335993人（其中女性157393人），文盲半文盲为37031人（其中女性27010人），非文盲率为88.98%。1990年，全县开办365个扫盲班，有文盲半文盲12907人参加学习。32个乡（镇）的非文盲率在95%以上。1991年1月，县政府建立扫除文盲工作协调小组。11月，有37个乡镇（乡镇撤扩并前）非文盲率在95%以上。

1998年，全县实现基本扫除青壮年文盲。此后，按高标准的扫盲要求（非文盲率在98%以上，成人识字率在90%以上），成人文化技术学校负责扫盲巩固提高工作，组织脱盲学员参加实用技术培训；小学和初中负责15岁以下儿童入学和流失学生的返校补习工作，防止产生新文盲和半文盲。

根据2010年全国第六次人口普查数据，全县常住人口为761664人，文盲总数为58593人，总文盲率为7.69%，其中，青壮年（16～55岁）文盲人数为16055人，文盲率为2.1%。2012年，全县青壮年文盲率为2.78%。

培训

1991年，在原有32所乡（镇）成人教育中心的基础上，创办5所成人教育中心和2所成人文化技术学校，举办各类成人培训班280余期，15000余人次受训。

2002年开始，农村预备劳动力培训与成人双证制培训纳入成人教育。对技能培训和文化课学习达到一定数量和质量要求的学员颁发相应的成人初中或成人职业高中文凭。双证教育学制为一年半。县教育局负责文化课的教学组织与管理。承担成人培训教学的主要学校有：昆阳镇成人文技校（县职业中等专业学校）、鳌江镇成人文技校（县职业教育中心）、水头镇成人文技校（平阳县第二职业学校）和万全镇成人文技校（宋桥中学）。各成人文技校和部分中职学校对企业职工、新型农民、外来务工人员等各类居民，开展每年单人30学时以上的职业技能培训和就业再就业培训。

2006年，全县成人初中、高中学历教育在校学员总数5066人，其中双证制学员386人；当年毕（结）业的1408人，其中双证制学员201人。

2012年，全县镇乡撤并为9镇1乡，乡镇成人文化技术学校保留10所，村级成人文技校调整为社区学校。保留的10所成人文技校或与职业高中，或与社区学校合作办学，一所学校、两个牌子。

2004—2012年平阳县农村预备劳动力培训人数一览表

表30-3-2

年份	2004年	2005年	2006年	2007年	2008年	2009年	2010年	2011年	2012年
人数(人)	2128	1502	1157	2100	1105	825	812	800	991

说明：资料由县教育局提供

老年大学

县老年大学创办于1989年9月，借用县委党校教室办学，1992年11月迁入昆阳镇南门解放街新校，2003年8月再迁入昆阳镇东门横街20号新址，教学与办公场所及辅助用房1000平方米。开办之初招生对象仅限离休干部，以后逐步向社会开放。开设京剧、越剧、音乐、二胡、古筝、国画、书法、摄影、文史、电脑、民乐演奏、舞蹈、太极拳等课程。2012年，有教师30名，21个班级，学员650余名，受训850人次。

1995年被评为省、市优秀老年大学，2005年获"省规范化建设示范校"称号，2012年被评为省先进教学单位。

第五节　社区教育

2003年3月，建立社区教育与培训网络。2005年，社区各类民办培训学校28所，对社区人员进行各种形式的文化教育和技能的培训。2008年，启动社区学校创建工作，创建社区学校（分校）10所。

2011年，创建平阳县职专社区学校、平阳县二职社区学校、平阳县昆阳镇联安社区学校、平阳县萧江镇胜利社区学校、萧江镇庄里社区学校。

2012年平阳县社区学校情况一览表

表30-3-3

序号	区域	举办单位	校名	办学形式	教育对象	主校区
1	昆阳	昆阳镇城南社区（居）委会	昆阳镇城南社区学校	业余	社区人群	平阳县小
2		昆阳镇九凰社区居委会	昆阳镇九凰社区学校	业余	社区人群	昆阳三中
3		昆阳镇城西社区居委会	昆阳镇城西社区学校	业余	社区人群	昆阳三小
4		平阳县职业中专	平阳县职专社区学校	业余	社区人群	平阳职专

续表 30-3-3

序号	区域	举办单位	校名	办学形式	教育对象	主校区
5	昆阳	昆阳镇联安社区	昆阳镇联安社区学校	业余	社区人群	昆阳镇联安社区
6		昆阳九凰社区	昆阳九凰社区学校	业余	社区人群	昆阳三中
7	鳌江	鳌江镇人民政府	鳌江镇水深社区学校	业余	社区人群	鳌江三中
8		鳌江镇人民政府	鳌江镇曙光社区学校	业余	社区人群	鳌江四中
9	水头	水头镇人民政府	水头镇龙凤社区学校	业余	社区人群	水头一小
10		水头镇人民政府	水头镇泾川社区学校	业余	社区人群	水头二小
11		平阳县二职	平阳县二职社区学校	业余	社区人群	平阳二职
12	萧江	萧江镇胜利社区	萧江镇胜利社区学校	业余	社区人群	萧江镇胜利社区
13		萧江镇庄里社区	萧江镇庄里社区学校	业余	社区人群	萧江镇庄里社区
14		萧江镇后林社区	萧江镇后林社区学校	业余	社区人群	萧江镇后林社区
15		麻步树贤社区	麻步树贤社区学校	业余	社区人群	萧江镇树贤社区
16		萧江镇人民政府	萧江社区学校	业余	社区人群	萧江一小
17	腾蛟	腾蛟镇人民政府	腾蛟镇青云社区学校	业余	社区人群	腾蛟镇文技校
18	山门	山门镇人民政府	山门镇社区学校	业余	社区人群	粟裕小学

说明:资料由县教育局提供

2012年,新建平阳社区学院、麻步树贤社区学校和萧江后林社区学校。社区学校由所在地镇(乡)分管教育的镇(乡)长任校长、依托的全日制学校校长任常务副校长。

2012年,全县共有18所社区教育机构,另有民办培训机构55家。

第四章 教师队伍

20世纪90年代,贯彻国务院"关、转、招、辞、退"方针,经过多年努力,全部解决民办教师问题,2002年开始实施教师资格认证制度,以保证从业教师的基本素质。1989年,全县在职教师4292人,1992年,在职公办教师3950人,2012年7051人。1992年专任教师学历合格率,小学教师83.32%、初中教师64.45%、普高教师17%。2007年,小学、初中、普高、职高专任教师学历合格率分别达到99.4%、99.4%、96.1%、93.5%,小学、初中专任教师取得高一层次学历比率分别达到81.2%、71.2%。2012年,小学、初中、普高、职高专任教师学历合格率分别达98.5%、99.7%、97.5%、95.2%。

第一节 教师队伍结构

数量

1989年,全县在职教师4292人。1990年全县在职教师5344人,其中,公办教职工3347人,占62.63%,在编民办教师832人,占15.57%,合同制教职工84人,占1.57%,代课教师1081人,占20.23%。

20世纪90年代,逐步取消民办教师编制,至20世纪90年代末,全县已无民办教师编制。

1990—2012年部分年份平阳县专任教师合格学历占比情况表

表 30-4-1

年份(年)	小学学历%	初中学历%	普高学历%	职高学历%
1990	69.20	44.10		
1997	94.30	84.80	48.03	
2004	95.80	96.50	86.91	
2007	99.40	99.40	96.10	93.50
2012	98.50	99.70	97.50	95.20

说明:资料由县教育局提供

1997—2012年平阳县普通高中专任教师学历情况表

表30-4-2

年份(年)	专任教师总数(人)	其中，女教师(人)	各学历比例%				专任教师学历合格率%
			研究生	本科	专科	高中	
1997	381			46.19	50.13	3.67	48.03
1998	421			51.31	46.32	2.38	53.21
2001	793	232	0.50	83.86	14.75	0.88	84.36
2004	978	323	0.51	86.40	12.88	0.20	86.91
2005	1030	349	0.58	88.64	10.39	0.29	89.22
2006	1037	371	0.77	90.65	8.29	0.29	91.42
2007	1024	368	0.87	94.43	4.39	0.19	95.3
2008	1136	455	1.23	90.91	4.63	0.69	92.14
2009	1144	452	1.57	94.06	3.76	0.61	95.63
2010	1164	491	2.84	93.90	2.84	0.43	96.74
2011	1196	482	3.42	93.81	2.34	0.42	97.23
2012	1158	485	3.54	93.96	2.25	0.26	97.50

说明：资料由县教育局提供

学历

1990—2012年，通过合格学历教育以及招考合格学历教师等途径，中小学教师的学历合格率逐步达到各类学校对相关学历的要求。2002年开始实施教师资格认证制度。

职称

1988年开始对全县中小学教师实行职称评定。1992年后，中高级教师职称的人数不断增加，至2012年已达到与各类学校相应要求的比例。

1989—2012年部分年份平阳县中、高级教师职称数量一览表

表30-4-3

年份(年)	高级教师(人)	中级教师(人)	年份(年)	高级教师(人)	中级教师(人)
1989	42	507	2007	512	3879
1992	44	499	2008	540	3955
1998	46	993	2009	594	3954
2001	132	2260	2010	903	4161
2004	300	2984	2011	1029	4235
2005	355	3315	2012	1099	4091
2006	436	3638			

说明：资料由县教育局提供

1997—2012年平阳县普通高中专任教师职称情况表

表30-4-4

年份(年)	专任教师总数(人)	各职称比例%				
		中学高级	中学一级	中学二级	中学三级	未评职称
1997	381	6.82	34.38	34.12	9.71	14.96
1998	421	8.55	41.57	29.45	5.94	14.49
2001	793	12.48	51.45	26.73	2.02	7.31

续表 30-4-4

年份(年)	专任教师总数(人)	各职称比例%				
		中学高级	中学一级	中学二级	中学三级	未评职称
2004	978	17.79	42.43	25.36	2.66	11.76
2005	1030	19.32	45.05	25.63	1.46	8.54
2006	1037	19.96	42.04	28.35	1.54	8.10
2007	1024	20.00	43.36	25.19	2.44	8.98
2008	1135	19.12	41.85	27.40	0.61	11.01
2009	1144	21.07	42.31	25.79	0.61	10.23
2010	1168	23.20	40.15	24.91	0.68	11.04
2011	1178	23.68	41.51	23.85	0.60	10.36
2012	1158	25.56	40.16	25.47	0.43	8.38

说明：资料由县教育局提供

骨干教师队伍

1989—2012年，形成“教坛新苗—教学骨干—‘三坛’教师(教坛新秀、教坛中坚、教坛宿将)—名师名校长与特级教师”的“梯级”培养框架，培养了一大批骨干教师。2012年，全县共有县级以上各级各类学科带头人和骨干教师838人。

第二节　教师队伍管理

编制管理

1988年，县教委规定各级各类学校教师编制标准，高中、初中和区(镇)中心小学的班级数与教职工比例分别为1∶4、1∶3.5和1∶3，班级数与专任教师比例分别为1∶2.8、1∶2.5和1∶1.7。2004年12月至2012年3月，对教职工编制多次进行核定。

“三制”改革

1993年度第一学期开始，部分中小学试行“四制”(校长负责制、教职工定编聘任制、岗位目标责任制、校内结构工资制)改革，部分学校实行“三制”(校长负责制、教职工定编聘任制、岗位目标责任制)改革。2000学年第一学期开始，全县中小学全面推行校长负责制、教职工聘任制、校内结构工资制的“三制”改革，至2012年，全县公办中小学均实行“三制”。

学校领导班子管理

1989—2012年，学校行政领导按有关文件

2012年平阳县公办学校教职员工情况表

表 30-4-5

类别	学校规模		教职工编制核定情况			县统筹编制数	全县教育系统人员编制总数(人)	在册在编教职工数(人)	离岗退养人员(人)	公办教师聘用到民办学校(人)	男55周岁、女50周岁以上教师数(人)	撤并学校待安置老教师(人)
	班级数(个)	学生数(人)	师生比或班师比编制数(人)	附加编制数(人)	合计(人)	成人教育(人)						
普通高中	144	7061	546	55	601			596	1	2	29	
职业高中	209	8583	660	99	759			489			11	
初中	540	19301	1620	160	1780	164	6116	2635	4	41	151	53
小学	1102	50177	2481	240	2721			2950	22	23	284	205
幼儿园	37	1351	91	0	91			54		11	4	

续表 30-4-5

类别	学校规模		教职工编制核定情况			县统筹编制数	全县教育系统人员编制总数（人）	在册在编教职工数（人）	离岗退养人员（人）	公办教师聘用到民办学校（人）	男55周岁、女50周岁以上教师数（人）	撤并学校待安置老教师（人）
	班级数（个）	学生数（人）	师生比或班师比编制数（人）	附加编制数（人）	合计（人）	成人教育（人）						
平阳电大	33	1600	22		22		22	23			5	
平阳教师发展中心			72		72		72	72			10	
平阳县教育考试中心			30		30		30	28				
县教育装备和勤工俭学管理中心			30		30		30	30				
县教育基建管理中心			8		8		8					
学区			63		63		63	63				
平阳县中小学生实践基地			22		22		22	12				
平阳三中	37	2062	103		103		103	99				
总计	2102	90135	5748	554	6302	164	6466	7051	27	77	494	258

说明：①2012年师生比：小学1：21、初中1：16、高中1：13；经县教育局批准实施小班化教育的学校班师比：小学1：2、初中1：3、高中1：4。同时为了适应新课程改革的需要适当增加专任教师编制，增编幅度原则上不超过10%，职业学校增编幅度原则上不超过15%；②资料由县教育局提供

规定参加岗位培训，并取得合格证书，持证上岗。2006年始，校长的产生除直接聘任外，逐步采取在本系统公开招聘、平等竞争、严格考核、择优聘任的办法，竞聘上岗。对新聘任和公开选聘的校长，实行一年试用期制度，实行任期目标责任制。

退离休教师管理

1989年12月，成立平阳县退（离）休教育工作者协会，会员487人，至2012年，会员增至2396人。1993年，县教委（教育局）建立退（离）休教师管理委员会，负责全县退（离）休教师的管理工作。管理工作的主要内容有组织会员开展政治时事学习、养生活动、维护会员合法权益等。

第三节　师资培训

师资培训包括教师培训、干部培训和班主任培训等方面。1989—2012年，全县共有县级各类学科带头人和骨干教师406人，省特级教师3人，省、市名师（名校长）及培养对象12人，省、市教坛新秀、教坛中坚、教坛宿将129人，市级学科教学骨干教师288人。2008年县教育局获省农村中小学教师素质提升行动项目先进单位称号，2009年获省级“十一五”干训先进单位称号。

教师培训

学历进修　1991年年底，全县公办小学教师1916人，学历合格率71.13%。1991—1995年，全县实施小学师资培训五年计划。采取在职进修、脱产学习两种形式进行。培训工作由县教师进修学校负责。1995年，620名小学教师参加中师学历函授，600名小学教师参加中师学历自学考试；446名中学教师参加高师学历自学考试，270名中学教师参加“专科升本科”学历函授；1421名中小学教师

参加专升本自学考试；1200名中小学教师参加专业合格考试；159名教师参加幼师专业合格考试；52名教育行政管理干部和骨干教师参加教育管理本科班学习。

通过自学考试、学历进修或函授，2007年，小学教师学历合格率达到99.4%，高一层次学历比例达到81.2%；初中专任教师学历合格率达到99.4%，高一层次学历比例达到71.2%。2011年，全县幼儿园教师大专学历比例60%；小学教师大专学历以上比例90%，本科学历比例30%；初中教师本科学历比例85%；普通高中教师研究生学历比例3.42%。

素质提升工程　2005年，县教育局实施农村中小学教师全员素质提升工程，至2007年，全县农村中小学教师素质提升工程完成17224人次培训。

2005年，县教育局创立"教坛新苗—教学骨干—'三坛'教师—名师名校长与特级教师"的"梯级"培养框架。在此框架下，2008年始，县教育局全面启动农村中小学教师"领雁工程"，培养和提高农村中小学骨干教师、骨干校长的业务和领导水平。至2010年，共选拔1407名骨干教师和校长参加"领雁工程"。其中，省级培训225名，市级培训282名，县级培训900名。"领雁工程"实施后，每一所农村乡镇初中和中心小学的每一个学科至少有一位教师参加县级及以上培训，形成规模适当的农村骨干教师梯队。

2008年，组建县首批名师工作室。2010年，县、市名师工作室6个，名师工作室成员109人。

班主任培训

2008年，小学、初中各有50名班主任参加教育部的班主任网络远程培训。2009年和2010年，各有100名小学骨干班主任参加教育部"知行中国——小学班主任教师培训项目"培训。全县参训率和有效学习率达到100%。2011年，全县有118名初中班主任参加培训，2012年，100余位普职高班主任参加市高中班主任培训。

干部培训

小学校长岗位培训　1992—1995年，全县中、小学在任校长全部参加校长岗位职务培训。2006年，小学校长任职资格培训35人。2008年，小学校长任职资格培训31人。2011年，小学校长任职资格培训43人。培训内容：理论学习、挂职锻炼、参与校长论坛、学员送教下乡活动以及外出考察等。

后备干部培训　2006年，县教育局进行学校后备干部人选推荐活动，选拔出47名后备校长，并进行集中培训。2008年10月开始，进行县第二期学校后备干部培训，学员40人。2010年12月，进行县第三期学校后备干部培训，学员50人。每期培训时间为一年，培训内容为集中理论培训、挂职锻炼和外出考察等。

其他干部培训　2008年，开展教育行政干部培训、中小学校长(园长)提高培训、农村中小学骨干校长培训。到2011年，完成行政干部教育200人次，校长培训342人次(其中农村骨干校长260人次)。2010年8月，开展幼儿园园长培训工作，共112名幼儿园园长参加培训。

第四节　工资福利

工资

1994年1月起，按《中华人民共和国教师法》第二十五条"教师的平均工资水平应当不低于或者高于国家公务员的平均工资水平，并逐步提高"的规定施行，至2007年，全县教师的平均工资水平已符合上述规定。

教师的正常晋级增薪制度，按国家有关规定执行。

1997年9月始，全县任教满30年并在教育教学岗位退休的中小学教师，享受百分之百的退休金待遇。

福利

中小学教师和职业学校教师享受教龄津贴和其他福利。

1997年4月，全县教育系统建立住房公积金制度。9月始，教师年终目标考核奖列入县财政预算。1998年始，教育系统教职工享受社会保险和医疗保障。

2006年7月始，县财政发放义务教育阶段教师每月200元的考勤考绩奖。2007年，设立专项奖励经费，当年奖励优秀校(园)长、骨干教师100万元。2008年1月1日开始，实行农村教师任教津贴。

2008—2012 年平阳县农村教师任教月津贴明细表

表 30-4-6　　单位：元

级别	教师职称	1—5年	6—10年	11—15年	16—20年	21年以上
副高级	中高、小中高	280	310	340	370	400
中级	中一、小高	180	210	240	270	300
助理级	中二、小一	130	160	190	220	250
员级	中三、小二	90	120	150	180	210
未聘专任教师、小三		60	90	120	150	180

说明：资料由县教育局提供

2008—2012 年平阳县农村学校职员月津贴明细表

表 30-4-7　　单位：元

级别	管理职称	1—5年	6—10年	11—15年	16—20年	21年以上
七级职员	管理7级	280	310	340	370	400
八级职员	管理8级	180	210	240	270	300
九级职员	管理9级	130	160	190	220	250
十级职员	管理10级	90	120	150	180	210

说明：资料由县教育局提供

2008年4月始，县教育局对县级名师（含名校长名班主任）以上各类骨干教师和校长实行岗位津贴制度。其中，市第一层次（省特级、市名师名校长）：每年市发18000元；市第二层次（市教坛新秀、教坛中坚、教坛宿将）：每年市发3000元、县发3000元；市第三层次（市学科骨干）：每年县发1000元。县第一层次（县名师名校长）：每年县发6000元；县第二层次（县教坛新秀、教坛中坚、教坛宿将）：每年县发1000元。

2009年1月始，实施义务教育阶段教师绩效工资制度。

第五章　教育管理

1989—2012年，坚持消除学校危房，并对破旧校舍进行改造。1990年4月，县第七次党代会报告中首次提出“科教兴县”战略，确立优先发展教育，教育经费以国家和地方财政的拨款为主。至2012年，全县校网布局合理，教育设施符合国家标准，教育实现网络化。

第一节　教育经费

教育经费投入

教育经费以国家和地方财政的拨款为主　1989年，教育经费投入1305.8万元，占财政总支出20.07%。1990年县教育经费投入1618.8万元，占财政总支出21.46%。1998年，县教育经费投入6681万元，占财政总支出26.88%。2000年，县教育经费投入8474万元，占财政总支出27.22%。2001年县教育经费投入9635万元，占财政总支出30.35%。2002年，县教育经费投入12318万元，占财政总支出33%。2003年，县教育经费投入14590万元，占财政总支出33%。2004年，县教育经费总投入42691.9万元，其中财政性教育经费占县生产总值2.14%。2012年，教育经费总投入122927.60万元，其中财政性教育经费占县生产总值3.52%。

多种渠道筹措教育经费　本着“大社会办大教育”的理念，在不同阶段，通过多渠道筹集资金（收取城市教育费附加和农村教育事业附加，校办产

1993—2012年平阳县教育经费总收入来源分类情况一览表

表30-5-1　　　　单位：万元

年份(年)	合计	预算内拨款	教育税费	校办等	事业收入	捐集资	社会办学	其他收入
1993	4246.8	2740.30	436.40	13.60	486.40	570.10	0	0
1994	5555.70	3717.10	479.60	10.40	627.60	721	0	0
1995	7273.50	4292	1037.10	22.10	963.20	959.10	0	0
1996	11586	4634.50	2719	86.40	1142.10	3004	0	0
1997	14367.20	5619.70	3261.60	18	1748	3719.90	0	0
1998	22904.50	6681.60	3347.20	29.40	5671	2107.80	3277.90	1789.60
1999	24030.70	7725.50	4098.10	18.70	5421.10	2405.10	4362.2	0
2000	23447.40	8474.40	3076.30	24.70	5466.10	2936.80	0	3469.10
2001	31730.10	9635	4662.90	21.40	7537.70	2787	4051.50	3034.60
2002	35488	12318.10	3714.80	1.80	6204.20	3045.50	5967.80	4235.80
2003	37911.10	14590	1834.40	21.30	8880.60	2246.20	5466.10	4872.50
2004	42691.90	19576.30	1871.80	3.90	8778.40	3320.40	5731.60	3409.50
2005	43683.40	20510.70	2167.70	83.20	8972.30	3045.50	6138.90	2765.10
2006	53260	25173.10	2918.90	4.50	10551.90	3840.20	7465.10	3306.30
2007	59233.10	35664.90	1418	0	16476	4224.20	1450	0
2008	82589.80	49735	1820	0	18407.90	6052.80	3488.50	3085.60
2009	87604.10	59982.90	1966.70	0	20319.80	4685.30	0	649.40
2010	82020.80	62880.90	7240	42.50	9285.10	815.60	0	1756.70
2011	108120.40	75168.10	1475.20	0	23898.70	1489	0	6089.40
2012	122927.60	82417	9065	0	30831.30	514.30	100	0

说明：①预算内拨款指教育事业费拨款、基建拨款等。教育税费指地方政府征收用于教育的税费。校办等指校办产业、勤工俭学和社会服务收入用于教育的经费。事业收入主要是学杂费收入。捐集资指社会捐赠办学经费。社会办学指社会团体和公民个人办学经费；②资料由县教育局提供

业、勤工俭学和社会服务收入用于教育的经费、学杂费、社会捐赠办学经费、人民教育基金等）支持教育；鼓励社会团体和公民个人办学，以增加教育经费的投入。

学杂费　2006年下学期开始，义务教育阶段不收学费、杂费。对在义务教育中小学校就学的外来民工子女收借读费。借读费标准为小学每生每学期200元；初中每生每学期470元，按学期收取。从2008年春季学期开始，对在全县城乡义务教育阶段学校就读并取得学籍的中小学生，免收课本费和作业本费。

城乡教育费附加　《中华人民共和国教育法》规定，税务机关依法足额征收教育费附加，由教育行政部门统筹管理，做到专款专用，主要用于改善学校的办学条件。

基础教育发展基金　1993年秋季，原定8年内向全县各级各类学校的入学新生收取县和乡镇基

础教育发展基金。实行两年后，停止收取县基础教育发展基金。从1995年第一学期开始向中小学生家长征收乡镇基础教育发展基金。1997年，停止征收该基金。

建校集资费　1997年2月开始，向学生家长收取建校集资费。此款专用于建校和添置设备。3年后，停止收取建校集资费。

人民教育基金　1990年，建立县人民教育基金会。县人民教育基金会原始基金数额400万元，来源于社会捐赠。

2004—2012年平阳县财政性教育经费占国内生产总值比例情况一览表

表30-5-2

年份（年）	平阳县国内生产总值（万元）	财政性教育经费（万元）			财政性教育经费占国内生产总值比例%
		合计	教育经费拨款	校办企业勤工俭学收入用于教育的经费	
2004	1002000	21448	预内　19576 附加　1872	4	2.14
2005	1050000	22678	预内　20510	83	2.16
2006	1200000	28092	预内　25173 附加　2919	5	2.34
2007	1350000	37082	预内　35664 附加　1418	0	2.75
2008	1610000	51555	预内　49735	0	3.2
2009	1719000	61949	预内　59983 附加　1966	0	3.60
2010	1980000	71504	预内　64264 附加　7240	0	3.61
2011	2324600	89920	预内　75168 附加　14752	0	3.87
2012	2597586	91482	预内　82417 附加　9065	0	3.52

说明：资料由县教育局提供

2004—2012年度平阳县社会捐赠和社会团体办学教育经费情况一览表

表30-5-3　　单位：万元

年度（年）	合计	社会捐赠	社会团体办学	年度（年）	合计	社会捐赠	社会团体办学
2004	9052	3320	5732	2007	8861	4224	1450
2005	9185	3046	6139	2008	11291	6052	3488
2006	11305	3840	7465	2009	6764	4683	

续表 30-5-3

年度(年)	合计	社会捐赠	社会团体办学	年度(年)	合计	社会捐赠	社会团体办学
2010	6081	1819	63	2012	2235	514	100
2011	3088	1489					

说明:资料由县教育局提供

教育慈善资金　平阳县慈善总会教育分会成立于2011年2月,募集慈善资金,开展扶贫、济困、助学、助教献爱心活动。2011年,收入总额1558764.25元,支出救助总额792320.50元,救助507人。2012年,收入总额2461893.71元,支出救助总额1712497.02元,救助983人。

教育经费支出

教育经费支出包括事业性经费支出和基建支出。

1993—2012年平阳县教育经费总支出情况一览表

表 30-5-4　　单位:万元

年份(年)	总计	事业性经费支出			基建支出
		合计	个人部分	公用部分	
1993	3752.20	2695.80	2071.80	624	1056.40
1994	4768.80	3627.10	3075.80	551.30	1141.70
1995	6558.80	4291	3656.60	634.40	2267.80
1996	18780.50	11845.50	4735.50	7110	6935
1997	13909.40	10174.90	5193.90	4981	3734.50
1998	19488.40	16516.20	9781.70	6734.50	2972.20
1999	22215.60	19103.30	12194.30	6909	3112.30
2000	24128.60	21379.10	13989.60	7389.50	2749.50
2001	26814.80	25039.30	17684	7355.30	1775.50
2002	28911	27293.20	20365.70	6927.50	1617.80
2003	32166	29951.90	22368.20	7583.70	2214.10
2004	36004.20	34292.80	27084.70	7208.10	1711.40
2005	36266.70	33961.10	27501.90	6459.20	2305.60
2006	44708.50	38493	30647.60	7845.40	6215.50
2007	62414.40	61192.90	44173.40	17019.50	1221.50
2008	64967	63861	50990	12871	1106
2009	90924.80	89918	66118	23800	1006.80
2010	98944	98944	71939	27005	
2011	111850	111850	74496	37354	
2012	124567	124567	83899	40668	

说明:资料由县教育局提供

2004—2012 年人均预算内教育经费和人均实际教育经费情况一览表

表 30-5-5

年份(年)	全县人口总数（万人）	人均预算内教育经费支出		人均实际教育经费支出	
		总支出数(万元)	人均数(元)	总支出数(万元)	均数(元)
2004	84.772	19576	230.9	41901	494.28
2005	84.8247	20510	241.8	43683	514.98
2006	85.0773	25173	295.88	51281	602.76
2007	85.4024	35664	417.6	64663	757.16
2008	85.6459	49735	580.7	82589	964.31
2009	86.2638	59983	695.34	87604	1015.54
2010	86.7337	64264	740.93	103560	1194.00
2011	87.4542	75168	859.51	121397	1388.12
2012	87.2968	82417	944.6	124768	1429.24

说明:①人口数与县公安局数据有出入;②资料由县教育局提供

2003—2012 年平阳县学校部分教育资产情况一览表

表 30-5-6

年份(年)	学校	占地面积（平方米）	校舍面积（平方米）	图书(册)	计算机(台)
2003	幼儿园	134658	85125	88042	—
	小学	871868	289520	594640	977
	初中	884190	250472	377902	1391
	高中	396678	172257	242092	993
	职业学校	175061	84169	78768	953
	合计	2462455	881543	1381444	4314
2006	幼儿园	204507	116294	122515	—
	小学	869260	253597	733815	1650
	初中	1078530	352424	504377	2443
	高中	465551	245551	29080	1371
	职业学校	311098	179801	511648	1769
	合计	2928946	1147667	1901435	7233
2009	幼儿园	203358	142878	197091	—
	小学	881674	259765	829735	3298
	初中	1673954	664021	1276868	5283

续表 30-5-6

年份(年)	学校	占地面积(平方米)	校舍面积(平方米)	图书(册)	计算机(台)
2009	高中	521881	252758	449092	1595
	职业学校	462313	209452	623154	2106
	合计	3743180	1528874	3375940	12282
2010	幼儿园	202636	143483	238899	—
	小学	871346	253414	881123	3642
	初中	1076374	374496	941566	3813
	高中	504838	254888	464193	1595
	职业学校	431312	199864	649638	2292
	合计	3086506	1224575	3175419	11342
2012	幼儿园	192868	140785	203949	—
	小学	830840	295125	1188008	6676
	初中	1158565.79	478649	1026243	5092
	高中	622556	327129	509600	1933
	职业学校	412664	198993	251499	2269
	合计	3217493.79	1440681	3179299	15970

说明：资料由县教育局提供

第二节　教育设施

学校教育资产

2012年，全县学校占地面积3217493.79平方米，校舍面积1440681平方米，固定资产153640万元。

教育装备

2007年，撤销教育仪器供应站和县勤工俭学办公室，建立县教育装备和勤工俭学管理中心。

2012年，小学现代信息技术装备资产4466.4939万元，中学6119.8177万元。小学计算机6676台，生机比8∶1，中学9294台，生机比5.2∶1。小学信息技术专用教室110个，面积10191.98平方米；中学213个，面积22208.51平方米。小学实验室及功能教室488个，中学951个。小学多媒体装备1340套，班套比1∶1，中学1478套，班套比1∶0.97。2012年，小学投入图书经费173.532万元，中学投入156.8671万元；生均纸质图书藏书23.23册。

2009—2012年平阳县中小学教育装备情况一览表

表 30-5-7

	项目	单位	2009年	2010年	2011年	2012年
小学	实验室及功能教室	数量(个)	219	274	410	488
	装备用房使用面积	平方米	15284	15118.1	25943.3	30937.1
	实验室使用面积	平方米	2965	2814	3302	4174
	仪器器材设备	万元(原价)	767.29	1193.3	1524.78	1973.3

续表 30-5-7

	项目	单位	2009年	2010年	2011年	2012年
小学	多媒体	数量(个)	540	647	779	1340
		进班级(%)	55.27	64.25	75	100
	阅览室	数量(个)	38	36	37	46
		面积(平方米)	2805.3	2665.9	2694.1	3773.9
	藏书室	数量(个)	45	44	54	56
		面积(平方米)	2329.5	2057.3	2573	3192.1
	资料室	数量(个)	25	23	21	20
		面积(平方米)	703.3	742.4	751.8	657.3
	图书	数量(册)	922241	1006312	1058695	1145853
		金额(元)	7698387	9113674	9586549	10513705
	电子图书	数量(册)	1326	1712	2084	3111
		金额(元)	41767	57343	81430	93744
	当年购置经费	财政拨款(元)	844174	969596	968263	1735320
		自筹及其他(元)	8000	3761	5000	0
中学	实验室及功能教室	数量(个)	686	604	992	951
	装备用房使用面积	平方米	67840.1	70389.6	79180.6	80278.3
	实验室使用面积	平方米	24142	20342	16253	19667
	仪器器材设备	万元(原价)	3581.21	3377.88	3378.24	3745.75
	多媒体	初中(个)	633	654	638	665
		进班级(%)	79.82	86.39	92	97
		高中(个)	444	310	317	300
		进班级(%)	96.31	99.68	100	100
		完中(个)	54	11	2	15
		进班级(%)	44.63	18.64	4.4	39.47
	阅览室	数量(个)	66	64	64	61
		面积(平方米)	7150	6337	6798	7659
	藏书室	数量(个)	63	59	61	56
		面积(平方米)	4896	4078	5068	5184
	资料室	数量(个)	43	36	34	29
		面积(平方米)	2319	2116	2290	1974
中学	图书	数量(册)	1745493	1581884	1555651	1629318
	当年购置经费	财政拨款(元)	453034	460027	520637	1568671
		自筹及其他(元)	642839	503042	560460	365350

说明：资料由县教育局提供

第三节　布局调整

学校调整

1989—2012年，为适应社会发展需要和合理使用教育资源，进行学校布局调整。

1992—2012年平阳县部分学校设立与撤并情况一览表

表30-5-8

时间(年)	撤并、新建、搬迁
1992	高山小学并入昆阳镇沙岗完小；山外小学并入雁门小学；新民小学、双垟小学并入鳌江镇南园小学；长桥完小并入宋埠镇民族完小；内百尖小学并入龙尾乡外百尖小学
1993	前河头小学并入萧江镇高黎小学；垟浦小学并入萧江镇夏桥小学；新建萧江镇二中；胜果寺小学并入麻步镇岙底小学；西村小学并入麻步镇东坑小学；银坑小学并入腾蛟镇湖宴小学；王坛小学并入腾蛟镇岭门小学；黄山小学并入钱仓镇塘川小学；朱山小学并入顺溪镇小；鹿岩小学、回库小学并入顺溪镇新田小学；前山村小并入南雁镇五十丈小学；埭头小学并入南雁镇吴山小学；东堡小学并入凤卧镇小；轩头小学并入凤卧镇玉青小学、马迹小学；金垟小学并入宋桥镇小；根竹小学并入龙尾乡包垟小学；东山小学并入朝阳乡新东完小；中光小学、李山小学并入朝阳乡同盟完小；金龙小学、钱山小学并入闹村乡大施完小；南垟小学并入闹村乡苍南小学；黄坑小学并入闹村乡静凉完小；陶翁小学并入晓坑乡岭头村小学；垟边小学并入怀溪乡中心校；王神洞小学、十五亩小学、贡后小学并入青街乡中心校；青街乡呈岩小学并入白岩小学；倒路桥小学并入临区小学；岗山完小并入务垟小学；付山小学并入务垟乡合作小学；珍珠小学并入务垟乡双岙小学；枫林小学、少垟小学并入务垟乡三联小学；孙岙小学、解元小学并入梅源乡中心校；赤溪小学并入梅源乡岭根完小；走马灯小学并入水亭乡中心校；工农小学、火焜岙小学并入南麂乡中心校；迁建平阳师范学校、腾蛟镇中心小学、腾蛟镇一中、梅源初级职业技术中学、萧江镇成人文化技术学校、麻步镇成人文化技术学校、鳌江三中、鳌江镇雁门小学；新建新鳌私立高级中学、萧江镇二中；下屿、湖门等小学并入水头镇第三小学；水头镇中心小学分出二小后更名为水头镇第一小学；水头镇第二小学从镇中心小学析出而立名；桃源乡中小学合并为八年一贯制学校
1994	溪头小学、东山小学、南山小学并入水头镇小南小学；东垟小学并入前进完小；万家小学并入钱仓镇白水完小；迁建钱仓镇中学；改扩建平阳二中；牧羊小学、平塔小学并入昆阳镇城南小学；永门小学、叶段小学并入萧江镇前村小学；周山小学并入水头镇江屿小学；金山小学并入腾蛟镇赤溜完小；双坑小学、外垟小学、垟尾小学并入腾蛟镇林家小学；百丘田小学并入山门镇上垟小学；小池小学、上乌庄小学并入山门镇溪源小学；坳头小学、只音小学并入顺溪镇小；下溪小学并入鹤溪镇石碑完小；平岩小学并入鹤溪镇秀溪完小；仙口小学并入宋埠镇郭溪小学；陈交大小学并入郑楼镇小；周垟小学并入郑楼镇练川小学；横山小学并入凤巢乡秀垟完小；龙岙小学并入龙尾乡龙横小学；赤岭小学、溪边小学并入朝阳乡中心校；边垟小学并入晓坑乡中心校；黄山头小学并入晓坑乡洪山完小；西浦小学并入万全乡郭庄完小；福利完小、大平小学、安支小学并入梅溪乡中心校；上思庵小学并入维新乡高坳完小
1995	平阳县职技校搬迁到原平阳师范校舍；鳌江镇二中、鳌江镇三中合并后命名为鳌江镇第三中学；迁建昆阳一中；新建浙鳌高级中学、萧振高级中学、水头镇三中、平阳县法制学校、鳌江高级职业中学、榆垟镇干部培训学校、鳌江镇成人教育中心、榆垟镇成人文化技术学校、昆阳镇成人文化技术学校；鳌江三小迁入鳌江二中校舍；垟坑小学并入昆阳镇城西小学；下屯小学并入山门小学；陆园小学并入南雁镇岭街小学或朱辽小学；吴少垟小学并入龙尾乡中心校；贡后小学并入青街乡中心校；连丰小学并入万安完小；梅溪乡书阁小学并入梅溪乡镜泉完小
1996	新建昆阳镇高级职业中学、水头高级职业中学、平阳县培培外国语学校、金凤学校、平阳县特殊教育学校、平阳县求实成人高级中学、前进小学；迁建平阳县育秀中学；上林小学并入水头二小；内岙小学并入水头镇联办完小；金田完小、碧源完小并入腾蛟镇二小；溪南完小并入南雁镇中心校；麻田小学并入龙尾乡中心校

续表 30-5-8

时间（年）	撤并、新建、搬迁
1997	新建平阳县少年艺术学校、平阳县育才学校、水头镇第四中学；上寺小学并入南雁镇春山小学；南麂乡中心学校增挂浙江联通希望小学
1998	新建凤卧镇红军小学、平阳县白玉兰小学；迁建昆阳镇第三中学、郑楼镇中学；司马、赤溜、岭门、湖窦等小学合并为腾蛟镇第二小学；双梅中学、双梅中心小学合并为梅溪乡中心校；岱口小学并入萧江二小；落马小学、裕丰小学并入萧江一小；江屿小学、凤湾小学、上林小学合并为水头镇第三小学
1999	新建平阳县人武部预备役军校、平阳县曙光成人高级中学、萧江镇第二小学；矾岩中心小学、岭街小学合并为南雁镇第二小学
2000	金田完小、民安完小并入腾蛟一小；青湾完小并入金晖小学；南溪小学并入带溪中心校；撤销县第一农场中心校
2001	迁建平阳一中；闹村乡中心小学更名为闹村乡圣雄希望小学；青街乡中心小学更名为青街圣雄希望小学；顺溪镇中心小学更名为顺溪镇圣雄希望小学；新建县第十一高级中学
2002	改制迁建平阳三中；金田完小、民安完小并入腾蛟一小；青湾完小并入金晖小学；南溪小学并入带溪中心校
2003	昆阳四小并入平阳县小；鳌江幸福小学并入鳌江十小；水头凤岩小学并入水头小南小学；腾蛟镇双垟小学平阳教学点并入昆阳五小；溪源小学并入山门镇小；白云小学、富溪小学并入顺溪镇小；下东小学并入顺溪新田小学；周岙小学并入南雁二小；内塘小学并入凤卧镇小；金宕村小、吴岙村小、陈岙村小并入宋桥吴岭小学；郑楼柳垟教学点并入郑楼练川小学；桃源塔下小学并入桃源中心校；秀垟小学并入凤巢山边小学；龙横小学并入龙尾中心校；新东小学并入朝阳中心校；闹村尚南、中兴小学、小施小学、大施小学并入闹村中心小学；晓坑朱垟、下岭头、岳溪教学点并入晓阳中心校；水口小学、曹门小学并入怀溪中心校；南网小学、东坑小学并入青街中心小学；岭岗小学、朱垟村小、大垅村小并入维新中心校；戈场完小并入吴垟中心校；桃源中学并入萧江二中、麻步三中；朝阳中学并入萧江学区各初中、水头四中等；龙尾中学并入腾蛟一中；怀溪中学、吴垟中学并入山门学区各初中；解散平阳县培培外国语学校、温师院附属第二中学
2004	育才学校、昆阳一中合并为平阳县实验中学
2005	吊销平阳县水头创佳培训学校、平阳县鳌江镇求知培训学校、平阳县昂立外语培训学校、平阳县曙光外语培训学校；岭门中心校和林家、驷马、湖窦、赤溜完小合并为腾蛟镇二小、南麂中心校初中部撤并
2006	龙尾中心学校并入腾蛟镇二小，实行一址二校办学
2007	凤巢山边完小并入凤巢乡中心小学；溪尾完小并入鹤溪镇中心小学；梅源初级职业技术中学、温州财税希望小学合并为梅源乡中心学校；解散平阳少艺校；荆溪小学并入鳌江十三小；顺溪中学、顺溪小学、新田小学合并为顺溪镇中心校；钱仓中学、钱仓小学合并为钱仓镇中心校；南雁二小并入南雁镇小；蒲山完小并入凤卧红军小学；蒲潭完小并入水头五小；后林完小并入昆阳六小
2008	象山小学并入榆垟中心校；上垟小学并入山门镇小；石牌小学并入鹤溪镇小；普美小学并入南湖中心小学；晓坑中学、晓坑小学、晓阳小学合并为晓坑中心校；东屿小学、高墩小学撤并入山门镇中心小学；撤并南麂中心校小学部；水头镇第六小学并入水头镇第二小学
2009	凤卧中心小学撤并入凤卧镇红军小学；闹村小学撤并入闹村乡中心小学；云祥中学撤并入青街畲族乡中心学校
2010	鳌江小学合并鳌江三小，搬迁到原鳌江中学校址
2011	新建水头镇实验小学
2012	鳌江七中并入鳌江五中；鳌江十小并入鳌江五小，搬迁到原鳌江七中校址；龙尾中心校并入腾蛟镇第二小学；撤销南麂中心校

说明：资料由县教育局提供

学校更名

1992—2011年，部分学校的名称变更情况如表30-5-9所示。

1992—2011年平阳县部分学校名称变更情况一览表

表30-5-9

年份(年)	原校名	新校名或增挂	年份(年)	原校名	新校名或增挂
1992	青街中学	云祥中学	1992	新田乡中心小学	顺溪镇新田小学
1992	鳌江镇第二小学	鳌江小学	1992	青睦中心小学	青街畲族乡中心小学
1992	城东中心小学	昆阳镇城东小学	1992	闹村乡中心小学	闹村乡闹村小学
1992	城南中心小学	昆阳镇城南小学	1992	南麂学校	南麂乡中心学校
1992	城西中心小学	昆阳镇城西小学	1992	鳌江镇第二小学	鳌江小学
1992	湖岭乡中心小学	宋桥镇湖岭小学	1992	鳌江区中学	鳌江镇第五中学
1992	郑楼乡中心小学	郑楼镇中心小学	1992	麻步区中学	麻步镇第一中学
1992	石塘乡中心小学	万全乡石塘小学	1992	麻步镇中学	麻步镇第二中学
1992	练川乡中心小学	郑楼镇练川小学	1992	树贤乡中学	麻步镇第三中学
1992	榆垟乡中心小学	榆垟镇中心小学	1992	水头镇中学	水头镇第一中学
1992	象山乡中心小学	榆垟镇象山小学	1992	水头区中学	水头镇第二中学
1992	临区乡中心小学	万全乡中心小学	1992	腾蛟区中学	腾蛟镇第一中学
1992	西塘乡中心小学	务垟乡西塘小学	1992	腾蛟镇中学	腾蛟镇第二中学
1992	塘川乡中心小学	钱仓镇塘川小学	1992	顺溪区中学	顺溪镇中学
1992	垂杨乡中心小学	钱仓镇垂杨小学	1992	湖岭乡中学	宋桥镇湖岭中学
1992	种玉乡中心小学	鳌江镇种玉小学	1992	郑楼乡中学	郑楼镇中学
1992	河口乡中心小学	鳌江镇河口小学	1992	榆垟乡中学	榆垟镇中学
1992	墨城乡中心小学	鳌江镇墨城小学	1992	临区乡中学	万全乡中学
1992	下厂中心小学	鳌江镇下厂小学	1992	石塘乡中学	万全石塘中学
1992	雁门中心小学	鳌江镇雁门小学	1992	塘川乡中学	钱仓镇塘川中学
1992	后林乡中心小学	萧江镇后林小学	1992	墨城乡中学	鳌江镇墨城中学
1992	夏桥乡中心小学	萧江镇夏桥小学	1992	西塘乡中学	务垟乡西塘中学
1992	树贤乡中心小学	麻步镇树贤小学	1992	后林乡中学	萧江镇后林中学
1992	塘北乡中心小学	麻步镇塘北小学	1992	苍南乡中学	闹村乡中学
1992	渔塘乡中心小学	麻步镇渔塘小学	1992	山门区中学	山门中学
1992	内塘乡中心小学	凤卧镇内塘小学	1992	江屿乡中心小学	水头镇江屿小学
1992	溪心乡中心小学	水头镇溪心小学	1992	带溪乡中心小学	腾蛟镇带溪小学
1992	小南乡中心小学	水头镇小南小学	1992	溪源乡中心小学	山门镇溪源小学
1992	联山乡中心小学	闹村乡联山小学	1992	东屿乡中心小学	山门镇东屿小学
1992	苍南乡中心小学	闹村乡中心小学	1992	晓阳乡中心小学	晓坑乡晓阳小学
1992	岭门乡中心小学	腾蛟镇岭门小学	1992	矾岩乡中心小学	南雁镇矾岩小学
1992	蔡垟乡中心小学	鹤溪镇蔡垟小学	1994	水头镇联办小学	水头镇新联小学

续表 30-5-9

年份(年)	原校名	新校名或增挂	年份(年)	原校名	新校名或增挂
1995	怀溪乡中心学校	怀溪乡中心学校	2001	郑楼镇练川小学	万全镇练川小学
1995	吴垟乡中心学校	吴垟乡中心学校	2002	水头镇小南小学	水头镇第四小学
1995	维新乡中心学校	维新乡中心学校	2002	水头镇溪心小学	水头镇第五小学
1995	龙尾乡中心学校	龙尾乡中心学校	2002	水头镇新联小学	水头镇第六小学
1995	南麂乡中心学校	南麂镇中心学校	2005	平阳县水头高级职业中学	平阳县第二职业学校
1995	怀溪乡中心学校	朝阳乡中心学校	2005	东屿乡中心小学	山门镇东屿小学
1995	石塘中学	万全乡中学石塘分校	2005	晓阳乡中心小学	晓坑乡晓阳小学
1996	南湖中学	建峰中学	2005	平阳县第一中学	平阳中学
1996	水头镇第二小学	平阳县第二实验小学	2010	桃源乡中心学校	萧江镇桃源小学
1997	梅源中心小学	温州财税希望小学	2011	钱仓镇中心学校	鳌江镇钱仓中心学校
1997	平阳县树人职业学校	平阳县交通职业学校	2011	梅源乡中心学校	鳌江镇梅源中心学校
1999	昆阳镇中心小学	昆阳镇第一小学	2011	钱仓镇前进小学	鳌江镇前进小学
1999	昆阳镇城东小学	昆阳镇第二小学	2011	梅溪乡中心小学	鳌江镇梅溪小学
1999	昆阳镇城西小学	昆阳镇第三小学	2011	西湾乡中心小学	鳌江镇西湾小学
1999	昆阳镇城南小学	昆阳镇第四小学	2011	凤卧镇初级中学	水头镇凤卧中学
1999	平阳少林武术育英体校	平阳育英体校	2011	平阳县建峰中学	水头镇建峰中学
1999	麻步镇树贤小学	麻步镇第二小学	2011	闹村乡中学	水头镇闹村中学
1999	宋埠镇民族小学	宋埠镇第二小学(增挂)	2011	鹤溪镇中学	水头镇鹤溪中学
2000	鳌江镇下厂中心小学	鳌江镇第九小学	2011	凤卧镇红军小学	水头镇红军小学
2000	钱仓镇垂杨小学	鳌江镇第十小学	2011	南湖乡中心小学	水头镇南湖小学
2000	钱仓镇塘川小学	鳌江镇第十一小学	2011	闹村乡中心小学	水头镇闹村小学
2000	务垟乡中心小学	鳌江镇第十二小学	2011	梅溪乡初级中学	鳌江镇梅溪中学
2000	务垟乡西塘中心小学	鳌江镇第十三小学	2011	朝阳乡中心学校	水头镇朝阳小学
2000	宋桥镇中心小学	宋桥镇第一小学	2011	鹤溪镇中心小学	水头镇鹤溪小学
2000	鳌江镇墨城中学	鳌江镇第六中学	2011	鹤溪镇蔡垟小学	水头镇蔡垟小学
2000	钱仓镇塘川中学	鳌江镇第七中学	2011	宋桥镇初级中学	万全镇宋桥中学
2000	务垟乡中学	鳌江镇第八中学	2011	宋埠镇中学	万全镇宋埠中学
2000	鳌江镇雁门中心小学	鳌江镇第四小学	2011	郑楼镇中学	万全镇郑楼中学
2000	鳌江镇雁门村小学	鳌江镇第五小学	2011	宋桥镇中心小学	万全镇宋桥小学
2000	鳌江镇墨城中心小学	鳌江镇第六小学	2011	宋桥镇湖岭小学	万全镇湖岭小学
2000	鳌江镇种玉中心小学	鳌江镇第七小学	2011	鳌江镇机关幼儿园	鳌江镇中心幼儿园
2000	鳌江镇河口中心小学	鳌江镇第八小学	2011	郑楼镇中心小学	万全镇郑楼小学
2010	宋桥镇湖岭小学	宋桥镇第二小学	2011	凤巢乡中心小学	腾蛟镇凤巢小学
2011	榆垟镇中心学校	万全镇榆垟中心学校	2011	怀溪乡中心学校	山门镇怀溪小学
2011	宋埠镇中心小学	万全镇宋埠小学	2011	晓坑乡中心学校	山门镇晓坑中心学校

续表 30-5-9

年份(年)	原校名	新校名或增挂	年份(年)	原校名	新校名或增挂
2011	宋埠镇民族小学	万全镇宋埠民族小学	2011	维新乡中心学校	顺溪镇维新小学
2011	凤巢乡初级中学	腾蛟镇凤巢中学			

说明:资料由县教育局提供

第四节　教育科研

教科研机构

县教育局教研室成立于1984年,教科室成立于1998年。2006年1月,教研室、教科室与县教师进修学校合并,组建为平阳县教师发展中心,成为全县中小学、幼儿园教学研究、教育科研和教师培训的机构。

县教师发展中心以提高教育教学质量为中心开展活动,主要抓教师队伍建设、教学常规管理、减轻学生课业负担、新课程改革实践、教学研究等方面工作。2005年,县教研室被评为省教科研工作先进单位。2007年4月,县教师发展中心被评为省示范性县级教师培训机构,2009年5月,被评为浙江省教研工作先进集体,2012年,被评为省教科研工作先进单位。

教研活动

校本教研活动　2005年,县教育局制定《关于建立健全校本教研制度的指导意见》,成立了平阳县校本教研工作小组。2006年1月,昆阳一小、鳌江小学被评为省第二批校本教研示范校;县职教中心、实验中学、鳌江五中和平阳县小被评为温州市首批校本教研示范校;鳌江学区被评为温州市首批校本教研示范片区。2007年11月7—9日,浙江省第三届校本教研工作研讨会暨校本教研示范校表彰会在鳌江镇召开。12月,鳌江镇实验小学被评为省第三批校本教研示范校,县机关幼儿园被评为省第二批校本教研示范幼儿园;平阳中学、昆阳二中、鳌江四中被评为温州市第二批校本教研示范校。2012年,县第十一中学、职业中专、萧江一中和昆阳二小被评为温州市校本教研示范校。

新课程改革　新课程为从小学一年级到中学九年级上下连贯的科目和教材系列。2003年秋季,全县启动义务教育阶段新课程的试点工作,育才等11所中小学起始年级使用省编新课程。2004年秋季,全县中小学起始年级执行新课程。2006年秋季,全县普通高中全面进行新课程实验。新课程分为国家、地方、学校三类课程。国家课程分为语言与文学、数学、人文与社会、科学、技术、艺术、体育与健康和综合实践活动等八大领域,各科目由若干模块组成,有必修内容和选修内容。鳌江中学为省新课程实验“样本校”,平阳中学为市新课程实验“样本校”。指导和研究新课程改革实践则成为教科研工作的一项重要任务。2012年,平阳县教师发展中心完成的“基于数据的教学质量管理和研究”课题,被评为省教研工作亮点。

全员赛课活动　2008年春季,县教育局启动中小学教师全员赛课活动。以一年为一个活动周期,通过3年的时间,分层次、分类别开展各种形式的赛课活动,引导教师关注课堂、关注教学行为的改进,激励教师不断探索教学艺术和课堂教学的有效性;引导教研组、备课组关注教学问题,研究课例,研究课堂教学行为,提高教研活动的有效性。

教科研成果

1989—2012年,教师的教育教学论文在省级以上报刊发表的为数不少,许多文章被选入专集出版。据不完全统计,仅在课题、论文、技能竞赛中获市一等奖以上的有11414人次,其中,获省一等奖以上的计2382人次。

第五节　教育督导

1989年9月,设立平阳县教育委员会教育督导室。1994年12月,设立平阳县人民政府教育督导室,撤销平阳县教育委员会教育督导室。2012年,在县教育局内增设督导科。

2012年,全县建立县督导室、督学责任区、督导小组三级管理网络，有专兼职督学62人、特邀督学22人、学校督导员113人。

县教育委员会教育督导室设立后，制定《平阳县乡（镇）中心小学上等级必备条件（试行稿）》《平阳县小学办学质量评估方案》《平阳县小学上等级综合督导评估方案》；开展“五项督导”（德育工作、中小学教育经费、学校危房改造、流生情况、学校收费情况）和小学上等级等活动。至1994年，对20所中心小学进行办学等级评估。

县政府教育督导室成立后，发挥其教育督政和督学的双重功能。

1995—1998年，制定《平阳县乡镇教育工作督导评估方案》，对16个乡镇教育经费进行专项督导检查，并开展基础教育“五项内容”（“两基”规划的实施情况、教师法的落实情况、增加教育经费投入情况、加强德育工作情况、减轻义务教育阶段学生课业负担的各项主要措施落实情况）的督导检查。配合县“两基”工作（基本普及九年义务教育和基本扫除青壮年文盲），对乡镇的“两基”达标情况进行督导检查，对乡镇党政主要领导基础教育目标责任进行考核督导。

1999—2004年，配合市教育督导室进行年度教育经费专项督导；按《浙江省普通完（高）中合格督导评估方案》，对全县高中和职业学校进行等级学校评估。2002年4月，制定《平阳县初中等级学校评估方案》，开展初中等级学校评估活动，以三年为一轮，评定各初级中学等级（三级、二级乙等、二级甲等、一级乙等、一级甲等），并将评定结果作为学校进入市、省示范初中评比的基础，同时作为学校考评和校长任职期间工作实绩考核的主要依据。

2005—2012年，县人民政府教育督导室以创建省、市级教育强镇（乡）的督导评估工作为重心开展工作，并做好迎接省级教育强县验收的前期准备。制订《平阳县学校发展性评价指标体系》，对109所中小学进行发展性评价，评定优秀学校29所。

第六章　德育和体卫艺教育

1989年后，学校德育和体卫艺教育工作主要途径：加强党、团、少先队建设，课堂教育、常规教育、德育基地建设、德育规范校和特色校建设、校园文化建设、德育队伍建设、法制安全教育、心理辅导、激励机制、卫生教育等。

至2012年，全县有规范管理优良学校47所，文明学校102所，市中小学生日常行为规范达标学校39所，绿色学校72所。

第一节　党团队组织

平阳县教育局设中共平阳县教育局委员会，在各级各类学校中设党总支或党支部，在小学设少先队大队部，在中学设共青团团支部或团委会。组织党员学习和贯彻党的路线、方针、政策。

党组织

2012年，全县教育系统共有中共党员3329人，党委会8个、党总支8个、党支部96个。

1994年9月，中共平阳县教育委员会在平阳一中、鳌江一中创办高中学生业余党校，1995年11月，平阳二中、山门中学、平阳三中、职业技术学校成立高中学生业余党校。

学生业余党校一般由学校党支部（党总支）书记兼任校长，由学校党支部委员、校团委书记等有关人员担任业余党校的教务处、校务处等机构负责人。每年适时召开党员发展工作的专题研讨会，推广学生党建工作经验。1994—2012年，高中学生业余党校培养学生预备党员共计1002人。

团组织

各初中、高中（含职业学校）均建立共青团组织，设团委会或总支或支部，有专职或兼职的团干部，在学校党组织的领导下，负责学生和青年教职工中的共青团员以及团外青年的思想教育工作，发挥共青团员先锋模范作用。

在有高中段的学校中，基层党组织建立的业余党校吸收要求加入党组织的优秀共青团员参加党章等知识的学习，将他们作为党的预备力量进行培养。

2007年下半年，全县学校中共青团员26569人，其中，小学599人，初中7473人，普高13091人，职高5406人。

2012年下半年，全县学校中共青团员38174人，其中，初中18232人、普高13898人、职高6044人。团委46个，团支部1050个。

少先队组织

全县各小学均建立中国少年先锋队组织，设少先队大队部，由教师担任辅导员，负责少先队队员和学生的思想教育工作。2012年，全县设有1202个中队，少先队员49303人。

1989年始，各小学少先队组织开展“雏鹰行动”、创建标准化队室、主题队会等活动，以少先队的文化激励、鼓舞、熏陶和感染少年儿童。至2007年，水头一小、昆阳一小等学校少先队被评为全国雏鹰红旗大队，昆阳二小、鳌江一小被评为省雏鹰红旗大队，多校被评为市红领巾示范学校。

第二节 德育工作

德育机构

1991年，县委、县政府成立县德育工作领导小组。此后，从县教委到学校都相应成立德育工作领导小组。1997年，县教委设学生科，2000年，改学生科为法规体卫艺科，主管中小学生德育工作，按《中小学德育工作规程》要求，把德育贯穿在教育的全过程，落实在教学、管理、后勤服务的各个环节上。2012年，县教育局分设体卫艺科、法规与安保科，其中，体卫艺科负责德育工作。

德育教育

20世纪90年代初，全县中小学开展“两史”（中国近代史、现代史）“一情”（国情）教育，规范学校升降国旗制度，坚持每周举行升国旗仪式、开展国旗下讲话活动。1994年贯彻《中共中央关于进一步加强和改革学校德育工作若干意见》《爱国主义教育实施纲要》，在全县学生中开展爱国主义和集体主义教育。1995年，全县各学校开展中小学生日常行为规范达标活动。1996年，县教委成立人民武装部，加强中小学生的国防教育，规定每年高中段新生进行为时一周的军事训练。

1999—2006年，全县中小学开展创建德育规范校和“德育特色校”活动。创建德育特色校重在提升德育的内涵品质，发挥学校创新智慧，彰显学校个性，在打造德育品牌上进行新的探索。至2006年，有90%以上中小学先后通过“德育规范校”验收并有“红色德育”“家政德育”“乒乓德育”“苏步青精神德育”等38所“德育特色校”。平阳县德育特色校创建经验入选“浙江省德育精品工程”，向全省中小学推广。

2006年，全县普通高中、中等职业学校、寄宿制中学实施德育导师制，其他学校由各学区确定50%以上中小学实施德育导师制。

2011年，县关心下一代工作委员会建立关爱下一代工作讲师团。讲师团成员深入中小学宣讲中华优秀传统文化和社会主义核心价值观。2012年，成立4个平阳县名班主任工作室，开展班主任工作研究，定期开展专题研讨、德育讲坛、现场指导、送教下乡等活动。

第三节 创建平安校园

学校中开展法制教育（又称“普法教育”）始于20世纪80年代中期，根据中共中央宣传部、司法部关于在公民中开展法制宣传教育的部署，2012年已进入第六个法制宣传教育“五年计划”的实施阶段。

每年教育局与学校签订法制教育和安全责任书。

各校把法制宣传教育、依法治理纳入学校工作计划，建立普法教育和依法治校的工作责任制。

各校结合学生和当地的实际情况，把道路交通安全、消防安全、应急避险、国防知识、环境保护、饮食卫生与疾病预防等知识融入学校法制教育中。

2004年，全县开展“平安校园”创建活动，创建率达到100%。1989年以来，全县各级各类学校没有发生重大安全责任事故。

2011年，按照省、市教育行政部门规定，全县学校聘任保安411人，校门口安装视频监控系统214套，门卫室安装电子报警系统214套，学校围墙、周界安装红外线报警系统57套，校内安装视频监控系统124套，已基本满足校园安保需要。

2012年2月，全县92所学校的学生食堂，分别取得A、B、C三个等级卫生许可证，学校食堂建设、管理、服务的水平已符合质量要求。

2012年，全县所有学校通过了毒品预防教育星级评定考评与复查，其中，三星级学校78所，四星级学校30所，五星级学校5所。投入90余万元，建成昆阳三中毒品预防教育基地。

县教育局曾先后被评为全国和省普法教育先进单位。

第四节　校园文化建设

2006年，县教育局制定《平阳县中小学校园文化建设评估细则》，指导全县中小学开展校园文化创建活动，开展学校景观文化、活动文化、制度文化、精神文化建设，打造校园文化品牌。2006年，水头镇红军小学的校园文化建设成果在中央电视台播出。至2007年，已创建县校园文化优秀学校47所。2012年，教育局的校园文化创建工作总结入选浙江省德育工作研讨会会议材料。

2006年开始，县教育局实施优美校园环境教育工程，至2012年，省、市、县绿色学校创建工作普及率已达100%，已创建省级绿色学校12所，市级绿色学校27所，县级绿色学校33所。

第五节　体卫艺和心理健康教育

“四大节”和体艺“2+1”活动

1988年始，全县每年举办中小学艺术节（又称艺术、体育、读书、科技“四大节”），以推动校园文化健康发展。2011年，县教育局获全国第三届中小学生艺术节展演活动优秀组织奖和浙江省中小学艺术节优秀组织奖。

2002年3月，县教育局和县体育事业发展局确认下列单位为县级体育传统项目学校：顺溪镇小（田径）、水头镇一小（田径）、鳌江小学（羽毛球）、梅溪乡中心校（田径）、昆阳二中（田径）、县小（田径）、萧江二中（足球）、鳌江十小（排球）。

在学校中，实施体育艺术“2+1”项目（让每个学生都能较好地掌握两项运动技能和一项艺术技能）。2012年，已有省级艺术特色校7所、市级艺术特色校12所、省级体育特色校9所、市级体育特色校11所。

2012年，平阳县被命名为浙江省中小学生课外文体活动工程示范县。

卫生和心理健康教育

各学校均设立卫生室（保健室），配备专职或兼职医生，定期举办卫生讲座，开展青春期生理卫生指导活动。

2002年始，全县各中小学（含职业学校）先后建立心理辅导站，加强心理健康教育。

2006年8月始，每年组织教师参加浙江省中小学心理健康教育教师C证上岗培训。至2012年底，受训教师1600余人，获证教师1382人。

2007年起，每年组建中、高考考前心理辅导讲师团，在各初中、高中开展心理辅导巡回讲座和咨询活动。

2007—2012年，平阳中学、县职教中心、平阳二中、昆阳二中、昆阳二小、腾蛟一小先后获得市一级心理辅导站称号，鳌江中学、平阳二职、山门中学、鳌江四中、萧江二中、山门镇小先后获市二级心理辅导站称号。

第六节　关心下一代工作委员会

1990—2012年，县关工委得到较大发展，在团结老同志方面，成立“五老”（老干部、老战士、老教师、老专家、老模范）宣讲团、报告团、“五老护苗”志愿队等组织；在关心、教育、培养青少年方面，开展主题宣讲、帮困助学、司法帮教、网吧监督等活动。其间，县关工委2次被评为全国关心下一代宣传工作先进集体，5次被评为省关心下一代工作先进集体。

组织机构

1990年4月，成立平阳县关心下一代协会筹备小组，薛继谢任组长；5月，县关心下一代协会正式成立，会长程肃荷。1992年7月，更名县关心下一代工作委员会，程肃荷任主任。1996年5月至1998年10月，董根顺任主任；1998年10月至2003年8月，陈玲玲任主任；2003年8月至2012年12月，林宣雨任主任。至2012年，全县有关工委组织847

1990年平阳县关心下一代协会成立，时任县委组织部长兼会长程肃荷(右)、县人大常委会原主任兼副会长胡孙节(左)接牌

个，其中，镇(乡)10个、城乡社区66个、行政村580个、学区7个、学校121个、企业57家、县机关6个，参与关心下一代工作的老同志11360余人。

主要工作

主题宣讲　2004年起，县关工委成立以退休老教师为主体的“五老”宣讲团、报告团，利用长征胜利、新中国成立、改革开放等重要节庆日和纪念日，以抗震救灾、北京奥运、上海世博会等重大事件为载体，开展以社会主义核心价值体系为主要内容的思想道德教育活动。先后组织129名讲师团成员参加各类报告团27个，深入社村企校，举办千场报告会，开展社会主义荣辱观、“五好关工委”(领导班子建设好、骨干队伍作用好、制度健全执行好、活动经常效果好、积极探索创新好)、“四信”(对中国特色社会主义的信念、对马克思主义的信仰、对改革开放和社会主义现代化建设信心、对党和政府的信任)、“学党史、颂党恩、跟党走”“学雷锋、心向党、讲品德、见行动”“学习雷锋精神，做最美浙江人”等一系列主题宣讲活动。至2012年，举办报告会3109场次，受教育青少年93万人次。

“五好关工委”创建　2011年初，在鳌江镇、鳌江镇第六中(小)学和麻步显桥村开展“五好关工委”创先争优试点工作。县关工委于2011年4月16—26日组织人员分别深入全县11个镇(乡)对全县工作进展情况进行调研，要求各镇(乡)关工委认真总结“五好关工委”创先争优活动的经验和成果，做好自查自评工作，组织好考核验收。7月19日和7月22日，分别在鳌江、水头两镇分片召开基层“五好关工委”创先争优活动经验交流会。11月14日，县关工委及三个试点单位在全市基层关工委工作暨“五好关工委”创先争优活动经验交流会上进行汇报交流。

“五无两有”先进村(社区)创建　2007年7月，县关工委在万全镇(原宋桥镇)瑞阳村进行“五无两有”(无犯罪、无吸毒、无赌博、无不孝子女、无辍学失学和青年个个有技术、少年个个有上学)先进村(社区)创建试点工作，同时，配合该村关工委努力净化青少年成长环境，创建“乡风文明的文化阵地”“青少年德育教育基地”“平阳县青少年爱国主义教育基地”和“休闲观赏文化基地”。经过考核验收，该村成为全县第一个“五无两有”先进村达标单位。县关工委通过典型引路，在全县各行政村(社区)推行“五无两有”先进村(社区)创建活动。

“五老”结对活动　以行政村为单位，根据农村“五老”特长，针对农村未成年人实际，开展各类“结对关爱”活动。2009年4月，开始在麻步镇显桥村进行试点。是年5月，县关工委下发《关于开展5000名“五老”结对关爱农村未成年人活动的实施意见》，在全县开展“五老”结对活动。是年，落实5332名“五老”结对帮扶5050名未成年人。

司法帮教　县关工委运用“五老护苗”志愿队活动平台，发挥司法界老同志优势，为中小学生上法制课，宣传《中华人民共和国预防未成年人犯罪法》《中华人民共和国未成年人保护法》等法律、法规，宣讲实际案例。至2012年，644人担任各中小学校外辅导员。先后6次组织各种类型帮教团赴省二监、乔司监狱、省女子监狱、省未成年人罪犯管理所、省未成年人劳动教养人员管理所、温州劳教所、平阳戒毒所等几大监狱和劳教所开展社会延伸帮教活动，受教育人数3108人次。同时，利用现代化通信工具同全省13个监狱(劳教所)开通亲情可视电话，通话162次，有2935名家属通过亲情可视电话对1073名平阳籍服刑人员进行面对面的勉励和劝导。

网吧监督　2009年5月至2011年9月，县关工委配合当地公安、工商等部门做好网吧监督工作，举办8期“五老”义务监督员培训班，参加培训

2006年11月29日，县“五老护苗”志愿队的老专家和县人民医院的团员到朝阳乡中心小学，为160余名贫困学生开展义诊活动，从没体检过的孩子们乐开了怀　　陈培勇　摄

“五老”210人。经培训后，由县文化广电新闻出版局统一发放证书，持证上岗检查。其间，在网吧较多的昆阳、鳌江、萧江等6个镇成立“五老”网吧义务监督员队伍。检查网吧93家次，劝阻未成年人65人远离网吧；向有关部门举报黑网吧12家；分发宣传资料5000余份；举办有关未成年人沉迷于网络的危害专题讲座8场，参加听讲的人数1000余人次。

帮困助学　1990—2012年，各级关工委和“五老”通过“三助”（助学、助困、助就业）、“五帮扶”（对失足者给予帮教，对失学者给予帮困，对失范者给予帮德，对失业者帮寻找工作，对创业者给予帮扶）、结对关爱等平台，呼吁、协调和发动社会各界力量捐资助学资金1115.4万元，帮助13273名贫困学生完成学业。县“五老护苗”志愿队于2005年5月成立，队委会下设德育、经济、文艺等7个护苗组。至2012年，先后10次组织队员深入凤卧、龙尾、蔡垟等偏僻山区，为450人次贫困生结对捐资助学31万元；发动社会结对资助4名特困大学生，同时签订协议连续资助4年。

第七章　教育改革

1989—2012年，平阳县贯彻中共中央《关于教育体制改革的决定》，落实农村义务教育实行“分级管理，以县为主”的管理体制，调动地方政府和群众办学积极性；加强学校内部管理，逐步实施招生制度改革；制定中小学办学水平评估方案，规范各级各类学校办学行为。至2012年，达到省高标准实施九年义务教育的要求。

第一节　教育体制改革

县政府对全县基础教育的管理和发展承担主要责任。乡（镇）人民政府承担相应的义务教育办学责任。县教育局是县政府承担全县教育行政管理的职能部门。县政府教育督导室的主要职责是负责全县教育督政、督学工作。发展计划局、财政局、国税局、地税局、规划建设局、人事局、劳动和社会保障局、国土资源局、公安局、卫生局、房管局、工商局等县级有关部门承担各自相应的教育职责。

教育行政机构设置

1986—2001年，县教育行政机构的名称为平阳县教育委员会。县政府教育督导室、县高校招生委员会办公室和高等教育自学考试委员会办公室与县教育委员会合署办公。

县教育委员会在各区（镇）设立教育办公室，实行条块结合、以块为主的管理体制。1992年撤区扩镇并乡后，改设10个片（镇）教育办公室，后改设为34个乡（镇）教育办公室（其中的鳌江镇教育办公室改称鳌江镇科教局）。

2001年12月，县教育委员会改名为县教育局。

2003年，县教育局撤销乡（镇）教育办公室和鳌江镇科教局，成立昆阳、鳌江、水头、萧江、腾蛟、山门等六个学区（2012年10月成立万全学区筹建小组）。2006年1月，成立平阳县教师发展中心。2007年9月，成立教育考试中心、教育装备和勤工俭学管理中心。2008年5月，成立审计室，与监察室合并办公。是年10月，成立教育会计核算中心。

2012年12月，县教育局设办公室、政工科、计划财务科、普通教育科、职业教育与成人教育科（行政审批科）、体育卫生与艺术教育科、法规与安全保卫科、督导科等8个职能科室。

学校管理体制

实行直属学校和学区（2003年学区成立前，称乡镇教育办公室和鳌江镇科教局）管理体制。

2012年，县教育局直属学校：浙江广播电视大学平阳分校、平阳中学、平阳二中、鳌江中学、山门中学、县实验中学、县职业中专、平阳二职、县职教中心、平阳县小、县少体校、县机关幼儿园。

除以上学校外，其他学校均实行条块结合、以块为主的管理体制。教育经费定额拨到镇(乡)集中管理，专项管理，专项专用。

校长负责制

1993年开始，学校实行校长负责制。2010年，县教育局对中小学不同办学规模的校级领导职数及内部机构设置作出相应规定。

学校领导人员管理

20世纪90年代后，办学性质趋向多元化，有公办学校、民办学校(分股份制和个人办学)、公办民助学校、民办公助学校等，学校领导人员任免管理也发生变化。公办学校领导的任免按干部管理权限规定审批；公办民助学校的董事会或校长由教育局直接审批；民办公助学校的董事会或校长报教育局审批；民办学校的董事会或校长由学校报教育局备案。

2002年8月后，对学校领导干部的任免(聘任)，逐步实行公开选拔、竞争上岗、择优聘任的办法。各级各类学校的中层干部由各学校校长提出方案或通过竞争上岗，报县教育局审核，由学校聘任。

第二节　课程改革

2001年7月，教育部颁发《基础教育课程改革纲要(试行)》，提出调整和改革课程体系、结构、内容，建立新的基础教育课程体系，试行国家课程、地方课程和学校课程。

学前教育课程改革

1981年，教育部颁发的《幼儿园教育纲要(试行草案)》，规定幼儿园教育设体育、语言、常识、计算、音乐、美术等6门课程，并分别按大、中、小年段划分，规定教学活动时间以及游戏、体育、观察、劳动和娱乐等活动的组织形式和要求。1993年，省教委编写新的浙江省幼儿园教材，有语言、常识、计算、音乐、体育、美术、智力游戏等7部分。1991年至新课程实施之前，全县各级各类幼儿园使用国家和省编教材。

2001年7月，教育部印发《幼儿园教育指导纲要(试行)》，将幼儿园的教育内容划分为健康、语言、社会、科学、艺术5个领域。各领域的内容相互渗透，从不同的角度促进幼儿情感、态度、能力、知识、技能等方面的发展。

2002年10月省教育厅印发《关于实施教育部〈幼儿园教育指导纲要(试行)〉方案的通知》，重新组织编写《幼儿园课程指导》(简称《指导》)。《指导》包括《教育活动设计》、《教师资料手册》、《小朋友的树》和《家园互动》4部分内容，并配以相应的教学挂图、音像资料等教育活动辅助材料，力求为各幼儿园构建课程体系和实施课程计划提供富有价值的指导和帮助。

2003年1月，市教育局决定从该年秋季开始，全面贯彻教育部制定的《幼儿园教育指导纲要(试行)》精神，组织培训、学习和交流，开展课程改革的实验和推广工作。2009年4月，省教育厅颁发《浙江省学前教育保教管理指南(试行)》(简称《指南》)，要求幼儿园必须选用国家或省级教材审查委员会审定通过的教材和课程辅导资源。

2012年6月，市教育局根据《指南》，制定并实施《温州市幼儿园保教工作规范(试行)》，重申幼儿园必须选用省教材审查委员会审定的教材，开设的园本课程须报县(市、区)教育局审核批准；限制每周开展语言、科学、数学、音乐、美术、体育、社会等集体教学活动次数；不得以特色、兴趣小组活动等挤占或代替国家规定课程；不得在保教时间内对特色活动和兴趣小组另行收费；综合利用一日生活的各个环节来实施教育并达成课程目标，合理安排幼儿在园时间，严格执行作息制度，尽量减少不必要的集体行动和过渡环节；每天确保不少于2小时户外活动时间，其中1小时的户外体育锻炼时间，1小时的自由活动时间；把游戏、探索、操作、实践等作为幼儿学习的主要方式，不准进行写字、拼音和珠心算教学，不留家庭作业。

义务教育课程改革

1991—1993年，全县义务教育学校按照1981年和1984年省教委印发的《小学、初中教学计划课时调整表》安排教学工作。

1995年5月，国家实现每周40小时工作制。全县中小学从9月1日起实行五天学习日制度，教学计划和课程设置作了相应调整。2001秋季开始，所有小学由五年制改为六年制，入学年龄由7周岁提前到6周岁（2001年七周岁学龄儿童仍安排五年制就读）。

1994—2000年，全县义务教育学校按照1994年省教委印发的《关于实行新工时制对中小学教学计划进行调整的意见》安排教学工作。2001年7月，教育部颁发《基础教育课程改革纲要（试行）》，要求整体设置九年一贯制的义务教育课程。小学阶段以综合课程为主，低年级开设品德与生活、语文、数学、体育、艺术（或音乐、美术）等课程，中高年级开设品德与社会、语文、数学、科学、外语、综合实践活动、体育、艺术（或音乐、美术）等课程。初中阶段设置分科与综合相结合的课程，包括思想品德、语文、数学、外语、科学（或物理、化学、生物）、历史与社会（或历史、地理）、体育与健康、艺术（或音乐、美术）以及综合实践活动，倡导选择综合课程，创造条件开设选修课程。在义务教育阶段的语文、艺术、美术课中要加强写字教学。综合实践活动作为必修课程，其内容主要包括：信息技术教育、研究性学习、社区服务与社会实践以及劳动与技术教育。2001年，市教委印发《调整后“六·三”学制义务教育课程设置表》《调整后“五·三”学制（过渡制）义务教育课程设置表》。

2003年1月，市教育局印发《基础教育新课程实验推广工作实施方案》，8月，下发《关于课程改革实验义务教育阶段课程设置及课时安排的通知》和《品德与社会、科学、外语、信息技术学科实验年级的课程设置及课时安排表》。是年秋季，平阳县的部分试点学校的起始年级开始启用新课程。未参加义务教育阶段课程改革实验的学校或年级，仍按2001年的《调整后“六·三”学制义务教育课程设置表》和《调整后“五·三”学制（过渡制）义务教育课程设置表》安排教学。

2004年秋季，全县义务教育学校各起始年级全部启用新课程。2007年，浙江省教育厅颁发《浙江省义务教育阶段课程设置及课时安排》并于该年9月开始在全省实施。

2009年，执行市教育局制订的《温州市义务教育阶段综合实践活动课程实施工作指导意见》，明确综合实践活动课程的课时安排、人员配备、基地建设及保障措施。2012年8月，执行市教育局印发的《温州市义务教育阶段课程设置及课时安排的指导意见》，全县各中小学执行《浙江省义务教育阶段课程设置及课时安排》，按课程计划要求开展教育教学工作，开齐课程，开足课时，班队课由学校根据实际自主安排；积极利用课程德育资源，加强学科德育渗透，促进德育与智育、体育、美育的有机融合；确保学生每天1小时的体育锻炼时间；毕业班不得提前结束艺术课教学；六年级不得在5月中旬前、九年级不得在4月中旬前结束新课教学；综合实践活动主要包括研究性学习、社区服务与社会实践以及劳动与技术教育，课时可分散安排，也可以集中安排；地方课程要统筹安排《人·自然·社会》《话说温州》《〈论语〉选读》《三字经》《弟子规》《珍爱生命》等内容的教学，帮助学生更好地了解家乡、了解中国优秀的传统文化，促进学生身心健康发展；学校课程可开设兴趣特长类课程与学科拓展类课程；科学实验探究、英语听力与口语两门课程，七、八、九年级每周可各安排1节课；数学研究性学习，八、九年级每周可各安排1节课。县教育局和督导部门定期组织对中小学课程计划执行情况的专项督查。

普通高中课程改革

1993年前，全县普通高中实施国家于1982—1983年推出的课程方案。

1994—2000年，全县普通高中实施国家于1994年颁布的《实行每周40小时标准工作制后调整全日制中小学课程（教学）计划的意见》。2001年2月，省教育厅印发《全日制普通高级中学课程计划（试验修订稿）》。自是年秋季，全县普通高中学校从高一年级开始实施。7月，平阳县执行教育部颁发《基础教育课程改革纲要（试行）》，高中以分科课程为主。为使学生在普遍达到基本要求的前提下实现有个性的发展，课程标准有不同水平的要求，在开设必修课的同时，设置丰富多样的选修课程，开设技术类课程。积极试行学分制管理。设置综合实践活动并作为必修课程，其内容主要包括：信息技术教育、研究性学习、社区服务与社会实践以及劳动与技术教育。农村中学根据现代农业发展和农村产业结构的调整因地制宜地设置符合当地需要的课程，深化"农科教相结合"和"三教统筹"等项改革，试行通过"绿色证书"教育及其他技术培训获得"双证"的做法。普通中学逐步开设职业技术课程。

2001—2005年，实施《全日制普通高级中学课程计划（试验修订稿）》，使用与该计划配套的高中新教材。2006年9月，执行市教育局制定的《温州市普通高中新课程实验第一阶段实施意见》，高中一年级新生全部进入普通高中新课程实验。

2007年5月，为进一步减轻普通高中学生学业负担，促进学生自主选课的有效开展，省教育厅决定对《浙江省普通高中新课程实验第一阶段课程设置意见》中的个别科目模块设置和教学要求进行适当调整。调整从2006级高二学生开始执行。2007年9月至2012年6月，平阳县实施省定调整后的普通高中课程模块设置和普通高中教学进度安排。

2012年6月，为了增加普通高中教育的选择性，建立在共同基础上学生自主选择学习的育人模式，为每个学生提供适合教育，推进普通高中多样化和特色化发展，省教育厅颁发《浙江省深化普通高中课程改革方案》。9月，平阳县普通高中据该方案的要求，进行课程、学分结构、学科教学内容调整。

特殊教育课程改革

1996—2012年，县特殊教育学校执行教育部《全日制弱智学校（班）课程计划（征求意见稿）》。

2012年12月，省教育厅印发《浙江省聋人学校教育教学规程》《浙江省培智学校教育教学规程》。根据教育部和省教育厅的规定、市特殊教育学校的课程设置和课时安排，平阳县特殊教育学校调整课程设置和课时安排。

第三节　招生制度改革

高中和中职招生工作机构：平阳县中学招生领导小组。其主要职责是完成全县高中、中职以及初中招生的报名、考务、评卷、录取等工作任务。

小学、初中招生

每年的初中招生计划（招生名额、实施办法）由县政府制订。

1996年始，全县取消初中招生入学考试，由乡镇教育办公室（学区）负责举行小学毕业会考，各初级中学在施教区内录取初一新生（到施教区外就读的新生必须带义务教育卡）。

2012年，县教育局对施教区学生、统筹学生、外来务工人员（新居民）子女、借读（择校）学生、政策照顾学生5种不同入学对象作出相应的入学规定。

高中段招生

1989—2012年，高中段招生实行全县统一考试和录取（1995年开始，省重点中学平阳中学实行提前招收保送生制度）。

1989—1998年，高中段招生考试项目：语文、数学、英语、政治、物理、化学、历史、地理。1991年，平阳一中重点班招生考试中增加体育科目，体育考试分数列入总分；1993年开始全县高中招生全部增加体育测试科目。

1999—2012年，高中段招生考试项目和计分的变动情况：

1999—2003年，文化考试科目和分值：语文120分，数学120分，英语100分（含听力测试10分），自然科学150分，社会80分，总分为570分；体育30分；艺术素质测试、实验技能测试和劳动技术考核各10分。中考满分为630分。

2004—2005年，语文、数学分值各150分，英语120分（含听力测试25分），自然科学200分，社会政治100分，文化考试的总分为720分；体育30分；综合素质评价30分，中考满分为780分。

2006年，文化考试和体育考试的项目和分值同上年；取消综合素质评价，增加艺术素质测试和实验操作考查各10分。中考满分为770分。

2007—2009年，语文、数学分值各150分，英语120分，自然科学200分，体育30分，社会政治（含历史与社会、思想品德，实行开卷考试）100分。中考满分为750分。初中地方课程纳入语文、社会政治学科考试范围，地方课程的考试内容不超过试卷总分的5%。

2010年，文化考试和体育考试的项目和分值同上年。英语口语交际考查与英语听力测试合并为英语听力口语考试，与英语书面考试分离，单独进行人机对话。

2011—2012年，语文、数学、英语、自然科学项目和分值同2010年；体育30分；社会思品（含历史与社会、思想品德，实行开卷考试）卷面分值为100分，其成绩按30%计入学业考试成绩。中考满分为680分。

第四节　教育国际合作与交流

根据浙江省教育厅的要求及市教育局外事办的统一部署，县教育局通过外事渠道为中小学对外结好牵线搭桥，扩大了教育对外开放程度，加强校际国际合作交流，引进优质教育资源，提升区域教育现代化和国际化水平。

2011年，平阳中学与德国马丁·路德一级文理学校结对，萧江镇第三小学与韩国顺天乡小学结好。2012年，平阳新纪元学校与马来西亚甲洞国民型华文小学三校结好，平阳实验中学与韩国全罗南道长兴蓉山中学结好。

参与结对学校在市外侨办的指导下，根据友好交流协议，按照对等协商的原则，开展师生互访以及教材、出版物交流等各具特色的友好交流活动。

第五节　民办教育

20世纪90年代初，平阳县民间开始掀起投资教育的热潮，1993年，《中国教育改革和发展纲要》颁布后，全县民办教育进入快速发展阶段，逐步形成投资主体多元化的社会力量办学格局。就办学体制而言，有单一民办和民办公助；就办学形式而言，既有全日制学校，又有短期培训机构；就办学目标而言，既有学历教育，又有职业教育。民办教育办学灵活，特色鲜明。21世纪后，各类民办学校颇具规模，已成为全县教育不可或缺的重要组成部分。

发展概况

1989年后，县政府坚持“积极鼓励，大力发展，正确引导，依法管理”的十六字方针，先后出台《进一步促进民办教育发展的意见》《平阳县关于加强民办教育规范管理和扶持的若干意见》《平阳县民办教育综合改革实施意见》等一系列政策和措施。在税费、土地、贷款等方面民办学校与公办学校享受同等待遇；完成人事代理的民办学校教师，在社保、退休金、评优评先、专业培训等方面与公办教师同等待遇。2010年始，县财政每年安排专项经费100万元以上，用于奖励优秀民办全日制中小学以及为促进民办教育发展作出突出贡献的集体和个人。

2004年，县教育局设立民办教育管理办公室，对全县民办教育进行宏观指导，负责审核办学申请、颁发办学许可证、组织年度检查等工作；实行民办学校属地管理制度，由学区具体负责管理所辖范围内的民办学校，规范其办学行为。此外，平阳县成立全市首家民办学校协会，发挥协会的服务作用，为民办学校提供交流平台。

加强民办学校和公办学校在教师继续教育和培训上的交流；通过联片教研、课题研究等方式，加强民办学校和公办学校在教科研工作上的交流；允许公办教师在公办学校与民办学校之间按程序合理流动，实行“教师公办性质不变、人事关系挂靠公办学校、工资由财政发给，期满可返回公办学校工作”的制度。

引导民办学校确立打造品牌特色学校的新思路，形成全县民办教育实施优质、精品、特色办学策略的新态势，以促进平阳民办教育水平实现跨越。

2012年，全县有全日制民办学校108所，其中普通中、小学13所，特殊教育学校1所，幼儿园94所；非全日制各类民办培训学校54所。民办幼儿园在园幼儿2.58万人，占全县在园幼儿人数的93.69%；民办中小学在校学生2.45万人，占全县中小学在校学生数的23.81%；民办普高优质教育资源占全县普高优质教育资源的57%。全县民办学校中已有国家级重点学校1所、全国先进武校1所、全国优秀民办学校2所、省级示范校（园）6所、省一级民办高中6所、省一级幼儿园6所。

截至2012年，据不完全统计，全县民办教育累计投入民间资金6.7亿元；总占地面积1321亩，总建筑面积536878平方米。

民办学校选介

平阳县浙鳌高级中学 1995年10月31日，由何必团投资1000万元创办，位于鳌江镇徐家站。占地面积38000平方米，建筑面积33352平方米。2012年，有40个普高教学班，学生2279人，教职工115人。2008—2012年高考，学校分别有302人、267人、252人、330人、389人上第一批重点大学录取分数线。高考重点上线率连续5年列平阳县第一。学校已培养17届高中毕业生，共9550人，9024人考上各批次普通高校(7154人考上大学本科，其中2951人考上重点大学)。

2000年，被省人民政府授予浙江省优秀民办学校称号。2001年，被市教育局命名为浙江省一级民办普通高中。2005年3月，被市教育局命名为温州市重点中学。2012年12月，学校被列为温州市国家民办教育综合改革试点首批推进学校。

平阳县第三中学 创办于1956年，原为公办中学，位于昆阳镇万兴路175号。2002年6月14日，由池方佳等人投资5000万元改制为民办公助高级中学。学校占地面积47587平方米，建筑面积27470平方米；教育教学仪器设备总值73万元；纸质图书4万册，电子图书2万册；教育信息资源库容量5太字节。

2012年下半年，在校生1897人，教职工157人，专任教师141人，其中，高级教师34人，中学一级教师68人。是年，高中会考合格率由2002年的82%提高到99.9%，会考A率由8%提高到29.99%；高考总上线率由2002年的50%，上升到98.4%，其中，高考重点上线率达到8.7%。

2004年7月，被市教育局评为浙江省一级民办普通高中；2006年5月，被市教育局评为温州市重点中学；2006年6月，被媒体评为市首届魅力民校。

浙江育英体校 创办于1988年，原为"平阳鹤溪少林武术馆"，创办人谢孝财，1996年改馆为校——浙江平阳育英体校。学校位于水头镇鹤溪社区鹤翔北路311号。占地面积52693平方米，建筑面积约29000平方米，累计投资1.2亿元。2012年，设有学前、小学、初中、高中等年段，共35个教学班。在校生1513人，招生数483人，毕业生数321人。教职工188人，其中，专任教师68人，专职教练员46人。有武术散打、武术套路、摔跤、跆拳道、拳击等5支武术专业队。学校以"学文为主，武术特色，保证基础，发展个性"为办学理念，培养出一大批优秀体育人才，其中，张加泼、谢尚夫、郑裕蒿、黄陈健、金乒乓等人在全国性武术比赛中获得冠军。

1996年，被国家体育总局评为首批十大全国先进武术学校之一。2009年，被省体育局命名为浙江省高水平体育后备人才基地。2011年被国家体育总局武术运动管理中心及中国武术协会命名为中国武术训练基地。

平阳新纪元学校 1996年，由陈伟志投资2000万元创办，为中小学九年一贯制寄宿学校。位于鳌江镇新纪元路。占地面积25346平方米，建筑面积33462平方米。2012年，56个班，2603名学生(小学生1500人，初中生1103人)，320名教职员工。学校在"尊重学生差异，促进师生发展"的办学理念指引下，形成独具特色的新纪元文化。学生在全国、省、市各项比赛中获奖3000余人次。

至2012年，学校获得全国优秀民办学校、浙江省九年一贯制示范学校、浙江省绿色学校、浙江省首批艺术特色学校等称号。

平阳苏步青学校 前身为创办于1987年的腾蛟镇第二中学，2000年由林圣雄投资1000万元改制为民办学校。学校位于腾蛟镇凤山脚下邮电路。占地面积43355平方米，建筑面积22191平方米。2012年下半年，在校生1400人，教职工数185人，专任教师112人，其中，高级教师占12%，中级教师占52%，本科学历教师占88%。

学校先后获中国民办百强学校、全国民办先进学校、浙江省绿色学校、温州市"数学家摇篮工程"优秀活动基地学校等称号。

第六节 创建教育强县

1997年，平阳县基本普及九年义务教育和基本扫除青壮年文盲。2008年1月26日，通过省级教育强县评估验收，于2009年12月获得浙江省教育强县称号，于2011年12月通过浙江省教育强县复查。

2010年，省、市级教育强镇(乡)达到22个，约占当时乡(镇)总数的64.70%。

1998—2010年平阳县省、市级教育强镇（乡）一览表

表30-7-1

乡(镇)名称	创强等级	评审机关	评定时间
(原)鳌江镇	省	省人民政府	1998年
(原)昆阳镇	省	省人民政府	1999年
(原)水头镇	省	省人民政府	1999年
(原)麻步镇	市	市人民政府	2004年
(原)钱仓镇	市	市人民政府	2004年
(原)凤卧镇	市	市人民政府	2004年
(原)凤巢乡	市	市人民政府	2005年
(原)桃源乡	市	市人民政府	2005年
(原)南雁镇	市	市人民政府	2005年
(原)闹村乡	市	市人民政府	2005年
(原)郑楼镇	市	市人民政府	2006年
(原)鹤溪镇	市	市人民政府	2006年
(原)萧江镇	省	省人民政府	2007年
(原)腾蛟镇	省	省人民政府	2007年
(原)顺溪镇	市	市人民政府	2007年
(原)山门镇	市	市人民政府	2007年
(原)梅源乡	市	市人民政府	2007年
(原)榆垟镇	市	市人民政府	2007年
(原)郑楼镇	省	省人民政府	2008年
(原)宋埠镇	市	市人民政府	2009年
(原)晓坑乡	市	市人民政府	2009年
(原)怀溪乡	市	市人民政府	2010年

说明:资料由县教育局提供

第三十一卷

DI SAN SHI YI JUAN

《平阳县志（1989—2012）》

PINGYANG XIAN ZHI

科学技术

1989年，平阳县成为国家科委重点联系县。1990年，提出“科教兴县”战略。1996年，提出“科技教育年”并组织系列活动。2001年，平阳县科学技术委员会（简称“平阳县科委”）改称平阳县科学技术局。1989—2012年，平阳县先后制定《平阳县科技发展纲要（1991—2000年）》、《平阳县科技发展纲要（1995—2010年）》（修订）、“九五”至“十二五”科技发展规划，实施“科教兴县”发展战略，建立和完善科技宣传、科技管理、科技政策、科技投入、科技创新机制等支撑体系，全面落实科教兴国战略和可持续发展战略，深化科技体制改革，加快科技推广应用，依靠科技进步促进平阳经济快速发展。

至1995年，连续8年被评为浙江省科技工作先进县。是年冬，在全市率先获得全国科技工作先进县称号（全省第五个）。县、乡（镇）、村三级社会化服务农业科技服务网已具有一定规模和较强的服务能力，城乡劳动者专业技术素质普遍提高。粮、油及主要经济作物等农业支柱产业，先进适用技术覆盖率达96%，良田覆盖面平均达94.9%。实施星火计划、新产品开发和技术改造，县骨干企业和63%以上的重点乡镇企业都设有技术开发机构，推进企业科技进步机制初步形成。县、乡（镇）二级科技三项经费已达到本级财政预算支出的1%以上。同时通过“鳌江国家级星火技术密集区”的论证，1996年批复为创建单位。1997年，又被列为全国科技兴海示范基地，全国仅8个，浙江就平阳县1个。平阳县成为全省唯一一个创建三个国家级科技称号的县。2002年、2004年，又先后获国家科技进步先进县和全国科普示范县称号。2012年，被省知识产权局认定为浙江省知识产权工作示范县。

1989—2012年，全县组织实施“星火计划”509项、“火炬计划”14项、“科技兴海”171项、“新产品计划”125项。共创建高新技术企业31家，省级科技型中小企业67家（工业42家、农业25家）。全县历年累计专利申请量6655件，专利授权量4789件，其中，发明专利164件，实用新型专利2048件，外观设计专利2577件。获政府科技成果奖共1071项，其中，国际奖19项、国家奖91项、省级44项、市级244项、县级673项。

第一章　科技研发机构与队伍

平阳县科技研发机构除管理与服务单位外，主要有企业技术研究机构与民办科技开发机构。1989年，全县具有专业技术职务的科技人员共5509人。2012年全县专业技术人员共20532人。

第一节　企业技术研究机构

2000年8月和2001年12月，省科技厅先后颁发《关于进一步推进区域技术创新服务体系建设的若干意见》和《浙江省“十五”科技创新体系建设计划》，县政府于2006年5月25日印发《平阳县企业技术研究开发中心和行业技术创新服务中心认定管理办法（试行）》。平阳县科技型企业根据实际情况，逐步建立省、市、县三级企业技术研发中心。至2012年底，全县认定企业技术研发中心91家，其中省级23家、市级19家、县级49家；行业技术创新服务中心3家，行业协会（专业技术协会）38家，企业博士后科研工作站1家。

2012年平阳县企业技术研发中心名录

表31-1-1

序号	技术研发中心名称	企业名称	级别	认定年度（年）
1	三星机电传动设备研究开发中心	浙江三星机电股份有限公司	省级	2006
2	罗赛洛明胶省级高新技术企业研究开发中心	罗赛洛（温州）明胶有限公司	省级	2008
3	平柴机油泵省级高新技术企业研究开发中心	浙江平柴泵业有限公司	省级	2008
4	亨力金融机具省级高新技术企业研究开发中心	浙江亨力电子有限公司	省级	2009
5	益坤高压电气设备省级高新技术企业研究开发中心	温州益坤电气有限公司	省级	2009

续表 31-1-1

序号	技术研发中心名称	企业名称	级别	认定年度(年)
6	松浦半导体制冷(制热)技术省级高新技术企业研究开发中心	温州松浦电器有限公司	省级	2010
7	豪中豪按摩器具省级高新技术企业研究开发中心	浙江豪中豪健康产品有限公司	省级	2011
8	欧迈特减速机省级高新技术企业研究开发中心	浙江欧迈特减速机械有限公司	省级	2011
9	乔治白服饰省级高新技术企业研究开发中心	浙江乔治白服饰股份有限公司	省级	2012
10	瑞成珠光颜料省级高新技术企业研究开发中心	浙江瑞成珠光颜料有限公司	省级	2012
11	平阳县星亮鸽业科技研发中心	平阳县星亮鸽业有限公司	省级	2005
12	平阳县全盛兔业科技研发中心	平阳县全盛兔业有限公司	省级	2006
13	平阳县金桂园林科技研发中心	平阳县金桂园林有限公司	省级	2008
14	浙江南麂岛海水增养殖技术研发中心	平阳县南麂岛开发有限公司	省级	2009
15	浙江挺志温州水牛乳业科技研发中心	平阳县挺志温州水牛乳业有限公司	省级	2009
16	浙江一鸣乳制品加工技术研发中心	浙江一鸣食品股份有限公司	省级	2009
17	士福梅花鹿科技研发中心	温州士福梅花鹿养殖有限公司	省级	2010
18	平阳县鳌峰鸽业科技研发中心	平阳县鳌峰鸽业有限公司	省级	2011
19	平阳县海跃食品科技研发中心	平阳县海跃食品有限公司	省级	2011
20	温州市赏美食品科技研发中心	温州市赏美食品有限公司	省级	2011
21	温州市复新小麦粉加工科技研发中心	温州市复新面粉厂	省级	2012
22	温州海虎海藻海水养殖科技研发中心	温州海虎海藻养殖有限公司	省级	2012
23	平阳县绿洲生态生物科技研发中心	平阳县绿洲生态生物工程有限公司	省级	2012
24	三星机电传动设备生产技术研究开发中心	浙江三星机电股份有限公司	市级	2004
25	益坤避雷器生产技术研究开发中心	温州益坤电气有限公司	市级	2004
26	浙江瑞成珠光颜料企业技术研究开发中心	浙江瑞成珠光颜料有限公司	市级	2006
27	温州松浦电器企业技术研究开发中心	温州松浦电器有限公司	市级	2006
28	浙江雁峰塑料机械企业技术研究开发中心	浙江雁峰塑料机械总厂	市级	2006
29	浙江平柴泵业企业技术研究开发中心	浙江平柴泵业有限公司	市级	2007
30	温州佩蒂宠物用品企业技术研究开发中心	温州佩蒂宠物用品有限公司	市级	2007
31	浙江亨力电子企业技术研究开发中心	浙江亨力电子有限公司	市级	2007
32	罗赛洛明胶企业技术研究开发中心	罗赛洛(温州)明胶有限公司	市级	2007
33	显峰汽配企业技术研究开发中心	浙江显峰汽车配件有限公司	市级	2008
34	合力建设机械企业技术研究开发中心	温州合力建设机械有限公司	市级	2008
35	豪中豪健康产品企业技术研究开发中心	浙江豪中豪健康产品有限公司	市级	2009
36	华阳起重电机企业技术研究开发中心	温州华阳起重电机有限公司	市级	2009
37	欧迈特减速机械企业技术研究开发中心	浙江欧迈特减速机械有限公司	市级	2009
38	瑞联保健健身器材企业技术研究开发中心	浙江瑞联电子科技有限公司	市级	2010
39	乔治白服饰企业技术研究开发中心	浙江乔治白服饰股份有限公司	市级	2011
40	国威印刷机械企业技术研究开发中心	浙江国威印刷机械有限公司	市级	2011
41	星亮鸽产业企业技术研究开发中心	平阳县星亮鸽业有限公司	市级	2011
42	赏美休闲食品企业技术研究开发中心	温州市赏美食品有限公司	市级	2011
43	广天集团汽配企业技术研究开发中心	广天集团有限公司	县级	2007

续表 31-1-1

序号	技术研发中心名称	企业名称	级别	认定年度(年)
44	温州庄吉制衣企业技术研究开发中心	温州庄吉集团工业园区有限公司	县级	2007
45	温州亚一制笔企业技术研究开发中心	温州亚一制笔有限公司	县级	2007
46	平阳县嘉工电子行业技术创新服务中心	平阳县嘉工电子有限公司	县级	2007
47	浙江平柴泵业企业技术研究开发中心	浙江平柴泵业有限公司	县级	2007
48	平阳县南麂岛渔业企业技术研究开发中心	平阳县南麂岛开发有限公司	县级	2007
49	温州佩蒂宠物用品企业技术研究开发中心	温州佩蒂宠物用品有限公司	县级	2007
50	浙江亨力电子企业技术研究开发中心	浙江亨力电子有限公司	县级	2007
51	温州朗格塑料光学透镜研发中心	温州朗格光学有限公司	县级	2008
52	浙江豪中豪健康产品研究中心	浙江豪中豪健康产品有限公司	县级	2008
53	温州三联减速机械技术研发中心	温州三联集团有限公司	县级	2009
54	平阳县紫菜行业技术创新服务中心	温州海虎海藻养殖有限公司	县级	2009
55	温州华亨宠物用品技术研发中心	温州华亨皮塑有限公司	县级	2009
56	温州强大印刷机械技术研发中心	温州强大印刷机械有限公司	县级	2009
57	温州华联活塞技术研发中心	温州华联活塞制造有限公司	县级	2009
58	飞鹏车辆配件技术研发中心	飞鹏车辆配件有限公司	县级	2009
59	浙江东海减速机技术研发中心	浙江东海减速机有限公司	县级	2009
60	浙江圣雄皮业技术研发中心	浙江圣雄皮业有限公司	县级	2009
61	浙江益鑫汽车零部件技术研发中心	浙江益鑫汽车零部件有限公司	县级	2009
62	浙江瑞联电子技术研发中心	浙江瑞联电子科技有限公司	县级	2009
63	温州华阳起重电机技术研发中心	温州华阳起重电机有限公司	县级	2009
64	浙江欧迈特减速机械技术研发中心	浙江欧迈特减速机械有限公司	县级	2009
65	浙江南星电子技术研发中心	浙江南星电子科技有限公司	县级	2009
66	浙江融邦金融机具企业技术研究开发中心	浙江融邦电子科技有限公司	县级	2010
67	浙江赛力机械企业技术研究开发中心	浙江赛力机械有限公司	县级	2010
68	浙江高翔新能源企业技术研究开发中心	浙江高翔通讯设备有限公司	县级	2010
69	浙江通用包装机械企业技术研究开发中心	浙江通用包装机械厂	县级	2010
70	浙江天风塑料机械企业技术研究开发中心	浙江天风塑料机械厂	县级	2010
71	浙江国威印刷机械企业技术研究开发中心	浙江国威印刷机械有限公司	县级	2010
72	温州鹤立液压机械企业技术研究开发中心	温州鹤立液压机械有限公司	县级	2010
73	温州市赏美食品企业技术研究开发中心	温州市赏美食品有限公司	县级	2010
74	浙江乔治白服饰企业技术研究开发中心	浙江乔治白服饰股份有限公司	县级	2010
75	平阳县绿洲生态生物工程企业技术研究开发中心	平阳县绿洲生态生物工程有限公司	县级	2010
76	浙江炜冈机械企业技术研究开发中心	浙江炜冈机械有限公司	县级	2011
77	浙江力邦合信汽车制动系统企业技术研究开发中心	浙江力邦合信汽车制动系统有限公司	县级	2011
78	温州市薄施食品企业技术研究开发中心	温州市薄施食品有限公司	县级	2011
79	浙江劲豹机械企业技术研究开发中心	浙江劲豹机械有限公司	县级	2011
80	立天集团企业技术研究开发中心	立天集团有限公司	县级	2011
81	浙江瑞德森机械企业技术研究开发中心	浙江瑞德森机械有限公司	县级	2011

续表 31-1-1

序号	技术研发中心名称	企业名称	级别	认定年度(年)
82	温州正润机械企业技术研究开发中心	温州正润机械有限公司	县级	2011
83	温州锦恒宠物用品企业技术研究开发中心	温州锦恒宠物用品有限公司	县级	2011
84	温州亦柏化工企业技术研究开发中心	温州亦柏化工有限公司	县级	2012
85	温州欧利特机械设备企业技术研究开发中心	温州欧利特机械设备有限公司	县级	2012
86	温州明发新能源企业技术研究开发中心	温州明发光学科技有限公司	县级	2012
87	万宏集团企业技术研究开发中心	万宏集团有限公司	县级	2012
88	浙江越创电子企业技术研究开发中心	浙江越创电子科技有限公司	县级	2012
89	浙江嘉益机械企业技术研究开发中心	浙江嘉益机械有限公司	县级	2012
90	温州市源飞宠物玩具制品企业技术研究开发中心	温州市源飞宠物玩具制品有限公司	县级	2012
91	平阳县鸽业技术创新服务中心	平阳县鸽业技术创新服务中心	县级	2012

说明：资料由平阳县科技局提供

第二节　民办科技开发机构

1984年，发展民办研究所实验厂场4家，在全省最早建立县级民办科技机构。2005年，民办科技研究所89所，由于经营不善，或其他原因，不少研究所名存实亡，或中途而废。2012年，全县共有民办科技研究所82所。

1989年成立的平阳光学应用技术研究所研制出HY氦氖激光针灸仪，并持续开发出高效节能灯、大功率节能灯。平阳塑料包装实验厂在工程师黄美昌带领下，在全县率先开发出拉丝机、吹膜机、复合机，申请10余个专利，为全县塑编产业发展提供技术依托。1991年3月成立的县长毛兔研究所，为贫困山区脱贫找到一条新路，后发展成为闻名全国的良种长毛兔供给基地。凭借长毛兔研究所发展起来的平阳县全盛兔业有限公司，其选育的“粗高长毛兔”被评为省名牌产品，粗高长毛兔繁育列入省重点种子种苗工程。1992年年底，鳌江镇五板桥村成立葡萄研究所，葡萄种植大户刘纪发任所长，葡萄收入500万元，占农业总收入80%。

1993年2月，成立县名茶开发研究所，其培育的平阳特早茶，为温州市名牌产品，获浙江省精品茶金奖。2001年，获中国国际农业博览会名牌产品奖，2012年开发的早香茶年产150吨，产值达5400万元。

1989—2005年平阳县民办科技研究所部分名录

表 31-1-2

批建时间	机 构 名 称	批建时间	机 构 名 称
1989年4月	平阳县电子技术应用研究所	1991年3月	平阳县轻工技术研究所
1989年4月	平阳县光学应用技术研究所	1991年3月	平阳县长毛兔研究所
1989年5月	平阳县微电脑应用技术研究所	1991年7月	平阳县岳麓综合技术研究所
1989年5月	平阳县纺织装饰布研究所(平阳装饰布厂)	1992年7月	平阳县康复肝病研究所
1989年10月	平阳县微机仪器研究所	1992年12月	平阳县葡萄研究所
1989年11月	平阳县低压电器研究所	1992年12月	平阳县园林花卉研究所
1989年12月	平阳县脊柱病研究所	1992年12月	平阳县生态农业经济技术研究所
1990年11月	平阳县珍禽研究所	1993年2月	平阳县名茶开发研究所

续表 31-1-2

批建时间	机构名称	批建时间	机构名称
1993年4月	平阳县机械研究所	1996年12月	平阳县绿色食品开发研究所
1993年4月	平阳县微电子技术应用研究所	1996年12月	平阳县成套设备机械研究所
1993年7月	平阳县生物制品研究所	1996年12月	平阳县凤巢蚂蚁研究所
1993年8月	平阳县环保设备研究所	1996年12月	平阳县民生食用笋研究所
1993年10月	平阳县宏达包装机械研究所	1997年1月	平阳县建筑地基基础研究所
1993年11月	平阳县园艺研究所	1997年3月	平阳县华鑫钟表研究所
1994年3月	平阳县计算机应用软件开发研究所	1997年7月	平阳县擂竹开发研究所
1994年4月	平阳县民族长毛兔研究所	1997年10月	平阳县肉鸽研究所
1994年4月	平阳县中草药开发研究所(后改名平阳县中草药外治疗法研究所）	1997年12月	平阳县新型服装开发研究所
1994年8月	平阳县名优花木研究所	1998年7月	平阳县信德电子研究所
1994年9月	平阳县塑料机械研究所	1999年3月	平阳县兰天环保设备研究所
1994年12月	平阳县内燃机连杆工艺研究所	1999年4月	平阳县恒劲制鞋研究所
1995年2月	平阳县天达器材研究所	1999年4月	平阳县戒毒研究所
1995年3月	平阳县保安消防用品研究所	1999年4月	平阳县糖尿病研究所
1995年3月	平阳县光学应用技术研究所	1999年12月	平阳县中仁药果种苗培植研究所
1995年3月	平阳县中草药剂型研究所	1999年12月	平阳县天一传动机械研究所
1995年3月	平阳县仿皮服装研究所	1999年12月	平阳县新兴中药物研究所
1995年5月	平阳县新特油品研究所	2000年4月	平阳县振兴电子信息工程研究所
1995年6月	平阳县农业机械研究所	2000年5月	平阳县工艺礼品研究所
1995年8月	平阳县淡水养殖研究所	2000年6月	平阳县精细化工研究所
1995年9月	浙江三星机械研究所	2000年12月	平阳县海通海洋水产研究所
1995年10月	温州广银机械研究	2001年2月	平阳县华声人工喉讲话器研究所
1995年11月	平阳县双梅禽病防治研究所	2002年2月	平阳县永峰金融机具研究所
1995年11月	平阳县金星食品机械研究所	2002年4月	平阳县金茂实用技术研究所
1995年12月	平阳县天龙塑料研究所	2002年9月	平阳县反射疗法研究所
1995年12月	平阳县经络穴位研究所	2002年11月	平阳县金益织带机械研究所
1996年1月	平阳县特种涂料研究所	2003年4月	平阳县心健运动疗法研究所
1996年3月	平阳县海洋食品研究所	2003年4月	平阳县文旦研究所
1996年4月	平阳县野生蔬菜开发研究所	2003年8月	平阳县创新墙体材料研究所
1996年8月	平阳县制鞋研究所	2003年8月	平阳县种亿淡水养殖研究所
1996年8月	平阳县高层救生设备研究所	2003年9月	平阳县王氏口腔咽喉散研究所
1996年10月	平阳县南方竹类技术研究所	2005年7月	平阳县鑫泰天然药物研究所
1996年10月	平阳县星亮特种动物研究所	2005年7月	平阳县许氏肾病中草药研究所

说明：资料由县科技局提供

第三节 科技队伍

专业技术人员

1989年，平阳县具有专业技术职务的科技人员共5107人。按职务分，其中高级职务54人、中级职务866人。按行业分，工程技术351人、农业254人、教育3030人、卫生技术603人、统计专业44人、经济专业571人、会计专业254人。2007年，全县具有专业技术职务的科技人员共10301人，按职称分，其中高级554人(正高9人)、中级4121人、初级5626人。按行业分，其中农业697人、交通邮电34人、计算机信息5人、住宿餐饮3人、房地产19人、租赁服务4人、科技地质94人、水利环保192人、教育7266人、卫生社保1637人、文化娱乐217人、公共管理147人。2012年，全县专业技术人员共20532人。

农民技术人员

1989年，平阳县成立县农民技术职称评审委员会，由副县长任主任，县政府办公室副主任、县科协主席、县农业局局长任副主任，县科技局、县科协、县林业局、县海洋与渔业局、县水利局、县国土局、县供电局、县人事局等领导任委员，下设农业、水利、农电、水产、林业5个专业的评审组。2012年，全县有4363名农民获得技术职称，其中，农民高级技师23人、农民技师209人、农民助理技师853人、农民技术员2450人、农民助理技术员828人。

1989—2012年平阳县农民技术职称评审和晋升情况一览表

表31-1-3　　单位：人

年度(年)	农民助理技术员	农民技术员	农民助理技师	农民技师	农民高级技师	合计
1989	57	343	231	87	0	718
1991	59	386	135	25	0	605
1995	89	169	201	19	0	478
1997	119	360	63	20	0	562
1999	15	170	40	4	0	229
2001	54	87	19	12	5	177
2003	33	235	81	22	11	382
2004	256	536	27	1	0	820
2005	146	5	19	3	1	174
2007	0	7	4	5	4	20
2009	0	60	16	3	2	81
2010	0	29	8	3	0	40
2011	0	54	9	5	0	68
2012	0	9	0	0	0	9
合计	828	2450	853	209	23	4363

说明:资料由平阳县科协提供

专业技术拔尖人才

1989年，平阳县开始选拔专业技术拔尖人才，截至2012年已开展七轮选拔，共选拔专业技术拔尖人才70人。1996年，开始增加选拔优秀青年专业人才，至2012年，已开展5轮选拔，共选拔63人。2003年9月，平阳县高级人才联谊会成立。2012年平阳县率先在温州市出台《平阳县优秀高级人才评选办法(试行)》。

科技特派员

2003年11月，县科技局组建平阳县科技联络员队伍，首批科技联络员108名。2005年6月，县委、县政府发文推行科技特派员制度；省、市、县还设立科技特派员专项资金，县科技局和县财政局每年下达科技特派员科技扶贫项目。2005—2012年，全县实施各级科技特派员扶持项目69项，特派员争取各级科技项目23项，合计落实支持经费分别为392万元和135万元；引进推广新技术138项，引进新品种214个；举办实用技术培训班177期，累计培训农民1.43万人次，发放教材资料2.32万份；帮助建立各类农民合作社28个，培育示范基地33个。

第二章　科技研究

1989年后，平阳县科研项目逐年增多，培育出一批星火计划项目、火炬计划项目、新产品计划项目、科技兴海项目，高新技术逐步发展。2012年，全县有高新技术企业31家、省级科技型中小企业67家。科技合作交流取得新进展，采用“请进来，走出去”的方式，组织企业参加各类项目对接会，邀请一批大专院校到平阳与企业开展科技交流对接活动，促进科技成果、技术、人才引进，促进产学研结合。科技三项经费逐年增加，1989年为15万元，2012年增加到967万元。

第一节　科研项目

星火计划

1989—2010年，全县累计实施星火计划项目509项，其中，国家级78项、省级60项、市级60项、县级311项。“九五”（1996—2000）期间，全县共实施星火计划项目210项，其中，国家级25项、省级24项、市级20项、县级141项。“十五”（2001—2005）期间，全县共实施星火计划项目112项，其中，国家级9项、省级11项、市级6项、县级86项。“十一五”（2006—2010）期间，全县共实施星火计划项目73项，其中，国家级32项、省级2项、市级9项、县级30项。

平阳县国家级、省级星火项目验收会（2005年）

1991—2010年平阳县国家级星火计划项目情况一览表

表31-2-1

年份(年)	主管单位	项目名称	承担单位
1991	国家科委	变性山羊毛面料开发	平阳毛纺厂
1992	国家科委	氟塑料合金系列产品开发	平阳化工机械厂
		废塑料圆织机编织产品系列开发	平阳塑料八厂
		超厚羊毛织物马海绒技术开发	平阳毛纺厂
1993	国家科委	IDM28电动起锚机等四个高速卷扬机	平阳安装机械厂
1994	国家科委	平面研店机床、再生塑料机械	温州电热机械厂
		粉状及再生塑料机械	平阳振兴化塑机械厂
		洗衣机离合器系列	浙江三星洗衣机配件厂
		高效优质创汇生态农业综合开发	平阳安达农业发展有限公司
1995	国家科委	优质碾米机组	平阳农业机械厂
		QBF型汽车惯性比例阀	浙江三星洗衣机配件厂
		PVC管道和异型管材	平阳化工机械总厂

续表 31-2-1

年份(年)	主管单位	项目名称	承担单位
1996	国家科委	ZHB轴承式无级变速器	浙江星河机器厂
		高精度加网贴花	平阳自行车商标厂
		天然花岗岩空心柱型材料生产线	温州市方园花岗岩制品有限公司
1997	国家科委	汽车空调电磁离合器制造	浙江三星洗衣机配件厂
		三环减速器	浙江平阳减速机总厂
		汽车液压真空增压制动部件	温州广银集团公司
		年产5万件貂乐牌羊皮高级男女服装技术开发	浙江貂乐实业有限公司
		S-YZJ-4/1100型塑料编织袋扩幅	平阳县塑料机械总厂
		DWP-JG微机程控高速卷扬机	浙江兴隆机械厂
		水解蛋白	浙江三帆明胶厂
		SJ-750型多功能棉塑园筒编织机	浙江益众电热机械厂
		优质高效农水产品深度综合开发	温州安达集团有限公司
		浙江南麂海珍品基地建设	平阳县南麂岛开发有限公司
1998	国家科委	THK.THA型系列涂布机开发	浙江国帆机械厂
		玻璃精加工系列设备	浙江益众电热机械厂
		出口多功能劳工皮鞋	平阳俏妮皮鞋厂
		新型高效节能系列塑料圆织机开发	平阳轻工机械总厂
		废丙纶丝编织包装袋	浙江白马包装厂
		圆织棉塑袋	平阳丝织二厂
		五万亩马蹄笋丰产基地建设	平阳县政府
		白花败酱(俗称苦菜)系列产品开发	平阳顺马野生植物有限公司
1999	国家科委	生活垃圾自燃炉开发	浙江益众电热机械厂
		混凝土搅拌机开发	温州广银集团公司
		YZ系列多功能消毒解毒机开发	浙江益众电热机械厂
2000	国家科委	高强度耐腐蚀增强聚丙烯管及配件	平阳泵阀厂
2002	科技部	KW系列珠光颜料开发	温州坤威珠光颜料有限公司
		高强度耐腐蚀增强聚丙烯及配件	平阳泵阀厂
2003	科技部	万亩规范化出口蘑菇基地建设	平阳雪雁蘑菇专业合作社
2004	科技部	万亩吴茱萸GAP基地建设	浙江星光农业开发有限公司
		温州水牛综合利用技术开发	平阳挺志温州乳业有限公司
		KW系列珠光颜料开发	温州坤威珠光颜料有限公司
		高级轿车同步等速球笼万向节	浙江正章万向节制造有限公司
2005	科技部	粗高长毛兔新品种产业化开发	浙江平阳全盛兔业有限公司
		平阳麻步文旦产业化示范	平阳文旦研究所
2006	科技部	节能型凸轮式塑料扁丝收卷机开发	浙江雁峰机械总厂
		电气化铁道用永磁机构真空断路器开发	温州益坤电气有限公司
		杨梅品种改良技术产业化开发与应用	平阳江山水果实验场
		农民服务行业技能技术培训	平阳县职教中心

续表 31-2-1

年份(年)	主管单位	项目名称	承担单位
2007	省科技厅	平阳早香茶产业化技术开发与示范	平阳县立春茶叶专业合作社
		鸽业养殖加工产业化开发	平阳县鳌峰鸽业有限公司
2008	科技部	万亩规范化出口蘑菇基地建设	平阳县雪雁蘑菇专业合作社
		农民服务行业技能技术培训——国家星火培训学校	平阳县职教中心
		节能型凸轮式塑料扁丝收卷机开发	雁峰塑料机械总厂
		电气化铁道用永磁机构真空断路器开发	温州益坤电气有限公司
		废弃动物油脂转化为生物柴油技术开发及工程示范	温州市安能吉生物柴油有限公司
		牛肉(筋)煲的产业化开发	温州市景清牛肉焙片厂
		点钞机控制伺服电机	浙江奥星机电有限公司
		整体熟制原味葵花盘产业化加工技术开发	温州赏美食品有限公司
		1500–3000型PVC高强度基布复合机组	浙江奥星机电有限公司
2009	科技部	高效高承载高精度蜗轮丝杆升降机	浙江欧迈特减速机械有限公司
		智能足浴按摩器产业化开发	浙江瑞联电子科技有限公司
		焙烤宠物食品产业化开发	温州佩蒂宠物用品有限公司
		杨梅矮化早结大果技术产业化开发	平阳县龙虎山生态农场
		海带豆腐加工工艺开发	温州市薄施食品有限公司
		优质橄榄矮化丰产栽培集成技术产业化开发	平阳县塘川橄榄专业合作社
		南方饲养梅花鹿高效配套技术研究	温州士福梅花鹿养殖有限公司
		平阳高香绿茶产业化技术开发与推广	平阳县利顺茗茶实验场
		山区蛋鸽高效养殖技术推广应用	平阳县兴顺畜禽养殖场
		农民工实用技能技术培训	平阳县职业教育中心
2010	科技部	WJD–KLD2200点钞机产业化开发	浙江克莱顿科技有限公司
		复合水泥袋专用制袋机产业化开发	浙江科达包装机械厂
		摇摆按摩椅产业化开发	浙江瑞联电子科技有限公司
		“长林系列”无性系良种油茶产业化开发	平阳县茂龙农产品有限公司
		葵花盘深加工技术开发	温州市赏美食品有限公司
		线面粉加工工艺技术开发应用	温州市复新面粉厂
		农民工缝纫技能技术培训	平阳县职业教育中心

说明：资料由平阳县科技局提供

星火示范　在实施星火计划过程中，全县创建浙江三星机电股份有限公司等12家省级星火示范企业，鳌江和萧江镇2个省级星火示范镇。2003年12月1日，县科技局出台《平阳县农业星火科技示范基地管理办法(试行)》，部署农业星火科技示范基地建设。全县先后创建马蹄笋、早香茶、蛋鸽、长毛兔、温州水牛等11个县农业星火科技示范基地，培育160户县级科技示范户、1276户乡镇级科技示范户。培育一批青年星火带头人。平阳县成为全国第二批科普示范县，建有35个学会和专业技术协会，58个农村专业技术协会，59家企业建立科协，31个乡镇全部建立科协组织，配备680名村(居)科普指导员，建设县级以上科普示范基地10个，科普特色学校6所，青少年科普教育基地3个，科普示范村(居)19个，初步形成科技示范网络体系。

2012年平阳县农业星火科技示范基地情况一览表

表31-2-2

序号	名　称	创建企业	负责人	所在乡镇
1	平阳县蛋鸽养殖农业星火科技示范基地	平阳县星亮鸽业有限公司	钟声亮	梅溪乡
2	平阳县肉猪养殖农业星火科技示范基地	平阳县科龙农牧经贸有限公司	翁少义	鳌江镇
3	平阳县长毛兔养殖农业星火科技示范基地	平阳县全盛兔业有限公司	谢传胜	晓坑乡
4	平阳县青枣种植农业星火科技示范基地	平阳县金鑫农业果蔬种植有限公司	倪后树	鳌江镇
5	平阳县芦柑种植农业星火科技示范基地	平阳县曙光水果实验场	林运术	山门镇
6	平阳县杨梅种植农业星火科技示范基地	平阳县红山名优水果实验场	董文港	腾蛟镇
7	平阳县水牛养殖农业星火科技示范基地	平阳县挺志温州水牛乳业有限公司	李挺志	鹤溪镇
8	平阳县马蹄笋农业星火科技示范基地	平阳县开彬农产品有限公司	李开彬	闹村乡
9	平阳县文旦种植农业星火科技示范基地	平阳县文旦研究所	陈体供	麻步镇
10	平阳县茶叶农业星火科技示范基地	平阳县立春茶叶专业合作社	黄明政	朝阳乡
11	平阳县中药材种植农业星火科技示范基地	平阳县星光农业开发有限公司	秦光林	宋桥镇

说明:资料由平阳县科技局提供

星火培训　星火培训是实施星火计划的一项主要工作。内容包括技术、管理、师资三大类培训，采取面授、函授和岗位培训等多种方式进行。1998年12月，在平阳县技工学校建立浙东南星火培训基地，基地业务归口温州市科委和平阳县科委负责管理。2004年8月，平阳县职业教育中心名列省级星火学校。在2005年以前，全县的星火培训工作主要由浙东南星火培训基地负责，2006年以来则由平阳县职业教育中心负责，培训内容涉及农、林、渔、信息、知识产权、企业管理、工业生产技术等，培训对象有农村专业户、企业管理人员等，每年举办约10期。2007年后，因为省里没有这项专项拨款，所以这项星火培训项目结束。

火炬计划

1996—2012年，实施国家火炬计划22项、省火炬计划5项。2007年，浙江三星机电股份有限公司获得国家星火计划重点高新技术企业的称号，也是平阳县第一个国家级高新技术企业。

1999—2012年平阳县列入国家火炬计划项目情况一览表

表31-2-3

时间(年)	项 目 名 称	承 担 单 位
1999	环保型植物纤维一次性餐具生产线及其制品	浙江云天机械制造有限公司
2001	复合外套氧化锌避雷器	温州益坤电气有限公司
2003	环保水溶性锂离子电池	温州金鹿电池有限公司
2004	45工位圆珠笔头全自动加工机床	温州亚一制笔有限公司
	清洁生产无铬牛皮汽车坐垫革	浙江鹏昌皮革有限公司
2005	翻边瓦用粉末烧结铜铝——钢双金属轴瓦材料	温州华康汽车配件有限公司
	煅燃型湿法精制云母材料	浙江大成珠光颜料有限公司
	SHXJ型电脑热切边封制袋机	浙江东风塑料机械厂
2006	VE型减速离合器(JLX-N-5.25)	浙江三星机电股份有限公司
	QDASY-B型电脑控制凹版印刷机	温州强大印刷机械有限公司
2007	WLH-I型微型电子冷藏盒	温州松浦电器有限公司

续表 31-2-3

时间(年)	项 目 名 称	承 担 单 位
2008	V80型多国货币验钞机	浙江亨力电子有限公司
	JCGX39串激电机	浙江三星机电股份有限公司
	900吨箱梁移动台车	温州合力建设机械有限公司
2010	大功率柴油机薄壁轴瓦（¢135～¢400）	浙江显峰汽车配件有限公司
2011	节能环保型平面凸轮四梭圆织机	雁峰集团有限公司
	基于PLC控制的高速滚刀切纸机	温州市锐志包装机械有限公司
	全自动卷筒商标胶印机	浙江炜冈机械有限公司
2012	天然彩色棉麻(三合一)特种生态环保纤维纱	立天集团有限公司
	DD滚筒洗衣机用无刷直流电机	浙江三星机电股份有限公司
	新型高精度切纸机	浙江国威印刷机械有限公司
	全自动精装书壳封面机	温州正润机械有限公司

说明：资料由平阳县科技局提供

新产品试制计划

1994—2012年，平阳县企业申报上级新产品试制计划共340项，其中，列入国家重点新产品20项、浙江省新产品试制项目320个，试制成功通过鉴定的219个，产品技术领域主要分布在电子与信息、光机电一体化、农轻纺及其他、新能源(高效节能)、新型材料等行业，产品产业领域主要分布在电子与通信、机械、轻工纺织等行业。

浙江三星机电股份有限公司生产的JLX-HDC-4.5B双动力减速离合器（2006年）

1994—2008年平阳县国家级新产品试制项目情况一览表

表 31-2-4

时间(年)	主管单位	项目名称	承担单位
1994	国家科委	内酯豆腐机	平阳二轻食品机械厂
		6NY-50-150型优质米碾米机组	平阳农业机械厂
		SM-100水磨汤圆粉机	温州电热机械厂
		SBD-100型瞬时式断绳保护器	平阳提升设备机械厂
		ZHB型轴承式无级变速机	浙江星河机器厂
		NGMX30-5.2洗衣机减速器	浙江洗衣机配件厂
1995	国家科委	高纯超细α-Al_2O_3	平阳新华化工厂
		钢球式差动行星无级变速器	平阳减速机总厂
		报警追踪器P2-2A型	温州安祥保安器材有限公司
		FB蛇腹摆线减速机	浙江星河机器厂
		JTWKG-2微机程控高速卷扬机	浙江东风机械厂
		高精度加网贴花	平阳自行车商标厂

续表 31-2-4

时间(年)	主管单位	项目名称	承担单位
1997	国家科委	DWP-JG微机程控高速卷扬机	浙江兴隆机械厂
		SFHY-Z-650(550)XZ型内导式纸膜塑圆筒无中缝三复合机组	平阳农业机械厂
1998	国家科委	斜齿轮蜗杆减速机	浙江平阳东海减速机厂
2000	国家科委	DAT型电脑自动套印控制系统	平阳华星电脑应用有限公司
2005	科技部	45工位圆珠笔头自动加工机床	温州亚一制笔有限公司
2007	省科技厅	JLX-HDC-4.5B双动力减速离合器	浙江三星机电股份有限公司
		V80型多国货币验钞机	浙江亨力电子有限公司
2008	科技部	YF-SBY-6/800W型节能型棕杆式无油小六梭塑料圆织机	雁峰塑料机械总厂

说明:资料由平阳县科技局提供

"科技兴海"工程

1993年,县委、县政府提出实施"海上平阳"战略。1996年6月20日,平阳县正式提出实施"科技兴海"工程。是年,平阳成为浙江省六个科技兴海示范区(玉环、温岭、普陀、洞头、平阳、象山)之一,落实科技兴海项目12个,其中,"南麂岛海珍品浅海养殖技术开发"被列入全省科技兴海的六大示范工程之一。翌年,被评定为国家级科技兴海示范区,全国仅8个,浙江省仅平阳县1个。

"十五"期间,全县共实施科技兴海项目80项,其中,省级4项、市级13项、县级63项,组建海洋类企业博士后工作站1家及2家研发机构,培养一批海洋科技人才和3家骨干企业。科技兴海项目已在海珍品养殖、育苗、人工鱼礁、水产品精深加工、海洋环境监测和保护等方面取得明显成效,为平阳县海洋经济的快速发展提供技术支撑和有效保障。1996—2012年,平阳县共实施科技兴海项目203项,其中,国家级3项,省级16项,市级31项,县级153项。

1996—2012年平阳县"科技兴海"项目立项情况一览表

表 31-2-5　　单位:个

级别＼年度	1996年	1997年	1998年	1999年	2000年	2001年	2002年	2003年	2004年	2005年	2006年	2007年	2008年	2009年	2010年	2011年	2012年	合计
国家		3																3
省级		1	1	2		1	2	1	1		2	1				1	3	16
市级	2	2	5	1	4	4	2	2		3		1	2	2	1			31
县级	1	8	4	19	21	15	9	20	10	7	6	11	4	7	7	4		153
合计	3	14	10	22	25	20	13	23	11	10	8	13	6	9	8	5	3	203

说明:资料由平阳县科技局提供

第二节　科技投入

国家为支持科技事业发展而设立的费用,又称科技三项经费,包括新产品试制费、中间试验费和重大科研项目补助费,是财政科技拨款的重要组成部分,是实施中央和地方各级重点科技计划项目的重要资金来源。为适应科技事业发展的需要,规范科技三项经费的管理,提高资金使用效益,从中央到地方各级科技部门都制定科技三项费用的管理办法,科技三项费用随着财政收入的增加而增加。

1989—2012 年平阳县科技经费投入情况统计表

表 31-2-6　　单位：万元

年份(年)	科技三项经费	年份(年)	科技三项经费
1989	15.00	2001	245.00
1990	16.00	2002	354.00
1991	17.00	2003	391.00
1992	30.00	2004	406.00
1993	50.00	2005	416.00
1994	65.00	2006	436.00
1995	161.00	2007	630.00
1996	208.28	2008	860.00
1997	189.20	2009	1000.00
1998	232.50	2010	980.00
1999	227.00	2011	1000.00
2000	266.80	2012	967.00

说明：资料由平阳县科技局提供

第三节　高新技术

2000年，温州益坤电气有限公司被省科委、省计经委认定为第八批省区外高新技术企业，实现平阳零的突破。是年，平阳汽车配件一厂和平阳电表厂通过市高新技术认定委员会评审，被温州市政府命名为市第二批高新技术企业。

2002年，平阳县组织实施重大高新技术产业化项目10项，2个产品通过省高新技术产品认定，4家企业被认定为市级高新技术企业，全县市级高新技术企业7家；新增企业技术中心2家，全县企业技术中心11家。

平阳县首家国家级高新技术企业——浙江三星机电股份有限公司国际上最先进的全自动转子生产检测线（2008年）

2005年，高新技术产业加速发展，组织实施科技项目138项，其中，国家级5项、省级37项（省新

2008—2012 年平阳县国家级高新技术企业名录

表 31-2-7

序号	企业名称	认定年度(年)
1	浙江三星机电股份有限公司	2008
2	温州益坤电气有限公司	2008
3	温州松浦电器有限公司	2008
4	浙江亨力电子有限公司	2008
5	浙江平柴泵业有限公司	2008
6	浙江瑞成珠光颜料有限公司	2009
7	温州合力建设机械有限公司	2009
8	罗赛洛(温州)明胶有限公司	2010
9	浙江东海减速机械有限公司	2010
10	浙江豪中豪健康产品有限公司	2010
11	浙江欧迈特减速机械有限公司	2010
12	温州三联集团有限公司	2010
13	雁峰集团有限公司	2010
14	浙江乔治白服饰有限公司	2010
15	温州佩蒂动物营养科技有限公司	2011
16	浙江通用包装机械厂	2011
17	浙江天风塑料机械厂	2011
18	浙江国威印刷机械有限公司	2011
19	温州明发光学科技有限公司	2011
20	浙江融邦电子科技有限公司	2011
21	浙江炜冈机械有限公司	2011
22	温州华阳起重电机有限公司	2011
23	浙江瑞德森机械有限公司	2011
24	温州欧利特机械设备有限公司	2012
25	温州正润机械有限公司	2012
26	浙江越创电子科技有限公司	2012
27	立天集团有限公司	2012
28	飞鹏车辆配件有限公司	2012
29	浙江劲豹机械有限公司	2012
30	浙江瑞联电子科技有限公司	2012
31	平阳县百胜印刷机械有限公司	2012

说明：资料由平阳县科技局提供

产品28项)、市级23项、县级73项。是年,新增市级高新技术企业3家、省科技型中小企业7家、市级信息化示范企业2家、高新技术产品3个、省级新产品10个、省级研发中心1家。

全县新增国家级高新技术企业,2008年5家,2009年2家,2010年7家,2011年9家,2012年8家。截至2012年年底,全县有国家级高新技术企业31家、省级科技型中小企业67家(工业42家、农业25家)。

2003—2012年平阳县省级工业科技型中小企业名录

表31-2-8

序号	企业名称	认定年度(年)	序号	企业名称	认定年度(年)
1	浙江三星机电股份有限公司	2003	22	温州市帮尔力电气有限公司	2008
2	浙江南星电子科技有限公司	2003	23	温州朗格光学有限公司	2008
3	温州松浦电器有限公司	2003	24	温州华阳起重电机有限公司	2008
4	平阳县凯达包装机械厂	2003	25	浙江奥光印刷器材有限公司	2008
5	温州柳成(集团)公司	2003	26	浙江东海减速机有限公司	2008
6	温州恒一塑料机械有限公司	2003	27	浙江欧迈特减速机有限公司	2008
7	温州金虎包装材料有限公司	2004	28	温州市颐康家居卫生用品有限责任公司	2009
8	浙江圣雄皮业有限公司	2004	29	温州市赏美食品有限公司	2009
9	温州华亨皮塑有限公司	2005	30	温州文星制笔有限公司	2009
10	浙江雁峰塑料机械总厂	2005	31	立天集团有限公司	2010
11	浙江科达包装机械厂	2005	32	温州大统活塞水泵有限公司	2010
12	浙江通用包装机械厂	2005	33	浙江国威印刷机械有限公司	2010
13	浙江亨力电子有限公司	2006	34	浙江益鑫汽车零部件有限公司	2010
14	温州金金电子有限公司	2006	35	浙江嘉益机械有限公司	2011
15	浙江平柴泵业有限公司	2006	36	浙江雁峰数控机床有限公司	2011
16	温州强大印刷机械有限公司	2006	37	飞鹏车辆配件有限公司	2011
17	温州合力建设机械有限公司	2007	38	温州市薄施食品有限公司	2011
18	温州市瑞联电子电器有限公司	2007	39	平阳县百胜印刷机械有限公司	2012
19	平阳县江淮数码设备有限公司	2007	40	浙江立邦合信汽车制动系统有限公司	2012
20	温州明发光学塑料有限公司	2007	41	浙江劲豹机械有限公司	2012
21	浙江天风塑料机械厂	2008	42	平阳县大宇塑料机械有限公司	2012

说明:资料由平阳县科技局提供

2005—2012年平阳县省级农业科技型企业名录

表31-2-9

序号	企业名称	认定年度(年)	序号	企业名称	认定年度(年)
1	平阳县星亮鸽业有限公司	2005	7	平阳县挺志温州水牛乳业有限公司	2007
2	平阳县全盛兔业有限公司	2005	8	平阳县南麂岛开发有限公司	2007
3	平阳县科龙农牧经贸有限公司	2006	9	平阳县兴顺畜禽养殖场	2008
4	平阳县金桂园林有限公司	2006	10	平阳麻步文旦研究所	2008
5	平阳县鳌峰鸽业有限公司	2007	11	平阳县绿洲生态工程有限公司	2009
6	浙江星光农业开发有限公司	2007	12	温州士富梅花鹿养殖有限公司	2009

续表 31-2-9

序号	企业名称	认定年度(年)	序号	企业名称	认定年度(年)
13	浙江一鸣食品股份有限公司	2009	20	温州市复新面粉厂	2011
14	平阳县龙虎山生态农场	2010	21	平阳县银翔鸽业有限公司	2012
15	平阳县茂龙农产品有限公司	2010	22	温州海佳海藻加工有限公司	2012
16	温州海虎海藻养殖有限公司	2010	23	平阳县佳茂禽业专业合作社	2012
17	平阳县海跃食品有限公司	2010	24	平阳县喜特甲鱼养殖专业合作社	2012
18	平阳县赏美食品有限公司	2011	25	平阳县杨氏养蜂专业合作社	2012
19	平阳县新科水产养殖专业合作社	2011			

说明：资料由平阳县科技局提供

第四节　科技合作

20世纪90年代以来，平阳县扩大科技合作，许多企业带着自己的产品参加国内的各种产品博览会、交易会、展览会，取得各种荣誉。平阳县非常重视和国内大院名校的科技合作，自2003年始，历年都有这方面的合作与交流。

2003—2004年，先后邀请一批大专院校到平阳与企业开展科技交流对接活动，组织企业参加2003年轻博会科技合作和招才引智、2004年中国(温州)科技成果交易会、深圳高新技术交易会等活动。2005年4月27日、28日，平阳县成功举办以“新科技、新产业、新活力”为主题的国家大专院校(平阳)科技成果交易会，全国22家大专院校上百位专家、学者、高级技术人员携带300余项最新科技成果参加，平阳企业界千余人参加，达成合作意向86项，签约49项，15个签约项目当年正式实施。

2005 国家大院名校（平阳）科技成果交易会——国家大院名校平阳行（2005 年）　李斌　摄

2006年、2007年，平阳县先后与浙江大学、广西大学、浙江省农科院、浙江省亚热带作物研究所展开对外科技合作与交流。开展“大院名校浙江行”“百名专家富民攻坚平苍行”等活动和科技博览会、人才智力交流会。通过科技合作交流，促进科技成果、技术、人才引进，促进产学研结合，共引进国家863成果项目3项，达成科技合作项目9项。

2008年，成功举办平阳县科技合作交流会——大专院校专家平阳行，温州大学校长等全国16所大专院校和科研院所的49位领导、专家齐聚平阳，与平阳14家企业达成科技合作意向。县政府还分别与哈尔滨工业大学等4所高校签订科技合作协议，分别建立“哈尔滨工业大学平阳机电技术研发工作站”“温州大学平阳科技工作站”“浙江林学院平阳科技工作站”“浙江省农科院平阳科技(家禽)工作站”。

2009年，组织乡镇部门、企业和行业协会共1000余人参加温州市科交会，成功对接16个项目。邀请温州轻工研究院专家组深入平阳县考察礼品类企业，帮助企业破解发展中的难题，解决“木盒的防伪技术问题及油漆色差问题”等技术难题，并达成初步合作意向。组织企业赴四川参加军工企业项目对接，赴深圳参加高交会，直接与各地高校院所接触，寻求新的技术源。充分发挥哈工大等4所工作站的作用，开展10项技术合作，5个校企合作项目，其中，浙江三星机电股份有限公司与哈尔滨工业大学合作的“无刷直流洗衣机电机”项目列入本次科交会的重大科技合作签约项目。

2010年，组织10余家金融机具企业负责人、机电行业协会负责人到国家大专院校温州联合研究院，就金融机具产业转型升级开展交流和对接，寻找科技合作项目。组织县塑包行业协会与温州轻工研究院举行科技项目对接会。组织企业参加“2010年浙江省军民科技对接活动”“第十二届深圳高交会”“2010中国(温州)新能源与节能技术交易会”。全县共有8家企业列入温州市新能源与节能技术重点服务企业，其中温州明发光学塑料有限公司参展，浙江德上新能源科技有限公司与西安交通大学的“高效晶体硅太阳电池技术研究”合作项目在展会上作为市重大项目签约。

2011年，邀请浙江农林大学和哈尔滨工业大学专家深入平阳县商务礼品和宠物用品有关企业推介科技成果、寻求技术难题。组织企业与浙江大学、浙江省农科院、宁波大学等大专院校对接，研究开发蛋鸽、种鸽专用饲料、厚壳贻贝育苗等。组织企业参加第六届中国西安国际高新技术成果交易会、第十三届深圳高交会等产学研对接活动。

2012年，邀请中科院专家4次赴平阳进行项目对接活动，通过交流对接，平阳县的浙江炜冈机械有限公司、浙江劲豹机械有限公司、浙江瑞联电子科技有限公司等多家企业与北京自动化研究所达成科技合作意向。组织多家企业参加“第十四届中国国际高新技术成果交易会”“2012中国浙江网上技术市场活动周”“2012中国激光应用创新大会活动”“中国云南桥头堡建设科技入滇对接会”“浙江大学开展技术对接活动”“2012中国西安国际科学技术产业博览会暨第七届中国西安国际高新技术成果交易会”“2012年国家863计划成果与浙江民营企业对接会”“韩国光州产业与科技推介交流活动”等一系列上级科技部门组织的科技交流合作活动。

第三章　科技普及与推广

20世纪80年代开始，开展科普下乡工作。1995年以后，每年以“科普宣传周”“科普活动日”为载体开展科普宣传。围绕农业、工业和医疗技术开展科技应用推广。农业方面，形成蛋(肉)鸽、早香茶、马蹄笋、大黄鱼、粗高长毛兔五大特色农业主导产业。工业方面形成“3+X”产业体系，即机械机电、塑编塑包、皮革皮件三大传统优势产业以及文化创意、时尚产业等若干个新兴产业。

第一节　科技普及

科普宣传周

二十世纪八九十年代，通过科普下乡活动，向农村干部群众展示农业新技术图片、播放农村适用技术电视片，开展医疗义诊，农业知识咨询，并免费赠送各种科技资料。1995年以后，县科委、县科协每年以“科普宣传周”“科普活动日”为载体开展科普宣传。进入21世纪以来，科普宣传的内容呈现多样化，进行电视科技教育片、科幻片展播，举办科技知识讲座、农村实用知识培训。在大型科技下乡活动中，开展科技、农业、医疗卫生、环保、计生等咨询服务，发放相关的宣传资料，开展科技知识有奖问答等活动，以及开展公民环保规范承诺签名活动，开展健康生活、全民科普教育大行动，进行“科技与可持续发展”主题宣传及有关科技法律法规宣传等等。

青少年科技活动

20世纪90年代以来，县科技局联合科协、教育局等单位举办全县中小学生科技节、中小学生科技夏令营等活动，并积极参加温州市、浙江省科技创新大赛等等。21世纪以来，县科协、科技局多次举办科普知识竞赛、科普征文比赛、科普智力竞赛等。

重大科普活动

1996年，举办“科普大篷车”下乡活动。8月20日至9月4日，在昆阳、山门、宋埠、宋桥、青街、闹村、朝阳、鹤溪、梅溪9个乡镇开展科普宣传活动。“科普大篷车”活动被省委宣传部、省科委、省科协评为“优秀项目”。1996—2000年，“科普大篷车”下乡活动连续开展五年，利用各乡镇的集市日(庙会)开展“科普赶大集”活动。2003年3月、2006年3月，县科协、科技局联合县妇联、文明办等单位举办“环境·社会·家庭”大型广场科普维权服务活动和“文明·和谐·家园”大型广场维权服务活动。2009年，围绕“携手建设创新型国家”主题，坚持贴近实际、贴近生活、贴近群众，重点开展贯彻科学发展观的宣传活动、科技支持经济发展的服务活动、科技惠及民生的推广活动、社会各界广泛参与的科普活动。在鳌江镇举办全县科技政策解读培训，4个科技工作站专家到企业宣传推广科技成果。在昆阳镇开展科技广场宣传咨询服务活动。到顺溪镇开展科技知识咨询、图片展览、医疗义诊、科普知识有奖问答等科技下乡活动。开展科普画廊评比活动。送科普资料进学校、社区、企业。通过电视台播放科普知识，刊出平阳科普专栏等。2010年，联合县委宣传部、县科协等11个部门举办2010年科技活动周活动，开展大型广场宣传活动、医疗义诊、科普图片展等活动，宣传节能减排知识、防震减灾知识、世博场馆知识等，共发放技术资料3000余份，专业书籍和科普书籍1000余册。开辟《新平阳》专版，宣传最新科技动态和科技政策，对自主创新成绩突出的企业进行专题报道。开辟市电视台“科技在线”栏目，宣传平阳县科技型企业和科研成果。2011年，县科技局、县委宣传部、县科协等11个部门，开展大型广场宣传活动、医疗义诊、科普图片展等活动，共发放技术资料3000份，专业书籍和科普书籍1000余册。开展“4·26”知识产权日系列宣传活动，《新平阳》做专版专题报道。开展知识产权和防震减灾知识等宣传，扩大影响，提高全社会专利自我保护和防震减灾意识。不断加强舆论宣传，运用《浙江科技报》，市、县电视台，《新平阳》，平阳科技信息网，《平阳科技信息》等媒体，宣传最新科技动态、科技政策和科普知识。2012年，组织开展县科技活动月系列活动，包括4月26日的世界知识产权日宣传、5月8日的“无线网络通信的发展和应用”科技（科普）讲座、5月12日的防灾减灾宣传、5月14日的“科技伴我成长”学生科技体验活动、5月18日的大型科技广场宣传咨询服务、5月22日的南雁镇科技下乡，5月25日的万全镇科技（科普）进社区活动等。在全县各农村电影放映点放映科普科幻电影，在电视、报纸等传统媒体宣传报道各项活动，并在微博同步播报最新消息和活动内容，在户外大型电子屏幕播放活动月活动情况，在移动平台彩（短）信群发活动消息。活动共发放资料5.2万份，有3.9万群众受到教育。

防震减灾知识宣传

2008年，成立县抗震救灾指挥部、县突发公共事件科学技术应急保障工作组，组建地震应急专项预案（行动保障方案）专家库，制订《平阳县地震应急预案》《平阳县突发公共事件科学技术应急保障行动方案》《平阳县科学技术应急保障预案操作手册》《平阳县地震应急手册》。利用“5·12”防灾减灾日、“7·28”防震减灾日、科技活动周，结合“科技三下乡”活动，发放防震减灾宣传资料，宣传防震减灾知识。做好地震观测站运行和维护工作，充分发挥观测站地震监测预报作用。2012年，推进温州南麂岛地震台建设，完成南麂岛海岛深井台和护坡工程建设，启动科普示范基地土建工程。

第二节　科技推广

马蹄笋栽培保鲜技术推广

1989年始，县科技局先后组织实施“马蹄笋丰产栽培技术研究推广”“马蹄笋特色产业基地建设”“马蹄笋贮运保鲜配套技术试验”等项目，促进马蹄笋产业的发展。马蹄笋提早4个月出笋，高产栽培技术亩产达1000余公斤。2005年，培育兴林实业公司、开彬农产品有限公司、奇林食品加工厂、雨田集团4个科技型龙头企业。创建“鸿雁”马蹄笋品牌，先后获浙江名牌产品、国家无公害农产品、浙江省优质农产品、浙江森林食品、浙江绿色农产品等称号。2004年，平阳县被国家林业局命名为“中国马蹄笋之乡”。组织实施“五万亩马蹄笋丰产基地建设”，并获得2007年度平阳县科技进步奖一等奖。2012年，全县马蹄笋种植面积达到6.3万余亩，年产鲜笋2.3万吨，产值1.2亿元。

鸽产业关键技术集成与提升

2009年，平阳县鸽产业化关键技术集成提升工程列入国家科技富民强县专项行动计划，项目总投资3992万元，财政拨款840万元。2010—2012年，深入实施这一提升工程，培育壮大区域特色产业，促进地方经济发展，共引进良种26280对，繁育推广良种鸽39.3万对，在蛋鸽“双母拼对”技术、多雏鸽喂养技术、鸽自动化饲喂技术、鸽蛋奶加工技术、乳鸽工厂化生产技术、乳鸽加工技术和鸽产品滋补机理等关键技术攻关取得突破，发表专业技术论文13篇，出版了《平阳养鸽新法》一书。建成平阳县星亮鸽业有限公司、平阳县鳌峰鸽业有限公司、

鸽自动化饲养技术（2012 年）

平阳县兴顺畜禽养殖场等核心繁育示范基地3家，存笼种鸽规模7万对，命名县养鸽示范户103户，存笼种鸽规模28.01万对，建成平阳鳌江万安养鸽示范村1个。

2010年，全县31个乡镇中有27个乡镇有养鸽专业户分布，全县存笼成鸽56.6万对，年产鸽蛋2850万枚、乳鸽117.5万对，年繁育推广种苗鸽22万对，年产值1.395亿元，年为农户创收3259万元，占全县畜牧总产值的28%以上。3年全县存笼鸽新增27.1万对，2012年总量75.7万对，全县1万对养鸽场6家，5000对以上养鸽场9家，全县鸽业年总产值2.03亿元。平阳县成为全国最大的蛋鸽养殖基地，是中国蛋鸽之乡。

茶叶加工技术推广

平阳特早茶品种1998年通过省级品种认定，2005年，实施市级项目“平阳早香茶机制工艺优化及多茶类组合开发研究”，进行平阳早香茶全程机制工艺流程和工艺参数的优化试验，并针对夏秋茶资源利用率低的突出矛盾，研究开发高香绿茶和乌龙茶之多茶类组合生产技术。成功开发早香乌龙茶、高香绿茶等早香茶新品种，先后获中国国际农业博览会名牌产品、浙江省一类名茶、浙江省精品名茶金奖、浙江省优质农产品、中国浙江国际农业博览会优质农产品银奖、温州市名牌产品等一系列称号。2011年，实施“平阳黄汤茶叶加工工艺发明专利产业化开发相关技术研究”，对平阳黄汤加工工艺发明专利的授权，是国内外同类研究中的首例。

长毛兔育成品种产业化技术推广

制定精高长毛兔系列标准，建成一个占地50亩，建筑面积13500平方米，拥有4万个笼位标准化的长毛兔养殖场。平阳县全盛兔业有限公司，被省科技厅认定为浙江省农业科技型企业、省农业厅批准的省一级种兔场。“粗高长毛兔选育”“浓缩颗粒饲料开发”“长毛兔人工授精技术研究”等多项课题获市、县科技进步奖。平阳粗高长毛兔在2003年省农博会上被评为金奖，被浙江省质量技术监督局评为2004年度浙江省名牌产品。浙系长毛兔在原有平阳粗高长毛兔、宁波镇海巨高长毛兔、嵊州市白中王长毛兔育成基础上，经三个品种后续继代选育，2010年育成，通过国家遗传资源委员会新品种审定。平阳县全盛兔业有限公司为重点参与研究的企业，该项目2011年获县科技特等奖、2012年获市科技一等奖。

第四章　科技成果

1989—2012年，全县专利申请量6655件，获政府科技成果奖1072项。2002年12月，县政府颁发《平阳县人民政府关于加强专利工作促进技术创新的若干意见》，2006年7月，重新修订予以颁发。2004年3月，平阳县科技情报中心增挂“平阳县知识产权管理办公室”的牌子。2009年12月，平阳县经省知识产权局获批开展省知识产权示范县创建工作。

第一节　技术专利

专利制度

2002年12月，县政府颁发《平阳县人民政府关于加强专利工作促进技术创新的若干意见》。2008年，成立县知识产权工作领导小组，统筹协调全县知识产权工作，建立专利工作考核机制，把万人专利授权量纳入县委对乡镇年度工作考核目标。2010年3月，中国人民银行平阳县支行与县科技局联合发文，出台《平阳县专利权质押贷款管理办法(试行)》。5月，县公安局、县科技局联合发文，正式成立“公安联络室”，加强对知识产权的保护。县科技局先后获得世博会知识产权保护专项行动先进集体、浙江省专利执法工作先进集体、温州市专利工作先进集体称号。2011年5月，县政府颁发《关于贯彻实施国家知识产权战略的若干意见》，推动国家知识产权战略的深入实施。2012年省知识产权局发文，认定平阳县为省知识产权工作示范县。

专利成果

1989—2012年，全县专利申请量6655件，专利授权量4789件，其中，发明专利164件、实用新型专利2048件、外观设计专利2577件。

1989—2012年平阳县专利申请与授权量情况一览表

表31-4-1　　单位：件

年份	申请总数	发明	实用新型	外观设计	授权总数	发明	实用新型	外观设计
1989	24	2	16	6	7		7	
1990	29	6	22	1	22		16	6
1991	41	5	34	2	26		25	1
1992	23	4	17	2	40	1	36	3
1993	24	1	21	2	10		8	2
1994	33	3	19	11	22		21	1
1995	22	2	15	5	30	2	14	14
1996	51	12	27	12	17		15	2
1997	86	5	32	49	27		15	12
1998	51	3	25	23	56		29	27
1999	64	1	38	25	85	1	32	52
2000	55	7	21	27	79	3	47	29
2001	110	9	65	36	58	1	25	32
2002	151	18	69	64	98	1	45	52
2003	248	23	79	146	177	2	55	120
2004	195	25	88	82	126	7	62	57
2005	228	32	87	109	143	8	66	69
2006	328	55	110	163	155	11	72	72
2007	422	51	123	248	236	6	95	135
2008	534	57	259	218	282	7	119	156
2009	578	44	192	342	534	20	245	269
2010	703	119	250	334	677	21	216	440
2011	1030	181	394	455	727	22	292	413
2012	1625	195	615	815	1155	51	491	613
合计	6655	860	2618	3177	4789	164	2048	2577

说明：资料由平阳县科技局提供

专利示范企业

1995年，由于部分企业专利产品直接向北京等专利事务所申请代理，全年专利代理仅3件。是年，浙江星河机器厂、平阳县农业机械厂、平阳县化工机械总厂3家企业被评为浙江省专利百强企事业，平阳县化工机械总厂厂长章志弘被评为浙江省专利卫权标兵。2004年，市科技局、市经济委员会、市知识产权局联合印发《关于开展企业专利示范工作的意见》。是年，温州华亨皮塑有限公司、温州松浦电器有限公司经过评审认定为2003年度市级专利示范企业。2007年，省知识产权局、省经济贸易委员会修订印发《浙江省专利示范企业管理办法》。2007年5月，县科技局印发《平阳县专利示范企业认定办法（试行）》。2009年2月，县科技局印发《平阳县专利示范企业认定与管理办法》，申报主要条件：企业应累计拥有有效专利5项以上（含5项），或者发明专利1项以上（含1项），申报企业当年专利产品销售额500万元以上（含500万元），且专利产品的销售额占企业总销售额的40%以上。至2012年，全县已认定的各级专利示范企业累计69家次。

2007—2012年平阳县专利示范企业名录

表31-4-2

序号	企业	级别	认定时间（年）	序号	企业	级别	认定时间（年）
1	温州华亨皮塑有限公司	省	2007	30	浙江亨力电子有限公司	县	2007
2	温州松浦电器有限公司	省	2008	31	浙江科达包装机械厂	县	2007
3	浙江亨力电子有限公司	省	2009	32	温州赏美食品有限公司	县	2007
4	浙江豪中豪健康产品有限公司	省	2010	33	平阳县海星纸张有限责任公司	县	2007
5	浙江欧迈特减速机械有限公司	省	2011	34	平阳县宠物玩具实业公司	县	2007
6	温州佩蒂宠物用品有限公司	省	2011	35	平阳县凯达包装机械厂	县	2007
7	雁峰集团有限公司	省	2012	36	温州明发光学塑料有限公司	县	2008
8	浙江平柴泵业有限公司	省	2012	37	温州市颐康家居卫生用品有限责任公司	县	2008
9	温州华亨皮塑有限公司	市	2003	38	温州海虎海藻养殖有限公司	县	2008
10	温州松浦电器有限公司	市	2003	39	雁峰集团有限公司	县	2009
11	温州佩蒂宠物用品有限公司	市	2004	40	浙江豪中豪健康产品有限公司	县	2009
12	浙江天风塑料机械厂	市	2007	41	浙江欧迈特减速机械有限公司	县	2009
13	浙江亨力电子有限公司	市	2008	42	温州益坤电气有限公司	县	2009
14	平阳县宠物玩具实业公司	市	2008	43	温州恒一塑料机械有限公司	县	2009
15	温州海虎海藻养殖有限公司	市	2009	44	平阳县金利机具有限公司	县	2009
16	平阳县海星纸张有限责任公司	市	2009	45	平阳县康力涂塑机械厂	县	2009
17	浙江豪中豪健康产品有限公司	市	2009	46	浙江乔治白服饰股份有限公司	县	2010
18	温州市赏美食品有限公司	市	2009	47	浙江平柴泵业有限公司	县	2010
19	浙江欧迈特减速机械有限公司	市	2010	48	浙江瑞联电子科技有限公司	县	2010
20	温州市颐康家居卫生用品有限责任公司	市	2010	49	温州合力建设机械有限公司	县	2010
21	雁峰集团有限公司	市	2010	50	平阳县孔迎宠物用品有限公司	县	2010
22	平阳县金利机具有限公司	市	2010	51	平阳县百胜印刷机械有限公司	县	2010
23	浙江平柴泵业有限公司	市	2011	52	浙江一鸣食品股份有限公司	县	2011
24	浙江瑞联电子科技有限公司	市	2011	53	浙江日升卫浴洁具有限公司	县	2011
25	温州明发光学塑料有限公司	市	2011	54	浙江瑞德森机械有限公司	县	2011
26	浙江三星机电股份有限公司	市	2012	55	浙江炜冈机械有限公司	县	2011
27	温州合力建设机械有限公司	市	2012	56	浙江嘉益机械有限公司	县	2011
28	浙江三星机电股份有限公司	县	2007	57	温州三联集团有限公司	县	2011
29	浙江通用包装机械厂	县	2007	58	立天集团	县	2012

续表 31-4-2

序号	企业	级别	认定时间（年）	序号	企业	级别	认定时间（年）
59	万宏集团有限公司	县	2012	65	温州庄吉集团工业园区有限公司	县	2012
60	飞鹏车辆配件有限公司	县	2012	66	温州欧利特机械设备有限公司	县	2012
61	浙江劲豹机械有限公司	县	2012	67	温州巨田文化用品有限公司	县	2012
62	浙江越创电子科技有限公司	县	2012	68	温州音易鞋业有限公司	县	2012
63	浙江南星电子科技有限公司	县	2012	69	温州正润机械有限公司	县	2012
64	浙江力邦合信汽车制动系统有限公司	县	2012				

说明：资料由平阳县科技局提供

专利奖励

为鼓励发明创造，进一步发挥发明创造在优化产业结构，提升自主创新能力方面的作用，县科技局在2007年5月分别印发《平阳县专利实施奖励办法（试行）》和《平阳县发明专利重大发明奖评选办法（试行）》。按专利产品（包括购进及引进）年销售额在1000万元以上（含1000万元）、500万元以上（含500万元）以上、300万元以上（含300万元）的，分别奖励5万元、3万元、2万元。

专利实施效益

据2003—2006年对12个企业实施的85个专利实施调查，其经济效益可观。其中，温州华亨皮塑公司成立于1996年，是一家专业生产和出口宠物用品、宠物玩具、棉塑包装袋的三资企业，产品畅销于欧洲、美国、澳洲和东南亚等国家和地区。该公司在全县率先成立研发中心，引进一批专业技术人员从事技术创新和产品发明。为使发明能充分为企业发展服务，公司还成立由专人负责的知识产权办公室，负责新产品新技术的专利申请和权益维护。自2003年始，公司共获得国家知识产权局授予的产品外观设计专利56件，产品实用新型专利9件，产品发明和设备发明专利5件。2007年，公司被认定为全县首家浙江省专利示范企业。

温州松浦电器有限公司创办于1998年，是一家从事半导体制冷高新技术开发应用的专业企业。公司坚持走开发专利产品，科技创新道路，不断扩大自主知识产权总量，增强企业竞争力，使企业快速发展成为一个集科、工、贸一体化的高新技术企业。公司拥有经温州市经贸委批准的企业技术中心和温州市科技局批准的企业技术研究开发中心，取得国内专利52件，获得美国发明专利1件，已申请国际专利2件。公司开发生产的半导体制冷饮水机冷胆专利产品被授为浙江省高新技术产品计划，2004年始已有四个新产品被列入浙江省新产品试制计划。2008年被认定为浙江省专利示范企业。

2010年被认定为浙江省专利示范企业的浙江豪中豪健康产品有限公司，凭借强大的研发团队，保证专利技术转化与生产、销售密切相关，专利实施可以在较短的时间内转化到产品，以最快的速度进入市场，抢先市场商机。专利实施带给企业的经济效益明显可观，公司三年的销售收入年平均增长率为42%。2009年企业实现销售收入1.74亿元，其中，专利产品销售收入约为1.4亿元，占比80%。企业也由此尝到加大科技投入，注重知识产权保护，提升知识产权核心竞争力的等级，给企业经济效益带来快速增长的甜头。

2004年被认定为温州市专利示范企业的温州佩蒂宠物用品有限公司，至2012年，已拥有授权专利实用新型17项，外观设计15项，发明专利1项，引进发明专利1项。2010年企业实现总产值2.42亿元，其中，专利产品销售收入约为1.92亿元，占比79%以上。

2010年被认定为县专利示范企业的浙江平柴泵业有限公司，三年中研发新产品中创新成果转化

2003—2006年企业授权专利的实施效益情况表

表31-4-3

企业名称	授权专利数（个）	新增产值（万元）	创税利（万元）
温州松浦电器有限公司	24	5100	448.1
温州佩蒂宠物用品有限公司	13	10310	500
平阳南麂岛开发公司	11	10907	251
浙江三星机电股份有限公司	2	18000	1959
温州益坤电气有限公司	4	5987	386
浙江南星电子科技有限公司	1	663	40.6
浙江金萨克服饰皮具有限公司	2	2584	3
浙江平柴泵业有限公司	2	1100	51.6
温州明发光学塑料制品有限公司	11	525	34
浙江云泰塑钢制品有限公司	2	200	13
平阳县亿康日用品有限公司	10	75	4.25
浙江科达包装机械厂	3	75	4
合计	85	55526	3694.55

说明：资料由县科技局提供

为产业化有52种机油泵新产品，成功率高达90%，其中，配套国内知名大企业玉柴、锡柴、朝柴、扬柴等主机新产品有14个，外贸新产品38个。至2012年，3年中在技术创新方面投入总额2800余万元，2010年新产品（专利产品）年销售额占总收入62%，创当年出口退税100余万元的好成绩。公司每年将年销售收入的6%～8%投入到科技创新研发，对企业自主知识产权工作加大保护支持力度。

专利权益保护

2007年5月，市科技局（知识产权局）准予县科技局开展专利行政委托执法工作。2009年，温州松浦电器有限公司、浙江亨力电子有限公司被市科技局（知识产权局）认定为首批温州市知识产权保护重点联系单位。2月10日，县科技局协助市科技局（知识产权局），到昆阳镇一家纸张生产企业调查取证外观设计专利侵权案件。3月31日，县科技局协助市科技局（知识产权局），到郑楼镇调处一起外观设计专利侵权案件。4月，组织2家省专利示范企业参加中美合办专利申请及保护研讨会；协助市科技局（知识产权局）对两起外观设计专利侵权案件的结案工作。2010年12月，县科技局印发《关于印发平阳县保护专利权专项行动实施方案的通知》。是年，县科技局配合市科技局（知识产权局），针对郑楼镇商务礼品市场，在镇政府召开工作会议，部署落实《温州市2010年世博会专利保护专项行动实施方案》的专项行动。2011年1月14日，由县科技局牵头，联合县经贸局、县工商局、县文广新局、县质监局、温州海关驻鳌江办事处、县农业局、县外经贸局等部门对昆阳镇商务礼品市场开展专利权保护集中整治行动。7月13日，协助市科技局（知识产权局），到万全镇一家具生产企业和塑胶制品生产企业调查取证外观设计专利侵权案件。

第二节　技术市场

“九五”期间，平阳县技术市场逐步向适应社会主义市场经济方向发展，呈现良好的发展势头。以买方市场为主，以技术供需双方直接交易为主已成为平阳县技术市场的特色，一个以多层次、多形式、多种所有制、多种运作方式并存的利用技术市场进行成果转化的格局已初步形成。

2002年4月4日，平阳县成立浙江网上技术市场平阳分展中心工作领导小组，筹建中国浙江网上技术市场·平阳县分市场，6月10日与省主会场同步投入试运行，10月24日投入正式运行。截至2002年12月5日，平阳县分市场已有978家高校科研机构和253家企业加盟，正式签约项目35项，合同金额2740万元，其中，网上签约项目推荐列入省第二批网上技术市场签约项目8项，占全市立项数的20%，争取到省科技补助经费120万元，名列全市各县（市、区）第一位。此外，还有13个项目达成合同意向，浙江练达皮业有限公司与四川大学技术合作的“无铬猪皮革制造”项目参加网上技术市场签约仪式，市、县科技局和平阳县南星电子厂联合进行“动态人民币伪钞鉴别仪”项目公开招投标，浙江大学光及电磁波研究中心中标，这两个项目分别获得15万元的市科技局补助经费。

温州皮革行业科技发展研讨会（2005年）

在网上技术市场开始时，对在平阳分市场上发布技术难题、招标信息，并签订技术合同，报县科技局登记备案的项目，给予适当的经费补助。2003—2004年，县科技局先后制定《中国浙江网上技术市场·平阳县分市场目标考核奖励办法》《网管单位考核奖励办法》。

2012年，累计上网企业1617家，累计发布技术难题信息500余项，签约项目212项，合同成交额13839万元。

第三节　获奖成果

平阳县科技成果的主要来源是各级科技行政部门下达的科技计划项目，企业成为技术开发的主体，成果评价方式以鉴定为主向验收发展。1989—2012年，获各类科技成果奖共1071项，其中，国际奖19项、国家奖91项、省级44项、市级244项、县级673项。

1989—2008年平阳县国家级科技获奖项目一览表

表31-4-4

序号	获奖项目名称	获奖单位	奖项名称	获奖级别	获奖时间(年)
1	山羊毛变性处理系列产品	平阳毛纺织厂	全国星火计划适用技术展交会、杭州二届展交会	金奖	1989
2	速溶高蛋白无腥豆粉系列产品	平阳乳品厂	全国星火计划适用技术展交会、杭州二届展交会	金奖	1989
3	废塑料再生成套装备开发	平阳塑料机械装备厂	全国星火计划适用技术展交会、杭州二届展交会	金奖	1989
4	深位激光针灸仪	平阳激光仪器厂	全国星火计划适用技术展交会、杭州二届展交会	银奖	1989
5	电脑编程铃声控制器及电胡琴	平阳电子乐器厂 平阳电子技术研究所	全国星火计划适用技术展交会、杭州二届展交会	银奖	1989
6	超薄型纸制折叠望远镜	平阳第二塑料厂	第十一届北京亚运会	大会用品	1989
7	氟塑料挤出管	平阳化工机械厂	全国星火计划适用技术展交会、杭州二届展交会	银奖	1989

续表 31-4-4

序号	获奖项目名称	获奖单位	奖项名称	获奖级别	获奖时间(年)
8	山羊毛变性处理技术及马海毛系列产品	平阳毛纺织厂	全国首届工商银行科技贷款项目成果展览会	金箭金奖	1990
9	安全气垫	平阳气垫厂	全国消防系统科技成果展览会	骏马奖	1990
10	大波轮减速器、全自动洗衣机离合器	平阳洗衣机配件厂	轻工部全国家电展览会	银飞马奖	1990
11	兔羊毛变性处理技术及产品开发	平阳毛纺织厂	国家科委、国家星火计划成果表彰会	一等奖	1991
12	废旧塑料再生利用技术及装备线开发	平阳特种机械设备厂	国家科委、国家星火计划成果表彰会	三等奖	1991
13	废旧塑料编织系列产品与复合机	萧江塑料八厂、平阳包装材料厂、平阳丝织二厂	国家科委、全国“七五”星火计划成果博览会	金奖	1991
14	氟塑料合金防腐系列产品开发	平阳化工机械厂	国家科委、全国“七五”星火计划成果博览会	银奖	1991
15	龙珠式炭烫斗	平阳烫斗厂	中国专利局全国专利会议	专利优秀奖	1991
16	磁性写字板	平阳磁性写字板厂	全国军转民新产品新技术交易会	金奖	1991
17	蛇腹式摆线减速器轴承式无级变速器	浙江星河机器厂	第三届全国新技术新产品展览会	金奖	1991
18	磁力麦饭石泉水器	平阳陶瓷新技术研究所	第三届全国新技术新产品展览会	银奖	1991
19	高纯超细α-氧化铝	平阳新华化工厂	全国火炬计划高新技术成果展览会	金奖	1991
20	净化器系列产品	平阳陶瓷新技术研究所	全国专利技术产品展览会	三联杯特别奖	1991
21	微机程控卷扬机	浙江东风机械厂	全国高新技术新产品展览会	金奖	1992
22	复合包装袋及机组	平阳包装材料厂	新疆全国新产品专利产品展览会	金奖	1992
23	验(真伪)钞机	平阳二轻包装印刷机械厂	新疆全国新产品专利产品展览会	金奖	1992
24	罗茨真空泵	万达起重工程设备厂	新疆全国新产品专利产品展览会	银奖	1992
25	环锥式行星无级变速器	平阳变速机械厂	新疆全国新产品专利产品展览会	优秀奖	1992
26	40%废塑编织袋	平阳塑料八厂	黑龙江全国科技成果展览会	金奖	1992
27	铜字表面防腐处理技术	平阳兴岗铜字装潢工艺厂	浙江萧山全国适用技术交易会	金奖	1992
28	废塑料编织袋复合机组	平阳包装材料厂	浙江萧山全国适用技术交易会	金奖	1992
29	大波轮洗衣机离合器	浙江三星洗衣机配件厂	浙江萧山全国适用技术交易会	金奖	1992
30	高精度加网贴花	平阳装饰零件厂	中国科技之光印刷类成果展览会	金奖	1992
31	速效治疗仪及多功能疾病探测治疗仪	平阳辉华电子仪器厂	全国第二届保健用品展览会	百寿金奖	1992
32	风扇自动离合器汽车水泵	温州活塞厂	湖南常德全国星火计划成果展销洽谈会	金奖	1993
33	碾米机米筛	鳌江农机配件厂	湖南常德全国星火计划成果展销洽谈会	金奖	1993
34	系列塑料机械产品	平阳电热机械厂	湖南常德全国星火计划成果展销洽谈会	金奖	1993

续表 31-4-4

序号	获奖项目名称	获奖单位	奖项名称	获奖级别	获奖时间(年)
35	水磨汤圆粉机	平阳电热机械厂	湖南常德全国星火计划成果展销洽谈会	金奖	1993
36	多功能装订机系列产品	平阳华丰机械厂	湖南常德全国星火计划成果展销洽谈会	银奖	1993
37	JN系列电子高效节能灯	平阳高效节能灯具厂	湖南常德全国星火计划成果展销洽谈会	银奖	1993
38	再生塑料包装机械系列	平阳机械三厂	湖南常德全国星火计划成果展销洽谈会	银奖	1993
39	超功能全自动快速开水热水多用机	平阳县电子电热器具厂	第二届中国专利新技术新产品博览会	金奖	1994
40	超功能全自动快速开水热水多用机	平阳县电子电热器具厂	’93全国专利技术博览会	银奖	
41	多功能微型速效热水器	平阳县电子电热器具厂	第二届中国专利新技术新产品博览会	优秀奖	
42	钢球行星差动减速机	平阳减速机械总厂	中国科技成果专利技术专利产品博览会	金奖	1993
43	魔力洗衣球	平阳水头机刨厂	中国科技成果专利技术专利产品博览会	科技创新奖	1993
44	报警追踪器	平阳保安器材厂	中国科技之星博览会	金奖	1993
45	ST-EY-4-750型圆织机	平阳振兴化塑机械厂	广州第五届中国新技术新产品博览会	金奖	1993
46	1HF型离心泵	平阳泵阀厂	’93中国表面防腐蚀产品成果博览会	金奖	1993
47	耐氟球阀	平阳泵阀厂	’93中国表面防腐蚀产品成果博览会	银奖	1993
48	虎豪皮衣	浙江虎豪实业有限公司	中国企业文化节企业精品博览会	金奖	1993
49	通众皮衣	平阳华兴服装有限公司	中国企业文化节企业精品博览会	金奖	1993
50	全自动洗衣机减速离合器	浙江三星洗衣机配件厂	全国适用技术展览交易会	金奖	1993
51	YZ型自动上线电动档案传票文书装订机	平阳县鳌江建工设备机械厂	第四届发明博览会	铜奖	1994
52	虎豪牌皮衣	浙江虎豪皮革制衣有限公司	第三届中国名优服装博览会	销售银奖	1994
53	氟塑料合金液下泵离心泵	平阳化工机械总厂	杭州中国星火计划国际研讨会暨星火技术和产品展示会	金奖	1994
54	全自动洗衣机减速器	浙江三星洗衣机配件厂	杭州中国星火计划国际研讨会暨星火技术和产品展示会	金奖	1994
55	6NY-150/150优质碾米机组	平阳农业机械厂	杭州中国星火计划国际研讨会暨星火技术和产品展示会	金奖	1994
56	粉状及再生塑料系列加工设备	温州电热机械厂	杭州中国星火计划国际研讨会暨星火技术和产品展示会	金奖	1994
57	文善牌多功能装订机裁切机	平阳华丰机械厂	杭州中国星火计划国际研讨会暨星火技术和产品展示会	金奖	1994
58	NAI-DOV内酯豆腐、豆奶机	平阳冶金设备修造厂	杭州中国星火计划国际研讨会暨星火技术和产品展示会	金奖	1994

续表 31-4-4

序号	获奖项目名称	获奖单位	奖项名称	获奖级别	获奖时间(年)
59	内酯豆腐机生产线	平阳冶金工业机械公司	中国国际新科技新产品博览会	金奖	1994
60	虎豪皮衣	浙江虎豪实业有限公司	中国国际名牌产品博览会	金奖	1994
61	虎豪皮衣	浙江虎豪实业有限公司	中国家用科技精品博览会暨家用新技术新产品联销订货会	金奖	1994
62	数码变调音响设备	平阳电子乐器厂	中国家用科技精品博览会暨家用新技术新产品联销订货会	金奖	1994
63	速效自动治疗仪、疾病探测仪	平阳辉华电子仪器厂	中国家用科技精品博览会暨家用新技术新产品联销订货会	金奖	1994
64	利尔康治疗仪	平阳康复电子有限公司	中国家用科技精品博览会暨家用新技术新产品联销订货会	银奖	1994
65	不锈钢厨房用具	平阳兴岗装潢工艺厂	中国家用科技精品博览会暨家用新技术新产品联销订货会	银奖	1994
66	凉液垫	平阳夏威移凉垫厂	中国家用科技精品博览会暨家用新技术新产品联销订货会	银奖	1994
67	衬衫	平阳衬衫厂	中国家用科技精品博览会暨家用新技术新产品联销订货会	银奖	1994
68	电热水器	平阳立昌家电有限公司	中国家用科技精品博览会暨家用新技术新产品联销订货会	银奖	1994
69	貂乐皮衣	平阳亨达服装公司	首届中国优质与名牌产品博览会	金奖	1994
70	貂乐皮衣	平阳亨达服装公司	’95中国真皮标志产品展览会	优秀设计奖	1995
71	三星牌洗衣机减速离合器	浙江三星洗衣机配件厂	中国轻工总会、中国保护消费者基金会、中国发展战略研究会	1996年中国名牌产品	1996
72	塑料包装系列机械	浙江申力塑料机械厂	中国轻工总会、中国保护消费者基金会、中国发展战略研究会	96年中国名牌产品	1996
73	广银牌系列塑料机械、建筑卷扬机、路面机械	温州广银集团			
74	益众牌塑料系列机械	温州电热机械厂	中国轻工总会、中国保护消费者基金会、中国发展战略研究会	96年中国名牌产品	1996
75	恒劲牌皮鞋	平阳恒劲皮鞋厂	中国轻工总会、中国保护消费者基金会、中国发展战略研究会	96年中国名牌产品	1996
76	乔治白衬衫	浙江乔治白服饰股份有限公司	中国轻工总会、中国保护消费者基金会、中国发展战略研究会	96年中国名牌产品	1997
77	虎豪皮衣	浙江虎豪实业有限公司	中国皮革工业协会	98中国十大真皮衣王	1998
78	水泥包装袋	温州广天集团公司、温州天龙塑料企业集团、温州萧振包装有限公司	北京全国定点企业授牌发证大会	国家定点生产单位	1998
79	麻步文旦柚	平阳麻步镇	中国特产之乡农产品交易会	中国名优柑橘银奖	2000
80	麻步文旦	麻步镇水港村	中国特产之乡农产品交易会	名优柑橘银奖	2000

续表 31-4-4

序号	获奖项目名称	获奖单位	奖项名称	获奖级别	获奖时间（年）
81	平阳早香茶	平阳县茶叶协会	中国国际农业博览会	中国名牌产品	2001
82	平阳早香茶	平阳县茶叶协会	2002年中国精品名茶博览会	金奖	2002
83	“庄吉”商标	庄吉集团		中国驰名商标	2002
84	平阳早香茶	平阳茶叶协会	中国精品名茶博览会	金奖	2002
85	庄吉服饰	庄吉集团	中国轻工总会、中国保护消费者基金会、中国发展战略研究会	中国名牌	2003
86	庄吉、乔治白服饰	庄吉、乔治白集团	全国服饰质量抽检	优等品	2004
87	平阳早香茶、蘑菇、大黄鱼等10产品	平阳茶叶协会等	2004年中国（温州）特色农业博览会	金奖	2004
88	冰橄榄、文旦	平阳农业局	2004年中国（温州）特色农业博览会	优质奖	2004
89	环保智能型宠物厕所	平阳县科技开发公司	中国宠物及水族用品展览会	最高创新奖	2005
90	整体熟制原味葵花盘	温州市赏美食品有限公司	第五届中国武汉农业博览会	金奖	2008
91	绿洲精制有机肥“花卉宝”		第五届中国武汉农业博览会	金奖	2008

说明：资料由平阳县科技局提供

1989—2012年平阳县省级科技获奖项目一览表

表 31-4-5

序号	获奖项目名称	获奖单位	奖项名称	获奖级别	获奖时间（年）
1	山羊毛变性处理技术及产品	平阳毛纺织厂	省科技星火奖	先进集体	1989
2	废旧塑料机械成套设备开发	平阳特种机械设备厂 平阳农业机械修造厂	省科技星火奖	二等奖	1989
3	优化杂交组合实行技术配套夺取晚稻增产	平阳农业局等单位	浙江省科技进步奖	四等奖	1990
4	推广罗斯良种鸡、促进禽蛋生产发展	县农业局、县科委		四等奖	
5	氟塑料合金系列产品开发	平阳化工机械厂	省科委星火奖	三等奖	1991
6	废塑料（含量40%）编织产品	平阳塑料八厂、平阳科委	省科委星火奖	二等奖	1992
7	氟塑料合金系列产品开发	平阳化工机械厂	省二轻工业科技进步奖	集体三等奖	1991—1993
8	内酯豆腐机	平阳二轻长虹食品机械厂	省二轻工业科技进步奖	二等奖	
9	ZHB系列轴承式无级变速机	浙江星河机器厂	省二轻工业科技进步奖	二等奖	
10	SYJ-4塑料圆织机	平阳通用机电设备厂	省二轻工业科技进步奖	三等奖	
11	CHPBIAS高强度白合金汽车轴瓦	平阳县轴瓦厂	省二轻工业科技进步奖	三等奖	
12	SDB-100型瞬时式断绳安全保护器	平阳提升设备机械厂	省二轻工业科技进步奖	三等奖	
13	0.01，0.02，0.05级HL-53D，HS-11D电流、电压互感器	平阳精制互感器厂	省二轻工业科技进步奖	三等奖	

续表 31-4-5

序号	获奖项目名称	获奖单位	奖项名称	获奖级别	获奖时间(年)
14	自动洗手器	平阳县人民医院 姚明医师	浙江省发明奖选择赛	三等奖	1994
15	安全气垫袋	平阳气垫袋厂	浙江省发明奖选择赛	二等奖	1994
16	直流稳压电流直流输入与输出压差恒定装置	平阳光电仪表厂	浙江省发明奖选择赛	二等奖	1994
17	平阳早香茶南雁雪茶	平阳县茶叶协会	第十一届省名茶评比会	二类名茶	1995
18	塑料挤出筒料合复袋联合机组	温州天龙企业集团	浙江省科技进步奖	优秀奖	1998
19	S系列斜齿轮螺杆减速机	浙江东海减速机有限公司	浙江省科技进步奖	优秀奖	1998
20	DWP-JG型微机程控高速卷扬机	浙江兴隆机械厂	浙江省科技星火奖	三等奖	1998
21	浙南长毛兔养殖场	浙南长毛兔研究所	省、市、县三级专家评审	省一级种兔场	1999
22	WJDNX32RC人民币伪钞鉴别仪	平阳南星电子厂	浙江省科技厅	省高新技术产品	2002
23	WJDNGLI金利40A/B人民币伪钞鉴别仪	浙江金利电子有限公司	浙江省科技厅	省高新技术产品	2002
24	粉末烧结合金整体式汽车曲轴止推瓦	温华康汽车配件有限公司	浙江省科技厅	省高新技术产品	2002
25	电气化铁道及电力机车用复合外套氧化锌避雷器	温州益坤电气有限公司	浙江省科技厅	省高新技术产品	2002
26	鳌头牌水产品	南麂岛开发有限公司	浙江农业博览会	金奖	2002
27	星亮鸽蛋	平阳星亮鸽业有限公司	浙江农业博览会	银奖	2002
28	雪雁蘑菇	平阳雪雁蘑菇专业合作社	浙江农业博览会	优质奖	2002
29	鸿雁牌马蹄笋	平阳县马蹄笋产业协会		浙江省名牌	2003
30	星亮牌鸽蛋 康立牌猪肉	平阳星亮鸽业有限公司 平阳科龙农牧经贸有限公司		省级绿色产品	2003
31	粗高长毛兔	平阳全盛兔业有限公司	浙江省农业博览会	金奖	2003
32	“庄吉”“乔治白”	庄吉集团、乔治白服饰有限公司	全国西服质量抽检	优等品	2004
33	“远东”(图形)	浙江远东皮革有限公司		浙江著名商标	2006
34	皮腰带	温州奋起皮业有限公司		浙江名牌产品	2006
35	环保型猪皮鞋里革	浙江远东皮革有限公司		浙江名牌产品	2006
36	FAREAST皮革产品	浙江远东皮革有限公司		浙江名牌产品	2006
37	胶粘皮鞋	浙江金萨克服饰皮具有限公司		浙江名牌产品	2006

续表 31-4-5

序号	获奖项目名称	获奖单位	奖项名称	获奖级别	获奖时间（年）
38	微型电动葫芦	温州华阳起重电机有限公司		浙江名牌产品	2006
39	氧化锌避雷器	温州益坤电气有限公司		浙江名牌产品	2006
40	泰平王鸽鸽蛋	平阳县星亮鸽业有限公司		浙江名牌产品	2006
41	奋起（加图形）	温州市奋起皮业有限公司		浙江著名商标	2006
42	粗高（加图形）	平阳县全盛兔业有限公司		浙江著名商标	2006
43	双波活齿双动力洗衣机减速离合器（JHX-H-7.0HC）	浙江三星机电股份有限公司	省科学技术奖	三等奖	2010
44	高光泽度玻璃基珠光颜料的开发	浙江瑞成珠光颜料有限公司	省科学技术奖	三等奖	2011

说明：资料由平阳县科技局提供

第五章　科技管理与服务

1992年以来，以科技信息、农民信箱、科技信箱、科技咨询、科技扶持等方式开展科技服务，颁布制定90个政策性文件，其中，综合类38件、奖励类7件、工业类8件、农业农村类7件、减灾防灾类7件、知识产权类7件、项目经费类6件、高新技术类5件、科技信息类5件。

第一节　科技管理

管理机构

1989年，县科技职能管理部门是县科学技术委员会。1991年6月，科委、科协各自独立建制、分开办公，分别建科委党组和科协党组。1996年8月15日至2001年12月，县科委和县科协党组合并，成立中共平阳县科委科协党组。2001年12月"平阳县科学技术委员会"改名为"平阳县科学技术局"，"科委科协党组"也分别设为"中共平阳县科学技术局党组"和"中共平阳县科学技术协会党组"。2012年，平阳县科学技术局设办公室、工业科技管理科、农业科技管理科（防震减灾科）等3个职能科室，行政编制8名，其中，局长1名，副局长2名，中层领导职数3名。后勤服务人员编制1名。

科技体制改革

1984年，平阳开始实行科技拨款制度改革，将科技经费中的一部分改为有偿科技经费下达，规定在一定期限内予以回收，回收的经费仍用于科技事业。县人民银行也开展科技信贷业务活动。由银行和科委根据条件对新开发的产品项目进行择优贷放。1993年，建立科技发展基金。1995年，共向20个项目投入科技发展基金137.8万元，建议银行匹配贷款650万元，实际到位305万元。

1992年6月，省委首次选派王昌友到平阳县任分管科技的副县长。是年，县委、县政府确立科教兴县战略，出台《平阳县人民政府关于奖励为科技进步做出突出贡献人员的暂行规定》《平阳县科学技术进步奖励办法》《平阳县人民政府关于引进人才、资金、技术、项目的若干规定》等多个政策。1994年1月，萧江镇率先成立镇科委，至1996年12月，全县34个乡镇全部成立乡镇科委、科协，为乡镇科技工作管理打下坚实的基础。翌年，初步建立县、乡（镇）、村、部门、企业管理网络，改变了全县科技工作只有县科委十来人的被动局面。

1996年，平阳开展"科教年"活动，颁发《关于96科教年活动实施意见》和《关于科技一把手工程的实施意见》，进一步加强对科技工作的领导，明确责任。1999年，县委组织部、县科委考核部分乡镇的科技进步目标责任制。2004年3月，县财政局、县科技局联合印发《平阳县科技项目经费管理办法》，进一步加强和规范县级科技项目经费的管理，提高科技经费的使用效益。

科技规划

《平阳县科技发展纲要》（1991—2000年）　根据《平阳县国民经济和社会发展十年规划和“八五”计划调整意见》提出的社会经济发展目标和提前六年实现国民生产总值翻两番的要求，制定《平阳县科技发展纲要》，并经1992年4月30日平阳县第十届人民代表大会常务委员会第十四次会议原则通过。该《纲要》包括指导思想和基本原则、科技发展的目标、科技发展的重点、主要措施四部分。

《平阳县科技发展纲要》（修订）　1995年，平阳县为贯彻实施“科技兴县”的发展战略，适应社会主义市场经济的发展，进一步解放和发展科技这第一生产力，按照《中华人民共和国科学技术进步法》和中共中央、国务院《关于加速科学技术进步的决定》，对1991年制定的《平阳县科技发展纲要》进行修订，时间跨度改为1995—2010年，在8月30日召开的平阳县第十一届人民代表大会常务委员会第十七次会议上通过。该《纲要》包括科技发展的指导思想和基本原则、科技发展的目标和任务、科技发展的重点、主要措施四部分，对平阳县将来15年的科技发展提出更高的目标和更具体的措施。

《平阳县科技发展“九五”规划》（1996—2000年）　“九五”（1996—2000）期间，全县共实施星火计划项目210项，其中，国家级25项、省级24项、市级20项、县级141项。平阳县在全市率先进入全国科技工作先进县后，相继成为国家级星火技术密集区和全国科技兴海示范基地，继而又迈进全省科技进步先进县行列。1996—2000年，技术创新能力进一步增强，企业建立研究开发机构或建立稳定的技术依托；农业科技推广力度加大，农业先进适用技术覆盖率82.3%，主要农作物优良品种覆盖率97.1%。2000年，高新技术产业增加值占工业增加值的比重3.87%，高新技术产业初露端倪。

《平阳县科技发展“十五”规划》（2001—2005年）　至2005年，平阳县科技进步因素对经济增长的贡献率达到50%以上。农田设施标准化率达到60%以上，主要农作物优良品种覆盖率达到98%以上，农业先进适用技术推广覆盖率达到85%以上。组建省级和市级企业技术中心各2家，县级企业技术中心15～20家，每年引进推广新工艺、新技术、新材料、新设备平均达50项。建设县高新技术产业园区，形成重点领域和重点区域高新技术产业优势，全县高新技术产业增加值占工业增加值的比重达到15%以上。全县共建立市级以上企业研发中心5家（省级2家、市级3家）、企业博士后科研工作站1个、中试基地（旨在进行中间性试验的专业试验基地）1个、县级科技创新服务中心3家。新组建平阳县高级人才联谊会等科技中介机构，建立平阳科技信息网、中国大众科普网、中国浙江网上技术市场·平阳分市场等科技创新服务平台。

《平阳县科技发展“十一五”规划》（2006—2010年）　至2010年，企业研发技术中心建设有新进展，规模以上企业设研发技术中心的比例达12%以上，建设科技企业孵化器。培育高新技术企业50家，其中，国家级3家、省级10家以上、市级20家以上，省级高新技术企业工业增加值占规模以上工业增加值比重达20%以上。国民经济稳步增长，产业结构调整步伐加快，城乡一体化不断推进，社会事业全面进步，综合实力进一步增强，人民收入水平和生活质量稳步提高，各方面都取得明显的进步，跻身全国最具投资潜力中小城市百强和全国中小城市（县）综合实力百强的行列。

《平阳县科技发展“十二五”规划》（2011—2015年）　至2015年，力争实现社会科技经费投入大跨越。其中研发经费（R & D）投入占GDP比重达到2.2%以上。力争实现高新技术产业大飞跃，其产业增加值占工业增加值的比重达到25%以上，建设省级高新技术特色产业基地1个，新增高新技术企业数25家。专利授权突破3500件，其中，发明专利突破120件以上，培育专利技术产业化项目25项以上，培育专利示范企业50家以上；完成科技孵化器建设，面积达到5万平方米以上。有机农产品总量达到5个，绿色农产品数量达到2个，省级无公害农产品基地达到65个。争取选择2个农业特色产业组织实施国家、省级科技富民专项行动计划。加强生态与环境、生命与健康、公共安全、交通与能源等民生科技领域的创新。

第二节 科技政策

根据国家和省、市颁发的法律、法规、政策文件的精神，县委、县政府以及其职能部门根据平阳县实际，自1992年以来颁布制定90个政策性文件，分9个类型，其中，综合类38件、奖励类7件、工业类8件、农业农村类7件、减灾防灾类7件、知识产权类7件、项目经费类6件、高新技术类5件、科技信息类5件。

1992—2012年平阳县颁布的主要科技政策文件目录

表31-5-1

序号	文件题目	发文单位、文号	备注
1	关于依靠科技进步，推动经济发展的若干政策规定	县委发〔1992〕84	综合
2	关于加快农科教结合步伐，推动平阳县农村经济发展的若干规定	平政发〔1992〕240	
3	关于建立平阳县科技发展基金的规定	平政发〔1993〕147	
4	平阳县1125工程计划	平政发〔1994〕110	
5	385质量管理工程实施意见	平政发〔1994〕80	
6	关于实施乡镇科技工作目标管理考核指标的通知，附《乡镇科技工作目标考核表》	平政发〔1995〕87	
7	关于学习《中共中央国务院关于加速科学技术进步的决定》的通知	县委办〔1995〕68	
8	平阳县质量立县实施办法	平政发〔1995〕112	
9	关于争创“全国科技工作先进县”的通知	平政办〔1995〕126	
10	平阳县质量监督检查免检暂行办法	平政发〔1995〕145	
11	平阳县科技发展纲要（修订）（1995—2010）	平政发〔1995〕157	
12	关于加快浙江省鳌江国家级星火技术密集区建设的若干规定	县 委〔1995〕8	
13	关于在全县开展创建科技工作先进乡（镇）活动的通知	县委发〔1996〕95	
14	关于’96“科教年”活动的实施意见	县委发〔1996〕133	
15	组织实施“科技兴海”工程	平科字〔1996〕23	
16	关于加速科技进步的若干意见	县 委〔1996〕10	
17	关于科技一把手工程的实施意见	县委发〔1996〕170	
18	关于在全县农村计划生育户中开展科技帮扶活动的通知	平科字〔1996〕107	
19	关于举办“益众杯”第一把手抓第一生产力、深入实施“科教兴县”战略论文评选活动的通知	县委办〔1997〕69	
20	创建科技进步先进县实施方案	县委发〔1999〕115	
21	关于开展1999年度乡镇党政领导科技进步目标责任制考核工作的通知	平科字〔1999〕72	
22	关于1999年度乡镇党政领导科技进步目标责任制考核情况的通报	平科字〔2000〕8	
23	关于印发《平阳县科学技术局职能配置、内设机构和人员编制方案》的通知	平政办〔2002〕66	
24	关于印发《平阳县科学技术发展“十五”规划》的通知	平政发〔2002〕92	
25	关于印发《平阳县科技兴海“十五”计划》的通知	平 科〔2002〕34	
26	平阳县科学技术协会职能配置、内设机构和人员编制方案	平委办〔2002〕140	
27	2004年科技扶贫工作实施意见	平 科〔2004〕14	
28	关于开展“农村劳动力素质培训工程”的实施意见	平委办〔2002〕128	

续表 31-5-1

序号	文件题目	发文单位、文号	备注
29	平阳县创建省级文明城市目标责任制分解表	平委办〔2007〕49	综合
30	平阳县产品质量和食品安全专项整治行动方案	平政办〔2007〕91	
31	关于深入开展创建学习型社会活动的若干意见	平委发〔2008〕6	
32	关于创建省级示范文明城市的实施意见(2008—2009)	平委发〔2008〕39	
33	关于扶持"活力和谐企业"发展的若干规定	平委发〔2008〕39	
34	关于开展2008年创业创新服务的工作方案	平　科〔2008〕19	
35	关于印发《平阳县2008年度乡(镇)工作目标责任制考核办法》的通知	平委发〔2008〕86	
36	平阳县2008年度鼓励开放型经济发展若干扶持政策	平政发〔2008〕201	
37	关于培育发展"百星"企业的实施意见	平政发〔2009〕25	
38	关于增强自主创新能力加快建设科技强县的意见	平委发〔2010〕21	
39	关于印发平阳县科技进步奖励办法实施细则的通知	平政发〔2001〕133	奖励
40	关于印发平阳县科技进步奖励办法的通知	平政发〔2001〕156	
41	平阳县专利实施奖励办法(试行)	平　科〔2007〕19	
42	平阳县发明专利重大发明奖评选办法(试行)	平　科〔2007〕20	
43	平阳县科学技术奖励办法	平政发〔2009〕49	
44	关于印发平阳县支持企业技术创新若干规定的通知	平政发〔2010〕19	
45	关于印发平阳县科学技术奖励办法实施细则的通知	平　科〔2010〕8	
46	1995年重点工业企业评定标准及优惠政策	平政发〔1995〕31	工业
47	关于加强企业技术改造若干措施的通知	平政发〔1996〕137	
48	平阳县科技星火示范企业标准及考核验收试行办法	平科字〔1996〕31	
49	关于开展"工业项目推进年"活动的实施意见	平委发〔2004〕47	
50	关于推进工业产业结构优化升级的若干意见	平委发〔2005〕122	
51	关于印发平阳县工业投资项目准入管理办法(试行)的通知	平政发〔2008〕30	
52	关于加快工业转型升级的实施意见	平政发〔2009〕28	
53	关于印发平阳县工业投资项目准入管理实施细则(试行)的通知	平政办〔2009〕135	
54	关于加快农科教结合步伐,推动平阳县农村经济发展的若干规定	平政发〔1992〕240	农业农村
55	关于农村科技推广年活动实施意见的报告	平政发〔1995〕133	
56	关于全面推进社会主义新农村建设的若干意见	平委发〔2006〕192	
57	关于全面落实农技推广人员工作责任加快构建新型农技推广体系的通知	平政发〔2008〕113	
58	关于印发平阳县鸽产业化关键技术集成提升工程实施方案的通知	平政办〔2010〕48	
59	关于印发平阳县科技富民强县项目扶持鸽产业发展若干规定	平科富领〔2010〕13	
60	关于印发平阳县养鸽示范户(村)管理办法的通知	平科富领〔2011〕3	

续表 31-5-1

序号	文件题目	发文单位、文号	备注
61	2004年地质灾害防治方案的通知、平阳县突发性地质灾害应急预案	平政办〔2004〕62	减灾防灾
62	平阳县地震应急预案	平政办〔2006〕8	
63	平阳县2007年地质灾害防治方案	平政办〔2007〕53	
64	平阳县水上防台应急预案	平政办〔2007〕75	
65	平阳县2008年度地质灾害防治方案	平政办〔2008〕55	
66	平阳县2009年度地质灾害防治方案	平政办〔2009〕65	
67	平阳县突发地质灾害应急预案（修订）	平政办〔2009〕66	
68	关于加强专利工作促进技术创新的若干意见	平政发〔2002〕188	知识产权
69	关于进一步加强专利工作促进科技创新的若干意见	平政办〔2006〕138	
70	平阳县专利示范企业认定办法（试行）	平　科〔2007〕19	
71	平阳县专利示范企业认定与管理办法	平　科〔2009〕7	
72	关于印发《平阳县专利权质押贷款管理办法（试行）的通知》	平银发〔2010〕12	
73	关于贯彻实施国家知识产权战略的若干意见	平政发〔2011〕117	
74	关于印发《平阳县专利专项资金管理办法（试行）的通知》	平　科〔2011〕27	
75	关于建立平阳县科技发展基金的规定	平政发〔1993〕147	项目经费
76	平阳县科技计划与项目管理暂行办法	平　科〔2002〕33	
77	平阳县技术改造贴息资金实施细则	平政发〔2003〕106	
78	平阳县科技项目经费管理办法	平　科〔2004〕6	
79	平阳县实行企业技术开发费税扣除政策的实施办法	平　科〔2007〕38	
80	平阳县科技计划项目管理经费使用管理办法	平　科〔2009〕18	
81	关于加快高新技术产业发展的若干规定	县委发〔19944〕78	高新技术
82	关于扶持高新技术产业发展的若干规定	县　委〔1998〕4	
83	关于加快高新技术产业及科技型企业发展的若干意见	平政发〔2005〕163	
84	平阳县高新技术企业和科技型中小企业认定管理办法（试行）的通知	平政发〔2006〕136	
85	平阳县企业技术研究开发中心和行业技术创新服务中心认定管理办法（试行）的通知	平政办〔2006〕174	
86	平阳县信息化示范企业创建工作细则	平政发〔2003〕95	科技信息
87	平阳农网农村经济信息进村入户工程实施意见	平政办〔2004〕72	
88	平阳县科技信息宣传工作考核奖励办法	平　科〔2007〕41	
89	关于开展平阳县科技信箱工作的实施方案	平　科〔2007〕46	
90	关于加快推进农村通讯基础设施建设的意见	平政发〔2007〕50	

说明：资料由平阳县科技局提供

第三节　科技服务

科技服务单位

县科技情报中心　1984年6月，平阳县科技情报中心建立，为事业单位，与县商品生产领导小组信息专业组合署办公，属县商品生产领导小组和县科委领导，1985年3月，中心正式挂牌开展工作。2004年3月，县科技情报中心增挂“平阳县知识产权管理办公室”牌子，实行一个机构、两块牌子的管理体制。

星火计划办公室　1996年7月，县政府发文设立，主要负责全县星火计划管理、申报和实施；负责全县星火培训工作和浙东南星火培训基地、国家星火培训学校的管理；负责星火技术密集区办公室日常工作；负责农业星火科技示范基地建设与管理；负责鳌江星火大楼管理。

县地震监测防御中心　2011年12月，县编委同意撤销县星火计划办公室，成立县地震监测防御中心，承担全县地震台站的日常维护，地震网络数据收集、分析，地震监测预测，防震减灾公共服务（信息发布、科普宣传）等。

乡镇科委　1996年7月，县委、县政府颁发《关于加速科技进步的若干意见》，要求各乡镇都要建立科教兴乡（镇）领导小组，建立乡（镇）科委、科协，配备科技副乡（镇）长。1996年底，全县34个乡镇全部都建立科委。

县科技副乡（镇）长联谊会　1998年2月，平阳县科技乡（镇）长联谊会由各乡镇科技副乡（镇）长自发组织，经县委组织部、县科委、县科协批准成立。2009年，召开平阳县科技副乡镇长联谊会，进行科技管理与创新知识培训。

科技信息

1991年，平阳县科技情报中心联合平阳县科技经济信息协会、平阳县图书馆、平阳县经济信息中心、平阳县工程师协会、平阳县新产品技术市场等单位刊出油印刊物《平阳科技情报》，一季度刊出一期，向全县工商企业、县政府各有关职能部门提供国内外科技动态和信息，并与各兄弟县、市进行交流。1999年10月，平阳科技信息网开通。2003年7月25日，《平阳科技信息》简报创刊，至2012年12月，共编印107期，累计发放近2万份。

农民信箱

2004年7月，县政府办公室印发《平阳农网农村经济信息进村入户工程实施意见》，通过农村经济信息进村入户工程的建设，创造一个能够直接为农业龙头企业、农业专业合作组织、农村种养大户和有条件的农户提供市场行情、生产技术、综合服务的平台，帮助他们及时掌握市场行情、发布供求信息、拓宽流通渠道，逐步建立起适应社会主义市场经济的“大农业”生产格局。平阳电信公司利用电话、短信、互联网、114号码百事通和信息服务站点等多种形式，开展农村技术培训服务，把农民引上信息致富之路。

科技信箱

2007年9月，县科技局制定《关于开展平阳县科技信箱工作的实施方案》。科技信箱主要由“系统信箱”和“科技通”两大部分组成，主要功能有信息发布、信息互动、信息获取、信息沟通、调研统计。科技信箱是利用信息和网络技术，通过建立政府、企业、高校、院所、中介机构和科技人员的通信网络，将政务信息、技术供求、科技资源等各种信息集成。这是进行点对点、点对多通信和联络的工具，也是构建更加方便、快捷的科技信息互通桥梁。

科技咨询

建立以“一乡一品，一村一品”为基础，通过以商品名称命名的各种专业协会，为专业户、家庭工业、集资联办工业提供科技情报和商品信息。县科技局、科协及时对协会传书送信、交流经验，使专业户、广大农民受益。建立农村商品生产咨询服务机构，根据农村发展商品生产的需要，组织发挥智力集中的优势，开展包括现场考察、规划设计、技术论证、疑难解答等服务活动，积极提供新成果、新技术、新工艺、新材料。

科技扶持

1989—2012年，县科技局在农业科技的试验、示范、推广上，以三种专业户（有示范作用、开发性、农副产品保鲜和深度加工的）为重点，根据其经营项目和特点，实行“三个优先”（种子、苗种、技术）加以扶持。推广基地，采取多种形式把引进的农业新技术、新成果应用到农村中去，并组织科技人员下乡下厂支持和引导专业户、农民家庭工业、集资联办工业的发展，帮助他们解决技术难题。2008年5月，县科技局制定《关于开展2008年创业创新送服务的工作方案》，开展创业创新结对活动和创业创新送服务活动。局领导挂钩联系一批科技型企业，重点培育发展成省、市高新技术企业、省科技型中小企业、省农业科技企业；帮助解决项目实施中的困难和问题，加强项目实施的指导工作，提高项目实施成效和经费的使用效益；开展送科技下乡活动，为基层送去科普书籍、实用技术、科技咨询、医疗义诊等活动项目；开展技术培训，全年举办技术培训4期，针对农村、农业、农民所需，有针对性地开展实用技术培训，切实帮助种植户、养殖户和农民工提高生产技术和劳工技能；开展对外科技合作交流，邀请国内大专院校专家与企业开展合作，指导企业进行技术开发。

第三十二卷

DI SAN SHI ER JUAN

《平阳县志（1989—2012）》

PINGYANG XIAN ZHI

文　化

1989—2012年，平阳文化发展迅速，文化事业蒸蒸日上。1997年6月，文化部授予平阳全国文化工作先进县称号。

其间，县文化馆参加或选送作品参加国家、省、市各级艺术赛事，屡获大奖，其中获得省级以上大奖70余次。县文化馆作为主要执行单位，组织策划大量群众文化艺术活动，如文化艺术节等专题文艺活动、广场文艺活动和村镇社区文艺活动。2012年，县图书馆文献藏量50余万册(件)，是1989年的6倍多。2005年，该馆加入温州市图书馆集群管理系统(interlib)，实现与温州图书馆及温州其他县(市、区)馆图书文献的通借通还，标志着平阳图书馆事业进入自动化时代，图书流通量也大幅攀升。文博事业取得可喜成绩，2012年，全县共有文保单位101处，其中，全国重点文保单位2处，省级12处。县博物馆文物藏量1000余件，其中，国家一级文物3件、二级文物22件、三级文物29件。木偶剧团和小百花越剧团是平阳重要的艺术团体，在木偶戏的保护传承和越剧的发展上都取得很大的成绩，多次获得国家、省市级大奖，涌现出许多木偶保护传承专家和戏剧名角。截至2012年，全县共有图书音像发行网点85个，是1989年的2.3倍。截至2012年，全县有电影放映单位12个，其中，影城2个、电影队10个。全县电影行业有新农村数字电影放映队10支，从业人员18人，2006—2012年，累计送电影下乡30664场，年均放映场次5100余场。2009年9月，开播数字电视。2012年，开通模拟电视37套、数字电视102套，有线电视用户18.6万户，城乡广播网络覆盖率95%以上。

平阳县文化体制改革取得丰硕的成绩。2005年，县广播电视局、台分离，县文化新闻出版局与县广播电视局合并组建“平阳县文化广电新闻出版局”。2011年，小百花越剧团转企改制。2012年，县木偶剧团增挂“平阳县木偶剧团有限责任公司”牌子，实行市场化运作。2000年，县新华书店开始改制，更名为“浙江省平阳县新华书店有限公司”，归属浙江省新华书店集团有限公司管理。2002年，县电影公司开始改制，下属影院相继转让，并进行清产核资、安置职工、清偿债务等工作。2005年，平阳剧院开始推进向经营性单位的改制。文化单位在用工制度上也有新的突破。1995年，县小百花越剧团、县木偶剧团集体编制的演职人员转为全民所有制合同工。1999年，县电影公司实行竞争上岗，精减冗员50余人。2000年，县文化局直属事业单位开始实行聘用制，定岗、定编、定人，坚持“公开、平等、竞争、择优”原则，竞聘上岗，双向选择。2005年，县图书馆实行图书馆馆员竞争上岗，试行把专业技术职称与评聘分开。

第一章　群众文化机构

平阳县文化局是平阳文化事业的主管单位，2003年，更名为平阳县文化新闻出版局。2005年，更名为平阳县文化广电新闻出版局(简称“县文广新局”)。其下辖文化馆、图书馆、文物馆(文保所、博物馆)、木偶剧团(木偶戏保护传承中心)、小百花越剧团、平阳剧院、新华书店、电影放映公司等文化单位。

第一节　文化馆(站)

平阳县文化馆

县文化馆原位于西城下南路8号，其前身是成立于民国19年(1930)的平阳县立民众教育馆，1949年11月改建为平阳县人民文化馆，1952年11月改称“平阳县文化馆”。2009年，搬迁至昆阳镇天来巷8号的县文化中心，新馆舍面积3561平方米，包括剧场、多功能厅、视觉艺术展览厅、音乐舞蹈排练厅、非遗展示馆、各类辅导培训教室等。1989年2月，被省文化厅评为一级文化馆。1989年，被省文化厅评为年度先进集体。1991年，被省文化厅授予先进单位称号。1993年，被省文化厅、省财政厅评为全省“以文补文”先进集体。2002年，被中宣部、国家计生委授予“全国婚育新风进万家活动”先进单位称号。2008年9月，经县编制委员会研究决定，增挂县非物质文化遗产保护中心牌子。2011年11月，被文化部命名为国家一级文化馆。

1989年，有工作人员22人(含借用1人)，具有群文专业技术职务资格的11人，其中，中级专业技术人员3人、初级专业技术人员8人，管理类人员有

县文化中心落成仪式（2009年）

8人。2012年年末，馆内设有办公室、辅导部、视觉艺术部、理论调研室、“非遗”综合科等部门。全馆在编干部职工22人，具有群文专业技术职务资格的14人，其中，高级专业技术人员2人、中级专业技术人员8人、初级专业技术人员4人，管理类人员2人。

1989—2001年，共编印《平阳演唱》44期、《南雁歌声》46期。1991年3月，《平阳演唱》被省评为演唱刊物三等奖。1994年出刊《平阳好歌曲歌词选集》，1996年编印《第五届歌舞节歌曲专辑》《通俗文学创作作品》各一册。2001年，在《平阳演唱》《南雁歌声》的基础上改版为《平阳文艺》，至2012年末，共出版14期。2011年，启动“月月活动周”展厅免费开放活动，2012年，展厅改作平阳县视觉艺术展厅，先后举办老百姓书画展、魁峰书院笔会、首届十字绣作品展等艺术活动。

1989年，文化馆编写的民舞《三元造楼》编入国家民舞卷。1989—2012年，参加或选送作品参加国家、省、市各级艺术赛事，收获颇丰。1999年，声乐《牧童哪里去了》参加文化部举办的全国第九届“群星奖”音乐比赛，获优秀奖。2000年，群舞《田间风景线》参加文化部举办的全国第十届“群星奖”比赛，获银奖。2001年，歌曲《童年的海》参加文化部举办的全国第二届“蒲公英奖”少儿音乐大赛，获铜奖。2004年，舞蹈《萧江大鼓》参加文化部举办的全国第七届中国艺术节“风从东海来”文艺晚会，获金奖。2007年，歌曲《春到农家》参加省委宣传部举办的省第九届精神文明建设“五个一工程”评比，获“五个一工程”奖。2008年，小品《不是广告的广告》参加华东六省一市戏剧小品大赛，获创作和表演双金奖。

1989—2012年平阳县文化馆获奖情况一览表

表32-1-1

年份（年）	活动、比赛名称	参赛内容	获奖情况	颁奖单位
1989	“光彩杯”全国摄影大赛	摄影《金秋》（郑毅）	入选	中国摄影家协会
1989	“光彩杯”全国摄影大赛	摄影《丰收乐》（郑毅）	入选	中国摄影家协会
1990	省第三届音舞节	群舞《七夕》	表演三等奖 创作三等奖	省文化厅
1990	省第三届曲艺节	曲艺《山路》	创作二等奖 优秀演出奖 音乐设计奖	省文化厅
1990	省第三届曲艺节	新故事《弄拙成巧》	创作二等奖	省文化厅
1992	全国首届歌词歌曲大奖赛	歌曲《人生大海》	创作三等奖	
1993	省第四届音舞节	群舞《嘿，打工妹》	表演二等奖 创作二等奖	省文化厅
1994	首届乡镇企业“太平杯”歌曲大赛	歌曲《供销员生涯》	一等奖	全国总工会、文化部等
1994	全国少年儿童歌曲新作	歌曲《依恋》	二等奖	国家教委、中国音协
1995	省乡村舞蹈比赛	群舞《萧江大鼓》	创作一等奖 表演二等奖	省文化厅

续表 32-1-1

年份(年)	活动、比赛名称	参赛内容	获奖情况	颁奖单位
1995	第三届国际书画展	山水画《雨露山乡》	银奖	
1995	省第三届“耕耘者”书画展	中国画《山水》(陈志元)	美术作品三等奖	省文化厅
1995	省第三届“耕耘者”书画展	摄影《半日》(姜光树)	摄影作品三等奖	省文化厅
1996	省文化站干部摄影大奖赛	摄影《山林扑火》	二等奖	
1997	省歌曲新作演唱大赛	歌曲《你是清风》	创作三等奖	省文化厅
1997	省歌曲新作演唱大赛	歌曲《眼镜里的北京》	创作三等奖	省文化厅
1997	省第三届音乐舞蹈节	舞蹈《田间风景线》	创作一等奖 表演一等奖	省文化厅
1998	省畲族新歌大赛	歌曲《买斗笠》	创作一等奖 演唱二等奖	
1998	省畲族新歌大赛	歌曲《畲乡采茶女》	创作三等奖 演唱二等奖	
1999	省群众舞蹈大赛	群舞《野山情》	二等奖	省文化厅
1999	全国第九届“群星奖”音乐比赛	声乐《牧童哪里去了》	优秀奖	文化部
1999	全国群众书画摄影大展	摄影《荡涤人生》(姜光树)	中青年组优秀作品奖	文化部
2000	全国第十届“群星奖”比赛	群舞《田间风景线》	银奖	文化部
2000	省第十一届戏剧小品邀请赛	小品《克隆思维》	表演一等奖 创作二等奖	省文化厅
2001	新中国五十年群众文化成就大展	声乐《中华家谱》	二等奖	
2001	省第三届歌曲新作演唱大赛	声乐《中华家谱》	创作金奖 演唱金奖	省文化厅
2001	第六届华东地区话剧小品大赛	小品《客来西边》	创作二等奖	省文化厅等
2001	全国城市歌曲评选	歌曲《托起辉煌的明朝——鳌江镇镇歌》	创作金奖	
2001	中国曹禺戏剧奖·小品小戏奖暨中国剧协百优小品大赛	小品《克隆思维》	创作三等奖	中国戏剧家协会
2001	全国第四届百家电视台音乐节目展评	歌曲《拾海》	银奖	中国广播电视学会中国市长协会
2001	全国第二届“蒲公英奖”少儿音乐大赛	歌曲《童年的海》	铜奖	文化部
2002	省第十三届戏剧小品邀请赛	小品《特殊的婚礼》	创作二等奖 表演三等奖	省文化厅
2002	省第四届音乐新作演唱演奏大赛	声乐《好人》	演唱金奖	省文化厅
2002	省第四届音乐新作演唱演奏大赛	声乐《碧海仙山》	演唱金奖	省文化厅
2003	全国第三届表演唱会演	声乐《碧海仙山》	创作金奖 表演银奖	中央电视台音乐戏曲部、中国社会音乐研究会

续表 32-1-1

年份(年)	活动、比赛名称	参赛内容	获奖情况	颁奖单位
2003	全国第三届表演唱会演	声乐《海螺》	创作银奖 表演银奖	中央电视台音乐戏曲部、中国社会音乐研究会
2003	省社区之歌创作演唱大赛	声乐《家园》	演唱铜奖	省文化厅
2003	省抗击“非典”群众文艺作品大赛	温州鼓词《母子对话》	二等奖	省文化厅
2003	省优秀歌手演唱大赛暨华东六省一市青年歌手大赛选拔赛	歌曲《斑竹泪》	金奖	省文化厅
2004	第七届中国艺术节“风从东海来”开幕式和第十三届“群星奖”展演	舞蹈《萧江大鼓》	优秀作品展演金奖、浙江省群星奖	文化部
2004	省第十五届戏剧小品邀请赛	小品《镜子》	创作一等奖 表演一等奖	省文化厅
2005	全国第五届CCTV小品大赛	小品《镜子》	创作优秀奖 表演优秀奖	中央电视台
2006	省“群星奖”音乐新作演唱演奏大赛	声乐《新农村》	创作银奖 表演银奖	省文化厅
2007	2007年浙江省“群星奖”评比	小品《镜子》	群星奖	省文化厅
2007	全国第十四届“群星奖”戏剧比赛	小品《镜子》	入围奖	文化部
2007	省第九届精神文明建设“五个一工程”评比	歌曲《春到农家》	“五个一工程”奖	省委宣传部
2008	省第十九届戏剧小品邀请赛	小品《不是广告的广告》	创作金奖 表演金奖 最佳导演奖	省文化厅
2008	省乡村舞蹈大赛	舞蹈《乡媛·扇歌》	创作金奖 表演金奖	省文化厅
2008	华东六省一市戏剧小品大赛	小品《不是广告的广告》	创作金奖 表演金奖	华东六省一市戏剧小品大赛组委会
2009	省第二十届戏剧小品邀请赛	小品《最后的晚餐》	创作一等奖 表演一等奖 最佳导演奖	省文化厅
2009	省“群星奖”舞台舞蹈比赛	群舞《暖冬》	创作铜奖 表演铜奖	省文化厅
2009	省第八届音乐新作演唱演奏大赛	声乐《情殇》	创作银奖 表演银奖 辅导银奖	省文化厅
2009	省首届江浙民歌演唱大赛	民歌《月光中央桫椤树》	创作银奖	省音乐家协会
2009	省“群星奖”美术、书法、摄影主题创作展	美术作品《中国年》(黄海卫)	成人组铜奖	省文化厅
2009	省“群星奖”美术、书法、摄影主题创作展	美术作品《小城新市民》(曾成金)	老年组优秀奖	省文化厅
2009	省美术、书法、摄影优秀作品展	钱允书法作品	金奖	省委宣传部 省文化厅

续表 32-1-1

年份(年)	活动、比赛名称	参赛内容	获奖情况	颁奖单位
2009	省美术、书法、摄影优秀作品展	李崇高美术作品	优秀奖	省委宣传部 省文化厅
2009	省美术、书法、摄影优秀作品展	叶志杰美术作品	优秀奖	省委宣传部 省文化厅
2010	省第五届“四进社区”文艺会演	舞蹈《竹韵清风》	表演金奖 创作金奖	省文化厅
2010	省第二十一届戏剧小品邀请赛	小品《电话亭轶事》	创作金奖 表演金奖	省文化厅
2010	第十届华东六省一市戏剧小品大赛	小品《离婚酒吧》	金奖	省文化厅等
2010	省第九届音乐新作演唱演奏大赛	声乐《幸福卡片》	创作金奖 表演银奖 辅导银奖	省文化厅
2010	省第四届排舞大赛	排舞《英雄之爱》	铜奖	省文化厅
2011	省第五届排舞大赛	排舞《酢浆草》	少儿组二等奖 最佳活力奖	省文化厅
2011	省第五届排舞大赛	排舞《夏日时光》	中老年组B组 二等奖	省文化厅
2012	省舞台舞蹈大赛	舞蹈《雁山回声》	创作银奖 表演银奖 音乐创作银奖	省文化厅
2012	省第十一届音乐新作演唱演奏大赛	声乐《背月亮》	创作银奖 表演银奖	省文化厅
2012	省第二届少儿组唱、表演唱大赛	声乐《快乐成长》	创作银奖 表演银奖	省文化厅
2012	第十一届华东六省一市戏剧小品大赛	小品《京巴小白》	银奖	省文化厅等
2012	省第六届排舞大赛	同名排舞作品《蓝色婚礼》	青年组金奖	省文化厅
2012	省第六届排舞大赛	同名排舞作品《蓝色婚礼》	少年组金奖	省文化厅

说明：资料由平阳县文化馆提供

镇乡文化站

1989年，昆阳镇文化站被省文化厅评为一级文化站。此外，还有6个文化站被定为二级站，21个文化站被定为三级站。1990年，全县共有区（直辖镇）文化站11个，乡（包括镇属办事处）文化站66个，达到乡乡有文化站的要求。1992年以来，全县镇乡多次合并，文化站也随即被撤并。1993年，全县共有34个乡镇文化站，有工作人员93人，其中，全民编制38人，招聘干部13人，民办公助人员42人。是年，经省文化厅考评定级，全县有25个乡镇上等级，其中一级文化站有昆阳镇、腾蛟镇、郑楼镇和梅溪乡4个，二级文化站有11个，三级文化站有10个。1995年，有33名民办公助文化站工作人员被聘为文化干部，完成全县文化站的定编工作。

1995年，平阳县青少年活动中心·昆阳文化站破土动工兴建，鳌江文化中心（鳌江文化站）也在筹建。1997年，昆阳镇文化站被评为省群众文化工作先进集体，昆阳镇儿童文化园被命名为浙江省东海文化明珠。1998年，昆阳镇儿童文化园被文化部命名为“全国蒲公英农村儿童文化园”。

1996年，榆垟镇、山门镇的文化站动工兴建，闹村乡、顺溪镇、水头镇文化中心地址落实并筹建，萧江镇议定将大同路新区开发土地划出10亩，建设文化中心。1998年，榆垟、水亭、闹村、梅溪4个乡镇文化中心，经县东海明珠工程领导小组验收合格，命名为“县东海明珠工程”。1999年，陆续建成山门、晓坑两个乡镇文化中心，并通过验收，被评为“温州市金海岸文化明珠”。2000年，建成朝阳乡文化中心。2008年，钱仓、梅源、闹村、吴垟4个乡镇综合文化站建设，进入实施阶段。

2010年，乡镇综合文化站建设项目已达标或完工15个，在建11个，准备招投标4个。是年，明确七大镇增挂综合文化站牌子，其他乡镇确定文化专职干部，乡镇文化站站长享受乡镇中层正职待遇，以及确定文化站文化员工作职责和考核办法。2011年，乡镇综合文化站建设项目已达标或完工15个，在建11个，准备招投标4个。

至2012年末，全县有10个镇乡文化站。是年，创建省级文化强镇1个(昆阳镇)、省级文化示范社区(村)2个(鳌江镇梅里村、水深社区)，市级中心镇综合文化中心3个(鳌江镇、水头镇、麻步镇综合文化中心)，市级文化示范新社区5个(麻步镇树贤社区、山门镇晓坑社区、昆阳镇城西社区、水头镇鹤溪社区、鳌江镇墨城社区)。是年，省文化厅全省第五次乡镇综合文化站评估定级公布，昆阳镇、鳌江镇被评为特级文化站，水头镇、万全镇、腾蛟镇被评为一级文化站，麻步镇、南雁镇被评为二级文化站，萧江镇、山门镇、顺溪镇、青街乡被评为三级文化站。

2012年平阳县乡镇文化活动中心情况表

表32-1-2

名称	建成时间	地址	面积(平方米)
昆阳镇	1997年7月	北门后垟	4800
鳌江镇	2012年9月	水深路	5600
万全镇	2011年	陈交大村	2487
水头镇	2012年9月	环城北路	5500
萧江镇	2012年6月	树新路口	2909
腾蛟镇	2011年6月	腾带村	920
南雁镇	2010年7月	东门村	520
山门镇	1998年	环城路142号	1600
顺溪镇	2010年5月	益民路25号	580
青街畲族乡	2010年7月	王神洞村	533

说明：资料由平阳县文化馆提供

20世纪80年代以来，各乡镇文化站主要负责本辖区内群众文化活动的组织和管理，将文化与娱乐、体育结合起来，极大地丰富了人民群众的文化需求。全县绝大多数文化站都免费开放图书室、电脑室、棋牌室、电影厅、乒乓球室、台球室、篮球场等文体娱乐场所。进入新世纪以来，乡镇文化站更加突出公益性，经常组织文艺辅导、公益培训，得到老百姓的一致好评。

县非物质文化遗产保护中心

2008年9月，平阳县非物质文化遗产保护中心挂牌成立，挂靠县文化馆，定编3人，实有2人，位于昆阳镇西城下南路8号。2012年年底，有工作人员2人。至2012年年底，平阳县已建立国家、省、市、县四级非物质文化遗产代表作名录体系，共成功申报“平阳木偶戏”“单档布袋戏”“温州鼓词”“东岳观道教音乐”4项国家级非物质文化遗产，以及17项省级非物质文化遗产、42项市级非物质文化遗产、93项县级非物质文化遗产。

县非物质文化遗产保护中心非常重视对非物质文化产遗的保护和传承，在传承人扶持、传承基地的建设、传承活动的展开、传承理论的研究等方面都取得较好成绩。至2012年年底，全县有国家级、省级、市级、县级传承人分别达到2人、31人、37人、19人，创建“非遗”传承(教学)基地7处。县博物馆一楼为“非遗”专题展示区，建筑面积198平方米，集中展示平阳“非遗”保护成果，主要陈列“非遗”实物60余件、图片20幅、影像资料10余种。“非遗”展示馆免费对外开放，并定期邀请传承人展演展示精品“非遗”项目。

第二节 图书馆(室)

平阳县图书馆

县图书馆前身是成立于民国16年(1927)的平阳县立中山图书馆。1989年，位于昆阳镇西城下南路6号，建筑面积1239平方米。1991年，分设少儿图书馆，1992年，添置图书流通车。2009年，搬迁

第八届平阳县未成年人读书节闭幕式（2012年）

至昆阳镇天来巷8号的平阳县文化中心，建筑面积3326平方米。馆舍主要位于文化中心一至三楼，一楼为外借部、采编部、活动部、电子阅览室，二楼为古籍地方文献部，三楼为办公室。是年，被评为国家三级图书馆。

1989年，县图书馆设有个人外借处、农村集体借书处、北港片农村图书流通站、少年儿童阅览室、报刊阅览室、参考阅览室、古籍室、图书服务部、采编室、财会室和办公室等职能部门。有工作人员17人，其中，具有中专学历1人、高中学历5人、初中学历11人。图书馆专业技术职务资格的7人，其中助理馆员3人，管理员4人。至2012年底，该馆设有借阅部、采编部、活动部、办公室、古籍地方文献部等业务部门，包括借阅区、阅览区、电子阅览室、读者活动中心等。有工作人员22人，具有图书馆专业技术职务资格的16人，其中馆员12人，助理馆员4人；具有大学学历的8人，大专学历的8人，高中学历的1人，中专学历的1人。

2005年，平阳县图书馆加入温州市图书馆集群管理系统（Interlib），实现与温州市图书馆及温州其他县、市馆图书文献的通借通还，这标志着平阳图书馆事业进入自动化时代。

1994年，被省政府评为省级文明单位，被市文化局和人事局评为文化系统先进集体。1995年，被省文化厅评为文明图书馆。2012年，被省文化厅授予第八届全省未成年人读书节创新奖。2012年，通过全省公共图书馆地方文献的考评，并迎接浙江古籍保护中心的古籍达标单位的检查。

馆藏　1989年年末，有馆藏文献77486册（件），其中，线装古籍9127册（善本1538册），人文社会科学类46924册、自然科学类18407册、综合性图书3021册，外文图书7册。另有报纸合订本4850册，杂志合订本7301册。典藏200余种新中国成立至今须保留的各级主要报刊合订本。由县财政专款购置文渊阁《四库全书》《古今图书集成》影印本等大型珍贵典籍，藏书结构有较大改善。古籍地方文献部收藏大量珍贵的乡邦文献，比如南宋林景熙《霁山集》，元史伯璿《四书管窥》《管窥外篇》，刘绍宽《厚庄诗文钞》，黄群《敬乡楼丛书》，以及地方志书隆庆《平阳县志》、乾隆《平阳县志》、民国《平阳县志》，等等。县图书馆还藏有明崇祯元年至十二年（1628—1639）古虞毛氏汲古阁刊刻的《十三经注疏》，凡三百三十三卷，刊刻精良，距今近400年，是县馆可考年代较早的古籍之一。鳌头《评注春秋左氏传校本》三十卷，日本明治十三年（1880）和刻本，由日本人宫胁通赫校辑，是该馆唯一的域外汉籍文献。此外，县馆还藏有民国时期王云五主编的平装本《万有书库》，共2000余册。2012年，馆内文献藏量50余万册（件），其中，馆藏图书20余万册、电子文献30万件。年均入藏图书6779种、报刊368种、视听文献39种。专项购书经费从2011年的11万元增加到2012年60万元。

县图书馆通过各种方式广泛征集地方文献，从1989—2012年，累计接受社会捐赠图书5000余册。特别是2003年8月和2005年6月，平阳当地文化名人马允伦先后两次捐书给县图书馆，捐赠数量

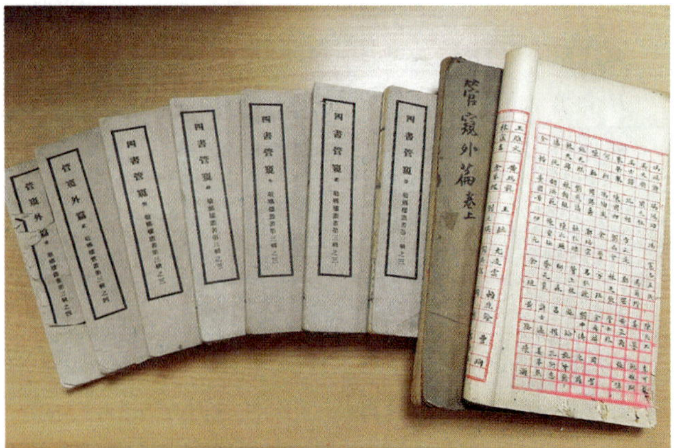

史伯璿《四书管窥》《管窥外篇》铅印本和手钞本（2012年）

1500余册。

2011年，为配合省图书馆编纂《浙江家谱总目提要》，由馆长带领普查小组，深入平阳乡村进行家谱登记著录，共著录家谱258册。在普查的同时，无偿征集家谱20余册，充实古籍地方文献的馆藏。因家谱普查工作成绩突出，被省图书馆授予“家谱编纂工作先进集体”称号。

2003年，县图书馆启动《平阳地方文献丛书》（第一辑）整理工程，包括《龙湖书院志》《仙坛山志稿》《南雁荡山志》等共11种8册，并于2010年由中州古籍出版社出版。随即开始点校整理第二辑《平阳地方文献丛书》。

2003—2012年平阳县图书馆图书借阅、入藏及报刊征订情况一览表

表32-1-3

年份（年）	图书流通量（册次）	新入藏图书（种/册）	新持证读者（人）	征订期刊（种）	征订报纸（种）
2003	约40000	1326/2620	—	225	34
2004	约41000	1217/2463	—	297	39
2005	约40000	606/1155	—	291	44
2006	约45000	4436/6857	613	263	43
2007	28011	3535/5809	278	230	44
2008	49732	2816/6040	430	239	45
2009	61524	2340/5004	821	243	46
2010	96353	6222/12758	1148	240	42
2011	130700	13014/31239	2032	252	44
2012	165090	25980/49564	2018	302	44

说明：资料由平阳县图书馆提供

服务　自1991年始，实行每天开馆（春节除外），周开放49.5小时工作制，敞开发放借书证和开架、半开架借阅。2012年，图书馆周开放时间增加到57.5小时，服务窗口设成人和少儿外借与阅览、参考咨询、古籍地方文献阅览、农村借书和流通等8个。2000年，县图书馆电子阅览室建成，有电脑10台。2009年，新馆搬迁后，电子阅览室位于图书馆一楼，有电脑30台，承担县文化局及图书馆的培训任务，并免费对公众开放。2006年1月1日，正式启用新的读者证，并可在温州市范围内图书馆通用，至2012年底，持证读者4550人。2010年，设立盲文书架，拓展服务范围。

20世纪80年代以来，县图书馆一直担负着对基层图书室，尤其是对农村图书室的业务辅导工作，主要是指导基层图书室进行图书采购，向基层从业人员传授图书管理相关业务知识，将县馆的图书出借给基层图书室，并定期催还。送书下乡是县馆面向基层的重要服务内容，每年都会向基层单位捐赠图书，特别是2007年以来，县图书馆大力创建基层图书流通点，每年送书下乡均在万册以上。2007—2012年，县馆累计建成海警、边防、看守所等45个基层图书流通点，累计送书下乡约70000余册。

创办于1986年10月的《图书馆工作简报》（不定期油印本），至1989年12月，共刊出10期。1989年12月，创办《领导参考》，选录党的路线、方针、政策及有关信息，主要供县党政领导干部参考。1991年，与县科技情报中心等单位联合主办《平阳科技情报》，为全县科技工作者及普通读者提供科技信息。

活动　举办活动是图书馆走出书斋、主动出击，倡导全民阅读，服务市民的重要举措。除了举办“服务宣传周”“春节灯谜”“未成年人读书节”“4·23世界读书日”等常规活动以外，县图书馆还重点打造诸如“红读”班、“读万卷书行万里路”文化走读活动、“会文讲坛”等特色品牌。

1989年，举办首届图书馆服务宣传周活动，深

会文讲坛揭幕仪式暨首场讲座（2012年）

入社区、街道，通过免费办证、图书参考咨询等形式服务民众，至2012年已举办7届。每年正月初一，县馆举行“猜灯谜”“咬文嚼字”等活动与市民共度春节。为配合省、市的未成年人读书节活动，县图书馆自2005年开展首届未成年人读书节活动以来，至2012年，已连续举办8届未成年人读书节活动。每逢4月23日，县图书馆还会举办“世界读书日”系列活动，通过讲座、阅读推广、“你荐我购”、“你读我奖”等形式，倡导全民读书。2012年8月，县馆组队参加“新温州人演讲大赛”，并取得优异的成绩。

始于1982年的“全国红领巾读书读报奖章活动”（简称“红读班”），主要服务对象是少年儿童，图书馆聘请老师为他们讲授阅读、写作的知识，并不定期地举办少儿夏令营活动。至2006年停班，其间连续举办25届，累计有2500余人参与，共宣读推荐图书1000余册次，写出读书笔记10000余篇，有24人先后获全国“红读”积极分子称号，3名辅导员老师被评为全国“红读”先进工作者。“红读”班是本时期县图书馆最有影响的活动品牌。

2012年，县图书馆打造“读万卷书行万里路”文化走读活动，将读书与实践结合起来，通过“走读”的形式进行阅读推广。是年，累计举行走读活动8场，并建立山门、西湾等走读基地，此项活动获省文化厅第八届全省未成年人读书节创新奖。会文讲坛是县图书馆着力打造的又一个活动品牌，每年都会邀请专家学者到馆开讲。2012年8月，县馆邀请百家讲坛主讲老师、著名词学家杨雨教授讲授“我是人间惆怅客:听杨雨讲纳兰”。

乡镇图书分馆

2011年，县图书馆建成萧江镇分馆，翌年又陆续建成昆阳镇、万全镇、鳌江镇3个乡镇图书分馆。各分馆的藏书均在1万册以上，配备电子阅览室，有专人管理日常业务。统一加入市图书馆联合编目系统，并实现与县图书馆、周边县市区图书馆通借通还功能。乡镇图书分馆的人事、财务仍归当地乡镇管理，县图书馆主要在业务上对其进行指导，如培训乡镇分馆管理员，指导图书采购、编目工作，并对其进行年终业务考核。

2012年平阳县乡镇图书分馆基本情况一览表

表32-1-4

分馆名称	面积（平方米）	藏书量（册）	报纸（种）	期刊（种）	电脑（台）	人员（人）	建成时间	地点
萧江分馆	660	30000	10	90	10	2	2011年1月	萧江一小
昆阳分馆	310	15000	15	90	10	1	2012年8月	昆阳文化中心二楼
万全分馆	300	30000	12	85	30	1	2012年10月	万全文化中心一楼
鳌江分馆	620	32000	18	95	12	6	2012年11月	鳌江求知青年中心三楼

说明：资料由平阳县图书馆提供

农家书屋

2011年，根据省政府《关于加快我省农家书屋工程建设的意见》，县文广新局联合县文明办、县农办、县发改局、县科技局等8个部门，按照温州市农家书屋工程建设模式，选择条件较为成熟的村，共建立64个示范书屋、64个标准农家书屋。这128个农家书屋于2011年全部建成，并正式对村民开放。

农家书屋的建设一般是利用原有的图书阅览

室、图书流通点、综合文化站、村文化活动室、党员活动室等公共设施，没有重复建设。示范农家书屋面积均不低于35平方米，图书不少于2000册，报刊不少于20种、电子音像制品不少于120张。标准农家书屋面积均不低于20平方米，图书不少于1500册，报刊不少于20种、电子音像制品不少于100张。2011年3月，县图书馆配合县文广新局举办2期农家书屋管理员培训班，为农家书屋提供编目及图书管理等技术指导。

第三节　博物馆　文保所

平阳县博物馆

平阳县博物馆成立于2009年，是一所地方综合性博物馆，前身为县文物馆。县文物馆原位于昆阳镇西城下南路8号，1993年搬迁到昆阳镇昆鳌路96号（通福门）。时文物馆工作人员10人，具有文博专业技术职务资格的8人，其中，馆员3人、助理馆员3人、管理员2人。1989年，成立下属文物保护管理所两处：山门革命文物保管所和南雁会文书院保管所。1990—1999年，建立一支业余文物保护员队伍，民间自发组织的义务文物保护管理小组8个，加强文物保护工作。2000年初，增设下属文物保管所1个（腾蛟历史文保所）和腾蛟群众性文保管理小组1个。2005年2月，启动文物库房改扩建工程，工期4个月。2006年，编辑出版《平阳历史名人》和《平阳文物图录》。2007年4月，经县编办批准内设顺溪文物保护管理所并正式挂牌成立（增加人员编制1名）。

2007年10月，平阳县文物馆增挂平阳县文物保护管理所牌子。2009年，平阳县文物馆更名为平阳县博物馆。对外平阳县博物馆、平阳县文物保护管理所同时启用，合署办公，实行一个机构，两块牌子配置，单位隶属、性质、编制均保持不变。

至2012年年底，县博物馆设有综合办公室、文保与考古办公室、文博与宣教办公室、顺溪文保所4个科室，工作人员17人（含借用1人，临时工6人），具有博物馆专业技术职务资格的9人，其中，副研究馆员1人、馆员6人、助理馆员2人。

2011年，经协调将昆阳镇西城下南路8号县老文化馆馆舍划拨给县博物馆作为临时展览场所，5月18日正式对外开放。展馆总建筑面积600平方米，共设两个展区：一楼为非物质文化遗产专题展示区，二楼和三楼为物质文化遗产展示区。展陈内容以平阳县历史文化为主线，以时代演进为顺序，采用图文展览、实物陈列等方式体现千年古县悠久文化底蕴，共涵盖平阳历史概况、平阳历史文化名人、古字画、雕刻古家具等五大板块。2011—2012年，县博物馆开展国际博物馆日、文化遗产日等活动，按照国家有关规定做好日常免费开放工作。至2012年末，接待机关团体、企事业单位、学校、社区及各旅游团体30个，参观总人数2万余人。

至2012年年底，县博物馆馆藏文物1000余件，分为陶瓷、书画、家具、碑刻、革命文物等类别，其中珍贵文物54件，计国家一级文物3件、二级文物22件、三级文物29件。

平阳县文物保护管理所

平阳县文物保护管理所成立于2007年10月。县文物保护管理所主要负责全县地上、地下文物保护管理、文物保护单位维修、野外文物考古调查等。

至2012年年底，全县共有文保单位101处，其中，全国重点文物保护单位2处、省级文物保护单位12处、县级文物保护单位87处，另有县文保点171处。文保单位涵盖5大类，其中，古遗址类9处、古墓葬类10处、古建筑类43处、石窟寺及石刻类12处、近现代重要史迹及代表性建筑类27处。2010年和2012年，平阳县文物保护管理所被评为全县文化政务信息工作先进单位和全省文物系统先进单位。

第四节　平阳县木偶戏保护传承中心

平阳县木偶戏保护传承中心的前身是平阳县木偶剧团，中共十一届三中全会后，原本解散掉的平阳县木偶剧团和平阳县布袋木偶剧团重组成平阳县木偶剧团。1989年，县木偶剧团在职演职员10人，其中，中级职称3人、初级职称7人，单位性质定为全民所有制。2000年3月，新团部搬迁至昆阳镇昆鳌路215号。2012年，由差额事业单位转为全额事业单位，并更名为“平阳县木偶戏保护传承中心”。2012年年底，有演职人员33人，其中副高以上职称

位于通福门的县文物保护管理所（2012年）

9人，中级职称12人；国家级“非遗”传承人1名(卓乃金)，省级“非遗”传承人7名(卓乃金、张增周、崔学荣、卓晓军、庄家陈、应爱芳、郑大雷)，市级“非遗”传承人9名，县级“非遗”传承人10名。表演以提线木偶为主，杖头、布袋、人偶为辅的综合表演形式。2006年12月、2007年6月、2008年6月，平阳木偶戏分别被市政府、省政府、国务院列入非物质文化遗产保护名录，平阳县木偶戏保护传承中心被列为浙江省木偶戏保护传承基地和温州市文化建设示范点。

1989—2012年，创作出一批优秀作品，优秀代表剧目有《断桥》《水漫金山》《花灯缘》《时针飞转》《蓝星星之歌》《神琴飞进大森林》《神奇的雀翎》《雁荡狗娃》《金凤凰》《知县·轿夫》等，及有特色木偶小品《舞狮》《车技》《耍猴》《济公》《智斗》《挑水谣》《异域风情》《徐策跑城》《贵妃醉酒》等。木偶戏保护传承中心曾获国家级奖项15个、省市级奖项300余个，并多次到北京，分别为全国人大代表及东欧17个国家的党政代表团演出。出访过欧洲、美洲及东南亚等地区的十几个国家，古老的东方艺术受到国际友人们的热烈欢迎，1998年，该中心的《蓝星星之歌》儿童剧获第十一届墨西哥国际木偶节最高荣誉奖。

木偶戏保护传承中心开展公益性送戏演出活动，每年200余场，丰富农民群众的精神文化生活，活跃和繁荣了农村、校园文艺舞台。2010年，被中宣部、文化部、广电总局、新闻出版总署联合授予“全国服务农民服务基层文化建设先进集体”称号。2012年被授予“浙江省优秀传统文化教育普及活动先进集体”称号。

1989—2012年平阳县木偶戏保护传承中心部分剧目获奖情况一览表

表32-1-5

时间	活动、比赛名称	参赛剧目	获奖情况	颁奖单位
1992年9月	全国木偶皮影戏会演	传统木偶剧《水漫金山》	优秀剧目奖等十多项大奖	文化部
1992年12月	省第五届戏剧节	传统木偶剧《花灯缘》	优秀演出奖	省文化厅
1995年11月	省第五届戏剧节	儿童剧《时针飞转》	优秀演出奖	省文化厅
1996年12月	省第七届戏剧节	儿童剧《蓝星星之歌》	优秀剧目奖	省文化厅
1998年7月至8月	第十一届墨西哥国际木偶节	《蓝星星之歌》	最高荣誉奖	墨西哥国际木偶节组委会
1999年1月	作品参评	儿童剧《蓝星星之歌》	省第六届精神文明建设“五个一工程”奖	省委宣传部
1999年12月	省第八届戏剧节	《神琴飞进大森林》	优秀表演奖等23项奖	省文化厅
2002年10月	省第九届戏剧节	人偶童话剧《神奇的雀翎》	优秀新剧目奖、观众最喜爱剧目等20多项大奖	省文化厅
2003年9月	全国第二届木偶皮影戏“金狮奖”大赛	人偶童话剧《神奇的雀翎》	剧目、表演双金奖	文化部
2002年12月	作品参评	人偶童话剧《神奇的雀翎》	第十一届全国人口文化奖(东华杯)金奖 省第八届精神文明建设“五个一工程”奖	文化部 省委宣传部

续表 32-1-5

时间	活动、比赛名称	参赛剧目	获奖情况	颁奖单位
2007年12月	省第十届戏剧节	儿童剧《雁荡狗娃》	优秀剧目奖	省文化厅
2008年10月	省第十九届戏剧小品比赛	人偶小品《不是广告的广告》	表演、导演和创作金奖	省文化厅
2008年11月	华东六省一市戏剧小品邀请赛	人偶小品《不是广告的广告》	创作、表演双金奖	华东六省一市戏剧小品大赛组委会
2009年6月	第五届省非物质文化遗产节浙江戏剧展演	《挑水瑶》	最佳传承奖	省文化厅
2010年12月	省第十一届戏剧节	童话木偶剧《金凤凰》	新剧目大奖和7个单项奖	省文化厅
2012年6月	第七届全国儿童剧优秀剧目展演	童话木偶剧《金凤凰》	优秀演出奖、编剧奖、演员角色奖	文化部
2012年10月	作品参评	童话木偶剧《金凤凰》	省第十一届精神文明建设“五个一工程”奖	省委宣传部
2012年11月	上海国际木偶艺术节	童话木偶剧《金凤凰》	优秀剧目奖、表演奖、木偶造型奖和舞美设计奖	上海国际木偶节邀请赛组委会
2012年12月	省第四届曲艺杂技魔术节	《闹花灯、智斗、耍猴、挑水谣》等木偶小品	3个优秀作品奖，3个作品奖，7名演员获金奖，6名演员获银奖	省文化厅

说明：资料由平阳县木偶戏保护传承中心提供

第五节　平阳县小百花越剧团

平阳县小百花越剧团前身是成立于1956年的平阳县越剧团。1988年，越剧团有演职人员42人，1991年增编20人。1995年10月，经省文化厅和县政府批准更名为平阳县小百花越剧团，在职演职员56人，12月，集体编制的演职员全部转为全民所有制合同工。2000年9月，县文化局对剧团开始实行聘用制。2002年，改革专业剧团的拨款方式和人事、工资制度，实行全员聘用制和岗位工资制，改人头费为演出补贴费，2003年全面实施。2005年，县小百花越剧团改人头费为项目经费，同时推行全员聘用制。2010年，启动县小百花越剧团改制工作。2012年，县小百花越剧团转企改制，人员身份保留。

1990年，剧团招考录取20名学员，分别报送浙江省艺术学院及嵊县越剧之家学习，1994年学业满回团。1994年，著名越剧表演艺术家傅全香到平阳县接收艺徒，剧团青年演员朱晓平、王学玲被接收为“傅派弟子”。1995年7月，聘任著名越剧表演艺术家傅全香为县小百花越剧团艺术顾问。1999年，县小百花越剧团演员朱晓平被评为“浙江越剧新十姐妹”之一。2001年，省电视台与县文化局合拍3集戏剧电视剧《拜月记》，在浙江台、央视11频道等电视台播出。2012年，剧团有苏素云、项逢玲、梅春3名国家一级演员。名角主要有朱晓平、张雪清、苏素云、项逢玲、梅春等。

1989年以来，剧团多次在表演、剧本创作、导演、舞美、音乐、灯光设计等方面获得国家、省、市等大奖。

傅全香收徒仪式（1994年）　　洪玉畅　摄

1989—2012 年平阳县小百花越剧团获省级以上奖项情况一览表

表 32-1-6

年份（年）	活动、比赛名称	参赛内容	获奖情况	颁奖单位
1989	省第四届戏剧节	剧作《孔雀街新潮》（尤文贵、张思聪编剧）	文学奖、剧本创作二等奖	省文化厅
1989	省首届戏剧文学奖	《荆山玉魂》（尤文贵、张思聪编剧）	新作奖	省文化厅
1992	省第五届戏剧节	新编古装越剧《宫墙柳》	获“花仙奖”，编剧郑朝阳、导演俞珍珠获“金艺奖”，剧本、导演、舞美获一等奖，音乐获二等奖，灯光获设计奖，集体获优秀演出奖。朱晓平获一等奖，张雪清、王学玲获二等奖，陈华松、苏素云获三等奖。县文化局获组织奖	省文化厅
1994	中国小百花越剧节	新编古装越剧《宫墙柳》	获剧目演出奖，朱晓萍、王学玲获银牌，苏素云、项逢玲获铜牌	文化部
1994	首届省“改革之光”征文大赛	现代戏《七彩梦》（尤文贵、郑朝阳编剧）	银奖	省剧协
1995	省第六届戏剧节	新编古装越剧《出宫回宫》	获优秀剧本奖、优秀演出奖、优秀导演奖、优秀舞美奖、设计奖和音乐奖等，苏素云表演获一等奖，卓淑微、苏苏、王玮表演获二等奖，项逢玲、徐芬芳、梅春表演获三等奖	省文化厅
1995	第十五届中国电视剧“飞天奖”	电视《仇大姑娘》（尤文贵、郑朝阳编剧）	二等奖	国家文广新局
1996	1996“日发杯”中国越剧青年演员大奖赛	《胭脂》慎思选段	卓淑微获表演二等奖，王玮、梅春获表演奖	文化部 省文化厅
1998	第十八届中国电视剧“飞天奖”	电视《范蠡救子》（尤文贵、施小琴编剧）	二等奖	国家文广新局
1999	省第八届戏剧节	南戏改编越剧《拜月记》	获剧目演出奖，施和平获灯光设计奖，徐芬芳、卓淑微获表演一等奖，苏苏、林爱美、洪小彬、苏素云、项逢玲、王玮获表演奖等奖项	省文化厅
2000	全国第八届“五个一工程奖”、第二十届中国电视剧“飞天奖”	《红楼梦》参演班子之一	全国“五个一工程”奖、戏剧连续剧一等奖	中宣部 文化部
2002	省第九届戏剧节	《杀狗记》（尤文贵改编）	优秀剧作奖	省文化厅
2002	省第九届戏剧节	人偶剧《神奇的雀翎》（县木偶剧团、县小百花越剧团）	获优秀新剧目奖、观众最喜爱剧目奖，李球春、陆文骏获灯光操作奖等十余项大奖	省文化厅
2003	全国第二届木偶皮影戏“金狮奖”大赛	人偶剧《神奇的雀翎》（县木偶剧团、县小百花越剧团）	剧目金奖、表演金奖	文化部
2003	第十一届人口文化艺术大赛	人偶剧《神奇的雀翎》（县木偶剧团、县小百花越剧团）	金奖，梅春获最佳演员奖	文化促进会承办、中国文联各相关艺术家协会协办

续表 32-1-6

年份(年)	活动、比赛名称	参赛内容	获奖情况	颁奖单位
2004	省第十五届戏剧小品	小品《镜子》(苏素云、梅春)	一等奖	省文化厅
2005	第五届CCTV小品大奖赛	小品《镜子》(演员苏素云、梅春)	优秀作品奖	中央电视台
2006	中国越剧百年首届艺术节	乐清市越剧团《杨贵妃后传》(尤文贵编剧)	银奖	文化部和省政府
2006	中国艺术节	瓯剧团《杀狗记》(尤文贵改编)	铜奖	文化部和省政府
2012	省新农村建设题材小戏会演	《刘二嫂打呼噜》	苏素云获优秀表演奖	省文化厅

说明:资料由平阳县文化馆提供

第六节　平阳剧院

平阳剧院属全民所有制,1989年有职工25人(包括退休7人)。1989年,共接待剧团41个,演出收入1.03万元,多种经营收入14万元,利润2.16万元,实现扭亏为盈,并获"浙江省1989年巡回演出'重合同、守信用'纪念奖"。1993年,平阳剧院共接待各类专业艺术表演团体16个,演出21场,年收入30万元,利润6万元。经省厅考核,评定为五等二级剧院。是年,平阳县有国办剧院11座,民办(集体)剧院12座,各乡镇剧院共接待外来各类专业艺术表演团体39个,演出183场,平阳剧院、麻步镇剧院被评为"省先进录像放映先进单位"。

1989年以来,平阳剧院不断完善管理制度,健全岗位责任制,实行"以事定岗,以岗定人,责任到人"的岗位责任制。在经营管理上,建立二级监督。1995年,平阳剧院改革内部管理,探索综合型多样化新路子,使一个设施简陋的老企业得到新的发展。1998年,投入48万元修缮平阳剧院观众厅、舞台及安装消防等设备。

2000年,平阳剧院开始向经营单位改制,坚持主业与多种经营共同发展,全年共接待演出58场,副业收入22.4万元。2005年,推进平阳剧院经营性单位的改制,成立平阳剧院改制领导小组。2009年,平阳剧院改制取得实质性进展,12月28日,职工大会通过改制方案。2010年,平阳剧院改制方案由职工大会讨论通过,改制资金1300余万元(固定资产由国资收储,经费由财政解决)报第76次县长办公会议讨论并得到解决。

第二章　群众文化

乡镇文化、社区文化、农村文化、军营文化、校园文化和企业文化是群众文化工作的重要内容,文化馆以公共服务为特色,不断拓展群众文化工作的辐射面,打造文化阵地和文化品牌。

第一节　专题文化活动

平阳县歌舞节

始于1987年10月举办的平阳县歌舞节,1996年,改名为平阳县音乐舞蹈节,每2～3年举办一届。1987—2004年间,共举行8届,内容涉及声乐、舞蹈、器乐、表演等方面,参演人员累计3000余人,创作、参演节目累计达到531个,评出各类奖项300余项。其中,第八届音舞节首次尝试政府组织和市场运作相结合的方式,创新组织机制、评奖机制和资金运作方式,为开展文化活动探索出新路子。2006年在音乐舞蹈节的基础上举办首届文化艺术节。

平阳县文化艺术节系列活动

2006—2012年，已成功举办四届，成为平阳县规模最大、时间最长、项目最多、规格最高的文化盛会。

2006年，举办首届文化艺术节，分比赛项目、展示项目和踩街活动3个部分。比赛项目共有全县乡镇、机关和企事业单位的53个代表队145个节目参赛，演员近400人，观众5000人。展示项目有少儿艺术电视大赛平阳选拔赛、通俗音乐专场、业余越剧和京剧票友专场、中小学生文艺会演等17场艺术展示活动，共有159个节目、1036名演员、12400余名观众参加活动。踩街活动计有校园方队、社区方队、老年方队、企业方队、铜管乐方队等25支队伍，参与人员3000余人。首届艺术节开平阳文化之先河，无论从参赛项目、活动规模、艺术形式上都是空前宏大的。整个活动评出创作一等奖5个、二等奖9个、三等奖14个，评出表演一等奖8个、二等奖16个、三等奖23个。并有优秀奖29个、组织奖4个。

首届平阳艺术节（2006年）

2008年，举办第二届平阳县文化艺术节。6—9月，艺术节分“送文化”“种文化”“赛文化”“展文化”“研文化”5大板块、22个系列，共举办了77场文艺赛事和活动。产生声乐、舞蹈、器乐、小品等表演、创作69个奖项。在昆阳镇和鳌江镇举办为期14天的广场演出活动，分为老年文艺专场、青年风采专场、中小学生文艺会演专场、京剧专场、越剧专场、戏剧票友专场、木偶剧专场等18台广场演出。观众近2万人。

2010年，举办第三届平阳县文化艺术节。围绕“魅力平阳，激情跨越”的主题，贯穿“艺术的盛会，群众的节日”的宗旨，推出群众文化活动、民俗文化活动、展览展示活动、系列艺术赛事活动以及大型主题文艺晚会5大类26项活动，参加活动的声乐类、器乐类、小品类、舞蹈类、特色文化活动类获奖作品85个，获奖个人和集体98个，参与群众3万余人次。

2012年，举办第四届平阳县文化艺术节。8—12月，设置“唱响平阳”“和谐平阳”“人文平阳”“书香平阳”“印象平阳”5大板块，26个大类40余项活动内容，推出一批如浙江书画家走进南雁、音乐舞蹈节、廉政小品大赛以及开幕式千人大合唱等文艺活动。

2007年，还举办过富有特色的温州市首届农民文化艺术节。

庆祝建党周年系列活动

1991年6月29日，举行“庆祝中国共产党建党七十周年文艺晚会”，共分两场，有450余位文艺骨干上台演出，5000余名观众参与。同时期，顺溪区文化站根据山区特点，分别在顺溪镇、维新乡、青街畲族乡三地举行“庆祝七一文艺演出”活动；水头区文化站举办“七一颂”全区文艺会演；麻步区、山门区、鳌江区、鳌江镇等均举办革命歌曲演唱会活动；县文化局同有关单位联合举办“七一颂”美术、书法、摄影作品展览，以及平阳革命斗争史、先进党支部、优秀党员事迹展览，首届铜管乐队“七一颂”演奏会，“七一征文”比赛等系列活动。

2001年7月1日，由县委组织部、宣传部、文化局、文联等单位，联合举办“庆祝建党八十周年”大型文艺晚会和书画摄影展览，同时组织摄影家深入革命老区为百名老党员拍摄“全家福”。

纪念毛泽东《在延安文艺座谈会上的讲话》系列活动

1992年5月22—24日，县委宣传部、县文化局在平阳剧院举办“纪念《在延安文艺座谈会上的讲话》发表50周年大型文艺演出晚会”。市六县（市、区）的宣传部部长观看演出。2002年5月，围绕纪念毛泽东《在延安文艺座谈会上的讲话》发表60周年这个主题，开展七项系列活动。开展“文物天地”采访活动，25名小学生记者写出23篇采访文章，其中7篇在《平阳报》上刊出专版。举办“读书社会”书市。举办《瓯越文化》读书讲座和美术、书法、摄影优秀作品展。举办纪念《在延安文艺座谈会上的讲话》发表60周年座谈会。组织新老文化工作者和平阳在外文化学者撰文，在《平阳报》分两批刊出纪念文章专版，共7篇。

毛泽东100周年诞辰系列活动

1993年5月22日，文化局同有关单位联合举办平阳县纪念毛泽东100周年诞辰大型文艺晚会，演出24个节目，举办征文比赛、美术、书法、摄影展览，及电影展映活动等系列文化活动。

“中共浙江省第一次代表大会”55周年系列文化活动

1994年5月，与有关部门配合，举办“纪念平阳县城解放45周年文艺晚会”。7月，与县机关党委会联合举办“纪念‘七一’革命歌曲大奖赛”。11月，举办纪念“省一大”在平阳召开55周年文艺晚会。

“情系南麂”系列活动

1995年，“情系南麂”系列活动包括“棋王赛开幕式文艺晚会”“海峡两岸画家作品联展”“南麂文学笔会”“碧海仙山摄影采风”“麂岛情中秋文艺晚会”等，汇集海内外著名作家、摄影家、画家、艺术家，进行为期一周的活动。活动之后，部分作品发表在《人民日报》、《光明日报》、《中国文化报》、台湾《联合报》等报刊上。

庆祝港澳回归系列活动

1997年6月26日，县委宣传部等5家单位主办庆“七一”迎回归文艺晚会。晚会分序曲、国魂、回归、展望四部分。由京剧、诗朗诵、曲艺、器乐合奏、舞蹈、独唱、小组唱等14个节目组成。县委、县政府领导和各部门主要领导100余人观看演出。28日起连续向全县转播。

1999年12月25—30日，县委宣传部、县文化局、县文联等单位举办一系列“迎澳门回归”文艺活动。同时举办大型美术、书法、摄影展览。“迎回归曲艺专场”文艺晚会。50位书画家在广场“泼墨挥毫颂中华”“迎回归献诗会”等。

纪念新中国成立暨平阳解放系列活动

1999年5月12日，隆重举行纪念平阳解放50周年大会。县委宣传部、县文化局、县文联等单位联合举办纪念平阳解放50周年大型文艺晚会。同时举办平阳50年成就书画摄影展览以及电视专题片《崛起的平阳》首映式等一系列活动。

2009年5月11日，由县委、县政府主办，县委宣传部和县文化广电新闻出版局承办的纪念平阳解放60周年文艺演出在县文化中心举行，县领导和数百名老同志观看演出。同时，6月25—30日举办纪念新中国成立60周年书法作品邀请展；8月19日举行祝福祖国红歌演唱会；9月5日举办庆祝新中国成立60周年大型儿童画展；9月27日举办庆祝新中国成立60周年京剧演唱会；10月9日举办温州市庆祝新中国成立60周年文化艺术回顾巡回展、歌颂祖国60周年大合唱比赛等。

反法西斯战争胜利60周年系列活动

2005年9月8日，在县体育馆举行纪念中国人民抗日战争暨世界反法西斯战争胜利60周年大合唱比赛。参加大合唱有县机关、学校、企事业单位及昆阳、鳌江镇20余个代表队1100余人。同时举办以“和平·家园”为主题大型美术、书法、摄影作品展。

平阳旅游节开幕仪式

2007年7月10日，中国邮政集团、省邮政公司、市政府主办，县政府承办的“南麂列岛自然保护区特种邮票首发式暨2007年平阳旅游节开幕仪式”文艺演出在平阳体育馆举行。通过歌舞、音乐快板、民间艺术和武术组合、越剧、木偶等形式，为现场营造热烈激情的气氛，展示平阳独具特色的文化底蕴。

纪念粟裕将军100周年诞辰文艺演出

2007年8月3日，举行纪念粟裕将军100周年

纪念粟裕100周年诞辰文艺活动（2007年）

诞辰暨中共省一大陈列馆开馆仪式文艺演出。以音舞诗画《将军吟》拉开序幕，通过歌舞、曲艺等形式渲染红色氛围，缔造红色情缘，忆峥嵘岁月，表达平阳人民对粟裕将军的敬仰之情。

“歌舞颂清风，喜迎十七大”文艺晚会

2007年10月11日，由县纪委、组织部、宣传部联合主办，县文化广电新闻出版局、县广播电视台协办，县文化馆承办的“歌舞颂清风，喜迎十七大”文艺晚会在县体育馆举行。市委常委、市纪委书记陶时梅，市纪委副书记周夏平和县四套班子领导观看演出。

中共平阳县委成立80周年文艺演出

2008年7月1日，县委、县政府主办，县委宣传部、县文化广电新闻出版局承办的“光辉历程——纪念中国共产党成立87周年、改革开放30周年暨中共平阳县委成立80周年文艺演出”在县体育馆举行。全县1000多名党员干部观看演出。

“雁南飞”南雁荡山国家级风景名胜区建区二十周年庆典晚会

2009年11月26日，由县委、县政府主办，县委宣传部、县风景旅游管理局、县文化广电新闻出版局、南雁镇人民政府承办的南雁荡国家级风景名胜区建区20周年庆典文艺晚会在南雁东西洞景区演出。

第二节　广场文艺活动

全国第五个公民道德宣传日文艺晚会

为加强全县公民道德建设，由县委宣传部、县精神文明建设指导委员会办公室、县文化广电新闻出版局和昆阳镇人民政府主办，县文化馆承办的“和谐、谦让、感恩”全国第五个公民道德宣传日文艺晚会于2007年9月24日在昆阳镇曦龙广场举行，晚会自始至终贯穿公民道德建设、树立文明新风主题，节目丰富多彩，寓公民道德教育于群众喜闻乐见的节目中。

“世纪之光”大型文艺晚会

1999年3月6日，县国税局、昆阳镇、公安局等单位在平阳师范广场联合举办“世纪之光”大型文艺晚会，特邀笑星冯巩，歌星张也、蔡国庆、孙悦等10位演员登台献艺，中央电视台节目主持人亚宁、管彤担任晚会主持，有2万余人观看演出。

募捐义演义卖

至2012年，主要募捐义演有2次、义卖1次。1996年3月7日，县文化馆与县妇联联合举办“春蕾行动”文艺晚会，演出节目17个，全场捐资5万元，资助贫困山区的失学儿童。2005年8月15日，县文化广电新闻出版局、县文联等单位联合举办“携手抗‘海棠’组织文艺工作者书画募捐义卖活动”，得到县书协、美协、魁峰书院等75人大力支持，148幅作品卖得4万余元款项全部捐赠赈灾救助。2008年，四川汶川发生特大地震，5月22日晚，县委宣传部、县接收救灾捐赠办公室主办的“凝聚每份爱”——平阳县“情系四川灾区”赈灾义演为灾区募捐的1986万元善款。

第三节　村镇与社区文化活动

1989—2012年，全县村镇、社区文化活动蓬勃开展，各文艺团体或在当地开展活动，或到各地巡回演出，形式多样，内容丰富，满足了广大人民群众的精神生活。1989年，昆阳镇文化站全年举办大中型文化活动20来次。1991年，宋桥文化站举办“民间曲艺大会唱”，演出曲种有：卖技、莲花、参龙、田歌、快板等。

2003年，举办“我的家园”社区文化系列活动，除县本级的开幕、闭幕式和铜管乐、演讲、家庭才艺、文艺表演4个赛事外，6大镇共举办24项活动，参加节目236个，创作节目161个，参加家庭68个，展出图片108幅，参加活动的演职员7000余人次，是平阳县规模最大、内容最多的群众性文化活动。

2004年，由县西部山区的山门、怀溪、顺溪、吴垟、青街、维新等6个乡镇组织一台文艺节目在6个乡镇巡回演出，充分展示文化员们的艺术风采。2005年承办的“平阳民间艺术演唱会”在昆阳镇文化站小剧场演出，来自昆阳、鳌江、宋桥等乡镇20余位民间艺人表演传统民间艺术唱花鼓、唱莲花、唱龙船儿、唱元宝、平阳山歌、参龙、评书、卖技、鼓词等多种形式节目。

“乡村艺站”麻步树贤社区文化下乡晚会（2012年）

县文化广电新闻出版局分别于2008年3月8日和2012年10月举办平阳县首届家庭文化艺术节和首届社区文化艺术节。2010年9月20日，“和谐邻里、文明家园”平阳县邻居节开幕式在县文化中心举行。此外，还举办敲门日、全家福、邻居恳谈会、相亲会、邻里百家宴、健身教练进社区、趣味运动会、医疗进社区、礼仪培训进社区、“孝心敬老，关爱空巢老人”系列活动、“左邻右舍大家唱”比赛、“和谐邻里，文明社区”邻居节活动摄影比赛、“我们的节日·中秋节”主题文化活动、“邻居节”巡游活动等。

2012年，还举办乡村艺站活动。自2—11月，共举办腾蛟镇溪头街村、昆阳镇鸣山村和雅村村、水头镇振德社区、鳌江镇梅里村、山门镇上垟村、麻步镇树贤社区、萧江镇兴源村、青街乡十五亩村、顺溪镇上顺溪村、南雁镇东门村、万全镇陈交大村等12站乡村艺站活动，开展送文艺演出下乡12场、艺术指导250课时、群文成果展11次、猜灯谜4000个、拍全家福照片200余张等等。

第三章　文艺创作

1982年12月，平阳县文学艺术联合会（简称县文联）成立，翌年1月，创办文学期刊《南雁》。2002年，刊出《平阳文联20年》画册，同时出版《平阳文学廿年》（上、下卷）。至2012年的三十周年，印行《平阳文联30年》，同时出版《人文平阳丛书》（分名人、散文、小说诗歌三卷）和《艺术平阳丛书》（分书法、美术、摄影三卷），全方位展示平阳县文学艺术创作各门类在这期间的发展和成果。

1991年4月，第二届县文联成立，会员有420人，其中，国家级会员5人、省级会员28人。1996年7月，第三届县文联成立，共有文学、戏剧等8个协会，会员555人，其中，国家级的20人、省级的92人。2010年5月换届，第四届县文联会员已发展到1200余人，其中，国家级的50人、省级的151人。在文学创作方面，小说家钟求是最早在《南雁》文学刊物上发表作品，他有的作品就以老家平阳县城昆阳镇为背景。平阳是戏剧大县，在戏剧作品创作方面，尤文贵和他的弟子郑朝阳、施小琴取得不凡的成绩，还有书法、绘画、摄影、曲艺、诗词等，均有获得全国性的奖项。

第一节　文　学

1989—2012年，文学刊物《南雁》共刊出68期，总期数至100期。1989年11月，出版《中国民间文学集成·温州市平阳县卷》，这是“七五”期间国家科研重点项目之一，是众多作家、作者长期从事民间文学工作的成果。2002年，出版《平阳文学廿年》一书，共收小说、诗歌和散文约120万字的作品。2004年，出版《会文丛书》，作家出版社出版，共十二本，包括小说、散文、诗歌等。2012年，出版《人文平阳丛书》，分名人、散文、小说诗歌三卷。

2010年，县文学工作者协会创刊《南麂诗刊》，2011年改为《南麂文学》，已出刊5期。

1993年夏，由县文联发起，与瑞安市、苍南县文联在南麂岛举办小说创作笔会，邀请《清明》《东海》等文学刊物编审、编辑来指导小说创作。

小说

小说家钟求是毕业于中央民族大学经济系和鲁迅文学院第三届中青年作家高级研讨班，多篇作品被选刊转载，入选《中国年度最佳小说》《21世纪年度小说选》《中国最具阅读价值中篇小说》等20余种年度选本。曾获《中篇小说月报》奖、《中篇小说选刊》奖、省优秀文学奖等，入选“当代中国文学最新作品排行榜”。2005年，其中篇小说《谢雨的大学》获得首届“北京文学·中篇小说月报”奖。出版小说集《我的逃亡日子》《零年代》等五部，主要作品有《谢雨的大学》《未完成的夏天》《你的影子无处不在》《远离天堂的日子》《秦手挺瘦》等，并且有作品被改编为电视剧和电影。

其余获奖的小说，如沈宗文微型小说《摇钱树的故事》，1992年获“黑龙江杯”微型小说大赛一等奖。陈迎风小说《猴戏规则》获1993年“黄山杯”全国文学大赛二等奖。王晋小说《墓屋》获1994年“西子杯”征文大奖赛二等奖。包兴桐小小说《生日》获第二届中国廉政小小说大赛优秀奖，《从前的村子》获第四届中国（郑州）小小说学会奖优秀奖，《骑马》获第四届中国小小说学会奖分量最重的优秀作品奖。颜育俊《怪相》发表于《小说界》2009年第1期，《微型小说精品》2009年第4期转载，2010年出版小小说集《温暖呼叫转移》。

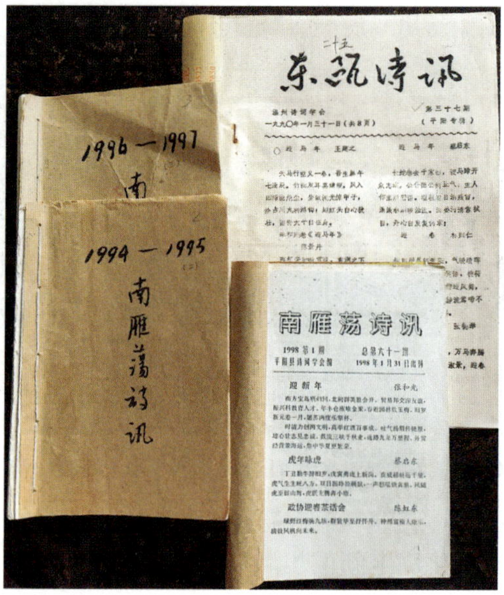

《东瓯诗讯》平阳专辑、《南雁荡诗讯》合订本（2012年）

散文

林俊有《听雨楼诗文集》，李成廉有《恋土集》等，他们散文都有自己独到之处。张君纪实作品《弈乘功业耀千秋——百岁棋王纪事》发表于《中国作家》2008年9月特刊。沈宗文散文集《我的生命流水账》由中国文联出版社正式出版（2012年）。1990年，任泽健散文《毛遂墓》发表在《散文》第五期上。王晋散文《番薯》获1993年全国散文大赛三等奖。1999年，刘洪波《好人是这个世界的魂》获“富达杯”新中国成立50周年全省文学作品大赛优秀奖。费夏荣《情系鳌江》获2000年第二届百花杯全国精短文学艺术作品大赛优秀奖。林静《不老的睦源桥》获2003年全国第十六届青年文学大赛优秀奖。2011年3月，鲍小红在江苏文艺出版社出版散文集《独舞》，散文《走读平阳“两南”》发表于2012年第2期《浙江画报》杂志。2011年，任泽健散文集《这里或别处》、潘孝平散文集《跋涉》、叶晨散文集《听风》在作家出版社出版。

诗歌

2011年，任泽健在宁夏出版社出版诗集《谁的江南》。1995年，其诗歌《我的长城》获纪念抗战胜利五十周年全国诗歌二等奖，《悼念与祈祷》入选《汶川大地震诗歌经典》（2009年5月，四川文艺出版社出版），组诗《黑白世界》入选《2010年中国诗歌选》，《她忧郁的眼神让我胆怯（组诗）》发表于《山东文学》2012年第1期。2010年，余燕双在《诗潮》杂志第6期发表组诗《生活细节》，《叶廷鹏纪念馆》获“2012年时代颂歌全国诗歌散文大赛”二等奖。2011年，孔展雁诗歌《穿越》发表于《星星》诗刊第2期，2011年在大众文艺出版社出版诗集《遥望黎明的月亮》。赵昌理《一个人的南麂》发表于《散文诗》2010年第10期。

诗词

1988年，温州市诗词学会刊物《东瓯诗讯》上开辟各县的专辑，《平阳专辑》由王光铭主编。1994年，县诗词学会（筹）刊物《南雁荡诗讯》（双月刊）创刊。1995年，县诗词学会正式成立。以王光铭为会长的诗词学会，有张鹏翼、王建之等老诗人，创作出一大批佳作。1992年，水头泾川诗社成立，5月《泾川诗讯》创刊，至2003年停刊，1998年曾刊行《泾川诗词选》。至2003年，《南雁荡诗讯》共刊出83期（包括前期的《东瓯诗讯》平阳专辑），发表诗词作品8000余首。2003年，新会刊《平阳诗词》创刊，至2012年，共刊出7期。1999年，为迎澳门回归，出版《鳌水朝宗》一书，共收诗词作品546首，包括香港、澳门、台湾等地的诗人作品。

平阳诗人在全国多次获奖，陈嘉棣两次获全国性大奖，1994年以《哀泾川》一诗获“李杜杯”诗词大赛二等奖，1995年又以《啄木鸟赞》获“鹿鸣杯”

全国诗赛一等奖。2006年，陈正印《南雁香鱼行》获第三届黄鹤楼诗词大赛“白云阁”奖。2010年，张奋《平阳赋》获“浙江文化名城·新赋”最佳作品奖，并于2010年2月11日在《浙江日报》刊出。此外，出版刊行的诗集还有张鹏翼《紫霞山馆诗存》笺注本、陈嘉棣《率吟集》、徐祥地《俚讴集》、倪绍棣《赧翁集》等。

第二节　戏剧　曲艺

1989—2012年，县戏剧曲艺工作者协会举办过《嫦娥奔月》《才女梦》《宫墙柳》《出宫回宫》《憨痴传奇》《拜月记》等多场大型演出，其中，《拜月记》拍成三集电视剧在中央电视台第11频道播出。县小百花越剧团演员参加30集电视剧《红楼梦》拍摄，县木偶剧团三次到北京演出，四次受邀出国访问演出。

尤文贵为平阳戏剧创作的代表人物，编写的多个剧本被搬上荧屏和舞台，获得国家、省级奖项，著有《尤文贵剧作选》。1993年，戏曲故事《风筝误》被选入《中国戏曲名著故事丛书》。1994年，与郑朝阳合写的现代戏曲《七彩梦》入选浙江改革之家戏剧征文大奖赛。1995年，与郑朝阳合作剧本《七彩梦》获省首届《改革之光》征文大赛银奖，电视剧《仇大姑娘》在世界妇女大会期间由中央电视台作为向世界妇女大会献礼节目播映。1998年，尤文贵、施小琴等人创作戏曲电视剧《范蠡救子》《仇大姑娘》分别获第18届中国电视剧“飞天奖”戏曲电视剧创作二等奖。

1991年，施小琴拜尤文贵为师，从事戏剧创作工作，先后在平阳小百花越剧团和平阳文化局创作室任编剧。创作有越剧《出宫回宫》《范蠡救子》，木偶儿童剧《蓝星星之歌》，少儿话剧《牵丝情》，昆剧儿童剧《神奇的雀翎》，锡剧电视剧《骊宫秘史》，越剧电视剧《范蠡救子》（合作），改编南戏《拜月记》等10余个剧本。

平阳是温州鼓词发源地，曲艺品种丰富，除鼓词外，另有渔鼓、参龙、卖技、莲花等。县曲艺协会于2000年单独立会。温州鼓词第二代代表人物方克多从艺50余年，多次在全国和省、市比赛中获奖，为国家级“非遗”项目温州鼓词传承人。其他会员在省、市各类曲艺会演中捧回奖项50余项，多人被评为“浙江省优秀民间艺术人才”。1999年，陈秀进改编的温州鼓词《百亩园》和徐兆格的《温州鼓词牛筋琴》刊载于第9期中国《曲艺》杂志，徐兆格创作的鼓词开篇《温州人》被评为省优秀曲艺作品。2005年，程作华编剧、苏尚卯表演的鼓词《智贴传单》分别获市第五届曲艺会演创作优秀奖和表演一等奖；陈春兰表演的鼓词《赵五娘吃糟糠》获表演一等奖。2010年，鼓词作品《温州人》获省“千镇万村种文化”表演节目金奖。

第三节　音乐　舞蹈

2012年，县音乐舞蹈工作者协会下属交谊舞、流行音乐、吹奏乐3个学会，共有会员200余人，其中，中国音乐家协会会员3人、中国舞蹈家协会会员1人、省音乐家协会会员29人、省舞蹈家协会会员13人。

1993年，黄平作词的歌曲《甜丝丝的水乡》，获中国音协举办的“太平杯”歌曲大赛二等奖。1995年，陈莉萍编导的群舞《打工妹》在全国第二届企业舞蹈比赛中获表演三等奖。1999年，黄平作词，丁丁作曲的《牧童哪里去了》，获全国第九届“群星奖”优秀奖，2000年，群舞《田间风景线》和《野山情》入围全国第十届“群星奖”省选拔赛，《田间风景线》获“群星奖”银奖。少儿群舞《西湾童趣》获全国第二届“小荷风采”少儿舞蹈比赛双金奖。2001年，《托起辉煌的明朝》——鳌江镇镇歌，参加全国城市歌曲评选获创作和演唱金奖。独唱《童年的海》选送参加全国第二届“蒲公英奖”少儿音乐大赛，获表演和创作铜奖。《拾海》获全国百家电视台音乐电视节目展评银奖。2002年，毛光正作词，丁丁、孙建林作曲的《太阳风》和《童年的绿洲》在中国企业歌曲电视大赛中分别获金奖和银奖。2004年，周笙乐等编导的《萧江大鼓》参加第七届中国艺术节开幕演出，获优秀作品展演金奖。歌曲《南雁风，廊桥情》参加“2004·歌坛在行动”全国词曲创作比赛获优秀奖。2005年，丁丁创作的歌曲《山门开锣》获中国首届群众创作歌曲大赛金奖。2006年，丁丁歌曲

《爱绿娃娃》获中央电视台、中国广播电视协会主办的“新盖中盖杯”2006中央电视台少儿艺术类节目银奖。2007年，丁丁创作的歌曲《你，选择了艰难》获中国群众文化学会银奖。

第四节　美　术

部分画集（2012年）

平阳县美术家协会成立于1982年，至2012年，会员共有98人，其中，中国美术家协会会员2人、省级协会会员30人，下设水彩、油画、国画3个艺术委员会。平阳美术家协会会员作品有近40幅作品参加全国性水彩、国画、油画展览，多次获奖。

美术创作活动频繁，交流多。2007年，举办“红线采风——中国水彩名家平阳行”采风活动。8月30日，“沃野清风·曾成金中国画展”在县文化馆举行，《曾成金中国画小品系列》与《我生古鳌头·曾成金速写生活》同时发行。2009年9月，举办“中国水彩名家邀请暨平阳水彩精品展”，展出中国水彩画名家及平阳画家的水彩精品50余幅。2011年9月，举办“公望故里行”系列文化活动，中央美术学院著名画家陈平带着50余位学生在南雁、西湾、塘川进行20余天的写生，并与平阳画家进行交流。平阳美协水彩创作组参加由省文化厅主办、省文化馆承办的“2010年浙江省视觉艺术创作群体展”，李毅军、黄俊作品分别获银奖和铜奖。平阳美协注重艺术理论创新，在《美术》《中国水彩》《美术报》等专业刊物及画册上发表论文、作品数百件（篇）。

1989—2012年平阳县美术作品获奖情况一览表

表32-3-1

作者	年份（年）	作品	入展或奖项	颁奖单位
李毅军	1990	版画《种海》	全国第十届版画展，获“浙江版画展”优秀奖（最高奖）	中国美术家协会 中国版画家协会 中国美术家协会浙江分会
曾成金	1993	年画《希望》	全国第二届年画展铜奖	中国美术家协会
李崇高	1996	水彩画《尝新》	入选“第二届全国水彩·粉画展”	中国美术家协会
曾成金	1999	国画《上学去》	入选“全国第八届全国美术作品展览”，获全国“群星奖”优秀奖	中国美术家协会 文化部
陈志元	2000	国画《掠过海上的风》	入选澳大利亚举办的“26届奥林匹克运动会国际书画展”	澳大利亚美术馆
李毅军	2002	水彩画《村口》	入选“中国水彩画写生精品大展”	中国美术家协会艺术委员会
李崇高	2003	粉画《沐》	入选“中国首届粉画展”	中国美术家协会艺术委员会
李毅军	2005	水彩画《后园》	入选在印度尼西亚展出的“亚洲水彩画联盟作品展”	亚洲水彩画联盟
叶成浩 叶彩萍	2007	剪纸《织带子》	“描绘新农村——全国美术作品巡展”二等奖	中国农业电影电视中心
李毅军	2008	水彩画《思溪晨雾》《婺源之春》《晓起春秋》	入展“中国当代水彩画名家写生作品展”	中国美术家协会水彩艺委会

续表 32-3-1

作者	年份(年)	作品	入展或奖项	颁奖单位
李毅军	2009	水彩画《班组·兄弟》	入选第十一届全国美术作品展	中国美术家协会
李毅军	2010	水彩画《升井》	入选“第九届全国水彩·粉画展”	中国美术家协会
李毅军	2011	水彩画《平潮》	入选第二届中国粉画展	中国美术家协会
叶志杰	2011	粉画《排演日记·间休时分的合唱姑娘们》	第二届中国粉画展优秀奖(最高奖)	中国美术家协会
陈向东	2011	粉画《冬日》 油画《历史一页—武昌风云》	入选第四届全国青年美展 入选“回望中国”纪念辛亥革命100周年综合大展	中国美术家协会
李毅军	2012	水彩画《升井》	作品《工期系列之一》,入选上海朱家角国际水彩画双年展	中国美术家协会

说明:资料由平阳县文联提供

第五节　书　法

平阳县书法工作者协会成立于1986年,是浙江省最早成立的县级书法协会,吴招廉、叶志鉴、陈松华、周黎明先后担任主席,张鹏翼、苏渊雷等书家前辈为平阳书法事业的发展和繁荣作出贡献。2012年,会员128人,其中,中国书法家协会会员5人、省书法家协会会员32人,有30余人在全国书法比赛或展览中获奖、入展,入展省级展览的有100余人次。

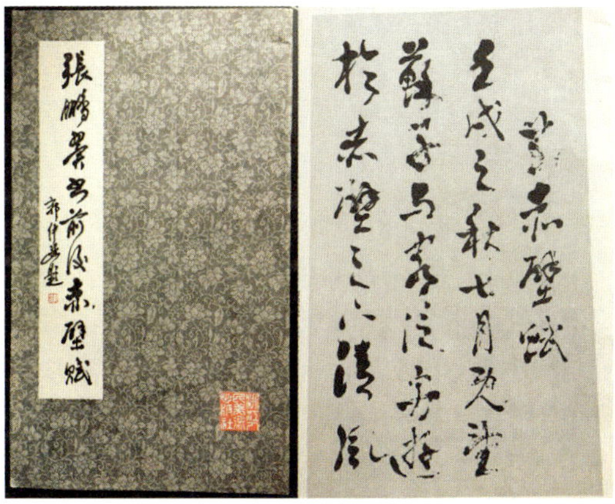
张鹏翼书前、后《赤壁赋》(2012年)

百岁书法家张鹏翼是平阳书坛的领军人物,还有蔡心谷、游寿澄、蔡启东、王光铭等,在书法方面都有相当高的造诣。1989年5月,举办“张鹏翼书法作品展览”,著名书法家沙孟海、郭仲选为书展题词,著名学者苏渊雷为书展作序,郭仲选、夏子颐、林剑丹、蔡心谷等前来祝贺。1996年,张鹏翼50余幅书法精品,在省文史馆展厅展出。2008年,举办张鹏翼先生110周年诞辰纪念活动暨浙江省书法作品邀请展,举行《张鹏翼书法选集》首发式。

1989—2012年平阳县书法作品入展和获奖情况一览表

表 32-3-2

作者	年份(年)	入展或奖项	颁奖单位
余海翔	1989	入展全国首届楹联书法作品展	中国书法家协会
陈纾、陈纬	1997	入选全国七届青年书法展	中国书法家协会
钱　允	1999	全国第三届楹联书法大赛二等奖	中国书法家协会
陈旭光、陈纬	1999	全国第三届楹联书法大赛提名奖	中国书法家协会
蓝潮、张笑如	1999	入选全国第三届楹联书法大赛	中国书法家协会
周扬辉	2002	入展中国书法“兰亭奖”	中国书法家协会

续表 32-3-2

作者	年份(年)	入展或奖项	颁奖单位
张笑如	2002	入展全国第三届妇女书法篆刻展	中国书法家协会
陈　纬	2003	入展全国第二届行草书展	中国书法家协会
钱　允	2005	全国第一届行草书法展三等奖	中国书法家协会
钱允、黄国光	2006	入选五届全国篆刻大展	中国书法家协会
周黎明	2011	入展全国第十届书法作品展	中国书法家协会
周黎明	2012	入展全国第三届青年书法篆刻展	中国书法家协会
蔡祖鹏	2012	入展全国第二届册页书法展、“王羲之杯”全国书法作品展	中国书法家协会
周荣强	2012	入展“孔子艺术奖”全国书法展、全国第三届行书展	中国书法家协会
李开会	2012	入展全国第三届行草展	中国书法家协会

说明：资料由平阳县文联提供

第六节　摄　影

2012年，平阳县摄影工作者协会有会员123人，其中，中国摄影家协会会员8人，省摄影家协会会员21人。协会成立以来，会员参加国际、国内各类摄影比赛，获奖约500余人次。

姜光树作品，1993年，《潮来遍地是黄金》获《浙江画报》等单位联合举办的《西湾风情》影展二等奖，《人间正道》获市纪念毛泽东一百周年诞辰摄影展一等奖。1995年《海风》获全国金色健身体育大赛摄影作品优秀奖，《翔》获省首届耕耘者摄影展三等奖。1997年，10幅摄影作品入选省第三届《我们的眼睛》摄影作品展，《平阳木偶风采》入选省委宣传部组织的赴美展出。1999年，《前仆后继》获1999年国际摄影艺术研讨会银奖。

2001年，王玉璜的《顾前护后》入选中国第九届国际摄影展，是温州市唯一的入选作品。2007年，《流逝》入选中国第十二届国际摄影展。2011年，《儿科输液室》入选中国第十四届国际摄影展。2012年，《大海的音符》获第二十四届全国摄影艺术展艺术类优秀作品奖。

陈永琢的《蹄叩鬃扬舞苍穹》获中国第十四届国际影展优秀奖，张勤《飘逸》《台前幕后》两幅入选中国第二十三届摄影艺术展览，徐明朗《免费饮粥》获第二届全国农民摄影展览铜奖，倪宝道《山舞银蛇》获第二十四届全国摄影艺术展艺术类优秀作品奖。余贤威、李斌、洪玉畅、曾新民、王晋、汤小明、林炮等人的作品亦分别入展国家、省级摄影展，或在各类比赛中获奖。

部分摄影集（2012年）

1989—2012年平阳县摄影作品入展和获奖情况一览表

表32-3-3

作者	年份(年)	作品	入展或奖项	颁奖单位
姜光树	1999	《前仆后继》	1999年国际摄影艺术研讨会银奖	中国摄影艺术学会
王玉璜	2001	《顾前护后》	入选中国第九届国际摄影展	中国摄影家协会
王玉璜	2007	《流逝》	入选中国第十二届国际摄影展	中国摄影家协会
王玉璜	2011	《儿科输液室》	入选中国第十四届国际摄影展	中国摄影家协会
陈永琢	2011	《蹄叩鬃扬舞苍穹》	入选中国第十四届国际摄影展	中国摄影家协会
张　勤	2010	《飘逸》《台前幕后》	入选第二十三届全国摄影艺术展	中国摄影家协会
徐明朗	2012	《免费饮粥》	第二届全国农民摄影展铜奖	中国文联 农业部 中国摄影家协会
王玉璜	2012	《大海的音符》	第二十四届全国摄影艺术展艺术类优秀作品奖	中国摄影家协会
倪宝道	2012	《山舞银蛇》	第二十四届全国摄影艺术展艺术类优秀作品奖	中国摄影家协会

说明:资料由平阳县文联提供

第四章　广播电视

平阳县的广播事业不断发展，逐步形成以调频传输为主、专线传播为辅、有线无线相结合的城乡广播网，至2012年，综合覆盖率超95%。1977年8月，平阳电视台建立，这是温州地区最早建立的县级电视转播台，也是浙南地区电视事业发展的开端。1993年，投入49.5万元，建成平阳县有线电视播出中心，即有线电视台前端。1994年5月，平阳有线电视台建立。1998年10月，原平阳电视台、平阳调频广播电台、平阳有线电视台合并为一个播出实体，统称平阳县广播电视台。2009年9月，正式开播数字电视。2012年，平阳有线电视拥有18.6万用户，开通模拟电视37套，数字电视102套。

第一节　广　播

无线广播

1979年1月，“浙江省温州地区6942”广播转播台划归平阳县管辖，改名为平阳广播转播台。1989年，该台转播2套节目：中央人民广播电台第一套节目，频率1359千赫兹；浙江人民广播电台第一套节目，频率810千赫兹。6个实验频率是：710、900、1050、1100、1200、1521千赫兹。平阳广播转播台系中小型电台，发射总功率为30千瓦，覆盖面积半径约50公里。

鳌江广播转播台，原称“浙江省温州地区73636”广播转播台。1989年，该台转播2套节目：中央人民广播电台第一套节目，频率648千赫兹；浙江人民广播电台第一套节目，频率1080千赫兹。4个实验频率是：600、927、1250、850千赫兹。此台系小功率电台，发射总功率为8千瓦，覆盖面积半径约30公里。

1994年，县财政拨专款80万元建成平阳县调频广播电台。1995年11月，平阳调频广播电台开播，播出时间为上午6时至晚上24时，自办节目12档，全天自办节目时长16个小时。

1998年10月，原平阳电视台、平阳调频广播电台、平阳有线电视台合并为一个播出实体，统称平阳县广播电视台。平阳县广播电视台播出自办的广播节目时，播出呼号为“平阳人民广播电台”。

广播节目　1989年，除转播中央电台《新闻与报纸摘要》，自办节目有新闻类、社教类、少儿类、文艺类、信息服务类。

1995年11月，调频广播直播节目开播，推出《平阳您早》《文史星空》《快乐赛车》《女性生活》《平阳新闻》《燕山夜话》《快乐风向标》等12档自办节目。2003年，新增《农村现在时》《听世界》《体坛风云》三档直播节目，创设《音乐深呼吸》《我的麦克风》等子栏目，突出听众的参与性和互动性。2009年，舆论监督类节目《行风热线》开播。2012年，播出10档自办节目，对农类节目《走进新农村》；新闻资讯类节目《平阳新闻》《听世界》《观点》；音乐类节目《音乐深呼吸》《音乐风云榜》《点唱休闲吧》；交通类节目《开心路路通》；服务节目《行风热线》、联办节目《行业风采》、少儿节目《快乐风向标》和休闲娱乐节目《假日调频》。

品牌栏目有《走进新农村》，2007—2012年连续5年获浙江省对农广播优秀奖。《行风热线》2009年开播。《我爱我的麦克风》2003年开播，历时十年，举办五届音乐挑战赛及户外大型演唱会，参赛者1500余名，获奖选手已多为平阳县文艺骨干。

调频广播于1995年11月开播，发射频率：105兆赫。播音时间，2012年每天6时30分开播，23时结束，全天播出16小时30分钟。

技术设备 1994年，在海拔近300米高的县城九凰山安装24米铁塔，架设光缆和传音电缆3.5千米，采用进口设备和SCA技术，发射功率为1000瓦，调频广播节目信号覆盖周边临近市县。广播电台原在昆阳镇东水门街（现昆阳有线电视站），1998年，迁入昆阳镇西坑路49号的广电大楼，并添置数字音频工作站和数字制作调音台，使采编播设备初具数字化。2009年，添置数字固态采访机、数字调频发射机、数字直播调音台及周边的数字广播配套传输设备，建成1个数字广播直播机房，1个对农广播机房（应急广播机房）和1个数字广播制作室，实现广播采编播设备的数字化。

1997年，在海拔600米高的水头蒲尖山建立300瓦广播转播台，解决北港山区难以收听到广播节目的问题，实现调频广播信号对全县的全覆盖。

2012年4月开始执行的平阳人民广播电台调频广播节目单

表32-4-1

时间	周一至周五	周六	周日
6:25	开始曲		
6:30	中央台新闻与报纸摘要（转）		
7:00	浙广早新闻（转）		
8:00	走进新农村		
8:15	气象广告		
8:30	音乐风云榜（重）	风云老唱片（首）	
9:00	听世界（首）		观点
9:30	音乐广告		
9:35	行风热线（首）（周三至10:30）		
10:15	行业风采（首）（周三无）		
10:30	广告专题		
11:00	音乐深呼吸（首）		
12:00	开心路路通（重）	一路音乐（重）	
12:55	广告		
13:00	点唱休闲吧	假日调频（首）	假日调频（重）
15:00	资讯点对点		
15:05	开心路路通（首）		一路音乐（首）
16:00	音乐风云榜（首）	风云老唱片（重）	
16:30	听世界（重）		观点（重）
17:00	快乐风向标（首）		
18:00	行风热线（重）		
18:45	行业风采（重）（周三无）		
19:00	新闻联播（转）		
19:30	平阳新闻（转平阳电视台 首播）		
19:45	走进新农村		
20:00	精彩随身听		
21:00	快乐健康人		
22:00	汽车音乐疯（重）		
22:45	音乐道晚安		
23:00	结束		

说明：每周二下午13:00—17:00机器例行检修，节目停播

“我爱我的麦克风”节目现场（2009 年）

2001年，水头蒲尖山广播转播台广播信号改为同频发射，实现水头和平阳调频节目同频播出，从此北港听众无须转台，就能收听到广播节目。

有线广播

1951年冬，在鳌江镇北大街建立镇有线广播站。这是平阳县最早建立的广播站，也是平阳县有线广播事业的开端。1956年5月，平阳县有线广播站改名为平阳县广播站。1988年6月，平阳县广播站成为县广播电视局隶属的事业单位，并分设机构，分署办公。1989年，全县共有77个基层广播站(7个区站、70个乡、镇、办事处站)。1991年，基层广播站改名为广播电视站。1998年10月，“三台合并，局台合一”，平阳县广播站改名为广播节目中心，成为平阳县广播电视台内设机构；乡镇广播电视站管理体制由原来的“以块为主，条块结合”改为“以条为主，条块结合”，全县34个乡镇广电站撤并为10个广播电视中心站，把中心站作为县广电局的派出机构，并进行人事制度改革。2007年10月，广播节目中心改名为广播中心，并进一步明确乡镇广播电视站为全民、自收自支事业单位，10个广播电视中心站撤并为8个站，人事管理由县广播电视台负责。

网路建设　1989年，广播网质量达到省厅规定指标的乡、镇站有64个，占总数91.4%。1989年底，全县广播专线总长2909千米(干线367千米、支线2542千米)。1997年，全县实现县台到乡镇的广播电视共揽传输。1994—2009年，传统有线广播节目逐渐停播。2007—2009年，共投入758.5万元完成农村有线广播“村村响”工程，对有线广播网路进行全面整修改造。2009年年底，实现广播电视共揽传输到村。2010年，农村有线应急广播开播，并

2012 年开始执行的平阳人民广播电台新农村有线广播节目单

表 32-4-2

第一次播音	
6:24:54	开始曲 节目预告
6:30:24	转播中央电台《新闻和报纸摘要》
6:59:54	走进新农村(重播)
7:14:54	气象早报
7:19:54	平阳新闻(重播)
7:29:54	乡村文艺(乡镇、村自办广播预留时段)
8:29:54	第一次播音结束
第二次播音	
9:24:54	开始曲 节目预告
9:29:54	音乐广告
9:59:54	行风热线(首播)(周三至10:54:54)
10:44:54	行业风采(周三为行风热线)
10:59:54	午间气象
11:04:54	走进新农村(首播)
11:19:54	评书开讲
11:59:54	第二次播音结束
第三次播音	
17:24:54	开始曲 节目预告
17:29:54	快乐风向标(重播前一天)
17:59:54	气象晚报
18:04:54	平阳新闻(首播)
18:14:54	走进新农村(重播)
18:29:54	转播中央电台《全国新闻联播》
18:59:54	天天听鼓词(乡镇、村自办广播预留时段)
20:29:54	第三次播音结束

说明：资料由平阳县广播电视台提供

实现广播有线节目和无线节目同步播出。

2012年年末，全县有31个乡镇广播站，村级广播室545个，室外音箱5033只，广播综合覆盖率超95%。

广播节目　转播节目有中央电台《新闻和报纸摘要》和《全国新闻联播》。自办节目，2012年，播出5档自办节目，对农类节目《走进新农村》，新闻资讯类节目《平阳新闻》，服务节目《行风热线》，联办节目《行业风采》，少儿节目《快乐风向标》。

播音时间，农村有线广播2009年以来全天3次，共7小时30分钟。

第二节　电　视

无线电视

无线电视平台建设　平阳电视台前身是平阳电视转播台。1989年，开始用米波和分米波播出5个频道，转播中央、上海、福建、浙江和平阳自办电视节目。办公地址先后设在县城西南海拔高293.7米的九凰山顶、白石街60号民宅、昆阳镇西坑路自建房。

1989年，发射机房建成100平方米控制室和餐厅等12个基建项目，新建整修路面和通道200余平方米。是年，全台设有采编部、广告专题部、技术部、办公室。

1994年，平阳电视大楼开始基建工程，选址昆阳镇西坑路49号。至1996年年底，电视大楼竣工并投入使用。电视大楼总投资1300万元，建筑面积3000平方米，建有150平方米演播厅1个、新闻演播厅1个，各种制作室、录音室、工作室50余个和无线、有线两个播出机房以及整套工作办公用房。

1998年10月，平阳电视台、平阳调频广播电台、平阳有线电视台实行“三台合一、局台合一”，成立平阳县广播电视台，播出呼号仍为“平阳电视台”，内设6个科室、4个中心，即办公室、总编室、人事科、计财科、乡镇广电管理科、音像管理科、技术中心、广播节目中心、电视节目中心、广告中心。

1989年10月，改装发射机18频道为30频道。12月，在九凰山转播台安装调试新控制室，启用控制台，提高节目播出质量。是年底，全县无线电视覆盖率80%。

1991年2月，在南麂司令部建成南麂电视转播台，至1997年年底，全县共有13座电视转播台、差转台，以转播为主，每天24小时完整转播37个频道中央台、省台和平阳台节目，解决了贫困山区7.5万人看电视问题。

2005年，对九凰山电视转播台电视节目发射机天线进行改造，改善播出节目信号，更换县广电台至九凰山机房的供电线路设施，保证九凰山机房的供电安全，确保信号优质播出。

2006年，通过设备更新和维护管理，充分发挥无线发射台、站的作用，从此农村98%以上的人口能够免费接收多套无线电视节目，满足广大农村地区看电视的基本需求。2007年，在九凰山电视转播台，更新原晶体管发射机为固态晶体管发射机。固态晶体管发射机是一台调制器末级功放一体机，故障率低、维护方便、性能稳定、技术标准高。

2012年年底，全县有九凰山电视转播台、水头电视转播台、南麂电视转播台3座电视转播台，转播10个频道中央台、省台和平阳台节目。

技术设施　1989年，购置索尼DXC1820和DXC-M3摄像机各1套及配套设备，索尼BETCAM大1/2编辑机1套。建造九凰山电视转播台4.5米地面卫星接收站2座和高41米电视发射塔1座，购置分米波发射机2台。是年，建造水头电视转播台4.5米地面卫星接收站1座，发射天线为25米。1991年，南麂建立4.5米地面卫星收转站。

1992年4月，完成九凰山电视转播台机房改造工程，机房面积由原来30平方米扩建为60平方米。原30频道100瓦电视发射机转播福建电视节目，因功率小，昆阳、万全、鳌江群众强烈反映看不好该套电视节目，该台投入22万元，新引进1000瓦发射机1台，扩大发射功率，并更换机房二层偶极高天线为缝隙天线1付，馈管45米，提高电视节目转播质量，1997年，对水头电视转播台进行平阳电视台信号差转，解决北港等10个乡镇的平阳台信号接收问题。

1998年，“三台合一、局台合一”前，县电视台共有下列摄录编设备：日本日立Z-one摄像机，搭配

1989—2012年平阳县电视转播台转播情况一览表

表32-4-3

名称	所属单位	时间	地点	接收频道	差转机(台)		功率(瓦)		发射频道
九凰山电视转播台	平阳县广电台	1977年6月	平阳九凰山	中-1、浙江-1、平阳	2	1	100	300	14、4、18
水头电视转播台	平阳县广电台	1979年10月	平阳水头浦尖山	中-1、中-7、浙江-1、平阳	2	2	50	300	14、20 9、12
南麂电视转播台	南麂镇镇政府	1991年2月	南麂司令部	中-1、中-2、浙江-1	3		50		2、4、12
麻步电视差转台	麻步镇镇政府	1991年9月至2010年	麻步镇镇政府	中-1	1		10		10
晓坑电视转播台	晓坑乡乡政府	1992年10月至2010年	西洋亭村	中-1、浙江-1	2		10		4、12
青街电视转播台	青街乡乡政府	1993年3月至2010年	青街凤山	中-1、中-2、浙江-1	3		50		4、9、11
顺溪电视转播台	顺溪镇镇政府	1993年3月至2010年	顺溪镇镇政府	中-1、中-2、浙江-1	3		50		4、9、12
吴垟电视转播台	吴垟乡乡政府	1993年12月至2010年	吴垟中心学校	中-1、中-2、浙江-1	3		10		3、5、11
梅溪电视转播台	梅溪乡乡政府	1995年8月至2010年	梅溪寨山	中-1、中-2、浙江-1	3		10		3、6、8
梅源电视转播台	梅源乡乡政府	1995年10月至2010年	梅源大坟尾山	中-1、中-2、浙江-1	3		10		5、10、12
龙尾电视转播台	龙尾乡乡政府	1995年10月至2010年	龙尾乡乡政府	中-1、中-2、浙江-1	3		10		4、9、11
维新电视转播台	维新乡乡政府	1996年7月至2010年	余思坑路	中-1、中-2、浙江-1	3		10		4、9、11
新田办事处电视转播台	顺溪镇镇政府	1997年8月至2010年	新田山头庵	中-1、中-2、浙江-1	3		10		3、5、11

说明：资料由平阳县广播电视台提供

一套松下切换台，用于广告拍摄和点歌平台，索尼630演播厅4讯道摄录设备4套，索贝非线性编辑机及周边设备1套。

有线电视

技术设施　1992年5月，县有线电视开始建设。播放自办节目的设备有索尼BETCAM大1/2编辑机1套，DXC1820和DXC-M3摄像机各1套及配套设备。前端播出机房面积30平方米。网络主干线电缆为美国500MC2，其余网络器材选用国内正规厂家生产的产品。1993年，启用美国ADC公司的1310纳米光设备，1998年，启用ATX1550纳米光设备。随着自办节目增加和转播频道增多，以后陆续增加调制器、电视摄录设备和网络维护检测设备。

1996年，平阳电视大楼建成，150平方米演播厅里有索尼637+537影播室摄像机1套，配备索尼14寸专业级监视器1套，江苏冠中提示器1套，星光2000瓦聚光灯15盏等周边设施。

1998年，投入近100万元对有线电视前端设备进行升级改造，购置比利时巴可调制器22台，同时用美国ADC公司的AM1550纳米光发射设备替代AM1310纳米光发射设备，添置电视监视墙28台监视器、日本OTDR TFS3031光时域反射仪、光纤熔接机、BCT-3P挂机等设备，提高电视系统的技术指标和图声质量，确保整个系统的正常优质运行，也为全县大面积联网提高质价比，降低单位功率成本，为加速联网奠定基础。

2001年，完成有线电视模拟播控机房改造，对配电房和机动系统进行全面升级，实现所有线路地埋，并购置机房电视墙、购买2套UPS不间断电源设备。

2006年，投入60万元，完成硬盘播系统改造，由原来手动播出系统，提升为自动播出系统，该系统较大地改善平阳自办节目的图像质量，提高播出的安全性和可视性。引进广播电视抗非法信号干扰预警系统，对该台接收卫星信号的15套节目信号进行实时监控，确保节目收转安全。

2007年，南麂海岛完成微波联网的方案设计、论证和设备采购等前期准备工作。采用QPSK调制方式传输，QPSK调制器，传码流为45兆赫兹。2012年，南麂海岛完成前端机房改造，海岛群众可以收看31套电视节目，信号清晰、优质。

2007年，完成硬盘播系统扩容工程，由原来1个自办新闻综合频道，扩容为2个自办频道即新闻综合频道和娱乐生活频道。

2009年9月底，完成演播室和编辑机房改造工程，对电视采编设备进行全面更新改造，使全台摄录、编辑、制作和播出系统全部实现数字化。增加非编设备投入(D50索尼影播室摄像机一套，配备青岛提示器等周边设备)，搭建日本索贝E-MET非线性编辑系统用于平阳新闻节目制作和松下93杭高清非线性编辑系统用于平阳专题节目、广告、大型活动等制作，配备相应摄像机、灯光、抠像软件及专业监视器，全面改善采编播条件，提高广播电视节目制作质量和水平，满足内外宣传需求。

随着有线电视事业的发展，摄、录、编设备不断增加和改善。2012年年底，有24台摄像机(其中索尼摄像机：4台蓝光PVW-539P，6台HVR-Z1C，3台PD190D，5台DVCAM370；松下摄像机：2台815，3台P2，1台HP-260MC)。索尼BETCAM大1/2编辑机6套，索尼1800+1600编辑机1套，Betcam sp编辑线4套，非线性编辑线2套14个站点，大洋D-3字幕机3台以及大量的配套设备。网络维护检测主要设备有：日本OTDR TFS3031光时域反射仪2台，日本滕仓光纤熔接机：1台30S、2台50S、2台60S，加拿大EXFO FPM-300光功率计10台，DS2100B天津德力等数字场强仪15台，模拟场强仪20台，DS2500数字综合测试仪1台。施工维修工程车26辆，工程打印机10台。前端播出机房主要设备有：同洲CDVB5100C+卫星接收机22台，PBI DVR-1000卫星接收机6台，BARC调制器34台，DVP D9010调制器1台，JAV ELIN 1550纳米主发射机1台，JAV ELIN 1550纳米备发射机1台，DVB MKE-810接收机15台，LOA3000 35+掺钎光纤放大器4台，LOA3000 6+掺钎光纤放大器4台，GENBO MA100数字调制器6台，碧玺硬盘播系统及配套设备一套，14寸监视器28台，电子控制台2张。前端机房面积100平方米(与无线电视共用)。

有线电视建设　乡镇有线电视网络建设起步于1992年，水头、腾蛟、萧江、鹤溪、麻步、鳌江、钱仓、昆阳等乡镇广播电视站先后在乡镇所在地办起小型有线电视系统。

1992年6月，县广播电视局拟订《平阳县有线电视建设总体规划》和《平阳县有线电视工程技术方案》，10月通过省厅论证。

1993年，县有线电视台筹建组开始工程设计、设备选型和安装调试等工作。系统设置电视频道总容量24个，传输线路采用光电结合，最高传输频率550兆赫兹。前端选用德国JLD调制器等，主干线选用国产-12电缆和5121放大器。

1994年5月，有线电视正式开播。播出中央电视台1套、2套、3套、4套，中央教育1套、2套，浙江电视台1套、钱江、上海、云贵、平阳有线自办和浙江省广电局统一供片录像等12套电视节目。至是年底，全县建成13个乡镇有线电视站，开通有线电视用户30115户。

1996年，对全县联网乡镇网络干线进行改造，用光缆代替电缆，设计布置光接收点200个，每个光点辐射面为500户，实现全县有线电视网络干线光缆化。平阳县有线电视信号由城区向农村全面辐射，全年完成全县11个主要乡镇的有线电视联网，发展有线电视用户9850户。至是年底，全县有线电视联网19个乡镇，发展有线电视用户50110户。

1997年，投入31.5万元，架设有线电视光缆24.5公里，对全县原有部分广播电视光缆线路搭借电力杆全部移至自立杆，建立以平阳县有线电视台为中心的全县有线电视专用网络。12月，实施温州市广电专用网络平阳段工程建设，完成北接瑞安，南连苍南的全市有线电视光缆联网的覆盖网建设，解决温州本地4套电视节目在平阳落地，促进与中央、省、市有线电视专用网络联网工作。

1998年5月，县有线电视专用网络改造技术工程方案通过市广播电视局有关专家论证，专家一致认为AM1550纳米发射设备替代AM1310纳米设备，可提高系统技术指标，为全县大面积联网提高质价比，降低单位功率成本，加快联网速度。

1999年3月，郑楼镇率先在全县实现“村村通”有线电视。5月，投入81万元，采用小天线加卫星接收等方式，解决全县40个“电视空白行政村”。8月，提前一年实现全县行政村“村村通”广播电视的目标。是年9月7日通过市广播电视局检查验收，覆盖率达到100%，成为全市最早完成广播电视“村村通”的县之一。

2001年，开始实施县广播电视农村入户三年规划工程建设。至2003年底，投入资金1263.9万元，全县乡镇联网率达到90.32%，386个广播电视盲点村实现有效覆盖，新增有线电视用户30000户，广播电视信号基本覆盖全县的偏远山区自然村。

2006年，开始实施新一轮农村广播电视“村村通”工程，投入850万元，架设光缆255杆公里，有线联网3个乡镇、64个行政村和198个自然村，新增有线电视用户5000户。12月28日，随着龙尾乡与县有线广播电视网络联网成功，全县实现31个内陆乡镇全部通有线广播电视的目标。

2008年2月，南麂海岛微波联网成功开通，实现平阳广播电视台有线广播电视网络信号对全县包括内陆和海岛在内所有乡镇的有线电视联网。至2008年底，新一轮农村广播电视“村村通”工程全部完成，共投入2947.75万元，架设光缆1100杆公里，有线联网3个乡镇，150个行政村，565个自然村，微波联网1个乡镇，卫星接收16个自然村；平阳县有线电视乡镇联网率100%，行政村联网率96.53%，自然村联网率92.28%。

南麂海岛微波联网开通（2008年）

至2012年年底，全县广播电视综合覆盖率达到100%。乡镇联网率100%，行政村联网率100%，20户以上自然村联网率94%，有线电视入户率91%，全县有线电视用户达186000户。

数字电视

数字平台建设　2008年年底，完成数字电视机房扩建任务。2009年4月，搭建DVB硬件平台、互动电视点播平台和游戏等增值业务平台。7月完成EPG的电视指南、SMS的数字业务受理系统和CA的节目加解扰系统、遥控器和机顶盒的安装和测试等工作。9月28日，在全县正式开播广播式数字电视和互动数字电视及宽带业务。2012年，搭建数据广播和EPG广告平台。

2010年4月，有线电视网络双向化改造和数字化整体转换工程被列入平阳县重点工程和为民办实事项目。6月1日，县长王中毅主持县政府专题会议，给予有线电视数字化整体转换工作财政补助1500万元，并予以贴息支持3年600万元。

2010年9月，县委和县政府联合发文建立有线电视数字化整体转换工作领导小组，是月，平阳广电系统召开有线电视数字化整体转换动员大会，学习浙江省广电局在仙居召开的有线数字化发展工作现场会会议精神，并对整转工作做具体部署。

2010年10月9日，全县有线电视数字化整体转换启动仪式在昆阳镇安居二期居民小区里举行，实现平阳县昆阳城区互动电视的区域覆盖。接着全县有线电视网络双向化改造有序推进，逐步实现鳌江、水头、萧江、麻步、腾蛟、山门七大乡镇城区的互动电视区域覆盖。

至2011年年底，全县有线电视网络双向化改造用户80427户，数字化整体转换用户55295户。

至2012年年底，全县有线电视网络双向化改造用户168456户，数字化整体转换用户122342户。

正式开通数字电视（2009年）

技术设施　2003年，投入70余万元，引进先进网络设备，建设平阳广电台数据业务平台，为多功能业务开发、数字电视开播和实现办公自动化打下坚实基础。次年，购置一套数字电视播出设备，尝试开播数字电视，建立数字电视营业厅，配置工具车，培训专业人员，购置3台数字摄像机和数字调音台。

2009年，数字电视节目信号源由温州专线传送。是年底，投入150万元，建立县核心主干交换机网络，采用华三交换机，网络空间由100兆上升为1万兆，实现全县各乡镇的数据联网，在昆阳城区完成互动电视点播覆盖。

2010年，建立广播电视信号源接收平台，实现自控传送节目信号。10月，建立6套模拟电视传送平台，该平台针对已经完成有线数字电视整体转换并停止模拟电视信号传送的小区，传送中央一套、中央七套、浙江卫视频道、温州新闻综合频道、平阳新闻综合频道和平阳娱乐生活频道共6套公益性有线模拟电视节目，供原有的合法有线电视居民用户免费收看。

2011年，在平阳广电大楼楼顶新架设2座3.5米卫星电视地面接收站，传送4个境外电视频道。10月，添置博汇导视系统1套，增加一套数字电视导视频道。12月，购置一个中传数广的数字电视节目单自动下载系统。

2012年年底，数字电视前端播出机房主要设备有：数字电视卫星接收机TS流转发器10KD05有24台，同洲CDVB5100CI+数字电视卫星接收机15台，PBI DCH-3000P数字电视卫星接收机2台，10K312复用器18台，华为DTX-8210调制器10台，数码视讯10K502调制器8台，数码视讯10K407码流分配器3台，数码视讯8010编码器3台，IBM X3650服务器8台，戴尔2950服务器6台，R710服务器4台，华三H3C-S9505E交换机1台。前端机房面积100平方米。

电视节目

1989—2012年，除转播中央电视台《新闻联播》，还办有新闻类、社教专题类、娱乐生活类等节目，其中品牌栏目有《平阳新闻》《民生关注》《乡土平阳》《十里八乡》《平阳警务报道》《多看点》等。播出时间，无线频道，1989年，7点开播12点停播，18点开播24点停播，全天播出11小时。2012年，7点开播24点停播，全天播出17小时。有线频道，1993年，7点开播12点停播，18点开播24点停播，全天播出11小时；2012年，7点开播24点停播，全天播出17小时。

新闻类　《平阳新闻》（1986年开播），1989年每周2档，1991年每周3档，1995年实现日播，每周6档，每档10～15分钟。《新闻透视》是1997年4月首播的新闻评论栏目，该栏目以关注社会热点，评说大众话题，分析新闻背景为定位，节目内容涉及广泛，贴近群众生活，成为平阳电视台收视率较高的自办节目。《社会新闻》是2000年开办的又一档新闻栏目，该栏目在注重时政新闻的同时，加强对社会新闻的报道，对群众反映的问题，能够通过电视予以报道的及时进行报道，促进问题的妥善解决，充分发挥新闻舆论的监督作用，使新闻更加贴近生活、贴近观众。

《晚间报道》，每周6档，是1995年开办的晚间新闻节目，包括《今日要闻》《社会新闻》《记者观察》《分埠传真》《刚刚收到的消息》五大板块，对平阳县时政动态、社会新闻及温州境内兄弟县（市、区）的热点新闻进行综合分类报道，提高新闻的时效性和贴近性，受到群众欢迎。《民生关注》，每周6档，每档10分钟，2007年8月，在《晚间报道》基础上改版的一档民生新闻节目。此节目面向全县城乡民众、突出“三贴近”的定位，使之成为党和政府密切联系群众的纽带，成为城乡之间理解和信息交流的平台，其关注民生的人文立场，通俗易懂的语言表达和全方位服务的宣传态势，大受百姓欢迎。主打版块《记者体验》，已成为众所周知的民生新闻品牌。

《一周要闻》是1992年开办的首个周末版新闻节目，主要整合一周来曾播发过的重要新闻集中播出，每周1档。《一周新闻要览》，是2004年1月在《一周要闻》基础上改版的一档周末版新闻节目，此节目以普通话和哑语同期播出，整合一周来曾播发过的重要时政和社会新闻集中播出，并对一些热门话题进行点评。

社教专题类　1989—2012年，社教类先后有《健康之友》《95看乡镇》《双禁聚焦》《他乡平阳人》《欢乐谷》《社情民意直通车》《专题聚焦》《乡土平阳》《平阳发展讲坛》《十里八乡》《建设平安畅通县》《平阳警务报道》《行风热线》等栏目。

《他乡平阳人》于2001年1月开播，该栏目组奔赴外地采集素材，记录他乡平阳人的踪迹和创业历程，展现他乡平阳人创业风采发扬敢为天下先的平阳精神，讴歌在他乡创业平阳人的聪明才智。2012年，《他乡平阳人》更名为《在外平阳人之商行天下》。《社情民意直通车》于2003年5月开办，为不定期播出，2011年3月起调整为2周1档。此栏目遵循监督社情，传递民意的宗旨，选题主要是依托政协委员们在每年政协会议上提出的提案以及政协信息员采写的信息。《乡土平阳》于2006年3月开办，2周1档，以平阳文化记录者和历史叙述者为栏目的人文定位，挖掘记录平阳原生态的乡土文化和民间艺术，本土气息浓厚，传统情韵深远，文化韵味悠长，已经成为该台的优秀栏目品牌。《平阳发展讲坛》于2007年3月开办，2008年5月，更名为《平阳新跨越讲坛》，2周1档，系与中共平阳县委宣传部联合举办的大型时政访谈类专题节目。

2007年8月，开办《十里八乡》栏目，综合原对农专题栏目，进行整合、创新与改版后推出的一档对农节目，包括《农事直通车》《乡村发现》《助农热线》《他乡致富经》等小版块。该节目以“传递信息、真心交流、真诚服务”为宗旨，以面向三农、沟通城乡，为农民提供政策咨询、农业知识、致富技能为服务立足点，力图做到“记述农民生活，关注农业发展，趣谈实用技术，闲话乡村奇观”，做农民身边的人，说他们身边的事，通俗易懂，实用贴切。开始2周1档，1档10分钟，2008年4月起，增至每周1档，1档15分钟。

娱乐生活类　2001年6月，开办平阳首个少儿电视综艺娱乐节目《欢乐谷》，该栏目采取动画片加自办节目的播出方式，除每天定期播出的节目外，在节假日、寒暑假，不定期推出校园歌手大赛、成果汇报展演、义务劳动比赛、少儿夏令营、主题朗诵大赛、幽默笑话大赛、舞蹈大赛、童年的游戏等系列内容。《印象·生活》栏目于2007年11月开办，此栏目系娱乐生活频道主打产品，每周1档，每档10分钟。此节目在时效性上下功夫，既关注全县奥运火炬手传递实况，关注非物质文化遗产的保护利用，又面向寻常百姓家事和传统节庆活动，精制了一系列颇见功力和视觉冲击力的节目。《多看点》，每周一档，每档20分钟，2010年5月开办，此栏目笑看百姓衣食住行，针砭时弊发表评论，宣传正确主流价值观，以崭新的节目形式逐渐得到群众认可。

第五章　报刊与新媒体

1994年，《平阳报》正式复刊，2003年年底又停刊。一年后，2005年年初《新平阳》成立，它们一脉相承，都是平阳县委机关报。随着新媒体的出现，平阳网络新闻也有很大的发展。

第一节　《平阳报》

《平阳报》创刊于1956年，1957年第一次停刊。1958年复刊，1961年再次停刊。1980年又复刊，1981年第三次停刊。1993年9月23日，《平阳报》在第三次复刊前开始试刊。1994年1月1日正式复刊，并取得浙江省新闻出版局的报刊临时准印证。社址在县府大院，刊名由书法家张鹏翼题写，每年每份98元。

1994年7月1日以前，《平阳报》为周二报，之后为周三报。1998年5月8日，又经省市新闻出版局批准，由周三报改为周五报，发行量2万份。2002年10月1日，扩为四开八版。11月，改出彩报。第三次复刊以来，平阳报社全盛时期有正式人员21人、聘用人员33人，形成一定的报业经济。是年，报社迁至白石街3号楼，面积800余平方米。

2003年12月31日，据《中共中央办公厅、国务院办公厅关于进一步治理党政部门报刊散滥和利用职权发行，减轻基层和农民负担的通知》，《平阳报》第四次停刊。从1993年9月23日试刊至停刊，总期数3159期。2004年3月，平阳报社正式解体，人员分流。

第二节　《新平阳》

纸质媒体《新平阳》前身为《平阳报》。2004年年初，县委决定筹建县新闻信息中心，并创办《平阳新闻信息综合》（周刊）。4月5日，平阳县新闻信息中心正式成立，为全额事业单位，编制21人。7月21日，撤销平阳县新闻中心，其人员划归县新闻信息中心，辖平阳新闻网、《平阳新闻信息综合》2种宣传载体。8月2日，《平阳新闻信息综合》更名《平阳周报》，仍为周刊。12月17日，《平阳周报》停办，《新平阳》试刊。2005年1月1日，正式刊出《新平阳》，逢周一、三、五出刊，每期4版，发行量1万余份，免费赠阅。创刊后版面设置：第一版时政要闻，第二版地方经济，第三版社会民生，第四版副刊。

《平阳报》《新平阳》报纸（2012年）

2011年1月1日，《新平阳》扩版增刊，从周三4版扩增至周五8版。第一版要闻，第二版时政，第三版地方经济，第四版社会民生，副刊、网摘各1个版，广告专题2个版。是年，《新平阳》从《温州日报》印刷厂转往温州浙报文化印务有限公司印刷。

2011年5月，根据县长办公会议决定，组建国投序列的平报传媒有限公司，负责《新平阳》、平阳新闻网的广告经营。

2012年，《新平阳》增设乡镇新闻专版和部门新闻专刊，集中宣传乡镇和部门工作。11月，正式启用北大方正文韬新闻采编系统，采编工作进入一体化生产流程。至是年年底，《新平阳》共发行254期。

第三节　平阳新闻网

平阳新闻网（http://py.66wz.com）是经省人民政府新闻办批准的县级新闻网站。创建于1999年6月，由当时的平阳县新闻中心主办。每个工作日上传平阳县及国内外新闻，不定期制作专题。2003年被评为“全国质量诚信双达标名牌网站”，是年，被省委外宣办确认为县级示范新闻网页。2004年7月21日，平阳县新闻中心并入平阳县新闻信息中心。

2009年下半年，与温州新闻网合作，采用新型新闻发布平台，取代原新闻网服务器及新闻系统。同时全面改版，成为集新闻资讯、实用信息于一体的网络媒体。

2010年，推出与县广播电视台联动的视音频网上电视系统，网友可在平阳新闻网上直接收视平阳电视台《平阳新闻》节目。是年，推出《新平阳》数字报。

2012年5月1日，平阳新闻网再次改版试运行，7月正式改版。增设教育、文化、体育、旅游、读书等频道和周边、观点、快讯等栏目，实现即编即发。

第四节　其他新媒体

2011年1月6日，平阳县新闻信息中心注册《新平阳》、平阳新闻网的新浪微博和腾讯微博，发布《新平阳》和平阳新闻网的重要时政和民生新闻，并转发外宣要求的正能量的微博。9月起，又先后在浙江在线、人民网、新华网上开通平阳新闻网微博。截至2012年12月31日，共有新浪微博粉丝129位，发布微博200条；腾讯微博粉丝39位，发布微博200条。

2012年年初，县新闻信息中心开始实施全媒体战略。6月，平报传媒有限公司与省移动公司平阳分公司签订合作协议，决定创办《平阳手机报》。12月，《平阳手机报》正式创刊。至此，形成纸质媒体、网络媒体、移动媒体三驾马车并驾齐驱的全媒体格局。

第五节 其他报刊

《南雁》

平阳县文学艺术界联合会创办的文艺刊物，1983年1月创刊，十六开，开始月刊，有段时间不定期，后改季刊，至2012年，总期数为100期。

《平阳文艺》

平阳县文化馆主办的文艺类综合性刊物，2000年在原来《平阳演唱》和《南雁歌声》的基础上创办，汇集全县文学、戏曲、音乐、舞蹈、美术、书法、摄影等门类优秀作品，开始时每年两期，中间有过停刊，至2012年总共出刊14期，发行数量1200册。

《南雁荡诗讯》

平阳县诗词学会刊物，1994年，县诗词学会(筹)创刊，双月刊，印数500份。至2003年停刊，共刊出83期(包括前期的《东瓯诗讯》平阳专辑)。

《作文新圃》

1988年10月创刊，至2002年停刊。主办单位为民进平阳县支部。双月刊，32开本，48页。每期分中学版和小学版。每期均有"作家谈作文"等专栏，刊登中小学学生的习作。发行对象：平阳县、苍南县以及温州市各中小学学生。最高发行量一期8万余册。

《作文新圃》(2012年)

《老园丁》

平阳县退(离)休教育工作者协会主办。1990年创刊，不定期，印数100余份。2005年改版，改名《平阳老园丁》，半年刊，印数2000余份，赠送全县2000余退(离)休教师。至2012年年底，总68期。

第六章 文化产业与管理

文化产业管理主要涉及文化体制改革、图书报刊发行市场管理、电影发行放映管理、文化产业管理、文化市场管理。其中，文化市场管理又有舞厅等娱乐场所管理、游戏场所管理、网吧监管、文物监管、图书音像市场管理、印刷业版权管理和广播电视监管7个方面。

第一节 文化体制改革

文化机构改革

1977年7月，从县文教局分设县文化局。2003年，县文化局改名为平阳县文化新闻出版局。2005年，平阳县广播电视局、台分离，县文化新闻出版局与县广播电视局合并组建平阳县文化广电新闻出版局，同时县文化市场稽查大队更名为平阳县文化市场综合执法大队。

1995年，平阳县越剧团更名为平阳县小百花越剧团。2011年，明确小百花越剧团转企改制。是年，从办事窗口抓起，健全完善办事公开制、首问负责制等规章制度，实施行政审批流程再造，全面推行即办制。2012年，平阳县木偶剧团正式更名为"平阳县木偶戏保护传承中心"，计划增挂"平阳县木偶剧团有限责任公司"牌子，实行市场化运作。

2000年，县新华书店更名为"浙江省平阳县新华书店有限公司"，归属省新华书店集团有限公司管理，2003年改制完成。2002年，县电影公司开始改制，下属影院相继转让，并进行清产核资、安置职工、清偿债务等工作，2005年改制完成，是年，平阳剧院开始推进向经营性单位的改制。2010年，平阳剧院改制方案经职工大会讨论通过。2012年，平阳剧院改制取得实质性的突破，是年，筹建平阳县文化发展投资有限公司，成立平阳县文化广电新闻出版局招商引资工作领导小组。

文化单位用工制度改革

1989年，平阳剧院健全岗位责任制，在经营管理上，建立二级监督。1995年，县小百花越剧团、县木偶剧团集体编制的演职人员转为全民所有制合同工，完成全县文化站的定编工作。1999年，县电影公司实行竞争上岗，精减冗员50余人，并做好待、下岗人员的安置工作。

2000年，县文化局直属事业单位开始实行聘用制，定岗、定编、定人，坚持“公开、平等、竞争、择优”原则，竞聘上岗，双向选择；严格年度德、能、勤、绩考核制度，并与分配、职称等挂钩。2002年，改革专业剧团的拨款方式和人事、工资制度，实行全员聘用制和岗位工资制，改人头费为演出场次补贴费和专项经费，2003年起，全面实施。2005年，县图书馆实行图书馆馆员竞争上岗，试行把专业技术职称与评聘分开。县越剧团和县木偶剧团等艺术表演团体推行全员聘用制，改人头费为项目经费。2011年，明确小百花越剧团人员身份保留、政策扶持等政策。

第二节　图书报刊市场

书报刊、音像发行点

1989年，全县有36家书摊（店）。1996年，书报刊摊（店）69家，音像发行站2家。2001年，书店22家、音像制品经营18家。2002年，书报刊摊（店）196家、电子出版物店8家、音像制品店206家。2003年，全县出版物经营单位93家、音像制品业店186家。2006年，音像店143家、书店130家。2007年，音像制品零售出租店144家、书报刊零售出租店100家。2012年，全县共有各类出版物发行网点85个，其中，新华书店发行网点3个、供销社系统网点1个、邮政系统发行网点7个、民营发行网点43个、电子出版物发行单位9个、音像制品销售点22个。

新华书店

1989年，平阳县新华书店共有生产、生活用房2224平方米。1994年，县新华书店城东新区综合门市部大楼（共6层）基建图纸经会审通过并开始动工兴建，1995年建成投入使用。该大楼占地面积540平方米，征用土地900平方米，建筑面积2990平方米。是年，新华书店昆阳中心门市部、鳌江门市部拆建工程启动，投资150余万元，总建筑面积1700平方米的昆阳中心门市部（白石街25号）、鳌江门市部（古鳌路4号）于1996年结顶，并于次年开始营业。

2000年，县新华书店有员工57人，设自有门市部4处，总营业面积1150平方米，其中，综合门市部4处，分别是昆阳新区综合门市部、坡南门市部、白石街门市部和鳌江门市部。县城网点3处，面积775平方米，下设门市部1处，面积380平方米。有业务关系的网点4个，其中供销社书店3家。2008年5月，投资1230万元增设的昆阳镇人民路门市部正式投入营业，建筑面积为883.6平方米。

2010年，该店有员工51人，设卖场共3处：昆阳中心门市部、人民路门市部、鳌江门市部，总营业面积1772平方米，比2000年增加622平方米。其中，县城网点2处，面积1392平方米，下设门市部1个，面积380平方米。有业务关系的网点5个，其中小连锁书店2家。

1999年，加入浙江新华书店集团。2000年，县新华书店开始改制，2003年，改制为“浙江省平阳县新华书店有限公司”，归属省新华书店集团有限公司管理。

1989年，全年销售总额259.6万元，实现利润10.08万元。1997年，销售总额1761.88万元，是1989年的6.79倍，实现利润58.73万元，是1989年的5.83倍。2000年，全店年销售图书463.5万册，金额2114.13万元，利润72万元，固定资产值493万元，净资产577万元，人均劳动生产率8.13万元。2000年，县新华书店被评为浙江图书发行行业“成绩优异、服务优良”单位。2012年，全店年销售金额3135万元，是2000年的1.48倍；利润107万元，是2000年的1.49倍；固定资产值1643万元，是2000年的3.33倍；净资产2388万元，是2000年的4.14倍；

人均劳动生产率61.5万元，比2000年增长53.37%。

私营书店

20世纪80年代，图书销售渠道逐渐放开，1989年全县有个体书店11家，当年批发给集体、个体书店图书40万元，占全店批发总额的25.9%。90年代中后期，随着供销社的改制，农村供销社网点逐渐退出图书发行市场。新华书店农村图书发行主要依靠原供销社人员个体经营。2010年，有农村网点2个，县以下图书销售150.7万元。2012年，全县有民营图书发行网点43个，图书年发行量91万册。

第三节 电影发行放映

1989年，全县在册放映单位有61个，其中，35毫米放映单位8个，16毫米的52个，8.75毫米的1个，规模最大的是平阳影院和鳌江影院。2012年，全县有电影放映单位12个，其中，影城2个、电影队10个。

平阳县电影公司

1989年，县电影公司放映收入173万元，发行收入65.1万元。是年，连续第三年被评为省电影发行放映先进单位和县"创三优"先进单位，又被广电总局命名为全国电影发行放映先进集体，整个电影系统全年共获18个"先进单位(集体)"称号。

自1989年以来，县电影公司不断调整思路，由管理型向经营型过渡，从单一的电影发行放映逐渐转向影视、录像、餐饮、娱乐、住宿等多元化综合发展。1993年，县电影公司调整企业内部结构，优化组织，落实承包经营责任制，全年放映收入201.31万元，发行收入72.62万元。1998年，全县电影放映收入179.5万元，发行收入84.9万元。2000年，县电影公司开始实行聘用制。2002年，县电影公司改制，相继转让鳌江、萧江、水头等影院，并进行清产核资、安置职工、清偿债务等工作，职工停发工资，下岗待业。2005年5月，改制工作基本结束。2006年，投入50万元，组建平阳县新农村电影放映公司，开展送电影下乡活动。

平阳影城

1978年建成，坐落于昆阳镇天来巷8号。1996年，平阳影城(又名平阳影乐城)就地拆建。1997年1月，投资1600万元、面积6200平方米的平阳影城投入使用。该影城是全县集影视、娱乐、餐饮、住宿为一体的文化娱乐中心。2004年，县国土资源局以1500万元的价格收购平阳影城，保留电影放映功能。2008年，县政府专题会议决定将原平阳影城调拨给县文化馆、图书馆使用，同时保持影城放映功能及满足县"两会"等大型会议和县文化广电新闻出版局办公需求。2012年，平阳影城完成数字化改造，有674个座位，设有2个影厅，总面积约500平方米，其中一号电影大厅设3D放映设备。2012年，放映收入近30万元。

鳌江影城

1979年9月建成，1992年12月，经过改建，扩大服务项目，更名为鳌江影乐宫，坐落于鳌江镇江滨路68号。1997年，鳌江镇投资建设鳌江剧院。翌年，鳌江剧院一期工程竣工，建筑面积1400平方米，投资300余万元。2002年，县电影公司改制，对鳌江电影院盘活资产，进行转让。2012年，斥资2000余万元、建筑面积2000余平方米的平阳首家多厅影院——鳌江影城投入使用。该影城由民资投资兴建，共设4个厅，近600个座位，全部影厅均可放映3D影片。1号厅采用巨幕(15.8×7毫米)，4号厅采用4D(第五代)技术和设备。每个厅皆配置美国CHRISTIE数字电影放映机、英国DOLBY数字影院服务器和3D放映系统、英国CP750信息处理器、美国CROWNDSi功放、JBL扬声器等系统还音设备。鳌江影城是平阳县唯一一家多功能豪华电影院。鳌江影城的落成开业，改变了平阳县城没有现代化多厅影院的局面，其放映新片、大片的时间与

鳌江影城（2012年）

全国同步，从而使平阳、鳌江的群众能够在家门口第一时间欣赏到国内外的大片、新片。

乡镇影剧院

1989年，有农村影剧院20个，全县电影放映单位放映普及率100%，放映收入173万元，发行收入65.1万元。根据“改造集镇、开发农村”的指导思想，对平阳、鳌江、麻步、腾蛟等电影院进行改造。是年，山门影剧院竣工投产。1993年，全年共放映16574场，观众7120098人次，其中，放映各类科教影片748场，观众9万余人次。放映收入201.31万元，发行收入72.62万元。2002年，电影公司改制，乡镇电影院相继转让或倒闭。

电影放映队

1989年，乡办电影队32个，私人办电影队21个。2004年，平阳县指定宋埠电影队为省市下派35名驻村干部进驻的35个行政村巡回放映科技、安全生产知识类影片，共放映35场，观影10000余人次。2002年，县电影公司改制，多家电影放映队解散，2006年，全县仅存2支农村放映队。是年，完成安置全县农村电影放映员138人，并于11月投入50万元组建平阳县新农村电影放映公司，该公司成立后2个月内便放映电影358场。2011年，平阳新农村数字电影队被中国电影发行放映协会评为建党90周年优秀影片展映农村数字电影优秀放映队。至2012年年末，全县电影行业有新农村数字电影放映队10支，从业人员18人，累计送电影下乡30664场，年均放映场次5100余场。

第四节　印刷和商务礼品业

印刷行业和商务礼品业是平阳县两大支柱文化产业。2012年，两者年产值超过70亿元，年产值和年增加值占行业比超七成以上。

印刷行业

1999年，印刷行业从业人员2280人。2000年，印刷业经营单位435家，其中，印刷企业260家，印刷行业从业人员3032人。2001年，新批印刷企业27家。2008年，印刷总产值16亿元。2012年，印刷产值突破20亿元，利润近亿元，厂房面积约45万平方米，设备720台(套)，从业人员约1万人。

1989—2012年若干年份印刷行业基本情况统计表

表32-6-1

年　份	1999年	2000年	2001年	2002年	2003年	2006年	2007年	2008年	2012年
印刷经营单位（家）	325	435	—	299	318	308	332	381	369

说明：资料由平阳县文化广电新闻出版局提供

商务礼品业

2002年，平阳县被中国轻工业联合会授予“中国商务礼品生产基地”称号。平阳县将商务礼品业作为重点文化产业，出台优惠政策，优化服务环境，组织重大推介活动，如举办“温州平阳·中国商务礼品文化节”，组织参加世博会、广交会等重大经贸活动，以及扶持龙头企业，建设产业园区等，商务礼品行业得到持续高速发展，原来极度分散生产局面得到改善，逐步形成以昆阳、万全为中心的集聚发展态势。2012年，全县共有商务礼品相关企业1300余家，会员单位600余家，从业人员3万余人，年产值110.26亿元，规模以上企业142家。主要经营产业分12大类，5000余个品种。纪念礼品、工艺礼品和皮革皮制礼品产值均占全国同类产品的半数以上。

第五节　文化娱乐业场所

1989年，全县有4家舞厅、47家电子游戏机、84家桌(台)球、14个民间职业剧团、12个演出场所(换发新证)。1993年，全县文化经营的规模和档次都有了提高，出现一批档次较高的歌舞厅、卡拉OK厅，一定程度上满足各个层次群众的要求。1994年，全县文化市场初具规模，有文化经营单位390余家，从业人员2000余人。1996年，全县有文化经营户674家，其中，歌舞厅72家，卡拉OK厅54家，录像放映20家，电子游戏机192家1164台，桌台球165家264台，从业人员2500余人。

2000年，全县文化经营单位376户，电脑打字类175家。文化经营从业人员1126余人。是年，县文化局采取“关、停、并、转”整顿电子游戏机经营场所，不再审批歌舞娱乐一般场所，暂不审批音像市场经营场所和书报刊经营场所。全县电子游戏机经营户由270家整顿压缩为93家。同时，新批各类文化经营场所150家。是年，县广电系统音像制品经营单位有放映10家，出租125家，零售45家，电视摄像服务4家。2001年，新批各类文化经营场所217家、电脑打字48家等。全县电子游戏经营户由94家整顿压缩为20家，机台从原先的2480台压减到1220台。是年，广电系统有录像放映单位8家、VCD出租单位115家、零售点45家。

2003年，全县文化娱乐业37家，互联网业95家，电子游戏场所20家，电脑打字138家，演出场所和团体8家。是年，从发展和规范入手，相继举办网吧、音像制品和印刷企业法人的法律法规知识培训，合计856人，并发放资格证书。同时组建平阳网吧行业协会和印刷业协会。2007年，全县共有文化经营单位885家，其中，网吧119家、电子游戏机室20家、歌舞娱乐场所28家、营业性演出场所3家、营业性演出剧团9家、电脑打字复印店130家。

至2012年，全县共有文化经营单位756家，其中，印刷企业369家，电脑打字复印店124家，图书、电子出版物零售店59家，音像制品零售22家，电子游戏经营场所20家，歌舞娱乐场所32家，网吧119家，营业性演出团体11家。

第六节　文化市场管理

1989年7月，建立平阳县文化市场管理办公室。1996年6月，县文市办编制7人，是年，被评为浙江省文化市场管理工作先进集体，至此已连续4年被评为省文化市场管理工作先进集体。1999年，开通文化市场举报电话。至年末，有行政执法人员24人，通过考试全部取得行政执法证。

2005年，聘请文化市场管理社会监督员，成立由来自县人大代表、县政协委员、学校教师、居民区主任和关工委等单位的12人组成文化市场管理社会监督员队伍，颁发聘书，调动社会力量加强文化市场监督。是年，在文化稽查大队的基础上，组建县文化市场行政执法大队，编制18名。2006年，建立县文化市场管理联席会议制度。2007年，执法车投入使用，8月初统一着装、佩戴执法标志和胸牌，开展行政执法工作，执法证件换发工作完成。10月，县文化市场综合执法大队编制18人，在编在岗9人。是年，租赁办公室(在平阳大厦)7间，使用面积220平方米。2009年，从平阳大厦搬迁到昆阳镇西城下南路8号2～3楼办公。办公用房320平方米，设一中队、二中队、大队办公室。编制18人，在编在岗8人。

舞厅、演出场所管理

1994年9月，县文市办联合县消防部门，对全县的“三厅”(歌舞厅、卡拉OK厅、录像放映厅)、影剧院进行全面的检查，查漏补缺，加强对经营者的消防安全教育。1995年，配合相关部门，对昆阳、鳌江、水头、萧江、麻步、山门、南雁等主要集镇的文化娱乐设施，开展消防安全大检查。2003年11月，县文化稽查队在水头江山东路查获一表演厅内湖南省某民间表演团体演出脱衣舞等淫秽节目，13名湖南女子被拘留。2006年4月，县文化市场综合执法大队分别对水头镇凤尾路华联超市边搭棚演出和鳌江镇公园后面搭棚演出的无证文艺团体进行取缔。2007—2012年，县文化市场综合执法大队累计检查歌舞娱乐场所865家次、演出场所70家次，立案117起，结案117起，处罚(停业整顿、取缔无照经营)歌舞、演出等娱乐场所121家。

游艺、游戏场所管理

1995年，开展宣传活动，组织学生参加“告别电子游戏机”活动，与经营户签订责任合同书，建立管理制度和社会监督网络等，加强对电子游戏机市场的管理。是年，责令搬迁距学校200米以内的电子游戏机经营户7户，张贴“未成年人禁入”标志，收缴有奖电子游戏机37台。1996年9月，县文化稽查队参加全县“扫黄打非”统一行动，查获一批用于赌博的电子游戏机。2006年元旦前后，县文化市场综合执法大队对全县六大镇网吧及娱乐场所进行巡查。2007—2012年，县文化市场综合执法大队累计检查电子游戏291家次，取缔无证电子游戏经营场所339家，收缴电子游戏机电路板2701块、游戏机433台，当场销毁电子游戏机165台。

网吧监管

2003年6月，根据群众举报，县文化局组织全体稽查人员对鳌江辖区内进行突击检查，发现无证黑网吧9家，查扣电脑主机77台，电脑显示器8台。2004年，县文化稽查队对网吧采取日常巡查、错时检查、突击检查相结合的方式，以检查未成年人进入网吧和清查黑网吧为重点，全年出动72次，查处有证网吧79家次，停业整顿6家，查处无证黑网吧45家。2007—2012年，县文化市场综合执法大队累计出动执法检查人员2367人次，检查网吧经营场所2625家次，受理举报45起，举报结案45起。网吧立案215起，结案215起，当场处罚网吧107起。

文物监管

2006年，受理相关案件6起，其中，最有影响的两起：一是拆除省级文物保护单位文明塔下的违章建筑；二是省级文物保护单位宝胜寺双塔旁水泥厂产权转让后，受让企业改建方超越建设控制地带。文物执法部门在多次要求企业改变施工图纸保证双塔安全基础上，根据实际情况报请省局履行审批手续。2007年，开展2次文物消防安全检查，以“文化遗产日”为切入点，开展文物保护法律法规宣传。2007—2012年，县文物监察大队累计出动执法人员1196人次，检查文物保护单位1056家次。文物立案4起，结案4起。

图书、音像市场监管

1989年，文化执法部门对书报摊、音像市场进行37次的检查，取缔无证书摊3家，收缴反动、淫秽、非法书刊1530余册，收缴黄色、淫秽、非法录像片2537盒。1994年，突击检查昆阳、鳌江、水头、腾蛟等地文化市场，收缴非法录像带2845盒，淫秽书刊42本。1999年，出动278人次，取缔无证出租店、放映队、地摊等64家，扣留VCD放映机7台，收缴非法盗版、淫秽VCD片1.98万盘、录像带227盒、磁带430盒，两次烧毁非法盗版和淫秽音像制品1万余盒(盘)。是年，制作200余个“非法音像制品监督举报告示牌”，以便群众举报，全年收到举报电话和口头举报24起。同时，开展以“经营盗版违法、使用盗版有害”为主题的“反盗版宣传周”活动，执法人员连续4天对几大集镇的闹市区和夜市区进行突击稽查，取缔非法销售盗版VCD地摊15处，收缴盗版VCD 4000余张。2004年，加强音像制品市场的管理，下发《关于开展严厉打击非法音像制品经营活动的通知》，全年检查音像制品经营单位220家，查处违法经营单位28家，吊证5家，收缴非法VCD、电脑光盘和录音带20000余张，收缴非法书刊7160本。2007—2012年，县文化执法大队累计出动执法人员1456人次，检查音像制品店921家次，检查书店764家次；受理举报55件，举报结案55起。取缔无证书报刊和音像制品地摊364处，收缴光盘58695张、VCD机43台、录音带390盒、非法书报刊15503册。

印刷业和版权监管

1998年，对全县印刷企业开展全面清理整顿，查处违规印刷经营活动。全年共立案62起，结案62起，罚款27万余元，没收非法出版物2000余册，收缴和销毁商标标识89.53万套。2004年，针对印刷企业规模小、档次低的状况，组织人员对全县259家印刷企业调查摸底，对16家厂房不达标、97家设备不足、140家超范围经营的企业，提出具体限期整改意见。全年印刷企业限期整改224家，停业整顿94家。2005年，县文化稽查队在全县范围内开展印刷行业专项整治活动，共出动检查人员208人次，查处违规经营单位455家，注销存在安全隐患的印刷企业15家。2007—2012年，县文化市场综合执法大队共出动执法人员3277人次，检查印刷企业2814家次、打字复印店1756家次。印刷企业、版权立案72起，结案72起。

广播电视监管

1999年，开展“广播电视法规宣传月”活动，印发国务院发布的《广播电视设施保护条例》(简称《条例》)宣传单2.5万份，通过电视报增刊印发2万份《温州市有线广播电视设施管理办法》，电视字幕宣传《条例》20次，电视字幕标语150条次，出动宣传车14台次，途经19个乡镇进行广泛深入的宣传。是年，加强对卫星电视地面接收设施的管理，对全县的地面卫星接收设施和接收内容进行全面检查，对20家没有报批的用户进行拆除，对5家擅自接收境外节目的村级站进行法律法规教育，扣留播收机并处以罚款。2001年，针对居民擅自安装地面卫星接收设施情况增多的现象，加大对地卫设施的宣传管理力度，对水头、鳌江等镇进行检查管理和拆除工作，共拆除、扣留小天线36座、接收机20台。2005年，根据非法安装境外卫星电视蔓延情况，县文化市场执法大协调会同政法委、综治办、公安、工商等9部门开展境外卫星电视广播设施专项整治行动，查获非法卫星接收设备天线16面，高频头16个，数字卫星电视接收机2台。2007—2012年，县文化市场综合执法大队累计出动执法人员419人次，检查擅自安装使用卫星地面接收设施农户384家，劝导村民自行拆除擅自安装地面卫星接收设施250余套，收缴非法安装使用卫星地面接收设施234套。

第七章　地方志工作

1993年，《平阳县志》出版，完成第一轮修志工作。1999年7月，县政府决定对1993年版《平阳县志》进行修订。至2007年11月，《1993年版〈平阳县志〉勘正》由方志出版社出版。2002年，省二轮修志启动后，平阳县开始二轮修志。综合性的《平阳年鉴》和平阳县统计局编的《平阳统计年鉴》为县委、县政府资政外，也为修志打下较好的资料基础。另外，在部门志、姓氏志、地方文献整理等方面都取得有地方特色的成果。

第一节　志书修编

1993年版《平阳县志》修编

1986年1月，平阳县地方志编纂委员会成立，并设办公室（简称“县志办”）。1988年7月，全县第一次修志工作会议后，编纂工作全面展开。全县70余个部门单位根据县志编纂工作规划均先后组建撰写班子，部门领导、单位业务骨干、离退休老同志参加修志工作，全县直接参与修志工作的有300余人。县志修编过程中，经过函征手摘、调查访问、座谈采录，共摘录卡片5万余张，抄录搜集资料数千万字。

1993年12月，新中国成立后首部《平阳县志》编纂完成，由汉语大词典出版社出版，断限力求上溯事物发端，下迄1988年年底，少数门类内容延伸至志书付印之日，全书38卷，1520千字。主编郑立于，副主编陈镇波（常务）、周干、李成廉、黄瑞淦、陈世兴、郑志兴。

《平阳县志》重修、续修

2002年11月，根据省政府办公厅《关于续修地方志工作的通知》和《“十五”期间浙江省地方志工作计划纲要》要求，县政府印发《平阳县续修地方志工作规划》，决定启动重修《平阳县志》工作。重修《平阳县志》分上、下两册，上册迄于1981年平阳、苍南分县时，述平苍分县前平阳县事；下册起自分县时，迄于2005年。因部分撰稿单位无法按时完成撰稿任务，下限时间两次延后分别调整至2007年与2010年，仍无法保证县志修编顺利进行。至2010年底，重修县志工作处于停滞状态。

自2011年起，县政府着手研究县志修编规划的调整。2012年9月26日，县政府办公室发文成立平阳县志编辑部。11月5日，县长办公会议审议并通过平阳县志编纂方案及篇目大纲，定平阳县志上限为1989年，下限为2012年，书名为《平阳县志（1989—2012）》。11月14日，县委办公室、县政府办公室联合下发《关于开展平阳县志续修工作的通知》，对续修《平阳县志（1989—2012）》的指导思想、工作要求、保障措施等作出规定。12月28日，《平阳县志（1989—2012）》修编动员会议召开，新一轮县志编修全面启动。

部门志

20世纪80年代末至90年代初，一些部门在为“平阳县志”撰稿的同时，启动修编部门志，先后有《平阳县财政税务志》《平阳县渔业志》《平阳县公安志》《平阳县教育志》《平阳县水利志》《平阳农工党志》《平阳县交通志》等多本志书发行。

进入21世纪，《平阳法院志》《平阳县环境保护志》《平阳县政协志》《平阳县发展改革志》《平阳县教育志（续编）》等部门志陆续编纂成功。

江河志

1999年7月，《鳌江志》由中华书局出版。全书214千字，印数2500本，主编王光铭。志书记述内容以鳌江水系为中心，流域为范围，治理开发为重点，反映鳌江的历史与现状。志书上限追溯至鳌江水事的开端，下限至1990年年底。

姓氏志

2003年4月，县志办、县档案局联合发文，启动《平阳姓氏志》修编。嗣后几年，相关姓氏家族成立各自的姓氏志编纂委员会，修编本姓氏志书。至2012年底，全县姓氏志书共刊出约40本。

第二节　年鉴修编

《平阳年鉴》修编

始于1994年，由中共平阳县委、县政府主办，县志办承编。2000年始正式出版。至2012年年底，共发行年鉴17本，每本年鉴均记上年平阳县事。

《平阳年鉴（2012年）》

2000—2012年《平阳年鉴》出版情况一览表

表32-7-1

书　名	出版单位	出版(发行)时间	主编	字数(千字)	印数(本)
《平阳年鉴(2000)》	海洋出版社	2000年11月	林顺道	500	1500
《平阳年鉴(2001)》	海洋出版社	2001年12月	林顺道	500	2000
《平阳年鉴(2002)》	海洋出版社	2002年12月	林顺道	500	2000
《平阳年鉴(2003)》	方志出版社	2003年12月	林顺道	596	1500
《平阳年鉴(2004—2005)》	方志出版社	2006年12月	林顺道	719	1500
《平阳年鉴(2006)》	方志出版社	2007年8月	林顺道	495	2600
《平阳年鉴(2007—2008)》	方志出版社	2008年11月	林顺道	768	1000
《平阳年鉴(2009)》	方志出版社	2009年12月	林顺道	400	1000
《平阳年鉴(2010)》	方志出版社	2010年12月	林顺道	419	1500
《平阳年鉴(2011)》	方志出版社	2011年10月	陈　敏	464	1500
《平阳年鉴(2012)》	方志出版社	2012年11月	陈　敏	640	1500

说明：资料由平阳县志办提供

《平阳统计年鉴》修编

"文化大革命"后，县计划委员会开始修编《平阳县国民经济统计资料》，一年一册。1980年，转由县统计科修编。1984年，转由恢复后的县统计局组织修编。1993年，《平阳县国民经济统计资料》改称《平阳统计年鉴》。《平阳统计年鉴》是全面反映平阳县国民经济和社会发展情况的资料性年刊，收录全县经济和社会各方面的详细统计数据。至2012年，《平阳县国民经济统计资料》《平阳统计年鉴》共刊出36册。

第三节　地方文献整理

《平阳县地方文献丛书》整理

2004年4月，县图书馆发起整理《平阳地方文献丛书》工作，具体由县地方志办公室承担点校。历时近七年，至2010年12月，第一辑共八部书，由中州古籍出版社出版发行，分别为《南雁荡山志》《龙湖书院志 仙坛山志稿》《元到民国时期平阳史料选编》《潜斋集(外三种)》《青华集 还珠亭日课 尚志堂诗文集》《马鞍山人诗草》《新编音画字考》《元代平阳诗文辑集》等。

《厚庄日记》整理

《厚庄日记》作者系民国时期平阳县著名学者刘绍宽。清稿本,用十行笺缮写,共40册,计4086页,藏温州图书馆古籍部。20世纪80年代,县志办因修志需要,从温州图书馆复印一部,由陈镇波等辑成《厚庄日记选编》10册,誊印刊行。1997—1998年,因《厚庄日记》具有极高的研究民国历史的价值,并出于对日记复印本印黑逐渐淡化的担心,县志办筹划整理全部《厚庄日记》。1999年春,由陈盛奖、缪茂来抄出,后由方浦仁、陈盛奖负责点校。2010年,《厚庄日记》被列入市图书馆馆藏日记系列出版,要求用繁体字,又进行从简化字转化为繁体字工作。自手稿录出后,前后校对稿累至近十套。自2011年3月始,书稿陆续交温州图书馆,由卢礼阳校阅,交中华书局出版社出版,被列入《中国近代人物日记丛书》。

第八章　档案工作

1992年,县档案馆通过省三级综合档案馆定级考评,1995年,通过省二级综合档案馆升级考评,1997年,经省、市联合考评组考核,晋升为浙西南地区首家省一级综合档案馆(县级档案馆)。2010年,经省测评组评审,升为国家三级综合档案馆。

第一节　档案管理机构

县档案机构

1986年10月,撤销档案科成立县档案局。1996年11月,根据县机构改革精神,实行局、馆合一,挂县档案局、县档案馆两块牌子,为县委、县政府直属正科级全额拨款事业单位,定编14人(参照公务员管理)。档案局(馆)受县委、县政府委托,全面履行全县档案事业行政管理和档案收集、整理、保管、利用两种职能。2011年9月,经县编委批准建立平阳县电子文件和数字档案登记备份中心,并核定全额拨款事业编制3名。现局(馆)内设办公室、督导编研科、档案管理科3个职能科室及电子文件和数字档案登记备份中心,定编17人,目前共有工作人员15人,其中局(馆)领导班子4人。

基层档案室

全县所有机关、企事业单位及行政村(社区)均已建档并配备专、兼职档案人员。截至2012年年底,县直机关有专职档案员75人,20人具有档案专业技术职务,其中,中、高级以上专业技术职务人员3人。

第二节　档案馆管理

馆内设施建设

1990年1月,县新档案馆建成并投入使用,系省第一家厚墙体档案库房建筑,建筑面积1183平方米。1990—2012年,档案馆相继配置服务器、存储器、网络与信息安全设备、档案密集架、安全监控系统、光盘柜、防有害生物设施等档案现代化建设设施设备,基本上解决县档案馆档案的安全保管保护和信息资源开发利用问题。1999年,开通平阳县档案信息网,初步构建起档案信息数据平台。

平阳县档案馆新馆(1990年)

馆藏档案

1989—2012年,共接收29批47674卷档案进馆。截至2012年12月,馆藏档案208个全宗计76830卷(最早档案形成于清咸丰十一年的屋契),比1990年的82个全宗28385卷,分别增加153.65%和170.67%。其中,民国时期档案12个全宗计2560卷,主要有成书于民国35年(1946)张韶

档案库房（2012 年）

舞的《平阳六年》，民国县政府镇压民间团体“大刀会”及征剿刘英、粟裕领导的中国共产党地下武装力量的记录。革命历史档案1个全宗18卷。新中国成立后档案195个全宗计74252卷，包括中共中央主席毛泽东对城西公社干部坚持参加生产劳动的“五九批示”及大渔湾海战全歼国民党军等重大事件的珍贵档案史料。馆藏资料6972册，包括明朝隆庆以来修编的县志；反映畲族历史的《雷氏宗谱》；林霁山、黄公望、谢侠逊、苏步青等历史名人的档案史料及自编、合编的史料、资料。档案馆已初步形成一个馆藏丰富、门类齐全、结构合理，具有平阳地方特色的馆藏体系。

档案征集管理

1989—2012年，县档案馆编制《平阳县档案馆指南》，建立和完善包括案卷目录、专题目录、人名索引、全引目录在内的多层次、多角度的档案检索体系。

1988年，全面启动著录制卡工作，至1997年年底，累计完成22万张，其中人物卡2.6万余张。

1994年，县档案馆开始致力档案信息化建设，购置首台电脑。2000年，启用泰宇文档管理系统，截至2012年年底，县档案馆共有案卷级条目68896条，文件级数据条目735285条，招工、婚姻等10余种机检式专题目录数据1991348条。馆藏所有照片档案、录音档案、录像档案的数字化工作已全面完成。

2010年以来，全面推进平阳县电子文件和数字档案登记备份工作，截至2012年12月底，共接收4个硬盘、119个光盘，合计数据容量2.9太字节，全县已移交进馆的档案登记备份单位56家。

档案开发利用

根据《平阳县档案馆开放档案实施细则》和《平阳县档案馆馆藏档案解密和划分控制使用范围工作细则（试行）》，对符合开放条件的档案，组织人员及时鉴定、解密、划控，为社会提供利用服务。截至2012年年底，1980年前档案的鉴定划控工作已全面完成，并开放全部应开放档案，共涉及145个全宗计21591卷档案。

开展“接待利用创‘三优’（态度优、质量优、效率优）活动”，树立文明机关形象。1989—2012年，县档案馆共接待利用档案者34433人次，调阅档案85105卷册，为工作查考、山林定权、编史修志、确定工龄、明确婚姻关系等提供有效证据。

2004年，县档案馆成立现行文件服务中心。中心收集全县各机关、团体、事业单位1996年以来的土地征用、安置补偿、劳动社保等24类344份现行文件，全部开架供群众免费查阅。

强化档案编研工作，充分挖掘和利用馆藏资源优势。围绕县委、县政府决策和社会需求，1989年以来，先后编纂完成《平阳县县级机关机构沿革》《平阳县基础数据选编》《一曲响彻平阳大地的抗台凯哥——抗御〔74〕17号台风档案资料汇编》《1996年版平阳县档案馆指南》《平阳大刀会史料》《平阳图鉴》《古道坡南》《1954年平阳县基督教社团登记资料汇编》《平阳县大事记》（1989—2012）《平阳县改革开放二十年大事记》《平阳县改革开放三十年大事记》《2010年版平阳县档案馆指南》等一批资料和汇编，其中，《平阳大刀会史料》获省优秀编研成果三等奖。

依法治档

根据《中华人民共和国档案法》《中华人民共和国档案法实施办法》《浙江省实施〈中华人民共和国档案法〉办法》等法律、法规，1989年以来，县档案局建立和完善《平阳县档案局行政执法责任制》等一系列工作制度，并每年都以宣传横幅、橱窗展览、手机短信、下发资料等多种形式开展档案法律法规宣传工作，宣传资料总计3万余条（册）。1995年，与一企业联合举办“乔治白”杯档案法法规知识有奖竞赛。1996年和1998年，请分管副县

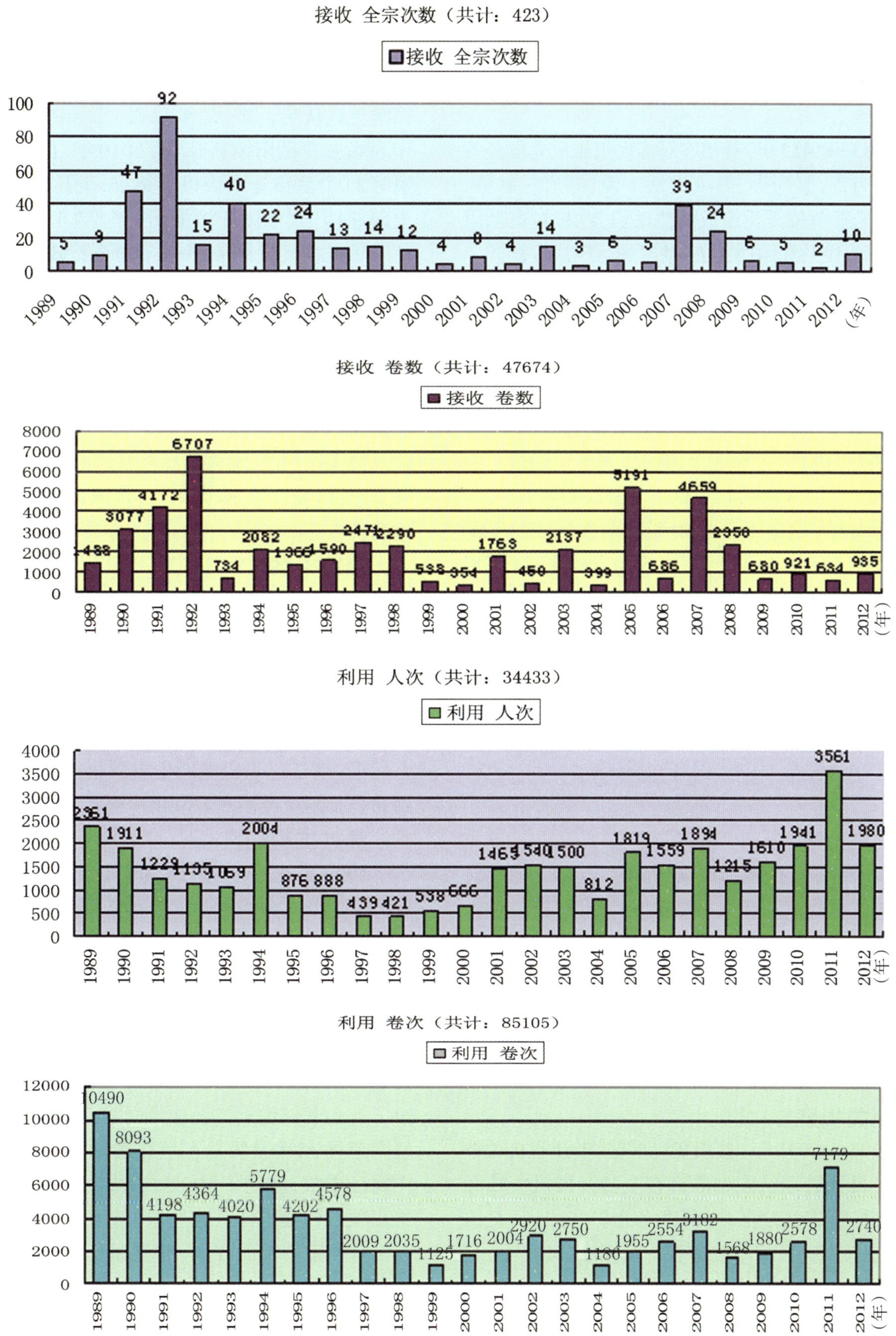

图 32-8-1　1989—2012 年平阳县档案馆档案接收利用情况图

长发表学习、宣传贯彻《中华人民共和国档案法》的电视讲话。2008年，利用平阳县档案馆陈列室照片在社区、学校等处开展宣传，总计1万余人次参观宣传展览。

1993—2012年，县档案局多次组织成立以分管副县长为首，县府办、县人大法工委、县府法制科、县档案局等单位派员组成的执法检查组，对贯彻落实《中华人民共和国档案法》情况进行执法检查。

1999年，在全市范围内率先开展机关、事业单位档案认证检查工作，通过对全县52个机关事业单位的认证检查，合格的予以确认，2家不合格单位给予限期整改。

2000年，开始深入实施档案工作年检制度，对全县100个机关、企事业单位的档案工作进行全面年检，先后对7家不合格单位下发整改通知书。

2008年，档案工作开始列入全县乡（镇）年度工作目标考核体系，在档案安全监管体系建设、档案室建设、档案文化建设等方面强化细则考核。2010年，档案工作开始列入县直属机关年度工作目标考核体系，在档案工作保障、档案登记备份等方面，强化对县直单位档案工作的考核。

第三节　档案服务

文书立卷

2007年，县档案局根据国家档案局8号令，对机关文件归档范围和文书档案保管期限进行审查。2008年，根据浙江省实施《归档文件管理规则》，对全县县直机关及乡镇的文书立卷实行改革，改按问题立卷为归档以件为单位进行装订、分类、排列、编号、编目、装盒。并在70余家单位安装《光典档案管理系统软件》管理和存放文书档案。

机关档案

1995—2012年，县档案局根据《浙江省机关档案工作目标管理认定办法》，在全县开展机关档案工作目标管理认定活动。经业务指导和培训，县法院、县公安局等9家单位达省一级标准，县纪委、县司法局等20家单位达省二级标准。

新农村档案

1998年4月，县委办、县府办转发省档案局《乡镇档案工作目标管理试行办法》，全面开展乡镇档案省级认定工作。是年12月，市经济强镇档案工作现场会在昆阳镇召开。至2010年，昆阳镇、鳌江镇等21个乡镇达省级以上标准；全县26个社区已全部建档，其中昆阳镇横阳、兴业2个社区达省级社区示范档案室标准；全县600个行政村已全部建档，建档率100%。鳌江镇下河等5个村被认定为“浙江省行政村示范档案室”、萧江镇张家山村等5个村被认定为“温州市行政村示范档案室”。2012年，鳌江镇五板桥村被认定为“浙江省行政村示范档案室”、鳌江镇新城村被认定为“温州市行政村示范档案室”；昆阳镇仙坛社区达省级社区示范档案室标准；鳌江镇水深社区达市级社区示范档案室标准。

企业档案

1996—2012年，县档案局加大宣传引导力度，努力提高企业档案工作水平，通过努力全县30家重点企业已全部建档，建档率100%。县供电局达国家二级标准；县烟草公司等5家单位达省级优秀标准；温州广银集团等3家民营企业达省部级合格以上标准。浙江三星机电股份有限公司等4家企业达到非公有制企业档案规范化建设要求。

重点工程档案

1994年开始，全面加强重点建设项目档案工作，选派20人分两批参训省档案局组织的“重点工程档案管理培训班”，是年，对县重点工程档案工作进行执法检查。2004年，配合省档案局开展省级重点工程项目档案执法检查，对57省道、昆鳌排污工程等重点工程的档案工作进行全程指导。2008年开始，在工作中采取提前介入，全程服务的形式，及时了解和掌握重点建设项目档案工作进展情况。昆鳌大道等32个县级以上重点建设项目档案管理工作均已上报，登记率100%，其中，昆鳌污水处理厂工程项目档案工作已通过专项验收，这些为确保重大工程档案资料的齐全、完整和及时接收进馆提供最可靠的保障。

第三十三卷

DI SAN SHI SAN JUAN

《平阳县志（1989—2012）》

PINGYANG XIAN ZHI

文化遗产

平阳有着悠久的历史，境内凤山遗址、章周山遗址、卧牛山遗址证明早在商周时期就有人类活动的踪迹。

文化遗产包括物质文化遗产和非物质文化遗产。在平阳县的物质文化遗产中，古遗址有9处，其中商周时期的遗址有3处，这对研究浙南地区商周时期社会、经济、文化提供重要的实物依据。战争遗址有4处。古墓葬有10处，其中，浙南石棚墓群——龙山头石棚墓是全国重点文物保护单位，是探讨中国东南沿海地区对外交流和文化面貌的珍贵实物资料。古建筑有43处，其中，全国重点文保单位1处、省级文保单位7处。全国重点文物保护单位顺溪古建筑群大多建于清乾隆至嘉庆年间（1736—1820），具有较明显的地域特色，堪称古代木作的“活化石”。石刻有12处，主要以摩崖石刻为主，宋元明皆有，以明代居多。县博物馆文物藏量1000余件，其中国家一级文物3件、二级文物22件。平阳是革命老区，境内红色遗迹众多，所以近现代重要史迹及代表性建筑主要以红色革命遗迹为主，其代表是位于冠尖、马头岗的中共浙江省第一次代表大会会址。

平阳非物质文化遗产资源丰富，数量多，门类全。至2012年末，已成功申报非物质文化遗产63项，其中，国家级“非遗”4项、省级“非遗”17项、市级非遗42项。涉及民间文学、传统音乐、传统舞蹈、传统戏剧、曲艺、传统体育、传统游艺、传统技艺、传统美术、传统医药、民俗等11大门类。在已列入国家名录的平阳非遗中，传统音乐有东岳观道教音乐，传统戏剧有平阳木偶戏和单档布袋戏，曲艺有温州鼓词。

平阳县加强历史文化遗产保护的力度。通过文物普查、文保申报、文物修复等措施，保护物质文化遗产；通过非遗传承人扶持、传承基地建设、传承活动展开、传承成果编撰等方式，保护非物质文化遗产。

第一章　物质文化遗产

平阳县建县于西晋太康四年（283），有着悠久的历史传统和深厚的文化底蕴，素有“东南小邹鲁”之称。截至2012年年底，平阳县共有文保单位101处，其中，全国重点文物保护单位2处、省级文物保护单位12处、县级文物保护单位87处。另有文物文保点171处。文保单位涵盖五大类，其中，古遗址类9处、古墓葬类10处、古建筑类43处、石窟寺及石刻类12处、近现代重要史迹及代表性建筑类27处。

第一节　古遗址

省级文物保护单位

金钱会起义遗址　遗址位于鳌江镇钱仓社区凤山南麓北山庙，北山庙原名灵顺庙，民国21年（1932）庙遭火焚，现仅存地基。庙前两块突兀岩石，东西峙立，相距10米，状如龙虎搏斗，号称“龙虎岩”。清代咸丰年间（1851—1861），钱仓赵起等八人在北山庙结盟组织金钱会。1961年，金钱会起义遗址被省政府列为第一批省级文物保护单位。

龙虎岩（2012年）

腾蛟凤山遗址　遗址位于腾蛟镇龙凤山（省政府批文误作“凤山”），分布面积约4万平方米，地表保存较好，内涵保存丰富，为浙南沿海地区的岗丘型遗址。2008年，全国第三次文物普查，曾在遗址南向山坡一距地表面深40厘米的断面上发现一处近90厘米的文化堆积层，采集一批陶器、石器标本。地面分布有较多的商周时期印纹陶片，陶片有泥质灰陶、泥质印纹红陶、泥质黑陶、印纹硬陶等，以印纹硬陶为主。常见纹饰有直条纹、曲折纹、云雷纹、方格纹、斜方格纹等纹饰。石器有石锛、石镞等。根据出土标本分析，该文化堆积层属新石器晚

凤山遗址远景（2012 年）

凤山遗址部分陶片石器标本（2012 年）

期至商周时期遗址。凤山遗址文化层时代特征突出，遗址分布面积大且保存较为完整，该遗址的发现对研究浙南鳌江流域新石器晚期至商周时期文化发展和早期人类活动具有重要的意义。2011年，被省政府列为第六批省级文物保护单位。

县级文物保护单位

岩头山窑址　位于水头镇仕静村，分布在岩头山东南面斜坡上。面积约3000平方米，堆积层厚约1米。初步清理时发现窑具的匣钵、喇叭形支座、垫圈和陶瓷碎片。从发现的碎片推测，该窑址当时主要产品有缸、罐、瓶、壶和少量碗等生活用具。其中碗胎质细密坚硬，呈色灰白，釉色淡青，匀净光亮。纹饰以刻划花纹为主。从出土器物标本考证，岩头山窑址烧制时间为宋代至元代。2003年，被列为第八批县级文物保护单位。

西湾烽火台遗址　位于鳌江镇西湾，多数建于明代。共保留烽火台遗存九座，其中，五座在三沙、四沙村的烟墩，两座在二沙村的烟台墩，一座在北山村坪顶，一座在跳头村大湾尖岩顶。元末明初，倭寇海患严重，明代在沿海设卫、所、烟墩以御，因此现存烽火台遗址为此时前后所建。清顺治十八年（1661），为防止沿海居民接济郑成功实施“迁界”措施而裁撤卫、所，沿海烟墩便随之废圮。2007年，被列为第九批县级文物保护单位。

烟台山烽火台遗址　当地称烟台墩，位于昆阳镇烟台山山顶，海拔330米，占地面积120平方米。平面呈圆形，由下至上递缩，用块石堆砌，高5米，底径10米，顶部径为6米，整个台基基本完整，表面被杂草、灌木所遮盖。烟台村烽火台是明代抗倭报警设施，对研究明代地方军事演变和海防通讯等有着重要历史价值。2010年，被列为第十批县级文物保护单位。

章周山遗址　位于万全镇瑞阳村章岙周山，占地面积约4200平方米。章岙周山被温福铁路切成两段，遗址地表散存有泥质黄陶、印纹硬陶等，纹饰有斜方格纹、云雷纹、方格纹等。根据出土陶片分析，该遗址为商周时期遗址。2010年，被列为第十批县级文物保护单位。

蔡家山山寨遗址　位于鳌江镇福山村蔡家山，占地面积32000平方米。蔡家山山寨的城墙用粗大的石块垒砌而成，呈不规则状。现尚遗存有周长数百米的城基。山寨原有四个城门，在南门和北门至今尚保留有寨墙墙基，其中，南门寨墙墙基保存较为完好。蔡家山山寨内现保存有鼓楼遗址、兵器库遗址，古井、古水池等遗迹。2010年，被列为第十批县级文物保护单位。

大岭古道　位于腾蛟镇凤巢秀垟村双狮山山脉一带，始建于唐代，自古是平阳大岭通往平阳坑至瑞安的重要通道，被水头、凤巢等一带的村民沿用至今。大岭古道南北走向，南连凤巢大岭直至水头，北经瑞安平阳坑村半路堂至瑞安，西接凤巢仁加垟，北至凤巢秀垟村山寨王庙。大岭古道境内长约4.5公里，路面宽0.7～1.1米，用天然块石铺就而成，古道蜿蜒，顺山势而走，四面环绕着连绵起伏的山峦。古道中界（与瑞安平阳坑交界处）建有一座小关隘，高3米，由自然块石堆砌而成，设拱券门洞，高2.45米，拱宽1.8米，顶部为凸起状。该关隘整体就地取材，体现出旧时建筑的原始风貌。该古道以及小关隘基本保持原貌，为两县分界的标志性建筑，也为唐代时期的平阳与瑞安等外地的经济发展、交通往来等方面提供宝贵的历史佐证。2010年，被列为第十批县级文物保护单位。

卧牛山遗址　位于腾蛟镇卧牛山南向山坡，面积约4万平方米，内涵丰富。2009年，平阳县文保所工作人员野外考古调查时在一座翻新的坟墓断面发现，文化堆积层厚约50厘米，堆积层中有泥质灰陶、泥质印纹红陶、印纹硬陶等，以印纹硬陶为主，泥质红陶也有部分发现。常见纹饰有直条纹、云雷纹、方格纹等。石器有石镞头等，有些石器为半成品。根据采集标本特征分析，属新石器晚期至商周时期的古文化遗址。2010年，被列为第十批县级文物保护单位。

第二节　古墓葬

全国重点文物保护单位

浙南石棚墓群——龙山头石棚墓　位于鳌江镇垂杨村龙山头，建于西周，现存三座，墓呈长方形，两侧及后壁有6根支石。除墓口外，均用砾石堆砌三面墙体，上盖巨石板。石棚墓整体南高北低，空间宽敞。1994年，文物部门对其中一座石棚墓进行发掘，出土有罐钵类陶片等，据考该墓建于西周。石棚墓，亦称支石墓，是世界“巨石文化”的一种类型。它利用天然的巨大块石，稍经人工修整，然后支撑、覆盖而成。普遍出现于新石器时期晚期至铁器时代早期，在欧洲、亚洲、非洲及南美洲等国沿海及周边地带都有发现，中国则集中分布在辽东半岛。浙南石棚墓的发现，是探讨中国东南沿海地区社会性质、经济状况、对外交流和文化面貌的宝贵实物资料，改变中国石棚墓传统的地域分布认识，是东方和世界文明史上具有重要地位的文化遗产之一，有较高的历史、科学和艺术价值。2001年，被列为第五批全国重点文物保护单位。

县级文物保护单位

白承恩墓　位于腾蛟镇湖窦村垵山头，居带溪中游附近，四周丛林茂密，环境幽美。白氏遗骨原葬瑞安陶山雷桥，族人冒险潜往，收集遗骨，归葬祖坟之旁。该墓结构简单，仅在山丘上隆一土堆作为标志。1982年文物调查时，在墓上端发现其父母坟墓，右侧发现白仁贤祖墓，均属砖室结构。1989年，群众集资修墓立碑。墓依山起势，外墙呈扇形，内墙呈半圆形。墓处中心，圆形突起，前立石碑，下坛筑亭，两侧各设八级踏步，踏步中间立三碑。白承恩，1993年版《平阳县志》有传。1983年，被列为第一批县级文物保护单位。

史伯璿墓　位于鳌江镇钱仓山西麓烟台岩下，始建于元代末年。该墓系砖石结构，墓呈座椅式，坐北朝南，背靠巨岩。清乾隆年间平阳邑令何子祥曾经修缮，并在墓后烟台岩上刻有“元儒史先生墓”六字。史伯璿，1993年版《平阳县志》有传。1983年，被列为第一批县级文物保护单位。

林景熙墓　位于腾蛟镇林泗源村青芝山朝南山坡上，始建于元代。该墓为砖室结构，墓碑刻有“南宋忠义林霁山先生之墓”，系清乾隆十二年（1747）邑令徐恕题。1987年修葺时，在墓前新建仰霁亭一座。亭作8柱3间，仿宋亭阁式石木建筑。亭匾“仰霁亭”三字为全国政协副主席赵朴初所题。林景熙，1993年版《平阳县志》有传。1983年，被列为第一批县级文物保护单位。

林景熙墓前仰霁亭（2012年）

杨正臣墓　位于水头镇鹤溪麒麟山麓，墓始建于南宋。该墓呈扶椅式，坐北朝南，分上下两坛，占地面积200余平方米。墓道门高大，上书“公勤明敏”四大字。沿石阶登抵墓门，左有六角石亭一座。墓前立有石碑一方，上书“南宋驸马都尉杨正臣之墓”。1989年，乡民与族人集资再度维修。杨正臣，民国《平阳县志》有传。1991年，被列为第三批县级文物保护单位。

朱熠墓　位于水头镇北山岙口，墓始建于南宋。该墓呈座椅式，坐北朝南，四周砌以花岗岩，分上下两坛，占地面积约200平方米。墓首上写“武状元朱熠之墓”7个大字。朱熠，民国《平阳县志》有传。1982年和1984年，朱熠的后人集资建造“状元亭”和“朱状元熠公纪念堂”，对外开放，以供后人瞻仰、凭吊。2000年，被列为第六批县级文物保护单位。

鲍辉墓　位于萧江镇橘坡山西麓。该墓为砖石混合结构，坐东南朝西北，依山造势，呈圈椅式，由墓室、墓坛、拜坛三部分组成，计宽20米，深27米，占地面积1600余平方米。墓前有石碑多方，镌刻名人挽诗和民国《平阳县志·鲍辉传》全文。墓碑“鲍辉之墓”系已故中国书法家张鹏翼所书。鲍辉，1993年版《平阳县志》有传。原葬于万全水亭长山，1989年县文物部门批准鲍辉墓迁于萧江镇萧江村橘坡山西麓。2000年，被列为平阳县第六批县级文物保护单位。

王荣珍墓　位于腾蛟镇岱山村大房山西南坡，始建于南明永历元年(1647)。墓体呈扶椅式，依山而建，坐东北朝西南，墓体建筑面积约800平方米，占地面积约2600平方米。墓穴封堆由块石砌筑，正立面中间以青石打造，悬山式屋顶下立墓碑，碑刻“显考王公妣白氏佳城”等字，墓碑两侧立柱。墓室下设四级墓坛，墓体表面以及墓坛地面均为绿草坪覆盖，墓围内壁为块石叠砌。墓坛前砌小低矮墓桩，为糯米灰浆所制，长0.38米，宽0.38米，高0.59米，共计八根墓桩。墓桩间以栏板相连接，栏板宽0.22米，墓桩与栏板平面围合成圆弧状。墓体正立面两侧各设旗杆石一对。此墓为王荣珍夫妻合葬墓，墓式简朴，造型古拙，整体保存完整，历代后人均有修缮。2003年，被列为第八批县级文物保护单位。

碧泉寺墓塔群　位于鳌江镇钱仓白水村罗阳山山麓的碧泉寺(俗称岩庵)前，海拔306米。墓塔共九座，三座一组，沿着岩庵水库各自独立分布，形成一个三角关系，建于近代，采用花岗岩构造而成，造型做法相似。墓塔平面为方形，由塔基、塔身和塔顶构成，每个墓塔塔身上均刻有文字。造型古朴，为平阳县至今发现的唯一一处墓塔群，对于研究温州地区乃至东南沿海古代僧人墓葬形制、特点等佛教文化提供实物佐证，具有重要的研究价值。2010年，被列为第十批县级文物保护单位。

黄友墓　位于鳌江镇龙山山麓十八坛，始建于北宋。墓呈榻椅形，坐东北朝西南，四围龙须建墙，共分六坛，占地面积约300平方米。乡人称“黄家大坟”或“黄友公墓”。据《宋史》载，抗金英雄黄友被金兵焚尸战场，推测墓应为衣冠冢。黄友，民国《平阳县志》、1993年版《平阳县志》有传。现存墓为族人于1993年春集资重修。2004年，被列为县级文物保护单位。

第三节　古建筑

全国重点文物保护单位

顺溪古建筑群　俗称顺溪大屋，位于顺溪镇顺溪村和溪北村。共10座，多数建于清乾嘉年间(1736—1820)，总建筑面积28494平方米。顺溪陈氏始迁祖陈育球于明隆庆年间(1567—1572)举家从大岙迁至顺溪落户。经过百余年生聚繁育，传至清初陈嘉询一代，开始大兴土木，营建第一座大屋——陈氏祖屋。其子陈永千育有七儿：显仁、安仁、为仁、作仁、深仁、景仁、崇仁，除深仁、景仁外，均从祖屋分出各立门户，择地建造大屋，样式皆似祖屋，唯面积大小有别。计有陈氏祖屋、老大份大屋、老四份大屋、老七份大屋、老二份大屋、新大份大屋、新二份大屋和陈氏宗祠8座，皆为陈嘉询支派所建，另其他支派于溪北村建陈迢岩大屋和陈有相大屋2座。1997年7月18日，被列为第四批浙江省省级文物保护单位。2006年5月26日，被列为第六批全国重点文物保护单位。

省级文物保护单位

栖真寺五佛塔　位于鳌江镇罗垟村罗垟山栖真寺前。始建于五代后周广顺年间(951—953)，宋代进行过重建。栖真寺五佛塔(现存四座)，系青石结构单檐塔，由塔基、塔身、塔顶三部分组成。四座佛塔除雕饰及供奉佛像略异外，其他建筑构造形式几乎相同。塔基由台基和须弥座组成，台基平面呈六角形，采用规则六角硖石垒成。台基上作二重须弥座。塔身置于须弥座上为六楞瓜腹状，正面辟一

栖真寺五佛塔侧面近景（2012年）

如意壶门，壶门供奉有如来佛像一尊。塔顶檐部做出斗栱、椽子、角梁、瓦垅，均仿照木构建筑形式。栖真寺五佛塔为石材建造，出檐较短。全塔造型优美，雕刻线条流畅，四周动物花卉雕刻等表现时代和地方传统风格，具有重要的研究价值。1961年，被列为第一批省级文物保护单位。

宝胜寺双塔　位于鳌江镇钱仓社区，营建于北宋乾德三年(965)。系两座砖结构的楼阁式塔，两塔相距11.8米，形制结构基本相同，平面呈六边形，共五层，通高约15.16米。塔身一至五层逐层递减，腰檐也随之增减，从而构成流畅挺拔的塔身外廓线。从第二层起，每面平座上塔身面为三间，明间设壶门式壁龛，并设有八角依柱、檐柱、阑额、倚柱头卷杀。檐部作砖木结构叠涩出檐，用平砖与菱角牙子砖相间叠涩，在每层最外挑的出檐用一层木栓与砖并做。转角倚柱，呈八角形，隐出五面，倚柱上置转角铺作一朵，泥道拱上设散斗，承托撩檐枋。塔身每面隐出檐柱和倚柱，两槏柱间砌壁龛，内供佛像。20世纪60年代初，文化部门正式接管后，才逐步得到保护，并在1981年、1984年将东、西塔进行全面修复。1963年被列为第二批省级文物保护单位。

忠训庙　又名武英殿，俗称大夫殿，位于腾蛟镇塘溪村，系纪念北宋抗金名将薛氏(据民国《平阳县志》卷四十五《神教志一》载，神名失考)而建。始建于南宋，明时移建庙山。清康熙二十六年(1687)迁建薛岙口(今属塘溪村)，建筑坐南面北，占地面积1000平方米。忠训庙由前殿、戏台、两厢、大殿组成合院式木构建筑，四壁皆有诗画。字有篆、隶、行、草、楷，以行书为多；画有山水、戏曲人物，其中戏曲人物占多数。该壁画作于康熙二十九年(1690)，即建庙后的第三年。庙内古戏台、木结构、筒瓦背、椽头皆画有图案，挑檐、横梁有龙凤浮雕，天花板正中有浮雕狮子。台前挂有四盏木雕灯笼，台面周围有七八寸高的木栏杆，台柱头为木雕狮子，尤为珍贵；整个戏台系米红色色底，贴金雕刻图案，造型壮观。1997年，被列为第四批省级文物保护单位。

文明塔　位于昆阳镇平塔村龙山，俗称“平塔”，又名“文笔塔”。文明塔系六角七层楼阁式仿木结构砖塔。通高30.27米，外底径6.50米，内底径2.50米，单筒体，中空。塔体自下而上逐层递减，每面中间设壶门，每层角檐起翘，作龙头鱼尾吻兽，下悬挂铜铃。塔顶为六角攒尖顶，置宝瓶，套托铁质塔刹，用铁索链与垂脊相接。塔内中空，由下而上为砖叠涩形成穹隆顶，每层之间设平台，联以木梯，可循梯登至塔顶，登高远眺。据民国《平阳县志》所载《新建文明塔碑》，此地净明寺旁相传有塔，建自南宋乾道元年(1165)，后圮于清乾隆二年(1737)。光绪八年(1882)，县令汤肇熙为振兴平阳文风，倡建，由乡绅陈际中负责建造，开始重建，光绪十年(1884)三月落成，命名为“文明塔”。汤令为此出有上联：“文笔倒竖天作纸。”求下联。文明塔结构严谨，造型简朴大方，是当时振兴文风的标志建筑。为浙南地区清代仿木结构砖塔建筑典型代表。2005年3月16日，被列为省第五批省级文物保护单位。

会文书院　位于南雁镇雁山村南雁荡山东洞附近，占地面积约750平方米，总建筑面积约780平方米，由会文书院主楼、台门、棣萼世辉楼、敬益楼组成，建筑依山形地势而建。会文书院主楼坐北朝南，占地面积175平方米，建筑面积293平方米，为五开间重檐歇山顶，抬梁穿斗混合式木构建筑，平面呈长方形。台门，位于会文书院西侧，夹于东洞华表峰与龙角峰之间，坐南朝北。因台门外侧有一天然石门，似天然牌坊，又称乐天门。棣萼世辉楼位于书院台门西侧向前五米处，清宣统二年(1910)，陈少文为纪念宋代理学家陈经正、陈经邦而筑。楼夹于东西华表峰之间，为二层砖构西式洋楼。坐南朝北，占地面积39平方米，建筑面积约80平方米，

会文书院（2012年）

通面阔6.6米，通进深5.2米。会文书院原为会文阁，初建于北宋，原为北宋时陈经邦（徽宗大观三年进士）、陈经正兄弟两人读书处。元时荒废，至清光绪年间（1875—1908），陈少文、周康甫等募款捐田，开辟草莽，在东洞废址重建会文书院。会文书院结构巧妙，依山起势，是浙江省保存最为完整的书院之一。2005年3月16日，被列为第五批省级文物保护单位。

青街李氏、池氏大屋　位于青街畲族乡青街村和睦源村，共包括李氏大份大屋、李氏二份大屋、池氏大屋3幢建筑，均建于清代，为浙南典型的四合院式建筑。大屋均沿中轴线依次建前厅、正厅，厅与厅间两侧分置厢房。规模较大，布局相似，大开间和大天井的运用为其主要建筑特色。梁架为抬梁、穿斗混合结构，展示通身木构架，呈现质朴美。建筑选址讲究，布局规整，木雕、石雕精美，保留宋《营造法式》中骑廊轩做法。建筑特征具有明显的地域特色，是温州地方乡土建筑的代表作，2005年，被列为省第五批文物保护单位。李氏二份大屋为第三次全国文物普查新发现文物，整体布局与李氏大份大屋、池氏大屋相似，2011年，被列为第五批省级文物保护单位。

南湖赵氏宗祠　位于水头镇南湖社区龙湖村龙凤山山麓，始建于清嘉庆十一年（1806）。建筑坐南朝北，主体建筑是由前厅、正厅、东西厢廊组成的木构四合院，平面呈回字形，合院外另设独立小门台围墙，门台位于合院西侧，北面围墙外立有四对旗杆石，占地面积1130平方米，建筑面积500平方米。该宗祠依山而建，选址考究，布局合理，正厅梁架做工精细，厅堂内设数个多连斗栱藻井，造型各异，富有特色，是浙南地区宗祠建筑的典型代表，2011年，被列为第六批省级文物保护单位。

县级文物保护单位

师儒侍养牌坊　位于昆阳镇坡南街。牌坊由花岗岩制成，四柱三间楼式仿木结构。通面宽5.5米，高6.5米。明间上下和次间阑额镂雕双龙戏珠，双龙腾空而起，目睛怒张，尖爪锐利，尾梢刚劲，如在空中游动，堪称杰构。匾额南面刻“世沐恩光”，北面刻“师儒侍养”，均为正楷阳文。牌坊上置石刻叠涩斗拱，拱底用悬柱承托。坊为悬山顶式，屋面雕有瓦垅，作筒瓦式样。郑思恭，1993年版《平阳县志》有传，因父亲郑应祥年迈，辞职回家侍父终身。浙江右布政使姚永济、温处兵备道米万锺特为建坊。1996年，被列为第五批县级文物保护单位。

通福门　位于昆阳镇岭门上。不是城门，旧城门在南门西坑口附近。为木石二层谯楼式结构，由城墙、梁架、屋顶三部分组成，城墙为花岗岩错缝砌筑，门洞拱券形，培风阁为木石结构。重檐六角攒尖顶，端置圆形球仪，抬梁式结构，石柱有方、圆两种，均刻对联。系通闽必经之路，故名“通福”，并有吉利瑞祥之意。清道光五年（1825），白石河街项氏母林太孺人八秩寿诞，其裔孙项佩琛及家人为表祝贺，筹资千余金，道光九年（1829）在通福门上建培风阁，百年后渐圮，乡绅陈锡琛重修。1949年解放后，通福门曾改称“解放门”，为县城仅存的一座古城楼式建筑。2004年8月，进行大落架维修。1986年，被列为县级文物保护单位。

七如来塔　位于昆阳镇九凰山广慧禅寺前，建于民国7年（1918），又名七佛塔。塔身高2.94米，底径1米，平面呈六角形。须弥座塔基，上下部为仰覆莲浮雕，束腰浮雕动物和花卉图案，瓜楞形塔身，正面壶门置形态各异的坐佛各一尊，重檐六角攒尖顶，葫芦形刹，为全县年代最晚的组群石塔。1986年，被列为第二批县级文物保护单位。

东岳观　原名宋志观，又名广福宫，位于昆阳镇城南街汇头，始建于北宋治平三年（1066）。东岳观的平面建筑布局均衡对称，以纵轴线为主，横轴为辅，逐级抬高。纵轴线上依次为圣门、府前门、东岳殿、大罗宝殿、斗姥阁。道观建筑合院式有四进和左右厢房，面积5000平方米，内有古樟两株及葛洪丹井等古迹。斗姥阁即藏经楼，藏有明正统《道藏》及万历《续道藏》共5485卷。道观较好地保持历史原貌，现为温州地区保存较完整的道教古刹。1986年，被列为第二批县级文物保护单位。

睦源桥　位于青街乡街道东边，建于清道光十一年（1831），系单孔石拱廊桥。桥孔作拱券形，东西走向横跨睦源溪上，长12米，宽4.6米，高4.4米。桥面建廊屋5间，明间壁上供佛龛，中为通道，两边靠槛，顶部彩绘山水图画。桥廊用料考究，造型美观，精巧玲珑，匠心独具，对于研究清末以来当地的桥梁发展史及传统文化具有重要历史价值。1986年，被列为第二批县级文物保护单位。

学宫遗址　位于平阳中学（2006年后为平阳县实验中学校址）内。宋元祐七年（1092），凤凰山陈氏族人将凤凰山麓50亩地献作县学基地，建为学宫，明清两代有过重修。原建筑已毁，存有泮池、泮桥、龙凤石柱、残坊、残碑，皆为明清遗物。泮池长36米、宽14米；泮桥5孔，长14米、宽2米；龙凤柱两对，高1.7米，径0.2米，均为青石雕刻，每根镂空饰云龙、凤凰、跃鲤等图案。另有“腾蛟”与“起凤”两座牌坊以及残碑数块。1986年，被列为第二批县级文物保护单位。

仙姑洞大罗宝殿　位于南雁荡山风景区仙姑洞口，依山傍洞而建。该殿建于清光绪二十五年（1899），民国28年（1939）曾重修。大罗宝殿高三层，一、二层共七开间，三层五开间，围以廊槛，中厅设神座，悬匾额楹联。殿通高18米，阔30米，深12米，各楼之间有阶梯可通，正侧门皆可出入，为抬梁穿斗式结构。飞甍画栋，重檐翘角，气势雄伟。仙姑洞又名西洞，洞内建有阄韵、占梦二楼，并塑有“朱氏仙姑”神像。1991年，被列为第三批县级文物保护单位。

钱仓城隍道院　位于鳌江镇钱仓山南麓，又名钱仓京城隍庙。该庙始建于明洪武元年（1368），原址在钱仓中街，面积约900平方米。1975年春，邑人迁建于今址，后又数度扩建（现总占地面积2万余平方米）。道院依山起势，中轴线建有门楼、戏台、大殿、厢房，总建筑面积2300余平方米。戏台呈方形，坐北朝南，面对大殿，螺旋式叠拱藻井，构造和雕饰均甚精致。大殿三重檐，歇山顶，面宽五开间，抬梁式木构建筑，用材粗壮。外檐施七踩斗拱。梁枋镌刻彩绘人物、花鸟等图案。大殿明间前二石柱透雕缠绕蛟龙，栩栩如生，蔚为壮观。全庙飞檐翘角，仿古建筑。1991年8月，由县道教协会接管。1996年，被列为第五批县级文物保护单位。

玉佛寺　位于鳌江镇吉祥路，俗名新堂。原为横海居士林，民国时期陆军中将陈蔚（字鲸量，又名文章）创建，早先为陈蔚的私宅“横海楼”。寺内供玉佛一尊，高1米，造型丰满，法相庄严，系缅甸友人于民国4年（1915）赠送陈蔚，后供奉于此，故名玉佛寺。民国23年（1934），陈蔚、王理孚等人扩建，称“新堂”。民国28年（1939），部分殿宇遭日军飞机炸毁，后修建复原。1986年，由群众集资修建，重修后占地面积1860平方米。1996年，被列为第五批县级文物保护单位。

仙坛寺　原寺位于昆阳镇东门山麓。肇建于唐咸通间（806—873），宋代以来屡经修建，占地面积6000平方米，中轴线上原有山门、天王殿、大雄宝殿、观音阁、藏经楼、方丈楼、钟鼓楼等，“文化大革命”期间遭严重破坏，现仅存大雄宝殿。1989年，经县政府批准迁建，位置选在原寺南面山地。迁建后的古寺坐东朝西，依山起势，建筑宏伟，境地清雅。天王殿面阔五开间，歇山顶，两侧设钟鼓楼；大雄宝殿面阔五开间，抬梁式结构，重檐歇山顶，梁柱基本沿用原物，供奉释迦牟尼和十八罗汉雕像。1996年，被列为第五批县级文物保护单位。

林氏义井　位于腾蛟镇联源村，系花岗岩条形石结构，呈四方状。据林氏谱载，该井为林景熙率族众所凿，水流充沛，从不干涸。据说当时逢三年干旱，四邻村落所有水井全都枯竭，百姓用水十分困难，唯此井寸泉喷涌如前，然而林氏族人却不让别姓人饮用。林景熙发觉后，遂在井上刻“林氏义井”四字，告诫族人以义为重，不得独享。2000年，被列为第六批县级文物保护单位。

苏振音宅　位于腾蛟镇联源村，建于清嘉庆二十二年（1818）。建筑坐东北朝西南，由门台、正厅、厢房构成的主院和由左右庭院的东西楼组成合院式木构建筑，占地面积2765平方米，建筑面积2250平方米，坐东北朝西南。东西楼均采用“厂”形与正厅衔接，二楼前设出挑回廊，做垂花檐柱，设美人靠。西楼，俗称“红楼”。二楼中厅做工考究，内顶施八角拱复斗式藻井，施红油漆，为内眷活动场所。整个建筑设计独特，工艺精湛，为浙江省民居建筑中所罕见。2000年，被列为第六批县级文物保护单位。

蓝田宫　旧名蓝田太阴宫，通称蓝田宫，位于鳌江镇蓝田村。始建于南宋乾道年间(1165—1173)，迄今八百余年。康熙、乾隆年间重建宫宇三间，道光年间拆建前后殿各五间及左右廊和戏台等，光绪年间建后宫五间。经重修扩建后，古宫分为前、中、后三殿，是旧时该地区颇有名气的古宫，也是该区唯一集市庙会场所。“文化大革命”期间遭到严重破坏。1990—1996年，按仿古手法，先后整修三清殿、太阴圣母殿、前殿、走廊和戏台等。2000年，被列为第六批县级文物保护单位。

东林禅寺　位于昆阳镇城南凤山之麓，始建于唐大历年间(766—779)。千余年来，历经兴废，至清顺治时重建，康熙时添建构廊。雍正五年(1727)前后，曾是县僧会所在地。今尚存碑记一方，嵌于东首围墙。清乾隆年间(1736—1795)续建斋堂。民国4年(1915)增建大殿五间，左右正房二间，东西厢房六间，建筑面积1000余平方米。1984年众僧重兴古刹，先后建成大殿、天王殿、药师楼、观音楼、西方楼、地藏殿、东西厢房、山门等建筑，前后计四进80余间，占地面积近5000平方米，成为温州地区规模较大的寺院之一。2000年，被列为第六批县级文物保护单位。

仙姑道院　位于水头镇闹村社区南垟村白水山脚，属全真派的宗教活动场所。始建于明代，为砖木结构建筑，由门台及正殿组成。宋代闹村有个名叫朱婵媛的小姐，从小聪明伶俐，喜读道经，一心向道。因反对父母指定的婚姻，独自在南雁西洞修行。修成正果后，时常在北港附近为老百姓治病，朱仙姑成为附近百姓心目中的神仙。后人为感谢仙姑，修建仙姑道院。2000年，被列为第六批县级文物保护单位。

寿安桥　位于水头镇寺前村石头宫前，东西走向，横跨泾川浦。桥为三孔梁式石板桥，总跨度19米，桥面宽3.75米。史载寿安桥始建于宋，桥面上有廊亭，现毁圮。桥面均并排直铺石板板梁石九条。中孔桥板两侧分别阴刻“寿安桥”三字。桥面两边设栏杆，十一档。始建时用花岗岩，后期修复逐渐改为青石。桥墩由条石纵、横错层砌筑，两端外伸2.05米，呈三角体。这种筏形桥墩便于潮水涨落时分流，以减弱水流对桥身的冲击力。该桥梁至今仍保留宋代风格，是平阳县现存梁式石桥中最有代表性、最具特色的一处，并至今为詹家埠溪两岸交通发挥重要作用。2003年，被列为第八批县级文物保护单位。

纶褒世节牌坊　位于万全镇三都王村东首300米处。牌坊建于明崇祯七年(1634)，为王门二代双节奉旨敕建。牌坊为四柱三开间结构。高约5.60米，通面阔7.38米，其明间面阔3.88米，次间面阔1.75米。柱为方形花岗岩打制，径0.19×0.19米，前后置抱鼓石。明、次间额枋均为青石雕饰，有花草、凤、双狮戏球、麒麟等图案，均采用镂空和浮雕手法。明间阑额正背面均有阴刻大字“旌表王修继妻陈氏、王大荫妻周氏”，在阑额上方立匾，上书“纶褒世节”。2003年，被列为第八批县级文物保护单位。

石牌宫戏台　位于水头镇鹤溪石牌村，为合院式木构建筑。始建于明弘治年间(1488—1505)，清代有过修缮，现存为清代建筑，石牌宫由前殿、后殿以及左右回廊组成合院式建筑，戏台位于前殿后侧。平面呈方形，通面阔约6.24米，进深约6.70米，台面离地约1.60米。抬梁式歇山顶，梁柱用材粗壮，戏台顶棚为圆形藻井，四角用鲤鱼戏水承托，藻井用几道重拱复斗层层托起。正面横梁两头浮雕龙飞凤舞，左右横梁两头浮雕葡萄松鼠，柱上出重昂，四周檐下垂柱刻作花灯、莲花状，并嵌花板。角梁俯视面浮雕兽面纹。戏台正面挂“当真看”匾额。2003年，被列为第八批县级文物保护单位。

李世绍宅　位于青街畲族乡太申村。建筑坐西北朝东南，始建于清代。建筑有前厅、正厅级两厢房，为二进五开间合院式木构建筑，占地面积约为2385平方米。正厅挂有两匾，同治三年(1864)恩科会元、殿试二甲、钦点翰林院庶吉士黄体芳拜题一方“星应长庚”匾额，嘉庆四年(1799)知县杨荣题“文元”匾额。布局上均衡对称，为封闭式院落。正厅明间设祖先牌位，主要用于祭祖、婚嫁、丧礼。正厅供主人会客或长辈居住，左右厢房则由晚辈居住，其他次要建筑布置厨、厕、仆役、储藏，具有明显的传统宗族制度特点，体现出浙南民居特色。2007年，被列为第九批县级文物保护单位。

柿树垅宫戏台　位于水头镇闹村上南村，坐西北朝东南，始建于清康熙年间(1662—1722)。柿树垅宫为四合院式木构建筑，分两进五开间，左右设七开间厢房，占地面积约1450平方米。戏台背依柿树垅宫门台明间，坐东南朝西北，平面呈正方形。通面阔4.9米，进深5.8米，三合土基面，四周压花岗岩条阶石。挑檐、横梁有花草鸟兽雕刻，中间设螺旋形藻井。戏台通高7.2米，五脊悬山顶，铺青瓦。2007年，被列为第九批县级文物保护单位。

蓝田牌坊　位于鳌江镇蓝田村，俗称“蓝田大牌坊”。清嘉庆年间(1796—1820)，当地儒士童应钦士之妻杨氏，为侍奉公婆，决志守节，尽孝终身，嘉庆二十三年(1818)，皇赐立坊旌其节孝两全，懿范长存。牌坊四柱三间石构建筑，高约5米，通面阔5.8米，正间坊顶立“钦旌”石匾，于梁柱阴刻“大清嘉庆二十三年岁次戊寅腊月榖旦”“为故儒童应钦士妻杨氏立”等字样。正间柱前立两石刻造像石狮，各柱头均有石刻造像小狮子，并于正间与次间的额枋雕刻鸟虫花草，其雕刻手法流畅，栩栩如生。2007年，被列为第九批县级文物保护单位。

贞寿牌坊　位于昆阳镇北门。牌坊坐东朝西，花岗岩石柱，其余为青石质，四柱三间，明间面阔3米，次间面阔1.8米，进深1.46米。牌坊上雕刻麒麟、狮子等动物图案，雕刻精致、栩栩如生。牌坊正面额坊上雕刻“贞寿之坊”四字，下有“皇清诰封奉政大夫黄逸园妻林氏宜人一百二岁建”等字样。2010年，被列为第十批县级文物保护单位。

和平村马灯亭　位于万全镇岭下村。亭子为清代木构建筑，坐东北朝西南，横跨门前河。进深6.47米，面阔6.17米。单檐歇山顶，四角起翘，16柱落地，除四根角柱为花岗岩石造外，其余均为木柱。亭子南北两边设美人靠。亭内东首设郭公像神龛，以祈福平安。2010年，被列为第十批县级文物保护单位。

金宕村正节牌坊　位于万全镇金宕村金宕路53号南约10米处，坐东北朝西南，单开间，悬山式屋顶，整体由花岗岩仿木构筑。台基用花岗岩条石筑造，高约0.3米，平面呈长方形，两根石柱各有两对抱鼓石，门楣下承斗拱，上为额枋，用四根短柱，柱间刻字由西至东分别为“户部尚书”加三级刘於义，礼部尚书加六级海望总督福浙部喀尔吉善，巡抚浙江都察院常安，提督浙江学政陈其凝，具题“皇恩旌节孝”“乾隆戊辰岁腊月榖旦”“庠生金安雷妻周氏立”“壹姿节贯古今”，其上立四短柱，中央柱间置青石碑。背立面仅额枋处中央题“正节”二字。2010年，被列为第十批县级文物保护单位。

浃口村正节牌坊　位于万全镇榆垟浃口村榆南路73～76号南首，坐北朝南，为四柱三间冲天式石构建筑，花岗岩石质，通面宽4.96米，高约3.33米。每根柱子四周有抹角，柱顶端置一小石狮，现小石狮缺一。原有抱鼓石，现已不存，仅剩一处散落旁稻田。明间额枋上嵌镶“正节”“圣旨”两块石制匾额，“正节”石匾上刻有“雍正十三年姑洗月吉旦，□士余上栋妻陈氏立”等字样，“圣旨”石匾上浮雕双龙等图案，浃口村正节牌坊在平阳历代县志中均有记载。2010年，被列为第十批县级文物保护单位。

坊岩下桥　位于万全镇吴垟村与后陈村交界处，当地称为坊岩下桥，建于南宋淳熙十三年(1186)，东西走向，横跨坊岩下河。该桥为三孔石梁桥，构造简单，由桥墩和桥面组成。桥全长11.4米，宽1.64米，净跨9.5米，矢高1.9米。桥墩由三根石柱侧立而成，其上横置帽梁石，两侧桥台用规则条石叠砌而成。中孔桥面略高于两边，桥梁立面呈弧线拱形，举折优美。桥面由四根石板并列横铺，桥沿北侧阴刻楷书“淳熙丙午年六月初二吴昌言建”。2010年，被列为第十批县级文物保护单位。

钱仓城门　位于鳌江镇钱仓村金钱路。据民国《平阳县志》卷六《建置二》载，钱仓堡始建于明隆庆五年(1571)。城墙为规则块石垒砌而成，外抹砺灰。城门为半圆满形拱券门，内墙用长条石铺开，具有典型的时代风格。历经多次修缮后，现存为20世纪

40年代修建的建筑。2010年，被列为第十批县级文物保护单位。

八角井　位于水头镇小南村八角井自然村。据当地《吴氏宗族》载：明嘉靖十七年（1538）村中吴家在此凿井，名八角井，村名遂称八角井。井体由自然块石叠筑，呈圆形，井深4.6米，井栏由花岗岩石凿成，成六角形，高0.5米、厚0.2米、径0.7米，紧靠井栏西边置有一方形花岗岩石块，用以村民提水时放置水桶等，与井栏形成一体共有八角。2010年，被列为第十批县级文物保护单位。

联源村林氏宗祠戏台　位于腾蛟镇联源村林泗源自然村，建于清代。联源村林氏宗祠旧时号称“平阳第一祠”。坐东北朝西南，平面呈长方形，占地面积1096平方米。建筑格局为典型的浙南民间祠堂建筑格局，沿中轴线自西南向东北依次为门台、前殿、正殿，系二进两厢廊合院式木构建筑。戏台位于前殿后部，戏台平面呈正方形，四柱，歇山顶，两端翼角翘起，上盖小青瓦。后檐柱原设照壁，现已毁坏。柱子采用圆柱，下带鼓形柱础，柱子上坐圆斗，向外出二踩。柱间设有额枋，各枋上坐两大斗，向内斜向出三踩，戏台顶部为覆斗天花。2010年，被列为第十批县级文物保护单位。

林泗源宫　位于腾蛟镇林泗源村，建于清乾隆四十五年（1780）秋，坐东北朝西南，系单层木构建筑，面阔三开间，进深七柱十二檩梁架抬梁穿斗混合式。明间抬梁式，进深6柱，次间梁架穿斗式，7柱12檩，明间后侧设神龛，两侧板壁隔断保留。落柱为方形抹角，青石柱础。保留木质柱础，前檐处设通廊，架双步梁，阶沿压块石，三山式悬山顶。次间两侧有壁画4幅，长1.66米，宽1.32米，其中两幅上刻有“乾隆庚子岁秋月画”等字样。林泗源宫规模较小，但建筑整体布局规整，保存较为完好。2010年，被列为第十批县级文物保护单位。

平棋村周氏宗祠　位于腾蛟镇平棋村，坐西南朝东北，始建于清咸丰年间（1851—1861），为二厢二进复合式建筑。门台为砖石结构，平面呈八字形。明间抬梁式梁架，次间穿斗，硬山顶，官帽墙，二次落翼，屋脊两侧有吻饰，明次间前檐上方施天花，呈方形花格。明间中列祖先牌位，前设神龛，基本格局保存基本完整。2010年，被列为第十批县级文物保护单位。

普济桥　位于水头镇南湖普美村与横山村交界处，始建于北宋熙宁八年（1075），东西走向，横跨牛角湾河，整体呈微弓形。桥台呈八字形，用花岗岩条石纵横紧密砌筑而成。桥墩用三根花岗岩条石呈侧脚并立，增强桥梁稳固性，其上置帽梁，桥墩将桥梁分用八孔洞，每孔跨度均不同。桥面用四根花岗岩条石并铺，宽1.47米，长30余米，净跨24.2米，桥面至水面高2.37米，条石板厚度一致为0.25米。此桥经宋、元、明、清和民国时期多次修缮，桥梁南北两侧及部分帽梁上阴刻楷书，保留着历代维修记录及捐建者情况，内容丰富，分别为“元至正甲申三月”“明正统乙丑九月”“清嘉庆十四年”“清咸丰己未年”“贡生赵步蟾、乡耆林际、举人黄步堂倡首”“林天意、陈光堂立柱重建”等。桥梁西侧一节桥面及桥墩已毁，桥面石板放置桥梁边，其上题“八年十月初三由薛楚善舍钱造”。据桥梁北侧《宋帝亭碑志》载：普济桥始建于北宋神宗赵顼熙宁八年（1066）十月初三，由薛楚善捐钱建造，又经宋、元、明、清、民国时期的多次维修重建，这在平阳古桥梁史上是目前唯一发现的，并且桥梁文字记载丰富。2010年，被列为第十批县级文物保护单位。

栗园碇步桥　位于南雁镇三兴村栗园自然村，横跨于岳溪，呈东西走向。碇步桥构造简单，为碇步石加依附于两侧的侧石构成，碇步石均由两块平整条石砌成，侧石较碇步石低。每步相距0.37米，共45步，总长28.8米，碇步宽0.27米，长0.78米，高0.56米，侧石长、宽均为0.25米，高0.26米。碇步桥正中心步距较宽，为1.03米，两碇步间横置石板一块。碇步上下两侧河滩均用块石砌成，以加固滩基。此碇步为古时通往维新、泰顺必经之路，保存完整。2010年，被列为第十批县级文物保护单位。

青街村池宾瑢宅　位于青街畲族乡青街村，依建筑风格判断现该建筑建于清代，建筑坐东北朝西南，以主院为中轴南北横向并列二个侧院，组成三个天井，后院另有柴房。该建筑规模宏大，保存基本完整，是典型的乡土建筑保存较好的生活形态。2010年，被列为第十批县级文物保护单位。

通瑞桥　位于顺溪镇余思坑行政村朝阳自然村朝阳溪上，呈东南朝西北走向，建于清道光二十三年(1843)，光绪五年(1879)修缮。通瑞桥为单孔八字形硐桥，全长14.5米，宽3.45米，桥孔径距6.16米。桥面用大块石铺成，四周用条石压边。桥两边设踏跺，拱用块石纵联法砌筑。桥志铭刻于西侧古樟前两青石碑上，一方碑上阴刻“□□清道光二十三年□□”、另一方碑上阴刻“□□清道光五年□□”。该桥就地取材，简单古朴，虽历经百余年，至今保存完好，是朝阳村民的重要通道之一。2010年，被列为第十批县级文物保护单位。

第四节　石　刻

陈宣墓石雕造像　位于昆阳镇鸣山村东岳殿西侧鸣山村村碑之后。1973年，开山造林时，陈宣墓被毁，当时墓前饰物尚保留石马、石人、石羊各一对(2005年，石羊一对被盗)。现仅存石马、石人(文、武各一)各一对。二石马大小相同，均通长1.8米，马头最高处1.6米，胸宽0.6米，马鞍凹处高1.25、宽0.5米，底座厚0.1米。石人造像是陈宣墓石刻群中的精品，雕刻艺术极为细致、精湛。石文臣通高2.5米，肩宽0.2米，厚0.25米；石武将略低于石文臣，通高1.82米，肩宽0.2米，厚0.27米。石武将应为镇墓将军。石人造像除有稍许风化外，整体保存较好，石文臣左耳部略有残，头部曾经过粘接修复。陈宣，民国《平阳县志》有传。该造像群1983年被列为第一批县级文物保护单位。

陈宣墓石雕造像（2012年）

摇动岩摩崖石刻　位于鳌江镇钱仓社区钱仓山，系二块上平下尖的巨岩，可摇动相撞，系钱仓主要景点之一。后岩高约7米，宽约5米，前岩稍小。上有明清摩崖石刻10余处，因年代久远，字迹模糊，可辨者5处，其中，平阳县丞马性鲁《动静石赞》道：“望之也危，即之也夷。静焉特立，动不诡随。知仁具体，动静维时。猗欤伟哉！可仰可师。”末署：“正德戊寅秋九月，碧溪居士动静石赞。”1983年，被列为第一批县级文物保护单位。

童器墓石刻动物造像　位于昆阳镇石塘办事处焦下村。墓前有石虎、石羊、石马各一对。石虎隆胸昂首、虎视眈眈。石羊双唇合闭，温和柔顺。石马雄健骄捷，神采飞扬。造像雕刻线条浑圆精致，清晰流畅，姿态惟妙惟肖，栩栩如生。今石羊已佚。童器，民国《平阳县志》有传。1986年，被列为第二批县级文物保护单位。

小龙摩崖题刻　位于南雁镇坎头村银屏山麓小龙岭峭壁上。字分五行，行楷直书，阴刻，前四行为诗，每行十字：“鳌极初分立，天开图画看。荡深秋雁泊，湫静老龙蟠。淡月萝香水，苍崖瀑溅寒。因怀仙迹古，钟梵殷云端。”末行纪年落款：“大德九年春月夜，邵子题。”低二格，字略小。1986年，被列为第二批县级文物保护单位。

“官岙”摩崖题刻　位于南麂岛国姓岙码头的岙口海边峭壁上，距海平面约6米。阴刻楷体直书“官岙”两个大字，字径0.4×0.34米。右下角阴刻楷体直书“虎林”两小字。2003年，被列为第八批县级文物保护单位。

“海天拱印”摩崖题刻　位于南麂岛客轮码头停车场边岩壁上，面向大海。题刻为楷体阴刻，由右至左，直书“万历辛□□□冬”七个小字，横书“海天拱印”大字四个，字径0.40×0.50米。2003年，被列为第八批县级文物保护单位。

起相岩摩崖题刻　位于鳌江镇钱仓社区前进村松台山东北面。起相岩俗称“柱岩”，共有摩崖题刻两处，其一，为阴刻横书“起相岩”三字，篆体，字径约为0.33米；其二，“起相岩”三字右边排列四行，每行六字，正楷，字迹有所风化，为“宋廷佐、潘季成、沈元简、元诗、林英伯，绍兴丁卯四月八日同来”。2003年，被列为第八批县级文物保护单位。

大屋岩摩崖石刻　位于万全镇榆垟岙斗村下周山山麓。石刻呈正方形，长4米，宽4米，字体大小为宽0.26米，长0.26米。从左到右，两行直书阴刻楷体“明赠将仕郎陈公古□”九字，落款：“壬午冬应□□。”字体略小。2010年，被列为第十批县级文物保护单位。

“西岳蓬莱”摩崖石刻　位于鳌江镇西桥村荆溪山山脊，坐南朝北。从右到左，横书阴刻楷体“西岳蓬莱”四个大字，字体长0.36米，宽0.43米。左右侧落款为直书阴刻楷体“民国三十七年”“秉民温怡题”。温秉民系民国时期平阳县县参议会议长、鳌江镇镇长。此摩崖石刻保存较完整，具有较重要的研究价值。2010年，被列为第十批县级文物保护单位。

西岳蓬莱（2012年）

松台摩崖题刻　位于鳌江镇钱仓社区前进村松台山南向山麓，字分三行，第一行为阴刻楷书“松台”，字径为60×60厘米，第二行阴刻楷书“住山刘恭夫书”，末行落款：“淳熙己酉重午。”字径13×13厘米，字迹清晰。2010年，被列为第十批县级文物保护单位。

“奉省长令”石碑　位于鳌江镇梅源苏岭村南山头南堡山观音堂内。石碑高103厘米，宽68厘米，厚11厘米，碑体用青石刻制，石碑正中刻有“奉省长令”四个大字。左侧刻有平阳县知事陆维李、瑞安县知事李瑞年，并分别加盖两县印鉴。落款日期为民国7年（1918）7月27日。该石碑系瑞安县公署第109号、平阳县公署第91号联合布告，主要内容：平阳人郑仁楼等与瑞安人林皋东互争界址，省长命令乐清钱知事会同瑞安、平阳两地知事实地勘察，三方公议以南山头、大界山、虎龙头、张公尖等山之南属平阳十八都（梅源），山之北属瑞安三十六都（大南），并以省长第4564号指令照准布告。2010年，被列为第十批县级文物保护单位。

碧源村棋盘石　位于腾蛟镇碧源村溪头村。为青石制，棋盘长66厘米，宽55厘米，高50厘米。四周设有五张石凳，其中一张较高的石凳上镌有“嘉靖甲午”和“玑琳毅庵”字样。溪头村棋盘石是腾蛟镇作为“全国象棋之乡”的实物见证之一，具有一定的艺术、历史和科学价值。2010年，被列为第十批县级文物保护单位。

第五节　近现代重要史迹及代表性建筑

省级文物保护单位

中共浙江省第一次代表大会会址　位于水头镇凤卧社区冠尖及马头岗村。民国28年（1939）7月21—30日，中共浙江省第一次代表大会在平阳召开，出席大会的正式代表26人，代表全省近2万名党员，选举产生中共浙江省委员会，刘英任书记。还选举出席中共七大的12位浙江代表。冠尖会址为五间两层木构楼房，前有庭院，悬山顶屋面，穿斗式梁架，占地面积310平方米。马头岗会址为暗阁楼式建筑，面阔九间，前有庭院、门台，悬山顶，穿斗式梁架，占地面积450平方米。两处会址均为民居建筑。1961年，被列为第一批省级文物保护单位。

抗日救亡干部学校旧址　位于山门镇凤岭岗坪上原山门畴溪小学内。学校校舍原为两幢木构建筑的楼房（东、西楼）及一座天主教堂，现仅存一幢七开间楼房（西楼）及东楼遗址。西楼为两层七开间木构建筑，建筑坐西朝东，占地面积210平方米。当年楼下明间为办公室，南北首尽间为储藏室和楼梯间，其余作为两个教室，楼下六间为教员、学员寝室。民国26年（1937）11月，中共闽浙边临时省委为加强抗战力量，培养抗日救亡干部，决定借用山门街畴溪小学开办“抗日救亡干部学校”，粟裕任校长。民国27年（1938）1月15日抗校开学时有男、女学员约200名，开设课程有游击战术、抗日民族统一战线、政治经济学等。3月18日全部课程结束后，部分学员奔赴抗日前线，另一部分学员留守后方坚持斗争。抗日救亡干部学校旧址四周环山，环境优雅，是革命传统与爱国主义教育基地，1989年，被列为第三批省级文物保护单位。

苏步青故居　位于腾蛟镇腾带村，建于晚清，建筑坐东北朝西南，由正厅、台门、水井、围墙组成，总建筑面积295平方米，占地面积3245平方米。正厅原五开间，20世纪40年代由苏步皋于东侧加建二间，现存七开间。台门位于正厅西侧，四面围墙，前庭广阔，后院深幽，是一座典型的浙南乡土建筑。苏步青故居2011年被列为第六批省级文物保护单位。

苏步青故居门台（2012年）

县级文物保护单位选介

中共浙江临时省委第一次会议旧址　位于水头镇凤卧社区玉青岩村周尔信家，建于晚清，建筑坐西朝东，为木构二层楼房五开间，建筑面积约200平方米。民国27年（1938）夏，中共长江局和东南分局决定在闽浙边临时省委的基础上成立中共浙江临时省委。5月7日，临时省委在此召开第一次会议。参加会议的有省委书记刘英、委员汪光焕、龙跃、项玉良、林辉山等。1983年，被列为第一批县级文物保护单位。

红军挺进师北上抗日誓师大会旧址　位于水头镇凤卧吴潭桥村水尾宫。水尾宫坐东北朝西南，为三开间单层木构建筑，建筑面积约60平方米，明间梁架进深四柱八檩，抬梁穿斗式，落翼式悬山顶屋面，上盖小青瓦，屋脊饰有龙和人物等脊饰。民

水尾宫，红军挺进师北上抗日誓师大会旧址（2012年）

国26年（1937）冬，刘英、粟裕部队在平阳山门经过6个月集训整编后，奉命开赴抗日前线。民国27年（1938）3月18日，驻各地部队到吴潭桥村水尾宫集合，召开北上抗日誓师大会，并于当天下午由粟裕率领北上，经温州、丽水等地，到达皖南岩寺大贡头，改编为新四军第二支队第四团第三营。1983年，该旧址被列为第一批县级文物保护单位。

新四军驻浙南后方留守处　位于水头镇平阳第二中学内，原址为木构建筑，已倒塌，现为遗址。民国27年（1938）5月，中共浙江临时省委成立同时，新四军驻浙南后方留守处等三机构相继成立。留守处设在水头三桥，由黄耕夫任主任，白云负责行政。其任务主要是处理红军北上抗日遗留问题，负责联系党内机关人员来往和接待过往同志，输送社会知识青年参加新四军以及进行抗日救亡宣传。10月10日，新四军驻温州通讯处被永嘉县国民党政府和温台防守司令部所封闭。为免进一步迫害，省委主动关闭新四军驻浙办事处和新四军驻浙南后方留守处。1983年，被列为第一批县级文物保护单位。

闽浙边临时省委机关驻地旧址　位于山门镇大屯村东北方向，距离村中心约150米的郑氏宗祠。宗祠由门台及正厅组成，总建筑面积200平方米，总占地面积316平方米。门台单开间，平面呈长方形，进深三柱五檩，悬山屋顶，设有槅门，向内对开两扇大门，门台两端与围墙连接；正厅平面呈长方形，面阔五开间，明间为穿斗抬梁混合式梁架。民国27年（1938）1月，中共闽浙边临时省委机关和

抗日游击总队司令部，从原平阳凤卧镇凤林村转移至此。闽浙边临时省委及总部入住郑氏宗祠，在刘英、粟裕领导下对部队进行整编、训练，同时恢复地方工作，并在此举办第三期军政干部培训班。1983年，闽浙边临时省委机关驻地旧址被列为第一批县级文物保护单位。

红十三军攻打平阳城牺牲烈士埋葬地　位于昆阳镇水塔村西门外九凰山山麓。民国19年(1930)1月，红十三军政委金贯真在瑞安肇平垟召开永嘉、乐清、瑞安、平阳四县会议。根据中央军委指示，决定四县举行总暴动，并在此基础上建立革命根据地。4月28日，800余名红十三军战士到达平阳城西门外，向县城发起进攻。攻城失败，最终红军和赤卫队共牺牲192人，英勇牺牲的烈士被埋葬于县城西门校场。1958年，县政府于埋葬地附近锦屏山岩壁上镌刻题词，以作纪念。1983年，被列为第一批县级文物保护单位。

二打平阳城指挥部遗址(宋恕故居)　位于万全镇郑楼下薛村。原攻城指挥部即宋恕故居始建于宋恕之父宋宾家时，原为典型的浙南农村大户宅院。宅院坐北朝南，三层三间青砖楼房，面宽9.5米，进深9米，四周围墙。民国17年(1928)6月初，根据中共中央八七会议精神，在瑞安召开永嘉、乐清、瑞安、平阳四县负责人会议，准备联合起义暴动，确定暴动先在平阳揭开并组成“暴动领导小组”，指挥部设于此处。1983年，被列为第一批县级文物保护单位。2010年，万全镇投资200余万元加以修缮整治，成为宋恕故居陈列馆。

闽浙边临时省军区司令部旧址　位于山门镇凤岭山麓西南侧小山坳的龙井庵。龙井庵始建于五代，五代高僧愿齐开拓南雁胜景时，在穹岭、小龙、施岭一带建十八座庵寺，龙井庵是其中唯一保存至今的一座。该寺院为砖木混合四合院式结构，有大殿、东西厢房及山门共同组成。建筑坐东北朝西南，占地面积207.23平方米，建筑总面积217.60平方米。因邻近闽浙边抗日救亡干部学校，龙井庵东首横厢阁楼曾作为抗校校长粟裕的办公室及生活起居室。1991年，被列为第三批县级文物保护单位。2006年10月，龙井禅寺发生火灾，司令部旧址和寺院正殿被尽数烧毁，现龙井庵为2009年新建。

闽浙边临时省军区政治部遗址　位于山门镇凤岭西麓叶氏祠堂。民国27年(1938)春，闽浙边临时省军区政治部驻于此。祠堂坐东朝西，为五开间木结构平房。距抗日救亡干部学校旧址约300米，距龙井庵200米。后山丛林茂密，小路可通临时省委驻地大屯村。叶氏祠堂作为政治部办公室与战士卧室，当时张文碧、余龙贵等均住于此。刘英政委常来主持工作会议，祠堂板壁至今尚存刘氏亲笔书写“我们要战胜日本帝国主义，我们无论如何要战胜日本帝国主义，我们一定可以战胜日本帝国主义！”等标语。其中部分标语已取下，作为革命文物由温州博物馆珍藏。1991年，被列为第三批县级文物保护单位。

中共浙南委员会成立旧址　位于萧江镇麻步岭门头村，建筑坐西朝东，由正厅、右厢房和门台组成，四周用围墙围合，建筑面积约280平方米。正厅系单层木构建筑，原面阔七开间，现只剩四间，明间梁架进深五柱九檩，穿斗式，悬山顶屋面，上盖小青瓦。旧址门台前立有“浙南革命烈士纪念碑”一座。民国20年(1931)冬，因失去上级联系，平阳革命处于低潮，叶廷鹏、何畏、陈阜、吴毓等人，为继续开展工作，坚持革命斗争，于次年2月联系瑞安陈琢如、徐岩衣等，在岭门头村陈阜家中成立“中共浙南委员会”，叶廷鹏任书记，此举为以后浙南革命形势的发展打下坚实基础。1991年，中共浙南委员会成立旧址被列为第三批县级文物保护单位。

鳌峰小学旧址　位于萧江镇麻步新桥宫(现为麻步中学)。该庙宇建于清道光二年(1822)，有前后殿、厢房与戏台，原面积500余平方米。现残存后殿5间，面宽19米，深10.4米。民国19年(1930)，红十三军攻打平阳城失利后，平阳中共为隐藏力量，决定由叶廷鹏、吴信直授意陈阜出面接办鳌峰小学，作为进行革命活动的地方。1991年，被列为第三批县级文物保护单位。

平阳县烈士公墓　位于昆阳镇坡南汇头。1956年1月，县政府为纪念革命战争中英勇献身的革命烈士，决定在此兴建烈士公墓。公墓坐北朝南，宽27米，深55米，占地面积1485平方米，为全县最大的烈士公墓。门前有200余年的大古樟，后面有假山、池沼、亭阁，环境幽美。公墓内安葬叶廷鹏、吴信直、吴毓、郑明德等250位烈士遗骸和衣冠。1991年，被列为第三批县级文物保护单位。

挺进师警卫连驻地　位于山门镇凤岭畴溪小学东侧山麓，即西山村林氏宗祠。西山村林氏宗祠是中共地下党组织在各时期举行重大活动的根据地，有亭后村农会成立、中共西山支部建立、闽浙边临时省委与国民党闽浙赣皖四省边区公署代表和平谈判达成协议、挺进师警卫连进驻、平西区委制造民兵军械和平西各路民兵集结地等旧址。民国27年（1938）1月，红军挺进师奉命集结山门，挺进师警卫连随师部进入山门，驻扎西山村林氏宗祠。2000年，被列为第六批县级文物保护单位。

洪汝兰烈士墓　位于腾蛟镇王坛村。墓坐东南朝西北，依山造势，呈圈椅式，由墓室、墓坛、拜坛三部分组成，占地面积200余平方米。洪汝兰，1993年版《平阳县志》有传。2000年，该墓被列为第六批县级文物保护单位。

大屯会议旧址　位于山门镇大屯村，建筑坐南朝北，为单层木构建筑，面阔八开间，建筑面积约260平方米。明间梁架进深五柱九檩，穿斗式，悬山式屋面，上盖小青瓦，两侧筑有山墙。民国27年（1938）3月5日，中共闽浙边临时省委在平阳县大屯村召开扩大会议，史称大屯会议。2006年，该旧址被列为县级文物保护单位。

郑海啸故居　位于水头镇凤卧社区凤林村，为二层五开间合院式木构建筑，坐南朝北，占地面积约1200平方米，始建于清代，民国29年（1940）12月，被国民党烧毁一部分，只剩正厅和东厢房，此后并无重建。郑海啸，1993年版《平阳县志》有传。2007年，被列为第九批县级文物保护单位。

红军挺进师驻地　位于水头镇凤卧社区凤林村郑氏六份内大屋，建于清代。该建筑沿中轴线自东南向西北依次建前厅、正厅，前厅与正厅间两侧分置厢房，围合成一个四合院。占地面积1290平方米，建筑面积810平方米。该建筑保存完整、布局规整，为浙南传统的四合院式乡土建筑。民国26年（1937）冬，刘英、粟裕率领工农红军挺进师进驻凤卧镇凤林村，当时挺进师有300余人，刘英、粟裕等都驻扎在郑氏六份内大屋。2007年6月，被列为平阳县第九批县级文物保护单位。

马星野故居　位于万全镇宋桥陈岙村，建于清代，坐西北朝东南，总建筑面积408平方米，占地面积约为1025平方米，由门台、正厅，以及围墙组成，是一座典型的浙南乡土建筑。门台单开间，门台与正厅间为内院，正厅平面呈长方形，面阔七开间。马氏家族源出陕西扶风，于明崇祯八年（1635）从乐清迁到平阳湖岭陈岙村定居。马星野，1993年版《平阳县志》有传。2007年，该故居被列为第九批县级文物保护单位。

南麂海防军事设施遗址　南麂岛军事设施现存有战壕、碉堡等建筑数十处，集中于南麂三盘尾一带。这些军事设施原由国民党建造，民国37年（1948），逃至南麂岛的国民党残部加以利用，用以对抗中国人民解放军对南麂岛的军事行动。1955年，南麂岛解放，解放军驻军部队加以修建和利用，至今已被废弃。三盘尾战壕长短不一，大多依地势修建，宽1.8～2米，最长70余米，最短约30米。碉堡多数为暗堡，依地势于山石之间修建，其视野开阔，射击口正对海面扼守要害。2007年，被列为第九批县级文物保护单位。

刘绍宽墓　位于昆阳镇牧垟村塘古岩山山腰处。该墓依山造势，坐东南朝西北，墓呈扶椅式，由拜坛、墓室、墓坛3部分组成，表面全被水泥覆盖，长约15米，宽约7米，占地面积约100平方米。墓碑系刘绍宽孙子刘昌汉所立，碑宽38厘米，高64厘米，墓碑左下方刻有“门生张鹏翼敬书”字样。2008年3月，刘绍宽孙女刘秀梅修葺，表面全用水泥覆盖。2010年，被列为第十批县级文物保护单位。

栏杆桥村栏杆桥　位于万全镇宋桥栏杆桥村东面，始建于明万历年间（1573—1620），于民国12年（1923）重建。系单孔石梁桥，全长11米，宽3.4米，净跨3.26米，矢高1.53米，南北走向，横跨直垟河，除栏杆采用青石制外，其余均用花岗岩材料，就地取材，方便实用。桥墩由条石纵、横错层砌筑，两端外伸2米呈梯形，以加固桥身对水流的抗击力。其上横置帽梁石，条石两端分别书写“人寿”“年丰”字样，平阳县境内的桥梁在帽梁石上题字的做法尚属首次发现。桥面由五根条石并列横铺，东、西两侧拱券石分别题字“中国民国拾贰年应钟月縠旦”“发起人尤于岸伍文募集重建”，桥面两端设栏杆。桥头压桥端石，下设二级台阶。栏杆桥是平阳县现存近现代梁式石桥中最有代表性、最具特色的一处，并至今为直垟河两岸交通发挥重要作用。2010年，被列为第十批县级文物保护单位。

金仲英宅　位于鳌江镇下厂村蔡落桥路102–103号，建于民国时期，建筑坐西北朝东南，由门台、两厢房和正厅组成。门台呈八字形，用四根青砖方壁柱，柱中作凹槽，对联作砖脚线，两柱间辟门。门框、门楣用花岗岩条石，匾额上题“彭城旧家”，背面匾额上题“吉迪和溢”。传统门台造型，单檐硬山顶。厢房为两层木构建筑，面阔三开间，进深五柱九檩，穿斗式梁架，硬山顶。正厅单层木构建筑，面阔五开间，进深五柱九檩，正立面用青砖山墙封砌，于明间处辟门，花岗岩门框、门楣上悬匾额“近水草庐”“林宝□书”。明间内为木构架，明间正中顶上置藻井，造型独特。金仲英宅建筑规整保存完整，结构精巧，具有典型时代特征。2010年，被列为第十批县级文物保护单位。

施味辛故居　位于青街畲族乡南网村大厝基自然村，建于清代晚期，建筑坐南朝北。为单层木构建筑，建筑面阔七开间，进深七柱十三檩，穿斗式梁架悬山式屋顶，保存完整，结构简朴，是传统的乡土建筑。施味辛，1993年版《平阳县志》有传。2010年，被列为第十批县级文物保护单位。

晓坑岭战斗遗址　位于山门镇晓坑社区的西部小区。民国37年(1948)10月27日，浙保四团二营在泰顺“剿共”扑空后，从泰顺返回平阳水头途中，路经晓坑岭，被中国人民解放军浙南游击纵队第十区队以及民众合力伏击。2010年，被列为第十批县级文物保护单位。

蔡垟山城门洞　位于腾蛟镇白岩岭村与水头镇鹤溪蔡垟村交界白岩岭头，依山造势，为蔡垟山古道上过路凉亭，东西走向，向西通往凤巢乡，向东通往鹤溪镇蔡垟村。城门洞整体用规则青石构筑，呈单孔成拱券形，拱券外侧用石相当规整。南侧墙壁内辟土地庙，两壁柱分别刻“民安还阜物、土厚即生金”的对联。土地庙两侧置青石碑，记录下捐资建造者的姓名与金额，落款为“民国丁卯年春月”。城门洞内左右两侧置不规则的条石作凳，供过往行人避风纳凉。内村城门洞制作规整，保存完整。2010年，被列为第十批县级文物保护单位。

第二章　非物质文化遗产

平阳县蕴藏着丰富的非物质文化遗产资源，数量多，门类全。至2012年末，成功申报非物质文化遗产63项，其中，国家级“非遗”4项、省级“非遗”17项、市级“非遗”42项。涉及民间文学、传统音乐、传统舞蹈、传统戏剧、曲艺、传统体育、传统游艺、传统美术、传统技艺、传统医药、传统民俗11大门类。

第一节　传统音乐　民间文学　传统舞蹈

东岳观道教音乐

2011年，东岳观道教音乐列入第三批国家级非物质文化遗产名录扩展名录项目。

东岳观位于昆阳镇坡南汇头，是温州地区现存最古老的道观，也是全省较有影响的全真派宇观之一。东岳观道教音乐是全国唯一通用的道教全真派传统仪式音乐，失传已久，道教界四处寻觅未见着落，连祖庭北京白云观也只好唱“北京韵”。直至1979年，才在温州最古老的道观平阳东岳观发现，是年5月，由该观住持马诚起举办道教音乐培训班，现任中国道协副会长、河北省道协会长、原苍南燕窝洞道士黄信阳即是本培训班学员之一。1983年，黄信阳应邀率其他学员吴信威、黄信梁等赴白云观教唱“十方韵”，随即被推任白云观监院兼音乐团团长。次年，马诚起、李诚松、董宗规

东岳观道教音乐演奏活动（2012年）　　赵　旸　摄

等也相继赴白云观执教。从此，白云观的仪式道乐即改用“十方韵”，并多次赴香港、台湾等地及新加坡等国传唱。

经考证，平阳东岳观“十方韵”于清末传自本省著名宫观黄岩委羽山大有宫，由该宫全真道龙门派第19代宗师林圆丹、薛圆顺传入平阳，至今已传承七代，传承谱系十分清晰。平阳东岳观现存“十方韵”曲目计67首，除去韵曲旋律相同者，实为33首。分别用于早课、晚课、五师供、诸真朝、焰口等仪式。其中早课有《澄清韵》等14首，晚课有《举天尊》等13首，五师供有《步虚韵》等10首，诸真朝有《三宝词》等10首，焰口有《叹骷髅》等20首。在传承中，为满足斋主的需求，也吸收当地音乐，如佛教的《和尚板》、和剧的《洛梆子》、瓯剧的《二汉》等乐曲。

1996—1997年，平阳籍浙江省艺术职业学院研究员徐宏图和香港中文大学曹本冶多次赴东岳观进行实地考察，特别对1996年6月27日的“中元普渡道场”（农历五月十二日）展开专题调查，现场录像、录音，并采访平阳地区多位资深道长。2000年，由他们两人系统整理记录关于东岳观“十方韵”道乐的《温州平阳东岳观道教音乐研究》一书在台湾新文丰出版公司出版，后由苍南籍全国道教协会副会长黄信阳主编制成碟片，在全国发行，流传海内外，全国凡属全真道的宫观已大部分采用“十方韵”。2012年始，以东岳观为基地，举办道

《温州平阳东岳观道教音乐研究》书影（2012年）

教音乐培训班，建设展示厅，有序开展保护和传承的工作。

高机与吴三春传说

2012年，高机与吴三春传说列入浙江省非物质文化遗产名录。

高机与吴三春传说发生在明嘉靖年间（1522—1566），在平阳、龙泉等地代代传承至今，成为与“梁祝”齐名的姐妹篇，被称为“浙南的梁祝”、中国版的《罗密欧与朱丽叶》。

高机与吴三春传说的主人公之一高机，系温州府平阳县青龙江口白石村（即鳌江镇五板桥村）人，原住宅地为今鳌江镇五板桥路38号后面田地，占地200平方米左右，由于当时发生水灾，房子被冲垮，1978年全县进行土地平整，其屋基改为良田，留下如今的“高机坦”，即房子原址。高机出生于织锦世家，曾因其解开了三年的陈丝被传为佳话，他织的瓯绸平滑细腻而光泽鲜亮，被称为“高机绸”，闻名遐迩。处州府龙泉县员外吴文达，为巴结府尹，拟用昂贵的“高机绸”作为庆贺府尹之母六十寿诞的礼品，于是重金礼聘高机到龙泉织绸。之后，吴文达认识到长期聘用高机有利可图，便留高机常住其家，为他织绸，高价销往湖州等地。高机认识吴文达之女吴三春。吴三春精于刺绣，倾慕高机手艺高超，人品倜傥风流，经常下楼到机房观看高机织绸。高机与吴三春相识、相敬、相恋，感情日深，产生凄美动人的爱情故事。20世纪50年代中期，温州曾出现“高机与吴三春”热。这个爱情故事先在故事的主人翁高机的家乡流传，随后通过山歌、道情、花鼓、渔鼓、温州鼓词、布袋戏等不同的形式在浙西南一带民间广为传唱。还被编写成越剧、瓯剧、婺剧等戏剧和连环画、章回小说等文艺形式，流传至台州、杭州及广东、福建等地。

五板桥村一些年长的老人从口口相传中仍对高机的故事有着丰满的记忆，该村的五板桥殿依然还供奉着纪念高机的香炉盏和神像。

萧江大鼓舞

2009年，萧江大鼓舞列入温州市非物质文化遗产名录。

萧江大鼓舞是一传统舞蹈，与平阳萧江橘坡山陈府庙内的萧江大鼓直接相关。萧江大鼓始于

明末清初，原是平阳南港一地作为抗倭的号令鼓。此鼓甚大，民间传说“初一打鼓，声传十五”，鼓面能摆放一张八仙桌，边置八张八仙椅，八人对坐饮酒，周边容一人端菜，畅通无阻。民谚：“萧江庙中一大鼓，皮取湖州黄牛牯。鼓面可设八人席，初一声传到十五。”群众称此鼓为“太平鼓”“圣鼓”，不能随便击鼓，只有在新年初一子夜由贵人撞击。传说击鼓者以三、六、九响最为吉利，一鼓打健康，二鼓打长寿，三鼓打富贵，四鼓打荣华，五鼓打发财，六鼓打高升，七鼓打和谐，八鼓打如意，九鼓打太平。“文化大革命”期间该鼓遭到破坏，后于1990年重做，鼓直径2.36米，高2米，安放在橘坡山陈府庙内。

《萧江大鼓》舞在2010年上海世博会浙江活动周上表演（2010年）　　赵　旸　摄

萧江镇橘坡山上鼓楼顶层中的中国第一鼓（2012年）　　王玉璜　摄

平阳民间根据该鼓在抗倭时击鼓传令的集合、编队、出发、抗敌、得胜收兵等编成民间舞蹈表演，名曰《萧江大鼓》，至今盛传不衰。萧江大鼓舞，由祭祀圣鼓，祈求风调雨顺、国泰民安为内容演变成欢庆太平盛世的广场鼓乐舞。萧江大鼓已演遍省内外，并应邀参加澳门妈祖风情节广场舞演出，名扬四方。萧江大鼓舞用到的道具有仿制的萧江大鼓1只，有小圆鼓24～30只。舞者24～30人，身穿戎装，边击鼓，边舞蹈，表演祭祀圣鼓，编队、列阵、抗敌、制敌、凯旋、欢庆太平等情节。鼓大而声沉如雷，舞队雄壮而威严，气氛热烈。宣扬中华民族不畏强暴，保家卫国，英勇奋战，夺取胜利的大无畏精神，具有爱国教育意义，对研究东南沿海一带抗击倭寇侵患的历史具有重要的研究价值。

2012年平阳县民间文学、传统音乐、传统舞蹈“非遗”名录

表33-2-1

序　号	项目名称	级　别	类　别	时间及批次
1	东岳观道教音乐	国家级	传统音乐	2011年6月第三批
2	平阳卖技	省级	民间文学	2007年6月第二批
3	平阳吹打	省级	传统音乐	2007年6月第二批
4	平阳童谣	省级	民间文学	2012年6月第四批
5	平阳畲族民歌	省级	民间文学	2012年6月第四批
6	高机与吴三春传说	省级	民间文学	2012年6月第四批
7	南雁荡山传说	市级	民间文学	2008年12月第二批
9	仙姑宝卷	市级	民间文学	2009年6月第三批
9	萧江大鼓舞	市级	传统舞蹈	2009年6月第三批

续表 33-2-1

序 号	项目名称	级 别	类 别	时间及批次
10	鹤溪高跷	市级	传统舞蹈	2009年6月第三批
11	驷马菜花龙	市级	传统舞蹈	2010年6月第四批
12	平阳民歌	市级	民间音乐	2010年6月第四批
13	雅村舞黄龙	市级	传统舞蹈	2010年6月第四批
14	金钱会故事	市级	民间文学	2010年6月第四批
15	山门上垟舞龙	市级	传统舞蹈	2011年11月第五批

说明：资料由平阳县非物质文化遗产保护中心提供

第二节　传统戏剧　曲艺

平阳木偶戏

2008年，平阳木偶戏被列入国家级非物质文化遗产名录。

平阳木偶戏又称傀儡戏，是以提线木偶为主，集布袋木偶、杖头木偶、人偶等四位一体的综合木偶艺术，既可以各自单独表演，又可以加以综合利用。平阳木偶艺人首次把上述四种木偶融为一体，进行同台演出，在全国是独一无二的。平阳木偶戏尊崇唐代杭州府铁板桥头“田都元帅”为祖师爷，早在南宋时平阳民间就有木偶戏活动。

平阳是木偶戏的主产地，尤其是平阳北港一带素称木偶戏之乡，自诞生以来一直盛演不衰，尤以明清两代为最。明代姜准《岐海琐谈》称当时温州平阳一带木偶戏艺人黄子复等“擅巧思制木偶，运动以机，无异生人……声音清越，冠绝一时”。解放初期，平阳民间有提线木偶42班、布袋戏75班、杖头木偶1班，从业人员500余人。至2012年，平阳民间还有提线木偶11班，布袋戏32班。剧目丰富，传统剧目有《三国演义》《包公案》《空城计》等300余个，表演形式多样，唱腔、语言等地方色彩浓厚，历史久，影响广。

至2012年，平阳县木偶剧团曾四次到北京、四次出国交流演出，名扬中外。1954年，首次到北京演出《断桥》，受到高度赞赏。1981年排演儿童剧《时针飞转》，参加全国木偶皮影戏会演，轰动京华，共获得全国木偶皮影戏16项大奖，并墨西哥国际木偶节最高荣誉奖。1992年，第三次到北京参加全国木偶皮影戏会演，演出《水漫金山》，获13项大奖。2003年，人偶剧《神奇的雀翎》参加全国木偶皮影戏“金狮奖”大赛，获剧目、表演双金奖。1995年，木偶小品《车技》《耍猴》等节目随温州艺术团出访荷兰、西班牙、卢森堡、法国、比利时等国家演出，外国朋友纷纷称赞。1998年，受文化部派遣参加墨西哥第11届国际木偶节，连续14场演出儿童剧《蓝星星之歌》《时针飞转》等剧，倾倒墨西哥观众，获最高荣誉奖。2002年，应法国金棕榈文化交流协会的邀请，带着《老猴与小猴》《跑城》等节目在法国巴黎、亚眠、隆沟、卡蒙、阿尔贝、索姆等省市交流演出20余场，被称“东方神奇的艺术”。2002年5月，受新加坡范勉文化教育促进会的邀请，在新加坡演出20余天，场场观众爆满。

活跃在民间的平阳木偶戏班，则积极开拓演出市场，为老百姓送上乡土气息浓郁的传统木偶戏表演，唱腔吸收温州各地方戏的精华，兼唱高腔、昆腔、徽调、乱弹、和调、滩簧与时调，后来还吸收京

与法国亚眠市木偶艺术家交流技艺（2002年）

剧以及当地山歌、渔唱等民间小调，语言用温州官话或闽南话，为观众青睐，常演不衰。平阳木偶戏与农村庙会紧密结合，庙会是农村的文化空间，既是民间信仰、宗教活动的场所，也是中国戏剧的载体。平阳木偶戏班以田都元帅为戏神，不少艺人家中都设有田都元帅的牌位和神像，世代供奉。

温州鼓词

2011年，温州鼓词被列入第三批国家级非物质文化遗产扩展名录。

温州鼓词，是主要以平阳万全和瑞安城关的温州方言为标准演唱的一种民间说唱艺术，在平阳，主要流传于昆阳、鳌江、万全等地，是华东地区主要的曲艺品种。据1993年版《平阳县志》和《温州曲艺音乐集成》记载，温州鼓词始于明代，由横阳（今平阳）里巷歌谣与词曲合并而成，后传承戏曲鼓乐衣钵，并吸收民间曲调而发展起来，距今已有400余年历史。清同治十一年（1872）《温州竹枝词》刊本收方鼎锐诗作："乡评难免口雌黄，演出《荆钗》枉断肠。此日豆棚人共坐，盲词村鼓唱娘娘。"伴奏乐器有扁鼓、牛筋琴、三粒板、小抱月等，其中，最主要的乐器牛筋琴，系平阳清末著名词师陈昌牌创造，音色浑厚、柔美、响亮清脆，其问世极大地促进温州鼓词的发展。

温州鼓词的题材大都取材于民间传说和历史小说，以表现家庭悲欢离合和爱情故事居多，有大、小传统曲目100余本，如《说唐》《南游》《岳传》《高机与吴三春》等。演唱曲目可分为大词和平词两种。大词又称"灵经"，俗称"娘娘词"，因其内容以歌颂陈十四娘娘为民收妖除恶的功德，唱此词的民间信仰仪式相当隆重，故称大词；平词主要演唱各种侠义、传书、小说类作品。温州鼓词有唱有说，以唱为主，在说唱中言情和叙事相结合，行词流畅，音节和谐。它的唱腔、曲调带有浓郁的南国民歌风味，基本曲调有太平调、吟调和大调等，板式变化有慢板、流水、紧板等几十个板式。长于抒情，善于叙事，曲句俚语，通俗易懂，并夹有丰富的群众词汇和民间谚语。文体一般由韵文、道白相间而成，故事韵文包括三个部分，即唱句、念句、数板句，唱句由首句起韵，其余双句落仄声，唱句有表唱和人物唱之分。唱韵讲究押韵自然，音节和谐，保持民间说唱音乐的特色。

新中国成立后，温州鼓词重新焕发生命，再度发展。在曲目上，推陈出新，整理、改编大批传统曲目和创作一批现代曲目，如《海英》《苦菜花》《智取威虎山》《红灯记》等。在音乐伴奏、声腔板式上进行改革，继续汲取民歌和瓯剧、京剧、越剧、昆剧的音乐曲调，突破唱一句奏一段的刻板程式。在演唱方式上有所发展，为适应青年艺人演唱的特点，加快节奏，减少不必要的闲叙，增强细节描述，并改变"闭着眼睛"演唱的传统。同时向评弹学习，演唱从单档（一人自弹自唱）演唱发展到双档（两位艺人合作）和多档（多名艺人合作）演唱，更加富有表现力。

《一代风流温州人》唱响温州（2011年）

清中后期，平阳出一大批著名的鼓词艺人，如陈昌牌、苏方足、毛阿发、阿南、高美卿、黄玉臣等，都名扬温州市区。新时期，著名艺人有方克多、黄传文、王晗华等，其中方克多，民国31年（1942）生，昆阳镇人，系全国"非遗"传承人，被誉为温州鼓词四大名师之一。1955年9月，师从苏方足，采各家之长，形成自己别具一格的演唱风格。1982年，他参加全国曲艺会演，演唱《智取龙潭桥》（吴锦明词、王瑞芳曲），获演唱、创作、音乐三个一等奖。2007年，省文化厅授予他"浙江省民间艺术家"称号。1990年，陈小卯、王晗华参加省第三届曲艺调演，演唱现代鼓词《山路》，获得音乐设计奖、优秀表演奖和剧目创作奖，是年，还参加在南京举办的首届中国曲艺节演出，平阳曲艺此后多次参加省市曲艺会演取得可喜成绩。

平阳和剧

2009年，平阳和剧被列入浙江省非物质文化遗产名录。

和剧，俗称和调，诞生于平阳，为温州第二大剧种，形成于明末清初，是以当地马灯调为基础，并吸收昆山腔、弋阳高腔，流行于温州、台州、丽水及闽北一带。旧时在温州，其影响仅次于瓯剧。清中叶，和剧又吸收乱弹、徽戏、滩簧与时调，成为多声腔剧种。清末，一度衰落，曾弃高腔、昆曲，刁皮簧，逐步形成以徽调为主，兼唱时调、滩簧、乱弹，一时大盛，全县多达13个班社。新中国成立后，和剧班“新大顺”“胜福连”在平阳登记，1951年，成立“平阳人民和剧团”。1957年定名“平阳县和剧团”。1959年上调为地区管辖，改称“温州和剧团”。“文化大革命”期间，剧团解散。改革开放后，和剧受到政府重视与扶植，业余和剧团崛起，排演《补缸》《卖布》《走广东》《断桥》《双下山》等一系列传统剧目与新编剧目。1980年，陈美娟通过政协提案，温州和剧团再次成为独立团体，但未能坚持下去。陈美娟退休后，和剧团被撤销，原有演员并入温州瓯剧团。2007年12月陈美娟逝世，戏曲界的人士有“和剧从此成绝唱”的感慨。

温州和剧仅存民营鳌江镇梅里村“新民和剧团”一脉，其前身系初建于1978年的梅溪和剧团，几经经营发展，广受好评，2009年7月，正式成立“平阳县新民和剧团”，薛成书任团长兼导演、艺术总监、舞台监督。先后排练出《双合缘》《鸳鸯带》《金龙鞭》《珍珠塔》《断桥》等传统戏，老演员王宜峰共整理出170余个和剧脚本。2012年7月，他们举办第一期培训班，招收50余名学员，使和剧的传承得到很好的保证。同时开拓演出市场，开展送戏下乡，得到民众喜爱。还建成和剧展示厅，设置档案室。平阳县新民和剧团被评为温州市非物质文化遗产传承基地。

平阳县新民和剧团《僧尼会》剧照（2008年）

赵 旸 摄

和剧的遗产丰富，至今保存大小剧目330余个，其中，唱徽调的近180个，是全国保存徽调最多的剧种。早期只有18出折子戏，如《昭君出塞》《湘子度妻》《瞎子捉奸》《捉贼谋夫》《送亲行礼》《善恶报》《浪子踢球》《荡湖船》等。后经引进吸收，到清中期，发展到《牡丹记》《银桃记》等84本老戏，归纳为“七记八图，四缘三配，三带两剑，二珠三球”。演不了这84本老戏，就称不上和调班，“七记”“八图”剧目更是衡量和剧班社水平高低的尺度。此外还保存一些南戏遗存剧目，如《洗马桥》，是宋元南戏《刘文龙》的遗存，《太平春》是失传已久的明南戏传抄本。均有很高的研究价值。

和剧的表演富有独创性，曾以《白蛇传》著称。1954年排演《断桥》参加华东地区首届戏曲会演，饰演白素贞的剧团台柱陈美娟获表演一等奖，梅兰芳观后称赞说：“你的《断桥》比我演的好，这(蛇)步子我不会走。”该剧还被周恩来总理誉为“天下第一桥”，一时轰动全国。和剧粗犷豪放、细腻含蓄、文武兼长。武戏常融平阳民间武术于其中，以二人徒手或持械对打见长。武将出场，以迅速后退一步，并亮一高架子来突出人物，与其他剧种站定后前跨一步的表现不同。大多剧种一招一式都讲究圆，动作呈连续变化的曲线，而和剧却往往圆中带直，曲线中出现折线和直线来显示动作的力量和感情的强烈，讲究“武戏文做，文戏武做”。以前老人常说“和调班戏做花”，意思是说和调班戏胡里花俏的人和事较多。

和剧的伴奏乐器分管弦乐器和打击乐器。管弦乐器在和剧各种声腔中的运用各不相同。打击乐器以锣鼓为主，是表现各种文武场面不可缺少的组成部分。

2012年平阳传统戏剧、曲艺“非遗”名录

表 33-2-2

序　号	项目名称	级　别	类　别	时间及批次
1	平阳木偶戏	国家级	传统戏剧	2008年6月第二批
2	单档布袋戏	国家级	传统戏剧	2008年6月第二批
3	温州鼓词	国家级	曲艺	2011年6月第三批
4	平阳渔鼓	省级	曲艺	2007年6月第二批
5	南湖马灯戏	省级	传统戏剧	2009年6月第三批
6	平阳参龙	省级	曲艺	2009年6月第三批
7	平阳和剧	省级	传统戏剧	2009年6月第三批
8	平阳唱龙船儿	市级	曲艺	2009年6月第三批
9	平阳民间八仙戏	市级	传统戏剧	2009年6月第三批
10	平阳莲花	市级	曲艺	2009年6月第三批
11	平阳花鼓	市级	曲艺	2009年6月第三批

说明：资料由平阳县非物质文化遗产保护中心提供

第三节　传统体育　传统游艺

平阳南拳

2008年，平阳南拳被列入温州市非物质文化遗产名录。

平阳是南拳的故乡，练南拳在平阳颇为流行，遍及各街道、乡镇和村庄，在温州辐射分布面极广。国家体育总局于2001年授予平阳“全国武术之乡”称号。平阳南拳历史悠久，相传南、北少林各有9个弟子到浙南传授武艺，每人留下6种套路，形成南拳，故南拳共计108种套路。南拳又可分为刚柔、功柔、擒柔等，各路拳法重复的较少，其中一大部分是象形拳，如猴拳、鹤拳、飞熊拳等。

南宋150余年间，平阳县共有武状元13名、武进士297名，全国罕见。平阳历史上习武之风很盛，“男壮皆练武，村村有拳坛”，还有“拳窝”之说。著名武僧了旺（1894—1985），原籍瑞安，属南少林，十七岁时到平阳万全焦下山马坛庵，一生修行、习武、授徒不辍，名震浙南。他擅长十字拳娘、插指拳娘、降龙伏虎棒等，其伤科接骨医术更是名闻瑞安、平阳两县。传人有行善等，徒弟达数百人之众，焦下山下建有了旺大师纪念馆。民国时期，平阳国术馆曾举办国术活动，参与者500余人。温师民教馆和鳌江镇等处开设武术班，农村拳坛也比比皆是。鹤溪、郑楼、麻步、宋桥等地每逢集市庙会，一般都有举行武术表演。1985年，郑楼镇举办为期3天的武术表演大会，登台献技的拳师有140余名，观众数千人。1985年以来，平阳育英体校和平阳武术学校相继成立，把平阳南拳列为主要教学项目。

南拳素以刚柔相济、攻防兼备而称雄武坛。平阳南拳，风格独特，讲究蓄劲，拳类套路较齐全，分类有双拳、三箭、四门、五鸡、七步、鹤法、洪拳、十三拳和长短棒等，其主要特点是步稳、拳刚、势烈，发力有声，以声助力。南拳练习常在早、晚两个时间段，10余人一同拜师学拳，拳法以坛计，1坛拳有多种套路，需分几个月练习，练习的器具有长度为3.6米的丈二棒、重量为31.5公斤的石鼓等。平阳南拳一般是光着上身赤膊表演，打起拳来，威武雄壮，气势磅礴，有着一整套严密的套路体系，要讲究技法。马步桩是南拳扎马的基础，有大马、小马和半马之分。不论什么形式的扎马，都要求五趾抓地、落地生根，强调“稳如铁塔坐如山”和“手是铜锤脚是马”，扎马练好，腿力沉、重，步势方能稳扎，运动才有章法。

南拳重视桩步的稳扎和肘臂桥手的坚硬，身法讲究脱肩团胛、直项圆胸、沉气实腹、五合三催、力从腰发、发声呼喝、体刚劲粗，动作灵活多变，侧重手法，动作紧削，刚健有力。不同的身体部位可以表现出不同的动作技法，主要有冲、劈、抛、盖、鞭、

撞等拳法，劈、标、切、插等掌法，撞、压、担等肘法，截、圈、劈、穿、架、滚、盘等桥法，蹬、踹、钉、挂、铲、踩、虎尾等腿法，以及各种跳跃动作。

白鹤拳

2009年，平阳白鹤拳列入第三批浙江省非物质文化遗产名录。

平阳白鹤拳，又称鹤拳、鹤法。白鹤拳相传由浙江人方七娘于清顺治年间(1644—1661)首创。清嘉庆年间(1796—1820)，白鹤拳传入平阳麻步雷渎。白鹤拳具有重要的历史价值、文化价值、强身健体的价值，是一份宝贵的非物质文化遗产。

白鹤拳套路“白鹤喝水”“三战环城”（2008年）

鹤法是平阳、苍南一带对白鹤拳的俗称，是白鹤拳中的一秀。平阳麻步雷渎，过去传艺习武主要靠主传身教，无图文记载。20世纪60年代，白鹤拳拳师温简永与其徒弟黄邦岩、温端贵、温从策等7人编绘擒拿108步的图册，拳套(摘要)56路的文本。1970年，温简永儿子温端坚在师傅患病期间，遍阅已记录的白鹤拳拳法，并在其父的口述下重新整理。后来温端坚又多次走访多名白鹤拳拳师，观看其表演，系统整理并编写《白鹤拳》一书。2008年5月，成立温州市白鹤拳研究会，温端坚为会长，研究会会址在平阳麻步雷渎温氏宗祠。

白鹤拳是一种对抗性拳法，练习白鹤拳有修身养性的作用。白鹤拳流派与旁支新拳种主要有宗鹤拳、鸣鹤拳、飞鹤拳、食鹤拳等。鹤法有拳母、花拳和拌拳之分，共有56套路。它以“八路拳”为主，“三正”为基础，“三变”为基本功。三者在鹤法拳中相辅相成、缺一不可。三战即三正。鹤法在技击中的特点：吞吐沉浮。概括起来为四句话，即“见力生力、见力弃力、见力得力、见力化力”。做到“力如松、坐如钟、行如风、伏如弓”。使之力化精灵，万无一失。在练习中，要求每个学员练好两臂弹抖，两腿缩绷之劲以及撞抖之功，做到“手如竹绳，脚如车轮，进如猛虎下山，退如老猫伺鼠”。

在平阳民间，特别是麻步雷渎，民众对白鹤拳有着深厚的感情，年纪在40岁以上的雷渎男性村民大多练习过白鹤拳。自2010年开始，位于麻步雷渎的白鹤拳传承基地把培训作为重点工作来抓，被评为温州市非物质文化遗产传承基地。每年暑期面向中小学生传授白鹤拳技法，每期培训持续一个多月。

鹤溪抬阁

2009年，鹤溪抬阁被列入温州市非物质文化遗产名录。

鹤溪抬阁是平阳鹤溪的一项民俗活动，源于清乾隆五十年(1785)正月二十，在鹤溪民间流传已有数百年历史，原先每台阁架都需要八个身强力壮的村民抬着走，所以名为“抬阁”。当时，村民祈求神灵保佑一方平安和风调雨顺，重修林泗爷庙，又新建娘娘宫。为举办庆祝宫庙落成典礼，当地民众请戏班，辟庙会。有位头家看完戏回家，觉得这样的庆祝没有地方特色，决定把戏曲人物搬到阁架上沿街巡行。此后这一习俗便沿袭下来，一年一度的鹤溪庙会上都有抬阁。

起先鹤溪抬阁只有单一的高阁形式，后来形式不断完善，出现矮阁和千秋阁，接着又配备鼓乐队和吹打班伴奏，观赏审美价值逐渐得到提高。民国时期，附近诸多乡镇如遇庙会，则纷纷邀请鹤溪抬阁去展示技艺和增添气氛。“文化大革命”期间，由于庙会被禁止，鹤溪抬阁也随之暂停。近年来，在当地政府的组织和村民的努力下，鹤溪抬阁这一民间习俗又得到恢复。几经变革，鹤溪庙会也从原来的正月二十改为二月初二，后又改成二月初五。随着时代的发展，鹤溪抬阁的阁架也进行很大的改进，原先由村民抬动，现装置车轮，方便前行。如今每年的二月初五，四方商客和民众汇集于鹤溪，当鹤溪抬阁从街头巡游过，锣鼓喧天，人头攒动，人们深深地被这项传统的民俗活动折服。

鹤溪抬阁以中国民间神话传说和戏剧故事的人物造型为主体，进行精心的艺术设计，具有惊、险、奇、妙等特点，由于抬阁装扮的精巧和独具匠心，扮演古装戏剧人物的孩童尽管是用铁杆和钢筋固定在抬阁上，却不露痕迹，给人以凌空兀立，无所依托的惊险之感。抬阁又被称为神戏，每架阁子由十来个7～10岁的孩童装扮。巡游前要在宫庙先祈愿，接着放炮，由一人引路，控制巡游方向。8名健汉抬着行走，锣鼓配奏，场面壮观。抬阁还可以自由转换，变化各种造型，增强动态效果，行进时颤颤悠悠，惊险异常，看得人心跳不已。为怕孩童在上面哭泣，下面大人不时地用竹竿给他们送糕点和水果。鹤溪抬阁造型多变，式样丰富，早年根据戏班的演出人物设计形象，现有数十套服装和道具，根据实际需要进行调整，有《八仙过海》《白蛇传》《西游记》《空城计》等人物形象。高阁阁架长3.5米，宽2.5米，铁杆高7.2米，抬起来时达8米。矮阁稍微矮小些，千秋阁下面有千秋架，可以转动。

十五巧板

2009年，十五巧板被列入浙江省非物质文化遗产名录。

十五巧板是在七巧板的基础上发展起来的一种民间智力玩具，由清同治年间（1862—1874）童叶庚发明，又名“益智燕几图”，设计科学构思巧妙变化无穷，有提高人们想象力和创造力，活跃形象思维，启发智慧增进身心健康的功效。

出生在平阳县昆阳镇的梅圆（又名陈方），从1961年开始投入到巧板拼图艺术的研究中，近50年来孜孜不倦，共得图2000余幅。经过长期实践，梅圆悟出许多拼图规律，他的作品在提高和丰富巧板表现力方面，迈出继承传统、开拓创新的可贵一步，为中国巧板的发展作出重要的贡献。1984年，梅圆出版《益智十五巧板——你会拼吗？》一书，以通俗易懂的形式指导少年儿童如何拼巧板。1990年京、津、沪、浙等21家省级电视台联制联播的《华夏一奇》大型艺术片推出《梅圆和十五巧板》节目，深受群众喜爱。1997年，香港回归祖国之际，他精心制作十五巧板拼图《百鸽迎回归》（长卷）。1999年，他出版《梅圆巧板图》，为国庆50周年、澳门回归祖国献礼，特致庆贺。2003年，他推出第三本著作《中国古代人物故事巧板百图》，以百位古代人物故事传说为依据，进行巧妙创作，图文并茂，寓教于乐，别具一格。2008年，已是79岁的梅圆创作《百鸽奥运五环图》和《百龙腾飞迎奥运》等十五巧板拼图作品，为北京奥运喝彩，温州电视台、《温州日报》等多家媒体进行报道。其代表性作品有《兰亭序》《百鹿图》《百鸽迎回归》《八荣八耻》《迎奥运》《女娲补天》《精卫填海》《大禹治水》《孟母三迁》《相如完璧》等。制作十五巧板艺术拼图的工艺次序：制作十五巧板图式；拼搭图画或拼字，制成草稿再行定型；临摹在图画纸或宣纸上；制作巧板拼图剪贴，摹在彩色纸上，粘贴。梅圆还创造以巧板为体裁的大型巧板艺术图，开拓巧板崭新的研究领域。

2015年平阳县传统体育、传统游艺“非遗”名录

表33-2-3

序　号	项目名称	级　别	类　别	时间及批次
1	平阳白鹤拳	省级	传统体育	2009年6月第三批
2	十五巧板	省级	传统游艺	2009年6月第三批
3	平阳南拳	市级	传统体育	2008年12月第二批
4	象棋	市级	传统体育	2008年12月第二批
5	鹤溪抬阁	市级	传统游艺	2009年6月第三批
6	平阳翻九楼	市级	传统游艺	2009年6月第三批
7	平阳坐刀轿	市级	传统游艺	2009年6月第三批
8	刚柔拳	市级	传统体育	2011年11月第五批
9	五枝拳	市级	传统体育	2011年11月第五批

说明：资料由平阳县非物质文化遗产保护中心提供

第四节　传统美术　传统技艺

平阳牛筋琴制作技艺

2007年，平阳牛筋琴制作技艺被列入浙江省非物质文化遗产名录。

平阳为牛筋琴的原产地。牛筋琴，又称唱词琴，誉称“天下第一琴”，是温州鼓词的主要伴奏乐器。温州鼓词的伴奏乐器原来只是一面小扁鼓。清光绪年间（1875—1908），平阳著名鼓词艺人陈昌牌在弹棉花师傅所用牛筋弦弹出当当的声音启发下，研制出用牛筋弦作琴弦的五弦牛筋琴。

牛筋琴问世后，获得全面推广，鼓词艺人不断提高和完善着牛筋琴，从五弦增加到七弦、十三弦、十六弦。现在的牛筋琴为扁长方形，琴长62厘米，宽32厘米，厚3.8厘米，采用纯手工制作，包括琴弦制作和琴架制作两大工艺流程。琴弦以牛筋为原料经过选、锤等24道工序才能成品，鳌江镇金可春作坊生产的“金发盛号”牛筋弦最为有名。琴架材料为梧桐板和红硬木，包括削木、装框等几个制作步骤。鼓词艺人利用敲、弹等技巧演奏牛筋琴，发出浑厚、柔美的乐音，节奏感和表现力强。牛筋琴从造型、音质到功能，都得到曲艺专家的肯定和赞赏，原温州市曲艺家协会主席沈维春于2000年9月在陈昌牌与温州鼓词艺术研讨会上发言：“牛筋琴的诞生，是对温州鼓词演唱形式的完善，更是温州鼓词这个曲种发展的一个重要的里程碑。”这是对牛筋琴制作技艺价值的精辟概括。

牛筋琴制作的主要原料是牛筋、梧桐板、硬木、竹、螺丝钉等，整个牛筋生产制作过程有选、锤、刮等24道工序，琴架制作有锯、刨、锉等10余道工序。制作器具有刮刀、锤、钻板等，辅以碱、黄枝果、鱼鲛等配料。制品美观、整洁、大方，呈扁长方形，音质清新、洪亮、浑厚、传音远，小巧玲珑，携带方便，适合曲艺人自唱自弹。温州鼓词艺人在演唱表达情节中利用牛筋琴的敲、弹、拉、捺、划等演奏技巧，起着烘托效果。同时艺人还利用敲牛筋琴的小竹签，模拟道具表演，使演唱声情并茂。

牛筋琴制品（2006年）

平阳太平钿剪纸

2007年，平阳太平钿剪纸列入浙江省非物质文化遗产名录。

平阳太平钿剪纸是平阳民俗文化和民间工艺的璀璨亮点，有着悠久的历史。名称体现民众祈求太平和岁熟年丰的愿望。外观有方有圆，处在字样当中的大多为铜钱图案，也有花环形图案，字样按上、下、右、左、中排列。在太平钿剪纸的基础上还发展点染刻纸和套色纸刻两项工艺，曾经批量生产，盛极一时。

平阳太平钿剪纸在造型方式和外部特征上传承远古时代人们在各种材料上镂刻、透空的艺术方法。在制作过程中，把小片纸张（白色棉纸居多）捻成针状，作为“订书针”来装订一叠红纸（约10张，长宽都在15厘米以内）。这种装订方法沿袭至今，体现它的古朴风格，而其中的几十种吉祥图案和字样，更散发着民间的原始味道。人文价值：具有人文历史活化石的价值，蕴含丰富的民风民俗知识。艺术价值：剪工细腻流畅，轮廓线条柔和，图案和形式繁多，整体作品欣赏价值高。收藏价值：通常是用好即毁，但因为美观和品种多样，人们也把它收藏起来，特别是高手的作品常有珍贵邮票般的待遇，被保存着。制作工艺流程：取纸、构图、叠纸、制“钉”、装订、剪纸、分纸。

太平钿剪纸通过母、女等形式代代传承，与当地民俗紧密相连。旧时凡逢年过节或婴儿周岁、孩子上学、新屋落成、新人结婚、老人寿诞等喜庆活动中，常用相应的太平钿剪纸装扮屋内的门窗和墙壁，并摆放在各式瓜果点心上，点缀喜庆气氛。题材视场合各有不同，如婴儿周岁（俗称“对周”），对应的剪纸作品为“千岁”；上学就业，对应的为“步步高升”；新屋落成，对应的为“丁财两旺”“富贵荣华”“平安吉庆”“家门清吉”“大吉大利”等；新人结婚，对应的为“同行到老”“鱼水千年合”“百年好合”“双连鱼”“五子登科”等；老人寿诞，对应的为“寿”“福”“长生不老”“松柏常青”“寿比南山”等；其他的如“花篮双喜”“四季平安”“万事如意”等字样，亲朋好友也要在贺礼包装上装饰几张太平钿剪纸，表示温馨吉祥。时俗变迁，传统节日趋淡，太平钿剪纸的用途锐减，与人们的现实生活渐行渐远，如今年轻妇女大多没有学剪太平钿的经历，太平钿剪纸的传承有断层的危险。

木活字印刷术

2009年，木活字印刷术列入浙江省非物质文化遗产名录。

木活字印刷术是一项珍贵的、濒危的、亟待保护的非物质文化遗产，有着千年的历史，保留着中国古代活字印刷的传统工艺。青街畲族乡木活字印刷目前多数为宗谱印刷，活字印刷的字模采用老宋体，用它印在宣纸上，显得美观大气。木活字印刷工艺十分考究，工具有雕刀、雕盘、印板、上手刷（棕刷）、下手刷、白蜡等。整个做谱工艺流程有15道工序，除开丁（登记）、誊清（理稿）等文稿环节外，印刷环节有字模、捡字、排版、校对、印刷、切谱（裁边）、装订等，全凭手工操作。在一道道工序中，不仅有几番辛苦，更有许多技巧，眼睛要看准，手指要灵活，整个流程都要认真细致，只有熟练地掌握技巧，才能生产出十分整齐美观的宗谱。

传承人徐世甫在拣字排版（2008年） 赵 旸 摄

2012年平阳县传统美术、技艺“非遗”名录

表33-2-4

序 号	项目名称	级 别	类 别	时间及批次
1	平阳头发吊灯制作技艺	省级	传统技艺	2007年6月第二批
2	平阳太平钿剪纸	省级	传统美术	2007年6月第二批
3	平阳牛筋琴制作技艺	省级	传统技艺	2007年6月第二批
4	木活字印刷术	省级	传统技艺	2009年6月第三批
5	平阳绷鼓制作技艺	市级	传统技艺	2008年12月第二批
6	平阳畲族刺绣	市级	传统美术	2008年12月第二批
7	钱承恩馄饨制作技艺	市级	传统技艺	2009年6月第三批
8	木偶制作技艺	市级	传统技艺	2009年6月第三批
9	温州蛋画	市级	传统美术	2009年6月第三批
10	温州手工制陶技艺	市级	传统技艺	2010年6月第四批
11	平阳点色刻纸	市级	传统美术	2010年6月第四批
12	五十丈粉干制作技艺	市级	传统技艺	2011年11月第五批
13	十字绣	市级	传统美术	2011年11月第五批
14	平阳漆器制作技艺	市级	传统技艺	2012年12月第六批
15	平阳黄汤茶制作技艺	市级	传统技艺	2012年12月第六批
16	平阳竹编	市级	传统美术	2012年12月第六批
17	平阳山门弹棉技艺	市级	传统技艺	2012年12月第六批

说明：资料由平阳县非物质文化遗产保护中心提供

青街畲族乡位于平阳县的西南部山区，是久负盛名的“毛竹之乡”，县内唯一的少数民族乡，具有丰富的民族文化和民俗风情，人多地少、山多田少、畲汉杂居。木活字印刷技术在平阳县青街代代传承至今，最早可以追溯到清光绪年间（1875—1908）的吴焯三。吴焯三把木活字印刷技艺传授给其子吴良华，吴良华再把木活字印刷技艺传授给徐世甫，徐世甫的弟弟徐世荣师从其兄，延续着木活字印刷技艺。徐世荣的爱人唐华生以及他们的孩子也加入到这个行业中，一家人都是该技艺的忠实守望者。徐世甫、徐世荣、唐华生为平阳、文成、泰顺、永嘉、寿宁等各县民众修谱，影响面广。1998年，徐世荣修谱的平阳县南雁镇《陈氏族谱》在厦门、福州展览，反映非常好。

温州蛋画

2009年，温州蛋画被列入温州市非物质文化遗产名录。

温州蛋画是一种在蛋壳上描绘山水、花鸟、人物传说故事等图案的国画艺术，是一项风格独特的传统美术，从传统民俗活动中使用的喜蛋（把鸭蛋洗净煮熟，涂红蛋壳，作为贺礼送人以示喜庆、平安、吉祥）演变而来。清光绪年间（1875—1908），温州瑞安有一绰号“画蛋叔”的民间艺人，曾在一个鸭蛋上描绘水浒108将，技艺高超。民国早期，平阳人尤葆枢吸收前人成果，钻研蛋画工艺，并于20世纪60年代在平阳召集唐唯逸、朱义昭、林朝瑜等10余位画师在城关正式创办画蛋厂，产品精致，由上海外贸公司远销欧美各国。

制造温州蛋画的基本过程：先挑选纯白色鸭蛋，采用肥皂粉或洗洁精，把蛋壳表面清洗干净，用细砂纸轻轻揉擦蛋壳，采用兽医用的粗针筒插进蛋一端，压空气，使蛋清蛋黄倒流干净。然后用福尔马林搭配清水注入蛋壳内，洗净污垢，晾干水分。然后由画师根据设计师要求，用细毛笔在蛋壳上画出各种山水、花鸟、动物、神仙及戏曲人物等。最后装在用紫檀木制成的有机玻璃盒上。用到的材料，主要有鸭蛋壳、细毛笔、各种颜料、紫檀木、有机玻璃等。作品包括各种花鸟、山水、人物画。代表作品有《大闹天宫》《孔雀开屏》等。

原平阳城关工艺美术厂的蛋画作品《孔雀开屏》（2012年）
赵　旸　摄

温州蛋画工笔精细，画艺精湛，不变质，不霉烂，可作收藏品，是家庭小摆设的好选择，可作出口贸易商品，同时在民间画种研究方面具有重要参考价值。近几年，在昆阳三中有序地开展温州蛋画传承教学工作，传承人把自己掌握的技艺热情地传授给该校师生，并举办学生作品展，得到各有关方面好评。

第五节　传统民俗　传统医药

鳌江划大龙

2009年，鳌江划大龙列入浙江省非物质文化遗产名录。

鳌江划大龙，是平阳民众为求风调雨顺、鱼虾满舱或庆丰年而创造并传承至今的海洋文化习俗。民国《平阳县志》卷十九《风土志一·岁时》载：“上元……鳌江则迎龙灯，头巨充庭，身长十余丈，扛者百余人，迎神三日或五日。”清光绪年间平阳知县汤肇熙在《禁古鳌头龙灯示》中说：“古鳌头上、中、下三步，凡某步迎龙，其余两步即扮作抬阁、高跷、烟火等戏。”直到清末鳌江划大龙仍在盛行，有130余年的历史。

鳌江划大龙精工巨制堪称一绝。龙体硕大无比，造型华丽生动，仪表威武，给人以自豪、奋进之感，龙头直径5米，身长70余米，重约2500公斤，龙角有“国泰民安、风调雨顺”信条，龙身绘着精美画图。龙头天庭亭子里站着杨老爷，龙背上有“童子拜海”“八仙过海”等人物塑像，夜晚燃灯流光溢彩。

自2000年以来，平阳每两年举办一次鳌江大龙文化艺术节。2009年6月，鳌江划大龙被评为省非物质文化遗产普查十大新发现之一。是年9月，

2012年平阳县传统医药、民俗“非遗”名录

表33-2-5

序号	项目名称	级别	类别	时间及批次
1	陈十四信俗	省级	民俗	2009年6月第三批
2	鳌江划大龙	省级	民俗	2009年6月第三批
3	鹤溪庙会	市级	民俗	2008年12月第二批
4	东岳观针灸	市级	传统医药	2009年6月第三批
5	平阳回生堂中医药文化	市级	传统医药	2009年6月第三批
6	怀溪庙会	市级	民俗	2009年6月第三批
7	畲族婚俗	市级	民俗	2009年6月第三批
8	平阳施氏特效烫伤药	市级	传统医药	2010年6月第四批
9	平阳林氏祖传正骨疗法	市级	传统医药	2011年11月第五批
10	平阳黄氏五指疗法	市级	传统医药	2012年12月第六批
11	平阳廖氏整骨手法暨疗伤秘方	市级	传统医药	2012年12月第六批

说明：资料由平阳县非物质文化遗产保护中心提供

获得浙江省非物质文化遗产保护中心颁发的“东方第一龙鳌江大龙”称号。2011年8月，临时成立鳌江镇大龙传承基地；2012年，召开民俗文化研讨会。是年，参加中国非物质文化遗产博览会等宣传活动。

平阳黄氏五指疗法

2012年，平阳黄氏五指疗法被列入温州市非物质文化遗产名录。

此疗法是一种通过刺激经络穴位来治疗、预防疾病的传统医学，已传承四代，近百年。第一代创始人为黄士善，民国2年（1913），他开始运用五指疗法为百姓疏通筋络排除病痛，一生精于此艺，深得患者敬重。传人黄增均、黄美涨等在福建、海南、平阳等地为广大患者服务，深受民众认可。

第三章　文化遗产保护

平阳县是一个文化大县，物质文化遗产和非物质文化遗产非常丰富，1989—2012年，平阳在保护、维修、传承等方面，取得很大的成绩。全县第三次文物普查工作始于2007年，2009年已全面完成实地调查。平阳县馆藏文物丰富，有国家一级文物3件，国家二级文物22件。

按照“保护为主、抢救第一、合理利用、传承发展”的工作指导方针，平阳扎实有效地推进系列保护工作。在传承人扶持、传承基地的建设、传承活动的展开、传承成果的编撰等方面都取得较好成绩。

第一节　文物保护

考古调查与发掘

1989—2012年，调查发掘龙山头石棚墓、腾蛟凤山遗址、宝胜寺双塔、青街李氏大屋及池氏大屋和南湖赵氏宗祠，特别是钱仓龙山头商周时期石棚墓的考古发掘，把平阳的历史追溯到春秋战国之前。

龙山头石棚墓　1993年10月，县文物馆工作人员开展专题调查时发现龙山头石棚墓。龙山头位于县城南15千米鳌江镇钱仓村东北约1千米的垂杨村后背。龙山头石棚墓周围自然岩石密布，自然环境较好，石棚墓呈长方形，两侧及后壁有6根支石。除墓口外，均用砾石堆砌三面墙体，上盖巨石板。整体南高北低，空间宽敞。1994年10月，省文物考古所陈元甫、黎毓馨，市文物处金柏东、县文物馆蔡昌振等考古工作人员，复查并确定龙山头石棚，并对该石棚墓的1号墓进行试掘，在表土以下0.3米处，出土有罐钵类陶片等20余件，据考证该墓为商周时期墓葬。

腾蛟凤山遗址　1995年，县文物馆工作人员

在腾蛟镇卧牛山开展野外考古调查时发现并采集到一件磨制石凿，同时还发现饰有云雷纹、方格纹、蓝纹的陶片数十件，被专家考证为商周时期器物。凤山遗址分布较广，南北长约280米，东西宽约160米，面积约4万平方米。遗址地表保存较好，为坐西北朝东南的岗山遗址。在遗址东南方向山坡断面曾发现一处近90厘米的文化层，内涵丰富。陶片有泥质灰陶、泥质印纹红陶、泥质黑陶、印纹硬陶等，以印纹硬陶为主，着黑硬陶、红陶也占较高的比例。可辨认的器形有印纹罐、壶、瓮等。石器有石锛、石箭头、石镞头等，多为残片。

宝胜寺双塔　1984年，该文物保护单位修缮，在东塔第二层北面壁龛内发现石碑一方，碑呈长方形，青石质材。碑顶部篆书横行从右到左书“清河弟子造塔记录”八字，碑文楷体正书，从右到左竖书，计17行478字(此碑后被定为三级文物)，始知塔建于北宋乾德三年(965)。2006年3月，省古建筑设计研究院专家及县文物工作人员现场测绘宝胜寺双塔时，在东、西两塔的3至5层壁龛中整理出17尊佛像，其中，西塔8尊、东塔9尊。最大的一尊高34厘米，最小的高30厘米，大小因层数不同而异。佛像均造型优美，风格隽永，比例适度，形象逼真，大部分保存较好，五官清晰可辨，面相方圆丰腴，形态端庄，表情祥和。

青街李氏、池氏大屋　1994年，县文物馆工作人员在调查过程中发现青街李宅，是年，青街李宅被列为县第一批文物保护点。2000年，被县政府列为第六批县级文物保护单位。是年，县文物馆工作人员又在青街睦源村龙脚潭调查发现池氏大屋，该大屋具有典型的浙南四合院建筑风格，与青街李氏大屋比较，各有特色。2000年6月30日，青街池氏大屋被列为第七批县级文物保护单位。2009年8月，全国第三次文物普查对青街李氏大份大屋及池氏大屋进行复查，同时新发现青街李氏二份大屋。三座大屋具有浓烈的当地传统建筑风格，不论是其独特设计还是丰富花纹的精美雕刻，均显示出其极高的历史价值。

南湖赵氏宗祠　2009年5月20日，县第三次全国文物普查时平阳文物馆工作人员发现南湖赵氏宗祠，该建筑始建于清嘉庆十一年(1806)，坐南朝北。据南湖当地《赵氏宗谱》载：“于嘉庆十一年建宗祠于四十五都南湖鱼池，坐丙向壬。”宗祠主体建筑是由前厅、正厅、东西厢廊组成的木构四合院，平面呈回字形，合院外另设独立小门台围墙，门台位于合院西侧，北面围墙外立有四对旗杆石。占地面积1130平方米，建筑面积500平方米。南湖赵氏宗祠为平阳南湖赵氏族人祭祀先祖、先贤的场所，整体建筑布局完整，内部做工考究，雕饰精致。普查人员对该宗祠的历史沿革、保存现状、残损状况及原因等进行登记。

文物保护修缮

1989—2012年，省级以上文物保护单位维修10次以上，县级文物保护单位维修及环境整理、陈列布置等共计10余次。2004—2012年期间，对国家重点文物保护单位——顺溪古建筑群保护维修共计投入约400万元。

1987—1989年，修缮会文书院、林景熙墓、东岳观大罗宝殿、童器墓、白承恩墓等文保单位，并维修金钱会起义遗址，设置纪念碑。1996年6月，县政协常委翁荣熙出资10万元修葺濒临倒塌的会文书院和棣萼世辉楼。1997年，先后组织实施闽浙边临时省委驻地大屯村、平阳金钱会起义遗址纪念陈列室、百岁棋王谢侠逊碑林、苏步青旧居、闽浙边临时省军区司令部旧址和抗校陈列室等项目的维修、兴建、陈列布置。1998年，完成苏步青旧居修缮和棋王碑林的兴建。2004年，完成修缮省级文保单位腾蛟忠训庙主殿、县级文保单位鹤溪石牌宫戏台、昆阳通福门。2006年，启动谢侠逊故居修缮工程、陈有相大屋抢险加固工程、会文书院修缮工程、顺溪陈氏祖屋复原工程、马星野故居修缮工程、宝兴寺大雄宝殿测绘；开始编制文明塔、宝胜寺双塔维修设计方案和抗校纪念馆建设方案，落实顺溪古建筑群保护规划方案。2007年12月，启动文明塔修缮工程，工期270天。2008年，完成顺溪老七份大屋水池、瓦片翻修，陈氏祖屋电线套管，陈有相大屋、青街池宅、睦源桥、吴垟戈场桥、东岳观斗姥阁、霁王碑林修缮；完成摇动岩周边环境整治、苏振音宅白蚁防治等维修工程。2009年，顺溪古建筑群消防专项一期工程进入施工阶段，青街池氏大屋维修方案编制完成，吴垟戈场桥修缮工程顺利完工。2010

年，顺溪古建筑群消防给水管道一期工程建设和消防整改工程已完工；完成抗日救亡干部学校旧址、睦源桥、中共浙江临时省委第一次会议旧址等文保单位修缮工程。2011年，对10幢顺溪古建筑群住户生活（厨房）用火进行隔火处理改造，新增、更换灭火器200余个；完成山门抗日救亡干部学校旧址、浙江临时省委第一次会议旧址、登科牌坊等文保单位和文保点修缮工作。2012年，完成顺溪古建筑群老大份保护工程招投标、顺溪古建筑群之老大份大屋保护修缮工程、县文保单位青街睦源桥抢救性保护维修工程、金钱会起义遗址周边环境保护整治、金钱会起义陈列馆修建等工作。

文物保护管理

1989—2012年，平阳县根据《中华人民共和国文物保护法》及文物工作“保护为主、抢救第一、合理利用、加强管理”的工作方针，多措并举，加大文物保护工作力度，开展文物保护、管理、调查等各项活动，发挥文物部门的职能作用，整体推进文物保护管理，使全县的文物保护工作取得新的进展。完成文物安全工作部署、消防安全工作任务、“四有”档案工作（有保护范围、有保护标志、有记录档案、有保管机构）、落实业余文保员、平阳文物巡回展览和平阳文物普查成果展览等工作。

1989年以来，县文保所多次举办平阳文物巡回展览和平阳文物普查成果展览，清理文物库房，对馆藏文物做好登记、制卡、建档工作，做好文物“四有”档案的编制工作。开展文物安全防护检查，制订整改措施，健全管理制度，切实做好文物安全工作，采取多种措施：一是与易造成安全隐患的24个古建筑、革命纪念建筑文保单位的乡镇、村级使用人签订文物保护单位使用责任书，并落实义务文保员；二是完成55名业余文保员的换证工作；三是在安全检查中发现顺溪古民居群、省“一大”会址、会文书院等8万平方米的建筑物受白蚁侵害，蚁害率为20%的情况，向省文物局和县政府作专题报告，积极争取蚁害防治专款，并委托县白蚁防治所制订灭治和防治方案。2004年1月，顺溪陈氏民居五份、六份因居民用火不慎引发火灾，烧毁27间，造成较大损失。是年2月，召开全县文物安全工作会议，与14个乡镇文化站签订文物保护安全管理责任书，并成立文物安全检查小组，对全县28处古建筑进行为期3天的消防检查。2006年1月，平阳县历史文化遗产保护管理委员会正式成立。是年，县政府出台《平阳县古民居保护暂行办法》，编制《平阳县顺溪古建筑群火灾突发事件应急预案》。2007年，出台《平阳县文物保护点保护管理办法（试行）》。2008年，《平阳县顺溪古建筑群保护消防专项规划》编制完成并通过国家文物局审核。

文物普查登记

2007年8月，平阳县启动第三次全国文物普查。2008年，完成14个乡镇，385个行政村、社区，1032个自然村的文物普查，普查完成率61.99%，普查文物总数381处，其中，新发现309处，另有184处普查线索作基本信息点登记。2009年，全面完成实地调查阶段工作，普查文物总数768处，其中，新发现626处，另有1326处普查线索作基本信息点登记。2010年，举办平阳县第三次全国文物普查成果展，推荐50处《温州市第三次全国文物普查重要新发现》名单，将34处不可移动文物列为第十批平阳县文物保护单位，确定64处不可移动文物为县第五批文物保护点。2011年11月，由西泠印社出版社出版《尘光遗文——平阳县第三次全国文物普查成果精粹》一书，全书约5.4万字，有500余幅照片。

2012年，全县共有全国重点文物保护单位2处、省级文物保护单位12处、县级文物保护单位87处、文物保护点169处。

《尘光遗文——平阳县第三次全国文物普查成果精粹》书影（2012年）

2012年平阳县文物保护单位一览表

表 33-3-1

保护单位名称	地理位置	年代	类别	时间	文号	管理单位名称	批次	备注
全国重点文物保护单位								
龙山头石棚墓	鳌江镇垂杨村龙山头	商周	古墓葬	2001年6月25日	国发〔2001〕25号	鳌江镇政府	第五批	
顺溪古建筑群	顺溪镇顺溪、溪北两村	清	古建筑	2006年5月26日	国发〔2006〕19号	顺溪镇政府	第六批	
省级文物保护单位								
栖真寺五佛塔	鳌江镇塘川罗垟山	宋	古建筑	1961年4月15日（1981年4月13日重新调整）	浙政〔1981〕43号	钱仓镇政府	第一批	现划归鳌江镇管辖
金钱会起义遗址	钱仓镇凤山南麓北山庙	清	古遗址	1961年4月15日（1981年4月13日重新调整）	浙政〔1981〕43号	钱仓镇政府	第一批	现划归鳌江镇管辖
中共浙江省第一次代表大会会址	凤卧镇冠尖、马头岗	民国	近现代重要史迹及代表性建筑	1961年4月15日（1981年4月13日重新调整）	浙政〔1981〕43号	凤卧镇政府	第一批	现划归水头镇管辖
宝胜寺双塔	钱仓镇钱仓山	北宋	古建筑	1963年3月11日（1981年4月13日重新调整）	浙政〔1981〕43号	钱仓镇政府	第二批	现划归鳌江镇管辖
抗日救亡干部学校旧址	山门镇凤岭	民国	近现代重要史迹及代表性建筑	1989年12月12日	浙政发〔1989〕113号	山门镇政府	第三批	
忠训庙	腾蛟镇塘溪村薛岙口	清	古建筑	1997年8月27日	浙政发〔1997〕160号	腾蛟镇政府	第四批	
文明塔	昆阳镇城南龙山	清	古建筑	2005年3月16日	浙政发〔2005〕18号	昆阳镇政府	第五批	
会文书院	南雁荡山东洞	清	古建筑	2005年3月16日	浙政发〔2005〕18号	南雁镇政府	第五批	
青街李氏大份、李氏二份大屋、池宅大屋	青街畲族乡上街、青街村、睦源村龙角潭	清	古建筑	2005年3月16日	浙政发〔2005〕18号	青街畲族乡政府	第五批	
苏步青故居	腾蛟镇腾带村	民国	近现代重要史迹及代表性建筑	2011年1月7日	浙政〔2011〕2号	腾蛟镇政府	第六批	
腾蛟镇凤山遗址	腾蛟镇金田村和平棋村交界龙凤山	商周	古遗址	2011年1月7日	浙政〔2011〕2号	腾蛟镇政府	第六批	
龙湖村赵氏宗祠	南湖乡上坎头自然村龙凤山麓	清	古建筑	2011年1月7日	浙政〔2011〕2号	南湖乡政府	第六批	现划归水头镇管辖

续表 33-3-1

保护单位名称	地理位置	年代	类别	时间	文号	管理单位名称	批次	备注
县级文物保护单位								
中共浙江临时省委第一次会议旧址	凤卧镇玉青岩村	民国	近现代重要史迹及代表性建筑	1983年10月22日	平政发〔1983〕137号	凤卧镇政府	第一批	现划归水头镇管辖
红军挺进师北上抗日誓师大会旧址	凤卧镇五潭桥水尾宫	民国	近现代重要史迹及代表性建筑	1983年10月22日	平政发〔1983〕137号	凤卧镇政府	第一批	现划归水头镇管辖
新四军驻浙南后方留守处遗址	水头镇平二中内	民国	近现代重要史迹及代表性建筑	1983年10月22日	平政发〔1983〕137号	平阳第二中学	第一批	
中共闽浙边临时省委机关驻地	山门镇大屯村	民国	近现代重要史迹及代表性建筑	1983年10月22日	平政发〔1983〕137号	山门镇政府	第一批	
红十三军攻打平阳城牺牲烈士埋葬地	昆阳镇西门外	民国	近现代重要史迹及代表性建筑	1983年10月22日	平政发〔1983〕137号	昆阳镇政府	第一批	
二打平阳城指挥部遗址	郑楼镇下薛村	民国	近现代重要史迹及代表性建筑	1983年10月22日	平政发〔1983〕137号	郑楼镇政府	第一批	现划归万全镇管辖
白承恩墓	腾蛟镇湖窦村口	清	古墓葬	1983年10月22日	平政发〔1983〕137号	腾蛟镇政府	第一批	
史伯璿墓	钱仓镇钱仓山	元	古墓葬	1983年10月22日	平政发〔1983〕137号	钱仓镇政府	第一批	现划归鳌江镇管辖
林景熙墓	腾蛟镇腾带村卧牛山	元	古墓葬	1983年10月22日	平政发〔1983〕137号	水头镇政府	第一批	
陈宣墓石雕造像	昆阳镇鸣山村	明	石窟寺及石刻	1983年10月22日	平政发〔1983〕137号	昆阳镇政府	第一批	
摇动岩摩崖题刻	钱仓镇钱仓山	明	石窟寺及石刻	1983年10月22日	平政发〔1983〕137号	钱仓镇政府	第一批	现划归鳌江镇管辖
师儒侍养牌坊	昆阳镇坡南街	明	古建筑	1983年10月22日	平政发〔1983〕137号	昆阳镇政府	第一批	
通福门	昆阳镇昆鳌路96号	清	古建筑	1986年12月18日	平政发〔1986〕231号	县文物馆	第二批	平阳县文物保护管理所管理
七如来塔	昆阳镇九凰山广慧禅寺	民国	古建筑	1986年12月18日	平政发〔1986〕231号	昆阳镇政府	第二批	
东岳观	昆阳镇坡南汇头	北宋	古建筑	1986年12月18日	平政发〔1986〕231号	昆阳镇政府	第二批	
睦源桥	青街畲族乡街东	清	古建筑	1986年12月18日	平政发〔1986〕231号	青街畲族乡政府	第二批	
童器墓石刻动物造像	昆阳镇石塘焦下村	明	石窟寺及石刻	1986年12月18日	平政发〔1986〕231号	昆阳镇政府	第二批	
学宫遗物	平一中内	明	古建筑	1986年12月18日	平政发〔1986〕231号	平一中	第二批	

续表 33-3-1

保护单位名称	地理位置	年代	类别	时间	文号	管理单位名称	批次	备注
小龙摩崖题刻	南雁镇坎头村银屏山	元	石窟寺及石刻	1986年12月18日	平政发〔1986〕231号	南雁镇政府	第二批	
仙姑洞大罗宝殿	南雁荡山西洞	清	古建筑	1991年4月20日	平政发〔1991〕90号	南雁镇政府	第三批	
闽浙边临时省军区司令部旧址——龙井禅寺	山门镇凤岭	民国	近现代重要史迹及代表性建筑	1991年	平政发〔1991〕90号	山门镇政府	第三批	
闽浙边临时省军区政治部遗址	山门镇后街	民国	近现代重要史迹及代表性建筑	1991年	平政发〔1991〕90号	山门镇政府	第三批	
中共浙南委员会成立旧址	麻步镇渔塘岭门头	民国	近现代重要史迹及代表性建筑	1991年	平政发〔1991〕90号	麻步镇政府	第三批	现划归萧江镇管辖
鳌峰小学旧址	麻步镇中学校内	民国	近现代重要史迹及代表性建筑	1991年	平政发〔1991〕90号	麻步中学	第三批	现划归萧江镇管辖
平阳县烈士公墓	昆阳镇坡南汇头	现代	近现代重要史迹及代表性建筑	1991年	平政发〔1991〕90号	民政局	第三批	
杨正臣墓	鹤溪镇双岭村	南宋	古墓葬	1991年	平政发〔1991〕90号	鹤溪镇政府	第三批	现划归水头镇管辖
钱仓京城隍庙	钱仓镇钱仓村北山	现代	古建筑	1996年4月10日	平政发〔1996〕101号	钱仓镇政府	第五批	现划归鳌江镇管辖
玉佛寺	鳌江镇吉祥路	现代	古建筑	1996年4月10日	平政发〔1996〕101号	鳌江镇政府	第五批	
仙坛寺	昆阳镇东门山	现代	古建筑	1996年4月10日	平政发〔1996〕101号	昆阳镇政府	第五批	
林氏义井	腾蛟镇联源村	明	古建筑	2000年1月3日	平政发〔2000〕2号	腾蛟镇政府	第六批	
联源苏振音宅	腾蛟镇联源村	清	古建筑	2000年1月3日	平政发〔2000〕2号	腾蛟镇政府	第六批	
蓝田宫	鳌江镇蓝田村	清	古建筑	2000年1月3日	平政发〔2000〕2号	鳌江镇政府	第六批	
东林禅寺	昆阳镇城南三排口	清	古建筑	2000年1月3日	平政发〔2000〕2号	昆阳镇政府	第六批	
仙姑道院	闹村乡南垟村	清	古建筑	2000年1月3日	平政发〔2000〕2号	闹村乡政府	第六批	现划归水头镇管辖
红军挺进师警卫连驻地——西山林氏宗祠	山门镇西山村	民国	近现代重要史迹及代表性建筑	2000年1月3日	平政发〔2000〕2号	山门镇政府	第六批	
洪汝兰烈士墓暨洪氏宗祠	腾蛟镇王坛村	清	近现代重要史迹及代表性建筑	2000年1月3日	平政发〔2000〕2号	腾蛟镇政府	第六批	

续表 33-3-1

保护单位名称	地理位置	年代	类别	时间	文号	管理单位名称	批次	备注
朱熠墓	水头镇外岙村外岙口	南宋	古墓葬	2000年1月3日	平政发〔2000〕2号	水头镇政府	第六批	
鲍辉墓	萧江镇橘坡山麓	现代	古墓葬	2000年1月3日	平政发〔2000〕2号	萧江镇政府	第六批	原在昆阳镇水亭长山村
寿安桥	水头镇詹江村	元	古建筑	2003年5月21日	平政发〔2003〕67号	水头镇政府	第八批	
岩头山窑址	水头镇仕静村岩头山	宋	古遗址	2003年5月21日	平政发〔2003〕67号	水头镇政府	第八批	
纶褒世节牌坊	宋桥镇三都王村	明	古建筑	2003年5月21日	平政发〔2003〕67号	宋桥镇政府	第八批	现划归万全镇管辖
石牌宫戏台	鹤溪镇石牌村	清	古建筑	2003年5月21日	平政发〔2003〕67号	鹤溪镇政府	第八批	现划归水头镇管辖
王荣珍墓	腾蛟镇岱山村	明	古墓葬	2003年5月21日	平政发〔2003〕67号	腾蛟镇政府	第八批	
“官岙”摩崖题刻	南麂镇国姓岙	明	石窟寺及石刻	2003年5月21日	平政发〔2003〕67号	南麂镇政府	第八批	
“海天拱印”摩崖题刻	南麂镇客轮码头	明	石窟寺及石刻	2003年5月21日	平政发〔2003〕67号	南麂镇政府	第八批	
“起相岩”摩崖题刻	钱仓镇前进村	宋	石窟寺及石刻	2003年5月21日	平政发〔2003〕67号	钱仓镇政府	第八批	现划归鳌江镇管辖
黄友墓	鳌江镇垂杨村龙山山麓	宋	古墓葬	2004年8月13日	平政发〔2004〕149号	鳌江镇政府	另批	
大屯会议旧址	山门镇大屯村	民国	近现代重要史迹及代表性建筑	2006年3月13日	平政发〔2006〕52号	山门镇政府	另批	
李世绍宅	青街畲族乡太申村	清	古建筑	2007年6月6日	平政发〔2007〕73号	青街畲族乡政府	第九批	
柿树垅宫戏台	闹村乡上南村	清	古建筑	2007年6月6日	平政发〔2007〕73号	闹村乡政府	第九批	现划归水头镇管辖
郑海啸故居	凤卧镇凤林村	近代	近现代重要史迹及代表性建筑	2007年6月6日	平政发〔2007〕73号	凤卧镇政府	第九批	现划归水头镇管辖
红军挺进师驻地	凤卧镇凤林村	近代	近现代重要史迹及代表性建筑	2007年6月6日	平政发〔2007〕73号	凤卧镇政府	第九批	现划归水头镇管辖
马星野故居	宋桥镇陈岙村	近代	近现代重要史迹及代表性建筑	2007年6月6日	平政发〔2007〕73号	宋桥镇政府	第九批	现划归万全镇管辖

续表 33-3-1

保护单位名称	地理位置	年代	类别	时间	文号	管理单位名称	批次	备注
蓝田节孝牌坊	鳌江镇蓝田村	清	古建筑	2007年6月6日	平政发〔2007〕73号	鳌江镇政府	第九批	
南麂海防军事设施遗址	南麂镇三盘尾	近代	近现代重要史迹及代表性建筑	2007年6月6日	平政发〔2007〕73号	南麂镇政府	第九批	现划归鳌江镇管辖
西湾烽火台遗址	西湾乡	明	古遗址	2007年6月6日	平政发〔2007〕73号	西湾乡政府	第九批	现划归鳌江镇管辖
贞寿牌坊	昆阳镇北门	清	古建筑	2010年9月14日	平政发〔2010〕121号	昆阳镇政府	第十批	
烟台山烽火台遗址	昆阳镇烟台村烟台山	明	古遗址	2010年9月14日	平政发〔2010〕121号	昆阳镇政府	第十批	
刘绍宽墓	昆阳镇牧垟村塘古岩山	近现代	近现代重要史迹及代表性建筑	2010年9月14日	平政发〔2010〕121号	昆阳镇政府	第十批	
栏杆桥村栏杆桥	万全镇栏杆桥村莱市西路10号前	民国	近现代重要史迹及代表性建筑	2010年9月14日	平政发〔2010〕121号	万全镇政府	第十批	
和平村马灯亭	万全镇岭下村	清	古建筑	2010年9月14日	平政发〔2010〕121号	万全镇政府	第十批	
金宕村正节牌坊	万全镇金宕村	清	古建筑	2010年9月14日	平政发〔2010〕121号	万全镇政府	第十批	
章周山遗址	万全镇瑞阳村	商周	古遗址	2010年9月14日	平政发〔2010〕121号	万全镇政府	第十批	
大屋岩摩崖石刻	榆垟镇岙斗村下周山山麓	明	石窟寺及石刻	2010年9月14日	平政发〔2010〕121号	榆垟镇政府	第十批	现划归万全镇管辖
浃口村正节牌坊	榆垟镇浃口村榆南路76号南首	清	古建筑	2010年9月14日	平政发〔2010〕121号	榆垟镇政府	第十批	现划归万全镇管辖
坊岩下桥	万全镇吴垟村与后陈村交界处	宋	古建筑	2010年9月14日	平政发〔2010〕121号	万全镇政府	第十批	
金仲英宅	鳌江镇下厂村蔡落桥路102–103号	民国	近现代重要史迹及代表性建筑	2010年9月14日	平政发〔2010〕121号	鳌江镇政府	第十批	
蔡家山山寨遗址	鳌江镇福山村蔡家山自然村	明	古遗址	2010年9月14日	平政发〔2010〕121号	鳌江镇政府	第十批	
“西岳蓬莱”摩崖石刻	鳌江镇西桥村荆溪山	民国	石窟寺及石刻	2010年9月14日	平政发〔2010〕121号	鳌江镇政府	第十批	
钱仓城门	原钱仓镇钱仓村	明	古建筑	2010年9月14日	平政发〔2010〕121号	钱仓镇政府	第十批	现划归鳌江镇管辖
碧泉寺墓塔群	鳌江镇钱仓白水村岩庵水库边	清至近现代	古墓葬	2010年9月14日	平政发〔2010〕121号	钱仓镇政府	第十批	现划归鳌江镇管辖

续表 33-3-1

保护单位名称	地理位置	年代	类别	时间	文号	管理单位名称	批次	备注
“松台”摩崖题刻	钱仓镇前进村松台山南向山麓	宋	石窟寺及石刻	2010年9月14日	平政发〔2010〕121号	钱仓镇政府	第十批	现划归鳌江镇管辖
八角井	水头镇小南村	明	古建筑	2010年9月14日	平政发〔2010〕121号	水头镇政府	第十批	
“奉省长令”石碑	在梅源乡苏岭村南山头南堡山观音堂内	民国	石窟寺及石刻	2010年9月14日	平政发〔2010〕121号	梅源乡政府	第十批	现划归鳌江镇管辖
大岭古道	凤巢乡秀垟村	清	古遗址	2010年9月14日	平政发〔2010〕121号	凤巢乡政府	第十批	现划归腾蛟镇管辖
卧牛山遗址	腾蛟镇腾带村卧牛山	商周	古遗址	2010年9月14日	平政发〔2010〕121号	腾蛟镇政府	第十批	
联源村林氏宗祠戏台	腾蛟镇联源村林泗源村	清	古建筑	2010年9月14日	平政发〔2010〕121号	腾蛟镇政府	第十批	
林泗源宫	腾蛟镇联源村林泗源村	清	古建筑	2010年9月14日	平政发〔2010〕121号	腾蛟镇政府	第十批	
平棋村周氏宗祠	腾蛟镇平棋村	清	古建筑	2010年9月14日	平政发〔2010〕121号	腾蛟镇政府	第十批	
碧源村棋盘石	腾蛟镇碧源村溪头	明	石窟寺及石刻	2010年9月14日	平政发〔2010〕121号	腾蛟镇政府	第十批	
普济桥	南湖乡普美村与横山村	宋至民国	古建筑	2010年9月14日	平政发〔2010〕121号	南湖乡政府	第十批	现划归水头镇管辖
栗园碇步桥	南雁镇三兴村栗园自然村	清	古建筑	2010年9月14日	平政发〔2010〕121号	南雁镇政府	第十批	
池宾瑢宅	青街畲族乡青街村	清	古建筑	2010年9月14日	平政发〔2010〕121号	青街畲族乡政府	第十批	
施味辛故居	青街畲族乡南网村	民国	近现代重要史迹及代表性建筑	2010年9月14日	平政发〔2010〕121号	青街畲族乡政府	第十批	
晓坑岭战役遗址	晓坑乡下岭头村蒲雷顶山岭头	民国	近现代重要史迹及代表性建筑	2010年9月14日	平政发〔2010〕121号	晓坑乡政府	第十批	现划归山门镇管辖
通瑞桥	维新乡俞思坑村朝阳自然村	清	古建筑	2010年9月14日	平政发〔2010〕121号	维新乡政府	第十批	现划归顺溪镇管辖
蔡垟山城门洞	凤巢乡白岩岭村与鹤溪镇蔡垟村交界白岩岭头	民国	近现代重要史迹及代表性建筑	2010年9月14日	平政发〔2010〕121号	凤巢乡政府	第十批	现划归腾蛟镇管辖

说明：资料由平阳县文保所提供

2012年平阳县文物保护点

表 33-3-2

保护单位名称	地理位置	年代	类别	评定时间	文号	管理单位名称	批次	备注
云祥寺	顺溪镇铁障峰下	清	古建筑	1994年5月4日	平政发〔1994〕68号	顺溪镇政府	第一批	
岭街百步碇	顺溪镇大湖岭脚	清	古建筑	1994年5月4日	平政发〔1994〕68号	顺溪镇政府	第一批	
永安桥	吴垟乡戈场村	清	古建筑	1994年5月4日	平政发〔1994〕68号	吴垟乡政府	第一批	现划归顺溪镇管辖
“熙朝人瑞”牌坊	山门镇东山村	清	古建筑	1994年5月4日	平政发〔1994〕68号	山门镇政府	第一批	
凤岭新石器遗址	山门镇凤岭	商周	古建筑	1994年5月4日	平政发〔1994〕68号	山门镇政府	第一批	
宋泉古井	南雁镇雁荡山酒厂	宋	古建筑	1994年5月4日	平政发〔1994〕68号	南雁镇政府	第一批	
泰伯祠	南雁镇吴山村	明	古建筑	1994年5月4日	平政发〔1994〕68号	南雁镇政府	第一批	
朱家堰	水头镇三桥村	南宋	古建筑	1994年5月4日	平政发〔1994〕68号	水头镇政府	第一批	
龙凤亭	闹村乡村路口	清	古建筑	1994年5月4日	平政发〔1994〕68号	闹村乡政府	第一批	现划归水头镇管辖
北山遗址	闹村乡北山	商周	古建筑	1994年5月4日	平政发〔1994〕68号	闹村乡政府	第一批	现划归水头镇管辖
字纸炉	凤卧镇塔边村	清	古建筑	1994年5月4日	平政发〔1994〕68号	凤卧镇政府	第一批	现划归水头镇管辖
宝山殿	南湖乡湖西	南宋	古建筑	1994年5月4日	平政发〔1994〕68号	南湖乡政府	第一批	现划归水头镇管辖
联安桥	腾蛟镇带溪村	民国	古建筑	1994年5月4日	平政发〔1994〕68号	腾蛟镇政府	第一批	
林泗源亭	腾蛟镇林泗源	清	古建筑	1994年5月4日	平政发〔1994〕68号	腾蛟镇政府	第一批	
长安桥	鹤溪镇老街	清	古建筑	1994年5月4日	平政发〔1994〕68号	鹤溪镇政府	第一批	现划归水头镇管辖
乘凉桥	鹤溪镇秀溪	清	古建筑	1994年5月4日	平政发〔1994〕68号	鹤溪镇政府	第一批	现划归水头镇管辖
楞严寺净观佛塔	鹤溪镇岭下	现代	古建筑	1994年5月4日	平政发〔1994〕68号	鹤溪镇政府	第一批	现划归水头镇管辖
焚纸亭	凤巢乡影院边	民国	古建筑	1994年5月4日	平政发〔1994〕68号	凤巢乡政府	第一批	现划归腾蛟镇管辖

续表 33-3-2

保护单位名称	地理位置	年代	类别	评定时间	文号	管理单位名称	批次	备注
碧泉寺	钱仓镇白水村岩奄山	清	古建筑	1994年5月4日	平政发〔1994〕68号	鳌江镇政府	第一批	现划归鳌江镇管辖
钱仓城门	钱仓镇钱仓街码头	明	古建筑	1994年5月4日	平政发〔1994〕68号	钱仓镇政府	第一批	现划归鳌江镇管辖
南雁第一桥	钱仓镇	清	古建筑	1994年5月4日	平政发〔1994〕68号	钱仓镇政府	第一批	现划归鳌江镇管辖
贞节坊	钱仓镇	清	古建筑	1994年5月4日	平政发〔1994〕68号	钱仓镇政府	第一批	现划归鳌江镇管辖
夏姑桥	萧江镇夏桥村	清	古建筑	1994年5月4日	平政发〔1994〕68号	萧江镇政府	第一批	
白云寺	萧江镇橘坡山	清	古建筑	1994年5月4日	平政发〔1994〕68号	萧江镇政府	第一批	
啸霞寺	鳌江镇荆溪山	清	古建筑	1994年5月4日	平政发〔1994〕68号	鳌江镇政府	第一批	
青山寺	鳌江镇荆溪山	清	古建筑	1994年5月4日	平政发〔1994〕68号	鳌江镇政府	第一批	
荆山寺	鳌江镇荆溪山	清	古建筑	1994年5月4日	平政发〔1994〕68号	鳌江镇政府	第一批	
宋桥	宋桥镇街东	明	古建筑	1994年5月4日	平政发〔1994〕68号	宋桥镇政府	第一批	现划归万全镇管辖
宝兴寺	宋桥镇宝兴村	清	古建筑	1994年5月4日	平政发〔1994〕68号	宋桥镇政府	第一批	现划归万全镇管辖
贞节牌坊	宋桥镇金宕村	清	古建筑	1994年5月4日	平政发〔1994〕68号	宋桥镇政府	第一批	现划归万全镇管辖
栖真寺地道	鳌江塘川罗垟山	后周	古建筑	1994年5月4日	平政发〔1994〕68号	鳌江镇政府	第一批	
登科牌坊	宋桥镇杜山头	明	古建筑	1994年5月4日	平政发〔1994〕68号	宋桥镇政府	第一批	现划归万全镇管辖
介福寺	郑楼镇街东	清	古建筑	1994年5月4日	平政发〔1994〕68号	郑楼镇政府	第一批	现划归万全镇管辖
溯初亭	郑楼镇温州师范学校旧址	民国	古建筑	1994年5月4日	平政发〔1994〕68号	郑楼镇政府	第一批	现划归万全镇管辖
宋恕故居遗址	郑楼镇练川下薛村	清	古建筑	1994年5月4日	平政发〔1994〕68号	郑楼镇政府	第一批	现划归万全镇管辖
杨老爷殿	宋埠镇东门外	清	古建筑	1994年5月4日	平政发〔1994〕68号	宋埠镇政府	第一批	现划归万全镇管辖
四方寺	宋埠镇横河村	清	古建筑	1994年5月4日	平政发〔1994〕68号	宋埠镇政府	第一批	现划归万全镇管辖

续表 33-3-2

保护单位名称	地理位置	年代	类别	评定时间	文号	管理单位名称	批次	备注
横河宫	宋埠镇横河村	清	古建筑	1994年5月4日	平政发〔1994〕68号	宋埠镇政府	第一批	现划归万全镇管辖
水陆寺	宋埠镇陡北村	清	古建筑	1994年5月4日	平政发〔1994〕68号	宋埠镇政府	第一批	现划归万全镇管辖
澄济寺	榆垟镇中进村	清	古建筑	1994年5月4日	平政发〔1994〕68号	榆垟镇政府	第一批	现划归万全镇管辖
蒙馆遗址	昆阳镇蒙垟村	明	古建筑	1994年5月4日	平政发〔1994〕68号	昆阳镇政府	第一批	
贞寿牌坊	昆阳镇北门	清	古建筑	1994年5月4日	平政发〔1994〕68号	昆阳镇政府	第一批	
山门烈士墓	山门镇凤岭	现代	墓葬	1994年5月4日	平政发〔1994〕68号	山门镇政府	第一批	
舍利塔	鳌江镇塘川罗垟山	清	墓葬	1994年5月4日	平政发〔1994〕68号	鳌江镇政府	第一批	
龙头山古墓葬	鳌江镇垂杨村	战国至西汉	墓葬	1994年5月4日	平政发〔1994〕68号	鳌江镇政府	第一批	
宋之才墓	宋桥镇	宋	墓葬	1994年5月4日	平政发〔1994〕68号	宋桥镇政府	第一批	现划归万全镇管辖
吕洪墓	昆阳镇雅山村	明	墓葬	1994年5月4日	平政发〔1994〕68号	昆阳镇政府	第一批	
吴承志墓	昆阳镇城南凤山	清	墓葬	1994年5月4日	平政发〔1994〕68号	昆阳镇政府	第一批	
孝子墓	顺溪镇龙湫潭	民国	古墓葬	1994年5月4日	平政发〔1994〕68号	顺溪镇政府	第一批	
曾山古墓葬	桃源乡曾山村	南北朝	古墓葬	1994年5月4日	平政发〔1994〕68号	桃源乡政府	第一批	现划归萧江镇管辖
雅屿山遗址	水头镇江屿雅屿村	商周	遗址	1994年5月4日	平政发〔1994〕68号	水头镇政府	第一批	
白岩寨	南湖乡汤罐岭	明清	遗址	1994年5月4日	平政发〔1994〕68号	南湖乡政府	第一批	现划归水头镇管辖
金湾寨	腾蛟镇金湾村	明清	遗址	1994年5月4日	平政发〔1994〕68号	腾蛟镇政府	第一批	
岭下窑址	鹤溪镇岭下村	宋	遗址	1994年5月4日	平政发〔1994〕68号	鹤溪镇政府	第一批	现划归水头镇管辖
观音寨	鳌江镇塘川	清	遗址	1994年5月4日	平政发〔1994〕68号	鳌江镇政府	第一批	
烽火台	鳌江镇墨城蔡家山	明	遗址	1994年5月4日	平政发〔1994〕68号	鳌江镇政府	第一批	

续表 33-3-2

保护单位名称	地理位置	年代	类别	评定时间	文号	管理单位名称	批次	备注
卫所遗址	鳌江镇墨城	明	遗址	1994年5月4日	平政发〔1994〕68号	鳌江镇政府	第一批	
大坟潭古沉船遗址	鳌江镇东湖村大坟谭	宋	遗址	1994年5月4日	平政发〔1994〕68号	鳌江镇政府	第一批	
杜山头遗址	宋桥镇章周村	商周	遗址	1994年5月4日	平政发〔1994〕68号	宋桥镇政府	第一批	现划归万全镇管辖
汤罐岭遗址	南湖乡汤罐岭	商周	古遗址	1994年5月4日	平政发〔1994〕68号	南湖乡政府	第一批	现划归水头镇管辖
横屿船屯	宋埠镇仙口村	三国	古遗址	1994年5月4日	平政发〔1994〕68号	宋埠镇政府	第一批	现划归万全镇管辖
神山寺遗址	宋埠镇仙口村	唐	古遗址	1994年5月4日	平政发〔1994〕68号	宋埠镇政府	第一批	现划归万全镇管辖
龙山遗址	昆阳镇城南	商周	古遗址	1994年5月4日	平政发〔1994〕68号	昆阳镇政府	第一批	
番薯山遗址	昆阳镇城南	商周	古遗址	1994年5月4日	平政发〔1994〕68号	昆阳镇政府	第一批	
郑成功演兵场	南麂镇国姓岙	明	古遗址	1994年5月4日	平政发〔1994〕68号	南麂镇政府	第一批	现划归鳌江镇管辖
沙台摩崖题刻	顺溪镇沙台村	民国	摩崖石刻	1994年5月4日	平政发〔1994〕68号	顺溪镇政府	第一批	
“渡飓桥”摩崖题刻	顺溪镇铁障峰下	清	摩崖石刻	1994年5月4日	平政发〔1994〕68号	顺溪镇政府	第一批	
招凉洞摩崖题刻	顺溪镇铁障峰下	清	摩崖石刻	1994年5月4日	平政发〔1994〕68号	顺溪镇政府	第一批	
石城摩崖题刻	晓坑乡石城村	元	摩崖石刻	1994年5月4日	平政发〔1994〕68号	晓坑乡政府	第一批	现划归山门镇管辖
奉宪勒碑	鳌江镇塘川白马殿	清	摩崖石刻	1994年5月4日	平政发〔1994〕68号	鳌江镇政府	第一批	
石鼓岩题刻	钱仓镇前进村	宋	摩崖石刻	1994年5月4日	平政发〔1994〕68号	钱仓镇政府	第一批	现划归鳌江镇管辖
鸳鸯岩题刻	鳌江镇荆溪山	民国	摩崖石刻	1994年5月4日	平政发〔1994〕68号	鳌江镇政府	第一批	
牛岩题刻	鳌江镇荆溪山	民国	摩崖石刻	1994年5月4日	平政发〔1994〕68号	鳌江镇政府	第一批	
风门岩题刻	鳌江镇荆溪山	民国	摩崖石刻	1994年5月4日	平政发〔1994〕68号	鳌江镇政府	第一批	
“葛溪”摩崖题刻	昆阳镇东门山葛溪	清	摩崖石刻	1994年5月4日	平政发〔1994〕68号	昆阳镇政府	第一批	

续表 33-3-2

保护单位名称	地理位置	年代	类别	评定时间	文号	管理单位名称	批次	备注
谢圣延宅	鹤溪镇缸窑村	清	古建筑	2003年9月5日	平文发〔2003〕115号	鹤溪镇政府	第二批	现划归水头镇管辖
“升平人瑞”牌坊	凤巢乡洞桥头村	清	古建筑	2003年9月5日	平文发〔2003〕115号	凤巢乡政府	第二批	现划归腾蛟镇管辖
陈步高宅	闹村乡中村村	清	古建筑	2003年9月5日	平文发〔2003〕115号	闹村乡政府	第二批	现划归水头镇管辖
陈孔才宅	维新乡俞思坑村	清	古建筑	2003年9月5日	平文发〔2003〕115号	维新乡政府	第二批	现划归顺溪镇管辖
三清宫	鳌江镇河口村	清	古建筑	2003年9月5日	平文发〔2003〕115号	鳌江镇政府	第二批	
三元宫	鳌江镇下厂	清	古建筑	2003年9月5日	平文发〔2003〕115号	鳌江镇政府	第二批	
钱仓弓桥	钱仓镇茶亭村	宋	古建筑	2003年9月5日	平文发〔2003〕115号	钱仓镇政府	第二批	现划归鳌江镇管辖
蔡垟宫戏台	鹤溪镇蔡垟村	清	古建筑	2003年9月5日	平文发〔2003〕115号	鹤溪镇政府	第二批	现划归水头镇管辖
广济庙戏台	腾蛟镇北溪村	明	古建筑	2003年9月5日	平文发〔2003〕115号	腾蛟镇政府	第二批	
金宕宫戏台	宋桥镇金宕村	清	古建筑	2003年9月5日	平文发〔2003〕115号	宋桥镇政府	第二批	现划归万全镇管辖
雷渎宫戏台	麻步镇雷渎村	清	古建筑	2003年9月5日	平文发〔2003〕115号	麻步镇政府	第二批	现划归萧江镇管辖
安顺宫戏台	龙尾乡横平村	清	古建筑	2003年9月5日	平文发〔2003〕115号	龙尾乡政府	第二批	现划归腾蛟镇管辖
正节牌坊	凤卧镇后堡村	清	古建筑	2003年9月5日	平文发〔2003〕115号	凤卧镇政府	第二批	现划归水头镇管辖
汤宗墓	榆垟镇吴岙底村	明	古墓葬	2003年9月5日	平文发〔2003〕115号	榆垟镇政府	第二批	现划归万全镇管辖
黄宁墓	水头镇周山村	明	古墓葬	2003年9月5日	平文发〔2003〕115号	水头镇政府	第二批	
吴蕴古墓	宋埠镇仙口村	宋	古墓葬	2003年9月5日	平文发〔2003〕115号	宋埠镇政府	第二批	现划归万全镇管辖
谢侠逊故居	凤巢乡洞桥头村谢宅	清	名人故居	2004年1月9日	平文发〔2004〕4号	凤巢乡政府	第三批	现划归腾蛟镇管辖
叶氏宗祠	鳌江镇访贤巷8号	清	古建筑	2004年1月9日	平文发〔2004〕4号	鳌江镇政府	第三批	
章周山遗址	宋桥镇章周村和章底村	战国	古遗址	2008年4月1日	平文〔2008〕49号	宋桥镇政府	第四批	现划归万全镇管辖

续表 33-3-2

保护单位名称	地理位置	年代	类别	评定时间	文号	管理单位名称	批次	备注
步廊山遗址	昆阳镇步廊村步廊山	战国	古遗址	2008年4月1日	平文〔2008〕49号	昆阳镇政府	第四批	
溪坑店古墓葬群	昆阳镇溪坑店村	南北朝	古墓葬	2008年4月1日	平文〔2008〕49号	昆阳镇政府	第四批	
浙南特委驻地	凤卧镇凤林村	近现代	近现代重要史迹	2008年4月1日	平文〔2008〕49号	凤卧镇政府	第四批	现划归水头镇管辖
蔡直衙墓	鳌江镇下厂村	清代	古墓葬	2008年4月1日	平文〔2008〕49号	鳌江镇政府	第四批	
凤林小学	凤卧镇凤林村	近现代	近现代重要史迹	2008年4月1日	平文〔2008〕49号	凤卧镇政府	第四批	现划归水头镇管辖
林泗源戏台、壁画	腾蛟镇联源村	清代	古建筑	2008年4月1日	平文〔2008〕49号	腾蛟镇政府	第四批	
杨休墓	钱仓镇白水村	宋代	古墓葬	2008年4月1日	平文〔2008〕49号	钱仓镇政府	第四批	现划归鳌江镇管辖
万春堂药店（地下党联络站）	山门镇老街	近现代	近现代重要史迹	2008年4月1日	平文〔2008〕49号	山门镇政府	第四批	
周一珊墓	鹤溪镇中村村	清代	古墓葬	2008年4月1日	平文〔2008〕49号	鹤溪镇政府	第四批	现划归水头镇管辖
陈国潘洋房	昆阳镇垟教村	清代	古建筑	2008年4月1日	平文〔2008〕49号	昆阳镇政府	第四批	
邱增芳墓（吹打坟）	昆阳镇溪岙村	民国	古墓葬	2008年4月1日	平文〔2008〕49号	昆阳镇政府	第四批	
鸣山村石马	昆阳镇鸣山村上段自然村	宋	石刻	2010年8月24日	平文〔2010〕125号	昆阳镇政府	第五批	
治平桥	昆阳镇南丰村坡南街72-1号西首	宋	古建筑	2010年8月24日	平文〔2010〕125号	昆阳镇政府	第五批	
儒学口门台、亭、桥	昆阳镇南丰村	清	古建筑	2010年8月24日	平文〔2010〕125号	昆阳镇政府	第五批	“儒学口”应是“仕巷口”，平阳话两者音近误。
大夫殿井	昆阳镇皇岙村坡南街40号	清	古建筑	2010年8月24日	平文〔2010〕125号	昆阳镇政府	第五批	
凤山村余宅大份、二份	昆阳镇凤山村	清	古建筑	2010年8月24日	平文〔2010〕125号	昆阳镇政府	第五批	
王文川墓	昆阳镇城南半山庵附近	近现代	近现代重要史迹	2010年8月24日	平文〔2010〕125号	昆阳镇政府	第五批	

续表 33-3-2

保护单位名称	地理位置	年代	类别	评定时间	文号	管理单位名称	批次	备注
水沧桥	榆垟镇南门村	明	古建筑	2010年8月24日	平文〔2010〕125号	榆垟镇	第五批	现划归万全镇管辖
下周村钟宅	榆垟镇下周村南首	清	古建筑	2010年8月24日	平文〔2010〕125号	榆垟镇	第五批	现划归万全镇管辖
尤升兰宅	万全镇栏杆桥村菜市西路13号	近现代	近现代重要史迹	2010年8月24日	平文〔2010〕125号	万全镇政府	第五批	
福安桥	万全镇宋桥村	清	古建筑	2010年8月24日	平文〔2010〕125号	万全镇政府	第五批	
吴岙村石刻造像	万全镇吴岙村	明	石刻	2010年8月24日	平文〔2010〕125号	万全镇政府	第五批	
周操墓	万全镇瑞阳村章岙周自然村	清	古墓葬	2010年8月24日	平文〔2010〕125号	万全镇政府	第五批	
宋桥中学泮池	万全镇宋桥中学	近现代	近现代重要史迹	2010年8月24日	平文〔2010〕125号	万全镇政府	第五批	
湖岭古道遗址	万全镇岭下村	清	古遗址	2010年8月24日	平文〔2010〕125号	万全镇政府	第五批	
栖凤桥陡门—丰乐亭	鳌江镇荆溪村东南面	清	古建筑	2010年8月24日	平文〔2010〕125号	鳌江镇政府	第五批	
徐世琳墓	鳌江镇新城村	清	古墓葬	2010年8月24日	平文〔2010〕125号	鳌江镇政府	第五批	
壬泰商行旧址	鳌江镇南门社区栈前街51号	近现代	近现代重要史迹	2010年8月24日	平文〔2010〕125号	鳌江镇政府	第五批	
唐川八咏碑	鳌江镇塘西村村口	明	石刻	2010年8月24日	平文〔2010〕125号	鳌江镇政府	第五批	
黄氏烈女墓	鳌江镇塘东村朱存庵后	清	古墓葬	2010年8月24日	平文〔2010〕125号	鳌江镇政府	第五批	
王理孚墓	鳌江镇西塘村万石山	近现代	近现代重要史迹	2010年8月24日	平文〔2010〕125号	鳌江镇政府	第五批	
圆珠岩宫	麻步镇富民村石头碩山	清	古建筑	2010年8月24日	平文〔2010〕125号	麻步镇政府	第五批	现划归萧江镇管辖
利济亭	麻步镇华龙村渡口	清	古建筑	2010年8月24日	平文〔2010〕125号	麻步镇政府	第五批	现划归萧江镇管辖
盖竹村石刻造像	麻步镇盖竹村	宋	石刻	2010年8月24日	平文〔2010〕125号	麻步镇政府	第五批	现划归萧江镇管辖
毛思谟宅	萧江镇青龙村205号	清	古建筑	2010年8月24日	平文〔2010〕125号	萧江镇政府	第五批	

续表 33-3-2

保护单位名称	地理位置	年代	类别	评定时间	文号	管理单位名称	批次	备注
雅屿村陈氏宗祠	水头镇雅屿村雅中	清	古建筑	2010年8月24日	平文〔2010〕125号	水头镇政府	第五批	
曾仰承宅（当店）	水头镇风岩村298–308号	清	古建筑	2010年8月24日	平文〔2010〕125号	水头镇政府	第五批	
苍龙土地庙	水头镇振德社区	清	古建筑	2010年8月24日	平文〔2010〕125号	水头镇政府	第五批	
凤林小学旧址	凤卧镇凤林村郑氏祠堂内	近现代	近现代重要史迹	2010年8月24日	平文〔2010〕125号	凤卧镇政府	第五批	现划归水头镇管辖
新安桥	鹤溪镇石牌村	清	古建筑	2010年8月24日	平文〔2010〕125号	鹤溪镇政府	第五批	现划归水头镇管辖
周子厚墓	鹤溪镇蔡垟村光岩山山腰	清	古墓葬	2010年8月24日	平文〔2010〕125号	鹤溪镇政府	第五批	现划归水头镇管辖
洞桥头村杨氏宗祠	凤巢乡洞桥头村	近现代	近现代重要史迹	2010年8月24日	平文〔2010〕125号	凤巢乡政府	第五批	现划归腾蛟镇管辖
洞桥头村杨氏祖墓	凤巢乡洞桥头村	宋	古墓葬	2010年8月24日	平文〔2010〕125号	凤巢乡政府	第五批	现划归腾蛟镇管辖
陈树八宅	凤巢乡山边村	清	古建筑	2010年8月24日	平文〔2010〕125号	凤巢乡政府	第五批	现划归腾蛟镇管辖
姜云纣宅	凤巢乡溪头村	清	古建筑	2010年8月24日	平文〔2010〕125号	凤巢乡政府	第五批	现划归腾蛟镇管辖
中国棋王碑林	腾蛟镇腾带村卧牛山	近现代	近现代重要史迹	2010年8月24日	平文〔2010〕125号	腾蛟镇政府	第五批	
腾溪村苏氏宗祠	腾蛟镇腾溪村	清	古建筑	2010年8月24日	平文〔2010〕125号	腾蛟镇政府	第五批	
苏玉如宅	腾蛟镇腾溪村腾溪中路2–14号	清	古建筑	2010年8月24日	平文〔2010〕125号	腾蛟镇政府	第五批	
岭头亭	腾蛟镇塘溪村杉棋垵	清	古建筑	2010年8月24日	平文〔2010〕125号	腾蛟镇政府	第五批	
胡青荣墓	腾蛟镇和兴村垟尾山	清	古墓葬	2010年8月24日	平文〔2010〕125号	腾蛟镇政府	第五批	
龙岙村白氏祖宅	龙尾乡龙岙村龙潭背自然村	清	古建筑	2010年8月24日	平文〔2010〕125号	龙尾乡政府	第五批	现划归腾蛟镇管辖
后街村林氏宗祠	南湖乡后街村	清	古建筑	2010年8月24日	平文〔2010〕125号	南湖乡政府	第五批	现划归水头镇管辖
通福殿	南湖乡龙湖村	清	古建筑	2010年8月24日	平文〔2010〕125号	南湖乡政府	第五批	现划归水头镇管辖
七间桥	南湖乡龙湖村上坎头	清	古建筑	2010年8月24日	平文〔2010〕125号	南湖乡政府	第五批	现划归水头镇管辖

续表 33-3-2

保护单位名称	地理位置	年代	类别	评定时间	文号	管理单位名称	批次	备注
宝銮殿	南湖乡龙湖村鱼池	清	古建筑	2010年8月24日	平文〔2010〕125号	南湖乡政府	第五批	现划归水头镇管辖
瑞丰桥	南湖乡横山岭村	清	古建筑	2010年8月24日	平文〔2010〕125号	南湖乡政府	第五批	现划归水头镇管辖
上垟心村林宅	南湖乡前街村上垟心	清	古建筑	2010年8月24日	平文〔2010〕125号	南湖乡政府	第五批	现划归水头镇管辖
六角井	山门镇田中央村	明	古建筑	2010年8月24日	平文〔2010〕125号	山门镇政府	第五批	
中国工农红军挺进师纪念碑	山门镇山门村凤岭	近现代	近现代重要史迹	2010年8月24日	平文〔2010〕125号	山门镇政府	第五批	
永安村黄氏宗祠	山门镇永安村朱家巷	清	古建筑	2010年8月24日	平文〔2010〕125号	山门镇政府	第五批	
碇步头宫戏台	山门镇碇步头村	清	古建筑	2010年8月24日	平文〔2010〕125号	山门镇政府	第五批	
东云殿戏台	山门镇坑东村	清	古建筑	2010年8月24日	平文〔2010〕125号	山门镇政府	第五批	
法洪宫戏台	晓坑乡法洪村	清	古建筑	2010年8月24日	平文〔2010〕125号	晓坑乡政府	第五批	现划归山门镇管辖
钱宗士宅	晓坑乡东山下村北面	清	古建筑	2010年8月24日	平文〔2010〕125号	晓坑乡政府	第五批	现划归山门镇管辖
下岭头宫戏台	晓坑乡下岭头村岭头自然村村口	清	古建筑	2010年8月24日	平文〔2010〕125号	晓坑乡政府	第五批	现划归山门镇管辖
长安桥	怀溪乡水口村岭坑	近现代	近现代重要史迹	2010年8月24日	平文〔2010〕125号	怀溪乡政府	第五批	现划归山门镇管辖
周邦济宅	怀溪乡金溪村垟心自然村	清	古建筑	2010年8月24日	平文〔2010〕125号	怀溪乡政府	第五批	现划归山门镇管辖
温乃脊宅	怀溪乡畴垟村黄岭脚自然村	清	古建筑	2010年8月24日	平文〔2010〕125号	怀溪乡政府	第五批	现划归山门镇管辖
陈延调烈士墓	怀溪乡南山垟村	近现代	近现代重要史迹	2010年8月24日	平文〔2010〕125号	怀溪乡政府	第五批	现划归山门镇管辖
东湾硐桥	闹村乡东北村东湾	清	古建筑	2010年8月24日	平文〔2010〕125号	闹村乡政府	第五批	现划归水头镇管辖
状元内碇步	闹村乡苍南村状元内	清	古建筑	2010年8月24日	平文〔2010〕125号	闹村乡政府	第五批	现划归水头镇管辖
雁山村陈氏宗祠	南雁镇雁山村上坎头	清	古建筑	2010年8月24日	平文〔2010〕125号	南雁镇政府	第五批	

续表 33-3-2

保护单位名称	地理位置	年代	类别	评定时间	文号	管理单位名称	批次	备注
苔泰古道	南雁镇堂基村	清	古遗址	2010年8月24日	平文〔2010〕125号	南雁镇政府	第五批	
徐选传宅	吴垟乡下垟村	清	古建筑	2010年8月24日	平文〔2010〕125号	吴垟乡政府	第五批	现划归顺溪镇管辖
阳光村王氏宗祠	维新乡阳光村	清	古建筑	2010年8月24日	平文〔2010〕125号	维新乡政府	第五批	现划归顺溪镇管辖

说明：资料由平阳县文保所提供

第二节　馆藏文物

2012年，平阳县国有可移动文物收藏单位7家，共有文物1229件(套)。国有收藏单位中，以平阳县博物馆馆藏文物数量最多，计1150件(套)，其中，一级文物3件(套)、二级文物22件(套)、三级文物29件(套)。

馆藏国家一级文物

东汉鸟钮盖原始瓷熏炉　由炉身、盖组成，炉身呈豆式，子口，弧腹，喇叭形圈足；盖，母口，面斜，鸟形钮；盖面饰弦纹，间置三角形烟孔；器身饰三组弦纹带，间饰锥刺纹；通体施釉，釉色青黄，局部露胎，厚薄均匀；为浅灰白胎，胎质坚硬。

北宋瓯窑青釉细线刻卷草纹瓷粉盒　粉盒呈扁圆形，由器身、器盖两部分组成，为子母口，咬合严密，盖子口，直壁，面弧平；器身直口，收腹，圈足外撇；盒盖有细线刻卷草纹，线条纤细流畅；盒内外壁满施青釉，釉色微泛黄；滋润细腻，光亮如新；胎釉结合紧密，釉层较薄，是一件典型仿金银器盒。

南宋龙泉窑粉青釉鬲式三足瓷炉　香炉呈青铜器鬲式，敛口、平口，直颈，折肩，扁鼓腹；腹部至足饰有三条棱线；通体施青釉，釉层肥厚，明澈温润，釉面布满纹路；足底无釉处露胎，呈朱砂色。

馆藏国家二级文物选介

南宋青白釉印花荷叶形盖小瓷罐　盖面呈倒覆荷叶形，盖钮细小。罐直口，短颈，圆腹下收，平底。上腹部饰一周模印缠枝花卉纹，下腹部饰模印仰莲瓣纹。器物外壁施灰绿釉，略泛青不到底，釉质细腻滋润。胎呈灰白色，胎质坚硬。

南宋青白釉印花荷叶形盖小瓷罐（2012年）

北宋瓯窑青釉南瓜形瓷粉盒　粉盒盖身用子母口接连，密合无隙。盖壁用斜弧线条刻成瓜棱，周身起伏。盖顶作瓜蒂钮。盒身子口，孤腹，卧足。通体施青中泛绿釉，细腻光亮。胎质细白，坚硬。

北宋宝胜寺双塔砖雕佛像　2006年3月17日，浙江省文物保护单位宝胜寺双塔佛龛内出土一

北宋宝胜寺双塔砖雕佛像之一（2012年）

批砖雕佛像，总计17尊，其中，二级文物7尊、三级文物9尊、一般文物1尊。佛像高度均在29.8～34.3厘米之间，质地细腻。造像比例合度，形神兼备，工艺精湛，刻画准确，线条流畅。既表现北宋砖雕艺术的娴熟技巧，又展示当时佛教艺术的成熟面貌。2010年4月28日，这些砖雕佛像在浙江省博物馆武林馆区“地涌天宝——雷峰塔及唐宋佛教遗珍特展”中展出。

1989—2012年县博物馆馆藏珍贵文物一览表

表33-3-3

序号	名称	类别	年代	定级时间
		国家一级		
1	北宋瓯窑青釉细线刻卷草纹瓷粉盒	瓷器	北宋	1997年6月
2	东汉鸟钮盖原始瓷熏炉	瓷器	东汉	1997年6月
3	南宋龙泉窑粉青釉鬲式三足瓷炉	瓷器	南宋	1997年6月
		国家二级		
1	宋瓯窑青釉南瓜形青瓷粉盒	瓷器	北宋	1997年6月
2	东晋瓯窑青釉点彩瓷蛙形水盂	瓷器	东晋	1997年6月
3	西汉双耳原始瓷瓿	瓷器	西汉	1997年6月
4	西汉水波纹双耳喇叭口原始瓷壶	瓷器	西汉	1997年6月
5	西汉变体鸟纹双耳喇叭口原始瓷壶	瓷器	西汉	1997年6月
6	西汉水波纹双耳喇叭口原始瓷壶	瓷器	西汉	1997年6月
7	明崇祯二年福建布政使司右参政兼按察司佥事周应期诰命长卷	文献文书	明	1997年6月
8	明黑釉瓷盖罐	瓷器	明	1997年6月
9	明黑釉瓷盖罐	瓷器	明	1997年6月
10	南宋青白釉印花荷叶形盖小瓷罐	瓷器	南宋	1997年6月
11	南宋对凤纹带柄青铜镜	铜器	南宋	1997年6月
12	北宋瓯窑青釉划花花卉纹瓷粉盒	瓷器	北宋	2006年12月
13	唐瓯窑青釉瓷钵	瓷器	唐	1997年6月
14	战国双耳原始瓷钵	瓷器	战国	1997年6月
15	战国原始瓷匜	瓷器	战国	1997年6月
16	北宋砖雕禅定莲座佛像	砖雕	北宋	2006年12月
17	北宋砖雕降魔印莲座佛像	砖雕	北宋	2006年12月
18	北宋砖雕智拳印莲座佛像	砖雕	北宋	2006年12月
19	北宋砖雕降魔印莲座佛像	砖雕	北宋	2006年12月
20	北宋砖雕智拳印莲座佛像	砖雕	北宋	2006年12月
21	北宋砖雕降魔印莲座佛像	砖雕	北宋	2006年12月

续表 33-3-3

序号	名称	类别	年代	定级时间
22	北宋砖雕禅定莲座佛像	砖雕	北宋	2006年12月
国家三级				
1	战国布纹硬陶小罐	陶器	战国	2005年3月
2	南宋青白釉唇口瓷碗	瓷器	南宋	2005年3月
3	西晋青釉瓷灶	瓷器	西晋	2005年3月
4	西晋青釉网格纹双系瓷罐	瓷器	西晋	2005年3月
5	西晋瓯窑青釉四系瓷罐	瓷器	西晋	2005年3月
6	春秋拍印网格纹双耳硬陶罐	陶器	春秋	2005年3月
7	战国弦纹间水波纹带双系硬陶瓿	陶器	战国	2005年3月
8	清曾衍东设色鹰雀图轴	书画	清	2005年3月
9	战国米字纹丰肩硬陶瓮	陶器	战国	2005年3月
10	战国米字纹硬陶瓮	陶器	战国	2005年3月
11	唐晚期瓯窑青釉瓜棱瓷水注	瓷器	唐	2006年12月
12	唐晚期瓯窑青釉瓷执壶	瓷器	唐	2006年12月
13	唐晚期陶灶	陶器	唐	2006年12月
14	唐晚期陶灶明器	陶瓷	唐	2006年12月
15	唐晚期陶臼与杵棒明器	陶器	唐	2006年12月
16	唐晚期陶磨明器	陶器	唐	2006年12月
17	南宋故阁学萧公圹志石碑	碑刻	南宋	2006年12月
18	南宋故硕人许氏圹志石碑	碑刻	南宋	2006年12月
19	南宋乾道六年秉义郎赵不懦圹志石碑	碑刻	南宋	2006年12月
20	南宋重刻北宋天禧二年清河弟子造塔记录石碑	碑刻	南宋	2006年12月
21	北宋砖雕禅定莲座佛像	砖雕	北宋	2006年12月
22	北宋砖雕禅定莲座佛像	砖雕	北宋	2006年12月
23	北宋砖雕禅定莲座佛像	砖雕	北宋	2006年12月
24	北宋砖雕禅定莲座佛像	砖雕	北宋	2006年12月
25	北宋砖雕禅定莲座佛像	砖雕	北宋	2006年12月
26	北宋砖雕智拳印莲座佛像	砖雕	北宋	2006年12月
27	北宋砖雕禅定莲座佛像	砖雕	北宋	2006年12月
28	北宋砖雕禅定莲座佛像	砖雕	北宋	2006年12月
29	北宋砖雕禅定莲座佛像	砖雕	北宋	2006年12月

说明:资料由平阳县博物馆提供

第三节 非物质文化遗产保护

“非遗”调查和研究

1989年以来，县文化局、“非遗”保护传承中心深入民间，对民间的艺术资源展开调查，建立民间艺术资源数据库。至2008年，共收集“非遗”线索59519条，筛选有价值线索3020条，制作2758个调查表，编撰普查汇编本32卷。新发现的重要项目如畲族刺绣技艺、木活字印刷技艺等达到50余项。

《平阳乡土文化丛书》（2012年）

2003年，平阳县制定并实施“平阳乡土文化工程”，着手乡土文化及民间艺术资源普查，编纂《平阳县传统民俗文化研究》。3月，正式启动《平阳木偶戏》编写工作。2006年2月，徐兆格主编《平阳民间演唱艺术》一书出版发行。县非物质文化遗产办公室编纂的《平阳艺脉——非物质文化遗产资料汇编》和《仙姑宝卷——平阳民间演唱资料汇编》已完稿。2007年2月，徐兆格、洪玉畅《关于怀溪乡垟溪宫“五显爷庙会”的民俗调查》和郑金开《南湖乡宝山村马灯戏的调研报告》获温州市非物质文化遗产保护论文征文评选一等奖。是年，完成《温州市非物质文化遗产普查成果汇编》平阳县卷和31个乡镇卷的编辑工作。2012年，《平阳木偶戏》一书交由浙江省文化厅统一出版。

“非遗”传承人

平阳县有县级传承人18位、市级传承人37位、省级传承人31位，方克多、卓乃金两位为国家级传承人。传承人队伍不断壮大，在国家、省、市、县四级非遗名录上都有相应的传承人，并在2758个非遗普查项目中建立有传承人联系方式。

2012年平阳县非物质文化遗产代表性传承人名录

表33-3-4

序号	姓名	级别	项目名称	性别	出生年月	入选时间和批次
1	方克多	国家级	温州鼓词	男	1942年12月	2008年1月第二批
2	卓乃金	国家级	平阳木偶戏	男	1933年5月	2009年7月第三批
3	卓晓军	省级	平阳木偶戏	男	1967年12月	2008年1月第一批
4	庄家陈	省级	平阳木偶戏	男	1966年8月	2008年1月第一批
5	叶夫照	省级	平阳单档布袋戏	男	1944年8月	2008年1月第一批
6	郑学虎	省级	平阳单档布袋戏	男	1960年9月	2008年1月第一批
7	马必重	省级	平阳头发吊灯制作技艺	男	1930年5月	2008年1月第一批
8	陈菊英	省级	平阳太平钿剪纸	女	1928年3月	2008年1月第一批
9	金可春	省级	平阳牛筋琴制作技艺	男	1942年8月	2008年1月第一批
10	汤岳生	省级	平阳卖技	男	1929年1月	2008年1月第一批
11	游培余	省级	平阳卖技	男	1938年10月	2008年1月第一批
12	杨化念	省级	平阳渔鼓	男	1948年8月	2008年1月第一批
13	蔡炳涨	省级	吹打	男	1938年2月	2008年1月第一批
14	崔学荣	省级	平阳木偶戏	女	1947年12月	2009年1月第二批
15	张增周	省级	平阳木偶戏	男	1923年7月	2009年1月第二批

续表 33-3-4

序号	姓 名	级 别	项目名称	性别	出生年月	入选时间和批次
16	陈洪桧	省级	平阳牛筋琴制作技艺	男	1956年12月	2009年10月第三批
17	纪孔珊	省级	平阳渔鼓	男	1945年1月	2009年10月第三批
18	王晗华	省级	温州鼓词	女	1950年3月	2009年10月第三批
19	黄传文	省级	温州鼓词	男	1945年3月	2009年10月第三批
20	杨孝枝	省级	和剧	男	1943年9月	2009年10月第三批
21	温端坚	省级	平阳白鹤拳	男	1931年11月	2009年10月第三批
22	吴立勋	省级	东岳观道教音乐	男	1969年5月	2009年10月第三批
23	周开忠	省级	南湖马灯戏	男	1945年4月	2009年10月第三批
24	周开满	省级	南湖马灯戏	男	1947年9月	2009年10月第三批
25	董树枢	省级	平阳参龙	男	1946年8月	2009年10月第三批
26	徐世甫	省级	木活字印刷术	男	1926年5月	2009年10月第三批
27	徐世荣	省级	木活字印刷术	男	1943年7月	2009年10月第三批
28	金洪标	省级	鳌江划大龙	男	1916年7月	2009年10月第三批
29	应爱芳	省级	平阳木偶戏	女	1962年9月	2010年6月第一批
30	柯娟娥	省级	平阳太平钿剪纸	女	1937年12月	2010年6月第一批
31	温从富	省级	平阳白鹤拳	男	1938年8月	2010年6月第一批
32	苏立锋	省级	东岳观道教音乐	男	1967年1月	2010年6月第一批
33	周开村	省级	南湖马灯戏	男	1929年5月	2010年6月第一批
34	谢卿爱	市级	平阳渔鼓	男	1942年3月	2010年6月第一批
35	陈均钧	市级	吹打	男	1945年4月	2010年6月第一批
36	程海燕	市级	温州鼓词	女	1967年3月	2010年6月第一批
37	刘朝芬	市级	和剧	男	1943年8月	2010年6月第一批
38	周珠莲	市级	平阳头发吊灯制作技艺	女	1933年5月	2010年6月第一批
39	董光花	市级	平阳单档布袋戏	男	1932年8月	2010年6月第一批
40	陈高星	市级	平阳卖技	男	1946年1月	2010年6月第一批
41	李贻锥	市级	平阳绷鼓制作技艺	男	1948年9月	2010年6月第一批
42	黄益钦	市级	翻九楼	男	1964年7月	2010年6月第一批
43	徐兆格	市级	平阳童谣	男	1934年3月	2010年6月第一批
44	李菊花	市级	平阳畲族民歌	女	1949年7月	2010年6月第一批
45	陈　方	市级	十五巧板	男	1930年5月	2010年6月第一批
46	唐华生	市级	木活字印刷术	女	1948年2月	2010年6月第一批
47	王德贵	市级	鳌江划大龙	男	1945年1月	2010年6月第一批
48	毛传臻	市级	萧江大鼓舞	男	1940年8月	2010年6月第一批
49	张高伍	市级	平阳民间八仙戏	男	1950年1月	2010年6月第一批
50	林朝瑜	市级	温州蛋画	男	1932年10月	2010年6月第一批
51	郑大雷	市级	木偶制作技艺	男	1954年11月	2010年6月第一批
52	池云亮	市级	畲族婚俗	男	1944年11月	2010年6月第一批

续表 33-3-4

序号	姓 名	级 别	项目名称	性别	出生年月	入选时间和批次
53	章雪琴	市级	温州鼓词	女	1968年11月	2010年6月第一批
54	廖乾翰	市级	温州南拳	男	1926年1月	2012年6月第二批
55	林启旺	市级	高机与吴三春传说	男	1922年3月	2012年6月第二批
56	黄长凤	市级	单档布袋戏	男	1929年7月	2012年6月第二批
57	林宣胜	市级	和剧	男	1951年11月	2012年6月第二批
58	王良济	市级	民间八仙戏	男	1937年5月	2012年6月第二批
59	毛秀英	市级	平阳木偶戏	女	1962年5月	2012年6月第二批
60	陈焕叶	市级	温州南拳	男	1951年8月	2012年6月第二批
61	曾承援	市级	平阳渔鼓	男	1940年9月	2012年6月第二批
62	陈容旺	市级	平阳点色刻纸	男	1940年12月	2012年6月第二批
63	洪汝杰	市级	平阳绷鼓制作技艺	男	1962年10月	2012年6月第二批
64	吴逢明	市级	木活字印刷术	男	1949年12月	2012年6月第二批
65	马显沫	市级	平阳头发吊灯制作技艺	男	1954年10月	2012年6月第二批
66	施贻敏	市级	平阳施氏特效烫伤药	男	1966年9月	2012年6月第二批
67	吴志迪	市级	雅村舞黄龙	男	1957年2月	2012年6月第二批
68	石贤秋	市级	平阳吹打	男	1953年1月	2012年6月第二批
69	傅招弟	市级	十字绣	女	1940年12月	2012年6月第二批
70	王蕴英	市级	温州蛋画	女	1951年8月	2012年6月第二批
71	张　君	县级	南雁荡山传说	男	1946年9月	2010年8月第三批
72	叶世芬	县级	平阳卖技	男	1941年11月	2010年8月第三批
73	池昌朗	县级	青街闽语长诗	男	1934年11月	2010年8月第三批
74	庄家勉	县级	吹打(集锦头通)	男	1962年12月	2010年8月第三批
75	黄孝德	县级	平阳木偶戏	男	1962年9月	2010年8月第三批
76	陈孝斌	县级	平阳和剧	男	1941年7月	2010年8月第三批
77	王应料	县级	平阳和剧	男	1949年2月	2010年8月第三批
78	张高子	县级	民间八仙戏	男	1954年12月	2010年8月第三批
79	郑友龙	县级	平阳单档布袋戏	男	1963年3月	2010年8月第三批
80	李帝楼	县级	平阳单档布袋戏	男	1950年3月	2010年8月第三批
81	周开初	县级	南湖马灯戏	男	1958年12月	2010年8月第三批
82	林　峰	县级	温州鼓词	男	1951年5月	2010年8月第三批
83	何必昌	县级	平阳翻九楼	男	1950年3月	2010年8月第三批
84	杨昌平	县级	象 棋	男	1970年1月	2010年8月第三批
85	郑志远	县级	温州蛋画	男	1950年1月	2010年8月第三批
86	徐爱梅	县级	平阳太平钿剪纸	女	1939年6月	2010年8月第三批
87	姚秀英	县级	瓯 绣	女	1936年9月	2010年8月第三批
88	林家坤	县级	怀溪庙会	男	1932年8月	2010年8月第三批

说明:资料由平阳县非物质文化遗产保护中心提供

2010年温州鼓词国家级“非遗”传承人方克多(前排左)、木偶戏国家级“非遗”传承人卓乃金(前排右)收徒仪式(2010年)

“非遗”传承基地

2008年以来,建立以县木偶剧团木偶戏传承基地和山门单档布袋戏传承基地为代表的传承基地共7处,其中,省级传承基地1处:平阳木偶剧团木偶戏传承基地;省级传承教学基地1处:昆阳一小木偶戏传承教学基地;市级传承基地5处:平阳县单档布袋戏传承基地、平阳白鹤拳传承基地、平阳五枝拳传承基地、和剧传承基地、温州鼓词传承基地。

“非遗”传承活动

举办丰富多彩的“非遗”活动,让非遗真正走进百姓生活。2003年,南湖乡马灯戏在昆阳镇白石街、大厦广场、细龙广场等巡回演出,受到市民的欢迎。2004年2月,鹤溪镇举办民间传统文化庙会活动,活动形式多样,有舞龙、踩高跷、跑马灯、高台千秋、高阁、平阁等进行踩街活动。是年12月,成功举办平阳县民间布袋木偶戏会演,全县共有21个民间布袋木偶戏班参加演出,在水头镇3天共演出5场22个节目,这些节目均属民间原生态、原汁原味的演出,旨在挖掘抢救弘扬民间传统文化。2005年12月,在昆阳镇文化站小剧场举办“平阳民间艺术演唱会”,来自昆阳、鳌江、宋桥等乡镇20余位民间艺人表演传统民间艺术唱花鼓、唱莲花、唱龙船儿、唱元宝、平阳山歌、参龙、评书、卖技、鼓词等多种形式节目。

2012年平阳县“非遗”传承基地情况一览表

表33-3-5

序号	基地名称	级别	入选时间和批次	基地类型
1	平阳木偶剧团木偶戏传承基地	省级	2008年2月第一批	浙江省非物质文化遗产传承基地
2	昆阳一小木偶戏传承教学基地	省级	2010年5月第一批	浙江省非物质文化遗产传承教学基地
3	平阳县单档布袋戏传承基地	市级	2010年6月第一批	温州市非物质文化遗产传承基地
4	平阳白鹤拳传承基地	市级	2010年6月第一批	温州市非物质文化遗产传承基地
5	平阳县温州鼓词传承基地	市级	2012年11月第二批	温州市非物质文化遗产传承基地
6	平阳五枝拳传承基地	市级	2012年11月第二批	温州市非物质文化遗产传承基地
7	和剧传承基地	市级	2012年11月第二批	温州市非物质文化遗产传承基地

说明:资料由平阳县非物质文化遗产保护中心提供

2007年6月,《萧江大鼓》作为温州市首届农民文化节开幕式开场节目演出。是年10月,举行盛大的“庆国庆,迎奥运,划大龙”活动,此条“古鳌中华大龙”总长73米,高5米,宽3米,重2500公斤,分9节,取“九龙生子”之意,600盏彩灯环绕龙身,由200余名壮汉抬着踩街游行,体现鳌江人民团结、协作、奋进精神。2010年6月,作为温州地区唯一入选“上海世博会浙江活动周”的文艺节目,舞蹈《萧江大鼓》参加“春涌浙江——浙江民间艺术广场表演”展演,赢得国内外观众的一致好评。2011年,舞蹈《萧江大鼓》参加第八届全国残运会开幕式仪式前的演出活动,引起社会各界广泛关注。舞蹈《萧江大鼓》和鼓词《温州人》参加2011年文化遗产日浙江省主场城市活动暨温州市首届文化遗产节主题文艺晚会演出。

2003—2012年平阳县“非遗”获奖情况一览表

表33-3-6

年份（年）	非遗活动、比赛名称	参赛内容	获奖情况	颁奖单位
2003	温州市第四届曲艺会演	渔鼓《青史流芳》	大会特别奖	温州文化新闻出版局
2003	温州市第四届曲艺会演	鼓词《天使传奇》	创作、表演一等奖	温州文化新闻出版局
2003	温州市第四届曲艺会演	鼓词《母子对话》	创作奖	温州文化新闻出版局
2005	温州市第五届曲艺会演	鼓词《智贴传单》	创作优秀奖、演唱一等奖	温州文化新闻出版局
2005	温州市第五届曲艺会演	鼓词《赵五娘吃糠》	演唱一等奖	温州文化新闻出版局
2009	“‘非遗’乡村文艺会演”	鼓词《温州人》	金奖	浙江省宣传部
2010	浙江省“千镇万村种文化”表演	鼓词《温州人》	金奖	浙江省文化厅

说明：资料由平阳县非物质文化遗产保护中心提供

第三十四卷
DI SAN SHI SI JUAN

《平阳县志（1989—2012）》
PINGYANG XIAN ZHI

医疗　卫生

1989—2012年，平阳县由于医疗、卫生各项事业的发展，医疗设备、制度等进一步完善，人民群众看病难的问题得到很大的缓解，卫生状况进一步获得改善。1990年，全县实施初级卫生保健，对解体、半解体卫生院进行整顿，历经两年多，逐步恢复整体功能，同时，根据初保卫生保健要求，着手建立起村卫生室。2001年5月，正式实施城镇职工基本医疗保险制度。2005年8月，平阳县被命名为“全国农村中医工作先进县”。2012年，平阳县获“全国基层中医药工作先进单位”称号。

2006年，撤销昆阳、鳌江、水头、萧江、麻步、腾蛟、山门、顺溪8个卫生所，人员分流到基层防保站和卫生监督分所。是年，开始实施新型农村合作医疗制度。2010年，新一轮行政区划调整后，撤销了桃源乡卫生院，将原31个乡镇卫生院改制成30个乡镇卫生院。2011年1月，开始实行基本药物制度改革，45家公立医疗机构实施基本药物制度并实行零差率销售，同时将基本药物全部纳入新农合报销范围。作为全省第一批29个县级公立医院改革的试点县之一，2012年4月，县人民医院率先启动实施公立医院改革试点工作，6月底，县第二医院、县中医院和县妇幼保健院开始实施改革。

1989年，各项指标均达到了国家规定的基本消灭疟疾标准。翌年，麻风病各项指标均达到了卫生部基本消灭麻风病的标准，同时达到基本消灭丝虫病的标准。1991年，通过省地防办、省卫生厅组织的“基本控制碘缺乏病”考核验收。1994年，实现无脊灰野病毒病例发生。1999年，在乡镇建立防保站（全额事业单位），公共卫生监督与监测职能分离，建立县卫生监察大队。是年，市卫生局确认平阳县为消灭丝虫病县。2009年，实现消除碘缺乏病的目标。

2012年，全县卫技人员3506人，病床1791张。拥有固定资产总值17939.57万元，医疗卫生用房129326.70平方米，配有5万元以上的医疗设备538件（套），配置院前急救车13辆。

第一章　医疗卫生机构

1989年，全县县级医院3家，卫生防疫站、妇幼保健站各1家，乡镇卫生院69家。1992年乡镇“撤扩并”时，将原区卫生院改称中心卫生院，并以区卫生院农村卫生组为基础组建片区卫生所，协助县卫生局管理片区卫生行政工作。2001年，撤销县卫生防疫站和县卫生监察大队，分别组建县疾病预防控制中心和县卫生监督所。2012年，全县医疗卫生机构573家。其中，县级公立性医院2家，中医院1家，民营综合性医院1家，疾病预防控制机构、妇幼保健机构各1家，基层卫生院（含中心卫生院）30家，村卫生室463家，个体诊所56家，门诊部7家，医务室11家。

第一节　医疗机构

县级医院

平阳县人民医院　位于昆阳镇雅河路。浙江省三级乙等综合性医院。1989年，医院购置扇形B超、半自动生化分析仪等设备，并增设血库，成立血透室。1991年年底，经过省等级医院评审团检查验收合格，被评为一级甲等医院。1993年，医院引进日本东芝CT机并正式开机。1995年6月，建筑面积7550平方米，总投资1000万元的10层住院大楼竣工并正式投入使用。1998年年底，医院新建5层医技大楼竣工并投入使用。是年，经省教育厅、卫生厅审批正式授牌成为“浙江省高等医学院校教学医院”。2000年，医院在全市25家县级以上综合医疗质量测评中居榜首。2003年，医院首次设立专项科研基金，11月，医院门急诊、内科综合大楼正式投入使用。2004年，医院业务总收入首次突破1亿元。2006年，省卫生厅正式发文公布平阳县人民医院评定为二级甲等综合性医院。2012年8月，通过省三级乙等综合医院评审。

2012年，医院占地面积17668平方米，建筑面积33598平方米。有600张核定床位，设17个职能科室，19个病区，门诊开设53个诊室。在岗职工1009人，专业技术人员898人，其中，卫技人员850人，正高职称22人、副高职称102人，中级职称234人，初级职称191人，硕士24人。拥有西门子迈迪特NOVUS 0.35T核磁共振机、美国PHILIPS BRILLIANCE 16排螺旋CT机、美国GE彩色多普勒超声诊断系统、美国科医人60W钬激光碎石机、日本奥林巴斯AU2700大生化仪、美国强生VITROS 350生化仪、美国stryker(史塞克)关节镜、日本东芝数字胃肠机等设备。系浙江省高等医学院校合格教学医院、温州医学院教学医院、省级“绿色医院”、省级“平安医院”、省级“爱婴医院”、浙江大学医学院附属第一、二医院协作医院、中国人民解放军总医院合作医院。

平阳县人民医院异地迁建项目于2009年12月立项，并被列入省重点建设工程项目及中央投资项目，位于坡南龙山公园南，邻昆鳌快速通道，建筑面积115032平方米，占地面积约150亩，床位1000张，总投资7.5亿元，按三级医院规模建设。2011年1月开工。

1989—2012年平阳县人民医院门诊住院人次统计表

表34-1-1

年份(年)	门诊人次	床位数(核定)	床位数(实际)	住院人次(人次)	病床使用率%	病床周转率(次)
1989	173066	381	381	9077	93.51	23.82
1995	217467	450	429	8867	76.75	19.61
2000	258335	450	428	11018	74.69	25.74
2006	336268	450	452	15692	90.21	34.72
2008	416898	600	526	19312	114.91	38.08
2009	479331	600	529	19984	117.97	37.78
2012	802353	600	603	23141	108.02	38.16

说明:①上表为部分年份统计;②资料由平阳县人民医院提供

平阳县第二人民医院　位于水头镇东川中路。国家二级乙等综合性医院。前身为水头区卫生所，后为平阳县水头地段医院，1979年4月，更名为平阳县第二人民医院。1992年，被评为省双达标文明医院。1998年，被评为省级爱婴医院。2000年，门诊综合大楼7626平方米建成投入使用，2002年，住院部大楼9500平方米建成投入使用。是年，配备电脑30台，医疗实行电脑化管理，医疗器械有美国GE公司彩色多普勒超声诊断仪、美国ANATOM全身螺旋CT、美国史塞克1288腹腔镜、荷兰飞利浦BVENDURA C臂机、德国飞利浦DR机、日本奥林巴斯电子内窥镜、美国欧美达全功能麻醉机、德国费森尤斯400B型血透机、德国布鲁克除颤监护仪、日本日立7180全自动生化分析仪、赛默飞世尔冷冻切片机、德国莱卡ASP200全自动脱水机、美国PB呼吸机等。2005年，被评为国家二级乙等综合性医院。2010年，医院核定床位由130张增至242张。有9个病区、1个综合门诊部，设内科、外科、妇产科、儿科、骨科、血透科、五官科、皮肤科、中医科、针灸推拿科、病理科等，其中，急诊科、普外科、呼吸内科为县重点专科。是年，县政府决定医院按照二级甲等综合性医院的标准异地迁建，设置床位500张，占地76亩。

2012年，县政府与温州医科大学附属第二医院签订医院托管协议，将平阳县第二人民医院委托温州医科大学附属第二医院管理。是年，建立EICU病区，约200平方米，设置床位6张，配置急救器材、层流装置、温控装置。医院占地面积18544平

平阳县第二人民医院委托温州医学院附属第二医院管理签约仪式（2012年）

2000—2012年部分年份平阳县第二人民医院门诊住院人次统计表

表34-1-2

年份(年)	门诊人次	核定床位数(张)	实际床位数(张)	住院人次(人次)	病床使用率%	病床周转率(次)
2000	82336	157	157	4471	56.99	28.35
2003	105256	170	170	4653	50.04	27.37
2009	151296	130	242	6740	118.24	51.85
2012	228451	242	350	8180	92.29	33.80

说明：资料由平阳县第二人民医院提供

方米，总建筑面积24470.55平方米。工作人员331人，卫技人员289人，其中，副主任医师22人、副主任药师1人、主治医师41人、主治中医师4人、主管药师4人、主管护师40人、主管技师6人、初级卫技人员171人。

平阳县中医院　位于鳌江镇兴鳌中路。国家三级乙等中医院。系江西中医学院教学医院，浙江省首批中医"名院"建设单位。1984年，成立平阳县中医院筹备组。1991年3月正式开诊。1992年，通过浙江省一级乙等中医院的评审，核定床位100张。1993年，通过浙江省二级乙等中医院的评审。1995年，行政楼建成投入使用。1997年，被授予"县级文明单位"称号。2001年，新病房大楼建成投入使用，并通过"放心药房"的达标验收。2002年，在全市医疗机构中率先通过ISO 9001：2000国际质量管理体系认证，是年，档案工作通过省级达标。2003年，兼并平阳县第三人民医院。2004年，被授予"市级文明单位"称号，核定床位增至250张。2005年，通过国家二级甲等中医院的评审。2006年，成为江西中医学院教学医院，并有10人成为该学院的客座正、副教授和讲师。2007年，被确定为浙江省首批中医名院建设单位。2011年，晋升为浙江省三级乙等中医院，核定床位增至450张。2012年，升格为国家三级乙等中医院。

2012年，医院占地面积9112平方米，建筑面积16404平方米。核定床位450张，年门诊量55.7万人次，年业务收入1.8亿元，固定资产6678.19万元。职工560人，其中，高级职称39人，中级职称141人，硕士研究生23人。配有16排CT、DR、C臂、彩超、电子内窥镜、全自动生化分析仪、免疫发光机、血透仪、钼钯X射片机，进口胃肠机医疗设备。设有急诊科、ICU、内科、外科、儿科、妇产科、骨伤科、肿瘤科、针灸科、推拿科、皮肤科、眼科、耳鼻喉科、口腔科、肛肠科、康复科、神经科、麻醉科、感染科、治未病科等一级临床科室20个、10个病区及11个医技科室。

2003—2012年部分年份平阳县中医院门诊住院人次统计表

表34-1-3

年份(年)	门诊人次(人次)	核定床位数(张)	实际床位数(张)	住院人次(人次)	病床使用率%	病床周转率(次)
2003	106155	100	181	3744	88.4	21.3
2006	160741	250	220	5103	84.9	23.2
2008	265730	250	228	7251	125	31.8
2010	368125	250	322	10102	128	31.4
2012	557348	450	436	11721	99	30.3

说明：资料由平阳县中医院提供

平阳县妇幼保健院　位于鳌江镇曙东路178号。1977年，成立平阳县妇幼保健站，1998年，更名为县妇幼保健院，属于全额拨款的县级事业单位。

1992年，经省卫生厅批准，县政府和县卫生局决定投入近100万元，将县妇幼保健站迁建于鳌江镇。1993年，共有职工19人，其中，卫技人员15人，行政后勤人员4人。1995年，完成县妇幼保健站综合楼的基建任务，1996年3月，正式投入使用。2005年，职工总人数增至46人，其中，卫技人员39人，行政后勤人员7人。2011年9月，平阳县机构编制委员会为县妇幼保健院重新定编，从原来编制为11人增加至50人。

2012年，县妇幼保健院业务用房及昆阳门诊部占地面积2512.12平方米，建筑面积1710.70平方米。设置行政办公室、总务科、财务科、妇产科、生殖健康科、计划生育科、妇女保健科、儿童保健科、健康信息科、信息管理科、集居儿童保健室、妇保儿科、儿保门诊等20余科室。共有48名干部职工，中级职称以上的专业技术人员16人。

医疗设备有200毫安X光机、万能手术台、B超、心电图、全自动血球分析仪、半自动生化仪、多功能光谱治疗仪、胎儿监护仪、听力筛选仪等。业务有妇产科门诊、计划生育手术、妇女病普查、孕产妇保健检查、更年期保健；儿童保健门诊、托幼机构儿童体检、新生儿疾病筛查和听力筛查；举办新婚学校、孕妇学校、育儿学校；与省、市妇幼所联合开展产前诊断项目检测；全县出生医学证明的管理。

乡镇医疗单位

20世纪80年代初期，公社保健所更名为卫生院，均属集体性质的国家基层卫生机构。80年代后期，随着市场经济的发展，卫生院在竞争中受到冲击，大部分卫生院经营困难，处于解体或半解体状态。

1990年，全县实施初级卫生保健。根据市政府统一部署，对各解体、半解体的卫生院进行整顿，历经两年多，逐步恢复整体功能。同时，根据初级卫生保健的要求，着手建立起村卫生室。

1992年，乡镇"撤扩并"时，将原区卫生院改称中心卫生院，并以区卫生院农村卫生组为基础组建片区卫生所，协助县卫生局管理片区卫生行政工作。被并乡中心卫生院功能健全、服务能力较强的作为卫生院分院，继续承担医疗保健任务，功能不全或半解体的并入卫生院总院管理或组建村卫生室。

1999年，根据市政府决定，在乡镇建立防保站（全额事业单位），其站长由卫生院院长兼任，原卫生院卫生防疫和妇幼保健人员经考核113名合格者编入防保站。2010年，新一轮行政区划调整后，撤销了桃源乡卫生院，将原31个乡镇卫生院改制成30个乡镇卫生院。2012年，设置昆阳、鳌江、水头、萧江、万全、腾蛟、山门、顺溪、南雁等9个镇和青街畲族乡共10家乡镇卫生院（第二名称：社区服务中心），均属差额事业单位，承担各镇（乡）基本医疗、公共卫生等医疗卫生任务。

昆阳镇辖区　2012年，昆阳镇范围内建制乡镇卫生院1家、村卫生室72家（其中社区服务站6家）。

2005年，昆阳镇卫生院建筑面积为775平方米，占地面积240平方米，职工56人，病床6张，年业务收入150万元。2012年，建筑面积925平方米，占地面积305平方米，职工123人，年业务收入2264.6万元。配有X光机、心电图、彩色B超、全自动生化仪、尿液分析仪、全自动血液分析仪、离心机等设备，所有科室都实行信息化管理。

鳌江镇辖区　2012年，鳌江镇范围内有建制乡镇卫生院1家、非建制乡镇卫生院5家、村卫生室

2005年鳌江镇辖区内5个非建制乡镇卫生院情况一览表

表34-1-4

单位名称	房屋情况		职工人数（人）	病床数（张）	主要医疗设备						业务收入（万元）
	建筑面积（平方米）	占地面积（平方米）			X光机	心电图	B超机	生化仪	尿液分析仪	血液分析仪	
钱仓镇卫生院	1087	1862	—	0	无	无	无	无	无	无	—
南麂中心卫生院	1353	868	—	0	无	无	无	无	无	无	2.1

续表 34-1-4

单位名称	房屋情况		职工人数（人）	病床数（张）	主要医疗设备						业务收入（万元）
	建筑面积（平方米）	占地面积（平方米）			X光机	心电图	B超机	生化仪	尿液分析仪	血液分析仪	
西湾乡卫生院	973	1007	8	0	无	无	无	无	无	无	—
梅溪乡卫生院	687	1427	9	0	无	无	无	无	无	无	—
梅源乡卫生院	430	187	13	0	无	无	无	无	无	无	—

说明：资料由原平阳县卫生局提供

2012 年鳌江镇辖区内 5 个非建制乡镇卫生院情况一览表

表 34-1-5

单位名称	房屋情况		职工人数（人）	病床数（张）	主要医疗设备						门诊病人数（人）	业务收入（万元）
	建筑面积（平方米）	占地面积（平方米）			X光机	心电图	B超机	生化仪	尿液分析仪	血液分析仪		
鳌江镇钱仓卫生院	1320	1878	20	0	有	有	有	全自动	有	全自动	24898	175.2
鳌江镇南麂卫生院	1353	868	18	0	有	有	有	损坏	损坏	无	536	3.2
鳌江镇西湾卫生院	1028	667	15	0	有	有	有	全自动	有	全自动	11301	58.6
鳌江镇梅溪卫生院	1298	765	15	0	有	有	有	全自动	有	全自动	10898	66.9
鳌江镇梅源卫生院	310	1138	14	0	无	有	有	全自动	有	全自动	4223	30.2

说明：资料由原平阳县卫生局提供

122家（其中社区服务站9家）。

2005年，鳌江镇卫生院建筑面积684平方米，占地面积168平方米，职工38人，病床6张，年业务收入327万元。2012年，建筑面积838平方米，职工92人，年业务收入2348.6万元。配有X光机、心电图、手提B超、西门子彩超、全自动生化仪、尿液分析仪、全自动血细胞分析仪等设备。

鳌江镇南麂卫生院前身是南麂乡保健所，1992年改称南麂中心卫生院，地址在火焜岙，有约100平方米的业务用房，工作人员4人。1996年，迁址到司令部（原部队机关处），业务用房767平方米，带有疗养功能，工作人员9人。2012年，南麂中心卫生院更名为鳌江镇南麂卫生院，工作人员18人。

水头镇辖区　2012年，水头镇范围内建制乡镇卫生院1家、非建制乡镇卫生院5家、村卫生室95家（其中社区服务站5家）。

2005年，水头镇卫生院建筑面积333平方米，占地面积117平方米，职工40人，病床1张，年业务收入200万元。2012年，建筑面积1680平方米，职工70人，年业务收入1592.5万元。配有B超、心电图机、生化仪、血球仪、尿液分析仪、摄片机等设备。

2005 年水头镇辖区内 5 个非建制乡镇卫生院情况一览表

表 34-1-6

单位名称	房屋情况		职工人数（人）	病床数（张）	主要医疗设备						业务收入（万元）
	建筑面积（平方米）	占地面积（平方米）			X光机	心电图	B超机	生化仪	尿液分析仪	血液分析仪	
凤卧镇卫生院	581	215	9	0	无	无	无	无	无	无	70

续表 34-1-6

单位名称	房屋情况		职工人数（人）	病床数（张）	主要医疗设备						业务收入（万元）
	建筑面积（平方米）	占地面积（平方米）			X光机	心电图	B超机	生化仪	尿液分析仪	血液分析仪	
鹤溪镇卫生院	823	910	24	0	无	无	无	无	无	无	74
南湖乡卫生院	234	157	5	0	无	无	无	无	无	无	—
朝阳乡卫生院	359	413	1	0	无	无	无	无	无	无	—
闹村乡卫生院	897	2089	3	0	无	无	无	无	无	无	10

说明:资料由原平阳县卫生局提供

2012年水头镇辖区内5个非建制乡镇卫生院情况一览表

表 34-1-7

单位名称	房屋情况		职工人数（人）	病床数（张）	主要医疗设备						门诊病人数（人）	业务收入（万元）
	建筑面积（平方米）	占地面积（平方米）			X光机	心电图	B超机	生化仪	尿液分析仪	血液分析仪		
水头镇凤卧卫生院	2000	2000	23	0	有	有	有	半自动	有	有	34157	197.3
水头镇鹤溪卫生院	1241	882	37	0	有	有	有	半自动	有	有	61349	362.6
水头镇南湖卫生院	1100	1424	12	0	无	有	有	半自动	有	全自动	6356	49.0
水头镇朝阳卫生院	378	350	4	0	无	无	无	无	无	无	1309	6.2
水头镇闹村卫生院	1265	1997	17	0	有	有	有	全自动	有	有	6242	47.6

说明:资料由原平阳县卫生局提供

萧江镇辖区　萧江镇范围内建制乡镇卫生院2家、村卫生室72家(其中社区服务站5家)。2010年5月,将桃源乡并入萧江镇,原桃源乡卫生院整编为桃源社区卫生服务站。2012年12月,麻步镇并入萧江镇,原麻步中心卫生院保留建制。

萧江医院始建于1999年5月,至2012年,是平阳县基层卫生院中规模最大、人员最多、设备最齐全的一家中心卫生院。2004年9月,该院与平阳县人民医院协作,改称为平阳县人民医院分院。2005年,全院职工72人,其中,本科7人,大专37人,中专28人。设病床30张,拥有独立的手术室。占地面积8238平方米,医疗用房总建筑面积4020平方米,总投资1000余万元,固定资产817.6万元。业务总收入622.80万元。2012年,全院在岗职工115人,其中卫技人员96人。下设8个职能科室、3个病区和19个临床科室,设病床95张。占地面积10769平方米,业务用房面积8114平方米。总收入3655.6万元,总诊疗人次195467。配有彩超、CR、全自动生化仪、移动X光机、尿液分析仪、血液分析仪、除颤监护仪、麻醉机、动态心电图记录仪等先进设备,拥有His系统、电子病历系统、病案管理系统、Lis系统等22项信息系统。

1992年,麻步中心卫生院由麻步区卫生院改名而来。1993年征地798平方米,新建一座三层楼作为业务用房。1999年,创建住院部,开展普外科手术,设置病房30张。2000年,创建爱婴卫生院。2001年,为中医重点单位。2005年,实行电脑信息化管理。全院有员工53人,其中,中级职称4人,初级职称34人。配有B超机、半自动生化仪、尿液分析仪、麻醉机、电解质分析仪、中药煎药机等设备。业务总收入275.1456万元。2012年,全院在岗职工84人,其中卫技人员64人;设病床50张;总收入2064.9万元;总诊疗人142041次。房屋建筑面积4916平方米,业务用房面积3481平方米;配有B超机、五分类血球分析仪、全自动生化仪、X线摄片机、听力筛选仪、胎儿监护仪、动态心电图记录仪等设备。

万全镇辖区　万全镇范围内非建制乡镇卫生院4家、村卫生室45家(其中社区服务站2家)。

2005年万全镇辖区内4个非建制乡镇卫生院情况一览表

表34-1-8

单位名称	房屋情况		职工人数（人）	病床数（张）	主要医疗设备						业务收入（万元）
	建筑面积（平方米）	占地面积（平方米）			X光机	心电图	B超机	生化仪	尿液分析仪	血液分析仪	
宋桥镇卫生院	475	276	14	0	无	无	无	无	无	无	70
郑楼镇卫生院	2377	2192	22	0	无	无	无	无	无	无	135
宋埠镇卫生院	1233	1235	26	0	无	无	无	无	无	无	424
榆垟镇卫生院	1277	2080	16	0	无	无	无	无	无	无	50

说明:资料由原平阳县卫生局提供

2012年万全镇辖区内4个非建制乡镇卫生院情况一览表

表34-1-9

单位名称	房屋情况		职工人数（人）	病床数（张）	主要医疗设备						门诊病人数（人）	业务收入（万元）
	建筑面积（平方米）	占地面积（平方米）			X光机	心电图	B超机	生化仪	尿液分析仪	血液分析仪		
万全镇宋桥卫生院	420	380	31	0	有	有	有	半自动	有	全自动	51175	296.1
万全镇郑楼卫生院	2077	2192	33	0	有	有	有	全自动	有	有	43973	323.4
万全镇宋埠卫生院	1350	1500	31	0	有	有	有	全自动	有	有	65222	384.4
万全镇榆垟卫生院	1490	1333	16	0	有	有	有	全自动	有	有	22720	145.2

说明:资料由原平阳县卫生局提供

腾蛟镇辖区　腾蛟镇范围内建制乡镇卫生院1家、非建制乡镇卫生院2家、村卫生室18家(其中社区服务站1家)。

2005年,腾蛟中心卫生院占地面积1474.68平方米,有职工30人(全部是医护人员)。病床15张,分设内科、外科、妇产科、骨伤科、口腔科、五官科、放射科、化验科、护理科、药房等。收入156.38万元,支出144.8万元。2012年,全院在岗职工86人,其中,卫技人员75人,设病床60张,总收入1627.1万元,总诊疗71139人次。房屋建筑面积1633平方米,业务用房面积1204平方米。配有彩超、CR、血液细胞分析仪、全自动生化仪、X光机、胎儿监护仪、电解质分析仪、心电图机、心电监护仪等设备。

2005年腾蛟镇辖区内2个非建制乡镇卫生院情况一览表

表34-1-10

单位名称	房屋情况		职工人数（人）	病床数（张）	主要医疗设备						业务收入（万元）
	建筑面积（平方米）	占地面积（平方米）			X光机	心电图	B超机	生化仪	尿液分析仪	血液分析仪	
腾蛟镇凤巢卫生院	419	790	—	0	无	无	无	无	无	无	—
腾蛟镇龙尾卫生院	237	160	—	0	无	无	无	无	无	无	—

说明:资料由原平阳县卫生局提供

2012年腾蛟镇辖区内2个非建制乡镇卫生院情况一览表

表34-1-11

单位名称	房屋情况		职工人数（人）	病床数（张）	主要医疗设备						门诊病人数	业务收入（万元）
	建筑面积（平方米）	占地面积（平方米）			X光机	心电图	B超机	生化仪	尿液分析仪	血液分析仪		
腾蛟镇凤巢卫生院	1086	878	16	0	无	有	有	半自动	有	全自动	30779	189.2
腾蛟镇龙尾卫生院	436	205	10	0	有	有	有	半自动	无	有	629	2.8

说明：资料由原平阳县卫生局提供

山门镇辖区　山门镇范围内建制乡镇卫生院1家、非建制乡镇卫生院2家、村卫生院14家(其中社区服务站1家)。

2005年，山门中心卫生院占地面积9021平方米，建筑面积1302平方米；配有B超、半自动生化仪、尿液分析仪、心电图机等设备；医务人员19人，其中医师6人(中级职称2人)，药剂师2人，护理员2人。全年收入69万元。2012年，职工43人，其中卫技人员34人；总收入947.2万元；总诊疗72818人次；房屋建筑面积4450平方米，业务用房面积2750平方米；配有彩超、全自动生化仪、X光机、血液分析仪、尿液分析仪、心电图仪等设备。

2005年山门镇辖区内2个非建制乡镇卫生院情况一览表

表34-1-12

单位名称	房屋情况		职工人数（人）	病床数（张）	主要医疗设备						业务收入（万元）
	建筑面积（平方米）	占地面积（平方米）			X光机	心电图	B超机	生化仪	尿液分析仪	血液分析仪	
山门镇晓坑卫生院	941	813	18	0	无	有	无	无	无	无	70
山门镇怀溪卫生院	840	1147	14	0	无	无	无	无	无	无	21

说明：资料由原平阳县卫生局提供

2012年山门镇辖区内2个非建制乡镇卫生院情况一览表

表34-1-13

单位名称	房屋情况		职工人数（人）	病床数（张）	主要医疗设备						门诊病人数（人）	业务收入（万元）
	建筑面积（平方米）	占地面积（平方米）			X光机	心电图	B超机	生化仪	尿液分析仪	血液分析仪		
山门镇晓坑卫生院	941	813	17	0	有	有	有	半自动	有	有	26512	184.6
山门镇怀溪卫生院	1170	1127	10	0	有	有	有	半自动	有	有	9336	62.9

说明：资料由原平阳县卫生局提供

顺溪镇辖区　顺溪镇范围内有建制乡镇卫生院1家、非建制乡镇卫生院2家，村卫生室5家(其中社区服务站1家)。

2005年，顺溪中心卫生院占地面积3207平方米，建筑面积844平方米；配有X光机、多功能治疗仪、尿液分析仪、B超机、心电图机等设备；职工16人，其中医技人员12人，设病床10张，设立内、外、妇等6个科室；全年门诊量8653人次，全年业务总收入29.77万元。2012年，全院在岗职工28人，其中卫技人员20人；总收入512.7万元；总诊疗26170人次；房屋建筑面积844平方米，业务用房面积520平方米；配有B超机、全自动生化仪、血球分析仪、心电图、尿液分析仪等设备。

2005年顺溪镇辖区内2个非建制乡镇卫生院情况一览表

表34-1-14

单位名称	房屋情况		职工人数（人）	病床数（张）	主要医疗设备						业务收入（万元）
	建筑面积（平方米）	占地面积（平方米）			X光机	心电图	B超机	生化仪	尿液分析仪	血球计数仪	
顺溪镇维新卫生院	946	766	9	0	无	无	有	无	无	无	31
顺溪镇吴垟卫生院	322	370	3	0	无	无	无	无	无	无	6

说明：资料由原平阳县卫生局提供

2012年顺溪镇辖区内2个非建制乡镇卫生院情况一览表

表34-1-15

单位名称	房屋情况		职工人数（人）	病床数（张）	主要医疗设备						门诊病人数（人）	业务收入（万元）
	建筑面积（平方米）	占地面积（平方米）			X光机	心电图	B超机	生化仪	尿液分析仪	血球计数仪		
顺溪镇维新卫生院	946	766	9	0	有	有	有	半自动	有	有	11155	52.0
顺溪镇吴垟卫生院	322	370	4	0	有	有	有	半自动	有	有	2607	10.6

说明：资料由原平阳县卫生局提供

南雁镇辖区　南雁镇范围内建制乡镇卫生院1家、村卫生室18家（其中社区服务站1家）。

2005年，南雁镇卫生院建筑面积1020平方米，占地面积1639平方米，职工15人，病床10张，年业务收入35万元。2012年，建筑面积1110平方米，职工27人，年业务收入381.1万元。配有血球分析仪、200MAX光机、心电图机、尿液分析仪、六道心电图、全自动生化仪、离心机等设备。

青街畲族乡辖区　青街畲族乡范围内建制乡镇卫生院1家、村卫生室2家。

2005年，青街畲族乡卫生院建筑面积424平方米，占地面积434平方米，职工5人，病床2张，年业务收入3万元。2012年，建筑面积424平方米，职工15人，年业务收入166万元。配有B超机、心电图机、X光机、尿液分析仪、生化仪等设备。

村卫生室

1998年，国家颁布《中华人民共和国执业医师法》，提高个体医开业的准入标准，大部分未取得执业医师资格的个体医师转入其他相应岗位。至2002年，有诊所（医务室）87家，2005年，有诊所（医务室）46家，2006年，有诊所（医务室）44家，2012年，有诊所（医务室）52家。2002—2012年，门诊部3家。2012年，平阳县村卫生室463家（其中有37家村卫生室隶属原卫生院改制的，属差额事业单位外，其余都属非政府办非营利性单位），职工975人，其中，医师773人，护理131人，乡村医师71人。部分条件较好的配有B型超声诊疗仪，X线诊断机、全自动生化仪、心电监护仪、呼吸机、心电图机、血球分析仪、离心机等设备，一般卫生室仅有三件基本器材（听诊器、血压计、温度计）。全年全县村卫生室总收入5702.6万元（其中上级补助收入98.6万元，医疗收入、事业收入3784.9万元），总支出5264.3万元（其中人员支出1616.9万元）。

民营医院

长庚医院　1992年，10户个体医以股份制形式，创办平阳县红十字会儿童保健医院。在鳌江水深路征得土地2660平方米，新建病房2860平方米，1993年，正式开诊，设病床位60张，系全国首家红十字会股份制医院。1994年，参与戒毒诊疗工作，与平阳县公安局联办戒毒康复中心。1998年，与温州长安集团有限公司联办，成立平阳县儿童保健医院，迁址104国道沿线（鳌江镇下河），开展以创伤救护为主的医疗活动，床位80张。

1999年，全年总门诊量21432人次（含急诊、体检、手术例数)，住院病人1792人次，年总业务收入59.58万元。2005年，更名为平阳县长庚医院，与温州医学院附属第一医院协作。医院占地面积13965平方米，建筑面积23000平方米，总投资8000余万元。设床位148张，职工170人，其中医护人员96人。2007年，与温医附一院协作办院。全年门诊量49557人次(含急诊、体检、手术例数)，住院病人3040人次，年总业务收入991.5万元。2008年4月，医院停止与温医附一院协作办院，进入停业状态。2009年5月，新一届董事会组成，医院重新开业。2011年，2500平方米单独体检大楼(培元)健康体检中心投入使用。是年，浙江省首家定点民营医院结核病门诊开诊。2012年，医院设有急诊、普外、脑外、骨外、泌尿、五官、妇科、产科、内科、儿科、中医、理疗针灸等22个科室。职工248人。全年总门诊量79526人，住院病人5564人，年总业务收入7059.93万元。医疗设备有GEL5彩超、美国GEI、5T核磁共振、奥林巴斯大生化、全功能麻醉呼吸机、数码X光机等。

2011年平阳县疾病预防控制中心落成(2011年)

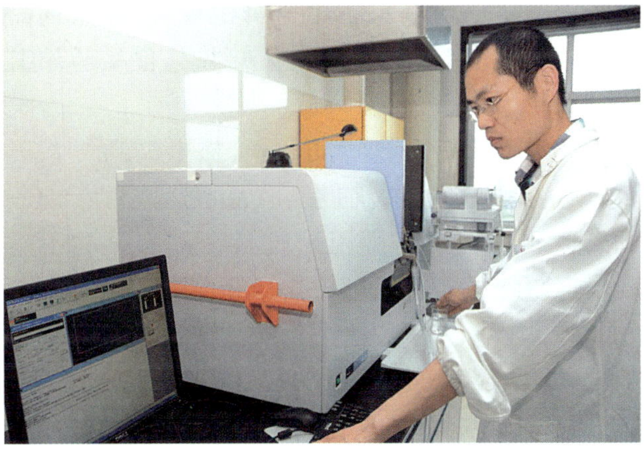

县疾控中心实验室原子吸收仪检测(2012年)

第二节　卫生单位

县疾病预防控制中心

前身为创建于1956年的平阳县卫生防疫站，原位于昆阳东门横街，占地面积1564平方米，建筑面积2307平方米。2000年，编纂、刊行《平阳卫生防疫站志(1956—2000)》一书，全面反映平阳县防疫站机构沿革、防疫等情况，是平阳县40余年卫生防病史，是平阳县第一部传染病疾病史。

2001年1月，撤销平阳县卫生防疫站，组建成平阳县疾病预防控制中心，系全民全额拨款事业单位，编制56人。2007年，在鳌江开发区新建的疾控中心大楼竣工，占地10亩，建筑面积6000余平方米。

1989年，县卫生防疫站在册编制53人，其中技术人员45人，下设10个科室。1999年，公共卫生监督与疾病监测职能分离，编制核减10人，分流到刚成立的平阳县卫生监察大队，县卫生防疫站保留疾病监测职能。2001年，县卫生防疫站更名为平阳县疾病预防控制中心。

2012年，县疾病预防控制中心设有行政办公室、技术质量管理科、卫生监测科、慢病控制科、结核病防治科、微生物检验科、理化检验科、健康教育与促进科及健康监测咨询科等14个科室。在编人员58人，其中，专业技术人员49人，高级技术职称4人，中级25人。

县疾病预防控制中心实验室通过计量认证，拥有气相色谱质谱联用仪和超高效液相色谱分析仪、原子荧光分光光度计、原子吸收光谱仪、微波消解器、全自动生化分析仪、全自动细菌测定仪等一批高精度仪器设备，检测项目分17类383项。

县卫生监督所

位于平瑞路，东门山仙坛寺下方。1999年，建立平阳县卫生监察大队，属全民全额拨款事业单位，定编12人。工作职责：受卫生局委托，开展药品、食品、医疗用品、化妆品等行政执法监督工作。办公地点租用昆阳镇西马路40号，内设食品组、医疗机构管理组、药品管理组、综合组。

2001年，撤销平阳县卫生监察大队，组建平阳县卫生监督所，隶属县卫生局，属全民全额拨款事业单位，定编40人，下设8个卫生监督站，定编25人。办公地点移至平瑞路50号县卫生进修学校。

2006年1月，县卫生局重新核定县卫生监督所及各分所人员，监督所40人，万全分所6人，鳌江分所9人，萧江分所4人，水头分所9人，腾蛟分所6人，山门分所6人。2008年，增设顺溪分所，挂靠山门分所。至2012年，监督所职工61人。设办公室、一科（食品）、二科（公共卫生）、三科（医疗机构）、审查科、办证科、卫生监督稽查科。原设药品监督科，2002年3月全体人员归并县食品药品监督管理局。

2012年，该所有监督车8辆、摄影机3台、数码相机10部、快速监测仪1套、食品快速监测仪1套、放射监测仪1套、职业卫生监测仪1套、公共卫生现场快速监测仪1套、便捷式二氧化氯测定仪1台、900型多功能数字核辐射仪1台、H193703便携式微电脑多用途浊度测量仪1台、X310测距仪3台、便携式pH值1台、二氧化氯检测仪1台、便携式余氯分析仪1台、数字式照度计2台、风速仪1台等。

县卫生进修学校

县卫生进修学校创建于1979年，1982年招生开课，是浙江省第二批批准的县卫生进修学校，隶属县卫生局领导的全额事业单位，担负全县74所乡（镇）卫生院和村医疗室卫生技术人员业务培训任务，是平阳县唯一的卫生培训基地。建校之初，学校办学条件较差，长期借用温州医学院设在平阳县人民医院的教室和毗邻单位仓库为学生寝室。1992年，成立浙江省乡村医生培训学校平阳县辅导站，负责处理函授教育的日常工作。1997年，县卫生局将原昆阳镇卫生所划拨给县卫生进修学校。2010年12月，撤销平阳县卫生进修学校，人员分流到县卫生系统其他事业单位。

县爱国卫生运动委员会办公室

简称“县爱卫办”，设在县政府大院1号楼。1992年，平阳县爱卫办增设平阳县农村改水办公室，定编6人，为全民所有制全额拨款事业单位。工作职责是负责全县农村改水（改厕）工程的现场勘测、图纸设计、施工管理、工程验收、落实资金补助、后期管理等。2008年，农村改水职能移交水利局。

2012年，平阳县爱卫会由教育、工商、人武、环保、城建、水利、卫生、工会、财政、交通等32个成员单位组成，下设办公室（设在卫生局），全县镇乡都设有爱卫办，并配备专兼职工作人员；县级机关和企事业单位、建制村普遍设立爱国卫生运动委员会领导小组，配有专、兼职工作人员，形成完整的县、镇（乡）、村三级爱国卫生网络体系。

县药品检验所

县药品检验所成立于1978年5月，主要开展中西药质量检测工作，并对全县药品批发、经营销售企业进行监督管理。1985年，成立平阳县贯彻《药品管理法》验收发证办公室，负责办理药品经营企业许可证的审批、发证，以及定期的换证。1993年，全县聘任27名药品检查员。1997年，县卫生局的药政股更名为药政科。2001年12月，平阳县药品监督局成立，负责全县的药政管理工作，随之撤销县卫生局的药政科，有关药政管理人员调入药监局。是年，平阳县药品检验所划归县药监局管理，成为温州市药检所直属单位，更名为温州市药检所平阳分所。

县个体医管理办公室

20世纪80年代初，每年有不少人申请开办个体诊所，其人员来源有原来的“赤脚医生”、社会办医校（班）结业人员、有一技之长者及退休医务人员。这些人员经过考试合格发给个体开业执照，县卫生局医政股配有专职干部管理此项工作。根据1985年温州市卫生局颁布的《温州市个体开业人员管理暂行实施细则》，对全县个体医诊所规定了统一的报表、账册、处方、单据格式，实行看病有记录、配药有处方、收费有票据、疫情有报告等制度。

随着个体开业诊所人员的逐年增多，社会办医一度出现失控现象，无证行医、医疗纠纷也时有发生。为此，1986年，县卫生局经县政府批准成立平阳县个体医管理办公室，开展正规化、程序化管理。随后又成立县个体卫生工作者协会和万全、鳌江、水头等卫协分会，加强自我管理。

1990年，经过全面整顿，对合格者给予换发执照。1993年始，县个体医管理办公室每年对个体医务人员进行法律学习和业务培训、医德医风教育，开展文明诊所创建活动，对个体行医人员增强法律意识、职业道德水准及文明行医起到较好作用。2010年，由于行政机构职能调整撤销县个体医管理办公室，办公人员逐步分流到乡镇卫生院。

第三节　医卫团体

平阳县医学会

1965年1月，创立平阳县医学会。1980年5月，改称中华医学会浙江省平阳县分会。1991—1995年，曾四次被评为县先进学会。

2003年12月，举行平阳县医学会第八届会员代表大会，产生了新一届理事会。2004年，举办“论文写作及课题研究”及“系统性红斑狼疮的诊治”两场讲座。2005年，会员274人，举办“危重病学的新进展”和“循证医学”两期Ⅰ类学分学习班，500余人参加。是年，温州市医学会在平阳举办医院管理委员会年会及神经外科专业委员会年会，300余人参加。县医学会召开一次放射质控中心年会。立项科研课题37项，发表论文77篇。

2006年，举办三期Ⅰ类学分学习班，三期Ⅱ类学分学习班，500余人参加。立项科研课题35项，发表论文68篇。

2012年，全县完成远程继续教育420人，初级医技人员继续教育319人，并完成10名住院医师规范化培训，20名卫技人员岗位培训。还举办基层卫生院院长管理培训班，组织考察玉环县坎门中心卫生院。

自学会成立以来，结合防病实践，开展学术研究，如急性有机磷农药中毒防治专题研究、乙型肝炎预防与治疗、海丝螺中毒研讨等。此外，每年还组织医疗队到山区、老区开展扶贫医疗及科普宣传活动。

平阳县中医药学会

1981年12月，创立平阳县中医药学会。2005年有会员191人，2012年有会员205人。自中医药学会成立以来，为密切全县中医药人员联系，加强中医药信息沟通，促进中医学术交流起到了桥梁纽带作用。与政协卫生组协作，开展扶贫义诊活动。组织论文撰写，挖掘中医经验，开展学术交流。

1987年，会员孙雷平应邀参加全国中医治则研讨会，其论文《关于治则研究的若干问题》和《异病同治的机理探讨》被录刊于大会论文集。

2006年8月，邀请浙江省中西医结合学会肿瘤专业委员会主任委员、博士生导师郭勇教授作常见肿瘤防治要点专题讲座。11月，召开中医膏方临床应用研讨会。开展免费医疗咨询活动，组织中高级医师10余人，深入鳌江各社区，送医上门。

2012年11月，平阳县中医药学会会员代表会议召开，全面介绍和总结第六届理事会取得的成绩，选举产生了第七届理事和常务理事，由张美稀担任新一届理事长，并制定了新一届理事会的工作任务和计划。

平阳县护理分会

1981年12月，创立中华护理学会浙江省平阳县分会。1995年，学会被评为县先进学会。2005年，邀请温州市二医主任、护师胡国萍主讲安全护理课，参加听课的护士200余人，“三八”妇女节上街为群众义诊，并参加医疗队到吴垟乡送医送药活动。是年，有会员388人。2009—2012年，连续4年被温州市护理学会评为先进学会。2012年，召开第八次会员代表大会，选举产生了新一届理事会，由24名理事组成。是年，有会员898人。

县护理分会于每年护士节及年会开展护理操作表演、智力竞赛、论文交流等活动。

第二章　医疗卫生工作

1989—2012年，全县医疗卫生事业获得很大发展，西医、中医方面都取得不凡的成绩。1989年，县级医院3家，卫生防疫站、妇幼保健站各1家，医院病床799张，每千人口拥有病床1.07张；专业卫生技术人员1741人，每千人拥有专业卫生技术人员2.34人。2012年，平阳县卫生系统卫技人员3506人，床位1791张，全县平均每千人拥有医生数和床位数分别为2.22人和1.92张。是年，引进硕士研究生13人、副主任医师3人，全县66个新农村社区实现社区防疫卫生服务全覆盖，20分钟卫生服务圈不断完善，全县防治疾病的水平有很大的提高。

第一节　卫技人员

县卫生系统卫技人员

1989年，全县医疗卫生机构人员1860人，按机构性质分，全民卫生部门802人、工业及其他部门38人、集体所有制689人、个体开业的331人。按岗位分，卫生技术人员1741人、管理人员69人、工勤人员50人。在1741名卫生技术人员中，有中医师52人、西医师204人、护师58人、中药师8人、检验技师9人、中医士47人、西医士182人、护士121人、助产士51人、药剂士63人、检验技士24人，其他技士19人、中医119人、护理员57人、初级卫生员727人。

1999年7月，卫生部、人事部下发《具有医学专业技术职务任职资格人员认定医师资格及执业注册办法》的通知。2000年4月，平阳县完成对约1000名原具有医学专业技术职务任职资格的人员进行医师、护士等人员执业认定注册工作。至2000年年底，平阳县1856名卫生人员中具有执业资格的医师、护士共有1116人。

2012年，平阳县卫生系统卫技人员3506人，其中，执业医师1069人、执业助理医师551人、注册护士1101人、药剂人员195人、检验人员145人、其他技术人员445人。按职称分类，其中，高级职称187人、中级职称561人、助教级职称1132人、技术员职称1626人，分别占卫生技人员总数的5.33%、16%、32.29%、46.38%。

至2012年年底，平阳县卫生系统引进高级职称和硕士研究生41人，12人被评为第一轮到第七轮专业技术拔尖人才，6人被评为优秀青年专业人才，12人被评为县优秀高级人才。平阳县中医院张美稀，1998年，被省中医管理局确定为浙江省中青年中医临床学科带头人培养对象，2002年5月通过省卫生厅组织的考核，被授予“浙江省中医临床技术骨干”称号，2003年，被中共温州市委组织部与市人事局确定为温州市“新世纪551人才工程”第二层次培养对象，2005年12月，被温州市委组织部评为511第二层次优秀人才。2007年12月，被评为温州市优秀中青年中医。2008年5月，被评为第六轮专业技术拔尖人才。2011年9月，被评为第七轮专业技术拔尖人才。2012年5月，被评为平阳县首届十大名医。2012年12月，被评为温州市名中医。

社区卫技人员

1989年，全县集体卫生院有597人。1990年，平阳县根据市政府的统一部署对全县卫生院进行整顿，历经两年多，逐步恢复整体功能。

1992年，将原区卫生院改称中心卫生院。1999年，根据市政府决定，经县政府批准，在乡镇建立防保站，其站长由卫生院院长兼任，原集体卫生院中

1989—2012年平阳县卫生系统卫生专业技术人员构成情况一览表

表34-2-1

年份（年）	卫技人员数（人）	其中			
		医生数量（人）	医生比例%	护士数量（人）	护士比例%
1989	1741	604	34.69	287	16.48
1990	1706	605	35.46	267	15.65
1991	1733	497	28.68	284	16.39
1992	1746	477	27.32	305	17.47
1993	1985	527	26.55	335	16.88
1994	2076	537	25.87	384	18.50
1995	2076	537	25.87	384	18.50

续表 34-2-1

年份(年)	卫技人员数(人)	其中			
		医生数量(人)	医生比例%	护士数量(人)	护士比例%
1996	1530	536	35.03	331	21.63
1997	1592	585	36.75	350	21.98
1998	1768	524	29.64	368	20.81
1999	1854	632	34.09	418	22.55
2000	1856	608	32.76	414	22.31
2001	1900	652	34.32	434	22.84
2002	2251	792	35.18	446	19.81
2003	2283	798	34.95	454	19.89
2004	2199	738	33.56	487	22.15
2005	2205	816	37.01	477	21.63
2006	3121	1469	47.07	593	19.00
2007	3329	1634	49.08	684	20.55
2008	3355	1741	51.89	698	20.80
2009	3680	1853	50.35	859	23.34
2010	3687	1930	52.35	991	26.88
2011	3422	1638	47.87	969	28.32
2012	3506	1620	46.21	1101	31.40

说明：资料来源于历年《平阳县统计年鉴》

1989—2012年平阳县每千居民拥有卫技人员、医生、护士与床位数一览表

表 34-2-2

年份(年)	床位数(张)	卫技人员(人)	其中		年份(年)	床位数(张)	卫技人员(人)	其中	
			医生数(人)	护士数(人)				医生数(人)	护士数(人)
1989	1.07	2.33	0.81	0.38	1996	1.48	1.94	0.68	0.42
1990	1.19	2.27	0.80	0.35	1997	1.37	2.02	0.74	0.44
1991	1.22	2.28	0.66	0.37	1998	1.34	2.20	0.65	0.46
1992	1.29	2.28	0.62	0.40	1999	1.49	2.29	0.78	0.52
1993	1.32	2.57	0.68	0.43	2000	1.45	2.23	0.73	0.50
1994	1.34	2.66	0.69	0.49	2001	1.23	2.26	0.78	0.52
1995	1.40	2.64	0.68	0.49	2002	1.60	2.67	0.94	0.53

续表 34-2-2

年份(年)	床位数(张)	卫技人员(人)	其中		年份(年)	床位数(张)	卫技人员(人)	其中	
			医生数(人)	护士数(人)				医生数(人)	护士数(人)
2003	1.36	2.70	0.94	0.54	2008	1.25	3.92	2.03	0.81
2004	1.38	2.59	0.87	0.57	2009	1.45	4.27	2.15	1.00
2005	1.35	2.60	0.96	0.56	2010	1.77	4.25	2.23	1.14
2006	1.39	3.67	1.73	0.70	2011	1.69	3.91	1.87	1.11
2007	1.36	3.90	1.91	0.80	2012	1.92	4.02	1.86	1.26

说明：资料来源于历年《平阳县统计年鉴》

卫生防疫和妇幼保健人员经考核113名合格者编入防保站，至12月，全县集体卫生院有755人。

2006年，为加强平阳县基层卫生体系建设，优化卫生人力资源配置，昆阳、鳌江、水头、萧江、麻步、腾蛟、山门、顺溪8个卫生所被撤销，人员经考试被分流到基层防保站及卫生监督分所。

2010年，为加快平阳县社区卫生服务体系建设，满足群众基本医疗和公共卫生服务需求，建立昆阳镇等29个社区卫生服务中心。社区卫生服务中心为县卫生局下属差额拨款事业单位，定编1208人。人员配置，原中心卫生院和防保站346人直接转入，2011年3月，原集体卫生院人员通过考试，413人入编(其中43人为临时招聘的卫技人员)，同时向社会招聘卫生技术人员。

2012年，全县事业编制的社区卫生服务人数855人，其中，卫生技术人员731人，占社区服务机构人员的85.5%。

第二节　医疗技术

1989—2012年，不断加强专科建设，重视人才，选拔业务骨干担任专科带头人，对专科的技术力量进行有计划的进修培训，并对专科的仪器进行现代化的配备。1999年，平阳县人民医院的泌尿外科、脑外科、肛肠外科、骨科、神经内科、肾内科、血液肿瘤化疗科、重症监护室、病理新生儿病房已成为特色专科，其中泌尿外科为温州市重点专科，另外，平阳县第二人民医院的爱婴医院、肛肠科、泌尿科，县第三人民医院的糖尿病、心脑血管、儿科，县中医院的针灸推拿等专科，已具特色。

内科

县人民医院创建时即设内科，但尚未分设二级学科。1983年，设立内一科，并先后成立呼吸内科专业组、心血管内科专业组、消化内科专业组。1999年3月，内一科下设神经内科、肾内科、血液化疗三个专业组，同时设立内二科，下设呼吸内科及心血管内科专业组。2006年，成立以消化内科为主的内三科。2012年，心血管内科从内二科分出，独立成科。是年，县人民医院内科共有4个病区，多个专业组，其中呼吸内科与心血管内科独立成科。

神经内科　20世纪80年代初，医院购置TCD(经颅多普勒)和脑电图，神经内科开始专业建设。90年代，先后有5名医生在杭州、上海、北京等地进修神经内科。能较好地诊治脑血管疾病、帕金森病、重症肌无力、癫痫、痴呆、脱髓疾病、中枢系统感染性疾病、周围神经病、脊髓疾病、心身疾病和心理疾患等。

肾内科　1989年，在浙江省县级医院中率先开展血液透析，随后开展血液灌注、血浆置换、血液滤过、CRRT(连续性肾脏替代治疗)等。1998年，开展肾穿刺术。1999年，正式设立肾内专科组。能诊治原发和继发性肾小球疾病、肾小管间质疾病、肾血管疾病、代谢性疾病肾损伤、急慢性肾衰竭、心肾综合征以及风湿性疾病等。

血液化疗科　能开展血液系肿瘤和实体瘤的全身化疗和腔内化疗，成功诊治多例疑难血液病和重症患者。在临床上，成功运用反应停治疗白血病、格列卫治疗慢性粒细胞白血病、罗美华治疗恶性淋巴瘤、环孢素加细胞因子治疗再生障碍性贫血等新技术。

呼吸内科　1999年，设立纤维支气管镜室，开展纤维支气管镜的诊断和治疗。2003年，购置CHESTAC-33肺功能仪，成立肺功能检查室，开展肺功能检查。能对慢性阻塞性肺病、支气管哮喘、呼吸系统感染性疾病、肿瘤性疾病、肺部间质性疾病、胸膜腔疾病等进行诊治，并开展纤维支气管镜检查、中心静脉导管引流胸腔积液等手术。

心血管内科　2003年，开展心脏起搏器安装手术。2005年，购置食道调搏仪。是年，应用心脏漂浮导管开展血流动力学监测。能对冠心病、心律失常、心力衰竭、高血压病、扩张型心肌病、风湿性心脏病等心血管疾病开展临床诊治。

消化内科　于2006年成立。2007年，成为温州市重点专科。2011年，成为浙江省县级龙头重点学科。能开展肝穿刺活检引流术，全消化道恶性梗阻支架植入术，食道、胃、大肠息肉高频电摘除术，食道良性狭窄探条扩张术，食道幽门良性狭窄水囊扩张术，结肠息肉镜下圈套摘除术，食道、胃、大肠息肉微波灼除术，ERCP胆道取石术，氩气刀治疗消化道出血、息肉及Barrett食管、内镜下金属钛类止血技术。

内分泌科　于2006年成立，可开展对糖尿病及其急慢性并发症、甲状腺、肾上腺、垂体、性腺等内分泌器官相关激素的检测，以及骨质疏松、痛风、肥胖等内分泌代谢性疾病的诊治，并开展胰岛素泵持续皮下输注来控制血糖。

感染科

县人民医院感染科成立于1962年，原称传染科，2004年，改称感染性疾病科，设肝病门诊、肠道门诊和发热门诊。在治疗、抢救重症肝炎、乙脑、流脑、中毒性菌痢、肺结核大咯血、肝硬化上消化道大出血等危重病例中积累了许多成功的经验。属县传染病临床救治定点单位，在防治"非典"、禽流感、麻疹、手足口病、甲型H1N1流感等重大传染病中成绩显著。县中医院感染科组建于2011年，2012年，被列为温州市重点中医肝病专科。在全市率先引进大力神红外肝病治疗仪、肝脏瞬时弹性成像诊断仪，在应用中药茵陈蒿汤治疗黄疸性肝炎、调脂护肝方治疗非酒精性脂肪肝、消症方治疗原发性肝癌方面取得很好的疗效。

急诊科

1984年，县人民医院设立急诊室。成立之初，科室条件简陋，由内科医师负责值班。1994年，创建急诊科。1995年10月，县中医院成立急诊科。2003年，县人民医院急诊科迁入新门急诊大楼后，设有分诊室、抢救室、监护室、洗胃间、观察室，并配有独立急诊挂号、收费、药房等。科室配备多台监护仪、除颤仪、呼吸机、洗胃机等设备。对各种急性危重病救治具有丰富的临床经验，开展各种危重病急救与监护、危重病的呼吸机治疗、急诊床旁血液净化治疗、急性中毒等。

ICU科室

ICU（Intensive Care Unit）即重症监护室，专门收治危重病症并给予精心监测和精确治疗。县人民医院ICU创建于2005年，县中医院ICU创建于2011年。能开展有创机械辅助通气、机械辅助通气+血液灌流治疗重度有机磷农药中毒、机械辅助通气治疗重症哮喘、主动脉内球囊反搏动术、Swan-Ganz导管进行血流动力学监测、有创血流动力学监测（漂浮导管和中心静脉压监测）、连续性肾脏替代治疗技术、经皮气管切开技术、脉波指示剂连续心排血量监测等技术。

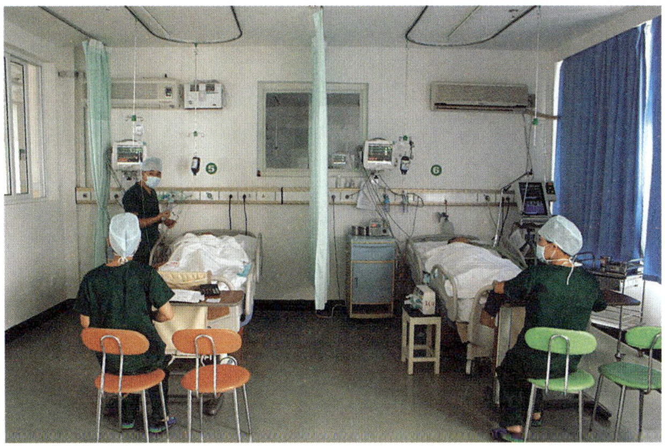

ICU 病房（2012 年）

外科

县人民医院外科成立于建院之初，当时只能开展外伤清创、脓肿切开、浅表肿瘤切除。到20世纪

70—80年代，能开展胆道内引流术、全胃切除术、高位胃癌、胰头癌、结肠癌的根治术和甲状腺癌清扫术等，以及肠套叠空气复位术、盆式胆肠内引流术。1978年，成立泌尿外科。1988年，外科分设外一、外二科两个病区。1995年，肛肠科正式建立。1997年，成功开展纤维胆道镜检查和取石术。1999年，成立脑外科。是年，肛肠科开展了低位直肠癌保肛脱出式手术（Bacon术式）。2002年，实现腹腔镜技术在外科手术中的应用（腹腔镜下胆囊切除术）。2003年，开展食道中段癌根治术。2004年，成立肿瘤外科。2007年，购置肿瘤热疗机、射频消融机等设备。2012年，设有肝胆外科、肿瘤外科、肛肠外科、神经外科、泌尿外科等专业科室。能开展肺癌切除、胰十二指肠切除、肝门部胆管癌切除、肝癌切除、胆囊癌根治术、食道贲门癌根治术、胃癌根治术、结直肠癌根治术、乳腺癌根治术、甲状腺癌根治术及甲亢外科治疗。腔镜微创手术得到广泛应用，恶性肿瘤术前术后规范化化疗也做出了很大成绩。

泌尿外科　1978年，县人民医院成立泌尿外科。1992年，开展体外冲击波碎石术。1995年，成为独立科室。1999年，开展经尿道前列腺电切术、膀胱全切术+原位膀胱术。2000年后，逐步开展输尿管镜下气压弹道碎石术、经尿道前列腺等离子切除术、腹腔镜下肾囊肿开窗去顶术、肾癌根治术、腹腔镜下离断肾盂输尿管成形术、输尿管镜下钬激光碎石术、经皮肾镜技术、经尿道狭窄等离子切开术。

神经外科　1999年，县人民医院成立脑外科。主要以颅脑外伤为主，逐渐开展大脑凸面脑膜瘤切除术、CT导向脑立体定向脑内血肿抽吸术，脑胶质瘤切除术，脑动静脉畸形切除术，脑室腹腔分流术。2002年，脑外科参加国家“十五”科技项目——出血性脑卒中规范化外科治疗技术的临床推广应用研究。2004年，开展颅内压监护仪监测技术。2009年，成功开展显微镜下右顶叶肿瘤切除术。2012年，开展小骨窗开颅血肿清除术（显微镜下）。

骨科

县人民医院于1973年开设骨科专业，是温州市第二家成立独立骨科专科的医院。1995年，单独成立骨科，2006年分设两个病区。可开展人工髋关节置换、胸腰椎骨折椎弓根内固定术、腰椎间盘髓核摘除术、C臂下微创股骨颈骨折空心钉内固定、显微外科（断指再植、带蒂皮瓣）、交锁髓内钉、AO系列钢板、髋臼骨折内固定术、胸腰椎骨折经皮椎体成形、膝关节置换术、关节镜、膝关节镜下交叉韧带重建、脊柱后核弹性固定术，齿状突骨折经皮穿刺内固定术，颈椎人工椎间盘置换术等手术。

妇产科

20世纪60年代，能做剖腹产和处理宫外孕、前置胎盘、子宫破裂、巨大肿瘤切除、子宫肿瘤切除、子宫全切除等手术。80年代开始施行阴道式子宫全切和腹膜外子宫切除术、子宫广泛切除术+盆腔淋巴结清扫术。1992年，开展腹膜外子宫下段剖宫产术。1999年，推行新式剖宫产术。2006年，开始开展妇科微创手术。2008年，开展腹腔镜手术。2012年，开展妇科腔镜下子宫肌病手术、宫腔镜技术，设有妇科、产科独立病区。

儿科

1980年前，县级医院内科、儿科不分科，内科兼治儿科病人。1980年，县人民医院正式建立儿科病区，后其他县级医院也相继建立儿科门诊。

普儿科　1998年，县人民医院开设儿科方便门诊。1999年，建立儿科呼吸专科，陆续推出了小儿呼吸功能检测、过敏源检测、脱敏诊治。2007年，儿科保健专科率先开展微量元素、性早熟检测，对发育迟缓、性早熟等进行规范化的诊治。2008年，成功救治一例重症“手足口病”患儿，诊疗技术获上级专家赞许。

新生儿科　1999年，建立新生儿病房，后设立病理新生儿室。是年，开展血气分析指导呼吸衰竭抢救，并启用呼吸机、心电监护仪救治呼吸衰竭，使用肺泡表面活性物质治理新生儿肺透明膜病，对新生儿肺出血、吸入性肺炎、早产儿原发性呼吸暂停的抢救成功率大大提高。2005年，成功救治3例三胞胎，体重1000克上下的超低体重出生儿。

眼科

1964年，能做白内障、青光眼手术。1989年，开展白内障囊内冷冻摘除术、鼻腔泪囊吻合术。1992年，县人民医院正式建立眼科。县中医院眼科于2005年独立设科。2007年1月，县中医院眼科为平阳县白内障患者免费手术30余例。可开展现代白内障囊外摘除术+人工晶体植入术、眼科A/B超影像检查、视网膜脱离手术、白内障超声乳化摘除术+人工晶体植入术、非穿透性青光眼板层切除术、翳状胬肉切除+角膜缘干细胞移植术，开展斜弱视的治疗、微小切口白内障超声乳化术等。

耳鼻咽喉科

成立于1990年。1992年，开展电测听检查。1997年，开展微波凝固术治疗慢性肥厚性鼻炎。2000年，开展鼻内镜鼻窦手术，全麻支撑喉镜下声带息肉摘除术。能超声刀下扁桃体切除术（经鼻内镜），支撑喉下显微喉科手术，鼻内镜鼻腔泪囊吻合术，功能性鼻内镜手术，鼓室成形术+钛听骨植入术，耳内镜下手术，腭咽成形术（uppp术），鼻内镜下动力系统腺样体成形术，耳廓假性囊肿前壁开窗术等。

口腔科

1978年，县人民医院口腔科独立设科，是浙南地区最早开展固定正畸技术和烤瓷牙修复的科室之一。县中医院口腔科成立于1998年，主要收治各种牙体及牙周疾病、口腔感染、口腔外伤、口腔肿瘤、口腔修复、口腔正畸等口腔常见病及多发病。

麻醉科

20世纪90年代，配备多功能生命体征监护仪和中档进口麻醉机。2000年，每间手术室均配备麻醉机和监护仪，开展高难度的麻醉技术，如控制性降压、有创血流动力学监测、双腔支气管插管及单肺通气技术、肌松监测、神经刺激仪定位技术等。2003年，成立疼痛门诊，逐步开展无痛人流及无痛肠胃镜技术。2004年，开展第一代喉罩插管技术，输血输液保温技术。2005年，开展神经刺激仪定位臂丛神经阻滞技术。2007年，开展纤维支气管镜引导气管插管技术，并运用吸入麻醉剂七氟烷。2011年，开展储存式自体输血治疗等容血液稀释技术（ANH）、术中自体血回输技术。

手术室

1976年，县人民医院手术室成为独立科室。1995年，手术室搬至外科病房10楼。2008年，手术室改建，有手术室8间，全为人工智能净化控制技术的层流手术室，采用日夜动态微循环净化空气。手术室内温度控制在22℃～24℃，湿度控制在50%～60%。配置中心吸引、中心吸氧系统、美国史塞克内窥镜系统、威力电切系统、C臂机、超声乳化仪器、进口无影灯等设备。

血透室

县人民医院血透室成立于1989年，当时仅有一台国产机，开展常规性血液透析。2011年，血透室开展内瘘扣眼穿刺法。能开展肾穿刺术、血液透析、血液灌注、血浆置换、血液滤过等项目。

理疗科

县人民医院理疗科组建于1963年。设备有直流电等药物导入、感应电疗、音频治疗仪、红外线治疗仪等。1991年始，相继引进电脑中频、超短波、特定电磁波谱、低周波、颈椎牵引、毫米波等治疗仪。主要诊治颈椎病、面神经麻痹、腰椎间盘突出、肩周炎、急慢性软组织损伤、急性腰扭伤、盆腔炎、肠粘连等疾病。

放射科

县人民医院放射科成立于1956年，当时主要开展普通拍片、透视及造影等检查。1993年，引进东芝300CT，开展CT检查。1999年，购置日立PRIMA单排螺旋CT机，开展CT引导下经皮肝肺肿块穿刺活检术。是年，安装安科0.15T MR机，成立MRI室。2001年，引进CR系统。2004年，购置西门子0.35T磁共振成像系统MRI。2008年，引进飞利浦16排螺旋CT机。是年，安装PACS系统，全面实现数字化进程。2009年，引进2套DR系统，并对原有的CR系统进行改造，使放射科进入了全新的数字时代。是年，还引进东芝数字减影造影机，成立介入室，在临床科室的配合下开展介入诊疗工作。能开展全身各部位摄片、造影、介入诊疗及CT、MRI检查，CT定位下经皮肝肺病变穿刺活检术，全身各部位CT血管成像，小肠CT成像、空腔脏器仿真内窥镜等检查项目。

特检科

特检科除开展普通心电图、脑电图外，还运用动态心电图、动态血压、肌电图等技术。超声波室成立于1984年，2012年，拥有美国ATLHD15000、GEVivid7等多台先进超声诊断仪，便携式手提床旁超声仪，腹部、高频、心脏、三维、直肠和阴道腔内等超声探头。心电图室于1972年设立，当时仅一台国产小型单导心电图机。1991年，购置第一台多信息动态心电图仪，开展24小时动态心电图检测。1994年，购置日本6353三导心电图机。1998年，购置M1770A十二导心电图机。2003年，购置华泰多功能电脑心电图机，改变以往手写心电图报告的历史。脑电图室于1981年设立。1994年，购置国产十二导脑电图。1999年，购置电脑脑电图、脑地形图仪。TCD室于1981年设立。1993年，购置L1超声经颅多普勒仪。

检验科

县人民医院1953年建立化验室，只能进行血、尿、粪三大常规化验。20世纪90年代后，能开展特定蛋白、化学发光检测、全自动电泳光密度扫描、全自动五分类血细胞检测、细菌鉴定系统。2000年，建立实验室检验信息管理系统（LIS）。2003年，完成LIS系统和医院医疗管理系统（HIS）的连接，实现了医疗信息资源共享。2004年，临床基因扩增实验室通过卫生部验收。2006年，实行标本条形码管理。2010年，设立艾滋病病毒初筛实验室。2011年增设输血科，能开展储存式自体输血治疗。

病理科

县人民医院病理科成立于1985年。1999年，购置先进的石蜡切片机、冷冻切片机、脱水机、包埋机等设备。设有病理诊断室、取材室、技术室、细胞室、免疫组化室和冷冻快速切片室。主要开展常规石蜡切片病理诊断、快速冷冻切片病理诊断、细胞学诊断、液基细胞学诊断、免疫组织化学实验、特殊组织化学实验、彩色病理图文报告等。

药剂科

1968年，创建制剂室。2002年，药剂科全面实行微机管理。2003年，门诊药房和病区药房搬迁至新大楼，是年增设急诊药房，门诊药房实行大窗口核对发药。2005年，停止制剂生产。2008年，门诊药房安装发药窗口病人自动分流系统，药物预配候取。

第三节 医疗设施和设备

医疗设施

1989年以来，对乡镇卫生院危房进行全面改造，全县医疗卫生单位基础设施有不同程度的改善。2009年，新建腾蛟中心卫生院住院综合楼、麻步中心卫生院急诊住院楼。2010年，新建水头镇凤卧社区卫生服务中心、万全镇榆垟社区卫生服务中心及腾蛟镇凤巢社区卫生服务中心医疗用房。2011年，新建山门中心卫生院、水头镇鹤溪社区卫生服务中心医疗用房。2012年，新建顺溪中心卫生院、青街畲族乡卫生院（社区卫生服务中心）、鳌江镇梅溪社区卫生服务中心、鳌江镇梅源社区卫生服务中心、鳌江镇西湾社区卫生服务中心、水头镇南湖社区卫生服务中心、水头镇闹村社区卫生服务中心、山门镇怀溪社区卫生服务中心医疗用房。是年，全县卫生系统医疗卫生用房建筑面积129326.7平方米。其中，县人民医院40000平方米，县第二人民医院24470平方米，县中医院16404平方米，县妇幼保健院1710.7平方米，县卫生监督所962平方米，县疾病控制中心6000平方米，30个乡镇卫生院（包括中心卫生院、社区卫生服务中心）39780平方米。全县医疗设施建设总投资金额24740万元。在建工程有县人民医院异地项目工程115032平方米、县卫生监督所异地项目工程5700平方米、顺溪镇吴垟社区卫生服务中心630平方米、腾蛟镇龙尾社区卫生服务中心435平方米。

医疗设备

1989年前，全县医疗设备主要有X光机、手术床、无影灯、乙状结肠镜、心电图机、超声波机等。1992年，配备德国慧朋麻醉机。1995年，购多参数床边监护仪系统。1996年，引进日本阿洛卡彩超、美国自动酶标仪、3001综合手术台。1997年，购进美国百胜彩超、德国费森尤斯血透机、7060全自动生化分析仪。1999年，购置飞利浦单排CT机、德国徕卡病理切片机、TDL-5离心机、上海速达电解质分析仪、美国DMS动态心电图机。2000年，引进日立单排CT、美国贝克曼全自动生化分析仪、德国布鲁克除颤监护仪。2002年，购入超声经颅多普勒设备，德国HEYER全功能麻醉机、德国罗氏诊断血气分析仪、美国熊牌全功能呼吸机。2003年，引进西门子麦迪特0.35T磁共振、吸引供氧系统、意大利威拉移动式手术X光机、美国雅培全自动血液分析仪。2004年，配置中央监护系统、电子胃镜化学发光免疫分析系统、等离子电切系统以及比利时爱克发CR机等。2005年，购入环氧乙烷灭菌器、高氧医用液体诊疗仪、动态心电图设备。2006—2007年，购入钬激光碎石机、生化分析仪、射频肿瘤热疗系统、麻醉工作站、胃肠机等设备。至2007年年末，全县31家基层卫生院全部配齐“新六件”设备。2008年，购入飞利浦16排CT（县人民医院）、德国费森尤斯血透机、数字胃肠机。2009年，购入飞利浦16排CT（县中医）、智能型高压蒸汽灭菌器、美国PB全功能呼吸机、高清电子胃肠镜、手术室的半导体激光治疗仪。2012年，购入超声乳化仪、耳鼻喉科的动力系统、妇科的宫腔镜等设备，并购入1.5T MRI。县政府拨款850余万元更新基层卫生院设备，超过半数卫生院配备了全自动5分类血球仪、全自动尿液分析仪、全自动生化仪等设备。截至2012年，全系统有5万元以上的医疗设备538件（套），配置院前急救车13辆。

第四节　中　医

中医药人员

平阳县中医传统悠久，名中医很多，至2012年，当代主要有苏元、吴光岱、陈景丹、吴圣良等，中药制剂师有张和光等。

1994年，苏元被省政府授予省“名中医”称号，曾任县人民医院中医科主任、副院长等职，主要受李东垣《脾胃论》学说教益，尤擅长治内科、妇科、儿科疾病，并且发表了大量的医学论文。吴光岱虽没获得名中医的称号，但他在中医方面的造诣有口皆碑，擅长“经方”，辨证准确，一般方剂十味左右，名医金慎之赞誉吴光岱是“平阳‘经方’临床应用之先行者”，吴圣良、方先佩等中医师是他的学生。中药制剂师张和光曾任回生堂经理，擅长制药。

通过县中医院组织具有中级以上专业技术职称的中医药人员到基层进行中医适宜技术培训指导，加强了基层医务人员的中医药基础知识，使其初步掌握其操作方法与技术要点。组织开展中医药人才培养和中医药继续教育工作，并对全县中医药人员的进修学习提供政策扶持，选派多批次人员参加国家、省级和市级中医药学术交流，有效提高了平阳县中医药人员业务水平。

中医先进县创建

1991年，县中医院建成开诊。1996年，平阳县被浙江省卫生厅列为中医先进建设县。1997年，县卫生局建立中医管理科（挂靠医政科），并配备专职管理人员。在对全县中医药人员、设备、技术水平等相关情况的调查研究基础上，制定并出台《平阳县中医事业“九五”计划和2010年发展规划》。

全县建立以县中医院为龙头，综合性医院中医科为依托，城乡社区卫生服务机构为基础的中医药服务网络。至2012年年底，全县镇乡卫生院均设有中医科和中药房并开展中医适宜技术服务。县中医院建设达到三级乙等中医医院标准，设置床位450张，设置一级临床科室20个以上。开展推拿、按摩、理疗、康复、养生保健等中医诊疗技术项目61种，其中，针灸理疗康复等3个专科为省级以上中医特色的重点专科，中医非药物疗法人次占医院门诊总人次的比例11%。

县人民医院中医临床科室达到《综合医院中医临床科室基本标准》、中药房设置达到《医院中药房基本标准》。全县93%以上的乡镇卫生院设置有中医科和中药房并具备中医诊疗设备，形成相对独立的中医药综合服务区。村卫生室也相应配备中医诊疗设备，中药饮片100种以上，达到中医药基本条件建设。另外，县中医院每年2次安排专人负责对乡镇卫生院开展中医药技术业务指导，定期对乡村医生进行培训，推广应用中医药适宜技术。

全国农村中医工作先进县达标验收汇报会（2005年）

2001年，平阳县被评为全国农村中医工作先进县建设单位；2005年获全国农村中医工作先进县称号。此后，县中医药工作纳入政府年度工作目标，成立先进单位创建领导小组，制定活动实施方案，中医药事业费实行财政预算，用于中医药基础条件建设、服务能力建设、人才培养等工作。同时，将县中医院纳入新农合定点医疗机构。县中医院建设达到三级乙等要求水平；综合医院中医药达到综合医院中医药建设基础标准要求；乡镇卫生院均设置中医科和中药房并配备中医诊疗设备；村卫生室达到中医药基本条件建设。县中医院安排专人负责对乡镇卫生院开展中医药技术业务指导及定期对乡村医生进行培训。县中医院中医药领导班子、专业技术人员中中医药专业比例均高于60%，每个乡镇卫生院中医药人员比例都达到20%。全县中医药人员均参加一次以上培训，培训率100%。县中医院开展3个省级以上中医特色的重点专科建设，中医诊疗项目达到60种。2007年，县中医院脾胃专科被确定为国家级农村医疗机构中医特色专科建设项目。县人民医院建立并完善中医药特色的三级医师查房制度，平均全院西医临床科室申请中医会诊次数超过10次/月。县中医院按照《关于积极发展中医预防保健服务的实施意见》要求，设立中医预防保健科，开展中医预防保健服务，并对乡镇卫生院中医预防保健工作进行指导。全县农村居民中医药常识知晓率达到95%，县中医院、综合医院、乡镇卫生院、中医药人员对中医药相关政策知晓率达到100%，并于2012年再次通过全国农村中医药工作先进县复核评审，获全国基层中医药工作先进单位称号。

第五节　医疗质量管理

20世纪90年代初，各医疗单位相继成立质控领导小组，制定质控实施方案，定期开展质控检查和考核，并建立二级医生负责制和三级查房制度。1994年，县卫生局下发《关于加强医疗质量管理工作意见》，确定1995年为医疗质量年。1995年始，多次召开安全医疗研讨会、医疗质量管理分析会和全县安全医疗管理动员大会、医疗质量管理动员大会，要求县卫生局和医疗单位、医疗单位和科室层层签订医疗质量责任书、安全医疗责任书。

2008年，平阳县根据《浙江省医疗质量控制中心和医疗技术指导中心管理规范》通知精神，为加强医院的质量管理，建立平阳县医疗技术控制中心，下设病历管理、医疗感染、临床检验、临床麻醉、临床注射、急诊医学、病理管理、医院药事管理、护理9个质量控制中心。平阳县人民医院负责各中心日常工作管理和运行。

2009年，各医院有健全的医疗质量管理体系，全面实施规范管理。组织落实首诊负责制度、三级医师查房制度、疑难病例讨论制度等核心医疗制度。二级医院均建立完善的护理管理体系，有健全的护理工作制度、岗位职责、操作规程，注重护士“三基三严”（基本理论、基本知识、基本技能，严肃的工作态度、严格的规章制度、严明的组织纪律）的培训与考核。均建立院感三级管理组织，配备医院感染管理专、兼职人员，建立感染消毒、隔离制度，完善临床用血审批制度，基本做到科学用血、合理用血，保证输血安全。

2012年，开展“医疗质量管理提升年”活动，制定落实处方点评等制度，开展临床路径管理试点专业和病种扩面工作，县人民医院试点专业总数11个，试点病种数19个，县中医院试点总数2个。继续巩固和扩大优质护理服务覆盖面，全县3家县级医院开展优质护理服务，县人民医院开展病房2个、县第二人民医院开展病房1个、县中医院开展病房1个。县人民医院电子病历应用率达到100%，信息系统能够满足医院进行药物合理使用、医疗费用控制、工作效率提高、方便患者等方面的要求。同时，建立预约诊疗服务新机制，各县级医院不断完善网络预约平台，开展电话、网络预约。

第六节　医疗事故处置

1987年，县卫生局建立医疗事故鉴定委员会，负责对医疗纠纷进行调查、取证、鉴定。之前医疗纠纷的主要解决途径有三种：一是医患双方协商，二是通过医疗行政部门调解，三是走司法诉讼途径。2010年，建立平阳县医疗纠纷人民调解委员会，该委员会由6名具有医疗或法律从业经验的工作人员组成，医疗纠纷主要由县医疗纠纷人民调解委员会进行第三方调解处理。主要程序，先听取医患双方对该医疗事件的事实陈述，然后收集查阅有关证据，分析讨论案情，从医学、法律角度大致确定案件的性质、责任大小，做出初步预案后，与医患双方协商解决。

2010—2012年，县医疗纠纷人民调解委员会受理调解案件61件，调解成功58件，成功率98%，最高赔偿45.2万元，其中有3例案件认定医院无责任。

第七节　医疗机构等级评审

县人民医院于1991年创成浙江省一级甲等综合医院。县第二人民医院于1992年创成浙江省一级乙等综合医院。原第三人民医院于1993年创成浙江省一级乙等综合医院。1994年，维新乡卫生院被省卫生厅评审通过二级卫生院，至1998年，先后有15所卫生院通过了二级卫生院等级评审。2005年，经省等级医院评审，县人民医院获二级甲等综合医院，县第二人民医院获二级乙等综合医院，县中医院获二级甲等中医院。2011年，县中医院创成浙江省三级乙等中医院。2012年，县人民医院创成浙江省三级乙等综合医院，县中医院创成国家三级乙等中医院。

第八节　医药卫生改革

基本医疗保障制度建设

公费医疗定额核算。原先全县享受公医人员的药费均报公医办审查，凡符合公医制度规定的，给予实报实销。1983年，每人每年定额为30元，1987年，增到54元（包括门诊及住院）。一般病员就诊时，先自付现金，再凭发票和处方报销。二等乙级残废军人及重病需转送上一级医院住院治疗的，其药费可实报实销。由于医药价格提高，公费医疗费超支严重，1991年，门诊费由单位定额包干，住院费按规定报销。

公费医疗管理制度改革。公费医疗管理一直是由县卫生局代管，1982年，配备专职管理人员，1991年，成立县公费医疗管理委员会，下设办公室，隶属县卫生局。由于医药价格的提高，公费医疗经费超支仍然严重，1991年开始，门诊费由各单位定额包干，住院治疗费先由本人支付，出院结算后，根据发票及医药明细账单经审查后，按规定报销。离休干部特殊照顾，18级以上干部全额报销。20世纪90年代，企业先后改制，由于企业经济效益不同，职工劳保医疗情况也大不相同。有的经济运转差的企业，职工医疗得不到保障。为促进国有企业改革，保障改制企业职工的基本医疗，根据《温州市城镇职工基本医疗保险暂行规定》，推行职工基本医疗保险制度，于2001年5月1日起正式实施。2001年，公费医疗管理权划归县劳动与社会保障局。2010年开始，公费医疗转为医疗保险，实行一卡通。2012年10月，为有效解决平阳县全民医疗机构正式职工的实际困难，差额拨款的事业单位人员按照基本医疗保险和公务员补助管理办法的有关规定，委托平阳县社保局医保中心代为管理，享受参照《平阳县国家公务员医疗补助办法》待遇。

离休干部医疗保健。对离休干部的医疗保健给予特殊照顾，一年一次组织离休干部体检，体检经费由公费医疗基金支付，医疗费用一直实行全额报销。卫生系统的县级医院对离休干部就医开设绿色通道，挂号、就诊、划价、记账、取药设立专门窗口，对住院的给直接办理手续。

劳保医疗、医疗保险　原来全县各企业单位参照公费医疗规定，与当地医院签订“劳动合同”，凭合同卡就诊，按月结账，医疗费在单位福利费中开支。20世纪90年代，企业先后改制，由于企业经济效益不同，职工劳保医疗情况也大不相同。2001年，根据《温州市城镇职工基本医疗保险暂行规定》，推行职工基本医疗保险制度，基本医疗保险费以用人单位全部职工工资之和为基数，按6%比例提取。社会统筹基金主要用于特殊病种治疗，超过起付标准的部分，个人要承担一定比例。

合作医疗　合作医疗制度。20世纪70年代初期，温州地区卫生工作组在平阳县鳌江区塘川公社搞合作医疗试点，办起了全地区第一个实施合作医疗的社队，从此合作医疗很快就在全县社队中铺开。实行合作医疗期间，多数医疗站坚持土法上马，提倡“一支银针一把草”为主，以西药为副。80年代初期，由于农村集体经济薄弱，合作医疗站自然消亡。

新型农村合作医疗制度。2006年，根据县《关于建立新型农村合作医疗制度的实施意见》文件精神，开始实施新型农村合作医疗制度(简称新农合)。并建立平阳县新型农村合作医疗管理委员会办公室，归口县卫生局管理，核定编制7人，经费由财政全额拨款，人员从卫生系统全额事业单位中选调。该项制度是由政府组织、引导、支持，农民自愿参加，个人、集体和政府多方筹资，以大病统筹为主的农民医疗互助共济制度。

2006年，人均筹资标准40元(个人筹资20元，各级财政补助20元)；全县参合农民424657人，参合率62.4%，参合农民健康体检196783人。

2006年度平阳县新农合住院报销比例一览表

表34-2-3

住院费用段别(元)	卫生院	县级医院	县外医院
0～500	0	0	0
501～5000	24%	20%	16%
5001～10000	30%	25%	20%
1000～20000	42%	35%	28%
20000以上	54%	45%	36%

说明：资料由原平阳县卫生局提供

2007年，人均筹资标准60元，实际62元(个人筹资25元，各级财政补助37元)，全县总筹资996万元；全县参合农民535400人，参合率89.2%，参合农民健康体检130973人。

2007年度平阳县新农合住院报销比例一览表

表34-2-4

住院费用段别(元)	卫生院	县级医院	县外医院
卫生院：201～5000 县级、县外：501～5000	30%	26%	19%
5001～10000	36%	31%	23%
10001～20000	48%	41%	31%
20001以上	60%	51%	39%

说明：资料由原平阳县卫生局提供

2008年，人均筹资标准100元(个人筹资25元，各级财政补助75元)，全县总筹资5446.78万元；全县参合农民544678人，参合率96.1%，参合农民健康体检169398人。

2008年度平阳县新农合住院报销比例一览表

表34-2-5

住院费用段别(元)	卫生院	县级医院	县外医院
卫生院：1～20000 县级：301～20000 县外：501～20000	60%	50%	35%
20001以上	65%	55%	40%

说明：资料由原平阳县卫生局提供

2009年，城镇居民基本医疗保险制度和新农合制度合并，称为新型城乡居民合作医疗制度。人均筹资标准140元(个人筹资40元，各级财政补助100元)，全县总筹资7776.94万元；全县城乡居民参合555496人，参合率97.5%，参合农民健康体检356320人。

2009年度平阳县新农合住院报销比例一览表

表34-2-6

住院费用段别(元)	卫生院	县级医院	县外医院
卫生院：1～10000 县级：501～10000 县外：1001～10000	60%	50%	30%
10001以上	50%	40%	25%

说明：资料由原平阳县卫生局提供

2010年，人均筹资标准200元(个人缴纳60元，各级政府补助140元)，全县总筹资11539.53万元；全县城乡居民参合571264人，参合率99%，参合农民健康体检209290人。

2010年度平阳县新农合住院报销比例一览表

表34-2-7

卫生院政策内医疗费用200元以上报销比例	县内县级医院政策内医疗费用500元以上报销比例	县外医院、特殊门诊政策内医疗费用1000元以上报销比例
60%	50%	30%

说明：资料由原平阳县卫生局提供

2011年，人均筹资标准360元(个人缴纳80元，各级政府补助280元)，全县总筹资21814.14万元；全县城乡居民参合人数594639人，参合率99.59%，参合农民健康体检430567人。根据《中共温州市委、温州市人民政府关于加快城乡统筹综合改革的若干意见》要求，县卫生局在2011年9月底前向县劳动和社会保障局移交了新农合工作的职能、机构、人员、资产、基金。划转后的县农合办维持原有的统筹层次、制度体系，经办方式不变，“参合农民健康体检工作”由县农合办承担，具体体检业务由县卫生部门承担。

2011年度平阳县新农合住院报销比例一览表

表34-2-8

卫生院政策内医疗费用200元以上报销比例	县内县级医院政策内医疗费用500元以上报销比例	县外医院、大病门诊(特殊门诊)政策内医疗费用1000元以上报销比例
80%	70%	50%

说明：资料由原平阳县卫生局提供

2012年，人均筹资标准500元(个人缴纳100元，各级财政补助400元)，全县总筹资32797.69万元；全县城乡居民参合647947人，参合率99.98%，参合农民健康体检252892人。

2012年度平阳县新农合住院报销比例一览表

表34-2-9

卫生院政策内医疗费用100元以上报销比例	县内县级医院政策内医疗费用300元以上报销比例	县外市内医院政策内医疗费用700元以上报销比例	市外医院政策内医疗费用1000元以上报销比例
90%	80%	70%	60%

说明：资料由原平阳县卫生局提供

国家基本药物制度

2011年1月，平阳县开始实行基本药物制度改革，45家公立医疗机构实施基药制度并实行零差率销售，同时将基本药物全部纳入新农合报销范围。实施基药的医疗机构门急诊数量累计102.38万人次，比上年同期增长11%；门急诊均次费用45.07元，比上年同期相比下降25%；住院人次4931人次，与上年同期相比下降5.97%；住院平均费用2173元，比上年同期下降33%。2012年，业务总收入8589.53万元，比上年同期增长1.36%；药品总收入累计5358.89万元，比上年下降17.31%；药品比例占64.39%，零差价减少1917.75万元。

2012年，全县3家县级医院、县妇幼保健院、30家乡镇卫生院和463家村卫生室(社区卫生服务站)全部实行了药品零差价，统一网上采购并启用督查等管理措施。是年，实施基本药物的基层医疗机构门急诊数量累计116.7万人次，比上年同期增加14.32万人次，增长13.99%；门急诊均次费用为51.82元，比上年同期下降6.75元，下降14.98%；住院5509人次，比上年同期相比增加578人次，增长12.91%；住院平均费用3009.8元，比上年同期增加836.8元，增加38.51%。2012年，业务总收入10806.53万元，比上年同期增加2217万元，增加25.81%；药品总收入累计7010.06万元，比上年同期增加1651.17万元，增加30.81%；药品比例占64.87%，零差价减少1827.12万元。政府全年补助金额4800万元，加大政府投入，保证基层医疗卫生机构正常运转。

公立医院改革试点

平阳县是全省第一批29个县级公立医院改革的试点县之一，2012年4月，县人民医院率先启动实施公立医院改革试点工作，县第二人民医院、县中医院和县妇幼保健院在6月底实施改革。

是年，县政府制定出台《平阳县县级公立医院综合改革实施方案》和《平阳县县级公立医院医药价格改革方案》。主要措施有四方面内容。

一是减少药物费用，所有药品(中药饮品除外)实行零差率销售。以2010年数据为基数，全县4家县级公立医院业务总收入4.61亿元，其中，药品收入2.64亿元，药品利润4333.6万元(利润率为16.35%)。实施零差率销售后，全县4家县级公立医院减少收入4333.60万元。

二是调整价格政策，优化医疗服务的收费结构。在实行药品零差率的同时，按照“总量控制，结构调整”的总体思路，调整医疗服务费，以适应弥补医院药品零差率销售后减少的药品收入。根据省政府要求，参照浙江省各地的做法，手术费和治疗费在原标准基础上提高39%，调整后医疗服务费收入增加额占药品差价额的89.4%(3874.2万元)。但为让群众切实得到改革实惠，根据“高调价、低执行”的原则，按照调整后医疗服务费收入增加额占药品差价额的76.6%的方案来执行。

三是调整医疗保险政策，减轻群众就医负担。医疗服务价格调整后，基本医疗保险和新农合按调整后的价格执行。同时，参照其他县(市、区)做法，门诊诊疗费从2.5元提至10元。县政府加大财政投入力度，合理调整医疗保险政策，调整后的门诊诊疗费按70%的标准予以报销。同时，适当提高特殊病种(特别是血透病人等)门诊医疗费用报销标准。

四是增加县财政对公立医院的补助。县财政对在编人员，年补助标准为原基础上再增加5000元/人。同时建立政策性亏损专项基金300万元/年，建立重点学科建设专项基金200万元/年，用于扶持医院重点学科发展及学科带头人的培养。

第九节　医德医风建设

20世纪90年代，卫生系统开展一系列精神文明建设、创优夺杯竞赛、“满意在平阳”、职业道德教育活动。先后制定《关于卫生系统开展精神文明建设实施意见》《关于杯赛活动实施意见》《关于开展职业道德建设工作意见》《关于行风建设计划和要求》《关于卫生系统开展“满意在平阳”活动的意见》《关于在全县卫生系统中进行思想作风整顿的实施意见》《关于开展行风建设、文明窗口活动实施意见》等文件，并具体地提出开展“三爱、三第一”(爱医院、爱岗位、爱病人，信誉第一、服务第一、病人第一)活动，要求广大医务人员真正做到“八十字”行为规范(文明用语、礼貌服务；方便病人、不排长队、因病施治、合理用药、坚持原则、按病检查；精心治疗、细致护理；廉洁行医、不谋私利、坚守岗位、遵守纪律；钻研技术、确保质量、认真负责、安全医疗；仪表端正、卫生清洁)。设立了纠风工作局长接待日、意见箱、举报电话等。

2004年，出台政务公开方案，公开内容有：政务公开事项、许可项目、办事公开事项、执法依据、执法程序、办事纪律等。2005年，为了深化“效能革命”，在全县卫生系统开展评议“满意、不满意单位，满意、不满意职工”活动。

2009年，贯彻落实卫生部《关于建立医务人员医德考评制度的指导意见》和省卫生厅开展医德考评实施细则，建立从医疗服务质量、服务态度等多方面对医务人员进行医德医风考核体系。是年，收到信访19件次，全部做到及时处理；立案查结违纪案件2件；组织明察暗访7次，教育人员4人次。

2011年，在全县卫生系统广泛开展“服务好、质量好、医德好、群众满意”的“三好一满意”活动，组织医疗单位中层以上领导100余人参观温州警示教育基地。并抓好“医药回扣专项治理年”活动，全年退还、上交红包54540元。

2012年，开展“十大名医”和“十佳护士”评选活动，树立先进典型，并开展以“阳光服务、阳光用药、阳光教育、阳光评议”为内容的“阳光医疗”，深化“三好一满意”活动。

第三章　疾病防控

1989—2012年，平阳县在疾病控制方面取得很大的成绩。消灭及基本消灭了天花、丝虫病、疟疾、麻风病、碘缺乏病，大幅降低了霍乱、痢疾、伤寒、副伤寒、流行性脑脊髓膜炎、流行性乙脑炎等传染病的发病率及死亡率。自从1980年实施国家《计划免疫工作条例》之后，规范了计划免疫程序和操作规程，建立完善的冷链体系，提高接种率和有效率，相对应的传染病发病率显著下降。1989年，开始结核病的防治工作，1996年，被省卫生厅确定为结防项目县，成立结核病防治所，开展经常性的防治工作。20世纪80年代，性病死灰复燃，呈蔓延状态，不容乐观，给防治工作带来新的挑战。

第一节　疫情监测

1989—2012年，法定传染病疫情监测根据医疗机构传染病报告方式的不同，分为两个主要阶段。第一阶段(1989—2003年)，各医疗机构通过填报纸质传染病报告卡的方式向县疾病预防控制中心(原卫生防疫站)报送传染病发病信息,县疾病预防控制中心再逐级向上报告。第二阶段(2004—2012年),2003年国家经历"非典"疫情后,于2004年开始着手建立覆盖各医疗机构的疫情监测网络系统,实行在线网络直报,全国联网,传染病疫情信息的准确性、报告及时性得到大幅提高。

第二节 计划免疫

20世纪50—70年代,平阳县的免疫预防工作主要是防治天花、霍乱、白喉等病。1989—1999年,全县90%乡镇实行计划免疫保障偿付制度。2002年,全面停止保障偿付制,实施一类疫苗(卡介苗、麻疹、脊灰、百日咳、乙脑、流脑)免费接种。2004年10月,平阳县代表温州市接受全国计划免疫审评检查结果,建卡率99.68%,"四苗"全程接种率96.36%,获得卫生部专家评审组的好评。2012年,卡介苗接种率为99.93%、脊灰疫苗98.86%、百日咳疫苗98.16%、麻疹疫苗98.84%、乙肝疫苗98.53%。

"四苗"(卡介苗、脊髓灰质炎疫苗、百白破三联疫苗和麻疹疫苗)接种

平阳县卡介苗(用于预防结核病)接种工作始于1958年,1980年,纳入计划免疫常规接种后,每年都开展接种质量检测,接种率和接种质量均达到全国和省结核病防治规划要求,小儿结核病处于低发水平。

1988年,卫生部提出全国要在1995年消灭脊髓灰质炎的目标。1992年,开展强化免疫活动。截至2005年,全县共进行33次26轮的强化免疫和一次2轮的扫荡式免疫,累计服苗儿童30余万人次,有效地阻断脊灰野病毒的传播。1994—2012年,无

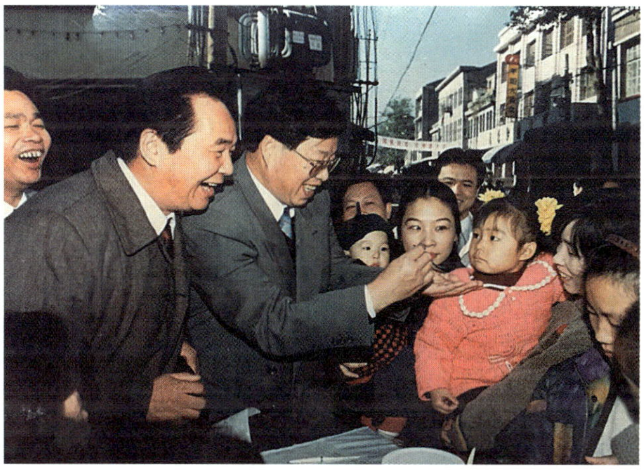

1994年全国第二轮强化服苗,县长王擎峰(前排左二)在昆阳镇参加活动(1994年)

1989—2012年平阳县法定报告甲、乙类传染病发病率统计表

表34-3-1

年份(年)	发病数(人)	发病率(1/10万)	年份(年)	发病数(人)	发病率(1/10万)
1989	2970	396.00	2001	1740	207.14
1990	1483	197.73	2002	2082	247.56
1991	3753	493.82	2003	1945	229.91
1992	2543	330.26	2004	3411	402.24
1993	1901	246.88	2005	2660	313.68
1994	3384	437.77	2006	2491	293.06
1995	1898	241.78	2007	2717	318.15
1996	1463	185.42	2008	2538	296.50
1997	1464	185.55	2009	2605	302.20
1998	1292	160.70	2010	2031	234.26
1999	2050	253.40	2011	2317	265.10
2000	1496	180.24	2012	1696	194.05

脊灰野病毒病例发生。

百白破三联疫苗(用于预防百日咳、白喉、破伤风)自1972年开始使用，接种率逐年提高，2001年、2003年、2005年，该疫苗接种率分别为98.12%、97.48%、99.06%，2012年，接种率达到99%以上。

麻疹疫苗从1970年开始使用，1980年，列入计划免疫常规制品，2001年、2003年、2005年，该疫苗接种率分别为96.44%、97.13%、98.61%，麻疹发病率分别为26.85/10万、5.34/10万、9.02/10万，2012年，接种率98.84%，发病率0/10万。

乙肝疫苗接种

1992年始，新生儿乙肝疫苗接种逐步在医院产科自费开展接种。2002年，新生儿乙肝疫苗纳入免疫规划管理免费接种。针对全县15岁以下乙肝疫苗未完成三剂次的儿童，分别于2007—2008年度及2009—2010年度，开展乙肝疫苗查漏补种工作，共补种乙肝疫苗41323剂次。2010年，乙肝疫苗接种率96.77%，乙肝疫苗首针及时接种率93.47%。2012年，乙肝疫苗接种率98.53%，乙肝疫苗首针及时接种率96.38%。

“4·25”预防接种宣传日宣传活动（2009年）

乙脑和流脑疫苗接种

2007年前，全县乙脑疫苗接种集中安排在每年4月至5月份，流脑疫苗接种安排在每年11月至12月。2007年始，乙脑、流脑疫苗实行常规免疫接种。2008—2012年，乙脑、流脑疫苗接种实行新的免疫程序。2009年，全县对2000年后出生的8月龄儿童开展乙脑疫苗查漏补种工作，共补种3779名儿童。2010年，乙脑疫苗接种率96.12%，流脑疫苗接种率96.04%。2012年，乙脑疫苗接种率97.68%，流脑疫苗接种率98.34%。

第三节　急性传染病预防控制

霍乱

1989年之后，霍乱疫情有流行的年份是1994年、1995年、1997年、1998年、1999年、2001年、2006年。其中，1994年为发病高峰年，报告发病198例，发病率25.51/10万。此后霍乱发病率逐年下降，病死率为零。2000年，报告发病1例。2001年，报告发病8例(昆阳镇5例，鳌江镇2例，钱仓镇1例)。2006年，报告发病2例(郑楼镇1例，鳌江镇1例)。

平阳县主要通过严格管理传染源，严密控制疫点疫区，加强食品卫生、饮用水卫生及粪便管理，开展宣传教育工作，健全监测系统等措施，加强霍乱疫情防控。

病毒性肝炎

平阳县病毒性肝炎(简称“肝炎”)的疫情报告始于1959年，此后发病率逐年增高。1989年之后，肝炎发病仍维持较高水平。1991年，开展对1385名3～13岁儿童进行HBsAg携带情况调查，平均阳性携带率为9.3%。

20世纪90年代开始，病毒性肝炎实行分型报告。1997年，甲肝暴发流行，全县报告发病679例。2000—2012年，病毒性肝炎年报告发病率仍维持在100/10万～200/10万水平之间，乙型肝炎是主种病种，占病毒性肝炎报告数的80%以上。

1992年始，有偿全面推广新生儿乙肝疫苗免疫接种工作，并纳入计划免疫管理。2002年，实施免费接种。1993年，甲肝疫苗开始投入应用。2009年，纳入扩大免疫，实施免费接种。

痢疾

新中国成立以来，痢疾疫情时有流行。1989年之后，平均发病率为48.53/10万，均无死亡报告。由于20世纪80年代后期，平阳县自来水覆盖面逐步扩大，食品卫生依法管理增强，群众卫生意识提高。其发病率从1982年的442.01/10万，下降到1999

年的20.38/10万。2006—2012年，痢疾发病率连续7年维持在5/10万以下。

伤寒、副伤寒

平阳县有该病疫情记录始于民国35年(1946)。此后年年都有报告病例。20世纪80年代后期，由于耐氯霉素的M1型菌株传入，伤寒、副伤寒发病增多，疫情局部爆发时有发生。1989年9月，鳌江雁门乡西桥村，发生38例，经流行病学证实，系自来水管破漏污染引起水型暴发流行。1990—1995年，共报告发病1708例，年平均报告发病率为37.13/10万，其中，1992年报告680例，发病率高达89.15/10万，是伤寒、副伤寒发病率高发年。1996—1999年，全县伤寒发病率仍维持在较高的水平，年报告发病率均在9/10万以上。2000年后，伤寒发病率呈下降趋势，2007—2012年中，年发病率均在4/10万以下，未出现死亡病例。

流行性脑脊髓膜炎

1989—1999年，除1994年、1998年两年无疫情报告外，其他年份每年均有流行性脑脊髓膜炎(简称“流脑”)疫情报告。2000—2012年有2个年份报告病例，其中，2001年1例，2005年1例(死亡1例)，其余年份均无病例报告。自1970年开始，采取了以流脑菌苗预防为主导的预防措施后，全县流脑的发病率从20世纪60年代的69.02/10万，下降到90年代的0.40/10万。至2012年，发病率基本为零，病死率从20世纪60年代的4.60%下降到0。

流行性出血热

平阳县历来为非流行性出血热疫区。县防疫站曾于1991年，开展鼠类流行性出血热带毒率和人群流行性出血热抗体调查，结果检出褐家鼠、黄胸鼠、小家鼠、罗赛鼠、黑线姬鼠流行性出血热抗原阳性，平均阳性率5.77%，其中褐家鼠带毒率高达11.87%，室内带毒率(12.5%)明显高于野外(2.89%)。抽查健康人血清107份，流行性出血热抗体均为阴性。1994—1996年，浙江省流行性出血热疫情依旧严峻，特别是一些原低发区发病上升及新疫区时有发生，平阳县也面临发生流行性出血热疫情的危险，故于1997年，再次开展鼠密调查和鼠流行性出血热抗体水平测定，调查结果：捕获鼠类6种66只，室内鼠密度5.83%，野外鼠密度8.33%；各鼠类流行性出血热抗体平均阳性率4.55%，其中褐家鼠抗体阳性率最高，达11.11%，罗赛鼠次之阳性率5.56%，黄胸鼠阳性率3.70%，其他小家鼠、黑线姬鼠和鼩鼱抗体均为阴性。

1994年，宋桥镇发生首例流行性出血热病人，1997年、1998年各发病1例，2000—2012年，报告病例22例，除2000年、2001年、2003年外，其余年份均有散发病例报告。

流行性乙型脑炎

平阳县自1952年开始记载流行性乙型脑炎(简称“乙脑”)疫情。至2012年，全县累计发病4675例，年平均发病率10.66/10万，累计死亡437例，平均病死率9.38%。1989—2012年，除2000年、2005年、2007年、2008年、2011年、2012年份无病例报告外，每年均有散发病例发生。

1971年始，对儿童开始接种乙脑疫苗以来，乙脑疫苗接种率都在95%以上。1990年始，全县乙脑疫情趋于平稳和下降，无流行年出现，乙脑疫情明显下降，年发病率波动在0.11/10万～3.04/10万之间。

麻疹

20世纪90年代，麻疹报告发病率年平均为10.45/10万，实现“九五”期间5岁以下儿童麻疹发病率比“八五”期间下降50%的目标。2003年、2005年、2011年发病率分别为5.34/10万、9.02/10万、3.59/10万。

百日咳、白喉、破伤风

20世纪80年代，百日咳年平均发病率69.46/10万，90年代年平均发病率1.49/10万，基本得到控制。20世纪60年代，白喉年发病率22.05/10万，80年代仅为0.39/10万。1995年发病1例，至2012年无病例发生。20世纪90年代，破伤风基本得到控制。

狂犬病

新中国成立后至2000年，无报告病例，2001年麻步镇发现首例病人。至2012年，全县报告病例13例(全部死亡)，其中，2001年1例，2004年5例，2005年3例，2008年1例，2009年2例，2010年1例。发病地区涉及鳌江、麻步、西湾、南湖、郑楼、萧江、鹤溪6个乡镇。病例最大年龄63岁，最小8岁。

传染性非典型肺炎

2003年春天，传染性非典型肺炎在全国暴发流行。县成立“非典”防治领导小组、9支县级防治“非典”应急小分队、3个防治“非典”消毒站、6个防治“非典”检测咨询站、31个防治“非典”工作监测哨和41个防治“非典”工作咨询点，确定“非典”收治单位和7个发热门诊，实行24小时值班。防治期间出动医务人员15234人次，监测发热人员7582人次，其中对71人进行医学观察，开展流行病学调查35次222人，开展对预防性消毒87次，出动现场处理192次。出动3.5万人次查医疗机构、公共场所、饮食店摊等2万户次，责令整改1520户次，罚款175户次，没收不合格消毒液29吨，有效防止“非典”疫情发生。是年，全县未发生“非典”临床确诊病例和疑似病例。

甲型H1N1流感

甲型H1N1流感为急性呼吸道传染病。疫情最初发现于2009年3月，在墨西哥暴发并迅速蔓延，2009年5月中国发现首例确诊病例，平阳县报告发现疫情始于9月份，部分学校出现局部暴发疫情，共报告病例252例，无死亡病例。2010—2012年，报告病例显著减少，2010年8例，2011年1例，2012年无病例。

开展甲型H1N1流感应急演练（2009年）

手足口病

手足口病是儿童常见多发病。2008年，纳入法定丙类传染病管理。2008年，发病581例(死亡1例)，2009年2226例，2010年3892例，2011年3605例(死亡1例)，2012年5466例。

2008年，平阳县成立手足口病防控领导小组和应急队伍，制定《平阳县手足口病防控应急预案》《平阳县手足口病防控应急处置技术方案》，指导全县开展手足口病防控工作。

丝虫病

平阳县丝虫病防治工作始于1955年，前后经过22个年次的反复查治、监测，累计血检602255人次，查出微丝蚴阳性12184人次，流火史2845人次，象皮腿1502人次，治疗16508人次，全县人群微丝蚴感染率从1956年的11.75%降至1989年0.04%。经上级考核评估，平阳县1990年达到基本消灭丝虫病标准。

20世纪90年代，监测血检17127人次，均未发现微丝蚴感染。1991年，对1002人进行血清学监测，经免疫荧光法检测结果，全部阴性。1998年，开展对外来人口进行丝虫病原学监测，血检384人，结果均无发现微丝蚴感染。

1999年7月，由市卫生局组织的消灭丝虫病审评组，对平阳县消灭丝虫病情况进行达标审评。随机选择原流行乡镇的临区乡新村村和郑楼镇陈交大村进行现场核查，对全部存档资料进行审评。审评结果为平阳县达到消灭丝虫病标准。7月13日，市卫生局确认平阳县为消灭丝虫病县。

2000年始，丝虫病防治工作重点转为对慢性丝虫病患者的康复和关怀，县疾病预防控制中心每年对慢丝患者进行随访调查，指导患者进行康复。截至2012年底，平阳县存活慢性丝虫病患者49人。

平阳县丝虫病达标验收（1999年）

疟疾

20世纪80年代，平阳县疟疾发病474例，平均发病率0.67/万，90年代发病14例，平均发病率0.02/万。1984—1999年，年发病率一直在0.38/万以下。

1989—1999年，在县人民医院、县第二人民医院、县第三人民医院分别进行门诊“四热”（疟疾、疑似疟疾、疑似感冒、不明原因）病人监测，共血检331例，检出疟原虫阳性4例（均为外地输入），平均阳性检出率1.21%。平阳县防疫站对病人家属与周围人群及流动人口进行血检监测85例，疟原虫均为阴性。

1989年6月，市卫生局组织的“基本消灭疟疾”考核验收组，对平阳县进行考核验收，认为各项指标均达到国家规定的基本消灭疟疾标准的要求，省卫生厅予以确认。

2000年始，疟疾防治工作重点是做好“三热”（疟疾、疑似疟疾、不明原因发热）病人的监测和输入性病例调查和疫点的处置。截至2012年年底，平阳县无报告发现本地疟疾病例。

第四节　慢性传染病防治

结核病

平阳县20世纪初期就有结核病的流行，中华人民共和国成立以后，对结核病进行防治，使发病率和死亡率大幅度下降。20世纪80年代始，由于耐药结核菌株的产生与扩展，加上艾滋病的流行，使得全球肺结核病疫情明显回升。

1989年，县防疫站根据全国结核病防治工作要求，组织人员选择后林、东屿两个乡进行肺结核病线索调查，调查结果肺结核病平均患病率291.47/10万，涂痰片阳性病人患病率97.99/10万。

1990年，全国第三次结核病流行病学调查时，平阳县宋桥镇调查结果，肺结核病患病率846.02/10万，涂痰片阳性病人患病率169.20/10万，分别高出全省肺结核病平均患病率403/10万、涂痰片阳性病人患病率99.2/10万的2.1倍与1.71倍。

1990年开始，县防疫站配备防痨专职人员，对全县肺结核病人实行就诊登记、报告与综合管理措施。1990—1997年，共登记、报告活动性肺结核病人2651例，其中，痰菌阳性病人368例，痰菌阳性检出率14.37%，年均活动性肺结核病人新登记率42.67/10万，年均痰菌阳性病人新登记率6.13/10万。

“3·24”世界结核病防治日宣传咨询场景（1999年）

1997年6月6日，县防疫站启动《卫生部加强与促进结核病控制项目》，并成立平阳县结核病防治所。从此，肺结核病防治工作正式进入统一领导、归口管理、规则治疗、全程管理、药费减免等良性循环轨道。

2001年始，各级政府不断加大结核病专项经费投入。2001—2012年，共投入经费374.65万元。2006年，开始肺结核定点住院医疗机构纳入城镇居民、城镇职工及新农合医疗保险报销。2012年，结核病纳入重大疾病特殊病种管理，新农合医疗保险报销。2001—2010年，共登记管理结核病人4671例，系统管理率达到97.7%，其中，新涂痰片阳性病人1646例，治愈1569人，治愈率95.3%。2011年10月1日，结核病诊治定点门诊由疾控中心转移至平阳县长庚医院。

麻风病

1957年、1970年、1973年和1981年，开展4次全县大普查和8次线索调查，至1990年，累计发现病人48例。其中，男性40例、女性8例，年龄最小10岁，最大55岁，以20～40岁为最多数。农民占总数75.51%，明显多于其他职业。2002年和2011年，各新发麻风病1例。通过防治，1990年10月，平阳县麻风病防治工作经省、市等上级业务部门的考核验收，各项指标均达到卫生部基本消灭麻风病的标准。2012年底，全县仍在管理的治愈存活病人12例。

1990年，平阳县“基本消灭麻风病”考核验收（1990年）

1992年，省防疫站主任周小民进行艾滋病防治讲座（1992年）

第五节　性病　艾滋病

性病

1987年，平阳县实行性病监测报告制度。梅毒报告始于1995年，截至2012年，全县共报告2526例，1995—2001年，梅毒年平均报告发病率1.33/10万，2002—2012年梅毒平均报告发病率达到26.29/10万。淋病报告始于1989年，1989—1995年，淋病年平均报告发病率20.847/10万。2001—2012年，淋病年平均报告发病率9.15/10万。2008—2012年监测的5种性病中梅毒报告1356例，淋病报告279例，尖锐湿疣报告724例，生殖道沙眼衣原体感染报告218例，生殖器疱疹105例，5种性病年平均报告发病率63.40/10万。

艾滋病

平阳县于2000年在发现第1例艾滋病病毒携带者后，2001年发现首例平阳县户籍艾滋病病毒携带者，后陆续发现艾滋病病人/病毒携带者，疫情呈上升趋势，但仍处于低流行状态。截至2012年，共发现艾滋病病人/病毒携带者147例，其中，病毒携带者76例，艾滋病病人71例，死亡33例。艾滋病疫情覆盖平阳县所有乡镇，其中，水头镇、鳌江镇、万全镇病例数占全部病例的58.99%。

平阳县落实国家免费提供药品、治疗费用、咨询、监测及困难救助的“四免一关怀”政策。2005年，成立艾滋病抗病毒治疗专家组，开始为艾滋病病人提供免费的抗病毒治疗。至2012年，共治疗78人（在治69人，死亡7人，转诊迁入2人，迁出1人）。

2005年，平阳县疾控中心设立免费自愿咨询检测点。2009年，平阳县第二人民医院和平阳县妇幼保健院增设免费自愿咨询检测点，开展自愿免费咨询检测工作。2005—2012年，咨询检测5290人次，发现艾滋病病毒抗体阳性51人。2007年始，开展重点人群检测工作，2007—2012年监测44777人次，发现艾滋病病毒抗体阳性者12人。2009年，平阳县被确定为国家级艾滋病哨点监测点。2009—2012年，为艾滋病患者提供免费诊疗服务。

第六节　地方病防治

碘缺乏病

1983—1985年，平阳县通过摸底调查、抽查、重点复查，调查229342人次，查出肿状腺肿大1度以上病人2267人次、生理性肿大9662人次，全县患病率在0.14%～3.78%，查出轻病区南雁、晓坑、新田3个乡村，患病率分别为1.58%、3.8%、0.2%。

1991—1994年，每年定点进行一次病情监测，同时对甲状腺肿大者，尿碘低于100微克/升者及全县育龄女与0～2岁的婴幼儿给予碘油丸或碘微囊冲剂补碘一次，使病情稳中有降。

1995年始，县防疫站每年均开展学生甲状腺、尿碘及家庭食用盐的调查与监测，2001—2012年，甲状腺肿大率从9%下降至4%以下，尿碘水平维持在52～200微克/升之间，居民合格碘盐食用率维持在80%～90%之间。

1991年，平阳县通过省地防办、省卫生厅组织的“基本控制碘缺乏病”考核验收。1999年，通过市卫生局组织的温州市消除碘缺乏病阶段目标评估，各项指标均达到国家规定的消除碘缺乏病阶段目标。2009年，通过上级考核评估，达到实现消除碘缺乏病的目标。

地方性氟中毒

1984年，在全省统一部署下，县防疫站组织普查队伍，对睦源、塘川、渔塘、萧江、梅源、后林等60个病区村，进行流行病学调查。普查结果：调查6691人，查出氟斑牙患者683人，平均氟斑牙患病率10.21%。但以村为单位均未超过病区标准。1986年对原病区村的饮水含氟量情况进行调查，抽查94份水样，氟化物含量在0.2～0.8毫克/升，均值为0.414毫克/升，都未超过国家饮水卫生标准（0.5毫克/升）范围。经普查及复查结果，1984年所划定的“地氟病区”全部否定。

第七节　慢性病监测

2001年，平阳县被确定为全省30个卫生监测区之一，并确定山门、凤卧、榆垟、钱仓和麻步5个乡镇为监测点。2002年，卫生监测工作正式启动，监测的项目有：死因监测、出生监测和糖尿病、恶性肿瘤、冠心病急性事件、脑卒中发病监测。2006年，省疾病中心确定平阳县卫生监测区工作监测人群覆盖到了全县人口。

第四章　卫生行政许可与监督

卫生行政许可工作，从源头上制止无证行医、乱行医的违法现象，以保障人民群众的生命安全。卫生监督包括食品、医疗、饮用水、职业、放射、学校、公共场所、消毒产品、化妆品9大方面。

第一节　卫生行政许可

2002年，县卫生局负责的全县放射诊疗建设项目卫生审查、医护人员执业许可、集中式供水单位卫生许可、母婴保健专项技术服务许可、医疗卫生机构设置执业许可、公共场所卫生行政许可、放射诊疗许可、乡村医生执业注册等行政许可项目全部进入县行政审批服务中心窗口办理。是年，共审批设置医疗机构：1家民营综合医院、3家门诊部、87家诊所（医务室）、村卫生室455家。至2012年，共审批设置医疗机构：1家民营综合医院、3家门诊部、52家诊所（医务室）、村卫生室463家。2002年母婴保健专项技术服务许可共审批6家，至2012年，母婴保健专项技术服务许可共审批6家。2004年，乡村医生执业首次注册186人，至2012年乡村医生执业再注册71人。

第二节　卫生监督

食品卫生监督

监督　1990年，县防疫站与县电大共同组织一级食品从业人员培训，培训168人。1991年，食品从业人员二级培训在全县全面展开，把培训合格作为发证依据之一。1993年，结合食品卫生法实施十周年宣传活动，开展食品卫生信得过单位评选。8月，温州市食品卫生信得过单位评选活动及创建卫生执法一条街经验交流会在鳌江镇召开，鳌江古鳌中路被推荐为“卫生执法一条街”。全县3个单位被评为省级食品卫生先进单位，5个单位被评为市级食品卫生先进单位。1996年，《浙江省食品卫生许可证发放管理办法》颁布实施，进一步规范了卫生许可证和健康证的“两证”发放工作。1996—1998年，全县食品从业人员体检率、卫生许可证和健康证发证率均在98%以上。

2001—2005年，平阳县卫生监督所立案查处食品案1977宗。2006年，在“监管责任网”建设方面，全县31个乡镇与各村居全部签订责任书，较好地完成县食安委办布置的各项任务。在“现代流通网”建设方面，19个乡镇开设了连锁超市19家，创建放心店350家，农村规范小商店1026家。在“群众监督网”建设方面，至2012年，有消委分会8个、消费维权站43个、监督员49人、维权监督点408个、监督员628人。

2007年，在全县推广食品卫生监督量化分级管理、学校食堂逐步推行“五常法”（事物常分类，天天常整理，环境常清洁，工作常检查，人人常自律）管理。平阳县小、鳌江实验小学、平阳县职教中心、平阳县国际大酒店试行“五常法”管理。2008年，根据群众举报，在鳌江镇成功捣毁一个利用过氧化氢漂白熟猪肉的地下加工窝点，并对相关责任人进行了相关的行政处罚。2009年，《中华人民共和国食品安全法》正式实施，6月1日顺利启用“餐饮服务许可证”。2011年，制定平阳县餐饮服务单位废弃油脂管理制度，100余家餐饮单位建立废弃油脂处理台账，500余家餐饮单位签订。2012年，发现萧江和鳌江的两所大型酒店在餐点展示厅海鲜池内出现活体河鲀鱼，查获61条，对该两家酒店进行立案查处。是年，对3094户餐饮单位的1万余名从业人员进行食品安全相关法律法规知识培训，联合县教育局对学校、幼儿园567名食堂负责人以及食品安全管理人员进行专门培训，并进行考试，209名学员获得合格证书。

监测　1985—1991年，县防疫站对全县白酒检测277份，不合格45份，合格率83%，主要是甲醇、铅超标。1993—1996年，县防疫站对酱油进行随机采样169份，进行细菌指标、理化指标9个项目检测。细菌指标每年检测30～40份，合格率分别为50%、48%、59%、70%。理化指标，合格率分别为12%、12%、20%、27%。1996年，酱油合格率有所提高，但“无证”的酱油生产作坊采用酱色加盐、加水、加味精制成的“四合一”酱油，并未完全杜绝。此外有些企业减少投料，降低成本，是酱油质量下降原因之一。1999年始，每年都开展食品监测，至2012年，共监测食品种类18类，计3608份，合格率从76%提高到87.5%；食具监测结果合格率从2006年的62.6%升为2011年的87.4%。

食源性疾病的预防与控制　20世纪90年代初，平阳市场出现一批劣质的酒，其甲醇含量甚高，宋埠镇一农民因饮用含甲醇过高的白酒，引起双目失明。针对这一严重现象，县政府牵头成立县酒类管理小组。县防疫站依法取缔10余家非法生产经营者。1978年，鳌江发现首例织纹螺中毒病例，至2000年，累计中毒176人，死亡4人。织纹螺，本地俗称鸟螺或咬丝，是平阳县广大群众过去常食的小水产品，由于环境的污染，主要与赤潮中有毒膝沟藻有关，使该螺带上毒素，人食后引起中毒。据此，平阳县作出“不捕、不卖、不买、不食”的“四不”规定。2012年5月，在鳌江、萧江两家酒店查获河鲀61条，并依法对两酒店进行处罚。

医疗卫生监督

1995年，在取缔无证行医及无证经营药品的工作中，取缔48家无证诊所。1999年，平阳县无证诊所100余家，2012年存量为21家。同时建立无证行医电子档案，以利于持续有效的跟踪打击，并实行不定期巡查。

推进中小型医疗机构量化分级管理和不良执业行为记分管理工作，至2012年，全县中小医疗机构575户，评定为规范级的医疗机构69家，合格481家，不合格单位25家，量化率100%。

2012年，县卫生监督所联合县疾控中心对21家医疗机构的牙科、妇科的已消毒器械和消毒产品采样29份送检，经检验，该批器械的消毒效果和消毒产品的浓度均达标。并对全县30家乡镇卫生院开展医疗废物管理检查，16家达到规范化管理。

1999—2012年平阳县医疗卫生处罚案件分类统计表

表34-4-1

年份（年）	医疗机构无证经营	医疗机构超范围经营	放射卫生	传染病
1999	161	29	0	0
2000	180	28	0	0
2001	156	37	0	0
2002	128	24	0	0
2003	167	21	0	50
2004	118	32	0	57
2005	100	47	0	51
2006	111	57	0	38
2007	98	56	0	19
2008	96	67	0	11
2009	85	37	0	19
2010	42	21	0	21
2011	58	23	0	13
2012	19	12	0	5

说明：资料由原平阳县卫生局提供

饮用水卫生监督

1989年，对全县的水改工作进行普查。全县总人口747496人，其中，建有县级水厂一座，受益52062人；各种农村水厂211座，受益220104人；其他各种水井、砂滤池、水压机井等5149口，受益372655人。

随着经济发展，平阳县的水改工作进一步发展提高。20世纪90年代，先后在昆阳、鳌江、水头、萧江等水厂分别进行扩建、新建，水源取水点的迁移，采用了新工艺用液氯进行消毒，确保了消毒效果。宋桥、宋埠、南雁、腾蛟等乡镇也新建自来水厂。鳌江镇投资1亿余元，于2000年启动顺溪引水工程，

1990—2000年若干年份平阳县自来水厂管网水质监测情况一览表

表34-4-2

年份(年)	样品		细菌总数		大肠杆菌		浑浊度		余氯	
	数量(个)	合格率%	数量(个)	合格率%	数量(个)	合格率%	数量(个)	合格率%	数量(个)	合格率%
1990	90	7.78	88	62.50	88	17.05	89	17.98	90	22.22
1995	154	31.17	154	74.68	154	63.64	154	59.74	154	65.58
2000	179	21.23	179	94.44	179	94.44	179	86.5	179	87.15

说明：资料由原平阳县卫生局提供

2010—2012年平阳县自来水厂出厂、管网水质监测情况一览表

表34-4-3

时间	项目	样品数量	合格数	合格率%
2010年	出厂水质	33	21	63.3
	管网水质	208	133	63.9
2011年	出厂水质	53	30	56.6
	管网水质	301	174	57.2
2012年	出厂水质	38	29	76.3
	管网水质	234	186	79.5

说明：资料由原平阳县卫生局提供

2005年用上清洁水。昆阳镇投资1亿余元，于2003年启动珊溪引水工程，2006年用上清洁水，沿途乡镇也能用上清洁水。2012年，全县各乡镇基本实现自来水化，用上清洁水。

职业卫生监督

1989—1999年，平阳县确诊硅肺病44例，病人多来自当地的石英厂及水泥厂。2002年，《中华人民共和国职业病防治法》开始实施后，平阳县展开职业卫生调查。经查，全县产生粉尘危害的企业270家，直接接触粉尘约1800人，接触有毒有害化学品的约18000人658家企业。主要的职业病危害因素有粉尘以及氰化物、硫化氢、二甲基甲酰胺、苯、二甲苯和甲苯等超标。鳌江12家制鞋企业开展有毒有害化学品检测，发现4家企业6个作业场所苯浓度超标，甲苯浓度超出50倍。2005年，平阳县对47家企业开展粉尘检测，其作业环境全部存在危害因素。2008年，对66家企业苯浓度检测，有28家企业超标。其中，抽检的10个油墨和稀释剂不仅全部检出苯，含量最高的分别达635克/千克和441克/千克(标准为5毫克/千克)。是年，市疾病预防控制中心对4家油墨和6家生产企业现场检测空气，结果苯检出率分别为75%和100%，苯超标率分别为75%和82.6%。

职业病监测。2002年鳌江鞋业园区55名涉苯工人职业健康体检时，血常规异常13人，占23.6%。2005年，342名涉尘工人体检发现78人疑似尘肺病，占22.8%。2006年，113名接触二甲基甲酰胺的工人有40人检查显示健康异常，占35.4%。是年，开展制革行业职业卫生流行病学调查时，94名工人中尿铬超标的有43人，占45.7%。2007年，95家电镀企业583名工人检查显示健康异常的有51人，占8.7%。是年，萧江6家彩印企业10名工人陆续发病，有2人确诊再生障碍性贫血。2008年，在398名彩印工人中检出疑似苯中毒2人，职业禁忌61人，共占15.8%。2005—2008年，制革业已发生硫化氢气体中毒事故17起，中毒24人，死亡3人。职业病呈明显上升趋势。

自2002年《中华人民共和国职业病防治法》开始实施，平阳县每年都开展宣传周活动。2006年，在企业推广职业危害项目申报制度，566家企业建立管理台账。2007年，开展以“劳动者健康与企业社会责任”为主题的宣传进社区活动、刊出635个主题栏目。2011年，免费举办1300人职业健康管理员培训，进行职业病防治法及防治知识教育。

2002—2012年，宣传教育、监督监测、依法治理同时进行。共监督企业4341家次，责令整改347家，调离企业禁忌员工156人，对31家企业采取控制措施，行政处罚10家。

放射卫生监督

1989年，国务院发布《放射性同位素与射线装置放射防护条例》之后，平阳县防疫站两次派员到省防疫站学习。1993年，配备放射防护监督员1人，开展放射防护监督、监测工作。县内无放射产品生产企业，主要是对医用的放射性仪器进行卫生防护管理。1999年，全县有医用X射线装置的医疗单位36家，X射线机41台，从事医疗放射工作人员97人，已建立健康档案及个人剂量监测档案80人。对全县放射装置的预防性卫生进行监测，全部合格。

2011年，对辖区内3家开展X射线影像诊断的二级医疗机构进行放射卫生监督检查，检查结果为均持有放射诊疗工作许可证，并设置了放射防护设施，制定了防护制度，配备了专门的管理人员。从事放射工作医护人员共61人，均配有放射监测个人剂量计，其中50人持有放射工作人员证。

2012年，全县21家医疗机构持有放射诊疗许可证，有机房42个，放射设备42台，从事放射工作医护人员83人，均持有放射工作人员证。放射诊疗许可证及放射工作人员证持证率均达100%。

学校卫生监督

1990年，国家教委、卫生部颁发《学校卫生工作条例》，使学校卫生工作由行政管理走向法律管理。

1991—2000年，县防疫站对82所学校83903人进行17项卫生监督指标要求进行经常性卫生监督和测量，根据中小学校监督评价标准进行评分，监督评价结果为中学58所中属合格45所，基本合格8所，不合格5所；小学24所中属合格16所，基本合格2所，不合格6所。在每年学校开展经常性卫生监督过程中作好现场笔录后填写学校卫生监督意见书，向校方提出建议和要求。

1995年，根据温州市《关于加强学校食品卫生工作监督的通知》要求，县教委和县卫生防疫站联合组织人员对学校小卖部、食堂和校外摊点进行食品卫生监督抽查工作。对检出“三无”（无生产日期、无质量合格证、无生产厂家）食品以及不符合卫生要求标准的食品就地销毁，并作出警告、限期改进等处理。

《中华人民共和国食品卫生法》宣传周中开展防止学生食物中毒宣传（1999年）

2011年，平阳县卫生监督所开展春、秋季学校开学期间食品安全专项检查工作，对学校进行食品卫生、饮用水卫生、教学环境卫生、生活设施卫生等的监督检查，出动监督员128人次，检查139所学校，对存在不足之处，以教育指导并限期整改为主，出具监督意见书，以消除隐患，保障学生食品卫生安全。

2012年，开展学校食堂食品安全及校园卫生安全健康2号、3号行动，出动卫生监督员904人次，共检查276户，其中，学校食堂185个，学校饮用水卫生调查覆盖率100%，校园教学生活卫生调查覆盖率60.86%，并扩大排查范围，检查校园周边餐饮服务单位91户。共出具责令整改通知书53份，现场指导整改53户次，立案查处3户，收缴罚没款10.3万元。

公共场所卫生监督

监督　1989年，平阳县开始实施《公共场所卫

1991—2010年平阳县公共场所卫生状况监测情况一览表

表34-4-4

项目 年份(年)	总户数(户)	监测户数(户)	监测率%	监测项次数(次)	合格项次数(次)	合格率%
1991	343	29	8.5	368	173	47.01
1995	537	27	5.03	640	463	72.34
2000	797	166	20.82	851	629	73.91
2000	44	33	75	268	210	78.36
2008	1263	52	4.1	239	206	86.2
2009	1175	8	0.68	47	12	25.5
2010	1186	7	0.59	41	19	46.3

说明:资料由原平阳县卫生局提供

生管理条例》。昆阳、鳌江两镇先行开展试点工作。两镇共培训399人,体检372人,发健康证362本,发放卫生许可159本,检出调离“五病”(指痢疾、伤寒、病毒性肝炎、活动期肺结核,以及化脓性、渗出性或接触性皮肤病患者)人员10人。其间,警告及限期改进12家,罚款2家。1999—2012年,共组织体检培训28000人,发卫生许可证7581本,查出且调离“五病”人员105人。2011年,新《公共场所卫生管理条例实施细则》颁布,县卫生监督所于5月召开培训会,培训公共场所业主86人。并与县团委青年志愿者参与公共场所禁烟行动,在昆阳镇主要街道、超市、书店、车站等用鲜花、口香糖换取吸烟者的香烟,让市民参与禁烟活动,增强市民的卫生意识。

监测　1991年,平阳县防疫站开始对较大公共场所如舞厅、宾馆等进行监测,监测项目为顾客用具和卫生设备的卫生质量以及噪音、采光与照明、水质、空气、微小气候(温度、湿度、风速)。

消毒产品卫生监督

2012年,平阳县消毒产品生产企业11家,均属一次性卫生用品生产企业。2012年,进行消毒产品卫生专项检查,立案处罚4家,自行停业1家,其余6家企业均责令企业限期整改。

化妆品卫生监督

1989年国务院颁布《化妆品卫生监督条例》,县防疫站根据平阳县化妆品市场以零售为主的实际,坚持每年对主要集镇进行2次监督检查。平阳化妆品市场主要存在销售“三无”产品(无卫生许可证、无生产日期、无生产企业名称)及无中文说明的进口劣质产品等问题。经过监督管理,取缔了地下加工化妆品的作坊,收缴了市面销售的“三无”产品。

2009年,先后开展三次不同形式的监督检查。一是开展染发类化妆品大检查,以美发场所为重点,检查11家单位的23份产品,没收销毁不合格产品5份,其余18份为合格产品。二是开展旅店一次性化妆品专项检查,检查单位30家,产品40份,其中,合格产品38份,不合格产品2份。三是对化妆品经营单位开展经常性卫生监督,检查经营单位21家,化妆品188件,未发现标识不符合规定的产品。

2010年,全县化妆品注册生产企业2家,其中已停业1家,实际生产化妆品企业仅浙江亦轩化妆品有限公司1家。是年,对1家生产企业和16户化妆品经营户开展监督检查。

2011年,开展化妆品生产企业全面监督检查,对生产企业的相关证照、生产过程、原料管理、仓储管理、产品备案、人员卫生、产品标签标识等做了全方位的监督检查,保障生产企业化妆品卫生质量安全。并对照《化妆品企业单位日常监督现场检查工作指南》要求,重点对1家生产企业和42户化妆品经营户的购进验收情况、产品情况、储存情况、标签标识等开展监督检查。

2012年,化妆品卫生监督工作职能移交至县药监局。

第五章　妇幼保健

平阳县妇幼保健实行系统管理，1991年开始“基线调查”（即基础调查），不断提高建卡率，掌握实际情况，更好地管理、监测妇幼保健情况。2012年，妇女婚检率97.28%，产前检查率97.07%，系统管理率95.02%；围产儿死亡率、出生缺陷发生率不断下降，儿童保健覆盖率不断提高，更好地保障妇女、儿童的生活质量和生命安全。

第一节　妇女保健

孕产妇系统管理

1991年，县政府颁布《平阳县母婴保健保偿责任制试行规定》，动员全县孕妇参加母婴保健，并对各种原因引起的产妇死亡和新生儿破伤风及破伤风死亡，做好赔偿工作，并成立了母婴保偿疾病鉴定小组。是年，全县“基线调查”中发现，孕妇建卡率59%，产前检查率81.62%，产后访视率83.42%，产妇死亡率65/10万。

2000年，进一步完善母婴保健保偿责任制的实施意见，并推出平阳县母婴保健保偿合同书。

2005年，全县有产妇8070人，产前检查率95.75%，早孕检查率90.83%，产后访视率93.92%，孕产妇系统管理率90.08%，高危产妇住院分娩率99.7%，产妇死亡率36.86/10万。2012年，全县产妇总数升至9827人，产妇建卡率97.15%，孕产妇系统管理率95.02%，产前检查率97.07%，早孕检查率95.20%，产后访视率95.41%，住院分娩率99.96%，高危产妇率为27.33%，高危孕产妇住院分娩率100%，产妇死亡率20.33/10万。

婚前医学检查

1992年11月，县卫生局根据《浙江省优生保健条例》，举办婚前健康检查医师培训班。1995年，举办两期婚检医师培训班，共培训104人，经县卫生局审批开展婚检的单位38个，当年婚前检查率为3.5%。1997年，建立婚前医学检查制度。

1998年，全县婚检率43.63%。1999年，共进行婚检2570对，婚检率71.53%，检出疾病率18.62%。2002年，共婚检5315对，婚检率100%，婚检检出疾病率33.6%。

2003年，国家开始取消强制婚检后，婚检人数明显减少，婚检率85.66%，疾病检出率19%。2005年，婚检率降至0.17%，检出疾病率15%。随着婚检率下降，出生缺陷儿明显增加。至2007年，全县婚

1991—2012年平阳县孕产妇系统管理情况统计表

表34-5-1

年份（年）	全县产妇总数（人）	建卡率%	产前检查率%	早孕检查率%	孕产妇死亡率1/10万	系统管理率%
1991	—	59	81.62	—	65	—
1995	7705	—	84	64	25	62
1998	5005	94.85	94.52	93.65	39.82	93.57
1999	5182	96.42	96.11	95.42	0	95.15
2005	8070	94.48	95.75	90.83	36.86	90.08
2007	8385	93.69	95.28	91.09	0	90.68
2008	8413	93.6	93.88	88.17	11.78	89.85
2009	8521	94.44	95.76	88.11	11.63	88.91
2010	8454	95.08	95.08	92.02	23.46	90.88
2011	8989	96.87	97.74	95.56	0	93.56
2012	9827	97.15	97.07	95.20	20.33	95.02

说明：资料由平阳县妇幼保健中心提供

检率为0。

2008年，省政府签发《关于实施免费婚前医学检查和免费孕前优生检测的意见》。2009年，开始免费婚检，婚检率18.46%，疾病检出率：男26.19%，女17.05%。

2010年，县卫生局、县民政局、县人口和计划生育局协调成立"三位一体"服务中心在县民政局正式挂牌，当年婚检率66.17%。

2011年，婚检率93.58%，疾病检出率：男15.01%，女16.09%，指定传染病检出462人。2012年，婚检人数13250人，婚检率攀升为97.28%，疾病检出率：男11.87%，女8.24%。

妇女病查治

1995年，在鳌江下厂区、顺溪镇、腾蛟片区、水头镇等为妇女进行检查共278人。1999年，邀请上海妇科专家对1902名妇女进行检查，共查出并治疗乳腺增生659例、乳腺纤维瘤18例、妇科各种炎症738例、卵巢囊肿77例、宫颈癌2例。

2004年，县妇幼保健院将原来单一的下乡设点、定时间的妇女病普查形式转变为下乡设点、定时间和医院长期门诊普查相结合形式。使妇女病随时能普查，方便了妇女对妇女病普查的要求。

1995—2012年平阳县若干年份孕产妇死亡监测情况统计表

表34-5-2

年份(年)	孕产妇死亡例数(例)	孕产妇死亡率(1/10万)
1995	2	25
1998	2	39.82
1999	0	0
2005	2	24.57
2006	0	0
2007	0	0
2008	1	11.78
2009	1	11.63
2010	2	23.46
2011	0	0
2012	2	20.33

说明：资料由平阳县妇幼保健中心提供

2005年，全县妇女病普查人数6004人，妇女病检出率56.69%。对查到患病的妇女及时进行治疗，并建立健康档案，定期复查，及时追踪随访，做到早发现、早诊断、早治疗。

2012年，妇女常见病实查13305人，筛查率5.45%。

妇幼卫生监测

妇幼卫生监测主要包括孕产妇死亡、围产儿死亡、出生缺陷、5岁以下儿童死亡四项监测内容。

孕产妇死亡监测　孕产妇死亡监测针对从妊娠开始到产后42天内，因各种原因（除意外事故外）死亡的孕产妇。

围产儿死亡监测　围产儿死亡监测针对体重达到1000克，或孕期满28周至出生后7天以内死亡的胎儿。

出生缺陷监测　出生缺陷是指先天性、遗传性和不良环境等原因引起的出生时存在的各种结构性畸形和功能性异常的总称。

2005—2012年平阳县出生缺陷发生率统计表

表34-5-3

年份(年)	出生缺陷发生率(1/10000)
2005	79.32
2006	67.91
2007	81.85
2008	83.1
2009	87.92
2010	67.28
2011	79.02
2012	75.03

说明：资料由平阳县妇幼保健中心提供

5岁以下儿童死亡监测　5岁以下儿童死亡死因主要有先天性心脏病、早产出生低体重、出生窒息、其他先天异常等。2012年活产数10866人，5岁以下儿童死亡60例，死亡率5.52‰，婴儿死亡42例，死亡率3.87‰，新生儿死亡26例，死亡率2.39‰。

第二节　儿童保健

儿童健康管理

1991年，在全县“基线调查”中发现，对35780名儿童检查后，3岁以下儿童生长发育监测，管理率5.08%，7岁以下儿童体检率为11.40%。全县开设儿保门诊的有9个镇乡，共有9名儿保医师（士），专职2人，兼职7人。

1995年，5岁以下儿童营养不良患病率1.22%。

2012年，平阳县儿童保健严格实行“4.2.1”（0岁，一年体检4次；1～2岁，一年体检2次；3岁以上，一年体检1次）体检制，重点加强对0～3岁儿童的健康系统管理。7岁以下儿童保健服务60240人，覆盖率96.19%；3岁以下儿童系统管理27155人，系统管理率95.04%；母乳喂养调查5066人，母乳喂养4311人，喂养率85.1%；新生儿访视人数9596人，访视率96.6%。

出生医学证明管理

1995年，卫生部和公安部下发“关于统一规范〈出生医学证明〉的通知”，规定从1996年始，凡中华人民共和国境内出生的人口，统一使用依法制发的“出生医学证明”，其他有关出生人口的医学证明一律废止。是年，平阳部分乡镇开始在城镇非农业人口实行出生医学证明的办理。

2000年，县卫生局、公安局联合对在平阳县境内出生人口的出生医学证明的管理、使用和发放作了统一规定，并对乡镇卫生院在办证过程中出现的混乱管理做出整改，委托县妇幼保健院统一管理和集中办理。2003年，启用具有新防伪标识的出生医学证明。

2005年，加强新版出生医学证明启用管理，落实由助产单位直接签发出生医学证明的要求，严格执行出生医学证明的收费标准，广泛宣传出生医学证明的使用和管理规定，并对出生医学证明的管理进行详细分工。

2008年，进一步规范出生医学证明发放，规定对未经许可开展助产技术的医疗机构及家庭接生，须由当地乡镇防保站协助进行核对情况后，保健院出具卫生部统一印发的出生医学证明及副本，并加盖“平阳县妇幼保健院出生医学证明专用章”后方可有效。2010年，县卫生局下发《关于出生医学证明签发有关问题的若干规定》，规范了因母亲死亡、去向不明或无法寻找的单亲家庭新生儿的出生医学证明办理工作。

2011年，根据市卫生局要求实施区域妇幼保健信息系统，进一步规范了出生医学证明网络管理。网络办理始于2006年。

2012年，省卫生厅下发《浙江省〈出生医学证明〉管理规定（试行）》《关于贯彻执行浙江省出生医学证明管理规定（试行）有关问题的通知》等文件，要求各地加强出生医学证明印章使用管理、落实知情告知、规范签发操作、严格证件管理、健全申领制度、强化报告制度。

营养性疾病和高危管理

1961年始，每年对全县儿童开展体检，主要是针对龋齿、营养不良、佝偻病等营养性疾病。1990年，增加对贫血、乙肝表面抗体原阳性等疾病的检查。1998年，5岁以下营养不良患病率1.63%。

2006年，体弱儿筛查1058人次，其中，佝偻病619人、中度贫血4人、低体重79人、消瘦18人次、生长迟缓47人。体弱儿专案管理率99.57%。

2012年，5岁以下儿童营养评价：中重度营养不良患病率1.93%，中重度贫血患病率0.4%。

2007—2012年平阳县体弱儿专案管理情况统计表

表34-5-4

年份（年）	体弱儿人数（人）	体弱儿专案管理率%
2007	1235	99.2
2008	999	100
2009	942	99.58
2010	782	100
2011	706	100
2012	724	100

说明：资料由平阳县妇幼保健中心提供

托幼机构管理

1999年11月，省卫生厅、教育委员会、妇女联合会、总工会联合印发《浙江省托儿所、幼儿园卫生保健管理办法》，设定了各托幼园所的卫生保健合格统一标准。

2006年，全县托幼园95所，在园儿童21349人，其中，贫血552人，中重度营养不良262人，肥胖221人，龋齿5362人，视力不良945人。工作人员1580人，其中，保健人员95人，13人获得执业资格证书，有卫生专业职称31人。

2011年，市卫生局、教育局联合下发《关于进一步加强温州市托幼所幼儿园卫生保健工作的通知》，规范托幼所幼儿园卫生保健管理工作。

2012年，全县托幼机构98所，工作人员2651人，保育员111人次，有卫生专业职称37人。在年度卫生检查中，全县各托幼园全部合格通过。对上岗的工作人员进行体检，对保育员、营养炊事员进行培训考核。儿童保健情况：贫血692人，中重度营养不良467人，肥胖367人，龋齿5032人次，视力不良1191人。

第六章　爱国卫生运动

1982年开始，平阳县遵照浙江省爱卫会颁发的《文明卫生居民区标准》《农村文明卫生村基本条件》《浙江省各行各业卫生检查评分标准》，开展创建文明卫生先进单位活动和创建卫生城镇工作。采用广播、电视、科普“大篷车”等形式，实施全国九亿农民健康教育行动方案。2012年，城乡居民基本卫生防病知识知晓率86.07%，基本卫生防病行为形成率80.93%，健康档案规范建档率88.91%。1990年，除“四害”（苍蝇、蚊子、老鼠、蟑螂）工作列入爱国卫生重要工作之一，为此，县爱卫办根据除“四害”有关规定每年组织春秋灭鼠和夏季灭蚊灭蝇及秋季灭蟑工作。同时，在灾后消毒、消杀方面做了大量的工作，为消灭“四害”，预防和消除疾病，确保灾后无疫起到一定的作用。

第一节　卫生城镇创建

省级卫生县城创建

1996年，县城（昆阳镇）被评为浙江省卫生县城。平阳县经常组织开展群众性爱国卫生运动，县城卫生基础设施、卫生保洁及管理水平有了很大改善。2010年，县委、县政府决定在省级卫生县城的基础上，加大卫生基础设施的投入，加大市民卫生意识的提高，提出创建“国家卫生县城”的目标。

市、县级卫生城镇创建

1989年，昆阳、鳌江两镇作为温州市第一批卫生（县城）镇创建，接受市里检查考核，并顺利通过，被命名为温州市卫生（县城）镇。

1995年，昆阳、鳌江两镇代表市首批创建省级卫生（县城）镇，并顺利通过验收，1996年被命名为浙江省卫生县城和浙江省卫生镇。

2004年，县机关单位率先开展创建优秀卫生机关活动，全面整治室内外卫生，并健全和完善了县机关爱国卫生组织网络和卫生管理制度，推动省级文明城市创建进程。

2010年，县委、县政府提出六城联创总体部署，以创建国家卫生县城为契机，巩固和提高卫生创建质量，在完善各项爱国卫生管理机制的同时，新添5个省级卫生村、12个市级卫生村、12个县级卫生村和3个县级卫生先进单位。

2011年，重点抓“国家卫生县城”创建各项筹备活动，进一步完善管理，提升卫生创建档次。2012年，县政府职能部门领导赴海宁、平湖等创卫先进城市学习考察。是年，新创市级卫生村140个，万全、腾蛟两镇被温州市爱国卫生运动委员会命名为温州市卫生镇，顺溪镇被县政府命名为平阳县卫生镇。

至2012年年底，全县省级卫生县城1个、省级卫生城镇2个、市级卫生城镇3个、县级卫生城镇1个；省级卫生先进单位41个、市级卫生先进单位57个、县级卫生先进单位49家；省级卫生村31个、市级卫生村159个；省级无吸烟先进单位4家、省级无吸烟先进个人7人、县级控烟先进单位6家。

第二节　健康教育

1989年，在平阳电影院举办人口健康科教电影放映活动，共放映116场，受教育群众8.4万余人。

“5·31”世界无烟日宣传活动（1999年）

1990年，平阳县开展性病防治宣传，并专题举办“卫生黑板报版面设计”培训班，加强和规范基层卫生宣传网络建设，提高宣传质量。

1991年，在全县范围内开展大规模的控烟活动，把县中心小学作为小学生劝阻父母吸烟活动的试点，有1000余名学生参加劝阻活动。通过广泛的反吸烟宣传教育，小学生劝阻父母吸烟以及戒烟监督等活动，取得较好成绩，父母戒烟率(戒烟6个月)达到4%。是年，县爱卫办、昆阳镇爱卫办等单位联合举办爱国卫生知识智商竞赛，普及爱卫知识。

为了解全县实施全国九亿农工健康教育行动效果，平阳县按照浙江省行为监测方案，分别于1996年、1999年两次对万全乡占下村农村人群卫生知识态度和行为进行调查、分析和评估。问卷调查及格率从1996年的41.84%上升到1999年的90.39%。

1988—2005年，县爱卫办协同县防疫站与县科协等部门开展科普“大篷车”下乡巡回宣传活动，受教育群众10万余人次。

2005—2012年，每年利用爱国卫生活动月、“5·31”世界禁烟日、卫生创建活动等系列载体，不定时地宣传贯彻《浙江省爱国卫生促进条例》，发放健康知识传单，开展健康教育活动。

2010年，全县组织开展《浙江省爱国卫生促进条例》宣传工作，5月31日世界无烟日，在县城大厦广场开展世界无烟日咨询、义诊等系列活动。

2011年，以创建卫生城镇、卫生先进单位(村)，第23个爱国卫生月，第24个世界无烟日咨询活动为载体，开展控烟宣传工作，普及卫生科普知识。“5·31”活动日，由50名劝烟志愿者在昆阳、鳌江街头以及各个公共厕所开展了一场“鲜花、口香糖换香烟”活动。

2012年，平阳县爱卫办以“端午节”为契机，与万全镇郑二村共同举办“庆祝爱国卫生运动60周年”“粽香端午”文艺晚会，向群众普及卫生知识，营造卫生创建浓厚氛围。

第三节　病媒生物防治

灭鼠

1982年起，规定每年4月和9月两次灭鼠。灭鼠工作的要求是“三集中、五统一、五不漏”，即集中时间、集中人力、集中财力；统一指挥、统一培训、统一供药、统一毒饵投放、统一检查；镇不漏居、居不漏户、户不漏室、地不漏丘、丘不漏块。

1995年，市爱卫会组织考核组对平阳县创建灭鼠先进县城进行考核验收，县城昆阳镇被温州市爱卫会命名为“灭鼠先进县城”。2008年，平阳县除“四害”工作进入市场化经营，昆阳、鳌江、水头3镇经县资源交易中心公开招投标，确定合法经销商。是年，温州市爱卫会组织复查专家组对平阳县“灭鼠先进县城”巩固工作进行第三轮复查，继续确认平阳县为“灭鼠先进县城”。2012年，鼠密度下降到1.25%，并得到控制。

灭蚊灭蝇

1990年，根据上级爱卫会的要求，平阳县开始开展以灭蚊蝇为重点的夏季爱国卫生工作，每年4月至9月份组织开展外环境控制，重点消灭蚊子、苍蝇。2005年，培训并建立3支专业消杀队伍和1家专业消杀公司，共40余人，承担全县突发公共卫生事故的应急工作和日常性消毒、消杀工作。

至2012年，已培训建立3支专业消杀队伍和1家专业消杀公司，共计100余人，承担着全县突发公共卫生事故的应急工作和日常性消毒、消杀工作。

灭蟑

1995年前，平阳县的蟑螂主要系美国大蠊。1995年后，主要系德国小蠊，来势凶猛，繁殖速度惊人。至2000年，德国小蠊遍布全县各地，替代了本土的美国大蠊，直接影响着人民群众正常生活和身体健康。县爱卫会召开专门会议研究对策，县财政拨出专项经费作为灭蟑活动资金，要求各乡镇层层落实灭蟑任务，通过努力，蟑螂密度得到有效控制。2004年，温州市爱卫会组织考核组对平阳县创建灭蟑螂先进县进行考核验收，被温州市爱卫会命名为“灭蟑螂先进县城”。至2005年，制定全套灭蟑措施和操作程序，并规定每年秋季在全县范围内开展灭蟑工作，落实专业队伍进行布药和现场指导，以巩固灭蟑成果，保障群众身体健康。

第四节　农村改水改厕工程

农村改水

1990年，平阳县进行农村改水大普查，结果显示全县农村自来水普及率仅达31.65%，全市排列倒数第二。1991年，全县开始抓改水进度工作，采取以山水引流为主的改水形式，确保饮用水的普及、卫生与安全。1992年，成立平阳县农村改水办公室，承担农村改水工程任务（现场勘探设计、预算、技术指导、工程验收等工作）。成立农村改水管道安装工程队。

1995年，完成新建水厂55座，总投资325.75万元，受益人口41565人；改建27座，总投资193.79万元，受益人口24305人，全县农村自来水普及率67.40%。是年，累计完成工程101处，是历年来完成工程最多的一年，使年末未完工工程只剩10个。

1996年，获市级“八五”期间农村改水先进县。2008年，农村改水工作职责交由县水利局接管。2012年，全县农村总人口867337人，建有各类自来水厂（站）700个，受益人口854755人，自来水普及率93.98%。

农村改厕

20世纪80年代，改厕的主要任务是露天粪坑加盖密封，防治蝇蛆滋生，预防肠道传染病传播。90年代开始，大力推广卫生厕所，加强粪便管理，实行粪便无害化处理，保护环境。1993年，县政府颁发《平阳县化粪池管理暂行规定》，全县农村初保工作投入改厕150余万元。

1999—2005年，全县共拆迁露天粪坑和不卫生厕所2万余个，建造卫生公厕141座，总投入资金685万元，其中国家补助70万元。2011年，在鳌江镇梅源社区开展中央农村改厕项目试点工作，改厕经费由县财政按照中央与地方1：1的比例落实，并出台《平阳县中央农村改厕项目实施方案》。是年，顺利完成中央农村改厕800户和整改户厕400户的任务。2012年，平阳县农村总户数244150户，累计农村卫生厕所213861户，无害化卫生厕所普及率61.27%，有效整改农村户厕800户。

第七章　医学教育与科研

20世纪80年代，由于恢复职称评定，各种卫生法规的贯彻执行及新型设备的使用，各医疗卫生单位采用自学考试、电视大学等多渠道抓好技术人员的在岗轮训。1989—2012年，医技人员经常到外地相关院校、医院进修，以及通过远程教育、网络教育等形式，继续医学教育，以提高业务水平。同时结合临床工作，申请课题，从事科研工作，在国家级、省级医学刊物上发表论文，有的还获全国优秀论文奖。

2012年，省卫生厅认定县人民医院和县中医院为浙江省住院医师规范化临床培训基地，认定县人民医院为全科医学住院医师规范化培训基层实践基地，认定麻步中心卫生院及腾蛟中心卫生院为全科社区实践基地，认定县疾病预防控制中心为专业公共卫生实践基地。

第一节　医学教育

继续教育

2003年，继续医学教育工作向农村和基层延伸，县医学会和护理学会到基层讲学5次，培训1000余人次。中医学会下乡讲课3期，每期7天，培训460余人次。300余名卫技人员参加温州市防治“非典”知识Ⅰ类学分的继续教育，并全部通过专业知识考试。对卫生系统2000余名在职员工进行防治“非典”知识培训和考核，合格率100%。在平阳县中医院举办“肿瘤疾病与肿瘤标志物”Ⅰ类学分继续医学教育项目。

2004年，平阳县中医院通过全科医学社区实践培训基地的检查验收。开展远程教育和网络教育，全县130名学员参加“好医生”网站的重点传染病防治知识培训。在县人民医院申办“重症监护”和“肿瘤治疗的新进展”Ⅱ类学分继续医学教育项目，各县级医疗机构举办院内Ⅱ类学分继续医学教育50余期。全年县级医院开展继续医学教育覆盖率80%，继续医学教育对象获取学分的达标率80%。

2002—2005年，全县参加继续医学教育825人，覆盖率96.04%，累计举办各类大型培训班24次。2009年，举办各类学习班95期，接受教育8091人次。全县有113人参加全科医师规范化培训，427人参加全科医师岗位培训，21人参加社区护士岗位培训。

2010—2012年，县级医院医师5人参加浙江省全科医师骨干师资培训，3人参加温州三级医院为期一年的培训。2011年、2012年，平阳县初级卫生技术人员参加医学继续教育人数分别达225人、325人，专业有临床、护理、预防医学、药学、检验、影像、中医。

乡镇医生培训

2007—2011年，乡镇卫生院全科医生培训144人，检查岗位培训36人，B超岗位培训45人，放射岗位培训12人，心电图岗位培训23人，社区护士岗位培训27人。

第二节　医学科研

中医论文科研

1991—2002年，在省级以上刊物发表《中西医结合治疗小儿精神性尿频30例》《推拿配合中药熏洗治疗踝关节僵硬》等中医论文102篇。

2003—2005年，在各类刊物上发表中医论文62篇，其中获县科技进步奖3项。

1991—2011年，发表论文292篇，其中，在国家级杂志发表6篇，在省级发表211篇。出版著作2本。立项课题392项，其中省级2项、市级2项、县级35项。

西医论文科研

1985—2000年，在省级以上医学刊物发表论文43篇，其中获得县级以上自然科学研究调查及科研成果12项。

1995年，开展医学科技优秀论文评选，收到论文70余篇，其中13篇先后在国家、省、市级医学杂志上发表。1996年，全县卫生系统发表各种医学论文44篇，其中国家级16篇、省级11篇、市级9篇。

1997—2002年，县人民医院医生在各类刊物上共发表《外伤性脾破裂诊治的探讨》《病毒性肝炎住院费用影响因素分析》等论文48篇，其中，国家级刊物12篇、省级刊物33篇、市级刊物3篇。2003年，在各类刊物上发表《疾病分类顺位分析》《损伤部位及其原因》等论文42篇，其中，国家级刊物7篇、省级刊物35篇。2004年，在各类刊物上发表《股静脉穿刺置管在神经外科的应用》《头孢地秦在5%葡萄糖氯化钠注射液中的稳定性》等论文共44篇，其中，国家级刊物9篇、省级刊物35篇。2005年，在各类刊物上发表《肝胆管结石伴狭窄治疗中保留Oddi括约肌的体会》《双J管移位的分析和处理》等论文49篇，其中，国家级刊物6篇、省级刊物43篇。1997—2012年，在各类刊物上发表论文493篇，其中，国家级436篇、省级54篇、市级3篇。

1993—2002年，平阳县第二人民医院医生在省级以上刊物发表论文22篇。1997—2012年，在各类刊物上发表论文117篇，其中，省级53篇，市级64篇。

2009年，全县完成结题的科研项目有7项，在国内核心刊物发表论文2篇，在省级刊物发表论文45篇。2006—2012年，全县卫生系统申请县课题研究226项。

第三十五卷

DI SAN SHI WU JUAN

《平阳县志（1989—2012）》

PINGYANG XIAN ZHI

体　育

1989年以来，平阳县开展“争创体育强县、打造特色品牌”活动，发展体育各项事业，竞技体育和全民健身体育并重，群众体育各项活动蓬勃开展。1998年，平阳县腾蛟镇被国家体委命名为“全国象棋之乡”。2000年，平阳县被国家体育总局命名为“全国体育先进县”。2001年，平阳县被国家体育总局命名为“全国武术之乡”。2008年，被国家体育总局评为“2008年全民健身活动先进单位”。2009年，被省人民政府命名为“浙江省体育强县”。至2012年，全县10个镇（乡）中，8个镇成功创建省级体育强镇，205个村被命名为“省小康体育村”，15个村的体育俱乐部被命名为“省村级体育俱乐部”。

第一章　群众体育

1989—2012年，县体委（县体育局）、镇（乡）、机关企事业单位及各类体育社团组织田径、篮球、排球、羽毛球、足球、乒乓球、门球、象棋、武术、拔河、登山、游泳、钓鱼等群众性体育活动，参加全国、省、市各级比赛，全县职工、机关干部、农民和中小学生等群体参与，取得优异成绩。

2005年，全县经常参加体育锻炼人数达总人口的40%。2005—2010年，平阳县被国家体育总局授予“2005—2008年度全国群众体育先进单位”称号，被国家体育总局武术运动管理中心授予“2005—2009年度全国武术之乡建设先进单位”称号，被浙江省体育局授予“浙江省群众体育先进单位”称号。1989—1997年，鳌江、萧江、水头、昆阳、腾蛟先后被命名为省体育先进镇。1999年，鳌江镇被国家体育总局评为全国“亿万农民健身活动”先进乡镇。2001年，平阳县第一中学被国家体育总局评为全国群众体育先进集体。2011年，昆阳镇文化活动中心被国家体育总局命名为“乡镇体育健身示范工程”。

第一节　职工体育

1989—2012年，全县乡镇、机关、企事业单位组织上规模职工体育活动81次，活动内容以篮球、羽毛球、乒乓球、登山、棋类为主。县机关党委、县总工会、县妇联、县教委（教育局）、县工商局为组织活动较多的单位。

1989年5月，县机关党委举办干部职工羽毛球锦标赛。1991年9月，消防系统举行全县首届消防运动会。1993年5月，县邮电局举办全市邮政系统象棋、围棋选拔赛；7月，县交警队鳌江片交警分队为申办奥运会举行摩托车大环游活动。1994年10月，县财税系统举行“创业杯”篮球赛，县土地局、水头镇团委等单位联合举办“国土杯”篮球邀请赛。1995年1月，平阳化工厂举办第四届职工运动会，200余名职工参加排球、羽毛球等6个项目的角逐。1996年6月，县工商局联合三大球俱乐部举行“工商杯”篮球邀请赛；12月，县政协组织政协系统趣味运动会，130名省、市、县政协委员参加了8个项目的比赛。1997年3月，县妇联举办迎香港回归乡镇、科局系统广播体操比赛，共有700余名运动员参加。1999年3月，电表厂组织庆“三八”妇女自行车慢赛，交警队组织内部乒乓球和象棋比赛；7月，县人寿保险公司组织职工运动会，200余人参加10个项目。2000年3月，县妇联组织“计生杯”妇女趣味运动会，31支队伍372名运动员参赛。2001年4月，县机关党工委举办登山比赛，22支男队和19支女队共370人参加。2003年，统战部举办统战系统“复新杯”乒乓球比赛；县法院举办温州市法院“天平杯”篮球赛平阳赛区预赛。2004年3月，县妇联举办“三八”妇女节运动会，包括健身操、拔河、趣味运动会等内容。2005年3月，县国土资源局、昆阳镇举办平阳县庆“三八”女子羽毛球友谊赛，女子登山比赛。2006年，县供电局、英博双鹿啤酒公司均举办职工运动会。2007年5月，县环保局举办“环保杯”县机关乒乓球比赛；温州高速公路平阳段工程建设指挥部举办平阳县庆“八一”“高速公路杯”军警民篮球邀请赛。2008年5月，县水利局举办“迎奥运·水利杯”羽毛球团体赛。2010年，万全轻工基地举办“新平阳人”运动会。2011年，县总工会举办全县女职工趣味运动会。2012年4月，新居民管理局举办庆“五一”新居民职工拔河比赛。

第二节 农民体育

1989年，各区镇在国庆节前后开展体育月活动，包括：万全区举行有10个乡镇200余名运动员参加的第三届农民运动会；鳌江镇举办桥牌邀请赛；萧江镇举办北港片篮球赛；水头镇组织拔河、登山等5项活动；麻步区组织排球、田径等6项活动；腾蛟区举办全区武术表演。1991年，万全区举办第四届农民运动会。1993年，务垟乡龙舟队参加浙闽龙舟邀请赛获第六名。1994年6月，西湾乡举行农渔民妇女运动会。1996年5月，平阳县参加省第三届农民运动会武术比赛，获12金。1997年1月，腾蛟镇联合县武术协会举行全县武术比赛；6月，水亭乡政府组织全乡游泳比赛。1998年1月，钱仓镇举行武术比赛活动，分3项比赛和4项表演活动；9月，萧江镇举办全县乡镇象棋比赛；10月，水头镇组织“方方杯”全镇篮球赛。1999年1月，顺溪镇组织北港片五乡镇乒乓球赛；11月，组织县农民乒乓球队参加全省第四届农民乒乓球赛，获男子团体第四、女子团体第二。2000年，腾蛟镇组队参加全国象棋之乡比赛获团体第二名。2001年6月，鳌江镇举办全市新世纪百万农民健身大行动暨申奥健身跑活动，共7000余人参加。2003年，郑楼镇举办振兴西路第二届全民健身运动会。2007年，鳌江、宋桥、郑楼举办规模盛大的农民健身运动会。2008年，宋埠镇举办首届全民健身运动会，昆阳镇联安社区举办社区“共建杯”第三届趣味运动会。2010年，昆阳、南雁、凤卧、凤巢乡镇均举办全民运动会。

第三节 全民健身运动

1989年以来，县体委（体育局）发动各界力量共同开展县本级大型体育活动每年10次左右，吸引群众广泛参加。2000年，平阳县被评为浙江省全民健身活动先进县。

1989年，县体委等单位组织重阳登山比赛，此后该活动每年举办一次。1993年5月，团县委、县体委等单位联合举办有700人参加的盼奥运环城跑活动；10月，县武术协会举办温州市首届散打擂台赛和平阳县首届散打、太极推手、掰手腕比赛；是年，由县体委和三大球俱乐部出资邀请省女篮到平阳开展巡回表演赛7场。1994年8月8—20日，县足协举行首届平苍两县“新闻杯”足球邀请赛，17支队伍306名运动员参加。1995年1月，举行全县第二届武术表演赛，14个乡镇和武校、武馆代表队104名运动员参加；9月，举行“海达杯”公路越野跑比赛，33支队伍290人参加。1997年，平阳县被评为全省全民健身宣传周活动优秀组织奖。1999年1月，平阳县举行“方方杯”温州市首届围棋王座赛，中国棋圣聂卫平对王座赛决赛作挂盘讲解。2000年，举办“圣雄杯”旅游武术节，设4个集体项目、9个个人项目。2001年，县武术协会举办县第二届武术段位评审大会，并演练南拳、少林拳、太极拳、木兰拳及各种器械。2004年，县冬泳协会举办浙闽边两省庆“八一”游泳大奖赛，500余人参加。2006年8—12月，县体育局举办“萧振杯”篮球比赛、“双鹿啤酒杯”羽毛球比赛、“散装水泥杯”领导干部乒乓球比赛等大型比赛；端午节前后，107支龙舟经审批下水活动，秩序井然。2007年7月，县体育总会举办“时代·培杰杯”钓鲫高手大赛。

2007年12月16日，为贯彻实施《全民健身计划纲要》，迎接2008年奥运会，推动武术运动的普及与开展，举办平阳县首届武术节传统武术（套路）比赛，包括南拳、长拳、太极拳、木兰拳及其他拳术系列等5大类，共27支代表队、262名运动员参加比赛，600余名武术爱好者组成表演队伍。

平阳县首届武术节中的南拳表演（2007年）

2008年，平阳县被国家体育总局评为“2008年全民健身活动先进单位”。是年，创建6个省级体育强镇，总数增至10个。政府投入70余万元，建成村级体育俱乐部60个。投入资金377万元（省、市352万元，县25万元），建设小康体育村、健身场所，并增添健身活动器材。首次举办“全民健身日系列活动”，该系列活动以后每年举办一次。12月，举办温州冬泳锦标赛，全市11支冬泳代表队、近百名健儿组队参赛。

2011年，举办南麂岛“大黄鱼杯”羽毛球双打比赛和“墙改杯”羽毛球俱乐部比赛。2012年10月，县体育局联合南雁镇举办“埭头杯”登山比赛。12月，县体育局联合腾蛟镇举办全县“安琪杯”象棋大奖赛。

第四节　老年体育

老年体协

1992年1月，成立平阳县老年人体育协会（简称“县老体协”）。至2012年，协会专职管理人员2人、兼职管理人员1人，全县10个镇（乡）均设有老年体协分会，共有会员1400人。2003年，会长陈廷然获中国老年人体育协会授予的“老年体育先进个人”奖章，他连任县老年体协三届的会长。县老体协组队，参加温州市和闽浙边界兄弟县举办门球、桥牌、象棋邀请赛，均获得好名次。2008年，平阳县被中国老年体协授予“全民健身活动与奥运同行·全国亿万老年人共同走向北京奥运会”活动先进地区。2005—2011年，县老年体协5次被省体育局、省老年体协授予“全省老年体育工作先进集体”称号。2004—2011年，县老年体协12次被市政府、市体育局、市老年体协授予老年体育工作先进集体、先进单位等称号。

老年体育活动

1992—2012年，全县老年体育活动经费列入县财政预算，县老年体协、县老干部局及各乡镇老年协会等每年经常性开展门球、棋类、桥牌、太极拳、气排球等活动。1989年，昆阳镇老人协会组织213人参加的老年人运动会。1992年，老年体协成立，即建立第一支老干部门球队，之后萧江、鳌江、腾蛟、水头、麻步等5个乡镇先后成立门球队，麻步镇还获得全县门球赛冠军。1994—2012年，平阳县多次参加闽浙边界老年人门球协作区赛，并于1998年、2002年和2011年承办该项赛事。

1993年首届县老年人运动会在平阳三中举办的门球赛

1999年10月，平阳县举办“安海杯”全市老年围棋邀请赛。2006年11月，鳌江老年大学举办温州市“老干部杯”乒乓球赛。2007年，组织“全民健身活动与奥运同行·全国亿万老年人共同走向北京奥运会”活动，千余名老年人参加。县老年体协还多次组队参加省、市老年人体育运动会及各类单项比赛，并取得较好的成绩。1997年，县桥牌队代表温州市参加浙江省第二届“老运会”比赛。2012年，县退（离）休教育工作者协会举办第三届老园丁运动会，4月开幕，10月闭幕，全县共有800余位老教师运动员参赛。

平阳县老年人运动会

1993—2009年，平阳县连续举办六届老年人运动会。参赛单位：乡镇、县直机关共142个次，共3673人次。

“华庆杯”平阳县第四届老年人运动会开幕式上的腰鼓队表演（2000年）

第一届至第六届平阳县老年人运动会情况一览表

表35-1-1

届别	时间	地点	参赛单位	参赛人数(人)	比赛项目	团体前三名
第一届	1993年10月20—22日	昆阳	16个乡镇、县直机关	300	中国象棋、门球、乒乓球、篮球投准、太极拳、钓鱼、持球接力	鳌江、县直机关、昆阳
第二届	1995年	鳌江	20个乡镇、县直机关	631	中国象棋、篮球投准、太极拳、钓鱼、门球、乒乓球、垒球掷远、跳绳、100米跑、6×50米接力	鳌江、县直机关
第三届	1997年10月17—19日	水头	23个乡镇、县直机关	663	门球、乒乓球、垒球、篮球、象棋、钓鱼、太极拳、跳绳、自行车慢骑、接力跑	水头、鳌江、昆阳
第四届	2000年9月	萧江	31个乡镇、县直机关	779	11个项目	水头、鳌江、钱仓
第五届	2005年10月23—25日	昆阳	31个乡镇、县直机关	600	中国象棋、乒乓球、门球、太极拳、垒球、跳绳、围棋、汽排球、篮球投准、托球接力赛	昆阳、鳌江、县直机关
第六届	2009年10月30—31日	腾蛟	31个乡镇、县直机关	700	中国象棋、乒乓球、门球、太极拳、垒球、跳绳、木兰扇、气排球、篮球投准、托球接力	昆阳、鳌江、腾蛟

说明：资料由平阳县体育局提供

第五节　残疾人体育

1994—2012年，平阳县代表团共参加温州市七届残疾人运动会，取得较好的成绩。1994年10月11—13日，平阳县组队参加温州市首届残疾人运动会，获5金5银4铜，团体总分全市第四。1999年7月，平阳县组队参加温州市第二届残疾人运动会，获16金5银，团体总分第四。

2008年，平阳县组队参加温州市第二届聋人运动会，获11金15银16铜。2012年，平阳县组队参加温州市第三届聋人运动会。2011年6月24—25日，县残联和县体育局联合举办全县残疾人运动会，7个镇、1个特校的8个代表队共84名运动员参加了乒乓球、羽毛球、中国象棋三个项目的比赛，县特殊教育学校、昆阳镇、腾蛟镇三个代表队分别获得团体总分前三名。是年，县残联在昆阳、水头、萧江、腾蛟4镇建立7个残疾人体育示范点。

平阳县2011年残疾人运动会乒乓球比赛

第六节　国民体质监测

2000年，平阳县首次组织参加国民体质测试，参与监测1167人。2005—2012年，平阳县每年均开展国民体质测试活动，共监测9884人。

2009年，平阳县建成省级国民体质监测中心，可进行人体成分分析、骨密度测定及脊柱、动脉硬化、心肺功能测试等，并配有国民体质监测社会体育指导员高级职称1人、中级职称3人。至2012年，全县10个镇(乡)均设有国民体质监测站。

从2011年开始，平阳县的省级国民体质监测中心按规定每年开展国民体质测定活动。至2012年，平阳县已开展两次国民体质测定活动。

2011年度平阳县国民体质测定结果统计表

表35-1-2

地市	城乡/性别	合格		不合格		合计
		合格人数（人）	合格率%	不合格人数（人）	不合格率%	总人数（人）
平阳县	乡村（男性）	0	0	0	0	0
	城镇（男性）	0	0	0	0	0
	其他（男性）	1058	82.00	233	18.00	1291
	男性合计	1058	82.00	233	18.00	1291
	乡村（女性）	0	0	0	0	0
	城镇（女性）	0	0	0	0	0
	其他（女性）	1146	77.40	335	22.60	1481
	女性合计	1146	77.40	335	22.60	1481
	乡村合计	0	0	0	0	0
	城镇合计	0	0	0	0	0
	其他合计	2204	79.50	568	20.50	2772
	合计	2204	79.50	568	20.50	2772
平阳县国民体质监测站	乡村（男性）	0	0	0	0	0
	城镇（男性）	0	0	0	0	0
	其他（男性）	1058	82.00	233	18.00	1291
	男性合计	1058	82.00	233	18.00	1291
	乡村（女性）	0	0	0	0	0
	城镇（女性）	0	0	0	0	0
	其他（女性）	1146	77.40	335	22.60	1481
	女性合计	1146	77.40	335	22.60	1481
	乡村合计	0	0	0	0	0
	城镇合计	0	0	0	0	0
	其他合计	2204	79.50	568	20.50	2772
	合计	2204	79.50	568	20.50	2772

说明：资料由平阳县体育局提供

2012年度平阳县国民体质测定结果统计表

表35-1-3

地市	城乡/性别	合格		不合格		合计
		合格人数（人）	合格率%	不合格人数（人）	不合格率%	总人数（人）
平阳县	乡村（男性）	0	0	0	0	0
	城镇（男性）	0	0	0	0	0
	其他（男性）	513	71.50	204	28.50	717
	男性合计	513	71.50	204	28.50	717
	乡村（女性）	0	0	0	0	0
	城镇（女性）	0	0	0	0	0
	其他（女性）	1188	67.00	584	33.00	1772

续表 35-1-3

地市	城乡/性别	合格		不合格		合计
		合格人数(人)	合格率%	不合格人数(人)	不合格率%	总人数(人)
平阳县	女性合计	1188	67.00	584	33.00	1772
	乡村合计	0	0	0	0	0
	城镇合计	0	0	0	0	0
	其他合计	1701	68.30	788	31.70	2489
	合计	1701	68.30	788	31.70	2489
平阳县国民体质监测站	乡村(男性)	0	0	0	0	0
	城镇(男性)	0	0	0	0	0
	其他(男性)	513	71.50	204	28.50	717
	男性合计	513	71.50	204	28.50	717
	乡村(女性)	0	0	0	0	0
	城镇(女性)	0	0	0	0	0
	其他(女性)	1188	67.00	584	33.00	1772
	女性合计	1188	67.00	584	33.00	1772
	乡村合计	0	0	0	0	0
	城镇合计	0	0	0	0	0
	其他合计	1701	68.30	788	31.70	2489
	合计	1701	68.30	788	31.70	2489

说明：资料由平阳县体育局提供

第二章　学校体育

学校体育工作在县教育局(县教委)的领导下，由学校组织实施，并接受县体育局(县体委)的指导。1991年起，全县各中小学校实施《学校体育工作条例》，按国家规定开设体育课程，加强学生体能锻炼。逐年增加体育教师数量，不断提高其专业合格水平。在体育设施建设上加大投入，至2012年，全县学校体育场地总面积667114平方米，学生人均活动面积7.5平方米。

第一节　学生体育教育

体育课程开设

1991年，县教委就体育课教学组织形式提出下列意见：小学男女合班上体育课；初中一年级和二年级男女合班上体育课，如果一个级段各班男女学生大致相等，也可以两个班级男女分开教学。初三和高中各年级两个班级合并，男女分开教学，高中阶段如果女生仅占1/3，也可由三位教师上两个班级的体育课，即一人上女生课，两人上男生课。

同时，对体育课的课时作出规定：小学一、二年级每周2节，三到六年级每周3节；初中一、二年级每周3节，三年级每周2节；高中各年级每周2节(男女分班教学)。

2006年开始，对体育课时作了调整：小学一、二年级每周4节；三到六年级和初中每周3节；高中各年级每周2节。

学生体育课成绩采取结构考试的办法评定(小学一、二年级不考试)。

1991年，平阳一中的高中重点班招生实行体育加试。1992年开始，全县高中招生实行体育加试(免试的须凭县级以上医院证明)，项目为100米、立定跳远、掷实心球，共30分，计入升学考试总分。2006年，体育考试必考项目：男生1000米，女生800米；

选考项目：篮球、游泳、掷实心球、立定跳远（任选两项），三项合计30分。2008年，增加选考项目：引体向上（男）、仰卧起坐（女）、跳绳。至2012年，体育考试必考项目：男生1000米，女生800米；选考项目：篮球、游泳、掷实心球、立定跳远、引体向上（男）、仰卧起坐（女）、排球、跳绳（任选两项），合计40分。

课外体育活动

课外体育活动是体育课教学的继续和补充。各学校把学生课外体育活动时间排入课程表，以保证每个学生每天有一小时的体育活动时间（包括体育课、早操或课间操、课外体育活动）。

课外体育活动的内容以《国家体育锻炼标准》为主，并按照此标准的要求进行"达标"锻炼和测试。2004年起，《国家体育锻炼标准》停止使用，全县中小学校开始实施《学生体质健康标准（试行方案）》。

2002年3月，县教育局和县体育局审核确认课外体育活动开展较好的8所学校为县级体育传统项目学校，分别是：顺溪镇小（田径）、水头镇一小（田径）、鳌江小学（羽毛球）、梅溪乡中心校（田径）、昆阳二中（田径）、县小（田径）、萧江二中（足球）、鳌江十小（排球）。

2012年，全县有体育特色学校省级4所、市级6所，阳光体育后备人才基地省级1所、市级3所。

中小学生体育锻炼达标

1989年，全县达标学校有262所，达标人数为57331人，达标率88.26%。1989—2002年，全县中小学校开展国家体育锻炼达标活动，达标率分别为88.26%、91.31%、91.95%、92.33%、92.7%、93.7%、95.8%、96.8%、97%、96.80%、96.91%、97.2%、97.5%、97.3%。2003—2004年，停止体育锻炼达标，试行2003年教育部《国家学生体质健康标准（试行方案）》。2004—2005年起，全面推行体质达标。2012年，学生达标率为91.02%。

第二节　学校体育竞赛

各中小学每年举行校运动会。1989—2000年，每年举办一次全县中小学生田径运动会，此外，还举办全县中小学生篮球、排球、乒乓球、足球、广播操、健美操等比赛。2001年始，中小学生县级体育比赛的形式固定下来，每年由县教育局、县体育局举办一届全县中小学生体育节（含田径、篮球、排球、乒乓球比赛）。

1998年，昆阳镇中心小学被国家体育总局、教育部评为"全国体育传统项目学校先进单位"，评为省级羽毛球传统学校，鳌江四中晋升为省级田径传统学校。2005年，依托鳌江三小成立的鳌鹰青少年体育俱乐部（乒乓球）被国家体育总局评为国家青少年体育俱乐部。

第三节　体育教师与设施

体育教师

20世纪90年代，全县体育教师人员紧缺，且业务水平急待提高。1989年，全县体育教师共220名。为了解决这两个问题，一方面，由县教师进修学校举办体育教师培训班，在较短的时间内培养出小学体育教师，以充实体育教师队伍，同时，对小学和初中体育教师进行短期的业务培训，以提高他们的业务水平；另一方面，鼓励体育教师参加自学考试和函授，取得专业合格证书和学历证书，并争取达到高一层次的学历和专业水平。2012年，全县体育教师450余名，全县体育教师的数量和专业合格水平已能适应教育需要。

1991年，县教委规定的体育教师工作量：高中每周14～16节；初中每周16～18节；小学每周18～20节。女45周岁和男50周岁以上体育教师教学工作量每周12节，但要适当担任体育组的行政工作和指导青年教师的工作。体育课以外其他工作量与体育课折算标准：第一，学校每天进行早操或课间操（雨天除外），领操、整队或广播指挥折算为1课时；第二，学校可根据班级多少每天安排体育教师组织课外体育活动，两次组织体育课外活动折算为1课时；第三，体育教师指导课余体育训练（每次1小时左右），折算为2课时；第四，体育教研组长，每周职务工作量等于2课时。

体育设施

体育设施经费列入县财政拨款和学校预算之中。1991年以来，调整学校布局，按照标准化学校的要求，加大投入，2004—2007年，全县用于学校体育设备设施的经费500万元。

2006年，体育场所完全达标的中小学有50所，基本达标的有33所，无田径场所而按生均活动面积计达标的中小学有27所，整体达标率67.4%。体育设施完全达标的中小学有39所，75%以上种类达标的有38所，整体达标率46%。

2007年，全县学校体育运动场地(馆)面积677068平方米，其中，小学206000平方米、初中238048平方米、高中167886平方米、职业学校65134平方米。400米环形跑道运动场4个，250～350米环形跑道运动场15个，篮球场250个，排球场180个，室内体育活动室3个。有塑胶跑道的学校8所，有简易足球场的学校24所。

平阳中学、平阳二中、县实验中学、平阳三中等学校有标准的体育馆，昆阳镇有对外开放的县体育场。

2012年，全县中小学校有400米田径场6个、非标准田径场98个、篮球场52个、排球场9个、乒乓球场20个、体育综合房5个、乒乓球房1个、武术房3个、篮球房6个，体育场地总面积达到667114平方米，学生人均活动面积达到7.5平方米。

第三章　体育赛事

1989—2012年，平阳县有135人次运动员在国际及国家级体育比赛中获金牌62枚、银牌38枚、铜牌35枚。20余年间，先后举办县运动会3届，承办国际级体育竞赛4次、国家级体育竞赛10次、省级体育竞赛11次。

第一节　平阳县运动会

1989—2009年，共举办三届全县运动会。县运会规模、参加人数逐届扩大，从第三届两个组别1200人次参加，发展至第五届三个组别2680人次参加。

第三届至第五届平阳县运动会情况一览表

表35-3-1

届别	时间	参赛队伍	比赛项目	参赛人次	成绩
第三届	1992年3月4日至8月21日	成年部:10个单位代表队	10个项目	1200人次	
		青少年部:10个片区代表队	10个项目		
第四届	2004年8月至11月	行业系统部:13个系统代表队	游泳、中国象棋、台球、乒乓球、羽毛球、拔河、钓鱼、排球、登山、足球、健美操、田径、篮球等13项	1955人次	金牌数及团体总分第一均为教育系统
		乡镇部:31个乡镇代表队	游泳、中国象棋、台球、乒乓球、羽毛球、武术、拔河、钓鱼、排球、门球、登山、足球、健美操、田径、篮球等15项		金牌数第一为昆阳、团体总分第一为鳌江
第五届	2009年5月19日至10月29日	行业系统部:16个系统代表队	乒乓球、钓鱼、登山、拔河、中国象棋、跳绳、飞镖、台球、羽毛球、游泳、篮球、田径等12项	2680人次	金牌数前三名为教育、公安、经贸系统;团体总分前三名为教育、机关、供电系统
		乡镇部:31个乡镇代表队	乒乓球、钓鱼、登山、拔河、中国象棋、跳绳、飞镖、台球、武术、羽毛球、游泳、篮球、田径等13项		金牌数前三名为昆阳、鳌江、水头;团体总分前三名为昆阳、鳌江、水头
		县中小学生田径运动会:109所学校参加			

说明:资料由平阳县体育局提供

平阳县第五届运动会开幕式（2009 年）

1989—2012 年平阳县运动员参加温州市级体育比赛获奖情况一览表

表 35-3-2　　　　单位：块

年份（年）	温州市级体育比赛		
	金牌	银牌	铜牌
1989	19	15	12
1990	28	19	15
1991	41	21	26
1992	41	36	30
1993	25	33	25
1994	28	31	40
1995	42	23	30
1996	77	51	35
1997	86	63	25
1998	85	67	38
1999	73	49	39
2000	86	83	38
2001	73	62	65
2002	因省运会冲突，当年无市级比赛		
2003	72	52	36
2004	104	62	41
2005	94	82	64
2006	64	95	72
2007	91	87	65
2008	76	90	75
2009	124	73	37
2010	54	32	8
2011	71	64	44
2012	118	65	55

说明：资料由平阳县体育局提供

第二节　市级以上比赛

参与温州市级体育比赛

1990—2009年，平阳县6次组织参加温州市运动会青少年部比赛，金牌数和团体总分在全市11个县（市、区）排名情况：1990年市九运会，金牌第三、总分第五；1994年市十运会，金牌和总分均第四；1998年市十一运会，金牌和总分均第三；2001年市十二运会，金牌和总分均第四；2005年市十三运会，金牌和总分均第四；2009年市十四运会，金牌第四、总分第五。

参与浙江省级体育比赛

1989—2012年，平阳县运动员组队和入选温州市代表队参加浙江省运动会6次。其中，1990年第九届省运会获5金9银10铜，1994年第十届省运会获7金8银8.25铜，1998年第十一届省运会获2金7银10铜，2002年第十二届省运会获19金9.5银13.5铜，2006年第十三届省运会获19.3金12银9铜，2010年第十四届省运会获12.75金21银13.5铜。

参与国家和国际级比赛

1989—2012年，平阳县运动员15人次参加国际体育比赛，获得金牌10枚、银牌3枚、铜牌2枚；120人次参加全国体育比赛，获得金牌52枚、银牌35枚、铜牌33枚。1995年，平阳县输送的运动员刘海媚与他人合作代表国家队，参加8月在加拿大举行的世界帆船锦标赛，获得第八名。翌年，刘海媚参加第26届亚特兰大奥运会帆船比赛。

平阳籍运动员王楠楠在2009年第十一届全国运动会上获赛艇比赛女子轻量级2000米四人双桨冠军。图为王楠楠（左一）在领奖台上

1989—2012年平阳县运动员在国际与全国体育比赛中获奖情况一览表

表35-3-3

姓名	项目	比赛名称	成绩	地点	年份(年)
刘海媚	帆船女子470级	全国第二届青少年运动会	金牌	辽宁	1989
林 铁	乒乓球男单	全国乒乓球少年锦标赛	金牌	淄博	1989
李王利 王 兵	乒乓球男团	全国第五届乒协杯锦标赛	金牌	天津	1990
洪剑芳 陈 健	乒乓球混双	全国第五届乒协杯锦标赛	金牌	天津	1990
童飞鸣	乒乓球女团、女单、女混双	全国第二届城市运动会	金牌	唐山	1991
刘海媚	帆船女子470级	全国第七届运动会	铜牌	秦皇岛	1993
傅庆荣	羽毛球男双	全国青少年羽毛球赛	铜牌	北京	1994
刘海媚	帆船女子470级长距离	全国帆船锦标赛	银牌	上海	1994
刘海媚	帆船女子470级短距离	全国帆船锦标赛	金牌	上海	1995
朱允逸	羽毛球女单	亚洲羽毛球青年锦标赛	金牌	香港	1996
朱允逸	羽毛球女双	亚洲羽毛球青年锦标赛	银牌	香港	1996
朱允逸	羽毛球女团	亚洲羽毛球青年锦标赛	铜牌	香港	1996
卢宝豹	跆拳道	全国跆拳道锦标赛	银牌	北京	1996
刘海媚	帆船女子470级	全国第八届运动会	铜牌	上海	1997
卢洪强	拳击	全国拳击青年赛	金牌	广东	1997
刘 威	拳击	全国拳击锦标赛	银牌	广东	1998
金蓓蕾	羽毛球女团	亚洲羽毛球青年锦标赛	金牌	马来西亚	1998
金蓓蕾	羽毛球混双	亚洲羽毛球青年锦标赛	铜牌	马来西亚	1998
连正辉	跆拳道	全国跆拳道青年赛	金牌	湖南	1999
金蓓蕾	羽毛球女双	全国羽毛球青年赛	铜牌	江西宜春	1999
陈钦剑	羽毛球男双	全国羽毛球青年赛	银牌	江西宜春	1999
金兵兵	女子规定拳	全国青少年武术锦标赛	金牌	上海	2000
金兵兵	女子棍术	全国青少年武术锦标赛	铜牌	上海	2000
张加泼	散手男子70公斤级	亚洲武术锦标赛	银牌	越南	2000
张加泼	散打男子70公斤级	全国散打锦标赛	金牌	广州	2000
陈阿虎	散手男子52公斤级	全国青少年散手锦标赛	金牌	上海	2000
谢尚夫	散打男子80公斤级	全国散打锦标赛	铜牌	湖北	2000
谢尚夫	散打男子80公斤级	全国散打冠军赛	铜牌	河南	2000

续表 35-3-3

姓名	项目	比赛名称	成绩	地点	年份(年)
林光云	羽毛球男团	世界羽毛球青年锦标赛	金牌	广州	2000
黄爱丽	双人	全国皮划艇锦标赛	金牌	湖北	2001
王良好	双人双桨	全国赛艇锦标赛	银牌	江苏	2001
林旭东	摔跤	全国摔跤青年赛	金牌	山东	2001
张加波	散打70公斤级	全国第九届运动会预赛	银牌	香港	2001
张加波	散打70公斤级	全国第九届运动会	铜牌	广东南海	2001
林旭东	摔跤	全国摔跤青年赛	金牌	江苏	2001
金兵兵	武术套路枪术	第一届亚洲青少年武术套路锦标赛	金牌	上海	2001
郑裕蒿	散打75公斤级	全国第九届运动会预赛	金牌	香港	2001
郑裕蒿	散打75公斤级	全国第九届运动会	铜牌	广东南海	2001
金兵兵	棍术	全国青少年武术锦标赛	金牌	江西宜春	2002
金兵兵	长拳	全国青少年武术锦标赛	金牌	江西宜春	2002
金兵兵	刀术	全国青少年武术锦标赛	金牌	江西宜春	2002
王代平	南拳	全国青少年武术锦标赛	金牌	江西宜春	2002
谢尚夫	武术散打	全国散打冠军赛	铜牌	广东南海	2002
郑裕蒿	武术散打	全国散打锦标赛	银牌	辽宁大连	2002
李佳佳	拳击	全国青少年拳击比赛	金牌	山东	2003
王代平	南拳	第二届亚洲青少年武术锦标赛	金牌	北京	2003
郑裕蒿	散打男子75公斤级	第七届世界武术散打锦标赛	银牌	澳门	2003
郑裕蒿	散打男子75公斤级	第二届散打世界杯	金牌	广州	2004
李佳佳	拳击	全国拳击锦标赛	铜牌	浙江	2004
石福峰	南拳	全国青少年武术锦标赛	金牌	大连	2004
石福峰	刀术	全国青少年武术锦标赛	铜牌	大连	2004
金兵兵	集体剑	全国武术锦标赛	金牌	山东	2004
金兵兵	长拳	全国武术锦标赛	铜牌	山东	2004
金兵兵	长拳	全国武术套路冠军赛	铜牌	浙江	2004
王代平	南拳	全国武术套路冠军赛	金牌	河南	2005
王代平	南棍	全国武术套路冠军赛	银牌	河南	2005
王楠楠	赛艇女子四人双桨	全国第十届运动会	金牌	江苏	2005
郑裕蒿	散手男子77.5公斤级	全国第十届运动会	金牌	江苏	2005
卢建青	散手70公斤级	第四届东亚运动会	金牌	澳门	2005

续表 35-3-3

姓名	项目	比赛名称	成绩	地点	年份(年)
黄蒙蒙	摔跤	全国摔跤青年赛	银牌	山西运城	2005
李佳佳	拳击48公斤级	全国第十届运动会	铜牌	南京	2005
石福峰	南拳	第三届亚洲青少年锦标赛	金牌	新加坡	2005
卓承金	双人单桨	全国赛艇锦标赛	银牌	陕西	2006
卓承金	八人单桨2000米	全国赛艇锦标赛	银牌	陕西	2006
陈　毅	赛艇	青少年赛艇锦标赛	银牌	上海	2006
林孝希	跆拳道	全国空手道比赛	铜牌	广州	2006
林海峰	跆拳道	全国跆拳道冠军赛	金牌	武汉	2006
金兵兵	刀术	全国武术锦标赛	金牌	南昌	2006
金兵兵	刀术	全国武术套路冠军赛	金牌	大连	2006
石福峰	南棍	全国武术套路冠军赛	铜牌	大连	2006
黄波波	武术散打	世界青少年散打比赛	金牌	陕西	2006
黄波波	武术散打	全国青少年散打比赛	金牌	西安	2006
金兵兵	刀术	全国武术套路锦标赛	银牌	温州	2007
金兵兵	双刀	全国武术传统项目冠军赛	金牌	河南	2007
金兵兵	地躺拳	全国武术传统项目冠军赛	金牌	河南	2007
王振华	武术散打	全国男子武术散打锦标赛	银牌	山东	2007
王振华	武术散打	全国武术散打冠军赛	铜牌	广东	2007
王　伦	摔跤	全国青年自由式摔跤锦标赛	铜牌	天津	2007
饶侨侨	乒乓球	全国中小学生“新星杯”乒乓球赛	银牌	江苏	2007
金兵兵	双刀	全国武术传统项目冠军赛	银牌	陕西	2008
徐畅畅	柔道女子团体	全国少年女子柔道锦标赛、	金牌	辽宁	2008
章仁锐	摔跤	全国少年自由式摔跤锦标赛	银牌	山西太原	2008
皮传胜	拳击	全国拳击锦标赛(华北赛区)	金牌	西安	2008
王楠楠	赛艇4人双桨2000米	全国第十一届运动会	金牌	山东	2009
王振华	散打87.5公斤级以上	全国第十一届运动会	银牌	山东	2009
李　强	拳击51公斤级	全国第十一届运动会	银牌	山东	2009
叶　超	乒乓球	全国少年儿童乒乓球比赛	银牌	湖北宜昌	2009
王楠楠	赛艇4人双桨2000米	全国赛艇锦标赛	金牌	山西杨凌	2009
张　博	武术散打56公斤级	全国青少年锦标赛散打比赛	铜牌	江西宜春	2009
诸葛露凯	羽毛球男双	全国少年羽毛球精英赛15岁组比赛	铜牌	梅州	2009

续表 35-3-3

姓名	项目	比赛名称	成绩	地点	年份(年)
王楠楠	赛艇4人双桨2000米	东亚运动会	金牌	香港	2009
张耀文	双剑	全国武术冠军赛(传统)	银牌	江西宜春	2009
林思怡	乒乓球女团	全国少年乒乓球比赛	金牌	青岛	2010
余园园	举重53公斤级	全国青年女子举重锦标赛	金牌	陕西宝鸡	2010
张彬海	盛装舞步团体	全国马术盛装舞步锦标赛	铜牌	北京	2010
叶光楠	男子团体(乙组)	全国少年体操比赛总决赛	铜牌	佛山	2010
张耀文	武术双剑	全国传统武术冠军赛	金牌	新余	2010
张耀文	武术醉拳	全国传统武术冠军赛	铜牌	新余	2010
邱旦天	柔道男子甲组50公斤级	华东八城市青少年柔道锦标赛	银牌	安徽	2011
董希俗	柔道男子乙组57公斤级	华东八城市青少年柔道锦标赛	铜牌	安徽	2011
吴小龙	柔道男子甲组55公斤级	华东八城市青少年柔道锦标赛	银牌	安徽	2011
杨来专	柔道女子甲组57公斤级	华东八城市青少年柔道锦标赛	铜牌	安徽	2011
宋思思	柔道女子乙组48公斤级	华东八城市青少年柔道锦标赛	铜牌	安徽	2011
王澜睿	女子团体	全国少年乒乓球锦标赛	铜牌	海南	2011
杨南方	混合团体	全国羽毛球冠军赛	银牌	广州	2011
黄陈健	男子双人对练	全国武术套路冠军赛	铜牌	成都	2011
余园园	举重53公斤级	全国女子举重冠军赛	铜牌	山东临沂	2011
卓　通 王　浩 李　超 刘建豪	排球	全国第七届城运会	铜牌	江西	2011
张彬海	盛装舞步团体	全国马术盛装舞步锦标赛	银牌	北京	2011
叶光楠	鞍马(甲组11岁)	全国少年体操比赛(太原赛区)	银牌	山西	2011
叶光楠	双杠(甲组11岁)	全国少年体操比赛(太原赛区)	铜牌	山西	2011
叶光楠	体操甲组团体	全国少年体操比赛总决赛	银牌	珠海	2011
叶光楠	双杠(甲组11岁)	全国少年体操比赛总决赛	银牌	珠海	2011
吴可意	C组个人全能	全国青少年艺术体操锦标赛	金牌	四川成都	2011
吴可意	C组个人带操	全国青少年艺术体操锦标赛	银牌	四川成都	2011
吴可意	个人团体(少年)	全国艺术体操冠军赛	金牌	四川南充	2012
吴可意	团体总分	全国艺术体操冠军赛	银牌	四川南充	2012
吴可意	团体总分	全国青少年艺术体操锦标赛	金牌	北京	2012

续表 35-3-3

姓名	项目	比赛名称	成绩	地点	年份(年)
吴可意	个人全能B组	全国青少年艺术体操锦标赛	金牌	北京	2012
吴可意	圈操B组	全国青少年艺术体操锦标赛	金牌	北京	2012
吴可意	球操B组	全国青少年艺术体操锦标赛	金牌	北京	2012
吴可意	带操B组	全国青少年艺术体操锦标赛	金牌	北京	2012
吴可意	绳操B组	全国青少年艺术体操锦标赛	金牌	北京	2012
吴可意	个人团体B组	全国青少年艺术体操锦标赛	银牌	北京	2012
吴可意	棒操B组	全国青少年艺术体操锦标赛	银牌	北京	2012
叶光楠	甲组12岁团体	全国少年体操比赛(第二赛区)	铜牌	浙江温州	2012
黄陈健	男子三人对练	全国武术套路冠军赛(传统项目)	银牌	四川南充	2012
黄陈健	男子三人对练	全国武术套路冠军赛(传统项目)	金牌	江苏常熟	2012
黄陈健	男子三人对练	全国武术套路精英赛	金牌	甘肃兰州	2012
黄陈健	男子三人对练	全国武术对练大奖赛	金牌	浙江仙居	2012
张彬海	盛装舞步团体	全国马术盛装舞步锦标赛	银牌	乌鲁木齐	2012
谢喜延	男子轻量级2000米单人双桨	全国青年U-18赛艇锦标赛	银牌	江西南昌	2012
李　超 卓　通 王　浩 刘建豪	排球	全国青少年男排冠军赛	金牌	山东潍坊	2012
杜祖坚	柔道100公斤级	全国青年柔道锦标赛	金牌	武汉	2012
杨　婷	赛艇	全国青年U-16赛艇锦标赛	金牌	宁波慈溪	2012

说明:资料由平阳县体育局提供

第三节　赛事承办

1989—2012年,平阳县承办国际级体育竞赛4次、国家级体育竞赛10次、省级体育竞赛11次。

1998年,腾蛟镇被国家体委命名为“全国象棋之乡”,同时举办“鹏昌杯”第五届全国象棋棋王挑战赛和“圣雄杯”全国首届女子象棋棋王赛。2002年,浙江省第十二届运动会召开,平阳县承办羽毛球、排球、海滩排球、散手四个比赛项目。2012年,承办2012年中国羽毛球俱乐部超级联赛平阳站比赛(浙江银江VS北京冠羽),马来西亚名将李宗伟参赛。

9月1日晚,2012年中国羽毛球俱乐部超级联赛在平阳县体育馆开赛,图为浙江银江队马来西亚羽坛名将李宗伟在比赛中(2012年)　陈培勇

1989—2012年平阳县承办的体育赛事一览表

表35-3-4

级别	日期	比赛名称	赛事规模
国际级	2004年5月29日至31日	中国·南麂国际海钓节暨“南麂杯”第二届国际海钓邀请赛	27支队伍近百人
国际级	2007年9月15日至16日	第三届中国·南麂国际海钓节暨“海燕杯”海钓名人俱乐部邀请赛	40支队伍120名选手参加
国际级	2009年10月23日至25日	中国·南麂第四届海钓节暨“南麂杯”海钓邀请赛	15支队伍45名选手参加
国际级	2011年5月29日	“五洲管理杯”浙江稠州银行俱乐部与美国犹他州闪光职业男篮对抗赛	—
国家级	1995年6月16日	“阿信杯”第五届全国棋王挑战权赛	全国等级分前20名选手（包括胡荣华、许银川）
国家级	1998年9月	“鹏昌杯”第五届全国象棋棋王挑战赛	—
国家级	1998年9月	“圣雄杯”全国首届女子象棋棋王赛	—
国家级	2004年4月3日至5日	第四届全国武术馆（校）武术比赛	34支代表队285名运动员
国家级	2006年3月6日	国家青年男子篮球队与浙江万马男子篮球对抗赛	—
国家级	2008年10月28日至11月1日	全国女子武术散打冠军赛	35支队伍145名运动员
国家级	2008年11月29日至30日	全国体育舞蹈公开赛	26支队伍900余人
国家级	2009年8月14日至19日	全国“红色旅游杯”桥牌邀请赛	28支队伍180余名选手
国家级	2010年8月25日	中国乒乓球俱乐部超级联赛（宁波海天VS上海浦宏）	马琳与王励勤分别代表两队参赛
国家级	2012年9月1日	中国羽毛球俱乐部超级联赛（浙江银江VS北京冠羽）	李宗伟代表浙江银江参赛
省级	1997年9月5日至7日	“鳌江杯”省体育先进乡镇乒乓球赛	5支队伍
省级	1999年7月12日至19日	“鳌江电信杯”全省第四届县级田径运动会	85支队伍
省级	2002年	第十二届省运会（羽毛球、沙排、排球、散手）	—
省级	2005年4月9日	全省第十二届县（区）级桥牌赛	24支队伍143名运动员
省级	2006年7月	浙东片区（平阳分会场）全民健身活动展示暨职工迎奥运健身系列活动	19支队伍300名运动员
省级	2007年3月30日至4月1日	省“羽协杯”羽毛球比赛暨“鳌七小杯”省中小学生羽毛球比赛	30多个队近400人
省级	2007年9月	省第十六届国际标准舞锦标赛	7支代表队650余人
省级	2007年5月2日至4日	全省中小学生乒乓球积分排名赛（第二站）	—
省级	2012年4月20日至22日	全省中小学生羽毛球积分排名赛	1200余名运动员
省级	2012年6月16日至17日	全省首届“南麂岛大黄鱼杯”羽毛球超级大奖赛	33支队伍，300名运动员
省级	2012年12月8日至9日	全省第二届“南麂岛大黄鱼杯”羽毛球超级大奖赛	35支队伍，320名运动员

说明：资料由平阳县体育局提供

第四章　机构与队伍

1989—2012年，平阳县体育事业机构不断完善，基层体育组织、群众体育组织进一步健全，协会林立，体育俱乐部也有很大的发展，从事体育活动的队伍无论从量上，还是质上，都有很大的提高。

第一节　管理机构

1956年6月8日，平阳县体育运动委员会(简称“县体委”)成立。1998年5月，县体委经机构改革更名为县体育事业发展局(简称“县体育局”)，为县政府直属正科(局)级全额拨款事业单位，同时增挂县体育总会牌子。内设办公室、群众体育科、训练竞赛科，2009年，增设监察室。下属单位2个，其中，县体育技术辅导站成立于1988年11月，属纯公益性全额事业单位；县体委游泳池成立于1992年4月，属差额事业单位。1979年，县少年业余体校成立，由县体育局、县教育局共同管理。2001年11月，县体育中心以国有企业性质注册成立，管理人员由县体育局下属单位抽调组成。

2012年，县体育局内设办公室、群众体育科、训练竞赛科、监察室，下辖县体育技术辅导站、县体育局游泳池2家单位，与县教育局共同管理县少体校，在编共37人。

第二节　群众体育组织

镇(乡)体育指导委员会

1996年，昆阳、鳌江、萧江、吴垟、腾蛟、水头、宋桥、南雁、榆垟、鹤溪、山门、顺溪、南麂等13个镇(乡)建立体育指导委员会。至1999年，34个镇(乡)均建立体育指导委员会。随着行政区域的调整，至2012年，全县10个镇(乡)都建有体育指导委员会。

县体育总会分会

2008—2009年，全县31个镇(乡)相继成立体育总会分会。随着行政区域的调整，至2012年，全县10个镇(乡)建有体育总会分会，由分管镇(乡)长任负责人，配有1至2名兼职管理人员，10个镇(乡)体育总会分会会员合计771人。

体育社团

1992年1月至2010年，先后成立17个体育社团：老年人体育协会、萧江镇太极拳协会、象棋协会、羽毛球协会、信鸽协会、国际体育舞蹈协会、游泳协会、围棋协会、昆阳镇乒乓球协会、武术协会、篮球协会、飞凰健身运动协会、刚柔体育健身协会、足球爱好者协会、台球协会、市大教白鹤拳研究会、网球协会。另外，桥牌协会于1985年成立。至2012年，全县共有各类单项体育协会18个，会员总数4792人。

体育类民办非企业单位

至2012年，平阳县成立了17个体育类民办非企业单位，分别是：联通羽毛球俱乐部、九凰网球俱乐部、鱼乐天地钓鱼俱乐部、金鹰青少年体育俱乐部、利德乒乓球俱乐部、萧江冬泳俱乐部、麻步冬泳俱乐部、海鹰垂钓俱乐部、康乐跆拳道俱乐部、益智棋类俱乐部、假日羽毛球俱乐部、显峰网球俱乐部、鳌江游泳俱乐部、通乐冬泳俱乐部、风之语户外活动俱乐部、鳌江海城户外拓展俱乐部、城北青少年体育俱乐部。

第三节　业余体校

县少年业余体校成立于1979年，是平阳县唯一的一所公立体育运动学校，由体育和教育部门共同管理。1989年以前，成立排球队、举重队，1989年成立皮划艇队、乒乓球队，1995年成立赛艇队，2003年成立柔道队、跆拳道队，2009年成立摔跤队。2012年，学校设有初中部3个班级，学生150余人；在校带训教练12人，其中高级教练员1人、中级教练员5人、初级教练员6人；国家一级裁判7人。学校新校址于2011年开工建设，计划2013年底竣工投用，占地面积6716平方米，总建筑面积13031.46平方米，总投资3025万元，建成符合国家标准的教学训练综合楼、宿舍楼等设施。

1997年，县少体校被国家体委评为“1993—1997年度全国先进体校”，2009年，被浙江省体育局命名为“浙江省高水平体育后备人才基地”，还多次被省、市体育局评为“业余体育训练先进集体”，被县人民政府评为“突出贡献单位”。

第四节　业余训练基地

1989年，在各中小学中有多项目、多层次、多形式的业余训练点，还有省、市、县三级的传统项目学校，训练运动员，并向上级体校输送优秀的体育苗子。至1995年，建立起“三集中”（集中学习、集中训练、集中食宿）教学训练点为主导，以社会办体育、学校课余训练队为补充的训练格局。是年，全县有“三集中”教学训练点3个，共设皮划艇、赛艇、举重、男排4个项目；“二集中”训练点9个，全部是田径；“一集中”训练点1个，是乒乓球。社会办运动队有散打、武术、足球、羽毛球、游泳（短期集训）等项目。“三集中”训练点在训学生50人，其他训练点在训人数200余人，是年，向市体校输送12名、省体工队2名、省体校7名、体育大专院校10名，共31名运动员。1998年，昆阳镇中心小学获“全国体育传统项目学校先进单位”称号，由国家体育总局、教育部联合评定，获此殊荣的全省只有两家，温州仅此一家。

2000年，业余训练体系进一步完善，形成以县少体校和育英体校为龙头，体育传统学校和学校训练点为补充的训练网络。2008年，平阳县竞技训练项目共有19个，其中，少体校有7个：男子排球、沙滩排球、举重、皮划艇、赛艇、跆拳道、柔道；育英体校有5个：拳击、跆拳道、武术散打、武术套路、摔跤；各基层训练点（学校）有7个：羽毛球、乒乓球、网球、篮球、足球、体操、艺术体操。

2012年，全县形成“三集中”体校、一集中训练点、学校课余训练队、社会力量办体育，从小学到中学一条龙的业余训练网络体系。开展18个项目的业余训练，男子排球（沙排）、武术散打、摔跤、拳击为温州“市队县办”运动项目。布点学校达到24个，其中，省级高水平体育后备人才基地2所（县少体校、育英体校），体育特色学校省级4所（平阳中学、鳌江三小、鳌江四中、实验中学）、市级6所（鳌江十小、平阳二中、水头一中、昆阳二中、鳌江三中、昆阳一小），阳光体育后备人才基地省级1所（鳌江四中）、市级3所（鳌江三中、水头一中、水头二小）。

第五节　体育专业人才

1989—2012年，平阳县共输送各类体育后备人才588人，其中，入选国家队4人、省体工队32人、省体校76人、市体校288人，被体育大专院校录取146人，被省市体育中专录取42人。获国家级竞赛赛事奖项的运动员有16人。

教练员

至2012年，全县从事业余训练的教练员79人，其中，县少体校12人，县教育系统各学校35人，平阳育英体校等其他训练机构32人。全县具有体育教练员技术职称19人，其中，高级教练员1人，中级教练员5人，初级教练员13人。

社会体育指导员

1998年10月，平阳县举办首届国家三级社会体育指导员培训班，产生首批国家三级社会体育指导员12人。1998—2012年，陆续开展三级社会体育指导员培训工作。截至2012年，全县有社会体育指导员1501人，其中，国家级社会体育指导员1人，一级5人，二级24人，三级1471人。

第五章　设施与产业

1989—2012年，全县体育设施建设投入逐年加大，随着平阳体育中心、平阳体育馆等大型体育设施落成，为承办大型赛事和全民健身活动创造了很好的条件。基层体育设施的建设也取得很好的成绩。2011年，实行公共体育设施均等化原则，消灭体育器材空白村，实现城乡公共体育设施全覆盖，人民群众都可以就近选择自己所需要的体育器材进行健身运动。体育产业随着人民群众健康意识的提高和全民健身活动的开展，获得空前的发展，提高体育产业规模化和市场化水平，体育用品制造业和健身服务业在为人们提供运动器材、服务的同时，也创造可观的利润，促进体育经济的繁荣。

2012年平阳县业余训练基地建设情况一览表

表35-5-1

	少体校	育英体校	鳌江四中	鳌江三中	水头一中	水头二小	平阳中学	鳌江三小(现鳌江小学)	实验中学	鳌江十小(现鳌江五小)	平阳二中	昆阳二中	昆阳一小	鳌江实验小学	平阳三中	水头一小	梅溪中学	平阳县小	闹村小学	昆阳四中	昆阳三中	麻步小学	鳌江一小	蓓蕾幼儿园
排球	★		★			★		●		★			★					●			●	●		
举重	★																							
跆拳道	★	★																						
皮划艇	★																							
赛艇	★																							
柔道	★																							
摔跤	★	★																						
武术散打		★																						
武术套路		★																						
拳击		★																						
乒乓球								★																
田径			★	★	●	★	★	●	★			★	●	●			●	●	●	●				
篮球					★	★	★		★		★				●	●								
足球				★	●																			
沙滩排球			●																					
羽毛球								●						●										
网球				★																			●	
体操																								●

说明:① ★为省高水平体育后备人才基地、省市阳光体育后备人才基地、省市体育特色校项目,●为县级业余训练点项目;② 资料由平阳县体育局提供

第一节　体育设施

县级大型体育设施

平阳体育中心，位于鳌江镇曙西路，建于1995年，建有健身小广场、非标准篮球场、羽毛球馆、室内排球馆、游泳池、五环宾馆及一些附属设施，场地总面积16668平方米。

平阳体育馆，位于平阳县昆阳镇后垟村，始建于2001年3月13日，2004年3月17日竣工验收，2004年7月起正式投入使用。体育馆总建筑面积16247平方米，占地约50亩，总投资7500万元。馆内设标准篮球场、综合训练馆、羽毛球场，有观众席3558个（其中固定座位2942个、移动座位616个），内场面积约1600平方米，空间高度为14米。

白垟游泳池，位于昆阳镇白垟路，建于1986年，有15米×25米非标准池1个，上有遮阳盖顶设施。场地总面积2000平方米。

中国谢侠逊棋院，位于昆阳镇雅山村金鱼山脚，2010年动工建设，占地20亩，建筑面积20010平方米，投资2000余万元，棋院分设谢侠逊纪念馆、比赛场馆及运动员休闲服务区，集参观、旅游、比赛、培训、休闲为一体。

平阳游泳馆，位于昆阳镇后垟村，建于2011年，占地26亩，总建筑面积10940平方米，总投资9071万元，馆内建有25米×16米六泳道1.8米深训练池、50米×25米八泳道2.0米深标准比赛池和儿童戏水池，配置了智能化系统、空气源热泵、太阳能加热系统、水处理系统等先进设施。

鳌江健身公园，位于鳌江镇新河路，建于1998年，占地面积33335平方米，园内建有标准游泳馆1个、羽毛球馆1个、室外网球场2个及轮滑和钓鱼场等设施。

乡镇群众体育设施

20世纪90年代，乡镇体育基础设施比较少，随着申报体育强镇工作的开展，群众健身意识的提高，政府加大投入，健身苑点、体育俱乐部、健身房、登山步道等体育设施不断增加。

2011年，按公共体育设施均等化原则，以省体育小康村及市、县全民健身工程建设为载体，统筹城乡、区域体育设施现状，在乡镇上报、实地调查的基础上，合理分配各地体育器材安装指标，消灭体育器材空白村，实现城乡公共体育设施全覆盖。是年，投入280万元，完成117个健身苑点、15个省小康体育村、10个市村级体育俱乐部、2个登山步道、2个灯光篮球场、1个门球场改造、1个露天游泳池的建设任务。

2012年，全县十个乡镇群体体育设施情况。

昆阳镇人口11万人，村69个（社区6个、行政村63个），已建有体育设施的村69个，实现全覆盖。其中，篮球场33个，占建有体育设施村总数的47.83%；设施达标率97.1%。

鳌江镇人口21万人，村120个（社区8个、行政村112个），已建有体育设施的村109个，覆盖率90.83%。其中，篮球场45个，占建有体育设施村总数的41.28%；设施达标率82.50%。

水头镇人口17万人，村111个（社区10个、行政村101个），已建有体育设施的村102个，覆盖率91.89%。其中，篮球场59个，占建有体育设施村总数的57.84%；设施达标率84.82%。

萧江镇人口11万人，村101个（社区6个、行政村95个），已建有体育设施的村100个，覆盖率99.01%。其中，篮球场51个，占建有体育设施村总数的51%；设施达标率89.11%。

万全镇人口8万人，行政村71个，已建有体育设施的村70个，覆盖率98.59%。其中，篮球场48个，占建有体育设施村总数的64.86%；设施达标率93.33%。

腾蛟镇人口7万人，村51个（社区3个、行政村48个），已建有体育设施的村51个，实现全覆盖。其中，篮球场12个，占建有体育设施村总数的23.53%；设施达标率80.77%。

山门镇人口6万人，村54个（社区3个、行政村51个），已建有体育设施的村54个，实现全覆盖。其中，篮球场23个，占建有体育设施村总数的42.59%；设施达标率100%。

顺溪镇人口3万人，行政村32个，已建有体育设施的村数达到32个，实现全覆盖。其中，篮球场9个，占建有体育设施村总数的28.13%；设施达标率68.75%。

南雁镇人口3万人，行政村16个，已建有体育设施的村16个，实现全覆盖。其中，篮球场9个，占建有体育设施村总数的56.25%；设施达标率81.25%。

青街乡人口1万人，行政村11个，已建有体育设施的村11个，实现全覆盖。其中，篮球场2个，占建有体育设施村总数的18.18%；设施达标率87.07%。

至2012年年底，全县各地（包含学校体育设施）体育设施总面积1043347平方米，建有400米田径场6个、300米田径场16个、300米以下运动场82个、篮球场291个、排球场9个、乒乓球场139个、羽毛球场13个、网球场2个、门球场22个、地掷球场1个、五人制足球场4个、登山步道35条、健身步道2条、健身苑点1116处、游泳池13个、体育综合房28个、健身房23个、棋牌房29个、乒乓球房14个、羽毛球房4个、武术房8个、篮球房6个、台球房7个、天然游泳池3个。

第二节 体育产业

体育彩票

体育彩票有即开型和电脑型两种。2000年2月8日，平阳县首次发行电脑体育彩票。2004年4月17日，中国即开型体育彩票在昆阳镇汇水河路发行。据统计，此次发行即开型体育彩票375万余元，为平阳县筹集体育公益金119万元。2009年，全县体育彩票销售点44家，全年发行电脑体育彩票4500万元，筹集彩票公益金200余万元，弥补体育事业经费的不足，县体育局获得“温州市体育彩票宣传突出贡献奖”。2012年，体育彩票销售额7570万元。

2002—2012年，共计销售体育彩票3.87亿元。至2012年，全县共有体彩销售网点82家。

体育市场

1995年，《浙江省经营性体育场所管理办法》颁布，依法管理体育市场。1998年，全县登记在册的体育经营场所有86家。至2000年，平阳县登记在册的有武术、保龄球、游泳、台球、乒乓球、游艇、健美、健身操、运动保健按摩、棋牌、武术器械等项目共276家经营性体育场所。是年，县体育局不定期刊出《平阳体育市场管理》信息，发放给全县各经营性体育场所，共刊出4期，加强《中华人民共和国体育法》宣传。

2004年，浙江省体育局公布《关于实施行政许可项目的公告》，体育经营户不列入体育审批办证项目，改为办理备案手续。是年，平阳体育馆转交县体育事业发展局管理，8月对外开放，主要经营羽毛球场地、篮球场地出租等，还承办大型活动，收到很好的社会效益和经济效益。是年，平阳体育中心（鳌江游泳池、五环宾馆）也取得不错的经济效益，创收15万余元。

2006年，有10家游泳场所申报开场并对外开放。其中，鳌江镇五环宾馆和昆阳镇白垟两家游泳池改为承包经营，扭亏为盈。2008年，县体育中心游泳池以6万元、县游泳池以5万元成功拍卖2008年经营权。2009年，全县体育用品制造业、全民健身服务业有171家，营业额超过1亿元，利润超过1300万元。

拓展体育场馆效益，2011年，县体育中心各场馆全年除接待参与游泳、篮球、羽毛球运动15万人次，还承办大型会议、社会活动、展销会、晚会、体育比赛等25次，接待参加活动人次8万以上，全年营业收入76万元。

2012年，全县上规模的体育产业经营单位有温州宝时路车辆有限公司（体育用品制造）、浙江省豪中豪健康产品有限公司（体育用品制造）、平阳县畴溪农业观光园（体育旅游）、平阳县育英体校（武术培训）、平阳县浙南占鳌青少年足球俱乐部（足球培训）、平阳县天威健身馆（健身服务）、平阳县海城户外活动俱乐部（体育旅游）、温州安侨运动用品有限公司（体育用品制造）、平阳县丽阳健身俱乐部（健身服务）、平阳县东坑漂流服务有限公司（运动休闲）。

专记：

全国武术之乡

平阳武术源远流长，民间习武蔚然成风，鼎盛之时有“男壮皆练武，村村有拳坛”的说法，武术活动蓬勃开展，多次举办国家级武术赛事，在县一级，实属罕见。2001年，平阳县被命名为“全国武术之乡”。2007年，平阳县被评为“全国武术之乡建设工作先进单位”。

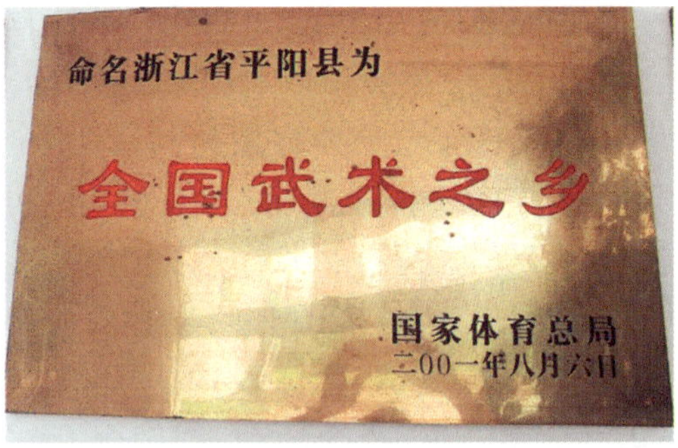

2001年，平阳县被国家体育总局命名为“全国武术之乡”

平阳武术发展溯源

南宋时期是平阳武术历史上的鼎盛时期，尚武之风旺盛，学武之人众多。在南宋150余年间，平阳县共有武状元13名、武进士297名，其时间之集中，人数之多，在我国历史上极为少见。

民国时期，平阳国术馆开设国术活动，参与者达500余人。瑞安著名学者金晦在县城东门开蔷园，带着瑞安林人金林龙（1913—1989）到平阳护院，同时也传授拳术，人称“阿树老师”。金氏是著名的武术家，《瑞安市志》（1996年中华书局版）有传，十八般武艺，他样样精通。还有隐居在万全石塘香林瀑布上面山上的“马坛庵和尚”了旺大师（1894—1985），俗名林友龙，瑞安市马屿镇梅屿乡外山头村人，系浙南著名武僧，属南少林派，精通十字拳娘、插指拳娘、降龙伏虎棒等。他除了功夫远近闻名，而且武德高尚，一生以“学武先学德，无德非武人”为训，弟子遍浙南，晚年世称“马坛师”，《瑞安市志》也有立传。平阳农村拳坛比比皆是，各地每逢传统集市一般举行武术表演会（称为“排殿”）。一些寺院里出现了功底扎实的名师。平阳万全还有号称“十八杰”和“十八义”的著名拳师。可谓拳风鼎盛，名师辈出，成为温州名副其实之“拳窝”。

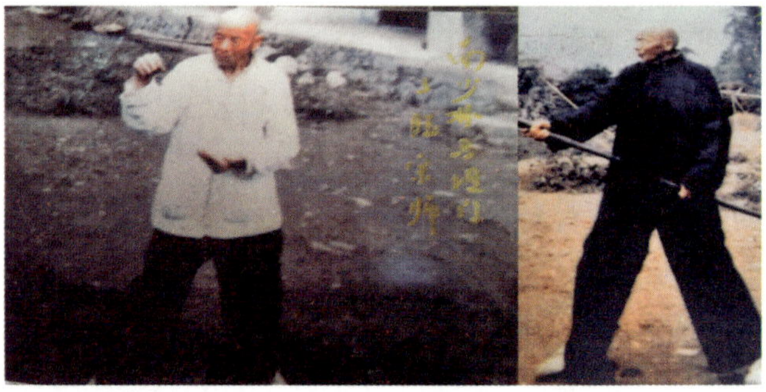

了旺大师拳照　　万全镇焦下村马坦大师纪念馆　提供

武风极盛还有一个重要的原因，以前有“平阳出戏子”的说法，平阳戏曲活动历史悠久，出了许多名角。如武戏，需要练好武术的基本功，上台才能虎虎生威，无形中也促进了武术在各地的开展。戏曲、武术互相影响，两者都得到了很好的发展。

历史上平阳武风强盛，人才辈出，尤其南宋期间出了如此之多的武状元，与平阳县的物质基础与历史人文背景有极大关系。中国有句俗话说：“穷文富武。”平阳经济的富庶，为练武习文者提供了优越的物质条件。

历史上常有移民迁入平阳，给平阳带来了外地先进文化和武术，特别是五代后梁时期闽王王审知时代，福建连年战乱，民不聊生，许多原先追随闽王由中原入闽的人士和原籍福建的居民纷纷开始向北迁移，进入当时社会相对稳定的吴越国，其中不少人就选择定居平阳，他们在带来中原先进文化的同时，也带来了中原的武功。南宋时期，随着政治中心南移，使原先远离政治中心的平阳武术人士获得进入仕途的机会，加上北方战事不断，南宋朝廷需要大量的抗战将士，也促进了南宋时期平阳武术人才的大量涌现。

综上所述，包括僧人、外来移民和本地外出拜师学艺在内的众多武林中人，将武术传入了平阳，并牢牢扎下了根。他们通过言传身教，使武术在平阳民间得到普及和发展。

平阳武术发展现状

平阳南拳是平阳武术的特色。平阳是南拳的发源地，南拳流传广泛，在平阳的武术发展史上占有重要地位。平阳南拳种类丰富，已知的有21种拳法种类、13种器械种类。21种拳法种类包括功柔、刚柔、擒柔、五鸡、鹤法、飞熊、牛角、二十四手、建卫门、马坦门、少林拳、武当拳、猴拳、醉拳、鹰拳、罗汉拳、咏春拳、七星拳、八卦掌易筋经、虎鹤双形拳、南山短打，13种器械种类包括刀、枪、棍、棒、剑、鞭、杖、锏、铲、板凳、扇、铁尺、钩。

平阳武术组织完善　平阳武术基层活动组织蓬勃发展。1993年，萧江镇太极拳协会成立。2004年，县武术协会成立。2006年，成立刚柔体育健身协会和飞凰健身协会，全县共有武术协会、萧江太极拳协会、刚柔体育健身协会、飞凰健身运动协会4家县级武术体育社团。其中，武术协会下属16个分支机构，包括7个区域性分会(昆阳、鳌江、水头、万全、郑楼、钱仓、腾蛟)和9个拳术分会研究会(南拳、刚柔拳术、白鹤拳、柳庄白鹤拳、鳌江五支拳、南山五支拳、王西安陈氏太极拳、秦柔、王喜根杨氏太极拳)。全县各类武术社团会员已超过6000人，其中，中国武术协会会员数达300余人。在多年的社团建设中，平阳县注重丰富武术种类，延展覆盖面，各个协会、分会、研究会每年均以重大节假日以及具有地方特色的庙会(农副产品交流大会)为节点，广泛开展武术健身活动，如刚柔体育健身协会的元旦武术大会演活动已连续举办十几年。又如2012年成立的武术协会王喜根杨氏太极拳研究会，会员全部由在深圳经商的平阳籍武术爱好者组成，会员在异乡以研究会为平台切磋交流武艺。

平阳武术人才层出不穷。20世纪80年代以前，平阳武术人才的培养，主要是通过武师开馆授徒方式，来进行传授武术和培养武术人才。20世纪80年代末，随着武校和各协会成立，平阳武术以武校的教学为主，协会组织和武师个人带徒为辅的发展模式。

1988年平阳育英体校、1993年平阳武校的相继成立，平阳县走上正规化、规模化培养武术人才的道路。尤其是由谢孝财在鹤溪镇创办的育英体校近年来发展迅速，办学成绩斐然。学校占地160亩，建筑面积29300平方米，设有学前、小学、初中、高中等年段，共有35个教学班，设有武术散打、武术套路、摔跤、跆拳道、拳击5支武术专业队，在校生近1500人。1996年，被国家体育总局授予“全国先进武术学校”的称号，2009年，被浙江省体育局命名为“浙江省高水平体育后备人才基地”，2011年，被中国武术协会命名为“中国武术培训基地”，2007—2011年，连续5年被评为温州市业余体育训练先进集体。

同时，武术设施不断发展与完善。全县武术爱好者自筹资金建武校、武馆、健身馆、培训基地近20所。平阳育英体校、平阳武校的教学楼、练武厅、武术器材器械等设施齐全。萧江太极拳馆占地20000平方米，累计投入超过600万元。武术协会钱仓分会健身中心占地2000平方米，投资200万元。此外，麻步白鹤拳健身馆、雄鹰武术训练馆、伍兴武馆、环球健身馆、鳌江柔术健身馆、麻步柔道馆、昆阳气功健身站、康乐跆拳道馆、水头散打培训基地、钱仓城隍道院传统武术培训基地等都有一定的规模和较好的器械设施。

在外办武校最著名的有周清泉，系中国武术八段、中华传统武术十大领军人物，南雁镇人，他自幼习武，转益多师，武艺高超。1994年，他在湖州创办了湖州清泉国际文武学校，位于长兴县兰香山风景区，建筑仿古，雄踞太湖之畔，气势雄伟，被誉为“太湖西畔的一颗明珠”。该校先后被评为浙江省优秀民办学校、浙江省体育训练先进集体、全国十大武术名校，校长周清泉获首届全国民办教育十大杰出人物提名奖等。

平阳武术在人才培养和设施建设方面取得了显著成效。至2012年，全县拥有中国武术段位122人（中级段位55人，初级段位67人），国家武术段位考评员8人，武术社会指导员23人，具有温州市武术段位超过1500余人；现有武术教练640余名，其中一级教练22名、二级教练89名，国家一级裁判9名、二级裁判66名、三级裁判140名。

平阳武术活动频繁，赛事成绩突出　新中国成立后，政府十分重视民族形式传统体育，把武术作为国之“瑰宝”积极提倡，平阳县也曾多次举行各种规模的武术表演大会，举办各种形式的武术培训班。

群众性武术活动蓬勃开展。全县经常参加武术活动的近20万人，约占全县总人口的20%以上，县内学校、机关和村居均开展武术活动。县里举办的大型广场文艺活动、全县中小学生艺术节，都有武术表演竞赛项目，每天清晨，昆阳镇的东门山、细龙广场，鳌江镇的江滨路、鳌江公园，萧江镇的橘坡山，水头镇的灯光球场，麻步的鳌峰山麓，腾蛟镇的徐家山，山门镇的红军挺进师纪念碑广场，参加晨练习武的群众达万人以上。

武术竞赛活跃。1997年，举办“天龙杯”全国武术精英赛，得到国内外武术专家的一致好评。2001年，举办规模盛大的“圣雄杯”平阳旅游武术节活动，邀请了国内知名人士前来观评。2004年，承办了第四届全国武术馆（校）武术比赛，全国武术运动管理中心及省、市体育部门领导都纷纷前来观摩，同时吸引18个省34支代表队，共285名运动员前来参加角逐。平阳各类武术协会积极组织参加国际、全国、省级武术比赛，也取得较好成绩。

第三十六卷

DI SAN SHI LIU JUAN

《平阳县志（1989—2012）》

PINGYANG XIAN ZHI

宗教　民俗

平阳县有四大宗教，即佛教、道教、天主教、基督教。佛教和道教在平阳的传播已有千年以上的历史，天主教和基督教传入已100余年。至2012年，宗教活动场所数以百计，信众近14万人。1989—2012年，境内宗教活动正常；广大信众发扬爱国、爱教精神，反对邪教，融入和谐社会建设。

由于经济和社会发展，20世纪90年代以来民俗民风发生了不少变化。卷中收录城乡居民部分新旧习俗的一些情况。

第一章　宗　教

佛教在平阳县的传播始于隋朝；道教在平阳县的传播始于东晋；天主教和基督教传入始于19世纪后期。至2012年，已登记的宗教活动场所507个，信众138620人。宗教事务管理工作由县民族宗教事务局负责。

第一节　佛　教

平阳县最早兴建的寺院是隋朝（581—619）的石峰庵（现名靖峰寺，位于万全镇郑楼社区周贵垟村）。五代时，吴越国三代五王（钱镠、钱元瓘、钱弘佐、钱弘倧和钱俶）皆崇释礼佛，以至于社会蔚成习佛风气。中华人民共和国成立初期，平阳县尚有寺庵130余所，僧尼200余人（不含今苍南县境内寺庵154所，僧尼294人）。1984年5月，成立平阳县佛教协会。2012年，有寺院280所（另有未登记的120所），教职人员447人，信众16130人。

平阳县佛教协会

1984年5月，成立平阳县佛教协会，会址在坡南东林寺，有正、副会长5人，理事21人，其中常务理事15人。1988年10月，选举产生佛协第二届理事会，正副会长6人，理事增至27人，其中常务理事17人。

2012年4月，佛教协会选举产生第六届理事会，有正副会长7人，秘书长1人，副秘书长3人，理事59人，其中常务理事27人。县佛教协会会长为释各本。佛教协会内设机构有财务代理中心，慈善功德基金会。财务代理中心主要职能是受理全县寺院的财务账目。慈善功德基金会是佛教协会对慈善事业进行服务的组织机构，组织扶贫济困、助学结对、赈灾慰问等公益事业活动。

1990年2—9月，平阳县佛教协会在鳌江河口兴善寺举办第一期青年比丘和比丘尼学习班，攻读《劝发菩提心文》《四分律藏》等，并参与寺院的宗教活动实践，以培养爱国爱教、懂得一定佛学知识，将来能够管理佛寺的比丘和比丘尼。学员来自平阳、乐清、文成、永嘉、苍南、瑞安6县（市）50余人。

1995年冬，经中国佛教协会批准，平阳县佛教协会在东林寺举行三坛大戒法会。三坛大戒法会邀请茗山法师为得戒和尚、悟道法师为羯摩阿阇梨（羯摩师）、普正法师为教授阿阇梨（教授师）。法会为期30天，受戒弟子300人，在家弟子受五戒者400余人。受戒者来自海内外。1997年，平阳县佛协和温州市佛协、瑞安市佛协在城南广慧寺举行学习会，学习讨论明代瞿汝稷编辑的《指月录》序文，参加学习的有200余人。

平阳佛教界开展形式多样的弘法利生活动。据不完全统计，2007—2011年，平阳县佛教界为社会公益事业捐资670余万元。2008年，四川汶川大地震发生后，山门集福寺界涨法师两次驱车深入地震灾区，为灾民送钱送物。

2009年后，佛教协会开展创建“和谐寺院”活动，水头石�寺获浙江省民宗委首批颁发的“创建‘和谐寺观教堂’活动先进场所”称号，13所寺院获浙江省星级宗教活动场所称号。

寺院选介

截至2012年11月，在宗教事务管理部门正式登记的县内寺院280所，以下简介19所。

东林寺　位于昆阳镇城南凤山村，始建于唐大历年间（766—779）。古寺代有兴废，经过“文化大革命”浩劫，东林寺仅留有五间破败不堪的平房。1984年冬至1994年年底，寺僧各本法师等在荷兰华侨梅仲微、陈春竹夫妇等信徒的鼎力相助下，先后建成大雄宝殿、天王殿、药师殿、西方三圣殿、观音殿、地藏殿、钟楼、鼓楼、华藏世界、琉璃世界、僧房及山门、围墙等。2004年，增建七如来和五百罗汉楼。寺院计五进，仿古式砖木结构楼房90余间，占地面积7500平方米，建筑面积4000平方米。保存具有文物价值的石碑两块，一是清雍正五年

(1727),“僧会司法”普光、通纯墓碑,二是民国九年(1920)刘绍宽撰、鲍潜书《东林寺置产证》碑。1984年5月平阳县佛教协会成立后,东林寺一直为县佛教协会办公处所。2012年,驻寺比丘3人。

广慧禅寺　俗名半山庵。位于昆阳镇城南皇岙村,坐西北朝东南。始建于唐咸通年间(860—874)。寺院兴盛时,有禅房约100间,僧人和信众共达8000余人。下院九凰庵,南宋咸淳年间(1265—1274)建,光绪年间(1875—1908)重修时改名灵云寺。广慧禅寺,清康熙、咸丰、光绪以及民国年间曾重建或修缮。抗日战争时期,广慧禅寺部分房舍借与平阳中学、浙南中学办学。“文化大革命”后,广慧禅寺仅存五间禅堂(藏经楼)。1980年后,振空法师等依中轴线重建广慧禅寺。寺院占地面积1000余平方米。寺院的一门、三殿、三楼、二堂排列规整,大殿内共塑有三千尊佛像,成为拥有中型建筑群的佛教场所。2012年,驻寺比丘3人。

仙坛寺　位于昆阳镇东门仙坛山。始建于唐咸通年间(860—874),是佛教浙南仙坛派祖庭,属天台宗。历代皆有修缮,清宣统二年(1910)和民国5年(1916)僧显宗增修。20世纪60年代后,仙坛寺被征用办平阳县师范学校与平阳县农业技术学校。20世纪90年代末,在原址左侧山谷异地重建仙坛寺。1991年2月破土动工,2003年冬建成,占地十余亩,三进二厢。寺院现存一口明景泰三年(1452)所铸的大铜钟,重1000余公斤,钟体四周饰多种花纹,图案雕琢精细、流畅,为珍贵文物。2012年,驻寺比丘2人。

仙坛寺(2012年)　　仙坛寺　供稿

碧泉寺　碧泉寺又名岩庵,位于鳌江镇钱仓和塘川之间的岩庵山上。唐代高僧幽谷创建。寺后有悬石钟岩,隙有泉清碧空明,故名。清康熙年间(1662—1722)再建,嘉庆年间(1796—1820)重修,光绪年间(1875—1908)增修。1982年,由觉空法师主持重建。1982—1989年,先后建成大雄宝殿、藏经楼、僧客楼、观间楼、地藏王殿、文殊殿和护法堂。2000年11月,兴建天王殿、观音楼、圆通殿等。寺内留有著名学者苏渊雷题写的对联:“幽谷高僧,古刹岩庵欣重建;罗垟白水,有情国土此庄严。”该寺有墓塔群,采用花岗岩构造,建造时间从清道光年间(1821—1850)至民国及近现代,展现了各个时代不同的建筑风格和工艺技术。2010年9月,碧泉寺墓塔群被列入平阳县文物保护单位。2012年,驻寺比丘2人。

天明寺　位于鳌江镇墨城长岗村九埄山,俗称圣菜池。据1983年出土文物考证,该寺建于唐至德年间至上元年间(756—761)。清光绪年间(1875—1908),曾一度改建为天明道观。1958年,僧昌道、东清在圣菜池旁搭棚清修。1978年后僧振趣予以重建。现有山门碑坊、天王殿、大雄宝殿、大悲楼、东西厢房、三圣殿、钟鼓楼、功德堂、厨房。占地面积6400平方米,建筑面积3200平方米。2012年,驻寺比丘3人。

石筠寺　位于水头镇章旦村蒲尖山麓,建于北宋建隆年间(960—963),高僧愿齐开基。清康熙年间(1662—1722)再度重建,规模恢宏。鼎盛时期建筑面积5000平方米,田产330亩,有僧百余人。曾有大鼓和千斤铜钟各一个,后皆湮没无存。民国29年(1940)被改为粮仓,1958年改办为水头碘厂,以后又改办平阳羽毛球厂。1985年冬,界空法师择址于原寺北约400米外山坡上予以重建,2006年秋予以扩建,先后建成地藏殿、藏经阁、三圣殿、大雄宝殿、钟楼、鼓楼、天王殿、东西念佛堂、往生堂、百姓祠堂、五观堂等。建筑面积11910平方米。2012年,驻寺比丘5人。

太平寺　位于昆阳镇后岙村,原名太平院,始建于唐咸通年间(860—874),据传鼎盛之时寺有五进,僧有百人。明洪武年间(1368—1398),寺遭兵灾,后又重建。清咸丰初年又为飓风所毁,清光绪初年重建。1949年后不久，寺院被毁。1985年，得以恢复和重建。2009年住持可如尼师开始扩建。现有藏经楼、左右二幢厢房、天王殿，均为仿唐式结构，占地面积12658平方米，建筑面积2752平方米。2012年，驻寺比丘1人。

玉佛寺　位于鳌江镇吉祥路。20世纪30年代末，陆军中将陈蔚回鳌江隐居，建横海楼，后捐作寺院，名横海寺，俗称新堂。民国4年（1915），陈蔚居士将缅甸友人所赠的一尊玉佛转赠寺方供奉，玉佛寺因此得名。1986年，寺院得到修缮，1996年，被列为平阳县第五批文物保护单位。2001年后，开始重建，建有七如来塔、天王殿、大雄宝殿、观音楼、卧佛楼、药师楼、钟楼、鼓楼、地藏王楼等。2012年，驻寺比丘1人。

驷马寺　位于腾蛟镇驷马村，始建于后唐清泰年间（934—936），称驷马院。寺院原占地面积42亩。“文化大革命”期间只剩下五间破败的大雄宝殿。1992年开始修建，先后建成大雄宝殿、天王殿、观音阁、卧佛楼、三千佛楼、地藏王殿等，占地面积2210平方米，建筑面积1825平方米。2012年，驻寺比丘2人。

集福寺　位于山门镇坑东村。清光绪年间（1875—1908），僧人成德（原天台国清寺住持，山门人）修建。清光绪二十八年（1902），在集福寺内创办集福学堂（东屿小学前身）。当年的集福寺僧无偿提供寺院后殿作为办学校舍，捐赠寺院田产给学校作为“学田”，以补充办学经费。2000年之后，住持界涨法师予以重建，占地面积15000平方米，建筑面积4000平方米。2009年，在集福寺成立平阳集福诗书画社。2012年，驻寺比丘4人。

宝兴寺　位于万全镇湖岭江畔村，始建于北宋乾德年间（963—968）。寺院自第一代比丘永明智德禅师至第十代住持的名录在明代《宝兴院碑记》中均有记载。元、明、清历代皆有修建，清光绪十九年（1893）曾予以重建。“文化大革命”期间，宝兴寺被占为他用，僧人星散。1983年恢复佛事活动。2005年，重建大雄宝殿、天王殿、金刚殿、地藏王堂、东西厢楼、大悲楼、方丈楼、碑坊、七佛塔等，占地面积14000平方米，建筑面积4100平方米。2012年，驻寺比丘2人。

宝胜寺　位于鳌江镇钱仓社区东江村。始建于唐咸通年间（860—874），有子院二：律院，北宋大观年间（1107—1110）建教院，元祐年间（1086—1094）重建；位于宝胜寺前的双塔始建于北宋乾德三年（965），皆为砖砌五层六面楼阁式塔，1961年列为浙江省第一批文物保护单位。20世纪60年代，宝胜寺原址上建厂，寺院湮没。2006年，月信法师在原址边建宝胜讲堂。2012年，驻寺比丘1人。

善福寺　位于鳌江镇陈绛殿村。原名善福堂，始建于南宋绍兴年间（1131—1162），清同治十年（1871）僧法桂重建，民国期间重修。“文化大革命”期间改办为大队米厂，而后东厢房又遭火焚。1994—2001年，重建大雄宝殿、功德堂、天王殿、东西厢房和西方殿等。占地面积1100平方米，建筑面积950平方米。2012年，驻寺比丘2人。

青山寺　位于鳌江镇雁门山外村。1973年，苦行僧西震建青山寺，办净土道场，远近慕名而来修持念佛者近百人。寺依崖洞建筑，有数进，全系青石结构，规模宏大。赵朴初为其寺题写匾额。苏渊雷撰对联“秋色平分南北雁；高风遥接东西林”。寺内还有不少当代名人墨迹。2003年后，住持信众法师予以扩建。已建成大雄宝殿、钟鼓楼、地藏王殿、圣门、15米高露天观音一尊、药师楼、轩楼等，占地面积17000平方米，建筑面积4430平方米。2012年，驻寺比丘4人。

兴善寺　位于鳌江镇河口坑口村。始建于民国元年（1912），当时建有一间大殿，四间寮房，三间平房山门。1981年予以修扩建，2009年扩建，建成大雄宝殿、天王殿、厢房等，占地面积6888平方米，建筑面积1637平方米。2012年，驻寺比丘3人。

宝贤寺　位于鳌江镇柳王村。原名莲花庵（因地形如莲花而得名），相传建于明崇祯年间（1628—1644），清雍正年间（1723—1735）重建，1951年冬焚毁。1953年重建五间，“文化大革命”期间改为保健所。1980—1987年重建后，改名宝贤寺。1996年，迁建于柳家垟村，占地约2700平方米，建筑面积2200平方米。2012年，驻寺比丘5人。

善会寺　位于万全镇郑楼陈交大村，始建于清顺治十七年（1660），嘉庆、光绪年间和民国期间都曾予以重建，原为比丘寺院，后由比丘尼接管。1991

年改建。2009年4月开始拆建，现建有山门、大雄宝殿、藏经楼、东西厢房等，占地面积2400平方米，建筑面积3153平方米。2012年，驻寺比丘4人。

云祥禅寺　位于顺溪镇后山村铁障峰山麓。寺院始建于元代。传说兴盛时寺院有前后三进和东西厢房及僧房三十余间，百位僧人于此修行，俗称“百僧堂”。清光绪七年(1881)，顺溪镇陈少文发起重建。寺内有山门、普照塔、瑞光塔、天王殿、三圣殿、大雄宝殿、老寺(现为关房)、观音殿、玉佛殿、伽蓝殿、藏经阁、东西厢房、斋堂、讲室及众多静修寮房客房等。2012年，驻寺比丘9人。

梅屿庵　位于万全镇宋埠嘉峰村，原地为潘氏家族所有，后赠予僧人建庵。因其地原为一岛屿，由五个小山组成，形似梅花，故名梅屿庵。始建于清光绪五年(1879)，民国4年(1915)比丘静藏重建，又称“静一堂”，后由尼众接管。民国36年(1947)，比丘尼了性拆建，1990年，住持则定尼师再次拆建，2001年，住持安乘尼师予以扩建。占地面积3860平方米，建筑面积1870平方米。2012年，驻寺比丘6人。

佛教活动场所名录(280处)

2012年平阳县佛教活动场所一览表

表36-1-1

序号	场所名称	地址	始建年份	备注
1	东林寺	昆阳镇凤山村	唐大历年间(776—779)	
2	广慧禅寺	昆阳镇皇岙村	唐咸通年间(860—874)	
3	仙坛寺	昆阳镇东门仙坛山	唐咸通年间(860—874)	
4	吉祥院	昆阳镇城东前宕村	清末	
5	净明寺	昆阳镇城南平塔村	清末	
6	慈云寺	昆阳镇城南皇岙村	清光绪年间(1875—1908)	
7	静名寺	昆阳镇城南南丰村	民国3年(1914)	
8	净土寺	昆阳镇城东鸣山村	北宋天圣三年(1024)	原名鸣山寺
9	庆泉寺	昆阳镇城东白垟村	民国3年(1914)	
10	福田寺	昆阳镇城西垟坑村	明万历年间(1573—1620)	
11	福善寺	昆阳镇城北下里汤村	民国23年(1934)	
12	香林寺	昆阳镇石塘西桥头村	清乾隆年间(1736—1795)	
13	普觉寺	昆阳镇城北郭庄村	清道光三年(1823)	原名种德堂
14	西念庵	昆阳镇城南垟岙底村	民国16年(1927)	
15	普门禅寺	万全镇宋桥栏杆村	清代	
16	梅屿庵	万全镇宋埠加峰村	清光绪五年(1879)	
17	范松庵	万全镇宋埠官宕村	清康熙年间(1662—1722)	
18	善会寺	万全镇郑楼陈交大村	清顺治十七年(1660)	
19	界福寺	万全镇郑楼郑二村	元代	
20	安灵寺	万全镇榆垟麻车村	清代	
21	玉佛寺	鳌江镇古祥路	20世纪30年代末	
22	青山寺	鳌江镇雁门山外村	1973年	
23	善福寺	鳌江镇西塘陈绛殿	南宋绍兴年间(1131—1162)	
24	悟心寺	鳌江镇西塘仙岩村	南宋	
25	永丰寺	鳌江镇河口下丰山村	清咸丰年间(1851—1861)	

续表 36-1-1

序号	场所名称	地址	始建年份	备注
26	兴善寺	鳌江镇河口坑口村	民国元年(1912)	
27	天明寺	鳌江镇墨城长岗村	唐至德年间至上元年间(756—761)	
28	龙山寺	鳌江镇垂杨龙山村	1978年	
29	莲华寺	鳌江镇下厂郑家墩村	清宣统二年(1910)	
30	宝林寺	鳌江镇江口	清道光年间(1821—1850)	
31	横海寺	鳌江镇河口温垟村	1964年	
32	碧泉寺	鳌江镇岩庵山水库和罗垟山交界处	唐代	
33	白云寺	萧江镇橘坡山	北宋	
34	石�寺	水头镇章旦村	北宋建隆年间(960—963)	
35	香国寺	水头镇江屿埭头村	1978年重建	
36	灵岩寺	水头镇下山村	清代	
37	云德寺	水头镇宁波路	1987年重建	
38	智觉寺	水头镇江屿寺前村	后晋天福二年(937)	
39	泰越寺	腾蛟镇碧源墩头村	唐龙纪年间至天复年间(889—904)	
40	驷马寺	腾蛟镇驷马村	后唐清泰年间(934—936)	
41	集福寺	山门镇坑东村	清光绪年间(1875—1908)	
42	脚惠安寺	山门镇大岭脚村	后晋天福年间(936—944)	
43	云祥禅寺	顺溪镇后山村	元代	
44	龙岩寺	南雁镇五十丈村	1990年重建	
45	青云寺	南雁镇溪南村	清代	
46	楞严寺	水头镇鹤溪岭根村	北宋	
47	旸山寺	水头镇闹村大施村	清乾隆年间(1736—1795)	
48	报国寺	水头镇闹村西垟村	唐景福年间(892—893)	
49	宝元寺	昆阳镇南门	元至正十六年(1356)	俗称南门堂
50	法印寺	昆阳镇城南牧垟村	明万历年间(1573—1620)	
51	证真寺	昆阳镇南新村43号	宋开宝年间(968—976)	
52	宝林寺	昆阳镇凤山村	唐大历年间(766—779)	
53	宕寮寺	昆阳镇城东前宕村	民国23年(1934)	
54	慈宁寺	昆阳镇城东铁岭村	清末	
55	白顺寺	昆阳镇城西水塔村	明崇祯年间(1628—1644)	
56	宝明寺	昆阳镇城西南岙村	明嘉靖九年(1530)	
57	福德寺	昆阳镇城西后垟村	清代	
58	归元寺	昆阳镇城西雅山村	元代	
59	信愿寺	昆阳镇西马路	民国13年(1924)	原名居士林
60	福庆寺	昆阳镇城北建丰村	清同治十一年(1872)	
61	太平寺	昆阳镇后岙村	唐咸通年间(860—874)	

续表 36-1-1

序号	场所名称	地址	始建年份	备注
62	兴善寺	昆阳镇城北三大寮村	后晋天福年间(936—944)	
63	增福寺	昆阳镇水亭后岙村	清代	
64	清泉寺	昆阳镇水亭村	清代	
65	上方寺	昆阳镇水亭步廊村	清末	
66	银山寺	昆阳镇水亭步廊村	清末	
67	崇慧寺	昆阳镇管岙底村	北宋太平兴国年间(976—983)	
68	崇福寺	昆阳镇水亭雅村	清同治八年(1869)	
69	集福寺	昆阳镇石塘溪岙村	清咸丰年间(1851—1861)	
70	太平寺	昆阳镇石塘黄山头村	清光绪年间(1875—1908)	
71	五峰寺	昆阳镇石塘白岩村	唐咸通元年(860)	
72	增慧寺	昆阳镇石塘下灶垟村	清道光年间(1821—1850)	
73	崇善寺	昆阳镇石塘垟教村	明末清初	
74	会善寺	昆阳镇石塘后林村	清道光年间(1821—1850)	
75	汤福德寺	昆阳镇下里汤村	明嘉靖二十一年(1542)	
76	莲池寺	昆阳镇殿后村	清末	
77	莲花寺	昆阳镇阳岙村	民国37年(1948)	
78	缙云寺	万全镇宋桥下桥村	明万历十九年(1591)	
79	西园寺	万全镇宋桥金宕村	民国	
80	集云寺	万全镇宋桥金垟村	清代	
81	宝妙寺	万全镇宋桥章岙周村	清代	
82	宝兴寺	万全镇安阳江畔村	北宋乾德年间(963—968)	
83	广福寺	万全镇宋桥瑶山村	明代	
84	馀明堂	万全镇宋桥金宕村	清乾隆年间(1736—1795)	
85	悟玄寺	万全镇宋桥西活村	宋代	
86	净心院	万全镇宋桥宋桥村	清同治年间(1862—1874)	
87	净安寺	万全镇宋桥黄垟村	清代	
88	岩兴寺	万全镇宋桥章岙底村	民国	
89	宝云寺	万全镇宋桥第一农场	明万历年间(1573—1620)	
90	宏法寺	万全镇宋桥冯宅村	清代	
91	清思堂	万全镇宋桥黄垟村	明代	
92	明心寺	万全镇宋桥章岙底村	唐代	
93	集善寺	万全镇宋埠宋埠村	明万历年间(1573—1620)	
94	兴善寺	万全镇宋埠新界村	清末	
95	望海寺	万全镇宋埠陡北村	清代	
96	十相堂	万全镇宋埠长桥村	南宋绍兴年间(1131—1162)	
97	龙山寺	万全镇宋埠陡南村	清道光四年(1824)	

续表 36-1-1

序号	场所名称	地址	始建年份	备注
98	瑞平堂	万全镇宋埠陡北村	清代	
99	水陆寺	万全镇宋埠陡南村	南宋绍兴年间(1131—1162)	
100	大兴寺	万全镇宋埠新界村	清顺治年间(1644—1661)	
101	甘露寺	万全镇宋埠加峰村	清代	
102	西山寺	万全镇榆垟横河村	清末	
103	集善寺	万全镇榆垟谷垟村	清代	
104	安乐寺	万全镇榆垟新渎村	清光绪元年(1875)	
105	模远寺	万全镇榆垟横河村	宋代	
106	靖安寺	万全镇榆垟南门村	清光绪年间(1875—1908)	
107	吉祥院	万全镇榆垟麻车村	民国	
108	广安寺	万全镇榆垟南门村	清光绪十三年(1887)	
109	瑞莲寺	万全镇榆垟榆北村	明代	
110	福善寺	万全镇榆垟浃口村	民国元年(1912)	
111	普明寺	万全镇郑楼光山村	明万历年间(1573—1620)	
112	庆安寺	万全镇郑楼岗下村	清光绪二十九年(1903)	
113	崇福寺	万全镇郑楼叶垟村	清宣统二年(1910)	
114	社学寺	万全镇郑楼周垟村	清初	
115	靖峰寺	万全镇郑楼周贵垟村	隋代	
116	南清寺	万全镇郑楼张阁村	明代	
117	吴垟寺	万全镇郑楼吴垟村	清光绪年间(1875—1908)	
118	永福寺	万全镇郑楼倪垟村	清光绪年间(1875—1908)	
119	迎福寺	万全镇郑楼郑一村	明代	
120	安心寺	万全镇郑楼古渔村	明代	
121	殊胜寺	万全镇郑楼岗上村	明代	
122	福聚寺	万全镇郑楼郑二村	明万历年间(1573—1620)	
123	观音洞	鳌江镇西湾一沙村	1987年	
124	静修寺	鳌江镇西湾北山村	民国22年(1933)	
125	溪心寺	鳌江镇西湾二沙村	清光绪八年(1882)	
126	龙海寺	鳌江镇西湾海滨村	明洪武二十年(1387)	
127	崇福寺	鳌江镇西湾跳头村	民国13年(1924)	
128	金沙寺	鳌江镇西湾三沙村	清光绪三年(1877)	
129	白灵寺	鳌江镇陡门头	清光绪二十年(1894)	
130	宝贤寺	鳌江镇柳王村	清雍正年间(1723—1735)	
131	福泉寺	鳌江镇务垟塘下村	清咸丰年间(1851—1861)	
132	永丰寺	鳌江镇务垟塘下村	明末清初	
133	翠峰寺	鳌江镇务垟长山村	清咸丰年间(1851—1861)	

续表 36-1-1

序号	场所名称	地址	始建年份	备注
134	集善寺	鳌江镇务垟西垟村	清康熙年间(1662—1722)	
135	崇福寺	鳌江镇务垟后垟村	清咸丰年间(1851—1861)	
136	福胜寺	鳌江镇务垟荷莲村	清代	
137	应福寺	鳌江镇西塘大丰村	清乾隆年间(1736—1796)	
138	魁峰庵	鳌江镇西塘荆溪村	民国7年(1918)	
139	荆溪寺	鳌江镇西塘荆山村	1978年	
140	会善寺	鳌江镇雁门下桥村	清末	
141	庆善寺	鳌江镇雁门孙家垟村	清末	
142	宝严寺	鳌江镇雁门三大厂村	1981年	
143	同善寺	鳌江镇雁门徐家站村	清代	
144	香云寺	鳌江镇雁门山外村	民国27年(1938)	
145	净念庵	鳌江镇下厂塘外村	明代	
146	福慧寺	鳌江镇河口坑口村	民国3年(1914)	
147	古泉庵	鳌江镇河口温垟村	清末	
148	保安寺	鳌江镇下厂天源村	明弘治元年(1488)	
149	安乐寺	鳌江镇下厂河口村	清光绪三十四年(1908)	
150	碧莲寺	鳌江镇下厂天源村	清代	
151	庆福寺	鳌江镇下厂和家村	清乾隆年间(1736—1795)	
152	永安寺	鳌江镇黑城新民村	民国23年(1934)	
153	万寿寺	鳌江镇墨城长岗村	民国3年(1914)	
154	灵岩寺	鳌江镇垂杨东山村	唐咸通八年(867)	
155	翠峰寺	鳌江镇垂杨上源村	唐代	
156	海会寺	鳌江镇垂杨高垟村	1989年	
157	净念寺	鳌江镇垂杨联南村	清末	
158	大日寺	鳌江镇垂杨埭头村	唐景云二年(711)	
159	云源寺	鳌江镇钱仓村	清道光年间(1821—1850)	
160	宝胜寺	鳌江镇钱仓东江村	唐咸通年间(860—874)	
161	广福寺	鳌江镇钱仓钱仓村	清康熙年间(1662—1722)	
162	大善寺	鳌江镇钱仓东江村	民国4年(1915)	
163	镜泉寺	鳌江镇梅溪凤岙村	南宋建炎三年(1129)	
164	莲花寺	鳌江镇梅源村	清光绪元年(1875)	
165	东来寺	萧江镇橘坡山	清末	
166	南云寺	萧江镇四大屋村	清代	
	南云寺(后垟净康附属点)			
167	宝莲寺	萧江镇张家山村	1992年	
168	法雨寺	萧江镇江边萧村	清初	

续表 36-1-1

序号	场所名称	地址	始建年份	备注
169	鹤湖寺	萧江镇鹤湖村	北宋开宝年间(968—976)	
170	昆山寺	萧江镇永门村	明代	
171	崇福寺	萧江镇高黎村	明代	
172	玉龙寺	萧江镇岙底村	1989年	
173	河云寺	萧江镇河头垟村	清末	
174	新庆寺	萧江镇立后村	1989年	
175	天成寺	萧江镇叶段村	1984年	
176	北山寺	萧江镇落马头村	清嘉庆二十年(1815)	
177	龙庆寺	萧江镇毛家处村	清道光年间(1821—1850)	
178	东林寺	水头镇下林坑村	1967年	
179	西竺寺	水头镇江屿下林村	明代	
180	安境寺	水头镇林坑村	1996年	
181	净安寺	水头镇龙垟鹿角坑村	清光绪年间(1875—1908)	
182	水真寺	水头镇三桥村	1965年	
183	静安寺	水头镇中陈村	北宋	
184	弥陀寺	水头镇凤湾村	民国	
185	九龙寺	水头镇内湖村	清乾隆二十六(1761)	
186	清宁寺	水头镇三桥村	南宋宝庆元年(1225)	
187	崇真寺	水头镇上店村	明万历年间(1573—1620)	
188	净土寺	水头镇上街	1986年	
189	青云寺	水头镇青岙村	民国9年(1920)	
190	龙山寺	水头镇五龙岙村	民国32年(1943)	
191	普德寺	水头镇小南南山村	民国17年(1928)	
192	净明寺	水头镇雅下村	清光绪十一年(1885)	
193	清净寺	腾蛟镇碧源村	1962年重建	
194	陀山寺	腾蛟镇南陀村	清乾隆年间(1736—1796)	
195	永福寺	腾蛟镇霞山村	唐初	
196	星福寺	腾蛟镇北溪村	唐初	
197	碧泉寺	腾蛟镇塘溪村	元代	
198	龙法寺	腾蛟镇碧源村	1991年重建	
199	护龙寺	山门镇东屿中贡村	清道光年间(1821—1850)	
200	宝龙寺	山门镇下路堡村	1981年	
201	吉祥院	顺溪镇新田村	北宋	
202	船山寺	顺溪镇田里村	1985年重建	
203	西山寺	南雁镇后仓村	民国21年(1932)	
204	振德寺	南雁镇苔湖村	清光绪三十一年(1905)	

续表 36-1-1

序号	场所名称	地址	始建年份	备注
205	智觉寺	南雁镇后仓村	明代	
206	南雁观音洞	南雁镇南雁村	五代十国	
207	西宝庵	南雁镇矾岩周岙村	北宋	民国2年(1913)重建
208	妙观寺	南雁镇雁荡村	1993年重建	
209	光明寺	水头镇凤卧凤林村	1979年重建	原名莲花庵
210	西安寺	水头镇凤卧西塔村	清代	
211	天泉寺	水头镇鹤溪仰天湖村	民国	
212	雅山寺	水头镇鹤溪溪尾村	清光绪年间(1875—1908)	
213	龙转寺	水头镇鹤溪下溪村	清咸丰年间(1851—1861)	
214	太平寺	水头镇鹤溪中原路杨梅脚	1993年重建	
215	清泉寺	水头镇鹤溪南山村	民国	
216	清凉寺	水头镇鹤溪石牌村	1970年重建	
217	金山寺	水头镇鹤溪缸窑村	民国12年(1923)	
218	清福寺	水头镇鹤溪蔡垟村	唐永徽元年(650)	
219	正觉寺	水头镇鹤溪二中仕林山村	明万历年间(1573—1620)	
220	白莲寺	腾蛟镇凤巢洞桥头村	唐代	
221	塔院寺	腾蛟镇凤巢山边村	清乾隆四十五年(1780)	
222	清莲寺	腾蛟镇凤巢杨山下村	清末	
223	清福寺	腾蛟镇凤巢溪头村	明代	
224	灵山寺	腾蛟镇金田村	民国11年(1922)	
225	玉泉寺	水头镇南湖湖北村	清乾隆七年(1742)	原名玉家庵
226	九龙寺	水头镇南湖增光井村	1993年重建	
227	蟠龙寺	水头镇南湖后街村	清代	
228	嵩山寺	水头镇南湖鹏山村	清嘉庆年间(1796—1820)	
229	白云寺	水头镇南湖横山村	宋代	
230	宝山寺	水头镇南湖宝山村	宋代	
231	天峰寺	水头镇南湖农场	清乾隆初年	
232	东山寺	水头镇朝阳赵阳村	1981年重建	
233	安乐寺	山门镇晓坑黄思岙村	1978年	
234	清隐寺	山门镇晓坑杭坑村	清光绪年间(1875—1908)	
235	圆明寺	山门镇晓坑晓坑村	民国24年(1935)重建	
236	净德寺	山门镇晓坑晓坑村	民国27年(1938)	
237	迴龙寺	山门镇晓坑晓阳村	宋代	
238	宝莲寺	山门镇怀溪垟边村	2001年重建	
239	一心寺	青街畲族乡垟心村	1970年	

续表 36-1-1

序号	场所名称	地址	始建年份	备注
240	玉峰寺	青街畲族乡月山村	1998年重建	
241	宝莲寺	水头镇仕静村	清光绪年间（1875—1908）	
242	太师庵	昆阳镇水亭岙底村	明代	
243	观音阁	万全镇榆垟茶亭村	清代	
244	神山寺	万全镇宋埠仙口村	唐乾符年间（874—879）	
245	法胜寺	万全镇宋埠横塘村	民国	
246	普胜寺	腾蛟镇凤巢灵岩村	后梁乾化年间（911—915）	
247	天化寺	水头镇凤卧吴桥村	清光绪年间（1875—1908）	
248	静心庵	鳌江镇西塘荆溪村	1977年	
249	垂兴寺	鳌江镇垂杨村	南宋乾道年间（1165—1173）	
250	南华寺	鳌江镇垂杨联南村	清光绪元年（1875）	
251	静善寺	鳌江镇垂杨旺厂村	不详	
252	龙胜寺	鳌江镇垂杨龙山村	清代	
253	保安寺	鳌江镇西塘横溪村	1962年	
254	大悲寺	鳌江镇雁门西桥村	1998年	
255	灵源寺	鳌江镇墨城新民村	1987年	
256	植德寺	鳌江镇蓝田村	民国24年（1935）	
257	瑞峰寺	鳌江镇雁门山外村	清乾隆年间（1736—1795）	
258	慈航庵	鳌江镇务垟塘下村	清咸丰元年（1851）	
259	碧云寺	鳌江镇务垟象山村	清顺治三年（1646）	
260	珠存庵	鳌江镇垂杨黄山村	1977年	
261	静安寺	鳌江镇西塘荆溪村	1972年	
262	妙观寺	鳌江镇务垟岗山村	清嘉庆元年（1796）	
263	东山寺	麻步镇沿口村	唐乾宁年间（894—898）	
264	胜果寺	麻步镇水港村	明代	
265	观音堂	麻步镇岙底村	清光绪年间（1875—1908）	
266	法雨寺	麻步镇下泛村	清宣统元年（1909）	
267	九莲寺	麻步镇鳌寒村	清乾隆元年（1736）	
268	千真寺	麻步镇塘北山下村	清乾隆元年（1736）	
269	福寿寺	萧江镇潘家汇村	清初	
270	崇福寺	萧江镇夏桥村	清嘉庆二十年（1815）	
271	灵云寺	萧江镇山下垟村	清代	
272	宝莲寺	鳌江镇钱仓前进村	唐代	
273	凤山寺	鳌江镇钱仓钱仓村	清乾隆年间（1736—1795）	
274	清华寺	鳌江镇钱仓钱仓村	南宋咸淳年间（1265—1274）	原名清华庵

续表 36-1-1

序号	场所名称	地址	始建年份	备注
275	莲池寺	鳌江镇梅溪凤山村	1993年	
276	宝林寺	鳌江镇梅溪溪头村	清代	
277	资福寺	萧江镇桃源村	后晋天福年间(936—942)	
278	太平寺	昆阳镇水亭后岙村	唐代咸通年间(860—874)	
279	玉水寺	水头镇闹村光辉村白云山上	清代	
280	龙井寺	山门镇山门村	宋代	

说明:①上表为2007—2011年县宗教活动场所换证登记的内容,2012年内容同此;②资料由县民宗局提供

第二节　道　教

相传东晋咸和年间(326—334)道教传入平阳县。在宋代,平阳林灵真(1239—1302)始创全真道“水南派”。明天启年间(1621—1627)从闽南传入全真道正一派。县内道教有全真道龙门派(通行温州话)和全真道正一派(从福建省传入,通行闽南话)两宗。民国32年(1943),原平阳县道教协会会员423人,宫观21处。

2012年,平阳县道教活动场所71处,拥有民场册bc证[1]172所,合计243处(所),均属道教协会管理。71处道教活动场所的信众33410人,在册教职人员84人(龙门派39人,正一派45人)。尚未登记道场14所。

平阳县道教协会

1985年10月,平阳县道教协会成立。参加协会的有全真道龙门派和正一派道士,选举理事17人,协会办公地点设在东岳观。

1989年、1996年、2002年、2007年分别召开第二届、第三届、第四届和第五届道教协会会议,并产生各届道教协会理事会。2012年,县道教协会会长为吴崇悦。

县道教协会下设鳌江、万全、北港、南雁、萧江5个片区,内设财务监督小组、教务小组以及慈善功德基金会。

2002年,第四届县道教协会产生后,奉献赈灾专项资金550万元,并发动全县宫观开展扶贫、赈灾、助学等活动,共奉献资金161万余元。

第五届县道教协会完成申请“东岳观道教音乐”为非物质文化遗产扩展项目的工作,2011年,东岳观道教音乐被列入第三批国家级非物质文化遗产扩展项目名录。

2012年,县道教协会评出县级“平安宫观”31所,道教工作先进工作者140余人。

宫观选介

2012年,全县已登记宫观71个,以下选介14个。

东岳观　位于昆阳镇坡南寿桃山麓(汇头)。始建于北宋治平三年(1066),原名宋志观,绍兴年间改名广福宫。北宋熙宁元年(1068),神宗钦赐《圣寿》匾。观内有葛洪丹井一口,百年古香樟两株。平阳县著名学者刘绍宽曾撰联:“峻极镇东方,神功克配威灵仰;祝釐肇北宋,古迹毋忘广福宫。”民国时

东岳观灵霄殿(2012年)　　东岳观　供稿

① 民场册bc证指纳入道教协会统一管理的民间信仰活动场所证件。此是20世纪90年代平阳县人民政府所准许发放的。

期，方至通、钟理藻曾为之重建，以后住持林诚镜、陈信修、吴崇悦先后予以扩建。2012年，东岳道观前后共五进：圣门、东岳大殿、文昌殿、灵霄宝殿、斗姥阁。并有左右厢楼40间以及讲经大厅、文化陈列馆、接待室等。占地面积6800平方米，建筑面积9500平方米。2012年，教职人员6人。

东厢楼贮明正统《道藏》和万历《续道藏》5485卷。

东岳观是水南派的发祥地，为省级和谐达标道观。

1986年，被批准为县重点文物保护单位，2011年，东岳观道教音乐被列入国家级非物质文化遗产扩展项目名录。

钱仓城隍道院　位于鳌江镇钱仓村凤山南麓，坐北朝南，右侧为龙虎岩。

原名钱仓城隍庙，在钱仓古城北门，始建于明洪武十二年（1379）。清末和民国初，香火盛，闻名遐迩。“文化大革命”期间，道院被制绳厂、碾米厂等单位占用。

1970年春，选址重建于凤山南麓，初建三间平房，1985年以后不断扩建。有城隍大道、城隍桥、“飞马”和“积善”两亭、城隍大殿、大罗宝殿、三清宫、文昌阁、大型餐厅、道姑楼、斗姥阁、停车场、绿化带等，占地面积19700平方米，建筑面积5500平方米。

1996年，古戏台被列为县级文物保护单位。戏台的柱联由诗人王建之撰，著名书法家蔡心谷书：“江山胜概，碧瓦雕梁，半座楼台数万里；双塔凌空，地灵人杰，一声箫管几千秋。”

1991年，归属县道教协会管辖。2012年，教职人员4人。

南雁仙姑洞道院　原名西洞，坐落于南雁镇西村，坐东朝西。传说北宋崇宁间（1102—1106）村女朱婵媛曾在此洞修道，后人将西洞改称仙姑洞。

清光绪年间（1875—1908）建占梦楼和阆韵楼，后扩建玉皇殿、仙姑殿、功德堂。1954年，建怡心院及集成草蓬。1996年，再建藏经楼、拓云亭、观山亭、白阳亭、羽仙亭、景行亭及会客厅、食膳厅、文昌阁、魁星阁等。占地面积3967平方米，建筑面积3914平方米。头门有苏步青撰书联：“仙姑佩环去，千年香火馨赤壁；雅客舟车来，万里灵山净红尘。”洞内遗存仙姑浸苎盂、龙舌岩、月牖、十八进士洞、放生池等古迹。南雁仙姑洞为县重点文物保护单位。

2007年，教职人员4人，2012年，教职人员17人。

河口三清宫（河口宫）　坐落于鳌江镇下厂河滨村，坐东北朝西南，左庠序右环河。始建于明嘉靖四十三年（1564），清乾隆四十五年（1780）重建。1973年拆毁，1997年后，兴建一门、二楼、两廊、二殿。2010年，兴建台风防避所、五层聚膳楼、大型会议室、文艺厅、办公室等。占地面积4300平方米，建筑面积2248平方米。河口三清宫内的清代建筑物，雕梁画栋，腾龙翘爪，风格独特，是县文物保护单位。2012年，教职人员1人。

蓝田三清宫　坐落于鳌江镇蓝田村，坐北朝南。始建于南宋乾道年间（1165—1173），清乾隆年间（1736—1795）重建、光绪三年（1877）扩建。20世纪50年代初，改作小学，“文化大革命”时期，曾一度改作监狱。1990年，新建头门大楼、戏台、厢廊。1993年，再建大罗宝殿、三清宫。2005年，扩建观音楼、养真楼、膳厅、会议室等。占地面积1574平方米，建筑面积1635平方米。三清宫内有光绪年间的青石香炉和石水缸各一个。2012年，教职人员1人。

南雁三台道院　坐落于南雁镇三台峰下，坐东朝西，占地面积1099平方米，建筑面积700平方米，2007年，教职人员1人，2012年，教职人员4人。

1984年4月，道院住持陈光静立下“万人施万人舍，万人同结万人缘，万人共建万人院”宏愿，以一人之力，重建三台道院。至2012年，陈光静先后收养74个男女弃婴，亲自照顾吃住生活。

宋埠大圣观　始建于清康熙元年（1662），坐落于万全镇宋埠新介村猫狸穴山，坐东朝西。原名大王殿，毁于“文化大革命”期间。1998年，新建3间，2002年，依山扩建第二进5间，厢廊6间，2008年，扩建三清宫、食膳厅。2012年，占地面积1780平方米，建筑面积1380平方米。2007年，教职人员1人，2012年，教职人员9人。

麻步城隍道院　始建于清顺治二年（1645），坐落于萧江镇鳌峰鳌寒村，坐北朝南。

原址在鳌江江边（七间三进）。20世纪50年代初，改作粮管所，70年代转移到敖寒村。初建三间茅棚，1985年，兴建城隍后院和厢廊，1995年，再建后殿戏台，2002年，扩建活动室，2004年，再扩建三清宫、厢廊、厨房、文昌阁。道院的观音阁、大罗宝殿、城隍大殿3座宫殿，平行排列，规模宏大。2012年，占地面积8493平方米，建筑面积3150平方米。2007年，教职人员1人，2012年，教职人员5人。

水头白马观　始建于清咸丰元年(1851)。现坐落于水头镇新村白马路，坐北朝南。原址为后垟村的水口宫，清咸丰元年(1851)，移迁此处，初建大殿5间。

2006年，兴建头门、戏台、钢架天井、魁星阁、厨房和五层五间综合大楼。综合大楼楼下无偿供社会童叟活动，第三层作为水头镇老年大学文艺活动场所。2012年，占地面积904平方米，建筑面积1107平方米。2012年，教职人员1人。

萧江镇直浃河玉清宫　始建于清光绪元年(1875)，坐落于萧江镇直浃河，坐东北朝西南，前河后库。原名福洒庙，大殿5间。1962年，改作仓库。1998年，拆建大殿，改名福显庙，又称玉清宫，供奉白马明王。有头门、戏台、厢廊、天井、大殿、厨房等建筑，2012年，占地面积1900平方米，建筑面积1350平方米。文物有清代瓦香炉一只。2007年，教职人员1人，2012年，教职人员2人。

腾蛟镇塘溪忠训庙　原名武英殿，始建于清康熙十六年(1677)，坐落于腾蛟镇塘溪村，坐东朝西，合院式木结构，前后两进各7间，左右厢廊12间。2007年，在右首再建新戏台和两层8间厢楼。2012年，占地面积1996平方米，建筑面积1976平方米。

庙内古戏台系木结构。清末民国初王理孚撰台柱联："作模作样，话千古许多豪杰；耕经耨史，做一篇出色文章。"三面空旷，一面后屏，屏门绘古人画像、精雕龙凤，悬额"出将""入相"。方形藻井，以曲木小拱组成八卦状，朱漆飞金，浮雕狮子抱球。椽木绘画花草图案，台顶横梁两端浮雕飞龙，檐背屋脊的正面八仙过海及骑龙跨凤仙人塑像，精美逼真。基本保存完整的原两进的古庙模式。属省级文物保护单位。2012年，教职人员1人，

腾蛟忠训殿门（2012年）　　腾蛟镇忠训庙　供稿

腾蛟镇龙凤山宫　始建于清乾隆二十七年(1762)，坐落于腾蛟镇山尾村龙凤山之上，坐东北朝西南。"文化大革命"时期遭破坏，1981年，重建头门、戏台、天井、大殿、三清宫、厢廊、膳厅等，三进宫殿，依山而建。2012年，占地面积1878平方米，建筑面积807平方米。龙凤宫内，两对青石檐柱蟠龙浮雕，双龙戏珠，四座银銮殿仿古精雕，金粉清漆，金光耀眼。2012年，教职人员1人。

万全镇榆垟城隍庙　坐落于万全镇榆北村，坐北朝南。始建于北宋乾德元年(963)，重建于明嘉靖元年(1522)。"文化大革命"时期改办碾米厂等，1994年，重建头门、戏台、大殿、三清宫厢廊等。2012年，占地面积1130平方米，建筑面积1066平方米。2012年，教职人员1人。

水头镇三桥麻车宫　原名三间宫，始建于明嘉靖十四年(1535)，民国初期由径川迁到三桥村。1973年重建，1983年改建，1988年扩建，有戏台、通道、大殿、二层厢房等。2012年，占地面积686平方米，建筑面积480平方米。2012年教职人员1人。

道教活动场所名录(71处)

2012年平阳县道教活动场所一览表

表36-1-2

序号	场所名称	教派	地址	始建时间	文物保护等级	初次登记年份
1	东岳观	全真	昆阳镇汇头	北宋治平三年(1066)	县保	1994年
2	玄天观	全真	昆阳镇西马路	20世纪80年代		1994年

续表 36-1-2

序号	场所名称	教派	地址	始建时间	文物保护等级	初次登记年份
3	新罗太子观	全真	昆阳镇九凰山麓、新罗太子山	南宋开庆、咸淳年间（1259—1274）		1997年
4	白云道观（原名栖云道观）	全真	昆阳镇九凰山顶	元末		1996年
5	三清宫	全真	鳌江镇下厂河滨村	明嘉靖四十三年（1564）	县保	1996年
6	玉清观	全真	鳌江镇杨屿村	唐代		1996年
7	三元宫	全真	鳌江镇第四居民区	清乾隆四十二年（1777）	县保	1996年
8	玉门道观	全真	水头镇玉门村	清乾隆三十五年（1770）		1997年
9	城隍道院	全真	萧江镇鳌峰鳌寒村	清顺治二年（1645）		1996年
10	忠训庙	全真	腾蛟镇塘溪村	清康熙十六年（1677）	省保	1996年
11	城隍道院	全真	鳌江镇钱仓村	明洪武十二年（1379）	县保	1994年
12	仙姑洞道院	全真	南雁镇西村	北宋		1994年
13	三台道院	全真	南雁镇西村治峰下	1984年		1994年
14	仙安道院	全真	萧江镇高黎村	清光绪年间（1875—1908）		1994年
15	太阴宫	全真	萧江镇胜利村			
16	青龙道观	全真	鳌江镇杨屿山			
17	仙姑道院	全真	水头镇闹村白水村			
18	三官道观	全真	水头镇凤卧塔边村			
19	文昌宫	全真	万全镇宋埠下陈村			
20	城隍庙	正一	万全镇榆垟榆北村	北宋乾德元年（963）		
21	上清宫	正一	万全镇郑楼古家大村			
22	大垟山宫	正一	腾蛟镇凤巢溪头村			
23	南隍道观	正一	昆阳镇城南皇岙村			
24	三清宫	正一	鳌江镇蓝田村	南宋乾道年间（1165—1173）		
25	华光道观	正一	鳌江镇陡门头			
26	荆龙观	正一	鳌江镇荆溪村			
27	五显宫	正一	鳌江镇访贤街			

续表 36-1-2

序号	场所名称	教派	地址	始建时间	文物保护等级	初次登记年份
28	晚年宫	正一	水头镇金凤村桥头	清代		1997年
29	日月三清宫	正一	腾蛟镇凤巢村	清乾隆年间(1736—1795)		1996年
30	龙凤山宫	正一	腾蛟镇山尾村	清乾隆二十七年(1762)		1997年
31	圣母娘娘宫	正一	萧江镇鳌峰鳌寒村	清乾隆年间(1736—1796)		1996年
32	杨七相公观	正一	鳌江镇二沙村	清同治年间(1862—1874)		1996年
33	天后宫	正一	昆阳镇铁岭村	元至正年间(1341—1368)		1996年12月
34	红龙宫	正一	昆阳镇水塔村	清代		1998年11月
35	陈府观	正一	鳌江镇河滨金山村	清代		1997年12月
36	陈府观	正一	鳌江镇东河村	清代		1996年12月
37	圣神观	全真	鳌江镇荆溪村	清代		1996年12月
38	全真观	全真	鳌江镇荆溪村	清代		1997年11月
39	上清宫	正一	萧江镇立后村	清代		1999年2月
40	宝安宫	全真	鳌江镇建岙村	清代		1999年12月
41	青龙道观	正一	鳌江镇凤桥村	清代		1997年12月
42	太阴宫	正一	万全镇榆垟茶亭村龙山	清乾隆年间(1736—1796)		1997年
43	玄坛观	正一	昆阳镇东门村	北宋		1997年
44	太阴宫	全真	昆阳镇城西沙岗村	明万历三十年(1602)		1997年
45	杨府观	正一	鳌江镇下厂海防村	北宋		1997年
46	陈府观	正一	昆阳镇石塘黄山头村	清光绪二十六年(1900)		1997年
47	太阴宫	正一	鳌江镇塘川西源村	清代		1997年
48	白马观	正一	鳌江镇塘川西山村	清道光年间(1821—1850)		1997年
49	简碑宫	正一	鳌江镇塘川联南村	清康熙三年(1664)		1997年
50	都天观	正一	鳌江镇钱仓村	明代		1997年
51	圣龙宫	正一	昆阳镇白垟村	清光绪元年(1875)		1997年
52	淋圣宫	正一	萧江镇四大屋村	南宋中期		1997年
53	五显殿	正一	萧江镇潘家汇村	清乾隆年间(1736—1795)		1997年

续表 36-1-2

序号	场所名称	教派	地址	始建时间	文物保护等级	初次登记年份
54	淋泗宫	正一	萧江镇西炉村	清道光年间(1821—1850)		1997年
55	街尾宫	正一	山门镇山门街尾村	民国18年(1929)		1997年
56	杨家宫	正一	万全镇宋埠东门杨家村	明嘉靖年间(1522—1566)		1997年
57	大圣观	正一	万全镇宋埠新介村	清康熙元年(1662)		1997年
58	三元宫	全真	万全镇宋埠新介村	明隆庆元年(1567)		1997年
59	三清宫	正一	萧江镇兰花桥村	清道光年间(1821—1850)		1997年
60	玉清宫	正一	萧江镇直浃河村	清光绪元年(1875)		1997年
61	灶龙观	正一	鳌江镇西塘荆溪村	清咸丰六年(1856)		1997年
62	太清观	正一	鳌江镇西岭村	清光绪年间(1875—1908)		1997年
63	凤真观	正一	昆阳镇凤山村	清康熙年间(1662—1722)		1997年
64	大寮宫	正一	万全镇榆垟榆北村	清同治三年(1864)		1997年
65	玉清观	正一	万全镇郑楼郑二村	清光绪元年(1875)		1997年
66	都天宫	正一	鳌江镇前进村	明嘉靖年间(1522—1566)		1997年
67	太阴宫	正一	鳌江镇塘川石佛村	清光绪年间(1875—1908)		1997年
68	麻车宫	正一	水头镇三桥村	明嘉靖十四年(1535)		1997年
69	白马观	正一	水头镇新村	清咸丰元年(1851)		1997年
70	陈府观	全真	鳌江镇三大厂村	清乾隆五十一年(1786)		1997年
71	大圣观	全真	山门镇怀溪大龙山村	清乾隆二十三年(1758)		1997年

说明：①表按登记号顺序排列，为1994—2011年平阳县宗教活动场所换证登记的内容，2012年内容同此不变；②资料由县民宗局提供

第三节　天主教

清光绪十三年(1887)前，天主教由温州传入原平阳县，无教堂。清光绪十三年(1887)始建萧江天主教堂。清光绪十九年(1893)，温州天主教神父刘怀德在昆阳镇西坑路购置5间旧式楼房作为祈祷所。

清光绪三十一年(1905)，原平阳县有天主教教堂10所，信众约2000人。1990年，平阳县境内有20个天主教堂，信众约7230人。

1955—2002年，平阳县(1981年析为平阳县和苍南县)天主教堂由驻龙港教堂的神父管理。

2012年，平阳县天主教分万全堂区、小南堂区、北港堂区，共有24个天主教堂，信众约21160人。各教堂由平阳县天主教三自爱国运动委员会(简称“天主教爱国会”)统一管理。

平阳县天主教爱国会

1999年11月，成立平阳县天主教爱国会，选举曾云仓为主任。

2012年8月，平阳县天主教爱国会换届，选举委员45人，常委15人，曾云仓为主任。

天主教爱国会积极与社会主义社会相适应，开展信徒学习法律法规和天主诫命的活动，抵制外来异教，开展教内外转化工作，团结广大天主教界人士，参与社会服务，扶贫济困，开展公益慈善服务，同心同德携手共建和谐社会。2008年，四川汶川特大地震后，全县天主教信众捐献救灾款40余万元。2010年玉树地震后，参与毕节试验区“同心水窖”的捐资。

天主教爱国会指导各教堂成立堂务管理组织，各堂务管理组织负责管理场所事务，宣传贯彻中国共产党的宗教政策，贯彻落实场所的各项规章制度，组织信徒开展学习、慈善等活动。

天主教堂选介

2012年，平阳县天主教堂24个，以下简介3个。

昆阳镇西坑路天主堂　坐落于昆阳镇西坑路45号。始建于清光绪十九年(1893)。土地系法籍神父刘怀德(1865—1912)购置，建筑由徐贤辅神父设计。哥特式造型，长26米，宽16米，钟楼悬钟三口，其中，一口为从法国进口的大铜钟(抗日战争期间曾作警报之用)。其内曾设一泉小学(1924年始办)。

2012年，西坑路天主教堂重建。教堂占地面积2673.5平方米，建筑面积4465.49平方米。主楼4层，长24.2米，宽16米，高28.5米。设两个罗马式钟楼。综合楼6层，内设电梯。

1893—2011年，在堂传教的先后有李玉林、黄志星等人。至2012年，该教堂信徒增至1800人。2012年，被评为浙江省创建平安宗教活动先进场所。

鳌江镇钱仓凤山路天主堂　在鳌江镇钱仓社区老城凤山路古坟墩。原教堂在钱仓老街环城路，始建于清光绪十六年(1890)，为三间小矮房。民国16年(1927)，新加坡教友捐资扩建教堂。

1956年，教堂被占用，1966年，教堂被钱仓镇政府拆除，地基被钱仓修配厂占用。1980年宗教房产政策落实后，地基归还，被拆除的房屋作价赔偿。

1995年，原教堂地基转让给钱仓镇政府办敬老院，教堂迁建于凤山路古坟墩。2012年，占地面积4500平方米，建筑面积1793平方米。

清光绪十六年(1890)，信众30余人。民国15年(1926)，信众200余人。其间在堂传教的先后有李玉林、黄志星等人。2012年，教职人员2人，信众2500人。2012年，被评为省星级宗教活动场所。

鳌江镇钱仓凤山路天主堂（2012年）

县天主教爱国会　供稿

萧江镇凤头天主堂　坐落于萧江镇凤头村李宅。原名萧江天主堂，坐落于平阳县萧江镇双庆南路教堂巷8号，始建于清光绪十三年(1887)，当年占地面积1000平方米，建筑面积600平方米。

1966—1980年，原萧江天主教堂被生产队仪表厂、制冰厂占用，部分土地被村民侵占建民房。1981年，宗教政策落实后教堂逐步收回一部分房地产(占地面积527平方米，建筑面积300余平方米)。

萧江镇凤头天主堂（2012年）　县天主教爱国会　供稿

1994年1月1日，遭火灾被废。3月，易地重建于萧江镇凤头村李宅(1997年10月竣工)，改称凤头李宅天主堂，后又改为萧江镇凤头天主堂。新堂占地面积6427平方米，建筑面积4413平方米。2012年，教职人员2人，信众2400人。

天主教活动场所名录(24处)

2012年平阳县天主教活动场所一览表

表36-1-3

序号	场所名称	地址	始建时间(年)
1	西坑路天主堂	昆阳镇西坑路45号	清光绪十九年(1893)
2	万垟天主堂	昆阳镇万垟村	1985
3	步廊天主堂	昆阳镇步廊村	民国22年(1933)
4	下陈天主堂	万全镇下陈村	1995
5	麻车天主堂	万全镇麻车村	1984
6	郑三天主堂	万全镇郑三村	1995
7	栈前街天主堂	鳌江镇栈前街96号	民国11年(1922)
8	大岙底天主堂	鳌江镇西塘大岙底村	1982
9	凤山路天主堂	鳌江镇钱仓凤山路	清光绪十六年(1890)
10	凤岙天主堂	鳌江镇梅溪凤岙村	1982
11	梅源天主堂	鳌江镇梅源村	民国20年(1931)
12	凤头天主堂	萧江镇凤头村	清光绪十三年(1887)
13	高沙天主堂	萧江镇树贤高沙村	清光绪十九年(1893)
14	西岙天主堂	萧江镇渔塘西岙村	民国
15	桃源天主堂	萧江镇桃源岩山村	1983
16	新江天主堂	水头镇詹江村	清光绪十七年(1891)
17	雅屿天主堂	水头镇雅屿村	1980
18	林坑天主堂	水头镇林坑村	1988
19	石牌天主堂	水头镇鹤溪石牌村	民国24年(1935)
20	中街天主堂	水头镇鹤溪中街建设巷	民国22年(1933)
21	赵垟天主堂	水头镇朝阳赵阳村	1992
22	秀尖天主堂	水头镇闹村秀尖	1987
23	菜场街天主堂	腾蛟镇菜场街	清光绪十七年(1891)
24	南陀天主堂	腾蛟镇南陀村	1978

说明：资料由县天主教爱国会提供

第四节　基督教

清同治六年(1867)，基督教开始传入温州，在平阳县先后有内地会、循道公会、自立会、基督复临安息日会、基督徒聚会处等教派。1954年9月，成立平阳县基督教三自革新运动筹备委员会，1982年7月，成立平阳县基督教三自爱国运动委员会，1984年12月，成立平阳县基督教协会。至2012年，有基督教堂(点)132个，划分万全、鳌江、水头、萧江、麻步、山门、腾蛟7个管理片区。信众约67920人，其中，受洗信众约25000人。

平阳县基督教“两会”

1989年，平阳县基督教内地会信众4800人，基督教自立会信众12462人，基督教循道公会信众3921人，基督教聚会处信众6715人、基督教复临安息日会信众1226人，合计29124人。2012年，县内有合一教会(自立会、内地会、循道公会合称)、聚会处、基督复临安息日会3个教派，均隶属平阳县基督教爱国会和平阳县基督教协会(简称县基督教“两会”)。县基督教“两会”办公地址设在平阳县基督教综合楼。该楼坐落在鳌江镇园林路248号，占地面积2152平方米，建筑面积3260平方米。2012年，县基督教“两会”主席王增加，秘书长杨志清，会长胡宝护，总干事张正创。

县基督教“两会”成立以来，带领全县信徒遵行圣经教义，发扬爱国爱教、荣神益人的传统。遵守宪法、法律、法规和国家政策、遵守社会道德风尚，坚持教会的独立自主，积极与社会主义社会相适应。增强教内外团结，为办好平阳教会提供服务，并在构建和谐社会中作出积极贡献。

1990—2012年，“两会”举办11届圣经专修班，学员805人次；举办教牧进修班2届，结业101人。120位学员考上金陵神学院、华东神学院、浙江神学院。

1995年、2002年、2007年、2010年，“两会”先后四次按立圣职人员，合计按立牧师10人，教师、长老50人。2012年，经政府备案的牧师10人，教师16人，长老49人。

1989—2012年，共募集用于救灾、帮困、助学的慈善款1117.8万元。

基督教堂选介

昆阳镇西门基督教堂(内地会)　西门教堂原属“中华基督教自治内地平泰总会”。清同治十二年(1873)，由衡秉忠牧师和朱牧师在昆阳镇莲池巷处购地建造教堂4间和3间栈房。民国30年(1941)，金侠民仵堂期间扩建总堂5间，合计200平方米(另在毛宅巷与莲池巷中间购地建造栈房和传教士宿舍；在昆阳弓桥头购地建成教堂别墅，有走马楼5间，后栈房4间)。1958年，各处教产分别被平阳三八厂、城西村、县工经委、县机关幼儿园占用，直至1980年以后，才陆续收回或得到经济补偿(除县机关幼儿园外)。

昆阳镇西门基督教堂（2012年）
县基督教协会　供稿

1985年，西门教堂在莲池巷老堂原址拆扩建四间新堂。1989年下半年，教堂迁址到西门校场山脚，1991年5月15日，新教堂落成，坐北朝南，占地面积1403平方米，建筑面积842平方米。之后在原有基础上扩建692平方米。2012年，教职人员3人，信众1780人。

水头镇江山中路永源基督教堂(自立会)　永源堂教堂坐落于水头镇江山中路56–58号。教堂始建于民国5年(1916)，建筑面积138平方米，坐北朝南。圣殿左右各建栈房三间，占地面积176平方米。民国26年(1937)，由林良模等人发起，将原有圣殿及钟楼向东扩建371平方米，并进行整体设计调整。“文化大革命”期间被多个单位占用，1985年，收回部分教产。

教堂于1987年、2012年修扩建。2012年，教堂占地面积1327平方米，建筑面积7200平方米。

水头镇江山中路永源基督教堂（2012年）
县基督教协会　供稿

2012年，教职人员3人，信众1200人。

昆阳镇南门基督教堂（自立会） 南门教堂坐落于昆阳镇昆鳌路52—56号，2000年落成，占地面积1956平方米，建筑面积圣殿（4层）1861平方米，栈房1000平方米。

昆阳镇南门基督教堂（2012年）
县基督教协会 供稿

教堂始建于民国3年（1914），由黄时中发起并捐资1125元购买昆阳镇南门吴恒春旧址正屋、横轩共计11间，屋后建圣殿，于1915年5月落成，内设自立会平阳总公所。民国36年（1947），教堂向南购数间平房，于民国37年（1948）改建为圣殿。1958年，教会被停止聚会，圣殿被改为制药厂。1980年冬，落实宗教政策，教会收回教产并恢复聚会。

历任住堂人员有姜鸣琴、林湄川、方祈三、徐存道、谢炳庚、杨惠民等。2012年，教职人员2人，信众1660人。

基督教活动场所名录（132处）

2012年平阳县基督教万全片区活动场所一览表

表36-1-4

序号	场所名称	教派	地 址	修建年份
1	西门基督教堂	内地会	昆阳镇西马路155号	清同治十二年（1873）
2	南门基督教堂	自立会	昆阳镇昆鳌路52-56号	民国3年（1914）
3	南丰基督教堂	自立会	昆阳镇南丰村	20世纪50年代
4	城南牧垟基督教堂	自立会	昆阳镇城南牧垟村	民国
5	西马路基督教堂	安息日会	昆阳镇西马路121号	民国
6	白垟路基督教堂	聚会处	昆阳镇白垟路18号	20世纪50年代
7	凤山基督教堂	聚会处	昆阳镇凤山村宕垟	民国
8	新桥基督教堂	聚会处	昆阳镇新桥村	20世纪90年代
9	万全工业区基督教堂	聚会处	昆阳镇万全工业区	20世纪70年代
10	郭庄基督教堂	内地会	昆阳镇城北郭庄村	民国
11	河边基督教堂	内地会	昆阳镇河边村	民国
12	垟教村基督教堂	内地会	昆阳镇垟教村	民国
13	榆垟垟城路基督教堂	自立会	万全镇榆垟垟城路	20世纪50年代
14	宋埠杨北基督教堂	内地会	万全镇宋埠杨北村	20世纪50年代
15	郑楼郑三基督教堂	内地会	万全镇郑楼郑三村	
16	宋埠嘉峰基督教堂	自立会	万全镇宋埠加峰村	民国
17	郑楼林步桥基督教堂	自立会	万全镇郑楼林步桥村	20世纪50年代
18	宋桥基督教堂	内地会	万全镇宋桥宋桥村	20世纪50年代
19	宋埠仙口基督教堂	聚会处	万全镇宋埠镇仙口村	民国
20	榆垟麻车基督教堂	聚会处	万全镇榆垟麻车村	20世纪80年代

说明：资料由县基督教两会提供

2012年平阳县基督教鳌江片区活动场所一览表

表36-1-5

序号	场所名称	教派	地　址	修建年份
1	水深基督教堂	自立会	鳌江镇东风南巷1号	
2	上埠基督教堂	自立会	鳌江镇勤奋巷1号	
3	上埠基督教堂(天门附属点)	循道会	鳌江镇一区雁门桥边	
4	横店基督教堂	自立会	鳌江镇横店村	
5	西塘溪湄基督教堂	自立会	鳌江镇横溪村	
6	西塘溪湄基督教堂(西塘光明附属点)	自立会	鳌江镇西塘周家坑	
7	墨城东山基督教堂	自立会	鳌江镇墨城东山村	20世纪80年代
8	下厂河口基督教堂	自立会	鳌江镇河口村	20世纪60年代
9	曙光南路基督教堂	安息日会	鳌江镇曙光南路4号	民国
10	雁门西桥基督教堂	自立会	鳌江镇西桥村	民国
11	垂杨贵德基督教堂	自立会	鳌江镇贵德村	20世纪60年代
12	垂杨村基督教堂	聚会处	鳌江镇垂杨村(铁路边)	民国
13	垂杨龙山基督教堂	聚会处	鳌江镇石龙村	民国
14	下厂天源基督教堂	聚会处	鳌江镇天源村	民国
15	雁门山外基督教堂	自立会	鳌江镇雁门山外	
16	垂杨山坪基督教堂	聚会处	鳌江镇山坪村	民国
17	务垟塘下基督教堂	聚会处	鳌江镇塘下村	民国
18	钱仓树人路基督教堂	内地会	鳌江镇钱仓树人路	民国
19	钱仓菜场街基督教堂	聚会处	鳌江镇钱仓菜场街	民国
20	钱仓方家基督教堂	自立会	鳌江镇钱仓方家村136号	
21	钱仓方家坑基督教堂	聚会处	鳌江镇钱仓方家村	
22	西湾青山基督教堂	自立会	鳌江镇西湾青山村	
23	西湾一沙基督教堂	自立会	鳌江镇西湾一沙村	民国
24	梅源基督教堂	自立会	鳌江镇梅源梅源村	民国
25	梅源孙岙基督教堂	安息日会	鳌江镇梅源孙岙村	20世纪60年代
26	梅溪万安基督教堂	自立会	鳌江镇梅溪万安村	20世纪70年代
27	南麂火焜岙基督教堂	内地会	鳌江镇南麂火焜岙村	20世纪70年代
28	墨城岩下基督教堂	聚会处	鳌江镇墨城岩下自然村	
29	营盘底基督教堂	聚会处	鳌江镇营盘巷47号	
30	务垟福山基督教堂	聚会处	鳌江镇务垟福山村	
31	联南基督教堂	自立会	鳌江镇联南村	
32	彭家山基督教堂	自立会	鳌江镇三永村彭家山	
33	务垟基督教堂	合一	鳌江镇务垟村	

说明:资料由县基督教两会提供

2012年平阳县基督教水头片区活动场所一览表

表36-1-6

序号	场所名称	教派	地　址	修建年份
1	外岙基督教堂	自立会	水头镇外岙村	
2	江山中路永源基督教堂	自立会	水头镇江山中路56—58号	民国5年(1916)

续表 36-1-6

序号	场所名称	教派	地　址	修建年份
3	凤林北路救恩基督教堂	自立会	水头镇凤林北路	
4	鹤溪南岙基督教堂	自立会	水头镇鹤溪南二村	民国
5	鹤溪速成基督教堂	自立会	水头镇鹤溪速成村	民国
6	鹤溪下溪基督教堂	自立会	水头镇鹤溪下溪村	民国
7	鹤溪长安基督教堂	自立会	水头镇鹤溪长安村文昌北路36号	20世纪50年代
8	上店基督教堂	自立会	水头镇上店村	20世纪70年代
9	雅屿基督教堂	自立会	水头镇雅下村	20世纪90年代
10	雅下基督教堂	聚会处	水头镇雅下村	20世纪50年代
11	清江基督教堂	安息日会	水头镇南湖清江村	民国
12	小南基督教堂	聚会处	水头镇下小南村12号	20世纪70年代
13	健康路基督教堂	聚会处	水头镇健康路	20世纪70年代
14	朝阳李山基督教堂	自立会	水头镇朝阳李山村	20世纪80年代
15	朝阳东山基督教堂	自立会	水头镇朝阳新东村	20世纪90年代
16	闹村杨美基督教堂	自立会	水头镇闹村扬美村	民国
17	闹村大施基督教堂	自立会	水头镇闹村大施村	民国
18	闹村垟桥基督教堂	自立会	水头镇闹村垟桥村老李园	民国
19	南湖姚朱基督教堂	自立会	水头镇南湖姚朱村	民国
20	南湖前街基督教堂	聚会处	水头镇南湖前街	
21	凤卧凤安基督教堂	自立会	水头镇凤卧凤安村	民国
22	上林基督教堂	自立会	水头镇上林村	

说明：资料由县基督教“两会”提供

2012年平阳县基督教萧江片区活动场所一览表

表 36-1-7

序号	场所名称	教派	地　址	修建年份
1	桃源曾山基督教堂	自立会	萧江镇桃源曾山村	
2	校前路基督教堂	聚会处	萧江镇校前路一小东侧	
3	雅汇基督教堂	内地会	萧江镇雅汇村	
4	环江路锡安基督教堂	内地会	萧江镇环江路中段	
5	桃源凤岙基督教堂	聚会处	萧江镇桃源凤岙村	民国
6	桃源渡心基督教堂	聚会处	萧江镇桃源渡心村	20世纪80年代
7	夏桥基督教堂	循道会	萧江镇夏桥村	民国
8	叶段基督教堂	循道会	萧江镇叶段村	20世纪80年代
9	水井头基督教堂	内地会	萧江镇樟井路水井头	2002年
10	朝阳路基督教堂	安息日会	萧江镇朝阳路45—57号	20世纪90年代
11	浦口基督教堂	聚会处	萧江镇浦口村	20世纪70年代
12	桃源基督教堂	自立会	萧江镇桃源村	2000年

说明：资料由县基督教“两会”提供

2012年平阳县基督教麻步片区活动场所一览表

表36-1-8

序号	场所名称	教派	地 址	修建年份
1	江景基督教堂	内地会	萧江镇江景村	
2	埠头尾基督教堂	自立会	萧江镇下埠街	
3	显桥基督教堂	内地会	萧江镇显桥村	民国
4	黎明基督教堂	自立会	萧江镇黎明村	民国
5	上周基督教堂	内地会	萧江镇上周村	民国
6	沿口基督教堂	自立会	萧江镇沿口村	民国
7	岭头尾基督教堂	内地会	萧江镇岭头尾村	20世纪70年代
8	横山基督教堂	内地会	萧江镇横山村	民国
9	凤山基督教堂	自立会	萧江镇凤山村	民国
10	风吹峡基督教堂	自立会	萧江镇风吹峡村	20世纪60年代
11	新桥基督教堂	安息日会	萧江镇新桥村	
12	华亭基督教堂	安息日会	萧江镇华亭村	20世纪50年代
13	新村基督教堂	聚会处	萧江镇麻步新村	20世纪70年代

说明:资料由县基督教“两会”提供

2012年平阳县基督教山门片区活动场所一览表

表36-1-9

序号	场所名称	教派	地 址	修建年份
1	睦源基督教堂	自立会	青街畲族乡睦源村	
2	怀溪水口基督教堂	自立会	山门镇怀溪水口村	民国
3	怀溪金山基督教堂	自立会	山门镇怀溪金山村坎头	民国
4	屿边基督教堂	自立会	山门镇屿边村	20世纪60年代
5	双田基督教堂	自立会	顺溪镇双田村	20世纪60年代
6	上村基督教堂	聚会处	顺溪镇上村望眉路120号	20世纪60年代
7	苔湖基督教堂	自立会	南雁镇苔湖村	20世纪60年代
8	笠湖基督教堂	自立会	南雁镇笠湖村	民国
9	吴山基督教堂	自立会	南雁镇吴山村	20世纪60年代
10	东门基督教堂	聚会处	南雁镇东门街282号巷内	20世纪70年代
11	维新杨光基督教堂	自立会	顺溪镇维新杨光村	民国
12	维新俞思坑基督教堂	聚会处	顺溪镇维新俞思坑村	20世纪50年代
13	吴垟下垟基督教堂	自立会	顺溪镇吴垟下垟村	20世纪80年代
14	晓坑石城基督教堂	聚会处	山门镇晓坑石城村	20世纪80年代
15	二桥头基督教堂	聚会处	山门镇二桥头	20世纪80年代
16	联通路基督教堂	自立会	山门镇联通路	

说明:资料由县基督教“两会”提供

2012年平阳县基督教腾蛟片区活动场所一览表

表36-1-10

序号	场所名称	教派	地　址	修建年份
1	驰马路基督教堂	自立会	腾蛟镇驰马路103号	
2	腾龙路基督教堂	自立会	腾蛟镇腾龙路257号	
3	凤巢基督教堂	循道会	腾蛟镇凤巢凤巢村	
4	林家基督教堂	自立会	腾蛟镇林家村	民国
5	垟尾基督教堂	自立会	腾蛟镇垟尾村	民国
6	卫生院后基督教堂	安息日会	腾蛟镇民安路后	民国
7	龙金基督教堂	自立会	腾蛟镇龙金村	民国
8	同兴基督教堂	自立会	腾蛟镇同兴村(外垟村)	20世纪50年代
9	菜场街基督教堂	安息日会	腾蛟镇菜场街103号	20世纪70年代
10	赤增基督教堂	自立会	腾蛟镇赤增村	民国
11	南陀基督教堂	自立会	腾蛟镇南陀村	民国
12	凤巢秀垟基督教堂	自立会	腾蛟镇凤巢秀垟村	民国
13	凤巢仁家垟基督教堂	循道会	腾蛟镇凤巢仁家垟村	民国
14	凤巢溪头基督教堂	聚会处	腾蛟镇凤巢溪头村	20世纪60年代
15	龙尾基督教堂	自立会	腾蛟镇龙尾龙尾村	民国
16	龙尾南树垟基督教堂	自立会	腾蛟镇龙尾南树垟村	20世纪50年代

说明：资料由县基督教“两会”提供

第五节　宗教事务管理

管理机构

1983年11月成立县政府宗教事务办公室，负责全县宗教事务管理。1997年，县政府宗教事务办公室改称县委、县政府民族宗教事务局，负责全县民族宗教管理事务。1999年7月，县委、县政府民族宗教事务局更名为县民族宗教事务局，下设宗教事务科，具体负责宗教事务管理工作。

宗教活动场所管理

1979年开始，落实宗教政策，恢复正常宗教活动，并通过登记和换证进行宗教活动场所管理，对尚未登记的宗教活动场所进行限制，对非法活动场所和非法活动进行取缔和打击。至2012年，全县经县政府批准开放的宗教活动场所有507处(不包括拥有“民场册bc证” 172所)，其中，佛教280处、道教71处、天主教24处、基督教132处。

通过创建和谐寺观教堂活动，进一步加强对宗教活动场所的管理。至2012年，达标场所176处，达标场所中被评为省级四星级宗教活动场所5处，市级三星级宗教活动场所9处。

建立宗教团体和管理网络

建立宗教团体，通过宗教团体组织加强对宗教活动的管理。1982年7月，成立平阳县基督教三自爱国运动委员会；1984年5月，成立平阳县佛教协会；1984年12月，成立平阳县基督教协会；1985年10月，成立平阳县道教协会；1999年11月，成立平阳县天主教爱国会。支持和帮助爱国宗教团体合法开展宗教活动，加强对爱国宗教人士的培养，加强对宗教界后备力量队伍建设，使《宗教事务条例》等法规及宗教政策在宗教界得到全面的贯彻和落实。

为切实加强对宗教事务的依法管理，县委、县政府专门成立了县宗教工作领导小组，并按照属地管理原则，各乡镇成立相应的宗教工作领导小组，各行政村配备宗教信息员。各乡镇结合实际情况，制定班子成员宗教工作包干联系责任制。通过层层落实宗教工作责任制和建立健全县、镇（乡）、村三级宗教工作网络，形成上下联动，齐抓共管的工作局面。

宗教法规宣传

1989年以来，县政府每年组织一次宗教工作干部培训班，学习有关宗教法律法规和政策，提高广大宗教干部对宗教工作的认识和宗教工作的水平。县宗教事务部门每年组织一次宗教团体、各宗教活动场所的负责人及宗教教职人员参加的培训班，学习和贯彻《宗教事务条例》《中华人民共和国境内外国人宗教活动管理规定》《宗教活动场所财务监督管理办法（试行）》等有关宗教法律、法规和政策，并通过他们向广大信教群众开展宣传。

制止违法活动

1989年以来，为及时制止乱建、滥建宗教活动场所的违法行为，每年各乡镇专门组织力量对乱建、滥建宗教活动场所进行一次全面的排查摸底，并严格依法治理。严格非通常宗教活动的审批手续，加强对非通常宗教活动的管理。

乡镇政府、民宗局、消防等开展经常性的宗教活动场所安全检查，对存在安全隐患的宗教活动场所，要求限期整改，该停止宗教活动的要坚决停止，消除安全隐患，防患于未然。

对天主教地下活动点和基督教私设聚会点等非法宗教活动，县宗教事务部门会同各乡镇宗教干部和公安部门依法进行教育、制止，直至取缔。对打着宗教旗号，以坑蒙拐骗、借教敛财为目的的非法活动坚决予以打击。

加强对宗教团体及宗教活动场所的财务监督管理，每年组织一次财务检查，及时纠正检查中发现的问题。

第二章　民　俗

习俗是历史形成的，它对社会成员的生产和生活行为有一定的制约作用。随着经济、社会和政治等方面的变革以及文化交融，习俗也有所变化。以下仅记录1989—2012年县内城乡居民部分新旧习俗的情况，1993年版《平阳县志》已有记载的一般不再收录。

第一节　生产习俗

农耕新俗

水稻是平阳县主要的粮食作物之一。20世纪90年代后，在水稻种植上，改变过去只种单季稻或早晚稻间作的耕作方式，大都种植双季稻。在插秧技术上，实行宽行窄株，东西行向的长方形密植法。

水稻生产用拖拉机翻耕，牛耕只作为补充。用插秧机或抛秧机已很普遍。翻耕、抽水、收割由备有大型农机具的专业户承包，按田亩付费。普遍使用化肥，使用农家肥（人粪尿、栏肥、泥灰、河泥）逐渐减少。人工耘田除草普遍改为使用除草剂。稻草不再作为主要燃料，早晚季收割时，由收割机粉碎后沤作基肥，有的焚烧后作肥料，也有留下部分作饲料。

20世纪90年代后出现种粮大户。他们有大型农机具，有经营几十亩、几百亩以上农田的能力。

蔬菜或瓜果种植，推广塑料薄膜大棚生产。

农用工具

犁、耙（有木制、铁制两种，并分双齿、四齿和多齿）、锄（铁锄、板锄）、镰、锄锥、箩、篁、连枷、簸箕、打水桶、稻桶、稻席、扁担、冲担、粪桶、粪勺以及风车、水车等，是传统的农具。新农用工具则有翻耕机、抽水机、插秧机、收割机、喷灌机、磨粉机、烘干机、碾米机等，并已普遍使用在翻耕、灌溉、插秧、收割、农田运输、农业加工等方面。

用工

20世纪80年代后，农事用工除亲友之间的互帮互助外，主要是花钱雇工，如雇人用机械耕地、灌溉、插秧、收割等。

养牛

养牛能役用和积肥，农户很是珍惜耕牛。农忙时，常要给牛喂卵酒、糯米饭和黄豆，勤加草料，勤除牛虱。母牛怀胎，百倍爱护，不准抽打。生了牛犊，要在牛栏贴上写着“大吉”两字的红纸。山区牧童在早晨赶牛上山，取下牛绳，散放吃草，傍晚赶回。在立夏日，有的农民用中药马蹄香入红酒煮沸冷却后灌牛，说是牛吃后不怕雨淋，且能壮筋骨。芒种一到，牛出栏不得催逼，小路要牵住牛鼻绳，下坡要拉住牛尾巴，以防牛乏力失足。养牛户禁忌吃牛肉，老牛宁卖不杀，也有让其老死。

养牛耕作的生产习俗仍然继续。20世纪80年代后，养奶牛已成为增收的一个途径，一般农户饲养3～5头奶牛。

养猪

旧俗饲养母猪户在小猪出生第三天，用馍糍捏成菜刀柄大的"银锭"状物，俗叫"猪儿锭"，向亲友分送，以示庆贺与祝愿养母猪发财，并给母猪饲以鸡蛋索面等好食。饲养母猪户出售小猪，要选好日子，请预订人一齐来家，招待他们一餐酒饭，称"提猪饭"。嗣后便按各自选好的小猪，用吹火筒抬着称了斤两，买主亦用吹火筒或竹筒抬（挑）回去。用吹火筒，寓意小猪日后像气吹似的长得快。在本村买小猪，多不过秤，看中就抱回家，忌说轻重，只讲彩话（吉利话）。到猪市去买小猪，过秤时，秤杆要高翘，多不还价。一头小猪装进猪篰，另一头不管装何物，其重量要比小猪轻。新猪入栏，忌在栏前说鸡飞狗跳之类的话（以免猪舍关不住猪），又忌在栏前说好吃、好养或难养等话，担心猪挑食难养。这就是"栏头莫说猪"的由来。

20世纪80年代后，除家庭养猪外，出现不少专业化养猪场，已没有旧俗那么多的禁忌。

第二节　生活习俗

衣着

穿着　20世纪80—90年代，衣料渐以人造纤维为主，如涤棉、混纺等。21世纪初，又倾向全棉的布料。

20世纪80年代前，城乡居民服装大都由裁缝店加工制作或自制。80年代起，穿衣不再买布加工，到商场选购成衣成为主流，而且款式多样：男有西装、夹克衫、休闲衫等，女有款式千变的衣裙、健美裤、牛仔裤等。麻、皮、真丝、精纺毛料等服装开始进入城乡寻常百姓家，人们追求服饰的舒适性，穿着款式日趋休闲化。

男多穿皮鞋，女穿高跟鞋、松糕鞋，布鞋几乎绝迹。青年男女收入丰厚的为了显示自己身份，穿着几千元一件或一双的国际名牌服装、皮鞋的也不乏其人。21世纪初，皮鞋已成为居民的主要用鞋。青少年，特别是中小学生喜欢穿休闲鞋、运动鞋。

修饰　男女修饰有项链、手镯、戒指、脚链、胸针等。20世纪初，修饰的质地已从黄金、白银逐步转变为白金、玛瑙、玉石，有的还镶嵌钻石。

20世纪80年代后，青年男女剪短发、结辫子已少见，喜欢烫发、染发、戴假发。

饮食

主食　历来城镇居民以大米为主食，每日三餐：早粥，午饭，晚餐（夏粥冬饭）。昔日乡间大都以番薯为主食，薯熟时吃鲜薯，平时吃番薯丝饭，间或掺些大米以喂小孩或待客。

20世纪90年代以后，随着农业生产的发展，稻谷增产，乡间居民也以大米为主食了，番薯和番薯丝则成为杂粮。

菜肴　"一日无鱼口无味"，沿海居民多食海产品已成饮食习惯。20世纪80年代后，瓜菜、水产品、肉类是餐桌上主要的菜肴。20世纪90年代始，由于大棚栽培方式的推广，反季节蔬菜面市，一年四季均有新鲜蔬菜供应。由于养殖业发展，猪肉、家禽、蛋类、鱼虾等成为家常菜肴。

早午餐、点心　乡间在农忙时，午晚餐之间加点心；插秧割稻等大忙季节早午餐之间也吃"小点"，统称"接力"。点心多为粉干、番薯粉丝、糯米饭或糢糍等。待客点心有粉干或索面，上加荷包蛋（即卵烩）或蛋丝、肉丝等，称"浇头"。早餐则自家烧制。20世纪80年代后，城镇居民图方便，一般到饮食店买点心或早餐，此俗已延伸到人口较集中的村庄。随着人们工作和生活节奏加快，城镇快餐店应运而生。人们可以随时到店就餐，也可让快餐店送盒装的午餐。

饮酒　城乡居民有酿酒的习俗，用优质糯米酿成佳醪，用酒糟烧白酒，称"糟烧"。人们喜用杨梅浸白酒，称"杨梅酒"，说夏天饮之可防治中暑。民间不论婚嫁丧葬还是喜庆节日都要喝酒，名目繁多，如结婚酒、满月酒、寿酒、呈会酒、分岁酒、分家酒、迁房酒等，这些习俗仍在延续。

宴席 民间婚丧嫁娶、寿庆、建屋、小孩对周、升学等红白喜事，一般要办宴席宴请亲戚朋友。以前宴席摆方桌，一桌8人，现多为圆桌，一桌10人。菜肴分两类，一为摆盘，一为烧碗。摆盘为冷食，昆阳和万全一带摆六盘，鳌江一带一桌有的摆十至十二盘。烧碗为热菜，有八碗、有十碗至二三十碗，一般有鸡、鸭、鱼、肉、蛋、虾、蟹、蚶、鳗、鳖，高档的有鱼翅、鱼皮、海参等。摆盘、烧碗之外，有面、年糕、汤圆、馒头、八宝饭等点心。宴席最后一道食品是甜食，多为罐头。

宴席菜肴有许多吉利的寓意，除丧事外，第一道菜一般推出发菜丸，意为发家利市；后有芋艿，意为年年有余；接着上索面，意为长寿面；最后上汤圆，意为结缘。宴席有许多礼节，结婚酒，要请舅父坐厅堂中第一桌的左上首，以示尊敬。舅父未到，不得开宴，客人散席后，舅父才离席；建房办上梁酒，建房师傅要在上位就座。禁忌：桌面板纹要直放，横放是请鬼神；如遇到六人一桌，坐方桌则不得对座各二人另对坐各一人，这称乌龟坐；吃酒时，不可把脚搁在别人的椅凳上，这称“踏牢吃”。

21世纪以来，城镇居民一般在酒家、餐馆举办宴席，或请专业的烹饪班子来家中办酒宴。

厨房用具 20世纪50—80年代，城镇居民普遍使用煤球炉、煤油炉，多数不设烧柴的锅灶。20世纪90年代以后，城乡居民普遍使用煤气灶（罐装煤气）、抽油烟机，普遍使用高压锅、电饭锅，许多家庭有电磁炉、电冰箱、消毒柜、微波炉。

饮用水 20世纪90年代以后，城乡普遍饮、用自来水，只有少数人引用山泉水或挑井水。

居住

住房 20世纪60—80年代城乡住房大多是立式砖混结构的两层楼，或三四层楼，草屋绝迹。门面装潢，也由水泥石英改为马赛克、瓷砖。有的家用门扇改木门为铁门或防盗门，窗框或用铝合金。

20世纪90年代后，城镇建筑以高层与多层的楼房为主，或提供拆迁户入住，或出售（称商品房）。七层以上的楼房设有电梯。户型小的五六十至七八十平方米，较大的在一百平方米以上，均有厅堂、卧室、厨房、卫生间、阳台。城镇居民趋向购买单元化的商品房。商品房独门独户，装修后，即可使用。

21世纪初，出现老人公寓，为老人提供食宿与日常生活护理。一些子女无法照顾的或要求独居的老人，选择老人公寓入住，度过人生的最后一站。

卧室用具 1949年后先后风行三门柜、五斗柜、皮箱柜、床头柜、写字台等。20世纪80年代流行组合家具、沙发等。20世纪80年代前，居民卧室用具以请工匠手工制作为主，90年代起，以购买套装家具为主。一套卧室用具，通常包括床、床头柜、衣被柜、沙发、书柜、写字台等，床则普遍使用席梦思（弹簧床）。

家用电器 20世纪90年代以后，家用电器迅速普及。一般家庭除电器炊具外，装有电视机、空调机、洗衣机，热水器（电、液化气及太阳能3种）。2000年后，数字电视机、VCD或DVD机、电脑等进入居民家。

通信工具 20世纪80年代前，居民的邮寄书信互通信息，很少使用电话，有急事拍电报。20世纪80年代后，固定电话开始进入普通百姓家，90年代初，居民使用手机的较少，使用寻呼机（俗称BP机）的比较普遍。2000年后，手机普及，成为居民居家和出行必不可少的通信工具，利用互联网邮箱传递信息和QQ聊天很普遍，很少写信和拍电报了。

家庭照明 民国期间，平常人家照明用不起蜡烛，只以少许菜油（或桕油）注入灯盏，横上灯芯点燃。山村使用“松明”，将有松脂的松木劈成片，插于壁缝，或用火篾。海边人有的用废缆点火照明。集镇使用进口煤油点灯。富家或店铺则用十字灯或煤气灯。出门一般用灯笼，少数人用桅灯、电筒照明。20世纪50—70年代，城乡逐渐有了电灯。20世纪80年代后用电照明普及，有的人家家中灯光装饰辉煌。

出行

雨具 清代平阳以制纸伞出名。“王永顺”伞店就是其中颇有名气的店家之一。后油纸伞改为油布伞，20世纪80年代后，渐为尼龙伞所替代。

古时雨鞋以钉鞋为主，钉鞋成本高，重有四五斤，穿行石板路响声“托托”，走路易滑；民国中期橡胶套鞋曾流行一段时间，以后钉鞋和橡胶套鞋绝迹。20世纪80年代后，雨天穿塑料鞋，或运动鞋、长筒雨靴。

车船　民国期间至20世纪70年代，人们出行常坐轮船，乘鳌江轮船的要看潮候，80年代后，公路网扩展，县内竹筏已不再使用，鳌江轮船只用来载货。

20世纪80年代和90年代出行，选用三轮车（脚踩）、自行车、摩托车、客车等交通工具。21世纪初，居民县内出行多乘坐城乡公交车、出租车（小轿车），或驾驶自购的电瓶车、小轿车。

旅游　20世纪80年代前，居民除了探亲附带旅游外，单纯外出旅游甚少。20世纪90年代后，出门旅游已成为时尚，有全家游、结伴游，或参加旅行社出游；有短途游、中途及长途游，同时还有国外游。

养生

请保姆　21世纪以来，很多家庭雇佣保姆或钟点工，参与管理家事、照顾老人或保洁等工作。在家政服务中，以钟点计酬的称钟点工。有定期与不定期两种。钟点工不供食宿，按小时付工资。妇女产假期间，请"月里嬷"照顾，一般按月付酬，工资在普通保姆的三倍以上。

晨练　20世纪90年代后，群众，特别是中老年人的晨练活动已十分普遍。活动项目有登山、打太极拳、跳舞、舞剑、做健身操、练气功等，也有利用住宅小区和农村社区设置的健身器材进行晨练。

美容　20世纪90年代，美容热悄然兴起，许多妇女不仅自饰，还去美容店化妆美容。据不完全统计，2012年，昆阳镇已有专业美容店（厅）10余家，其服务项目有美容美肤、睫毛定型、去痣除斑等。

医疗保健　21世纪初，城乡建立了医疗合作制度。一般小病小痛可在社区卫生室治疗，大病到大医院治疗，可报销部分医药费。20世纪90年代后，定期体检已成制度。单位组织本部门人员到指定医疗机构体检，普通居民由社区组织体检。注意保健、预防和及时治疗疾病的意识已形成新俗。

保险　20世纪90年代后，保险业务深入家庭及个人。险种很多，有医疗保险、财产保险、人寿保险、劳动保险等。21世纪初，城乡居民已普遍办理养老保险，交足一定数额保险金后，可以享受一定数额的保险费。

第三节　交易习俗

会市

旧时县内各地有庙会和各种集市贸易活动，统称"会市"。农村集市多以自然村落为址，城镇的集市常设于繁华街道或交通方便处所。会市都有规定日期，如每月的"三、六、九"或"一、四、七"或是逢五、逢十，因地而异。在规定的集市那天，附近各地农民将自己的农副产品、土特产和各种手工业品，拿到市场交易。各地客商云集，各划地段陈列出售各自货物。有的地方还和庙会相结合，化装游行、扮台阁、放焰火；雇戏班演戏，时有多台演出，称"斗台"。县内比较大型的会市有如郑楼，农历正月廿一至廿三；榆垟大龙宫，正月廿八；昆阳镇庙头殿，二月十六；钱仓，清明节；麻步，三月初三；昆阳镇官岙底杨老爷殿，七月十八；腾蛟大夫殿，八月初七；水头镇林泗爷殿，十一月初六。1949年后，会市有的改称"物资交流大会"，有的改称"商品展销会"。会市的交易习俗至今延续不辍。

专业市场

除以上综合集市外，农村各地还有单项的专业集市，其中牛市与木材集市最为兴旺。

20世纪90年代，城镇出现超市，也称"自选商场"。超市为综合商场，百货南货家电服装等门类齐全，品种多。顾客可入内自行挑选，最后结账付款。

广告招牌

20世纪90年代后，商家越来越重视招牌和广告的作用。招牌设计新颖醒目，有的请名家书写店名，并用铜字制作，有的用五彩斑斓的霓虹灯，有的采用发光材料制作加激光灯束。商品推销打广告，有的通过电视、报纸登载广告；有的采用灯箱广告；有的邮寄或雇人分发广告纸；有的免费赠送产品做广告。

银行卡

21世纪初，居民特别是青年居民使用银行卡已经十分普遍。“一卡在手，通行全国”，凭借它存款、取款、转账、购物，无须现金往来。

网上购物

21世纪后，互联网普及，青年人喜欢在网上购物。

支付宝使用

始于21世纪，群众使用支付宝购买和转账。

第四节　节日　礼仪

节日

春节　春节是法定的节假日，旧俗与新俗掺杂。

春节前，机关团体、企事业单位组织“团拜”活动，也就是集体拜年。庆贺一年来丰硕成果，预祝明年获得更大成绩。20世纪90年代后，通过电话(手机)或互联网发短信、微信、邮件进行拜年。

春节期间，地方党政干部和部分群众参与各种慰问活动，如向部队、离退休干部、军烈属、贫困户、五保户拜年。民间文化娱乐活动接连不断，如传统的舞龙、舞狮、猜春谜等。

除夕　即农历年岁的最后一日，民间叫“三十日”“过年”。除夕时，一家人能团聚过年是老百姓的愿望。

从腊月开始，直到除夕，活动内容十分丰富。宫庙开鼓，店家开始收账，农家捣年糕，户户备办过年货。贴春联、祭宅神，称“谢年”(送岁)，再祭祖先、神祇，称“解冬”(还冬)。晚上全家宴饮，称“吃分岁酒”。彻夜燃灯烛，称“守岁烛”(守岁灯)，坐待天明，叫“守岁”。预煮“过年饭”(意为有盈余)。长辈给小孩分发“压岁钱”。初一子时，放鞭炮迎新年。

1983年始，除夕夜中央电视台都举办“春节联欢晚会”，有的电视台还举办“春节戏曲晚会”与“春节歌舞晚会”。节目一般从晚上8时开始，持续四五个小时，到凌晨一时才结束。晚会同时举行，群众可凭各自喜好，选择观看。合家老少观看晚会节目已成习俗。

清明节　20世纪80年代后，清明节主要活动是扫墓(包括祭扫烈士墓)和祭祖。

端午节　农历五月初五，旧称“端阳”，俗称“重五节”。县内仍保留吃重五粽、竞龙舟的习俗。竞龙舟时，每船有执旗、打鼓鸣锣的，众划手听击鼓号令奋力划桨。

礼仪

生日　家中成员生日，吃索面和鸡蛋，称“长寿面”，“浇头”一般是一双煎蛋。如逢十周年的生日，亲友买面和鱼肉送礼，称“补十”。40岁不“祝十”，因方言“四十”谐音“死日”，不吉利。今更重视儿童生日，添衣物，送玩具，备办生日蛋糕、生日烛，外公外婆更要送“红包”。

做寿　50岁以上逢十生辰，亲友前来祝贺，称“祝寿”。外甥与女婿都要送厚礼，其中必有长寿面、寿桃、寿糕、红烛。寿桃上插米塑戏曲人物，配以寿屏、寿幛。寿堂上，礼品列陈，红烛高烧，敬过祖宗神祇，晚辈按辈分跪拜祝寿，寿翁寿婆分“寿钱”。20世纪90年代后，不少老人把做寿开销用在慈善事业上。

建房　20世纪90年代后，城镇居民很少自己建房，大多购买商品房，“探三天”的礼仪还是照旧。

婚嫁　20世纪90年代后，定亲、送日、结婚礼仪如旧，不过费用增加了很多，少则十几万元，有否住房成为一个重要条件。畲族聚居地方婚嫁习俗另见卷四十“镇乡”。

生育　20世纪80年代实行计划生育以后，一对夫妇只生一个子女，对独生子女的满月、对周礼仪比较重视，一般要办酒席宴请宾客，亲戚等来宾要送礼金。

葬礼　2001年11月起，平阳县实行遗体火化，下葬的出殡仪式如旧，只不过骨灰盒代替了棺木，坟墓由一般自建改为购买公墓。

第五节　民　风

待客

平阳县老百姓历来热情好客，重礼尚往来。凡客人上门，即请坐、泡茶、递烟、烧点心并留宿。家有好吃食品尽量招待，毫不吝啬。客人临走，相送上路，说“走好”或“慢慢走”，并招呼“请下次再来”。

邻里

民间信奉“远亲不如近邻，近邻不如对门”，重视邻里和睦相处，互帮协作。在农村，逢年过节，邻里相互馈赠，红白喜事，相互照应。20世纪90年代后，城镇居民住商品房的多了，邻里关系就不如农村密切。

馈赠

岁时节日，亲友间颇重送礼。其中以女婿和岳家、外甥和娘舅之间馈赠最为殷勤。端午节，婿、甥送粽子给翁、舅；中秋节，送粉干或加以鸭；腊月送年糕，并都杂以他物；万全等地，则增加冬节送糗糍（即糯米团子），合为四节。七夕，翁、舅送婿、甥巧食，名为“送巧”；清明送菜糍，叫“送春”；腊月送钱物，叫“送年货”。在岁时送礼中，要在礼物上加万年青、柏枝叶或太平钿等，以求吉利。

20世纪80年代后，城镇亲友间岁时馈赠逐渐转向高档食品，如名酒、滋补品，或直接送红包。

20世纪90年代后，在城镇中，朋友生日、探望病人、岁时节日、开业庆典、喜迁新居、订婚结婚等礼尚往来，以送鲜花为时尚。

分家

旧时儿子多的家庭，按旧例都要等最小的弟弟结婚成家后进行分家，但也有其中一人成婚即分家，其幼弟仍和父母住一起，也有兄弟均未成家先行分家的，也有父（或母）死后即分家的。分家时，要将父母的财产（包括田产、房屋和其他生产资料、生活资料以及现金等）按人数均分。一般是分家前要先请娘舅、姑夫到场，先议定分担赡养父母办法，或留供养田，或供给定额生活费，或吃轮家饭等，然后提出分财物意见，兄弟协商解决，舅父见证。如逢争端，最后由父母裁决。“分家书”上，兄弟画押，众人签字（按指印），一式数份，作为凭证，分别保管。旧时请房族长（现在多由村干部）担任公证并盖章，最后选择吉日，举办酒宴，称“吃分家酒”。此俗城乡均有，农村较多。20世纪80年代后，不少分家协议申请司法机关公证。

结社与聚会

老年人协会　20世纪80年代后，全县各居民区、村普遍成立老年人协会，单位设退（离）休协会。其宗旨是维护老年人合法权益，组织老人参与学习、文体、公益等活动。

商会　20世纪90年代后，县内外（含海外）纷纷成立各级平阳商会，其目的是维护经商者的合法权益，为会员排忧解难。

同学会　青少年、中年和老年人定期或不定期举办小学、中学、大学的同学聚会，以增进老同学之间的感情。聚会时，进行座谈、拍照、聚餐。会后，编印纪念册或同学录等。

此外，还有战友会、同乡会等活动。

敬祖

修宗祠　宗祠是旧时同族子孙供奉并祭祀祖先的场所，俗称“祠堂”。祠堂里设本宗族最有名望祖先的画像或塑像，供奉族中去世人的木主和香炉，备有宗谱。20世纪80年代后，境内多数姓氏有祠堂，宗祠活动呈现正常化。

修宗谱　20世纪80年代后，全县大部分姓氏都续修宗谱，有的还编写了姓氏志。旧修族谱女人是不写传承关系的，由于实行计划生育，新修族谱时不再沿袭旧俗，性别平等，承认女孩子同男孩一样上族谱。

第三十七卷

DI SAN SHI QI JUAN

《平阳县志（1989—2012）》

PINGYANG XIAN ZHI

方　言

平阳县方言主要有两种：一是平阳瓯语，即平阳温州话，分布在鳌江下游和东部平原，使用人口占全县人口的一半多；二是平阳闽语，即平阳福建话，分布在鳌江中上游的西部地区，使用人口接近全县人口的一半。这两种方言在境内中西部地区同时通行，即瓯语和闽语双语并用。

平阳畲语是一种民族语言，只在境内畲族内部使用，使用人口不足1.5万人。

卷内平阳瓯语和平阳闽语内容根据华东师范大学教授颜逸明的原稿改编；平阳畲语根据温州大学教授马贝加的原稿修订。

第一章　平阳瓯语

瓯语属于吴语语系，平阳瓯语流行于县内部分地区，与温州鹿城区等地的瓯语有所差异。

第一节　分布地域

平阳瓯语流行区域主要在鳌江下游两岸和东部平原。该区域包括：昆阳镇、鳌江镇、萧江镇、万全镇。全县半数以上人口使用平阳瓯语。

鳌江中上游的半山区和山区为双语区，即有瓯语也有闽语，以闽语为主。该区城包括：水头镇、麻步镇、腾蛟镇、南雁镇、山门镇、顺溪镇、青街畲族乡。

第二节　特点和内部差异

平阳瓯语属吴语东瓯片，但与温州、瑞安等地瓯语有所区别。下面以昆阳镇瓯语为例列举平阳瓯语的基本特点，记音用国际音标。

基本特点

一、塞音、塞擦音、擦音声母都有一套浊音，清浊相配。例如：

	清	浊
塞音	ti	di
	低底帝滴	题弟地敌
	t‘ɔ	dɔ
	滩坦炭塔	谈淡但达
塞擦音	tɕi	dʑi
	基几济积	旗芒箸植
	tɕ‘ie	dʑie
	千厂欠切	强件健杰
擦音	si	zi
	西喜细式	齐社谢席
	so	zo
	沙所丧索	藏坐脏凿

二、古知组声母字平阳瓯语多数读后舌面音，只有止摄部分字读舌尖音，没有舌尖后音。比较北京、上海如下：

	智止	追止	超效	抽流	沉深
北京	tʂʅ꜄	꜀tʂuəi	꜀tʂ‘au	꜀tʂ‘ou	꜁tʂ‘ən
上海	tsɿ꜄	꜀tsø	꜀tsɔ	꜀ts‘ɤ	zəŋ꜅
平阳	tsɿ꜄	꜀tɕy	꜀tɕ‘yœ	꜀tɕ‘ieu	꜁dʑiaŋ
	澄梗	陈臻	张宕	虫通	哲山
北京	꜁tʂ‘əŋ	꜁tʂ‘ən	꜀tʂ‘aŋ	꜁tʂ‘oŋ	꜁tʂəɤ
上海	zəŋ꜅	zəŋ꜅	꜀tsã	zoŋ꜅	tsəʔ꜆
平阳	꜁dʑieŋ	꜁dʑiaŋ	꜀tɕie	꜁dʑioŋ	tɕie꜆

三、古疑母字平阳瓯语多数是鼻音声母。“傲”和“奥”不同音，“艾”和“爱”不同音，“业”和“叶”不同音。“傲、艾、业”都是鼻音声母，与杭州、上海相同，与北京不同。

四、古微母、日母字平阳瓯语多数有文白两读：微母字文读[v]声母，白读[m]声母；日母字文读[z]声母，白读[n]。例如：

	味	万	问	人	日
文读	vi꜅	vɔ꜅	vaŋ꜅	꜁zaŋ	za꜇
白读	mi꜅	mɔ꜅	maŋ꜅	꜁naŋ	ne꜇

五、古效摄一等字和二等字平阳瓯语不同韵，效摄二等字和山摄开口二等字同韵。例如：

	堡效一	饱效二	板山二	高效一	交效二	艰≥山二
北京	꜂pau	꜂pau	꜂pan	꜀kau	꜀tɕiau	꜀tɕian
上海	pɔ꜄	pɔ꜄	pɛ꜄	꜀kɔ	꜀kɔ	꜀tɕi
温州	꜂pə	꜂puɔ	꜂pa	꜀kə	꜀kuɔ	꜀ka
平阳	꜂pɛ	꜂pɔ	꜂pɔ	꜀kɛ	꜀kɔ	꜀kɔ

六、古宕摄、江摄字今韵尾脱落，宕开三阳韵字和咸开三盐韵、山开三仙韵字相同，读开尾韵[ie]。例如：

宕开一	江开二	宕开三	咸开三	山开三
葬 tɕio꜂	桩 ꜀tɕyo	粮 ꜄lie	帘 ꜄lie	连 ꜄lie
仓 ꜀tɕʻio	窗 ꜀tɕʻyo	浆 ꜀tɕie	尖 ꜀tɕie	煎 ꜀tɕie
丧 ꜀so	双 ꜀ɕyo	枪 ꜀tɕʻie	签 ꜀tɕʻie	迁 ꜀tɕʻie
钢 ꜀ko	江 ꜀ko	障 tɕie꜂	占 tɕie꜂	战 tɕie꜂
康 ꜀kʻo	腔 ꜀tɕʻie	丈 ꜅dʑie	俭 ꜅dʑie	件 ꜅dʑie
杭 ꜄ɦo	巷 ɦo꜆	羊 ꜄ɦie	盐 ꜄ɦie	延 ꜄ɦie

七、鼻音韵尾只有一个[ŋ]，古深摄、臻摄、梗摄开口三等见系字今读[iaŋ]韵。例如：

	金深	斤臻	京梗	琴深	勤臻
北京	꜀tɕʻin	꜀tɕʻin	꜀tɕʻiŋ	꜄tɕʻin	꜄tɕʻin
上海	꜀tɕiŋ	꜀tɕiŋ	꜀tɕiŋ	dʑiŋ꜆	dʑiŋ꜆
平阳	꜀tɕiaŋ	꜀tɕiaŋ	꜀tɕiaŋ	꜄dʑiaŋ	꜄dʑiaŋ

八、古梗摄开口二等字和蟹摄开口二等字平阳瓯语同韵，昆阳、万全一带读[a、ia]韵，鳌江、萧江一带读[æ、iæ]韵；三四等帮端组舒声字读[eŋ]韵。例如：

	彭梗开二	排蟹开二	猛梗开二	买蟹开二	争梗开二	斋蟹开二
北京	꜄pʻəŋ	꜄pʻai	꜁məŋ	꜁mai	꜀tʂəŋ	꜀tʂai
上海	bã꜆	ba꜆	mã꜆	ma꜆	꜀tsã	꜀tsa
平阳	꜄ba	꜄ba	꜁ma	꜁ma	꜀tsa	꜀tsa

	兵梗开三,帮	岭梗开三,来	萍梗开四,并	丁梗开四,端
北京	꜀piŋ	꜁liŋ	꜄pʻiŋ	꜀tiŋ
上海	꜀piŋ	liŋ꜆	biŋ꜆	꜀tiŋ
平阳	꜀peŋ	꜁leŋ	꜄beŋ	꜀teŋ

九、声调分八类，平上去入依声母清浊各分阴阳；阴调类调值比阳调类高，入声不读短促音。例如：

	百	白	滴	敌	发	罚
北京	pai^{214}	pai^{35}	ti^{55}	ti^{35}	fa^{55}	fa^{35}
上海	$paʔ^{5}$	$paʔ^{2}$	$tieʔ^{35}$	$dieʔ^{2}$	$faʔ^{5}$	$vaʔ^{5}$
平阳	pa^{35}	ba^{213}	ti^{35}	di^{213}	$fɔ^{35}$	$vɔ^{213}$

十、古上声次浊声母平阳瓯语归阴上，和温州、瑞安等地瓯语不同。例如：

	米	李	吕	脑	你	眼
温州	阳上	阳上	阳上	阳上	阳上	阳上
瑞安	阳上	阳上	阳上	阳上	阳上	阳上
平阳	阴上	阴上	阴上	阴上	阴上	阴上

内部差异

瓯语内部一致性很强，但是差异还是不少。比如“一条鱼”，万全一带说“一根鱼”，量词用“根”，“鱼”音[ȵy]；鳌江一带说“一尾鱼”或“一头鱼”，量词用“尾”或“头”，“鱼”音[ŋ]或[ŋœ]。

瓯语内部差异最重要的是万全腔和鳌江腔的不同，万全腔指县城以北乡镇的瓯语，鳌江腔指县城以南鳌江下游乡镇的瓯语。主要区别有以下几点：

一、古通摄非敷奉舒声字，万全腔读[f]声母，鳌江腔读[h]声母。例如：

	风非	丰敷	冯奉	封非	峰敷	逢奉
万全腔	꜀foŋ	꜀foŋ	꜄voŋ	꜀foŋ	꜀foŋ	꜄voŋ
鳌江腔	꜀hoŋ	꜀hoŋ	꜄ɦoŋ	꜀hoŋ	꜀hoŋ	꜄ɦoŋ

二、古山摄、臻摄晓母字，万全腔读[ɕ]声母，鳌江腔北埠也读[ɕ]，南埠读[h]声母。例如

	欢山	楦山	血山	婚臻	勋臻	忽臻
万全腔	꜀ɕyœ	ɕyœ꜂	ɕyœ꜃	꜀ɕyœ	ɕyəŋ	ɕyœ
鳌江腔	꜀hyœ	hyœ꜂	hyœ꜃	꜀hyœ	꜀hyəŋ	hyœ꜃

三、古宕摄、山摄精组、照组浊母字，万全腔读零声母，和喻母同音；鳌江腔读[ʑ]声母，和喻母不同音。例如：

	墙——羊	床——王	上——样	禅——延
万全腔	=	=	=	=
鳌江腔	≠	≠	≠	≠

四、古效摄三四等字，万全腔和山摄开口三四等字同韵，鳌江腔不同韵。例如：

	表——扁	票——片	庙——面
万全腔	=	=	=
鳌江腔	≠	≠	≠

五、古梗摄开口二等字，万全腔读[a]韵，鳌江腔读[æ]韵。例如：

	猛	冷	省	硬	客	额
万全腔	꜁ma	꜁la	꜁sa	꜁ka	kʻa꜃	ŋa꜇
鳌江腔	꜁mæ	꜁læ	꜁sæ	꜁kæ	kʻæ꜃	ŋæ꜇

六、古遇摄一等、果摄一等疑母字，万全腔没有[u]韵，鳌江腔有[u]韵。例如：

	吴	吾	午	误	俄	蛾
万全腔	꜄ŋ	꜄ŋ	꜁ŋ	ŋ꜆	꜄ŋ	꜄ŋ
鳌江腔	꜄ŋu	꜄ŋu	꜁ŋu	ŋu꜆	꜄ŋu	꜄ŋu

七、古咸摄开口一等覃韵字，万全腔读[œ]韵，“潭”同“团”；鳌江腔[œ、e]两读，老派多读[e]韵，

“潭”同“台”。例如：

	探	男	南	鸽
万全腔	t‘œ˒	˭nœ	˭nœ	kœ˓
鳌江腔	t‘e˒	˭ne	˭ne	ke˓

八、古知系、见系字读细音的，鳌江腔比万全腔多。例如：

	吃	植	肝	休	兴	兄
万全腔	ts‘ʅ˓	dzʅ	˓kœ	˓sau	˓saŋ	˓soŋ
鳌江腔	tɕ‘i˓	dʑi˱	˓kyœ	˓ɕiau	˓ɕiaŋ	˓ɕioŋ

第三节　声韵调

声母

瓯语昆阳音有29个声母，包括零声母。

p波巴	p‘坡批	b婆皮	m磨母	f夫灰	v妇河
t多当	t‘拖梯	d驼地	n怒懦	l罗鲁	ts资知
ts‘此齿	dz迟治	s思诗	z词时	tɕ机支	tɕ‘欺超
dʑ奇长	ȵ年染	ɕ先双	ʑ全常	k关光	k‘巧开
g 隑衔	ŋ牙雅	h荒轰	ɦ咸黄	ø汪衣	

[p　p‘　t　t‘　k　k‘]是清塞音，[p　t　k]不送气，[p‘　t‘　k‘]送气。破裂性和送气程度都比较强。

[b　d　g　dz　d　ʑ]是浊塞音和浊塞擦音，有轻微的送气成分。

[m　n　ȵ　ŋ]是鼻音，阴调类声带较紧，不带浊流，阳调类声带较松，浊音浊流。边音[l]也有同样的情形。

[tɕ　tɕ‘　dʑ　ȵ　ɕ　ʑ]是舌面音，发音部位比北京稍前。[ʑ]声母字又读零声母。

[h]是喉擦音，发音部位比北京[x]声母稍后。[ɦ]是浊音喉擦音，同时代表阳调类零声母字元音同部位的浊擦成分。

韵母

瓯语昆阳音有32个韵母，包括自成音节的[ŋ]。

ʅ　字治知司	i　低批机易	u　波拖锁木
a　排太带硬	ia　争吉蔡益	o　忙当沙荒
io　仓作查壮	uo　邦花八录	œ　半团汉合
e　态台海刻	ie　边天强叶	ɛ　保刀草好
ɔ　班丹三甲	iɔ　脚产站约	ai　杯堆灰归黝
au　斗口沟欧	iau　九求走友	eu　丢豆手六
ieu　周秋仇酒	iu　左初肉竹	aŋ　分能心狠
iaŋ　金影庆认	eŋ　兵听静林	ieŋ　精郑清称
əŋ　唇云训顺	oŋ　朋通松公	ioŋ　穷中容永
ŋ　儿二五悟	y　都土水朱	yo　窗共足从
yœ　辽川月温	yəŋ　军群俊春	

[i　u　y]发音比北京松，[u　y]不圆唇，舌位略低。

[a]的实际发音部位略高。

[o]的舌位比北京略低，略后。

[yœ]韵的[œ]舌位略高，接近[ø]。

[ie]韵[e]比单元音[e]略低，接近[ɛ]。

[ɛ]的舌位偏后。

[aŋ]韵里[a]的舌位比[ai]韵里的[a]稍后，实际音值是[A]。

[əŋ　yəŋ]韵也读[ən　yən]，韵尾鼻音自由变读。

自成音节的鼻音还有[m̩　n̩]，如“妈妈”口语说[m̩ma]。“没有”口语说[nau]，也说[n̩nau]。

声调

瓯语昆阳音单字调有8个调类。

调类	调值	例字	调类	调值	例字
阴平	44	刀波当川	阳平	21	桃婆唐泉
阴上	54	岛补党犬	阳上	243	道部宕赵
阴去	42	到布冻劝	阳去	11	盗步荡召
阴入	35	得北答出	阳入	213	特别夺掘

上声调值比较短促，收音时有紧喉感，阴上是高降短调，阳上是低升降短调。

入声不读短促音，不带喉塞尾。

儿化、轻声和变调

儿化　瓯语“儿”读[ŋ^{21}]，儿化的读音变化大致分为两类：

一、原音节加[ŋ]变读鼻尾韵入声调，表示名词后缀。例如：

孙sœ^{44} — 孙子sœŋ^{35}　　篮lɔ^{21} — 篮子lɔŋ^{213}

头deu^{21} —头子deŋ^{213}

兔t‘y^{42} — 兔子t‘yœŋ^{35}

二、“儿”自成音节，变读阳入调，表示小称。例如：

鞋ɦa^{21}—小鞋子ɦa^{21}ŋ^{213}　篮lɔ^{21}—小篮子lɔ^{21}ŋ^{213}

鸡tɕi^{44}—小鸡儿tɕi$^{44-42}$ŋ^{213}

被bi^{243}—小被子bi$^{243-21}$ŋ^{213}

轻声　瓯语读轻声的音节大致有如下几类：

一、叠音词前轻后重。例如：

兜兜(口袋)tau^{0} tau^{44}　脚脚(脚)tɕiɔ^{0} tɕiɔ^{35}
密密(常常)mie^{0} mie^{35}
统统(全部)t'oŋ^{0} t'oŋ^{54}
洗洗光生(洗洗干净)si^{0}si^{54} ko^{44} sa^{44}
讲讲灵清(讲讲清楚)ko^{0}ko^{54} leŋ^{21} tɕ'ieŋ^{44}

二、前缀"阿"和后缀"里"读轻声。例如：

阿公a^{0}koŋ^{44}　阿婶a^{0}saŋ^{54}
阿明a^{0}meŋ^{21}　阿谁a^{0}zy^{21}
屋里 u^{35}li^{0}　田里die^{21}li^{0}
床里 ʑyo^{21}li^{0}　桌里tɕyo^{35}li^{0}

三、动词后面的单音趋向补语、人称代词后面表复数的"仂"也读轻声。例如：

上来 ʑie^{243}li^{0}　落去(下去)lo^{213}k'i^{0}
坐落(坐下)zo^{243}lo^{0}　捆起(捆起来)k'aŋ^{54} tɕ'i^{0}
我仂(我们)ŋ^{54} le^{0}　你仂(你们)ȵi^{54}le^{0}
该仂(这些)ke^{35} le^{0}　许仂(那些)hai^{54}le^{0}

四、时态助词、结构助词和语气词也经常读轻声。例如：

徛 ɦau^{0}讲(站着说)　横 ɦau^{0}睏(横着睡)
吃 gɔ^{0}走(吃了走)　洗gɔ^{0}着(洗了穿)
我gi^{0}笔(我的笔)　你gi^{0}书(你的书)
该人你识va^{0}(这个人你认识吗？)

变调　瓯语两字连读时，前字多数变调。如"心理"，"心"字原调是高平调44，但"心理"读如"信理"，"心"字变读降调42。"心理"的变调格式可以写成saŋ$^{44-42}$li^{54}。下面是各调类连读的变调规律。

一、阴平，在平声、去声前读原调；在上声、入声前变42，跟阴去调值相同。例如：

阴平＋阴上　工厂koŋ$^{44-42}$tɕ'ie^{54}
　　天井t'ie$^{44-42}$tɕieŋ^{54}
阴平＋阳上　公社koŋ$^{44-42}$zi^{243}
　　师范sɿ$^{44-42}$vɔ^{243}
阴平＋阳入　方法fɔ$^{44-42}$fɔ^{35}
　　山脚sɔ$^{44-42}$tɕiɔ^{35}
阴平＋阳入　消毒ɕyœ$^{44-42}$du^{213}
　　商业ɕie$^{44-42}$ȵie^{213}

二、阳平，在上声、入声前读原调；在平声前变11，跟阳去调值相同；在去声前变213，跟阳入调值相同；在去声前变213，跟阳入调值相同。例如：

阳平＋阴平　平安beŋ$^{21-11}$œ^{44}
　　良心lie$^{21-11}$saŋ^{44}
阳平＋阴平　皮球bi$^{21-11}$dʑiau$^{21-13}$
　　红旗ɦoŋ$^{21-11}$dʑi$^{21-13}$
阳平＋阴去　奇怪dʑi$^{21-213}$ka^{42}
　　芹菜dʑiaŋ$^{21-213}$tɕ'e^{42}
阳平＋阴去　蚕豆ʑœ$^{21-213}$deu$^{11-21}$
　　桃树dɛ$^{21-213}$zy$^{11-21}$

三、阴上，在平、上、去、入各调前都变42，跟阴去调值相同。例如：

阴上＋平声　火车fu$^{54-42}$tɕ'io^{44}
　　嘴唇tɕy$^{54-42}$zəŋ^{21}
阴上＋上声　草纸tɕ'ɛ$^{54-42}$tɕi^{54}
　　改造ke$^{54-42}$zɛ^{243}
阴上＋去声　讨厌t'ɛ$^{54-42}$ie^{42}
　　草帽tɕ'ɛ$^{54-42}$mɛ^{11}
阴上＋入声　粉笔faŋ$^{54-42}$pie^{35}
　　火药fu$^{54-42}$ɦiɔ^{213}

四、阳上，在阴平、阴入、阳入前读原调；在阳平、上声、去声前变21，跟阳平调相同。例如：

阳上＋阳平　象棋ʑie$^{243-21}$dʑi^{21}
　　肚脐dy$^{243-21}$zi^{21}
阳上＋阴上　道理dɛ$^{243-21}$li^{54}
　　淡水dɔ$^{243-21}$sy^{54}
阳上＋阳上　犯罪vɔ$^{243-21}$zai^{243}
　　舅父dʑiau$^{243-21}$vu^{243}
阳上＋阴去　断气dœ$^{243-21}$ tɕ'i^{42}
　　善意ʑie$^{243-21}$i^{42}
阳上＋阳去　社会zi$^{243-21}$vai^{11}
　　部队bu$^{243-21}$dai^{11}

五、阴去，在阴平、上声、去声前读原调；在阳平前变44，跟阴平调值相同；在入声前变54，跟阴上调值相同。例如：

阴去＋阳平　教员kɔ$^{42-44}$yœ$^{21-34}$
　　酱油tɕie$^{42-44}$iau$^{21-34}$
阴去＋阴入　信壳saŋ$^{42-54}$k'o^{35}
　　契约tɕ'i$^{42-54}$iɔ^{35}
阴去＋阳入　菜碟tɕ'e$^{42-54}$dyœ^{213}
　　放学fɔ$^{42-54}$ɦo^{213}

六、阳去，在平、上、去、入各调前都变21，跟阳平调值相同。例如：

电灯 die$^{11-21}$taŋ^{44}　　面盂 mie$^{11-21}$ɦy^{21}
豆饼 deu$^{11-21}$peŋ^{54}　　现在 ɦie$^{11-21}$ze^{243}
饭店 vɔ$^{11-21}$tyœ^{42}　　电话 die$^{11-21}$ɦuo^{11}
料作 lyœ$^{11-21}$tɕio^{35}　　树叶 zy$^{11-21}$ɦie^{213}

七、入声，在平、上、去、入各调前都变轻声，阴入稍高，实际调值为3，阳入稍低，实际调值为2。例如：

雪花　ɕyœ$^{35-3}$huo^{44}　　竹头　tɕiu$^{35-37}$deu^{34}
屋顶　u$^{35-3}$teŋ^{54}　　接近 tɕie$^{35-3}$dʑiaŋ^{234}
切菜　tɕʻie$^{35-3}$tɕʻe^{42}　　铁路 tʻie$^{35-3}$ly^{11}
出血　tɕʻyœ$^{35-3}$ɕyœ^{35}　　复杂 fu$^{35-3}$zœ^{213}
肉丝　ȵiu$^{213-2}$sɿ^{44}　　白糖 ba$^{213-2}$do$^{21-13}$
局长　dʑyo$^{213-2}$tɕie^{54}　　白象 ba$^{213-2}$ɦie^{243}
杂费　zœ$^{213-2}$fi^{42}　　疾病 za$^{213-2}$beŋ^{11}
蜡烛　lɔ$^{213-2}$tɕyo^{35}　　特别 de$^{213-2}$bie^{213}

八、后字变调主要是阳平和阳去两个调类。分别说明如下：

（一）阳平，在阴平、阴去、阴入后面变34，近似阴入调值；在阳平、阳入后面变13，近似阳入的调值。例如：

阴平＋阳平　　冰糖 beŋ^{44}do$^{21-34}$
　　　　　　　光荣 ko^{44}ɦioŋ$^{21-34}$
阴去＋阳平　　戏台 si$^{42-44}$de$^{21-34}$
　　　　　　　壮年 tɕio$^{42-44}$ȵie$^{21-34}$
阴入＋阳平　　剥皮 puo$^{35-3}$bi$^{21-34}$
　　　　　　　铁床 tʻie$^{35-3}$ɦyo$^{21-34}$
阳平＋阳平　　红旗 ɦoŋ$^{21-11}$dʑi$^{21-13}$
　　　　　　　厨房 dʑy$^{21-11}$vɔ$^{21-13}$
阳入＋阳平　　毒蛇 du$^{213-2}$zi$^{21-13}$
　　　　　　　麦芒 ma$^{213-2}$mo$^{213-13}$

（二）阳去，在平声后面变21，跟阳平调相同。例如：

阴平＋阳去　　军队 tɕyəŋ^{44}dai$^{11-21}$
　　　　　　　天地 tʻie^{44}di$^{11-21}$
阳平＋阳去　　绸缎 dʑieu$^{21-213}$dœ$^{11-21}$
　　　　　　　长命 dʑie$^{21-213}$meŋ$^{11-21}$

第四节　昆阳音系同音字汇

字汇以韵母为序，韵母次第和韵母表相同。同韵的字以声母为序，声母次第和声母表相同。声韵相同的字以声调为序，用阿拉伯数字①~⑧分别代表阴平、阳平、阴上、阳上、阴去、阳去、阴入、阳入八个声调。字下加单线的是白话音，加双线的是文读音。浪线“～”代表所注的字。写不出字的音画方框口，随后加注，浪线“～”代表所注的字。

ɿ

ts　①知蜘之芝脂资姿兹滋 ③旨指止址趾子紫姊～妹 ⑤志痣至致置 ⑦只～有
tsʻ　①雌疵痴 ③此耻齿 ⑤次刺翅眙看
dz　②迟驰 ④痔 ⑥治
s　①师筛狮尸斯撕施梳诗思私司丝 ③史驶使始死 ⑤四肆试
z　②词祠饲慈糍时鲥匙瓷嗜辞 ④市柿士仕是尔似巳祀 ⑥字自氏事寺视示而

i

p　③比彼毙枪～ ⑤闭蔽鄙秘泌痹
pʻ　①批披风③譬 ⑤屁
b　②皮疲脾枇琵肥 ④被棉～ ⑥备避币弊蓖被～动
m　①眯咪 ②迷谜糜弥 ③米 ⑥未 味
f　①非菲飞 ③匪徒 ⑤肺费废痱
v　②微薇肥 ④尾 ⑥未 味
t　①低爹媳妇叫公公为阿～ ③底抵 ⑤帝蒂 ⑦的滴嫡
tʻ　①梯 ③体替 ⑤涕剃 ⑦踢剔
d　②堤提啼蹄题 ④弟第 ⑥地隶～属棣递 ⑧敌迪笛狄涤
l　②厘狸犁梨黎离篱璃来 ③李礼里理鲤 ⑥利痢例吏丽励厉泪隶～书 ⑧力
s　①希稀西犀赊奢熙嬉 ③洗写喜舍玺 ⑤世细卸戏泻势婿赦 ⑦式惜昔适识释锡薛设媳熄息饰摄悉啬
z　②徐齐脐蛇荠斜邪 ④社籍寂 ⑥谢逝誓射 ⑧石食席
tɕ　①基鸡机讥饥羁几～乎猪遮支枝肢 ③几己纸煮姐小～⑤济剂际记计祭蔗冀寄既制借继纪 ⑦积职织绩迹脊只船～
tɕʻ　①溪欺妻凄栖车水～③起启企又读岂且鼠 ⑤气汽器弃契 ⑦吃戚辑斥尺赤
dʑ　②其期旗奇骑棋麒妓技企又读池 ④苎滞 ⑥忌箸 ⑧直值植殖

ȵ　③你 ⑤腻
kʻ　⑤去
g　②他
ɦ　②移爷夷姨怡贻系奚肄 ⑥夜 ⑧译亦易逸翼液腋异遗~留
ø　①衣依伊医 ③椅已 ⑤意亿忆以 ⑦一~个

u

p　①波玻 ③补谱 ⑤布播怖
pʻ　①坡铺~床 ③普浦颇 ⑤破铺店~⑦扑 朴踣匍
b　②婆葡菩蒲 ④部簿 ⑥步埠捕孵 ⑧□皮肤被虫咬后起的块儿
m　②磨~墨模摩魔 ④母某姆保~ ⑥磨石~戊墓慕暮募幕 ⑧木目牧
f　①夫孚俘敷呼肤麸孵 ③府俯腑斧火伙虎浒甫弗 ⑤付富副赴傅货赋辅 ⑦福幅复腹覆 ②符荷何和湖糊蝴禾狐弧葫壶无毋浮 ④父妇负舞祸户沪侮武鹉 ⑥贺附腐务雾互握护 ⑧伏服
t　①多 ⑤剁 ⑦督笃
tʻ　①拖 ③妥 ⑦秃又读
d　②陀驼徒~弟驮 ④舵惰堕 ⑥大 ⑧毒~药 独读牍
n　②奴努 ③弩懦 ⑥怒糯
l　①噜~哧 ②罗箩锣 ③鲁橹裸虏掳 ⑥撸摞睩趗 ⑧陆鹿禄
s　①疏蔬梭梳哧噜~靴 ③琐锁数动词 ⑤数~字素 ⑦叔肃旭宿速蓄畜~牧
z　⑥助座 ⑧孰熟又读辱褥族
k　①姑哥歌锅孤戈辜估 ③古鼓果裹股 ⑤故固顾雇过锯又读 ⑦谷
kʻ　①枯~燥柯轲科蝌颗窠棵估又读 ③苦 ⑤课库裤 ⑦器酷
ŋ　②吴又读鹅又读俄又读蛾又读 ⑥误又读悟又读龌饿卧
ø　①乌污窝燕~ ⑤恶可~ 屙~屎 ⑦屋龌

y

t　①都 ⑤肚猪~赌堵妒
tʻ　③土吐~痰 ⑤兔吐~泻
d　②图涂途徒~弟 ④肚杜屠 ⑥度渡镀
l　②卢炉芦 ③吕旅屡卤盐~ ⑥路类露虑滤
s　①书虽须需舒虚输绥苏尿 ③水许~多 ⑤岁恕絮税诉塑卉暑季素吃~
z　②如谁儒隋随遂 ④序竖叙汝聚乳绪署 ⑥树瑞
tɕ　①朱珠株蛛诛诸规~定俱龟车~马炮居拘驹租追 ③主举嘴鬼祖矩 ⑤注驻著句贵桂扰季锯铸醉蛀
tɕʻ　①吹炊趋区枢驱粗 ③取娶 ⑤趣处醋去
dʑ　②除渠炬垂储槌锤厨 ④跪柱拒 ⑥住具惧柜距巨
ȵ　②危鱼渔伪愚 ③女语 ⑥寓公~御遇
ɦ　②俞余为唯维帷伟违围盂 ⑥喻愉位胃惠卫誉预谓裕
ø　①威於于 ③雨羽宇禹与尉 ⑤喂

a

p　①绷粽~ ③摆 ⑤拜 ⑦不百柏伯迫北爸攽
pʻ　①烹椁文旦 ⑤破派 ⑦拍帕魄魂~掰
b　②彭膨排牌 ④蚌罢完成时 ⑥败 ⑧白
m　①妈 ②盲虻迈 ③买孟猛 ⑥卖 ⑧埋~葬麦脉陌
f　①□煮烂 ⑦沸拂
v　①歪 ②淮怀~抱横槐 ⑥坏外 ⑦溉揾溺水 ⑧物划或佛
t　③打 ⑤带戴
tʻ　①拖跛 ⑤太泰 ⑦脱
d　⑥大 ⑧敓夺取
n　①奶乳,乳房③乃奶 ⑥奈耐
l　③冷 ④两~个 ⑥赖 ⑧捋
s　①生甥牲 ③省驶 ⑤帅晒 ⑦吸失室湿虱瑟率蟀
z　②柴豺 ⑥柴瘦 ⑧实习十拾集入疾袭日
k　①街皆阶庚耕羹更三~半夜 ③解~放拐哽耿鲠梗 ⑤怪介戒界芥疥届更~加解~押 ⑦客革隔格塥
kʻ　①坑铅又读 ③楷卡 ⑤快筷 ⑦客给
g　②□怀里 ⑧搿挡住
ŋ　②鹗老~ ⑥硬 ⑧额
h　①亨哈 ③蟹
ɦ　②行~走鞋 ⑥械懈行品~
ø　①挨埃 ③杏幸矮 ⑦也

ia

tɕ　①争睁斋差不够筝 ⑤债睁 ⑦吉急级摘激击执卒责汁质橘给
tɕʻ　①撑~雨伞钗差出~ ⑤蔡□霸占 ⑦策册拆迄七漆吃
dʑ　②争~夺 ⑥寨争口角 ⑧及秩剧极宅泽择侄
ȵ　⑧日又读,牛~逆溺匿
ø　⑦一益乙

o

m　①妈嬷阿~,女保姆 ②麻忙茫么嬷大~,伯母 ③马蚂码

⑥骂 ⑦摸嬷阿~，年长妇女瞙失明 ⑧莫袜
t ①当应~铛裆 ③党朵躲挡 ⑤当典~
t‘ ①汤 ③倘躺 ⑤烫趟 ⑦托
d ②唐糖塘搪堂棠 ④宕荡再次清洗 ⑥荡 ⑧铎
n ⑤囊 ⑦挼起绉
l ②郎狼螂廊晾~衣裳 ③朗稀疏 ④浪晃荡 ⑥浪波~
⑧洛落烙乐快~络活~
s ①沙纱丧桑蓑 ③所爽嗓洒 ⑤丧~失 ⑦索
z ②藏斜 ④坐 ⑥藏西藏昨脏 ⑧凿
k ①光江缸家刚钢冈岗肛加嘉佳 ③讲假贾广港
⑤驾架降绛杠价嫁稼假放~ ⑦各角觉阁郭搭担~
k‘ ①康糠慷 ③可 ⑤抗扩矿旷囥藏 ⑦壳确
g ②搁~工 ④䆟缝隙 ⑥搁架起来
ŋ ②牙芽③瓦雅昂 ⑥砑不平 ⑧岳鹤鹗腭愕乐音~
h ①荒慌谎虾 ③閅把高悬的东西放下来 ⑦霍吓
ɦ ②黄璜簧皇蝗隍凰杭航行银~霞 ⑥夏巷旺
⑧学镬锅嚄
ø ①汪蛙桠肮~脏鸦 ③下项哑汪稀松 ⑤亚下一~
⑦握恶

io

tɕ ①庄装渣脏臧 ③扭拿来 ⑤壮葬炸又读诈榨 ⑦作
tɕ‘ ①仓苍舱车差~不多叉 ⑤创 ⑦错
dʑ ②查茶

uo

p ①巴疤帮邦 ③把榜绑磅 ⑤坝霸把~柄 ⑦八剥
驳博搏~斗
p‘ ⑤怕 ⑦朴厚~
b ②爬琶耙杷旁傍罢~免 ⑧薄泊瀑~布
l ②龙 ③垅又读 ⑧绿录
k ①瓜 ③寡 ⑤卦挂褂
k‘ ①夸 ⑤跨
h ①花 ⑤化
ɦ ②华划~船 ⑥话画 ⑧撶

yo

tɕ ①钟锺桩恭拲搞 ③肿种~子 ⑤种~地苗供纵
⑦足烛卓桌捉
tɕ‘ ①窗匡筐 ③闯宠恐 ⑦曲弯~触~电戳
dʑ ②狂重~复 ④重 ⑥共状撞 ⑧浊属蜀镯
ȵ ②浓 ⑧玉狱
ɕ ①凶匈胸双霜 ⑤况□用脚往下踢 ⑦朔缩粟束
ʑ ②从床 ⑥颂诵讼 ⑧俗续赎
ɦ ②王 ⑥用佣 ⑧欲浴
ø ③勇往涌 ⑤壅粪便

œ

p ⑤半 ⑦钵拨
p‘ ①潘 ⑤判泮 ⑦泼~辣
b ②盘般搬盆 ④拌伴叛 ⑥膊包工 ⑧勃脖
m ②瞒鳗 ③满 ⑥鞔扪漫又读，硬币的一面 ⑧没末沫
t ①端敦墩 ③短 ⑤断判~锻 ⑦掇端，~饭
t‘ ①吞贪 ③探嗅 ⑤探 ⑦脱
d ②团屯臀潭 ④断~绝囤谷~ ⑥段缎钝 ⑧夺突
n ②男南喃 ③暖 ⑥嫩 ⑧纳
l ②峦栾孪銮 ③屭卵 ⑥乱论 ⑧粒
tɕ ①尊砖钻 ⑤钻金钢~ ⑦椊塞
tɕ‘ ①村参~加氽③惨忖 ⑤寸
s ①酸孙闩 ③损 ⑤算蒜逊 ⑦刷
z ②存蚕 ⑧杂复~
k ①甘柑干~燥肝竿 ③赶杆秆敢感 ⑤干~部 ⑦鸽割
k‘ ①刊堪 ③砍款 ⑤看坎 ⑦咳渴
ŋ ⑧玩
h ①酣蚶 ③罕 ⑤汉 ⑦喝
ɦ ②寒翰韩 ④旱 ⑥汗 ⑧合~作盒核
ø ①安鞍恩 ⑤按案暗 ⑦褐厄呃

yœ

p ①标彪膘肥肉 ③表裱
p’ ① 飘漂~亮 ③漂~白 ⑤票
b ②瓢嫖
m ②苗描 ③秒渺藐 ⑥庙缪妙
t ①貂雕刁碉 ③点典碘 ⑤店吊钓窎
t‘ ①挑添 ③挑~选舔掭 ⑤跳 ⑦帖贴
d ②条甜 ④簟软~ ⑥掉垫座~调 ⑧叠蝶牒碟迭
l ②辽~宁嘹疗聊寮 ③了~解 ⑥料 ⑧略掠猎
tɕ ①招昭焦蕉娇骄捐涓专浇椒 ③转缴卷~心菜
⑤照叫卷考~眷 ⑦决诀拙
tɕ‘ ①川超穿圈跷 ③犬 ⑤劝券翘串 ⑦出缺屈
dʑ ②朝潮权桥侨传~单 ④赵兆肇 ⑥轿召倦
传水浒~ ⑧拙倔掘
ȵ ②元原源沅 ③软绕 ⑥愿 ⑧月
ɕ ①肖消霄宵硝宣萧箫销嚣烧婚又读昏又读黄~
荤又读欢又读 ③选小少多~ ⑤笑少~年唤焕楦

⑦雪恤血忽说小~

k ①观官冠鸡~ ③管馆 ⑤贯灌罐观道~冠~军 ⑦国骨

k‘ ⑤睏睡 ⑦窟

h ①婚昏荤欢⑤唤焕⑦血又读忽又读

ɦ ②完丸员缘园圆悬魂玄姚摇谣窖遥 ④援缓袁 ⑥院县绍鹞鸢邵旋 ⑧穴阅悦粤

ø ①温冤渊鸳瘟腰要~求妖幺~二三 ③远碗豌婉腕稳 ⑤怨要主~

e

m ⑧墨又读默又读

t ⑤戴 ⑦德得

t‘ ①胎台~州 ⑤态贷 ⑦奆盖

d ②台抬苔鲜~ ④待 ⑥代袋岱怠 ⑧特

n ②南又读男又读喃又读⑧日

l ②来莱 ⑧劣肋勒

tɕ ①灾栽 ③宰 ⑤再载 ⑦则仄平~

tɕ‘ ①猜 ③彩彩睬 ⑤菜 ⑦厕测~试恻侧

s ⑤赛塞要~ ⑦色塞~住

z ②才材财裁 ④在 ⑥儎~车，船的容积 ⑧贼

k ①该应~ ③改 ⑤盖概又读 ⑦该~日，今天

k‘ ①开 ③凯恺 ⑤溉慨概 ⑦刻克□拣起来

g ④徛站，立

ŋ ②呆 ③蔼 ⑥碍艾

h ③海 ⑦黑

ɦ ④亥孩 ⑥害

ø ①哀 ⑤爱暗又读

ie

p ①边编鞭③扁匾贬⑤变遍⑦必笔泌~汗毕逼壁璧

p‘ ①偏篇 ⑤片骗 ⑦匹僻劈撇躄

b ④辩辨辫 ⑥便 ⑧别

m ②棉绵眉楣媚眠 ③免勉娩缅 ⑥面 ⑧灭觅密蜜蔑篾

t ①颠癫

t‘ ①天 ⑦铁

d ②田填钿铜~ ⑥电殿奠

l ②良粮凉连恋梁粱联莲帘怜廉镰量~刑 ③脸殓辆两斤~ ⑥亮谅炼练量数~ ⑧立历律列烈栗溧

tɕ ①章樟障保~张姜疆僵兼尖肩煎将~来詹沾毡 ③涨潮~长成~掌展奖蒋茧剪检者 ⑤账帐胀涨见箭剑建荐将大~酱战占霸~仗打~ ⑦节结接即洁浙哲揭劫折摺

tɕ‘ ①千歼牵迁谦昌枪腔签 ③厂浅歉遣抢强勉~ ⑤欠唱倡畅 ⑦切砌

dʑ ②长强钱钳场肠乾~坤 ④丈杖件俭 ⑥健贱 ⑧杰彻捷□掷

ȵ ①粘研孃姑妈黏 ②娘言年严碾□祖母 ③染仰议蚁谊 ⑥验念让 ⑧热业聂孽

ɕ ①先仙鲜轩香相互~箱厢乡商襄湘 ③想险显响享癣鲞陕 ⑤线献宪扇向相苋 ⑦歇

ɦ ②羊洋烊炎焰阎杨阳扬盐贤檐延蜒沿降投~ ④象像橡善膳⑧叶协舌涉折~本

ø ①央秧殃淹烟蔫 ③养野演痒也 ⑤厌燕咽嫌宴晏艳

ɛ

p ③保堡宝 ⑤报

b ②袍 ④抱阜 ⑥暴爆

m ②毛谋孬不好 ③亩瞀无能 ⑥帽冒茂贸懋

f ③否

v ②浮 ④阜又读

t ①刀 ③岛捣倒打~祷 ⑤到倒~水

t‘ ①滔韬 ③讨 ⑤套

d ②桃逃陶涛 ④道~士稻 ⑥盗~窃导

n ③脑恼

l ①捞涝 ②劳牢 ③老佬

ts ①糟遭脏肮~ ③早枣蚤 ⑤灶躁

ts‘ ①操草~率 ③草 ⑤糙操曹~

s ①骚臊 ③嫂 ⑤扫燥

z ②曹槽 ④造皂

k ①高羔糕膏 ③稿 ⑤告

k‘ ①烤 ③考 ⑤靠

g ⑥隑斜倚

ŋ ②敖鳌 ⑥傲

h ①蒿蓬~ ③好 ⑤好爱~耗

ɦ ②豪毫 ④浩灏 ⑥号

ø ①熬烧菜爊 ③袄 ⑤奥懊奡澳

ɔ

p ①班斑包胞颁扳 ③板版饱 ⑤扮豹

p‘ ①抛~弧线攀盼 ③跑⑤泡炮

b ②爿柴~瓣旁 ④鲍棒 ⑥办 ⑧拔

m　①猫 ②蛮矛茅锚 ③卯晚~稻 ⑥慢貌万
f　①番蕃又读翻方芳 ③反返访纺 ⑤放贩泛 ⑦法发
v　①湾弯 ②还环凡帆亡忘宧房防烦繁藩蕃 ③晚挽幻　④犯范 ⑥饭万望换 ⑧乏活伐滑罚阀
t　①单丹耽担~任 ③胆掸 ⑤旦担重~诞 ⑦搭
t‘　①坍滩摊瘫他它 ③坦平~毯 ⑤叹炭 ⑦塔塌獭脱又读
d　②谈痰谭坛檀弹~琴 ④淡 ⑥但蛋弹子~ ⑧达踏闼店~
n　②难 ③那 ⑥闹难苦~⑧拿捺按住
l　①拉喇刺 ②兰栏拦篮蓝 ③览揽榄懒 ⑥烂滥癞 ⑧辣蜡腊
s　①山三衫杉删栅珊稍梢筲飕 ③伞散松~晓 ⑤散~会 ⑦杀煞萨闪~电杀~车
z　②馋 ④潺水~ ⑧弱若闸嚼铡
k　①关间房~奸艰交胶郊监牢~ ③简减较狡绞柬拣拣挍玩儿 ⑤教鉴惯酵又读校~对监太~ ⑦甲夹刮括
k‘　①宽敲骹 ③巧舰槛 ⑤嵌 ⑦恰阔掐
g　②衔 ⑥掼扔掉 ⑧轧挤
ŋ　②颜岩涯癌 ③咬眼 ⑥雁
h　③喊□秕谷 ⑤孝酵 ⑦喝 謊瞎
ɦ　②咸嫌闲函涵 ④限效 ⑥校陷 ⑧狭洽匣辖
ø　①凹 ⑤拗 ⑦压鸭押

iɔ

tɕ　①抓 ③找爪盏斩崭 ⑤赞蘸笊~篱罩站马~，地名 ⑦脚着~衣扎爵
tɕ‘　①餐抄钞搀 ③吵炒訬产铲 ⑤灿谶诅咒 ⑦察擦插雀隙鹊却
dʑ　②残惭巢 ⑥站栈暂□错误 ⑧着~火
ȵ　②尧饶 ③鸟 ⑤尿~素 ⑥念~经 ⑦捏 ⑧箬~笠
ɕ　③晓又读 ⑦削又读
ɦ　⑧药
ø　⑦约

ai

p　①杯悲碑卑背~包 ⑤背辈贝
p‘　①坯胚 ⑤配沛
b　②培陪赔 ④倍 ⑥背~书焙佩裴
m　①娒小孩儿 ②梅煤媒霉玫 ③每美尾枚 ⑥妹昧袂魅 ⑧墨默
f　①灰徽挥又读覅不要，别 ③贿毁 ⑤悔晦
v　①煨~罐 ②回桅 ③委萎尉又读 ⑤□厌弃 ⑥会开~汇绘
t　①堆 ③㧑拉，拽 ⑤对碓水~
t‘　①推 ③腿 ⑤退褪煺
d　②颓 ⑥兑~酒队
n　②挼用力搽揉 ⑥内
l　①鑗钻 ②雷擂~台蕾 ③累儡垒 ⑥泪□~倒擂滚
tɕ　③繓结子 ⑤醉最
tɕ‘　①崔催摧 ③脆 ⑤翠
s　①衰 ③碎小 ⑤碎粉~
z　④罪 ⑥锐睡
k　①归回~ ⑤个会~计瑰刽
k‘　①亏奎恢盔魁 ⑤块愧
g　⑥溃
ŋ　⑥饿魏

au

t　①兜篼 ③斗抖蚪陡 ⑤斗~争
t‘　①偷 ③敨~开 ⑤透
d　②投 ⑥脰窦□用毒药，~虫
n　④冇没有
l　①锼挖洞，钻孔 ②楼 ③搂篓 ⑥漏陋
s　①搜休又读 ③叟瘦朽又读 ⑤嗽
z　②愁
k　①勾沟钩 ③狗苟垢油~ ⑤够构购媾
k‘　①箍 ③口 ⑤扣叩寇蔻
g　②□刮，刨 佝屈身 ④厚
ŋ　②牛 ③偶藕
h　①佝驼背 ⑤鲎虹吼□重重地打
ɦ　②侯喉猴 ④厚 ⑥候
ø　①欧瓯殴呕 ③后 ⑤压 □应答声

iau

tɕ　①纠鸠邹勼 ③九久韭走 ⑤救究奏
tɕ‘　①丘邱 ③搊乞讨⑤凑
dʑ　②求球虬 ④舅臼又读咎 ⑥旧骤
ȵ　①扭 ③钮纽 ⑥□哪里
ɕ　①休又读 ③朽又读 ⑤嗅
ɦ　②尤犹由邮游 ⑥又右佑诱
ø　①优幽幼忧悠 ③友有

eu

t　①丢
d　②头骰~子 ⑥豆痘

l ①溜 ②刘留流琉硫榴 ③柳 ⑧六
s ①收修羞 ③手首守 ⑤秀绣锈兽宿星~
z ②泅 ④受 ⑥寿袖授绶 ⑧就熟又读

ieu

tɕ ①周舟州洲揪 ③酒帚 ⑤咒昼
tɕʻ ①秋抽 ③丑 ⑤臭
dʑ ②仇畴筹绸酬囚售柔
ø ⑦育毓役疫域

iu

tɕ ③左佐组阻 ⑤做 ⑦菊竹祝筑粥
tɕʻ ①初搓 ③楚础 ⑤锉~刀 ⑦促畜~牲 曲酒~
dʑ ⑧轴逐躅震动，摇撼
ȵ ⑧肉

aŋ

p ①奔~跑 ③本 ⑤奔~头
pʻ ①喷 ⑤喷~香
b ②坌灰尘飞扬 ⑥笨
m ②门蚊 ⑥闷问
f ①分芬纷 ③粉 ⑤奋粪
v ②文纹坟蚊 ④愤吻刎焚忿 ⑥混浑份问闻
t ①登灯 ③等凼水~ ⑤顿吨凳扰刺杀
tʻ ⑤瞪蜕~皮
d ②腾藤滕誊饨 ③断 ⑥邓遁丢失
n ②能人③暖
l ②轮~船仑伦沦 ③卵蛋
s ①申~请伸新薪身心深琛森参人~辛兴时~欣掀 ③审婶沈讯迅 ⑤信渗~透兴高~
z ②神仁寻辰晨层人 ④尽肾甚贶 ⑥任赠慎
k ①跟昆又读 ③滚盖 ⑤棍滚大声谩骂
kʻ ①坤啃昆 ③肯垦恳捆 ⑤困
h ③很狠□努力
ɦ ②恒 ⑥恨痕

iaŋ

tɕ ①今金京惊津襟荆筋径斤巾珍诊曾姓增憎真斟 ③紧景颈锦枕 ⑤竟境镜进禁敬径晋浸镇振震警
tɕʻ ①轻氢钦卿亲 ⑤庆侵衬趁乘~车寝
dʑ ②陈秦勤琴芹沉尘臣禽擒 ④逝赚 ⑥仅竟曾陈谨
ȵ ②银迎吟宁壬任姓 ③忍 ⑥认
ɕ ①兴又读欣又读掀又读 ⑤兴高~
ɦ ②形型刑寅盈赢羸颖颍
ø ①因姻英庆音殷蝇鹰阴膺婴缨樱 ③引饮影隐 ⑤印应答~

eŋ

p ①兵宾槟殡冰彬 ③丙饼秉禀 ⑤柄併
pʻ ①乒 ③品 ⑤拼聘
b ②平评坪萍频贫凭瓶屏 ④并~且 ⑥病
m ②民明名铭鸣盟 ③敏皿冥螟闽闵悯抿□紧合 ⑥命
t ①丁钉疔 ③顶鼎 ⑤订钉动词
tʻ ①听厅汀 ③艇挺 ⑤听打~
d ②停亭庭廷 ④锭淀沉~ ⑥定
l ①拎 ②林淋琳凌陵菱铃玲零龄麟鳞灵临 ③领岭凛 ⑥令另吝繗缝纫
s ①星腥猩升惺声 ③醒省反~ ⑤胜~利姓性圣
z ②成城诚丞承乘绳晴情仍 ④静靖 ⑥盛净

ieŋ

tɕ ①精睛晶贞侦徵蒸正~月征 ③整井 ⑤正政证症
tɕʻ ①青清晴称名~ ③请 ⑤秤称相~
dʑ ②呈程澄惩 ⑥郑剩

əŋ

v ②云匀 ③允 ⑤韵孕 ⑥运晕闰
s ③笋 ⑤殉训舜瞬峻峋
z ②唇巡循纯醇 ⑥顺润

yəŋ

tɕ ①军君均钧肫鸡~皮 ③准 ⑤俊骏众又读
tɕʻ ①春 ③蠢 ⑤串
dʑ ②裙虫又读 ③吮盾菌 ⑥群郡
ɕ ①勋熏薰
f ①勋熏薰(均又读)

oŋ

p ①崩 ⑤蹦~~跳跳
pʻ ③捧 ⑤碰
b ②朋鹏硼蓬竹~ ④熢饭烧开了，溢出 ⑥髼披头散发
m ②蒙 ③懵 ⑥梦
f ①风枫丰蜂峰锋封疯 ⑤讽
v ②冯逢缝又读 ④奉俸 ⑥凤缝间隙
t ①冬东 ③董懂 ⑤冻栋
tʻ ①通~知 ③统 ⑤痛

d　②同桐铜筒童瞳 ④动桶 ⑤洞

n　②农脓浓 ⑤软 ⑥懦~代，软弱不上进，又肮脏

l　②隆聋笼砻龙尼~ ③拢陇垅 ⑥弄

s　①松嵩兄又读 ⑤宋送

z　②崇丛戎绒茸

k　①公功工弓又读宫又读 ③汞戆发脾气 ⑤贡巩

k‘　①空 ③孔 ⑤控空亏~

h　①轰烘 ③哄 ⑤嗅

ɦ　②红洪宏虹弘鸿

ø　①翁 ⑤瓮滃鼦

ioŋ

tɕ　①中忠终宗棕踪宫又读躬弓又读 ③总 ⑤众粽 中~意

tɕ‘　①冲聪充囱匆葱忽 ③顷倾宠又读

dʑ　②穷琼虫 ⑥仲

ɕ　①兄

ɦ　②雄荣营萤融熊容榕熔蓉

ø　①拥雍臃 ③永泳

m

m　①姆~妈 ③姆叔伯~

ŋ

ŋ　②儿吴鹅俄蛾娥 ③我五伍耳午 ⑥二悟误

第五节　词　语

名称

普通话　　瓯语

太阳　——日头，日头佛，太阳佛

月亮　——月光，月光佛

银河　——横[va^{21}]河

虹　——鲎[hau^{42}]

天气　——天色

土堆　——泥堆

热水　——暖汤

泔水　——□泔水

地方　——地宕[do^{243}]

市集　——会市

今天　——该日[ke$^{44-42}$ne^{213}]

早晨　——天光，天光早

明天　——明朝[maŋ$^{21-11}$ tɕyœ^{44}]

中午　——日昼

傍晚　——黄[ɦɔ$^{21-11}$]昏

玉米　——珍珠粟，苞罗粟

稗子　——穇[tɕ‘iaŋ^{42}]子，夹株，稻高

黄豆　——白豆

豌豆　——麦其[tɕi^{44}]豆

丝瓜　——天罗瓜

南瓜　——金瓜

菠菜　——菠薐[pa^{44}laŋ^{44}]

萝卜　——菜头

茭白　——茭笋

镰刀　——稻镙

箩筐　——箽箩

稻草　——稻秆

桂圆　——圆眼

菱角　——老菱

公牛　——牛牯

母牛　——牛娘

母猪　——猪[tɕi^{44}]娘

老虎　——大螫[mɔ^{21}]

蛇　——老蛇，赫蛇

麻雀　——吃谷雀儿[tɕinŋ^{35}]

蚂蚁　——蜉[fu^{54}]螘

蝼蛄　——土狗，田狗

猪圈　——猪栏

椽子　——瓦椽儿[dʑyəŋ^{213}]

脸盆　——面盂

肥皂　——油皂

脚盆　——脚盂屉[t‘i^{42}]

锅铲　——镬戳

汤匙　——羹挑，调羹

菜刀　——解[ka^{42}]刀

剪刀　——铰剪

女儿　——囡[na^{21}]儿

舅父　——舅爷，舅爹，舅爷儿

舅母　——妗娘，妗娘儿

姐姐　——阿姊，阿姐[dɔ^{11}]

姑奶奶　——姑婆

姨奶奶　——姨婆

丈夫　——老公，男子客

妻子　——老安，老媛
女人　——老人客
客人　——人客
辫子　——头毛辫儿
鼻子　——鼻头
舌头　——口舌
胡子　——胡须
肩膀　——肩胛头
肚子　——肚肚，肚
瘸子　——躄脚
哑巴　——哑人儿，哑佬
拖鞋　——鞋拖，鞋趿
馊　——蔫[ie‘^{44}]
锅巴　——饭糒焦，饭焦
开花豆　——兰花豆
花生米　——生仁
海蜇　——鲊[zo^{21}]鱼
风筝　——纸鸢，纸鹞

动作和性状

普通话　瓯语
打雷　——响佛，响雷
下雨　——落雨
下霜　——降霜
施肥　——壅[yo^{54}]动壅名
回家　——走归
盛饭　——兜饭
喝茶　——吃茶
送礼　——做人情
出嫁　——给[k‘a^{35}]人
下棋　——着棋
打架　——相打
找到　——寻着
害怕　——吓[ho^{35}]
不知道　——晓弗得
热闹　——闹热
干净　——光生[ko^{44}sa^{44}]了滞[lyœ^{44}dʑi^{21}]
漂亮　——好眙[ts‘ɿ^{42}]，生好，
　　　骨倩[kœ^{44} tɕ‘ie^{35}]
勤劳　——勤力
聪明　——灵
吝啬　——小气
常常　——密密

位置和数量

普通话　瓯语
上头　——上面[mai^{11}]
左边　——左手，仄[tɕi^{35}]手
里面　——底面，底转
第一　——第一[ia^{35}]
十一　——十一[ia^{35}]
一个　——一[i^{35}]个
一百　——一[i^{35}]百
第二　——第二[ŋ^{11}]
十二　——十二[ŋ^{11}]
二两　——两[la^{243}]两[lie^{54}]
十　——十[za^{213}]
二十一　——廿一
十几个　——十几[ke^{54}]个
十来个　——十来[lo^{21}]个
一匹马　——一头马
一件事　——一起事干
一餐饭　——一厨饭
一条鱼　——一尾鱼，一根鱼
一辆车　——一部车，一张车
一支笔　——一梗笔
一张席　——一领席，一条席

第六节　语法例句

语序例句

例句先列普通话，后列瓯语。

一、你到过北京没有？——你北京去过罢[ba^{243}]未哑？你北京有冇去过哑？

二、这件事你晓得不晓得？——该起事干你晓得晓弗得哑？

三、这条路你认得不认得？不认得——该条路你识弗识？弗识。

四、这个橘子甜，你再吃　个。——该橘甜，你吃个添。

五、他就来，你先吃吧！——佢[gi^{21}]就来，你吃先！

六、我嘴笨，说不过他。——我嘴笨，讲佢弗过。

七、我说错了，对不起你。——我讲□[dʑiɔ^{11}]爻[gɔ]，对你弗起。

八、请你给我一杯茶——请你给杯茶我。

指代例句

一、这个没有那个好——该个冇许[hai^{54}]个好。

二、昨天这会儿你在哪里？——昨夜该能界你是匚啊？

三、解放那会儿我才十八岁。——解放许[hai^{54}]能界我新[saŋ^{44}]十八岁。

四、这棵树的桃子这么多！——该株树个桃儿介恁多！

五、这栋房子那么高，怎么造的？——该埭屋许恁高，只奈[tsɿ^{44}na^{35}]砌起个？

六、这群孩子像猴子似的，到处乱爬。——该班婳儿胜比[seŋ^{44}pie^{35}]猴狏儿一色，瞙瞠爬。

数量例句

一、二百二十加一百二十等于三百四十。——两百廿加百廿等于三百四。

二、粳米九千三百斤，糯米一千五百斤，一共一万八千斤。——晚米九千三，糯米千五，一共万八斤。

三、今天二十九，明天就是除夕了。——该日廿九，明[maŋ^{21}]朝就是卅日[sɔ$^{44-42}$za^{213} ȵia^{213}]罢。

四、他家兄弟好几个，表兄表弟好几十。——佢屋里兄弟好[hɛ^{54}]几个，表[pie^{54}]兄弟好几十。

结构助词

一、这是我的书，那是你的书。——该是我个[gi^{0}]书，许[hai^{54}]是你个[gi^{0}]书。

二、别嚷，轻轻儿地说。——覅吵，轻轻能[naŋ^{0}]讲。

三、这本书今天看得完看不完？看不完。——该本书该日眙[ts'ɿ^{42}]完眙弗完？眙弗完。

四、这儿风景这么好，真出人意料。——□宕[kau^{35}do^{243}]风景好，真想啊想弗着。

时态助词

一、他吃过了，你吃了饭没有呢？——佢饭吃爻罢[ba^{243}]，你饭吃罢末啊？

二、坐着吃不如站着吃。——坐嗷[ɦau^{0}]吃，不如徛[ge^{243}]嗷吃。

三、门开着呢，小心些。——门开着嗷，留心仂[le^{0}]。

被动词

一、三个鸡蛋被打破了两个。——三个鸡卵打两个破[p'a^{52}]爻。

二、房子被火烧了，东西被人抢了。——屋给火烧爻，物事给人抢爻。

语气

一、谁呀？我是老王。——阿谁啊？我是老王。

二、老张在家吗？——老张有是屋里冇哑？

三、他正在跟一个朋友说着话呢。——佢正宿嗷搭一个朋友讲话啰。

四、你抽烟呢，还是喝茶？——你吃烟啊吃茶哑？

五、啊，下雨了！——嘍[ɦo^{243}]天，落雨罢。

第二章　平阳闽语

平阳闽语属于闽语语系，在县境内使用范围广。平阳闽语与福建闽南语有所差异。

第一节　分布地域

平阳闽语主要分布县境内的北港地区，包括：水头镇、腾蛟镇、麻步镇、南雁镇、山门镇、顺溪镇、青街畲族乡，鳌江镇部分地区也属平阳闽语分布范围。全县近半数人口使用平阳闽语。

第二节　声韵调

平阳闽语属闽南话系统，但与福建闽南话又有许多不同。县境内的北港闽语与南港闽语又有细微差别。闽语与瓯语有明显差异，但也有不少的相同之处。此章所述的平阳闽语以北港水头语音为标准。

声母

北港闽语水头音有23个声母，包括零声母。

p　巴布比　p'　部坡冯　b　明武闻　m　骂梅名

t 端陈低 t‘ 汤拖虫 n 怒年脑 l 路连女
ts 祖主蛇 ts‘ 醋仓粗 dz 如儒 s 苏师扇
tɕ 增章尖 tɕ‘ 枪昌秋 dʑ 认绕热 ȵ 猫鸟
ɕ 丝诗羞 k 贵介权 k‘ 开丘去 g 午元危
ŋ 偶雅 h 盛休兄 ø 依乌威

[b g dz dʑ]的浊气流比瓯语稍弱。[dz]和[z]自由变读。

[m n ȵ ŋ]只拼鼻化韵。

韵母

水头音有49个韵母，包括自成音节的[m]。

l	资书徐	i	米池基比	u	驹区武主
ɯ	猪女去	a	早百加甲	ia	社靴野蔗
ua	瓜花挂活	o	保报套桌	ɔ	祖吴布路
iɔ	局曲约	e	爬茶体客	ie	直急别益
ue	初齐卖	ə	倍罪袜皮	ui	队雷吹桂
è	各独木杂	uè	出刮夺劣	ai	排台海财
uai	怪块淮歪	au	包交偷敲	iau	条潮晓骄
ieu	标赵腰笑	əu	邹凑候瓯	iu	流丑收休
ĩ	天年井平	ũ	奴努怒	ã	马雅
iã	听名饼定	uã	半看泉官	ə̃	胆三衫敢
ɔ̃	我毛火老	ãi	店闲乃耐	ãu	闹脑茅
iãu	鸟猫	iũ	张粮厂唱	uĩ	高开横煤
an	班丹眼汉	ian	连浅严研	uan	全权端乱
aŋ	红杭港江	iaŋ	谁	iŋ	兵程令经
ən	根很恩森	in	民心今轻	un	笨文君群
ɔŋ	公农党宋	iɔŋ	忠从共良	ŋ	黄光床糖
m	梅				

[ɯ] 韵舌位较前。

[ɔ]韵收音向[u]移动，似带[u]尾，但不稳定。[ɔŋ、iɔŋ]韵中的[ɔ]舌位较高，接近[o]音。

[ui、un]韵带过渡音[ə]，读如[uəi、uən]；[in、iŋ]韵带过渡音[e]，读如[ien、ieŋ]。

声调

调类　水头音单字调有5个。各调类的调值和例字如下：

调类	调值	例字
阴平	44	天开公二月秋
阳平	35	时题同实白局
阴上	54	体岛好急百甲
阳上	31	是稻近静厚动
去声	11	盖到汉共害岸

平阳闽语没有入声，古入声字一部分归阴上，一部分归阳平。如“假”与“甲”同音[ʿka]，“白”与“爬”同音[꜀pe]。

阳平实际调值是24。

阴上调值短促，收音时有紧喉感，与瓯语阴上相似。

变调　两字连读变调规律，主要有以下几点：

一、前字变调，后字不变。

二、前字阴平时，调值由高平调44变低降调31。如“经过”，“经”是阴平字，原调是高平调44，在“经过”这个词里连读时，“经”的调值变为低降调31，“过”字仍读原调11。

三、前字阳平时，调值由高升调35变为低平调11；前字阳上时，调值也由低降调31变为低平调11。例如：

	单字		连读变调
前字阳平	文bun^{35}	学hè^{35}	文学bun$^{35-11}$hè^{35}
	人laŋ^{35}	客k‘e^{54}	人客laŋ$^{35-11}$k‘e^{54}
前字阳上	是si^{31}	非hui^{44}	是非si$^{31-11}$hui^{44}
	动tɔŋ^{31}	力lie^{35}	动力tɔŋ$^{31-11}$lie^{35}

四、前字阴上、后字阴平、阳平、阴上时、前字调值变为中平调33；后字阳上，去声时，前字调值变为高升调35。例如：

表哥piau$^{54-33}$ko^{44}　表皮piau$^{53-33}$p‘i^{35}
讨好t‘o$^{54-33}$ho^{54}　讨米t‘o$^{54-33}$bi^{54}
土造t‘ɔ$^{54-35}$tsɔ^{31}　土气t‘ɔ$^{54-35}$k‘i^{11}

五、前字去声的变调，多数由低平调11变为低降调31。例如：

化学hua$^{11-31}$hè^{35}　政府tsi ŋ$^{11-31}$fu^{54}
探听t‘an$^{11-31}$t‘i ŋ^{11}　庆祝k‘i ŋ$^{11-31}$tsɔ^{54}

第三节　词　语

名称

普通话	闽语
太阳	日头，日头佛
月亮	月光，月光佛
虹	庆[k‘iŋ^{11}]

天气	天气，天色
热水	热汤
泔水	馈水
集市	会市
今天	今日
早晨	天光早，日起头
明天	明日
中午	日昼[tau^{11}]
傍晚	黄昏[hŋ^{44}]
玉米	喷珠
稗子	配
黄豆	白豆
豌豆	麦豆
丝瓜	罗瓜，雌瓜
南瓜	金瓜
菠菜	红根菜
萝卜	菜头
茭白	茭笋
镰刀	稻刀
箩筐	簟箩
桂圆	圆眼
菱角	老菱
公牛	牛牯
母牛	牛母
母猪	猪母
蛇	路蛇
麻雀	吃谷鸟
蚂蚁	瓦 [hia^{21}]子
蝼蛄	土狗
猪圈	猪栏，猪窝
椽子	角子
脸盆	面桶
肥皂	油皂
脚盆	骹[k‘a^{44}]桶
锅铲	尖匙
汤匙	汤挑
剪刀	铰剪
女儿	做菜子，姹哺子
舅父	娘舅，舅爷
舅母	妗
姑奶奶	姑婆
姨奶奶	姨婆
丈夫	老公
妻子	老妈
女人	姹哺人客
客人	人客
鼻子	鼻洛
舌头	嘴舌
胡子	嘴秋
肩膀	肩头
肚子	腹[pè^{54}]肚
瘸子	摆脚
哑巴	哑九
拖鞋	鞋
馊	蔫[ian^{44}]
锅巴	饭丕
开花豆	兰花豆
花生米	桃豆仁
海蜇	替[t‘e^{31}]
风筝	纸鸢

动作和性状

普通话	闽语
打雷	响雷公
下雨	落雨
下霜	降草霜
施肥	壅肥
回家	走倒[to^{11}]去
盛饭	添饭[mãi^{44}]
喝茶	吃茶
送礼	做人情，送礼
下棋	走棋，着[tiu^{11}]棋，相棋
打架	相打
找到	寻[ts‘ə^{11}]着
害怕	惊[kiã^{44}]
不知道	呒晓得，呒知[m^{31}tsai^{44}]
热闹	闹热
干净	清气
漂亮	好看，骨倩
勤劳	骨力
聪明	灵，聪明

吝啬　　小气
常常　　长长[tiɔŋ^{24}]

位置和数量

普通话　　闽语
上头　　上面
左边　　左边，左手
里面　　内里，里壁[pia^{53}]
第一　　第一[ie^{54}]
十一　　十一[ie^{54}]
一个　　一[ʑie^{24}]个
一百　　一[ʑie^{24}]百
第二　　第二[ʑie^{11}]
十二　　十二[ʑi^{11}]
二两　　两[niŋ^{11}]两[niũ^{54}]
一匹马　　一只马
一件事　　一起事干
一餐饭　　一顿饭
一条鱼　　一尾鱼
一辆车　　一部车
一张席　　一领席

第四节　闽语与瓯语的异同

下面以水头闽语和昆阳瓯语为例，表述闽语与瓯语的异同。

两者区别

一、塞音、塞擦音声母，闽语只有送气不送气的不同，没有清浊的对立。古全浊声母今口语多数变不送气清音，少数为送气清音。例如：

	波	坡	婆	雕	挑	条
闽语	꜀po	꜀p‘o	꜀po	꜀tiau	꜀t‘iau	꜁tiau
瓯语	꜀pu	꜀p‘u	꜁bu	꜀tyœ	꜀t‘yœ	꜁dyœ

	骄	跷	乔	专	川	船
闽语	꜀kiau	꜀k‘iau	꜁kiau	꜀tsuan	꜀ts‘uan	꜁tsuan
瓯语	꜀tɕyœ	tɕ‘yœ꜄	꜁dʑyœ	꜀tɕyœ	꜀tɕ‘yœ	꜁ʑyœ

二、没有唇齿音[f、v]声母，古非敷奉声母字闽语口音多数读[p、p‘]声母，即“轻唇归重唇”。例如：

	飞	分	放	肥	蜂	纺
闽语	꜀pə	꜀pun	paŋ꜄	꜁pui	꜀p‘aŋ	꜂p‘aŋ
瓯语	꜀fi	꜀faŋ	fɔ꜄	꜁vi	꜀foŋ	꜂fɔ

三、古知彻澄声母字，闽语口音多数读[t、t‘]声母，“知”读如“低”，即“舌上归舌头”。例如：

	茶	直	赵	耻	抽	虫
闽语	꜁te	꜁tie	tieu	꜂t‘i	꜀t‘iu	꜁t‘aŋ
瓯语	꜁dʑio	dʑi꜇	꜃dʑyœ	꜂ts‘ʅ	꜀t‘ɕieu	꜁dʑioŋ

四、古见晓组三四等字，闽语多数读舌根音，瓯语除疑母读舌根鼻音外，多数读舌面音。如“九”闽语读如“狗”[꜂kau]瓯语读如“走”[꜂tɕiau]。下列例字闽语读[k、k‘、h]声母，瓯语读[tɕ、tɕ‘、dʑ]声母。

居去距(遇合三)　　鸡计溪(蟹开四)
寄企奇(止开三)　　基期旗(晓开三)
久丘求(流开三)　　检钳欠(咸开三)
今锦钦琴妗(深开三)　　建遣件(山开三)
坚牵结(山开四)　　巾紧芹(臻开三)
君军群(臻合三)　　京景庆(梗开三)
经径激(梗开四)　　恭恐共(通合三)

五、古明母、疑母闽语是浊塞音，逢鼻化韵时才读鼻音声母。例如：

	名	名	马	马	吴	额
闽语	꜁bin	꜁miã	꜃be	꜃mã	꜁gɔ	꜁gia
瓯语	꜁meŋ	꜁meŋ	꜂mo	꜂mo	꜁ŋ	ŋa꜇

六、古止摄知系字闽语读[i]韵，瓯语多数读[ʅ]韵。例如：

	智	是	迟	旨	尸	视
闽语	ti꜄	si꜄	꜁ti	꜂tsi	꜀si	si꜄
瓯语	tsʅ꜄	꜂zʅ	꜁dzʅ	tsʅ	꜀sʅ	zʅ꜅

七、闽语没有撮口呼韵母，古遇摄、山摄、臻摄合口三等端系见系字闽语读[ɯ]或[u、u-]韵，多数是合口韵。例如：

	女	居	渠	语	虚	许
闽语	꜂lɯ	꜀kɯ	꜁kɯ	꜂gɯ	꜀hɯ	꜂hɯ
瓯语	꜂ȵy	꜀tɕy	꜁dʑy	꜂ȵy	꜀sy	꜂sy

	驹	句	区	娱	取	趣
闽语	꜀hu	ku꜄	꜀k‘u	gu꜄	꜂ts‘u	ts‘u꜄
瓯语	꜀tɕy	tɕy꜄	꜀tɕ‘y	꜁ȵy	꜂tɕ‘y	tɕ‘y꜄

	权	员	劝	原	愿	远
闽语	꜁kuan	꜁uan	k‘uan꜄	꜁guan	guan꜄	꜂uan
瓯语	꜁dʑyœ	꜁ɦyœ	tɕ‘yœ꜄	꜁ȵyœ	ȵyœ꜅	꜂yœ

均 菌 允 群 裙 云

闽语 ꜀kun ꜂kun ꜂un ꜀kun ꜁kun ꜁un

瓯语 ꜀tɕyəŋ ꜃dʑyəŋ ꜂yəŋ ꜀tɕyəŋ ꜁dʑyəŋ ꜁vəŋ

八、闽语元音鼻化能区别意义，口语里鼻化韵比较丰富。例如：

移——园 比——扁 靴——兄

闽语 ꜁i ꜁ĩ ꜂pi ꜂pĩ ꜀hia ꜀hiã

瓯语 ꜁ɦi ꜁ɦyœ ꜂pi ꜂pie ꜀su ꜀soŋ

野——影 瓜——官 挂——汗

闽语 ꜂ia ꜂iã ꜀kua ꜀kuã kua꜄ huã

瓯语 ꜂ie ꜂iaŋ ꜀kuo ꜀kyœ kuo꜄ ɦœ꜅

丢——张 树——唱 休——乡

闽语 ꜀tiu ꜀tiũ tsʻiu꜄ tsʻiũ꜄ ꜀hiu ꜀hiũ

瓯语 ꜀teu ꜀tɕie zy꜅ tɕʻie꜄ ꜀ɕiau ꜀ɕie

九、闽语口语和书面语的读音常常不同，即文白异读现象比较突出。例如：

文

分 ꜀hun 分散，分配，黑白分明

白

分 ꜀pun 分开，分一半给你

文

水 ꜂sui 山青水秀，水火无情

白

水 ꜂tsui 开水，水井，水桶

文

纸 ꜂tsi 纸老虎，纸上谈兵

白

纸 ꜂tsua 草纸，白纸，字纸

文

几 ꜂ki 几何学，几何图型

白

几 ꜂kui 几个，几年，几张

文

马 ꜂ma 千军万马，马拉松

白

马 ꜃be 马屁，马蹄，马戏

文

白 ꜁pie 坦白从宽

白

白 ꜁pe 白纸，雪白，空白

十、平阳闽语只有五个调类，没有入声。古清音入声字并入阴上，古浊母入声字并入阳平。例如：

平阳闽语与平阳瓯语声调差异表

表 37-2-1

闽语	阴上		阳平	
瓯语	阴入	阴上	阳入	阳平
例字	百索 铁锡 甲黑 节色	饱嫂 讨草 假好 奖想	白麦 敌读 局合 热舌	爬迷 题途 平邢 人绒

两者共同点

语音方面 平阳闽语和瓯语的共同特点，语音方面主要有以下几点：

一、古章组字平阳闽语今读细音时，声母常常由舌尖音[ts tsʻ s]腭化为舌面音[tɕ tɕʻ ɕ]，与瓯语相同。例如：

州 少白 厂白 正白

平阳闽语 ꜀tɕiu ꜂tɕʻiu ꜂tɕʻiũ tɕiã꜄

平阳瓯语 ꜀tɕieu ꜂ɕyœ ꜂tɕʻie tɕieŋ꜄

厦门闽语 ꜀tsiu ꜂tsiu ꜂tsʻiũ tsiã꜄

二、古止摄开口三等精组字，平阳闽语多数读ɿ韵，与瓯语相同，与厦门不同。例如：

资 紫 斯 自

平阳闽语 ꜀tsɿ ꜂tsɿ ꜀sɿ tsɿ꜄

平阳瓯语 ꜀tsɿ ꜂tsɿ ꜀sɿ zɿ꜄

厦门闽语 ꜀tsu ꜂tsi ꜀su tsu꜅

三、古人声韵铺音韵尾脱落，有的并入舒声韵，有的独用。瓯语虽有入声，但也没有铺音韵尾。例如：

甲 桌 客 别

平阳闽语 ꜂ka ꜂to ꜂kʻe ꜁pie

平阳瓯语 kɔ꜆ tɕyo꜆ kʻa꜆ bie꜇

厦门闽语 kap꜆ tɔk꜆ kʻik꜆ piɛt꜇

四、古清声母上声字，平阳闽语和瓯语都是高降短调，所以闽语和瓯语音系相差颇远，而有的字读音十分相似。例如：

比 底 狗 酒

平阳闽语 ꜂pi ꜂ti ꜂kau ꜂tɕiu

平阳瓯语　ʿpi　ʿti　ʿkau　ʿtɕieu

词语方面　闽语、瓯语各有自己独特的词语，如“锅”闽语叫鼎[ʿtia]，瓯语叫镬[ɦo꜖]；“房子”闽语叫厝[tsʻuᵓ]，瓯语叫屋[u˒]；“害怕”闽语叫惊[kiã]，瓯语叫吓[ho꜖]等。但闽语和瓯语互相影响，互相渗透，也有不少相同的说法。比如“月亮——月光，萝卜——菜头，黄豆——白豆，南瓜——金瓜，桂圆——圆眼，热闹——闹热，客人——人客，一条鱼——一尾鱼，一辆车——一部车，漂亮——骨倩，素净——清水，提——挈，身着(他)——卫”等等。

语法方面　共同特点，略举四例如下：

一、受事宾语常常作为主语话题使用。

你吃了饭没有？

闽语　你饭吃了[ʿliau]未[bəᵓ]喔？

瓯语　你饭吃罢[ʿba]未[miᵓ]喔？

你到过北京没有？

闽语　你北京去过无[˓bo]？

瓯语　你北京有去过冇[ʿnau]？

二、状语副词可以放在动词之后。

他就来，你先吃！

闽语　伊就来，你吃先[˓sãi]!

瓯语　佢就来，你吃先[˓ɕie]!

这个橘子甜，再吃一个。

闽语　这橘甜，吃个添[˓tʻĩ]

瓯语　这橘甜，吃个添[˓tʻyœ]

三、形容词加“显”表示程度。

闽语　热显[ʿhian]，热显热。

瓯语　热显[ʿɕie]，热显热。

四、可能补语一般不加结构助词。

这担水你挑得动挑不动？

闽语　这担水你担[˓tã]动担呒动？

瓯语　这担水你担[˓tɔ]动担弗动？

这碗饭你吃得下吃不下？

闽语　这碗饭你吃落吃呒落？

瓯语　这碗饭你吃落吃弗落？

第三章　平阳畲语

平阳县畲族内部交际时所使用的语言属于全国大多数畲族所使用的畲语，县内畲语大同小异。畲语通常用汉字记录。

第一节　分布与特点

平阳畲语的分布

畲族先祖在广东潮州凤凰山，后裔迁居福建、江西、浙江等省。畲族在平阳县的开基祖大都是明清时期从福建省迁入的。

平阳县内畲族通行双语制，即与汉族交际时，使用畲族居住地的汉语方言或汉语普通话；畲族内部交际时则使用本民族内部通行的畲语。

2012年，县内畲族人口14462人，其中，青街畲族乡畲族人口2099人。全县畲族人口比较集中的村12个：九岱村(801人)、王神洞村(526人)、溪南村(349人)、山头庵村(352人)、堂基村(205人)、畲龙村(505人)、东北村(418人)、余山村(293人)、新联村(400人)、书阁村(352人)、前山村(315人)、南朱山村(309人)。

平阳畲语的特点

平阳县畲族使用的语言含有古畲语“底层”、客家话、闽南话成分和现畲族居住地汉语方言成分。畲族人把这种语言叫作“山客话”，“山客”是山里客人的意思。先来为主，后来为客，先来的汉人就把这些后来的畲民当为客人。

平阳畲语是一种包含多重历史层次的积淀，至今仍处于不断变化中的少数民族语言。文中阐述平阳畲语的特点时，沿用汉语音韵学的有关术语，从语音、词汇、语法三个角度，作横向或纵向比较分析，在与畲语有关系的汉语方言以及中古音的比较中阐述其特点，尽量体现畲话的层次性。文中提到的“古声母”“古韵母”“古声调”等分别指《广韵》系统的声韵调。平阳畲语的特点体现在语音、词汇和语法三个方面。

第二节　平阳畲语的语音

声母

声母概况　平阳畲语有26个声母(包括零声母)。

平阳畲语声母表

表 37-3-1

发音部位	塞音			塞擦音		鼻音	擦音		边音
辅音	清音		浊音	清音浊音		浊音	清音	浊音	浊音
发音方法	不送气	送气		不送气	送气				
双唇	p	p‘	b			m		w	
唇齿							f	v	
舌尖中	t	t‘	d			n			l
舌根	k	k‘				ŋ	x	h	
舌尖前				ts	ts‘		s	z	
舌面前				tɕ	tɕ‘		ɕ	j	

平阳畲语的声母系统与温州话相似，而与普通话差别较大。与普通话声母系统相比较，平阳畲语的声母系统有三个特点：第一是有浊塞音、浊擦音声母；第二是没有舌尖后音声母；第三是有舌根部位的鼻音声母[ŋ]，且可以自成音节，如“五”[ŋ]。

就发音部位而言，普通话的声母通常分为七类，平阳畲语少了舌尖后音(卷舌音)一类，只有双唇音、唇齿音、舌尖中音、舌面前音、舌尖前音、舌根音六类。就发音方法而言，平阳畲语多了一种类型，即全浊声母，平阳畲语的全浊声母共有7个：在塞音中有双唇音[b]、舌尖中音[d]2个；在擦音中有双唇音[w]、唇齿音[v]、舌根音[h]、舌尖前音[z]、舌面音[j]5个。

平阳畲语保留一部分古声母系统的特点，表现在以下四个方面：

一是唇音字中还有一部分保留双唇音(即“重唇音”)读法，如“飞、风”等。但整个唇音组有“重唇”和“轻唇”的分化，“轻唇音”还分为“清”、“浊”两类。这个发展趋势与《广韵》音系相符，与大多数南方方言相同。二是舌根音字中有一部分没有向舌面音发展，相当一部分还保留“见”组的读音，如“加、减、街、家、鸡”等。三是平阳畲语只有泥母，没有“娘、日”母。四是大部分疑母字的仍保留[ŋ]声母的读音。

相对来说，平阳畲语的声母系统与中古音的声母系统更为接近，相同之处主要是有少数字还读浊塞音、浊擦音声母，不少字还读疑母。不同之处主要有二：一是“知”、“照”组的分化，这两组的声母大多数归入舌面音[tɕ]、[tɕ‘]、[ɕ]，少数读[t]、[t‘]；其次是全浊声母减少，不是每个发音部位都有，而且读全浊声母的字也很少，如[b]声母只有“旁、苹”等，[d]声母只有“堂”等个别字，[z]声母字只有“词”等。

在唇音一组中，平阳畲语有浊塞音[b]和浊擦音[w]、[v]。声母[b]与并母有来源关系。但《广韵》的并母字在平阳畲语中绝大多数已读为送气清塞音[p‘]，如“皮[p‘i]、被[p‘i]”等。这表明在平阳畲语中，全浊声母的消失早已开始，目前已接近完成阶段。双唇浊擦音声母[w]的来源主要是匣母，唇齿浊擦音声母[v]的主要来源也是匣母。

在舌尖中音一组中，平阳畲语仍有浊塞音[d]的痕迹(个别字的读音，如“堂”)，这个音与《广韵》的定母有联系，但《广韵》定母字的声母，平阳畲语绝大部分读送气清塞音[t‘]。如“提[t‘i]、弟[t‘ai]”等。这个现象也反映了“浊音清化”的趋势。

在舌根音一组中，全浊塞音声母[g]已消失，大多数群母字的声母在平阳畲语中都读送气清塞音[k‘]，如“棋、舅、穷”等；但平阳畲语还有一个与清擦音[x]配对的浊擦音声母[h](匣母)。中古匣母字的声母在平阳畲语中绝大多数已读同部位的清音[x]，如“号、汗、下”等。

在舌面音一组中，还有一个与[ɕ]配对的浊擦音[j]，它的来源是古余母、匣母和疑母。

在舌尖前音一组中，平阳畲语还有一个浊擦音[z]，但声母读[z]的字很少。

平阳畲语声母的代表字

[p] 北比毙杯贝逼毕壁笔飞风倍［并母］备朋

[p‘] 批劈披偏铺浮［并母］平扑朴被篷薄屏婆白皮

[b] 旁苹卜(萝卜)

[m] 米迷美妹明灭蒙密没

[w] 云运完胃为卫位[晓]歪

[f] 费匪发法方放翻纷[并母]冯罚烦范犯[匣母]会

[v] 镬有禾画越[明母]文买卖

[t] 底度滴帝陈德鸟[定母]邓代担独杜特筒[澄母]潮澄

[t‘] 剃踢梯推托太值[定母]提同洞大豆

[d] 堂

[n] 暖农脑年泥娘人[日母]让染热软[疑母]研严银热[明母]猫

[l] 里离力李理利梨赖来楼

[k] 观加减界街歌国过讲家高[群母]权局强侨厚

[k‘] 科全苦库口圈轻青康哭[群母]棋旧舅穷桥强[崇母]柿

[x] 很虾吓欢好[匣母]汗杭夏学鞋害下[溪母]裤[滂母]肺

[h] 黄旺皇

[ŋ] 硬额牛藕鹤岩雁牙瓦岳呆鳄源

[tɕ] 转章终止祝柱指烛竹掌浙着(穿衣)

[tɕ‘] 昌车闯莱充冲出处切字尺创[澄母]传重直丈[邪母]谢

[ɕ] 守手社舍水审室势上[心母]信萧霄消息仙[晓母]晓[船母]食实射舌蛇神[邪母]祥俗续[禅母]社树熟谁[匣母]现

[j] 摇盐育药叶[匣母]员县远[疑母]疑议义

[tɕ] 资仔尊箭罪绝状静存[从母]暂

[tɕ‘] 仓促醋粗翠钱晴[从母]瓷磁词次催崔[初母]差插疮创[邪母]象席[禅母]市[崇母]锄

[s] 四思西细数暑小死[山母]双霜爽洗[书母]识世[禅母]时视[崇母]士事

[z] 词

[ø] 一衣依医矮哑恩安案爱意演

韵母

韵母概况 平阳畲语的韵母共有54个。韵母系统可分为单元音韵母、复元音韵母、鼻音尾韵母、塞音尾韵母四个部分。韵母有开、齐、合、撮四呼。列表如下(不包括舌尖元音[ɿ]):

平阳畲语韵母表

表 37-3-2

按口型分 按结构分		开口呼	齐齿呼	合口呼	撮口呼
单元音韵母		a	i	u	y
		o			
		ə			
		ɔ			
复元音韵母			ia	ua	
		au	iau		
		əu	iəu		
		ai	iai	uai	
		ei		uei	yei
		ɔi	io		
鼻音尾韵母			in		yn
		an	ian	uan	
		ən		uən	
			ien		
		œn		uœn	yœn
		aŋ	iŋ	uŋ	yŋ
			iaŋ	uoŋ	yoŋ
塞音尾韵母		aʔ	iʔ	uʔ	yʔ
		oʔ	iaʔ	uoʔ	yœʔ
		əʔ	ieʔ	uəʔ	
		eʔ	eiʔ	ioʔ	

平阳畲语的单元音韵母有[a]、[o]、[ə]、[ɔ]、[i]、[u]、[y]、[ɿ]8个。复元音韵母有14个,与梅县客家方言大同小异,只是在韵母元音的口腔开合度、舌位高低上略有差异。前、后鼻音尾韵母共有18个([-m]尾已消失)。塞音尾韵母有14个,但[-p]、[-t]、[-k]三套收尾都已变为[-ʔ]尾。

平阳畲语的单韵母和《广韵》假、果、遇、止四摄有来源关系。韵母[a]与假摄有来源关系,如“骂、差、佳、爸、霸、坝、巧”等。韵母[ɔ]大多来自假摄,如“霞、牙、茶、瓜、家、鸦、嘉”等。

韵母[o]、[ə]与果摄有来源关系。韵母[o]来自果摄，如“多、哥、婆、螺、左、饿、破、坐”等。韵母读[ə]的字极少，应该是来自[o]韵母字的音变，如“萝（萝卜）”等。

韵母[u]、[y]与遇摄有来源关系。遇摄的虞、模、姥、遇、暮等五韵，平阳畲语读[u]，如“胡、阻、禹、土、住、度”等。鱼、语、御三韵大多读[y]，如“书、居、御、吕、虑、锯”等，少数读[u]，如“初、涂、母、巫、阻”等。麌韵字大多读[u]，如“禹、斧、府、武、舞、辅、腐”等，个别读[y]，如“树”。

韵母[i]大多来自止摄，如“支、比、饴、依、被、几”等，少数来自蟹摄的霁、祭两韵，如“齐、闭、丽、制、世”等。舌尖元音[ɿ]是从[i]韵母字中分化出来的（大约在近三十年产生），出现在声母[ts]、[ts']、[s]、[z]后面，字数很少，如“资、次、思、词”等。

平阳畲语的复元音主要与蟹、效、流、假四摄有来源关系，少数与止、遇摄有来源关系。韵母[ai]、[iai]、[uai]的来源是蟹摄。韵母[ai]的主要来源是荠、海、泰、代等四韵，如“底、弟、彩、大、害、诫、界、代、戴”等。韵母读[iai]的字极少，主要来源是见母蟹摄字，如“街、鸡”等。韵母[uai]来自蟹摄的皆、贿、泰、怪等韵，如“怀、槐、贿、腿、蔡、怪、快”等。

韵母[au]、[iau]与效摄有来源关系。效摄一等字，平阳畲语多读[au]，如“交、胞、豪、毛、讨、豹”等；效摄三等字，多读[iau]，如“猫、腰、貂、兆、表、调、召”等。

韵母[əu]、[iəu]的来源是流、效两摄。韵母[əu]的来源主要是效摄一等字，如“候、偷、到、帽、后”等。韵母[iəu]的来源主要是流摄字，如“邮、刘、幽、柳、口、救、袖、豆、透”等，此外，还有效摄的三等字，如“朝、捞、赵”等。

韵母[ei]、[ɔi]、[uei]、[yei]与蟹、止两摄有来源关系。韵母[ei]的主要来源是蟹摄，如“礼、体、第、蹄、祭、际、继”等，此外，还有止摄，如“厕、菲、费”等。韵母读[ɔi]的字很少，主要来自蟹摄，如“爱、开”。韵母[uei]的主要来源也是蟹韵，如“杯、推、胎、悔、罪、慧、桂”等，此外，还有止摄的“跪、伪、累、位、泪、胃、魏”等。韵母[yei]来自止摄，主要是支、纸、至三韵，如“吹、嘴、最、醉”。

韵母[ia]、[ua]的主要来源是假摄。韵母[ia]大多来自假摄，如“车、畲、蛇、写、社、谢”等；少数来自止摄，如“寄、臂”。韵母[ua]也是大多来自假摄，如“麻、夸、花、华、画、寡”等，少数来自蟹摄，如“话、卦”。

韵母读[io]的字很少，有遇摄的“梳”、果摄的“茄”等。

平阳畲语前鼻音韵尾字与臻、山、深、咸四摄有来源关系。韵母[an]、[uan]、[ian]、[ien]、[œn]、[uœn]、[yœn]与山、咸两摄有来源关系。韵母[an]主要来源是山摄，如“繁、单、蛮、闲”等，此外，还有咸摄，如“耽、嫌、衫、榄”等。韵母[uan]也与山摄有来源关系，如“弯、环、关、万、冠、款”等。韵母[ian]的来源是山、咸两摄，山摄有“莲、眠、仙、篇、棉”等；咸摄有“詹、廉、帘”等。韵母[ien]大多与山摄有来源关系，如“片、战、面、变、县”等，少数与咸摄有来源关系，如“舔、念、店、验”等。韵母[œn]的主要来源也是山、咸两摄，山摄有“赶、拦、端、旱、汗、懒”等，咸摄有“柑、蓝、南、参、敢、感”等。韵母[uœn]来自山摄，如“馒、酸、算、管、换、馆、乱”等。韵母[yœn]也来自山摄，如“全、砖、愿、劝、远、选”等。

韵母[ən]、[uən]、[in]、[yn]与臻、山、深三摄有来源关系。韵母[ən]的主要来源是臻摄，如“欣、疹、愤”等，此外，还有来自山摄的魂、很、恨三韵部，如“跟、垦、根”等。韵母[uən]主要来自臻摄，如“论、问、军、榫、粉”等；部分来自山摄，如“孙、村、混、笨、闷、寸”等。韵母[in]主要来自臻摄，如“真、新、臣、人、紧”等，部分来自深摄，如“侵、淋、琴、金、浸”等。韵母[yn]的主要来源是臻摄和山摄，如臻摄的“均、遵、斤、勤、近”等，山摄的“原、园、怨”等。

平阳畲语的后鼻音韵尾字与通、江、宕、梗、曾五摄有来源关系。韵母[aŋ]主要来自梗摄，如“行、蜢、打、冷、硬”等，少数来自江摄，如“讲、降”等。

韵母[uŋ]、[yŋ]主要与通摄有来源关系。韵母[uŋ]的来源相对复杂，与通、宕、梗三摄有来源关系。来自通摄的有“东、空、宗、桶、梦、宋”等，来自宕摄的有“防、芒、堂、杭、党、忘、浪”等，来自梗摄的有“鹏、氓、宏”等。韵母[yŋ]主要来自通摄三等字，如“中、枪、穷、钟、冲”等。

韵母[iŋ]主要与梗、曾两摄有来源关系，梗摄有“侦、诚、苹、明、耕、刑、警、整”等，曾摄有“灯、藤、等、肯、能、秤、凳”等。

韵母[uoŋ]来自宕摄，如“王、黄、汪”等。韵母[iaŋ]的主要来源是宕、梗两摄。宕摄有“阳、抢、场、养、帐”等，梗摄有“丙、京、轻、名、颈、镜”等。

韵母[yoŋ]与宕、江、通三摄有来源关系。大多来自宕摄，如“梁、羊、箱、娘、浆、丈、上、仰、将”等，少数来自江摄，“窗、蓉、庸、巷”等，还有少数来自通摄，如“宠、勇、溶、众”等。

平阳畲语的入声字与古入声字有来源关系。韵母[aʔ]的来源比较复杂，与之有来源关系的是六摄的入声韵。一是山摄，如“罚、达、八”等，二是梗摄，如“伯、客、麦、锡”等，三是深摄缉韵，如“蛤、答、杂、汁”等，四是咸摄乏韵，如“乏、法”等，五是江摄的觉韵，如“驳”，六是宕摄铎韵，如“剥”等。

韵母[oʔ]与四摄的入声韵有来源关系。一是通摄的屋、觉两韵，如“读、录、木、缩、玉、岳、握”等；二是臻摄的质、物、没、末等韵，如“栗、不、突、拨”等；三是宕摄铎韵，如“摸、洛、骆、托、错、鹤”等；四是曾摄德韵，如“国”。

韵母[əʔ]的来源也比较复杂，有来自通摄入声韵，如“宿、仆、确、龌、龊、菊”等，与山摄的曷、屑韵也有来源关系，如“渴、节”，还有宕摄铎韵的“博、诺、郭”等。韵母[eʔ]来自曾摄德韵，如“德、得、勒、刻、克、黑、墨、贼、北”等。

韵母[iʔ]的来源也比较复杂，有来自臻摄韵的，如“质、实、七、匹、毕、乙”等；有来自梗摄的，如“革、益、易、赤、历、滴、直、食”等，还有深摄的，如“袭、习、笠、急、吸”等。

韵母[uʔ]、[yʔ]主要与通、臻、宕三摄入声韵有来源关系。韵母[uʔ]有来自通摄的，如“独、谷、毒、蜀”等，来自臻摄的术韵的“术、卒”等，来自宕摄的“缚、凿”等。韵母[yʔ]来自通摄屋、烛韵的三等字，如“六、熟、肉、竹、曲”等；还有臻摄术韵，如“出”；宕摄药韵，如“箸”。

韵母[iaʔ]的主要来源是梗摄的昔、锡两韵，如“石、尺、借、壁、匿”等。少数来自山摄薛韵，如“泄”，还有宕摄药韵，如“削”。

韵母[ieʔ]来源比较复杂，大多来自臻摄质韵和山摄屑、薛韵，如“侄、日、洁、失、室、蜜、笔、跌、别”等；还有梗摄昔、锡韵，如“迹、泽、籍、僻、笛、踢、极、逼”等；还有深摄缉韵，如“缉、集、辑、入、廿、及”等；还有咸摄叶、洽、业韵，如“涉、捷、聂、洽、业”等。

韵母[ioʔ]大多来自宕摄药韵，如“药、脚、斫、约、著（著衣）”等。还有通摄烛韵，如“浴”。

韵母[yœʔ]大多来自臻摄术韵和山摄月、薛韵，如“恤、月、蕨、掘、薛、绝、阅”等；也有来自通摄烛韵的，如“旭”；个别来自宕摄药韵，如“略”。

韵母[eiʔ]的来源也比较复杂，主要来自曾摄的“色、厕、侧、测、塞”等，其次是梗摄的“泽、择、责、策、仄”等。

韵母[uoʔ]来自山摄的末、鎋、月韵，如“活、刮、越（越南）”等，还有来自宕摄铎韵的“鑊”等。韵母[uəʔ]主要来自山摄黠、薛韵，如“猾、诀、刷、说、欲”等，个别来自臻摄物韵，如“物”。

平阳畲语韵母的代表字

一、单元音韵母

[a]巴叉沙佳差崖爸霸坝怕巧

[o]哥驼俄娥锣何某牡婆磨螺坡禾科左饿个

[ə]萝（萝卜）可

[ɔ]枣靠夏下假霞牙芽茶瓜家鸦加嘉嫁

[i]支皮丽篱希比披尼尸题倪霓饴疑期棋未味气是氏市喜

[u]初涂诸母巫朱扶卢胡壶孤姑粗果火斧府土杜古鼓

[y]鱼书居锄猪虚衢语旅吕煮女许炬举树趣据锯去箸

[ɿ]脂资瓷私慈思词似始士智

二、复元音韵母

[ei]蹄稽美礼体非狒费济第继递祭际

[ai]犁西泥鞋排豺台财底弟洗米蟹楷该改亥彩在小荔帝

[au]交包抄钞跑豪高告帽毛桃逃寮沟鸟吵饱卯讨脑嫂早草宝老

[əu]侯候偷头到后透

[ɔi]爱

[ia] 车畲斜蛇也写社舍寄臂谢夜泻赦射麝蔗卸

[io] 梳茄

[ua] 花华画化跨卦寡话蔡

[iai] 街鸡

[iau] 逍骄猫姚谣貂雕辽表僚调召绕扰蕉

[iəu] 朝烧轿窑摇标飘漂捞萧舀邮刘流秋仇收求球周幽赵右友柳纽

[uai] 怀槐贿怪快我

[uei] 崽会随醉腿最粹翠杯雷陪跪伟苇堆推猜胎每摧瑞位泪胃魏痱

[yei] 吹炊垂锤嘴水税

三、鼻音尾韵母

[an] 烦番翻寒单丹难餐蛮山馋衫凡反板限简犯旦半鉴暂鋻监甜

[œn] 南参楠含函柑蓝赶拦丸端旱伞懒感敢揽汗案烂晏淡炭酸

[ən] 欣跟根恩疹愤垦恳恨艮痕

[in] 真因新臣人亲申宾邻陈银贫民淋针沉枕琴紧引隐寝审锦品

[yn] 均遵春斤勤筋原园怨允近很殉

[uan] 弯湾环关丸完顽挽款万灌冠援贯

[uœn] 銮馒酸搬官碗瞒算管卵满选换馆乱断站

[yœn] 全泉船传砖愿劝远旋

[uən] 论轮文问军蚊裙群孙尊村盆喷隼粉混本笨分闷寸困

[ian] 盐廉签钳电兼煎贤燕莲眠迁仙店县连篇件宴显匾免勉检险欠砚占

[ien] 曼办扮片荐战面变便验舔念

[aŋ] 庚羹甥行坑晴请听厅蜢打冷醒降郑姓硬

[uŋ] 东空蒙铜红丰葱通讲冬宗农松江防纺方芒霜床糖堂狼杭忙帮

[iŋ] 侦诚征情苹明兵丁净刑亭钉挺瓶鹰绳灯藤警景静整艇等肯能

[iaŋ] 腔抢场京惊正轻名颈丙镜柄并

[yŋ] 钟冲缝蜂春中躬穷充枪

[yoŋ] 梁粮凉香羊乡商墙箱浆容宠勇溶象奖蒋掌享厂丈上亮

[uoŋ] 王黄汪

4.塞音尾韵母

[aʔ] 罚发扎八察杀蛤答杂白伯百客吓麦雪拆乏法达袜

[oʔ] 读录木缩筑玉学角岳博壳啄摸落托作鹤国脱获镯

[əʔ] 褥菊确龌龊渴葛节搏诺郭鸽磕缺扩铁

[iʔ] 质匹毕乙七一桔闭漆革益易释历滴绩击习笠急职力食

[uʔ] 独谷鹿牧毒蜀促粟卒浊服镯

[yʔ] 六熟肉竹曲出

[eʔ] 德得勒刻克黑默贼北册栗

[eiʔ] 虱契褐刺责策塞则色厕侧测泽择墨

[ieʔ] 日吉室蜜笔结译值即息谍责涉热笛踢逼烈哲洁

[iaʔ] 泄削石尺借壁匿赤

[iɔʔ] 烛药脚斫约著（著衣）弱捏

[yœʔ] 旭恤月蕨掘粤薛绝阅悦拙略疟掠

[uoʔ] 越（越南）夺括活镬

[uəʔ] 物猾诀刷说欲倔掘

声调

平阳畲语的单字声调是五个调，分别为阴平、阳平、上声、去声、入声。声调系统基本上维持中古平、上、去、入四大类的格局，但上、去、入不分阴阳。

平阳畲语的单字声调表

表 37-3-3

声调	阴平	阳平	上声	去声	入声
平阳畲语	44	23	34	21	5

平阳畲语的古清声母平声字今读阴平（少数古全浊平声字今也读阴平），古全浊、次浊平声字今读阳平。古清、次浊上声字今读上声，古全浊上声字今读去声，基本符合“浊上归去”的规律。古去声字绝大多数今读去声，古入声字绝大多数今读入声。

还有一点需要强调的是，平阳畲话的单字音还存在两种小称变调形式：一是部分上声字变为高平调34→44，如“妹耳马鸟你”等；二是部分平声字和上声字变为转折调，如“茄23→325、蚊23→325、虾44→325、姑44→325、舅21→325、公44→325、弟21→325”等。

平阳畲语的小称变调，应该是受南部吴语的影响所致。因为客家方言、闽语、粤语中都不存在小称变调现象，而在南部吴语中，小称现象十分普遍。从形式构成的角度看，南部吴语的小称现象主要有五种类型：一是儿缀型，二是鼻尾型，三是鼻化型，四是变调型，五是混合型。平阳畲语的小称变调基本上属于变调型。在南部吴语的许多方言里，变调是小称的重要手段之一。小称变调是语义变调的一种，平阳畲语小称变调的特点是本音发生小称变调时因单字调的不同而不同，单字调是小称变调的条件。一般是几个具有某种共性的单字调读作同一个小称调。

第三节　平阳畲语词汇

平阳畲语词汇呈现多元化的特点，主要来源于四个部分：古畲语词、客家话词、闽语词、吴语词。还有少量的粤语词，现代普通话新词也进入平阳畲语的词汇系统。

古畲语词

古畲语词有三个来源：一是苗瑶语底层词，二是古壮侗语词，三是不明来历的词。

一、苗瑶语底层词古苗瑶语时期，古代畲族先民尚未从"武陵蛮"中分化出来，古畲语还没有形成。但畲话中的少量词仍遗留古苗瑶语词的读音或说法，如"有"读[ho^{23}]，湘南等地也类似读音，如江水读[hou4]，东安读[ɣau6]，宁远读[xəu5]；崽[tsoi^{34}]，一般称儿子和生物幼崽，今畲话的"崽"，即指儿子、幼崽，也作指小词尾用，如"手指"称"手指崽"或"手崽"。"发疟疾"说"发液(寒冰貌)冷" [fɔʔ^{5}puʔ^{5}laŋ^{34}]，勉瑶语说[put7 tɕwaŋ3]，布努语"疟疾"说[-mpu7]，它们应该是同源的。

二、古壮侗语词现在所说的壮侗语族，即所谓古越族人的后裔。上古时期闽粤赣交界地区，是百越民族的天下。后来畲族从湖南辽到这里后，在古畲语形成的过程中融入了古越族后裔的词汇。如"汉族"称"夏佬" [xɔ^{21}lau^{34}]。

三、不明来源的词　平阳畲语中有少量的与客家话等畲族迁徙地的汉语方言不一定有同源关系的词，我们称之为不明来源的词，如"耳朵"叫"耳菌"[ni^{34}kuən^{44}]"、"喉咙"叫"风管"[xuŋ^{44}kuœn^{34}]、"妻子"叫"布娘" [pu^{21}nyoŋ^{23}]、"丝瓜"叫"囊籽" [naŋ^{34}tɕi^{44}]"、"笊篱"叫"捞箅" [lau^{44}p'iʔ^{5}]、"梯子"叫"楼进" [lau^{23}tɕin^{21}]、"讨债"叫"擢账" [lo^{23}tyoŋ^{21}]、"织布"叫"耕布" [kaŋ^{44}bu^{21}]、"口渴"叫"颈涸" [kiaŋ^{34}həʔ^{5}]等。

客家话词

平阳畲语中的客家话词语，一般有三种情况：

一、词义与现闽、粤、赣大多数客家话词相同或相近。如下所示：

下雨→落水	泥土→泥	玩要→撩
扁担→担竿	田埂→田塍	乌鸦→老鸦
稻子→禾	喜鹊→阿鹊	公牛→牛牯
衣服→衫	屁股→屎窟	烤火→炙火
多久→几久	多少→几多	浇菜→淋菜
走路→行路	锅→镬	穿衣→着衫
夜晚→暗晡	干→燥	柱子→墩
大石头→石牯		

二、词义与现在闽、粤、赣部分地方的客家话词相同或相近。对比如下：

普通话	畲语	客家方言点
太阳	日头	日头(梅县、东莞、宁都、诏安、寻乌)
今天	今晡日	今晡(长汀、铜鼓、大余)
绳子	索	索(梅县、河源、宁都、铜鼓、寻乌)
开水	沸水	沸水(梅县、东莞)
稀饭	糜	糜(揭西、诏安)
头发	头毛	头毛(河源)
肚子	肚屎	肚屎(梅县、揭西、武平等)
洗澡	洗浴	洗浴(长汀、诏安)
我们	我人	丁人(铜鼓、梅县)
你们	你人	你丁人(铜鼓、梅县)
他们	佢丁人	渠丁人(铜鼓、梅县)

三、古畲语词素与客家话词素混合而成的畲话词。如下所示：

普通话	客家话词素	古畲语词素	畲语词
厕所	屎	杷[p'ɔ^{21}]	屎杷
谷穗	谷	蓈[niəu^{34}]	禾蓈

闽语词

平阳县畲族多从福建迁入，其语言也必然受到闽方言的影响，所以畲话词中有不少的闽语词。如“用”叫“使”，“无用”叫“唔使”，“袖子”说“手椀”，“膝盖”说“脚步头”，“嘴唇”叫“嘴皮”，“芋头”叫“芋卵”，“害喜”叫“病崽”，“牲畜”叫“头牲”，“衣裳”叫“衫裤”，“干净”叫“清气”，“风筝”叫“纸鹞”，“时候”叫“时节”，“短裤”叫“裤头”等。

吴语词

平阳畲语的词汇系统中，已经融合昆阳、鳌江等地的方言词汇。如“自行车”叫“脚踏车”[kioʔ^{5} t‘ɔ^{23} tɕ‘ia^{44}]、“萝卜”叫“菜头”[ts‘uei^{44}t‘əu^{23}]、“脖子”叫“头颈”[t‘əu^{23}kiaŋ^{34}]、“学校”叫“学堂”[xoʔ^{5}duŋ^{23}]、“月亮”叫“月光”[nyœʔ^{5}kuŋ^{44}]、“中午”叫“日昼”[niʔ^{5}tɕiəu^{34}]、“肥肉”叫“皮肉”[p‘i^{23}nioʔ^{5}]、“客人”叫“人客”[nin^{23}xaʔ^{5}]、“疯子”叫“癫人”[taŋ^{44}nin^{23}]、“南瓜”叫“金瓜”、“茭白”叫“茭笋”、“柚子”叫“瓟”[p‘au]、“站”叫“竒”[q‘i^{34}]、“睡”叫“睏”[xuən^{21}]、“口吃”叫“大舌”[t‘ai^{21}ɕieʔ^{5}]、“爱惜”叫“值钱”[tɕiʔ^{5}ts‘an^{23}]等。

粤语词

如平阳畲语“儿子”叫“崽[tsuei^{34}]”，“女儿”叫“囡[ny^{34}]”，与粤语的“崽[tsei3]、“女[nœy3]”接近。再如“看”说“睇[t‘ai^{21}]”等。

平阳畲语保留了中古汉语词的特色的少量单音节词。如下所示：

稻谷→禾　小米→粟　房子→寮　光亮→皓

油麻→麻　咳嗽→顿　衣服→衫　瀑布→漈

知了→蝉　害怕→吓　筷子→箸

还有少数古汉语单音词的遗留。如：

捆→缚　跑→走　会→解　杀→戮

烧(饭)→炊　砍→斫　吃→食　咬→啮

逃→遁　红→赤　陡→崎　绳→索　迟→晏

少数双音词含有古汉语词素。如下所示：

猪圈→猪囚[tɕ‘iəu^{23}]　牙印→牙痕[xuən^{23}]

鸡窝→鸡栖[tsi^{44}]

岳父→凯爷[k‘ei^{34}jia^{23}]　岳母→凯娘[k‘ei^{34}nia^{23}]。

还有少数中古汉语的双音词。如：

游泳→泅水[ɕiəu^{23}ɕyei^{34}]

屁股→屎窦[ɕi^{34}tou^{21}]

驼背→曲者[tɕ‘iau^{44}ku^{44}]

普通话词

平阳畲语用畲汉杂糅读音照搬普通话词语。如“正经”读[teiaŋ^{21}kiŋ^{44}]，“共产党”读[kuŋ^{21}ts‘an-^{34}tuŋ^{34}]，“主席”读[teu^{34}ɕi^{23}]，“总理”读[tsuŋ-^{34}li^{34}]，“书记”读[ɕy^{44}ki^{21}]，“北京”读[paʔ^{5}kiaŋ^{44}]，“电视”读[tian^{21}si^{21}]，“空调”读[k‘uŋ^{44}tau^{34}]，“电脑”读[tian^{21}nau^{34}]，“手机”读[ɕiəu^{34}ki^{44}]，“机关”读[ki^{44}kuan^{44}]，“社会”读[ɕia^{21}xuei^{21}]，“状元”读[tɕuŋ^{21}ŋœn^{23}]，“结果”读[kieʔ^{5}ku^{34}]。

第四节　语法特点

平阳畲语的语法结构与汉语相差不大，但也有一些本民族的特色。现从词法、句法两个方面加以叙述，在与汉语方言的比较中突出平阳畲语的语法特点。

词法特点

名词　平阳畲语的名词后缀具有一定的表义特点。

一、用“崽、子、儿”作名词的后缀，表示“小”、“祈使”“鄙视”、“归类”或“短暂”的意思。如下所示：

猪崽→小猪　牛崽→小牛　碟崽→小碟子

细崽俚→小孩子　凳崽→小矮凳

坐下崽→坐一会儿(表祈使)

贼子(表鄙视)→盗贼

柴子(表归类)→野生果实

嫩菜儿→小菜苗　虾儿→小虾

“子”也表示无意义的词缀。如：

伞子(无义)→伞　狐狸子(无义)→狐狸

二、用“公、牯、哥”作名词的后缀，表示雄性生物；用“娘、牸、囡”作名词的后缀，表示雌性生物。如下所示：

羊牯→公羊　鸭牯→公鸭　鸡公→公鸡

猪哥→公猪　猪娘→母猪　猫娘→母猫

鸡娘→母鸡　牛牸→雌小牛　女囡→女子

表雄性的词缀，与客家方言基本相同；表示雌性的词缀，与客家方言以及闽语大不相同，一般大型牛马等家畜平阳畲话说“牸”，客家方言说“嫲”、“婆”，其中“嫲”是客家方言的特征词，有时相当于粤语的“驰[na]”字。对比如下：

普通话	闽语	客家话	畲语
母牛	牛母	牛嫲	牛娘/牛牸
虱子	虱母	虱嫲	虱娘
母鸡	鸡母	鸡嫲	鸡娘

三、平阳畲语的“头”，除了做后缀外，还表示时间、处所及大约数。如下所示：

宴晡头(时间)→晚上　日昼头(时间)→中午

天头(时间)→明天　寮檐头(处所)→屋檐头

十头寮(大约数)→十来户

四、用“菱”作词的后缀，表示尖状物。如：

田角菱→尖形的菱角　茶壶菱→茶壶嘴

石牯菱→圆而尖的大长石头

栋杆菱→担铳的尖端

五、用“卵”表示圆而光滑的事物形状，还可以表示生殖意义。如：

鸡卵→鸡蛋　面卵→面孔　石牯卵→鹅卵石

光头卵→圆而光滑的头

花卵(花蕊)→圆形状的事物

茶子卵→卵形的茶果

“卵”字形图案在畲族彩丝织带中表示生殖意义，是丝带中最复杂的字形。

六、用后缀“公”表示“大”。如：

碗公→大碗　手公→大拇指

动词　相对于普通话的“看”，平阳畲语用“睇”作助词，表示“尝试”或“祈求”的意思。如下所示：

望下睇→请看一下　读下睇→试读一下

忖下睇→请想一下　帮下睇→请帮一下

冇[mau^{23}]，平阳畲语表示“没有”的意思，粤语也有“冇”这个词，读[mou^{2}]。如“冇话”，畲语和粤语表示“没有话”的意思。

形容词　平阳畲话中部分表示“很”义的形容词，带有明显的摹状色彩，一般用“形容词+重叠后缀”的形式表示。如：

很红→赤辣辣　很白→白落落　很黑→黑茫茫

很薄→薄稀稀　很酸→酸纽纽　水很温→水渍渍

很弯→弯虬虬　很暗→窨沉沉　路很滑→路溜溜

也有的形容词后缀是两个不同的音节。如：

很薄→薄几裂　很咸→咸[mu^{44}]个。

副词　平阳畲语表示强调语义时，常用“险”[ɕien^{34}]”或“吓人”[haʔ^{5}nin^{23}]放在形容词后面，表示程度高，相当于普通话的“很”或“非常”，如“很高”说“高险”[kau^{44}ɕien^{34}]或“高吓人”[kau^{44}haʔ^{5}nin^{23}]。这种后置强调的用法在浙南吴语中常见。

表示重复动作的副词，相当于“再吃一碗饭”的“再”，普通话一般是放在动词前，平阳畲语的“凑”放在动词后面，如“食一碗饭凑[tsʻəu^{21}]”。这一特征，和客家方言“食一碗饭添[tʻiam1]、平阳活“吃一碗饭添”相似。

代词　平阳畲语的代词也有人称代词、指示代词和疑问代词之分，其称说有自己的特色。

一、人称代词。单数第一、第二、第三人称代词，平阳畲语为“伢[ŋuai^{44}]”、“你”[ni^{44}]、“佢[ky^{44}]”，与客家话比较接近，但调类调值上有差异。第一人称，客家话有两派说法，多数读为阳平展唇的[ŋai]，而平阳畲语读阴平圆唇[ŋuai^{44}]。“你”多数客家话读[ni]，是阳平调，平阳畲语读[ni^{44}]，属于阴平调。“佢(他)”多数客家话读阳平[ki]，也是阳平调，平阳畲语读阴平调的[ky^{44}]。“我们”为“伢人”[ŋuai^{44}nin^{23}]，“你们”为“你人”[ni^{44}nin^{23}]，“他们”为“佢人”，读作[ky^{44}nin^{23}]。“自己”为“自家”，读作[ti^{21}kɔ^{44}]。

二、指示代词。平阳畲话有近指和远指之分，平阳畲语表示近指的代词“个”，读作[kuai^{34}]；表示远指的代词“那”，读作[na^{21}]。如：

这里——这位[kuai^{34}wei^{21}]那里——那位[na^{21}wei^{21}]

这样[kuai^{34}jyoŋ^{21}]那样[na^{21}jyoŋ^{21}]

三、疑问代词。平阳畲语中比较有特色的疑问代词有“谁、什么、怎样”等。

“谁”为“啥人”，读作[ɕai^{23}nin^{23}]。“什么”为“什乇”，读作[ɕi^{44}nɔʔ^{5}]。“多少”为“几多”，“多久”为“几久”。“为什么”为“作哪”，读作[tsoʔ^{5}na^{34}]。

量词　平阳畲语的量词大部分与客家方言、闽方言接近，但也保留一些富有特色的量词。

一、表示条状物的量词用“行”。如下所示：

一行蛇→一条蛇　一行竹→一根竹子

一行凳→一条凳　一行绳→一条绳子

一行鱼→一条鱼　一行笔→一支笔

二、表示块状物的量词用“粒”或“兜”。如下所示：

一粒布→一块布　　一粒墨→一块墨

三、普通话用“只”的量词，畲语可用“边”或“个”。如：

一边手→一只手　　一边鞋→一只鞋

两个兔子→两只兔子　两个耳朵→两只耳朵

介词　平阳畲语也分为时处介词、对象介词等。

一、时处介词

相当于普通话“到”的介词，平阳畲语说“透[t‘əu^{44}]”。“我到北京”说成“伢[t‘əu^{44}]北京”。

相当于普通话“在”的介词，平阳畲语说“是[ɕi^{21}]”。“他在家”说成“佢是寮”[ky^{44}ɕi^{21}lau^{23}]。

二、对象介词

相当于普通话“被”的介词，平阳畲语是“分[puən^{44}]”。“他被人打了”说成“佢分人打咯”[ky^{44}puən^{44}nin^{23}taŋ^{34}la]。

相当于普通话“把”的介词，平阳畲语是“搦[nuŋ^{23}]”。“把酒杯打破了”说成“搦酒盏打破咯”[nuŋ^{23}tɕiəu^{34}tsan^{34}taŋ^{34}po^{21}la]。

相当于普通话“和、与”的介词，平阳畲语是“拏”，读“[nu^{23}]”。“你和他说，我病了”说成“你[nu^{23}]佢讲，伢病了”。

助词　普通话用在定语和中心语之间的结构助词“的”，平阳畲语说“个[kai]”。如“你的鞋子”说成“你个鞋[ni^{44}kai hai^{23}]”。普通话表示正在或持续的体助词“着”，平阳畲语说“佴[ŋ]”，如“坐着说”说成“坐[ŋ]讲”。

连词　平阳畲语的“拏”[nu^{23}]，除了充当交互介词之外，还可以充当并列连词，相当于普通话的“和”，如“伢[nu^{23}]佢是隔壁寮”（我和他是隔壁邻居）。

短语

一、词法结构上别具特色的短语。

普通话偏正短语中的修饰、限定成分一般放在中心词之前。畲话名词性的偏正短语可以分为两种情况：一是不加结构助词“的”，放在中心词之后；二是加结构助词“的”，则放在中心词之前。动词性的偏正短语与普通话一样放在中心词之前，一般不加结构助词。

二、名词性短语。

加结构助词的名词性短语：

阿爷个衫→爸爸的衣服　你个鞋→你的鞋

三、动词性短语。

力力行→快步走　　快走→快跑

好好撩→好好玩　　使力打→用力打

四、述补短语。畲语述补短语的语序与普通话差不多，但大多不用结构助词“得”。

食饱饱→吃得饱　　行快快→走得快

食唔落→吃不下　　赶唔着→赶不上

五、方位短语。普通话方位短语中表示方位词素的，一般都放在中心词之后，而畲语有以下两种情况：

放在中心词之前：

坻树→树上　坻楼→楼上　坻凳→凳子上

坻山→山上　坻桌→桌上　面前→前面

里寮→屋里　里洞→洞里

放在中心词之后：

树面头→树的上方　　床[k‘ɔ^{44}]下→床底下

寮[ti]山→房屋前面　　寮内肚→房屋里面

寮屎头→房屋后面

句法特点

平阳畲语的句法特点在处置句、被动句、存现句、比较句以及双宾语句中有所体现。

一、处置句　普通话用“把”字处置式，平阳畲语用“搦[nuŋ^{23}]”字处置式。如：

（一）你把这袋米拿到楼上去——你搦这袋米拿坻楼。

ni^{44}nuŋ^{44}kuai^{44}t‘uei^{21}mai^{34}naŋ^{21}tai^{44}liəu^{23}。

（二）他把杯子打破了——佢搦杯打破了。

ky^{44}nuŋ^{23}puei^{44}taŋ^{34}p‘ɔ^{21}la。

（三）把那本书拿给我——搦那本书拿分我。

nuŋ^{23}ŋ^{21}puən^{35}ɕy^{44}naŋ^{21}puən^{44}ŋuai^{44}。

二、被动句　普通话用“被”字被动式，平阳畲语用“分[puən^{44}]”字被动式。如：

（一）他被人骗了——佢分人骗了。

ky^{44}puən^{44}nin^{23}p‘ian^{21}la。

（二）碗被他打破了——碗分佢打破了。

wœn^{34}puən^{44}ky^{44}taŋ^{34}p‘ɔ^{21}la。

（三）我被他打了一下——伢分佢打了一下。

ŋuai^{44}puən^{44}ky^{44}taŋ^{34}iʔ^{5}hɔ^{21}。

三、差比句 平阳畲语的差比句多用“形容词+过+名词（比较对象）”式。如：

（一）这个人比那个人高——个个人高过那个人。

kuai^{44}kuai^{44}nin^{23}kau^{44}ku^{21}ŋ^{21}kuai^{44}nin^{23}。

（二）你比他好——你好过佢。

ni^{44}hau^{34}ku^{21}ky^{44}。

（三）我比他胖——我大截过佢。

ŋuai^{44}t‘uai^{21}k‘ye^{23}ku^{21}ky^{44}。

如果是否定句，则用“冇+名词（比较对象）+形容词”式。如：

（一）那个没有这个好——那个冇这个好。

ŋ^{21}kuai^{44}mau^{23}kuai^{44}kuai^{44}hau^{34}。

（二）她没有你那么漂亮——佢冇你生好。

ky^{44}mau^{23}ni^{44}saŋ^{44}hau^{34}。

（三）老王干活比不上你——老王做事冇你好。

lau^{34}woŋ^{23}tsoʔ^{5}ɕi^{21}mau^{23}ni^{44}hau^{34}。

如果比较对象不出现，语序和普通话相似。如

（一）这只公羊大些——个头羊牯大一点。

kuai^{44}t‘əu^{23}jyoŋ^{23}ku^{34}t‘uai^{21}iʔ^{5}dien。

（二）里面的衣服小，外面的衣服大——内边个衫小，外边个衫大。

nuei^{21}pan^{44}kaisan^{44}sai^{34}，ŋai^{21}pan^{44}kai san^{44}t‘uai^{21}。

四、等比句表示两者程度相同，平阳畲语一般用“得[tiʔ^{5}]+名词（比较对象）一样+形容词”式。如：

（一）你和他一样高——你得佢一样高。

ni^{44}tiʔ^{5}ky^{44}iʔ^{5}jyoŋ^{21}kau^{44}。

（二）他的房子和你的房子一样大——佢个寮得你个寮一样大。

ky^{44}kailau^{23}tiʔ^{5}ni^{44}kailau^{23}iʔ^{5}jyoŋ^{21} t‘uai^{21}。

五、存现句 平阳畲语存现句用“处所词+动词+名词”式。

（一）我家今晚有客人——伢寮晏晡有人客。

ŋuai^{44}lau^{23}an^{44}pu^{44}ho^{23}nin^{23}xaʔ^{5}。

（二）树上有三只鸟——树面头有三个鸟。

ɕy^{21}min^{21}t‘əu^{23}ho^{23}san^{44}kai^{44}tau^{44}。

（三）山顶走下来一队人——山顶行下来一队人。

san^{44}tiŋ^{34}haŋ^{23}lo^{21}iʔ^{5}tuəi^{21}nin^{23}。

六、双宾语句

（一）母亲给我一双新鞋——娘分伢一双新鞋。

nia^{23}puən^{44}ŋuai^{44}iʔ^{5}suŋ^{44}ɕin^{44}hai^{23}。

（二）给我一支笔——分伢一行笔。

puən^{44}ŋuai^{44}iʔ^{5}haŋ^{23}pieʔ^{5}。

七、疑问句

（一）你要上哪去？我上街去——你行那位去？我行街路去。

ni^{44}haŋ^{23}na^{35}wei^{21}xyʔŋuai^{44}haŋ^{23}kiai^{44}lɔ^{21}xy。

（二）你记不记得——你记没记得？

ni^{44}ki^{21}tiʔmo^{44}ki^{44}t‘iʔ？

（三）哪个人打你——啥人打你？

ɕiaʔ^{5}nin^{23}taŋ^{34}ni^{44}？

（四）你看，这样做行不行——你睇，这样做使得不使得？

ni^{44}t‘ai^{21}，kua^{21}jyoŋ^{21}ʦo^{21}hai^{44}suei^{35}ti mo^{44}suei^{35}ti？

（五）锅里还有饭没有——镬内有饭啊冇？

huoʔ^{5}nuei^{21}ho^{22}p‘uan^{21}a^{44}mau^{23}？

（六）你吃吃看，好吃不好吃——你食食睇，好食唔好食？

ni^{44}ɕiʔ^{5}ɕiʔ^{5}t‘ai^{21}，hau^{34}ɕiʔ^{5}mo^{23}hau^{44}ɕiʔ^{5}？

另外，平阳畲语中常用反问语气表示肯定或否定句式。如：

（一）我说的没有错吧？→我讲冇短吧？

（二）我说的是对的，是吧？→我讲是确的，是吧？

（三）看，还有人来劝你吗？（再没有人来劝你啦）→睇，还有人劝你吗？

（四）就是他最好了吗？→就是佢顶好啦？（不一定就是他最好）

（五）难怪，是这样→难怪，是个样。

八、感叹句 平阳畲语感叹句句末常用语气词“咯”、“啦”，加强表达的语气。如：

（一）我真的唔去咯（lo^{44}）→我真的不去啦！

（二）真倒霉啦（la^{44}）→真倒霉啊！

（三）体面险咯（lo^{44}）→很体面啦！

（四）我就是唔去咯（lo^{44}）！→我就是不去了！

九、使动句 平阳畲语还有使动句式，体现古

汉语色彩。如：

（一）听了都使人难过——听听都难过人。

（二）不要让他吃亏——莫食亏佢。

十、状语、定语后置　平阳畲语有部分状语、定语后置。如：

（一）你认真点儿做→你做认真点。（状语在谓语之后）

（二）你先走→你行先。（状语在谓语之后）

（三）他家买来（一头）肥壮壮的牛→佢寮牛买来了，壮壮咯。（定语后置）

（四）你家每亩稻田都有水→你寮田禾见丘都有水。（定语后置）

（畲语发音人：青街畲族乡九岱村雷顺迎）

第三十八卷

DI SAN SHI BA JUAN

《平阳县志（1989—2012）》

PINGYANG XIAN ZHI

人　物

1993年版《平阳县志》记载列传人物142人，简介人物109人，革命烈士498人。

此卷以人物传略记载逝世人物51人。人物表收录：平阳县籍革命烈士11人，县内获省部级及以上劳动模范和先进人物称号的68人次，省特级教师11人，获正高级专业技术职务的21人。收录平阳籍国内知名人士380人，国外知名人士41人。

平阳籍全国和省人民代表大会代表及政协委员名录见卷二十一“地方人民代表大会”、卷二十三“人民政治协商会议”；国家和省级非物质文化遗产传承人见卷三十三“历史文化遗产”；体育竞技获奖人员见卷三十五“体育”。

第一章　人物传略

人物传略记载1989—2012年逝世人物51人，按卒年排序。其中，平阳县籍的47人，客籍的4人。

唐唯逸（1915—1989），字魏臣，晚号微翁。出生地瑞安市陶山。民国22年（1933），瑞安中学毕业，8月，考入上海新华艺专国画系，民国25年（1936）毕业。受到俞剑华、潘天寿、黄宾虹等名家的指导。民国26—38年（1937—1949）在瑞安中学任美术和语文教员，1950—1951年任瑞安文化馆文物保护员，1952—1955年，在瑞安师范学校（后改为平阳师范学校）任美术和语文教员，1956年，到鳌江中学任教，兼任平阳县语文教研大组组长。1958年，被错定为“历史反革命分子”（1984年平反）。1971—1989年，在昆阳工艺美术厂任画师。

在瑞安中学任教期间，发现和培养了一批艺术人才，如上海人民美术出版社副编审郑鹍、《旅游》美术主编郑熹等。曾多次到平阳指导抗战木刻运动，并将平阳抗战木刻运往温州、杭州等地巡回展出。其代表作《岗位》（木刻）反映温州沦陷前夕中国军人坚守岗位的情景。民国29年（1940）11月，在温州抗战木刻漫画展上，被评为“木刻优良者”，成为浙南名画家。著名版画家赵瑞椿称，“唐唯逸对木刻语言的把握上堪称同时代木刻家中最佳者”。在瑞安文化馆工作期间，保护和抢救大量书画和古籍。1964年，郭沫若视察瑞安，对瑞安县文物保护和抢救成效甚为赞赏。在昆阳工艺美术厂任画师期间，坚持走中国绘画风格之路，使平阳蛋画工艺一枝独秀，成为20世纪70年代温州出口工艺品的重要品种之一（2009年，平阳蛋画工艺被列入温州市第三批非物质文化遗产名录）。

唐唯逸作品有“诗书画三绝”之誉。绘画风格寄热烈于平淡，细微中寓意蕴。1980年，著名学者苏渊雷撰诗、著名画家唐云亲书以赞：“极绚烂时归平淡，不矜持处见功夫。”其部分作品分别被国家、省级有关单位收藏。2012年，后人整理出版的《唐唯逸书画集》，比较集中地展现他的艺术成就。唐唯逸对美术史研究也有独到之处。民国26年（1937），他发表的《我国历代绘画之概况》一文，是一篇有见地的关于中国绘画史的论文。此文，确立了他在温州地区研究中国美术史第一人的地位。

陈铎民（1902—1990），名基圣，南雁镇雁山坎头人。曾就读浙江第十师范学校，民国10年（1921），以全省第二名考入北京师范大学地理系。毕业后，先后在江苏、上海、浙江等10余所大、中学校任教。民国31年（1942），日本侵略军入侵浙江，丽水、温州等地相继沦陷，各地中学或停或迁，陈铎民被迫回乡。9月，与苏步青等人在水头镇创办平阳县私立南雁战时补习学校（后改称南雁中学，今为平阳县第二中学），任校长。为学校立案事，他与张树森从平阳水头步行到景宁县（时省教育厅迁驻景宁），往返十余天，因劳累过度而吐血，病倒在床。为筹建校舍，他动员族婶吕妙贞捐献出筹建庵堂用的五间房屋木料。山门、水头许多群众受到鼓舞，自带饭包参加建校舍的义务劳动。民国34年（1945），到温州中学任教。1952年冬，调到浙江师院地理系任教。1958—1966年，任杭州大学附中（学军中学）校长。曾为温州市人大代表、温州市第二届政协委员、杭州市人大代表。1989年，中国地理学会向他颁发证书和奖牌，以表彰他终身为地理教学所作的贡献。

振空法师（1903—1991），俗名金观铨，苍南县

人，平阳县广慧禅寺住持。30岁时到宁波奉化岳林寺剃度受戒，皈依东宁和尚座下。

曾在温州头陀寺做僧伽执事，在平阳小南杨文广坦山闭关静修，后去江苏省镇江金山寺当执事。民国33年(1944)，在鳌江荆山寺任住持。

1980年冬，振空法师回平阳县广慧禅寺，致力于“人间佛教”的弘扬和继述。1981年夏开始，历时九载，重建了大雄宝殿等。振空法师修持精进，发菩提心，坚持戒行，爱国爱教。

邓野农(1910—1991)，原名邓经，曾用名：邓扫空、田野农，山门镇邓家村人。曾就读于国立上海立达农学院。民国25年(1936)12月，加入中国共产党，民国26年(1937)，回乡任畴溪小学(今山门小学)校长，是年5月，中共闽浙边临时省委、省军区与闽浙皖赣边区绥靖公署的和平谈判在畴溪小学举行，他作为当地代表列席。同年6月，因和平谈判一事在温州被捕，9月在第二次双方谈判中，由中共代表吴毓、黄耕夫指名要求而获得释放。民国27年(1938)，任中共浙江省委抗日救亡干部学校校务主任、新四军浙江平阳后方留守处中共直属支部书记、中共平阳县委秘书长兼组织部长、中共温州中心县委组织部长、代理书记。是年年底，与妻子黄木兰赴延安，先后在延安抗日军政大学、延安马列学院、中共中央党校学习。民国32年(1943)6月，参加延安中共中央组织部兰家坪招待所整风。民国34年(1945)3月，奉命赴东北开展工作，先后任中共沈阳市南市区委副书记、中共法库县大孤家子区区委书记(兼区长)、中共铁岭县委副书记和组织部长，中共前旗旗委副书记、中共奈曼旗旗委副书记兼组织部长。

民国38年(1949)5月至1953年3月，任中共江西省奉新县委书记、中共江西省新建县委书记。1953年3月至1954年4月，任中共南昌地委副书记兼秘书长。1954年4月至1958年9月，任中共江西省农学院党委书记(兼副院长)。1958年9月至1964年12月，任中共江西省委农村工作部第一副部长。1964年12月，任中共中央中南局农业委员会领导小组成员、秘书长。1983年，离职休养，享受副省级待遇。

陈锦清(1921—1991)，女，祖籍平阳，出生于上海。中国专业舞蹈教育事业的开创者。民国24年(1935)，入读上海补习学校，参加“未名剧社”演出，随蚁社救亡宣传队经武汉赴延安。民国27年(1938)，入鲁迅艺术文学院戏剧系学习，10月，加入中国共产党。民国31年(1942)，毕业后即在鲁艺实验剧团工作，先后任演员、导演。解放战争时期，从事戏曲改革组织工作。民国35年(1946)，她从华北文工团调到东北鲁艺文工团工作，任东北鲁艺舞蹈训练班副主任，曾在哈尔滨演过舞剧《白毛女》。民国37年(1948)，被派往朝鲜，在崔承喜舞蹈研究所学习考察。1950年，任中央戏剧学院舞蹈团副团长。1952年，参加组建中央歌舞团工作，任团委会委员、艺术委员会副主任。1953年，参加赴朝慰问团到前线慰问中国人民志愿军。是年年底，受文化部委派筹建中国第一所专业舞蹈学校，任筹委会副主任兼文化部舞蹈教员训练副主任。1954年，北京舞蹈学校成立，出任副校长，与校长、著名舞蹈家戴爱莲合作共事。1964年，中国舞蹈学校成立，她出任校长。在任期间，曾多次率团或随团出访，到10余个国家演出、考察，进行学术交流，担任过世界青年与学生和平友谊联欢节评委。粉碎江青反革命集团后，她重返舞校主持工作。1978年，出任中国第一所高等舞蹈学府——北京舞蹈学院首任院长兼党委书记，直至1984年。

她在北京舞蹈学院主持工作期间，学院建立起了具有中国特色的专业舞蹈教育的基本格局。1961年，她兼任文化部舞蹈教材编选工作组组长，亲自主持制定全国舞蹈专业教学方案和全国通用舞蹈教材的编选计划，组织编写和出版近百种各类专业教材。她还担任《中国大百科全书·音乐·舞蹈》卷的编委和芭蕾及欧美民间舞蹈分支主编。离休后，加入《当代中国舞蹈》编委会，主持编写舞蹈教育篇，并审阅《中国民族民间舞蹈集成》地方卷数百万字书稿，指导该书的编写工作。

刘友煌（1930—1993），鳌江镇人。爱国侨领，旅法俱乐部创始人之一。民国36年（1947），他先去台湾，后到香港，在香港参加“红色工会”。20世纪60年代初，去法国从事中式家具生产和营销，并开设“友芳公司”，发展传统的“金粉绘画”，成为一名义利兼备的企业家和“描金”名人。历任旅法俱乐部第一至第四届副主席、第五至第六届主席、第七至第十一届名誉主席，兼任欧洲华侨人社团联合会名誉顾问、《欧洲时报》顾问和浙江省国际信托投资公司海外顾问。1993年5月，在杭州观看电视剧《少林寺》后，写下《十戒（不）歌》，告诫国人应不弄虚作假，不以权谋私，不公款吃喝，不权利下海，不拉帮结派，不排斥异己，不指鹿为马，不勾结外商，不仗势欺人，不贪恋富贵。病危时嘱咐妻子郑玉芳，死后将其骨灰运回祖国，埋在自己的国土上。嗣后，其家人将他的骨灰埋在杭州南山公墓。墓碑上刻有他生前填写的《满红江》词：“西楼闲居，夜深沉，万籁俱寂，低回处，思潮起伏，往事如烟，数十载商海浮沉，只赢得天涯浪迹。游子心，不堪话当年，徒悲伤。女儿情，早已清，亲友情，长相思，叹命运多舛，花都失意。幸喜姑存晚节。书报自娱频举杯，来日长，不须再惆怅，颐天年。”

吴景荣（1915—1994），昆阳镇人。民国15年（1926），毕业于县立第一高等小学，入读温州省立第十中学。民国21年（1932），考入清华大学西洋文学系，后入清华研究生院深造。“七七”事变后，回乡里与返乡同学在鳌江创办平阳临时中学，后去昆明清华大学研究生院继续学习，民国29年（1940）7月毕业，任教于陕西城固西北师范学院（北京师大）。一年后，任教四川教育学院、四川白沙女子师范学院。民国32年（1943）冬，任重庆中央大学（今南京大学）副教授。民国36年（1947）7月，获英国文化委员会奖金，入利物浦大学专攻英国文学，获文学硕士学位。1949年回国，任北京外国语学校教授。1952年5月，调任中国人民大学外交系教授，后兼外语教研室主任。1955年，中国人民大学外交系改为外交学院，任外交学院外语教研室主任兼二部主任。1956年2月，加入中国共产党。1970年，调任外国语学院英语系主任。1980年，外交学院复办，调回该院任终身教授。曾任外交学院学术委员会副主任、中共外交学院委员会委员、北京市高等院校学衔评审委员会委员、全国英语教学研究会副会长、全国翻译学会理事，并任全国政协第五、六、七届委员。

主编有《英语基础教材》、《汉英辞典》、《当代英语散文选读》、《英语自学课本》（四册），与他人合编有《精选英汉汉英词典》等。此外，还参加《毛泽东选集》第四卷和中国共产党第八次全国代表大会文件集等文献的英译和审校工作。

林维治（1915—1995），水头镇南湖人。南京国立政治大学高等科毕业，赴英国皇家植物园研究竹分类。抗日战争时，任职广西农事实验场森林组及贵州农业改进所森林系。抗战胜利后去台湾，任台湾省营医疗物品公司奎那总场技师兼场长。1951年，转任台湾省林业试验所六龟试验场技正兼主任。从事竹分类及繁殖的研究，尤以新品种的发现及平插栽培技术的研究成功，对于台湾竹类栽培技术的改进颇有功绩。1969年，任马拉加西竹工队队长，1974年返台。先后获“中华农学会学术奖”“明德基金会发明奖”。曾多次前往东南亚、非洲及中南美洲考察竹业，引进多种竹类在台湾建立“竹类种植园”。在国内外发表有关竹类论文40余篇，颇得学术界重视。生前情系故园，逝世后不久，其子女按照其遗愿，来故里向平阳二中捐献25万元，设立林维治教育基金会。

吴良祚（1929—1995），水头镇人。太平天国史学家。民国38年（1949）7月，加入中国共产党。1955年结业于原浙江师范学院历史科，曾任嵊泗中学、舟山师范、舟山中学、平阳二中等校教师。20世纪50年代开始，精心研究太平天国史。1957年9月，发表在《历史研究》杂志上的《关于（天父诗）》，引起美国史学家的重视。

20世纪70年代以后，致力于太平天国词语和太平天国避讳的系统研究，提出了一系列新的见解。1982年冬，被国务院古籍出版社规划小组借调到中国社会科学院近代史研究所，参加国家项目《中国近代史资料丛刊·太平天国》的编写，担任《太平天国大词典》副主编。1984年，调浙江省社会科学院，任研究员、《浙江学刊》编辑、太平天国史研究会理事。发表论文100余篇，计50万字。主要编著及参与编著的有《太平天国史大词典》《太平天国避讳研究》《太平天国词语研究》等，曾获省社会科学优秀成果3项。

张鹏翼(1898—1996)，又名中羽，字自怡，号养拙、忍默居士，昆阳镇人。13岁从王鼎铭学诗，21岁从刘绍宽攻古文。民国14—18年(1925—1929)，任横阳乐群小学(今昆阳镇第一小学)校长。民国19—28年(1930—1939)，先后在平阳农会、商会等处任职。民国31年(1942)在城西雅山村原周宅创办紫霞山馆。民国32年(1943)任教浙南中学，民国34年(1945)任教平阳中学。曾参加戊社、星社等诗社活动。1960年以后，曾任平阳县图书馆义务管理员，从事古籍整理保护工作。垂髫学书，八十年如一日，初学欧阳询楷书，历参晋唐诸贤，中年专攻草书，从孙过庭《书谱》入手，兼及怀素，上溯智永、二王，旁涉汉隶北碑，不求变而变，不祈新而新。50岁后好以鸡颖作书，八旬后风格又一大变，熔碑帖于一炉，苍劲浑厚，超脱高古。其书法作品被选入《空海入唐及开山新胜寺1050年纪念》(日本)及《当代中国书法艺术》《书法》等书籍、刊物。韶山毛泽东故居纪念馆、朱德纪念馆、李立三故居和新加坡等地，均收藏其书法作品。1981年，任温州市书法家协会名誉主席、浙江省文史馆馆员。1984年，加入中国书法家协会。1992年出版《张鹏翼书法作品选》。著有《紫霞山馆诗存》。

池云祥(1920—1996)，字赤龙，青街畲族乡人。出身书香门第，民国36年(1947)，赴台湾谋生。1962年，从事房地产业。曾任庆祥和任泰房地产建设公司总经理、董事长和温州同乡会理事。1983

年，全家迁居美国，是年回乡探亲时，他决意回报家乡。1990年，出资33万元兴建青街中学。又出资在睦源溪上架造“思源桥”。1993年5月21日，青街畲族乡政府为新建成的中学举行落成典礼，县政府授名为“平阳县云祥中学”。他还为苍南县修建少年宫、地方赈灾、接济特困户，捐资100余万元。

陈　阜(1910—1997)，原名圣阜，又名铁汉，麻步镇岭门头人。民国17年(1928)，就读于瓯海公学，因参加学潮被开除。民国19年(1930)初，以城南务垟下小学教员身份参加革命，8月，接办麻步鳌峰小学，任校长。先后聘请吴毓、梅康、朱程、黄先河、池化龙、卓鸣銮、陈维香、李希光、陈科、王运鼎、张日蔚、陈宗文、林志槐等进步青年为教师。民国20年(1931)，加入中国共产党。在叶廷鹏领导下，开设农民、店员夜校和妇女识字班，同时在江南、小南、南北港等地恢复农民协会，发展党组织。民国21年(1932)2月5日，叶廷鹏等在麻步渔塘陈阜家成立中共浙南委员会，叶廷鹏任书记，陈阜为委员。民国22年(1933)3月，受中共浙南委员会派遣，前往南京做兵运工作。通过朱程等关系，考取国民党军政部南京化学兵分校(黄埔军校第十四期，简称“防化兵学校或学兵队”)。陈阜在学校通过组织“读书会”等形式开展革命活动，为浙南物色一批爱国青年。民国24年(1935)秋，学兵队的陈铁军随吴毓回平阳。次年5月，又动员组织董启文、王泰然、傅狂波、张炽昌、陈坚、董启强、黄涤尘、张登义等8位军事骨干到浙南参加革命武装斗争。此时朱程从日本向陈阜寄信，其内容涉及董启文、陈坚等一行8人失踪之事，被学校当局发现，陈阜被逮捕，判处有期徒刑六年。“七七”事变后，在国共合作的舆论压力下，民国26年(1937)8月20日，得无条件释放。出狱后，回家乡浙南参加抗日救亡斗争。民国28年(1939)，去延安中央党校学习，毕业后调任延安行政学院党总支书记兼院务处长。后

调任延安西北局组织科科长。民国34年(1945)9月，任热河省公安厅训练主任。民国35年(1946)，任中共冀热辽分局社会部情报站站长。参加锦州、沈阳、平津解放战役。1949年，任天津军管会军法处长、天津警察学校军代表、天津公安学校副校长。1951年，任中央公安部镇反组、"三反"档查组组长。1953年起，任天津市法院和中、高级人民法院院长。1984年，任中共天津市顾问委员会委员。

王载纮(1918—1997)，鳌江镇人。民国26年(1937)，与友人创办平阳临时中学。民国27年(1938)，赴西南联大大理工学院化学系学习。民国33年(1944)，接任温州清明化工厂厂务。1952年，担任轻工业部设计院研究员、《北京日化》主编、《中国大百科全书·轻工卷》与《日用化工工业》编委。1988年，受聘为《中国大百科全书·轻工卷》日用化学分支的主编，此后，又受聘为《化工百科全书》第5卷撰稿人。

主要译著：20世纪50年代，翻译原苏联《油脂制备工艺学》(合作)与《植物油生产理论基础》；60年代，翻译《合成洗涤剂和清洁剂》(1965年出版)；1975年，编成260万余字的《日用化工理化数据手册》(与光相珪合作，1981年出版，1986年再版)等。一生译著20余部，约1000万字。

杨　进(1911—1998)，原名林怡，山门镇西山村人。民国25年(1936)4月，经黄先河动员，放弃南京蒙藏学校畜牧管理员职务，到浙南参加叶廷鹏领导的浙南红军游击队。6月，任浙南临时革命委员会宣传委员。7月，担任浙南地下党交通员，负责与上海地下党的交通联络任务。7月初，到上海找到中共中央驻上海办事处，汇报浙南地下党组织和红军游击队活动情况；并到南京与陈阜等会面，动员一批军事干部到浙南工作。9月上旬，第三次前往上海与中共中央特科联系。民国25年(1936)8月中旬，中共闽浙边临时省委在福鼎前岐境内李家山召开省委第十次会议，正好收到杨进从上海带来的有关建立抗日民族统一战线的中央文件，即党中央1935年瓦窑堡会议决议和红军东征宣言及"八一"宣言，十分重要及时。民国26年(1937)2月，接受叶廷鹏交给的任务，第四次赴沪。组织决定留杨进在上海学习，派吴毓回浙南并带回中共中央上海特科给刘英的信。由于接通了党中央与闽浙边省委和闽浙边省军区的关系，从3月开始，中共浙南委员会和浙南红军游击队正式归属中共闽浙边临时省委统一领导。民国27年(1938)5月，在上海参加敌后抗战，民国28年(1939)，调新四军军部赴皖南工作。先后担任新四军团政治部主任，团政委，金坛县委书记，华东野战军团政委，华中军区联络部副部长，扬州军分区政委，南通军分区政委。民国38年(1949)2月，潜回上海，成功策动国民党海军第二舰队司令林遵在解放军渡江时起义，并保护江南造船厂免受破坏。1949—1956年，任华东公安部队政治部文化部部长、上海警备区政治部文化部部长。1956年转业，先后任中科院上海分院党委副书记、戏剧学院党委书记、上海电影局党委书记、海军学院党委书记兼院长、上海音乐学院党委书记，享受上海市副市级待遇。

苏　松(1919—1998)，原名苏尔松，水头镇鹤溪人。民国24年(1935)冬，在温州中学初三年级读书时参加学生运动。民国27年(1938)1月，参加闽浙边抗日救亡干部学校学习，回乡成立鹤溪、腾蛟、凤巢、江屿四乡青年抗日救亡团和人民抗日自卫队，任干事和自卫队长。是年加入中国共产党，后任鹤溪乡党支部书记、平安区委青年干事、平阳县委青年干事。民国31年(1942)8月，任平阳县武工组政治指导员，12月，任平阳县委宣传干事。民国34年(1945)9月，任中共平阳县委宣传部长。民国36年(1947)7月，平阳武工队扩编成浙南第十区队，苏松兼任教导员，8月，任县委组织部长。民国38年(1949)4月，任中共平阳县委副书记。此前参加并领导穹岭头战斗和石溪岩战斗，参与策反浙江保安队二旅六团并获得成功。1949年后，历任中共泰顺县委书记、温州市人民政府秘书处主任、温州市委宣传部副部长、统战部长、市委常委、副

市长、市政协副主席。后调任浙江省计委物资处处长、省建委援外办公室主任、省建筑材料工业局副局长、顾问。平阳县政协编有《苏松纪念文集》。

王一川(1934—1998),原名王克群,鳌江镇西桥人。1953年入上海复旦大学化学系,1957年毕业。1979年,调任华东师范大学,1992年,任教授、硕士研究生导师。长期从事化学教育学、化学史、有机化学的教学与学术研究。发表论文100余篇,著述和翻译《少年百科辞典》《STS辞典化学卷》《科学写作基础知识》等60余种。此外,还积极从事科普写作,发表科学小品、科幻小说等800余篇。1990年,被中国科普作家协会评为全国成绩突出的优秀科普作家之一。科普作品四百万言,辑成《生命的科学奇葩》等书。主编《世界大发明故事丛书》《中学教学群书化学卷》等。他关心家乡平阳,多次回梓讲学,并在上海为家乡的建设做了许多牵线搭桥工作。

1997年年底,癌症复发,于1998年4月在上海去世。临终完成《揭开物质结构的奥秘》一书。

苏春丽(1968—1998),女,腾蛟镇腾带人。1974年9月,启蒙于昆阳镇第一小学,1979年,就读于平阳县城关中学,1982年,以全县第一名考取平阳县第一中学高中部,入学后担任学生会主席兼团总支副书记。1984年,被授予浙江省三好学生称号。1985年,考取复旦大学光源与照明工程系。在大学期间担任班团支部书记、学习委员,1987年,获上海市三好大学生称号。1989年,免试进入上海交通大学研究生院应用物理系,1992年3月,获得理学硕士学位,进入电子工业部第二十三研究所第四研究室工作,并担任团支部书记。1995年,由她担任组长的课题组研制成功“pj6–/125–2型偏振保持光纤”,获电子工业部科技进步二等奖、国家技术发明三等奖;由她担任组长的课题组研制成功“保偏光纤起偏器”,获电子工业部科技进步三等奖。1996年,接受国防科技预研任务,担任“保偏光纤(3)”课题组组长。同年,被评为高级工程师,1997年,享受上海市基础研究科技人员特殊津贴。是年6月,加入中国共产党。

1998年4月22日,在上海寓所逝世。

王醒吾(1906—1999),号新武,水头镇人。北伐战争时,与郑海啸等组织平阳北港农会,开展“二五减租”等活动。民国17年(1928),考入浙江省地方自治学校,毕业后任平阳北港区实习区长。民国20年(1931),去日本明治大学留学。“九一八”事变后,留日学生在东京组织爱国团体——新中华学会,王醒吾被推选为主席。留日期间,写有《留东日记》,翻译《美英之世界矛盾》与《一九三六年苏联执行委员会报告与计划》(与朱程合作翻译)等,寄回国内发表。抗日战争爆发后,与雷突鸣等在杭州组织青年学生抗日救亡宣传活动,杭州沦陷前到诸暨,参与组织三万民众进行抗日武装训练,在《诸暨民报》上发表《无敌力量是人民》等爱国文章。民国27年(1938)春,在浙南游击根据地进行抗日救亡宣传工作,在粟裕创办的闽浙边抗日救亡干部学校(在平阳山门)举办抗日画展,演出抗日救亡话剧等,还在温州《浙瓯日报》上发表《万山崇岭中的文化战斗生活》等抗日文章。10月,新四军驻温州通讯处遭国民党温州城防司令部查封,当时中共浙江省地下党主要干部和党员名单被劫,王醒吾冒着生命危险将名单偷拿出来,交给地下党负责人黄先河。抗日战争胜利后定居上海,与马叙伦、郑振铎、周予同等人在教育复员委员会共事,被推荐为该会的专门委员。民国35年(1946)元旦,他在郑振铎创办的《民主周刊》上发表《原子弹与希特勒》等反蒋反美文章。为安全起见,郑振铎为王醒吾取了“新武”的笔名。民国36年(1947)后,先后任上海新中国法商学院、震旦大学等院校教授。1951年10月底,因民国18年(1929)平阳南湖九月九禁止“迎神赛会”、禁止赌博事件的历史问题,被逮捕入狱4年,酿成错案。出狱后经上海市教育局师资培训合格,分配到上海文治中学任教。

在“文化大革命”中,因历史问题又遭到迫害。1982年年初,王醒吾的错案得到彻底平反。80余岁还担任温州大学兼职教授。

黄先河(1913—1999)，原名黄增长，化名何畏，水头镇联山季山村人。先后就读于温州艺文中学、上海君毅中学高中部。民国20年(1931)，在陈阜任校长的鳌峰小学担任教员，从事革命工作，并由叶廷鹏介绍加入中国共产党。民国21年(1932)2月，任中共浙南委员会委员，3月，任浙南红军游击队副队长。民国24年(1935)春，中共浙南委员会改称中共浙南特委，黄先河为特委委员。民国25年(1936)6月，任浙南革命临时委员会委员兼特务处主任；7月，闻悉红军挺进师途经瑞安公阳村(今属文成县)，前往找到粟裕，后会见刘英；9月，离开挺进师回浙南，促成浙南红军游击队和红军挺进师在瑞平边境葛藤湖村会师。民国26年(1937)5月，中共闽浙边临时省委与国民党进行和平谈判后，任黄先河为临时省委白区工作团主任。民国27年(1938)1月，临时省委创办"闽浙边抗日救亡干部学校"，任黄先河为副校长(校长粟裕)，5月，任温州中心县委书记。是年底，经中共中央东南局批准赴延安学习，后分配到西北局组织部工作。民国31年(1942)4月，以所谓"浙南红旗党"成员罪名被关押。民国34年(1945)11月，甄别平反后，赴黑龙江任佳木斯副市长，后任合江省政府民政厅副厅长、厅长。1950年10月，调回浙江工作，先后担任中共温州市委副书记、市长，温州地委副书记、温州专员公署专员。在公署专员任内纠正了平阳"假匪案"。1954年10月，任中共浙江省委统战部副部长、浙江省政协常委。1985年9月13日，中共浙江省委印发《关于黄先河同志申述问题的批复》，恢复其名誉。

蔡心谷(1922—1999)，原名寿康，昆阳镇鸣山人。民国35年(1946)，毕业于暨南大学文学院中文系，先后在温州师范学校、台北成功中学任教。1949年，蔡心谷从台湾返回，在平阳县一中、温州专署文教科、温州市第四中学、温州师范专科学校工作和任教。蔡心谷系温州市第五届、第六届政协委员，中国书法家协会会员，温州市书法家协会副主席。他6岁学书，初临唐楷，继习北碑兼及篆、隶、行、草各体。所作楷书点画劲挺而浑厚，结构严而灵活，内劲外秀，草书碑气势扑人，并融入篆、隶笔意，隽永多姿，尤其擅写行草，晚年喜用鸡毫作书。作品多次在国内外展出及在专业报刊发表，为博物馆、艺术馆、名胜地收藏或碑刻。1991年，其书法作品参加台湾"海峡两岸书画名家作品展"。1993年，作品入选《国际现代书法篆刻大辞典》，并获"世界铜奖艺术家"称号。1994年，作品在"中日书法汇观"中获优秀奖。1995年，在由中国文学艺术界联合会和中国公共关系协会举办的"中国国际文学艺术名人作品展示会"上获国家级等级奖，1997年夏，接受意中友好协会邀请，与中国当代著名书画家朱颖仁、徐启雄赴意大利米兰市举办书画展。逝世后后人为他出版书法集《心谷墨迹》。

清凉法师(1902—2000)，俗名杨新，平阳人。中学毕业后在普陀山法雨寺出家。民国22—23年(1933—1934)，在广东韶关南华寺随侍虚云和尚。民国24年(1935)初，奉虚云老和尚之命，到梧州西竺园任佛教教导员。民国27—29年(1938—1940)，到香港青山胜份学社当教员，并为华南《觉音》月刊工作。民国35—36年(1946—1947)，任杭州佛教学院学监。1954年任梧州市佛教协会会长。历任梧州市第二届至第八届人大代表，第七届、第八届人大常委，梧州市第一至第四届政协常委，第七届、第八届政协委员，广西壮族自治区政协第四届、第五届委员，中国佛教协会第二、三、四、五届理事，中国佛教协会咨议委员会委员，广西壮族自治区佛教协会第一届会长、第二届名誉会长。清凉法师一生爱国爱教。中共十一届三中全会以后，率领众弟子重兴梧州西竺园，并为筹建广西壮族自治区佛教协会做了大量工作。

黄耕夫(1909—2000)，原名黄昂，字季臧，水头镇凤卧湾人。民国22年(1933)，毕业于中国大学法律专科。民国25年(1936)秋，回乡参加革命，11月，由黄先河介绍加入中国共产党。在浙南工作期间，曾任温州白区工作

团成员、中共闽浙边临时省委统战秘书。民国26年(1937)8月,参加闽浙边临时省委与国民党闽浙赣皖四省边区主任公署的停战谈判。民国27年(1938)1月,任闽浙边抗日救亡干部学校教务长,后任中共平阳县委宣传部部长、新四军驻闽浙边后方留守处主任等职。民国28年(1939)7月,赴延安学习。民国30年(1941)2月,任中央组织部干部科干事、中央党务研究室助理研究员。延安整风后,在中央社会部从事保卫工作。民国34年(1945)6月,由延安转赴东北,任中共哈尔滨市委社会部三科科长、公安分局局长、市公安局副局长、市委委员、市委社会处副处长。1949年12月南下,任南京市公安局副局长兼南京市检察署检察长。1953年1月,调任公安部三局副局长、局长,公安部党组成员。1958年3月至1964年8月,调任哈尔滨大学党委第一书记。1964年8月,调任上海机械学院党委书记兼院长。1977年1月,任同济大学党委书记。1980年8月以后,任上海市人大第七、八届常务委员,市人大法制委员会副主任。

王小同(1916—2000),鳌江镇人。毕业于北洋大学。1952年,到上海交通大学任教,参与筹建金属材料专业工作。1957年,到西安交通大学任教,负责金相教研室工作。是全国首届金属学、热处理工艺和设备专业教材编审委员会委员。1963年,被批准为全国首批研究生导师。他是耐磨材料领域第一代学术带头人之一,被选为中国金属耐磨材料委员会委员,并担任《材料耐磨抗蚀及其表面技术》丛书编委。曾多次获电力部、建设部和陕西省的科技奖。

王茂毓(1921—2000),又名缪雨,万全镇郑楼人。新华社高级编辑。民国28年(1939),从办在郑楼的温州师范学校普师部毕业。民国30年(1941),考入厦门大学教育系。民国34年(1945),抵达新四军苏中敌后抗日根据地参加革命,翌年加入中国共产党。曾任新华社苏中三支社、《江潮报》编辑、记者,华中《新华日报》记者、编辑,《新合肥报》副总编辑、《皖北日报》特派记者。1949年后,任新华社华东分社记者、北京分社副社长。1972年后,历任新华通讯社总社总编室发稿人、国内文教组组长、国内值班室副主任。

参加抗日大反攻、淮海战役、中华人民共和国开国大典、第一届全国人民代表大会第一次会议、中国共产党第八次全国代表大会和全国科学技术大会等一系列重大事件的采访报道工作。1978年,随同中国新闻代表团到美国、加拿大等国访问。1982年离休后,被聘为新华社研究所研究员、新华出版社编审委员,并参加《毛泽东新闻工作文选》编辑工作。著有《史记与新闻学》。

许道勋(1939—2000),鳌江镇人。1954年,考取温州中学,1957年毕业,考取复旦大学历史系本科。1962年,毕业后考取本校研究生,师从温州籍经史大家周予同治中国经学史、秦汉至隋唐史。后留复旦大学历史系任教,历任助教、讲师、副教授、教授及博士生导师,中国古代史教研室主任,为中国唐史学会和中国历史文献研究会会员。是中国当代隋唐史权威专家之一,在国内外学术界享有盛誉。发表论文数十篇,其中,《论晋阳起兵》《论经史关系的演变》《略论唐太宗的政治思想》《略论秦汉的方伎》《唐代方伎之士与科学文化》《魏徵与唐初政治》《四十年来乾嘉学派研究述评》等,在学术界有相当的影响,而其《唐太宗传》、《唐玄宗传》(与赵克尧合作)、《贞观政要今注新译》,则更是唐史研究者必读的研究专著。曾获得上海市哲学社会科学优秀成果(著作)奖。

程作渭(1925—2001),鳌江镇人。民国31年(1942),平阳县立初级中学毕业,考入温州中学高中部。民国34年(1945),进入上海交通大学进修班,翌年考入唐山交通大学,1950年毕业留校任教。1952年,调天津大学土木系任教。1953年,到清华大学随苏联专家学习建筑施工技术兼任助教,一年后回原校。1956年任讲师,

1979年任副教授，1984年任教授，是中国建筑施工领域的著名学者专家。

作为天津大学土建系建筑施工专业的学科带头人，长期在教育第一线，培养了大批本科生、研究生。主编过全国高等学校统编教材和科研专著多册。曾发表论文20余篇，刊载于《建筑通讯》《建筑技术》《建筑机械化》《建筑学报》《土木工程学报》等刊物。1980年，他主持完成的建设部课题“混凝土真空脱水技术研究”，获部级科技进步二等奖。1990年，主持撰写《天津市高层建筑体系（住宅研究）》一文，被国家科委评为全国重大科研项目优秀论文。1984年，加入中国共产党。历任天津大学土木系施工教研室主任、天津大学教代会教学科研委员会主任、九三学社天津大学委员会主任委员、中国建筑机械学会理事、天津市建筑学会理事兼学术委员会主任委员。

黄昌澍（1919—2002），水头镇南湖人。畜牧兽医学家，中国现代家畜卫生学科奠基人之一。水头镇小学毕业，民国21年（1932），入省立第十中学初中部（翌年改称温州中学），毕业于温州中学高中部，民国33年（1944），毕业于英士大学畜牧兽医系。民国34年（1945），在英士大学畜牧兽医系工作，民国38年（1949）8月，英大解散，由浙江大学接管，黄昌澍随之转至浙江大学新成立的畜牧兽医系工作。1952年夏，全国院系调整，浙江大学畜牧系并入南京农学院，此后，他在南京农学院工作直至逝世。

长期从事家畜饲养和家畜环境卫生学的教学和科研，曾任浙江大学、南京农学院、南京农业大学助教、讲师、副教授、教授。1991年，担任家畜环境卫生研究会名誉副理事长。1985年，获得农牧渔业部颁发的“执教40周年以上对高等农业教育作出贡献教育工作者”证书。1991年，获政府特殊津贴。

他编著了《家畜气候学》一书。主编《家畜环境卫生学》。参编《中国大百科全书》《辞海》《家畜饲养原理》等。多项科研成果获华东地区科技优秀图书奖、上海“大江园丁奖”。

阮世炯（1921—2002），昆阳镇人。母畲族蓝氏。6岁私塾启蒙，7岁入平阳县中心小学。民国23年（1934）秋，考入浙江省第十中学初中部。民国26年（1937），进入鳌江平阳临时中学高中部，在校期间，被推举为学生会主席，担任平阳青年救亡团宣传科长，组织“烽火剧团”并任剧团团长。民国27年（1938），他组织剧团和临时中学里的13位同学参加新四军，在军部教导总队入伍。民国28年（1939），任教导总队第一中队长。民国30年（1941）1月，皖南事变中被俘入狱，狱中先后任第三中队、第六中队秘密党支部委员。民国31年（1942）6月17日，参加赤石暴动出狱（为暴动三个领导成员之一），辗转福建、江西、浙江，于民国32年（1943）下半年，找到新四军浙东纵队，后任浙东纵队第五支队（等于团）宣传股长。民国35年（1946）冬，参加宿北消灭国民党69师的战斗。民国36年（1947），参加山东孟良崮消灭国民党王牌军74师的战斗，参加鲁中战役、豫东战役，任解放军华东野战军第一纵队七团政治处副主任（团级）。民国37年（1948）10月，参加淮海战役。民国38年（1949）4月，参加渡江战役，6月，参加解放上海战役。上海解放后，随部队留守警备上海，并协助建立常熟区政府。1949年11月，被选为解放军60师代表，参加上海市第一届人民代表大会。是年冬天，任中国人民解放军第二十军军政治部宣传科长。1950年，参加中国人民志愿军赴朝作战，任志愿军中华人民共和国第二十军军直属教导团政治主任，参加过长津湖二次战役，参加过五次战役。1952年夏回国。1953年，转业到上海，历任上钢二厂党委书记、市委工业部办公室主任、上海工学院党委第一副书记兼副院长、上海同济大学党委副书记兼第一副校长等职。1986年离休，享受副部级待遇。

许布洛（1922—2002），鳌江镇人。民国27年（1938）11月，进入皖南新四军军部教导队学习，并参加革命工作。民国28年（1939）7月，加入中国共产党。民国31年（1942）初至民国34年（1945）8月，先后任江苏如东警卫团部九连政治指导员，中共如东双北区区委常委。民国34年（1945）8月至1949

年11月，历任新四军苏中特务二团一营政治指导队书记，人民解放军华东野战军四纵二〇〇团组织股股长，六十七师组织科副科长，六十七师后勤处政委、书记，中国人民解放军二十三军组织干部科科长。1949年12月至1950年6月，任中共上海市徐汇区委组织部副部长。1950年6月至1953年5月，任中共徐汇区委组织部部长。1953年5月至1956年5月，任中共徐汇区委副书记。1956年5月至1964年10月，任中共徐汇区委书记处书记。1964年10月至1966年，调任中共普陀区委副书记、书记。1977年3月至1983年12月，任中共长宁区委书记。1983年12月至1985年，任中共长宁区委顾问。1985年始，任上海市顾问委员会委员。曾是上海市第五次党代会代表，上海市第七、八届人民代表。

陈剑秋(1929—2002)，女，上海人。幼时在上海龙凤舞台学戏、演戏。民国38年(1949)春，随剧团离开上海到浙江嘉兴一带演出。1950年4月，浙江萧山的"同心协义越剧团"聘她为该团的生角主演，后担任该团副团长。1952年，剧团在安徽广德县城上演新戏《彩虹万里》《李闯王进京》等，引起轰动，走红浙皖边界。1955年，该团40余人，在浙江一路走，一路演，来到平阳县安家落户。1956年，剧团更名为平阳越剧团，陈剑秋任艺委主任。主演《何文秀》《盘妻索妻》《雪里小梅香》《胭脂》等。1963年，在温州东南剧院上演《盘妻索妻》，一个月演55场，场场爆满。后演现代戏《李双双》《三月三》《焦裕禄》《血泪荡》《杨立贝》《城西之花》等，扮演主角，深得好评。主演《城西之花》在温州各县、市演出300余场。1957年，浙江省戏曲调演，演出《三击掌》，扮演薛平贵获演员奖。1958年，浙江省现代戏调演，主演《城西之花》，获演出奖。1964年，温州专区现代戏会演，主演《三月三》剧中的周洪亮，获演出奖。1969—1977年间，由于"文化大革命"，剧团解散，改行在饮服公司当服务员。1978年4月后，剧团招收数批学员，在她和团长商小红等手把手地辅导下，培养出一批优秀的青年演员，使平阳越剧团成为全省戏林中的翘楚。1987年执导的大型古代戏《憨痴传奇》参加浙江省会演，获11个奖项。该剧还由浙江省电视台录像播放。执导的木偶剧《金鸡报晓》获浙江省第四届艺术节导演奖。

曾任平阳县第三届至第十一届人大代表、温州市第七届人大代表，平阳县文联理事，温州市戏剧家协会名誉委员、中国戏剧家协会浙江分会会员。

巫凌云(1933—2002)，昆阳镇五显殿街人。1952年，考入北京大学东方语言文学系，因院系调整转入中央民族学院德宏傣语专业学习，1956年，毕业留校任教。翌年，云南民族学院成立，他被调入该院任教。长期从事傣语的教学和研究，曾任云南民族语文研究所副所长、硕士研究生导师，兼任中国民族语言学会理事、云南省语言学会副会长、《民族语文》杂志记者。其论著有《西双版纳傣文与老挝文的同源词比较》《德宏傣语语法》《兰那泰文和西双版纳傣文比较研究》等。曾多次应邀前往泰国、澳大利亚、日本等国进行讲学与学术交流活动。

苏步青(1902—2003)，腾蛟镇带溪人。宣统三年(1911)，入平阳县学堂(今县中心小学)读书，翌年转学北港第三小学。民国4年(1915)，考取温州省立第十中学，民国8年(1919)毕业。在校长洪岷初的资助下赴日本留学，9月，入东京市日语预备学校，翌年2月，以第一名成绩考入日本东京高等工业学校电机系，民国13年(1924)3月毕业，以第一名成绩考入仙台市日本东北帝国大学数学系，民国16年(1927)3月毕业，其论文《关于弗开特一个定理的扩充》发表引起轰动，免试入读该校研究院。在著名几何学家洼田忠彦指导下，以"仿射空间曲面论"为题，在《日本数学辑报》连续发表12篇论文。民国20年(1931)，获得理学博士(数学博士)学位，年仅29岁，是继陈建功之后第二个在日本获得数学博士学位的中国人。他与先期毕业的陈建功博士有约：以20年时间，在浙江大学办成世界上第一流的数

学系。

民国20年(1931)4月回国，即应陈建功之约，任浙大数学系副教授。民国22年(1933)4月，晋升为教授，并在陈建功的竭力推荐下，担任数学系主任。民国23年(1934)暑期，赴日本搜集最新文献资料。民国24年(1935)7月，在上海举行的中国数学会成立大会上，被推选为《中国数学会年报》主编。民国28年(1939)9月，浙大西迁。随校跋涉2500公里，于民国29年(1940)2月，抵达贵州遵义，后到湄潭，在破庙里开展教学和射影微分几何学研究。在苏步青和陈省身两位导师指导下，浙大数学系受到国内外数学界的注目和赞许，张素诚、白正国、吴祖基、熊全治被称为浙大数学学派“四大金刚”，其后还培养出方德植、杨忠道、张鸣镛、谷超豪、胡和生等一批出类拔萃的优秀人才。学生谷超豪等四人于1981年被选为中科院学部委员。1968年，学生杨忠道(平阳张家堡人，现属苍南县)任台湾“中研院”院士。

民国34年(1945)9月，苏步青以接收委员身份接收台湾大学。民国37年(1948)9月，任浙江大学训导长、中央研究院院士兼学术委员会常委。民国38年(1949)7月，应周恩来邀请参加在中南海召开的科学家座谈会。1950年9月，任浙江大学教务长。1952年10月，调至复旦大学。1953年2月，任复旦大学教务长。1956年9月，任复旦大学副校长，10月，兼任复旦大学数学研究所所长，12月，其研究项目获国家自然科学二等奖。1972年，下放江南造船厂劳动，搞船体数学放样。1978年3月，船体数学放样项目获全国科学大会科学奖；4月，任复旦大学校长；9月，创办《数学年刊》，任主编；10月，当选为民盟中央副主席，11月，率领大学校长代表团访问联邦德国。1983年2月，任复旦大学名誉校长。

历任政协第五届上海市委员会副主席，第七届上海市人大常委会副主任，第二、三、五、六、七届全国人大代表，第五、六届全国人大常委，第七、八届全国政协副主席。

1949年以后，已出版的主要著作有:《射影曲线概论》(1954年)、《一般空间的微分几何学》(1958年)、《射影曲线概论》(1958年英文版)、《现代微分几何学概论》(1961年)、《射影曲面概论》(1964年)、《曲线和曲面》(1977年)、《射影共轭网概论》(1978年)、《微分几何》(1979年，与人合著)、《微分几何五讲》(1979年)。

陈梅豪(1895—2004)，昆阳镇东门外人。任温州白累德医院妇产科主任及妇产科学校校长多年。解放战争时期，利用自己职业救护过共产党人。中华人民共和国成立后，白累德医院改为温州市第二医院，他出任副院长兼妇产科主任。20世纪50年代初期，为温州市各界人民代表。温州市政协成立后，受聘为市政协委员，当选常委。1958年以后，历任农工民主党温州市第1至第4届副主任委员，第5届顾问，第6至第9届名誉主任。

苏　元(1912—2005)，苍南县矾山镇金斗垟人。毕业于温州省立第十中学，后在温州南宗景国医专修社、苏州国医学校学习，民国25年(1936)，毕业于浙江中医专科学校(4年制)，在杭州办“兴中医局”。抗战爆发，杭州沦陷，遂返苍南县桥墩开设“中西医苏元诊所”，名闻浙闽边区。中华人民共和国成立初期任桥墩区联合诊所主任，1956年，任马站区卫生所所长。1959年，调县人民医院，至1983年退休。1962年，加入中国共产党。曾任县人民医院中医科主任、副院长、县卫生协会副主任、医学会主任、中医学会浙江省分会理事、温州市分会副会长、县分会理事长。先后当选为县、市人大代表。1979年，被评为省科技先进工作者，1982年，被评为市劳动模范。

苏元擅长中医内科、妇科、儿科。受李东垣《脾胃论》学说教益，认为四时百病脾胃为本，应关注脾胃盛衰，常以“培土生金”治疗结核，“培土制水”治疗慢性肾炎、肝硬化腹水等疾病。善于灵活运用古方加减治病，如用抵当汤加味治疗陈旧性宫外孕、卵巢囊肿。在省市县医学研讨会和刊物上交流、发表论文20余篇。1982年被省卫生厅授予“省名中医”称号，1994年省政府授予他“浙江省名中医”称号。

赖玉辉(1921—2005),原名赖声鹊,水头镇吴潭桥村人。民国25年(1936),参加中国工农红军,民国27年(1938)3月18日,在家乡吴潭桥村水尾宫参加北上抗日誓师大会,后随粟裕北上。先后任新四军二支队特务营班长、新四军政治部保卫部执法队班长、苏中保安处科员、苏中保安处保卫队队长、华野一纵队一旅政治部保卫干事、华野特纵炮一团政治处保卫副科长、第三炮校保卫科科长、炮兵第四〇七团政委、第一二一医院政委、沈阳军区第八三疗养院政委、沈阳军区后勤第二分部正师职顾问等职。在第二次国内战争期间,曾参加过围剿国民党民团等战斗;抗日战争时期经历过"皖南事变"、苏中军区"反清乡"斗争、反顽战役;解放战争期间曾参加过淮海战役、济南战役、渡江战役、上海战役等。曾立甲等功一次,二等功一次,三等功一次。1955年被授予三级独立自由勋章、三级解放勋章和抗美援朝纪念章,1988年,被中央军委授予中国人民解放军二级红星功勋荣誉章。

木　鱼(1913—2006),俗名毛廷权,顺溪镇南田石柱村人。民国21年(1932),就读于厦门大学文学系,民国25年(1936),于温州江心寺皈依钦云大师,剃度为僧,法名东衡,自号木鱼。民国26年(1937)春,受具足戒于瑞安仙岩圣寿寺。民国26—38年(1937—1949),先后在杭州圣水寺、上海法藏寺、温州江心寺,追随著名高僧静修、兴慈大师门下,潜心钻研佛学。1949—1985年,在平阳青山寺和温州妙果寺静心修持。1985年2月,出任温州市江心寺修复委员会主任,着手募资修建,历时六载,工程告竣。1991年冬,任江心寺方丈。1998年兼任杭州灵隐寺方丈。2006年4月,参加在杭州举行的世界佛教论坛,5月,退居为江心寺法主。曾任温州市人大代表、杭州市政协委员。系中国佛教协会咨议委员会委员、浙江省佛教协会名誉会长、温州市佛教协会名誉会长、杭州市佛教协会名誉会长。

金　冶(1922—2006),原名金学炉,鳌江镇河上庄人。民国21年(1932),考入鳌江公学高小部。民国25年(1936),考入温州第十中学。民国27年(1938)初,返乡参加"抗日救亡团",入读平阳临时中学。12月,由驻水头的新四军留守处主任黄耕夫介绍,金冶等14位青年前往皖南参加新四军,录取为新四军教导总队军事队学员。民国29年(1940)1月,加入中国共产党。皖南事变前夕,参与苏南特委领导的警卫队渡江北上。民国30年(1941)1月,到达新组建的新四军军部,跟随陈毅转战大江南北。抗日战争时期,历任新四军军部军事教员、参谋,苏南金句丹游击队副队长,新四军军部教育科参谋、作战科参谋,新四军兼山东军区司令部作战科副科长。解放战争时期,历任华东野战军特种兵纵队司令部作战科科长,山东兵团参谋处副处长,第三野战军九兵团作战处处长,参加孟良崮战役、淮海战役、渡江诸战役等。1950年,赴朝参加抗美援朝战争,曾任中国人民志愿军第九兵团司令部作战处处长,二十七军七十九师参谋长。1953年始,历任军委作战处二处副处长、处长。1969年12月始,先后任总参军训部副部长、部长。1981年2月,任南京军区副参谋长。1984年4月始,任南京军区司令部顾问(正军级)。1988年离休,从事军、战史编撰工作。著有《在统帅部的日子里》(1994),记叙从军生涯及长达28年在总参这个全军统帅部从事参谋工作的经历。主编《苏中七战七捷》《淮海战役》《上海战役》《皖南事变》等书。参与编辑《粟裕军事文集》等书。

施刚魁(1925—2006),顺溪镇新田坟山底村人。民国35年(1946)1月,在鲁南兰陵战役中被解放编入解放军一师三团六连,曾参加莱芜战役、孟良崮战役、豫东战役、淮海战役等。民国37年(1948)夏,在攻打龙王店战斗中,缴枪30余支,俘敌80余人。先后任战士、班长、排长、连长,立特等功1次,二等功4次,三、四等功各

1次，二等残疾军人。获华东一级、二级"人民英雄"称号，当选二十三军英模旗帜，为全国战斗英雄，出席1950年9月全国战斗英雄代表会议。

1952年，参加抗美援朝，任连长。参加过朝鲜东海岸反登陆防御作战和1953年夏季进攻战役，立二等功，获朝鲜民主人民共和国军功章。1955年，获上尉军衔及解放勋章。二十世纪五六十年代，中国军事博物馆曾有施刚魁事迹专柜展出。

1958年3月回国，转业到瑞安县房管局。1985年离休。

陈章耀（1917—2007），原名陈素瑶，女，鳌江镇务垟厚垟人。民国24年（1935），于郑楼师范学校毕业并参加革命。民国25年（1936），主编宣传抗日、推广新文字的刊物《新阵线》，由杜贤宏开办的联友印刷厂承印。民国26年（1937）"七七"事变发生，在外地读书的学生纷纷回到鳌江，陈章耀积极带领学生开展抗日救亡活动。民国27年（1938）4月，经省委书记刘英批准，陈章耀和梅康、项经川、黄藻如、杜贤宏被吸收入党，并成立中共浙南特委直属鳌江中心支部，成为核心成员。在鳌江中心支部领导下，组织成立平阳县青年抗日救亡团，创办《平报》，创办临时中学，并成立妇女团支援前方抗战。民国28年（1939）3月至民国29年（1940）5月，任中共平阳县委委员兼妇运部部长。后受组织委派，到金华创办《浙江妇女》杂志。1949年，任杭州缫丝厂军代表。后调北京《妇女》杂志社工作，后在全国妇联工作，直至离休。与胞妹陈一清、陈光被称为厚垟革命三姐妹。

金可溪（1940—2008），鳌江镇和家村人，1960年，平阳一中高中毕业，1965年，北京大学毕业后留校任教。在北大任讲师时，先后开过历史唯物论、伦理学原理、马克思和恩格斯伦理思想研究、苏俄的伦理学史、生命伦理学5门课。1987年至1988年10月，到苏联莫斯科大学访问，还到匈牙利参加社会主义国家伦理学国际学术研讨会。在苏联期间，搜集大量的第一手资料，回国写成《苏俄伦理道德演变》一书。他还参编中国大百科全书《哲学卷·伦理学分卷》《中国社会工作百科全书》《伦理百科辞典》《外国伦理思想研究》等，先后发表学术论文70余篇。1997年，晋升为教授，兼任中国伦理学会理事、北京市伦理学会副会长。曾被北京大学评为模范共产党员和模范班主任，被北京市工会评为爱国标兵。

林楚平（1921—2009），昆阳镇坡南人。资深翻译家。新华社高级编辑，《参考消息》译审。民国35年（1946），毕业于暨南大学文学院外国文学系。中华人民共和国成立后，一直从事翻译工作，出版有托尔斯泰中短篇小说集等共100余万字。20世纪80年代后，潜心散文写作，出过一本10余万字的随笔集《在花毯背面》。读书兴趣广泛，爱好杂览。为文喜涉笔成趣，不事雕饰，常能于一文中融观点、知识、趣情于一炉。偶涉时政，只谈些平常道理，不作态呻吟，不故作艰深。

华业都（1913—2010），水头镇内塘樟垟村人。民国20年（1931），参加中共地下革命活动，民国24年（1935），参加中国工农红军浙南游击队，民国25年（1936）8月入党。曾任浙南第十区队第二分队队长、平阳县委警卫分队队长、警卫中队长、警卫大队长，浙江省第五军分区平阳县大队大队长，中国人民解放军平阳县人民武装部部长兼独立营营长，平阳县委执委，洞头县人民法院院长，温岭县、玉环县总工会主席，政协平阳县委员会第五、六、七届常委等职。他一生参加过130余次革命战斗，亲历过智缴国民党宜山镇保安团武器、袭击灵溪国民党伪警察所、攻打国民党北港区署等浙南著名战斗。参加和指挥解放战争中浙南三次著名战斗：双吊岗突围战和穹岭头伏击战、晓坑岭战斗、营前战斗。1983年离职后，关注国家、家乡建设。2010年青海玉树大地震后，带病亲自去捐献钱款。

马锡鉴（1919—2010），字式教，昆阳镇西门人。7岁入学，初小毕业又从父读私塾，后在平阳县

小读高小，温州中学初中毕业，民国28年(1939)，考入省立温州师范学校普师部，毕业后留校任国文教师，再考入浙江大学(龙泉分校)国文系，民国36年(1947)毕业。毕业后先后在绍兴中学、嘉兴师范、温州师范、浙江师范学院(杭州大学前身)、浙江教师进修学院、浙江省教研部、温州师范专科学校任职。1958—1964年，任温州师范学院中文系主任，1977年，任温州师范专科学校副校长、《温州师范专科学报》主编，兼任国家重点文化建设工程《汉语大词典》编委，为《汉语大词典》温州地区编写组负责人。1988年，被评为教授。毕生从事教育工作和中国文学史、《诗经》、《史记》等文史研究。草创《史论集解》、《诗经选析》，博采群说，参以己见。

廖锡龙(1923—2010)，昆阳镇城西人。曾任互助组长、城西农业合作社社长、城西公社党委书记。全国劳动模范。第三届、第五届全国人大代表，第十届全国党代会代表。1968年12月至1981年10月，任县革命委员会副主任;1973年10月至1984年6月，任中共平阳县委副书记;1982年2月至1984年8月，任县人大常委会副主任。廖锡龙从11岁开始种田，与土地打了一辈子交道，始终保持劳动本色，被称为"赤脚书记"。在担任城西公社党委书记期间，带领公社干部参加劳动。1963年5月9日，中共中央347号文件转发中共中央主席毛泽东在《浙江七个关于干部参加劳动的好材料》上的批示。批示指出干部参加劳动的重要意义，号召干部带头参加劳动。其中由廖锡龙反映的平阳县城西公社党委的《我们是怎样坚持参加生产、领导生产的》一文，排在这七个材料之首。廖锡龙在劳动中坚持田间科学试验，他所进行的绿萍越冬越夏试验获得成功，人们称他为"养萍专家"。20世纪60年代，城西公社培育出来的萍种，当时供应浙江省十余个县。退休后，开发家乡荒芜的山园和田地。

黄木兰(1920—2011)，曾用名胡乃谦，女，凤卧镇人。民国26年(1937)，参加革命工作，民国27年(1938)，在延安加入中国共产党。曾任中国科学院广州七〇一所(广州电子技术研究所)党委书记、所长，正厅级。民国26年(1937)，在平阳县投身党的地下工作，传递情报。曾在粟裕任校长的闽浙边抗日救亡干部学校学习。民国27年(1938)，到延安，在中国人民抗日军政大学总校学习，毕业后继续在延安女大、延安自然科学院学习。民国34年(1945)，离开延安赴东北，先后在沈阳市、法库县、镇东县、铁岭县、内蒙古奈曼旗等地工作，任中共区委会秘书、区委书记等职。民国38年(1949)初至1953年8月，任中共江西省奉新县第一区(今赤岸镇)区委书记、奉新县委宣传部部长。1953年9月至1957年9月，任江西省南昌地委供销合作社主任。1957年9月至1958年10月，任江西省医学院党委办公室主任(其间，去中央党校学习一年)。1958年10月至1962年9月，任江西省科委、江西省科学院副秘书长。1962年9月至1964年12月，任江西师范学院党委副书记。1964年12月调广州，任中国科学院中南分院政治部副主任。1968年12月至1972年9月("文化大革命"期间)，下放广东省连山县劳动。1972年9月，任中国科学院广州七〇一所党委书记、所长。1983年5月离休。

张　禹(1922—2011)，笔名王思翔，祖籍苍南县宜山九板桥，后迁居平阳县鳌江塘川。现代知名作家、文学评论家。担任过安徽省政协第四、五、六届委员。

民国23年(1934)，在鳌江小学毕业，民国24年(1935)，入学温州市省立中学。民国28年(1939)初，考入"第三战区战时干部训练团"，毕业后在《江西青年报》和《文化服务》杂志任编辑。民国30年(1941)夏，因转送秘密印刷品揭露国民党制造"皖南事变"的阴谋，以"共党嫌疑"罪名拘捕入狱。半年后经友人保释出狱。民国31年(1942)至民国34

年(1945)上半年，在《东南日报》《前线日报》《平报》等报刊上发表数百篇针砭时弊的杂文，被人认为是战时东南地区在读者中最具影响力的作者之一。民国34年(1945)秋，他的《春暖花开之前》一文在《东南日报》上刊出，使平阳县长张韶舞的残暴腐败罪行大白于天下，张调遣全县军警追捕他，并密令“抓获就地枪决”。民国35年(1946)3月，抵台湾，任《和平日报》主笔。与谢雪红等创办《新知识》杂志，与杨逵创办《文化交流》。民国36年(1947)，台湾爆发“二二八”起义。《和平日报》在他和杨逵的主持下出报支持以谢雪红为首的革命群众。后逃离台湾漂泊回乡，写出长篇报告文学《台湾二月革命记》(1949年在上海出版。初稿题为《台变目击记》)。是年秋，应聘为《浙瓯日报》主笔，直至民国38年(1949)5月温州解放。他在李公朴、闻一多遇刺后加入中国民主同盟，为温州地区“民盟”领导人之一。通过中共地下组织与浙南游击纵队联系，为秘密出版的《民主报》撰写新闻评论，还编写《新民主主义经济》(署名“赵明”)小册子交地下党组织油印散发。同时创办以文学性为主的《联合周报》，发表莫洛(又名马骅)、唐湜等进步文学作品。

1949年，任浙南游击纵队机关报《浙南日报》和《进步报》、《当代日报》(杭州)编辑。同年冬，到上海担任“台盟”总部干事。1950年春，他与友人创办“泥土社”。1954年冬，他从上海被调往安徽省文联工作。1955年，在“反胡风运动”中被定为“胡风反革命集团骨干分子”，1957年，又被错划为右派分子，直至1979年才得以改正、平反。1979年，任安徽省文联《清明》杂志编辑，在刊物上陆续推出《天云山传奇》(鲁彦周著)、《张玉良传》(石楠著)等中长篇小说。1987年离休后，出任国家“八五”规划重点图书《诗学大辞典·中国卷》副主编，具体负责编辑工作，历时6年。主要著作:《台湾二月革命记》(报告文学)、《灯下漫笔》(随笔、散文)、《老调集》(文学评论)、《台湾旧事》(1994年，与周梦江合著)、《从心随笔》(2003年)、《苍南文献丛书·愈愚斋诗文集》(点校)、《温州文献丛书.·王理孚集》(编注)。

周梦江(1922—2011)，原名大川，鳌江镇塘川上园村人。2008年，被聘为杭州社会科学院客座教授。民国26年(1937)考入温州师范学校简易部(设郑楼)。民国34年(1945)，因表弟王思翔(张禹)著文揭露平阳县长张韶舞受牵连，一起逃往台湾。民国35年(1946)春，在台中市《和平日报》任编辑，民国36年(1947)，转入台北《中外日报》任编辑。民国37年(1948)，因台湾“二二八”事变，报社被查封，逃回温州，任教瓦市小学。是年秋加入中国民主同盟，担任温州《中国民报》副总编辑、代理总编辑。新中国成立后从事教育。1960年借调市图书馆工作。1977年，调入《汉语大词典》温州编写组，后在温州师范专科学校中文系工作。与著名宋史专家、杭州大学教授徐规合著有《宋代两浙海外贸易》《陈亮永嘉之行及其与永嘉学派的关系》等文。20世纪80年代，写成《叶适与永嘉学派》一书，获浙江省教委社科优秀成果二等奖、省第六届社科三等奖、温州市社科一等奖。20世纪90年代，编写《叶适年谱》《叶适评传》，校点《陈傅良文集》，校补《陈傅良年谱》，与王思翔合著《台湾旧事》，并任《瓯越丛书》编委。有80余篇宋史论文和专著发表于《文史》《中国史研究》《宋史研究论文集》《历史文献研究》及大学学报。还担任《温州文献丛书》出版委员会委员兼编委，点校出版《周行己集》《二郑集》。

马允伦(1926—2011)，昆阳镇西门人。民国38年(1949)，于国立英士大学法律系毕业。历史学家、历史科普作家，温州师范专科学校副教授。1978年，为《汉语大词典》第三卷主要编纂人员。曾任温州市政协副主席、省政协委员、中国民主促进会浙江省常委兼温州副主委、市历史学会会长等职。在瑞安中学任教的20余年中，于教学余暇辛勤笔耕，出版《浙南金钱会起义》(合著)、《航海家郑和》、《冯子材大败法军》、《程咬金》、《古代名将故事》、《张俭选布》等6本历史读物。1978年以后，在北京、上海、浙江、

辽宁、四川等地的十二个出版社出版《中国古代政治家故事》《中国古代爱国英雄故事》《中国历代少年英雄故事》《中国古代改革家故事》《腥风血雨话当年》《张骞通西域》《古代品德故事100篇》等30余本历史读物，发行量逾300万册。专著和文章总字数超过300万。《张俭选布》等书被翻译成蒙古文和朝鲜文出版。《包拯审案》被译成英文在海外出版。《古代军事家故事》《大义灭亲》《飞将军李广》等10余本书被荷兰莱顿大学汉文图书馆收藏。历史研究编有《太平天国时期温州史料汇编》《黄光集》等。

蔡良骥(1936—2011)，水头镇鹤溪人。1954年，平阳县第二中学初中毕业，并考入温州师范学校，1961年毕业于杭州大学中文系并留校工作。历任杭州大学(浙江大学)中文系教师、副主任、副教授、教授、硕士生导师。中国作家协会浙江分会第二届理事。1959年开始发表作品。1986年，加入中国作家协会，1988年，出席全国文学艺术联合会代表大会。主编《大学中文专业知识总汇》等，论文有《论色彩语言的审美特性》《诗的色彩学》《论诗的体型》《再造时空诗和电影的共同语言》等。专著《文艺枝谈》和《诗的色彩学》分别获1986年、1990年浙江省教委哲学社会科学优秀成果三等奖。

林 平(1913—2012)，原名王书圣，鳌江镇雁门西桥村人。6岁入学雁门小学，民国15年(1926)夏，考入温州省立第十中初中部，民国18年(1929)，考入省立第十中学高中部理科班，得其舅父张鋆资助。民国20年(1931)，经张鋆介绍，到上海中央大学医学院(现复旦大学上海医学院)解剖室任技术员。民国23年(1934)春，黄先河奉中共浙南委员会和叶廷鹏之命，赴上海寻找党组织，经在沪鳌江同乡社杜贤宏介绍，认识林平，委托帮助寻找上海党组织。7月，中央特科成员陈再华从广州到上海向党组织汇报工作，介绍潘子康与林平认识。10月，陈再华在广州被警方逮捕，于民国24年(1935)1月被杀害。林平协助项经川编印《再华文集》。8月，杨进(林怡)作为中共浙南委员会联络员，与林平接上关系。民国25年(1936)6月，林平参加上海中共地下党组织，是年加入中国共产党，至民国31年(1942)3月，在上海地下组织情报部门工作。民国25年(1936)7月初，林平介绍杨进和中央特科上海办事处代表潘子康见面。至此，中共浙南党组织正式和上海党组织接上关系，并迅速帮助闽浙边省委、红军挺进师和党中央接上关系。

民国31年(1942)6月，林平离沪去苏北参加新四军，11月，任阜宁县北沙区副区长。民国32年(1943)1月，任阜宁县委敌工科干事、组长。10月，任盐东敌工部内勤、副部长。民国34年(1945)11月，任华中军区政治部联络处材料科副科长。民国35年(1946)3月，任华中分局情报材料科副科长。民国36年(1947)11月，任华东军区军官团材料科科长。民国37年(1948)5月，任渤海区惠民公安局局长。11月，任济南市公安局第五分局副局长。1953年3月起，在上海公安局公安医院协助工作。1956年12月起，在上海第一医科大学人事处工作。1957年3月至1973年2月，在华山医院任副院长、总支书记、党委副书记。1973年2月，任上海医科大学图书馆负责人，兼任院机关总支书记。1977年4月，在华山医院负责工作组工作。1978至1979年12月，任华山医院党委书记。1980年1月至1983年5月，任华山医院顾问。1985年5月离职休养。1994年，被评为上海市离休干部先进个人。

王来棣(1926—2012)，女，鳌江镇人。祖父王理孚，父亲王文川。民国29年(1940)初，在永嘉中学(现温州二中)读书时，国文老师是著名词学家夏承焘的高足——“台湾文坛上闪亮的恒星”的女作家琦君(原名潘希真)。王来棣参与琦君组织的诗社和话剧社活动，和同学自筹经费演出抗日剧。抗战结束后，王来棣考入浙江大学史地系，参加中国共产党，担任过地下党浙大总支委员，1949年毕业。1952年9月，王来棣被调

到中国科学院历史研究所第三所（中国社会科学院近代史研究所前身），从事现代史研究。在研究所所长、著名历史学家范文澜的帮助下，1956年4月至1957年5月间，她先后采访了30余位中共创始人和早期党员，其中包括李达、冯白驹、曾希圣、林伯渠、徐特立、吴玉章、陈望道、施复亮、沈雁冰、邵力子、杨之华、丁玲、王一知、徐行之、董锄平、朱务善、刘仁静、于树德、邓颖超、刘清扬、贾石亭、马馥塘、黄秀珍、吴德峰、夏之栩、萧三、陈公培等人。整理出来的访谈记录稿，受访者大多作了仔细修改、补充和订正，这为编写中共早期历史作出了贡献。“文化大革命”结束后，王来棣开始研究民主制度、人权理念。1978年以后，发表了《中国共产党早期组织的几个问题》《立宪派的“和平独立”与辛亥革命》《关于辛亥革命的评价问题——兼与胡绳同志商榷》等多篇论文，其中，她和丈夫许良英共同署名的《评“专制的对立面”之争》《走出伪民主误区》产生了很大的反响。1987年起，王来棣与许良英一直致力于启蒙的学术著作《民主的历史与理论》的写作。

第二章　人物表

人物表收录平阳县籍革命烈士11人，县内获省部级及以上劳动模范和先进人物称号的68人次（全国劳动模范和先进工作者3人、省部级劳动模范14人、省部级先进个人51人次），省特级教师11人，获正高级专业技术职务的21人。同时收录国内知名人士380人，国外知名人士41人。

1989—2012年平阳县革命烈士名录

表38-2-1

姓名	出生年份	性别	民族	出生地	生前单位、职务	牺牲事由	追认时间和单位
朱友俩	1966	男	汉族	鳌江镇南麂	南麂民兵班长	1994年8月在平阳县因公牺牲	1995年省政府
萧冠陆	1965	男	汉族	万全镇郑楼	中国人民解放军37703部队司务长	1996年7月在郑楼镇牺牲	1996年7月中国人民解放军总政治部
朱义孙	1960	男	汉族	万全镇榆垟	万全镇南门村村民	1995年10月在福建省仙游县牺牲	1996年8月省政府
李伯选	1961	男	汉族	鳌江镇	县水产公司职工	1996年在鳌江镇为救护船泊牺牲	1999年8月省政府
林运康	1972	男	汉族	昆阳镇	县公安局特警大队队员	1994年8月在昆阳镇牺牲	2001年1月省政府
苏尔挺	1927	男	汉族	腾蛟镇		1952年6月在台湾执行革命任务时牺牲	2001年省政府
叶国光	1947	男	汉族	鳌江镇	瑞安市塘下镇专业护林员	2003年在瑞安塘下牺牲	2006年1月省政府
林红武	1968	男	汉族	昆阳镇	县环保局鳌江分局开发股股长	2006年8月10日，在抗御8号超强台风“桑美”中遇险失踪	2007年1月省政府
谢作旺	1972	男	汉族	鳌江镇梅溪	个体经营者	2008年10月在江苏省镇江市为救人牺牲	2009年3月省政府
孔藜青	1909	男	汉族	昆阳镇	中国人民解放军某部	1947年11月21日，在解放战争中牺牲	2009年5月省政府
吴　斌	1965	男	汉族	萧江镇夏桥	杭州市长运二公司职工	2012年5月29日，驾驶大客车在高速公路行驶途中受伤，为24名乘客安全而牺牲	2012年6月省政府

说明：①按追认时间排序；②资料由县民政局提供

1989—2012年平阳县全国劳动模范（先进工作者）名录

表38-2-2

姓名	授予时所在单位	授予称号	授予年份(年)
陈振中	梅源乡文技校	全国先进工作者	1993
谢作黎	平阳县第一中学	全国先进工作者	2000
陈焕章	平阳县种粮大户协会	全国劳动模范	2010

说明:资料由县总工会提供

1989—2012年平阳县省部级劳动模范名录

表38-2-3

姓名	授予时所在单位	授予称号	授予年份(年)
蔡晓慧(女)	平阳县农业银行	省劳动模范	1989
周乃庆	昆阳镇凤山村	省劳动模范	1989
许新珍	县卫生防疫站	省劳动模范	1989
陈焕章	平阳县郑楼镇鲍洋村	省劳动模范	1994
唐绍豪	平阳县邮电局	邮电部劳动模范	1996
徐象来	平阳县第一农场	省劳动模范	1999
谢作黎(女)	平阳县第一中学	省劳动模范	1999
应春勇	水头供电所	省劳动模范	2004
白炳清	水头镇第一中学	省劳动模范	2004
郑元忠	庄吉集团平阳工业园区有限公司	省劳动模范	2004
杨学寿	中国立天控股有限公司	省劳动模范	2007
吴邦东	庄吉集团平阳工业园区	全国纺织工业劳动模范	2007
金喜春	平阳县种粮大户协会	省劳动模范	2009
倪培爱	温州庄吉集团工业园区有限公司	省劳动模范	2009

说明:资料由县教育局、卫生局、农业局、邮电局、农行、供电局等单位提供

1989—2012年平阳县省部级先进个人名录

表38-2-4

姓名	授予时所在单位	授予称号	授予时间(年)	授予部门
杨须友	县中心小学	全国优秀教师	1989	国家教委、人事部等
郑肖文	县第一中学	全国优秀教师	1989	国家教委、人事部等
李启杰	鳌江镇三中	全国优秀教师	1989	国家教委、人事部等
曾善仁	鳌江中学	全国优秀教师	1989	国家教委、人事部等
郑素梅(女)	县中心小学	全国优秀教师	1991	国家教委、人事部等
林厚妙	吴垟小学	全国优秀教师	1991	国家教委、人事部等
蓝圣闹(畲族)	山门怀溪樟树坦村	全国民族团结进步先进个人	1991	国家民委

续表 38-2-4

姓名	授予时所在单位	授予称号	授予时间（年）	授予部门
林代豪	县卫生防疫站	全国卫生防治工作先进个人	1993	卫生部
白嘉楷	县第一中学	全国优秀教师	1993	国家教委、人事部等
宋　海（女）	县人民检察院	一等功荣誉证书	1995	最高人民检察院
胡孙节	县老干部局	关心下一代工作先进个人	1995	国家关工委
周景标	县水利局	全国农村水电初级电气化建设先进个人	1996	水利部等
缪纪顺	县水利局	全国农村水电初级电气化建设先进个人	1996	水利部等
华稳健	县水利局	全国农村水电初级电气化建设先进个人	1996	水利部等
池昌松	县中心小学	全国优秀教师	1996	国家教委、人事部等
蓝胜利（畲族）	浙江蓝德马克汽配公司	全国民族团结进步先进个人	1997	国家民委
钟维标（畲族）	朝阳乡新联村	第二届全国各族青年团结进步先进个人	1998	国家民委
缪吟雪（女）	县第一人民医院	全国卫生系统先进个人	1998	卫生部
谢作黎（女）	县第一中学	全国优秀教师	1998	教育部、人事部等
周咸文	县科技局	全国科技系统先进工作者	1998	人事部、科技部
郑国惠	县公安局	全国优秀人民警察	1998	公安部
王美芬（女）	鳌江镇人民政府	全国妇联先进工作者	1999	全国妇联
叶德宣	昆阳镇第二中学	全国师德先进个人	2001	中国教育工会
林圣雄	浙江圣雄集团	第十三届中国十大杰出青年	2003	中华全国青年联合会等
钟维标（畲族）	朝阳乡新联村	全国青年科技兴农带头人	2003	团中央、农业部
卢成艺	县公安局	全国优秀人民警察	2003	公安部
钟远波（女、畲族）	县教师进修学校	全国优秀教师	2004	教育部、人事部等
周朝海	县公安局	全国公安机关国内安全保卫工作先进个人	2004	公安部
朱如云	县林业局	全国绿化奖章	2004 年度	全国绿化委员会
柳圣波	县计生委	全国婚育新风进万家活动先进个人	2005	国家计生委
徐定军	县职业教育中心	全国绿化奖章	2005	全国绿化委员会
钟忠妹（女、畲族）	温州万宏汽车轴瓦泵业有限公司	全国民族团结进步个人	2005	国家民委
郑春竹（女、畲族）	县计生局	全国计生协志愿者先进个人	2005 年度	国家计生委
周玉玺	南雁镇计生办	全国计生协志愿者先进个人	2005 年度	国家计生委

续表 38-2-4

姓名	授予时所在单位	授予称号	授予时间(年)	授予部门
徐祥珊	县人民法院	省模范法官	2006	省委、省政法委、省高级人民法院
季元华	萧江镇沿口村	全国绿色小康户	2007	全国绿化委员会等
洪玉美(女)	萧江镇沿口村	全国绿色小康户	2007	全国绿化委员会等
李开彬	萧江镇沿口村	全国绿色小康户	2007	全国绿化委员会等
翁仁松	萧江镇沿口村	全国绿色小康户	2007	全国绿化委员会等
李 琴(女)	水头镇红军小学	全国优秀教师	2007	教育部
戚春雷	县检察院	全国优秀侦察员	2008	全国检察机关职务犯罪侦察部门
陈春霞	腾蛟镇计生办	全国计生协先进个人	2010	国家计生委
林宣雨	县关工委	关心下一代工作先进工作者	2010	国家关工委
林以勒	县司法局	全国模范人民调解员	2010	司法部
叶宗宋	县农业局	农村土地承包纠纷仲裁试点先进个人	2010	农业部
毛陈冰(女)	支付宝(中国)网络技术有限公司设计部	全国助人为乐模范	2011	中央宣传部等
董文杰	县公安局	全国打击假币犯罪成绩突出个人	2011	公安部
张纯燕	县禁毒办	全国毒品案件信息管理先进个人	2012	全国禁毒办
许良炸	县司法局	全国人民调解能手	2012	司法部
刘国胜	县信访局	全国信访系统优秀信访局长	2012	司法部
张崇杰	县禁毒办	禁毒宣传教育先进个人	2012年度	全国禁毒办

说明:资料由县总工会、教育局、民宗局、水利局、计生局、检察院、司法局、公安局等单位提供

1989—2012 年平阳县正高级专业技术职务人员名录

表 38-2-5

姓名	出生年份(年)	授予时工作单位	等级名称和授予单位
吴振强	1935	县人民医院	主任医师 省卫生厅
吴圣良	1941	县中医院	主任中医师 省卫生厅
林顺道	1947	县地方志办公室	研究员 中共省委宣传部(2007年)
陈莉萍(女)	1960	县文化局	研究员馆员 省文化厅
郑 洁(女)	1961	县教师发展中心	教授级中学高级教师 市教育局
朱晓平(女)	1961	县小百花越剧团	一级演员 省人力资源和社会保障厅
陈 岩	1962	县人民医院	主任医师 省卫生厅
李毅军	1962	县广播电视台	国家一级美术师 省文化厅

续表 38-2-5

姓名	出生年份(年)	授予时工作单位	等级名称和授予单位
陈孟杰	1963	县人民医院	主任医师　省卫生厅
仇建成	1964	县人民医院	主任医师　省卫生厅
杨伟青	1964	县人民医院	主任医师　省卫生厅
苏素云(女)	1964	县百花越剧团	一级演员　省文化厅
上官惠敏	1965	县人民医院	主任医师　省卫生厅
张美稀	1965	县中医院	主任中医师　省卫生厅
项逢玲(女)	1965	县小百花越剧团	一级演员　省人力资源和社会保障厅
李旭霞	1966	县人民医院	主任医师　省卫生厅
高树浪	1966	平阳中学	教授级中学高级教师　市教育局
李　革	1968	平阳中学	教授级中学高级教师　市教育局
张福志	1970	县人民医院	主任医师　省卫生厅
徐贤緺	1971	县人民医院	主任医师　省卫生厅
梅　春(女)	1974	县小百花越剧团	一级演员　省人力资源和社会保障厅

说明：资料由平阳县农工民主党总支、县文化局、县教育局等单位提供

1989—2012 年平阳县省特级教师名录

表 38-2-6

姓名	授予时工作单位	授予时间和单位	姓名	授予时工作单位	授予时间和单位
白嘉楷	县第一中学	1993年省教育厅	谢作长	昆阳一小	2006年省教育厅
徐定军	县职业教育中心	1998年省教育厅	傅咏梅(女)	县第一中学	2006年省教育厅
郑肖文	县第一中学	1998年省教育厅	郑　洁(女)	鳌江镇二中	2006年省教育厅
林月周	县教育局	2000年省教育厅	吴孔裕	水头镇一小	2006年省教育厅
陈翔雁	县第一中学	2002年省教育厅	池昌斌	县中心小学	2010年省教育厅
黄凤英(女)	昆阳镇二小	2002年省教育厅			

说明：资料由县教育局提供

1989—2012 年平阳籍国内知名人士名录

表 38-2-7

姓名	性别	出生年份(年)	故里	工作单位	职务/职称/学位
孙燕华	女	1922	鳌江镇	北京儿童医院	中医科主任、主任医师
蔡谓洲	男	1924	平阳	对外经济贸易大学	教授
池去病	男	1924	平阳	清华大学精密仪器系	教授
李作骏	男	1925	平阳	北京大学化学系	教授
林　欣★	男	1926	平阳	中国社科院法学研究所，中国法律咨询中心	法律顾问、研究员
武　杰	男	1926	平阳	中国船舶工业总公司七院	研究员

续表 38-2-7

姓名	性别	出生年份（年）	故里	工作单位	职务/职称/学位
王孝涛	男	1928	平阳	中国中医科学院中药炮制研究室	主任、博士生导师、研究员
高铭暄	男	1928	平阳	中国人民大学刑事法律科学研究院	名誉院长、博士生导师、教授
林 杰	男	1929	鳌江镇	河北社科院历史所、原《红旗》杂志社	研究员、教授
王孙奂	男	1930	平阳	中国社科院法学研究所	研究员
郑鸿鸣	男	1930	平阳	中国共产党中央纪律检查委员会	副司级离休
周朝阳	男	1930	平阳	中国人民银行干部管理学院	教授
王贤通	男	1931	平阳	北京化工大学	教授
陈昌成★	男	1932	鳌江镇	中华人民共和国航天工业部	研究室主任
周月茜	女	1933	鳌江镇	中国人民解放军空军某部	部长助理
颜福贤	男	1934	平阳	国家知识产权局	研究员
伍兆新	男	1934	平阳	北京红星楼诊所	外科主任、主任医师
黄兆铭	男	1935	平阳	中国政法大学	教授
黄爱兰	女	1935	平阳	北京医科大学人民医院	主任医师
林良真★	男	1935	平阳	中国科学院	主任、博士生导师、研究员、教授
张秉琦	男	1935	平阳	中国航空工业集团有限公司	副总工、研究员
周超凡	男	1936	平阳	中国中医科学院基础理论研究所	主任、研究员
周月闽	男	1936	平阳	燕京华侨大学	校长
张静楷	女	1936	平阳	中医研究院基础理论所	教授
白洪烈	男	1937	平阳	北京清华大学控股有限公司	副总裁、研究员
黄蔚文	女	1937	平阳	中科院自动化所医务室	主任医师
吴学琨	男	1937	鳌江镇	北京理工大学	教授、全国优秀裁判员
徐焕钧	男	1937	平阳	中国文化国际旅行社	原副总经理（司级）
夏蒙梦	男	1937	平阳	北京大学物理系	教授
林宏迪★	男	1937	平阳	中国铁路机车车辆工业总公司	教授级高工
鲍承浩	男	1938	平阳	北京光谷园科技发展有限公司	总工、教授
谢秉漫	男	1938	平阳	北京市建筑设计研究院	国家一级注册建筑师、教授
林国彬	男	1938	平阳	中国科学院心理研究所	教授
林景辉	女		平阳	北京医科大学附属医院	教授、主任医师
黄加敬	男	1938	平阳	电厂工程建设指挥部	教授级高级工程师
郑少白	男	1938	平阳	中科院物理研究所	研究员
苏志真	男	1939	平阳	公安部	原副司长
白翠琴	女	1939	平阳	中国社科院民族研究所	教授、研究员
黄 震	男	1940	平阳	空军某大学外语系	硕士生导师、教授
郑书福	男	1941	平阳	新华通讯社	摄影记者
黄光道	男	1942	鳌江镇	中国冶金建设	副主任设计专家
杨 鸣	男	1942	平阳	清华大学	博士生导师、教授
王孙旦★	男	1942	平阳	总后勤部建筑工程规划设计研究院	总工、高工

续表 38-2-7

姓名	性别	出生年份（年）	故里	工作单位	职务/职称/学位
李疏枌	女	1944	昆阳镇	中国科学技术大学	博士生导师
王孙禺★	男	1946	平阳	清华大学人文社会科学学院	党委书记、博士生导师、教授
金丽虹	女	1948	平阳	华艺出版社	副社长
黄　勇	男	1949	平阳	国家广播电影电视总局广播电视规划院、广播影视发展改革研究中心	副总编辑、院长、主任教授、研究员
金卫阳	男	1950	鳌江镇	北京军区某部	部长
周象亮	男	1952	平阳	中国空间技术研究院	党委书记(正司级)、研究员
黄益湖	男	1953	平阳	北京测绘局直属大队	大队长
周东平	男	1953	平阳	人民日报《市场报》总编室	副主任(副厅级)、主任记者
丁仲礼★	男	1955	平阳	中国科学院、全国人大、民盟中央	副院长、常委副主席、院士
陈南昌	男	1956	平阳	海军总医院	主任
曾成钢	男	1960	鳌江镇	清华大学美术学院美术分部	主任、博士生导师、教授
徐选杰	男	1960	平阳	中国石油天然气集团有限公司、石油部经济研究中心	教授
叶茂西	男	1960	平阳	西京集团	董事长
金邦贵	男	1960	平阳	全国人大宪法和法制委员会	副主任
陈学钏	男	1963	平阳	中国航天科技集团有限公司	研究员
钟少异	男	1963	平阳	中国人民解放军军事科学院	研究员
钟锡华	男	1963	平阳	北京大学物理系	教授
蔡萌茜	女	1964	平阳	中华人民共和国司法部	主任调研员
廖进荣	男	1966	昆阳镇	中华人民共和国公安部	局长
甘　文	男	1969	平阳	中华人民共和国最高人民法院	法学博士、法官
谢作明	男	1969	平阳	中国汽车工业总公司	董事长(副部级)
郑　晓	女	1977	平阳	清华大学化学科技研究所	研究员
黄致远	男		平阳	中国航空工业集团有限公司	研究员
董子峰	男		平阳	空军某部	部长
董邦乐	男		平阳	北京外国语大学	教授
纪翠英	女		平阳	国家经济体制改革委员会	副局长
王书圣	男	1913	平阳	复旦大学附属华山医院	正厅级离休
林瑞滔	男	1920	平阳	中共上海市委杨浦区统战部	副厅级离休
周志华	男	1920	平阳	上海长征医院	主任医师、教授
林声超	男	1922	平阳	上海市物资局	研究员
陈青莲	男	1922	平阳	复旦大学经济管理系	教授
章力行	男	1924	平阳	上海市纺织科学研究院	副院长
黄　颂	男	1925	平阳	上海财经大学	离休、教授
许威汉	男	1926	平阳	上海师范大学语言研究室	教授

续表 38-2-7

姓名	性别	出生年份(年)	故里	工作单位	职务/职称/学位
吴明银	男	1926	平阳	中国人民解放军上海警备区	离休
林新濯★	男	1926	平阳	东海水产研究所资源研究室	主任、研究员
邓　达★	男	1927	平阳	上海兽医研究所	研究员
姜方昆	男	1927	鳌江镇	上海师范大学	教授
苏尔馥	男	1928	腾蛟镇	华东理工大学	教授
黄兆杞	男	1928	平阳	上海大学旅游管理系	党委书记(离休)
黄嘉惠	男	1929	平阳	同济大学	教授
萧怀泽	男	1929	平阳	华东师范大学公关外语部	教授
黄乃聚	男	1932	平阳	复旦大学化学系	教授
周鸿昌	男	1932	平阳	上海同济大学工程系	教授
苏德明	男	1933	腾蛟镇	复旦大学生命科学学院	院长、教授
陈廷越	男	1933	山门镇	上海汽车工业(集团)总公司	汽车工业专家、研究员
颜逸明★	男	1933	平阳	华东师范大学中文系	教授
李玉茜	女	1935	平阳	华东师范大学计算机系	教授
苏德洋	男	1935	腾蛟镇	上海交通大学精密仪器系	教授
谢作陶★	女	1935	平阳	同济大学	科学系马列主义教研室主任、教授
林必路	男	1936	晓坑	中国人民解放军上海警备区	副主任
黄爱玉★	女	1936	平阳	上海华山医院	口腔科、颌面外科主任、教授
苏德昌	男	1936	腾蛟镇	复旦大学	日语研究室主任、教授
项一非	男	1937	平阳	复旦大学	化学系主任、教授
周美惠	女	1937	平阳	复旦大学附属肿瘤医院	教授
陈廷国	男	1938	山门镇	中科院上海冶金研究所9室	研究员
游　江	男	1938	平阳	中美合作珠海灵高科技研究所	所长、教授
周瑞金★	男	1939	腾蛟镇	中国社会科学院研究生院	博士生导师
林德辉	男	1941	平阳	上海公安学院	副局级巡视员
蔡存强	男	1951	渔塘	上海海事大学	副校长、博士生导师、教授
杨东援	男	1953	平阳	同济大学	副校长、教授、博士生导师
谢作伟	男	1961	平阳	上海有机化学研究所	教授
黄子婴	男	1962	平阳	上海交通大学医学院附属仁济医院	主任医师
陈德棉	男	1962	平阳	同济大学投资研究所	所长、博导、教授
吴冲锋	男	1962	平阳	上海交通大学	管理学院副院长、教授
吴昌芳	男	1962	平阳	上海交通大学	教授
陈尔真	男	1963	平阳	上海交通大学附属瑞金医院	急诊科副主任、主任医师、教授
金　炜	男	1963	平阳	上海市第一人民医院	心内科教授、主任医师
李　康	男	1965	鳌江镇	光大证券股份有限公司研究所	所长、硕士生导师
梁建光	男	1967	平阳	中科院上海植物生理生态研究所	研究员

续表 38-2-7

姓名	性别	出生年份（年）	故里	工作单位	职务/职称/学位
白锡琦	男		平阳	上海化工研究院	党委书记、教授
林新濯★	男	1926	鳌江镇	东海水产研究所	资源室主任、研究员
傅维乔★	男	1936	麻步镇	天津大学精密仪器工程系	教授
黄体钢★	男	1936	平阳	天津心脏病学研究所	所长、博士生导师、教授
程晓曼	女	1955	平阳	天津理工大学物理系	教授、主任医师
王大舟	男	1926	平阳	西南政法大学	教授
周月庆	男	1938	水头镇	中国人民解放军第三军医大学	教授
周德惠	男	1941	平阳	国务院能源部	研究员
郭智权	男	1942	平阳	中国人民解放军某实验基地	师级
温作成	男	1952	平阳	重庆普腾科技信息有限公司	董事长
李长明	男	1959	平阳	四川省侨光东方文化科技研究院	教授、研究员
孙　跃	男	1961	平阳	重庆大学	自动控制系主任、教授
杨力航	男	1925	鳌江镇	石家庄某训练部	副部长
彭秀珠	女	1934	平阳	保定师范专科学校生物系	教授
陈白娇	女	1936	平阳	化工部化学矿山规划设计院	教授级高工
孙增辉	男	1939	平阳	化工部化学矿山规划设计院	教授级高工
王孙准	男	1944	平阳	河北医科大学	教授
温端政★	男	1932	麻步镇	山西省社科院语言研究所	所长、研究员
华业化	男	1936	平阳	山西省农机局	总工、研究员
卢立湛	男	1944	平阳	中国航空工业总公司太行仪表厂	研究员
王树青	男	1950	平阳	内蒙古自治区某局	局长(正厅级)
蔡元宇★	男	1929	昆阳镇	沈阳工程学院	教授
朱鸣海★	男	1930	平阳	东北输变电设备集团公司	副总经理、教授级高工
宋方鹏★	男	1933	鳌江镇	大连化学工业公司设计院	总工程师
陈启槐	男	1946	平阳	沈阳药科大学99号信箱	教授
蔡元定	男	1925	平阳	吉林农业大学	研究室主任、教授
徐贤义	男	1932	平阳	吉林大学地质学院	教授
陈国器	男	1932	平阳	绥化学院	副院长、教授
王　锋	男	1961	平阳	哈尔滨医科大学	主任医师
杨世钺	男	1928	平阳	山东农业大学动物科技学院	教授
卢立冲	男	1937	平阳	潍坊市第二人民医院	外科主任、主任医师
徐乃前	男	1951	平阳	中国人民解放军济南军区某部	师长
黄节修	男	1940	平阳	青岛化工学院机械设计教研组	教授
陈基建	男	1911	平阳	南京航空航天大学	教授
温荣涛	男	1919	水头镇	中国人民解放军总装备部某干休所	副军级
宋廷铭	男	1923	平阳	江苏省信息产业厅	厅长
郑一平	男	1927	水头镇	中国人民解放军南京政治学院	正师级

续表 38-2-7

姓名	性别	出生年份（年）	故里	工作单位	职务/职称/学位
黄美鸿	男	1930	平阳	南京大学	教授
李其和	男	1930	平阳	中国人民解放军海军指挥学院	部长
胡贤禹	男	1930	平阳	南京农业大学	教授、
叶信璋	男	1932	平阳	扬州大学农学院	研究员
林引彰	女	1933	平阳	南京市公安局白下区分局六处	主任医师
方守仁	男	1934	平阳	常州市规划设计院	院长
陈钦銮	男	1934	平阳	南京大学地理与海洋学院	教授
颜贻豪	男	1935	水头镇	江苏省江阴市经济和信息化委员会	总工程师
钟　琦★	男	1935	平阳	扬州大学师范学院	化学化工系副主任、教授
徐　游	男	1935	平阳	南京大学物理系	教授
王义华	女	1935	平阳	江苏省农业科学院学报研究会外联委	主任、教授
屠孟超	男	1936	平阳	南京大学外文系	教授
陈步达	男	1937	平阳	江苏大学汽车学院	教授
陈家番	女	1937	平阳	徐州工程机械集团规划部	副总工、教授
陈均远★	男	1939	青街	中国科学院南京古生物研究所	博士生导师、教授、研究员
李作汉	男	1939	平阳	南京医科大学脑血管研究院	院长
黄毓禹	男	1941	平阳	江苏省武进市教育局	特级教师
邓昭青	女	1948	平阳	南京农业大学	外语组主任、教授
杨从杭	男	1949	平阳	南京市第一医院	主任医师
金裕田	男	1949	平阳	南京市中医院	药剂科主任、主任中药师
陈志坦	男	1949	平阳	南京市第一医院	消化内科主任、教授
温端改	男	1950	平阳	苏州大学附属第一医院	院长、博士生导师、主任医师、教授
周　相	男	1950	平阳	南京市中医院内科	主任医师、教授
宋方敏	男	1951	平阳	中国人民解放军理工大学	政委 教授、少将
王　平	男	1952	平阳	南京师范大学商学院工商管理系	主任、教授
吴善树	男	1952	平阳	南京市第一医院	儿科主任、主任医师
周　波	男	1961	平阳	南京航空航天大学自动化学院	副院长、教授、博士生导师
郑金旭	男	1961	平阳	江苏省镇江市江滨医院	院长、博士生导师、主任医师
温作民	男	1961	平阳	南京林业大学经济管理学院	副院长、博士生导师、教授
蔡序珩	男	1938	平阳	洛阳工业高等专科学校	教授
黄光炎	男	1925	平阳	厦门大学	招生办主任、教授
张宝华	女	1928	平阳	福建省妇女联合会	主任
缪昌城	男	1929	平阳	福建省微生物研究所	研究员
蔡存辉	男	1931	平阳	中国人民解放军宁德军分区	政委
王光来	男	1937	平阳	福鼎前岐医院	主任医师
王应寿	男	1937	平阳	宁德地区人民医院	主任医师

续表 38-2-7

姓名	性别	出生年份（年）	故里	工作单位	职务/职称/学位
黄兆钱	男	1943	平阳	宁德地区政协、宁德地区统战部	副厅级
徐崇利	男	1966	平阳	厦门大学法学院	教授
吴允耀	男		平阳	福鼎市中医院	副院长、主任医师
王世鄂	男		平阳	福建医科大学	教授
沈叶鸣	男	1929	平阳	中国人民政治协商会议蚌埠市委员会	主席、主任记者
陈圣钱	男	1934	平阳	合肥工业大学建筑学系	教授
李疏粉★	女	1944	平阳	中国科学技术大学	博士生导师、教授
叶邦角	男	1962	平阳	中国科学技术大学理学院	院长、博士生导师、教授
李　旷★	男	1936	顺溪维新	江西省教育学院	教授
余锦贤	男	1945	平阳	江西省新余市民政局	师级
陈永岳	男	1930	平阳	中国三峡工程开发公司	教授
华纫秋	男	1931	平阳	武汉工业大学建筑学	教授
谢钦作	男		平阳	武汉电视大学	教授
金　良	男	1930	平阳	长沙国防科技大学	教授
李成源★	男	1937	平阳	郴州市711矿	总工、研究员
谢垂波	男	1931	平阳	广东韶关市铁路局医院	主任医师
蓝　松	男	1932	平阳	广东金融学院	保险系主任、教授
白植悌★	男	1941	平阳	广东省航道局	总工、厅级
徐上浩	男	1941	平阳	广东某海军医院	主任医师
沈卓亚	女	1961	平阳	广东轻工职业技术学院	教授
蔡开灿	男	1963	平阳	南方医科大学南方医院	胸外科主任、教授
李在寅	男	1964	顺溪双田	中共广东省纪律检查委员会	副厅
陈积斌	男	1929	平阳	桂林电力电容器有限责任公司	教授级高级工程师
周月实	男	1941	平阳	广西水产研究所	主任、教授
周臣孚	男	1922	鳌江镇藕莲	西安邮电大学	教授
颜福澄	男	1927	鳌江镇	宝鸡784厂	全国政协委员
蔡元龙	男	1929	昆阳镇	西安交通大学电机系	主任、博士生导师、教授
金加步	男	1930	平阳	中国人民解放军空军军医大学第四军医大学	教授
黄钦康	男	1932	平阳	西安美术学院	教授
李启录	男	1934	鳌江镇	中国人民解放军陕西省军区	副政委
吴逢箴	男	1936	水头镇	咸阳市西藏民族学院	语文系主任、教授
殷为宏	男	1937	平阳	西北有色金属研究院	教授
郑祖练★	男	1937	鳌江镇	中国华陆工程公司（化工部第六设计院）	总工、教授级高工
蔡竹林	男	1938	平阳	陕西省政协	副主席
周小真	男	1949	平阳	西安冶金建筑学院	硕士生导师
胡　杰	男	1949	平阳	中国华兴机轮公司劳务公司	书记
王孙安★	男	1957	平阳	西安交通大学	工程训练中心主任、博士生导师、教授

续表 38-2-7

姓名	性别	出生年份（年）	故里	工作单位	职务/职称/学位
徐艳芳	女		平阳	西安交通大学数学系	主任、教授
杜臣莱	男	1938	鳌江镇	宁夏卫生学校	主任中医师
陈翔林	男	1944	平阳	宁夏煤炭科学技术研究所	主任、教授
郑书銮	男	1928	平阳	甘肃省培黎石油学校	教授
石璧城	男	1933	平阳	天水红山试验机有限公司	教授
温简湖	男	1941	麻步镇	某卫星发射中心	正军级
钟锡锵	男	1934	平阳	中国人民解放军青海省军区	副主任
卢立焕	男	1930	平阳	贵州省都匀市人民医院	主任医师
黄国定	男	1929	平阳	贵州医科大学	马列主义教研室教授
章道昆	男	1936	平阳	昆明冶金研究院	教授级高工
叶志楼	男	1943	平阳	海口市海军424医院	内科主任、主任医师
祝文华	男	1955	平阳	中国人民解放军海军海南省某水警区	政委
林大武	男	1939	平阳	西藏自治区农牧科学院	院长、研究员、正厅级
李　洸★	男	1916	平阳	浙江省医学科学院	研究室主任、研究员
黄李凤	女	1919	水头镇	余杭县中西药公司	1936年参加红军
谢瑞淡	男	1924	腾蛟镇	浙江大学经济学院	教授
李仕俊	男	1924	平阳	《文化交流》杂志社、杭州市作家协会	社长、主席
苏明扬	男	1925	平阳	浙江城乡规划设计研究院	院长、教授级高工
黄加虎	男	1925	平阳	浙江省电子工业公司	党委书记、正厅级
李　清	男	1926	平阳	浙江省医学科学院	研究员
谢秉聪	男	1927	平阳	浙江大学天文学系	教授
谢秉松	男	1928	平阳	杭州师范大学教育学院	教授
王承惠	男	1928	鳌江镇	浙江省农业科学院	厅级离休干部
王益明	男	1928	平阳	浙江省水利电力局	党委书记
陈宪枢	男	1929	平阳	浙江进出口商品检验局	局长、国家商检局巡视员
黄德然	男	1930	山门镇	浙江省总工会	副厅巡视员
苏明扬	男	1931	平阳	浙江省城乡规划设计研究院	院长、教授级高级规划师
郑昌儒	男	1932	山门镇	浙江省工商行政管理局	副局长
陈标山	男	1932	麻步镇	宁波市第一医院	主任医师
吴昭同★	男	1932	平阳	浙江大学精密测量教研室	教授、博士生导师
李正泽	男	1932	平阳	浙江大学	教授
林元文	男	1933	平阳	浙江省农业科学院	学科主持人、科研员
陈启琪★	男	1934	水头镇	浙江大学药学院	药学系主任、教授
曾余敏	男	1934	山门镇	浙江省儿童医院	主任、主任医师
郑经川	男	1934	平阳	浙江省第一医院	主任医师、教授
林光乐	男	1935	平阳	中国人民解放军海军某医院内科	主任医师
林　江	男	1935	平阳	湖州市乡镇企业局	局长、书记、副厅级

续表 38-2-7

姓名	性别	出生年份（年）	故里	工作单位	职务/职称/学位
周肇金	男	1935	平阳	浙江大学普通物理系二室	教授
郑秋菊	女	1935	平阳	浙江大学西溪校区医院	主任医师
周宣森	男	1936	平阳	浙江大学地理系	教授
陈雪芬	女	1936	平阳	杭州叉车总厂	主任医师
陈君浩★	男	1937	平阳	浙江省第二建筑工程公司	教授级高级工程师
陈　健	男	1937	平阳	浙江医科大学附属第二医院	伤科主任、教授
阮世锐	男	1937	平阳	华东勘测设计院	总工、教授级高工
彭道兴	男	1938	平阳	浙江大学药学院	教授
姜亦解	男	1938	水头镇	浙江教育学院心理学教研室	教研室主任、教授
余式厚	男	1938	水头镇	浙江大学哲学系	教授
李正直	男	1939	平阳	浙江大学物理系	教授
翁士勋	男	1939	昆阳镇	浙江大学	教授
陈　健	男	1940	平阳	浙江医科大学医学二系	教授
徐望藩	男	1942	平阳	浙江大学外国语学院	教授
徐宏图	男	1943	山门镇	浙江省文化艺术研究院	副主任、研究员
谢翠珠	女	1943	平阳	省中医院儿科	主任医师
颜一谦	男	1943	平阳	浙江大学哲学社会学系	教授
宋慕湘	男	1943	平阳	金华市第四中学	特级教师
方建中	男	1944	平阳	浙江大学信息学院信电系	教授
陈延登	男	1944	平阳	浙江工业大学生物环境学院醇酒研究所	所长、教授
李祖栋	男	1944	平阳	浙江医科大学附属第二医院	临床营养教研室主任、主任医师、教授
池长尧	男	1944	平阳	浙江人民美术出版社	教授
谢仁杰	男	1947	水头镇	嘉兴画院	画家
周爱春	女	1947	平阳	浙江省杭州护士学校	副校长、主任护师
林长松	男	1947	水头镇	国家海洋局第二海洋研究所	研究员
白锡嘉	男	1950	平阳	浙江大学外国语学院	教授
叶有新	男	1951	平阳	浙江大学附属邵逸夫医院	肾脏科主任、主任医师
王欣欣	女	1955	平阳	浙江省人民医院	儿科主任、主任医师
施正伦	男	1955	平阳	浙江大学	机械与能源学院热能工程研究所试验室主任、研究员
林　一	男	1956	平阳	金华市中级人民法院	院长、副厅级
郑学敏	男	1956	平阳	浙江大学医学院	主任医师
曾　苏	男	1959	平阳	浙江大学药学院	博士生导师、教授
张传溪	男	1960	平阳	浙江大学	博士生导师、教授
池长海	男	1960	平阳	浙江大学	教授
游向东	男	1960	平阳	浙江大学医学院附属二院	办公室主任、主任医师

续表 38-2-7

姓名	性别	出生年份（年）	故里	工作单位	职务/职称/学位
郑海农	男	1960	平阳	浙江医院	耳鼻喉科副主任、主任医师、
周招社	男	1962	平阳	舟山市人民检察院	检察长
林春绵	男	1962	平阳	浙江工业大学生物与环境工程学院	教授
吴道富	男	1962	鳌江镇墨城	浙江省高级法院	副院长
李德川	男	1962	平阳	浙江省肿瘤医院胃肠外科	主任医师
杨立平	女	1963	平阳	中共嘉兴市委组织部	市委常委、组织部长
余日胜	男	1963	平阳	浙江医科大学附属第二医院放射科	主任医师
周东辉	男	1964	平阳	浙江医科大学附属第一医院	脑瘤外科中心副主任、主任医师
周崇涨	男	1964	平阳	中国美术学院	教授
池昌海	男	1964	平阳	浙江大学人文学院	硕士生导师、教授
王　勋	男	1965	平阳	浙江工商大学计算机应用科学系	教授
李亚平	男	1965	平阳	浙江省立同德医院	教授、主任中医师
谢尚闹	男	1966	平阳	浙江省肿瘤医院脑外科	教授、主任医师
林兰芬	女	1969	平阳	浙江大学	教授
梁世慧	女	1969	平阳	浙江省医学科学院	研究员
吴家曦	男	1970	平阳	浙江省中小企业局、省经贸委	局长、副主任
刘彦铭	男		平阳	台州市第一人民医院	主任护师
王悦先	女		平阳	浙江农林大学生物系	教授
牟咏花	女		平阳	浙江省农业科学院	研究员
陈　月	女		平阳	浙江省人民医院妇产科	主任医师
胡　坚	男		平阳	浙江医科大学附属第一医院胸外科	主任医师
徐长福	男		平阳	中共浙江省委统战部	副部长
谢如鹏	男		平阳	浙江省交通运输厅	正厅级
白希曾	男	1926	腾蛟镇	温州市人民代表大会常务委员会	秘书长
蔡秉治	男	1928	腾蛟镇	温州市供销总社土特产公司	地市级离休干部
陈培兰	男	1928	平阳	原温州市总工会	主席
白洪范	男	1928	腾蛟镇	中共温州市委党史研究室	研究员
林选青	男	1933	平阳	温州大学	党委书记
戴德霖	男	1933	鳌江镇	中国人民政治协商会议温州市委员会	副主席
李仁续	男	1934	山门镇	温州市乡镇企业局	原局长、研究员
周元虎★	男	1934	平阳	中国水产温州渔业机械公司	1993年被农业部评为有突出贡献的专家
叶山仰	男	1934	水头镇	瑞安市人民医院	主任医师
林凤姑	女	1934	平阳	温州医科大学	教授
白洪协	男	1935	腾蛟镇	温州医科大学附属第二医院	主任医师
陈正琦	男	1937	平阳	温州市卫生学校	主任医师

续表 38-2-7

姓名	性别	出生年份（年）	故里	工作单位	职务/职称/学位
苏尚庆	男	1937	昆阳镇	温州医科大学附属第一医院	主任医师
詹振权	男	1938	平阳	原温州师范学院	副院长、教授
白植来	男	1938	腾蛟镇	中共温州市委党校	教研室主任、教授
杨继华	男	1940	平阳	温州医科大学附属第一医院	主任医师
徐朝门	男	1940	山门镇	温州市瓯剧团	主胡、国家一级演奏员
白　涛	男	1940	平阳	温州医科大学附属第二医院	主任医师
蔡建华	男	1942	平阳	苍南县人民医院	主任医师
翁墨珊	女	1943	平阳	温州瓯剧团	一级演员
肖达荣	男	1944	平阳	温州市第二人民医院	主任医师
肖大雄	男	1945	平阳	温州市第二人民医院	主任医师
苏尔瞻	男	1945	平阳	温州医科大学附属第二医院	麻醉科主任、主任医师
王德植	男	1946	水头镇	中国人民政治协商会议温州市委员会	副主席
上官女	女	1947	鳌江镇	温州大学	副厅级巡视员
白荣发	男	1948	腾蛟镇	温州市台胞台属联谊会	会长、副厅级
余汝堂	男	1949	平阳	温州医科大学	主任医师
马贝加	女	1950	昆阳镇	温州大学	教授
董光桐	男	1950	平阳	温州医科大学	主任医师
杜友爱	男	1951	麻步	温州医科大学基础学院	院长、教授
姜存积	男	1952	平阳	温州市中西医结合医院	主任医师
郑君达	男	1952	平阳	温州医科大学附属第一医院	主任医师、教授
何学雄	男	1952	平阳	温州医科大学附属第一医院	主任医师
陈敬桔	男	1952	平阳	温州医科大学第二临床医学院	副院长、主任医师
林垂铭	男	1952	平阳	温州医科大学附属第一医院新院指挥部	主任医师、教授
王　锋	男	1952	平阳	温州市职业技术学院	教授
蔡克骄	男	1954	平阳	温州市政协文史委员会	主任、教授
郑君杰	男	1954	平阳	温州医科大学附属第二医院	主任医师、教授
曾碧新	女	1956	平阳	温州医科大学护理学院	物理教研室主任、教授
陈素华	女	1956	平阳	温州医科大学附属第二医院	主任医师
陈寿权	男	1957	平阳	温州医科大学附属第一医院	院长、主任医师、教授
郑志强	男	1957	萧江镇	温州医科大学附属第二医院	主任医师、教授
王振中	男	1957	鹤溪	温州市教师教育院、温州市教育教学研究院	院长、教授级中学高级教师
黄朝兴	男	1958	平阳	温州医科大学附属第一医院	主任、硕士生导师、主任医师、教授
胡型锑	男	1959	山门镇	温州医科大学附属第二医院	心胸外科主任、主任医师、教授
陈晋肃	女	1961	平阳	温州医科大学附属第二医院	主任医师
郑秋秋	女	1962	昆阳镇	温州市教育教学研究院	教授级中学高级教师
薛利霞	女	1962	平阳	温州医科大学附属第一医院	主任医师

续表 38-2-7

姓名	性别	出生年份（年）	故里	工作单位	职务/职称/学位
张寄平	女	1963	平阳	温州医科大学	主任医师
陈　荣	男	1963	平阳	温州医科大学附属第二医院	主任医师
林存达	男	1963	平阳	中国人民解放军海军某部医院	副院长、主任医师
林丽娜	女	1963	平阳	温州医科大学附属第一医院	主任医师、教授
王　阳	男	1963	平阳	温州市农业科学研究院	副院长、教授
施小琴	女	1963	平阳	温州市文化艺术研究院	一级编剧
倪士昌	男	1966	平阳	温州中医院	主任医师
郑祥武	男	1967	平阳	温州医科大学附属第一医院	主任医师、教授
阙银杏	女	1967	水头镇	温州市教育教学研究院	特级教师、教授级中学高级教师
郑新军	男	1969	平阳	温州大学	教授
李延丰	男	1977	平阳	温州市道教青龙观	住持、研究员
余玉慧	女		平阳	温州市第二人民医院	主任医师
郑雪君	女	1961	平阳	温州晚报社《雪君工作室》栏目	主任
释智明	男		平阳	温州江心寺、温州市佛教协会	方丈、会长

说明：①标有★的为享受国务院特殊津贴人员；②按工作所在的省份排序；③资料由平阳县人才中心提供

1989—2012 年平阳籍国外知名人士名录

表 38-2-8

姓　名	性别	出生年份（年）	故里	工作单位	职务/职称/学位
温奕成	男	1919	平阳	美籍华人华侨社团联合总会	会长
吴国忠	男	1932	平阳	国际神龙太极学会	创始人
陈士瀚	男	1935	水头镇	美国华盛顿大学医学院	博士、教授
王来屺	女	1935	平阳	美国国立卫生研究院	研究员、教授级高工
游兆平	男	1936	平阳	美国芝加哥大学医学院	教授
李学数	男	1945	平阳	美国加利福尼亚州大学	博士、教授
王昌礼	男	1952	平阳	美国IMWAY公司海外总部	总经理、博士
尤其敏	男	1954	平阳	美国（原杭州优思达生物技术有限公司）	董事长、总经理
蔡力坚	男	1955	昆阳镇	联合国总部秘书处	文件编辑主任、译审
陈时钧	男	1956	平阳	美国费城大学	教授
李信亮	男	1957	平阳	美国南方集团公司、ONO眼镜公司、豪华壁炉公司、旅美温州商会	总裁、会长
周祖辉	男	1958	平阳	美国Microber Inc/NPC 公司	副总裁、研究员、博士
李汪平	女	1961	平阳	美国Clensonsc机构	教授、博士
蔡国平	男	1961	平阳	美国	主任医师、博士后
冯义玉	男	1962	平阳	芝加哥大学医院	主任医师

续表 38-2-8

姓　名	性别	出生年份(年)	故里	工作单位	职务/职称/学位
苏　冰	男	1962	平阳	美国某高能物理研究单位	博士后
施明连	男	1963	平阳	美国加州大学	博士生导师、教授、博士
施正政	男	1964	平阳	美国康奈大学医学院附属methodist医院	生物基因制药室主任、博士
王　波	男	1964	桃源	美国海洋船舶局	高级研究员、博士生导师、教授
王景海	男	1965	平阳	美国	温商侨领
王　阳	男	1967	桃源	美国IBM公司软件技术亚太区	总经理、博士
陈朝璜	男	1969	平阳	美国加州希望城国家医药中心及贝克曼研究所	研究员、博士后
李　嘉	女	1971	平阳	美国华纳公司	主任工程师
王　晴	男	1971	桃源	美国银行美林证券公司	副总裁
梅旭华	男	1933	鳌江镇	梅园国际有限公司	董事长、全荷华人社团联合会主席、“海外华裔十杰”之一
王　伟	男	1961	平阳	新加坡石油化学联合有限公司	副董事长、博士后
郑　涛	男	1966	平阳	新加坡大学	教授
黄亦存	男	1958	平阳	新加坡国立大学	博士生导师、研究员、博士后
陈钦明	男	1933	腾蛟镇	加拿大国家科学院生物科学研究所	高级研究员、博士生导师、教授
蔡力平	男	1950	昆阳镇	加拿大林产工业研究院	研究员、教授、博士
陈余荣	男	1962	平阳	加拿大农业部谷物研究中心 ted Grain Growers Lt	生物工程系主管、博士后
王　军	男	1967	平阳	加拿大蒙特利尔大学药理研究室	主任医师、博士
王景华	男	1962	平阳	德国	温商侨领
孙　琳	男	1970	平阳	德国汉高跨国集团公司	利润分析研究专家
谢飞如	女	1955	平阳	奥地利飞龙公司、奥地利华人妇女会	董事长、会长
谢　宏	男	1963	平阳	奥地利西蒙公司	董事长
李腾雁	男	1963	麻步镇	日本国家技术研究开发株式会社	董事长、研究员、博士
李龙年	男	1952	平阳	新西兰国际总体医疗学院	院长、博士
王积峰	男	1978	平阳	瑞典比德弗(国际)教育集团	董事局主席
胡建国	男	1964	平阳	西班牙地中海中国和平统一促进会	会长
盖永华	男	1963	平阳	Bristol-Myers Squib	高级研究员

说明:①按工作所在国别排序;②资料由县人才中心提供

第三十九卷

DI SAN SHI JIU JUAN

《平阳县志（1989—2012）》

PINGYANG XIAN ZHI

文献著述

平阳素称文献之邦，享有“东南小邹鲁”之誉，流风余韵，文脉不断，人文荟萃，著作闳富，尤其在数学、语言学、中医中药学、戏曲创作研究等方面，颇有建树，在全国负有盛名。古代县志，有经籍志、诗文征，记述一县的经史子集、诗词文章，现设此《文献著述》卷，包括类似于旧志以上的这两方面，尽量全面反映平阳在学术、文学艺术等方面的成就。

第一章　著作书目

本章收录1989—2012年所出的著作书目，1993年版《平阳县志》已收的，不再录入。如前志遗漏的，予以补遗。设两节，第一节“现代著作书目”，收录在外的平阳籍学者、专家著作书目，以及平阳县本地具有高级职称的人士著作书目（正式出版物），以著者出生年月的前后为序，共收录73位编著者的著作394种。第二节“地方文献著作书目”，主要收录平阳当地人（包括新平阳人）的著作。1989—2012年，全县出现出书热，出书的人很多，所出版的书也很多，涉及各个领域，所以进行分类，共分7类，作者103人，作品154种。收录的书目以正式出版为准，个别已故作者的著作，虽不是正式出版的，但确实具有一定的地方文史价值和文学性的，酌情予以收录。由于与作者无法联系等原因，书目遗漏，在所难免。

第一节　现代著作书目

此节收录在外的平阳籍学者、专家著作书目，以及平阳县本地具有高级职称的人士著作书目（正式出版物），共收录73位编著者的作品363种。

1989—2012年平阳县现代著作书目一览表

表39-1-1

作　者	书　名	出版年份（年）	出版社	备　注
苏步青	高等几何学五讲	1991	上海教育出版社	
	数与诗的交融	2000	百花文艺出版社	王增藩编
白正国	黎曼几何初步（修订本）	1992	高等教育出版社	合著，2004第2版
王阜彤	青少年唐诗读本	1994	语言出版社	
林楚平	在花毯背面	2000	大象出版社	
	油纸伞（学灯文丛）	2002	中国工人出版社	
缪　雨	新闻学通论	1987	新华出版社	
	《史记》与新闻学	2000	新华出版社	
周梦江	叶适与永嘉学派	1992	浙江古籍出版社	2005年第2版
	台湾旧事	1995	台湾时报文化公司	合著
	叶适年谱	1996	浙江古籍出版社	
	叶适评传	1998	作家出版社	
	陈傅良文集	1999	浙江大学出版社	点校
	叶适研究	2008	人民文学出版社	合著
	宋元明温州论稿	2001	作家出版社	
	周行己集（温州文献丛书）	2002	上海社会科学院出版社	笺校
	二郑集（温州文献丛书）	2006	上海社会科学院出版社	校注
金　冶	回忆谭震林	1992	浙江人民出版社	主编
	在统帅部的日子里	1994	华艺出版社	

续表 39-1-1

作　者	书　名	出版年份（年）	出版社	备　注
金　冶	许世友传	2000	上海人民出版社	合著
	许世友上将	2005	解放军文艺出版社	合著
周臣孚	邮政法实施细则答疑	1997	陕西科学技术出版社	编著
姚易非	姚易非作品集	1998	漓江出版社	
宋廷铭	鳌江潮——一个新四军的回忆	2012	光明日报出版	
周　干	跬步集	2000	华艺出版社	
	东嘉先哲录(温州文献丛书)	2005	上海社会科学院出版社	校注
	1993年版《平阳县志》勘正	2007	方志出版社	合著
李士俊	血染着我们的姓名	1991	浙江人民出版社	主编
	报海沉浮	2000	大连出版社	
	三次追忆	2003	北方妇女儿童出版社	
谢瑞淡	棋王谢侠逊诗文选	2000	浙江大学出版社	编注
	爱国棋王——谢侠逊南洋象棋谱	2001	上海书店出版社	编注
	百岁棋王谢侠逊	2003	浙江人民出版社	
	畹晚余晖	2011	浙江大学出版社	
蔡渭洲	海关史话(中国史话·近代经济生活系列)	2011	社会科学文献出版社	合著
林树中	雕栏玉砌:中国建筑艺术	1981	中国建筑出版	另有书泉出版社
	中国历代绘画图录	1981	天津人民出版社	合著
	南朝陵墓雕刻	1984	人民美术出版社	
	宋陵石雕	1984	人民美术出版社	
	吴昌硕年谱	1994	上海人民美术出版	
	美术辞林·中国绘画卷	1995	陕西人民美术出版社	合编
	海外藏中国历代名画	1998	湖南美术出版社	总主编
	海外遗珍中国花鸟画	2001	湖南美术出版社	
	六朝艺术	2004	南京出版社	2010年再版
	江西有个梁邦楚	2006	岭南美术出版社	
	海外藏中国历代雕塑(上、中、下)	2006	江西美术出版社	
	国宝海外寻踪——海外藏中国历代名画研究文集	2007	凤凰出版传媒集团,江苏美术出版	
	清初金陵画派年表	2010	人民美术出版社	
	林树中书画月历	2010	香港新闻出版社	
马允伦	黄光集(温州文献丛书)	2005	上海社会科学院出版社	编注
王孝涛	历代中药炮制法汇典(现化部分)	1989	江西科学技术出版社	主编
	中华本草	1999	上海科学技术出版社	副总编
	中西医结合医学	2000	中国中医药出版社	第四卷(药学)副主编
	中药采制与炮制技术		华夏出版社	合编

续表 39-1-1

作　者	书　名	出版年份（年）	出版社	备　注
王孝涛	简明中药饮片炮制与应用	2002	金盾出版社	合编
	中药饮片炮制与临床组方述要	2005	化学工业出版社	
	中药饮片炮制与临床组方	2010	金盾出版社	主编
蔡元宇	电路及磁路	1992	高等教育出版社	2002年第2版
吴良祚	太平天国词语、避讳研究	1993	广西人民出版社	合著
	太平天国大辞典	1995	中国社会科学出版社	副主编
林　杰	盖世英雄彭德怀	2003	河北人民出版社	合著
尤文贵	尤文贵剧作选	1996	中国戏剧出版社	
	尤文贵剧作选（二卷进）	2007	中国戏剧出版社	
鲁顺光	富阳县志	1993	浙江人民出版社	总纂
	富阳公安志	1995	当代中国出版社	参编
郑立于	平阳县志	1993	汉语大词典出版社	主编
	百鸟诗集	1995	漓江出版社	
	郑立于短诗选	2003	香港银河出版社	中英文对照
	西湖楹联大观（西湖文化博览丛书）	2003	杭州出版社	合编
	不系舟渔集（苍南文化丛书）	2004	上海古籍出版社	点校
	西湖楹联	2005	杭州出版社	合编
	郑立于楹联选集	2008	诗联文化出版社	
张之伟	浙江名城——瑞安	1992	华东师范大学出版社	主编
	中国现代儿童文学史稿	1993	华东师范大学出版社	
	小学语文教学论文集	1998	百家出版社	
	小学语文教学探索	1999	内蒙古人民出版社	主编
	文学欣赏与语言趣谈	1999	内蒙古人民出版社	主编
	语文教学新视野	2003	上海社会科学出版社	主编
	语文教学新理念	2004	上海社会科学出版社	主编
温端政	苍南方言志	1991	语文出版社	
	山西民俗方言志·方言篇	1997	中华书局	主编
	山西方言调查研究报告	1993	山西高校联合出版社	第二主编
	太原话音档	1999	上海教育出版社	合著
	二十世纪的汉语俗语研究	2000	书海出版社	合著
	方言与俗语研究——温端政语言学论文选	2003	上海辞书出版社	
	汉语语汇学	2005	商务印书馆	
	汉语语汇学教程	2006	商务印书馆	主编
	汉语语汇研究史	2009	商务印书馆	合著

续表 39-1-1

作　者	书　名	出版年份（年）	出版社	备　注
温端政	忻州方言词典	1995	江苏教育出版社	合著
	汉语常用语词典	1996	上海辞书出版社	主编
	语文新论	1996	山西教育出版社	联合主编
	谚海	1999	语文出版社	联合主编
	谚语小词典	1999	上海辞书出版社	主编
	惯用语小词典	1999	上海辞书出版社	主编
	歇后语小词典	1999	上海辞书出版社	主编
	语海	2000	上海文艺出版社	总审订
	常用歇后语分类词典	2000	上海大学出版社	联合主编
	现代汉语歇后语规范词典	2001	长春出版社	合著
	现代汉语谚语规范词典	2001	长春出版社	合著
	忻州方言俗语大词典	2002	上海辞书出版社	合著
	敬谦语小词典	2002	语文出版社	合著
	通用成语词典	2002	语文出版社	联合主编
	通用歇后语词典	2002	语文出版社	联合主编
	通用惯用语词典	2002	语文出版社	联合主编
	中国歇后语大词典	2002	上海辞书出版社	主编
	通用谚语词典	2004	语文出版社	联合主编
	通用格言词典	2004	语文出版社	联合主编
	中国谚语大全	2004	上海辞书出版社	主编
	中国惯用语大全	2004	上海辞书出版社	主编
	中国歇后语大全	2004	上海辞书出版社	主编
	分类歇后语词典	2005	上海辞书出版社	主编
	分类谚语词典	2005	上海辞书出版社	主编
	分类惯用语词典	2006	上海辞书出版社	主编
	常用谚语词典	2005	上海辞书出版社	主编
	常用歇后语词典	2005	上海辞书出版社	主编
	新华谚语词典	2005	商务印书馆	主编
	新华惯用语词典	2007	商务印书馆	主编
	新华歇后语词典	2008	商务印书馆	主编
	现代汉语小词典	2008	人民教育出版社	主编
	中国格言大辞典	2008	上海辞书出版社	联合主编
	中国惯用语大辞典	2011	上海辞书出版社	联合主编
	中国谚语大辞典	2011	上海辞书出版社	主编

续表 39-1-1

作者	书名	出版年份（年）	出版社	备注
温端政	中国歇后语大辞典	2011	上海辞书出版社	主编
	中国俗语大辞典	2011	上海辞书出版社	主编
	谚语10000条	2012	上海辞书出版社	主编
	惯用语10000条	2012	上海辞书出版社	联合主编
	歇后语10000条	2012	上海辞书出版社	主编
	俗语10000条	2012	上海辞书出版社	主编
	俗语研究与探索	2005	上海辞书出版社	主编
	汉语词汇学研究	2009	商务印书馆	联合主编
	汉语词汇学研究（二）	2011	商务印书馆	联合主编
	原平方言志	1989	语文出版社	以下都是山西方言志丛书，温端政任主编
	临汾方言志	1989	语文出版社	
	和顺方言志	1989	语文出版社	
	孝义方言志	1989	语文出版社	
	文水方言志（修订本）	1989	语文出版社	
	阳曲方言志	1991	社会科学文献出版社	
	汾西方言志	1990	山西高校联合出版社	
	吉县方言志	1990	山西高校联合出版社	
	沁县方言志	1990	山西高校联合出版社	
	山阴方言志	1990	山西高校联合出版社	
	新绛方言志	1990	山西高校联合出版社	
	武乡方言志	1990	山西高校联合出版社	
	永济方言志	1990	山西高校联合出版社	
	天镇方言志	1990	山西高校联合出版社	
	清徐方言志	1990	山西高校联合出版社	
	介休方言志	1991	山西高校联合出版社	
	临县方言志	1991	山西高校联合出版社	
	运城方言志	1991	山西高校联合出版社	
	盂县方言志	1991	山西高校联合出版社	
	朔县方言志	1991	山西高校联合出版社	
	左权方言志	1991	山西高校联合出版社	
	屯留方言志	1991	山西高校联合出版社	
	广灵方言志	1994	山西高校联合出版社	
	蒲县方言志	1994	山西高校联合出版社	

续表 39-1-1

作　者	书　名	出版年份（年）	出版社	备　注
温端政	长子方言志	1995	山西高校联合出版社	
	定襄方言志	1995	山西高校联合出版社	
	灵丘方言志	1996	山西高校联合出版社	
颜逸明	现代汉语(高等师范院校系列教材)	1989	高等教育出版社	合编，2004年第16次印刷
	世界汉语教学百科辞典	1990	汉语大词典出版社	合编
	吴文化丛书·吴语	1993	江苏人民出版社	
	吴语概说	1994	华东师范大学出版社	
	汉语方言大词典	1998	中华书局	合编
	浙南瓯语	2000	华东师范大学出版社	
	新华写字字典	2011	商务印书馆	
	普通话水平测试指要	1995	华东师范大学出版社	2005年第7次印刷
	上海市实施《中华人民共和国语言文字法》办法学习读本	2006	上海教育出版社	合编
	语文现代化论丛	1995	山东教育出版社	副主编
	语文现代化论丛第二集	1996	语文出版社	副主编
	语文现代化论丛第三集	1997	语文出版社	副主编
	语文现代化论丛第四集	2000	北京大学出版社	副主编
	语文现代化论文集	2002	商务印书馆	合编
	桐乡县志·方言志	1990	中华书局	
	龙游县志·方言志	1991	中华书局	合编
	平阳县志·方言志	1993	汉语大词典出版社	
	文成县志·方言志	1998	中华书局	
	温州市志·方言志	1998	中华书局	
	瑞安市志·方言志	2004	中华书局	
谢作陶	马克思哲学导论	1993	同济大学出版社	联合主编
巫凌云	泰语语法	1993	云南民族出版社	合著
吴昭同	齿轮精度标准与检验手册	1994	中国计量出版社	主编
	保质设计	2004	机械工业出版社	合编
	旋转机械故障特征提取与模式分类新方法	2011	科学出版社	合著
黄庆萱	修辞学	1975	三民书局	2005年第3次印刷
	学林寻幽——见南山居论学集	1984	东大图书公司	
	与君细论文	1988	东大图书公司	
	史记汉书儒林传疏证(再版)	2008	花木兰文化出版社	1966年台湾嘉新水泥公司文化基金会初版

续表 39-1-1

作　者	书　名	出版年份（年）	出版社	备　注
黄庆萱	中国文学鉴赏举隅（再版）	1992	三民书局	合著，1983年东大图书公司初版
	周易读本	2001	三民书局	
	新译乾坤经传通释	2007	三民书局	
	魏晋南北朝易学书考佚	2012	华东师范大学出版社	2007年花木兰文化出版社首版
吴国忠	太极哲学之应用	2002	神龙视听文化图书有限公司	
	简易太极拳教材	2007	神龙视听文化图书有限公司	
王一川	影响历史进程的100项科技成就	1992	文汇出版社	合编
	生活中的化学	1993	文汇出版社	主编
	新奇的材料	1997	新蕾出版社	
	生命科学的奇葩	1998	江苏教育出版社	
	探索物质奥秘	2000	上海科学技术文献出版社	合编
	科学探索记	2000	中国少年儿童出版社	合编
	大突破：20世纪重要科技发明与发现	2000	东方出版中心	
陈钦峦	飞云江下游综合治理开发研究	1997	河海大学出版社	联合主编
	江苏历代名人录·科技卷	2001	江苏人民出版社	参编
钟锡锵	东海晨曦——21军在浙江	2000	中国文联出版社	合编
	拂晓寻踪（三集）	2001—2006	北岳文艺出版社	合编
	我们的老军长	2007	中国文化艺术出版社	合编
	解放军战争中的日记	2008	中国文化艺术出版社	编著
	马克思生平故事	2012	银河出版社	
周超凡	中医治则学	1997	中医古籍出版社	主编
	家庭常用中成药	1999	广西科学技术出版社	主编
	中国基层医师用药指南	2008	人民军医出版社	联合主编
	历代中医治则治法精粹	2008	人民军医出版上	主编
	国家基本药物实用指南（基层部分）	2010	人民军医出版社	联合主编
章道昆	试剂化学（下册）	1990	广东科技出版社	合著
	分析化学教材	1990	重庆人民出版社	合著
蔡竹林	信言集	2001	陕西人民出版社	2006年第7次印刷
钟锡华	力学	2000	北京大学出版社	合著，2010年再版
	现代光学基础	2003	北京大学出版社	2012年再版

续表 39-1-1

作　者	书　名	出版年份（年）	出版社	备　注
余式厚	如何进行逻辑思维——形式逻辑思考题	1984	中国广播电视大学出版社	合著
	形式逻辑应试要览	1984	中国广播电视大学出版社	合著
	形式逻辑题解	1984	中国广播电视大学出版社	
	形式逻辑200题	1984	内蒙古人民出版社	合著
	误区的寻觅谬误学精华	1990	上海文化出版社	主编
	口才学导引	1990	团结出版社	合著
	卑贱与我无缘:伦理学精华年	1990	上海文化出版社	
	东方理性之河儒学精华	1990	上海文化出版社	
	金字塔文库(1—5)	1991	上海文化出版社	
	飘向天国的驼铃——死亡学精华	1990	上海文化出版社	
	智破微型案件	1998	浙江人民出版社	
	智库——智慧四库全书	1999	上海文化出版社	
	智海冲浪——古典智力题	2003	上海文化出版社	
	智商蹦极——门萨智力题	2003	上海文化出版	
	智山攀岩——GRE智力题	2003	上海文化出版	
	智能滑板——逻辑智力题	2003	上海文化出版	
	趣味逻辑	2005	北京大学出版社	合著
	写给中学生的逻辑学	2010	北京大学出版社	合著
	逻辑是一面镜子	2012	北京大学出版社	
	逻辑盛宴——名家名题	2012	北京大学出版社	
	逻辑水平测验:公务员考试	2012	北京大学出版社	
	美国人视野中的逻辑——LSAT考试	2012	北京大学出版社	
	9529高智商人群玩的游戏	2012	北京大学出版社	
	困惑你的逻辑谬误	2012	北京大学出版社	
詹振权	教育学	1994	浙江大学出版社	合著
	班级教育管理学概论	1995	浙江大学出版社	
	教育改革研究	1996	华东师范大学出版社	
	汉字编码设计学	1997	中国城市出版社	合著
	温州教育论稿	2003	吉林人民出版社	
	浙江工贸职业技术学院校史	2010	中国和平出版社	执行主编
	都过去了	2011	中国文史出版社	
许道勋	唐太宗传	1984	人民出版社	合著，1998年再版，2005年人民文学出版社再版

续表 39-1-1

作　者	书　名	出版年份（年）	出版社	备　注
许道勋	唐明皇与杨贵妃	1990	人民出版社	合著
	唐玄宗传	1993	人民出版社	合著，2015年再版
	中华文化通志·经学志	1998	上海人民出版社	合著，2010年再版
	中国经学史	2006	上海人民出版社	
周瑞金	现代科学技术新成就	1985	上海人民出版社	合编
	宁做痛苦的清醒者	2003	文汇出版社	
	新闻改革新论	2004	海南出版社	
	做清醒的新闻工作者——周瑞金新闻作品选（当代上海记者丛书）	2004	上海人民出版社	
	用头行走（思想者文丛）	2005	文汇出版社	主编
	大道低迴（思想者文丛）	2006	文汇出版社	主编
	解放思想发展生产力——上海生产力学会纪念改革开放30周年论文集	2008	上海财经大学出版社	主编
	中国改革不可动摇——皇甫平醒世微言	2009	广东人民出版社	主编
	加快转型发展，聚焦上海核心生产力	2012	上海财经大学出版社有限公司	
	马上去日本·东京篇	2012	上海人民出版社	
蔡庆嘉	高中英语同步知识检查	1991	外语教学与研究出版社	
	初中英语同步知识检查	1993	外语教学与研究出版社	
	德伯家的苔丝	1992	外语教学与研究出版社	翻译
孙建璋	浙江海藻原色图谱	1983	浙江科学技术出版社	主编
	南麂列岛海滨生物实习指导	2000	海洋出版社	主编
	孙建璋贝藻类文选	2006	海洋出版社	
	海藻生物技术	1994	上海科学技术出版社	参编
金可溪	苏俄伦理道德观变化	1997	中国文史出版社	
林善希	电信网络管理	1994	人民邮电出版社	编著
周咸文	化肥工业大全	1988	化学工业出版社	参编
	孩子成才与家教方法	2007	中国文史出版社	
	一路拾遗	2012	中国文联出版社	
林定川	二十世纪汉语修辞学综观	1992	香港新世纪出版社	合著
	孔子语录	1998	杭州大学出版社	2004年香港商务印书馆再版
	孔子论稿	2003	杭州大学出版社	

续表 39-1-1

作　者	书　名	出版年份（年）	出版社	备　注
徐宏图	戏曲优伶史	1995	文化艺术出版社	合著
	浙江戏曲史话(浙江文化史话丛书之四)	1999	宁波出版社	
	平阳县苍南县传统民俗文化研究	2005	民族出版社	共同主编
	新刊巾箱蔡伯喈琵琶记(《古本琵琶记汇编》之一)	2007	中华书局	校订
	衢州西安高腔(浙江省非物质文化遗产代表作丛书之一)	2009	浙江摄影出版社	合著
	南宋戏曲史(南宋史研究丛书)	2008	上海古籍出版社	
	南戏遗存考论(光明学术文库)	2009	光明日报出版社	
	浙江戏曲史	2010	杭州出版社	
	浙江昆剧史	2012	中国社会科学出版社	
	浙江省目连戏资料汇编(民俗戏曲丛书第三辑)	1994	台湾财团法人施合郑民俗文化基金会	合编
	绍兴救母记(民俗戏曲丛书第三辑)	1994	台湾财团法人施合郑民俗文化基金会	校订
	浙江省东阳市马宅镇孔村汉人的目连戏(民俗戏曲丛书第三辑)	1995	台湾财团法人施合郑民俗文化基金会	
	浙江省磐安县仰头村的西方乐(民俗戏曲丛书第三辑)	1995	台湾财团法人施合郑民俗文化基金会	
	浙江省磐安县深泽村的炼火仪式(民俗戏曲丛书第三辑)	1995	台湾财团法人施合郑民俗文化基金会	
	浙江傩戏资料汇编(民俗戏曲丛书第六辑)	1997	台湾财团法人施合郑民俗文化基金会	
	绍兴旧抄救母记(民俗戏曲丛书第六辑)	1997	台湾财团法人施合郑民俗文化基金会	
	浙江省新昌县胡卜村目连救母记(民俗戏曲丛书第七辑)	1998	台湾财团法人施合郑民俗文化基金会	共同校订
	绍兴孟姜女(民俗戏曲丛书第八辑)	2000	台湾财团法人施合郑民俗文化基金会	校注
	浙江醒感戏(民俗戏曲丛书第九辑)	2007	台湾财团法人施合郑民俗文化基金会	校注
	浙江夫人戏(松阳高腔九龙角，民俗戏曲丛书第九辑)	2008	台湾财团法人施合郑民俗文化基金会	校注
	杭州抱朴道院道教音乐(中国传统仪式音乐研究计划系列丛书)	2000	新文丰出版公司	合著
	温州平阳东岳观道教音乐研究	2001	新文丰出版公司	合著
王孙禺	学位与研究生教育：战略与规划	2011	教育科学出版社	
	工程：发展的问题挑战与机遇	2012	中央编译出版社	合译

续表 39-1-1

作　者	书　名	出版年份（年）	出版社	备　注
林顺道	伊斯兰教与穆斯林生活	1990	河南人民出版	合著
	浙江宗族村落社会研究	2001	方志出版社	合著
	方志资料审核论稿	2007	方志出版社	
	1993年版《平阳县志》勘正	2007	方志出版社	合著
	南雁荡山志	2011	中州古籍出版社	合作点校
	黄公望集	2012	浙江人民出版社	合编
陈一阳	东方妙智慧——《金刚经》白话演绎	1992	北岳文艺出版社	
	命运探微	1993	北京燕山出版社	
宋方敏	高技术战争经济论	2003	军事科学出版社	
	心理教育训练作战研究	2005	解放军出版社	
蔡延奔	浙江南部维管束植物名录	2005	中国科学技术出版社	共同主编
	浙江种子植物检索鉴定手册	2005	浙江科学技术出版社	副主编
郑海初	正在爆发的物联网革命	2010	中华工商联合出版社	
杨东援	交通规划决策支持系统	1997	同济大学出版社	
林　平	平阳特早茶	2003	中国农业出版社	合著
王孙安	机械电子工程（机械科学与工程研究生系列教材）	2003	科学出版社	合著
	工程训练	2003	西安交通大学出版社	
	工业系统的驱动、测量、建模与控制（上、下）	2007	机械工业出版社	主编
	机械电子工程原理	2010	机械工业出版社	主编
	现代制造中的机电系统运用	2011	机械工业出版社	主编
周清泉	南山短打拳	2009	人民体育出版社	
徐小杰	现代市场经济——变革时代的挑战	1993	社会科学文献出版社	
叶邦角	电磁学与电动力学	2008	科学出版社	合著
陈德棉	创业投资、创业管理与《易》经	2003	同济大学出版社	
	风险投资：运行机制与管理	2003	经济科学出版社	
	风险投资：国际比较与经验借鉴	2003	经济科学出版社	
吴道富	本土行政法治的展开	2007	浙江人民出版社	
	中美司法制度比较研究	2010	人民法院出版社	主编
	虚假民事诉讼的防范与规制	2009	中国法制出版社	合著
施小琴	汉宫秋	1995	新华出版社	编著
蔡厚才	鱼类行为学	1998	厦门大学出版社	合著，1999年台湾水产出版社再版
	抗风浪深水网箱养殖实用技术	2006	海洋出版社	合编
	走进贝藻王国	2011	上海人民美术出版社	主编

续表 39-1-1

作　者	书　名	出版年份（年）	出版社	备　注
钟少异	中国古代兵器图集	1990	解放军出版社	合著
	中国军事百科全书·古代兵器(学科分册)	1991	军事科学出版社	副主编。1997年(全书卷本)
	先秦军事文明(《中华文明史》第二卷《先秦》)	1992	河北教育出版社	
	中国古代火药火器史研究	1995	中国社会科学出版社	主编
	十八般兵器(中国传统文化知识小丛书)	1996	吉林人民出版社	
	龙泉霜雪——古剑的历史和传说	1998	生活·读书·新知三联书店	
	金戈铁戟——中国古兵器的历史与传统	1999	解放军出版社	
	略论人面纹扁茎铜短剑	2000	杂志论文出版社	
	天地玄黄五千年的征战——中国军事史(插图本)	2001	华东师范大学出版社	合著
	李约瑟《中国科学技术史》第5卷第6分册《军事技术》	2002	科学出版社、上海古籍出版社	主持翻译
	鼓角争鸣——阅读中国·军事史卷	2006	华东师范大学出版社	
	《孙子兵法》军官读本	2005	解放军出版社	副主编
	《孙子兵法》读本	2007	广西师范大学出版社	副主编
	《孙子兵法》与现代战略——第七届孙子兵法国际研讨会论文集	2007	军事科学出版社	副主编
	安邦大略——中国历代国家安全战略思想论析	2007	军事科学出版社	主编
	中国古代军事工程技术史(上古至五代)	2008	山西出版集团·山西教育出版社	
	战争中的三十六计	2008	京华出版社	合著
	甲胄复原(中国传统工艺全集)	2008	大象出版社	合著
	孙子的战争智慧	2009	江西出版集团·百花洲文艺出版社	
	The Wisdom of Sun Tzu(美国格雷译，原书名《孙子的智慧》，郭闻平、钟少异著)	2010	五洲传播出版社	此书系钟少异所著《孙子的战争智慧》一书的英译，由总参外办新闻事务局，即国防部新闻办公室组织翻译。“郭闻平”是总参外办的外宣笔名，意为“国防部新闻评论”
	安邦大略	2010	军事科学出版社	
蔡开灿	胸心外科学	2000	人民卫生出版社	翻译
	急诊医学	2006	科学出版社	编辑

续表 39-1-1

作者	书名	出版年份（年）	出版社	备注
蔡开灿	临床外科急诊学	2009	科学技术文献出版社	副主编
钟求是	我的逃亡日子	2003	中国文联出版社	
	零年代	2009	人民文学出版社	
	谢雨的大学	2010	花城出版社	
	给我一个借口	2011	浙江文艺出版社	
	两个人的电影（布老虎中篇书系）	2012	春风文艺出版社	
陈纬	经纬斋文钞	2004	作家出版社	
	陈纬书法作品集	2011	西泠印社出版社	
	经纬斋笔记	2011	西泠印社出版社	
黄小晶	时光玫瑰——英伦城乡考察回望	2006	中国经济出版社	
	区域产业政策与中国农村区域协调发展	2006	中国经济出版社	
	城市化进程中的政府行为	2006	中国财政经济出版社	
	民营经济竞争优势与地方政府创新	2006	中国财政经济出版社	
	俯仰有责——基层组织工作札记	2009	中央文献出版社	
	青鸟新巢——科学发展中的新型城市化	2009	中央文献出版社	
	城乡发展比较	2009	中国经济出版社	主编
	心灵萤光	2009	当代世界出版社	
谢雍君	红梅记（新编古典戏曲名著故事丛书）	1995	新华出版社	
	昆曲与文人文化	2005	春风文艺出版社	合著
	《牡丹亭》与明清女性情感教育	2008	中华书局	
	傅惜华古典戏曲提要笺证	2010	学苑出版社	
	中国戏曲史（中国艺术简史丛书）	2012	文化艺术出版社	
叶笃鍪	现代内部审计实务	2007	中国时代经济出版社	共同主编，2008年第2版
吴家曦	中小企业创业经营法律风险与防范策略	2008	法律出版社	主编
	《浙江省促进中小企业发展条例》解读	2006	中国农业出版社	共同主编
	2006浙江省中小企业发展报告	2007	新华出版社	主编
	2007浙江省中小企业发展报告	2008	浙江人民出版社	主编
	2008浙江省中小企业发展报告	2009	社会科学文献出版社	主编
	崛起之路——浙江中小企业发展60年	2009	浙江人民出版社	合著

第二节　地方文献著述书目

此节主要收录平阳当地人（包括新平阳人）的著作。1989—2012年，全县出现出书热，出书的人很多，所出版的书也很多，涉及各个领域，所以进行分类，共分7类，有113人，作品151种。

1989—2012年平阳县诗词、楹联著作书目一览表

表39-1-2

书名	作者	出版年份（年）	出版社	备注
听雨楼诗文集	林俊	1996	无	自费印行
寒岁集	游寿澄 陈镇波 王光铭	1999	无	自费印行
鳌水朝宗	王光铭 徐祥地 陈盛奖	1999	国际文化出版公司	特邀编辑
率吟集	陈嘉棣	1999	当代世界出版社	
则仁诗存	林则仁	2000	中国文联出版社	
南雁荡山古今诗抄	徐弘道 陈志岁	2005	诗联文化出版社	主编
谢池草堂诗词钞	谢秉阳	2005	无	自费印行
率吟新集	陈嘉棣	2006	中华诗词出版社	
西湖百咏	王峰	2006	浙江古籍出版	
紫霞山馆诗存	张鹏翼	2008	中国文学艺术出版社	张奋注
赧翁集	倪绍棣	2008	中国文学艺术出版社	
屏屿居心声集	倪振铮		中国文学艺术出版社	
睡螺集（腾蛟文化丛书）	苏昧朔	2010	中国文化出版社	李成廉整理
张守镇诗词剩稿	张守镇	2012	中国诗词楹联出版社	
绿川居藏名联选集	王峰	2012	浙江古籍出版社	
心痕	陈圣驹	2012	中国文学艺术出版社	
《诗经》的标韵与翻译——灵水韵应用	魏昌炽	2012	中国诗词楹联出版社	

1989—2012年平阳县小说、散文、诗歌著作书目一览表

表39-1-3

书名	作者	出版年份（年）	出版社	备注
寓林诗选（中国诗人文库第三辑）	余琳	1999	作家出版社	
寓林文选	余琳	2000	中国文联出版社	
沈舟诗拾	张君	2000	中国文联出版社	
沧海情怀	温兴路	2001	中国文联出版社	
心灵舞蹈	裙儿	2004	群言出版社	裙儿即阮立群
眉心上的黑月亮（会文丛书）	陈久春	2004	作家出版社	
天涯路遥（会文丛书）	王晋	2004	作家出版社	
前尘影事（会文丛书）	张奋	2004	作家出版社	
燃烧的红月亮（会文丛书）	林静	2004	作家出版社	
春泥秋草（会文丛书）	张君	2004	作家出版社	
奋斗者足迹（会文丛书）	黄小珍	2004	作家出版社	
白石漫话（会文丛书）	温兴路	2004	作家出版社	
白石真言	温兴路	2004	中国文学艺术出版社	

续表 39-1-3

书　名	作　者	出版年份（年）	出版社	备　注
树摇窗前(会文丛书)	任泽健	2004	作家出版社	
把自己放在路上	任泽健	2005	中国文学艺术出版社	
六维空间	任泽健 余燕双 吴思铺 海　乐 王玉军 陈应贵	2006	文化艺术出版社	合著
时光碎片(会文丛书)	任泽健	2007	中国文联出版社	
水一样渗入	吴永远	2007	中国文史出版社	
山水平阳	任泽健	2008	当代中国出版社	主编
且走且吟	周春微	2008	中国文学艺术出版社	
为了生命的纪念	沈宗文	2008	中国人民大学出版社	
说说而已	沈宗文	2008	中国人民大学出版社	
诗意南麂	任泽健	2009	中国文学艺术出版	主编
心河摇影	任鲁鲁	2009	中国文学艺术出版社	
竹韵松心	李德夫	2009	中国文学艺术出版社	
温暖呼叫转移	颜育俊	2010	黄河出版传媒集团阳光出版社	
竹海松涛	李德夫	2010	中国文学艺术出版社	
竹吟松声	李德夫	2010	中国文学艺术出版社	
独舞	鲍小红	2011	凤凰出版传媒集团江苏文艺出版社	
遥望黎明的星空	孔展雁	2011	大众文艺出版社	
谁的江南	任泽健	2011	黄河出版传媒集团宁夏人民出版社	
这里或别处	任泽健	2011	作家出版社	
听风	叶　晨	2011	作家出版社	
跋涉	潘孝平	2011	作家出版社	
琵琶曲	余燕双	2012	团结出版社	
跃动的水珠	李德夫	2012	中国文学艺术出版社	
甜丝丝的水乡	黄　平	1994	广西民族出版社	
依恋	黄　平	1998	广西民族出版社	
走进你的眼睛	毛光正	1998	广西民族出版社	
牧童哪里去了	黄　平	2007	广西民族出版社	
浪花朵朵	费夏荣	2008	广西民族出版社	
丁香花——丁丁歌曲集	丁　丁	2008	中国文联出版社	
放歌平阳——平阳县优秀创作歌曲选集	丁　丁	2009	中国戏剧出版社	主编
秋后的田野	黄　平	2011	接力出版社	
平阳文学二十年(1983～2002)上、下卷	王　晋	2002	作家出版社	主编
艺术平阳丛书	周立坦	2012	西泠印社出版社	总编，其中美术卷主编李毅军

1989—2012年平阳县书法、绘画、摄影著作书目一览表

表 39-1-4

书 名	作 者	出版年份（年）	出版社	备 注
张鹏翼书前、后《赤壁赋》	张鹏翼	1994	浙江人民美术出版社	
蔡启东诗词墨迹选	蔡启东	2000	中国书局	
游寿澄书法作品集	游寿澄	2004	无	自费印行
张鹏翼书法选集	张鹏翼	2008	香港嘉宾出版社	
张笑如作品集	张笑如	2008	西泠印社出版社	
吴招廉作品集	吴招廉	2009	西泠印社出版社	
钱允作品集	钱 允	2010	西泠印社出版社	
笔歌墨舞——李炜书法作品	李 炜 李 震	2010	中国民族摄影艺术出版社	合著
邱禹仁、邱云龙画集	邱禹仁 邱云龙	2005	中国画报出版社	
池伯成先生八秩晋一回顾纪念画册	池伯成	2006	百成国际艺术网络交易中心	
翁宗巧山水画集	翁宗巧	2008	人民美术出版社	
红线采风——中国水彩名家平阳行		2009	浙江人民美术出版社	平阳县委宣传部主编
林朝瑜画集	林朝瑜	2009	天津人民美术出版社	
南雁荡山水古诗画意百图	曾成金	2010	四川美术出版社	
叶适传奇（连环画，周梦江原著）	曾成金	2010	四川美术出版社	叶放撰文
孙诒让（连环画，胡小远、陈小萍原著《末代大儒孙诒让》）	曾成金	2010	四川美术出版社	陈小萍改编
陈傅良（连环画，陈文锦著）	曾成金	2011	四川美术出版社	
林朝瑜	林朝瑜	2011	现代文化出版社	
傅招弟刺绣作品选	傅招弟	2010	中国民族摄影艺术出版社	
醉山乐水平阳情——姜光树乡土情怀摄影集	姜光树	2003	浙江摄影出版社	
心灵瞬间——余贤威摄影集	余贤威	2006	浙江摄影出版社	

1989—2012年平阳县党史、回忆录著作书目一览表

表 39-1-5

书 名	作 者	出版年份（年）	出版社	备 注
坚持浙南十四年	龙 跃	1987	浙江人民出版社	1990年再版
郑海啸回忆录	郑海啸	1989	无	印行
陈黄光文集	陈再华	1993	广东人民出版社	
光辉的历程	叶启友	1994	中共党史出版社	主编
热血写春秋	夏江雷	1995	上海社会科学院出版社	主编
我在浙南	黄先河	1997	无	印行
苏松纪念文集		2001	无	《平阳文史资料》第十九辑
郑海啸纪念文集	李尔宽	2004	中共党史出版社	主编

续表 39-1-5

书　名	作　者	出版年份（年）	出版社	备　注
师道——纪念劫尘先生	陈惜秋 陈千里	2006	香港天马图书有限公司	编
红色的记忆	游寿澄	2006	中国文史出版社	
中共浙江省第一次代表大会	曾林平	2007	中共党史出版社	主编
红军挺进师与浙南游击区	何　生	2007	浙江人民出版社	主编
中共平阳党史第一卷(1921—1949)	陈　彤 郑志兴	2008	中共党史出版史	主编
经川文集(增订版)	项经川	2009	香港出版社	
凤林村与抗日将士	郑志兴	2010	大众文艺出版社	主编
中国共产党平阳历史大事记(1919.5—2010.12)	叶启友 陈　敏	2011	中共党史出版社	主编
岁月有痕	王中秋	2011	中国国际文化出版社有限公司	
我是山里一棵松(胡孙节口述)	沈宗文	2012	中国文联出版社	沈宗文记录整理
我的生命流水账	沈宗文	2012	中国文联出版社	

1989—2012 年平阳县乡土文化、文献著作书目一览表

表 39-1-6

书　名	作　者	出版年份（年）	出版社	备　注
浙南古城平阳	张　文	1993	华东师范大学出版社	主编
成才之路	张　文	1994	上海社会科学院出版社	主编
萧江风貌	林　俊	1994	无	主编，印行
卧牛山下农家子——苏步青的故事	王擎峰 张　文	1997	上海社会科学院出版社	主编
爱国爱乡平阳名人选	叶启友	1998	当代中国出版社	主编
识途集	马允元	2001	无	自费印行
鳌江开埠先贤王理孚与王文川	鳌江镇委宣传办编	2002	无	
命运两代人	孔庆杭	2003	无	印行
刘蕙遗墨——晚晴集	李云卿 姜　伟	2003	无	印行，2007 年改名春晖赞印行
恋土集	李成廉	2004	中国文史出版社	
瓯越风情行	庄千慧	2004	人民日报出版社	
夕照集	马允元	2006	开明出版社	
小溪——苏步青的故事	张　文	2006	光明日报出版社	主编
风流平阳	王　晋	2011	线装书局	主编
我的故乡——青街	黄益谦	2011	中国诗词楹联出版社	
尘光遗文——平阳县第三次全国文物普查成果精粹	王小川	2011	西泠印社出版社	主编
中国民间故事全书·浙江·平阳卷	李　炜 张　君	2011	知识产权出版社	
募石桥烬馀录	张　奋	2011	中国文学艺术出版社	

续表 39-1-6

书　名	作　者	出版年份（年）	出版社	备　注
平阳学统二陈始	张　奋	2011	中国文学艺术出版社	主编
平阳人才著作简介（第一辑）	郑乃坤	2012	中国诗词楹联出版社	主编
古道坡南	李　炜	2012	中国对外翻译出版有限公司	
卧牛山谣凝真情——苏步青教授与平阳县小	杨须友	2012	中国诗词楹联出版社	

1989—2012 年平阳县部门志、姓氏志著作书目一览表

表 39-1-7

书　名	作　者	出版年份（年）	出版社	备　注
平阳交通志		1991	海洋出版社	县交通局编
平阳、苍南县粮食志	高轼岑	1993	江西人民出版社	主编
平阳县民政志		1994	海洋出版社	县民政局编
平阳县财政税务志		1994	上海科学技术文献出版社	县财政税务局编
平阳公安志		1997	南开大学出版社	县公安志编纂委员会编
平阳县教育志	林昌罗	1997	上海社会科学院出版社	主编
鳌江志	王光铭	1999	中华书局	主编
平阳县水利志	王书康	2001	中华书局	主编
平阳林氏志	林振法	2006	中国社会出版社	主编
平阳王氏	王思翔	2008	中国大百科全书出版社	主编
瓯南毛氏志	毛永叶	2009	国际炎黄文化出版社	主编
平阳潘氏志	潘士元	2011	中国国际文艺出版社	主编
平阳叶氏志	叶启友	2011	方志出版社	主编
平阳金氏志	金扬胜	2012	中国文化出版社	主编

1989—2012 年平阳县科学技术等其他著作书目一览表

表 39-1-8

书　名	作　者	出版年份（年）	出版社	备　注
教科研论文选	余贤朴	1995	经济日报出版社	主编
人的管理现代化	施德鹏	2003	中国教育出版社	
标准化蘑菇冬闲田栽培学	钱玉夫	2004	学苑出版社	
中小学校园气象站	任咏夏	2004	北京学苑出版社	
心态与管理	施德鹏	2010	学林出版社	
小学生作文指南	黄　平	2002	广西师范大学出版社	
作文指南	黄　平	2004	广西民族出版社	编著
古今中医皮肤性病辨治精要	陈志伟	2007	人民军医出版社	主编
乡镇党政公文写作基础	沈宗文	2008	中国人民大学出版社	编著
中小学气象科技活动指南	任咏夏	2009	气象出版社	
建构有效课堂	高树浪	2010	科学技术文献出版社	
平阳养鸽新法	吴志远	2012	中国农业出版社	主编

第二章　艺文选录

清乾嘉时期(1736—1820)浙东学派修志大家章学诚在《方志立三书议》中说:“仿纪传体正史之体而作志,仿律令典例之体而作掌故,仿文选文苑之体而作文征。”就是说省、郡县志是由志、掌故、文征三部分组成,缺一不可,可见文征不是可有可无。文征主要选辑能够反映本地民情民风,用来证史的诗文,还有那些不具备证史,却文采斐然,“人所同好”的诗文,也在此范围之内。本章选择诗文的标准主要侧重于“合于证史”,分随笔散文、序跋、碑记、诗词和楹联5类,不分内、外编,分别存录随笔散文19篇、序跋19篇、碑记37篇、诗词242首和楹联147副。

第一节　随笔　散文

我的故乡

苏步青

我的家乡是浙江最南边平阳县的山区,尽管他是穷乡僻壤,从来没有听说过出了什么大人物,但是我却非常怀念他,无论走到哪里还是想着他。因为我是在那里长大的,放过牛,种过田,大部分的同辈人——全是农民,逝世了,可是我的脑子里仍以为他们还活着。离开家乡,整整六十一个年头了,近来那里成立了一个“腾蛟区文化站”,下设业余文艺创作组,一班青年业余文艺工作者出了一本杂志。从这一件事便可看出家乡已经起了变化,使我感慨无量。因此,我寄去一张近照,并题诗于其背面。诗曰:

梦里家山几十春,寄将瘦影问乡亲。
何时共赏卧牛月?袖拂东西南北尘。

这里卧牛是家乡的一个小山岗,以形得名。我确实跑了不少国家,衣衫上沾了很多“征尘”,总想有朝一日能够回家乡把它刷干净。但这看来是难得做到的啦,我们岂不是正在社会主义四个现代化的征途上吗!

我的第二故乡是杭州,它是在我离开平阳,出国留学十二年之后即1931年回来立脚的第一站。直到1952年全国院系调整时,才离开这个毕生难忘的地方。我在浙江大学连续待了二十一年,中间有八九年抗日战争,迫使我们不得不随校西迁,暂时离开了杭州。在这个漫长的岁月里,我和战友也是良师、全国著名的数学家陈建功教授(绍兴人),一起教书,一起搞科研,创设了数学讨论班,培养出一大批至今仍然为祖国四个现代化服务的数学家。这就使杭州变成一个无时无刻不在怀念之中的地方了。何况,那里有举世闻名的西湖,有以怒潮著名的钱塘江,我们游遍杭州周围的山山水水,一草一木都成了可爱的东西。我热爱杭州,更热爱自己多年工作过的最高学府——浙江大学。那里的学风,艰苦朴素;那里的学生,聪明勤劳;那里的教师,诚恳踏实,这些都是培养接班人必不可缺的因素。陈建功教授受林彪、“四人帮”的迫害,不幸于1971年在杭州逝世。我们一起搞起来的数学讨论班也被破坏到一无所有的地步,我们的班子全被拆散掉,我是多么怀念杭州啊,多么想念陈先生啊!粉碎“四人帮”后三年多来,全国在党的领导下,团结一致,努力工作,取得了伟大胜利。我们数学讨论班不但早已恢复,而且蓬勃发展起来了。倘若陈先生健在,他会多么欢欣鼓舞啊!在“四人帮”横行的时候,我虽想继承陈先生遗志把数学讨论班恢复起来,但无济于事,当时只写了二首诗悼念我的老战友陈建功教授。现将这二首诗录写于后,作为这篇小文的结束语:

其　一

武林旧事鸟空啼,故侣凋零忆酒旗。
我欲东风种桃李,于无言下自成蹊。

其　二

清歌一曲出高楼,求是桥边忆旧游。
世上何人同此调,梦随烟雨落杭州。

我和旧体诗

苏步青

我和旧体诗打交道,将近七十年了。直到如今,不管是居住舍间,还是出差外地,旧体诗常常陪伴我度过业余的时光,给生活增添了乐趣。

我爱好旧体诗,起于童年。假日放牛,骑在牛背上,曾一首一首地背诵《千家诗》,至于《唐诗三百首》，更是我酷爱的读物。我钦佩古人优秀诗人高超的写作技艺，常为“诗中有画”的意境所折服。你看，王维的“大漠孤烟直，长河落日圆”（《使至塞上》）对仗对得多么工整！还有像温庭筠的“鸡声茅店月，人迹板桥霜”（《高山早行》）这两名句中，只用名词，没有动词，写得何等漂亮！有人认为旧体诗难懂，因而兴趣不大。当然，现今的青年不必都去钻研旧体诗，但我认为让学生背诵一点优秀的旧体诗，还是大有好处的。至于兴趣么，大多是培养出来的。就像有些人看京剧、昆剧，偶尔看一出，兴趣不大；看多了，就会觉得颇有味道，甚至入了迷。读诗也有这种情况，每当我读到好诗佳句时，就觉得其味醇美甘甜，赛过绍兴陈酒。我爱上旧体诗，大概也是读得多的缘故吧！

陶渊明在《五柳先生传》里谈到“读书不求甚解”，我念几十年诗，越发觉得这句话很有道理。我认为，旧体诗不全然是，“欲穷千里目，更上一层楼”，“举头望明月，低头思故乡”，那样通俗易懂的一类作品，我年轻时读《诗经》《离骚》，就觉得不那么好懂，如果要求对每首诗都理解得深透，那么对于一个业余旧体诗学习者来说，则不免要求过高了。这里所说“不求甚解”，是指开始时对诗的意思大体有个了解的意思，此后每重读一遍，逐步加深理解。几十年来，我先后读了白居易的《白香山诗集》、陆游的《剑南诗稿》《苏轼诗选注》《全唐诗》《唐诗别裁》《宋诗别裁》《元诗别裁》等等，数量甚多。开始阅读时也有读不懂的，但后来读多了，相互引证，前后对比，从而融会贯通，这样也就加深了对诗的理解。然而我总觉得这是无止境的。正由于业余学习的缘故，所以没有固定学哪位大家的诗，而认为学各家之作，更有利于吸取各家之所长。李白的诗，显得豪放；杜甫的诗，特别谨严。苏轼的诗，在豪放、谨严方面虽然同李、杜相比确有逊色，但在豪放、谨严兼而有之的一点上，则具有他的特色。当然，诗读多了，也会逐渐形成自己的偏爱，就我个人来说，则比较欣赏苏轼的诗。

我认为写诗有助于读诗，读诗又能不断提高诗作的质量。

写旧体诗并不是想写就可以写出来的。喜欢作诗不等于就能作好诗。这首先要有内容，主题须想清楚，这也可叫“心灵美”。同时还要有好的句子，这叫“外表美”。两者结合得好，才能写出好的诗。具体说来，旧体诗七绝后边两句最要紧，可称为诗的“主干”，一棵大树没有主干立不起来，一首诗没有主干就会味同嚼蜡。我在写《灵隐寺前戏作》时，就先想的后两句：“劝君休坐山门等，不再飞来第二峰。”然后再回过头去想前两句：“古木参天宝殿雄，万方游客浴香风。”诗歌写出后，我常常放它十几天，再对诗句，以及字、词进行反复推敲，使它更为严谨，更能表达其内在的含义。几十年来，我写了三百多首旧体诗，分别编成《西居集》和《原上草集》。最近两年来，我的诗作数量稍有增加，见诸报端的近二十首。

我是研究数学的，哪有时间读诗写诗呢？数学研究和写诗有没有矛盾呢？其实，我写旧体诗全是作为业余的一种爱好，时间大多来自外出开会的途中，或是会前会后的短暂空隙。一有感触，便抓紧业余时间构思、索句，再经几次推敲，写出初稿。至于数学研究和写诗的关系，我看数学是数学，诗是诗，这当然是不同的两码事。但二者也有一点联系，这就是数学和旧体诗都十分重视想象和推理的。有人说，数学是无声的音乐，无色的图画，对于诗岂不是也可以这样说吗？当然，更直接的还是搞数学的人，整天和数学公式打交道，大脑容易疲劳，生活也比较枯燥，倘若通过文史学习，包括诗词的阅读，来调节一下，这对于本行的钻研不无好处。记得这样一个故事：有个围棋名手同对方下棋，酣战中，对该走哪一子犹豫不决的时候，他往窗外看了一看，天边正好飞来了一行大雁，他恍然大悟，下了极其精彩的一子。我整天同数学公式、定理打交道，为了头脑不僵化，读写旧体诗可以说是起到“窗外看雁阵”的作用。理工科的大学生搞点形象思维，读点诗词，对打开思路活跃思想是很有好处的。

常言道，“诗言志”，我写作旧体诗，也并不是光凭“兴趣”动手，诗作常常寄托着我的真实情感，也是有感而发的。解放前，我的诗在报上只发表过两三次。有件事至今难忘。那是1948年去秦淮时，目睹国民党政治腐败，作了一首七律《秦淮河》，其中有这样两句："无情商女今安在？半面徐妃可奈何？"前一句借用了杜牧《泊秦淮》中的两句："商女不知亡国恨，隔江犹唱后庭花。"后一句借用了李商隐咏史诗《南朝》中的两句："休夸此地分天下，只得徐妃半面妆。"杜牧和李商隐的这两首诗，前者揭露陈后主政治腐败，后者谴责梁元帝荒淫昏聩。当时的报纸检查官未能看出其中借古讽今的意思，因此让它登出来了。解放后，我就用诗来歌颂祖国的河山，鞭挞"四人帮"的暴行，歌颂三中全会以来的大好形势，并以旧体诗作为文化交流的一种工具。1979年，我随大学校长代表团访问西德杜塞尔多夫城，在阿康饭店下榻，店主热情地接待我们，临别时要求题诗留念。我当众挥毫写了一首七绝：

西来处处挹繁华，杜市阿康是我家。
中德人民长友好，不愁前路有风沙。

今年二月，我退居二线，任复旦大学名誉校长，虽然退居二线了，但还有许多事情要做，更重要的是为人民服务的思想，为共产主义奋斗终生的事业不能忘。前不久，我写了《退居二线后感赋》，现摘录如下，作为本文的结尾：

一

退居二线复何为，腰脚犹轻任所之。
不上匡庐观日出，欲横东海附机飞。
天涯亲友应惊老，咫尺家山未赋归。
安得教鞭重在手，弦歌声里尽馀微。

二

故乡遥在雁山陲，久客江南忘却归。
虽未龙钟应服老，岂因虎肖便扬威。
百年心事今奚似，四化胸怀昔所稀。
只为盛时歌颂党，退居闲咏几篇诗。

怀念我的老师

苏步青

当我翻阅精装的《苏步青数学论文选集》，心头总是那么激动。除了专著之外，这些论文就是我几十年日夜奋斗留下的文字硕果。在欣喜之余，我的脑海里总会浮现出几位启蒙和引路的老师。没有他们的教导，我怎么会有今天的成就呢？

我出生于浙江省平阳县腾蛟区带溪乡的一个农民家庭，童年就参加割草、喂猪、放牛等辅助劳动。九岁那年，我父亲借了几块钱，送我到离家一百多里的平阳县唯一的一所小学当了插班生。

平阳县的语言很复杂，北港山区讲的是闽南话，而县城讲的却是温州方言。当时我连学话都来不及，书当然念不好，小孩子又好玩，第一学期结束，我的成绩全班倒数第一名。

第二年，我的家乡北港开办了一所小学，我便到那里继续念书。虽然这里不像县城语言复杂难懂，但是上学的大多数是富家子弟，我常受到欺侮和歧视。有一次，我写了一篇作文，其中有两句比较好的语句，有个教师竟怀疑不是我写的，在作文本上批了个"差"字。对此，我十分反感，以不听课的方式，对抗这位老师的蛮横无理。结果，这学年我又一次得了倒数第一名，差点不及格。

新学年开始了。新来的陈玉峰老师是一位正直可亲的读书人，他从不歧视穷人家的孩子。不久，陈老师发现我比较沉默寡言，就主动接近我，对我说："你是聪明的学生，你家穷，父亲宁愿让全家吃杂粮，却把大米省下来，送你上学念书，而你读书却无精打采，这对得起你父亲吗？"

我听了马上说："读书，读书，有什么用？文章做得好，还说不是我做的。查清楚了，还给我批'差'字，这不是存心在刁难我吗？"

"不！文章好坏，不是哪位老师可以决定的。"陈老师对我的想法进行开导："个人的前途，要靠自己去争取，我看你的资质不差，只要好好努力，一定会成为有用之才……"陈老师的话，讲到我的心坎上。我想，是啊，怄气有什么用，这对得起老师，对得起父母吗？从这以后，我开始集中心思学习。这学年结束时，我竟获得全班第一名。以后每次考试，我都名列前茅。至今想起这件事，我仍非常感激陈玉峰老师，是他耐心的教导，使我走上为学的长途。

1915年，我以优异的成绩考进了设立在温州的浙江省立第十中学。就在上二年级时，学校聘请了一位姓杨的老师。他教我们数学，数学一向比较枯燥乏味，但杨老师的数学课却非常吸引人。他是从日本留学回国的，带回不少科学杂志。常常教我阅读这里面的数学知识和习题。特别是那些很有意思的习题，把我吸引住了。我开始对数学发生兴趣，把过去读文史书籍的时间，几乎都用来钻研数学了。幸而我以前曾刻苦学习语文，对语文有坚实基础，所以这时可充分腾出时间来钻研数学。

有一天，杨老师找我谈话："你的作文写得好，文史知识也很丰富。可是，我们的国家现正处在水深火热之中，读那些古老的历史、文学就能救国吗？"杨老师直截了当地宣传"科学救国"的道理。在上课的时候，杨老师谈到我们中华民族受到列强凌辱的历史，就激起我学好数学的强烈欲望。我终于向杨老师表示："我想多学点数学，请多加指教。"老师满腔热情地接受我的要求，只要我去找他，他总是尽力地给我以帮助。我不管是酷暑严冬，还是霜晨晓月，都抓紧时间读书、思考、解题、演算，在数学上取得比较好的成绩。为了证明三角形内角之和等于两个直角这一定理，我采用大同小异的二十种方法，并写成一份论文，被送到当时浙江省的一个学生作业展览会展出。

由于我在这方面学习崭露头角，引起了中学洪彦远校长的关注。当时洪校长兼教平面几何，看到我勤奋学习，常在自修时看我的作业本，每看一道题，就露出一丝笑容，有时频频点头。

有一天，洪校长把我叫到办公室，问了我的学习情况，又讲了一些鼓励的话，便告诉我说："我要调离学校，到教育部去工作。你毕业后可到日本学习，我一定帮助你。"

那年中学毕业，我想起洪校长的嘱咐，便写信告诉洪校长，不久，我就收到二百块银圆。我捧着白花花的银圆，激动地流下热泪。洪校长不仅在数学方面引导我走上成才之路，而且从经济上给了我及时的资助。我非常感激，因为这是我一生事业的转折点。

1919年秋天，我乘上日本海轮，从上海驶往日本。洪校长又寄来临别赠言："天下兴亡，匹夫有责，要为中华富强而发奋读书。"短短的几句话，我却铭刻在心，并且一直鼓励我要为祖国的繁荣富强而尽力。

在日本留学期间，我又接触东北帝国大学数学系著名几何学家洼田忠彦教授，他是我数学论文的指导老师。

洼田忠彦教授对我要求非常严格，每周检查一次，要我汇报学习情况、存在问题和对问题的想法。这种指导方法，对我独立思考、研究创造了良好的条件。

有一次，我有一道解析几何难题解不出来，去向洼田忠彦先生求教。先生不正面回答我的问题，只说："你去查查沙尔门·菲德拉的《解析几何》吧。"这书有厚厚的三大本，近两千页。回来一看，暗想：这书何年何月才能读懂念完呢？我一面埋怨老师不具体指导，一面不得不硬着头皮啃。等啃完这套书，我对洼田忠彦教授充满了无比感激之情。因为这套书不但解决了我的具体问题，而且更重要的是，使我掌握了终生有用的基础知识。

时间过去六七十年了，但老师的教导，我仍念念不忘。在旧中国，我受到"科学救国"的影响，也很想为国家尽力，但那是不可能的，政府腐败无能，有科学也难救国。今天，党为我们创造了良好的条件，向现代化科学进军，用先进的科学技术来加速社会主义建设，已是十分紧迫的事了。老师教给我们知识和技能，就应该用它为四化建设多做贡献。我们要热爱老师，尊敬老师。当了老师，就要自重自爱，更加关心年轻一代学生，使他们尽快成为栋梁之材，这也是新一代教师的历史使命。

所有为我的成长、进步付出辛勤劳动的老师，我都永远怀念他们！

1986年10月

风雨沧桑阅九寅

苏步青

今年是虎年，亦是我的本命年，屈指一数，竟已进入第九个虎年。作为一个与世纪同行的老人，我觉得十分荣幸。回首往事，感慨万千。

"卧牛山下农家子，牛背讴歌带溪水"。1902年9月，我出生于浙江平阳带溪乡。第二个本命年时，我进入北港第三小学念书。此后的十二年，经历中学学习，受到老师的器重和校长的资助，东渡扶桑，留学日本东京高等工业学校电机系、东北帝国大学数学系。到了第三个本命年时，我已写出第一篇数学论文，发表在日本学士院主办的学术刊物上。据说，当时本科生在学士院学报上发表论文几乎没有，因而在学校引起很大轰动。日本一家报纸为此还专门发了一条新闻。

“衰鬓布衣归祖国，同甘共苦为民仆”。就在1931年获得理学博士学位后，我谢绝亲友和师长的挽留，毅然回到浙江大学执教。我想，虽然国外条件优越，但在那里是为外国人干活。尽管家乡还很贫穷，但那是为自己的国家尽力，我心甘情愿。第四个本命年时，正是抗日战争爆发之际，日寇的炸弹在人间天堂爆炸，美丽的西子湖变成死亡的地狱，我同人民承受着痛苦和磨难。在浙大师生西迁途中，有我的身影；在遵义湄潭的课堂上我为培养优秀数学人才忙碌；抗战胜利后，重返武林操旧业。建国前期，国民党密谋将我送往台湾，但我留恋大陆不忍别，终于迎来新中国的曙光。在第五个本命年时，我已成为浙江大学的教授，并担任教务长。我的第一本书《微分几何学》也已出版。

“西越昆仑探欧国，东横沧海观日出”。新中国为我的事业提供了优越的条件，在第六个本命年前后，我出版了四部专著，有两个科研项目获国家级奖励，还出访罗马尼亚、日本等国讲学。1956年任复旦大学副校长，1958年任复旦大学数学研究所所长，1959年加入中国共产党，当选为第二届全国人大代表。我的业务专长得以报效祖国。“漫跨步履健如飞，牛棚长负十年悲”。就在我踌躇满怀之际，“文革”开始了，因遭受迫害，我进了“牛棚”，下乡下厂劳改。但就在这种恶劣的环境下，我坚信那不是我们党的路线所为，仍不忘教书育人，与工人技术员一起开展船体数学放样研究并获成功。第七个本命年，就是这样度过的。

“垂老攀高志尚存，苍颜白发献终身”。正如所云，大难不死，必有后福。粉碎“四人帮”之后，我于1978年任复旦大学校长，主持拨乱反正工作，把所有的精力，都投注到工作和著书之中。1983年退居二线之后，又三次为中学数学教师举办数学讲习班，将自己的余微贡献给祖国和人民。在第八个本命年前后，祖国进入改革开放时代，我亲身感受到改革带来的新气象。我担任全国人大常委、全国政协副主席，这都是党和人民对我的关怀，我永远感激不尽。

“虽未龙钟须服老，岂因虎肖便扬威”。1983年我曾写过这样的诗句。在迎接第九个本命年之际，我已进入暮年，更不会“扬威”，但我的心仍记挂着国家的昌盛，注视着世界风云。“待得神州四化时，重上卧牛寿一卮”。

王增藩整理

要重视语文学习

苏步青

学好语文很重要。语文是表达思想感情的工具，没有一定的语文基础，就不能很好地表达思想感情。1976年天安门出现了那么多动人的好诗，表达了对周总理的深切哀悼和对“四人帮”的愤怒控诉。如果你没有相当的语文表达能力就写不出来：即使写了也表现不出那样的怒火，那样的热情。

作为中国人，总要首先学好中国的语文。中国的语文有特别好的地方。譬如诗歌吧，“绿水”对“青山”，“大漠孤烟直”对“长河落日圆”。对得多么好！外国的诗虽也讲究押韵，但没有像中国诗歌这样工整的对偶和平仄的韵律。一个国家总有自己的语言文字，作为中国人，怎能不爱好并学好本国的语文呢？

有人认为只要学好数理化就可以了，语文学得好不好没关系，这个看法不对。数理化当然重要，但语文却是学好各门学科的最基本的工具。语文学得好，有较高的阅读写作水平，就有助于学好其他学科，有助于知识的增广和思想的开展，反之，如果语文学得不好，数理化等其他学科也就学不好，常常是一知半解的。就是其他学科学得很好，你要写实验报告，写科研论文，没有一定的语文表达能力也不行。一些文章能够长期传下来，不仅因为它的内容有用，而且它的文字也是比较好的。再说学习语文与学习外语的关系也很密切。有的同志科学上很有成就，但是要他把自己的论文译成英文，或者把英文译成中文都翻译不好。中国的语言是很微妙的，稍不注意，就会词不达意。翻译要做到严复所提倡的“信、达、雅”，很不容易。所以，要学好外语，一定还要学好中文。这样看来，学习语文太重要了。语文学得好不好，不但直接关系到青少年知识的增长，而且对整个民族的科学文化水平的提高和社会主义建设的进展有很大关系。我们要多跟青少年讲讲这些道理。青少年学习起来是很快的，我自己就有这样的体会。

我出生在穷乡僻壤，浙江平阳的山区，家前屋后都是山。我父亲是种田的，很穷，没念过书。但他常在富裕人家门口听人读书。识了一些字，还能记账。父亲很知道读书识字的好处，他对我们的教育很严。每天晚上父亲从田里劳动回来，吃过饭，就要查我们的功课。有一次，哥哥念不出，给父亲狠狠打了一顿，我见了很是害怕。我九岁那年，有一次，一个“足”字我不会解释。母亲生怕父亲回来打我，就站在村口找人问字，可是站到天黑，问了许多人，还是没人能解释这个字。幸而这天晚上没挨打，也没挨骂。我们村里没有学校，十来个孩子请了个没考上秀才的先生教书。他教我们读《论语》，读《左传》。

十二岁那年，父亲送我到一百多里外平阳城里的高等小学念书。我初到城里，对许多东西都很好奇，学习不用功，贪玩。到了学期结束。我考了倒数第一名——我们那里叫“背榜”。记得那年，我曾做了首好诗，可老师不相信，说我是抄来的，后来老师查实了，知道确是我做的，就对我说：“我冤枉你了。你很聪明，但不用功。你要知道你读书可不容易，你父亲是从一百多里路挑了米将你送到这里来读书的……”这话对我刺激很深，从此我就发奋学习了，到了二年级，我从“背榜”到第一名。这以后，我不但学习勤勉。而且养成良好习惯，不论在少年时代还是在日本留学期间，我总是每晚十一时睡觉，早上五时起床，虽严寒季节亦如此。

1915年，我进了温州唯一的一所中学。那时，我立志要学文学、历史。一年级时，我用《左传》笔法写了一篇作文。老师把它列为全班第一，但又不完全相信是我写的。问我：“这是你自己写的吗？”我说：“是的。我会背《左传》。”老师挑了一篇让我背，我很快背出来了。老师不得不叹服，并说：“你这篇文章也完全是《左传》笔法！”《史记》中不少文章我也会背，《项羽本纪》那样的长文，我也背得烂熟。我还喜欢读《昭明文选》。“暮春三月，江南草长，杂花生树，群莺乱飞。”（丘迟《与陈伯之书》）我欣赏极了。还有《资治通鉴》，共有二百多卷，我打算在中学四年里全部读完；第一年末，我已念完二十来卷。这时，学校来了一位因病休学从日本回来的杨老师。他对我说：“学这些古老的东西没啥用，还是学数学好。”他将从日本带回来的数学教材翻译出来，让我学。第二年，学校又来一位日本东京高师毕业的教师，他教我几何，我很感兴趣，在全班学得最好。从此，我就放弃了学文学和历史的志愿而致力于攻读数学。但我还是喜欢写文章。四年级的时候，校长贪污，学生闹风潮，我带头写了反对校长的文章。

我后来成了数学专家，但仍然爱好语文。我经常吟诵唐宋诗词，也喜欢毛主席的诗词，特别是《到韶山》这一首。“为有牺牲多壮志，敢教日月换新天。喜看稻菽千重浪，遍地英雄下夕烟。”毛主席把“为有”二字用活了。现在，每晚睡觉前，我总要花二三十分钟时间念念诗词，真是乐在其中也。一个人一天到晚捧着数学书或其他专业书，脑子太紧张了，思想要僵化。适当的调节很有必要，可以帮助你更好学习专业。我写的诗也不少，但不是为了发表，大多数是自娱之作。有时也写政治性的诗，这也是一种战斗嘛。我那篇《夜读〈聊斋〉偶成》：“幼爱《聊斋》听说书，长经世故渐生疏。老来尝尽风霜味，始信人间有鬼狐。”（见1978年11月3日《解放日报》，是批判“四人帮”的）。

有个青年同志写信来批评我，说科学家怎么也相信有鬼狐？他不知道这是诗呀！

我从小打好了语文基础，这对我学习其他学科提供了很大方便。我还觉得学好语文对训练一个人的思维很有帮助，可以使思想更有条理。这些对于我后来学好数学都有很大好处。

现在的学生语文基础不够扎实，古文学得太少。当然不一定都要读《论语》。但即使是《论语》，其中也有不少可学的，“学而时习之，不亦说乎”不是很好吗？“每事问”，不要不懂装懂，这也对。《古文观止》二百二十篇不一定要全部读，《前赤壁赋》《前出师表》等几篇一定要读。有些文章虽然是宣扬忠君爱国思想的，但辞章很好，可以学学它的文笔。此外，《唐诗三百首》《宋词选》中都有很多好作品值得读。

读书，第一遍可先读个大概；第二遍逐步加深体会。我小时候读《红楼梦》《西游记》《三国演义》都是这样。《聊斋》我最喜欢，不知读了多少遍。起初，有些地方不懂又无处查，我就读下去再说；以后再读，就逐步加深了理解。读数学书也是这样，要把一部书一下子全部读懂不容易。我一般是边读、边想、边做习题；到读最末一遍，题目也全部做完。读书不必太多，要读得精。要读到你知道这本书的优点、缺点和错误了，这才算读好、读精了。一部书也不是一定要完全读通、读熟；即使全部读通了，读熟了，以后不用也会忘记的。但这样做可以训练读书的方法，精读的方法，学习和掌握一本书的思想方法和艺术性。

人的生命是短暂的，不过几十年，但充分利用起来，这个价值是不可低估的。细水长流，积少成多；锲而不舍，金石可镂；坚持到底就是胜利。学习语文也是这样。我对数学系的青年同志要求一直很严，一般要学四门外语。当然首先中文的基础要好。我还要他们挑选一本自己喜欢的文学书，经常看看、读读，当作休息。

还有，青少年学写字很重要。字要写得正确，端端正正；正楷学好了再学行书或草书。这样，字才写得好。我经常收到青年来信，有的信上错别字连篇，有的连写信的常识也没有；信纸上称我“尊敬的苏老”，写了许多敬佩我的话，信封上却是写“苏步青收”。加一个“同志”不可以吗？我的孙子给我来信也是这样，我批评了他，第二次，他写成“苏步青爷爷收”，我又批评了他；信封上的称呼主要是给邮递员同志看的，难道邮递员也能叫我爷爷吗？以后他改成“苏步青同志收”了。

总之，青少年时期的教育很重要。人在这个时期精力最旺盛，记忆能力、吸收能力都很强，不论学什么进步都比较快。要充分利用这个特点。我在青少年时期读书条件差，见识也少，到十七岁时才看到汽车、轮船。现在的青少年接触的东西多，见识广，可以看到各种图书资料，还能从广播、电视中学到不少知识；党和国家非常关怀青少年的学习，为青少年提供学习的方便。因此，要十分珍惜这样好的条件。

（以上苏文录自《数与诗的交融》一书，2000年，百花文艺出版社）

做改革开放的“带头羊”

皇甫平

庚午马年去了，辛未羊年来了。亲爱的读者，当我们称颂三羊开泰”之际，当我们互祝吉祥如意之时，您是否想到，我们一个意味深长的历史交替点上？

12年一个“轮回”。回首往事，上一个羊年——1979年，正是党的十一届三中全会召开之后开创中国改革新纪元的一年。谁能忘记，当我们党吹响改革第一声号角之时，刚刚经历过十年浩劫的华夏大地，疮痍满目，百废待举。那时节，衣袋里藏着欠债单走上前线的农家子弟，何止一个“梁三喜”？抡起18磅大锤敲敲打打造机械的，又何止一个汽车工业？12年春风秋雨，12年改革开放，今天，当我们步入又一个羊年之际，我们已经胜利地实现了四化的第一步战略目标，基本解决了几千年来缠绕着亿万中国人民的温饱问题。抚今忆昔，历史雄辩地证明，改革开放是强国富民的唯一道路，没有改革就没有中国人民美好的今天和更加美好的明天！而到下一个羊年来临的时候，我们已经跨进了21世纪，实现了小康目标，国民生产总值翻两番，“安居乐业、丰衣足食”，已成为十几亿中国人民的生活写照。跨进辛未羊年，我们的改革步伐，无疑要比前一个12年更快，我们的开放幅度，无疑要比前一个12年更大！

60年一个“甲子”。我们回顾历史，前一个辛未羊年——1931年，正是旧中国苦难深重的岁月，日本帝国主义的铁蹄蹂躏中华大地，饱蘸着中国人民多少血泪和屈辱，腐败和落后就要挨打的教训至今记忆犹新；而只有社会主义才能救中国的真理，在今昔历史的对比中，又是多么地明晰深刻！我们展望未来，下一个辛未羊年——2051年，又恰是社会主义的中国达到中等发达国家水平的光辉时刻。我们的人均国民生产总值达4000美元，这将使我们这个十几亿人口的大国，综合国力走在世界前列。从根本上说来，当今生产力的大发展，才能充分显示社会主义制度的吸引力，才能大大加强科学社会主义的说服力，中国达到中等发达水平，这将是中国人民为社会主义事业作出的重大历史贡献。而要实现这个光辉的目标，需要60年整整一个“甲子”

的艰苦奋斗。这60年，必然是中国人民不断改革、探索、开拓、创新的60年，是不断扩大开放的60年。总之，是社会主义制度在改革开放中大放光彩的一个“甲子”！

从辛未羊年开始，今后的10年，是中国历史的关键10年，也是振兴上海的关键10年。10年看头年。辛未羊年，对于上海来说，应当是一个“改革年”。历史和现实已经反复证明，“何以解忧，唯有改革”。改革开放是我们须臾不可分离的法宝，改革开放是上海摆脱困境，求得振兴的唯一出路。在这个历史性的“改革年”中，我们要把改革开放的旗帜举得更高。我们要进一步解放思想，突破任何一种僵滞的思维方式的束缚，以改革开放贯穿全年，总揽全局，建立与国际性经济中心城市相适应的社会主义商品经济新格局。我们的各级干部，要以改革的姿态，振奋精神，敢冒风险，敢为天下先，走前人没有走过的路，做改革开放的“带头羊”。我们要在全党、全民中深入开展深化改革意识的再教育，普及社会主义商品经济观念和科学的政治民主观念，形成深化改革、扩大开放的新的全民共识，造就上海崭新的改革开放舆论环境！

“莺啼燕语报新年”，愿辛未羊年以名副其实的“改革年”而载入史册！

1991年2月15日

改革开放要有新思路

皇甫平

国家主席杨尚昆在今年上海市春节团拜会上，向我们提出了浦东开发要搞得更好、更快、更大胆的要求；根据中央领导同志的指示精神，朱镕基同志在团拜会上也强调：要更高地举起改革开放的旗帜。更快、更好、更高、更大胆，就是要求我们在贯彻落实党的十三届七中全会精神、完成现代化建设第二步战略目标的过程中，在振兴上海、开发浦东的宏伟事业中，思想解放要进入新境界，改革开放要开拓新思路，经济建设要开创新局面。

在党的十三届七中全会前后，理论界和实际工作部门的同志，已经就深化改革、扩大开放，提出了一系列引人注目而又实实在在的新思路。

例如，著名经济学家刘国光提出了要突出“机制转换”的改革新思路。他认为，80年代我国经济体制的第一轮改革偏重于放权让利和物质刺激，这在当时是必要的；90年代新一轮深层次的改革则应把重点转到经济机制的转换上来，形成同社会主义有计划商品经济相适互应的宏观调控机制。否则，什么破产法、分税制、政企分开、两权分离统统都无从谈起。

又如，上海市浦东开发办公室副主任黄奇帆提出了“三个先行”的扩大开放新思路。他强调，浦东开发并不是前10年崛起的5个经济特区和14个开发区开发模式的翻版，它要从上海的实际出发，围绕局部再造城市功能，着重抓好金融、贸易、基础设施“三个先行”，推动资金融通，商品流通，城市交通的超前发展。有外电评论：这些做法将“使浦东开发一下子站到按现代化国际经济规律运作的高起点上。”

在七中全会闭幕后紧接着召开的中共上海市委五届十一次全会，更是就上海90年代经济振兴提出了不少新思路。其中最重要的是，全会强调要敢于冒一点风险，大胆利用外资进行国营大中型企业的技术改造；要紧紧环绕适应对外开放，提高城市综合功能的需要，调整改造传统工业，重点发展第三产业，努力把上海建成万商云集的商业中心，辐射全国的金融中心、信息中心，等等。

这些新思路，有的是前10年未曾涉及过的新领域，有的则反映了改革由浅层次向深层次的转换和拓展，有的则是对前一轮改革中某些已见成效的发展模式的升华。新思路的不断提出，反映了人们对更深层次改革开放的探索和思考。同前10年相比，90年代的改革开放将大大拓展和深化。以搞活经济而言，如果说，前10年我们较多的是发展多种经济成分，包括个体经济、私营经济、合资经济等等；那么90年代的改革则要把重点放到搞活作为社会主义经济脊梁的大中型国营企业上，要打好这场难度更大、覆盖面更广、意义更为深远的“攻坚战”，没有新思路、新招数不行，简单地套用80年代改革中的某些做法也不行。七中全会号召我们在这个问题上要敢于冒风险，就是鼓励我们要勇于创新、敢于开拓，既不把书本上的个别论断当作束缚手脚的教条，也不把实践中已见成效的某些做法看成完美无缺的模式。毫无疑问，在深化改革、扩大开放的新阶段涌现出来的种种新思路，是服从于和服务于建设有中国特色的社会主义的基本理论和基本实践的，是对七中全会概括的建设有中国特色社会主义的十二条基本经验的实践、发展、丰富和完善。

研究新情况、探索新思路，关键在于要进一步解放思想。解放思想绝不是一劳永逸的。就以计划与市场的关系而言，有些同志总是习惯于把计划经济等同于社会主义经济，把市场经济等同于资本主义，认为在市场调节背后必然隐藏着资本主义的幽灵。随着改革的进一步深化，越来越多的同志开始懂得：计划和市场只是资源配置的两种手段和形式，而不是划分社会主义与资本主义的标志。资本主义有计划，社会主义有市场。这种科学认识的获得，正是我们在社会主义商品经济问题上又一次重大的思想解放。在改革深化、开放扩大的新形势下，我们要防止陷入某种"新的思想僵滞"。我们不能把发展社会主义商品经济和社会主义市场，同资本主义简单等同起来，一讲市场调节就以为是资本主义；不能把利用外资同自力更生对立起来，在利用外资问题上，谨小慎微，顾虑重重；不能把深化改革同治理整顿对立起来，对有些已经被实践证明是正确的、行之有效的改革，不敢坚持和完善，甚至动摇、走回头路；不能把持续稳定发展经济、不急于求成同紧迫感对立起来，工作松懈，可以办的事情也不去办。总之，进一步解放思想，是保证我们完成第二步战略目标的必要条件。实践证明，凡是思想解放的地方、部门和单位，工作就打得开新局面；凡是思想不解放的单位，就缺乏生气，工作就很难搞上去。

邓小平同志说过："干革命、搞建设，都要有一批勇于思考、勇于探索、勇于创新的闯将。没有这样一大批闯将，我们就无法摆脱贫穷落后的状况，就无法赶上更谈不到超过国际先进水平。我们希望各级党委和每个党支部，都来鼓励、支持党员和群众勇于思考、勇于探索、勇于创新，都来做促进群众解放思想、开动脑于思考、勇于探索、勇于创新；都来做促进群众解放思想、开动脑筋的工作。"让我们以此作为座右铭，在社会主义现代化建设的漫长征途上，在振兴上海、开发浦东的伟大事业中，不断解放思想，永远开拓奋进！

1991年3月2日

（以上两文均录自《宁做痛苦的清醒者》，周瑞金著，2003年，文汇出版社）

我生之初

马星野

重阳初过，又逢我七十一岁的生辰，念《蓼莪》之诗，哀生我劬劳之父母，略记我所知道的七十一年前往事，聊供回忆。

一、生子曾闻满室香

"生子曾闻满室香"，这是我父亲得意时的佳句，其实，时值桂子飘香的九月中旬，满室生香，是毫不稀奇之事。我生于浙江最南部平阳县三都陈岙的山麓，山的南边是平阳县，北边即是瑞安县，我家堂名为"丛桂草堂"，即因满山都是桂花树。桂花有红、白二种，白的又名"木樨"，红的名"丹桂"。我家山后的桂花，全是丹桂，大约自重九到初冬，是最盛开的时节，我们院子草地上，为落下的桂花铺满，如一层织锦红地毯。母亲把桂花留下来，在日光下除去水分，即可做"桂花糖"，或做"桂花糕"。桂花研成粉，加上香油（茶油或麻油），可做"桂花油"，《红楼梦》中曾提及"十里荷花，三秋桂子"，又有"这鸭头不是那丫头，头上有桂花油"的话。现在我鼻子似乎还可闻到桂花香味。父亲闻到桂花香，又喜闻我降生，难怪有"子生而异香满室"的联想。当时还是清代（己酉年是宣统元年），人们还有"蟾宫折桂""状元及第"的幻想。桂与贵同音。

二、第一泉边第一儒

我祖母年轻早逝，祖父终身不娶，我是他的长孙，对长孙的珍爱、期望成为他余年的生活中心。呱呱坠地之初，他即在门上写了四个大字"马人忠孝"。乡间秋色明爽，祖父对于孙女辈一律以"秋"名之，所以我家大姊名"明秋"，我大妹名"春秋"，以后成为生物学家的已故次妹马秀权名"宛秋"，三妹名"馥秋"，幼妹即现在台北的吴俊才夫人马均权"美秋"。祖父希望我有出息，给我名为"马伟"，以后我渐知作文，自己用笔名为"星野"，乃秋天的繁星的平野，有伟大旷阔之意。

我的祖父，皓首穷经，平阳县很多通儒都是他的学生，而我的伯父、父亲及叔父也都是书院的院长。因自后山流下泉水，清洌成为一井，其水之清且寒，附近没有其匹，乡人名之为“第一泉”。祖父莲屏公，是山崖泉畔的学者，人即称他为“第一泉边第一儒”。

三、哀哀父母亦劬劳

母亲十六岁即与父亲结婚，第二年即生大姊，两年后生了我，以后差不多每两年即生一个女儿，共生了七胎女，但只生一胎男，俗称为七姊妹。当时没有避孕的知识，只知道信菩萨。母亲并不识字，可是能念经，三十岁即吃素，半点油腥都惹不得。如果有半点腥荤混入饭内，她即呕吐。她以为吃素念佛，可以不再生产了，谁知生儿养女折磨她一生？父亲是个教书匠，这样大的家庭，收入实不足衣食。

大姊读了两年高小即辍学，因为家中需要她洗衣切菜，汲水劈柴。家中没有米了，要吃红薯或干的红薯丝放在饭中煮。为着养育儿女，乡中几亩祖留的田渐渐卖光了。每逢“端阳”、“中秋”与“腊月”三节，孩子们只知要吃“粽子”、“月饼”与“年糕”，而父母都苦心焦虑在想办法还债。因为零售店平日赊来的东西，到三节前收账，那讨债人的面孔是不好看的。

我父亲活了八十六岁，母亲活了七十七岁，中间日本兵占领了家乡多少年，接着又过了多少年。到了我有能力奉养父母的时候，台湾海峡的波浪已把我与老父母分开。一水之间，人天永隔了。

三、已无亲养不言贫

每读黄仲则诗：“纵使身荣谁共乐？已无亲养不言贫。”令人无限感伤。世间最不公道的事，还有比父母之为子女牺牲一切，而子女毫无办法可以报答吗？七十一年是很长的时间，个人得有今天，涓涓滴滴，都是父母之赐。袁枚祭祖母诗：“望儿终有日，道我记无年。”这真是人生惨事。

我每年清明节，每年父亲生辰或忌辰，及母亲生辰或忌辰，总要到大屯山上的于公右任的墓地上的石栏旁，向着大海，陈列水果与清茶，朝西跪拜，哀读祭文。有时风雨交加，则上于墓的亭子中，向西跪拜。明知父母的魂魄无法飞渡台湾海峡，与我一见，但这是毫无办法想出来的办法。茫茫大海，一发青山，何处是双亲坟墓呢？

记得还是祖父教我读的《诗经》：“我生之初，尚无庸；我生之后，逢此百凶”，“已焉哉，天实为之，谓之何哉！”

庚申年重阳节写。

青灯有味似儿时

马星野

在我十二岁以前，还没有用过电灯。在浙江南部的海滨，我们读书用的是“菜油灯”，这种菜油灯是简单的瓷器，上面放一个小铜盆，菜油便放在上面，再放两条灯草，便可以点灯照明了。故乡是产茶的地方，茶子油也十分便宜，所以常用茶籽油代替菜籽油，有一股扑鼻的清香，灯草常结出灯花，那是报喜讯的。

以后菜油灯渐为煤油所代替，先是流行亚细亚煤油公司的灯，用的是英波毂油公司的煤油，以后美国货的美孚油灯，美孚即是煤油大王的Standard Oil Co.译名。煤油有臭味，又有煤油灯，玻璃的罩子常要擦清洁。煤油灯有纱条为引油之用，亮度比菜油灯为高，在乡村地带，煤油（又称洋油）是十分普遍的，菜油灯渐渐淘汰了。

我永难忘菜油或茶子油之香味。青灯伴我读书，在秋夜常有虫草之类飞过。十二岁进中学，才开始有电灯，一直到抗战开始，我到重庆住南温泉，又用起菜油灯了。四川一带出桐油，所以菜油太贵时即用桐油，桐油的毛病是常常使灯草结出太多的灯花，看书都看不清楚，也没有茶油那股清香。

当我四岁开始上学的时候，外祖父送来一条大鲤鱼，上面放好多葱，葱是聪明之意，鲤鱼是鲤跃龙门中状元做大官之意。当时虽进小学，但因多病，仍是在家中由祖父来教，教的是《四书》《左传》。

我对于《诗经》有特别爱好，虽然不太懂，但一定要背得来。我喜欢背《诗经》长的诗，如《谷风》，如《七月》，如《氓之蚩蚩》，如《六月凄凄》，到现在还没有忘记，以后，便读陶诗，杜甫、白居易、陆放翁的诗，我不到十岁，已背得很多长诗，最难忘的是杜甫的《北征》《自京赴奉先述怀》，白居易的《长恨歌》与《琵琶行》。因为我对长诗特别爱好，所以元微之的《连昌宫词》、吴梅村的《圆圆曲》等，都能背得来；但使我衷心佩服、五体投地的，还是杜甫的诗。

现在“望七”之年，每逢夜中不寐，即背诵杜甫之七古、五古、七律、五律，不消磨长夜。每背诵到“朱门酒肉臭，路有冻死骨”，心中一跳，感人至深，杜甫的诗不但空前，而且要绝后了。我少时读书对诗歌之爱好，胜于古文，虽然我也背得很熟《滕王阁序》《前后赤壁赋》等等。韩愈之文，还好，至于桐城派的调儿，我不能大欣赏，《文选》中各赋，又太绮丽，然其作者才华是可敬的。

我读的中学，是全郡最高学府，称为“浙江十中”，浙江省中学办得很好，杭州是一中，宁波是四中，永嘉是十中，因浙江有十一府：杭、嘉、湖、宁、绍、台、金、严、衢、温、处，每府一个省立中学，永嘉（即温州府）排到第十，这十中，是温州六县人文之集中地。做中学校长，非学问道德望重一时的，不能胜任。十中第一任校长是瑞安孙仲容（孙诒让）先生，是清代大学者。梁启超的《清代学术概论》特别推重孙诒让先生之《墨子间诂》。第二任校长是名教育家姜琦（伯韩），第三任校长是我的伯父马筱屏先生。当我入学时伯父已解去校长了。

自我十二岁起到十六岁，在第十中学读书，国文教员有杜志文（余姚人，后为世界书局总编辑，字天縻），有朱自清（扬州人，后为清华大学中国文学系主任，字佩弦），有李翘（瑞安人，长于诗词歌赋），有谢玉岑（常州人，字觐虞，有常州才子之称，为程沧波先生连襟，钱名山先生之婿），英文教员有马公愚（后在上海大夏大学任国学教授），刘延陵（新文学家）等等。而诸师之中，朱自清先生同我尤其相知甚深。他做好文章，买来新书，必交我看。那时他是上海《小说月报》的主要作家，新文学之健将。他喜欢清美的白话文，但他国文根底很深，最爱苏曼殊、纳兰成德等作品，我亦同感。

我很喜欢读书，也很喜欢发表文章，在中学时代便是如此；中学有壁报有校刊，我常担任主编，我对新闻事业之兴趣，那时已开始了。在中学，举凡文学哲学历史地理政治社会各类的书，我都要自图书馆借出来看，那时文学方面，创造社有郭沫若、郁达夫、张资平、成仿吾等日本留学生，写出的常是颓废靡靡之小说诗歌。北京大学系统的作家包括鲁迅、周作人、朱自清、俞平伯、叶绍钧等等，其园地以上海商务印书馆郑振铎编的《小说月报》为主，我当时已感觉到创造社左倾的调儿不对，想不到这两派作家在中国文坛起了那样大的作用。

在中学已读了胡适的《中国哲学史》，梁启超的《清代学术概论》及《中国历史研究法》，梁漱溟的《东西文化及其哲学》，以及《胡适文存》等等。

我对于诗词有爱好，以后发展到戏曲上面、小说方面。在十二岁以前，已把《红楼梦》《水浒传》《三国志》《东周列国志》等读得很熟了，进一步便是读《白香词谱》《花间集》《西厢记》《牡丹亭》《长生殿》《桃花扇》以及《盛明杂剧》《缀白裘》等等。

我读了三年旧制中学，一年新制高中，四年之间觉得天下可读之书真太多了，杂而不专，好书不求甚解，是我的大毛病，至今年近古稀，一学无成，想到儿时青灯照读之情景，不觉自惭自悔无已。

（录自《马星野先生纪念集》，1992年，台湾“《中央日报》”编印）

我怀雁荡（节选）

郑经生

雁荡之奇不可忘，千寻瀑布雨茫茫。峰高华表擎天柱，历尽沧桑鬓发苍。

不游雁荡是虚生，卅载山中离别情。每忆云关悄立夜，思亲报国梦难成。

听诗叟畔吟佳句，玉女峰前狂啸时。我是不衫不履客，去来踪迹邈难期。

一

十五岁那年，升学看看是不成了，爸爸对我说：“你还是去学点技艺，将来长大了好在社会上谋生，做工，经商，种田……也都有好日子过，不一定要读书做文人，况且我们家里历代祖先都是种田的，不也是照常生活下去吗？”爸爸的话自然也不错，但我老是想再挣扎挣扎看。

晚上噘着嘴巴，不曾吃饭，祖父说：“到远地去读书，我们负担不起，让他自己努力自修两年，多念几本书，以后再作打算，也还不太迟了。爸爸不作声，算是同意了。但在家里自己补习，杂务多，不一定会专心一志，想来想去，还是到南雁荡山会文阁图书馆去，那儿风景好，藏书多，况且四方的为来观光的也多，可多结识朋友。主意打定了，祖父、父亲都同意了。几天之后，便由祖父陪同着我到南雁荡山去。

南雁荡山距离我家有二十里远，十三岁那年曾同二叔学博一起去游玩过，顺便也曾参观过会文图书馆，那儿的藏书，新的旧的都收集很多，这些书我预计只要有两年时间，日夜浏览，便可把我喜欢的书全部给看完。

我到雁山会文图书馆第一天，行李刚刚放好，祖父交代几句话后，他就回去了。我便一个人跑到藏书楼去，找工友打开楼门。那时图书馆连管理员都没有，馆长是陈玉泉先生，一年难得回到馆里来，保管图书的责任都是交给工友负责，寄宿馆里自修的学生是随时可以请他把门打开，进去翻阅图书的。

从此，这个小天地就够我在里面徘徊徜徉了。馆里的书不分新旧或翻译的，只要是文学的，我都很快地把它浏览或翻阅过了。平均那时每天从头到尾看完的书总在十本上下，而浏览的杂志（《东方杂志》）不曾计算在内。有时书看得出神了，饭都忘记了吃，肚子一点也不觉得饿。山中没有零食可买，伙食是自理的。早上一顿稀饭，我是习惯不吃的，中餐吃剩的，晚餐大抵就将就着吃冷饭，没得剩呢，舍不得时间去生火，多翻几本书，趣味比吃好饭好菜还好。想到过去因为在家里的时候没书读，数十里路翻山越岭，到亲友家里借书看的情形，真不啻置身在天堂内一样。那时求知欲虽然高到不可再高了，但没有师长指导，全凭兴趣，碰到书中艰深难懂的古文词，只好囫囵吞枣马马虎虎过去。这些字句，后来看久了，慢慢地能够理解上句和下句的意思。但生僻的字，免不了要读错了音，很久很久才能把它改正过来。但是这种望文生义的方法，只是没有办法中的办法之一。这些日子书虽看得多，看得快速，连我自己后日何已，都不敢相信一天中间能看那么多书。可是毫无系统，更无组织，一点不懂做学问方法。我从九岁开始嗜读章回小说，那五六年，凡是课余的时间都是在书堆中度过，满肚子里都装满了章回小说。到了会文图书馆之后，脑子里可说是解放了。首先接触到西洋翻译名小说，内容和结构完全和章回小说不同。雨果的《悲惨世界》，小仲马的《茶花女》，歌德的《少年维特之烦恼》，阿拉伯无名氏的著作《一千零一夜》，亚美契斯《爱的教育》，邓南遮《死的胜利》，都是这个时期灌输到我脑里。尤其是《悲惨世界》《茶花女》《少年维特之烦恼》三本书，边看边流泪。看了再看，哭了又再哭，那些故事的情节给我无比的感动。我想只要在我一生有一天能够写成一部书，同《茶花女》《悲惨世界》《少年维特之烦恼》一样，那样热情洋溢奔放，旖旎缠绵，哀感顽艳，我就立刻死了，化作一阵轻烟，死也瞑目。

这段时期，西洋的翻译文学，我最喜欢看的是莫泊桑、左拉、雨果、大仲马、小仲马、巴尔扎克、卢梭、罗曼·罗兰、歌德、雷马克、易卜生、安徒生、拜伦、都德、狄更斯、邓南遮、爱罗先珂、法朗士、纪德、果戈理、高尔基、屠格涅夫、赫胥黎、莎士比亚、托尔斯泰，而日本许多作家如武者小铭笃实、夏目溯石、久米正雄、本间久雄等人的著作，都是我最喜欢看的。中文的书，《左》《国》《史》《汉》，韩柳欧苏，《昭明文选》《古文观止》的文章，李白、杜甫、李义山、陶渊明、陆游，宋、元、明、清诗评注，不消说有许多都已读得滚瓜烂熟了。有关历史的书，司马光的《资治通鉴》《纲鉴易知录》《通鉴辑览》都是看过了，二十五史，图书馆时收藏并不完全，只有部分如四史和《唐书》《新唐书》《五代史》，也都看了。现代文人的作品，给我影响最大的是梁启超、章太炎、胡适、郁达夫、苏曼殊，左倾文人如鲁迅以及其弟周作人，王国维、朱自清、朱光潜、沈从文、俞平伯、陈独秀，都给我很大的影响。但在当时给我影响最大的还是郁达夫的《沉沦》、苏曼殊的《断鸿零雁记》，这两本书虽然在现在看起来，已平平没什么，但当时我还是一个十五岁的大孩子的时候，《沉沦》与《断鸿零雁记》无异给我投下心灵最深处一颗炸弹。郁达夫、苏曼殊二人旧体诗都做得好，我学习做旧体诗，说起来，还是脱胎他们两人。虽然三十年后的今日，对郁、苏二君的评价，在我心灵之处，已不如从前。郁达夫的颓废浪漫，新的旧的文学根底并不曾到了炉火纯青的地步，而苏曼殊的小说除了那本《断鸿零雁记》之外，其他别的丝毫没有可取。胡适的许多作品，我都读了，《中国哲学史大纲》自然是研读子书最好一本介绍，但是《尝试集》内的新诗和《四十自述》，我并不敢滥作恭维。这并不是批评他写得不好，纯粹是因我的嗜好不同，欣赏的角度有差别而已。平心而论，胡适的文章同从前白居易作诗一样，通俗容易看，不像章太炎那样专门掉书袋儿，叫你读不下去。白话文好处在此，时代所需要，的确不能勉强。但新文学后逐渐讲求修辞，一大串的字句，既不像西洋文学，又不像胡适提倡的《红楼梦》那样写法，读来读去，总不顺口，比古文还难读。我想太过分讲求修辞，那大可不必，只要把文字写通顺，将事情交代清楚了，别人能够容易看懂了，那就够了，不必再讲究一个字一句话的修辞问题，反使人家看了讨厌。梁启超许多文章很有力量，热情奔放，使你读了，不知不觉跟他的主张走。但是梁启超那个时代正是新旧文学交替的时代，他不能代表旧的，但也不能代表新的，虽然他的文体自创一格，那是语体文，好比一个妇人小脚放大脚，已经受了后天的影响，很不自然了。何况梁启超的身世正好像他写文章一样，从维新拥戴帝王，提倡改革，再走上革命的道路，但思想文学总是停留在那个新旧交替的时代中间。虽然他有决心以今日的我不惜与昨日的我作战，但是梁启超的文学体裁还是摆脱不了半新半旧的文学体裁，到今天看起来，也多半像报刊中的社论一样，时间一过，便成为明日黄花，不像纯粹文学能够保持永久，《红楼梦》《水浒传》等小说，虽然也都是描写那个时代社会的故事，但因为那些文章是纯文学，虽然时间久远，但读起来，依旧新鲜可喜。

《四朝学案》那些书翻看是翻看了，但总引不起很大的兴趣，主要的原因是那些吃冷猪肉的道学先生老是板起脸孔来说话，丝毫人情味都没有，远不如看小说来得有趣。经、史、子、集那些书，在我当时的兴趣，读经不如看历史。子集许多书的确可爱，《老》《庄》《列》文章是那般奔放，思想是那般新颖，读起来津津有味，百看不厌。集的文章大抵夹杂着不少歌功颂德的谀辞在内，最讨厌发议论的文章，读了也头痛。像陶渊明的《归去来辞》《桃花源记》、诸葛亮的前、后《出师表》、李密的《陈情表》、苏东坡的《赤壁赋》，有的轻松活泼，有的情辞恳切，动人情感。历史的书有许多事实都不可靠，我读历史，老存着读小说的心情去欣赏，对故事内容总存着怀疑的态度。后来读到刘知幾《史通》，更增加我对历史的怀疑。还有宗教的书，也是很有趣的。胡适之说南北朝以后第一流的人才都集中到佛教里去了，这话不错。南北朝以后佛教流行，佛学的人生观思想算是最超脱，佛经的文字真可以说是不食人间烟火。耶稣教的《圣经》，假如拿文学的眼光来欣赏，真是上好的一部小说。

在会文图书馆首尾足足三周年，馆里的书，除数、理、化学那些不能无师自通，不能了解，也不感兴趣之外，其余凡有关文学的书，无论新旧中外，差不多全部给我看完了。因为拼命读书，当时就得了两种毛病，到现在一辈子不曾医治好。第一，因为撑开嗓子死念古文，呼吸器官受了障碍，上气不接下气，以后讲话就感觉到吃力，胸间老觉有物窒塞住，不能通畅愉快。第二，是因为眼睛支持不住，看东西眼睛要疲倦。这都是那几年死读书种下的恶因，不知注意保养身体，教后来一辈子吃亏。但少年时拼命读书，无书不读，那一段时期真值得留恋。

二

三百年前徐霞客到过北雁荡山，先后写了两篇游雁荡山日记，此文后日给北雁荡山带来很大的刺激，无数的观光游客涌向北雁荡山去。北雁荡山在乐清境内，南雁荡山在平阳境内，南、北雁荡山距离约三百华里，在浙江境内，同属名胜区域。宋朝的时候有理学家陈经正、经邦兄弟在这儿讲学，清末瑞安孙衣言、锵鸣兄弟也最爱这儿风景，不时在此山里住。雁荡山风景的奇特，纯在岩石峥嵘古怪，鬼斧神工，绝不是人工可以创造的。从我出外做事，所到过的名山大川也很多，故乡的山水在我的印象中始终还是站在第一位。

从吴山过渡到雁荡山，迎面是石屏峰，壁立千仞，天生成一扇绝大的大门。游客从大门进去，只见老树枯藤盘绕着这座伟大的天然大门，怪石嵯峨，像邪魔鬼怪，像神仙美女，罗列道旁，或在头顶的山峰上。从石屏峰上去，再千百步，是云关。云关的得名是因为山很高，云雾不时从洞口流通。云关的奇特是在山腰中半忽然巍峨安置着一座崖洞，人回旋洞口，曲径通幽，愈上，岩洞逾宽敞。走出洞门之后，再上去，就是仙姑洞，宋朝时候有一个姓朱的老处女在此洞辟谷修炼得名。洞共分三层，重楼复户，香火甚盛，有道士数十人。洞内最深处另有一小洞，相传此洞深不见底，可通大海，曾有游客十余人贾勇结伴，操火把入内，愈进愈深，火把熄灭，遂迷途不能出，仅一人带一犬进，赖狗向导出险。以后遂无人敢再探险，道士遂泥封此洞，洞口供许仙。由洞口侧门上山，可至连环洞。此洞娇小玲珑，且奇绝，有洞十余口，若蜂窠。随意进一洞，左右旋转，仍经原洞口出。

从仙姑洞下山，穿过一条小溪流，即为贞士洞。洞深数十丈，上为会文图书馆，楼房、平房各一栋，建筑在华表峰之下。由此再上二里许，为观音洞。洞在峭岩上，位置很险峻。化身崖在观音洞左边。仰看最高岩壁上，另有一洞极深坳，鸟飞不到，云气时集洞口，幻作各种形态，寺僧乃故神其说，吸引许多游客膜拜。但观音洞香火比较冷落，没有仙姑洞那般热闹。两洞遥遥隔山相对，仙姑洞奉的是道教，内有道士四五十人；观音洞奉的是佛教，住着只老和尚两人，生活也比较清苦。

雁荡瀑布在小施山，距离会文图书馆有五里远，春水涨时，瀑布比较大。沿山遍布五色杜鹃，美丽极了。雁山一带溪流盛产香鱼，味香脆绝伦，其色如五彩垂虹，鲜艳耀目。香鱼性急躁，出水面即死，绝不能饲养。雁山香鱼有上、下潭之分，上潭之鱼虽死，其目不瞑，下潭之鱼即反是。上潭之鱼价较下潭之鱼为高，惟非久居此者不易辨别。每届秋凉，下潭鱼争游上潭，滩高水浅，鱼涌身上滩之际，每易为渔人捕获，而香鱼仍连绵络绎不断力争上游。

由小施山到大施山十里，这儿是闽浙交界……

（录自郑经生《我怀雁荡》，1967年，台湾奔雷出版社光大书店印行）

书法心得杂谈

张鹏翼

余平生耽好诗词古文、释道之学说。治学同时，留心翰墨，无间临池。初从欧阳率更《化度寺碑》入手，复以翁方纲，求其毕真，历数十年。年近四十，兼及唐代诸名家，行楷学欧，临《兰亭集序》，小真书习大令（王献之）《洛神赋十三行》。中年后专攻今草，从孙过庭《书谱》入，兼学怀素，上溯智永、“二王”。晚年旁及汉隶、北碑。五十岁后，专以鸡毫笔作书，用以达到柔中有刚、枯湿多变之效果。岁月匆匆，今已九十四高龄，仍日日临池不倦，意在立新。回顾几十年探讨艺术的艰难历程，殊有感慨，兹将平生所得略述于下：

一、法诀

书法具有抒发作者生活感受、理想、情趣的精神作用，也是一种寄托人情的特殊艺术。要使这一特殊的艺术能得心应手地将内在的精神境界抒发出来，却不是轻而易举、朝夕可得的东西，而是要有持之以恒、知难而进的终生奋斗的精神。君不知？四时花木，虽各有态，但单轮（单瓣）之花易开易谢，重瓣之花则慢放难凋。桃花虽艳，但经不起风雨的袭击，然秋菊虽晚，但能傲霜。学书亦然，不可急于求成，要练好坚实的基础功夫。先从规矩入，吃好“开口奶”。如未学规矩，或学不透，速生“巧心”，则为弄巧成拙。同时，学书者心要灵，落想要高，落想高追求自高，追求高，“巧心”自生！在学的过程当中，有学当没学，量力而行，不可好高，不可性急，急则乱，乱则无成。东坡云：“我书意造本无法。”此乃先从法入，而后从法出之真言也。当今有些年轻人学书，喜走捷径，闯邪路，为急于谋名而不择手段地寻求“良机”表露自己，真所谓“未吃三日素，只想上西天”。有趣的是，他万一被良机带上西天的话，一旦发现旁人都以苦修而成“仙”，皆有腾云驾雾之本领时，难道不为自己还被“良机”支撑而感到痛苦、羞愧吗？此真乃徒费心机，断送光阴而已。俗语道：“迟花慢放。”学书者不可不解此中之真谛；“方求无津涯，不作井蛙喜”，也不可不悟也。

名利之心，人之本性，欲求才名，利必淡然。人不必好名，好名易生骄傲之心；应惜名，惜名自有求进之意。所谓“流芳百世，遗臭万年”，虽各为名，但名之各异。人生应求其美名，美名即“正”也。

二、生趣

书法貌清、骨清，动中有静，静中有动。正如古人所说的："字向纸上皆轩昂"，自成生趣，识者惊目。否则，如剪纸之花，字匠之所为。所谓生趣，即为书法艺术的精神内涵，以风采、骨气为主要的精神依托，能反映人的精神气质。因此，书法家不仅要有"书内功"，而且还要有"书外功"。故古往今来，书法界十分注重自身道德情操和与之相关的姊妹艺术的修养。"退笔如山未足珍，读书万卷始通神"，读书多，见识广，积理富，融会贯通，其书自然"达其情性，形其哀乐"。

三、稚拙

杜少陵题《殿中杨坚见示张旭草书图》所云："锵锵鸣玉动，落落群松直。连山蟠其间，溟涨与笔力。玉动状其疾徐，松直状其苍劲，连山状其起伏，溟涨状其浩瀚。而所谓悲风生微绡，万里起古色．以笔有古意也。"真是既浩瀚，又有内涵；既悲忧，又有愉快。情真意切，寓情于书，生动感人。如果说生趣是书家情神气质表露的话，那么稚拙正是书家含蕴胸怀的体现，给人以天真、古朴、厚美的享受。

作书开张易轻巧单薄；收敛易浑厚含蓄。因而学书应先敛后开，再由开至敛，不求外形，注重内含，内含既得，"巧"自然寓于拙中。

四、离合

米襄阳作书，初，人嫌其太似古人，后即大变，自成一家，为世人所推崇。但如果没有"太似古人"，如何会"自成一家"？学书有法，也无定法。成法是前人的经验，学古人似古人，得成法之法，应言之为合，可是不能"墨守成规"，"食古不化"，应博采众长，遗貌取神，写我之学问，写我之性灵，在继承前人的基础上，前无古人地闯出一条新路子，不断变革，自成风格，这样就不会被历史所淘汰，此应言之为离。规矩至不规矩，不规矩中仍见规矩，离合之意始露。

五、禅味

《论语》云："志于道，据于德，依于仁，游于艺。"所以书法和其他艺术一样，是人类不可缺少的精神食粮。它以美的情趣来慰藉人的生活，陶冶人的性情，解脱名利熏心的束缚。"观山则情满于山，观海则情溢于海。"因此人的情性思绪莫不受周围客观环境的影响。心静即字清，心浊即字俗，欲去粗俗，必须澄清杂念，解除烦恼，烦恼除尽，无滞无碍，心镜明透，海阔天空，情致所书，心手相忘。此时，自能渐入妙得天趣的清静境界，清静者即禅也。

（录自《书法的奥秘——当代书家谈艺录》，赵连甲、史纪南主编，1995年，中国国际广播出版社）

灯前细雨檐花落

——再忆星野

王建之

人是有感情的，感情又是难以捉摸的。对老年人来说，怀旧之情，是慰藉晚年寂寞生活的一种方法。好像年光会倒流，把你带回已过去了的日子里。它给人以惆怅，给人以咀嚼。

记得八五年夏季的一天上午，我接待了瑞安统战来访的两位同志。他们问起了我和星野的关系。因为星野和我是总角之交，所以话就多了点，足足谈了两个多小时。后来季品三同志，以我写的《忆星野》诗中的"青春犹记共襟期"一句为题，写了一篇很出色的散文，先后在《温州侨乡报》、香港《文汇报》上发表，去年瑞安文联刊物《绿光》又转载了。品三同志笔墨流畅，绘声绘形，使我久久不忘。

今年四月廿三日下午，我去吊唁星野大姐伸权逝世时，碰到了星野的第三个妹妹马孚权。她虽年逾古稀，一见面便认出我，我倒有些愕然。因为一别数十年，她已是白发盈顶的老妪了。星野有五个姊妹，唯独孚权对我最亲热，过去一向叫我"建之哥"，现在却改称"先生"，可能是多年不见，显得有点拘束。

孚权少时曾跟我学唐诗宋词。她说："杜甫有句诗，'灯前细雨檐花落'，当时不理解，灯前为什么会有细雨？檐花怎么能跟灯前连得起来？经你一解释，我不仅懂得诗意，而且还受到了诗歌意境的感染。"

接着，她向我说起星野。她说星野何尝不想回来，更其是最近数年，他写了不少文章，都表现了思乡之情。"眼前点点思亲泪"，这是出自肺腑之言。人是有感情的，谁没有故国之恋呢？

他说星野有二男一女，俱在美国。大的因癌症死亡，使星野在精神上受到损伤。更其父母俱逝，不能归葬。她说到这里，眼眶湿湿的，真有“灯前细雨檐花落”之感了！这也难怪，人是有感情的。我接着安慰她，希望她写信给星野时，便中代为致意：我们盼望他归来，他是位有影响的人，可以对统一大业，作出贡献。我期待着，在九凰山下，能与他再次握手。

孚权记忆力很好。她还记得抗战胜利后的一次聚会。那次，我到南京，星野请我吃饭，孚权也在座。客人除我外，还有星野的叔父马季洪先生。星野的夫人辜祖文，是湖南长沙人，烧菜喜用辣子调味，孚权知道我吃不惯，连忙向她嫂子打招呼。可是星野风趣地说：也要让他吃点辣！人生是五味子，咸甜苦酸辣嘛！席间我忽然想起流年暗换，少日友朋，皆已壮年，念了苏东坡的一首词《浣溪沙》下阕的二句：“谁道人生无再少，门前流水尚能西。”星野听了后，说：“是啊！大江东去，我偏从东来。”那时星野正从美国归来，在上海《申报》的副刊上发表了连载散文《我来自东》。其实这个题目是引用《诗经》的句子，口气好大。前几年，他在香港大公报上发表了《人之初》一文。我想，他想到了“人之初”，是不是意味着对故国乡土之恋啊！

孚权喜爱文学。她说看了季品三同志写的文章，很喜欢我写的《扬州慢》那首词。她说：“开头几句，‘儿竹已时，学诗佳趣，斜阳陌巷初晴。’耐人寻味。”接着，孚权问我：“你和季三同志谈话中提到了少年时代与星野做《春雨》七唱诗钟时，只举出星野的诗句是“留得残荷听夜雨，聊将旧酒醉新春”，而说自己，为什么只用“不如也”三字带过呢？我被她将了一军，想：难得她问起，谈谈也好，或许可以作为她写信给星野时的一个话题。于是我笑着写了“乍疏乍密无情雨，花落花开自在春”十四个字。乍疏乍密，花落花开，想不到今日的情景，正是这样！

孚权有五个姐妹。大姐伸权刚刚离世；二姐季权是学化学的，回国后在大学当教授，不幸患了肺癌，早已离开人间；均权在台湾，也是因乳癌病故的；现在留在大陆的，只有荣权和她了。星野是有感情的，每年寄钱给大陆的妹妹。

我与孚权拉杂地谈了许久，万万料不到因“灯前细雨檐花落”一句诗，而引起我写《再忆星野》一文。人总是有感情的，而最大的感情，是为着祖国的统一、安定和团结作出贡献。

（录自《平阳文学廿年（1983—2002）》，王晋主编，2002年，作家出版社）

鳌江深处

韩小蕙

全没想到鳌江给我的印象是这样的猝不及防。

这是浙江省温州市平阳县下辖的一个小乡镇，你说它能有多点儿大？何况我们已经在它最繁华的大街上住了一个星期，参观也参观了，游览也游览了，大马路上来来回回地走了不知多少趟，连服装一条街和农贸菜市场也都逛过来。因此，便自以为这就是它了一它全部的面貌，全部的风采，全部的内涵，全部的意味，全部的全部……它还能有几多风景呢？

然而我是太小看它了！

那是离去的最后时刻，我们匆匆去买些虾干蟹子之类的土特产。宾馆旁的菜市场没有好货了，带路的主人说，里面还有一个更大的市场。于是，他就把我们带入了小镇的故事之中。

只三两步，我们不知怎的就离开了喧闹的大街，拐进幽深的小巷。我突然发现自己竟是穿越在古老的历史之中。小巷弯弯曲曲，青石条路，上面刻有条条道道岁月的深痕。两边密密捱捱站着一幢接一幢白墙壁、黑瓦顶的硬山式的房子，那是早在吴冠中大师笔下就熟识了的江南老屋。恍惚间，踽踽走来一位老人，一脸千年古树般的沧桑。他默默地把我们带回到龙旗飘摇的年代。

哦，鳌江！自以为见过大世面的我们，原先并没有把你当成多大的一回事，你却以宽阔的胸怀包容了我们。这是因为，你已是奔腾了几千年的江流，你早已有了属于你自己的从容不迫的节奏；西晋平阳建县时，你就被称始阳江；后来人见你涨潮时波涛汹涌，犹如巨鳌负山，遂赠与你“鳌江”美名。“三万里河东入海”，你就这样自信地流淌着，直到本世纪30年代，有一天你突然惊醒了，意识到自己该做点什么事了，于是便积蓄起千年之力，一举托擎出鳌江重镇。虽然时距今日，才不过六十几年，可这倏忽岁月的演化变迁，却堪称划时代的绝响——谁能想到你已先后吐纳了福州、泉州、台州、杭州、宁波、舟山、上海、天津、台湾、香港等九曲神州的大江大河？你还迎接过英国、荷兰、葡萄牙、日本、洪都拉斯等许多外商船队。更不曾想到你早就享有“小上海”的美誉，一时商肆群集，市声鼎沸。到了90年代的今天，在改革开放大潮的万丈白练中，你就更来了精气神儿，使出浑身的解数，打着滚儿地“折腾”，现在已有了三资企业18家，有了年产值超千万元的企业32家，有了4个企业集团，有了3600多个商业服务网点，有了5000元以上的居民人均收入——哎呀呀，小小的一个乡镇啊，常住人口仅10万，这10万双手臂，怎么就把你描绘得如此辉煌？

当然，近年来，我们无论走到瓜州古渡，还是西出阳关，到处都会撞上这一组组辉煌的数字，这已不足为奇。新奇的是在鳌江深处，在这古老的小巷中，走着走着，突然，我竟看见有一家米奇专卖店！

这真足以构成一条号外新闻。为什么？你们可能对米奇毫无所知，而我，家里养着个“追星族”的小女儿，却对它再熟悉不过。它专卖以米老鼠、唐老鸭为商标的高档商品，价钱虽不属天文，也每每让工薪族的我心惊。我家住的大街上，就有这么一家专卖店，也见有不少人进进出出，可是掏钱买者寥寥，这就是北京。全没想到，小小的鳌江小镇，居然也托得起这样一家“贵族商店”。我不由得再次感叹：“真是对不起，又小看你了！”

然而更令我惊讶的还在后面。

此番一来到平阳，县里领导开门见山就检讨：“去年我们没搞好，出了批机电假货，在全国曝了光。现在我们已经全改了，正在重新树立自己的新形象。”他们说得很诚恳，我听得就很动心，还暗暗思忖着，究竟是什么促使他们幡然而语的——是强制的行政命令？是经济的制裁手段？是传统的道德观念？是文化的教育滋润？还是淳朴的民风民俗？……

不消说，这里的民风的确淳朴。我们一位同行者，花3元钱买了一双袜子，给人家100元，未等找零转身就走，被人家老远地追上，如数奉还。问题是，民风淳厚的背后，又是什么因素在做支撑呢？

一扭头，突然发现一条小巷深处，有一座大庙宇。及至近前，但见“玉佛寺”三个大字，不用说供的是玉佛。登门入室，被着实地吓了大跳，哟啊啊，竟是这样“高大入青云”的一个庙堂，其佛之高，堪比杭州灵隐寺，必须仰首才能参拜。一大群善男信女披黄挂黑，正在做佛事，其场面之盛大，可堪心惊。我对宗教，历来小心虔敬，但若把大沓大沓的钱都投到庙里塑佛像镀金身，总有点那个——若是投资发展生产的话，社会进步岂不会更快一些吗？

于是，我们心事重重地辞别庙宇，重新踏上古老的小巷，心境却全然不同了。一时，谁也无话，只重重地踢踏着青石条路，不知所在，不知所之，不知“春花秋月何时了”，不知“小楼昨夜又东风”！

幸亏半空里传来一阵音乐，把我们救了。

这是一支熟悉的曲子，巴赫的《小前奏曲》，那般庄重、典雅，那般宗教的从容与神圣，使人立即就获得了一种浮出海面，向着天国飞升的心灵感应。我心软软地舒展开来，别说是在商潮滚滚的南方，就是在北京的街头，也久已听不到这种高贵的乐曲了，走遍东西南北中，连拉萨的大街上，也到处都在吼着“哥哥、妹妹”，流行歌曲早把世道人心塞满，所以，又真是难为了鳌汇深处呀！

寻声望去，竟是一爿小书店——又是一个惊奇，小小乡镇也有书店！而且，在这里，我们非常意外地发现了大量纯文学作品！

请原谅我在这里连续使用惊叹号。这些年我走南闯北，所到之处，无论是公家的书店还是私人的小书摊，占广大地盘的，绝对是通俗、艳俗、媚俗，能偶见几本严肃书就得谢天谢地。不想在这必须用惊叹号的小书店里，纯文学作品竟有三分之二！我非常认真地做了一回“社会调查”，记录如下：

有灿烂的中国古典文学，如诗经、楚辞、唐诗、宋词、元曲、明杂剧、清随笔；有辉煌的现代文学，如鲁迅、周作人、梁实秋、林语堂、郁达夫、萧红、张爱玲；有繁花似锦的当代文学，如茅盾、巴金、冰心、老舍、王蒙、李国文、张洁、张承志、史铁生……还有最新的新书，比如北京语言学院阎纯德教授新编的《20世纪女作家作品大系》，全套10本，在北京还没见到，这里已经上市了。最令我惊喜的，是竟然还有一本《新散文12家代表作》，那里有我的文章，还有照片，带路的主人捧着它，向老板娘炫耀：

“你看，这是不是她？”

我看见老板娘惊喜地点点头，给了我一个灿烂的微笑。我从她眼里读出的，是一种对文化人的尊重，这使我忽然想起，小小的平阳县，小小的鳌江镇，原有源远流长的文化积淀；新石器时代便有人类劳作生息，形成了“平阳新石器文化”。以后代代年年里，曾出现过一个又一个历史文化名人，比如谢灵运来过，留下《游岭门山》诗；陆游、王十朋、俞樾来过，还有专门来此讲学的朱熹。平阳自己也送出了不少文化名人，如南宋爱国诗人林景熙，博通经史的元代著名学者史伯璿，近代杰出的启蒙思想家宋衡，温州人物画鼻祖苏昧朔，以及现代著名数学家苏步青、姜立夫，百岁棋王谢侠逊，新闻巨子马星野，英语专家吴景荣等。平阳的文化遗存、历史文物等，如今也还历历在目，全县境内现有文物保护点竟多达近百处。最有名的是坐落在南雁荡山的会文书院，那原是北宋陈氏兄弟的读书处，朱熹曾率弟子多人在彼讲学，此番我有幸亲临，切身体味到了关在寂寥的大山深处，一心只读圣贤书的不寻常的意境。当时我即心有所动，现在细细想来，我是用自己的一颗心解读到：这种不寻常的读书意境，已一直延续到了今天。今在鳌江深处，在白墙黑顶的老屋之中，绕梁不绝的呀呀读书声呵，绝不仅仅是出自孩童之口，那一定还出自鳌江人的深心——托起鳌江经济起飞的，托住鳌江生息发展命脉的，归根结底不是金钱，不是商肆，不是舟楫之利，不是人的小聪明，不是一时的小机遇，更不是宗教、鬼神、命运、气功、风水之类，而一定是深厚的文化积淀——我们伟大民族的伟大文化遗产，永远是我们安身立命、发展前进、自立于世界民族之林的根基！

哦，鳌江深处呀，路幽幽，巷深深！幽幽深深的青石条路上，正一路回响着雄壮的步履声，那是20世纪我们中华民族腾挪前进的绝响……

（录自《体验自卑——韩小蕙随笔》，1997年，东方出版中心）

三游平阳

叶永烈

1999年金秋，我游历欧洲十国，在各国“唐城”，处处可闻温州乡音。温州人在欧洲名气很大，以至欧洲人“只知有温州，不知有浙江！”

不过，在国外，温州人并不只指温州市区的人，而是一个泛称，包括温州郊县。

在温州各郊县之中，有四个县跟我有着特殊的关系：一个是乐清县，家父出生在那里；一个是瑞安县（如今已经县改市），家母的故乡；一个是平阳县，岳母的家乡；一个是苍南县，岳父的老家。不过，岳父当年总是称自己是平阳人，因为他家所在地张家堡当时属于平阳县。平阳是一个大县，后来一分为二，分出一个新县——苍南县，张家堡被划入苍南。

我在温州市中心长大。小时候只随父母去过乐清县和瑞安县。高中毕业之后，我离开故乡温州，远赴北京大学求学，后来定居沪上。

自从1963年结婚之后，我成了“平阳女婿”，一下子拉近了我与平阳的距离。我的耳际常闻平阳乡音，因为妻、岳母以及她们家的亲友，都讲一口平阳话或者平阳口音的温州话。我头一回去平阳，是在1987年。当时，我在一篇题为《青苔颂》的散文中，这么记忆平阳：

趁着春节，和妻子、儿子回到乡间，顿觉耳目一新，心宽情悦。

我们去看望年逾古稀的舅父。他住在浙江平阳县的昆阳镇上。虽说人老屋旧，但是那久经风雨的褐中带黑的木栅栏门，那种满花草的宽敞的庭院，那抬头便可望见的门外青山，那枝头的叽叽喳喳声，都给我一种新鲜感。

我漫步在小院里，满目青翠，令人陶醉。绿色，是世界上最美的、最富有活力的色彩。我站在小院中，仿佛被青春的世界包围。我注意到，那用青砖铺成的过道的每一条缝隙，那石板台阶的下沿，那石灰斑边，处处青苔可见，生机盎然。我的脑海中，蓦地翻跳出刘禹锡《陋室铭》中的名句：“苔痕上阶绿，草色入帘青。”

昆阳镇是平阳县政府的所在地。那个时候的昆阳，还是一副古老的面貌。昆阳镇给我十分遥远的感觉。因为我从温州来到瑞安，一条宽阔的飞云江拦住了去路。在冷雨中等了许久，才登上渡轮，慢吞吞地在浑黄的江水中行驶了20来分钟，这才终于到达彼岸。

记得，上了岸，我要“打的”，乘的是三轮摩托车，平阳人叫它“狗儿车”。“狗儿车”在颠簸的道路上蹦蹦跳跳，真的像是一只撒欢的小狗。

我住在舅舅家。屋里四周的板壁已经是深咖啡色，不言而喻，老屋的年岁比满头霜的舅舅还要大许多。

10年之后，我再度来平阳，那种遥远感不复存在。新建的飞云江大桥，使大江变通途。

“狗儿车”已经不见，代之以满街奔跑的“富康”牌出租车。

我下榻在落成不久的平阳宾馆。古镇上能够有这么气派的宾馆，给我宾至如归的感觉。跟舅舅家的老屋相比，仿佛隔着一个世纪。不过，小镇上到处在拆建。就在平阳宾馆之侧，正搭着高高的脚手架，不时传来一阵阵轰鸣声。整个昆阳镇，仿佛成了一个巨大的工地。

我当时是应邀前来讲学，到了平阳县好多学校。一座座学校几乎都新建了校舍，平阳人对于教育的热情，表明了这里文化底蕴的深厚。

又过了三年——2000年金秋，我应邀来到平阳采风，第三回来到这里。

一下车，我几乎不认识昆阳镇了。当年的脚手架，如今变成一幢20多层的平阳大厦。我下榻于平阳大厦的“阳光假日酒店”。从窗口望出去，紧邻的平阳宾馆成了相形见绌的小弟弟。

我注意到一个小小的细节：欧洲人习惯于喝冷水，在欧洲，宾馆的客房里没有开水；中国人喝惯开水，中国的老式宾馆在每间屋子里放一个热水瓶，服务小姐进进出出灌开水，常常干扰旅客的休息；如今的中国内地宾馆，学习香港的办法，在客房里放个“热得快”，让旅客自已烧开水；这家“阳光假日酒店”则在每间客房里安放了桶装矿泉水以及热水器，又方便又干净。尽管现在家家户户用上桶装水和热水器，但是常年在外奔波的我，还是头一回遇上喝水如此方便的宾馆。

三年前的大工地，如今变成了一座现代化的新城。舅舅家的长满青苔的院子连同古屋已经成了历史陈迹。内子度过童年时代的老街已经变成一条新楼鳞次栉比的现代化大街，尽管街名依旧，但是面目一新。

使我惊讶的是，在晚上九时多外出，昆阳镇上商店灯火辉煌，海鲜餐馆、新潮服装、进补药铺、数码相机、好莱坞大片光碟，比比皆是，就连书店也明亮如昼。看来，“夜上海”之风已经吹入这座海滨小镇。记得，去年在欧洲，入夜一片死寂，因为那里的商店晚六时关门。

这回金秋采风，使我有机会广泛“触摸”平阳，细细浏览着洋溢江南风光的《平阳上河图》。在这迷人的长卷之中，我特别喜欢两颗熠熠生辉的明珠与三个不同凡响的小镇。

山东有平阳县，浙江有平阳县。“平阳”这名字，给人以一马平川之感。所谓“虎落平阳”，是说老虎从深山来到平原，失去了倚恃。其实，平阳既有平展展的大片沃土，也有突兀青山。南雁荡山秀峰异，洞幽溪清，乃平阳明珠，名列国家级风景名胜区金榜。雁荡山分北雁荡与南雁荡。南北各有特色，北雁荡以奇峰取胜，而南雁荡则以奇洞闻名。

镶嵌在平阳画卷上的另一颗明珠则是南麂列岛。黄沙、碧海，白浪，配以奇岩怪石，南麂令人心旷神怡，流连忘返。这里有着“东方夏威夷”的美称，是游览平阳的首选之地。在中国东南沿海，南麂是最美的海滩。

除了南雁、南麂这一山一岛之外，平阳还有一乐：乘竹筏在顺溪漂流，坐水观山，也是人生乐事。两岸竹林如翠，脚下碧波似玉，良辰佳景似浓浓醇酒，令我陶醉不已。

在平阳的诸镇之中，我很喜欢山门、腾蛟、水头这三个各具特色的小镇。

“山不在高”。在离雁荡山不远的山门镇，尽管山不高，山间翠竹掩映着一座看似普通的黄墙寺院。

在这座小小的寺院里，沿着木扶梯爬上小小的阁楼。一举手，我就能摸到天花板。走过门框时，不能不低头。在阁楼板壁上，我见到一个蓝色的方布袋，上面缝着一颗红色的五角星。据友人告知，这便是粟裕大将当年用的挎包。阁楼里的小房间，便是粟裕的卧室。一张木板床，一张小木桌，一盏煤油灯，便是房间里的一切。

这里山深路远，又临近福建省，成为浙闽两省交界的所在。在三十年代，粟裕领导的中共浙闽边临时省委以及中国工农红军挺进师，就在这里点燃了星星之火。粟裕在这里的畴溪小学，创办了闽浙边抗日救亡干部学校，粟裕担任校长。

这里成了温州的“井冈山”，温州的“延安”。蓝色布袋上的红色五角星，在战火中锤炼成鲜艳的红旗，飘扬在温州城头。至今我仍清楚记得，在1949年5月，温州不是由中国人民解放军正规军攻克，而是由穿灰色军装、戴八角帽的浙南游击纵队一举扫平。浙南游击纵队的前身，正是当年活跃在平阳山区的中国工农红军。

于是，在平阳山门建起了“红军亭”，建起了巍峨的“中国工农红军挺进师纪念碑”，建起了“中国工农红军挺进师北上抗日出征门”……当年粟裕每日取水的寺前小井，也被命名为“红军井”。

1984年粟裕大将病逝之后，粟裕夫人手捧将军的骨灰盒，把将军的部分遗骨安葬在平阳山门“闽浙边抗日救亡干部学校”旧址，因为平阳是粟裕将军浴血战斗过的热土。

平阳另一个名叫腾蛟的小镇，也给我留下难以磨灭的印象。

这个小镇，藏蛟卧龙。且不提这里历代的文状元、武将军，光是当代的“数学泰斗”苏步青和“百岁棋王”谢侠逊，便是从这里腾飞的两条巨蛟。

我采访过苏步青，并为他写过报告文学。他是一位风趣的长者。记得，我称他为“苏老”，他笑道：“‘老’而又‘酥’，不妙！不妙呀！”

我问他：“您的名字苏步青，据说取义于‘数不清’，从小就要当数学家。”

“哪里，哪里。”他连连摇头，“我的名字，是我父亲取的。‘步青’，就是‘平步青云’嘛，就是‘出人头地’的旧思想，跟数学毫无关系。我的哥哥苏步皋，也就是‘步步高升’。什么‘数不清’，完全是瞎编瞎传。我小时候生在穷山沟，做梦也想不到当数学家。”

他告诉我，他在1902年9月23日出生于平阳腾蛟。父亲苏祖善种地为生，母亲徐氏生了十三个孩子，其中十一个是女孩，他是最小的一个男孩。

我又问他，温州出了许多数学家，据说是温州靠海，从小吃黄鱼，脑子特别聪明。听了这话，他不笑了。他很严肃地说：“在旧中国，温州条件很差，没办法研究物理、化学，而研究数学只需要一支笔、一张纸。这与黄鱼无关。”

这一回，我在腾蛟参观了苏步青故居。故居背靠卧牛山，面对开阔的田野。故居保存完好，如今已经成为旅游者参观的必到之处。

谢侠逊的大名，我早已从内子的舅舅那里听说。谢侠逊少年时曾与他在昆阳对弈，后来以弈为业。谢侠逊十分感叹地对内子舅舅说：“小时玩玩，临老当饭。”

在腾蛟，见到规模盛大的“中国棋王碑林”。置身碑林，仿佛置身于名人之林。李济深、林森、冯玉祥、章士钊、梁启超、于右任……都曾与“棋王”对弈，弈毕题词相赠。这些题词刻于碑上，济济一堂。居中的巨碑上，镌刻着江泽民在“棋王”百岁之际所写题词：“百龄高手，永葆青春。”巨碑背面，则刻着一九三九年仲夏“棋王”与周恩来对弈的残局，更是妙趣横生。

我注意到，“中国棋王碑林”四周护栏的青石柱上，刻着一颗颗圆圆的棋子，富有特色。

受“棋王”影响，腾蛟人人善弈，有着中国“棋乡”的美誉。

水头镇跟山门、腾蛟截然不同，这里一片浓浓的商业气氛，皮革厂聚集于此，成为中国新兴的“皮都”。这里的皮夹克、皮包、皮带名闻遐迩，畅销国内外。

我下榻于虎豪宾馆。这是虎豪皮件公司附设的宾馆。一进门，就见到两颗“★”。虽说只是二星级宾馆，但是在我看来，可以与欧洲的四星级宾馆媲美。每间客房大约三十多平方米，明亮而干净。宾馆中的小花园，曲径通幽，满目苍翠，赏心悦目。入夜，以大理石装饰、宽敞的餐馆，座无虚席，杯觥交错。在小镇上能有这么豪华的宾馆，从一个小小的角度反映这里商业的发达。

山门是星火燎原之处，腾蛟乃文化之镇，而水头则是商家云集。三个小镇，三个面貌。在平阳的这三个小镇之外，鳌江镇已经是规模超群的现代化“大镇”，集渔港、工业、商都于一身。

往日，虎望平阳而却步；今朝，虎游平阳而欢欣。在新世纪的阳光下，平阳一片璀璨。

（录自《中国自由行》东部卷，2009年，天津教育出版社）

雁山瓯水（节选）

余光中

雁荡山是一个笼统的名词，其实它包括北雁荡、中雁荡、南雁荡，从温州市所辖的乐清市北境一路向西南蟠蜿，直到平阳县西境，延伸了一百二十多公里。它也可以专指北雁荡山，因为北雁荡“开辟”最久，题咏最多，游客也最热衷。

我们先去拜山的，是南雁荡。入了平阳县境，往西进发，最后在路边一家“农家小院美食村”午餐。从楼上回栏尽头，赫然已见突兀的山颜石貌，头角峥嵘地顶住西天。情况显然有异了。不再是谦逊地缓缓起伏，而是有意地拔起，崛起。

在粗砾横陈的沙滩上待渡片刻，大家颤巍巍地分批上了长竹筏，由渡夫撑着竹篙送到对岸。仰对玉屏峰高傲的轮廓，想必不轻易让人过关，我们不禁深深吐纳，把巉岩峻坡交给有限的肺活量去应付。同来的主人似乎猜到吾意，含蓄地说，上面是有一险处叫“云关”。

三个台客，却有九个主人陪同：他们是浙江大学骆寒超教授与夫人，作家叶坪，文联的女作家杨旸、董秀红、翁美玲、摄影记者江国荣、余日迁，还有导游吴玲珍。后面六位都是温州的金童玉女，深恐长者登高失足，一路不断争来搀扶，有时更左右掖助，偶尔还在险处将我们“架空”，几乎不让我们自逞“健步”。就这么“三人行，必有二人防焉”，一行人攀上了洞景区。

雁荡山的身世历经火劫与水劫，可以追溯到两亿三千万年前。先是火山爆发，然后崩陷、复活再隆起，终于呈现今日所见的叠嶂、方山、石门、柱峰、岩洞、天桥与峡谷，地质上称为“白垩纪流纹质破火山”。另一方面，此一山系位于东南沿海，承受了浙江省最丰沛的雨量，尤其是夏季的台风，所以火劫亿载之后又有流水急湍来刻画，形成了生动的飞瀑流泉，和一汪汪的清潭。

我们一路攀坡穿洞，早过了山麓的村舍、菜圃、浅溪、枯涧。隔着时稀时密的杉柏与枫林，山颜石貌蚀刻可观，陡峭的山坡甚至绝壁，露出大斧劈、小斧劈的皴法，但山顶却常见黛绿掩蔽，又变成雨点皴法了。有些山颜石纹没有那么刚正平削，皴得又浅又密，就很像传统的披麻皴。这种种肌理，不知塞尚见了会有什么启发？

除非转弯太急或太陡，脚下的青石板级都平直宽坦，并不难登。南雁荡海拔1257米，不算很高，但峰峦回旋之势，景随步移，变幻多端，仍令人仰瞻俯瞰，一瞥难尽其妙。云关过了是仙姑洞，忽闻铁石交叩，铿铿有声。原来是骡队自天而降，瘦蹄得得，一共七匹，就在我们身边转弯路过，背篓里全是累累的石块。骡子的眼睛狭长而温驯，我每次见到都会心动，但那天所见的几匹，长颈上的鬃毛全是白色，倒没见过。

骡队过后，见有一位算命的手相师在坡道转角设有摊位，众人便怂恿我不妨一试，并且围过来听他有何说法。那手相师向我摊开的掌心，诠释我的什么生命线啦，事业线啦，感情线啦都如何如何，大概都是捡正面的说，而结论是我会长寿云云。众人都笑了，我更笑说：“我已经长寿了。”众人意犹未尽，问他可看得出我是何许人物。他含糊以答：“位阶应该不低。”众人大笑。我告诉大家，有一次在北京故宫，一位公安曾叫我“老同志”，还有一次在乡下，有个村妇叫我“老领导”。

过了九曲岭，曲折的木栏一路引我们上坡，直到西洞。岩貌高古突兀，以丑为美，反怪为奇，九仞悬崖勾结上岌岌绝壁，搭成一道不规则的竖桥，只许透进挤扁的天光，叫作洞天，是天机么还是危机。我们步步为营，跨着碇步过溪。隆冬水浅，却清澈流畅。不料刚才的骡队又迎面而来，这次不再是在陡坡上，而是在平地的溪边，却是一条杂石窄径。骡子两侧都驮着石袋，众人仓皇闪避，一时大乱，美玲和秀红等要紧贴岩壁才得幸免。

终于出得山来，再度登筏回渡，日色已斜。砾滩满是卵石，水光诱人，我忍不住，便捡了一块，俯身作势，漂起水花来。众人纷纷加入，捡到够扁的卵石，就供我挥旋。可惜石块虽多，真够扁够圆的却难找。我努力投石问路，只能激起三两浪花。其他人童心未泯，也来竞投，但顽石不肯点头，寒水也吝于展笑。扫兴之余，众人匆匆上车，向两小时半车程终点的北雁荡山火速驶去。

（原载2011年3月5日《温州日报》瓯越副刊）

油纸伞

林楚平

纸伞从我们的日常生活中消失了，一个漫长的时代过去了。

现在十几岁的少年恐怕都没见过纸伞是什么样的。他们用的都是一摁便自动打开的折叠伞。这种伞还有三折的，收起来才半尺来长，可以放在公文包或购物袋里，很便于携带。伞面是多种花色的的确良，可以很花哨，也可以很素净，所以老少咸宜。夏天，海滨疗养地的海滩上，人各一伞或两人一伞，那才是花花世界呢。优胜劣汰，纸伞为折叠伞所取代正是事物发展的必然，用不着惋惜或遗憾。但也不要忘记：在伞这一种雨具中，纸伞可以说是“第一个推动”。筷子应用了物理学里的杠杆原理，刀斧应用的是尖劈原理，剪子里则既有杠杆原理，又有尖劈原理。而纸伞所应用的物理学原理比之它们就复杂多了。单说做一把纸伞有近百道的工序就很足以说明这一点。所以有了纸伞以后再造出折叠伞就像有了剪子再造出火钳那样不费什么力气了。

“伞”字在古书上出现很早。北齐《魏书》中便有“服素衣，持白繖白幡”的记载。这“繖”即今之“伞”字。但这“伞”是什么形制，是否像今天的伞那样可张可合，现在已不可考。而且在一个很长的时期里，它是和蓑衣箬笠同时行时的。我们在唐自号“烟波钓徒”的张志和的《渔歌子》里还可看到“青箬笠，绿蓑衣，斜风细雨不须归”的话。可见那时候即使有伞，箬笠蓑衣的应用也还很普遍，特别是干农活或从渔猎活动，更非箬笠蓑衣不办。

温州以生产纸伞出名，但是正宗纸伞的产地倒是温州地区属下的一个县——平阳县。纸伞在当地叫油纸伞，伞店的招牌也以“重油名伞”相号召。据史料记载，早在清乾隆年间那里就已有制伞活动了，并出现第一家伞店王永顺。到了鼎盛时期，全县伞店已达十家之多，其产品不仅远销东南各省，且销到日本、东南亚及欧洲等处。人们现在还能在德国大诗人歌德的故居里发现他的私人收藏品中就有一把“很精致的中国纸伞”。我怀疑，也许这还是我的平阳老乡的手艺呢。

小时候放学回家，途经伞店门口，我总要驻足观看师傅们制伞。伞店店堂一般都很大，因为它既是接待顾客做买卖的地方，又是做伞的工场。十来个师傅靠墙挨次坐着，有往伞骨上刷棉纸的，有上桐油的，有上漆的（上漆不用刷子，而是用手抓了一个鸭蛋大的纱团，从漆盆里蘸了漆，再在伞面上滚动。所以天长日久，师傅们手上的皮肤都变得很粗糙），一把伞坯经过这些工序的几次重复之后，才初步有了个样子。随后，就一把把撑开，晾在一个院子里（整个院子就像一匹图案整齐的花布，很好看）。干了以后，又是刷棉纸、上油、上漆，等等，要这样经过多次，最后才成为一把伞。而有些工序还是我始终见不到的。比方说，伞斗是怎样加工的（估计是车匠店里旋出来的）；伞骨和伞斗又是怎样用头发丝穿在一起的。最后，一把伞做得了，师傅们又是用什么办法使之形成皱褶、撑合自如的。要知道，在各地纸伞的评比（新中国成立后还曾举办过一次）中，这收撑还是比赛的第一个项目呢。要每分钟电动收撑60次，共收撑一万次，如还能灵活自如而又完好无损，这才算过关。此外，还有抗水（每分钟人工降雨量17毫升，共8小时）、抗风（由电动排风机鼓吹8小时、风力为8～10级）、抗热（60瓦灯泡80只，直照8小时，热度为36～40度）等性能的评比。平阳纸伞在这样的评比中居然夺得冠军，真不容易。

伞店卖伞在货款两清之后还有一道工序：代客刻字。店伙计根据顾客的要求，在伞柄上刻上顾客的姓名和年月；如是买来送人的，则刻上赠者和受赠者的名号作为纪念。有点身份的人家就别致点了，要求刻上堂名之类的名目，如“继德堂杜氏”或“清河张氏”之类。最麻烦的是“文墨人”，他们花样翻新，常要求在伞柄上刻点诗句什么的，如“黄梅时节家家雨，青草池塘处处蛙”；“天下苍生待霖雨，此间风物属斯人”，等等。也有自己创作的五言七言对句或“伞铭”要求镌刻的，但更多的还是一般乡下人要求刻上个名字了事。镌刻诗句对子自然比较费事，但是这类顾客往往是冲着老伞店的字号去的，这好像也是一种“知遇”，所以非但不另收刻工，反而会奉上一杯香茗，让顾客坐着慢慢喝茶，老板也往往会亲自执刀刻字。如果把这种诗句、对子、伞铭都收集起来编本书，看看“伞文化”的一个侧面，大概也会有点意思的。

学者名家在文章里常把门和窗说成是人类对于大自然的胜利。因为有了门，人们才能在大地上划出一方完全属于自己的地盘，关起门来成一统，做什么都成。人们在房子里开窗则是为了把光明与空气引进屋里来加以征服和利用。此外，也能眺望远近的景象，好与大自然沟通。陶渊明说，“倚南窗以寄傲，审容膝之易安。”这不等于说，房子小点无碍，只要有窗可以凭眺就行吗？可巧，伞正能使你享受到门与窗给你的好处。不是吗？当你雨天持伞踽踽独行的时候，你不正是在雨蒙蒙的大地上划出一方属于你自己的天地吗？“此间风物属斯人”，正是此情此景的最好写照。杜牧诗里写的那位在清明时节雨中打听酒家的行人，如果手中有把伞就可以从容多了。他完全不必这么急煎煎地向前趱行；他可以悠然地燃起一支烟（这不过打个比方），沿途看看雨中的杏花，何“断魂”之有？说到窗，伞下面的窗是全方位的，它不仅丝毫不影响光线与空气，打着伞你还照样可以跟人点头、寒暄、握手、购物，甚至吸烟。如有人和你同用一把伞，而对方碰巧又是异性，这时候，雨丝风飘，四顾茫茫，更会增加一种温馨的亲切感，或者竟是一个美好故事的开头也说不定。

有人把窗帘的神秘微妙作用说得十分富于诗意。据说是英国哲学家培根说的：“赤裸裸的事物都是不美的，不管是心灵的裸露还是躯体的裸露。”而窗帘正好给人以朦胧与暧昧的疏离感——挑逗人、迷惑人、欺哄人的疏离感。那么，我请你想象一下雨中持伞时的雨帘吧，那是造化的妙手编织成的流苏、穗子和璎珞。你看外界和外界看你，氤氲漫漶，朦胧恍惚，令人平添一种若即若离之感。

最后，纸伞还有一个特点，是布伞、折叠伞所没有的，即音乐美。读过《黄冈竹楼记》吧，作者写他住竹楼的感受是：“夏宜急雨，有瀑布声；冬宜密雪，有碎玉声；宜鼓琴，琴调和畅；宜咏诗，诗韵清绝；宜围棋，子声丁丁然；宜投壶，矢声铮铮然，皆竹楼之所助也。”从现时的建筑力量来看，盖一幢竹楼应该不算太难吧，但也不能到处都有。雨天里持纸伞出行，此种妙趣你也许能于仿佛中得之。三十多年前我初到北方，觉得并无不习惯的地方，但是有一天，一阵潇潇春雨忽然勾起我酽酽的乡思。思什么呢？自己也不甚了然。于是漫无目的地绰起一把纸伞来到附近的公园。雨不大，一个人举伞徜徉于湖边山隈林下，听伞面上轻柔清脆、时疏时密的雨点声，心绪顿时熨帖了许多，同时也就悟到了乡思的内容。原来我们家乡屋顶上的瓦片是一行仰、一行覆地直接布在椽子上的（不像北方的屋顶为了御寒都铺得有厚厚的一层），下雨下雪，尤其是下雪糁子，你都听得见雨点雪珠落在瓦片上轻柔跳跃的窣窣声。在老家，我喜欢躺在床上，闭目静听这大自然演奏的乐曲。这是天籁，它使你一下子就和大自然认同了。寄身北国，没有了这种便利，那么，雨中持伞出游也算是慰情聊胜无吧。现在纸伞从日常生活中消失了，纸伞的时代过去了，连持伞出游的乐事也不可得了。对此，惋惜之情有一点，但我并不怀旧。人对于新的事物应该抱欢迎的态度。谁知道呢？也许“一不留神”，现代科技会使折叠伞给乡思病患者奏出更美妙的仙乐呢。

（录自《油纸伞》，林楚平著，2002年，中国工人出版社）

我的老师李鸿梁

林　俊

细雨青灯，寒窗独坐。回忆像出土的文物，完整的、碎片的，杂乱地堆在我的大脑陈列室里。

这是李鸿梁老师的三颗印章：一颗是斋名印“慈晖草堂”，方正白文四字，纪念他的老师弘一法师李叔同。再一颗是一匹低静站的白马，他以马的形态自况，并拿这个标明他的生肖（光绪二十年甲午，1894，马年生）。另一颗刻着一个古壶，中藏“一片冰心”四字，寄寓“一片冰心在玉壶”的诗句，印出自己甘于淡泊的一生。

抗日战争爆发，母校温州师范在1942年秋季从平阳郑楼迁移泰顺莒江上了三年课。尽管岁月多艰，校中书画学风却盛极一时，给人以“洛阳纸贵”的感觉，不消说这是鲁迅、李叔同的高足弟子、绍兴书画家李鸿梁老师到校任教带来的。我庆幸自己能在他的门墙下植根生长。到毕业出校，自己当上了教师后，李老师还一直和我通信，可惜后来失掉联系了。

当年，我也不明白自己凭什么条件赢得他的青睐。我只记得我在迁校那年才十七岁，在校中穿的是爸爸亲手种来的棉花，经妈妈亲手纺织，并用山上掘来的“狗脊”染色的粗布做成的中山装，和家庭富有的同学相比，实在差得太那个了。可李老师一点也不会看我不起，相反的还偏爱了我！我偷偷地想：李老师是和尚的学生，那和尚衣和我的中山装布质、颜色出入不大，可能把我也当小和尚看待吧！

他刚到校时才五十岁。国字脸，略显青色，额门特别阔，两眼角有很深的鱼尾纹。夏穿浅灰短便衣，冬穿深灰长袍子，钮子全是用布缝成的。平时不多说话，初见他有点可怕，但熟悉后，你会觉得他幽默可亲。

有一次他值日（校中早会时值日导师照例要讲话的），站在大礼堂（其实是莒江夏氏大宗祠）上严词正色地说：“今天我准备整整讲一天！从刚才讲起，一直讲到你们熄灯睡觉才结束！”

同学们听了面面相觑：“怎么？真的讲一天到晚吗？”只听他接下去说：“早晨起床后，刷牙不要光用横刷，应改一改，多用直刷……三餐吃饭，菜汤最珍贵，多喝一点，不要随便倒掉……床被上的蚤子，每天捉一次……晚上不要迟睡，否则会影响早起。一天讲完了，解散！”

其实那时的师范学生，每人每天只配给一市斤米，学校叫人承包伙食，从中捞去油水，再加青年活动量大，三餐都吃不饱，墙报上多的是这方面内容的稿子，记得有一首《新盘中餐》诗：

“……师范生，常苦饥。红米粥，煮太稀，长叹息，当语谁……”（那时校中吃的米是红色的）。

上课时眼在书本，心在腹，进膳厅时如刮十二级以上的台风，如有什么好菜汤，早已喝个碗底朝天了，有谁舍得倒掉呢？——我这一生一直喜欢喝菜汤，想来可能就从这时开始。

一年春天，莒江脑膜炎病流行，很快传到学校里来。学校没有防疫措施，医务室只有红汞、碘酒，患病的同学得不到治疗，死掉好几个。那两头平平的棺材放在木筏上运走同学的尸体的场景，还在眼前晃动。我曾在墙报上生吞活剥古人的诗句，写这样四句打油诗：

清明时节病纷纷，师范学生欲断魂。

借问健凰何处有？校医遥指鬼门村。

大健凰即磺胺嘧啶，脑膜炎特效药。诗被李老师看见了，一天，他在路上遇见我，轻轻地说：“校长家里有大健凰，你要救同学出鬼门村，快去借！”原来校长私人老早备好一千片大健凰，预防他自己一家人生病用的。过几天，我有个同乡的同学也染上这个病了。头颈弯曲像黄瓜，牙齿咬紧不开口。我立刻想到李老师的话，但怕校长太严肃，就到校长师母那里打着她的腔调卖个好嘴：“同学格毛病叫瓜重，差点死脱得来，今朝特地向您观音菩萨借甘露来哉！”总算得到师母的同情，借来十二片，救活这个同学的生命。这福音我又传播给别班同学，听说得救的也有几个。

李老师要求学生立大志，却又严格要求学生从微小学起。他在我的纪念册上写着：

立志而圣则圣，

立志而贤则贤。

那年我学赵之谦字帖，他看了说：

“咦！快去学赵之谦的‘师父’《张猛龙》，这样你起码也是赵之谦的‘同学’，以后超过赵，也可能的。学赵，那你又逊赵一筹了。”后来我探知李老师是学《爨龙颜碑》的，于是我也学李老师的“师父”《爨龙颜》。阿弥陀佛！我当然不敢和李老师“同学”自许哩！

每次我拿自己的书法去请教，他总是从我当时认为微不足道的一点一钩上进行评论。记得一个假期中，他给我一封回信，还用图解法答复我篆隶“口”字的不同笔顺的不同写法，整整写了两张信纸。可惜我那时太幼稚，对李老师在艺术上的精辟见解，无法领会，只学得粗浅的点滴，远远没有达到李老师对我的期望。

李老师赠我不少书画与篆刻作品，给我欢喜，也给我不安，我将拿什么东西敬师呢？

当年泰顺莒江交通不发达，人人三月不知“鱼”味。我们“灵溪区温师学友会”组织了一个“送菜组”，每人通知家属办点干海味，每月一次集中雇工挑送到校。有一次，我家办来咸鸭蛋，我把最大的挑选十个送给李老师。可他怎么也不收，最后我七说八说，他才笑着收下五个，还我五个，带着绍兴腔调说："格大的！"我连忙把这五个放在他的床被上，逃出门外，顺手关上他的房门，唯恐他追来还我。跑几步，回头一看，房门已开了，而且那长袍的衣襟也飘出门外来了。我使出前星期参加运动会单百米赛跑的劲头，狠命地逃，他再也追我不及……今天写到这里心还在扑扑地跳！

李老师赠给同学的书画作品中，我记得的诗文还有半打：

月朦胧，白云一树鹤梦浓（月夜松荫睡鹤图）

制芰荷以为衣兮，集芙蓉以为裳（荷）

君子贵独立，倚偎非英雄（葫芦）

云生琴石润；月过酒樽移（联）

众生即我（佛像）

人有一长处，亦有一短处，其短处常在所长之中。扬长弃短，全凭学问（条幅）

我拜别李老师毕业回家，恰逢日寇投降，他也回绍兴老家。以后我在沪山、渎浦、萧江等地教了三年书，他还经常和我通信。最后一封信寄给我一张笑容可掬的照片，背面写："俊弟存。李鸿梁。三十四年摄于永嘉。"从此就没有李老师的音讯了！

再过几年，我在书报上看到许钦文先生的文章，才知道李老师在新中国成立后还继续为祖国艺术教育事业贡献自己晚年的心血，直至1971年逝世。

今天，他赠给我的全部艺术作品，都已毁于"文化大革命"之中，教我心痛欲裂！幸存相框中一张他的放大照片，还对我微笑，像一缕慈晖，照着我去找寻那失去的儿时的梦……

（录自林俊《听雨楼诗文集》，原载1990年《南雁》、1991年《绍兴文史》）

又识老师

戈悟觉

十年前回家乡时和小学同学相聚，我第一个打听的老师便是周梦江先生。同学数小学最亲，从人之初到壮心不已或老气横秋，"惊呼热中肠"（杜甫），最能感悟岁月和人生的意味；而在当年老师的面前，我们还是要站得笔直，回答问题依旧结结巴巴。这也是人生的意味——岁月最终还有抹不掉的稚纯。

周先生在温州师范学院执教，我们请他来合影时，周先生坐在最中间。周先生说他珍藏一张小学合影，我就坐在他身旁……

其实，周先生才教过我们一年，半年是班主任。康乐小学五年级。

五年级在我的一生中是个里程碑。我似乎突然懂事了，开窍了，认真了。我小时候特别怕死，也许是生于战乱吧，几岁的孩子也经常失眠：人一死，一千年一万年都不再醒来，怎么办？我被这个沉重的因此有了哲学和宗教的问题困扰得脸黄肌瘦，一副活不长的模样。就在上五年级时，有了顿悟：肉体死了，精神可以不死，我会永远活在我的创造中。那年我贪婪地阅读，立志当作家。我的顿悟得益于书，也得益于周先生和我的小舅。小舅住在我家上中学，爱好写作和追求进步，他至今记得周先生。周先生戴眼镜，很瘦，脸黄。他总是急忙忙的，走路快，说话快。他带着平阳口音，温州话不地道，我们有时听不清，他一急就更含糊了。不过同学都爱戴他，说他学问大，心肠好。我受宠，常应邀去他的房间，腼腼腆腆，手足无措。他也不善于营造一种氛围，我却总是怀念那间竹床破椅的小房子。

后来他到《中国民报》，在小学只兼课。我和他都依稀记得，我的第一篇作品就发表在《中国民报》副刊上，大概是游记。那年我十岁，我的处女作在他帮助下面世，这对我有点重要，但愿对周先生也是。

现在，我调回家乡温州了。

温州自古人文荟萃，在南宋时期，更是人才辈出，叶适水心先生最负盛名。不过我对他知之甚少。南宋中叶，叶适、陈亮等以功利为重的学者与朱熹、张栻、陆九渊等名家的论争，固然引人注目，但非我所专。在我心目中，陆游、杨万里、范成大和一代词雄辛弃疾、姜夔自然更轰轰烈烈。温州也有以"江湖诗人"名重一时的"永嘉四灵"（赵师秀、徐玑、徐照、翁卷），叶适以八个字为四位乡亲诗作品评："敛情约性，因狭出奇"（《题刘潜夫南岳诗稿》）。自是高妙中肯。

我既来温州，对叶适不能漠视了。便问："当代学者谁对叶适最有研究？"

人答："周梦江先生。"

我又惊又喜，周先生依旧是我的老师！这不是

"一日为师毕生为师"的东方礼义，而是数十年后，我又在承授他的教诲指点。

周先生长期从事南宋史研究，发表《叶适行年著作小纪》《叶适经济思想与商品经济》等论文八十余篇。1992年出版的《叶适与永嘉学派》一书，佳评如潮，被誉为研究永嘉学派的扛鼎之作，填补了中国思想文化史上的一个空白。对他的新作《叶适年谱》，我是学生晚辈，不配说什么，唯有高兴、祝贺和敬意。

回温后我暂住水心，这是七百多年前叶适罢官还乡潜心著述的地方。由于水心先生，我又得以和周先生交往，这是机遇。我忽然觉得，从小学老师身上，我更感悟到岁月不居，人生倏忽，然而正是事业留住了岁月，诠释了人生。我们每个人都是在编写自己的年谱；周先生年过七旬，仍然严谨治学，笔耕不辍，他编写的也是他奋力进取的年谱。

1996年7月于温州市广播电视大学

（录自周梦江《叶适年谱》，原作序四，1996年，浙江古籍出版社）

忆恩师马锡鉴

洛　地

马锡鉴先生是我在绍兴中学读高中时的国文老师。现在想起来，那时我们真是很幸福，有一班有真学问、又很正直的老师，如蒋仲三、石雪芹、叶志久、潘绍光、杨金溪、王祥茂等。说起来，当时我和先生们是走得比较近的，马师是其中一位。我那时只是个不知轻重的学童，但有三件事一直记得。

一是一次作文课，记不得马师出的是什么题目了，大约是如《春日》《秋夜》之类。那时我正迷着排词谱、学刻印，一转念，反正没有规定用什么文体，十分钟，诌了四句，算是"七绝"，就交了卷。后来听潘绍光先生说，马师认为，"这个学生明显是偷懒，但居然合乎格律，没法打分。"

第二件事是第一件事的延伸。那次作文不久，马师把我叫到他宿舍里，测试我的诗词格律知识。我趁机把当时对词体的某些疑问向马师请教，马师给了指点。又过了几天，马师把我叫去，从一个信封里的二信中抽出一信给我——竟是俞平伯先生写给我的信！原来，大概上次我说到了俞老，马师因而特地给俞老写了信。而俞老竟专门给我一个无知的中学生写了信！可是，我那时实在太无知了：既不曾好好读俞老的信，也没有给俞老回信，而且俞老给我的信也没有好好保存，真是追悔莫及啊！

以上两件事比较早，在1948年吧，第三件事大约是在1949年初。

那时候有手表是很稀罕的，马师却有两块，一模一样的，钢丝弹簧的表带，一块带在左手、一块带在右手。有一天，马师下课时叫我到他住处去一下，我去了。他把我拉进房间，关上门。我看到房间里有女教师模样的一位。马师嘱咐我帮他去买点食物送到楼上。过一天，同学们发现马师右手上的那块表不见了，当然我也没有说。再去马师处，没有看到那位女教师。马师告诉我，她是从上海来、回温州去，在我留下的印象中，马师似乎说到是为学潮事，关照我不要对人说。这，我当然是明白的，我们自己也正在闹学潮嘛。更何况马师对我的信任。这是我第一次见张辛夷先生。

解放后，很少联系。只记得大约在1957年前后，一个星期天，我和一些友人在西湖某处闲逛，对面遇到马师一家，似乎也在憩游。印象中，马师那时似乎在浙江省级的教育部门工作。马师也问了我的情况，给我一些鼓励。不久，运动起，就断了联系。

1970年，我在设于杭州西溪河下的浙江省文化局"斗批改干校"。一日，偶出田间秧圃，见马师坐在一小矮凳上，戴笠持竿驱雀。其时虽彼此有诸多不便，马师还是邀我到他住处小叙。1971年，我以摘帽右派"下放"到杭州市房管局设在桐庐农村中的一个砖厂做劳工。其时万念俱灰，了无生趣。不意，马师寄来一封信，开头是："洛地同志"——在那时，称我"同志"的人是很少的。信内文总共三四句话：

洛地同志：你也不要灰心。我也要回家乡去了，还是读我的《尔雅》去。

我捧着这封信，泪如雨下！我看到了一位中国文化人，一位真正具有中国文化人风骨的中国文化人，一位真正为人师表的中国文化人！

一封信，一件事，好多天好多天，我昼夜不能成眠。猛省：我年过四十，起伏跌宕，历事不能算少了，但，脑袋不是自己的！既寄志于民族文化，何由世事变易而丧志夺节？于是，下定决心，咬定牙关，从全文抄录《左传》开始，重头读书。洛地此生诚无所成就，惟时时自励，未敢稍懈；而后半生的发奋，若有点滴之得，全赖马师的一信所赐！

1980，前辈学者戴不凡先生有《迷失了的"余姚腔"》之作，戏史界为之瞩目。戴先生于该文发表后即不幸去世，界内学者逐问于浙江艺术研究所。那时，我在砖厂七年后"收回""改正"，就职于该所，恰承此事。于是，有《歧途难觅余姚腔——戴不凡先生〈迷失了的余姚腔〉读后》之作，自知于音韵语言之学不精，将初稿奉请马师教正，马师即予审阅指点。

（原载2010年9月8日《浙江日报》）

第二节 序 跋

黄达聪画展前言

苏渊雷

吾友同好黄君达聪，幼承伯父溯初先生教诲，培育成材。溯初先生因曾偕梁任公间关入滇，佐将军松坡讨袁之役，而名重一时者也。渊源所自，奋勉有加。达聪长则负笈上海中国文艺学院，获从黄宾虹、张大千、郑午昌、钱瘦铁诸画师，兼收博采，饫承教益。生平遍历名山大川，仰观俯察，皈依自然，造化心源，于焉冥契。解衣旁礴，元气淋漓。举凡山水、花卉、翎毛、人物，靡不得心应手，自成机杼。综其作品，解放前，迭在重庆、南京、上海各大都会展出，甚获佳评，郭沫若氏为其题序，西南各报竞为报道。解放后，凡属全国性画展，均有作品入选。

现为中国美术家协会上海分会会员、上海书法家协会会员。时代精神，日新月异，近年所造颇有突破。其山水画妙能以泼墨方法运用于传统技术中，烟云变幻，空濛一片，黑白错落，弥见匠心。馀事临池，相得益彰。师法乎上，取径北海，远追二王，近窥苏米，笔致超脱，颇见功底，固不仅以一艺见长也。

顷在达聪集其近年所作，凡一百五十幅，见示，各体具备，披览增叹，因促其展出，就正有道，藉收观摩改进之效焉。余旌左拉有言"艺术依靠坚持之力量"，罗丹论雕塑亦曰"重要的不是在平面，要在起伏上见功夫"，气韵生动，谓是矣。斯二者，生平论艺所信奉，特为拈出，愿与达聪及从事艺术创作活动者共证之。不惭门外，爰为绍介。

一九八四年甲子七月，苏渊雷谨致。

（录自《翰墨遗韵——苏渊雷墨迹选》）

张鹏翼书展前言

苏渊雷

平阳远处海陬，蔚为瓯越山城之最。山川形胜，夙负嘉题。宋令陈容艳称"前分凤翅，后又叠蛾眉"者，谅非溢美。邑为宋季爱国诗人林霁山、近代启蒙思想家宋平子之故乡。自余一度归休栖止，忽焉八载。暇辄从邑之耆旧游，文酒留连，几忘世务之汲汲也。

张丈鹏老长余十年，温雪之交，老而弥笃。丈尝师事同邑宿儒刘厚庄先生，治诗古文词有声。文拟桐城，诗好西江，著有《紫霞山馆诗文钞》数卷。垂髫学书，八十年如一日。历参晋唐诸贤，中岁专攻今草，从孙过庭《书谱》入，兼及怀素，上溯智永、二王，旁涉汉隶北碑。博采众长，遗貌取神。不求变而变，不蕲新而新。尝谓书法最高境界，厥在写我学问，抒我性情，字外大有事在。五十岁后好以鸡颖作书，别饶韵味。山谷道人所谓"用三文买鸡毛笔书之"是也。技进乎道，渐近自然，人书俱老，神明不爽，鹏老有焉。

鹏老现年九十有二，系浙江省文史馆馆员、中国书法家协会会员、浙江省书法协会会员、中华诗词学会会员、温州市诗词学会顾问、温州市书协暨平阳县书协名誉主席。其作品历参省市书展，并远及日本、新加坡，各地名胜均留有其墨迹。

顷者平阳县文联、文化局暨县书协诸公，佥以鹏老寿望期颐，书登圣域，岂仅一邑之光？抑见人文之盛。爰为举办个人书展，并出选集纪念。以余同邑后进，嘱为一言绍介，以当喤引云尔。

苏昧朔先生诞辰九十周年纪念画展前言

苏渊雷

同邑宗丈昧朔先生，名融和，号睡螺居士，少与哲兄达夫先生齐名。早岁负笈上海美术专科学校，攻习国画，尤擅人物，"但貌寻常行路人"。远承黄瘿瓢，近挹七道士。吴带当风，曹衣出水，龙眠白描，梁楷减笔，皆优为之。余尝读其少作《山鬼》一幅，楚佩骚魂，呼之欲出，心焉异之。比获奉手，固一恂恂君子，讷讷寡言。诗书味重，萧然物外。吾瓯艺坛人士莫不乐与周旋，酒盏诗瓢，至以为乐。建国初，余尝电邀其莅沪，主寒斋匝月，介与海上诸名家游，新知旧雨，相得益彰。嗣有所作，尤富时代气息。旋返里息影家门，遂不复出。吾友林曦明，早岁从游，得其指授。兹者惓念师门，与其当时同学于先生者，广搜遗作，凡得若干幅，将次第举行展出，嘱一言为介。世称右军"初写《黄庭》，恰到好处"。孟嘉论音乐，亦曰："丝不如竹，竹不如肉，渐近自然。"余谓此意通乎文心画理，先生有焉。雕塑大师罗丹有云："慎勿思之于平面，要当虑之于起伏间耳。"必也情想无碍，灵肉合抱，雄辩风流，兼而有之。浮世绘情，方为合作，先生有焉。

猥以愚蒙，不惭门外，叨在契末，拉杂书此，以寄怀旧仰慕之忱云尔。

（以上两文录自《苏渊雷文集》）

《餐霞阁记游吟草选钞》序

王敬身

尝闻古者司马子长历游名山大川而文思大进，故所作《史记》，其纪传文笔皆雄深雅健，巍然为百世之师。杜少陵虽云"读书破万卷，下笔如有神"，而其曲江、同谷、秦州、夔府、剑阁、瞿塘诸诗，并雄浑悲壮，劲健高旷，独擅千秋，然非身历其境者不能道也。是以后世论诗者咸谓书卷文辞亦必与山川景物融会相得，然后乃有惊人之作，方回《瀛奎律髓》中亦曾备言此道矣。

吾友张君德举，少时聪敏，及长，好学甚笃，尤喜为诗，曾从其乡人诗画名家苏昧朔先生游，参究吟咏，所获益深。而君平生以性好远游，每岁必奔走南北，由是吴越、辽吉、青徐、秦晋、鲁豫、楚蜀、桂黔诸方，以及五岳四渎间，莫不有其足迹。吟鞭所指，雅什频传。赋百丈之流泉，似见笔飞墨舞；吊千年之战场，犹闻鼓竞笳鸣，盖能因境生意也。故其诗中以摹写山川、咏怀古迹者为多。而友朋酬唱之作，亦间有之。景物书卷，相得益彰，读之令人击节叹赏，悠然神往，黄山谷所谓"江山为助笔纵横"者，殆为君言之也。

比岁，君自远方归来，辄以所作就余推敲。以君至诚，故亦掬肝胆相商，遂甚契洽。今君以其多年旅游所作，汇为一帙，将梓以问世，而嘱序于余。但自惭老悖，学殖荒落，无益于人，而与君相交之久，相知之深，又未敢以寡陋辞，因就鄙见所及，漫书数语于其简端，亦樽酒论文之意耳。君其以为何如也？是为序。

戊辰季冬逊翁王敬身于松台山居。

（录自《王敬身诗文集》）

《逊庵诗文集》小跋

王建之

逊老捐馆后，忽焉二年，遗文三十馀万言，经张宪文诸君整理编辑，行将付梓。劫火之馀，犹有残篇，益之近作，乃成斯集，天道可亲，斯文未坠，非值明时，安能有此？于是逊老之文章诗词均已问世，至于散佚之作，则搜集不易矣。

逊老以颖异之姿，抱经世之志，而霸才无主，词客飘零。抗战时期间关入蜀，旅次渝州，结识名流，视野遂广，嗣复亲炙于马一浮大师之门，于道益进。洎乎晚岁，归隐松台，虽偃蹇以待时，终以诗而名世，与邑贤梅冷生、方介堪、吴鹭山诸公游，风雨晦明，久而弥笃。今则劲风阁冷，玉篆楼空，光风楼圮矣，人世光阴，白驹过隙也。

余相识逊老虽晚，以身世差同，故声气相投，一见如故，缟纻订交，于今二十馀年矣。自愧中才涉世，枘凿多违，虽粗通文义，而不谙诗歌，偶有所作，辄以请益，莫不虚往而实归，小叩而发大驾也。丁卯以后，相见较多，而逊老投辖留宾，杯酒言欢，纵谈天下事，且为绍介永嘉俊彦，乃知人文之盛，而逊老则为祭酒矣。

逊老之诗，世有定论。盖诗以言志，志必缘情，情逐境迁，境因时异，杜工部所谓"文章千古事，得失寸心知"也。逊老自称四十以后，始稍稍为长短句，余以为词非诗之馀，乃诗之精。逊老大笑曰："此大胆之论也。"永嘉郑陶翁为逊老《词賸》题句有"健笔何曾让二窗""此中不是闲风月，天宝文章涕泪多"之句，深得缘情体物之旨，中肯之语也。

庚午秋，逊老乔迁新居后，余往贺，华馆灯明，非复松台一角，余曰："此祖皋故居蒲江也。"

乃留余止宿，出文稿相示，嘱为议之。余谢不敏，久乃曰："太史公笔法今复见之矣。"逊老许为知言，并云："吾欲求其意内而言外，即诗词亦莫不如此。"次日余移寓同乡家，越二日逊老大会宾客，未终席即入室而卧，余知其精力已不支矣，心窍忧之。辛未春暮，逊老来信，称拟赴京，未二月，又言伤足，不意缠绵病榻，终于不起。文础电告噩耗，已安窀穸矣，呜呼伤哉！忝在知交，病未往视，卒未往吊，能仁寺追荐之日，又不能往奠，以老病侵寻，不能由己。此后月冷蒲江，泪洒西风，怀旧伤逝，如何可言？

逊老去世后，余与其长女希仁仍时通函札，希仁亦曾南来相视。近有函来，称文集将付梨枣，以余为其先大人晚年知己，安可无词？余虽衰年，而一往情深。一涉笔竟不能自休，拉杂书之，不成体裁，视作"回忆录"可也。宪文诸君淹博多才，幸为斟酌之，有以教我也。谨跋。

平阳王建之，甲戌五月，时年八十有九。

（录自《王敬身诗文集》）

《渭溪先生八秩纪念集》序

苏绳武

万物皆有生，动物则显，植物则晦，至于山水矿藏亦莫不有生而常人不之觉也。人有性灵智慧，得而主宰之，穷研深究，广罗博搜，而生物乃成学科焉。然世上学科众多，人亦智识、爱好不同，是以各有专长，老友蔡渭溪抑亦生物专家者欤？虽未游高专学府，而勤恳苦学，博览中外专籍，以实践经验之丰富心得，执教生物近二十年，极得师生称誉，屡获嘉奖，尤为校长金嵘轩先生器重。惟以生性倔强，未免反右风波，退而自营园圃，莳花育鸟，更制作各种珍禽异兽模型，以供工艺美术院校教学需要。因善于捉摸各种动物性能，造型逼真，栩栩如生，为同业所望尘莫及。近年更制盆景，匠心独运，峰峦耸翠，水石映带，钵盂中别有天地，罗列自娱，晨夕观赏，晚景优游。

君襟怀坦荡，诚信待人，自奉简朴，勤俭持家，风规所及，故哲嗣令媛、文孙辈皆能克振家声，各有建树。今岁孟春，喜值八秩华辰暨金婚吉期，特为乃翁称觞上寿，良朋至戚，诗笺交驰，兹特编辑付梓，乞序于余。余不文，谨胪陈事实，书以畀之。

八四巽叟苏绳武敬撰。

（录自《渭溪先生八秩纪念集》）

《紫霞山馆诗存》序

杨　奔

余素以为唱酬之作如寒暄套语，难见作者真貌，故不甚着意。顷读自怡先生诗草，强半为赠答师友之作，然而蔼然仁者之心溢于纸外，使读者瞿然而起，始知五岳之外别有他山之尊，人间事未可一概而论也。

先生为浙南耆宿，晚年书名扬海外，遂掩其诗名。今承见嘱，于诗草中选取若干首，将以付梓，此亦东瓯骚坛一盛事也。或人语余"先生早期诗效李商隐"，今细读之，全无玉谿生绮丽之迹，盖善点化者不拘泥于一家，始能自立门户，所谓铅华洗尽见真淳者，非此之谓欤？

今先生寿届期颐，而精神矍铄如昔。栖迟衡门之下，布衣蔬食，陶然自得，不改书生本色，此岂汲汲于功名利禄者所能及？观其字，读其诗，见其人，浑然一体，灵气相通，如光风霁月，无所滞隔，此真吾师也。书至此，感愧不可言也。

乙亥年　月　后学杨奔沐手撰

（录自张鹏翼《紫霞山馆诗存》）

《寒岁集》序

杨　奔

这是平阳三老近体诗合集：陈镇波《耕馀剩稿》、王光铭《扣舷居诗稿》和游寿澄《退思吟草》。历来合集作者，或因居止相接，或因意气相投，或因经历相似，或因文情相若。他们却兼而有之，陈君原籍邻县瑞安，后来长期在平阳工作，平阳也成了他"第二故乡"。故合为一集，名之曰《寒岁集》。

或问：何以取此题名？王君答曰："松竹梅，岁寒三友也。"盖松、竹经冬而不凋，梅则冒寒开花，故历来合称为"三友"。明人有过《岁寒三友图赋》。五十年代后期至七十年代中期，极"左"思潮泛滥，寒威凛冽，在连串运动中，他们只因读了几本书，写过些文字，被归入了“另册”，被批判、放逐、入狱、劳教，家人离居，相识断绝。陈君放回故里，躬耕自给，妻孥远留上海。王君率娇女扁舟捕鱼，有似《打杀渔家》中的萧恩。游君则流落江湖，以种种手艺糊口。居然仍能“相呴以湿，相濡以沫”。经历了廿年艰危，直到“四人帮”覆灭，得到平反，已是退归林下时候。他们还是“诗书敦宿好”，来往唱和，积累成这么个集子。在集中可以看出，坎坷的遭遇并未消磨他们的意志，“速建万村跻乐土，敢辞皲瘃卧蒿莱”“腹枵肘露寻常事，怎忍蜃楼化劫灰”（俱陈句），这些诗句便有散宜生的风格。他有些慢词也是一往情深，使人荡气回肠。王君更是“晚节渐于诗律细”，更注意使事用典。每年一度的万里旅游，使他诗囊更富，感慨更深。还为诗会编刊、讲课，使之成为浙南诗会的翘楚。游君诗如其字，字如其人，风度雍容大方。行文字斟句酌，有如周亚夫治军。近年困于沉疴，故所作不如陈、王之多。所幸吉人天相，已经渐趋佳健，有可能再次展开一片夕阳红。

他们都有博览覃思的习惯，多才多艺，人品和诗品都为我素所钦佩。给这个集子作序，应是沪上钵水斋主人的事，他很了解他们的才情，可惜他在三年前便已辞世。“没有牛，只好用狗犁田”，他们把这任务落到我肩上，却之不恭，受之有愧。取此集重温一遍后，想到苏轼在病危中，卧听儿子朗诵米芾《宝月观赋》未毕，忽然跃起，给米芾写信道：“恨二十年相从，知元章不尽。”我对三君正有同样的感受。

（录自陈镇波、游寿澄、王光铭《寒岁集》）

《听雨楼诗文集》跋

杨　奔

记得唐人诗句说：“亡书浑似失良朋。”那么，读一本好书，岂不等于添一个新交？而读老友的新作，因文而及人，就更有双重的愉悦。乐泉兄经历过风雨年华，如今编成这个集子，让我读了初稿，我不避狂妄，想谈一点感受。

这个集子编得比较别致，篇章简约，而体裁多样。除卷首诗词外，二、三卷就收有回忆、游记、杂感、考证，颇似俞平伯的《杂拌儿》。卷末则是清代流传的两个民间演义，富有乡土气息，写得清新而潇洒。

集中收诗词四十余首，多为绝句、小令，却颇具清刚之气。如“篙敲树影，翠鸟掠人前”，将幻境与实景融合无间。“抹杀良材留痞蛀，从来误国类斯徒，独责齿医乎”，高度的愤激突转为冷然一笑，余味无穷。“上台落班，两般嘴脸；皇帝强盗，一样心肝”（戏台联），揭露世态，更能入木三分。我更爱《执教偶得》中两句：“常有明珠生病蚌，每观大器类痴人。”所具真知灼见，含有高度哲理，非个中人不能道。

丰富的生活感受，只有通过沉思，才能出之以异情壮采。他在武夷山密林中流浪时，不但与虎狼周旋，听怪鸟招呼，甚至和五步蝮同衾共睡过一夜，早上发觉时才礼送它出门(《床》)，这是怎样奇险的经历！而写祖孙两代(《祖孙岩》)、师生两代(《老师李鸿梁》)的深情厚谊，又何等真挚，感人肺腑！他的一支生花妙笔，曲尽世态人情，也流露鲜明的个性：是是非非，泾渭分明，即使因而招怨，也不在乎——这一点，在现代很难得。我想郑板桥在写“难得糊涂”时，是带一脸苦笑的。

乐泉兄出身农家，少年却博览多闻，多才多艺，诗、书、画之外，旁及篆刻、医术。做过教师，也做过医师。然而一生清贫，退休后才盖上一间小楼以遮风雨，取名“听雨楼”。

听雨，很有诗趣，却是一种寂寞的境界。龚自珍就写过：“且莫空山听雨去，有人花底祝长生。”

祝愿听雨楼主人仍能屏除市井的浮华，淡泊自甘，无怨无悔地保持这一脉诗情，再积累几册诗文，待到雨过天晴，让后代明眼人鉴定，如何？

好的作品，会比作者更为长寿。

（录自林俊《听雨楼诗文集》）

《雪泥集》序

陈镇波

与光铭君结识已四十多年了。当时，“同是天涯沦落人”，又同是书癖，共同的境遇和爱好，结下了深深的友谊。在艰难的岁月里，给我感触最深的，是他父母的慈祥，兄弟间的关心，和夫妻的温馨与理解。在以阶级斗争为纲的严酷环境下，竟有这样祥和的一叶小舟，使我由衷的羡慕，并时时前往拜访，因而有幸认识了后被赞誉为“贤媳妇”的光铭爱侣潘京生女士。

他俩的结合，堪称坚贞纯洁的爱情典范。一个曾经是地下党员，与虽同处革命队伍中却是剥削阶级的子女结婚，要经组织审查，慎之又慎。可他俩不顾某些人的非议和反对，毅然跨越这一鸿沟，使“有情人终成眷属”，其中的艰辛，恐非现在年轻人所能理解。不久，他们的爱情结晶，第一位女儿诞生了，取名“欣欣”，蕴含着对祖国、社会和家庭无限信心和欢愉之情。

但天有不测风云。负责县财政工作且恪守财经纪律的王君，拒绝了某领导一项不符合节约原则的建筑，于是在“阳谋”盛行的时代，有人摭拾其《滩头杂感》中咏野鹜“荒沙岂是长栖地？应向碧空高处飞”二句，上纲上线，而被打入“另册”。他感到困惑、委屈而无奈，恰巧第二位千金莅临人间，于是取名“昭昭”，既呼吁着圣洁的理想，又憧憬着未来的光明。夫妻俩这时经历了一场严峻的考验，或赋闲向隅，或放牛牧豕，忍受着旁人的指指点点，过着“破帽遮颜过闹市”的生活。几年的相濡以沫，又一位千金降临了。他俩不怨天，不尤人，在老父老母的关怀下，已从考验中进入新的境界，于是取名“若宾”，真正的相敬如宾啊！在那拷打灵魂的迷惘的岁月中，王君栉风沐雨，一叶扁舟，早出晚归，以捕鱼弥补家用，终于以艰苦的劳动，度过漫漫长夜，迎来改革开放的灿烂阳光。

恢复工作后，光铭无怨无悔地投入水利工作，在挚友陈超的支持下，深入农村老区，跋涉山巅水湄，后又从事《鳌江志》的编纂，修成了浙南继《瓯江志》后的江河志。工余又重拾书法艺术，义务从事古典诗词《南雁荡诗讯》的编纂工作，即使离休后，仍穷年兀兀，不知老之已至。而京生呢，仍一如既往勤勤恳恳工作，一边和颜悦色地孝敬公婆，一边安排女儿婚嫁，支持丈夫重新焕发的工作热情，让他无后顾之忧。甚至在拆建房屋这样的大事上，也没让书呆子的光铭操劳。“贤媳妇”充分发挥了蕴藏的能量。

“日月推移忽古稀，鹿车挽尽未相违。平生此事真堪慰，蓬转鸿惊一处飞”。他俩先后从工作岗位退下来时，女儿都已学业有成，工作出色，室家美满，光铭更疼爱老伴了。夕阳无限好，晚晴更妩媚，此时更“不相违”了。他们要充分享受中华民族复兴伊始的小康生活，携手一同飞向北国南疆、长江大河，远至新、马、泰等国。一路上摄影留念，赋诗抒情，正如清人诗所说的“但教弄玉随萧史，未厌年年踏软尘”。入滇时登大观楼，俯览八百里滇池，“颠倒楼台波底影，参差花树岁寒枝”；仰读孙髯翁长联，逸兴遄飞，即使“到此何须再赋诗”，仍情不自禁，一唱再唱。游三峡时，“楼船鼓浪下夔门，急峡危岩日月昏”，二人倚舷眺望，缅想宋玉作赋，孙刘争雄，长江滚滚，又有多少历史积淀，供后人赏览凭吊啊！他俩畅游胜景，讲述黄鹤楼的传说，体味岳阳楼的警句，共诵滕王阁王子安的名作，凭吊靖节先生和慧远的遗韵。黄山云海，雁荡奇峰，更是他俩低回留恋的地方。从北京故宫到山海关长城，从白鹿洞到武夷九曲，更有那“家家泉水，户户垂杨”的历下，和司马迁“祇回留之不能去”的曲阜，莫不记以诗，留下珍贵的照片。

今年是癸未年。党的十六大召开以后，全国人民更意气风发响应党的号召，为全国建设小康社会，为开创中国特色社会主义事业新局面而奋斗。今年又是京生的七十诞辰，是他俩金婚纪念的一年。国事家事，一片喜庆，光铭拟将二人携手共游的诗作和摄影汇选为一册，题曰《雪泥集》，以作为给爱妻的献礼，家人的纪念，并驰书嘱余，为赘数语。我是一个愚拙的人，怎可以弁斯册？但平居常想：夫妇的爱情，朋友的道义，好像两股道上的车。杜甫与李白过着“醉眠秋共被，携手日同游”，“何时一樽酒，重与细论文”的生活，而与他生死相共，迤逦入蜀，同居夔府的“瘦妻”，却未见诗中杜婆曾与夫君共观“吴楚东南坼，乾坤日夜浮”的场面。而太史公对孔子高唱“高山仰止”的赞词时，太史婆可能仍在家调弄着外孙杨恽吧？而光铭却二者兼之，这是多么幸福啊！

在漫长的封建社会，在近代三座大山压榨下，我国的妇女所受到的屈辱与压迫，远远超过了男子。但中华相传的美德却往往在女性身上得到体现和传递：孟母三迁，陶母封鲊，孟光举案，少君鹿车，都在历史上传为美谈。解放后，梅志与董慧在胡风、潘汉年冤案中的表现，真使人有“高山仰止”之感。即使寻常百姓家，充分显示家庭美德，历经风风雨雨，其爱情之坚贞，信心之纯笃，如在平阳友人中亲身所见，都让我敬佩不已，京生便是其中佼佼者。现在有些青年人，受欧风美雨一些消极影响，对爱情似乎不那么尊重，经常以“新新人类”自诩。实际上，即使在暴力和色情流行的美国社会，现在也在认真反思，并歌颂着忠贞持久的爱情。如肯塔基的比尔夫妇，结婚已八十三年了。人家问他长久婚姻的秘密，答道：“彼此深爱是关键。”当地报纸为这对“幸福老鸳鸯”发表社论，颂扬他们是“毅力、耐心、妥协、适应力和承诺的结果。”让我们“洋为中用”，祝京生和光铭这对“老鸳鸯”通过《雪泥集》的出版，更体现出“深爱”的光辉，辐射到亲友和下一代，并互相携手，含笑着谛视全面小康社会的建成，从而写出更多更美好的诗篇吧。

（录自王光铭《雪泥集》）

《朴庐味道吟》跋

马诚起

闻翁事迹详载《委羽山龙门宗谱》，其《传》乃黄岩名流褚传诰撰。《谱》中录有诗词赞颂等著作，仅麟角凤毛而已，虽琐玉碎金，垂世必久。今平邑重修古志，蒐集道流逸行奇迹，翁之高足傅启东、刘彦珍及本观之玄裔林诚镜、陈信修等乘此良机，就商于予，欲为翁搜稿立碑，以垂不朽。

余不敏，少侍翁，亲受教诲，获益良多，惜步伐难追，早离蒲侧。然吾翁之在玄门，犹砥柱之障中流，挽狂澜于既倒，拨浓雾而重光；振玄风之颓废，启道业之宏兴。恨天赋其才，而不赋其寿，因玄门之殒巨星，实后辈之丧考妣，曷胜感泣？

然翁之生平丰功伟绩，名山处处都有其雪泥鸿爪，搜集良难。今不忍上述之事迹任其湮灭，粗陈万一，寿诸志籍，敢云跋耶？

（录自闻理朴《朴庐味道吟》）

《扣舷居诗稿》序

张　禹

我和光铭兄的交往始于上世纪八十年代中期。那时候他为平阳诗词学会编辑内部刊物《诗讯》，每隔一段时间都会邮寄一份到合肥来给我，一直坚持了十余年之久。虽然我已不再写诗，也不再参与有关诗词的活动，但他仍寄赠的这份《诗讯》却是我每期必读的刊物，让我读到很多家乡老友的佳作。通过这一份《诗讯》，我对光铭兄热心家乡诗词活动的精神渐渐有了较深的认识。如今说来，已近二十年了。

日前光铭兄持其诗集《扣舷居诗稿》样本来访，说是他在这以前半个多世纪中写的全部诗词作品，要我作为第一个读者并说说自己的观感。读诗是我喜爱的事，读了之后自然会有感触，我也毋需隐瞒。四方人说，有一千个读者，就有一千个哈姆雷特，同理，如果有一百个来读《扣舷居诗稿》，也会有一百样的感受吧？既然让我先读，那么我就先发言了。

《扣舷居诗稿》开头三题五首作于一九四八年，是光铭兄弱冠时的习作。现在回头看，这几首诗虽不很成熟，但在我辈出生于二十年代、从小受新式学校教育的一群青年中，也可说出手不凡了。大家知道，旧时平阳最后一个较上档次的诗社——“戊社”，是由十九世纪下半叶出生的老一辈文人（刘绍宽、王理孚、黄光等十人）组成的，到了三十年代就自行解散了。此后经过八年抗战和三年内战，直到一九四九年新中国诞生及其后一段时期，广大人民群众在火与血考验中奋起、抗争，直至胜利。在这长期而又急迫的狂风骤雨般的革命浪潮冲击下，一切旧的传统文化都必须接受严酷的政治检验，才能够融入新的生活。所以，光铭兄的早年习作定会戛然而止，也确实写不下去了。

光铭兄的诗词创作实际上始于一九五七年。他的知交“山阴求放子”甘克诚先生写了一篇《扣舷居志》，敏锐地指出“扣舷居”诗的根本在于他“尝贬右派为渔”，即被打成“右派”。这话很对。但是甘先生身居海外，不知道所谓“右贬”究竟是怎么回事，故而把“扣舷居”想象得如同唐代诗人刘禹锡贬官安徽和州时的“陋室”那样富有诗意，仿佛他的朋友也能享有刺史或较低级别官员那样闲适无忧的自由生活，这就不免差之毫厘，谬以千里了。在一九五七年的反右派运动被错划为“右派”的几十万人中，光铭兄所受的处罚还不是最重，但已被开除公职，不得不从事体力劳动以谋生计，并且在政治上受到歧视，失却做人的自由和尊严。对于一个刚到“而立”之年，全身心追求进步的人来说，这种惩处已足令人绝难承受了，何况它竟是错的(二十余年后才得以改正)。从《离居三首》(大约作于六〇年前后)可以看到作者内心的痛苦和疑惑之大之深，这是困扰作者几年而无法摆脱的心灵创伤。但正如老子所说，“祸兮福所倚”，这一次飞来横祸却使他“黄粱梦觉”，感到“脱屣从今身属我”，可以回到诗词的“波涛万顷”中自由驰骋。我们从《诗稿》中可以看到，作者在重新开始时似乎心存疑虑，到六〇年前后才稍稍放开手脚干起来，并且在思想上有所突破，敢于抨击当时盛行“假、大、空”的丑恶现象，显示出一个知识分子爱国忧时的胆识——这正是传统诗词中最珍贵的品质。

被打成“右派”，却成了旧体诗词作者，光铭兄不是一个绝无仅有的孤例。就我的见闻所及，自五十年代以迄“文化大革命”期间，有许多被打入另册的知识分子都或多或少写过旧体诗词，其中有少数是当行老手，更多的却是偶然闯入的新人。如胡风本来不写旧体诗，入狱后却写了许多七律，后来印成时记录下来的就有几百首。更有名的是聂绀弩《散宜生诗》，也是进了劳改场后才写的，他以前只写杂文、新诗和古典文学论文。其他受各式各样冤假错案牵累的党、政、军、工、农、商、学各界人士在各种场合所作的更不计其数，汇集于《天安门诗抄》中就有不少。这么多的人在做旧体诗，可谓中国诗史上一大奇观，一次意外的收获，如古人所谓“蚌病成珠”。但在他们各个个体而言，身处逆境，并无做诗的自由，自然也谈不上什么雅兴。他们之所以选择旧体诗词这样的形式，我想，一是为便于保存和记忆，二是较切合于当时那种难于排遣又难于直说的郁积情怀。当然，由于各种条件的差异，这些作品的内容和形式都各不相同，甚或带有许多缺点和谬误；但依我之见，较之同一时期公开发表的某些名公巨子满口狂言、谎话、套话的篇章，至少表达了一点儿真情实况，更接近诗词的本色。“文化大革命”结束后，一部分产于地下的诗词得以出土——公开出版发行，对于我国诗词也是一次拨乱反正的思想解放，我们至今还可以感受到它的影响。

《诗稿》中作于“右派”改正前的诗不满三十首，平均每年只有一首半，颇有苦吟诗人贾岛“两句三年得，一吟双泪流”的味道。后来他在《自述诗次张病知先生韵》诗中说：“布帽掷馀戏屡输，且从岛可作诗奴。行藏最似磨盘蚁，左右偏逢缀网蛛。岂有狂言惊四座？未能愤悱反三隅……”似在反思当年苦吟不得的情况。其实也不能怪他这个“右派”不敢放声吟唱，在那以阶级斗争为纲的年代，“处处桃源方颂秦”(《渔翁》)已成风气，倘不愿违心地随声附和，只好免开尊口。如俗语所说，好汉不吃眼前亏，惹不起躲得起，沉默也算是无可奈何中的一种选择。善于读诗的人，应该会从空缺之处体味诗人无法写出来的东西，那里面的“愤悱”或许比写出来的更深更大，也更有价值。依我看，作者在这一时段里所写的诗，如《馀火》《写史有感……》等，都带着一腔“愤悱”，才写得神完气足，铿锵浓烈。正是在这一时段的创作实践，光铭在诗艺上趋于成熟，定格为“这一个”平阳诗人王光铭。由此可知，尽管他的《诗稿》十分之九为新时期作品，仍榜名“扣舷居”者，原是很有道理的。因为后来的新作，不管怎么因进因地而异，总脱不了个性化的特征——它的优点和缺点的特殊组合形态，而在他“右贬为渔”时早就定型了。这已成为历史事实，不管什么人喜欢不喜欢，都无法回避，更无法改变它。

作为一个老友，翻读《扣舷居诗稿》后要说的话很多。以上只说了一点，就已费了好大篇幅，务乞读者诸公宽恕老年人的啰唆。《诗稿》中有一阕《青玉案·余眼疾初愈即蒙镇波兄见赠，次韵作答》，下半有句云：“一度空花堪太息：齐竽吹得，鲁鱼混得，此得人之得！”在他的“扣舷居”里，你说他的诗好与不好，说得对与不对，他都不会见怪。也许有这样的机会，让我随诸多平阳诗友到“扣舷居”中细谈吧！

(录自王光铭《扣舷居诗稿》)

《姚易非作品集》序

莫　洛

我在认识易非同志之前，先知道易非的名字。

因为我的一些朋友和同学，都是他的同乡亲友，那时大家都从事抗战工作，相聚时常谈起。后来与易非有了接触，而40年代初，我离开温州，长期在外，直到80年代以后，我们之间来往才频繁起来，遂成为要好的朋友。因此，从时间来计算，我们已有几十年的关系，可算是相当熟识的老友了。

1937年爆发的抗日战争，是一场历时八载的民族解放战争。那时候进步的知识青年差不多都卷入到这场伟大的战争之中。我在温州从事抗战工作，易非则活跃在青田、丽水一带。为了动员民众，保卫祖国，扩大宣传，坚持抗战，大家的爱国热情极高，为全民抗战无私地贡献一切力量。当时不论生活如何艰苦，环境如何恶劣，条件如何困难，阻力如何巨大，大家都毫不犹豫、计较，总是努力奋争、一往无前，一切都为争取抗战的胜利而献身工作。

有一点我和易非是相同的，即在抗战时期，我们主要的都从事抗战宣传工作——既做文字宣传，也做戏剧宣传和歌咏宣传。因而在交往的过程中，我们的心就很容易联结在一起。

易非在抗战开始时还是一个中学生，他那时就已积极参加抗日救亡的话剧运动，与同学们一起在家乡山区演出过《放下你的鞭子》《张家店》《三江好》等街头剧和短剧。接着他先后参加过龙泉的民众剧场（由邵荃麟、葛琴发动组织）、浙江省第一戏剧歌咏团、浙江青年边疆工作队等戏剧团体，在丽水、龙泉、青田等地演出许多抗战话剧，如《国家至上》（宋之的、老舍）、《牛头岭》（阳翰笙）、《野玫瑰》（陈铨）、《绯色网》、《烟苇港》等名剧。在艰难的演出条件下，演员们都兴致勃勃地排练、演出，收到很好的宣传效果。可见易非在抗战时期已与戏剧结下不解之缘。他参与戏剧活动，都是深入群众、奔走于穷乡僻壤、直接为抗日战争服务的。

抗战胜利之后，易非随浙江青年边疆工作队来到温州，在浙东南这个较大的城市里，他又参加了陶熊的《贞子姑娘》、陈锦编译的《罪与罚》（英国戴耳原著）以及曹禺的《原野》《雷雨》和陈白尘的《升官图》等大型话剧的演出。

在温州解放以后，新中国成立之前，温州成立了永嘉青年工作队话剧团。为了配合形势，作为党的生日献礼，易非和一些同志便组织演出了谢铁骊编写的四幕话剧《不屈的人们》。这个来自老解放区的新话剧的及时演出，受到刚获得解放的广大温州观众的热烈欢迎，影响很大。

易非是一位热心的戏剧工作者，他不仅参加剧团巡回流动演出，而且自己既登台当演员，又参与排练、设计，也当导演。有一个时期，他在各种报刊上发表了不少剧本的剧情介绍、舞台人物形象的分析、戏剧演出的报道和特写，更多的是写了剧评和影评。因为易非有了戏剧工作的实际经验作基础，于是转而热心于剧本创作。为配合婚姻法宣传，他写了独幕剧《幸福自己找》；为宣传新的义务兵役制，他写了《海滨的早晨》；为反映教师开会过多影响工作和生活，他写成讽刺据《教师的星期天》。在儿童剧方面，他写了《飞吧，咱们的小银燕》和《兔子的故事》；又与人合作写了儿童歌舞剧《小公鸡》，还与人合作写成木偶剧《时针飞转》。这些剧本，其中有的在学校演出时，反响热烈，很受学生欢迎；有的被选入儿童文学剧本选；有的在省城和北京演出时获得调演一等奖和全国优秀剧本奖。

特别值得一提的是，易非花了不少力气把陀思妥耶夫斯基的长篇小说《被侮辱与被损害的》改编成四幕话剧。他曾这样谈起自己当年在读完这部名著后的心情："我只觉得有一种高度的热力通过了全身，它使我战栗、使我流泪，整整三天，我完全沉醉在这种强烈的氛围里。"由于他受到这部小说强烈的感染，内心就产生一种迫切的愿望，决心要把这部小说改编成话剧，把它搬上舞台，他认为"这样一个动人的故事，一定能够震撼千万人的心灵"，使观众会为"被侮辱与被损害的人们发出共同的愤怒的呼喊"。显然，这是一个善良的正直人的愿望，但从愿望到实践，真正动手做起来，却必然会碰到很多困难。因为长篇小说的故事情节复杂，人物众多，性格多样而富于典型，还受到舞台形式和演出条件的限制，又须保持原著的精神，等等。但易非凭着自己的热情和勇气，他在反复阅读邵荃麟的中译本后，多方考虑，拟定大纲，再三推敲，多次修改，最后终于完成了这部名著的改编工作。功夫不负有心人。易非把这部剧本在报纸上连载发表之后，便寄去向巴金求教。实在出于意料之外，稿子寄去后不久，竟得到了巴老的回信，并同意出版。这部名著改编的大型话剧《被侮辱与被损害的》，巴金把它编入《文季丛书》之二十六。后来因受到解放战争形势的影响等多种原因，此书直到1951年3月才由上海文化生活出版社正式出版。

易非是一位勤奋的作家，虽然他自1957年遭受厄运之后，整整二十多年被迫停止写作，但他从青年时代至今，还是陆续写出了百余万字的作品。有许多作品由于多种原因已经佚失，无法找到，所以收入这部《作品集》的作品，仅是他全部作品的一部分。

现在的这部《作品集》，收进了易非过去所写的小说、剧本、诗歌、评论和回忆录等。从我个人欣赏的角度来说，我认为，易非在文学创作上，剧本创作的成就最大，收获最丰，而且能更明显地反映出他的文学才能。

综观易非文学作品的特点，我以为他的作品，大多是面向社会、反映现实、干预生活，具有鲜明的时代色彩。作品所流露出来的作者的思想感情，我们都能感受到那种跃动着的进步思想和热烈感情，以及可贵的对于少年儿童的热爱。

在我们中国，凡是出生于20年代前后，现今已七八十岁的知识分子，在漫长的生命行程中，都经历过或长或短、或多或少的苦难生活和战争生活——其间经过北伐战争，爱国救亡的学生运动，抗日战争，反饥饿、反迫害的爱国民主运动，解放战争，抗美援朝战争，扩大化的“反右”运动，“史无前例”的“文革”……这些人中，有的颠沛流离，有的在烽烟战火中生活，有的流亡避难，有的被捕坐牢，有的失学失业，有的受冻挨饿，有的妻离子散，有的蒙冤受屈，有的人格和心灵遭到伤害，有的甚至生命受到威胁（其中不少人过早地离开人世）……这些知识分子，虽然走过如此坎坷、苍凉、悲惨的道路，但他们中的绝大部分都是心地善良、追求理想、向往光明的，都是热爱祖国热爱人民的。据我所知，我的许多老年朋友——健在的或已亡故的，大都如此，其中也包括易非和我自己在内。所以我认为，我国老一辈的进步知识分子，是经过磨难、锻炼和考验的，是善良、真诚的爱国主义者。

易非如今年已古稀，还在负责主编民进平阳总支创办的《作文新圃》双月刊（分中学版和小学版两种）。这种刊物从创刊至今已近十年，发行量最高时达到10万份。因它面向中、小学生，以提高他们的写作能力和写作水平为宗旨，所以受到广大学生和教师的欢迎。易非现在虽不免老眼昏花，但仍为这个刊物坚持不懈地操劳，并且拿出《作文新圃》积累的部分经济收入，亲自到贫困山区为“希望工程”捐款，为一些无力入学的小学生解决了实际困难。这也反映了易非对儿童们和少年们的一片至诚的爱心。

近几年来，温州有这样一种现象：许多年逾花甲，或已是古稀之年，甚至是耄耋老人，他们纷纷把自己平时所作的诗词、文章，编印成集子出版，馈赠友好，送交图书馆收藏，同时也给自己和后辈留作纪念。我完全理解老人们的这种心情。我想，一个和笔墨打交道的知识分子，在人生的道路上，总想留下一点文字的痕迹，总想把自己平日所作的诗文留给后人，以此作为自己生命的一部分向社会作真诚的奉献。我觉得这是一种很值得称道的良好风气，也是太平盛世一种可贵的文化现象。

我为这些老人能愉快地在人生的道路上留下自己的足迹而感到异常兴奋，并虔诚地为他们永葆青春祝福。

现在，《姚易非作品集》将要正式出版了，为此我感到由衷的高兴，作为他的老友，我向他表示诚挚而热情的庆贺！

1997年9月16日中秋节之夜，作于温州坐远楼南窗下。

（录自《姚易非作品集》，1998年，漓江出版社）

《油纸伞》自序

林楚平

18世纪英国作家哥尔斯密在他的小说《威克菲牧师传》的序言里说过，“大凡一本书虽然有许多毛病，也许有许多兴趣；又有一本书，没有一处毛病，读来却索然无味，此中自有分别。”但愿我这个集子是属于前者而非后者。在商品大潮里活着就已很累，何苦用自己的文字去给人再添些沉闷与不快！

当然，一本书最好是既无毛病而又多趣味，但这关乎作者的学识与才情，谈何容易！“又要马儿跑又要马儿不吃草”，世上十全十美的事原是很少的。

收在这个集子里的文字颇多思乡怀旧之作。我出生在东海之滨的一个县城——平阳县。它不是什么通都大邑，而且我在十二三岁也就离开了，按理是没有什么可写的。但在童年记忆里，它还是我色彩生动、内容丰富的精神家园。它的山川景物、草木虫鱼、瓜果蔬菜、人物掌故，对我都魂牵梦萦，无限亲切。古人见秋风起而莼鲈之思，俄罗斯人见农舍炊烟油然而生爱国之情，都很好理解。我在“文革”中蹲牛棚、住干校，劳动之余或枕上梦中，就常神游于这童年的精神家园。但当时还没有要写它的冲动。我是做翻译工作的，总想在这方面做出点成绩。不想离休以后的连续两场大病，元气大伤，再不能有什么大举的希望了。在《大公报》工作的陆拂为兄劝我：现在不是有“玩文学”一说吗？这于你目前的身体情况正合适。他要我给《大公报》的副刊写点稿子，文不必长，每篇千把字即可；时间不限，每月三数篇不拘。他的话勾起我写童年老家的念头，于是就真的“码字玩儿”起来。数年下来，断断续续，竟写了二三十万字。集子里还有几篇是谈翻译的，谈中外文字因缘的，谈身边生活琐事的文章，这些都是杂览之余的副产品，希望它们不太乏味就好。有人将正式职业比做妻子，将业余爱好比做情人。此说假如成立，那么，我是在搞“黄昏恋”了。

常见节目主持人介绍一个什么星上场时，在做了一番广告性的介绍之后，总要一边带头鼓掌，一边招呼台下：“掌声有请！”于是全场呱唧呱唧，气氛顿时活跃。我也曾寻思请人写篇“掌声有请”式的序言，以增加书的销场。但是想想还是算了。因为熟悉点儿的朋友，也和我一样，都届耄耋之年了，而且都文债缠身，穷于应付，何必为这点事浪费人家来日无多的时间呢！因为为你作序，先得读你的文字；到了落笔为义，乂得斟酌如何拿捏分寸深浅，这都是伤脑筋费气力的事，何苦让人作难。“扬州八怪”之一的郑板桥在为他的《家书》所写的小引里说：“几篇家信，原算不得文章，有些好处，大家看看；如无好处，糊窗糊壁，覆瓿覆盎而已，何以叙（序）为！”我欣赏他的这种态度，就援他的例为这个集子写篇自序。但是话说回来，我和文艺界出版界无多交往，近年两次出书（此前出过一本十多万字的集子《在花毯背面》）都是由于斤澜兄的介绍与联系，其间，他很可能已经在口头上为我做了“掌声有请”式的推介了。倘若果真如此（其实应该说是一定如此的），那么，“在下此厢有礼了”。

2001年9月于北京红莲晴园　林楚平

（录自《油纸伞》，林楚平著，2002年，中国工人出版社）

为天地立心　为民众立言

——《宁做痛苦的清醒者》自序

周瑞金

人生苦短。跨出复旦大学校门，充满憧憬走进解放日报社当记者，此情此景，历历犹如昨日。想不到，一转眼，41年过去了，当年“书生意气方遒”的学子，而今已成为两鬓染霜的老人……

人生恰似万花筒。每个人都有自己的红蓝黄白紫、酸甜苦辣涩。有企盼，有失望；有得意，有委屈；有欣喜，有伤悲；有顺畅，有横逆；有感戴，有愤怒；有美好，有丑陋；有真情，有虚假；有善良，有丑恶；有满足，有贪婪……这就是人生，多滋多味、多姿多彩的人生。只是人到老年，以往再苦再难再揪心再懊恼的经历，在记忆的屏幕上，也都演化成斑驳绚烂、回味无穷的画面，让你体味着新奇、宽容、理解和恬静，真像儿时看万花筒那样一种心情。

我的人生很平淡，只是在不平淡的时代之光折射下，才显出一点色彩。孩提时代，逃避战乱，尝够枪炮的惊吓。迎来解放，戴上儿童团的袖标参加劳军演出，又有多少童年欢乐。少年时，跋山涉水从偏远山区到温州城求学，尽管家境贫寒，大半年赤脚没有鞋穿，还不时交不出伙食费被停伙挨饿。但是，苦读带来的荣誉与满足，尤其以优异的成绩考进名牌大学的喜悦，在我年轻的心底里牢牢烙下“天道酬勤”“天道酬诚”的难以磨灭的信念。然而，进入复旦大学那个年月，读书声消匿，批斗声却此起彼伏。反右派、拔白旗、反右倾、批个人主义，运动一场接一场，刻苦学习被批判为“走白专道路”，打小报告整人却成为积极分子。还要上山下厂，挑灯夜战，挖地三尺搞深耕，一亩地撒一百斤麦种搞密植，到农民家敲锅撬锁炼出铁渣块当钢来“赶美超英”，不读书还要编写大部头教材批老教授以标榜“教育革命”，如此等等。那真是热情燃烧、豪气万丈的年代，又是愚蠢傻帽、荒唐可笑的年代。

走上工作岗位后，有过短期恢复经济、稳定政治、调整政策的好时光，又得到解放日报社许多素质优秀、经验丰富的老领导、老师的悉心指导。我的新闻业务得以良好起步，并成为执政党的一员。我永远铭记王维、郑拾风、储大泓、陈念云、沈光众、鲁瑛、方远等老领导、老师的关怀和帮助。然而好景不长，一场突如其来的大风暴席卷全国，一夜之间数百张大字报挂满报社大楼，我所钦敬的老领导、老师被打成“牛鬼蛇神”和“反革命修正主义分子”，而我由于沉默不揭发，很快也惹火烧身，什么“修正主义苗子”“反动权威的徒子徒孙”，帽子棍子满天飞、灌顶压。那年头，整人的和被整的走马灯般轮番表演。整牛鬼蛇神的人很快被造反派整下去了，造反派又很快被军宣队整下去了，军宣队又很快被解放了的“走资派”整下台了，真是个“乱哄哄你方唱罢我登场，忽喇喇一场欢喜忽悲辛”，直到这场大浩劫的落幕。

进入历史新时期，我已近不惑之年。改革春风荡漾，开放迎来气象万千，现代化建设带来人民生活的大变样。这是一个国家充满活力、民族振兴有望的新时期，也是每个人能施展才华、报效祖国的好时期。万马齐喑、发泄仇恨、轮番整人的时代终于过去了！虽然，改革之路并不平坦，仍有惊涛与暗流，让人还时有“文章曾命达，魑魅喜人过”的感叹。但是，“春天的故事”毕竟给人们带来更美好的期盼，“三个代表”启奏了新世纪更动人的乐章。

回首人生旅程，个人命运总与国家命运紧密相连，人生道路总与时势风云难分难舍。人生价值确实不必全以功利衡量，因为人生有太多的机缘和作为，又有太多的苦厄和偶然，也有太多的诱惑和陷阱。所以，只要善待人生，诸恶莫做，众善奉行，又何必计较于名位、利禄、年寿、荣乐、子女、家庭？“无为不入世，有情始做人”。人要有抱负，要对社会历史有奉献，还要讲人性讲真情讲关爱。唯有抛却世俗的认可、赞同、称颂，才能张扬个性、发挥潜质，敢想敢说敢作敢为，充分施展自己的才干，利乐众生，感受到生命存在的自由与轻松，也才能体验到生存的真实意义。“齐万物，一死生”，这就超越了对虚名私利的世俗追求，而获得人生的自由价值。因此，十多年前我游览长沙岳麓书院时，非常欣赏乾隆时岳麓书院的山长旷敏本写的一副楹联：“是非审之于己，毁誉听之于人，得失安之于数，陟岳麓峰头，朗月清风，太极悠然可会；君亲恩何以酬，民物命何以立，圣贤道何以传，登赫曦台上，衡云湘水，斯文定有攸归。”上联的头三句我一直默记在心，奉为人生格言。

人是社会之人，又是宇宙之人。中国哲学家崇尚天地人的兼容与融合，倡导以个人的存在与宇宙的法则为至尊至大。正如古人云：“上揆之天，下验之地，中审之人”，“观天地之象，通古今之事，权事而立制，度形而施宜，以统天下、理万物、应变化、通殊类。”宋儒张载倡言“为天地立心”，就是要求一切有抱负、负责任的仁人志士，能顺应宇宙万事万物向上进化的要求，去自觉推动社会历史合乎规律地向前发展。能为天地立心者，也必能为民众立言。所以，中国历史上为民请命的志士仁人不绝如缕，被鲁迅誉为“民族的脊梁”。

一千八百年前的政治家兼文学家曹丕在《典论·论文》中写了一段非常精辟的话：“盖文章经国之大业，不朽之盛事。年寿有时而尽，荣乐止乎其身，二者必至之常期，未若文章之无穷。是以古之作者，寄身以翰墨，见意于篇籍，不假良史之辞，不托飞驰之势，而声名自传于后。”回顾中外新闻史，“铁肩担道义，辣手著文章”者代有人出，熠熠生辉。举其要者，中国有王韬、章太炎、梁启超、詹大悲、瞿秋白、陈布雷、张季鸾、邹韬奋、范长江等，外国有斯特朗、斯诺、史沫特莱、爱伦堡、伏契克、李普曼、海卡尔、法拉奇等。他们都曾笔走龙蛇，雄辩滔滔，唤起民众，革故鼎新。纵观中外这些政论大家，共同特点都是顺应时代潮流，追求人类进步，为天地立心，为民众立言。

当今时代，新技术革命日新月异，知识经济之潮顺势勃兴，经济全球化、政治多极化带来世界政治、经济、文化、社会的变化多端、祸福难测。席卷世界的金融危机，“9·11”恐怖袭击，巴以冲突，海湾战争，东亚核危机，单边强权主义挑战，直至近来爆发的SARS病毒肆虐全球……面对如此局势，我的脑海不时浮现英国文豪狄更斯在《双城记》中的名句：“这是一个充满希望的时代，这是一个充满绝望的时代。”确实，我们的宇宙存在太多未知数，我们的地球存在太多的不公，我们的人类存在太多的不幸，贫富的差距，民族、宗教的冲突，文明的激荡，疫病的流行，自然灾难的频发，人类将走向何方？人们心中确实存在太多的问号。应当承认，处理天、地、人的关系，我们的知识有限，能力有限，经历和生存时间有限。我们必须时时保持警醒，激发责任，不断提出质疑，敢于批评，勇于思考，澄清疑惑，大胆创新。一个社会，一个民族，如果这种敢于质疑、敢于批评、敢于思考、敢于创造的人多了，这个社会和民族的安全系数和发展机会就会多得多。反之。假如一味地报喜不报忧，爱吹不爱批，闻批则怒，文过饰非；一味地追求“政绩”，不惜劳民伤财，贪图个人长官发财；一味地沉溺于安乐享受，吃喝玩乐，毫无忧患意识，忘记了生存中的“盲区”，忘记了潜在的危机与冲突，忘记了对社会对人类命运应有的责任。那么，来自上天下地（大自然）的处罚，来自社会历史的惩罚，来自自己作孽的惩罚，便会随时随地发生。SARS病毒的肆虐就是这样一种警告。警觉啊，善良的人们！愿我们永远铭记本书中一位哲人积毕生之体验发自内心的一句箴言：

宁做痛苦的清醒者，不做无忧的梦中人。

作　者

2003年5月1日于上海

（录自《宁做痛苦的清醒者》，周瑞金著，2003年，文汇出版社）

《跬步集》序

徐　规

周干先生，浙江省平阳县萧江人，公元1923年出生于今温州市城区。其尊翁宏毅公（1877—1944）精蚕桑之学，历任温属联立蚕校校长多年，又热心桑梓水利事业，乡人有口皆碑，生平事迹已载入新编《温州市志》《平阳县志》。宏毅公亦娴习文史之学，周干先生幼少时在其尊翁严格教育下，奠定了从事学术研究之始基。

周先生毕业于宜山小学后，抗日战争期间连续就读于郑楼温州师范、平阳中学、瑞安中学。1946年秋，考入东吴大学，继续深造。中华人民共和国建立，在平阳一中任教历史课二十年，后又执教于平阳桥墩中学、平阳师范学校。1981—1983年，应聘作温州师范专科学校（今温州师范学院的前身）中文科历史教师。从事历史教学长达三十四年。此后，转到平阳县地名办编《平阳县地名志》，平阳文物馆主编《平阳历代名人选录》《平阳文物》，平阳县志办编《平阳县志》（任副主编）。县志分志稿完成后，又应聘到县政协文史资料委员会编《平阳文史资料》。1999年8月，再度受聘到平阳县地方志办公室参与新编《平阳县志》的订正工作。致力于地方史志研究有十七年之久。1988年，被省里评为副研究员。

周先生从事教学、编辑工作之余，曾陆续刊布或写就史学论著多篇，涉及先秦到现代之史事和人物。浙江大学教授、著名历史地理学家陈桥驿先生在1988年评审其职称时所作的评语云：

周干同志对《左传》的研究已有较高造诣，其所撰《〈左传选〉的释义问题》及《再谈〈左传选〉的释义问题》二文，可以证明他对此书有较为精湛的研究。《左传》是《春秋》三传中最详细而权威的一种，对此书的深入研究，不仅有裨于文字训诂，最重要的是能够订正先秦史的许多资料。……作者对子产的研究也卓有成绩，子产的记载在《左传》襄公、昭公年间大量存在，经过作者的梳理分析，写出一篇子产的传记，条理清楚，论证深刻，证明作者在《春秋》三传的纵深研究方面也已经取得了较大的成就。由于作者文史基础扎实，所以在地方志修纂工作能够胜任愉快，其所撰《读民国〈平阳县志〉札记》一文，可见其功力深厚，甚得读志之要领。

又浙江大学历史系教授、著名史学家、方志学家仓修良先生在周先生所著《新编〈平阳县志〉辨误校正》一书的序言中亦认为他的这种对方志之求真务实精神是非常可贵的，是值得提倡的。我同意两位名家的论断。

《跬步集》所收载的论文主要内容有三个方面：

（一）是和《左传》有关的论述和人物传记，这部分主要是列举史实驳斥所谓“子产治郑，实行‘田有封洫，庐井有伍’”乃是“表明管理好井田，成为子产施政内容的不可缺少部分”，从而证实子产是一位杰出的政治改革家；其次是对四川大学徐中舒教授等编注的《左传选》（中华书局1963年出版）及《辞海》（三卷本）的释义等方面提出异议，以供参酌。

（二）订正当时中学的历史课本及有关史志的失误，特别是其中所著《新编〈平阳县志〉辨误校正》一书，考评翔实，比勘恰当，引起专家学者的重视，终于促成平阳县领导拨出专款，组织人员，对新编县志重加全面订正。盖民国《平阳县志》在温州著名学者刘绍宽先生负责下修成，被推为“近代浙江方志之佳作”（见近人洪焕椿《浙江方志考》）。而新编《平阳县志》反不逮前志之精审，颇有遗憾，故发愤为之纠误，其有功于乡邦文献，固不待多言。

（三）保存了部分有关乡土历史。如浙闽边区的“金钱会”和平阳的“大刀会”，是近现代浙闽边区一次规模最大的农民起义和一次农盐民的抗暴斗争，周先生为之阐发表彰，并指出其局限性，尤其是对“大刀会”后期的反革命行径加以揭露，这些研究都是有贡献的。

总之，周先生长期专心于教育事业和史学研究，对培养人才特别是乡邦史志的考述，收获良多。今年近八秩高龄，自选平生论著，编成《跬步集》，予以刊布，求教于同道，诚为吾乡学术史上的盛事，故不揣浅陋，爰为之序。

公元2005年5月于浙江大学人文学院中国古代史研究所。

（录自《跬步集》，周干著，2000年，华艺出版社）

平阳顺溪陈氏宗祠碑林集序

陈圣驹兄受顺溪先贤之影响，多年来留意于家乡文史资料的搜集和整理，曾倡议并创建顺溪陈氏宗祠碑林，表彰古今乡贤业绩，颇为时人所称颂！今又编成《平阳顺溪陈氏宗祠碑林集》一书，详徵古今文献，细加句读注释，列入多幅照片，下附说明，并纠正昔人误刊、误写字句。穷年累月，奔走各地，寒暑勿辍，呕心沥血，始克蒇事，为振兴桑梓文化与发展地方旅游事业作出显著贡献！

圣驹兄以规喜习乡邦掌故，托人携来该书打印稿，嘱为之审订，并作序言。情意殷切，未敢辞却，爰穷数日之力，略予润饰更定以报之。惟书中所录碑刻，其中字句类多漫漶、剥落，颇难识真，不免失误之处，尚祈专家不吝指教！

徐　规

公元2001年7月，时年八十二，于浙江大学西溪寓所

（录自《顺溪陈氏宗祠碑林》，陈圣驹编）

蔡渭溪先生八十寿序

夫松耸南岳，岁寒知为后凋；菊绽东篱，秋深更馨晚节。物性如此，人品亦然。若平阳蔡渭溪先生者，其殆人中之松，士中之菊也欤。先生家本寒素，少即习劳。研精博物，巧夺天工。好鸟枝头，野禽山外，一经手自剥制，即成世上奇珍。既准确复原其体型轮廓，又善于保持其生动姿态。且经风干定型后，可随心所欲，变换多姿。置之讲舍，教师可用形象之教具，供之案橱，雅人则能添赏玩之雅兴。故高等美术院校纷纷订购，以供生徒写生，对外贸易部门源源包销，为赚取外汇。于是先生所制标本，风行一时，畅销海外，先生亦因是独执标本制作之牛耳，两占先进工作者之鳌头矣。

施化常先生为温州著名中学生物教师，专精生物分类学，为查明东南沿海一带兽鸟鱼以及无脊椎动物之品种门类，与分布状况，昔年先生随同施氏长途跋涉，风餐露宿，深入浙南闽北之穷乡僻壤，海滩水涯，采获富有学术价值之各类标本，不可胜数。抗战胜利后，施氏横海抵台湾，一面执教，一面调查彼岸之生物资源，屡屡函邀先生前往继续合作。先生因有家室之累，终未成行。今施氏年登大耄，仍羁旅海峤。先生每念往日追随之谊，辄深停云落月之思，倘天留老眼，以待祖国统一，俾两岸学术知己白首重逢故园，携手同挥余热，其欢悦自绝非楮墨言语所能形容也。

先生具至性，守清操，敦品笃行，知足常乐。尝以其多年心血采制之鸟类标本分别慨赠省博物馆，温一中与温三中共四百种之多。以精湛技艺传授工匠，为瞿溪、平阳标本工艺厂获利甚巨，勖子妇与童

蒙学。以育祖国花朵，输巨金铸乡哲像，以阐潜德之幽光。志在高山流水，情系佳卉幽禽。缔深交于儒士，耻奔走于权门。出淤泥而不染，拔流俗而轶伦。南郭卜宅，花下常自把锄；北海开樽，座上时复醉客。有三径松菊长荣，尽渭园宾主吟兴。真可谓饶市隐墙东之逸趣，具吾已道南之胜概矣。且复有二凤佳儿，回翔体坛，乘龙快婿，腾骞域外。斯诚高士应得之报，亦仁者宜享之福也。

今当先生八旬双寿，正值盛世四海一家。极婺并耀银汉，花鸟齐颂金婚。文侣吟友，纷惠华章；书家画师，多锡佳作。美不胜收，裒然成帙。因寿诸梨枣，贻之亲朋。志以双寿而康之喜，洵亦期颐可待之券也。乃荷先生垂青，命草寿序补白。叨在深契，未便固辞。爰濡秃笔，且索枯肠。谨掬愚诚，勉成俚作，藉表献芹之意，聊充侑觞之词云尔。

一九九一年岁次辛未春月晚胡福畴拜撰

（录自《渭溪先生八秩纪念集》）

吕师利民道长八秩寿序

天得一以清，地得一以宁，圣人抱一，为天下式一也者，万物之本，无敌之适也。故习道修真，非见素抱朴，少私寡欲者不能成。吕师利民原为苍南县宜山镇严处村人，俗名吕景木，号益宁。十八岁矢志出家，拜师修炼，遁居于南雁荡山仙姑洞府，以志春炼师为范式，苦修真性，参悟秘藏，数十年如一日，得日月之精华，成九转之灵丹，年届耄耋，鹤发童颜，矍铄伊朗，非同龄人所能企及也。其供职寺主期间，对南雁景区建设与地方公益事业均做出重大奉献，历任温州市道协常务理事、平阳县道协副会长，数荐为县人大、县政协代表，为我县宗教界杰出人士，屡受奖勉，事迹载入仙姑洞主持功德碑，德高望重，足传千秋。

夏历岁次乙亥十月一日，为吕师利民道长八秩华诞之良辰吉期。当是时也，朱凤并祥，赤麟献瑞，仙乐为之奏，玄鹤为之舞。名花异草，灿发于前；苍松翠柏，庇荫于后。庞眉满座，皆来蓬岛之宾；接踵朝圣，悉为羽流之士。方朔捧桃，叶带瑶池之玉露；按期献枣，香飘太液之琼浆。真乃山口宰相，名播朝野；世出仙翁，筹添海屋。我等有幸荣列门墙，并际时清，欣逢庆典，勉为制锦，祝嘏吾师福如东海长流水，寿比南山不老松。

道教全真龙门宗众徒同拜贺。

公元一九九五年岁次乙亥十一月廿二日

徐祥地撰　吴招廉敬书

第三节　碑　记

仰霁亭碑记

苏渊雷

《虞书》有云：“诗言志。”孔氏亦曰：“《诗》三百篇，一言以蔽之，曰思无邪。”若吾邑林霁山者，可谓诗如其人矣。《四库全书提要》谓其忠义感动百世，允已。历代文学史对其民族气概、爱国热忱，尤予以极高评价。今仰霁亭之建立，实近其墓穴。旨在后人仰瞻高风亮节，效其爱国精神，俾促进社会主义精神文明之建设。尚忆年十三，就读南雁会文书院时，一夕风雨甚，聆张汉杰师灯下朗诵霁山诗：“水到兰亭转呜咽，不知真帖落谁家”之句，声泪俱下。余亦凄其兴感，不能自已。此情此景，迄今六十有六年，犹历历在目也。

今诗亭落成，备承县政府及温籍各界人士赞助，诚为吾邑乡里善事，亦千古文坛佳话也。其三十世裔孙林步宽，奔走出力为多，尤可念也。

猥以耄龄，偃蹇明时。气类之感，隔世无惭。爰缀短记，用申景仰，并志缘起云尔。

一九八五年

中国棋王碑林题记

卧牛山麓，带溪之滨，古镇腾蛟，奇才代出，百岁棋王谢侠逊即近代光耀故乡、饮誉中华一杰出人物也。

谢公名宣，字侠逊，小名卿元。一八八八年生于浙江平阳腾蛟凤巢硐桥头。自幼天赋聪颖，刻苦好学，六岁从父学棋，九岁研习棋谱，领悟棋理，棋艺大进。十三岁逼和温州棋魁，名噪东瓯，崭露头角。卅一岁在上海全市象棋比赛中力克群雄，夺得桂冠。四十一岁时，被全国象棋界推为棋坛总司令，获“棋王”美誉。谢公是现代我国象棋运动的开拓者，他穷毕生精力，为弘扬中国象棋文化而呕心沥血，辛勤耕耘，将中国象棋从庭院案几推向社会，普及全国，走向世界。其著述甚丰，有棋书二十九册，均为采传统之精华，扬时代之新貌。一九八三年，谢公以九十六高龄编著出版的《象棋指要》一书，集九十年从事棋艺心得之大成，令世人叹为观止，诚如江泽民主席八十年代题词所赞誉的“百龄高手，永葆青春”。

品高棋精，德艺双馨，为谢公一生之本色。早在北洋军阀统治时期，谢公以棋为戈，撰写《国耻纪念象棋新谱》，把鸦片战争后的重大丧权辱国事件，巧排成三十个字形残局，愤怒声讨袁世凯签订“二十一条”的卖国罪行。在民族灾难深重岁月，谢公请缨救亡，出使南洋，遍访菲、马、泰、缅、印尼等国，向广大侨胞作抗日救亡鼓动并募捐，以慰劳抗日伤兵，救济后方难民。回国后，仍致于义赛劝募工作。为拥护团结抗日，反对反共投降，在重庆《大公报》上刊登《中兴扫日》《抗战到底》《锄奸诛伪》《严惩祸首》等残局。抗战胜利后，为拥护和平民主，反对内战独裁，又发表了《止戈为武》《救民水火》《制止内战》《暴政必败》等残局，为此曾惨遭国民党特务殴打致重伤。新中国成立后，历任全国象棋协会副主席、全国象棋大赛总裁判长、上海市文史馆馆员等职，致力于培养棋坛新人，总结中国象棋研究成果，笃学不倦，笔耕不辍。纵观谢公一生，博奕不忘爱国，爱国寓于博弈，以棋报效祖国，奉献社会，不愧为爱国象棋家，功耀千秋。

为缅怀谢公光辉业绩，纪念他对中国象棋事业的突出贡献，腾蛟镇党政决定筹建百岁棋王碑林，全镇民众慷慨解囊，踊跃捐资。又经多方征集资料，终以抗战时期、百岁寿诞、名人题赠、友人题赠、自题五个部分，共竖五十三余座碑刻。碑林反映谢公爱国爱乡，致力振兴棋艺之光辉一生，是留给后代一笔弥足珍贵之文化遗产。鉴于腾蛟镇系棋王故乡，又对全国象棋运动多有贡献，国家体育总局决定命名腾蛟镇为“全国象棋之乡”。棋王碑林落成之日，恰为象棋之乡命名之时，此诚棋王故乡人民之无上光荣，也是中国棋坛之一大盛事。

更喜棋王碑林落成，适值全国改革开放二十周年。极目中华大地，政通人和，国泰民安，城乡巨变，百业俱兴。今日之象棋事业生机勃发，今日之古镇腾蛟容光焕然。幸甚逢盛世，快哉跨世纪！余也腾蛟山水养育之人，饮水思源，永怀乡恩。愿棋王碑林永远成为缅怀先人功业之场所，弘扬民族文化之源泉，以激励后来者不断开拓创业，为“象棋之乡”倍增荣光。

周瑞金　2000年中秋日

霁山园题记

古镇腾蛟卧牛山麓，沉睡着一位七百多年前的忠义震耀千古的文化名人，他就是南宋著名的爱国诗人林景熙。

林景熙（1242—1310），字德旸，号霁山。平阳腾蛟林泗源人，乡亲贯称其霁山先生。他生性聪颖，弱冠之年就有诗名，后步入仕，官历泉州教授、礼部架阁，进除从政郎。公元1276年，朝政日非，元军大举入侵，霁山愤而弃官不仕，归里隐居，教授生徒，从事著作，名重当时。

公元1285年冬，元朝江南释教总统勾结奸相，率众盗宋帝陵百余座，窃金银珠宝为己有，弃帝妃遗骸于草莽，旨在镇压江南人民反元情绪。霁山闻讯，义愤填膺，遂置生死于度外，与义士唐珏等装扮成采药人，收拾帝陵遗骸，迁葬于绍兴兰亭山。霁山捍卫民族尊严的举动，感人至深，被称为千古大义的“南宋孤忠”。而他一生哀国伤时，追怀义士，屡见吟咏，抒写亡国之痛，离乱之情。诗作慷慨激烈，忠贞高洁，表现了强烈的正义感和坚贞不屈的意志，充满爱国精神和民族正气。

为了纪念林景熙的高风亮节和诗风诗魂，上世纪八九十年代，腾蛟镇在卧牛山麓陵墓前修建了“仰霁亭”与“霁山碑林”。随岁月流逝，风雨涤荡，原建筑已显破旧。中共平阳县委、县政府积极响应中央关于社会主义文化大发展大繁荣的号召，主要领导十分重视腾蚊古镇文化建设，多次到现场调研，并研究决定由县财政划拨资金重建“霁山园”，以重显历史古迹的光辉形象。在腾蛟镇党委、政府领导的参与下，现矗立于人们眼前的是一座别具风韵的陵园景观：“仰霁亭”雕梁画栋，金碧辉煌；“霁山碑林”一字长廊，洁白典雅。14幅出自著名画家孟庆江之手的林景熙生平事迹画图形象逼真，栩栩如生。尤其是彪炳青史的林景熙石刻坐像，面对漫山翠竹婆娑，遍地绿草如茵，涣池水清鱼游，他神态自若，容光焕然，正欣然赞叹祖国改革开放盛世，翘首赞赏故乡后贤们开拓创新的精神与业绩！

焕然一新的“霁山园”，必将成为人们缅怀先生功业之场所，弘扬民族文化之源泉，是爱国主义教育的好阵地，也是文化休闲旅游的好景观。

周瑞金　2012年8月20日

名人苑题记

古镇腾蛟，钟灵毓秀，人文蔚起。唐王勃有云“腾蛟起凤”，由是古镇代有人杰：宋林霁山诗章，彪炳青史；清白承恩举义旗，情动天地；谢侠逊百岁棋王，光耀中华；苏步青数学奇才，名扬世界。斯地真有“龙腾蛟翔”之雄姿，“凤舞凰飞”之祥瑞，荣膺“中国象棋之乡”“浙江省历史文化保护区”桂冠。此人杰地灵之谓也。

当今全球化浪潮勃兴，现代文明发展一日千里。为弘扬民族传统文化，融进世界文明大潮，腾蛟镇党委、政府毅然决然兴建名人苑，让家乡先哲们缕缕文化烛光历经千载薪尽火传，发扬光大，继承发展。此诚文化建设之大事也！

凡名人者，是对国家对人民对社会对家乡有贡献者也。名人苑中，撷取的仅是家乡历史上众多名人中的一部分，介绍其事迹，树立其典范，弘扬其精神，以推动今日改革开放、科学发展、社会和谐，实现中华民族伟大振兴的大业。愿后来者无限珍惜如此弥足珍贵的精神财富，学习他们忠贞爱国，矢志不渝的崇高风范；学习他们正气凛然，不畏强权的高贵民族气节；学习他们百战不殆，称雄世界的必胜信心；学习他们献身科学，勇攀高峰的开拓创新精神；学习他们勇立潮头，锐意改革的胆识和勇气。让这方钟灵之域俊才杰士，层出不穷；学界巨擘，代不乏人。

二〇〇八年岁在戊子仲秋　周瑞金撰

百岁棋王谢侠逊纪念馆碑院记

鹤溪以昔曾有鹤栖于仰天湖而得名。周围群山环绕，烟霭氤氲，富有灵秀之气，为先严谢先生故居。一九八七年十二月二十二日（阴历）辞世后，当地镇委书记黄道滚、镇长应学斌缅怀前贤，征得仰天湖山麓空地一零六六平方米，为建棋王谢侠逊纪念馆。坐北朝南，依山带水，前对七星墩九龙岗，东接华山，西临鳌江支流，而谢氏宗祠亦在其侧。复由篆刻家谢卿蔺筹资十五余万，为建五间碑院，画阁飞甍，雄伟秀丽，中院供棋王立像，神态俨然如生。两廊列碑林五十余方，悉为晚清名人及辛亥革命以来名公手笔，如先哲梁任公联、乡贤黄溯初诗词等等。抗日战争中，棋王万里奔波南洋群岛，以棋艺劝募资金，用纾国难，临行有章行严赠词，皆语挟风雷，笔走龙蛇，使后人见其风范。更有与周总理对弈棋局，可见革命前辈风流逸韶。一九八五年百岁寿辰，上海市委书店江泽民为题“百岁高手，永葆青春”。祝词更足彪炳千秋，而棋王之绝技及爱国业绩亦得以长垂万代而不废，岂不懿欤哉！

谢秉阳撰

国家级南麂列岛海洋自然保护区碑记

此碑位于南麂大沙澳，一九九二年四月，国家海洋局、浙江省人民政府立。碑文为《保护区简介》。

南麂列岛海洋自然保护区位于西太平洋中部沿岸，自然条件优越，海洋生物，特别是贝类和藻类生物资源丰富，是国务院于1990年9月30日批准建立的国家级海洋自然保护区。保护区的范围为北纬27°24′30″～27°30′30″，东经120°56′30″～121°08′30″，总面积196平方公里。主要保护对角为海洋贝、藻类及其生态环境。区内现已鉴定出贝类403种、藻类174种，均占我国海洋贝类和藻类总数的20%以上，其中有些是新种或首次发现种。区内的贝、藻类还具有热带、温带两种区系和地域上的间断分布现象，呈多种流系交替影响下的物种资源特征。因此，南麂列岛海洋自然保护区不仅在海洋生态方面有着重要的保护价值，而且是海洋贝、藻类的种质资源库。

建立自然保护区，功在千秋，福及子孙，望各界人士共同努力，保护并建设好南麂列岛海洋自然保护区，以促进海洋科学和海洋经济的发展。

浙江省海洋管理局

一九九一年十二月

仙坛公园碑志

邑之东山曰仙坛，为县城屏障，与昆山相望。据县志载，东晋咸和间，著名道士葛洪曾览胜平阳，修炼于此，留有石床、丹灶遗迹，有怀仙、葛泉、问丹诸亭和迎仙庵遗址，是里人登临浏览晨练憩息之地。

一九八八年秋，昆阳镇府成立“仙坛公园建设委员会”。承热心公益事业诸君设计规划，群策群力，各方支持，集资兴建。依山辟路，构筑亭、桥。中为仙坛大岭，西筑小道，建凌仙亭。东有横路，竹径迤逦，跨葛溪两侧山崖建葛溪亭，筑元甫亭。复东行，与崇德亭连招。向上攀登百步岭，植“桂花林”，可寻踪仙人足迹。开岩移石，架水泥小桥，东达思源亭。汲饮佳泉，小径迂回曲折，林间亭角掩映，溪壑幽寂，古刹仙坛钟声，小桥葛溪流水，音韵清扬。前有层楼耸立，后有岗峦拥翠，林木葱茏，秀色宜人，游人怡然自乐，宛入画中。

经八年努力，初具规模，爱护园林，人人有责，并尚须同仁再接再厉，继续开发新景点，日趋完善，是所至望。

昆阳镇仙坛公园建设委员会　一九九七年春月立

仙坛公墓碑志

夫死生大矣，圣哲难言。人无金石寿，亦自然之规律。养不忌丰，而死宜薄葬。本镇人口繁多，而负郭之山以老人终其天年，坟冢累累。富有者营墓不吝巨资，而平民又造墓为难。佥以建设公墓，集资经营，为请本会采纳众议，请示政府择地于仙坛东首动工兴建。今既竣工，即以仙坛命名，勒石纪念，既有利于市容建设，又可方便群众需要，后嗣凭吊，亲友送丧，各得其便。爰志数言，以垂久远。

公元一九八九年春月吉旦　昆阳镇移风易俗办公室

重建葛仙亭碑记

乾隆《平阳县志·人物志》载，葛洪于东晋成帝咸和间（326—334）览胜至平，修炼于东山，有丹灶遗迹。后人为怀念葛洪，名东山旧岭为葛岭，其下小溪为葛溪。有关史志和传闻还言，附郭东有仙坛寺、迎仙庵、怀仙亭、葛仙亭、问丹亭，南有葛泉亭，西有葛坛庵，皆缘是得名。但因历经沧桑，大多遗迹均已湮没。为了弘扬和继承中华民族遗产，在众山友筹资基础上，又承昆阳镇政府及企业家游兆丰、程万曙等鼎力支持，于是选址重建葛仙亭，并立葛洪石像。

新建葛仙亭位于东山大崖峰顶。是处山高林茂，溪声鸟语，景色秀丽。其上方有清泉一泓，湍流不息。经县疾控中心检测，水质极优，故安装青石龙头，引水从龙口涌出，以便群众取水，并额“东山一泉”于其上。同时用花岗岩条石整修自思源亭直至山巅之葛岭，实现了人们多年来祈求建亭修路之愿望。

工程总投资共计人民币壹拾贰万玖千多元。中国书协副主席周慧珺、温州市书协副主席汪廷汉及中国卫生书协会员林小蔚为亭、碑暨清泉书额题词。工程竣工之日，山友等咸言应立碑纪念，爰缀短记，用垂久远。

邑人周干敬撰

公元二〇〇二年十一月十五日

东门山建路、亭、廊碑志

葛岭新路位于东门山西北侧，下起崇德亭长寿路，上接葛仙亭，全长八百七十六米，纯用花岗条石铺成。该工程除含修复之思源亭暨昆阳第一泉外，计有苏元亭、伍兴亭各一座，陈冶生、宋志龙长廊六间、晨练场三处、储水池一处和岭傍石桥等亭联，为蔡启东、王光铭等书法家所撰书。乾隆《平阳县志》云：“葛洪于东晋成帝咸和间（公元326—334年）览胜至平，修炼于东山，有丹灶遗迹。”又传，山顶有平石方十余丈，号仙坛。顾野王《舆地志》云：“石上有足痕深寸许，相传葛洪炼丹于此。”后人为纪念葛洪，常以其姓氏命名亭台。此岭名葛岭，岭旁旧有怀仙亭、怀葛楼、仙坛寺，岭下有葛溪、葛井，皆缘是得名。葛井上方之摩崖石刻，原有清一代经学大师俞樾曲园所题，诚为一方之胜迹。是处风景秀丽，人文景观别具特色，为响应十一届三中全会以来党和政府“两个文明”建设之号召，在县、镇人民政府企事业单位和热心人士，特别是县计委副主任陈瑞贺同志的大力支持下，附近群众自动组成葛岭新路筹备小组筹集资金，于2001年古历二月十六日动工，历时八个多月，至十一月初一日竣工。工程总造价共计人民币叁拾壹万多元。此举即利游人登临圣境，遐览仙踪，又为群众晨练取水提供方面，深得群众好评。今承筹备小组之约，爰撰短记，略叙梗概，以垂久远。

邑人周干、陈崇贵敬撰　西雅(即苏忠烈)书

公元二〇〇三年岁次癸未夏月立

仙坛古刹碑志

平阳仙坛寺为浙南一大名刹，位于县城东仙坛山麓，始创于唐咸通间，历史悠久，规模宏伟，历代曾经多次修建。附近问丹亭、怀仙亭、炼丹石等西晋著名道家葛洪遗迹，环境幽雅，风光秀丽，驻锡挂单，高僧继踵。慕名来游，古今不绝。因而传扬遐迩，千秋共仰。

解放后，仙坛寺为其他单位借用，后复改办平阳师范学校，精舍拆除，书楼迭起，名存实亡。为贯彻三中全会精神，落实宗教政策，修复文物古迹，经有关领导部门研究审核，决定择地重建古刹仙坛寺。新址距离原仙坛寺约百余步东南方向之山谷间，林壑深邃，清幽绝俗，洵佛门庄严圣地也。真是斤筑隆施，须烦宝积之长者肯拾太仓之一粒，便成广厦之千间。在筹建委员会人员与四方护法人士大力支持，慷慨解囊乐助下，仙坛寺从一九九一年二月开始破土动工，历经数载之努力，今已胜利竣工，建成天王殿、大雄宝殿、金刚殿、观音阁、地藏楼、功德堂、两侧横厢及钟楼、鼓楼、大寮等建筑群体。喜看宝刹崇成，巍峨壮观，神光焕彩，金碧辉煌。龙象重归法座，广转天上之法轮；净土再现华严，远扬大千之潮音，自横阳遍东瓯，传四海，撼五湖，惊人醒世，有无边无量功德。

仙坛寺住持信帮上人，从小剃度，拜释西来法师为徒。现年逾古稀，不改初衷，敬祝瓣香，广结胜缘，下定宏愿，重建古刹。不辞高龄病弱，夜以继日，为筹划经营这项大工程而废寝忘食，呕心沥血。这种鞠躬尽瘁，死而后已的爱教弘道高贵精神德操值得崇敬表彰。兹将施主金至姓名一并铭碑，垂之永久。

徐祥地撰　吴招廉书

公元一九九七年岁次丁丑孟冬吉旦

王一川教授墓志铭

叶永烈

王一川，化学教授，著名科普作家。一九三四年二月，生于浙江平阳县宜山区平等乡彩楼桥，原名王克群。一九三八年入平阳雁门小学。一九四〇年入平阳县立中学。一九五三年入上海复旦大学化学系，一九五七年毕业。

长期从事化学教育学、化学史、有机化学的教学与学术研究。一九七九年调往华东师范大学化学系任教。一九八六年晋升副教授。一九九二年晋升教授、硕士研究生导师。多年来先后讲授化学教育学、中学化学教学研究、有机化学、有机结构理论、科技写作、化学史、化学思想方法论等课程。教学认真，循循善诱，讲课生动，桃李满园。

在繁忙的教学、科研之余，埋头著述，极为勤奋，著作等身。著作总字数达四百余万言。主要著作和译作有《STS词典·化学卷》《少年百科辞典》《上海市初中化学教材(选修)》《糖类和蛋白质》《科技写作基础知识》《乡镇企业实用化工》《Multiple Choice Chemistry》等五十四种。曾发表论文一百五十多篇，其中有《角蛋白的水解的研究》《论中学化学教法研究》《论教育实习在培养师资工作中的作用》等。硕果累累，贡献不凡。

此外，还积极从事科普写作，发表科普小品、科幻小说等八百多篇。一九九〇年，被中国科普作家协会评为全国成绩突出的优秀科普作家之一。

最为令人感佩的是，一生蒙受两次重大打击，坚持奋进，从不懈怠：第一次打击是在一九五七年，蒙受政治冤屈，身处逆境达二十年，仍著述不辍；第二次打击是在一九七八年，由于身心长期遭受严重摧残，发现胃癌，作大面积切除。刚刚获得政治平反，又开始对病魔展开长期搏斗。诸多著作，是在此后二十年中完成。

他关心家乡平阳，多次回梓讲学，并在上海为家乡的建设做了许多牵线搭桥工作。

一九九七年底，癌症复发，其势甚猛。虽经多方诊治，奈何无回天之力，不幸于一九九八年四月去世，终年六十四岁。

夫人叶克春，总角之交，一九五七年在一川两度蒙冤自杀之际，终日护理。一九五九年在最艰难的岁月结合。患难夫妻，相濡以沫，成为一川的精神支柱。生一子三女，子宁，长女静，次女平，三女愉。

除小女外，均已婚。媳吴薇，长婿曹昌殳，次婿黄婿，孙、外孙各一。子女皆事业有成，孝敬长辈，家庭美满。一川一生历尽苦难，本可安享晚年，却匆匆离世，可惜可悲！

一川是我多年挚友。病重之际，嘱我为之撰墓志铭，肝肠寸断。谨记于上，深寄哀思。

一九九八年四月二十四日

重建仙坛寺碑记

平阳仙坛寺为浙南一大名刹，位于城东仙坛山麓，始创于唐咸通间。历史悠久，规模宏伟，历代曾经多次修建，附近有问丹亭、怀仙亭、炼丹石等西晋著名道家葛洪遗迹。环境幽雅，风光秀丽，驻锡挂单，高僧继踵；慕名追游，古今不绝，因而传扬迩遐，千秋共仰。

解放后，仙坛寺为其他单位借用，后复改为办平阳师范学校，精舍拆除，书楼迭起，名存实亡。为贯彻三中全会精神，落实宗教政策，修复文物古迹，经有关领导研究审核，决定择地重建仙坛寺。新址距离原寺约百余步东南方之山谷间，林壑深邃，清幽绝俗，洵佛门庄严圣地也。真是斤筑隆施，须烦宝积之长者；肯拾太仓之一粒，便成广厦之千间。在筹建会领导与四方护法人士大力支持慷慨解囊乐助下，仙坛寺开始破土动工，历经数载之努力，今已胜利竣工，建成天王殿、大雄宝殿、观音阁、藏经楼、两侧横厢及钟楼、鼓楼等建筑群体。喜看宝刹崇成，巍峨壮观，神光焕彩，金碧辉煌。龙象重归法座，广转无上法轮；净土再现华严，远扬大千之潮音，自横阳遍东瓯，传四海撼五湖，警人醒世，有无边无量之功德。

仙坛寺主持信帮上人，从少剃度，皈依空门，年逾古稀，不改初衷，敬祝瓣香，广结胜缘，下定宏愿，重建古刹。不辞高龄病弱，夜以继日，为筹划经营这项巨大工程而废寝忘餐，呕心沥血。这种鞠躬尽瘁，死而后已的爱教弘道高贵精神德操，值得崇敬与表彰。

仙坛寺主持释信帮法师敬立

徐祥地撰　吴招廉书

公元一九九八年岁次戊寅春月

重建仙坛寺功德碑

千年古刹仙坛寺，坐落县城东门山马鞍山葛溪之畔。始建于唐咸通年间（公元860—870年），历经宋、元、明、清多次修葺扩建，但历尽风霜，至解放后，仅留一座空洞大殿和左右厢房，七十年代后被平阳县人民政府立为重点文物保护单位。

为维护继承弘扬祖国文化遗产，保护文物，恢复千年古刹风姿，使其重放光彩，仙坛弟子以了贤法师与信邦法师为首，会同昆阳镇老干部王建春、孙金生、蔡成宽、方先松、徐毓华等和善男信女杨崇德、陈绍涛、郭松林、蔡圣仁、李玉英、杜云英、曾思堂、林岩拱等人发起重建仙坛禅寺筹备小组，在时任县政府陈启富、吴招廉、王德植等副县长及孙瑞庆、苏腾等领导及文物馆有关部门大力支持下，1989年冬月划地原仙坛寺左侧马鞍山批准重建。

正当基建伊始不久，了贤法师因斋圆寂，负责重建的重任落在信邦法师身上。由于信邦法师为弘扬佛教之光，敢负重任，并以身作则，边负责工地基建，边自筹经费，边参加工地劳动，开山挑运，力气超凡，使工程保质保量顺利进展。

经历了13个春秋的风风雨雨艰辛操劳，在各方乡贤志士和善男信女大力支持下，工程终于在2003年圆满落成。

落成的仙坛寺共三进五十间。一进为五间天王殿，左右各五间二层轩房，左钟楼、右鼓楼各一座。右鼓楼上首建有二层地藏殿，楼下设祖堂。二进为大雄宝殿，五开间，高达16.5米，两厢各三间二层僧房。宝殿门前建有放生池。三进为五间观音阁，高12米，左右二层厢房各五间。右侧建有七层塔坟一座，塔坟上首建造碑亭一座。大门建门台三间，山门外建2米宽石板梯路，连接昆鳌公路。寺周围砌墙为隔。整座殿宇巍然耸立，既保持佛教文化的古建筑风貌，又体现时代宏伟气魄。雕梁画栋，金碧辉煌，重塑的一尊尊菩萨佛像，工艺精致，佛光普照，千年古刹，重放异彩。

仙坛禅寺总占地面积20余亩，建筑面积3000多平方米，投资总额达600多万元人民币。

为了纪念在本寺重建中，经历了13个春秋艰辛付出的本寺主持释信邦法师及善男信女热心支持帮助，实是功德无量，恩泽四方，特此立碑铭记。

仙坛寺主持释智阳法师敬立

徐兆格撰 王大禾书

公元二〇〇三年十二月十五日

九凰公园碑记

九凰公园位于县治西南，九凰山之麓，昆岩、白石、凤翅、蛾眉，风光雅丽，山间四时景色，无不宜人。

公元一九八八年秋，县府成立九凰公园建设委员会，选择兹地建九凰公园，承蒙众人努力，各界支持，依山规划，开凿通道，小径逶迤，亭角掩映，幽趣盎然。中有筠亭、鹰亭，南为啸亭、菊花亭，西则狮岩亭，山之巅曰栖云亭。桥跨西南峰峦，曰飞虹。大门为白石牌坊，气势磅礴，有苏步青、苏渊雷、张鹏翼等名人书写联额。历五年艰辛，初具规模。沿公园大门，拾级而登，上达九凰山电视台，南通广慧禅寺。临飞虹桥远眺，青山隐隐，云水迢迢，河流纵横，畎亩连接。俯视全城，层楼耸立，巷陌交错，千家万户，尽收眼底。

建设公园，供人民公馀活动游览之所，爱护园林，人人有责。翘望同仁，务必努力，继往开来，日臻完善，为后人造福，功莫大焉。是为记。

邑人黄云翔撰并书

平阳县九凰公园建设委员会

重建鹰亭碑记

飞虹桥畔，鹰岩之巅，层峦耸翠，流水淙淙。俯瞰城郭，尽收眼底。一九九一年春，蒙平阳氮肥厂出资，建双层石亭于其上，曰鹰亭，供游人憩息，诚乐事也。

一九九四年秋，十七号台风突袭，毁鹰亭于瞬间，邑人无不惋惜，求复原貌。经多方筹措，承平阳县城改造办公室出资壹万元，综合开发公司、城镇开发公司、富园开发公司、金桥开发公司、建设开发公司、居士达开发公司、振兴开发公司、厦丽开发公司各资助伍千元，昆阳镇人民政府拨款壹万元，合计陆万元。于一九九七年秋，以混凝土在原址重建。既成，亭倚凰岫，环绕碧山，琉璃映日，烨烨生辉，重现昔时鹰亭风采。为感谢各方支持，特勒石志之。

平阳县九凰公园建设委员会

公元一九九七年冬月立 黄云翔撰并书

岭门亭碑记

南朝宋永初三年(四二二)，有我国第一山水诗人之誉的谢灵运出任永嘉郡郡守。是年初冬，谢灵运游我昆阳，作《游岭门山》诗，云："西京谁修政？龚汲称良吏。君子岂定所，清尘虑不嗣。早莅建德乡，民怀虞芮意。海岸常寥寥，空馆盈清思。协以上冬月，晨游肆所喜。千圻邈不同，万岭状皆异。威摧三山峭，瀄汩两江驶。渔舟岂安流？樵拾谢西芘。人生谁云乐，贵不屈所志。"诗人描述了站立岭门山上见到的两江海岸、千圻万岭的景色，表明要以前代良吏为榜样，治理好永嘉郡的决心，并对我昆阳淳朴民风加以赞许嘉勉。谢灵运在郡一年，招士讲书，人知向学，鼓励植桑养蚕，兴修水利，政简刑清。其后郡民怀念，立祠祭祀。有池上楼、谢公亭、谢客岩、梦草堂、康乐坊、谢池巷等纪念性遗迹。谢灵运虽然到过我昆阳，并留下流传千古的诗篇，可惜昆阳却没有关于他的纪念性建筑。为此邑人彭来松、朱贤说、刘维会诸君发起筹建岭门亭，昆阳镇政府和铁岭村予以大力支持，社会各界踊跃捐资。岭门亭的建成，既便于游人过客歇脚纳凉，遮阳避雨，观赏山河，更为昆阳增添有纪念意义的人文景观，且蕴含着教化的意义。邑人蔡启东先生书写亭额，并题联曰："岭上风光无限；山有岁月常新。"王光铭先生题联曰："峤上烟霞迎日出；山间苍翠抱城来。"游寿澄先生题联曰："湖山开晚霁；风雨送新凉。"萧耘春先生书写谢灵运《游岭门山》诗碑。亭为六角微翘攒尖顶式，邑人徐顺强先生设计，建在通福门东行上岭六百六十六阶处，地属昆阳镇铁岭村。筹建组成员有彭来松、朱贤说、郑廷玉、钟润华、刘维会、陈学波、董洪坤、林顺道、彭兰妹。

时在公元二〇〇〇年元月岁次己卯冬，是为记。岭门亭筹建组。

澳门亭碑记

雁山之门，蓉江之滨，荆溪垂杨，风景独好。在龙、青两山之巅，各耸一亭，该亭由倪氏发动兴建。其中龙山头，一九九九年奠基，为纪念澳门回归祖国而建，名“澳门亭”。该亭建材选用全荆山特产花岗石建造，一亭六柱，每条长5.3米，直径0.38米，底座入土2米至岩基，永固千秋。石柱、瓦椽、石凳、栏杆等，专用人工剁斧，巧夺天工，方圆独一无二。两亭之间，新建一条600级风门岭，从下而上，直达青山寺和东、西两纂。循岭护植800株香樟，郁郁葱葱，循山回环。两亭上方有七座西周石棚墓，据考古专家确认该墓群始建于新石器晚期与铁器时代早期，属全国重点文物保护单位（浙南石棚墓群）。两亭之下，荆山西麓，松梅丘壑，频频可闻梵宫钟声，这就是垂兴禅寺。该寺香火旺盛，香客络绎不绝，有诗佐证：“青龙山上垂兴寺，昼夜梵烟萦古松。”因逢盛世，万民安康，邑人武君为公益积德，除利用亭阁、古墓、茂林、怪石、奇洞、古寺等天然与人文景观外，再为雁山之门锦上添花。一为纪念港、澳回归祖国，邦归一统，金瓯补缺，二为骚人墨客、善男信女、路人樵夫往返歇息，安度太平之日，造福子孙后代，以昭天日，承蒙各界人士解囊资助，镌碑纪念，流芳百世。

邑人方声堃、陈培生撰　公元二〇〇六年孟春立

乐馀亭记

丁卯年间，国顺民康，百废待举，乐事方殷，家乡筹建老人亭。其时余于上海任教，受家父翁仁忠及乡亲方贻道之托，恭请著名数学家苏步青教授为亭题名，并撰楹联。秋余至温州，苏老函示，曰：水头为老年人造亭子，确实是好事，名拟作乐馀亭。余者，余年也，亦可作业余解释。抗战时，苏老曾寓居水头，故深知其地处青山依依，碧水淙淙，黄柑累累，绿竹丛丛，棉田银浪，阡陌交错。伛偻提携，游乐其中。浙南风光，顿呈眼前。苏老欣然作两联，一联曰：“人间重晚晴，岁月何须催白发；世上呈新貌，杖筇胡不伴清游。”二联曰：“乐事方殷，溪山留胜迹；余年可贵，杖屦伴清游。”今登楼亭，心旷神怡，悠然自得，百事顺意。游子仰慕，苍颜增辉。嘻！建亭乐事，千秋功业，诸方资助，子孙永记。

温州大学翁宗山，己巳秋记于水头

重修居敬亭记

顺溪西行三里，有亭名居敬。昔有路道迢迢，为平、文、泰边贸之通衢。山处风光绮丽，游人接踵。倚铁嶂而仰观峰尖画眉，傍小桥而俯瞰流水游鱼。东来能赏万壑笙钟、龙湫神洞之奇观，西去要探渡飕石桥、燠馆凉台之古迹。云祥宝刹，巍峨辉煌，堪称天开气象。层峦积翠，玉树凝云，襟山带水，势态纵横。长川幽谷，旷心怡神之灵境。

山回路转，豁然亭立。凭栏可月，坐阶迎风；铜瓦花棂，拱斗翘檐。古雅清新，独具一格。亭畔一注清泉破壁而出，长年不息，为游客路人止渴解乏。亭中小憩，岂不悠然？

居敬者，语出《论语·子路》爱乡敬业之意。晚清乡贤陈少文先生重建南雁会文书院，兴教育，创瓷业，劝农桑，为地方实业立下不朽功绩。上世纪九十年代中，浙大终身教授徐规先生应求为附近一路亭题名居敬，以示对乡贤之纪念。风雨沧桑，二十余载，小亭未经修葺，几临颓圮。砌仰公路环山绕道，老路旧亭不复存在。

乡人陈君圣龙，崇尚乡贤，乐善公益。年逾古稀，不辞辛劳，为首筹集资金，毅然身肩重任，鸠料庀工，竭其全力。历时半载，终使亭成功满，焕然一新。亭联中曹台句，系追念北京水利专家曹学敏先生仗义护水，德被敝壤。捐资建亭诸君慷慨解囊，功德匪浅，永留口碑。特赋小诗一首以记之：

山花微雨满亭春，来者肃然崇古人。

业绩千秋垂不朽，今逢盛世喜传薪。

戊子初春，陈式志谨撰，八十七叟陈步宣敬书

知音亭碑记

溪山相依，亭山相衬，万绿丛中，知音亭显得格外亮丽。亭高7.2米，石梁石瓦将葫芦石顶高高耸起。六角双檐，檐角奋力翘起，如同群雁展翅，将欲高飞。六根石柱，圆形光滑，打磨细腻。亭内四椅，相对而设，嵌于柱里，让人坐靠舒适如意。亭外简朴的条石栏杆，烘托出石亭的美观大方。

登亭四望，魏魏白云山，曲曲坳头岭，弯环深涧，山势迤逦。满山草木，郁郁葱葱，苍翠欲滴，清香四溢。水秀如玉，清澈见底，蜿蜒而流，长流不息。静坐细听，徐徐山风，潺潺溪水，咕咕莺雀，好

像在弹奏动听乐曲，不是伯牙弹琴，酷似高山流水。这秀美山水能消除烦恼，优美环境能陶冶情操。

2009年11月，热心公益、慷慨解囊的雷衍春先生捐资10万元，李庆爱先生捐资2万元，建造知音亭。这为旅游胜地增添一景，众人无不欢心。陈正班、陈正软、陈正鸟三兄弟捐出亭基，善举可喜。为建此亭，陈君圣填、陈君正光、陈君正厂从亭址择选、方案设计、材料选用、质量监督，至工程验收，历经数月，尽心竭力。热爱公益，捐资出力，乐于奉献，精神可嘉，愿其芳名和精神与青山绿水共存。

陈启群敬撰

公元二〇〇九年十二月立

重建东岳观大罗宝殿碑记

东岳观原名广福宫，始建于宋英宗治平三年。神宗熙宁元年，赐额“圣寿”。位邑之坡南，后枕凤翅，前临驿路，今国道贯其侧，为温郡仅存之千年全真道观，县重点文物保护单位。观之主体结构分为四进，即圣门、东岳殿、大罗宝殿及斗姥阁，巍峨壮观，以中三进为最。长期以来，屡为机关、单位所借用。一九八五年五月，平阳县人民政府落实宗教政策，归还道观。但因历纪失修，破朽不堪，远非昔日风貌，县道教协会会员林诚镜、东岳观主持陈信修始倡集资重建，得县宗教事务科及文物馆支持，善男信女三千余人踊跃捐助，共襄盛举。乃罄观之历年积累三万元，于次年动工，历时岁余，于一九八七年十二月十九日落成，计费三万元。殿高十三米，宽二十点六米，深十五米，斗拱飞檐，山节藻棁，并具有浙南地方特色，而幽深庄严，远胜于昔。非诚镜、信修道长精诚勤苦，曷能臻此哉？而群众珍护文物，厥功尤不可没也。殿前有方石醮坛，坛左右各有井一口，传为葛洪丹井。井水鲜碧，澄澈见底，虽久旱不少竭。后之游者，酌于井，升于殿，瞻宝像之慈爱，览《道藏》之深邃，必将别有赏心悦目之境也。

邑人王光铭谨撰　董怀良篆额　游寿澄谨书

公元一九八九年岁次己巳仲秋吉月敬立

平阳县东岳观碑记

东岳道观古称“岱庙”，亦称“岱宗庙”，创始于先秦，原址在山东寿安境内。因东岳泰山系王岳之首，群山之祖，神灵之府，执掌人间赏罚与生死大事，为历代帝王封禅大典之地。据《神异志》载，昔盘古氏五世苗裔赫天氏之妻弥伦仙女，夜梦吞二日，觉而有娠，生二子，长曰金蝉氏，次曰金虹氏。金蝉氏即东岳帝君，伏羲氏封为古岁太华真人，神农氏赐天府都宫号，汉明帝封泰山之师，民间习称“东岳大帝”，夏历三月廿八日为其圣诞。作为禳灾祈福之主神，其庙宇“秦即作畤”，“汉亦起宫”，唐代增修，宋代扩建，遍及全国各地，以供民众朝拜祭祀，祈求风调雨顺，国泰民安。

平阳东岳观位于昆阳镇坡南汇头寿桃山麓，创建于宋英宗治平三年（公元一零六六），原称“宋志观”。宋神宗熙宁元年（公元一零六八）钦赐“圣寿”匾额，并敕建圣门，凡经过观前至门的文武官员均须停轿下马而行。南宋绍兴年间，名之“广福宫”。清光绪五年（公元一八七九）因前殿崇祀东岳大帝，故改名东岳观。进入台门，迎面便是供奉东岳大帝与四大天将的东岳殿。两侧古樟高耸，枝繁叶茂，浓阴盖地，隔绝尘嚣，如入十洲仙境。东岳殿后是大罗宝殿，两殿之间为醮坛，两旁为轩房。这座雄伟壮观、金碧辉煌的殿宇，奉祀三清老君、玉皇大帝等众多塑像，神姿焕彩，妙相庄严，令人肃然起敬。醮坛左右各有葛洪大井一口，传说此处为东晋葛洪炼丹之井，泉水碧澄，自古洪旱不溢不枯。殿侧东西轩房贯连斗姥阁，阁中供奉四面八臂之斗姥天尊。登阁远眺，九凰山与坡南街尽收眼底。

历史悠久、道统优良的平阳东岳观，承先启后，代出教门行道拔萃之士。明初林仕贞炼师于洪熙元年（公元一四二五）曾应召赴京修斋，敕归领旨表彰，厚加赏赐。清光绪年间，见初道人擅长指画，誉为道门名师。清后期黄岩委羽山大有龙宫宗师林圆丹来平阳传教，东岳观成为龙门派系主要宫观。民国初年，“天仙状员”方至通道长率高徒陈理余、钟理藻、闻理朴在观主持护法。其弟子闻理朴民国十四年于湖北长春观受戒，三试夺魁，誉称“天仙妙道状元”。他博学多才，继至通师主持东岳观期间，曾创办“育真私塾”，免费为贫家子弟服务。著作有《朴庐遗珠集》传世。后继主持有陈信修、马诚起、林诚镜等道长。吴崇悦结业于中央社会主义学院，受戒于四川青城山，现任平阳道协会长、市道协副会长、县政协常委。

历经千年风雨沧桑的东岳观，曾多次进行修建。清道光十九年与光绪十七年间，先后重修东岳殿、大罗宝殿与斗姥阁。“文化大革命”十年浩劫后，殿宇破损严重，一九八五年，早陈信修道长住持，信士李信荣等慷慨乐助，重建大罗宝殿及厢房。一九九三年，吴崇悦道长接替本观主持后，复改建右厢九间楼房，兴建文昌阁，敬塑文昌帝君诸圣像，重修葛洪丹井，并筑造井旁汉白玉栏杆与此巨大碑志，使东岳观古貌增辉添色，焕然一新，现已是县级文物保护单位，并申请列入省级文保名观。今日之东岳观已是人文壮观，香火鼎盛，以浓郁的道教气息为我县宗教文化事业的继承和发展作出积极的贡献。

道祖降生三千三百十八年，公元二零零五年十一月吉旦立，徐祥地撰，横阳陈松华沐手敬书并篆额。

兴建九曲岭石级碑记

南雁荡山景域广阔，雄奇幽秀，而东、西两洞尤为荟萃，历代儒道释三家咸栖息于兹。名人骚客俯仰徘徊，无不赋诗志胜。然西洞至东洞虽一溪之隔，而山险岭竣，逼仄崚嶒，游人每苦之。仙姑洞住持吕利民道长有鉴于此，经陈元昌先生等鼓呼，各界人士集资贰万壹千余圆，兴建九曲岭石级，一年而竣。予观夫九曲岭迂回于茂林修竹之中，每逢秋际，丹枫翠筱，赏心悦目。是岭曲中有奇，雨旸晨昏，情趣迴异。游客漫步石级之间，可仰观天宇之空灵，俯瞰幽壑之奥秘，环窥云峦之秀蔚，油然而兴人生哲理之思。斯时也，或赋诗啸歌，或品茗饮酒，或弈棋谈心，劳动之倦，思虑之烦，皆荡涤殆尽矣。则石级之建岂非南雁荡山又添一景乎？

邑人郑立于撰　游寿澄书

公元一九八九年岁次己巳春月　仙姑洞住持吕利民敬立

三台道院始记

三台道院地处平阳县南雁仙姑洞对面，有古迹异峰，名三台峰。前面鸣玉亭、鲤鱼跳龙门、老翁独坐金钩钓；左文笔峰、会仙峰、上山龟、老虎岩、猴子看水碓；右观音洞、玉女峰、美人梳妆、下山蟾、华表峰、会文书院；对面西洞、月牗、云关、仰天狮、望海龟、三龟会、连环洞、二猿对话、向阳亭、玉液池、猴子献果、观音坐莲等，说不尽无限风景。

公元一九八四年，由于中国共产党和人民政府之重视，有关领导之关怀，时时受师公、师父与道友、亲戚、朋友协助支持，后经过五湖四海游客和众善人随缘乐助，这样道末陈光静立下雄心大志，就开始筹建道院，清基墙脚，建成大罗宝殿、后面三十天，及钟鼓楼、左右厢房、楼下厨房、柴间，前面铺石板路，且做坎，总共花费人民币拾陆余万圆。至今道院已初具规模，此乃太平盛世人民之壮举也。

光静，原籍苍南县金乡，七岁持斋，十六岁出家。从幼拜仙姑洞吕利民道长为师，住居炎亭凤凰池，干农牧牛，早晚功课。这样过十几年生活，至一九六六年动乱期间，凤凰观受到那形势影响，受到严重破坏，堂拆人散，拿出家人作为批斗压迫的对象，僧道还俗。她坐“群专”四个多月，工作组查清案件，并无罪名，放出。后来又威迫静师回老乡，压她还俗。贫道用巧妙办法，把户口迁到矾山南宋红军老地区，骗他还俗。立下苦志，搭茅棚，自力更生，白天干农，晚上褙金银纸。边念佛，边干活，一直过了十余年。平生积累人民币叁万多圆。全靠众人，才能成功。善人功德无量，后裔兴隆，万寿无疆。感谢人民政府。她已年过半百，建院精力过多，道体已衰。她今收了道友徒弟接班，自退，入山静养。因作是碑，为众以久远流芳。

公元一九八八年秋月徒微立

南雁荡山仙姑洞藏经楼碑记

惟大道弘深精妙，尊之为谷神，神之为众妙之门，先天地而不见其始，后天地而不见其终。故凡名山胜地，皆建庙宇宫观，栖以道流羽士，修真传道，炼丹济世，使之道风远播神州大地，以祈风调雨顺，国泰民安。

南雁荡山驰誉海东，西洞道观，古之仙窟，始创于五代。北宋崇宁间，有朱婵媛修炼蜕化于此，敕封为朱氏仙姑。虽历千载沧桑变易，其浸苎盂、采药径等遗踪依然不堕，历历在目。后人塑像奉祀，四时不绝。为了瞻仰名山胜迹，西洞改称仙姑洞。洞内外兴建气势雄伟的大罗宝殿，占梦、阄韵两座楼，及功德堂。解放后，增辟许多风景点，如怡心院、向阳亭、玉环池、拓云洞、桂花林，并将大罗宝殿列为县级重点文物保护单位，使西洞景区发扬光大，名扬遐迩。

近年随着改革开放步伐加快，"两个精神"文明建设事业突飞猛进，人民生活不断提高，南雁荡山列为全国重点风景旅游胜地，游客来自五湖四海。每逢春秋佳节，人山人海，沸沸扬扬，应接不暇。由于时间悠久，风雨侵蚀，一些木结构建筑均受不同程度的损坏，东边的功德堂破坏程度尤为严重，部分构件出现腐烂断裂现象，必须增强安全措施，防止崩坏之意外事故发生。本观主持周中青出于爱国爱教的革新精神，主张缔造一座藏经楼，取代功德堂。在他积极倡导筹划下，得到吕利民大师、黄光照炼师、温光厚道长和众道友支持配合，以及平阳县人民政府等有关单位与社会热心崇道居士谢仁许、董中基、杨建光、阮珍生、林诚镜、叶少燕等人全力协助。从一九九七年春天开始，拆房填基，庀材鸠工，连续二年，夜以继日地艰苦兴建，今已全部竣工。崇栖五层，飞甍画栋，金碧辉煌。东傍云关，西邻大罗宝殿，依山面谷，高耸云天，蔚为壮观。总耗资达叁佰有万元。中国道协会长闵智亭亲为题额书联，字体遒劲，熠熠生辉。藏经楼之创建，不但为南雁名山增光添色，且为游人提供休憩食宿之所，实乃龙门道教之一大伟业也。

仙姑洞主持周中青道长，原籍南雁镇东门村人，俗名周青起，少即聪颖敏悟，求道心坚，十三岁出家于南雁仙姑洞，拜董希辉、金诚靠为师，决心继承前辈法统德行，修心养性，为弘扬道教而鞠躬尽瘁，奋斗终生。一九九五年，上四川青城山勤修三坛戒律，以优异成绩完满结业。今值三旬寿庆，特赋诗两首以贺之。

昼夜筹营心血浇，名山景物更多娇。
倘无大道弘扬志，那得琼楼耸碧霄。

欣值寿辰而立年，修真悟道赶先贤。
金丹炼就纯青火，付与龙门济大千。

徐祥地撰　金红宾书

南雁荡山仙姑洞道观敬立
公元一九九九年一月岁次戊寅季冬月

兴建南雁仙姑洞龙门桥碑志

南雁荡山系国家重点风景名胜区，奇峰屏立，溪壑纵横，岩洞幽奇，瀑布飞腾，千姿百态，无奇不有。东、西洞景区风光荟萃，尤为优胜，闻名中外，游人接踵，四时不断。该处古来又是通往闹村、联山等地必经之要道，但因两洞之间，碧溪隔阻，唯凭鸣玉亭前石砌碇步作为通行之路。每逢台风狂雨，山洪暴发，碇步淹没，两岸阻绝，无法涉渡，行人驻足，无可奈何。如不改观，恐后患无穷，为了方便交通，确保安全，有利观光旅游业的顺利发展，必须设法筹资，组建跨溪大桥。此项倡议深入人心，反应热烈，平阳民政局、县旅游局、南雁村委会均十分重视，由吴定勇、李招列、吴定玉、黄兆沛、吴邦更、吴步凤六位首事组成大桥筹建小组，选择在东洞右侧，于对岸龙门湾之间，进行兴建。仙姑住持周中青、原主持吕利民、三台道院主持陈光静、龙港方建清、鳌江陈君贤等人，率先慷慨解囊，共襄盛举，得到广大热心公益人士的大力支持乐助。大桥工程由吴步凤承包，一九九六年冬开始动工，历经三年，艰苦奋斗，终于胜利竣工。一九九九年农历五月初二日，举行落成典礼，佳宾广集，热闹非凡。大桥石拱单孔弓形，长十五点五米，阔四点五米，高四点八米，两边桥墩长十米，建筑面积一百余平方米。两首各设子孔一个，配有栏杆。结构坚固，造型精美。总耗资金贰拾余万元人民币。登桥凭眺，碧溪潺潺。穿桥而过，峰影波光，相映成趣。山欢水笑，乐而忘返。大桥的兴建为名山造福增辉，德泽千秋万代。兹将捐资金乐助者名单镌碑留念。

徐祥地撰　南雁荡山龙门桥筹建小组敬立
公元一九九九年岁次已卯秋月

修建仙姑洞道观碑志

南雁荡山西洞，又称仙姑洞，位于东、西洞景区，与观音洞、会文书院并称儒释道三教荟萃之地。西洞奇峰萦环，洞壑幽深，松竹密布，宫殿嵯峨，历史悠久。北宋崇宁间，修女朱婵媛于此修炼，脱迹成仙，后人遂于西洞建殿塑像，以供十方拜祭瞻仰。香火旺盛，络绎不绝，朱氏仙姑成为福佑众生的圣母，至今有《南雁圣传仙姑宝卷》流传于民间。

仙姑洞道观名驰中外，历届主持对西洞景区与宫观建设均巨大奉献。前世纪九十年代，周中青道长继任本观主持，他弘扬先师优良传统，高风美德，鞠躬尽瘁，筹建西洞藏经楼。跨入新世纪，为使宫观旧貌焕新，壮丽辉煌，拓宽道观前坛，营造宫门围墙及东、西两楼，左右构建进殿石阶、扶栏。仙姑大殿予以重修，前方增宽，右侧添建登殿石阶。殿下放生池妆饰一新，雕绘仙姑化身图案，工艺精湛，蔚为可观。玉皇殿、占梦与阄韵楼、怡心院均因损坏严重，进行抢救维修。并全面改造西洞景区通道，从云关铺设石磴扶栏，直抵仙姑洞与怡心院，向九曲岭纵横伸延。道路四通八达，游客得以开怀观赏，平安往返。其工程从贰零零捌年开始动工，贰零壹零年冬胜利竣工，得到林垂午先生等大力支持协助，特此镌碑鸣谢，永远留念。

道历四七〇七年　公元二〇一〇年　岁次庚寅冬月

徐祥地撰　南雁荡山仙姑洞道观敬立

复兴千年古刹广慧禅寺碑记

吾邑九凰山南坡重峦叠嶂，茂林修竹，清流激湍，风景幽雅，云烟缥缈处，有气势雄伟之殿宇焉，此乃修建后之广慧禅寺也。旧志载邑中寺宇始自隋唐间，此寺俗名半山庵，始建于唐懿宗咸通年间（公元八六〇至八七三），系吾邑最古老寺宇，盛时禅房多达壹百余间，僧人多达捌百余人。昔日尚有下院九凰庵，宋咸淳间建，后改名为灵云寺。

广慧禅寺千余来历经沧桑，清康熙年间僧颖庵发起重建，咸丰年间僧守教重兴，光绪年间僧锦通中兴，嗣后僧志良继续修缮。抗日战争时期，此寺部分房舍先后借用于平阳中学、浙南中学，直至此次修建前，藏经楼外，其余尽是断垣残壁，荡然无存矣。修复千年古刹，弘扬佛法，开辟游览避暑处所，为各界人士之宏愿。出家于广慧禅寺，后又云游各地之僧振空鉴于此，毅然重回旧地，发愿复兴此寺。由于振贤、起净、起胜等僧众与昆阳陈功勋、阮经僧、陈千生、余隆生、叶仁桐，鳌江各亮、阿秋、陈修强，金乡莲智、汇来，温州素兰、增会、智慧、文华等等居士之协助，修建工程进展神速。

重檐斗拱，歇山式之大雄宝殿于庚申年填基，壬戌年冬落成。左右廊庑分别于癸亥年、甲子年建成。圣门建于癸亥。石柱门构之天王殿于甲子年春动工，乙丑年夏至完成。祖师堂、斋堂于乙丑年建成。放生池修建于丙寅年。仿清代建筑风格，新营之方丈楼于丁卯年夏竣工，显得古朴庄重。如今高悬圣门之“广慧禅寺”匾额系中国佛教协会会长赵朴初所题。圣门石柱楹联系王建之所撰，天王殿前门“皆大欢喜”匾额系张鹏翼所题，天王殿后“慧日中天”匾额系苏渊雷所题，“大雄宝殿”匾额系沙孟海手迹，皆著名书法家。

佛像前之七如来塔，又名七佛塔，系民国初年僧钦汉发起构筑，此次亦经精工修整，恢复旧观。其塔形文字、动物浮雕具有相当艺术水平，已列为县重点文物保护单位。

国运隆昌，佛日增辉，广慧禅寺得以复兴，皆中国人民政府及海内外法门善眷之功德也，因镌碑以记之。

公元一九八七年岁次丁卯孟秋　郑立于谨撰并书

清华禅寺碑记

清华禅寺，又名清华庵，位于钱仓镇清华山的半山麓，始建于南宋咸淳年间（1265—1274）。盛时三进，住僧众多，几百年来历经沧桑，古寺几经兴废。清同治三年（1864），重建，坐北朝南，有头门、大殿、轩房共十一间。四周重峦叠嶂，古木茂盛，风景幽美。附近有罗汉洞、山羊洞、透天洞、称铊洞，又有钟鼓岩、仙人岩、年糕岩、三叠岩、汤锅岩、甲鱼岩等。

光绪年间，武僧觉圆云游到寺，见此环境清静，决意在此修行。师身材魁梧，练武功时脚上链一石臼，踢跃如虎吼（石臼尚在寺内）。光绪十五年（1889），湖前徐介眉先生等人捐资在寺轩房创办清华书院，培育的学生个个盛名，辛亥革命停办。

该寺解放前又是地下党组织活动的场所，谢深同志曾在此指挥，张贴革命标语和攻打敌伪炮台等。解放后，在左的路线及“文化大革命”期间，寺房被毁，居士孔德坚持在寺后三叠岩下搭棚修行。

十一届三中全会以后，宗教信仰自由政策得到落实，孔德师招募，于一九八零年兴建清华居士林三间。一九九一年，僧月照来寺住持，发愿重建寺院，四处奔波募捐。于一九九六年春，在古寺基上重建大殿三间、枕楼一间，坐东朝西，待建观音阁及头门等。

清华寺的重建，皆因国运兴隆，民众遐昌，住持月照师爱国爱寺，修持精进，生活艰苦，一心弘法效劳。

承蒙本政邨及十方善男信女，深植善根，广种福田，解囊资助，乃有盛世德馨，功垂千秋。愿佛光普照，世界和平，国泰民安。

岁次丙子年金秋

邑缪立撰文

湖南贺东祥书

重建东林禅寺碑记

东林禅寺俗名外寺，位于平阳县城南凤凰山南麓，面对龙山，右绕弦溪碧水，左殷宝林梵钟，环境幽静，景物宜人，为我县著名古刹之一。县佛教协会会址在佛协成立时，即设于此。

寺始建于唐大历间，千余年来，阅尽沧桑，数度废兴。元代天台宗高僧省初法师曾在此住持弘法，重光古刹。清顺治间僧正宗、恒白复兴寺宇。康熙间僧普光通统添建两廊。乾隆间僧文秀加筑斋堂，咸丰间僧西来修建正殿。民国间僧各宁重建大雄宝殿。兴教大德，永昭史策。

中华人民共和国建立前夕，部分寺宇已被借用，文革十年间又被用作仓库与民房，堂殿破损，僧侣星散，法器无存。中共十一届三中全会后，宗教政策得到落实，住持各本法师以振兴古刹为己任，在大发扬主曹氏檀越，鳌江陈春菊、萧江章志来，本寺各春等十方善男信女支持与乐助下，从一九八五年兴建两幢厢楼开始，相继建成天王殿、钟鼓楼、观音楼、药师楼、功德堂、大雄宝殿，并购地建山门，修围墙。至一九九三年底，共建寺宇五十五间，建筑面积达五千二百余平方米，宏伟庄严，蔚成佛国。

各本法师俗名李德根，苍南县龙港镇金钗河人，十八岁参学于五代山吉祥寺，十九岁受具足戒，深受能海上师器重。现任县佛教协会会长、温州市佛教协会副会长、平阳县政协常务委员。此次重修禅林，贡献甚大，值此东林禅寺重建工程基本完成之际，爰叙梗概，以垂久远。

本寺比丘觉智、邑人周干敬撰　萧江林俊拜书

公元一九九四年岁次甲戌夏月住持各本敬立

重建石�寺碑记

水头名刹石筍寺，俗称章岙堂，位于蒲尖山麓，高僧愿齐开基于北宋建隆(公元九六零年)，为南雁十八庵之一。盛时建筑面积五千平方米，占田叁佰多亩，僧百余人。因迭遭战祸，几成废基，清康熙初年由济宗、如灵、彻庵、朴庵四僧重建，内阁大学士陈廷敬书《戒珠映日》匾额，并铸千斤铜钟与大鼓，惜已湮没无存。民国沦为粮仓，解放后改办工厂，“文革”中佛像法器被破坏殆尽。至三中全会贯彻落实宗教政策，佛教重兴，老尼释式兰拟予重建未果，乃商诸本村金培清等居士，特聘释界空师为住持，肩负兴创之全责。

大师以恢复古刹，再现华严为己任，废寝忘餐，日夜营筹，不遗余力，并得广大信众的支持，一九八五年冬在距老基北面四百米山坡，蓝缕筚路，首创大雄宝殿。经十年之努力，先后落成地藏殿、轩房、庭院及山门等建筑，占地千多平方米，旋又增辟花园，广植花木，以供观赏。为方便交通，寺前修建公路，直抵水头，并邀书法名家为之题额题联，增辉添彩。新寺宏伟壮观，背靠蒲峰，面对水头，佛号悠扬，传誉北港，迎来十方僧众顶礼朝拜，此皆释界空师苦心经营之力也。其爱教弘道精神可嘉，有无边无量功德。诗赞之曰：

重兴古刹辟荆榛，黛瓦黄墙入目新。莲座庄严皆佛相，山门肃立隔凡尘。承传衣钵散花雨，驾渡慈航转法轮。钟鼓声声云海外，浮生应悟梦中身。

石筍寺主持释界空敬立　徐祥地撰

公元一九九八年岁次戊寅春月

重建普觉寺记

普觉寺原名种德堂，又名在德堂，位于平阳万全郭庄，建于清道光三年。传说其时一苦行僧托钵云游至此，见四面环河，其境清幽，乃向当地陈氏族公建议在此建寺，并得合地信众支持，创建种德堂

五间，东、西厢房六间。至民国四年，又建金刚殿五间。寺中常住五人。

解放后，由于过左路线和十年“文化大革命”，寺院被视为“四旧”，于是僧尼星散，法器损毁，改办小学。十一届三中全会以后，拨乱反正，宗教信仰自由，政策得到落实，全国各地纷纷修复古寺，弘扬佛法。因本寺已改为小学，经村委会讨论，谨请释东同法师主持其事，选址龙头河作寺基，筹资重建。当年秋建成正殿五间，改名普觉寺。一九九二年春，增建正殿一间、东厢楼四间。此后又建墙围、门台等。占地约一千三百平方米，建筑面积约一千平方米。

普觉寺重建，使我处佛日增辉，法轮常转，社会安宁，众生欢乐。际此重建竣工，谨为之记。

主持僧东同　蔡心谷撰书

佛历二五四零年，即公元一九九六年，岁次丙子秋月吉旦

普觉寺重建落成纪念碑记

释迦如来以一大事因缘降生兜率，应迹西乾，说法三百余会，结集七千余轴，十方赞叹，遍界流通。大教东渐，自汉明帝，盛于晋唐，梵宇林立，高僧辈出。虽经三武之厄，如日月之蚀，无损其光辉。今则宗教信仰自由，佛法昌隆，昔日之丛林古刹无不修复一新。

吾邑万全郭庄地方原有种德堂一所，历史悠久，名载邑乘，后因循失时，日就颓陁，其遗址犹存，即今日莘莘学子肄业之村校是也。村中崇奉佛法者，颇多其人，众议鸠工庀材，涓吉兴造。远近善信莫不踊跃输金，众擎易举。经始于丁卯八月，不期月即告落成，虽然规模粗具，尚有待于扩充，而大殿庄严高广，已倍胜于往昔。

此举也，推原其功，实由释东同及村中善知识、优婆夷某某等出财出力。其功尤著，释东同，温州市人，俗姓郑，童贞出家，早岁入道，慧根宿植，心切厌离。初投平阳万全靖峰庵从振老和尚门下，十六岁受具足戒，为普陀山佛学院高足弟子。潜心义学，坚持戒律，为今日佛门中希有之法嗣。此次徇众人之请而来，寺成，即推为主持。又以“种德”二字其义欠广，改用“普觉”二字，以名今寺，欲令一切众生同登觉岸之意，此即东师所蓄之宏愿也。从此佛日增辉，法轮常转。晨钟暮鼓，响彻云衢。蜡炬香烟，光凝瑞气。人天普护，法乳长绵。

众议立石垂后，以文属余。爰泚衰芜之笔，述其厓略，以明因缘所自，庶几不没前修，重有望于来哲云尔。文竟，复系之以铭，曰：

“种德开来，普觉承前。绍隆勿替，火尽薪传。释子代出，佛法堪肩。一石一木，有大因缘。普门入道，觉海归元。贞珉永垂，亿万斯年。”

庚午岁姑洗月，净业学人邱衍生拜撰，时年八十有五

佛历二千五百三十四年四月榖旦[①]

重修千年古刹驷马禅寺碑记

据民国《平阳县志》载，驷马院，在驷马，后唐清泰间建。驷马院即驷马禅寺，清泰间系公元九三四至九三六年，距今一千零三十多年，乃千年古刹也。寺坐东北，朝西南，背依伏狮抢球峰，左有骏马山，右有金鸡山，峰峦环抱，双涧回澜，溪流湍急，景色秀丽。每逢早课，晨钟与金鸡齐鸣，此处殆非人间之境。或遇傍晚，寺炊与溪烟竞冒，涧隙疑藏温泉之穴。昔日寺宇宏大，僧众百名，寺规森严，曾出圣僧，香火鼎盛。寺左球山上尚存舍利塔刹，石雕精美。塔底尚存六角形石井，结构严密。塔后有精致护墙。清理寺基时，曾发现一米见方石磉底盘四块。况且还有许多神奇传说和歌谣，足见当年盛况。明清以降，逐渐衰落。“文化大革命”期间，更遭浩劫。至重修时，只剩前殿五间，大殿已圮，两厢僧房破烂不堪。此寺曾在宋代由河尾郑氏、北山陈氏、御洋焦氏三姓献良田四十二亩，并筹资中兴。为了保护古寺文物，弘扬佛法，优化环境，净化人心，此寺重修仍由原施主后裔发起，在县宗教局、腾蛟镇委镇政府及各界人士之重视下，十方善男信踊跃乐助，筹集人力、物力与财力。重修古刹工程于一九九二年动工，经数载努力，已重修大雄宝殿、斋房、僧房等。今后将按规划兴建其余殿宇与园林。古寺周围颇多自然景观，风雨晦明，变幻无穷。此不仅是繁荣市井之一方净土，亦极其难得之旅游胜地也。感于此寺住持及当地父老殷切之请，故

① 普觉寺主持没用此文刻碑。

为之记。

郑立于撰

公元一九九九年岁次己卯夏月

平阳县腾蛟镇驷马禅寺敬立

西震法师塔铭

青山寺西震法师，俗姓方，白沙乡方良村人（现属苍南县）。年幼家境贫寒，仅上私塾一载。年二十八，在温州护国寺受五戒，越两年，依香林寺昌定法师披剃，受具足戒。年三十九，主持香林寺，重建殿宇。随后，修建仙坛寺，创建新安寺，重建祖庭碧泉寺，中兴鳌江玉佛寺，皆不遗余力。更难能可贵者，于古稀之年毅然到荆溪山搭棚静修，光大佛门。经十七春秋，依靠善男信女，终于建成规模宏大之青山寺。上人生于清光绪三十年（一九〇四）一月十六日，寂于一九九一年古历三月二十七日酉时，世寿八十有七。在五十七载僧腊中，共建寺宇一百十间，塑造佛像四百多尊，可谓功德圆满。嗣法门人各脱、各净、各华、各银等建塔安其灵骨，以志永怀。铭曰：

脱俗苦修，六十春秋。菜根粗饭，绳床悠悠。芒履破鉢，十方奔走。觉世觉人，经不辍口。弘扬佛法，光耀宇宙。舍幻归真，宗风永留。

邑人郑立于撰　游寿澄书

公元一九九九三年岁次癸酉秋月

马坛了旺纪念堂碑志

中华武术源远流长，人才辈出，誉满中外。建国以来，国家体委和省体委均表示温州是武术之乡。少林武术，博大精深，继达摩之真谛，参中外之秘宗，故能流传史册，以示后人。吾门拳术流传于古，继往开来，发扬光大，历经岁月，传至今朝。清末出一高僧，修身马坛，法名了旺，继南少林之秘宗，承舅父之真谛，一生尚武崇德，授徒甚众，桃李满园，得享高龄，誉满西归，逝世于一九八五年正月初一。同门广众，天南地北，为遵照先师遗训，尚武爱国，加强团结，遵纪守法，并向各门派取长补短，以扬先师崇高武德，故编印同门通讯录。经多次研讨建造宗师纪念堂，向平阳县人民政府规划局、县体育局、县土地局及蕉下村二委各级部门要求，审批同意。各同门弟子人人踊跃乐助资金，建一座雄伟壮丽的了旺宗师纪念堂。为纪念先师遵教之德，发扬光大本门武术，特设门规章程，望各人遵守。并议定一年二次集会，第一次定正月初九武术集会，第二次清明前二日到先师墓前拜祭。共研整理本门拳法，共求进步，更要培养下一代接班人。掌门人五年一任，希望下一代努力向上。

乐助资金按姓氏笔画为先后，学子列其师之后。

发起人：毛德标　邱朝志　黄锦法　施金辉　蔡寿荣　黄大旺　陈步寿

公元二〇〇八年仲春吉旦立

附南少林马坛门简介：

本门源出天台，与福建泉州少林同宗。师祖出于福建少林，禅师法号志静，在寺修真，突患目疾，久治无效，恰遇名医。此医医道精湛，人称医眼神仙。精心治疗，治愈禅师久盲之疾。禅师感其德，见其忠厚，更兼体魄魁梧，有心助其成就，收为俗家弟子，在寺五年，悉心传授，内外兼修，尽得真传。医眼仙遵师严训，游侠江湖，择德才兼备之士，授以真传；行救死扶伤之道，问世访贫。时值清末外寇入侵，士有抗志，民有爱国之心，拳风甚盛，抗亡救国。适值医眼仙行医江南，垂暮之年，结缘于马屿弟子，康荣得医眼仙真传。康荣授徒洪定羲，传于表弟李法敏。敏师有甥林友仁，别号友龙（余门之师也），世居瑞安马屿外山头村，秉性喜武，双兼好学，随舅学艺。其舅天寿，遵舅遗嘱，投定羲武师（因定羲武师与法敏武师系舅姑表兄弟），蒙师收录，悉心传授。同坛学艺有洪春生、许道靖等人，皆成一代宗师。但本门祖师因立志习武，专心苦学，矢志终身不娶，竭尽全力，潜心钻研武学，皈依三宝，法名了旺，参禅于平邑石塘乡焦下村（即今蕉雅村）后半山腰之马坛庵，后人便称谓“马坛和尚”，别号“小济癫”。

马坛师父深居静室，钻研武术，志坚磐石。睡则以石子为床，醒则以拳棒为伴。武术功底深厚，五指能裂毛竹，内外兼修，周身可御杵臼，指击飞蛾。能在谈笑之间，掌劈游鱼，独似闲庭信步。平地提纵，则腿不屈而身不动；登山涉水，而神能守则意自如。武学造诣，深不可测；医道高超，别具颖聪。擅长伤科，可知伤在表里，药物神效，病入膏肓，妙手回春。平生以慈悲为本，济世救人为怀，从无争名之念，更无图利之心。一不积怨，二不积财。游侠风尘，有超凡脱俗之表；济世救人，具济癫之风。余门先师美名远播，温州九县有口皆碑，难得老当益壮，武学造诣，绝无止境。

而立之年，应本邑蕉雅村黄、叶、毛等户邀聘授教，后至许岙、马屿等地授教。一九三六年五月二十四日，在瑞安隆山武术会演，好几县群英齐集，吾师应省武术馆负责人廖振昌老师之托，前请武举剑文波先生所邀，上台表演，大显神威，拳演五步掌，击断台板四块，脚踩莲地砖，入土三分。轰动全场，彩声如雷，威名远播，童叟皆敬。

一九六二年，黄桥表演，年已古稀，纵腾跳跃，刚柔并济，威武不减当年。一九八三年，年逾九旬，全省武术表演设在天台，吾师应邀，带徒郑福荣前往，深受省体坛好评，武友皆佩服。现吾师先逝，已证菩提，圆寂西归，已将期颐，此非常人所能及也。我侪遵师遗训，习武以德为先，以德为本，行医不问贫富，一视同仁。为光大本门武术，振兴国家，尤以平阳弟子毛德标、邱朝志、施金辉、蔡寿荣、黄锦法、黄大旺、陈步寿等为酬谢师恩，解囊出资，兴建纪念馆一座，供游人瞻仰。今该馆落成，气势恢弘。凡我同门者蒙列传艺之功，先师教导之德，叙述简历，以启示后人也。

南少林马坛门平阳分坛

第四节　诗　词

张鹏翼

论书四首

字学何处能领略，右军笔阵有图存。功夫原自知深浅，三豕渡河可认痕。

书法刚柔宜并用，分行布白要经营。腕随心转笔随手，几许功夫学得成。

六书八法应须省，规矩莫违方与圆。自笑临池头已白，求鱼未得敢忘筌？

“我书意造本无法”，妙处令人煞费思。却为东坡下转语，要知造化是吾师。

次和姜啸樵先生《九日神山寺登高》作

故乡闻说有神山，何用蓬莱觅往还？老我秋风疏鬓发，愁人烽火照江关。未偿佳节登临愿，想见清游意兴闲。曾是霁山来避乱，访僧一度入林间。

承金辛西惠鸡毫笔赋谢

李庆缚散卓，君今颇似之。怪我把秃笔，精制频见贻。洗砚磨松煤，挥洒动移时。所嗟业位限，有恐负相知。

赠苏渊雷，次韵

夙慕才名识子迟，初聆高论喜堪知。嘉招共饮主人酒，快意诵余咏史诗。脱手不停吟甚捷，空拳欲敌力难支。谬推句法黄陈律，洗伐无功鬓已丝。

过黄庄感赋

旌鼓骚坛倡雅风，黄庄主客递诗筒。固知当日人文盛，曾许投名气味同。祭者不来梅社冷，先生一去草堂空。归巢忍看孤飞燕，况值春残惨落红。

平台赏雪

楼台试上最高层，乘兴邀来共赏人。顷刻山林妆似粉，光辉天地净无尘。道盐自昔偏嫌俗，咏絮于今亦觉陈。文字从来随世改，神州气运尽翻新。

小阳渊雷迁居北郭剪春园赋赠

两寓东山麓，再迁北郭居。问谁能作达？天地等蘧庐。

此间有佳趣，特地起楼台。不但比邻美，主人亦爱才。

宅傍金印渡，云水足徜徉。试上楼头望，南山气郁苍。

樵唱与渔唱，诗名映后先。而今谁继起？钵水句堪传。

自题肖像

岁月去匆匆，行年九十翁。平生学所得，小技愧雕虫。养拙存吾道，嗜书甘作佣。所欣沾雨露，老朽转春容。

辛酉初夏参加宝胜寺双塔维修开工典礼，凤山胜境俾得重游，喜而赋此，分呈在会诸公

少时曾到此间游，一再过逾七十秋。远足昔夸健如犊，伴行今笑老扶鸠。扪萝选胜偏饶趣，剔藓摩岩煞费搜。雅有群贤知掌故，不难志事得重修。

寄怀谢老侠逊海上，并祝九十寿

游踪不让徐霞客，历览名山与大川。信有诗才追柳子，曾传奕谱胜《桃泉》。怀思梁月长萦梦，迢递关河远寄笺。耄耋两翁能作健，升平歌舞自欢然。

周干以所编《县地名志》见示，赋赠二首

县治溯从东晋始，于今差近二千年。地名传误知非少，考得源流着手编。

吾乡自是山水窟，南雁风光独占先。随处摹崖增胜事，名山毕竟仗诗传。

苏步青

恭贺《平阳县地名志》出版

地灵人杰我平阳，鳌水雁山鱼米香。众志成城此宏业，书传万古泽流长。

南雁荡，寄怀苏仲翔

一别名山四十春，有时归思寄南云。仙姑何幸馨香火，孙老无端榜会文。牛背笛横斜日渡，羊肠径逐故园门。秋来处处堪留恋，朱橘黄柑又几村？

赴温州舟中作

申江北望思悠悠，身寄铁轮南下舟。永夜涛声摇远梦，半窗月色报清秋。良朋老伴今何在，锦瑟华年空自流。为偿黉门几多债，遂忘懒拙向东瓯。

故乡之行

舟车南下二千里，来饮家乡古井水。自尽鬓丝不自量，尚期重作农家子。近亲远戚齐围观，忽见青葱卧牛山。当年牛背讴斜照，今朝钿毂涉清滩。村中父老几人在，执手乡音犹未改。问我离家几十年，此番为何不多呆。我谢乡亲非不思，欲为人民尽余微。待得神州四化日，重回故里寿一卮。驱车向晚入南雁，迎客溪山秋有讯。夕阳渡口一舟横，古木丛中千嶂见。华表峰前夜梦君，如今无处可招魂。明朝拾级攀登上，依旧孙联榜会文。门前溪水响磴步，仙姑古洞拥云树。迢迢游子净红尘，袅袅香烟馨白雾。云关遥眺将军岩，屏嶂东南千万年，俗骨欲留无有缘，爱山亭畔独流连。

卧牛山谣

卧牛山下农家子，牛背讴歌带溪水。欲砍青阶竹作鞭，牵牛去耕天下田。鹿城负笈遭人咄，不料鸡群能立鹤。巧逢伯乐洪岷初，助渡东瀛去读书。东京地震连天火，从此弃工改学数。论文写就一篇篇，博士有名无有钱。衰髫布衣归祖国，同甘共苦为民仆。寇虏何由兴鼓鼙？困穷八载甘如荠。重返武林操旧业，留恋大陆不忍别。雄鸡一唱天下明，年方半百见河清。西越昆仑探欧国，东横沧海观日出。巴黎铁塔印心房，三岛樱花映眼光。八二年华当二八，随君战场去厮杀。漫夸步履健如飞，牛棚长负十年悲。老来尝尽风霜味，马枥空怀千里志。梦里家山几十春，清风两袖无纤尘。卧牛山畔年年月，似望游人圆复缺。待得神州四化时，重上卧牛寿一卮。

余故家在卧牛山下，山高不过百余公尺，以状名。牛首枕带溪，后腿东向有南宋爱国诗人林霁山之墓庵，早废，俗仍称“墓庵山”。余离家时，年仅十七，今已八十有二矣，感而赋此《卧牛山谣》，书为平阳县中心小学补壁。一九八四年冬月，七十二前学生苏步青敬呈。

马星野

呈南怀瑾先生谢赠鲜味

拜赐莼鲈乡味长，雁山瓯海土生香。眼前点点思亲泪，欲试鱼生不忍尝。

米苏里大学感怀十首(选八)

余早岁卒业美国米苏里新闻学院，忽忽已五十年。今年一九八三于役华府纽约之间，便道回母校，物是人非，感怀无限，因成十首，以留鸿爪。

过先师威廉校长纪念馆

采采丹枫恻恻心，威廉师骨已成尘。依稀五十年前事，只见双狮不见人。

一九三一年，行政院院长孔祥熙由伍朝枢公使

赠石狮二座于米苏里新闻学院，余亦于是年到该校求学。今校长已逝，而双狮犹在新闻学院大门口也。

过先师中林校长纪念馆

变起辽东日寇侵，中林狮吼鬼神惊。当年绛帐谈天下，今日明堂拜哲人。

一九三一年，余到校后，九月十八日，日本侵略东北亚。行政学院院长中林教授高呼日本帝国主义侵略之违国际公法。时余向中林师习国际法、国际关系及国际组织三课。中林厚爱善诱，后威廉死，而升任校长。今来访彼，只见纪念堂已落成，魂升天国矣。

校园忆昔

芳草夕阳艳落霞，校园石柱影西斜。秋裳诸女颜如玉，何处重逢桃李花？

米苏里大学校园广大，而以“红校园”为中心。园中有六大石柱，园前即为大礼堂，芳草如茵，绿荫一碧。青年女生已换秋装，游戏其间，有如天使。而五十年前之中国女同学或已委骨穷尘，或已深闺孀寡，当年之玉貌绛唇已不复见矣。

旧图书馆

故馆犹藏万卷书，青灯照读夜窗虚。徘徊觅遍少年迹，头白重来一老儒。

米苏里大学图书馆为余当年读书研究，昼夜必到之所。现几桌书架一如旧日，而抚几间坐，已不见任何读书时之痕迹矣。头白归来，学无一就，愧感交集。

米苏里大学女校长晚宴

校长依然人事非，而今巾帼傲须眉。黉宫高会频持爵，窈窕容仪祭酒姿。

现美国大学以女性为校长者甚多，米苏里大学与芝加哥大学其著者也。

米苏里州长Bond午宴

杰佛逊城夕照红，旧都高塔耸云中。筵中赠我“金熊”印，一片雄心在白宫。

州长Bond，下届不再竞选州长，而竞选全国国会参议员，年富力强，有将来争逐白宫主人之心，拟为杜鲁门（亦米苏里籍）第二也。州印为两熊相对图。

赠张煦华教授

最喜他乡遇故知，连宵把臂语如丝。江山代有才豪出，报国文章在此时。

张煦华教授，本为文化大学新闻系主任，现在米苏里大学进修，与余相见甚乐，在米大两日，更不胜迎送邀宴之热忱。

惜别米苏里

一别匆匆五十年，旧时师友尽登仙。老夫尚有重来意，好试明春社酒尝。

米大将于明年五月以奖章相赠，故明年五月，预料可再游米苏里一次也。

次韵奉和王天循寿诗十首（选二）

大千笔到即为春，四壁烟霞无俗尘。三绝郑虔子美句，画师何幸识诗人？

苏子才华堪绝代，每吟佳句引杯长。羡君夫妇胜梁孟，美酒旨肴好举觞。

得弟《师颂》[1]长诗，感怀无已。吾弟大作媲美少陵，然时移事迁，君所赞颂之乡长师友或已物化，或已垂垂老矣，乃用子美诗意，造句如次

文章有神交有道，西川才子扬名早。健笔一挥如长龙，藏著万卷皆国宝。相国张公生庸蜀，雄镇西南握兵符。待得神州时再清，归棹岷江春水绿。立公一生庙堂客，在位曾献治安策。青蝇遍野徒营营，此心长与秋月白。苒翁丹青穷殊相，同游名园气森爽。独步画坛五百年，金声玉振集遐想。乃知千古圣贤心，用才惟在天人境。祇今骅騄老风尘，霜蹄云尾无由骋。美君芝兰秀庭除，喜见玉堂得金马。他日重逢沧海滨，不恨梦随春去也。

---

① 弟即王天循。马星野八十岁时，王氏作《师颂》百句寄呈。

得宋岑老弟二十年前佳作，老眼一再诵读，感慨万千，步写四绝

昔日少年今鬓丝，重吟佳句感当时。而今又值春风暖，天地苍茫自咏诗。

春到蓬莱感旧游，可怜腐鼠怅淹留。羡君健笔千钧力，愧我蹉跎七十秋。

轺车昔驻运河边，坛坫纷纷恰五年。碌碌无功酬祖国，欲垂双泪国旗前。

四十年来弟与兄，奔腾热血两心同。凭君健笔锋如剑，好斩长鲸赤浪中。

周　瑛

访郑志强君有感

不到东家四十年，还来游谒索诗篇。当筵酒近红娘曲，君最风流吾嗒然。

评王建之先生才识

硕学山城鲜甲科，后生才识若如何？茶酣漫道往来事，满腹经纶警句多。

写毕《医学十五门》附以小诗

削繁就简又观摩，卅载临床尚不多。天士还捐看血迹，月姑失节动心波。整编脾胃专方脉，采纳奇经习妇科。体会中西相结合，更能着手起沉疴。

自题小像

蓬门自笑一凡夫，也倩丹青肖入图。三世岐黄承旧业，十年桃李负师儒。操劳荆妇能相助，撰述医刊可愈愚。六十光阴如逝水，但期后起步云衢。

次韵苏渊雷《别山城》

诗人笔力动干城，器识真儒草木惊。好事频磨成大业，名师久仰百忧清。剑南手稿知遭遇，龙蛇书生故友情。暂憩横阳多陪饮，非心不解镜中明。

王建之

渭溪仁兄八十大寿

文采风流君自贤，渭园颐养享高年。论交应溯童时旧，举盏今开八秩筵。嫁杏媵桃添韵事，嵇含殷七著新篇。帘栊日暖门庭盛，满眼孙曾绕膝前。

忆星野

卌年契阔鬓成丝，别后心情两自知。倦翮料应倍惆怅，青春犹记共襟期。江山有待今非昔，雨露无私归未迟。安得相逢重聚首，与君杯酒话明时。

次韵渊雷怀葛楼山居

危楼突兀枕溪边，风景依稀似辋川。幽壑松涛疑作雨，满山榆荚又飞钱。仙人去后丹何在，词客来时月正圆。招隐何须问猿鹤，此间真趣共忘年。

挽俞平伯教授

一脉曹溪有所思，传灯忽报失经师。落花无意春仍在，闻讣伤神吊已迟！廿载红楼争聚讼，远邮纨扇记题诗(三十年代初曾承手书，题字于扇)。德清学术流风在，一掬心香泪堕时。

八七年五月、今年四月两度赴郡。友人招宴，次逊老前后赠诗原韵作答

合坐庾楼各尽欢，谁言高处不胜寒？空桑三宿归犹恋，百里轻车来岂难。交谊每因文字久，离怀不觉酒杯宽。江心烟雨松台月，肯为移情一曲弹！

高人自合住蓬莱，蒋径难能得一开。少别经时劳想念，重来琮认旧莓苔。江城灯火明长夜，雅集亲知数举杯。后约有期应不远，樱桃红了又黄梅。

怀念姜品才先生

萧江呜咽水东流，一别清辉五十秋。犹记仁风收孤露，难能义举斥私畴。晚年淡泊甘栖遁，余事诗篇乐唱酬。文史今朝新纪事，幽光潜德定长留。

王敬身

渭溪仁兄暨嫂夫人八秩俪庆，书此奉寿

渭溪园艺久名家，八秩身强应足夸。鸿案齐眉夫妇福，兰阶挺秀子孙嘉。人归海外天伦乐，春到郊原景物华。廿载期颐重介寿，一觞更为晋流霞。

闻平阳近建仰霁亭以追念南宋乡贤林公霁山，为题此句，敬奉补壁

南渡诗家有霁山，乾坤正气照人寰。一亭白亭思《樵唱》，千载山阴伯仲间。

建之兄书来约游南雁，书此奉答，并简怡老

云里望南雁，迢迢百里馀。犹坚三宿约，补答隔年书。觞咏春非晚，林泉愿未虚。《四愁》忆平子，问讯近何如？

近闻平阳将成立林霁山学会，喜吾道重昌，忭跃无已。因成长句，寄讯自怡、建之、渊雷诸诗老

吾乡千载此诗雄，伯仲曾闻但放翁。易代辞传南渡恨，防秋疏障北窗风。六陵拾骨人谁识？白石携家道岂穷？《樵唱》至今应复继，起衰摩眼望群公。

老友建之宗兄自横阳来温，因留饮止宿，书此奉正

文字论交汝独贤，春来话别梦犹悬。已知专壑依南雁，不欲飞车指北燕。小酌薄醪重聚首，一灯短榻且同眠。悲秋不作骚人语，何日凭高共问天。

怡翁自横阳来郡，诸老友集饮洗尘，书此奉政

一樽重集意同亲，又喜春来见故人。耄耋忘年还健步，文章有道始通神。江鱼入馔争浮白，野犴趋时总失真。更约重阳为此会，插花共拂鬓边尘。

李　刚

题《抚松庐记》后

闻道寒庐云散后，庭前松树自孤枯。莫非同气能相感，忝仰高风主不如。

棋王谢侠逊先生诞辰

平生弈屐遍名山，海外漫游独往还。赢得橘仙满天下，九旬六健首推您。

苏渊雷

过宿克明山斋晨起占呈

半缘诗好我能夸，门外青山曲曲斜。禅味偶参菉竹笋，闲庭独对紫薇花。葛溪流水春踪足，白石吟情异代赊。老我无能时一醉，不须辛苦觅丹砂。

冬晴偕竞生、渭溪游甸垟山寺、大雅山房旧址，不得，归饮半缘诗屋，赋似克老

名园萧寺不堪寻，锦幄屏风翠满襟。日暖欣逢三喜鹊，霜轻难点赤枫林。缘溪路转冈峦现，平奥场开竹树森。极目城闉浮暮霭，始知身已入山深。

寿蔡笑秋画史九十

能办朱弦传绝学，偶拈彩笔试新词。堂堂九十春常驻，第一人间女画师。南田而后又南楼，妙入丹青得意秋。老作松台山下客，但供粉本不供愁。

借住怀葛山楼屋小如舟晨起喜占

仙坛寺好葛溪边，又赋移居继稚川。抱朴早参齐物论，驻颜时费买春钱。恍同蚱蜢舟初乏，直当婵娟月共圆。从此搬柴兼运水，诗瓢书枕待忘年。

家岱医师新居落成喜占一律奉贺

长桑秘笈传薪远，壶隐生涯比户知。卜宅城南林壑美，啣杯砚北濁清宜。论交淡似门前水，寿世方探肘后奇。准拟月明三五夜，空街橐橐醉归迟。

七月全家徙户留别平阳亲友

吟踪八载滞山城，那有狂言客座惊。击楫功名怜左计，濯缨心迹许同清。倦游久罢思归引，小别偏深一往情。后此剪刀湖畔路，诗斋好在梦分明。

平阳山城形势，宋令陈容有“前分凤翅，后叠蛾眉”之句。庚申除夕立春，寄忆剪春园，呈旧居停肇孙、雪梅贤伉俪，暨讯诸师友

故园今日又东风，凤翅蛾眉想象中。芳径剪春萦梦远，蜡灯摇影恋杯红。照人肝胆谁堪共？举目山川倘我同。差幸卓锥公案了，不须惆怅问飞鸿。

题仰霁亭

神州厄运宋元际，天挺诗人林霁山。并世水云留类稿，同侪唐子蹙孱颜。九州遗恨谁能免！大道无私若可攀。千古樵风吟白石，忠肝义胆郁斓斑。

木　鱼

重来江心寺继席

一别沧桑四十年，前尘回首已如烟。行云依旧随流水，再续江天未了缘。

灵隐寺升座说偈

深山老木已成舟，不向西湖作乐游。应自扬帆江海去，乘风破浪泛中流。

题顺溪陈氏宗祠

广厦千间瑞气融，颍川望族好家风。画眉峰下书声咏，万壑笙钟吼老龙。

孤屿偶吟

孤屿潮流靖浊氛，禅林依旧树人文。琼楼再举十秋业，玉殿重开自代勋。佛国增添新气象，江天更改老传闻。钟声觉醒凡尘梦，双塔东西曙色分。

江城子·孤屿颂

巍峨双塔峙西东。木葱茏、鸟鸣空。康乐襄阳，清咏仰遗风。南渡宸翰光梵刹，称铁画、说高宗。　　蜀僧创建法王宫。道宏通、启昏蒙。更羡梅溪，苦读夜灯红。信国输忠存正气，昭日月、贯长虹。

白浚明

自题白来苏堂藏头格七绝三首

白果树花已盛开，来宾笑问几时栽。苏翁十九年前种，堂畔今才作荫来。

白露凝秋药圃曛，来收黄菊忆先君。苏人《肘后方》犹在，堂上已无答语闻。

白驹过隙水东流，来此悬壶二十秋。苏息民瘝绳祖武，堂名长望子孙留。

偶憩仰霁亭，追念林景熙先生

扶筇出诊日炎炎，暂息劳生泗水边。追念前朝沦宋室，感怀此地隐乡贤。霁山节拟苍松劲，忧国诗存白石篇。朗诵寒琼秋草句，忍听杜宇促归鞭。

耄龄重游仙姑洞

谒别仙姑七十秋，而今白发早盈头。漫嗟驹隙难长驻，且喜雁山得再游。洞府清幽无俗韵，诗章雅逸有名流。低徊未忍便归去，不尽奇观眼底收。

张雄文

思故庐

久客天涯思故庐，青山当户画难如。虽非高与齐云并，容膝有余堪读书。

舍前舍后环修竹，筛影婆娑入户棂。青隐石城双瀑布，飞淙清净隔溪听。

卖豆腐吟

流亡难将生计谋，初流市井半含羞。亲朋若问售何物，此物雪肤腻如油。肥鲜不让羊膏美，甘滑堪与牛乳俦。入磨赴汤都不顾，愿留洁白与人看。世间多少龌龊物，未敢同登水晶盘。欲考原委非无据，名登文献始刘安。畴昔设有此官职，于今高挂惠文冠。何日别图营三窟，唯待反攻息兵端。低头人前君莫笑，自力更生乐瓢箪。生道有道不横取，远胜污吏与贪官。

池鹤鸣

怀　乡

笔尖描月耸层穹，夜静蟾光影自浓。北港行舟歌棹橹，鳌江渔火映长空。玉帘瀑畔惊湍泻，铁嶂峰前避暑风。南雁雄姿依旧在，童颜不觉易苍容。

谢家燕

闲居二首

诗词信可乐，陋巷好幽居。处世添蛇足，谋生捋虎须。闲赋送穷赋，不书乞米书。趋红未有术，漫笑充滥竽。

陋巷箪瓢乐，蓬蓬鬓已秋。立身甘澹泊，处世脱时流。安用千仓粟，何妨一叶舟？遨游尘事外，回顾友情留。

题四君子并引

癸亥腊冬，大外孙女于归索画，绘屏条一副，以助妆也。

梅

吾家世代不趋红，一树寒梅斗朔风。脂粉妆钱惭愧薄，清香留在喜窗中。

兰

新闺赠尔并头兰，灯下双双带笑看。墨色可消粗浊气，外公凭此佐三餐。

菊

历尽风霜一醉消，不为五斗事折腰。布衣淡饭黄花酒，莫羡豪家粉黛傈。

竹

罢教归来两袖风，十年浩劫倍添穷。休嫌几笔疏疏竹，须学虚心高节风。

陈一亮

和渊老《癸丑寒食移家城南九凰山麓》次韵

倦游文履此幽居，芸帙瓶花香满庐。略有生涯如辋口，直将才力薄黄初。随心彤管浑能事，缩手碧山莫笑予。树隐云开诗画里，从教寒具润温嘘。

邻圃芍药蔷薇盛开，为游女折簪，作伤春句

绿肥渐入黄梅雨，春尽惟馀婪尾花。看与荼蘼相缱绻，惹来蛱蝶闹芳华。老怀欲遣凭供赏，云阵初催急觅遮。和露折将随鬓影，衹教密叶受风斜。

阮树楠

仙　坛

仙坛山接九凰山，浙海东南第一关。铁岭桃花何处是？猫儿车去狗儿还。

悼念子骓先生

六十年前称后学，八千里外失先贤，生逢盛世今难得，一水苍茫隔海天。

题《鳌江志》水系篇初稿

明时修志千秋业，大展鸿才为此邦。一水中分开两县，雁山众派集鳌江。独流入海堪称末，涌浪来潮自有双。珍重同人齐协力，好将巨著谱新腔。

怀远思星野

岁月蹉跎两鬓丝，凭栏举首起遐思。登山胜事无从觅，隔海离愁只共知。南麂到今终汉纪，台湾自古属秦圻。拳拳西望穿君眼，泛泛东归卜近期。

张和光

敬老亭

路转峰回到汇头，出山泉水细长流。撑天似盖双樟树，拔地飞檐一画楼。道观丹池文物在，陵园碧血姓名留。游人到此皆瞻仰，盛世躬逢乐未休。

东岳观吟

双樟珠盖宿青禽，守卫尊门护绿荫。紫府黄冠征寿相，红鱼清磬响玄音。两轩明净凝花气，二竖惊辉畏艾针。瞻仰先师闻素子，丹书石刻道根深。

白　圭

寄黑龙江二子

你俩难兄弟，后先投北荒。边疆梦会短，故土离思长。旦勿恋桑梓，还将驱虎狼。屯田原久戍，耕稼岂平常？脱却书生气，换来战士装。冰天松挺秀，雪地梅飘香。莫羡温房卉，不禁凉夜霜。少年怀壮志，大道自康庄。极目联翩雁，秋风自在翔。

送两儿赴黑龙江

忍心促启程，临别不胜情。老母牵儿泣，病兄依弟行。七年已四送，万里又双征。安得迁家去？满头白发生。

除夕忆儿

两儿远戍冻江边，腊尽未归期又延。一盏寒灯伤晚景，几声爆竹报残年。门前不贴迎春字，囊里空留压岁钱。深夜倚闾犹怅望，迢迢莫及北荒天。

遣　怀

陋巷幽居意境宽，开窗自在阅书刊。登高望远难如愿，养晦韬光且达观。梅果可消吾口渴，葵花莫照此心丹。但期钟子知琴韵，不效冯郎把铗弹。

辛酉春节漫咏

己酉重逢花甲满，又增一纪值鸡年。虚龄已晋七三岁，俚句空吟六百篇。玄须未伸毛氏颖，白头徒

羡祖先鞭。香醪且代屠苏饮，爆竹声声窗外传。

白　昭

读林霁山先生诗《山窗新糊偶成》有感

糊窗谁用故朝疏！却遇先生过借床。坐拥红炉风雪夜，焉知没有泪沾裳？

龙尾登龙亭小憩

登龙亭下白云浮，拾级攀登亭上游。悬瀑无心惊客胆，落花有意点人头。鸟喧深坞春常在，日碾芳菲翠欲流。俯仰不由轻一笑，此间别偿惬清幽。

蔡心谷

论书绝句三首

功夫原自碑中得，韵味还从字外寻。不解风骚泉石趣，终无竹意与兰心。

忽似闲云忽骇涛，千姿百态出柔毫。无须故作惊人笔，写得性灵品自高。

书贵清新脱俗尘，高标更在见风神。临池散抱无牵挂，任笔纵横但率真。

五方斋

楼高室陋却悠然，一炷清香伴简编。地固未偏心自远，点尘不到小窗前。

木鱼方丈自杭来温，诗邀诸老友欢聚中川，谨次原玉奉和

情暖禅林未觉寒，黄花依旧傍阑干。昔年佛手常分果，今日清斋又赐餐。鹿城翻新天气爽，中川叙旧鸟声欢。传灯灵隐释门幸，弘法人间不怕难。

张　禹

谒霁山墓

我拜霁山墓，徘徊不能去。嵚崎历落人，寂寞此中住。欲访遗编读，山深无觅处。幸逢数友朋，为我谆谆诉。南宋自戕亡，君臣尽系虏。文山已就义，恸哭唯皋羽。得子而成三，子心最苦楚。九州全沦丧，家祭复何语？只有冬青歌，声声似杜宇。我听朋友话，亦拟追豪迈。愿化女贞树，绿荫永不败。

杨　奔

游墨城龙潭

天地成婚日，岳神罗酒浆。收杯醉不省，遗此龙潭觞。

天光融入瀑，玉液自馨香。我欲如鲸饮，芒角塞肝肠。

寒潭深不测，投石了无伤。闻说山洪发，吐石掷边厢。

山梨闻遐迩，偃蹇干不扬。特奇忧地僻，临别复徜徉。

入山修订《南雁》册子

石火电光能有几？雨萍风絮厌流离。如何落叶归根日，还似惊鸿避弋时？梦里登高伤屐齿，酒边怀远老蛾眉。萧然独上寒山去，洞窈苔多欲诣谁？

补题南雁西洞

铁瓮无温水欲冰，为谁绩苎伴残灯？杜鹃叫落三更月，愁绝孤猿夜扳藤。

仙姑已去药还留，映水缘岩碧未收。只解临床授百草，儿家心病仗谁瘳？

悼张鹏翼先生

期颐罢宴起哀弦，白袷青毡了夙缘。遗墨淋漓元气在，紫霞山馆月如烟。

戊辰春，偕诸诗友游大日山寺，登机岩，盖唐代名尼玄机遗迹也

轻烟薄雾两霏微，回首人间总祸机。三宿易生桑下恋，孤身好逐朵云飞。初阳化雪情何极，夕水生寒梦亦稀。剩有《圆明歌》一首，花开棠棣答春晖。

两度寻幽入翠微，只凭旧志识玄机。云迷石窟师何在？魂绕机岩柩已飞。三界无安知者寡，寸丝不挂解人稀。袈裟拖处成芳草，且尽馀樽谢落晖。

南歌子·九月移居平阳，相知朝夕过从

竹影侵庭暗，泉声入座寒。溪山好处足留恋，那更凄风苦雨损华年。　　驾鹤骖鸾客，偷桃窃药仙。相逢相许毋垂怜，且乘轻烟皓月共翩跹。

蔡启东

在美国见梅开

异国见梅开，乡心万里回。清香遥扑鼻，疑自故园来。

临池即兴

临池兴至屡忘身，坠石奔雷脱俗尘。入帖原先求出帖，传形然后始传神。师承古法非泥古，探索新潮试创新。悟得天机无捷径，磨穿铁砚破迷津。

题林景熙诗亭

诗亭耸立仰先贤，风雨沧桑七百年。匣剑有声空许国，庙廊无计靖狼烟。素心沥沥孤忠泪，《白石》铮铮大义篇。此日英灵堪笑慰，神州万里换新开。

邱鸣初

登城南培风阁

平生意气藐王侯，壮不如人老更休。莫揭潮流还孔孟，谁知玉帛化戈矛？两年书剑依人住，八口妻孥累我谋。怕上最高楼上望，茫茫烟雨正深秋。

题北门晚晴亭

岁晚归途霜露零，引人佳构近山城。十年浩劫开新局，一座名亭署晚晴。白日儿童骑竹马，黄昏父老话升平。登楼环视山川胜，无限低徊遣客情。

九十自述

此身愈老愈痴聋，九十年来一梦中。巧妙音声听易倦，辉煌业绩看难通。谁知天意偏逢恶？何怪人情势若崩？太息江河千丈落，穷愁坚守旧家风。

三家村里一冬烘，展卷抽毫意未穷。风雨飘摇思魏阙，山川形胜说关中。著书不愿灾梨枣，得句无遑计拙工。去日已多来日少，艰难历尽寸心同。

过宋平子先生鲍垟故居有怀十二韵

故乡有宅馀荒草，荆树无花暗暮春。选婿蕖田明只眼，论交玉海定芳邻。自知狷介难容俗，谁识佯狂是隐沦？学术远追秦汉上，文章独具性灵真。曾为荫甫升堂士，不作香涛入幕宾。处士祢衡何足傲？诸生原宪不辞贫。忧世常下苍生泪，淑世愿凭大觉仁。可怜《卑议》非高议，其惜诗人又逸人。幸有文姬能传业，恨无通子继馀尘。书成先哲鸣冤日，门对荒江楚水滨。运厄龙蛇悲鵩鸟，神游箕尾托星辰。古来才大难为用，欲起湘灵一问津。

贺张鹏翼先生九十大寿

横阳虽小邑，明公代有人。人事成代谢，往者姑莫陈。屈指今世士，张君名最殷。书法师草圣，诗笔迹清新。临池数十年，无间昏与晨。年深而月久，工到笔有神。墨妙人共赏，求者日踵门。流传到海外，价重连城珍。君言自怡悦，不足持赠人。士当志其大，小技安足论？谦让固美德，声誉日益增。君身颀而长，须发白如银。耳目尚聪明，手足利屈伸。坐拥百城富，日食三餐醇。室中齐眉妇，堂上子孙增。五福世稀有，天独厚其身，我本同门士，枯荣难比伦。一为上苑花，一作幽谷草。云泥原已判，謦欬遂不闻。君年丰九十，初度及良辰。宾客填门巷，列坐尽簪缨。自顾形憔悴，举足复逡巡。作诗为君寿，聊抒倾倒心。其辞虽云鄙，其意诚且真。鲁人歌黄发，庄生述大椿。愿作长生酒，来作侑觞人。

陈镇波

钵水、建之二师贻诗勖勉，谨和

绛帐风流孰吾师？管窥妄欲测真知。邓林弃杖怜夸父，东里捧心笑子之。生事催人供岁月，田园泥我绝施为。朽樗终负门墙望，且待融风解冻时。

悼李德新同志

辞家生计拙，妻孥暗凄然。迤逦关山月，飘零瀚海烟。胼胝非所计，骨鲠谁堪言？弱水留忠骨，沙虫伴化迁。可怜鸿案侣，犹自望云笺。霹雳阴霾尽，“三中”喜传讯。正名及幽隐，啖蔗甘晚年。曼倩今安在？伤哉涕泗涟。余与德新同志于1952年温州学习时同在一组，常为其诙谐幽默而含意深远之言所倾倒，称之为“东方曼倩”（即东方朔）。

回忆战时温师生活八首

冷风云影拂平畴，橘柚香飘晴霭收。惆怅韶光何处觅？溯初亭畔思悠悠。

悲歌一曲唱“长城”，黄水谣讴慷慨声。最喜郑琴犹矍铄，卿云祥景颂升平。

郑师显金，五十年前执教于郑楼温师，今年逾八旬，闻犹骑车往返于沪音乐学院，贡献馀热。

寇氛迁徙入山村，魑魅噬人欲断魂。几许颜殇停柩处，半轮斜月伴啼猿。

温师迁徙泰顺莒江三年，校方无得力措施，同学疫病死者颇多，我班即有二人。

虀盐粗粝腐儒餐，破庙孤檠午夜寒。菜色儿郎齐力学，觅虾周末涉惊湍。公米供应，难得一饱，同学涉溪翻石觅虾，以改善生活，但仍精神振奋，力学不辍。

琴书画展举纷纷，墙报纵横突异军。更有奇闻君记否？老师选教学生文。普师某同学撰文发表于报端，语文教师不知，选作范文，一时传为佳话。

缥缃玉笈恣钩探，讲座时开万汇涵。一自河汾传道后，至今齿颊有余甘。李鸿梁、王季思、陈穆庵诸师各抒所学，主讲“格物”“诗教”“永嘉学派”等，至今记忆犹新。

湘桂狼烟最系情，兽蹄岂忍任纵横？男儿自有匹夫责，投笔登台争请缨。湘桂溃退消息传来，同学聚会请缨，登台演说，慷慨激昂，声泪俱下。

弦歌今日近商场，市廛声喧夜未央。争似桑麻滨海地，一书负袖诵夕阳。五十年代，师范迁往市区，改为师院。各地师范均在县城，郑楼校舍成陈迹矣。

游寿澄

论书四绝

横平竖直是常规，春蚓秋蛇变态随。解得公孙浑脱舞，挥毫落纸自纷披。

学书自古重临摹，扬子谈经有说郛。翰墨功夫胪万象，随人取舍是书奴。

毫芒转折兰亭序，字里金生盂法师。寂寞褒斜空谷道，佳人遒丽信多姿。

展卷神游晋宋间，窗明几净足盘桓。心如止水波澜后，一卷书成兴未阑。

《东欧诗讯》平阳专辑三年期届，光铭有诗，次韵一首

吾乡词客传薪久，社结东瓯惬素心。每掬豪情歌盛世，时怀讽谏起规箴。楚骚乐府才难尽，白雪巴人赏雅音。闻道诸君诗力健，伫听声钵赏高吟。

庚子春，身羁北湖，有怀故庐

凤凰山下有吾庐，风雨能容促膝居。菘竹半篁韭味美，时还窗下读新书。

移家作

生事鷦鷯寄一枝，三迁略似孟家移。卜居喜与高邻接，泛宅先安笔砚池。架上图书敦素好，窗间几净话襟期。小康晚景桑榆美，长共妻孥乐展眉。

宋之镛

学弟黄庆荣、蒋千里惠临，谈往事感赋

世路崎岖荆棘多，如烟往事眼前过。半山古寺留辛苦，两字功名付逝波。灯火弦溪同切磋，流离客馆共吟哦。重逢时节毋嗟叹，化作声声长短歌。

次韵庆生兄《七十述怀》

胸无城府自悠悠，不染纤尘远浊流。聚米量沙常制胜，归田作赋岂悲秋？黄花老圃香如故，乡国春光眼底收。我爱卑栖知慎托，书林画苑觉清幽。

八十述怀

逝者如斯八十春，扪心无愧一儒巾。难随时势人讥僻，忘却自私吾守真。卅载蹉跎无说处，十年磨折太艰辛。夕阳莫道无边好，尺蠖屈难求展伸。

识得世情一笑中，扬帆劈浪各西东。童心未失人先老，筋骸犹存志岂穷？自有书中高境地，何须人面学痴聋。夜阑吟罢披衣坐，帘动风轻月似弓。

忆江南·怀旧

音问渺，南望阻狂澜。岁月无情人易老。那年雨骤风寒，绿叶早凋残。

云散去，晓月挂窗棂。蜷缩蜗庐初入梦。溪楼未

灭寒灯，风送笛韵清。

马诚起

怀闻方丈理朴大律师

声名太早响尘寰，天赋奇才不耐闲。桐柏山头博一耀，昙花惟恨刹那间。

开　卷

两眼曾看不尽书，老来转觉事荒图。侧身懒与人争席，开卷略为把岁除。

无味吟

吾诗无味读人稀，有味易为读者迷。无味之中吟有味，个中真理有谁知？

七十自述

忽历风霜七十春，玄门托迹是前因。厌看世上兴亡促，懒记人间岁月频。办道心诚无德育，匡时力薄缺长论。平生窃喜崇之宝，更惜馀年养性真。

游广福宫

左峙新罗右九凰，双峰陡举向穹苍。峡中玉殿凌云建，窗外孤松阅岁藏。铁岭桃花开碧岸，弦溪水色映丹房。杖藜闲步阶金月，惹我春游一段忙。

林则仁

奉酬周志杰老师八十自寿

生涯历尽棘榛程，八秩椿龄喜晚晴。宦海飘蓬遭叠浪，黉宫化雨育群英。夜深庭院花无语，春暖池塘草有情。白石遗风萦远梦，高吟玉韵寄心声。

敬贺邱鸣初业师八五寿庆

鹤算频添八五庚，安贫乐道一身轻。杏坛春暖弦歌盛，芸案墨香诗韵清。惯看西山红叶舞，每惊北斗白云横。深谙世事尘嚣扰，独擅芗泉风月情。

敬贺宋之镛业师八秩寿庆

一别弦溪两鬓斑，崎岖世路历时艰。石塘月色云烟里，学圃春风桃李间。宦海生涯原梦幻，名山事业可追攀。诗缘莫道桑榆晚，天保九如聊自闲。

宋之镛业师惠赐雅咏，即韵奉和

昔日书声杂寺钟，今朝雁足报萍踪。青衿砚浅文章瘦，绛帐春深雨露浓。世味何如蝉翼薄，人情岂藉酒花秾。劫余差幸顽躯健，阡陌行吟横与纵。

悼邱鸣初业师

忽传噩耗蓦然惊，犹记当年解惑情。水月镜花迷望眼，春风时雨洗愁城。

漫漫古道寒蛩泣，寂寂深山夜鹤鸣。最是伤心怀念处，芗泉无复啸吟声。

林　俊

题《菊蟹图》

积习闲吟情不移，寻幽健步过东篱。野声拇战烹巨蟹，笑我墙根瘦菊枝。

作《菊蟹图》应台湾画展

雁字催人洗砚池，无题泼墨正迟疑。高楼拇指烹巨蟹，笑我残篱瘦菊枝。

忆江南·题萧江八景

青山在，依旧水流东。日照渔樵江渚上，年年闲话老艄公，好事不成空！古渡晨曦

寻秋月，最怕白云封。几见人生头上亮，未估今夕树梢逢，人在玉山峰。玉峰秋月

云栖处，陈迹说来多。人去书声无觅处，独传拜佛念弥陀，钟磬出岩阿。白云晚钟

苔痕旧，何必问沧桑？碌碌人生忙里过，曷偷一日赏新凉？赖有石门墙。石门赏凉

仙泉井，井底卧樟榕。日日清心餐冽水，年年酿酒过寒冬，乌发美颜容。樟井问泉

多少事，还向古碑求？许是女娲遗此石，为君吊古记来由，身入宝山头。碑林吊古

傍古岸，一树搂双亭。炎夏不知红日过，寒冬最合雪华生，抱石独青青。榕亭残雪

仁者寿，澹泊自逍遥。耻逐蛟螭分上下，唯钦鸾鹤入云霄，侧耳独听潮。石龟听潮

减字木兰花·忆业师李公鸿梁

烽烟入屋，有幸莒江春雨沐[1]。一缕慈晖[2]，三载东瓯众望归。　息翁[3]高足，莫问从游谁剪烛。梦断天涯，寸草区区仰大师。

卜算子·游橘坡山公园

亭翼白云生，曲径眉峰凸。古刹钟声打夕阳，浮起双江月。　樽酒荐长天，肯把遗篇掘。蘸墨忠臣古墓前，题酬铮铮骨。

孔庆杭

题《菊蟹图》

横行形十足，湖泽竞生存。匍匐东篱下，休将当道论。

游青山寺

山外青山寺，巉崖峭切成。弘扬唯佛法，造化度遇氓。下海万元舞，升官两袖盈。谁来求一愿，雨露被苍生？

兴平公司十周年抒怀

兴平本旨欲何求？改革潮流争上游。老去光阴增感慨，迟来事业自沉浮。利名深处常封步，风险边缘任白头。眼底云烟腰万贯，何如吟啸乐春秋？

哭战友林则仁兄

忆昔同舟解放春，暴风骤雨洗征尘。文章憎命无情物，意见违时引火薪。俯首牧牛歌敕勒，白头练句见精神。吟俦战友君先谢，生死缠绵泪满巾。

自述二首

苦忆当年血泪仇，追随革命志方遒。翻身未得歌慷慨，许国曾经效马牛。道路坎坷风雨骤，功名寂寞稻粱谋。书生意气嗟犹在，磊落襟怀硬骨头。

乱忾同仇正少年，而今白发各芊芊。沧桑只改江山旧，风雨偏教情谊坚。易老青春难老志，迎新世纪出新篇。良辰胜事常相约，佳句携来到酒边。

王志信

与应立云先生

闻君返安固，娱母老莱衣。江上飞云渡，吟鞭早日归。

游南雁观音洞

菩提树老法华新，南海慈航现此身。愿借杨枝千滴水，洗清世上古今尘。

奉呈王栻先生

芳诵况君多种德，依然博学旧书香。三槐棠棣芝兰秀，百世竹林杨柳强。益寿古稀耄耋日，延年百岁期颐康。退休得闲还乡住，王氏荣华世泽长。

唐唯逸

题《白鹤牡丹图》

轩轩矜白羽，翀翀惜玄裙。碧落凌云客，仙翰五凤群。惊霜三径晓，唳月九皋闻。岂必依松竹？名花岁岁熏。

题《松鹤图》

披云拨雾欲参天，历雪经霜不计年。喜复华亭闻鹤泪，岁时长守共蹁跹。

平阳工艺厂成立十周年

十年荏苒共寒温，朝夕争将六法传。书学晋唐求立骨，画宗顾陆为探源。

欣将蛋壳换钢铁，誓把余生报国恩。今日烹茶谭往事，还须功罪细评论。

仙坛旧迹最堪思，葛水长流递四时。洗砚山泉春雨后，观花溪畔暮云迟。

十年浩劫固多难，一样教条亦少知。食果不忘栽树者，开来继往莫相辞。

---

① 原注：抗日时期，温师迁校泰顺莒江。

② 原注：李师（鸿梁）斋名“慈晖草堂”。

③ 原注：弘一法师李叔同别名。

温　平

梦牵魂绕星洲情，回新加坡有感

重返新加坡，年已七十六。入境有难处，全靠亲人助。离别四十暑，事物都生疏。老友留不多，新交仅少数。亲戚勤招呼，起居得照顾。天热像夏秋，最宜穿单绸。生活可舒服，病体不辛苦。首先去扫墓，然后乃漫游。览胜并访友，两周没停留。既贺新夫妇，又送老千古。喜事闹嘟嘟，丧事不寂寞。现实转眼过，往事化烟雾。旧屋改新厝，新市即国都。海边大填土，水面起小丘。座座廉价屋，人人好安居。上楼下地速，老人不必扶。出门车代步，难怪两腿木。新路一一筑，老马不识途。地铁条条龙，日夜帮商工。市郊远亦近，站站发新容。吊车悬高空，跨渡两岛峰。游人一簇簇，旅中乐融融。夜晚声色隆，发自电子筒。邻近多岛屿，棋樟山近否。东西南北中，全岛路路通。环岛走马看，曾费大时光。书城与国廊，分设桥西东。两处细注目，今昔大不同。高厦连绵矗，椰树随风舞。花草满地铺，美景不胜收。食物甚丰富，可惜缺齿咀。果品一箩箩，榴莲要当袜。吉他弹名歌，似弹“PERAHU。”逗我忆当初，渡海避日寇。荷属东印度，旅此到处躲。胜利既得福，韩战又生祸。树胶是商货，买卖竟被捕。不识事务乎，自知不糊涂。曾识本地情，工作没毛病。出版与电影，大众多欢迎。办报与结盟，当局曾承认。贸易不犯科，终于被驱逐。多年时光误，老来尚奔波。早拟多出书，《字库》与《文库》。原是我职务，且合我志趣。到此得头绪，华侨表拥护。多方都原做，当能展宏图。在此有一虑，华教乏基础。华文与华族，本岛不可无。企望早恢复，南无阿弥陀。

蔡渭溪

菊

阶前频昂首，篱下不低头。傲骨经霜健，南山何处求。

八十自寿

毕生花鸟结深缘，八十年来意益坚。少作欢娱老成业，自多乐趣在心田。

益友良朋似至珍，胸怀坦荡见精神。浮生原是南柯梦，一片真情对世人。

自惭才浅又昏聋，虚数耄年无寸功。但愿儿孙多建树，夕阳好景慰衰翁。

多谢诸公赐锦笺，蓬门顿觉换新天。堪嗟岁月增中减，共酌壶觞乐晚年。

林孟晋

读《百老吟》

百老吟成共赏之，铿锵韵律亦吾师。布衣萧索嗟衰朽，骥尾相随羞入时。

小雨春风润古城，百花争艳百家鸣。骚坛从此创新意，文字相交别有情。

秋晚漫步九凰山

凰山高耸夕阳西，野草闲花不待犁。抱叶寒蛩伤冷露，归林宿鸟暖巢栖。蝉琴续断怜新月，蚓笛悠扬蛰老坭。杜牧停车秋欲晚，丹枫暮霭点山溪。

哭　妻

提携抱负忆当年，缺米无柴殊可怜。含苦茹辛空嫁我，霜风雪雨莫尤天。有情恩泽虽能待，岁月无私亦枉然。恸哭劬劳儿女泪，云游有幸在夫前。

黄嘉经

云　关

怪石何年劈？中空一径宽。闲云时出入，终古不须关。

仰霁亭落成有感

宋室沦亡日，遗民无限哀。赋诗怀故国，移骨答涓埃。古冢呈新貌，碑亭辟草莱。芳名留竹帛，邑史几人才。

晚年苦吟

枯肠绞断未成诗，独坐灯前夜已迟。莫笑江郎才力减，而今我亦发如丝。

陈景丹

奉和陈生《重过飞情阁有感》四绝

美人香草渺难求，蝶去楼空风打头。画意诗情犹似昨，东山长忆旧风流。

学《易》当年许独求，门墙桃李惜枝头。而今双井葛溪水，无复春风漾绿流。

高卧飞情羡不求，每因踏雪过溪头。闭门幸免苍苔乱，清绝梅花第一流。

去住何须问卜求，夕阳催客上楼头。山中不见题诗石，一任落花趁水流。

赠《鳌江志》主编

鳌江潮汐浪淘沙，溯得源头第一家。邑志新修家有本，水经旧浊岂无差。山川跋涉风尘累，笔砚耕耘岁月赊。惆怅南梁老何逊，但闻开阁赏梅花。

张德举

呈上海长寿诗社王醒吾社长

久仰乡亲咏，春申结社人。清词饶古调，长寿健吟身。政重成康德，道尊孔孟仁。兴邦宏四化，坛坫望传薪。

予幼受读鳌江公学并怀诸诗友有感

少日春风坐，独怀教泽亲。诸师皆伊洛，同砚尽荀陈。兵燹离横海，讴歌娱老身。东瓯成久住，我亦古稀人。

随苏渊雷乡贤参观玉佛寺

古刹百年盛，重临境远幽。琳宫雕饰壮，梵典秘藏优。师事研禅理，吾来作胜游。庄严坐卧相，玉佛越寰球。

咏平阳南麂山海岛诸胜（选二）

天然草坪

芳草萋萋嫩似绵，天铺一席绿毛毡。云霞当被石当枕，锦绣大床供客眠。

天然画壁

巨岩亘古经风化，一幅丹青气魄雄。沐浴仙姬姿态艳，天色画壁耸江中。

郑懋楣

次酬锡鉴兄赠言七绝三首

应怜逐队忆同游，独有蜗居楼角陬。斜雨飐风三载尽，龙驹千里未强遒。

中秋明月正当头，塔影澄波眼底收。钟鼓楼台何处是？悠悠岁月自空流。

别时重聚客温州，骤见庭前意更稠。老色苍茫伤自语，回春乏术愧东瓯。

医史座谈会有感

泉香橘井几千年，接骨柳枝嫌未专。春色杏林关不住，岁寒松柏出华颠。婆心眕异情俱似，亮节技高争两全。一室芝兰清馥郁，苍生幸望此先贤。

陈虹东

平中四季歌（选一）

无边春色满黉宫，细雨和风潜化工。邹鲁文风新焕发，弦歌一片澈苍穹。梅黄麦熟迎东风，更见榴花次第红。雨露润滋桃李硕，丰收又在指望中。

游碧泉寺

老友偕游兴欲狂，攀登石级踏青苍。寒山红叶饶诗意，远岫白云嘲我忙。梵阁高台留倩影，碧泉古寺品茶香。还童返老原非易，一日逍遥乐且康。

黄庆生

戊辰年访仙坛寺旧址

仙坛寺初建于唐咸通年间（860—874）。经历代扩建整修，为规模宏伟，环境优美之古刹。1974年平阳师范学校设此，拆寺建校，1988年1月间大雄宝殿最后被毁，古迹荡然无存。

少与仙坛邻里居，晨钟暮鼓伴诗书。楼台梵宇今成梦，独向溪流吊废墟！

屡扣禅关屡改容，唐朝古刹竟无踪。一千二百年间事，几度兴衰几吉凶？

衮衮诸公意若何？堂堂学府起狂波。浮屠未毁兵争里，盛世偏逢灾祸多！

吊亡友李德新

峥嵘岁月喜相知，黑夜求真是我师。气撼山河歌壮志，身遭缧绁诵文诗。江南春暖花开后，塞北冬寒冰冻时。此日天涯云断处，低空凝望泪频垂。

艰难岁月两心知，反腐无惭是我师。缆辔澄清空有志，置身缧绁尚哀时。胸中自有兴邦策，塞上谁怜脱颖雅。万里黄沙埋侠骨，白头吟望泪如丝！

马允元

顺溪揽胜

四面云山树抱村，一弯溪水入林昏。烟峦不减桐江色，侍读留诗有旧痕。

萧江行

旧游如梦了无痕，今日重来惜酒樽。四面青山笼画轴，双江碧水抱花村。孤舟载义芳名远，万里忧邦德义存。眼底清流新气象，挂帆恰好趁朝暾。

悼长婿蔡庆嘉逝世一周年

中年力学见良才，域外文章放眼开。精译《苔丝》刚问世，谁知痼疾竟成灾？独怜弱女空房守，却喜贤孙瀛海来。今日逢辰心欲碎，愁看蜡炬渐成灰。

姚易非

喜长女蓉蓉重归同庆文楚六十寿辰

别梦依稀廿五年，平冤返里尚无眠。遍寻蓉女无踪迹，幸得苹儿有宿缘。初遇杭城惊隔世，终来平邑庆团圆。举杯共祝人长寿，同谢邓公换旧天。

满庭芳·偕友访大日寺

大日山前，埭头村底，寂寞禅院斜晖。海天寥廓，诗客觅玄机。且喜华根导引，登临处、步入菩提。空山上，机岩何在？灵枢早成灰。　　云飞，留偈住，纹丝不挂，拖地僧衣。任经唱《圆明》，舍利迎归。古塔如今望断，只落得、芳草萋萋。凭栏久，寒鸦数点，翠竹尚依依。

满庭芳·平师诸生为余庆贺七十寿

鞭炮长鸣，彩旗高挂，寿堂花树迎春。一园桃李，为我庆生辰。多少情深话语，温肺腑，堪慰迷津。惊回首，绿杨窗外，夕影近黄昏。　　耕耘，犹未了，如今始悟，报国知门。且忘却坎坷，共饮清樽。道是古稀不易，何必又、空惹啼痕？凭栏处，青山望断，长作浇花人。

周凤鸣

夏日登仙坛寺

俗虑抛开汗漫行，悠闲自在羡渊明。一轮旭日当空照，几树幽禽隔叶鸣。丹灶何期延寿福，碧云长见引风轻。城中尘土炎蒸甚，猛觉葛溪凉气生。

悼家兄周瑛逝世

同气连枝耄耋身，浮沉艺海历艰辛。非因学《易》方知命，只是工医善活人。旷达襟怀生索挽，峥嵘事业幸传薪。何堪棠棣歌声断？挥泪情关手足亲。

倪绍棣

怀念马坦庵了旺大师

生前慷慨动风尘，对酒当歌豪侠身。此日村民犹仰望，东南拳术重斯人。

赠马诚起道人

仙客山崖闲所之，兴来便作钓鱼诗。持竿坐看河边景，遥想文王得遇时。

重建崇庆院

鼓鼙声里聚群贤，抗志羲皇道共传。亭上谈心容促膝，院中题句尽名联。岚光映壁觥筹满，翠竹连山曲径妍。墨客画师频接踵，不时犹听朗吟篇。

今朝重建似当年，院宇巍巍气凛然。道法自然窥窍妙，息吹野马蕴机玄。黄莺百啭清幽地，空谷回声夕照天。流水青山多寂寞，啸云亭畔忆先贤。

郑庆衡

春到宝兴寺

古刹逢春气象新，潺潺溪水涤凡尘。梵宫清净拈花地，罗汉痴顽金粉身。钟鼓若能开觉路，僧伽自必渡迷津。曾经浩劫凄凉尽，佛国兴衰亦赖人。

凭吊啸云亭废址

废墟昔日似兰亭，耆宿流连翰墨情。品茗飞觞供笑语，雕梁画栋绕吟声。星移斗转岁时换，岑寂岗荒荆棘生。世事沧桑难逆料，何年重见啸云升？

悼邱鸣初岳父

手不离书九十春，文章道德乐天真。力行仁义乡邻睦，指斥贪污墨吏嗔。桃李芬芳勤化雨，桑榆寂寞等闲身。精神矍铄期颐寿，忽丧斯文泪湿巾。

谢瑞淡

贺建之老师九十大寿

当年“别古”雪门时，饮水思源念我师。腹满经纶恩泽在，学通中外众心驰。池塘春草常萦梦，盛世追功应树碑。澹泊清贫安度日，苍松不老祝期颐。

重读先父《出国誓师吟》有感

华夏濒临生死关，请缨解难岂轻还？一枰舞象藏戈剑，千岛筹资越海山。沥胆披肝昭日月，蜚声戴誉在人间。神州今日金汤固，不复沉沦耻宇寰。

还　乡

殷殷话别赋归程，云淡风轻夜色清。旧雨每萦亲友梦，关山时念故乡情。沧桑尘世惊流水，畹晚年华愧此生。雁影仙姑南麂月，改天换地有群英。

怀乡偶咏

杭城托足不知年，鳌水钱江各一天。风雨思回频入梦，关山眷恋难成眠。南归欢聚知何日？阔别重逢定有缘。漫步园林成涉趣，歌吟怀旧待诗篇。

第五节　楹　联

昆阳镇仙坛公园

崇德亭

崇岗高耸渊源远；德造东山松柏春。

王建之撰，董怀良书

仙坛公墓（上、下）

窀穸有邻辞世后；松楸长护孝思多。

千秋寿藏仙坛麓；卅里风光葛岭傍。

王建之撰并书

伍兴亭

石岭幽长，行行且歇；山亭雅洁，坐坐何妨。

蔡启东

向晚斜阳城郭；晨曦佳气葱茏。

游寿澄

灯火星呈北郭；云霞夕照满东山。

王光铭

元甫亭

元晨亭筑东山麓；甫里茶烹葛井泉。

王建之书

虹卧清溪，水声弹古韵；亭依秀壑，山色抒新诗。

郑立于书

思源亭

一脉清流迎百履；两山翠色入孤亭。

蔡启东书

仙坛桃李新师表；葛岭烟霞古画屏。

董怀良书

葛仙亭

流水崇山怀作者；春兰秋菊契风人。

自怡（张鹏翼）书

竹韵松涛清自逸；风台月榭悄无言。

葛慧珺

马鞍亭

山似马鞍，习习凉风穿背过；岭如龙伏，葱茏翠竹伴亭眠。

中文（张国钧）撰，董怀良书

凌仙亭

胜境千年寻古迹；一亭终古接游人。

王建之撰，吴招廉书

菩提佛法无量德；丹灶仙翁怀此亭。

王建之撰，吴招廉书

岭门亭

峤上烟霞迎日出；山间苍翠抱城来。

王光铭撰并书

湖山开晚霁；风雨送新凉。

游寿澄书

岭上风光无限；山中岁月常新。

蔡启东书

清泉亭

风月长来往；山川自古今。

王光铭

清流长润泽；泉气自生香。

蔡启东

昆阳镇九凰公园

门口牌坊

九凰山色四时好；大众乐园百戏陈。

邑人苏渊雷书

共赏园林，前有龙湖后凰岫；

更舒心眼，左接仙坛右紫霞。

九三老人张鹏翼撰并书

筠　亭

与山同静，一亭俯流水；

随地皆春，万竹引清风。

蔡启东书

得有闲情，修竹茂林堪憩息；

别饶清趣，溪光山色足流连。

董怀良书

鹰　亭

未肯高翔过凤岭；相看不厌有鸣山。

徐祥地撰，吴招廉书

入座乍惊孤峭险；凭栏喜见万家春。

王光铭

啸　亭

时于此中得佳趣；更从何处问真源。

九一老人张自怡书

虎溪步月成三笑；铁岭寻梅又一春。

邑人王建之撰书

环碧亭

环碧水，绕青山，此地曾钟灵毓秀；

左蛾眉，右凤翅，从今有宰树寒烟。

世侄游寿澄撰并书

狮岩亭

岩自天成似狮状；松当风起作龙吟。

九一叟张鹏翼撰并书

半岭春浓花满眼；一亭风暖客登山。

吴招廉书

昆阳镇北门贞寿牌坊

自凤鸣占五世之祥，征兆在闺帏，衍孕尽扶舆淑气；

惟鸾驭问百年为礼，旌铭被石阙，式观如鲁国灵光。

撰写者不详

先太祖黄公增逾十旬，筹算呈祥，长吉与三台共座；

后北齐张氏越一千载，太平为瑞，复昌成九世同堂。

撰写者不详，上联石柱已佚，联语系钱明锵补撰

昆阳镇南门养颐楼上听谯亭

听曲高楼，丝竹五音皆足乐；

谯楼望远，江山千里共明时。

王光铭撰，蔡启东书

养生有道常从俗；颐事无妨共尽情。

庚子秋月，王光铭

昆阳镇坡南历史文化古街

通福门培风阁

星垣连北斗；驿路达南闽。

阁影临清汉；奎光彻紫垣。

踏轮周六合；搦管指三台。

以上清代人所撰书，具体姓名不详

怡远楼（敬老亭）

喜享遐龄，寿比南山松不老；

欣逢盛世，福如东海水长流。

横阳吴招廉书

南山亭

近水有亭，花香竹秀；

凭栏看景，鱼跃鸢飞。

潘治中撰书

南风解愠丰收乐；凤翅凝青山气佳。

蔡启东书

问津亭

门临湖水澄清处；亭在山峦怀抱中。

张和光撰，吴德华书

昆阳镇坡南篁庵后山三友墓

墓　门

依山作枕；与佛为邻。

作者不详。已毁

武训民（南门人）坟

卜兆结羊求，泉台允堪乐蒋诩；

鸠工镌画像，石室何须羡武班。

应蔼庭（坡南人）坟

太学话同游，嗣得佯域留范式；

名山藏慧业，追怀前轨有应玚。

孔子初（东门人）坟

佛土试回头，三笑相期登乐国；

孔林溯远祖，千秋行复仰华宗。

丙子秋中，黄光题

万全镇宋桥观音亭

紫竺还生金马第；白衣抱送玉麟儿。

撰书者不详

西鱼山，北鹤河，飞跃现真机，何俟观鱼放鹤；

南马桥，东龙潭，乾坤开异境，应多策马乘龙。

光绪戊子年，周鼎书

万全镇郑楼溯初亭

溯水萦洄，小筑竟成千古秀；

初基巩固，深谋端树百年人。

八七老人张鹏翼撰书

水头镇乐馀亭

乐事方殷，溪山留胜迹；

余年可贵，杖屦伴清游。

苏步青撰并书

槛外泾川，琼田宝鉴青罗带；

窗前南雁，雾鬓云鬟碧玉簪。

张鹏翼撰并书

凭栏远眺，高低峰外白云路；

倚槛清吟，上下月明秋水天。

王光铭撰并书

人间重晚晴，岁月何须催白发；

世上呈新貌，杖筇胡不伴清游。

苏步青撰，翁宗山书

万里江山逢盛世；无边风月养苍颜。

戊辰秋，徐祥地撰，陈景丹书

腾蛟镇仰霁亭

弦水风山，霁色寒流郁孤抱；

青芝白石，梦吟樵唱凛高风。

丁卯上元邑人苏渊雷书

南渡振骚坛，共仰孤忠昭信史；
高亭留正气，似闻杜宇泣冬青。
丁卯春月乡后学林剑丹撰并书

弃官归隐，怀国哀时，高情同务观；
携匣拾骸，忧民斥敌，大节比文山。
乡后学蔡心谷敬撰并书

白石著诗篇，易世吟馀追旧事；
青芝留翠碣，寒琼拾得见忠心。
乡后学郑立于敬撰并书

顺溪镇知音涧观瀑亭

侧窥仙女下凡，舞蹈千姿半遮面；
仰望藏龙出谷，奔腾三折不回头。
郑立于撰，萧耘春书

绝壁千寻，常绕白云添逸兴；
飞流三折，直奔碧涧觅知音。
蔡启东撰书

飞泉匹练驰苍莽；新月帘钩挂碧虚。
王光铭撰并书

顺溪镇居敬亭

居处为恭，南雁荡山增胜迹；
执事以敬，东瓯史册著芳名。
陈圣驹撰。新世纪七年岁次丁亥嘉平马亦钊书

造物无私，纵横溪山皆美景；
丈夫有志，遨游云海展宏图。
陈圣驹撰，蔡启东书

腾蛟镇忠训庙

正　门

一代忠贞昭直节；千秋庙貌肃明禋。
作者不详

正　殿

宋室孤忠，履尾批鳞昭直节；
河东灵爽，铁马金戈护宋邦。
原撰书者林季仲。一九八八年秋月立

感愤忠义谘，痛陈时弊惩和议；
得受武英殿，平论丹心合为神。
原撰书者林季仲。甲戌春，朱汇源书于南京

忠矢宋朝，铁马金戈平寇党；
灵昭瓯壤，珍膏玉液沛苍生。
作者不详

武英殿名垂千秋，庙貌重生酬圣德；
薛大夫灵昭万世，民生利济感深恩。
原撰书者黄体芳。一九九六年春月

赤胆忠君，千秋庙貌昭港北；
秉心爱国，一代勋庸著宋邦。
原撰书者刘绍宽。一九九四年孟春月立

谏议秉忠贞，护国爱民，一代勋名垂宇宙；
武英申直节，安疆荡寇，千秋灵爽被苍生。
原撰书者池志澂。一九八八年戊辰岁月立

谏议秉坚贞，爱国忠君，宋代名臣第一；
武英垂赫濯，安疆荡寇，宗邦保障无双。
原撰书者池志澂。共和己巳年冬月

军令肃雷霆，保障偏隅，五等荣封颂宋室；
贞忠昭日月，削平巨寇，万年崇祀沐神庥。
原撰书者孙锵鸣

戏　台

作样装模，活千古许多豪杰；
耕经耨史，做一篇出色文章。
原撰书者王理孚。己巳秋月吉日，九二老人张鹏翼书

往古来今，不过如斯而已；
惩奸赏善，莫谓与我何加。
原撰书者王理孚。一九八九年岁次己巳夏月，马亦钊书

南雁东、西洞景区

爱山亭

石径入丹壑；
清泉洁尘襟。
作者不详

仙姑洞

修真养性，道风传万古；
采药炼丹，雨露泽苍生。
孟繁禧篆

凌云高耸，百廿奇峰堪仰止；
飞瀑奔腾，千秋胜景足流连。
孟繁禧书于京华

天辟此峰奇，看鸿雁南来，飞瀑声中红叶舞；
我游已秋晚，问仙姑何处？夕阳洞口白云封。
池志澂撰并书

山异平沙何雁落；池非深水有龙灵。
汤国琛撰并书

水声轩帝钧天乐；山色玉皇香案烟。
周喟撰并书

仙姑环佩去千年，香火犹馨赤壁；
雅客舟车来万里，灵山可净红尘。
苏步青撰并书

槛前春色，千竿烟雨；阁外秋声，万壑松涛。
吴良鞘撰并书

山水结缘，得道仙姑留胜迹；
精神怡养，飞升羽士炼金丹。
郑立于撰

会文书院

伊洛微言持敬始；永嘉前辈读书多。

此予为少文作会文阁旧句，今复索书楹帖，窃思为后生说法，无过此二语者，而第二句尤为当头一棒，有志者善自为之。光绪壬辰初春，孙衣言书，时年七十有八

两雁并灵区，百廿峰中无此坛席；
二程传法脉，一千载后重与讨论。
止园老人孙锵鸣书

理学千年，景行行止；
名山一席，春风风人。
万载汤肇熙撰并书

名在元丰九先生而外；
学得伊洛两夫子之传。
汤肇熙撰并书

前良翰，后端彦，予何人哉；
上棂星，下碧溪，今犹昔也。

丙戌中春上丁，陈少文上舍以会文书院楹贴索题，余感龙山文明塔之事，取史文玑语应之，并以质同学之士焉。知事用改授平阳学训导钱塘吴承志记

秋月照人，春风坐我；青山当户，白云过庭。
作者不详

伊洛得真传，溯讲席宏开，学术发微，长使后人来景慕；

河山经浩劫，幸斯楼无恙，书声再续，应多贤者启文明。

张鹏翼撰并书

敬理鸿文传万古；益邦卑议誉千秋。
敬益楼落成纪念。瑞安孙竺

棣萼世辉楼

不分新旧唯求益；兼爱自他所谓公。
州人宋衡题

拓云亭

亭翼云生，一犁春雨苍烟外；
峰头月出，半郭清歌碧水边。
林俊撰书

东　洞

跃鲤滩头，待向沧溟争跋浪；
化龙崖角，直乘云雾欲为霖。
戴启文撰

顺溪镇陈氏老四份大屋(陈少文故居陈列馆)

大　门

驾福乘喜；含和履中。
作者不详

正　厅

光昭先祖，丰功伟绩；
荟集千秋，文物精华。
壬午秋月，鲍贤伦书于西子湖上寓中

学宗濂洛渊源正；地傍溪山灵秀多。
游寿澄撰书

邀学者游南雁，著成题记；
捐家资修书院，作育人材。
作者不详
浙江大学终身教授、博士生导师、孙婿徐规献

雁荡北南皆锦绣；顺溪今古灿人文。
欧阳鹤撰。壬午重阳，林剑丹书

浴德立诚，躬行君子；
颂诗读书，尚友古人。
旧联，瑞安孙锵鸣撰书，壬午年重修，孙台湾农业厅技正陈圣范、美国芝加哥大学物理学博士陈圣勋书

厢　房

月下樽前，谁识狂客；
风朝雨夕，我思古人。
旧有联，系瑞安孙衣言先生作。壬午立秋，王光铭

屋连溪水琴书润；窗近花阴翰墨香。
游寿澄书

适　舫(益智高等女学校)

亭临水次曾无地；室在林间又有天。
疚斋广生

气得天和，怀同水静；
品因地峻，趣与春长。
冒广生书

大地江河谁作楫；入山鸥鸟自忘机。
钟河横并书

东林禅寺

天王殿

龙腾万里凤千仞；香象渡河虎过溪。
苏渊雷撰书

特地来游，欲除烦恼障；
入门瞻仰，愿结欢喜缘。
张鹏翼敬撰并书

无烦恼众生住处名为净土；
有白马负经而来才渡莲河。
邑人王建之拜撰并书

持国安邦，永护梵门广目；
璃宫镇域，常钦觉道多闻。
丁卯仲夏，蔡启东并书

龙跃云霄，文笔题诗天作纸；
凤归胜地，殿堂念佛海为心。
郑立于敬撰并书

大慈念一切，无碍如虚空；
智慧照十方，庄严诸法界。
张帆敬书

缘起利他精神，苦行为乐；
探求无我真理，色相皆空。
张君并撰

观音楼

万念尽长抛，无我无人观自在；
几坐修得到，非空非色见真身。
九七老人张鹏翼书

仙坛寺

山　门

醒世智灯照明三戒；慈航觉海普度众生。
徐祥地撰，吴招廉书

仙炼金丹成九转；坛施法雨遍三千。
徐祥地撰，叶志鉴书

钟　楼

绀宇日登临，看三十六行往来奔走；
繁华谁唤醒？听百零八杵早晚钟镛。
邑人王光铭

鼓　楼

宝筏渡迷津，历千劫而不败；
鼓声拯苦海，偕万物以同春。
邑人蔡启东

韦陀殿

古刹今重兴，暮鼓晨钟发深省；
仙翁去已邈，石床丹灶得留传。
吴招廉敬书

伫立山门，铁甲金盔，保一方风调雨顺；
趺坐前殿，慈容大腹，令万众笑逐颜开。
邑人蔡心谷敬撰并书

仙坛寺院毁去复来，葛洪南下再炼丹；
信帮法师择地重建，释迦北度显金身。
张鹏翼撰，吴招廉书

大雄宝殿

瑞气霭仙坛，辉映庄严宝地；
经声涵朗月，悟来清净禅心。
浙南陈铁生撰并书

如是妙相庄严，主侍齐彰灵山会依然未散；
本来佛身清净，圣凡一体菩提道当下圆成。
萧江乐泉林俊拜书

东岳观

头　门

广寒羽士宫，玩赏都非俗趣；
福厚琅嬛地，优游即是仙乡。
金子燕书

东岳殿

首四季以资生，有脚恒舒，宜古帝皇从事，报功先泰岱；

列五行而盛德，无心成化，即今民众忘怀，沐泽戴苍天。

民国廿四年岁次乙亥之秋，玄裔弟子闻理朴拜撰书

祸福无门，惟人自召；善恶之报，如影随形。
杨悌书

大罗宝殿

广地隐真仙，丹井民传遗晋代；
福宫褒圣寿，赤书帝赐自宋朝。
丙寅夏月苕溪林剑丹补书

《道德》五千言，大义玄音，终古法轮常转；
《阴符》三百字，离龙坎虎，于今观宇重光。
王建之撰并书

东为万物发生，气始絪缊，天地无心以成化；
岳乃四方作峙，形具赋受，阴阳不测之谓神。
邑人张鹏翼敬书

广畴綍烟霞，求精神超脱，常思叶县飞凫，辽东化鹤；

福庭宣教化，更物质文明，不妨江皋解珮，灵岳吹箫。

王光铭撰联，蔡心谷书

氤氲古井，微妙悟玄机，九转还丹成正道；
缥缈烟霞，幽深遗洞府，千秋历劫认仙踪。
郑立于撰，谢云书

钱仓城隍道院

戏　台

江山胜概，碧瓦雕梁，半座楼台数万里；
双塔凌空，地灵人杰，一声箫管几千秋。
邑人王建之撰，蔡心谷书

广慧禅寺（半山庵）

山　门

半岭云横，秋色平分南北雁；
山间月朗，梵音悟彻往来人。

广结善缘，世法有为皆梦幻；
慧修正果，虚空无住即如来。
作者不详

“入三摩地”门

海气百重楼，午夜潮音惊梦幻；
江山千古秀，大千色相悟真发。
邑人王建之拜撰书

大雄宝殿

广慧禅寺闻木鱼口口皆言觉觉觉；
九凰半山响金钟声声尽道空空空。
邑人蔡启东敬书

藏经楼

定光澄月相；慧海涌潮音。
作者不详

龙归法座听禅偈；鹤傍松烟养道心。
游寿澄书

玉佛寺

韦陀殿门

佛愿宏深，宝刹重开临古镇；
慈光普照，山门依旧护新堂。
王思翔（即张禹）书

大雄宝殿

近临鳌水，远对荆山，梵宇重新宏佛法；
已远红尘，来依白社，蒲团坐悟证禅心。
张鹏翼敬撰并书

晨钟暮鼓，佛号梵音，惊醒尘寰酣梦客；
东海西天，水光月影，寻思净宇觉迷人。
藤翁（即王卉）书

流水识闻心，眼前色相皆成幻；
雨花知佛意，静里乾坤不计春。
蔡启东书

青山寺

山　门

秋色平分南北雁；高风遥接东西林。
苏渊雷撰，赵朴初书

西方殿

八德池中莲九品；七宝妙树叶成行。
禅净不二大圆教；悲智双修无上乘。
入于如来妙庄严海；应无所住而生其心。
苏渊雷书

第四十卷

DI SI SHI JUAN

《平阳县志（1989—2012）》

PINGYANG XIAN ZHI

镇乡

1989年，全县设64个镇乡（14个镇、50个乡，其中1个民族乡），辖853个村、47个居民区，户籍人口187214户、744450人[①]，各镇乡工农业总产值11.50亿元，其中工业总产值7.33亿元。20世纪90年代起，各镇乡加快经济社会各项事业的发展步伐，纷纷设立工业园区或专区招商引资，进行企业经营体制改革，形成以股份制企业为主、外商投资企业、私营企业并存的格局。农业产业结构大幅调整，以种植为主转向种养并重、多种经营，由家庭种养向专业化、规模化经营发展。1992年，全县设34个镇乡（16个镇、18个乡，其中1个民族乡），辖853个村、47个居民区，户籍人口190919户、767026人，各镇乡工农业总产值215978万元，其中工业总产值160372万元。2005年，全县设31个镇乡（17个镇、14个乡，其中1个民族乡），辖586个村、36个居民区，户籍人口236339户、848247人，各镇乡工农业总产值256.48亿元，其中工业总产值241.90亿元。

2012年，全县设昆阳、鳌江、水头、萧江、万全、腾蛟、山门、顺溪、南雁等镇和青街畲族乡；辖600个村、36个社区（居民区），户籍人口240167户、872968人；各镇乡工农业总产值558.21亿元，其中工业总产值533.82亿元。各镇工业中，昆阳镇以商务礼品为主要行业，鳌江镇以机械电子为主要行业，水头镇以皮革、皮件制品为主要行业，萧江镇以塑料包装为主要行业。

第一章　昆阳镇

昆阳镇位于平阳县东部，东北与万全镇相邻，南靠鳌江镇，西北界瑞安市，北距温州市区40千米，南离鳌江港8千米。因境内有九凰山亦称昆山，故名昆阳镇。昆阳镇地处飞云江流域的万全平原，东、西部为200—300米高的丘陵，南北分别为鳌江和飞云江河口平原，形成南北低、中间高的地势。城镇依山而建，沿104国道向南北两翼伸展，以北部为主，略呈扇状展开。G15高速公路、104国道、温福铁路穿境而过。境内由两条主要河流——北塘河、东塘河及其纵横交错的支流构成地势平坦、河渠密布、灌溉便利的平原水网。全镇总面积87.56平方千米，其中建成区面积8.73平方千米，下设8个社区，辖63个村、6个居民社区。

1992年，工农业总产值3.82亿元，至2012年，工农业总产值103.72亿元；财政总收入从1990年的932.30万元，增至2012年的6.89亿元；农民年人均纯收入从1989年的572元增至2012年的13526元。1989年，总户数23816户、总人口95355人，至2012年，总户数32728户，总人口109462人。2012年，经济实力位列全国千强镇、省百个最发达乡镇和市三十强镇；获全国文明镇、省教育强镇、省文化强镇、省体育强镇、省级森林城镇、省卫生县城等10余项国家、省级称号及荣誉。

1989—2012年昆阳镇经济和社会发展情况一览表

表40-1-1

年份（年）	项目	村数（个）	居民区数（个）	村民小组（个）	户数（户）	人口（人）	其中，非农业人口（人）	农村劳动力（人）	农民年人均纯收入（元）	工农业总产值（万元）	工业总产值（万元）	农林牧渔总产值（万元）	耕地面积（亩）	粮食总产量（吨）
1989	小计	83	9		23816	95355	25410		572				55381	39775
	昆阳镇	27	9		12346	52062	25071	11713	604				18694	12237
	临区乡	16			2933	11339	122		656				10158	9076
	水亭乡	11			2701	10248	44		376				6965	4619
	石塘乡	15			3384	13526	97		572				11753	7841
	练川乡	14			2452	8180	76		596				7811	6002

① 户籍人口未将农场和良种场统计在内。

续表 40-1-1

年份（年）	项目	村数（个）	居民区数（个）	村民小组（个）	户数（户）	人口（人）	其中，非农业人口（人）	农村劳动力（人）	农民年人均纯收入（元）	工农业总产值（万元）	工业总产值（万元）	农林牧渔总产值（万元）	耕地面积（亩）	粮食总产量（吨）
1990	小计	83	9		23626	95468	25546		606				55311	34031
	昆阳镇	27	9		12429	52443	25221		635				18635	10822
	临区乡	16			2918	11279	134		716				10158	6838
	水亭乡	11			2698	10210	44		421				6965	4025
	石塘乡	15			3373	13411	88		574				11744	6733
	练川乡	14			2208	8125	59		642				7809	5613
1991	小计	83	9		24562	96153	25537		670				55254	41184
	昆阳镇	27	9		13297	52733	25218		710				18594	13176
	临区乡	16			2985	11436	137		750				10158	8395
	水亭乡	11			2713	10290	39		460				6965	4742
	石塘乡	15			3389	13514	84		634				11744	8421
	练川乡	14			2178	8180	59		749				7793	6450
1992	小计	69	9		23055	89864	26529	33780	793	38242	32623	5619	46678	30958
	昆阳镇	27	9		13765	53643	26026	13184	838	32380	29920	2460	18005	11314
	万全乡	31			6549	25924	465	14222	866	4565	2196	2369	21708	15329
	水亭乡	11			2741	10297	38	6374	493	1297	507	790	6965	4315
1993	小计	69	9		23329	91054	27245	35252	1044	62413	58494	3919	46334	29182
	昆阳镇	27	9		13918	54519	26716	13876	1263	56923	55470	1453	17771	10820
	万全乡	31			6657	26154	489	15188	1012	4124	2242	1882	21598	14473
	水亭乡	11			2754	10381	40	6188	537	1366	782	584	6965	3889
1994	小计	69	11		23726	92104	27890	33675	1764	87461	83456	4005	45806	28403
	昆阳镇	27	11		14203	55282	27404	14027	2580	79740	77667	2073	17482	10618
	万全乡	31			6730	26340	447	13008	1337	6356	4785	1571	21441	13938
	水亭乡	11			2793	10482	39	6640	643	1365	1004	361	6883	3847
1995	小计	69	11	1007	23677	93255	28748	34243	2364	136600	129553	7047	45028	31764
	昆阳镇	27	11	399	14111	56059	28211	14322	3700	126890	123628	3262	17107	11904
	万全乡	31		440	6771	26635	496	13345	1583	8427	5360	3067	21086	15584
	水亭乡	11		168	2795	10561	41	6576	770	1283	565	718	6835	4276
1996	小计	69	11	1007	25101	93826	29303	34264	3914	161152	151730	9422	44883	32233
	昆阳镇	27	11	399	15453	56589	28756	14449	4904	146929	142801	4128	17026	11836
	万全乡	31		440	6849	26660	502	13066	3463	11902	7909	3993	21022	15763
	水亭乡	11		168	2799	10577	45	6749	2419	2321	1020	1301	6835	4634
1997	小计	69	12	1007	25881	93334	30834	34225	3899	184181	173684	10497	44958	31191
	昆阳镇	27	12	399	15925	56746	30005	14424	5223	167364	162146	5218	17244	11961
	万全乡	31		440	7143	26144	770	12936	3141	14336	10433	3903	20881	14552
	水亭乡	11		168	2813	10444	59	6865	2343	2481	1105	1376	6833	4678

续表 40-1-1

年份（年）	项目	村数（个）	居民区数（个）	村民小组（个）	户数（户）	人口（人）	其中，非农业人口（人）	农村劳动力（人）	农民年人均纯收入（元）	工农业总产值（万元）	工业总产值（万元）	农林牧渔总产值（万元）	耕地面积（亩）	粮食总产量（吨）
1998	小计	69	12	1007	26953	96181	32714	34269	4098	215822	205926	9896	44651	29865
	昆阳镇	27	12	399	16825	59676	31565	14343	5473	183688	179286	4402	17015	11177
	万全乡	31		440	7328	26039	1067	13283	3300	29816	25743	4073	20803	14607
	水亭乡	11		168	2800	10466	82	6643	2297	2318	897	1421	6833	4081
1999	小计	72	12	1011	28219	98414	35066	36361	4410	233498	224217	9281	44311	29263
	昆阳镇	28	12	403	17741	62166	34041	14876	5621	197943	193122	4821	16706	10615
	万全乡	33		440	7356	25601	942	14922	3906	33260	29929	3331	20742	14278
	水亭乡	11		168	3122	10647	83	6563	2361	2295	1166	1129	6863	4370
2000		72	12	1012	30950	95437		38814	5258	259400	249700	9700	43994	24265
2001		72	12	1012	29777	100994		39127	5520	293417	282723	10694	41770	25271
2002		72	12	1012	30337	101997	38974	43813	6344	320620	312200	8420	38161	20457
2003		72	12	1012	30900	102635	39819	44612	7003	352442	342500	9942	36357	20122
2004		52	6	999	31694	103051	40484	43439	7428	385754	376200	9554	36563	22873
2005		50	6	999	32225	103916	41325	39416	7958	457420	447800	9620	36081	18547
2006		50	6	997	32725	104727	41004	43594	8913	555993	549400	6593	36729	19675
2007		50	6	997	32988	105267	41256	40744	9894	683279	675300	7979	36729	18533
2008		50	6	997	33149	105326	41233	43988	10695	771478	758400	13078	33166	22482
2009		50	6	995	33116	105858	41389	45005	11552	757808	744900	12908	32714	24009
2010		50	6	994	33086	106468	41956	45586	12516	892153	879200	12953	32674	19418
2011		50	6	981	33291	108978	42695	47020	12992	1026766	1012000	14766	32160	20700
2012		63	6		32728	109462	41533	47050	13526	1037158	1023300	13858	31592	20739

说明：①1992年练川乡并入郑楼镇，撤并前数据计入昆阳镇，撤并后独立数据无法计入昆阳镇；②2012年万全镇练川社区13个村并入昆阳镇，但其他数据无单独统计无法计入昆阳镇，只计入村数；③1992—1994年工业、农业产值以1990年不变价计，下同；④数据主要摘自《平阳统计年鉴》，少量摘自《平阳县农经统计年报》

第一节　建置与区划

建置沿革

自晋筑县城以来，昆阳镇一直为平阳县治所在地。明清之际，县城南郭兴市成镇，称坡南镇。民国29年（1940）9月，坡南镇大部与横阳镇合并，称昆阳镇。民国38年（1949），昆阳镇改名直属镇。1952年，以直属镇为基础建立城区，下辖城北镇、城中镇、城南镇、柏社乡、城东乡、城西乡、鸣山乡。1953年，城北镇并入城中镇，称城中镇。1954年8月，撤销城区，将城中镇和城南镇合并，建立城关镇，直属县管理。1958年9月，成立钢城人民公社，城关镇改称钢城人民公社直属营；12月，钢城人民公社并入万全人民公社，直属营改称万全人民公社城关管理区。1961年，恢复城关镇。1981年12月，复称昆阳镇。

行政区划

1986年1月，原属万全区的城东乡、城南乡、城西乡撤销建制，划入昆阳镇。1989年，原昆阳镇设3个办事处，辖9个居民区。1994年，新增联东居民区、长乐居民区。1997年，新增兴业居民区。2000年，设7个办事处。2000年5月，撤销万全乡和水亭乡建制，并入昆阳镇。2004—2005年，进行村居行政区划调整。2012年，万全镇练川社区的下鲍垟、光山、后陈、姜垟、练兴、廖垟、林步桥、柳垟、十五殿、吴垟、下薛、迎学垟、周贵垟13个村并入昆阳镇。是年年底，昆阳镇下设8个社区，辖63个村、6个居民社区。

2012年昆阳镇社区情况一览表

表40-1-2

社区名称	驻地	面积（平方千米）	村（社区）	面积（亩）	户数（户）	人口（人）	2001年的村、居
城关	东门横街13号	0.46	坡南社区		1143	2827	坡南居民区
							汇头居民区
			仙坛社区		3216	8307	南门居民区
							县前居民区
							东门居民区
							白石居民区
			横阳社区		3362	9539	桑果园居民区
							北门居民区
							联东居民区（部分）
			九凰社区		2123	5536	西门居民区
							长乐居民区
			兴业社区		1744	5251	兴业居民区
							联东居民区（部分）
			联安社区		664	1929	原安居一、二期
城东	东门横街13号	8.24	城东村	3254	736	2711	城东村
			白垟村	3113	363	1397	白垟村
			前宕村	1100	394	1424	前宕村
			铁凤村	3002	405	1377	铁岭村
							凤凰村
			龙安村		203	777	龙安村
			鸣山村	1896	520	1987	鸣一村
							鸣山村
城南	昆鳌路361号	11.53	南丰村	1894	422	1407	南丰村
			凤山村	2269	479	1720	凤山村
			皇岙村	1902	368	1262	皇岙村
			平塔村	2040	464	1645	平塔村
			牧垟村	2172	328	1282	牧垟村
			阳岙村	2302	264	916	阳岙村
			垟岙底村	2936	249	890	垟岙底村
			烟台村	1778	224	806	烟台村
城西	西直街252号	14.53	后垟村	2476	439	1608	后垟村
			水塔村	1358	511	1844	水塔村
			九街村	365	213	699	九街村
			雅山村	1541	205	741	雅山村

续表 40-1-2

社区名称	驻地	面积（平方千米）	村(社区)	面积（亩）	户数（户）	人口（人）	2001年的村、居
城西	西直街252号	14.53	蒙垟村	4815	506	1837	蒙垟村
							高升村
			南岙村	2050	273	940	南岙村
			沙岗村	2568	497	1837	沙岗村
			垟港村[①]	4094	502	1757	垟坑村
							官山村
			民丰村	2522	322	1206	高山村
							北台村
城北	临区新街1号	10.55	童桥村	811	247	848	童桥村
			建丰村	1832	397	1405	新建村
							下里汤村
			郭庄村	1497	498	1712	郭庄村
							万垟村
			殿后村	1190	258	947	殿后村
			西浦村	1133	276	897	西浦村
			西戈村	1290	270	898	童宅村
							西戈村
			新欣村	1346	334	1102	水郭村
							新村村
			临区村	2412	665	2241	临区村
							万龙村
			万金村	1878	255	965	小姜垟村
							白马桥村
			庙头村	2424	486	1624	庙头村
							鲍岱村
			万兴村		281	1083	万兴村
石塘	石塘村	20.84	石塘村	7743	923	3420	三社村
							蕉雅村
							西桥头村
			上林垟村	5249	967	3524	上降村
							后林垟村
							下灶垟村
			湖屿村	4030	804	2839	北山下村
							河边村
							山前村

① 垟港村曾用名石万丰村。

续表 40-1-2

社区名称	驻地	面积（平方千米）	村（社区）	面积（亩）	户数（户）	人口（人）	2001年的村、居
石塘	石塘村	20.84	溪坑店村	8695	652	2462	厢岙村
							白岩村
							石塘岭村
			溪岙村	884	263	981	溪岙村
			垟教村	2459	241	888	垟教村
			黄山头村	2187	277	1047	黄山头村
水亭	前爿村	14.83	水亭村	2153	439	1488	水亭村
			前爿村	2981	575	1923	前爿村
			后岙村	2318	266	938	后岙村
			雅村村	1360	205	737	雅村村
			长山村	2231	358	1302	长山村
水亭	前爿村	14.83	庆丰村①	4758	435	1463	斗务村
							走马灯村
			三杆桥村	602	228	762	三杆桥村
			步廊村	2004	515	1856	步廊村
			莲大新村②	3774	277	963	大馒头村
							莲花村
练川	林步桥村	6.58	姜垟村	872	211	714	姜垟村
			林步桥村	396	121	417	林步桥村
			柳垟村	899	200	635	柳垟村
			下鲍垟村	515	118	387	下鲍垟村
			迎学垟村	459	209	711	迎学垟村
			下薛村	459	108	384	下薛村
			周贵垟村	1541	283	1005	周贵垟村
			十五殿村	430	85	266	十五殿村
			光山村	1765	126	512	光山村
			廖垟村	877	197	697	廖垟村
			练兴村		94	304	练兴村
			后陈村	601	141	476	后陈村
			吴垟村	707	161	491	吴垟村

说明：①2002至2005年全县进行村居区划调整。为表述方便，选取全县村居区划调整启动前年份2001年来记述村居情况，下同；②人口数据由县公安局提供；土地数据由县国土局提供；其余资料由昆阳镇人民政府提供

第二节　经　济

农业

种植业　昆阳镇粮食种植以水稻为主，经济作物有瓜果、蔬菜、马蹄笋、韭菜、番茄、油菜等。1989年，全镇耕地面积55381亩。1993年，建优质米基地1000亩、蔬菜基地900亩、马蹄笋基地200亩。1996年，全镇初步形成较为健全的灌溉网络。1998年，城东现代化农业园区创办。2009年，农业土地

① 庆丰村曾用名斗务村。

② 莲大新村曾用名大莲花村。

承包经营权流转12900亩。2011年，全镇有涉农企业47家。

粮食作物：1993年，30亩以上农业经营户15户，面积857亩。1998年，昆阳镇进入县12个商品粮基地行列，通过省级粮食自给工程验收。2011年，建成雅村1200亩粮食功能区，治理农田1250亩。2012年，湖屿、水亭建粮食功能区3310亩。

1989年，粮食作物播种面积33638亩，总产量12237吨，其中，谷物播种面积32107亩，总产量11532吨；薯类播种面积1531亩，总产量575吨。2002年，粮食作物播种面积57322亩，总产量20457吨，其中，谷物播种面积56774亩，总产量20341吨；豆类播种面积128亩，总产量25吨；薯类播种面积420亩，总产量90吨。2012年，粮食作物播种面积52771亩，总产量20739吨，其中，谷物播种面积51814亩，总产量20435吨；豆类播种面积40亩，总产量7吨；薯类播种面积917亩，总产量297吨。

经济作物：1989年，油料作物播种面积228亩，蔬菜播种面积5964亩。2002年，油料作物播种面积863亩，总产量82吨；蔬菜播种面积10852亩，总产量13513吨；果用瓜播种面积1289亩，总产量2526吨。2012年，油料作物播种面积2505亩，总产量216吨；蔬菜播种面积3311亩，总产量3469吨；果用瓜播种面积667亩，总产量893吨。

2002—2012年昆阳镇农作物播种面积和产量统计表

表40-1-3

年份（年）	农作物总播种面积（亩）	粮食作物			其中						油料		甘蔗		蔬菜（含菜用瓜）		果用瓜	
					谷物		豆类		薯类									
		播种面积（亩）	总产量（吨）	总产值（万元）	播种面积（亩）	总产量（吨）	播种面积（亩）	总产量（吨）	播种面积（亩）	总产量（吨）	播种面积（亩）	总产量（吨）	播种面积（亩）	总产量（吨）	播种面积（亩）	总产量（吨）	播种面积（亩）	总产量（吨）
2002	72994	57322	20457	4787	56774	20341	128	25	420	90	863	82	330	756	10852	13513	1289	2526
2003	60582	51390	20122	5188	50841	19988	148	37	401	97	692	64	259	595	4923	6132	2030	52544
2004	63831	55841	22873	5609	54964	22525	482	195	395	153	1302	148	159	459	3769	3559	1832	3398
2005	62131	53919	18547	5515	53428	18364	115	33	376	150	1090	112	180	410	4690	5678	1421	1999
2006	60961	55047	19675	4639	54500	19418	123	27	424	230	832	89	194	471	3252	3872	1324	1869
2007	62068	54824	18533	4566	54153	18248	166	42	505	244	817	80	136	285	4387	5015	1432	1815
2008	63722	57519	22482	5358	56928	22222	130	76	461	184	1331	138	118	242	2928	3165	961	1536
2009	68086	59040	24009	5954	58222	23808	20	2	798	199	2281	244	51	102	3188	3660	1225	2043
2010	66682	59451	19418	6137	58770	19325	13	2	668	91	2665	207	117	289	3460	3273	665	936
2011	63159	57262	20700	6866	56307	20597	36	13	919	91	1847	192	100	150	2928	2996	618	777
2012	59992	52771	20739	7519	51814	20435	40	7	917	297	2505	216			3311	3469	667	893

林业　1989年，茶园总面积549亩，茶叶总产量5吨；果园总面积861亩，水果总产量57吨；林业产值61万元。2002年，人工造林380亩；茶园总面积647亩，茶叶总产量4.30吨；果园总面积1660亩，水果总产量2979吨；林业产值751万元。2012年，林地面积5.40万亩；人工造林1406亩，优林抚育面积2520亩；茶园总面积330亩，茶叶总产量0.90吨；果园总面积507亩，水果总产量977吨；林业产值325万元。

2002—2012 年昆阳镇林业情况一览表

表 40-1-4

年份（年）	人工造林面积（亩）	零星植树（万株）	幼林抚育面积（亩）	茶园总面积（亩）	茶叶总产量（吨）	果园总面积（亩）	水果总产量（吨）	林业产值（万元）	林产品（万元）	竹木采运（万元）
2002	380	1		647	4.30	1660	2979	751	711	
2003	62	4	1050	484	8	2654	3076	617	563	1
2004	28	3	53	467	9	2448	4098	423	378	4
2005	285	3	405	626	15	1888	2721	423	378	4
2006			225	375	1	733	2167	231	176	53
2007		2	3000	455	1.30	533	2019	253	195	43
2008		2		775	4.90	533	1698	198	155	43
2009	630	2		150	0.80	20	2118	219	163	40
2010		7	630	530	1.10	595	962	230	141	54
2011	2010	7	1125	380	1	500	887	237	146	40
2012	1406	7	2520	330	0.90	507	977	325	199	59

说明：数据摘自《平阳统计年鉴》

畜牧业　1989年，生猪年末存栏4038头，牛年末存栏283头，羊年末存栏189只，畜牧业产值204万元。2002年，生猪年末存栏7737头，牛年末存栏225头，羊年末存栏430只，家禽年末存栏129880只，兔年末存栏2218只，畜牧业产值1965万元。2012年，生猪年末存栏9544头，牛年末存栏134头，羊年末存栏129只，家禽年末存栏131595只，畜牧业产值5501万元。特色养殖产品有喜特甲鱼、孔雀、烟台土鸡、黄山头土鸡、士福梅花鹿等。2009年，喜特甲鱼养殖专业合作社的甲鱼获农业部无公害农产品称号。

2002—2012 年昆阳镇畜牧业情况一览表

表 40-1-5

年份（年）	生猪年末存栏数（头）	牛年末存栏数（头）	羊年末存栏数（只）	家禽年末存栏数（只）	兔年末存栏数（只）	畜牧业产值（万元）
2002	7737	225	430	129880	2218	1965
2003	5042	256	126	82208	2755	3101
2004	7010	271	171	56059	1700	2310
2005	11080	142	279	56692	360	2310
2006	16164	98	283	68736	200	1325
2007	4920	122	338	95208	200	1530
2008	7961	216	557	88200		5798
2009	9442	195	245	102481		6244
2010	9473	181	216	122312		6266
2011	10121	196	95	124600		7038
2012	9544	134	129	131595		5501

说明：数据摘自《平阳统计年鉴》

工业

1989年，原昆阳镇工业总产值0.68亿元。1992年，昆阳镇工业总产值32623万元，年产值500万元以上企业3家。主导行业为塑料纺织，年产值1亿余元。1995年，城东工业区落户企业90家。1997年，全镇工业企业发展到600余家，年产值超1000万元的企业50家。凤山村组建凤凰塑料有限公司，成为全县首家由村控股的集体经济实体。乔治白制衣有限公司和庄吉集团联营组建的庄吉工业园区一期建设工程竣工投产。1998年，通过联合、兼并、股份合作等途径组建企业集团20家，改制企业6家。2001年，服饰、塑编、机械、三证、电子通信配

乔治白厂区（2010年）　　林炮 摄

件五大支柱行业产值21.63亿元。10家企业通过ISO 9000质量体系认证，“JUDGER庄吉”商标获“中国驰名商标”称号。2002年，引进远东皮件有限公司，当年建成，当年投产，当年实现产值超亿元。2004年，庄吉集团跨入全国1000个大制造企业行列，远东皮件有限公司被评为中国500家成长型中小企业（非公有制）。2010年，全镇获授权（公开）发明专利102项。显峰汽配大功率柴油机薄壁轴瓦项目列入国家“火炬计划”。2012年，昆阳镇工业有礼品、服饰、塑编、电子通信、机械、皮革制品6大支柱行业，全镇工业企业2843家，从业人员29238人；工业增加值21亿元，工业总产值102.33亿元；其中规模以上企业30家，工业产值45.82亿元，从业人员10320人；镇内有国家高新技术企业5家。

商业

1989年，全镇个体商户1989家。1996年后，昆阳镇改造毛线综合市场，迁建龙河农贸市场，建成“文明经营一条街”——白石街，全镇2600余家商店、旅馆等服务行业实行明码标价。2006—2012年，举办4届中国商务礼品文化节。2012年，商贸服务业企业380余家，个体经营户6000余家，从业人员4.27万人；全镇63个建制村连锁便利店经营全覆盖；毛线综合市场、电子通信市场、鹏翔汽车交易市场、龙河农贸市场、联东菜市场5大市场消费品年成交额17.56亿元。联东“商务礼品一条街”年成交额6亿元。全年完成限额以上批发和零售业销售总额2.56亿元，完成限额以上住宿与餐饮业营业额1.09亿元，第三产业增加值30亿元。

专业市场　昆阳镇比较有影响力的市场有毛线综合市场、电子通信市场、汽车交易市场、商务礼品市场。

平阳县毛线综合市场：位于健康路和平瑞路交界口。1988年6月，由城东办事处创建，占地面积3600平方米。1991年，成交额1.5亿元。1995年，对毛线市场进行扩建改造，占地面积14150平方米，建筑面积12880平方米，店位430个，经营户387户。市场以销售毛线为主，兼营服装服饰。2012年，成交额15086万元。

平阳县电子通讯市场：位于人民路与联东北路交界口。2001年1月创建，占地面积2200平方米，建筑面积4605平方米，店位216个，经营户305户。2012年，成交额65000万元。

平阳县鹏翔汽车交易市场：位于昆阳镇平瑞路668号。2009年12月创办，2011年扩建，占地面积15000平方米，建筑面积3000平方米，店位32个，经营户6户。2012年，成交额15086万元。

商务礼品市场：位于联东路。20世纪90年代形

成市场，产品为树脂工艺品、金箔工艺品、合金工艺品、水晶工艺品等12大类5000余种时尚产品。

财政金融

财政　1988年，建立镇财政，当年财政总收入650.30万元。1990年，财政总收入932.30万元。2003年，成立村账镇代理中心，全镇72个村财务全纳入村账代理中心。2012年，财政总收入6.89亿元，其中地方财政一般预算收入1.68亿元。

金融　1990年，各项存款余额3516万元，各项贷款余额6646.90万元。2012年，各项存款余额121.94亿元，各项贷款余额87.54亿元。

交通

沈海（G15）高速公路过境，境内长7.50千米，双向4车道，有昆阳一个出口。104国道过境，境内长13.31千米。县镇（乡）级公路6条，通往全县其他镇乡及瑞安、苍南等市（县），总长60千米。

旅游景观

自然景观　主要有水亭社区的龙戏潭景区。龙戏潭景区由后岙水库、龙戏潭、旧院坑三折瀑布、姚麒坑、流水白、太平寺、崇慧寺7个景点组成。2012年10月，水亭社区前爿村流水白农耕园开园。

人文景观　有15处文物保护单位和3个历史文化名村（街）（详见第三十三卷“文化遗产”）。县历史文化名村——鸣山村、雅山村，省历史文化名街区——坡南街。

第三节　社会事业

教育

1993年，实施九年制义务教育。1996年，通过省教委“普九”评估验收。1999年，被命名为市教育强镇，是年被评为省第二批教育强镇。2012年，投入教育经费6866万元。

幼儿园　1990年，昆阳镇有幼儿园17所，班级40个，在园幼儿1516人，教职工70人。2012年，幼儿园16所，班级143个，在园幼儿4790人，专任教师333人。

小学　1990年，昆阳区域内有小学17所，班级126个，学生5102人，教职工273人。2007年，小学7所，班级186个，学生7720人，教职工549人。2012年，小学8所，班级211个，学生9970人，教职工555人。

中学、大学　1990年，昆阳镇有昆阳一中、昆阳二中、昆阳三中等3所初中，班级42个，学生2380人。2007年，初中4所，班级132个，学生5825人，教职工515人。2012年，初中7所，班级136个，学生5415人，教职工545人。初中适龄儿童入学率99.90%，九年义务教育覆盖率100%。高中2所，民办高中2所、职业中学4所，高中（含职高）班级243个，学生10984人，教职工904人。老年大学1所，电大1所。

科技

1996年，成立昆阳镇科学技术协会。1999年，建立昆阳镇农函大辅导站。镇科普文化活动中心占地26000平方米，内建科技馆1座。科技科普示范基地20处，村（居）固定科普宣传栏（窗）69个。2001年，被命名为市科普文明示范镇。2005年，被命名为省首批基层科普示范镇；市级科普示范村（社区）3个。2012年，实用新型和外观设计专利授权268项，11项工业产品被列入省级新产品试制计划。温州明发公司太阳能采集版开发及产业化项目列入国家创新基金项目。乔治白公司获得省级高新技术研发中心称号。国家“星火计划”和“火炬计划”实施项目3个，国家级高新技术企业5家，省级技术研发中心3家，省级专利示范企业2家，列入市级以上科技项目或新产品200余项。

文化

1978年2月，镇文化站成立；2012年，在职人员15人。1990年，昆阳镇被评为省群众文化工作先进单位，镇文化站被核定为省一级文化站。1996年，镇文化站被评为省特级文化站。1997年，昆阳镇获省东海文化明珠称号。2008年，镇文化站被评为省特级综合文化站。2012年，昆阳镇被评为省文化强镇；全镇市级以上文化示范村（居）9个，省级文化示范户8家。各类文化团体51个，会员2468人，有昆阳镇好歌合唱团、昆阳镇民乐团、昆阳镇南拳队等。

文化设施　1997年，建成镇文化活动中心（文化站），即昆阳镇儿童文化园，占地面积50亩（其中河面30亩），建筑面积6400平方米，有科普活动中心、多功能演播厅、展览厅、化妆室、舞蹈室、音乐室、书画室、文化信息工程多媒体阅览室等。1998年，获全国蒲公英农村儿童文化园称号。2012年，藏书1.10万册。是年，全镇有农村文化活动室69个，面积为16000余平方米，农家书屋13家，面积500余平方米，藏有文化、体育、科普、农业等书籍5万余册，年累计借阅3.80万余人次；建有大小不等的村级文化广场70余个，总面积32000余平方米。

文化活动　1989年以来，昆阳镇举办各类大型广场文艺演出、"月圆中秋"文艺晚会、"唱响昆阳"——原创歌曲演唱会等300余场，演出节目5000余个，参加演出人员5000余人；举办"群英大看台""梦之声"少儿歌曲演唱大赛、文化庙会戏剧演唱会、村(居)趣味运动会、鸣山民俗文化节等各种文体活动1000余场，节目7000余个。镇文化服务中心举办群众文化30周年剧照展览、老照片展和村(居)科普知识、计生知识、安全生产、农业知识、文明创建以及《改进工作作风、密切联系群众》等各种宣传图片展览1000余期，参展图片50000余幅。选送的团队和节目获国际级银奖1个，国家级银奖1个，省级金奖8个，银奖7个，铜奖6个，市级金奖1个，县级金奖6个，银奖4个。2010年，以社区为主阵地，开展开心广场大家乐、横阳讲坛大家听、百姓歌坛大家唱、露天电影大家看、经典导读大家学、文体沙龙大家欢"六个大家"活动。

九凰社区元宵节活动（2010年）

文化市场　2012年，全镇文化市场经营单位(户)160家，其中网吧19家，书摊(店)30家，卡拉OK厅10家，印刷厂21家，包装装潢印刷企业30家，电脑打字店50家；文化市场专职管理人员2人，文化市场"五老"义务监督员22人。

庙会　昆阳镇传统庙会2个。庙头庙会：农历二月十六，地点庙头村，会期1天，来源于庙头殿信俗。水亭庙会：农历七月十八，地点水亭村，会期1天，来源于杨府君信俗。

医疗卫生

1990年，镇属医疗机构9家。1997年，昆阳镇卫生院门诊大楼建成。2012年，镇卫生院(昆阳医院)1所，社区卫生院8所；各村均设卫生室。镇内县属医院1家：平阳县第一人民医院。

环境卫生

1992—1999年，建垃圾中转站3座：城西中转站、城东中转站、城南中转站。1990年，蒙垟山垃圾填埋场(占地面积25200平方米)投入使用(2012年停止使用)。1995年，建成宋埠海涂粪便无害化处理站。2012年始，全镇生活垃圾全部运至县生态发

2012年昆阳镇镇级体育设施情况一览表

表40-1-6

序号	内容/类型	地　址	面积（平方米）	设　施		开展项目
				器材	数量	
1	灯光篮球场	昆阳镇文体中心	2000	篮球架(个)	4	篮球活动
2	室内活动室	昆阳镇文体中心	1150	乒乓球桌(张)	12	乒乓球活动
3	门球场	昆阳镇西门	700	场馆(所)	2	门球活动
4	地掷球场	昆阳镇西门	160	场馆(所)	1	地掷球活动
5	武术类	昆阳镇文体中心	800	场馆(所)	2	武术活动

说明：资料由昆阳镇人民政府提供

电厂焚烧处置。2012年末，昆阳镇环境卫生管理所员工300人，各类环卫工具车339辆、公厕19座。日清扫面积172.32万平方米，日产、日清、日处理垃圾130吨以上；外运粪便35吨。

体育

1995年9月，昆阳镇体育指导委员会建立。1997年，被授予省体育先进乡镇称号。2006年，被评为省体育强镇。2010年，通过复评。镇内有县体育馆1座，提供大型文化体育活动场地和设备，平时向市民开放。各村(居)均有体育活动点。2012年，全镇体育健身苑点374处，面积56000平方米，健身器材374套2181件，篮球场33个、乒乓球室35个、台球室5个、游泳池3个、羽毛球馆2个；社区文体活动中心8个，村(居)文体活动中心69个。

社会保障

社会救助　1995年，全镇优扶对象832人，社会救济对象138人；公墓8座1900穴。1998年，建立实施城乡村(居)最低生活保障制度领导小组。2009年，全镇低保387户726人，全年发放低保金90.50万元。昆阳福利中心落成，120个床位，占地面积2500平方米，投入建设资金700余万元。2012年，全镇低保432户755人，全年发放低保金162.62万元；发放重点优抚对象医疗补助金5.80万元，发放重大医疗补助金53.42万元。创办昆阳慈善超市，向低保户发放慈善超市卡，累计金额12.96万元。

社会保险　2006年，全面推行新型农村合作医疗制度和城乡居民基本医疗保险。是年，全镇新农合参保76892人，报销1309人，报销补偿金额100.36万元。2012年，报销20236人，报销补偿5504.92万元。

第二章　鳌江镇

鳌江镇位于平阳县东南部，距县城昆阳镇7.80千米，南与苍南县龙港镇隔江相望，西与水头镇相接，西南与萧江镇相邻，北与昆阳镇、万全镇毗连，西北与瑞安市交界。民国《平阳县志》：“鳌江，地因渔人聚集成市，名舻艚头，俗名古鳌头，旋易今名。”鳌江镇地势西高东低，海岸线蜿蜒曲折，为水网平原地貌，丘陵、河海、平原一应俱全。2012年，全镇总面积190.89平方千米，其中建成区面积13.50平方千米，辖区东西最大距离28千米，南北最大距离14千米，下设12个社区，辖112个村、8个居民社区。

1989—2012年鳌江镇经济和社会发展情况一览表

表40-2-1

年份(年)	项目	村数(个)	居民区数(个)	村民小组(个)	户数(户)	人口(人)	其中，非农业人口(人)	农村劳动力(人)	农民年人均纯收入(元)	工农业总产值(万元)	工业总产值(万元)	农林牧渔总产值(万元)	耕地面积(亩)	粮食总产量(吨)
1989	小计	165	11		44451	180481	32604		469	137300			77578	46446
	鳌江镇	24	11		13892	57548	31253	11891	698				11384	7454
	钱仓乡	12			4350	16281	298		465				7646	4883
	梅源乡	19			3165	12805	60		326				8268	4033
	梅溪乡	15			3385	13921	108		206				9112	4183
	塘川乡	12			3122	11917	54		443				6129	3822
	垂杨乡	6			2351	8758	59		666				4220	2905
	种玉乡	5			1229	4976	72		613				3414	2629
	西塘乡	19			3518	14179	120		518				8771	5400
	务垟乡	8			2273	8860	65		523				5620	3926
	河口乡	7			1136	4645	20		532				3119	2106
	西湾乡	12			3020	13933	68		255				3999	1835
	墨城乡	15			2394	10336	64		286				5734	3231

续表 40-2-1

年份（年）	项目	村数（个）	居民区数（个）	村民小组（个）	户数（户）	人口（人）	其中，非农业人口（人）	农村劳动力（人）	农民年人均纯收入（元）	工农业总产值（万元）	工业总产值（万元）	农林牧渔总产值（万元）	耕地面积（亩）	粮食总产量（吨）
1989	南麂乡	11			616	2322	363	522	901				162	39
1990	小计	165	11		45429	182476	31642		484				77109	39138
	鳌江镇	24	11		14427	58498	30305		712				11226	6445
	钱仓乡	12			4462	16768	323		507				7648	3875
	梅源乡	19			3232	12924	74		368				8268	3348
	梅溪乡	15			3404	13986	122		214				9091	3405
	塘川乡	12			3134	12001	54		492				6074	3326
	垂杨乡	6			2318	8812			697				4023	2621
	种玉乡	5			1244	4992	70		687				3408	2319
	西塘乡	19			3542	14287	124		434				8777	4548
	务垟乡	8			2330	8880	68		537				5609	3390
	河口乡	7			1156	4718	21		558				3147	1795
	西湾乡	12			3099	13903	62		286				3942	1563
	墨城乡	15			2430	10335	63		267				5734	2478
	南麂乡	11			651	2372	356		669				162	25
1991	小计	165	11		45882	183932	33944		540				76851	46388
	鳌江镇	24	11		14767	58867	32532		879				11105	7907
	钱仓乡	12			4573	16900	321		613				7647	5330
	梅源乡	19			3254	12984	89		238				8268	2867
	梅溪乡	15			3439	14083	126		242				8991	3580
	塘川乡	12			3021	12131	51		565				6050	4116
	垂杨乡	6			2354	8893	63		807				4219	3214
	种玉乡	5			1244	5036	70		702				3375	2983
	西塘乡	19			3499	14369	129		495				8736	5649
	务垟乡	8			2356	8946	70		582				5539	4456
	河口乡	7			1185	4758	21		586				3147	2279
	西湾乡	12			3116	14018	62		295				3878	1319
	墨城乡	15			2419	10402	61		264				5734	2661
	南麂乡	11			655	2545	349		920				162	27
1992	小计	165	11		46444	185208	35901	77789	660	82387	66573	15814	75907	40960
	鳌江镇	51	11		19807	79538	34663	22946	809	63256	56079	7177	23123	13917
	钱仓镇	30			10210	38397	431	19221	799	9161	6394	2767	17760	11309
	西湾乡	12			3131	14121	63	8045	292	915	114	801	3866	1587
	务垟乡	27			5879	23374	195	13351	736	5428	3108	2320	13794	8533
	梅溪乡	15			3471	14179	124	6606	270	1073	218	855	8934	2917
	梅源乡	19			3300	13089	88	7128	377	1318	370	948	8268	2670

续表 40-2-1

年份（年）	项目	村数（个）	居民区数（个）	村民小组（个）	户数（户）	人口（人）	其中，非农业人口（人）	农村劳动力（人）	农民年人均纯收入（元）	工农业总产值（万元）	工业总产值（万元）	农林牧渔总产值（万元）	耕地面积（亩）	粮食总产量（吨）
1992	南麂乡	11			646	2510	337	492	920	1236	290	946	162	27
1993	小计	165	11		46896	186787	36636	79792	995	103478	91053	12425	73660	37899
	鳌江镇	51	11		19973	80331	35359	25677	1394	78125	73010	5115	21625	13265
	钱仓镇	30			10330	38709	439	19513	1069	10669	9041	1628	17569	11075
	西湾乡	12			3178	14204	63	6529	427	1900	104	1796	3923	1222
	务垟乡	27			5980	23549	211	13549	1056	9824	8348	1476	13532	7942
	梅溪乡	15			3499	14237	131	6937	415	1298	249	1049	8652	2390
	梅源乡	19			3290	13229	93	7118	420	835	142	693	8199	2005
	南麂乡	11			646	2528	340	469	1732	827	159	668	160	
1994	小计	165	13		47440	188798	37875	77999	1324	164960	151232	13728	71806	36151
	鳌江镇	51	13		20351	81870	36597	25697	2189	127984	122121	5863	20904	11176
	钱仓镇	30			10381	38871	437	19710	1095	19113	17692	1421	17126	9705
	西湾乡	12			3250	14203	64	6930	631	2307	63	2244	3891	1830
	务垟乡	27			5979	23579	223	13442	1366	12147	10986	1161	12975	7481
	梅溪乡	15			3566	14459	131	7101	497	1272	120	1152	8597	3377
	梅源乡	19			3253	13334	89	4667	425	927	62	865	8154	2582
	南麂乡	11			660	2482	334	452	2328	1210	188	1022	159	
1995	小计	165	13	1716	47830	190916	39755	78227	2129	227690	200304	27404	70822	41034
	鳌江镇	51	13	574	20731	83605	38454	25792	4049	161243	149475	11768	20268	13080
	钱仓镇	30		411	10089	38826	433	20093	1843	33249	30781	2468	17037	11536
	西湾乡	12		111	3282	14259	67	6823	837	5032	31	5001	3890	1405
	务垟乡	27		255	6032	23657	241	13713	1563	21700	19196	2504	12652	9048
	梅溪乡	15		187	3676	14575	137	7126	507	2791	665	2126	8661	3382
	梅源乡	19		137	3358	13528	91	4200	468	1657	156	1519	8154	2578
	南麂乡	11		41	662	2466	332	480	2865	2018		2018	160	5
1996	小计	165	13	1701	48590	193452	41083	79172	3492	298183	266922	31261	70459	43799
	鳌江镇	51	13	574	21045	85076	39691	26047	4502	217524	204050	13474	20067	13554
	钱仓镇	30		396	10092	39141	491	19971	3182	36501	33463	3038	16913	12051
	西湾乡	12		111	3548	15108	79	7177	1967	4978		4978	3881	1830
	务垟乡	27		255	6069	23494	256	13753	4044	29495	26662	2833	12552	8975
	梅溪乡	15		187	3378	13545	96	7125	2509	4636	2100	2536	8732	3703
	梅源乡	19		137	3793	14644	143	4610	2483	2622	647	1975	8154	3680
	南麂乡	11		41	665	2444	324	489	5434	2427		2427	160	6
1997	小计	165	13	1683	49499	195232	43145	82347	3049	349383	312812	36571	69954	41153
	鳌江镇	51	13	574	21681	87152	41610	25700	5021	261301	247122	14179	19682	12618
	钱仓镇	30		392	10255	38752	548	20391	2786	32930	29070	3860	16866	11543

续表 40-2-1

年份（年）	项目	村数（个）	居民区数（个）	村民小组（个）	户数（户）	人口（人）	其中，非农业人口（人）	农村劳动力（人）	农民年人均纯收入（元）	工农业总产值（万元）	工业总产值（万元）	农林牧渔总产值（万元）	耕地面积（亩）	粮食总产量（吨）
1997	西湾乡	12		111	3545	15047	103	6860	1430	7819	83	7736	3881	1899
	务垟乡	27		255	6023	23603	284	14830	2008	37827	35470	2357	12416	8067
	梅溪乡	15		173	3900	14647	160	7139	1893	4372	425	3947	8731	3871
	梅源乡	19		137	3428	13585	113	6952	1672	2934	642	2292	8218	3155
	南麂镇	11		41	667	2446	327	475	4960	2200		2200	160	
1998	小计	166	15	1686	50887	198821	44758	83447	3303	370985	333966	37019	69343	40229
	鳌江镇	52	15	574	22386	89771	43030	25743	5360	282862	268321	14541	18953	11694
	钱仓镇	30		392	10516	38909	605	21373	3066	31666	28439	3227	16780	11041
	西湾乡	12		111	3540	14976	125	6896	1900	8235	186	8049	3879	2356
	务垟乡	27		255	6111	23851	372	14601	1980	38530	36529	2001	12392	7945
	梅溪乡	15		176	3999	15059	162	7420	2389	3926	213	3713	8961	3916
	梅源乡	19		137	3675	13855	148	6909	1729	1933	278	1655	8218	3277
	南麂镇	11		41	660	2400	316	505	3348	3833		3833	160	
1999	小计	166	16	1686	52154	200418	45944	86847	3445	412454	376940	35514	69079	41044
	鳌江镇	52	16	574	23257	90984	44111	26253	4848	310913	297325	13588	18523	12853
	钱仓镇	30		392	10631	38822	639	22934	3342	49251	46815	2436	16722	11216
	西湾乡	12		111	3709	14591	130	7265	2189	8250	785	7465	3879	2050
	务垟乡	27		255	6201	24831	469	14436	3062	33048	31528	1520	12350	7694
	梅溪乡	15		176	4068	15082	167	7353	2521	4711	300	4411	9157	3750
	梅源乡	19		137	3637	13908	147	8096	1822	1772	187	1585	8218	3481
	南麂镇	11		41	651	2200	281	510	4393	4509		4509	230	
2000	小计	169	16	1686	57125	198300		90082	4405	426700	388800	38800	67289	32449
	鳌江镇	100	16	1068	43213	133878		55556	4549	386600	369500	17100	39145	21431
	钱仓镇	12		153	4622	17806		10671	3630	18800	18700	1000	7049	3672
	西湾乡	12		111	2605	14935		7095	2266	8800	400	8400	3879	1674
	梅溪乡	15		176	3113	15074		7159	2740	5800		5800	8990	3339
	梅源乡	19		137	2803	14317		8620	2367	3300	200	3100	7916	2333
	南麂镇	11		41	769	2290		981	5022	3400		3400	310	
2001	小计	169	16	1695	54412	205258		91823	4270	485668	446079	39589	64084	32629
	鳌江镇	100	16	1077	37221	140821		57820	4812	433117	414807	18310	37108	20810
	钱仓镇	12		153	5041	17776		11220	3945	29545	28384	1161	6455	4137
	西湾乡	12		111	3781	15097		8089	2384	7042	601	6441	3879	1576
	梅溪乡	15		176	4038	15207		6745	2976	8472	2140	6332	8718	2951
	梅源乡	19		137	3647	14087		6415	2492	3269	147	3122	7614	3155
	南麂镇	11		41	684	2270		1534	5473	4223		4223	310	
2002	小计	169	16	1695	54700	204825	47287	98644	5502	546019	505400	40619	63702	25687
	鳌江镇	100	16	1077	37502	140641	45927	61416	7028	496742	475800	20942	36649	15936
	钱仓镇	12		153	5042	17659	629	11532	4097	30519	29400	1119	6454	3159

续表 40-2-1

年份（年）	项目	村数（个）	居民区数（个）	村民小组（个）	户数（户）	人口（人）	其中，非农业人口（人）	农村劳动力（人）	农民年人均纯收入（元）	工农业总产值（万元）	工业总产值（万元）	农林牧渔总产值（万元）	耕地面积（亩）	粮食总产量（吨）
2002	西湾乡	12		111	3772	15033	99	8314	2650	4921		4921	3847	1645
	梅溪乡	15		176	4041	15151	176	8131	3161	6100		6100	8718	2589
	梅源乡	19		137	3648	14085	166	7495	2618	3735	200	3535	7724	2358
	南麂镇	11		41	695	2256	290	1756	4063	4002		4002	310	
2003	小计	169	16	1695	55221	204728	47914	98372	5609	589742	544500	45242	62752	22510
	鳌江镇	100	16	1077	38000	140532	46526	61796	7057	537313	516300	21013	36084	14114
	钱仓镇	12		153	5044	17562	656	11503	4363	28775	27600	1175	6410	2882
	西湾乡	12		111	3767	15300	85	8293	3005	7070		7070	3283	1643
	梅溪乡	15		176	4049	15015	181	7569	3288	7786		7786	8872	2321
	梅源乡	19		137	3646	14067	178	7496	2674	3852	600	3252	7793	1550
	南麂镇	11		41	715	2252	288	1715	5486	4946		4946	310	
2004	小计	116	8	1660	56193	205016	48681	99464	5948	642246	588600	53646	62862	22307
	鳌江镇	59	8	1042	38862	140759	47233	62808	7489	584462	561700	22762	35825	13921
	钱仓镇	9		153	5090	17578	674	11230	4519	25937	24500	1437	6406	2944
	西湾乡	10		111	3768	15290	92	8595	3200	9675	100	9575	3443	1031
	梅溪乡	10		176	4080	15061	199	7470	3431	9839	1100	8739	9087	2706
	梅源乡	17		137	3686	14096	190	7537	3028	4092	700	3392	7791	1705
	南麂镇	11		41	707	2232	293	1824	5881	8241	500	7741	310	
2005	小计	112	8	1648	57856	204008	49644	110043	6298	813593	754700	58893	62784	22077
	鳌江镇	59	8	1030	40228	140863	48164	76503	7868	739759	716600	23159	35798	13587
	钱仓镇	9		153	5116	17262	670	11103	4907	38630	37200	1430	6399	2614
	西湾乡	10		111	3927	15136	110	8366	3540	11770	200	11570	3399	1169
	梅溪乡	10		176	4150	14747	222	5971	3465	6794		6794	9087	3008
	梅源乡	13		137	3707	13810	204	7078	3422	4103	700	3403	7791	1699
	南麂镇	11		41	728	2190	274	1022	5919	12537		12537	310	
2006	小计	112	8	1660	59696	204572	51634	134423	6761	874033	806100	67933	62947	25388
	鳌江镇	59	8	1042	41623	141400	49955	96579	8441	794034	761300	32734	35987	16161
	钱仓镇	9		153	5227	17233	738	11608	5178	44344	42600	1744	6373	3469
	西湾乡	10		111	3981	15184	154	10167	4106	12304		12304	3399	1056
	梅溪乡	10		176	4284	14730	285	6698	3506	7160	900	6260	9087	3155
	梅源乡	13		137	3846	13832	237	7567	3870	5799	700	5099	7791	1547
	南麂镇	11		41	735	2193	265	1804	6120	10392	600	9792	310	
2007	小计	112	8	1662	60646	206122	52750	127272	7323	1046475	975900	70575	62947	17591
	鳌江镇	59	8	1042	42156	142392	50831	92218	9064	939747	909400	30347	35987	8842
	钱仓镇	9		155	5301	17271	802	11280	5592	64929	63700	1229	6373	3320
	西湾乡	10		111	4057	15464	243	8226	4533	14728	200	14528	3399	954
	梅溪乡	10		176	4432	14862	326	6080	4138	9683	1100	8583	9087	2961
	梅源乡	13		137	3955	13919	278	7646	4377	7478	800	6678	7791	1514

续表 40-2-1

年份（年）	项目	村数（个）	居民区数（个）	村民小组（个）	户数（户）	人口(人)	其中，非农业人口（人）	农村劳动力（人）	农民年人均纯收入（元）	工农业总产值（万元）	工业总产值（万元）	农林牧渔总产值（万元）	耕地面积（亩）	粮食总产量（吨）
2007	南麂镇	11		41	745	2214	270	1822	6318	9910	700	9210	310	
2008	小计	112	8	1616	60943	206172	53668	105973	8184	1140281	1074300	65981	59757	21233
	鳌江镇	59	8	1026	42256	142737	51395	71459	10207	1026878	999100	27778	35198	13959
	钱仓镇	9		155	5329	17397	901	11347	6120	75656	74400	1256	5610	1564
	西湾乡	10		111	4153	14884	381	8226	4991	13583	100	13483	1846	988
	梅溪乡	10		176	4470	14936	387	6107	4635	7586	500	7086	9186	2986
	梅源乡	13		137	3981	14007	320	7650	4582	5531	100	5431	7917	1736
	南麂镇	11		11	754	2211	284	1184	6380	11047	100	10947		
2009	小计	112	8	1604	60998	207853	54702	106376	8806	1208336	1136000	72336	59565	23870
	鳌江镇	59	8	1014	42251	143691	52145	74313	10833	1086931	1057100	29831	33625	14617
	钱仓镇	9		155	5322	17549	988	11347	6695	78856	77600	1256	5468	2475
	西湾乡	10		111	4212	15113	450	8230	5641	16120	200	15920	3369	1350
	梅溪乡	10		176	4471	15103	462	6121	5632	7984	800	7184	9186	3185
	梅源乡	13		137	3999	14186	373	5288	4938	3451	200	3251	7917	2243
	南麂镇	11		11	743	2211	284	1077	6572	14994	100	14894		
2010	小计	112	8	1604	61244	209300	56238	116239	9412	1466073	1377800	88273	57967	23740
	鳌江镇	59	8	1014	42517	144419	53391	83290	11700	1316964	1275500	41464	32356	14968
	钱仓镇	9		155	5301	17696	1067	12331	7301	102122	100700	1422	5127	2070
	西湾乡	10		111	4259	15404	531	8226	6217	16647	200	16447	3369	970
	梅溪乡	10		176	4451	15222	521	6075	5658	10079	1000	9079	9198	2978
	梅源乡	13		137	3967	14349	436	5182	4600	4246	300	3946	7917	2754
	南麂镇	11		11	749	2210	292	1135	6769	16015	100	15915		
2011	鳌江镇	112	8	1577	61332	211102	57124	120445	11429	1581847	1479000	102847	53854	22923
2012	鳌江镇	112	8		60326	211096	55548	125728	16520	1653159	1539900	113259	53854	23288

说明：数据主要摘自《平阳统计年鉴》，少量摘自《平阳县农经统计年报》

1989年，工农业总产值13.73亿元，至2012年，工农业总产值增加到165.32亿元；财政总收入从1989年的0.53亿元增至2012年的10.39亿元；农民年人均纯收入从1989年的469元增至2012年的16520元；城镇居民人均可支配收入从1989年的4426元增至2012年的28954元；1989年，总户数44451户、总人口180481人，至2012年，总户数60326户、总人口211096人。鳌江镇是平阳县的经济和交通中心，市计划单列镇、省小城市培育试点镇、全国小城镇发展改革试点镇、联合国开发计划署中国可持续发展小城镇试点镇，获得国家级星火技术密集区、全国小城镇建设示范镇、全国科技兴海示范基地、省文明镇、省文化强镇、省卫生强镇、省教育强镇、省体育强镇等称号。

第一节　建置与区划

建置沿革

清时，鳌江属慕贤西乡十二都。民国14年（1925）隶属小南区。民国22年（1933）建镇，隶属小南区。民国35年（1946）小南区改称鳌江区。1951年，鳌江镇升格为县直属镇。1958年，鳌江镇与鳌江区合并称鳌江人民公社。1961年，重新设区，恢复鳌江镇。1985年，原属鳌江区的下厂乡、雁门乡和种玉乡的柳下村、东河村以及河口乡的下埕村并入鳌江镇。1992年，墨城乡、河口乡、种玉乡并入鳌江镇。2000年，务垟乡、钱仓镇垂杨、塘川片并入鳌江镇。2011年，钱仓镇、南麂镇、西湾乡、梅溪乡、梅源乡并入鳌江镇。5月，成立鳌江新区，实行“区镇合一”的管理模式。

行政区划

1989年，鳌江镇下设3个办事处，辖165个村、9个居民区。1992年5月，鳌江镇辖165个村、11个居民区(横街、塘古、殿前、栈前、永新、南门、望江、兴隆、曹门、雁南、曹新)。1994年5月，增设商城、水深居民区。1998年7月，增设王里和曙东居民区；11月，撤销新渔村，增设河口和杨屿门村。1999年3月，增设西洋居民区。2000年10月，增设丰华村、龙河村、文翔村3个移民村。是年，鳌江镇下设11个办事处，其中2个居民办事处；辖100个村、16个居民区。2004年，鳌江镇调整村居区划。2012年，鳌江镇下设12个社区，辖112村、8个居民社区。

2012年鳌江镇社区情况一览表

表40-2-2

社区名称	驻地	面积（平方千米）	村(社区)名称	面积(亩)	户数（户）	人口（人）	2001年的村、居
古鳌	中心菜场三楼	1.33	江滨社区		3059	8789	横街居民区
							殿前居民区
							永新居民区(部分)
							塘坫居民区(部分)
			商城社区		1876	5913	王里居民区
							商城居民区
							曹新居民区(部分)
			水深社区		1365	4159	水深居民区
							古鳌村、东河村、下埕村部分地段
			南门社区		1614	4878	南门居民区
							望江居民区
							栈前居民区(部分)
							永新居民区(部分)
			兴隆社区		1813	5509	兴隆居民区
							雁南居民区
							曹门居民区(部分)
			曹门社区		2093	6465	塘坫居民区(部分)
							曹门居民区(部分)
							曹新居民区(部分)
							永新居民区(部分)
			古鳌村	464			古鳌村
雁门	通城路55号	9.04	山外村	1487	283	1136	山外村
			三大厂村	1375	463	1866	三大厂村

续表 40-2-2

社区名称	驻地	面积（平方千米）	村（社区）名称	面积（亩）	户数（户）	人口（人）	2001年的村、居
雁门	通城路55号	9.04	东河村	568	578	1902	东河村
			柳王村	546	521	1733	柳王村
			孙家垟村	490	155	633	孙家垟村
			横店村	1151	895	3182	浦联村
							店下村
			雁门村	1164	989	3398	雁门村
			横河村	559	164	647	横河村
			种玉村	1044	386	1498	种玉村
			藕莲村	739	219	822	藕莲村
			西桥村	1708	645	2487	西桥村
							兴农村
			徐家站村	960	485	1912	徐家站村
			蓝田村	1749	602	2258	蓝田村
			西洋社区		695	2018	西洋居民区
							柳王村部分地段
			曙东社区		1380	4187	曙东居民区
							西桥村、浦联村、店下村部分地段
下厂	下埕村	12.74	下埕村	1269	487	1759	下埕村
			和家村	851	314	1145	和家村
							龙河村
			天源村	3125	455	1660	乔底村
							建胜村
			河滨村	1353	341	1185	滨海村
							河口村
							文翔村
			郑家墩村	1695	357	1315	郑家墩村
			五板桥村	1465	417	1537	五板桥村
			阳屿村	1742	234	844	杨屿门村
							海防村
			平河村	3104	684	2494	郑家垟村
							温垟村
							梧山村
							丰山村
			下垟埠新桥村	499	468	1736	下垟埠村
							新桥村
			后半厂村	257	154	558	后半厂村
			下厂村	987	678	2449	榕桥村
							下厂村

续表 40-2-2

社区名称	驻地	面积（平方千米）	村（社区）名称	面积（亩）	户数（户）	人口（人）	2001年的村、居
下厂	下埕村	12.74	塘外村	2762	485	1799	塘外村
							渔农村
墨城	新城村	23.21	海城村	11470	863	3153	郑家坑村
							长岗村
							西麓村
			新城村	5087	636	2291	东麓村
							岩下村
							观山村
							塘坫外村
			城北村	3634	401	1433	山根村
							南园村
			联城村	8376	519	1918	吴兰村
							双垟村
			东城村	6262	563	2039	白水溪村
							桐桥村
							大坪村
							龙潭村
务垟	周家岩路	8.97	福山村	2892	344	1228	丰华村（蝠山安置点）
							蝠山村
			荷莲村[①]				荷莲村
			厚垟村	1186	377	1437	厚垟村
			塘下村	2381	417	1617	塘下村
			务垟村	1622	585	2214	务垟村
							丰华村（务垟安置点）
			岳巢村	1259	308	1232	岳巢村
			友谊村	3329	500	1893	象山村
							岗山村
西塘	西塘村	18.90	荆溪村	5003	882	3488	荆山村
							牧场村
							荆仙村
			三永村	5443	488	1816	永平村
							永和村
							永胜村
			新明村	3939	514	1971	黄底村
							黄彭村
							周家坑村
			枫林村	6817	560	2083	三联村
							枫林村
							小垟村
			玉莲村	1088	454	1768	玉莲村

① 县政府批复务垟、荷莲村及丰华村（务垟安置点）合并为务垟村，实施中荷莲村未并入。

续表 40-2-2

社区名称	驻地	面积（平方千米）	村（社区）名称	面积（亩）	户数（户）	人口（人）	2001年的村、居
西塘	西塘村	18.90	珍岙村	3153	402	1519	大岙底村
							珍珠村
			西塘村	781	301	1198	西塘村
			环溪村①	1233	259	1022	河东山村
							环溪村
			下河村	602	335	1154	下河村
塘川	垂杨村铁路桥下	20.80	罗垟村	5941	372	1317	罗垟村
			埭头村	2712	630	2340	埭头村
			垂杨村	1403	501	1774	垂杨村
							金星村
			塘西村	2740	525	1806	石佛村
							熙山村
			贵德村	885	480	1786	贵德村
			塘中村	2421	462	1734	西源村
							西岭村
			塘东村	4359	583	2171	山平村
							东明村
							黄山村
			高垟村	1696	339	1236	高垟村
			旺厂村	1144	510	1820	旺厂村
			龙山村	1591	488	1727	龙山村
			联南村	3075	523	1943	联南村
			塘北村	3226	702	2480	联东村
							上源村
钱仓	钱仓树人路	15.28	钱仓村	3115	1263	3905	钱仓村
			前进村	3286	948	3359	箭岙村
							茶亭村
							梅浦村
			东江村	2807	644	2309	东江村
			山垟村	1960	687	2330	山垟村
			东垟村	1866	328	1160	东垟村
			方家村	1961	304	1094	方家村
			白水村	5070	412	1467	金庄村
							白水村
			上凰桥村	1342	443	1607	上凰桥村
			包田村	1509	129	470	包田村

① 河东山村、环溪村实施合并，但未得到县政府批复。

续表 40-2-2

社区名称	驻地	面积（平方千米）	村（社区）名称	面积（亩）	户数（户）	人口（人）	2001年的村、居
南麂	南麂司令部	12.28（陆域面积）	新码头村		58	171	新码头村
			对岙村		51	171	对岙村
			门屿尾村		57	206	门屿尾村
			马祖岙村		63	189	马祖岙村
			上百亩村		52	171	百亩坪村
			三盘尾村		46	161	三盘尾村
			火焜岙村		83	221	火焜岙村
			国姓岙村		47	166	国圣岙村
			后隆村		98	353	后隆村
			大檑村		20	52	大檑村
			竹屿村		63	183	竹屿村
西湾	头沙	16.82	海滨村	2921	424	1622	海滨村
			跳头村	1513	464	1720	跳头村
			北山村	1507	499	1822	北山村
			殿后山村	2928	304	1163	殿后山村
			青湖村	3393	264	961	青山村
							天湖村
			一沙村	2638	542	2042	一沙村
			二沙村	3595	583	2056	二沙村
			三沙村	1622	395	1468	三沙村
			四沙村	1564	473	1729	四沙村
			银岭村	2933	348	1281	银泉村
							岭头村
梅溪	溪头村	26.44	溪头村	11401	1106	3789	安基村
							藤坪村
							章垟村
							溪头村
			万安村	6017	549	1939	老屋前村
							万安
			清桥村	4670	394	1323	双岙
							清桥村
			包岙内村	1821	351	1198	包岙内村
			凤岙村	1633	343	1291	凤岙村
			联丰村	4598	356	1155	联丰村
			凤尾山村	1011	242	910	凤尾山村
			梅里村	2315	385	1266	梅里村

续表 40-2-2

社区名称	驻地	面积（平方千米）	村（社区）名称	面积（亩）	户数（户）	人口（人）	2001年的村、居
梅溪	溪头村	26.44	书阁村	2534	346	1197	书阁村
			山碧村	3230	304	1162	山碧村
梅源	梅源村	25.08	梅源村	2757	607	2029	铁坟村（部分）
							联平村
							梅源村
			孙岙村	1754	237	899	孙岙村
			山平田村	2858	186	660	山平田村
			解元村	4493	367	1322	解元村
							金家坑村
			苏岭村	5509	529	2034	南平村
							前光村
							苏岭村
			章公尖村	3365	180	703	章公尖村
			赤溪村	1541	159	595	赤溪村
			重阳村	1484	235	827	铁坟村（部分）
							重阳村
			岭根村	1887	201	741	岭根村
			风岩村	2555	270	1003	风吹隔村
							岩孔村
			顺利村	2483	243	975	顺利村
			七星村	3969	283	1103	七星村
			三源村	2939	368	1297	三源村

说明：人口数据不含集体户，由县公安局提供；土地数据由县国土局提供；其余资料由鳌江镇人民政府提供

第二节　经　济

农业

种植业　粮食作物：1989年，粮食作物播种面积137077亩，总产量46451吨，其中，谷物播种面积119950亩，总产量41102吨；豆类播种面积150亩，总产量11吨；薯类播种面积16747亩，总产量5283吨。2002年，粮食作物播种面,73900亩，总产量25688吨，其中，谷物播种面积62983亩，总产量22613吨；豆类播种面积3510亩，总产量516吨；薯类7407亩，总产量2559吨。2012年，粮食作物播种面积56228亩，总产量23288吨，其中，谷物播种面积40510亩，总产量19849吨；豆类播种面积6250亩，总产量937吨；薯类播种面积9468亩，总产量2503吨。

经济作物　1989年，油料播种面积2029亩，总产量79吨；蔬菜播种面积10218亩；果用瓜播种面积257亩。2002年，油料播种面积1230亩，总产量95吨；蔬菜播种面积26847亩，总产量25821吨；果用瓜播种面积4047亩，总产量7105吨。2012年，油料播种面积5668亩，总产量726吨；蔬菜播种面积13979亩，总产量14107吨；果用瓜播种面积6315亩，总产量8904吨。

2002—2012 年鳌江镇农作物播种面积和产量统计表

表 40-2-3

年份(年)		农作物总播种面积(亩)	粮食作物			其中						油料		甘蔗		蔬菜(含菜用瓜)		果用瓜	
						谷物		豆类		薯类									
			播种面积(亩)	总产量(吨)	总产值(万元)	播种面积(亩)	总产量(吨)	播种面积(亩)	总产量(吨)	播种面积(亩)	总产量(吨)	播种面积(亩)	总产量(吨)	播种面积(亩)	总产量(吨)	播种面积(亩)	总产量(吨)	播种面积(亩)	总产量(吨)
2002	小计	109110	73900	25688	11781	62983	22613	3510	516	7407	2559	1230	95	109	315	26847	25821	4047	7105
	鳌江镇	63078	45653	15936	7592	41266	14558	1359	272	3028	1106	763	57	40	120	12903	12169	1397	2883
	钱仓镇	9664	8341	3159	731	7597	3056	490	58	254	45			14	35	979	1214	330	510
	西湾乡	6481	4660	1645	427	3013	1129	302	32	1345	484	297	26			1385	1602		
	梅溪乡	14579	8668	2589	1795	6097	2013	981	99	1590	477	170	12			4688	6317	653	1306
	梅源乡	15308	6578	2359	1221	5010	1857	378	55	1190	447			55	160	6892	4519	1667	2406
	南麂镇				15														
2003	小计	100827	62130	22510	15598	52694	19463	3134	390	6302	2657	795	63	234	407	24105	23971	8712	13832
	鳌江镇	56172	38575	14114	8594	34987	12814	1181	144	2407	1156	606	47	57	132	11250	10637	2334	3704
	钱仓镇	9601	8144	2882	736	7430	2784	509	59	205	39					1302	1677	155	271
	西湾乡	8797	4525	1643	868	2754	1019	441	65	1330	559	189	16			2683	2683	1000	1500
	梅溪乡	16295	6335	2321	4195	4535	1781	600	60	1200	480			120	120	5160	5160	3710	7165
	梅源乡	9962	4551	1550	1205	2988	1065	403	62	1160	423			57	155	3710	3814	1513	1192
	南麂镇																		
2004	小计	101451	61227	22307	16691	51976	19861	3912	685	5339	1761	1621	171	256	644	19861	24365	15227	26708
	鳌江镇	54077	38975	13921	8324	35240	13152	1671	245	2064	524	1168	101	101	299	8506	7994	2873	4237
	钱仓镇	10332	8303	2944	879	7565	2847	583	66	155	31	27	3			1827	1827	175	325
	西湾乡	5129	2690	1031	650	2160	864	280	42	250	125	191	20			1248	1248	1000	2000
	梅溪乡	22505	6715	2706	5324	4028	1753	1012	283	1675	670	235	47	60	60	5305	10610	9640	18630
	梅源乡	9408	4544	1705	1307	2983	1245	366	49	1195	411			95	285	2975	2686	1539	1516
	南麂镇				207														
2005	小计	105268	65625	22077	13486	53607	18885	5002	773	7016	2419	1603	226	242	451	20749	19543	15452	24036
	鳌江镇	55700	39748	13587	7221	35390	12447	1937	248	2421	892	1196	171	37	56	10486	10030	3075	3248
	钱仓镇	10462	8892	2614	872	7790	2465	812	91	290	58	35	4			1370	1255	165	276
	西湾乡	5873	4248	1169	650	2760	911	538	68	950	190	187	19			378	76	1060	1060
	梅溪乡	23645	8000	3008	3429	4750	1900	1230	300	2020	808	185	32	110	110	5540	5540	9760	18050
	梅源乡	9454	4737	1699	1307	2917	1162	485	66	1335	471			95	285	2975	2642	1392	1402
	南麂镇	134			7														
2006	小计	100734	65925	25388	14379	54991	22591	4334	703	6600	2094	1545	219	255	457	23191	21758	8897	12371
	鳌江镇	55425	40875	16161	8285	36808	15125	1757	231	2310	805	835	125	67	123	10472	9713	2595	2433
	钱仓镇	12083	8925	3469	1200	7780	3316	855	95	290	58	328	36			2575	2705	255	470
	西湾乡	5814	3908	1056	405	2600	820	408	56	900	180	182	18			724	320	1000	800

续表 40-2-3

年份（年）		农作物总播种面积（亩）	粮食作物			其中						油料		甘蔗		蔬菜（含菜用瓜）		果用瓜	
						谷物		豆类		薯类									
			播种面积（亩）	总产量（吨）	总产值（万元）	播种面积（亩）	总产量（吨）	播种面积（亩）	总产量（吨）	播种面积（亩）	总产量（吨）	播种面积（亩）	总产量（吨）	播种面积（亩）	总产量（吨）	播种面积（亩）	总产量（吨）	播种面积（亩）	总产量（吨）
2006	梅溪乡	16920	7485	3155	2919	4905	2199	830	256	1750	700	200	40	115	115	5420	5420	3640	7280
	梅源乡	10492	4732	1547	1570	2898	1131	484	65	1350	351			73	219	4000	3600	1407	1388
	南麂镇																		
2007	小计	84578	55923	17591	12230	44867	15023	4335	638	6721	1929	1455	209	203	365	17308	14991	8937	12061
	鳌江镇	46467	32224	8842	6873	27036	7730	2067	261	3121	851	760	113	16	24	10133	8664	2935	2779
	钱仓镇	9755	8610	3320	814	7730	3230	880	90			335	40			555	555	255	255
	西湾乡	5169	3529	954	356	2300	728	329	46	900	180	160	16			580	116	900	720
	梅溪乡	12975	6945	2961	2508	4975	2227	570	174	1400	560	200	40	110	110	2200	2200	3460	6920
	梅源乡	10212	4615	1514	1679	2826	1108	489	67	1300	338			77	231	3840	3456	1387	1387
	南麂镇																		
2008	小计	73408	50496	21233	11274	39337	17982	4317	715	6842	2536	2458	334	170	310	15848	15155	3802	4954
	鳌江镇	42376	32042	13959	6985	26868	12617	2341	332	2833	1010	1123	174			8655	8182	327	409
	钱仓镇	7213	4175	1564	709	3330	1438	536	64	309	62	435	52			2383	2383	175	175
	西湾乡	4784	3104	988	401	1604	707	320	45	1180	236	720	72			60	60	900	720
	梅溪乡	11085	6915	2986	1685	4955	2230	640	208	1320	548	180	36	100	100	2530	2530	1250	2500
	梅源乡	7950	4260	1736	1494	2580	990	480	66	1200	680			70	210	2220	2000	1150	1150
	南麂镇																		
2009	小计	88415	58900	23870	13497	45284	20603	5158	862	8458	2405	6134	872	180	340	16388	16610	6107	7705
	鳌江镇	50715	34307	14617	9094	28118	13173	2704	388	3485	1055	5019	729			8365	9192	2664	3342
	钱仓镇	11467	7930	2475	971	6360	2229	848	102	722	144	422	52			2561	2561	443	443
	西湾乡	5422	3942	1350	419	2337	1052	405	58	1200	240	480	48			300	60	700	560
	梅溪乡	10005	7015	3185	1472	4975	2487	700	228	1340	470	210	42	100	100	1510	1510	1060	2120
	梅源乡	10806	5706	2243	1541	3494	1662	501	86	1711	496	3	1	80	240	3652	3287	1240	1240
	南麂镇																		
2010	小计	90827	60833	23740	16905	46038	20466	5365	813	9430	2460	8391	975	102	160	16006	16247	4969	6273
	鳌江镇	52612	35792	14968	11940	28743	13564	3122	398	3927	1005	6002	768			8806	9580	1777	2291
	钱仓镇	11110	7391	2070	1103	6144	1870	617	74	630	126	755	91			2681	2681	271	271
	西湾乡	5155	3575	970	387	1975	672	400	58	1200	240	580	58			300	60	700	560
	梅溪乡	9628	6665	2978	1718	4870	2355	500	162	1295	461	560	28	73	73	1290	1290	930	1860
	梅源乡	12322	7410	2754	1757	4306	2005	726	121	2378	628	494	30	29	87	2929	2636	1291	1291
	南麂镇																		
2011		82829	56168	22923	18950	41500	19700	5915	899	8753	2324	6191	732	107	121	13835	14157	6192	8011
2012		82956	56228	23288	16557	40510	19849	6250	937	9468	2503	5668	726	9	29	13979	14107	6315	8904

说明：数据摘自《平阳统计年鉴》

林业 1992年，人工造林4050亩；茶园总面积1602亩，茶叶总产量54.15吨；果园总面积4943亩，水果总产量1123吨。2002年，人工造林602亩，幼林抚育6480亩；茶园总面积3173亩，茶叶总产量84.80吨；果园总面积13072亩，水果总产量15596吨，林业总产值589万元。2012年，林地面积21246亩，人工造林6496亩，幼林抚育10136亩；茶园总面积2348亩，茶叶总产量88.20吨；果园总面积3660亩，水果总产量10838吨；林产品产值919万元。

2002—2012年鳌江镇林业情况一览表

表40-2-4

年份(年)		人工造林面积(亩)	零星植树(万株)	幼林抚育面积(亩)	茶园总面积(亩)	茶叶总产量(吨)	果园总面积(亩)	水果总产量(吨)	林业产值(万元)	林产品(万元)	竹木采运(万元)
2002	小计	602	1.50	6480	3173	84.80	13072	15596	589	408	
	鳌江镇	345	0.80	4275	2720	80	9162	10149	308	243	
	钱仓镇	30	0.70				752	1012	5	2	
	西湾乡	227			25		100	25	15		
	梅溪乡			1575	200	0.80	1390	1767	126	80	
	梅源乡			630	228	4	1668	2643	126	83	
	南麂镇								9		
2003	小计	1021	3	1635	3014	84	11817	21773	653	397	104
	鳌江镇		1.50		2480	75	7888	10741	313	237	11
	钱仓镇	129	1.50				679	394	7		
	西湾乡	684		705	25		100	1530	44		3
	梅溪乡	159		285	300	2	1460	7643	133	77	47
	梅源乡			330	209	7	1690	1465	136	83	43
	南麂镇	49		315					20		
2004	小计	137	4.50	120	3084	70.50	12395	35039	689	539	46
	鳌江镇	88	3	47	2565	58	8644	10974	394	328	2
	钱仓镇		0.50				523	658	1		
	西湾乡	49		34			100	2025	30		
	梅溪乡		0.50	13	300	4	1430	19150	197	153	41
	梅源乡			13	219	8.50	1698	1902	63	58	3
	南麂镇		0.50	13				330	4		
2005	小计	1275	4	2700	3504	71	10981	28689	635	391	146
	鳌江镇	570	3	900	2535	57	6776	6410	394	328	2
	钱仓镇	705	1				700	558	1		
	西湾乡			900	240		100	1085	30		
	梅溪乡				300	4	1430	18570	147	5	141
	梅源乡				429	10	1975	1932	63	58	3
	南麂镇			900				134			
2006	小计				3505	114	10179	16355	327	272	19
	鳌江镇				2535	97	5654	5065	173	147	9

续表 40-2-4

年份(年)		人工造林面积（亩）	零星植树（万株）	幼林抚育面积（亩）	茶园总面积（亩）	茶叶总产量（吨）	果园总面积（亩）	水果总产量（吨）	林业产值（万元）	林产品（万元）	竹木采运（万元）
2006	钱仓镇						955	728	1		
	西湾乡				240		100	826	4		
	梅溪乡				300	5	1430	7780	47	45	
	梅源乡				430	12	2040	1956	102	80	10
	南麂镇										
2007	小计		6	5100	3035	114	10328	16071	374	313	16
	鳌江镇		1.50	2700	2045	93	5690	5607	199	166	6
	钱仓镇		1				739	405	19	16	
	西湾乡		1	2400	240		600	750	15		
	梅溪乡				300	6	1259	7354	70	67	3
	梅源乡		0.50		450	15	2040	1955	71	64	7
	南麂镇		2								
2008	小计		6		3035	124	8695	7715	304	272	19
	鳌江镇		2		2045	98	5263	2315	156	135	8
	钱仓镇		1				160	189	10	10	
	西湾乡		1		240		600	750			
	梅溪乡		0.50		300	6	612	2739	53	53	
	梅源乡		0.50		450	20	2060	1722	85	74	11
	南麂镇		10								
2009	小计	2610	5		3315	145.40	7720	10485	477	298	35
	鳌江镇	1335	2		2095	100.50	5006	5513	219	159	18
	钱仓镇		1					443	11	11	
	西湾乡	1275	1				50	580	61		
	梅溪乡		0.50		400	8	612	2359	62	56	6
	梅源乡		0.50		820	36.90	2052	1590	83	72	11
	南麂镇								41		
2010	小计	1440	10	2610	2888	122.50	6544	8729	446	224	46
	鳌江镇	1440	5	1335	2095	101	4372	4265	233	115	14
	钱仓镇		1				4	275	32	10	8
	西湾乡		1	1275				560	65		7
	梅溪乡		1		403	8.50	722	2164	54	47	7
2010	梅源乡		1		390	13	1446	1465	62	52	10
	南麂镇		1								
2011		5730	10	3060	3704	129	5348	10186	694	220	32
2012		6496	10	10136	2348	88.20	3660	10838	919	301	34

说明：数据摘自《平阳统计年鉴》

畜牧业　1989年，生猪年末存栏22373头，牛年末存栏2983头，羊年末存栏963只，兔年末存栏629只。2002年，生猪年末存栏17077头，牛年末存栏918头，羊年末存栏3591只，家禽年末存栏509501只，兔年末存栏202只。2012年，生猪年末存栏28274头，牛年末存栏1357头，羊年末存栏1343只，家禽年末存栏722845只，兔年末存栏2860只。

2002—2012年鳌江镇畜牧业情况一览表

表40-2-5

年份(年)		生猪年末存栏数(头)	牛年末存栏数(头)	羊年末存栏数(只)	家禽年末存栏数(只)	兔年末存栏数(只)	畜牧业产值(万元)
2002	小计	17077	918	3591	509501	202	8456
	鳌江镇	8331	427	2327	238105	202	3762
	钱仓镇	960	38	20	17170		371
	西湾乡	622	107	612	3386		107
	梅溪乡	5032	197	210	81140		4179
	梅源乡	2132	149	422	169700		37
	南麂镇						
2003	小计	16075	939	3445	553520	190	10575
	鳌江镇	7951	388	1808	249150	190	4697
	钱仓镇	965	28	15	16570		432
	西湾乡	932	134	820	4050		77
	梅溪乡	4528	203	520	130000		3458
	梅源乡	1699	186	282	153750		1911
	南麂镇						
2004	小计	18649	894	3843	507477	1155	9840
	鳌江镇	9708	428	1556	207687	300	4053
	钱仓镇	830	29		34390		507
	西湾乡	782	117	960	3150		115
	梅溪乡	4232	142	530	124000	460	3168
	梅源乡	3057	169	512	138250	50	1982
	南麂镇	40	9	285		345	15
2005	小计	17052	801	2628	657950	1378	9354
	鳌江镇	8844	310	1565	171200	763	3553
	钱仓镇	795	29		28620		507
	西湾乡	560	81	402	3200		115
	梅溪乡	3443	152	260	283200	615	3171
	梅源乡	3368	229	401	171730		1993
	南麂镇	42					15
2006	小计	19068	1035	3259	529230	4463	14045
	鳌江镇	10748	546	2236	237390	3273	6880
	钱仓镇	1405	27		26370		543

续表 40-2-5

年份（年）		生猪年末存栏数（头）	牛年末存栏数（头）	羊年末存栏数（只）	家禽年末存栏数（只）	兔年末存栏数（只）	畜牧业产值（万元）
2006	西湾乡	155	103	450	4070		59
	梅溪乡	3865	112	238	181600	1190	3216
	梅源乡	2895	247	335	79800		3347
	南麂镇						
2007	小计	12312	519	2735	987770	1144	18086
	鳌江镇	6120	282	2217	416787	1057	6818
	钱仓镇	902	21		30856		396
	西湾乡	161	66	238	11565		79
	梅溪乡	3251	91	165	274692	87	5965
	梅源乡	1878	59	115	253870		4828
	南麂镇						
2008	小计	24710	1064	2699	590411	1784	16822
	鳌江镇	13174	463	1717	264731	1109	7259
	钱仓镇	1068	32	32	28900	210	437
	西湾乡	505	116	348	6580		71
	梅溪乡	6283	298	322	135200	465	5303
	梅源乡	3680	155	280	155000		3752
	南麂镇						
2009	小计	19446	1068	1930	501955	1054	15745
	鳌江镇	8375	595	1087	174797	427	8143
	钱仓镇	730	27	30	12200	120	273
	西湾乡	345	89	398	1988		64
	梅溪乡	5695	253	241	210220	507	5650
	梅源乡	4301	104	174	102750		1615
	南麂镇						
2010	小计	27241	1447	3224	620488	1718	20416
	鳌江镇	7019	691	952	108833	180	10711
	钱仓镇	550	20	52	5630	220	184
	西湾乡	208	89	287	2325	1200	87
	梅溪乡	5887	341	403	226200	118	7307
	梅源乡	13577	306	1530	277500		2127
	南麂镇						
2011		23478	1265	2127	541501	3605	20131
2012		28274	1357	1343	722845	2860	23862

说明：数据摘自《平阳统计年鉴》

渔业 1989年，海水养殖10.23平方海里，养殖产量474.25万公斤，总产值9560万元；河水养殖水面面积7.20平方千米，养殖产量385.8万斤，总产值1447万元。1999年，全镇水产品产量35128吨，其中海洋捕捞30758吨，海洋捕捞产值8524万元，海水养殖1619吨，海水养殖产值1220万元。2002年，海水产品产值8550万元，其中海洋捕捞产值8203万元，海水养殖产值347万元，淡水产品产值730万元。2011年，“南麂坛紫菜特色精品园建设”项目通过省海洋渔业局验收。原壳贻贝、鲍鱼特色精品园建设被列入省级特色精品园创建点，其中厚壳贻贝特色精品园建设项目被列入省财政现代渔业生产发展资金补助项目。

2012年，渔业社区3个，渔村24个，渔业户4345户，渔业人口150001人。持证渔船597艘，吨位12893吨；无证渔船621艘，吨位13421吨。下厂标准渔港建设累计已完成投资1826万元。全镇渔业经济总产值70241万元（出口水产品1540吨，创汇金额782万美元）。海水养殖4.67平方海里，养殖产量343.40万公斤，总产值7076万元；河水养殖水面面积3.25平方千米，养殖产量63.60万公斤，总产值1058万元。水产集散专业市场1个，年交易量7500吨，交易值3100万元。是年，获省现代渔业生产发展资金项目、省水产种子种苗项目、省渔业资源增殖放流项目各1个，新增农业部水产健康养殖示范场1家。温州海虎海藻有限公司继南麂开发有限公司养殖场之后，成为农业部授予“水产健康养殖示范场”的单位。渔船节能降耗项目通过省海洋渔业局验收。南麂厚壳贻贝人工育苗首次获得成功，新科海水养殖专业合作社成为省唯一繁育厚壳贻贝成功的企业，通过省海洋渔业局“省级贝类规模化繁育基地”认定。

特色农产品 塘川橄榄：属白橄榄，有大橄、小橄、丁香橄等8大类型16个品种，有160年种植历史。1988年，塘川有橄榄树3200株。（详见第十二卷“农业”）2007年，塘川橄榄专业合作社在传统品种基础上加以改良，建成优良品种示范园200亩。至2012年，橄榄种植面积500亩，橄榄树1万余株。南麂大黄鱼：深水养殖的大黄鱼，肉质结实鲜美。2004年，生态大黄鱼经国家环保总局认证检测，获“有机鱼”标志。梅溪肉鸽：肉鸽和蛋鸽体型大、肉质优、抗病力强、产蛋率高、繁殖力强。1998年，“平阳杂交肉鸽”被省政府评为银奖。

工业

1951年，鳌江麻纺生产合作社成立。1955年，永明发电厂实行公私合营，改名为鳌江电力厂，后改为地方国营。以后陆续建立国营平阳酿造厂、平阳纺织厂、平阳化工厂、平阳造纸厂、平阳煤炭机械厂、平阳水泥厂、平阳印刷厂等。20世纪80年代末，有平阳造船厂、平阳制革厂、鳌江印刷厂、鳌江五金社、鳌江草席厂等县属二轻集体工厂20个，镇办企业27个。

浙江三星机电股份有限公司生产车间（2006年）

20世纪90年代初，鳌江镇工业主要集聚在104国道和曙光路一带，有三星、东风、广银、雁峰、益坤等机械企业。1994年，平阳经济开发区建立以后，部分工业企业向东迁移。2000年，金融机具企业得到快速发展，主要企业坐落于务垟社区和鳌江机电城。2002年，新增国家高新技术企业1家，省市科技型企业5家，浙江三星机电股份有限公司项目列入国家火炬计划。2012年，鳌江镇企业778家，从业人员47200人，工业总产值153.99亿元，成为市5个工业产值超百亿元的重镇之一；规模以上企业71家，其中产值超过千万元的企业43家，年产值超亿元的有5家。

机电行业　机电行业产品主要有洗衣机配件、成套塑料圆织机（简称“塑机”）、起重类别机械、减速机、卷扬机。主要企业有浙江三星机电股份有限公司、中国雁峰集团、温州合力建设机械公司、浙江瑞德森机械有限公司、浙江东海减速机有限公司、浙江通用包装机械厂、浙江群力塑机公司、浙江天风塑机公司等。2012年，机电行业产值23.08亿元。

金融机具行业　1980年年末，务垟乡开始小批量的生产点钞机供应本地金融机构使用，到20世纪90年代初，有生产许可证的企业23家，年生产量90余万台，占国内市场份额的60%以上。从最初单一的人民币伪钞鉴别仪发展到美元、欧元、韩元、越南币等多国币种点钞机，鉴别功能也从最初的油墨磁性增加到紫光、红外、荧光、五个磁头等多功能鉴伪技术。同时，还生产各种类型的自动扎把机、验钞机、捆钞机、POS收款机、电子收款机、验钞收款秤、热敏票据打印机等金融机具。2012年，大小金融机具企业62家，产量300万台，产值8.20亿元。主要金融机具企业有浙江依特诺电子有限公司（1997年成立）、浙江亨力电子有限公司（1999年成立）、浙江南星电子科技有限公司（1994年成立）、浙江人杰机械电子有限公司（2001年成立）、浙江越创电子有限公司（2008年成立）等。

化工制造行业　主要产品有明胶、珠光颜料和塑料粒子。明胶：2003年11月，成立罗赛洛（温州）明胶有限公司。2005年10月，成立嘉利达（平阳）明胶有限公司。2006年9月，由法国罗赛洛明胶集团与浙江三和盛明胶厂合资组建罗赛洛（浙江）明胶有限公司；是年，普邦明胶（温州）有限公司成立。2012年，明胶产量13000吨，产值6.03亿元；温州银泰化工有限公司生产的塑料编丝粒子产值3.20亿元。

服装行业　改革开放后个体经济活跃，一些服装加工厂（场）应运而生，承接批量的服装加工业务。1990年，在鸽巢路兴建兴鳌服饰园区，鳌江镇翔鹏服装厂、鳌江一雷服装厂、鳌江绍相服装厂、平阳县恩怡服饰公司、平阳县蓝企尔服饰公司等先后进场。2012年，开辟小微服装工业企业园区，占地120亩，落户企业15家。是年，钱仓仿皮服装产值1.60亿元。

商业

鳌江有“百年商埠”之称。清时已形成商业集市的称为“市”或“镇”的有垂阳市、钱仓镇，民国初年称为市的有鳌江、钱仓。民国36年（1947），鳌江建立商会组织。民国38年（1949）7月，在鳌江设立平阳贸易公司。1950年4月起，百货、食品、土产、油脂、粮食、花纱布等公司相继成立，1955年，创建与分设医药、水产、交电化工、针织、文化用品等公司。1989年，鳌江国营、供销、集体商业企业和餐饮服务业改制，商业系统形成国营、集体、个体多种经济成分并存格局，各类市场8个，商业网点602个。1990年后，中百、五交化、烟糖酒、果品、水产、农贸、物资、木材、食品、医药等十大国营公司相继退出商品流通与服务领域，私营个体商业日益繁荣，

鳌江商业城（2008年）　　陈培勇　摄

餐饮服务业蓬勃发展，国内外连锁店相继进入鳌江。2012年年底，全镇各类商业企业和网点12171家，其中批发零售商业企业402家；餐饮企业4103家；住宿企业120家，其他服务企业7546家；全年交易总额2.80亿元。

外贸 鳌江镇外贸工作起步于1973年。1990年，鳌江外贸进出口总额3000余万美元，销售额场涉及52个国家和地区。外贸经营范围为货物及技术进出口业务，如机械设备、皮革制品、宠物用品、纺织品、印刷品等，兼具外贸自营和代理业务。2012年，外贸进出口总额2168万美元，销售额1.40亿元，上缴国税、地税费款125万元。

2002—2012年鳌江镇外贸和社会商品零售总额统计表

表40-2-6 单位：亿元

年份(年)	2002	2003	2004	2005	2006	2007	2008	2009	2010	2011	2012
外贸出口供货值	2.49	2.79	3.40	4.78	6.24	6.81	6.88	6.23	8.33	8.66	8.16
社会商品零售额	17.88	15.23	18.63	21.87	24.64	28.21	28.52	30.12	32.01	38.35	43.68

说明：资料由鳌江镇人民政府提供

财政金融

财政 1989年，鳌江镇财政总收入0.53亿元，其中地方财政收入0.27亿元。2002年，财政总收入2.40亿元，其中一般性预算收入1.93亿元。2012年，财政总收入10.39亿元，其中地方财政收入1.62亿元。

2002—2012年鳌江镇财政总收入统计表

表40-2-7 单位：亿元

年份(年)	2002	2003	2004	2005	2006	2007	2008	2009	2010	2011	2012
财政总收入	2.40	2.77	3.62	4.30	4.76	6.04	10.86	11.57	14.50	10.81	10.39

说明：资料由鳌江镇人民政府提供

金融 1989年，各项存款余额6.2亿元，各项贷款余额2.40亿元。2000年，鳌江典当服务商行归口县经委管理。2001年，撤销鳌江城市信用社。2002年，各项存款14.64亿元，各项贷款14.62亿元。2009年6月，上海证券有限责任公司鳌江兴鳌中路证券营业部开始试营业。2012年年末，鳌江镇银行业金融机构20家，保险机构13家；各项存款余额83.36亿元，各项贷款余额86.17亿元。

1999—2012年鳌江镇存贷款统计表

表40-2-8 单位：万元

年份(年)	存款合计	贷款合计	年份	存款合计	贷款合计
1999	73410	62690	2006	199254	272946
2000	99172	96213	2007	375713	342442
2001	118021	124483	2008	437429	412933
2002	146430	146195	2009	521051	503563
2003	183699	188770	2010	634403	609258
2004	198817	218665	2011	726124	726946
2005	245210	225669	2012	833600	861671

说明：资料由鳌江镇人民政府提供

交通

铁路　2005年7月29日，温福铁路鳌江段开始建设，2008年8月31日竣工。镇域范围内北起务垟社区福山村，南至钱仓社区东江村，全长7.30千米，途经鳌江镇12个行政村。镇境内共有大中桥3座、隧道3座、鳌江火车站站场1个。2009年9月28日，温福铁路动车组列车正式开通。初时开通福州——上海、杭州共4个班次。2012年，每日开通30个班次。

公路　104国道平阳段由东北至西南斜贯镇境。公路桥梁：长山桥（11.80米）、鸽巢桥（53.40米）、和莲村桥（15.37米）、片黎头桥（8.85米）、陈绛殿桥（24米）、下河桥（27米）、鳌江岱口桥（156.80米）、西川桥（33.30米）、梅浦桥（44.80米）、梅溪桥（23米）等。

水运　内河航道。鳌江至水头航道：起于鳌江镇，终于水头大滩，全长35千米，途经钱仓、桃源、雷渎、麻步、渔塘、显桥、詹家埠至水头大滩。1975年，因河道原因只能驶到詹家埠。昆阳至鳌江航道：起于县城坡南，终于鳌江陡门头，全长13千米。至1978年年底，全线沿途设有6个停靠埠：坡南、长山、鸽巢、孙家垟、下桥、鳌江八角亭。昆阳坡南至钱仓航道：起于坡南河头，终于钱仓下埠，全线12千米，是钱仓至平阳内河运输唯一通道。沿途设有6个停靠埠：长山、西塘、木桥、新亭、山外亭、钱仓下埠。1985年后，以上内河航道已废弃。外海航道：1985年后，有鳌江至天津、大连、葫芦岛、深圳、海南等货运航线。

第三节　社会事业

教育

1989—2012年，鳌江镇有全国优秀民办幼儿园2所，省示范小学1所，省示范初中3所，省特色高中1所，省一级民办普通高中2所；9名教师获全国优秀教师称号；省级以上先进个人74人次。1991—2008年，学生获全国竞赛奖励的48人次，省级的79人次。1998年，鳌江镇获省教育强镇。

幼儿园　1989年，幼儿园21所。2002年，幼儿园29所，在园幼儿3035人。2012年，幼儿园27所（其中公办2所），班级223个，在园幼儿7740名，专任教师496人。省一级幼儿园3所：鳌江小童洲幼儿园、鳌江实验幼儿园、鳌江育英幼儿园；省二级幼儿园5所、省三级幼儿园15所。

小学　1989年，小学89所，班级458个，学生18646人，教职工773人，其中公办教师399人，民办教师171人，代课教师203人。2002年，小学14所（其中九年制1所），学生25247人，教职工1588人（不含新纪元学校）。2012年，小学17所，班级309个，学生14140人，教职工876人。小学学校总占地面积381亩，建筑面积138773平方米。

中学　1989年，初中12所（含附中），班级101个，学生5592人，教职工313人，其中公办教师251人，民办教师4人，代课教师58人。高中2所。2002年，初中7所（其中九年一贯制1所），学生2929人，教职工543人（不含新纪元学校）。高中（含职高、中技及民办学校）5所，学生8546人，教职工666人。2012年，初中9所（含民办），班级140个，学生5627人，教职工725人。初中学校总占地面积339亩，建筑面积98833平方米。高中（含职高）4所，班级172个，学生8450人（高中5869人，职高2581人），教职工618人。高中学校总占地面积408.40亩，建筑面积156857平方米。

民办教育　2001年，县职业教育中心获国家级重点职业高级中学称号。2006年，浙鳌高中、新鳌高中、新纪元学校获全国民办教育百强学校称号；小童洲幼儿园、育英幼儿园获省示范幼儿园称号。2012年，民办中小学4所，初中学生1103人，高中学生6629人；民办幼儿园25所，幼儿7442人。

科技

1989年，平阳县毛纺厂的“兔羊毛变性处理技术及系列产品开发”、平阳县农机修造厂的“废旧塑料再生机械成套设备”、平阳行星传动机械厂的“电滚筒”等分别列入国家及省、市级星火计划项目。1991年，平阳毛纺厂的项目获国家星火计划成果一等奖。1993年，平阳东风机械厂的“微机程控卷扬机”获中国新技术新产品博览会金奖，平阳东海减速机厂的“东海牌系列产品”获港澳台商品技术博览会金奖。温州安达农业发展有限公司的“平阳县高效优质生态农业综合开发星火示范区”、平阳安装机械厂的“2DH28电动起锚机”等4种高速卷扬机列入国家星火计划项目。1995年，平阳化工机械厂的“PVC管道和异型管材”、浙江三星洗衣机配件厂的“QBF型汽车惯性比例阀”、平阳农业机械厂的“优质碾米机组”列入国家级星火计划项目。

2000年1月，鳌江镇获省委、省政府颁发的科技进步优秀单位称号。是年，温州益坤电气有限公司被省科委认定为第八批省区外高新技术企业。2002年，鳌江星火技术密集区被科技部批准为国家星火技术密集区。是年，组织实施“动态人民币伪钞鉴别仪”项目，对该项目展开联合攻关。浙江金利电子有限公司、平阳南星电子厂等企业被认定为市高新技术企业。2012年，包括平阳县星亮、银翔鸽业有限公司、鳌江镇万安村等在内的“平阳县鸽产业化关键技术集成提升工程”项目通过省科技厅验收。是年，浙江三星机电股份有限公司的“DD滚筒洗衣机用无刷直流电机”、雁峰集团有限公司的“高效节能型摆臂式无油小凸轮四梭圆织机研制”等项目获温州市科学技术奖二等奖；平阳县佳茂禽业专业合作社、平阳县银翔鸽业有限公司等新增为省级科技型企业；雁峰集团有限公司、温州文星制笔有限公司、浙江越创电子科技有限公司等新增为市级科技（创新型）企业。

文化

1989年，文化艺术团体23个，会员1580人，文化专业户65家。1996年，镇文化站被省文化厅命名为“省特级文化站”，2001年，鳌江镇被省文化厅授予“2000—2001年度浙江省文化文物市场管理先进乡镇”称号。2009年，镇文化站被评为省特级综合文化站。从2006—2010年连续五年有5个家庭被评为省级文化示范户。海城村农家书屋管理员张敏获国家新闻出版总署授予的“2012年全国优秀农家书屋管理员”称号。2012年，全镇省级文化示范村2个（梅里村、水深社区），市级文化示范村（社区）2个（海城村、荷莲村），市级文化示范社区1个（墨城社区），县级文化示范村6个（海城村、荷莲村、下埕村、书阁村、梅源村、新城村），省级文化示范户5家。

文化设施　1950年1月，鳌江新华书店门市部挂牌营业，2月鳌江文化馆成立。1952年11月，鳌江镇有线广播站建立。20世纪50年代在广源路有鳌江戏院1座、塘姑南路有鳌江电影院1座。1982年7月，鳌江影乐宫于塘姑北路建成并开映。1998年，鳌江镇广播电视站建立。2000年年初，实行村村通广播工程，年末全镇广播综合人口覆盖率92.47%。2012年，鳌江镇文体中心建成，坐落于水深社区，占地面积3532平方米，6层建筑，建筑面积6280平方米，总投资1600万元；内设镇图书馆（藏书3万册）、阅览室、报告厅、小剧院、老年大学、工人文化宫、美术厅、舞蹈厅、排练厅、展览厅、灯光篮球场、乒乓球训练馆等。3月，建成全市首家3D、4D功能齐全的多功能影院——鳌江影城。至2012年，全镇文化站（省特级综合文化站）1个，文体中心1个，社区文化站12个，农村文化俱乐部20个，公共图书馆（室）50个，藏书103万册；数字电视整转3.80万户，双向网络改造3.50万户，在全省率先完成“广电进渔船”工程。

文化活动　1999年开始，每年举行庆国庆系列活动。2001年6月8日，合唱《托起辉煌的明朝——鳌江镇镇歌》在秦皇岛市参加由文化部、中央电视

鳌江划龙舟（2004年）

1994—2012年鳌江镇大型文艺活动情况一览表

表40-2-9

时间	活动名称	活动地点	组织者、参演者
1994年2月4—5日	1994年警民迎春联欢晚会	华侨影剧院	镇政府
1995年12月31日	“鳌江公安、工商、财税”新春联欢晚会	鳌江影乐宫	镇政府、上海音乐学院艺术团
1998年10月3日	“鳌江之夜”大型文艺晚会	鳌江三中操场	镇政府、浙江歌舞剧院
1999年7月14日	省第四届田径运动会开幕式文艺演出	鳌江三中	镇文化站
1999年9月7日	1999年浙闽边界10县(市)音乐创作会议	鳌江公园	浙闽边界音乐创作研究中心
2002年1月6日	平阳县“希望之光”大型广场文艺晚会	鳌江三中	县文化馆、镇文化站
2004年10月1日	鳌江镇庆国庆文艺晚会	鳌江明珠广场	镇政府、温州市歌舞团
2005年12月	浙闽两省京剧票友迎春演唱会	世茂富豪大酒店	镇文化站、福安市、福鼎市、鹿城、苍南、平阳等地票友
2006年6月10日	第六届中华票友艺术节	在鳌江剧院	文化部中国传统文化促进会主办、温州平阳戏剧协会、鳌江京剧分会承办
2007年6月10日	“利德杯”浙江省原生态歌唱擂台赛	鳌江剧院	浙江省音乐家协会、《钱江晚报》社主办，鳌江文化站承办
2008年12月31日	隆重纪念鳌江镇改革开放30周年，“鳌音江韵”——鳌江镇民族音乐会	鳌江剧院	镇政府
2011年5月16日	浙江省交响乐团专场音乐会	鳌三中多功能厅	镇文化站、省交响乐团

说明：资料由鳌江镇人民政府提供

台、中国社会音乐研究会主办的全国城市优秀歌曲评选活动获创作金奖和演唱金奖。2002年，平阳新纪元学校的群舞《退潮喽》参加第三届全国“蒲公英”大赛浙江赛区选拔赛，获创作和表演双金奖。2012年1月2日，中央电视台国际频道(CCTV-4)《远方的家——沿海行》栏目组到鳌江采访，拍摄“东方第一龙”、浙江省非物质文化遗产——鳌江划大龙仪式；1月16日，鳌江镇越剧协会获省优秀业余文艺团队称号；12月，成立鳌江镇文学艺术联合会。2012年，鳌江镇文化艺术团体68个，会员12000人，文化专业户105个。共举办两届鳌江大龙文化艺术节。

庙会　钱仓庙会：农历清明节，地点钱仓社区，会期一天。据传始于汉光武帝刘秀时期的清明时节，在钱仓举行城隍爷出巡仪式，以保佑地方太平、五谷丰登，逐渐被清明节物资交流活动所替代。

医疗卫生

1984年，成立平阳县中医院筹备组，1991年3月正式开诊。1992年，平阳县红十字会医院(平阳县长庚医院)创建；12月，鳌江区卫生院改建为平阳县第三人民医院。1996年，平阳县妇幼保健院迁建鳌江镇投入使用。2003年2月，平阳县第三人民医院并入平阳县中医院。2011年，新建平阳县疾控中心(坐落在鸽巢大道)。至2012年，共创建省级卫生先进单位7个，省级卫生村5个，市级卫生单位25个。镇内有公立医院3所(平阳县中医院、平阳县妇幼保健院、鳌江镇医院)，民营医院一所(平阳县长庚医院)，镇级卫生院6家，12个社区都配有社区医院和诊所，112个村都配备农村卫生室(卫生服务站)；有卫生技术人员648人，其中执业医师384人，注册护士194人，药剂人员32人，检验人员38人。

环境卫生

1993年，鳌江公共事业管理处成立，清扫工12人，管理人员2名；装配15辆脚踏三轮车和2辆拖拉机。2011年始，鳌江镇实行主要道路市场化保洁。2012年8月之前，生活垃圾大部分运往墨城、麻步、钱仓、市府路等地的填埋场(堆放点)进行简易填埋。8月县生态发电厂运行后，鳌江镇垃圾全部运至县生态发电厂焚烧处置。2012年，环卫职工175人，管理人员7人；公共厕所22座，各类垃圾桶3000余个，垃圾中转站3座(经济开发区垃圾中转站、第一码头垃圾中转站、江口垃圾中转站)，配置垃圾清扫车2辆、洒水车2辆、垃圾密封运输车4辆、垃圾压缩车3辆、人力三轮垃圾车120辆、电动三轮垃圾车40辆；道路清扫保洁率90%，机械清扫率35%，市场化承包道路面积达到120余万平方米；环卫财政经费投入1130万元。

体育

1979年，鳌江三小试办乒乓球训练点，培养人才输送省体工队、国家队。1989—2012年，培养9名乒乓球运动员获国家级以上乒乓球赛事奖牌。1995年，平阳体育中心在鳌江镇曙西路建成，占地面积16668平方米。1999年，鳌江镇被国家体育总局评为全国"亿万农民健身活动"先进乡镇；7月14—18日，省第四届田径运动会在鳌江镇举行，共有89个运动代表队，1500余名运动员参加。是年，省体委主任陈培德到鳌江三小指导。2001年，该校30余年的乒乓训练与发展的事迹被撰写成文，发表在2002年3月的《中国乒乓世界》。6月，镇政府举行"鳌江潮"温州市"新世纪百万农民健身大行动"动员大会暨申奥健身跑活动，全市63个单位7000余人参加该活动。2005年，鳌鹰青少年体育俱乐部（乒乓球）被国家体育总局评为国家青少年体育俱乐部。2007年，鳌江镇被省政府命名为"省体育强镇"。

1989—2012年，按公共体育设施均等化原则，建设区域内体育设施，投入3800万元，完成112个健身苑点、8个省小康体育村、5个市村级体育俱乐部、2个登山步道、1个冬泳训练比赛场、1个灯光篮球场、5个门球场改造、3个露天游泳池的建设任务，实现全镇公共体育设施全覆盖。体育协会16个，会员6016人。开展群众体育活动2800

鳌江镇第二届"工业杯"职工乒乓球比赛（2006年）

2012鳌江镇体育协会情况一览表

表40-2-10

体育协会名称	成立时间(年)	会员人数(人)	办公地点	活动场所	取得成绩
鳌江桥牌协会	1985	50	鳌江大厦	引水工程办	省级比赛3枚金牌
鳌江乒乓球协会	1986	260	利德球馆	文化中心	全国比赛13枚金牌
鳌江羽毛球协会	1988	320	五环宾馆	五环宾馆	省比赛26枚金牌
鳌江老年体育协会	1995	220	老龄办	鳌江公园	市比赛金银奖
鳌江武术协会	1998	2060	鳌江巴黎城	鳌江公园	全国比赛12枚金牌
鳌江足球协会	2002	220	鳌江三中	鳌江三中	市比赛2枚金牌
鳌江象棋协会	2002	300	江滨路	江滨路	省比赛金银奖
鳌江篮球协会	2003	260	文化中心	文化中心	市比赛8枚金牌
鳌江气排球协会	2003	50	五环宾馆	五环宾馆	省比赛金银奖
鳌江台球协会	2004	120	江滨路	雪豹馆	市比赛金银奖
鳌江登山协会	2005	210	五环宾馆	各山头	市比赛金银奖
鳌江健美操协会	2005	860		江滨路	省比赛金银奖
鳌江老年乒乓协会	2005	82	文化中心	文化中心	市比赛金银奖
鳌江冬泳协会	2007	104	塘川罗垟山	罗垟水库	市比赛银铜奖
鳌江钓鱼协会	2007	320		昆阳、鳌江	市比赛金银奖
鳌江自行车协会	2008	580		车站大道	市比赛金银奖

说明：资料由鳌江镇人民政府提供

次；举办三届镇全民体育运动会，参与人数3000余人次；举办镇乒乓球赛16次，镇羽毛球赛18次，镇中国象棋赛15次，镇围棋赛10次；举办社区、农村趣味运动会5次，举办田径、球类、登山、健美操、武术等比赛。

社会保障

社会救助　1990年，敬老院13所，供养五保人员39人。1999年，鳌江镇敬老院被市民政局评为市二级敬老院。10月1日晚，鳌江荆溪山山外村发生大面积山体滑坡（山崩），除政府拨款救济外，联合国粮食计划署捐款38.4万元用于救灾。2000年，全镇老人托老院1所，敬老院3所，床位48张，全年优抚对象258人，城镇居民实施最低生活保障制的对象342人。2002年，全镇老人托老院3所，敬老院3所，床位50张，全年优抚对象508人，城镇居民实施最低生活保障制的对象437人。2012年，鳌江镇城镇最低生活保障200户、295人，年支出93.60万元；农村最低生活保障1315户、2240人，年支出422.48万元；五保户供养189人，年支出64.92万元；国家抚恤、补助各类优抚对象1031人，抚恤事业费支出465.77万元；敬老院4所，床位160张。

社会保险　1991年4月，成立鳌江社会保险所，员工3人，当年开办城镇职工基本养老保险业务。2001年5月，开办职工基本医疗保险中的住院医疗保险业务。2010年10月，开办门诊保险业务。2006年年末，城镇职工基本养老保险参保26532人，其中退休人员5596人；职工基本医疗保险参保7596人，其中退休人员1926人。2012年年末，城镇职工基本养老保险参保50208人，其中，退休人员10164人；职工医疗保险参保25044人，其中，退休人员3994人；城乡居民社会养老保险参保33037人，新型城乡居民合作医疗保险参保158567人，报销金额11996.33万元。

第三章　水头镇

水头镇地处平阳县西南部，距县城昆阳镇23.80千米，东南与萧江镇为邻，南与苍南县桥墩镇接壤，西南与南雁镇、青街乡相连，西北与山门镇相接，东北与腾蛟镇相邻。因鳌江感潮区至此，故名水头。水头镇为沉积地貌，地势西高东低。2012年，辖区总面积176.38平方千米，东西最大距离14.60千米，南北最大距离12.30千米；下设10个社区，辖101个村、9个居民社区、1个居民区。

1992年，工农业总产值3.78亿元，至2012年，工农业总产值增加到81.18亿元；财政总收入从1998年4362.50万元增至2012年的78860万元；农民年人均纯收入从1989年的288元增至2012年的7881元；1989年总户数36625户、总人口143699人，至2012年，总户数45585户、总人口171026人，其中少数民族主要有畲族、苗族等。水头镇是县经济副中心，北港地区经济、文化、交通中心和物资集散地，是中国猪皮革生产基地之一，获“中国皮都”称号；被评为全国民政工作全优乡镇、省卫生镇、省文明镇、省教育强镇、省体育强镇、省爱心城镇，是省百强镇、省区域中心镇。

1989—2012年水头镇经济和社会发展情况一览表

表40-3-1

项目 年份（年）		村数（个）	居民区数（个）	村民小组（个）	户数（户）	人口（人）	其中，非农业人口（人）	农村劳动力（人）	农民年人均纯收入（元）	工农业总产值（万元）	工业总产值（万元）	农林牧渔总产值（万元）	耕地面积（亩）	粮食总产量（吨）
1989	小计	174	13		36625	143699	14343		288				69443	26655
	水头镇	7	10		5096	20326	11296	2363	457				2969	1427
	鹤溪乡	18	3		5023	19045	1706		309				9126	4137
	凤卧乡	15			4504	17293	273		235				8458	2813
	江屿乡	18			3563	14092	307		373				8080	3155
	小南乡	10			2406	8665	91		290				4937	1986

续表 40-3-1

年份（年）	项目	村数（个）	居民区数（个）	村民小组（个）	户数（户）	人口（人）	其中，非农业人口（人）	农村劳动力（人）	农民年人均纯收入（元）	工农业总产值（万元）	工业总产值（万元）	农林牧渔总产值（万元）	耕地面积（亩）	粮食总产量（吨）
1989	南湖乡	22			4085	16580	190		239				11875	4967
	朝阳乡	12			1318	5566	40		217				3762	1064
	闹村乡	17			1783	7724	60		303				3852	1816
	苍南乡	17			2338	9065	113		352				4505	1919
	联山乡	13			1557	6264	25		212				3191	1135
	溪心乡	10			2046	7957	143		286				3041	884
	内塘乡	9			1711	6751	67		171				3636	704
	蔡垟乡	6			1195	4371	32		207				2011	648
1990	小计	174	13		36889	145651	16107		242				69424	14234
	水头镇	7	10		5347	20873	12973		424				2957	849
	鹤溪乡	18	3		5022	19191	1713		188				9120	1334
	凤卧乡	15			4526	16981	275		220				8452	2113
	江屿乡	18			3676	14221	309		403				8062	1105
	小南乡	10			2310	8801	92		219				4937	711
	南湖乡	22			4012	16711	196		175				11872	1966
	朝阳乡	12			1312	5582	34		204				3762	662
	闹村乡	17			1856	7853	52		267				3852	1668
	苍南乡	17			2220	9233	119		242				4495	1529
	联山乡	13			1589	6464	79		205				3192	624
	溪心乡	10			2098	8347	151		254				3033	580
	内塘乡	9			1709	6985	82		164				3636	610
	蔡垟乡	6			1212	4409	32		170				2054	483
1991	小计	174	13		37503	147162	16281		309				69328	28151
	水头镇	7	10		5411	21304	13133		583				2957	1600
	鹤溪乡	18	3		5015	19404	1715		299				9120	4211
	凤卧镇	15			4564	17147	277		258				8452	2699
	江屿乡	18			3870	14342	312		456				8029	3614
	小南乡	10			2475	8858	90		296				4937	2060
	南湖乡	22			4063	16855	198		260				11867	5487
	朝阳乡	12			1337	5641	39		235				3762	1001
	闹村乡	17			1868	7910	53		279				3852	1778
	苍南乡	17			2283	9313	119		275				4491	2058
	联山乡	13			1552	6499	79		253				3192	1140
	溪心乡	10			2133	8425	152		311				2981	837
	内塘乡	9			1720	7028	81		218				3636	1022
	蔡垟乡	6			1212	4436	33		219				2052	644

续表 40-3-1

年份（年）	项目	村数（个）	居民区数（个）	村民小组（个）	户数（户）	人口（人）	其中，非农业人口（人）	农村劳动力（人）	农民年人均纯收入（元）	工农业总产值（万元）	工业总产值（万元）	农林牧渔总产值（万元）	耕地面积（亩）	粮食总产量（吨）
1992	小计	172			38097	149724	17509	60139	359	37752	30562	7190	67570	15795
	水头镇	44			14545	55436	14906	18396	572	30153	27327	2826	17619	3623
	鹤溪镇	24			6274	23882	1749	12172	270	3064	1723	1341	11123	3643
	凤卧镇	24			6283	24441	360	11505	296	1449	388	1061	12083	2675
	南湖乡	22			4098	16783	201	7291	191	886	143	743	11867	1950
	朝阳乡	12			1362	5671	40	2023	247	241		241	3649	667
	闹村乡	46			5535	23511	253	8752	283	1959	981	978	11229	3237
1993	小计	172	13		38548	150377	18171	65686	438	48740	43217	5523	66762	18467
	水头镇	44	10		14702	55518	15564	22319	711	40848	39022	1826	17152	5438
	鹤溪镇	24	3		6314	24016	1764	12319	355	3729	2573	1156	11119	4452
	凤卧镇	24			6283	24582	355	11368	351	1228	473	755	12083	2229
	南湖乡	22			4213	16915	198	8719	289	859	209	650	11867	4049
	朝阳乡	12			1331	5681	41	1937	256	396		396	3312	337
	闹村乡	46			5705	23665	249	9024	291	1680	940	740	11229	1962
1994	小计	172	13		39344	151680	19584	65101	912	101196	96288	4908	65873	18940
	水头	44	10		15277	56983	16983	21350	2024	94911	92855	2056	16394	5110
	鹤溪镇	24	3		6452	24076	1751	12331	421	2850	2181	669	11081	3716
	凤卧镇	24			6266	24341	343	11142	430	782	116	666	12083	2156
	南湖乡	22			4205	16937	202	9033	368	664	25	639	11847	3193
	朝阳乡	12			1322	5672	42	2005	296	184		184	3270	740
	闹村乡	46			5822	23671	263	9240	510	1805	1111	694	11198	4025
1995	小计	172	13	1353	39319	152810	19421	64969	1016	140572	130906	9666	65634	23523
	水头	44	10	348	15372	57790	17645	20911	2200	130480	127178	3302	16286	7150
	鹤溪镇	24	3	237	6394	24180	909	12359	510	3824	2115	1709	11069	3292
	凤卧镇	24		269	6260	24423	349	11275	466	2399	934	1465	12058	2318
	南湖乡	22		164	4024	17071	207	9099	522	1638	322	1316	11832	4991
	朝阳乡	12		70	1335	5658	43	1870	429	408		408	3200	1097
	闹村乡	46		265	5934	23688	268	9455	550	1823	357	1466	11189	4675
1996	小计	173	13	1153	39691	153234	20012	65005	2317	172289	160095	12194	65524	28277
	水头	45	10	148	15518	58364	18173	21068	4013	157857	153991	3866	16236	7811
	鹤溪镇	24	3	237	6411	24216	969	12421	1640	5751	3355	2396	11055	5604
	凤卧镇	24		269	6310	24422	357	11068	1685	3147	1246	1901	12058	3968
	南湖乡	22		164	4183	17043	198	9073	1725	2314	595	1719	11804	5256
	朝阳乡	12		70	1328	5606	44	1820	1325	488		488	3200	1140
	闹村乡	46		265	5941	23583	271	9555	1383	2732	908	1824	11171	4498
1997	小计	173	15	1353	40054	153088	22206	68214	2261	231885	219129	12756	65418	27317

续表 40-3-1

年份(年)	项目	村数(个)	居民区数(个)	村民小组(个)	户数(户)	人口(人)	其中，非农业人口(人)	农村劳动力(人)	农民年人均纯收入(元)	工农业总产值(万元)	工业总产值(万元)	农林牧渔总产值(万元)	耕地面积(亩)	粮食总产量(吨)
1997	水头	45	12	348	16069	59431	20316	22474	4867	216283	212848	3435	16138	6917
	鹤溪镇	24	3	237	6222	23748	992	13769	1787	6356	3809	2547	11055	5489
	凤卧镇	24		269	6320	24123	362	11275	1838	3026	596	2430	12058	3982
	南湖乡	22		164	4118	16839	196	8984	1809	2842	1056	1786	11796	5365
	朝阳乡	12		70	1318	5573	47	1966	1350	496		496	3200	856
	闹村乡	46		265	6007	23374	293	9746	1562	2882	820	2062	11171	4708
1998	小计	173	15	1353	41067	155417	22334	68756	2698	273302	261023	12279	65843	26802
	水头	45	12	348	16449	60720	20339	22154	4952	250485	247453	3032	15834	6584
	鹤溪镇	24	3	237	6198	24093	1015	13694	1749	7391	5101	2290	11055	5265
	凤卧镇	24		269	6858	24713	371	11585	1893	5440	2671	2769	12058	4114
	南湖乡	22		164	4110	16843	228	9576	2032	4965	3130	1835	11791	5644
	朝阳乡	12		70	1389	5653	53	1946	1242	575		575	3950	833
	闹村乡	46		265	6063	23395	328	9801	1383	4446	2668	1778	11155	4362
1999	小计	173	17	1354	40999	155623	22379	72933	2724	234146	223483	10663	66252	25688
	水头	45	14	349	16578	60872	20360	22086	4973	223168	220450	2718	15838	6175
	鹤溪镇	24	3	237	6205	24238	1029	13823	1779	3212	1260	1952	11405	5451
	凤卧镇	24		269	6660	24621	364	13644	1904	3666	900	2766	12108	4391
	南湖乡	22		164	4109	16850	230	8550	2076	2133	683	1450	11791	4505
	朝阳乡	12		70	1380	5640	61	2440	1305	403		403	3960	811
	闹村乡	46		265	6067	23402	335	12390	1398	1564	190	1374	11150	4355
2000	小计	173	17	1354	42558	162314		81411	3113	294100	282000	12100	65605	21421
	水头	45	14	349	23132	63222		23781	5035	283100	280300	2800	15497	4557
	鹤溪镇	24	3	237	5923	25939		16218	1835	3500	1300	2200	12379	5032
	凤卧镇	24		269	4105	24338		15530	2004	4000	400	3600	11908	4422
	南湖乡	22		164	3867	18130		8246	2338	1500		1500	11608	3369
	朝阳乡	12		70	881	5807		3431	1625	500		500	3210	849
	闹村乡	46		265	4650	24878		14205	1558	1500		1500	11003	3192
2001	小计	173	17	1506	41131	158521		88986	3223	373761	355111	18650	62325	21650
	水头	45	14	501	17239	62491		31576	5019	353285	350356	2929	14393	5265
	鹤溪镇	24	3	237	6262	25148		15830	1900	4813	1136	3677	11024	4027
	凤卧镇	24		269	5819	24073		15485	2317	7898	3619	4279	11590	4293
	南湖乡	22		164	4260	17540		8329	2449	4043		4043	11705	4254
	朝阳乡	12		70	1431	5761		3454	1880	1240		1240	3015	1112
	闹村乡	46		265	6120	23508		14312	1701	2482		2482	10598	2699
2002	小计	173	17	1360	42750	160666	26344	92998	3101	391848	376200	15648	65278	17467
	水头	45	14	349	18071	65726	24393	31989	5336	376343	372400	3943	14207	3922

续表 40-3-1

年份（年）	项目	村数（个）	居民区数（个）	村民小组（个）	户数（户）	人口（人）	其中，非农业人口（人）	农村劳动力（人）	农民年人均纯收入（元）	工农业总产值（万元）	工业总产值（万元）	农林牧渔总产值（万元）	耕地面积（亩）	粮食总产量（吨）
2002	鹤溪镇	24	3	237	6240	24961	1266	16232	1980	3479		3479	12349	2994
	凤卧镇	24		269	6009	23213	286	16054	2535	7359	3800	3559	12187	4279
	南湖乡	22		164	4241	17333	188	9618	2383	2290		2290	12125	2724
	朝阳乡	12		76	1417	5652	50	3847	1624	687		687	3115	557
	闹村乡	46		265	6772	23781	161	15258	1738	1690		1690	11295	2991
2003	小计	173	17	1360	43530	162610	28280	90514	3390	424859	406700	18159	64599	18101
	水头	45	14	349	18497	67183	25914	30381	5944	404119	400500	3619	13437	4167
	鹤溪镇	24	3	237	6430	25220	1650	16244	2183	3584		3584	12431	3996
	凤卧镇	24		269	6128	23422	292	15594	2648	11748	6200	5548	12247	3101
	南湖乡	22		164	4272	17428	186	9555	2353	2791		2791	12225	3221
	朝阳乡	12		76	1472	5512	54	3444	1679	758		758	3115	884
	闹村乡	46		265	6731	23845	184	15296	2012	1859		1859	11144	2732
2004	小计	109	10	1360	44498	163668	29764	92046	3534	396763	375500	21263	64678	19200
	水头	35	8	349	18901	68349	27189	32473	6032	372158	367100	5058	13297	4099
	鹤溪镇	16	2	237	6644	25152	1804	15232	2519	5934	2100	3834	12431	4186
	凤卧镇	15		269	6167	23145	321	15601	2753	10656	4700	5956	12326	4610
	南湖乡	16		164	4615	17765	196	9450	2359	3777	500	3277	12225	2959
	朝阳乡	7		76	1464	5451	57	3833	1800	975	300	675	3255	808
	闹村乡	20		265	6707	23806	197	15457	2208	3263	800	2463	11144	2538
2005	小计	101	10	1360	44848	164644	31187	84060	3637	400372	380300	20072	64618	14584
	水头	33	8	349	19201	69722	28370	29504	6060	379927	375200	4727	13264	2629
	鹤溪镇	16	2	237	6732	25071	1954	15350	2549	5339	1500	3839	12431	2321
	凤卧镇	13		269	6171	23183	351	13388	2890	6260	700	5560	12327	4218
	南湖乡	12		164	4662	17921	214	8333	2356	5714	2900	2814	12202	2313
	朝阳乡	7		76	1473	5487	82	3344	2032	680		680	3350	739
	闹村乡	20		265	6609	23260	216	14141	2481	2452		2452	11044	2364
2006	小计	101	10	1521	45505	165601	32023	91710	4065	516626	495000	21626	64441	16738
	水头	33	8	510	19609	70623	29117	40269	6581	490218	487000	3218	12659	2971
	鹤溪镇	16	2	237	6901	25110	1986	16084	2869	6261	2500	3761	12542	4031
	凤卧镇	13		269	6207	23122	376	14332	3224	12650	3600	9050	12327	5332
	南湖乡	12		164	4691	18018	223	9423	2456	3444	500	2944	12202	1460
	朝阳乡	7		76	1481	5485	64	1116	2883	1177	400	777	3667	613
	闹村乡	20		265	6616	23243	257	10486	3080	2876	1000	1876	11044	2331
2007	小计	101	10	1488	46094	165852	32829	87189	4871	436409	416200	20209	64441	11099
	水头	33	8	477	19847	71064	29675	42317	7233	404120	400800	3320	12659	625
	鹤溪镇	16	2	237	7120	25109	2057	16088	4002	6411	3100	3311	12542	2838

续表 40-3-1

年份（年）	项目	村数（个）	居民区数（个）	村民小组（个）	户数（户）	人口（人）	其中，非农业人口（人）	农村劳动力（人）	农民年人均纯收入（元）	工农业总产值（万元）	工业总产值（万元）	农林牧渔总产值（万元）	耕地面积（亩）	粮食总产量（吨）
2007	凤卧镇	13		269	6279	23137	424	8502	4339	12252	4200	8052	12327	3955
	南湖乡	12		164	4724	18009	261	9440	2499	3570	600	2970	12202	1634
	朝阳乡	7		76	1495	5551	86	1123	4068	1244	400	844	3667	699
	闹村乡	20		265	6629	22982	326	9719	4026	8812	7100	1712	11044	1348
2008	小计	101	10	1488	46311	166954	33271	97417	5336	528288	507800	20488	60708	16589
	水头	33	8	477	19986	71656	29845	53278	7929	498053	494000	4053	12614	2709
	鹤溪镇	16	2	237	7240	25197	2116	16120	4152	8492	5100	3392	12540	3698
	凤卧镇	13		269	6317	23142	496	8641	4833	12104	4900	7204	8641	3871
	南湖乡	12		164	4750	17987	315	9368	2862	3261	100	3161	12202	2934
	朝阳乡	7		76	1517	5605	96	2413	4398	954	100	854	3667	503
	闹村乡	20		265	6501	23367	403	7597	4430	5424	3600	1824	11044	2874
2009	小计	101	10	1366	46468	167809	33921	73619	5799	535847	514800	21047	60663	18127
	水头	33	8	355	20023	72280	30159	29727	8437	503802	499900	3902	12610	3165
	鹤溪镇	16	2	237	7237	25385	2198	16139	5027	8381	4900	3481	12540	4428
	凤卧镇	13		269	6406	22933	582	8688	5072	11710	4300	7410	8600	4333
	南湖乡	12		164	4778	17808	380	9371	3244	3923	200	3723	12202	3122
	朝阳乡	7		76	1528	5815	123	2093	4553	1112	200	912	3667	668
	闹村乡	20		265	6496	23588	479	7599	4701	6919	5300	1619	11044	2411
2010	小计	101	10	1366	46367	169785	34798	70137	6412	737842	708900	28942	60652	20119
	水头	33	8	355	19981	73231	30710	30263	9448	692418	686800	5618	12614	3538
	鹤溪镇	16	2	237	7212	25641	2306	15412	5825	10732	6600	4132	12525	4777
	凤卧镇	13		269	6400	23242	666	8751	5332	20772	11200	9572	8600	4453
	南湖乡	12		164	4778	17954	417	5168	3505	5035	200	4835	12202	4364
	朝阳乡	7		76	1528	5931	135	1953	4958	2860	300	2560	3667	679
	闹村乡	20		265	6468	23786	564	8590	5050	6025	3800	2225	11044	2308
2011		101	10	1366	46298	171014	35361	92412	7075	775746	739000	36746	59606	20963
2012		101	10		45585	171026	33645	92501	7881	811784	771400	40384	59467	22239

说明：数据主要摘自《平阳统计年鉴》，少量摘自《平阳县农经统计年报》

第一节　建置与区划

建置沿革

北宋治平三年（1066）始，乡人在茭白河上建造3座石桥，形成三桥街。明清时居民渐多，渐成集镇。清时属宰清乡，因径川于此汇入鳌江，易名径口。民国14年（1925）属北港镇。1950年，成立水头镇，隶属北港区。1956年，溪心乡并入。1957年，溪心乡划出。1958年，金山乡并入，成立水头镇管理区，属水头人民公社。1961年，设立水头镇人民公社。1981年，复称水头镇，隶属水头区。1985年4月，为县直属镇。

行政区划

1992年5月，原江屿乡、小南乡和溪心乡的溪心等9个村并入水头镇，设立江屿办事处、溪心办事处、小南办事处，原水头镇老城区设立街道办事处，原水头镇内岙村、外岙村、金山垟村、中后村、金凤村、水凤尾村、龙垟村、三桥村设立新联办事处。原溪心乡吴山村划归南雁镇管辖。

2011年4月，凤卧镇、鹤溪镇、闹村乡、南湖乡、朝阳乡并入水头镇。6月，原办事处改为社区。2012年，水头镇辖101个村、9个居民社区、1个居民区。

2012年水头镇社区情况一览表

表40-3-2

社区名称	驻地	面积（平方千米）	村（社区）名称	面积（亩）	户数（户）	人口（人）	2001年的村、居
凤卧社区	平凤村	36.35	平凤村	3163	711	2599	平凤村
							东堡村
			凤林村	2942	386	1463	凤林村
			马头岗村	1966	139	492	马头岗村
			吴潭桥村	3313	499	1989	吴潭桥村
			西塔村	1920	296	1084	西塔村
			垟头村	2136	298	1132	垟头村
			蒲山村	3518			蒲山村
			凤卧湾村	5067	803	2976	后山村
							凤安村
							九两村
			凤东村	8042	887	3379	东山桥村
							东南村
							东岙村
							照阳村
			内塘村	10101	833	3095	内塘村
							樟垟村
							胡坪村
							仑头村
			赤砂村	1994	235	817	赤砂村
			平马村	7834	551	2056	平坑村
							马迹村
			玉轩村	2531	224	870	轩头村
							玉青村
鹤溪社区	中元村	28.22	乐溪社区				长安桥居民区
							下街居民区
			鹤秀居民区		281	894	鹤秀居民区
			石牌村	1934	245	853	石牌村
			霞溪村	648	372	1358	霞溪村
			缸窑村	1478	456	1598	缸窑村
			溪尾村	2221	529	1867	溪尾村

续表 40-3-2

社区名称	驻地	面积（平方千米）	村（社区）名称	面积（亩）	户数（户）	人口（人）	2001年的村、居
鹤溪社区	中元村	28.22	永乐村[①]	2131	488	1809	下村村
			南一村	2968	330	1314	南一村
			乌秋坑	1537	165	527	乌秋坑
			内村	2413	253	1001	内村
			速成村	923	203	819	速成村
			水上垟村	3075	286	1041	水上垟村
			长安村	2345	460	1599	岭下亭村
							鹤坑村
			秀溪村	3321	295	1097	秀溪村
							平岩村
			南二村	3075	352	1358	南二村
							南三村
			蔡垟村	4512	431	1696	蔡垟村
							东联村
			新鹤村	4285	621	2437	双岭村
							鹤巢村
							鹤垟村
			中元村	5461	856	3096	中街村
							企垓头
							元底村
闹村社区	西垟村	45.81	静凉村	3297	247	894	静凉村
			玉联村	3834	434	1598	西垄村
							双木林村
							田辽村
							七亩村
			苍南村	3305	491	1761	仓头村
							状元内村
			西垟村	1467	222	816	西垟村
							田中村
			南垟村	1409	273	936	南垟村
							南垟心村
			上浪村	4884	218	878	上浪村
							岭脚村
			上南村	1478	339	1284	上南村
							南垓村
			桥头村	1800	332	1139	桥头村
							仓头垓村

① 民政地名中为下村村。

续表 40-3-2

社区名称	驻地	面积（平方千米）	村(社区)名称	面积（亩）	户数（户）	人口（人）	2001年的村、居
闹村社区	西垟村	45.81	卢家村	4191	417	1540	卢家村
							东坑岭村
							垟桥村
			东北村	2769	278	1074	东北村
							东湾下村
			龙凤村	4625	330	1149	李岙村
							金龙村
							龙坑村
			中村村	1785	303	1225	中村村
							中兴村
			小施村	3723	323	1303	小施村
							黄垅村
							内垟村
			杨美村	4232	311	1184	杨美村
							上垄村
			吴岭村	2838	244	945	吴岭村
			季山村	2886	198	711	季山村
							苏山村
							寨后村
			秀尖村	4002	333	1325	秀尖村
							垟坑桥村
							九盘村
			光辉村	3032	238	942	底垟内村
							困坪村
			黄山村	5965	291	1138	黄坑村
							肖山村
			大施村	7199	475	1921	大施村
							钱山村
							东宝村
南湖社区	湖滨村	19.08	普美村	2581	586	2304	普美村
							华明村
			湖南村	4236	637	2437	湖南村
							姚朱村
							鹏山村
			湖滨村	1955	308	1177	湖滨村
			龙湖村	3182	583	2247	农场村
							坎头村
							金池村

续表 40-3-2

社区名称	驻地	面积（平方千米）	村（社区）名称	面积（亩）	户数（户）	人口（人）	2001年的村、居
南湖社区	湖滨村	19.08	清江村	942	192	716	清江村
			坝后村	2219	133	562	坝后村
			塔院村	1356	467	1720	塔院村
							南塔村
							路下村
			前街村	2195	399	1486	前街村
							宝山村
			后街村	2643	346	1421	后街村
							安基山村
							溪头内村
			湖北村	2515	305	1200	湖北村
			增光井村	2803	461	1803	增光井村
			横山岭村	1997	329	1243	横山岭村
朝阳社区	双峰村	12.94	赵阳村	2293	170	646	赵阳村
			新东村	2665	245	940	新东村
			新溪村	2507	190	749	新发村
							溪边村
			新联村	1734	224	859	矮垄坑村
							丰格村 者头温自然村
			双溪村	3381	211	872	李山村
							赤岭村
			双峰村	1401	234	906	中光村
							丰格村
			同盟村	3027	241	928	三界宫村
							长者村
							底垟村
街道社区	泾川社区		泾口社区		1049	3855	泾口居民区
			城中社区		1504	4794	上街居民区
							横街居民区
							江山居民区
			振德社区		1249	4258	振德居民区
							后街居民区
							新街居民区
			凤尾社区		524	1840	凤尾社区
			凤林社区		508	1828	凤林社区
			腾龙社区		665	2271	腾龙社区
			泾川社区		1505	5080	东川居民区
							康乐居民区

续表 40-3-2

社区名称	驻地	面积（平方千米）	村（社区）名称	面积（亩）	户数（户）	人口（人）	2001年的村、居
江屿社区	詹江村	10.37	下林村	1292	281	1090	下林村
			詹江村	914	398	1477	詹江村
			埭头村	794	284	1069	埭头村
			胜利村[①]	756	236	986	胜利村
			寺前村	938	359	1512	寺前村
			上林村	1853	333	1335	上林村
			周山村	908	245	994	周山村
			建安村	648	218	843	建安村 苦竹头村
			雅屿村	2315	641	2442	雅上村 雅中村 雅下村
			湖桥村	3049	668	2490	高桥村 内湖村 外湖村
			凤湾村	2081	596	2243	凤一村 凤二村 凤三村
小南社区	清河村	8.11	金塔村	1558	281	1105	金塔村
			鸣溪村	1520	430	1679	溪头桥村 河头村
			清河村	1654	404	1545	清溪村 东山村
			小南村	1802	475	1854	上小南村 下小南村
			南山脚村	1927	276	1154	南山脚村
			凤岩村	1981	416	1650	凤岩村
			青岙村	1741	275	1125	青岙村
新联社区	三桥村	6.98	内岙村	2339	284	1078	内岙村
			外岙村	1529	290	1102	外岙村
			金山垟村	1707	508	1987	金山垟村
			中后村	275	381	1499	中后村
			金凤村	1940	255	997	金凤村
			水凤尾村	887	374	1592	水凤尾村
			龙垟村		160	658	龙垟村
			三桥村	1793	339	1483	三桥村
溪心社区	望雁社区	8.51	望雁社区		1011	3678	静湖居民区 泾溪居民区

① 民政地名中为鹭鸶湾村。

续表 40-3-2

社区名称	驻地	面积（平方千米）	村（社区）名称	面积（亩）	户数（户）	人口（人）	2001年的村、居
溪心社区	望雁社区	8.51	章岙村	2787	591	2342	章岙村
							蒲潭尾村
			龙涵村	2213	217	833	龙涵村
			麻园村	1411	206	827	麻园村
			仕静村	1264	386	1592	仕静村
			上店村	1967	320	1206	上店村
			蒲潭村	2638	370	1431	蒲潭村
							蒲尖村
			溪心村	480	111	453	溪心村

说明：人口数据不含集体户，由县公安局提供；土地数据由县国土局提供；其余资料由水头镇人民政府提供

第二节　经　济

农业

种植业　粮食作物：1989年，粮食作物播种面积84568亩，总产量21885吨，其中，谷物播种面积66878亩，总产量18062吨；豆类播种面积954亩，总产量62吨；薯类播种面积16436亩，总产量3711吨。2002年，粮食作物播种面积60799亩，总产量17467吨，其中，谷物播种面积43500亩，总产量13897吨；豆类播种面积7121亩，总产量875吨；薯类播种面积10178亩，总产量2695吨。2012年，粮食作物播种面积60739亩，总产量22239吨，其中，谷物播种面积41536亩，总产量18014吨；豆类播种面积7771亩，总产量1324吨；薯类播种面积11432亩，总产量2901吨。是年，创建省级单季晚稻1010亩的示范方，平均亩产700公斤，其中甬优12号亩产880.50公斤。

经济作物：1989年，油料播种面积4699亩，总产量220吨；蔬菜播种面积6627亩，果用瓜播种面积467亩。2002年，油料播种面积732亩，总产量115吨；蔬菜播种面积34414亩，总产量44091吨；果用瓜播种面积2569亩，总产量5448吨。2012年，油料作物播种5087亩，总产量611吨；蔬菜播种面积16434亩，总产量24289吨；果用瓜播种面积4507亩，总产量9107吨。

2002—2012年水头镇农作物播种面积和产量统计表

表 40-3-3

年份（年）		农作物总播种面积（亩）	粮食作物			其中						油料		甘蔗		蔬菜（含菜用瓜）		果用瓜	
						谷物		豆类		薯类									
			播种面积（亩）	总产量（吨）	总产值（万元）	播种面积（亩）	总产量（吨）	播种面积（亩）	总产量（吨）	播种面积（亩）	总产量（吨）	播种面积（亩）	总产量（吨）	播种面积（亩）	总产量（吨）	播种面积（亩）	总产量（吨）	播种面积（亩）	总产量（吨）
2002	小计	104190	60799	17467	9595	43500	13897	7121	875	10178	2695	732	115	1597	6086	34414	44091	2569	5448
	水头镇	20109	12073	3922	1946	10208	3578	1155	139	710	205	251	36	267	1513	6964	10643	490	849
	鹤溪镇	19684	11864	2994	2159	8630	2385	1460	152	1774	457	285	43	565	1500	5275	5963	395	542
	凤卧镇	27774	13112	4279	2948	8138	3162	2656	378	2318	739	50	8	700	2829	10610	15839	1210	3400

续表 40-3-3

年份(年)		农作物总播种面积(亩)	粮食作物			其中						油料		甘蔗		蔬菜(含菜用瓜)		果用瓜	
						谷物		豆类		薯类									
			播种面积(亩)	总产量(吨)	总产值(万元)	播种面积(亩)	总产量(吨)	播种面积(亩)	总产量(吨)	播种面积(亩)	总产量(吨)	播种面积(亩)	总产量(吨)	播种面积(亩)	总产量(吨)	播种面积(亩)	总产量(吨)	播种面积(亩)	总产量(吨)
2002	南湖乡	16885	12354	2724	1006	9629	2277	1450	182	1275	265	120	25	60	219	4151	4569	200	304
	朝阳乡	5135	2360	557	517	1154	255			1206	302					2681	2533	94	141
	闹村乡	14603	9036	2991	1019	5741	2240	400	24	2895	727	26	3	5	25	4733	4544	180	212
2003	小计	105986	55708	18101	11903	39288	14559	7477	1205	8943	2337	672	121	1737	6709	40218	50034	2929	5010
	水头镇	21149	11156	4167	2141	9595	3804	712	108	849	255	150	37	285	1624	9085	9620	398	547
	鹤溪镇	20305	11925	3996	2702	8320	3239	1770	231	1835	526	310	46	680	2093	5320	6990	640	797
	凤卧镇	27470	10170	3101	3959	4900	1895	3200	587	2070	619	35	5	720	2800	13160	21984	1130	2203
	南湖乡	16418	11377	3221	1367	8944	2793	1397	214	1036	214	118	25	49	177	4591	5129	283	702
	朝阳乡	6668	3270	884	570	2064	667			1206	217					3296	2198	82	201
	闹村乡	13976	7810	2732	1164	5465	2161	398	65	1947	506	59	8	3	15	4766	4113	396	560
2004	小计	107728	57601	19200	13563	40019	15447	7511	1188	10071	2568	760	122	1880	7566	10186	13196	4771	9848
	水头镇	18989	11014	4099	3049	9477	3783	736	106	801	212	93	14	282	1633	7093	10721	476	679
	鹤溪镇	20265	12340	4186	2535	8575	3386	1775	206	1990	594	350	53	760	2437			725	1412
	凤卧镇	30544	13641	4610	4387	8151	3312	3310	623	2180	676	45	10	790	3318			1340	3067
	南湖乡	15284	9539	2959	1603	7311	2565	1290	199	938	195	90	20			437	108	926	2778
	朝阳乡	6766	3566	808	491	1154	374			2412	434			48	178	1206	844	82	201
	闹村乡	15880	7501	2538	1498	5351	2027	400	54	1750	457	182	25			1450	1523	1222	1711
2005	小计	102296	54999	14584	12956	38809	11208	7611	1202	8579	2174	1008	150	2152	4629	35610	50361	4183	8513
	水头镇	18151	10731	2629	2838	9245	2348	869	125	617	156	299	43	415	557	6165	8030	521	286
	鹤溪镇	21220	11915	2321	2535	8120	1636	1780	200	2015	485	405	59	860	327	5885	6062	840	1483
	凤卧镇	29936	13266	4218	3991	7810	2889	3238	619	2218	710	30	7	820	3526	12249	24327	1286	3057
	南湖乡	14645	9114	2313	1603	7079	1933	1160	187	875	193	117	25	52	194	4391	5095	971	2641
	朝阳乡	5199	2601	739	491	1398	527	60	6	1143	206					2292	1537	284	589
	闹村乡	13145	7372	2364	1498	5157	1875	504	65	1711	424	157	16	5	25	4628	5310	281	457
2006	小计	98836	53637	16738	14252	37264	12887	7233	1188	10145	3148	1089	192	2113	6647	34047	48616	5192	9237
	水头镇	14758	9010	2971	1863	6910	2542	795	109	1305	320	123	18	206	650	4746	5940	653	656
	鹤溪镇	21375	12165	4031	2947	8270	3170	1900	257	1995	604	420	65	780	2037	5790	7988	910	1629
	凤卧镇	28689	13897	5332	6335	8412	3846	2919	588	2566	898	166	34	1047	3665	11737	24800	1305	3561
	南湖乡	14950	9386	1460	1430	7274	957	1241	189	871	314	150	29	65	235	4331	4825	1018	2247
	朝阳乡	5244	2419	613	615	1196	393			1223	220					2475	1658	206	484
	闹村乡	13820	6760	2331	1062	5202	1979	378	45	1180	307	230	46	15	60	4968	3405	1100	660
2007	小计	92744	50340	11099	12939	33708	7386	7904	1214	8728	2500	1091	181	2174	5802	31645	43629	5003	8938
	水头镇	10270	6020	625	1052	4663	431	560	74	797	120	115	17	170	274	3756	3756	369	622
	鹤溪镇	21020	12030	2838	2568	8005	1981	2175	299	1850	558	465	60	865	1960	5415	7207	920	1596

续表 40-3-3

年份(年)		农作物总播种面积(亩)	粮食作物			其中						油料		甘蔗		蔬菜(含菜用瓜)		果用瓜	
						谷物		豆类		薯类									
			播种面积(亩)	总产量(吨)	总产值(万元)	播种面积(亩)	总产量(吨)	播种面积(亩)	总产量(吨)	播种面积(亩)	总产量(吨)	播种面积(亩)	总产量(吨)	播种面积(亩)	总产量(吨)	播种面积(亩)	总产量(吨)	播种面积(亩)	总产量(吨)
	凤卧镇	29773	13544	3955	6242	8183	2660	2933	574	2428	722	192	40	1033	3196	13280	24265	1239	3384
	南湖乡	15703	10158	1634	1442	6772	979	1885	225	1501	430	157	28	91	312	4299	4200	998	2262
2007	朝阳乡	4744	2120	699	720	1088	326			1032	373					2335	1564	145	261
	闹村乡	11234	6468	1348	915	4997	1009	351	42	1120	297	162	36	15	60	2560	2637	1332	813
	小计	82007	51827	16589	12991	34446	12960	6262	1018	11119	2611	1617	229	1199	2760	18765	31041	4887	8848
	水头镇	10267	7490	2709	1934	6636	2523	301	56	553	130	591	64	168	283	1421	2439	256	407
	鹤溪镇	20860	12090	3698	2694	7640	2737	2175	309	2275	652	430	57	925	2099	5220	7099	865	1500
2008	凤卧镇	24467	13631	3871	5198	7763	2635	2418	484	3450	752	98	21			8056	17639	1359	3658
	南湖乡	12774	9297	2934	1468	6884	2489	972	124	1441	321	348	54	86	298	2034	2073	1009	2311
	朝阳乡	3247	2133	503	582	825	247	58	6	1250	250					834	558	138	201
	闹村乡	10392	7186	2874	1115	4698	2329	338	39	2150	506	150	33	20	80	1200	1233	1260	771
	小计	90988	60009	18127	12484	39597	13633	7091	1165	13321	3329	3546	481	2376	6489	17493	25770	5371	9935
	水头镇	13988	9269	3165	1831	7929	2834	343	62	997	269	1174	164	110	260	2567	3504	362	442
	鹤溪镇	21695	14549	4428	2591	8987	3215	2521	351	3041	862	659	77	943	2166	3945	5615	894	1556
2009	凤卧镇	22679	13661	4333	4765	7603	2971	2514	520	3544	842	95	20	1260	3780	5410	12038	1518	4088
	南湖乡	16564	11991	3122	1545	8866	2524	1196	171	1929	428	783	115	38	133	2685	2796	1067	2153
	朝阳乡	3739	2170	668	701	965	272	165	22	1040	374					1219	817	208	376
	闹村乡	12323	8369	2411	1051	5247	1817	352	39	2770	554	835	105	25	150	1667	1000	1322	1320
	小计	93323	61709	20119	16709	41955	15839	7458	1220	12293	3061	3078	449	2323	5768	18781	27173	4519	8926
	水头镇	15362	10446	3538	2545	9059	3229	343	65	1044	244	1014	174	80	190	2909	4130	307	405
	鹤溪镇	23232	15834	4777	3202	10230	3559	2574	355	3030	863	614	71	911	2003	3854	5395	882	1500
2010	凤卧镇	23125	13731	4453	6231	7678	3053	2646	550	3407	850	103	23	1319	3530	5621	12083	1581	4212
	南湖乡	16975	12082	4364	2238	9119	3804	1287	187	1676	373	827	129	13	45	3183	3554	870	1716
	朝阳乡	3699	2289	679	1481	1035	285	179	18	1075	376					1173	786	215	430
	闹村乡	10930	7327	2308	1012	4834	1909	429	45	2064	355	520	52			2041	1225	664	663
2011		91863	59508	20963	19533	39987	16452	7467	1284	12054	3227	2112	288	2445	5948	21187	31532	4501	9825
2012		93028	60739	22239	22397	41536	18014	7771	1324	11432	2901	5087	611	2464	5575	16434	24289	4507	9107

说明：数据摘自《平阳统计年鉴》

林业　1989年，茶园总面积7109亩，茶叶总产量97吨；果园总面积1302亩，水果总产量181吨；林业产值180万元。2002年，幼苗抚育面积9690亩；茶园总面积8629亩，茶叶总产量70吨；果园总面积4329亩，水果总产量6212吨；林业产值1275万元。2012年，人工造林面积2798亩，幼林抚育面积3870亩；茶园总面积11969亩，总产量318吨；果园总面积12138亩，水果总产量13154吨；林业产值

2005万元。茶叶加工厂11家，其中省级示范茶厂1家。南湖马蹄笋种植面积1.10万亩，马蹄笋产量约215万公斤。水头镇有名木古树102株，其中二级以上16株，凤卧湾村的苦槠树为一级古树。

2002—2012年水头镇林业情况一览表

表40-3-4

年份（年）		人工造林面积（亩）	零星植树（万株）	幼林抚育面积（亩）	茶园总面积（亩）	茶叶总产量（吨）	果园总面积（亩）	水果总产量（吨）	林业产值（万元）	林产品（万元）	竹木采运（万元）
2002	小计	1118	4.50	9690	8629	70	4329	6212	1275	960	
	水头镇		0.50	1425	47	6.20	399	941	127	108	
	鹤溪镇	370	0.70	1575	1108	24	727	798	56	31	
	凤卧镇	44	1	2955	5181	18	2368	3700	84	39	
	南湖乡	55	0.50	2445	405	0.30	188	368	841	695	
	朝阳乡		1	390	1200	20		141	13	4	
	闹村乡	649	0.80	900	688	1.50	647	264	154	83	
2003	小计	1021	2.10	885	9281	75	4097	6412	1471	1043	336
	水头镇	72	1.50	300	60	6	77	591	123	97	18
	鹤溪镇	362	0.30	315	1108	24	727	1595	61	39	6
	凤卧镇				5158	21	2330	2681	68	36	32
	南湖乡	217	0.20	270	467	6	176	732	961	693	256
	朝阳乡				1400	15		201	73	68	5
	闹村乡	370	0.10		1088	3	787	612	185	110	19
2004	小计	31	3	39	10429	99.10	3982	10601	1927	1371	523
	水头镇		2	13	60	6	55	712	123	110	8
	鹤溪镇	15	0.50	13	1108	24	727	1706	53	38	3
	凤卧镇		0.50		5181	22	2368	3407	37	25	11
	南湖乡			13	480	14.10	142	2808	1294	793	498
	朝阳乡				2500	30	100	203	37	34	2
	闹村乡	16			1100	3	590	1765	383	371	1
2005	小计		3	150	12135	123	4629	9551	801	314	460
	水头镇		2		66	7	428	473	3	2	
	鹤溪镇				1108	20	727	1776	53	38	3
	凤卧镇		1		5181	22	2368	3536	37	25	11
	南湖乡				480	9	136	2672	288	85	202
	朝阳乡				4200	60	130	596	37	34	2
	闹村乡			150	1100	5	840	498	383	130	242
2006	小计			1635	12449	264.70	4524	9991	1759	774	954
	水头镇			210	80	6.70	463	858	89	86	
	鹤溪镇			300	1108	16	727	1847	69	49	12
	凤卧镇				5181	168	2368	3819	75	27	46

续表 40-3-4

年份(年)		人工造林面积(亩)	零星植树(万株)	幼林抚育面积(亩)	茶园总面积(亩)	茶叶总产量(吨)	果园总面积(亩)	水果总产量(吨)	林业产值(万元)	林产品(万元)	竹木采运(万元)
2006	南湖乡			705	780	9	136	2277	1231	352	875
	朝阳乡			210	4200	60	130	493	45	42	2
	闹村乡			210	1100	5	700	697	250	218	19
2007	小计		1	3270	12249	313.50	4654	9798	2045	1070	954
	水头镇		1	420	80	9	463	875	129	128	
	鹤溪镇			600	1108	13	727	1830	137	116	13
	凤卧镇				5181	193	2368	3650	108	61	44
	南湖乡			1410	680	1.50	136	2298	1416	518	894
	朝阳乡			420	4000	92	160	279	43	42	
	闹村乡			420	1200	5	800	866	212	205	3
2008	小计		3		12086	322.20	5787	9894	1832	846	986
	水头镇		1		65	9	1283	650	105	100	5
	鹤溪镇		0.50		990	12.50	725	1737	101	93	8
	凤卧镇		0.50		5181	198	2663	4131	88	46	42
	南湖乡		0.50		650	2.70	136	2339	1341	413	928
	朝阳乡				4000	95	180	213	32	32	
	闹村乡		0.50		1200	5	800	824	165	162	3
2009	小计	645	3		12116	293.50	6050	11292	2009	977	988
	水头镇		1		65	8	1206	963	117	112	5
	鹤溪镇		0.50		990	12.80	735	1793	115	102	13
	凤卧镇		0.50		5181	171	2798	4588	93	52	41
	南湖乡	480	0.50		680	2.20	136	2184	1412	483	917
	朝阳乡	165			4000	95	380	404	41	37	
	闹村乡		0.50		1200	4.50	795	1360	231	191	12
2010	小计	600	7.50	645	10688	319.20	5413	10253	1914	714	992
	水头镇		3		65	8	1191	919	109	79	4
	鹤溪镇	405	1					1750	100	70	13
	凤卧镇		1		5181	205	2798	4667	97	51	39
	南湖乡		1	480	680	2.50	136	1751	1255	327	921
	朝阳乡		0.50	165	4200	102	430	462	42	28	
	闹村乡	195	1		562	1.70	858	704	311	159	15
2011		1800	7	900	11233	283	11242	12321	1950	726	962
2012		2798	7	3870	11969	318	12138	13154	2005	1004	850

说明:数据摘自《平阳统计年鉴》

畜牧业　1989年，生猪年末存栏12749头，牛年末存栏1968头，羊年末存栏361只，兔年末存栏12777只，畜牧业产值1025万元。2002年，生猪年末存栏11600头，牛年末存栏815头，羊年末存栏2469只，家禽年末存栏88989只，兔年末存栏16860只，畜牧业产值4778万元。2012年，生猪年末存栏23028头，牛年末存栏1195头，羊年末存栏5166只，家禽年末存栏102329只，兔年末存栏9531只，畜牧业产值14720万元。

2002—2012年水头镇畜牧业情况一览表

表40-3-5

年份（年）		生猪年末存栏数（头）	牛年末存栏数（头）	羊年末存栏数（只）	家禽年末存栏数（只）	兔年末存栏数（只）	畜牧业产值（万元）
2002	小计	11600	815	2469	88989	16860	4778
	水头镇	3161	71	130	12123	900	1870
	鹤溪镇	1494	196	595	19100	5140	1264
	凤卧镇	1364	242	656	9525	3858	527
	南湖乡	1904	88	101	16411	896	443
	朝阳乡	1610	121	470	6890	200	157
	闹村乡	2067	97	517	24940	5866	517
2003	小计	20349	918	3119	101778	16879	4442
	水头镇	3727	144	102	13993	737	1145
	鹤溪镇	1258	175	492	15800	4905	821
	凤卧镇	9735	225	680	25000	3980	1521
	南湖乡	1776	71	73	13325	672	330
	朝阳乡	1455	121	470	9440	200	115
	闹村乡	2398	182	1302	24220	6385	510
2004	小计	20916	885	3183	88656	17202	5252
	水头镇	4268	101	231	14000	472	1784
	鹤溪镇	1286	173	533	15720	5085	857
	凤卧镇	8832	215	810	23266	3876	1532
	南湖乡	3151	88	149	12860	609	365
	朝阳乡	1055	121	470	1310	1260	142
	闹村乡	2324	187	990	21500	5900	572
2005	小计	24584	802	2690	76034	17068	5789
	水头镇	3800	70	328	12655	1013	1784
	鹤溪镇	1270	166	541	13950	5565	862
	凤卧镇	12586	208	705	17210	3520	1532
	南湖乡	3723	91	137	13004	417	908
	朝阳乡	1084	133	484	1660	1298	142
	闹村乡	2121	134	495	17555	5255	561
2006	小计	18150	1076	2752	58696	19407	4878
	水头镇	3577	113	344	7019	289	726

续表 40-3-5

年份(年)		生猪年末存栏数(头)	牛年末存栏数(头)	羊年末存栏数(只)	家禽年末存栏数(只)	兔年末存栏数(只)	畜牧业产值(万元)
2006	鹤溪镇	1230	528	597	11910	5750	681
	凤卧镇	7582	95	613	6675	6135	2640
	南湖乡	3007	86	160	10960	357	223
	朝阳乡	718	119	577	8342	2336	117
	闹村乡	2036	135	461	13790	4540	491
2007	小计	11400	773	2285	123320	19338	4235
	水头镇	3328	129	484	61472	747	1314
	鹤溪镇	748	223	460	14738	5970	584
	凤卧镇	4007	59	303	13891	4420	1702
	南湖乡	1903	62	122	12937	231	112
	朝阳乡	489	214	587	11552	4720	81
	闹村乡	925	86	329	8730	3250	442
2008	小计	17765	799	3753	64437	16436	5214
	水头镇	4678	158	386	16181	1033	1894
	鹤溪镇	750	225	570	11100	5835	573
	凤卧镇	6508	83	840	11515	3922	1817
	南湖乡	3321	117	169	14222	225	352
	朝阳乡	967	104	1214	3819	2321	157
	闹村乡	1541	112	574	7600	3100	421
2009	小计	18872	1308	4543	76413	13585	6293
	水头镇	4242	101	563	17077	1724	1829
	鹤溪镇	1023	384	775	12335	1611	775
	凤卧镇	6611	89		7556	4210	2492
	南湖乡	3577	302	699	16586	270	766
	朝阳乡	923	154	1708	6059	2161	95
	闹村乡	2496	278	798	16800	3609	336
2010	小计	19576	1274	4656	70818	9151	9407
	水头镇	3851	135	718	11058	854	2764
	鹤溪镇	1604	371	315	16868	726	638
	凤卧镇	8015	90	550	6353	3330	3094
	南湖乡	3498	330	738	14059	316	1192
	朝阳乡	1207	72	1840	8830	2510	827
	闹村乡	1401	276	495	13650	1415	892
2011		20564	1269	4665	93891	10261	13963
2012		23028	1195	5166	102329	9531	14720

说明：数据摘自《平阳统计年鉴》

特色农产品　名优农产品有平阳黄汤、早香茶、杨梅、马蹄笋、莲子等。

平阳黄汤：采摘于惊蛰前后，要求大小、形状、色泽一致，经摊青、杀青、揉捻、烘焖等工序，历时48小时以上精工细作而成。尤其是关键工序“焖黄”，采用“九烘九焖”的古法焖黄工序，焖黄次数多、时间长、黄变程度最充分，在黄茶类中独树一帜，造就平阳黄汤“玉米香、杏黄汤”的品质。早香茶：属灌木型中叶类特早生种，具有发芽特早，加工制成的茶叶具有色绿、形美、香郁、味醇等特点。杨梅：以鹤溪社区出产的杨梅品质最为优良，果实丰满，色泽鲜艳，果形特大，且不易落果，含糖量10.5%，酸甜适中。马蹄笋：南湖的马蹄笋笋肉厚实、笋质脆嫩、笋味鲜甜爽口，高纤维、低脂肪、营养丰富。莲子：盛产期亩产可达120公斤以上。莲子鲜食其质地新鲜细嫩口感好，营养丰富药用价值高。

农业园区　2011年，推进农业“两区建设”共1895亩粮食功能区前期建设。打造“农业五大精品园”，即南湖湿地观光园（包括荷花观光园、千亩油菜精品园、华奥现代农业科技示范园）、鹤溪杨梅精品园、朝阳茶叶精品园、凤卧特色水果精品园以及闹村毛竹精品园。现代观光农业园区已具雏形，其中南湖湿地荷花观光园面积1000余亩，2012年，游客12万人次。

工业

20世纪70年代，水头人开始自筹资金办企业或外出跑营销。80年代末，原水头镇有47家企业，生产电熨斗、碳熨斗、电瓷、箱包、皮件、板纸、玻璃、农机、光学仪器、羽毛球、化工原料、纺织用品等。1989年，出口产品碳熨斗和羽毛球等1000多万元。90年代，制革、皮件、宠物制品行业迅速崛起，成为水头镇的支柱产业，其销售量占全国市场60%。1992年，全镇工业总产值3.06亿元。90年代末，水头镇形成由上店、溪心、麻园、金凤、中后、鸣溪6个行政村组成的水头制革基地，此后经历多次整合重组形成8家制革企业。21世纪初，水头开始发展皮件制品以及宠物制品，形成金山垟工业园区、500亩标准厂房工业区、建安工业园区3个工业园区。2012年，全镇共有企业1280家，工业总产值77.14亿元，从业人员27839人。其中，规模以上企业60家，工业产值38.33亿元，从业人员10057人。企业转型4家，超千万元企业18家，销售收入亿元以上的企业6家。完成工业性投资3.14亿元，实现全社会固定资产投资10.75亿元。

皮革业　1988年，全镇共加工生皮27万张，总产值1550万元。2012年，制革年产值15亿元；皮件制品企业225家，年产值44.50亿元。（详见专记《中国皮都》）

皮件制品业标准厂房　2005年12月，平阳县水头皮件制品业标准厂房（简称“水头标准厂房”）建设项目开始实施。水头标准厂房位于水头镇詹江村、埭头村、凤湾村，项目计划总投资40963万元，拟征用土地500亩，新增建筑面积469668平方米。2006年，成立平阳县标准厂房建设指挥部。2008年1月，调整用地功能，分块出让。共有工业用地32宗，247990平方米；其他用地（包括配套服务设施用地、市政设施用地、污水设施用地）23966平方米；标准厂房内7条规划道路58324平方米。是年，水头标准厂房16宗工业用地公开出让。市政配套工程包括雨水、排污管道安装，四横三纵7条道路的路基路面工程启动建设。2009—2010年年底，9宗工业用地公开出让。2012年，温州佩蒂动物营养科技有限公司、温州源飞宠物玩具制品有限公司等7家企业入驻水头标准厂房。

温州奋起皮业有限公司皮带样品展厅（2012年）

陈　峰　摄

宠物制品　宠物用品的生产从20世纪90年代初期开始发展，至2012年，宠物用品企业7家，年产值8.70亿元，产品全部出口。佩蒂宠物用品有限公司的CpeT和品牌获2012年第二批中国驰名商标称号(国家工商行政管理总局认定)。

矿业投资　水头镇是闻名全国的对外矿业投资基地。2012年，水头镇对外矿业投资超500亿元，主要有大西南矿业集团、乾盛集团、贵州天健矿业集团等。

商业

20世纪80—90年代，水头街是北港地区最繁华的商业中心，水头街依隔岸溪而建，由上街、中街、后街连贯而成街市，长约两千米。水头镇的商业业态相对单一，沿街商铺商品多为服装、日用品、农副产品等，街房多系砖木结构，以木楼为主，上宿下店或前店后房，格局基本一致。到了21世纪，水头的商业业态种类及规模呈现快速增长的趋势，餐饮连锁店、便利店及中小型超市逐渐增加，商业步行街趋向成熟，主要以服装零售业和专卖店为主。2002年，商品销售额20.50亿元。2006年，商品销售额27.50亿元。2008年，商品销售额31.95亿元。2009年，商品销售额33.90亿元。2012年末，水头镇有浙江南方皮革城、水头皮带商贸城、服装、建材、电动车摩托车汽车等专业市场，商业网点4514个，社会商品销售额34.20亿元。

水头镇摩托电动车市场（2012年）　　陈　峰　摄

兔毛市场　20世纪50年代，水头镇农村发展养兔业，曾有“家养一只兔，不愁酱油醋”的赞语。1970年，水头镇供销社建立长毛兔基地，镇供销社收购站培育出长毛兔良种，引进西德优良种兔，带动乡村饲养长毛兔。20世纪80年代初，国际市场上兔毛制品畅销，兔毛成为抢手货。1982—1985年，水头兔毛市场兴起，成为全国兔毛集散中心和温州十大商品市场之一。1984—1985年，水头镇有5000余人到全国各地采购兔毛，然后在兔毛市场销售。1985年最高日成交额1000余万元。成交后的兔毛以专车直送广州出口。1986年后，多种原因导致国内外市场对兔毛需求量急剧减少，水头兔毛市场逐渐萎缩，以至于消失。

外贸　20世纪70年代，水头镇有碳熨斗等外贸出口交易。1997年，全镇生产出口产品企业38家，其中“三资”企业12家，出口产值千万元以上的企业14家，利用外资720万元。2004年，规上出口企业25家，其中出口产值1000万元以上17家，拥有自营出口权企业43家，猪皮革、皮件、宠物用品出口量占全镇出口产品总数的99.50%。2012年，外贸出口供货值17.98亿元，规模以上出口企业27家。其中，制革、皮件类18家，制革、皮件出口供货值11.15亿元；宠物类8家，宠物用品出口供货值6.83亿元。

1995—2012年部分年份水头镇外贸出口额统计表

表40-3-6

年份（年）	外贸出口额（亿元）	其中自营出口额（亿元）
1995	3.82	
1996	5.17	
1997	7.02	
1998	7.98	
1999	6.40	1.60
2001	10.39	5033(万美元)
2002	10.68	
2004	7.14	4.58
2006	7.70	5.30
2007	7.62	4.69
2008	9.03	
2010	14.30	7.91
2012	17.98	

说明：资料由水头镇人民政府提供

财政　金融

财政　1995年，财政总收入4362.50万元。

1995—2012 年水头镇财政税收收入统计表

表 40-3-7

年份（年）	财政收入（万元）	国税收入（万元）	地税收入（万元）
1995	4362.50	—	—
1996	4815	—	—
1997	5626.89	4253.32	932.70
1998	6604.15	4862.50	1205
1999	6318.73	3911.90	1820
2000	8635	6255	2070
2001	12765.40	9910	2659.70
2002	16974	14060	2690
2003	15824	12923	2901
2004	14233	11309	2924
2005	14936.50	11971	2965.50
2006	17431.40	13107	3338.40
2007	16867.70	11197	4570.70
2008	27436	9741	3890
2009	26281	10858	4592
2010	47873	13589	8627
2011	67603.70	19209	8804
2012	78859	18460	11109

说明：资料由水头镇人民政府提供

2000年，财政总收入8635万元。2012年，财政总收入7.89亿元，其中地方财政收入2.96亿元。

金融　1989年，水头有中国工商银行水头支行、中国建设银行北港支行、水头农村信用3家金融机构。1993年，中国银行水头支行设立。1995年，中国农业银行水头支行设立。是年年末，各项存款余额1.60亿元，各项贷款余额0.85亿元。2012年，中国邮政储蓄银行水头支行设立。是年年底，水头镇有金融机构6家，网点13个，各项存款余额42.20亿元，各项贷款余额28.43亿元。

1995—2012 年部分年份水头镇存贷款额统计表

表 40-3-8

年份（年）	年末存款余额（亿元）	年末贷款总额（亿元）
1995	1.60	0.85
1996	2.68	1.12
2002	11.40	5.30
2003	13.09	8.01
2004	15.20	9.10
2006	21.24	10.79
2007	25.10	13.63
2008	29.13	17.90
2009	37.30	22.90
2012	42.20	28.43

说明：资料由水头镇人民政府提供

第三节　社会事业

教育

1989—2012年，水头镇省示范初中2所，省重点职业学校1所，省三级重点普通高中1所，省一级民办高中1所，全国先进武术学校1所。1999年，原水头镇获省教育强镇称号。2012年，教育经费2678万元，财政预算内教育经费2600万元。

幼儿园　1992年，幼儿园（含小学附属学前班）23所，班级44个，在园幼儿1698人，幼儿教师64人。2012年末，幼儿园22所，班级160个，在园幼儿6099人，专任教师318人。

小学　1992年，小学21所，其中中心校4所、完小8所、村小9所，班级134个，学生6310人。2012年，小学13所，其中公办小学11所，班级212个，学生10390人，教职工5917人；民办小学2所。

中学　1989年，高中1所，班级12个，学生623人。1992年，初中4所（含2所附设初中），班级39个，学生2078人；教职工379人，其中公办教职工328人、民办教师51人。1994年，平阳县水头职业高中创办。1995年，12年一贯制民办寄宿学校金凤学校创办。2012年，初中10所（8所公办，2所民办），班级123个，学生4710人，教职工654人；高中3所（含中等职业学校、12年一贯制学校、武术学校），班级1131个，学生3945人，教职工602人。

文化

文化设施　1989年，水头镇有水头电影院、鹤溪电影院、中兴电影院、西垟电影院等；20世纪90年代逐渐弃用。1989—2012年，建成文化站1个、村文化活动中心111个、公共图书馆（室）18个，购置图书20万册。文化公园3个：卧牛山文化公园，占地面积3000平方米；鹤溪社区中元村文化公园，占地面积1000平方米；闹村社区西垟村文化公园，占地面积500平方米。在建的镇文体活动中心，占地面积8230平方米，建筑面积5336.80平方米，包括露天灯光球场、水头文化活动中心和综合球馆。

文化活动　1989年以来，成立京剧票友协会、平阳县戏曲协会水头越剧分会等文化团体。2012年，举行庆三八文艺晚会、首届水头镇文化艺术节、幸福社区端午民俗文化活动、记忆水头一日摄影赛、春晚总动员文艺演出和元旦文艺演出等文化活动。是年，文化站1个，专职干部2人；文化艺术团体10个，会员1000余人，文化专业户15个。

庙会　鹤溪庙会：农历二月初四至初六，地点鹤溪社区，会期3天。由鹤溪境内的镇境庙（俗称老殿）、灵佑殿（又称林泗爷殿）、南山宫和娘娘宫等诸多宫庙衍起。据说，从明朝中期开始，镇境庙偶尔祭祀庙神，附近村民便在庙旁摆摊设铺，兜售自家制作的手工艺品和特色小吃，庙会由此初具雏形。乾隆年间，民众重修灵佑殿和新建娘娘宫，于农历二月初二举行盛大的落成典礼，抬阁、高跷、抬八魔等民间表演艺术也纷纷前去助兴。受其影响，镇境庙和南山宫随后也把庙会时间改成这天。1987年，庙会时间改为二月初四至初六。

江屿庙会：农历二月十五，地点江屿社区詹江村、埭头村，会期3天。清光绪年间，为了纪念林泗爷，在詹江村、埭头村、寺前村交界处修建桥头宫，次年农历二月十五，桥头宫建成，请戏班演戏，把林泗大帝圣王和广济侯王神像请抬出来巡游，许多客商慕名而来，在庙周围形成江屿庙会。

缸窑庙会：农历八月初九，地点鹤溪社区缸窑村，会期1天。明万历四十四年（1616），谢氏自福建霞浦赤岸后山迁居平阳县四十二都后庄定居，利用当地陶土，开窑制缸，因之后庄遂更名为缸窑。后为扩大生产，请来江西景德镇罗氏兄弟合办陶器作坊，时罗氏兄弟随身带来一尊“陈府圣王”木质金身，当地制陶工人都恭为行业庇护神，故而春秋祭祀。清康熙五年（1666）秋，当地陶工择地兴建陈府庙，以供奉圣王木质金身。清康熙三十二年（1693）八月初九日，当地乡民举行盛大的“陈府圣王”开光典礼，并将是日定为一年一度的庙会日。

闹村庙会：农历八月十五，地点闹村社区，会期1天。原有闹村龙凤宫八月初十的庙会和西垟娘娘宫八月十五庙会。

凤卧湾庙会：农历九月初四，地点凤卧社区凤卧湾村，会期1天。1976年，凤卧湾村黄氏后裔于明万历四十四年自闽南来徙360年之际，为感念杨五郎大师功德，新建大师公宫，议定每年九月初四为大师公圣诞日，定期祭祀，后遂演化为庙会。

溪心庙会：农历九月初九，地点溪心社区，会期一天。溪心庙会是祭祀仕静村天后宫的马仙娘娘衍生而来，庙会地址在马武渡路边。1998年以后，搬迁到水头镇望雁路、静湖路一带。

南湖庙会：农历九月廿九，地点湖西片，会期1天。南湖前代乡贤创举宝山殿二圣出巡庙会，经历代沿袭，成为南湖传统民俗。

水头庙会：农历十一月初六，地点水头镇区，会期1天。由水头境内的林泗爷殿（俗称埠头殿）、麻车宫等诸多宫庙发起。庙会主要集中于中街、上街、后街（俗称老街）。1999年，庙会已影响相邻街道，老街容纳不下众多的群众活动，会址转移靠近二中路、江山路、泾川大道一带。

医疗卫生

1989年，全镇医疗卫生单位5个，医务人员17人，就诊8390人次（以上数据不包括平二医）。2012年，医疗卫生单位114个，卫技人员477人，完成诊疗71.66万人次。

1989—2012年部分年份水头镇医疗卫生情况统计表

表40-3-9

年份（年）	医疗单位（个）	医务人员（人）	诊疗人次
1989	5	17	8390
1992	5	18	10211
2000	31	46	97200
2004	50	76	156800
2007	55	101	191946
2010	65	140	252280
2012	113	188	478890

说明：①资料由水头镇人民政府提供；②不包括平二医

环境卫生

1989年，水头镇环卫所职工60人。2000年前，水头镇没有垃圾填埋场；2000年，南湖垃圾填埋场开始使用，2012年8月，县生态发电厂投入运行，南湖垃圾填埋场停止使用。道路清洁分为一级保洁路段、二级保洁路段。早晚各一次清扫，总面积130万平方米；垃圾箱以江山路、二中北路、镇新村五条步行街为主设置。是年，环卫经费447.5万元，职工210人，管理人员13人；中转站3座（寺前1座、占江1座、鹤溪1座）、密封式垃圾车3辆、压缩垃圾车1辆、洒水车2辆、扫地车2辆，四方拖拉机2辆，清扫面积130万平方米；收费公厕4座，免费公厕6座。

体育

1989年，全镇各村都设有健身点和活动室、象棋室，个别条件好的村还配有乒乓球室。此外，学校、步岳羽毛球厂等企事业单位都投入大量资金，建有体育活动场所，配置锻炼器材，对外开放。2006年，举办“迎新春”全民健身联谊活动、水头镇首届“奋起杯”职工乒乓球、拔河比赛、县第二届青年文化节“钟爱一生”杯越野跑比赛、中国象棋赛和“庆元旦”全民健身活动。2008年，乒乓球馆2个、羽毛球馆1个、门球场2个、游泳池2个、武术协会1个。6月，举办“侨信杯”趣味运动会、“万里马”羽毛球赛、“虎豪杯”篮球邀请赛，是年，水头镇被评为省体育强镇。2012年，举办“庆元旦”越野跑比赛、“三八”妇女节趣味运动会、庆“五一”乒乓球俱乐部乒乓球比赛、登山比赛、中国象棋赛和“迎国庆”全民健身太极拳比赛。是年，全镇10个社区均建有文体服务中心，内设棋牌室、健身室等，泾川社区建有健身小广场——法制广场；101个村建有体育设施，其中篮球场59个。

社会保障

社会救助　1995年，水头镇外岙敬老院建成，床位14张。2005年，水头镇最低生活保障户数297户，支出60180元，月人均68元，农村五保供养26人，月人均120元。2012年，城镇最低生活保障户数89户、118人，支出183.50万元。民政部门资助2038人参加合作医疗，支出88.30万元。农村最低生活保障户数1521户、2783人，支出483.50万元。农村五保供养632人，支出617.2万元。农村医疗救助328人次，民政部门资助418人参加合作医疗，支出12.80万元。国家抚恤、补助各类优抚对象562人，抚恤事业费支出281万元。敬老院7所，床位210张；经常性社会救助工作站点和慈善超市3个。社会福利费支出135.26万元。

社会保险　1996年，全镇各类参保企业50家（职工1500人），个体工商户500户；农村养老保险513人。2008年，全镇政策性农村住房保险9695户。2009年，参加新型农村合作医疗保险56030人，报销金额507.80万元。6200余名60周岁以上群众参加城乡社会养老保险。2010年，参加城乡社会养老保险15471人。参加新型农村合作医疗保险46216人，报销金额760.53万元。2011年，新型农村合作医疗保险参保12.11万人。2012年，新型农村合作医疗参保12.01万人，城乡居民社会养老保险参保5.7万人。

第四节　基础设施

交通

57省道（S230）东西横贯境内（全长24.63千米，其中主线18.26千米，水头支线4.37千米，1955年通车）。57省道（S230）复线过境公路长18.20千米，2012年开工；县乡（镇）级公路5条，总长45.80千米。境内通航河道（鳌江中游）1条，长8.40千米。2001年，水头客货运中心建成并投入使用，占地27000余平方米。2003年，水头至温州线路改造，成立水温快客公司。2011年，水头客货运中心按国家二级客运站的标准和规范进行改造。2012年，大客车163辆，班线62条，日发62班次，年发旅客12.97万人次。小客车286辆，班线19条，日发1000班次，年发旅客208.56万人次。主要交通道路有：平鹤线、五七省道、环城路、水南公路、灵内线、蔡鹤线、占山线、水埭线、苍肖线、闹联线、南浦线、水头—凤卧红色旅游线。镇区桥梁26座，总长度1730米。主要桥梁有：栏杆桥、金鸡桥、埠头桥、泾川桥、金凤桥，溪心桥、小南桥、仕静桥、清江桥、上店桥、麻园桥、龙涵桥、显桥，闹村大桥、红军桥、刘英桥、小南二桥。

1989—2012年部分年份小客车发送旅客车次统计表

表40-3-10

年份(年)	班线(条)	车辆(辆)	年发送量(万人次/年)	班次(班/日)
1989	8	56	115.32	185
1991	13	118	138.97	369
1995	15	272	178.34	789
1996	17	308	214.59	837
2002	19	358	402.56	1112
2009	19	286	215.39	1000
2010	19	286	223.68	1000
2011	19	286	248.45	1000
2012	19	286	208.56	1000

说明:资料由水头镇人民政府提供

邮政电信

水头于1949年后成立邮电局,经营邮政汇款、投递、报刊、纵横制电话、电报等业务。1992年,开通程控电话,用户1320户。1993年,开通移动电话61户。1998年,程控电话容量9100门,住宅电话每百户83部;移动电话750门。2000年,发展电话村14个,新增程控电话4852门。2012年末,邮政网点2个,投递路线单程总长度50千米,业务收入172.30万元;电信企业1家,服务网点4个;固定电话用户4.93万户,移动电话用户4.82万户,宽带接入用户1.12万户。

给排水

1984年4月,平阳县水头自来水厂创建,1985年5月试通水,1986年年初正式投用;水源地位于章旦村,水源为浅层地下水,漂白粉消毒,供水规模2000吨/日。1993年,章旦村水源井因受污染而报废,水源地搬迁到上店村,并进行应急供水工程建设,水源为浅层地下水,供水规模5000吨/日。新建取水泵站一座,600吨高位调节水池两个,重新架设10千伏安双回路电力线路。2000年初,在龙涵村启动建设补充水源工程,增加供水规模7000吨/日,使总供水规模达12000吨/日。2006年12月16日,平阳县水头第二水厂工程在水头镇凤林南路动工建设,该项目占地40亩,设计供水规模2万吨/日,投资2730万元;水源为平阳引供水工程水源。

2011年12月,水头镇供水管网改造建设工程动工。2012年年底,水头镇区DN100以上供水管网70余千米。2000年以前安装的DN100以上供水管道绝大部分为自应力钢筋砼管,DN100～400各种口径的自应力管目前数量在50千米以上。镇区自来水厂1座(凤林南路西侧),生产能力2万吨/日,年工业用水140万吨、生活用水566万吨,居民自来水普及率100%。是年,排水管道49.1千米,污水治理工程17项,日污水处理能力5万吨。

1989—2003年水头水厂售水量统计表

表40-3-11

年份(年)	1989	1990	1991	1992	1993	1994	1995	1996	1997	1998	1999	2000	2001	2002	2003
日均售水量(立方米)	1445	1489	1851	2189	2640	2994	3300	3745	4219	6171	6694	6900	8265	8813	9249

说明:资料由水头镇人民政府提供

供电

水头供电所的前身水头电灯厂,成立于1957年,以内燃机发电机作为发电工具,属于公私合营企业,装机容量在75千伏安,只在每天晚上6点至10点供应城镇居民用户使用,每户每月只供应1盏15瓦白炽灯,电费每月1.25元。20世纪60年代末由于供电户数大量增长，引入小水电以弥补供电不足。1982年，建成水头35千伏变电所，后相继建成110千伏凤尾变电所、110千伏江屿变电所。1984年，水头供电所成立。2000年，水头大道供电线路改造工程基本完成。2001年，水头35千伏变电所停运。2012年年末，镇区拥有110千伏变电所2座，主变压器641台，总容量159兆伏安，高压输电线路30条，总长度249千米；用户52180户，其中高压用户195户，低压用户51985户，售电量累计2.50亿千瓦时。

园林建设

1992年，镇政府在水头大道（现泾川大道）沿北渠两岸建设园林绿化带，总长5.6千米，宽度2.5米，绿化总面积14000平方米。此后，相继在泾川社区的公园路建设法制公园广场，在泾川路与凤林路交叉处的大转盘建设绿化街心广场，在凤林路、腾龙路、江山路、望雁路等各市政道路的居民房前植树，建成章岙村休闲广场、龙洋小区休闲广场和法制宣传广场，镇区范围种植树木5万余株，绿化面积2万余平方米。2012年末，水头镇建设卧牛山、林坑山两个公园和香国寺前的绿环广场、章岙村休闲广场、龙洋小区休闲广场。城镇园林绿化面积155公顷，其中公共绿地30公顷。是年，投入1000余万元实施泾川大道的亮丽工程，安装各种路灯、霓虹灯、礼花灯、高架灯等276盏，总长6.8千米。

卧牛山公园　水头卧牛山位于水头镇仕静村西北处，占地面积3000平方米，总投资近千万元，已建成6条山道，1座跨涧大桥。卧牛山入口处则安设巨大卧牛水泥像，并题联“园林高卧迎佳客，郊野勤耕富大家”。2012年，水头镇完成公园主入口工程的设计和建设，总投资760万元，包括四大功能区（即停车区、集散区、休憩区及服务区）。

林坑山公园　林坑山公园位于水头镇北侧。已建成8条山道，一条从外岙村口到安境寺的盘山公路，一座水库；并建成羽毛球广场、瞭望台、亭、廊等。

市政管理

1988年8月18日，水头镇城建监察中队成立，队员14人，负责对全镇的市容市貌和市政交通进行管理。1988—2012年，共取缔无证人力三轮车1.10万余辆，暂扣违章占道经营物品共3万余件，拆除违章设置户外广告1000余起，清洗粉刷墙体牛皮癣小广告1000余处。2012年10月，设立电子监控室，与公安、交警实现区域互联网。

专记：

中　国　皮　都

水头镇素以经济活力强劲闻名，主导产业清晰，围绕一张皮做活做好文章，以制革、皮件加工、宠物用品为中心的各项产业兴旺发达，是全国最大生皮交易市场、全国最大的猪皮革集散地和加工场，其里革产量、皮带产量和宠物用品曾占全国市场份额的60%以上。2001年1月1日，水头镇被中国地区开发促进会命名为“中国皮都”。

制革产业的诞生与兴起

初创时期（南宋时期至改革开放初期）　水头镇制革业历史非常悠久。早在南宋末年，水头人就开始制革生产。清光绪年间，水头人王怀成发明一种可以把一张猪皮剖成三层的剖皮刀，这为水头制革业的兴起锦上添花。延续至今，水头的制革业已有近千年的历史。

高速增长期（改革开放初期至2002年）　改革开放初期，水头制革企业以亲戚带亲戚、朋友帮朋友的模式悄然兴起。受国家宏观经济刺激和国内外对皮革产业需求扩大的影响，一批掌握制革行业工艺的水头人纷纷投资制革行业，一些制革能人走南闯北，逐步在四川、云南等地设立生皮加工场，为水头镇的皮革生产扩大原料基地。20世纪80年代初期，水头制革企业已经有10余家，零星地散落在水头周边的乡村里，但产量仅能供当地皮带厂的生产需求。80年代末至90年代初，水头人租用被闲置的溪滩，搭起简易厂房，办起猪皮加工厂。较低的生产成本和丰厚的利润，使水头镇的皮革产业以惊人的速度发展。1988年，全镇共加工生皮27万张，生产各式皮带200余万条，各式皮鞋20余万双，皮箱、皮衣10万余件，年产值1550万元。2002年，全镇大小制革企业1200余家，从业人员数万人，用于生皮加工的滚筒式转鼓有3300余只，开皮机185台，年加工猪皮革1.20亿标准张，年总产值37.29亿元，产量占全国的四分之一，出口供货值10.68亿元，皮革及相关产业税收3.50亿元，占全县财政税收的三分之一，产品远销俄罗斯、美国、西班牙、法国等20余个国家和地区。“家家户户备转鼓，张张猪皮晒铺面”，就是当年水头镇制革产业兴旺发达的生动写照。

调整发展期（2003—2007年） 在国家环保调控大背景下，水头镇特别是水头皮革基地面临的环境保护任务艰巨。制革行业产生的污染影响日益显现，引起国家和地方政府的高度重视。2003年，水头皮革基地被列入全国十大环境违法典型案件之一。是年，成立水头皮革工业协会，编制《水头制革工业园区控制性详细规划》，出台《平阳县水头制革基地改造的实施意见》，县财政连续五年每年拨款1000万元，专项用于水头制革基地污染整治工作。2004年，出台《平阳县水头制革基地厂房改造建设标准的通知》，县第十三届人大常委会第九次会议专题听取和审议《水头制革基地治污工程情况的调查报告》，水头制革基地原1054家企业重组完毕，组建成162家新企业。

2005年，县政府出台《严厉打击水头制革基地违法违规生产的通告》，市政府常务会议通过《鳌江流域环境污染整治工作纲要》，出台《进一步加强平阳县水头制革业环境污染整治工作的意见》，水头制革基地所有污水处理厂实现污泥脱水。2006年，编制《水头制革污染整治工作规划》，成立水头制革基地总量控制调研组，开始就排污总量控制问题进行深入调研，形成《水头制革污染物总量控制工作方案》，出台《水头制革基地实行全面停产整治的通告》及《水头制革基地全面停产整治实施办法》，水头制革基地大规模削减工作完成，制革转鼓从3300余只削减到469只；企业从162家削减、重组成39家。2007年，投资3.10亿元，占地500亩的水头占江皮件产业标准厂房开工建设，水头制革基地所有制革和皮件企业完成厂房改造并通过验收，水头制革基地污染整治工作通过市政府预验收，成功摘掉国家和省环保污染案严管区的“帽子”。在加快整治制革行业的同时，县委、县政府积极支持制革产业向皮革制品行业转型，与皮革基地产业链相关的皮带、宠物用品等行业加快发展，2007年水头镇皮件加工生产总值首次突破20亿元。

转型升级期（2008—2012年） 2008年始，县委、县政府继续加大对皮革基地改造提升的工作力度，不断推进制革产业的绿色化和皮革行业多元化发展。以皮革基地为核心，一批制革企业纷纷向皮带、皮包等皮革制品行业转型。制革行业和皮革基地转型升级的要求迫切。2008—2012年，编制《平阳县皮革产业转型升级实施方案（2011—2015年）》，出台《制革行业污染整治实施方案》。2012年，按照县委、县政府的决策部署，水头镇对制革产业进行改造提升，实行转鼓收购和企业重组，投入资金1.07亿元，共收购制革转鼓301个，保留转鼓223个。原39家制革企业组合成8家制革企业。其中3家企业为就地改造提升企业，其余5家为新建企业，总占地面积85亩。是年，水头制革、皮件制品、宠物用品等三个主要行业完成产值68.04亿元，占全镇工业总产值88%，行业主导作用明显。

制革产业与水头经济

20世纪80年代末90年代初，制革业在水头兴起后，全镇迅速掀起投资办厂的热潮，全镇经济呈现蓬勃发展的态势，1991年时就有家庭工业130余户。2000年，全镇产值千万元以上企业26家，5000万元以上企业7家，超亿元企业6家，500万元以上企业工业总产值再次居全县各乡镇之首。是年，水头镇制定优惠政策吸引大批外迁皮件加工企业回流，皮件加工行业得到进一步巩固，积极开拓国外市场，外贸出口1000万元以上企业16家，其中超亿元企业13家。温州远东皮革有限公司、温州侨信皮革有限公司等8家企业进入县国税纳税24强行列。

2004年，受制革基地停产改造、国家宏观调控、电力紧张、安全生产整改等因素影响，经济指标下降。年产值500万元以上规模企业51家，产值千万元以上企业32家，5000万元以上企业5家，产值超亿元企业2家。猪皮革、皮件、宠物用品等主导产业按照强力发展皮件的思路，完成总产值26.40亿元，其中皮件产值8.90亿元，宠物用品产值1.15亿元，成为水头镇工业经济主要增长点。是年，水头镇投入技改资金近6000万元，申报技改项目6个。全镇外贸出口供货值7.14亿元，猪皮革、皮件、宠物用品等主要产品的出口量占全镇出口产品总数的99.5%。创汇规模企业25家，其中出口产值1000万元以上17家，拥有自营出口权企业43家，自营出口总额4.58亿元。

2006年，全镇规模以上企业64家，超千元企业49家，5000万元以上企业9家，超亿元企业3家。主导产业不断加强，猪皮革、皮件、宠物用品等主导产业总产值达到38亿元，成为第一大产业和平阳支柱产业。在全面整治制革业过程中，全年工业总产值虽然有所回落，但是皮件生产总值首次突破20亿元，达到21.98亿元，使水头工业经济呈现良性发展态势。奋起皮业有限公司和温州蓝海鸥皮件有限公司生产的皮腰带获国家免检产品，温州蓝海鸥皮件有限公司生产的皮腰带和浙江侨信皮革有限公司的无铬鞣环保猪皮鞋业革被评为市名牌产品，奋起皮业有限公司和浙江侨信皮革有限公司的两个商标分别获得省、市知名商标。2006年，全镇实现外贸出口供货值7.70亿元，出口创汇企业28家，拥有自营出口权24家，自营出口总额5.30亿元。积极开展招商引资，合同利用外资75万美元，实际到位内资1919万元。2007年，实现外贸出口7.62亿元，自营出口总额4.69亿元。合同利用外资247万美元，实际利用外资215万美元，实际利用内资3271万元。

至2008年底，水头镇皮带及相关产业产值近30亿元，相关从业人员3万余人。2009年第一季度，平阳猪皮革出口同比下降72.40%，而皮带出口同比增长13%，是年3月份皮件的产值40余亿元。至2012年，水头镇共有皮带企业200余家，行业从业人员10余万人，有1000个种类8万种款式。七匹狼、花花公子、老人头、JEEP等数十个国内外品牌下单水头皮带企业。产品不仅占领全国各地小商品市场，还远销美国、欧洲、非洲、东南亚等20余个国家和地区。皮带产量不仅占全国市场份额的60%，而且全球每7条皮带就有1条产自水头。有9家企业被评为标准化良好行为企业，45家企业采用国际标准。2012年，省、市二级定检专项共抽查皮腰带170批次，合格167批次，批次合格率98.24%。水头皮腰带行业获浙江省著名商标2枚、浙江省知名商号1件、浙江名牌产品2个、温州市知名商标1枚、温州名牌产品8个。

制革企业的皮革下脚料为宠物用品生产企业提供充足的原材料，宠物用品企业与制革企业形成互利共生的模式。水头的宠物用品产业起步于20世纪90年代初，主要生产狗、猫、鸟、水族四类宠物的食品、玩具、服饰等用品。“狗咬胶”等主导产品，已通过欧盟认证，畅销欧美等发达国家。水头的宠物用品产业，从原材料到产成品，各个环节的配套服务都比较齐全。2008年，虽然受到金融危机冲击，但宠物用品产业仍保持着良好的增长势头，销售总收入达到9.16亿元，其中出口额为5.13亿元。2011年，水头宠物用品产值7.95亿元。2012年，产值8.69亿元，宠物用品企业20余家，宠物用品产量占全国市场份额60%以上。

制革行业的发展，促进皮件、宠物用品等行业的拓展，并带动金融、运输、酒店、房地产等行业的发展。2012年，全镇实现工农业总产值81.18亿元，规模以上企业实现外贸出口供货值18.51亿元，国地税收入2.95亿元，城镇居民人均可支配收入14695元，农村居民人均纯收入7881元。

第四章　萧江镇[1]

萧江镇位于平阳县中南部，东、东南与苍南县龙港镇为邻，南、西南与苍南县灵溪镇接壤，西北与水头镇相邻，东北与鳌江镇相连。萧江古名“古院里”，后因宋兵部侍郎萧振在此创建义渡，后世称其地为萧家渡，又因当地方言“家”同“江”同音，渐演为萧江。萧江镇地处江西垟平原，属鳌江下游南港流域。辖区有三条鳌江支流：横阳支江、萧江塘河、沪山内河。镇区河网密布，水系众多，拥有塘河干流及8条支流。2012年11月，萧江镇总面积36.92平方千米，下设5个社区，辖56个村、4个居民社区。12月，全镇总面积79.69平方千米，下设10个社区，辖95个村、6个居民社区。

1992年，工农业总产值2.08亿元，至2012年，工农业总产值增加到111.26亿元；财政收入从2002年的9272万元增至2012年的2.94亿元；农民年人均纯收入从1989年的522元增至2012年的14462元；1989年，总户数13359户、总人口54246人，至2012年年底，总户数28558户、总人口109956人。萧江镇是中国塑料编织第一镇、市30个强镇之一；曾获全国造林绿化百佳乡镇、中国太极之乡、省文明城镇、省体育强镇、省绿色小城镇、省科普示范镇、省生态镇等称号。

1989—2012年萧江镇经济和社会发展情况一览表

表40-4-1

年份(年)	项目	村数(个)	居民区数(个)	村民小组(个)	户数(户)	人口(人)	其中，非农业人口(人)	农村劳动力(人)	农民年人均纯收入(元)	工农业总产值(万元)	工业总产值(万元)	农林牧渔总产值(万元)	耕地面积(亩)	粮食总产量(吨)
1989	小计	58	5		13359	54246	3854		522				30541	21148
	萧江镇	20	5		5318	22738	3638	10834	655				10696	8230
	夏桥乡	14			2750	10980	61		416				6426	4307
	后林乡	12			2859	11282	79		535				7677	5814
	桃源乡	12			2432	9246	76		354				5742	2797
1990	小计	58	5		13414	54206	3840		547				30593	17781
	萧江镇	20	5		5323	22776	3628		731				10763	7111
	夏桥乡	14			2842	11124	61		423				6414	3466
	后林乡	12			2808	11105	80		543				7674	4846
	桃源乡	12			2441	9201	71		318				5742	2358
1991	小计	58	5		13794	54656	3883		588				30340	21963
	萧江镇	20	5		5681	22945	3653		751				10579	8697
	夏桥乡	14			2873	11231	63		481				6356	4733
	后林乡	12			2864	11217	89		623				7663	6248
	桃源乡	12			2376	9263	78		333				5742	2285
1992	小计	58			10879	54939	3887	29208	615	20794	16095	4699	30030	17946
	萧江镇	46			8550	45646	3805	24344	678	19297	15261	4036	24298	15810
	桃源乡	12			2329	9293	82	4864	330	1497	834	663	5732	2136

① 2012年12月，麻步镇并入萧江镇。为表述方便，将原萧江镇和原麻步镇分别加以表述，涉及两镇合并后的情况，在萧江镇这一章中表述。

续表 40-4-1

年份（年）	项目	村数（个）	居民区数（个）	村民小组（个）	户数（户）	人口（人）	其中，非农业人口（人）	农村劳动力（人）	农民年人均纯收入（元）	工农业总产值（万元）	工业总产值（万元）	农林牧渔总产值（万元）	耕地面积（亩）	粮食总产量（吨）
1993	小计	58	5		13997	55453	4441	23750	753	19953	17590	2363	29249	18156
	萧江镇	46	5		11629	46098	4357	19079	831	18430	16548	1882	23768	16492
	桃源乡	12			2368	9355	84	4671	403	1523	1042	481	5481	1664
1994	小计	58	5		13141	55704	4649	26567	1749	56120	53285	2835	28778	19367
	萧江镇	46	5		10773	46313	4567	21667	2028	54176	51765	2411	23359	17044
	桃源乡	12			2368	9391	82	4900	496	1944	1520	424	5419	2323
1995	小计	58	5	561	13495	56193	4828	27398	2243	102793	96284	6509	28445	21449
	萧江镇	46	5	478	11024	46592	4742	22126	2628	99839	93877	5962	23035	19637
	桃源乡	12		83	2471	9601	86	5272	550	2954	2407	547	5410	1812
1996	小计	58	6	561	13642	56899	4898	28711	3534	115545	108532	7013	28371	22214
	萧江镇	46	6	478	11171	47297	4813	23758	3857	111796	105969	5827	22977	19817
	桃源乡	12		83	2471	9602	85	4953	2091	3749	2563	1186	5394	2397
1997	小计	58	6	561	13175	55497	5604	29257	3816	142156	134154	8002	28085	21336
	萧江镇	46	6	478	10691	45298	5442	24304	4324	138158	131382	6776	22731	19110
	桃源乡	12		83	2484	10199	162	4953	1801	3998	2772	1226	5354	2226
1998	小计	58	6	563	13410	57692	5904	30955	4152	166505	157197	9308	27792	20113
	萧江镇	46	6	480	10925	47490	5735	26014	4643	161716	153610	8106	22605	17851
	桃源乡	12		83	2485	10202	169	4941	2110	4789	3587	1202	5187	2262
1999	小计	61	6	565	13708	59533	5720	32502	4854	193762	182916	10846	27392	21890
	萧江镇	49	6	482	11218	49359	5550	27376	5457	189558	179813	9745	22215	19210
	桃源乡	12		83	2490	10174	170	5126	2213	4204	3103	1101	5177	2680
2000	小计	61	6	501	16307	60331		34716	4595	203400	197100	6300	25871	17464
	萧江镇	49	6	418	14084	49994		28147	5023	198800	193700	5100	19894	15336
	桃源乡	12		83	2223	10337		6569	2526	4600	3400	1200	5977	2128
2001	小计	61	6	501	14878	61765		29632	4820	229033	222115	6918	24036	16226
	萧江镇	49	6	418	12367	51527		25069	5174	223931	218230	5701	18839	14132
	桃源乡	12		83	2511	10238		4563	3037	5102	3885	1217	5197	2094
2002	小计	61	6	592	15554	61797	6143	34626	5573	264199	258300	5899	25180	15141
	萧江镇	49	6	509	13029	51529	5961	29677	6050	259690	254900	4790	19451	13025
	桃源乡	12		83	2525	10268	182	4949	3416	4509	3400	1109	5729	2116
2003	小计	61	6	592	15821	61791	6340	38122	6379	295347	288400	6947	25081	12680
	萧江镇	49	6	509	13270	51487	6150	32866	7013	291881	286200	5681	19292	11177
	桃源乡	12		83	2551	10304	190	5256	3536	3466	2200	1266	5789	1503
2004	小计	59	4	583	16001	61763	6490	37262	7180	319091	310000	9091	25061	12921
	萧江镇	49	4	500	13437	51547	6315	32118	7926	314271	306800	7471	19288	11224
	桃源乡	10		83	2564	10216	175	5144	3819	4820	3200	1620	5773	1697

续表 40-4-1

年份(年)	项目	村数(个)	居民区数(个)	村民小组(个)	户数(户)	人口(人)	其中，非农业人口(人)	农村劳动力(人)	农民年人均纯收入(元)	工农业总产值(万元)	工业总产值(万元)	农林牧渔总产值(万元)	耕地面积(亩)	粮食总产量(吨)
2005	小计	57	4	583	16084	61840	5646	36217	7258	340019	331900	8119	25038	12163
	萧江镇	49	4	500	13488	51711	5458	31322	7932	334814	328300	6514	19265	10581
	桃源乡	8		83	2596	10129	188	4895	4123	5205	3600	1605	5773	1582
2006	小计	57	4	583	16287	61991	6777	39883	7620	416828	409000	7828	24924	13581
	萧江镇	49	4	500	13650	51853	6550	34822	8350	412223	405700	6523	19161	11995
	桃源乡	8		83	2637	10138	227	5061	4282	4605	3300	1305	5763	1586
2007	小计	57	4	527	16493	61996	6926	39659	8238	515367	507700	7667	24924	9785
	萧江镇	49	4	460	13828	51906	6705	34460	9018	508511	502500	6011	19161	8862
	桃源乡	8		67	2665	10090	221	5199	4664	6856	5200	1656	5763	923
2008	小计	56	4	535	16539	62189	7043	44126	9828	577770	568400	9370	24175	12802
	萧江镇	48	4	468	13861	52216	6766	38563	10850	572886	565300	7586	18411	11073
	桃源乡	8		67	2678	9973	277	5563	5037	4884	3100	1784	5764	1729
2009	小计	56	4	531	16522	63062	7400	39597	10991	570694	562000	8694	24074	11430
	萧江镇	48	4	464	13840	53011	7032	33502	12150	564358	557300	7058	18310	9961
	桃源乡	8		67	2682	10051	368	6095	5490	6336	4700	1636	5764	1469
2010		56	4	531	16511	63883	8046	43058	12410	708713	698400	10313	23622	13330
2011		56	4	416	16462	64435	8059	42797	13915	791216	778800	12416	23372	14646
2012		95	6		28558	109956	12009	72894	14462	1112564	1089700	22864	23372	19186

说明：数据主要摘自《平阳统计年鉴》，少量摘自《平阳县农经统计年报》

第一节　建置与区划

建置沿革

清属凤林乡。民国14年(1925)隶属南港镇。民国28年(1939)隶属南港区。民国29年(1940)南港区改为灵溪区。民国30年(1941)设萧江乡，隶属灵溪区。民国35年(1946)灵溪区改为南港区。1950年，划归麻步区。1952年，改为萧江镇。1956年4月，改为萧江乡，11月仓桥、大同、浦山乡并入，划归灵溪区。1958年，设立麻步公社萧江管理区。1961年，设立萧江公社，属麻步区。1984年，改为萧江乡。1985年4月，改为萧江镇。1992年，后林和夏桥乡并入，2010年5月，桃源乡并入，2012年12月，麻步镇并入，称萧江镇。

行政区划

1989年，原萧江镇下设3个办事处，辖20个村、5个居民区。1992年，后林、夏桥两乡并入萧江镇，萧江镇下设5个办事处，辖46个村、5个居民区。1999年，原萧江镇新增杨梅庄村、鹤湖村、胜光村3个村。2004年，上市桥居民区、校前居民区合并为胜利居民区，双庆居民区、沿江居民区合并为双榕居民区。2004—2005年，原桃源乡12个村调整为8个村。2010年，撤销桃源乡建制，并入萧江镇，下设6个办事处，辖56个村、4个居民社区。2011年底，萧江镇撤销办事处，实行社区管委会管理制度，成立5个社区，其中街道办事处和大同办事处合并成立大同社区。2012年12月，镇政府迁往欣雅村永安街111号，辖95个村、6个居民社区。

2012年萧江镇社区情况一览表

表 40-4-2

社区名称	驻地	面积（平方千米）	村（社区）名称	面积（亩）	户数（户）	人口（人）	2001年的村、居
桃源社区	桃源村	11.08	曾山村	1769	323	1321	曾山村
			岩山村	1869	437	1769	岩山村
			桃岭村	1681	200	728	桃岭村
			包岙村	2117	244	918	包岙村
			桃源村	2168	313	1140	桃源村
			塔下村	1686	259	1086	塔下村
							渡心村
			硐垵村	4169	526	2015	丰林村
							洞垟村
							丰泉村
			兴源村	1160	299	1185	后江村
							陡门头村
大同社区	庄里路	3.91	西炉村	752	331	1265	西炉村
			岱口村	978	275	1096	岱口村
			江边萧村	595	155	626	江边萧村
			直浃河村	418	241	1024	直浃河村
			毛家处村	681	231	960	毛家处村
			青龙村	632	237	968	青龙村
			立后村	615	184	779	立后村
			四大屋村	556	223	898	四大屋村
			萧江村	605	247	1079	萧江村
			沿河社区		963	3496	沿河居民区
			庄里社区		393	1510	庄里村
							富强居委会
			胜利社区		540	2052	上市桥居委会
							校前居委会
			双榕社区		519	1949	双庆居委会
							沿江居委会
萧东社区	胜利路	5.47	杨梅庄村	733	168	695	杨梅庄村
			潘汇村	856	338	1313	潘汇村
			潘南村	875	450	1755	潘南村
			鹤湖村	540	129	521	鹤湖村
			裕丰村	466	189	812	裕丰村
			河头垟村	676	221	903	河头垟村
			浃底村	498	145	569	浃底村
			夏宅村	417	122	498	夏宅村
			山桥村	760	277	1149	山桥村

续表 40-4-2

社区名称	驻地	面积（平方千米）	村（社区）名称	面积（亩）	户数（户）	人口（人）	2001年的村、居
萧东社区	胜利路	5.47	山下垟村	768	207	833	山下垟村
			落马村	1627	274	1192	落马村
			落马头村		238	940	落马头村
后林社区	后林村	8.49	凤头村	1155	334	1341	凤头村
			淡浦村	611	143	603	淡浦村
			兰花桥村	613	160	597	兰花桥村
			下汇村	773	226	926	下汇村
			胜光村	819	185	759	胜光村
			前河头村	454	168	648	前河头村
			高黎村	728	245	934	高黎村
			上宅村	809	265	1038	上宅村
			上汇村	757	226	942	上汇村
			张家山村	768	318	1314	张家山村
			后林村	1178	445	1686	后林村
			前林村	750	222	894	前林村
			垟浦村	930	306	1235	垟浦村
夏桥社区	垟心村	7.97	垟心金村	899	314	1365	垟心金村
			夏桥村	758	280	971	夏桥村
			上园村	736	234	973	上园村
			浦口村	631	182	758	浦口村
			棋盘桥村	621	200	818	棋盘桥村
			河浦村	1113	292	1174	河浦村
			夏后垟村	644	243	995	夏后垟村
			永门村	1638	261	1037	永门村
			河峥村	714	186	670	河峥村
			前村村	445	153	623	前村村
			门前垟村	244	111	439	门前垟村
			岙底坑村	2302	179	728	岙底坑村
			河坤村	418	105	414	河坤村
			叶段村	813	300	1216	叶段村

说明：人口数据不含集体户，由县公安局提供；土地数据由县国土局提供；其余资料由萧江镇人民政府提供

第二节　经　济

农业

种植业　粮食作物：1989年，原萧江镇粮食作物播种面积20474亩，总产量8231吨，其中谷物播种面积20308亩，总产量8170吨；豆类播种面积10亩，总产量1吨；薯类播种面积156亩，总产量60吨。2002年，粮食作物播种面积38105亩，总产量15141吨。其中，谷物播种面积35481亩，总产量14666吨；豆类播种面积2189亩，总产量370吨；薯类播种面积435亩，总产量105吨。2012年，粮食作

物播种面积46503亩，总产量19186吨。其中，谷物播种面积38098亩，总产量16987吨；豆类播种面积4072亩，总产量739吨；薯类播种面积4333亩，总产量1461吨。

经济作物：1989年，原萧江镇油料播种面积130亩，总产量10吨；蔬菜播种面积1562亩，果用瓜播种面积7亩。2002年，蔬菜播种面积7078亩，总产量8512吨；果用瓜播种面积1310亩，总产量3297吨。2012年，油料播种面积1765亩，总产量210吨；蔬菜播种面积21484亩，总产量26511吨；果用瓜播种面积7205亩，总产量8917吨。是年，完成1200亩大棚建设，形成大棚蔬菜、中草药（黄栀，太子参）、马蹄笋等农业产业。

2002—2012年萧江镇农作物播种面积和产量统计表

表40-4-3

年份（年）		农作物总播种面积（亩）	粮食作物			其中						油料		甘蔗		蔬菜（含菜用瓜）		果用瓜	
						谷物		豆类		薯类									
			播种面积（亩）	总产量（吨）	总产值（万元）	播种面积（亩）	总产量（吨）	播种面积（亩）	总产量（吨）	播种面积（亩）	总产量（吨）	播种面积（亩）	总产量（吨）	播种面积（亩）	总产量（吨）	播种面积（亩）	总产量（吨）	播种面积（亩）	总产量（吨）
2002	小计	48501	38105	15141	3573	35481	14666	2189	370	435	105			850	1275	7078	8512	1310	3279
	萧江镇	40119	31902	13025	2872	30510	12788	1292	202	100	35			850	1275	5710	7077	1055	3010
	桃源乡	8382	6203	2116	701	4971	1878	897	168	335	70					1368	1435	255	269
2003	小计	50764	32336	12680	4803	27429	11767	3682	503	1225	410			1135	1703	9249	11630	3597	5329
	萧江镇	42680	27816	11177	3769	24547	10578	2642	380	627	219			1135	1703	7661	9500	2588	3370
	桃源乡	8084	4520	1503	1034	2882	1189	1040	123	598	191					1588	2130	1009	1959
2004	小计	52010	33713	12921	6184	28356	11888	3791	511	1566	522			1209	1814	9657	12753	4393	10396
	萧江镇	43321	28740	11224	4915	25364	10607	2696	379	680	238			1209	1814	7661	9959	3319	8261
	桃源乡	8689	4973	1697	1269	2992	1281	1095	132	886	284					1996	2794	1074	2135
2005	小计	54159	36345	12163	6185	31235	11204	3645	481	1465	478			1097	1646	9606	12488	4146	9699
	萧江镇	44998	31108	10581	4916	28141	10043	2387	334	580	204			1097	1646	7224	9391	3099	7815
	桃源乡	9161	5237	1582	1269	3094	1161	1258	147	885	274					2382	3097	1047	1884
2006	小计	54521	36651	13581	6187	31508	12593	3685	488	1458	500			1097	1646	9686	12242	4161	9195
	萧江镇	45498	31608	11995	5131	28641	11455	2387	336	580	204			1097	1646	7224	9290	3099	7815
	桃源乡	9023	5043	1586	1056	2867	1138	1298	152	878	296					2462	2952	1062	1380
2007	小计	42692	33513	9785	4314	30030	8912	2352	399	1131	475			470	1195	3930	4810	4149	6682
	萧江镇	33643	28751	8862	3280	27230	8379	992	219	529	265			450	1125	1100	1980	3232	5444
	桃源乡	9049	4762	923	1034	2800	533	1360	180	602	210			20	70	2830	2830	917	1238
2008	小计	43728	30248	12802	5719	25615	11812	2552	382	2081	608	138	14	440	1110	7155	11155	2842	5004
	萧江镇	34458	24897	11073	4534	22576	10564	1182	196	1139	313	60	6	430	1075	5000	9000	1839	3678
	桃源乡	9270	5351	1729	1185	3039	1248	1370	186	942	295	78	8	10	35	2155	2155	1003	1326
2009	小计	48459	32665	11430	5242	28549	10515	2175	307	1941	608	858	97	310	635	7971	10808	3195	5587
	萧江镇	38841	27327	9961	4192	25485	9482	797	132	1045	347	710	71	295	590	5674	8511	2165	4330
	桃源乡	9618	5338	1469	1050	3064	1033	1378	175	896	261	148	26	15	45	2297	2297	1030	1257

续表 40-4-3

年份（年）	农作物总播种面积（亩）	粮食作物			其中						油料		甘蔗		蔬菜(含菜用瓜)		果用瓜	
					谷物		豆类		薯类									
		播种面积（亩）	总产量（吨）	总产值（万元）	播种面积（亩）	总产量(吨)	播种面积（亩）	总产量（吨）	播种面积（亩）	总产量（吨）	播种面积（亩）	总产量（吨）	播种面积（亩）	总产量（吨）	播种面积（亩）	总产量（吨）	播种面积（亩）	总产量（吨）
2010	48307	33983	13330	6528	29743	12158	2259	440	1981	733	589	92	227	464	7812	10573	2196	3820
2011	46120	32644	14646	7877	28081	13260	2627	596	1936	790	329	54	205	410	8550	12825	2117	4224
2012	80850	46503	19186	14622	38098	16987	4072	739	4333	1461	1765	210	535	980	21484	26511	7205	8917

说明：数据摘自《平阳统计年鉴》

林业　1992年，人工造林225亩；茶园总面积308亩，茶叶总产量1.31吨；果园总面积660亩，水果总产量184吨。2002年，人工造林256亩；幼林抚育面积1350亩；果园总面积1121亩，水果总产量3808吨；林业产值37万元。2012年，人工造林面积1840亩，幼林抚育面积2085亩；茶园总面积440亩，茶叶总产量5.70吨；果园总面积6000亩，水果总产量10483吨；林业产值285万元。

2002—2012 年萧江镇林业情况一览表

表 40-4-4

年份（年）		人工造林面积（亩）	零星植树（万株）	幼林抚育面积（亩）	茶园总面积（亩）	茶叶总产量（吨）	果园总面积（亩）	水果总产量（吨）	林业产值（万元）	林产品（万元）	竹木采运（万元）
2002	小计	256	1.80	1350			1121	3808	37	22	
	萧江镇	227	1				470	3118	21	14	
	桃源乡	29	0.80	1350			651	690	16	8	
2003	小计		2	180			885	5790	86	76	5
	萧江镇		1.50				480	3486	25	19	4
	桃源乡		0.50	180			405	2304	61	57	1
2004	小计		2	7			715	10744	40	32	4
	萧江镇		2				310	8361	22	15	4
	桃源乡			7			405	2383	18	17	
2005	小计		3				3474	9812	40	32	4
	萧江镇		2				3099	7815	22	15	4
	桃源乡		1				375	1997	18	17	
2006	小计						3724	9319	20	16	
	萧江镇						3099	7815	4		
	桃源乡						625	1504	16	16	
2007	小计		2.50		150	2	925	7590	125	108	17
	萧江镇		2				300	6044	18	3	15
	桃源乡		0.50		150	2	625	1546	107	105	2
2008	小计		2.50		150	0.20	546	5736	55	32	23

续表 40-4-4

年份（年）		人工造林面积（亩）	零星植树（万株）	幼林抚育面积（亩）	茶园总面积（亩）	茶叶总产量（吨）	果园总面积（亩）	水果总产量（吨）	林业产值（万元）	林产品（万元）	竹木采运（万元）
2008	萧江镇		2				100	4078	14	2	12
	桃源乡		0.50		150	0.20	446	1658	41	30	11
2009	小计		2.50		150	0.20	442	6152	47	37	10
	萧江镇		2				50	4780	8	3	5
	桃源乡		0.50		150	0.20	392	1372	39	34	5
2010			5		150	2.70	850	4335	47	29	5
2011		345	5		150	4.20	400	4624	40	30	4
2012		1840	6	2085	440	5.70	6000	10483	285	67	156

说明：数据摘自《平阳统计年鉴》

畜牧业 1989年，生猪年末存栏1136头，牛年末存栏80头，畜牧业产值60万元。2002年，生猪年末存栏4615头，牛年末存栏231头，羊年末存栏750只，家禽年末存栏54550只，兔年末存栏99只，畜牧业产值1929万元。2012年，生猪年末存栏6898头，牛年末存栏682头，羊年末存栏2148只，家禽年末存栏190610只，兔年末存栏2010只，畜牧业产值6950万元。是年，建成胜光奶牛、万达鸽子（鸽子约10000羽）等养殖示范基地。

2002—2012年萧江镇畜牧业情况一览表

表 40-4-5

年份（年）		生猪年末存栏数（头）	牛年末存栏数（头）	羊年末存栏数（只）	家禽年末存栏数（只）	兔年末存栏数（只）	畜牧业产值（万元）
2002	小计	4615	231	750	54550	99	1929
	萧江镇	3780	135	200	49000	70	1687
	桃源乡	835	96	550	5550	29	242
2003	小计	6001	79	618	83320	920	1916
	萧江镇	5655	60	568	75155	875	1745
	桃源乡	346	19	50	8165	45	171
2004	小计	5656	180	805	51523	446	2609
	萧江镇	5324	154	440	47283	366	2326
	桃源乡	332	26	365	4240	80	283
2005	小计	3628	147	399	50260	493	1594
	萧江镇	3289	116	319	46365	433	1326
	桃源乡	339	31	80	3895	60	268
2006	小计	3378	150	751	78599	66	1592
	萧江镇	3063	117	681	63331		1388
	桃源乡	315	33	70	15268	66	204
2007	小计	2218	115	414	151738	10	3228
	萧江镇	2167	89	329	96456		2713
	桃源乡	51	26	85	55282	10	515

续表 40-4-5

年份(年)		生猪年末存栏数(头)	牛年末存栏数(头)	羊年末存栏数(只)	家禽年末存栏数(只)	兔年末存栏数(只)	畜牧业产值(万元)
2008	小计	3630	205	1054	165673	225	3506
	萧江镇	3508	131	735	110300		2998
	桃源乡	122	74	319	55373	225	508
2009	小计	4210	335	1011	132861		3327
	萧江镇	3330	206	810	97200		2858
	桃源乡	880	129	201	35661		469
2010		4701	286	971	144442		3488
2011		4583	289	1060	155430		4002
2012		6898	682	2148	190610	2010	6950

说明：数据摘自《平阳统计年鉴》

特色农产品　包岙杨梅：位于包岙村的小林山上，种植面积110亩，于2002年开始栽种。青龙长寿面：萧江青龙村有传统手工制作长寿面（又称纱面）的习俗，选用精制面粉，经过甩条、上条、拉出2米余长晒干后，放入包装袋。1989年，长寿面加工作坊9家，年产量81吨。2012年，青龙村长寿面手工作坊4家，年产量45吨。

农业基地　后垟大棚番茄园：拥有大棚番茄200余亩，其中小番茄约100亩，还有100余亩的瓯柑基地。奶牛场：平阳县万兴奶牛场位于萧江镇河峥村，占地面积12亩。建有牛舍4幢1950平方米130个栏位，存栏黑白花奶牛208头，其中成年产奶牛112头。2012年，该场年收入208.50万元，其中生产牛奶450吨，收入190万元。是年，该场开始租用农田200余亩用于种植墨西哥玉米，开展农牧结合生态养牛，牛场实现生态与效益的双赢。

工业

萧江镇主导工业是塑编产业。萧江镇塑编产业发展始于1978年，以后逐渐从单一的塑编袋生产逐步向多元化、高新化的塑料包装系列产品生产发展，并且形成塑料机械、复合、彩印、电雕制版等配套产业链。1989年，萧江镇第一家规模生产编织袋股份制民营企业——平阳县编织袋厂在夏宅路投产，占地面积2800平方米，投资50万元建成一条编织袋生产线。1990年，平阳县塑料八厂建成投产，占地面积2000平方米。1991年，平阳县丙塑厂创建，投资96万元建成两条编织袋生产线。1994年，平阳县华越编织厂落户后林新村。1999年，中国地区开发促进会命名萧江镇为“中国塑料编织城”“中国塑料编织第一镇”。2012年，萧江镇工业园区4个，引进企业1438家，从业人数22782人；规模以上企业54家，从业人员9587人，产值410585万元；超亿元企业11家；工业总产值108.97亿元。

商业

1989—1992年，萧江镇商业活动以集体所有制供销社销售为主。萧江镇供销社下辖萧江供销社（包括萧江生产站、布店、五金店、书店等）、后林供销社、夏桥供销社，全镇商业网点较少。2012年末，萧江镇共有商业网点500个，社会商品销售总额18.36亿元，市场成交额11.80亿元；出口商品1.70亿元；龙头产品编织袋、烟花等遍销全国各地并外销韩国、泰国、缅甸、马来西亚等24个国家。是年，双赢物流中心一期、现代汽车4S店建成营业，国际商务中心主体结顶，萧江地税地块、邮政地块、四大屋商业综合体顺利出让，现代服务业集群开始形成。

专业市场　华东农贸综合市场是县首个现代化服务业招商项目。2008年，交易额2.8亿元。2012年，市场拥有221家参茸经营户，主要经营燕窝、鹿茸、冬虫夏草等高档滋补品420余种，是华东地区滋补品主要销售集散地之一，市场辐射全国各地。

华东农贸市场参茸经营（2012年）

财政金融

财政　2002年，萧江镇财政总收入9272万元。2012年，萧江镇财政总收入2.94亿元，其中地方财政收入1.76亿元。

金融　1954年，萧江农村信用社成立。1993年6月，建行萧江支行成立。2009年1月，萧江工行成立。1999年，萧江镇各项存款余额8691万元，各项贷款余额9386万元。2012年年底，萧江镇有中国工商银行、中国农业银行、中国建设银行以及中国邮政储蓄、平阳农村信用联社的营业点，还有恒信小额贷款公司等各项存款余额133619万元，各项贷款余额257302万元。

第三节　社会事业

教育

2007年，萧江镇获省教育强镇称号。

幼儿园　1989年，原萧江镇幼儿园2所，在园幼儿452人。1992年，幼儿园4所，在园幼儿816人。2010年，幼儿园5所，在园幼儿1286人。2012年11月，萧江镇(不含麻步镇)幼儿园10所，班级83个，在园幼儿3018人，专任教师176人。

小学　1989年，原萧江镇中心小学1所、村完全小学5所，班级59个，学生3112人，教职工81人。1992年，中心小学3所、村完全小学12所，班级123个，学生5862人，教职工151人。2010年，中心小学4所、村完全小学6所，班级133个，学生6937人，教职工186人。2012年11月，萧江镇(不含麻步镇)小学7所，班级116个，学生5538人，教职工303人。

中学　1989年，原萧江镇初中1所，班级13个，学生735人，教职工35人。1992年，初中2所，班级21个，学生1119人，教职工46人。1995年，萧振高级中学创办。2010年，初中2所，班级27个，学生1819人，教职工65人。2012年11月，萧江镇(不含麻步镇)初中2所，班级45个，学生1764人，教职工203人。民办高中1所，班级27个，学生1421人，教职工108人。2012年，萧江镇一中、二中为省示范初中。

文化

文化设施　1989年，萧江镇广播入户率99%。1992年，成立萧江有线电视站。1996年，有线电视联网，广播停播。1997年，萧江电影院建成，拥有座位800余个，成为萧江镇文化中心；2004年，拆建为萧江大厦。2006年，实现电视村村通，有线电视用户11200余户。2011年，建成萧江图书馆，总建筑面积660平方米，藏书25000余册。2012年12月，麻步中心站合并到萧江中心站；中心站将模拟电视32套改为数字电视73～91套，安装光缆主干线89千米，用户11000余户。是年末，萧江镇文化站1个，村文化活动中心61个。公共图书馆(室)31个，藏书12.30万册。

文化活动　1993年，萧江京剧社参加县京剧清唱大赛获一等奖。1994年，参加县“纪念梅兰芳、周信芳一百周年诞辰”京剧会演，演出《将相和》剧目。2012年，文化艺术团体40个，会员821人；文化专业户11个。

萧江大鼓　萧江镇的一张文化名片。大鼓牛皮鼓面、杉木鼓身，始创于明朝后期，当时用于抗倭传令。鼓声洪亮，数里可闻，有“初一打鼓，声传十五”的夸张民谚。1990年重造，直径2.63米，鼓高2米，置于萧江桔坡山鼓楼中。20世纪90年代初，平阳一批民间艺人根据该鼓在抗击倭寇时击鼓传令的集合、编队、出发、抗敌、得胜收兵等情节编成民间舞蹈表演，名为“萧江大鼓”，后演变成庆太平盛世的广场鼓乐舞。曾参加全国第七届艺术节“风从东南来”的文艺晚会、全国群星奖展演、浙江省群星奖展演、第三届澳门妈祖文化旅游节、上海世博会浙江周《春涌浙江》展演和第八届全国残运会开幕式等演出，获得诸多奖项。2009年，萧江大鼓舞被列入市非物质文化遗产名录。

庙会　农历四月二十九，地点萧江桔坡山，会期前后共3天。萧江橘坡山太阴宫历来有庙会习俗，有做庙戏、抬佛等活动。

医疗卫生

1989年，有1个中心医院——麻步卫生所，8个乡镇保健所——麻步、萧江、后林、夏桥、渔塘、塘北、树贤、桃源(2012年12月辖区内)。1992年，后林乡、夏桥乡并入萧江镇。萧江卫生所辖萧江卫生院、后林卫生院(包括雅回卫生院)、夏桥卫生院。2012年11月，各级各类医疗卫生机构54家，病床95张，固定资产总值1447.37万元。专业卫生人员177人，其中主任医师2名，副主任医师5名，主治医师15名，执业医师18名，执业助理医师10名，注册护士44名，主管药师、主管检验师、主管技师各1名。完成医疗业务：出院病人3072人次，门诊17.68万人次，手术490人次，妇产科分娩977例。

环境卫生

1989年，成立萧江镇环境卫生管理所，清扫工人5人，配备手拉式板车5辆。1992年，农用车5吨式1辆，手拉式板车20辆，清扫面积6万平方米，日清理垃圾量8吨左右。1989—1994年，垃圾倾倒在桃源乡硐垵村。1994—2003年，垃圾倾倒在梅溪乡凤尾山村。2004年，垃圾运到填埋场进行生态填埋。2012年，县生态发电厂运行，垃圾全部运往县生态发电厂统一处置。是年，镇环卫所办公楼1座9间二层楼，职工92人；垃圾中转站1座，垃圾压缩机2台，密封式垃圾运输车2辆，清扫车1辆，洒水车1辆，垃圾收集车1辆，手拉不锈钢清洁车55辆，电动三轮车20辆，果壳箱300余个，垃圾桶1000个。负责全镇65万平方米(包括麻步镇25万平方米)道路、2个农贸市场、5个住宅小区的清扫保洁，日清运垃圾量80吨左右。建成区内已建成7座水冲式公厕，均有专人管理；财政拨款510万元。

体育

1990年，萧江镇获省少年排球赛团体第一名。1992年8月，承办县第三届全民运动会，获县三运会总分、金牌第三名；镇太极协会邵康定代表县、市参赛获全国第二名、全省第一名。2012年，萧江镇有萧江太极拳协会、平阳足球协会萧江分会、平阳县信鸽协会萧江分会等12个群众体育团体和平阳县南北少林武林精英体校、健美馆等体育机构，会员725人；篮球场10个、门球场2个、乒乓球室18个、羽毛球场2个、足球场1个、巾帼健身苑3个、群众健身场65处。

社会保障

社会救助　2011年，城镇最低生活保障户7户、9人，支出3.12万元。农村最低生活保障户476户、680人，支出152.80万元。医疗救助68人次，支出11万元；五保供养63人，支出23万元。国家抚恤、补助各类优抚对象277人，抚恤事业费支出120万元。敬老院2所，床位88张。2012年，城镇最低生活保障户数8户、12人，支出5.60万元。农村最低生活保障户数437户、646人，支出152.20万元；医疗救助161人次，支出68.50万元；五保供养47人，支出21万元。

社会保险　2006年，实行新型农村合作医疗保险和政策性保险农村住房保险。2011年，城乡居民社会养老保险参保1.20万人，社会保障基金支出721.10万元。11月，新型农村合作医疗参保48629人。2012年年末，参加城乡居民社会养老保险4685人(含麻步镇)，新型农村合作医疗参保51836人。

第四节　基础设施

运输

2000年，萧江镇永乐路全线贯通并与104国道线连接，成为萧江镇主要交通道路；沿线也成为主要住宅街道之一。2004年，萧江夏桥至岙底水泥

桃源大桥（2012年）

路建成通车，2005年，萧江至岙底公交路线开通，2010年停开。2010年，开通萧江至桃源公交班车，完成70千米农村康庄联网工程。2012年，镇区共有桥梁36座，总长度2.04千米；镇区公交汽车线路1条，运营总里程12千米，年客运量3万人次。

邮政电信

1988年，业务收入16万元。1989年，萧江邮电支局职工19人，负责26个村、2.10万人口的通信任务，邮路和投递路线6条，总长132.70千米。2012年年末，萧江邮政支局职工21人，投递路线单程总长度80千米，投送范围8平方千米。乡村通邮率100%，业务收入320万元；全年电信业务收入约1500万元，固定电话用户约9500户，移动电话用户8200余户，宽带接入用户约7600户。

给排水

1986年，创建萧江自来水厂。1997年，扩建后日供水量0.80万吨，生产车间在桔坡山，取水点在落马头村，水源为横阳支江水。2002年4月，萧江第二水厂正式立项，2011年5月1日通水；总投资3900余万元，水源来自顺溪水库，日供水量为1.50万吨。至2012年，日供水量高峰达到1.80万吨；供水范围为18个行政村，4个社区，约4万余人口。管网DN100～500管径长度70余千米。是年，排水管道97.50千米，完成污水治理工程12项，日污水处理能力0.70万吨。

电力

1995年，改造老化线路360档，其中新建10千伏高压205档、低压155档，新增及改造变压器55台，组装新电表2500只。1998年，完成全镇用电线路改造，建成用电标准村30个，山区实现户户通电。2012年，镇区110千伏变电所2座，主变压器4台，总容量180000千伏安，高压输电线路50条，总长度320.23千米，用电负荷77100.68万千瓦。年售电量累计76552.32万千瓦时。

专记：

中国塑料编织城

萧江镇因盛产塑料编织袋而闻名遐迩，是全国最大塑编产销基地。1999年，被中国地区开发促进会命名为“中国塑料编织城”“中国塑料编织第一镇”。2001年，产品销售总量占全国总产量的1/6。据不完全统计，至2012年塑编及相关行业生产企业近300家，其中年产值2000万元以上企业35家。全镇拥有200余条流水生产线和各种织机6500余台，其中圆织机6200余台、复合机109台、拉丝机190套，年产值约50亿元。塑编产品畅销国内市场并远销欧美、东南亚等国际市场。

塑编产业的诞生与兴起

初创阶段（20世纪70年代末至80年代初） 萧江镇是传统的商贸重镇，自古以来“萧江渡”就是南北货物的集散地，当地居民有着很强的经商传统。萧江盛产毛竹，他们就地取材，用竹青编制凉席、用竹黄削制冰糕棍；个别掌握销售渠道的农户开始私下收购竹制品并销往全国各地，以社队企业的形式开始探寻致富之路。

1978年8月，萧江公社青龙大队（萧江镇青龙村）毛传臻出差到南通，偶然了解到塑料编织袋比传统的麻袋轻便结实，价廉物美，他便带上几只样品回家。在村支书毛传鲍的帮助下，村里27人集资6100元，租用民房4间，购置手拉编织机26台，办起萧江乃至全县第一家塑料编织厂——平阳青龙塑料编织厂。是年产值12万元，利润5万元。从“青龙”开始的编织袋生产，很快发展到萧江整个公社。同时，萧江销售人员的销售产品也逐渐从竹制品转向塑料编织袋。1982年，全公社生产塑料编织袋的企业34家，从业人员2779人，年产值791万元，缴纳税金31.60万元，利润23.90万元。萧江公社以《社队企业起飞了》为题，于1983年1月在温州市四级书记会议上作了典型介绍。1983年，萧江、后林等地塑料编织袋生产企业的业务大增，厂里完不成任务，大力发展厂外加工。1984年开始，塑料编织袋生产在全面扩大社队集体经营的同时，逐步发展以农民为主体的联户经营组。萧江、树贤先后发展的联户经营组有286个，编织袋加工扩大到腾蛟、水头、山门、顺溪等地。从此，塑编企业如雨后春笋般在平阳大地上冒了出来，在很短的时间内，塑编产业迅速成长为萧江乃至平阳县一大支柱产业。

成长发展阶段(20世纪80年代末至21世纪初)　20世纪80年代中期，由于塑料编织袋销售量激增，促进生产工具的更新，萧江塑编产业经历市场经济的洗礼和三次技术革命。

1985年，铁轮机替代木织机后，出现第一次质的飞跃，生产效率大大提高。1989年，萧江镇第一家规模生产编织袋股份制民营企业平阳县编织袋厂在夏宅路投产，率先购置拉丝机、自动圆织机，建成一条自动化编织袋生产线。1990年，家庭作坊发展成为股份合作企业，走上工业化的道路，涌现出一批塑编生产企业和有限公司，是为第二次飞跃。1991年11月，萧江镇8个厂把铁轮机改装为11条自动生产流水线，至1994年年底，萧江镇企业拥有圆筒塑料编织袋生产流水线108条；萧江上规模企业15家，年产量46728吨，年产值5.14亿元。1995年后，随着现代科技的应用，传统塑编业向现代塑包业转变，萧江镇塑编产业链迅速拉长、规模迅速扩大、产值迅速增加，出现第三次飞跃。至2000年，全镇塑编产业上规模企业110余家，其中年产值1000万元以上的企业19家，2000万元以上的企业5家，亿元以上企业2家。拥有自动圆筒塑料编织机2282台，塑料圆筒编织生产流水线200余条，复合、吹膜等塑编配套设备120余套，塑编彩印生产线98条。过去那种家庭式的小作坊生产已经逐渐被现代化生产所代替。在激烈的竞争下，许多过去自己领料加工编织袋的农民转而进入企业成为产业工人，促进当地的社会和产业组织结构转变。

理念提升阶段(21世纪初)　进入21世纪，随着改革开放的不断深入，国家出台中西部开发和振兴东北工业基地的一系列优惠政策，全国各地争相上马塑编企业。萧江编织袋市场的份额逐渐被分割，竞争日趋激烈，对小规模企业的影响尤为明显。面对这种状况，萧江企业沉着应对：一是继续做好强强联合，做大做强做优企业，打造规模经营，集聚产业链特色优势，进一步提升“中国塑料编织第一镇”的品牌；二是狠抓产品质量，以优质的产品服务于客户，以节约能耗降低生产成本，向管理要效益，提高行业整体竞争力，开辟国际市场；三是转变经济增长方式，拓展包装产品新领域，加快产业结构调整步伐。温州广鑫包装有限公司为寻求更大的发展，积极开发废旧塑料资源市场，与有关企业合作投资1.50亿元，建设厂房4万多平方米，引进日本摩擦式颗粒机整套设备生产线，将分散零星废旧塑料加工点集聚为规模加工，从清洗、污水(泥)处理、再生造粒全部实现自动化生产，既不影响环境污染，又有利于废旧塑料的综合开发利用，更好地服务于塑编企业。

2001—2010年，全镇塑编企业把握市场动向，重心放在产业结构调整上，与高等院校科研单位合作，开发纺织新项目，引进国外先进的纺织生产线，积极开辟国际市场，走上规模化、规范化发展之路，形成以塑料包装为主，塑料机械、复合彩印、电雕制版、机械维修、原料供应、货物运输等配套产业协调发展的产业链，成为全国重要的塑料包装输出基地。2007年，晨光塑料编织袋被评为浙江省名牌产品；2009年，省级塑包星火产业基地通过考核验收；立天成为省著名商标。至2010年，全镇塑编年产量556800吨，年产值55.68亿元。

探寻塑编行业转型升级发展路径(2010年以后)　随着各地招商引资力度的加大，来自外围的压力和挑战越来越大，怎么样“内挖发展潜力，外引发展动力”，扩大优势、保住“领头雁”的地位，是萧江塑编产业面临的一个亟待破冰的新课题。2010年，萧江镇政府主导编制产业转型升级方案，为萧江经济的再次发展提供指导性意见。为此，萧江镇大力扶持塑包产业发展，通过打造总部基地、建设塑包产业原材料市场和产成品市场、创建中国塑包中心信息网和技术创新中心等，全力推动萧江从中国塑编生产基地向中国塑包中心提升转型。

县政府加大扶持力度，出台系列政策：在税收方面，国税、地税对塑包产品增值税税负率预警值及企业所得税应税所得率预警值适当下调；在用地方面，保障塑包中心配套建设用地，主要用于总部经济大楼、塑包行业综合市场、技术研发中心和信息中心、人力资源市场、萧江塑包企业转型升级用地、物流中心等配套产业建设。浙江立天实业有限公司棉纺无纺布等转型转产项目取得初步成功，"天然彩棉三合一环保纤维线"研发项目成为省科技示范项目。温州经邦机械有限公司试水总部企业，将给萧江塑包产业增添发展活力，对促进萧江镇优化产业结构、开创新的经济增长点具有重大意义；该公司根据有关要求，积极拟定总部经济发展模式，即通过吸收、新设或控股并创办，在萧江镇设立集管理中心、研发中心、财务中心、物流中心、销售中心等总部职能中心为一体的本土成长型总部企业。

立天公司纺织车间（2009年）

2012年，原萧江镇范围内工业企业、个体1512家。是年末，全部从业人数26235人，工业总产值795426万元。其中规模以上企业54家，从业人员9501人，产值410400万元，超亿元企业11家。是年，萧江镇工业用地出让82亩，招商引资2.70亿元。完成工业性投资6.60亿元，县三十强工业企业6家。鼓励支持企业引进国际先进塑编生产线，引导棉纱、无纺布项目升级。500万元规模以上企业129家，规模以下企业223家，个体1160余家。

塑编产业营销

国内营销　1978年，萧江青龙村编织厂采用零星销售的方式，将第一年生产的编织袋销往江苏等地，产值12万元。1982年，当地编织户把织好的编织袋运到当地平时群众比较集中的大榕树下出售，渐渐地这里成为编织袋集中交易场所，并逐步形成母料、粉剂、粒子等配套市场。伴随着交易场所的形成，奔赴全国各地摸行情、找市场、定业务的供销员，当时俗称"放丝员"，采取"来料加工"的方式。他们根据订货情况，在这个交易场所张贴编织袋的技术规格要求和加工费标准，各编织户自愿选择，领料加工，并按期交货，领取加工费。20世纪80年代中后期，随着塑编企业出现，塑编产品向外扩展呈规模营销态势，出现380余家专门为塑编产业服务的企业，有3000余名供销员。在营销方式上，运用联合经销、整合营销、上门营销、委托代理、直销等；在营销策略上，比较集中体现为个性化营销、体验式营销、情感化营销和差异化营销策略等；在营销技巧上，萧江供销员注重提供优质的顾客服务，建立诚信的供销关系。进入21世纪，供销员上万名。随着数字化信息和互联网的兴起，网络营销成了萧江塑编销售的一大方式。2012年，销售收入79.50亿元。

国外营销　中国加入世界贸易组织前，欧共体还将编织制品列入纺织品，列入进口配额且征以100%的高关税。中国加入世界贸易组织后，这种贸易壁垒逐步取消，为中国塑编制品走向世界提供良机。以加入世界贸易组织为契机，萧江塑编企业引进国际先进塑编生产线，加大投入进行技术改造提升、设备引进、产品创新。萧江塑编产品主要销往埃及、韩国、澳洲、北美等国家和地区。

塑编产业与萧江经济

20世纪80年代初中期，塑编行业在萧江兴起后，短短几年中迅速形成男女老少齐动手，千家万户编袋子的火红局面。全镇60%以上居民从事塑编行业，日产300余万条包装袋。1983年，在萧江塑编业的带动下，当时全县3个公社232个大队，有13920个农户投入编织袋加工，当年产品总产值2420万元，加工户加工费216万元。随着生产方式的转变，塑料编织企业逐步形成，到1988年全县塑料编织企业261家，联户发丝组667人，从事编织袋加工的有621个行政村、85600人，加工各种编织袋7亿条，产值4.9亿元，农民加工费收入约1亿元。萧江塑料编织袋市场也成为当时温州十大专业市场之一。2012年，萧江镇塑编生产企业有300余家，年产值2000万元以上企业35家，全县塑编行业三大集团有两大集团在萧江，生产圆筒机6200余台，产量产值均占全县三分之二以上，销售量占全县五分之四以上。塑编制品属劳动密集型产品，随着行业的发展，为原先在土地上耕作的农民提供就业机会。

萧江人诚实守信，合法经营，从20世纪70年代末生产编织袋开始，塑编企业没有发生过延迟还款及欠款现象，更没有给各家金融机构造成死账、坏账、呆账等情况。2003年，中国市场学会信用工作委员会授予萧江镇“中国城市(地方)信用体系建设重点调研镇”称号。“厚道萧江，诚信第一”的品牌，不仅推动萧江塑编业的发展，也促进当地精神文明建设。

萧江塑编业的崛起，全国乃至世界各地客商慕名而来，给当地带来许多商机，促使萧江塑编配套的编织、吹塑、切割、复合、彩印等产业的拓展，并带动金融、运输、酒店、房地产等其他行业的发展。2012年，实现工农业总产值111.26亿元；规模以上工业产值43.40亿元；财政总收入3.27亿元；农村居民人均纯收入12399元。除了塑编产业，近几年萧江还发展棉纱纺织、无纺袋两个行业，基本为编织企业转型或产业延伸而来，如温州晨光集团有限公司、浙江立天实业有限公司都纷纷进入棉纱产业。目前有棉纱纺织企业5家、无纺布企业9家。是年，无纺布产业产值5.66亿元；棉纱纺织产业产值11.96亿元。

第五章 麻步镇

麻步镇位于平阳县中部，东、南界萧江镇，西、北邻水头镇，距县城昆阳镇16千米；因地处鳌江中流，江岸边浆砌埠头，古名鳌埠，埠本作步，又名鳌步，后因盛产络麻，改称麻步。麻步镇地势西高东低，是个三面为低山丘陵环绕的河谷平原，鳌江穿流境内形成南北两岸，“五七”省道贯穿东西。2012年11月，全镇总面积42.77平方千米，下设鳌峰、树贤、东坑、塘北、渔塘5个社区，辖39个村、2个居民社区。

1992年，工农业总产值1.17亿元，至2011年，工农业总产值增加到27.89亿元；财政总收入从1998年的1642万元增至2011年的3109万元；农民年人均纯收入从1989年的363元增至2011年的9307元；1992年总户数11320户、总人口43115人，至2011年总户数12504户、总人口46042人。

1989—2011年麻步镇经济和社会发展情况一览表

表40-5-1

项目 年份(年)		村数(个)	居民区数(个)	村民小组(个)	户数(户)	人口(人)	其中，非农业人口(人)	农村劳动力(人)	农民年人均纯收入(元)	工农业总产值(万元)	工业总产值(万元)	农林牧渔总产值(万元)	耕地面积(亩)	粮食总产量(吨)
1989	小计	53	4		11145	42004	3687		363				23843	10237
	麻步镇	8	4		3462	13224	3427		512				5178	2148
	树贤乡	22			3664	13347	126		324				8697	3834
	塘北乡	12			1954	7369	54		299				5724	2135
	渔塘乡	11			2065	8064	80		302				4244	2120
1990	小计	53	4		11151	42412	3680		339				23832	5706
	麻步镇	8	4		3582	13323	3386		453				5170	1458
	树贤乡	22			3694	13530	151		339				8695	2239

续表 40-5-1

年份（年）	项目	村数（个）	居民区数（个）	村民小组（个）	户数（户）	人口（人）	其中，非农业人口（人）	农村劳动力（人）	农民年人均纯收入（元）	工农业总产值（万元）	工业总产值（万元）	农林牧渔总产值（万元）	耕地面积（亩）	粮食总产量（吨）
1990	塘北乡	12			1974	7424	55		234				5723	909
	渔塘乡	11			1901	8135	88		295				4244	1100
1991	小计	53	4		11264	42740	3655		386				23823	11045
	麻步镇	8	4		3626	13397	3359		561				5162	2166
	树贤乡	22			3726	13651	152		342				8693	4165
	塘北乡	12			1991	7505	55		279				5724	2471
	渔塘乡	11			1921	8187	89		341				4244	2243
1992		53			11320	43115	3668	19005	434	11683	8086	3597	23775	6187
1993		53	4		11419	43490	3648	17775	485	15971	14009	1962	23614	6876
1994		53	4		11962	43673	3652	17492	702	25400	23104	2296	23604	7800
1995		53	4	409	11041	43851	3647	17927	992	44987	41473	3514	23602	8821
1996		53	4	416	13181	43933	3691	19818	3120	44564	39515	5049	23602	11860
1997		53	4	416	12667	43819	3765	20910	3750	80366	73983	6383	23613	12981
1998		53	4	416	12667	43781	3795	20572	3788	79363	73379	5984	23725	10845
1999		53	4	416	12224	43656	3735	20562	3866	74705	68274	6431	23428	9552
2000		53	4	416	11587	44940		22212	3888	88900	84900	4000	23383	8154
2001		53	4	416	12010	46360		23250	4096	93203	87082	6121	23294	8096
2002		53	4	416	12095	47449	4324	24510	4451	105625	100200	5425	25133	5143
2003		53	4	416	12231	47771	4521	24827	4666	110253	101800	8453	24832	3963
2004		39	2	416	12313	47571	4211	25137	4973	119441	111700	7741	24638	4559
2005		39	2	416	12346	47241	4073	25407		140341	132800	7541	24622	5093
2006		39	2	416	12543	47284	4187	26085	5433	142436	136900	5536	24833	4855
2007		39	2	416	12656	47166	4237	26122	6248	195276	189300	5976	24833	2227
2008		39	2	411	12713	46659	4380	26438	6885	197941	192000	5941	23683	5388
2009		39	2	411	12687	46679	4469	26388	7436	223685	217500	6185	23683	4924
2010		39	2	411	12623	46061	4582	22438	8160	258708	250700	8008	23603	5984
2011		39	2	411	12504	46042	4757	26029	9307	278888	270400	8488	23533	5485

说明：数据主要摘自《平阳统计年鉴》，少量摘自《平阳县农经统计年报》

第一节　建置与区划

建置沿革

民国29年（1940），麻步设乡，归水头区管辖。1950年6月，增设麻步区公所，办公地点设在麻步乡永安街。1958年10月，撤销乡镇建制，建立政社合一的人民公社，麻步乡改为麻步人民公社。1984年恢复乡镇建制，麻步人民公社更名为麻步乡。1985年3月，麻步改为建制镇。1992年5月，渔塘、树贤、塘北三乡并入麻步镇，下设鳌峰、渔塘、树贤、塘北、东坑办事处。2012年12月，麻步镇与萧江镇合并为萧江镇。

行政区划

1992年，麻步镇下设5个办事处，辖53个村、4个居民区。2004年村居撤并，53个村调整为39个村、4个居民区调整为2个居民社区。2012年11月，下设5个社区，辖39个村、2个居民社区。

2012年11月麻步镇社区情况一览表

表40-5-2

社区名称	驻地	面积（平方千米）	村（社区）名称	面积（亩）	户数（户）	人口（人）	2001年的村、居
鳌峰	欣雅村	5.11	万安社区		652	2005	万安居民区
							大桥居民区
			永安社区		745	2187	永安居民区
							望江居民区
			鳌寒村	1125	381	1368	鳌寒村
			麻步村	557			麻步村
			黎明村	1197	381	1522	黎明村
			欣雅村	921	392	1400	欣雅村
			新桥村	735	213	818	新桥村
			雷渎村	755	317	1200	雷渎村
			雷峰村	480	218	841	雷峰村
			华亭村	1901	427	1654	华亭村
树贤	江景村	4.38	岙底村	1259	225	807	岙底村
			四十五村	162	161	602	四十五村
			上周村	926	131	484	上周村
			宏寮村	650	146	583	宏寮村
			江湾村	970	355	1301	江湾村
			仙垟村	347	158	633	仙垟村
			江景村	757	304	1143	江景村
			高阳村	738	175	651	高阳村
			河古村	386	154	542	河古村
			高沙村	374	177	644	高沙村
东坑	江景村	11.36	富民村	1876	325	1200	东阳村
							东桥村
			盖竹村	1644	356	1304	盖竹村
							石马村
			沿口村	1671	227	842	沿口村
			西村村	2748	327	1282	西村村
			东坑村	2039	285	1008	东坑村
							埠头村
			兴民村	7060	531	2163	风吹峡村
							龙潭背村
							渔池村
							半岭村
塘北	陶贡村	10.94	西岙村	2810	289	1045	西岙村
			显桥村	2186	266	1001	显桥村
			燕州村	1888	258	924	燕子村
							江边周村
			陶贡村	1622	252	948	陶贡村
			郑家内村	931	290	1089	郑家内
			华龙村	1507	321	1192	渡头村
							外河边村

续表 40-5-2

社区名称	驻地	面积（平方千米）	村（社区）名称	面积（亩）	户数（户）	人口（人）	2001年的村、居
塘北	陶贡村	10.94	新华村	3035	210	809	山顶村
							山下村
			下泛村	2444	324	1306	内下泛村
							下泛村
渔塘	渔塘村	10.98	横山村	2305	300	1212	岭头尾村
							横山村
			凤山头村	3232	356	1389	凤山头村
							岭门头村
			渔塘村	4259	358	1362	盘古湾村
							渔塘村
			水港村	2389	333	1322	水港村
			前垟村	1131	452	1724	前垟村
			下堡村	608	177	733	下堡村
			范龙村①	2530	374	1421	范岙底村
							河龙头村

说明：人口数据不含集体户，由县公安局提供；土地数据由县国土局提供；其余资料由麻步镇人民政府提供

第二节　经　济

农业

2001—2002年，完成22500亩土地整理项目，总投入2100万元，大部分农田基本实现通机耕路和排灌渠道。21世纪初实行区域化规模种植，建立文旦、马蹄笋、杨梅、无核柿、番鸭、长毛兔、蔬菜、马铃薯、特早茶、中草药等十大特色农业示范基地，共计10000余亩。

种植业　粮食作物：1989年，麻步区粮食作物播种面积69433亩，总产量23241吨，其中，谷物播种面积60539亩，总产量21077吨；豆类播种面积911亩，总产量87吨；薯类播种面积7949亩，总产量2069吨。2002年，粮食作物播种面积18461亩，总产量5143吨，其中，谷物播种面积14493亩，总产量4390吨；豆类播种面积2058亩，总产量239吨；薯类播种面积1910亩，总产量514吨。2011年，粮食作物播种面积18158亩，总产量5485吨，其中，谷物播种面积12070亩，总产量4386吨；豆类播种面积3368亩，总产量323吨；薯类播种面积2720亩，总产量776吨。

经济作物：1989年，麻步区油料播种面积2861亩，总产量184吨。2002年，油料播种面积565亩，总产量82吨；蔬菜播种面积20680亩，总产量29591吨；果用瓜播种面积3024亩，总产量3644吨。2011年，油料播种面积1765亩，总产量186吨；蔬菜播种面积11705亩，总产量11705吨；果用瓜播种面积5260亩，总产量5138吨。

2002—2011年麻步镇农作物播种面积和产量统计表

表 40-5-3

年份（年）	农作物总播种面积（亩）	粮食作物			其中						油料		甘蔗		蔬菜（含菜用瓜）		果用瓜	
					谷物		豆类		薯类									
		播种面积（亩）	总产量（吨）	总产值（万元）	播种面积（亩）	总产量（吨）	播种面积（亩）	总产量（吨）	播种面积（亩）	总产量（吨）	播种面积（亩）	总产量（吨）	播种面积（亩）	总产量（吨）	播种面积（亩）	总产量（吨）	播种面积（亩）	总产量（吨）
2002	43566	18461	5143	4189	14493	4390	2058	239	1910	514	565	82	336	1051	20680	29591	3024	3644

① 民政地名中为范岙底村。

续表 40-5-3

年份（年）	农作物总播种面积（亩）	粮食作物			其中						油料		甘蔗		蔬菜（含菜用瓜）		果用瓜	
					谷物		豆类		薯类									
		播种面积（亩）	总产量（吨）	总产值（万元）	播种面积（亩）	总产量（吨）	播种面积（亩）	总产量（吨）	播种面积（亩）	总产量（吨）	播种面积（亩）	总产量（吨）	播种面积（亩）	总产量（吨）	播种面积（亩）	总产量（吨）	播种面积（亩）	总产量（吨）
2003	47594	14140	3963	7120	9560	3202	2780	311	1800	450	700	98	324	1087	23820	34336	8270	8821
2004	37120	13320	4559	5798	10300	3908	1520	189	1500	462	800	160	600	1920	18200	27300	3200	4160
2005	37153	16080	5093	5598	10930	3823	1375	175	3775	1095	751	46	560	1680	15967	22353	3145	3549
2006	35630	15470	4855	4647	10870	3717	1700	239	2900	899	600	29	550	1644	14160	20107	4250	3757
2007	34332	15726	2227	3702	10800	1153	1981	189	2945	884	610	58	575	1144	12446	15896	4525	3550
2008	36130	17435	5388	4612	11520	3996	1775	211	4140	1181	1210	139	335	720	11450	14726	5360	5037
2009	36332	17702	4924	4155	11640	3529	1840	207	4222	1188	1840	209	350	630	10500	12650	5410	5083
2010	37556	17806	5984	5829	12408	4813	1878	212	3520	960	1840	200	370	666	11860	14232	5450	4906
2011	37328	18158	5485	5488	12070	4386	3368	323	2720	776	1765	186	370	666	11705	11705	5260	5138

说明：数据摘自《平阳统计年鉴》

林业　1989年，麻步区人工造林面积1845亩；茶园总面积577亩，茶叶总产量5吨；果园总面积3075亩，水果总产量582吨；林业产值30万元。2002年，人工造林743亩；茶园总面积209亩，茶叶总产量1.50吨；果园总面积1754亩，水果总产量3982吨；林业产值309万元。2011年，人工造林1230亩；茶园总面积280亩，茶叶总产量1.20吨；果园总面积5365亩，水果总产量5997吨；林业产值518万元。

2002—2011年麻步镇林业情况一览表

表 40-5-4

年份（年）	人工造林面积（亩）	零星植树（万株）	幼林抚育面积（亩）	茶园总面积（亩）	茶叶总产量（吨）	果园总面积（亩）	水果总产量（吨）	林业产值（万元）	林产品（万元）	竹木采运（万元）
2002	743	0.60	9000	209	1.50	1754	3982	309	254	
2003	444	2	285	209	2	4750	10688	404	372	9
2004	45	1	13	250	1	4760	5788	531	483	15
2005		1	600	250	1	4960	3838	531	183	315
2006			210	261	0.80	5248	4259	435	257	177
2007		1	420	261	1.40	6218	4067	425	284	140
2008		1		261	1.10	5388	5587	382	226	156
2009	1050	1		270	1.20	5388	5533	460	277	155
2010		1	1050	275	1.20	5144	5605	384	183	176
2011	1230	1	1050	280	1.20	5365	5997	518	189	148

说明：数据摘自《平阳统计年鉴》

畜牧业　1989年，麻步区生猪年末存栏8529头，牛年末存栏964头，羊年末存栏352只，兔年末存栏1578只，畜牧业产值401万元。1997年，创立平阳县鳌峰鸽业有限公司。2002年，生猪年末存栏3515头，牛年末存栏265头，羊年末存栏275只，家禽年末存栏26645只，兔年末存栏4760只，畜牧业产值691万元。2007年，平阳县鳌峰鸽业有限公司的“双蕾牌”鸽蛋，被评为省无公害农产品和市品牌产品。2011年，生猪年末存栏2310头，牛年末存栏343头，羊年末存栏1150只，家禽年末存栏24300

2002—2011年麻步镇畜牧业情况一览表

表40-5-5

年份（年）	生猪年末存栏数(头)	牛年末存栏数（头）	羊年末存栏数（只）	家禽年末存栏数(只)	兔年末存栏数（只）	畜牧业产值（万元）
2002	3515	265	275	26645	4760	691
2003	2332	285	212	14784	2613	870
2004	3112	79	646	24186	2161	1246
2005	3021	335	791	23729	3066	1246
2006	2321	366	720	42115	3929	362
2007	907	120	789	127126	3355	1849
2008	1022	171	1256	76891	2895	862
2009	2560	245	1370	47720	2760	1440
2010	2318	360	1030	35000	2120	1550
2011	2310	343	1150	24300	1930	2212

说明：数据摘自《平阳统计年鉴》

只，兔年末存栏1930只，畜牧业产值2212万元。

特色农产品　大棚蔬菜：20世纪90年代开始种植大棚蔬菜，主要产品番茄、茄子、蒲瓜。2000年，引进美国4号番茄和樱桃番茄试种成功，后发展到600亩，年产值1900万元。

文旦：麻步文旦是芸香科柑橘属柚类的一个优良品种，至今已有120余年栽培历史。因其产地主要集中在麻步镇，故称“麻步文旦”。麻步文旦传统上主要分布在渔塘社区的水港、范龙、横山、凤山头等地，柚子树大多种在村民的房前屋后，新华、水港等有连片种植。文旦种植大户10户，共1000余亩。

无核柿：20世纪90年代从永嘉引入无核柿，在塘北试种后，逐步在岙底、沿口、横山等村发展栽种，面积500亩。

绿竹：历年零星种植，20世纪90年代开始连片种植。2005年，种植4950亩，年产马蹄笋1320吨，销往上海、杭州、宁波等地。2012年，沿口村连片示范基地1200亩。2012年9月19日，中央电视台七频道《每日农经》栏目组来沿口村现场录制。

工业

麻步镇工业行业有花边、塑料编织、皮革、饲料、服饰、机械、电器等，其中花边、塑料编织是麻步的支柱产业。20世纪80年代，麻步镇曾是全国塑编产品生产加工集散地之一，从事塑编加工生产和销售的人员最多时有1万余人。2005年，塑编行业总产值15303万元。2008年，在新57省道两侧开发200亩标准厂房，以机械生产为主。2011年，全镇工业产值27.04亿元，工业企业1649家；其中规模以上企业3家，工业产值2.1亿元。

麻步花边行业产值约占麻步工业经济总量70%，是县花边生产的主要基地。麻步花边加工始于1978年，麻步渔塘村几位农民从上海、嘉兴等地购买几台手织花边机，开始花边加工的创业。由于操作工艺简单、市场销路好，很快渔塘就发展成花边专业村，并辐射到周边的下堡、前垟、渡头、下泛、麻步等村。20世纪80年代末，麻步花边加工进入鼎盛期，形成村村有花边加工的特色经济，生产设备也从手工织机改进为铁轮机、针织机，还在麻步新村建起拥有100余个摊位的花边交易市场。麻步镇花边种类繁多，包括花边锦带、针织围巾类、绳类等，可作为服装、围巾、饰品的加工装饰。产品主

麻步花边生产车间一角（2012年）　郑荣立　摄

要通过义乌、上海、南京、苏州、广州等地的外贸部门销往美国、日本、加拿大、韩国、印度、中东、南美等地。2002年底，全镇从事花边加工、经营的企业、个体户、家庭共有1263个，拥有各式花边机3982台，从业人员2万余人，年产值6.5亿元。

2011年10月，平阳县针织花边商会成立。2012年，镇区有针织花边企业(含个体户、加工户)上千家，其中一般纳税人30家，工商注册个体户262家，代工加工户953家；拥有生产设备15000余台，其中纱线针织机9500余台，围巾、花边、织带机5500余台，花边和塑编行业总产值11.19亿。

商业

20世纪90年代以前，商业经营以麻步供销社及其分社为主，供销社改制后，以个体商家经营为主。2006年，平阳单一超市有限公司在麻步创建连锁超市。2012年，商业网点320个，社会商品销售总额3.92亿元，城乡集市贸易成交额3.03亿元，出口交货值1.03亿元。

财政金融

财政　1999年，财政总收入1342万元，预算支出637.76万元。2011年，财政总收入3109.01万元，预算内支出2917.8万元。

金融　1954年，县信用社在麻步设置麻步信用社。1980年12月，平阳农行麻步分行成立。1994年，全镇各项存款余额3382.45万元。2003年，信用社麻步广源分理处成立。2012年，各项存款余额56607万元、各项贷款余额33418万元。

第三节　社会事业

教育

2004年，麻步镇通过市教育强镇验收。

幼儿园　1989年，幼儿园1所。1995年，创办镇中心幼儿园。2012年，幼儿园4所，班级22个，在园幼儿818人，专任教师49人。

小学　1989年，小学11所。2012年，小学4所，班级30个，学生2316人，教职工153人。

中学　1989年，中学2所。2012年，初中2所，班级30个，学生869人，教职工129人。

文化

1993年，县广播电视局麻步有线电视站成立。1996年，加密电视联网全线开通，有线电视覆盖率75%。2000年，麻步中心老年协会获“省先进老年活动中心”称号。2002年，雷峰、新桥等4个村开通有线电视，中老年文体活动中心落成。2004年，完成华亭、沿口、埠头、岙底、石马等5个村的有线电视线路建设，实现平原村村通有线电视。2010年，成立麻步镇文化中心，2012年被定为市二级文化中心。是年，全镇文化站1个，文化活动中心41个；文化艺术团体15个，会员958人；文化专业户27个；公共图书馆(室)20个，藏书6.8万册。

庙会　渔塘庙会：农历二月初二，地点渔塘社区，会期2天。相传明万历十九年(1591)，猛虎时常下山伤人，时平阳知县和该村民众商定于二月初二把当地宫庙的佛像请出巡游，后来大虎果然不知所踪，民心始安，此后渔塘村每年于二月初二都举行巡游大典。巡游大典分为二月初一晚上和二月初二白天前后两次举行，村民将神像抬出巡行，小孩扮演“掌印吏员”和“七仙女”等神话中人物，一路上敲锣打鼓，燃放爆竹，鸣放火铳，点燃火堆。

麻步庙会：农历三月初三，地点鳌峰社区，会期1天。麻步乡贤郑锡璋附贡生，署理赤城县事期间，曾为断一起无头公案微服私访，途经一座城隍庙入殿歇息睡着，睡梦中城隍爷为他指点迷津。郑锡璋醒来后，插草为香叩谢，随即回衙按照梦里所指，果然了断该案。此后，郑锡璋每遇疑难杂案，便来该庙祭拜，以求仙人指路，每次案件都能成功告破。郑锡璋卸任归乡时，特去城隍庙请得香炉带回麻步故里，供奉在家中。乡民遇到疑难时，便会向他讨教，郑锡璋一时困惑就在城隍爷前烧香求解，相当灵验。清乾隆年间(1736—1795)，在当地乡绅的勠力同心下，一座三开间的广惠庙在麻步街永安下埠头建成，择三月初三黄道吉日，将香炉请入庙里奉为城隍爷，举行大祭，后遂成庙会。麻步庙会要举行一场盛大的迎神赛会，巡游队伍里，通常有“跳无常”和“跳大头”①。

① 用彩纸和竹篾编扎成两个神话人物，由壮汉扛在肩上进行表演。

医疗卫生

1989年，中心医院1所——麻步卫生所，乡级卫生保健所8所。1992年，麻步镇卫生院更名为麻步中心卫生院；1996年通过二级乙等卫生院验收，被授予“省文明卫生院”称号。2012年，医疗机构1个，病床50张，职工101人，专业技术人员58人，中级职称12人，初级职称46人；就诊117639人次，出院病人1101人次。

环境卫生

1996年，麻步环卫所建立，职工20人，清运车5辆，拖拉机5部，负责街道清扫工作。2012年，环卫职工增至70人，主要负责辖区内公共区域日常清扫保洁，垃圾处理及中转站运行与管理，配备清运车2辆，建成位于上周村的中转站一座（占地面积120平方米），日处理垃圾40余吨；村居投放垃圾桶1000余只。

体育

2000年12月28日，举行“迎接新世纪，树立新形象”环城跑活动。2010年，新增3个篮球场，1个灯光球场，1个市级体育俱乐部，完成麻步山体育健身苑点绿化亮化工程建设。2012年，篮球场5个，灯光球场1个，市级体育俱乐部1个，健身宛点39个，各社区配有乒乓球桌。

社会保障

社会救助　1989年，创办鳌峰社区居家养老服务中心。1996年，建成树贤东坑敬老院。1997年，新增农村养老保险300名。2005年，在四十五村建设老人公寓26间，2010年，新增低保对象80户，发放民政救灾救助金300余万元。2012年，全镇农村五保对象48人，集中供养支出233.28万元。农村最低生活保障532人，支出144.37万元，重度残疾人生活保障106人，支出46.08万元，全镇农村医疗救助173人次，支出73.08万元，民政部门资助参加合作医疗638人，支出6.38万元，国家抚恤对象123人，抚恤事业费138.17万元。是年，在江景村建成老人公寓87间。

社会保险　2006年，麻步镇全面推行新型农村合作医疗制度。2007年，全镇参加新农合参保29194人、居民基本医疗保险1126人，报销金额107.31万元。2008年，实行城镇居民医疗保险制度。2011年，全镇参加新农合医疗保险33456人，居民基本医疗保险60165人次，报销金额769.06万元。

第四节　基础设施

交通

2000年，新57省道建成，境内长15千米，双向4车道。2005年以来，农村公路列入康庄工程，上级财政下拨2000万元，群众自筹3000万元建设通村联网道路41条，总长70千米；上级财政下拨400万元、群众自筹400万元建成“一事一议”项目道路8条，总长15千米。群众自筹1500万元建成民间道路56条，总长30千米，其中，树贤沿口村共投资920万元建造山路3条：沿口村—半岭村—七星村—渔池村，总长9千米；沿口村—大丁自然村—风吹峡村（海拔195米）总长8.5千米；沿口村—东山寺—龙潭背（海拔105米）总长4.5千米。2012年年末，县乡（镇）级公路38条，总长56千米，镇区公交汽车线路8条，运营总里程108千米，年客运量8万人次。

城镇建设

1998年，启动江景村树新路一期工程。1999年，拆除江景村300余间老房（征地170亩），建成树新路、学前路、振贤路、树东路、树康路。2001年，拆掉45个村150间老房子，征地170亩，建成康乐路和康乐小区。2005年，征地15亩，建成绿景嘉园，入户100余户。2009年，征用土地10亩开始筹建怡锦铭居（2013年建成入户100余户）。2010年，启动鳌江干流治理麻萧段防洪工程四十五村江堤安置房建设。2012年，麻步片区建成区面积约1.51平方千米，其中居住用地约94.80公顷，公共管理与公共服务设施用地13.70公顷，商业服务业用地约5.30公顷，工业用地约16.50公顷，园林绿地面积11.20公顷，其中公共绿地9.70公顷。6月，树贤社区服务中心办公楼正式落成启用，建筑面积3000平方米，设施完善、功能齐全，集办公、服务、娱乐、休闲为一体。12月，麻步镇并入萧江镇后，市政建设规划由萧江镇制订。

邮政电信

1988年，全年实现业务收入13.74万元。1989

年年初，麻步邮电支局职工16人，担负麻步区91个行政村、7.2万人口的通信业务。邮路和投递路线9条，总长199.1千米。2012年，邮政网点1个，投递路线单程总长度50千米，投送范围2.2平方千米；乡村通邮率100%，业务收入116.6万元；电信企业1家，服务网点2个，全年电信业务收入714万元；固定电话用户5610户，移动电话用户3800户，宽带接入用户4320户。

给排水

1986年，麻步自来水厂建立，其水源引自水港村三角寺水库，日供水量1000余吨。2001年，在宏辽村段新建麻步第二水厂，以顺溪水库作为水源，2004年2月20日正式向居民供水，日供水量为5000吨。至2012年，高峰时日供水量6000吨；供水范围为28个行政村，3万余人口。管网DN100—500管径长度约55千米。2012年，排水管道39千米，完成污水治理工程5项，日污水处理能力0.28万吨。

电力

1995年，改造老化线路340档，其中高压78档、低压262档，迁移变压器12台，组装新电表1700只。1998年，完成全镇用电线路改造，建成用电标准村14个，用电合格村12个。2012年，镇区35千伏变电所1座，主变压器2台，总容量32000千伏安，高压输电线路8条，总长度77.55千米，用电负荷1.60万千瓦，年售电量累计完成0.91亿千瓦时。

第六章　万全镇

万全镇地处飞云江下游万全平原，南面连接鳌江镇，西南与县城昆阳镇相邻，北面与瑞安市接壤。万全古称“万船”，东吴时横屿船屯，因方言“船”与“全”谐音，万全作为乡名沿用。万全镇地势西部稍高，湖岭社区西部和榆垟社区的南片为半山区，其余为平原水网地区，河渠纵横，水网密布。2012年，全镇总面积64.34平方千米，下设5个社区，辖71个村。

1992年，工农业总产值1.46亿元，至2012年，工农业总产值增加到58.71亿元；财政总收入增至2012年的2.54亿元；农民年人均纯收入从1989年的612元增至2012年的11054元；1989年总户数14681户、总人口57673人，至2012年，总户数22740户、总人口79097人。原郑楼镇是“中国商务礼品生产基地”的组成部分，万全镇曾获省文明镇、省体育强镇、省级森林城镇、省示范基层党校等称号。

1989—2012年万全镇经济和社会发展概况一览表

表40-6-1

年份（年）	项目	村数（个）	村民小组（个）	户数（户）	人口（人）	其中，非农业人口（人）	农村劳动力（人）	农民年人均纯收入（元）	工农业总产值（万元）	工业总产值（万元）	农林牧渔总产值（万元）	耕地面积（亩）	粮食总产量（吨）
1989	小计	70		14681	57673	732		612				47446	32975
	宋桥镇	13		2862	10934	274		760				9528	7296
	宋埠乡	13		3630	15010	91		544				11705	6844
	榆垟乡	10		1743	6696	93		802				5752	4357
	郑楼乡	10		2702	9832	207		672				8223	6234
	湖岭乡	16		2618	10385	21		503				8481	5975
	象山乡	8		1126	4816	46		345				3757	2269
1990	小计	70		14543	57441	739		647				47222	29758
	宋桥镇	13		2800	10799	277		774				9507	6784
	宋埠乡	13		3505	14981	99		613				11705	6051
	榆垟乡	10		1769	6638	96		858				5522	3818
	郑楼乡	10		2693	9867	211		712				8207	5762

续表 40-6-1

年份（年）	项目	村数（个）	村民小组（个）	户数（户）	人口（人）	其中，非农业人口（人）	农村劳动力（人）	农民年人均纯收入（元）	工农业总产值（万元）	工业总产值（万元）	农林牧渔总产值（万元）	耕地面积（亩）	粮食总产量（吨）
1990	湖岭乡	16		2654	10383	21		522				8460	5395
	象山乡	8		1122	4773	35		318				3821	1948
1991	小计	70		14780	57989	731		740				47102	35667
	宋桥镇	13		2800	10841	272		927				9494	8367
	宋埠乡	13		3649	15146	98		720				11658	7362
	榆垟乡	10		1848	6688	96		992				5522	4699
	郑楼乡	10		2643	10041	207		762				8207	6641
	湖岭乡	16		2675	10480	24		570				8446	6179
	象山乡	8		1165	4793	34		371				3775	2419
1992	小计	84		17851	69397	909	35836	874	14588	7487	7101	53965	39540
	宋桥镇	29		6246	24050	395	12086	805	3365	1493	1872	17235	13032
	宋埠镇	13		3677	15474	107	7905	1083	2016	502	1514	11658	7186
	榆垟镇	18		3076	11443	125	5961	857	4914	3347	1567	9256	6985
	郑楼镇	24		4852	18430	282	9884	796	4293	2145	2148	15816	12337
1993	小计	84		17881	70149	912	37964	1148	23696	16196	7500	53009	37526
	宋桥镇	29		6246	24328	395	12180	1167	4303	1980	2323	17225	12132
	宋埠镇	13		3694	15600	109	7961	1313	2721	923	1798	11511	7104
	榆垟镇	18		3077	11508	126	7250	920	6297	4974	1323	8701	6722
	郑楼镇	24		4864	18713	282	10573	1125	10375	8319	2056	15572	11568
1994	小计	84		18045	70704	920	38702	1402	24508	19851	4657	52616	34342
	宋桥镇	29		6219	24563	395	12687	1608	4275	2942	1333	17124	11217
	宋埠镇	13		3704	15661	112	8212	1351	2555	1247	1308	11376	6389
	榆垟镇	18		3077	11554	127	7250	992	4583	3648	935	8691	6116
	郑楼镇	24		5045	18926	286	10553	1430	13095	12014	1081	15425	10620
1995	小计	84	1036	18131	71009	962	39677	1683	34155	24313	9842	52539	38822
	宋桥镇	29	337	6471	24697	408	12835	1629	6492	3872	2620	17133	12951
	宋埠镇	13	216	3727	15698	116	8484	1676	5092	2119	2973	11345	7666
	榆垟镇	18	197	2868	11630	128	7461	1309	6373	4383	1990	8687	6588
	郑楼镇	24	286	5065	18984	310	10897	1988	16198	13939	2259	15374	11617
1996	小计	84	1049	18177	71078	818	39467	3642	49125	37535	11590	52505	39757
	宋桥镇	29	340	6407	24935	238	13100	3529	8596	4829	3767	17130	13496
	宋埠镇	13	216	3741	15680	126	8185	3201	4544	1680	2864	11330	7741
	榆垟镇	18	197	2879	11642	150	6907	3364	11438	9081	2357	8687	6767
	郑楼镇	24	296	5150	18821	304	11275	4337	24547	21945	2602	15358	11753
1997	小计	84	1060	18462	71200	927	40850	2940	50110	35926	14184	57412	41489
	宋桥镇	29	351	5626	22177	165	14208	2828	11161	5197	5964	20859	16202

续表 40-6-1

年份（年）	项目	村数（个）	村民小组（个）	户数（户）	人口（人）	其中，非农业人口（人）	农村劳动力（人）	农民年人均纯收入（元）	工农业总产值（万元）	工业总产值（万元）	农林牧渔总产值（万元）	耕地面积（亩）	粮食总产量（吨）
1997	宋埠镇	13	216	3787	15609	208	8537	2468	6780	3202	3578	12726	7710
	榆垟镇	18	197	2996	11847	156	6983	2357	7931	5821	2110	8580	6252
	郑楼镇	24	296	6053	21567	398	11122	3721	24238	21706	2532	15247	11325
1998	小计	84	1053	18610	71874	1520	40104	3276	77150	63701	13449	57318	39550
	宋桥镇	29	344	5765	22276	666	13261	3196	11345	6047	5298	20929	15288
	宋埠镇	13	216	3817	15612	264	8703	2784	6426	3390	3036	12657	7231
	榆垟镇	18	197	3274	12712	278	7060	2625	12116	9424	2692	8580	5976
	郑楼镇	24	296	5754	21274	312	11080	4105	47263	44840	2423	15152	11055
1999	小计	88	1056	18959	70657	1491	41660	3252	67085	55400	11685	57058	40551
	宋桥镇	30	344	6638	22331	549	13995	3380	13864	9388	4476	20844	15309
	宋埠镇	13	219	3753	14789	249	9031	3195	6183	3684	2499	12450	7956
	榆垟镇	19	197	3357	12783	312	7181	3021	16975	14085	2890	8598	5808
	郑楼镇	26	296	5211	20754	381	11453	3296	30063	28243	1820	15166	11478
2000	小计	89	1055	18994	73062		42835	3500	75400	63200	12200	54572	32416
	宋桥镇	30	349	6623	24693		14544	3510	16700	12100	4600	20463	12308
	宋埠镇	13	220	3966	16984		9841	3398	6600	3800	2800	11349	6816
	榆垟镇	20	197	3032	12353		7219	3260	18400	16200	2200	8189	5031
	郑楼镇	26	289	5373	19032		11231	3734	33700	31100	2600	14571	8261
2001	小计	89	1056	20423	73149		43081	3684	87176	71589	15587	53786	38683
	宋桥镇	30	349	6938	22886		13417	3590	19223	14682	4541	19865	14280
	宋埠镇	13	220	4067	16368		9617	3753	9196	3932	5264	11314	7696
	榆垟镇	20	197	3445	13031		8082	3409	21279	18382	2897	8105	6105
	郑楼镇	26	290	5973	20864		11965	3904	37478	34593	2885	14502	10602
2002	小计	89	1056	20139	73094	1831	45791	3988	95396	82000	13396	53468	30575
	宋桥镇	30	349	6929	22787	564	14650	3750	24307	20400	3907	19735	11512
	宋埠镇	13	220	4062	16425	358	10294	4113	8203	4700	3503	11292	6321
	榆垟镇	20	197	3467	13136	354	8500	3778	24079	21100	2979	8016	5057
	郑楼镇	26	290	5681	20746	555	12347	4284	38807	35800	3007	14425	7685
2003	小计	89	1056	20720	73811	2166	46698	4762	110618	92500	18118	48410	28573
	宋桥镇	30	349	7067	22772	577	14978	4520	29379	24600	4779	16059	11162
	宋埠镇	13	220	4190	16711	355	10653	4680	9983	4800	5183	11610	5115
	榆垟镇	20	197	3533	13550	390	8608	4082	28470	24400	4070	8019	3979
	郑楼镇	26	290	5930	20778	844	12459	5547	42786	38700	4086	12722	8317
2004	小计	75	1058	21172	74125	2372	47126	4754	127536	110100	17436	48277	34600
	宋桥镇	19	349	7216	22836	608	14909	4970	36050	30700	5350	15991	12407
	宋埠镇	10	222	4190	16839	375	10626	4865	10782	5800	4982	11588	6955

续表 40-6-1

年份（年）	项目	村数（个）	村民小组（个）	户数（户）	人口（人）	其中，非农业人口（人）	农村劳动力（人）	农民年人均纯收入（元）	工农业总产值（万元）	工业总产值（万元）	农林牧渔总产值（万元）	耕地面积（亩）	粮食总产量（吨）
2004	榆垟镇	20	197	3629	13645	438	8863	4195	27859	23900	3959	7984	4977
	郑楼镇	26	290	6137	20805	951	12728	4791	52845	49700	3145	12714	10261
2005	小计	66	1062	21679	74851	2645	44763	5031	143810	126800	17010	48986	30110
	宋桥镇	10	353	7226	23103	597	13566	5420	45500	40700	4800	16273	9727
	宋埠镇	10	222	4543	17800	684	10320	5169	9537	3900	5637	12065	6764
	榆垟镇	20	197	3480	12870	360	8521	4277	28528	24600	3928	7936	5386
	郑楼镇	26	290	6430	21078	1004	12356	4946	60245	57600	2645	12712	8233
2006	小计	66	1061	22318	74964	3217	47554	5609	178831	162300	16531	48299	33205
	宋桥镇	10	352	7480	23109	647	14470	5551	55838	50800	5038	16165	10872
	宋埠镇	10	222	4617	17819	1005	10437	5318	12255	7000	5255	11978	8073
	榆垟镇	20	197	3530	12903	395	8943	4619	41161	37800	3361	7875	5270
	郑楼镇	26	290	6691	21133	1170	13704	6538	69577	66700	2877	12281	8990
2007	小计	66	1058	22670	75519	3520	47226	6403	277208	260300	16908	48299	26590
	宋桥镇	10	352	7582	23288	721	14650	6690	85341	81100	4241	16165	6838
	宋埠镇	10	222	4681	17902	1085	10605	5429	15874	8000	7874	11978	6506
	榆垟镇	20	198	3544	12956	420	9034	5012	40846	38000	2846	7875	4737
	郑楼镇	26	286	6863	21373	1294	12937	7765	135147	133200	1947	12281	8509
2008	小计	84	1060	22715	75294	3826	47143	7306	342215	325000	17215	47043	33014
	宋桥镇	28	355	7603	23530	815	15739	7772	100753	97500	3253	15013	9808
	宋埠镇	10	222	4709	17460	1125	10590	5712	15120	6300	8820	11263	8568
	榆垟镇	20	197	3556	12701	470	8776	5764	33261	30500	2761	8505	5900
	郑楼镇	26	286	6847	21603	1416	12038	9007	193081	190700	2381	12262	8738
2009	小计	84	1061	22716	75903	4116	48240	8026	377028	357300	19728	47086	36998
	宋桥镇	28	356	7603	23696	874	16153	8420	116587	112200	4387	15067	11380
	宋埠镇	10	222	4706	17623	1222	11013	6032	13729	4900	8829	11089	9128
	榆垟镇	20	197	3557	12751	510	8936	6629	31796	28500	3296	8668	6538
	郑楼镇	26	286	6850	21833	1510	12138	10035	214916	211700	3216	12262	9952
2010	小计	84	1061	22705	76740	4435	48224	8866	501768	481700	20068	47062	27252
	万全镇	54	642	14440	46006	2605	28404	10147	437315	429500	7815	27329	16752
	宋埠镇	10	222	4718	17883	1303	10783	6435	14463	5600	8863	11082	5368
	榆垟镇	20	197	3547	12851	527	9037	7623	49990	46600	3390	8651	5132
2011		84	1061	22800	78016	4799	50033	9782	545591	524700	20891	46681	34291
2012		71		22740	79097	4687	53386	11054	587144	567900	19244	45579	30660

说明：数据主要摘自《平阳统计年鉴》，少量摘自《平阳县农经统计年报》

第一节　建置与区划

建置沿革

万全，古称“万船”。原是一个海湾，三国东吴在此置横屿船屯，建造战船，以“万船”来形容船舶之多。后因海水东退，船屯废弃，历经无数代人的筑堤垦殖，“沧海变桑田”后，改“万船”为“万全”。清末改为万全镇，辖一至七都。民国初，沿袭旧称。民国18年(1929)改称万全区。民国21年(1932)取消原有区名，将城厢和万全区合并为“第一区”。民国27年(1938)恢复万全区称谓。民国29年(1940)撤销万全区，所属各乡归县直管。民国36年(1947)恢复万全区。1956年，撤销万全区，所属各乡归县直管。1958年5月，恢复万全区，11月取消区建制，设万全人民公社。1961年，取消万全人民公社，恢复万全区。

行政区划

1986年1月，万全区辖13个乡镇。1989年，万全区辖10个乡镇。1992年5月，撤销万全区，湖岭乡并入宋桥镇，郑楼乡和练川乡合并组成郑楼镇，榆垟乡和象山乡合并组成榆垟镇，临区乡、石塘乡合并为万全乡，宋埠镇、水亭乡行政区划不变。1999年，新增设汇河村、榆龙村、榆南村、郑东村、练兴村。2000年5月，万全乡、水亭乡并入昆阳镇。2004—2005年，宋桥镇30个村调整为10个村。2005年，宋埠镇13个村调整为10个村。2008年，宋桥镇10个村调整为28个村。2010年5月，由郑楼、宋桥镇及县轻工园区管委会、第一农场合并为万全镇。2011年，榆垟镇、宋埠镇并入万全镇，设湖岭、宋桥、郑楼、练川、榆垟、宋埠6个办事处，辖84个村。2012年12月，万全镇练川社区除周垟村、叶垟村之外，其余13个村划归昆阳镇。是年，万全镇下设5个社区，辖71个行政村。此外，镇区内还有地方国营平阳县第一农场及海涂分场。

2012年万全镇社区情况表一览表

表40-6-2

社区名称	驻地	面积（平方千米）	村（社区）名称	面积（亩）	户数（户）	人口（人）	2005—2008年的村	2001年的村、居
宋桥	宋桥村	10.41	尤里	1038	1019	3233	四都	尤里
			栏杆桥	1007				栏杆桥
			冯宅	1041				冯宅
			黄垟	989				黄垟
			瑞阳	2019	381	1207	瑞阳	章岙底
								章岙周(部分)
			金阳	1470	610	2031	金阳	金垟
			林岱	539				林岱
								章岙周(部分)
			宋桥	1238	489	1541	宋桥	宋桥
			下桥	1013	283	924		下桥
			鲍垟	692	185	647		鲍垟
			汇河		96	351		汇河
			章桥	1749	468	1466		章桥
			孙楼	1666	419	1292	孙楼	孙楼
			金宕	1745	458	1478	金宕	金宕
湖岭	瑶山村	14.62	安阳	1527	603	2045	安阳	东村
								宝兴
			江畔	988				江畔

续表 40-6-2

社区名称	驻地	面积（平方千米）	村（社区）名称	面积（亩）	户数（户）	人口（人）	2005—2008年的村	2001年的村、居
湖岭	瑶山村	14.62	赖岙	1006	603	2045	安阳	赖岙
			横塘	1251			湖岭村	横塘
			三都王	1306				三都王
			湖蛟桥	656	1011	3335		湖蛟桥
			瑶山	1495				瑶山
			林庄	637				林庄
			吴岙	5797	543	1810	龙祥	吴岙
			上岙	1151				上岙
			岭下	1440	830	2901	和平	岭下
			陈岙	2075				陈岙
			东湾	1655				东湾
			山头外	469				山头外
郑楼	郑二村	9.82	郑一	1101	230	820	郑一	郑一
			郑二	1192	325	1184	郑二	郑二
			郑三	1360	373	1243	郑三	郑三
			陈交大	2108	655	2119	陈交大	陈交大
			古渔	460	264	934	古渔	古渔
			古农	944	252	899	古农	古农
			张阁	1208	313	1013	张阁	张阁
			倪垟	1074	291	1004	倪垟	倪垟
			岗上	1386	341	1222	岗上	岗上
			岗下	1120	287	953	岗下	岗下
			周垟	1539	322	970	周垟	周垟
			叶垟	1222	225	780	叶垟	叶垟
			郑东		96	358	郑东	郑东
榆垟	中镇村	15.91	中镇	947	357	1272	中镇	中镇
			榆茶	887	117	451	榆茶	榆茶
			南门	665	188	707	南门	南门
			浃口	1038	197	732	浃口	浃口
			新渎	1848	322	1210	新渎	新渎
			象湾	3162	245	933	象湾	象湾
			下周	995	219	825	下周	下周
			榆北		215	800	榆北	榆北
			荷花	630	122	494	荷花	荷花
			台头	1299	288	1036	台头	台头
			谷垟	734	118	414	谷垟	谷垟
			上呈	829	129	436	上呈	上呈
			龙头	627	50	200	龙头	龙头

续表 40-6-2

社区名称	驻地	面积（平方千米）	村（社区）名称	面积（亩）	户数（户）	人口（人）	2005—2008年的村	2001年的村、居
榆垟	中镇村	15.91	五角斗	1465	62	227	五角斗	五角斗
			丰门	1511	60	224	丰门	丰门
			横河	1867	198	776	横河	横河
			麻车	1827	217	927	麻车	麻车
			岙斗	2413	207	806	岙斗	岙斗
			榆龙		78	299	榆龙	榆龙
			榆南		97	311	榆南	榆南
宋埠	宋埠村	13.52	宋埠	4364	1426	5392	宋埠	上陈
								下陈
								林宅
								杨北
			新界	980	253	1013	新界	新界
			加丰	3118	383	1487	加丰	加丰
			仙口	3370	303	1194	仙口	仙口
			东横塘	1896	356	1420	东横塘	东横塘
			陡北	1493	447	1751	陡北	陡北
			陡南	1413	436	1754	陡南	陡南
			官宕	991	206	616	官宕	官宕
			北厂	1455	302	1295	北厂	北厂
			长桥	1196	348	1332	长桥	长桥

说明：人口数据不含集体户，由县公安局提供；土地数据由县国土局提供；其余资料由万全镇人民政府提供

第二节　经　济

农业

种植业　粮食作物：1989年，万全区粮食作物播种面积158883亩，总产量59011吨。其中，谷物播种面积155702亩，总产量58015吨；薯类播种面积3161亩，总产量994吨。2002年，粮食作物播种面积85944亩，总产量30575吨。其中，谷物播种面积84984亩，总产量30422吨；豆类播种面积740亩，总产量75吨；薯类播种面积220亩，总产量78吨。2012年，粮食作物播种面积75652亩，总产量30660吨。其中，谷物播种面积74710亩，总产量30338吨；豆类播种面积416亩，总产量54吨；薯类播种面积526亩，总产量267吨。

经济作物：1989年，万全区油料播种面积9326亩，总产量582吨；蔬菜播种面积7960亩，果用瓜播种面积684亩。2002年，油料播种面积1710亩，总产量128吨；蔬菜播种面积19527亩，总产量37777吨；果用瓜播种面积5683亩，总产量11719

丰收的万全平原（2008年）　　薛茂盛　摄

2002—2012 年万全镇农作物播种面积和产量统计表

表 40-6-3

年份（年）		农作物总播种面积（亩）	粮食作物			其中						油料		蔬菜（含菜用瓜）		果用瓜	
						谷物		豆类		薯类							
			播种面积（亩）	总产量（吨）	总产值（万元）	播种面积（亩）	总产量（吨）	播种面积（亩）	总产量（吨）	播种面积（亩）	总产量（吨）	播种面积（亩）	总产量（吨）	播种面积（亩）	总产量（吨）	播种面积（亩）	总产量（吨）
2002	小计	114889	85944	30575	9251	84984	30422	740	75	220	78	1710	128	19527	37777	5683	11719
	宋桥镇	40124	33361	11512	2514	32511	11378	650	64	200	70	250	15	4112	6381	1306	1747
	宋埠镇	23985	16480	6321	2539	16480	6321					220	17	5695	13572	1290	4124
	榆垟镇	20945	13398	5057	2177	13288	5038	90	11	20	8	520	42	5800	11838	997	1538
	郑楼镇	29835	22705	7685	2021	22705	7685					720	54	3920	5986	2090	4310
2003	小计	107495	73721	28573	12654	72871	28356	530	100	320	117	1430	124	21017	44374	6767	15232
	宋桥镇	35752	28140	11162	2784	27630	11020	250	51	260	91	230	14	3857	3664	540	1582
	宋埠镇	22690	14060	5115	3909	14060	5115							6790	19691	1840	5520
	榆垟镇	19670	10900	3979	2993	10560	3904	280	49	60	26	700	70	5240	11528	2200	4241
	郑楼镇	29383	20621	8317	2968	20621	8317					500	40	5130	9491	2187	3889
2004	小计	107015	84425	34600	12370	82985	33787	1140	166	300	647	1530	166	14845	32065	3795	7679
	宋桥镇	34056	29073	12407	3694	28673	12367	400	40			200	15	3000	5250	115	173
	宋埠镇	24475	16730	6955	3924	16730	6955					30	2	6395	19185	1320	3960
	榆垟镇	22460	14570	4977	2321	13760	4825	740	126	70	26	700	84	5450	7630	1250	1128
	郑楼镇	26024	24052	10261	2431	23822	9640			230	621	600	65			1110	2418
2005	小计	100569	86110	30110	11870	85470	29953	565	101	75	56	1920	198	8606	22027	1914	4050
	宋桥镇	31764	29010	9727	3694	28810	9707	200	20			300	30	1200	1800	110	165
	宋埠镇	26051	19381	6764	3924	19381	6764					240	15	5830	17490	600	1620
	榆垟镇	16862	14157	5386	2321	13717	5249	365	81	75	56	750	90	1076	1737	604	1005
	郑楼镇	25892	23562	8233	1931	23562	8233					630	63	500	1000	600	1260
2006	小计	104989	86764	33205	12229	86325	33152	332	40	107	13	1634	171	12581	28161	2089	4544
	宋桥镇	32841	28550	10872	3746	28350	10852	200	20			300	18	2700	3740	157	459
	宋埠镇	27010	20560	8073	4080	20560	8073					205	16	5735	16459	510	1696
	榆垟镇	19499	14292	5270	2424	14053	5237	132	20	107	13	529	77	3487	7303	959	1463
	郑楼镇	25639	23362	8990	1979	23362	8990					600	60	659	659	463	926
2007	小计	97570	81350	26590	11003	81016	26541	246	27	88	22	2032	189	11026	24537	1896	4716
	宋桥镇	29982	24722	6838	3151	24522	6818	200	20			930	56	2490	2490	135	270
	宋埠镇	25149	18949	6506	4012	18949	6506					170	20	5158	15474	872	2703
	榆垟镇	18565	14101	4737	2218	13967	4708	46	7	88	22	332	53	3215	6430	756	1464
	郑楼镇	23874	23578	8509	1622	23578	8509					600	60	163	143	133	279
2008	小计	100056	81465	33014	12114	80838	32839	158	26	469	155	2607	318	12460	30607	1696	3600
	宋桥镇	27114	24628	9808	2381	24363	9741	95	10	170	57	961	82	646	602	427	485
	宋埠镇	29060	19671	8568	5489	19621	8548			50	20	713	107	7644	22932	625	1937
	榆垟镇	17795	14122	5900	2186	13954	5848	56	9	112	43	432	69	2670	5483	412	728
	郑楼镇	26087	23044	8738	2058	22900	8702	7	1	137	35	501	60	1500	1590	232	450

续表 40-6-3

年份（年）		农作物总播种面积（亩）	粮食作物			其中						油料		蔬菜（含菜用瓜）		果用瓜	
						谷物		豆类		薯类							
			播种面积（亩）	总产量（吨）	总产值（万元）	播种面积（亩）	总产量（吨）	播种面积（亩）	总产量（吨）	播种面积（亩）	总产量（吨）	播种面积（亩）	总产量（吨）	播种面积（亩）	总产量（吨）	播种面积（亩）	总产量（吨）
2009	小计	101862	84093	36988	12979	83034	36734	98	20	961	244	3753	467	10442	25181	2190	4625
	宋桥镇	28019	25818	11380	2886	25623	11328	31	3	164	49	1035	155	597	597	379	557
	宋埠镇	28586	20266	9128	5161	20216	9120			50	8	1483	148	6192	18576	570	1710
	榆垟镇	18157	14488	6528	2338	14023	6438	21	3	444	97	615	96	2468	4704	474	871
	郑楼镇	27100	23521	9952	2594	23172	9848	46	14	303	90	620	68	1185	1304	767	1487
2010	小计	101135	83996	27252	13303	83019	27053	413	43	564	156	4268	449	9744	25581	1311	2935
	万全镇	54694	49701	16752	5035	49287	16628	130	24	284	100	1751	169	1456	2614	285	584
	宋埠镇	29144	19848	5368	5945	19745	5347			103	21	1878	188	6707	20121	560	1512
	榆垟镇	17297	14447	5132	2323	13987	5078	283	19	177	35	639	92	1581	2846	466	839
2011		96351	81084	34291	15160	80259	34125	367	56	458	110	3614	384	9032	26293	1354	3117
2012		91695	75652	30660	14405	74710	30338	416	54	526	267	3710	408	9103	18206	1501	2986

说明：数据摘自《平阳统计年鉴》

吨。2012年，油料播种面积3710亩，总产量408吨；蔬菜播种面积9103亩，总产量18206吨；果用瓜播种面积1501亩，总产量2986吨。

林业　1989年，万全区茶园总面积851亩，茶叶总产量41吨；果园总面积2961亩，水果总产量577吨；林业产值107万元。2002年，人工造林525亩；茶园总面积285亩，茶叶总产量4吨；果园总面积3198亩，水果总产量12454吨；林业产值90万元。2012年，林地14242亩，人工造林1544亩，幼林抚育面积510亩；果园总面积1474亩，水果总产量4393吨；林业产值93万元。是年，获省级森林城镇称号。镇内古树名木172株，分布在59个村庄，树龄在100年以上的67株，温州百大古树名木评选时万全镇9棵。湖岭陈岙村一株树龄约330年的细叶榕，树上长着樟树、朴树、雀梅，树干形成三个形状各异、大小不等的树洞，被录入《中国树木奇观》和《浙江古树名木》。岭下村小石桥桥头河畔两棵无柄小叶榕，树龄约170年。两树上空树枝相连，形似夫妻拥吻，称之为“夫妻树”。距两树20米长着一株树龄80余年的小榕树，称为“夫妻榕”的“子榕”，被评为“温州十大古树名木”，录入《中国树木奇观》《浙江古树名木》。

2002—2012 年万全镇林业情况一览表

表 40-6-4

年份（年）		人工造林面积（亩）	零星植树（万株）	幼林抚育面积（亩）	茶园总面积（亩）	茶叶总产量（吨）	果园总面积（亩）	水果总产量（吨）	林业产值（万元）	林产品（万元）	竹木采运（万元）
2002	小计	525	3.40	3345	285	4	3198	12454	90	23	
	宋桥镇	249	1.20	1500			2657	2225	43	14	
	宋埠镇	266	0.50	1710			115	4194	12		
	榆垟镇	7	0.90	135	285	4	426	1868	30	7	

续表 40-6-4

年份（年）		人工造林面积（亩）	零星植树（万株）	幼林抚育面积（亩）	茶园总面积（亩）	茶叶总产量（吨）	果园总面积（亩）	水果总产量（吨）	林业产值（万元）	林产品（万元）	竹木采运（万元）
2002	郑楼镇	3	0.80					4167	5	2	
2003	小计	85	6	1590	285	4	2693	16197	316	252	33
	宋桥镇	85	2	270			2127	2102	269	242	20
	宋埠镇		2	645			140	5635	9		
	榆垟镇		1	675	285	4	426	4571	37	10	13
	郑楼镇		1					3889	1		
2004	小计	35	2	81	285	4	1789	8944	76	30	13
	宋桥镇		0.50	13			1223	840	33	20	10
	宋埠镇	35	0.50	34			155	4115	24		
	榆垟镇		0.50	34	285	4	411	1571	18	10	3
	郑楼镇		0.50					2418	1		
2005	小计	255	4		210	6	1316	4974	76	30	13
	宋桥镇	255	1				751	586	33	20	10
	宋埠镇		1				155	1780	24		
	榆垟镇		1		210	6	410	1348	18	10	3
	郑楼镇		1					1260	1		
2006	小计			210	210	6	2676	5580	27	11	4
	宋桥镇						2187	998	18	8	4
	宋埠镇						189	1941	8	3	
	榆垟镇			210	210	6	300	1715	1		
	郑楼镇							926			
2007	小计		5	2190	190	6.50	2431	6899	82	28	47
	宋桥镇						1950	1985	55	18	37
	宋埠镇		2	1590			181	2938	5		
	榆垟镇		1	600	190	6.50	300	1697	22	10	10
	郑楼镇		2					279			
2008	小计		5.30		860	3.50	2270	4350	55	19	36
	宋桥镇		0.30				1962	872	40	12	28
	宋埠镇		2				191	2197			
	榆垟镇		1		860	3.50	117	831	15	7	8
	郑楼镇		2					450			
2009	小计	900	5.30		860	3.50	2348	5607	57	21	12
	宋桥镇		0.30				1870	923	21	13	8
	宋埠镇		2				376	2230			
	榆垟镇	900	1		860	3.50	102	967	36	8	4
	郑楼镇		2					1487			
2010	小计	480	11	900	1150	3.50	2389	3995	53	17	6

续表 40-6-4

年份（年）		人工造林面积（亩）	零星植树（万株）	幼林抚育面积（亩）	茶园总面积（亩）	茶叶总产量（吨）	果园总面积（亩）	水果总产量（吨）	林业产值（万元）	林产品（万元）	竹木采运（万元）
2010	万全镇	480	8				1793	866	27	14	4
	宋埠镇		2				376	1990			
	榆垟镇		1	900	1150	3.50	220	1139	26	3	2
2011		2190	11	1350	1150	5	1561	3443	76	17	5
2012		1544	11	510			1474	4393	93	26	34

说明：数据摘自《平阳统计年鉴》

畜牧业　1989年，万全区生猪年末存栏30150头，羊年末存栏494只，兔年末存栏64只。2002年，生猪年末存栏8499头，牛年末存栏403头，羊年末存栏1197只，家禽年末存栏164700只，兔年末存栏450只，畜牧业产值2775万元。2012年，生猪年末存栏9670头，牛年末存栏593头，羊年末存栏47只，家禽年末存栏133846只，兔年末存栏7410只，畜牧业产值3561万元。全镇畜禽规模养殖户261户。

渔业　1989年，渔业产值83万元。2002年，渔业产值1280万元；海水产品149万元，其中，捕捞125万元，养殖24万元；淡水产品1131万元。2012年，渔业产值1035万元；海水产品372万元，其中，捕捞372万元；淡水产品663万元。

特色农产品　“万全垟”牌大米：1997年，宋桥

2002—2012年万全镇畜牧业、渔业生产情况一览表

表 40-6-5

年份（年）		畜牧业						渔业				
		生猪年末存栏数（头）	牛年末存栏数（头）	羊年末存栏数（只）	家禽年末存栏数（只）	兔年末存栏数（只）	畜牧业产值（万元）	渔业产值（万元）	海水产品（万元）	其中		淡水产品（万元）
										捕捞（万元）	养殖（万元）	
2002	小计	8499	403	1197	164700	450	2775	1280	149	125	24	1131
	宋桥镇	3850	39	287	52150		933	417				417
	宋埠镇	1254	162	40	48400		698	254	149	125	24	105
	榆垟镇	1670	164	420	57000		647	125				125
	郑楼镇	1725	38	450	7150	450	497	484				484
2003	小计	5075	412	1147	164920	623	3294	1854	544	327	217	1310
	宋桥镇	1458	50	330	61850	200	1241	485				485
	宋埠镇	310	138	37	39570		698	567	544	327	217	23
	榆垟镇	1740	207	430	62000		839	201				201
	郑楼镇	1567	17	350	1500	423	516	601				601
2004	小计	4287	378	519	190146	514	3423	1352	519	444	75	833
	宋桥镇	1761	30	34	66520		1225	358				358
	宋埠镇	224	138	37	31450		468	531	519	444	75	12
	榆垟镇	1920	210	410	70000		1312	208				208
	郑楼镇	382		38	22176	514	418	255				255
2005	小计	4597	392	186	199320	35	3169	1680	1174	994	180	506
	宋桥镇	1515	19	20	90900		1002	31				31

续表 40-6-5

年份（年）		畜牧业						渔业				
		生猪年末存栏数（头）	牛年末存栏数（头）	羊年末存栏数（只）	家禽年末存栏数（只）	兔年末存栏数（只）	畜牧业产值（万元）	渔业产值（万元）	海水产品（万元）	其中 捕捞（万元）	其中 养殖（万元）	淡水产品（万元）
2005	宋埠镇	334	181	117	29400		468	1186	1174	994	180	12
2005	榆垟镇	1768	175	8	40520		1281	208				208
2005	郑楼镇	980	17	41	38500	35	418	255				255
2006	小计	5728	438	234	185350	500	3239	1036				1036
2006	宋桥镇	2446	23	81	52000		1109	165				165
2006	宋埠镇	847	233		79380		956	211				211
2006	榆垟镇	1344	166	6	28320	500	755	181				181
2006	郑楼镇	1091	16	147	25650		419	479				479
2007	小计	2960	251	122	198154	2270	3181	2642	1981	457	1524	661
2007	宋桥镇	997	23	75	52806	70	806	229				229
2007	宋埠镇	358	147		93220	1300	1804	2053	1981	457	1524	72
2007	榆垟镇	1000	77	10	29300	900	426	180				180
2007	郑楼镇	605	4	37	22828		145	180				180
2008	小计	6638	382	84	179960	3640	2856	2064	1535	639	896	529
2008	宋桥镇	2477	21	16	33300	400	656	123				123
2008	宋埠镇	503	208		97830	1200	1634	1624	1535	639	896	89
2008	榆垟镇	2453	145	38	31780	2040	388	172				172
2008	郑楼镇	1205	8	30	17050		178	145				145
2009	小计	9761	407	399	203351	19250	4384	2180	1540	394	1146	640
2009	宋桥镇	4604	26	41	50439	7600	1085	283				283
2009	宋埠镇	1465	253	10	106400	1200	2054	1614	1540	394	1146	74
2009	榆垟镇	2252	110	332	31700	10450	886	28				28
2009	郑楼镇	1440	18	16	14812		359	255				255
2010	小计	7888	493	29	165600	10029	4345	1905	1017	310	707	888
2010	万全镇	4382	25	13	35100	1500	1789	764				764
2010	宋埠镇	1283	334		98000	450	1591	1077	1017	310	707	60
2010	榆垟镇	2223	134	16	32500	8079	965	64				64
2011		10111	630	54	175830	13125	3839	1539	746	312	434	793
2012		9670	593	47	133846	7410	3561	1035	372	372		663

说明：数据摘自《平阳统计年鉴》

镇农业技术推广站注册商标。周垟茂松香醋：缪家酿醋技艺四代传承，特点是“古法秘制、天然发酵、纯手工酿造”，被列入市非物质文化遗产名录，2008年，练川醋厂新厂房建成(1万平方米)。宋埠咸菜：咸菜产品有10余个品牌。

工业

20世纪80年代初期，榆垟的汽车配件和郑楼的铜字加工、旅游小商品开始生产。80年代末，形

万全现代产业新区（2010年）　　谢跃进　摄

成以商务礼品及其配套行业、家具及汽摩配、装备等为主体的工业格局。1989年，郑楼有50家铜字生产企业，产值3000万元，利润856万元。1991年，铜字生产行业产值突破1亿元。1996年，榆垟镇的汽摩配工业生产开始采用国际质量标准体系ISO 9002组织生产，产品外销美国等国家，总产值达到9081万元。郑楼形成一定规模的铜字加工生产为龙头的旅游小商品生产和糖果食品生产为主体的工业经济结构。宋桥镇初步形成以包装、箱包、铜字加工为主的企业。2000年，榆垟镇完成汽摩配工业园区规划征地工作，生产以汽车轴瓦、化油器、机油泵、水泵、汽油泵、顶杆为主，产品齐全，规格多样，质量标准，有4家企业通过ISO 9002质量认证，全年工业总产值为16200万元。

2005年，榆垟镇成为新兴汽摩配件专业生产基地。郑楼镇商务礼品生产基地引进企业28家，建成投资企业14家。家具生产基地累计引进企业61家，30家企业进场施工。宋埠镇引进生产值100万元以上的企业3家。2010年，新增开工项目6个，续建项目7个，出让工业用地46公顷，温州大统运塞水泵有限公司的HSW 450外圆活塞数控加工中心项目通过省级认定，4个企业通过ISO/TS 16949质量体系认证。2011年，出让工业用地21公顷，工业项目开工新建23家，竣工投产18家，续建项目6家，获国家技术企业认定3家，获省科技型企业认定1家，获省高新技术企业研究中心认定2家，获省级科技计划项目12项。

2012年，全镇工业总产值567900万元，企业2259家，从业人数30448人。其中，规模以上企业50家，工业产值272919万元，从业人员8456人；规上汽摩配产值33592万元。获得国家高新技术企业认定4家，获得省科技型企业认定3家，获得市科技新型企业认定5家；获得市级企业技术中心认定1家。

2008—2012年万全镇企业情况一览表

表40-6-6

年份（年）	镇名称	企业数（家）	从业人员（人）
2008	宋桥	383	6059
	郑楼	1045	10286
	榆垟	140	1931
	宋埠	84	659
2009	宋桥	423	4739
	郑楼	899	15271
	榆垟	132	2314
	宋埠	37	850
2010	万全	1515	25051
	榆垟	151	2592
	宋埠	42	957
2011	万全	2098	27676
2012	万全	2259	30448

说明：资料由万全镇人民政府提供

商业

20世纪80年代初，郑楼一带农民推销员外出推销的产品，从原来单一的“三证”（工作证、毕业证、学生证）、饭菜票及徽章发展到推销各种温州产的小商品。于是郑楼“样品”市场应运而生，逐渐演变成商务礼品市场，形成完整的商务礼品产业链，商用、办公、收藏和家用礼品种类齐全、品种丰富。郑楼被誉为温州地区“商务礼品之乡”。2012年，生产商务礼品产品的工厂（作坊）610家，经营点500余家，销售总额15亿元，从业人员约11000人。全镇百货商店2家，超市19个，便利店（零售店）278

个，集中商贸市场8个。

财政金融

财政　1994年，郑楼镇财政总收入343万元，宋桥镇财政总收入105万元，宋埠镇工商税收40万元。2000年，郑楼镇财政总收入344.80万元，宋桥镇财政总收入247.20万元，宋埠镇财政总收入59.50万元。2012年，万全镇财政总收入25405.10万元，其中地方财政收入6441.10万元。

金融　1989年，平阳信用联社在郑楼、宋桥、榆垟、宋埠镇设点，年末各项存款余额230.24万元，各项贷款余额238.27万元。1991年，邮政储蓄所在郑楼设点。2011年，工商银行和建设银行在郑楼设点。2012年，农业银行在郑楼设点，平阳农商银行在宋埠社区陡北新增一处营业部。是年年末，各项存款余额84207万元，各项贷款余额66479万元。

第三节　社会事业

教育

幼儿园　20世纪90年代中期，出现一批私人投资的幼儿园。2007年，幼儿园7所，班级47个，在园幼儿1637人，专任教师90人。2012年，幼儿园7所，班级57个，在园幼儿2246人，专任教师124人。

小学　1990年，完全小学21所，村小10所，班级97个，学生7127人，教职工306人，其中公办教师106人。2012年，小学6所，班级121个，学生5265人，教职工315人。

中学　1990年，初级中学8所，班级42个，学生2442人。2012年，初级中学3所，班级46个，学生1514人，教职工207人。

特殊教育　1996年，民办学校平阳县特殊教育学校创办，招收聋哑及智力障碍学生，班级4个，学生64人，教师11人。2012年，班级10个，学生126人，教职工32人。

文化

文化设施　1989年，万全镇有6家电影院（宋埠、榆垟、象山、郑楼、练川、宋桥），总建筑面积2570平方米；20世纪90年代后期逐渐停映。1994年，宋桥镇宋桥村集资兴建南宋爱国名臣宋之才纪念馆。1997年，榆垟文化娱乐中心和叶廷鹏烈士纪念馆建成。1999年，实现村村通闭路电视。2005—2006年，有线电视开通。2009年，修建宋恕纪念馆。2010年，万全文体活动中心和练川社区柳垟文化活动中心建成；万全网开通。2012年，基本实现电视数字化。是年，全镇文化站1个，社区文化活动室5个，农家书屋14个，图书30000册。

文化活动　1998年，举办纪念黄溯初诞辰115周年和温州师范学校建校92周年活动。2000年2月5日，冯宅村“两委”组织村民自编自演20余个节目，在村文化活动中心举办“新春晚会”。2003年，宋桥镇邀请少数民族演出队在宋桥剧院演出。2004年，宋桥镇选送“莲花舞”和“舞动的青春”两个节目参加县“新女性、新风采”比赛。2005年6月16日，在宋桥剧院举行“卖纮演唱会”，浙江电视特为录制并在全省播放。2006年4月27日，温州市文化局组织市歌舞团演员在宋桥镇章桥村举办文化进村文艺演出。2010年12月29日，举行宋恕纪念馆开馆仪式并举行宋恕逝世100周年纪念会。2012年3月，宋恕、黄溯初和马星野入选平阳十大历史文化名人。

民间曲艺——卖纮　卖纮是万全镇民间的一种曲艺形式，具有很强的地域性与时间性，故有“卖纮不过飞云江”之说，过了飞云江便不存在。在正月初一到初五的夜间卖唱。内容是比较通俗的有关古代传说故事或自编的地方掌故和吉利语。卖纮者手提灯笼，两人轮流高声诵唱，没有任何乐器伴奏。婚娶或新屋落成的人家，燃灯烛设糕点，让卖艺者诵唱或以对歌式竞唱，营造欢快热烈的气氛。

庙会　万全镇庙会一年共有4次。宋桥庙会：农历正月十五，地点宋桥社区宋桥村，会期1天。郑楼庙会：农历正月二十一，地点郑楼社区郑二村，会期1天。大寮宫庙会：农历正月二十八，地点榆垟社区中镇村，会期1天。庙桥殿庙会：农历二月初八，湖岭社区吴岙村，会期1天。

医疗卫生

1989年，基层卫生所7个（宋桥、湖岭、郑楼、练川、宋埠、榆垟、象山）。2012年，卫生院4所，社区或村卫生室45个，社区服务站2个，从业医师及医务人员173人。全年就诊人数148017人。

环境卫生

1993年3月，万全镇环境卫生管理所（原郑楼镇环境卫生管理所)成立,清扫工人6人,管理人员2人,装配6辆脚踏三轮车和1辆拖拉机,清扫保洁面积21000平方米,垃圾桶50只,日清运垃圾量5吨。2002年,垃圾运至郑三村垃圾堆放场,面积约8亩;2007年,垃圾运至陈交大垃圾堆放场堆放;2010年,垃圾运至叶垟垃圾堆放场、鲍垟垃圾堆放场堆放。2012年5月,郑楼垃圾中转站开始运作,设在岗上村;8月,万全镇生活垃圾全部运往县生态发电厂进行统一处置。2012年,环卫职工165人,管理人员5人;垃圾清扫车2辆,洒水车3辆,垃圾密封运输车6辆,农用垃圾运输车5辆,装卸车4辆,垃圾压缩车1辆,人力三轮垃圾车47辆,电动三轮垃圾车49辆;果皮箱646个,垃圾桶2000余个,负责辖区14条主要道路、3个工业园区及4个社区主要街道的清扫保洁,日清运垃圾70吨;镇区公厕8座。

体育

20世纪80—90年代,除学校体育设施外,社会体育健身设施较少,体育活动主要以武术等传统体育为主。2003年,宋桥镇新增健身苑点13处;郑楼新增健身苑点20处。2006年,宋桥镇下桥、孙楼、栏杆桥村举办"庆'三八'——展风采强体质"女子拔河比赛。2007年,宋埠镇举办体育文化节活动,榆垟镇举办县南拳武术会演比赛;宋桥镇下桥体育文化园建成;郑楼镇、宋桥镇通过省级体育强镇考核验收。2008年,宋埠镇举办首届农民运动会;榆垟新建体育休闲公园3个、体育运动场8处。2010年,万全镇市民活动中心建成;榆垟新建篮球场3个;宋埠镇新建健身场所11处、篮球场2个、体育活动中心1个。2011年,举行平阳县庆"三八"中老年妇女门球赛。2012年,宋桥社区下桥村成立省级老年体育活动中心。是年,全镇健身苑点、场所100余处,篮球场11个,文体活动中心(场所)15处。

老年门球赛(2011年)　　张昌业　摄

社会保障

社会救助　1996年,宋桥镇筹建敬老院;榆垟镇投入10万元扩建老人乐园和敬老院;郑楼镇建成郑楼片和练川片2所敬老院。是年,宋桥镇发放社会救济款3.45万元,复退军人、伤残军人定期补助6.83万元;宋埠镇发放社会救助4.40万元。1997年,宋埠镇建成敬老院,郑楼镇发放救灾救济款2.80万元;宋埠镇发放救灾款1.20万元。2008年,宋桥镇发放社会救济款和救灾款4万元,最低社会保障1.8万元,困难群众住房补助6.60万元;榆垟镇发放社会救济款2.50万元,最低生活保障24.74万元,医疗救助9.56万元。2010年,宋埠镇发放各类民政资金103万元,16户困难群众得到住房补助,新增最低生活保障对象13户;榆垟镇新增低保12户。

社会保险　1996年,宋桥镇对村"两委"现任正职干部、妇女干部及女儿户实施养老保险,2269户家庭房屋财产参加保险;宋埠镇120人享受养老保险。2006年,宋桥镇参加新农合保险14705人;榆垟镇参加新农合保险9719人。2008年,宋桥镇95%农户参加农村住房保险;榆垟镇19户农民参加农业保险,3390户参加农村住房保险。2010年,榆垟镇城乡居民养老保险在保人员2205人,已满60周岁享受养老保险待遇1867人,参加政策性农业保险412.33公顷;宋埠镇参加新农合保险14128人,榆垟镇参加新农合保险10563人。2012年,全镇参加新型农村合作医疗保险69714人,全年住院报销6924人次,医疗总费用4754.62万元,补偿2391.14万元,门诊报销176848人次,医疗总费用1072.88万元,补偿383.38万元;参加城乡居民养老保险23901人,领取养老金10532人。

第四节　基础设施

交通运输

公路　1989年,昆阳至榆垟、宋埠、象山、仙口均为泥结碎石路面,练川至郑楼通乡公路为1.5米乡间小道。1995年以后，昆阳至榆垟、宋埠和仙口改建成水泥混凝土结构路面。1999年，建成2.8千米宋埠通往瑞安阁巷跨境公路。2000年，三郑线、宋湖通乡公路建设开始，初为砂石路面；2005年，改建为水泥混凝土结构路面。是年，建成104国道下宋路口，连接郑楼郑林路水泥路面；榆垟镇总里程12.6千米的康庄道路竣工。2006年，宋桥镇10条总长12千米的康庄道路竣工。2008年，城新线宋埠段、黄象段竣工投入使用。2009—2010年，万全镇郑三至金家堡、吴垟至下薛、岭下至陈岙，榆垟镇荷花至榆北等14条联网公路建成。2012年，温州绕西南高速平阳段动工奠基。是年，万全镇沈海高速公路过境，境内农村联网公路71条，总长约85千米；农村道路91条、131千米；桥梁81座；公交线路21条，总长42千米，年客运量15万人次。

车站　2012年，镇级汽车客运站3个，停靠站(点)3个。宋埠车站位于海滨东路，郑楼车站位于郑林路、振兴路，宋桥车站位于104国道下宋路口。榆垟停靠点位于中镇村长春北路，此外，章底、岭下分别设有停靠站。

古道　20世纪80年代初，古道为民间的主要交通道路，此后被公路所代替。万全镇有两条古道。一条古道出县城东门、途经白垟周，进入万全镇的光山、上桥、下桥、茶亭、新浃、下周、沙塘陡门至瑞平桥进入瑞安界。其支路有三条：一条自白垟周北折经万全镇迎学垟、林步桥、姜垟、叶垟、岗头至瑞安林垟；一条自岗头过前堡前缪，经郑楼街至卓落桥，进入瑞安界；一条自榆垟经过谷垟至瑞安界。另一条古道出城北，过鸣山、塘桥、倒树桥、观音亭、万全浦、豺狼桥、金桥至瑞安杜山头。其支路自观音亭过金宕、赖岙、庙桥殿、岭下，至湖岭进入瑞安界。

内河航运　万全镇河道纵横、水运方便。民国时，瑞安通济轮船公司开辟瑞安至平阳内河航线。1954年，平瑞运输公司接替瑞安通济公司经营平瑞内河航线。平阳至瑞安内河航线起于昆阳镇北门，沿途设昆阳镇的鸣山、倒树桥村和万全镇的万全浦、杜山头4个停靠站，全程17千米，每日2个航班。几年后增加航班，增设观音亭、章岙周、章岙底停靠站。1964年，开辟昆阳至宋埠内河航线，起自昆阳镇东门，终于宋埠，沿途村村停靠，全程长13千米，每日1航次。1978年，开通昆阳至郑楼内河航线，全长12千米。20世纪末，内河航线停运。

邮政电信

1992年，宋埠、榆垟、郑楼、宋桥4镇分别设邮电分局或支局。1994年，宋桥镇、榆垟镇实现村里开通全国直拨程控电话。1995年，郑楼、宋桥、宋埠、榆垟线路进行改造，四镇实现“村乡通程控”。1998年，邮政、电信分设，随之宋桥、郑楼、榆垟、宋埠等镇分设电信支局。2012年，万全镇邮政分网点2个，乡村通邮率100%，电信服务网点15个，固定电话1.6万部，移动电话1.1万部，宽带接入用户1.30万户，电信业务收入330万元。

给排水

1989年前后，万全村民一般饮用河水或井水，20世纪90年代以后，大多建制村自筹资金建造小规模水厂。2012年，镇区自来水厂3座，分别位于郑楼、宋桥、宋埠，日供水量15000吨。完成宋桥、榆垟、湖岭社区21个建制村自来水村网改造和饮用水支管网铺设。

20世纪80—90年代，万全农村生活污水依靠自然净化。2008年，榆垟建成沼气型生活污水净化池300立方米。2009年，郑楼新增11座生态公厕和7个生活污水处理设施。2010年，投资1400万元，郑楼片污水管网工程和截污纳管工程主管网建成，新增支管网2千米。宋埠片新建生活污水处理池3个，引进农业污水处理设施4套。2011年，镇区10千米污水主管网工程完成。2012年，完成经一路的污水主干管及泵站建设，完成万全轻工园区污水管网建设。

供电

1989年，万全片有郑楼站、练川站、宋桥站、湖岭站、榆垟站、象山站、宋埠站7个电管站。1992年，农电站撤扩并，调整为4个电管站，归昆阳供电所管辖。20世纪80年代末至90年代初，年供电量约为400万千瓦时。2003年，郑楼供电所成达到了3000万千瓦时。2008年，宋桥110千伏变电所开工建设，104国道两侧和镇前路至高架桥、孙楼、湖蛟桥等村的10千伏线路，瓯垂线220千伏的铁塔改造完成。2009年，宋桥、孙楼至章底等4条10千伏高压线路建成。2010年，榆垟浃口至榆茶供电线路入地工程完成。2012年，万全镇变电所1座，主变电器3台，高压输电线路2条，年全镇用电量24723万千瓦时，其中工业用电17270万千瓦时，生活用电5085万千瓦时，10千伏线路38条，公用变压器267台，专变241台。

园林绿化

1996年，榆垟完成镇中路、长春路绿化工程，郑楼镇投入7万元建设振兴路至下宋104国道绿化带。2006年，宋桥新增绿化面积10500平方米，郑楼建设绿地10000平方米，榆垟新增绿化面积800平方米。2010年，沿海防护林建设33.53公顷，平宋塘河走廊绿化工作顺利推进。2011年，万全镇新增绿化面积7.20万平方米，护岸绿化工程建设2.30千米。2012年，全镇区园林绿地面积156.90公顷，人均绿地面积20.20平方米。

水利

万全河网河道318条，总长268.91千米，水域面积1.20万亩。1955年以后，平阳、瑞安两县共建塘头、宋家埭和南码道3座水闸。1989—2000年，完成护岸与疏浚河道15条，长度29.33千米，投资202.7万元。2001—2005年，投资286.80万元，完成章底等13个村16条护岸与河道疏浚工程，长度17.83千米。2006—2010年，完成赖岙等54个村57条护岸与河道疏浚，长度为67.95千米，投资3209万元。2011—2012年，完成瑶山等26个村34条护岸与河道疏浚工程，长度为38.1千米，投资3413万元。2012年1月15日开工建设章桥一河等7条河道，岸线总长5.98千米。

第七章　腾蛟镇

腾蛟镇地处平阳县西北部，距县城昆阳镇23.50千米，东、南、西与水头镇毗邻，西北与文成县平和乡接壤，东北紧临瑞安市高楼镇。宋时，郑氏族人自福建漳州迁徙岱山，明洪武年间移至河尾聚居，称郑家堡；明末清初聚集成市，后因闽南语“腾蛟”与“郑家”谐音，遂易名为“腾蛟堡”，尔后去堡字，径称腾蛟。腾蛟镇地势北高南低，北部多山地，南部多丘陵或溪谷小平原。2012年，全镇总面积80.23平方千米，下设6个社区，辖48个村、3个居民社区。

1992年，工农业总产值1.13亿元，至2012年，工农业总产值增加到33.96亿元；财政总收入从1994年的1243.85万元(原腾蛟镇)增至2012年的8082万元；农民年人均纯收入从1989年的313元增至2012年的7340元；1989年，总户数16714户、总人口63608人，至2012年，总户数18660户、总人口69886人。腾蛟镇是国家体委命名的唯一乡镇级“全国象棋之乡”，曾获省历史文化名镇、省文化建设示范镇、省教育强镇、省体育强镇、省旅游强镇称号。

1989—2012年腾蛟镇经济和社会发展情况一览表

表40-7-1

年份(年)	项目	村数(个)	居民区数(个)	村民小组(个)	户数(户)	人口(人)	其中，非农业人口(人)	农村劳动力(人)	农民年人均纯收入(元)	工农业总产值(万元)	工业总产值(万元)	农林牧渔总产值(万元)	耕地面积(亩)	粮食总产量(吨)
1989	小计	75	4		16714	63608	6151		313				30112	11713
	腾蛟镇	12	4		4792	18848	5408		364				5742	2547
	凤巢乡	14			4100	14926	302		344				7648	2916
	龙尾乡	17			2212	8987	43		201				5918	1688
	带溪乡	13			3848	13374	329		351				6862	3338
	岭门乡	19			1762	7473	69		192				3942	1224
1990	小计	75	4		15770	64023	6163		300				30025	8588
	腾蛟镇	12	4		4815	18940	5417		324				5731	1805
	凤巢乡	14			3859	15123	302		358				7648	2376

续表 40-7-1

年份（年）	项目	村数（个）	居民区数（个）	村民小组（个）	户数（户）	人口（人）	其中，非农业人口（人）	农村劳动力（人）	农民年人均纯收入（元）	工农业总产值（万元）	工业总产值（万元）	农林牧渔总产值（万元）	耕地面积（亩）	粮食总产量（吨）
1990	龙尾乡	17			2202	9028	44		167				5842	1055
	带溪乡	13			3132	13447	332		365				6862	2611
	岭门乡	19			1762	7485	68		165				3942	741
1991	小计	75	4		15998	64538	6156		339				30010	11561
	腾蛟镇	12	4		4823	19038	5417		390				5716	2316
	凤巢乡	14			4011	15282	301		383				7648	2781
	龙尾乡	17			2196	9104	45		224				5842	1789
	带溪乡	13			3199	13555	325		373				6862	3350
	岭门乡	19			1769	7559	68		195				3942	1325
1992	小计	75	4		16152	64824	6273	25899	414	11293	8417	2876	29974	9823
	腾蛟镇	44	4		9846	40355	5921	15088	455	8184	6449	1735	16498	5406
	凤巢乡	14			4025	15419	300	7180	405	1814	1104	710	7634	2687
	龙尾乡	17			2281	9050	52	3631	248	1295	864	431	5842	1730
1993	小计	75	4	0	16219	65378	6378	26629	493	13760	11397	2363	29905	6405
	腾蛟镇	44	4		9859	40667	6017	15141	573	11600	10119	1481	16433	4165
	凤巢乡	14			4082	15587	307	7302	421	1752	1278	474	7630	1317
	龙尾乡	17			2278	9124	54	4186	263	408		408	5842	923
1994	小计	75	4	0	16366	65277	7430	27387	623	26559	23937	2622	29848	8108
	腾蛟镇	44	4		9981	40379	7067	15234	804	24429	22814	1615	16378	4979
	凤巢乡	14			4107	15720	307	8104	365	1563	1016	547	7628	1788
	龙尾乡	17			2278	9178	56	4049	271	567	107	460	5842	1341
1995	小计	75	4	654	16652	66243	8216	27539	863	45934	40710	5224	29829	7908
	腾蛟镇	44	4	350	10231	41212	7836	15535	1119	37797	34576	3221	16359	4030
	凤巢乡	14		172	4132	15806	318	7963	475	7318	6134	1184	7628	1838
	龙尾乡	17		132	2289	9225	62	4041	381	819		819	5842	2040
1996	小计	75	4	654	16672	66268	8281	28241	2089	58255	51102	7153	29738	10786
	腾蛟镇	44	4	350	10242	41190	7877	15645	2417	49760	45928	3832	16268	6100
	凤巢乡	14		172	4141	15862	330	8306	1580	7476	5174	2302	7628	2498
	龙尾乡	17		132	2289	9216	74	4290	1500	1019		1019	5842	2188
1997	小计	75	4	654	17910	66515	8280	28626	3034	64882	59091	5791	29750	10149
	腾蛟镇	44	4	350	11482	41613	7860	15923	3848	56631	54079	2552	16280	5717
	凤巢乡	14		172	4139	15780	334	8309	1937	7335	4852	2483	7628	2582
	龙尾乡	17		132	2289	9122	86	4394	1220	916	160	756	5842	1850
1998	小计	75	4	652	18021	66525	8201	30824	3156	75011	70290	4721	30120	9149
	腾蛟镇	44	4	348	11530	41526	7779	16052	4021	67129	64936	2193	16565	5360
	凤巢乡	14		172	4202	15847	339	8516	1958	6843	5214	1629	7628	2278

续表 40-7-1

年份（年）	项目	村数（个）	居民区数（个）	村民小组（个）	户数（户）	人口（人）	其中，非农业人口（人）	农村劳动力（人）	农民年人均纯收入（元）	工农业总产值（万元）	工业总产值（万元）	农林牧渔总产值（万元）	耕地面积（亩）	粮食总产量（吨）
1998	龙尾乡	17		132	2289	9152	83	6256	1305	1039	140	899	5927	1511
1999	小计	75	4	663	18093	66422	8115	34492	3213	82259	78028	4231	30156	9997
	腾蛟镇	44	4	359	11571	41387	7688	21449	4038	72266	70492	1774	16542	5392
	凤巢乡	14		172	4229	15870	349	7550	1988	9312	7536	1776	7667	2542
	龙尾乡	17		132	2293	9165	78	5493	1608	681		681	5947	2063
2000	小计	75	6	663	15522	72119		38177	3255	95000	89400	5600	27883	8223
	腾蛟镇	44	6	359	11001	44309		23138	4052	85600	82700	2900	14947	4059
	凤巢乡	14		172	3446	16683		8000	2191	8700	6700	2000	7169	2213
	龙尾乡	17		132	1075	11127		7039	1679	700		700	5767	1951
2001	小计	75	6	664	18913	72206		32825	3265	115738	109399	6339	27249	8303
	腾蛟镇	44	6	359	11582	44356		16964	4059	106657	102995	3662	14391	4304
	凤巢乡	14		173	4674	16681		8873	2242	8219	6404	1815	7229	2226
	龙尾乡	17		132	2657	11169		6988	1637	862		862	5629	1773
2002	小计	74	6	657	18808	71219	9377	37629	3361	147025	139600	7425	27058	8316
	腾蛟镇	44	6	352	11638	44189	8909	21736	4158	137416	133200	4216	14380	4858
	凤巢乡	13		173	4630	16427	388	9002	2300	8773	6400	2373	7051	1694
	龙尾乡	17		132	2540	10603	80	6891	1683	836		836	5627	1764
2003	小计	74	6	657	18878	70738	9978	36591	3847	155624	146200	9424	24852	7068
	腾蛟镇	44	6	352	11775	44237	9554	21705	4828	146310	139900	6410	12074	4850
	凤巢乡	13		173	4599	16231	344	8019	2460	8436	6300	2136	7101	1274
	龙尾乡	17		132	2504	10270	80	6867	1816	878		878	5677	944
2004	小计	48	3	657	19004	70333	10102	36261	4025	165664	152100	13564	25142	8149
	腾蛟镇	26	3	352	11920	44104	9710	21771	4978	151826	142400	9426	12144	5246
	凤巢乡	11		173	4573	16093	307	7636	2685	12037	8800	3237	7101	1963
	龙尾乡	11		132	2511	10136	85	6854	2003	1801	900	901	5897	940
2005	小计	48	3	657	19069	70365	10048	31159	4320	184966	172700	12266	25219	7746
	腾蛟镇	26	3	352	11952	44172	9741	18204	5252	173628	165200	8428	12227	4683
	凤巢乡	11		173	4587	16011	267	6711	2952	10437	7500	2937	7095	2098
	龙尾乡	11		132	2530	10182	40	6244	2429	901		901	5897	965
2006	小计	48	3	640	19333	70063	10131	38123	4942	236826	225300	11526	25211	7342
	腾蛟镇	26	3	335	12071	44023	9757	24280	5721	221369	213700	7669	12221	4131
	凤巢乡	11		173	4700	15946	318	7623	3191	12777	9800	2977	7093	1977
	龙尾乡	11		132	2562	10094	56	6220	4310	2680	1800	880	5897	1234
2007	小计	47	3	643	19481	70254	10329	33527	5313	269008	257400	11608	25211	5711.5
	腾蛟镇	25	3	339	12175	44351	9855	21590	6158	252418	244700	7718	12221	3052
	凤巢乡	11		172	4712	15770	394	7631	3550	13785	10700	3085	7093	1736

续表 40-7-1

年份（年）	项目	村数（个）	居民区数（个）	村民小组（个）	户数（户）	人口（人）	其中，非农业人口（人）	农村劳动力（人）	农民年人均纯收入（元）	工农业总产值（万元）	工业总产值（万元）	农林牧渔总产值（万元）	耕地面积（亩）	粮食总产量（吨）
2007	龙尾乡	11		132	2594	10133	80	4306	4360	2805	2000	805	5897	924
2008	小计	48	3	643	24068	70642	10504	32176	5549	267992	259100	8892	26951	6641
	腾蛟镇	26	3	339	16733	44572	9947	23543	6315	261593	257000	4593	13873	3616
	凤巢乡	11		172	4761	15897	444	7631	4031	5321	2000	3321	7181	1894
	龙尾乡	11		132	2574	10173	113	1002	4568	1078	100	978	5897	1132
2009	小计	48	3	643	19392	71078	10837	31825	6064	251339	240400	10939	26375	8128
	腾蛟镇	26	3	339	12092	44813	10202	23673	6842	241158	235800	5358	13873	3968
	凤巢乡	11		172	4760	16067	493	7152	4475	8219	4400	3819	6905	1820
	龙尾乡	11		132	2540	10198	142	1000	5149	1962	200	1762	5597	2340
2010	小计	48	3	654	19301	71083	10938	30549	6523	296926	283800	13126	26325	7914
	腾蛟镇	26	3	350	12032	44580	10245	22754	7396	283450	277100	6350	13823	4300
	凤巢乡	11		172	4743	16216	523	6789	4836	11008	6500	4508	6905	1906
	龙尾乡	11		132	2526	10287	170	1006	5400	2468	200	2268	5597	1708
2011		48	3	656	19225	71032	11112	27409	7029	332653	314500	18153	26527	11539
2012		48	3		18660	69886	9659	27242	7340	339591	324000	15591	26527	11616

说明：数据摘自《平阳统计年鉴》，少量摘自《平阳县农经统计年报》

第一节　建置与区划

建置沿革

民国38年（1949）9月，建置腾蛟乡，隶属北港区。1950年3月，改腾蛟乡为腾蛟镇，隶属北港区。1952年10月，设腾蛟区，辖腾蛟镇以及带溪、霞山、碧溪、湖窦、龙尾、包垟、岭门、龙垟、凤巢、贡田、岭岩、鹤溪、秀溪、鹤峰、蔡垟15个乡。是年，瑞安县石龙乡的根竹坡和内百尖划归包垟乡，瑞安县凤翔乡的石沙路村划入龙垟乡瑞平村。1953年，文成县平和乡的平溪村划归龙尾乡。1956年，包垟乡并入龙尾乡。是年，龙垟乡撤销，其中瑞平村划入岭门乡。11月，撤腾蛟区，并入水头区。同时撤销霞山、湖窦、龙垟、包垟、贡田、岭岩、秀溪、鹤峰8个乡。1957年5月，恢复腾蛟区，下辖腾蛟镇和带溪、鹤溪、凤巢、岭门、龙尾、蔡垟6个乡。1958年8月，碧溪乡并入腾蛟镇。10月，建立腾蛟人民公社，下辖7个生产大队（管理区）。1961年9月，恢复腾蛟区建制，以原生产大队（管理区）为公社。1984年4月，恢复腾蛟、带溪、岭门、龙尾、凤巢、鹤溪、蔡垟7个乡。1985年5月，腾蛟乡改为腾蛟镇。1992年5月，腾蛟镇、带溪乡、岭门乡合并为腾蛟镇，蔡垟乡并入鹤溪镇，凤巢和龙尾为建制乡。2011年4月，凤巢乡、龙尾乡并入腾蛟镇。

行政区划

1992年5月，原腾蛟镇辖44个村，4个居民区。2000年1月，增设昌荣和凤翔居民区。腾蛟镇辖6个居民区，44个行政村。2004年9月，撤销腾桥、鹏腾居民区，成立龙腾社区；撤销蛟跃居民区，成立昌荣社区；撤销河尾、凤翔居民区，成立凤翔社区；腾蛟镇44个行政村调整为26个村；凤巢乡14个村调整为11个村；龙尾乡17个村调整为11个村。2012年，腾蛟镇下设6个社区，辖48个村、3个居民社区。

2012 年腾蛟镇社区情况一览表

表 40-7-2

社区名称	驻地	面积（平方千米）	村（社区）名称	面积（亩）	户数（户）	人口（人）	2001 年的村、居
凤巢	望桥路 1 号	20.05	凤巢村	2153	366	1314	杨山下村
							凤口村
			山边村	1857	591	2026	山边村
			溪头街村	2622	511	1664	溪头街村
							白岩岭村
			洞桥头村	2373	599	2026	洞桥头村
			秀垟村	3599	417	1426	秀垟村
			大岭村	2592	361	1161	大岭村
			仁家垟村	3576	439	1722	仁家垟村
			三角田村	2333	327	1222	三角田村
			联合村	3787	401	1477	垻凤村
							油坑村
			灵岩村	2512	246	902	灵岩村
			伍岱村	2666	301	1025	伍岱村
腾蛟	原腾蛟镇政府大院内	13.33	金田村	2073	403	1629	金田村
			岱山村	2077	437	1734	岱山村
			湖寀村	4055	436	1674	湖寀村
							银坑村
			赤金村	2786	290	1168	赤瑠村
							金家岭村
			文理村	3010	328	1268	大文村
							大理村
			碧源村	3094	490	2022	碧源村
							梅亭村
			驷马村	2914	394	1608	驷马村
腾祥	原腾蛟镇政府大院内	1.3	龙腾社区		650	2247	一居
							二居
			凤翔社区		1034	3348	四居
							五居
			昌荣社区		840	2825	三居
							六居
			腾蛟村	1579	465	1729	腾蛟村
带溪	凤翔南路 1-1 号	13.02	霞山村	3988	632	2357	霞山村
							南山塘村
			平棋村	2867	519	2022	平棋村
							山尾村
							马车村
			北溪村	3296	532	1902	北溪村
			塘溪村	2781	477	1823	塘溪村
							杉棋垵村
			青垮村	2409	390	1539	青垮村

续表 40-7-2

社区名称	驻地	面积（平方千米）	村（社区）名称	面积（亩）	户数（户）	人口（人）	2001年的村、居
带溪	凤翔南路1-1号	13.02	南坨村	1132	325	1181	南坨村
			腾带村	1573	334	1191	腾带村
			联源村	562	267	1006	联源村
			腾溪村	924	359	1298	腾溪村
龙尾	龙尾村	20.29	横平村	3028	252	929	横平村
			龙横村	1597	235	920	龙横村
			龙岙村	2190	209	913	龙岙村
							青岙溪村
			龙尾村	2113	208	867	龙尾村
			林坑村	1795	232	942	林坑村
			麻树村	1870	269	1114	麻田村
							油树下村
			百尖村	4027	278	1169	外百尖村
							百尖村
							根竹村
			包垟村	1439	90	354	包垟村
			吴小垟村	1522	167	658	吴小垟村
			河山平溪村	5315	202	847	河山村
							平溪村
			南胜村	4445	300	1293	吊笕村
							楠树垟村
岭门	岭门村大垟自然村	12.48	岭门村	1523	218	829	岭门村
			梅坑村	1825	214	894	梅坑村
							梅村
							基岭村
			双垟村	1579	188	694	东爿山村
							御垟村
			王坛村	1350	156	608	王坛村
							下炮村
			林家村	5123	402	1572	林家村
							瑞平村
							九垟村
			和兴村	2074	239	900	垟尾村
							莲花心村
			同兴村	1247	202	738	外垟村
							牛两头村
			金岭桥村	2301	260	1011	龙金村
							通岭头村
							双桥村
			双坑村	1700	164	683	双坑村

说明：人口数据不含集体户，由平阳县公安局提供；土地数据由平阳县国土局提供；其余资料由腾蛟镇人民政府提供

第二节 经 济

农业

种植业　2012年，全镇农业龙头企业11家，农民专业合作社96家，建成特色农业示范基地561公顷，效益农业基地68个。

粮食作物：1989年，腾蛟区粮食作物播种面积58630亩，总产量16637吨，其中，谷物播种面积41347亩，总产量12476吨；薯类播种面积14309亩，总产量3966吨。2002年，粮食作物播种面积25968亩，总产量8316吨，其中，谷物播种面积14425亩，总产量5501吨；豆类播种面积3888亩，总产量504吨；薯类播种面积7655亩，总产量2311吨。2012年，粮食作物播种面积30201亩，总产量11616吨，其中，谷物播种面积15085亩，总产量7775吨；豆类播种面积4278亩，总产量480吨；薯类播种面积10838亩，总产量3361吨。

经济作物：1989年，腾蛟区油料播种面积2913亩，总产量127吨；蔬菜播种面积4592亩，果用瓜播种面积341亩。2002年，油料播种面积870亩，总产量113吨；蔬菜播种面积14404亩，总产量17398吨；果用瓜播种面积2777亩，总产量6678吨。2012年，油料种植1445亩，总产量186吨；蔬菜播种面积8854亩，总产量15020吨；果用瓜播种面积3384亩，总产量5471吨。

2002—2012年腾蛟镇农作物播种面积和产量统计表

表40-7-3

年份（年）		农作物总播种面积（亩）	粮食作物			其中						油料		甘蔗		蔬菜（含菜用瓜）		果用瓜	
						谷物		豆类		薯类									
			播种面积（亩）	总产量（吨）	总产值（万元）	播种面积（亩）	总产量（吨）	播种面积（亩）	总产量（吨）	播种面积（亩）	总产量（吨）	播种面积（亩）	总产量（吨）	播种面积（亩）	总产量（吨）	播种面积（亩）	总产量（吨）	播种面积（亩）	总产量（吨）
2002	小计	48677	25968	8316	4806	14425	5501	3888	504	7655	2311	870	113	77	175	14404	17398	2777	6678
	腾蛟镇	26010	14103	4858	2760	8540	3806	2003	239	3560	813	500	55	77	175	6492	8245	2472	6394
	凤巢乡	15447	6805	1694	1477	3465	965	1230	184	2110	545	370	58			5752	6832	305	284
	龙尾乡	7220	5060	1764	569	2420	730	655	81	1985	953					2160	2321		
2003	小计	47493	23375	7068	6456	12301	4661	3522	567	7552	1840	1017	138	88	177	14605	30379	2391	3407
	腾蛟镇	25778	13860	4850	4612	7431	3413	1297	235	5132	1202	577	64	88	177	7635	22888	2051	3312
	凤巢乡	14145	6045	1274	1205	2670	593	1505	208	1870	473	440	74			5470	6790	340	95
	龙尾乡	7570	3470	944	639	2200	655	720	124	550	165					1500	701		
2004	小计	47290	24655	8149	7845	13733	5828	3036	523	7886	1798	875	121	90	182	15606	20011	2577	4619
	腾蛟镇	27790	15045	5246	4978	8243	3812	1126	145	5676	1289	570	64	90	182	7606	12999	2092	4435
	凤巢乡	13900	6250	1963	2277	3290	1356	1250	198	1710	409	305	57			6860	6442	485	184
	龙尾乡	5600	3360	940	590	2200	660	660	180	500	100					1140	570		
2005	小计	42882	24029	7746	6847	13480	5356	3377	610	7172	1780	825	110	90	183	11865	20171	1978	4016
	腾蛟镇	22872	13949	4683	3980	7830	3304	1037	160	5082	1219	570	65	90	183	5425	14951	1638	3806
	凤巢乡	13910	6820	2098	2277	3550	1421	1660	260	1610	417	255	45			5400	4700	340	210
	龙尾乡	6100	3260	965	590	2100	631	680	190	480	144					1040	520		
2006	小计	39229	21042	7342	6267	13102	5418	2035	418	5905	1506	844	113	126	256	11365	19930	1827	3416
	腾蛟镇	20284	12292	4131	3716	7632	3120	965	139	3695	872	559	65	126	256	5100	14291	1477	3174

续表 40-7-3

年份（年）		农作物总播种面积（亩）	粮食作物			其中						油料		甘蔗		蔬菜（含菜用瓜）		果用瓜	
						谷物		豆类		薯类									
			播种面积（亩）	总产量（吨）	总产值（万元）	播种面积（亩）	总产量（吨）	播种面积（亩）	总产量（吨）	播种面积（亩）	总产量（吨）	播种面积（亩）	总产量（吨）	播种面积（亩）	总产量（吨）	播种面积（亩）	总产量（吨）	播种面积（亩）	总产量（吨）
2006	凤巢乡	12740	5740	1977	1948	3550	1441	480	77	1710	459	285	48			5270	4917	350	242
	龙尾乡	6205	3010	1234	603	1920	857	590	202	500	175					995	722		
2007	小计	35262	18502	5712	5191	12464	4315	1709	375	4329	1022	997	167	133	271	9176	13245	2204	4045
	腾蛟镇	16287	10192	3052	2662	7034	2400	929	131	2229	521	557	91	133	271	2566	7399	1784	3677
	凤巢乡	13175	5710	1736	1979	3530	1257	430	83	1750	396	440	76			5510	5351	420	368
	龙尾乡	5800	2600	924	550	1900	658	350	161	350	105					1100	495		
2008	小计	37238	23173	6641	18737	12189	5044	3575	539	7409	1058	879	150	140	283	5953	11221	1858	3341
	腾蛟镇	17923	12545	3616	3320	7849	3278	1046	31	3650	307	559	79	140	283	2291	7085	1338	3006
	凤巢乡	12255	6770	1894	14790	2490	1026	2180	421	2100	447	320	71			3550	3680	520	335
	龙尾乡	7060	3858	1131	627	1850	740	349	87	1659	304					112	456		
2009	小计	45636	27780	8128	7432	13450	5315	3891	580	10439	2232	1278	215	142	287	10019	17698	1775	3593
	腾蛟镇	21234	13089	3968	3696	7778	3535	1052	95	4259	337	558	79	142	287	4239	12323	1264	3286
	凤巢乡	13921	7630	1820	2354	3810	1035	2340	410	1480	375	720	136			5060	4943	511	307
	龙尾乡	10481	7061	2340	1382	1862	745	499	75	4700	1520					720	432		
2010	小计	39764	23863	7914	8778	11766	5195	3918	436	8179	2282	1453	169	147	300	9294	15666	2105	3816
	腾蛟镇	20649	12460	4300	4964	7696	3882	1046	116	3718	302	593	84	147	300	4064	11834	1620	3613
	凤巢乡	13976	7571	1906	2257	3411	1016	2530	254	1630	636	860	85			5060	3730	485	203
	龙尾乡	5139	3832	1708	1557	659	297	342	66	2831	1344					170	102		
2011		47602	28293	11539	10552	13481	6640	3624	426	11188	4473	1535	225	69	154	10233	15665	2137	4183
2012		49012	30201	11616	9655	15085	7775	4278	480	10838	3361	1445	186	74	166	8854	15020	3384	5471

说明：数据摘自《平阳统计年鉴》

林业　1989年，腾蛟区茶园总面积8005亩，茶叶总产量190吨；果园总面积1011亩，水果总产量424吨；林业产值80万元。2002年，人工造林1924亩，幼林抚育面积7365亩；茶园总面积6770亩，茶叶总产量99吨；果园总面积3008亩，水果总产量7171吨；林业产值508万元。2012年，全镇林地75381亩，人工造林1795亩，幼林抚育面积2769亩；茶园总面积1922亩，茶叶总产量64.10吨；果园总面积2095亩，水果总产量6800吨；林业产值449万元。

2002—2012年腾蛟镇林业情况一览表

表 40-7-4

年份（年）		人工造林面积（亩）	零星植树（万株）	幼林抚育面积（亩）	茶园总面积（亩）	茶叶总产量（吨）	果园总面积（亩）	水果总产量（吨）	林业产值（万元）	林产品（万元）	竹木采运（万元）
2002	小计	1924	2.20	7365	6770	99	3008	7171	508	344	0

续表 40-7-4

年份（年）		人工造林面积（亩）	零星植树（万株）	幼林抚育面积（亩）	茶园总面积（亩）	茶叶总产量（吨）	果园总面积（亩）	水果总产量（吨）	林业产值（万元）	林产品（万元）	竹木采运（万元）
2002	腾蛟镇	721	1	1845	2850	84	2413	6794	333	266	
	凤巢乡	1055	0.50	4905	1479	3	595	377	111	63	
	龙尾乡	148	0.70	615	2441	12			64	15	
2003	小计	2135	0.70	465	5197	97	2333	3968	510	392	20
	腾蛟镇	1995	0.30		1743	82	1728	3791	390	311	1
	凤巢乡	140	0.40		963	3	605	177	80	63	8
	龙尾乡			465	2491	12			40	18	11
2004	小计	26	1	20	4696	100	1849	6092	444	416	4
	腾蛟镇	14	1		1242	84	1344	4901	353	341	
	凤巢乡	12			963	4	505	1191	70	58	3
	龙尾乡			20	2491	12			21	17	1
2005	小计		1	1005	4594	137	1957	5760	444	416	4
	腾蛟镇		1	900	1240	11	1330	4472	353	341	
	凤巢乡			105	863	46	627	1288	70	58	3
	龙尾乡				2491	80			21	17	1
2006	小计			1710	3799	167	2134	4769.5	360	286	39
	腾蛟镇			210	1010	65	1272	3490.5	207	182	24
	凤巢乡			705	569	22	862	1279	116	86	13
	龙尾乡			795	2220	80			37	18	2
2007	小计		1	3420	3721	156.30	2353	5339	522	415	61
	腾蛟镇		1	420	860	26.30	1341	4055	302	260	34
	凤巢乡			1410	420	48	1012	1284	180	139	24
	龙尾乡			1590	2441	82			40	16	3
2008	小计		1.40		3632	182	2093	4360	402	327	75
	腾蛟镇		1		871	65	1081	3374	259	209	50
	凤巢乡		0.30		320	32	1012	986	131	109	22
	龙尾乡		0.10		2441	85			12	9	3
2009	小计	1320	1.40		4226	185.30	2778	5142	492	379	70
	腾蛟镇		1		1265	62.30	1641	3758	280	239	41
	凤巢乡	855	0.30		520	38	1137	1384	182	129	26
	龙尾乡	465	0.10		2441	85			30	11	3
2010	小计		3.50	1320	4319	189.20	2828	4923.80	950	237	68
	腾蛟镇		2		1285	64.20	1541	4087.80	209	139	41
	凤巢乡		1	855	520	38	1287	836	325	85	27
	龙尾乡		0.50	465	2514	87			416	13	
2011		1545	3.50	1620	1775	43.40	2953	6495	459	237	56
2012		1795	3.50	2769	1922	64.10	2095	6800.40	449	326	41

说明：数据摘自《平阳统计年鉴》

畜牧业　1989年，腾蛟区生猪年末存栏8254头，牛年末存栏1543头，羊年末存栏487只，兔年末存栏4029只，畜牧业产值683万元。2002年，生猪年末存栏5019头，牛年末存栏649头，羊年末存栏2232只，兔年末存栏3660只，家禽年末存栏58730只，畜牧业产值2111万元。2012年，生猪年末存栏12702头，牛年末存栏525头，羊年末存栏2971只，家禽年末存栏133753只，兔年末存栏6490只，畜牧业产值5255万元。

2002—2012年腾蛟镇畜牧业生产情况一览表

表40-7-5

年份(年)		生猪年末存栏数(头)	牛年末存栏数(头)	羊年末存栏数(只)	家禽年末存栏数(只)	兔年末存栏数(只)	畜牧业产值(万元)
2002	小计	5019	649	2232	58730	3660	2111
	腾蛟镇	3241	351	1170	47580	2450	1123
	凤巢乡	193	137	410	2850	640	785
	龙尾乡	1585	161	652	8300	570	203
2003	小计	4862	671	2081	39800	3274	2458
	腾蛟镇	3197	360	1121	30210	2344	1408
	凤巢乡	315	151	310	2090	430	851
	龙尾乡	1350	160	650	7500	500	199
2004	小计	5096	696	2098	54910	3476	2488
	腾蛟镇	3281	335	1178	41860	2825	1348
	凤巢乡	435	196	210	5850	251	870
	龙尾乡	1380	165	710	7200	400	270
2005	小计	4751	648	1966	52140	2850	2188
	腾蛟镇	3258	308	1096	41235	2430	1348
	凤巢乡	153	158	220	3480		570
	龙尾乡	1340	182	650	7425	420	270
2006	小计	4823	677	2544	56803	2165	2199
	腾蛟镇	3043	318	1104	37276	1047	1046
	凤巢乡	415	202	788	12447	468	913
	龙尾乡	1365	157	652	7080	650	240
2007	小计	2893	352	1881	89538	3733	2195
	腾蛟镇	2040	212	879	54035	2268	1054
	凤巢乡	124	45	563	27664	620	926
	龙尾乡	729	95	439	7839	845	215
2008	小计	2605	288	2064	83456	4516	2488
	腾蛟镇	1264	153	670	49910	1992	864
	凤巢乡	839	65	355	10556	780	1285
	龙尾乡	502	70	1039	22990	1744	339
2009	小计	3226	382	3253	85741	4485	2501
	腾蛟镇	1282	194	708	50970	2031	983
	凤巢乡	992	110	1226	11511	860	1168
	龙尾乡	952	78	1319	23260	1594	350

续表 40-7-5

年份(年)		生猪年末存栏数(头)	牛年末存栏数(头)	羊年末存栏数(只)	家禽年末存栏数(只)	兔年末存栏数(只)	畜牧业产值(万元)
2010	小计	5049	481	2535	92990	4329	3065
	腾蛟镇	1246	159	686	48260	2089	988
	凤巢乡	2425	241	975	22800	315	1782
	龙尾乡	1378	81	874	21930	1925	295
2011		10800	575	3788	131977	4734	6958
2012		12702	525	2971	133753	6490	5255

说明:数据摘自《平阳统计年鉴》

特色农产品　五香干:百年传统风味的美食,采用优质大豆和传统配方结合现代工艺精制而成。炒粉干:粉干细,吃在嘴里又有嚼劲。饺子:个小皮薄,肉质鲜美,已有20余年的历史。牛肉羹:又名牛杂汤,主要有牛板筋、牛肉碎、牛肠子等几种。

工业

20世纪70年代,有1家地方国营企业——瓯南织布厂,数家小企业。20世纪70年代后,以皮革、印刷、皮具文具为三大支柱产业。2012年,全镇工业总产值34.7亿元,外贸出口交货值2.09亿元;企业380家。其中,年产值500万元以上企业21家,产值10亿元;年产值2000万元以上的企业8家,年产值超亿元的企业1家。

2008—2012年腾蛟镇工业发展情况一览表

表 40-7-6

年份(年)	工业总产值(万元)	规上企业数(家)	产值(万元)	三大支柱工业产值(万元)
2008	253000	18	104800	180824
2009	262500	20	83900	167900
2010	274200	22	90300	207809
2011	287600	22	88500	258233
2012	347000	21	100000	277326

说明:资料由腾蛟镇人民政府提供

印刷业　1998年,腾蛟印刷企业166家。2002年,印刷企业63家,配套加工专业户500余户。是年,在57省道腾溪段边荒滩征地200亩,建设腾蛟印刷园区。印刷园区厂房面积64533平方米,总投资超亿元,其中固定资产投入7640万元,增添进口海德宝四色印机2台,日本小森四色印机1台,上海光华四色印机1台,08胶印机5台,05胶印机1台,自动膜白机2台,自动黏合机2台。2003年,印刷企业总产值4亿元,创税1000万元,劳动就业人数3000余人。2005年2月,首批37家印刷企业入驻印刷园区并投产,产值5.20亿元。2012年,印刷业产值10.70亿元。

皮革业　1992年,在南溪创办制革基地,占地265亩。1994年,基地有42家制革厂,年产值5.60亿元。2002年,浙江圣雄皮业有限公司创办。2009年,投入1300余万元,进行氨氮处理工程技术改造,实施污泥焚烧工程。2012年,全镇皮革企业27家,产值11.70亿元。

1982年,凤巢乡皮鞋厂50家。1990年5月以后,部分厂家搬迁到市区、平阳经济开发区。2006年,三地生产皮鞋2688万双,产值约12.90亿元。2012年,凤巢人在市区的企业皮鞋产值达18.60亿元。

皮具文具业　1998年,林孝平等三人创办腾蛟第一家皮具文具厂,产值10余万元。2012年,全镇皮具文具厂55家,产值5.20亿元,产品有皮包、皮带、高档笔记本和办公用具。

在外腾蛟人经济实体　主要企业有:新疆圣雄能源开发有限公司、湖北楚天龙实业有限公司、浙江大好大食品股份有限公司、广西南塑塑钢集团有限公司、深圳市德力轮胎服务有限公司，2012年合计产值41.70亿元。

商业

民国时期私营商业繁荣，店铺林立。1981年，全镇生活资料零售额6350万元。进入21世纪，随着改革开放的进一步深化，商业网点遍布大街小巷，2011年，商业网点500个，社会商品销售总额5.70亿元；城乡集市贸易成交额3.10亿元。2012年，商业网点570个，社会商品销售总额5.68亿元；城乡集市贸易成交额3.56亿元。

外贸　1994年，腾蛟镇外贸产值实现零的突破。1997年，皮革外贸出口交货值9240万元，出口主要产品为皮革。2012年，外贸出口交货值2.09亿元，主要出口商品有皮革、宠物玩具、皮具文具等，出口北美和东南亚等地区的国家。

1997—2012年部分年份腾蛟镇外贸出口统计表

表40-7-7

年份（年）	1997	1998	1999	2000	2001	2002	2003
出口交货值（万元）	9240	9416	9328	9460	9326	9396	16443
年份（年）	2004	2007	2008	2009	2010	2011	2012
出口交货值（万元）	17544	5530	5531	4425	8123	13147	20934

说明：资料由腾蛟镇人民政府提供

财政金融

财政　1994年，原腾蛟镇财政总收入1243.85万元；1995年，国税收入903.67万元。2004年，国税收入2010万元，地税收入236.57万元。2012年，国税收入6980万元，地税收入1102万元，财政总收入8082万元。

2001—2012年腾蛟镇财政收支统计表

表40-7-8　　单位：万元

年份（年）	税收总入库数	收入				支出			
		合计	一般预算	基金预算	预算外	合计	一般预算	基金预算	预算外
2001	597	1511	962	29	520	1314	1267	47	
2002	687	1517	1145	22	350	1425	1399	26	79
2003	340	1529	1285	24	220	1587	1562	25	
2004	236	1745	1370	25	350	1775	1750	25	
2005	339	1820	1522	28	270	1981	1953	28	
2006	609	2162	1669	33	460	2158	2128	30	
2007	3073	2069	2019	50		2197	2197		
2008	1843	2570	2423	147		2763	2707	56	
2009	1261	2556	2467	89		3036	2921	36	
2010	1465	5056	2588	2468		4640	4603	373	
2011	8527	5467	2938	1206	1323	4657	4654		
2012	1102	4694	4652		42	7124			

说明：2012年之前为原腾蛟镇数据，资料由腾蛟镇人民政府提供

金融　1954年，县农业银行在腾蛟镇设立营业所；腾蛟信用社创办。1992年，县工行支行腾蛟分理处设立；带溪信用社、岭门信用社、龙尾信用社撤销并入腾蛟信用社。1994年，腾蛟镇各项存款余额3382.45万元。2004年，各项存款余额50345万元，各项贷款余额29700万元。2002年，平阳邮政

储蓄支行在腾蛟创办邮政储蓄所。2012年，腾蛟镇金融机构4家，各项存款余额107034万元，各项贷款余额78347万元。

旅游

腾蛟镇景区有赤岩山景区、银坑景区、驷马景区和腾蛟景区。1987—2009年，投入南宋爱国诗人林景熙墓、太平天国将军白承恩墓、苏步青故居、棋王碑林以及赤岩山游步道等项目建设共130万元。2010年，财政投入资金660万元建设卧牛山文化园，其中霁山园改建投入260万元，中国棋王碑林改造投入400万元。2012年9月，苏步青励志教育馆开工建设。是年，完成霁山园改建和中国棋王碑林改造工程。

霁山园（2012年）

第三节　社会事业

教育

幼儿园　1989年，腾蛟镇幼儿园班级4个，在园幼儿180人，专任教师7人。1996年，腾蛟镇（不包括凤巢、龙尾）幼儿园24所，在园幼儿1200人，专任教师52人。1997年，腾蛟镇中心幼儿园建成。2012年，幼儿园4所，班级30个，在园幼儿1284人，专任教师60人。

小学　1990年，小学50所，班级221个，学生7391人，教职工333人。2007年，小学6所，班级78个，学生3113人，教职工222人。2012年，小学4所，班级66个，学生2971人，教职工203人。

中学　1989年，初中5所，班级33个，学生1918人。1992年，凤巢中学建成。2000年，腾蛟镇第二中学改制为民办学校。2007年，初中3所，班级73个，学生3390人。2012年，初中3所，班级63个，学生2244人，教职工217人。

文化

文化设施　腾蛟镇是爱国诗人林景熙、数学泰斗苏步青、棋王谢侠逊的故里，有汇集当代书法名人、名人书法为一体的霁山碑林和棋王碑林，有古戏台、古宅院、古街亭、古山寨、古棋盘等。1956年，广播喇叭8只，14瓦广播机1台，转播县广播站信号。1958年，新建腾蛟电影院。1965年，正式成立腾蛟区广播站，配专职人员1人，设备为30瓦有线广播机1台。1975年，新建凤巢溪头村电影院。1980年，在三脚田山上建电视差转台，发射功率1瓦，发射频道3频道，1981年7月投入使用。1991年，建成有线电视站，转播卫星电视以及平阳电视台节目。2008年，腾蛟镇完成电视“村村通”工程，龙尾乡有线广播电视网络联网。2009年，腾蛟镇数字电视开通；腾蛟镇有线广播“村村响”工程完成14个村，安装147只音箱；凤巢乡完成8个村，安装77只音箱电视。2011年，有线电视用户11828户，数字电视用户3100户，机顶盒5663个。2012年，镇文化中心1个，村文化活动室51个，社区文体活动中心6个；公共图书馆1个，农家书屋12个，藏书3.60万册。

文化活动　1992年，镇越剧团1个（1997年停办），专业文化户15家。1997年，组织文学、音乐和舞蹈、戏剧曲艺、美术书法、摄影等协会。10月，成立全县第一个乡镇级文学艺术界联合会，会员110人。2000年，被评为省历史文化保护名镇；文化艺术团体5个，专业文化户30家。2002年，被评为省文化建设示范镇。2012年，文化艺术团体6个，会员160人，社区业余文化艺术团队49支，人数1145人，专业文化户123家。

庙会　腾蛟庙会：农历八月初七，地点腾蛟社区，会期1天。是忠训庙（亦名为大夫殿）迎旨庙会。忠训庙主奉神为薛氏（但神名失考）。民国《平阳县志·神教志》载：薛忠训庙在宰清乡，宋宣和年间（1119—1125）以御寇死，令张说上其事，立庙赠忠训郎。八月初七旨到薛岙，群众称之为“迎旨日”。

以后每年这一天都举办庙会以纪念薛氏。

医疗卫生

1992年，带溪乡和岭门乡的卫生院和林家卫生院并入腾蛟镇卫生院，称带溪分院、岭门分院、林家分院，其中带溪、岭门两个分院基本闲置，仅林家分院继续经营(医务人员2人)。2005年，医护人员30人，病床15张。2007年7月，腾蛟镇防疫保健站成立。2008年，腾蛟区卫生院更名为腾蛟中心卫生院，负责腾蛟、鹤溪、凤巢、龙尾4个乡镇的医务工作，有中医师1人、西医师4人、护师2人、西医士3人、护士2人、西药剂士1人，其他初级人员3人、管理人员2人；林家分院更名为林家社区卫生服务站。2012年，医疗卫生机构(包括村卫生室、个体诊所)33家，职工145人，医务人员77人，病床24张(仅计社区卫生服务中心)，资产897万元(不含村卫生室和个体诊所)。

环境卫生

1987年6月，腾蛟镇环境卫生清理队成立，职工12人，手扶拖拉机1辆(配有垃圾转运车斗和1个锅炉改装成的吸粪车)，人力垃圾车4辆，人力粪便清运车5辆，设置垃圾桶20只；日清运垃圾量3.50吨，日清运粪便5吨；清扫保洁面积约35000平方米；环卫服务费每户每年12元。1989年，公厕3座。1990年4月，在城区附近凤仪垟设置临时垃圾中转场。1992年9月，北溪村溪心自然村设置临时垃圾中转场。2003年，公厕6座；日清运粪便15吨。2006年，建成区7座公厕(无害化水冲式公厕)。2005年10月至2012年7月先后三次设置临时垃圾中转场；2012年8月，垃圾运往垃圾生态发电厂焚烧处置。是年，环卫职工95人，管理人员7人，配备机动垃圾压缩车1辆，垃圾转运车2辆，洒水车1辆，三轮电瓶垃圾车25辆，人力三轮垃圾车32辆，人力二轮垃圾车33辆；保洁面积623000平方米，日清运垃圾50吨；环卫服务费由1987年的每户每年12元增至2012年的每户每年100～120元。

体育

1989年，在腾蛟剧院举办腾蛟全区武术表演赛。1995年6月，平阳县举办第五届全国象棋棋王挑战权赛在腾蛟设立分赛区，在腾蛟卧牛山举行中国棋王碑林奠基仪式。1997年12月，“腾蛟杯”温州市第六届乡镇中国象棋赛在腾蛟举办。1998年3月18日，被国家体委授予“全国象棋之乡”称号；9月，承办“鹏昌杯”第五届全国棋王挑战赛和“圣雄杯”首届全国女子棋王赛。1994—2009年，参加武术赛事13次、58人次；举行或参加象棋赛事16次。1999年，举办平阳苍南两县足球邀请赛。2008—2009年共举办羽毛球比赛2次。2009年，腾蛟电影院改建成室内羽毛球场。2010年，被评为省体育强镇。2012年，全镇群众体育团体17个，会员875人，篮球场10个，门球场2个，乒乓球室16个，羽毛球场2个，台球场3个，游泳池3处，巾帼健身苑5个，群众健身场69处。

社会保障

社会救助　2004年，腾蛟镇敬老院建成，占地面积3200平方米，总建筑面积1200平方米，总投入230万元，床位70张，每间配有卫生间1个，配有洗衣房、食堂、活动室。是年，民政救助款总支出119.19万元。2008年民政救助款总支出304.68万元。2009—2012年，为500余位老人免费做了白内障复明手术，免费为老人验配助听器30余个，免费为25名残疾人安装假下肢，赠送轮椅35台。2012年，在霞山村新建1座220张床位标准化的中心敬老院，占地面积8711平方米，总建筑面积5500平方米，包括宿舍楼、综合楼、食堂、传达室等，总投资约1555万元。是年，城镇最低生活保障共9户、13人，支出49140元；农村最低生活保障740户、982人，支出314万元；医疗救助147人次，支出68.20万元；1～2级残疾人生活补助费农村每人每月355元，城镇每人每月455元，全镇128人。220户残疾人持有低保证、特困证。

社会保险　2011年，参加新农合30661人。2012年，参加新型农村合作医疗保险49781人，参加城乡居民社会养老保险13945人。

第四节　基础设施

交通

1973年11月，瑞安市高楼至水头线(57省道)建成，腾蛟境内长8.1千米。2002年，建设57省道张基岭隧道。2010年，张基岭隧道通车。2012年，境内县级公路2条，一为腾水线(1960年9月建成)，腾蛟经江屿至水头，境内长5.60千米；一为显腾线(腾蛟经风巢至鹤溪，1979年10月建成)，腾蛟至凤巢长4千米。镇区公路两条，一为岭门至龙尾，长6.80千米，一为文理村至岭门，长4千米(1991年建成)。2012年，境内营运线路4条，年客运量130万人次，出租车44辆，个人小汽车5000辆。

邮政电信

1956年2月，成立腾蛟邮电所，7月开办长途电话和电报业务。1982年，邮电业务收入6.20万元。1988年，职工27人，担负腾蛟区98个村、8.6万人口的通信任务。1992年12月，开通程控电话。1997年，开通移动电话。1998年，邮路和投递路线10条，总长254.80千米；100门交换机2台，实装132门，55型电报电传机2部，电话会议汇接台1台，12路载波机1端，3路载波机1端，12匹马力5千瓦柴油机组1台；进出口总包邮件3.55万袋(捆)，函件69.22万件，电报3.17万份，业务收入48.98万元。2012年，邮政网点2个，投递路线单程总长151千米，业务收入350万元；电信企业1家，服务网点5个，固定电话座机9100台，移动电话5.60万台，宽带接入用户6800户，电信、移动电话营业收入24400万元。

给排水

1993年，镇区自来水厂建成，日供水量5000吨，铺设主管道5.60千米，管网改造111.03千米。2012年，供水总量1825000吨，其中工业用水量182500吨，生活用水量1642500吨。

20世纪90年代，排水体制采用雨污合流排放。2012年8月，腾蛟镇排水排污工程立项，总投资约4925万元。

供电

1993年，建成35千伏变电站1座。2012年，建成220千伏变电站1座。是年，主变电器2台，总容量2万千伏安，高压输配电路11条，总长度165.25千米；年售电量8216.28万千瓦时，月用电量最高负荷705.17万千瓦时。

专记：

全国象棋之乡

腾蛟镇象棋活动蔚然成风，经久不衰，近百年来出了谢侠逊、周建雄等中国象棋棋坛上知名人物。1998年3月18日，腾蛟镇被国家体委命名为“全国象棋之乡”。

象棋文化源远流长

腾蛟象棋活动兴盛，由来已久。业内人士分析，旧时腾蛟地处偏远，民风淳朴，乡民极少有娱乐项目。可是，无论名流贤达，还是贩夫走卒，在庭院、街头或野外，皆可以象棋对弈，以致象棋活动蔚然成风，经久不衰。腾蛟人把下象棋叫作“想棋”，这种说法更切合下盲棋。善于下盲棋的腾蛟人，随时随地都可以下棋。腾蛟人笑称，只要有腾蛟人聚集之处，就有棋盘。没棋盘也没关系，照样可以下棋。据悉，评上象棋之乡必须是县一级，国家体委对腾蛟镇的审批纯属破例，其原因有三：一是象棋活动历史悠久；其次腾蛟镇是棋王谢侠逊故里；再者腾蛟镇多次举办全国象棋赛。1995年，在平阳举办的第五届全国棋王挑战权赛在腾蛟设分赛区，国家体委棋类活动管理中心象棋部主任容坚行目睹腾蛟象棋赛区盛况，曾深有感触地说：“我参加过国内外不少地区的象棋赛，从未见过如此场面，腾蛟确实是名副其实的‘象棋之乡’”。

象棋之乡腾蛟镇从古到今保持良好的象棋文化，出现一大批与象棋有关的古棋盘石、地名和民间故事等。

棋盘石

在腾蛟镇辖区内先后出土五块棋盘石。一是薛岙（平棋村）棋盘石。为宋以前的古棋盘，旧纹路为6格×7格，据说为唐代宝应象戏棋盘，现代象棋之前身。二是碧源村的碧溪、岭后两块明代棋盘石。碧溪、岭后为碧源村的两个自然村，两块棋盘石形状、格式、石质、大小基本相似。棋盘上刻有极为精美的花卉和鸟兽图形，坐凳上镌有“嘉靖甲午”和“玑琳毅庵”字样，当为明嘉靖年间的物件。碧源村东西两山对峙，相传东山下碧溪，住柯氏，西山下岭后，住魏氏，相距不过千余米，鸡犬相闻、炊烟相接，柯魏两姓世交，和睦相处，常以棋会友，商榷棋艺，从未间断。三是驷马棋盘石。与碧溪相邻的驷马村也有一方明代棋盘石（与碧溪岭后棋盘石在21世纪初先后被盗）。四是林家岙棋盘石。在海拔500余米高山上的林家岙也有一方体积略小的棋盘石，据传为清初之物。

纸牌

腾蛟民间有一种跟象棋有关的纸牌，俗称“双击”，一指半长，两指宽，上面写着“将、士、象”象棋棋子名，有红有黑，32张，玩法有算“胡”和比大。20世纪90年代以后，仅少数老人会玩，面临失传。

地名

腾蛟镇有几处跟象棋有关的地名：平棋，村名，在象棋方面指双方下棋水平不分上下。下炮，村名，今属王坛村。在象棋方面指下棋时用炮。马车山，“车”读“jū”，村名，今属平棋村，“马”和“车”都是象棋棋子名。杉棋垵，村名，今属塘溪村。棋盘石，村中居民点小地名，有两处，一在薛岙村，一在碧溪村。

民间故事

马死车保　从前有一位老爷子，是个棋迷，整天出来找人下棋。一天，因记挂着一盘棋，竟丢下病危的老伴从家里跑出来。结果小孙子挤进观棋的人丛，说：“姆—姆公，妈死了。”（本地闽南话祖父叫“姆公”，祖母叫“姆妈”，“妈”读“mà”，跟“马”同音）老爷子以为是指棋盘上的马，大怒，“啪”地拍下棋子说：“马死车保，小孩子懂啥！”

老少对弈（2007年）

小卒过河当车用　从前，有三个同窗好友上省城考举，临行前，去仙姑洞圆梦，请西洞仙姑指点能否考中。第二天早上三人会到一起，都说昨晚梦到一个“卒”字。这下完了，无名小卒，还能考上呀！三个人垂头丧气地坐在门口，突然其中有一人提出去东洞请会文书院的教书先生解梦，另外两个不想走，说：“我俩不去，要去你去。”那人真的去了，会文书院的教书先生高兴地说：“恭喜你，只有你能考中。”“我们三人都梦到同样一个‘卒’字，为什么只有我能考中呢？”“是呀！因为从西洞到东洞需要过小溪，你这个卒过河不就当车用吗？”

中国棋王碑林

为纪念百岁棋王谢侠逊和弘扬中国象棋文化，棋乡人民在卧牛山南麓修建了中国棋王碑林。碑林占地1800平方米，收藏着20世纪政界、社会名人、书法家为谢侠逊先生题词的60块碑，主碑为江泽民为谢侠逊百岁寿诞的题词“百龄高手、永葆青春”，以及周恩来在重庆与谢侠逊对弈的《共抒国难》残局。

棋王、棋将与棋士

棋王谢侠逊（1888—1987），出生于凤巢硐桥头，中国象棋运动的开拓者和先驱。4岁初知象棋门径，6岁领悟棋理，9岁通晓棋谱，10岁全县称雄，13岁与温州棋冠陈笙战成平手，获“棋中神童”称号；31岁在上海力挫群雄获全国象棋赛冠军;41岁被全国象棋界推为“棋坛总司令”,获“棋王”美誉。其一生著作甚丰,有《象棋谱大全》(12册)、《国耻纪念象棋新谱》、《象棋指南》等29本象棋专著传世。

棋将周建雄(1912—1987),浙江省象棋队队员,原名开仪,据说“建雄”之名乃谢侠逊所改。20世纪40年代初,在福建摆设浙闽象棋擂台,历时半年未逢敌手,获“浙闽棋王,勇冠三军”银盾。

棋士潘士强,1965年出生,记性特别好,下棋水平很高,多次在县以上象棋赛夺冠,1997年,获“一级棋士”称号。2003年,获中国象棋协会颁发的“地方棋协大师”证书。

举办全国象棋赛

1995年6月,在平阳县城举办的“阿信杯”第五届全国棋王挑战权赛在腾蛟镇设分赛区。比赛当日,由于观众太多,原计划在镇会议室举行的比赛,临时转到腾蛟影剧院举行,影剧院的每个过道和角落还是被挤得水泄不通,赛事也由原定的两场增加为四场。赛事期间,纪念百岁棋王谢侠逊的“中国棋王碑林”奠基仪式同时举行。

1998年9月,“鹏昌杯”第五届全国棋王挑战赛和“圣雄杯”首届全国女子棋王赛在腾蛟举行,同时举行中国棋王碑林落成典礼与“全国象棋之乡”授牌仪式。该次全国棋王挑战赛是1995年全国棋王挑战权赛的继续,1995年和1998年的两次赛事,同为第五届,1995年在赛事名称中多了一个“权”字,就是在1995年比赛中取得挑战权的人才有资格在1998年向第四届棋王挑战,可以说第五届全国棋王赛开幕在平阳县城,闭幕在腾蛟,而中国棋王碑林就是在第五届棋王赛开幕式奠基,闭幕时落成。

1998年棋王挑战赛盛况更胜1995年棋王挑战权赛分赛区的场面,开幕式文艺晚会观众2.5万人,把腾蛟一中大操场挤得水泄不通。祖籍腾蛟的总政歌舞团青年女歌唱家白雪应邀登台演唱,男歌唱家江涛应白雪之邀同台献艺。

棋王挑战赛与女子棋王赛同时进行。1995年挑战权赛上取得挑战权的许银川向第四届棋王吕钦发起的一场场棋王争夺战十分精彩,通过7轮角逐,吕钦险胜许银川,保住棋王宝座成为第五届全国棋王。女子棋王赛方面,参赛者为国家体委公布的1998年上半年等级分前8名,经过7轮角逐,江苏的黄薇夺得全国首届女子棋王桂冠。

乡镇一级承办全国性赛事在中国体育史上是绝无仅有的。棋王挑战赛期间,《人民日报》《光明日报》等全国性大报刊登60余篇赛事报道,省、市、县级报纸刊登赛事报道50余篇,中央电视台、中央人民广播电台等播出视听新闻30余条。《人民日报》副总编周瑞金说:“这次棋王挑战赛的报道,人民日报最多,一天两篇,对这样规模并不是很大的比赛,能够拿出非常宝贵的版面是少有的。”中国棋院院长陈祖德说:“腾蛟不愧是中国象棋华夏第一镇。”

象棋协会和象棋队

腾蛟镇象棋协会成立于1995年,会员130余人。1998年全国棋王挑战赛期间,聘请曾获亚洲象棋赛冠军的浙江棋坛名将陈孝坤、温州市象棋协会秘书长吴乐永、浙江棋坛女将金海英为顾问。

腾蛟象棋队作为乡镇一级象棋队,多次代表平阳县参加在上海、哈尔滨、江苏武进、四川成都、乐山等地举办的全国性象棋大赛以及省、市各种赛事,力战省市级、棋院级象棋队,业余对专业,努力拼搏,取得可喜成绩。

腾蛟象棋队参加国家及省、市、县赛事成绩一览表

表40-7-9

赛事名称	等级	日期	地点	参赛人员	成绩	
					团体	个人
温州市农民象棋赛	市	1985年3月	乐清	张时珠		亚军
庆祝谢侠逊百岁寿诞象棋赛	县	1985年12月	平阳	张时珠、周月茂、潘士强	冠军	张时珠第三名

续表 40-7-9

赛事名称	等级	日期	地点	参赛人员	成绩	
					团体	个人
国际特级大师柳大华蒙目战		1995年6月	鳌江	张时珠、潘士强		和
国际大师于幼华车轮战		1995年6月	鳌江	周立和等		周立和获胜
国际大师蒋全胜蒙目战		1995年6月	腾蛟	杨昌平等		杨昌平获胜
温州市"志奕杯"象棋大赛	市	1996年	永嘉黄田	潘士强、杨昌平、洪成巨		潘士强冠军
温州市乡镇象棋赛	市	1996年	灵溪	潘士强、杨昌平、周立和、张时珠	冠军	潘士强第一名、张时珠第六名
浙江省象棋大赛	省	1997年	杭州	潘士强、杨昌平		潘士强第五名
温州市乡镇象棋赛	市	1999年	腾蛟	潘士强、杨昌平、张时珠	冠军	潘士强第二名、杨昌平第六名、张时珠第八名。
全国象棋之乡联谊会象棋赛	国家	2000年	上海浦东	腾蛟象棋队	亚军	
温州市"志奕杯"象棋大赛	市	2001年	温州	潘士强、杨昌平、洪成巨		潘士强冠军
"老巴夺杯"全国象棋赛	国家	2002年3月	哈尔滨	腾蛟象棋队	第五名	
温州市乡镇象棋赛	市	2003年	乐清	杨昌平、张时珠、洪成巨		杨昌平第六名
全国县级象棋邀请赛	国家	2003年	江苏武进	腾蛟象棋队	第六名	
温州市第四届省级体育先进乡镇、体育强镇象棋赛	市	2006年6月	萧江	潘士强、杨昌平、洪成巨	亚军	潘士强第二名
温州市第十二届"志奕杯"象棋赛	市	2007年10月	瑞安	潘士强、杨昌平、洪成巨	亚军	潘士强第一名
"圣雄杯"平阳全县中国象棋赛	县	2008年	腾蛟	潘士强、杨昌平、孙龙	冠军	潘士强第一名、杨昌平第八名
全国象棋之乡象棋邀请赛	国家	2009年3月	上海浦东	腾蛟象棋队	第四名	
平阳县第五届运动会乡镇部象棋赛	县	2009年6月	平阳	潘士强、张时珠	冠军	潘士强第一名、张时珠第八名

说明：资料由腾蛟镇人民政府提供

第八章　山门镇

山门镇地处平阳县西部山区，东接水头镇，南与南雁镇隔溪相望，西与文成县峃口镇相连，北与水头镇凤卧接壤，距县城昆阳镇44千米。明清年间原名为"三门"，后来被谐音为"山门"。山门镇四周群山环绕，为盆地地形，城镇依山沿溪而建，平（平阳）文（文成）公路贯穿全境，怀溪与畴溪水流在山门大桥汇合，向南注入鳌江干流。2012年，全镇总面积98.80平方千米，下设5个社区，辖51个村、3个居民区。

1992年，工农业总产值0.44亿元，至2012年，工农业总产值增加到2.49亿元；财政总收入从1997年的143万元增至2012年的659万元；农民年人均纯收入从1989年的253元增至2012年的6271元；城镇居民人均可支配收入从1989年的1200元增至2012年的10541元；1989年，总户数12858户，总人口51796人，至2012年，总户数15080户，总人口58244人。山门镇是中国工农红军挺进师、中共闽浙边临时省委与浙江省委的活动中心，是刘英、粟裕亲自创建的浙南革命根据地之一，素有"浙江延安"之称；曾获省文明镇、省生态镇、省体育强镇、省森林城镇、温州市卫生城镇等称号。

1989—2012 年山门镇经济和社会发展情况一览表

表 40-8-1

年份（年）	项目	村数（个）	居民区数（个）	村民小组（个）	户数（户）	人口（人）	其中，非农业人口（人）	农村劳动力（人）	农民年人均纯收入（元）	工农业总产值（万元）	工业总产值（万元）	农林牧渔总产值（万元）	耕地面积（亩）	粮食总产量（吨）
1989	小计	83	2		12858	51796	3133		253				21580	9983
	山门镇	16	2		3111	12910	2537		349				4913	2503
	晓坑乡	14			2810	11100	187		210				3872	1769
	怀溪乡	17			2522	10149	187		214				3963	1728
	东屿乡	18			2206	8847	114		275				4624	2329
	晓阳乡	7			1213	5091	70		195				2440	878
	溪源乡	11			996	3699	38		244				1768	776
1990	小计	83	2		12968	51863	3136		247				21520	7775
	山门镇	16	2		3400	12964	2518		343				4910	1953
	晓坑乡	14			2631	11177	189		220				3851	1632
	怀溪乡	17			2559	10199	203		196				3957	1344
	东屿乡	18			2241	8887	113		270				4624	1789
	晓阳乡	7			1213	5118	73		176				2410	598
	溪源乡	11			924	3518	40		229				1768	459
1991	小计	83	2		13053	52085	3153		264				21509	8966
	山门镇	16	2		3412	13036	2536		376				4910	2243
	晓坑乡	14			2671	11247	193		237				3851	1700
	怀溪乡	17			2560	10227	207		206				3946	1465
	东屿乡	18			2272	8908	105		279				4624	2125
	晓阳乡	7			1213	5119	72		192				2410	841
	溪源乡	11			925	3548	40		251				1768	592
1992	小计	83			13115	52157	3146	24163	259	4401	1624	2777	21339	7812
	山门镇	45			6652	25498	2674	9679	269	3197	1560	1637	11300	4556
	晓坑乡	21			3884	16464	268	8566	246	658		658	6130	2166
	怀溪乡	17			2579	10195	204	5918	257	546	64	482	3909	1090
1993	小计	83	2		13172	52257	3130	24351	359	5845	3522	2323	20765	5348
	山门镇	45	2		6708	25510	2678	9718	442	4361	3167	1194	11150	3332
	晓坑乡	21			3881	16523	242	8637	271	691	134	557	5830	1373
	怀溪乡	17			2583	10224	210	5996	314	793	221	572	3785	643
1994	小计	83	2		13192	52239	3104	24745	422	2748	1060	1688	20621	6685
	山门镇	45	2		6726	25457	2672	10099	509	1856	866	990	11150	3690
	晓坑乡	21			3881	16523	227	8721	333	476	72	404	5702	1638
	怀溪乡	17			2585	10259	205	5925	367	416	122	294	3769	1357
1995	小计	83	2	526	13207	52343	3104	23929	555	8684	5043	3641	20612	7740
	山门镇	45	2	241	6731	25415	2661	8992	672	6777	4787	1990	11150	4140
	晓坑乡	21		183	3891	16628	236	8774	471	1065	151	914	5702	2261

续表 40-8-1

年份（年）	项目	村数（个）	居民区数（个）	村民小组（个）	户数（户）	人口（人）	其中，非农业人口（人）	农村劳动力（人）	农民年人均纯收入（元）	工农业总产值（万元）	工业总产值（万元）	农林牧渔总产值（万元）	耕地面积（亩）	粮食总产量（吨）
1995	怀溪乡	17		102	2585	10300	207	6163	430	842	105	737	3760	1339
1996	小计	83	2	526	13284	52374	3122	23227	1896	10307	6227	4080	20602	8181
	山门镇	45	2	241	6799	25358	2678	8977	2055	8148	5870	2278	11150	4725
	晓坑乡	21		183	3900	16694	236	8792	1753	1257	132	1125	5685	2024
	怀溪乡	17		102	2585	10322	208	5458	1772	902	225	677	3767	1432
1997	小计	83	2	526	13553	52454	3153	22516	1691	9596	5325	4271	19851	8418
	山门镇	45	2	241	7165	25273	2686	9007	2092	7505	4954	2551	11280	5098
	晓坑乡	21		183	3897	16654	236	8822	1274	1265	167	1098	5550	1902
	怀溪乡	17		102	2491	10527	231	4687	1477	826	204	622	3021	1418
1998	小计	83	2	526	14430	55677	3213	22875	1775	10527	5944	4583	20129	7661
	山门镇	45	2	241	7218	27367	2710	8930	2191	5929	3620	2309	11390	4128
	晓坑乡	21		183	4622	17757	265	8917	1301	1451	206	1245	5525	1790
	怀溪乡	17		102	2590	10553	238	5028	1582	3147	2118	1029	3214	1743
1999	小计	83	2	526	14434	55504	3192	24348	1881	5869	1946	3923	20463	7325
	山门镇	45	2	241	7177	27301	2682	10550	2256	3712	1707	2005	11653	4126
	晓坑乡	21		183	4659	17771	266	8480	1508	1302	138	1164	5603	1673
	怀溪乡	17		102	2598	10432	244	5318	1616	855	101	754	3207	1526
2000	小计	83	3	526	11082	58779		28754	1963	5100	1400	3700	19755	6597
	山门镇	45	3	241	6335	28657		10684	2343	2700	1200	1500	11293	3687
	晓坑乡	21		183	2867	18726		10760	1613	1200	200	1000	5544	1443
	怀溪乡	17		102	1880	11396		7310	1580	1200		1200	2918	1467
2001	小计	83	3	526	14634	57981		30562	2035	5242	836	4406	19167	6489
	山门镇	45	3	241	7326	28082		13192	2442	2841	597	2244	11115	3942
	晓坑乡	21		183	4510	18477		9657	1704	1365	239	1126	5231	1466
	怀溪乡	17		102	2798	11422		7713	1570	1036		1036	2821	1081
2002	小计	64	3	526	14760	57293	3102	31464	2091	6575	800	5775	19330	6938
	山门镇	26	3	241	7435	27601	2623	13453	2559	2888	600	2288	11042	4025
	晓坑乡	21		183	4514	18343	294	10075	1754	1131	200	931	5251	1359
	怀溪乡	17		102	2811	11349	185	7936	1590	2556		2556	3037	1554
2003	小计	64	3	526	15037	58049	4007	32113	2154	5504	600	4904	19472	4366
	山门镇	26	3	241	7581	28138	3512	14530	2573	2633	300	2333	11085	1906
	晓坑乡	21		183	4614	18313	308	9528	1840	1373	300	1073	5306	1056
	怀溪乡	17		102	2842	11598	187	8055	1747	1498		1498	3081	1404
2004	小计	51	3	526	15268	58526	4121	31963	2591	7269	1900	5369	19682	5078
	山门镇	26	3	241	7689	28781	3631	14532	2636	3144	1200	1944	11155	2144
	晓坑乡	15		183	4687	18199	303	9622	2949	2103	600	1503	5376	1262

续表 40-8-1

年份(年)	项目	村数(个)	居民区数(个)	村民小组(个)	户数(户)	人口(人)	其中,非农业人口(人)	农村劳动力(人)	农民年人均纯收入(元)	工农业总产值(万元)	工业总产值(万元)	农林牧渔总产值(万元)	耕地面积(亩)	粮食总产量(吨)
2004	怀溪乡	10		102	2892	11546	187	7809	1925	2022	100	1922	3151	1672
2005	小计	51	3	526	15430	58026	4284	30386	2455	7429	2600	4829	19611	5169
	山门镇	26	3	241	7773	28179	3783	14049	2823	4154	2200	1954	11245	2387
	晓坑乡	15		183	4743	18264	313	8821	2123	1853	400	1453	5215	1226
	怀溪乡	10		102	2914	11583	188	7516	2188	1422		1422	3151	1556
2006	小计	51	3	526	15436	58167	4350	26532	3107	7556	2300	5256	19545	6089
	山门镇	26	3	241	7803	28245	3820	9431	3527	4016	1500	2516	11232	2780
	晓坑乡	15		183	4727	18323	327	9274	2654	2350	700	1650	5162	1988
	怀溪乡	10		102	2906	11599	203	7827	2926	1190	100	1090	3151	1321
2007	小计	51	3	526	15499	58581	4477	27667	3969	11881	7100	4781	19545	4107
	山门镇	26	3	241	7845	28421	3849	10417	3915	8755	6200	2555	11232	1901
	晓坑乡	15		183	4738	18475	381	9264	4248	2311	800	1511	5162	1430
	怀溪乡	10		102	2916	11685	247	7986	3645	815	100	715	3151	776
2008	小计	51	3	526	15608	59217	4632	28098	4346	18207	11800	6407	17558	7577
	山门镇	26	3	241	7908	28835	3925	10810	4556	14984	11400	3584	11085	4643
	晓坑乡	15		183	4751	18562	422	9293	4332	2182	300	1882	5162	1774
	怀溪乡	10		102	2949	11820	285	7995	3913	1041	100	941	1311	1160
2009	小计	51	3	526	15671	59658	4805	28414	4708	15895	8300	7595	19650	8348
	山门镇	26	3	241	7930	29018	3980	10821	4852	11909	7900	4009	11085	5172
	晓坑乡	15		183	4776	18683	488	9607	4765	2862	400	2462	5162	1980
	怀溪乡	10		102	2965	11957	337	7986	4307	1124		1124	3403	1196
2010	小计	51	3	526	15628	59283	4908	25509	5205	23649	15200	8449	19650	8462
	山门镇	26	3	241	7892	28917	4006	10887	5301	19684	14700	4984	11085	5064
	晓坑乡	15		183	4770	18595	542	9631	5394	2906	500	2406	5162	2118
	怀溪乡	10		102	2966	11771	360	4991	4695	1059		1059	3403	1280
2011		51	3	526	15470	58991	5009	28726	5938	25284	16000	9284	19650	6641
2012		51	3		15080	58244	4786	21068	6271	24903	15000	9903	19650	8763

说明：数据摘自《平阳统计年鉴》，少量摘自《平阳县农经统计年报》

第一节　建置与区划

建置沿革

清代，山门属崇政乡。民国时期改称山门乡，民国29年(1940)，山门乡隶属水头区。1949年12月至1950年5月，山门乡属南雁区(1950年4月从山门乡析出东屿乡)。1950年5—6月间区划调整，山门乡属山门区，是区公所所在地。1958年，改为山门人民公社山门大队(管理区)。1961年，建立山门人民公社。1984年改称山门乡。1985年，山门乡析出溪源乡后，成立山门镇，隶属山门区。1992年，东屿乡、溪源乡并入山门镇。2011年，晓坑乡乡、怀溪乡并入山门镇。

行政区划

1989年，山门镇下设2个办事处，辖16个村、3个居民区、1个林场。1992年，下设3个办事处，辖45个村、3个居民区、2个林场。2000年，新增设曙光居民委员会。2002年6月，山门镇进行村居行政区划调整，由45个村调整为26个村。2004年，晓坑乡、怀溪乡进行村居行政区划调整，分别由21个村、17个村调整为15个、10个村。2012年，山门镇下设5个社区，辖51个村、3个居民区。

2012年山门镇社区情况一览表

表40-8-2

社区名称	驻地	面积（平方千米）	村（社区）名称	面积（亩）	户数（户）	人口（人）	2001年的村、居
山门	镇前街	10.77	大桥居民区		466	1404	大桥居民区
			曙光居民区		61	228	曙光居民区
			老街居民区		299	897	老街居民区
							镇林场
			山门村	555	198	688	山门村
			上垟村	4911	428	1694	上垟村
							大坑内村
			亭后村	815	323	1278	亭后村
			西山村	1202	261	994	西山村
			水门头村	1291	235	892	水门头村
			悦来村	1811	207	752	悦来村
			下路堡村	1964	237	925	下路堡村
			大岭脚村	2968	203	752	大岭脚村
							平岭村
东屿	屿边村	10.44	高一村	1334	298	1110	高一村
			高二村	401	263	961	高二村
			碇步头村	212	165	587	碇步头村
			大楼村	1342	241	930	大楼村
			田中央村	907	242	955	田中央村
			坑东村	2938	309	1209	坑东村
							马路村
							叶坑村
			屿边村	2863	476	1862	屿边村
							丁水溪村
							邓家村
							大王村
							建坑村
			大屯村	1388	132	519	大屯村
			下屯村	1708	141	542	下屯村
			梅丰村	2560	260	1042	梅丰村
							梅岭头村
							格头村
							东屿林场

续表 40-8-2

社区名称	驻地	面积（平方千米）	村（社区）名称	面积（亩）	户数（户）	人口（人）	2001年的村、居
畴溪	畴溪路	15.06	下东山村	1401	225	815	下东山村
			永安村	3635	343	1303	永安村
							大湖村
			大岙村	2873	309	1201	大岙村
							内翁村
			郭岙村	1280	171	708	郭岙村
			旺庄村	2137	267	984	旺庄村
							小池村
			包山村	2745	224	821	包山村
							水办村
							后垟村
			溪源村	2772	183	757	溪源村
							上乌庄村
							乌庄村
			石牛坑村	5758	320	1257	石牛坑村
							白叶林村
							下坑村
晓坑	晓坑平文路	35.6	晓坑村	2337	378	1513	晓坑村
							边垟村
			杭坑村	5628	294	1231	杭坑村
			章坑村	942	172	659	章坑村
			中心村	455	158	611	中心村
			西垟亭村	3911	375	1500	西垟亭村
			东山下村	1120	185	685	东山下村
			石城村	6149	289	1179	石城村
			高堡村	2858	446	1537	高堡村
			法洪村	3267	367	1422	法洪村
							庵山村
			黄施岙村	4581	416	1741	黄施岙村
							永顺村
							同利村
			晓阳村	3231	245	942	晓阳村
			徐垟村	3666	286	1224	徐垟村
			上双岙村	2458	218	847	上双岙村
			下岭头村	5395	322	1318	下岭头村
							陶翁村
			岳溪村	7407	360	1567	岳溪村
							内郭山村

续表 40-8-2

社区名称	驻地	面积（平方千米）	村（社区）名称	面积（亩）	户数（户）	人口（人）	2001年的村、居
怀溪	金溪村	26.93	金溪村	7432	338	1221	金溪村
			金山村	1635	302	1111	金山村
			垟底村	1663	331	1380	垟底村
			垟边村	1161	238	906	垟边村
			畴垟村	2429	212	892	畴垟村
							小岭村
			畲龙村	3047	129	561	畲龙村
							岭丰村
			南山垟村	4117	443	1808	南山垟村
							樟坦村
							上保村
			曹门村	2617	259	1079	曹门村
			水口村	4243	341	1403	水口村
							硐桥村
							岭坑村
			联山村	6517	239	1000	联山村
							穹岭头村

说明：人口数据不含集体户，由平阳县公安局提供；土地数据由平阳县国土局提供；其余资料由山门镇人民政府提供

第二节　经　济

农业

2012年，国家级扶贫龙头企业1家、市级扶贫龙头企业5家，县级农业龙头企业3家，农业专业合作组织24家。

种植业　粮食作物：1989年，山门区粮食作物播种面积45317亩，总产量12870吨。其中，谷物播种面积32647亩，总产量9450吨；豆类播种面积1907亩，总产量108吨；薯类播种面积9896亩，总产量3067吨。2002年，粮食作物播种面积20399亩，总产量6938吨。其中，谷物种植面积14343亩，总产量5303吨；豆类播种面积660亩，总产量56吨；薯类播种面积5396亩，总产量1578吨。2012年，粮食作物播种面积19972亩，总产量8763吨。其中，谷物播种面积13689亩，总产量6621吨；豆类播种面积1033亩，总产量151吨；薯类播种面积5250亩，总产量1991吨。

经济作物：1989年，山门区油料播种面积1025亩，总产量52吨，蔬菜播种面积1763亩，果用瓜播种面积223亩。2002年，油料播种面积436亩，总产量54吨；蔬菜播种面积3943亩，总产量4760吨；果用瓜播种面积1938亩，总产量4193吨。2012年，油料播种面积1112亩，总产量167吨；蔬菜播种面积2288亩，总产量1830吨；果用瓜播种面积1784亩，总产量2399吨。

机械插秧（2007年）

2002—2012 年山门镇农作物播种面积和产量统计表

表 40-8-3

年份（年）		农作物总播种面积（亩）	粮食作物			其中						油料		甘蔗		蔬菜（含菜用瓜）		果用瓜	
						谷物		豆类		薯类									
			播种面积（亩）	总产量（吨）	总产值（万元）	播种面积（亩）	总产量（吨）	播种面积（亩）	总产量（吨）	播种面积（亩）	总产量（吨）	播种面积（亩）	总产量（吨）	播种面积（亩）	总产量（吨）	播种面积（亩）	总产量（吨）	播种面积（亩）	总产量（吨）
2002	小计	29377	20399	6938	2362	14343	5303	660	56	5396	1578	436	54	243	851	3943	4760	1938	4193
	山门镇	16971	10671	4025	1405	8400	3192	221	13	2050	820	96	7	243	851	2483	3107	1489	3505
	晓坑乡	6264	4314	1359	523	3548	1122	44	3	722	233	136	11			994	1187	411	618
	怀溪乡	6142	5414	1554	434	2395	989	395	40	2624	525	204	36			466	466	38	70
2003	小计	22060	11625	4366	2500	8255	3191	874	83	2496	992	696	95	243	875	4384	5827	2445	2551
	山门镇	11866	4993	1906	1330	4360	1814	339	21	294	71	96	7	243	875	2334	3501	1911	1756
	晓坑乡	5255	2994	1056	637	2250	807	42	3	702	246	202	28			1281	1557	426	687
	怀溪乡	4939	3638	1404	533	1645	570	493	59	1500	675	398	60			769	769	108	108
2004	小计	23415	13362	5078	2464	9396	3704	927	105	3039	1269	719	85	281	1009	4386	5636	678	1196
	山门镇	11202	5048	2144	1269	4352	1951	312	20	384	173	96	19	270	972	2411	3375	175	325
	晓坑乡	6963	4415	1262	675	3656	1059	57	5	702	198	188	27	8	32	1122	1403	440	795
	怀溪乡	5250	3899	1672	520	1388	694	558	80	1953	898	435	39	3	5	853	858	63	76
2005	小计	22891	13486	5169	2464	8710	3561	886	98	3890	1510	733	106	305	1120	4144	4957	2350	2679
	山门镇	10950	5020	2387	1269	4300	2180	340	25	380	182	200	41	300	1110	2370	3447	1820	2063
	晓坑乡	5807	3584	1226	675	3040	977	78	16	466	233	166	19	5	10	1022	818	429	515
	怀溪乡	6134	4882	1556	520	1370	404	468	57	3044	1095	367	46			752	692	101	101
2006	小计	23319	14116	6089	2586	9313	4540	931	101	3872	1448	703	107	416	1552	3754	4660	2195	2552
	山门镇	11220	5440	2780	1537	4360	2380	330	25	750	375	180	37	400	1520	2400	3600	1600	1850
	晓坑乡	7309	4419	1988	640	3609	1622	131	26	679	340	200	23	16	32	1223	979	537	644
	怀溪乡	4790	4257	1321	409	1344	538	470	50	2443	733	323	47			131	81	58	58
2007	小计	24298	13808	4107	2554	9627	2731	985	98	3196	1278	642	105	512	1774	4701	5393	2536	3253
	山门镇	12540	6090	1901	1650	4750	1425	460	36	880	440	200	44	500	1750	2800	4256	1900	2080
	晓坑乡	7452	4449	1430	647	3604	1051	131	22	714	357	201	23	12	24	1224	979	537	1074
	怀溪乡	4306	3269	776	257	1273	255	394	40	1602	481	241	38			677	158	99	99
2008	小计	24983	17929	7577	3003	11693	5392	1126	109	5110	2077	685	154	812	2984	2386	2472	2125	3215
	山门镇	13200	9700	4643	1899	6800	3700	600	67	2300	876	250	50	800	2960	950	1425	1500	2032
	晓坑乡	7453	4887	1774	727	3612	1051	131	22	1144	701	201	23	12	24	787	787	537	1074
	怀溪乡	4330	3342	1160	377	1281	641	395	20	1666	500	234	81			649	260	88	109
2009	小计	26556	18861	8348	3537	12288	5898	1136	155	5437	2295	883	167	750	2100	3620	4218	2129	3082
	山门镇	14190	9640	5172	2234	7200	3719	590	80	1850	1373	400	60	750	2100	2100	2940	1300	1840
	晓坑乡	8033	5831	1980	917	3785	1527	143	27	1903	425	291	42			866	624	732	1168
	怀溪乡	4333	3390	1196	386	1303	652	403	48	1684	497	192	65			654	654	97	74
2010	小计	28095	19857	8462	4667	11899	5943	1121	179	6837	2340	1458	180	760	3040	2641	3504	2493	4792

续表 40-8-3

年份（年）		农作物总播种面积（亩）	粮食作物			其中						油料		甘蔗		蔬菜（含菜用瓜）		果用瓜	
						谷物		豆类		薯类									
			播种面积（亩）	总产量（吨）	总产值（万元）	播种面积（亩）	总产量（吨）	播种面积（亩）	总产量（吨）	播种面积（亩）	总产量（吨）	播种面积（亩）	总产量（吨）	播种面积（亩）	总产量（吨）	播种面积（亩）	总产量（吨）	播种面积（亩）	总产量（吨）
2010	山门镇	15195	10840	5064	2700	7412	3821	484	64	2944	1179	819	82	760	3040	1372	1920	1290	1896
	晓坑乡	8483	5695	2118	1375	3196	1493	270	34	2229	591	436	49			630	945	1114	2807
	怀溪乡	4417	3322	1280	592	1291	629	367	81	1664	570	203	49			639	639	89	89
2011		21573	17277	6641	3440	10871	4598	1190	145	5216	1898	1117	118	568	682	897	1346	1037	2210
2012		26276	19972	8763	4169	13689	6621	1033	151	5250	1991	1112	167	482	723	2288	1830	1784	2399

说明：数据摘自《平阳统计年鉴》

林业　1989年，山门区茶园总面积4806亩，茶叶总产量69吨；果园总面积1631亩，水果总产量42吨；林业产值42万元。2002年，人工造林902亩；茶园总面积3337亩，茶叶总产量22.50吨；果园总面积1328亩，水果总产量4914吨；林业产值588万元。2012年，全镇林地90000亩，人工造林面积402亩，幼林抚育面积1122亩；茶园总面积1750亩，总产量56吨；果园总面积900亩，水果总产量2969吨；林业产值412万元。

古树名木167株，其中国家二级古树1株，国家三级古树63株。树龄300年以上2株，树龄200—300年以上4株，名木1株。林业特产基地2个。益众早香茶基地：位于海拔480米的大屯山巅，创办于2001年，面积620亩，主要生产平阳早香茶，有绿茶、红茶和黄汤三大系列产品，注册商标为“慧春牌”茶叶，获有机茶产品认证。2003年开始，在茶园内套种红豆杉7000余株，已成材，大的胸径达10厘米，此套种模式为全国首创，项目被杭州茶叶研究院列入科研课题。2012年茶叶产量30吨，产值580万元。上双岙栀子基地：面积980亩，位于海拔580米的晓垟山。2003年开始种植中药材栀子。2012年，栀子果产量80吨，产值68.80万元。

2002—2012年山门镇林业情况一览表

表 40-8-4

年份（年）		人工造林面积（亩）	零星植树（万株）	幼林抚育面积（亩）	茶园总面积（亩）	茶叶总产量（吨）	果园总面积（亩）	水果总产量（吨）	林业产值（万元）	林产品（万元）	竹木采运（万元）
2002	小计	902	2.40	5715	3337	22.50	1328	4914	588	365	
	山门镇	886	1	2025	1312	15	618	4006	445	338	
	晓坑乡		0.60	3285	1158	5	591	659	77	17	
	怀溪乡	16	0.80	405	867	2.50	119	249	66	10	
2003	小计	332	0.30		3337	23	1374	3434	559	418	55
	山门镇	332	0.30		1312	15	618	2555	426	360	16
	晓坑乡				1158	5	610	763	76	36	23
	怀溪乡				867	3	146	116	57	22	16
2004	小计	21	1		3337	24.70	1299	2797	423	390	18

续表 40-8-4

年份（年）		人工造林面积（亩）	零星植树（万株）	幼林抚育面积（亩）	茶园总面积（亩）	茶叶总产量（吨）	果园总面积（亩）	水果总产量（吨）	林业产值（万元）	林产品（万元）	竹木采运（万元）
2004	山门镇	21	1		1312	15	618	1896	374	351	8
	晓坑乡				1158	5	546	821	28	22	6
	怀溪乡				867	4.70	135	80	21	17	4
2005	小计		1	150	2030	8	952	2710	423	39	369
	山门镇		1	150	600	1	320	2071	374		359
	晓坑乡				583	3	496	536	28	22	6
	怀溪乡				847	4	136	103	21	17	4
2006	小计			210	2037	7.90	1007	2583	550	333	202
	山门镇			210	600	2	320	1858	420	221	189
	晓坑乡				590	2.90	551	662	51	42	4
	怀溪乡				847	3	136	63	79	70	9
2007	小计		2	420	1964	15.90	1007	3300	587	410	176
	山门镇		2	420	600	10	320	2100	412	250	161
	晓坑乡				525	2.40	551	1095	55	51	4
	怀溪乡				839	3.50	136	105	120	109	11
2008	小计		2.50		1410	33.40	456	3235	560	334	202
	山门镇		2		600	30	320	2047	374	199	175
	晓坑乡		0.20					1074	81	43	14
	怀溪乡		0.30		810	3.40	136	114	105	92	13
2009	小计	1020	2.50		2049	43.40	481	3241	640	383	181
	山门镇	630	2		600	40	320	1990	430	236	170
	晓坑乡	210	0.20		648	0.30	32	1172	85	49	4
	怀溪乡	180	0.30		801	3.10	129	79	125	98	7
2010	小计		4	1020	2149	52.10	556	4853	319	274	9
	山门镇		3	630	700	40	380	1948	183	166	2
	晓坑乡		0.50	210	648	1	47	2811	48	34	5
	怀溪乡		0.50	180	801	11.10	129	94	88	74	2
2011		855	4	1170	1814	64.30	360	2357	388	278	13
2012		402	4	1122	1750	56	900	2969	412	384	4

说明：数据摘自《平阳统计年鉴》

畜牧业　1989年，山门区生猪年末存栏13282头，牛年末存栏1069头，羊年末存栏4749只，兔年末存栏22613只。2002年，生猪年末存栏9540头，牛年末存栏390头，羊年末存栏3577只，家禽年末存栏62063只，兔年末存栏22770只，畜牧业产值2825万元。2005年3月，平阳县全盛兔业有限公司的粗高长毛兔标准化示范区被评为"第五批全国农业标准化示范区"。2012年，生猪年末存栏9865头，牛年末存栏231头，羊年末存栏1605只，家禽年末存栏55673只，兔年末存栏36475只，畜牧业产值5175万元，畜禽规模养殖户261户。

2002—2012年山门镇畜牧业情况一览表

表40-8-5

年份(年)		生猪年末存栏数(头)	牛年末存栏数(头)	羊年末存栏数(只)	家禽年末存栏数(只)	兔年末存栏数(只)	畜牧业产值(万元)
2002	小计	9540	390	3577	62063	22770	2825
	山门镇	2265	120	1280	15560	11550	438
	晓坑乡	1000	212	1300	15000	5000	331
	怀溪乡	6275	58	997	31503	6220	2056
2003	小计	8584	313	3230	32264	17377	1845
	山门镇	2102	110	1002	10215	3500	577
	晓坑乡	1044	153	1359	10645	6692	360
	怀溪乡	5438	50	869	11404	7185	908
2004	小计	10434	383	2915	30990	14405	2417
	山门镇	2300	170	750	9000	820	261
	晓坑乡	2696	169	1296	10585	6400	785
	怀溪乡	5438	44	869	11405	7185	1371
2005	小计	8758	275	2037	19150	9473	1874
	山门镇	1200	102	400	2800	500	268
	晓坑乡	2372	131	891	7459	4366	735
	怀溪乡	5186	42	746	8891	4607	871
2006	小计	10718	228	2359	20052	15098	2120
	山门镇	2000	50	50	2000	500	559
	晓坑乡	4509	132	1584	9726	10210	959
	怀溪乡	4209	46	725	8326	4388	602
2007	小计	5324	135	1538	20795	16705	1574
	山门镇	618	21	22	376	50	427
	晓坑乡	2615	86	1050	11989	13200	809
	怀溪乡	2091	28	466	8430	3455	338
2008	小计	11463	473	2422	16627	16432	2786
	山门镇	4000	300	400	1000	200	1295
	晓坑乡	4134	124	1421	9558	13220	1074
	怀溪乡	3329	49	601	6069	3012	417
2009	小计	11367	459	1526	23185	22604	3375
	山门镇	5985	330	380	900	180	1345
	晓坑乡	2673	88	878	11728	20413	1460
	怀溪乡	2709	41	268	10557	2011	570
2010	小计	8802	261	1317	22775	6386	3430
	山门镇	4410	139	327	8240	670	2101
	晓坑乡	3100	80	608	9417	4123	983
	怀溪乡	1292	42	382	5118	1593	346
2011		9219	266	1472	58709	28112	5456
2012		9865	231	1605	55673	36475	5175

说明：数据摘自《平阳统计年鉴》

特色农产品 包山猕猴桃：选种红心猕猴桃，种植面积35亩。2012年，产量10吨，产值11万元。大岙特种桃：2009年开始种植，面积120亩，桃树品种7个，以油桃为主。2012年，产量26吨，产值38万元。屿边红黄心柚：2008年开始种植，面积91亩。梅丰蓝莓：2009年开始种植，面积120亩。桑葚：主产区为亭后采摘园，2008年创办，面积8.50亩。2012年，产值11万元。"钱老汉"番薯枣：2010年，番薯枣（干）加工厂创办，注册"钱老汉"商标。仿野生甲鱼：位于屿边村，1998年创办。2011年，获农业部"无公害"产品认证。养殖规模从原来的10亩扩大到2012年的102亩。2012年，销售量3000公斤，销售额90万元。怀溪番鸭特色菜：原为当地民间宴席菜品，选材于自养番鸭，配以自酿黄酒及自种鲜嫩姜，用柴火慢慢烹煮。2011年，注册"怀溪番鸭"商标。

怀溪番鸭（2012年）

工业

山门镇工业以建筑安装（大秦装饰有限公司、温州雁荡园林安装有限公司）、农副食品加工业（温州市赏美食品有限公司）、皮革制品（平阳龙泰皮件厂）、自行车组装（宝时路车辆有限公司）等行业为主。1989年，工业产值197万元。1992年，山门镇工业产值1624万元。2012年，工业产值15000万元，工业企业79家，年末从业人数558人。其中，规模以上工业企业2家，从业人员196人。矿产：2005年，在晓坑乡（现晓坑社区）探明大型钠长石岩矿，估算矿区资源储量超过1000万吨，为省已探明的最大的钠长石岩矿区。

商业

1989年，镇内国营商业2家，集体合作商业企业7家，专业贸易市场3个。山门供销合作社商业用房9170平方米，职工138人。2001年，山门供销合作社实行体制改革。2011年，网购点3家，网吧1家。2012年，全镇商业网点365个，其中菜市场4个，中小超市6家，服装店86家，理发店23家，照相馆3家，书店1家，打印店2家，家电商店26家，家具店6家，餐饮业21家，小型宾馆2家，中西药店5家，钢材、水泥营销点5个，煤气罐销售点20个，粮油销售点6个，化肥农药农膜销售点3个，摩托电动车营销点5个，装潢材料店17家，社会商品销售总额1.35亿元，城乡集市贸易成交额0.93亿元。

自行车生产车间一角（2012年）

集市 20世纪60年代之前，以怀溪为界，山门有两个集市：东边山门老街集市，以经营日常用品、海产品为主；西边悦来街市场，以经营竹木、粮食、山货为主。1964年，怀溪溪流上建成山门一桥后，集市东移，悦来街集市逐渐消亡。1980年，山门菜市场建成，平西路建筑群形成，老街集市消失，南移至平西路及环城路出入口，镇前街入口处为山门集市中心。晓坑社区、怀溪社区（原晓坑乡、怀溪乡政府所在地）传统集市依然存续。

专业市场 第一农贸市场：1980年创建，占地面积2000平方米。第二农贸市场（永兴农贸市场）：2009年创建，占地面积1600平方米，店面26间，摊位130个。

财政金融

财政 1989—2012年，山门镇财政总收入逐年递增。2004年，财政总收入153万元。2012年，财政总收入659万元，其中地方财政收入201万元。

金融 1954年，信用社布点山门社区老街居民区。1986年，农业银行在山门社区老街居民区设点。1994年，邮政储蓄所在山门社区老街居民区设点。2012年，平阳农商银行设点2处（山门社区老街居民区、晓坑社区点）。是年，山门镇各项存款余额9.85亿元，各项贷款余额6.90亿元。

第三节　社会事业

教育

幼儿园　1989年，幼儿园3所，在园幼儿368人，保教人员28人。2012年，幼儿园5所，班级39个，在园幼儿765人，专任教师35人。

小学　1989年，村校32所，班级82个，学生2270人，教职工106人（其中：公办教师35人，民办教师35人，代课教师36人）；完全小学6所，班级70个，学生3485人，教职工121人。2012年，小学3所，班级36个，学生1538人，教职工137人。

中学　1989年，初中3所（山门中学初中部、晓坑中学、怀溪中学），班级15个，学生826人；山门中学高中部班级3个，学生155人；山门中学高中初中教职工56人。2012年，初级中学2所，班级14个，学生409人，教职工76人。普通高中1所，班级3个，学生101人，教职工45人。

文化

文化设施　1989年11月，山门影剧院建成，占地面积2200平方米，建筑面积2400平方米，座位800个；山门镇广播站隶属于原山门区广播站，入户率99%。1995年，山门有线电视站创办。1996年，全县有线电视联网，山门广播站停播。1998年，县广播电视台山门中心站成立。2006年，实现电视村村通，有线电视用户13200户。2008年，山门影剧院停止使用。2012年，中心站将模拟电视32套改为数字电视73～91套，安装光缆主干线117千米，用户9000余户。是年，山门镇文化站1个（省三级文化站），社区文体中心5个，村居文化活动中心43个，农家书屋9个，藏书5万册。

文化活动　1999年，山门镇文化中心获温州市金海岸文化明珠称号，集福诗书画社创办，会员50余名。2010年7月，举办特色活动——布袋戏展演。2012年，举办首届山门镇红五月文化节系列活动；老年书画研究会山门分会成立，会员28人。是年，全镇文化团体14个，会员524人，文化专业户10个，省级文化示范村2个，市级文化示范村3个，省级文化示范户5家。

庙会　怀溪庙会：每隔三年的正月十五，地点怀溪社区，会期3天。传说明朝时，怀溪山高林密，时有老虎出没袭人，四境不宁。当地猎户周氏兄弟为保境安民，决心除虎害，便在五显爷前许下“花愿”，祈求神灵保佑。不久，一只老虎在垟溪路出没，周氏兄弟立马带上火铳，择机暴毙大虎，由是山乡获得安宁。为感恩五显爷的神助，周氏兄弟便置办福礼，用虎皮祭请，燃放烟花，以还除虎之前许下的“花愿”。此后，乡亲们有事祈求五显爷的，都会许个“花愿”。“花愿”集中在庙会时来还，燃放“焰火树”，形成烟花节。

医疗卫生

1953年，山门区卫生院创办。1992年，山门区卫生院更名山门中心卫生院。2010年，山门中心卫生院迁建完工，占地3335平方米，建筑面积2075平方米。2012年，全镇卫生院3所（山门中心卫生院、晓坑卫生院、怀溪卫生院），各级各类医疗卫生机构21个，病床27张，固定资产总值890万元；专业卫生人员48人，其中执业医师7人，执业助理医师9人，注册护士9人；医疗机构（门诊部以上）完成诊疗10万人次。

环境卫生

1994年，山门镇环境卫生管理所成立，工作人员7人，人力板车7辆，道路清扫面积10600平方米，设置果壳箱50个，住宅小区保洁3000平方米，公厕2座。2012年，工作人员21人，垃圾中转站1座、垃圾转运车1辆，清扫面积43400平方米，设置果壳箱170个，住宅小区保洁12000平方米；保洁费每年每户40元；公厕7座。

体育

1989—2012年，成立6个协会，组建6支舞龙队、1支老年门球队、1支老年气排球队、10支健身舞队、1支腰鼓队、1支交谊舞队；健身宛点57个，篮球场地6个，乒乓球活动场地2处；举办108次体育赛事。2008年，山门镇被省人民政府命名为“浙江省体育强镇”。

杭坑天然游泳池（2012年）

社会保障

社会救助　1989年，原山门镇五保户58户、58人，每人月发放生活费15元。2002年，成立残联组织。2012年，成立慈善分会。妇联组织实施的“春蕾计划”“贫困母亲”救助，为贫困家庭的学子提供帮助。残疾学生及困难残疾人子女入学救助，支出资金40万元；重度残疾人最低生活补助105人，支出资金32.13万元。是年，全镇五保户98人，实行集中供养，支出资金38.394万元。低保对象722户、935人(其中城镇低保户19户、21人)，发放低保生活补助金353.9万元；“三老”（老党员、老交通员、老游击队员）98人，发放定补款45.98万元；烈士遗属37人，发放抚恤金68.38万元；居家安养救助80人，支出资金25.60万元；敬老院2所，床位152床，服务人员6名，支出资金11.52万元。

社会保险　2006年，新型农村合作医疗参保23150人。2010年，实行城乡居民社会养老保险制度。2012年，新型农村合作医疗参保45066人，全年报销医疗费417万元；慈善重病救济3.50万元，发放医疗救助金42.56万元，新增参加社会养老保险1650人。

第四节　基础设施

交通

公路　1989年以前，山门至水头、山门至顺溪、山门至怀溪公路均为泥结碎石路面。1990年以后，上述3条公路已改造成水泥混凝土结构路面。1995年，开工兴建平文公路配套工程梅岭隧道，1999年竣工通车，总投资1000余万元。同期瑶岭隧洞贯通。山门至大屯红色旅游专线长3.50千米。山门至水头红色旅游专线的梅岭第二隧道工程在建设中。2012年年底，全镇公路总里程40.70千米，镇区公交汽车线路1条，县际交通线路2条，跨县交通线路2条，营运总里程251.40千米，年客运量19万人次。公路桥梁5座(山门一桥、山门二桥、晓坑大桥、怀溪大桥、祥和大桥)。山门至南雁红色旅游专线公路1条，长3千米。平阳至文成公路山门段过境新路1条，长5千米。

车站　山门车站位于山门镇环城路起点路口，建于20世纪70年代，四间平房，一间二层楼房，站内设有售票房、行包房、候车室，场地狭小，已经停用。

村道　2000年以前，镇内的村道基本为泥石路。2003—2006年，受惠于国家“康庄”工程建设的政策，政府拨款，群众集资，对村道进行改造，共改造村道30条，改造后路宽3.50～5米，总长度86.4千米，路面为水泥混凝土结构，均达到省公路技术准四级标准，实现村村通公路。1990年前，山门镇内建有机耕路1条，长度2千米。1990—2012年全镇新建机耕路41条，总长度16.8千米。

城镇建设

1990—2012年，城区面积由1990年的0.18平方千米扩大到0.98平方千米。城区新建房屋建筑面积25.3万平方米，其中住宅建筑面积22.50万平方米，商业、邮电、教育、医疗卫生、交通、金融、财税、电力等公共建筑面积2.8万平方米。建成路、街31条；至2012年，建成区人口5160人。2012年，完成城镇总体规划(2011—2030年)编制。建成山门二桥至高墩、永安、上垟，南山至金溪的防洪堤。山门自来水厂、建城区供水管网改造工程竣工投入使用；中心敬老院开工建设。

城镇道路

2012年末，城镇道路总长12千米，建成镇区桥梁2座，总长度260米。

平西路　为镇区主要街道，东西走向，西起山门大桥东桥头畴溪路路口，东至西山村西路口，长1210米，路面宽16～20米。

环城路　东西走向，西起山门老车站，东至雁荡路口，长650米，为水泥路面，路宽13米。

山门大道　东西走向，西起山门二桥头红源路口，东至山门中心敬老院。山门大道兴建于1997年，长625米，路面宽25米，为水泥路面。

镇前街　南北走向，北起平西路口，南至山门大道路口，长385米，路面宽15米。

邮政电信

1998年，山门邮政支局成立，担负山门镇54个行政村的邮政业务。2012年，邮路3条，总长78千米，村邮站5个、配备村邮员10人，年业务收入315万元。全镇固定电话4000户，移动电话12800个，宽带接入2150户。

给排水

1989年前后，山门村民饮用水源一般为溪水或井水。20世纪80年代末期，山门水厂建成，解决山门镇镇区人口的饮水（其余村庄饮用当地自来水或山泉水）。2012年，镇区自来水厂1座，供水水源为山门一桥上游溪滩地下水，供配水管道DN100～200长度9千米，供水能力每天2000立方米。

2012年，山门镇农村基本完成改厕，90%的农户建有室外化粪池，全镇排水管道28千米，污水治理工程3项，日污水处理能力0.32万吨。

供电

1991年，建成35千伏变电所1座。2012年，35千伏变电所1座，主变压器2台，总容量16300兆伏安，高压输电线路8条，总长度118千米，用电负荷9.04兆瓦，年售电量2727万千瓦时。

第九章　顺溪镇

顺溪镇地处平阳县西部山区，距县城昆阳镇55千米，东北与南雁镇相连，东南与青街畲族乡接壤，南与苍南县桥墩镇相邻，西临文成县，西北与山门镇、文成县珊溪镇相邻。因境内有顺溪（鳌江上游），故名。顺溪镇四面环山，地势呈西高东低，中部地平，棋盘山海拔1231.1米，为平阳第一高峰。境内山清水秀，植被丰富，素有“峰险、洞奇、岩怪、水美、瀑多、屋古”之称，是一个天然的森林氧吧。2012年，全镇总面积99.54平方千米，下设5个社区，辖32个村。

1992年，工农业总产值0.20亿元，至2012年，工农业总产值增加到0.52亿元；财政总收入从1997年的135万元增至2012年的659万元；农民年人均纯收入从1989年的252元增至2012年的6550元；1989年，总户数6035户、总人口23526人，至2012年，总户数6833户、总人口26028人。曾获国家级生态镇、省级历史文化名镇、省级体育强镇、省级卫生城镇、省第一批美丽乡村示范镇等称号。

1989—2012年顺溪镇经济和社会发展情况一览表

表40-9-1

年份（年）	项目	村数（个）	村民小组（个）	户数（户）	人口（人）	其中，非农业人口（人）	农村劳动力（人）	农民年人均纯收入（元）	工农业总产值（万元）	工业总产值（万元）	农林牧渔总产值（万元）	耕地面积（亩）	粮食总产量（吨）
1989	小计	48		6035	23526	2132		252				10507	3491
	顺溪镇	16		2066	7630	1933		308				2592	872
	维新乡	8		1506	6286	66		247				2597	993
	吴垟乡	11		918	3814	50		185				1704	492
	新田乡	13		1545	5796	83		246				3614	1134
1990	小计	48		5984	23684	2134		223				10513	2734
	顺溪镇	16		2042	7681	1922		288				2592	741
	维新乡	8		1544	5827	82		211				2603	691
	吴垟乡	11		918	3845	56		172				1704	352
	新田乡	13		1480	6331	74		206				3614	950

续表 40-9-1

年份(年)	项目	村数(个)	村民小组(个)	户数(户)	人口(人)	其中，非农业人口(人)	农村劳动力(人)	农民年人均纯收入(元)	工农业总产值(万元)	工业总产值(万元)	农林牧渔总产值(万元)	耕地面积(亩)	粮食总产量(吨)
1991	小计	48		6084	23833	2142		295				10504	4040
	顺溪镇	16		2049	7734	1928		353				2592	900
	维新乡	8		1549	5860	85		293				2594	1072
	吴垟乡	11		918	3868	55		218				1704	680
	新田乡	13		1568	6371	74		289				3614	1388
1992	小计	48		6095	24180	2118	11263	272	1966	285	1681	10415	2806
	顺溪镇	29		3612	14153	1973	6360	294	1351	285	1066	6126	1667
	维新乡	8		1556	6164	88	2560	251	321	0	321	2585	726
	吴垟乡	11		927	3863	57	2343	235	294	0	294	1704	413
1993	小计	48		6117	24817	2088	13907	331	2474	580	1894	10388	1362
	顺溪镇	29		3631	14497	1925	8955	348	1819	562	1257	6126	787
	维新乡	8		1565	6201	103	2579	307	429	18	411	2558	306
	吴垟乡	11		921	4119	60	2373	317	226		226	1704	269
1994	小计	48		6370	24868	2129	14229	388	1047	146	901	10335	3076
	顺溪镇	29		3853	14505	1959	9313	428	656	135	521	6126	1741
	维新乡	8		1575	6214	109	2636	353	240	11	229	2554	709
	吴垟乡	11		942	4149	61	2280	318	151		151	1655	626
1995	小计	48	274	6246	24877	2111	14433	484	2892	829	2063	10325	3894
	顺溪镇	29	159	3658	14474	1932	9304	530	1939	781	1158	6126	2242
	维新乡	8	58	1629	6238	116	2760	488	448		448	2549	949
	吴垟乡	11	57	959	4165	63	2369	337	505	48	457	1650	703
1996	小计	48	274	6203	24813	2079	14606	2290	3299	611	2688	10323	4465
	顺溪镇	29	159	3653	14419	1898	9361	2710	2263	611	1652	6126	2772
	维新乡	8	58	1629	6228	118	2806	1856	572		572	2547	1070
	吴垟乡	11	57	921	4166	63	2439	1655	464		464	1650	623
1997	小计	48	274	6259	24591	2010	13357	1649	2981	841	2140	10286	4675
	顺溪镇	29	159	3670	14237	1820	7899	1780	2095	841	1254	6126	2731
	维新乡	8	58	1629	6226	122	2991	1342	506		506	2506	1090
	吴垟乡	11	57	960	4128	68	2467	1710	380		380	1654	854
1998	小计	48	274	6748	25187	1866	13083	1710	4439	1979	2460	10271	5149
	顺溪镇	29	159	4159	14800	1670	7674	1861	2746	1457	1289	6126	2954
	维新乡	8	58	1629	6283	125	3037	1414	511		511	2491	1175
	吴垟乡	11	57	960	4104	71	2372	1672	1182	522	660	1654	1020
1999	小计	48	274	6744	25164	1803	13524	1941	2220	57	2163	10405	5078
	顺溪镇	29	159	4152	14777	1600	7971	2201	1064		1064	6148	2920
	维新乡	8	58	1629	6285	127	3123	1535	389		389	2553	1146

续表 40-9-1

年份（年）	项目	村数（个）	村民小组（个）	户数（户）	人口（人）	其中，非农业人口（人）	农村劳动力（人）	农民年人均纯收入（元）	工农业总产值（万元）	工业总产值（万元）	农林牧渔总产值（万元）	耕地面积（亩）	粮食总产量（吨）
1999	吴垟乡	11	57	963	4102	76	2430	1711	767	57	710	1704	1012
2000	小计	48	274	4930	26907		14336	1868	2600	500	2100	9602	4786
	顺溪镇	29	159	2987	15889		7724	2016	1400		1400	5964	2773
	维新乡	8	58	1145	6818		4123	1620	300		300	2255	1050
	吴垟乡	11	57	798	4200		2489	1710	900	500	400	1383	963
2001	小计	48	274	6949	25836		14987	1947	2755		2755	9587	4147
	顺溪镇	29	159	4156	15096		7755	2064	1655		1655	5837	2104
	维新乡	8	58	1617	6798		4422	1810	556		556	2299	1285
	吴垟乡	11	57	1176	3942		2810	1735	544		544	1451	758
2002	小计	48	274	6952	25649	1874	16754	1875	2519		2519	9090	4906
	顺溪镇	29	159	4154	14866	1741	9075	2083	1382		1382	5647	2726
	维新乡	8	58	1623	6787	88	4684	1689	531		531	2299	1045
	吴垟乡	11	57	1175	3996	45	2995	1498	606		606	1144	1135
2003	小计	48	274	6964	25552	1938	16670	1976	2500		2500	9026	3811
	顺溪镇	29	159	4151	14890	1805	9061	2184	1492		1492	5423	2692
	维新乡	8	58	1646	6691	88	4688	1723	446		446	2349	525
	吴垟乡	11	57	1167	3971	45	2921	1711	562		562	1254	594
2004	小计	38	274	7011	25429	1965	17169	2305	5386	2500	2886	9564	4054
	顺溪镇	23	159	4189	14789	1842	9778	2580	2628	1000	1628	5399	2762
	维新乡	7	58	1658	6679	84	4797	1964	597		597	2831	681
	吴垟乡	8	57	1164	3961	39	2594	1971	2161	1500	661	1334	611
2005	小计	32	274	7250	25401	1952	14739	2612	2689	100	2609	9351	2697
	顺溪镇	18	159	4195	14759	1819	7505	2900	1428	100	1328	5399	1303
	维新乡	7	58	1886	6680	95	4664	2152	617		617	2618	564
	吴垟乡	7	57	1169	3962	38	2570	2434	644		664	1334	830
2006	小计	32	272	7115	25455	1981	15966	3330	4959	3100	1859	9469	2763
	顺溪镇	18	159	4255	14817	1827	8470	3648	2085	1200	885	5399	1229
	维新乡	7	56	1696	6686	106	4782	2541	458		458	2736	514
	吴垟乡	7	57	1164	3952	48	2714	3601	2416	1900	516	1334	1020
2007	小计	32	272	7134	25615	2004	16519	3988	5321	3200	2121	9469	2148
	顺溪镇	18	159	4234	14862	1822	8614	4215	2481	1100	1381	5399	992
	维新乡	7	56	1740	6742	124	5179	3527	364		364	2736	506
	吴垟乡	7	57	1160	4011	58	2726	4012	2476	2100	376	1334	650
2008	小计	32	272	7063	25866	2067	15820	4550	4594	2300	2294	9437	3223
	顺溪镇	18	159	4240	14987	1842	7831	4847	2608	1400	1208	5000	1952
	维新乡	7	56	1763	6803	149	5231	3986	653		653	2904	537

续表 40-9-1

年份（年）	项目	村数（个）	村民小组（个）	户数（户）	人口（人）	其中，非农业人口（人）	农村劳动力（人）	农民年人均纯收入（元）	工农业总产值（万元）	工业总产值（万元）	农林牧渔总产值（万元）	耕地面积（亩）	粮食总产量（吨）
2008	吴垟乡	7	57	1060	4076	76	2758	4512	1333	900	433	1533	734
2009	小计	32	272	7117	26235	2138	15423	4887	4787	2100	2687	9827	3255
	顺溪镇	18	159	4226	15221	1887	7448	5152	2566	1200	1366	5390	1893
	维新乡	7	56	1739	6888	170	5246	4340	723		723	2904	618
	吴垟乡	7	57	1152	4126	81	2729	4920	1498	900	598	1533	744
2010	小计	32	272	7032	26290	2198	13815	5070	4368	2000	2368	9827	3148
	顺溪镇	18	159	4201	15144	1916	7556	5158	2055	900	1155	5390	2030
	维新乡	7	56	1722	6958	185	5271	4810	798		798	2904	775
	吴垟乡	7	57	1109	4188	97	988	5215	1515	1100	415	1533	343
2011		32	272	6977	26444	2178	13888	5551	4829	2100	2729	9827	2670
2012		32		6833	26028	2014	13947	6550	5159	2200	2959	9827	2894

说明：数据摘自《平阳统计年鉴》，少量摘自《平阳县农经统计年报》

第一节　建置与区划

建置沿革

唐末已有先民居住。至明朝中期，已成为平阳、瑞安、泰顺诸县边地山区的商品集散中心和交通要地。清末属崇政乡。民国14年（1925）称顺溪乡，隶属北港镇，后隶属北港区。民国30年（1941）为青街乡，隶属水头区。1950年，复称顺溪乡，隶属南雁区。5月，南雁区划分为睦源区、山门区，顺溪乡属睦源区。1952年，顺溪乡分为白云、顺溪两乡，隶属睦源区。1956年3月，白云和顺溪乡合并为顺溪乡，属山门区。1958年，顺溪乡改为山门公社顺溪管理区。1961年，设立顺溪公社。1984年，复为顺溪乡，隶属山门区。1985年3月，设顺溪镇，隶属顺溪区。1992年，撤销顺溪区，新田乡并入顺溪镇，下辖29个村。2011年4月，顺溪镇、维新乡、吴垟乡合并为顺溪镇。

行政区划

1985年，山门区的睦源、矾岩、维新、新田、吴垟、顺溪镇及青街畲族乡建立顺溪区。1990年，原顺溪镇管辖16个村。1992年，辖48个村。2004年，48个村调整为32个村，下设2个办事处。2012年，下设5个办事处，辖32个村。

2012年顺溪镇社区情况一览表

表 40-9-2

社区名称	驻地	面积（平方千米）	村（社区）名称	面积（亩）	户数（户）	人口（人）	2001年的村、居
维新	俞思坑村	24.10	俞思坑村	3553	321	1216	余思坑村
			余山村	2108	136	572	余山村
			大垄村	3689	193	861	大垄村
			进士村	5330	210	835	进士村
							靛厂村

续表 40-9-2

<table>
<tr><th>社区名称</th><th>驻地</th><th>面积
（平方千米）</th><th>村(社区)
名称</th><th>面积
（亩）</th><th>户数
（户）</th><th>人口
（人）</th><th>2001年的村、居</th></tr>
<tr><td rowspan="3">维新</td><td rowspan="3">俞思坑村</td><td rowspan="3">24.10</td><td>朱垟村</td><td>3967</td><td>259</td><td>967</td><td>朱垟村</td></tr>
<tr><td>岭俸村</td><td>7826</td><td>239</td><td>1109</td><td>岭俸村</td></tr>
<tr><td>杨光村</td><td>6122</td><td>275</td><td>1163</td><td>杨光村</td></tr>
<tr><td rowspan="11">吴垟</td><td rowspan="11">下垟村</td><td rowspan="11">18.36</td><td>下垟村</td><td>3914</td><td>241</td><td>876</td><td>下垟村</td></tr>
<tr><td>顺垟村</td><td>2672</td><td>139</td><td>494</td><td>顺垟村</td></tr>
<tr><td rowspan="3">岭后村</td><td rowspan="3">5624</td><td rowspan="3">191</td><td rowspan="3">814</td><td>连头村</td></tr>
<tr><td>岭后村</td></tr>
<tr><td>牛角坑村</td></tr>
<tr><td rowspan="2">狮峰村</td><td rowspan="2">3308</td><td rowspan="2">101</td><td rowspan="2">367</td><td>坟前村</td></tr>
<tr><td>腾了村</td></tr>
<tr><td rowspan="2">戈场村</td><td rowspan="2">5047</td><td rowspan="2">211</td><td rowspan="2">827</td><td>水井塆村</td></tr>
<tr><td>戈场村</td></tr>
<tr><td>周家村</td><td>4211</td><td>108</td><td>482</td><td>周家村</td></tr>
<tr><td>底屋村</td><td>2110</td><td>98</td><td>358</td><td>底屋村</td></tr>
<tr><td rowspan="12">顺溪</td><td rowspan="12">上顺溪村</td><td rowspan="12">31.89</td><td rowspan="2">上顺溪村</td><td rowspan="2">5722</td><td rowspan="2">447</td><td rowspan="2">1520</td><td>上顺溪村</td></tr>
<tr><td>后山垟村</td></tr>
<tr><td rowspan="2">顺溪村</td><td rowspan="2">2862</td><td rowspan="2">381</td><td rowspan="2">1296</td><td>顺溪村</td></tr>
<tr><td>牛场村</td></tr>
<tr><td rowspan="2">下顺溪村</td><td rowspan="2">1470</td><td rowspan="2">416</td><td rowspan="2">1326</td><td>下顺溪村</td></tr>
<tr><td>岭麓村</td></tr>
<tr><td rowspan="2">溪北村</td><td rowspan="2">1914</td><td rowspan="2">221</td><td rowspan="2">749</td><td>溪北村</td></tr>
<tr><td>朱山村</td></tr>
<tr><td rowspan="2">只音村</td><td rowspan="2">9476</td><td rowspan="2">652</td><td rowspan="2">330</td><td>只音村</td></tr>
<tr><td>坳头村</td></tr>
<tr><td>白云村</td><td>10467</td><td>168</td><td>660</td><td>白云村</td></tr>
<tr><td>溪南村</td><td>2081</td><td>97</td><td>367</td><td>溪南村</td></tr>
<tr><td rowspan="9">顺吴</td><td rowspan="9">富溪村</td><td rowspan="9">12.23</td><td rowspan="2">富溪村</td><td rowspan="2">3898</td><td rowspan="2">180</td><td rowspan="2">686</td><td>富溪村</td></tr>
<tr><td>外苏山村</td></tr>
<tr><td rowspan="3">中山村</td><td rowspan="3">8132</td><td rowspan="3">322</td><td rowspan="3">1302</td><td>中山村</td></tr>
<tr><td>石门村</td></tr>
<tr><td>交溪村</td></tr>
<tr><td rowspan="2">处基村</td><td rowspan="2">10308</td><td rowspan="2">171</td><td rowspan="2">767</td><td>处基村</td></tr>
<tr><td>马鞍村</td></tr>
<tr><td>石柱村</td><td>6318</td><td>167</td><td>624</td><td>石柱村</td></tr>
<tr><td>溪口村</td><td>3518</td><td>113</td><td>476</td><td>溪口村</td></tr>
<tr><td rowspan="3">新田</td><td rowspan="3">青石桥村</td><td rowspan="3">12.96</td><td>青石桥村</td><td>1953</td><td>142</td><td>528</td><td>青石桥村</td></tr>
<tr><td>双田村</td><td>4302</td><td>222</td><td>812</td><td>双田村</td></tr>
<tr><td>下东村</td><td>3259</td><td>252</td><td>953</td><td>下东村</td></tr>
</table>

续表 40-9-2

社区名称	驻地	面积（平方千米）	村(社区)名称	面积（亩）	户数（户）	人口（人）	2001年的村、居
新田	青石桥村	12.96	山头庵村	1107	71	316	山头庵村
			鹿岩村	4036	273	974	鹿岩村
							回库村
			田里村	4788	280	1040	田里村
							河垟尾村

说明：人口数据不含集体户，由平阳县公安局提供；土地数据由平阳县国土局提供；其余资料由顺溪镇人民政府提供

第二节 经 济

农业

种植业 粮食作物：1989年，顺溪区粮食作物播种面积24295亩，总产量6202吨，其中，谷物播种面积15742亩，总产量4118吨；薯类播种面积8553亩，总产量2084吨。2002年，粮食作物播种面积13865亩，总产量4906吨，其中，谷物播种面积4604亩，总产量1727吨；豆类播种面积470亩，总产量67吨；薯类播种面积8791亩，总产量3112吨。2012年，粮食作物播种面积8631亩，总产量2894吨，其中，谷物播种面积3707亩，总产量1630吨；豆类播种面积50亩，总产量3吨；薯类播种面积4874亩，总产量1261吨。

经济作物：1989年，顺溪区油料播种面积1040亩，总产量39吨；蔬菜播种面积1407亩。2002年，蔬菜播种面积5285亩，总产量5444吨；果用瓜播种面积274亩，总产量269吨。2012年，油料播种面积423亩，总产量92吨；蔬菜播种面积632亩，总产量221吨；果用瓜播种面积1061亩，总产量879吨。

梯田（2012年）

2002—2012年顺溪镇农作物播种面积和产量统计表

表 40-9-3

年份（年）		农作物总播种面积（亩）	粮食作物			其中						油料		蔬菜（含菜用瓜）		果用瓜	
						谷物		豆类		薯类							
			播种面积（亩）	总产量（吨）	总产值（万元）	播种面积（亩）	总产量（吨）	播种面积（亩）	总产量（吨）	播种面积（亩）	总产量（吨）	播种面积（亩）	总产量（吨）	播种面积（亩）	总产量（吨）	播种面积（亩）	总产量（吨）
2002	小计	19800	13865	4906	1563	4604	1727	470	67	8791	3112			5285	5444	274	269
	顺溪镇	11501	8774	2726	781	2210	734	150	16	6414	1976			2467	2274	260	257
	维新乡	4383	2421	1045	402	1744	703			677	342			1796	1974		
	吴垟乡	3916	2670	1135	380	650	290	320	51	1700	794			1022	1196	14	12
2003	小计	15757	12010	3811	1395	4479	1515	32	5	7499	2291			2945	3299	435	287
	顺溪镇	8815	8100	2692	728	2134	902			5966	1790			715	960		

续表 40-9-3

年份(年)		农作物总播种面积(亩)	粮食作物			其中						油料		蔬菜(含菜用瓜)		果用瓜	
						谷物		豆类		薯类							
			播种面积(亩)	总产量(吨)	总产值(万元)	播种面积(亩)	总产量(吨)	播种面积(亩)	总产量(吨)	播种面积(亩)	总产量(吨)	播种面积(亩)	总产量(吨)	播种面积(亩)	总产量(吨)	播种面积(亩)	总产量(吨)
2003	维新乡	3828	2345	525	262	1695	352			650	173			1020	887	310	109
	吴垟乡	3114	1565	594	405	650	261	32	5	883	328			1210	1452	125	178
2004	小计	15133	12111	4054	1838	4333	1588	21	2	7757	2464			2274	1638	270	194
	顺溪镇	8744	8097	2762	989	1907	818			6190	1944			557	398	90	94
	维新乡	3708	2446	681	233	1762	508	21	2	684	173			1042	779		
	吴垟乡	2681	1568	611	616	664	262			883	347			675	461	180	100
2005	小计	11963	9541	2697	1747	4959	1459	29	3	4553	1235			1562	864	433	468
	顺溪镇	5577	4879	1303	898	1896	571			2983	732			565	110	133	168
	维新乡	3266	2450	564	233	1763	411			687	153			647	466		
	吴垟乡	3120	2212	830	616	1300	477	29	3	883	350			350	288	300	300
2006	小计	13840	10351	2763	914	5068	1465	22	2	5261	1296			2276	1890	733	349
	顺溪镇	6650	5399	1229	455	2210	546			3189	683			753	575	498	349
	维新乡	3564	2346	514	192	1704	480			642	34			1050	758		
	吴垟乡	3626	2606	1020	267	1154	439	22	2	1430	579			473	557	235	
2007	小计	11616	9481	2148	766	5058	1197	29	2	4394	949			1416	1223	560	114
	顺溪镇	6179	5399	992	504	2210	342			3189	650			633	888	147	114
	维新乡	2877	2204	506	125	1683	479			521	27			514	245		
	吴垟乡	2560	1878	650	137	1165	376	29	2	684	272			269	90	413	
2008	小计	10754	9549	3223	904	4424	1694	20	2	5105	1527	70	9	204	114	646	576
	顺溪镇	6212	5929	1952	569	2210	902			3719	1050	70	9	74	52	139	228
	维新乡	1638	1506	537	148	1020	396			486	141			77	39	55	155
	吴垟乡	2904	2114	734	187	1194	396	20	2	900	336			53	23	452	193
2009	小计	11799	9738	3255	1034	4921	1909	82	7	4735	1339	206	36	966	273	702	452
	顺溪镇	6347	5399	1893	692	2210	918			3189	975	139	22	580	105	149	230
	维新乡	2350	2093	618	137	1080	470			1013	148			75	39	75	24
	吴垟乡	3102	2246	744	205	1631	521	82	7	533	216	67	14	311	129	478	198
2010	小计	10177	8610	3148	1132	3691	1828	41	2	4878	1319	536	85	504	252	445	463
	顺溪镇	6328	5265	2030	817	1965	1020			3300	1011	509	84	289	60	245	408
	维新乡	2306	2153	775	195	1100	565			1053	210			73	39	80	26
	吴垟乡	1543	1192	343	120	626	243	41	2	525	98	27	1	142	153	120	29
2011		9948	8287	2670	1076	3663	1857	50	3	4574	811	360	71	351	351	778	523
2012		11008	8631	2894	1043	3707	1630	50	3	4874	1261	423	92	632	221	1061	879

说明：数据摘自《平阳统计年鉴》

林业 1989年，顺溪区茶园总面积6864亩，茶叶总产量138吨；果园总面积2004亩，水果总产量34吨；林业产值141万元，林地面积8.1万亩。2002年，人工造林179亩；茶园总面积3845亩，茶叶总产量33吨；果园总面积210亩，水果总产量310吨；林业产值415万元。2012年，全镇林地7300亩，人工造林482亩，幼林抚育面积1161亩，水果总产量879吨；林业产值564万元。

2002—2012年顺溪镇林业情况一览表

表40-9-4

年份（年）		人工造林面积（亩）	零星植树（万株）	幼林抚育面积（亩）	茶园总面积（亩）	茶叶总产量（吨）	果园总面积（亩）	水果总产量（吨）	林业产值（万元）	林产品（万元）	竹木采运（万元）
2002	小计	179	2.40	10785	3845	33	210	310	415	267	
	顺溪镇	149	1.10	7935	2931	33	169	278	256	164	
	维新乡		0.70		598				43	42	
	吴垟乡	30	0.60	2850	316		41	32	116	61	
2003	小计	52			3845	31	187	352	559	436	42
	顺溪镇	52			2931	31	187	65	452	363	28
	维新乡				598			109	64	61	3
	吴垟乡				316			178	43	12	11
2004	小计		1		3780	31	142	235	439	421	13
	顺溪镇		1		2882	31	142	135	420	402	13
	维新乡				582				12	12	
	吴垟乡				316			100	7	7	
2005	小计				3703	20	256	514	139	121	13
	顺溪镇				2882	20	256	214	120	102	13
	维新乡				505				12	12	
	吴垟乡				316			300	7	7	
2006	小计			810	3050	20	256	384	336	309	13
	顺溪镇			810	2282	20	256	384	147	132	8
	维新乡				452				21	16	
	吴垟乡				316				168	161	5
2007	小计			1620	3050	20	256	149	575	549	19
	顺溪镇			1620	2282	20	256	149	309	288	14
	维新乡				452				75	74	1
	吴垟乡				316				191	187	4
2008	小计		0.60		2734	27	256	599	478	452	26
	顺溪镇		0.50		2282	27	256	251	250	232	18
	维新乡		0.10		452			155	58	58	
	吴垟乡							193	170	162	8
2009	小计	105	0.60		2142	62	257	478	570	516	5
	顺溪镇		0.50		1690	62	256	255	320	276	5
	维新乡		0.10		452			24	69	61	
	吴垟乡	105						199	181	179	

续表 40-9-4

年份(年)		人工造林面积（亩）	零星植树（万株）	幼林抚育面积（亩）	茶园总面积（亩）	茶叶总产量（吨）	果园总面积（亩）	水果总产量（吨）	林业产值（万元）	林产品（万元）	竹木采运（万元）
2010	小计		1.5	105	2142	20	256	488.3	435	370	43
	顺溪镇		1		1690	20	256	433	251	188	43
	维新乡		0.5		452			26.1	52	52	
	吴垟乡							29.2	132	130	
2011		1140	1	405	575	48	256	536	397	373	1
2012		482	1	1161				879	564	515	

说明：数据摘自《平阳统计年鉴》

畜牧业　1989年，顺溪区生猪年末存栏8028头，牛年末存栏1304头，羊年末存栏2496只，兔年末存栏40566只。1999年，平阳县兴顺畜禽养殖场创办，蛋鸽场占地面积10700平方米。2002年，生猪年末存栏4532头，牛年末存栏232头，羊年末存栏1173只，家禽年末存栏42518只，兔年末存栏25771只，畜牧业产值541万元。2012年，生猪年末存栏3005头；牛年末存栏237头，羊年末存栏1492只，家禽年末存栏18734只，兔年末存栏15146只，畜牧业产值1255万元。是年，养殖基地4000余亩，肉兔、石蛙、淡水鱼养殖、蛋鸽等各类农业合作社46个。

2002—2012年顺溪镇畜牧业情况一览表

表 40-9-5

年份(年)		生猪年末存栏数(头)	牛年末存栏数（头）	羊年末存栏数（只）	家禽年末存栏数(只)	兔年末存栏数（只）	畜牧业产值（万元）
2002	小计	4532	232	1173	42518	25771	541
	顺溪镇	2680	101	415	31200	17870	345
	维新乡	576	80	256	6316	3351	86
	吴垟乡	1276	51	502	5002	4550	110
2003	小计	3548	152	987	23068	14847	516
	顺溪镇	1742	51	351	14120	8180	282
	维新乡	563	61	246	6200	3697	120
	吴垟乡	1243	40	390	2748	2970	114
2004	小计	3437	143	910	17559	11393	647
	顺溪镇	893	29	261	11016	6364	262
	维新乡	1324	75	261	4540	3026	349
	吴垟乡	1220	39	388	2003	2003	36
2005	小计	3325	160	1073	19255	11588	
	顺溪镇	1206	35	422	10351	7759	
	维新乡	1024	87	283	6908	3829	
	吴垟乡	1095	38	368	1996		
2006	小计	2881	132	1031	12096	11273	416
	顺溪镇	955	17	426	7946	5595	90
	维新乡	901	76	250	2071	1375	245

续表 40-9-5

年份(年)		生猪年末存栏数(头)	牛年末存栏数(头)	羊年末存栏数(只)	家禽年末存栏数(只)	兔年末存栏数(只)	畜牧业产值(万元)
2006	吴垟乡	1025	39	355	2079	4303	81
2007	小计	1890	121	1115	26482	20116	277
	顺溪镇	600	34	511	10875	7190	65
	维新乡	593	57	236	2683	2838	164
	吴垟乡	697	30	368	12924	10088	48
2008	小计	5884	274	1931	21475	29139	737
	顺溪镇	1320	37	773	10920	10560	214
	维新乡	2965	194	580	6392	6637	447
	吴垟乡	1599	43	578	4163	11942	76
2009	小计	4355	268	1451	26453	20964	996
	顺溪镇	628	73	652	7770	8260	267
	维新乡	2576	153	477	6461	7197	517
	吴垟乡	1151	42	322	12222	5507	212
2010	小计	3133	173	1847	16710	16016	789
	顺溪镇	642	99	877	11460	10256	75
	维新乡	964	17	150	2870	3130	551
	吴垟乡	1527	57	820	2380	2630	163
2011		2504	166	989	15762	11209	1240
2012		3005	237	1492	18734	15146	1255

说明：数据摘自《平阳统计年鉴》

特色农产品　红酒：又叫“黄酒”，因为使用乌衣红曲酿的，酒色鲜红，故顺溪人称之为“红酒”。

顺溪黄年糕（2012 年）　　郑庆生　摄

采用古鳌源头的高山泉水，取优质糯米、乌衣红曲，用祖传六百年的技艺精酿而成。番薯粉：顺溪的番薯粉丝以柔韧著称，烧熟后用筷子夹起一条甩到板壁上，粉丝能粘在板壁上不掉下来。顺溪黄年糕：顺溪黄年糕制作已列入县级非物质文化遗产。凭借其独特的嚼劲和淡淡的草灰味道，成为各酒家饭店的主打主食。溪南军鱼：学名光倒刺鲃，杂食性，体稍呈圆筒形。顺溪镇畲族村溪南村引入养殖鱼有五六十年历史，用天然的山泉水无饲料无污染养殖，数量少而珍贵。

农业基地　1989—2011 年，创办的农业专业基地有温州戈场农业有限公司、平阳县新鑫农产品产销专业合作社、平阳县绿康食品有限公司、平阳县溪北淡水鱼养殖合作社等。2012 年，新增温州市阔地农业开发公司、温州顺云黄栀种植合作社、平阳县黄栀种植合作社、平阳县该勤油茶专业合作社、平阳县联众中药材种植专业合作社。农产品深加工行业中，兴顺畜禽养殖场、绿康食品有限公司年产值800万元。

温州市阔地农业开发有限公司：为县、市级示范性农民专业合作社，拥有中药材栀子400亩、太子参200亩、百合30亩、西洋参10亩、红参10亩。温州戈场农业有限公司：成立于2009年4月，县级农业龙头企业，2012年产值100余万元。平阳县新鑫农产品产销专业合作社：成立于2007年，是综合性农业生产单位，为县、市级示范性农民专业合作社。合作社基地有山油茶700亩、早香茶100亩、淡水鱼养殖30亩。平阳县绿康食品有限公司：成立于2008年，是农产品加工单位，主要产品是黄粿年糕，2012年产值500余万元。

工业

1992年，工业总产值0.03亿元。1997年，建百僧堂水力发电站。1998年，陈氏陶瓷有限公司创办，厂址设溪南村良港。2009年，工业企业13家，从业人数114人，工业总产值0.11亿元。2004年，眉峰桥电站建成。2012年，全镇企业57家，工业总产值0.25亿元，从业人员553人。其中，陶瓷厂3家，矿泉水厂1家，总装机容量2.4万千瓦的小水电站23座；宠物饲料和皮带配件来料加工点15个。

商业

20世纪50年代到1994年，商业以顺溪供销社经营为主。1994年，顺溪供销社因债务纠纷被拍卖。其后，个体商业户成为唯一的商业经营者。1998年，顺溪综合菜市场建成，设48个摊位，商品零售成交额465万元。2012年，全镇社会商品零售总额300万元。镇中心设有菜市场1个，商铺20余家，市场1个，超市、连锁店2家，宾馆1家，酒店1家，大小商业网点112个。是年，成立顺溪商会。

财政金融

2003年，全镇税收入库额（含免抵税额）1000万元。2012年，全镇财政总收入1546万元，其中地方财政收入719万元。

1954年，山门信用社顺溪分社创建。1994年，信用社办公大楼建成。2010年，设立吴垟和维新服务点。2012年，金融机构1家，对公存款700万元，对公贷款368.08万元。

第三节　社会事业

教育

1989年，顺溪镇中小学校4所。1994年，扩建中学校舍，成立初中部。2007年，顺溪镇获市教育强镇称号。2012年，幼儿园1所，班级3个，在园幼儿104人，专任教师5人；小学2所，班级13个，学生250人，教职工72人；初中1所，班级3个，学生58人，教职工20人。

文化

1989年，顺溪镇有线广播入户率95%。1996年，有线广播停播。1997年，开通有线电视。是年，县文化局组织“党的十五大精神文艺宣传队”到吴垟演出。2002年，顺溪有线电视用户800余户。2008年，顺溪镇建成村级文化室2个和村级图书室2个。2009年，吴垟乡文化站建成（2011年更名为吴垟综合文化站）。5月，市群艺馆歌舞演员在顺溪车站举行“真情送服务，建设新农村”文艺会演。2010年，维新文化中心建成。2011年，顺溪镇文化站建成，占地190平方米，建筑面积571平方米，内设图书室、阅览室、健身室、活动室、乒乓球室等。12月，中央电视台中文国际频道在顺溪陈氏第四份大屋拍摄《魅力平阳》。2012年2月24日，《魅力平阳：顺溪古屋民俗文化》在《沿海行》栏目第57期播放；“记忆顺溪”文化品牌通过市级“金海岸文化网工程”验收。是年，顺溪镇综合文化站（顺溪镇文化站）1个，吴垟、维新2个分站，文化团体4个，农家书屋10家，藏书5.5万册，数字电视用户1350户。

庙会　顺溪庙会：每隔一年（三年两头迎）的农历九月十五，地点顺溪镇，会期2～3天。庙会期间，抬水口宫孝仙娘娘及陪祀的元三爷、黄九公三尊神像出巡。

医疗卫生

1956年，顺溪镇卫生院、吴垟卫生院、维新卫生院建立。1973年，新田卫生院建立。1988年，顺溪中心卫生院建立。2010年，吴垟卫生院、维新卫生院、新田卫生院改为相应的社区卫生服务站。2011年，顺溪镇卫生院并入顺溪中心卫生院。2012

年，顺溪中心卫生院完成迁建(新址在南新街，原顺溪中心卫生院后面)，占地面积约3000平方米，建筑面积约1900平方米，设有床位20张。是年，顺溪镇有顺溪中心卫生院以及维新、吴垟和新田社区卫生服务站，占地面积1500余平方米，床位75张，村卫生室5个，职工48名，年诊疗34300余人次。

环境卫生

1989年，顺溪镇环卫工人5名，环卫保洁车5辆，垃圾就地填埋。2001年，顺溪镇环卫所成立，建成区环卫工人5人，置溪流整治人员1名，村环卫人员25人。2012年，人力板车5辆，翻斗拖拉机1辆，压缩式垃圾车1辆，电动环卫三轮车1辆，垃圾中转站1个，建成区设置垃圾桶300个，公厕3座；垃圾运至县生态发电厂进行处理(之前垃圾运至田里村进行集中填埋)。

体育

1989年以来，顺溪镇积极推动全民健身活动，组队参加县体育赛事，依托学校抓好中小学生体育达标。2009年，新建健身苑点10个，篮球场6个。2012年，健身苑点49个，群众性公共篮球场11个，老年人门球场1个，三级社会体育指导员80人。是年，举办跳绳、乒乓球、登山、老年象棋、趣味运动会等比赛14场。

社会保障

社会救助　1997年，发放救灾救济款10万元，救灾救济物资113件，救灾救济粮食12万斤，救灾救济面412户、1370人次；五保户72户、74人。10月，镇政府投资8万元建成一座占地面积200亩的顺溪敬老院。2012年，发放低保金对象755人，发放低保金204万元；救助救济金发放对象1513人，发放救助救济金170万元。是年，县慈善总会顺溪分会正式成立，募捐慈善资金300余万元。

社会保险　2006年，原顺溪镇参加新型农村合作医疗保险5529人。2009年，农村住房参保3565户。2012年，参加新型农村合作医疗保险18195人，1725位60周岁以上老人领取基本养老金。

旅游

顺溪境内山清水秀，植被丰富，森林覆盖率82.5%。2009年5月，经省林科院生态所专家测定，顺溪景区负氧离子含量每立方厘米6044个，是温州地区23个旅游景点中负氧离子含量最高的，是负氧离子含量最低景区的8.6倍。2011年12月，被命名为省级生态镇(2014年6月被国家环境保护部命名为国家级生态镇)。顺溪镇位于国家级重点风景名胜区南雁荡山腹地。清代名士孙锵鸣在其诗中写道："清溪曲曲抱山来，万竹丛中叫画眉。不减桐江好山色，一竿秋水最相宜。"这里集险峰、秀水、翠竹、奇洞、怪岩、飞瀑、古屋于一体。主要景点有"万壑笙钟""燠馆凉台""百僧堂""冰廊洞""知音涧""白云瀑""棋盘山""戈场廊桥""陈氏古屋"等，其中自然景观"白云瀑"、人文景观"陈氏古屋"尤为著名。白云瀑又称三折瀑。位于知音涧景区，是省级精品景点之一。白云瀑全长175米，分为三折，如巨龙从天而降，鳞爪横飞，瀑泉缘崖喷散，类挂玉帘，所以又称"玉帘瀑"。戈场廊桥，位于戈场村，始建于康熙四十年(1701)，道光时重修过，桥上建筑于1990年毁于火灾，1993年重建，被称为温州地区海拔最高的廊桥。廊桥驾在对峙的两山之间，廊桥下潭深水幽，桥旁山林秀丽。1989年以来，游客逐年增加，2012年游客1万余人次。

扶贫

2004年，实施省欠发达乡镇奔小康工程以来，527户低收入农户(计2601人)实现下山搬迁，获得省级补助资金1136.76万元。下山搬迁农户主要迁往鳌江镇、水头镇、萧江镇、昆阳镇、万全镇等镇。2012年，落实省市县扶贫项目40个，资金投入300余万元。

2004—2012年顺溪镇农户下山搬迁情况一览表

表40-9-6

年份(年)	原住地	搬迁户数(户)	搬迁数(人)	省补助资金(万元)
2004	原吴垟乡第一批	19	93	27.90
	原吴垟乡第二批	35	173	51.90
2005	原吴垟乡	35	190	57
2006	原吴垟乡	32	151	45.30

续表 40-9-6

年份（年）	原住地	搬迁户数（户）	搬迁数（人）	省补助资金（万元）
2007	原吴垟乡	101	623	186.90
2008—2009	原吴垟乡	15	60	33.60
	原维新乡	27	121	67.67
	原顺溪镇	17	68	38.08
2010	原顺溪镇	10	48	26.88
	原吴垟乡	21	100	56
	原维新乡	23	126	70.56
2011	原顺溪镇	9	39	21.84
	原吴垟乡	7	28	15.68
	原维新乡	14	64	35.84
2012	顺溪社区	43	198	110.88
	新田社区	11	47	26.32
	顺吴社区	1	5	2.80
	吴垟社区	19	97	54.32
	维新社区	35	154	86.24
合计		527	2601	1136.76

说明：资料由顺溪镇人民政府提供

第四节　基础设施

交通

清道光二十四年(1844)，顺溪门台底陈希侍建成顺溪石町步(全长48.7米)，方便山区货运。从事竹筏运输的发展到32家。20世纪70年代，翘头竹筏仍是顺溪地区大部分货运的主要工具。1989—2011年，相继建设牛场村、山头庵村、石柱村、下东村、青石桥村、朱坑至回库、青石桥至双田、顺溪至吴垟、大垄至进士、杨光至朱垟、朱垟至晓阳、田里至山头庵、下东至岳溪等联网公路，总长100余千米。2012年，境内农村公路总长113千米。对外连接的有仰矾线、苔顺线公路以及通至县城、鳌江、水头的公路；客运量49万人次，货运量5万吨。是年，白岩下至白云康庄公路竣工(投资650万元，总长11.9千米)；岭后至苍南县天井公路竣工(投资660万元，境内总长6.68千米)；开工建设吴垟棋盘山至苍南莒溪红色旅游专用道路、南雁至顺溪红色旅游专用道路。

2012年顺溪镇交通道路和桥梁情况一览表

表 40-9-7

道路或桥梁名称	起止	长×宽(米)	修建内容	竣工时间(年)
顺溪老桥	顺溪村—溪北村	80×3	路面改建	1970
眉峰桥	仰矾线	80×7.6	新建	1984
仰矾线(顺溪段)	堂基—岭后	25884×6	新建、路面硬化	2000
石门桥	仰矾线	33.4×7.6	新建	2000
苔顺线	维新—顺溪	18535×4.5	新建、路面硬化	2003
维新桥	苔顺线	31.5×8	新建	2003
中山村—岭后村	交溪—岭后	24400×4.5	新建、路面硬化	2005
顺溪村—九岱村	顺溪—九岱	2100×3.5	新建、路面硬化	2006
顺溪三桥	顺溪村—下顺溪村	80×7.6	新建	2008

说明：资料由顺溪镇人民政府提供

城镇建设

1994年，投资80万元改造兴建望眉大道。2003—2004年，铺设车站至眉峰桥长约1.5千米的水泥路，浇筑镇前街、望眉路1100平方米的水泥路面，拓宽改造菜场街道路和街面。在建成区架设专用路灯线，安装高钠路灯160盏。2009年，投资350万元的顺溪三桥建成。2011年，投资3000万元的顺溪一期农民集聚房建设启动，套房126套、店面24间、辅助房24间。

顺溪镇城镇一角（2012年） 郑庆生 摄

城镇道路

镇区内的主要道路：兴顺路，东起地主湖西至车站，长度1300米；益民路，东起镇政府西至麻纺厂，长度300米；镇前路，东起昌胜厂西至菜场街，长度350米；顺新路，南起菜场口北至顺溪岭，长度350米；顺溪上街，东起水椎头巷西至中学，长度300米；顺溪中街，东起下街西至上街，长度400米；顺溪下街，西起中街东至娘娘宫脚，长度400米；南新街，西起车站东至地主湖，长度1300米；菜场街，南起桥头北至菜场，长度200米；望眉路，西起眉峰桥东至菜场街，长度730米。

邮政电信

20世纪90年代初，顺溪邮政局员工30余名。1994年，开通程控电话102门。1997年，成立顺溪邮政支局。2012年，员工3人，村邮员6名，管辖顺溪镇、青街乡邮政事务，全年业务收入15万元；固定电话440户，移动电话11000户。

给排水

居民饮用水源主要来自顺溪各小水库。排水体制采用雨污合流排放，近期采用截洪渠截留污水，形成截流式合流排水体制，远期结合道路改造，逐步改为分流排水体制。1992—2012年，完成30个农村饮用水工程，完成20个农村生活污水处理工程。

供电

20世纪六七十年代开始建设小水电站，90年代，相继建设富溪电站、交溪电站、石门二级站、白云电站、眉峰电站等。1995年，兴建顺溪35千伏变电所。2012年，中、小型水电站23座，总装机容量2.4万千瓦，电力输送主要依靠500千伏苍丽线，设眉峰110千伏变电站和220千伏变电站。

第十章 南雁镇

南雁镇位于平阳县西南部，距县城昆阳镇32.5千米，东临水头镇，南接青街畲族乡，西靠顺溪镇，北与山门镇毗连。因国家级风景名胜区南雁荡山主要景区和景点分布在境内，故取南雁为镇名。南雁镇属半山区，东、南、西三面环山，地势西高东低，中部低平，虎尖山海拔745.5米，为境内最高峰，境内分布有七溪十二潭。2012年，全镇总面积46.93平方千米，下设3个社区，辖16个村。

1992年，工农业总产值0.25亿元，至2012年，工农业总产值增加到0.90亿元；财政总收入从1997年的438万增至2012年的1546万元；农民年人均纯收入从1989年的280元增至2012年的6825元；1989年总户数5188户、总人口22646人，至2012年总户数7075户、总人口27582人。南雁镇为南雁荡山旅游中心镇，曾获省旅游强镇、省级生态镇、省级体育强镇、市二星级文明镇等称号。

1989—2012年南雁镇经济和社会发展情况一览表

表40-10-1

年份（年）	项目	村数（个）	村民小组（个）	户数（户）	人口（人）	其中，非农业人口（人）	农村劳动力（人）	农民年人均纯收入（元）	工农业总产值（万元）	工业总产值（万元）	农林牧渔总产值（万元）	耕地面积（亩）	粮食总产量（吨）
1989	小计	28		5188	22646	360		280				8642	3886
	南雁镇	15		3258	14590	225		313				5570	2765
	矾岩乡	13		1930	8056	135		221				3072	1121

续表 40-10-1

年份（年）	项目	村数（个）	村民小组（个）	户数（户）	人口（人）	其中，非农业人口（人）	农村劳动力（人）	农民年人均纯收入（元）	工农业总产值（万元）	工业总产值（万元）	农林牧渔总产值（万元）	耕地面积（亩）	粮食总产量（吨）
1990	小计	28		5268	22735	348		286				8632	3469
	南雁镇	15		3324	14658	210		315				5562	2445
	矾岩乡	13		1944	8077	138		232				3070	1024
1991	小计	28		5102	22841	358		290				8618	4082
	南雁镇	15		3321	14723	218		288				5549	2754
	矾岩乡	13		1781	8118	140		294				3069	1328
1992	南雁镇	30		5626	24072	344	9394	357	2481	1098	1383	9203	3989
1993	南雁镇	30		5641	24130	353	9466	437	2457	1555	902	9195	2503
1994	南雁镇	30		5631	24063	354	9579	603	13784	13090	694	9190	4202
1995	南雁镇	30	286	5627	24101	368	9579	713	34523	32669	1854	9188	4842
1996	南雁镇	31	269	5740	24038	392	9579	2335	39856	37822	2034	9186	4544
1997	南雁镇	31	269	5788	23955	428	9574	2609	28307	26226	2081	9184	5042
1998	南雁镇	31	269	7279	24060	448	9574	2500	44721	41391	3330	9284	4808
1999	南雁镇	31	269	7274	24191	470	11678	3076	52432	50119	2313	9474	4652
2000	南雁镇	31	269	5364	27405		13934	3153	57300	55100	2200	9240	3877
2001	南雁镇	31	269	7019	27276		14280	3258	63026	60047	2979	9126	3640
2002	南雁镇	31	269	7010	27029	425	17510	3329	56935	54100	2835	9339	2911
2003	南雁镇	31	269	7017	27434	458	18375	3358	62980	59200	3780	9339	3126
2004	南雁镇	21	269	7107	27380	514	14282	3462	72592	68700	3892	9339	3728
2005	南雁镇	19	269	7138	27141	611	15879	3502	72382	68900	3482	9339	2779
2006	南雁镇	16	269	7153	27175	688	12553	3833	80061	76500	3561	9338	3040
2007	南雁镇	16	269	7105	26854	751	9685	4766	62813	59500	3313	9338	2546
2008	南雁镇	16	262	7090	27229	825	10847	4979	44058	41000	3058	9338	1870
2009	南雁镇	16	269	7082	27543	931	14969	5358	46354	44100	2254	9338	2576
2010	南雁镇	16	262	7064	27608	996	10859	5792	6798	3300	3498	9338	2914
2011	南雁镇	16	262	7070	27680	1072	10865	6285	8988	4600	4388	9338	3147
2012	南雁镇	16		7075	27582	1000	12320	6825	8972	4700	4272	9145	3135

说明：数据摘自《平阳统计年鉴》，少量摘自《平阳县农经统计年报》

第一节　建置与区划

建置沿革

清时，南雁镇区域属崇政乡。民国14年(1925)，属北港镇，后属北港区。民国30年(1941)，称雁山乡，隶属水头区。1949年，隶属南雁区。1950年，雁山乡分出东仓乡，改属山门区。1952年，雁山乡分出南雁乡，属山门区。1956年，雁山、东仓两乡合并为南雁乡。1958年，为山门公社南雁管理区。1961年，设立南雁公社。1984年，复称南雁乡。1986年，南雁乡改为南雁镇，管辖15个村。

行政区划

1992年，矾岩乡13个行政村、闹村乡埭头村，溪心乡吴山村并入南雁镇，辖30个村。1994年，设立南雁、雁荡、矾岩3个办事处。2004至2005年，南雁镇31个村调整为16个村。2012年，南雁镇下设3个社区，辖16个村。

2012 年南雁镇社区情况一览表

表 40-10-2

社区名称	驻地	面积（平方千米）	村（社区）名称	面积（亩）	户数（户）	人口（人）	2001年的村、居
南雁	东门村	16.52	雁山村	5928	960	3826	雁河村
							上坎头村
							雁山村
							横溪村
			后仓村	1959	469	1784	后仓村
			东门村	2699	752	3027	东门村
			雁峰村	9799	596	2442	矿桥村
							八亩村
							外郭山村
			溪边南村	4397	267	1116	溪边南村
雁荡	雁荡村	12.54	笠湖村	2760	460	1871	笠湖村
			蒲岭村	3986	312	1171	蒲岭村
			南雁村	6942	538	2010	南雁村
							上寺村
							春山村
			雁前村	5124	378	1474	吴山村
							埭头村
							雁荡村
矾岩	岧岩村	17.87	五十丈村	4412	672	2441	狮山村
							后门山村
							门口村
							五十丈村
			前山村	4841	159	637	前山村
			岧岩村	2834	276	1056	岧岩村
			周岙村	3668	356	1253	周岙村
			堂基畲族村	2468	146	545	堂基畲族村
			双旺村	3147	297	1079	岭坎村
							苔湖村
			三兴村	5427	433	1838	岭街村
							栗园村
							朱寮村

说明：人口数据不含集体户，由平阳县公安局提供；土地数据由平阳县国土局提供；其余资料由南雁镇人民政府提供

第二节　经　济

农业

种植业　粮食作物：1992年，粮食作物播种面积13825亩，总产量3989吨。2002年，粮食作物播种面积9177亩，总产量2911吨。其中，谷物播种面积5831亩，总产量2215吨；豆类播种积1975亩，总产量270吨；薯类播种面积1371亩，总产量425吨。2012年，粮食作物播种面积9074亩，总产量3135吨。其中，谷物播种面积4373亩，总产量1851吨；豆类播种面积1740亩，总产量267吨；薯类播种面积2961亩，总产量1018吨。

经济作物：1992年，油料播种面积556亩，总产量40吨。2002年，油料播种面积1088亩，总产量118吨；蔬菜播种面积7261亩，总产量8798吨；果用瓜播种面积657亩，总产量1215吨。2012年，油料播种面积1399亩，总产量221吨；蔬菜播种面积4481亩，总产量5714吨；果用瓜播种面积828亩，总产量1354吨。

2002—2012年南雁镇农作物播种面积和产量统计表

表40-10-3

年份（年）	农作物总播种面积（亩）	粮食作物			其中						油料		甘蔗		蔬菜（含菜用瓜）		果用瓜	
					谷物		豆类		薯类									
		播种面积（亩）	总产量（吨）	总产值（万元）	播种面积（亩）	总产量（吨）	播种面积（亩）	总产量（吨）	播种面积（亩）	总产量（吨）	播种面积（亩）	总产量（吨）	播种面积（亩）	总产量（吨）	播种面积（亩）	总产量（吨）	播种面积（亩）	总产量（吨）
2002	19550	9177	2911	1582	5831	2215	1975	270	1371	425	1088	118	117	164	7261	8798	657	1215
2002	18122	9450	3126	1892	5675	2355	2425	339	1350	432	632	73	150	210	7100	8520	790	1422
2004	19444	10594	3728	2051	5908	2601	2534	374	2152	753	675	109	180	252	6290	8177		
2005	18900	10630	2779	2051	5920	1708	2540	377	2170	694	690	80	180	180	6470	7764	930	1674
2006	18930	10650	3040	2046	5940	1969	2540	377	2170	694	700	88	180	180	6470	7764	930	1674
2007	13000	8615	2546	2117	4405	1563	2295	370	1915	613	320	31	135	135	3280	9840	650	1105
2008	11348	6672	1770	2158	3582	1516	1043	35	2047	219	357	19	136	279	3586	10758	597	1194
2009	13122	8267	2576	1478	3885	1418	1805	268	2577	890	420	50	185	222	3500	4200	750	1335
2010	15594	9114	2914	2192	4446	1676	1798	266	2870	972	1536	243	235	289	3929	4806	780	1265
2011	17080	9030	3147	2853	4463	1893	1763	281	2804	973	1533	242	230	284	5467	6685	820	1335
2012	15948	9074	3135	2696	4373	1851	1740	267	2961	1018	1399	221	166	206	4481	5714	828	1354

说明：数据摘自《平阳统计年鉴》

林业　1992年，人工造林面积1845亩；茶园总面积1129亩，茶叶总产量14.09吨；果园总面积93亩，水果总产量15吨；林业产值107万元。2002年，人工造林208亩；茶园总面积1215亩，茶叶总产量20吨；果园总面积493亩，水果总产量1252吨；林业产值55万元。2012年，全镇林地3.90万亩，人工造林708亩，幼林抚育面积645亩；茶园总面积20亩，茶叶总产量0.20吨；果园总面积190亩，水果总产量1519吨；林业产值78万元。

全镇古树名木20株，其中枫树8株，竹柏9株，楠木1株，香樟1株，枫香树1株。2012年，堂基村通过省级森林村庄验收。

南雁化龙崖（2007年）　　姜光树　摄

2002—2012年南雁镇林业情况一览表

表40-10-4

年份(年)	人工造林面积(亩)	零星植树(万株)	茶园总面积(亩)	茶叶总产量(吨)	果园总面积(亩)	水果总产量(吨)	林业产值(万元)	林产品(万元)	竹木采运(万元)
2002	208	0.70	1215	20	493	1252	55	13	
2003		0.40	1215	20	493	1459	60	19	8
2004		1	1215	22	493	1499	61	58	1
2005		1			25	1699	61	58	1
2006			35	18	110	1699	25	22	1
2007					10	1115	56	51	5
2008		0.50			30	1194	39	39	
2009		0.50			25	1360	55	48	
2010		1			300	1375	42	38	
2011	510	1			445	1443	51	38	5
2012	708	1	20	0.20	190	1519	78	54	4

说明:数据摘自《平阳统计年鉴》

畜牧业 1989年,生猪年末存栏2690头。2002年,生猪年末存栏6758头,牛年末存栏295头,羊年末存栏2765只,家禽年末存栏22835只,兔年末存栏1585只,畜牧业产值1198万元。2012年,生猪年末存栏3838头,牛年末存栏74头,羊年末存栏468只,家禽年末存栏20020只,兔年末存栏2488只,畜牧业产值1303万元。

2002—2012年南雁镇畜牧业情况一览表

表40-10-5

年份(年)	生猪年末存栏数(头)	牛年末存栏数(头)	羊年末存栏数(只)	家禽年末存栏数(只)	兔年末存栏数(只)	畜牧业产值(万元)
2002	6758	295	2765	22835	1585	1198
2003	6850	375	2250	27500	2450	1631
2004	6900	380	2450	28500	2540	1275
2005	6950	395	3200	28500	2750	865
2006	6950	395	320	28500	2750	1344
2007	2427	120	561	19221	2548	1140
2008	1881	74	938	8955	2548	861
2009	6185	258	2350	68400	5600	638
2010	2437	85	264	10982	3200	1163
2011	3877	80	502	24037	3130	1321
2012	3838	74	468	20020	2488	1303

说明:数据摘自《平阳统计年鉴》

渔业 1999年4月,在雁山村推广稻田养鱼,雁山村稻田养鱼基地获县先进基地称号。2000年5月,建立周岙村稻田养鱼基地,成为县示范基地。2003年,渔业总产值(淡水产品产值)197万元。2012年,渔业总产值(淡水产品产值)195万元。

2003—2012部分年份南雁镇渔业情况一览表

表40-10-6

年份(年)	渔业产值(万元)	淡水产品(万元)
2003	197	197
2004	116	116
2005	116	116
2006	146	146
2009	83	83
2010	101	101
2011	163	163
2012	195	195

说明:数据摘自《平阳统计年鉴》

特色农产品　平阳粉干:明末清初,王、黄氏祖先从福建迁至五十丈,开始粉干加工,加工出的粉干具有膨松白晰、条细易熟的特点。1992年以来,五十丈米粉干采用半机械化生产。2012年,全村80余户年产成品300万吨,总产值1800万元,产品销售山西、杭州、温州等地。

细面:细面又称长寿面。选用上好面粉,经过10余道纯手工工序加工而成,产品销售县内各地。

工业

南雁镇主要产业为皮革加工业和食品业,主要产品为皮具、宠物用品、酒、棒冰。1994年,雁荡山酒厂从集体性质承包转换为股份制企业,投资100万元进行扩建;古井酒厂的宋泉白酒被评为国家科技金奖和国际优质奖。1995年,南雁宋井酒厂转制为股份制企业,成立温州宋井酿酒有限公司。1997—2004年,南雁镇曾连续8年获县“工业优秀镇”称号。2006年,全镇规模以上企业有佩蒂、华亨、华辉、荣华、茂泉、夏达、誉盛7家,产品有宠物用品、酒类、榜皮等。2007年,全面取缔榜皮制革等污染行业。2008年,全镇企业63家,年末从业人员1946人,其中规模以上企业7家。2012年,全镇工业总产值4700万元,企业116家,年末从业人员1323人,其中宠物用品企业7家。

商业

1989年,南雁镇有南雁供销合作社分社和集体合作商业企业2家。2000年,南雁镇中心菜市场建成,原以古街路边流动摊贩形式存在的菜场逐步消失。2001年,山门供销合作社南雁分社实行体制改革。随着个体私营商户的出现,南雁古街、南雁新街成为主要商业贸易街道。2012年,南雁镇建成东门商贸街,市场1个,超市4家,宾馆1家,酒店14家,大小商业网点112个。

南雁镇外贸出口主要产品为宠物用品。1994年,外贸出口交货值647万元。2002年,外贸出口交货值11892万元。2012年,外贸出口交货值54200万元。

财政金融

财政　1997年,全镇财政总收入438万元,其中国税338万元。2004年,全镇税收入库额(含免抵税额)1273万元,其中国税1171万元,地税102万元。2012年,全镇财政总收入1546万元,其中地方财政收入719万元。

金融　1954年,南雁信用社创办。1999年,全镇各项存款596万元,各项贷款余额484万元。2012年,镇内金融机构1家,各项存款余额1300万元,各项贷款余额987万元。

旅游

境内的旅游景点主要有会文书院等人文景观和秀溪、幽洞、奇峰、石笙、银瀑等自然景观(详见第十六卷“旅游业”)。2012年,旅游服务业收入151万元。南雁镇管辖的旅游服务点3处:

南雁开心农场　又称浙江欧平休闲观光农业园,2012年启动建设。位于南雁镇笠湖村,项目计划总投资1.2亿元,建设用地总面积1800亩。该项目是以南雁荡山优美的自然生态环境资源为依托,集农业观光、种植采摘、生态休闲、体验娱乐为一体,园区规划建设“四园一中心”,即户外拓展园区、种植业园区、休闲观光园区、农事体验园区和综合服务中心。

堂基婚纱摄影基地　堂基村位于南雁东西洞景区和顺溪景区之间,鳌江流域上游,是一个畲族、汉族混居的少数民族村。村庄具有浓郁的民族特色,至今保持着古旧的堤塘、特色民居与质朴的民风,成为浙南著名的婚纱摄影服务基地,内有30余家婚纱摄影楼,最多时一天接待新人100余对。

吴山休闲公园　位于南雁镇吴山村,占地约180亩,2011年建成。内有绿道网、休闲驿站、儿童

吴山绿道网（2012年）

乐园、户外烧烤区、垂钓区、停车场、草坪、景观灯等。公园与南雁荡山景区相邻，背山面水，风景秀丽。

第三节 社会事业

教育

1989年，中小学校22所。1998年，幼儿园11所，班级17个，在园幼儿480人，专任教师30人。小学7所，班级54个，学生2020人，教职工120人（其中公办教师95人）。中学1所，班级15个，学生680人。2005年，南雁镇被评为市教育强镇。2007年，幼儿园、小学和初中各1所。2012年，幼儿园1所，班级6个，在园幼儿266人，专任教师10人；小学1所，班级19个，学生830人，教职工60人；初中1所，学生323人，教职工38人。

文化

1989年，南雁镇有线广播入户率99%。1994年，南雁有线电视站创办，用户300余户。1995年，南雁镇被列为"全国边境文化长廊、省东海明珠工程规划"市级重点集镇。1996年，有线广播停播。2002年，有线电视用户3000余户。2010年12月，南雁镇文化站成立。2011年，南雁社区文化中心综合楼建成。2012年，南雁镇文化站1个，社区文化中心综合楼1座、建筑面积1160平方米；社区图书室3个，农家书屋6个，藏书22000册，数字电视用户4000余户。

庙会　南雁庙会：农历十一月初一，地点东门村，会期2～3天，由原供奉齐天大圣宫庙的活动衍生而来。

医疗卫生

1997年，建成南雁卫生院并投入运营，设内外科室，床位13张，占地1900平方米，投入75万元。1999年，投入10万元，购置扩大卫生院用房。2012年，全镇卫生院1所，社区服务站2个，村卫生室7个，医务人员26人。

环境卫生

1989年，环卫工人4名，环卫保洁车4辆，垃圾填埋处理。1989—2008年，实行5小时划段清扫道路保洁制。2009年年初，南雁镇环境卫生管理所成立，增加环卫工人9名，管理人员2名，环卫保洁车30辆，各村建设垃圾收集点24处，配备简易垃圾运输车1辆，建成垃圾填埋场1处，月垃圾清运量约60吨；公厕4座；镇财政投入30万元。2010年，购买垃圾压缩车1辆，建设垃圾中转站1所，购买电动垃圾运输车6辆；建成区共设置500个垃圾桶；2012年8月，垃圾运至县生态发电厂进行处理。是年，职工41名，月清运垃圾约300吨，公厕6座，镇财政投入80万元，收取卫生服务费每户每年80元、店铺每年每家120元。

体育

1989年以来，南雁镇积极推动全民健身活动，组队参加县体育赛事，依托学校抓好中小学生体育达标。1999年，南雁镇建立镇体育指导委员会。2000年，协办平阳旅游武术节。2009年，新建健身苑点6个，篮球场8个。2010年，建成东门健身岭，新增7个健身苑点；被评为省级体育强镇。2012年，投资500余万元建成市级健身步道1条（埭头健身岭步道）、镇级健身步道3条（东门、溪南、周岙）、16个村健身点。1989—2012年共举办体育活动120余场。

社会保障

社会救助　1997年，建成150平方米的敬老院，集中供养五保对象5人。2008年，全镇最低生活保障对象266户，集中供养8人。2012年，全镇最低生活保障对象289户、405人，支出750372元。五保供养5人，支出15740元，医疗救助31人次，支出102000元，国家抚恤、补助各类优抚对象184人，抚恤事业费支出781454.05元，向12户住房困难群众发放补助款103500元。是年，投资1630万元建设南雁中心敬老院，175张床位。

社会保险　2007年，参加新型农村合作医疗保险17652人。2009年，参加新型农村合作医疗保险14490人，报销3491人，15056人次，报销金额182.5万元。2010年，参加新型农村合作医疗保险16265人，14840人次，报销金额206万元。2012年，参加城乡养老保险9932人，参加新型农村合作医疗22610人，医疗报销额460.14万元。

第四节　基础设施

交通

1993年，进行水南公路路面硬化。1998—1999年，进行山顺公路南雁段6千米道路柏油路改造。2008年，进行水南公路改扩建工程。2012年，村级四级水泥路31条，总里程50余千米，遍及各个自然村落；境内公路3条、总长17千米；桥梁20座、总长1600米。是年年末，镇区汽车客运站1个，公交汽车线路1条，运营总里程15万千米，年客运量10万人次。

2012年南雁镇桥梁情况一览表

表40-10-7

桥梁名称	建造时间	长×宽(米)	设计载荷
迢岩大桥	1990	180×8	公路Ⅲ级
粟园桥	1990	22×7	公路Ⅲ级
东门大桥	1992	150×9	公路Ⅲ级
岭街大桥	1992	150×7	公路Ⅲ级
闹村大桥	1992	150×8	公路Ⅱ级
周岙一桥	1998	120×7	公路Ⅲ级
祥和大桥	2005	225×9.50	公路Ⅲ级
雁荡山大桥	2007	220×8	公路Ⅲ级
前山大桥	2008	187×5	公路Ⅱ级
溪南大桥	2008	180×8	公路Ⅱ级
周岙二桥	2009	125×9	公路Ⅲ级
笠湖林桥	2011	245×10.50	公路Ⅱ级

说明：资料由南雁镇人民政府提供

城镇建设

1992年，建派出所、政府机关办公楼；开发从南雁大桥至三角埕的南雁大街一条；拆除旧房80余间。1994年，浇建宽20米的南雁大街水泥路面，新建房屋400余间，完成排污等配套设施。2011年，建成南雁社区文化中心综合楼。2012年底，南雁镇建成区面积1.50平方千米，房屋6621间。

城镇道路

2012年年末，镇区道路总长度52.04千米，道路铺装面积19.44万平方米。

2012年南雁镇城镇街道情况一览表

表40-10-8

街道名称	长度（米）	宽度（米）	面积（平方米）	建设年份
东门古街	280	3.5	980	1957
岭街	500	3.5	1750	1965
雁东路	700	8	5600	1985
南雁新街	800	12	9600	1986
镇中路	400	7	2800	1988
南雁大街	1200	20	24000	1992
鸿雁路	600	6	3600	1999
雁荡北路	1000	7	7000	2000
雁荡南路	650	6	3900	2007
雁荡西路	400	3.5	1400	2008
雁湖路	2000	6	12000	2009

说明：资料由南雁镇人民政府提供

邮政电信

1972年，南雁电信局成立。1989年，固话业务交换机20门。1998年9月，山门邮政支局南雁邮政所成立。是年，投资230万元建成南雁风景区手机基站。1999年8月，投资300万元建成电信营业楼。2002年，建造岭街手机信号发射台，方便矾岩片手机通讯。2012年，全镇社区邮政网点3个，投递路线单程总长度48千米，乡村通邮率100%，业务收入2.8万元；电信企业服务网点2个，固定电话用户1270户，移动电话用户11923户，宽带接入用户588户，电信业务收入981.15万元。

给排水

1989年前后，南雁村民饮用水源一般为溪水或井水。1998年，投资120万元建成南雁水厂，解决雁山、东门、后仓三村人口的饮水。2009年，建设蒲岭、三兴、五十丈、前山等村的饮用水工程，实施南雁大街饮用水管网改造。2012年，投资1390万元，对南雁水厂进行改建，保障雁山、东门、后仓、笠湖等村的饮用水安全。是年，镇区自来水厂1座，铺设干线水管1600米，日生产能力1100吨，日供水量700吨，年工业用水300万吨、生活用水800万吨。

1996年，铺设排污管道500米。2012年，铺设排水管道2000米，污水治理工程9项，日污水处理能力700吨。

电力

2010年，建成电网营业厅；完成13个低线路改造，安装变压器36台，高压线路3条，合计投资105万元。2012年，用电量0.21亿千瓦时。

水利

1990—2012年，修建溪南、雁山、笠湖、雁前、东门、后仓、五十丈、前山、迢岩、双旺、三兴等地防洪堤11处，总长3251米；圳坝9处，总长870米。2012年，修复“八亩山塘”，投资140万元。水力发电站有矾岩、岳栗、栗园、苔湖4座，年发电量500万千瓦时。

第十一章　青街畲族乡

青街畲族乡地处县西南部，距县城昆阳镇39.60千米，东邻水头镇，南与苍南县桥墩镇接壤，西、西北与顺溪镇相连，北、东北与南雁镇为邻。传说南宋时以青石板铺路迎周八中举荣归，故名青街。青街四面环山，属于盆地地形，人多地少、山多田少。2012年，全镇总面积21.8平方千米，下设2个社区，辖11个村。

1992年，工农业总产值0.11亿元，至2012年，工农业总产值增加到0.14亿元；财政总收入由2006年的213万元增至2012年的322万元；农民年人均纯收入从1989年的268元增至2012年的6738元；1989年总户数2342户、总人口9416人，至2012年，总户数2582户、总人口10591人，其中畲族2099人。青街畲族乡是全县唯一的少数民族乡，有毛竹林8000余亩，毛竹蓄积量100余万株，素有“毛竹之乡”美称，是省级生态乡。

1989—2012年青街畲族乡经济和社会发展情况一览表

表40-11-1

年份（年）	项目	村数（个）	村民小组（个）	户数（户）	人口（人）	其中，非农业人口（人）	农村劳动力（人）	农民年人均纯收入（元）	工农业总产值（万元）	工业总产值（万元）	农林牧渔总产值（万元）	耕地面积（亩）	粮食总产量（吨）
1989	小计	16		2342	9416	214		268				3705	1590
	青街	10		1158	4577	116		270				1811	660
	睦源	6		1184	4839	98		267				1894	930
1990	小计	16		2311	9490	214		276				3705	1227
	青街	10		1172	4611	116		271				1811	543
	睦源	6		1139	4879	98		280				1894	684
1991	小计	16		2334	9550	216		318				3705	1860
	青街	10		1165	4652	118		325				1811	832
	睦源	6		1169	4898	98		312				1894	1028
1992		16		2315	9546	237	6310	377	1135	412	723	3693	1632
1993		16		2321	9562	245	6656	395	808	282	526	3682	1137
1994		16		2326	9553	251	5177	456	388	14	374	3647	1233
1995		16	95	2328	9629	257	6444	573	833	47	786	3647	1708
1996		16	95	2346	9568	265	6306	2025	1452	166	1286	3630	1755
1997		16	95	2359	9518	274	6577	1609	1000	123	877	3611	1890
1998		16	95	2452	9557	237	6841	1687	3466	1888	1578	3596	1616

续表 40-11-1

项目 / 年份（年）	村数（个）	村民小组（个）	户数（户）	人口（人）	其中，非农业人口（人）	农村劳动力（人）	农民年人均纯收入（元）	工农业总产值（万元）	工业总产值（万元）	农林牧渔总产值（万元）	耕地面积（亩）	粮食总产量（吨）
1999	16	95	2497	9618	280	7110	2029	1814	28	1786	3610	1379
2000	16	95	1875	11092		6714	2359	1100		1100	3673	1384
2001	16	95	2450	11240		3311	2379	1036		1076	3421	1115
2002	16	95	2445	10913	202	4959	2388	1212		1212	3512	802
2003	16	95	2467	10937	204	4902	2392	1114		1114	3585	804
2004	11	95	2482	10858	205	4708	2398	1018	100	918	3584	781
2005	11	95	2508	10804	211	4048	2435	1169	200	969	3563	653
2006	11	95	2528	10774	219	4248	2702	1135	200	935	3558	714
2007	11	95	2590	10798	226	4184	4085	1157	200	957	3558	709
2008	11	95	2612	10911	254	4190	4705	929	100	829	3554	869
2009	11	95	2599	10960	286	4172	5115	1095	200	895	3554	949
2010	11	95	2589	10836	324	4157	5600	1092	200	892	3554	972
2011	11	95	2578	10808	342	4157	6210	1145	200	945	3554	978
2012	11		2582	10591	311	4116	6738	1416	200	1216	3554	1080

说明：数据摘自《平阳统计年鉴》，少量摘自《平阳县农经统计年报》

第一节　建置与区划

建置沿革

唐时，青街称睦源。明时，为五十一都。清时，称崇政乡。民国14年（1925），称睦源乡，属北港镇，后隶属水头区。民国30年（1941），称青街乡。1949年，属南雁区。1950年，青街乡分置青街、矾岩二乡，属睦源区。1952年，青街乡分置为青街乡和睦源乡。1956年，睦源乡并入青街乡，隶属山门区。1958年，为山门公社青街管理区。1961年，设立青街公社。1964年，青街公社分为青街和睦源公社。1984年，撤销青街公社，设立青街畲族乡，隶属山门区。1985年3月，划归顺溪区。1992年，睦源乡并入，称青街畲族乡。

行政区划

1992年，青街畲族乡、睦源乡合并成为青街畲族乡。2004—2005年，由29个村调整为11个村。2011年，成立社区。2012年，青街畲族乡下设青街和睦源2个社区，辖11个村（其中九岱村、王神洞村、朱山村为民族村）。

2012年青街畲族乡社区情况一览表

表 40-11-2

社区名称	驻地	面积（平方千米）	村（社区）名称	面积（亩）	户数（户）	人口（人）	2001年的村、居
青街	十五亩村	12.1	青街村	1652	340	1295	桥坑村
							青街村
			十五亩村	1070	116	534	十五亩村
			王神洞村	1751	127	550	王神洞村
			南网村	3174	266	1068	南网村

续表 40-11-2

社区名称	驻地	面积（平方千米）	村（社区）名称	面积（亩）	户数（户）	人口（人）	2001年的村、居
青街	十五亩村	12.1	南朱山村	2011	164	687	南朱山村
			新三村	4852	178	757	大垟村
							腾岩村
							白岩下村
睦源	睦源村	9.67	睦源村	4661	491	1995	贡后村
							睦源村
			九岱村	3922	215	836	九岱村
			东坑村	4347	325	1368	东上村
							东坑底村
			太心村	1190	135	548	太心村
			垟心村	4001	218	919	垟心村

说明：人口数据不含集体户，由平阳县公安局提供；土地数据由平阳县国土局提供；其余资料由青街畲族乡人民政府提供

第二节　经　济

农业

种植业　粮食作物：1992年，粮食作物播种面积4774亩，粮食总产量1632吨。2002年，粮食作物播种面积2350亩，粮食总产量802吨，其中，谷物播种面积1496亩，总产量572吨；豆类播种面积224亩，总产量21吨；薯类播种面积630亩，总产量208吨。2012年，粮食作物播种面积2942亩，粮食总产量1080吨，其中，谷物播种面积1379亩，总产量682吨；豆类播种面积433亩，总产量69吨；薯类播种面积1130亩，总产量329吨。

经济作物：1992年，油料播种面积544亩，总产量28吨；2002年，油料播种面积83亩，总产量8.60吨；蔬菜播种面积845亩，总产量890吨；果用瓜播种面积603亩，总产量932吨。2012年，油料播种面积286亩，总产量46吨；蔬菜播种面积560亩，总产量793吨；果用瓜播种面积350亩，总产量436吨。

2002—2012年青街畲族乡农作物播种面积和产量统计表

表 40-11-3

年份（年）	农作物总播种面积（亩）	粮食作物			其中 谷物		其中 豆类		其中 薯类		油料		甘蔗		蔬菜（含菜用瓜）		果用瓜	
		播种面积（亩）	总产量（吨）	总产值（万元）	播种面积（亩）	总产量（吨）	播种面积（亩）	总产量（吨）	播种面积（亩）	总产量（吨）	播种面积（亩）	总产量（吨）	播种面积（亩）	总产量（吨）	播种面积（亩）	总产量（吨）	播种面积（亩）	总产量（吨）
2002	5007	2350	802	475	1496	572	224	21	630	208	83	8.60	10	15	845	890	603	932
2003	4715	2183	804	594	1583	619	100	20	500	165	100	9	10	15	670	387	652	1045
2004	5160	2264	781	492	1614	586	160	39	490	156	106	10			1295	873	663	1090
2005	4791	2257	653	492	1470	431	287	57	500	165	100	13			1150	1500	484	703
2006	4416	1961	714	499	1361	538	100	16	500	160	200	25	10	40	564	785	741	1311
2007	3788	1939	709	416	1275	521	216	35	448	153	200	25	10	34	822	1158	292	504
2008	3646	2401	869	367	1315	564	216	34	870	271	110	13	10	34	282	385	333	535

续表 40-11-3

年份（年）	农作物总播种面积（亩）	粮食作物			其中						油料		甘蔗		蔬菜（含菜用瓜）		果用瓜	
					谷物		豆类		薯类									
		播种面积（亩）	总产量（吨）	总产值（万元）	播种面积（亩）	总产量（吨）	播种面积（亩）	总产量（吨）	播种面积（亩）	总产量（吨）	播种面积（亩）	总产量（吨）	播种面积（亩）	总产量（吨）	播种面积（亩）	总产量（吨）	播种面积（亩）	总产量（吨）
2009	3750	2560	949	411	1300	616	310	50	950	283	75	8	10	34	445	602	360	482
2010	3624	2590	972	491	1240	611	350	56	1000	305	150	23	10	34	424	579	300	395
2011	3798	2619	978	551	1249	620	372	60	998	298	262	42	12	39	428	598	327	421
2012	4446	2942	1080	649	1379	682	433	69	1130	329	286	46	8	28	560	793	350	436

说明：数据摘自《平阳统计年鉴》

林业　1992年，人工造林面积645亩；茶园总面积665亩，茶叶总产量42.85吨；果园总面积385亩，水果总产量33吨。2002年，人工造林面积106亩；茶园总面积200亩，茶叶总产量2.50吨，果园总面积90亩，水果总产量941吨；林业产值502万元。2012年，林地面积25000亩，人工造林面积85亩；茶园总面积40亩，茶叶总产量2吨；果园总面积540亩，水果总产量502吨；林业总产值441万元。

青街毛竹

2004年，成立“青街毛竹笋专业合作社”，形成毛竹笋供销一体化的经营机制。2006年，毛竹生产被列入省林业厅、省财政厅“毛竹低产林改造”项目，同时列入市科技局“万亩无公害毛竹笋基地关键技术研究”项目。2012年，王神洞、九岱等村300亩笋竹两用林进行改造；九岱和太心村建成300亩杨梅种植基地；睦源和九岱村建成90亩中草药种植基地；东坑瓯柑、果蔬采摘基地推出自由采摘新模式，建设400亩的毛竹体验园。

2002—2012年青街畲族乡林业情况一览表

表 40-11-4

年份（年）	人工造林面积（亩）	零星植树（万株）	幼林抚育面积（亩）	茶园总面积（亩）	茶叶总产量（吨）	果园总面积（亩）	水果总产量（吨）	林业产值（万元）	林产品（万元）	竹木采运（万元）
2002	106	0.50		200	2.50	90	941	502	423	
2003	50			200	2	90	1201	348	305	41
2004				200	2		1090	239	223	16
2005				200	2		703	239	223	16
2006				200	2	220	1312	349	342	7
2007				150	2	220	516	419	413	6
2008		0.50		50	2	600	543	341	334	7
2009		0.50		46	2	540	541	390	386	4
2010		0.50		46	2	540	466	322	317	

续表 40-11-4

年份（年）	人工造林面积（亩）	零星植树（万株）	幼林抚育面积（亩）	茶园总面积（亩）	茶叶总产量（吨）	果园总面积（亩）	水果总产量（吨）	林业产值（万元）	林产品（万元）	竹木采运（万元）
2011	90	0.50		40	2	540	487	318	317	
2012	85	0.50	90	40	2	540	502	441	439	

说明：数据摘自《平阳统计年鉴》

畜牧业　1992年，生猪年末存栏1643头。2002年，生猪年末存栏589头，牛年末存栏31头，羊年末存栏395只，家禽年末存栏19295只，兔年末存栏5390只，畜牧业产值235万元。2012年，生猪年末存栏100头，牛年末存栏35头，羊年末存栏50只，家禽年末存栏3300只，兔年末存栏2680只，畜牧业产值126万元。是年，新增南网村鳄鱼养殖基地一处，养殖鳄鱼500余条。

2002—2012年青街畲族乡畜牧业情况一览表

表 40-11-5

年份（年）	生猪年末存栏数（头）	牛年末存栏数（头）	羊年末存栏数（只）	家禽年末存栏数（只）	兔年末存栏数（只）	畜牧业产值（万元）
2002	589	31	395	19295	5390	235
2003	443	43	160	6010	4680	172
2004	337	58	89	6200	3800	182
2005	389	55	67	4500	4000	233
2006	200	53	40	4000	4000	87
2007	74	35	138	13170	3000	122
2008	123	32	281	4000	3000	121
2009	105	51	398	3800	4500	94
2010	63	50	278	9000	3700	79
2011	91	42	208	3600	2350	76
2012	100	35	50	3300	2680	126

说明：数据摘自《平阳统计年鉴》

特色农产品　青街特色农产品，主要有竹荪、笋、笋干等。竹荪：野生品种生长于青街畲族乡的牛郎基山上，有固定的生长周期，10月份便无野生。2012年末，建成南网竹荪种植基地1个，占地面积约50亩，年产值100余万元。竹笋：2012年，毛竹笋出产60余万公斤，产值120余万元。笋干：以笋为原料，通过去壳切根修整、高温蒸煮、清水浸漂、压榨成型处理、烘干、整形包装等工序精制而成。

工业

青街畲族乡主要发展生态产业，以传统的手工业漆器陶瓷生产为主。在睦源村，制作漆器陶瓷的历史已有80余年，漆器厂被当地人称为“碗厂”或“碗窑”。1989年10月，青街漆器厂投产。2012年，平阳青街漆器陶瓷制作技艺列入市非物质文化遗产代表性名录。平阳漆器分别在广东湛江、云南曲靖及西安等处开设产品展示馆。是年，温州市青街佛像工艺有限公司从业人员58人，生产大小漆器陶瓷8000余件，销售产品246.20万元。

商业

1989年，商业网点12个，主要销售农副产品和日用品，菜市场在古街路边为流动摊贩形式。2012年末，商业网点33个，其中农副产品经营店25家，服务类经营店6家，电子产品经营店2家，社会商品销售总额0.12亿元，菜市场在三源路六板桥两边为流动摊贩形式。

财政金融

财政　2006年，财政总收入213万元。2009年，财政总收入273万元。2012年，财政总收入322万元。

金融　1992年，平阳农村信用社青街分社和睦源分社合并。2012年，金融机构1家（平阳农商银行山门支行青睦分理处），各项存款余额5500万元，各项贷款余额2100万元。

旅游

畲族风情、竹海、古民居等是主要旅游资源。九岱、王神洞村畲族特色村寨，王神洞村畲族文化陈列室，让旅游者了解和体验畲族风情。13.60千米长的青街段旅游绿道，可以引领旅客观赏青山绿水和茫茫竹海。青街李氏大屋、池氏大屋、李氏二份大屋等古民居，保存完好。青街双合殿规模宏大，建筑面积2900平方米，中有两个仿古戏台，石拱廊桥和修复的碇步，可以让游客领略民情古风。

第三节　社会事业

教育

1992年，乡中心学校1所，为云祥中学，分为小学部和中学部，学生229人，教职工25人，其中公办12人，民办7人，代课6人。2010年，取消中心学校中学部。2011年，新建幼儿园1所。2012年，幼儿园1所，班级3个，在园幼儿90人，专任教师2人；中心学校1所，班级6个，学生149人，教职工29人；教育经费303万元。

文化

1970年，广播电视站成立。1989年，有线广播16只，乡村电影院1个（1995年关闭），乡村戏台1个（2012年拆除）。20世纪90年代初，有线广播停播。1992年，有线电视开通。1995年，实现电视村村通；有线电视用户1000余户。2010年，数字电视开通，终端用户2000余户。2012年，文化站1个，村文化活动中心11个；公共图书馆（室）2个；文化艺术团体1个，会员30人；文化专业户17个。是年，举办县首届传统畲歌会。

畲族文化　青街畲族于明朝万历年间从福建省迁徙而来。畲族群众自称山哈人，意指山里客人。雷、蓝、钟是青街畲族三大姓，主要居住在山区，形成大分散、小集中的居住形态。畲族服饰、对歌、婚嫁、彩带、祭祖、三月三乌饭节等习俗流传至今，具有鲜明的民族文化特色。

畲族的手工刺绣和编织，有彩带、花边、斗笠等。花带，又称彩带，亦称“山哈带”，是畲族传统手工产品之一。在畲乡，山哈男女定亲，姑娘喜欢用彩带作为定情信物，不论男方送什么礼物，都须回送自织的一条彩带，因而织彩带成为衡量姑娘是否心灵手巧的一个标志。平时彩带可作裤带、腰带、拦腰带、刀鞘带等用，也常作为背小孩子的扎带。畲族彩带，是畲族流传悠久的传统手工织品，既是生活实用品，也是美化衣着的装饰物，又是畲族青年男女定情的信物，定亲回礼和驱邪祝福的吉祥物。

青街号称“竹海”，竹制生活用品精美而丰富。畲族妇女喜爱用篾丝编织的斗笠。笠上的花纹丰富多样，由笠斗燕、顶、四路、三层檐、云头、虎牙、斗笠星等几种花纹相互配搭，相映成趣。用竹篾丝制成的礼品盒、书箱、化妆盒、饭篮等造型独特，富有艺术性。

畲族的婚礼风俗古老而有趣。在整个婚娶过程中，以唱歌贯穿始终。婚嫁迎娶那天，新郎领着“行郎”（旧时称男家派遣到女家迎亲的人）“叫亲”；新娘的姐妹和嫂子们用板凳和杉树刺“拦赤郎”（赤郎，指送彩礼这天男家带到女方做菜的厨师。拦赤郎，将板凳、杉树枝等放在路上阻拦赤郎），女方又关起大门唱起《拦门歌》；男方的“行郎”唱起《开门歌》与《接亲歌》。“行郎”和陪娘们要进行抢鸡的游戏，将“对盏鸡”（男方杀好带来的，交给女方的时候，附上一个红包，叫作“剪刀包”）呈放在香火桌上，以敬祖宗，同时唱《对盏歌》。上述礼仪完成后，女方要举行“考赤郎”“借镬”（男方借女方炊具办酒席）活动，以象征生活的永恒与实在。

畲乡最为热闹的是对歌。一般的节日要对歌，三月三、元宵节对歌的场面尤其热烈。结婚时的对歌则要持续三天三夜。婚后新夫妇第一次回娘家，青年男女会挡住路口对山歌，对上，才让他们进村；对不上，大伙儿还要往他们脸上抹锅灰。到岳父家，宴请新女婿，也要对歌一夜。新郎如对不上，那些阿姊阿妹们便毫不客气地往新女婿脸上抹锅灰，这是表示永远是“我家女婿”的标志。

畲族流行的过节风俗与汉族不尽相同，春节、元宵、清明、端午、中秋、重阳等节日都有自己的过法。如过春节，有畲民对山歌、织彩带、祭图腾（正月初八）、做寿等；农历三月三，是畲族的传统节日，除举行赛歌会外，还要煮乌饭祭祖先。人们取山上黑色柴子之汁，和饭蒸食，表示要解毒去邪。

畲族最隆重庄严的习俗是祭祖活动。届时堂上挂起祖图，同时把一块板两端系绳，将祖先香炉置其上。每个族姓都有一支盘瓠杖（亦称“祖杖”“龙头”），此杖长约60厘米，首端雕有似龙头的盘瓠头像，上饰以金箔，涂着红漆，系红色布条数十条（每条代表一名人丁，在举行成丁仪式时系上）。此物平时由各支宗房的族长保存珍藏，在举行祭祖时，将它放置在香炉右侧，供人祭拜。祭祀时，青年男女捧着酒坛和香炉，摇着畲族雷、蓝、钟的姓氏旗帜，请有威望的本族男子登台主持仪式。

庙会　青街双合殿庙会：农历二月二十二，地点青街水口双合殿，会期1天。庙会期间举行马仙娘娘、杨府侯王、周八大王巡游。准备炮手四名、令旗、符使、土地、文武背印、刽子手、解差等，领取方函、拂尘、大刀、包袱、水火棍等进行出巡。出巡前后演戏3天，谓之“神民同乐”。演戏时，神前案桌摆上水果、糕点类供品。首场演出开始时，演大八仙庆贺，首事们给送香烟、水果糖糕和红包一只。演出结束时，擂一通大鼓送神。

医疗卫生

1962年，乡卫生院建立。1992年，医疗卫生机构1个，专业卫生人员5人，临时工作人员2人。2011年，医疗卫生机构1个，专业卫生人员12人，临时工作人员3人。2012年，医疗卫生机构1个，固定资产总值425万元，专业卫生人员13人，临时工作人员2人，医疗机构诊疗1.3万人次。

环境卫生

1989年，环境卫生靠村民自发清理打扫，垃圾多用作肥料。2001年，乡环卫所成立，环卫人员1人，溪流河道清理人员2人，村环卫人员14人，人力拉车4辆，财政经费投入10万元；垃圾由各村环卫人员收集至中转站，转运至南网路山脚下填埋；2003年，公厕2座。2012年，垃圾转运至县生态发电厂统一处置。是年，环卫人员9人，垃圾中转站1处，添置压缩式垃圾运输车1辆，设置垃圾桶150个，公厕9座，财政经费投入60万元。

体育

青街畲族乡体育活动以武术和稳凳项目为主。畲族人民称畲族武术为畲拳。畲拳乃畲族独创，已有300余年的历史。创编者，号雷乌龙，人们尊称他为“乌龙公”。畲拳的主要动作有冲、扭、搁、削、托、拔、踢、扫、跳等。2010年，拳师李庆明参加第五届香港国际武术比赛，获“65公斤级推手”“南棍”“南拳”三项冠军，获第六届全国传统武术邀请赛“南拳”冠军，获第七届浙江国际传统武术比赛“南拳”“南棍”两项第一名。稳凳是畲族人民喜爱的民间传统体育项目，它起源于畲族早期的宗教祭祀活动，随着人类社会的发展进步而逐渐演变成为民间体育活动。稳凳以蹬、转、翻、旋、翘、摇、摆等为基本动作。并结合难度较大的插旗、套圈等形式进行竞赛或表演。稳凳表演开始先由二名畲族少女翻身上凳，她们在不断快速的转、翘过程中，将抛接的十个小圈逐个套向离凳四米处的旗杆，最后以套中多者为胜。然后是两名男运动员飞身上凳，在非常快速的转、翘中将地上的小圈捡起，并挺身或后屈身直接将圈套向旗杆，最后以套中多者为胜。1989—2012年，共参加县里体育赛事9次。2012年11月，在十五亩村成立青街三源南拳协会。

社会保障

社会救助　2003年，青街敬老院建立。2012年，农村最低生活保障户174户、215人，支出140万元；农村五保供养36人，支出44万元；农村医疗救助118人次，支出168万元；敬老院1所，床位20张。

社会保险　2006年，参加城乡居民社会养老保险2463人，参加新型农村合作医疗保险3318人。2012年，参加城乡居民社会养老保险7563人，参加新型农村合作医疗保险8569人。

第四节　基础设施

交通

1989年，青街以拖拉机运输为主，走乡村土路。1995年，进行道路拓宽和硬化。2012年，汽车客运站1个，年客运量2万人次；公交汽车线路有青街—平阳、青街—鳌江、青街—水头、青街—莒溪；县际公路1条，境内总长6千米；县乡级公路1条，长27千米；村道11条，桥梁4座（垟心老桥、廊桥、和谐桥、月笔桥）。

村镇建设

1992年，区划调整后乡政府搬至三源路131号，即现乡政府机关办公楼。1998年，浇建宽10米的三源路水泥路面，新建房屋100余间，完成排污等配套设施。1992年后，各村办公综合楼先后建成。2011年，建成青街、睦源社区办公楼。2012年，青街村（乡政府所在地）建成区面积0.18平方千米，房屋保有量482间。

邮政电信

2002年，固定电话用户0.05万户，移动电话用户0.08万户。2010年，青街邮政所成立。2012年，邮政网点1个，投递路线单程总长度22千米，业务收入3.50万元；固定电话用户0.2万户，移动电话用户1万户，宽带接入用户0.24万户。

青街廊桥（2012年）

给排水

1989年以前饮用井水和溪水。20世纪90年代初期，以村为单位自建山水饮用管道。雨污合排，通过水渠排到溪里，2010年，开始污水集中收集，依靠村级净化装置处理污水。

电力

境内水电站1个，年发电量300万千瓦时。2012年，主变电器3台，高压输电线路3条，年供电260余万千瓦时。

水利

1989年，青街水利主要是农田水利灌溉。2012年，治理青街社区的朱山村和十五亩村小流域，总投资110万元，受益农田700余亩；睦源社区小流域治理工程建堤堰长952米，受益农田2200余亩，总投资245万元。

索 引

说 明

1. 本志索引按主题、人名、表格分类编排。
2. 主题、人名索引按照首字汉语拼音字母顺序排列，同音同声按第二字拼音顺序排列，以此类推。表格索引按照页码先后为序排列。
3. 标引词后的数字表示内容所在页码，数字后的字母a、b分别表示该页的左右栏。
4. 表示章名的索引，以黑体字标示。
5. 索引标目下若设置副标目，采用分行缩格形式区分。

主题索引

D

E

F

G

K

L

M

O

P

S

T

W

X

Y

Z

人名索引

A

B

D

E

F

G

H

J

K

L

M

N

O

P

Q

R

S

T

W

X

Y

表格索引

第一卷　政　区

第二卷　自然环境

第三卷　人　口

第四卷 国土资源管理

第五卷　环境保护

第六卷　城乡建设

第七卷 交通运输

第八卷 水 利

第九卷 电 力

第十卷　邮政　电信

第十一卷　经济总情

第十二卷 农 业

第十三卷　工　业

第十四卷　建筑业
房地产业与住房保障

第十五卷 商贸服务业 对外及对港澳台经济贸易

第十六卷　旅游业

第十七卷　金融业

第十八卷 财政 税务

第十九卷 经济管理

第二十卷　中国共产党

第二十一卷　人民代表大会

第二十二卷　人民政府

第二十三卷 人民政治协商会议

第二十五卷 群众团体

第二十六卷 法 治

第二十八卷　民　政

第二十九卷 人事 劳动 社会保障

第三十卷　教　育

第三十一卷 科学技术

第三十二卷　文　化

第三十三卷　文化遗产

第三十四卷　医疗　卫生

第三十五卷　体　育

第三十六卷　宗教　民俗

第三十七卷　方　言

第三十八卷　人　物

第三十九卷　文献著述

第四十卷　镇　乡

后　记

2012年7月，根据省市部署，平阳县启动县志修编工作。县地方志编纂委员会在广泛征求社会各界意见之后，决定本轮修志为续志，记述时限为1989—2012年，定名为《平阳县志（1989—2012）》。9月26日，县政府办公室印发《关于成立平阳县志（1989—2012）编辑部的通知》。11月14日，县委办公室、县政府办公室印发《关于开展平阳县志续修工作的通知》，决定启动《平阳县志（1989—2012）》编修工作，并就编修县志的指导思想、工作要求、保障措施等作了明确的规定。12月28日，召开《平阳县志（1989—2012）》修编动员大会，县长、县地方志编纂委员会主任黄敏作动员讲话，县志续修工作正式启动。

修志工作伊始，县志编辑部即举办由各承编单位主笔和编辑人员参加的县志编纂业务培训会；在出台县志编纂篇目、凡例和编纂规范的基础上，又陆续出台了《关于征集县志续修编纂资料的启事》《县志大事记的收录标准和相关要求》《县志续修人物资料的编写要求》《县志续修入志图照的要求》《〈平阳县志（1989—2012）〉入志初稿审核验收实施办法》等有关规定。按照县政府要求，全县142家承编单位成立由分管领导任组长的县志编写小组，根据县志编辑部拟定的篇目大纲，收集资料，撰写初稿。县志编辑部各责任编辑根据分工，就各单位的资料收集、整理以及初稿的撰写等提出具体意见，对修志的行业特色、专业特色、事业特色开展专项辅导，进行面对面的交流和沟通。至2015年1月，全县142家承编单位全部完成县志初稿撰写任务。在组织各承编单位撰写初稿的同时，县志编辑部根据《〈平阳县志（1989—2012）〉入志初稿审核验收实施办法》的规定，要求各单位上报的入志初稿必须经初审、复审、终审才能定稿。“三审定稿”工作，从2013年8月开始，至2016年9月才全部完成。

县志编辑部在用“三审定稿”的办法紧抓志稿质量的同时，紧抓县志编纂的时间进度，多项工作同时交叉进行。2015年2月开始，由各责任编辑负责志稿分纂，进行卷、章合稿工作。为确保志稿质量，在分纂工作完成后，编辑部又于2016年1月开始组织各责任编辑交叉审读志稿，提出书面修改意见。4月，将志稿合成稿提交县领导和各部门、各单位、各镇（乡）领导审读，广泛征集意见。5月，由县志编辑部常务副主编开始县志的总纂，至12月，总纂成初审稿，共计41卷、218章、799节、214.66万字。

2017年3月29—30日，召开县志初审会，11位省、市志办领导和专家参加会议，经过评审组认真评议和审查，一致认为《平阳县志（1989—2012）》（初稿）是一部基础较好的续修志稿，符合初审标准，通过初审。会后，县志编辑部对专家所提意见系统梳理，汇总成册，由各责任编辑对志稿进行全面修改，查缺漏、去枝蔓、重组合、精加工。修改后志稿调整为216章，788节，专记由5篇增加到14篇，篇幅增至305万字，并基本上配齐卷首彩图和卷中插图。

复审稿于2017年9月初送省、市志办有关领导和专家审读。县志编辑部利用志稿送审的两个月时间，再次组织各责任编辑交叉审读志稿，以查漏、查误、查疑、查重复、查矛盾的“五查”来严把志稿质量关。11月8—9日，复审稿评审会在平阳召开，省、市7位专家参加评审会。与会领导和专家肯定复审稿观点正确，结构合理，层次清晰，内容丰富，时代特征突出，地方特色鲜明，基本做到了横不缺要项、纵不断主线，是一部基础扎实、质量较好的用功之作。同时，指出其中不足，并提出具体修改意见和建议。县志编辑部根据专家复审意见，对志稿作进一步的修改和补充，经过近半年时间的修改，形成志稿终审送审稿，共计40卷、216章、793节、330万字，有专记9篇、卷首图照141张、随文照片471张、表格795张。

2018年6月13日，县政府召开县志终审会议，一致同意县志通过终审。会后，县志编辑部根据各方面的终审意见，对志稿再次逐条核对、落实修改意见，最终经县政府批准出版，并于9月，与方志出版社签署出版合同。

《平阳县志(1989—2012)》编纂是一项十分浩繁的文化系统工程，涉及面广，持续时间长，从正式启动到终审定稿，并送交出版社，历时6年。在这6年间，在县委县政府的正确领导下，经过组建班子、全面发动、拟定纲目、培训人员、收集资料、撰写初稿、行政推动、三审定稿、组织内审、总纂结集及志稿初审、复审、终审等程序。在这过程中，前后两届县政府领导黄敏、陈永光，始终把编纂地方志工作列入政府工作议事日程，高度重视。从副县长蔡月琴开始，历经杜伟锦、王义跃、夏守慧、彭杨、林宏到陈杰，先后七任副县长，都全力支持其事，积极为修志工作创造条件。2013年11月18日，县长黄敏在《县志续修各承编单位组稿情况通报》上批示："县志修编服务当代，润泽后世。希望各承编单位进一步抓好落实，确保县志续编工作圆满完成。" 2018年6月6日，县长陈永光主持召开县地方志编纂委员会主任(扩大)会议，学习上级有关地方志工作的文件，对县志终审及县志出版招投标的前期准备等工作进行专题研究，并强调要依法依规认真做好修编县志的后续工作，圆满完成编纂县志的历史性任务。在县政府强力的行政推动下，各承编单位高度重视，落实撰稿人员，提供初稿，核实史料，提出修改意见。熟悉平阳地情的伍兆澄、郑兆麟、黄宝磊等老领导，认真审读志稿，提供有关资料，指导志书编纂。县志续修工作的圆满完成，体现了依法修志，众手成志的精神，凝聚着各级领导和广大撰稿人员、全体编纂人员的共同心血。

《平阳县志(1989—2012)》的成功出版，还要感谢省、市志办领导和各位专家。省地方志办公室主任潘捷军、副主任张其祥亲自参加县志初审会议，提出指导意见；市地方志办公室主任赵降英、副主任魏仕阔和省、市专家杨金荣、周祝伟、袁朝明、毛少甫、张声和、陈建敏、杨祥银为县志的编纂、修改提出诸多具体意见。值此志成付梓之际，一并致以诚挚谢意！

文章千古事，得失寸心知。6年来，县志编辑部全体人员以对历史、对党和人民负责的态度，对修志工作倾注了极大的热情，发扬求实存真、敬业奉献的精神，团结一心，坚忍不拔，任劳任怨，精益求精，十修纲目，九定凡例，数易书稿，终于众手成志，个中甘苦，岂能以数语言表。

在志书即将与读者见面之日，愈感修志之难，唯恐收录之未博，考选之未精，记述之未妥，校核之未严，疏失错漏定然不少，祈盼方家和各位读者批评指正。

平阳县地方志编纂委员会办公室

2018年9月

《平阳县志（1989—2012）》编辑部

主　　编　陈　敏

常务副主编　夏江雷

副　主　编（按任职时间先后顺序排列）

陈肖粟　卢圣蒙　陈盛奖　卢立新　王焕然

编　　辑　陈传银　张振水

编　　务　陈小素

《平阳县志（1989—2012）》编辑部全体成员合影

左起：陈盛奖　陈小素　张振水　王焕然　夏江雷　陈　敏　卢立新　陈肖粟　卢圣蒙　陈传银

《平阳县志（1989—2012）》评审专家

潘捷军（浙江省人民政府地方志办公室主任）
杨金荣（浙江省人民政府地方志办公室原主任）
章其祥（浙江省人民政府地方志办公室副主任）
周祝伟（浙江省人民政府地方志办公室市县工作处处长）
袁朝明（金华市地方志编纂委员会办公室原主任）
魏仕阔（温州市人民政府地方志办公室副主任）
张声和（《温州市志（1991—2012）》主编）
陈建敏（《温州市志（1991—2012）》副主编）
毛少甫（温州市人民政府地方志办公室编研二处处长）
杨祥银（温州大学教授）
郑兆麟（平阳县人大常委会原副主任）
黄宝磊（平阳县人大常委会原副主任）
伍兆澄（平阳县政协原副主席）

《平阳县志(1989—2012)》分卷责任编辑和供稿单位、主要撰稿人名单

卷号	卷　名	责任编辑	供稿单位	主要撰稿人
	彩　照	卢圣蒙	各部门、各单位	
	凡　例	夏江雷	县志办	夏江雷
	综　述	夏江雷	县志办	夏江雷　卢立新
	大事记	陈盛奖	县志办	陈　敏　陈盛奖
1	政　区	卢立新	县民政局	白炳益
2	自然环境	卢立新	县国土资源局	吴思铺　傅维正
			县水利局	林克聪　黄明国
			县气象局	刘　峰
			县农业局	陈亲凯
			县林业局	周光荣　林　峰
			县海洋与渔业局	蔡西栗
			南麂列岛国家海洋自然保护区管理局	蔡厚才　郑小巧
3	人　口	卢立新	县统计局	徐选契　陈文碧
			县民族宗教事务局	蓝朝罗
			县人口和计划生育局	詹毓喜　范长宁
			县残疾人联合会	郑增汉
			县新居民服务管理局	卢成泽
			县老龄工作委员会	周朝光
4	国土资源管理	陈肖粟	县国土资源局	吴思铺
			县海洋与渔业局	蔡西栗
			南麂列岛国家海洋自然保护区管理局	郑小巧　蔡厚才
5	环境保护	卢立新	县环境保护局	方海波
6	城乡建设	陈肖粟	县住房和城乡规划建设局	包广伟
			县民政局	潘进项
7	交通运输	陈肖粟	县交通运输局	应辉景　金进鸽　邓增弟 姜嘉才　程　雯
8	水　利	陈肖粟	县水利局	林克聪　庄义瑞　苏苗松 黄明国
			县滩涂围垦工程建设指挥部	林克聪　陈作郑　庄义瑞
			县顺溪水库枢纽工程建设指挥部	林克聪　许宏棉　庄义瑞
9	电　力	陈传银	平阳电力有限公司	李　健
			县水利局	林克聪
10	邮政　电信	陈肖粟 张振水	县邮政局	彭海英
			中国电信股份有限公司平阳分公司	徐淑芳
			中国移动通信集团浙江有限公司平阳分公司	林建平
			中国联合网络通信有限公司平阳县分公司	柳　晨

续表

卷号	卷　名	责任编辑	供稿单位	主要撰稿人
11	经济总情	陈肖粟	县发展和改革局 县统计局	颜育俊 徐选契
12	农　业	陈肖粟	县农业局 县畜牧兽医局 县农机管理总站 县林业局 县海洋与渔业局	陈亲凯 李可友 杨晨东 周光荣　林　峰 蔡西栗
13	工　业	陈肖粟	县经济和信息化局	郑志兴　魏孝仁
14	建筑业　房地产业 与住房保障	陈肖粟	县住房和城乡规划建设局 温州市住房公积金管理中心平阳分中心	包广伟　陈钦林 周青侠
15	商贸服务业　对外及对港 澳台经济贸易	陈肖粟	县商务局 县供销社 县粮食局 县烟草专卖局 温州海关驻鳌江办事处 温州出入境检验检疫局鳌江办事处	萧淑霞　陈积善 张玲玲 吴永江　余启成　周大光 许丽娟 方汝升 王太海
16	旅游业	陈传银	县风景旅游管理局	钱　允　陈　彤
17	金融业	陈肖粟	中国人民银行平阳县支行	林伟军　周广天　孔繁虎
18	财政　税务	卢圣蒙	县财政局(县地方税务局) 县国家税务局	蔡景积　方绪新 董燕宣
19	经济管理	陈肖粟	县发展和改革局 县统计局 县工商行政管理局 县审计局 县安全生产监督管理局 县质量技术监督局 县食品药品监督管理局	颜育俊 徐选契 卢孔筹 陈　燕 张昌余 许方杰　苏忠鹏 林小哈
20	中国共产党	卢圣蒙	县委办公室 县纪律检查委员会 县委组织部 县委宣传部 县委统一战线工作部 县委政法委 县直属机关工作委员会 县信访局 县委党校 县委老干部局 县委党史研究室 县精神文明建设指导委员会办公室 县无党派人士联谊会	陈宗禹 陈荣跃　周方兴 周　峰　梁亦强 李友彩　蔡振伟 蓝朝罗 周德春 周青东 余见闻 李海峰 黄步光　冯明洲 卢圣蒙 刘　琼 杨锡明
21	人民代表大会	卢圣蒙	县人大常委会办公室	丁育忠

续表

卷号	卷　名	责任编辑	供稿单位	主要撰稿人
22	人民政府	卢圣蒙	县政府办公室	杨晶晶
			县行政审批管理办公室	邵文豪　盛敏慧
			县公共资源管理委员会办公室	苏雨霞
			县外事侨务办公室	许孔会
			县政府台湾事务办公室	李新铭
			县招商局(经济技术协作办公室)	吴芳芳　钱　允
			县机关事务管理局	邱君绵　杨德杰
			县台胞台属联谊会	李雪雁
23	人民政治协商会议	卢圣蒙	县政协常委会办公室	王　晋
24	民主党派	陈传银	中国国民党革命委员会平阳县总支部委员会	章青盛
			中国民主建国会平阳县总支部委员会	陈爱珠
			中国民主促进会平阳县总支部委员会	陈晓晔
			中国农工民主党平阳县委员会	陈菲菲
			九三学社平阳县基层委员会	黄淑孝
25	群众团体	陈传银	县总工会	蔡森新　陈　剑
			共青团平阳县委员会	林　锋
			县妇女联合会	廖振华
			县科学技术协会	林厚发　周　宇
			平阳县工商业联合会	郑宪财
			县文学艺术界联合会	沈世晓
			县残疾人联合会	郑增汉
			县归国华侨联合会	金裕军
			县红十字会	毛方俊
26	法　治	卢圣蒙	县公安局	蔡　杰
			县人民检察院	柳红兵
			县人民法院	徐澄钊　陈启伟
			县司法局	徐津津　陈新潮
			县公安消防局	赖秋蕾
			县禁毒办公室	杨志聪
			县公安交通警察大队	周黎明
			县帮教协会	黄国标
27	军　事	卢圣蒙	县人民武装部	杨国富
			浙江陆军预备役步兵师某营	陈加鹏
			中国人民武装警察部队平阳县中队	伍德丰
			浙江省公安边防总队温州市边防支队平阳县边防大队	潘昌勇　张仿超
			浙江省公安边防总队海警第一支队三大队	涂建平
			县人民防空办公室	卢震峰
28	民　政	陈传银	县民政局	白炳益
			县移民安置办公室	林善德
			县农业局	董克珍
			县慈善总会	陈圣德

续表

卷号	卷　名	责任编辑	供稿单位	主要撰稿人
29	人事 劳动 社会保障	陈传银	县人力资源和社会保障局 县机构编制委员会办公室	李昌光　周建静 林乙力
30	教　育	卢立新	县教育局 县关心下一代工作委员会	蔡福励　赵崇洁　林立楷　章　蕾 林延荣
31	科学技术	陈盛奖	县科学技术局	林厚发　何小丽　林盈盈
32	文　化	陈盛奖	县文化广电新闻出版局 县广播电视台 县新闻中心 县档案局 县志办 县文学艺术界联合会	赵　丹 郑小苹 周启来 黄　杰 卢圣蒙 沈世晓
33	文化遗产	陈盛奖	县文化广电新闻出版局	赵　丹　徐兆格　郑金开　魏红友
34	医疗　卫生	陈盛奖	县卫生局	林代号　林小雪
35	体　育	陈盛奖	县体育事业发展局	宋　洋
36	宗教　民俗	卢立新	县民族宗教事务局 县佛教协会 县道教协会 县天主教三自爱国运动委员会 县基督教协会 县志编辑部	林秀达　方海金 张　奋　陈善清 方向明 曾云仓　温从活 杨志清 缪天舜
37	方　言	卢立新	县志编辑部	颜逸明　马贝加　项显华　谢尚优
38	人　物	卢立新	县志办、县人才中心	相关单位及入志人物亲属
39	文献著述	陈盛奖	县志办	陈盛奖
40	镇　乡	王焕然	昆阳镇 鳌江镇 水头镇 萧江镇 麻步镇 万全镇 腾蛟镇 山门镇 顺溪镇 南雁镇 青街畲族乡	林　慧 侯千声　郑小同 陈成慧　宋德光　陈　捷 缪　琐 李　坚 张昌业　方浦仁 陈　鸿 温自航 黄成修　黄敬右 何恋月 钟郑浩